Tous vos Droits

Pour gagner, vous défendre, réussir

Sous la direction d'Isabelle Resmond-Michel

Par Bertrand Couette, Catherine Doleux, Jean-Paul Gallas,
Isabelle Gallay, Sylvie Lacroux, Alain Laporte
et Brigitte Vert

Édition 2011

prat éditions

Retrouvez l'ensemble de nos ouvrages sur notre boutique en ligne :
www.prat.fr

Si vous désirez recevoir une information sur nos publications, écrivez à :
Prat Éditions, Service lecteurs – Forum 52 - 52, rue Camille Desmoulins - 92448 Issy-les-Moulineaux Cedex

Reed Business Information - SAS au capital de 4 099 168 euros

Actionnaire principal : Reed Elsevier France
Président : Antoine Duarte
Directeur de publication : Antoine Duarte

ISBN 978-2-8095-0201-5

Préface

Se marier ou conclure un PACS, louer ou acheter un logement, changer d'emploi, émettre un chèque, s'assurer, transmettre ses biens… Notre vie privée et professionnelle est régie par une multitude de règles de droit que nous ne connaissons pas toujours, ou pas suffisamment… Et si un litige survient (désaccord sur les charges locatives, conflit du travail, contestation d'une amende, survenance d'un sinistre, etc.), il est parfois trop tard lorsque l'on se rend compte que les règles n'ont pas été respectées, que les délais sont dépassés, qu'on ne s'est pas adressé au bon service…

Nul n'est censé ignorer la loi, mais devant la complexité de la législation actuelle, le non-initié a quelques peines à s'y retrouver. Et si le recours à un professionnel du droit (notaire, avocat, huissier…) est souvent nécessaire, il est toujours préférable de se renseigner avant d'agir, de disposer chez soi d'une information simple, pratique et complète. C'est à cet objectif que répond *Tous vos droits pour gagner, vous défendre, réussir*.

***Tous vos droits pour gagner, vous défendre, réussir* : un ouvrage complet et à jour**

En plus de 1 150 pages, *Tous vos droits pour gagner, vous défendre, réussir* aborde l'ensemble des questions que vous vous posez quotidiennement sur vos emprunts, vos assurances, vos placements financiers, vos conditions de travail, votre famille, votre logement, votre santé, vos droits de consommateur, votre retraite… et regroupe également les allocations, les aides, les subventions auxquelles vous pouvez prétendre.

***Tous vos droits pour gagner, vous défendre, réussir* : un ouvrage pratique**

Un ouvrage juridique, aussi complet soit-il, ne vous serait d'aucune utilité s'il n'était pas avant tout pratique, avec une présentation et un style simples et vivants. Toutes les informations qui y figurent sont facilement accessibles grâce à un index alphabétique de plus de 1 500 entrées en fin d'ouvrage. Un mode d'emploi en page IV vous permet de tirer le meilleur parti de cette inépuisable mine d'informations.

Notre vœu d'éditeur est que *Tous vos droits pour gagner, vous défendre, réussir* soit pour vous et votre entourage un outil de connaissance et de défense de vos droits, facile à utiliser et efficace, en toutes circonstances.

I. Resmond-Michel

Isabelle Resmond-Michel

Comment consulter les pages de cet ouvrage ?

Tous vos droits pour gagner, vous défendre, réussir a été conçu pour donner des réponses claires à l'ensemble des questions juridiques et pratiques que vous vous posez dans tous les domaines de la vie quotidienne. Nous vous invitons à lire cette page, afin d'utiliser au mieux votre ouvrage.

Comment accéder à l'information que vous recherchez ?

> Recherche par la table des matières générale :

Vous voulez avoir une approche complète d'un thème : reportez-vous à la table des matières générale qui figure en page V.

Exemple : vous souhaitez obtenir les informations sur les différents régimes matrimoniaux et vous savez que cela est directement lié au mariage. Les développements sur le « Mariage » sont traités dans le thème « Vivre en couple » : une consultation de la table des matières générale vous permettra de vous reporter directement aux pages qui vous intéressent.

> Recherche par l'index alphabétique :

Vous recherchez des informations sur un sujet précis : reportez-vous à l'index alphabétique qui figure en fin d'ouvrage. Cet index très détaillé vous permet de trouver rapidement les pages correspondant au thème qui vous intéresse.

Exemple : vous souhaitez avoir des précisions sur le congé de paternité. En vous reportant à l'index, vous trouverez les informations suivantes :

congés (travail)

• paternité : 783

ou encore

paternité

• congé : 783

Pour obtenir des renseignements sur les mises à jour de cet ouvrage, un numéro de téléphone est à votre disposition : 02 37 29 69 10

Table des matières

LES SERVICES BANCAIRES ET FINANCIERS

BIEN PLACER VOTRE ARGENT

IMPÔTS LOCAUX ET AUTRES TAXES

BIEN S'ASSURER

VIVRE EN COUPLE

ACCUEILLIR ET ÉLEVER SON ENFANT

LA PERSONNE ET LE DROIT

VOTRE SANTÉ

PROPRIÉTÉ, COPROPRIÉTÉ ET VOISINAGE

LOUER UN LOGEMENT

L'ACCESSION À LA PROPRIÉTÉ

FINANCEMENT ET AIDES AU LOGEMENT

LE CONTRAT DE TRAVAIL

TEMPS DE TRAVAIL ET SALAIRE

PERTE DE L'EMPLOI

BIEN VIVRE SA RETRAITE

RÉGIME DE RETRAITE

DONATIONS ET SUCCESSIONS

LA DÉFENSE DU CONSOMMATEUR

AUTOMOBILE

MODÈLES DE LETTRES ET DE CONTRATS-TYPES

INDEX ALPHABÉTIQUE

Les services bancaires et financiers

La banque

Les comptes bancaires
Les moyens de paiement
Les services bancaires

Le crédit

Le crédit à la consommation
Le surendettement

La banque

Aujourd'hui, tous les Français ou presque ont un compte bancaire ou postal. C'est une commodité dans la mesure où les banques proposent un ensemble de produits et de services financiers qui permettent de gérer ses revenus et ses dépenses. Toutefois, ces services n'étant pas gratuits, il est nécessaire de connaître la législation et les pratiques bancaires qui président au fonctionnement d'un compte, ainsi que les services offerts par les établissements financiers, de manière à ce que ceux-ci soient les mieux adaptés à ses propres besoins.

Les comptes bancaires

Il existe différents types de compte en banque : il peut s'agir d'un compte de dépôt (appelé communément compte chèques ou compte courant), d'un compte d'épargne (Livret A, compte épargne logement...), d'un compte titres, etc. S'agissant du compte le plus couramment utilisé par les Français, le compte chèques, il existe des règles précises qui président à son ouverture, à son fonctionnement et à sa clôture.

Les différents types de compte en banque

Le dépôt de fonds en banque est un monopole des banques. Seuls les établissements de crédit peuvent recevoir des fonds du public.
On distingue traditionnellement plusieurs catégories de comptes :

Les comptes sur livrets

Ce sont des comptes de dépôt. Selon leur finalité, leur rémunération est variable ; par exemple, le taux du Livret A est, depuis le 1/2/2008, déterminé en fonction de l'inflation et des taux d'intérêt à court terme Eonia et Euribor. Il est révisé deux fois par an, au 1er février et au 1er août. Mais le gouverneur de la Banque de France peut proposer une révision intermédiaire des taux (au 1er mai et au 1er novembre) si l'évolution des conditions économiques le justifie. Ces comptes ne peuvent donner lieu à la délivrance d'un chéquier. Parmi les comptes sur livrets les plus classiques, on peut citer : le Livret A, le Livret bleu, le Livret B et le livret bancaire, le Livret d'épargne populaire, etc. (→ index, *Livrets d'épargne*

Les comptes d'épargne

tés régulièrement pendant une durée fixée préalablement. Selon le produit dont il s'agit, une rémunération variable est versée. À l'expiration du délai d'épargne, le client a droit à certains avantages : prêts à taux préférentiels (plan d'épargne logement ou compte épargne logement), versement du capital et des intérêts (plan d'épargne populaire, assurance vie multisupports...), etc.

Extraits de codes

Code de la consommation

« **Art. L. 134-1**. Les professionnels vendeurs ou prestataires de services doivent remettre à toute personne qui en fait la demande un exemplaire des conventions qu'ils proposent habituellement. »

Code monétaire et financier

« **Art. R. 312-1**. Les établissements de crédit sont tenus de porter à la connaissance de leur clientèle et du public les conditions générales de banque qu'ils pratiquent pour les opérations qu'ils effectuent. [...] »

Les comptes titres

Ce sont des comptes qui permettent d'opérer en bourse.

Les comptes chèques

À NOTER

Depuis le 1/1/2009, toutes les banques peuvent proposer le Livret A alors qu'auparavant, il n'était distribué que par les Caisses d'épargne et la Banque Postale (Code monétaire et financier, Art. L. 221-1).

AVANTAGE

Le Livret A n'est pas imposé au titre de l'impôt sur le revenu. Les intérêts du Livret bleu sont soumis à un prélèvement versé directement par le Crédit Mutuel au Trésor public. L'épargnant reçoit donc un intérêt net.

ATTENTION ⚠

Il n'est pas possible de souscrire un Livret bleu lorsque l'on possède déjà un Livret A, et réciproquement.

EN CAS DE FAILLITE D'UNE BANQUE

Depuis la loi du 8/8/1994, tous les établissements de crédit doivent adhérer à un système de garantie des dépôts destiné à indemniser les épargnants en cas de faillite. Les usagers ont donc désormais la certitude qu'ils pourront récupérer les sommes qu'ils ont confiées à leur banquier quel que soit le placement choisi (compte chèques, compte d'épargne, compte titres...). Le montant du plafond d'indemnisation par les banques est fixé à ce jour à 70 000 € par déposant (*Arrêté du 13/9/1995, Art. 7*) ; ce montant devrait passer à 100 000 € au plus tard le 31/12/2010 au niveau européen ; les déposants doivent être remboursés dans les 2 mois à compter de la date à laquelle l'Autorité de contrôle prudentiel a fait le constat de l'indisponibilité des dépôts.
Il est à noter toutefois que certains réseaux de banques (réseaux mutualistes et coopératifs du type Crédit Agricole, Crédit Mutuel, Banque populaire...) sont dispensés d'adhérer à un système de garantie des dépôts.

Le compte chèques de l'ouverture à la clôture

› L'ouverture d'un compte

Existe-t-il un droit au compte ?

Toute personne domiciliée en France, y compris les interdits bancaires (personnes frappées d'interdiction d'émettre des chèques), a droit à l'ouverture d'un compte de dépôt dans la banque de son choix. Cependant, ce droit au compte ne remet pas en cause la liberté pour la banque de ne pas contracter et de refuser, sans avoir à apporter de justifications, l'ouverture d'un compte. Elle doit alors remettre une attestation de refus d'ouverture de compte (selon un modèle interbancaire).

Démarches

La personne qui n'a pas de compte et s'en est vue refuser l'ouverture d'un n'est plus obligée de se rendre à la Banque de France pour exercer son droit. Elle a désormais le choix entre deux procédures. Elle peut demander elle-même à bénéficier du droit au compte en se rendant au guichet de la Banque de France afin que soit désigné un établissement de crédit situé à proximité de son domicile ou d'un autre lieu de son choix. Pour déterminer l'établissement, la Banque de France prend en considération les parts de marché de chaque établissement concerné. Le demandeur peut également choisir de confier la procédure à l'établissement de crédit qui lui a refusé l'ouverture d'un compte. Celui-ci demandera alors à la Banque de France qu'un établissement bancaire soit désigné. Pour entamer la procédure, l'intéressé devra fournir immédiatement une pièce d'identité, un justificatif de domicile et une attestation sur l'honneur qu'il ne dispose d'aucun compte de dépôt ; il devra, en outre, indiquer ses préférences géographiques. La demande sera transmise par fax ou courrier électronique à la Banque de France qui aura un jour pour désigner l'établissement bancaire (*Code monétaire et financier, Art. L. 312-1*).
L'établissement désigné ne pourra refuser l'ouverture du compte mais pourra limiter son usage aux services bancaires de base définis par l'article D. 312-5 du Code monétaire et financier (voir ci-après).
Une charte d'accessibilité pour renforcer le droit au compte a été homologuée par l'arrêté du 18/12/2008. Elle est applicable depuis le 1/1/2009 par tous les établissements de crédit. Elle fixe précisément la procédure à respecter pour mettre en œuvre le droit au compte.

Services bancaires de base

Ils sont obligatoirement gratuits et comprennent :
– l'ouverture, la tenue et la clôture du compte ;
– un changement d'adresse par an ;
– la délivrance, à la demande, de relevés d'identité bancaire ;
– la domiciliation de virements bancaires ;
– l'envoi mensuel d'un relevé des opérations effectués sur le compte ;

– la réalisation des opérations de caisse ;
– l'encaissement de chèques et de virements bancaires ;
– les dépôts et les retraits d'espèces au guichet de l'organisme teneur de compte ;
– les paiements par prélèvement, titre interbancaire de paiement ou virement bancaire ;
– des moyens de consultation à distance du solde du compte ;
– une carte de paiement dont chaque utilisation est autorisée par l'établissement de crédit qui l'a émise ;
– deux formules de chèque de banque par mois ou moyens de paiement équivalents offrant les mêmes services (*Code monétaire et financier, Art. D. 312-5*).

Toutes ces opérations doivent être effectuées par la banque gratuitement.

Toutefois, en cas d'insuffisance de provision du compte, l'établissement bancaire pourra facturer des frais de rejet au client ou exiger le paiement d'intérêts débiteurs en cas d'acceptation de découverts.

Le compte est ouvert pour une durée indéterminée mais rien n'empêche la banque de clôturer le compte à condition qu'elle notifie sa décision au client par écrit, la motive et respecte un délai de préavis minimum de 45 jours.

ATTENTION ⚠

Cette procédure est réservée aux personnes qui ne sont titulaires d'aucun compte de dépôt. Si le droit au compte est sollicité pour un compte joint, aucun des titulaires de celui-ci ne doit avoir un compte de dépôt ouvert par ailleurs.

À NOTER

Toute personne capable peut être titulaire d'un compte chèques.

AVANTAGE

Conformément à l'article 221 du Code civil, chacun des époux peut se faire ouvrir un compte en son nom personnel, sans le consentement de l'autre.

À NOTER

Certaines personnes sont tenues d'ouvrir un compte. C'est le cas de ceux qui souhaitent encaisser des sommes obligatoirement réglées par chèques (paiement au-dessus de 3 000 €, salaires...) ou encore des commerçants.

AVANTAGE

Les mineurs peuvent posséder un compte d'épargne associé à une carte de retrait, mais ils ne peuvent pas posséder de chéquiers ni de carte de paiement avant l'âge de 16 ans. Pour les mineurs, les parents doivent de toute façon donner leur accord.

Quelles sont les formalités liées à l'ouverture d'un compte ?

Il s'agit de contrôler tout d'abord l'identité et le domicile du nouveau client. Pour l'identité, l'établissement pourra exiger un document officiel avec photo d'identité et signature (carte nationale d'identité, permis de conduire...). Pour le domicile, la pratique bancaire est d'envoyer une lettre d'accueil qui, si elle n'est pas renvoyée, présumera de sa véracité. Il est possible au client de présenter une facture d'électricité ou de téléphone.

Les personnes qui ne peuvent justifier d'une résidence stable au moment de leur demande d'ouverture de compte doivent élire domicile auprès d'un organisme d'accueil (centre communal ou intercommunal d'action sociale ou organisme agréé).

L'établissement vérifiera aussi les pouvoirs et la capacité du client. Ce sera le cas lorsqu'une personne entend ouvrir un compte pour autrui. En revanche, pas de vérification possible sur la solvabilité, la moralité ou la profession du prétendant au compte.

La banque peut demander la remise d'un spécimen de la signature du client et/ou de celles des personnes désignées par lui pour intervenir sur son compte (→ index, *Comptes bancaires, compte joint*). Ce document est important ; c'est en effet à partir de celui-ci que le banquier authentifiera l'auteur de l'ordre de paiement qui lui est donné.

Enfin, le banquier est tenu de consulter le fichier central des chèques pour s'assurer que son client ne fait pas l'objet d'une mesure d'interdiction bancaire ou judiciaire d'émettre des chèques, ou d'une décision de retrait de carte bancaire pour usage abusif.

LE « PACKAGE » RÉGLEMENTÉ

Cette pratique commerciale apparue dans les années 1990 permet de vendre un bouquet de services de 15 à 30 % moins cher selon les établissements que le prix de ces mêmes services achetés à l'unité. Mais le client peut acheter dans le package des services qu'il n'utilisera pas... La réalisation d'une économie peut se révéler alors tout à fait hypothétique.

.../...

LE « PACKAGE » RÉGLEMENTÉ (SUITE)

Toujours est-il que désormais la vente de produits ou de prestations groupés est interdite sauf si les produits ou prestations de l'offre peuvent être achetés individuellement, ou lorsqu'ils sont indissociables comme l'assurance liée à un crédit par exemple (*Code monétaire et financier, Art. L. 312-1-2*). La banque reste libre de fixer le prix de ses services et rien ne lui interdit de pratiquer des tarifs élevés pour des services vendus à l'unité. Avant de refuser le package, mieux vaut donc étudier de près les prix et vos besoins en termes de services bancaires.
Est également interdite la vente à prime, c'est-à-dire toute vente de produits ou de prestations donnant droit, gratuitement, immédiatement ou à terme, à une prime financière ou à un bien ou service dont la valeur est supérieure à un seuil fixé. La valeur maximale de cette prime, financière ou en nature est déterminée en fonction du prix du produit ou de la prestation de services vendu ou offert à la vente : elle est de 15 % du prix du produit ou de la prestation de services si celui-ci est inférieur ou égal à 100 € ; 15 € plus 1 % du prix net, si celui-ci est supérieur à 100 €. Lorsque le produit ou la prestation de services vendu ou offert à la vente ne donne pas lieu au paiement d'un prix mais expose son bénéficiaire à des frais ultérieurs, la prime ne peut excéder 80 € (*Arrêté du 11/8/2003*).

Qu'est-ce que la convention de compte ?

Il s'agit d'un contrat entre la banque et vous qui fixe les règles d'ouverture, de fonctionnement et de clôture du compte courant.
Sa signature est obligatoire lors de toute ouverture d'un compte (*Code monétaire et financier, Art. L. 312-1-1*). Pour les comptes déjà ouverts, une convention doit vous être remise gratuitement à votre demande. Elle doit être actualisée compte tenu des modifications apportées par l'ordonnance n° 2009-866 du 15/7/2009.

Ce que vous devez y trouver

L'arrêté du 29/7/2009 fixe ce que doivent comporter les conventions de compte de dépôt depuis le 1/11/2009 (ne sont pas concernés par cette réglementation les comptes sur livret, les comptes à terme, les comptes d'instruments financiers et les comptes espèces qui leur sont associés).
Il s'agit principalement :
- des caractéristiques des services de paiement fournis (par exemple, les limites de dépenses pour un instrument de paiement tel qu'une carte bancaire) ;
- des modalités de mise en œuvre et la portée d'une procuration ;
- du sort du compte en cas de décès de son titulaire ;
- d'informations sur les frais, les taux d'intérêt et les taux de change ;
- des modalités de modification et de résiliation de la convention.

Des informations générales concernant tous les clients de la banque y sont également portées : procédure pour faire opposition à un chèque, procédure de traitement des incidents de paiement, modalités de saisine du médiateur, par exemple.
La convention de compte doit permettre de bien connaître l'offre des services de votre banque avec leurs conditions tarifaires et de la comparer avec celle des autres banques et établissements de paiement pour faire jouer la concurrence, le cas échéant.

Le changement de tarif

Tout changement de tarif doit être communiqué au client par écrit au moins 2 mois avant la date d'application envisagée de la hausse. Vous avez le droit de résilier votre convention de compte, sans frais, si vous refusez les modifications proposées par votre banque.

Les relevés de compte

La fréquence de l'envoi des relevés de compte est désormais réglée. La banque doit adresser un relevé de compte au moins une fois par mois, lequel doit comporter la totalité des opérations de crédits et de débits (*Code monétaire et financier, Art. L. 312-1-1*). Toutefois, les titulaires de compte peuvent choisir conventionnellement une périodicité différente.

Le compte peut-il être rémunéré ?

Pendant longtemps, la France a interdit la rémunération des comptes courants. Mais dans un arrêt du 5/10/2004, la Cour européenne de justice a estimé que cette règle était contraire à la réglementation européenne. Pour se mettre en conformité avec cette dernière, la France a abrogé l'interdiction de rémunération des comptes courants. Ainsi, depuis le 16/3/2005, les comptes de dépôt détenus par les particuliers peuvent produire des intérêts (*Arrêté du 8/3/2005*).

Jusque-là, les banques avaient pratiqué, tacitement, la règle du « ni-ni » : ni chèque payant, ni rémunération des comptes courants. Le changement de réglementation a bouleversé cet équilibre. Beaucoup de banques proposent des comptes rémunérés mais la pratique des chèques payants reste encore marginale (→ index, *Comptes rémunérés*).

Les intérêts produits par un compte rémunéré sont soumis à l'impôt sur le revenu (soit au barème progressif, soit, sur option, au prélèvement forfaitaire libératoire) et aux prélèvements sociaux (*Instruction fiscale du 10/3/2006*). Le montant des intérêts figure sur l'imprimé fiscal unique fourni par la banque chaque année. Sur ce document sont récapitulés toutes les opérations sur valeurs mobilières et revenus de capitaux mobiliers.

Comment et pourquoi ouvrir un compte joint ?

Beaucoup de comptes ouverts par des personnes mariées sont des comptes joints au nom des deux époux ; mais il est à noter qu'il est également possible d'ouvrir un compte joint entre concubins, entre parents ou entre deux ou plusieurs personnes non mariées ou non parentes.

Le compte joint fonctionne comme un compte normal, sauf que chacun de ses cotitulaires peut disposer de l'intégralité de la provision qu'il contient, soit sous sa seule signature et sans l'autorisation de l'autre cotitulaire si le compte est ouvert au nom de « M. ou Mme », soit avec les signatures respectives des deux époux s'il est ouvert au nom de « M. et Mme ». On peut opter pour l'intitulé « M. et/ou Mme X », ce qui oblige les conjoints à apposer conjointement leurs signatures pour certains actes prédéfinis dans la convention de compte ou, le plus souvent, au-delà d'un certain montant d'achat.

Si la possession d'un compte joint présente des avantages incontestables, notamment pour les ménages qui désirent une solution pratique pour la gestion de leurs dépenses, il ne s'agit pas d'un compte sans risques. En effet, les cotitulaires du compte sont responsables, chacun en ce qui le concerne, des dettes contractées par l'autre. Aussi, s'agissant d'un ménage, si l'un des conjoints du compte joint émet des chèques sans provision, l'autre sera également en situation d'interdiction d'émettre des chèques, aussi bien sur le compte joint que sur les autres comptes personnels qu'il peut détenir, quel que soit l'établissement de crédit qui les gère.

C'est la raison pour laquelle il peut être prudent, lors de la signature de la convention de compte, de prédésigner l'un des conjoints qui, en cas d'incident de paiement, en sera présumé responsable, et qui en assumera les conséquences, quand bien même il ne serait pas à l'origine dudit incident, l'autre conjoint pouvant continuer à utiliser ses comptes personnels à défaut de pouvoir utiliser le compte joint.

Si l'on ne veut pas ouvrir un compte joint mais que l'on désire permettre à son conjoint, ou à une tierce personne, d'effectuer certaines opérations sur un compte bancaire ouvert à son nom, il est toujours possible de donner une procuration à son conjoint ou à un tiers. Il convient, dans ce cas, de définir dans la procuration les actes qui peuvent être réalisés par le bénéficiaire de celle-ci (signer des chèques, retirer des espèces...), ainsi que la durée de cette procuration qui, sinon, est indéterminée.

Il est à noter que le détenteur du compte bancaire est l'unique responsable en cas d'incident de paiement provoqué par le bénéficiaire de la procuration. Par ailleurs, la procuration cesse de produire ses effets au décès du titulaire du compte.

À NOTER

Chaque cotitulaire d'un compte joint peut décider de sa fermeture à tout moment sans l'autorisation de l'autre.

ATTENTION ⚠

La formule du compte joint est à déconseiller aux couples dont l'un des conjoints exerce la profession de commerçant ou de chef d'entreprise.

AVANTAGE

En cas de décès de l'un des cotitulaires du compte joint ouvert sous l'intitulé « M. ou Mme », celui-ci n'est pas bloqué et le conjoint survivant peut continuer de l'utiliser, sauf si l'un des héritiers s'y oppose.

› L'ouverture d'un compte courant dans un État de l'Union européenne

Depuis 1990, tout citoyen de l'Union européenne peut ouvrir un compte courant dans un autre pays que le sien, sans y résider.

Si vous avez l'intention d'ouvrir un compte dans un des pays membres de l'Union européenne soit pour effectuer des placements, soit pour contracter des

emprunts dans des conditions éventuellement plus avantageuses qu'en France, soit encore parce que vous êtes travailleur transfrontalier et que vous recevez des revenus d'un autre pays que celui où vous résidez, il est nécessaire de prendre en considération plusieurs éléments :
– la maîtrise de la langue peut poser problème dans les relations avec le banquier et dans la compréhension des documents contractuels ;
– l'éloignement géographique ne simplifie pas les démarches ;
– la loi applicable sera celle du pays où le compte est ouvert ;
– les risques de double imposition existent (demander un exemplaire de la convention fiscale établie entre le pays de domicile et le pays où l'on souhaite ouvrir un compte).

● Comme cela se passe en France, les établissements bancaires de l'Union européenne n'ont pas l'obligation d'ouvrir un compte à un non-résident. Les formalités d'ouverture varient en fonction des pays ; il convient donc de se renseigner auprès des établissements choisis.

● En Europe, vous êtes protégé en cas de « faillite » d'une banque. En application d'une directive européenne, la loi n° 99-532 du 25/6/1999 relative à l'épargne et à la sécurité financière a en effet créé le Fonds de garantie des dépôts. Les dépôts d'espèces bénéficient ainsi d'une garantie de 70 000 € maximum par déposant et par établissement de crédit adhérant au Fonds de garantie, quelle que soit sa localisation dans l'espace européen. La directive 2009/94/CE du 11/3/2009 a prévu que les États membres fixent à 100 000 € le montant de la garantie de l'ensemble des dépôts d'un même déposant au plus tard le 31/12/2010.

● Un compte à l'étranger peut être approvisionné :
– soit par le versement d'espèces sur le compte. Les résidents français peuvent transporter plus de 7 600 € en espèces hors des frontières françaises, mais au-delà de cette somme, une déclaration doit être faite auprès de la Direction générale des Douanes en France ;
– soit par le biais de virements transfrontaliers entre deux comptes. La directive européenne 97/5/CE, partiellement transposée en droit français par la loi n° 99-532 du 25/6/1999 (*Code monétaire et financier, Art. L. 133-1*), précise que les établissements bancaires fournissent à leur clientèle des informations écrites concernant les conditions applicables aux virements transfrontaliers. Depuis le 1/7/2003, les clients doivent pouvoir procéder à des virements transfrontaliers sans que cela ne leur coûte plus cher que lorsqu'ils le font à l'intérieur de leur pays.

Les retards dans l'exécution des virements devront être indemnisés par l'établissement bancaire même en l'absence de faute. L'indemnité devra être versée 14 jours au plus tard après l'exécution du virement et n'est pas exclusive des recours de droit commun (*Code monétaire et financier, Art. L. 133-1*).

● L'ouverture d'un compte en Europe par un résident français est à déclarer obligatoirement en même temps que ses revenus conjointement à sa feuille d'imposition (demander l'imprimé n° 3916) sous peine d'une amende de 750 € par compte non déclaré. Il en est de même de tout transfert d'argent en espèces entre le compte ouvert à l'étranger et le compte français supérieur à 7 600 €.

› Le fonctionnement d'un compte bancaire

● Les obligations du banquier et du client

Le fonctionnement d'un compte bancaire emporte des obligations de la part de chacune des parties à la convention de compte, banquiers et particuliers.

● Le détenteur d'un compte bancaire doit :
– effectuer des opérations sur un compte créditeur et ne pas effectuer de retraits ni émettre des chèques sans provision ;
– gérer les mouvements de son compte et utiliser les produits et les services qu'il a souscrit, conformément aux conditions contractuelles y afférant, et à partir des informations délivrées par la banque.

À ce sujet, il est recommandé de vérifier avec attention les écritures portées sur les relevés de compte qui sont adressés périodiquement par les banques, de manière à pouvoir contester les erreurs y apparaissant.

Deux cas de figure peuvent se présenter :
– soit des sommes ont été indûment débitées sur le compte bancaire correspondant à un ou plusieurs paiements non réalisés par le client, ou à la facturation de services non utilisés ou antérieurement gratuits ; il convient, dans ce cas, de demander au banquier par lettre recommandée avec demande d'avis de réception la rectification de l'erreur constatée ou de la facturation dont il s'agit, dès lors que les banques ne sau-

raient facturer un service dont le client n'a pas été informé du prix et pour lequel son accord n'a pas été recueilli préalablement ;
– soit des sommes ont été créditées pour un montant erroné ou un chèque remis au paiement n'a pas été crédité, ou de manière tardive, et, dans ce cas, le client doit prouver la faute de la banque par tous moyens de preuve et demander la rectification, au besoin en justice, de l'erreur en cause.

Il est à noter que les clauses apparaissant sur les relevés de compte qui fixent un délai maximal (généralement 15 jours ou 1 mois), au-delà duquel les réclamations ne sont plus admises, ne sont pas opposables à l'usager en cas d'erreur d'écriture, par exemple, si des sommes ont été indûment débitées sur le compte alors que le client n'a réalisé aucun paiement, ou au cas où la banque facture au client des sommes correspondant à un service que ce dernier n'a pas utilisé. Il est toujours possible de contester des opérations erronées figurant dans les relevés de compte et de demander à la banque leur rectification au-delà du délai fixé et ce, pendant un délai de 10 ans (délai de prescription applicable au secteur bancaire).

À défaut de solution amiable avec la banque sur ce point, il est toujours possible d'engager une action judiciaire contre la banque.

- De son côté, la banque doit :

– remettre au client la convention de compte (→ index, *Convention de compte*) et les conditions tarifaires, lors de l'ouverture du compte bancaire. La signature de ce document vaut acceptation par le client des conditions générales de banque dont il reconnaît avoir pris connaissance ;
– tenir le compte du client et exécuter les ordres qu'elle reçoit conformément aux règles légales, réglementaires et contractuelles. Chaque fois qu'elle reçoit un ordre de paiement émanant du détenteur du compte, elle doit procéder à la vérification de la validité de la signature à partir du spécimen qu'elle détient ;
– offrir au client des moyens de paiement et des services bancaires lui permettant de gérer son compte ;
– s'engager à respecter à l'égard du client un devoir d'information sur les conditions de fonctionnement du compte bancaire et sur les tarifs bancaires pratiqués.

Ainsi, la banque doit communiquer, par écrit, les changements de tarifs des produits et services bancaires au moins 2 mois avant l'entrée en vigueur des modifications de prix. Si le client ne manifeste pas son opposition avant la date de l'entrée en vigueur de la modification, il est considéré comme l'acceptant. Lorsque le client refuse une modification ou souhaite résilier après une période de 12 mois, il ne doit supporter aucun frais.

En outre, l'établissement bancaire doit envoyer à chacun de ses clients, au mois de janvier, un document récapitulatif des frais qu'il a facturés pour la gestion du compte, y compris les intérêts qu'il a pu prélever en cas de compte débiteur.

Ces nouvelles dispositions vont assurer une transparence bancaire et devraient mettre fin à l'important contentieux passé.

ATTENTION ⚠

La hausse des tarifs des services bancaires est sans cesse dénoncée. Elle s'accompagne en plus d'un gonflement du nombre des services payants. Ainsi, par exemple, la tarification de frais de tenue de compte se répand tout comme la tarification d'opérations manuelles courantes (remise de chèques, versement et retrait d'espèces au guichet par exemple).

À NOTER

Les frais que peuvent facturer les banques en cas d'incident de paiement sur le compte, autre que le rejet de chèque, ne doivent pas dépasser des montants plafonds qui ont été définis par le décret n° 2007-1611 du 15/11/2007 (Voir pages Barème). En tout état de cause, les frais ne peuvent être supérieurs au coût de l'incident (Code monétaire et financier, Art. L. 312-1-1).

Le relevé d'identité bancaire

Le relevé d'identité bancaire, ou RIB, est un document émis par la banque sur lequel figure les coordonnées bancaires d'un client. Celui-ci peut donc, en le remettant aux personnes ou aux organismes avec lesquels il est en relation, faire inscrire sur son compte bancaire, par virement ou prélèvement, les sommes dont il est destinataire ou débiteur.

Le relevé d'identité bancaire permet ainsi de régler, par exemple, ses factures de téléphone ou de gaz et d'électricité, ses primes d'assurances, ses loyers, ses crédits..., ou de se faire virer des rentrées d'argent (prestations sociales, remboursement divers...). Les sommes correspondantes sont débitées ou créditées automatiquement au compte bancaire par son interlocuteur, à partir des informations figurant sur le relevé d'identité bancaire.

Les dates de valeur

Le système des dates de valeur est une pratique bancaire qu'il est préférable de bien connaître si l'on veut optimiser le fonctionnement de son compte bancaire. Contrairement à ce qu'on pourrait penser, un chèque remis par un consommateur au guichet d'une banque n'est pas obligatoirement enregistré immédiatement au crédit de son compte. Il en est de même pour les chèques émis par un consommateur : ceux-ci ne sont pas systématiquement débités par la banque au moment où ils lui sont présentés. Il peut exister un décalage entre la réalisation effective d'une opération bancaire et sa transcription comptable.
Cependant, avec l'ordonnance n° 2009-866 du 15/7/2009, les banques doivent, depuis le 1/11/2009, respecter des délais précis. Les opérations de paiement par chèque ne peuvent plus désormais être différées de plus d'1 jour ouvré. Pour les autres moyens de paiement, c'est-à-dire le virement, le prélèvement ou le paiement par carte, les règles sont les suivantes :

– pour une somme à créditer, l'opération est prise en compte sur le compte du bénéficiaire le jour ouvrable au cours duquel elle est réalisée (et pas après) ;

– pour une somme à débiter, l'opération est prise en compte sur le compte du débiteur le jour ouvrable au cours duquel elle est réalisée (et pas avant).

Lorsqu'un particulier verse des espèces sur son compte et qu'il n'agit pas pour des besoins professionnels, la somme est productive d'intérêts immédiatement (*Code monétaire et financier, Art. L. 131-1-1 et L. 133-14*).

LE SOLDE BANCAIRE INSAISISSABLE

Près de 2 millions de Français font chaque année l'objet d'une saisie sur leur compte bancaire leur créant parfois de lourdes difficultés sociales. La totalité des avoirs disponibles sur un compte ne peut pas être intégralement saisie (*Décret n° 2002-1150 du 11/9/2002*). En effet, toute personne dont le compte bancaire ou postal fait l'objet d'une saisie dispose d'une somme insaisissable dont le montant est au plus égal à celui du RSA prévu pour un allocataire *(Voir pages Barème)*, dans la limite du solde créditeur du compte.
Pour obtenir le déblocage du solde bancaire insaisissable, vous n'avez plus désormais de courrier à faire (*Loi n° 2009-526 du 12/5/2009 et Décret n° 2009-1694 du 30/12/2009*). La procédure est automatique. En cas de problèmes, prenez contact avec la banque.

> La clôture du compte bancaire

Il existe trois principaux cas dans lesquels un compte bancaire peut être clôturé : à l'initiative de l'usager, à l'initiative de la banque, et suite au décès du titulaire du compte.

La clôture à l'initiative de l'usager

Tout client d'une banque peut, à tout moment, clôturer son compte bancaire, quelle qu'en soit la raison et sans avoir à se justifier. Toutefois, cette décision doit s'accompagner d'un certain formalisme et respecter certaines conditions :

– la clôture d'un compte doit être faite, par le client, par lettre recommandée avec demande d'avis de réception ;

– la clôture d'un compte ne peut être réalisée qu'après solde de tout compte, ce qui suppose que l'usager ait retiré les sommes de son compte bancaire ou qu'il les ait transférées sur son nouveau compte. Il est à souligner que si la clôture d'un compte débiteur est possible, le client qui en a pris l'initiative doit, malgré tout, régulariser son solde débiteur, sauf à se voir facturer des agios tant qu'il n'aura pas procédé à la régularisation.

Attention : le client qui souhaite clôturer son compte ne doit pas oublier d'avertir les personnes ou les organismes au profit desquels des virements ou des prélèvements sont effectués (EDF/Gaz de France, les impôts, la caisse d'allocations familiales...).

La clôture à l'initiative de la banque

À l'instar de l'usager, toute banque peut théoriquement, à tout moment, clôturer le compte bancaire de l'un de ses usagers quelle qu'en soit la raison (cela touche généralement une clientèle jugée non rentable), et ce, sans avoir à se justifier. La loi n'exige même pas le respect d'un préavis au profit de l'usager pour que celui-ci puisse faire les démarches nécessaires auprès d'une autre banque pour ouvrir un nouveau compte.

Toutefois, pour les personnes qui disposent d'un compte chèque dans une banque désignée par la Banque de France (→ index, *Comptes bancaires, ouverture*), il est à noter que toute décision de clôture de compte à l'initiative de la banque doit faire l'objet d'une notification écrite et motivée adressée au client et à la Banque de France pour information. Un délai minimum de 45 jours doit être consenti obligatoirement au titulaire du compte (*Code monétaire et financier, Art. L. 312-1*).

Dans la pratique, la majorité des conventions de compte prévoient le respect, par l'établissement de crédit, d'un préavis déterminé (1 mois généralement) (→ index, *Convention de compte*) ; celui-ci doit être adressé, le plus souvent par courrier, au domicile du client. Le cas échéant, il est recommandé de vérifier le respect par la banque des conditions prévues à ce titre dans la convention. À défaut de préavis mentionné dans la convention de compte, il est toujours possible de contester une décision de clôture « sauvage » de la part de la banque, dès lors que celle-ci a entraîné, pour l'usager, un préjudice certain, par exemple lorsque le prélèvement automatique mensuel du service des impôts a été rejeté et qu'une majoration de 10 % en a résulté (*Cour de cassation, Chambre commerciale, 20/5/1980*).

● On notera également que l'inactivité prolongée d'un compte ne peut être assimilée à une fermeture implicite de la part de son titulaire, sauf quand cette inactivité est d'une durée supérieure à 10 ans. Dans ce dernier cas, les sommes figurant sur le compte qui a été clôturé doivent être transférées à la Caisse des dépôts et consignations où le titulaire du compte ou ses héritiers peuvent les réclamer.

LE RELEVÉ DE COMPTE

Chaque opération effectuée sur un compte chèques est mentionnée sur un document écrit qui vous est adressé périodiquement à domicile. C'est le relevé de compte où figurent la nature, la date et les montants des dépôts/retraits et versements/encaissements que vous pouvez effectuer à l'aide de vos moyens de paiement.

Il convient d'être attentif au contenu de ce document et de vérifier que toutes les opérations que vous avez effectuées y sont bien inscrites. Si tel n'est pas le cas, vous devez immédiatement avertir votre banque et lui demander les rectifications ou les explications nécessaires. En fait, deux cas de figures apparaissent :

- soit votre compte a été débité d'une ou de sommes qui ne correspondent à aucune opération que vous avez effectuée dernièrement, dans ce cas, il convient de le signaler à votre banque qui doit recréditer votre compte du montant correspondant. Toute erreur d'écriture peut faire l'objet d'une rectification de votre part pendant un délai de 10 ans ;
- soit votre compte est crédité d'une ou de sommes de manière indue : dans ce cas, il convient de le signaler à votre banque qui redébitera votre compte du montant correspondant. Si vous ne le faites pas, la banque peut procéder elle-même à cette opération pendant un délai de 10 ans. Vous ne pouvez arguer de votre bonne foi ou de l'erreur de la banque ou encore du fait que vous avez dépensé ces sommes pour vous opposer au remboursement de ce trop-perçu. À défaut, vous seriez condamné en justice sur le fondement de la théorie de l'enrichissement sans cause.

La loi n° 2001-1168 du 11/12/2001 dispose à cet effet que toutes les opérations en crédit ou en débit d'un compte de dépôt doivent être portées à la connaissance du client à intervalle régulier n'excédant pas 1 mois.

Les établissements bancaires se sont engagés à améliorer la présentation des relevés de compte. Un pictogramme signalera les frais pour mieux les identifier et les libellés des paiements par carte seront clarifiés.

Bon à savoir : le relevé bancaire peut porter la mention selon laquelle à défaut de réclamation dans le mois suivant la réception du relevé, le client est censé avoir accepté les opérations figurant dessus. La Cour de cassation analyse le silence gardé pendant 1 mois par le client comme une présomption d'accord qui ne prive pas pour autant de la possibilité de contester une opération pendant 10 ans (*Cour de cassation, Chambre commerciale, 3/11/2004*). Cependant, s'il agit pendant le délai prévu au contrat, c'est la banque qui devra prouver la régularité de l'opération contestée. Au-delà, c'est au client lui-même de prouver l'irrégularité.

Extrait du code monétaire et financier

« **Art. L. 312-1.** Toute personne physique ou morale domiciliée en France, dépourvue d'un compte de dépôt, a droit à l'ouverture d'un tel compte dans l'établissement de crédit de son choix.

L'ouverture d'un tel compte intervient après remise auprès de l'établissement de crédit d'une déclaration sur l'honneur attestant le fait que le demandeur ne dispose d'aucun compte. En cas de refus de la part de l'établissement choisi, la personne peut saisir la Banque de France afin qu'elle lui désigne un établissement de crédit situé à proximité de son domicile ou d'un autre lieu de son choix, en prenant en considération les parts de marché de chaque établissement concerné, dans un délai d'un jour ouvré à compter de la réception des pièces requises. L'établissement de crédit qui a refusé l'ouverture d'un compte informe le demandeur que celui-ci peut demander à la Banque de France de lui désigner un établissement de crédit pour lui ouvrir un compte. Il lui propose, s'il s'agit d'une personne physique, d'agir en son nom et pour son compte en transmettant la demande de désignation d'un établissement de crédit à la Banque de France ainsi que les informations requises pour l'ouverture du compte.

L'Association française des établissements de crédit et des entreprises d'investissement, mentionnée à l'article L. 511-29, adopte une charte d'accessibilité bancaire afin de renforcer l'effectivité du droit au compte. Cette charte précise les délais et les modalités de transmission, par les établissements de crédit à la Banque de France, des informations requises pour l'ouverture d'un compte. Elle définit les documents d'information que les établissements de crédit doivent mettre à disposition de la clientèle et les actions de formation qu'ils doivent réaliser.

La charte d'accessibilité bancaire, homologuée par arrêté du ministre chargé de l'économie, après avis du comité consultatif du secteur financier et du comité consultatif de la législation et de la réglementation financières, est applicable à tout établissement de crédit. Le contrôle du respect de la charte est assuré par l'Autorité de contrôle prudentiel et relève de la procédure prévue à l'article L. 613-15.

Les établissements de crédit ne peuvent limiter les services liés à l'ouverture d'un compte de dépôt aux services bancaires de base que dans des conditions définies par décret.

En outre, l'organisme désigné par la Banque de France, limitant l'utilisation du compte de dépôt aux services bancaires de base, exécute sa mission dans des conditions tarifaires fixées par décret.

Toute décision de clôture de compte à l'initiative de l'établissement de crédit désigné par la Banque de France doit faire l'objet d'une notification écrite et motivée adressée au client et à la Banque de France pour information. Un délai minimum de quarante-cinq jours doit être consenti obligatoirement au titulaire du compte.

Ces dispositions s'appliquent aux interdits bancaires. »

La clôture suite au décès du titulaire

Le décès du titulaire d'un compte bancaire entraîne automatiquement :

– le blocage du compte jusqu'à la liquidation de la succession, sauf pour le paiement des impôts et des prélèvements bancaires ;

– la caducité des mandats de gestion et des procurations confiés par le titulaire du compte à sa banque ou à des tiers.

Il est à noter que les chèques en circulation au moment du décès sont payés si leur émission est antérieure au décès. De manière à éviter les cas de fraudes, c'est la date apposée par la chambre de compensation de la Banque de France, et non la date mentionnée sur le chèque, qui fait foi.

L'arrêté comptable des comptes bancaires du défunt et de tous ses actifs est effectué à la date du décès. Il est donc recommandé au conjoint survivant ou aux héritiers d'avertir rapidement la banque du défunt.

La clôture d'un compte joint

La résiliation d'un compte joint peut être demandée par un seul des cotitulaires du compte. Cette demande doit être faite par lettre recommandée avec demande d'avis de réception. La renonciation au caractère conjoint du compte entraîne le blocage de celui-ci, puis sa clôture. La banque doit informer les cotitulaires du compte. Le solde du compte est distribué aux cotitulaires. Attention : la dénonciation du compte joint par l'un de ses cotitulaires rend la provision indisponible. Les chèques qui sont donc émis postérieurement à la dénonciation seront rejetés, quand bien même la provision du compte serait suffisante pour les honorer. Toutefois, ce rejet ne peut provoquer une situation d'interdiction bancaire à l'encontre du signataire du chèque.

Le décès de l'un des titulaires du compte joint n'entraîne pas le blocage de celui-ci, quand le compte joint a été ouvert au nom de « M. ou Mme ». Le conjoint survivant peut donc utiliser les sommes y figurant, du moins dans la limite de 50 % (cas classique d'un couple marié sous le régime de la communauté de biens réduite aux acquêts) (→ index, *Régime matrimonial, légal*), sauf à rendre compte aux héritiers de l'utilisation de l'autre moitié et à s'exposer à une action judiciaire en cas d'utilisation abusive.

ATTENTION ⚠

Lorsque le compte joint porte la mention « Monsieur et Madame », le compte est bloqué au décès de l'un d'eux.

À NOTER

En cas de décès d'un titulaire d'un compte joint, les héritiers ont la possibilité de demander le blocage des avoirs figurant au compte.

AVANTAGE

La banque accepte en principe de débloquer le compte du défunt pour le règlement des frais funéraires sur présentation de la facture et dans la limite d'environ 3 000 €. Il s'agit là d'un simple usage bancaire.

À NOTER

Le banquier est tenu de déclarer aux services fiscaux le montant et la nature des avoirs que détenait le défunt.

LE « SERVICE D'AIDE À LA MOBILITÉ »

Changer de banque est désormais plus facile grâce au « service d'aide à la mobilité » mis en place par les banques depuis le 1/11/2009. Ce service prend notamment en charge à la place du client le transfert de toutes ses opérations de prélèvements et de virements. Toute banque doit proposer ce service à tout client particulier ayant ouvert un compte de dépôt en France, sur simple demande de sa part. La nouvelle banque informe le client intéressé sur le mode de fonctionnement de ce service et lui demandera son accord formel pour agir à sa place.

Un « Guide de la mobilité » est disponible sur le site de la Fédération bancaire française : *www.fbf.fr*.

Les moyens de paiement

On entend par moyens de paiement les procédés mis à la disposition du client par sa banque pour régler ses achats ou payer des tiers. Les moyens de paiement les plus utilisés en France sont le chèque et la carte bancaire, mais on note l'émergence des modes de règlement par virement et prélèvement.

Le chèque

La délivrance du chéquier

La délivrance d'un chéquier n'est pas un droit. Les banques ont simplement l'obligation de motiver leur refus en direction du consommateur qui en a fait la demande, sans que les motifs allégués puissent être contestés, sauf s'ils ont comme fondement une volonté de discrimination raciale, politique ou religieuse ou une volonté de nuire de la part du banquier. Toutefois, il est à noter :

– qu'une recommandation de 1992 de l'Association française des banques invite les banques à répondre par courrier à toute demande écrite d'un client ;

– le service bancaire de base institué par le décret n° 2001-45 du 17/1/2001 prévoit la fourniture gratuite de deux formules de chèque de banque par mois ou moyens de paiement équivalent offrant les mêmes services (*Code monétaire et financier, Art. D. 312-5*) ;

– lorsqu'une banque refuse la délivrance d'un chéquier, elle doit proposer des moyens de paiement alternatifs pour un tarif mensuel forfaitaire limité. L'offre, différente selon les banques, comprend un nombre adapté d'opérations effectuées par virements, prélèvements, titres interbancaires de paiement ainsi que la remise d'une carte de paiement à autorisation systématique. Tous les clients, même dépourvus de chéquier, peuvent ainsi faire face aux dépenses de la vie quotidienne.

Avant la délivrance du premier chéquier, la banque doit interroger le fichier central de la Banque de France pour s'assurer que le client n'est pas interdit de chéquier. Le banquier ne peut, en effet, délivrer des formules de chèques de paiement à une personne en situation d'interdiction bancaire.

La délivrance des chéquiers est gratuite (des frais d'expédition au domicile du client peuvent cependant être facturés). Cette pratique bancaire est liée au principe du « ni-ni », c'est-à-dire « ni chèque payant, ni rémunération des comptes à vue ». Mais la suppression de l'interdiction de la rémunération des comptes par l'arrêté du 8/3/2005 a changé la donne. Aujourd'hui, peu de banques ont saisi cette opportunité.

Les chéquiers peuvent être adressés par la banque au domicile du client si celui-ci le souhaite. Cet envoi doit être fait sous pli recommandé avec demand d'avis de réception. La Chambre commerciale de la Cour de cassation a considéré dans un arrêt du 28/2/1989 qu'en cas de perte ou de vol d'un chéquier adressé sous pli simple par la banque, cette dernière est responsable, et donc tenue de verser, sur le compte de son client, la totalité des sommes éventuellement prélevées. La remise en main propre au guichet apparaît également comme une solution sûre et sans risque puisque le titulaire est directement mis en possession de son chéquier sans l'intervention d'aucun intermédiaire.

Les différentes sortes de chèques

Sous le terme générique de chèque se cachent quatre instruments bien différents :

Il y a tout d'abord le plus utilisé, le chèque de paiement, c'est-à-dire le chèque émis par son possesseur en vue du règlement d'un achat ou d'une prestation de service.

Il comprend les mentions obligatoires suivantes (*Code monétaire et financier, Art. L. 131-2*) :

– le mot chèque inscrit dans la langue employée pour la rédaction du titre ;

– un mandat de payer une somme déterminée (« Payez contre ce chèque la somme de... ») ;

– le nom de celui qui doit payer, nommé le tiré ;

– l'indication du lieu où le paiement doit s'effectuer ;

– la date et le lieu de création du chèque ;

– la signature de celui qui émet le chèque, nommé le tireur (signature manuscrite et conforme au spécimen déposé à la banque).

À côté du chèque de paiement, il existe trois autres sortes de chèque, moins utilisées, mais dont l'avancée en matière de garanties offertes est indéniable : le chèque visé, le chèque certifié, le chèque de banque.

- Le chèque visé signifie qu'au jour de l'apposition d'un visa par la banque, la provision est disponible ; mais la banque n'est pas tenue de bloquer cette provision qui pourra se révéler insuffisante lors de la présentation du chèque au paiement. C'est la formule la moins usitée.
- Le chèque certifié présente plus de garanties : la banque y appose un cachet qui signifie que la provision est bien réelle et bloquée pour une durée de 8 jours. À l'expiration de ce délai, il redevient un chèque ordinaire. La certification établie par la banque précise la date et le montant du chèque ; elle contient la signature de la banque par un procédé mécanique de marquage ou d'impression indélébile. La certification peut être demandée par le signataire du chèque ou son bénéficiaire.
- Le chèque de banque est un chèque de caisse émis par le banquier lui-même pour le compte du créancier de son client. Le banquier débite simultanément le compte de son client du montant concerné. Ce chèque a un coût non négligeable, variable selon les établissements (de 7 € à plus de 15 €) mais il constitue la meilleure garantie de solvabilité ; il est valable 1 an et 8 jours.

L'utilisation du chèque

- L'émission d'un chèque met en présence trois interlocuteurs :

– le tireur, c'est-à-dire celui qui établit le chèque ;

– le tiré, c'est-à-dire la banque qui a la charge du compte du tireur ;

– le bénéficiaire, c'est-à-dire celui pour le compte duquel le chèque est émis.

- Le parcours du chèque à partir de son émission est le suivant : une fois remis par son bénéficiaire à son agence bancaire, celle-ci crédite le compte du bénéficiaire par anticipation. Envoyé au centre de traitement de cette banque, il est ensuite expédié à destination d'une chambre de compensation gérée par la Banque de France qui le fait à son tour parvenir au centre de traitement de la banque de l'émetteur ; après vérification, celle-ci débite le compte du tireur. En cas d'opposition ou de provision insuffisante, elle peut rejeter le chèque qui est alors retourné avec la mention « impayé ». Le compte indûment crédité est alors débité et supporte, en plus, les éventuels frais de retour du chèque impayé.

ATTENTION ⚠

Le chèque sans provision est conservé 10 ans dans les archives de la banque de l'émetteur.

À NOTER

Le client qui le désire peut obtenir une copie d'un chèque qu'il a émis. Ce service est généralement payant.

- Avant son émission, le chèque a une durée de vie illimitée. Une fois le chèque émis, sa durée de validité est limitée à 1 an et 8 jours (1 an pour le chèque postal), c'est-à-dire que tout chèque présenté pendant cette période doit être payé par le banquier dès lors que la provision existe. Passé ce délai, le banquier devra en refuser le paiement, même si la provision existe. Le bénéficiaire du chèque peut en exiger un nouveau puisque le débiteur est tenu de sa dette tant que le montant du chèque n'a pas été effectivement encaissé ; la seule remise du chèque au créancier ne libère donc pas le débiteur.

À NOTER

La date d'émission d'un chèque fixant le point de départ des délais de présentation et de recours et déterminant le moment du transfert de la propriété de la provision, un chèque sans date d'émission doit être considéré comme non valide et donc rejeté par la banque (Réponse ministérielle, 11/9/2008, Q n° 2550).

- Les précautions élémentaires à observer lors de la rédaction d'un chèque sont les suivantes :

– écrivez au stylo-bille (dont l'encre a la caractéristique d'être indélébile), noir de préférence ;

– remplissez entièrement l'espace destiné à la somme à payer au moyen d'un tiret horizontal. La somme à payer doit figurer en chiffres et en lettres. À défaut de concordance entre les deux mentions, c'est la somme en lettres qui prévaut ;

– signez toujours de manière identique et de façon manuscrite. Un chèque n'est valable qu'avec la signature de celui qui l'émet. La banque est responsable si elle paie un chèque dont la signature est fausse, même si elle est bien imitée ;

– évitez les ratures et écrivez lisiblement ;

– indiquez la date réelle d'émission du chèque. La loi interdit de « postdater » le chèque ; un tel comportement est passible d'une amende de 6 % du montant du chèque (avec un minimum de 0,76 €). En outre, cette opération est inutile : celui à qui est remis le chèque postdaté peut valablement en demander le paiement auprès de sa banque avant sa prétendue date d'émission. La banque sera dans l'obligation de lui créditer son compte des sommes correspondantes. Le chèque ne peut, en aucun cas, constituer un instrument de crédit ; c'est un instrument de paiement dit « à vue » et les facilités de paiement offerts par certains professionnels (paiement en trois fois sur 3 mois) peuvent se retourner contre le consommateur, dès lors que ces professionnels peuvent remettre les chèques à leur banque immédiatement en vue de leur paiement.

CHÈQUE BARRÉ, CHÈQUE NON BARRÉ

Les chèques délivrés par les banques sont des chèques barrés depuis 1978 et ce, pour des raisons fiscales. Ils ne peuvent être payés qu'à une banque, un établissement de crédit ou à un centre de chèques postaux, et non directement à la personne qui en est le bénéficiaire. Toutefois, il est possible d'obtenir de sa banque des chèques non barrés dont l'intérêt est de pouvoir se faire régler directement en espèces au guichet d'une banque. Ces chèques sont payants. Pour contourner le caractère onéreux du chèque non barré, il est possible de rédiger des chèques sur papier libre, à condition que votre convention de compte ne l'interdise pas, en y faisant figurer toutes les mentions obligatoires (→ index, *Chèques de paiement*).

L'acceptation d'un chèque par un commerçant ou un professionnel

- Un commerçant est en droit de refuser les chèques ou de ne les accepter qu'au-delà d'un certain montant, mais il doit en informer sa clientèle par un affichage lisible et visible de l'extérieur.
- Par contre, les membres d'un centre de gestion agréé (par exemple, certains médecins ou avocats) sont tenus d'accepter le paiement par chèque.
- Tout règlement d'un bien ou d'un service d'une valeur supérieure à 3 000 € effectué par un particulier non commerçant doit être fait, sous peine d'amende, par chèque barré, par virement, par carte bancaire ou de crédit. Par ailleurs, doivent être faits par chèque ou par virement tout versement de salaire supérieur à 1 500 €. Toute infraction à ces dispositions est passible d'une amende de 15 000 €.
- Le commerçant ou le professionnel peut demander au consommateur qui le règle par chèque la présentation d'une pièce d'identité. On entend par pièce d'identité, un document officiel comportant une photo d'identité (par exemple, une carte d'identité, un passeport, un permis de conduire...).

Le chèque sans provision et l'interdiction bancaire

Un consommateur ne peut émettre un chèque qu'à partir du moment où il dispose des sommes suffisantes sur son compte pour que le chèque soit payé à son bénéficiaire. Les sommes dont il s'agit portent le nom de provision.

Celle-ci doit être disponible au moment où le chèque est présenté (ainsi que les autres règlements, notamment par carte bancaire). À défaut, la banque peut rejeter le chèque présenté au paiement. Cette sanction génère ce qu'on appelle un incident de paiement mettant l'émetteur du chèque dans une situation dite d'interdiction bancaire, c'est-à-dire dans l'impossibilité d'émettre d'autres chèques ou de régler par carte bancaire, sauf s'il régularise sa situation de débiteur.

Le régime de l'interdiction bancaire

Il y a chèque sans provision lorsque la somme disponible sur le compte est insuffisante (ou inexistante) pour régler le chèque émis.

Afin de limiter le nombre de personnes inscrites au fichier des interdits bancaires de la Banque de France (chaque année près de 1,5 million d'usagers font l'objet d'une interdiction), un ensemble de mesures ont été prises dans la loi n° 2001-1168 du 11/12/2001.

Lorsque le banquier refuse le paiement d'un chèque pour provision insuffisante, il procède au rejet du chèque et compte des frais de rejet à son client. La loi du 11/12/2001 lui impose de prévenir le titulaire du compte du défaut de provision par tout moyen approprié : courrier, fax, mail... afin de lui épargner les frais de rejet s'il approvisionne son compte rapidement (*Code monétaire et financier, Art. L. 131-73*).

Le client qui émet un chèque sans provision est redevable de frais de rejet dont le montant est plafonné. La valeur de ces plafonds a été fixée par le décret n° 2007-1611 du 15/11/2007 (*Voir pages Barème*).

À défaut de régularisation rapide, l'incident de paiement est inscrit au fichier de la Banque de France. Une injonction est adressée, par lettre recommandée avec avis de réception, au client défaillant laquelle l'oblige :

– à restituer toutes les formules de chèque en sa possession, auprès des différentes banques où il a souscrit un compte ;

– à ne plus émettre de chèque jusqu'à la régularisation du chèque impayé, ou, à défaut, pendant 5 ans.

Le banquier doit également informer les personnes qui disposent d'une procuration leur permettant d'utiliser le compte ouvert au nom de l'utilisateur, de la sanction encourue.

La lettre d'injonction précise également les moyens à la disposition de l'émetteur pour régulariser sa situation, l'exigibilité de la pénalité libératoire et, le cas échéant, son montant (voir plus loin).

À NOTER

Des lettres d'injonction peuvent être adressées par la banque à son client pendant un délai d'1 an même si le compte sur lequel le chèque est tiré a été clôturé.

À NOTER

Si le banquier omet de réclamer à son client la restitution de son chéquier après la décision d'interdiction bancaire ou s'il délivre des chéquiers à un client inscrit au fichier des chèques irréguliers, il doit payer les chèques émis, même s'ils sont sans provision.

AVANTAGE

La banque est tenue de payer les chèques d'une valeur inférieure ou égale à 15 €, même si la provision du compte n'est pas suffisante, à une condition toutefois : le chèque doit être présenté moins d'un mois après sa date d'émission.

Le régime de l'interdiction judiciaire

Si l'interdiction bancaire est déclenchée par le banquier qui rejette un chèque que son émetteur a remis au bénéficiaire alors que la provision était insuffisante pour le payer, il est toujours possible à la personne à qui a été remis le chèque sans provision de porter plainte contre l'émetteur du chèque et de demander des dommages et intérêts à hauteur du préjudice subi.

Cette possibilité est offerte au bénéficiaire du chèque, notamment dans les cas suivants :

– retrait (par tout moyen) de tout ou partie de la provision, après émission d'un chèque, avec l'intention de porter atteinte aux droits d'autrui ;

– opposition faite à la banque de payer le chèque, dans des cas autres que ceux légalement autorisés, après émission du chèque et avec l'intention de nuire aux droits d'autrui ;

– émission d'un ou de plusieurs chèques par une personne interdite bancaire ou judiciaire.

Dans ces cas, le tribunal correctionnel peut condamner le contrevenant à une peine d'emprisonnement pouvant aller jusqu'à 5 ans et/ou à une amende de 375 000 € au maximum, et prononcer une interdiction judiciaire de procéder à l'émission de chèques de paiement pour une durée maximale de 5 ans (*Code monétaire et financier, Art. L. 163-2* ; *Code pénal, Art. 131-6*). L'interdiction judiciaire a la même portée que l'interdiction bancaire et s'accompagne de l'injonction adressée à l'émetteur du chèque de restituer à son banquier les formules de chèques qu'il détenait ou qui se trouvaient en possession de ses mandataires (*Code monétaire et financier, Art. L. 131-73*). Toutefois, contrairement à l'interdiction bancaire qui peut être régularisée, permettant ainsi à son auteur de retrouver des moyens de paiement, l'interdiction judiciaire ne peut être régularisée, et le contrevenant doit attendre la fin de la période d'interdiction bancaire résultant du jugement pour retrouver une situation bancaire normale.

La notification à la Banque de France

Sauf régularisation, la Banque de France doit être avertie dans les 2 jours à compter de l'incident de paiement. Celui-ci est enregistré au fichier national des chèques irréguliers consultable par tous les établissements de crédit et par tous les commerçants. La mesure d'interdiction bancaire ou judiciaire est transmise, par la Banque de France, aux autres banques auprès desquelles l'émetteur du chèque sans provision détient des comptes bancaires.

Il est à noter que la Banque de France a la faculté d'annuler la déclaration d'incident de paiement à la demande de son auteur, si cette déclaration procède d'une erreur de la banque ou si le titulaire du compte prouve qu'un événement qui ne lui est pas imputable a entraîné la disparition de la provision (par exemple, les impôts qui auraient prélevé la somme de 5 335 € au titre du tiers provisionnel, au lieu de 535 €...).

AVANTAGE

Tout bénéficiaire d'un chèque peut interroger, à titre payant, la Banque de France pour vérifier si celui-ci n'a pas été déclaré comme perdu ou volé, ou émis par une personne frappée d'interdiction bancaire ou judiciaire.

À NOTER

On ne peut former opposition au paiement d'un chèque que l'on a signé et remis à son destinataire qu'en cas de perte, de vol, d'utilisation frauduleuse du chèque, de redressement ou de liquidation judiciaire du porteur (Code monétaire et financier, Art. L. 131-35). Toute opposition irrégulière est punie d'une peine d'amende ou d'emprisonnement. Par exemple, il est interdit de faire opposition à un chèque émis pour régler une marchandise commandée par correspondance sous prétexte que celle-ci ne correspond pas à ce que l'on attendait.

L'interdiction bancaire et le compte joint

Si l'incident de paiement se produit sur un compte joint (→ index, *Comptes bancaires, compte joint*), la sanction de l'interdiction bancaire est applicable à tous les cotitulaires de ce compte, quel que soit l'auteur du chèque sans provision (*Code monétaire et financier, Art. L. 131-80*). De plus, les cotitulaires du compte joint sont interdits bancaires sur tous les autres comptes personnels respectifs qu'ils peuvent détenir, même dans d'autres établissements de crédit, s'ils n'ont pas pris la précaution de désigner à l'avance et, d'un commun accord, dans la convention de compte (→ index, *Convention de compte*), l'un d'entre eux comme seul responsable d'une éventuelle émission de chèques sans provision. En revanche, si cette précaution a été prise, seul le titulaire désigné responsable sera interdit sur le ou les éventuels comptes dont il pourrait être détenteur individuellement ; le ou les autres titulaires du compte joint peuvent alors continuer à tirer des chèques sur leur(s) compte(s) personnel(s).

La faculté de régularisation de l'incident de paiement

L'auteur d'un chèque sans provision est interdit bancaire pendant une durée de 5 ans s'il ne régularise pas sa situation (*Code monétaire et financier, Art. L. 131-78*). La régularisation d'une situation d'interdiction bancaire est soumise à une double condition :

– l'intéressé doit régler le montant du chèque litigieux :

- soit directement entre les mains du bénéficiaire et ceci, en échange de la restitution du chèque impayé et de l'attestation de rejet que la banque a adressée au bénéficiaire. Ces documents, qui devront être remis à la banque, serviront de preuve du paiement. Ils ont pour effet de lever la sanction de l'interdiction bancaire,
- soit auprès de sa banque en constituant une provision suffisante sur son compte et en demandant, par écrit, qu'elle soit affectée au règlement du chèque. Ceci entraîne son blocage dans l'attente d'une nouvelle présentation. Si l'on connaît les coordonnées du bénéficiaire du chèque, il est recommandé de lui demander de présenter de nouveau le chèque au paiement. À défaut de connaître le bénéficiaire, ou si celui-ci ne le représente pas au paiement, la régularisation sera validée par la constitution d'une provision sur un compte spécialement affecté au paiement du chèque et ce, pendant un délai d'1 an maximum au-delà duquel la provision redevient disponible. Dans les deux cas, si le chèque litigieux est représenté par le bénéficiaire, il faut en rapporter la preuve à la banque par présentation de l'écriture en compte figurant sur le relevé bancaire. À ce moment, la sanction de l'interdiction bancaire sera levée ;

– pour obtenir la faculté d'émettre à nouveau des chèques, une pénalité libératoire doit, en principe, être acquittée. Toutefois, elle n'est pas due si aucun chèque sans provision n'a été émis dans les 12 mois précédant l'incident de paiement et que la régularisation intervient dans les 2 mois qui suivent l'injonction faite par la banque. Si ces deux conditions ne sont pas remplies, la pénalité est égale à 22 € par tranche de 150 € non provisionnée et à 5 € lorsque la fraction non provisionnée est inférieure à 50 € (*Code monétaire et financier, Art. L. 131-75*). Le montant de la pénalité libératoire est, par ailleurs, doublé lorsque le titulaire du compte a déjà procédé à trois régulations lui ayant permis de recouvrer la faculté d'émettre des chèques dans les 12 mois qui précèdent l'incident de paiement. L'amende est payable en timbres fiscaux que l'on appose sur la lettre d'injonction. Cette dernière doit être retournée à la banque.

La régularisation effectuée, la banque doit remettre au client une attestation de régularisation et informer la Banque de France dans les 2 jours qui suivent afin que celle-ci procède à la radiation de l'usager au fichier national des chèques irréguliers.

Ce n'est qu'après la régularisation que l'intéressé recouvre la capacité d'émettre des chèques, à condition bien sûr qu'il n'ait pas été condamné à une interdiction judiciaire ou qu'il n'ait pas provoqué un incident de paiement sur un autre compte bancaire détenu par lui. Toutefois, la banque peut valablement refuser, après une interdiction bancaire, de délivrer un chéquier à son client.

À NOTER

Toutes les contestations relatives à l'interdiction bancaire peuvent être soumises à la justice civile (Code monétaire et financier, Art. L. 131-79).

La victime d'un chèque sans provision

La victime d'un chèque sans provision doit agir rapidement auprès de sa banque de manière à préserver ses intérêts.

Lorsque le chèque présenté par le porteur au paiement est rejeté pour défaut de provision, la banque doit adresser à ce dernier une attestation de rejet.

À défaut de paiement du chèque ou de constitution d'une provision dans les 30 jours de sa présentation, le bénéficiaire du chèque peut soit demander à sa banque une nouvelle présentation du chèque, soit demander un certificat de non-paiement (la banque l'envoie dans un délai de 15 jours). L'envoi de ce certificat est automatique en cas de nouvelle présentation infructueuse du chèque au paiement. Tout versement effectué sur son compte chèque par celui qui a émis le chèque impayé est affecté en priorité à la constitution d'une provision pour le paiement intégral de celui-ci.

Le porteur dispose alors de la possibilité de faire signifier le certificat de non-paiement, par huissier ou par lettre recommandée avec demande d'avis de réception, à l'émetteur du chèque sans provision, ce qui vaut commandement de payer.

À défaut de régularisation de l'incident de paiement par son auteur dans les 15 jours à compter de la signification, l'huissier y appose la formule exécutoire. Le certificat de non-paiement a alors la même valeur qu'un jugement et le porteur du chèque peut engager des voies de recouvrement forcé pour récupérer le montant du chèque (injonction de payer, saisie sur salaire...) (*Code monétaire et financier, Art. L. 131-73*).

À NOTER

Les frais de toute nature qu'occasionne le rejet d'un chèque sans provision sont à la charge de celui qui a émis le chèque.

La perte ou le vol du chéquier

Lorsque le titulaire d'un chéquier le perd ou se le fait dérober, il lui faut faire opposition dans les plus brefs délais pour éviter tout débit frauduleux sur son compte. L'opposition est également possible en cas d'utilisation frauduleuse du chèque, de redressement ou de liquidation judiciaires du porteur. Le banquier doit informer son client par écrit des sanctions encourues en cas d'opposition fondée sur une autre cause que celles qui sont permises (emprisonnement pouvant aller de 1 à 5 ans et/ou amende de 450 € à 375 000 € au maximum si l'opposition a été effectuée dans l'intention de porter atteinte aux droits d'autrui).

Si l'opposition est réalisée par téléphone ou oralement, elle devra être ultérieurement confirmée par lettre recommandée pour les cas de vol ou de perte. Il est utile d'y joindre le récépissé de la déclaration de perte ou de vol effectuée auprès du commissariat. Il faut également communiquer les numéros des chèques concernés. La banque répercute l'opposition dans tout son réseau et avise la Banque de France dans les 2 jours.

Il est à noter que la Banque de France a mis en place un numéro d'appel permettant aux titulaires victimes de la perte ou du vol de leur chéquier de faire opposition dans les plus brefs délais. Ce numéro est le 0 892 683 208, accessible 24 heures sur 24 et 7 jours sur 7. Toutefois, l'appel enregistré ne se substitue pas à l'opposition écrite que le client doit faire.

La carte bancaire

Cet instrument de paiement est de plus en plus utilisé en France, au détriment progressif du chèque et du règlement en espèces.

Il faut savoir que la loi du 30/12/1991 a rendu applicable aux cartes de crédit les dispositions applicables aux chèques en vertu du décret-loi du 30/10/1935, aujourd'hui codifié dans le Code monétaire et financier.

Les différentes sortes de cartes

On distingue les cartes nationales, internationales et les cartes haut de gamme. Ne sont pas assimilées aux cartes bancaires, les cartes dites « privatives », délivrées par les magasins associés à des organismes financiers (→ index, *Crédit renouvelable*).

Les cartes nationales

Elles se répartissent en deux grandes catégories : les cartes de retrait et les cartes de paiement (*Code monétaire et financier, Art. L. 132-1*) :

– les cartes de retrait permettent uniquement de retirer de l'argent dans les distributeurs automatiques de billets. Certaines ne fonctionnent que dans les points de retrait du réseau de la banque émettrice, d'autres sont interbancaires. Elles offrent également l'accès à des opérations basiques, comme la consultation de l'état de son compte, le dépôt d'espèces, le virement ou la commande de chéquiers. Ces cartes sont soit gratuites, soit facturées, mais elles sont toujours d'un coût inférieur aux cartes de paiement ;

– les cartes de paiement permettent à leur titulaire, en plus du retrait d'argent dans tous les distributeurs de billets, de payer ses achats auprès des commerçants agréés par le réseau carte bancaire, achats qui sont plafonnés *(Voir pages Barème)*. Ce paiement s'effectue en composant sur un terminal de paiement électronique un code confidentiel (pour les sommes supérieures à 800 €, une signature est également exigée). On peut aussi régler par le biais du classique « fer à repasser » qui prend l'empreinte de la carte et qui nécessite la signature manuscrite du client sur une facturette. Cependant, son usage n'est en principe plus possible en France.

Certaines cartes de paiement sont dites « à débit immédiat ». Ceci signifie que le montant des achats est débité, dès la présentation au paiement par le commerçant. D'autres sont dites à « débit différé », ce qui permet de repousser le débit des achats à la fin du mois. La banque procède en fait à une avance de fonds en payant d'avance les commerçants bénéficiaires avant de débiter le compte à la fin du mois.

On constate sur ce point deux pratiques différentes : soit la banque débite effectivement le dernier jour du mois toutes les factures qui lui sont parvenues avant cette date ; soit elle instaure un jour-butoir (aux alentours du 20 du mois) après lequel les factures présentées au paiement seront débitées à la fin du mois suivant.

La formule du débit différé apparaît comme une formule intéressante en terme de crédit et de disponibilité des fonds ; il n'en reste pas moins qu'elle peut engendrer certains excès de la part du client imprévoyant. En tout état de cause, la provision doit être suffisante à la fin du mois pour régler toutes les factures qui se présentent, sous peine de se voir facturer des agios. Ces cartes à débit différé ont un coût plus important pour les banques qui les facturent donc plus cher.

À NOTER

Comme le font déjà les enseignes de la grande distribution, les banques proposent désormais des cartes de crédit présentant une double fonction. Ces cartes, en effet, permettent de payer « cash » un achat (le cas échéant avec un paiement différé à la fin du mois) ou d'utiliser la réserve de crédit adossée à la carte. Le détenteur de ces cartes peut donc acheter le bien en cause par le biais d'un crédit renouvelable dont les taux oscillent entre 15 et 20 %. De telles cartes banalisent le recours aux crédits renouvelables, présents dans 90 % des dossiers de surendettement.

Les cartes de paiement procurent également des services annexes propres à chaque établissement.

À NOTER

La mention « carte de crédit » doit être apposée sur les cartes liées à l'ouverture d'un crédit à la consommation depuis le 12/6/2002. Sont visées les cartes permettant des paiements différés.

À NOTER

Il existe également des cartes à autorisation systématique. Lors du paiement d'un achat ou d'un retrait d'argent, quel que soit le montant de l'opération, une demande d'autorisation est effectuée automatiquement auprès de la banque du titulaire de la carte. L'opération n'est acceptée que si le solde du compte est créditeur ou si le montant du découvert n'est pas dépassé.

Cette spécificité mise à part, ces cartes ont les mêmes caractéristiques que les autres cartes bancaires.

Elles se nomment Visa Electron (réseau Visa) et Maestro (réseau Mastercard).

QUELLES SONT LES PÉNALITÉS À PAYER EN CAS D'ÉMISSION D'UN CHÈQUE SANS PROVISION ?

Votre situation	Pénalités à payer	Exemple
Vous réglez votre dette dans les 60 jours et vous n'avez pas eu d'autres incidents de paiement dans les 12 derniers mois	Pas de pénalités	
Vous réglez votre dette dans les 30 jours et vous avez eu un incident de paiement dans les 12 derniers mois	22 € par tranche de 150 € (1)	Si vous émettez un chèque impayé de 900 €, vous paierez : 6 × 22 = 132 € …/…

QUELLES SONT LES PÉNALITÉS À PAYER EN CAS D'ÉMISSION D'UN CHÈQUE SANS PROVISION ? (SUITE)		
Votre situation	**Pénalités à payer**	**Exemple**
Vous ne réglez pas votre dette dans les 30 jours	22 € par tranche de 150 € (1)	Si vous émettez un chèque impayé de 900 €, vous paierez : 6 × 22 = 132 €
Vous avez eu 3 incidents de paiement depuis 1 an	44 € par tranche de 150 €	Si vous émettez un chèque impayé de 900 €, vous paierez : 6 × 44 = 264 €

(1) Si la tranche non provisionnée est inférieure à 50 €, la pénalité est de 5 € et de 10 € si vous avez eu 3 incidents de paiement depuis 1 an.

Les cartes internationales

Elles procurent des services identiques aux cartes de paiement nationales mais leur champ d'application s'étend au plan international. Vous pouvez vous en servir pour effectuer des retraits de devises auprès des distributeurs de billets (DAB) ou des guichets de banque étrangers. Vous pouvez également vous en servir pour payer directement un commerçant dans la devise de son pays. L'apparition de l'euro au 1/1/1999 a créé deux types d'opérations par carte bancaire à l'étranger : celles réalisées en monnaie de la zone euro (l'Union économique et monétaire comporte, en dehors de la France, les pays suivants : Allemagne, Autriche, Belgique, Chypre, Espagne, Finlande, Grèce, Irlande, Italie, Luxembourg, Malte, Pays-Bas, Portugal, Slovaquie et Slovénie) et celles réalisées en monnaies hors zone euro. Pour les monnaies de l'Euroland (lire italienne, deutsche mark...), le risque de change a disparu : les commissions prélevées par les banques sont donc moins élevées que par le passé et notamment moins chères que celles prévues pour une opération (retrait ou paiement) en monnaie hors zone euro (dollar américain, livre sterling...).

Les cartes internationales sont toutes assorties de prestations d'assistance relativement complètes (rapatriement médical, prise en charge jusqu'à certains plafonds des frais de soins à l'étranger, etc.). Elles disposent de services complémentaires variables selon les établissements (assistance juridique, assurance contre le vol des objets réglés avec la carte...).

Les plus connues sont la carte Visa et la carte Eurocard Mastercard. Leur prix d'achat est variable *(Voir pages Barème)*.

À NOTER

Lorsque vous prélevez de l'argent à l'étranger avec une carte bancaire, mieux vaut effectuer un seul retrait important que plusieurs petits, une commission étant prélevée lors de chaque opération.

AVANTAGE

Depuis le 1/7/2002, les frais prélevés par un établissement bancaire lors des paiements électroniques par carte bancaire et des retraits dans les distributeurs automatiques dans un des pays de la zone euro, dans la limite de 12 500 €, sont identiques à ceux facturés par ce même établissement sur le plan national (Règlement CE n° 2560/2001 du 19/12/2001).

Les cartes haut de gamme

Elles ont vocation à procurer à leur utilisateur des services en quantité et/ou en qualité supérieure par rapport aux cartes nationales ou internationales en termes de retraits d'argent et de règlement des achats *(Voir pages Barème)*. Elles offrent, de plus, certains services annexes : assurance décès, assurance invalidité, indemnisation des vols de bagages, indemnisation des retards d'avions...

Ces garanties sont variables selon le type de carte, et parfois subordonnées à des conditions restrictives. Une lecture attentive du contrat et des conditions générales est donc nécessaire.

Les cartes les plus connues sont la Visa Premier et la Gold Mastercard.

L'obtention de la carte bancaire

À l'inverse du chéquier, la carte bancaire est payante ; son prix dépend de la nature de la carte acquise *(Voir pages Barème)*. Sa délivrance n'est pas automatique et, à l'instar du chéquier, se fait en fonction d'un critère salarial, généralement après une période probatoire. Cependant, le décret n° 2001-45 du 17/1/2001, dans le cadre de la réglementation du droit au compte, oblige les banques à délivrer une carte de paiement à autorisation systématique ou, à défaut, une carte autorisant des retraits hebdomadaires dans les distributeurs de son réseau. La carte bancaire ne peut être attribuée qu'après une demande spécifique du client. La durée de validité de la carte est généralement de

2 ans ; elle est mentionnée sur la carte. À échéance, le renouvellement de celle-ci est automatique.

La délivrance d'une carte bancaire donne lieu à la signature d'un contrat contenant les conditions et les modalités de son fonctionnement. Ce document est dénommé « contrat-porteur carte bancaire ». Il s'agit d'un document important qu'il est recommandé de lire, notamment en cas de litige avec sa banque sur l'utilisation de la carte bancaire.

Son contenu est le suivant :

– la banque s'engage à fournir au titulaire un service de caisse et à payer les achats effectués avec la carte ;

– le porteur s'engage à rembourser la banque des sommes payées au fournisseur. La provision du compte doit être suffisante, sauf autorisation de découvert ou débit différé (→ index, *Découvert bancaire*). Attention : le porteur ne doit pas inscrire son code confidentiel à proximité de la carte, sur quelque support que ce soit.

À NOTER

Le fait, pour une banque, de délivrer une carte bancaire à un client sans que celui-ci en ait fait la demande est qualifiable d'envoi forcé. C'est une infraction condamnée par des peines d'amende.

ATTENTION ⚠

La carte bancaire reste la propriété de l'établissement émetteur qui peut en exiger la restitution à tout moment. Le cas échéant, le client peut demander le remboursement du montant de la cotisation correspondant à la durée de validité qui reste à courir.

À NOTER

En cas de détérioration, de perte ou de vol de la carte bancaire en cours de validité, la banque procède à son renouvellement anticipé. Cette opération n'est pas toujours gratuite.

L'utilisation de la carte bancaire

En ce qui concerne le retrait d'argent dans les distributeurs automatiques de billets (DAB) ou les guichets automatiques de banque (GAB), il y a lieu de respecter certaines règles :

– quand le choix est proposé, il est conseillé de toujours demander la délivrance d'un ticket et de le conserver jusqu'à réception du relevé de compte sur lequel figurera cette opération de retrait ;

– ne pas jeter le ticket délivré par le distributeur ; il peut en effet comporter les coordonnées bancaires du porteur, qui peuvent être utilisées à son insu ;

– si la carte est « avalée », il faut se présenter à l'agence dont dépend le distributeur ; celle-ci doit rendre la carte sur présentation d'une pièce d'identité et vérifier la cause du dysfonctionnement de la carte et/ou du distributeur ;

– si le nombre de billets délivrés ne correspond à ce qui a été demandé (par exemple, on reçoit 100 € au lieu de 200 €), il faut demander à l'agence la vérification de l'enregistrement des bandes magnétiques et présenter une réclamation auprès de sa banque. Sur ce point, le contrat porteur prévoit que seuls les enregistrements de ces appareils ou leur reproduction sur un support informatique font foi et constituent la preuve des opérations effectuées au moyen de la carte, justifiant, à ce titre, leur imputation au compte du porteur. Toutefois, cette clause peut être contestée ;

– ne pas dépasser le plafond de retrait autorisé par sa banque. Ce plafond est de 300 € par période de 7 jours consécutifs pour les retraits effectués dans des distributeurs n'appartenant pas au réseau bancaire de votre établissement. Il est de 900 € en France et de 1 500 € à l'étranger, quel que soit le DAB utilisé, pour les cartes bancaires de prestige. Dans les DAB de votre banque, ces plafonds sont généralement plus élevés ;

– le porteur d'une carte qui, par trois fois, compose un code erroné se voit retenir sa carte par le distributeur.

ATTENTION ⚠

C'est désormais une pratique courante : la banque facture des frais au client qui va retirer de l'argent à un distributeur ne relevant pas de son réseau. La ponction varie entre 0,90 et 1 € par retrait au-delà d'un certain nombre de retraits par mois (facturation le plus souvent à partir du 5e ou 7e retrait par mois).

MONÉO OU LE PORTE-MONNAIE ÉLECTRONIQUE

Il existe trois types de carte Monéo : l'une est intégrée à la carte bancaire classique (le logo figure au verso de la carte) ; l'autre, dite « Monéo bleue », est indépendante de la carte mais rattachée à un compte bancaire ; la dernière, la carte « Monéo verte » n'est pas rattachée à un compte. Dans les trois cas, elle permet de vous constituer un porte-monnaie électronique utilisable pour régler les petites dépenses quotidiennes ne dépassant pas 30 €. .../...

MONÉO OU LE PORTE-MONNAIE ÉLECTRONIQUE (SUITE)

Lorsque la banque remet la carte Monéo, celle-ci est vide. Il convient de la charger, pour la première fois, à une borne spécifique située dans les agences bancaires. Pour le rechargement, on peut procéder de la même manière ou par l'intermédiaire d'un commerçant qui accepte ce mode de paiement.
Elle est utilisable chez les commerçants qui acceptent ce mode de paiement. La carte est alors introduite dans un terminal de paiement ; il suffit, après avoir vérifié le montant indiqué sur l'écran, de valider (le code n'est pas à composer). On peut également l'utiliser dans certains automates (horodateurs, caisses automatiques de parking, affranchisseurs de La Poste...).
Le porte-monnaie électronique n'a pas connu le succès escompté ; ce qui s'explique en partie par le montant élevé des commissions demandées aux commerçants et par les frais facturés aux consommateurs.

● En ce qui concerne le règlement d'achat de biens ou de prestations de service dans les magasins à l'aide de la carte bancaire, les commerçants sont équipés soit d'un terminal électronique sur lequel la frappe du code personnel du porteur est faite (on parle de signature électronique), soit d'un « fer à repasser » qui prend l'empreinte des informations contenues sur la carte du porteur.

On peut utiliser sa carte bancaire auprès des professionnels affichant le logo CB, en France comme à l'étranger. Un plafond d'autorisation de dépenses est fixé en moyenne à 1 500 € (7 500 €, soit pour les cartes bancaires de prestige) par période de 30 jours consécutifs *(Voir pages Barème)*.

– Un commerçant affichant le logo CB sur sa vitrine ou sur sa caisse ne peut refuser le paiement par carte bancaire. De plus, il ne saurait demander au client le versement d'une quelconque somme supplémentaire lorsque le paiement est effectué à l'aide de la carte. En revanche, le professionnel a le droit de fixer un seuil en deçà duquel il peut exiger un autre mode de règlement que la carte bancaire.

– Il est fortement recommandé de frapper le code confidentiel à l'abri des regards indiscrets ou de vérifier le montant de la facturette avant de signer. Dans tous les cas, un double de la facturette doit être remis au consommateur par le commerçant.

– Pour les transactions au-delà d'un certain montant, variable selon les magasins, le commerçant est tenu de demander une autorisation au Centre carte bancaire, de manière à vérifier si le montant de la transaction ne dépasse pas le plafond d'autorisation de dépenses convenu dans le contrat porteur.

– Il est possible que la carte du porteur soit refusée par le terminal du commerçant, parce qu'elle est pleine ou saturée. Dans ce cas, il suffit que le commerçant demande une autorisation au Centre carte bancaire pour que le paiement soit validé.

– Le consommateur qui procède à des règlements au moyen de sa carte bancaire sans disposer d'une provision suffisante ne s'expose pas à une procédure d'interdiction bancaire (→ index, *Interdiction bancaire*). Toutefois, si les incidents sont trop fréquents, la banque peut procéder au retrait de la carte.

● En ce qui concerne les achats par téléphone (réservation de billets, de spectacles...), par correspondance ou par Internet à l'aide de la carte bancaire, la banque est autorisée à débiter le compte du porteur de la carte au vu des relevés carte bancaire transmis par le commerçant et ce, même en l'absence de factures signées par le porteur.

Attention : la commande se fait en communiquant le numéro à 16 chiffres figurant en relief sur la carte (et non le code confidentiel à 4 chiffres), ainsi que la date de fin de validité de la carte. Ces informations, à l'inverse du code à 4 chiffres, ne sont pas confidentielles et peuvent même être facilement récupérées sur des facturettes qu'un porteur distrait ou négligent aurait laissé traîner.

L'importance grandissante du commerce électronique via Internet s'est accompagnée d'une recrudescence de la fraude. Pour tenter de l'enrayer, le Groupement des cartes bancaires a ainsi été récemment amené à demander aux banques de ne plus faire figurer in extenso le numéro à 16 chiffres de la carte du porteur, comme cela est déjà le cas pour les tickets émis par les DAB. Les 6 premiers chiffres et le dernier chiffre du numéro de chaque carte devraient donc être tronqués. Cette mesure devrait être prochainement effective.

AVANTAGE

Pour effectuer des achats en ligne et des paiements sur Internet, plusieurs banques proposent aujourd'hui une e-carte Bleue. Vous n'avez plus besoin de communiquer votre numéro de carte, les risques de son utilisation frauduleuse s'en trouvent réduits. Le système consiste à télécharger un logiciel sur son ordinateur. Il faut ensuite, pour chaque achat en ligne, entrer son identifiant et son mot de passe. Un numéro unique, qui ne sert qu'une fois, vous est alors attribué : il suffit de le reporter sur le formulaire de commande du site.

Compte tenu, par ailleurs, des nombreux cas de fraude, la loi n° 2001-1062 du 15/11/2001 a institué de nouvelles mesures de protection. La première est la création d'un nouveau motif d'opposition au paiement : aux traditionnels perte et vol s'ajoute l'utilisation frauduleuse de la carte. Désormais, le porteur de carte peut donc faire opposition s'il s'aperçoit que des opérations bancaires ont été faites à son insu par l'utilisation d'une carte contrefaite ou simplement à distance par l'utilisation de son numéro de code confidentiel. Sont notamment visés les achats effectués à distance à partir du numéro en clair de la carte ou copie des données inscrites sur la bande magnétique pour créer un double de la carte utilisable à l'étranger.

La perte, le vol, le détournement ou l'utilisation non autorisée de la carte

Le paiement réalisé au moyen de la carte bancaire est irrévocable et le consommateur ne peut faire opposition à celui-ci, même à titre de sanction à l'encontre d'un professionnel avec lequel il a un litige. Désormais, le porteur de carte peut faire opposition en cas de perte, de vol, de détournement ou de toute utilisation non autorisée de la carte, ainsi qu'en cas de redressement ou de liquidation judiciaires du bénéficiaire. En cas de vol ou de perte, le titulaire doit agir sans tarder compte tenu de ses habitudes d'utilisation de la carte pour pouvoir bénéficier du plafond de franchise (*Code monétaire et financier, Art. L. 133-17*). La banque peut néanmoins imposer un délai pour faire opposition qui ne peut pas être inférieur à 2 jours francs après la perte ou le vol.

En cas de contestation d'une opération de paiement effectuée avec la carte, le titulaire toujours en possession de sa carte dispose de 13 mois pour effectuer une réclamation à compter de la date de l'opération litigieuse.

Dans ces cas de figure, il convient de réagir vite et de faire opposition dès que possible en contactant son agence ou, par téléphone, les centres d'opposition joignables 7 jours sur 7, 24 heures sur 24. Chaque banque a son propre centre d'opposition. Demandez le numéro de téléphone à votre banque. En cas de besoin, vous pouvez appeler le serveur vocal interbancaire au 0 892 705 705 qui vous orientera vers le centre dont vous dépendez. Lors de votre appel, vous devez communiquer votre numéro de carte à 16 chiffres et uniquement celui-ci. Il est également nécessaire de faire une déclaration de perte ou de vol à la police ou à la gendarmerie.

Dès l'opposition effectuée par téléphone, il convient de la confirmer par lettre recommandée avec demande d'avis de réception ou, sur place, au guichet de sa banque. La confirmation doit mentionner le nom du porteur, le numéro de la carte (et non son code confidentiel), et être accompagnée du récépissé de déclaration de perte ou de vol délivré par le commissariat. En cas de contestation sur la date de l'opposition, c'est la date de réception de cette lettre recommandée par l'établissement de crédit qui fait foi. Il convient également de signaler à sa banque le fait que le voleur ait pu avoir, par quelque procédé que ce soit, communication du code confidentiel.

Le titulaire de la carte est responsable de la garde et de l'usage de cette carte tout comme du code confidentiel qui y est attaché. En cas de vol ou de perte de la carte, il est présumé être l'auteur des opérations effectuées antérieurement à l'opposition et supporte la charge des retraits et des paiements effectués jusque-là dans la limite cependant d'une franchise : au-delà de ce montant, c'est la banque qui supporte la charge des débits frauduleux. Cependant, le plus souvent, la banque offre la faculté aux titulaires de cartes de s'assurer afin de ne pas payer la franchise. Le montant de la franchise, c'est-à-dire la perte financière maximale subie par le titulaire d'une carte perdue ou volée avant sa mise en opposition est de 150 € depuis le 1/1/2003. Ce plafond s'applique à l'ensemble des opérations effectuées avant la mise en opposition (achats effectués chez les commerçants et retraits dans les distributeurs automatiques de billets). Mais ce plafond ne s'appliquera pas si le porteur a agi avec négligence grave (code confidentiel noté près de la carte par exemple) ou s'il n'a pas fait opposition dans les meilleurs délais (voir ci-dessus).

À NOTER

La franchise de 150 € ne s'applique pas en cas de retraits et paiements réalisés avec une carte contrefaite ou par le biais d'un achat à distance. En pareille situation, la banque doit restituer l'intégralité des sommes litigieuses et les frais bancaires payés (frais d'opposition par exemple).

Lorsque l'opposition est motivée par un usage frauduleux de la carte, les sommes litigieuses sont recréditées sans frais sur le compte du titulaire de la carte au plus tard dans le mois à compter de la réception de la contestation.

Les frais bancaires facturés à la suite de l'utilisation frauduleuse de la carte (mais pas en cas de perte ou de vol) sont remboursés.

La responsabilité du titulaire de la carte est dégagée pour toutes les opérations réalisées après la date de l'opposition. La banque assume seule le risque financier.

La Cour de cassation a confirmé l'irresponsabilité du titulaire de la carte bancaire en cas de débit frauduleux, même lorsqu'il y a eu composition du code confidentiel, sauf si la banque prouve que le client a commis une faute lourde (*Cour de cassation, Chambre commerciale, 2/10/2007 et 1re chambre civile, 28/3/2008*).

À NOTER

Apprenez par cœur votre code secret. Ne le confiez à personne et ne l'inscrivez nulle part.

AVANTAGE

Signez votre carte bancaire au dos. Vous éviterez ainsi qu'un fraudeur inscrive sa propre signature en cas de perte ou de vol de la carte.

Les virements et les prélèvements bancaires

Ces deux opérations consistent en un transfert de fonds d'un compte à un autre par le biais d'écritures comptables et non par chèques, espèces ou carte bancaire. Le virement se fait à l'initiative du titulaire du compte à débiter, le prélèvement, au contraire, est effectué par le bénéficiaire avec l'accord du débiteur. Les avantages de ces modes de paiement sont la rapidité et la sécurité.

Le virement

Ce mode de paiement permet de payer régulièrement, à date fixe, des sommes qui ne varient pas comme le loyer.

L'ordre de virement bancaire peut être donné par téléphone, par Minitel, par Internet, lors d'une opération dans un guichet ou directement à l'agence. Il est souhaitable, dans tous les cas, de le confirmer par écrit.

Le virement est un mandat donné par le client à sa banque ; celle-ci doit l'exécuter avec diligence et exactitude. La banque du donneur d'ordre, comme celle du bénéficiaire, doivent vérifier la régularité de l'ordre de virement.

Le bénéficiaire reçoit un avis de crédit mentionnant le nom du donneur d'ordre. L'absence de protestation de sa part signifie l'acceptation. Le donneur d'ordre reçoit un avis de débit mais le plus souvent, le virement lui est signifié sur son relevé de compte.

Le virement à destination d'une autre banque est un service payant dans la plupart des établissements.

Il existe également des possibilités de virement automatique d'un compte de dépôt vers un compte d'épargne, virement assorti d'une garantie de délai d'exécution. Le virement automatique en sens inverse n'est pas possible.

ATTENTION ⚠

Attention : il est interdit de réaliser un virement d'un montant supérieur à la provision du compte de dépôt, sauf bien sûr à disposer d'une autorisation de découvert ou à profiter de la bienveillance de son banquier. À défaut, le virement ne pourra avoir lieu. La banque facture, en outre, des frais pour incident de paiement dont le montant est plafonné (Voir pages Barème).

AVANTAGE

Grâce au virement, vous ordonnez à votre banque de payer une somme fixe à la même personne, à une date convenue, ce qui vous assure une réelle tranquillité d'esprit.

À NOTER

Tout virement, ponctuel ou permanent, peut être interrompu à tout moment à votre demande.

AVANTAGE

Le virement bancaire européen doit être mis en place par les banques françaises. But de l'opération : que les virements entre les États membres de l'Union européenne soient plus simples et plus rapides pour les clients.

Le prélèvement automatique

Il se différencie du virement par le fait qu'il est réalisé à l'initiative du bénéficiaire. La décision de recourir au prélèvement automatique doit cependant avoir reçu l'aval du titulaire du compte ayant vocation à être débité. Il est adapté aux créances à échéances régulières et à montants variables (EDF, Gaz de France, France Telecom, impôts...).

Il doit faire l'objet d'un contrat entre le débiteur, son banquier et le bénéficiaire. Ce contrat mentionne l'identité des parties et désigne le compte à prélever, les dates et, éventuellement, les montants d'échéance ; si ce montant n'est pas prédéterminé, le bénéficiaire doit l'indiquer avec exactitude au débiteur préalablement à l'avis de prélèvement. Ce dernier a ainsi le temps de vérifier l'exactitude de la somme demandée, d'en contester le montant si nécessaire et d'ajuster éventuellement la provision de son compte.

Dans ce contrat, le débiteur donne un mandat à sa banque : il s'agit d'un ordre de paiement permanent soumis à l'accord du banquier. Il donne également mandat à son créancier d'émettre des avis de prélèvement auprès de sa banque.

Ces mandats sont révocables à tout moment, sauf clause contraire insérée dans le contrat.

Attention : à défaut de provision sur le compte sur lequel est réalisé le prélèvement, celui-ci ne peut avoir lieu. À la différence des chèques, les prélèvements ne sont pas présentés une nouvelle fois. L'avis de prélèvement sera donc retourné impayé à l'émetteur et ce dernier devra alors se faire payer par d'autres moyens (chèque, TIP, espèces...), ce qui ne lui interdit pas d'user de voies d'exécution forcée à l'encontre du débiteur (saisies notamment).

La banque facture, en outre, des frais pour incident de paiement dont le montant est plafonné *(Voir pages Barème)*.

Le titre interbancaire de paiement (TIP)

Il s'agit d'un ordre de virement préétabli par le créancier et adressé au débiteur avec la facture. Il suffit alors à ce dernier de le dater, le signer et le renvoyer au centre de traitement qui lui est indiqué pour payer son créancier.

La première fois que l'on utilise ce mode de paiement, il faut joindre à l'envoi un relevé d'identité bancaire ou postal.

Le TIP est un ordre de virement à échéance : le compte est débité à la date d'échéance indiquée. C'est un moyen de paiement fiable traité par informatique et qui supprime le risque d'erreur humaine. Il a l'avantage de porter à la connaissance du débiteur le montant de la facture. Celui-ci peut refuser ce mode de paiement en ne renvoyant pas le TIP, car le paiement par TIP n'est jamais obligatoire.

À NOTER

Lorsque vous réglez vos factures par TIP depuis un certain temps, vous pouvez changer le compte que vous voulez voir débiter. Il suffit pour cela de fournir un nouveau relevé d'identité bancaire ou postal.

Le télépaiement

Ce mode de paiement tend, à l'heure actuelle, à se développer. Il permet de régler certaines factures par l'intermédiaire du Minitel ou d'Internet. Le télépaiement est accessible de trois manières :

– par le serveur Minitel ou le site Internet de l'émetteur de la facture ;

– par le service de banque à domicile que proposent certaines banques ;

– en vous connectant au *www.telefact.fr* sur Internet (une adhésion au service est nécessaire).

Ce procédé se caractérise par sa simplicité : le débiteur confirme, par le biais de son Minitel, l'accord de virement relatif au montant de la facture reçue. Il faut remarquer que le mode de paiement lui-même est susceptible de varier : ce peut être un virement, mais aussi un règlement par carte bancaire en connectant au Minitel un lecteur de carte à puce.

Les services bancaires

Les services offerts par les établissements de crédit ne se limitent pas à la fourniture de moyens de paiement (chèque, carte bancaire...). Les banques et les sociétés financières proposent également de nombreux services bancaires qui permettent à leurs clients de gérer au mieux leurs revenus et leurs dépenses.

Les découverts bancaires

Le découvert bancaire consiste, pour un client, à tirer des chèques sur un compte bancaire ou à opérer des retraits supérieurs à ce que la provision du compte autorise ; le banquier consent donc à honorer les paiements sur un compte insuffisamment approvisionné et à tolérer une situation débitrice du client. En pratique, le mécanisme du découvert bancaire est largement admis par les établissements de crédit, mais la banque n'est jamais contrainte d'accorder une telle facilité à un client, car l'émission de chèques sans provision est toujours répréhensible. Et si la plupart des banques tolèrent des incidents de paiement dans la mesure où cela leur rapporte de l'argent par l'intermédiaire du système des agios, cette tolérance n'est pas toujours bien définie ; elle varie selon la relation que le client a avec son banquier.
Il existe deux types de découverts bancaires : le découvert non autorisé et le découvert autorisé.

Le découvert non autorisé

Le découvert non autorisé, qu'on appelle une facilité de caisse dans le langage bancaire, est celui provoqué par le client avec l'autorisation implicite du banquier dans la mesure où celui-ci consent à honorer, sans concertation préalable avec le client, les chèques qui lui sont présentés alors même que la provision est insuffisante pour ce faire.
Ces facilités de caisse sont celles qui, généralement, permettent à un client de couvrir ses besoins de trésorerie périodiques, le plus souvent en fin de mois, en attendant sa paie. La situation doit donc être régularisée dans un délai de quelques jours.
Cette tolérance du banquier n'est pas gratuite : il s'agit d'un crédit occasionnel qui se paie ; des agios sont en effet décomptés au client en fonction du montant du découvert et de sa durée. Les agios sont calculés en fonction du taux d'intérêt pratiqué par la banque.
Pour éviter les surprises et ne pas faire l'objet d'une interdiction bancaire (→ index, *Interdiction bancaire*), il est préférable d'avertir son banquier de la situation débitrice dans laquelle on risque de se trouver, à moins que la convention de compte établie avec sa banque prévoit une possibilité de découvert occasionnel automatique, lequel est généralement circonscrit dans son montant et dans sa durée (→ index, *Convention de compte*).
Plusieurs précisions doivent être apportées s'agissant du fonctionnement d'un découvert non autorisé :
– les agios décomptés au titre du découvert ne sauraient être supérieurs au taux d'usure ;
– le taux d'intérêt du découvert doit être connu par le client préalablement à l'octroi du découvert, et fixé par écrit dans la convention de compte. En effet, l'article L. 122-4 du Code de la consommation dispose que la convention de compte doit préciser le montant ou le mode de calcul des intérêts et autres frais ou commissions prélevés en rémunération des découverts et facilités de caisse. Par ailleurs, l'obligation de l'établissement bancaire d'informer ses clients des modifications tarifaires prévues à l'article L. 312-1-1 alinéa 2 du Code monétaire et financier devrait s'appliquer. En l'absence de l'indication écrite du taux d'intérêt conventionnel applicable au découvert, seul le taux légal est applicable *(Voir pages Barème)*. Le client peut donc contester le taux d'agios qui lui est appliqué si la banque ne l'a pas informé préalablement de celui-ci et demander, au besoin en justice, l'application du taux légal ;
– le taux d'intérêt conventionnel applicable au découvert est le taux effectif global dont le montant dépend du total du découvert pour la période considérée ;
– le découvert non autorisé peut être révoqué sans préavis et sans notification expresse : le fait qu'un ban-

quier ait accepté de payer une fois un chèque sans provision ne l'oblige pas à recommencer.

Sans autorisation, vous risquez de vous trouver en interdiction bancaire du fait de l'émission de chèque impayé par votre banque faute de provision sur votre compte. Toutefois, les tribunaux admettent qu'une facilité de caisse maintenue et renouvelée pendant une certaine durée, par exemple au-delà de 3 mois, constitue un découvert autorisé tacite et que la banque ne peut y mettre fin sans vous en avertir préalablement. À défaut, vous pouvez engager la responsabilité de la banque.

Le découvert autorisé

Le découvert autorisé fait l'objet d'un contrat entre le client et son banquier, contrat que l'on appelle une convention ou une autorisation de découvert. De plus en plus souvent, les banques offrent à leurs clients la possibilité de souscrire une autorisation de découvert lors de la signature de la convention de compte (→ index, *Convention de compte*).

La convention de découvert autorise le client à effectuer des paiements sur un compte débiteur pour un montant (rarement supérieur à 50 % des revenus), une durée (généralement de 1 à 15 jours) et un coût fixés par les conditions générales de la convention. Il est à noter que le taux d'intérêt qui s'applique aux découverts autorisés est moins élevé que celui qui s'applique aux découverts non autorisés.

Plusieurs observations doivent être apportées s'agissant des découverts occasionnels autorisés :

– un banquier peut toujours refuser valablement à un client une autorisation de découvert ;

– la pratique du découvert autorisé donne lieu à la perception d'agios au profit de la banque. Ces agios sont décomptés en fonction du taux d'intérêt pratiqué par la banque. Le taux d'intérêt applicable est le taux effectif global. Le projet de loi réformant le crédit à la consommation prévoit d'appliquer à un découvert bancaire de plus d'1 mois les règles du crédit à la consommation (→ index, *Crédit à la consommation, réglementation*) ;

– le taux d'intérêt du découvert doit être connu par le client préalablement à l'octroi du découvert, et fixé par écrit soit dans la convention de compte, soit dans le contrat d'autorisation de découvert si la convention de compte ne prévoit pas d'autorisation de découvert. Si le taux appliqué pour le découvert est un taux variable, la banque doit mentionner le taux de référence à partir duquel le TEG évoluera. En l'absence de l'indication écrite du taux d'intérêt conventionnel applicable au découvert, seul le taux légal est applicable *(Voir pages Barème)*. Le client peut donc contester le taux d'agios qui lui est appliqué si la banque ne l'a pas informé préalablement de celui-ci et demander, au besoin en justice, l'application du taux légal ;

– les agios décomptés au titre du découvert ne sauraient être supérieurs au taux d'usure *(Voir pages Barème)* ;

– si postérieurement à la signature de la convention de compte ou de la convention de découvert, le banquier augmente le taux d'intérêt prévu au contrat sans en informer le client et sans recueillir son consentement préalablement, celui-ci peut contester le nouveau taux d'intérêt et demander que les agios soient calculés sur la base du taux contractuellement prévu ;

– tout découvert bancaire d'une durée supérieure à 3 mois constitue, pour son bénéficiaire, une avance de trésorerie qualifiable de crédit à la consommation entrant dans le champ d'application des dispositions du Code de la consommation sur ce point (→ index, *Crédit à la consommation*) ;

– un banquier peut décider, à tout moment, de résilier l'autorisation de découvert qu'il a accordé à un client, à charge toutefois de respecter le délai de préavis prévu dans la convention de compte ou dans le contrat d'autorisation de découvert. Cette possibilité de résiliation est également acquise à l'usager ;

– enfin, le banquier qui révoque abusivement un découvert autorisé engage sa responsabilité à l'égard du client si cette rupture a entraîné pour ce dernier un préjudice (*Cour de cassation, Chambre commerciale, 6/11/1984*).

AVANTAGE

Le découvert bancaire ne peut être saisi par les créanciers du titulaire du compte.

Extraits du code de la consommation

Le taux effectif global

« **Art. L. 313-1**. Dans tous les cas, pour la détermination du taux effectif global du prêt, comme pour celle du taux effectif pris comme référence, sont ajoutés aux intérêts les frais, commissions ou rémunérations de toute nature, directs ou indirects [...]. »

.../...

Extraits du code de la consommation (suite)

« **Art. L. 313-2**. Le taux effectif global déterminé comme il est dit à l'article L. 313- 1 doit être mentionné dans tout écrit constatant un contrat de prêt régi par la présente section.
Toute infraction aux dispositions du présent article sera punie d'une amende de 4 500 €. »

Le taux d'usure

« **Art. L. 313-3**. Constitue un prêt usuraire tout prêt conventionnel consenti à un taux effectif global qui excède, au moment où il est consenti, de plus du tiers, le taux effectif moyen pratiqué au cours du trimestre précédent par les établissements de crédit pour des opérations de même nature comportant des risques analogues [...]. »
« **Art. L. 313-4**. Lorsqu'un prêt conventionnel est usuraire, les perceptions excessives au regard des articles L. 313-1 à L. 313-3 sont imputées de plein droit sur les intérêts normaux alors échus et subsidiairement sur le capital de la créance. Si la créance est éteinte en capital et intérêts, les sommes indûment perçues doivent être restituées avec intérêts légaux du jour où elles auront été payées. »
« **Art. L. 313-5**. Quiconque consent à autrui un prêt usuraire [...] est puni d'un emprisonnement de deux mois à deux ans et d'une amende de 45 000 € ou de l'une de ces deux peines seulement [...]. »

Les services bancaires à distance

La banque à distance est un service bancaire offert depuis peu, et qui tend à se développer de plus en plus, dans la mesure où il répond à une double attente de la part de la clientèle : celle de ne pas se déplacer et celle de ne pas faire la queue au guichet d'une banque dont les heures d'ouverture s'accordent généralement mal avec les disponibilités des clients.
Sous le vocable de banque à distance, on trouve différents services sécurisés, accessibles après avoir composé un code confidentiel (qui vous a été préalablement fourni par votre banque).

Le téléphone

Il s'agit de la mise à disposition de la clientèle d'un serveur vocal. Ce service est disponible 24 h sur 24 sur abonnement. Il permet d'accéder à des informations bancaires, en général, et à des informations basiques sur le compte bancaire du client, en particulier (solde du compte, dernières opérations créditrices ou débitrices, encours carte bancaire...).

Internet

Toutes les banques disposent aujourd'hui d'un site Internet diffusant des informations d'ordre général (tarifs, services) : ce site est considéré comme une vitrine de l'établissement. Beaucoup d'entre elles offrent également à leurs clients équipés d'un micro-ordinateur la possibilité de gérer à distance leurs comptes. Par le biais de logiciels adaptés, il est possible de télécharger très rapidement les informations nécessaires ou de passer des ordres de Bourse à tarifs généralement réduits. Là encore, cet outil de gestion à distance est mis à la disposition des intéressés, moyennant un abonnement.

Les téléconseillers

Cette offre de services permet aux particuliers d'accéder par téléphone, non pas à des automates, mais à des conseillers de la banque et de réaliser ainsi de nombreuses opérations (virements, prélèvements, commandes de chéquiers...). Les conseillers peuvent en général être contactés 6 jours sur 7, avec des plages horaires très étendues, pouvant aller jusqu'à 24 heures sur 24. Un des principaux intérêts de cette formule est que le client n'a pas à se déplacer.

Le service des changes

On appelle service des changes le service consistant, pour un établissement de crédit, à échanger, à la demande des clients, des monnaies étrangères (appelées devises) contre leur contre-valeur en monnaie nationale (par exemple, des euros en dollars américains) ou l'inverse.
Il est à noter que les banques n'ont pas le monopole de ce service, celui-ci pouvant être rendu également par d'autres opérateurs privés.

En quoi consiste le service des changes ?

Le consommateur désirant se rendre dans un pays étranger hors de la zone euro doit, s'il veut effectuer des achats, acquérir des devises en espèces utilisées dans ce pays. Il peut, pour cela, acheter ses devises soit en France, auprès d'un établissement de crédit ou d'une société habilitée, soit dans le pays visité auprès des opérateurs équivalents.

L'euro est converti en monnaie étrangère correspondante au taux en vigueur, en fonction de la cote quotidienne des devises, laquelle doit être affichée de façon visible à la clientèle. Cette cote fluctue en fonction de la politique monétaire des pays.

Chaque opération de change donne lieu à la perception d'une commission dont le montant est fixé librement par chaque établissement.

Dans la zone euro

Avec la monnaie unique, il est possible de payer en euros dans les 16 pays de l'Union économique et monétaire (Allemagne, Autriche, Belgique, Chypre, Espagne, Finlande, France, Grèce, Irlande, Italie, Luxembourg, Malte, Pays-Bas, Portugal, Slovaquie et Slovénie). La parité de chaque monnaie nationale par rapport à l'euro a été fixée une fois pour toutes au 1/1/1999. De ce fait, il n'existe donc plus de risque de change.

Depuis le 1/1/2002, les pièces et les billets circulent sans aucune restriction à l'intérieur de la zone euro. En revanche, il en va tout autrement des moyens de paiement scripturaux (paiement par chèque, carte ou virement).

Le règlement européen n° 2560/2001 du Parlement et du Conseil du 19/12/2001 impose aux établissements bancaires d'aligner, depuis le 1/7/2002, les frais facturés lors des retraits d'argent dans les DAB et les paiements par carte à l'étranger sur ceux facturés à leurs clients sur le territoire national. Cet alignement des tarifs a été étendu depuis le 1/1/2006 aux virements transfrontaliers pour les opérations inférieures à 50 000 €. Les banques européennes signataires de la convention « Credeuro » se sont engagées à réduire le délai de transmission des virements transfontaliers de 6 à 3 jours.

Cette nouvelle réglementation des paiements transfrontaliers ne concernent que les instruments de paiement les mieux adaptés aux transactions internationales que sont la carte bancaire pour les paiements de contact et les virements pour les paiements à distance. Le chèque, quant à lui, même libellé en euro, reste d'usage national parce qu'il comporte un risque. C'est pourquoi, sauf exception, il n'est pas accepté à l'étranger.

Hors de la zone euro

Le cours des monnaies étrangères (dollar américain, yen, livre sterling) continue de subir les éventuels soubresauts des marchés financiers. Pour pallier ce risque de change, les établissements qui vendent des devises étrangères continuent donc d'appliquer une commission assez élevée variable selon les établissements.

Qu'est-ce que le contrôle des changes ?

Le contrôle des changes, c'est-à-dire l'obligation pour un Français de déclarer à la douane les sommes qu'il transporte hors de France, a été supprimée en 1987. Il est maintenant possible d'emporter une somme illimitée à l'étranger. De même, les particuliers peuvent désormais ouvrir librement des comptes bancaires à l'étranger (→ index, *Comptes bancaires*) et détenir des comptes en devises en France.

La seule contrainte est constituée par une déclaration à des fins fiscales et statistiques : les particuliers doivent déclarer les transferts d'un montant supérieur à 10 000 €.

Quel est l'intérêt des chèques de voyage (traveller's cheques) ?

Ce sont des chèques payables d'avance au moment de leur acquisition et émis dans une monnaie déterminée pour un montant fixe. L'intérêt de disposer de chèques de voyage réside dans le fait qu'en cas de perte ou de vol, ils sont remboursés dans des délais très brefs partout dans le monde.

De plus, de retour en France, il est possible de se faire rembourser les chèques non utilisés.

Les chèques de voyage sont délivrés par les banques, les bureaux American Express et Thomas Cook.

La Banque Postale délivre des traveller's cheques mais aussi des postchèques, dont le principe de fonctionnement est légèrement différent. Pour en obtenir, il faut être titulaire d'un compte auprès de la Banque Postale mais surtout, et à l'inverse des traveller's classiques, les postchèques ne sont débités qu'au moment de leur utilisation à l'étranger.

À NOTER

Les commissions prélevées au titre du change de devises sont extrêmement variables. Pour des devises courantes telles que le dollar américain ou la livre sterling, et pour des montants importants (plus de 1 525 €), les commissions peuvent parfois être négociées.

ATTENTION ⚠

Il est déconseillé d'acheter des devises dans les aéroports ou dans les gares de départ ou d'arrivée, celles-ci ayant généralement un coût plus élevé que dans les établissements extérieurs.

La location de coffre-fort

La location de coffre-fort est l'un des services historiques offerts par les banques. Elle suppose la signature d'un contrat de location dont l'objet tient à la garde, par le banquier, de sommes d'argent, documents ou objets confiés par le client.

Qu'est-il possible de déposer dans un coffre-fort ?

On peut déposer dans un coffre-fort des sommes en espèces ou en devises, des bijoux, des documents ainsi que divers objets (objets précieux, tableaux, vêtements...). Toutefois, il ne convient pas d'y entreposer des objets dangereux ou périssables.

Il n'y a aucune obligation d'informer ou de déclarer la nature des objets confiés au banquier.

Comment fonctionne la location d'un coffre-fort ?

Les visites effectuées par les locataires ou leurs mandataires sont notées sur un registre à souche. Les coffres ne peuvent être ouverts qu'avec deux clés différentes, l'une étant remise au client, l'autre conservée par le banquier. Le banquier a l'obligation de contrôler l'identité des personnes qui accèdent au coffre.

De même qu'un compte bancaire peut être ouvert au nom de plusieurs titulaires (comptes joints), un coffre-fort peut être loué au nom de deux personnes.

L'intérêt de louer un coffre-fort résidant dans la garantie de sécurité des objets qu'il contient, il est à souligner que le banquier est responsable de tout dommage subi par le contenu du coffre, qu'il s'agisse de vol ou de détérioration. Aussi, il est courant que le contrat de location comprenne une clause limitant la valeur des biens déposés dans le coffre. Cette clause est opposable au consommateur.

Combien coûte la location d'un coffre-fort ?

Les prix de location varient selon le volume du coffre et l'établissement de crédit : il faut compter environ de 45 à 80 € par an pour un petit coffre et plus de 150 € pour un grand coffre. Certaines banques demandent au déposant un dépôt de garantie (de 75 à 500 € environ selon le volume) restitué en fin de location. Les procédures de saisie s'appliquent également au contenu des coffres-forts (*Décret du 31/7/1992*).

En cas de perte de la clé qui lui est remise, le titulaire d'un coffre-fort doit faire ouvrir celui-ci à ses frais.

Le crédit

Le crédit est l'opération consistant, pour un consommateur, à obtenir d'un établissement de crédit le versement de sommes d'argent de manière à financer l'acquisition d'un bien ou d'un service, à charge pour celui-ci de rembourser le prêteur des sommes empruntées auxquelles s'ajoutent des intérêts. Le crédit présente l'avantage, pour le consommateur, de lui permettre d'acquérir immédiatement un bien ou un service sans avoir préalablement épargné. Toutefois, il comporte un inconvénient : celui de payer le bien ou le service plus cher que sa valeur réelle puisqu'il faut rembourser, outre le capital, les intérêts du crédit. Il comporte également un danger : celui d'exposer le consommateur à l'illusion de pouvoir acheter au-delà de ses moyens et le conduire ainsi à une situation de surendettement.

Le crédit à la consommation

Le crédit à la consommation pèse lourd dans la croissance économique et contribue à maintenir la consommation, particulièrement dans le secteur automobile et la vente par correspondance. Mais la mauvaise utilisation des prêts, et principalement du crédit renouvelable, est souvent pointée du doigt comme étant à l'origine de nombreux cas de surendettement. Mieux encadrer ces crédits pour en éviter les dérives, c'est l'objectif que doit atteindre la loi réformant le crédit à la consommation.

Qu'est-ce qu'un crédit à la consommation ?

Un crédit est une opération par laquelle un prêteur consent à l'emprunteur un délai de paiement, un prêt, un découvert ou toute autre facilité de paiement similaire. En revanche, n'est pas considéré comme tel le paiement échelonné d'une prestation qui n'est pas fournie en une seule fois mais de façon successive. En outre, le crédit à la consommation est encadré par des règles particulières qui font l'objet des développements qui suivent. Est considérée comme telle, toute opération de crédit :

– qui est consentie à titre onéreux ou gratuit par un professionnel (sont exclus du champ de la réglementation les crédits comportant un délai de remboursement ne dépassant pas 3 mois qui ne sont assortis ni d'intérêt, ni de frais) ;

– qui a une durée supérieure à 3 mois (le projet de loi réformant le crédit à la consommation prévoit d'inclure dans le champ de la réglementation les autorisations de découvert remboursable dans un délai supérieur à 1 mois) ;

– qui a un montant inférieur à 21 500 € (le projet de loi prévoit d'appliquer les règles encadrant le crédit à la consommation au montant de crédit compris entre 200 et 75 000 €) ;

– qui ne se rapporte pas à une activité professionnelle ;

– qui n'est pas authentifiée devant notaire ;

– qui n'est pas destinée à financer un achat immobilier.

Cette définition, qui résulte du Code de la consommation (*Art. L. 311-1 et s.*), ne veut pas dire qu'il ne puisse pas exister d'autres crédits à la consommation, mais simplement que les consommateurs qui souscriraient des crédits à la consommation qui ne présenteraient pas les caractères définis ci-dessus ne pourraient prétendre à l'application des dispositions légales à leur profit, lesquelles ont été élaborées pour les protéger.

Un prêt bancaire accordé à un étudiant pour le financement de ses études ne peut être assimilé à un prêt destiné au financement d'une activité professionnelle (*Cour de cassation, 1re chambre civile, 17/11/1993*).

UN MARCHÉ QUI N'EST PLUS EN EXPANSION DEPUIS 2008

Selon l'Observatoire des crédits aux ménages, après un relèvement du taux de détention des crédits par les ménages constaté entre 1995 et 2001, une première rupture a été notée en 2002 et 2003. Puis à partir de 2004, l'usage des crédits à la consommation s'est largement répandu, puisqu'en moyenne, plus d'un tiers des ménages français disposent d'un crédit à la consommation. Ceci est en partie le résultat de la diffusion d'habitudes de consommation nouvelles parmi les ménages : pour nombre d'entre eux, le recours aux facilités de paiement constitue aujourd'hui une pratique habituelle et normale.

Cependant, le nombre de crédits à la consommation octroyé en 2008 a baissé de 1,75 % par rapport à 2007. Cette baisse s'explique en grande partie en raison de la détérioration de l'environnement économique et professionnel des Français…

Quelles sont les règles s'appliquant à tous les crédits à la consommation ?

La réforme à venir

Le projet de loi réformant les crédits à la consommation vise à garantir une distribution responsable de ces crédits. En voici les mesures emblématiques :

- La publicité (écrite, radio, télé, Internet) devra être commercialement moins agressive et comporter des informations claires, précises et visibles ainsi que des exemples chiffrés. Exit les mentions laissant entendre que le crédit améliore la situation financière ou le budget de l'emprunteur, entraîne une augmentation de ressources, constitue un substitut d'épargne, ou accorde une réserve automatique d'argent immédiatement disponible sans contrepartie financière identifiable.
- Une information préalable obligatoire devrait être instituée. Ainsi, avant un quelconque engagement, le prêteur aurait l'obligation de remettre à celui qui désire souscrire un prêt une fiche d'informations standardisées dont le contenu sera défini par décret. Cette procédure est destinée à rendre plus facile la comparaison des différentes offres des prêteurs et donc la mise en concurrence.
- Une fiche de dialogue devra être établie. Aujourd'hui, un consommateur peut souscrire un prêt après une procédure expresse. Lors d'un achat d'un équipement dans une grande enseigne, par exemple, un prêt peut être facilement obtenu. Répondre à quelques questions sur son identité, sa situation familiale, ses revenus et remettre un relevé d'identité bancaire suffisent. Pour mettre fin à ce type de pratiques et pour les opérations de crédit conclues sur le lieu de vente (par exemple, les grandes enseignes de la vente d'électroménager ou d'équipements high-tech) ou au moyen d'une technique de communication à distance (Internet, courrier…), une fiche devra être remise à l'emprunteur. Il devra y mentionner ses ressources, charges et prêts en cours, la signer et certifier sur l'honneur l'exactitude des informations portées dessus. Lorsque le montant du crédit dépassera un certain seuil (décret à paraître), l'emprunteur devra produire des justificatifs dont la liste sera définie par décret.
- Dans tous les cas, l'établissement de crédit devra évaluer la solvabilité du client à partir d'un nombre suffisant d'informations et consulter le fichier des incidents de crédits aux particuliers (FICP). En outre, il aura l'obligation de fournir des explications au consommateur afin qu'il puisse déterminer si le contrat proposé est adapté à ses besoins.
- Un délai de rétractation plus long : l'emprunteur disposera de 14 jours (au lieu de 7 actuellement) pour revenir sur sa décision de souscrire un prêt à la consommation.
- Le choix du crédit : lorsque le prêt est proposé sur un lieu de vente ou par un moyen de communication à distance à l'occasion de l'achat d'un bien ou d'une prestation de services pour un montant supérieur à un certain seuil (à déterminer par décret), le consommateur devra avoir le choix de conclure un crédit à la consommation classique (taux, durée, montant des mensualités connus dès la souscription) à la place d'un contrat renouvelable.
- Le crédit renouvelable sera réglementé de façon plus stricte.

Attention : au moment où nous imprimons, le texte n'est pas encore définitif. En outre, près de 30 décrets seront nécessaires pour sa mise en application.

À NOTER

Le principe de la création d'un fichier recensant, par ménage, les crédits souscrits, est acté dans le projet de loi. Les modalités de sa mise en œuvre sont mises à l'étude et il devrait voir le jour dans quelques mois.

L'offre préalable de crédit

En attendant le vote et la mise en œuvre de la réforme, voici la procédure que doivent respecter les établissements de crédit.

Pour emprunter de l'argent à la banque, il faut signer un document appelé contrat de crédit.

- Tout contrat de crédit proposé aux consommateurs doit être précédé d'une proposition, appelée offre préalable de crédit, de manière à ce que l'emprunteur puisse apprécier la nature et la portée de l'engagement financier auquel il peut souscrire et les conditions d'exécution de ce contrat. L'offre préalable doit être remise en double exemplaire à l'emprunteur et, éventuellement, en un exemplaire à chacune des personnes qui se porte caution. Le vendeur, ou le prestataire de services, doit conserver une copie de l'offre préalable.
- Les offres préalables de crédit doivent être présentées de manière claire et lisible. À cet effet, la hauteur des caractères typographiques utilisés dans l'offre ne peut être inférieure à celle du corps huit.

Que doit-on trouver dans une offre de crédit ?

Toute offre préalable doit obligatoirement contenir, sous peine d'amende (*Code de la consommation, Art. L. 311-34*), les mentions fixées aux articles L. 311-10 et L. 311-11 du Code de la consommation, à savoir :

– l'identité des parties et, le cas échéant, des cautions ;

– le montant du crédit et, éventuellement, de ses fractions périodiquement disponibles, la nature, l'objet et les modalités du contrat, y compris le coût total ventilé du crédit ainsi que le total des perceptions forfaitaires demandées en sus des intérêts en ventilant celles correspondant aux frais de dossier et celles correspondant aux frais par échéance ;

– lorsque l'offre préalable est assortie d'une proposition d'assurance couvrant les risques de décès, d'invalidité, d'incapacité de travail ou de perte d'emploi qui pourraient empêcher l'emprunteur de rembourser ses mensualités, une notice doit être jointe à l'offre de crédit. Celle-ci comporte les extraits des conditions générales de l'assurance : nom et adresse de l'assureur, durée de l'assurance, montant des primes, nature des risques couverts et des risques exclus. Si l'assurance est obligatoire pour obtenir le financement, l'offre préalable rappelle que l'emprunteur peut souscrire une assurance équivalente auprès de l'assureur de son choix. Si l'assurance est facultative, l'offre préalable rappelle les modalités suivant lesquelles l'emprunteur peut ne pas y adhérer (*Code de la consommation, Art. L. 311-12*) ;

– le cas échéant, le bien ou la prestation de services financé par le crédit et son prix. Cette indication est importante : elle permet, dans les hypothèses de crédit affecté (→ index, *Crédit affecté*), de créer le lien entre le contrat de crédit d'une part et le contrat de vente d'autre part, permettant dans certains cas, si l'un des contrats est annulé ou résolu, d'annuler ou de résoudre également l'autre, ou de suspendre l'exécution de l'un à la réalisation de l'autre. C'est la raison pour laquelle, dans le cadre d'un crédit affecté, il est fait obligation au prêteur de mentionner, dans l'offre préalable de crédit, l'indication du bien ou du service financé et au vendeur, l'affectation du crédit souscrit (*Code de la consommation, Art. L. 311-20 et L. 311-23*) ;

– le taux effectif global (TEG) : la présence du TEG dans une offre préalable de crédit permet au consommateur de connaître le coût global du prêt proposé, c'est-à-dire le taux d'intérêt du prêt, les frais de dossier et le coût de l'assurance facultative, et donc l'effort financier qu'il aura à consentir pour le rembourser. Il est à noter que le TEG ne doit pas être usuraire (*Code de la consommation, Art. L. 313-1 et s.)* ;

– les modalités de remboursement du prêt (l'échelonnement des remboursements) ;

– les dispositions découlant de la législation sur le crédit, en particulier celles selon lesquelles le consommateur dispose d'un droit de rétractation de 7 jours à compter de la signature de l'offre, période durant laquelle le prêteur ne saurait lui réclamer le versement d'une quelconque somme (voir plus loin) ;

– enfin, l'offre préalable doit être accompagnée d'un bordereau de rétractation qui se présente sous la forme d'un formulaire détachable préimprimé. Ce document ne peut comporter au verso aucune mention autre que le nom et l'adresse du prêteur, et, au recto, la date d'expiration du délai de rétractation, l'identité et l'adresse du prêteur. Il doit être complété, daté, signé et adressé au prêteur par lettre recommandée avec accusé de réception. Le prêteur qui omet de prévoir un formulaire détachable dans l'offre de crédit encourt une peine d'amende prévue pour les contraventions de 5ᵉ classe (*Code de la consommation, Art. L. 311-34*). Le consommateur victime de cette infraction peut porter plainte auprès de la direction départementale de la concurrence, de la consommation et de la répression des fraudes (DDCCRF).

QUELLES PRÉCAUTIONS PRENDRE AVANT DE CAUTIONNER UN PARENT OU UN AMI ?

✓ Contrôlez le montant exact pour lequel vous vous engagez et vérifiez qu'il s'agit d'un montant déterminé d'une durée déterminée (par exemple : 5 000 € pour 2 ans).

✓ Vérifiez si votre ami a souscrit une assurance invalidité, maladie et chômage. Si tel est le cas, étudiez les conditions de prise en charge de votre ami par l'assureur, en cas de survenance de l'événement. .../...

QUELLES PRÉCAUTIONS PRENDRE AVANT DE CAUTIONNER UN PARENT OU UN AMI ? (SUITE)

✓ Appréciez les risques d'insolvabilité. Si la personne qui vous sollicite est fonctionnaire, vous prenez moins de risque que si elle est commerçante.
Dans tous les cas, il faut que vous ayez en tête que vous devrez payer le créancier si le parent ou ami ne paie pas pour une raison ou une autre.

À NOTER

La souscription d'une assurance en matière de crédit à la consommation n'est pas légalement obligatoire même si, dans les faits, le prêteur l'exige quasi systématiquement (→ index, Assurance sur les crédits).

Combien de temps est valable une offre préalable de crédit ?

À compter du moment où elle est remise au consommateur, l'établissement de crédit a l'obligation de maintenir son offre de crédit pendant un délai minimal de 15 jours. Ce délai n'empêche pas le consommateur de la signer plus tôt. Il a pour but de lui permettre de prendre connaissance des conditions du contrat qui lui est offert et de le comparer éventuellement avec d'autres.

À NOTER

La loi sanctionne d'une peine d'amende de la 5e classe (Voir pages Barème) l'organisme de crédit et le vendeur, salarié ou non d'un établissement de crédit, si ce dernier est rémunéré par le prêteur en fonction du taux de crédit qu'il a fait contracter au consommateur.

Peut-on se rétracter après la signature d'un contrat de crédit ?

Le consommateur qui a signé une offre préalable de crédit peut, sans avoir à se justifier, revenir sur son engagement en exerçant son droit de rétractation (*Code de la consommation, Art. L. 311-15*). Cette rétractation n'est valable que si elle est adressée au prêteur (et non au vendeur) avant l'expiration d'un délai de 7 jours qui court à compter du lendemain de la signature de l'offre (ce délai sera porté à 14 jours par la loi réformant le crédit à la consommation).

Le délai de rétractation est de 14 jours lorsque le contrat de prêt a été souscrit à distance (par Internet, téléphone, courrier).

Pour faciliter cette rétractation, toute offre préalable de crédit doit comporter un formulaire détachable permettant l'exercice du droit de rétractation (voir plus haut).
L'omission de ce document n'empêche toutefois pas l'emprunteur de se rétracter dans les 7 ou 14 jours qui suivent la signature de l'offre préalable. Celui-ci peut, en effet, adresser par lettre recommandée avec demande d'avis de réception un courrier comprenant les mentions types du formulaire de rétractation. Toutefois, en ce qui concerne les prêts à la consommation affectés à l'achat de biens ou de services, le consommateur peut, s'il souhaite être livré immédiatement, réduire ce délai de rétractation (→ index, *Crédit affecté*).

À NOTER

Le délai de rétractation commence à courir le lendemain du jour de la signature de l'offre de crédit, et expire 7 jours plus tard. Si le dernier jour est un samedi, un dimanche ou un jour férié ou chômé, le délai est prolongé jusqu'au premier jour ouvrable suivant. Le décompte du délai de rétractation de 14 jours (crédits souscrits à distance) se fait de date à date, y compris les samedis, dimanches et jours fériés.

AVANTAGE

Tant que le délai de rétractation n'est pas écoulé, aucun paiement ne peut être fait par l'acheteur au vendeur. L'inobservation de cette disposition est punie d'une amende pouvant aller jusqu'à 30 000 €.

Peut-on rembourser son crédit par anticipation ?

Il est possible de rembourser son crédit par anticipation, en totalité ou en partie, c'est-à-dire avant le terme prévu au contrat, sauf pour les contrats de location avec option d'achat (*Code de la consommation, Art. L. 311-29*) **(voir Modèle n° 23)** .
Toutefois, l'établissement de crédit peut refuser un paiement partiel dont le montant serait inférieur ou égal au triple du montant de la première échéance non échue, c'est-à-dire la première échéance à venir.
Le remboursement par anticipation n'entraîne aucune indemnité à la charge de l'emprunteur, sauf

pour les contrats de crédit conclus avant le 2/1/1990 où une pénalité égale au plus à 4 % du capital restant dû peut être réclamée à l'emprunteur.

Le projet de loi réformant le crédit à la consommation prévoit la création d'une indemnité de remboursement anticipé. Ainsi, le prêteur pourra demander jusqu'à 1 % du montant du crédit faisant l'objet du remboursement anticipé lorsque le délai entre ce remboursement et la date de fin du crédit sera supérieur à 1 an. Pour un délai inférieur, l'indemnité maximum sera égale à 0,5 % du montant du crédit. L'indemnité éventuelle ne pourra dépasser le montant des intérêts que l'emprunteur aurait payés durant la période comprise entre le remboursement anticipé et la date de fin du contrat de crédit prévu initialement.

En tout état de cause, aucune indemnité ne pourra être demandée :

– en cas d'autorisation de découvert ;

– en cas de crédit renouvelable ;

– si le remboursement anticipé a été effectué en exécution d'un contrat d'assurance destiné à garantir le remboursement du crédit ;

– si le remboursement du crédit intervient dans une période où le taux débiteur n'est pas fixe.

Que faire si on ne peut pas continuer à rembourser son crédit ?

En cas de défaillance du débiteur dans le remboursement de son crédit, celui-ci doit tout d'abord demander au prêteur, dans le cadre d'une négociation amiable, des délais de paiement **(voir Modèle n° 22)**.

Dans ce cas, le prêteur est en droit de réclamer le remboursement ou le paiement :

– du capital restant dû ;

– des intérêts échus qui n'ont pas été payés ;

– des intérêts dits « moratoires », c'est-à-dire les intérêts de retard, calculés à un taux égal à celui du prêt, courant jusqu'à la date du remboursement effectif par l'emprunteur ;

– les frais taxables, c'est-à-dire les éventuels frais de justice et les honoraires des officiers ministériels, même en dehors de toute instance judiciaire, auxquels l'organisme financier a pu avoir recours ;

– une indemnité conventionnelle, si elle est prévue au contrat. Sur ce point, l'établissement de crédit dispose de deux possibilités :

- soit poursuivre l'exécution du contrat : dans ce cas, l'établissement de crédit peut exiger de l'emprunteur défaillant une indemnité égale au plus à 8 % du montant des échéances échues qu'il n'a pas honorées. Cette indemnité s'ajoute au montant des échéances échues impayées que l'emprunteur doit régler, sauf à s'exposer aux procédures d'exécution forcée de ses obligations.

À ce stade, il est recommandé au consommateur de négocier des reports de paiement avec l'organisme de crédit. En effet, si celui-ci accepte l'établissement d'un nouvel échéancier des paiements, le montant de l'indemnité précitée est ramené à 4 % des échéances reportées,

- soit exiger la résiliation du contrat : dans ce cas, l'établissement de crédit peut demander le remboursement de la totalité de la somme qui reste due par l'emprunteur, augmentée d'une indemnité de 8 %. Jusqu'à la date de règlement effectif par l'emprunteur, les sommes restant dues produisent intérêt à un taux égal à celui du prêt contracté.

Aucune autre indemnité ne peut être réclamée à l'emprunteur défaillant, notamment les frais auxquels s'exposerait l'organisme de crédit dans la mise en œuvre des mesures décrites ci-dessus (frais de lettres recommandées, par exemple). Le consommateur qui se verrait réclamer d'autres frais peut saisir le juge d'instance d'une demande de réduction de ceux-ci (*Code civil, Art. 1152 et 1231*). Le juge peut, souverainement, modérer l'indemnité demandée par le prêteur à l'emprunteur si celle-ci est manifestement excessive.

L'emprunteur qui éprouve des difficultés à rembourser son crédit peut également s'adresser au juge d'instance qui a la possibilité d'accorder des délais de paiement qui ne pourront toutefois pas dépasser 2 ans.

L'emprunteur peut également, dans cette situation, saisir la commission de surendettement de son département (→ index, *Surendettement, commission*).

À NOTER

Il est à noter qu'en cas de difficultés financières passagères, l'emprunteur peut saisir le juge d'instance d'une demande de délai de grâce pour le paiement des sommes dues (Code civil, Art. 1244-1).

Quelles sont les sanctions applicables au banquier en cas de non-respect de la législation ?

L'inobservation des dispositions du Code de la consommation relatives au crédit à la consommation est susceptible d'entraîner des sanctions civiles et pénales à l'encontre du banquier.

Les sanctions civiles

L'organisme de crédit qui accorde un crédit sans proposer à l'emprunteur une offre préalable répondant aux conditions fixées aux articles L. 311-8 à L. 311-13 du Code de la consommation est déchu du droit aux intérêts. Le consommateur ne doit, dans ce cas, rembourser que le capital emprunté suivant l'échéancier prévu au contrat. Les sommes perçues au titre des intérêts doivent être restituées à l'emprunteur ou diminuées du capital restant dû, étant observé, qu'à défaut, elles-mêmes sont productives d'intérêts calculés au taux légal (*Code de la consommation, Art. L. 311-33*).

La déchéance du droit aux intérêts n'est toutefois pas automatique : le consommateur doit assigner l'organisme de crédit devant le tribunal d'instance et ce, quel que soit le montant du litige.

Extraits du code civil

« **Art. 1152**. Lorsque la convention porte que celui qui manquera de l'exécuter payera une certaine somme à titre de dommages-intérêts (somme d'argent destinée à compenser le préjudice subi par une personne), il ne peut être alloué à l'autre partie une somme plus forte, ni moindre. Néanmoins, le juge peut, même d'office, modérer ou augmenter la peine qui avait été convenue, si elle est manifestement excessive ou dérisoire. Toute stipulation contraire sera réputée non écrite. »

« **Art. 1231**. Lorsque l'engagement a été exécuté en partie, la peine convenue peut, même d'office, être diminuée par le juge à proportion de l'intérêt que l'exécution partielle a procuré au créancier, sans préjudice de l'application de l'article 1152. Toute stipulation contraire sera réputée non écrite. »

Les dispositions du Code de la consommation étant d'ordre public, toute inobservation de celles-ci est susceptible d'entraîner la nullité du contrat de prêt, même si une clause du contrat prévoit le contraire. Il en est ainsi, par exemple, lorsque le prêteur remet une offre préalable de crédit non conforme au Code de la consommation ou si le prêteur réclame ou perçoit de l'emprunteur un paiement, sous quelque forme que ce soit, avant l'expiration du délai de rétractation (*Cour de cassation, 1re chambre civile, 23/6/1987 :* annulation du contrat de vente et du contrat de crédit en raison du versement d'un acompte pendant la durée du délai de rétractation).

Les sanctions pénales

Sont punis d'une peine d'amende de la 5e classe *(Voir pages Barème)*, les organismes de crédit qui :

– présentent des offres préalables de crédit ne comportant pas toutes les mentions obligatoires ;

– présentent les contrats de crédit sans émettre une offre préalable de crédit ;

– diffusent des publicités irrégulières pour des offres de crédit ;

– proposent des crédits gratuits, au mépris de l'article L. 311-7.

Le taux de l'amende est doublé en cas de récidive.

Quel est le tribunal compétent en cas de litiges avec l'établissement de crédit ?

Les litiges nés de l'inexécution par l'une des parties au contrat de crédit de ses obligations relèvent de la compétence du tribunal d'instance. Le tribunal d'instance dispose d'une compétence exclusive, quel que soit le montant du litige. Il doit être saisi dans les conditions de droit commun, dans les 2 ans qui suivent l'événement qui motive sa saisine. Ce délai est un délai de forclusion et non de prescription, c'est-à-dire qu'il n'est pas susceptible d'être interrompu ou suspendu.

Cependant la loi du 11/12/2001 a apporté une modification applicable aux contrats de prêt à la consommation signés depuis le 14/12/2001. Ainsi, le délai de forclusion de 2 ans ne s'applique désormais qu'aux litiges nés de la défaillance de l'emprunteur lorsque la banque engage une action en paiement (*Code de la consommation, Art. L. 311-37*).

Quelles sont les différentes formes de crédit à la consommation ?

› Le crédit gratuit

Il s'agit d'un crédit où l'emprunteur ne rembourse que le capital emprunté, et non les intérêts (par exemple, un consommateur qui emprunte 1 500 € sur 10 mois remboursera 150 € par mois). Le crédit gratuit est une forme de crédit à la consommation ; le consommateur qui y a recours bénéficie donc du dispositif de protection prévu par le Code de la consommation (→ index, *Crédit à la consommation, réglementation*).
Le projet de loi réformant le crédit prévoit de réserver les règles du crédit à la consommation au crédit gratuit de plus de 3 mois.
Les règles de publicité des crédits gratuits sont strictement définies par le Code de la consommation. Ainsi, toute publicité relative aux opérations de crédit proposant une période de franchise de paiement des remboursements supérieure à 3 mois est interdite hors des lieux de vente (*Code de la consommation, Art. L. 311-5*).
Le projet de loi réformant le crédit prévoit d'interdire la mention, dans toute publicité, d'une période de franchise de paiement de loyers ou de remboursement des échéances de crédit supérieure à 3 mois.
En outre, toute publicité comportant la mention « crédit gratuit » ou proposant un avantage équivalent doit indiquer le montant de l'escompte consenti en cas de paiement comptant et préciser qui prend en charge le coût du crédit consenti gratuitement au consommateur (*Code de la consommation, Art. L. 311-6*). Le projet de loi réformant le crédit prévoit de supprimer l'obligation pour le vendeur d'accorder un escompte sur le prix d'achat au consommateur qui paie comptant.
Enfin, le vendeur qui offre un crédit gratuit pour un article ou pour une prestation de services ne peut demander au consommateur un prix supérieur au prix le plus bas pratiqué pour cet article ou cette prestation au cours des 30 derniers jours. Cette disposition a pour but d'éviter que l'avantage de la prise en charge des intérêts du crédit par le vendeur ne puisse être compensé par une augmentation du prix de vente dudit article ou service. Le vendeur doit par ailleurs proposer un prix pour paiement comptant inférieur à la somme proposée pour l'achat à crédit et calculé selon le barème établi semestriellement et publié au *Journal officiel (Voir pages Barème)* (*Code de la consommation, Art. L. 311-7*).

› Les crédits affectés

Les crédits affectés sont liés à l'achat d'un bien ou d'un service. Ils sont généralement proposés sur les lieux de vente par les organismes de crédit « associés » aux vendeurs. Mais le consommateur peut toujours s'adresser à une banque pour obtenir un prêt affecté.

Comment fonctionne un crédit lié ?

L'une des formes habituelles du crédit à la consommation à laquelle les consommateurs ont souvent recours est le crédit dit « affecté » ou « lié » à l'achat d'un bien ou d'une prestation de services, c'est-à-dire celui dans lequel la conclusion de la vente est subordonnée à l'obtention d'un prêt, et inversement. C'est la raison pour laquelle la loi fait obligation, d'une part au professionnel, vendeur de biens ou prestataire de services, de préciser, dans le contrat de vente ou de fourniture, que le paiement du prix sera effectué à l'aide d'un crédit (*Code de la consommation, Art. L. 311-23*) et ce, même si l'acheteur refuse le prêt qui lui est proposé par le vendeur et qu'il recourt à un crédit auprès de l'organisme de son choix, et, d'autre part, à l'organisme de crédit de mentionner le bien ou la prestation de services financé par le crédit (*Code de la consommation, Art. L. 311-20*).
Cette interdépendance des deux contrats a pour effet de permettre au consommateur de se dégager du contrat de vente si le contrat de prêt n'est pas conclu, ou du contrat de prêt si le contrat de vente n'est pas exécuté. Cette interdépendance se manifeste en fait à tous les stades de la relation entre le vendeur, l'acheteur-emprunteur et le prêteur.

Quelles sont les sommes que le vendeur peut réclamer à l'acheteur lors de la commande ?

- Tant que l'offre préalable de crédit n'est pas signée par le consommateur (→ index, *Offre préalable*), le vendeur ou le prestataire de services ne peut exiger, sous peine d'une amende de 5e classe *(Voir pages Barème)*, aucun paiement ou engagement de la part du consommateur. Un contrat de vente qui ne respecterait pas ces dispositions serait nul. Il en est de même quand, sans qu'il le demande, le vendeur reçoit un paiement de la part du consommateur sans s'y opposer.

Le contrat de vente et l'offre préalable de crédit étant signés, le vendeur ou le prestataire de services peut valablement demander au consommateur le versement d'une avance au comptant à titre de commande ou de réservation (arrhes ou acompte) ; mais le consommateur peut refuser le versement de ces sommes. S'il accepte (contre récépissé valant reçu) et que le prêt ne lui est pas accordé, ou s'il exerce son droit de rétractation dans les 7 jours qui suivent la signature de l'offre de crédit (*Code de la consommation, Art. L. 311-25-2°*) (le projet de loi réformant les prêts à la consommation portera ce délai à 14 jours), le contrat de vente auquel était liée l'offre de crédit est alors résolu de plein droit et le vendeur doit rembourser, sur simple demande, la somme qui lui a été versée par le consommateur. Aucune indemnité n'est due au vendeur. De plus, à compter du 8e jour suivant la demande de remboursement, cette somme est productive d'intérêts, au taux légal majoré de moitié *(Voir pages Barème)*.

De même, l'exercice par le consommateur de son droit de rétractation entraîne la résiliation de plein droit du contrat de crédit, sans frais ni indemnité, à l'exception éventuelle des frais d'ouverture de crédit (*Code de la consommation, Art. L. 311-25-1*).

Le vendeur ou le prestataire ne peut, dans le délai de 7 jours qui suit la signature de l'offre préalable de crédit, exiger ou recevoir du consommateur le versement d'aucune somme en plus de celle que le consommateur aurait accepté de verser au comptant (le projet de loi réformant les prêts à la consommation portera ce délai à 14 jours).

Peut-on se faire livrer le bien acheté à l'aide d'un crédit avant l'expiration du délai de rétractation de 7 jours ?

Le vendeur ou le prestataire n'est pas tenu de livrer le bien ni de fournir la prestation achetée par le consommateur tant que le délai de rétractation de 7 jours n'est pas expiré (s'il le fait, il devra assumer les risques d'une livraison ou d'une prestation par anticipation). Le projet de loi réformant les prêts à la consommation prévoit de porter le délai de rétractation de 7 à 14 jours. Toutefois, le délai de livraison ou de fourniture du service peut être réduit à 3 jours minimum à la demande du consommateur, à condition que celui-ci reconnaisse par écrit, et sur le contrat de vente lui-même, que son délai de rétractation sera abrégé d'autant (*Code de la consommation, Art. L. 311-24*). Ce délai de 3 jours est incompressible et demeure, même si la livraison ou la fourniture intervient avant et ce, aux risques du professionnel.

Cette possibilité de livraison ou d'exécution par anticipation n'est pas offerte au consommateur qui a acheté un bien ou un service à crédit suite à un démarchage à domicile (→ index, *Démarchage*) : aucune livraison, fourniture ou paiement ne peut intervenir avant l'expiration d'un délai de 7 jours (*Code de la consommation, Art. L. 121-25*). Le délai demeure, même si le démarcheur laisse l'objet acheté à crédit sur place ou s'il exécute le service.

Si la livraison du bien ou la fourniture du service financé par un crédit intervient avant les délais de 7 jours (délai porté à 14 jours par le projet de loi réformant le crédit à la consommation) ou de 3 jours, c'est au vendeur d'assumer les éventuels frais de restitution du bien ainsi que les risques induits par cette opération (accident ou détérioration du bien, notamment) ou au prestataire de subir la perte financière occasionnée par la fourniture du service. Le consommateur n'a pas à régler ces frais ni à assumer ces risques au cas où il exercerait son droit de rétractation dans le délai qui lui est offert, ou au cas où l'établissement de crédit lui refuserait l'octroi du crédit. Par ailleurs, aucune indemnité ne peut être réclamée au consommateur.

À partir de quel moment doit-on commencer à rembourser le crédit que l'on a souscrit ?

Le remboursement du crédit souscrit ne commence qu'à partir de la livraison du bien ou de la fourniture de la prestation de services qui fait l'objet du contrat de vente. L'établissement de crédit n'est donc pas en droit d'exiger du consommateur le paiement de quelque somme ou dépôt que ce soit, sans posséder le bon de livraison ou la facture, signé de la main de l'emprunteur, que le vendeur ou le prestataire de services a adressé à l'établissement de crédit (*Cour de cassation, Chambre civile, 6/3/1990*).

Peut-on refuser de rembourser le crédit si le bien n'a pas été livré ou si la prestation de services n'a pas été exécutée ?

L'organisme prêteur ne peut demander à l'emprunteur le remboursement du prêt qu'à partir du moment où il prouve que la livraison de la marchandise ou la fourniture de services a bien été effectuée ou exécutée. Pour ce faire, l'organisme prêteur doit fournir à l'emprunteur une copie du bon de livraison ou de la facture, signé de la main de ce dernier (*Code civil, Art. 1315*).

Et si le bien est livré de façon incomplète ou si la prestation de services n'est que partiellement exécutée ?

Si le bien acheté à crédit a été livré de manière incomplète par le vendeur (ou s'il est endommagé) ou si la prestation de services a été fournie par le prestataire mais de façon partielle et que l'établissement de crédit auprès duquel le crédit a été souscrit réclame à l'emprunteur le remboursement du crédit selon l'échéancier prévu, le consommateur est en droit de refuser le remboursement du crédit à l'organisme prêteur.

En vertu de l'article 1615 du Code civil qui dispose que l'obligation de délivrer la chose comprend ses accessoires et tout ce qui a été destiné à son usage perpétuel, le remboursement du crédit ne commence qu'à partir de la livraison complète du bien ou la fourniture totale du service.

Jurisprudence

✓ Les acheteurs d'un salon à l'aide d'un crédit partiel ne peuvent être condamnés à payer le solde, dès lors qu'ils contestent la réalité de la livraison et que le vendeur ne produit qu'un certificat de livraison, document sur lequel il est mentionné expressément qu'il est établi sous la seule responsabilité du vendeur alors qu'il est d'usage qu'au moment d'une livraison, le livreur fasse attester par le consommateur que l'opération a été effectuée (*Cour d'appel, Douai, 8e chambre, 8/9/1995*).

✓ Si, entre la signature du bon de commande et la date de livraison, le commerçant fait faillite et ne livre pas la télévision commandée par l'acheteur, ce dernier n'a pas à honorer le contrat de crédit qui se trouve annulé de plein droit (*Cour de cassation, 1re chambre civile, 7/2/1995*).

Que faire si le bien est livré complet mais qu'il est atteint d'un vice caché ?

Le consommateur doit, dans ce cas, saisir le tribunal compétent et lui demander la suspension du remboursement du crédit en attendant la solution du litige portant sur le contrat de vente.

Si le contrat de vente est annulé ou résolu judiciairement, le contrat de crédit auquel il était lié est alors automatiquement annulé ou résolu par le juge, et l'organisme de crédit doit rembourser au consommateur toutes les sommes que celui-ci a versées au titre du remboursement du crédit.

En revanche, si le contrat de vente n'est pas annulé par le juge, le contrat de crédit reprend alors ses effets et l'emprunteur doit rembourser ses mensualités conformément à l'échéancier, ainsi que les échéances échues impayées.

Que faire si le contrat de vente prévoit des livraisons ou des prestations échelonnées dans le temps ?

Dans ce cas (par exemple : cas des agences matrimoniales ou des clubs de sport), le remboursement du crédit ne commence qu'à partir de la première livraison ou exécution de la prestation. En revanche, en cas d'interruption des livraisons ou des prestations, le consommateur peut interrompre le remboursement du crédit, mais il doit rembourser l'intégralité des échéances échues non payées pendant cette interruption au cas où le vendeur ou le prestataire assure de nouveau la livraison du bien ou la fourniture de la prestation.

› Le crédit renouvelable

Qu'est-ce que le crédit renouvelable ?

Le crédit renouvelable est une formule de crédit à la consommation également connu sous le nom de crédit « revolving » ou crédit permanent. Les établissements de crédit parlent également volontiers de réserve disponible, d'ouverture de crédit ou de crédit autorisé. Mais attention : le projet de loi réformant les crédits à la consommation interdit l'usage de ce type d'expressions jugées trompeuses. En outre, les publicités, documents commerciaux et contractuels ne devront utiliser que le terme de crédit renouvelable.

Cette forme de crédit consiste à mettre à la disposition de l'emprunteur une réserve de crédits, sur un compte ouvert à son nom. Le montant du prêt peut être utilisé par celui-ci pour les achats de son choix, à charge pour l'emprunteur de rembourser le prêt qui lui est consenti. Une partie des remboursements, c'est une des particularités du crédit renouvelable, vient reconstituer la réserve disponible en vue de financer, au besoin, de nouveaux achats (d'où le nom de crédit renouvelable).

Le crédit permanent est une formule de crédit particulièrement souple, notamment quand elle s'accompagne de la délivrance d'une carte de crédit utilisable pour retirer de l'argent ou régler les commerçants qui l'acceptent. Répondant aux besoins de financement de nombreux particuliers, cette forme de crédit se développe de plus en plus malgré les risques de surendettement que son utilisation abusive peut générer et de la cherté du crédit consenti (→ index, *Surendettement*).

À NOTER

Il revient à chaque emprunteur d'envisager l'opportunité de recourir au crédit renouvelable en comparant les formules pratiquées par les banques et sociétés financières, lesquelles sont très variables (TEG de 14 à 16 %). Ce type de crédit doit rester un mode de financement ponctuel, si possible exceptionnel, valable pour des financements d'un montant moyen de moins de 1 500 € dont le coût peut rester limité si l'on rembourse en quelques mois les sommes empruntées.

Quelles sont les différentes formules de crédit renouvelable ?

Elles sont au nombre de quatre :

- la formule classique où la banque ouvre une ligne de crédit au bénéfice de son client sur laquelle celui-ci pourra tirer en demandant à sa banque soit un virement du montant de son choix sur son compte chèques (dans la limite du crédit consenti), soit un chèque correspondant au montant de l'achat qu'il projette ;
- la formule du prêt lié à une carte bancaire émise directement par la banque au bénéfice de son client et utilisable comme n'importe quelle carte bancaire du réseau Visa ou Mastercard, à la fois pour retirer de l'argent dans les DAB ou pour payer directement les commerçants (par exemple, la carte Open du Crédit Agricole) ;
- la formule du prêt lié à une carte privative émise par une enseigne ou un réseau de commerçants déterminés (hypermarché, entreprise de vente par correspondance, etc.) avec laquelle un établissement prêteur a négocié son utilisation (par exemple, la carte Pass chez Carrefour) ;
- la formule du prêt lié à une carte privative émise directement par l'établissement financier prêteur, au nom de ce dernier, et utilisable dans les réseaux de magasins qui collaborent avec celui-ci (par exemple, la carte Aurore du Cetelem).

À NOTER

Le projet de loi réformant le crédit à la consommation prévoit un encadrement des cartes privatives de magasins tant la distinction entre carte de fidélité et carte de crédit est parfois floue pour le consommateur. Ces cartes devront obligatoirement avoir une fonction « paiement au comptant ». En outre, l'activation de la fonction crédit ne pourra pas se faire sans l'accord exprès du client. Enfin, le commerçant ne pourra pas subordonner l'octroi d'avantages promotionnels à un paiement à crédit avec la carte privative.

Quel est l'intérêt de choisir un crédit renouvelable ?

Le crédit renouvelable permet de financer des achats courants de faible ou moyenne valeur espacés dans le temps, pour lesquels un prêt personnel ne serait pas adapté compte tenu, notamment, de la fréquence des achats. Le crédit renouvelable peut financer l'achat de tous les biens et de tous les services offerts dans le commerce.

De plus, la possession d'une carte de crédit permet de financer l'achat d'un bien ou d'un service sans avoir à obtenir sans cesse l'aval de sa banque pour une nouvelle offre de prêt.

Toutefois, compte tenu de son coût, cette technique de crédit doit servir au mieux à lisser sur plusieurs mois des dépenses imprévues ou concentrées sur de courtes périodes. Elle ne saurait servir, au risque de surendettement, comme source de financement habituelle et permanente, comme moyen de pallier des difficultés financières (qui, souvent, ne vont qu'en s'aggravant), ou encore comme moyen d'acheter un bien unique d'un montant élevé. Il est en effet important, si l'on veut diminuer le coût du crédit, sinon de rembourser par anticipation le capital emprunté (par exemple à l'aide d'une rentrée d'argent prévue ou imprévue), du moins d'accélérer les remboursements plutôt que de se contenter de rembourser les mensualités telles qu'elles sont prévues dans le contrat (ces mensualités étant souvent très faibles, de 30 à 80 €, par exemple).

Qui propose des crédits renouvelables ?

Les banques et les sociétés financières qui sont spécialisées dans le crédit à la consommation (telles que

Sovac, Finaref, Sofinco...) soit par l'intermédiaire de leurs agences, soit par le biais des grands magasins, des enseignes de la grande distribution ou des constructeurs automobiles avec lesquels collaborent les établissements de crédit (par exemple, Cofidis pour les 3 Suisses, Cofinoga pour les Galeries Lafayette, la DIAC pour Renault...).

Quelle est la réglementation s'appliquant au crédit renouvelable ?

Le crédit renouvelable est une forme de crédit à la consommation. Il est donc soumis à la même réglementation (→ index, *Crédit à la consommation, réglementation*). Toutefois, il existe des règles qui sont spécifiques à cette formule :

- la durée du contrat initial est limitée à 1 an renouvelable, ce qui correspond à la durée de mise à disposition de la réserve et non à la durée de remboursement. La durée de remboursement n'est pas pour l'instant limitée. Compte tenu des taux élevés de ces crédits (entre 15 et 20 %), lorsque l'emprunteur rembourse sur une longue période, il paie une somme très importante d'intérêts. Cela est d'autant plus vrai que le montant minimum des mensualités est en général faible et largement constitué par des intérêts. Aussi, le projet de loi réformant le crédit prévoit-t-il de limiter la durée de remboursement des crédits renouvelables. Un prêt renouvelable inférieur à un certain montant (qui pourrait être 5 000 €) devra être remboursé sur une durée maximale de 3 ans. En outre, chaque mensualité devra obligatoirement comporter une partie de remboursement de capital et une partie d'intérêts.
L'offre doit préciser que le prêteur devra indiquer, 3 mois avant l'échéance, les conditions de reconduction du contrat et fixer les modalités du remboursement des sommes restant dues dans le cas où l'emprunteur demande à ne plus bénéficier de son crédit. Le remboursement doit être fait de façon échelonnée sauf volonté contraire du débiteur (*Code de la consommation, Art. L. 311-9*) ;
- les offres de crédit doivent mentionner que le taux d'intérêt est révisable et que le coût total du crédit dépend de son utilisation, du montant et de la durée du découvert effectif du compte.
En effet, les achats effectués au cours de l'année à l'aide du crédit renouvelable pourront être remboursés à un taux d'intérêt différent de celui mentionné sur l'offre initiale, le taux d'intérêt variant au gré de mécanismes financiers complexes.
Ces précisions sont importantes et distinguent un crédit classique, affecté ou non, d'un crédit renouvelable. Un crédit classique prévoit un remboursement à mensualités et à taux fixes, sur une durée connue à l'avance et, par conséquent, pour un coût connu lors de la signature du contrat de crédit. Un contrat de crédit renouvelable ne peut délivrer ces mêmes informations à l'emprunteur, car son coût dépend de variables inconnues lors de la souscription. C'est la raison pour laquelle il n'est pas joint de tableau d'amortissement avec l'offre de crédit.
Le Code de la consommation prévoit, en revanche, que l'emprunteur doit être renseigné, dans l'offre préalable de crédit, sur les modalités de remboursement au cas où celui-ci demanderait à ne plus bénéficier de son ouverture de crédit. De plus, dans la pratique, le montant du TEG au jour de l'utilisation du crédit figure sur le relevé que l'emprunteur reçoit chaque mois (→ index, *Offre préalable de crédit*).
Lorsque l'offre préalable est assortie d'une proposition d'assurance, une notice est remise à l'emprunteur. Elle doit comporter les extraits des conditions générales de l'assurance. Si l'assurance est obligatoire pour obtenir le prêt, l'offre préalable doit rappeler que l'emprunteur peut souscrire une assurance équivalente auprès de l'assureur de son choix. Si elle est facultative, les modalités suivant lesquelles l'emprunteur peut ne pas y adhérer doivent être mentionnées (*Code de la consommation Art. L. 311-12*) ;
- l'emprunteur peut à tout moment compléter la mensualité minimum fixée par le contrat de prêt par un versement supplémentaire ou rembourser entièrement par anticipation le crédit ; dans les deux cas, aucune indemnité n'est due au prêteur.

Comment fonctionne un crédit renouvelable ?

Les règles de fonctionnement d'un crédit renouvelable sont les mêmes que celles qui régissent les prêts classiques. Le montant du crédit consenti par l'établissement prêteur dépend de la capacité de remboursement du souscripteur, et l'amortissement du prêt se fait de manière échelonnée.
Toutefois, le crédit renouvelable a quelques spécificités :
– les intérêts liés au prêt ne courent qu'à compter du moment où le consommateur utilise son crédit et ne sont calculés que sur la fraction utilisée ;
– dès lors que le consommateur utilise son crédit, partiellement ou totalement, celui-ci doit le rembourser

de manière à reconstituer son capital. Les mensualités de remboursement sont mentionnées dans le contrat de crédit. Elles sont soit fixes (30 € par mois par exemple), soit calculées en fonction du montant de la réserve mise à disposition (5 % de ce montant par exemple, soit 75 € pour une mise à disposition de 1 500 €), soit encore calculées en fonction de la durée choisie par l'emprunteur ;

– les organismes prêteurs sont tenus d'adresser à l'emprunteur mensuellement et dans un délai raisonnable avant la date de paiement, un relevé de compte détaillé qui précise clairement :

- la date d'arrêté du relevé et la date de paiement,
- la fraction du capital disponible,
- le montant de l'échéance, dont la part correspondant aux intérêts,
- le taux de la période et le taux effectif global,
- le cas échéant le coût de l'assurance,
- la totalité des sommes exigibles,
- le montant des remboursements déjà effectués depuis le dernier renouvellement,
- le fait qu'à tout moment l'emprunteur peut payer comptant tout ou partie du montant restant dû, sans se limiter au moment de la seule dernière échéance (*Code de la consommation, Art. L. 311-9-1*).

Depuis le 1/8/2005, si l'établissement financier veut augmenter la réserve de crédits de son client, il doit lui adresser une nouvelle offre préalable de crédit. Par ailleurs, les consommateurs qui ont souscrit un crédit renouvelable peuvent à tout moment demander la réduction de la réserve de crédits, la suspension ou la résiliation du contrat. Dans ce dernier cas, ils doivent rembourser leur crédit en cours (*Code de la consommation, Art. L. 311-9*).

À NOTER

Les taux des crédits renouvelables sont très proches du taux de l'usure qui est le taux d'emprunt publié au Journal officiel au-delà duquel il est interdit de prêter. Le taux de l'usure varie, aujourd'hui, selon la nature du prêt (prêt à la consommation, découvert bancaire, prêt immobilier…) et son montant. Le projet de réforme des crédits à la consommation prévoit qu'il sera établi seulement en fonction du montant. Les seuils plafonds pourraient demeurer autour de 20 % pour les prêts inférieurs à 3 000 €, entre 15 et 18 % pour les prêts de 3 000 à 6 000 € et descendre à 14 % pour les prêts plus élevés.

Les conditions de reconduction du contrat

Le prêteur doit envoyer au client, 3 mois avant la date du renouvellement du contrat (à la date anniversaire) les conditions de la reconduction. L'emprunteur doit pouvoir s'opposer aux modifications proposées jusqu'au moins 20 jours avant la date ou celles-ci deviennent effectives en utilisant un bordereau-réponse annexé. En cas de refus des nouvelles conditions de taux ou de remboursement proposées lors de la reconduction du contrat, l'emprunteur est tenu de rembourser la réserve d'argent utilisée aux conditions précédant les modifications proposées. Il ne lui est alors plus possible de puiser dans la réserve de crédit (*Code de la consommation, Art. L. 311-9*).

Depuis le 1/8/2005, si pendant 3 années consécutives le consommateur n'a pas utilisé son prêt et si la banque veut en proposer la reconduction, elle doit lui adresser un document qui en récapitule les caractéristiques. Si l'emprunteur ne retourne pas ce document, daté et signé, au plus tard 20 jours avant la date d'échéance du contrat, ce dernier est résilié de plein droit à cette date (*Code de la consommation, Art. L. 311-9*).

Comment fonctionne la carte de crédit accompagnant le crédit renouvelable ?

L'une des opérations de fidélisation mise en place par les commerçants, notamment par les grands magasins, consiste à délivrer aux consommateurs des cartes dites « privatives » dont l'intérêt est non seulement de pouvoir bénéficier d'opérations promotionnelles réservées aux possesseurs de ces cartes, mais surtout de pouvoir utiliser le crédit consenti par l'intermédiaire d'une société financière à laquelle est affilié le commerçant.

Les cartes privatives ne doivent donc pas être confondues avec les cartes bancaires ni avec les cartes accréditives, telles celles émises par American Express ou Diners Club.

Les cartes privatives sont émises soit par un réseau de commerçants affiliés à un organisme prêteur (on parle alors de carte « multi-commerces »), soit directement par les organismes financiers et utilisables dans les magasins arborant le logo de ladite carte (ce sont les cartes dites « mono-commerce »).

ATTENTION ⚠

Attention : si les dispositions juridiques relatives au crédit à la consommation s'appliquent au crédit renouvelable sur lequel s'appuie la carte privative, il est à noter que l'utilisation de la carte elle-même ne fait pas l'objet d'une protection particulière en droit français, ni d'un contrat-porteur applicable à toutes les cartes privatives à l'instar de celui relatif à la carte bancaire (sauf pour les cartes de crédit émises par les banques). Les conditions particulières de fonctionnement de la carte privative sont mentionnées dans l'offre préalable de crédit. Il y a donc lieu d'être attentif à celles-ci, notamment celles relatives à la responsabilité du porteur de la carte en cas de vol, de perte ou d'utilisation frauduleuse.

Elles peuvent servir à régler des achats en puisant dans la réserve disponible correspondant au crédit qui a été consenti au consommateur par l'établissement prêteur, ou à retirer de l'argent en espèces dans les distributeurs du réseau pour certaines d'entre elles.

À NOTER

Depuis le 12/6/2002, les cartes nouvellement émises ou renouvelées doivent porter la mention « carte de crédit ».

› Les prêts personnels

Ce sont les crédits à la consommation classiques accordés par les banques et les établissements financiers, dont le montant peut être librement utilisé par l'emprunteur contrairement aux crédits affectés (→ index, *Crédit affecté*).

› Les découverts bancaires

Tout découvert bancaire (solde débiteur du compte bancaire), autorisé ou non, d'une durée supérieure à 3 mois, constitue, pour son bénéficiaire, une avance de trésorerie qualifiée de crédit à la consommation (*Code de la consommation, Art. L. 311-1 et s.*).

Dans ces conditions, le découvert bancaire doit donc faire l'objet d'une offre préalable de crédit (→ index, *Offre préalable, crédit à la consommation*).

Le projet de réforme des crédits à la consommation prévoit d'appliquer les règles du crédit au découvert bancaire dépassant 1 mois.

Il crée un régime contractuel allégé pour les découverts d'une durée de 1 à 3 mois : l'établissement devra donner une information à son client (un décret doit définir les conditions et le contenu de cette information). Au-delà, le découvert est considéré comme un contrat de crédit à la consommation de droit commun. Le prêteur sera tenu d'adresser régulièrement à l'emprunteur, par écrit ou sur un support durable, un relevé de compte (son contenu sera défini par décret).

› Les locations avec option d'achat

Communément appelée « LOA » ou « leasing », cette formule de crédit repose sur un mécanisme complexe : le consommateur appelé « souscripteur » loue la chose objet du contrat (une voiture, le plus souvent) pendant une période déterminée (généralement 3 à 5 ans). À ce titre, le souscripteur verse des loyers à l'organisme de crédit. À la fin du contrat, il peut acheter l'objet moyennant une somme préalablement définie dans le contrat. Il peut aussi soit exercer son option d'achat en cours de contrat, soit ne pas acheter le bien à la fin du contrat.

REGROUPEMENT DE CRÉDITS OU RACHAT

Le rachat est l'opération par laquelle on regroupe en un seul crédit un ensemble de prêts (à la consommation, renouvelables, immobiliers, découverts bancaires) ayant des durées et des taux différents. En pratique, l'établissement de crédit qui procède au rachat rembourse les banques et autres prêteurs de son client et lui fait souscrire un prêt unique. En général, on a recours à cette opération pour faire baisser ses charges mensuelles de remboursement. Mais attention : pour cela, il faut allonger la durée de remboursement du prêt unique qui risque de courir bien plus longtemps que les différents crédits qui ont fait l'objet du rachat. En optant pour cette solution, le client augmente donc le coût global des crédits (intérêts et frais en plus).
Le projet de loi réformant le crédit à la consommation définit pour la première fois un cadre juridique spécifique au regroupement de crédits. Il propose de soumettre aux règles de protection du crédit à la consommation les prêts de regroupement de crédits dès lors que les prêts regroupés sont des prêts à la consommation, y compris lorsque leur total dépasse 75 000 €. Lorsque les prêts regroupés sont des prêts immobiliers, les règles de protection du crédit immobilier sont applicables. Lorsque l'opération conduit à regrouper à la fois des crédits à la consommation et des crédits immobiliers, le contrat sera soumis au régime du crédit à la consommation si la part relative de crédit immobilier ne dépasse pas un seuil fixé par décret. Si elle le dépasse, le contrat de regroupement de crédits sera soumis au régime du crédit immobilier.

LE LABEL QUALITÉ-CRÉDIT AU SERVICE DES EMPRUNTEURS

Suite à plusieurs années de réflexion entre les associations de consommateurs, les établissements de crédit membres de l'Association des sociétés financières et les pouvoirs publics, il existe désormais un signe de qualité dit « Label Qualité-Crédit » certifiant que les financements proposés par les établissements prêteurs qui l'affichent répondent aux attentes des consommateurs intéressés et des emprunteurs en terme d'information, d'instruction, de mise en place et de gestion du prêt souscrit et ce, au-delà des dispositions légales existantes.

Ces engagements certifiés sont garantis dans le temps et dans leur plénitude par l'intervention d'une tierce partie de contrôle qu'on appelle organisme certificateur, Qualité France, et concernent aussi bien les crédits immobiliers que les prêts à la consommation et autres financements des particuliers (location avec option d'achat, crédit renouvelable...).

Le logo « Qualité-Crédit » est apposé sur les offres préalables de crédit et chez les professionnels du crédit qui répondent aux exigences requises qui intéressent toute la chaîne du crédit depuis l'information préalable à destination du consommateur jusqu'à la phase de gestion contentieuse éventuelle du dossier d'un emprunteur qui ne peut plus rembourser son crédit.

Voici les principales caractéristiques sur lesquelles s'engagent les sociétés financières qui demandent la certification de leurs services :

✓ Pour les crédits immobiliers

1) Diffusion et mise à disposition de documents commerciaux actualisés sur les prêts proposés par les établissements de crédit ou par l'intermédiaire des professionnels avec lesquels ils sont en relation, permettant aux consommateurs de définir le financement correspondant à l'achat projeté. À cet effet, les professionnels du crédit et leurs intermédiaires reçoivent une formation et/ou une information nécessaires et adaptées à la vente des produits financiers, destinées à leur permettre d'assurer une information satisfaisante des clients intéressés par un crédit.

2) Proposition aux consommateurs intéressés d'une simulation personnalisée du plan de financement du projet en fonction de leurs ressources et de leurs charges et fourniture d'un dossier de prêt accompagné d'un mode d'emploi clair et précis.

3) Lors de l'octroi du crédit, liberté est laissée à l'emprunteur quant à la domiciliation de ses prélèvements et de ses revenus.

4) Service interlocuteur unique de l'emprunteur pendant toute la durée du prêt.

5) Gestion amiable des éventuels incidents de paiement assurée de façon personnalisée par un chargé de clientèle nommément désigné. À ce stade, le client est informé de la possibilité qui lui est offerte de saisir le médiateur mis en place au niveau de l'Association des société financières.

6) Gestion contentieuse des éventuels incidents de paiement par la communication des noms et coordonnées de la personne chargée du recouvrement judiciaire, nouvel interlocuteur du client, et de l'avocat en charge du dossier que lui a transmis la société financière.

✓ Pour les autres financements des particuliers (crédit à la consommation)

1) Les engagements pris par les professionnels certifiés sont les mêmes que précédemment définis en ce qui concerne l'information des consommateurs intéressés par un crédit à la consommation et s'agissant des réponses ou de la documentation qui leur sont apportées par les sociétés financières auxquelles ils s'adressent (voir plus haut).

2) Procédés permettant de solidariser « tout-en-un » l'ensemble des documents contractuels et des informations légales devant être remis au client avec l'offre préalable.

3) Bénéfice des dispositions applicables au crédit affecté, d'une part en matière de rétractation, d'autre part pendant 1 an en cas de contestation sur le bien ou la prestation de services financiers, pour tout achat d'un montant unitaire d'au moins 600 € financé, en tout ou partie, par un crédit renouvelable ouvert à cette occasion chez le vendeur ou prestataire.

4) Lors de l'octroi du crédit, liberté est laissée à l'emprunteur quant à la domiciliation de ses prélèvements et de ses revenus.

5) Pas de facturation par l'établissement de crédit de frais qui ne soient prévus au contrat, même si les opérations correspondantes sont nécessaires à la gestion courante du prêt souscrit par l'emprunteur.

6) Les engagements pris par les professionnels certifiés sont les mêmes que précédemment définis en ce qui concerne la gestion amiable et contentieuse des éventuels incidents de paiement, y compris le bénéfice du recours au médiateur (voir plus haut).

Pour tout renseignement sur la certification des services financiers concernés ou pour obtenir la liste des établissements de crédit certifiés, on peut s'adresser à l'Association française des sociétés financières ou à Qualité-france ou consulter le site Internet de l'ASF : *www.asf-france.com*.

› Les facilités de paiement

Ces facilités, consenties par le vendeur ou le prestataire de services en dehors de tout contrat de crédit, sont des opérations considérées par les tribunaux comme une forme de crédit à la consommation lorsque leur durée est supérieure à 3 mois. Ainsi, les facilités de paiement du type « paiement en 5 fois » offertes par certains vendeurs en dehors de tout contrat de crédit, ou le paiement d'un bien ou d'un service en plusieurs chèques, éventuellement postdatés, remis au professionnel qui s'engage à les mettre à l'encaissement à des dates convenues d'avance (pratique réprimée par l'article L. 131-69 du Code monétaire et financier), sont considérées comme des formes de crédit à la consommation et relèvent des dispositions du Code de la consommation. Ils doivent notamment faire l'objet d'une offre préalable de crédit (→ index, *Crédit à la consommation, réglementation*).

› L'hypothèque rechargeable

Cette formule, créée par l'ordonnance n° 2006-346 du 23/3/2006, est destinée à stimuler la consommation. Elle est offerte aux propriétaires d'un bien immobilier acquis grâce à un prêt en cours de remboursement et garanti par une hypothèque. L'hypothèque n'était pas jusqu'ici la garantie la plus utilisée car elle engendrait des frais élevés. Pour que l'hypothèque rechargeable ait des chances de rencontrer du succès, les frais ont été revus à la baisse.

De quoi s'agit-il ?

Dès que l'emprunteur a remboursé une partie de son prêt immobilier garanti par une hypothèque, il peut accéder à un nouveau prêt adossé sur cette même hypothèque. Il dispose ainsi d'une nouvelle capacité d'emprunt de la hauteur des remboursements effectués, tout en économisant le coût d'une garantie. Le deuxième crédit peut être immobilier ou à la consommation mais il ne peut s'agir, en aucun cas, d'un crédit revolving. Il est possible de l'affecter à des travaux d'amélioration du logement, à un achat immobilier, à l'acquisition de biens de consommation...

Comment se déroule la procédure ?

L'hypothèque n'est rechargeable que si cela est prévu dans la convention de constitution de l'hypothèque initiale. L'intervention d'un notaire est obligatoire pour établir cet acte mais également pour chaque rechargement.

Les personnes qui ont un crédit immobilier en cours, garanti par une hypothèque, peuvent bénéficier de ce nouveau montage à condition de signer, devant notaire, un avenant au contrat initial (→ index, *Prêt immobilier, hypothèque rechargeable*).

À NOTER

La formule de l'hypothèque rechargeable est intéressante mais fait peser un risque de surendettement. Il ne faut pas oublier que ce sont les revenus qui servent à rembourser le prêt. Or si les liquidités s'avèrent insuffisantes, les banques pourront faire vendre le bien immobilier sur lequel porte la garantie.

› Le prêt viager hypothécaire

Il s'adresse aux personnes âgées à qui il permet d'obtenir de l'argent d'un logement dont elles sont propriétaires sans le vendre. Il s'agit d'un prêt dont elles n'ont à rembourser ni le capital, ni les intérêts de leur vivant. Le Crédit Foncier de France est la première banque à proposer ce type de prêt.

De quoi s'agit-il ?

Le banquier consent un prêt et prend une hypothèque pour le garantir sur le logement. Le montant du prêt est déterminé en tenant compte de la valeur du bien, de l'âge de l'emprunteur (plus exactement de son espérance de vie) et du taux du prêt accordé.

L'intéressé peut choisir de recevoir le montant emprunté sous forme d'un capital ou de versements périodiques jusqu'à la fin de sa vie. Il peut en disposer librement : comme complément de retraite, moyen de financer la dépendance ou même en faire une donation... Une seule restriction : le prêt ne peut financer les besoins d'une activité professionnelle.

Au décès de l'emprunteur, les héritiers devront rembourser, à la banque, le capital emprunté plus les intérêts, la somme globale ne pouvant pas être supérieure à la valeur de l'immeuble au jour du décès. Pour cela, ils peuvent vendre le bien immobilier ou pas. Si le prix du bien est inférieur à la dette, la banque sera perdante.

À NOTER

L'emprunteur peut mettre fin au contrat de prêt en remboursant la totalité des sommes déjà versées (capital et intérêts). De même, le remboursement s'imposera en cas de vente du bien sur lequel porte l'hypothèque.

Comment se déroule la procédure ?

L'offre de prêt faite par la banque sera valable pendant au moins 30 jours. Son acceptation par l'intéressé ne pourra intervenir qu'après un délai minimum de 10 jours et devra obligatoirement faire l'objet d'un acte notarié (→ index, *Prêt immobilier, prêt viager hypothécaire*).

Le surendettement

L'un des problèmes auquel peuvent être confrontés les consommateurs est celui de ne plus pouvoir honorer le paiement de leurs créances parce que leurs moyens financiers ne le leur permettent plus. Cette situation est aujourd'hui encadrée par la loi dont l'objet est à la fois de prévenir et de régler le surendettement. La loi sur la sécurité financière du 1/8/2003 permet aussi aux ménages gravement endettés d'obtenir l'effacement de certaines dettes. Enfin, le projet de loi réformant le crédit à la consommation comporte un volet sur le surendettement.

Quand faut-il réagir ?

Il ne faut pas attendre de ne plus pouvoir faire face à ses échéances pour réagir : le bon réflexe est de s'adresser dès que possible à son créancier pour obtenir un arrangement à l'amiable. Car si le consommateur ne fait rien et ne paie plus ses mensualités, son créancier, lui, va réagir.

Si l'arrangement amiable n'aboutit pas, le consommateur peut saisir la commission de surendettement.

Selon l'état du surendettement établi par la commission deux procédures sont possibles :

– la procédure ordinaire de surendettement lorsque la situation est grave mais pas irrémédiablement compromise ;

– la procédure de redressement personnel instituée par la loi du 1/8/2003.

Qui peut bénéficier de la procédure de surendettement ?

Ce dispositif s'adresse aux particuliers français ou étrangers résidant en France, quel que soit leur niveau de vie. Ainsi, tout consommateur peut bénéficier d'une procédure de traitement du surendettement à condition :

– d'être de bonne foi. La notion de bonne foi est très importante : elle est constamment reprise par la jurisprudence. La bonne foi se présume (*Cour de cassation, 1re chambre civile, 4/4/1991*). Est ainsi de bonne foi le débiteur qui, sans l'avoir cherché de manière consciente et réfléchie, se trouve dans l'incapacité de régler toutes ses dettes (*Cour de cassation, 1re chambre civile, 14/5/1992*) ;

– d'être « dans l'impossibilité manifeste de faire face à l'ensemble de ses dettes non professionnelles » ainsi qu'à l'engagement donné de cautionner ou d'acquitter solidairement la dette d'un entrepreneur individuel ou d'une société dès lors qu'il n'a pas été dirigeant de celle-ci. En fait, il s'agit de toute personne qui n'arrive plus à respecter les engagements souscrits à la suite de circonstances ayant affecté ses revenus : chômage, séparation, maladie, accident, décès du conjoint... Les dettes ne doivent pas être liées à l'exercice d'une profession (commerçants, artisans, chefs d'entreprise... pour lesquels il existe une procédure spécifique).

Les dettes peuvent être « exigibles ou à échoir » (*Cour de cassation, Chambre civile, 13/1/1993 :* la commission doit examiner non seulement les échéances échues impayées mais également les échéances non encore échues des emprunts en cours).

Le projet de loi réformant le crédit à la consommation précise que le seul fait d'être propriétaire de sa résidence principale ne peut empêcher que la situation de surendettement soit retenue.

À NOTER

Au moins une commission de surendettement des particuliers a été créée dans chaque département (mais il peut y en avoir plusieurs par département).

AVANTAGE

L'activité professionnelle d'un conjoint n'empêche pas l'autre conjoint de bénéficier des procédures de surendettement.

À NOTER

La commission peut entendre toute personne dont l'audition lui paraît utile, sous réserve que celle-ci intervienne à titre gratuit (Code de la consommation, Art. L. 331-3).

À NOTER

Les commerçants, les artisans et les agriculteurs sont exclus de la procédure même si leur endettement a pour origine des dettes non professionnelles.

AVANTAGE

Lors de l'examen de la situation financière du débiteur, toutes ses ressources sont prises en compte, sauf les allocations comme l'aide personnalisée au logement dont il n'est pas libre de disposer pour faire face à ses dettes.

Quel est le rôle de la commission de surendetement ?

La loi sur la sécurité financière du 1/8/2003 et son décret d'application du 24/2/2004 renforcent le rôle pivot de la commission de surendettement. Il lui appartient d'orienter le dossier, soit vers les mesures de traitement du surendettement (plan conventionnel de redressement ou mesures recommandées), soit vers le juge de l'exécution aux fins d'ouverture d'une procédure de rétablissement personnel.

Comment saisir la commission de surendettement ?

La commission est saisie par le débiteur qui n'a pas, en principe, la possibilité de saisir directement le juge de l'exécutionsauf si la commission n'a pas décidé de l'orientation du dossier dans le délai de 9 mois qui suit le dépôt de ce dernier (*Code de la consommation, Art. L. 331-3*). La saisine est réalisée par une déclaration du débiteur remise ou adressée au secrétariat de la commission, qui siège au comptoir départemental de la Banque de France ; elle doit comporter un état détaillé des revenus du débiteur, les éléments de son patrimoine, les nom et adresse de ses créanciers et ses propres nom et adresse **(voir Modèle n° 24)**. Vous pouvez demander la déclaration-type Cerfa 30-2713. La démarche est gratuite et ne requiert pas l'assistance d'un avocat. La commission informe les créanciers, le cas échéant les personnes qui ont cautionné une ou plusieurs dettes du débiteur et le débiteur lui-même de sa saisine par lettre simple dans laquelle elle précise que ce dernier peut être entendu sur sa demande.
Attention : toute déclaration fausse ou incomplète sera rejetée par la commission.
La commission compétente est celle où demeure le débiteur. Elle informe par lettre recommandée avec demande d'avis de réception les créanciers de l'état du passif déclaré par le débiteur et notifie au débiteur l'état du passif qu'elle a dressé au vu des éléments dont elle dispose, en lui précisant la procédure à suivre s'il désire le contester (*Code de la consommation, Art. R. 331-10*).

Comment se déroule la procédure ?

Dès que la commission est saisie du dossier, elle demande l'inscription de la personne surendettée au fichier des incidents de remboursement des crédits. Cette démarche la met en principe dans l'impossibilité d'obtenir un prêt. Cela contribue à protéger le débiteur de lui-même : il ne peut aggraver son cas en souscrivant des prêts. L'inscription à ce fichier est conservée pendant toute la durée d'exécution des mesures prévues dans le plan sans pouvoir excéder 10 ans (le projet de loi réformant le crédit prévoit de ramener ce délai à 8 ans).
La commission a 6 mois pour instruire le dossier et décider de son orientation (*Code de la consommation, Art. L. 331-3*).
Si 9 mois après être saisie du dossier, la commission ne s'est pas prononcée, le débiteur a la faculté de saisir directement le juge de l'exécution, afin d'ouvrir une procédure de rétablissement personnel.
Le projet de loi réformant le crédit ramènerait le délai d'instruction à 3 mois (au lieu de 6). Si au terme de ce délai, la commission n'a pas décidé de l'orientation à donner au dossier, le taux d'intérêt applicable à tous les crédits en cours de l'intéressé serait le taux de l'intérêt légal.
En outre, à tout moment de la procédure, la commission pourrait inviter l'intéressé à solliciter une mesure d'aide ou d'action sociale pouvant comprendre un programme d'éducation budgétaire et notamment une mesure d'accompagnement social personnalisé.

La recevabilité de la demande

La commission examine, dans un premier temps, la recevabilité de la demande en recherchant :
– si le débiteur est véritablement dans une situation de surendettement ;
– s'il est de bonne foi ;
– si ses dettes ne revêtent pas un caractère professionnel.
Elle se prononce éventuellement, après avoir entendu les parties, par une décision motivée, notifiée au débiteur et aux créanciers par lettre recommandée avec demande d'avis de réception. En cas d'irrecevabilité de la demande, la personne surendettée peut faire appel de cette décision par lettre recommandée avec demande d'avis de réception remise ou adressée au secrétariat de la commission dans les 15 jours suivant la notification de la lettre précitée (*Code de la consommation, Art. L. 331-3, alinéa 2*).
Le projet de loi réformant le crédit prévoit que la décision déclarant la recevabilité de la demande a pour conséquence la suspension et l'interdiction des procédures à l'encontre de la personne surendettée ainsi que des saisies sur rémunération pour les dettes autres qu'alimentaires (par exemple, pension alimentaire à la suite d'un divorce).

À NOTER

Si la commission décide d'entendre des personnes, elle doit les convoquer 15 jours au moins avant la date de la réunion par lettre simple (Code de la consommation, Art. R. 331-7-1).

L'examen de la situation du débiteur

Si le dossier est recevable, la commission examine l'intégralité de la situation du débiteur, qui peut demander à être entendu. Il s'agit d'avoir une vision aussi exacte que possible du patrimoine de celui-ci.
À cet effet, la commission peut :
– recueillir tous les renseignements nécessaires à son information notamment auprès du fisc, de la Sécurité sociale, des établissements de crédit ;
– saisir le juge de l'exécution soit pour lui demander de vérifier la validité et le montant des créances réclamées au débiteur (*Code de la consommation, Art. L. 331-4*), soit pour faire suspendre les voies d'exécution (les saisies notamment) qui seraient entreprises contre le débiteur pour des dettes autres qu'alimentaires, étant observé, sur ce dernier point, que la suspension, le cas échéant, n'est valable que pour la durée de la procédure devant la commission sans pouvoir dépasser 1 an à compter de sa saisine. Cette durée peut être prolongée jusqu'à ce que le juge ait donné force exécutoire aux mesures recommandées par la commission ou jusqu'à ce qu'il ait statué sur la contestation formée par l'une des parties (voir ci-après).
Chaque créancier reçoit de la part de la commission l'état de la dette telle qu'elle a été déclarée par la personne surendettée. Si le créancier n'est pas d'accord avec le montant déclaré, il a 30 jours pour justifier du montant de sa créance. La commission établit le bilan des dettes et le soumet au débiteur qui a 20 jours pour le contester auprès du juge.
S'il apparaît notamment au cours de l'instruction du dossier, que les mesures « ordinaires » du traitement du surendettement ne peuvent manifestement pas être mises en œuvre ou respectées, la situation irrémédiablement compromise est caractérisée. La commission sollicite alors l'accord du débiteur pour ouvrir une procédure de rétablissement personnel (*Code de la consommation, Art. L. 331-3*).

La tentative de conciliation amiable

La commission a pour mission d'élaborer un plan conventionnel de redressement approuvé par le débiteur et ses créanciers. La durée des plans conventionnels ne peut excéder 10 ans (le projet de loi réformant le crédit prévoit de ramener ce délai à 8 ans). Cette durée peut être allongée en cas de réaménagement des prêts immobiliers contractés pour l'acquisition de la résidence principale du débiteur et dont le plan permet d'éviter la cession. Elle examine donc :

Pour le débiteur :
– la somme minimale nécessaire aux dépenses courantes. Cette somme est calculée par application du barème des saisies sur salaire sur les ressources mensuelles du débiteur et ne peut être inférieure à un montant égal au RSA auquel pourrait prétendre l'intéressé majoré de 50 % dans le cas d'un ménage *(Voir pages Barème)*. Ce minimum de ressources, appelé « reste à vivre », est également applicable à la personne qui s'est portée caution du débiteur si elle doit rembourser ses dettes. De la même manière, lorsque la personne surendettée est salariée, la fraction insaisissable du salaire ne peut être inférieure au RSA ;
– ce qu'il peut consacrer au remboursement de ses dettes, étant observé que le montant de ses remboursements est fixé par référence à la quotité saisissable du salaire.
Attention : désormais, tant dans le plan conventionnel de redressement que dans le cadre des mesures

recommandées, les dettes fiscales non professionnelles, parafiscales et sociales peuvent faire l'objet de report, de rééchelonnement, de remises partielles, ceci dans les mêmes conditions que les autres dettes.

Pour la mise en œuvre du plan de redressement, le débiteur doit accepter de réduire ses dépenses et parfois même de se dessaisir d'une partie de son patrimoine (valeurs mobilières, résidence secondaire...). En revanche, la commission essaie toujours de préserver la résidence principale car la vente du logement familial aggrave, le plus souvent, les difficultés ;

Pour les créanciers :

– la réduction possible du taux d'intérêt ;
– l'allongement des remboursements dans le temps ;
– les délais pouvant être proposés...

Le plan conventionnel de redressement comporte le plus souvent des mesures de réduction des taux d'intérêt (appliquée dans 70 % des dossiers, elle est limitée en moyenne à 3 points), voire de suppression de ceux-ci, mais aussi des mesures de report ou de rééchelonnement des dettes (dans 42 % des dossiers examinés) ou encore de remise des dettes (dans 8 % des dossiers examinés). En outre, la commission peut exiger des garanties du débiteur ou qu'il ne commette pas d'abus qui aggraveraient son insolvabilité.

Si le débiteur et ses différents créanciers parviennent à un accord, un plan conventionnel est élaboré et signé par les parties.

Une copie du plan est alors adressée à chacune des parties. Si le débiteur ne respecte pas le plan adopté, une mise en demeure lui est adressée. Le plan est caduc de plein droit si le débiteur n'a pas, dans les 15 jours suivant la mise en demeure restée infructueuse, exécuté les mesures qui y sont prévues.

À NOTER

Sauf accord du créancier, ne peuvent pas bénéficier de remise, rééchelonnement ou effacement les dettes alimentaires (telles que les pensions alimentaires dues sauf accord du créancier), les réparations pécuniaires allouées aux victimes dans le cadre d'une condamnation pénale et les amendes prononcées dans le cadre d'une condamnation pénale (Code de la consommation, Art. L. 333-1).

À NOTER

Pour sécuriser le paiement des loyers et des charges locatives aux bailleurs privés et publics, la priorité est désormais donnée au remboursement des créances locatives sur celui des prêts et crédits à la consommation (Code de la consommation, Art. L. 133-1-1).

Les recommandations de la commission

En cas d'échec de sa mission de conciliation, la commission doit le notifier au débiteur par lettre recommandée avec demande d'avis de réception. Ce dernier dispose d'un délai de 15 jours pour saisir, le cas échéant, la commission afin que celle-ci puisse recommander une ou plusieurs des mesures suivantes :

– le report ou le rééchelonnement du paiement des dettes. Il ne peut excéder 10 ans (le projet de loi réformant le crédit prévoit de ramener ce délai à 8 ans) ou la moitié de la durée de remboursement restant à courir pour les emprunts en cours (*Code de la consommation, Art. L. 331-7, 1°*) ;
– l'imputation des paiements effectués par le débiteur sur le capital (*Code de la consommation, Art. L. 331-7, 2°*) ;
– la réduction du taux d'intérêt des échéances restant à payer (*Code de la consommation, Art. L. 331-7, 3°*) ;
– la réduction du montant des sommes restant dues au titre du prêt immobilier après la vente amiable ou forcée du logement principal (*Code de la consommation, Art. L. 331-7, 4°*).

Dans l'élaboration de ces mesures, la commission tient compte de la connaissance par les créanciers de la situation du débiteur lors de la conclusion des différents contrats. Cela signifie que les mesures sont d'autant plus favorables au débiteur que les créanciers n'ont pas été prudents dans l'octroi des prêts. La commission doit rendre son avis dans les 2 mois qui suivent sa saisine. Ces mesures doivent être homologuées par le juge avant leur application : il doit vérifier leur régularité mais ne peut ni les modifier, ni les compléter. L'avis de la commission est communiquée aux parties par lettre recommandée. Cette lettre mentionne les dispositions du premier alinéa de l'article L. 332-2 du Code de la consommation, à savoir la possibilité pour le débiteur de contester devant le juge de l'exécution les mesures recommandées par la commission dans les 15 jours suivant la notification de la lettre recommandée.

Le projet de loi réformant le crédit prévoit qu'une fois que le montant des dettes est arrêté, les créanciers ne peuvent exiger d'intérêts intercalaires entre ce moment-là et la mise en œuvre du plan de redressement.

ATTENTION ⚠

Si, avant le terme des mesures prononcées, le débiteur n'est plus en situation de surendettement, les créanciers peuvent demander la mainlevée de ces mesures.

Le moratoire et l'effacement des dettes

Lorsque la commission constate, sans retenir son caractère irrémédiable, l'insolvabilité du débiteur caractérisée par l'absence de ressources ou de biens saisissables de nature à permettre de rembourser les dettes, elle peut proposer, sous le contrôle du juge de l'exécution, un moratoire « gel » des dettes autres qu'alimentaires pendant une durée maximale de 2 ans. Elle peut également recommander, par une proposition spéciale et motivée, l'effacement partiel des créances. Si cet effacement le permet, les recommandations classiques de la commission (rééchelonnement du paiement des dettes, réduction des intérêts, imputation des paiements sur le capital, moratoire) peuvent être mises en œuvre (*Code de la consommation, Art. L. 331-7-1*).

Le taux d'intérêt des capitaux restants dus (hors dettes alimentaires impayées) ne peut excéder pendant cette période, le taux d'intérêt légal. Sauf recommandation contraire de la commission, le paiement des intérêts est également suspendu.

LA PROTECTION DES PERSONNES SURENDETTÉES EN MATIÈRE DE SAISIE IMMOBILIÈRE

La loi du 23/1/1998 renforce la protection des personnes surendettées en cas de saisie et de vente aux enchères de leur logement principal. Ainsi :

✓ la commission de surendettement peut suspendre la procédure de saisie immobilière en saisissant le juge de l'exécution. La suspension est acquise pour la durée de la procédure devant la commission, sans pouvoir excéder un an. Un report de la date de la vente aux enchères peut également être demandé par la commission, pour des causes graves et justifiées ;

✓ le débiteur peut contester le montant de la mise à prix de son logement si elle est manifestement insuffisante. C'est alors au tribunal de grande instance de trancher la contestation en tenant compte de la valeur vénale du logement et des conditions du marché ;

✓ enfin, le commandement de payer (c'est-à-dire l'acte d'huissier qui déclenche la procédure de saisie) doit impérativement indiquer que :
- la personne surendettée peut saisir la commission de surendettement des particuliers,
- elle peut bénéficier de l'aide juridictionnelle si elle remplit les conditions de ressources,
- le montant de la mise à prix du logement peut faire l'objet d'une contestation ;

✓ en cas de vente sur saisie immobilière du logement du débiteur surendetté qui remplit les conditions de ressources pour l'attribution d'un HLM, la commune bénéficie d'un droit de préemption lors de l'adjudication destiné à assurer le maintien dans les lieux de la personne saisie.

Ce moratoire ne peut être accordé que si l'insolvabilité du débiteur :
– est caractérisée par l'absence de ressources ou de biens saisissables qui permettraient d'apurer ses dettes, au moins en partie ;
– et rend impossible l'élaboration d'un plan conventionnel de redressement.

C'est le juge qui, après en avoir vérifié la régularité, donne force exécutoire au moratoire.

Trente jours avant la date d'échéance du moratoire, la commission avertit par lettre recommandée avec demande d'avis de réception, les créanciers et le débiteur du réexamen de la situation de ce dernier, qui dispose lui-même de 30 jours pour l'informer de l'état de son patrimoine et de l'évolution de sa situation (*Code de la consommation, Art. R. 331-19-1*). Si la situation financière du débiteur s'est améliorée, la commission de surendettement peut recommander des mesures de redressement comme dans la procédure ordinaire (voir précédemment).

En revanche, si le débiteur est toujours insolvable après cette période, la commission peut proposer l'effacement partiel de ses dettes (*Code de la consommation, Art. R. 331-7-1*).

Là encore, c'est le juge qui donnera force exécutoire à cette proposition, après en avoir constaté la régularité et le bien-fondé.

À NOTER

Lorsqu'un débiteur a bénéficié d'un effacement de dettes, il ne peut plus profiter de cette mesure pendant 8 ans pour des dettes similaires.

Quel est le rôle du juge de l'exécution ?

● Si aucune des parties ne conteste les mesures recommandées par la commission dans les 15 jours suivant leur notification, le juge de l'exécution leur confère force exécutoire sans pouvoir les compléter ni les modifier, mais après en avoir vérifié la régularité au regard de l'article L. 331-7 du Code de la consommation.
Deux cas de figure sont donc possibles :
– le cas échéant, s'il constate une irrégularité dans la procédure, le juge renvoie le dossier devant la commission pour qu'elle formule de nouvelles recommandations respectant la loi ;
– en l'absence d'irrégularités et si aucune des parties ne conteste les mesures, l'avis de la commission a valeur de jugement, jugement qui n'est pas susceptible d'appel. L'ordonnance du juge est adressée à chacune des parties.

● Si l'une des parties conteste les mesures recommandées par la commission, le juge se saisit du dossier de surendettement et procède à un examen de celui-ci. Il dispose, pour ce faire, des mêmes pouvoirs que la commission, étant entendu qu'il statue librement sur la contestation dont il est saisi dans le respect des mesures prévues à l'article L. 331-7 du Code de la consommation.

Le juge statue sur la contestation qui a été formée par l'une des parties après les avoir entendues. Le jugement rendu est exécutoire et susceptible d'appel. Il est notifié à chacune des parties par lettre recommandée avec demande d'avis de réception.

AVANTAGE

Le déblocage anticipé de la participation des salariés en cas de surendettement est autorisé (→ index, Participation des salariés).

À NOTER

Il existe une procédure d'urgence qui permet au débiteur de saisir le juge afin qu'il suspende une procédure d'exécution prise à son encontre portant sur des dettes autres qu'alimentaires. Le président de la commission de surendettement et le représentant local de la Banque de France peuvent également saisir le juge en cas d'urgence.

AVANTAGE

La personne surendettée bénéficie d'une réduction des frais d'huissier auxquels elle peut, le cas échéant, s'exposer durant la procédure de surendettement. Il revient à la personne d'en informer l'huissier préalablement.

AVANTAGE

En cas de « retour à meilleure fortune », le débiteur a intérêt à réduire ses dettes et à raccourcir la durée du plan. En effet, s'il règle avant le terme prévu la totalité de ses dettes, il ne figurera plus au fichier national des incidents de paiement.

LE FICHAGE EN CAS DE SURENDETTEMENT

Un fichier national recensant les incidents de paiement caractérisés, liés au remboursement des crédits accordés aux consommateurs a été créé. Les personnes surendettées n'ont pas à payer les frais d'inscription au fichier (*Code de la consommation, Art. L. 333-4*).
Ce fichier enregistre :
- tout défaut de règlement d'un montant au moins égal au triple de la dernière échéance due (soit trois mensualités de crédit non payées) ;
- tout défaut de paiement pour lequel un établissement de crédit prononce la déchéance du terme du crédit ou engage une procédure judiciaire ;
- les plans conventionnels de surendettement recommandés par la commission ou par le juge.

L'inscription est conservée pendant toute la durée d'exécution du plan sans pouvoir dépasser 10 ans (le projet de loi réformant le crédit prévoit de ramener ce délai à 5 ans) ;
- les mesures de rétablissement personnel. Leur inscription est conservée pendant 8 ans (le projet de loi réformant le crédit prévoit de ramener ce délai à 5 ans) ;
- les moratoires. L'inscription dure pendant toute la durée de la mesure qui ne peut excéder 2 ans.

L'inscription sur le fichier intervient dès que la commission de surendettement est saisie du dossier du débiteur et non plus lorsque la commission a statué sur sa recevabilité. L'inscription des dossiers en cours d'instruction est conservée dans le fichier pour une durée de 36 mois et peut faire l'objet de prolongation par période d'un an. L'inscription est radiée lorsque le dossier est déclaré irrecevable à l'issue d'un délai de recours de 15 jours à compter de la notification de la décision.

.../..

LE FICHAGE EN CAS DE SURENDETTEMENT (SUITE)

Ce fichier, dont la gestion est assurée par la Banque de France, est soumis aux dispositions de la loi du 6/1/1978 relative aux fichiers informatiques et aux libertés. Toute personne peut donc prendre connaissance du fichage la concernant et procéder à sa modification s'il se révèle non conforme à la réalité.
La radiation du fichier intervient dès que le débiteur a justifié auprès de la Banque de France du règlement intégral de ses dettes auprès de tous les créanciers figurant au plan ou au jugement.
Par ailleurs, les établissements financiers offrant des crédits doivent déclarer les incidents de paiement qu'ils constatent. Sont considérés comme des incidents de paiement notamment :
- pour un même crédit à échéances échelonnées, les défauts de paiement atteignant un montant au moins égal au double de la dernière échéance due, pour les crédits remboursables et dans les autres cas lorsque ce montant est impayé pendant 60 jours ;
- pour un même crédit ne comportant pas d'échéances échelonnées, le défaut de paiement des sommes exigibles 60 jours après la date de mise en demeure d'avoir à payer, dès lors que les sommes dues impayées sont au moins égales à 500 € ;
- pour tous les types de crédit, les défauts de paiement pour lesquels l'établissement de crédit engage une procédure judiciaire ou prononce la déchéance du terme.
Ces informations sont conservées pendant 5 ans à compter de leur enregistrement à la Banque de France. Seuls les établissements de crédit et la Banque postale sont autorisés à les consulter.

La procédure de rétablissement personnel

Cette procédure créée par la loi sur la sécurité financière du 1/8/2003 et son décret d'application du 24/2/2004 est réservée aux ménages les plus gravement endettés, qui peuvent obtenir, sous certaines conditions, l'effacement total de leurs dettes non professionnelles.

L'ouverture d'une telle procédure peut être proposée au débiteur par la commission s'il apparaît en cours d'instruction du dossier que sa situation est irrémédiablement compromise. Cette dernière est caractérisée par l'impossibilité manifeste de mettre en œuvre les mesures de redressement ordinaires (échelonnement, différé de paiement…). Le redressement personnel peut également être mis en œuvre en cours d'exécution d'un plan conventionnel de redressement ou de recommandations.

Le projet de loi réformant le crédit et les procédures de surendettement fait la distinction entre deux procédures de redressement personnel. Ainsi la commission pourra :

– soit recommander un rétablissement personnel sans liquidation judiciaire si elle constate que le débiteur ne possède que des biens nécessaires à la vie courante (meubles, équipements) et des biens non professionnels indispensables à l'exercice de son activité professionnelle ou des biens sans valeur marchande ;
– soit saisir, avec l'accord du débiteur, le juge de l'exécution pour ouvrir une procédure de rétablissement personnel avec liquidation judiciaire.

› Ouverture de la procédure

La commission doit obtenir l'accord du débiteur avant de saisir le juge de l'exécution aux fins d'ouverture d'une procédure de rétablissement personnel. Cet accord doit être donné par écrit, sur un formulaire spécifique (remis à l'intéressé par le secrétariat de la commission). En l'absence d'accord ou de réponse du débiteur, la commission poursuit le traitement du dossier selon la procédure ordinaire.
La procédure peut également être déclenchée par le débiteur lui-même. Il peut saisir le juge de l'exécution dans deux cas :
– à l'occasion d'un recours exercé contre une mesure recommandée par la commission de surendettement ;
– lorsque la commission n'a pas traité son dossier dans les 9 mois qui suivent le dépôt de sa demande (*Code de la consommation, Art. L. 332-5*).

› Déroulement de la procédure

La procédure de rétablissement personnel se déroule intégralement devant le juge de l'exécution en plusieurs phases :

– la phase d'observation : le juge convoque dans un délai d'1 mois le débiteur et les créanciers. Il peut obtenir communication de tout renseignement lui permettant d'apprécier la situation du débiteur et son évolution possible. Il prononce l'ouverture de la procédure après avoir vérifié la bonne foi du débiteur ainsi que le caractère irrémédiablement compromis de sa situation. Les procédures de saisies sont suspendues, pendant toute la durée de la procédure, afin de protéger le patrimoine du débiteur tout comme les procédures d'expulsion. Pendant cette suspension, le débiteur ne doit rien faire qui puisse aggraver son insolvabilité ;

– la phase de liquidation : après avoir évalué la situation économique et sociale du débiteur, un état des créances est établi et notifié aux créanciers. Après avoir statué sur les éventuelles contestations de créances, le juge prononce la liquidation judiciaire du patrimoine du débiteur sauf pour les biens insaisissables, les biens dépourvus de valeur marchande ou dont les frais de vente seraient manifestement disproportionnés par rapport à leur valeur vénale et les biens non professionnels indispensables à l'exercice de son activité professionnelle (voiture, ordinateur...). Le débiteur est alors dessaisi de ses biens, qui seront vendus, par le liquidateur, dans un délai de 12 mois, lors d'une vente amiable ou d'une vente forcée ;

– le jugement de clôture : une fois la liquidation effectuée, le juge prononce la clôture de la procédure qui entraîne l'effacement total des dettes non professionnelles. Les créanciers non remboursés ne peuvent alors plus réclamer leur dû.

À NOTER

Si le juge estime que la liquidation judiciaire peut être évitée, il peut établir un plan conventionnel de surendettement (Code de la consommation, Art. L. 332-10).

Les services bancaires et financiers

Cartes bancaires

Prix, plafonds de retrait et plafonds des achats :

TARIFS			
	Prix par an	**Plafond de retrait * (par période de 7 jours)**	**Plafond des achats (par période de 30 jours)**
Carte Bleue nationale	21 à 35,50 €	300 €	1 500 €
Cartes internationales : – Carte bleue Visa – Eurocard Mastercard	 30 € minimum 34 € minimum	 300 € 600 €	 1 500 € varie selon les banques
Cartes de prestige :			
– Visa Premier	95 € minimum	900 € (France) 1 500 € (Étranger)	8 000 €
– Gold Mastercard	116 € minimum	900 € (France) 1 500 € (Étranger)	varie selon les banques
– American Express Carte Gold	185 €	1 800 € (France et étranger)	Aucun
– Diners	109 €	610 € (France) 1 000 $ (Étranger)	Aucun
** Dans n'importe quel distributeur.*			

Classes de contraventions

– 1re classe : 38 € ;
– 2e classe : 150 € ;
– 3e classe : 450 € ;
– 4e classe : 750 € ;
– 5e classe : 1 500 € ;
– 5e classe en cas de récidive : 3 000 €.

Crédit gratuit

Le taux annuel de référence à retenir pour le second semestre de l'année 2010, en application de l'article R. 311-4 du Code de la consommation, est de 5,38 %.

CRÉDIT GRATUIT : REMISE PAR LE VENDEUR EN CAS D'ACHAT AU COMPTANT	
Durée du crédit gratuit proposé par le vendeur	**Prix payable au comptant pour un prix de vente à crédit de 10 €**
3 mois	9,91
4 mois	9,89
5 mois	9,87
6 mois	9,84
8 mois	9,80
10 mois	9,76
12 mois	9,71
14 mois	9,67
16 mois	9,63
18 mois	9,59
20 mois	9,54
24 mois	9,46

Par exemple, pour l'achat d'une marchandise d'une valeur de 1 500 €, vendue avec un crédit gratuit total sur 6 mois, l'acheteur paiera :

$$1\,500 \text{ x } \left(\frac{9{,}84}{10} \right) = 1\,476 \text{ €},$$

s'il achète la marchandise comptant.

Monéo

Cotisation annuelle :

de 7 à 12 € selon les banques.

Plafonds des frais bancaires

En cas d'incident de paiement, la banque ne peut facturer comme frais bancaires plus de :
– 30 € en cas de rejet d'un chèque sans provision d'un montant inférieur ou égal à 50 € ;
– 50 € pour un chèque sans provision de plus de 50 € ;
– 20 € pour les autres impayés : pour un virement ou un prélèvement rejeté par exemple.

Surendettement

Barème des saisies sur salaire depuis le 1/1/2010 :

La saisie se fait sur une partie du salaire annuel :
– 1/20e jusqu'à 3 460 € ;
– 1/10e de plus de 3 460 € à 6 790 € ;
– 1/5e de plus de 6 790 € à 10 160 € ;
– 1/4 de plus de 10 160 € à 13 490 € ;
– 1/3 de plus de 13 490 € à 16 830 € ;
– 2/3 de plus de 16 830 € à 20 220 € ;
– totalité du salaire saisissable au-delà de 20 220 €.

Chaque limite de tranche est majorée de 1 310 € par personne à charge.

Revenu de solidarité active au 1/1/2010 :

Montant forfaitaire servant au calcul du revenu garanti par le RSA :
– personne seule : 460,09 € par mois ;
– ménage : 690,14 € par mois.

Taux effectifs moyens et seuils de l'usure

Taux effectifs moyens pratiqués par les établissements de crédit au cours du 2e trimestre 2010 et seuils de l'usure applicable depuis le 1/7/2010 :

MONTANT DES TAUX SUIVANT LES PRÊTS		
Catégorie	**Taux effectif moyen**	**Seuil de l'usure**
Prêts de toute catégorie d'un montant ≤ à1 524 €	15,86 %	21,15 %
Autorisations contractuelles de découverts, prêts permanents ou ventes à crédit d'un montant > à 1 524 €	14,45 %	19,27 %
Prêts personnels et autres prêts personnels > 1 524 €	6,46 %	8,61 %
Crédit immobilier à taux fixe	4,57 %	6,09 %
Crédit immobilier à taux variable	4,01 %	5,35 %
Prêts relais	4,47 %	5,96 %

Taux de l'intérêt légal

MONTANT DU TAUX D'INTÉRÊT LÉGAL	
Année	**Taux**
1977 au 14/7/1989	9,50 %
15/7/1989 au 13/12/1989	7,82 %
1990	9,36 %
1991	10,26 %
1992	9,69 %
1993	10,40 %
1994	8,40 %
1995	5,82 %
1996	6,65 %
1997	3,87 %
1998	3,36 %
1999	3,47 %
2000	2,74 %
2001	4,26 %
2002	4,26 %
2003	3,29 %
2004	2,27 %
2005	2,05 %
2006	2,11 %
2007	2,95 %
2008	3,99 %
2009	3,79 %
2010	0,65 %

Bien placer votre argent

Gérer sa trésorerie

Les livrets d'épargne
Le compte épargne logement
Les comptes à terme
Les OPCVM monétaires
Les bons du Trésor
Les comptes rémunérés

Placer sans risque

Le plan épargne logement
Le plan d'épargne populaire
L'assurance vie
Les bons de capitalisation

Les placements à risque

L'immobilier locatif
Les SCPI
Les obligations
Les OPCVM obligataires
Les actions
Les OPCVM actions
Le plan d'épargne en actions (PEA)

Gérer sa trésorerie

Pour quelques semaines ou quelques mois, vous pouvez placer vos liquidités. Cette épargne toujours disponible offre aujourd'hui un faible rendement. Les liquidités rapportent à pleine plus que l'inflation. Pas question non plus de prendre le moindre risque sur le capital investi. De nombreux placements répondent à cette définition. Pour choisir celui qui répond le mieux à vos attentes, il faut comparer à la fois la souplesse d'utilisation, la rémunération proposée et la fiscalité qui pèsera sur les gains obtenus. En outre, force est de constater que ce type d'épargne simple permet au cours de ces périodes de crise financière de garder ses avoirs.

Les livrets d'épargne

Présent dans toutes les familles ou presque, le Livret A est l'un des plus vieux placements de France, puisqu'il a été créé au XIXe siècle. Le rendement de ce placement est en chute depuis le début de l'année 2009 mais il garde cependant deux précieux atouts : le caractère non imposable des gains et sa parfaite liquidité. Au fil des années, les pouvoirs publics lui ont adjoint des « petits frères » d'un fonctionnement similaire, élargissant ainsi, de façon importante, la gamme des livrets d'épargne réglementés. Pour concurrencer ces produits, certains établissements financiers offrent des « super livrets ».

Qu'est-ce qu'un livret d'épargne ?

Il existe deux types de livrets. Les premiers dits réglementés fonctionnent selon des règles édictées par l'État notamment en matière de plafond de dépôt et de taux de rémunération. Figurent dans cette catégorie les célèbres Livret A, Livret bleu, Livret de développement durable (ex-Codevi), Livret d'épargne populaire et Livret jeunes.

Pour les seconds, les livrets bancaires, les établissements bancaires fixent chacun les modalités de fonctionnement. Ils sont distribués par tous les réseaux bancaires traditionnels mais ils sont également le fer de lance des banques en ligne ou sans guichet comme Epargne Orange d'ING direct ou la banque Covefi.

Chaque personne majeure peut ouvrir un livret d'épargne mais elle peut aussi en souscrire un autre au nom d'un enfant mineur.

AVANTAGE

Tous les livrets réglementés sont des produits très sûrs puisqu'ils bénéficient de la garantie de l'État.

Toutes les opérations, même les plus petites, se font sans aucun frais.

Les intérêts produits ne sont ni soumis à l'impôt sur le revenu, ni à la contribution au remboursement de la dette sociale (CRDS), ni à la CSG, ni au prélèvement social.

Où peut-on souscrire ces différents livrets ?

Depuis le 1/1/2009, le Livret A comme le Livret de développement durable (ex-Codevi), le Livret B ou bancaire, le Livret jeunes ou le Livret d'épargne populaire peuvent être proposés par tous les établissements bancaires quels qu'ils soient.

Mais chaque client ne peut détenir qu'un seul Livret A. Aussi, pour éviter les fraudes, un fichier doit recenser tous les livrets souscrits. En attendant les développements informatiques qui permettront aux banques de le consulter rapidement, les établissements financiers demanderont à chaque client, avant l'ouverture d'un nouveau Livret A, une déclaration sur l'honneur attestant qu'il n'en détient pas déjà un autre ailleurs. Les épargnants qui en ouvriraient sciemment plusieurs risquent une amende égale à 2 % du livret en trop.

Caractéristiques communes à tous les livrets

Pour bien comprendre, il faut savoir qu'il existe un certain nombre de règles de fonctionnement communes à tous les livrets. En voici les principales :

- il n'est possible de détenir qu'un seul et même livret par personne. Mais une seule et même personne peut respectivement cumuler – sous réserve de remplir les conditions requises – un Livret A, un Livret B ou bancaire, un Livret de développement durable (ex-Codevi), un Livret d'épargne populaire et même un Livret jeunes ;
- les formalités de souscription sont très souples pour chaque livret ;
- les intérêts de chaque livret sont calculés de manière un peu particulière, suivant ce que l'on appelle la règle des quinzaines et non jour après jour. Chaque verse-

ment ne commence donc à être productif d'intérêts qu'une fois passée une quinzaine de jours. Par exemple : si vous versez 400 € le 2 du mois et que vous retirez la somme en totalité le 14 de ce même mois, votre livret ne produira aucun intérêt sur cette somme. Pour qu'il en soit ainsi, il aurait fallu soit verser avant le 1er du mois, soit retirer ces 400 € après le 16 du mois ;

- la rémunération des livrets d'épargne est réglementée et indexée. La révision du taux du Livret A est calculée de façon précise (voir plus loin) et entraîne mécaniquement celle du Livret de développement durable (ex-Codevi) et du Livret bleu (distribué par le Crédit mutuel). Ils ont donc tous les trois le même taux. Par ailleurs, la révision du rendement du Livret A a un impact sur celui du Livret d'épargne populaire et du compte épargne logement.

AVANTAGE

La capitalisation des intérêts peut porter le solde des différents livrets au-delà des plafonds fixés.

Quelles sont les spécificités des livrets ?

Si les livrets d'épargne se suivent, ils ne se ressemblent pas toujours. Leurs modalités de fonctionnement sont, en effet, différentes d'un produit à l'autre.

Le Livret A

Il est accessible à tous, sans condition de revenus ni d'âge. C'est le produit d'épargne le plus basique. Pour en ouvrir un, 1,5 € suffisent. Le plafond des versements est fixé à 15 300 € et la rémunération annuelle est de 1,75 % depuis le 1/8/2010 nette d'impôt.

Depuis le 1/2/2008, le taux du Livret A est calculé en faisant la moyenne de l'inflation et de la moyenne mensuelle des taux courts (Euribor 3 mois et Eonia) avec un plancher minimum égal à l'inflation majorée de 0,25 %. Le taux Eonia, nouveau venu dans la formule, est le taux de l'argent au jour le jour. Plus faible que le taux Euribor 3 mois, il abaisse le taux calculé. La variation du taux du Livret A entre deux révisions successives ne peut dépasser 1,5 %.

Le taux du Livret A est revu le 1er février et le 1er août de chaque année. Cependant, le gouverneur de la Banque de France peut proposer une révision intermédiaire, le 1er mai et le 1er novembre en cas de variation importante des marchés monétaires ou de l'inflation.

Le Livret bleu

Ses modalités de fonctionnement sont identiques à celles du Livret A mais il ne peut être souscrit qu'auprès d'une agence du Crédit mutuel. Depuis le 1/9/1979, il est impossible de cumuler ce produit d'épargne avec un Livret A.

À NOTER

Il est possible de détenir un Livret A et un Livret bleu simultanément à condition qu'ils aient été ouverts tous les deux avant le 1/9/1979, et sous réserve de ne transférer aucun d'eux (Réponse ministérielle, JO Sénat, 1/1/2009).

Le Livret de développement durable (ex-Codevi)

C'est le nouveau nom du Codevi, qui fait, en outre, peau neuve. La somme maximum qui peut y être déposée est portée à 6 000 € depuis le 1/1/2007. Il ne peut être ouvert qu'un compte par contribuable ou un pour chacun des époux ou partenaires liés par un pacte civil de solidarité soumis à une imposition commune. Une personne à charge du contribuable ne peut en détenir un.

Sa rémunération annuelle est de 1,75 % depuis le 1/8/2010 nette d'impôt, les intérêts portés sur le livret étant exonérés d'impôt sur le revenu et de prélèvements sociaux.

Les fonds recueillis sur le Codevi étaient destinés à financer des investissements de certaines entreprises. La nouvelle formule permet de financer des actions en faveur de l'environnement et plus particulièrement la réalisation de travaux destinés à rendre les logements plus économes en énergie.

À NOTER

Pour ceux qui possédaient un Codevi avant le 1/1/2007, le changement de dénomination de leur compte est sans conséquence en dehors du fait qu'ils peuvent compléter leurs versements dans la limite du nouveau plafond.

Le Livret d'épargne populaire

Ce livret a été lancé en 1982 pour aider les personnes à faibles revenus. De fait, il s'adresse aux seuls contribuables ayant payé un impôt sur le revenu inférieur à une certaine somme *(Voir pages Barème)*. Pour en ouvrir un, il est nécessaire de justifier de cette faible imposition et pour continuer à en détenir un, année après année, il faut montrer son avis d'imposition (ou de non-imposition) à sa banque. Moyennant ces conditions, le Livret d'épargne populaire offre une rémunération supérieure de 0,5 point à la rémunération du Livret A, soit 2,25 % depuis le 1/8/2010 l'an nette d'impôt. Les dépôts y sont plafonnés à 7 700 € par contribuable, soit 15 400 € pour un couple marié payant peu ou pas d'impôt sur le revenu.

Le Livret jeunes

Lancé en mars 1996, ce livret est destiné, comme son nom l'indique, à accueillir les premières économies des jeunes. Il s'adresse aux plus de 12 ans et aux moins de 25 ans, quelles que soient les ressources de leurs parents. Chaque jeune ne peut ouvrir qu'un seul livret. Il peut y déposer jusqu'à 1 600 €. Le taux du Livret jeunes est fixé librement par les établissements bancaires qui le diffusent, sans toutefois être inférieur au taux du Livret A, c'est-à-dire à 1,75 % net d'impôt.

Le Livret B ou livret bancaire

C'est le seul livret d'épargne à être fiscalisé. Les intérêts produits par les fonds déposés font, en effet, soit l'objet d'un prélèvement libératoire, soit doivent être réintégrés à votre revenu imposable. Sa rémunération est librement fixée par les banques.
Elle peut évoluer à la hausse ou à la baisse selon les taux d'intérêt court terme.
La rémunération actuellement tirée de ce type de produit bancaire est de l'ordre de 0,9 % net. Certains établissements, et notamment les banques à distance, peuvent annoncer des taux nettement plus attractifs. Mais ne vous y trompez pas ! Il s'agit tout d'abord d'un taux brut (avant impôt). Ensuite, les taux mirobolants sont des offres promotionnelles de bienvenue dont vous profiterez, le plus souvent, pendant 4 mois tout au plus. Autre élément réducteur : la somme d'argent bénéficiant de ce taux préférentiel peut être limitée (10 000 €, 15 000 €...). Cela peut néanmoins être intéressant, à condition d'être réactif et de profiter des offres élevées.

À NOTER

Pour gérer au mieux son livret, il faut s'obliger à respecter certaines dates pour le dépôt (avant le 1er ou le 15 de chaque mois) comme pour le retrait des fonds (après le 1er et après le 16 de chaque mois).

À NOTER

Dans certaines banques, vous pouvez gérer de manière plus active vos livrets, en optant pour des virements ou des prélèvements automatiques à dates fixes.

AVANTAGE

La plupart des livrets sont dématérialisés et fonctionnent donc comme un compte bancaire ordinaire. Les opérations réalisées dessus sont récapitulées sur un extrait de compte périodique.

ATTENTION ⚠

Tous les livrets d'épargne ne sont pas accessibles à n'importe qui. C'est le cas notamment du Livret d'épargne populaire et du Livret jeunes.

AVANTAGE

Afin d'améliorer la concurrence entre les différentes banques et les relations avec la clientèle, les établissements financiers se sont engagés à supprimer la facturation de frais lors de la clôture des comptes sur livret (Livret de développement durable, Livret d'épargne populaire...) et des comptes à vue. Restent payants les transferts des comptes d'épargne tels que les PEA, PEP, PEL et CEL.

LE FONDS DE GARANTIE DES DÉPÔTS

Les sommes déposées dans les banques sur les comptes courants, les livrets, les plans d'épargne logement... sont protégées par le Fonds de garantie des dépôts lequel intervient pour compenser les pertes éventuelles des déposants si l'établissement bancaire vient à ne plus pouvoir restituer les fonds qu'il a reçus de ses clients. Cette garantie est cependant limitée à un certain plafond *(Voir pages Barème)*. Ce plafond s'applique à chaque déposant pour tous les comptes et livrets dont il dispose dans un même établissement. Mieux vaut donc, en période de crise, ne pas mettre tout son argent dans un seul établissement bancaire dès lors que ses avoirs dépassent ce plafond.

Le compte épargne logement

Destiné à faciliter l'acquisition immobilière, le compte épargne logement (CEL) a un fonctionnement qui est proche de celui des livrets d'épargne car il est possible d'opérer des retraits à tout moment.

Qu'est-ce qu'un CEL ?

Tout comme le plan épargne logement (PEL), le compte épargne logement est un produit régi par les pouvoirs publics (→ index, *Plan d'épargne logement*). Comme lui, une phase épargne donne droit à un emprunt. Il peut être détenu par toute personne majeure ou mineure, mais une seule personne ne peut pas détenir plus d'un compte. Le CEL est disponible dans tous les établissements bancaires, les Caisses d'épargne et auprès de la Banque Postale.

Quel est son fonctionnement ?

Phase épargne

Pour ouvrir un CEL, il faut verser un minimum de 300 €. Les versements ultérieurs (qui se font au gré du souscripteur) ne peuvent être inférieurs à 75 € à chaque fois et le total des dépôts ne peut excéder 15 300 €. L'épargne figurant sur le compte peut être retirée à tout moment pour n'importe quelle utilisation, mais il faut veiller à laisser un solde d'au moins 300 € pour ne pas le clore. Le taux annuel brut de la rémunération du CEL, égal au 2/3 de la rémunération du Livret A, n'est que de 1,25 % (après application des prélèvements sociaux - sur les intérêts acquis *(Voir pages Barème)*, cette rémunération passe à 1,10 % net) mais c'est la contrepartie de la disponibilité des fonds.

Phase emprunt

Dès que le compte a 18 mois, son titulaire peut, en théorie, emprunter. Le montant du prêt qu'il est possible d'obtenir dépend des intérêts acquis. À cette somme s'ajoute une prime d'État dont le montant est désormais égal à la moitié des intérêts acquis, dans la limite de 1 144 €. Cette prime n'est versée qu'à ceux qui empruntent. Le taux du prêt accordé dans le cadre d'un CEL est de 2,25 % hors assurances et son montant est au maximum de 23 000 €. La durée de ce prêt est identique à celle du PEL : 2 ans au minimum et 15 ans au maximum (→ index, *Assurance sur les crédits*).

Que peut-on financer avec le CEL ?

Les mêmes opérations que celles autorisées avec un PEL. Mais, compte tenu du moindre montant de prêt qu'il est possible d'obtenir – 23 000 € au maximum – le crédit octroyé dans le cadre d'un CEL est en général utilisé pour financer des travaux immobiliers ou en complément d'un PEL pour un achat immobilier (→ index, *Plan d'épargne logement*).

AVANTAGE

Il est possible de n'utiliser qu'une fraction de ses droits à prêt pour emprunter, le reste pouvant être utilisé pour une seconde opération quelques mois plus tard.

AVANTAGE

Vous pouvez emprunter au bout de 12 mois et non de 18 mois si vous bénéficiez des droits à prêt d'un membre de votre famille dont le compte totalise pour sa part plus de 18 mois d'existence.

ATTENTION ⚠

Les 23 000 € de prêt ne s'ajoutent pas aux 92 000 € de crédit autorisés dans le cadre d'un PEL, puisque la somme globale qu'il est possible d'emprunter avec un plan et un compte épargne logement est de 92 000 € maximum.

À NOTER

Pour profiter d'un taux d'intérêt moins cher et ce, pour un emprunt de moins de 23 000 €, il est possible de transformer un PEL en CEL.

ATTENTION ⚠

Contrairement au PEL, les taux de l'épargne et du prêt en vigueur au moment de l'ouverture du compte ne sont pas garantis pour toute sa durée. Les taux appliqués sont ceux de la date de versement des fonds.

Les comptes à terme

En cette période de crise, les comptes à terme sont des placements sans surprise. Tout est connu d'avance : la durée d'immobilisation de l'épargne, son rendement et sa fiscalité. Mais son taux de rémunération a fortement chuté.

Comment fonctionne un compte à terme ?

Par contrat, vous confiez à une banque une somme d'argent que vous choisissez librement. Toutefois, chaque établissement peut fixer un montant minimal pour chaque dépôt (1 500 € à 7 000 € selon les banques). Votre contrat précise la date à laquelle le compte à terme se terminera. C'est à vous de choisir sa durée : 1 mois, 2 mois, 3 mois, etc., jusqu'à 4 ou 5 ans. Passé ce délai, vous récupérerez votre capital et les intérêts qu'il aura rapportés. Cependant, sur certains comptes à terme ouverts pour de longues périodes, vous pouvez recevoir les intérêts régulièrement (tous les mois ou tous les trimestres, par exemple).

AVANTAGE

Le compte à terme est intéressant si vous disposez d'une somme conséquente dont vous êtes certain de ne pas avoir besoin pendant la durée du blocage.

Combien rapporte un compte à terme ?

Le taux qui vous est offert est fixé par la banque, en fonction des taux d'intérêt sur le marché monétaire le jour de l'ouverture du compte. Il dépend aussi de la durée du placement et du montant que vous déposez. Aujourd'hui, les taux d'intérêt annuels bruts des comptes à terme à 3 mois ou 1 an se situent le plus souvent autour de 1 %. Certains établissements peuvent, comme pour les « super livrets », proposeer des promotions ponctuelles avec un taux plus élevé.

Certaines banques ont mis en place des comptes à terme plus souples : vous avez, à certaines dates précises, la possibilité soit de récupérer votre argent, soit de prolonger le compte à terme. Si vous choisissez cette seconde solution, la banque vous offre un taux d'intérêt un peu plus élevé pour la deuxième période, puis pour la troisième, etc. Ce sont des comptes à terme « à taux progressif ».

Comment est imposé un compte à terme ?

Les intérêts des comptes à terme peuvent soit être déclarés avec vos autres revenus (ils sont alors imposés à votre taux marginal d'imposition ainsi qu'à la CSG, à la CRDS et au prélèvement social, soit en tout 12,1 % depuis le 1/1/2009), soit être soumis au prélèvement forfaitaire libératoire au taux de 30,1 % depuis le 1/1/2009 (CSG, CRDS et prélèvement social compris). La seconde solution est préférable si votre taux marginal d'imposition, majoré des prélèvements sociaux, est supérieur au taux du prélèvement forfaitaire.

ATTENTION ⚠

La fiscalité de ce placement n'est pas très attractive. Lorsque les rémunérations proposées par les banques sont faibles, il est préférable de placer vos économies sur un Livret A ou un Livret bleu, dont les intérêts, eux, ne sont pas imposés (→ index, *Livrets d'épargne**).*

À NOTER

En période de forte baisse des taux d'intérêt, les comptes à terme sont plus avantageux que les OPCVM monétaires. En effet, ces derniers répercutent la baisse de la rémunération alors qu'un compte à terme en cours conserve le taux élevé auquel il a été souscrit jusqu'à son échéance. À l'inverse, quand les taux remontent, les OPCVM monétaires profitent rapidement de cette hausse alors que la rémunération des comptes à terme en cours n'est pas réévaluée.

ATTENTION ⚠

Si vous retirez votre argent avant la fin du compte à terme, la banque prélève des pénalités qui viendront diminuer les intérêts versés. Aussi mieux vaut-il ouvrir plusieurs comptes à terme. Cette opération vous permettra de récupérer la partie de votre épargne dont vous avez besoin avant le terme initial prévu sans payer de pénalités sur la totalité des sommes placées.

Les OPCVM monétaires

Grâce à leur souplesse d'utilisation et au faible risque qu'ils font courir au souscripteur, les organismes de placements collectifs en valeurs mobilières (OPCVM) monétaires peuvent constituer un placement attractif pour optimiser sa trésorerie. Mais leur rentabilité varie fortement en fonction des taux d'intérêt, eux-mêmes liés au taux directeur de la Banque centrale européenne.

Qu'est-ce qu'un OPCVM monétaire ?

Une SICAV ou un fond commun de placement (ou FCP) est « monétaire » lorsque son portefeuille est composé de titres (bons du Trésor, certificat de dépôt, etc.) dont la durée de vie est très courte, de quelques jours à 3 mois en général et peu sensibles à l'évolution des taux d'intérêt. Ainsi l'épargnant est assuré de pouvoir récupérer l'intégralité de son capital à tout moment. Le rendement de ces titres suit l'évolution des taux d'intérêt à court terme, c'est-à-dire des taux du marché monétaire qui aujourd'hui baissent.

Un OPCVM monétaire euro reflète ces particularités. La crise a fait chuter les performances. Avant impôt, les SICAV monétaires affichent un rendement inférieur à 1 %.

Les établissements financiers offrent des OPCVM dynamiques dont une partie du capital est investie hors des marchés monétaires. Ces OPCVM sont supposés procurer une meilleure rémunération mais la crise financière a démontré, au moins pour certaines d'entre elles, le contraire. Vous pouvez espérer un gain plus important, mais vous prenez alors un risque en capital : la valeur de la part peut baisser.

Comment sont versés les intérêts ?

- Certains OPCVM capitalisent les intérêts. Ceux-ci sont alors réinvestis et viennent augmenter la valeur de la part de la SICAV ou du FCP. C'est donc lorsque vous revendez vos parts que vous touchez ces intérêts sous forme de plus-values. Ces OPCVM sont baptisés OPCVM de capitalisation.
- D'autres OPCVM, eux, distribuent des revenus, en général une fois par an. Tant qu'ils ne sont pas distribués, les intérêts viennent augmenter la valeur de la part. L'épargnant qui souhaite revendre ses parts à ce moment n'est donc pas pénalisé car il touchera ses intérêts sous forme de plus-values. En revanche, immédiatement après la distribution du coupon, la valeur de la part diminuera car elle sera amputée d'une partie des intérêts versés avec le coupon. Ces OPCVM sont des OPCVM de distribution.
- De plus en plus souvent, les OPCVM monétaires sont « mixtes » : le souscripteur peut choisir, pour un même produit, soit la capitalisation, soit la distribution des intérêts. Dans les deux cas, la performance de l'OPCVM est identique.

Comment comparer les différents OPCVM ?

Pour choisir un OPCVM monétaire, il faut, bien sûr, comparer les performances annoncées, mais aussi tenir compte des différents frais demandés aux souscripteurs.

› La performance

Les OPCVM monétaires classiques suivent tous les évolutions des taux d'intérêt à court terme. Leurs rendements devraient donc être très proches. Pourtant, dans les classements que publie régulièrement la presse spécialisée et qui permettent d'identifier les « meilleurs » OPCVM monétaires, on observe des écarts de performance significatifs. Ces différences ont deux principales raisons.

Les frais de gestion

La performance annoncée tient toujours compte de ces frais qui sont prélevés sur l'actif (les sommes investies) par l'établissement qui gère l'OPCVM, afin de rémunérer le travail des équipes financières, comptables et administratives qui s'occupent de placer les fonds et de vous informer sur le devenir de votre épargne.

Ces frais ne sont donc pas payés directement par le souscripteur. Mais ils pèsent sur le rendement. Leur importance est très variable selon les OPCVM : entre 0,1 % et plus de 1 %.

En cas de fortes fluctuations des taux d'intérêt

Par exemple, lorsque le gestionnaire prévoit une baisse des taux, il peut orienter le portefeuille de l'OPCVM vers des titres à plus long terme (3 mois, par exemple). Achetés à des conditions fixées avant la baisse des taux, et donc plus avantageuses, ces titres lui offriront une rémunération attrayante pendant toute cette période. Conséquence : la chute des taux ne se répercutera sur les performances de la SICAV ou du FCP qu'après quelques mois, alors que les OPCVM qui détiendront des titres à brève échéance (quelques jours, par exemple) seront obligés de réinvestir très vite leurs disponibilités à des taux plus faibles. Et leurs performances diminueront plus vite.

Le même phénomène peut jouer en sens inverse lorsque les taux remontent.

AVANTAGE

À la différence du Livret A, par exemple, les intérêts sont recalculés chaque jour (→ index, Livrets d'épargne). On peut donc vendre à tout moment, sans perdre en rémunération.

› Les frais d'entrée et de sortie

Mais la performance, même si elle inclut les frais de gestion, ne tient pas compte des droits d'entrée que doit payer le souscripteur lorsqu'il achète des parts, et/ou des droits de sortie qu'il règle lorsqu'il les revend. Sur certains OPCVM, ces droits n'existent pas. Sur d'autres, ils peuvent être élevés. C'est un élément dont il faut tenir compte au moment de choisir un OPCVM car ces frais viennent diminuer la rentabilité réelle du placement.

AVANTAGE

Sur certains OPCVM monétaires, il est possible d'acheter des parts pour seulement quelques centaines d'euros. Cela permet de faire fructifier même de petites sommes.

AVANTAGE

Les droits d'entrée et de sortie peuvent se négocier.

› Les droits de garde

En principe, les établissements financiers ne prélèvent pas de droits de garde sur les OPCVM dont ils sont les promoteurs. Mais ils en exigeront si le client leur demande de conserver des parts d'OPCVM acquises auprès d'autres sociétés.

Comment utiliser un OPCVM monétaire ?

Lorsque les taux d'intérêt sont bas, il n'est pas intéressant de conserver des sommes très importantes sur le long terme. En revanche, lorsque les taux d'intérêt à court terme remontent, il est possible d'obtenir des rendements plus importants.

Quelle fiscalité ?

Pour les OPCVM de capitalisation, les revenus qui viennent augmenter la valeur liquidative de la part sont imposés au moment de la cession comme plus-values. Ainsi, en deçà du seuil de cession des valeurs mobilières, les plus-values dégagées sont exonérées d'impôt sur le revenu. Au-delà de ce seuil de cession, elles sont imposées dès le 1er euro, à 30,1 % depuis le 1/1/2009, prélèvements sociaux inclus *(Voir pages Barème)*. Attention : pour les cessions réalisées à compter du 1/1/2010, les plus-values sont soumises aux prélèvements sociaux (au taux de 12,1 %) dès le 1er euro, quel que soit le montant annuel des cessions. En revanche, le régime fiscal au titre de l'impôt sur le revenu reste inchangé.

Lorsque l'OPCVM distribue des revenus, ces derniers sont imposables à l'impôt sur le revenu.

AVANTAGE

Les parts d'OPCVM monétaires peuvent être achetées et vendues du jour au lendemain. Le capital placé est donc toujours disponible.

Les bons du Trésor

Un bon est un titre de créance qui permet à son détenteur de se faire rembourser une certaine somme à son échéance. Les bons du Trésor sont des titres représentatifs des emprunts du Trésor public à court ou moyen terme. C'est un placement sûr et stable mais qui ne permet pas d'espérer des rémunérations importantes.

Quels sont les différents bons du Trésor ?

Il existe deux formes de bons du Trésor :
– les bons du Trésor à taux fixe et à intérêt annuel ou BTAN : ils sont émis pour des durées de 2 à 5 ans ;
– les bons du Trésor à taux fixe et à intérêts précomptés : ils sont d'une durée inférieure à 1 an.

Quelle fiscalité ?

Le souscripteur a le choix entre intégrer les produits de la vente des bons du Trésor dans sa déclaration de revenus (plus 12,1 % de prélèvements sociaux depuis le 1/1/2009) ou opter pour le prélèvement forfaitaire libératoire au taux de 30,1 % depuis le 1/1/2009, prélèvements sociaux inclus.
À défaut d'option, les produits sont taxés au barème progressif de l'impôt.

À NOTER

L'État peut recourir à l'émission d'OAT (obligations assimilables du Trésor). La durée de vie de ces emprunts peut varier de 5 à 30 ans mais les OAT réservées aux particuliers ont toujours une durée de 10 ans. Il s'agit d'obligations à long terme émises par l'État français. Avec la signature du Trésor Français, il n'existe pratiquement pas de risque sur le remboursement à l'échéance. Toutefois, comme une obligation classique à taux fixe, les OAT évoluent à l'inverse des taux d'intérêts. Si les taux montent, le cours de l'OAT se dépréciera. En cas de revente avant l'échéance, il existe donc un risque de perte en capital.

AVANTAGE

L'année 2009 a été faste avec un rendement de 3,5 % des OAT.

À NOTER

Depuis le 1/1/1999, il n'est plus possible de souscrire des bons du Trésor anonymes.

Les comptes rémunérés

Autorisé depuis mars 2005, le compte courant rémunéré est encore peu diffusé en France. Beaucoup d'établissements continuent à appliquer le fameux « ni-ni » (ni rémunération des dépôts, ni facturation des chèques) et à proposer un montage qui permet de transférer automatiquement les sommes du compte courant sur un livret d'épargne. Toutefois, le chèque payant existe depuis 2006.

Qu'est-ce qu'un compte rémunéré ?

Il ne s'agit pas d'un livret bancaire mais d'un compte courant pour lequel la banque rémunère les liquidités présentes au crédit. Pour avoir accès à cet avantage, le client doit, en général, souscrire un package de services. En outre, la rémunération des liquidités ne se déclenche généralement pas au premier euro mais dès que le solde du compte dépasse un certain seuil qui varie en fonction des banques. Il faut donc disposer d'un volant de liquidité significatif en permanence sur son compte (entre 1 500 et 2 000 € selon les banques) pour obtenir une rémunération qui varie beaucoup d'une banque à l'autre (de 0,5 à 1 % en moyenne).

La fiscalité

Les gains retirés subissent tout d'abord les prélèvements sociaux (soit une ponction de 12,1 % depuis le 1/1/2009). Ils sont ensuite soumis, au choix du contribuable, soit au prélèvement forfaitaire du contribuable, soit à l'imposition sur le revenu. La rentabilité du compte rémunéré s'en trouve réduite.

Quel est l'intérêt ?

Les offres ne sont guère attractives car les taux de rémunération sont très faibles. Le compte rémunéré peut constituer une solution d'attente pour une épargne dont on veut pouvoir disposer rapidement lorsque l'on a fait le plein de tous les produits d'épargne réglementée.

Le virement automatique sur livret

L'autre possibilité de faire fructifier sa trésorerie est de combiner un compte courant classique - doté d'un chéquier et d'une carte bancaire - avec un virement automatique périodique du compte de dépôt vers un livret d'épargne ou un autre type de placement comme une SICAV ou un FCP monétaire qui génère des intérêts (→ index, *OPCVM monétaires*).

L'opération inverse qui consisterait à instituer un retour automatique vers le compte courant de sommes prélevées sur vos placements est, en revanche, interdite. La banque ne peut réaliser ce genre de transfert qu'après en avoir reçu l'ordre de son client. Vous disposerez, en général, pour cela de chèques assortis d'ordre de vente, qu'il suffit de compléter et de retourner à la banque dans une enveloppe pré-affranchie. Vous pouvez aussi transmettre l'ordre par fax ou par Internet.

La formule peut être intéressante pour les particuliers qui disposent en permanence de sommes importantes sur leur compte courant, et qui n'ont pas envie de gérer cette trésorerie. Ceux qui ont fait le plein des livrets défiscalisés peuvent opter pour un livret d'épargne investi en OPCVM. Mais la rentabilité réelle dépend, en fait, de plusieurs facteurs.

Les performances des OPCVM monétaires

Le rendement du compte rémunéré n'est pas garanti : il est connu *a posteriori*, selon l'évolution des taux du marché monétaire. Lorsqu'ils sont élevés, les performances des OPCVM monétaires permettent de dégager un gain significatif sur les liquidités placées sur le compte. Lorsqu'ils sont faibles, la rémunération se réduit comme une peau de chagrin.

Les frais

Certains établissements prélèvent des frais de gestion proportionnels à l'encours disponible sur le compte, ou demandent une cotisation annuelle forfaitaire. Ces frais viennent diminuer la rémunération réelle du placement.

Le seuil de rémunération

Quelques établissements n'investissent en OPCVM les sommes déposées sur le compte que lorsqu'elles dépassent un certain montant. Lorsque ce seuil est élevé – 1 500 € par exemple –, cela réduit l'intérêt du placement, puisqu'une partie de l'encours ne donne droit à aucune rémunération.

La fiscalité

Au fil des années, la fiscalité sur les gains liés aux OPCVM monétaires s'est durcie (→ index, *OPCVM monétaires*). Si par ailleurs, il s'agit de SICAV, leur vente fait tourner le compteur de cession entraînant l'imposition des plus-values au taux de 30,1 % depuis le 1/1/2009. Attention : pour les cessions réalisées à compter du 1/1/2010, les plus-values sont soumises aux prélèvements sociaux (au taux de 12,1 %) dès le 1er euro, quel que soit le montant annuel des cessions. En revanche, le régime fiscal au titre de l'impôt sur le revenu reste inchangé.

AVANTAGE

Les intérêts sont calculés chaque jour : les sommes d'un compte rémunéré investies en OPCVM monétaires sont donc rémunérées dès le premier jour et ce, jusqu'à ce qu'elles soient dépensées.

Placer sans risque

Pour se constituer progressivement un patrimoine, il faut accepter de voir loin. Si vous êtes prêt à investir pour des durées de 4 à 8 ans, des placements sûrs vous permettent de faire fructifier vos économies, sans le moindre risque pour votre capital et parfois sans payer d'impôt sur les intérêts qu'ils rapporteront. Certains de ces investissements peuvent aussi vous aider à atteindre un objectif plus lointain : transmettre un patrimoine hors droits de succession, acheter un logement, etc.

Le plan épargne logement

Cet instrument à double volet, créé pour favoriser l'acquisition immobilière, est devenu, au fil des ans, un placement à part entière. Les pouvoirs publics lui ont redonné, cependant, sa vocation première puisque pour les PEL ouverts depuis le 12/12/2002, il faut souscrire un prêt épargne logement pour obtenir la rémunération maximale.

Qu'est-ce qu'un plan épargne logement ?

Comme pour les divers livrets d'épargne, les modalités du plan épargne logement (PEL) sont définies par les pouvoirs publics. Depuis sa création en 1969, plusieurs générations de plans se sont succédées. Selon les années, c'est tantôt la rémunération de ces plans, tantôt le fonctionnement même ou les possibilités de financement qui ont été modifiés. Le PEL est distribué par toutes les banques, les Caisses d'épargne et par la Banque Postale. Il comprend une phase d'épargne d'une durée minimale de 4 ans pendant laquelle les fonds déposés ne peuvent être récupérés (sauf pénalités) et, à l'issue de celle-ci, une phase d'emprunt pour ceux qui souhaitent acquérir un bien immobilier (→ index, *Plan d'épargne logement*).

Quelles sont les modalités de fonctionnement de l'épargne ?

Toute personne majeure ou mineure peut être titulaire d'un PEL. Dans ce dernier cas, la gestion des fonds disponibles incombe bien évidemment aux parents. Un couple avec deux enfants peut donc détenir quatre plans. En revanche, une seule et même personne ne peut détenir en son nom qu'un seul plan. À sa clôture toutefois, rien ne l'empêche d'en ouvrir un deuxième et ainsi de suite.

Pour ouvrir un PEL, il suffit de verser au moins 225 € dès la souscription et de s'engager à verser tous les ans au moins 540 €. Ces versements annuels peuvent être répartis comme bon vous semble : ils peuvent être par exemple mensuels (45 €/mois) ou trimestriels (135 €/trimestre). À tout moment, sur simple avenant au contrat initial, il est possible de modifier la périodicité de ces dépôts. Il est également possible, à tout moment, d'effectuer des versements complémentaires plus ou moins importants. L'essentiel est de ne pas verser plus de 61 200 € pendant cette phase d'épargne dont la durée minimale est de 4 ans et dont la durée maximale est de 10 ans à compter de la date de souscription.

À NOTER

Les versements opérés par des parents sur le PEL de leur enfant mineur sont en principe considérés comme des présents d'usage et ne sont donc pas susceptibles d'être taxés comme les dons manuels. Mais cette solution peut ne pas toujours être retenue. En effet, en cas de litige entre le fisc et le contribuable sur ce point, la question peut être tranchée par les tribunaux au cas par cas. En outre, lorsque les parents sont assujettis à l'ISF, les sommes versées sur les PEL ouverts au nom des enfants mineurs sont taxables (Réponse ministérielle, JOAN du 17/1/2006, n° 63526).

À NOTER

Comme l'a rappelé la Cour de cassation, les parents sont tenus de rendre compte de la gestion des biens de leur enfant mineur dès que ce dernier a 16 ans. C'est donc à tort qu'une mère a prélevé des sommes sur le PEL de son fils sans lui remettre des comptes de gestion (Cour de cassation, 1re chambre civile, 9/7/2008).

Quelle est la rémunération offerte par un PEL ?

Depuis le 1/8/2003, les PEL font fructifier l'épargne qu'ils abritent à hauteur de 2,50 % hors prime d'État et 3,50 % avec prime d'État, dans les deux cas avant les prélèvements sociaux. Le rendement net est passé respectivement à 2,1975 % et à 3,0765 % depuis le 1/1/2009.

Les prélèvements sociaux (12,1 % sur les intérêts acquis depuis le 1/1/2009) sont ponctionnés lors du dénouement du plan, c'est-à-dire lors du versement des fonds, sauf si le plan a 10 ans ou plus. Dans ce cas, le paiement des prélèvements sociaux s'effectue :

– pour les intérêts capitalisés, au 1/1/2006 ou à la date du 10e anniversaire du plan si celle-ci est postérieure ;

– pour les intérêts courus à compter du 1/1/2006, lors de l'inscription en compte.

À noter que les plans ouverts avant le 1/4/1992 n'ont pas une durée réglementaire limitée à 10 ans. La durée de vie du plan prévue au contrat peut donc être supérieure. Pour ces plans, le premier prélèvement de contribution s'opèrera à la date du terme contractuel du contrat.

En outre, pour les PEL de plus de 12 ans au 1/1/2006, les intérêts et la prime acquis à partir de la 13e année seront soumis, au choix du contribuable, soit à un prélèvement forfaitaire de 18 % (plus prélèvements sociaux), soit au barème de l'impôt sur le revenu (plus prélèvements sociaux). Pour les plans ouverts avant le 1/4/1992, les intérêts acquis jusqu'à la date du terme contractuel du contrat sont exonérés d'impôt.

Le taux de 3,50 % se décompose en fait en deux parties. La première est constituée par ce que l'on appelle les intérêts bancaires qui représentent 5/7e des intérêts, soit 2,50 % brut hors prélèvements sociaux. La seconde est formée par les intérêts à la charge de l'État (2/7e des intérêts) qui prend la forme d'une prime d'État plafonnée à 1 525 €. Non seulement la prime n'est accordée pour les PEL ouverts depuis le 12/12/2002 que si un prêt d'épargne logement est souscrit mais en plus, lorsqu'elle atteint 1 525 €, la rémunération du PEL se cantonne aux seuls intérêts bancaires, soit 2,50 % brut.

Peut-on s'en servir uniquement comme placement ?

C'est possible seulement pour les PEL souscrits avant le 12/12/2002. Pour « optimiser » votre plan, il faut veiller à répartir vos versements en fonction de la durée d'épargne que vous avez fixée au départ. En fait, dans une logique de placement « pur », et non d'investissement immobilier ultérieur, mieux vaut optimiser un plan dans le laps de temps le plus court possible, ou alors en 4 ans, durée minimale requise pour la phase d'épargne. Il existe plusieurs façons d'y parvenir. Il faut demander au banquier de faire des simulations car tout dépend de la date de souscription du plan et des sommes déjà placées dessus. À l'issue des 4 ans de votre plan, vous pouvez, à tout moment, récupérer votre épargne assortie de ses intérêts et de la fraction de prime d'État à laquelle vous avez droit, que vous souhaitiez ou non obtenir un prêt épargne logement. Vous avez, en outre, 1 an pour emprunter grâce aux droits à prêt que vous avez acquis.

Quelles sont les caractéristiques des prêts épargne logement ?

Principe

Au bout de 4 années d'épargne, vous pouvez solliciter l'établissement qui détient votre plan afin d'obtenir un prêt d'un montant maximal de 92 000 €. La durée du prêt ne peut être inférieure à 2 ans ni supérieure à 15 ans. Son taux, hors assurances liées à tout emprunt, est de 4,20 % l'an pour les PEL souscrits depuis le 1/8/2003 (→ index, *Assurance sur les crédits*). Il est fixe et les mensualités de remboursement le sont aussi. D'une manière générale, plus la durée du prêt est courte, plus le montant qu'il est possible d'emprunter est important et inversement. Comme pour n'importe quel autre crédit immobilier, et lorsque le contrat initial de prêt l'a prévu, votre banque est en droit d'exiger des pénalités en cas de remboursement anticipé de votre prêt. Attention : pour les prêts conclus depuis le 30/6/1999, aucune indemnité ne peut être réclamée à l'emprunteur lorsque le remboursement est consécutif à la vente du logement dans les cas suivants : changement du lieu de travail, cessation de l'activité professionnelle ou décès de l'emprunteur ou de son conjoint.

AVANTAGE

Sauf insolvabilité manifeste ou difficultés financières réelles, le régime de l'épargne logement confère à l'emprunteur un véritable « droit à prêt » (Cour de cassation, 27/5/1986).

AVANTAGE

Pour obtenir un prêt plus important, il est possible de cumuler des droits à prêt acquis grâce à des comptes ou à des plans d'épargne logement détenus par des membres de votre famille : votre conjoint (mais pas votre concubin, ni le partenaire pacsé), vos parents et grands-parents ou ceux de votre conjoint, vos enfants et petits-enfants ou ceux de votre conjoint, vos oncles et tantes ou ceux de votre conjoint, vos frères et sœurs ou ceux de votre conjoint, vos neveux et nièces ou ceux de votre conjoint, les conjoints de vos frères, sœurs, ascendants et descendants et ceux de votre conjoint.

Prêt et intérêts accumulés

Le montant et la durée du prêt dépendent des intérêts acquis au cours de la phase d'épargne. Plus vous épargnez, plus vous aurez droit à un prêt important. Dans l'hypothèse d'une optimisation de plan en 4 ans, vous pouvez avec 3 204,58 € d'intérêts bancaires avoir droit à un prêt de 92 000 €, remboursable sur une durée de 6 ans seulement ! Encore faut-il être capable de faire face à des échéances de plus de 1 444,45 € par mois, car qui dit emprunt sur une courte durée, dit remboursements particulièrement élevés.

Si vous n'êtes pas en mesure d'affronter de telles mensualités, et si vous avez besoin d'un prêt le plus élevé possible, il vous faut donc renoncer à optimiser votre plan en 4 ans et épargner quelques années de plus pour augmenter sensiblement le montant des intérêts acquis. Vous pouvez aussi choisir de réunir les droits à prêt d'un ou de plusieurs autres plans. À titre d'exemple, il faut totaliser 4 773 € d'intérêts pour un prêt de 92 000 € remboursable en 9 ans, et pas moins de 6 238,60 € d'intérêts pour un même prêt remboursable en 12 ans.

ATTENTION ⚠

Si, dans l'année qui suit la clôture de votre plan, vous ne vous servez pas de vos droits à prêt pour emprunter, ils seront définitivement perdus.

Que peut-on financer avec un prêt épargne logement ?

Résidence principale

Il peut s'agir de la résidence principale de l'emprunteur, mais aussi de celle d'un locataire, à condition que le logement soit loué nu (c'est-à-dire sans meubles). Le PEL finance indifféremment l'acquisition, la construction ou l'extension d'une résidence principale, neuve ou ancienne, en pleine propriété, en usufruit, en nue-propriété, en indivision ou en multipropriété. Le logement doit nécessairement être occupé 8 mois par an et ce, dès son acquisition ou dès l'achèvement des travaux. Toutefois, les personnes qui justifient ne pouvoir utiliser le logement qu'après leur mise à la retraite ou leur retour de l'étranger ou des DOM-TOM peuvent obtenir un tel prêt sous réserve de s'engager à occuper le logement comme résidence principale dans un délai de 6 ans suivant son acquisition ou son achèvement.

Résidence secondaire

Il doit s'agir d'une construction neuve. Cette construction (une maison réalisée par un architecte, par un constructeur ou tout logement acquis en l'état futur d'achèvement) peut être destinée à l'emprunteur lui-même ou à un locataire.

Travaux

Ils sont autorisés dans la résidence principale de l'emprunteur ou de son locataire ainsi que dans la résidence secondaire de l'emprunteur. La définition des travaux qui peuvent être financés est très large :

- extensions ;
- surélévations ;
- aménagements de locaux existants comme les combles ;
- travaux d'assainissement (réfection du réseau d'écoulement des eaux, raccordement au tout-à-l'égout) ;
- travaux d'isolation ;
- travaux d'économie d'énergie (pose de doubles vitrages) ;
- ou encore modernisation des locaux (création de sanitaires, installation d'un ascenseur dans une copropriété).

Financements divers

Il est possible de financer en partie ou en totalité l'acquisition d'une place de parking, à condition qu'elle soit considérée comme une « annexe » de la résidence principale de l'emprunteur. C'est notamment le cas lorsque ce garage est situé à moins de 1 km du logement. Il est enfin possible d'acquérir des parts de sociétés civiles de placement immobilier (SCPI) à condition que leur capital comprenne au moins 90 % d'immeubles à usage d'habitation (→ index, *SCPI*).

ATTENTION ⚠

Interrompre un plan épargne logement avant son terme entraîne sa clôture et une réduction du montant des intérêts servis. Selon le moment où a lieu cette rupture anticipée, le rendement du PEL sera compris entre celui du CEL

(1,75 % brut, prime d'État non comprise) et 3,50 % brut (et avec prime d'État). Lorsque le plan est clôturé entre son 3e et son 4e anniversaire, la prime d'État est réduite de moitié. Dans le meilleur des cas, elle ne peut donc pas dépasser 762,50 € mais il est tout de même possible de bénéficier d'un prêt. Pour les PEL ouverts depuis le 12/12/2002, la prime d'État est totalement supprimée si un prêt immobilier n'est pas sollicité.

OPTIMISER UN PLAN ÉPARGNE LOGEMENT EN 4 ANS

Pour tirer le rendement maximum de votre plan en 4 ans, il vous faut l'optimiser. Il existe différentes façons d'y parvenir, selon votre capacité d'épargne mensuelle et surtout, selon l'argent que vous pouvez mobiliser dès le départ. Plus ce dernier est important, plus le total de l'épargne mobilisée en vue de l'optimisation de votre PEL décroît. Voici quelques exemples d'optimisation établis en partant de l'hypothèse que la prime d'État sera accordée, un prêt d'épargne logement devant être souscrit :

Versement à la souscription	48 mensualités de	Épargne totale (avec prime)
15 000 €	901,63 €	63 081,97 €
18 000 €	777,24 €	60 111,25 €
20 000 €	694,31 €	58 130,61 €
22 000 €	611,39 €	56 150,46 €
25 000 €	487 €	53 179,74 €
27 000 €	404,07 €	51 199,10 €
30 000 €	279,68 €	48 228,38 €
32 000 €	196,75 €	46 247,73 €
35 659,85 €	45 €	42 623,58 €

Source : Crédit agricole Centre-Est.

Le plan d'épargne populaire

Le plan d'épargne populaire (PEP), placement sûr à la fiscalité avantageuse, ne peut plus être ouvert depuis le 25/9/2003 afin d'orienter l'épargne des Français vers des « produits retraites ». Cependant, ceux qui disposent d'un tel plan peuvent continuer à l'alimenter. À la sortie, ils bénéficieront des avantages fiscaux qui sont attachés à ce placement.

Comment faire fonctionner le PEP ?

Il est possible de continuer à verser des sommes d'argent sur son PEP à hauteur de 92 000 €.
Selon le PEP souscrit, vous pouvez soit verser de l'argent quand bon vous semble, soit être contraint de déposer chaque année un montant minimal, soit faire des versements programmés à l'avance.

Quels sont les avantages du PEP ?

L'exonération d'impôt

Les sommes déposées sur un PEP rapportent des intérêts qui viennent s'ajouter au capital versé et qui seront exonérés d'impôt 8 ans après l'ouverture du plan. À cette date, vous pouvez soit retirer votre capital et ses intérêts, sans rien devoir au fisc, soit les convertir en une rente viagère, qui sera, elle aussi, exonérée d'impôt. En revanche, la rente supporte des prélèvements sociaux sur une fraction de son montant qui varie selon l'âge du titulaire du plan au moment où il demande la rente. De même, en cas de retrait en capital après 8 ans, le produit des PEP assurance-vie en unités de compte supporte des prélèvements sociaux *(Voir pages Barème)*.

La prime d'État

Lors de la création du PEP, l'État s'engageait à verser aux contribuables non imposables une prime égale à 25 % des versements effectués sur le plan, dans la limite de 229 €. Seuls les PEP ouverts avant le 22/9/1993 en bénéficient.

À NOTER

Tout retrait effectué durant les 10 premières années entraîne la clôture du PEP. Après 10 ans, des retraits partiels peuvent être faits mais il n'est toutefois plus possible d'effectuer de nouveaux versements.

À NOTER

Quel que soit le PEP souscrit – assurance vie ou bancaire – le régime fiscal est le même.

Les différents PEP

Le cadre fiscal est identique pour tous les PEP. Mais l'épargne déposée n'est pas gérée de la même manière si l'on a souscrit un PEP assurance ou un PEP bancaire.

› Les PEP assurance vie

Un PEP assurance vie n'est en réalité qu'un contrat d'assurance vie placé dans le cadre juridique du PEP (→ index, *Assurance vie*). L'intérêt principal de ces PEP réside dans la non-imposition de la rente viagère (qui peut être demandée à l'issue du plan). En effet, dans un contrat d'assurance vie souscrit en dehors du PEP, la rente viagère n'échappe pas à l'impôt.
Autre avantage : le prélèvement de 7,5 % appliqué au-delà de 4 600 € d'intérêts pour une personne seule et de 9 200 € d'intérêts pour un couple marié aux retraits effectués sur les contrats d'assurance vie de plus de 8 ans n'existe pas lorsque le contrat est placé dans le PEP.

› Les PEP bancaires

Les banques définissent par contrat les conditions de rémunération des PEP.

Voici les différentes catégories de PEP qui existent aujourd'hui :

Les PEP à taux fixe sur tous les versements

Tous vos versements pendant 8 ans sont rémunérés au taux d'intérêt en vigueur à l'ouverture du PEP.

Les PEP à taux fixe par versement

Chaque versement est rémunéré pendant toute la durée du plan au taux en vigueur au moment où il a été fait. Par exemple : vous avez déposé 1 500 € à l'ouverture du PEP avec un taux proposé par la banque de 6 %. Puis, l'année suivante, vous versez à nouveau 1 500 €, mais, entre-temps, la banque a baissé le taux du PEP à 5 % ; jusqu'au terme du plan, le premier versement rapportera 6 % par an, et le second 5 %. Vous connaissez donc le taux auquel est rémunéré chacun de vos versements passés ou présents. Mais vous ignorez combien, demain, la banque rémunérera l'argent que vous déposerez.

Pour pallier cette incertitude, certaines banques ont proposé de garantir un taux minimal en dessous duquel le PEP ne pourra jamais descendre. Ce taux est, en général, fixé par rapport à un taux de référence ; par exemple, le taux du Livret A + 1 % (→ index, *Livrets d'épargne*).

Les PEP à taux variable

Avec un PEP à taux variable, lorsque la banque change le taux d'intérêt, c'est toute l'épargne accumulée et les intérêts déjà acquis qui seront rémunérés au nouveau taux. Par exemple : si vous avez déposé 1 500 € à 6 % et que la banque baisse ce taux à 5 %, les 1 500 € seront rémunérés à 5 %. Si, ensuite, elle remonte le taux à 7 %, les 1 500 € rapporteront 7 %, etc. La rémunération peut donc diminuer si les taux d'intérêt baissent ou augmenter s'ils remontent.

On ne sait donc jamais combien le PEP rapportera dans quelques mois. Là encore, certaines banques garantissent un taux minimal en dessous duquel la rémunération ne peut descendre. Ce taux plancher est défini, en général, par rapport à un taux de référence, comme le Livret A ou le taux moyen mensuel des emprunts d'État à long terme (TME), par exemple.

Les PEP à revenus

Le capital (au minimum 7 600 € en général), versé au moment de l'ouverture du PEP, a été réparti entre d'un côté un PEP et de l'autre une série de comptes à terme, de durées différentes. Chaque trimestre, un de ces comptes vient à échéance et son montant (capital + intérêts) vous est reversé. L'argent placé sur le PEP porte intérêts, ce qui permet de reconstituer le capital initial. Il vous sera donc restitué, aux prélèvements sociaux près, à l'échéance du placement. Celui-ci dure entre 5 et 10 ans (→ index, *Comptes à terme*).

La fiscalité

Si les intérêts perçus sur la partie PEP du placement sont exonérés d'impôt, il n'en va pas de même pour ceux des comptes à terme. Certaines banques leur appliquent d'emblée le prélèvement forfaitaire libératoire *(Voir pages Barème)*. D'autres établissements vous laissent la possibilité soit d'opter pour ce prélèvement, soit d'intégrer ces intérêts à votre déclaration de revenus.

Les cas de force majeure

L'article 157 du Code général des impôts prévoit les cas dans lesquels les retraits anticipés sur un PEP ne sont pas soumis à l'impôt, c'est-à-dire :

« *[...] lorsque le retrait des fonds intervient avant la fin de la huitième année, à la suite du décès du titulaire du plan ou dans les deux ans du décès du conjoint soumis à une imposition commune ou à l'un des événements suivants survenu à l'un d'entre eux : expiration des droits aux allocations d'assurance chômage prévues par le Code du travail en cas de licenciement ; cessation d'activité non salariée à la suite d'un jugement de liquidation judiciaire en application des dispositions du titre IV du livre VI du Code de commerce ; invalidité correspondant au classement dans les deuxième ou troisième catégories prévues à l'article L. 341-4 du Code de la sécurité sociale [...]* ».

Que se passe-t-il en cas de sortie anticipée ?

L'imposition

Si vous retirez votre argent du PEP avant 8 ans, les intérêts acquis sont soumis à l'impôt sur le revenu. Toutefois, il est possible d'opter pour un prélèvement libératoire. Comme les derniers PEP ont été ouverts en septembre 2003, les plans les plus jeunes ont plus de 6 ans et le taux du prélèvement libératoire est de 18 %. Pour les PEP assurance vie en unités de compte s'ajoutent les prélèvements forfaitaires sociaux *(Voir pages Barème)*. Cependant, dans certains cas de force majeure, le fisc ne réclame pas d'impôt (voir encadré).

Les pénalités

La banque prélève en outre des pénalités dont le montant varie selon les PEP. Attention : toutes les banques ne suppriment pas ces pénalités, même lorsque la clôture du plan est dictée par un cas de force majeure.

AVANTAGE

Le PEP offre une fiscalité avantageuse et une grande sécurité.

ATTENTION ⚠

Il est très pénalisant de retirer les sommes placées sur un PEP avant 8 ans.

Que faire d'un PEP arrivé à terme ?

Face à un plan qui arrive bientôt à échéance, vous avez plusieurs possibilités : récupérer l'épargne et les intérêts en une ou plusieurs fois ou toucher des revenus garantis sous forme de rente viagère défiscalisée. Autre solution : prolonger le plan, la durée de celui-ci n'étant pas limitée. Mais il n'est possible de continuer à alimenter le PEP que s'il n'a pas atteint le plafond de 92 000 €.

AVANTAGE

Au terme d'une période minimale de 8 ans, le capital investi sur un Pep est garanti par l'établissement financier qui le gère (c'est vrai même si le plan comporte des composantes boursières) et les produits sont définitivement exonérés d'impôt.

L'assurance vie

Depuis plusieurs années, le succès de l'assurance vie ne se dément pas. Cette formule d'épargne présentait jusqu'ici un avantage fiscal majeur : une exonération totale des droits de successions, sous certaines conditions et jusqu'à un certain plafond. Mais grâce à la réforme fiscale de l'été 2007, 95 % des successions échappent désormais à l'impôt. Malgré cela, l'assurance vie reste séduisante.

Qu'est-ce qu'un contrat d'assurance vie ?

C'est une formule de capitalisation grâce à laquelle un particulier peut faire fructifier son épargne sans avoir à la gérer directement. Chaque année, les sommes versées produisent des intérêts qui sont capitalisés puis soumis à prélèvements sociaux *(Voir pages Barème)*. Sous certaines conditions, ces intérêts peuvent échapper à l'impôt si le contrat a plus de 8 ans. Contrairement à une idée fort répandue, l'assurance vie n'est pas une assurance sur la vie comme peut l'être l'assurance temporaire décès qui garantit, moyennant le paiement de cotisations, le versement d'un certain capital en cas de décès ou d'invalidité grave de l'assuré (→ index, *Assurance décès*).

Depuis le 1/7/2010, toutes les informations relatives à un contrat d'assurance vie, y compris les publicités, doivent présenter un contenu exact, clair et non trompeur.

Avant la conclusion du contrat, l'assureur doit préciser les exigences et les besoins exprimés par le souscripteur ainsi que les raisons qui motivent le conseil fourni quant à un contrat déterminé. Ces précisions, qui reposent en particulier sur les éléments d'information communiqués par le souscripteur concernant sa situation financière et ses objectifs de souscription, sont adaptées à la complexité du contrat (*Code des assurances, Art. L. 132-27 et L. 132-27-1*). Il s'agit là d'un véritable devoir de conseil à la charge de l'assureur.

À NOTER

Les publicités sur l'assurance vie sont maintenant strictement réglementées. Ces nouvelles règles s'adressent aux assureurs qui proposent des assurances vie ainsi qu'à leurs intermédiaires distributeurs de contrats (banques, conseillers en gestion de patrimoine). Ainsi, les distributeurs ne peuvent ni diffuser une publicité sans l'avoir soumise à l'assureur concerné, ni utiliser des documents autres que ceux approuvés par les assureurs. Ceux-ci doivent de leur côté veiller à ce que les publicités de leurs intermédiaires soient conformes au contenu de leurs produits (Décret n° 2010-40 du 11/1/2010).

Quels sont les différents modes de versement ?

Les contrats à versements libres

Ce sont les plus vendus. Leur principe est simple : vous épargnez ce que vous voulez quand vous le voulez, sans qu'aucun calendrier de versements ne soit imposé. Un minimum peut être toutefois requis pour le dépôt initial comme pour chaque versement ultérieur.

ATTENTION ⚠

Depuis le 5/9/1996, la souscription d'un contrat d'assurance vie n'ouvre plus droit à aucune réduction d'impôt.

Les contrats à primes périodiques

Comme leur nom l'indique, ces contrats vous obligent à alimenter votre contrat à date fixe. Selon vos capacités d'épargne, c'est à vous d'adapter la fréquence des versements (tous les mois ou chaque trimestre, par exemple) et leur importance.

Les contrats à prime unique

Ici, avec un seul et unique versement, vous ouvrez et vous clôturez en même temps votre contrat. Si, par la suite, vous souhaitez placer une épargne complémentaire, vous devrez souscrire un nouveau contrat.

AVANTAGE

Les primes versées au titre de certains contrats d'assurance vie souscrits pour ou par un handicapé permettent de bénéficier d'une réduction d'impôt.

Quels sont les différents types de contrat ?

Les contrats en euros

C'est le type de contrat le plus ancien. L'argent de votre épargne est essentiellement investi en obligations françaises, ce qui constitue un gage de sécurité à plusieurs niveaux. En effet, il existe un taux minimal de rendement *(Voir pages Barème)*, assorti d'une participation aux bénéfices. Les contrats en euros bénéficient aussi de ce que l'on appelle l'« effet de cliquet » qui permet d'entériner, année après année, et de manière irréversible, les performances enregistrées, y compris en cas de chute brutale des marchés financiers. Après de nombreuses années de rendement avoisinant les 10 % l'an, les performances des contrats en euros ont suivi celles des obligations (→ index, *Obligations*) : elles se sont donc fortement érodées. Elles sont passées de 8 % en 1992 à 4,3 % en 2007. En 2008, ce placement a rapporté en moyenne 3,9 % et 3,5 % en 2009 (les spécialistes tablent sur un rendement de 3 à 3,5 % en 2010). Ce taux demeure malgré tout intéressant même en regard de la durée minimale de placement (8 ans). À cette décrue des taux d'intérêt s'est ajoutée depuis quelques années la diminution des avantages fiscaux (voir plus loin).

Les contrats en euros constituent une bonne solution de repli pour placer son argent pendant cette période de crise financière.

AVANTAGE

L'épargne investie en assurance vie auprès d'une société agréée en France bénéficie de la protection spécifique d'un fonds de garantie des assurés contre la défaillance des sociétés d'assurance. Si vous avez souscrit votre contrat d'assurance vie auprès d'une banque, cette protection s'ajoute à celle accordée à vos dépôts (→ index, Fonds de garantie des dépôts). Mais dans l'un et l'autre cas, l'indemnisation maximale est limitée à un plafond par personne et par compagnie d'assurance ou établissement bancaire, quel que soit le nombre de contrats souscrits (Voir pages Barème).

Les multisupports

En réponse à la décrue des taux d'intérêts et à la chute prévisible des versements, les assureurs ont créé il y a quelques années une nouvelle génération de contrats d'assurance vie : les multisupports. Ces contrats sont nommés ainsi parce que contrairement aux contrats en euros, leur support d'investissement n'est plus constitué essentiellement d'obligations françaises mais de différents compartiments, investis en actions (→ index, *Actions*), en SICAV (→ index, *OPCVM monétaires*) ou en SCPI (→ index, *SCPI*) notamment. Selon la répartition de ces différents supports dans le portefeuille du contrat, le rendement de votre épargne sera plus ou moins élevé. À vous de choisir le mode de gestion qui correspond le mieux à vos objectifs patrimoniaux, sachant que, comme pour un contrat en euros, vous déléguez la gestion de votre épargne et les arbitrages qui en résultent, à votre banque.

Pour ne pas effrayer les épargnants, les assureurs ont aussi introduit dans leurs contrats des compartiments en euros comportant un effet de cliquet (voir plus haut) et garantissant un rendement minimum. La présence de tels compartiments permet, en cas de baisse des marchés, de mettre son épargne à l'abri de secousses financières plus ou moins fortes. Selon le degré de risque que vous êtes prêt à prendre, trois modes de gestion vous sont généralement proposés :

- une gestion dite « prudente ». Ici, votre épargne est répartie entre le support en euros et des SICAV ou FCP investis pour une part plus ou moins importante en actions, c'est-à-dire en OPCVM monétaires (→ index, *OPCVM monétaires*) et en obligations (→ index, *Obligations*) ;
- une gestion dite « intermédiaire » ou « équilibrée ». Une partie de votre épargne est investie en actions (→ index, *Actions*) de façon à ce que son rendement soit quelque peu stimulé, l'autre partie restant investie, pour la sécurité, sur des produits monétaires et obligataires ;
- une gestion dite « dynamique » ou « offensive ». L'essentiel de votre épargne est ici investie sur des produits à risques comme des actions françaises ou étrangères. Ces supports peuvent, en période de hausse de la Bourse, vous faire gagner beaucoup d'argent. En période de baisse, c'est l'inverse qui se produit et vous pouvez même perdre une partie du capital que vous y avez investi au départ. Cependant, pour vous faire conserver vos gains, la plupart des assureurs vous offrent la possibilité de changer, une ou deux fois par an, de mode de gestion. Mais ces changements de caps sont souvent soumis à conditions : leur nombre est limité ou ils ne sont réalisables qu'au-delà d'un certain montant.

À NOTER

Depuis le 28/7/2005, il est possible de transformer, auprès du même organisme assureur, son contrat d'assurance vie en euros en contrat d'assurance vie multisupports. Vous pouvez ainsi orienter votre épargne vers des contrats mieux rémunérés sans perdre le bénéfice d'avantages fiscaux (Loi n° 2005-842 du 26/7/2005). En effet, pour le décompte des 8 ans, tout se passe comme si le nouveau contrat avait été souscrit à la date du premier versement sur le contrat en euros transformé. En ce qui concerne les prélèvements sociaux, ils ne sont pas prélevés au même moment selon qu'il s'agit d'un contrat monosupport ou multisupports. Alors que pour les premiers les produits du contrat sont soumis à prélèvement chaque année, pour les seconds le prélèvement se fait au moment de la sortie. La capitalisation de l'épargne se fait donc sur un montant plus élevé. Afin d'éviter une double imposition, les produits du contrat déjà soumis aux prélèvements sociaux au moment de la transformation seront considérés comme des primes versées au moment de la sortie du contrat.

Les contrats DSK/NSK

Lancés en 1998, les contrats DSK, du nom du ministre des Finances (Dominique Strauss-Kahn) qui en est à l'origine, ne peuvent plus être souscrits depuis le 1/1/2005. Ils sont remplacés par les contrats NSK (Nicolas Sarkosy) créés à la même date. Mais il aura fallu attendre 1 an et demi pour connaître précisément les règles de son fonctionnement (*Décret n° 2006-607 du 26/5/2006*).

L'un et l'autre de ces contrats s'adressent en priorité, pour ne pas dire exclusivement, aux épargnants qui sont non seulement prêts à prendre des risques mais aussi prêts à différer la date de récupération de leur épargne au cas où les marchés financiers seraient mis à mal à ce moment-là. Les assurances vie NSK doivent être composées de 30 % au moins d'actions, dont 10 % de titres risqués et 5 % au moins de titres non cotés. Cette répartition doit être respectée à chaque versement, rachat partiel ou arbitrage.

Bon à savoir : la protection des souscripteurs d'assurance vie a été renforcée par la loi du 15/12/2005. Les assureurs doivent, en effet, remettre au souscripteur une note claire présentant les principales dispositions du contrat et les modalités de renoncement à leur engagement dans les 30 jours (*Arrêté du 8/3/2006*). En outre, partant du constat que près de 22 000 contrats d'assurance vie ne seraient pas réclamés (contrats d'assurance vie dont les bénéficiaires ne sont pas retrouvés après le décès du souscripteur), obligation est faite à l'assureur d'aviser le bénéficiaire dès qu'il a connaissance du décès de l'assuré. Pour qu'il puisse remplir cette obligation, le souscripteur doit désigner le bénéficiaire de façon précise, dans le contrat, sachant que le nom du bénéficiaire peut être modifié. Cependant la désignation du bénéficiaire devient irrévocable en cas d'acceptation de ce dernier (*Arrêté du 9/2/2006*). En outre, toute personne peut demander par lettre à un ou plusieurs organismes professionnels habilités à cet effet à être informé de l'existence d'une clause bénéficiaire à son profit dans une police souscrite par une personne dont elle apporte la preuve du décès (*Code des assurances, Art. L. 132-9-2*). Les organismes auprès desquels peuvent être demandés ces informations sont : la Fédération française des sociétés d'assurances, le Groupement des entreprises mutuelles d'assurances et le Centre technique des insitutions de prévoyance (*Arrêté du 9/2/2006*). Ils ont mis en place une structure centralisée : Agira, 1, rue Jules Lefebvre, 75431 Paris Cedex 09.

La loi n° 2007-1775 du 17/12/2007 a prévu une nouvelle série de mesures visant à résoudre le problème des contrats d'assurance vie non réclamés. Les assureurs ont une obligation générale de recherche et d'information du bénéficiaire. Pour cela, ils ont de leur donner accès au registre de l'INSEE sur les décès pour vérifier la situation des souscripteurs et des bénéficiaires. Les assureurs ont ensuite un délai d'1 mois après réception de toutes les pièces requises pour verser le capital aux héritiers. Jusqu'ici, il n'existait aucun délai légal.

Quels sont les avantages fiscaux de ce placement ?

La non-imposition sous certaines conditions des plus-values au terme du contrat

Un prélèvement spécifique de 7,5 % sur les revenus capitalisés en fin de contrat est prévu lorsque leur montant excède un abattement fixé chaque année à 4 600 € pour une personne seule et à 9 200 € pour un couple marié. Il concerne les intérêts produits par les primes versées depuis le 1/1/1998. Lorsque l'abattement annuel de 4 600 € ou de 9 200 € n'est pas dépassé, il n'y a aucun impôt à payer. Cette règle s'applique lorsque les retraits ont lieu quand le contrat a plus de 8 ans.

Les contrats DSK/NSK ne sont pas soumis au prélèvement de 7,5 % sur les intérêts acquis mais ils supportent les prélèvements sociaux et les contrats investis en actions qui les remplacent *(Voir pages Barème)*.

L'absence de droits de succession

Désormais, les capitaux issus d'un contrat d'assurance vie tout comme l'héritage transmis au conjoint, au partenaire pacsé et aux frères et sœurs sous certaines conditions sont totalement exonérés de droit de succession (→ index, *Droits de succession*). En revanche, rien ne change pour les autres bénéficiaires. Pour les contrats d'assurance vie ouverts depuis le 13/10/1998 (ou souscrits depuis le 20/11/1991 pour les primes versées depuis le 13/10/1998) et alimentés avant 70 ans, le capital accumulé revient, au décès du souscripteur, aux bénéficiaires que celui-ci a désignés, sans impôt à payer jusqu'à 152 500 € pour chacun d'eux. Au-delà de cette franchise, une taxe de 20 % s'applique.

Les versements effectués après 70 ans sur des contrats souscrits depuis le 20/11/1991 sont quant à eux exonérés de droit dans la limite de 30 500 €, pour l'ensemble des contrats.

À NOTER

Pour ceux qui ont souscrit un contrat d'assurance vie avant le 20/11/1991, les sommes versées dessus avant le 13/10/1998 sont totalement exonérées de droit de succession pour le bénéficiaire désigné. Pour l'épargne investie après cette date, le bénéficiaire profite d'un abattement de 152 500 € en deçà duquel il n'a pas de droit à payer quel que soit l'âge de l'assuré lors du versement de la prime. Jusqu'à présent, il ne fallait pas, notamment, qu'il y ait un versement de nouvelles primes non prévues dans le contrat originel ou disproportionné par rapport à celles payées avant le 20/11/1991.

CONSEILS POUR CHOISIR UN BON CONTRAT D'ASSURANCE VIE

✓ Examinez les frais prélevés. D'abord ceux effectués sur les versements qui varient entre 3 et 5 % selon les contrats. Très pénalisante pour le rendement du plafond, la ponction ne devrait pas être supérieure à 3,5 %. N'hésitez pas à négocier leur montant surtout en cas de gros versement. Sachez qu'une dizaine de contrats, pour la plupart proposés via Internet, sont annoncés sans droit d'entrée ni frais sur versement. Il faut ajouter les frais de gestion annuels calculés sur la totalité de l'épargne accumulée dans le contrat : ils oscillent entre 0,4 % et 1,5 %. Le rendement peut enfin être grignoté par des frais d'arbitrage si vous réorientez votre épargne vers d'autres supports d'investissement plus adaptés aux marchés financiers et à votre stratégie patrimoniale.
✓ Préférez les contrats à versements libres : cela vous permet de gérer comme vous le voulez votre trésorerie, sans risque de pénalités en cas de non-versement, comme cela peut éventuellement être le cas avec un contrat à primes périodiques.
✓ Ne refusez jamais les « avances » de votre assureur. Les contrats prévoyant cette possibilité sont, de loin, les plus souples.
✓ Ne vous enfermez pas dans un contrat à durée déterminée car d'ici 8 à 10 ans, vous aurez peut-être changé d'avis et vos besoins seront sans doute différents. Il est donc important de vous laisser la possibilité d'orienter, à ce moment-là, votre épargne comme vous le souhaiterez.
✓ Forcez-vous à épargnez régulièrement, même si votre contrat ne prévoit aucun calendrier de versements. Cela permettra à votre épargne de grossir en douceur.

Que se passe-t-il au terme du contrat ?

Le contrat a été conclu pour 8 ans

Vous devez récupérer votre épargne pour éventuellement la réinvestir dans un autre contrat mais, dans ce cas, il vous faudra attendre encore au moins 8 ans pour bénéficier de l'exonération fiscale sur les plus-values.

Le contrat a une durée de vie très longue

Vous pouvez retirer votre épargne pour réaliser un projet mais vous avez également la possibilité de poursuivre votre assurance vie aussi longtemps que vous le souhaitez. La plupart du temps, le contrat est clôturé par ce que l'on appelle la sortie en capital : vous récupérez, en une seule fois, l'épargne et ses intérêts. Compte tenu du prélèvement de 7,5 % sur les intérêts acquis au-delà d'un seuil annuel de 4 600 € ou de 9 200 €, vous avez tout intérêt à procéder, selon vos besoins, à des retraits ponctuels non fiscalisés, l'épargne encore disponible ayant l'avantage d'être rémunérée et de pouvoir être transmise hors droits de succession si vous venez à décéder. Certains contrats proposent également de vous verser des annuités qui peuvent être défiscalisées pendant 10 ou 15 ans, par exemple. Vous pouvez enfin opter pour le versement d'une rente viagère, éventuellement réversible au profit de votre conjoint si le contrat le prévoit. Cette rente vous sera acquise jusqu'à votre décès, mais elle est fiscalisée et surtout, vous ne pourrez plus disposer de votre épargne : dans le jargon des assureurs, on parle d'« aliénation » de capital.

AVANTAGE

La Cour de cassation a jugé que les sommes placées sur un contrat d'assurance vie étaient insaisissables par les créanciers du souscripteur tant que le contrat n'était pas arrivé à terme (Cour de cassation, 1re chambre civile, 28/4/1998).

Que se passe-t-il en cas de sortie anticipée ?

Si vous devez retirer l'épargne que vous avez placée sur un contrat d'assurance vie avant ses 8 ans, les intérêts acquis seront taxés à 35 % si le contrat est rompu avant son 4e anniversaire et à 15 % s'il est rompu entre son 4e et son 8e anniversaire. À cela, il faut ajouter 12,1 % de prélèvements sociaux sur les gains acquis depuis le 1/1/2009, soit une imposition au taux forfaitaire de 49 % et 27,1 % respectivement.

Que se passe-t-il en cas de décès ?

- Pour un contrat en euros, l'épargne disponible est versée au bénéficiaire que vous avez désigné dans le contrat au moment de la souscription.
- Pour un contrat multisupports, les conséquences sont un peu différentes. En effet, ces contrats n'ont théoriquement aucune garantie de valeur puisque le montant des parts des supports sur lesquels votre épargne est investie varie sans cesse, à la hausse mais aussi à la baisse. Pour que le risque soit limité, les assureurs ont trouvé une parade : ils garantissent généralement une valeur plancher, correspondant aux sommes réellement investies. Ainsi, si vous décédez alors que les marchés financiers sont au plus bas et que par conséquent, votre capital subit une moins-value, les ayants droit de votre contrat n'auront pas à en subir les conséquences puisqu'ils seront assurés de percevoir au minimum les sommes que vous y avez versées.

AVANTAGE

Il est possible d'avantager un enfant avec l'assurance vie, à condition de respecter les strictes limites du droit successoral et de ne pas effectuer de versements disproportionnés par rapport à votre patrimoine et à vos revenus (→ index, Succession, héritiers).

À NOTER

Le prélèvement de 12,1 % sur les revenus issus de l'assurance vie est prélevé uniquement lors de la sortie des contrats multisupports. Pour les contrats en euros, ce prélèvement s'opère chaque année, au moment de l'inscription en compte des intérêts.

Les prélèvements sociaux ne sont pas dus lorsque les capitaux sont transmis à la suite du décès de l'assuré. Cette exonération ne joue que si le souscripteur avait opté pour un contrat en unités de compte. Cet avantage est supprimé à compter de 2010, quelle que soit la date de souscription du contrat.

LES NOUVEAUX PLACEMENTS EN VUE DE LA RETRAITE

✓ Le plan d'épargne retraite populaire (PERP)

Moyennant une épargne volontaire versée sur le PERP, il est possible de se constituer une rente viagère pour sa retraite. Ouvert à tous, le PERP revêt la forme d'un contrat d'assurance en cas de vie à souscrire auprès des banques ou des compagnies d'assurances et propose des supports d'investissements assez semblables à ceux des contrats d'assurance vie multisupports.

Attention : ne vous précipitez pas pour souscrire un PERP. N'hésitez pas à mettre en concurrence les différents produits en comparant les taux d'intérêt garantis et les frais facturés (frais de gestion par exemple).

Sortie en rente obligatoire

Le PERP est un produit d'épargne longue car les sommes investies dessus sont bloquées jusqu'au départ à la retraite sans possibilité de retrait (voir exceptions ci-dessous). La sortie se fait en outre obligatoirement sous forme de rente viagère. En effet, le capital accumulé sera converti en une rente viagère, imposée comme une retraite. Il est possible de prévoir dans le contrat, qu'au décès du souscripteur, la rente soit reversée, en totalité ou en partie, à une autre personne (le conjoint, par exemple) ou transformée en rente d'éducation pour les enfants mineurs. Et même désigner un bénéficiaire en cas de disparition avant la retraite.

…/…

LES NOUVEAUX PLACEMENTS EN VUE DE LA RETRAITE (SUITE)

Épargne bloquée

La sortie se fait au moment de la retraite et il n'est pas possible, en principe, de récupérer son épargne sous forme de capital. Cependant, un déblocage anticipé est prévu dans les cas suivants :

- extinction des droits au chômage ;
- cessation d'activité professionnelle suite à une liquidation judiciaire ;
- survenance d'une invalidité grave interdisant l'exercice de toute activité professionnelle ;
- acquisition de la résidence principale en accession à la première propriété. Dans ce cas, le capital récupéré est imposable.

Placement sécurisé

Il est possible de détenir plusieurs PERP, ce qui est moins risqué que de tout miser sur un seul. En cas d'insatisfaction, vous pouvez transférer l'épargne sur un autre PERP, dans un autre établissement.

Il est enfin prévu une sécurisation progressive de l'épargne avec un report vers des supports en euros (par exemple des obligations), moins risqués que des actions, au fur et à mesure que se rapprochera la date estimée du départ à la retraite.

Avantage fiscal

Afin d'inciter les Français à préparer leur retraite, le PERP bénéficie d'avantages fiscaux : les sommes versées sont déductibles de l'impôt sur le revenu dans la limite de 10 % des revenus d'activité professionnelle de l'épargnant, ou de 10 % du plafond annuel de la Sécurité sociale *(Voir pages Barème)*.

✓ Le plan d'épargne pour la retraite collectif réservé aux salariés (PERCO)

Le plan d'épargne retraite collectif (PERCO), réservé aux salariés, peut être mis en place, sous certaines conditions, dans l'entreprise (→ index, *Plan d'épargne pour la retraite collectif*). Ce système d'épargne facultatif permet aux salariés de se constituer un portefeuille de titres qui procurera un complément de revenu lors du départ à la retraite.

L'alimentation du plan

Le salarié peut alimenter son PERCO en procédant à des versements volontaires ou en y affectant ses primes d'intéressement et de participation ou des sommes provenant d'un plan d'épargne d'entreprise, sachant que le tout ne doit pas représenter, chaque année, plus de 25 % de son salaire brut (ce plafond ne tient pas compte des sommes provenant d'un PEE ou de la participation). L'employeur est autorisé à aider le salarié, en abondant, c'est-à-dire en versant de l'argent sur le plan de celui-ci mais dans la limite de 4 600 € par an (sans dépasser le triple des versements du salarié).

Épargne bloquée

Le capital, investi en fonds communs de placement d'entreprise, est en principe bloqué au moins jusqu'à la retraite (dans certaines circonstances, des retraits anticipés sont autorisés). La sortie se fait en principe en rente viagère avec cependant quelques possibilités de sortie en capital.

Incitation fiscale

L'abondement versé par l'employeur, tout comme les revenus du placement, sont exonérés d'impôt. En revanche, les sommes versées par le salarié ne donnent droit à aucun avantage.

À la sortie, au moment du départ à la retraite, vous pourrez récupérer l'argent, soit sous forme de rente viagère, en partie seulement soumise à l'impôt sur le revenu, soit sous forme de capital, en franchise d'impôt (sauf prélèvements sociaux).

Jurisprudence

L'arrêt Leroux de la Cour de cassation en date du 18/7/2000 a précisé à propos d'un contrat d'assurance vie-décès classique qu'il ne s'agissait pas d'un contrat d'assurance proprement dit, mais d'un contrat de capitalisation et que, dès lors, les sommes versées en vertu de ce contrat étaient soumises aux règles applicables en matière successorale.

Cette position surprenante risquait de remettre en cause l'exonération traditionnelle des sommes versées en application d'un contrat d'assurance vie. Mais dans son rapport annuel pour 2001, la Cour de cassation a souhaité relativiser la portée de sa décision. Elle a rappelé que les contrats d'assurance vie et les contrats de capitalisation n'étaient pas soumis au même régime et que seuls ces derniers ne bénéficiaient pas des dispositions de l'article L. 132-12 du Code des assurances aux termes desquelles le capital ou la rente payable au décès de l'assuré ne fait pas partie de la succession de ce dernier.

Les magistrats de la Cour de cassation ont confirmé qu'un contrat de capitalisation ne pouvait bénéficier des avantages successoraux de l'assurance vie (*Cour de cassation, 1re chambre civile, 29/1/2002*).

La Cour de cassation réunie en chambre mixte a, le 23/11/2004, rendu plusieurs arrêts relatifs à la nature des contrats d'assurance vie : parce que les effets de ces contrats dépendent de la durée de la vie humaine, ils comportent un aléa. Le capital ou la rente versé en vertu d'un tel contrat à un bénéficiaire ne fait donc pas partie de la succession de l'assuré.

Pour éviter qu'un contrat d'assurance vie soit requalifié en contrat de capitalisation, avec le risque de réintégration des sommes dans la succession du souscripteur, la Fédération française des sociétés d'assurance a émis des recommandations à destination de la profession. Ainsi, les contrats doivent indiquer précisément qu'il s'agit d'un contrat d'assurance vie soumis au Code des assurances, en indiquant son nom technique.

En outre, notaires et assureurs ont mis en place de nouvelles procédures (notamment l'établissement de modèles de lettres types) en vue de normaliser les échanges d'informations sur l'assurance vie lors du règlement de la succession.

Les bons de capitalisation

Un produit simple, facile d'accès, un rendement minimal garanti lorsqu'il est placé dans un actif en euros et une fiscalité avantageuse : notamment au regard de l'impôt de solidarité sur la fortune (ISF). Mais ils n'offrent pas les mêmes atouts que l'assurance vie en matière de succession et les frais prélevés peuvent être élevés. Quant à choisir ce placement pour l'anonymat qu'il autorise, c'est un très mauvais calcul fiscal.

Qu'est-ce qu'un bon de capitalisation ?

Le fonctionnement d'un bon de capitalisation est calqué sur un contrat d'assurance vie à prime unique (→ index, *Assurance vie*). Vous le souscrivez pour une durée de 8 ans auprès d'une compagnie d'assurances (mais certaines banques les commercialisent également). S'il est placé dans un actif en euros, il vous garantit une rémunération minimale pendant cette période, à laquelle pourra s'ajouter une participation aux éventuels bénéfices.

Au terme des 8 ans, vous récupérez votre capital augmenté des intérêts mais diminué des prélèvements sociaux.

Certains établissements proposent aussi des bons adossés à des SICAV, par exemple. La rémunération dépendra alors de la performance de ce support. Le capital n'est donc pas garanti.

Les bons de capitalisation peuvent être nominatifs ou au porteur. Dans ce dernier cas, ils permettent l'anonymat fiscal. Le choix de l'une ou de l'autre option se fait désormais à la souscription. Il est de plus irrévocable.

Depuis le 1/1/1998, il existe aussi des bons de capitalisation en actions qui suivent des règles similaires aux contrats d'assurance vie placés en actions.

Quelle fiscalité ?

- Pour les bons nominatifs souscrits avant le 26/9/1997, les intérêts sont exonérés d'impôt après 8 ans mais sont soumis à la CSG (→ index, *CSG*), à la CRDS (→ index, *CRDS*) et au prélèvement social instauré depuis le 1/1/1998 *(Voir pages Barème)*. Les intérêts des bons nominatifs souscrits au-delà du 26/9/1997 sont imposés après 8 ans à 7,5 % hors prélèvements sociaux après abattements de 4 600 € pour une personne seule et de 9 200 € pour un couple marié. À la différence de l'assurance vie, le bon de capitalisation n'offre pas d'exonération des droits de succession. En matière d'impôt de solidarité sur la fortune (ISF), la valeur du capital pris en compte est la valeur nominale (sans les intérêts capitalisés).
- Attention : les bons anonymes ont un régime spécifique ; vous devrez payer à la société émettrice un prélèvement forfaitaire de 60 % auquel il faut ajouter les prélèvements sociaux sur vos gains *(Voir pages Barème)*. À cela s'ajoute encore, pour chaque année de détention, une taxe de 2 % sur le capital investi (soit 16 % sur 8 ans).

Exemple : date d'émission d'un bon de 1 500 €, le 1/3/2004, remboursement le 1/6/2009 :

Montant de la taxe : 5 (cinq 1er janvier) × 2 % × 1 500 € = 150 €.

Si le bon est d'une durée de moins d'1 an, tout dépend si un 1er janvier est compris ou non dans cette durée. Si ce n'est pas le cas, le montant de la taxe fera l'objet d'un prorata par rapport au nombre de jours.

Exemple n° 1 : bon de 1 500 € émis le 1/3/2009, remboursement le 1/6/2009 :

Montant de la taxe : 1 500 € × 90/365 × 2 % = 7,40 €.

Exemple n° 2 : bon de 1 500 € émis le 1/11/2008, remboursement le 1/6/2009 :

Montant de la taxe : 1 × 2 % × 1 500 € = 30 €.

ATTENTION ⚠

L'anonymat séduit souvent les épargnants qui s'imaginent ainsi pouvoir donner de l'argent à leurs proches sans payer de droits de donation ou de succession. Mais c'est souvent un mauvais calcul : la fiscalité qui pèse sur ces bons est dissuasive.

AVANTAGE

Les bons de capitalisation ont un large réseau de distribution : vous pouvez les souscrire auprès des banques ou des compagnies d'assurances.

ATTENTION ⚠

Comme sur un contrat d'assurance vie, vous devez acquitter des droits d'entrée et des frais de gestion annuels. Souvent élevés, ces frais viennent réduire le rendement net de votre bon.

ATTENTION ⚠

Si vous devez récupérer votre argent avant 8 ans, les intérêts acquis seront imposés comme en assurance vie (→ index, Assurance vie). Par ailleurs, l'établissement auprès duquel vous avez souscrit vous fera payer des pénalités très élevées.

Les placements à risque

Si vous disposez déjà d'un solide patrimoine, investi en toute sécurité, vous pouvez le compléter par des placements qui peuvent offrir de meilleurs rendements, mais qui sont aussi plus risqués, d'une part parce que la rémunération est aléatoire, et d'autre part aussi parce votre capital lui-même n'est pas à l'abri des fluctuations du marché. Ce sont donc des placements qui ne peuvent être envisagés qu'à long terme : vous ne devez jamais être contraint, pour récupérer votre capital, de revendre au mauvais moment.

L'immobilier locatif

En achetant un bien immobilier pour le louer, vous disposerez d'un complément de revenu et vous pourrez ainsi espérer une plus-value à long terme. Vous pouvez aussi bénéficier de certains avantages fiscaux. Mais choisissez toujours un bien de qualité et bien placé : la location sera plus facile et la revente plus rapide.

Quel bien acheter ?

Le choix d'un investissement dépend du montant que vous êtes prêt à investir et de vos objectifs.

Les parkings

Ils ont l'avantage de nécessiter une mise de fonds réduite (en moyenne 7 600 € à 30 500 € s'ils sont bien placés). La location est souple car elle n'est pas régi par un bail d'habitation lorsque le parking est loué indépendamment d'un logement. La rentabilité est très variable : 4,5 % à 12 % selon le prix à l'achat (qui dépend de l'emplacement) et le loyer pratiqué.

Les murs de boutique

Ils offrent souvent une rentabilité élevée : 7 % et plus. Mais la location est soumise à la réglementation des baux commerciaux, contraignante pour le propriétaire. Par exemple, la réévaluation des loyers est strictement encadrée. C'est pourquoi le prix des murs de boutique dépend avant tout du loyer payé par le commerçant locataire.

Les bureaux

Après avoir connu une rentabilité proche de celle des murs de boutiques, ils ont subi de façon sévère la crise immobilière des années 90. En nombre pléthorique, on n'arrivait plus à les louer. L'attrait pour ce type d'investissement est revenu. Les rendements sont actuellement attractifs (de 7 % et plus). Il est à noter que les particuliers ont accès à ce marché principalement par le biais des SCPI (la mise de fonds pour réaliser une transaction étant très importante).

Les logements

Ils peuvent vous permettre de bénéficier d'avantages fiscaux . Ils ont quelques inconvénients : travaux et frais de relocation lorsqu'un locataire s'en va, par exemple. Leur rendement brut est très variable : 5 % à 12 %, en moyenne, pour les petits appartements qui sont souvent les plus rentables.

AVANTAGE

L'immobilier locatif a l'avantage de procurer un revenu régulier qui n'est pas, comme la plupart des placements, tributaire des taux d'intérêt. C'est pourquoi il est souvent apprécié par les retraités.

ATTENTION ⚠

Le locataire peut ne pas payer son loyer. C'est une perte de revenu pour le propriétaire qui doit, de surcroît, engager une procédure souvent longue devant les tribunaux pour obtenir l'expulsion du mauvais payeur (→ index, Expulsion).

AVANTAGE

Pour un investissement locatif réalisé dans le neuf, le contribuable peut bénéficier de la réduction d'impôt du dispositif Scellier sous réserve de remplir un certain nombre de conditions.
La réduction d'impôt Scellier est réservée aux contribuables qui achètent dans le neuf entre 2009 et 2012 un bien situé dans une zone géographique définie par l'arrêté du 30/12/2008. Il s'agit de communes où la demande de logements est plus forte que l'offre.

Comment sont imposés les loyers perçus ?

Les biens loués non meublés

Les loyers sont des revenus fonciers qui doivent être déclarés comme tels dans votre déclaration de revenu. Ils sont soumis aux mêmes prélèvements sociaux que les revenus de l'épargne : CSG (→ index, *CSG*), CRDS (→ index, *CRDS*) et prélèvements sociaux *(Voir pages Barème)*. Mais vous pouvez en déduire :
– les intérêts de l'emprunt contracté pour financer l'acquisition, la conservation, la construction, la réparation, l'amélioration d'une propriété ou les travaux ;

– le montant des charges réelles : notamment les frais de gestion, les primes d'assurance, les dépenses d'entretien, de réparation, d'amélioration… ;

– une déduction spécifique si le contribuable donne le logement en location en respectant certaines contraintes tenant par exemple au niveau des revenus du locataire ou au prix limité de la location : par exemple 30 % si l'investissement locatif a été effectué dans le cadre du Borloo ancien, 26 % pour ceux relevant du Besson ancien....

Si se crée ainsi un déficit qui ne résulte pas des seuls intérêts d'emprunt, vous pouvez le déduire de votre revenu global (salaires, etc.) dans la limite de 10 700 €. La part qui excède ce montant ou qui résulte des intérêts d'emprunt pourra être reportée sur vos revenus fonciers à venir, et cela pendant 10 ans.

Toutefois, lorsque les revenus fonciers bruts ne dépassent pas 15 000 €, l'imposition relève d'un régime simplifié dit « micro-foncier » grâce auquel un abattement forfaitaire représentant la totalité des charges est appliqué sur les recettes.

Les biens loués meublés

Les loyers ne sont pas des revenus fonciers mais des bénéfices industriels et commerciaux (BIC). Leur régime fiscal dépend du montant du chiffre d'affaires encaissé (→ index, *Locations meublées*).

ATTENTION ⚠

L'immobilier locatif est parfois lourd à gérer : trouver un locataire, faire les quittances de loyer, assister aux assemblées de copropriétaires, etc. Vous pouvez confier cette gestion à un professionnel. Mais cela occasionne des frais supplémentaires (10 % environ des revenus locatifs).

À NOTER

Le fisc accorde un certain nombre d'avantages fiscaux aux contribuables qui achètent un logement neuf ou ancien pour le donner en location, sous certaines conditions.

AVANTAGE

Si vous louez une ou plusieurs pièces de votre habitation principale à titre de chambre d'hôte, les revenus tirés de cette location sont totalement exonérés d'impôt dans la limite de 760 € par an. Cette limite de 760 € s'apprécie non seulement en regard des loyers perçus mais aussi en regard des prestations annexes facturées (petit déjeuner, téléphone...).

Les SCPI

Acheter des parts de SCPI vous permet d'investir dans l'immobilier à travers une société qui rassemble de nombreux épargnants. Une solution qui offre deux avantages : accéder à la pierre même avec un capital limité — plusieurs centaines d'euros peuvent suffire — et ne pas avoir à gérer vous-même le bien immobilier.

Qu'est-ce qu'une SCPI ?

Les SCPI (sociétés civiles de placement immobilier) sont des sociétés créées pour investir dans l'immobilier. Elles détiennent ou constituent un patrimoine immobilier, en tirent des revenus locatifs et peuvent engranger des plus-values lorsqu'elles revendent leurs immeubles. En achetant des parts d'une SCPI, vous devenez associé de la société qui vous versera une quote-part des loyers.

Quelles sont les différentes catégories de SCPI ?

- Les SCPI « fiscales » qui permettent ou ont permis de profiter d'avantages attachés à certains investissements immobiliers que ce soit dans le logement neuf « Robien », « Borloo neuf », « Scellier » ou dans le logement ancien « Malraux ». On les choisit pour faire baisser ses impôts. Ce placement est donc particulièrement attractif pour les contribuables imposés au taux marginal d'imposition.

- Les SCPI « murs de magasins » ont un patrimoine essentiellement composé de murs de boutique. Leur objectif est de servir une rentabilité élevée. Il faut les préférer lorsque l'on veut se constituer un complément de revenus.

- Les SCPI classiques diversifiés détiennent un patrimoine essentiellement composé de bureaux ou de locaux commerciaux dont la rentabilité est supérieure à celle de l'habitation. Elles permettent, elles aussi, de se constituer un complément de revenus.

- Les SCPI de plus-values achètent de préférence de l'immobilier de grande qualité dans l'espoir d'un gain en capital.
- Les SCPI régionales concentrent leurs investissements sur une région.
- Les SCPI internationales se diversifient sur plusieurs pays.

AVANTAGE

Vous pouvez acheter des SCPI avec un prêt épargne logement.

À NOTER

Un nouveau placement immobilier, les OPCI (organismes de placement collectif immobilier) apparaissent. Les OPCI ressemblent aux SCPI à quelques différences près. Le prix de la part n'est pas fixé en fonction de l'offre et de la demande mais de la valeur du patrimoine régulièrement expertisé. Chaque OPCI est libre de choisir la fiscalité : les revenus qu'ils verseront aux épargnants pourront être soit imposés comme des revenus d'actions (dividendes), soit comme ceux des SCPI. Aujourd'hui, l'offre d'OPCI est limitée puisque seulement trois OPCI ont été agréés par l'Autorité des marchés financiers.

ATTENTION ⚠

Si vous rachetez des parts de SCPI à un particulier, vous devez payer des droits d'enregistrement de 5 %.

À NOTER

L'imposition des plus-values et des revenus obtenus à travers une SCPI est identique à celle de l'immobilier en direct.

Pour quelles raisons les SCPI sont-elles risquées ?

- La liquidité des parts de SCPI a longtemps été faible. Lorsqu'il s'agissait de revendre ses parts, il fallait attendre un acheteur. Mais la réforme du marché secondaire (vente et achats de parts émises) intervenue en 2004 a nettement amélioré la situation. Les cessions de part se font désormais à un prix de marché : acheteurs ou vendeurs transmettent leur ordre d'achat ou de vente à la société de gestion. Pour fixer le prix des parts, ils peuvent se référer aux 5 prix d'achat les plus hauts et aux 5 prix de vente les plus bas publiés par l'intermédiaire.

- Les SCPI subissent les fluctuations du marché immobilier. Lorsqu'il est en crise :

– le prix de la part baisse. Ce prix reflète, en effet, la valeur du patrimoine qui est estimé régulièrement. Si les prix de l'immobilier ont chuté, le patrimoine est dévalué, et la part aussi. En revendant à ce moment, vous perdez une partie de votre capital. À cela s'ajoute la loi de l'offre et de la demande : si de nombreux associés veulent vendre et qu'il n'y a pas d'acheteurs, une réduction du prix permet d'attirer de nouveaux acquéreurs. Cette baisse peut être soit décidée par la SCPI, soit être consentie individuellement par les vendeurs pressés ;

– les revenus locatifs distribués chutent si le patrimoine n'est pas loué ou si les loyers diminuent.

Les SCPI ont été particulièrement malmenées par la crise immobilière des années 90. Les bureaux, alors en surnombre, vides de locataires ou loués à un prix négocié toujours à la baisse n'ont évidemment pas rendu performant le placement. Aussi, les revenus procurés ont-ils grandement chuté. Mais la restructuration des SCPI ainsi que la sortie de crise des années 2000 font que depuis 1999 la tendance s'est inversée… Pendant de nombreuses années, la rentabilité moyenne était supérieure à 6 %. Mais avec la crise économique, la performance est menacée. En effet, le triste scénario suivant est possible : une baisse des loyers, des bureaux vides (les locataires négocient leur loyer à la baisse ou quittent les locaux pour trouver moins cher ailleurs) feraient baisser les revenus distribués aux porteurs de parts. En outre, si cette tendance se vérifie, elle risque de décourager les épargnants d'acheter des parts, ce qui ferait chuter la valeur de celles-ci. La prudence est donc de mise…

ATTENTION ⚠

Les SCPI prélèvent aux investisseurs des frais lors de la souscription (parfois 10 % de la valeur de la part), des frais de gestion sur les loyers perçus (3 à 8 % environ selon les sociétés) et, au moment de la revente, une commission de négociation si elles organisent la transaction.

Les obligations

Difficile pour un particulier de s'aventurer seul sur le marché obligataire, un marché de spécialistes, dominé par les investisseurs institutionnels et où rien n'est fait pour faciliter la vie des non-initiés. Par ailleurs, si les cours sont moins volatiles que ceux des actions, ils sont quand même soumis à des retournements de forte ampleur.

Qu'est-ce qu'une obligation ?

Une obligation est un emprunt. Elle est émise par une entreprise, publique ou privée, ou par l'État pour une durée précise : 5 ans, 10 ans, 20 ans, etc. Pour l'émetteur de l'obligation, cette façon de faire correspond en quelque sorte à la souscription d'un crédit car il reçoit de l'argent qu'il remboursera plus tard, majoré des intérêts.

En achetant une obligation à sa valeur nominale, lors de son émission, vous prêtez de l'argent à l'émetteur.

Crise oblige, les entreprises émettent des emprunts, comme EDF par exemple (et même l'Etat français avec le grand emprunt national). Elles ont besoin de financement. Ce n'est cependant pas sans risque car si l'entreprise fait faillite, elle ne pourra ni payer les intérêts, ni rembourser le capital.

Pour les obligations à taux fixe, catégorie la plus courante, l'emprunteur paie jusqu'à l'échéance des intérêts, dont le montant et le mode de calcul sont prévus dès l'origine et qui sont versés à intervalles réguliers.

Cette rémunération distribuée au détenteur de l'obligation s'appelle le coupon.

À l'échéance de l'obligation, l'émetteur rembourse le capital prêté c'est-à-dire la valeur nominale du titre.

Entre son émission et sa date d'échéance, une obligation peut être :

- soit conservée par le souscripteur, qui sait donc à l'avance ce que rapporte son placement jusqu'à l'échéance et quel montant lui sera à terme remboursé. Le risque en capital est alors limité au risque de voir l'émetteur disparaître ;
- soit vendue sur le marché secondaire. Le prix de vente dépendra alors de la loi de l'offre et de la demande pour l'obligation en question. L'épargnant peut la revendre plus cher qu'il ne l'a payée – il fait une plus-value – ou moins cher, et il perd alors une partie de son investissement.

Quelles sont les différentes catégories d'obligations ?

Il existe une multitude de catégories d'obligations, en fonction des options prévues, lors de l'émission, pour le calcul et le paiement des intérêts ou le remboursement de la valeur nominale. Nous ne parlerons ici que des plus courantes :

Les obligations à coupon unique

Elles ont la particularité de capitaliser les intérêts : au lieu d'être distribués régulièrement, ils sont payés en une seule fois à l'échéance. En contrepartie, ces obligations sont remboursées à un prix largement supérieur au prix d'émission.

Les obligations à coupon zéro

Elles ne donnent lieu à aucun versement d'intérêts. Mais en contrepartie, elles sont remboursées à un prix largement supérieur à celui d'émission.

Les obligations à fenêtre

Elles prévoient des périodes pendant lesquelles le porteur ou l'émetteur peuvent décider le remboursement de la valeur nominale avant l'échéance normale.

Les obligations à taux variable

Le taux d'intérêt de ces obligations n'est pas fixé au départ. Il est indexé sur le taux moyen des emprunts (TME) ou le taux moyen du marché obligataire (TMO) par exemple et, parfois même, sur les taux du marché monétaire. Si ces indices de référence baissent, la rémunération servie par ces titres diminuera elle aussi. S'ils montent, le rendement suit le même chemin.

Les obligations convertibles en actions

Elles peuvent être transformées en actions de la société émettrice soit à un moment déterminé à l'avance, soit à tout moment au gré du porteur. Elles offrent un taux d'intérêt inférieur à celui d'autres obligations, mais se valoriseront si le cours de l'action correspondante monte.

Les obligations à bons de souscription d'actions (OBSA)

Ce sont des obligations auxquelles est attaché un bon qui donne le droit d'acheter, à une date et à un prix fixés à l'avance, des actions émises ultérieurement. En échange de cette possibilité, le taux d'intérêt qu'elles offrent à l'émission est inférieur à celui des obligations classiques.

Comment acheter des obligations ?

› À travers un OPCVM

Sauf si vous souhaitez conserver les obligations jusqu'à l'échéance, pour la rémunération régulière qu'elles offrent et la sécurité du capital, vous avez tout intérêt à investir à travers un OPCVM obligataire (→ index, *OPCVM obligataires*). Ces OPCVM sont gérés par des experts qui peuvent, beaucoup mieux qu'un particulier, négocier les prix d'achat et de vente des titres, ainsi que les frais de transaction.

› En direct

L'épargnant peut acheter en direct des obligations – lors de leur émission ou sur le marché secondaire –, par l'intermédiaire d'une banque, d'une Caisse d'épargne, de la Banque postale ou d'une société de Bourse. Pour sélectionner les obligations à privilégier, deux principaux critères sont à prendre en compte.

La qualité de l'émetteur

La qualité de l'organisme qui a émis l'obligation est déterminante. S'il fait faillite, il ne pourra ni payer les intérêts ni rembourser la valeur nominale, et l'obligation ne vaudra plus rien ! Le risque est très faible avec les titres émis par l'État. Il est un peu plus important avec ceux des entreprises du secteur public, et davantage encore avec ceux des entreprises privées. Or, plus une obligation est risquée, plus elle devra offrir un taux d'intérêt élevé pour attirer malgré tout les investisseurs. C'est pourquoi l'épargnant doit souvent arbitrer entre sécurité et rémunération.

La liquidité

Certaines obligations ont un marché étroit où il est difficile, à certains moments, de trouver des acheteurs. L'épargnant peut donc être contraint de patienter plusieurs semaines avant de pouvoir céder ses titres.

Pourquoi le marché obligataire est-il risqué ?

S'il ne souhaite pas conserver ses obligations jusqu'à leur échéance normale, l'épargnant prend un risque important car la valeur de ses titres va dépendre de l'évolution des taux d'intérêt.

Deux cas de figure se présentent.

Premier cas : les taux d'intérêt baissent

Les nouvelles obligations émises seront proposées à des taux plus faibles que celui des obligations plus anciennes et seront donc moins rémunératrices. En conséquence : les investisseurs vont acheter en priorité des obligations anciennes. Celles-ci voient alors leur prix augmenter par le jeu de l'offre et de la demande. L'épargnant qui revend à ce moment des titres anciens fait donc une plus-value.

Deuxième cas : les taux d'intérêt augmentent

Le même mécanisme joue en sens inverse. Les nouvelles obligations émises sont plus rémunératrices que les anciennes. Pour les épargnants d'hier, la valeur de leurs obligations diminue. Les acheteurs d'aujourd'hui font en revanche une meilleure affaire puisqu'ils bénéficient d'un taux d'intérêt plus élevé.

Les obligations qui approchent de leur date d'échéance sont moins sensibles aux variations des taux d'intérêt car elles seront bientôt remboursées sur la base de leur valeur nominale. En fin de vie, le cours se rapproche donc de cette valeur.

AVANTAGE

Les obligations à taux fixe permettent de recevoir un revenu régulier, connu à l'avance pour toute la durée de vie du titre.

À NOTER

Les OAT (obligations assimilables du Trésor) sont les obligations les plus facilement accessibles aux particuliers. C'est un emprunt d'État. Une partie de chaque émission mensuelle est réservée aux particuliers sous forme de coupures d'une valeur nominale de 1 € : OAT à 10 ans et OAT indexée sur l'inflation. Mais les banques prélèvent, à l'émission, des frais importants : 2 % du prix de l'OAT.

Un marché secondaire des OAT pour les particuliers est mis en place depuis le 2/1/2006. Les investisseurs individuels peuvent ainsi acheter et vendre des OAT aussi simplement que des actions, avec les mêmes garanties de transparence, de liquidité et d'information, et ceci au même titre que les professionnels.

ATTENTION ⚠

Les cours affichés ne reflètent pas toujours les vrais prix de transaction, car les investisseurs institutionnels, qui gèrent des montants importants, négocient souvent directement entre eux, à des prix inférieurs. Les particuliers, en position de faiblesse face à ces géants, ne doivent donc jamais passer d'ordre de bourse « au mieux ».

À NOTER

Les obligations sont un placement à moyen terme. Si l'on investit pour seulement quelques mois, on peut être obligé de revendre alors que les cours ont baissé. Il faut donc avoir la patience d'attendre parfois plusieurs années pour revendre au bon moment.

Comment évaluer le rendement d'une obligation ?

Le taux d'intérêt réel

Pour évaluer le rendement d'un titre, il faut tenir compte de l'inflation. Le coupon de 15 € distribué aujourd'hui n'aura, en effet, pas le même pouvoir d'achat que celui distribué dans quelques années.

Par exemple, si le taux d'inflation est de 2,1 % et que l'obligation rapporte 6 %, le taux d'intérêt réel est de (15 + taux d'intérêt du titre) : (15 + taux d'inflation) - 1, soit 3,8 %.

Le taux de rendement actuariel

Le taux d'intérêt, même corrigé de l'inflation, ne permet pas de comparer des placements de durées différentes. Or, les obligations peuvent avoir des échéances plus ou moins lointaines. Un seul indicateur permet à l'investisseur de s'y retrouver : le taux actuariel. Il calcule combien rapportera dans 1 an 1 € placé. Compliqué à calculer, ce taux figure dans la cote des obligations publiée par la presse spécialisée et doit être annoncé pour toutes les nouvelles émissions. C'est à lui seul qu'il faut se fier pour comparer le rendement des obligations entre elles.

Quelle est la fiscalité des obligations ?

Sur les revenus

Les revenus d'obligation sont imposés dès le premier euro. Vous pouvez soit opter pour le prélèvement forfaitaire libératoire (18 % majoré des 12,1 % de prélèvements sociaux, soit 30,1 % au total depuis le 1/1/2009) qui sera effectué à la source directement par l'intermédiaire financier, soit déclarer les coupons versés dans votre déclaration de revenus. La première solution sera plus intéressante si votre taux marginal d'imposition majoré des prélèvements sociaux (12,1 %) est supérieur au taux du prélèvement forfaitaire libératoire.

Sur les plus-values

Les plus-values réalisées lors de la vente d'obligations sont imposées au taux de 30,1 % (dont 12,1 % de prélèvements sociaux) dès que le seuil de cession des valeurs mobilières est franchi *(Voir pages Barème)*. Attention : pour les cessions réalisées à compter du 1/1/2010, les plus-values sont soumises aux prélèvements sociaux (au taux de 12,1 %) dès le 1er euro, quel que soit le montant annuel des cessions. En revanche, le régime fiscal au titre de l'impôt sur le revenu reste inchangé.

À NOTER

Pour calculer le prix d'une obligation sur le marché secondaire, il faut ajouter, au cours du titre, le « coupon couru », c'est-à-dire la somme des intérêts accumulés jusqu'au jour de la vente. L'ancien propriétaire ne touchera pas, en effet, le prochain coupon, puisqu'il aura vendu son obligation. L'acquéreur lui verse donc par avance sa part du coupon, une part proportionnelle au nombre de jours pendant lesquels il a détenu l'obligation depuis le versement du dernier revenu. Ce « coupon couru » figure dans la cote des obligations publiée par la presse spécialisée.

Les OPCVM obligataires

Les performances des OPCVM obligataires sont très variables d'une année sur l'autre. Vous pouvez donc tout aussi bien enregistrer des gains très attractifs ou, au contraire, subir des pertes sur le capital que vous avez investi. Cette incertitude explique que vous ne devez miser sur un OPCVM obligataire que si vous êtes certain de pouvoir attendre plusieurs années avant de revendre.

Quels sont les risques d'un OPCVM obligataire ?

Le principe

Un OPCVM obligataire est investi en obligations (→ index, *Obligations*). Sa rentabilité dépend de l'évolution des taux d'intérêt. Lorsque ces derniers baissent, la valeur liquidative de l'OPCVM s'apprécie. L'épargnant peut donc revendre ses parts avec une plus-value. En revanche, lorsque les taux d'intérêt augmentent, la valeur liquidative diminue. Un épargnant qui a acheté des parts à une valeur élevée et qui serait contraint de les revendre à ce moment perdra une partie de ses économies.

Ce phénomène, apparemment étonnant, a une explication pourtant simple : lorsque les taux d'intérêt baissent, les obligations nouvellement émises offrent une rémunération moins attractive que les titres anciens. Ceux-ci sont alors davantage recherchés par les investisseurs, et, sous l'effet de la demande, leur prix augmente. Mécaniquement, le portefeuille de l'OPCVM, déjà investi en produits obligataires anciens, se valorise. Et cette hausse se traduit dans la valeur liquidative.

Les conséquences

Vous pourrez donc espérer une rentabilité élevée sur les OPCVM obligataires si vous achetez vos parts avant une baisse des taux d'intérêt. Vous pouvez vous attendre à une perte si vous les achetez avant une remontée des taux. Toute la difficulté est de prévoir les évolutions des taux, ce que même les professionnels ne parviennent pas toujours à faire !

Comment mesurer les risques ?

Tous les OPCVM obligataires ne prennent pas les mêmes risques. Selon la politique d'investissement choisie et les titres sélectionnés, la valeur liquidative de l'OPCVM varie plus ou moins fortement lorsque les taux d'intérêt bougent. La sensibilité de l'OPCVM permet de mesurer ce degré de risque. Par exemple, une sensibilité égale à 4 signifie qu'une hausse de 1 % des taux d'intérêt se traduira par une baisse de 4 % de la valeur liquidative de l'OPCVM.
Plus la sensibilité est élevée, plus le risque est grand. Dans le cas d'une hausse des taux d'intérêt, ce sont les OPCVM dont la sensibilité est la plus élevée qui baisseront le plus. Mais ils afficheront aussi de meilleures performances en cas de baisse des taux.
Les notices d'information des OPCVM, qui doivent être tenues à la disposition du souscripteur par les établissements qui les commercialisent, indiquent en général une fourchette de sensibilité. Vous devez demander dans quelle partie de la fourchette se situe le plus souvent l'OPCVM afin de savoir quels risques vous prenez.

Les différentes catégories d'OPCVM obligataires

Les banques, la Banque postale, certaines sociétés de Bourse et certaines compagnies d'assurances proposent des OPCVM obligataires.

Les OPCVM à revenus réguliers

Ils s'adressent aux épargnants qui souhaitent recevoir un complément de revenus car ils distribuent un coupon, en général chaque trimestre et, pour certains, chaque mois. Mais le montant de ce revenu peut varier d'une année sur l'autre.

Les OPCVM indiciels

Leur objectif est de suivre au plus près l'évolution du marché obligataire, traduite par un indice de référence comme, par exemple, l'indice CNO (Comité de normalisation obligataire). Le gestionnaire n'a pas à choisir les titres en fonction de ses prévisions ni de ses anticipations mais il doit simplement gérer ses investissements pour que la performance de l'OPCVM reflète celle du marché. Attention : ces SICAV et FCP peuvent afficher de meilleures performances que les autres catégories d'OPCVM obligataires lorsque le marché est porteur. Mais ils chutent souvent davantage en période de baisse.

Les OPCVM internationaux

Ces OPCVM sont investis en obligations étrangères, souvent sur une zone géographique précise (Amérique, Asie, Europe, etc.). Aux risques du marché obligataire, ils ajoutent, pour l'épargnant français, le risque du taux de change sauf pour les placements de la zone euro, les obligations étrangères étant bien sûr libellées en devises.

Les OPCVM classiques

Ils rassemblent tous les autres OPCVM obligataires. À l'intérieur de cette catégorie, l'investisseur dispose d'un large choix. Certains OPCVM, par exemple, ne sont investis que dans les titres émis par l'État ; ce sont les moins risqués mais aussi les moins rémunérateurs. D'autres ne s'intéressent au contraire qu'aux obligations des entreprises privées. Dans d'autres cas, enfin, les gestionnaires se réservent la possibilité d'investir sur tous les titres, selon les performances qu'ils en espèrent.

La fiscalité des OPCVM obligataires

Lorsque l'OPCVM ne distribue pas de revenus, les plus-values obtenues lors de la vente de parts d'OPCVM sont imposées au taux de 30,1 % depuis le 1/1/2009.

Lorsque l'OPCVM distribue des revenus, ceux-ci sont imposés dès le 1er euro.

Le souscripteur peut soit opter pour le prélèvement forfaitaire libératoire au taux de 30,1 % depuis le 1/1/2009, soit les intégrer dans sa déclaration de revenus.

En outre, les plus-values obtenues lors de la cession des parts seront, elles aussi, imposées – au taux de 30,1 % (dont 12,1 % de prélèvements sociaux) –, mais seulement si le seuil de cession des valeurs mobilières est dépassé dans l'année *(Voir pages Barème)*. Attention : pour les cessions réalisées à compter du 1/1/2010, les plus-values sont soumises aux prélèvements sociaux (au taux de 12,1 %) dès le 1er euro, quel que soit le montant annuel des cessions. En revanche, le régime fiscal au titre de l'impôt sur le revenu reste inchangé.

AVANTAGE

Les OPCVM obligataires offrent la possibilité d'investir sur les obligations, sans souci de gestion et sans problème de liquidité (les parts peuvent être revendues à tout moment).

ATTENTION ⚠

Les établissements qui commercialisent des OPCVM obligataires prélèvent au souscripteur des frais d'entrée et parfois de sortie.

ATTENTION ⚠

Le régime fiscal des OPCVM obligataires n'est plus aussi intéressant qu'il y a quelques années, et il est moins attractif que celui des OPCVM actions (→ index, OPCVM actions) puisque sous certaines conditions, ces derniers peuvent bénéficier de la fiscalité avantageuse du PEA (→ index, PEA).

À NOTER

Investir à travers un OPCVM obligataire n'est attractif que si l'on prévoit une baisse de taux d'intérêt, ce qui n'est pas le cas actuellement.

À NOTER

Même si les OPCVM obligataires qui distribuent des revenus ont souvent des performances plus régulières que d'autres catégories d'OPCVM, ils ne sont pas à l'abri des fluctuations du marché : leurs valeurs liquidatives peuvent donc, elles aussi, baisser.

Les actions

Placements à risque, les actions ne s'adressent qu'aux épargnants qui peuvent investir à long terme et attendre patiemment le moment favorable pour revendre leurs titres. Elles permettent de diversifier un patrimoine déjà important, car leurs performances sur de longues périodes sont intéressantes. Mais il est dangereux de miser sur elles toutes ses économies car on peut y perdre une partie de son capital.

Qu'est-ce qu'une action ?

Une action représente une part du capital social d'une entreprise. Son détenteur reçoit un dividende, c'est-à-dire une partie des bénéfices de la société. Le versement du dividende n'est pas obligatoire et son montant varie d'une année sur l'autre. De plus en plus d'entreprises offrent de verser ce dividende sous forme de nouvelles actions.

L'actionnaire a le droit d'être informé : il peut consulter les statuts et les documents sociaux relatifs aux trois derniers exercices, les comptes annuels, etc. Il a aussi le droit de vote dans les assemblées générales de la société, mais un nombre minimum d'actions peut être exigé pour être admis à l'une de ces assemblées.

Quels sont les différents types d'actions ?

- Les actions à dividende prioritaire donnent droit à un dividende plus important qu'une action « ordinaire ». En échange, l'actionnaire n'a pas droit de vote (sauf si aucun dividende n'a été versé depuis trois exercices). Ces actions sont souvent décotées par rapport aux titres dotés d'un droit de vote.
- Les actions à bons de souscription d'action sont composées d'une action et d'un bon qui donne le droit de souscrire d'autres actions. Le bon ne donne pas droit de vote, pas de dividende et il est coté séparément de l'action.
- Les certificats d'investissement sont émis par les sociétés détenues par l'État et qui ne peuvent donc émettre des actions. Ils ne donnent pas droit de vote mais versent un dividende.

Comment fonctionne le marché des actions ?

Les actions étaient jusqu'ici cotées sur différents marchés de négociation, selon la taille de l'entreprise et le nombre d'actions émises :

– le premier marché où s'échangeaient les actions des grandes entreprises. C'était le marché des grandes valeurs de la cote (exemple : Air Liquide, Total, Société Générale…) ;

– le second marché dédié aux actions des entreprises de taille moyenne ; sur ce marché étaient introduites les actions de sociétés cotées en Bourse pour la première fois ;

– le nouveau marché rassemblait les actions de petites sociétés dont le secteur était en forte croissance et qui avaient besoin de recourir à des capitaux extérieurs pour assurer leur développement.

Or depuis janvier 2005 s'est opérée la fusion des marchés réglementés français. Les valeurs françaises sont regroupées au sein d'un même groupe avec un classement alphabétique. Chaque valeur est identifiée comme auparavant par son secteur d'activité et son appartenance à un indice mais également – et c'est nouveau – par sa catégorie de capitalisation boursière (ce qui indique la taille de l'entreprise) : moins de 150 millions d'euros (petites valeurs), entre 150 millions et 1 milliard d'euros et plus d'1 milliard d'euros.

Ce marché unique comporte deux autres compartiments : l'un pour les valeurs de la zone euro, l'autre pour les valeurs internationales.

La réforme des marchés prévoit la création d'un marché non réglementé pour donner de nouvelles possibilités de financement aux entreprises.

À NOTER

Il faut diversifier un portefeuille, c'est-à-dire avoir au moins 10 actions différentes afin d'éviter que toute la performance du placement ne repose que sur quelques titres. Ceci est d'autant plus vrai en période de crise financière.

COMMENT CHOISIR SES ACTIONS ?

L'objectif est de choisir des actions dont le cours va monter. Cela peut dépendre :

✓ de l'environnement économique de l'entreprise, c'est-à-dire de son secteur d'activité mais aussi des conséquences que peuvent avoir pour elle certains événements internationaux. Par exemple, une entreprise qui réalise une part importante de son chiffre d'affaire aux États-Unis sera sensible aux variations du taux de change du dollar ;

✓ de la santé économique de l'entreprise (ses résultats, ses bénéfices, sa politique de développement, etc.) ;

✓ de l'évolution de son cours de bourse. Une action peut être surcotée par rapport à la santé financière réelle de l'entreprise ; les possibilités de hausse sont alors limitées. À l'inverse, une action jusqu'ici délaissée, et sous-cotée, peut se « réveiller » dans l'avenir. Tout le problème est donc de savoir si l'action se situe en dessous ou en deçà de son juste prix. Pour cela, un indicateur est utilisé : le multiple de capitalisation (appelé PER en anglais). C'est le rapport entre le cours de l'action et le bénéfice de la société par action. Plus le PER de l'action est faible, plus, en général, le cours de celle-ci a des chances de monter.

Mais, comme le prouve la situation des marchés aujourd'hui, nul ne peut prédire la fin de la baisse. Aussi quelques précautions sont à respecter : contre la volatilité des marchés, mieux vaut étaler dans le temps les acquisitions d'actions (en cas d'évolution à la baisse, l'investisseur n'aura pas tout acheté au prix fort) et diversifier les achats. Là encore, l'expérience récente prouve qu'il n'y a pas de valeurs refuges.

Comment s'évalue la performance du marché boursier ?

Il existe plusieurs indices qui traduisent l'évolution du marché des actions. Ils sont calculés à partir de l'évolution d'un échantillon de diverses actions.

L'indice CAC 40

C'est l'indice le plus connu. Il est calculé à partir des variations du cours des actions des 40 plus grosses capitalisations du premier marché. Il est calculé en continu tout au long de la séance boursière.

L'indice SBF 120

Il inclut à la fois les 40 valeurs de l'indice CAC 40, mais aussi les variations de cours d'actions de sociétés qui ne font pas partie de cet indice ou qui sont cotées au second marché, soit au total les cours de 120 actions. Il est calculé en continu.

L'indice SBF 250

Aux 120 valeurs sélectionnées dans le SBF 120, cet indice ajoute encore d'autres actions de sociétés de taille plus modeste. Alors que le CAC 40 reflète surtout la progression des actions des grandes entreprises, le SBF 250 traduit l'évolution générale du marché. Il est calculé deux fois par jour seulement, à l'ouverture et à la clôture de la séance boursière.

Comment acheter des actions ?

› Investir à travers un OPCVM

Cette solution a l'avantage de libérer le particulier des soucis de gestion de ses actions (→ index, *OPCVM actions*).

À NOTER

Le choix des actions est complexe pour un particulier. Vous pouvez suivre les conseils de la presse financière qui indique les valeurs à privilégier. Vous pouvez aussi (contre rémunération) demander conseil à un professionnel, ou même faire gérer votre portefeuille d'actions par une banque ou une société de Bourse. C'est la « gestion sous mandat ».

› Investir en direct

Un particulier peut détenir directement des actions. Il lui suffit de s'adresser à une banque, à une société de Bourse ou à une société de gestion de portefeuille. Il doit alors ouvrir, parallèlement à son compte courant, un compte titres.

Dans tous les cas, il y a des frais :

- **les frais de courtage :** lorsque vous donnez l'ordre d'acheter ou de vendre une action, l'établissement auquel vous vous adressez (banque, société de bourse, etc.) prélève des frais qui sont calculés en pourcentage du montant de la transaction réalisée et qui sont soumis à la TVA. Par exemple : si vous achetez 3 000 € d'actions et que les frais de courtage sont de 1 % TTC, vous paierez 30 € de frais. Même pour les ordres de faible montant, les établissements appliquent des frais minimaux. Par exemple, si les frais de courtage pour un ordre sont de 10 € et que l'établissement a fixé un minimum de 30 €, vous paierez 30 € ;
- **l'impôt de Bourse :** il était dû pour toute opération de bourse ayant pour objet l'achat ou la vente, au comptant ou à terme, de valeur de toute nature. Depuis le 1/1/2008, cet impôt est supprimé (*Loi de finances pour 2008*) ;
- **les droits de garde :** vos titres seront inscrits sur un compte spécial (compte titres) dans un établissement. Celui-ci prélève en échange des droits de garde, calculés en pourcentage du montant du portefeuille. Toutefois, en général, ils ne peuvent être inférieurs à un montant minimal, augmenté d'un forfait en fonction du nombre de lignes composant le portefeuille.

Comment sont imposées les actions ?

- Les dividendes d'action sont, en principe, soumis à l'impôt sur le revenu et aux prélèvements sociaux dont la CSG et la CRDS (12,1 % depuis le 1/1/2009).

Mais ils ne sont pas soumis pour leur montant réel à l'impôt. Il faut, en effet, appliquer dessus un abattement de 40 % dès lors qu'il s'agit de dividendes versés par des sociétés françaises ou par des sociétés étrangères ayant leur siège social dans un État de la Communauté européenne ou dans un pays ayant conclu une convention fiscale avec la France. Du montant ainsi obtenu peuvent être retranchés les frais et charges supportés pour l'acquisition et la conservation des revenus. Le contribuable bénéficie ensuite d'un nouvel abattement mais cette fois-ci d'un montant fixe : 1 525 € pour un célibataire, 3 050 € pour un couple. Le montant des dividendes ainsi obtenu est alors ajouté aux autres revenus pour être soumis au barème de l'impôt. Toutefois, les dividendes donnent également droit à un crédit d'impôt égal à 50 % des dividendes perçues mais plafonné à 115 € pour un célibataire et à 230 € pour un couple.

Mais depuis 2008, le contribuable, au lieu de soumettre ses dividendes d'action au barème progressif de l'impôt, peut opter pour le prélèvement forfaitaire libératoire. Les dividendes supporteront alors un prélèvement de 18 % auquel il faut ajouter les prélèvements sociaux de 12,1 %. Cette dernière option doit s'exercer au plus tard au moment de l'encaissement des dividendes. À défaut, le contribuable est considéré comme ayant choisi le barème progressif de l'impôt. Il peut opter pour le prélèvement libératoire pour une partie seulement de ses encaissements.

AVANTAGE

Ce dispositif vise les dividendes reçus directement ou encaissés par l'intermédiaire d'une SICAV ou d'un FCP.

- Les plus-values sont imposées au taux de 30,1 % (dont 12,1 % de prélèvements sociaux) dès que vous dépassez le seuil de cession de valeurs mobilières *(Voir pages Barème)*. Attention : pour les cessions réalisées à compter du 1/1/2010, les plus-values sont soumises aux prélèvements sociaux (au taux de 12,1 %) dès le 1er euro, quel que soit le montant annuel des cessions. En revanche, le régime fiscal au titre de l'impôt sur le revenu reste inchangé.

Toutefois, les plus-values nettes (après prélèvements sociaux) réalisées sur la vente de titres détenus depuis plus de 6 ans profiteront d'un abattement d'un tiers par année de détention à partir de la fin de la 6e année. Ainsi, après la fin de la 8e année, les plus-values nettes seront exonérées d'impôt. Cette mesure s'applique depuis 2006. Mais la durée de détention n'est décomptée, en principe, qu'à compter du 1/1/2006 pour les titres acquis avant cette date.

Les dirigeants de PME qui cèdent les titres de la société dans laquelle ils exercent leurs fonctions lors de leur départ à la retraite bénéficient d'un régime de faveur. Sous certaines conditions, depuis 2006, la durée réelle de détention est retenue. Ainsi, ceux qui vendent des titres qu'ils possèdent depuis plus de 8 ans, peuvent profiter de l'exonération depuis l'imposition des revenus de 2006. Ce nouveau dispositif est réservé aux titres de sociétés soumises à l'impôt sur les sociétés dont le siège est situé dans un Etat de l'Espace économique européen (hors Liechtenstein).

- Investir dans un PEA permet d'échapper à l'imposition sur les actions françaises (→ index, *Plan d'épargne en actions*).

AVANTAGE

Les plus-values sont calculées en tenant compte des frais de courtage. Elles résultent de la différence entre le prix d'achat majoré des frais d'acquisition et le prix de vente diminué des frais de vente.

AVANTAGE

Les banques accordent souvent des réductions sur les frais de courtage lorsque vous passez votre ordre par l'intermédiaire de leur site Internet. Ceux-ci permettent aussi de consulter souvent le cours des valeurs. Mais ils ne sont en général accessibles que sur abonnement.

AVANTAGE

Différents intermédiaires financiers mettent désormais en place des sites Internet permettant de visualiser en temps réel le cours des actions et d'effectuer des transactions. En dehors du prix des abonnements, parfois plus intéressants que dans les banques, il faut toutefois rappeler que ce type de services s'adresse aux épargnants qui ont l'habitude de gérer seuls et régulièrement un portefeuille de valeurs mobilières.

ATTENTION ⚠

Pour de petits portefeuilles gérés en direct, les montants minimaux de frais (courtage, droit de garde) exigés par les intermédiaires diminuent fortement la rentabilité du placement.

Les OPCVM actions

Les particuliers qui souhaitent investir en Bourse ont souvent intérêt à passer par un OPCVM. Libérés du souci de gérer eux-mêmes leurs titres, ils bénéficient des compétences d'un gestionnaire qui suit en permanence le marché. Mais simplicité ne signifie toutefois pas sécurité. Même par le biais d'un OPCVM, vous pouvez perdre une partie de votre capital.

Comment choisir un OPCVM « actions françaises » ?

La presse financière publie régulièrement des classements des meilleurs OPCVM. Mais avant de comparer leurs performances et d'acheter des parts du portefeuille, vous devez savoir très précisément sur quel marché il investit. Cela vous donnera déjà une idée sur le risque que vous prenez.

Les OPCVM classiques

Ce sont les moins risqués car ils sont investis sur les « grandes valeurs » – c'est-à-dire les actions des grandes entreprises – qui figurent en général dans le CAC 40 (→ index, *Actions*). Le gestionnaire essaie de choisir les titres qui ont les plus grandes chances de monter ou de moins baisser. L'objectif de ces OPCVM est d'afficher des performances meilleures – ou moins mauvaises – que l'indice de référence choisi, en général le CAC 40. Dans le jargon, on dit que ces OPCVM sont conçus pour « battre l'indice ».

Les OPCVM indiciels

Leur portefeuille contient exactement les mêmes titres que l'indice de référence (CAC 40 le plus souvent). La performance suit donc exactement celle de l'indice.

Les OPCVM spécialisés

Certains OPCVM n'interviennent, par exemple, que sur le second marché ou que sur le hors-cote (→ index, *Actions*). Investis en « petites valeurs », dont les cours peuvent varier plus fortement que ceux des « grandes valeurs », ils sont plus risqués que les OPCVM classiques. Attention : quelques OPCVM sont spécialisés sur des secteurs économiques, notamment l'immobilier. La performance est directement liée à l'évolution de ce secteur.

Quand choisir un OPCVM « actions étrangères » ?

Lorsqu'un épargnant dispose d'un portefeuille important (92 000 € au minimum), il peut avoir intérêt à le diversifier en achetant des actions étrangères. En effet, les marchés boursiers des différents pays n'évoluent pas tous dans le même sens au même moment. Lorsque le marché français est déprimé, d'autres peuvent au contraire être très performants. Mais il est très difficile d'acheter en direct des actions à l'étranger. En revanche, il existe en France de multiples OPCVM qui gèrent des actions étrangères. Ils peuvent :

– être investis sur une zone géographique précise (Amérique, Asie, etc.). L'adoption de la monnaie unique a conduit tous les établissements financiers à proposer une gamme complète d'OPCVM investis sur la zone euro. Ici, le risque de change n'existe plus ;

– ou répartir leurs investissements sur les plus grandes bourses étrangères (dans ce cas, ce sont des OPCVM « actions internationales »).

Quelle que soit la stratégie retenue, la performance dépend non seulement du dynamisme des Bourses étrangères, mais aussi du taux de change entre les monnaies hors jour euro (en particulier le dollar) et l'euro.

AVANTAGE

À la différence des actions détenues en direct, les OPCVM actions ne sont, en général, pas soumis aux droits de garde s'ils sont commercialisés par la banque dans laquelle vous avez votre compte courant.

À NOTER

De plus en plus d'établissements bancaires disposent d'OPCVM investis sur la zone euro ou de façon plus large, sur l'Europe. Depuis le 1/1/2003, il est possible d'acheter dans le cadre du PEA, des SICAV ou des FCP qui détiennent au moins 75 % d'actions d'entreprises ayant leur siège dans un pays de l'Union européenne (pays de la zone euro, Royaume-Uni, Danemark et Suède).

Comment limiter les risques d'un OPCVM actions ?

La valeur liquidative d'un OPCVM actions dépend de la valeur des titres qu'il détient. Si celle-ci baisse, la valeur liquidative diminue. Si vous revendez vos parts à ce moment, vous perdez une partie de ce que vous avez investi. Le seul moyen d'échapper à ce risque est de souscrire un OPCVM garanti.

Qu'est-ce qu'un OPCVM garanti ?

C'est un OPCVM qui vous garantit que vous retrouverez à une date déterminée (2, 3, 4 ou 5 ans après la souscription selon les OPCVM) l'intégralité de votre capital, simplement diminué des frais. Et cela, même si la Bourse s'est effondrée. Vous êtes donc sûr de ne pas perdre.

Ce que vous allez gagner est, en revanche, plus aléatoire. Chaque OPCVM garanti offre des conditions différentes mais le gain dépend toujours de l'évolution du marché boursier. Les banques – ce sont surtout elles qui commercialisent ces produits – vous promettent en général une partie de la hausse de la Bourse (par exemple, 60 % de la hausse du CAC 40).

Existe-t-il des différences entre les OPCVM garantis ?

La principale différence vient de la façon dont est établie la hausse de l'indice. Cette hausse peut être calculée simplement en comparant l'indice de départ et celui d'arrivée (à la date où l'OPCVM arrive à échéance). Cela signifie que, même si la Bourse flambe pendant la durée du placement, vous ne gagnerez rien si l'indice est malencontreusement redescendu juste avant l'échéance.

La hausse peut aussi être calculée par étapes. Par exemple, la hausse de l'indice est constatée chaque année et les gains qui en résultent sont « stockés » jusqu'à la date d'échéance. Autre solution : elle est calculée d'après la moyenne des hausses de l'indice, chaque trimestre. Ces solutions sont beaucoup plus avantageuses car elles permettent de profiter de toutes les hausses pendant la durée du placement. La rémunération finale a plus de chance d'être intéressante. Enfin, certains OPCVM vous assurent une rémunération minimale. Même si la Bourse est décevante, votre placement rapporte quand même quelque chose.

Quelles sont les contraintes des OPCVM garantis ?

Vous devez être certain de ne pas avoir besoin de revendre vos parts avant la date d'échéance. Sinon, des frais de sortie extrêmement élevés (5 % à 9 % de la valeur de la part) vous seront prélevés. Et surtout, très souvent, votre capital n'est plus garanti.

Comment sont imposés les OPCVM actions ?

L'imposition est identique à celle des actions (→ index, *Actions*).

À NOTER

Les OPCVM spécialisés sur le second marché sont plus risqués mais peuvent offrir des gains très attractifs.

AVANTAGE

Choisir un OPCVM actions est parfois fiscalement plus avantageux que de détenir des titres en direct. En effet, pour bien gérer un portefeuille, il faut réaliser de fréquents arbitrages, c'est-à-dire vendre des titres pour en racheter d'autres. Et, à chaque fois, ces ventes entrent dans le calcul de votre seuil de cession, sauf si ces cessions ont lieu dans le cadre d'un PEA. Avec un OPCVM, seules les ventes de parts sont prises en compte, et non les arbitrages réalisés par le gestionnaire.

ATTENTION ⚠

Les OPCVM garantis ne sont commercialisés que pendant quelques semaines. Il faut ensuite attendre plusieurs mois avant que la banque n'en lance un nouveau, à des conditions qui peuvent être différentes.

ATTENTION ⚠

Les banques prélèvent des frais importants lorsque vous entrez dans un OPCVM et souvent aussi lorsque vous en sortez. Il faut éviter de faire des allers et des retours trop fréquents.

Le plan d'épargne en actions (PEA)

Le plan d'épargne en actions (PEA) permet de constituer un portefeuille boursier exonéré d'impôt, sur les dividendes comme sur les plus-values, à condition d'immobiliser son capital au moins 5 ans.

Qu'est-ce qu'un PEA ?

Le PEA est une enveloppe fiscale, créée pour inciter les particuliers à investir dans les actions françaises, soit directement, soit par l'intermédiaire d'OPCVM (→ index, *Actions*). Lorsque les actions sont achetées et placées dans le PEA, les plus-values et les revenus qu'elles dégagent sont exonérés d'impôt et seulement soumis aux prélèvements sociaux *(Voir pages Barème)* dont la CSG (→ index, *CSG*) et la CRDS (→ index, *CRDS*). En échange, vous ne devez pas retirer votre épargne avant que le plan ait 5 ans.

Les PEA bancaires

L'immense majorité des PEA sont des PEA bancaires. Ils sont constitués d'un compte en espèces et d'un compte titres.

Sur le premier, vous faites des versements en argent liquide, par chèque ou par virement. Vous utilisez ces versements pour acquérir les actions ou les parts d'OPCVM qui seront conservées sur le compte titres. Sur celui-ci, les arbitrages – c'est-à-dire le fait de vendre une action pour en acheter une autre, par exemple – sont toujours possibles.

Les liquidités qui résulteront de la vente, tout comme les dividendes que ces placements rapporteront ou les avoirs fiscaux, seront versés sur le compte espèces. Ils peuvent y demeurer aussi longtemps que vous le souhaitez mais ne seront pas rémunérés, ce qui constitue une forte incitation à les réinvestir dans l'achat de nouveaux titres.

Les PEA « assurance »

Il existe une autre catégorie de PEA, beaucoup moins répandue : les PEA « assurance ». Ce sont des contrats de capitalisation en unité de compte placés dans le cadre fiscal du PEA (→ index, *Assurance vie*). Ces contrats, qui devraient connaître dans les années à venir un certain succès du fait du durcissement continu de la fiscalité des contrats d'assurance vie, vous offrent deux avantages : vous échappez au prélèvement de 7,5 % sur les rachats après 8 ans et les sommes figurant sur le plan bénéficient de l'exonération des droits de succession en cas de décès de son titulaire.

À qui s'adresse le PEA ?

- Tout contribuable domicilié en France peut ouvrir un (et un seul) PEA auprès d'une banque, d'une Caisse d'épargne, d'une compagnie d'assurances, de la Banque Postale ou d'une société de Bourse.
- Mais le PEA ne s'adresse qu'aux épargnants prêts à subir les risques d'un placement en actions : les performances sont aléatoires et le capital investi n'est pas protégé (→ index, *Actions*).
- Le PEA est fiscalement avantageux. Il procure deux types de revenus :

– les dividendes ou les intérêts produits par les titres qui le composent ;
– les plus-values lorsque des titres sont vendus.

Or, ces revenus bénéficient d'un régime fiscal favorable à condition de n'effectuer aucun retrait avant l'expiration de la 5e année du PEA. Ce délai s'apprécie à partir du premier versement.

L'épargnant peut donc choisir d'ouvrir un PEA aujourd'hui, pour prendre date. Puisqu'il faut attendre 5 ans au minimum pour bénéficier de l'exonération d'impôt, il enclenchera ainsi plus tôt le compte à rebours.

En outre, en l'absence de retrait dans les 5 premières années, les opérations de vente de titres à l'intérieur du

PEA ne sont pas prises en compte pour apprécier le seuil annuel de cessions de valeurs mobilières *(Voir pages Barème)*, seuil qui une fois dépassé déclenche l'imposition des plus-values.

Enfin, bien qu'exonérés d'impôt, les dividendes perçus (en l'absence de retrait dans les 5 ans) ouvrent droit au crédit d'impôt plafonné à 115 € pour une personne seule et à 230 € pour un couple.

À NOTER

Les moins-values enregistrées sur un PEA de plus de 5 ans peuvent être imputées, sous certaines conditions, sur les plus-values de même nature au titre de l'année de clôture du PEA ou des 10 années suivantes. Cette mesure s'applique aux clôtures de PEA intervenant depuis le 1/1/2005.

AVANTAGE

Pour se construire doucement mais sûrement un portefeuille titres, toutes les grandes banques proposent aujourd'hui aux particuliers des PEA à versements programmés. Leur mode de fonctionnement est très simple : vous vous engagez à verser chaque mois 50 € ou 80 € par exemple, quelle que soit la santé des marchés financiers. Lorsqu'ils sont hauts, vous achetez moins de millièmes de parts d'OPCVM actions mais lorsqu'ils sont bas, vous en acquérez davantage. Cette technique permet de lisser dans la durée (sur 5 ans minimum) le prix d'achat moyen des parts d'OPCVM et de diminuer les risques de perte en capital sur le long terme.

Que mettre dans un PEA ?

› Les titres éligibles

Seuls certains titres peuvent être placés dans le PEA. Il s'agit :

– des actions françaises et des certificats d'investissement cotés en Bourse ;

– des actions françaises non cotées et des parts de SARL (à condition que le porteur ne détienne pas plus de 25 % du capital de la société) ;

– des droits et bons de souscription attachés aux actions et aux certificats éligibles au PEA ;

– des parts de SICAV ou de FCP gérés en France et investis, depuis le 1/1/2003, à hauteur de 75 % en actions d'entreprise ayant leur siège dans un État membre de la Communauté européenne ou dans un État partie à l'accord sur l'Espace économique européen, non membre de la Communauté européenne, ayant conclu avec la France une convention fiscale contenant une clause d'assistance administrative en vue de lutter contre la fraude ou l'évasion fiscale (en pratique sont visés l'Islande et la Norvège). Jusque-là, les SICAV éligibles au PEA devaient détenir au moins 60 % d'actions françaises et les FCP au moins 70 % d'actions françaises ;

– des actions européennes, cotées ou non : l'émetteur doit avoir son siège social en France ou dans un pays de la Communauté européenne (ou encore en Islande ou en Norvège : voir ci-dessus) et être soumis à l'impôt sur les sociétés ou à un impôt équivalent ;

– des FCPI (fonds commun de placement dans l'innovation) dont l'entrée dans le PEA date du 1/1/2002. La souscription à ce placement est toutefois fortement déconseillée aux épargnants soucieux de limiter les risques. En effet, 60 % de ces fonds doivent être investis dans des sociétés non cotées considérées comme innovantes, c'est-à-dire principalement orientées vers les secteurs de l'informatique ou des télécommunications par exemple ;

– les FCPR (fonds communs de placement à risque) dont la souscription, comme pour les FCPI, est déconseillée à tous ceux qui ne souhaitent pas faire prendre trop de risques à leur épargne.

› La gamme des PEA

Selon les supports d'investissement choisis, les banques déclinent une gamme variée de PEA.

Les PEA « libres »

Dans ces PEA, vous pouvez gérer votre portefeuille en direct, c'est-à-dire choisir les actions que vous voulez acheter et vendre. Vous pouvez aussi acheter des parts d'OPCVM.

Les PEA « OPCVM »

Dans ces PEA, les banques vous proposent d'investir uniquement à travers des OPCVM. Selon les établissements, il peut s'agir d'une seule SICAV ou d'un seul FCP ou, au contraire, d'une sélection de plusieurs fonds de nature différente (investis sur de grands titres qui figurent dans le CAC 40 ou, au contraire, de petites valeurs du second marché, par exemple).

Avant de souscrire un OPCVM, il faut se renseigner sur sa composition et ses principes de gestion afin d'apprécier le degré de risque qu'il supporte.

Les PEA « garantis »

Ces PEA sont adossés à des SICAV ou à des FCP spécifiques appelés « fonds à capital garanti » ou « fonds à performance garantie » (→ index, *OPCVM actions*). Ils limitent – totalement ou partiellement – le risque de perte en capital et garantissent en général un pourcentage de la hausse d'un indice boursier comme le CAC 40 et/ou parfois un rendement minimal garanti. Ces PEA sont commercialisés pendant des périodes restreintes. À la différence des autres OPCVM, l'épargnant connaît à l'avance la date à laquelle il pourra revendre ses parts. S'il souhaite devancer cette échéance, il paiera des frais élevés et la garantie promise ne jouera pas.

Combien placer sur un PEA ?

Les banques exigent, en général, un versement initial minimum qui varie entre 150 € et 7 620 €. Ensuite, le détenteur du plan reste, dans la plupart des cas, libre du montant et de la fréquence de ses versements, ce qui lui permet d'investir en Bourse quand le marché est favorable et d'épargner à son propre rythme. Cependant, quelques établissements imposent, pour certains de leurs PEAOPCVM, des versements périodiques.

Sur un PEA, les versements sont autorisés à hauteur de 132 000 €. Un couple qui détient deux PEA peut donc placer ainsi au maximum 264 000 €. Mais cette limite peut être dépassée du fait de la valorisation des titres ou des dividendes réinvestis.

Comment sortir d'un PEA ?

Avant 5 ans

Vous pouvez retirer votre capital d'un PEA avant 5 ans, mais l'avantage fiscal disparaît (sauf en cas de création d'entreprise : voir plus loin). Le gain net imposable résulte alors de la différence entre la valeur du PEA au moment du retrait et le total des versements effectués depuis l'ouverture. Ce gain net sera imposé si vous avez dépassé, l'année du retrait, le seuil de cession des valeurs mobilières pour l'ensemble de votre portefeuille, dans le PEA et en dehors de celuici *(Voir pages Barème)*.

- Si le retrait a lieu dans les 2 premières années du PEA, l'impôt sera de 36,6 % depuis le 1/1/2009 (CSG et CRDS incluses).
- Si le retrait intervient entre 2 et 5 ans après l'ouverture du PEA, la fiscalité normale des actions ou des OPCVM actions s'applique. Le taux sera alors de 30,1 % depuis le 1/1/2009, prélèvements sociaux inclus.
- Si vous n'avez pas dépassé le seuil de cession des valeurs mobilières, seuls les prélèvements sociaux au taux de 12,1 % depuis le 1/1/2009 seront prélevés par l'organisme gestionnaire du PEA.

À NOTER

En cas de décès d'un détenteur de PEA, le gain réalisé n'est pas imposable. Jusqu'à présent, si le décès intervenait dans les 5 ans de l'ouverture du PEA, le gain n'était pas non plus soumis aux prélèvements sociaux. L'administration fiscale revient sur cette position. Désormais, le gain est soumis aux prélèvements sociaux quelle que soit l'ancienneté du plan à la date du décès (Réponse ministérielle n° 06466, JO Sénat du 18/2/2010).

Entre 5 et 8 ans

Si le retrait a lieu entre 5 et 8 ans après l'ouverture du PEA, l'exonération d'impôt est acquise. Seuls les prélèvements sociaux (12,1 % depuis le 1/1/2009) dont la CSG (→ index, *CSG*) et la CRDS (→ index, *CRDS*) seront alors prélevés par l'établissement gestionnaire du PEA. Attention : avant 8 ans, un retrait d'argent entraîne automatiquement la clôture du PEA. Il n'est donc pas possible d'effectuer de retraits partiels.

Après 8 ans

Vous pouvez :

– soit retirer tout ou partie de votre capital en franchise d'impôt. Seuls les prélèvements sociaux (12,1 % sur les gains acquis depuis le 1/1/2009) dont la CSG et la CRDS seront prélevés sur chaque retrait. Mais après le premier retrait, tout nouveau versement sur le PEA devient impossible ;

– soit demander à recevoir une rente viagère exonérée d'impôt sur le revenu. Tout nouveau versement sur le PEA devient, là aussi, impossible ;

– soit laisser votre portefeuille prospérer sur le PEA en franchise d'impôt, tout en gardant la possibilité d'en sortir, en capital ou en rente, à tout moment.

AVANTAGE

Les sommes retirées d'un PEA par anticipation (avant les 5 ou 8 ans de rigueur) et affectées dans les 3 mois au finan-

cement d'un projet de création ou de reprise d'une entreprise bénéficient de l'exonération d'impôt à condition toutefois que le titulaire du plan, son conjoint, un ascendant ou descendant, assure personnellement la direction ou l'exploitation de l'entreprise. De même, ce retrait anticipé n'entraîne pas clôture du PEA. Cependant, aucun nouveau versement n'est possible.

AVANTAGE

À condition d'attendre 2 ans, la fiscalité qui pèse sur les retraits anticipés est identique à celle qui est appliquée hors PEA. S'il a un besoin urgent de son capital après 2 ans, le contribuable n'est donc pas pénalisé.

À NOTER

Le transfert d'un PEA d'un établissement à un autre (lorsque l'on change de banque, par exemple) n'est pas considéré, du point de vue fiscal, comme un retrait. En revanche, l'établissement que l'on quitte prélève souvent des « frais de transfert ».

ATTENTION ⚠

Les dividendes obtenus grâce aux actions ou parts de SICAV ou de FCP de votre PEA sont exonérés d'impôt mais donnaient droit à l'avoir fiscal. Ce dernier était versé directement sur le plan par le Trésor public. Or depuis 2005, le dispositif de l'avoir fiscal a disparu et le mécanisme qui le remplace est moins favorable au PEA. En effet, l'abattement pratiqué sur le montant des dividendes ne joue pas pour le PEA puisque dans ce cadre, les dividendes ne sont pas imposables. Seul le crédit d'impôt aux montants modestes (115 ou 230 €) joue.

Bien placer votre argent

Assurance vie

Imposition lors d'une interruption prématurée :

➔ ***pour les contrats en euros :***

• avant la fin de la 4e année : prélèvement obligatoire de 35 % + prélèvement social par année de capitalisation (12,1 % depuis le 1/1/2009) ;
• entre la 4e et la 8e année : prélèvement obligatoire de 15 % + prélèvement social par année de capitalisation (12,1 % depuis le 1/1/2009) ;

➔ ***pour les contrats multisupports :***

• avant la fin de la 4e année : 47,1 % depuis le 1/1/2009 au dénouement du contrat, prélèvements sociaux inclus ;
• entre la 4e et la 8e année : 27,1 % depuis le 1/1/2009 au dénouement du contrat, prélèvements sociaux inclus.

Rendement annuel d'un contrat en euros :

En moyenne 3,5 % en 2009.

Fonds de garantie des dépôts

Plafond de la garantie :

70 000 €.

Immobilier locatif

Déduction forfaitaire :

– 30 % : taux d'imposition des revenus fonciers dans le cadre du micro-foncier ;
– 26 % : si vous bénéficiez du dispositif Besson dans l'ancien ;
– 30% : si vous bénéficiez du dispositif Borloo dans l'ancien (45 % en cas de location dans le secteur social) ;
– 30 % : si vous optez pour le Borloo populaire.
– 30 % : pour les investissements réalisés entre 2009 et 2012 dans le cadre du nouveau dispositif de réduction d'impôt (dit « dispositif Scellier »).

Livret d'épargne populaire

L'impôt sur le revenu payé en 2009 doit être inférieur à 757 €.

Plafonds de la Sécurité sociale en 2010

– annuel : 34 620 € ;
– trimestriel : 8 655 € ;
– mensuel : 2 885 € ;
– hebdomadaire : 666 € ;
– journalier : 159 € ;
– horaire : 22 €.

Prélèvements

Prélèvement forfaitaire libératoire :

30,1 % depuis le 1/1/2009.

Prélèvements forfaitaires sociaux :

12,1 % depuis le 1/1/2009.

Valeurs mobilières

Seuil de cession :

– 25 730 € pour les cessions réalisées en 2009 ;
– 25 830 € pour les cessions réalisées en 2010.

Seuil de mise en recouvrement :

61 €.

Impôts locaux et autres taxes

Les impôts sur le logement

Les impôts locaux

Les impôts de votre vie quotidienne

La CSG et la CRDS

La taxe à la valeur ajoutée (TVA)

La redevance audiovisuelle

Les impôts sur le logement

Que vous soyez locataire ou propriétaire, il vous sera très difficile d'échapper à toutes les taxes perçues sur les logements tant par l'État que par les collectivités territoriales. Taxe foncière, taxe d'habitation, taxe locale d'équipement, taxe d'enlèvement des ordures ménagères… cette liste est loin d'être exhaustive ! Nous allons cependant faire le tour de tous les moyens légaux vous permettant d'échapper à ces différents impôts ou du moins d'obtenir une réduction de leur montant.

Les impôts locaux

On désigne sous le nom d'« impôts locaux », les différentes taxes appliquées sur les logements et dont les sommes reviennent non pas à l'État, mais aux collectivités territoriales.

À quoi servent les impôts locaux ?

Contrairement à l'impôt sur le revenu ou sur les sociétés dont le produit revient à l'État, les impôts locaux sont perçus au profit des collectivités territoriales, c'est-à-dire les départements, les communes et les groupements de communes (communautés urbaines, syndicats de communes, districts, etc.) ainsi que les régions pour la taxe foncière uniquement.

Ces impôts servent à financer leurs réalisations en matière d'équipement public (infrastructures sportives, culturelles, espaces verts, transports...), d'action sociale (aide aux familles, logements sociaux) et à couvrir leur frais de gestion et de fonctionnement.

Chacun de ces intervenants perçoit une part des impôts locaux. Aussi, tous les ans, les conseils municipaux, les organismes de coopérations intercommunales, les conseils généraux et les conseils régionaux votent, chacun en ce qui les concernent, leur taux d'imposition en fonction des besoins nécessaires à l'équilibre de leur budget.

Les taux varient donc d'une année à l'autre et d'une collectivité à l'autre. C'est pourquoi un bien similaire peut être taxé très différemment selon sa collectivité d'implantation.

L'État se charge, quant à lui, de l'établissement et du recouvrement de ces impôts, par l'intermédiaire du Trésor public. C'est lui également qui supporte la charge des dégrèvements éventuels (erreurs de calcul, cotisations indues, remises gracieuses...). En contrepartie, il prélève, lui aussi, une quote-part (qui figure sur votre avis d'imposition dans la rubrique « Frais de gestion de la fiscalité directe locale ») qui s'élève à 8 % du montant des taxes perçues (4,4 % seulement pour la taxe d'habitation afférant aux habitations principales) jusqu'au 31/12/2010. À compter du 1/1/2011, ces pourcentages seront respectivement ramenés à 3 et 1 %.

PROPRIÉTAIRE – LOCATAIRE : QUELS SONT LES IMPÔTS À VOTRE CHARGE ?		
Nature de l'impôt	**Locataire**	**Propriétaire**
Taxe d'habitation	Oui	Non
Taxe foncière	Non	Oui
Taxe d'enlèvement des ordures ménagères	Oui	Non

Sur quelle base les impôts locaux sont-ils établis ?

Les impôts locaux sont établis d'après la valeur locative brute (ou « valeur locative cadastrale ») du logement.

Cette valeur, qui est censée correspondre au loyer que pourrait rapporter le logement, est calculée en fonction de la superficie du local à laquelle on applique un tarif communal (un prix au m^2).

› Le calcul de la valeur locative

La superficie du local

Ce n'est pas la superficie réelle du local qui est prise en compte mais ce que l'on nomme sa « surface pondérée ». Cette surface pondérée correspond à la superficie réelle corrigée en fonction de certains coefficients.

- Les immeubles sont tout d'abord classés en 8 catégories, selon les critères définis à l'article 324 H de l'Annexe III du Code général des impôts (voir ci-après).
- On affecte ensuite à la superficie réelle du logement un premier coefficient correspondant à sa catégorie.

CRITÈRES DE CLASSEMENT DES LOCAUX POUR LE CALCUL DE LA VALEUR LOCATIVE

Critères à considérer	Caractéristiques générales propres à chaque catégorie de locaux							
	1re catégorie	**2e catégorie**	**3e catégorie**	**4e catégorie**	**5e catégorie**	**6e catégorie**	**7e catégorie**	**8e catégorie**
1. Caractère architectural de l'immeuble.	Nettement somptueux	Particulièrement soigné	Belle apparence		Sans caractère particulier			Aspect délabré
2. Qualité de la construction.	Excellente		Très bonne	Bonne		Courante	Médiocre	Particulièrement défectueuse
	Matériaux de tout premier ordre ou d'excellente qualité. Parfaite habitabilité.		Matériaux assurant une très bonne habitabilité.	Mais construction d'une classe et d'une qualité inférieures aux précédentes catégories.		Matériaux utilisés habituellement dans la région assurant des conditions d'habitabilité normales mais une durée d'existence limitée pour les immeubles récents.	Construction économique en matériaux bon marché présentant souvent certains vices.	Ne présente pas ou ne présente plus les caractères élémentaires d'habitabilité en raison de la nature des matériaux utilisés, de la vétusté, etc.
3. Distribution du local : conception générale	Très large conception	Large conception	Moins d'ampleur que dans les catégories précédentes		Faible développement des pièces, dégagements, entrées, etc.		Logement souvent exigu	–
	des diverses parties du local (Largeur des baies supérieure à la normale. Dans les immeubles collectifs, accès et escaliers communs de larges dimensions).		Les diverses parties du local restent cependant assez spacieuses. Dans les immeubles collectifs, accès communs faciles.		Paliers souvent communs à plus de deux logements.	Dimensions réduites, même en ce qui concerne les pièces d'habitation, notamment dans les constructions récentes.	Dégagements généralement sacrifiés dans les immeubles collectifs (accès communs sombres et étroits).	–
Pièces de réception (1)	Présence obligatoire de pièces de réception spacieuses.		Présence obligatoire de pièces de réception dans les locaux comportant un certain nombre de pièces.		Existence, en général, d'une pièce de réception : - dans les locaux anciens dès qu'il y a quatre pièces ; - dans les locaux modernes, quel que soit le nombre de pièces.	En général, absence de pièces de réception.		–

…/…

CRITÈRES DE CLASSEMENT DES LOCAUX POUR LE CALCUL DE LA VALEUR LOCATIVE (SUITE)								
Critères à considérer	Caractéristiques générales propres à chaque catégorie de locaux							
	1re catégorie	2e catégorie	3e catégorie	4e catégorie	5e catégorie	6e catégorie	7e catégorie	8e catégorie
Locaux d'hygiène (1)	Nombreux locaux d'hygiène bien équipés.		En général, plusieurs salles d'eau.	Présence nécessaire d'une salle de bains ou de douches ou d'un cabinet de toilette avec eau courante.	Présence, au minimum, d'un cabinet de toilette avec eau courante.	En général : - absence de locaux d'hygiène dans les immeubles anciens ; - présence d'une salle d'eau dans les immeubles récents.	Absence très fréquente de locaux d'hygiène.	–
4. Équipements :								
Équipements usuels : Eau (1)	Nombreux postes d'eau courante intérieurs au local				Un ou plusieurs postes d'eau intérieurs.		En général, eau à l'extérieur.	–
W.-C. (1)	Un ou plusieurs éléments par local.				W.-C. particuliers généralement intérieurs.	W.-C. particuliers, parfois extérieurs.	W.-C. généralement extérieurs.	–
Chauffage central	Présence habituelle.			Présence fréquente dans les immeubles anciens, habituelle dans les immeubles récents.	Présence exceptionnelle dans les immeubles anciens, fréquente dans les immeubles récents.	–	–	Absence habituelle de tout équipement, notamment de W.-C.

(1) Ne pas tenir compte de ce critère pour les locaux affectés exclusivement à usage professionnel.

CARACTÉRISTIQUES GÉNÉRALES PROPRES À CHAQUE CATÉGORIE DE LOCAUX								
Critères à considérer	Caractéristiques générales propres à chaque catégorie de locaux							
	1re catégorie	2e catégorie	3e catégorie	4e catégorie	5e catégorie	6e catégorie	7e catégorie	8e catégorie
Ascenseur.	Présence habituelle.			Absence fréquente dans les immeubles anciens : présence habituelle dans les immeubles récents de plus de quatre étages.	Absence fréquente dans les immeubles anciens : présence habituelle dans les immeubles récents de quatre étages.	Absence habituelle dans les immeubles anciens : présence habituelle dans les immeubles récents de plus de quatre étages.	–	–

.../...

CARACTÉRISTIQUES GÉNÉRALES PROPRES À CHAQUE CATÉGORIE DE LOCAUX (SUITE)								
Critères à considérer	**Caractéristiques générales propres à chaque catégorie de locaux**							
	1re catégorie	**2e catégorie**	**3e catégorie**	**4e catégorie**	**5e catégorie**	**6e catégorie**	**7e catégorie**	**8e catégorie**
Tapis d'escalier, escalier de service.	Présence habituelle (surtout dans les immeubles anciens)			Absence fréquente.	–	–	–	–
Impression d'ensemble (caractère général de l'habitation).	Grand luxe	Luxe	Très confortable	Confortable	Assez confortable	Ordinaire	Médiocre	Très médiocre

● La surface ainsi obtenue est ensuite multipliée par des coefficients qui tiennent compte de l'état d'entretien de l'immeuble, de sa situation dans la commune et, pour les immeubles collectifs, de la présence ou de l'absence d'ascenseur.

● Enfin, on ajoute à la surface pondérée nette ainsi calculée des équivalences de superficie correspondant aux éléments de conforts présents. Ces éléments se traduisent en m^2 supplémentaires.

On ajoute par exemple 4 m^2 pour l'eau courante, 4 m^2 par douche, 5 m^2 par baignoire...

● Le tarif

La surface pondérée est multipliée par un prix au m^2 variant selon la catégorie du logement. Ce tarif n'est pas arbitraire. Il est établi par comparaison avec le loyer de locaux similaires, choisis dans la commune.

› Les réévaluations de la valeur locative

● Réévaluation générale

● En théorie :

– une révision générale des évaluations doit être effectuée sur l'ensemble du territoire tous les 6 ans ;

– entre deux révisions générales, une actualisation doit intervenir tous les 3 ans ;

– entre deux actualisations, les valeurs locatives sont majorées chaque année par application de coefficients forfaitaires nationaux destinés à porter les valeurs locatives cadastrales au niveau des loyers constatés au 1er janvier de l'avant-dernière année.

● En pratique, la situation est quelque peu différente puisque la dernière révision générale date de 1970 et a été appliquée à partir du 1/1/1974 et la dernière actualisation a eu lieu en 1980 ! Depuis 1981, seuls les coefficients forfaitaires nationaux ont été appliqués.

● Réévaluations particulières

Les valeurs locatives peuvent être également révisées pour chaque logement en particulier, compte tenu des changements qui l'affectent.

Les changements visibles dont vous n'êtes pas responsable (caractères physiques ou environnement) sont généralement constatés d'office par l'administration.

En revanche, si vous êtes propriétaire, vous devez déclarer les changements ainsi que les constructions nouvelles dont vous êtes responsable dans les 90 jours de leur réalisation, en remplissant un imprimé spécifique auprès de votre bureau du cadastre ou de votre centre des impôts fonciers.

● Si vous venez de faire construire, vous devez remplir :

– l'imprimé H1 s'il s'agit d'une maison individuelle ;

– l'imprimé H2 s'il s'agit d'un appartement ;

– l'imprimé CDB s'il s'agit d'un immeuble commercial ;

– l'imprimé U s'il s'agit d'un établissement industriel.

● Si vous avez changé la consistance (agrandissement, surélévation...) ou l'affectation (transformation d'un local commercial en logement) du bien, vous devez souscrire l'imprimé IL.

AVANTAGE

Les collectivités locales peuvent étaler sur 3 ans (par 1/3) l'augmentation de plus de 30 % de la valeur locative d'une habitation résultant exclusivement de changements de caractéristiques physiques ou d'environnement.

À NOTER

Attention : l'absence de déclaration ou une déclaration tardive entraîne l'application d'une amende fiscale et vous fait perdre totalement ou en partie le bénéfice de l'exonération temporaire de taxe foncière pour les constructions nouvelles (→ index, *Taxe foncière*).

Que faut-il savoir sur la taxe d'habitation ?

› Les personnes et les locaux imposables

La taxe d'habitation est due par toute personne occupant ou disposant d'une habitation meublée à titre privatif au 1er janvier de l'année d'imposition (*Code général des impôts, Art. 1407 et 1408*). Chacun des termes de cette phrase a son importance. Ils impliquent en effet que cette taxe concerne :

- « toute personne » : que vous soyez propriétaire, locataire ou même occupant à titre gratuit, vous serez assujetti de la même façon à la taxe d'habitation. Si votre enfant, par exemple, habite dans un studio que vous avez mis gratuitement à sa disposition, la taxe d'habitation sera établie à son nom, même s'il ne vous verse aucun loyer ;
- « occupant ou disposant » : la taxe est due en premier lieu par la personne « occupant » le logement ; ainsi, s'il s'agit d'une location, c'est le locataire et non le propriétaire qui paiera la taxe. Mais si vous êtes propriétaire d'un local non loué et meublé, vous devrez acquitter cette taxe. Peu importe que vous n'y fassiez que de brefs séjours ou même que vous ne vous y rendiez jamais (ce qui peut être le cas pour une résidence secondaire, par exemple), ce qui compte c'est que vous ayez la possibilité de le faire (que vous puissiez « en disposer »). Vous serez également imposé à la taxe d'habitation si vous êtes propriétaire d'un logement meublé que vous louez une partie de l'année ou de façon saisonnière dès lors que vous conservez la disposition de ce logement en dehors des périodes de location. Il en est de même si vous louez une partie seulement d'un logement ;
- « d'une habitation » : le local doit être consacré à l'habitation. Les locaux professionnels ne sont pas assujettis à la taxe d'habitation mais à la cotisation foncière des entreprises. Mais attention : il ne suffit pas que vous utilisiez effectivement un local à des fins professionnelles pour qu'il soit exonéré. Si le local en question n'est pas spécialement aménagé de manière à être rendu impropre à l'habitation, il sera imposé à la taxe d'habitation ;
- « meublée » : le local doit être pourvu d'un ameublement suffisant pour en permettre l'occupation effective. Si le logement dont vous disposez est totalement vide, vous pouvez demander à être exonéré de la taxe d'habitation. Tel est le cas, par exemple, d'un logement vide de tout meuble que vous avez mis en vente ou encore dont vous avez hérité. Mais attention, dans certaines grandes villes, de tels logements peuvent être assujettis à la taxe sur les logements vacants et, dans les autres communes (sur délibération du conseil municipal), être soumis à la taxe d'habitation (pour la part communale) sans application des divers abattements, dégrèvements et exonérations ;

À NOTER

Attention : il ne faut pas confondre « local meublé » et « location en meublé ». Si vous habitez en meublé à l'année, vous serez également assujetti à la taxe d'habitation sauf s'il s'agit, bien entendu, d'une location temporaire ou saisonnière.

- « à titre privatif » : le logement doit être réservé à votre usage personnel. Si vous habitez dans un logement de fonction (c'est le cas, par exemple, de certains gardiens de la paix ou directeurs d'école...), vous serez imposé. Les travailleurs logés dans un foyer ou les pensionnaires des maisons de retraite sont imposés lorsque la durée de leur séjour et les conditions d'occupation des locaux permettent de considérer qu'ils en ont la disposition privative, ce qui n'est pas le cas par exemple des maisons de retraite où les repas sont pris en commun et où les heures de visites sont limitées, ou encore des étudiants logés en résidence ou cité universitaire. Les gardiens d'immeubles ne sont imposés que sur les pièces réservées à leur habitation ;
- « au 1er janvier de l'année d'imposition » : la taxe est en effet établie d'après la situation existant au 1er janvier de l'année d'imposition. Si vous emménagez dans un appartement en cours d'année, le 3 janvier 2010 par exemple, la taxe de 2010 sera due par l'ancien occupant. Mais vous serez redevable de la taxe 2010 pour le logement que vous avez quitté le 2 janvier.

ATTENTION ⚠

Les personnes ayant leur résidence principale dans une caravane ou un mobil-home n'échappent plus à la taxe d'habitation puisqu'elles doivent acquitter, depuis le 1/1/2010, une taxe spéciale de 25 € par m². Les exonérations de taxe d'habitation liées aux revenus des contribuables (voir ci-après) sont applicables à cette taxe.

ATTENTION ⚠

Les propriétaires peuvent être tenus d'acquitter la taxe d'habitation due par les locataires qui ont quitté les lieux en cours d'année. Vous pouvez toutefois dégager votre responsabilité en prévenant le percepteur de ce déménagement.

LE CAS DES DÉPENDANCES

Toutes les dépendances de votre maison, c'est-à-dire les greniers, les caves, les terrasses, les garages, les buanderies, les jardins, les parcs, les serres, les piscines et les terrains de jeux sont imposables, à condition toutefois qu'elles soient situées à proximité de l'habitation.
Ainsi, le fisc considère que les garages et les emplacements de parkings situés à une distance supérieure à 1 km de votre maison ne sont pas imposables.

› Le calcul de la taxe d'habitation

Le montant de la taxe est égal à la base nette d'imposition multipliée par les taux fixés par les collectivités territoriales.

La base nette d'imposition

Cette base est constituée par la valeur locative cadastrale du logement (→ index, *Valeur locative cadastrale*) diminuée éventuellement (et uniquement pour les habitations principales), des abattements suivants :

- l'abattement obligatoire pour charges de famille : il est appliqué de plein droit dès que vous avez au moins une personne à charge (c'est-à-dire les enfants pris en compte pour le calcul de l'impôt sur le revenu et les parents âgés de plus de 70 ans ou infirmes dont les revenus de l'année précédente ne dépassent pas 9 876 € pour la première part de quotient familial, majorée de 2 637 € pour chaque demi-part supplémentaire, et vivant avec le contribuable). Il s'élève à :
– 10 % pour chacune des deux premières personnes à charge,
– 15 % pour chacune des personnes à charge à partir de la troisième.
Le conseil municipal peut décider de majorer ces taux de 5 à 10 %, ce qui fait passer l'abattement de 10 % à 15 ou 20 % et celui de 15 % à 20 ou 25 %. Enfin, les charges de famille prises en compte sont celles existant au 1er janvier de l'année d'imposition. Tout changement dans vos charges de familles intervenant en cours d'année (naissance d'un enfant, par exemple) ne vous donnera droit à cet abattement que pour la taxe de l'année prochaine ;
- l'abattement général facultatif à la base : les collectivités locales qui décident de l'appliquer peuvent fixer son taux à 5, 10 ou 15 % de la valeur locative moyenne des habitations ;
- l'abattement spécial facultatif en faveur des personnes de condition modeste : comme le précédent, il est laissé à la libre appréciation de la commune et son taux peut être de 5, 10 ou 15 %, majoré de 10 % pour chacune des personnes à votre charge. Si votre commune l'a voté, vous devez, pour en bénéficier :
– avoir des revenus de l'année précédente ne dépassant pas 9 876 € pour la première part de quotient familial, majorée de 2 637 € pour chaque demi-part supplémentaire (1 318,50 € par 1/4 de part en cas de garde alternée des enfants),
– avoir une résidence principale dont la valeur locative est inférieure à 130 % de la valeur locative moyenne de la commune (ce pourcentage est augmenté de 10 points par personne à charge) ;
- l'abattement spécial facultatif en faveur des personnes invalides : comme les précédents, il est laissé, lui aussi, à l'appréciation de la commune et son taux est obligatoirement de 10 %. Il n'est soumis à aucune condition de ressources. Peuvent en bénéficier les titulaires de la carte d'invalidité, les titulaires de l'allocation aux adultes handicapés, les titulaires de l'allocation supplémentaire versée par le fonds spécial d'invalidité et les personnes atteintes d'une infirmité ou d'une invalidité les empêchant de travailler.

Attention : subtilité fiscale ! Ces abattements ne sont pas appliqués sur le montant réel de la valeur locative cadastrale de votre logement mais sur une valeur locative moyenne, calculée sur l'ensemble des logements de votre commune. En conséquence, si vous occupez un logement « bas de gamme », les abattements peuvent se révéler intéressants car ils seront calculés sur une valeur locative supérieure à la valeur locative réelle de votre logement mais si, au contraire, vous habitez dans un logement de standing, les abattements seront nettement moins favorables puisqu'ils seront calculés sur une valeur locative inférieure à celle de votre logement.

À NOTER

Les taux et majorations des taux des abattements ainsi que les majorations des conditions de ressources exigées pour les allégements ou exonérations de la taxe d'habitation sont réduits de moitié lorsqu'ils concernent des enfants en garde alternée.

Les taux

Chaque collectivité locale prélève le pourcentage qui lui revient : votre commune, les groupements de communes et le département.

L'État, quant à lui, s'octroie également une petite part du gâteau mais uniquement sur les logements ayant une valeur locative supérieure à 4 573 €.

Ce prélèvement de l'État est égal à 0,2 % pour les habitations principales, 1,2 % pour les résidences secondaires dont la valeur est comprise entre 4 573 € et 7 622 € et 1,7 % si leur valeur locative est supérieure à 7 622 €.

› Le dégrèvement

Un système de dégrèvement unique s'applique depuis l'établissement de la taxe d'habitation 2000.

Ainsi, les personnes dont le revenu de référence de 2009 n'a pas dépassé 23 224 € pour la première part de quotient familial majoré de 5 426 € pour la 1re demi-part supplémentaire et 4 270 € pour les demi-parts suivantes, sont dégrevées de la fraction de taxe d'habitation 2010 qui excède 3,44 % de ce revenu diminué d'un abattement égal à 5 038 € pour la 1re part de quotient familial, plus 1 456 € pour les 4 premières demi-parts supplémentaires, et 2 575 € pour les demi-parts suivantes.

Exemple : marié, avec 2 enfants à charge, votre revenu de référence est égal à 19 800 € et le montant de votre taxe d'habitation avant dégrèvement est de 650 €. Vous serez donc dégrevé de la partie de la taxe supérieure à [19 800 € - (5 038 + 1 451 + 1 451 + 1 451 + 1 451)] x 3,44 % = 308,16 €. Vous ne paierez donc que cette somme et réaliserez ainsi une économie de 341,84 €.

À NOTER

Ces calculs compliqués sont heureusement effectués par les services fiscaux eux-mêmes au vu des éléments en leur possession (votre déclaration de revenus, essentiellement). Mais si vous pensez que l'ordinateur vous a oublié, n'hésitez pas à déposer une réclamation auprès de votre service des impôts.

À NOTER

Qu'est-ce que le « revenu de référence » ? Il est égal au revenu net imposable augmenté selon les cas des produits des placements à revenu fixe soumis au prélèvement forfaitaire libératoire, du montant des revenus exonérés en France et perçus par les salariés détachés à l'étranger, du montant des revenus exonérés en France en application d'une convention internationale relative aux doubles impositions, du montant des revenus perçus par les fonctionnaires des organisations internationales.

› Les exonérations

Sont totalement exonérés de taxe d'habitation, les titulaires de l'allocation supplémentaire ou de l'allocation de solidarité aux personnes âgées, de l'allocation aux adultes handicapés, les infirmes et invalides qui ne peuvent pas subvenir à leurs besoins par le travail, les personnes âgées de plus de 60 ans, les veufs et les veuves à condition :

– que le montant de leur revenu de référence de l'année précédente ne dépasse pas 9 876 € pour la première part de quotient familial majoré de 2 637 € pour chaque demi-part supplémentaire (1 318,50 € par 1/4 de part en cas de garde alternée des enfants) ;

– qu'ils vivent seuls, en couple, avec des personnes à charge ou avec des personnes dont les revenus ne dépassent pas les montants indiqués ci-dessus.

AVANTAGE

Si vous bénéficiez de l'allocation adultes handicapés, vous n'avez plus aucune démarche à accomplir pour obtenir cette exonération. La caisse d'allocations familiales transmet directement les informations aux services fiscaux compétents.

ATTENTION ⚠

L'exonération accordée aux bénéficiaires du RMI n'a pas été reprise pour les bénéficiaires du revenu de solidarité active (→ index, RSA). Les titulaires du RSA n'ont donc droit qu'au dispositif de droit commun de dégrèvement de la taxe d'habitation en fonction du revenu.

L'exonération totale de taxe d'habitation pour les contribuables de condition modeste et le dégrèvement en fonction des revenus (voir ci-dessus) s'appliquent, depuis le 1/1/2008, aux personnes âgées qui entrent en maison de retraite ou dans un établissement de long séjour tout en conservant leur ancienne résidence principale, si elles remplissent les conditions pour les obtenir. L'ancienne résidence doit rester inhabitée.

Sont également exonérés de taxe d'habitation :

– les membres du corps diplomatique et consulaire de nationalité étrangère, ainsi que certains hauts fonctionnaires des organisations internationales établies en France et les représentants nationaux auprès de ces organisations, pour leur résidence officielle et à condition que leur pays accorde le même avantage aux agents français ;

– les habitants reconnus indigents par la commission communale des impôts directs ;
– les établissements publics scientifiques, d'enseignement et d'assistance ;
– les locaux affectés au logement des étudiants dans les résidences universitaires gérées par les CROUS ;
– et, sur décision du conseil municipal, les gîtes ruraux, les meublés de tourisme et les chambres d'hôtes situés en zone de revitalisation rurale.

● Peuvent être partiellement exonérées (sur décision des collectivités territoriales) les habitations situées en zone Seveso si elles ont été construites avant l'établissement d'un plan de prévention des risques technologiques.

● Un dégrèvement a également été institué par la loi de finances rectificative pour 2009. Il s'applique aux personnes relogées en raison de la démolition de leur logement dans le cadre du programme national de rénovation urbaine. Pendant les 3 premières années de leur relogement, le montant de la taxe d'habitation due pour le nouveau logement reste identique à celui qu'ils acquittaient au titre de leur ancien logement.

À NOTER

Les dégrèvements de taxe d'habitation ainsi que l'exonération en faveur des personnes âgées de plus de 60 ans et des veufs ne s'appliquent pas aux contribuables passibles de l'impôt de solidarité sur la fortune (ISF).

ATTENTION ⚠

Ces exonérations et dégrèvements sont uniquement accordés pour les résidences principales. Vous ne pouvez pas en bénéficier pour vos résidences secondaires.

LES ALÉAS DE LA VIE COMMUNAUTAIRE

Si vous êtes marié, vous recevrez un avis d'imposition établi au nom de « Monsieur ou Madame ». Les deux conjoints sont solidaires du paiement de la taxe. En cas de non-paiement, le fisc poursuivra indifféremment l'un ou l'autre des époux qui devra payer l'intégralité du montant de l'impôt. Les mêmes règles s'appliquent pour la taxe d'habitation due pour le logement occupé en commun par les partenaires liés par un PACS. Toutefois, si vous êtes en situation de divorce, de dissolution du PACS ou de séparation, lorsque la rupture de la vie commune a été constatée, vous pouvez demander à être déchargé de la solidarité du paiement de la taxe d'habitation. Cette demande ne peut vous être refusée en cas de disproportion marquée entre votre dette fiscale et votre situation financière et patrimoniale. En pratique, vous n'aurez à régler que la moitié du montant de la taxe d'habitation. De plus, si vous êtes dans un état de gêne ou d'indigence, vous pouvez également demander une remise totale ou partielle de la part d'impôt restant à votre charge.
Si vous vivez en concubinage, vous recevrez un seul avis établi soit à vos deux noms en cas de bail commun, soit au nom du titulaire du bail dans le cas contraire.
Si vous occupez le logement à plusieurs, le fisc n'établit qu'une seule imposition, au nom de l'occupant en titre ou de l'occupant principal (titulaire du bail, généralement). Mais attention : si l'occupant principal est exonéré du paiement de cette taxe (vous vivez avec une personne âgée, dont les revenus ne dépassent pas un certain montant ou invalide), c'est à vous que le fisc réclamera le paiement de la taxe.

Qui doit payer la taxe foncière sur les propriétés bâties ?

› Les personnes imposables

Contrairement à la taxe d'habitation, la taxe foncière ne concerne que les propriétaires du bien au 1er janvier de l'année d'imposition.

● Si vous êtes marié, l'imposition dépend de votre régime matrimonial :

– vous êtes marié sous le régime légal (communauté de biens réduite aux acquêts) : les biens que vous avez acquis avant votre mariage ou que vous avez reçus pendant votre mariage par donation ou héritage sont des biens personnels. La taxe foncière sera établie à votre nom et vous devrez l'assumer seul. Il en est de même pour votre conjoint. En revanche, pour tous les biens qui ont été acquis en commun pendant votre mariage, la taxe sera établie à vos deux noms et vous serez solidaire pour son paiement ;

– vous êtes marié sous le régime de la séparation de biens ou sous le régime de la participation aux acquêts : il n'existe pas de biens communs, chacun de vous acquitte donc la taxe foncière sur les biens qu'il possède personnellement.

- Si vous vivez en union libre, seul celui qui est propriétaire du bien paiera la taxe.
- Si vous êtes locataire, c'est à vous d'acquitter la taxe d'habitation mais c'est votre propriétaire qui sera redevable de la taxe foncière.
- Si vous avez acheté un bien en indivision, chacun des coïndivisaires devra acquitter la taxe en proportion de sa quote-part indivise. Dans la pratique, la taxe sera établie au nom du principal indivisaire. Il acquittera la taxe et se fera rembourser par les autres.
- Si vous êtes propriétaire d'un bien en copropriété, vous êtes assujetti à la taxe pour votre appartement et ses dépendances (garage, cave, jardin privatif...). En ce qui concerne les parties communes (dont la loge de la gardienne, le jardin non privatif, etc.), c'est le syndicat des copropriétaires qui est assujetti à la taxe. Vous l'acquitterez donc avec vos charges en fonction des tantièmes dont vous disposez.
- Si vous êtes en « accession à la propriété » ou que vous avez acheté votre résidence en location-vente ou en location-attribution, le fisc vous considère déjà comme le propriétaire du bien, et vous adressera un avis d'imposition.
- Si vous êtes propriétaire d'un bien en multipropriété ou en « time share », vous n'avez pas à payer la taxe foncière.
- Si vous avez vendu votre résidence en viager et que vous l'occupez, ce n'est pas vous qui êtes assujetti à l'impôt foncier mais le propriétaire du bien.
- Si vous êtes usufruitier de votre résidence, c'est à vous que sera réclamée la taxe foncière. Vous devrez l'acquitter même si le nom du nu-propriétaire figure à côté du vôtre sur l'avis d'imposition.
- Si vous bénéficiez d'un droit d'usage et d'habitation, c'est le contraire du cas précédent. Comme il n'y a pas de démembrement de propriété, c'est au propriétaire de payer la taxe mais il est en droit de vous en demander le remboursement.

AVANTAGE

Comme pour la taxe d'habitation, c'est la situation au 1er janvier de l'année d'imposition qui est considérée. Si vous vendez un bien en cours d'année, vous restez donc redevable de la taxe foncière pour l'année de la vente. Mais vous pouvez prévoir dans l'acte de vente le partage avec votre acheteur. Dans ce cas, vous devrez lui réclamer le remboursement de sa quote-part ultérieurement, étant entendu que la taxe restera établie à votre nom l'année de la vente et que c'est vous qui devrez en régler la totalité au fisc.

› Les propriétés imposables

La taxe foncière s'applique aux locaux à usage d'habitation mais également :

- aux installations commerciales ou industrielles destinées à abriter des personnes ou des biens (boutiques, ateliers, hangars...) ou à stocker des produits (cuves, silos) ;
- aux terrains attenant à la construction (cours, passages, jardins...) et aux terrains employés à un usage commercial ou industriel (chantiers, dépôts) et même aux terrains nus utilisés pour la publicité commerciale ou industrielle.

ATTENTION ⚠

Selon le Conseil d'État, les habitations légères de loisirs posées au sol sur un socle de béton et n'étant pas normalement destinées à être déplacées sont soumises à la taxe foncière sur les propriétés bâties (Conseil d'État, 26/12/2005). Les socles de béton supportant les mâts des éoliennes sont également imposables (Conseil d'État, 31/12/2008).

Hormis les propriétés appartenant à une collectivité publique (État, région, département, communes...) et affectées à un service public, ne peuvent échapper à cette taxe que les bâtiments ruraux à usage exclusivement agricole. Les terrains non bâtis (terre, bois, étangs) sont assujettis à la taxe foncière sur les propriétés non bâties.

› Le calcul

La taxe foncière est calculée sur la moitié de la valeur locative cadastrale multipliée par les taux fixés par chacune des collectivités territoriales.

› Les exonérations

Exonération temporaire des constructions nouvelles

- Sont exonérés pendant 15 ans :

– les immeubles sociaux affectés à l'habitation principale, c'est-à-dire les logements neufs financés à plus de 50 % à l'aide d'un prêt locatif aidé (PLA-I, PLU ou PLS) et bénéficiant de la TVA à taux réduit.

Cette exonération peut être portée à 30 ans pour les logements respectant certains critères environnementaux ;
– les logements neufs destinés à être occupés par des titulaires de contrats de location-accession financés au moyen d'un prêt PSLA ayant fait l'objet d'une convention et agréés par le préfet depuis le 26/3/2004.

● Les logements à usage locatif conventionnés acquis avec le concours financier de l'État ou la subvention de l'Agence nationale pour la rénovation urbaine sont exonérés pendant 15 ans (25 ans si la décision de prêt ou de subvention est donnée entre le 1/7/2004 et le 31/12/2014).

AVANTAGE

Les logements financés par l'intermédiaire des anciens dispositifs de prêts aidés par l'État (PLA ou PAP) continuent à bénéficier de l'exonération de longue durée à laquelle ils pouvaient prétendre jusqu'au terme de la période prévue.

● Toutes les autres constructions nouvelles (y compris les reconstructions ou les additions de construction) sont exonérées pendant 2 ans.

Mais attention : cette exonération ne porte que sur les parts départementale et régionale de la taxe. Elle peut éventuellement être appliquée sur la part communale pour les immeubles à usage d'habitation.

LES EXONÉRATIONS DES COLLECTIVITÉS TERRITORIALES

Les collectivités territoriales peuvent décider d'exonérer de taxe pendant 15 ans les logements à usage locatif situés dans les zones de revitalisation rurale, construits ou améliorés au moyen de subventions de l'ANAH.
Elles peuvent également exonérer de taxe foncière, soit totalement, soit pour moitié, pendant 5 ans les logements anciens achevés avant le 1/1/1989 pour lesquels leurs propriétaires ont payé (depuis le 1/1/2007) un montant minimal de dépenses pouvant bénéficier du crédit d'impôt pour les économies d'énergie et le développement durable . Ce montant de travaux est soit de 10 000 € lorsque les dépenses sont payées au cours d'une même année, soit de 15 000 € lorsque celles-ci sont payées sur 3 ans.
Les logements neufs achevés depuis le 1/1/2009 et économes en énergie (bâtiments basse consommation et bâtiments à énergie positive) peuvent également être exonérés dans les mêmes proportions (50 ou 100 % pendant 5 ans).
Les collectivités territoriales peuvent aussi décider d'exonérer de taxe foncière les hôtels, les gîtes ruraux, les meublés de tourisme et les chambres d'hôtes situés en zone de revitalisation rurale.
Par ailleurs, elles peuvent décider d'exonérer partiellement (de 15 à 60 %) de taxe foncière les habitations situées en zone Seveso ou à moins de 3 km de celle-ci si elles ont été construites avant l'établissement d'un plan de prévention des risques technologiques. Une exonération de 25 ou 50 % peut également être appliquée aux habitations situées dans une zone de danger délimitée par un plan de prévention des risques miniers achevées antérieurement à la mise en place de ce plan.
Enfin, elles peuvent exonérer les jeunes entreprises innovantes et les jeunes entreprises universitaires.

À NOTER

Toutes ces exonérations courent à compter du 1er janvier de l'année suivant celle de l'achèvement de la construction. Pour en bénéficier, vous ne devez pas oublier de remplir l'imprimé de déclaration de construction dans les 3 mois suivant l'achèvement des travaux.

Exonération des personnes de condition modeste

● Vous pouvez bénéficier d'une exonération totale de la taxe foncière de votre résidence principale dans trois cas : vous ou votre conjoint avez plus de 75 ans, vous êtes titulaire de l'allocation supplémentaire ou de l'allocation de solidarité aux personnes âgées ou encore de l'allocation aux adultes handicapés et :
– le montant de votre revenu de référence de l'année précédente n'excède pas 9 876 € pour la première part de quotient familial majorée de 2 637 € pour chaque demi-part supplémentaire (1 318,50 € par 1/4 de part en cas de garde alternée des enfants) ;
– vous vivez soit seul ou avec votre conjoint, soit avec des personnes fiscalement à votre charge, soit encore avec d'autres personnes titulaires de la même allocation ou dont les revenus ne dépassent pas les montants indiqués ci-dessus.

AVANTAGE

Le Conseil d'État a jugé que cette exonération pouvait également s'appliquer à la résidence secondaire du contribuable (Conseil d'État, 20/10/2000).

Vous pouvez bénéficier d'un dégrèvement de 100 € sur le montant de la taxe foncière de votre habitation principale si vous êtes âgé de plus de 65 ans et que vous remplissez les deux conditions suivantes :

– vos revenus de l'année précédente n'ont pas excédé les montants indiqués ci-dessus ;

– vous vivez soit seul ou avec votre conjoint, soit avec des personnes qui sont à votre charge, soit avec d'autres personnes titulaires de l'allocation supplémentaire ou de l'allocation de solidarité aux personnes âgées.

Cette exonération et ce dégrèvement s'appliquent, depuis le 1/1/2008, aux personnes âgées qui entrent en maison de retraite ou dans un établissement de long séjour tout en conservant leur ancienne résidence principale, si elles en remplissent les conditions d'obtention. L'ancienne résidence doit rester inhabitée.

Quelles sont les taxes locales annexes ?

La taxe d'enlèvement des ordures ménagères

Les communes ou groupements de communes qui assurent la collecte des ordures ménagères peuvent décider de financer les dépenses occasionnées par ce service au moyen d'une taxe spécifique : la taxe d'enlèvement des ordures ménagères.

Cette taxe qui figure sur l'avis d'imposition de la taxe foncière est calculée sur la même base (50 % de la valeur locative cadastrale) et concerne les mêmes personnes (propriétaires et usufruitiers) que cette dernière.

Son taux, fixé par l'administration, peut varier au sein d'une même commune selon les zones de ramassage des ordures.

Attention : le fait d'être exonéré de la taxe foncière ne vous exonère pas forcément de cette taxe. Ainsi, si vous avez bénéficié de l'exonération pour personne de condition modeste, ou de l'exonération temporaire réservée aux constructions nouvelles, vous serez tout de même assujetti à la taxe d'enlèvement des ordures ménagères.

Si vous êtes logé dans un immeuble appartenant à une collectivité publique (et donc exonéré par principe de taxe foncière), vous devrez tout de même payer la taxe d'enlèvement des ordures ménagères qui sera établie à votre nom (même si vous n'êtes pas propriétaire).

Il existe cependant des cas d'exonérations spécifiques à cette taxe. Elles concernent :

– les maisons situées dans une partie de commune où ne fonctionne pas le service d'enlèvement des ordures ;

– les locaux à usage commercial ou ceux à usage industriel situés en dehors de l'enceinte de l'établissement industriel (siège social, locaux administratifs…) ;

– les immeubles munis d'un incinérateur d'ordures.

L'exonération est facultative (c'est la commune qui décide ou non de l'appliquer).

À NOTER

Les communes ou les établissements publics qui assurent l'enlèvement des ordures ont aussi la possibilité de remplacer cette taxe par une redevance, calculée en fonction de l'importance des services rendus (Code général des collectivités territoriales, Art. L. 2333-76). Cette redevance est perçue sur un rôle à part.

La taxe de balayage

Cette taxe est, elle aussi, facultative. Elle n'est instituée que dans certaines communes et, quand elle existe, elle est due uniquement par les propriétaires de biens riverains des voies publiques de circulation.

Cette taxe n'est pas calculée sur la valeur locative cadastrale mais sur la surface des voies de circulation, au droit de la façade de chaque propriété, sur une largeur égale à celle de la moitié des voies dans la limite de 6 mètres (*Code général des impôts, Art. 1528*).

La récupération des taxes annexes

Contrairement à la taxe foncière, ces taxes annexes font partie des charges récupérables (*Décret du 26/8/1987*). Si vous louez votre bien, vous pouvez donc demander le remboursement de la taxe d'enlèvement des ordures ménagères et de la taxe de balayage à votre locataire (→ index, *Charges locatives*).

Pour en obtenir le remboursement, le mieux est de joindre une photocopie de votre avis d'imposition à votre locataire.

LES IMMEUBLES EN « VACANCE »

Vous pouvez obtenir un dégrèvement partiel de la taxe foncière en cas de « vacance » (c'est-à-dire d'inoccupation) d'un logement normalement loué ou d'inexploitation d'un immeuble commercial ou industriel que vous exploitiez vous-même.
Ce dégrèvement concerne la période située entre le 1er jour du mois qui suit le début de la vacance et le dernier jour du mois au cours duquel cette vacance a pris fin. Mais pour cela, il faut également que l'inoccupation :
- soit indépendante de votre volonté ;
- ait duré au moins 3 mois ;
- affecte la totalité de l'immeuble.
Dans les faits, les conditions sont très restrictives. Ainsi, le fait que vous ne trouviez pas de locataire ou encore le fait que des difficultés économiques vous aient conduit à fermer votre entreprise ne justifient pas ce dégrèvement. Il n'y a donc que les cas de force majeure (incendie, inondation, destruction) qui peuvent permettre d'obtenir cette exonération que vous devez expressément demander par écrit à votre service des impôts avant le 31 décembre de l'année où a eu lieu la vacance.

Comment s'effectue le paiement des impôts locaux ?

Les redevables reçoivent chaque année un avis d'imposition qui les informe du montant à payer et des délais pour le faire.

La date de paiement

Contrairement à l'impôt sur le revenu, il n'existe pas une date uniforme, valable pour l'ensemble du territoire. De même, vous ne recevrez pas en même temps l'avis concernant votre taxe foncière et votre taxe d'habitation. En général, ces impôts tombent en automne.

Deux dates distinctes figurent sur les avis d'imposition :

- la date de mise en recouvrement qui constitue le point de départ du délai de réclamation (voir plus loin). L'impôt est exigible à partir du dernier jour du mois suivant cette date de mise en recouvrement ;
- la date limite de paiement se situe au 15 du deuxième mois qui suit la date de mise en recouvrement. C'est à partir de cette date que peut être appliquée la majoration de 10 % pour paiement tardif.

Exemple : votre avis indique le 30/9/2010 comme date de mise en recouvrement. Le fisc peut vous réclamer le paiement de l'impôt à partir du 31/10/2010. Mais dans les faits, il ne vous appliquera une majoration de 10 % que si vous n'avez toujours pas réglé cet impôt le 16/11/2010.

AVANTAGE

Les victimes de la tempête du 24/1/2009 dans les départements du Sud-Ouest ainsi que celles touchées par les inondations du 18/9/2009 dans certaines communes des départements des Alpes-Maritimes, des Pyrénées-Atlantiques et du Var peuvent demander à être dégrevées de la taxe d'habitation et de la taxe foncière au titre de l'année 2009 si leurs propriétés ont été détruites ou ont subi des dégâts tels, qu'après expertises, elles ont été déclarées vouées à la démolition.

Pour les années 2010 et suivantes, elles pourront demander la révision de la valeur locative de leurs propriétés si celles-ci ont subi une dépréciation durable significative du fait de cette tempête.

Les moyens de paiement

- Vous pouvez vous acquitter de votre dette par chèque, mandat, virement postal ou bancaire sur le compte du Trésor public ou encore par télérèglement.

Vous pouvez également régler en espèces (dans la limite de 3 000 €) à la perception ou demander un prélèvement automatique (à l'échéance) sur l'un de vos comptes. Le prélèvement sera alors opéré 10 jours après la date limite de paiement de l'impôt considéré. Vous devez opter pour ce mode de paiement au moins 20 jours avant la date limite de paiement.

Vous devez obligatoirement régler par virement ou prélèvement automatique si le montant de votre cotisation de taxe foncière ou de taxe d'habitation excède 50 000 €.

- Il est également possible d'opter pour le système de prélèvement mensuel (*Code général des impôts, Art. 1681 ter*).

Un prélèvement automatique égal à 1/10e du montant de l'impôt que vous avez réglé l'année précédente sera opéré chaque mois. Le solde sera prélevé à l'échéance normale de paiement.

On peut maintenant opter pour la mensualisation à tout moment de l'année, qu'il s'agisse du paiement des impôts locaux ou de l'impôt sur le revenu.

Renseignez-vous auprès de votre trésorerie pour souscrire ces contrats particuliers.

AVANTAGE

Si le montant total de vos impôts (impôt sur le revenu, ISF, taxe foncière, taxe d'habitation pour votre résidence principale) au titre d'une même année dépasse 50 % du montant de vos revenus de cette même année, vous pouvez demander à bénéficier du système du plafonnement (aussi dénommé « bouclier fiscal »).

Comment contester le montant des impôts locaux ?

Il arrive que l'administration se trompe : soit dans le calcul-même de l'impôt, soit parce qu'elle a oublié de vous attribuer un dégrèvement ou une exonération. Vous avez donc intérêt à bien vérifier vos avis d'imposition.

Les services qui peuvent vous fournir des renseignements sont différents selon la nature de votre problème.

Le calcul de la valeur locative

Si vous avez des doutes quant à l'évaluation de la valeur locative de votre logement, vous devez vous adresser au centre des impôts fonciers ou au bureau du cadastre de votre mairie.

Vous pouvez contester :

- le classement de votre logement si vous estimez qu'il ne correspond pas à la catégorie dans laquelle il est rangé.

Il faut savoir que ce genre de contestation aboutit très rarement. Seule une erreur manifeste peut être réparée (immeuble d'aspect délabré classé par erreur dans la catégorie des immeubles somptueux, par exemple !) ;

- le calcul de la surface pondérée de votre logement.

Vous estimez par exemple que l'administration s'est trompée sur la surface réelle de votre bien ou sur les coefficients correcteurs ou bien encore qu'un changement notable intervenu depuis peu devrait modifier un des coefficients appliqués. Une autoroute ou un aéroport vient d'être construit près de votre logement, entraînant des nuisances sonores importantes, par exemple.

Mais attention : votre demande ne peut aboutir qu'à condition que ce changement entraîne une modification de plus de 1/10e de la valeur locative. Sinon, elle ne sera pas prise en compte.

De même, l'administration peut décider de réévaluer la valeur locative de votre logement si elle estime que vous avez fait des travaux augmentant cette valeur de plus de 10 %. Tel est le cas si vous avez aménagé une salle de bains, fait installer le chauffage central, par exemple. Comment peut-elle le savoir, puisque vous ne lui avez rien dit ? C'est très simple : l'agent chargé de calculer votre impôt sur le revenu a transmis à son collègue du centre des impôts foncier la facture détaillée que vous aviez jointe à votre déclaration afin de bénéficier de la réduction d'impôt pour travaux !

Avant toute réclamation, vous devez demander au service du cadastre une copie de la fiche d'évaluation n° 6675-1 qui récapitule tous les éléments retenus pour le calcul de la valeur locative de votre logement. Cette copie est payante.

Vous pouvez également consulter au cadastre la liste des locaux de référence. Mais attention : vous ne pouvez pas contester le tarif d'évaluation au m^2 fixé par votre commune pour chaque catégorie de local.

Bien entendu, vous pouvez demander des explications à l'administration si vous constatez une variation inexpliquée de la valeur locative de votre bien d'une année à l'autre.

Les abattements et les dégrèvements

Si vous estimez que vous auriez dû bénéficier d'un abattement ou que vous rentriez dans un des cas d'exonération, adressez-vous à votre service des impôts.

Les conditions de paiement

Si vous voulez obtenir des renseignements sur les conditions de règlement de votre impôt, obtenir un délai de paiement ou contester une pénalité, vous devez vous adresser à votre perception.

Les adresses de tous ces services sont indiquées sur votre avis d'imposition.

Comment réclamer ?

Les délais

Vous avez jusqu'au 31 décembre de l'année suivant celle de la date de mise en recouvrement de l'impôt concerné pour présenter vos réclamations au fisc.
Par exemple : si votre avis d'imposition de taxe d'habitation indique le 30/9/2010 dans la rubrique « Date de mise en recouvrement », vous pourrez présenter vos réclamations jusqu'au 31/12/2011.

Les démarches

Vous devez présenter votre réclamation sur papier libre à votre service des impôts (son adresse figure sur votre avis d'imposition). Donnez le maximum de renseignements : les références de l'impôt contesté, vos motifs de contestation et joignez les justificatifs nécessaires, sans oublier la photocopie de l'avis d'imposition.

Vous pouvez aussi présenter votre demande verbalement au service compétent. Mais dans ce cas, vous aurez à vous déplacer, les réclamations téléphoniques n'étant pas prises en compte.

L'administration doit vous adresser un récépissé de votre réclamation. Ensuite, elle dispose d'un délai de 6 mois pour vous répondre (3 mois en cas de demande verbale). Si votre demande est rejetée ou si vous n'avez pas de réponse dans le délai de 6 mois, vous devez vous adresser au tribunal administratif. Vous disposez alors d'un délai de 2 mois pour effectuer cette démarche.

ATTENTION ⚠

Le fait de présenter une réclamation ne vous dispense pas de régler l'impôt contesté. Vous serez remboursé ultérieurement si votre demande aboutit. Vous pouvez toutefois demander expressément dans votre réclamation le bénéfice d'un sursis de paiement pour les sommes litigieuses.

LES SURSIS DE PAIEMENT

Si vous avez des difficultés financières (chômage ou surendettement, par exemple) vous pouvez demander à votre percepteur :

- ✓ soit une remise ou une modération du montant de l'impôt. Celle-ci ne vous sera pas obligatoirement accordée. La décision en revient au directeur départemental des services fiscaux. Vous pouvez toutefois faire appel de cette décision auprès du directeur général des services fiscaux ;
- ✓ soit des délais de paiement qui, eux, vous seront généralement accordés, si votre demande est justifiée. Un plan de rééchelonnement de votre dette sera mis en place et vous ne paierez pas de pénalités de retard à condition, bien entendu, de respecter ce plan.

Adressez votre demande à votre service des impôts sur simple lettre en fournissant le maximum de renseignements sur votre situation et en joignant les justificatifs nécessaires (photocopie de vos fiches de paie, de vos attestations de paiement d'allocation chômage, du dossier de la commission de surendettement et de l'avis d'imposition...).

Les impôts de votre vie quotidienne

Quand on pense impôt, on songe surtout à l'impôt sur le revenu. Quant aux autres impôts, on a tendance à les oublier. Et pourtant, de la redevance télévision à la contribution généralisée (CGS), sans oublier la contribution au remboursement de la dette sociale (CRDS), ils rythment notre vie de tous les jours. Mais comme on les paie par petite dose, la ponction est quasi indolore. Tout comme la TVA, tellement intégrée dans le prix des denrées et des biens qu'on ne lui accorde qu'une attention très mesurée. Pourtant ces impôts rapportent bien plus à l'État que l'impôt sur le revenu auquel un Français sur deux échappe !

La CSG et la CRDS

Déficit de la Sécurité sociale oblige, deux impôts particulièrement impopulaires viennent grever le budget des Français : la contribution sociale généralisée et la contribution au remboursement de la dette sociale.

À quoi servent la CSG et la CRDS ?

La contribution sociale généralisée (CSG) a été instituée à titre permanent par la loi de finances pour 1991 (*Loi n° 90-1168 du 29/12/1990*). Prélevée sur les revenus perçus depuis le 1/1/1991, elle est destinée à financer la Sécurité sociale.

Le produit de la CSG n'ayant pas réussi à équilibrer les comptes, une contribution supplémentaire a dû être instituée à compter du 1/2/1996 afin de tenter de combler le « trou » de la Sécurité sociale. Ainsi est née la contribution au remboursement de la dette sociale (CRDS) qui, normalement, devait avoir une vie « éphémère » puisqu'il était prévu qu'elle cesse de s'appliquer le 31/1/2014.

Ces mesures s'étant encore avérées insuffisantes, la loi n° 96-1160 du 27/12/1996 a augmenté le taux de la CSG d'un point depuis le 1/1/1997 et l'a étendu à de nouvelles catégories de revenus.

Ensuite, la loi sur le financement de la Sécurité sociale pour 1998 (*Loi n° 97-1194 du 19/12/1997*) a augmenté à nouveau ce taux et l'a modulé en fonction des revenus concernés à partir du 1/1/1998. Cette même loi a élargi une fois de plus le champ de la CSG qui est pratiquement identique à celui de la CRDS.

La loi sur la réforme de l'assurance maladie (*Loi n° 2004-810 du 13/8/2004*) a, une fois de plus, augmenté le poids de la CSG depuis le 1/1/2005 et repoussé sine die la durée de vie de la CRDS.

Enfin, la loi de financement de la Sécurité sociale pour 2007 a encore étendu le champ d'application de la CSG et de la CRDS.

De fait, la CSG est en passe de devenir le premier impôt direct.

Quels sont leurs taux ?

- Actuellement, le taux de la CSG est égal à :
– 8,2 % sur les revenus du patrimoine ;
– 7,5 % sur les revenus d'activité, les indemnités de rupture du contrat de travail (pour la partie excédant le minimum légal ou conventionnel) et les allocations de préretraite ;
– 6,6 % sur les pensions de retraite et d'invalidité ;
– 6,2 % sur les autres revenus de remplacement (allocations chômage, indemnités journalières de la Sécurité sociale).
- Le taux de la CRDS est de 0,5 %.

Sur quels revenus s'appliquent la CSG et la CRDS ?

Sauf rares exceptions, la CSG et la CRDS s'appliquent sur tous les revenus.

> Les revenus d'activité

Les salaires et assimilés

- La CSG et la CRDS sont prélevées sur tous les salaires, primes et indemnités versées aux salariés. Elle sont également prélevées sur :
– les contributions des employeurs destinées au financement des régimes de prévoyance et de retraite complémentaires (non obligatoires), même lorsque celles-ci sont exonérées de cotisations de sécurité sociale ;
– les indemnités de licenciement ou de mise à la retraite, les indemnités accordées par les tribunaux (en cas de licenciement abusif par exemple) et les indemnités transactionnelles pour la fraction dépassant le montant légal ou conventionnel ;
– toutes les sommes versées à l'occasion de la modification du contrat de travail ;

– les indemnités complémentaires à celles de la Sécurité sociale versées par les employeurs.

Ne sont pas soumis à la CSG et à la CRDS :

– les salaires versés aux apprentis ;

– le remboursement des frais de transport domicile-lieu de travail.

– la contribution patronale aux chèques restaurant.

La CSG et la CRDS sont prélevées par l'employeur qui les reverse ensuite à l'URSSAF. Leur montant doit figurer sur le bulletin de paie (→ index, *Bulletin de paie*).

Les revenus professionnels des non-salariés

Les revenus professionnels des employeurs et des travailleurs indépendants entrant dans le champ d'application des cotisations d'assurance-maladie et d'allocations familiales des non-salariés non agricoles sont assujettis à la CSG et à la CRDS.

Si vous êtes exonéré de ces cotisations, vous serez également exonéré de CSG et de CRDS (sauf si vous êtes chômeur créateur d'entreprise).

Mais attention : tout revenu non assujetti aux cotisations des non-salariés non agricoles mais rangé dans la catégorie des BIC ou BNC est assujetti à la CSG et à la CRDS.

Le montant de la CSG et de la CRDS à acquitter sur ces revenus est calculé par l'URSSAF et réglé en même temps que la cotisation d'allocations familiales.

Les cotisations personnelles de sécurité sociale de l'exploitant et de son conjoint qui sont déductibles du revenu professionnel sont à réintégrer dans la base de la CSG et de la CRDS. De plus, l'article L. 131-6 du Code de la Sécurité sociale établit une liste de sommes à réintégrer dans les revenus soumis à la CSG et à la CRDS.

Pour les agriculteurs, la CSG et la CRDS sont prélevées par la MSA sur la moyenne des revenus professionnels se rapportant aux 3 années précédentes. Si l'agriculteur exerce son activité depuis moins de 3 ans, l'assiette de ces contributions est déterminée de manière forfaitaire en fonction de l'importance de l'exploitation. Cette assiette varie entre 800 et 2 028 SMIC.

› Les revenus de remplacement

Sont assujettis à la CSG et à la CRDS :

– les indemnités journalières maladie, maternité, accidents du travail, maladies professionnelles, versées par les organismes de sécurité sociale ;

– les allocations de préretraite ;

– les allocations de chômage. La CSG et la CRDS ne sont pas prélevées sur ces allocations lorsque ce prélèvement aurait pour effet de porter le montant net de ces allocations en deçà du SMIC brut ;

– les pensions de retraite et d'invalidité.

Toutefois, pour ces deux dernières catégories de revenus :

– les bénéficiaires dont le revenu fiscal de référence de 2009 n'a pas dépassé 9 837 € pour la première part de quotient familial majoré de 2 627 € pour chaque demi-part supplémentaire (1 314 € par 1/4 de part en cas de garde alternée des enfants) sont exonérés de CSG et CRDS en 2010 ;

– ceux qui ne remplissent pas ces conditions mais dont le montant de l'impôt payé en 2009 a été inférieur à 61 € sont passibles de la CSG à un taux réduit de 3,8 %.

AVANTAGE

La CSG et la CRDS sont établies sur la base de 97 % du montant brut des salaires et des allocations chômage. Un abattement de 3 % au titre des frais professionnels est en effet appliqué.

Ne sont pas soumis à la CSG et à la CRDS :

– les allocations chômage du régime de solidarité (allocation de solidarité et allocation temporaire d'attente) ;

– l'allocation veuvage ;

– l'allocation aux adultes handicapés ;

– les rentes d'accident du travail ou de maladies professionnelles ;

– les pensions militaires d'invalidité ou de victimes de guerre, la retraite du combattant ;

– les bourses d'étudiants ;

– les pensions alimentaires ;

– les avantages non contributifs de vieillesse ou d'invalidité (allocation de solidarité aux personnes âgées, majoration pour tierce personne...).

Sont soumis à la CRDS mais pas à la CSG :

– les aides au logement ;

– les prestations familiales (sauf l'allocation d'éducation de l'enfant handicapé) ;

– le revenu de solidarité active (RSA) sur le montant brut de l'allocation, minoré de la part correspondant à la différence entre le montant forfaitaire du RSA et les revenus du foyer.

À NOTER

Concernant les revenus d'activité et de remplacement, ne sont soumises à la CSG et à la CRDS que les personnes qui sont à la fois domiciliées en France pour l'établissement de l'impôt sur le revenu et à la charge d'un régime obligatoire français d'assurance maladie (Code de la Sécurité sociale, Art. L. 136-1).

› Les revenus du patrimoine

● La CSG et la CRDS sont appliquées sur :

– les revenus fonciers ;

– les rentes viagères ;

– les revenus des capitaux mobiliers ;

– les plus-values mobilières et immobilières ;

– les gains provenant des options de souscription ou d'achat d'action ;

– les revenus des locations meublées non professionnelles ;

– les revenus de l'épargne (sauf les revenus des Livrets A, des Livrets d'épargne populaire, des Livrets jeunes, des Livrets d'épargne entreprise et des Livrets de développement durable, ex-Codevi) ;

– les revenus taxables à l'impôt sur le revenu d'origine indéterminée ou taxés d'office (évaluation de l'IR d'après certains éléments du train de vie, transferts de capitaux non déclarés…).

La CSG et la CRDS sur les revenus du patrimoine sont établies d'après votre déclaration de revenus et recouvrée, par voie de rôle distinct de celui de l'impôt sur le revenu. En clair, vous recevrez un avis d'imposition supplémentaire.

Pour les produits soumis au prélèvement libératoire, les retenues sont effectuées par les établissements payeurs en même temps que le prélèvement libératoire lui-même.

La CSG et la CRDS sont prises en compte dans le dispositif du bouclier fiscal .

AVANTAGE

La CSG à 8,2 % est déductible du revenu imposable à hauteur de 5,8 % ;

– celle à 6,6 %, à hauteur de 4,2 % ;

– la CSG à 7,5 %, à hauteur de 5,1 % ;

– et celle à 6,2 %, à hauteur de 3,8 %.

Par ailleurs, la CSG et la CRDS appliquées sur les heures supplémentaires et complémentaires sont déductibles du revenu imposable dans leur totalité (→ index, *Heures supplémentaires, régime social et fiscal**).*

ATTENTION ⚠

Il n'est plus possible de déduire du revenu imposable la CSG appliquée sur les revenus d'activité et de remplacement exonérés à la fois d'impôt sur le revenu et de cotisations sociales (sommes versées au titre de la participation, abondement de l'employeur au plan d'épargne entreprise, par exemple). Seule exception à cette règle : la CSG sur les contributions patronales de retraite supplémentaire et de prévoyance complémentaire est déductible dans tous les cas à hauteur de 5,1 %.

La taxe à la valeur ajoutée (TVA)

S'il est un impôt qui peut se vanter de toucher tous les Français sans exception, c'est bien la TVA. Pas étonnant dans ce cas que ce soit celui qui rapporte le plus à l'État.

Sur quel principe la TVA fonctionne-t-elle ?

La TVA s'applique sur la valeur ajoutée, c'est-à-dire la plus-value apportée à un produit à chaque stade de sa production et de sa distribution.

Au cours de ce circuit, le commerçant facture à son client la TVA correspondant au prix de vente qu'il pratique et reverse au Trésor public la différence entre la TVA facturée (dite « taxe d'aval ») et la TVA déjà appliquée sur les éléments constituant son prix de revient (dite « taxe d'amont »).

Un traiteur, par exemple, facturera 4,10 € de TVA sur un plat cuisiné. Mais sachant qu'il a payé lui-même 0,80 € de TVA au grossiste à qui il a acheté les produits ayant servi à confectionner ce plat, il devra reverser au Trésor public 4,10 € – 0,80 € = 3,30 € de TVA.

Le système de la TVA est d'une extrême complexité. Mais rassurez-vous, nous n'allons pas ici vous exposer toutes les subtilités de cet impôt puisque ce qui importe pour le consommateur, c'est de savoir, qu'en fin de compte, c'est lui qui réglera la totalité du montant de la TVA appliquée sur le produit, sans aucune possibilité, à ce stade, d'opérer la moindre déduction !

Quels sont les biens concernés ?

La TVA frappe tous les biens et services consommés ou utilisés en France, quelle qu'en soit l'origine (française ou étrangère).

Elle s'applique sur tous les biens fabriqués ou consommés mais également sur les prestations de services : les travaux effectués par les artisans, les études et expertises, les prestations des artistes, des auteurs, des membres des professions libérales et des sportifs.

Très peu de transactions échappent à la TVA. On peut tout de même citer :
– les soins médicaux dispensés par les praticiens et les auxiliaires médicaux ;
– les travaux d'analyse de biologie médicale ;
– les fournitures de prothèses dentaires par les dentistes et prothésistes ;
– la plupart des activités relevant de l'enseignement scolaire et universitaire y compris les leçons particulières ;
– les locations de locaux nus à usage d'habitation, professionnelle ou agricole ;
– certaines opérations à caractère social, philanthropique, religieux, politique ou syndical effectuées par les organismes sans but lucratif ;
– et les prestations de services effectuées par les crèches et les haltes-garderies (prestations de garde, de restauration…) ainsi que les fournitures de biens liés à leur activité (fourniture de couches, par exemple) pour les enfants de moins de 3 ans.

Quels sont les différents taux de TVA ?

Il existe actuellement trois taux de TVA différents selon le produit considéré.

Le taux super réduit de 2,1 %

Il s'applique sur un nombre très limité de produits :
– les médicaments remboursables par la Sécurité sociale et les produits sanguins ;
– les publications de presse ;
– la redevance télévision ;

– les 140 premières représentations théâtrales, musicales ou chorégraphiques et de cirque.

Le taux réduit de 5,5 %

Il s'applique sur :

– l'eau, qu'il s'agisse des eaux minérales ou des prestations concernant l'eau délivrée par les réseaux d'adduction (l'eau du robinet) ;

– les produits alimentaires destinés à l'alimentation humaine et animale, sauf les boissons alcoolisées, la confiserie, les margarines et graisses végétales, certains chocolats et le caviar ;

– les médicaments non remboursables par la Sécurité sociale (sauf les produits vétérinaires) ;

– certains appareillages utilisés par des personnes handicapées atteintes de maladies particulièrement invalidantes ;

– les soins dispensés au cours des cures thermales ;

– les produits d'origine agricole ou provenant de la pêche, de la pisciculture, de l'aviculture, de l'horticulture (s'ils n'ont subi aucune transformation : fleurs fraîches, plants horticoles...) et de la sylviculture (y compris les produits de la sylviculture destinés au chauffage) ;

– les produits à usage agricole tels que les engrais, les produits antiparasitaires, les amendements de sol ;

– les livres quel que soit leur support pourvu qu'il soit physique (ouvrages imprimés, livres audio sous forme de disques compact, CD-Rom, clés USB…). Les livres téléchargés par fichiers numériques restent soumis au taux normal (*Directive 2009/47/CE du 5/5/2009*) ;

– les transports de voyageurs ;

– les spectacles (cinéma, théâtre, concerts, cirque, foires commerciales) et le droit d'entrée dans les musées, les monuments, les expositions ou les parcs ;

– les abonnements aux télévisions privées ;

– les abonnements au gaz et à l'électricité d'une puissance maximale de 36 kilovoltampères, les abonnements relatifs aux livraisons d'énergie calorifique distribuée par réseaux (chauffage urbain…) et à la fourniture de chaleur si celle-ci provient, au moins à 60 %, de certaines énergies renouvelables (biomasse, géothermie, déchets et énergie de récupération) ;

– les achats de terrains, les ventes et les travaux concernant des logements sociaux ;

– les opérations (acquisitions de terrains à bâtir, d'immeubles neufs…) bénéficiant d'un prêt social de location-accession (PSLA) ou d'un « Pass foncier » (pour les opérations engagées du 1/1/2008 au 31/12/2009) ;

– le traitement de déchets faisant l'objet d'un tri sélectif ;

– les services d'aide à la personne (tâches ménagères, garde d'enfants, soutien scolaire, aides au maintien à domicile des personnes âgées et handicapées...) fournis par les entreprises agréées par la préfecture ;

– les travaux forestiers réalisés au profit des exploitants agricoles ;

– les travaux d'amélioration, de transformation, d'aménagement et d'entretien effectués par des professionnels dans les locaux à usage d'habitation achevés depuis plus de 2 ans, sur présentation d'une attestation différente selon la nature des travaux (pour en savoir plus, consultez le site *www.impots.gouv.fr*). L'ancienneté de 2 ans n'est pas exigée pour les travaux d'urgence : fuite d'eau créant une infiltration, réparation d'une toiture suite à une intempérie, travaux consécutifs à la chute d'un arbre dans un jardin… Le taux réduit concerne les prestations de main-d'œuvre liées à ces travaux, les fournitures de matières premières nécessaires à leur réalisation ainsi que la fourniture de certains équipements (équipements sanitaires, équipements de production d'énergie renouvelable, portes, fenêtres, équipements électriques…) ;

– les travaux d'élimination des matériaux contenant du plomb peuvent bénéficier du taux réduit de 5,5 % pour ce qui concerne la part privative des canalisations (*Réponse ministérielle, JOAN, 20/10/2003*) ;

– les services de restauration (cafés, restaurants) à l'exclusion des boissons alcooliques depuis le 1/7/2009.

ATTENTION ⚠

La TVA réduite sur les travaux immobiliers n'est pas applicable sur les travaux de nettoyage, d'aménagement et d'entretien des espaces verts ainsi que sur les travaux de construction ou de reconstruction.

Le taux normal de 19,6 %

Il s'applique à tous les produits qui ne sont pas concernés par les taux réduit et super réduit (voir ci-dessus).

AVANTAGE

Les achats de terrains à bâtir effectués par les particuliers depuis le 22/10/1998 ne sont plus imposés à la TVA mais à un droit d'enregistrement de 4,8 %.

À NOTER

Toutes les œuvres à caractère pornographique (journaux, livres, spectacles...) sont exclues des taux réduits et sont donc taxées à 19,6 %.

Comment calculer le prix d'un produit hors taxe ?

Pour ce faire, il suffit de multiplier le prix TTC du produit par un coefficient qui varie selon le taux de la TVA :

- 0,979 pour le taux super réduit de 2,1 % ;
- 0,947 pour le taux réduit de 5,5 % ;
- 0,836 pour le taux normal de 19,6 %.

Exemple : le prix hors taxe d'un livre (TVA de 5,5 %) vendu 25 € est de :

$$25 \times 0,947 = 23,68 \text{ €}.$$

Ainsi, lorsque vous avez acheté ce livre, vous avez versé au fisc sans vous en rendre compte, un impôt de 1,32 € !

La redevance audiovisuelle

Bien que les chaînes de télévision privées se soient multipliées, la redevance télévision, destinée à financer les chaînes publiques et rebaptisée « contribution à l'audiovisuel public », n'a pas disparu puisqu'elle est désormais adossée à la taxe d'habitation, ce système limitant considérablement les possibilités de fraude.

Qui doit payer cette redevance ?

Les personnes concernées

Tout détenteur d'un poste de télévision (ou d'un dispositif permettant la réception de la télévision) dans le local pour lequel il est imposé à la taxe d'habitation au 1er janvier de l'année d'imposition est soumis à la redevance audiovisuelle.

AVANTAGE

Si vous achetez un téléviseur ou un appareil assimilé en cours d'année (après le 1er janvier), vous ne paierez la redevance que l'année suivante (sauf bien sûr si vous possédez déjà un tel appareil).

AVANTAGE

Si vous possédez uniquement un ordinateur équipé d'un système permettant la réception de la télévision, vous n'aurez pas à acquiter de redevance (Rapport Assemblée nationale n°1863, Réponse Mahéas, 4/11/2004).

Vous n'acquitterez qu'une seule redevance même si vous possédez plusieurs téléviseurs dans votre foyer ou plusieurs appareils dans des résidences différentes.

Les étudiants qui ne vivent pas chez leur parents mais qui sont rattachés à leur foyer fiscal n'ont pas à acquitter la redevance.

À NOTER

La redevance étant automatiquement prélevée avec la taxe d'habitation, si vous ne possédez pas la télévision, vous devez le mentionner dans votre déclaration de revenus 2042. Le fait de ne rien signaler dans votre déclaration de revenus implique donc que vous êtes censé posséder un téléviseur et vous devrez donc payer la redevance… mais il est toujours possible de déposer une réclamation ultérieurement.

Les personnes exonérées

Les personnes exonérées ou dégrevées totalement de la taxe d'habitation (→ index, *Taxe d'habitation*) sont également exonérées de la redevance audiovisuelle.

Il en est de même des personnes invalides ou mutilées qui étaient déjà exonérées dans le cadre du régime antérieur à 2005 et des personnes âgées d'au moins 71 ans au 1/1/2010 lorsqu'elles répondent aux conditions suivantes :

– ne pas être imposé à l'impôt sur le revenu ni passible de l'ISF au titre de l'année 2009 ;

– vivre soit seul ou avec son conjoint, soit avec des personnes à charge, soit encore avec des personnes titulaires de l'allocation supplémentaire ou de l'allocation de solidarité aux personnes âgées ou dont les revenus de l'année 2009 n'ont pas dépassé 9 876 € pour la 1re part de quotient familial, majoré de 2 637 € pour chaque demi-part supplémentaire.

Les personnes qui touchaient le RMI avant le 1/6/2009 et qui étaient exonérées de taxe d'habitation à ce titre continueront à être exonérées de la redevance audiovisuelle jusqu'au 31/12/2011.

Comment s'en acquitte-t-on ?

Le montant

Le montant de la redevance est fixé à 121 € en 2010. Désormais, ce montant est réévalué chaque année en fonction de l'augmentation de l'indice des prix à la consommation, hors tabac.

Le paiement

L'avis d'imposition de la redevance audiovisuelle est désormais émis avec celui de la taxe d'habitation. Vous devez donc acquitter ces deux impôts en même temps.

La redevance audiovisuelle est mensualisable en même temps que la taxe d'habitation.

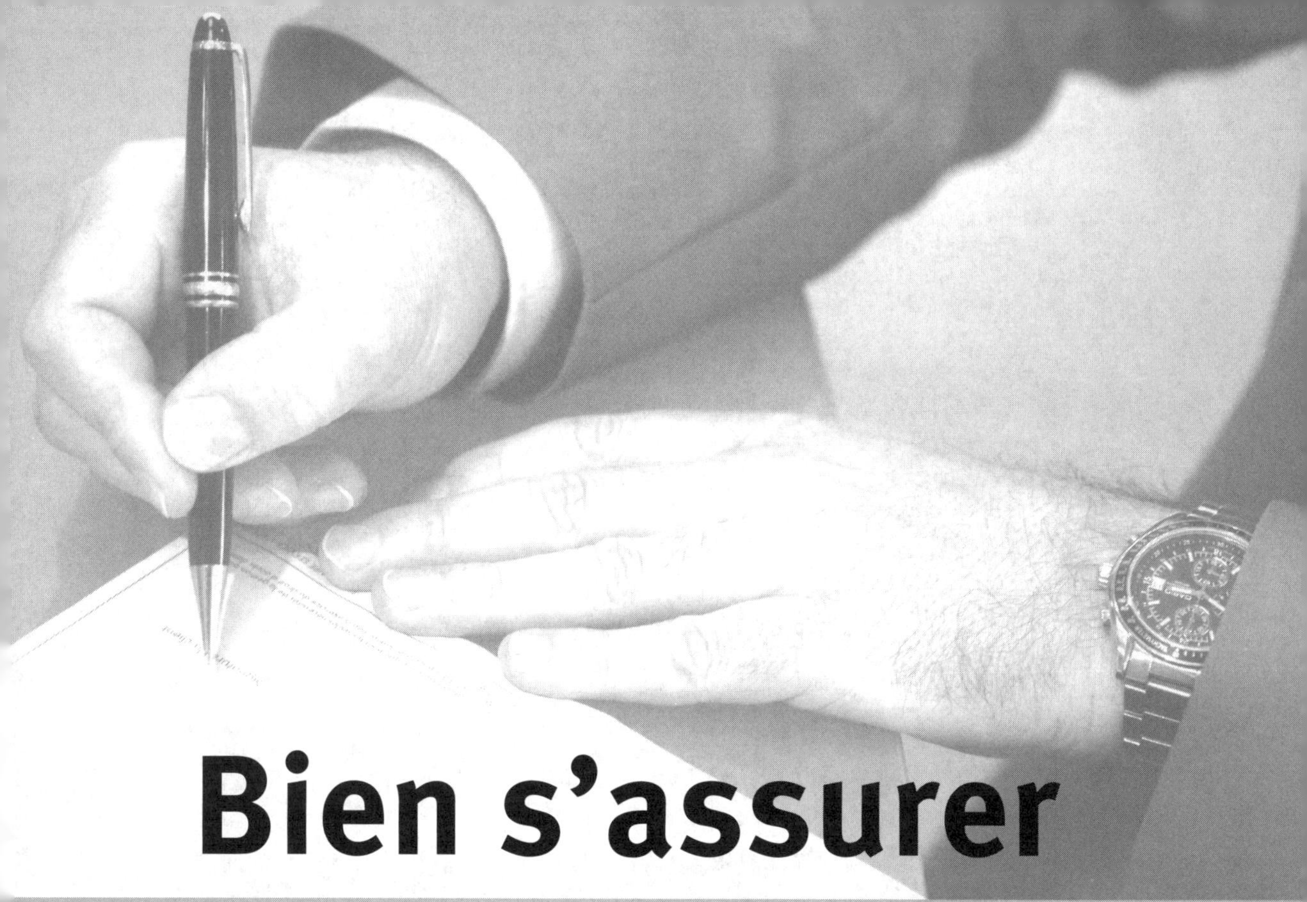

Bien s'assurer

Les principes de l'assurance

Entre les assurés et les assureurs, les relations sont parfois difficiles. Pourtant, un certain nombre de règles strictes régissent les droits et les obligations de chacun. Les connaître, c'est pour l'assuré comprendre pourquoi il faut lire attentivement son contrat, c'est savoir ce qu'il faut faire pour que l'assurance joue et rembourse correctement un sinistre, et c'est pouvoir se défendre en cas de litige.

Le contrat d'assurance

Le contrat d'assurance définit l'étendue et la nature des garanties apportées par l'assureur. Mais pour qu'il soit valable, l'assuré doit respecter certaines obligations, ne pas mentir à sa compagnie d'assurances et tenir ses engagements. À défaut, les conséquences peuvent être graves !

Que peut-on assurer ?

Les assurances peuvent être de deux natures : assurances de dommages ou assurances de personnes.

Les assurances de dommages

Elles couvrent à la fois les dommages que subissent vos biens (c'est l'assurance de choses) et les paiements auxquels vous êtes tenu lorsque vous êtes responsable d'un dommage (assurance de responsabilité).

Ces dommages peuvent être :

– des dommages matériels ;

– des dommages immatériels qui sont la conséquence de la destruction d'un bien (par exemple, l'impossibilité d'occuper un appartement détruit par un incendie, ou celle de pouvoir utiliser sa voiture accidentée pour aller travailler) ;

– les atteintes corporelles liées à un accident et leurs conséquences (frais médicaux, invalidité partielle ou totale, souffrance morale des proches de la victime décédée, etc.).

Les assurances de personnes

Elles couvrent des événements qui touchent l'assuré lui-même ou le bénéficiaire : le décès, l'invalidité, la longue maladie, le chômage… Si cet événement survient, l'assureur doit soit verser une somme forfaitaire prévue à l'avance dans le contrat, soit indemniser le souscripteur ou ses ayants droit selon les règles de droit commun. L'indemnisation peut être une rente, un capital, une indemnité journalière (allocation payée pour chaque journée d'incapacité de travail), etc.

Quels sont les risques exclus par votre contrat ?

Votre contrat d'assurance prévoit des exclusions : des cas où l'assurance ne joue pas.

- Certaines exclusions sont imposées par la loi. Ainsi, une assurance ne peut couvrir des amendes. Elle ne peut pas non plus jouer si vous avez volontairement commis une faute qui a entraîné des pertes ou des dommages ; dans ce cas, c'est à l'assureur de prouver que la faute était intentionnelle. Le Code des assurances prévoit deux autres types d'exclusion qui s'appliquent automatiquement sauf si l'assureur propose expressément le contraire dans son contrat. Ainsi ne sont pas couverts, en principe, les objets qui comportent un défaut et qui sont à l'origine du dommage et les dommages occasionnés par les guerres. En assurance de personnes, le suicide de l'assuré n'est pas couvert s'il survient dans la première année du contrat. De même, le meurtre de l'assuré par le bénéficiaire de l'assurance ne peut lui profiter s'il est l'auteur du crime.

Lorsque l'assurance concerne le risque invalidité-décès et est liée à un contrat de prêt souscrit pour l'achat de la résidence principale, la garantie décès doit couvrir le suicide dès la souscription du contrat dans la limite d'un plafond qui ne peut être inférieur à 120 000 €.

- D'autres exclusions sont prévues par l'assureur lui-même : par exemple, une assurance automobile peut exclure de son contrat le vol d'argent liquide laissé dans la voiture. La loi exige que la portée de l'exclusion soit très précisément définie dans le contrat afin que vous sachiez dans quels cas vous n'êtes pas assuré.

À quelles conditions les garanties jouent-elles ?

› L'assurance doit être entrée en vigueur

Un sinistre ne peut être indemnisé qu'après l'entrée en vigueur de l'assurance, qui intervient dès la signature du contrat ou à une date ultérieure, prévue dans le contrat (→ index, *Sinistres*). Parfois, en effet, l'assureur impose un délai de carence, c'est-à-dire une période pendant laquelle vous paierez votre cotisation mais où vous ne pourrez pas encore bénéficier de la garantie correspondante. Si le risque se réalise pendant ce délai, vous ne serez donc pas indemnisé.

› Vous devez respecter vos obligations

Payer la prime d'assurance

Si vous ne payez pas la prime due dans les 10 jours qui suivent son échéance, l'assureur doit vous adresser une lettre vous mettant en demeure de payer. La garantie qu'il vous a accordée cessera automatiquement 30 jours après l'envoi de cette lettre. Si vous ne réglez pas l'intégralité de ce que vous devez dans les 30 jours, la garantie est donc suspendue au 31e jour qui suit l'envoi de la lettre. Si un sinistre survient, l'assureur n'indemnise pas. Après 10 jours de suspension, l'assureur peut résilier le contrat, soit au plus tôt 40 jours après l'expédition de la mise en demeure.

À NOTER

Le non-paiement des cotisations n'entraîne pas, pour autant, la résiliation automatique du contrat. C'est ce qu'a rappelé la Cour de cassation dans un arrêt rendu le 23/9/2003. Dans cette affaire, un couple « d'assurés » avait demandé à son assureur une indemnisation à la suite d'un sinistre alors qu'il ne payait plus de cotisations depuis plusieurs années. L'assureur, qui n'avait pas exigé, pendant toutes ces années, le paiement des primes, refusait l'indemnisation. La Cour de cassation donne raison au couple car l'assureur n'avait pas respecté la procédure de résiliation.

Déclarer le sinistre dans les délais

Les délais sont relativement courts et diffèrent selon le type de dommage (voir plus loin).

Déclarer exactement les risques

À la signature

Avant de signer un contrat, l'assureur vous demande de répondre à un certain nombre de questions qui doivent lui permettre d'évaluer le risque qu'il prend en charge. Attention aux fausses déclarations ! Si, intentionnellement, vous omettez ou dissimulez un fait qui pourrait changer l'opinion qu'il se fait du niveau de risque assuré, le contrat sera nul. Votre assureur qui conservera quand même les primes payées à titre de dommages et intérêts pourra alors refuser de prendre en charge tout sinistre. Mais c'est à lui de prouver que vous avez fait volontairement une fausse déclaration.

Si l'omission ou l'inexactitude a été faite en toute bonne foi et que vous n'avez aucunement l'intention de berner l'assureur, sa position diffère selon que la déclaration erronée est constatée avant ou après un sinistre. Dans la première hypothèse, l'assureur peut poursuivre le contrat en proposant une hausse des cotisations. Dans la seconde, l'indemnisation du sinistre subit un abattement.

Si ensuite le risque s'aggrave

Si des circonstances nouvelles se produisent, avec pour conséquence d'aggraver les risques assurés ou d'en créer de nouveaux, vous devez avertir votre assureur par lettre recommandée avec demande d'avis de réception dans un délai de 15 jours à partir du moment où vous avez connaissance de ces faits nouveaux.

L'assureur peut alors soit résilier le contrat, soit proposer une augmentation de la prime d'assurance (→ index, *Résiliation*).

Si, volontairement, vous ne déclarez rien et que l'assureur peut prouver qu'il y a eu aggravation du risque, l'assurance ne jouera pas car le contrat est nul. Si cette omission est involontaire, l'indemnisation sera amputée ou la prime augmentée (→ index, *Indemnisation*).

Remplir les conditions fixées par le contrat

L'assureur peut n'accorder de garantie qu'à certaines conditions, comme par exemple, l'installation de volets à une maison, d'un système d'alarme à une voiture, etc. Si ces conditions ne sont pas réunies au moment du sinistre, l'assurance ne jouera pas. En cas de litige, c'est à vous de prouver qu'elles étaient effectivement remplies.

AVANTAGE

Certaines garanties doivent obligatoirement figurer au contrat et ne peuvent être exclues. Ainsi, les assurances de biens doivent couvrir les conséquences des catastrophes naturelles ainsi que les actes de terrorisme.

À NOTER

Ne confondez pas la « faute intentionnelle » et « l'imprudence ». La première signifie que vous avez provoqué volontairement un sinistre afin d'en toucher les indemnités ; dans ce cas, la garantie ne joue pas. L'imprudence, comme son nom l'indique, c'est simplement le fait qu'une de vos actions ou une omission de votre part a entraîné le dommage ; là, l'assurance doit jouer. L'assureur peut toutefois réduire l'indemnisation, selon ce qui est prévu dans le contrat.

QUE PEUT-IL SE PASSER SI VOUS NE PAYEZ PAS UNE PRIME D'ASSURANCE ?

- J = la prime arrive à échéance
  J + 10 = votre assureur vous envoie une lettre de mise en demeure
  J + 40 = votre contrat peut être suspendu
  J + 50 = l'assureur peut résilier le contrat d'assurance*
- En tout état de cause, le contrat reprendra effet, le lendemain du paiement de la prime non payée des sommes dues durant la période de suspension et éventuellement des frais de recouvrement.

* l'assureur peut vous poursuivre afin de récupérer les primes impayées.

À QUOI S'EXPOSE L'ASSURÉ EN CAS DE FAUSSE DÉCLARATION ?

Nature de la déclaration	Conséquences
La fausse déclaration était intentionnelle	– l'assureur devra apporter la preuve que la fausse déclaration était intentionnelle ; – le contrat d'assurance est nul si la fausse déclaration ou le silence intentionnel change l'appréciation du risque pour l'assureur, peu importe que le risque dissimulé n'ait aucune incidence sur le sinistre ; – les primes payées demeurent acquises ; – non-indemnisation du sinistre.
La fausse déclaration n'était pas intentionnelle	• Constatation de la fausse déclaration après un sinistre : réduction de l'indemnité en proportion du taux des primes qui auraient dues être payées si le risque avait été correctement apprécié. • Constatation de la fausse déclaration avant un sinistre, une alternative : – maintien du contrat, en contrepartie l'assureur augmente les primes avec l'accord de l'assuré ; – résiliation du contrat, 10 jours après une notification adressée à l'assuré par lettre recommandée avec demande d'avis de réception. L'assureur devra en contrepartie restituer la quote-part de prime payée pour le temps où l'assurance ne va plus courir.

À NOTER

Dans certaines circonstances, la loi vous impose de vous couvrir contre les dommages (matériels et corporels) que vous pourriez provoquer à autrui. C'est ce que l'on appelle la garantie de responsabilité civile. Elle est obligatoire si vous conduisez une voiture, si vous êtes locataire, si vous chassez ou encore pour les clubs sportifs.

Que faire en cas de sinistre ?

Les assureurs appellent « sinistre » l'événement qui fait jouer la garantie du contrat et qui les oblige à verser l'indemnité, le capital ou la rente proposés dans le contrat. Mais pour recevoir ce qui vous est dû, vous devez agir rapidement.

Les délais à respecter

Vous devez avertir votre assureur par lettre recommandée avec demande d'avis de réception le plus vite possible. Votre contrat précise le délai dont vous disposez pour faire cette démarche. Il est au maximum de 2 jours ouvrés pour les vols ou les tentatives de vol, de 5 jours ouvrés pour l'incendie, le dégât des eaux, le bris de glaces, les dommages électriques, de 4 jours ouvrés pour la grêle et de 10 jours ouvrés à compter de la publication au *Journal officiel* de l'arrêté interministériel constatant l'état de catastrophe naturelle.

Si vous ne respectez pas ces délais, et que l'assureur prouve que ce retard lui a causé un préjudice, il peut refuser de vous indemniser (si cela est prévu au contrat), sauf si un cas de force majeure vous a empêché de le prévenir à temps.

Le délai est décompté à partir du moment où vous avez eu connaissance du sinistre, c'est-à-dire à la fois de l'événement et de ses conséquences. Dans les assurances de responsabilité, il est calculé à partir du moment où la victime fait une réclamation. S'il s'agit d'une assurance contre les accidents corporels, il ne court qu'à partir du jour où l'assuré sait que l'accident va entraîner pour lui des conséquences permanentes.

En cas de litige, c'est à vous de prouver que vous avez bien respecté les délais, d'où l'importance d'envoyer une lettre en recommandée avec demande d'avis de réception, même si vous avez déjà prévenu votre assureur par téléphone.

Les indications à fournir

Pour percevoir plus rapidement la somme prévue par le contrat, indiquez à l'assureur le nom et l'adresse de l'assuré, la date, l'heure, le lieu et la nature du sinistre, le numéro du contrat d'assurance, éventuellement les coordonnées des victimes et l'importance des dommages, en précisant s'il s'agit de dommages corporels ou matériels, s'il y a des dégâts chez les voisins, etc. Pour les dégâts des eaux ou les accidents automobiles, les assureurs tiennent à votre disposition des imprimés standardisés : les constats amiables. Ces documents, une fois remplis, servent de déclaration de sinistre.

À NOTER

Si vous n'avez reçu ni l'avis d'échéance de la prime, ni la mise en demeure de payer parce que vous avez changé d'adresse, l'assureur peut tout de même suspendre la garantie.

À NOTER

Il n'y a fausse déclaration intentionnelle que si, d'une part, l'assuré est de mauvaise foi (c'est-à-dire qu'il a délibérément commis un mensonge ou une omission) et si, d'autre part, sa déclaration fausse l'appréciation du risque par l'assureur.

AVANTAGE

La déclaration de sinistre faite auprès du mandataire apparent de la compagnie d'assurances, le courtier, par exemple, est valable. Elle sera valable aussi si vous l'avez faite auprès de l'agent d'assurances, même si celui-ci ne l'a pas transmise à sa compagnie.

ATTENTION ⚠

Parfois, l'assureur peut résilier un contrat après un sinistre (→ index, Résiliation, assurance). Dans ce cas, vous devez mentionner ce fait à votre nouvelle compagnie d'assurances. À défaut, cette dernière pourra vous accuser de fausse déclaration et refuser de vous indemniser.

UN CONSOMMATEUR PROTÉGÉ

En cas de démarchage à domicile

Depuis le 1/7/2008, les personnes qui souscrivent un contrat d'assurance lors d'un démarchage à domicile ou sur leur lieu de travail disposent d'un délai de renonciation de 14 jours à compter de la conclusion du contrat. Pendant ce délai, ils peuvent revenir sur leur décision par lettre recommandée avec demande d'avis de réception sans avoir à se justifier ni à subir de pénalités. Le contrat d'assurance doit comporter un modèle de lettre destiné à faciliter cette faculté de renonciation.

Ne sont pas concernés par cette mesure les contrats d'assurance vie ou de capitalisation pour lesquels il existe un délai spécifique de 30 jours. De même, ne sont pas visés les contrats d'assurance bagages ou voyage ni ceux d'une durée d'1 mois maximum.

En cas de renonciation, le souscripteur ne peut être tenu qu'au paiement de la partie de prime ou de cotisation correspondant à la période pendant laquelle le risque a couru, cette période étant calculée jusqu'à la date de la résiliation. L'entreprise d'assurance est tenue de rembourser au souscripteur le solde au plus tard dans les 30 jours suivant la date de résiliation. Au-delà de ce délai, les sommes non versées produisent de plein droit intérêt au taux légal (*Code des assurances, Art. L. 112-9*).

Une bonne information

Afin que le consommateur s'engage en toute connaissance de cause, l'assureur doit obligatoirement fournir, avant la conclusion du contrat :

- une fiche d'information sur le prix et les garanties ;
- un exemplaire du projet de contrat et de ses pièces annexes ou une notice d'information sur le contrat qui décrit précisément les garanties assorties des exclusions, ainsi que les obligations de l'assuré.

Les documents remis au consommateur précisent les modalités d'examen des réclamations qu'il peut formuler au sujet du contrat. Avant la conclusion d'un contrat comportant des garanties de responsabilité, l'assureur remet à l'assuré une fiche d'informations, dont le modèle a été fixé par l'arrêté du 31/10/2003. Elle décrit le fonctionnement dans le temps des garanties déclenchées par le fait dommageable et celles déclenchées par la réclamation.

La proposition d'assurance n'engage ni l'assuré, ni l'assureur ; seule la police ou la note de couverture constate leur engagement réciproque (*Code des assurances, Art. L. 112-2*).

Par ailleurs, le Registre des intermédiaires en assurance, que l'on peut consulter sur le site Internet *www.orias.fr*, recense les personnes autorisées à exercer l'activité d'intermédiaire en assurance en France. L'inscription sur le registre atteste que cette personne remplit les conditions et exigences prévues par le Code des assurances, en conformité avec le droit européen, pour pratiquer cette activité.

Enfin, dans les contrats conclus entre professionnels et non-professionnels, comme c'est le cas lorsque vous souscrivez un contrat d'assurance, certaines clauses sont considérées comme abusives et donc interdites. Il s'agit notamment de celles qui permettraient aux professionnels de modifier unilatéralement le contrat ou de soumettre la résiliation à un délai de préavis plus long pour le consommateur que pour le professionnel (*Code de la consommation, Art. R. 132-1*).

L'indemnisation

L'indemnisation est la somme versée par l'assureur pour réparer le préjudice subi par l'assuré ou la victime après un sinistre. Le calcul de cette somme fait l'objet de nombreux litiges : l'assuré, qui s'estime souvent lésé, dispose alors de certains recours.

Comment est calculée l'indemnisation ?

› En assurance de dommages

Le montant de l'indemnisation ne peut être supérieur à la valeur réelle de ce que vous avez perdu. Mais il peut être inférieur, en fonction des règles d'indemnisation prévues par votre contrat. Deux éléments sont à prendre en compte :

L'estimation de la valeur de la chose assurée

L'indemnité est déterminée en fonction de la valeur du bien au jour du sinistre. Cette valeur est appréciée par l'expert, en fonction de la vétusté des biens assurés. En effet, en assurance dommage, pour la plupart des sinistres, l'assureur du bien missionne un expert qui évalue le montant des dégâts. Celui-ci établit un rapport qu'il adresse à l'assureur, l'assuré pouvant en demander communication. À cet égard, et conformément à un avis du Comité consultatif du secteur financier (CCSF), l'assureur doit transmettre ce rapport dans les plus brefs délais aux assurés qui en font la demande et les informer de cette possibilité dans les documents contractuels. Toutefois, les nouvelles générations de contrat notamment en matière de multirisques habitation prévoient de prendre comme estimation la « valeur à neuf ». L'indemnisation sera calculée sur le coût de remplacement ou de réparation du bien à condition parfois d'apporter la preuve de son remplacement ou de sa réparation dans un délai de 2 ans. La valeur à neuf ne s'applique que pour les biens qui ne dépassent pas un certain coefficient de vétusté, précisé dans le contrat.

Il est aussi possible - et conseillé - d'assurer les objets précieux pour leur valeur exacte, précisée dans le contrat. Cette valeur est préalablement établie par un expert et acceptée par la compagnie d'assurances. Dans ce cas, on parle de « valeur agréée ». En cas de litige, c'est alors à l'assureur de prouver que l'objet n'avait pas cette valeur au jour du sinistre.

Les limites de l'indemnisation

Votre contrat peut prévoir :

– un plafond de garantie, c'est-à-dire un montant maximal couvert par l'assurance. Par exemple, si la garantie est plafonnée à 7 500 €, vous ne pouvez prétendre à une indemnisation plus élevée, même si la valeur des biens détruits est, en réalité, largement supérieure. C'est pourquoi vous devez estimer de la façon la plus précise possible la valeur des biens assurés et vérifier qu'elle correspond bien au plafond de garantie mentionné dans votre contrat ;

– des franchises.

› L'assurance sur les personnes

Les contrats des assurances sur la vie ou en cas d'accident prévoient le montant de la somme qui sera versée aux bénéficiaires désignés dans le contrat si le risque se réalise. Il peut s'agir d'une rente ou d'un capital.

Si vous n'avez pas pensé à déclarer à votre assureur une aggravation des risques prévus par le contrat, votre indemnisation sera réduite en proportion des primes que vous auriez dû payer si ces risques avaient été correctement déclarés. Par exemple, si votre prime était de 150 € alors que vous auriez dû payer 200 €, votre indemnisation pour un sinistre de 7 500 € sera non plus de 7 500 € mais de :

$$7\,500\text{ €} \times \frac{150\text{ €}}{200\text{ €}} = 5\,625\text{ €}.$$

AVANTAGE

Une victime peut intenter une action directe contre l'assureur garantissant la responsabilité civile de la personne responsable du dommage (Code des assurances, Art. L. 124-3).

ATTENTION ⚠

Vous ne serez pas indemnisé si vous n'avez pas respecté vos obligations (→ index, Contrat d'assurance).

À NOTER

Après avoir réglé les indemnités dues à l'assuré, l'assureur peut se substituer à lui auprès du responsable des dommages pour récupérer la somme versée.

À NOTER

Le site Internet www.victimesindemnisees-fvi.fr répertorie près de 50 000 cas d'indemnisation de personnes ayant conservé un handicap à la suite d'un accident de la route. La finalité de ce fichier est d'aider les victimes à négocier les offres d'indemnisation qui leur sont faites par les assureurs.

Que faire en cas de litige avec l'assureur ?

- Si le différend porte sur l'estimation du dommage subi, vous pouvez demander une contre-expertise. En effet, vous n'êtes pas tenu par les conclusions de l'expert de la compagnie d'assurances. Vous pouvez choisir également le vôtre (certains contrats prévoient que ses honoraires seront alors pris en charge par l'assureur). Si le désaccord persiste, vous et la compagnie d'assurances en prendrez un troisième. Les trois experts délibèrent alors en commun et prennent une décision à la majorité des voix.
- Vous pouvez adresser une lettre de réclamation au service « consommateurs » de la compagnie d'assurances, dont l'objectif est d'améliorer les relations avec ses clients.
- Si la réponse du service « consommateurs » ne vous satisfait pas, vous pouvez contacter le médiateur de votre compagnie d'assurances. Si elle n'en a pas, elle vous renverra sur celui de l'organisation à laquelle elle adhère :

– le Médiateur de la Fédération française des sociétés d'assurances (FFSA), BP 290, 75425 Paris Cedex 09 ;

– le Médiateur du Groupement des entreprises mutuelles d'assurances (GEMA), 9, rue de Saint-Pétersbourg, 75008 Paris.

Chacune de ces deux organisations professionnelles a élaboré une charte et les médiateurs doivent respecter celles dont ils relèvent. Indépendants des assureurs et des mutuelles, ils exercent leur fonction de façon neutre.

Saisi par écrit, le médiateur rend son avis, en principe, dans les 3 mois selon la charte de la FFSA, dans les 6 mois selon celle du GEMA.

Les coordonnées du médiateur compétent peuvent être portées au contrat ; dans le cas contraire, vous pouvez les demander à votre assureur.

Attention : pour pouvoir saisir un médiateur, il faut que vous ayez épuisé toutes les voies de recours internes à votre compagnie d'assurances. Par ailleurs, vous ne devez pas avoir entamé une procédure judiciaire.

L'avis du médiateur ne s'impose ni à vous, ni à la compagnie d'assurances, mais cette dernière le suit dans la majorité des cas.

AVANTAGE

En cas de litige avec votre assureur, si vous ne savez pas à quel médiateur vous adresser, vous pouvez contacter : La Médiation, Boîte postale Médiation Assurance, 1, rue Jules Lefebvre, 75431 Paris Cedex 09, qui transmettra votre demande au médiateur concerné.

À NOTER

Lorsqu'un contrat a été signé depuis longtemps, il arrive fréquemment que le montant garanti ne corresponde plus à la réalité. Pour pallier ce danger, certains contrats révisent régulièrement le montant assuré (et, en proportion, la prime payée) suivant un indice défini dans le contrat (indice FNB du coût de la construction pour l'assurance habitation, par exemple). Mais cette révision n'est pas toujours suffisante. Pensez à demander, le cas échéant, à votre assureur une remise à jour du contrat.

La résiliation du contrat

Seules certaines assurances souscrites pour un événement déterminé (par exemple, à l'occasion d'un voyage) prennent automatiquement fin à la date fixée. Dans les autres cas, les contrats sont en général renouvelés par tacite reconduction, pour 1 an au maximum. L'assureur comme l'assuré ne peuvent mettre fin à l'assurance qu'à certaines occasions et en respectant des délais bien précis. Pour que l'assuré ne laisse pas passer la date, l'assureur doit désormais mieux l'informer.

Quand pouvez-vous résilier votre contrat ?

À l'échéance

L'échéance est la date anniversaire de l'entrée en vigueur de l'assurance (ce n'est pas toujours la date à laquelle vous devez payer la prime). À cette occasion, vous pouvez chaque année résilier votre contrat.

À cet égard, l'assureur doit rappeler, avec l'avis d'échéance annuelle de prime ou de cotisation, la date limite à laquelle son client peut envoyer la lettre de demande de résiliation du contrat (*Code des assurances, Art. L. 113-15-1*). Si cet avis est envoyé moins de 15 jours avant cette date limite ou après, l'assureur doit préciser dans la lettre que le client dispose de 20 jours pour résilier le contrat à compter de la date d'envoi de l'avis. À défaut d'information, l'assuré peut résilier quand il veut, sans pénalité, en envoyant une lettre recommandée. La résiliation sera alors effective à compter du lendemain de la date figurant sur le cachet de La Poste.

L'assuré est tenu au paiement de la partie de prime ou de cotisation correspondant à la période pendant laquelle le risque a couru, période calculée jusqu'à la date d'effet de la résiliation. Le cas échéant, l'assureur doit rembourser à l'assuré, dans un délai de 30 jours à compter de la date d'effet de la résiliation, la partie de prime ou de cotisation correspondant à la période pendant laquelle la garantie n'a pas couru. À défaut de remboursement dans ces conditions, les sommes dues sont productives d'intérêts au taux légal.

Ce dispositif s'applique à tous les contrats d'assurance exceptés les contrats d'assurance vie et les contrats de groupe auxquels le consommateur adhère (par exemple, contrat complémentaire santé souscrit par l'entreprise au profit de ses salariés).

Votre situation s'est modifiée

Vous pouvez demander la résiliation en cours d'année :

– si vous cessez de travailler, si vous déménagez, changez de situation, de profession ou de régime matrimonial (mariage, divorce, veuvage, modification du contrat de mariage, etc.) ;

– et si cette modification a une incidence sur l'objet du contrat.

Vous devez alors, dans les 3 mois qui suivent cet événement, adresser à l'assureur une lettre recommandée avec demande d'avis de réception en précisant la nature et la date du changement et, au besoin, en joignant les pièces justificatives. Le contrat sera résilié 1 mois après la réception de la lettre. Dans ce cas, l'assureur doit vous rembourser la cotisation au prorata de la période qui n'est pas assurée.

Vous héritez d'un bien assuré

Le contrat d'assurance d'un bien reçu par héritage est automatiquement transféré au nouveau propriétaire. Celui-ci peut le résilier, ou le faire mettre à son nom, et/ou demander d'éventuelles modifications pour tenir compte de l'évolution des risques pour l'assureur. Aucun délai n'est imposé par la loi pour résilier le contrat, mais si le nouveau propriétaire règle une cotisation, c'est la preuve qu'il accepte de conserver le contrat. Dès lors, il ne peut plus le résilier que dans les conditions normales.

Vous vendez ou vous achetez un bien

En cas de vente ou d'achat d'un bien, le contrat d'assurance est, comme en cas d'héritage, transféré au nouveau propriétaire. Celui-ci peut donc le résilier dans les mêmes conditions. Si le vendeur souhaite conserver son contrat d'assurance pour le transférer sur son nouveau bien, il le peut à condition d'en faire mention dans l'acte de vente.

Toutefois, cette règle ne s'applique pas pour les véhicules à moteur ni pour les bateaux. Pour eux, l'assurance est suspendue obligatoirement à minuit le jour de la vente. Le nouveau propriétaire n'est donc plus assuré. L'ancien propriétaire peut alors :

– soit résilier son contrat : la résiliation devient effective 10 jours après réception de la lettre recommandée avec demande d'avis de réception par l'assureur. Ce dernier doit rembourser la cotisation au prorata de la période qui n'est plus assurée ;

– soit le transférer sur le nouveau bien si, par exemple, il achète une nouvelle voiture. Il faut alors que l'assureur prenne en compte les modifications sur le bien assuré.

À NOTER

Dans les départements du Haut-Rhin, du Bas-Rhin, de la Moselle, l'assuré comme l'assureur a le droit de résilier le contrat après un sinistre, dans le délai d'1 mois qui suit la fin des négociations sur l'indemnité.

AVANTAGE

Lorsque l'assureur résilie le contrat, ce dernier reste valable 1 mois après que vous ayez reçu la lettre recommandée vous avertissant de la résiliation. Cela vous laisse le temps de chercher un nouvel assureur.

ATTENTION ⚠

Attention : il ne suffit pas d'arrêter de payer la prime pour mettre fin au contrat. L'assureur peut continuer à vous réclamer des cotisations si le contrat n'a pas été résilié officiellement.

ATTENTION ⚠

Contrairement à ce que l'on pourrait croire, lorsque l'assureur résilie votre contrat, il n'est pas toujours possible de mettre un terme aux différents contrats que l'on peut avoir souscrits auprès de lui. En effet, la loi précise que seule la résiliation des contrats souscrits auprès de la même société juridique et non auprès de sociétés différentes, même lorsqu'elles sont rattachées au même groupe, est autorisée.

Attention : si vous ne demandez ni la résiliation, ni le transfert, l'assureur peut vous demander de continuer à payer la prime, même s'il n'apporte aucune garantie.

En cas d'augmentation de la prime

La plupart des contrats d'assurance font évoluer le montant des cotisations en appliquant un indice (par exemple l'indice du coût de la construction publié par la Fédération nationale du bâtiment pour les contrats multirisques habitation).

Subissent les mêmes revalorisations le montant du capital garanti et des franchises. Ces augmentations s'imposent à l'assuré dès lors qu'elles sont prévues au contrat. Vous ne pourrez également que vous incliner et payer si le montant de la cotisation augmente du fait de la revalorisation ou de la création d'une taxe. Il en sera de même si les pouvoirs publics imposent une nouvelle garantie. Il en fut ainsi, par le passé, lorsque les garanties tempête et catastrophe naturelle ont été rendues obligatoires.

L'assureur peut enfin modifier ses prix parce qu'il a dû faire face, par exemple, à une augmentation des sinistres ou parce que ses résultats économiques ne sont pas satisfaisants. C'est ainsi qu'à la suite du naufrage de l'Erika, de la tempête de décembre 1999 et des inondations de la Somme, les cotisations des multirisques habitation ont connu des hausses de 5 % en moyenne en 2000, 2001 et 2002.

Si votre contrat prévoit ce type de revalorisation appelé souvent « augmentation technique », il est possible de résilier le contrat. En pratique, il faut manifester son refus dans les 30 jours qui suivent l'avis d'échéance portant l'augmentation. La résiliation prendra alors effet 1 mois après votre demande. Vous devrez néanmoins acquitter une cotisation pour la durée pendant laquelle la garantie a continué à courir. Cette dernière est calculée selon l'ancien tarif.

Si en revanche votre contrat ne comporte pas de clause permettant une hausse de tarif en dehors du mécanisme de l'indexation, vous pouvez refuser l'augmentation sans pour autant résilier le contrat. L'ancien tarif continuera alors à s'appliquer. Il est cependant fort à parier que l'assureur utilise sa capacité de résiliation à l'échéance du contrat.

L'assureur résilie lui-même un de vos contrats

Lorsque vous avez souscrit plusieurs contrats auprès d'un même assureur, et que celui-ci résilie l'un d'eux à la suite d'un sinistre, vous pouvez alors résilier les autres contrats qui vous lient à lui. Pour cela, vous devez envoyer votre demande par lettre recommandée dans le mois qui suit la résiliation par l'assureur. Les autres contrats prendront fin 1 mois après réception de cette lettre ; la part de la cotisation non utilisée sera alors remboursée.

Quand l'assureur peut-il résilier votre contrat ?

À l'échéance

L'assureur peut résilier le contrat chaque année, à condition de vous en avertir par lettre recommandée au moins 2 mois avant l'échéance normale.

L'assurance maladie fait exception à cette règle. En effet, les assureurs n'ont pas le droit de rompre le contrat, même plus au cours des 2 premières années qui suivent la souscription (*Ordonnance n°2001-350 du 19/4/2001*). Dès la signature du contrat, vous pouvez conserver la garantie votre vie durant.

Pour non-paiement de la prime

Si vous ne payez pas votre prime, l'assureur vous adresse une lettre qui vous met en demeure de payer. Puis, 30 jours après l'envoi de cette lettre, il suspend la garantie accordée. Si vous n'avez toujours pas payé 10 jours plus tard, il a le droit de résilier le contrat.

ATTENTION ⚠

Le contrat est considéré comme résilié même si vous ne recevez pas la lettre recommandée envoyée par l'assureur ou que vous n'allez pas la chercher, car c'est la date d'expédition qui compte.

À NOTER

Si votre contrat a été résilié par l'assureur après un sinistre, vous devez mentionner ce fait à votre nouvelle compagnie d'assurances. À défaut, cette dernière pourra vous accuser de fausse déclaration et refuser de vous indemniser.

À NOTER

Si votre contrat ne comporte pas de clause « révision ou adaptation » des cotisations, l'assureur ne peut modifier ses tarifs sans votre autorisation. Vous pouvez refuser l'augmentation et demander à garder l'ancienne cotisation, éventuellement majorée de l'indice si le contrat est indexé.

Si l'assureur ne peut alors résilier le contrat, il le fera peut-être à la prochaine échéance annuelle.

Si le risque s'aggrave

L'assureur a accepté de vous garantir après avoir évalué les risques qu'il prenait grâce au questionnaire que vous avez rempli à la signature. Si ces risques s'aggravent, vous devez l'en avertir (→ index, *Risque, déclaration*). Il peut alors résilier le contrat ou vous proposer de payer une prime plus élevée. Après un délai de 30 jours, si vous ne donnez pas suite à sa proposition, ou si vous la refusez, il a de nouveau la possibilité de résilier le contrat.

Après un sinistre

L'assureur peut résilier le contrat après un sinistre si le contrat mentionne cette possibilité. Il suffit alors que le sinistre se soit produit, même si aucune indemnité n'a dû être versée, et même si l'assuré n'est pas responsable des dommages. Mais l'assureur ne peut plus résilier le contrat si vous avez payé une cotisation plus d'1 mois après qu'il ait eu connaissance du sinistre.

La garantie obligatoire de responsabilité civile en assurance automobile fait exception : l'assureur n'a pas le droit de la résilier après un sinistre, sauf si le conducteur responsable de l'accident était en état d'ébriété, sous l'emprise de stupéfiants, ou s'il était coupable d'une infraction entraînant une annulation ou une suspension du permis de conduire d'au moins 1 mois. En cas de résiliation, l'assureur doit délivrer au conducteur un relevé d'informations, ce document étant indispensable à l'assuré pour qu'un autre assureur le garantisse. Mais il conserve la possibilité de résilier le contrat à son échéance normale.

À la suite de changements dans votre situation

L'assureur dispose de 3 mois à compter du jour où il a connaissance de ces changements (déménagement pour une assurance habitation, par exemple) pour résilier votre contrat. La résiliation prend effet un mois après que vous ayez reçu l'avis de notification.

Lorsqu'il y a eu omission ou déclaration inexacte

Même lorsque votre mauvaise foi n'est pas établie, l'assureur peut résilier votre contrat. La rupture prend effet 10 jours seulement après envoi de la lettre de l'assureur.

En cas de perte totale du bien assuré

Cette disposition concerne davantage l'assurance automobile car elle ne peut s'appliquer que lorsque la perte totale du bien assuré résulte d'un événement non garanti par votre contrat. Par exemple : votre véhicule est volé mais il n'était pas garanti contre le vol.

En cas de liquidation judiciaire

L'assureur dispose de 3 mois à compter de la date du jugement pour mettre un terme à votre contrat.

Les assurances de dommages

Certaines sont obligatoires, d'autres ne le sont pas ; mais toutes sont vivement recommandées, sinon indispensables, pour pouvoir non seulement assurer la pérennité de son patrimoine en cas de sinistre, mais aussi pour faire face aux éventuelles conséquences financières d'un dommage causé à autrui. Leur souscription est soumise à une déclaration préalable de risques. C'est à partir de ce document que l'assureur établit son tarif et qu'il fixe les modalités contractuelles de sa garantie.

L'assurance habitation

C'est l'une des assurances les plus importantes car elle couvre non seulement les biens dans lesquels vous vivez et avec lesquels vous vivez, mais aussi votre responsabilité civile vis-à-vis de tiers auxquels vous pourriez causer des dommages dans la vie de tous les jours.

Quelle est la définition exacte d'une assurance multirisques habitation ?

Cette assurance couvre, comme son nom l'indique, votre lieu d'habitation : studio, appartement ou maison individuelle ; mais aussi les meubles que vous possédez (appelés « biens mobiliers »), ainsi que votre responsabilité si celle-ci est engagée vis-à-vis de tiers. Cette dernière garantie fonctionne pour tous les membres de votre famille lorsqu'il y a faute, imprudence ou négligence ayant pour conséquence de léser autrui ou les biens d'autrui.

Tout le monde doit-il s'assurer de la même façon ?

Les propriétaires

Bien qu'aucun texte de loi n'oblige un propriétaire de maison individuelle à assurer ses biens immobiliers et mobiliers, souscrire une assurance multirisques habitation afin de préserver son patrimoine relève de la prudence la plus élémentaire. En effet, en cas de sinistre, les biens bénéficiant d'une telle garantie pourront être indemnisés et les dommages subis par des voisins ou toute autre personne seront payés par l'assureur et non par le propriétaire lui-même.

Les copropriétaires

L'immeuble dans lequel un copropriétaire réside est en principe assuré par le syndic pour le compte de la copropriété. Il couvre normalement les dommages affectant les parties communes de l'immeuble (entrée, cage d'escalier, toiture...) : incendie, dégât des eaux, tempête, catastrophes naturelles, vols ou dégradations, etc. Les meilleurs contrats peuvent également garantir certaines parties à la fois privatives et communes comme les caves et les parkings, par exemple. C'est un point à vérifier à la fois pour ne pas oublier de préserver ses biens lorsque l'assurance générale de l'immeuble est limitée au strict minimum et pour ne pas payer deux fois pour la même chose lorsqu'au contraire, le contrat d'assurance conclu par le syndic est exhaustif. En aucun cas, cette assurance ne dispense le copropriétaire de se prémunir contre les risques qu'il fait courir à ses propres biens mobiliers, contre les risques qu'il fait courir à un autre copropriétaire (inondation de l'appartement du dessous à la suite d'une rupture de canalisation privative, par exemple), ou à l'ensemble de la copropriété elle-même (incendie qui se propage à tous les étages après avoir pris naissance chez le copropriétaire, par exemple).

Les locataires

La loi oblige chaque locataire à assurer sa responsabilité vis-à-vis du propriétaire, quel que soit le bien qu'il occupe : studio, appartement ou maison. En effet, il faut savoir que le locataire est tenu pour responsable des dommages subis par les biens appartenant au propriétaire, sauf s'il prouve que leur origine est due à un défaut d'entretien, à un cas de force majeure (le feu qui a pris dans un appartement voisin s'est propagé dans l'appartement du propriétaire, par exemple) ou encore à un vice de construction.

Chaque locataire doit donc justifier au bailleur, ou à l'intermédiaire éventuel chargé de la location (agence immobilière, etc.) qu'il est bien assuré. Un duplicata de son contrat d'assurance doit être fourni au moment de la souscription du bail, puis chaque année lors de la date anniversaire de ce contrat. Si le locataire ne se plie pas à cette obligation, le bail peut être résilié puisque les propriétaires peuvent légitimement introduire dans leurs contrats une clause dite de résiliation, en cas de défaut d'assurance. En revanche, la loi n'autorise pas les propriétaires à imposer une compagnie d'assurances plutôt qu'une autre et ne mentionne pas de façon exhaustive les risques à assurer. Selon les termes de la loi, le locataire doit répondre de l'ensemble des dégradations, c'est-à-dire des dommages provoqués par un incendie, un dégât des eaux, une explosion.

Dans quels autres cas doit-on souscrire une assurance habitation ?

Les locations de vacances

Le contrat que vous signez directement avec le propriétaire ou avec un intermédiaire chargé de la location (agent immobilier, résidence de loisirs...) comprend nécessairement un volet assurance. Mais les garanties offertes ne sont pas toujours les mêmes ; vous devez donc prendre la précaution préalable de vérifier si oui ou non vous serez correctement couvert en cas de sinistre.

Deux cas de figure peuvent se présenter :

- le contrat d'assurance comporte ce que l'on appelle une clause d'abandon de recours qui vous protège puisqu'en cas de sinistre vous êtes déjà couvert contre les risques locatifs. Avec un tel contrat, le propriétaire ne peut pas se retourner contre vous en cas de sinistre. Et si, en plus de cette première garantie, il a souscrit une assurance pour le compte de tous ses locataires, vous n'avez pas à vous assurer, par ailleurs, pour les dommages que vous pourriez causer à des voisins ou à des tiers ;
- le contrat d'assurance du logement loué ne comporte aucune clause d'abandon de recours : vous devez alors vous assurer vis-à-vis du propriétaire et vis-à-vis de tiers. Avant de souscrire une assurance spécifique (éventuellement proposée au moment de la signature du contrat de location), vérifiez tout de même la portée de votre propre contrat d'assurance habitation. En effet, nombreux sont les contrats qui comprennent aujourd'hui une garantie dite de « villégiature » qui couvre précisément les risques contre lesquels vous devez vous assurer. Cette garantie n'est toutefois pas uniforme ; d'un contrat à l'autre son montant et son étendue peuvent varier sensiblement. Dans le cas contraire, c'est-à-dire si votre assurance multirisques habitation ne comprend aucune clause de ce type, vous devrez souscrire une assurance temporaire spécifique.

Les logements de fonction

En l'absence de dispositions contractuelles stipulant que les risques locatifs sont pris en charge, vous devez vous assurer comme dans le cadre d'un contrat de location ordinaire, c'est-à-dire vis-à-vis du propriétaire mais aussi vis-à-vis des tiers.

Les logements occupés à titre gratuit

Bien que les relations entre l'occupant à titre gratuit et le propriétaire du logement ne fassent, bien souvent, l'objet d'aucun bail, il est indispensable d'être assuré au même titre qu'un locataire ordinaire.

Les meublés

Les locataires qui occupent un meublé ne sont pas obligés de s'assurer comme les locataires d'un appartement loué nu. Dans la pratique cependant, la souscription d'une assurance se révèle indispensable car si le locataire est reconnu à l'origine d'un incendie ou d'un dégât des eaux, il sera dans l'obligation de rembourser le propriétaire et les voisins éventuellement touchés.

AVANTAGE

Il est possible de réduire à néant certaines franchises moyennant une surprime.

À NOTER

En cas de déménagement, la plupart des contrats couvrent simultanément votre ancienne et votre nouvelle habitation pendant 1 mois.

ATTENTION ⚠

Différentes formules d'assurance multirisques habitation sont aujourd'hui vendues par les compagnies d'assurances. Elles ne comportent pas toutes les mêmes garanties et ne peuvent, en conséquence, s'adresser aux mêmes biens. Soyez donc vigilant quant à la qualité et à l'étendue des garanties souscrites.

À NOTER

Pour établir leur tarif, certaines compagnies tiennent compte du nombre de pièces principales de votre logement. D'autres s'intéressent davantage au montant global de vos biens, quelle que soit la surface de votre habitation.

AVANTAGE

La plupart des grandes compagnies d'assurances disposent aujourd'hui de contrats spécifiquement conçus pour assurer les logements ayant des surfaces modestes : studio ou chambre de bonne pour étudiant. Ces formules ont un atout : elles sont peu chères, à condition toutefois de « rentrer » dans les critères de sélection définis au départ (capital mobilier garanti, surface exprimée en m² et âge de souscription limités).

AVANTAGE

Les étudiants occupant une chambre universitaire bénéficient automatiquement d'une assurance collective couvrant les dommages qu'ils pourraient causer.

Quelles sont les principales garanties offertes ?

La garantie incendie-explosion

Cette garantie est, en réalité, beaucoup plus étendue que sa dénomination le laisse croire, puisqu'elle couvre différents événements :

- les dommages directement subis par vos biens ou ceux de vos voisins, que l'origine de l'incendie soit accidentelle ou imputable à un acte de malveillance ;
- les dommages subis par vos biens s'ils sont détruits non pas dans l'incendie mais lors des mesures de sauvetage : c'est le cas lorsque les pompiers défoncent une porte pour entrer dans un logement ou l'inondent pour éteindre le feu ;
- les dégâts causés par les émanations de fumées (murs et plafonds noircis). Il peut s'agir de fumées provenant soit d'une défectuosité soudaine d'un appareil domestique, soit d'un incendie ayant lieu dans le voisinage ;
- le choc ou la chute d'appareils de navigation aérienne ou d'objets tombant de ces derniers ;
- le choc d'un véhicule terrestre (automobile, tracteur...) sous réserve qu'il soit identifié, qu'il ne vous appartienne pas et qu'il soit conduit par une autre personne que vous-même et dont vous n'êtes pas civilement responsable (un enfant, par exemple) ;
- les conséquences de l'explosion d'un appareil ménager (chaudière, four...), à l'exclusion des dommages subis par l'appareil lui-même ;
- les conséquences d'une implosion de votre téléviseur, à l'exception des dommages subis par l'appareil lui-même ;
- les conséquences de la foudre lorsque celle-ci tombe directement sur votre habitation et qu'elle l'endommage.

À NOTER

Les brûlures de cigarette ou celles provoquées par un fer à repasser ne sont pas couvertes par la garantie incendie mais par une garantie spéciale appelée « risques ménagers ».

LES DÉTECTEURS DE FUMÉE BIENTÔT OBLIGATOIRES

L'installation d'au moins un détecteur avertisseur autonome de fumée normalisé dans le logement va devenir obligatoire au plus tard en 2015 (*Loi n° 2010-238 du 9/3/2010*). Cette obligation est à la charge de l'occupant du logement, qu'il soit propriétaire ou locataire, tout comme l'entretien du détecteur et son bon fonctionnement. Mais pour les locations saisonnières, les logements meublés, les logements de fonction et les foyers, l'installation et l'entretien du détecteur de fumée incombent au propriétaire. Même chose en ce qui concerne les parties communes des immeubles : les mesures de sécurité pour prévenir le risque d'incendie devront être mises en œuvre par les propriétaires.
Un décret à paraître d'ici le 10/3/2015 doit définir les modalités d'application de cette obligation, notamment les caractéristiques techniques de l'appareil et les conditions de son installation, de son entretien et de son fonctionnement.
Une fois que le détecteur sera installé, il faudra en informer l'assureur. Celui-ci pourra alors minorer la cotisation prévue par le contrat d'assurance garantissant les dommages d'incendie. En revanche, il ne pourra refuser la prise en charge des dommages provoqués par un incendie au motif qu'il n'y avait pas de détecteur de fumée.

La responsabilité civile

Appelée aussi « vie privée », cette assurance garantit les conséquences pécuniaires de votre responsabilité en cas de dommages causés à autrui, par négligence ou imprudence. Elle garantit aussi la responsabilité des membres de votre famille dans le cadre de leur vie privée, de vos employés ainsi que de toute personne vivant habituellement sous votre toit, y compris vos animaux domestiques. Cette garantie est très importante car, dans certains cas, votre responsabilité ou celle de vos enfants peut ne pas avoir de limites et, en l'absence de toute assurance, vous pourriez être amené à payer toute votre vie pour réparer les dommages causés. Seuls les tiers, c'est-à-dire les personnes autres que celles considérées comme « assurées » dans le contrat peuvent être indemnisés. Dans la plupart des assurances multirisques habitation vendues aujourd'hui, la garantie de responsabilité civile, terme qui englobe la responsabilité contractuelle et la responsabilité délictuelle, joue non seulement dans la vie de tous les jours, mais aussi :

- lors de la pratique d'un sport, sous réserve qu'aucune activité dangereuse comme la chasse, la spéléologie, le parachutisme ou tout autre sport aérien ne soit exclue ;
- lors de l'usage de certains objets ou appareils tels qu'une tondeuse ou un vélo, à l'exclusion des dommages subis par l'appareil lui-même, même s'il est loué ou prêté et des dommages subis par vous-même ;
- lors d'une location de vacances, pour les responsabilités que vous pouvez encourir vis-à-vis de tiers ou de voisins ;
- pour les conséquences pécuniaires de vos responsabilités liées à votre habitation, vos clôtures, vos arbres, etc., ou vis-à-vis de tiers ;
- lors des activités scolaires et extrascolaires de vos enfants, à l'exclusion des dommages corporels ou matériels (lunettes cassées...) subis par vos enfants eux-mêmes (→ index, *Assurance scolaire*).

AVANTAGE

Dans le cadre de la responsabilité civile vie privée et de celle inhérente à l'habitation, l'indemnisation des dommages corporels se fait généralement sans aucune franchise.

ATTENTION ⚠

Si votre contrat n'admet pas l'« aide bénévole et momentanée » et si l'un de vos amis se blesse alors qu'il vous aide à bricoler, par exemple, vous pouvez être reconnu responsable de l'accident. Pour éviter cela, vous avez donc tout intérêt à élargir la couverture de votre assurance.

À NOTER

Une assistante maternelle doit être assurée spécifiquement pour les dommages causés par les enfants qui lui sont confiés mais aussi, et surtout, pour les dommages corporels qu'ils pourraient subir.

La garantie tempête, neige et grêle

Les contrats qui comprennent une garantie incendie doivent, depuis la loi du 1/8/1990, comporter la garantie tempête. Celle-ci couvre l'action du vent ou les dommages subis à la suite d'un choc comme la chute d'un arbre sur votre maison. Mais attention, cette garantie ne peut jouer que si le vent a présenté au moment du sinistre une intensité anormale. Il faut en effet que la violence du vent ait été telle que plusieurs bâtiments de bonne construction situés sur un même lieu géographique soient endommagés plus ou moins gravement. La preuve peut en être apportée par le relevé fait par la station météorologique nationale.

À la garantie tempête est systématiquement annexée la garantie grêle et celle du poids de la neige sur les toitures. Sont ainsi couverts les dommages subis par votre toiture lorsque celle-ci a été abîmée par le poids de la neige, par la violence de la grêle ainsi que les dommages dus à la grêle subis par la façade de votre maison.

À NOTER

Seuls les bâtiments de bonne construction sont couverts dans le cadre de la garantie tempête, et assimilés. Certaines dépendances comportant une part de matériaux dits légers (bois, chaume, plaques non boulonnées...) peuvent ne pas être garanties. Il est donc important de vérifier les modalités de votre contrat sur ce point.

ATTENTION ⚠

Les stores, les marquises, auvents, arbres, clôtures, panneaux publicitaires, enseignes, panneaux solaires et même les antennes de télévision ne sont jamais couverts dans le cadre de la garantie tempête, neige et grêle.

À NOTER

Ne sont pas couverts par la garantie tempête les débordements de sources, de cours d'eau, les ruissellements, les engorgements des canalisations. Mais la garantie « catastrophe naturelle » peut intervenir (→ index, Catastrophe naturelle, assurance).

La garantie dégât des eaux

- Cette garantie couvre bien évidemment vos propres biens, mais aussi ceux de vos voisins, qui peuvent avoir été abîmés lors d'un dégât des eaux ayant pris naissance chez vous.

Elle couvre généralement les dommages matériels subis à la suite :

– d'une fuite d'eau accidentelle ou d'un débordement provenant de conduites non enterrées et de tout appa-

reil à effet d'eau comme les radiateurs reliés à un chauffage central ou les machines à laver le linge et la vaisselle ;
– d'infiltrations d'eau, de pluie ou de neige par les toitures, vérandas, ciels vitrés, terrasses en toiture ou balcons ;
– de débordement, renversement, refoulement, fuite d'eau accidentels ou de ruptures provenant des chéneaux et gouttières ;
– d'entrée d'eau ou d'infiltration par des ouvertures telles que les portes et fenêtres ou les conduits de cheminée pour les dommages que vous pourriez causer à des voisins ;
– de débordement ou de renversement accidentel de récipients comme les aquariums ou de cuves situées à l'intérieur de votre habitation et contenant le combustible nécessaire à votre chauffage ;
– d'infiltrations par les joints d'étanchéité au pourtour des installations sanitaires ainsi qu'au travers des carrelages lorsque la responsabilité n'en incombe ni à vous, ni à toute autre personne vivant habituellement à votre foyer.

La plupart des contrats vendus aujourd'hui comportent également ce que l'on appelle une garantie dite « de recherche de fuites ». Cette garantie vous permet d'être indemnisé lorsque vous faites appel à un entrepreneur pour localiser l'endroit où la fuite, qui a causé un dégât important, a pris naissance ; mais elle couvre seulement les dommages occasionnés par cette recherche (remise en état des peintures, carrelages...), et non les frais de réparation de la conduite endommagée, par exemple.

- Sont exclus, en revanche, de ces contrats :

– les dégâts dus à l'humidité, la buée ou la condensation ;
– les frais de réparation ou de remise en état des toitures, ciels vitrés et terrasses ;
– les dégâts dus à des fuites ou ruptures de canalisations enterrées ;
– les dégâts occasionnés par les eaux de ruissellement des cours et des jardins, des voies publiques ou privées ainsi que par les marées ;
– les engorgements ou les refoulements d'égouts ainsi que les dégâts dus au débordement d'une source, d'un cours d'eau ou d'une étendue d'eau naturelle ou artificielle ;
– le coût de l'eau perdue ;
– les dommages résultant d'un défaut d'entretien permanent et de réparation d'appareils ou de locaux qui vous incombent, et dont vous avez négligé la responsabilité (c'est le cas lorsque vous êtes propriétaire) ;
– les dommages résultant d'un vice de construction ayant provoqué un précédent sinistre si vous n'y avez pas remédié dans un délai de 2 mois.

À NOTER

Si vous possédez un aquarium de grande capacité, mieux vaut le déclarer à votre assureur. Sinon, en cas de sinistre, il pourrait faire valoir une mauvaise évaluation du risque et ne pas vous indemniser en cas de dommage.

La garantie gel des canalisations

Cette garantie, qui se trouve, la plupart du temps, en annexe de la garantie dégât des eaux, couvre les frais de réparation des conduites et des appareils endommagés par le gel lorsque ceux-ci se trouvent à l'intérieur des locaux d'habitation.

Mais cette garantie ne peut jouer en cas de sinistre que si certaines consignes de protection ont été respectées. Relisez votre contrat notamment en cas d'absence : certains d'entre eux imposent que soit maintenue dans les locaux une température supérieure à 0 degré ou que les installations soient vidangées.

ATTENTION ⚠

Les dommages causés par le gel aux chaudières de chauffage central ne sont jamais garantis par les assureurs.

La garantie catastrophes naturelles

Cette garantie a été rendue obligatoire par la loi du 13/7/1982. Elle concerne tout dommage matériel ayant été créé par un agent naturel d'une intensité anormale : tremblement de terre, glissement de terrain, affaissements de terrain dus à des cavités souterraines (naturelles ou d'origine humaine, hormis les mines) et à des marnières, sécheresse intense, avalanche ou inondation d'une ampleur exceptionnelle. Contrairement à ce que nombre d'assurés pensent, l'assureur ne peut déterminer les circonstances exceptionnelles ou non de l'événement ayant eu lieu. Ce sont les pouvoirs publics qui constatent, par la publication d'un arrêté interministériel au *Journal officiel*, qu'il y a bien eu catastrophe naturelle.

La garantie couvre les dommages dans la limite et les conditions du contrat. Une franchise reste, par ailleurs, à la charge des assurés. Elle s'élève à 380 € pour les biens à usage privé et à 1 520 € si les dommages sont imputables à un mouvement de terrain consécutif à la sécheresse ou à une réhydratation du sol.

À NOTER

Suite à la tempête Xynthia et à la demande de la FFSA (Fédération française des sociétés d'assurances) et du GEMA (Groupement des entreprises mutuelles d'assurance), la Mission risques naturels (MRN) a réalisé une étude pour évaluer les risques d'inondations marines en France. Résultats : 1 400 communes seraient exposées au risque de submersion dans les zones situées à moins de 5 m au-dessus du niveau de la mer et, dans ces zones, 230 000 logements se situeraient à une altitude de moins de 2 m.

Pour en savoir plus, on peut consulter le site www.ffsa.fr.

La garantie catastrophe technologique

À la suite de l'explosion de l'usine AZF et de ses conséquences dramatiques, une nouvelle garantie obligatoire dite catastrophe technologique a vu le jour (*Loi n° 2003-699 du 30/7/2003*). Dès lors que vous avez souscrit un contrat d'assurance de dommages pour votre habitation, vos biens bénéficient de la garantie catastrophe technologique. Ce principe vaut également pour les contrats souscrits par et pour le compte de syndics de copropriété. Cette nouvelle garantie couvre la réparation intégrale des dommages, dans la limite, pour les biens mobiliers, des valeurs déclarées ou des capitaux assurés par votre contrat. En cas d'accident causé par une installation à risque pour l'environnement (usine, chantier...), l'état de catastrophe technologique doit être constaté par une décision de l'autorité administrative qui précise les zones concernées et la période au cours de laquelle a dû survenir le dommage. Le décret n° 2005-1466 du 28/11/2005 précise que les accidents couverts par cette garantie sont ceux qui rendent inhabitables plus de 500 logements. L'indemnité est versée, sauf dispositions plus favorables prévues dans le contrat, dans un délai de 3 mois à compter soit de la date de remise effective de l'état estimatif des biens endommagés, soit de la date de publication de l'arrêté de catastrophe technologique, lorsque celle-ci est postérieure.

La victime, propriétaire de l'immeuble, est indemnisée sans plafond ni déduction de franchise. Si la réparation du bâtiment s'avère impossible compte tenu de l'ampleur des dégâts, l'indemnité versée doit lui permettre de retrouver, dans un secteur semblable, la propriété d'un bien comparable.

Les biens mobiliers sont indemnisés à leur valeur de remplacement sans application de coefficient de vétusté, ni déduction de franchise.

Cette nouvelle garantie obligatoire se traduit pour les assurés par une surprime.

La garantie actes de terrorisme

Elle fait également partie de chaque contrat d'assurance habitation. Elle couvre les dommages matériels causés par un incendie ou une explosion faisant suite à un attentat, un acte de sabotage ou un acte de terrorisme (y compris les frais de décontamination en cas d'attentat biologique ou chimique par exemple). Contrairement à ce qui se passe pour la garantie catastrophes naturelles, c'est à l'assureur de déterminer s'il y a bien eu ou non acte de terrorisme. Si c'est le cas, la réparation des dommages matériels et des dommages immatériels (perte des loyers par exemple) est couverte dans la limite des plafonds et franchises fixés au contrat pour la garantie incendie (*Code des assurances, Art. L. 126-2*). Quant aux dommages corporels, ils sont pris en charge par un fonds de garantie spécifique, financé par un prélèvement forfaitaire pour tous les contrats d'assurance de biens *(Voir pages Barème)*. Ils peuvent également être pris en charge dans le cadre de la garantie accidents de la vie privée (→ index, *Assurance, garantie accidents de la vie*).

AVANTAGE

Si le montant des indemnités prévues dans votre contrat vous semble insuffisant pour couvrir, par exemple, la réfection de votre installation de chauffage central, vous pouvez l'augmenter, moyennant une surprime.

La garantie vol

Cette garantie couvre les biens qui ont disparu, qui ont été détruits ou détériorés lors d'un vol ou d'une tentative de vol. Mais pour que cette garantie puisse être mise en œuvre par l'assureur, encore faut-il que le vol ait été accompli dans certaines circonstances. Ainsi, il faut obligatoirement que l'expert de la compagnie constate qu'il y a eu soit :

– effraction extérieure d'une porte ou d'une fenêtre avec ou sans escalade ;

– usage de fausses clefs ;

– introduction clandestine ou maintien du voleur dans les bâtiments assurés à votre insu ;

– ruse (cambrioleur qui se fait passer pour un agent EDF, par exemple) ;

– ou violences graves pour dérober vos clefs.

Dans tous les cas, c'est à vous d'apporter la preuve de l'effraction.

Sont couverts par la garantie vol, le mobilier dérobé, les bijoux, les objets précieux, l'argenterie, les tableaux à hauteur d'une certaine limite inscrite au contrat, ainsi que les détériorations éventuellement causées par le voleur à vos biens mobiliers comme à vos biens immobiliers sur votre lieu d'habitation.

Toujours dans le cadre de cette garantie vol, vous devez savoir que beaucoup de contrats comprennent aujourd'hui ce que l'on appelle une clause d'inhabitation. Cette clause stipule qu'au-delà d'un certain nombre de jours d'absence (30, 40, 60 voire 90 pour les contrats les plus généreux), lorsque les locaux ne sont plus habités par vous-même, par un membre de votre famille, par un employé de maison ou gardien ou par une personne autorisée par vous, la garantie vol n'est plus acquise ou est réduite considérablement.

Une clause d'inhabitation plus réduite peut, en outre, figurer dans votre contrat pour les objets dits sensibles, comme les bijoux, les tableaux, les collections, les objets en métal précieux et, d'une façon générale, les objets dont la valeur unitaire dépasse un certain montant fixé au contrat.

Si le risque de se voir opposer cette clause pour la résidence principale est faible, la clause pose un véritable problème pour les résidences secondaires.

Si la valeur du mobilier qui s'y trouve est importante, vous pouvez tout de même alléger cette clause ou l'annuler, mais votre assureur vous fera payer une surprime et/ou exigera la mise en place d'un système de télésurveillance.

Enfin, cette garantie ne fonctionne jamais lorsque le vol est commis par un membre de votre famille ou avec sa complicité. Le vol commis par un employé (femme de ménage, baby-sitter...) peut être couvert à condition de déposer plainte contre lui. Quant aux vols commis à l'extérieur des bâtiments assurés (jardins, cours privatives...) ou dans les dépendances (garages, caves...), ils ne sont pas généralement pris en charge par cette garantie.

La garantie bris de glaces

Sont couverts les bris accidentels des vitrages fixes ou mobiles existant sur les portes, fenêtres, impostes (partie vitrée d'une porte ou d'une cloison) et, en général, sur tout élément de fermeture ou de séparation en verre (balcon vitré, etc.). Dans la plupart des contrats, les vitrages des vérandas, les marquises, les miroirs étamés fixés à demeure au mur ainsi que les appareils sanitaires sont également garantis. En revanche, les vitres des serres et des châssis ainsi que les rayures, les ébréchures ou les bris résultant de la vétusté ou d'un défaut d'entretien ne sont pas couverts ; il en va de même pour les objets contenant du verre et situés dans une dépendance.

Par bris accidentels, on entend les bris causés par la grêle, la chaleur solaire ou artificielle, le jet d'objets extérieurs, les rixes, le fait de l'assuré ou de tiers.

En revanche, les dommages résultant du franchissement du mur du son, d'un ouragan ou d'un cyclone sont en principe exclus, sauf extension de garantie et paiement d'une surprime.

Enfin, certains contrats prévoient une indemnisation en espèces. D'autres, et c'est la tendance actuelle, prévoient une indemnisation en nature qui consiste à envoyer chez vous un professionnel pour effectuer les travaux de remise en état.

La garantie de défense recours

Elle a pour principe de défendre l'assuré s'il fait l'objet d'une action en réparations pécuniaires devant une juridiction civile, commerciale ou administrative pour des dommages causés à des tiers, et devant une juridiction pénale s'il est poursuivi pour blessures ou homicide par imprudence. Elle a également pour principe d'exercer un recours à l'encontre de la personne responsable des dommages subis. Lorsqu'aucune solution amiable ne peut être trouvée, l'assureur prend en charge les frais d'avocat et de procès, mais seulement dans certaines limites définies dans chaque contrat.

L'assistance à domicile après un sinistre

Cette garantie, contrairement aux autres, ne vous permet pas d'être indemnisé mais de profiter de prestations bien définies en cas d'incendie, de dégât des eaux, de catastrophe naturelle, de tempête ou de cambriolage affectant votre domicile. Elle intervient, comme son nom l'indique, après coup et uniquement pendant la période de validité du contrat (toute résiliation annule toute assistance). Elle peut être mise en œuvre 24 h sur 24, sur un simple coup de téléphone.

Les principales prestations incluses dans les contrats sont :

LES MESURES DE SÉCURITÉ QUE VOUS DEVEZ RESPECTER POUR ÉVITER UN VOL

Selon le montant des capitaux à garantir et selon la localisation de votre habitation (isolée ou non), l'assureur peut exiger un certain nombre de mesures de protection préalables pour accorder sa garantie. Il peut, par exemple, vous obliger contractuellement à :
- protéger votre porte d'entrée non pas par une simple serrure de sûreté mais par une serrure comprenant divers points d'ancrage. Certaines sont agréées par les assureurs. Elles disposent du label A2P (Assurance Prévention Protection) et comportent un nombre d'étoiles d'autant plus élevé que leur résistance à l'effraction est importante (pour en savoir plus sur les différents modèles agréés, consultez sur Internet le site : *www.cnpp.com*) ;
- équiper votre porte d'entrée de cornières antipinces, d'une barre de seuil, d'un profil de porte adapté ou d'un blindage intérieur ;
- ajouter à vos fenêtres dont le seuil est situé à moins de 3 mètres du sol, des volets, des persiennes en bois plein ou des volets roulants en PVC ;
- protéger l'accès de vos fenêtres les plus petites par des barreaux en fer espacés de 12 cm maximum ;
- changer certains vitrages fixes contre des vitrages anti-effraction dont l'épaisseur peut varier selon les assureurs (plus de 8 mm en général) ;
- renforcer la protection des portes de vos dépendances qui communiquent directement avec votre habitation en optant pour une serrure complémentaire ou des barres de renfort latérales ;
- vous équiper d'un système d'alarme, si possible agréé par l' AFNOR, le Synial (Syndicat national des installateurs d'alarme et télésurveilleurs), et l'APSAD (Assemblée plénière des sociétés d'assurance dommages).

Il est très important de respecter les diverses consignes de sécurité imposées par votre assureur. Dans le cas contraire et s'il y a vol, il peut, en effet, être amené à vous refuser sa garantie ou à réduire considérablement l'indemnité qu'il aurait dû normalement vous verser (de 30 à 50 %) sauf s'il est établi qu'il n'y a aucun lien entre le non-respect de ces mesures et le cambriolage.

– le gardiennage des locaux sinistrés afin de préserver votre domicile d'un vol, lorsqu'il a été pour partie incendié ou ravagé par une tempête, par exemple. Selon les contrats, la durée de ce gardiennage varie de 48 à 72 heures ;
– l'organisation et la prise en charge de votre retour anticipé si votre habitation est sinistrée alors que vous êtes en voyage ;
– la garde de vos enfants de moins de 16 ans. Selon les cas, le voyage en train 1re classe d'une personne que vous désignez ou l'accompagnement par une hôtesse de vos enfants chez un de vos proches est pris en charge. Il existe des plafonds de prise en charge différents selon les contrats ;
– la mise à disposition d'une camionnette ou la prise en charge des frais de location d'un véhicule utilitaire vous permettant de transférer votre mobilier en lieu sûr ;
– la recherche d'un serrurier professionnel afin de changer vos serrures endommagées lors d'un cambriolage et, éventuellement, la prise en charge de ces frais jusqu'à un certain montant ;
– l'avance de fonds lorsque vous êtes démuni de tout argent suite à un événement grave qui vient de se produire chez vous. Cette avance (de 750 € à 3 000 € selon les compagnies) est en général remboursable dans un délai de 3 mois.

ATTENTION ⚠

La mise en œuvre des prestations d'assistance se fait toujours après accord de l'« assisteur » avec lequel travaille votre compagnie d'assurances.

La perte d'usage des locaux

Si à la suite d'un sinistre grave ayant endommagé votre habitation, vous êtes dans l'obligation de vous reloger temporairement ailleurs, votre assureur vous indemnisera de la perte de la valeur locative des locaux que vous occupiez en tant que propriétaire ou copropriétaire. Pour les propriétaires bailleurs, cette garantie compense les loyers qui ne peuvent plus être perçus. Pour les locataires, elle s'étend aux frais exposés pour se reloger, déduction faite de l'indemnité d'occupation ou du montant du loyer normalement payé en l'absence de tout sinistre (si votre loyer usuel était de 600 € et si vous devez payer désormais 700 € pour vous reloger, l'assureur ne prend en charge que les 100 € supplémentaires que vous devez débourser, et non la totalité de votre dépense). S'ajoutent à cette couverture des dommages immatériels, les frais de déplacement, de garde-meubles et de réinstallation de vos objets mobiliers. Toutes ces garanties sont bien évidemment plafonnées financièrement et limitées dans le temps.

Les frais de remise en état de votre logement

L'assureur prend en charge les frais de démolition et de déblaiement des décombres ainsi que les frais exposés à la suite de mesures conservatoires imposées par une décision administrative.

L'assurance dommages-ouvrage

Si vous décidez de reconstruire le logement qui a été sinistré dans les délais impartis généralement par les compagnies (2 ans), votre assureur prend en charge les frais engagés pour la souscription de l'assurance obligatoire « dommages-ouvrage ».

Quelles sont les garanties que l'on trouve en option ?

Les dommages électriques

Cette garantie permet d'être indemnisé lorsqu'un appareil électrique est endommagé du fait d'une surtension, d'un court-circuit, de la chute de la foudre ou d'un dysfonctionnement interne. Elle couvre également votre installation électrique à condition que celle-ci soit accessible sans travaux de fouille ni de terrassement. Certaines conditions d'indemnisation ou limites peuvent être incluses dans votre contrat. Elles concernent notamment l'âge de l'appareil ou l'indemnité maximale qu'il est possible d'obtenir par appareil. Dans tous les cas, les lampes ou les résistances ainsi que les dommages subis par le contenu de vos appareils électriques (linge dans la machine à laver...) ne sont jamais garantis.

Le contenu du congélateur

Si votre congélateur tombe en panne ou que son circuit électrique est momentanément coupé, et si son contenu se révèle avarié, vous pourrez être indemnisé. La plupart des compagnies imposent cependant certaines limites : une indemnité plafonnée ou un âge maximal pour le congélateur.

La protection juridique

Cette garantie vous couvre dans le cadre de votre vie privée pour des conflits « simples » pouvant intervenir avec un voisin (problème de bornage, de bruit...), un commerçant (livraison trop tardive...), un prestataire de services (vêtement abîmé par le teinturier...), votre employeur ou encore une administration. Cette assurance, qui fait souvent l'objet d'une annexe au contrat et qui peut même être vendue séparément par des sociétés spécialisées, recherche tout d'abord une solution amiable avec la personne ou l'administration avec laquelle vous êtes en conflit (→ index, *Assurance de protection juridique*). À défaut, elle prend en charge les frais de procédure judiciaire à hauteur d'un certain montant, toujours variable d'un contrat à l'autre.

AVANTAGE

Certains contrats ne se contentent pas de vous indemniser après un sinistre. Ils prévoient de vous dépanner également au quotidien (à la suite de la perte de vos clefs, par exemple) ou après une hospitalisation. C'est le cas par exemple du contrat Variations des AGF ou Corail 3000 des Assurances du Crédit Mutuel.

À NOTER

Pour bénéficier d'une prestation d'assistance, et avant d'engager quelque dépense que ce soit, il faut toujours composer le numéro d'appel spécifique qui figure sur votre contrat.

Que faire en cas de sinistre ?

Pour que votre assurance puisse jouer à plein et afin que vous puissiez être indemnisé au mieux de vos intérêts, vous devez respecter un certain nombre de règles édictées à la fois par le Code des assurances et par les assureurs eux-mêmes. Vous devez également prendre toutes les mesures possibles pour sauvegarder vos biens au maximum.

Les délais de déclaration

- Pour un dommage dû à une catastrophe naturelle, vous devez attendre la parution au *Journal officiel* de l'arrêté interministériel constatant l'intensité anormale d'un ou de plusieurs agents naturels. Mais dès la parution de cet arrêté, vous ne disposez que de 10 jours pour effectuer votre déclaration à votre assureur.
- Pour un incendie, un dégât des eaux, une tempête, des dommages électriques, un bris de glaces ou tout autre dommage (une panne de congélateur, par exemple) ayant affecté vos biens, vous disposez d'un délai de 5 jours ouvrés à partir du moment où vous avez eu

connaissance des dommages pour expédier votre déclaration.

- Pour un vol ou une tentative de vol, vous ne disposez que de 2 jours ouvrés pour réagir.

Les modalités d'une déclaration

Aucune forme particulière n'est imposée par le Code des assurances. Le mieux est de faire la déclaration de sinistre par lettre recommandée avec demande d'avis de réception. Si vous avez souscrit par l'intermédiaire d'un agent ou d'un courtier, expédiez-lui un double de la déclaration que vous adressez au siège de la compagnie : c'est encore mieux. Si vous êtes locataire, vous pouvez également adresser un double de votre déclaration au propriétaire, et si vous êtes copropriétaire, vous pouvez en expédiez un exemplaire au syndic qui gère votre immeuble dans l'hypothèse où les dégâts atteignent les parties communes (→ index, *Copropriété, parties communes*).

Pour accélérer le règlement des dégâts des eaux, les sociétés d'assurances ont mis au point un constat amiable pour la déclaration du sinistre et la convention CIDRE pour organiser entre assureurs la prise en charge des dommages. Le constat amiable dégâts des eaux ressemble à celui à utiliser en cas d'accident de la circulation. Sur un document unique, rempli par les parties en cause, est porté l'ensemble des informations nécessaires à l'indemnisation.

La convention CIDRE est quant à elle applicable lorsque le sinistre met en cause au moins deux sociétés d'assurances adhérente à la convention et que le montant des dommages n'excède pas 1 600 € hors taxe. L'assuré est alors indemnisé par sa propre compagnie d'assurances sans franchise (même si son contrat en prévoit une) et sans application de coefficient de vétusté pour les dommages aux embellissements (papier peint, peinture...) et aux parties immobilières privatives.

Qui évalue le montant des dommages ?

Pour les dommages représentant une somme peu importante, l'expertise préalable n'est pas utilisée. L'assuré fait établir un devis par un artisan ou tout autre entrepreneur qu'il présente à l'assureur. Si celui-ci est d'accord sur le montant proposé, il autorise la réalisation des travaux.

Lorsque le dommage représente une somme plus importante ou qu'assuré et assureur ne tombent pas d'accord sur le montant de l'indemnisation, la société fait appel à un expert. Ensuite, le montant des dommages est évalué à l'amiable. Si vous n'êtes pas d'accord avec l'évaluation de l'expert de votre compagnie d'assurances, vous avez la possibilité de faire appel à un autre professionnel de votre choix. Selon les contrats, ses honoraires sont soit à votre charge, soit pour partie à la charge de votre assureur. Et si les deux experts ne parviennent pas à un accord, un troisième expert peut être désigné de façon amiable ou judiciaire, ses frais professionnels étant respectivement partagés entre vous et l'assureur.

À NOTER

Lorsque l'expert a été désigné par la société d'assurance, il n'est pas tenu de vous communiquer son rapport d'expertise.

ASSURANCE HABITATION : QUE FAIRE EN CAS DE SINISTRE ?

Nature du sinistre	Que faire ?
Incendie	– Prévenir votre assureur par lettre recommandée avec demande d'avis de réception dans les 5 jours ouvrés ; – indiquer : • la nature du sinistre, • la date du sinistre, • les causes présumées, • l'étendue des dommages, • l'état des pertes ; – constituer un dossier prouvant les dommages (factures, bons de garantie, photos, témoignages écrits…) ; – ne rien jeter, même les objets calcinés. …/…

ASSURANCE HABITATION : QUE FAIRE EN CAS DE SINISTRE ? (SUITE)	
Nature du sinistre	**Que faire ?**
Dégât des eaux	– Prévenir l'assureur dans les 5 jours ouvrés à partir de la connaissance du sinistre ; – indiquer : • la date du sinistre, • sa cause présumée, • l'étendue des dégâts, • les noms et adresses des personnes concernées ; – prévenir le syndic et le propriétaire, éventuellement.
Cambriolage	– Porter plainte auprès des autorités de police compétentes et demander un récépissé de votre déclaration ; – prévenir votre assureur dans les 2 jours ouvrés par lettre recommandée avec demande d'avis de réception (sauf cas de force majeure) et joindre la copie du dépôt de plainte ; – en cas de vol de chéquier ou de cartes de crédit, prévenir votre banque ou l'établissement qui gère votre carte.

Comment sont indemnisés les biens immobiliers ?

Votre habitation est reconstruite dans les 2 ans

Si vous faites reconstruire ou réparer votre habitation qui a été endommagée dans un délai de 2 ans à compter de la date du sinistre, le montant de l'indemnité qui vous sera versée sera calculée d'après le coût de reconstruction ou de réparation effectuée avec des matériaux et des procédés courants au jour du sinistre, déduction faite de la vétusté. Ce montant comprend les honoraires d'architecte s'il y a lieu, ainsi que les frais de démolition, de déblaiement, d'enlèvement et de transport des décombres.

Comme ce montant est insuffisant pour réaliser l'ensemble des travaux, la plupart des assureurs règlent une indemnité complémentaire dite de « reconstruction à neuf » qui s'élève au maximum à 25 % de la valeur de reconstruction. Seule condition pour avoir droit à cette indemnité : reconstruire votre habitation au même endroit, à l'identique ou du moins sans modification importante, et la destiner au même usage que celui qui en était fait précédemment.

Votre habitation n'est pas reconstruite dans les 2 ans

Si vous ne faites pas réparer ou reconstruire votre logement ou si les travaux sont effectués plus de 2 ans après la date du sinistre, le montant de l'indemnité à laquelle vous pourrez prétendre sera fixée en fonction de la valeur de vente de vos locaux au jour du sinistre, sous déduction de la valeur du terrain. En aucun cas, ce montant ne peut dépasser le coût de reconstruction ou de réparation avec des matériaux ou des procédés courants au jour du sinistre.

AVANTAGE

La majorité des compagnies met aujourd'hui à votre disposition un numéro de téléphone où des conseillers peuvent vous aider à formuler votre déclaration de sinistre. N'hésitez pas à les consulter.

ATTENTION ⚠

Si vous ne respectez pas les différents délais impartis par le Code des assurances pour déclarer un sinistre, et si la compagnie démontre que le retard lui a été préjudiciable, vous pouvez perdre le bénéfice des garanties auxquelles vous avez normalement souscrit (sauf cas de force majeure comme une hospitalisation, par exemple).

À NOTER

Le règlement de l'indemnité complémentaire de « reconstruction à neuf » peut se faire au fur et à mesure des travaux, et non pas forcément à leur issue.

Comment sont indemnisés les biens mobiliers ?

Le mobilier courant

Il est le plus souvent indemnisé d'après sa valeur de remplacement au jour du sinistre, vétusté déduite s'il y a lieu.
Par exemple : vous avez acquis, il y a 3 ans, un canapé d'une valeur de 3 000 €. Il est endommagé au cours d'un incendie et sa valeur commerciale actuelle n'est plus que de 2 500 €. L'indemnité que vous percevrez sera calculée à partir de cette valeur, moins une vétusté estimée à 5 % par an, par exemple. Elle sera alors de : 2 125 € (2 500 € – 3 × 125 €) ; mais si votre contrat comporte une franchise comme cela est souvent le cas, vous devrez encore déduire de cette somme le montant de votre franchise.

De nouveaux contrats d'assurance habitation proposent une garantie « valeur à neuf » qui permet d'obtenir une indemnisation sans application de coefficient de vétusté. Cette couverture peut être réservée aux biens n'ayant pas dépassé une certaine ancienneté. Ce type de formule coûte de l'ordre de 20 % plus cher que les contrats classiques.

Les objets précieux

Ils sont indemnisés selon le prix du marché, c'est-à-dire d'après les ventes publiques d'objets similaires. S'ils ont été acquis il y a moins de 2 ans (vous devez pouvoir présenter la facture), ils peuvent toutefois être indemnisés selon leur prix d'achat d'origine.

QUELLES PRÉCAUTIONS PRENDRE POUR ÉVITER LES LITIGES AVEC VOTRE ASSUREUR ?

- ✓ Au moment de la signature de votre contrat, évaluez soigneusement la valeur globale de votre mobilier à protéger. Procédez pièce par pièce sans oublier de comptabiliser le montant des embellissements réalisés (papiers peints, pose de placards, de carrelage, cuisine aménagée...).
- ✓ Réévaluez régulièrement ce capital mobilier assuré, même s'il fait l'objet d'une réindexation automatique, pour vérifier qu'il est encore suffisant. Dans la négative, signalez-le à votre assureur.
- ✓ Signalez tout changement concernant votre statut juridique (vous devenez propriétaire du logement que vous louiez jusqu'à présent, par exemple).
- ✓ Signalez toute modification concernant l'usage des locaux assurés (vous transformez le sous-sol en local commercial...).
- ✓ Déclarez toute extension effectuée (aménagement de combles ou création d'une pièce d'eau, par exemple).
- ✓ Conformez-vous toujours aux conditions de sécurité décrites dans votre contrat.

Comment sont indemnisés les dommages causés à autrui ?

Les indemnités dues au titre de votre responsabilité civile sont réglées à votre place par votre assureur. Dans la limite des garanties inscrites au contrat, il est d'ailleurs le seul habilité à transiger avec les personnes lésées ou leurs ayants droit.

Quand les indemnités sont-elles versées ?

Tout dépend des modalités de votre contrat. Une fois votre dossier complet, c'est-à-dire une fois que toutes les pièces nécessaires ont été rassemblées et qu'un accord portant sur le montant de l'indemnisation a été trouvé, les indemnités sont en général versées dans un délai variant de 10 jours à 1 mois.
Pour les dommages résultant d'un phénomène de catastrophe naturelle, le versement de l'indemnité doit avoir lieu dans les 3 mois suivant la date à laquelle vous avez remis l'état estimatif des biens endommagés ou à la date de publication de l'arrêté interministériel au *Journal officiel*, si celle-ci est postérieure. À défaut, le taux d'intérêt légal est appliqué sur l'indemnité due par l'assureur.

Que se passe-t-il si les biens volés sont retrouvés ?

L'assureur ne vous a pas encore indemnisé

Vous êtes obligé de reprendre possession de vos biens ; mais s'ils ont été abîmés, l'assureur s'engage à vous rembourser les frais exposés pour leur remise en état antérieure, à condition que vous sollicitiez son accord au préalable.

L'assureur vous a déjà indemnisé

Vous disposez d'un délai de 30 jours pour reprendre possession de vos biens, si vous le souhaitez. Le cas échéant, vous devrez rembourser l'indemnité qui vous a été versée mais, là encore, et à condition que l'assureur soit d'accord sur le montant des frais engagés, vous serez remboursé des frais de remise en état de vos biens.

AVANTAGE

En cas de vente, l'assurance du propriétaire vendeur est automatiquement transférée à l'acheteur. Celui-ci peut soit la conserver, soit la résilier par lettre recommandée. Il en est de même pour les héritiers en cas de décès.

ATTENTION ⚠

Les objets de valeur ou les objets précieux sont toujours garantis dans une certaine limite, et non à hauteur du capital mobilier global souscrit.

À NOTER

Certains assureurs proposent de garantir votre mobilier en valeur à neuf. Il n'y a alors plus application d'une vétusté quelconque. D'autres vont encore plus loin puisqu'ils vous remplacent directement chez vous les meubles ou l'électroménager abîmés par des biens neufs ayant une valeur de remplacement identique.

À NOTER

Si vous avez contracté, sans fraude intentionnelle ou par inadvertance, plusieurs assurances pour couvrir le même bien, vous pouvez choisir en toute liberté quel assureur devra vous indemniser, dans les limites des garanties prévues dans son contrat.

SIX CONSEILS POUR ÊTRE MIEUX INDEMNISÉ

- ✓ Conservez toujours les factures d'achat, de réparation, les contrats de crédit ainsi que les bons de garantie et les éventuelles expertises de vos biens, meubles et travaux d'habitation les plus importants, car ces documents constituent des preuves irréfutables.
- ✓ Prenez en photo les biens dont vous n'avez aucune facture ou dont vous avez hérité, par exemple. Cadrez ces objets dans leur contexte, autant que possible, et ne négligez pas les détails (notamment pour les meubles anciens, les statuettes, l'argenterie…).
- ✓ Rassemblez des témoignages écrits de voisins ou d'amis afin de prouver l'existence de tel ou tel objet si vous n'avez aucun document les concernant. Transmettez leurs coordonnées complètes à l'assureur (nom, adresse, profession...).
- ✓ Faites une estimation chiffrée - preuves à l'appui - des dégâts que vous avez subis. Cette estimation est très importante car c'est sur elle (et sur le rapport de l'expert) que va s'appuyer l'assureur pour vous indemniser.
- ✓ Portez plainte le plus rapidement possible (dans les 24 ou les 48 heures) auprès des autorités de police ou de gendarmerie si vous êtes victime d'un vol, d'une tentative de vol ou d'un acte de vandalisme.
- ✓ N'oubliez pas d'indiquer, dans votre déclaration de sinistre, les causes connues ou présumées des dommages, les noms et adresses des personnes qui les ont causés (voisins...), ainsi que les coordonnées des tiers éventuellement lésés.

L'assurance automobile

En dehors de la garantie de responsabilité civile, obligatoire dès lors que l'on souhaite rouler avec un véhicule à moteur, les contrats d'assurance automobile comportent des différences de tarif importantes qui ne sont autres que le reflet de l'étendue réelle des prestations proposées, des caractéristiques du bien à assurer et du profil du conducteur.

Quelles sont les obligations des conducteurs ?

Ils doivent assurer ce que l'on appelle leur responsabilité civile, garantie qui a été rendue obligatoire par la loi du 27/2/1958 et le décret du 7/1/1959 et que l'on retrouve dans les contrats sous le nom de garantie « au tiers ». Celle-ci permet d'indemniser les dommages matériels et corporels que votre véhicule est susceptible de provoquer à un tiers, c'est-à-dire à un autre automobiliste, un piéton, un cycliste ou tout simplement les passagers transportés. Mis à part son caractère obligatoire, cette garantie n'est pas superflue car le montant d'un accident de la circulation peut atteindre des sommes considérables auxquelles bien peu de particuliers peuvent faire face. En outre, elle joue aussi lorsqu'une personne utilise votre véhicule contre votre volonté ou à votre insu, y compris lorsqu'il s'agit d'un mineur non titulaire du permis de conduire.

Dans quelles circonstances un véhicule doit-il être assuré ?

Dès lors que vous conduisez un véhicule à moteur (voiture, camion, tracteur, mobylette, tondeuse à gazon munie d'un siège, etc.), vous devez vous soumettre à cette obligation d'assurance. Mais ce n'est pas tout : car si la majeure partie des accidents a lieu sur la route, lorsque le véhicule est utilisé, la loi fait également obligation à chaque propriétaire d'assurer sa responsabilité civile lorsque son véhicule est immobilisé sur la voie publique (stationnement ou panne qui se prolonge, par exemple) puisque, même hors d'usage momentanément, celui-ci peut provoquer des dégâts (les freins qui lâchent, par exemple).

La garantie de responsabilité civile comporte-t-elle des extensions ?

La vente de votre véhicule

Si vous achetez un véhicule neuf sans avoir encore vendu l'ancien et que vous demandez à votre agent ou votre courtier un transfert d'assurance, vous pouvez, si votre contrat le mentionne, conserver au titre de votre ancien véhicule et pendant une période généralement limitée à 1 mois, votre garantie de responsabilité civile. Elle vous permettra d'être couvert notamment lors des essais en compagnie d'autrui.

L'utilisation d'une remorque ou d'une caravane

Une caravane ou une remorque doivent être assurées indépendamment de votre véhicule, y compris pour la seule garantie de responsabilité civile. Toutefois, cette garantie est accordée gratuitement et sans déclaration préalable auprès de l'assureur lorsque le poids total de la caravane ou de la remorque attelée n'excède pas 750 kg.

L'aide à autrui

Lorsque le remorquage d'un véhicule en panne est tout à fait occasionnel, vous pouvez bénéficier d'une extension de votre garantie si, au cours de cette manœuvre, vous causez des dommages à autrui. Attention : les dommages subis par votre véhicule ou par celui que vous remorquez ne sont jamais couverts dans ce cadre.

Le prêt de véhicule

Si le conducteur à qui vous avez confié les clefs de votre voiture est responsable d'un accident, votre assureur indemnisera les victimes au titre de votre garantie de responsabilité civile. Les dommages matériels affectant votre bien et les dommages corporels pouvant affecter l'emprunteur ne sont pris en charge que sous certaines conditions de garantie ou de franchise. Par ailleurs, lorsque l'emprunteur est responsable d'un accident, le bonus de l'assuré s'en trouvera diminué (ou le malus majoré).

La garantie de responsabilité civile comporte- t-elle des exclusions ?

Certains dommages sont exclus de la garantie, ce qui ne veut pas dire que la victime n'obtiendra pas d'indemnisation mais que l'assureur se retournera contre l'auteur des dommages pour récupérer les sommes qu'il a versées à la victime.

Les dommages intentionnels

Ils sont toujours exclus du champ de la garantie de responsabilité civile. Il en va de même pour les dommages causés à toute chose qui vous a été confiée ou louée.

Le transport de matières dangereuses

Tout sinistre ayant pour origine ou aggravation le transport de matières inflammables, corrosives, explosives ou comburantes est exclu de la garantie de responsabilité civile. Pour être couvert, vous devez souscrire une assurance spécifique. Toutefois, vous pouvez transporter des huiles, des essences minérales ou des produits similaires à condition que la charge globale, approvisionnement du réservoir du véhicule inclus, n'excède pas 500 kg ou 600 litres.

L'utilisation du véhicule au cours de compétitions

Toute participation ou tout essai effectué dans le cadre d'une course, d'une épreuve automobile ou d'une compétition est exclu du champ de la garantie de responsabilité civile.

L'utilisation du véhicule à titre onéreux

Vous serez couvert par votre garantie si vous prenez un auto-stoppeur ou si vous partagez les frais d'essence avec un collègue, mais vous ne serez pas garanti si vous utilisez votre véhicule pour le transport payant de personnes.

Les objets transportés

Les dommages causés aux marchandises et objets transportés ne sont pas couverts sauf ceux qui concernent les vêtements des personnes transportées lorsqu'elles ont subi un dommage corporel.

La conduite sans permis

Si vous conduisez sans permis ou avec un permis non valable, l'assurance ne jouera pas. Or votre permis est valable s'il n'est ni suspendu, ni retiré, ni périmé. Il doit être de surcroît conforme au véhicule utilisé. Pas question par exemple de conduire une voiture transportant 8 adultes avec un permis B (→ index, *Permis de conduire, permis B*).

Mais si votre voiture a été volée et que le voleur n'est pas titulaire du permis de conduire, l'assurance jouera. Il en sera de même si votre enfant mineur utilise à votre insu votre véhicule et cause un dommage.

Si en revanche, vous déclarez lui avoir confié votre voiture, la garantie vous sera refusée : la victime éventuelle, s'il ne s'agit pas de l'assuré lui-même, sera indemnisée mais l'assureur se retournera contre vous pour récupérer l'argent versé.

AVANTAGE

Les dommages résultant d'un accident, mais aussi ceux provoqués par l'incendie ou l'explosion du véhicule, sont couverts au titre de la garantie obligatoire. Il en va de même pour ceux provoqués par des objets transportés ou par une remorque.

ATTENTION ⚠

La garantie de responsabilité civile ne couvre jamais les dommages subis par le conducteur responsable de l'accident. Une garantie spécifique, dite garantie corporelle du conducteur, doit être souscrite pour cela.

À NOTER

Même pour un véhicule à l'arrêt, enfermé dans un garage, la garantie de responsabilité civile n'est pas inutile, car il peut provoquer des dommages à autrui (en cas d'incendie, par exemple).

ASSURANCE AUTOMOBILE : AUCUN ASSUREUR NE VEUT VOUS ASSURER, QUE FAIRE ?

Être assuré pour les dommages que vous pourriez causer aux tiers est une obligation légale. Il arrive parfois qu'en raison de nombreux accidents dont vous êtes l'auteur, les assureurs refusent de vous assurer. Vous pouvez alors avoir recours au Bureau central de tarification. Cette institution a la faculté d'imposer à un assureur de vous couvrir au titre de la responsabilité civile obligatoire. Voici la procédure à suivre :

①

Contacter un assureur

②

Demander à cet assureur un formulaire de proposition d'assurance

③

Remplir le document et faire établir un devis
(l'assureur est obligé de vous le délivrer)

④

Renvoyer le document par lettre recommandée avec accusé de réception au siège social de l'assureur

⑤

3 possibilités :

L'assureur refuse cette proposition

L'assureur ne donne pas suite à la proposition dans un délai de 15 jours

L'assureur accepte la proposition

Le contrat est formé

⑥

Vous avez un délai de 15 jours pour saisir le Bureau central de tarification par lettre recommandée avec accusé de réception. Vous devez joindre :
- la proposition
- le devis
- le relevé d'information (document fourni par l'ancien assureur faisant apparaître votre bonus-malus)

⑦

Le BCT fixe le montant de :
- la prime
- la franchise

⑧

La décision est notifiée dans les 10 jours

⑨

Si vous acceptez le tarif, les conséquences seront les suivantes :

- la garantie peut entrer en vigueur le jour même,
- la compagnie ne peut plus refuser de vous assurer au titre de la responsabilité civile obligatoire

Bureau central de tarification (BCT) : 1, rue Jules Lefebvre, 75009 Paris.

Quelles sont les garanties relevant de l'assurance dommages ?

Des garanties automatiques

Dès lors que vous souscrivez une assurance dommages, c'est-à-dire une garantie pour couvrir les dommages que pourrait subir votre véhicule si la responsabilité d'aucun tiers ne peut être engagée (tous risques, tierce collision…), vous êtes automatiquement couvert pour :

– les dommages matériels directs consécutifs à une catastrophe naturelle constatée par un arrêté ministériel (inondations) ;

– les dommages matériels causés par un incendie ou une explosion faisant suite à un attentat (acte de terrorisme, sabotage, émeutes et mouvements populaires), y compris les frais de décontamination en cas d'attentat biologique ou chimique par exemple, commis en France ;

– les dommages causés par une catastrophe technologique.

Par ailleurs, la garantie contre les effets du vent dus aux tempêtes, ouragans ou cyclones est incluse dans la garantie incendie.

À NOTER

Votre assureur peut vous proposer différents niveaux de franchise. À vous de choisir l'un d'entre eux en fonction de l'âge de votre véhicule et de l'utilisation intensive ou non que vous en faites.

La garantie incendie-explosion

Cette garantie vous permet d'assurer votre véhicule contre l'incendie, la combustion spontanée (sans flamme), la chute de la foudre ou une explosion. En revanche, ne sont pas couverts les dommages électriques consécutifs à un court-circuit provoqué par l'usure, ni les effets personnels qui se trouvent dans un véhicule au moment de l'incendie.

La garantie vol

C'est une garantie très importante, surtout si vous possédez un véhicule neuf. Elle joue, en général, dans les cas suivants :

– le vol par effraction du véhicule et des organes de direction ;

– le vol par effraction du garage dans lequel le véhicule est stationné ;

– la tentative de vol à condition que certaines traces matérielles puissent être relevées sur le véhicule : forcement de la direction ou de la serrure, du contact électrique, de la batterie, etc. ;

– le vol des accessoires et des pièces de série (prévus dans le catalogue du constructeur) volés de façon indépendante, sous réserve que le vol ait lieu dans certaines conditions et notamment après effraction du garage ou du box dans lequel le véhicule est normalement garé.

ATTENTION ⚠

Dans de nombreux contrats, le vol de vêtements ou d'objets personnels, le vol d'autoradio, de matériel professionnel, des roues ou le vol d'accessoires non posés en série n'est pas toujours pris en charge. Lorsque c'est le cas, les garanties sont très souvent plafonnées et font l'objet d'une franchise spécifique. Mieux vaut donc regarder de près votre contrat sur ces différents points.

La garantie bris de glaces

Au titre de cette garantie, sont pris en charge, sous déduction d'une franchise éventuelle, le remboursement et les frais de pose du pare-brise, de la lunette arrière, des glaces latérales et du toit ouvrant s'il en existe un. Les rétroviseurs et les optiques de phares sont également couverts dans les contrats les plus performants. L'assureur vous rembourse sur présentation d'un justificatif fourni par un professionnel. Il est à noter que les simples détériorations ou éraflures ne sont jamais prises en charge.

La garantie tierce collision

Cette garantie, également connue sous le nom de « dommage collision » n'intervient que lors d'une collision avec un tiers et à l'unique condition que celui-ci soit identifié. En d'autres termes, cela signifie que si vous rentrez dans un arbre ou si le conducteur qui a heurté votre véhicule ne prend pas la peine de laisser sa carte de visite sur votre pare-brise (c'est rarement le cas…), vous ne pourrez pas être indemnisé. Il faut noter que cette garantie est de moins en moins proposée par les assureurs.

La garantie tous accidents

Elle joue pour tous les dommages matériels subis par votre véhicule, quelles que soient les circonstances qui les ont provoqués (véhicule en stationnement ou, au contraire, en circulation). Si vous heurtez un autre véhicule ou si votre voiture est endommagée sur un parking sans qu'aucun témoin ne puisse vous indiquer les coordonnées ou le signalement du responsable, vous pourrez tout de même être indemnisé, sous déduction d'une franchise propre à chaque contrat.

Cette garantie est souvent qualifiée de garantie « tous risques » bien que cette appellation soit erronée puisque les risques liés à un incendie, à une catastrophe naturelle ou tout simplement à un bris de glaces ne sont pas systématiquement inclus dedans : vous pouvez ainsi couvrir votre véhicule contre les risques de dommages mais non pas contre le vol, par exemple.

La garantie des dommages corporels du conducteur

Bien qu'elle soit toujours proposée en option, cette garantie est quasi indispensable si vous voulez être indemnisé de vos propres préjudices corporels causés au cours d'un accident dont vous seriez le responsable. Les préjudices couverts sont le décès et l'invalidité permanente. Selon les contrats, l'indemnisation a lieu :

– selon un barème forfaitaire. Elle est d'autant plus importante que le préjudice corporel subi est grand. En général, les assureurs fixent un pourcentage d'invalidité (10 ou 15 %) en deçà duquel aucune indemnisation n'est due ;

– comme si vous n'étiez pas responsable de l'accident, mais victime.

Cette formule permet de « coller » davantage à la réalité puisque l'indemnité est souvent calquée sur celle qu'un tribunal vous aurait accordée.

AVANTAGE

Certains assureurs tiennent désormais compte dans leurs tarifs « dommages tous accidents » de l'âge du véhicule. Une option intéressante pour les voitures de plus de 5 ans, à condition toutefois qu'elles aient peu de kilomètres au compteur.

VOL : LES ÉQUIPEMENTS GAGNANTS

Comme pour l'assurance habitation, la garantie vol ou tentative de vol d'un véhicule ne s'exerce que dans des conditions très précises. Toute négligence (clefs laissées en évidence, vitres entrouvertes, coffre non verrouillé...) peut vous coûter fort cher puisque l'assureur est alors en droit de refuser sa garantie. À l'inverse, tout surplus de protection peut le conduire à diminuer soit son tarif, soit la franchise normalement applicable en cas de vol. Il en va ainsi de la présence d'un anti-démarrage, du marquage des vitres avec enregistrement sur un fichier central ou de l'installation d'une alarme électronique. Mais attention : tous les équipements ne se valent pas ! En fait, seuls les antivols agréés par l'association SRA (Sécurité et Réparation Automobiles) et disposant d'au moins 4 clefs, c'est-à-dire résistant au moins une minute à l'effraction, peuvent influencer l'assureur. Plus la performance du système choisi est bonne, plus le nombre de clefs attribuées est élevé : une résistance de 5 minutes est attestée par 5 clefs, de 10 minutes par 6 clefs et de 15 minutes ou plus par 7 clefs. Pour certains véhicules haut de gamme, la présence d'antivols ou de moyens de protection spécifiques (garage individuel fermé) constitue même un préalable obligatoire pour pouvoir être garanti en cas de vol.
Pour connaître les différents systèmes de protection agréés, vous pouvez consulter sur Internet le site *www.sra.asso.fr*.

La garantie de défense civile

Elle vous permet d'obtenir la réparation des dommages matériels ou corporels subis à la suite d'un accident de la circulation impliquant votre véhicule et engageant la responsabilité de votre adversaire. L'assureur intervient en cas de litige sur le règlement des dommages ; il prend en charge les frais de constitution de votre dossier, les frais et honoraires des experts nécessaires à l'évaluation des dommages et, d'une façon générale, votre défense (frais d'avocat, frais de procès...) devant une juridiction civile commerciale ou administrative. Vous avez, en outre, la possibilité de choisir votre avocat.

La protection juridique

Cette garantie, qui doit faire l'objet d'un contrat séparé même si elle est souscrite conjointement à l'assurance automobile, intervient :

– lorsqu'il existe un différend entre l'assureur et vous ;

– pour votre défense pénale en dehors de toute responsabilité civile (par exemple si vous êtes poursuivi pour une infraction au Code de la route) ;

– pour des conflits liés à votre véhicule (par exemple, pour une réparation mal effectuée par un garagiste ou pour un litige avec le vendeur de la voiture que vous venez d'acquérir).

Il est à noter que chaque contrat comporte des plafonds de garantie et d'intervention différents.

L'assistance aux véhicules et aux personnes

Si vous êtes immobilisé à la suite d'une panne ou d'un accident, vous pouvez, selon les modalités de la convention d'assistance incluse dans votre contrat, être dépanné sur place (envoi de pièces détachées) et voir, par exemple, vos frais d'hôtel pris en charge en attendant que la réparation puisse avoir lieu. L'assistance intervient également en cas de maladie ou de décès du conducteur, les passagers ayant alors le choix soit d'écourter leur séjour et de rentrer à leur domicile, soit de le poursuivre avec un chauffeur de remplacement. D'autres prestations (remorquage gratuit, avance de la caution pénale dans certains pays...) sont encore incluses. Elles sont valables en France, passée une certaine franchise kilométrique (dont le niveau varie en fonction des contrats) et dans un grand nombre de pays européens. Chaque contrat comporte, en outre, des limites et des plafonds de garantie spécifiques.

Comment est fixé le prix d'une assurance ?

Pour déterminer le tarif qui vous est applicable, chaque assureur s'appuie sur des données statistiques précises qui prennent en compte divers éléments :

› Les caractéristiques techniques du véhicule

Le modèle et la cylindrée

Plus un véhicule dispose d'un moteur puissant, plus il incite à une conduite rapide et plus le tarif de l'assurance s'en ressent. Certains modèles très prisés comme les Golf GTI ou les BMW font, en outre, l'objet de surprimes pour ce qui concerne l'assurance dommages ou vol, car non seulement leurs pièces détachées coûtent cher mais ils sont également très recherchés sur le marché de la revente des véhicules volés.

À ces critères s'ajoute l'âge du véhicule.

Attention : l'assureur peut refuser de rembourser les frais consécutifs à un accident impliquant un cyclomoteur « gonflé », la modification illégale de la puissance de son moteur le transformant en motocyclette.

Ses équipements

Toit ouvrant, jantes en aluminium, peinture métallisée... sont autant d'éléments qui font monter le prix de l'assurance car celui des réparations est sensiblement plus élevé.

AVANTAGE

Lorsqu'une personne qui conduit votre véhicule à votre insu est responsable d'un accident, votre coefficient de bonus-malus personnel n'est pas modifié.

ATTENTION ⚠

Aucun contrat ne couvre les dommages subis par le véhicule assuré, son contenu et même son conducteur si celui-ci conduit en état d'ivresse. Seule exception à cette règle : l'assuré doit établir que le sinistre n'avait aucune relation avec son état alcoolique.

À NOTER

Les jeunes conducteurs qui s'assurent en leur nom propre paient, dès la première année, une surprime au plus égale à 100 % du tarif de base. Celle-ci est diminuée de moitié la seconde année et disparaît totalement la troisième année. Avec la conduite accompagnée, cette surprime est limitée à 50 % la première année.

› Les caractéristiques personnelles de chaque conducteur

Son sexe

À durée de détention du permis de conduire, âge et situation familiale identiques, les femmes causent, statistiquement, moins d'accidents que les hommes. Conséquence : le prix de leur assurance pour un même véhicule est moins onéreux !

Sa situation familiale

Statistiquement toujours, les chargés de famille causent moins d'accidents que les autres. À durée de détention du permis identique et pour un même véhicule, les pères ou les mères paient donc moins cher qu'un célibataire ou un conducteur marié sans enfants.

À NOTER

L'apprentissage anticipé de la conduite permet aux jeunes d'apprendre à conduire dès 16 ans avec un accompagnateur, l'un des parents par exemple (→ index, Conduite accompagnée). Le jeune ne peut conduire la voiture familiale qu'après avoir obtenu le code et avoir été formé à la conduite par un formateur. En outre, l'accompagnateur doit obligatoirement obtenir l'accord de la société d'assurance qui assure le véhicule et une extension du contrat d'assurance.

Le taux de bonus-malus

Plus le taux de bonus est élevé, plus le prix de la cotisation à payer diminue. À l'inverse, plus un conducteur provoque d'accidents, plus sa prime augmente. Cette règle s'applique à tous les assurés sans exception.

LE FONCTIONNEMENT DU BONUS-MALUS

À l'origine, le coefficient du bonus-malus est de 1. Chaque année, en prenant pour base la période de 12 mois qui précède de 2 mois l'échéance annuelle du contrat, l'assureur réévalue ce coefficient.

- ✓ Si vous n'avez pas d'accident votre coefficient est diminué de 5 %. À l'issue de la première année, il passe donc à 0,95 (1 – 5 %), à l'issue de la seconde année à 0,9 (0,95 – 5 %) et ainsi de suite jusqu'au maximum légal qui est de 0,5 et qui correspond à 13 années sans accident. Concrètement, cela se traduit par une diminution importante de la prime à payer. Si, par exemple, le tarif de base est de 700 €, il passe à 665 € au bout de la première année, à 631,75 € au bout de la seconde année et à... 359,34 € au bout de la treizième année !
- ✓ Vous avez un accident. Chaque fois que la responsabilité d'un conducteur est engagée, ne serait-ce que partiellement dans un accident, son taux de bonus-malus va subir une majoration de 25 %. Au bout de la première année, il passe à 1,25 (1 × 25 %) ; au bout de la deuxième année, il passe à 1,56 (1,25 × 25 %) et ainsi de suite jusqu'à 3,50, plafond légal qui correspond à 6 années consécutives avec accident.
- ✓ Vous avez plusieurs accidents. Si vous êtes responsable de plusieurs sinistres au cours d'une même année, les majorations appliquées se multiplient entre elles. Avec deux accidents dès la première année, le coefficient passe ainsi à 1,56 (1 × 1,25 × 1,25).
- ✓ Votre responsabilité dans l'accident n'est pas totale. Lorsque les torts sont partagés, mais quelle que soit la part de responsabilité qui vous incombe réellement (10 %, 50 %...) dans l'accident, l'assureur réduit de moitié la majoration qui doit être appliquée. Celle-ci passe donc à 12,5 % au lieu de 25 %, ce qui se traduit dès la première année par un coefficient de 1,125. Concrètement, et avec un tarif de base de 700 €, cela porte votre cotisation à 787,50 €.
- ✓ Le malus disparaît au bout de 2 ans sans accident. Le coefficient applicable ne peut alors être supérieur à 1.
- ✓ Il existe une franchise de bonus. Les très bons conducteurs, c'est-à-dire ceux qui disposent depuis au moins 3 ans d'un bonus maximum de 50 %, peuvent se prévaloir d'une franchise, puisque pour leur premier accident, leur taux de bonus n'est pas modifié.
- ✓ Les taux de réduction ou de majoration varient pour certaines professions. C'est le cas notamment pour les véhicules professionnels des médecins, des infirmières ou des chauffeurs de taxi. La réduction est ainsi de 7 % par an (au lieu de 5 %) et la majoration de 20 % (au lieu de 25 %).

Le dispositif du bonus-malus a été plusieurs fois remis en cause par la Commission européenne qui voit dans son caractère obligatoire une entrave à la libre commercialisation des produits d'assurance dans l'Union européenne. Dans un arrêt rendu le 7/10/2004, la Cour de justice des Communautés européennes a tranché en validant les systèmes de bonus-malus des contrats d'assurance automobile instaurés en France et au Luxembourg. Ce dispositif favorise le libre jeu de la concurrence et constitue un facteur d'incitation à la prudence. De même, il réalise un compromis entre responsabilité et solidarité, en permettant à plus de 90 % des assurés d'avoir un bonus sans pour autant écarter de l'assurance ceux qui ont connu le plus d'accidents.

L'ancienneté de permis et l'antériorité en assurance

Cette notion est très importante car elle pénalise les jeunes conducteurs qui viennent d'obtenir leur permis. Elle pénalise également les conducteurs qui ne peuvent justifier d'une assurance au cours des 3 dernières années.

> L'utilisation réelle du véhicule

Le lieu d'utilisation

Se déplacer dans des zones urbaines comporte plus de risques statistiques d'accidents que dans les zones rurales. Tous les assureurs disposent de leur propre carte géographique indiquant les zones à risques et, à l'intérieur d'une même agglomération, les quartiers les plus sensibles (pour le vol, notamment).

L'usage promenade ou l'usage professionnel

Parce que les conducteurs qui se servent de leur véhicule soit pour se rendre sur leur lieu de travail, soit pour l'utiliser comme instrument de travail (VRP...) roulent plus que les autres, ils doivent payer une cotisation plus chère. Ce raisonnement est toutefois variable selon la catégorie socioprofessionnelle de l'assuré, un VRP sillonnant la France étant évidemment plus taxé qu'un instituteur qui utilise son véhicule tous les matins pour se rendre sur son lieu de travail, par exemple.

› Les moyens de protection mis en œuvre

Pour tarifer au plus juste la notion de risque de vol du véhicule, les assureurs analysent les moyens de protection existants. Cela va des équipements les plus divers à l'existence ou non d'un garage privatif (→ index, *Véhicule, équipements contre le vol*).

Quelles sont les formalités à accomplir en cas d'accident ?

Remplir et expédier le constat amiable

Cette étape est très importante car c'est grâce au constat amiable rempli par les deux parties en présence que l'assureur va pouvoir déterminer quel est le degré de responsabilité de chacun dans un accident. De plus, un constat rempli de façon claire et précise induit très souvent une meilleure gestion du sinistre en question, donc une indemnisation plus rapide.
Ce document comporte deux faces, dont l'une, au recto, doit être remplie par les personnes impliquées dans l'accident. Si votre adversaire s'y refuse ou s'il prend la fuite, cela ne vous dispense pas de remplir un constat d'accident, mais vous devrez, en plus, porter plainte contre lui. Quant au verso, il peut être complété plus tard par chaque protagoniste.

DIX CONSEILS POUR BIEN REMPLIR LE CONSTAT AMIABLE

- ✓ Lisez avant toute chose le mode d'emploi de ce document. Si vous pensez ne pas être en état de le remplir correctement, faites-vous assister d'un tiers (un autre automobiliste non impliqué dans l'accident, un cycliste, un piéton...).
- ✓ Ne négligez pas les témoignages d'autrui. Notez immédiatement leurs coordonnées (case n° 5), car en l'absence de toute mention initiale, votre adversaire peut très bien refuser de les reconnaître ultérieurement.
- ✓ Décrivez de façon sommaire l'importance et l'apparence des dégâts (case n° 11) ; et ne confondez pas le point de choc initial avec les parties endommagées (case n° 10).
- ✓ Si vous n'êtes pas d'accord avec la déclaration de votre adversaire en ce qui concerne les circonstances de l'accident (case n° 12), faites-le savoir à l'assureur en remplissant la case réservée à cet effet (case n° 14). Utilisez également cette dernière case pour lui indiquer tout renseignement que vous jugez utile.
- ✓ Efforcez-vous de schématiser avec le plus de précision possible la position des véhicules au moment du choc (case n° 13).
- ✓ Faites attention au choix des mots qui relatent les circonstances de l'accident (case n° 12). Ne confondez pas stationnement et arrêt, par exemple ; décrivez ce qui s'est réellement passé et non vos intentions ou celles de votre adversaire.
- ✓ Si l'autre conducteur prend la fuite, relevez le numéro minéralogique de son véhicule. Appuyez-vous également sur des témoignages de tiers.
- ✓ Méfiez-vous des règlements à l'amiable qui excluent précisément le constat amiable. Car si les dégâts sont plus importants qu'ils n'en ont l'air, vous ne pourrez pas vous prévaloir de la garantie de votre assureur, surtout si vous avez déjà commencé à effectuer quelques réparations. Et rien n'empêche votre adversaire de déclarer ultérieurement l'accident à son assureur.
- ✓ Ne paniquez pas si votre adversaire décrit sa version des faits de façon totalement opposée à la vôtre (il peut être de mauvaise foi et refuser de reconnaître ses torts), car mieux vaut un constat allant dans deux directions diamétralement opposées que pas de constat du tout !
- ✓ Remplissez un constat amiable avec chaque véhicule impliqué dans l'accident avec le vôtre. Ainsi, si trois autres voitures ont ainsi été touchées, vous devrez remplir non pas un, mais trois constats distincts.

ATTENTION ⚠

Si votre contrat comporte une clause dite « de conduite exclusive », vous ne pouvez pas prêter le volant à un tiers.

À NOTER

Il est préférable d'envoyer les déclarations de sinistres par lettre recommandée avec demande d'avis de réception. Lorsqu'il vous faut apporter les preuves des dommages que vous avez subis, de la valeur des biens endommagés, essayez de conserver les pièces originales. Préférez toujours envoyer des photocopies. En outre, gardez des traces de vos courriers et des justificatifs envoyés.

Respecter le délai de déclaration à l'assureur

Il est, en règle générale, de 5 jours ouvrés pour tout sinistre : incendie, dégât des eaux, accident, etc. Toutefois, ce délai est ramené à 2 jours ouvrés à partir du moment où vous en avez connaissance pour le vol ou la tentative de vol du véhicule ou de l'un de ses accessoires. Le délai de déclaration est de 4 jours si votre voiture a été endommagée par la grêle. Enfin, pour une catastrophe naturelle, ce délai est de 10 jours à compter de la date de publication au *Journal officiel* de l'arrêté interministériel constatant l'état de catastrophe naturelle.

Fournir toutes les pièces utiles à l'appréciation des dommages

Outre l'envoi du constat amiable, vous pouvez produire à votre assureur toutes autres preuves susceptibles d'étoffer votre dossier : photographie de votre voiture endommagée, adresse du garagiste où celle-ci peut être expertisée, etc.

L'assureur mandate-t-il toujours un expert ?

L'assureur ne mandate pas toujours un expert. De nombreux contrats comprennent, sur ce point, une double limite. Passé un certain délai (de 8 à 15 jours, en général) après la déclaration de sinistre, certains assureurs vous autorisent à faire procéder, *de facto*, aux réparations nécessaires si vous ne déplorez que des dégâts matériels. Autre possibilité : lorsque les dommages matériels n'excèdent pas une certaine somme (1 500 €, par exemple) fixée au contrat. Dans les deux cas, vous devrez produire ultérieurement des justificatifs pour être remboursé des frais que vous avez engagés.

Quand les dommages corporels sont-ils indemnisés ?

Il existe plusieurs cas de figure.

Vous n'êtes pas responsable de l'accident

- Si vous connaissez l'identité de l'auteur de l'accident et que celui-ci est assuré, c'est son assureur qui doit vous indemniser.

Vous devez déclarer le sinistre à l'assureur de responsabilité : le constat amiable tient lieu en pratique de déclaration d'accident lorsque les dégâts corporels sont légers. Lorsque l'accident est plus grave, les forces de police doivent établir en plus un procès-verbal d'accident qu'elles font parvenir aux assureurs impliqués.

Pour les accidents survenus depuis le 1/4/2002 entre au moins deux véhicules immatriculés en France, l'assureur indemnise directement les préjudices corporels des occupants du véhicule de son assuré lorsqu'ils ne dépassent pas 5 % d'invalidité permanente partielle.

- Si l'auteur de l'accident n'a pas pu être identifié (il a pris la fuite...) ou qu'il n'est pas assuré (dans le cas d'un mineur conduisant un véhicule volé, par exemple), vous devez vous tourner vers le Fonds de garantie automobile , organisme mis en place pour indemniser, entre autres, les victimes de dommages corporels. Vous disposez là encore d'un délai de 5 ans à compter du jour du sinistre pour parvenir à un accord ou tenter une action judiciaire.

Vous êtes partiellement ou totalement responsable de l'accident

- Si vous n'avez pas souscrit la garantie optionnelle dite « du conducteur » et que vous êtes entièrement responsable du sinistre, vous ne pouvez pas être indemnisé des dommages corporels que vous avez à déplorer.
- Si vous n'avez pas souscrit la garantie optionnelle dite « du conducteur » mais que vous n'êtes qu'en partie responsable du sinistre qui vous affecte, l'assureur de la partie adverse vous indemnisera uniquement en

proportion du taux de responsabilité mis à la charge de son client.

- Si vous avez souscrit la garantie des dommages corporels du conducteur, votre assureur vous versera, dans la proportion du taux de responsabilité mis à votre charge, les montants garantis au contrat en cas d'invalidité permanente ou versera ces sommes à vos ayants droit en cas de décès (→ index, *Dommages corporels, assurance automobile*).

Quand les dommages matériels sont-ils indemnisés ?

Là encore, plusieurs cas de figure se présentent.

Vous n'êtes pas responsable de l'accident

- Avec une garantie « au tiers », votre assureur va vous rembourser les frais de réparation nécessaires. Vous n'aurez donc aucune franchise à supporter et votre taux de bonus ne bougera pas.
- Avec une garantie « tous accidents », le principe reste le même que celui énoncé ci-dessus.

Vous êtes entièrement responsable de l'accident

- Avec une garantie « au tiers », les dégâts subis par votre véhicule ne vous seront pas remboursés et votre prime d'assurance va augmenter du fait de l'application d'un malus.
- Avec une garantie « tous accidents », votre assureur va vous rembourser les frais de réparation sous déduction de la franchise dommages inscrite dans votre contrat, et votre prime d'assurance risque de subir l'application d'un malus.

La responsabilité de l'accident est partagée

- Avec une garantie « au tiers », votre assureur va vous rembourser une partie seulement des dommages subis par votre véhicule ; votre prime d'assurance va augmenter mais le malus appliqué sera moindre.
- Avec une garantie « tous accidents », votre assureur va vous indemniser pour la totalité des dommages subis. Dans la plupart des cas, vous n'aurez aucune franchise à payer sauf si votre contrat le prévoit. Comme précédemment, votre prime d'assurance sera majorée d'un malus moindre (→ index, *Assurance automobile, bonus-malus*).

Le responsable n'a pu être identifié

- Avec une garantie « au tiers » ou « tierce collision », vous ne serez pas indemnisé (→ index, *Tierce collision*).
- Avec une garantie « tous accidents », vous serez indemnisé sous déduction de la franchise dommages prévue dans votre contrat. En revanche, votre prime d'assurance ne subira aucun malus si votre véhicule a été accidenté alors qu'il était en stationnement ou s'il s'agit d'un bris de glace.

Le Fonds de garantie pourra, dans certaines circonstances, prendre en charge vos dommages matériels.

AVANTAGE

La plupart des compagnies d'assurances ont passé entre elles une convention d'indemnisation des sinistres qui permet au conducteur non responsable d'être indemnisé par son assureur pour le compte de l'assureur de la partie adverse. Cela permet d'accélérer sensiblement les remboursements.

ATTENTION ⚠

Une franchise spécifique est souvent appliquée lorsque l'accident a été provoqué par un jeune conducteur (qui a moins de 2 ans de permis) à qui vous avez prêté votre véhicule. Cette franchise varie selon les contrats, mais elle s'ajoute toujours à celle normalement prévue en cas de dommages.

À NOTER

Dans la mesure du possible, soyez présent le jour de l'expertise et n'hésitez pas à demander une copie du rapport.

Comment les dégâts matériels sont-ils indemnisés ?

La valeur vénale

Elle correspond à la valeur de votre véhicule sur le marché de l'occasion avant son accident. C'est sur cette base que les assureurs vous indemnisent, sous réserve que le coût des réparations n'excède pas cette valeur. Si, en revanche, votre véhicule est trop endommagé et si le montant des réparations nécessaires est supérieur à sa valeur vénale, vous recevrez une indemnité égale à cette dernière valeur, déduction faite des franchises éventuelles et du coût de la mise en épave, et l'assureur deviendra propriétaire du véhicule endommagé. Si vous refusez cette proposition, l'assureur en informera le ministre de l'Intérieur dans un délai de 15 jours. L'administration procédera alors à l'inscription d'une opposition au transfert du certificat d'immatriculation (carte grise). Lorsqu'un véhicule est immobilisé en raison de la gravité des dommages qu'il a subis, le propriétaire de la voiture n'est plus autorisé à circuler sur la voie publique. Il en sera informé par lettre du ministère de l'Intérieur. Enfin, si la présomption de dangerosité est établie par une expertise, il sera nécessaire, pour reprendre la route avec le véhicule, de le soumettre au préalable à une nouvelle expertise qui devra attester que les réparations touchant à la sécurité ont bien été effectuées et que la voiture est en état de rouler (*Décret n° 2009-397 du 10/4/2009*).

La valeur à neuf ou valeur catalogue

Elle correspond à la valeur de votre véhicule inscrite dans le catalogue du constructeur, options comprises. Toutefois, cette indemnisation qui est toujours supérieure à la valeur vénale n'est appliquée que pour des voitures dont la mise en circulation au jour du sinistre remonte à moins de 6 ou 12 mois.

La valeur agréée

Elle correspond à une certaine valeur fixée au moment de la souscription du contrat par un expert. Elle est admise comme base de remboursement par la compagnie d'assurances mais elle ne concerne que les véhicules de prestige ou les voitures de collection.

À NOTER

La loi sur la sécurité financière du 1/8/2003 a créé un Fonds de garantie des assurances obligatoires de dommages. Ce Fonds, qui remplace le Fonds de garantie contre les accidents de circulation et de chasse, a pour objet de garantir les assurés qui ont souscrit une assurance obligatoire, contre les conséquences de la défaillance de l'entreprise d'assurance.

Ainsi, lorsqu'un accident est causé par un animal sauvage ou un animal dont le propriétaire n'est pas connu ou n'est pas assuré, le Fonds de garantie des assurances obligatoires de dommages prend en charge les dommages corporels des victimes. Il peut même prendre en charge des dommages matériels si le conducteur du véhicule ou toute autre personne a subi un préjudice corporel important.

L'intervention du Fonds n'est cependant possible que si aucune autre assurance ne peut indemniser (garantie du conducteur, garantie dommages au véhicule).

Comment se faire indemniser en cas de vol du véhicule ?

Tout dépend si l'on retrouve ou non le véhicule volé, et si oui, au bout de combien de jours.

Le véhicule n'est pas retrouvé dans un délai de 30 jours

L'assureur vous propose une offre d'indemnisation selon la valeur vénale de votre véhicule. Pour la percevoir, vous devez lui remettre la carte grise, un certificat de situation administrative du véhicule ainsi que les clefs du véhicule (→ index, *Véhicule, papiers*). Attention : certains contrats peuvent prévoir un délai plus long (45 jours, par exemple).

Le véhicule est retrouvé dans un délai de 30 jours

Vous êtes tenu de le reprendre mais l'assureur doit vous indemniser pour les éventuels frais de remise en état, dans la limite de la valeur vénale du véhicule (→ index, *Assurance automobile, indemnisation, dommages matériels*).

Le véhicule est retrouvé après un délai de 30 jours

Si l'assureur vous a déjà indemnisé, vous pouvez soit conserver l'indemnité qu'il vous a versée, soit reprendre votre véhicule et lui restituer cette indemnité, sous déduction d'éventuels frais de réparation.

Quand les indemnités sont-elles versées ?

Tout dépend des modalités de votre contrat. En règle générale, une fois que toutes les pièces nécessaires sont à la disposition de votre assureur et une fois trouvé l'accord amiable d'indemnisation, vous serez remboursé dans un délai variant de 15 à 30 jours. Ce délai ne compte pas pour le vol, ni pour l'indemnisation au titre des catastrophes naturelles puisque dans ce cas, l'indemnité n'est versée que dans les 3 mois qui suivent la publication de l'arrêté interministériel au *Journal officiel*.

À NOTER

Si vous n'êtes pas d'accord avec le montant de l'expertise, vous pouvez faire appel à un second expert.

AVANTAGE

Si votre véhicule est fortement endommagé et qu'il ne peut plus démarrer, vous pouvez bénéficier de la prise en charge partielle des frais de remorquage grâce au volet assistance de votre contrat.

ATTENTION ⚠

Rien n'oblige un assureur à accepter de vous garantir. Mais pour rouler, vous devez obligatoirement garantir votre responsabilité civile. Pour cela, écrivez au BCT (Bureau central de tarification) : 1, rue Jules Lefebvre, 75009 Paris.

L'assurance de protection juridique

Les aléas de la vie obligent parfois d'aller devant les tribunaux pour faire valoir ses droits dans des domaines aussi variés que la consommation, l'emploi, un divorce ou une succession… ; et cela peut devenir vite très coûteux. Voilà pourquoi certaines compagnies d'assurances vous proposent de couvrir ces frais. Il faut cependant savoir que les garanties apportées et les litiges pris en charge sont très différents selon les contrats.

À quoi sert l'assurance de protection juridique ?

C'est une assurance qui vous aide à faire valoir vos droits. Lorsque vous êtes confronté à un litige, vous prévenez votre assureur. Il recherche d'abord une solution amiable au problème. Si elle échoue ou si vous la refusez, vous devrez, en général, aller devant un tribunal. L'assurance prend alors en charge les frais de justice et les honoraires d'avocat, dans certaines limites.

Quand cette assurance joue-t-elle ?

Vous pouvez avoir recours à votre garantie protection juridique en cas de refus opposé à une réclamation dont vous êtes l'auteur ou le destinataire. Le fait d'avoir bénéficié d'une consultation juridique ou d'avoir réalisé un acte juridique avant la déclaration de sinistre à l'assureur « protection juridique » ne vous prive pas d'utiliser la garantie. Toutefois, cette consultation ou cet acte ne sera pas pris en charge par l'assureur, sauf si vous pouvez justifier d'une urgence à l'avoir demandé (*Code des assurances, Art. L. 127-2-1 et L. 127-2-2*).

Les domaines assurés

Votre contrat prévoit les domaines dans lesquels l'assurance peut intervenir, comme par exemple :
– la consommation (une facture de téléphone trop élevée…) ;
– l'habitation (problème de voisinage, mitoyenneté, bornage, copropriété ; en revanche, les litiges qui opposent locataire et bailleur ne sont pas couverts dans les contrats standard et leur garantie est le plus souvent offerte en option) ;
– l'automobile (un garagiste qui a mal fait une réparation…) ;
– la vie sociale (les conflits avec un employeur en cas de licenciement…) ;
– la construction (les conflits avec une entreprise de construction…) ;
– les relations avec l'administration (fiscalité, expropriation…).
Cette liste n'est toutefois pas exhaustive.

À NOTER

Il est à noter que les conflits liés au droit de la famille (mariage, divorce, pension alimentaire...) ne sont pas couverts dans les contrats standard.

Les limites de l'assurance

Votre contrat peut prévoir :
– une limite aux dépenses prises en charge par événement ou par année ;
– un plafond aux honoraires d'avocat ;
– un seuil d'intervention : l'assurance n'intervient que si le litige porte sur un montant supérieur à un minimum fixé dans le contrat (entre 150 et 300 € le plus souvent) ;
– une franchise, c'est-à-dire une certaine somme qui reste à votre charge ;
– un délai de carence, c'est-à-dire une période après la signature du contrat pendant laquelle certains litiges ne sont pas pris en charge. Par exemple, le contrat

peut préciser que l'assurance ne couvre pas les problèmes de voisinage pendant les 2 premières années de la souscription ;

– des limites territoriales : par exemple, l'assurance n'est accordée que dans les pays de l'Union européenne.

Enfin, l'assurance n'intervient pas si, lors de la souscription du contrat, vous connaissiez déjà la situation ou les faits qui sont à l'origine du litige.

AVANTAGE

La garantie de protection juridique peut être proposée en annexe à une assurance habitation, automobile, scolaire, loyers impayés, voyage, etc., ou faire l'objet d'un contrat à part.

ATTENTION ⚠

Sachez cependant que l'assurance ne peut pas prendre en charge les dommages que vous avez subis ou ceux que vous avez causés, pas plus qu'elle ne couvre les amendes si vous êtes condamné à en payer.

Extrait du Code des assurances

« **Art. L. 127-3**. Tout contrat d'assurance de protection juridique stipule explicitement que, lorsqu'il est fait appel à un avocat ou à toute autre personne qualifiée par la législation ou la réglementation en vigueur pour défendre, représenter ou servir les intérêts de l'assuré, dans les circonstances prévues à l'article L. 127-1, l'assuré a la liberté de le choisir.

Le contrat stipule également que l'assuré a la liberté de choisir un avocat ou, s'il le préfère, une personne qualifiée pour l'assister, chaque fois que survient un conflit d'intérêt entre lui-même et l'assureur.

Aucune clause du contrat ne doit porter atteinte, dans les limites de la garantie, au libre choix ouvert à l'assuré par les deux alinéas précédents.

L'assureur ne peut proposer le nom d'un avocat à l'assuré sans demande écrite de sa part.»

Comment fonctionne cette assurance ?

La procédure amiable suivie de la procédure judiciaire

Quel que soit le conflit qui lui est soumis, l'assureur va d'abord chercher une solution amiable.

Cependant, et c'est là l'un des apports majeurs de la loi n° 2007-210 du 19/2/2007 réformant l'assurance de protection juridique, si la partie adverse est assistée d'un avocat, vous devrez être défendu dans les mêmes conditions (*Code des assurances, Art. L. 127-2-3*). Cette interdiction pour l'assureur de défendre seul (sans avocat), dans ce cas, les intérêts de son client risque de faire grimper le montant de la garantie protection juridique. En effet, selon la Fédération française des sociétés d'assurance (FFSA), sur les 700 000 litiges traités chaque année par les assureurs, 70 % trouvent une solution dans un accord amiable grâce aux juristes de l'entreprise. Or cette situation risque d'être remise en cause par la nouvelle réglementation.

Si votre adversaire n'a pas recours à un avocat et si un accord amiable entre vous n'a pu être trouvé, vous devrez alors tenter de faire valoir vos droits par la voie judiciaire. Vous pouvez confier votre litige à l'avocat de la compagnie de protection juridique : tous vos frais de procédure seront alors pris en charge, dans certaines limites globales définies par litige et/ou par année d'assurance. Vous pouvez aussi choisir de confier vos intérêts à votre propre avocat : les frais de procédure ne seront alors pris en charge par votre assureur que dans certaines limites spécifiques, indiquées dans votre contrat, et en fonction des tribunaux saisis et des actes nécessaires.

À NOTER

L'assureur ne peut proposer le nom d'un avocat à l'assuré sans demande écrite de sa part. En outre, les honoraires de l'avocat sont déterminés entre ce dernier et l'assuré sans pouvoir faire l'objet d'un accord avec l'assureur.

La clause d'arbitrage

Si votre assureur préfère, comme il en a le droit, ne pas entamer de procédure judiciaire et si, *a contrario*, vous estimez qu'une telle démarche est indispensable, vous pouvez avoir recours à l'arbitrage d'un tiers pour vous départager. Cette possibilité figure dans tous les contrats vendus aujourd'hui. Le tiers peut être désigné d'un commun accord entre vous et l'assureur, ou désigné d'office par le président du tribunal de grande instance statuant en référé.

Si l'arbitrage vous est favorable, l'assureur doit s'incliner et payer tous vos frais de procédure, sous certaines réserves décrites précédemment.

Si l'arbitrage ne vous est pas favorable et si vous décidez quand même de poursuivre votre adversaire en justice, vous ne serez indemnisé de vos frais de procédure que si l'issue du procès vous est favorable.

AVANTAGE

Le 21/6/2005, l'assemblée générale de la Fédération française des sociétés d'assurance (FFSA) a adopté un nouvel engagement déontologique en matière d'assurance de protection juridique. Il doit en résulter une meilleure information des assurés notamment par la description précise, dans les contrats, des modalités d'intervention de la garantie et l'adoption par tous les assureurs d'un vocabulaire commun.

Les assurances de personnes

Comme leur nom l'indique, ces assurances couvrent la personne, c'est-à-dire l'assuré lui-même. Aucune d'entre elles n'est obligatoire, même si elles s'inscrivent toutes dans une logique de prévoyance et de maintien du niveau de vie familial. Leur principe est celui du versement d'une rente ou d'un certain capital si le risque assuré vient à se réaliser. Leur domaine d'intervention est très vaste puisqu'elles peuvent couvrir la personne dès son plus jeune âge.

La garantie accidents de la vie

Parce que les particuliers sont très souvent mieux indemnisés pour les dommages affectant leurs biens (habitation ou automobile notamment) que pour les atteintes à leur personne, les assureurs, réunis sous la bannière de la FFSA (Fédération française des sociétés d'assurances) ont conçu cette nouvelle garantie qui permet une indemnisation rapide des séquelles des accidents de la vie privée.

Qu'est-ce que la garantie accidents de la vie ?

C'est une assurance qui se propose d'indemniser les accidents de la vie privée de tous les membres d'une même famille, quelles que soient les circonstances dans lesquelles cet accident a eu lieu et, c'est important, qu'il y ait ou non un responsable. En effet, dans plus de 4 accidents sur 5 de la vie privée, la victime est seule responsable de son accident (chute d'un arbre, blessure à la suite de l'utilisation d'un appareil tranchant...).
Si les régimes obligatoires d'assurance sociale couvrent les frais de soins, les frais d'hospitalisation et une partie des pertes de salaire, il faut en revanche savoir qu'en cas de blessures graves, les séquelles et les préjudices physiologiques et moraux (préjudice esthétique, réparation des souffrances, préjudice d'agrément et préjudice moral) sont peu ou pas couverts du tout. Même chose lorsqu'il y a décès, pour ce qui concerne le préjudice moral et économique des ayants droit (conjoint ou enfants). Enfin, lorsqu'un tiers est reconnu responsable, les procédures de recours sont souvent longues, voire coûteuses.

Quels préjudices peuvent être indemnisés ?

La définition des accidents de la vie privée est très large. Elle couvre :
– les accidents de la vie privée proprement dits, c'est-à-dire les événements soudains et imprévus qui surviennent en dehors de toute activité professionnelle et en dehors de la conduite d'un véhicule. Il s'agit par exemple des accidents domestiques (produit toxique avalé par un enfant, chute, brûlure...) ou des accidents ayant lieu lors d'une activité sportive ou tout simplement pendant les loisirs (chute dans un ravin lors d'une expédition de montagne...) ;
– les accidents subis lors d'une catastrophe naturelle (avalanche, tremblement de terre, tempête...) ou lors d'un incident technologique (effondrement d'un plafond de supermarché, intoxication alimentaire...) ;
– les accidents médicaux. Il s'agit là d'une grande première en France car il est très difficile, sauf à engager des procédures extrêmement longues, de démontrer qu'une opération, un examen ou une erreur de diagnostic a entraîné une détérioration de la santé d'un patient. L'aléa thérapeutique est donc désormais couvert, à condition que celui-ci soit indépendant de l'évolution de l'affection en cause ou de l'état antérieur de la personne assurée ;
– les accidents dus à des attentats (bombe, voiture piégée...) ou à des agressions physiques (blessures suite au vol d'un sac à main par exemple) dans la mesure où la personne touchée n'a pas participé à une rixe ou à un attentat.

Quelles sont les personnes assurées ?

Ce sont toutes les personnes d'une même famille âgées de moins de 65 ans. L'assurance accidents de la vie privée est en effet un contrat familial qui couvre le souscripteur, son conjoint ou concubin (y compris dans le cadre du PACS) et leurs enfants fiscalement à charge. Tout assuré victime d'un accident survenant dans les pays de l'Union européenne et de la Suisse bénéficie de cette garantie, sans limitation de durée de séjour. Celle-ci est également valable pour les séjours ou voyages dans le reste du monde, à condition que ceux-ci n'excèdent pas une durée continue de 3 mois.

Quel est le coût de cette garantie ?

Chaque compagnie d'assurances est libre de sa politique tarifaire. Lorsque le socle de base défini par la FFSA (voir plus loin) est strictement respecté, il faut compter 15 € par mois environ pour garantir une famille, quel que soit le nombre de personnes la composant.

Lorsque le taux d'incapacité à partir duquel il peut y avoir processus indemnitaire est plus généreux que celui défini par la FFSA (10 % par exemple au lieu des 30 % prescrits), la cotisation peut passer à 20-30 € par mois environ.

Comment sont versées les indemnités ?

Les indemnités peuvent être versées sous forme de capital ou de rente, tous deux entièrement défiscalisés.

Elles ne sont pas versées de façon forfaitaire (si le contrat garantit 1 million d'euros et s'il y a décès, les ayants droit ne percevront pas forcément cette somme dans sa totalité) selon le principe qui régit par exemple les assurances temporaires décès (→ index, *Assurance décès*), mais selon les règles de droit commun. En d'autres termes, cela signifie que le montant de l'indemnisation est fixé au cas par cas, en fonction du taux d'invalidité de l'assuré, de son âge et des répercussions économiques de son accident.

En cas de décès, le préjudice économique subi par ses proches est déterminé par toute une série de critères : nombre et âge des enfants, conjoint exerçant ou non une activité professionnelle, existence éventuelle de ressources complémentaires, etc.

Dans tous les cas, le montant des indemnités est comparable à celui qui pourrait être obtenu auprès d'un tribunal dès lors que la responsabilité d'un tiers serait reconnue.

À NOTER

La FFSA a créé un label « Garantie accidents de la vie ». Pour pouvoir s'en prévaloir, les assureurs qui commercialisent le produit doivent respecter un socle de garanties minimales : indemnisation des dommages corporels dès lors que l'invalidité est supérieure à 30 % (ce qui correspond à la perte d'un pied par exemple) et plafond de garantie ne pouvant pas être inférieur à 1 million d'euros. À partir de cette charte de base, ils peuvent bien évidemment faire mieux et proposer par exemple une indemnisation à compter d'un taux d'invalidité de 10 %.

La Fédération française des sociétés d'assurances dispose d'un site Internet très complet : www.ffsa.fr.

AVANTAGE

Les délais d'indemnisation sont calqués sur ceux de la loi Badinter. Ils sont donc très rapides puisqu'une proposition indemnitaire doit être effectuée au plus tard dans les 8 mois qui suivent la date de l'accident. Le règlement des sommes convenues doit ensuite intervenir dans un délai d'un mois à partir de l'accord de la victime ou des ayants droit.

ATTENTION ⚠

Les accidents de la route dont le conducteur serait entièrement responsable ne peuvent être indemnisés dans le cadre de la garantie accidents de la vie privée. Pour cela, chaque conducteur doit prendre la précaution de souscrire l'option « assurance conducteur » proposée par son assureur dans le cadre de son contrat automobile (→ index, Assurance automobile).

L'assurance dépendance

Parce qu'un hébergement en résidence médicalisée coûte très cher (1 500 € à 3 000 € par mois selon les régions et les prestations), et parce que chacun vit de plus en plus vieux, les assureurs ont conçu un produit spécifique destiné à permettre aux personnes les plus âgées de vivre dignement jusqu'au bout.

Qu'est-ce qu'une assurance dépendance ?

C'est une assurance qui garantit, lorsque la dépendance définitive de la personne assurée est médicalement constatée, le versement d'une rente mensuelle. Cette rente est destinée à payer soit une aide permanente à son domicile, soit un hébergement dans une résidence médicalisée. Si la personne assurée ne devient jamais dépendante, cette rente n'est jamais perçue, les cotisations étant versées à fonds perdu comme celles de l'assurance temporaire décès par exemple (→ index, *Assurance décès*).

Les premiers contrats dépendance, apparus il y a une vingtaine d'années, ne couvraient quasi exclusivement que la perte totale d'autonomie. Mais la création de l'allocation personnalisée d'autonomie a dopé l'offre (→ index, *Allocation personnalisée d'autonomie*). La nouvelle génération de contrats couvre la dépendance partielle et offre des prestations d'assistance parfois performantes.

En outre, sont apparus sur le marché des contrats mixtes qui combinent une assurance dépendance et une assurance vie : il s'agit d'épargner sur un produit de placement pour se constituer un capital dans lequel puiser en cas de perte d'autonomie. Si l'assuré ne devient jamais dépendant, le capital sera transmis à un bénéficiaire qu'il aura désigné dans le contrat.

Quel est son principe ?

La plupart des contrats ne peuvent pas être souscrits après 75 ans. Un questionnaire médical, éventuellement complété d'examens spécifiques, précède toute acceptation du dossier. Le risque assuré - la dépendance - n'est toutefois jamais garanti immédiatement puisque tous les contrats comprennent une période dite de carence d'1 an en général, pendant laquelle la garantie ne s'applique pas, sauf en cas d'accident. Pour que la personne assurée perçoive une rente, il faut qu'elle devienne dépendante. Or, la définition de la dépendance diffère d'un contrat à l'autre. Il existe en réalité deux grandes écoles : certains se réfèrent à la grille AGGIR (utilisée pour l'attribution de l'APA), d'autres à un ensemble d'actes de la vie courante (s'habiller, s'alimenter, se déplacer, se laver...). Lorsque cet état est constaté de façon irréversible et lorsque la personne assurée réside en établissement de long séjour, ou encore qu'elle est assistée chez elle d'une tierce personne, les assureurs versent la rente garantie à l'origine du contrat, passée une période de franchise qui est en général de 6 mois.

Le versement de cette rente cesse avec le décès de la personne assurée.

Quel est son coût ?

Il varie avec l'âge de la personne : plus celle-ci est jeune au moment de la souscription, moins les primes mensuelles à payer (jusqu'au moment où la dépendance survient) sont élevées. Le coût de cette assurance varie également en fonction du montant de la rente que l'on souhaite garantir. Ce montant dépend des ressources sur lesquelles il est possible de compter, et des moyens financiers que l'assuré est susceptible d'y consacrer tous les mois. Il faut débourser, pour une souscription de contrat à 60 ans, entre 30 et 50 € de cotisations par mois pour s'assurer une rente de 600 € par mois et entre 70 et 140 € pour une rente de 1 000 € par mois pour une souscription à 70 ans.

AVANTAGE

La rente versée est totalement défiscalisée. Elle n'entre donc pas dans les revenus du bénéficiaire.

ATTENTION ⚠

Les maladies psychiques font très souvent l'objet de délais de carence plus longs que pour les autres maladies (3 ans au lieu de 2 ans ou d'1 an).

À NOTER

Les compagnies d'assurances, mais aussi certaines caisses de retraite, commercialisent très souvent de tels contrats.

Les assurances complémentaires santé

Le bon niveau de prise en charge des dépenses de santé dépend de la Sécurité sociale et de sa complémentaire santé. C'est ainsi que 92 % des Français sont aujourd'hui couverts par un contrat souscrit auprès d'une société d'assurances, d'une mutuelle ou d'une institution de prévoyance. 60 % d'entre eux le sont via leur entreprise et son contrat collectif obligatoire ou facultatif, 4 % bénéficient de la CMU complémentaire, les autres ont souscrit un contrat à titre individuel.

Auprès de qui souscrire ?

Trois types d'assureurs sont présents sur le marché de la complémentaire santé, chacun d'eux appliquant des règles particulières :

- les mutuelles relèvent du Code de la mutualité. Sociétés de personnes à but non lucratif, elles ne rémunèrent pas d'actionnaires et se financent essentiellement au moyen des cotisations de leurs membres. Fondées sur la solidarité, elles ne sélectionnent pas leurs clients en particulier selon des critères d'état de santé ;
- les sociétés d'assurances sont soumises au Code des assurances. Sociétés de capitaux, elles ont vocation à réaliser des bénéfices et à les redistribuer aux actionnaires. Au nom de l'équité actuarielle, elles proposent des tarifs différenciés qui peuvent varier selon l'âge, le sexe, le lieu d'habitation ou le risque que présente l'assuré mesuré par le questionnaire médical ;
- les institutions de prévoyance relèvent du Code de la Sécurité sociale. Elles sont gérées de manière paritaire par les syndicats et le patronat. Elles proposent principalement des contrats collectifs (voir plus loin).

En réalité, les frontières entre ces différents assureurs sont de moins en moins étanches : certaines sociétés d'assurances gèrent la branche d'activité « santé » sous forme de mutuelle et des institutions de prévoyance créent des structures relevant du Code de la mutualité pour proposer des contrats individuels.

À NOTER

Pour souscrire certains contrats, notamment haut de gamme, l'assureur peut imposer à son client un questionnaire médical. Le recours à ce questionnaire est cependant en nette régression et peu de sociétés d'assurances l'exigent aujourd'hui.

À NOTER

Afin d'éviter qu'une personne s'assure uniquement lorsqu'elle doit faire face à de grosses dépenses de santé, certains assureurs imposent, au moment de la conclusion du contrat, des délais de carence. Pendant ce délai, certains soins coûteux comme l'optique ou les prothèses dentaires ne sont pas pris en charge ou seulement dans certaines limites.

Quelles sont les garanties proposées ?

Le socle des garanties offertes sont : des remboursements complémentaires à la Sécurité sociale des dépenses de santé, des frais d'hospitalisation, les frais dentaires, d'optique…

Mais ne sont généralement pas garantis les maladies et accidents occasionnés notamment par :

– l'assuré lui-même de façon intentionnelle (tentative de suicide, mutilation) ;

– l'usage de drogue ou de stupéfiants non prescrits par un médecin ;

– l'état d'ivresse ou l'alcoolisme ;

– la pratique d'un sport considéré comme dangereux (parapente, boxe…). Vous pouvez, toutefois, deman-

der une extension de garantie à votre assureur en contrepartie d'une surprime ;
– un traitement ou des interventions chirurgicales esthétiques non consécutifs à un accident.
Certains contrats prévoient, en outre, le versement d'une rente ou d'un capital en cas d'invalidité totale ou partielle consécutive à une maladie ou un accident, ou encore le paiement d'une indemnité quotidienne forfaitaire si vous êtes contraint de cesser votre activité professionnelle à la suite d'une maladie ou d'un accident. D'autres peuvent adjoindre des garanties « assistance » (recherche et envoi d'un médecin, d'une ambulance...).

Pourquoi souscrire ?

La différence entre la somme que débourse le patient pour se soigner et ce qui lui est remboursé par la Sécurité sociale se creuse de plus en plus. Car la Sécurité sociale, par le biais de participations forfaitaires et depuis peu de franchises médicales, tente de limiter la consommation de soins des Français. Elle rembourse donc moins qu'auparavant et les complémentaires santé, dans le cadre du contrat responsable, ne peuvent pas prendre en charge ces forfaits (→ index, *Prestations en nature, participation forfaitaire du patient*) et franchises médicales (→ index, *Prestations en nature, franchises médicales*).

Un complément de remboursement

En principe, la Sécurité sociale prend en charge partiellement les dépenses de santé : de 30 à 75 % selon le type d'actes (consultations médicales, actes infirmiers, médicaments...). Ce pourcentage est appliqué sur un tarif correspondant à la base de remboursement. Le différentiel (de 25 à 70 %), appelé ticket modérateur, reste à la charge du patient comme la partie de la facture qui dépasse la valeur de la base de remboursement (dépassements d'honoraires que peuvent demander des médecins conventionnés « honoraires libres », par exemple).
Dans certains cas, le taux de prise en charge de la Sécurité sociale peut atteindre 100 %, notamment en cas de maladie de longue durée (→ index, *Prestations en nature, taux de remboursement*). Le patient ne supporte alors que la part de la dépense supérieure au tarif de remboursement.
Traditionnellement, les complémentaires santé couvrent le ticket modérateur et, selon le contrat souscrit, tout ou partie des dépassements d'honoraires. C'est ainsi que les baisses de remboursement de la Sécurité sociale opérées par les pouvoirs publics pour enrayer le déficit chronique de la branche maladie ont pendant longtemps été compensées par les complémentaires santé moyennant une hausse des cotisations. Mais en misant sur un changement de comportement des consommateurs de soins pour rééquilibrer les comptes, la loi n° 2004-810 du 13/8/2004 réformant l'assurance maladie puis plusieurs textes législatifs (telle que la loi de financement de la Sécurité sociale pour 2008) et réglementaires sont venus mettre fin à ces pratiques. Ainsi, les complémentaires santé ne peuvent couvrir ni le forfait de 1 € (→ index, *Prestations en nature, participation forfaitaire du patient*), ni les franchises médicales (→ index, *Prestations en nature, franchises médicales*). En ce qui concerne les dépassements d'honoraires facturés par les médecins conventionnés de secteur 2, tout dépend du contrat souscrit.

AVANTAGE

Les personnes à revenus modestes peuvent obtenir gratuitement la CMU complémentaire dès lors que leurs revenus ne dépassent pas un certain plafond. Lorsque leurs ressources annuelles dépassent d'au plus 20 % ces plafonds de ressources, ils peuvent obtenir une aide à l'acquisition d'une mutuelle (→ index, Couverture maladie universelle, couverture complémentaire santé).

Le contrat responsable

Sociétés d'assurances et mutuelles sont incitées par le biais d'avantages fiscaux et sociaux à promouvoir le nouveau parcours de soins. C'est ainsi qu'elles proposent des contrats dits « responsables » dont le contenu a été défini par le décret n° 2005-1226 du 29/9/2005.
Respecter le parcours de soins consiste à choisir un médecin traitant (sauf les jeunes de moins de 16 ans), à le consulter quasi systématiquement (voir ci-dessous) en première intention et à suivre ses indications (→ index, *Médecin traitant*). Il revient donc à ce praticien de décider s'il adresse son patient à un spécialiste. En suivant cette procédure, le patient obtiendra le remboursement maximal tant de la Sécurité sociale que de sa complémentaire santé. Sinon, il sera pénalisé financièrement. Tout d'abord, le médecin consulté en direct lui facturera un supplément d'honoraires. Ensuite, le remboursement de la Sécurité sociale sera moindre. Or, dans le cadre des contrats responsables, la complémentaire santé ne peut compenser cette baisse de remboursement.

De même, elle ne peut prendre en charge le forfait d'1 € ni les franchises sur les médicaments, sur les frais de transport et les actes des auxiliaires médicaux.
Dans le cadre du contrat responsable, les assureurs doivent rembourser 30 % des honoraires du médecin traitant. Si ce dernier est conventionné secteur 1, le patient ne gardera à sa charge qu'1 € de forfait compte tenu du remboursement de la Sécurité sociale. Le médecin conventionné secteur 2 peut, lui, facturer des suppléments d'honoraires que la complémentaire santé peut prendre en charge, même dans le cadre du contrat responsable. Tout dépend des garanties que vous avez souscrites.
De même, les prescriptions médicales du médecin traitant devront être prises en charge par l'assureur à hauteur de :
– 30 % du tarif de remboursement pour les médicaments remboursés à 65 % par la Sécurité sociale ;
– 35 % du tarif de remboursement pour les actes d'analyse et de laboratoire.
En outre, dans le cadre du contrat responsable, les assureurs doivent rembourser au moins deux prestations dites « de prévention » considérées comme prioritaire au regard des objectifs de santé publique. La liste de ces actes de prévention est définie par l'arrêté du 8/6/2006. Parmi ceux-ci, on peut citer le dépistage de l'hépatite B, un détartrage annuel complet ou encore le dépisatge de trouble de l'audition (pour les plus de 50 ans).

Contrat collectif ou individuel ?

Le contrat collectif est souscrit par l'employeur pour ses salariés. Il peut être, selon les cas, à adhésion facultative ou individuelle. Il est financièrement avantageux car l'assureur propose ses garanties à un prix attractif et l'employeur prend bien souvent une partie de la cotisation à sa charge.
La rupture du contrat de travail entraîne la résiliation du contrat complémentaire santé. Mais l'assuré partant à la retraite peut continuer à bénéficier de la garantie à condition d'en faire la demande dans les 6 mois qui suivent la rupture du contrat de travail. L'assureur ne peut alors ni refuser, ni lui imposer un questionnaire ou un examen médical. Il peut cependant augmenter le montant de la cotisation globale (part payée par le salarié et celle versée par l'employeur) jusqu'à 50 %. Concernant le maintien à l'identique ou non des prestations, la justice a eu à se prononcer à plusieurs reprises. La Cour de cassation, dans un arrêt du 7/2/2008 suivi par la cour d'appel de renvoi (*Cour d'appel, Lyon, 13/1/2009*), se prononce pour un maintien à l'identique de la couverture des ex-salariés.

Les salariés qui perdent leur emploi et sont indemnisables par l'assurance chômage continuent désormais à être couverts par la mutuelle de leur ancienne entreprise pendant 9 mois au maximum. Plus précisément, sont visés les salariés dont le contrat de travail est rompu par un licenciement (sauf en cas de faute lourde) ou par une démission reconnue légitime par l'assurance chômage. La rupture conventionnelle homologuée et la fin d'un contrat à durée déterminée ouvrent les mêmes droits.

Ce principe a été posé par l'Accord national interprofessionnel (ANI) sur la modernisation du marché du travail du 11/1/2008. Un avenant en date du 18/5/2009, signé par la CFDT, FO et la CFE-CGC et trois organisations syndicales patronales (MEDEF, CGPME et UPA) définit précisément les obligations des entreprises en la matière. Les employeurs des branches d'activités non représentées par le MEDEF, la CGPME ou l'UPA (telles que l'agriculture, la presse, le secteur associatif) échappent néanmoins à cette obligation.

Le salarié concerné conserve le bénéfice des garanties de la mutuelle de l'entreprise pour une durée égale à celle de son dernier contrat de travail (apprécié en mois entiers) dans la limite de 9 mois. Un salarié licencié, par exemple, après 15 ans d'ancienneté dans l'entreprise gardera la complémentaire santé pendant 9 mois. Les prestations des régimes de remboursement des dépenses de santé et de prévoyance (incapacité de travail, invalidité, décès) sont maintenues à l'identique. Il n'y a aucune différence par rapport à la période d'activité sauf en ce qui concerne les droits garantis par la « prévoyance » en cas d'incapacité temporaire de travail (en cas de maladie ou de maternité par exemple). Dans cette situation, ce que percevra l'intéressé de la part de la Sécurité sociale et de sa mutuelle ne pourra pas être supérieur au montant de ses allocations de chômage.

Le financement de la mutuelle pendant la période de maintien est financé conjointement par l'employeur et le salarié licencié dans les mêmes proportions que les salariés en activité dans l'entreprise sauf si un accord prévoit un autre dispositif.

À NOTER

Le maintien de la couverture complémentaire santé et prévoyance est facultatif pour le salarié. S'il y renonce, il doit le notifier par écrit à son ancien employeur dans les 10 jours qui suivent la cessation de son contrat de travail.

AVANTAGE

Les ayants droit du salarié (conjoint, enfants) qui sont déjà couverts à titre obligatoire peuvent ne pas adhérer au régime complémentaire de santé et prévoyance mis en place dans l'entreprise. Pour cela, le salarié doit produire chaque année une attestation afin de prouver que son conjoint (et/ou ses enfants) bénéficie d'une couverture complémentaire obligatoire. Ainsi, il pourra payer une cotisation individuelle moins chère.

- Les contrats individuels sont principalement souscrits par les travailleurs indépendants, les salariés de petites entreprises et les retraités.

Quelles sont les obligations de l'assureur ?

L'assureur ne peut résilier un contrat dès lors qu'il a accordé sa garantie (sauf en cas de fausse déclaration à la souscription). Vous avez la certitude de pouvoir continuer à bénéficier de votre contrat, votre vie durant, quelle que soit l'évolution de votre consommation de soins.

De même, l'assureur ne peut augmenter votre cotisation, à titre individuel, parce que vos dépenses de santé sont trop importantes. Il peut cependant prévoir des augmentations de tarifs en fonction de l'avancée en âge.

ATTENTION ⚠

Certains contrats peuvent ne pas être offerts aux personnes ayant dépassé une limite d'âge (65, 70, 80 ans selon les contrats). Mais quel que soit son âge, on trouve sur le marché de l'assurance des contrats ouverts à tous. Il faut savoir en outre, qu'en général, plus on adhère à un âge avancé, plus les tarifs appliqués sont élevés.

À NOTER

Si vous avez souscrit un contrat individuel de complémentaire santé, l'assureur doit vous informer de la possibilité de résilier votre contrat avant la date anniversaire de sa reconduction. S'il ne le fait pas, vous pouvez résilier votre contrat à tout moment.

LE CUMUL D'ASSURANCES

D'autres contrats comme les assurances scolaires, extrascolaires, des clubs sportifs… peuvent intervenir pour couvrir les conséquences d'un accident. Mais attention : lorsqu'ils comportent chacun des prises en charge de frais de soins, il n'est pas possible de présenter une demande de remboursement à chaque assureur et obtenir ainsi plus que ce que vous avez dépensé. En revanche, pour des frais de soins engagés à la suite d'un accident survenu lors de la pratique d'un sport, par exemple, il sera possible de faire jouer l'assurance sportive si la prise en charge de la Sécurité sociale et de l'assurance complémentaire n'est pas complète. Par ailleurs, les capitaux prévus par ces différents contrats en cas d'invalidité sont cumulables.

L'assurance obsèques

Préparer ses obsèques à l'avance n'est plus, aujourd'hui, un sujet tabou. De nombreuses compagnies d'assurances proposent à leurs clients de préfinancer leurs obsèques afin d'épargner aux proches une dépense souvent importante.

Qu'est-ce qu'une assurance obsèques ?

Il existe différents types de contrat en la matière, deux plus exactement.

- La première formule se cantonne au strict préfinancement des obsèques : vous payez aujourd'hui ce qui devra, de toute façon, être réglé demain. Au moment de votre décès, le capital que vous avez souscrit est versé à vos proches ou à des tiers désignés dans le contrat. Il peut également être versé à une entreprise de pompes funèbres qui, selon le capital disponible, se chargera d'organiser les obsèques.
- La seconde formule va plus loin puisqu'elle prévoit non seulement le financement des obsèques, mais aussi leur organisation selon vos propres volontés consignées au moment de la souscription : si vous souhaitez une cérémonie religieuse ou non, le modèle de cercueil et de caveau retenus... Ici, vous mandatez la compagnie d'assurances pour veiller au bon déroulement des obsèques. Vos proches peuvent même vérifier, en regard du devis initial, si vos souhaits ont bien été respectés. Cette formule permet également de les soulager quant à l'organisation, souvent fastidieuse, des obsèques.

Depuis la loi n° 2004-1343 du 9/12/2004, le contrat obsèques doit prévoir explicitement la faculté pour le souscripteur de modifier la nature des obsèques, le mode de sépulture, le contenu des prestations et fournitures funéraires, l'opérateur désigné pour exécuter les obsèques et, le cas échéant, le mandataire nommé pour veiller à la bonne exécution des volontés exprimées. La compagnie d'assurances doit respecter la liberté de modification du souscripteur sous peine d'une amende de 15 000 € (*Code général des collectivités territoriales, Art. L. 2223-35-1*).

Par ailleurs, toute clause d'un contrat prévoyant des prestations d'obsèques à l'avance sans que le contenu détaillé de ces prestations soit défini est réputée non écrite (*Code général des collectivités territoriales, Art. L. 2223-34-1*).

Quel est son principe ?

La souscription d'une telle assurance peut se faire à n'importe quel âge et jusqu'à 75 ans pour la majorité des contrats. La plupart du temps, il n'y a aucun questionnaire médical à remplir. Il faut savoir qu'en général le décès n'est pas couvert lors des 2 premières années de souscription.

Par ailleurs, vous devez choisir votre mode de règlement : en prime unique (vous réglez une fois pour toutes le financement de vos obsèques), prime annuelle ou mensuelle. Les capitaux garantis sont souvent plafonnés à 75 000 € et peuvent, dans certains cas, être réévalués d'année en année selon l'indice du coût de la vie. Lorsque le contrat a été souscrit il y a de nombreuses années au profit d'une entreprise de pompes funèbres, et lorsque les capitaux disponibles ne servent plus qu'à couvrir partiellement les frais d'obsèques garantis de par l'augmentation des prix, l'entreprise doit débourser la différence sans avoir à requérir un quelconque supplément financier auprès de la famille.

À l'inverse, lorsque les capitaux disponibles sont supérieurs aux prestations réalisées en définitive, le surplus doit être versé aux bénéficiaires désignés au contrat au moment de la souscription.

Quel est son coût ?

Il dépend à la fois du montant garanti et de l'âge de l'assuré. À titre d'exemple : pour garantir un capital obsèques de 6 000 €, une personne âgée de 60 ans devra débourser 45 € par mois environ jusqu'à la date de son décès tandis qu'une personne de 75 ans devra payer le double.

AVANTAGE

Les capitaux garantis au titre d'une assurance obsèques sont versés très rapidement et, au plus tard, dans les 48 heures qui suivent le décès.

À NOTER

Chaque souscripteur doit informer son entourage de l'existence d'une telle assurance.

L'assurance temporaire décès

Protéger ses proches en souscrivant une assurance décès est un acte de prévoyance quasi indispensable pour préserver les siens des conséquences financières parfois catastrophiques de sa propre disparition.

Qu'est-ce qu'une assurance décès ?

C'est une garantie qui couvre le décès de la personne assurée. Si celui-ci survient pendant le temps de la souscription du contrat, l'assureur doit verser aux bénéficiaires la somme assurée à l'origine.

En revanche, si ce risque assuré ne se réalise pas, c'est-à-dire si vous êtes toujours en vie à l'issue du contrat (qui est fixée entre 65 et 75 ans, en général) aucune somme ne sera versée aux bénéficiaires.

À quels besoins répond cette assurance ?

Cette assurance répond au besoin de protéger financièrement les siens en cas de disparition prématurée. Pour quelques centaines d'euros par an, vous garantissez un capital important destiné à subvenir, au moins dans un premier temps, aux besoins de votre famille.

Certaines situations sont particulièrement concernées. C'est le cas, par exemple, d'une famille avec des enfants en bas âge, où seul un des deux conjoints travaille, quel que soit son niveau de rémunération. C'est également le cas des concubins, des partenaires pacsés, des couples séparés avec enfants à charge ou des personnes vivant avec un handicapé.

Quels sont les risques couverts ?

Le décès de l'assuré

Il est garanti en toutes circonstances de la vie courante, à l'exclusion :

– du suicide lors de la première année d'assurance. En cas d'augmentation des garanties en cours de contrat, le risque de suicide, pour les garanties supplémentaires, est couvert à compter de la 2e année qui suit cette augmentation ;
– des maladies ou des accidents occasionnés par la guerre et ses conséquences ;
– de la pratique de sports aériens ;
– de la pratique de tout sport à titre professionnel ;
– de la participation à des compétitions sportives comportant l'utilisation de véhicules à moteur ;
– de la participation à un duel, un pari ou une rixe (sauf en cas de légitime défense) ;
– des accidents ou maladies qui sont le fait volontaire de l'assuré ou des bénéficiaires du contrat ;
– des conséquences d'affections ou de maladies antérieures, non déclarées lors de l'adhésion au contrat ;
– des suites de l'usage de drogues, neuroleptiques ou stupéfiants ;
– des suites d'un accident de la circulation lorsque l'assuré a un taux d'alcoolémie (→ index, *Véhicule, règles de circulation*) supérieur au seuil légal de tolérance ;
– des conséquences de la désintégration du noyau atomique ou de radiations ionisantes.

AVANTAGE

L'assurance décès doit couvrir dès la souscription, dans la limite d'un plafond qui ne peut être inférieur à 120 000 €, les contrats d'assurances de groupe souscrits par un établissement de crédit, pour garantir le remboursement d'un prêt contracté pour financer l'acquisition du logement principal de l'assuré.

L'invalidité absolue et définitive de l'assuré

Cette garantie s'exerce à la suite d'un accident. Pour percevoir le capital assuré à l'origine, le souscripteur doit être dans l'impossibilité absolue et définitive de se livrer à un travail quelconque et il doit avoir besoin de l'assistance d'une tierce personne pour accomplir les gestes de la vie quotidienne. Comme pour le décès, la garantie ne s'exerce pas dans certaines circonstances.

Quelles sont les formalités à effectuer pour adhérer ?

Vous souhaitez garantir moins de 75 000 €

En règle générale, vous devez remplir sur l'honneur un simple questionnaire de santé. Mais attention : même si certains renseignements vous semblent anodins (taille, poids, pratique régulière ou non d'un sport, date et nature des interventions chirurgicales ayant eu lieu les 5 dernières années...), rien ne doit être laissé au hasard. Tous les renseignements ont une réelle importance et le moindre « oubli » ou la moindre tricherie peuvent conduire l'assureur à refuser sa garantie en invoquant la nullité du contrat (*Code des assurances, Art. L. 113-8*). Car il faut savoir qu'au moment de payer la somme garantie aux bénéficiaires, les assureurs enquêtent sur le mode de vie de l'assuré et sur son état de santé.

Vous souhaitez garantir plus de 75 000 €

Dans ce cas, le plus souvent, les assureurs imposent de véritables bilans de santé assortis parfois d'examens complémentaires tels que des prises de sang, des radios des poumons ou des électrocardiogrammes.

Si vous avez le droit de refuser de passer ces examens, sachez qu'en contrepartie, l'assureur a le droit de refuser de vous garantir.

À NOTER

Les entreprises et organismes qui proposent une garantie des risques d'invalidité ou de décès ne doivent pas tenir compte des résultats de l'examen des caractéristiques génétiques d'une personne voulant s'assurer, même si ceux-ci leur sont transmis par la personne concernée ou avec son accord. En outre, ils ne peuvent poser aucune question relative aux tests génétiques et à leurs résultats, ni demander à une personne de se soumettre à de tels tests avant que ne soit conclu le contrat et pendant toute la durée de celui-ci.

À NOTER

Une convention relative à l'assurance des personnes exposées à un risque aggravé du fait de leur état de santé détermine les modalités particulières d'accès à l'assurance contre les risques d'invalidité ou de décès en faveur de ces personnes qui ne peuvent trouver dans le cadre des pratiques habituelles de l'assurance de garantie des prêts à la consommation, immobiliers ou à caractère professionnel.

Comment sont calculées les cotisations à payer ?

Elles dépendent bien sûr de l'état de santé (actuel et antérieur) de la personne qui souhaite s'assurer, mais aussi de son âge ; car plus les années passent et plus le risque de décès s'accroît. En conséquence, il est non seulement plus facile de s'assurer à 35 ans qu'à 55 ans, mais c'est aussi moins cher puisque la cotisation annuelle va de 200 € environ dans le premier cas à 900 € environ dans le second, pour un même capital de 75 000 €, par exemple.

Les conséquences de la résiliation

Il est possible de résilier son contrat chaque année au moment de son échéance mais contrairement à l'assurance vie (→ index, *Assurance vie*) où l'argent placé est récupéré au terme du contrat, les sommes versées au titre d'une assurance temporaire décès restent définitivement acquises à l'assureur. On dit qu'elles ont été versées à fonds perdus, comme le sont les primes d'une assurance automobile ou habitation, par exemple.

Percevoir un capital-décès sans souscrire d'assurance particulière ?

Les affiliés au régime général de la Sécurité sociale peuvent prétendre à un capital-décès qui varie selon leur salaire mais qui ne peut cependant dépasser trois fois le plafond mensuel de la Sécurité sociale *(Voir pages Barème)*. Il en va de même pour les salariés, les capitaux garantis correspondant souvent à une année de salaire. Enfin, toutes les cartes bancaires (Carte

Bleue, Carte Visa, cartes EuroCard Mastercard...), comprennent une assurance décès automatique qui joue lorsque le décès survient au cours d'un voyage (en avion, bateau, métro, voiture de location...) dont le titre de transport a été payé par carte, précisément.

AVANTAGE

Le capital transmis par l'assurance décès est exonéré de droits de succession (→ index, Droits de succession).

ATTENTION ⚠

Il est très difficile de souscrire une assurance décès passé 60 ans.

À NOTER

Il est possible de souscrire une assurance décès « vie entière » qui couvre l'assuré jusqu'à la fin de sa vie, quelle que soit la date de son décès. Les primes demandées sont alors nettement plus élevées.

À NOTER

Le marché de la prévoyance est très large : compagnies d'assurances, mutuelles et banques se le partagent, commercialisant à la fois des contrats simples à capitaux limités (15 000 €, 30 000 €...) et des contrats sur mesure.

Les assurances sur les crédits

Deux assurances sont proposées aux emprunteurs : l'assurance décès-invalidité, souvent obligatoire, et l'assurance chômage, toujours facultative. Elles prendront en charge le remboursement du prêt dans certains cas précis.

L'assurance décès-invalidité

Que couvre-t-elle ?

Le décès

Lorsque l'emprunteur décède, l'assurance rembourse à la banque la partie du crédit - le capital et les intérêts - qui restait due à la date du décès.

À NOTER

Le suicide est désormais couvert dès la souscription du contrat lorsque l'assurance est liée à un prêt immobilier souscrit pour financer la résidence principale. Toutefois la garantie est limitée à un plafond. Dans les autres cas de prêt, l'assurance décès ne couvre le suicide qu'à partir de la 2e année.

L'invalidité absolue et définitive

Lorsque l'emprunteur est définitivement reconnu comme invalide par un médecin, l'assurance rembourse le crédit dans les mêmes conditions qu'en cas de décès. Toutefois, cette garantie n'est accordée que jusqu'à un certain âge et à condition que l'emprunteur ne puisse plus exercer aucune activité susceptible de lui procurer un salaire, un gain ou un profit.

Certains contrats précisent qu'il faut, de surcroît, que l'état de santé de l'assuré l'oblige à recourir à l'aide d'une tierce personne pour accomplir les actes ordinaires de la vie.

L'incapacité de travail

Si, à la suite d'une maladie ou d'un accident, l'emprunteur ne peut plus travailler, l'assurance paie à sa place la mensualité du crédit mais dans la limite de certains délais.

À partir du moment où l'emprunteur est contraint d'arrêter de travailler, il s'écoule plusieurs mois avant que l'assurance n'intervienne. Ce délai de franchise, pendant lequel l'assuré continue à régler sa mensualité, varie en général entre 1 et 3 mois. L'assurance prend ensuite en charge la mensualité du crédit jusqu'à ce que l'emprunteur puisse reprendre son travail, ou jusqu'au jour de son départ à la retraite ou, pour certains contrats, jusqu'à un âge limite (par exemple, 60 ou 65 ans). Mais les contrats prévoient aussi la durée maximale de l'indemnisation : 1 à 3 ans, en général. Ensuite, l'assureur qui évalue le degré d'invalidité de l'emprunteur continue à rembourser les mensualités, ou réduit ses remboursements (à la charge pour l'emprunteur de payer la différence), ou encore arrête tout paiement.

À NOTER

Avant d'accepter de vous garantir, la société d'assurances peut vous soumettre à un questionnaire médical et même exiger des examens. Cependant, vous échapperez à ce contrôle pour l'assurance d'un prêt à la consommation affecté à l'achat d'un bien ou d'un service si vous n'avez pas plus de 45 ans, si le montant emprunté ne dépasse pas 10 000 € et si le remboursement se fait au plus sur 4 ans.

Qui souscrit l'assurance ?

L'assurance est souscrite par le ou les emprunteurs. S'ils sont plusieurs, l'assurance peut être répartie entre eux. Par exemple, si vous avez des revenus plus élevés que votre conjoint et prenez donc en charge une part plus importante de la mensualité de remboursement du crédit, vous pourrez vous assurer à 75 % et votre conjoint pour 25 % seulement. Dans ce cas, l'assurance ne jouera, en cas de décès, d'invalidité ou d'incapacité de travail, qu'à hauteur de la partie assurée. Par exemple : si vous décédez, l'assurance ne remboursera que 75 % de votre crédit.

Chaque emprunteur peut également s'assurer pour la totalité du capital, soit 100 % sur chacune des têtes. L'assureur paie alors la totalité de ce qui reste dû en cas de décès de l'un des assurés.

L'assurance est-elle obligatoire ?

Selon les banques, elle est parfois facultative sur les prêts personnels ou les prêts à la consommation. En revanche, les établissements de crédit l'exigent tou-

jours sur les prêts immobiliers. Ils peuvent proposer, mais bien souvent exigent, l'adhésion du client au contrat d'assurance de groupe qu'ils ont souscrit.
Si le prêteur impose le contrat, il a l'obligation, depuis le 1/10/2008, d'annexer au contrat de prêt une notice énumérant les risques garantis et précisant les modalités de mise en œuvre de l'assurance (*Code de la consommation, Art. L. 312-9*). Cette protection se justifie dans la mesure où, n'étant pas partie au contrat, l'emprunteur ne peut en discuter les clauses.
Un projet de loi réformant le crédit prévoit de modifier la règle de l'assurance dans le cadre du crédit immobilier. L'emprunteur aura le choix de l'assurance, du moment que les garanties ne sont pas moins importantes que celles du contrat de l'établissement de crédit. En cas de refus de ce dernier, sa décision devra être motivée et notifiée au client par écrit.
Si le prêteur n'exige pas l'adhésion au contrat d'assurance collective qu'il a souscrit, il doit mentionner dans l'offre de prêt, toujours depuis le 1/10/2008, que l'emprunteur peut souscrire auprès de l'assureur de son choix une assurance équivalente à celle proposée par le prêteur (*Code de la consommation, Art. L. 312-8*).

À NOTER

Pour améliorer l'information donnée aux utilisateurs de crédit permanent (ou crédit revolving), l'établissement prêteur qui lie son offre préalable de crédit à une proposition d'assurance (invalidité-décès, perte d'emploi) doit préciser que l'emprunteur peut souscrire une telle garantie auprès de l'assureur de son choix. Si cette assurance est facultative, l'offre doit préciser comment doit procéder l'emprunteur pour ne pas la souscrire (Loi du 1/8/2003).

L'ACCÈS AU CRÉDIT FACILITÉ POUR LES PERSONNES PRÉSENTANT UN RISQUE AGGRAVÉ DE SANTÉ

Lorsque le client présente, en raison d'une maladie ou d'un handicap, un risque trop important pour l'assureur, la garantie décès-invalidité lui est refusée ou accordée moyennant une hausse des tarifs (surprime).
En 2001, la convention Belorgey a tenté d'améliorer l'accès des personnes malades au crédit. Mais 5 ans après, nombre d'entre elles voyaient encore leur demande de prêt rejetée. Les associations de malades se sont battues pour que les conditions à remplir par une personne malade présentant « un risque aggravé de santé » (personne séropositive, diabétique, qui a eu un cancer...) soient moins restrictives.
La convention Aeras (« s'Assurer et Emprunter avec un Risque Aggravé de Santé ») signée par le gouvernement, les fédérations professionnelles de la banque et des assureurs ainsi que par les associations de malades a été consacrée par la loi n° 2007-131 du 31/1/2007. Dorénavant, les personnes gravement malades peuvent emprunter jusqu'à 300 000 € pour réaliser un projet immobilier. La durée de remboursement de ce capital n'est pas limitée dans le temps mais l'emprunteur ne doit pas être âgé de plus de 70 ans à l'échéance du prêt. Dans ce cas, le tarif appliqué sera en général plus élevé et/ou les garanties plus limitées que celles d'un contrat standard. Les professionnels de l'assurance et de la banque se sont engagés à donner une réponse dans un délai de 5 semaines à compter de la réception du dossier complet relatif à la demande de prêt immobilier.
Pour les prêts à la consommation affectés ou dédiés, les conditions de souscription sans questionnaire médical sont également assouplies : l'âge limite de conclusion est de 50 ans, le crédit doit être demandé pour une durée inférieure ou égale à 4 ans et le montant maximum du prêt porté à 15 000 €.
Les assureurs doivent couvrir le risque décès mais également invalidité. Ils remboursent le prêt de leur client présentant un risque aggravé de santé s'il perd son autonomie de façon totale et irrémédiable ou s'il vient à relever d'une invalidité de 3e catégorie au sens de la Sécurité sociale (impossibilité d'effectuer des actes de la vie quotidienne sans l'assistance d'une tierce personne).
Bon à savoir : la Commission de suivi de la convention Aeras a rendu un second rapport d'étape. Par rapport au premier, les chiffres sont en amélioration. Sur les 173 000 demandes d'assurance de prêts au titre des crédits immobiliers et professionnels déposées par des personnes présentant un risque aggravé de santé (soit 11 % des demandes totales), 96 % ont reçu une proposition d'assurance couvrant au moins le risque de décès (soit 2 % de plus qu'en 2008). Mais la commission n'a pu établir le nombre de personnes ayant ensuite obtenu un prêt. Quant à la Commission de médiation de la convention Aeras, située 61, rue Taitbout, 75009 Paris, elle peut être saisie en cas de difficultés pour obtenir un prêt.
Pour en savoir plus sur la convention Aeras : *www.aeras-infos.fr*.

AVANTAGE

La banque qui accorde le crédit tient en général à ce que vous vous assuriez par son intermédiaire. Elle a, en effet, négocié avec une compagnie d'assurances un contrat type. Mais vous pouvez aussi vous adresser à une autre compagnie d'assurances ou à votre mutuelle.

À NOTER

Certains emprunteurs dont la santé ou l'âge posent problème peuvent avoir des difficultés à s'assurer. Et, sans assurance, les banques refusent souvent le prêt. Mais elles peuvent parfois accepter, à défaut, une garantie financière sur un contrat d'assurance (→ index, Assurance vie) ou un compte titres, par exemple.

L'assurance chômage

En quoi consiste-t-elle ?

Les banques proposent avec les crédits qu'elles offrent des assurances qui prennent en charge la mensualité de remboursement du prêt lorsque l'emprunteur est licencié par son entreprise. Seuls peuvent en bénéficier les salariés d'une même société depuis au moins 6 mois, en contrat à durée indéterminée. Certaines assurances prévoient aussi un âge maximum à l'adhésion.

Que couvre-t-elle ?

Si vous êtes licencié - les démissions et les préretraites ne sont donc pas concernées - et si vous percevez des allocations chômage, une partie de la mensualité de votre crédit sera payée directement à la banque par l'assureur. La part ainsi prise en charge varie entre 30 % et 75 %, en général, selon les contrats et le montant de la prime demandée. Mais cette sécurité ne joue que dans la limite de certains délais :

- Il faut en général attendre entre 6 mois et 1 an (selon les contrats) après la souscription de l'assurance pour que celle-ci soit effective. Si l'emprunteur est licencié pendant ce délai de carence, l'assurance ne paiera pas la mensualité.
- Après un licenciement, les contrats prévoient un délai de franchise de quelques mois.
- La durée de la prise en charge varie selon les banques, mais dépasse rarement 18 mois.
- Lorsque l'emprunteur arrive au terme de la période d'indemnisation, il doit retrouver un emploi, pendant 6 mois ou 1 an selon les cas, avant que l'assurance ne puisse à nouveau intervenir, s'il se retrouvait une seconde fois au chômage. Certaines banques plafonnent aussi le nombre de mensualités qui peuvent être prises en charge au total pendant toute la durée du prêt.

À NOTER

L'assurance chômage est toujours facultative.

ATTENTION ⚠

Le risque de chômage augmentant rapidement, les assureurs révisent régulièrement à la hausse les cotisations des assurés.

À NOTER

Certains contrats proposent de couvrir la totalité de la mensualité. Mais attention : la loi interdit que la somme prise en charge par l'assurance, ajoutée au montant des allocations chômage, dépasse le salaire que percevait l'emprunteur lorsqu'il travaillait. Si c'est le cas, la part de la mensualité payée par l'assurance est diminuée.

Les assurances voyages

Devoir annuler ses vacances au dernier moment, se faire voler ses bagages, avoir un accident ou tomber malade à l'étranger sont quelques-unes des mésaventures qui guettent les voyageurs. Pour vous protéger, vous pouvez souscrire des assurances spécifiques. Mais les garanties offertes sont plus ou moins complètes selon les contrats.

Quelles sont les garanties liées à la santé du voyageur ?

L'assistance médicale

Elle prévoit une aide d'urgence (par exemple, le transport d'un blessé à l'hôpital), le rapatriement des malades ou des corps des personnes décédées, ou encore le transport (parfois les frais de séjour) d'un parent du malade qui se rend à son chevet.

Le remboursement des frais médicaux ou d'hospitalisation

Cette garantie ne figure pas dans tous les contrats. Mais elle est essentielle si vous partez, par exemple, aux États-Unis ou au Japon, où les frais d'hospitalisation à votre charge sont dissuasifs. La plupart des contrats prévoient un plafond de remboursement ainsi que des franchises. Sont exclus certains risques, comme par exemple les ennuis médicaux liés à une grossesse de plus de 6 mois, les sports dangereux, ou encore l'aggravation d'une maladie qui s'est déclarée avant le départ.

L'assurance individuelle accident

Elle garantit diverses prestations selon les conséquences de l'accident (décès, invalidité, séjour à l'hôpital…).

Les autres garanties

L'assistance liée au véhicule

Si votre voiture est en panne, accidentée ou volée l'assurance peut prendre en charge les frais de remorquage, la location d'une voiture de remplacement, l'envoi de pièces détachées pour la réparation et, éventuellement, le rapatriement de la voiture et des passagers. Tous les contrats ne contiennent pas cette garantie, et certains pays en sont exclus.

L'assistance juridique

L'assureur peut, par exemple, avancer le montant de la caution pénale (si vous êtes poursuivi pour une infraction), ou les honoraires d'un avocat, mais il faudra le rembourser.

L'assurance bagages

Lorsque le contrat prévoit cette garantie, vos effets personnels perdus, volés ou détruits peuvent être remboursés. Mais ce remboursement est plafonné, et une franchise restera en général à votre charge. Attention aussi aux exclusions : les bagages laissés sans surveillance ou les objets précieux ne sont, en général, pas garantis. Certains contrats prévoient aussi une indemnisation si vous devez, par exemple, racheter des vêtements de rechange en attendant que les bagages égarés soient retrouvés.

L'assurance annulation de voyage

Si vous annulez vos vacances tardivement (en général, à moins de 1 mois du départ), les agences de voyage peuvent exiger le règlement d'une partie ou de la totalité du billet. Si vous prenez une assurance « annulation », vous n'aurez à payer qu'une franchise de quelques dizaines d'euros en général.

Mais la garantie ne joue que si vous pouvez justifier d'un motif « valable » : maladie, accident grave ou décès (de vous-même ou de l'un de vos parents), licenciement économique, destruction des locaux professionnels et privés, complications d'une grossesse, voire parfois convocation à un examen de rattrapage, etc.

AVANTAGE

Certaines garanties vous sont déjà apportées par vos autres assurances (habitation, automobile) ou par votre carte bancaire. Par exemple : l'assurance habitation peut offrir une garantie villégiature qui couvre vos bagages, notamment lors d'un vol par effraction à l'hôtel, chez des amis, etc., mais pas dans un aéroport.

AVANTAGE

Avant de souscrire une assurance annulation, renseignez-vous sur les garanties que vous offre votre carte de crédit. Certaines d'entre elles comportent des garanties d'assurance, notamment d'annulation de voyage, à condition toutefois de payer le voyage, le séjour, le voyagiste… avec cette carte. De même, elles peuvent comporter des garanties d'assistance.

Bien s'assurer

Assurance habitation

Prélèvement forfaitaire du Fonds de garantie des victimes des actes de terrorisme et d'autres infractions (FGTI): 3,30 € par contrat en 2010.

Assurance temporaire décès

Montant maximal du capital-décès versé par la Sécurité sociale : 8 655 € en 2010.

Taux de l'intérêt légal

En 2010 : 0,65 %.

Vivre en couple

Le mariage

Les effets du mariage

Le régime matrimonial

Le concubinage

Les effets du concubinage

Le pacte civil de solidarité (PACS)

Le divorce

Les différents cas et procédures de divorce

Les effets du divorce

La maternité

L'assurance maternité

Le mariage

L'institution que représente le mariage reste toujours, malgré le développement du concubinage et sa possible organisation sous forme de pacte civil de solidarité (PACS), le modèle légal le plus complet réglementant de manière globale les relations d'un homme et d'une femme décidés à vivre ensemble. La notion de modèle légal ne signifie pas qu'une union qui se réalise hors du mariage est illégale, mais seulement qu'elle n'est pas régie en tous points par la loi comme l'est le mariage. En effet, tant sa formation, que ses effets ou encore sa dissolution (notamment par divorce), sont strictement et précisément réglementés. En outre, pour les enfants issus du mariage, des règles spécifiques vont s'appliquer en matière de filiation ou d'autorité parentale. Quant aux régimes matrimoniaux, ils ont pour objet de déterminer les règles applicables aux rapports pécuniaires entre les époux eux-mêmes et vis-à-vis des tiers.

Les effets du mariage

Quel que soit le régime matrimonial des époux, ceux-ci sont soumis à des règles communes auxquelles ils ne peuvent échapper. On dit de ces règles qu'elles forment le statut de base impératif pour tous les époux, lequel fixe leurs droits et devoirs respectifs.

Les relations personnelles entre époux

Les époux se doivent mutuellement respect, fidélité, secours et assistance.
L'assistance s'exerce sous la forme d'une obligation d'aide et de soins, tant dans le travail qu'en cas de maladie ou d'infirmité d'un conjoint. Le respect, ajouté dans les obligations du mariage depuis la loi du 4/4/2006, vise à condamner toute forme de violence conjugale. En cas de manquement de l'un des époux à ses obligations, l'autre pourra saisir le juge afin de les faire respecter ou s'en prévaloir pour fonder une demande en divorce (*Code civil, Art. 212*).

La contribution aux charges du mariage

Les époux doivent contribuer aux charges du mariage à proportion de leurs ressources respectives (*Code civil, Art. 214*). Si le contrat de mariage n'a pas fixé les modalités de cette contribution, celle-ci s'effectuera au jour le jour par le versement d'une somme d'argent ou par le paiement des dépenses ménagères. L'époux qui n'exerce pas d'activité professionnelle peut également s'en acquitter par son activité au foyer ou par sa collaboration à la profession de son conjoint. La notion de charges du mariage ne se confond pas avec celle d'obligation alimentaire. Son contour est plus large et recouvre non seulement les dépenses d'entretien du ménage et d'éducation des enfants qui sont nécessaires, mais aussi les dépenses d'agrément en fonction du train de vie du ménage.
Si l'un des époux refuse de participer aux dépenses quotidiennes, l'autre peut l'y contraindre en formant une demande de contribution aux charges du mariage devant le juge aux affaires familiales. Cette obligation dure tant que le mariage n'est pas dissous, y compris lorsque les époux sont séparés de fait.

À NOTER

En cas de séparation de fait des époux et s'il existe des circonstances particulières, les tribunaux peuvent dispenser un époux du paiement de la contribution aux charges du mariage. Ainsi, par exemple, la Cour de cassation a estimé qu'une femme qui quittait le domicile conjugal sans motif légitime était mal venue à réclamer à son mari une contribution financière, alors que celui-ci était prêt à l'accueillir au foyer (Cour de cassation, 1re chambre civile, 16/2/1983).

Les dettes ménagères

Les dépenses qui ont pour objet l'entretien du ménage et l'éducation des enfants engagent solidairement les deux époux, même si elles n'ont été contractées que par un seul d'entre eux. Pratiquement, le créancier pourra réclamer le paiement de la totalité de la dette à l'un ou l'autre des époux, quel que soit leur régime matrimonial. C'est le cas, par exemple, du loyer du bail d'habitation pour la résidence principale des époux, de l'impôt sur le revenu, de la taxe d'habitation pour la résidence commune, de l'ISF et, plus généralement, de toute dette dite « ménagère » qui ne présente pas un caractère manifestement excessif par rapport au train de vie du ménage.

A contrario, le contrat portant sur la construction d'une maison n'est pas considéré comme une dette ménagère, même s'il s'agit de la maison familiale, puisqu'il n'a pas pour objet l'entretien du ménage ou l'éducation des enfants et qu'il constitue une opération d'investissement (*Cour de cassation, 1re chambre civile, 4/7/2006*).

En revanche, un contrat de location accession est une dette ménagère ainsi que les dépenses d'amélioration voire d'agrandissement du logement.

Par ailleurs, la solidarité est écartée pour les achats à crédit et pour les emprunts, à moins que ces derniers ne portent sur des sommes modestes et nécessaires aux besoins de la vie courante (*Code civil, Art. 220*). Il faut en effet que la dépense remplisse ces deux conditions. Par exemple, l'achat d'une voiture peut être un achat modeste (compte tenu des revenus du couple) mais il n'est pas obligatoirement nécessaire à la vie courante (*Cour de cassation, 1re chambre civile, 27/11/2001*).

La solidarité est aussi écartée si l'un des époux se porte caution pour la dette d'un tiers, même s'il s'agit d'une dette contractée pour les besoins du ménage. Les créanciers ne peuvent pas saisir les biens communs du couple (par exemple, un compte joint alimenté par les revenus des deux époux) si le conjoint du débiteur n'a pas donné son accord au cautionnement (*Cour de cassation, 1re chambre civile, 17/2/2004*).

AVANTAGE

En cas de séparation du couple (abandon de domicile, autorisation de résidences séparées ou prononcé du divorce), un époux peut demander à être déchargé de cette solidarité et du paiement de l'impôt sur le revenu lié à la vie commune.

La décharge est accordée s'il apparaît une réelle disproportion entre le montant dû et les ressources du demandeur. Dans cette hypothèse, ce dernier n'a alors à payer que l'impôt calculé en fonction de ses propres revenus et de la moitié des revenus des biens communs.

De la même façon, un époux peut demander à être déchargé du paiement de la totalité de la taxe d'habitation (et n'être débiteur que de la moitié de cette somme) ainsi que du paiement total de l'ISF (le nouveau montant dû serait alors calculé sur son patrimoine propre et sur la moitié du patrimoine commun) (Code général des impôts, Art. 1691 bis).

La protection du logement de la famille

Le mariage oblige les époux à une communauté de vie. Le choix de la résidence se fait d'un commun accord et, en cas de conflit, il appartient au juge de fixer cette résidence en fonction des intérêts de la famille.

● Quel que soit le régime matrimonial des époux, l'un ne peut vendre, donner, louer ou hypothéquer le logement sans l'accord de l'autre. Cette règle s'impose, que le logement appartienne personnellement à l'un des époux ou qu'il soit commun. Il en est de même pour les meubles qui le garnissent (*Code civil, Art. 215*).

De même, le contrat de location assurant le logement familial ne peut pas être résilié par un seul des époux, sans le consentement de son conjoint (*Cour de cassation, 2e chambre civile, 10/3/2004*).

À NOTER

Le mariage a des effets sur un plan extra-patrimonial, tant pour les époux que pour leurs enfants s'agissant du nom (→ index, Nom), de la filiation (→ index, Filiation) ou encore de la nationalité.

ATTENTION ⚠

L'interdiction pour un époux de disposer seul du logement familial n'interdit pas que celui-ci puisse être saisi par les créanciers de l'époux qui en est propriétaire, même si son conjoint n'avait pas donné son consentement à la dette non payée qui justifie la saisie.

AVANTAGE

Si le logement constitue un bien commun, la protection est plus grande car un époux ne peut engager les biens communs suite à un emprunt ou un cautionnement que si son conjoint a donné son consentement à l'acte (Code civil, Art. 1415).

● Lorsque le logement est loué à l'un des époux, l'autre est également réputé cotitulaire du bail, même si le bail a été conclu avant le mariage (*Code civil, Art. 1751*). L'un des époux ne pourra donc résilier le bail sans l'accord de l'autre. La cotitularité d'un bail est reconnue jusqu'à la dissolution du mariage. Ainsi, pendant la procédure de divorce, le mari conserve son droit au bail même si une ordonnance a autorisé la résidence séparée et attribué à l'épouse la jouissance du logement familial. Suite au congé donné par l'épouse, il peut demander à être réintégré dans les lieux pour poursuivre le bail (*Cour de cassation, 3e chambre civile, 1/4/2009*).

De son côté, le bailleur qui veut mettre fin à la location doit délivrer un congé à chacun des époux par lettre séparée. Toutefois, en matière de baux d'habitation, l'article 9-1 de la loi du 6/7/1989 précise que cette obligation du bailleur ne vaut que si l'existence du mariage de son locataire a été portée à sa connaissance.

Extraits du Code civil

« **Art. 212**. Les époux se doivent mutuellement, respect, fidélité, secours, assistance. »

« **Art. 213**. Les époux assurent ensemble la direction morale et matérielle de la famille. Ils pourvoient à l'éducation des enfants et préparent leur avenir. »

« **Art. 214**. Si les conventions matrimoniales ne règlent pas la contribution des époux aux charges du mariage, ils y contribuent à proportion de leurs facultés respectives.

Si l'un des époux ne remplit pas ses obligations, il peut y être contraint par l'autre dans les formes prévues au Code de procédure civile. »

« **Art. 215**. Les époux s'obligent mutuellement à une communauté de vie.

La résidence de la famille est au lieu qu'ils choisissent d'un commun accord.

Les époux ne peuvent l'un sans l'autre disposer des droits par lesquels est assuré le logement de la famille, ni des meubles meublants dont il est garni. Celui des deux qui n'a pas donné son consentement à l'acte peut en demander l'annulation : l'action en nullité lui est ouverte dans l'année à partir du jour où il a eu connaissance de l'acte, sans pouvoir jamais être intentée plus d'un an après que le régime matrimonial s'est dissous. »

« **Art. 223**. Chaque époux peut librement exercer une profession, percevoir ses gains et salaires et en disposer après s'être acquitté des charges du mariage. »

« **Art. 225**. Chacun des époux administre, oblige et aliène seul ses biens personnels. »

Les pouvoirs des époux

Chaque époux peut se faire ouvrir, sans le consentement de son conjoint, un compte dans un établissement bancaire. Il est présumé avoir la libre disposition des sommes déposées. Cela ne veut pas dire pour autant qu'il en a nécessairement la propriété ; c'est au moment de la dissolution du mariage, en cas de divorce par exemple, que cette question sera tranchée, notamment en fonction du régime matrimonial auquel les époux seront soumis (voir ci-après).

De la même manière, chaque époux peut librement exercer la profession de son choix. Il dispose seul des gains et salaires qu'il en tire, sous réserve de s'être préalablement acquitté des charges du mariage. Là encore, cette disposition concerne uniquement les pouvoirs des époux et n'influe pas sur la nature des revenus qui, dans un régime de communauté, sont des biens communs (*Code civil, Art. 221 à 225*).

Le régime matrimonial

Que les époux aient, préalablement à la célébration du mariage, fait établir un contrat de mariage par leur notaire ou qu'ils n'en aient pas fait, ils seront, en toutes hypothèses, soumis à un régime matrimonial.

Le régime légal de la communauté de biens réduite aux acquêts

C'est le régime légal. Sauf s'ils ont fait le choix d'un autre régime, le patrimoine des époux est régi par ce régime.

À défaut de choix exprès par l'établissement d'un contrat de mariage, les époux sont soumis à ce régime de communauté ; c'est la raison pour laquelle on parle de régime légal par opposition aux régimes conventionnels (*Code civil, Art. 1400*).

La répartition des biens

Dans ce régime, les biens des époux se répartissent en trois masses : les biens communs, les biens propres du mari et les biens propres de la femme.

- Les biens communs

Font partie de la communauté tous les biens acquis à titre onéreux pendant le mariage. S'y ajoutent les salaires des époux et les revenus qu'ils tirent de leurs biens propres. Ainsi, par exemple le loyer d'un logement appartenant à la femme et donné en location entre dans la masse de la communauté. Plus généralement, sont communs tous les biens pour lesquels la preuve de leur caractère propre à l'un ou l'autre des époux ne peut pas être rapportée. Il existe ainsi une présomption de communauté (*Code civil, Art. 1401 à 1403*).

À NOTER

Attention : pour les personnes qui se sont mariées avant le 1/2/1966, la communauté comprend en plus tous les meubles quelles que soient leurs dates d'acquisition (avant ou après le mariage) ou leurs modalités d'acquisition (à titre onéreux ou à titre gratuit).

À NOTER

La valeur de la clientèle civile que s'est constitué pendant le mariage un époux qui exerce une profession libérale (médecin, avocat...) doit figurer à l'actif de la communauté (Cour de cassation, 1re chambre civile, 12/1/1994).

- Dans le régime légal actuel, sont propres à chaque époux :

– les biens qu'il possédait déjà avant de se marier ;
– les biens qu'il a reçus pendant le mariage par donation ou succession ;
– les biens qui remplacent un bien propre (échange, indemnité d'assurance, prix de vente). Toutefois, en cas de rachat au cours du mariage d'un bien à l'aide de fonds provenant de la vente d'un bien propre, le nouveau bien ne sera lui-même propre qu'à deux conditions : d'une part que l'acte d'achat contienne une déclaration de remploi indiquant la provenance des fonds utilisés et, d'autre part, que la part représentative des fonds propres en comparaison du prix et des frais d'acquisition soit supérieure ou égale à celle des biens communs, le cas échéant, utilisés ; si ces deux conditions ne sont pas remplies, le bien sera commun. Ainsi, par exemple, la femme vend un appartement qui lui appartient en propre et achète avec ces fonds une maison de campagne : celle-ci sera commune, sauf si elle a fait la déclaration de remploi. Il convient donc d'être particulièrement prudent dans cette situation ;
– les biens considérés comme accessoires d'un bien propre (construction sur un terrain propre ou terrain contigu à un terrain propre, par exemple) ;
– enfin, les biens ayant un caractère personnel très marqué (vêtements, réparation d'un dommage corporel ou moral, instruments de travail...) (*Code civil, Art. 1404 à 1408*).

À NOTER

Il est recommandé de prendre conseil auprès d'un notaire avant de choisir son régime matrimonial. Ce choix dépendra d'éléments divers comme la profession des époux, leur fortune respective, leur âge, leur situation familiale...

LE COMPTE DE RÉCOMPENSES

Si des mouvements de valeur d'un patrimoine propre vers la communauté ou, inversement, de la communauté vers un patrimoine propre ont lieu pendant le mariage, ils donneront lieu à l'établissement d'un compte de récompenses au moment de la dissolution du mariage, en cas de divorce, notamment. Ainsi, par exemple, si un époux utilise une somme propre pour acquérir un bien pendant le mariage sans effectuer la formalité du remploi, ce nouveau bien sera commun. Toutefois, à la dissolution du mariage, cet époux sera créancier de la communauté d'une somme appelée récompense, dont le montant sera fonction de la dépense ou du profit réalisé par le patrimoine du débiteur de la récompense (valeur du bien acquis déterminée au jour de la liquidation de la communauté).

AVANTAGE

Le choix des époux n'est pas définitif car ils ont la possibilité, en cours de mariage, de changer de régime matrimonial. Cette faculté est ouverte après 2 années d'application du régime initial et suppose que le changement soit conforme à l'intérêt de la famille. La modification se fera par un acte notarié qui, en présence d'enfant(s) mineur(s) ou en cas d'opposition des enfants majeurs des époux ou des créanciers, devra également être soumis à l'homologation du tribunal.

La gestion des biens des époux

Les règles de gestion sont différentes selon qu'elles portent sur les biens propres ou sur les biens communs (*Code civil, Art. 1421 et s.*) :

– pour les biens propres, le principe est simple : chaque époux administre seul ses biens propres et peut en disposer librement. La seule réserve concerne le logement de la famille (→ index, *Protection du logement familial*) ;

– s'agissant des biens communs, la règle de principe est la gestion concurrente de ces biens. Cela signifie que chaque époux peut accomplir seul tout acte de gestion sur les biens communs, qu'il s'agisse d'actes d'administration (exploiter un fonds de commerce, intenter une action en justice, placer des fonds communs, louer un bien...) ou d'actes de disposition (vente, échange...).

Toutefois, certains actes jugés importants nécessitent l'accord des deux époux. On parle alors de cogestion. Tel est le cas pour les actes suivants :

– la donation de biens communs (autres que les revenus des époux) ;

– la vente ou l' hypothèque d'un immeuble ou d'un fonds de commerce dépendant de la communauté ;

– l'emploi de biens communs pour faire apport à une société dont les parts ne sont pas librement négociables (société civile, société à responsabilité limitée, société en nom collectif, société en commandite simple), ainsi que la vente de ces parts ;

– le bail d'un fonds rural ou d'un immeuble à usage commercial, industriel ou artisanal dépendant de la communauté.

Enfin, les époux ont parfois, sur certains biens communs, des pouvoirs exclusifs. Cela signifie que l'un seulement d'entre eux peut accomplir les actes portant sur ces biens, son conjoint étant, quant à lui, privé de tout pouvoir. Il s'agit d'abord des gains et salaires et des revenus de biens propres perçus par l'un des époux. Ce dernier a le pouvoir d'en disposer librement, tant à titre onéreux qu'à titre gratuit (donation). Toutefois, pour les actes à titre gratuit, l'époux donateur de ses revenus doit préalablement s'être acquitté des charges du mariage, et la notion de revenus s'entend de sommes qui n'ont pas été économisées (→ index, *Contribution aux charges du mariage*). Au titre des biens sur lesquels des pouvoirs exclusifs sont reconnus à un époux, on doit également ajouter les biens communs affectés à la profession séparée de cet époux, mais seulement pour les actes qui ne relèvent pas de la cogestion.

Lorsque l'un des époux s'engage seul, alors qu'il aurait dû obtenir l'accord de l'autre, son conjoint peut demander la nullité de l'acte pendant 2 ans à partir du jour où il en aura eu connaissance (*Code civil, Art. 1427*).

À NOTER

Lorsqu'un époux n'est plus en mesure, par suite, notamment, de son état physique ou mental, de gérer les biens soumis à son administration, des mesures de représentation judiciaire sont prévues (tutelle, curatelle, sauvegarde de justice). De plus, dans cette même hypothèse ou en cas de refus d'un époux non justifié par l'intérêt de la famille, son conjoint peut être autorisé par le juge à passer l'acte seul (Code civil, Art. 217 et 219).

Le paiement des dettes

Pour le règlement des dettes, on distingue deux notions : d'une part « l'obligation à la dette » qui permet de savoir sur quels biens (propres ou communs) le créancier de l'un ou l'autre des époux pourra se faire payer et, d'autre part, la « contribution à la dette » qui détermine par qui elle devra être supportée définitivement (*Code civil, Art. 1409 à 1418*).

● En matière d'obligation, le principe est que chaque époux qui contracte une dette engage outre ses biens propres, l'ensemble des biens communs. On doit ajouter à ce principe une limite concernant les gains et les salaires du conjoint du débiteur qui, bien que communs, sont dans une certaine mesure protégés pour les dettes autres que ménagères ; ces dernières sont, en effet, soumises à la solidarité (→ index, *Dettes ménagères*). Échappe, dans ce cas, à la saisie une somme équivalente à 1 mois de salaire du conjoint du débiteur ou à 1/12e de son salaire annuel.

Toutefois, lorsque les dettes ont été contractées avant le mariage pour quelque raison que ce soit, ou durant le mariage à la suite d'un emprunt ou d'un cautionnement mais pour des besoins personnels (autres que ceux du ménage), le créancier ne pourra saisir que les biens propres et les revenus de l'époux débiteur.

Mais attention : si l'époux emprunteur (ou qui s'est porté caution) a obtenu le consentement de son conjoint, l'ensemble des biens communs fera à nouveau partie du gage du créancier sans pour autant que les biens propres de celui qui aura donné son consentement soient engagés.

Rappel : les dettes ménagères obéissent à un régime particulier car elles entraînent la solidarité entre les époux de sorte qu'une telle dette contractée par un seul époux engage la totalité des biens des époux, tant leurs biens propres que les biens communs.

● En matière de contribution à la dette, doivent être supportées définitivement par un seul époux :

– les dettes qu'il a contractées pour l'acquisition, l'amélioration ou la conservation d'un bien qui lui est propre ;

– celles nées avant le mariage ;

– celles qui, nées pendant le mariage, ont pour origine une condamnation en raison d'une infraction pénale ou d'un délit civil.

Toutes les autres dettes doivent être supportées par la communauté sauf s'il est démontré qu'elles ont été contractées dans l'intérêt personnel d'un époux.

Si la communauté a acquitté de telles dépenses, une récompense (c'est-à-dire le versement d'une indemnité) lui sera due au moment de la dissolution du mariage. Inversement, si un époux a payé une dette à l'aide de biens propres alors qu'elle incombait à la communauté, celle-ci lui devra une récompense.

La dissolution de la communauté

Les principales causes de dissolution de la communauté sont le décès de l'un des époux, le divorce ou la modification du régime matrimonial. On peut y ajouter la séparation de corps, la séparation de biens judiciaire ou l'absence déclarée de l'un des époux.

Avant tout partage, chacun des époux exerce la reprise des biens qui lui sont propres.

Pour liquider et partager la communauté, il y a lieu d'établir préalablement le compte des récompenses dont le calcul s'effectue conformément aux dispositions de l'article 1469 du Code civil. Ce calcul étant fait, on dresse une liste des biens formant l'actif de la communauté duquel on déduit le passif. Le reste est alors partagé par moitié entre les époux auxquels sont attribués des lots égaux en valeur et en nature. L'attribution de ces lots se fait d'un commun accord entre les époux ou, en cas de désaccord, par tirage au sort. Cependant, sous certaines conditions, l'attribution préférentielle d'un bien peut être demandée par un époux, à charge pour lui de verser une somme d'argent à son conjoint, par exemple, pour le domicile conjugal, une exploitation agricole ou un fonds de commerce.

Ces opérations de liquidation et de partage étant complexes, il est recommandé, en cas de difficultés, de consulter un notaire, spécialiste en la matière.

Les régimes conventionnels de communauté

Par contrat de mariage, les époux peuvent choisir un régime de type communautaire assez proche du régime légal quant aux pouvoirs des époux et à la répartition des biens, mais en y ajoutant certaines clauses qui modifient le partage des biens. Ils peuvent également opter pour un régime de communauté laissant une plus grande part à la masse commune que dans le régime légal.

Le régime de la communauté de meubles et acquêts

La seule différence de ce régime avec le régime légal actuel (celui de la communauté de biens réduite aux acquêts) concerne la composition de la masse commune qui se trouve élargie. En effet, tous les biens meubles (par opposition aux biens immeubles) sont communs : ceux acquis ou reçus pendant le mariage et ceux qui appartenaient à l'un des époux avant le mariage. En conséquence, la communauté supporte le paiement des dettes proportionnellement à l'actif qu'elle recueille (*Code civil, Art. 1498 et s.*).

À NOTER

Rappelons que le régime de la communauté de meubles et acquêts est aussi le régime légal des époux qui, mariés avant le 1/2/1966, n'avaient pas fait de contrat de mariage.

LA SÉPARATION JUDICIAIRE DES BIENS

Vous vivez sous le régime de la communauté de biens réduite aux acquêts et votre conjoint se conduit de telle manière qu'il compromet dangereusement la situation financière du foyer (en faisant par exemple des dépenses tout à fait disproportionnées avec le niveau de vie de la famille).
Que faire ?
Si celui-ci refuse de changer de régime matrimonial, vous pouvez demander au tribunal de grande instance du lieu de votre résidence (par l'intermédiaire d'un avocat), ou au juge aux affaires familiales à compter du 1/1/2010, de prononcer la séparation judiciaire des biens. Si le juge reconnaît que votre conjoint met gravement en péril votre situation financière par le désordre de ses affaires, sa mauvaise administration ou son inconduite (*Code civil, Art. 1443*), le régime légal sera transformé par jugement en régime de séparation de biens (→ index, *Séparation de biens conventionnelle*).

Le régime de la communauté universelle

Là encore, ce régime diffère du régime légal par l'extension de la masse commune. Hormis les biens présentant un caractère personnel très marqué qui restent propres comme les vêtements, les instruments de travail nécessaires à la profession d'un des conjoints, etc. (liste dressée à l'article 1404 du Code civil), tous les autres biens meubles ou immeubles dont les époux avaient la propriété au jour de leur mariage ou acquis par eux depuis, quelle que soit l'origine des fonds, sont communs (*Code civil, Art. 1526*).
C'est donc le plus communautaire des régimes matrimoniaux, et c'est celui qui favorise le plus, en cas de décès d'un époux, son conjoint survivant qui se verra attribuer la moitié des biens dépendant de la communauté. Or cette moitié représente une part très importante puisque la communauté correspond pratiquement à la totalité des biens des époux.
Le régime de la communauté universelle peut s'accompagner d'une clause d'attribution intégrale de la communauté au survivant, ce qui aura pour effet, au décès d'un des époux, d'attribuer la totalité des biens communs à l'autre. Cette attribution s'effectue hors de toute transmission successorale et n'est donc pas sujette au paiement de droits de succession. Afin de ne pas léser les droits des enfants que l'époux décédé a pu avoir d'un précédent mariage ou hors mariage, l'article 1527 du Code civil assimile cet avantage conféré au conjoint survivant à une donation, laquelle ne doit pas porter atteinte à la réserve héréditaire (ce qui revient obligatoirement aux héritiers) et ne saurait donc excéder la quotité disponible spéciale entre époux (→ index, *Succession*). Cette règle vaut également pour les clauses prévoyant un partage inégal de la communauté lorsqu'elles ont pour effet d'avantager le conjoint survivant (voir ci-après).

ATTENTION ⚠

Le régime de la communauté universelle peut se révéler dangereux car la communauté doit supporter corrélativement toutes les dettes des époux.

ATTENTION ⚠

Si le contrat prévoit une clause d'attribution intégrale de la communauté, l'inconvénient pour les enfants du couple réside dans le fait qu'ils n'héritent qu'au décès du second de leurs parents et qu'ils n'ont droit qu'à un seul abattement fiscal.

AVANTAGE

Ce régime est souvent choisi à l'occasion d'un changement de régime matrimonial par des époux qui désirent, à partir d'un certain âge, assurer l'avenir de leur conjoint survivant en cas de décès.

Par ailleurs, les époux peuvent prévoir dans le contrat de mariage, qu'en cas de divorce, chacun pourra reprendre les biens qu'il a apportés à la communauté (Code civil, Art. 265).

Les principales clauses concernant le partage de la communauté

La clause de prélèvement moyennant indemnité

Cette clause du contrat de mariage permet de prévoir qu'à la dissolution de la communauté un époux aura la faculté de prélever prioritairement certains biens en payant une indemnité à la communauté. Il s'agit, par une telle clause, d'éviter les désaccords au moment du partage. La clause peut être adoptée quelle que soit la cause de dissolution de la communauté ou seulement en cas de décès de l'un des époux (*Code civil, Art. 1511 à 1514*).

La clause de préciput

Il s'agit, ni plus ni moins, d'une clause de prélèvement mais, cette fois, sans indemnité. Elle est regardée non comme une donation, mais comme un avantage matrimonial, lequel n'est pas soumis au paiement des droits de succession. La clause ne peut être stipulée que pour le cas de dissolution de la communauté par décès de l'un des époux et vise donc à avantager le survivant (*Code civil, Art. 1515 à 1519*).

Les clauses de partage inégal de la communauté

Les époux peuvent stipuler, dans leur contrat, que le partage de la communauté ne se fera pas par moitié. Ils peuvent convenir par exemple que celui qui survit à l'autre récupérera la totalité de la communauté. L'avantage qui en résulte est, ici encore, non pas considéré comme une donation, mais comme un avantage matrimonial. En contrepartie, l'époux qui recueillera la communauté devra payer les dettes communes (*Code civil, Art. 1520 à 1525*).

Le régime de la séparation de biens

Ce régime matrimonial est extrêmement simple. Tout se passe du point de vue patrimonial comme s'il n'y avait pas mariage en dehors des règles communes applicables à tous les époux (→ index, *Mariage, devoirs entre époux*). Les époux ne mettent aucun bien en commun et chacun reste propriétaire des biens qu'il possédait avant son mariage et de ceux qu'il acquiert pendant le mariage. Si les deux époux participent conjointement à l'acquisition d'un bien, en particulier pour l'achat d'un bien immobilier, celui-ci leur appartiendra indivisément dans les proportions indiquées à l'acte.

En matière de pouvoirs, chacun des époux gère son patrimoine de façon autonome et répond seul de ses dettes (*Code civil, Art. 1536 à 1568*).

Les difficultés que vous pouvez rencontrer dans ce régime concerne la preuve de la propriété des biens. Si cette preuve ne pose pas de difficultés pour les immeubles (le titre de propriété en attestera), elle est, en revanche, plus délicate pour les biens meubles. Elle pourra se faire par tous moyens. En l'absence de preuves, le bien sera présumé appartenir indivisément par moitié aux deux époux. Afin d'éviter ces difficultés, le contrat de mariage peut avoir prévu des présomptions de propriété. Dans ce cas, sauf preuve contraire, le bien sera alors présumé appartenir à l'époux désigné dans le contrat. D'une manière générale, nous vous conseillons de conserver les factures de vos achats.

À NOTER

Les règles qui s'appliquent à tous les époux (statut de base) viennent largement tempérer l'aspect séparatiste du régime de la séparation des biens, en particulier celles qui imposent la contribution aux charges du mariage, celles qui instituent la solidarité pour les dettes ménagères et, enfin, celles qui protègent le logement de la famille (→ index, Mariage, devoirs entre époux).

AVANTAGE

Le régime de la séparation des biens est celui qui assure la plus grande indépendance pour chacun des époux.

ATTENTION ⚠

L'envers de la médaille, c'est qu'en cas de décès de l'un des époux, l'autre peut se trouver très démuni. C'est notamment le cas du mari qui avait une bonne situation et qui disparaît avant sa femme, qui elle est sans ressource. En cas de séparation du couple, l'époux le moins fortuné peut également se retrouver démuni en l'absence de biens communs et donc de droits sur la communauté.

AVANTAGE

Si vous exercez une profession libérale ou commerciale, vous avez intérêt à choisir le régime de la séparation de biens. En effet, dans ce régime, chacun des époux gère ses biens indépendamment de l'autre (en dehors des dépenses du ménage). En cas de dettes professionnelles ou de faillite, vos créanciers ne pourront pas saisir les biens de votre conjoint.

Le régime de la participation aux acquêts

Ce régime est peu usité car si, d'un point de vue théorique, il est relativement simple, sa mise en œuvre pratique est plus complexe (*Code civil, Art. 1569 à 1581*). Ce régime hybride est un mélange du régime de la séparation de biens et de la communauté réduite aux acquêts :

- pendant le mariage, il fonctionne comme si les époux étaient mariés sous le régime de la séparation de biens. Tant pour la propriété des biens que pour leur gestion, ce sont les règles de la séparation de biens qui s'appliquent (voir ci-dessus) ;
- en revanche, à la dissolution du mariage, il fonctionne comme un régime communautaire. On évalue le patrimoine acquis pendant le mariage par chacun des époux et chacun reçoit la moitié de cette masse. Ainsi, par exemple, si un époux n'avait aucun bien au moment de son mariage et qu'à sa dissolution il se retrouve propriétaire d'un bien qu'il a acheté pendant le mariage, son conjoint aura droit à la moitié en valeur de ce nouveau bien.

La difficulté pratique pour mettre en œuvre ce régime, c'est qu'il faut dresser un état descriptif des biens de chacun, tant au début du mariage qu'à sa dissolution.

ATTENTION ⚠

Les calculs qu'il faut effectuer à la dissolution du mariage sont relativement complexes. C'est ce qui explique la rareté du régime de la participation aux acquêts.

LE CHANGEMENT DE RÉGIME MATRIMONIAL

Les époux peuvent changer de régime matrimonial, 2 ans au moins après leur mariage. Mais le changement n'est pas libre. Selon l'article 1397 du Code civil, il doit être demandé dans l'intérêt de la famille. Il faut faire un acte notarié qui met en place le nouveau régime et qui contient, si nécessaire, la liquidation du régime matrimonial modifié.

La loi n° 2006-728 du 23/6/2006, applicable depuis le 1/1/2007, a simplifié la procédure de changement de régime matrimonial puisque l'homologation devant le tribunal n'est plus systématique. Elle n'a lieu que s'il y a des enfants mineurs ou en cas d'opposition des enfants majeurs ou des créanciers.

Les enfants majeurs de chaque époux et les personnes qui sont intervenues lors du précédent contrat de mariage sont personnellement informés du projet de changement, par lettre recommandée avec avis de réception. Les créanciers des époux sont également avertis par un avis publié dans un journal d'annonces légales dans l'arrondissement ou le département du domicile des époux.

Les créanciers comme les enfants ont un délai de 3 mois pour formuler leur opposition devant le président du tribunal de grande instance du lieu de résidence des époux. En cas d'opposition, le nouveau régime matrimonial doit être homologué par le tribunal de grande instance.

Si l'un des époux est placé sous un régime de protection comme la sauvegarde de justice, la curatelle ou la tutelle, le changement de régime matrimonial nécessite également l'autorisation préalable du juge des tutelles ou du conseil de famille s'il a été constitué.

Le changement de régime matrimonial est une procédure assez longue et coûteuse, puisqu'il faut régler les honoraires du notaire et, le cas échéant, ceux de l'avocat, ainsi que les frais fiscaux (droit fixe, frais de publication au fichier immobilier, taxe de publicité foncière) et le salaire du conservateur des hypothèques.

Le changement ne donne lieu à aucune perception au profit du Trésor si les époux décident d'adopter un régime communautaire (communauté après une séparation de biens ou communauté universelle après une communauté légale) (*Code général des impôts, Art. 1133 bis*).

À noter : l'homologation judiciaire est de la compétence du juge aux affaires familiales depuis le 1/1/2010.

Cas pratiques
Le mariage

Contribution aux charges du mariage

Existe-t-il une procédure spécifique contre un conjoint qui ne s'acquitte pas des dépenses du ménage (enfants, loyers...) ? Je n'arrive pas à faire face seule et mon conjoint qui m'a quitté ne m'aide plus. Je précise que je ne veux pas pour l'instant divorcer.

Oui, il s'agit de la contribution aux charges du mariage. La loi oblige les époux à contribuer aux charges du mariage selon leurs moyens financiers. Si votre conjoint ne remplit pas ses obligations, vous pouvez l'y contraindre tout en restant mariés. Vous pouvez engager l'action devant le juge aux affaires familiales près du tribunal de grande instance dans le ressort duquel vous habitez. Vous n'avez pas pour cette procédure à prendre un avocat. La demande se fait par lettre (de préférence en RAR) dans laquelle vous indiquerez vos coordonnées ainsi que celles de votre conjoint. Vous motiverez également votre demande et préciserez vos revenus et charges ainsi que ceux de votre conjoint. Un certain nombre de documents peuvent être joints à ce courrier, justifiant votre demande. Vous évaluerez le montant de la pension mensuelle réclamée qui vous paraît nécessaire pour faire face aux frais quotidiens. Vous allez être convoquée avec votre mari à une prochaine audience où vous serez entendue par le juge. Au terme de cette audience, une décision sera rendue, exécutoire par provision, c'est-à-dire même s'il en est fait appel.

Dettes ménagères

Mon mari et moi sommes séparés. Nous avons deux enfants qui habitent chez moi. C'est lui qui prend en charge les frais de santé les concernant. Or, le centre hospitalier qui soigne ma fille a saisi les allocations familiales que je reçois pour elle. Puis-je contester cette saisie ?

Non, vous ne pouvez pas contester cette saisie. En effet, en application de l'article 220 du Code civil, si chacun des époux a le pouvoir de passer seul les contrats qui ont pour objet l'entretien du ménage ou l'éducation des enfants, toute dette ainsi contractée par l'un oblige l'autre solidairement. Or, l'éducation des enfants comprend notamment les soins médicaux dont ils ont besoin. Il s'agit bien d'une dette ménagère dont le paiement peut être réclamé indifféremment au père ou à la mère, tenus tous deux solidairement (*Cour de cassation, 2ᵉ chambre civile, 10/7/1996*).

Nous vous précisons que les allocations familiales peuvent être saisies à hauteur d'un certain montant déterminé comme en matière de recouvrement de prestations familiales indues (*Code de la Sécurité sociale, Art. L. 553-2, L. 553-4 et R. 553-2*).

Époux cotitulaires du droit au bail

J'ai quitté le domicile conjugal. Or, je viens de recevoir une lettre recommandée du bailleur de mon conjoint pour des loyers impayés concernant notre ancien logement. Suis-je quand même tenu de payer ?

Oui, en application de deux mesures contenues dans le Code civil :
- la cotitularité du bail prévu par l'article 1751 ;
- la solidarité ménagère prévue par l'article 220.

Que les conjoints habitent ou non ensemble, le bailleur peut s'adresser indifféremment à l'un ou l'autre d'entre eux pour le paiement de loyers impayés concernant le logement familial.

Biens communs / Biens propres

Les sommes déposées sur un compte bancaire à mon nom sont-elles considérées comme des biens propres ou des biens communs ?

En vertu de l'article 1402, même si le compte est au nom d'un conjoint, les sommes y figurant font partie de la communauté du fait de la règle de la présomption de communauté et ce, sauf preuve contraire de l'origine propre des fonds (sommes provenant d'un héritage, par exemple).

Je viens de percevoir une indemnité de licenciement. Est-ce un bien commun ou un bien propre à celui qui la touche ?

Les indemnités de licenciement, les indemnités de préavis ou de congés payés sont en principe des biens communs. Elles sont assimilés, en fait, à des revenus (comme sur le plan fiscal) et comme tels entrent dans la catégorie des biens communs.

Récompense

Des travaux ont été faits pendant le mariage sur une maison que ma femme a acheté avant notre mariage grâce à un héritage. Ces travaux ont été financés par les revenus du couple. Comment vont s'établir les comptes lors du divorce ?

L'article 1412 du Code civil précise que la communauté a droit à récompense quand elle a acquitté la dette personnelle d'un époux. Or, la maison dont vous parlez est un bien propre puisqu'elle a été acquise avant le mariage avec les sommes versées dans le cadre d'un héritage de votre femme. Les travaux ont, eux, été financés grâce aux revenus du couple qui sont des biens communs. Lors du divorce, cette maison deviendra un bien personnel à votre femme mais elle devra à la communauté une récompense en échange du financement des travaux. Pour cela, on prend schématiquement la valeur de la maison avant travaux et sa valeur après travaux. La différence représente la somme que votre femme devra à la communauté, somme qui sera ensuite divisée par deux (puisque votre femme a aussi participé aux travaux).

Saisie d'un compte bancaire

Mon mari s'est porté caution sans mon accord. Peut-on saisir son compte bancaire et ses comptes d'épargne ? Ces deux comptes ne sont alimentés que par ses revenus.

Suivant l'article 1415 du Code civil, chacun des époux ne peut engager par un cautionnement ou un emprunt contracté sans le consentement de son conjoint que ses biens propres et ses revenus.

Il a été jugé qu'un compte bancaire, dans la mesure où il est prouvé qu'il n'est alimenté que par les revenus de l'époux qui s'est porté caution, peut être saisi. Les sommes figurant sur un compte d'épargne, même alimenté par ses seuls revenus, ne sont en revanche pas saisissables. Il ne s'agit plus alors de « revenus » mais de biens communs (*Cour de cassation, 2e chambre civile, 2/4/2003*).

Le concubinage

Comparé au mariage qui est une union de droit en tous points réglementée et réservée aux seuls couples formés d'un homme et d'une femme, le concubinage est une union de fait qui, selon la définition qu'en donne désormais le Code civil, est ouverte aux couples de sexe opposé ou de même sexe. Cette situation de fait était toutefois déjà prise en compte par la loi pour lui faire produire certains effets, notamment en matière de logement ou de Sécurité sociale.

Le développement du concubinage a été tel depuis plusieurs années qu'il a conduit le législateur, non seulement à maintenir ces effets, mais surtout à permettre aux concubins de les accentuer en concluant un pacte civil de solidarité (PACS) visant à organiser plus complètement leur vie commune.

On doit maintenant distinguer deux situations : celle du concubinage en tant que tel et celle du concubinage organisé sous forme de PACS.

Les effets du concubinage

Si le concubinage a l'apparence du mariage, il n'en produit pourtant pas les mêmes effets. Désormais, ses effets varient selon qu'il est organisé ou non sous forme de pacte civil de solidarité (PACS). Ne sont abordés dans ce chapitre que les effets du concubinage pour les partenaires n'ayant pas conclu de PACS.

Les relations personnelles et patrimoniales entre concubins

Les relations personnelles

Les concubins ne sont soumis à aucun devoir (respect, fidélité, secours ou assistance) l'un envers l'autre, contrairement aux époux. En particulier, chacun reste libre de mettre fin au concubinage à tout moment car il n'existe aucun lien de droit entre les concubins. Toutefois, une rupture abusive peut, comme pour toute faute, engager la responsabilité de celui qui la provoque. C'est ce qui a été jugé par la Cour de cassation dans une affaire où un concubin avait quitté brutalement sa concubine après 40 ans de vie commune. La Cour a considéré qu'il avait commis une faute de nature à engager sa responsabilité civile et l'a condamné à 100 000 € de dommages et intérêts (*Cour de cassation, 1re chambre civile, 3/1/2006*).

Les relations patrimoniales

Tant dans les relations entre eux que dans leurs rapports avec les tiers, les concubins sont considérés comme totalement indépendants l'un de l'autre. Cette indépendance ne peut même pas être comparée avec celle des époux mariés sous un régime de séparation de biens car, pour ces derniers, s'appliquent des règles communes à tous les époux (→ index, *Mariage, devoirs entre époux*), alors que tel n'est pas le cas en matière de concubinage. À titre d'exemple, chacun paie ses dettes et rien n'oblige (légalement) les concubins à participer financièrement à la vie commune de la famille. Dans un arrêt du 2/5/2001, la Cour de cassation a ainsi rappelé que l'article 220 du Code civil, qui institue une solidarité de plein droit des époux en matière de dettes contractées pour l'entretien du ménage et l'éducation des enfants, n'est pas applicable en matière de concubinage.

Toutefois, la notion de dette solidaire a été reconnue à l'occasion d'une demande de remboursement de l'aide personnalisée au logement versée à tort à une personne qui vivait en concubinage.

Lorsque l'aide a été versée à tort pour un logement occupé à titre de résidence principale par deux personnes vivant en concubinage, les concubins sont tenus solidairement au remboursement du trop perçu en raison du profit qu'ils en ont l'un et l'autre retiré, même si cette aide n'avait été attribuée qu'à un seul d'entre eux.

L'attributaire de l'aide comme son concubin peuvent se voir réclamer le remboursement de l'intégralité de l'APL versée à tort (*Conseil d'État, 9/7/2003*).

AVANTAGE

Le PACS (→ index, Pacte civil de solidarité) permet aux concubins d'organiser plus complètement leur vie commune et, en contrepartie de certains devoirs, d'accroître les droits attachés au concubinage.

Les concubins et leurs enfants

› Les règles générales

Si les enfants de parents mariés et les enfants nés hors mariage ont les mêmes droits, sans plus aucune exception depuis la loi n° 2001-1135 du 3/12/2001, ils ne sont pas soumis aux mêmes règles concernant l'établissement de leur filiation (→ index, *Filiation*) et leur nom (→ index, *Nom*).

LE CERTIFICAT DE CONCUBINAGE

Ce document atteste de l'union libre entre deux personnes. Bien qu'il soit de plus en plus souvent nécessaire pour bénéficier de certains avantages, il n'a aucune valeur légale. Certaines administrations ne réclament qu'une simple attestation sur l'honneur rédigée sur papier libre et signée par les concubins.

Les conditions d'obtention d'un certificat de concubinage varient d'une mairie à l'autre. Il faut présenter selon les cas, pièces d'identité, justificatifs de domicile ou encore être accompagné de deux témoins majeurs sans lien de parenté. Il est donc indispensable de se renseigner avant auprès de sa mairie. La délivrance du certificat est immédiate et gratuite, quand la mairie accepte toutefois d'en délivrer, car elle n'y est pas tenue.

Attention : en cas de déménagement, le certificat n'est plus valable. Il faut alors refaire une demande à la mairie du nouveau domicile.

› Les règles particulières

La filiation et le nom de l'enfant

Les règles de la filiation ont été modifiées par l'ordonnance n° 2005-759 du 4/7/2005 applicable depuis le 1/7/2006. Afin d'éviter toute discrimination entre les enfants nés ou non de couples mariés, les notions de filiation légitime et de filiation naturelle ont été supprimées. Le Code civil ne distingue que les divers modes d'établissement de la filiation (par la loi, par la reconnaissance, par possession d'état ou par jugement).

Depuis le 1/7/2006, la mère non mariée n'a plus besoin de reconnaître son enfant. Il suffit qu'elle soit désignée dans l'acte de naissance (comme la mère mariée). En revanche, le père non marié doit toujours reconnaître son enfant, avant ou après la naissance (→ index, *Filiation*).

Le nom de l'enfant dépend des modalités d'établissement de sa filiation. Si sa filiation est établie à l'égard de ses deux parents simultanément, ces derniers peuvent choisir de lui donner soit le nom du père, soit le nom de la mère, soit leurs deux noms accolés dans l'ordre choisi par eux. À défaut de choix, l'enfant porte le nom de son père.

Si les liens de filiation n'ont pas été établis simultanément, l'enfant prend le nom du parent à l'égard duquel sa filiation est établie en premier (→ index, *Nom*).

Depuis la loi du 8/1/1993, l'action en recherche de paternité n'était ouverte que s'il existait des « indices ou présomptions graves » rendant probable la filiation réclamée.

L'ordonnance du 4/7/2005 relative à la filiation a supprimé cette notion de « présomptions ou indices graves » et prévoit que la filiation « se prouve ou se conteste par tous moyens » (*Code civil, Art. 310-3*).

L'autorité parentale

Depuis la loi n° 2002-305 du 4/3/2002, les règles applicables en matière d'autorité parentale ne distinguent plus selon que les parents sont mariés ou non. Le principe est donc en matière de concubinage celui d'un exercice en commun par les père et mère de l'autorité parentale (→ index, *Autorité parentale*).

Toutefois, ce principe suppose que les deux parents aient, l'un et l'autre, reconnu leur enfant avant qu'il n'ait atteint l'âge d'1 an (→ index, *Filiation*). Est ainsi supprimée la condition de cohabitation entre les parents au moment de l'établissement de la filiation (*Code civil, Art. 372*).

Si la filiation de l'enfant n'est désormais établie qu'à l'égard d'un seul des parents, ce dernier exercera seul l'autorité parentale. Si la filiation est établie à l'égard d'un des parents plus d'1 an après la naissance de l'enfant dont la filiation était déjà établie à l'égard de l'autre parent, ce dernier reste seul investi de l'exercice de l'autorité parentale. Il en va de même si la filiation à l'égard du second parent a été établie, quel qu'en soit le moment, à la suite d'une action en justice (→ index, *Filiation, établissement judiciaire*).

Néanmoins, dans ces hypothèses, l'autorité parentale pourra être exercée en commun par les deux parents en cas de déclaration conjointe des père et mère devant le greffier en chef du tribunal de grande instance ou sur décision du juge aux affaires familiales.

En cas de séparation des concubins, il leur appartient de s'entendre quant aux modalités d'exercice de l'autorité parentale. En particulier, ils peuvent par convention fixer le lieu de résidence de l'enfant au domicile de l'un d'eux ou, de manière alternée, au domicile de chacun d'eux (*Code civil, Art. 373-2-9*). Cette convention est soumise à l'homologation du juge aux affaires familiales qui contrôlera en particulier que l'intérêt de l'enfant est bien préservé. C'est également ce juge qui, en cas de conflit entre les parents, statuera sur l'exercice de l'autorité parentale (→ index, *Autorité parentale*).

Les concubins, comme les époux, peuvent également, dans leur convention, fixer le montant de leur contribution à l'entretien des enfants (*Code civil, Art. 373-2-7*). La contribution doit être fixée en fonction des ressources et des besoins de chacun et ne doit pas être forfaitaire (par exemple fixée à la moitié des revenus de l'un d'eux), sous peine de refus d'homologation par le juge aux affaires familiales.

À NOTER

La loi du 4/3/2002 est immédiatement applicable aux enfants nés avant son entrée en vigueur dès lors qu'ils ont été reconnus par leurs père et mère dans l'année de leur naissance.

AVANTAGE

Les règles relatives à la procréation médicalement assistée concernent non seulement les couples mariés mais aussi les couples de concubins à certaines conditions. Ceux-ci peuvent en bénéficier s'ils forment un couple homme/femme, s'ils sont en âge de procréer, en mesure d'apporter la preuve d'une vie commune d'au moins de 2 ans et s'ils ont donné préalablement leur consentement au transfert d'embryons ou à l'insémination (Code civil, Art. 311-20 ; Code de la santé publique, Art. L. 2141-1 et s.).

Le logement des concubins

La propriété du logement

Si l'un des concubins est propriétaire du logement abritant le couple, en qualité de compagnon hébergé, l'autre concubin ne bénéficie d'aucune protection particulière contre les actes que le propriétaire aura accomplis seul. Il peut donc le vendre, le donner, le léguer ou le louer librement. La solution vaut également en cas de conclusion d'un PACS. Il n'y a, en effet, qu'en cas de mariage qu'existent sur ce point des dispositions protectrices du logement de la famille.

Si le concubin propriétaire décède, l'autre n'est pas légalement son héritier et n'a donc aucun droit sur le logement qui lui appartenait, à moins que celui-ci ne lui ait légué le bien.

Pour que chacun des concubins ait un droit concurrent sur le bien, il doit avoir été acquis en indivision par eux. L'acte d'achat peut également contenir une clause d' usufruit réversible au profit du survivant. Un autre moyen de parvenir à ce résultat peut se réaliser soit à travers le pacte tontinier, soit à travers la constitution d'une société civile immobilière (→ index, *Décès, concubin*).

La location du logement

Dans cette hypothèse, il faut distinguer selon que le bail a été conclu au profit d'un seul ou des deux concubins :

- s'il a été conclu par les deux, chacun peut résilier le contrat mais cette résiliation ne s'imposera pas à l'autre. Le plus souvent, le propriétaire exigera que soit insérée dans le contrat une clause de solidarité entre les concubins pour le paiement du loyer. En ce cas, le propriétaire pourra demander le paiement de la totalité du loyer, indifféremment à l'un ou à l'autre de ses locataires ;
- si le contrat de bail a été conclu par un seul d'entre eux, l'autre n'est pas cotitulaire du bail. Dans ces conditions, le concubin du locataire ne saurait être tenu au paiement des loyers mais le locataire en titre peut résilier librement le bail sans en référer à l'autre qui n'est donc titulaire d'aucun droit.

Toutefois, pour les locaux à usage d'habitation principale ou à usage mixte professionnel et d'habitation principale soumis à la loi du 6/7/1989, le concubin du locataire a des droits dans deux cas. En effet, en cas d'abandon du domicile par le concubin locataire en titre, ou lors de son décès, le bail se poursuivra au profit de l'autre, sous réserve d'une cohabitation entre eux d'au moins 1 an à la date du décès ou de l'abandon du domicile (*Loi du 6/7/1989, Art. 14*). Ces mêmes dispositions sont applicables en matière de logement HLM, mais pour bénéficier du transfert du bail, le concubin du locataire devra remplir les conditions d'attribution (ressources) de tels logements (*Loi du 6/7/1989, Art. 40*).

En revanche, pour les logements soumis à la loi de 1948, le concubin non pacsé de l'occupant en titre ne bénéficie pas du maintien dans les lieux après l'abandon de domicile ou le décès de ce dernier.

Les droits reconnus au concubin du locataire profitent également au concubin du bailleur. En effet, le bailleur peut donner congé au locataire lorsqu'il invoque la reprise du logement pour l'habiter lui-même ou pour le faire habiter par l'un de ses proches. Parmi ceux-ci, on trouve son concubin notoire depuis au moins 1 an à la date du congé (*Loi du 6/7/1989, Art. 15-I*).

ATTENTION ⚠

Si la solidarité entre les concubins a été prévue dans le contrat de bail, le congé donné par l'un d'entre eux au bailleur ne l'empêche pas d'être tenu solidairement, jusqu'au terme du contrat, au paiement des loyers dus par l'autre concubin resté dans les lieux (Cour de cassation, 3e chambre civile, 8/11/1995).

ACHAT D'UN IMMEUBLE EN COMMUN ET CONCUBINAGE			
	Caractéristiques	**Conséquences juridiques en cas de décès**	**Conséquences fiscales**
ACHAT EN INDIVISION PURE ET SIMPLE	• Le concubin peut provoquer le partage à tout moment. • Le concubin peut exiger la vente.	La part du concubin décédé revient à ses héritiers. Le concubin survivant ne peut que racheter la part transmise aux héritiers.	Le rachat de la valeur de la part aura pour conséquence le paiement des frais de notaire et des frais correspondant à l'achat d'un bien immeuble (les taxes fiscales).
ACHAT EN INDIVISION AVEC CLAUSE DE TONTINE	• Le concubin n'a pas la possibilité de provoquer le partage. • Le concubin ne peut exiger la vente du bien. • La vente n'est possible qu'avec l'accord des concubins.	La part du concubin décédé revient automatiquement au survivant sans que celui-ci ait à racheter cette part.	• Droits d'une vente (environ 8 %) si la valeur de l'immeuble au jour du décès est inférieure à 76 000 € et constitue la résidence principale. • Droits de 60 % dans les autres cas.
SOCIÉTÉ CIVILE IMMOBILIÈRE AVEC CLAUSE DE TONTINE	• La SCI est constituée pour 99 ans.	La part du concubin décédé revient automatiquement au survivant sans que celui-ci ait à racheter cette part.	Droits de 5 %.

Les concubins et le droit fiscal

L'impôt sur le revenu

Chaque concubin est imposable sur le revenu comme une personne célibataire. Un couple de concubins forme donc deux foyers fiscaux distincts et les enfants qu'ils ont pu avoir ensemble et qui sont à leur charge seront rattachés, à leur choix, à l'un ou à l'autre d'entre eux.

Le système du quotient familial n'est plus favorable aux concubins comme il l'était auparavant comparé à celui des époux. Désormais en effet, le premier enfant à charge ouvre droit, comme pour les couples mariés, à 1/2 part et non plus à 1 part.

AVANTAGE

Au regard de certaines règles en matière d'impôt sur le revenu, la situation des concubins est parfois plus favorable que celle des personnes mariées. Par exemple, pour des époux, les plus-values résultant de la cession de valeurs mobilières sont taxables dès lors que ces cessions, réalisées par l'un ou/et l'autre, dépassent dans l'année 25 830 € pour les revenus de 2010 (à déclarer en 2011) ; les concubins vont, quant à eux, pouvoir bénéficier chacun du seuil de cession de 25 830 €, soit au total 51 660 €.

La taxe d'habitation

Celle-ci n'est due que par le locataire en titre, peu importe qu'il partage le logement avec son concubin. Cependant, si le concubin du locataire a des enfants à charge, ceux-ci vont pouvoir être pris en compte pour le bénéfice des abattements accordés à ce titre si la cohabitation revêt un caractère permanent (→ index, *Taxe d'habitation*).

L'impôt de solidarité sur la fortune (ISF)

En cas de concubinage notoire, l'ensemble du patrimoine des deux concubins est pris en compte pour déterminer le seuil d'imposition (*Code général des impôts, Art. 885-E*).

Les concubins et les droits sociaux

Assurance maladie-maternité

Si un concubin vit avec un assuré social et qu'il est à sa charge effective et permanente, il aura la qualité d'ayant droit s'il n'a pas lui-même la qualité d'assuré. À ce titre, il bénéficiera alors des prestations en nature de l'assurance maladie (→ index, *Assurance maladie*) et l'assurance maternité (→ index, *Assurance maternité*).

Prestations familiales

Le concubinage est assimilé au mariage et les règles applicables sont identiques (→ index, *Prestations familiales*).

Assurance vieillesse et assurance décès

Certaines prestations sont versées soit prioritairement, soit même exclusivement au conjoint marié dont certaines dépendent de l'assurance vieillesse et d'autres de l'assurance décès.

- Le capital décès est alloué par priorité à la personne qui était au jour du décès à la charge effective, totale et permanente de l'assuré décédé. S'il y a plusieurs personnes dans cette situation, le capital sera versé dans l'ordre de préférence suivant : d'abord au conjoint, puis au partenaire avec lequel le défunt était lié par un PACS et enfin, mais seulement à défaut d'enfants ou d'ascendants, au concubin.
- L'allocation de veuvage n'est versée qu'au conjoint survivant, et non au concubin ni au partenaire d'un PACS, tout comme la pension de veuf ou de veuve invalide et la pension de réversion.

LES CONCUBINS ET LA VIE PROFESSIONNELLE

La loi interdit les discriminations dans le travail, pour cause de situation familiale ; il n'y a donc, pour les salariés, pratiquement pas de différence entre un couple marié et un couple vivant en union libre.

Droit du travail

Marié ou pas, le père peut prendre un congé de 3 jours (payé par l'employeur) à l'occasion de la naissance ou de l'adoption d'un enfant. Ce congé est exclusivement réservé au père de l'enfant et ne peut pas être accordé au partenaire de la mère (*Tribunal des affaires de Sécurité sociale, Nantes, 20/3/2006*). Quant au congé de maternité (→ index, *Congé de maternité*) et, désormais, au congé de paternité (→ index, *Congé de paternité*) cumulable avec le congé de 3 jours, ils sont bien entendu les mêmes qu'ils soient ou non mariés. De plus, le père et la mère non mariés ont la possibilité, après la naissance, de prendre un congé parental d'éducation (→ index, *Congé parental d'éducation*) et de percevoir dans certains cas la prestation d'accueil du jeune enfant (→ index, *PAJE*). Ils peuvent aussi choisir de travailler à temps partiel. S'ils démissionnent, ils bénéficieront de la même priorité de réembauchage que s'ils étaient mariés. Ils ont également droit, lorsqu'ils ont un enfant malade, à un congé (non rémunéré) de 3 jours. Et s'ils emploient une personne pour s'occuper des enfants à la maison, ils pourront obtenir le complément de libre choix du mode de garde (→ index, *PAJE, complément de libre choix du mode de garde*).
Lorsqu'un salarié décède des suites d'un accident du travail, son concubin ou sa concubine reçoit de la Sécurité sociale, comme le conjoint ou la personne liée par un PACS, une rente viagère fixée en fonction du salaire annuel de la victime.

Allocations chômage

Pôle emploi considère qu'un époux qui démissionne pour suivre son conjoint, parce qu'il est muté par exemple, démissionne légitimement et a donc le droit de percevoir les indemnités de chômage. La même règle s'applique pour les concubins lorsqu'ils prouvent qu'ils vivent sous le même toit.

Le décès de l'un des concubins

Aucune vocation successorale n'est reconnue entre concubins quel que soit le nombre des années passées en commun ; ceci est la conséquence de l'absence de tout lien de droit entre eux.

Ainsi, en cas de décès d'un concubin et en l'absence de dispositions testamentaires de sa part au profit de l'autre, ce dernier n'héritera pas de lui, quelles que soient les personnes qu'il laisse à son décès. De plus, le concubin survivant étant considéré comme un étranger à la succession du concubin défunt, il sera, en cas de donation ou de testament à son profit, taxé au taux maximal de 60 %. Aussi, est-il particulièrement recommandé aux concubins d'organiser à l'avance les conséquences de leur décès pour assurer l'avenir matériel du concubin survivant, soit par la conclusion d'un PACS, soit par toute autre technique juridique, soit même par le cumul des deux.

La souscription d'un contrat d'assurance-vie par chacun des concubins fait partie de ces techniques.

Chaque concubin souscripteur désigne l'autre comme bénéficiaire en cas de décès. Le capital versé par la compagnie d'assurances au profit du survivant le sera hors succession, sans avoir de droits à payer ni de comptes à rendre aux héritiers dès lors que les primes payées ne présentent pas de caractère manifestement exagéré eu égard aux ressources du contractant (*Code des assurances, Art. L. 132-13*).

En cas d'acquisition indivise d'un bien, les concubins peuvent également insérer, dans l'acte, une clause de tontine. En vertu de cette clause, le concubin survivant sera considéré comme propriétaire de la totalité du bien. Il payera sur la part du concubin décédé des droits identiques à ceux d'une vente (environ 8 %) au lieu d'acquitter des droits de succession à 60 %. Toutefois, pour bénéficier de cet avantage, il doit s'agir de l'achat en commun de la résidence principale et la valeur globale du bien au jour du décès ne doit pas excéder 76 000 €. Si cette valeur est supérieure, la clause jouera tout de même, c'est-à-dire que le concubin survivant sera propriétaire de la totalité du bien mais il payera alors des droits sur la part du défunt à 60 %.

Enfin, on doit signaler une disposition qui n'est pas spécifique aux concubins mais qui peut s'appliquer à eux. Lorsque l'un des concubins est atteint d'une infirmité physique ou mentale l'empêchant de travailler, il peut bénéficier d'un abattement (fiscal) de 156 974 € supplémentaires sur les donations ou les legs qui lui sont consentis par toute personne, quel que soit son degré de parenté avec lui (*Code général des impôts, Art. 779*) (→ index, *Droits de succession*).

ATTENTION ⚠

Les concubins ne sont pas héritiers l'un de l'autre ; s'ils se font des donations ou des legs, les droits de succession s'élèvent à 60 % et l'abattement fiscal, pour les legs exclusivement, n'est que de 1 570 €.

AVANTAGE

La donation avec réserve d'usufruit permet à la personne qui se dessaisit de son bien au profit de son concubin d'en conserver la jouissance. Les droits à payer ne porteront que sur la nue-propriété.

Le pacte civil de solidarité (PACS)

La loi a prévu une nouvelle structure, de nature contractuelle, destinée, pour les concubins qui le souhaitent, à organiser leur vie commune. Celle-ci leur permet, en contrepartie de certaines obligations, de bénéficier d'avantages particuliers.

La conclusion du PACS

› Quel est son objet ?

Le pacte civil de solidarité (PACS) a pour objet d'organiser la vie en commun des personnes qui le souscrivent. Un chapitre du Code civil est désormais consacré à sa réglementation (*Code civil, Art. 515-1 à 515-7*).

Le PACS a une nature contractuelle. Cette nature implique sa soumission, sauf dispositions contraires, aux règles générales des contrats. Les litiges concernant sa validité ou son exécution qui peuvent opposer les partenaires entre eux ou vis-à-vis des tiers relèvent de la compétence des juridictions civiles de droit commun.

Même si ce contrat n'est pas expressément réservé aux concubins, en réalité il s'adresse principalement à eux. En effet, outre la cohabitation qu'il impose entre les partenaires, la référence à la notion de couple, et la connotation sexuelle que celle-ci implique, ressort de l'esprit des textes, notamment ceux se référant indirectement à la prohibition de l'inceste.

› Qui peut le conclure ?

Seules deux personnes physiques majeures peuvent conclure un PACS. Les personnes mineures, même émancipées, ne peuvent conclure un tel contrat.

Depuis le 1/1/2009, un majeur en tutelle peut se pacser à condition d'obtenir l'autorisation du juge des tutelles ou du conseil de famille s'il est constitué, après audition des futurs partenaires et avis, le cas échéant, des parents et de l'entourage (*Code civil, Art. 462*).

La personne placée en curatelle peut signer un PACS avec l'assistance de son curateur (*Code civil, Art. 461*).

Tout comme en matière de concubinage et contrairement au mariage, le contrat est ouvert aussi bien aux personnes de sexe différent que de même sexe (*Code civil, Art. 515-1*).

En revanche, et sous peine de nullité du PACS qui pourrait être invoquée par tout intéressé, l'un et l'autre des partenaires liés par le pacte ne doivent pas :

– être parents ou alliés en ligne directe à tous les degrés (ascendants et descendants, beaux-parents et gendre ou belle-fille...) ou en ligne collatérale jusqu'au 3e degré inclus (frères et sœurs, oncles ou tantes et neveux ou nièces...) ;

– être encore engagés dans les liens du mariage ;

– être déjà liés par un PACS (*Code civil, Art. 515-2*).

Depuis le 1/1/2007, l'existence de tout nouveau PACS est portée en marge de l'acte de naissance de chaque intéressé, avec indication du nom du partenaire (*Code civil, Art. 515-3-1*).

› Quelles sont les formalités à accomplir ?

La rédaction de la convention

Avant de conclure un PACS, il faut d'abord rédiger une convention écrite.

La loi ne prévoit pas de modèle particulier quant à son contenu. Il appartient donc à chacun, le cas échéant après avoir consulté un professionnel (avocat, notaire), de décider des règles à mettre en place et qui peuvent notamment concerner :

– les modalités de l'aide matérielle et l'assistance réciproques que les partenaires s'engagent à s'apporter mutuellement ; si rien n'est prévu dans leur convention, l'aide matérielle est proportionnelle à leurs facultés respectives ;

– le régime juridique auquel seront soumis les biens qu'ils pourraient acquérir, ensemble ou séparément, pendant la durée du PACS. Ils peuvent opter pour un régime d'indivision. Dans ce cas, ces biens sont réputés indivis par moitié, quelle que soit la véritable contribution de chacun ;

– les modalités de partage de ces biens en cas de rupture du PACS.

La convention peut aussi être réduite à sa plus simple expression et n'indiquer que l'identité de chacun des partenaires et leur volonté de conclure un PACS, sans plus de précisions. Les règles minimales prévues par la loi seront alors applicables.

À l'origine, la convention de PACS devait être obligatoirement rédigée par acte sous seing privé et non par acte authentique. Cette exclusion est supprimée puisque la convention notariée est autorisée depuis le 1/1/2007.

L'enregistrement de la convention

Il faut ensuite faire une déclaration conjointe de PACS au greffe du tribunal d'instance du lieu où les partenaires ont décidé de fixer leur résidence commune et produire la convention accompagnée, pour chacun des partenaires, des pièces suivantes :

– une pièce d'identité ;

– la copie intégrale (ou un extrait avec mention de la filiation) d'acte de naissance ;

– une attestation sur l'honneur certifiant qu'il n'existe pas entre eux un lien de parenté ou d'alliance prohibé par la loi ;

– une attestation sur l'honneur selon laquelle ils fixent leur résidence commune dans le ressort géographique du tribunal où la déclaration est faite ;

– le cas échéant, pour les personnes divorcées ou veuves, la preuve de la dissolution du mariage (livret de famille, copie intégrale de l'acte d'état civil qui en fait foi).

Depuis le 1/1/2007, le greffier du tribunal d'instance n'a plus à inscrire la déclaration sur son registre mais doit, après l'avoir enregistrée, la transmettre aux services de l'état civil. La déclaration de PACS est en effet portée en marge de l'acte de naissance de chaque partenaire, avec indication de l'identité de l'autre partenaire.

Pour les personnes étrangères nées à l'étranger, cette information est portée sur un registre tenu au greffe du tribunal de grande instance de Paris.

Le PACS est opposable aux tiers à compter de l'accomplissement de ces formalités.

Les contestations relatives à l'enregistrement ou au refus d'enregistrement d'un PACS sont portées devant le président du tribunal de grande instance du lieu d'enregistrement, statuant en référé. Pour les PACS signés à l'étranger, le président du tribunal de grande instance de Paris est compétent (*Décret n° 2006-1806 du 23/12/2006*).

À NOTER

À l'étranger, les agents diplomatiques et consulaires ne peuvent plus s'opposer à l'enregistrement d'un PACS signé entre une personne de nationalité française et une personne de nationalité étrangère sous prétexte que le pays concerné prohibe la vie de couple, hors mariage, de deux personnes de sexe différent ou du même sexe.

Le Conseil d'État a déclaré illégale la circulaire ministérielle qui prévoyait que les autorités diplomatiques et consulaires pouvaient refuser d'examiner, à titre définitif, une telle demande d'enregistrement (Conseil d'État, 18/12/2007).

À NOTER

Les partenariats conclus et enregistrés à l'étranger sont reconnus en France depuis la loi n° 2009-526 du 12/5/2009 (Code civil, Art. 515-7-1).

Les conditions de formation, les effets du partenariat ainsi que les causes et les effets de sa dissolution sont régis par la loi d'enregistrement du PACS, quelle que soit la nationalité des partenaires.

Si le PACS est enregistré en France, c'est la loi française qui s'appliquera même si les deux partenaires sont étrangers et même si leur domicile ne se situe pas en France.

En revanche, si le partenariat est enregistré à l'étranger, c'est la loi étrangère qui régira les relations entre les partenaires (sauf, bien sûr, si elle est contraire à l'ordre public français).

La modification de la convention

La convention peut être modifiée à tout moment. Les partenaires peuvent, par exemple, décider de changer le statut des biens qu'ils acquièrent ou organiser différemment leur vie commune. Comme la convention initiale, la modification peut être faite par acte sous seing privé ou par acte notarié, qui sera remis ou adressé par lettre recommandée avec demande d'avis de réception au greffe. Les partenaires doivent indiquer le numéro et la date d'enregistrement du pacte d'origine et joindre à leur envoi la photocopie d'un document d'identité.

Le président du tribunal de grande instance, statuant en référé, est compétent pour les contestations soulevées à l'occasion d'une demande de modification du PACS.

Le régime des PACS signés avant le 1/1/2007

Les nouveaux PACS, signés depuis le 1/1/2007, sont publiés à l'état civil.

Les PACS conclus avant cette date ont été soumis aux anciennes dispositions jusqu'au 1/1/2008. À partir de cette date et jusqu'au 30/6/2008, les greffiers des tribunaux d'instance ont fait mentionner les PACS en cours sur les actes de naissance des partenaires.

Jusqu'au 1/1/2008, les partenaires pouvaient :

– soit demander par anticipation qu'il soit procédé aux formalités de publicité à l'état civil. Dans ce cas, ils en faisaient la déclaration conjointe au greffe du tribunal d'instance du lieu d'enregistrement de leur PACS, en indiquant la date et le numéro d'enregistrement de celui-ci, ou adressent au même greffe une déclaration écrite conjointe, datée et signée par eux et comportant la date d'enregistrement de leur PACS ;

– soit refuser cette publicité et décider de dissoudre leur PACS ;

– soit encore ne rien faire et attendre la transcription automatique faite par le greffe.

À NOTER

En principe, il est interdit de collecter ou de traiter des données à caractère personnel relatives à la vie sexuelle des personnes concernées (Loi n° 78-17 du 6/1/1978). Mais en ce qui concerne les PACS, les statistiques semestrielles établies par les tribunaux d'instance relatives au nombre de PACS conclus dans leur ressort sont autorisées à faire apparaître, entre autres, les données relatives aux pactes conclus entre homosexuels et entre hétérosexuels (Loi n° 2004-801 du 6/8/2004).

Les effets du PACS

Certaines mesures confèrent aux partenaires liés par un PACS des droits qui, auparavant, n'étaient reconnus qu'aux personnes mariées. D'autres ne font qu'étendre à leur profit, à des conditions certes plus avantageuses, des droits déjà reconnus aux concubins.

À NOTER

Toutes les fois que, sur une question précise, vous ne trouverez pas de dispositions particulières propres au PACS, vous devrez alors vous reporter à la partie consacrée aux effets du concubinage pour connaître les règles applicables (→ index, Concubinage).

› Les relations personnelles et patrimoniales

L'aide matérielle et l'assistance réciproques

La signature d'un PACS implique une aide matérielle et une assistance réciproques entre les partenaires. Les modalités de cette aide sont fixées librement dans la convention. Toutefois, cette liberté ne saurait les conduire à exclure le principe même d'une telle aide, toute clause contraire étant réputée non écrite.

Cette notion d'aide et d'assistance mutuelle entre les partenaires est voisine de celle d'assistance et de secours qui s'impose aux époux (→ index, *Mariage, devoirs entre époux*). Elle recouvre le même domaine (situation de besoin d'un partenaire en cas de maladie, chômage...) et si la convention est muette sur les modalités de cette aide, les partenaires sont présumés s'y engager à proportion de leurs ressources respectives (*Code civil, Art. 515-4*).

Les dépenses courantes

Les avantages accordés aux partenaires liés par un PACS ont également une autre contrepartie comparable à celle applicable en matière de mariage : la solidarité au profit des tiers pour certaines dettes. Cette solidarité concerne les dettes contractées pour les besoins de la vie courante (*Code civil, Art. 515-4*). Le créancier pourra demander le remboursement d'une dette contractée par un seul des partenaires à l'autre. En sont exclues les dépenses manifestement excessives eu égard au train de vie des partenaires.

La propriété des biens

La loi n° 2006-728 du 23/6/2006 a modifié le régime des biens des partenaires. L'indivision n'est plus la règle et la distinction entre meubles meublants et autres biens est supprimée. Le PACS, en ce qui concerne les biens, peut être rapproché du régime de la séparation de biens dans le mariage.

- Les biens que les partenaires possédaient personnellement avant l'enregistrement de leur convention restent des biens personnels (équivalents aux biens propres dans les régimes de communauté des époux mariés). Ils peuvent en disposer librement et sont

seuls tenus des dettes qui s'y rapportent (*Code civil, Art. 515-5*).
En cas de contestation, chacun peut prouver par tous moyens sa propriété (par facture, témoignage, photo…). Vis-à-vis des tiers, celui qui a la possession d'un bien est censé en être le propriétaire.
Les biens qu'ils reçoivent pendant le PACS par donation ou succession restent également des biens personnels.
● Les biens acquis pendant le PACS peuvent être soumis à deux régimes différents :
– la séparation des patrimoines : ce régime s'applique si rien n'est précisé dans la convention. Chaque partenaire reste seul propriétaire des biens qu'il acquiert personnellement pendant le PACS. Les biens sur lesquels aucun des partenaires ne peut justifier d'une propriété exclusive sont réputés leur appartenir, à chacun pour moitié ;
– le régime de l'indivision : ce régime s'applique si les partenaires le prévoient expressément dans leur convention et peut concerner tous les biens qu'ils acquièrent, ensemble ou séparément (le régime de l'indivision ne s'applique donc jamais aux biens reçus par succession ou donation). Ces biens sont alors réputés indivis par moitié, même si la contribution financière de l'un est supérieure à celle de l'autre (*Code civil, Art. 515-5-1*).
Mais tous les biens acquis pendant le PACS ne sont pas indivis. Certains sont exclus de ce régime et restent la propriété exclusive de chaque partenaire. Il s'agit :

- des salaires ou rémunérations,
- des créations,
- des biens à caractère personnel (par exemple les outils de travail, les vêtements),
- des biens acquis avec des deniers personnels possédés avant le PACS ou acquis avec de l'argent reçu d'une succession ou d'une donation (*Code civil, Art. 515-5-2*).

› Le logement

Pendant le PACS, la loi n'a pas prévu de protections particulières en matière de propriété du logement comme c'est le cas pour le mariage.
En revanche, si le logement est loué, la loi étend aux partenaires liés par un PACS les règles applicables aux concubins en permettant, sans condition de délai de cohabitation, le transfert du bail à l'un des partenaires en cas de décès (ou d'abandon du logement) de l'autre. Les mêmes droits sont reconnus au bailleur ayant conclu un PACS pour la reprise du logement (→ index, *Concubinage, logement*).
Par ailleurs, si le PACS est dissous par le décès de l'un d'entre eux, son partenaire peut bénéficier du droit de demeurer, pendant 1 an, dans le logement qui constituait leur résidence principale. Ce droit lui est reconnu même si le logement appartenait en totalité au défunt ou était en indivision entre lui et sa famille. Il faut toutefois que ce logement ait été la résidence principale du couple et que le survivant y demeure au moment du décès.
Le partenaire peut aussi, comme le conjoint, bénéficier de l'attribution préférentielle du logement, du local professionnel ou de l'entreprise que le couple exploitait (→ index, *Partage, attribution préférentielle*).

› Les impôts

Depuis le 1/1/2005, les partenaires liés par un PACS peuvent, comme les couples mariés, établir une déclaration commune de leurs revenus dès la première année du PACS, le délai de 3 ans étant désormais supprimé.
Toutefois, cette possibilité est refusée si les partenaires rompent volontairement leur PACS dans l'année suivant celle de sa conclusion (afin d'éviter les PACS signés à seules fins d'optimisation fiscale).
Comme les couples mariés, les partenaires du PACS sont solidairement responsables du paiement de l'impôt sur le revenu. À défaut de paiement, le Trésor public peut poursuivre l'un ou l'autre des partenaires pour la totalité de l'impôt.
Lorsque les partenaires du PACS résident sous le même toit, ils sont également solidaires du paiement de la taxe d'habitation due pour le logement occupé et commun.

ATTENTION ⚠

En matière d'ISF, l'imposition commune s'applique également sans délai (Code général des impôts, Art. 885-A). Les partenaires doivent donc additionner leurs patrimoines respectifs dès la première année de conclusion du PACS pour vérifier s'ils sont ou non redevables de cet impôt.

En cas de dissolution du PACS enregistrée au tribunal ou en cas de séparation du couple, la solidarité pour le paiement des impôts peut être écartée à la demande d'un des partenaires si le montant des impôts réclamés est disproportionné par rapport à la situation financière et patrimoniale du demandeur (*Code général des impôts, Art. 1691 bis*).

Si cette décharge est accordée, le partenaire est alors dispensé de payer la totalité des impôts dus et ne doit acquitter un montant :

– qu'à hauteur de ses propres revenus et des revenus de la moitié des biens communs pour l'impôt sur le revenu ;

– qu'à hauteur de la moitié de la taxe d'habitation ;

– qu'à hauteur de son patrimoine propre et de la moitié du patrimoine commun pour l'ISF.

› Les donations et successions

Si des avantages particuliers sont prévus en la matière, ils ne sont que fiscaux. Il est important de rappeler que les partenaires liés par un PACS n'ont aucune vocation successorale réciproque. S'ils veulent y remédier, ils doivent donc prendre des dispositions, soit en se consentant des donations (→ index, *Donation*), soit en rédigeant un testament (→ index, *Testament*). Ces deux possibilités doivent répondre, pour être valables, à des exigences de forme telles qu'elles ne pourront pas le plus souvent être insérées dans la convention initiale (donations notariées, testament olographe...). En outre, les droits des héritiers réservataires s'il en existe devront être préservés (→ index, *Réserve*).

En matière successorale, la situation des partenaires pacsés est alignée sur celle des époux :

– les donations entre partenaires intervenant après le 21/8/2007 bénéficient d'un abattement de 79 222 € (porté à 79 533 € en 2010). Au-delà de ce seuil, les tarifs applicables par tranche sont ceux prévus pour les donations entre époux (→ index, *Donation, fiscalité*).

Toutefois, le bénéficiaire de la donation ne pourra bénéficier de l'abattement et des taux d'imposition qu'à la condition que le PACS ne soit pas rompu avant la fin de l'année qui suit celle de sa conclusion ;

– les biens transmis par décès sont totalement exonérés de droits de successions (→ index, *Succession*).

› Les droits sociaux

Le partenaire lié à un assuré social par un PACS, s'il n'est pas couvert à titre personnel par l'assurance maladie, maternité, décès, aura la qualité d'ayant-droit de cet assuré (*Code de la Sécurité sociale, Art. L. 161-14*).

Le capital décès peut être alloué au partenaire lié par un PACS selon un ordre de priorité (→ index, *Concubinage, assurance décès*).

Les allocations prévues pour les personnes seules (telle que l'allocation de soutien familial) cessent d'être versées si l'allocataire conclut un PACS.

Outre les règles applicables aux concubins, la conclusion d'un PACS a pour effet d'étendre aux partenaires certaines règles prévues en droit du travail pour les époux :

– prise en compte des possibilités du partenaire pour l'établissement de l'ordre de départ en congés payés et droit à un congé simultané pour les partenaires travaillant dans la même entreprise (→ index, *Congés payés*) ;

– congé pour décès du partenaire (→ index, *Congés pour événements familiaux*) ;

– dispositions relatives au partenaire salarié du chef d'entreprise ;

– priorité de mutation pour les fonctionnaires ;

– démission considérée comme légitime quand elle est donnée pour suivre son partenaire qui change de résidence pour exercer un nouvel emploi.

La rupture du PACS

› Quand et comment prend-il fin ?

Le PACS peut prendre fin par décès ou mariage d'un partenaire, par résiliation commune ou unilatérale. Pour chacun de ces cas, la loi a prévu la date à laquelle cessaient ses effets et les formalités, le cas échéant, à accomplir (*Code civil, Art. 515-7*).

Décès ou mariage

Le décès ou le mariage de l'un ou de l'autre des partenaires a pour effet, à la date du décès ou à celle du mariage, de mettre fin au PACS. L'officier de l'état civil en informe le greffier du tribunal qui enregistre la dissolution du PACS et fait procéder aux formalités de publicité (en marge de l'acte de naissance de chaque partenaire). Depuis le 1/1/2007, les partenaires n'ont plus à adresser les pièces justificatives au greffe en cas de décès ou de mariage.

Résiliation commune

Comme tout contrat, il peut être mis fin au PACS par accord des deux partenaires. Dans ce cas, ils doivent remettre ou adresser une déclaration conjointe au greffe du tribunal d'instance du lieu d'enregistrement.

Depuis le 1/1/2007, la déclaration commune de rupture n'est plus portée en marge de la convention d'origine mais enregistrée et inscrite sur l'acte de naissance de chaque partenaire. Pour les partenaires, le PACS prend fin à compter de l'enregistrement de la déclaration et pour les tiers, à la date des formalités de publicité.

Résiliation unilatérale

Comme tout contrat conclu à durée indéterminée, le PACS peut être résilié unilatéralement par l'un ou l'autre des partenaires. Celui qui décide d'y mettre fin doit alors en informer l'autre par signification délivrée par exploit d'huissier.

Une copie de cette signification est adressée au greffe du tribunal qui avait reçu la convention initiale. Depuis le 1/1/2007, le PACS prend fin :

– pour les partenaires, à compter de l'enregistrement par le greffier de la copie de la signification (et non plus 3 mois après la signification) ;

– pour les tiers, à la date des formalités de publicité à l'état civil.

› Quelles sont les conséquences de sa rupture ?

Quelles que soient ses causes, la rupture du PACS entraîne la nécessité de liquider les droits qui ont pu naître du pacte. En cas de décès, s'appliqueront les règles propres au droit des successions (→ index, *Succession*).

Pour les autres cas, il appartient aux partenaires eux-mêmes de procéder à cette liquidation. Celle-ci doit s'effectuer, le cas échéant, selon les modalités qui auront pu être prévues par les partenaires dans leur convention.

Si les partenaires n'ont pas opté pour un régime d'indivision, chacun reprend ses biens personnels.

Si un bien a été acquis en indivision, chacun est réputé en être propriétaire à hauteur de la moitié, sauf si une répartition différente a été inscrite dans l'acte (par exemple, dans l'acte d'acquisition d'un bien immobilier).

Si un bien se retrouve dans le patrimoine d'un des partenaires alors qu'il a été acquis, conservé ou amélioré avec l'argent de l'autre partenaire, ce dernier a droit à une récompense, c'est-à-dire une compensation financière (comme les époux à la dissolution de leur mariage).

Il n'y a toutefois pas récompense si cette créance est compensée par l'absence de participation aux dépenses de la vie courante.

En cas de désaccord entre les partenaires, leur différend devra alors être porté devant le juge qui statuera. Même si le PACS peut être rompu unilatéralement par décision ou mariage de l'un des partenaires, l'autre peut toujours, s'il juge que les conditions de cette rupture sont fautives ou abusives, saisir le juge pour obtenir des dommages et intérêts destinés à réparer le dommage, matériel ou moral, subi.

Depuis le 1/1/2010, les demandes en justice doivent être adressées au juge aux affaires familiales (tribunal de grande instance). Ce juge est désormais compétent pour tous les litiges relatifs au partage de patrimoine des couples, que ces couples soient mariés, pacsés ou concubins (*Code de l'organisation judiciaire, Art. L. 213-3*).

À NOTER

L'année de la rupture, chacun des partenaires redevient personnellement imposable et doit souscrire sa propre déclaration de revenus.

Ainsi, en cas de rupture en 2010, les partenaires doivent chacun souscrire en 2011 une déclaration personnelle de leurs revenus perçus pendant l'année 2010.

En cas de décès, le partenaire survivant doit souscrire deux déclarations :

– une déclaration commune pour la période allant du 1er janvier à la date du décès ;

– une déclaration personnelle pour ses revenus perçus de la date du décès au 31 décembre.

TABLEAU COMPARATIF ENTRE MARIAGE, CONCUBINAGE ET PACS

Élémentde comparaison	Mariage	Concubinage	PACS
Âge	Majorité	Pas de condition	Majorité
Sexe	Sexe opposé	Sexe opposé ou même sexe	

.../...

TABLEAU COMPARATIF ENTRE MARIAGE, CONCUBINAGE ET PACS (SUITE)			
Élémentde comparaison	**Mariage**	**Concubinage**	**PACS**
Prohibition lien de parenté	Oui	Pas de règles particulières	Oui
Preuve	Actes d'état civil	Libre	Acte de naissance
Obligation de fidélité	Oui	Non	
Obligation d'assistance	Oui	Non	Oui
Solidarité des dettes du ménage	Oui	Non	Oui
Propriété des biens acquis	Fonction du régime matrimonial	Pas de présomption de communauté ni d'indivision	Présomption de séparation des patrimoines
Bail d'habitation	Cotitularité du bail	Transfert en cas de décès si cohabitation de plus d'1 an	Transfert en cas de décès sans condition de délai
Impôt sur le revenu	Imposition commune	Pas d'imposition commune	Imposition commune
Qualité d'héritier légal du survivant du couple (en l'absence de dispositions testamentaires à son profit)	Oui	Non	
Abattement sur succession ou exonération de droits	Exonération de droits	1 570 €	Exonération de droits
Abattement sur donation	79 533 €	Aucun	79 533 €
Taux des droits de succession et de donation	De 5 à 40 %	60 %	De 5 à 40 %
Rupture	Divorce	Libre, sans formalité	Libre, mais avec formalités
Enfants	Statut identique		

Cas pratiques

Le concubinage et le PACS

Solidarité entre concubins

Mon concubin m'a quittée en laissant des factures impayées d'EDF. Le contrat d'abonnement était à son nom. Après son départ, j'ai souscrit un nouvel abonnement et honore mes dettes. EDF me réclame l'arriéré laissé par mon ancien concubin. Est-ce que je risque d'être condamnée ?

Non, la jurisprudence dominante exclut la solidarité entre concubins pour les dettes du ménage. L'article 220 du Code civil, qui prévoit la solidarité entre époux, c'est-à-dire que le créancier peut s'adresser indifféremment à l'un ou l'autre des époux, ne peut être étendu aux concubins (notamment, *Cour de cassation, 1re chambre civile, 17/10/2000*).

Concubinage et obligation alimentaire

Mon concubin et moi nous sommes séparés depuis quelques mois. Il se trouve maintenant dans une mauvaise passe et me dit que la loi m'oblige à l'aider financièrement ? Est-ce exact ?

Non, ce n'est pas exact. La loi n'a pas prévu d'obligation alimentaire entre concubins. Seuls les concubins qui ont conclu un pacte civil de solidarité (PACS) se doivent une aide « mutuelle et matérielle » comme le précise la loi.

Concubinage et pension alimentaire pour les enfants

Mon concubin verse une pension alimentaire pour ses trois enfants d'un précédent mariage. Son ex-femme a-t-elle le droit de lui demander une augmentation de pension sous prétexte qu'il vit avec moi (nous avons eu de notre côté deux enfants) ? Peut-elle se baser sur nos deux salaires pour demander une révision de la pension et, dans ce cas, si mon concubin ne peut pas payer, serai-je tenu de continuer à lui payer cette pension ?

Il est effectivement possible que sa situation actuelle soit prise en compte, et notamment le fait qu'il vive en concubinage avec vous. Ainsi, à propos d'une pension alimentaire due, après divorce, pour l'entretien des enfants, a été pris en considération le fait que l'ex-mari débiteur de la pension alimentaire vive en concubinage avec une femme salariée et bénéficie des ressources de celle-ci (*Cour de cassation, 2e chambre civile, 8/11/1989*).
Ceci dit, il faut que la mère des trois enfants prouve que ce concubinage entraîne une augmentation des revenus du couple ou un allégement des charges courantes. Il n'est donc pas certain qu'elle obtienne gain de cause, surtout si vous avez eu des enfants de votre côté avec votre concubin.

Concubinage, divorce et prestation compensatoire

J'ai vécu pendant 10 ans en concubinage avant de me marier. Je vais divorcer et compte demander une prestation compensatoire. Puis-je tenir compte de cette longue période de concubinage dans le cadre de ma demande ?

Il est difficile de répondre à votre question car la jurisprudence est hésitante. Elle semble pourtant s'être fixée récemment dans un sens qui vous est défavorable. La Cour de cassation a en effet considéré que les juges n'ont pas à tenir compte de la vie commune antérieure au mariage pour déterminer les ressources et les besoins des époux (*Cour de cassation, 1re chambre civile, 1/7/2009*). Dans cette affaire, le mari avait été condamné devant la cour d'appel à verser à sa femme une prestation compensatoire d'un montant en capital de 80 000 €. L'arrêt se basait sur le fait qu'elle avait vécu avec lui avant le mariage et avait participé à l'entretien et à l'éducation des enfants mineurs de son mari depuis qu'elle s'était installée chez lui. Mais cet arrêt a été cassé par la Cour de cassation.

Concubinage et filiation

J'ai entendu dire que même si un homme n'avait pas reconnu son enfant, il pouvait être obligé de subvenir à ses besoins. Est-ce vrai ?

L'homme qui n'a pas reconnu un enfant mais dont la paternité est possible peut en effet être condamné à entretenir son enfant. Quand la filiation paternelle n'est pas établie, l'enfant peut réclamer des « subsides » à celui qui a eu des relations intimes avec sa mère pendant la période de conception (*Code civil, Art. 342*). Cette action tend à réparer le préjudice subi par l'enfant dont la filiation paternelle n'est pas établie en mettant son entretien à la charge de celui (ou de ceux) qui a eu des relations sexuelles avec sa mère durant la période légale de conception.

Une demande de subsides peut être faite même à la suite d'un rejet d'une demande en reconnaissance de paternité.

Pour prouver ces dires, la femme peut demander une expertise biologique, laquelle, depuis une série d'arrêts de la Cour de cassation, lui sera accordée quasi automatiquement. Selon ces arrêts, « l'expertise biologique est de droit en matière d'action à fins de subsides, sauf s'il existe un motif légitime de ne pas y procéder » (*Cour de cassation, 1re chambre civile, 14/6/2005*).

PACS et obligation alimentaire

Je me suis pacsé en décembre 1999. La mère de ma compagne n'a plus de ressources, ce que ma partenaire ne m'avait jamais dit. Sa mère m'a mis en demeure de lui verser une pension alimentaire. Je suis très inquiet. Qu'ai-je à craindre ?

Vous n'avez rigoureusement rien à craindre. La personne qui a signé un PACS n'a aucune obligation alimentaire vis-à-vis des parents de son ou sa partenaire. Cette obligation n'existe que pour les couples mariés. En effet, aucun rapport d'« alliance » n'est créé par la signature d'un PACS et les obligations qui existent pour un couple marié ne s'imposent pas de manière automatique aux personnes pacsées.

Le divorce

Le divorce est le seul mode de dissolution du mariage du vivant des époux. Alors que le mariage ne nécessite pas l'intervention du juge, le divorce, en revanche, impose, quelle qu'en soit la cause, cette intervention.

La loi n° 2004-439 du 26/5/2004 a modifié les cas de divorce et ses conséquences pour les époux, leurs enfants et leurs biens. Cette réforme est applicable depuis le 1/1/2005 aux nouveaux divorces.

Elle s'applique également aux procédures de divorce (ou en séparation de corps) en cours au 1/1/2005 lorsque l'assignation en divorce est déposée après cette date ou lorsque la convention temporaire est homologuée après cette date.

En revanche, les personnes qui ont débuté leur procédure de divorce avant le 1/1/2005 et dont l'assignation a été délivrée avant cette date sont soumises aux anciennes règles.

Les différents cas et procédures de divorce

La procédure du divorce est fonction du type de divorce choisi parmi les quatre proposés par la loi. La durée de cette procédure et ses modalités sont donc variables mais, quelle qu'en soit la forme, l'intervention du juge est toujours nécessaire. Ces différentes procédures sont applicables depuis le 1/1/2005.

UNE PROCÉDURE POUR CHAQUE SITUATION	
Votre situation	**La procédure**
Les deux époux sont d'accord sur le principe et les conséquences du divorce	Divorce par consentement mutuel
Les époux sont d'accord sur le principe mais pas sur les conséquences	Divorce accepté (acceptation du principe de la rupture du mariage)
L'un des époux demande le divorce car l'autre a commis une faute	Divorce pour faute
Les époux ont vécu séparément pendant plus de 2 ans	Divorce pour altération définitive du lien conjugal

Le divorce par consentement mutuel

Le divorce par consentement mutuel correspond à l'ancien divorce sur demande conjointe. Il peut être demandé conjointement par les époux lorsqu'ils s'entendent sur la rupture du mariage et ses effets en soumettant à l'approbation du juge une convention réglant les conséquences de leur divorce. Il peut être demandé également même si une autre procédure de divorce a été entamée (*Code civil, Art. 247*).

› La requête initiale

Par l'intermédiaire de leur avocat commun (ou en accord avec eux s'il y a deux avocats), les époux présentent au juge une requête unique.
Celle-ci, qui n'a pas à faire état des faits à l'origine de la demande, contient à peine d'irrecevabilité :

– les nom, prénoms, profession, résidence, nationalité, date et lieu de naissance de chacun des époux ; la date et le lieu de leur mariage ; les mêmes indications, le cas échéant, pour chacun de leurs enfants ;
– la caisse d'assurance maladie à laquelle ils sont affiliés, les services ou organismes qui servent les prestations familiales, les pensions de retraite ou tout avantage de vieillesse ainsi que la dénomination et l'adresse de ces caisses, services ou organismes ;
– l'indication de la juridiction devant laquelle la demande est portée ;
– le nom du ou des avocats.

La requête doit être datée et signée par chacun des époux et leur avocat.
Lorsqu'une prestation compensatoire est demandée au juge ou prévue dans une convention, chaque époux doit produire également une déclaration sur l'honneur certifiant l'exactitude de ses ressources, revenus, patrimoine et conditions de vie.

La requête comprend en annexe une convention (également datée et signée) prévoyant le règlement complet des effets du divorce (nom du conjoint, autorité parentale, logement…) et incluant un état liquidatif du régime matrimonial (ou la déclaration lorsqu'il n'y a pas lieu à liquidation). S'il y a des biens immobiliers cet état liquidatif doit être notarié (*Code de procédure civile, Art. 1089 à 1105*).

AVANTAGE

Le divorce par consentement mutuel est la forme la plus simple et la moins coûteuse de divorce car on peut éventuellement ne choisir qu'un avocat.

ATTENTION ⚠

On doit, en revanche, parvenir à un accord complet avec son conjoint, tant sur le principe du divorce que sur ses conséquences. Dans le cas contraire, il faut envisager un autre cas de divorce.

À NOTER

Les frais de procédure se partagent par moitié entre les époux à moins que la convention n'en ait disposé autrement.

› L'entretien devant le juge

Le juge aux affaires familiales convoque chacun des époux par lettre simple expédiée 15 jours au moins avant la date qu'il fixe pour leur audition. Il en avise également le ou les avocats.

Le juge entend les époux d'abord séparément, puis ensemble.

Puis, en présence du ou des avocats, il vérifie la recevabilité de la requête et peut faire supprimer ou modifier, avec l'accord des parties, les clauses de la convention qui lui paraîtraient contraires aux intérêts respectifs des enfants ou de l'un des époux (par exemple les clauses relatives à la garde des enfants ou aux prestations et pensions après divorce).

› La décision du juge

Prononcé du divorce

S'il a acquis la conviction que la décision de divorcer de chacun des époux est réelle et a été prise en connaissance de cause, le juge peut, dès cette première audience, homologuer la convention et prononcer immédiatement le divorce. Les deux audiences obligatoires qui étaient prévues dans l'ancienne procédure ont été supprimées par la loi du 26/5/2004.

AVANTAGE

D'après le ministère de la Justice, la réforme de 2005 a permis de ramener le délai moyen de traitement des divorces par consentement mutuel de 9 mois à environ 7 semaines.

Report du divorce

Il peut aussi refuser l'homologation de la convention et ne pas prononcer le divorce s'il estime que les intérêts des enfants ou de l'un des époux sont insuffisamment préservés.

Dans ce cas, il peut homologuer les mesures provisoires sur lesquelles les époux se sont mis d'accord et qui seront applicables jusqu'au prononcé du divorce, sous réserve qu'elles soient conformes à l'intérêt du ou des enfants.

L'ordonnance rendue par le juge précise par ailleurs que les époux ont un délai de 6 mois pour présenter une nouvelle convention.

S'ils respectent ce délai, ils sont à nouveau convoqués par le juge avec leur(s) avocat(s).

Le nouveau texte devra tenir compte des conditions ou garanties exigées par le juge et nécessaires pour obtenir l'homologation et, en conséquence, le prononcé du divorce.

Si ce délai de 6 mois n'est pas respecté, le juge constate d'office, par ordonnance, la caducité de la demande en divorce.

Si, à nouveau, le juge refuse d'homologuer la nouvelle convention des époux, il rend une ordonnance par laquelle il constate la caducité de la demande en divorce.

Les mesures provisoires deviennent également caduques si le divorce n'est pas prononcé (la pension alimentaire pour les enfants n'aura plus à être versée…) (*Code civil, Art. 232, 250-2 et 250-3 ; Code de procédure civile, Art. 1100 et s.*).

Appel de la décision

Les décisions du juge aux affaires familiales sont susceptibles d'appel, à l'exception de celles qui prononcent le divorce (susceptibles d'un pourvoi en cassation).

Le délai d'appel est de 15 jours ; il court à compter de la date de la décision.

Le délai de pourvoi en cassation est de 15 jours à compter du prononcé de la décision qui homologue la convention des époux et prononce le divorce.

À NOTER

Le délai de 6 mois pour présenter une nouvelle convention est suspendu en cas d'appel.

Les avantages du divorce par consentement mutuel

Ils sont nombreux. D'abord, vous évitez les déchirements puisqu'au lieu de vous battre, vous négociez et vous trouvez un accord. Donc, il n'y a pas de reproche, pas de grief, pas de preuve à apporter. Ensuite, les motifs du divorce n'apparaissent nulle part : ni votre entourage, ni le juge ne seront au courant de vos « torts » respectifs (s'ils existent). Autre avantage : vous réglez vous-même (avec votre conjoint) l'ensemble des conséquences du divorce. Celles-ci ne vous sont pas imposées par le juge, comme c'est le cas dans les divorces contentieux. Cela vous permet d'organiser librement votre nouvelle vie ainsi que celle de vos enfants. Par ailleurs, cette procédure est la moins coûteuse si les deux époux prennent le même avocat et dans la mesure où ce divorce n'entraîne pas de frais d'huissier (pas d'assignation en divorce à faire délivrer ni de signification de jugement) et la plus rapide, surtout depuis la réforme qui prévoit une seule comparution devant le juge (au lieu de deux audiences obligatoires auparavant).

Les inconvénients du divorce par consentement mutuel

Le principal inconvénient de cette forme de divorce est que chacun des époux peut revenir sur son accord tant que le divorce n'est pas prononcé. Si c'est le cas, l'autre époux devra alors reprendre une autre procédure, par exemple un divorce pour faute. Il aura perdu du temps et de l'argent. Un autre inconvénient est l'impossibilité pour les époux de revenir sur la convention homologuée par le juge (hors le cas des dispositions concernant les enfants). Ainsi, si par exemple un conjoint estime que son conjoint a dissimulé un bien en ne le déclarant pas dans la convention (pour éviter qu'il soit partagé), il aura les plus grandes difficultés à revenir sur les termes de celle-ci.
Le contrôle du juge, les conseils des intervenants (avocats, notaires…) sont donc indispensables.

À NOTER

Un projet de loi envisage de mettre en place une procédure allégée pour certains divorces par consentement mutuel. À condition qu'il n'y ait pas d'enfants mineurs, les époux pourraient être dispensés de comparaître personnellement et systématiquement devant le juge aux affaires familiales (sauf demande du juge ou de l'un des époux). Le divorce serait prononcé sur dossier après contrôle par le juge de la volonté libre et éclairée de chaque époux.

Les autres formes de divorce

Les époux qui ne recourent pas au divorce par consentement mutuel peuvent choisir entre trois autres formes de divorce :
– le divorce par acceptation du principe de la rupture du mariage ;
– le divorce pour faute ;
– le divorce pour altération définitive du lien conjugal.
La procédure applicable à ces formes de divorce est la même (sous réserve de quelques particularités concernant le divorce pour acceptation du principe de la rupture du mariage).

> Le divorce par acceptation du principe de la rupture du mariage

Ce divorce remplace l'ancien divorce sur demande acceptée (ou divorce sur « double aveu »). Comme son prédécesseur, et contrairement au divorce par consentement mutuel, il implique que les époux soient d'accord sur le principe du divorce mais pas nécessairement sur ses conséquences.
Les époux n'ont pas à prévoir la liquidation de leur régime matrimonial pour que le divorce soit prononcé.
Ils n'ont pas besoin non plus (comme c'était le cas pour l'ancien divorce sur demande acceptée) de faire état d'un certain nombre de faits objectifs rendant intolérable le maintien de la vie commune. Il suffit qu'ils dressent le constat objectif de la rupture de leur mariage (*Code civil, Art. 233*).

Les avantages du divorce accepté

Il est plus facile pour les époux de se mettre d'accord sur le seul principe du divorce sans être obligés de régler l'ensemble de ses conséquences. Cette forme de divorce leur permet d'entamer cette procédure plus sereinement. Par ailleurs, cette formule a l'avantage, par rapport aux autres cas de divorce, d'une double reconnaissance par les époux de la rupture de leur union, sans reconnaissance de culpabilité dans cette rupture ni de condition de durée de séparation de fait.

Enfin, la loi prévoit la possibilité de choisir ce divorce même si l'on a démarré une procédure pour faute ou pour altération définitive du lien conjugal (*Code civil, Art. 247-1*).

LE COÛT D'UN DIVORCE

Il se compose des honoraires de l'avocat, de la rémunération des éventuels intervenants (notaire, médiateur familial…) et des dépens. Les honoraires de l'avocat constituent le poste le plus important.

Les honoraires d'avocats

Le grand principe, c'est que les honoraires des avocats sont libres, ce qui explique que, selon l'avocat choisi, un même travail peut vous coûter du simple au double (voire beaucoup plus). D'où l'intérêt de vous faire préciser le montant approximatif des honoraires avant d'engager la procédure :

- certains avocats travaillent au forfait : un divorce par consentement mutuel coûte X euros, un divorce pour faute Y euros, etc. Le forfait est assez courant pour les divorces par consentement mutuel car la procédure est relativement simple et facilement prévisible. Il faut compter pour les deux époux entre 1 500 et 4 500 € (hors TVA) pour un tel divorce à Paris. Lorsque le divorce se complique et que l'avocat travaille au temps passé, le coût horaire oscille entre 110 et 230 € (hors TVA), selon la notoriété de l'avocat et le lieu où il demeure. Les honoraires sont plus élevés à Paris qu'en province car les charges de cabinet sont plus lourdes. La TVA est de 19,6 % ;
- certains avocats passent de véritables contrats d'honoraires écrits avec leurs clients (des conventions d'honoraires), d'autres se contentent de donner des indications orales ;
- si vous choisissez un avocat dont le cabinet n'est pas situé dans le ressort du barreau du tribunal qui va juger votre affaire, vous devrez ajouter aux honoraires de votre avocat, les honoraires d'un autre avocat (choisi par le vôtre) qui régularisera les actes (on dit « postuler ») auprès du tribunal compétent. Par exemple : vous habitez Nanterre, votre divorce sera plaidé devant le tribunal de grande instance de Nanterre. Si vous choisissez un avocat parisien, celui-ci devra prendre un postulant à Nanterre. Les avocats peuvent plaider dans tous les tribunaux de France, mais ils ne peuvent postuler que devant le tribunal où ils résident. Les honoraires de l'avocat postulant se situent entre 460 et 920 € (hors TVA), selon les actes à régulariser ;
- votre avocat peut vous demander, en plus des honoraires convenus, des honoraires de résultat. Il s'agit d'un complément d'honoraires dû en fonction des résultats qu'il obtient. Ainsi, si dans un divorce pour faute, vous demandez une prestation compensatoire importante alors que votre conjoint n'a pas des revenus beaucoup plus élevés que les vôtres et que votre avocat l'obtient, vous lui devrez X euros en plus. Si cette pratique est tout à fait légale, elle est assez rarement utilisée pour un divorce ;
- d'une manière générale, vous payerez des provisions à votre avocat. Il s'agit de sommes réglées au fur et à mesure de l'avancement de la procédure, qui viennent en déduction de la somme globale. Il vous demandera toujours de verser une provision pour commencer l'affaire ;
- si vous gagnez votre divorce, vous pourrez demander au tribunal de condamner votre conjoint à vous payer une partie des honoraires de votre avocat (les frais irrépétibles), en vertu de l'article 700 du Code de procédure civile. Mais, en pratique, l'indemnité qui vous sera accordée ne couvrira jamais ce que vous aurez versé à votre avocat ;
- si vous voulez contestez les honoraires de votre avocat, vous devez faire une réclamation au Bâtonnier de l'ordre des avocats de sa ville. Le Bâtonnier rendra sa décision dans les 3 mois. Si cette décision ne vous satisfait pas, vous pourrez faire appel devant le premier Président de la cour d'appel.

Les dépens

Il s'agit des frais de justice à proprement parler : les frais de signification d'actes, de timbre, etc. Leur mode de calcul est tellement complexe que les professionnels eux-mêmes s'y perdent.

En cas de divorce par consentement mutuel, les dépens de la procédure sont partagés par moitié entre les époux, sauf si leur convention prévoit une autre répartition.

En cas de divorce accepté, les dépens de la procédure sont partagés par moitié entre les époux, sauf décision contraire du juge.

En cas de divorce pour altération définitive du lien conjugal, les dépens de l'instance sont à la charge de l'époux qui en a pris l'initiative, à moins que le juge n'en dispose autrement.

En cas de divorce pour faute, la charge des dépens est décidée par le juge.

Les inconvénients du divorce accepté

Contrairement au divorce par consentement mutuel, il n'est pas possible pour le couple de ne prendre qu'un avocat et de réduire ainsi les frais.
Par ailleurs, quand l'époux a donné son acceptation au principe du divorce lors de l'audience de conciliation, il ne peut plus se rétracter, même en faisant appel.

› Le divorce pour faute

C'était, avant la réforme intervenue en 1975, la seule forme autorisée de divorce. Cette fois, tant le prononcé du divorce lui-même que ses conséquences vont dépendre de l'accueil que réservera le juge à la demande, et sera également fonction de la réaction du conjoint.
Cette forme de divorce suppose, pour celui qui en prend l'initiative, qu'il puisse invoquer une faute contre son conjoint.
Ce dernier peut alors contester les griefs invoqués contre lui ou former lui-même une demande en divorce, dite « demande reconventionnelle », en imputant également des fautes à son conjoint (*Code civil, Art. 242 à 245*).

Les conditions

La notion de faute

La faute doit consister selon la loi en une violation grave ou renouvelée des devoirs et obligations du mariage et elle doit rendre intolérable le maintien de la vie commune (*Code civil, Art. 242*). On ne peut, bien entendu, dresser une liste exhaustive des comportements visés par cette formule, d'autant moins que le juge conserve toujours un pouvoir souverain d'appréciation. À titre d'exemple, on peut citer la violation des principaux devoirs du mariage (respect, fidélité, secours, assistance, cohabitation...) telle que l'adultère, la violence, le refus de contribuer aux charges du mariage, l'abandon du domicile conjugal ou, plus généralement, tout comportement malhonnête ou injurieux envers son conjoint ou ses enfants.

AVANTAGE

En l'absence d'accord entre les époux sur le principe même du divorce, le divorce pour faute est la seule possibilité de divorcer. Mais en cours d'instance et tant qu'une décision sur le fond n'aura pas été rendue, il est encore possible de parvenir à un accord avec son conjoint et de choisir alors la voie d'un divorce par consentement mutuel ou pour acceptation du principe de rupture de la vie commune.

La preuve de la faute

En matière de divorce, le principe est la liberté de la preuve.
La ou les fautes peuvent être prouvées par tous moyens : témoignages, lettres, attestations, constat d'huissier, aveu...
Les juges admettent aussi la production de correspondances ou d'un journal intime ou encore les preuves apportées par la retranscription de courriels ou de textos (SMS) reçus par le conjoint (*Cour de cassation, 1re chambre civile, 17/6/2009*).
Le fait de lire le courrier de son conjoint, ses courriels, ses messages ou même son journal intime sans son consentement ne constitue pas une atteinte illicite à sa vie privée ou une violation du secret des correspondances.
Ce n'est que si ces preuves ont été obtenues par fraude ou violence qu'elles seront écartées des débats (par exemple, des lettres obtenues après avoir forcé une serrure).
Le Code civil apporte cependant deux restrictions à la liberté de preuve :
– les constats d'huissier en cas de violation de domicile ou d'atteinte à la vie privée. Ces constats (constat d'adultère notamment) ne peuvent être recevables que s'ils sont autorisés préalablement par le juge ;
– l'interdiction des témoignages émanant des descendants (enfants ou petits-enfants).
Les éléments de preuve nécessaires quant à leur nombre seront fonction du caractère plus ou moins probant de la preuve alléguée (le témoignage d'un proche, par exemple, a moins de valeur qu'un constat d'huissier) et de la gravité des faits reprochés au conjoint car la loi exige des faits graves ou renouvelés.
Attention : si celui qui demande le divorce a commis une faute, cela peut atténuer la faute qu'il reproche à son conjoint (*Code civil, Art. 245 et 259 et s.*)...

L'absence de réconciliation

Si, depuis les faits reprochés au conjoint, une réconciliation est intervenue entre les époux, celui qui a demandé le divorce ne pourra plus invoquer les fautes antérieurement commises comme cause de divorce.
La notion de réconciliation suppose non seulement le maintien ou la reprise de la vie commune, mais encore la volonté de pardonner en pleine connaissance de

cause les griefs à l'encontre du conjoint et l'acceptation par ce dernier de ce pardon. La continuation ou la reprise de la vie commune n'impliquent pas nécessairement une réconciliation, en particulier si elle correspond simplement, de la part de l'époux qui a demandé le divorce, à un effort de conciliation ou résulte des besoins de l'éducation des enfants (*Code civil, Art. 244*).

Les avantages du divorce pour faute

- Le divorce pour faute vous permet d'engager une procédure même si votre conjoint est absolument opposé à l'idée de divorcer : vous n'avez pas besoin de son accord. Vous obtiendrez assez rapidement une ordonnance de non-conciliation qui vous permettra de résider séparément.
- Vous pouvez engager une procédure de divorce pour faute et revenir ensuite à un divorce par consentement mutuel ou accepté, si vous trouvez un accord avec votre conjoint : c'est ce que l'on appelle une « passerelle ». Cette procédure ne compromet donc pas les possibilités de rapprochement.

Les inconvénients de cette procédure

- Vous vous engagez dans un divorce souvent difficile à vivre en raison de l'aspect conflictuel inévitable.
- Si votre initiative braque votre conjoint, vous pourrez être obligé d'aller au bout de cette procédure, avec le risque soit que le tribunal refuse de prononcer le divorce si vous n'avez pas de sérieux griefs à faire valoir, soit que le divorce soit prononcé à vos torts exclusifs.

> Le divorce pour altération définitive du lien conjugal

Le divorce pour altération définitive du lien conjugal se substitue à l'ancien divorce pour rupture de la vie commune.

C'est le seul type de divorce qui n'impose ni accord des époux ni reproche de l'un contre l'autre.

Ce divorce peut être prononcé :

– soit en cas de séparation de fait des époux depuis 2 ans ;

– soit en réponse à une demande de divorce pour faute.

Selon la loi, le divorce peut être demandé par l'un des époux « lorsque le lien conjugal est définitivement altéré ». Cela signifie que le juge doit constater la cessation de la communauté de vie des époux depuis 2 ans. Cette durée est appréciée au moment de l'assignation en divorce (*Code civil, Art. 237*).

Celui qui invoque ce délai doit évidemment en faire la preuve par tous moyens (nouvelle adresse postale, preuve du concubinage avec une autre personne...).

Le divorce peut aussi être prononcé pour altération définitive du lien conjugal, sans considération de délai, si la demande présentée sur ce fondement est formée à titre reconventionnel (en réponse) à une demande en divorce pour faute qui, elle, est rejetée (*Code civil, Art. 238*).

Si une demande pour altération définitive du lien conjugal et une demande pour faute sont présentées en même temps, le juge examine d'abord la demande pour faute. Ce n'est qu'en cas de rejet de celle-ci qu'il statue sur la demande en divorce pour altération définitive du lien conjugal.

L'exceptionnelle dureté qui permettait au juge de repousser, avant la réforme, la demande en divorce pour rupture de la vie commune, s'il était établi que le divorce avait pour le défendeur (celui contre lequel la procédure était dirigée) des conséquences matérielles ou morales d'une exceptionnelle dureté, est supprimée par la réforme.

Cependant, l'article 266 du Code civil permet de prendre en compte « les conséquences d'une particulière gravité » que l'époux défendeur à un tel divorce subit du fait de la dissolution du mariage, et lorsqu'il n'a pas lui-même formé de demande en divorce.

Il appartient au juge d'évaluer ces conséquences d'une particulière gravité. Comme dans le passé pour l'exceptionnelle dureté, elles pourront être liées par exemple à l'âge de l'époux défendeur (ne lui permettant pas de trouver d'activité professionnelle), ou à la durée du mariage dont la rupture a entraîné un grave préjudice moral.

Les avantages du divorce pour altération définitive du lien conjugal

Ce divorce donne la possibilité de divorcer au conjoint qui ne peut prouver la faute de l'autre ni obtenir son consentement pour divorcer. La réforme privilégie nettement celui qui veut divorcer plutôt que celui qui s'y refuse. Ce dernier, en effet, pouvait avant la réforme s'opposer au divorce et à défaut d'obtenir satisfaction, se voir attribuer une pension alimentaire révisable à la hausse.

EN CAS DE VIOLENCES CONJUGALES

Si les violences exercées par un conjoint mettent en danger sa famille (conjoint et enfants), l'époux victime, parallèlement à une éventuelle procédure pénale, peut saisir le juge des affaires familiales, avant d'engager la procédure de divorce, et demander l'organisation de la résidence séparée d'avec son conjoint violent (auparavant, cette mesure pouvait être demandée en même temps que le dépôt de la requête en divorce au titre des mesures urgentes de l'article 257 du Code civil).
Le juge peut statuer sur la résidence séparée des époux en précisant lequel des deux continuera à résider dans le logement conjugal. Sauf circonstances particulières, la jouissance du logement conjugal est attribuée au conjoint qui n'est pas l'auteur des violences, puisqu'il bénéficie d'une priorité. Le juge peut statuer également sur l'autorité parentale et la contribution aux charges du mariage. Mais attention : ces mesures sont caduques (aucune pension alimentaire n'est plus due par exemple) si, 4 mois après cette décision, aucune requête en divorce ou en séparation de corps n'a été déposée (*Code civil, Art. 220-1*).
À noter : pénalement, les peines encourues pour un crime ou un délit sont aggravées quand l'auteur est le conjoint, le concubin ou le partenaire pacsé mais également quand les violences ont lieu après le divorce ou la séparation (*Code pénal, Art. 132-80*).

Il conserve toutefois la possibilité d'obtenir des dommages et intérêts, sous certaines conditions, de la part de son conjoint.

Les inconvénients du divorce pour altération définitive du lien conjugal

L'inconvénient principal est pour l'époux qui ne veut pas divorcer. La loi du 26/5/2004 lui a supprimé la possibilité d'évoquer l'exceptionnelle dureté que le divorce aurait pour lui s'il était prononcé et d'éviter ainsi le divorce. Désormais, il ne pourra plus s'y opposer.
Par ailleurs, ce même conjoint perd son droit à pension alimentaire (qui lui était auparavant accordée si le divorce était finalement prononcé). Il ne peut obtenir qu'une prestation compensatoire (→ index, *Prestation compensatoire*).

> La procédure commune aux divorces acceptés, pour altération du lien conjugal et pour faute

La requête initiale

L'époux qui veut divorcer doit présenter par l'intermédiaire de son avocat une requête au juge aux affaires familiales. Cette requête contient la demande de divorce (sans indication du fondement juridique de la demande en divorce ni les faits à l'origine de celle-ci), l'énumération des mesures provisoires devant être prises avec un exposé sommaire de leurs motifs.
Si la situation le justifie, il est possible également de demander au juge de prendre des mesures urgentes (telles que l'autorisation de résidence séparée en cas de violences conjugales ou encore l'apposition de scellés sur les biens communs pour éviter leur déplacement ou leur vente). L'époux qui demande ces mesures est tenu de se présenter en personne. S'il ne peut se déplacer, le magistrat se rend chez lui.
Le juge vérifie la régularité de la requête et inscrit en bas de l'acte le jour, l'heure et le lieu de la tentative de conciliation. Aucune voie de recours n'est possible contre cette ordonnance.
L'époux qui n'a pas présenté la requête est convoqué par le greffe à la tentative de conciliation, par lettre recommandée avec demande d'avis de réception, confirmée le même jour par lettre simple. La lettre recommandée doit être expédiée 15 jours au moins à l'avance et être accompagnée d'une copie de l'ordonnance.
Si l'un des époux se trouve dans l'impossibilité de se rendre au lieu indiqué, le juge peut en fixer un autre, se déplacer pour entendre sur place le conjoint empêché ou charger un autre magistrat de procéder à cette audition.

La tentative de conciliation

La tentative de conciliation est une audience organisée par le juge. Elle est obligatoire avant l'instance judiciaire.
L'époux qui n'a pas présenté la requête doit se présenter en personne, seul ou assisté d'un avocat (la présence de l'avocat est cependant obligatoire pour pouvoir accepter, lors de l'audience de conciliation, le principe de la rupture du mariage).

Le but de cette audience est moins de tenter de réconcilier les époux (hypothèse très rare) que de tenter de les concilier sur le principe du divorce ainsi que sur ses conséquences.

Le juge doit s'entretenir personnellement avec chacun d'eux d'abord séparément puis ensemble. Les avocats sont ensuite appelés à assister et à participer à l'entretien. Ce qui a été dit ou écrit à l'occasion d'une tentative de conciliation, sous quelque forme qu'elle ait eu lieu, ne pourra jamais être invoqué pour ou contre un époux ou un tiers dans la suite de la procédure.

Puis le juge décide :

– soit de suspendre la tentative de conciliation et d'accorder un délai de réflexion supplémentaire maximum de 8 jours aux époux ;

– soit d'accorder 6 mois de plus avant de recourir à une nouvelle tentative de conciliation ;

– soit d'autoriser immédiatement les époux à introduire l'instance en divorce. Il rend une ordonnance de non conciliation, incite les époux à régler les conséquences de leur divorce à l'amiable et leur demande aussi de présenter pour l'audience de jugement un projet de règlement des effets du divorce.

Ces décisions ne sont pas susceptibles d'appel.

À NOTER

La loi du 26/5/2004 incite spécialement les époux à s'entendre sur le principe du divorce. À tout moment de la procédure, les époux peuvent accepter le principe de la rupture du mariage sans considération des faits à l'origine de celle-ci.

Si cette acception a lieu à l'audience de conciliation, elle est constatée immédiatement dans un procès-verbal dressé par le juge et signé par les époux et leurs avocats respectifs.

Les époux ne peuvent revenir sur cet accord et l'assignation ne peut viser que ce type de divorce (par exemple, un époux ne pourra plus assigner son conjoint pour faute) (Code de procédure civile, Art. 1123).

Les mesures provisoires

Lors de l'audience de conciliation, le juge doit également organiser la vie des époux et de leurs enfants jusqu'au jugement. Il peut prendre en considération les arrangements que les époux ont déjà conclus entre eux. Ce sont les mesures provisoires.

Le juge peut notamment :

– proposer ou imposer une médiation familiale ;

– organiser la résidence séparée des époux ;

– attribuer à l'un d'eux la jouissance du logement et du mobilier du ménage ou partager entre eux cette jouissance, en précisant son caractère gratuit ou non et, le cas échéant, en constatant l'accord des époux sur le montant d'une indemnité d'occupation ;

– ordonner la remise des vêtements et objets personnels ;

– organiser les comptes entre les époux (fixation de la pension alimentaire, versement d'une provision pour frais d'instance ou d'une avance sur la liquidation du régime matrimonial, règlement des dettes) ;

– régler la jouissance des biens communs ou indivis ;

– désigner un professionnel pour faire l'inventaire des biens du couple et proposer un règlement ;

– désigner un notaire pour élaborer un projet de liquidation du régime matrimonial et de formation des lots à partager.

Ces mesures peuvent toujours être supprimées, modifiées ou complétées en cas de survenance d'un fait nouveau. Les époux peuvent aussi faire appel de l'ordonnance qui les a prescrites dans le délai de 15 jours suivant sa notification.

L'assignation

Dans les 3 mois de l'ordonnance, seul l'époux qui a présenté la requête initiale peut assigner en divorce.

Après ce délai, chacun des époux peut introduire l'instance ou former une demande reconventionnelle dans le délai de 30 mois.

Le divorce peut être demandé pour acceptation du principe de la rupture du mariage, pour altération définitive du lien conjugal ou pour faute (sauf si les époux ont déjà accepté le principe de la rupture, voir plus haut). Si ce délai de 30 mois est dépassé, toutes ces dispositions provisoires sont caduques, y compris l'autorisation d'introduire l'instance.

La demande introductive d'instance doit comporter une proposition de règlement des intérêts pécuniaires et patrimoniaux des époux, c'est-à-dire un descriptif sommaire de leur patrimoine et des propositions de liquidation et de répartition des biens. Cette règle a été introduite par la loi du 26/5/2004. Auparavant, cette liquidation n'intervenait qu'après la procédure de divorce.

La loi favorise également les accords entre les époux pendant la procédure, contrôlés par le juge, et notamment la conclusion de conventions portant sur la liquidation « anticipée » du régime matrimonial.

Les époux peuvent également, pendant l'instance, soumettre à l'homologation du juge des conventions fixant les modalités de la prestation compensatoire (*Code civil, Art. 252-3, 265-2 et 268*).

QUELLES FAUTES POUVEZ-VOUS INVOQUER ?

Il y a faute en cas de violation grave ou renouvelée des devoirs et obligations du mariage, rendant intolérable le maintien de la vie commune (*Code civil, Art. 242*).
Si elle est grave, une violation unique suffit. Des violations légères mais répétées suffisent également à partir du moment où elles rendent la vie commune intolérable. La notion de devoirs et obligations du mariage étant assez vague, le juge a une grande liberté d'appréciation pour estimer ce qui constitue une faute et ce qui n'en est pas une.

✓ Les décisions rendues par les tribunaux nous montrent qu'il y a une infinité de fautes dont voici les principales :
- l'adultère, c'est-à-dire l'entretien de relations sexuelles avec un autre que le conjoint. Des relations homosexuelles seront également considérées comme adultérines. Les tribunaux ont aussi estimé que des relations intellectuelles très intimes avec un tiers pouvaient constituer un adultère. La preuve de l'adultère de la femme peut être apportée par une analyse de sang de l'enfant prouvant la non-paternité du mari. La Cour de cassation a accepté ce mode de preuve qui remettait en cause la paternité du mari alors qu'en principe cette paternité n'était plus contestable puisque le délai de 5 ans était dépassé (délai de l'action en contestation de paternité) (*Cour de cassation, 1re chambre civile, 28/2/2006*) ;
- le refus de participer aux dépenses de la famille constitue une faute, sauf si celui qui refuse ne peut pas gagner sa vie, parce qu'il est au chômage par exemple. Par contre, celui qui ne peut pas gagner sa vie, mais qui est « responsable » de son état, par exemple une personne qui se drogue, n'est pas excusé ;
- le vol, et tous les actes malhonnêtes, constituent des fautes (en principe, le vol entre époux n'est pas punissable pénalement sauf s'il porte sur des objets indispensables à la vie quotidienne tels que pièces d'identité, chéquiers ou cartes bancaires) ;
- l'abandon du domicile conjugal peut être une faute, sauf si celui qui part y est obligé par l'autre (suite à des violences physiques ou morales, par exemple) ;
- la pratique excessive d'une religion (*Cour de cassation, 1re chambre civile, 19/6/2007*) ;
- le refus d'avoir des enfants (refus de procréation ou refus de soigner sa stérilité) ;
- le refus de faire l'amour ;
- les relations sexuelles imposées sans le consentement du conjoint (la présomption de consentement à l'acte sexuel dans un couple peut être écartée depuis la loi du 4/4/2006) ;
- les violences physiques et morales, les propos injurieux, un caractère acariâtre ;
- les attitudes de mépris et d'ignorance : un tribunal a prononcé le divorce aux torts exclusifs d'un époux qui se réfugiait dans un mutisme délibéré et définitif ;
- tenir des propos diffamatoires, lancer des accusations et commettre des indiscrétions.

✓ Mais attention : votre propre faute peut atténuer, voire supprimer, le caractère fautif du comportement de votre conjoint. Par exemple : un mari trompe sa femme ; celle-ci, qui est au courant, devient acariâtre, agressive et ne s'occupe plus de la maison alors qu'elle ne travaille pas. Les négligences de la femme (qui constituent des fautes) seront, au moins en partie, effacées par le comportement fautif du mari. Le tribunal va considérer que l'adultère du mari est probablement à l'origine de l'attitude désinvolte de sa femme.
Autre exemple, le fait d'avoir conçu un enfant contre le gré du mari est un manquement au devoir de loyauté entre époux et peut excuser l'adultère de ce dernier, entraînant un divorce aux torts partagés (*Cour d'appel, Nîmes, 21/3/2007*).

Le jugement

Si le juge rejette la demande en divorce, les mesures provisoires qu'il aurait pu prendre cessent en principe de produire effets. Toutefois, le juge peut statuer sur la contribution aux charges du mariage, la résidence de la famille et les modalités de l'exercice de l'autorité parentale (*Code civil, Art. 258*).

Si le juge a prononcé le divorce, sa décision règle nécessairement les effets de celui-ci et se substitue aux mesures provisoires qui avaient pu être prises (→ index, *Divorce, effets*).

En cas de divorce pour altération définitive du lien conjugal, le juge constate la cessation de la communauté de vie.

En cas de divorce pour faute, le divorce est prononcé aux torts exclusifs de l'un des époux ou aux torts partagés. Dans ce cas, les époux peuvent demander au juge de ne pas énoncer dans les motifs de la décision leurs torts et griefs respectifs. Le juge aux affaires familiales se borne à constater qu'il existe « les faits constitutifs d'une cause de divorce selon le Code civil » (*Code de procédure civile, Art. 1128*).

En cas de divorce accepté, le juge aux affaires familiales prononce le divorce sans autre motif que l'acceptation des époux (*Code de procédure civile, Art. 1124*).

Les voies de recours

La décision prise par le juge en cours d'instance concernant les mesures provisoires est susceptible d'appel dans les 15 jours de sa notification.

Quant au jugement sur le fond, qu'il accueille la demande en divorce ou qu'il la rejette, il est susceptible d'appel dans le délai d'1 mois à compter de sa notification. La décision rendue en appel est ensuite susceptible d'un pourvoi en cassation (*Code de procédure civile, Art. 1119 et s.*).

Les effets du divorce

Le divorce entraîne la dissolution des liens du mariage. Il produit des effets personnels et matériels, tant à l'égard des époux que de leurs enfants. À l'égard des tiers, le jugement de divorce, quelle qu'en soit la cause, ne leur sera opposable, en ce qui concerne leurs biens, qu'à compter de sa transcription sur les actes de l'état civil.

Quelles sont les conséquences du divorce pour les époux ?

Le divorce produit pour les époux à la fois des conséquences personnelles et matérielles.

› Les conséquences personnelles

Celles-ci prennent effet à la date à laquelle le divorce devient définitif, c'est-à-dire quand la décision qui l'a prononcé n'est plus susceptible d' appel ni de pourvoi en cassation (*Code civil, Art. 260*).

Le nom des époux

À la suite du divorce, chacun des époux perd l'usage du nom de son conjoint. En pratique, cela concerne le plus souvent la femme qui avait pu, à titre d'usage, utiliser le nom de son mari mais la réciproque est également possible (→ index, *Nom d'usage*).
Après le divorce, l'un des ex-époux peut néanmoins conserver l'usage du nom de l'autre, soit avec l'accord de celui-ci, soit avec l'autorisation du juge, s'il justifie d'un intérêt particulier pour lui ou pour les enfants.
Ce droit peut lui être reconnu même s'il se remarie. Dans ce contentieux, la femme avait utilisé le nom de son mari pendant les 15 ans de mariage et avait conservé cet usage pendant les 25 ans après leur divorce. Elle s'était remariée et voulait conserver le nom sous lequel elle était connue professionnellement par ses clients. L'autorisation lui a été accordée, cet usage ne portant par ailleurs pas préjudice à son ex-mari (*Cour d'appel, Reims, 27/2/2009*).

Le remariage

Le délai de viduité (qui obligeait la femme à attendre 300 jours après le divorce pour pouvoir se remarier) est supprimé. Ce délai était prévu pour éviter les conflits de paternité. Aujourd'hui, de tels conflits peuvent être réglés par la biologie.

› Les conséquences matérielles

Celles-ci prennent effet rétroactivement dès la date de l'assignation en divorce, voire parfois antérieurement à cette date.

La prestation compensatoire

Le devoir de secours entre époux disparaît et la prestation compensatoire est généralisée (ce devoir de secours était maintenu, sous forme de versement d'une pension alimentaire, pour les divorces prononcés pour rupture de la vie commune).

- Le divorce pour altération du lien conjugal (ancien divorce pour rupture de la vie commune) est désormais aligné sur les autres formes de divorce. Le devoir de secours cesse et seule peut être attribuée une prestation compensatoire.
- L'époux aux torts exclusifs duquel le divorce est prononcé ne perd plus automatiquement son droit à prestation compensatoire. Le juge peut lui accorder une telle prestation « au regard des circonstances particulières de la rupture ».

La prestation compensatoire reste destinée à compenser la disparité que la rupture du mariage crée dans les conditions de vie respectives. Ce n'est qu'exceptionnellement que le juge peut refuser de l'accorder.
La prestation a un caractère forfaitaire. En principe, elle doit être versée sous forme d'un capital (somme d'argent, bien immobilier) dont le montant est fixé par le juge (*Code civil, Art. 270*).
Dans tous les cas de divorce ou à l'occasion d'une demande en révision (voir plus loin), les époux doivent fournir au juge une déclaration certifiant sur l'honneur l'exactitude de leurs ressources, revenus, patrimoine et conditions de vie.

LA SÉPARATION DE CORPS

La séparation de corps, que l'on a parfois appelée le « divorce des catholiques », permet à un couple qui ne s'entend plus, mais qui ne veut pas divorcer pour des motifs religieux ou philosophiques, de se séparer (*Code civil, Art. 296 et s.*). C'est une formule qui présente peu d'avantages du point de vue juridique ; c'est pourquoi elle est assez rarement utilisée (moins de 4 000 pour 100 000 divorces par an, en moyenne).

Concrètement, vous engagez une procédure de séparation de corps devant le tribunal de grande instance de votre domicile. Vous obtiendrez un jugement. Selon la procédure que vous aurez choisie, le tribunal prononcera une séparation de corps par consentement mutuel, pour acceptation du principe de la rupture du mariage, pour faute ou pour altération définitive du lien conjugal. Les procédures sont exactement les mêmes que celles du divorce. Donc, même complexité, mêmes délais, mêmes coûts. Un point important : si vous demandez la séparation de corps, votre conjoint pourra solliciter « reconventionnellement » le divorce, et inversement. Toutefois, lorsque la demande principale en divorce est fondée sur l'altération définitive du lien conjugal, la demande reconventionnelle ne peut tendre qu'au divorce.

Lorsqu'une demande en divorce et une demande en séparation de corps sont concurremment présentées, le juge examine en premier lieu la demande en divorce. Il prononce celui-ci dès lors que les conditions en sont réunies. À défaut, il statue sur la demande en séparation de corps.Si les deux demandes sont fondées sur la faute, le juge les examine simultanément et, s'il les accueille, prononce à l'égard des deux conjoints le divorce aux torts partagés.

Le jugement de séparation de corps vous donnera le droit de vivre séparément, tout en restant marié. D'un point de vue patrimonial, la séparation de corps entraîne obligatoirement une séparation des biens entre les époux. Il y a donc un changement de régime matrimonial pour tous ceux qui sont mariés sous un régime de communauté. Si c'est votre cas, vous devrez liquider la communauté, de façon à ce qu'il y ait un partage des biens et que chacun reprenne ce qui lui appartient.

Mais attention : la séparation de corps n'est pas un divorce. Vous restez marié. Cela signifie, par exemple, que vous n'êtes pas libre d'engager une nouvelle relation avec quelqu'un d'autre (bien que vous ne partagiez plus le toit de votre conjoint), car vous êtes toujours tenu par l'obligation de fidélité. Si vous le faisiez, vous vous mettriez en tort, exactement comme un époux qui entretient une liaison. Autre conséquence : vous n'êtes pas libéré de l'obligation alimentaire. Votre conjoint peut donc vous demander une pension alimentaire si ses revenus ne lui permettent pas de vivre correctement. C'est donc une situation hybride, où chacun vit chez soi avec son patrimoine, tout en restant tenu par des obligations réciproques. Comment sort-on de cette situation ? La solution la plus heureuse, c'est bien sûr la réconciliation, avec une reprise de la vie commune. La réconciliation met fin à la séparation de corps. Il est cependant conseillé de faire noter la reprise de la vie commune en marge de l'acte de mariage et des actes de naissance. Par ailleurs, le conjoint séparé de corps reste héritier en cas de décès de son époux(se).

Autre solution : demander la conversion de la séparation de corps en divorce. C'est toujours possible quand les deux époux en sont d'accord. Mais si l'un seulement veut le divorce, il devra attendre 2 ans (et non plus 3) pour engager une procédure de conversion. Dans tous les cas de séparation de corps, celle-ci peut être convertie en divorce par consentement mutuel. Mais quand la séparation de corps a été prononcée par consentement mutuel, elle ne peut être convertie en divorce que par une nouvelle demande conjointe.

Son montant

La prestation compensatoire est fixée par le juge, en fonction du dossier présenté par les époux. Pour en fixer le montant il tient compte de :

– la durée du mariage. Les juges ont aussi la faculté (mais non l'obligation) de tenir compte de la durée de vie commune antérieure au mariage. Certains arrêts l'admettent (*Cour de cassation, 1re chambre civile, 14/3/2006*), d'autres non (*Cour de cassation, 1re chambre civile, 16/4/2008*). Par ailleurs, la Cour de cassation a considéré que le juge pouvait prendre en considération la durée de vie commune postérieure à la célébration du mariage pour fixer le montant de la prestation compensatoire (*Cour de cassation, 1re chambre civile, 16/4/2008*) ;

– l'âge et l'état de santé des époux ;

– leurs qualification et situation professionnelles ;

– les conséquences des choix professionnels faits par l'un des époux pendant la vie commune pour l'éducation des enfants et du temps qu'il faudra encore y consacrer, ou pour favoriser la carrière de son conjoint au détriment de la sienne ;

– le patrimoine estimé ou prévisible des époux, tant en capital qu'en revenus après liquidation du régime matrimonial. Au titre des revenus, le juge doit prendre en considération l'allocation aux adultes handicapés destinée à garantir un minimum de revenus à l'allocataire mais non les sommes versées au titre de la réparation d'un accident du travail ou au titre du droit à compensation d'un handicap (*Code civil, Art. 272*) (*Cour de cassation, 1re chambre civile, 28/10/2009*) ;

– leurs droits existants et prévisibles ;

– la situation respective de chacun des époux en matière de pension de retraite.

La prestation peut aussi être fixée par accord entre les époux, soit dans le cadre de leur convention (en cas de divorce par consentement mutuel), soit à tout moment de la procédure. Cet accord est toujours soumis au juge (*Code civil, Art. 268*).

Ses modalités

La loi du 26/5/2004 réaffirme le caractère forfaitaire de la prestation compensatoire et son versement sous forme de capital.

Le juge décide si ce capital consistera :

– soit en un versement d'une somme d'argent ;

– soit en une attribution d'un bien en propriété ou encore d'un droit temporaire ou viager d'usage, d'habitation ou d'usufruit. Dans cette hypothèse, l'époux débiteur ne peut pas s'opposer à cette attribution forcée, sauf si le bien concerné lui a été transmis par succession ou donation.

En principe, le capital doit être versé en une fois. Si le débiteur n'est pas en mesure de verser le capital immédiatement, le juge peut étaler ce versement sur 8 ans maximum sous forme de versements périodiques indexés (les versements sont périodiques et ne sont plus obligatoirement annuels ou mensuels).

Mais ces versements échelonnés doivent rester l'exception : le débiteur peut se libérer à tout moment du solde du capital indexé et le créancier peut demander le paiement du solde du capital indexé après la liquidation du régime matrimonial.

En outre, en matière fiscale, le paiement du capital peut donner lieu à deux séries d'avantages non cumulables. Si le capital est versé sur une période inférieure ou égale à 1 an à compter de la date à laquelle le jugement de divorce est devenu définitif, le débiteur bénéficie d'une réduction d'impôt. Celle-ci est égale à 25 % du montant des versements dans la limite de 30 500 €, soit une réduction maximale de 7 625 €. Cette réduction d'impôt est également applicable en cas de prestation sous forme de capital se substituant à une prestation sous forme de rente. Le créancier ne paie pas d'impôt sur le revenu pour ces sommes. Si le capital est versé sur une période supérieure à 1 an à compter de la date à laquelle le jugement de divorce est devenu définitif, il est déductible du revenu imposable du débiteur et doit être ajouté à celui du créancier, comme en matière de pension alimentaire ou de prestation compensatoire versée sous forme de rente, quel que soit le cas de divorce.

En dehors du cas de divorce par consentement mutuel dans lequel les époux peuvent prévoir le versement de la prestation compensatoire sous forme de rente (son montant, sa durée), ce n'est qu'exceptionnellement dans les autres cas de divorce que le juge peut désormais prendre une telle mesure si l'âge ou l'état de santé du seul créancier ne lui permettent pas de subvenir à ses besoins. La décision du juge doit être spécialement motivée. La rente, comme la pension alimentaire, est indexée en fonction de l'indice figurant dans le jugement de divorce.

Elle peut être suspendue ou supprimée en cas de changement important dans les ressources ou les besoins de l'une ou l'autre des parties. Elle ne peut toutefois être fixée à un montant supérieur à celui fixé initialement par le juge.

Le débiteur de la prestation compensatoire versée sous forme de rente peut, à tout moment, saisir le juge d'une demande de substitution d'un capital à tout ou partie de la rente. La substitution s'effectue selon les tables de conversion prévues par le décret n° 2004-1157 du 29/10/2004.

Le créancier de la prestation peut aussi demander cette substitution s'il établit qu'une modification de la situation du débiteur permet cette substitution, notamment lors de la liquidation du régime matrimonial (*Code civil, Art. 276-4*).

AVANTAGE

Pour les divorces prononcés depuis le 3/7/2000, le paiement de la prestation compensatoire sous forme de capital permet au débiteur de bénéficier d'avantages fiscaux variables selon la durée de versement de ce capital.

À NOTER

Le juge peut désormais imposer au débiteur d'un capital ou d'une rente la souscription d'un contrat d'assurance (décès, invalidité...) pour en garantir le paiement.

ATTENTION ⚠

Si les modalités du versement du capital peuvent faire l'objet dans certains cas d'une révision, le montant de ce capital est fixé définitivement sans pouvoir faire l'objet d'une quelconque révision.

À NOTER

Contrairement à la pension alimentaire, le remariage de l'époux bénéficiaire de la prestation compensatoire ne remet pas en cause son versement sauf si, en cas de divorce par consentement mutuel, une clause insérée dans la convention homologuée l'a prévu. De plus, la prestation n'est, en principe, pas révisable.

Sa révision

En principe, la prestation compensatoire, quelles que soient ses modalités de versement (rente ou capital) a un caractère forfaitaire et n'est pas révisable.

Toutefois, une demande de révision peut intervenir sous certaines conditions.

La demande de révision doit être portée devant le juge aux affaires familiales dont dépend la résidence de l'époux créancier. Le juge ne peut plus être saisi par simple lettre ou déclaration au greffe. Il doit être saisi par requête ou par assignation. Il n'est pas nécessaire d'avoir recours à un avocat (*Code de procédure civile, Art. 1137*).

Il convient de distinguer les conditions de cette révision d'une part selon les cas de divorce, d'autre part selon les modalités de versement de la prestation compensatoire.

– En cas de divorce par consentement mutuel (→ index, *Divorce par consentement mutuel*), la convention passée par les époux et soumise à l'homologation du juge peut prévoir que le versement de la prestation, quelle que soit sa forme (rente ou capital) cessera à compter de la réalisation d'un événement déterminé (remariage, concubinage, retraite...). Ils peuvent également prévoir sa révision en cas de changement important dans leurs ressources ou besoins (*Code civil, Art. 279*).

– Dans les autres cas de divorce, il faut distinguer selon que la prestation compensatoire est versée sous la forme d'un capital ou d'une rente :

- Si elle est versée sous forme de capital, la révision du montant de ce capital n'est jamais admise. Toutefois, le débiteur qui avait déjà été autorisé à étaler le versement de ce capital sur une durée maximale de 8 années peut, en cas de changement important de sa situation, demander un versement sur une durée supérieure à 8 ans. La même demande peut être formée par les héritiers du débiteur. Le juge doit spécialement motiver sa décision (*Code civil, Art. 275*).
- Si la prestation compensatoire est versée sous forme de rente, celle-ci peut désormais être révisée (uniquement à la baisse), suspendue temporairement ou même supprimée en cas de changement important dans les ressources ou les besoins de l'un ou l'autre des ex-époux (*Code civil, Art. 276-3*).

Par exemple, la révision de la prestation compensatoire est justifiée quand le conjoint débiteur est mis à la retraite anticipée et que cette mise à la retraite n'était pas prévue au moment de la fixation de la rente (*Cour de cassation, 1re chambre civile, 19/6/2007*).

La révision de la prestation compensatoire prend effet à compter de la date de la demande et non pas à compter de la date du jugement autorisant cette révision (*Cour de cassation, 1re chambre civile, 19/6/2007*).

À NOTER

Les anciennes prestations compensatoires fixées sous forme de rentes viagères par le juge ou par convention avant l'entrée en vigueur de la loi n° 2000-596 du 30/6/2000 peuvent être révisées, suspendues ou supprimées à la demande du débiteur ou de ses héritiers lorsque leur maintien en l'état procurerait au créancier un avantage manifestement excessif.

Les rentes fixées entre le 1/7/2000 et le 1/1/2005 peuvent également être révisées, suspendues ou supprimées en cas de changement important dans les ressources ou les besoins de l'un ou l'autre des époux.

À NOTER

En cas de non-paiement par l'époux débiteur de la pension alimentaire ou de la rente correspondant à la prestation compensatoire mise à sa charge, des dispositions particulières sont prévues au profit de l'époux créancier pour en obtenir le recouvrement.

En cas de décès du débiteur

Depuis la loi du 26/5/2004, la charge de la prestation compensatoire, en cas de décès du débiteur n'est plus transférée aux héritiers mais devient une charge de la succession.

Le paiement de la prestation compensatoire, quelle que soit sa forme, est prélevé sur la succession. Les héritiers ne sont plus tenus personnellement (sur leurs biens) de payer les sommes dues. Le paiement est effectué dans la limite de l'actif successoral et, en cas d'insuffisance, par tous les légataires particuliers (bénéficiaire d'un testament), proportionnellement à la valeur de leur legs.

Lorsque la prestation compensatoire a été fixée sous forme d'un capital payable par versements échelonnés, le solde de ce capital devient immédiatement exigible.

Lorsqu'elle a été fixée sous forme de rente, le décès entraîne la conversion de cette rente en capital immédiatement exigible.

Mais la loi prévoit que les héritiers peuvent maintenir la prestation compensatoire telle qu'elle était réglée par le défunt (continuation du paiement de la rente viagère tous les mois par exemple). L'accord signé par tous les héritiers doit être passé devant un notaire et est opposable aux tiers à compter de sa notification à l'ex-époux bénéficiaire de la prestation (si celui-ci n'est pas intervenu à l'acte). Dans ce cas, les héritiers bénéficient des mêmes possibilités de révision que le défunt. De même, comme le défunt, les héritiers peuvent, à tout moment, se libérer du solde du capital indexé, si la prestation était versée sous forme de versements périodiques (*Code civil, Art. 280 et 280-1*).

Déduction de la pension de réversion

Le créancier ne peut pas cumuler la prestation compensatoire et les pensions de réversion lorsque cette prestation compensatoire est versée sous forme de rente au moment du décès du débiteur. Les pensions de réversion sont déduites de plein droit du montant de la prestation compensatoire. Si les héritiers usent de la possibilité que leur donne la loi de maintenir la prestation compensatoire telle qu'elle était réglée par le défunt, cette déduction est maintenue (sauf décision contraire du juge) même si le créancier perd son droit ou subit une variation de son droit à pension de réversion (*Code civil, Art. 280-2*).

Les dommages et intérêts

Lorsque le divorce est prononcé pour altération définitive du lien conjugal et que celui qui demande des dommages et intérêts n'avait lui-même formé aucune demande en divorce, ou lorsque le divorce est prononcé aux torts exclusifs de son conjoint, celui-ci peut être condamné à des dommages et intérêts en réparation du préjudice matériel ou moral que cause à l'époux innocent la rupture du mariage. En pratique, le préjudice matériel est le plus souvent compensé par l'allocation d'une prestation compensatoire. L'attribution de dommages et intérêts n'intervient donc que de manière exceptionnelle pour réparer un préjudice moral (comportement injurieux d'un époux envers l'autre, par exemple). La demande ne peut en être faite qu'à l'occasion de l'action en divorce (*Code civil, Art. 266*).

La liquidation du régime matrimonial

En cas de divorce par consentement mutuel (→ index, *Divorce par consentement mutuel*), cette opération doit avoir été effectuée dans le cadre de la convention définitive soumise à l' homologation du juge et, s'il existe des biens immobiliers, elle nécessite l'intervention d'un notaire (*Code de procédure civile, Art. 1097*).

En ce qui concerne les autres cas de divorce, la loi du 26/5/2004 incite très vivement les époux, tout au long de la procédure, à régler le plus tôt possible la liquidation de leur régime matrimonial, soit pendant la procédure, soit rapidement après le jugement.

Dès l'audience de conciliation, au titre des mesures provisoires, le juge peut désigner un professionnel (expert-comptable, notaire...) afin de dresser un inventaire estimatif ou de faire des propositions quant au règlement des intérêts pécuniaires des époux. Il peut aussi désigner un notaire chargé d'élaborer un projet de liquidation du régime matrimonial et de formation des lots à partager.

L'assignation doit comporter un projet de règlement de leurs intérêts pécuniaires et patrimoniaux.

Enfin, les époux peuvent, pendant l'instance en divorce, passer des accords pour la liquidation et le partage de leur régime matrimonial (accord notarié s'il s'agit de biens immobiliers) (*Code civil, Art. 255, 257-2 et 265-2*).

Lorsque le juge prononce le divorce, il peut ordonner la liquidation et le partage lorsque les époux n'ont pas pu trouver d'accord pendant la procédure. Les ex-époux ont un an pour parvenir à cette liquidation.

Si les opérations de liquidation et de partage ne sont pas achevées dans l'année qui suit sa désignation, le notaire transmet à la justice un procès-verbal de difficultés reprenant les déclarations respectives des parties. Le tribunal peut accorder un délai supplémentaire d'une durée maximale d'1 an. Si à l'expiration de ce délai les opérations ne sont toujours pas achevées, le notaire en informe le tribunal. Ce dernier statue sur les contestations subsistant entre les ex-époux et les renvoie devant le notaire afin d'établir l'état liquidatif (*Code de procédure civile, Art. 1368 et s.*).

À NOTER

Depuis le 1/1/2010, le juge aux affaires familiales est seul compétent pour la liquidation et le partage des intérêts patrimoniaux des époux (Loi n° 2009-526 du 12/5/2009). Le décret n° 2009-1591 du 17/12/2009 organise le transfert de compétence du tribunal de grande instance au juge aux affaires familiales et maintient l'obligation pour les parties d'être représentées par un avocat (Code de procédure civile, Art. 1136-1 et s.).

Le sort du logement familial

Le logement qui constituait l'habitation principale du couple fait l'objet de dispositions particulières selon qu'il appartenait à l'un ou/et l'autre des conjoints ou qu'ils en étaient locataires.

En principe, celui des époux qui en était seul propriétaire le conserve. Toutefois, dans le cadre du paiement de la prestation compensatoire en capital, il peut en abandonner la propriété ou l'usufruit à son conjoint.

De plus, le juge peut le donner à bail à l'époux non propriétaire qui devra alors s'acquitter d'un loyer (en cas de désaccord sur son montant, il sera fixé par le juge) ; le bail forcé pourra être accordée lorsque le logement constitue la résidence habituelle des enfants et que l'époux qui le demande a l'autorité parentale.

Le juge fixe la durée du bail et peut le renouveler jusqu'à la majorité du plus jeune des enfants ; il peut aussi le résilier si des circonstances nouvelles le justifient (*Code civil, Art. 285-1*).

Les deux conjoints peuvent être l'un et l'autre propriétaires du logement soit qu'étant mariés sous un régime de communauté il constituait un bien commun, soit qu'étant mariés sous le régime de la séparation de biens ils l'ont acquis en indivision. Dans les deux cas, ils peuvent alors demeurer en indivision et se mettre d'accord pour déterminer celui d'entre eux qui, moyennant indemnité, l'utilisera. Un des deux conjoints peut aussi demander le partage et l'attribution du logement en versant à l'autre une somme d'argent, appelée soulte, si les biens à partager ne sont pas de valeur suffisante (*Code civil, Art. 815 et s., 832, 1476 et 1542*).

Si les époux sont locataires, ils sont automatiquement cotitulaires du bail, même si l'un seulement d'entre eux l'a signé (→ index, *Protection du logement familial*). S'ils ne parviennent pas à se mettre d'accord sur le sort du logement, c'est le juge qui l'attribuera à l'un ou l'autre en fonction de l'intérêt de la famille (*Code civil, Art. 1751*).

Le sort des donations et avantages matrimoniaux

Les règles des donations entre époux ont été modifiées par la loi du 26/5/2004. Le sort des donations n'est plus lié au jugement de divorce et ne dépend plus, notamment, de l'attribution des torts. Les règles prévues s'appliquent à toutes les formes de divorce.

Depuis le 1/1/2005, il faut donc distinguer :
– d'une part les donations de biens présents (donation prenant effet immédiatement) ;
– d'autre part les donations de biens à venir (prenant effet au décès d'un conjoint, telle la donation au dernier vivant).

Les donations de biens présents deviennent irrévocables et le divorce des époux ne remet pas en cause ce caractère irrévocable.

À NOTER

Attention : seules les donations intervenues après le 1/1/2005 deviennent irrévocables. Les donations que les époux ont pu se consentir avant cette date restent révocables à tout moment selon la volonté du donateur.

Les donations de biens à venir restent révocables. Pendant le mariage, chaque époux peut révoquer les donations de biens à venir comme la donation au dernier vivant qu'il a pu consentir à son conjoint. S'ils divorcent, la révocation est automatique, sauf si le donateur déclare expressément les maintenir (*Code civil, Art. 265 et 1096*).

Les donations et avantages matrimoniaux insérés dans le contrat de mariage suivent un régime différent. Ils restent irrévocables sauf volonté commune des époux de changer leur contrat.

Mais en cas de divorce, la loi du 26/5/2004 distingue :
– les avantages matrimoniaux et les donations prenant effet en cours de mariage qui restent irrévocables même en cas de divorce ;
– et les avantages matrimoniaux qui ne prennent effet qu'à la dissolution du régime matrimonial ou au décès de l'un des époux et des dispositions à cause de mort, accordés par un époux envers son conjoint, qui sont révoqués de plein droit par le divorce (sauf volonté contraire express de l'époux qui les a consentis).

La couverture sociale

La personne divorcée, quelle que soit la forme de divorce, qui était ayant droit de son ex-conjoint et qui ne bénéficie pas, à un autre titre, de l'assurance maladie-maternité continuera de bénéficier des prestations en nature (remboursement des soins, des médicaments...) pour elle-même et ses enfants à charge pendant une durée d'1 an à compter de la date de transcription du jugement de divorce. Ce délai est prolongé jusqu'à ce que le dernier enfant à charge ait atteint l'âge de 3 ans. À l'issue de ces périodes, le droit aux prestations est maintenu, sans limitation de durée, pour les personnes ayant ou ayant eu au moins trois enfants à charge (*Code de la Sécurité sociale, Art. L. 161-15*).

À l'issue de la prise en charge et le maintien des droits qui suit le divorce, l'ex-époux qui n'a droit à aucun autre titre aux prestations en nature d'un régime d'assurance maladie et maternité peut bénéficier de la couverture maladie universelle (→ index, *Couverture maladie universelle*).

Quelles sont les conséquences du divorce pour les enfants ?

Depuis la loi n° 2002-305 du 4/3/2002 (applicable immédiatement, y compris aux instances en cours n'ayant pas donné lieu à une décision définitive), les conséquences du divorce pour les enfants ne sont plus prévues par des règles propres au divorce mais par celles relatives à l'autorité parentale (→ index, *Autorité parentale*).

Le principe posé par la loi est que la séparation des parents ne doit pas avoir d'incidence sur les règles de dévolution de l'autorité parentale et que chacun des parents doit maintenir des relations personnelles avec l'enfant et respecter les liens de celui-ci avec l'autre parent (*Code civil, Art. 373-2*). Comment ce principe est-il mis en œuvre au regard de l'exercice de l'autorité parentale, du choix de la résidence de l'enfant et de la fixation de la contribution due à son entretien, telles sont les trois principales questions qui se posent.

› L'autorité parentale

Son attribution

La loi du 4/3/2002 réaffirme le principe, déjà acquis depuis 1993, de l'exercice en commun de l'autorité parentale par les deux parents, quelle que soit la cause de divorce ou l'attribution des torts. Les ex-conjoints sont alors censés prendre ensemble les décisions relatives à l'éducation et à la surveillance de leur enfant (→ index, *Autorité parentale*).

En cas de divorce par consentement mutuel les époux ont nécessairement dû prévoir dans leur convention, homologuée par le juge, les modalités (résidence, pension alimentaire...) de cet exercice.

Dans les autres cas de divorce, la loi prévoit désormais que les époux peuvent par convention, à tout moment, organiser les modalités d'exercice de l'autorité parentale. Cette convention doit également être homologuée par le juge aux affaires familiales afin de vérifier que l'intérêt de l'enfant est bien préservé.

En l'absence de convention et en cas de conflit entre les parents, c'est le juge qui statue sur les modalités d'exercice de l'autorité parentale. Il doit s'efforcer de concilier les époux en leur proposant, voire en les enjoignant, de rencontrer un médiateur familial à cette fin.

Ce n'est qu'exceptionnellement et si l'intérêt de l'enfant le commande, que le juge peut n'attribuer l'exercice de l'autorité parentale qu'à un seul parent. L'autre parent conserve néanmoins le droit et le devoir de surveiller l'entretien et l'éducation de l'enfant et continue d'être informé des choix importants relatifs à la vie de ce dernier (voir plus loin, son droit de visite et d'hébergement).

À NOTER

Après le prononcé du divorce, et quelle qu'en soit la cause, les parents peuvent, si des circonstances nouvelles le justifient, demander au juge aux affaires familiales que des modifications soient apportées à l'exercice de l'autorité parentale, la résidence de l'enfant ou le montant de la pension due pour son entretien (Code civil, Art. 373-2-13).

La résidence de l'enfant

Lorsque l'autorité parentale est exercée en commun par les deux parents, ce sont eux qui déterminent le ou les lieux de résidence de l'enfant. Cet accord peut résulter, soit de la convention conclue entre eux préalablement au divorce en cas de divorce sur requête conjointe, soit, dans les autres cas de divorce, de la convention qu'ils ont pu conclure à cet effet et qui doit être homologuée par le juge aux affaires familiales (voir ci-dessus).

Désormais, la loi du 4/3/2002 autorise le choix d'une résidence alternée de l'enfant chez l'un et l'autre de ses parents, dès lors que ce choix n'est pas contraire aux intérêts de l'enfant (*Code civil, Art. 373-2-9*).

D'un point de vue fiscal, en cas de résidence alternée, les parents doivent se mettre d'accord pour désigner celui qui bénéficiera des parts supplémentaires pour le ou les enfants à charge. À défaut d'accord et si la charge de l'enfant est répartie de façon égalitaire entre eux, le supplément de part doit être partagée entre eux

(0,25 par parent au lieu de 0,50 pour le premier enfant à charge) (*Code général des impôts, Art. 194*).

Les parents doivent également désigner celui d'entre eux qui percevra les allocations familiales. Ils peuvent aussi demander le partage de ces allocations entre eux. Les conditions d'application de cette règle sont précisées par le décret n° 2007-550 du 13/4/2007.

Sur simple demande adressée à la caisse (un formulaire est prévu à cet effet), le partage est accordé, sous réserve toutefois que la garde alternée soit réelle.

En cas de désaccord entre les parents sur le nom du bénéficiaire ou sur le principe du partage, et s'il y a mise en œuvre effective de la résidence alternée des enfants du couple, le partage devient la règle (*Code de la Sécurité sociale, Art. L. 521-2 et Art. R. 521-2*).

En cas de désaccord entre les parents sur le choix de la résidence de l'enfant, c'est alors au juge de fixer cette résidence, soit chez l'un des parents, soit chez l'un et l'autre, en alternance. Là encore, le juge prend en compte l'intérêt de l'enfant pour se déterminer. Il prend également en considération les éléments suivants :

– la pratique que les parents avaient précédemment suivie ou les accords qu'ils avaient pu antérieurement conclure ;

– les sentiments exprimés par l'enfant mineur s'il est capable de discernement ;

– l'aptitude de chacun des parents à assumer ses devoirs et respecter les droits de l'autre ;

– les résultats de l'enquête sociale qu'il a pu ordonner.

Lorsque l'autorité parentale n'est exercée que par un seul parent (ce qui est aujourd'hui très rare), c'est chez ce dernier que l'enfant aura sa résidence habituelle.

Fiscalement, ce parent est considéré comme ayant l'enfant à sa charge et peut bénéficier du supplément de part fiscale (une 1/2 part pour les deux premiers enfants et une part à partir du 3e enfant à charge).

À NOTER

Tout changement de résidence d'un parent, dès lors qu'il risque de modifier les modalités d'exercice de l'autorité parentale (éloignement important par exemple), doit faire l'objet d'une information préalable et en temps utile de l'autre parent. En cas de désaccord sur le projet de changement de résidence, l'un ou l'autre des parents peut saisir le juge aux affaires familiales qui statue selon ce qu'exige l'intérêt de l'enfant. En particulier, il peut répartir les frais de déplacement et ajuster en conséquence le montant de la contribution à l'entretien de l'enfant (Code civil, Art. 373-2).

Le droit de visite et d'hébergement

Lorsque l'enfant ne réside pas de manière alternée chez l'un et l'autre de ses parents, le parent chez lequel il ne réside pas habituellement doit se contenter d'un droit de visite et d'hébergement. Il en est de même du parent qui n'a pas l'exercice de l'autorité parentale.

En cas d'accord entre les parents, notamment par convention (voir ci-dessus), ce sont eux qui décident des jours et heures de visite et d'hébergement.

En cas de conflit entre eux, c'est le juge qui fixe les conditions de ce droit de visite. Le plus souvent, mais ce n'est pas une règle, ce droit s'effectue un week-end sur deux, ainsi que la moitié des vacances scolaires.

En principe, un parent ne peut être privé de ce droit de visite et d'hébergement que pour des motifs graves. Si le juge estime que les liens avec ce parent doivent être maintenus, il peut aussi organiser le droit de visite dans un espace de rencontre désigné pour cela (*Code civil, Art. 373-2-1*).

Par ailleurs, celui qui bénéficie de ce droit ne peut être contraint de l'exercer : si, par exemple, le père ne vient pas chercher son enfant le week-end, la mère ne pourra pas l'y obliger…

À NOTER

Le juge ne peut pas fixer le droit de visite en le faisant dépendre de la volonté des enfants. Une cour d'appel avait fixé la « résidence habituelle » des enfants âgés de 13 et 15 ans au domicile de leur mère, et accordé à leur père un droit de visite en précisant que ce droit de visite « s'exercera librement sous réserve de l'accord des enfants ». Cet arrêt a été cassé.
Même s'il est difficile d'aller à l'encontre de la volonté des adolescents, les modalités d'exercice de l'autorité parentale d'un parent à l'égard de ses enfants doivent être fixées par le juge (Cour de cassation, 1re chambre civile, 3/12/2008).

ATTENTION ⚠

Le refus d'un enfant de voir l'un de ses parents n'exonère pas l'autre du devoir de lui présenter l'enfant. Il pourrait être, dans le cas contraire, condamné pour délit de non-présentation d'enfant (Code pénal, Art. 227-5). Toutefois, s'il s'agit d'adolescents qui ne peuvent que difficilement être contraints, le plus souvent des poursuites ne sont pas engagées contre le parent concerné.

› La pension alimentaire

Le parent chez lequel l'enfant n'a pas sa résidence habituelle (ou qui n'exerce pas l'autorité parentale) doit verser à l'autre parent une pension alimentaire afin de contribuer aux frais d'entretien et d'éducation de l'enfant. En cas de résidence alternée de l'enfant chez l'un et l'autre de ses parents, ceux-ci étant tenus de contribuer à l'entretien de l'enfant à proportion de leurs ressources respectives, le versement d'une telle pension par un parent à l'autre est également envisageable.

Le montant de la pension

Le montant, les modalités de versement et les garanties de cette pension sont fixés par la convention (voir ci-dessus) des parents ou, en cas de désaccord entre eux, par le juge.

Le principe est celui d'une contribution de chacun des parents à proportion de ses ressources personnelles, ainsi que des besoins de l'enfant. L'époux ayant des revenus plus importants que son conjoint contribuera de manière plus importante. S'agissant de l'enfant, ses besoins varieront en fonction de son âge. En outre, il ne doit pas, dans la mesure du possible, pâtir matériellement du divorce de ses parents. Ainsi, par exemple, l'enfant qui suivait sa scolarité dans une école privée, y restera en principe. Et s'il prenait des cours de piano ou faisait de l'équitation, il doit pouvoir poursuivre ces activités.

La contribution peut prendre la forme d'une pension alimentaire payée par un parent à l'autre. Elle peut également prendre la forme, en tout ou en partie, d'une prise en charge directe des frais exposés au profit de l'enfant (paiement des frais de scolarité, de transport, d'un loyer). Elle peut enfin être exécutée en nature sous forme d'un droit d'usage et d'habitation : le parent propriétaire d'un studio, peut par exemple le mettre gratuitement à la disposition de son enfant.

Lorsque la consistance des biens appartenant au débiteur de la pension s'y prête, la pension peut être remplacée, en tout ou en partie, par le versement d'une somme d'argent entre les mains d'un organisme accrédité chargé d'accorder en contrepartie à l'enfant une rente indexée, l'abandon de biens en usufruit ou l'affectation de biens productifs de revenus.

La pension est due et payable chaque mois. Le débiteur ne peut pas la diminuer ou la supprimer sous prétexte, par exemple, qu'il héberge les enfants durant les vacances. Elle est indexée sur l'augmentation du coût de la vie et donc revalorisée chaque année.

AVANTAGE

Le site Internet www.service-public.fr permet de calculer la revalorisation d'une pension alimentaire. Il suffit de sélectionner la rubrique « Famille » puis « Obligation alimentaire et pension alimentaire » et enfin « Module de calcul pour la revalorisation de votre pension alimentaire ».

Le non-paiement de cette pension est sanctionné pénalement pour délit d'abandon de famille (*Code pénal, Art. 227-3*). Des dispositions particulières sont prévues en cas de non-paiement pour en faciliter le recouvrement.

La modification de la pension

Comme pour tout ce qui peut toucher aux modalités d'exercice de l'autorité parentale, le montant ou les modalités de versement de la pension alimentaire peuvent être révisés, aussi bien à la hausse qu'à la baisse, sur demande de l'un ou l'autre des époux devant le juge aux affaires familiales dont dépend la résidence du parent qui assume à titre principal la charge des enfants. Pour cela, il faut qu'un changement de situation soit intervenu depuis le jugement de divorce ou depuis la dernière révision. Voici quelques exemples courants : l'un des parents a été licencié de son emploi ; l'autre a un nouveau travail beaucoup mieux payé ; un des enfants quitte une école publique pour une école privée ; un autre arrête ses études et commence à travailler, etc.

À NOTER

Si vous assumez la charge principale de votre enfant majeur qui ne peut lui-même subvenir à ses besoins, vous pouvez demander à votre ex-époux une contribution à son entretien. Il peut être convenu ou décidé par le juge que cette contribution sera versée, en tout ou en partie, directement entre les mains de l'enfant (Code civil, Art. 373-2-5).

LE DROIT DE VISITE ET D'HÉBERGEMENT

Les grands-parents

En vertu des dispositions de l'article 371-4 du Code civil, les parents ne peuvent faire obstacle aux relations des enfants avec les grands-parents ou arrière-grands-parents (les ascendants). Seul l'intérêt de l'enfant peut empêcher l'exercice de ce droit. Les ascendants pourront donc, en cas de conflit, s'adresser au juge aux affaires familiales, dont dépend le domicile des enfants, afin que soient fixées les modalités de cette relation. Ils pourront obtenir un droit de correspondance, un droit de visite ou d'hébergement. Ils peuvent aussi, avant la procédure, tenter une démarche amiable auprès du médiateur familial. L'adresse d'un médiateur peut être obtenue auprès de sa mairie. .../...

LE DROIT DE VISITE ET D'HÉBERGEMENT (SUITE)

La garde des animaux domestiques

En principe, les magistrats refusent d'accorder un droit de visite et d'hébergement au profit de l'ex-conjoint qui ne bénéficie pas de la jouissance de l'animal.
En conséquence, l'animal revient à l'époux qui en est propriétaire. À défaut, il suivra les enfants.

COMMENT OBTENIR LE PAIEMENT DE VOTRE PENSION ALIMENTAIRE ?		
Les moyens	**Objet**	**La procédure à suivre**
SAISIE DES RÉMUNÉRATIONS	Cette procédure permet le recouvrement des pensions alimentaires impayées, même depuis plus de 6 mois.	• Écrire au greffe du tribunal d'instance du domicile (indiquez le montant des sommes dues, les nom et adresse de l'ex-conjoint et de son employeur, envoyez copie du jugement). • Tentative de conciliation. • En cas de non-conciliation, l'acte de saisie sera notifié à l'employeur.
SAISIE-ATTRIBUTION SAISIE-VENTE SAISIE D'UN BIEN IMMOBILIER	Ces procédures ont pour objet d'obtenir le paiement à l'aide de la saisie de biens mobiliers ou immobiliers, ou encore la saisie de sommes détenues par un tiers (banque par exemple).	Huissier (celui-ci délivre un commandement de payer qui sera suivi de la saisie).
PAIEMENT DIRECT	Cette procédure n'est applicable que dans la limite de 6 mois de pensions alimentaires impayées.	Huissier (adressez la copie du jugement, les nom et adresse de la personne entre les mains de laquelle doit être pratiqué le paiement direct).
RECOUVREMENT PAR LE TRÉSOR PUBLIC	L'époux a déjà mis en œuvre divers moyens de recouvrement. Si tel est le cas, l'époux peut demander au Trésor public le recouvrement de la pension alimentaire jusqu'au 6 derniers mois d'impayés et pour les mois à venir.	• Envoyer une lettre recommandée avec demande d'avis de réception au procureur de la république du TGI de votre domicile. • Joindre la copie du jugement et tout document prouvant que le recouvrement n'a pu être obtenu : attestation de l'huissier de justice ou attestation du greffe du TI pour les saisies rémunérations.
INTERVENTION DE LA CAF	• Demander l'allocation de soutien familial à titre d'avance. La CAF se chargera alors du recouvrement. • Si vous ne remplissez pas les conditions d'attribution la CAF peut en assurer le recouvrement.	Contacter la CAF.
PLAINTE POUR ABANDON DE FAMILLE	Cette procédure permet la condamnation pénale du débiteur à partir de 2 mois d'impayés. Elle suppose le caractère volontaire du défaut de paiement.	Plainte déposée au commissariat de police ou adressée au procureur de la République. Citation directe devant le tribunal correctionnel.

PENSION ALIMENTAIRE : FLASH DE JURISPRUDENCE

✓ L'obligation de verser la pension alimentaire se poursuit lorsque l'enfant fait des études (*Cour de cassation, 2e chambre civile, 6/2/1985*).
✓ Le parent, débiteur de la pension alimentaire, doit verser celle-ci jusqu'à l'entrée de l'enfant dans la vie professionnelle (*Cour d'appel, Paris, 8/7/1986*).
✓ Pour suspendre la pension alimentaire, encore faut-il que l'enfant puisse par des moyens propres s'assurer une existence indépendante (*Cour d'appel, Paris, 20/5/1988*).
✓ Les enfants majeurs sont libres de choisir leur résidence, la contribution du parent débiteur de la pension alimentaire ne peut être subordonnée au fait que l'enfant vienne vivre avec lui (*Cour de cassation, 2e chambre civile, 8/2/1989*).
✓ La maladie grave de l'enfant justifie le maintien de la pension alimentaire (*Cour de Cassation, 2e chambre civile, 28/4/1980*).
✓ Le versement d'allocations à un enfant handicapé ne fait pas disparaître l'obligation alimentaire des parents (*Cour d'appel, Paris, 29/3/2001*).
✓ La pension reste due même si les enfants ont rompu toute relation avec le parent qui la verse (*Cour de cassation, 2e chambre civile, 17/7/1985*).
✓ L'enfant majeur qui prend une année sabbatique après son bac ne peut pas réclamer à son père une pension alimentaire (*Cour d'appel, Paris, 8/4/1999*).
✓ L'obligation pour les grands-parents de payer une pension alimentaire à leurs petits-enfants est reconnue quand les parents ne peuvent faire face aux besoins de leurs enfants (*Cour d'appel, Versailles, 29/9/1989*).
✓ Quand l'enfant rejoint le parent débiteur de la pension alimentaire pour vivre avec lui, ce dernier est dispensé du paiement de la pension (*Cour de cassation, 1re chambre civile, 14/1/1969*).
✓ Le créancier d'une pension alimentaire ne peut se voir opposer une procédure de liquidation de biens de son débiteur. Sa créance n'a pas à être déclarée au passif.
Le créancier peut saisir les revenus dont le débiteur conserve la disposition. Il peut aussi recourir à la procédure de paiement direct (*Cour de cassation, Chambre commerciale, 8/10/2003*).
✓ De même, il est à rappeler que la pension alimentaire est attribuée de manière forfaitaire. En conséquence, les vacances des enfants passés chez le parent débiteur de la pension alimentaire ne dispense pas celui-ci du paiement pour cette période.
Fiscalement, le débiteur de la pension versée pour l'entretien des enfants peut la déduire de ses revenus même en cas de revalorisation spontanée (sans jugement ordonnant cette revalorisation). Cette possibilité issue de la loi du 4/3/2002 relative à l'autorité parentale suppose que le montant initial de la pension résulte d'une instance judiciaire, que le montant revalorisé soit compatible avec les besoins et les ressources du créancier et du débiteur.

Cas pratiques
Le divorce

Divorce par consentement mutuel - avocat

Mon mari et moi envisageons un divorce par consentement mutuel. Nous conseillez-vous de prendre le même avocat ?

Dans les faits, les époux recourent fréquemment à ce qui est considéré comme l'un des avantages de ce type de procédure car ne prendre qu'un avocat est source d'économie et de gain de temps.
Ne prendre qu'un seul avocat doit être conseillé pour des couples sans enfant et ne possédant que des biens mobiliers de faible valeur. En revanche, la présence de deux avocats s'impose dans l'hypothèse d'un gros patrimoine ou s'il existe un contentieux latent quant aux conséquences du divorce (enfants, biens…).
Le risque de n'avoir qu'un seul avocat est qu'en cas de difficulté entre les époux au cours de l'instance, l'avocat choisi ne pourra plus se présenter pour aucun des deux époux. Ils devront trouver chacun un autre avocat pour recommencer la procédure.

Divorce pour faute - faits reprochés

Mon mari voit régulièrement une autre femme, au vu et au su de tout le monde, mais je n'arrive pas à prouver l'adultère. Que faire ?

Il a été jugé que même si les témoignages produits n'établissent pas l'adultère, ni la preuve d'une attitude équivoque, ces faits peuvent être retenus comme fautifs, dans la mesure où ils peuvent démontrer l'attitude injurieuse du mari à l'égard de son épouse (*Cour de cassation, 1re chambre civile, 30/9/2003*).

Ma femme est alcoolique depuis plusieurs années et refuse de se faire soigner. L'alcoolisme constitue-t-il en lui-même un manquement aux obligations du mariage ?

La Cour de cassation a jugé que dans la mesure où l'alcoolisme invoqué par le mari à l'encontre de son épouse était établi, les conditions prévues par l'article 242 du Code civil pouvaient être considérées comme remplies, à savoir constituer une violation grave ou renouvelée des devoirs et obligations du mariage, rendant intolérable la vie commune (*Cour de cassation, 1re chambre civile, 11/1/2005*).

Divorce pour faute - preuve de la faute

Puis-je faire la preuve de l'adultère de ma femme par SMS ?

En matière de divorce, la preuve se fait par tous moyens et le juge ne peut écarter des débats un élément de preuve que s'il a été obtenu par violence ou fraude. Sous cette réserve, un arrêt de la Cour de cassation du 17/6/2009 a estimé qu'étaient recevables des SMS, reçus sur le téléphone portable professionnel d'un époux.

Je compte demander des dommages et intérêts à mon mari lors de notre divorce pour faute compte tenu des conditions dans lesquelles notre mariage s'est terminé. Ai-je une chance d'avoir gain de cause ?

Selon l'article 266 du Code civil : « [...] *des dommages et intérêts peuvent être accordés à un époux en réparation des conséquences d'une particulière gravité qu'il subit du fait de la dissolution du mariage [...] lorsque le divorce est prononcé aux torts exclusifs de son conjoint. Cette demande ne peut être formée qu'à l'occasion de l'action en divorce.* »

Il faut donc en premier lieu que vous obteniez un divorce pour faute aux torts exclusifs de votre mari.

En second lieu, il vous faut convaincre les juges que cette rupture entraîne des conséquences d'une particulière gravité pour vous (maladie, dépression, déconsidération sociale...). De façon générale, on constate que les juges sont très exigeants comme le démontre cet arrêt selon lequel le fait de quitter son épouse après 39 ans de mariage dans des conditions difficiles pour chercher une nouvelle compagne ne caractérisait pas forcément une particulière gravité (*Cour de cassation, 1re chambre civile, 1/7/2009*).

N'oubliez pas que vous avez également la possibilité de demander réparation à votre conjoint lors du divorce sur la base de la responsabilité beaucoup plus générale de l'article 1382 du Code civil.

Prestation compensatoire - disparité

Je crains que mes conditions de vie ne se dégradent à cause de mon divorce. Je voudrais savoir à partir de quel moment on tient compte des disparités causées par le divorce pour l'appréciation du droit à prestation compensatoire ?

La disparité engendrée dans les conditions de vie respectives des ex-époux s'apprécie au moment du divorce. C'est la rupture du mariage qui importe et non un autre moment. Il n'est donc pas permis au juge de prendre en compte des événements antérieurs au divorce (par exemple la disparité lors de la date effective de leur séparation de fait), ni d'autres événements postérieurs au divorce.

Prestation compensatoire - remariage

Je dois régler à mon ex-femme une prestation compensatoire. Je m'en acquitte régulièrement mais cette charge est de plus en plus lourde du fait de mon remariage et de la naissance de mes deux enfants. Puis-je demander la suppression ou, à défaut, la diminution de la rente que je verse ?

Vous pouvez effectivement invoquer cet élément s'il est avéré qu'il apporte un changement dans vos charges, et ce en application de l'article 276-3 du Code civil. Ce texte prévoit que la prestation compensatoire fixée sous forme de rente peut être révisée, suspendue ou supprimée « en cas de changement important dans les ressources ou les besoins de l'une ou l'autre des parties... » (*Cour de cassation, 1re chambre civile, 28/6/2005*).

C'est également en fonction de cet article que le remariage de l'ex-épouse bénéficiaire de la rente avec un conjoint fortuné peut entraîner la révision, voire la suppression des versements.

La maternité

Lorsque l'on attend un enfant, on peut, sous certaines conditions, bénéficier du régime de l'assurance maternité qui donne droit au remboursement des frais de soins liés à la grossesse et à ses suites. Si l'on exerce une activité professionnelle, on a droit, selon le régime d'assurance maternité dont on relève (régime général, régime des travailleurs indépendants ou régime des agriculteurs), au versement d'indemnités journalières. En outre, et quel que soit le régime dont on dépend, certaines formalités incontournables sont à respecter. Mais pour les femmes qui ont choisi de ne pas garder leur enfant, l'interruption volontaire de grossesse est accessible en France, sous certaines conditions, depuis la loi Veil de 1975.

L'assurance maternité

L'assurance maternité peut donner droit à des prestations en nature (remboursement de soins) et à des prestations en espèces (indemnités journalières). Ses conditions d'obtention diffèrent selon que l'on relève du régime général ou du régime des travailleurs indépendants mais, dans tous les cas, des formalités communes sont à respecter.

Quelles sont les formalités à respecter ?

La déclaration de grossesse

La femme enceinte doit, dans les 14 premières semaines de la grossesse, en faire la déclaration auprès de la caisse d'assurance maladie dont elle relève (ou dont relève l'assuré social si elle ne l'est pas elle-même) ou, dans certains cas, à la caisse d'allocations familiales.

Elle doit produire un certificat de grossesse, lequel correspondra également le plus souvent au premier examen prénatal qui doit être effectué dans les 3 premiers mois de la grossesse.

Le premier examen prénatal et la déclaration de grossesse peuvent être effectués par une sage-femme. La patiente est adressée à un médecin en cas de situation ou d'antécédents pathologiques (*Code de la santé publique, Art. L. 2122-1*).

Le guide de surveillance médicale de la mère

Au moment de sa déclaration de grossesse, la future mère reçoit de la part de l'organisme d'assurance maladie un guide de surveillance médicale de la mère et du nourrisson dans lequel sont récapitulés tous les examens à faire pendant la grossesse puis après la naissance jusqu'au 3e mois de l'enfant.

Les examens médicaux

Pendant la grossesse, la femme doit justifier avoir effectué sept examens médicaux (*Code de la santé publique, Art. R. 2122-1*) :

– le premier doit intervenir dans les 3 premiers mois de la grossesse (en pratique, c'est l'examen qui va attester de l'état de grossesse et qui permettra de déterminer la date présumée de l'accouchement) ;

– les six autres examens doivent avoir une périodicité mensuelle à partir du premier jour du quatrième mois de grossesse et ce jusqu'à l'accouchement.

Dans les 8 semaines qui suivent l'accouchement, la mère doit subir un examen médical postnatal qui peut être effectué par le médecin ou la sage femme (si la grossesse et l'accouchement ont été normaux) (*Code de la santé publique, Art. L. 4151-1*). Par la suite, elle devra faire passer à son enfant 9 examens au cours de sa première année, trois examens au cours de sa deuxième année puis, un examen tous les 6 mois jusqu'à sa sixième année.

À NOTER

La future mère peut retrouver tous ces renseignements sur le site www.ameli.fr : déclaration de grossesse, suivi de la grossesse mois après mois avec l'indication des consultations, des examens sanguins, des échographies… Ces informations peuvent être envoyées par mail si on le désire.

AVANTAGE

Si la femme est salariée, elle bénéficie d'une autorisation d'absence pour se rendre aux examens médicaux obligatoires, sans aucune diminution de rémunération.

Le régime général

› Le droit aux prestations en nature

Qui peut en bénéficier ?

Pour obtenir le remboursement de ses frais de soins, la femme doit être :

– soit personnellement assurée sociale (→ index, *Salarié, assurance maladie*) ;

– soit la conjointe, la partenaire liée par un PACS ou la concubine d'un assuré social ;

– soit l'enfant à charge d'un assuré social ou de son conjoint ;

– soit à la charge effective et permanente d'un assuré social avec lequel elle vit depuis au moins 12 mois ;
– soit titulaire d'une pension d'invalidité.

Quels sont les frais remboursés ?

Depuis le 1/7/2004, l'assurance maternité couvre l'ensemble des frais médicaux, pharmaceutiques, d'analyse et d'examens de laboratoires, d'appareils et d'hospitalisation relatifs ou non à la grossesse, à l'accouchement et à ses suites, dès lors que ces frais interviennent au cours d'une période se situant entre le 4e mois précédant la date de l'accouchement et le 12e jour suivant la naissance (*Code de la Sécurité sociale, Art. D. 331*).

Lorsque l'accouchement a lieu avant le début de cette période, l'assurance maternité prend en charge l'ensemble des frais à compter de la date d'accouchement et jusqu'à l'expiration de cette période.

L'assurance maternité couvre également :
– les frais d'examens obligatoires prénataux et postnataux de la mère ;
– le cas échéant, les frais d'examens du futur père rendus nécessaires par les antécédents familiaux ou l'examen de la mère ;
– les autres frais médicaux, pharmaceutiques, d'analyses et d'examens de laboratoires, d'appareils et d'hospitalisation relatifs à la grossesse, à l'accouchement et à ses suites (amniocentèse, test de dépistage du Sida, glycémie, séances de préparation à l'accouchement, interruption non volontaire de grossesse ou interruption pour motif thérapeutique, séances de rééducation après l'accouchement) ;
– les frais d'examens obligatoires de l'enfant de moins de 6 ans (*Code de la Sécurité sociale, Art. L. 331-1*).

Si l'accouchement a lieu à l'hôpital, les frais de séjour et les honoraires médicaux seront pris en charge à 100 % sur la base des tarifs de la Sécurité sociale (des suppléments peuvent rester à la charge de l'assurée : chambre individuelle par exemple) pendant une durée maximale de 12 jours. L'assurée n'a pas à en faire l'avance.

En clinique privée, il faut distinguer, pour les frais de séjour, selon qu'elle est conventionnée, agréée et non conventionnée, ou non agréée :
– dans une clinique conventionnée, le remboursement est de 100 % sur la base des tarifs conventionnels de la Sécurité sociale et l'assurée devra parfois en faire l'avance ;
– dans une clinique agréée non conventionnée, elle sera remboursée en fonction des tarifs d'autorité et devra en faire l'avance ;
– enfin, dans une clinique non agréée, les frais de séjour ne sont pas remboursés, sauf en cas d'urgence.

Les honoraires médicaux, quant à eux, seront remboursés en fonction de la convention passée par le médecin avec la Sécurité sociale.

› Le droit aux prestations en espèces

En tant que salariée, la femme peut percevoir pendant le congé de maternité (→ index, *Congé de maternité*) des indemnités journalières aux conditions suivantes :
– être personnellement assurée sociale (→ index, *Salarié, assurance maladie*) et justifier de 10 mois d'immatriculation avant la date présumée de l'accouchement ;
– avoir acquitté des cotisations au titre de l'assurance maladie-maternité d'un montant au moins égal à celles dues pour un salaire représentant 1 015 fois la valeur du SMIC pendant les 6 mois précédents, ou avoir effectué 200 heures de travail salarié au cours des 3 mois précédents *(Voir pages Barème)* ;
– avoir cessé toute activité professionnelle pendant au moins 8 semaines.

Ces indemnités sont versées pendant une période qui débute 6 semaines avant la date présumée de l'accouchement et se termine 10 semaines après celui-ci.

En cas de naissances multiples, cette période est allongée (12 ou 24 semaines avant et 22 semaines après l'accouchement).

En cas d'accouchement prématuré, la période d'indemnisation n'est pas réduite. De plus, quand la naissance de l'enfant a lieu plus de 6 semaines avant la date présumée de l'accouchement et exige l'hospitalisation postnatale de l'enfant, la période pendant laquelle la mère perçoit ses indemnités journalières est augmentée du nombre de jours compris entre la naissance de l'enfant et le début de la période de repos (*Code de la Sécurité sociale, Art. L. 331-3*).

Les indemnités journalières sont égales au gain journalier de base, c'est-à-dire le salaire journalier net (calculé à partir du salaire de référence diminué de la part salariale des cotisations sociales, de la CSG et de la CRDS) des 3 mois précédant l'arrêt de travail, dans une certaine limite *(Voir pages Barème)*.

Les mêmes droits sont reconnus, indifféremment au père ou à la mère, en cas d'adoption d'un enfant pendant le congé accordé à ce titre.

Par ailleurs, le père de l'enfant peut également percevoir des indemnités journalières pendant son congé de paternité.

Le congé de maternité (→ index, *Congé de maternité*), le congé de paternité (→ index, *Congé de paternité*), et le congé d'adoption (→ index, *Congé d'adoption*) (durée et rémunération) ainsi que leurs conséquences sur le contrat de travail sont traités dans le chapitre consacré aux congés liés à la naissance.

AVANTAGE

En tant que salariées, les femmes bénéficient, pendant leur grossesse et après leur accouchement, de certaines garanties en matière d'emploi (→ index, *Priorité de réembauchage) ; par ailleurs, des possibilités leur sont offertes, ainsi qu'au père, pour bénéficier de certains congés tels que le congé parental d'éducation (*→ index, *Congé parental d'éducation), le congé pour enfant malade (*→ index, *Congé pour enfant malade) ou encore le congé de présence parentale (*→ index, *Congé de présence parentale).*

DÉMARCHES À EFFECTUER EN CAS DE GROSSESSE

Avant la fin de la 12e semaine

✓ Premier examen médical obligatoire.

Avant la 15e semaine

✓ Déclaration de la grossesse soit à la caisse primaire d'assurance maladie si vous êtes assurée sociale, soit à la caisse d'allocations familiales si vous ne l'êtes pas.

✓ 1 mois après la déclaration vous recevrez un guide de surveillance médicale de la mère dans lequel sont précisés les examens à faire pendant la grossesse puis après la naissance jusqu'au 3e mois de l'enfant.

✓ Vous devez faire un examen médical le 1er jour du 4e mois de grossesse, puis chaque mois jusqu'à l'accouchement.

Après l'accouchement

✓ Vous devez vous soumettre dans les 8 semaines qui suivent l'accouchement à un examen clinique et gynécologique.

Au cours de la 1re année de l'enfant

✓ 9 examens au cours de la 1re année :
- dans les 8 jours qui suivent la naissance ;
- avant la fin du 1er mois ;
- au cours des 2e, 3e, 4e, 5e, 6e, 9e et 12e mois de l'enfant.

Au cours de la 2e année de l'enfant

✓ L'enfant est soumis à 3 examens obligatoires au cours des 16e, 20e et 24e mois.

Les années suivantes

✓ 2 examens au cours de chacune des années suivantes jusqu'à son 6e anniversaire.

Vivre en couple

Assurance maternité : montants des prestations en espèces

Régime général

Indemnité journalière au 1/1/2010 :
– montant maximal net : 77,24 € ;
– montant minimal net : 8,64 €.

Plafonds de la Sécurité sociale en 2010

– annuel : 34 620 € ;
– trimestriel : 8 655 € ;
– mensuel : 2 885 € ;
– hebdomadaire : 666 € ;
– journalier : 159 € ;
– horaire : 22 €.

SMIC brut depuis le 1/1/2010

– SMIC horaire : 8,86 € ;
– SMIC mensuel (151,666 heures) : 1 343,77 €.

Accueillir et élever son enfant

Le statut de l'enfant

La filiation
L'autorité parentale

Les prestations familiales

Les règles communes d'attribution des prestations familiales
Les allocations familiales
Le complément familial
L'allocation de soutien familial
L'allocation de rentrée scolaire
L'allocation journalière de présence parentale
La prestation d'accueil du jeune enfant

L'accueil du jeune enfant

Comment faire garder son enfant ?

La scolarité

Les accidents à l'école
Les allocations et les bourses

Le statut de l'enfant

Définir le statut d'un enfant, c'est préciser l'ensemble des règles qui doivent permettre d'identifier cet enfant, de le rattacher à ses parents, de définir les droits et devoirs de ces derniers à son égard. Ces différents éléments, qu'il s'agisse de la filiation ou encore de l'autorité parentale, dépendent, pour une large part des conditions d'arrivée de l'enfant au foyer, naissance (qui peut aujourd'hui être « aidée » par les techniques médicales récentes) ou adoption, mais aussi de la situation familiale de ses parents, mariage ou concubinage par exemple.

La filiation

Depuis le 1/7/2006, date d'entrée en vigueur de l'ordonnance n° 2005-759 du 4/7/2005 portant réforme de la filiation, il n'y a plus lieu de distinguer entre filiation « légitime » et filiation « naturelle », ces deux notions ayant été supprimées du Code civil. Il demeure toutefois un régime particulier propre à la filiation « adoptive ».

La suppression de la distinction filiation légitime / filiation naturelle

À l'origine, c'est-à-dire en 1804, le Code civil avait établi une hiérarchie entre les enfants en accordant à l'enfant naturel simple (celui né de parents tous deux célibataires) des droits inférieurs à ceux de l'enfant légitime (celui né de parents mariés entre eux), l'objectif étant d'assurer la primauté de la famille fondée sur le mariage. Le même Code avait, par ailleurs, interdit l'établissement de la filiation des enfants adultérins ou incestueux. Malgré quelques aménagements, cette règle a perduré jusqu'à l'intervention de la loi du 3/1/1972 qui, tirant les conséquences de l'évolution des mentalités, a posé le principe de l'égalité des filiations, laissant toutefois subsister certaines restrictions aux droits de l'enfant adultérin, notamment en matière de successions et de donations. Ainsi, lorsque l'enfant adultérin se trouvait au jour du décès en concours avec le conjoint survivant et/ou des enfants issus du mariage, ses droits successoraux étaient réduits à la moitié de ce qu'il aurait reçu s'il avait été un enfant légitime. Cette disposition, jugée contraire à l'article 14 de la Convention européenne de sauvegarde des droits de l'homme et des libertés fondamentales, a été supprimée du Code civil par la loi n° 2001-1135 du 3/12/2001 qui, plus généralement, a fait disparaître du même Code toutes les dispositions qui organisaient une discrimination au détriment de l'enfant adultérin. Enfin, la loi n° 2002-305 du 4/3/2002 relative à l'autorité parentale a inséré dans le Code civil un article 310-1 précisant que « tous les enfants dont la filiation est légalement établie ont les mêmes droits et les mêmes devoirs dans les rapports avec leur père et mère. Ils entrent dans la famille de chacun d'eux », de sorte que les statuts des enfants étant unifiés sans considération pour les conditions de leur naissance, la distinction auparavant effectuée entre filiations « légitime » et « naturelle » était devenue sans objet et a pu être supprimée du Code civil par l'ordonnance n° 2005-759 du 4/7/2005 précitée.

MODALITÉS D'ENTRÉE EN VIGUEUR DE L'ORDONNANCE DU 4/7/2005

Sous réserve des décisions de justice passées en force de chose jugée, l'ordonnance du 4/7/2005 est applicable aux enfants nés avant comme après son entrée en vigueur. Certaines dispositions transitoires sont toutefois prévues. Ainsi, notamment :
- les enfants nés avant l'entrée en vigueur de cette ordonnance, soit le 1/7/2006, ne peuvent s'en prévaloir dans les successions déjà liquidées ;
- lorsqu'une instance a été introduite avant le 1/7/2006, l'action est poursuivie et jugée conformément à la loi ancienne. Cette loi s'applique également en appel et en cassation ;
- les actions prévues par les articles 327 (action en recherche de paternité) et 329 (action en rétablissement de la paternité) du Code civil, tels qu'ils résultent de l'ordonnance du 4/7/2005, peuvent être exercées, sans que puisse être opposée la forclusion tirée de la loi ancienne, lorsque, à la date de l'entrée en vigueur de cette ordonnance (soit le 1/7/2006), la prescription de 10 ans prévue par l'article 321 du Code civil n'est pas acquise. L'action doit alors être exercée dans le délai restant à courir à partir du 1/7/2006, sans que ce délai puisse être inférieur à 1 an.

Cette ordonnance a été ratifiée par la loi n° 2009-61 du 16/1/2009 qui a également modifié certaines règles concernant l'établissement ou la contestation d'une filiation.

Comment est établie la filiation ?

Désormais, la filiation peut être légalement établie par l'effet de la loi, par la reconnaissance volontaire ou par la possession d'état constatée par un acte de notoriété. Elle peut aussi l'être, sous certaines conditions, par jugement (*Code civil, Art. 310-1*).

À NOTER

L'article 310-2 du Code civil rappelle l'interdiction d'établir le lien de filiation à l'égard des deux parents en cas de relation incestueuse. Cette interdiction s'applique quel que soit le mode d'établissement de la filiation.

› L'établissement par l'effet de la loi

Avant l'intervention de l'ordonnance du 4/7/2005, la filiation dans le mariage s'établissait automatiquement par l'indication, dans l'acte de naissance de l'enfant, de la qualité d'époux de ses parents, qui déclenchait le jeu de la présomption de paternité. En revanche, la filiation d'un enfant né de parents non mariés s'établissait par la reconnaissance, ou depuis 1982, par la possession d'état, supposant ainsi une démarche volontaire du père comme de la mère. Ce dispositif est désormais simplifié, une distinction devant être établie entre la filiation à l'égard de la mère et celle à l'égard du père.

L'établissement de la filiation à l'égard de la mère

Désormais, en vertu de l'article 311-25 du Code civil, l'indication du nom de la mère dans l'acte de naissance établit la filiation à son égard. La mère non mariée n'a donc plus, pour établir la filiation à son égard, à reconnaître l'enfant dont elle a accouché, comme cela était le cas auparavant. Par cette mesure de simplification, il s'agit, en supprimant une formalité mal comprise, d'éviter qu'une proportion non négligeable d'enfants n'ait pas de filiation maternelle établie avec certitude, par simple méconnaissance de la loi.

En tout état de cause, il convient de rappeler que l'indication du nom de la mère dans l'acte de naissance demeure facultative, conformément à l'article 57 du Code civil, préservant ainsi la liberté de la mère de voir établir un lien de filiation.

L'établissement de la filiation à l'égard du père

Contrairement à ce qui est prévu pour l'établissement de la filiation maternelle, les modes d'établissement de la paternité conservent leur différence selon que les parents sont mariés ou non. La paternité du mari résulte de l'effet que la loi attache au lien conjugal, par la présomption de paternité, alors qu'hors mariage, l'établissement de la filiation implique un acte de volonté spécifique du père.

Le père marié

La filiation paternelle de l'enfant d'un homme marié ressort de la déclaration de l'enfant à l'état civil. Si le père marié n'apparaît pas sur l'acte de naissance, l'enfant peut être rattaché à son père par le jeu de la présomption de paternité, selon laquelle « l'enfant conçu ou né pendant le mariage a pour père le mari » (*Code civil, Art. 312*). Pour connaître le moment où l'enfant a été conçu, la loi présume que l'enfant est conçu pendant la période qui s'étend du 300e jour au 180e jour avant la date de la naissance ; il s'agit là d'une simple présomption et la preuve contraire peut être rapportée.

Cette présomption de paternité peut être écartée lorsque l'acte de naissance de l'enfant ne désigne pas le mari en qualité de père et que l'enfant n'a pas de possession d'état à son égard (il n'est pas élevé par le mari) ; une reconnaissance ou une action en justice est alors possible afin de faire rétablir les effets de cette présomption.

Le père non marié

Afin d'établir la filiation à son égard, le père non marié doit reconnaître son enfant (voir ci-après), la seule déclaration à l'état civil n'étant pas suffisante. Sur ce point, la réforme opérée par l'ordonnance du 4/7/2005 n'a rien changé à l'état du droit antérieur.

› L'établissement par la reconnaissance

Lorsque la filiation n'est pas établie par les indications de l'acte de naissance ou la présomption de paternité, elle pourra l'être par une reconnaissance volontaire des parents. Cette procédure constitue le mode principal d'établissement de la paternité à l'égard du père non marié. Bien que ce soit plus rare, elle peut également être utilisée pour établir la filiation maternelle quand la mère n'est pas indiquée dans l'acte de naissance, ou pour établir la filiation à l'égard du père marié non susceptible de bénéficier de la présomption de paternité. Elle peut également être utilisée avant la naissance, ce qui aura un effet sur la dévolution du nom, en application du principe selon lequel l'enfant prend le nom du parent qui l'a reconnu en premier (→ index, *Nom*).

La reconnaissance n'établit la filiation qu'à l'égard de celui qui y recourt.

À NOTER

Celui qui reconnaît l'enfant n'a pas besoin de solliciter l'autorisation de l'autre parent, ni même de l'en informer. Cependant, l'officier d'état civil qui porte mention de la reconnaissance en marge de l'acte de naissance de l'enfant doit en aviser l'autre parent par lettre recommandée avec demande d'avis de réception. Si ce parent ne peut être avisé, l'officier d'état civil en informe le procureur de la République qui fait procéder aux démarches nécessaires (Code civil, Art. 57-1).

LA DÉCLARATION DE NAISSANCE

La naissance d'un enfant est entourée, sur le plan juridique, d'un certain nombre de formalités, destinées principalement à prouver cette naissance, et assurer ainsi une existence juridique à cet enfant.
La déclaration de naissance a pour effet de donner un état civil à l'enfant (→ index, *État civil*). L'acte de naissance établi à la suite servira à faire la preuve de la naissance (*Code civil, Art. 55 et s.*). Cette déclaration ne doit pas être confondue avec la reconnaissance qui permet d'établir le lien de parenté avec l'enfant (→ index, *Enfant, reconnaissance*).

✓ Qui doit faire la déclaration ?
La déclaration de naissance doit être effectuée par le père de l'enfant ou, à défaut, par le médecin ou la sage-femme qui a pratiqué l'accouchement ou, plus généralement, par toute personne qui a assisté à l'accouchement.

✓ Où et dans quel délai ?
La déclaration doit être faite dans les 3 jours qui suivent l'accouchement à l'officier d'état civil de la mairie du lieu de naissance. Le jour de l'accouchement n'est donc pas compté dans ce délai qui est prolongé, si le 3e jour est un samedi, un dimanche, un jour férié ou chômé, jusqu'au 1er jour ouvrable suivant.
Après l'expiration de ce délai, la déclaration de naissance ne peut plus être enregistrée par l'officier de l'état civil qu'à la suite d'un jugement rendu par le tribunal de grande instance dans le ressort duquel la naissance a eu lieu.

✓ Quels sont les documents à fournir ?
Quelle que soit la situation des parents, il faut fournir le certificat d'accouchement établi par l'hôpital, le médecin ou la sage-femme.
En pratique, les mairies exigent que soient également fournis : une pièce d'identité des parents, le carnet de maternité et, le cas échéant, le livret de famille avec, éventuellement (si les parents ne sont pas mariés et s'ils ont déjà reconnu l'enfant), l'acte de reconnaissance antérieur de l'enfant.
Les parents doivent aussi fournir la déclaration de choix de nom s'ils souhaitent utiliser cette faculté (→ index, *Nom*).

✓ L'acte de naissance
L'acte de naissance de l'enfant est rédigé immédiatement après la déclaration. Il sert de preuve de la naissance. Il peut comporter différentes mentions (→ index, *État civil*).

Quand et comment reconnaître un enfant ?

La reconnaissance de paternité ou de maternité peut intervenir avant ou après la naissance.
L'enfant peut ainsi être reconnu à n'importe quel moment de sa vie, qu'il soit mineur ou majeur. Il peut également être reconnu pendant la grossesse, alors qu'il est simplement conçu, ou même après son décès.

Comme il s'agit d'une démarche importante, dont les conséquences sont multiples, la reconnaissance doit faire l'objet d'un acte authentique, qui peut être :

- un acte établi par l'officier d'état civil de n'importe quelle mairie qui enregistrera la reconnaissance. Il faut alors se munir d'une pièce d'identité ainsi que de l'acte de naissance de l'enfant ou, si la reconnaissance est faite avant la naissance, du certificat de grossesse ;

- un acte établi par un notaire. Cet acte peut avoir, ou non, exclusivement pour objet cette reconnaissance : il peut s'agir par exemple d'un testament, qui devra alors être rédigé en la forme authentique (→ index, *Testament*) ;

- une déclaration faite devant un juge et consignée par le greffier, à l'occasion d'une instance quelconque où le parent qui procède à la reconnaissance aura comparu personnellement.

Si elle n'est pas faite dans l'une ou l'autre de ces formes, la reconnaissance est nulle. Ce sera le cas par exemple d'une reconnaissance faite par simple lettre, même si ce document pourra être utilisé dans le cadre d'une action en justice visant à établir le lien de filiation.

Quels sont les effets de la reconnaissance ?

La reconnaissance a pour effet de rattacher l'enfant à son auteur et de le faire entrer dans la famille de ce dernier rétroactivement depuis le jour de sa naissance (voire même au jour de sa conception, si tel est son intérêt). Le lien de filiation ainsi établi est opposable à tous.

Il s'agit d'un acte irrévocable : impossible donc de reconnaître un enfant, puis de se raviser par une déclaration contraire. La seule issue sera de contester la validité ou la sincérité de la reconnaissance, ce qui suppose une action en justice.

À NOTER

Dans un arrêt de 2006, la Cour de cassation a, pour la première fois, jugé que le choix de la mère d'accoucher sous X ne pouvait priver le père de son droit de faire reconnaître son lien de filiation avec l'enfant (Cour de cassation, 1re chambre civile, 7/4/2006).

Si le père ignore les date et lieu de naissance de l'enfant, il peut saisir le procureur de la République qui procédera à la recherche de l'acte de naissance de cet enfant.

EXPERTISE GÉNÉTIQUE

En matière civile, l'identification d'une personne par ses empreintes génétiques ne peut être recherchée qu'en exécution d'une mesure d'instruction ordonnée par le juge saisi d'une action tendant soit à l'établissement ou la contestation d'un lien de filiation, soit à l'obtention ou la suppression de subsides. Le consentement de l'intéressé doit être préalablement et expressément recueilli. Sauf accord exprès de la personne manifesté de son vivant, aucune identification par empreintes génétiques ne peut être réalisée après sa mort (*Code civil, Art. 16-11*).

› L'établissement par la possession d'état

La possession d'état constitue un mode d'établissement de la filiation lorsque la reconnaissance ne peut pas être faite. Cette notion pouvant être source d'ambiguïté, notamment lorsque plusieurs hommes revendiquent successivement une possession d'état à l'égard d'un même enfant, les conditions et modalités de délivrance de l'acte de notoriété faisant foi de la possession d'état ont été précisées par l'ordonnance du 4/7/2005.

La notion de possession d'état

La possession d'état est la prise en compte de la réalité affective et sociale révélant la filiation (en dehors de toute notion biologique). Elle consiste à vivre comme le père (ou la mère) de l'enfant et à être traité comme tel par la société (voisins, école...).

Elle s'établit par une réunion suffisante de faits qui révèlent le lien de filiation et de parenté entre une personne et la famille à laquelle elle est dite appartenir.

Les principaux de ces faits sont :

– que cette personne a été traitée par celui ou ceux dont on la dit issue comme leur enfant et qu'elle-même les a traités comme son ou ses parents ;

– que ceux-ci ont, en cette qualité, pourvu à son éducation, à son entretien ou à son installation ;

– qu'elle est considérée comme telle par l'autorité publique ;

– qu'elle porte le nom de celui ou ceux dont on la dit issue.

À NOTER

Pour être reconnue, la possession d'état doit être continue (elle peut commencer avant la naissance), paisible (en ce sens qu'elle ne doit pas être frauduleuse ni résulter de la violence), publique et non équivoque (elle ne doit pas être en concurrence avec une autre).

La procédure

L'existence de la possession d'état doit être constatée par un acte de notoriété délivré par le juge sur la foi de trois témoignages attestant de ce que le père (ou la mère) prétendu(e) s'est comporté(e) comme tel. Elle peut être demandée par chacun des parents (ou par l'enfant après sa majorité).

L'acte de notoriété ne peut toutefois être demandé que dans le délai de 5 ans à compter de la cessation de la possession d'état alléguée (séparation des parents, décès du parent supposé...), l'objectif étant notamment d'éviter que des filiations établies tardivement viennent mettre en cause des opérations de partage. Elle peut être établie après décès des parents, dès lors qu'il y a suffisamment d'éléments de fait (voir ci-dessus).

À défaut de pouvoir obtenir un acte de notoriété établissant la possession d'état, celle-ci peut être constatée par le juge à la demande de toute personne qui y a intérêt (enfant, grands-parents...) dans le délai de prescription de droit commun en matière de filiation, c'est-à-dire 10 ans (à l'égard de l'enfant, ce délai est suspendu pendant sa minorité) (*Code civil, Art. 321*).

À NOTER

La filiation établie par la possession d'état constatée dans l'acte de notoriété est mentionnée en marge de l'acte de naissance de l'enfant.

À NOTER

La filiation établie par la possession d'état constatée par un acte de notoriété peut être contestée par toute personne qui y a intérêt en rapportant la preuve contraire, dans le délai de 10 ans à compter de la délivrance de l'acte. Auparavant, ce délai était de 5 ans (Code civil, Art. 335).

› L'établissement judiciaire de la filiation

Les nouvelles dispositions du Code civil issues de l'ordonnance du 4/7/2005 visent à permettre l'établissement judiciaire d'un lien de filiation au travers de trois actions distinctes selon qu'il s'agit d'établir la maternité (cette action étant dans les faits exceptionnelle), d'établir la paternité hors mariage ou de rétablir la présomption de paternité du mari. Ces actions répondent à des logiques différentes : dans un cas (rétablissement de la présomption de paternité), les époux demandent, ensemble ou séparément, le rétablissement d'une présomption légale qui avait été écartée, alors que dans les deux autres hypothèses (recherche en maternité ou en paternité), l'action est exercée contre le parent prétendu qui n'accepte pas d'assumer ses responsabilités, en refusant de reconnaître l'enfant. Dans un souci de simplification, le régime de ces trois actions a toutefois été harmonisé, même si certaines spécificités sont conservées.

À NOTER

Lorsqu'une action est exercée en vue de faire établir judiciairement une filiation, le tribunal statue, s'il y a lieu, sur l'exercice de l'autorité parentale, la contribution à l'entretien et à l'éducation de l'enfant et l'attribution du nom (Code civil, Art. 331).

La recherche en maternité

À défaut de titre (acte de naissance ou de reconnaissance) et de possession d'état, la recherche de maternité est admise.

L'action est réservée à l'enfant qui est tenu de prouver (par tous moyens) qu'il est celui dont la mère prétendue a accouché. Cette action peut être entreprise durant la minorité de l'enfant (par son représentant légal) puis par ce dernier dans les 10 années suivant sa majorité (le délai de prescription fixé à 10 ans est suspendu pendant la minorité de l'enfant) (*Code civil, Art. 321*).

Avant la loi n° 2009-61 du 16/1/2009, l'action en recherche de maternité était interdite à l'enfant dont la mère prétendue avait accouché sous X, c'est-à-dire qui avait demandé que soit préservé le secret de son identité. Désormais, cette interdiction est levée au nom du droit pour chacun d'avoir accès à ses origines personnelles (*Code civil, Art. 325*).

La recherche en paternité

La paternité hors mariage peut être judiciairement déclarée, l'action étant réservée à l'enfant durant sa minorité, puis dans les 10 ans qui suivent sa majorité (*Code civil, Art. 327*).

- Si la demande est admise, le lien de paternité entre l'enfant et son père est juridiquement établi avec toutes les conséquences qui en découlent : nom de l'enfant, exercice de l'autorité parentale…

- Si la demande est rejetée, il n'y a pas de lien de filiation établi entre l'enfant et la personne contre laquelle était exercée l'action. Toutefois, le tribunal, sur une demande subsidiaire ou d'office, peut condamner celui qui a eu des relations avec la mère de l'enfant pendant la période légale de sa conception à verser des subsides à l'enfant (sous forme de pension, en fonction notamment des besoins de l'enfant et des ressources du débiteur), alors même qu'il n'en est pas légalement le père. Cette action peut être exercée pendant toute la minorité de l'enfant ; celui-ci peut encore l'exercer dans les 10 années qui suivent sa majorité si elle ne l'a pas été pendant sa minorité. L'action est recevable même si le père ou la mère était au temps de la conception, engagé dans les liens du mariage avec une autre personne, ou s'il existait entre eux un des empêchements au mariage (*Code civil, Art. 342 et s.*). La personne contre laquelle sont réclamés les subsides peut écarter cette demande en faisant la preuve par tous moyens qu'elle ne peut être le père de l'enfant.

L'expertise génétique, en tant que preuve, est de droit. Elle peut être demandée par la mère qui intente une action en recherche de paternité ainsi que par le père prétendu contre qui l'action est dirigée. Elle ne peut être refusée que pour de justes motifs.

À NOTER

Le parent à l'égard duquel la filiation est établie est le seul, pendant la minorité de l'enfant, à pouvoir exercer l'action en recherche de maternité ou de paternité. Si aucun lien de filiation n'est établi ou si ce parent est décédé ou dans l'impossibilité de manifester sa volonté, l'action est intentée par le tuteur, dans les 5 ans de l'ouverture de la tutelle, avec l'autorisation du conseil de famille. L'action doit être exercée contre le parent prétendu ou ses héritiers ou, à défaut d'héritiers ou si ceux-ci ont renoncé à la succession, contre l'État.

L'action en rétablissement de la présomption de paternité

La présomption de paternité peut être écartée dans les hypothèses suivantes :

– lorsque, en cas de demande en divorce ou en séparation de corps, l'enfant est né plus de 300 jours après la date soit de l'homologation de la convention réglant l'ensemble des conséquences du divorce ou des mesures provisoires, soit de l'ordonnance de non-conciliation, et moins de 180 jours depuis le rejet définitif de la demande ou la réconciliation ;

– lorsque l'acte de naissance de l'enfant ne désigne pas le mari en qualité de père.

Lorsque la présomption de paternité est écartée, elle peut être rétablie de plein droit si l'enfant a la possession d'état à l'égard du mari et s'il n'a pas une filiation paternelle déjà établie à l'égard d'un tiers.

Elle peut aussi être rétablie si le mari reconnaît l'enfant ou encore par jugement (du tribunal de grande instance). Chacun des époux, durant la minorité de l'enfant, peut apporter la preuve que le mari est bien le père (par des analyses de sang ou d'ADN). L'action est aussi ouverte à l'enfant pendant les 10 années qui suivent sa majorité (*Code civil, Art. 313, 314 et 329*).

Quels sont les moyens de contester une filiation ?

Avant l'intervention de l'ordonnance du 4/7/2005, neuf actions différentes permettaient de contester un lien de filiation légalement établi, obéissant chacune à des régimes différents quant à leurs titulaires et délais, lesquels variaient de 6 mois à 48 ans (sept actions concernaient la paternité du mari, une la maternité légitime et la dernière la reconnaissance de paternité ou de maternité). Désormais, les dispositions applicables figurent dans trois articles du Code civil (au lieu de 17 précédemment), les modalités de contestation étant différentes selon que la filiation contestée est, ou non, confortée par la possession d'état.

À NOTER

Tant qu'elle n'a pas été contestée en justice, la filiation légalement établie fait obstacle à l'établissement d'une autre filiation qui la contredirait (Code civil, Art. 320).

À NOTER

Toutefois, lorsque le mari déclare la naissance d'un enfant, l'officier d'état civil doit faire jouer la présomption de paternité du mari et inscrire les déclarations de ce dernier même si l'enfant a déjà été reconnu, avant sa naissance, par un tiers. Le mari n'a pas à contester la reconnaissance du tiers avant de pouvoir déclarer l'enfant. Le conflit de filiation est réglé par le tribunal à la requête du ministère public (Code civil, Art. 336-1).

> Le principe

La maternité peut être contestée en rapportant la preuve que la mère n'a pas accouché de l'enfant. La paternité peut être contestée en rapportant la preuve que le mari ou l'auteur de la reconnaissance n'est pas le père (*Code civil, Art. 332*).

S'agissant de la maternité, le fait de l'accouchement rend celle-ci quasi certaine ; les contestations s'avèrent exceptionnelles et concernent principalement les hypothèses de supposition (infraction consistant à attribuer un enfant à une femme qui n'est pas sa mère) ou de substitution d'enfant. En pratique, la contestation concernera principalement la paternité, plus incertaine par nature. L'action sera subordonnée à la preuve de la non-paternité du mari de la mère ou de l'auteur de la reconnaissance.

› Les modalités de la contestation

Les articles 333 et 334 du Code civil organisent un régime de contestation du lien de filiation différent selon qu'il existe ou non une possession d'état venant confirmer l'acte de naissance ou de reconnaissance. Ainsi :

– l'existence d'une possession d'état de 5 ans à compter de l'établissement de la filiation rend celle-ci inattaquable. Seul le ministère public peut encore contester cette filiation pendant 10 ans, notamment en cas de fraude ou d'atteinte à l'ordre public. En présence d'une possession d'état de moins de 5 ans, l'action est réservée uniquement à l'enfant, au parent dont la filiation est en cause, à l'autre parent ou à celui qui se prétend tel. Le demandeur devra agir dans les 5 ans suivant la fin de cette possession ou suivant le décès du parent dont le lien de filiation est contesté ;

– en l'absence de possession d'état, une filiation légalement établie peut être contestée par tout intéressé durant 10 ans à compter de la naissance ou de la date de la reconnaissance, lorsque celle-ci est postérieure à la naissance. À sa majorité, seul l'enfant pourra encore contester le lien de filiation durant 10 ans.

AVANTAGE

Dans le cadre d'une action en contestation de la filiation, le tribunal peut, dans l'intérêt de l'enfant, fixer les modalités des relations de celui-ci avec la personne qui l'élevait. Par exemple, le juge pourra accorder à la personne qui a élevé l'enfant et qui aura été reconnue comme n'étant pas l'un de ses parents (son père le plus souvent), un droit de visite, dès lors qu'il considérera que cela est dans l'intérêt de l'enfant.

L'autorité parentale

L'autorité parentale est un ensemble de droits et de devoirs reconnus aux père et mère en vue de protéger et d'élever leur enfant mineur dans le respect dû à sa personne et ses intérêts. La loi du 4/3/2002 unifie l'exercice de cette autorité attribuée aux parents, et ce quelle que soit la nature de la filiation de l'enfant (adoptive ou non) ou la situation des parents (mariés ou non, séparés, divorcés...). En outre, cette loi vise à maintenir la permanence du couple parental en cas de séparation ou de conflit entre les parents. Des mesures exceptionnelles, telles qu'un retrait de cette autorité, peuvent être prises lorsque l'intérêt de l'enfant l'exige.

Que recouvre la notion d'autorité parentale ?

La notion recouvre deux domaines distincts : l'un, principal, concerne la personne même de l'enfant, l'autre, accessoire, concerne l'administration des biens pouvant, le cas échéant, appartenir à l'enfant.

› L'autorité parentale quant à la personne de l'enfant

La définition de l'autorité parentale, telle que donnée par la loi n° 2002-305 du 4/3/2002, met désormais plus fortement l'accent sur l'intérêt de l'enfant : c'est un ensemble de droits et de devoirs ayant pour finalité l'intérêt de l'enfant. Elle appartient aux père et mère jusqu'à la majorité ou l'émancipation de l'enfant pour le protéger dans sa sécurité, sa santé et sa moralité, pour assurer son éducation et permettre son développement, dans le respect dû à sa personne. Les parents associent l'enfant aux décisions qui le concernent, selon son âge et son degré de maturité (*Code civil, Art. 371-1*).

Parmi l'ensemble de droits et de devoirs concernant la personne de l'enfant, on peut distinguer ceux qui se rapportent à sa résidence, sa surveillance, son éducation et son entretien.

La résidence de l'enfant

Elle est fixée chez ses père et mère lorsque ceux-ci vivent ensemble. L'enfant ne peut, sans leur consentement, quitter la maison familiale. En cas de séparation des parents, il leur appartient de définir les conditions de résidence de l'enfant. Désormais, le cas échéant sous le contrôle du juge en cas de conflit, la loi du 4/3/2002 admet la possibilité d'une résidence alternée de l'enfant chez l'un et l'autre de ses parents, selon des rythmes correspondant à l'intérêt de l'enfant (voir plus loin).

La surveillance de l'enfant

Les père et mère ont le droit et le devoir de veiller à la santé de leur enfant et de surveiller ses déplacements, ses activités et ses relations.

Toutefois, ils ne peuvent empêcher l'enfant d'avoir des relations personnelles avec ses ascendants (grands-parents, arrière-grands-parents...). Seul l'intérêt de l'enfant, apprécié par le juge aux affaires familiales, peut faire obstacle à l'exercice de ce droit.

L'enfant ne doit pas non plus être séparé de ses frères et sœurs ; si cela s'avère impossible ou contraire à son intérêt, le juge statue sur les relations personnelles entre les frères et sœurs.

Toujours dans l'intérêt de l'enfant, le juge peut également fixer les modalités des relations entre l'enfant et un tiers, parent ou non.

À NOTER

Les parents, titulaires de l'exercice de l'autorité parentale, sont responsables des dommages causés par leurs enfants mineurs. Cette responsabilité des parents est, en l'état de la jurisprudence récente, indépendante de toute idée de faute, qu'il s'agisse de celle des parents ou de celle de l'enfant lui-même (Code civil, Art. 1384, alinéa 4).

L'entretien et l'éducation de l'enfant

Les père et mère ont le choix de l'éducation de leur enfant dans les domaines scolaire, religieux, moral, professionnel, etc. Ils sont tenus de scolariser leur enfant et de contribuer aux frais nécessaires à la poursuite de ses études. Cette contribution est fonction de leurs ressources respectives ainsi que des besoins de l'enfant. Elle ne cesse pas de plein droit lorsque l'enfant devient majeur.

En cas de séparation des parents, la contribution à l'entretien de l'enfant par le parent chez lequel, le cas échéant, il ne réside pas prend la forme d'une pension alimentaire versée à l'autre parent (→ index, *Pension alimentaire*). Elle peut aussi prendre la forme d'une prise en charge directe de certains frais exposés au profit de l'enfant (paiement des frais de scolarité, d'un séjour, d'un loyer...) ou d'une exécution en nature (droit d'usage et d'habitation sur un bien par exemple). Les modalités de paiement de cette pension sont fixées par les parents eux-mêmes en cas d'accord, ou, dans le cas contraire, par le juge (voir plus loin).

À NOTER

Si l'exercice de l'autorité parentale prend fin, en principe, à la majorité de l'enfant, c'est-à-dire à 18 ans, au-delà de cet âge ses parents restent tenus de contribuer à son entretien s'il n'en a pas lui-même les moyens. En outre, dès l'âge de 16 ans, le juge des tutelles peut, sur demande des parents ou de l'un d'eux, et après avoir entendu l'enfant, mettre fin à l'autorité parentale (mais non à l'obligation d'entretien) en prononçant l'émancipation du mineur. Le mineur est également émancipé de plein droit par son mariage (Code civil, Art. 413-1 à 413-8).

› L'autorité parentale quant aux biens de l'enfant

Les père et mère sont chargés d'administrer les biens de leur enfant mineur, lorsque cet enfant possède des biens personnels (il peut s'agir par exemple de biens reçus par héritage ou donations). En contrepartie, ils ont le droit de jouissance sur les biens de l'enfant jusqu'à ce qu'il ait 16 ans (*Code civil, Art. 382 à 387*).

Selon la situation des parents, deux régimes réglementent la gestion des biens de l'enfant (*Code civil, Art. 389 et s.*).

L'administration légale pure et simple

Lorsque les parents exercent en commun l'autorité parentale (ce qui est le principe), chacun d'eux a le pouvoir de passer seul les actes les plus courants : sont considérés comme tels, les actes pour lesquels, dans le régime de la tutelle des mineurs, le tuteur n'a besoin d'aucune autorisation. À l'inverse, le consentement des deux parents est nécessaire pour les actes plus graves, qui correspondent à ceux que le tuteur ne pourrait faire qu'avec l'autorisation du conseil de famille.

L'administration sous contrôle judiciaire

Lorsque l'autorité parentale est exercée par un seul parent (ce qui est l'exception), c'est lui qui administre les biens de l'enfant. Il a, dans ce cas, les pouvoirs d'un tuteur et peut passer, sans autorisation, les actes que ce dernier peut effectuer seul. En revanche, il doit obtenir une autorisation du juge des tutelles (juge d'instance) pour passer les actes que le tuteur ne pourrait passer qu'avec l'autorisation du conseil de famille.

Quels sont les titulaires de l'autorité parentale ?

La loi du 4/3/2002, dans la continuité des réformes déjà entreprises et notamment celle de 1993, vise à renforcer le principe de l'exercice en commun par les père et mère de l'autorité parentale. Elle a également pour objectif, sous le contrôle du juge, de maintenir cet exercice en commun en cas de séparation et/ou conflit entre les parents.

À NOTER

Les dispositions de la loi du 4/3/2002 relative à l'autorité parentale sont immédiatement applicables y compris aux instances en cours n'ayant pas donné lieu à une décision de justice définitive.

› Les principes

Les père et mère, quelle que soit leur situation juridique (mariés ou non), exercent en commun l'autorité parentale sur l'enfant dont la filiation est établie à l'égard de chacun d'eux.

Toutefois, lorsque la filiation est établie à l'égard de l'un d'entre eux plus d'1 an après la naissance d'un enfant dont la filiation est déjà établie à l'égard de l'autre, celui-ci reste seul investi de l'exercice de l'autorité parentale. Il en est de même lorsque la filiation est judiciairement déclarée à l'égard du second parent de l'enfant. L'autorité parentale pourra néanmoins être exercée en commun en cas de déclaration conjointe des père et mère devant le greffier en chef du tribunal de grande instance ou sur décision du juge aux affaires familiales (*Code civil, Art. 372*).

À NOTER

Pour les enfants adoptés, l'exercice de l'autorité parentale obéit à des règles différentes selon que l'adoption est plénière ou simple.

› La séparation des parents

La loi du 4/3/2002 pose le principe de permanence du couple parental en affirmant que la séparation des parents (divorce, rupture du concubinage...) est sans incidence sur les règles de dévolution de l'exercice de l'autorité parentale. La loi ajoute que chacun des père et mère doit maintenir des relations personnelles avec l'enfant et respecter les liens de celui-ci avec l'autre parent (*Code civil, Art. 373-2 et s.*).

Tout projet de changement de résidence de l'un des parents, dès lors qu'il modifie les modalités d'exercice de l'autorité parentale (éloignement important par exemple), doit faire l'objet d'une information préalable et en temps utile de l'autre parent. En cas de désaccord des parents sur ce changement de résidence, le juge aux affaires familiales doit être saisi pour statuer selon ce qu'exige l'intérêt de l'enfant. Le juge répartit les frais de déplacement et ajuste en conséquence le montant de la contribution à l'entretien et à l'éducation de l'enfant.

La loi du 4/3/2002 encourage également les parents séparés à s'entendre quant aux modalités d'exercice de l'autorité parentale. Ainsi, ils peuvent, par convention, fixer la part contributive de chacun à l'entretien de l'enfant et son ou ses lieux de résidence (choix d'une résidence alternée par exemple). Cette convention doit alors être homologuée par le juge aux affaires familiales (voir plus loin) afin qu'il puisse contrôler qu'elle préserve l'intérêt de l'enfant et que le consentement des parents est bien réel (*Code civil, Art. 373-2-7*).

Ce n'est que si l'intérêt de l'enfant le commande, que le juge peut confier l'exercice de l'autorité parentale à un seul des parents. L'autre parent, sauf motifs graves, exerce alors un droit de visite et d'hébergement, soit à son domicile, soit, si l'intérêt de l'enfant le commande, dans un espace de rencontre désigné par le juge. Il conserve le droit de surveiller l'entretien et l'éducation de l'enfant et continue d'être informé des choix importants relatifs à la vie de ce dernier. Il doit respecter son devoir de contribution à l'entretien de l'enfant.

AVANTAGE

En cas de séparation, si vous assumez la charge principale de votre enfant majeur qui ne peut lui-même subvenir à ses besoins, vous pouvez demander à l'autre parent une contribution à son entretien. Il peut être convenu ou décidé par le juge que cette contribution sera versée, en tout ou en partie, directement entre les mains de l'enfant.

› Le rôle du juge

Toutes les questions se rapportant à l'exercice de l'autorité parentale relèvent de la compétence du juge aux affaires familiales qui dépend du tribunal de grande instance (*Code civil, Art. 373-2-6*).

Il peut prendre toutes les mesures, dans l'intérêt de l'enfant, permettant de garantir la continuité et l'effectivité du maintien des liens de l'enfant avec chacun de ses parents. Ainsi, il peut notamment :

– ordonner l'inscription sur le passeport des parents de l'interdiction de sortie de l'enfant du territoire français sans l'autorisation des deux parents ;

– à la demande des parents, homologuer ou non la convention conclue entre eux fixant les modalités d'exercice de l'autorité parentale ;

– à la demande d'un parent ou du ministère public (qui peut lui-même être saisi par un tiers), statuer sur les modalités d'exercice de l'autorité parentale et sur la contribution à l'entretien et l'éducation de l'enfant ;

– à la demande d'un des parents ou en cas de conflit entre eux sur le mode de résidence de l'enfant, ordonner, à titre provisoire, une résidence en alternance dont il détermine la durée. Aux termes de cette durée, il statue définitivement sur le mode de résidence, en alternance au domicile de chacun des parents ou au domicile de l'un d'eux ;

– concilier les parents en cas de désaccord entre eux. Il peut leur proposer une mesure de médiation familiale et, après avoir recueilli leur accord, désigner un médiateur. Il peut également les enjoindre de rencontrer un médiateur familial qui les informera sur l'objet et le déroulement de cette mesure ;

– réviser, en les modifiant ou complétant, les décisions déjà prises, soit par lui-même, soit dans le cadre d'une convention parentale.

Pour se prononcer sur les modalités d'exercice de l'autorité parentale, le juge prend, notamment, en considération :

– la pratique que les parents avaient précédemment suivie ou les accords qu'ils avaient pu antérieurement conclure ;

– les sentiments exprimés par l'enfant mineur, si son intérêt l'exige et sa maturité le permet ;

– l'aptitude de chacun des parents à assumer ses devoirs et respecter les droits de l'autre ;

– le résultat des expertises éventuellement effectuées, tenant compte notamment de l'âge de l'enfant ;

– les renseignements recueillis, le cas échéant, dans les enquêtes ou contre-enquêtes sociales.

À NOTER

À tout moment, les décisions prises en matière d'autorité parentale peuvent être révisées par le juge aux affaires familiales, dès lors que les circonstances le justifient.

Les situations exceptionnelles

Dans certaines situations ou lorsque l'intérêt de l'enfant l'exige, les règles normales d'attribution de l'autorité parentale peuvent subir des aménagements, éventuellement imposés aux parents.

› La perte de l'autorité parentale

Est privé de l'exercice de l'autorité parentale le père ou la mère qui est hors d'état de manifester sa volonté, en raison de son incapacité, de son absence ou de toute autre cause (*Code civil, Art. 373*).

Si l'un des parent décède ou se trouve privé de l'autorité parentale, l'autre parent exerce seul cette autorité.

En cas de décès des père et mère ou si l'un et l'autre sont privés de l'exercice de l'autorité parentale, il y a lieu d'ouvrir une tutelle (*Code civil, Art. 390*).

› Les mesures d'assistance éducative

Lorsque la santé, la sécurité ou la moralité du mineur non émancipé sont en danger ou si les conditions de son éducation ou de son développement physique, affectif, intellectuel et social sont gravement compromises, le juge des enfants peut prendre des mesures d'assistance éducative à la demande de ses père et/ou mère, de son tuteur, de l'enfant lui-même, de la personne ou du service à qui l'enfant a été confié ou encore du ministère public (informé par des tiers, une assistante sociale...).

Dans la mesure du possible, l'enfant doit être maintenu dans son milieu actuel et le juge peut désigner une personne ou un organisme chargé d'apporter aide et conseils à la famille. Il peut aussi décider de confier l'enfant à l'autre parent, à un membre de la famille ou à une personne digne de confiance, à un service ou à un établissement sanitaire ou d'éducation, ou encore à un service départemental de l'aide sociale à l'enfance.

Ces mesures sont nécessairement provisoires et, pendant leur application, les parents conservent sur l'enfant l'autorité parentale, de même qu'ils exercent tous les attributs qui ne sont pas incompatibles avec les mesures prises (*Code civil, Art. 375 à 375-8*).

Les décisions prises par le juge des enfants sont communiquées au juge aux affaires familiales ou au juge des tutelles éventuellement saisis. Réciproquement, le juge des enfants doit avoir connaissance des jugements rendus par ces derniers (dans le cadre d'une procédure de divorce par exemple) (*Code de procédure civile, Art. 1187-1*).

À NOTER

Dans toute procédure le concernant, le mineur doit être informé de son droit à être entendu par le juge, soit seul, soit assisté d'un avocat ou d'une personne de son choix (Code civil, Art. 388-1).

À NOTER

Le mineur lui-même comme les parties en présence peuvent demander cette audition. Aucune formalité n'est requise. Le juge ne peut refuser la demande de l'enfant que s'il n'a pas le discernement nécessaire ou si l'affaire ne le concerne pas (Code de procédure civile, Art. 338-1 et s.).

› L'aide à la gestion du budget familial

Lorsque les prestations familiales ne sont pas employées pour les besoins liés au logement, à l'entretien, à la santé et à l'éducation des enfants, le juge des enfants peut ordonner qu'elles soient, en tout ou partie, versées à une personne physique ou morale qualifiée, appelée « délégué aux prestations familiales ».

Ce délégué doit gérer les prestations pour répondre aux besoins du ou des enfants. Il doit aussi éduquer la famille pour parvenir à une gestion autonome de ces prestations. La mesure est fixée pour une durée maximum de 2 ans, durée pouvant être renouvelée (*Code civil, Art. 375-9-1*).

Le juge peut être saisi par les représentants du mineur, le bénéficiaire des prestations familiales, le procureur de la République ou le maire de la commune.
Le juge des enfants compétent est celui dont dépend le domicile de l'allocataire ou l'attributaire des prestations familiales (*Code de procédure civile, Art. 1200-2 et s.*).

› La délégation de l'autorité parentale

L'exercice de l'autorité parentale peut parfois être délégué, en tout ou en partie, à un membre de la famille, à un tiers, à un établissement habilité ou au service départemental de l'aide sociale à l'enfance. Cette délégation doit être décidée par le juge aux affaires familiales. Elle peut être demandée par les parents eux-mêmes (ou l'un d'eux) ou leur être imposée mais, dans tous les cas, elle ne donne pas à la personne ou à l'établissement délégué le pouvoir de consentir à l'adoption de l'enfant (*Code civil, Art. 376 à 377-3*).

La délégation ne pourra être imposée par le juge aux parents, à la demande de la personne, de l'établissement ou du service qui a recueilli l'enfant, que dans les cas où les parents auront marqué un désintérêt manifeste à l'égard de leur enfant ou sont dans l'impossibilité d'exercer tout ou partie de l'autorité parentale.

Dans tous les cas, les deux parents doivent être présents afin que le juge recueille leurs observations. Si l'enfant concerné fait l'objet d'une mesure d'assistance éducative, le juge des enfants doit donner son avis sur la délégation envisagée.

Toute mesure de délégation de l'autorité parentale peut toujours être révisée en cas de circonstances nouvelles.

LA DÉLÉGATION DE L'AUTORITÉ PARENTALE ET LES COUPLES HOMOSEXUELS

Dans un arrêt récent, la Cour de cassation a autorisé la délégation de l'autorité parentale au sein d'un couple homosexuel. Elle a en effet jugé qu'une mère, seule titulaire de l'autorité parentale, pouvait en déléguer « tout ou partie de l'exercice à la femme avec laquelle elle vit en union stable et continue, dès lors que les circonstances l'exigent et que la mesure est conforme à l'intérêt supérieur de l'enfant » (*Cour de cassation, 1re chambre civile, 24/2/2006*).
La délégation de l'autorité parentale a aussi été admise à la suite de la séparation d'un couple homosexuel. Les juges ont reconnu que la délégation permettait à la compagne de la mère de l'enfant de conserver des liens avec cet enfant (*Tribunal de grande instance de Lille, 18/12/2007*).
Un projet de loi prévoit d'accorder aux tiers qui ont résidé avec l'enfant et l'un de ses parents et avec lequel il a noué des liens affectifs étroits, de nouveaux droits. Ces droits pourraient être constatés dans une « convention de partage de l'autorité parentale », convention qui serait soumise à l'homologation du juge.
La procédure en serait simplifiée. Une simple homologation permettrait au compagnon ou à la compagne du parent de l'enfant de rester le « parent social » de cet enfant.

› Le retrait total ou partiel de l'autorité parentale

Le comportement des parents peut être tel qu'il convient de leur retirer tout ou partie de l'exercice de l'autorité parentale (*Code civil, Art. 378 à 381*).
Le juge pénal peut prononcer un retrait total lorsque les parents ont été condamnés soit comme auteurs, soit comme complices d'un crime ou d'un délit commis sur la personne de l'enfant (en cas de sévices, par exemple), soit d'un crime ou délit commis par leur enfant.
Mais le juge civil peut également, en dehors de toute procédure pénale, prononcer le retrait total de l'autorité parentale, dans les deux cas suivants :
– si les parents mettent en péril la santé ou la moralité de l'enfant, soit par de mauvais traitements, soit par une consommation habituelle et excessive d'alcool ou un usage de stupéfiants, soit par une inconduite notoire ou des comportements délictueux, soit par un défaut de soins ;
– si leur enfant a fait l'objet d'une mesure d'assistance éducative et qu'ils se sont volontairement désintéressés de lui pendant plus de 2 ans.

Le retrait aura pour effet d'attribuer l'exercice de l'autorité parentale à l'autre parent. À défaut d'autre parent ou si les deux parents ont fait l'objet l'un et l'autre d'un retrait total, il y aura lieu d'ordonner l'ouverture d'une tutelle.

À NOTER

Lorsque le retrait est total et concerne les père et mère, l'enfant peut être adopté sans que le consentement de ces derniers soit nécessaire (Code civil, Art. 348-2).

Cas pratiques

Le statut de l'enfant

Contestation de paternité et pension alimentaire

N'étant pas le père de l'enfant déclaré sous mon nom, j'ai engagé une action en contestation de paternité. Puis-je demander à la mère, que j'ai quittée à la naissance, le remboursement des sommes versées pour l'entretien de cet enfant ?

Vous pouvez effectivement demander le remboursement des sommes versées avec de bonnes chances de l'obtenir si vous gagnez votre procès. Pour les tribunaux, l'effet attaché à un jugement décidant qu'un homme n'est pas le père d'un enfant fait disparaître rétroactivement son obligation d'entretien (*Cour de cassation, 1re chambre civile, 13/2/1985*).
Le cas serait cependant différent si vous aviez fait une reconnaissance mensongère, c'est-à-dire si vous aviez reconnu l'enfant tout en sachant ne pas en être le père. Dans ce cas, les tribunaux peuvent vous refuser tout droit à remboursement (*Cour de cassation, 1re chambre civile, 21/7/1987*).

Preuve de non-paternité

Comment apporter la preuve que l'on ne peut pas être le père d'un enfant ?

La preuve peut être faite par tous moyens : preuve de l'éloignement géographique lors de la conception, expertise sanguine, examen des empreintes génétiques (*Code civil, Art. 16-11 et 342 et s.*). Attention cependant : faire la preuve de sa non-paternité signifie aller devant le tribunal avec un avocat. Ces examens seront ordonnés dans le cadre d'une expertise judiciaire.
Un test de paternité fait hors procédure est inopérant.

Défenseur des enfants

Quel est le rôle du Défenseur des enfants ?

Sa mission consiste, en premier lieu, à recevoir directement les réclamations des personnes (dont la liste est donnée par la loi : l'enfant lui-même, les membres de la famille...) estimant que les droits d'un enfant n'ont pas été respectés. Lorsqu'une réclamation lui paraît justifiée, le Défenseur cherche à résoudre la situation ou fait intervenir les autorités compétentes en matière d'aide sociale et de justice. Dans ce cas, il continue à suivre le dossier et est tenu informé de mesures prises par ces autorités.
Il peut aussi s'auto-saisir, c'est-à-dire agir de sa propre initiative dans des cas de non-respect des droits de l'enfant dont il a eu connaissance. En revanche, le Défenseur des enfants ne peut pas intervenir dans une affaire pour laquelle une procédure judiciaire est en cours. Il ne peut pas non plus contester une décision de justice. Mais il peut faire des recommandations à la personne mise en cause ou lui ordonner de se conformer à la décision de la justice (*Loi n° 2000-196 du 6/3/2000*).

Le Défenseur des enfants devrait être remplacé par le Défenseur des droits qui exercera également les fonctions de l'actuel Médiateur de la République.

Pour cela, un projet de loi organique doit préciser le statut, les missions et les pouvoirs du Défenseur des droits.

Autorité parentale - chômage

Est-ce que j'aurai l'autorité parentale sur mon enfant car je suis au chômage et je ne retrouve pas de travail ? En plus, mon logement est tout petit. Peut-on me reprocher ce fait ? Je ne m'entends plus avec le père de l'enfant et nous allons nous séparer.

Le fait de ne pas travailler ou d'avoir un petit logement ne constitue pas en soi un obstacle à l'attribution de l'autorité parentale. En fait, à défaut d'accord entre les parents, le juge va étudier l'ensemble des éléments qui lui seront communiqués, aucun n'étant *a priori* déterminant, sauf fait grave, comme par exemple des violences sur l'enfant. La priorité est donnée à l'enfant, à sa stabilité et son épanouissement qu'il convient de préserver malgré la rupture.

Délégation d'autorité parentale aux grands-parents

Ma fille se désintéresse totalement de son enfant. Je précise qu'elle a eu une grossesse non désirée et que l'enfant est né de père inconnu. Je me suis attachée à cet enfant que je garde souvent. Je voudrais le prendre totalement en charge. Celle-ci est d'accord. Existe-t-il une procédure permettant cette possibilité ?

La délégation d'autorité parentale est une procédure qui pourrait convenir à votre cas. Elle a été redéfinie et simplifiée par la loi du 4/3/2002 qui prévoit une délégation totale ou seulement partielle de l'autorité parentale. Dans ce dernier cas, il s'agit d'un partage de l'autorité parentale entre le délégant (le parent) et le délégataire (grand-parent comme vous mais aussi beau-parent, membre de la famille ou tiers) pour les besoins de l'éducation de l'enfant. En cas de délégation partielle, la mère ne renonce pas à ses droits mais les partage avec vous. Dans tous les cas, la délégation de l'autorité parentale doit être décidée par le juge. Votre fille sera appelée à la procédure (*Code civil, Art. 377-1*).

Les prestations familiales

Les prestations familiales ont pour objet de compenser les frais et les dépenses des personnes ou des ménages qui assument la charge d'un ou de plusieurs enfants. Ces prestations sont attribuées en fonction de différents critères, tels que la situation de famille, le nombre d'enfants à charge, leur âge et leur état de santé... De plus en plus souvent, un critère de ressources entre également en ligne de compte. Si elles obéissent chacune à des règles particulières, toutes sont aussi soumises à des règles communes d'attribution.

Les règles communes d'attribution des prestations familiales

Toutes les prestations familiales sont régies par un certain nombre de dispositions communes qui concernent leurs conditions générales d'attribution, les modalités de leur versement et les personnes habilitées à les percevoir.

Quelles sont les conditions générales d'attribution ?

Ces conditions sont au nombre de trois :
– avoir sa résidence en France ;
– avoir à charge un ou plusieurs enfants ;
– être de nationalité française ou étranger et titulaire d'un des titres exigé pour résider régulièrement en France. Les ressortissants communautaires (ressortissants d'un pays membre de l'Union européenne ou de l'Espace économique européen), ainsi que les ressortissants suisses bénéficient de plein droit des prestations familiales dès lors qu'ils satisfont aux conditions de régularité de séjour en France posées par l'article L. 121-1 du Code de l'entrée et du séjour des étrangers en France (par exemple, exercer une activité professionnelle en France ou disposer, pour eux et les membres de leur famille de ressources suffisantes et d'une assurance maladie) et qu'ils remplissent les conditions exigées pour résider régulièrement en France, la résidence étant appréciée dans les conditions indiquées ci-dessous.

Certaines prestations, de plus en plus nombreuses, sont également soumises à une condition de ressources : soit elles ne sont plus attribuées au-delà d'un certain niveau de ressources (par exemple, la prime à la naissance versée dans le cadre de la prestation d'accueil du jeune enfant), soit leur montant dépend des ressources de leurs bénéficiaires (par exemple, le complément de libre choix du mode de garde).

Les prestations familiales ne sont pas dues aux travailleurs détachés temporairement en France pour y exercer une activité professionnelle et exemptés d'affiliation au régime français de sécurité sociale en application d'une convention internationale de sécurité sociale ou d'un règlement communautaire ainsi qu'aux personnes à leur charge, sous réserve de stipulation particulière de cette convention.

› La résidence

en France. Sont considérées comme résidant en France les personnes qui ont sur le territoire métropolitain ou dans un département d'outre-mer leur foyer ou le lieu de leur séjour principal :

– le foyer est « le lieu où les personnes habitent normalement, c'est-à-dire le lieu de leur résidence habituelle », à condition que cette résidence sur le territoire métropolitain ou dans un DOM ait un caractère permanent ;

– la condition de séjour principal est satisfaite lorsque les bénéficiaires sont personnellement et effectivement présents à titre principal sur le territoire métropolitain ou dans un DOM. Sont réputées avoir en France le lieu de leur séjour principal les personnes qui y séjournent pendant plus de 6 mois au cours de l'année civile de versement des prestations.

À NOTER

Toute personne est tenue de déclarer à l'organisme débiteur des prestations familiales dont elle relève (c'est-à-dire en principe la CAF ou la caisse de MSA) tout changement dans sa situation familiale ou dans son lieu de résidence, notamment en cas de transfert de sa résidence hors du territoire français qui remettrait en cause le bénéfice des prestations. La CAF (ou la caisse de MSA) doit organiser, périodiquement, un contrôle de la condition de résidence en France de l'allocataire.

En cas de détachement temporaire à l'étranger, l'allocataire continue à bénéficier des prestations soit si ses enfants résident en France, soit, dans le cas contraire, si le pays d'accueil a conclu une convention avec la France.

Les enfants pour lesquels sont attribuées les prestations doivent également résider en France. Ils continuent toutefois d'ouvrir droit aux prestations s'ils effectuent à l'étranger :

– soit un ou plusieurs séjours n'excédant pas 3 mois par an ;

– soit un séjour de plus longue durée s'il est nécessaire à la poursuite des études, à l'apprentissage d'une langue étrangère ou à une formation professionnelle ;

– soit un ou plusieurs séjours, d'une durée au plus égale à celle de l'année scolaire, à la condition que la famille ait sa résidence en France dans une zone frontalière, que l'enfant fréquente, dans le pays voisin, à proximité de la frontière, un établissement de soins ou un établissement d'enseignement, et qu'il rejoigne sa famille à intervalles rapprochés.

› L'enfant à charge

Que signifie avoir la charge d'un enfant ?

Pour avoir droit aux prestations familiales, il faut avoir la charge, effective et permanente, d'un ou plusieurs enfants : est considérée comme telle, la personne qui assure, d'une manière générale, le logement, la nourriture, l'habillement et la responsabilité éducative et affective de cet enfant.

AVANTAGE

Les enfants hospitalisés, même si leur séjour est pris en charge à 100 % par l'assurance maladie, continuent d'être considérés à la charge de leur famille si celle-ci garde avec eux les liens nécessaires à leur équilibre affectif.

ATTENTION ⚠

Si votre enfant se marie ou s'il devient lui-même bénéficiaire à titre personnel d'une prestation familiale ou assimilée (par exemple, l'allocation de logement ou l'APL), il ne sera plus considéré comme étant à votre charge.

À NOTER

La notion de charge d'enfant est indépendante de l'existence d'un lien de parenté avec l'enfant ou d'un droit de garde sur lui. Ce qui importe est l'effectivité de la charge. Ainsi, les prestations familiales peuvent être versées aux tiers dignes de confiance, au titre des enfants qui leur sont confiés par jugement, dès lors que les parents ne remplissent plus la condition de charge effective et permanente de ces enfants.

Jusqu'à quel âge l'enfant est-il à charge ?

Sous réserve de règles propres à chaque prestation, ouvrent droit aux prestations familiales :

- les enfants âgés de moins de 16 ans jusqu'à la fin de l'obligation scolaire ;
- jusqu'à 20 ans, les jeunes gens inactifs ou dont la rémunération mensuelle en cas d'activité ne dépasse pas 55 % du SMIC calculée sur la base de 169 heures *(Voir pages Barème)*. Toutefois, pour l'attribution du complément familial et des aides au logement (APL et allocation de logement), l'âge limite pour considérer un enfant à charge est fixé à 21 ans (*Code de la Sécurité sociale, Art. L. 512-3*). C'est également jusqu'aux 21 ans de l'enfant que les allocations familiales peuvent, sous certaines conditions, être partiellement maintenues (→ index, *Allocations familiales*).

À NOTER

Pour les enfants adoptés ou confiés en vue d'adoption, les prestations familiales sont versées à la condition que :

– le ou les enfants soient adoptés par décision de la juridiction française ou soient confiés en vue d'adoption par le service d'aide sociale à l'enfance ou par un organisme autorisé pour l'adoption ;

– le ou les enfants soient confiés en vue d'adoption ou adoptés par décision de l'autorité étrangère compétente et autorisés à entrer à ce titre sur le territoire français et que le postulant à l'adoption ou l'adoptant soit titulaire d'un agrément préalable (Code de la Sécurité sociale, Art. L. 512-4).

› Les conditions de ressources

Dans un souci de simplification administrative, la déclaration de ressources qui devait être retournée chaque année à la caisse d'allocations familiales a été supprimée. Désormais, les CAF (ou les caisses de

MSA pour les personnes qui relèvent du régime agricole), se font communiquer directement par le fisc les informations nécessaires à l'étude des droits des bénéficiaires ou des demandeurs des prestations. C'est donc à partir de votre déclaration de revenus, telle que vous l'avez transmise aux impôts, que votre CAF apprécie vos droits aux prestations familiales. Les personnes non imposables ont donc intérêt à faire, malgré tout, une déclaration de revenus pour que leurs droits soient examinés par la CAF. En revanche, l'obligation de déclarer tout changement de situation familiale ou professionnelle (perte d'emploi, naissance, séparation, reprise d'emploi…) n'est pas modifiée.

À NOTER

Toujours dans un souci de simplification, la période de paiement des prestations correspond désormais à une année civile et non plus, comme cela était le cas auparavant, à la période 1er juillet de l'année en cours/30 juin de l'année suivante. Ainsi, par exemple, les ressources de l'année 2009 qui seront transmises à la CAF par les services des impôts, à partir de votre déclaration de revenus, serviront à calculer vos droits aux prestations familiales pour toute l'année 2011. Et, une fois établi, le montant des prestations sera le même pour toute l'année 2011 (du 1er janvier au 31 décembre), sauf changement de situation en cours d'année.

À qui sont versées les prestations familiales ?

Il faut distinguer l'allocataire de l'attributaire.

L'allocataire

C'est la personne physique qui assume la charge effective et permanente de l'enfant à qui est reconnu le droit aux prestations familiales. Ce droit ne peut être exercé que par une seule personne au titre d'un même enfant.

Si vous êtes marié ou si vous vivez en concubinage, vous devrez choisir lequel d'entre vous sera allocataire. En l'absence de choix, c'est la mère qui sera allocataire.

En cas de divorce (→ index, *Divorce*) ou de séparation, l'allocataire est celui du couple au foyer duquel vit l'enfant. Si lors d'un divorce, un jugement de résidence alternée a été rendu, les parents doivent désigner d'un commun accord celui qui percevra les prestations familiales. À charge pour ce dernier de répartir ensuite les sommes perçues avec l'autre parent. En cas de désaccord, il est possible de recourir au médiateur familial.

S'agissant des allocations familiales proprement dites (à l'exclusion donc des autres prestations familiales), la règle particulière suivante s'applique : en cas de résidence alternée, l'allocataire est celui des deux parents qu'ils désignent d'un commun accord. À défaut d'accord sur la désignation d'un allocataire unique, chacun des deux parents peut se voir reconnaître la qualité d'allocataire :

– lorsque les deux parents en ont fait la demande conjointe ;

– lorsque les deux parents n'ont ni désigné un allocataire unique, ni fait une demande conjointe de partage (*Code de la Sécurité sociale, Art. L. 512-1*).

À NOTER

La désignation d'un allocataire unique ou la demande de partage doit être adressée à la CAF au moyen d'un formulaire spécifique disponible sur le site www.caf.fr.

Lorsque les parents ont désigné un allocataire unique ou fait une demande conjointe de partage, ils ne peuvent remettre en cause les modalités ainsi choisies qu'au bout d'1 an, sauf modification des modalités de résidence du ou des enfants.

Lorsque chacun des parents a la qualité d'allocataire, le montant des allocations familiales dues à chacun d'eux est égal au montant des allocations familiales dues pour le total des enfants à charge, multiplié par un coefficient résultant du rapport entre le nombre moyen d'enfants et le nombre total d'enfants (voir exemples dans l'encadré ci-après).

Le nombre moyen d'enfants, pour chaque foyer, est obtenu en faisant la somme du nombre d'enfants à charge dans les conditions suivantes :

– chaque enfant en résidence alternée compte pour 0,5 ;

– les autres enfants à charge comptent pour 1.

Le nombre total d'enfants, pour chaque foyer, est obtenu en faisant la somme du ou des enfants en résidence alternée et, le cas échéant, du ou des autres enfants à charge.

L'attributaire

C'est la personne à qui sont réellement versées les prestations. En principe, c'est l'allocataire lui-même qui est attributaire.

EXEMPLES DE CALCUL DES ALLOCATIONS FAMILIALES EN CAS DE RÉSIDENCE ALTERNÉE

(Source : Caisse nationale des allocations familiales)

Exemple n° 1 : séparation avec résidence alternée de tous les enfants
Monsieur et Madame Durand ont deux enfants.
Ils se séparent avec résidence alternée des deux enfants.
Dans chaque cellule familiale, le droit est donc étudié sur la base des allocations familiales pour deux enfants.
Puis, à ce montant, est appliqué le coefficient ; chaque enfant comptant dans ce cas pour 0,5, soit :
(0,5 + 0,5)/2 = 1/2 du montant des allocations familiales pour deux enfants.
Le montant versé à chaque parent est donc égal à la moitié du montant des allocations pour deux enfants.

Exemple n° 2 : famille recomposée
Monsieur et Madame Dupont ont deux enfants.
Ils se séparent avec deux enfants en résidence alternée.
Madame Martin a trois enfants en résidence permanente.
Monsieur Dupont et Madame Martin forment un couple.
- Droit de Madame Dupont :
(0,5 + 0,5)/2 = 1/2 du montant des allocations familiales pour deux enfants.
Madame Dupont a droit à la moitié des allocations familiales pour deux enfants.
- Droit de Monsieur Dupont et Madame Martin :
(3 + 0,5 + 0,5)/5 = 4/5 du montant des allocations familiales pour cinq enfants.
Monsieur Dupont et Madame Martin ont droit à 4/5 des allocations familiales pour cinq enfants.

En cas de retrait total de l'autorité parentale de l'allocataire, les prestations sont versées à son conjoint ou concubin (→ index, *Autorité parentale*).
En outre, lorsque les enfants sont élevés dans des conditions manifestement défectueuses, ou lorsque le montant des prestations n'est pas employé dans l'intérêt de l'enfant, le juge des enfants peut décider que les prestations seront versées à une personne physique ou morale qualifiée, appelée « tuteur aux prestations familiales ».

AVANTAGE

Les prestations familiales ne sont soumises ni à l'impôt sur le revenu, ni à la CSG.

ATTENTION ⚠

Les prestations familiales sont assujetties à la contribution pour le remboursement de la dette sociale (CRDS), exception faite de l'allocation d'éducation de l'enfant handicapé.

À NOTER

Les personnes de nationalité étrangère bénéficient, au même titre que les Français, des prestations familiales. Toutefois, ils doivent pouvoir justifier, tant pour eux-mêmes que pour leurs enfants, de la régularité de leur entrée et de leur séjour en France. Par ailleurs, si des prestations étrangères ou des avantages familiaux sont versés à une famille résidant en France et que leurs montants sont inférieurs à celui des prestations familiales françaises, seule une « allocation différentielle » peut lui être versée. Ceci en vertu du principe de non-cumul des prestations familiales françaises et étrangères (Code de la Sécurité sociale, Art. L. 512-5).

Quelles sont les modalités de paiement des prestations ?

Quand et comment sont-elles versées ?

Les prestations familiales sont versées mensuellement et à terme échu (sauf les prestations donnant lieu à un versement unique, comme par exemple l'allocation de rentrée scolaire ou la prime de naissance dans le cadre de la PAJE). Elles sont mises en paiement le 5e jour du mois suivant celui pour lequel elles sont dues : ainsi par exemple, les allocations familiales du mois de janvier sont versées début février.

À NOTER

Bien qu'il ne s'agisse pas à proprement parler d'une prestation familiale, c'est également aux CAF, et aux caisses de MSA pour les personnes qui relèvent du régime agricole, qu'il appartient de verser le revenu de solidarité active créé par la loi n° 2008-1249 du 1/12/2008 (→ index, RSA). Ce dispositif, dont l'objet est d'assurer à ses bénéficiaires des moyens convenables d'existence, d'encourager l'exercice ou le retour à une activité professionnelle et d'aider à leur insertion sociale, est entré en vigueur le 1/6/2009 ; à cette date, il s'est substitué au revenu minimum d'insertion (RMI), à l'allocation de parent isolé (API), qui ne sont donc plus ni attribués, ni versés, ainsi qu'à différents mécanismes dits « d'intéressement » permettant de cumuler, pendant une durée limitée, des revenus d'activité et certaines prestations sociales. Les bénéficiaires du RMI et de l'API ont « basculé » automatiquement dans le RSA, sans démarche particulière de leur part. Dans les DOM, le RSA entrera en vigueur le 1/1/2011.

Le versement se fait par virement (postal, bancaire ou à un compte d'épargne).

Le paiement des prestations familiales incombe en principe aux caisses d'allocations familiales (CAF) ou aux caisses de mutualité sociale agricole (MSA) si vous relevez du régime agricole. Les fonctionnaires relèvent également des CAF, de même que les agents de La Poste et de France Télécom. Les entreprises publiques suivantes peuvent toutefois verser elles-mêmes les allocations à leurs agents :

– la SNCF, à l'exception du complément de libre choix du mode de garde de la prestation d'accueil du jeune enfant (PAJE) qui est versé par les CAF ;
– EDF et Gaz de France, à l'exception du service de la PAJE et de l'allocation de logement qui sont versées par les CAF ;
– la RATP, à l'exception de la PAJE qui est versée par les CAF.

La caisse compétente est celle du lieu de résidence habituelle de la famille de l'allocataire.

AVANTAGE

À côté des prestations proprement dites, les CAF et les caisses de MSA attribuent des prestations ou des aides diverses, dans le cadre de leur action sociale. Il peut s'agir par exemple d'aides aux vacances (distribution de bons vacances, organisation de colonies...) ou d'aides aux familles rencontrant des difficultés particulières (intervention d'une travailleuse familiale, secours exceptionnels...). N'hésitez donc pas à vous adresser à votre caisse pour connaître les aides dont vous pouvez éventuellement bénéficier.

LES DÉLAIS DE PRESCRIPTION EN MATIÈRE DE PRESTATIONS FAMILIALES

Si vous avez oublié de réclamer des prestations qui vous sont dues, vous avez 2 ans pour faire valoir vos droits à compter du jour où ils sont nés. Attention : c'est dans ce même délai (dit « délai de prescription ») que la caisse peut vous réclamer les sommes qu'elle vous a versées à tort ; elle peut même le faire pendant 30 ans si ces sommes ont été versées à la suite de manœuvres frauduleuses ou de fausses déclarations (*Code de la Sécurité sociale, Art. L. 553-1*), lesquelles peuvent donner lieu, outre à des poursuites pénales, à une pénalité prononcée directement par le directeur de l'organisme qui verse les prestations. Le montant des prestations versées à tort peut alors être réclamé par retenues sur vos prestations à venir (y compris l'allocation de logement sociale ou l'aide personnalisée au logement), selon un barème variant en fonction de vos revenus et de vos charges familiales (*Code de la Sécurité sociale, Art. D. 553-1*). En outre, tant que la CAF n'a pas pu récupérer les prestations indues qu'elle a versées, la prescription est interrompue, cette règle étant également valable pour les indus d'aides au logement (allocations de logement, APL).

Comment sont-elles calculées ?

Les prestations familiales sont calculées en pourcentage d'une somme appelée « base mensuelle de calcul des allocations familiales » *(Voir pages Barème)*. Cette base de calcul est régulièrement revalorisée par le gouvernement (en principe au moins une fois par an) pour tenir compte de l'augmentation du coût de la vie.

Leur montant est arrondi au centime d'euro le plus proche.

Les prestations peuvent-elles être saisies ?

Les prestations familiales sont en principe incessibles (on ne peut les céder) et insaisissables (elles ne peuvent faire l'objet d'une saisie) sauf, dans ce dernier cas, pour le recouvrement de celles indûment versées à la suite d'une fraude ou d'une fausse déclaration.

Par dérogation à ce principe, mais dans la limite toutefois d'un montant mensuel variable selon les revenus et les charges de famille de l'allocataire, certaines prestations peuvent être saisies (*Code de la Sécurité sociale, Art. L. 553-4*). Il en est notamment ainsi :

– des allocations familiales, du complément familial, de l'allocation de rentrée scolaire, de l'allocation de soutien familial et de l'allocation parentale d'éducation, pour le paiement des dettes alimentaires ou l'exécution de la contribution aux charges du mariage (→ index, *Mariage*) ;
– de l'allocation d'éducation de l'enfant handicapé (ex-allocation d'éducation spéciale) pour le paiement

des frais entraînés par les soins, l'hébergement, l'éducation et la formation de l'enfant.

À NOTER

L'allocation d'éducation de l'enfant handicapé (ex-allocation d'éducation spéciale) fait l'objet d'une étude particulière au titre des prestations attribuées aux personnes handicapées. L'allocation de logement dite « familiale » constitue également une prestation familiale (→ index, Allocation de logement).

Le versement des prestations peut-il être suspendu ?

Les articles L. 222-4-1 du Code de l'action sociale et des familles et L. 552-3 du Code de la Sécurité sociale mettent en place un mécanisme de suspension du versement des prestations familiales (allocations familiales et complément familial) en cas de non-respect des dispositions du « contrat de responsabilité parentale ».

À NOTER

Dans le but de lutter plus efficacement contre l'absentéisme scolaire, les dispositions qui suivent pourraient être aménagées d'ici la fin de l'année 2010, dans le sens d'une mise en œuvre plus rapide de la mesure de suspension des allocations familiales. En contrepartie, cette suspension ne conduirait pas à la perte définitive des allocations familiales, celles-ci étant versées rétroactivement dès lors que les parents et le jeune concernés auraient respecté les engagements pris.

Le contrat de responsabilité parentale

En cas d'absentéisme scolaire (voir encadré plus loin), de trouble porté au fonctionnement d'un établissement scolaire ou de toute autre difficulté liée à une carence de l'autorité parentale, le président du conseil général, de sa propre initiative ou après avoir été saisi par l'inspecteur d'académie, le chef d'établissement d'enseignement, le préfet, le maire de la commune de résidence du mineur, le directeur de l'organisme débiteur des prestations familiales ou le préfet, propose aux parents (ou au représentant légal du mineur) un contrat de responsabilité parentale. Ce contrat rappelle notamment les obligations des titulaires de l'autorité parentale et comporte toute mesure d'aide et d'action sociales de nature à remédier à la situation, ainsi que des engagements des parents (ou du représentant légal du mineur) pour remédier aux difficultés identifiées. Il doit être mis en œuvre, suivi et évalué par un travailleur social (par exemple, une assistante sociale). Sa durée initiale peut varier en fonction du programme défini avec les parents et de leurs besoins, sans pouvoir excéder 6 mois ; lorsque le contrat est renouvelé, la durée totale ne peut être supérieure à 1 an.

À NOTER

Le président du conseil général qui envisage de recourir à un contrat de responsabilité parentale doit notifier aux parents (ou au représentant légal du mineur) une proposition de contrat, lors d'un entretien ou par voie postale. Les parents (ou le représentant légal) disposent alors d'un délai de 15 jours à compter de cette notification pour donner leur accord au contrat et le signer, ou, en cas de désaccord, pour faire part de leurs observations et, le cas échéant, de leurs propositions ainsi que des motifs justifiant leur refus.

Lorsqu'il constate que les obligations incombant aux parents ou au représentant légal du mineur n'ont pas été respectées ou lorsque, sans motif légitime, le contrat n'a pu être signé de leur fait, le président du conseil général peut :
– demander au directeur de l'organisme débiteur des prestations familiales (en principe la CAF ou la caisse de MSA) la suspension du versement de tout ou partie des prestations (voir plus loin) ;
– saisir le procureur de la République de faits susceptibles de constituer une infraction pénale ;
– saisir l'autorité judiciaire pour qu'il soit fait application, s'il y a lieu, des dispositions de l'article 375-9-1 du Code civil (versement des prestations familiales, en tout ou partie et sur décision du juge des enfants, à une personne physique ou morale qualifiée, dite « délégué aux prestations familiales »).

Pour sa part, l'inspecteur d'académie doit saisir le président du conseil général lorsqu'une situation lui paraît justifier la mise en place d'un contrat de responsabilité parentale.

La suspension du versement

En application des dispositions décrites plus haut, le directeur de l'organisme débiteur des prestations familiales (en principe, la CAF ou la caisse de MSA) suspend, pour la durée et dans la proportion décidées par le président du conseil général, le versement de la part des allocations familiales et du complément familial dus à la famille au titre de l'enfant dont le comportement a conduit à proposer la conclusion d'un contrat de responsabilité parentale (*Code de la Sécurité sociale, Art. L. 552-3*).

Le président du conseil général ne peut faire suspendre le versement de tout ou partie des prestations familiales citées ci-dessus qu'après avoir informé de son projet et des motifs qui le fondent les parents (ou le représentant légal du mineur). Ceux-ci doivent pouvoir présenter des observations et, s'ils le souhaitent, se faire assister. La décision de suspension prise, le cas échéant, à l'issue de cette procédure, doit être motivée et notifiée aux intéressés.

La durée de la mesure de suspension est au plus égale à 3 mois. Elle peut être renouvelée, par l'autorité l'ayant prononcée, dans la limite d'une durée maximale de suspension de 12 mois.

Lorsqu'au terme de la période de suspension prononcée par le président du conseil général, l'organisme débiteur des prestations familiales n'a pas été informé d'une décision de renouvellement, il rétablit le versement des prestations suspendues rétroactivement à la date de la suspension.

Dès que le président du conseil général constate que les parents (ou le représentant légal du mineur) se conforment aux obligations qui leur étaient imposées en application du contrat de responsabilité parentale, il en informe l'organisme débiteur des prestations familiales afin qu'il rétablisse le versement des prestations suspendues rétroactivement à leur date de suspension.

À NOTER

Lorsqu'à l'issue de la période maximale de 12 mois de suspension, les parents (ou le représentant légal du mineur) ne se conforment toujours pas à leurs obligations, les prestations sont rétablies sans effet rétroactif et le président du conseil général met en oeuvre toute mesure nécessaire pour remédier à la situation.

LES 8 PRESTATIONS FAMILIALES

La liste des 8 prestations familiales est donnée par l'article L. 511-1 du Code de la Sécurité sociale. Cette liste est la suivante, les prestations étant classées, par nos soins, selon l'existence ou non d'une condition liée aux ressources, avec l'indication, entre parenthèses, des références aux articles du Code de la Sécurité sociale concernés. L'allocation de parent isolé (API) ne figure plus dans cette liste puisqu'elle est, depuis le 1/6/2009, remplacée par le revenu de solidarité active (→ index, *RSA*). Précision importante : la prestation d'accueil du jeune enfant (PAJE) attribuée au titre des enfants nés ou adoptés depuis le 1/1/2004 s'est substituée à plusieurs prestations existantes (→ index, *PAJE*). Bien qu'elle constitue une prestation familiale unique, elle comporte 4 volets distincts (prime à la naissance ou à l'adoption, allocation de base…) répondant chacun à des conditions d'attribution différentes, ce qui explique que la liste ci-dessous comporte au total plus de 8 prestations :

AVEC CONDITION DE RESSOURCES

- la prime à la naissance ou à l'adoption versée dans le cadre de la PAJE (*Code de la Sécurité sociale, Art. L. 531-1 et L. 531-2*) ;
- l'allocation de base versée dans le cadre de la PAJE (*Code de la Sécurité sociale, Art. L. 531-1 et 531-3*) ;
- le complément familial (*Code de la Sécurité sociale, Art. L., R. et D. 522-1 et s.*) ;
- l'allocation de rentrée scolaire (*Code de la Sécurité sociale, Art. L., R. et D. 543-1 et s.*) ;
- l'allocation de logement dite « familiale » (*Code de la Sécurité sociale, Art. L. et D. 542-1 et s.*) ;
- le complément de libre choix du mode de garde versé dans le cadre de la PAJE (le droit à ce complément n'est pas lié à une condition de ressources, mais son montant dépend des ressources des bénéficiaires) (*Code de la Sécurité sociale, Art. L. 531-1 et L. 531-5 à L. 531-9*).

SANS CONDITION DE RESSOURCES

- les allocations familiales (*Code de la Sécurité sociale, Art. L., R. et D. 521-1 et s.*) ;
- l'allocation de soutien familial (*Code de la Sécurité sociale, Art. L., R. et D. 523-1 et s.*) ,
- l'allocation d'éducation de l'enfant handicapé (*Code de la Sécurité sociale, Art. L., R. et D. 541-1 et s.*) ;
- l'allocation journalière de présence parentale (mais non son complément pour frais) (*Code de la Sécurité sociale, Art. L., R. et D. 544-1 et s.*) ;
- le complément de libre choix d'activité versé dans le cadre de la PAJE (*Code de la Sécurité sociale, Art. L. 531-1 et L. 531-4*).

À ces prestations familiales proprement dites s'ajoutent l'aide personnalisée au logement (→ index, *APL*) et l'allocation de logement « sociale » (→ index, *Allocation de logement sociale*), dont le montant dépend, comme pour l'allocation de logement « familiale », des ressources des bénéficiaires.

Extrait du Code de l'éducation

« **Art. L. 131-8.** Lorsqu'un enfant manque momentanément la classe, les personnes responsables doivent, sans délai, faire connaître au directeur ou à la directrice de l'établissement d'enseignement les motifs de cette absence.

Les seuls motifs réputés légitimes sont les suivants : maladie de l'enfant, maladie transmissible ou contagieuse d'un membre de la famille, réunion solennelle de famille, empêchement résultant de la difficulté accidentelle des communications, absence temporaire des personnes responsables lorsque les enfants les suivent. Les autres motifs sont appréciés par l'inspecteur d'académie. Celui-ci peut consulter les assistantes sociales agréées par lui, et les charger de conduire une enquête, en ce qui concerne les enfants présumés réfractaires.

Le directeur ou la directrice de l'établissement d'enseignement saisit l'inspecteur d'académie afin qu'il adresse un avertissement aux personnes responsables de l'enfant et leur rappelle les sanctions pénales dans les cas suivants :

1° Lorsque, malgré l'invitation du directeur ou de la directrice de l'établissement d'enseignement, ils n'ont pas fait connaître les motifs d'absence de l'enfant ou qu'ils ont donné des motifs d'absence inexacts ;

2° Lorsque l'enfant a manqué la classe sans motif légitime ni excuses valables au moins quatre demi-journées dans le mois.

Lorsque le directeur ou la directrice de l'établissement d'enseignement saisit l'inspecteur d'académie afin que celui-ci adresse un avertissement aux personnes responsables de l'enfant, dans les cas prévus aux deux alinéas précédents, il en informe le maire de la commune dans laquelle l'élève est domicilié.

L'inspecteur d'académie saisit le président du conseil général des situations qui lui paraissent justifier la mise en place d'un contrat de responsabilité parentale prévu à l'article L. 222-4-1 du code de l'action sociale et des familles.

Il communique au maire la liste des élèves domiciliés dans la commune pour lesquels un avertissement tel que défini au présent article a été notifié.

Les informations communiquées au maire en application du présent article sont enregistrées dans le traitement prévu à l'article L. 131-6.»

À QUELLES PRESTATIONS FAMILIALES AVEZ-VOUS DROIT ?

Votre situation	Prestations	Conditions particulières	Conditions de ressources	Durée du versement
Vous avez un enfant né ou adopté depuis le 1/1/2004.	Prime à la naissance ou à l'adoption : prestation versée dans le cadre de la prestation d'accueil du jeune enfant (PAJE).	• Vous attendez un enfant et avez passé les examens médicaux obligatoires ou ; • Vous avez adopté un enfant de moins de 20 ans.	OUI	Versement en une seule fois au 7e mois de grossesse ou, en cas d'adoption, lors de l'arrivée de l'enfant au foyer.
	Allocation de base : prestation versée dans le cadre de la prestation d'accueil du jeune enfant (PAJE).	• Avoir passé les examens médicaux obligatoires ; • Avoir au moins un enfant de moins de 3 ans à charge (sauf adoption) ou ; • Avoir adopté un enfant de moins de 20 ans.	OUI	Versement jusqu'aux 3 ans de l'enfant ou pour une durée de 3 ans en cas d'adoption. Une seule allocation de base par famille sauf en cas de naissances multiples ou d'adoptions simultanées. .../...

À QUELLES PRESTATIONS FAMILIALES AVEZ-VOUS DROIT ? (SUITE)				
Votre situation	**Prestations**	**Conditions particulières**	**Conditions de ressources**	**Durée du versement**
Vous avez un enfant né ou adopté depuis le 1/1/2004 (suite).	Complément de libre choix d'activité : prestation versée dans le cadre de la prestation d'accueil du jeune enfant (PAJE).	Vous avez cessé toute activité professionnelle ou vous exercez une activité à temps partiel d'une certaine durée et vous remplissez l'une des conditions suivantes : • vous avez au moins un enfant à charge de moins de 3 ans ; • vous avez adopté un enfant de moins de 20 ans ; • vous avez des triplés (ou plus) de moins de 6 ans.	NON	Prend fin au 3e anniversaire de l'enfant ou au 6e en cas de triplés. Pour un 1er enfant à charge (naissance ou adoption) versement pendant 6 mois. En cas d'adoption : versement pendant un an ; en cas d'adoption d'au moins 3 enfants : versement pendant 3 ans si chaque enfant a moins de 20 ans.
	Complément optionnel de libre choix d'activité (COLCA) : prestation versée dans le cadre de la prestation d'accueil du jeune enfant (PAJE).	Vous avez cessé toute activité professionnelle pour vous occuper de votre enfant et vous remplissez les conditions suivantes : • vous avez au moins trois enfants et le dernier est né, adopté ou recueilli en vue d'adoption depuis le 1/7/2006 ; • vous justifiez d'une activité professionnelle antérieure minimale de 2 ans, exercée pendant une période de référence égale aux 5 ans qui précèdent la naissance, l'adoption ou l'accueil de l'enfant au titre duquel le COLCA est demandé.	NON	Versement pour une durée maximale de 12 mois. Le droit est ouvert le mois de la naissance, de l'adoption ou de l'arrivée au foyer de l'enfant adopté ou confié en vue d'adoption. L'option pour le COLCA est définitive ; il n'est pas possible ensuite, pour le même enfant, de demander à bénéficier du complément de libre choix d'activité.
	Complément de libre choix du mode de garde : prestation versée dans le cadre de la prestation d'accueil du jeune enfant (PAJE).	• Vous faites garder à votre domicile au moins un enfant à charge de moins de 6 ans ou ; • Vous confiez à une assistante maternelle agréée la garde, à domicile, d'un enfant de moins de 6 ans. L'attribution du complément n'est pas liée à une condition de ressources, mais le montant attribué peut varier en fonction des ressources du bénéficiaire.	OUI	Le versement prend fin lorsque les conditions (âge de l'enfant, emploi d'une personne salariée ou d'une assistante maternelle agréée…) ne sont plus remplies. …/…

À QUELLES PRESTATIONS FAMILIALES AVEZ-VOUS DROIT ? (SUITE)				
Votre situation	**Prestations**	**Conditions particulières**	**Conditions de ressources**	**Durée du versement**
Vous vivez seul ou vous avez recueilli un enfant privé de l'aide d'un ou de ses deux parents.	Allocation de soutien familial.	Vous assurez la charge effective et permanente d'au moins un enfant qui se trouve dans l'une des situations suivantes : • enfant dont l'un au moins des parents est décédé ; • enfant non reconnu par l'un de ses deux parents ; • l'un des parents se soustrait depuis au moins 2 mois à son obligation alimentaire.	NON	Le versement commence 1 mois après l'événement qui a donné naissance à ce droit et prend fin à partir du jour où le bénéficiaire se marie ou vit maritalement.
Vous avez un enfant en âge scolaire.	Allocation de rentrée scolaire.	Vous avez un enfant scolarisé âgé de moins de 18 ans au 15 septembre de la rentrée et remplissant certaines conditions.	OUI	Un versement par an pour les enfants atteignant 6 ans au 1er février et jusqu'à 18 ans si l'enfant poursuit des études ou est placé en apprentissage.
	Bourse de collège.	Vous avez un enfant à charge, quel que soit son âge, scolarisé dans un collège (classes de 6e à la 3e).	OUI	Trois versement par an. Le versement prend fin lorsque vous cessez de remplir les conditions.
Vous avez un enfant handicapé.	Allocation d'éducation de l'enfant handicapé.	Vous avez un enfant à charge de moins de 20 ans atteint d'une incapacité permanente d'un taux au moins égal à 80 % ou entre 50 et 80 % si certaines conditions sont réunies.	OUI	Le versement prend fin lorsque vous cessez de remplir les conditions.
Vous avez un enfant atteint d'une maladie ou d'un handicap graves.	Allocation journalière de présence parentale.	Vous avez un enfant à charge de moins de 20 ans atteint d'une maladie ou d'un handicap grave et si vous êtes salarié(e), vous (ou/et votre conjoint) bénéficiez d'un congé de présence parentale.	NON	Pour chaque enfant malade ou handicapé, 310 allocations journalières peuvent être attribuées par période de 3 ans.
Vous avez plusieurs enfants à charge.	Allocations familiales.	Vous avez au moins deux enfants à charge.	NON	Le versement prend fin lorsque vous cessez de remplir les conditions.
	Complément familial.	Vous avez au moins trois enfants à charge tous âgés de plus de 3 ans.	OUI	Le versement prend fin lorsque vous cessez de remplir les conditions.

Les allocations familiales

C'est la prestation familiale la plus connue et la plus distribuée. La raison en est très simple : il suffit d'avoir deux enfants à charge pour y prétendre. Aucune condition de ressources n'est requise.

Qui peut en bénéficier ?

Les allocations familiales sont attribuées sans condition de ressources aux personnes ayant au moins deux enfants à charge.

À NOTER

L'âge limite auquel les enfants ouvrent droit aux prestations familiales est applicable aux allocations familiales (→ index, Prestations familiales).

Quel est leur montant ?

Comme pour les autres prestations familiales, ce montant est calculé à partir d'une base mensuelle de calcul *(Voir pages Barème)*. Il est d'autant plus élevé qu'il y a d'enfants à charge. En outre, les enfants à charge ouvrent droit, à partir d'un certain âge, à une majoration d'allocations familiales. Jusqu'au 1/5/2008, il existait deux majorations, l'une attribuée à partir de 11 ans, l'autre à partir de 16 ans ; depuis le 1/5/2008, il n'existe plus qu'une majoration unique attribuée à compter du 14ᵉ anniversaire de l'enfant *(Voir pages Barème)*.

Toutefois, les familles qui bénéficiaient, au 1/5/2008, des majorations au titre de leurs enfants de 11 et 16 ans continuent d'en bénéficier dans les conditions antérieures, jusqu'aux 20 ans de l'enfant si les conditions sont toujours remplies (notamment avoir deux enfants à charge) : la majoration unique à compter du 14ᵉ anniversaire ne s'applique qu'aux enfants nés après le 30/4/1997. Il sera donc possible qu'au sein d'une même famille, certains enfants bénéficient des majorations actuelles et que d'autres bénéficient, à terme, de la majoration unique à 14 ans.

Ainsi, par exemple :

– un enfant qui a eu 11 ans le 27/4/2008 n'aura pas droit à la nouvelle majoration unique, celle-ci ne concernant que les enfants qui ont moins de 11 ans au 1/5/2008. Les enfants ayant déjà atteint 11 ans avant le 1/5/2008 restent dans le dispositif actuel jusqu'à ce qu'ils atteignent l'âge de 20 ans, et ne bénéficieront donc pas de la majoration unique ;

– en revanche, un enfant ayant eu 11 ans le 4/5/2008 aura droit à une majoration unique à partir du mois suivant son 14e anniversaire. D'ici là, il ne bénéficiera pas de la majoration pour enfant de plus de 11 ans (*source : Caisse nationale des allocations familiales*).

FAMILLES NOMBREUSES AVEC ENFANT DE PLUS DE 20 ANS

Les familles (ou les personnes seules) qui comptent au moins 3 enfants à charge bénéficient du maintien partiel des allocations familiales pendant 1 an lorsque l'aîné atteint l'âge de 20 ans. Le montant des allocations familiales correspond alors au montant fixé en fonction du nombre d'enfants de moins de 20 ans à charge, auquel s'ajoute une allocation forfaitaire au titre de l'enfant âgé de plus de 20 ans *(Voir pages Barème)*. Cette allocation forfaitaire est versée jusqu'au mois précédant le 21ᵉ anniversaire de l'enfant, sous réserve que celui-ci continue d'être considéré comme à charge, c'est-à-dire notamment qu'il vive au foyer du bénéficiaire et, s'il exerce une activité qui ne lui procure pas un revenu supérieur à 55 % du SMIC calculé sur la base de 169 heures *(Voir pages Barème)*.

Quelles sont les formalités ?

Aucune formalité particulière n'est demandée pour les enfants de moins de 16 ans. Au-delà de cet âge, vous devrez renvoyer à votre caisse le formulaire intitulé « Déclaration de situation d'un enfant de moins de 20 ans » qu'elle vous adressera chaque année. Les renseignements que vous y porterez permettront à la caisse de savoir si votre enfant peut ou non continuer d'être considéré comme à votre charge.

ATTENTION ⚠

Le placement d'un mineur délinquant dans un centre éducatif fermé entraîne la suspension, au titre de cet enfant, des allocations familiales. Toutefois, le juge des enfants peut les maintenir, soit lorsque la famille participe à la prise en charge morale ou matérielle de l'enfant, soit en vue de faciliter le retour de l'enfant dans son foyer (Ordonnance du 2/2/1945, Art. 34).

ATTENTION ⚠

Dans les familles de deux enfants, ou dans lesquelles il ne reste plus que deux enfants à charge, aucune majoration n'est versée pour l'aîné. Ainsi par exemple : si vous avez deux enfants à charge, l'un de 12 ans et l'autre de 9 ans, vous n'aurez droit à aucune majoration ; si vous avez deux enfants, l'un de 13 ans, l'autre de 12 ans, seul le 2e vous ouvrira droit à la majoration pour enfant de plus de 11 ans. Mais si vous avez trois enfants, l'un de 17 ans, l'autre de 12 ans, et le 3e de 9 ans, vous aurez droit à une majoration pour votre enfant de plus de 16 ans et à une majoration pour votre enfant de plus de 11 ans.

La règle est la même dans le nouveau régime de majoration mis en place depuis le 1/5/2008. Ainsi, par exemple, si vous avez deux enfants à charge nés après le 30/4/1997, lorsque le premier d'entre eux atteindra l'âge de 14 ans, il n'ouvrira pas droit à la majoration unique d'allocations familiales ; en revanche, lorsque le deuxième atteindra l'âge de 14 ans, vous aurez droit à cette majoration, sous réserve évidemment que vous ayez encore deux enfants à charge.

Le complément familial

Cette prestation familiale est destinée à apporter un complément de revenus aux familles nombreuses. Elle est réservée aux personnes seules ou aux ménages disposant de faibles ressources.

Qui peut en bénéficier ?

Pour pouvoir prétendre au complément familial, vous devez :

- assumer la charge d'au moins trois enfants, tous âgés de plus de 3 ans. Le complément cesse d'être versé lorsqu'il n'y a plus trois enfants de plus de 3 ans à charge. Les enfants ouvrent droit au complément familial jusqu'à l'âge de 21 ans (au lieu de 20 ans pour les autres prestations familiales) ;

- disposer de ressources ne dépassant pas un certain plafond *(Voir pages Barème)*.

Les ressources sont appréciées comme pour l'allocation de base versée dans le cadre de la prestation d'accueil du jeune enfant (→ index, *PAJE, allocation de base*).

Si vos revenus dépassent le plafond de ressources qui vous est applicable, vous pouvez peut-être prétendre à un complément familial réduit, que l'on appelle « complément différentiel » *(Voir pages Barème)*.

Quel en est le montant ?

Le montant mensuel du complément familial est fixé en pourcentage de la base mensuelle de calcul des allocation famlliales *(Voir pages Barème)*.
Le complément familial est versé par famille : quel que soit le nombre d'enfants à votre charge, vous ne percevrez donc qu'un seul complément familial.

Quels sont les cumuls possibles ?

Si vous bénéficiez du complément familial, et que vous attendez un nouvel enfant, le cumul sera possible avec la prime de naissance attribuée dans le cadre de la prestation d'accueil du jeune enfant (PAJE). Ensuite, vous ne percevrez plus que l'allocation de base également versée dans le cadre de la PAJE, dès lors que vous en remplirez les conditions (→ index, *PAJE, allocation de base*). Le complément familial ne peut pas non plus se cumuler avec le complément de libre choix d'activité (→ index, *PAJE, complément de libre choix d'activité*).

L'allocation de soutien familial

Cette allocation, non soumise à condition de ressources, est destinée à venir en aide aux personnes qui ont la charge d'enfants dont les père et mère, ou l'un d'eux seulement, sont décédés ou se désintéressent d'eux.

Qui peut en bénéficier ?

L'allocation de soutien familial peut être attribuée :
– soit au parent qui assume seul la charge effective et permanente d'un ou de plusieurs enfants se trouvant dans l'une des situations décrites ci-dessous ;
– soit à la personne qui n'est ni le père ni la mère de l'enfant, mais qui l'a recueilli (sauf en cas d' adoption, puisqu'il y a dans ce cas une prestation spécifique) et qui en assume la charge.
Dans le premier cas, la prestation n'est due que si le parent vit seul : elle cesse d'être versée dès qu'il se marie, conclut un PACS ou vit en concubinage.

Pour quels enfants ?

Ouvrent droit à l'allocation de soutien familial :
– tout enfant orphelin de père ou de mère, ou de père et de mère. Il s'agit donc de l'enfant, quelle que soit sa filiation, dont l'un des parents ou les deux sont décédés ;
– tout enfant dont la filiation n'est pas légalement établie soit à l'égard de ses deux parents, soit à l'égard de l'un d'eux seulement (→ index, *Filiation*) ;
– tout enfant dont le père et/ou la mère, depuis au moins 2 mois, se soustraient ou se trouvent hors d'état de faire face à leurs obligations d'entretien ou au versement d'une pension alimentaire mise à leur charge par une décision de justice.
Est considéré comme « hors d'état » de faire face à ses obligations, le parent qui se trouve dans l'une ou l'autre des situations suivantes :
– insolvabilité en cas d'incarcération ou de vagabondage, ainsi qu'en cas de chômage, maladie ou invalidité non indemnisés ;
– parents mineurs ou débiles ;
– retrait total de l'autorité parentale pour sévices sur l'enfant (→ index, *Autorité parentale, retrait*) ;
– filiation non définitivement établie dans l'attente d'un jugement statuant sur une contestation de filiation (→ index, *Filiation*).

À NOTER

L'allocation de soutien familial peut être attribuée, selon la situation de l'enfant, soit à titre de prestation familiale, soit à titre d'avance sur pension alimentaire. C'est le cas notamment lorsque l'un des parents se soustrait au paiement d'une pension alimentaire fixée par la justice : l'allocation est alors versée en totalité ou en partie selon que la pension alimentaire n'est pas payée ou l'est en partie seulement.

Quel est son montant ?

Le montant mensuel de l'allocation de soutien familial est fixé en pourcentage de la base mensuelle de calcul des allocations familiales. Ce pourcentage diffère selon que l'enfant :
– est orphelin de père et de mère ou se trouve dans une situation assimilée (absence de filiation établie à l'égard de ses deux parents ou non-exécution par l'un et l'autre de leurs obligations) ;
– ou est orphelin de père ou de mère ou se trouve à l'égard de l'un de ses deux parents seulement dans une situation assimilée *(Voir pages Barème)*.

AVANTAGE

Même si vous n'avez pas droit à l'allocation de soutien familial parce que vous ne remplissez pas toutes les conditions pour en bénéficier (vous êtes remarié ou vous vivez en concubinage), l'organisme qui vous verse vos prestations familiales (en principe la CAF) peut vous aider à récupérer la pension alimentaire qui vous est due, mais qui ne vous est pas versée.

Quelles sont les conditions de versement ?

L'allocation est versée à compter du 1er jour du mois civil suivant celui au cours duquel l'enfant se trouve dans l'une des situations ouvrant droit au bénéfice de celle-ci. Il cesse à compter du 1er jour du mois au cours duquel soit l'enfant, soit le bénéficiaire n'en remplit plus les conditions.

Lorsque l'un des parents se soustrait à son obligation d'entretien, et qu'aucune décision de justice n'est encore intervenue pour fixer le montant de cette obligation, l'allocation de soutien familial n'est versée que pendant 4 mois. Au-delà, le versement ne se poursuit que si une procédure judiciaire est engagée pour faire fixer le montant de la pension alimentaire, sauf si le parent défaillant est considéré comme « hors d'état » de faire face à ses obligations.

ATTENTION ⚠

Il n'est pas possible de cumuler l'allocation de soutien familial avec l'allocation de base versée en cas d'adoption d'un enfant dans le cadre de la prestation d'accueil du jeune enfant (→ index, PAJE).

L'allocation de rentrée scolaire

La scolarité d'un enfant entraîne des frais importants (achats de livres, de fournitures, etc.) qui peuvent peser lourd dans le budget de certaines familles. L'allocation de rentrée scolaire a donc été créée pour aider les familles à faire face à ces dépenses. Elle est attribuée sous certaines conditions, notamment de ressources.

Qui peut en bénéficier ?

Pour avoir droit à cette prestation, il faut remplir les conditions suivantes :
– avoir un ou plusieurs enfants à charge scolarisés et remplissant certaines conditions d'âge (voir ci-dessous) ;
– ne pas disposer de ressources supérieures à un certain plafond, qui évolue en fonction du nombre d'enfants à charge *(Voir pages Barème)*. Les personnes dont les revenus se situent légèrement au-dessus de ce plafond bénéficient d'une allocation d'un montant plus faible *(Voir pages Barème)*. Là encore, c'est votre revenu net catégoriel qui sera comparé aux plafonds en vigueur.

À NOTER

Pour l'application de la condition de ressources, votre situation de famille (notamment le nombre d'enfants à votre charge) est appréciée au 31 juillet précédant la rentrée scolaire considérée.

Pour quels enfants ?

Si vous remplissez les conditions énoncées ci-dessus, vous percevez une allocation pour chacun de vos enfants à charge :
– d'au moins 6 ans, ou qui aura 6 ans avant le 1er février de l'année suivant celle de la rentrée scolaire ;
– et de moins de 18 ans au 15 septembre de l'année de la rentrée.
L'enfant doit être inscrit dans un établissement d'enseignement public ou privé, ou être placé en apprentissage : sa rémunération, dans ce dernier cas, doit être inférieure à 55 % du SMIC *(Voir pages Barème)*.

AVANTAGE

Sous certaines conditions, que votre CAF vous précisera, l'enfant de moins de 6 ans, admis au cours préparatoire, peut ouvrir droit à l'allocation de rentrée scolaire.

Quel est son montant ?

Le montant de l'allocation de rentrée scolaire est fixé en pourcentage de la base mensuelle de calcul des allocations familiales. Depuis la rentrée 2008, ce montant varie selon l'âge de l'enfant *(Voir pages Barème)*.
Une allocation de rentrée scolaire différentielle est versée aux familles dont les revenus se situent légèrement au-dessus du plafond de ressources *(Voir pages Barème)*.
Une allocation est versée pour chaque enfant y ouvrant droit.

AVANTAGE

L'allocation est versée en une seule fois, en principe au moment de la rentrée, et au plus tard le 31 octobre de l'année de la rentrée.

À NOTER

Pour les enfants de 6 à 16 ans (âge de la fin de l'obligation scolaire), l'allocation est en principe versée automatiquement, sans démarches particulières de votre part. En revanche, pour les enfants de 16 à 18 ans, vous devrez fournir à votre caisse un document attestant la poursuite de la scolarité ou de l'apprentissage avant que l'allocation ne vous soit versée.

L'allocation journalière de présence parentale

Cette prestation familiale est destinée aux parents qui, ayant un enfant très gravement malade ou handicapé, décident, pour s'occuper de leur enfant, d'interrompre ponctuellement leur activité.

Qui peut en bénéficier ?

- Le droit à l'allocation journalière de présence parentale (AJPP) est ouvert :
  - aux salariés et aux agents publics en congé de présence parentale (→ index, *Congé de présence parentale*) ;
  - aux VRP et aux employés de maison ;
  - aux non-salariés agricoles et non agricoles ;
  - aux stagiaires rémunérés de la formation professionnelle à condition que leur formation soit interrompue ;
  - aux demandeurs d'emploi indemnisés : aucune démarche n'est nécessaire auprès de Pôle emploi (nouvel opérateur issu de la fusion de l'ANPE et des ASSEDIC). Lorsque la CAF (ou la caisse de MSA) verse l'allocation, elle avertit Pôle emploi qui interrompt le versement des indemnités pendant la période concernée. Le versement de ces indemnités reprend à la date de cessation de paiement de l'AJPP.
- Aucune condition de ressources n'est exigée.
- L'allocation journalière de présence parentale est destinée aux personnes visées ci-dessus qui assument la charge d'un enfant de moins de 20 ans atteint d'une maladie, d'un handicap ou victime d'un accident d'une particulière gravité rendant indispensables une présence soutenue à ses côtés et des soins contraignants. Cette situation doit être attestée par un certificat médical (voir ci-après).

À NOTER

Le congé de présence parentale consiste désormais en un « compte crédit jours » de 310 jours ouvrés à prendre sur une période maximale de 3 ans (→ index, Congé de présence parentale). Chaque journée d'absence prise dans ce cadre est indemnisée par l'allocation journalière de présence parentale (AJPP), toutes conditions étant par ailleurs remplies.

ATTENTION ⚠

Les jours pris dans le cadre du congé de présence parentale ne sont pas fractionnables.

AVANTAGE

Sous certaines conditions, les personnes bénéficiaires de l'AJPP sont affiliées à l'assurance vieillesse du régime général, les cotisations étant prises en charge par l'organisme débiteur des prestations familiales (CAF, caisse de MSA...).

Quelle est la procédure ?

La demande d'AJPP doit être formulée auprès de l'organisme qui verse les prestations familiales (CAF, caisse de MSA...) sur un formulaire réglementaire disponible sur le site *www.caf.fr*. Ce formulaire comporte une attestation médicale précisant la période prévisible des soins contraignants et de la présence parentale nécessaire aux côtés de l'enfant.

La demande d'allocation journalière de présence parentale doit être accompagnée des documents suivants :

- pour les salariés et les agents publics, une attestation de l'employeur précisant que le demandeur bénéficie d'un congé de présence parentale en application de la réglementation en vigueur (Code du travail ou statut de la fonction publique notamment) ;
- pour tous les demandeurs, un certificat médical détaillé, établi conformément à un modèle réglementaire, adressé sous pli fermé à l'attention du service du contrôle médical, attestant la particulière gravité de la maladie, du handicap ou de l'accident de l'enfant et précisant la nature des soins contraignants et les modalités de la présence soutenue du parent aux côtés de l'enfant, ainsi que la durée prévisible du traitement

de l'enfant. Ce certificat médical détaillé est établi par le médecin qui suit l'enfant.

Le droit à l'AJPP est soumis à un avis favorable du service du contrôle médical de la caisse de sécurité sociale, auquel est transmis le certificat médical détaillé. En cas d'avis défavorable, la loi de financement de la Sécurité sociale pour 2008 pose le principe que, désormais, les parents peuvent recourir au dispositif de l'expertise médicale telle que prévue par l'article L. 141-1 du Code de la Sécurité sociale. Ce dispositif prévoit que les contestations sont soumises à un médecin expert désigné, d'un commun accord, par le médecin traitant et le médecin-conseil, ou, à défaut d'accord dans un délai d'1 mois à compter de la contestation, par le directeur départemental des affaires sanitaires et sociales. Le litige sera ainsi plus rapidement tranché qu'il ne l'était avant l'intervention de cette loi, puisqu'il devait être soumis au tribunal administratif, devant lequel la procédure pouvait prendre plusieurs mois.

AVANTAGE

Le silence gardé par le service du contrôle médical jusqu'au dernier jour du 2e mois civil qui suit la réception de la demande d'AJPP par l'organisme débiteur (CAF, caisse de MSA...) vaut avis favorable de ce service. L'allocation peut être versée sans attendre la décision du médecin-conseil, mais, en cas de refus, elle devra être remboursée. Le silence gardé par l'organisme débiteur jusqu'au dernier jour du 3e mois civil qui suit la réception de la demande d'AJPP vaut décision favorable de cet organisme.

Lorsqu'elle est accordée, l'AJPP est due à compter du premier jour du mois civil au cours duquel est déposée la demande, sous réserve que les conditions d'ouverture de droit soient réunies à cette date. Elle cesse d'être due à compter du premier jour du mois civil suivant celui au cours duquel les conditions de droit ne sont plus réunies.

Quelle est la durée de versement ?

L'AJPP est versée pour une durée initiale précisée par le certificat médical détaillé établi par le médecin qui suit l'enfant, pour une période maximum de 6 mois. Elle peut être renouvelée ensuite tous les 6 mois, dans la limite de 3 ans. Au cours de cette période, vous pourrez bénéficier, au maximum, de 310 allocations journalières.

Au-delà de la période de 3 ans et en cas de rechute ou de récidive de la pathologie de l'enfant, un nouveau compte de 310 jours est ouvert dans les mêmes conditions, une nouvelle demande devant être présentée à l'organisme qui vous verse les prestations familiales (CAF, caisse de MSA...).

À NOTER

Chaque parent peut bénéficier de l'AJPP, sachant que, sur un même mois civil, 22 allocations journalières, au maximum, peuvent être versées à la famille.

Pour percevoir l'AJPP, vous devrez transmettre, chaque mois, à l'organisme qui vous verse les prestations familiales (CAF, caisse de MSA...) :

– si vous êtes salarié bénéficiaire d'un congé de présence parentale, une attestation visée par votre employeur indiquant le nombre de jours de congés de présence parentale pris au cours de la période considérée ;

– si vous êtes travailleur en formation professionnelle rémunérée, une attestation du formateur indiquant que la formation professionnelle rémunérée a été interrompue ainsi qu'une déclaration sur l'honneur attestant que cette interruption est motivée par la nécessité de soins contraignants et d'une présence soutenue auprès de l'enfant malade ;

– si vous êtes à la recherche d'un emploi, une déclaration sur l'honneur de cessation de recherche active d'emploi et attestant que cette cessation de la recherche d'emploi est motivée par la nécessité de soins contraignants et d'une présence soutenue auprès de l'enfant malade ;

– si vous êtes travailleur non salarié, VRP ou employé de maison, une déclaration sur l'honneur indiquant le nombre de jours d'interruption d'activité au cours de la période considérée et attestant que l'interruption de l'activité est motivée par la nécessité de soins contraignants et d'une présence soutenue auprès de l'enfant malade ;

– si vous êtes bénéficiaire d'un congé de présence parentale dans les conditions prévues par les dispositions applicables aux agents publics, une attestation visée par votre employeur indiquant le nombre de jours de congé de présence parentale pris au cours de la période considérée.

Quel est son montant ?

Le montant de l'AJPP est fixé par décret ; il est majoré pour la personne assumant seule la charge de l'enfant *(Voir pages Barème)*. À l'allocation proprement dite peut s'ajouter un complément forfaitaire pour frais, attribué au ménage ou à la personne dont les ressources ne dépassent pas un plafond, lorsque la maladie, le handicap ou l'accident exigent des dépenses à la charge desdits ménage ou personne, supérieures à un montant déterminé *(Voir pages Barème)*.

AVANTAGE

Le complément pour frais est versé mensuellement. Il peut être versé même si pour un mois donné aucune allocation journalière de présence parentale n'est versée.

À NOTER

Pour bénéficier du complément pour frais, il faut adresser à votre CAF (ou à l'organisme qui vous verse vos prestations familiales) une déclaration sur l'honneur précisant, pour chaque mois considéré, le montant des dépenses directement liées à la maladie, l'accident ou le handicap, engagées au titre du complément pour frais. À la demande de votre CAF, vous devrez être en mesure de produire tous les éléments nécessaires à la justification de ces dépenses.

Quelles sont les règles de cumul ?

L'AJPP n'est pas cumulable, pour un même bénéficiaire, avec :

– l'indemnisation des congés de maternité, de paternité ou d'adoption ;

– l'indemnité d'interruption d'activité ou l'allocation de remplacement pour maternité ou paternité, prévues au profit des travailleurs non salariés ;

– l'indemnisation des congés de maladie ou d'accident du travail ;

– les indemnités servies aux demandeurs d'emploi ;

– un avantage personnel de vieillesse ou d'invalidité ;

– le complément de libre choix d'activité ;

– le complément et la majoration de l'allocation d'éducation de l'enfant handicapé perçus pour le même enfant ;

– l'allocation aux adultes handicapés.

À NOTER

En revanche, les bénéficiaires de l'allocation journalière de présence parentale (AJPP) continuent, pendant la durée de perception de cette allocation, d'avoir droit (et d'ouvrir droit, pour les éventuels ayants droits) aux prestations en nature de l'assurance maladie, maternité, invalidité et décès. En outre, pour l'ouverture du droit aux prestations en espèces de l'assurance maladie, maternité, invalidité et décès (→ index, Prestations en espèces), chaque journée de perception de l'AJPP est considérée comme équivalant à 4 fois le SMIC horaire en vigueur au 1er janvier de l'année qui précède immédiatement la période de référence (3 mois civils précédant l'arrêt) ou à 4 heures de travail salarié.

La prestation d'accueil du jeune enfant

Cette prestation, mise en place depuis le 1/1/2004, comporte plusieurs volets distincts. Elle s'est substituée à différentes allocations ou prestations (l'allocation pour jeune enfant, l'allocation d'adoption, l'AGED et l'AFEAMA).

En quoi consiste la prestation d'accueil du jeune enfant ?

La prestation d'accueil du jeune enfant (PAJE) comporte quatre volets distincts, chacun ayant un objet particulier et répondant à des conditions particulières d'attribution. Ainsi, au titre de cette prestation, peuvent être attribués :

– une prime à la naissance ou à l'adoption, versée sous condition de ressources ;

– une allocation de base versée sous condition de ressources et visant à compenser le coût lié à l'entretien de l'enfant ;

– un complément de libre choix d'activité versé à celui des parents qui choisit de ne plus exercer d'activité professionnelle ou de travailler à temps partiel pour s'occuper d'un enfant. Ce complément est versé sans condition de ressources ;

– un complément optionnel de libre choix d'activité, variante du complément de libre choix d'activité, d'un montant plus élevé mais versé moins longtemps ;

– un complément de libre choix du mode de garde destiné à compenser le coût de la garde d'un enfant.

La prime de naissance ou d'adoption

Qui peut en bénéficier ?

Cette prime est attribuée au ménage ou à la personne dont les ressources ne dépassent pas un plafond fixé par décret et revalorisé chaque année *(Voir pages Barème)*. La prime est versée :

– pour chaque enfant à naître, avant la naissance de l'enfant (en principe au 7e mois de grossesse) ;

– pour chaque enfant, de moins de 20 ans, adopté ou accueilli en vue d'adoption, à compter de l'arrivée de l'enfant au foyer.

Le plafond de ressources varie selon le nombre d'enfants déjà à charge et le nombre d'enfants nés ou à naître. Il est majoré lorsque la charge du ou des enfants est assumée, soit par un couple dont chaque membre dispose d'un revenu professionnel minimal, soit par une personne seule et fait l'objet d'une revalorisation annuelle. Les ressources sont appréciées comme en matière d'allocation pour jeune enfant.

À NOTER

Le versement de la prime à la naissance est subordonné à la justification de la passation du 1er examen prénatal médical obligatoire de la mère prévu en application de l'article L. 2122-1 du Code de la santé publique. Quant au versement de l'allocation de base, il est subordonné à la passation des examens médicaux obligatoires prévus à l'article L. 2132-2 du Code de la santé publique donnant lieu à l'établissement d'un certificat de santé.

Lorsque les justifications de ces examens médicaux ne sont pas fournies, le versement de la prestation d'accueil du jeune enfant peut être suspendu (Code de la Sécurité sociale, Art. L. 533-1).

Quel est son montant ?

Le montant de la prime à la naissance ou à l'adoption est fixé en pourcentage de la base mensuelle de calcul des allocations familiales ; il est revalorisé chaque année, au 1er janvier et fait l'objet d'un doublement lorsque la prime est attribuée au titre d'une adoption *(Voir pages Barème)*.

L'allocation de base

Qui peut en bénéficier ?

L'allocation de base, versée dans le cadre de la prestation d'accueil du jeune enfant, est attribuée sous condition de ressources, en cas de naissance ou d'adoption d'un enfant. Le plafond de ressources est le même que celui applicable au titre de la prime de naissance. Les ressources (revenu net catégoriel) sont appréciées comme en matière d'allocation pour jeune enfant.

ATTENTION ⚠

L'allocation de base n'est pas cumulable avec le complément familial. La disposition qui interdisait le cumul de l'allocation de base versée en cas d'adoption et de l'allocation de soutien familial a été supprimée par la loi de financement de la Sécurité sociale pour 2007.

AVANTAGE

Sous certaines conditions, les personnes bénéficiaires de l'allocation de base peuvent être affiliées gratuitement à l'assurance vieillesse du régime général.

Quand est-elle versée et pour quelle durée ?

Lorsque la condition de ressources est remplie, l'allocation de base est versée :

– en cas de naissance, à compter de la date de la naissance du ou des enfants, jusqu'au dernier jour du mois civil précédant celui au cours duquel l'enfant atteint l'âge de 3 ans ;

– en cas d'adoption, à compter de la date de l'arrivée au foyer, pour chaque enfant adopté ou confié en vue d'adoption. Dans ce cas, elle est versée même si l'enfant est âgé de plus de 3 ans, dès lors qu'il a moins de 20 ans. La durée de versement de l'allocation est égale à celle prévue en cas de naissance, c'est-à-dire au maximum 3 ans, sous réserve que la condition de ressources soit toujours remplie et que l'enfant n'ait pas atteint 20 ans.

AVANTAGE

En cas de naissances multiples (jumeaux, triplés...), comme en cas d'adoptions multiples simultanées, une allocation de base est attribuée au titre de chaque enfant issu de cette naissance ou adoption. En dehors de ces cas, le cumul de plusieurs allocations de base est impossible.

Quel est son montant ?

Le taux de l'allocation de base est fixé à 45,95 % de la base mensuelle de calcul des allocations familiales *(Voir pages Barème)*. Toutefois, le taux de l'allocation due au titre du mois de la naissance (ou de l'arrivée de l'enfant au foyer, pour l'enfant adopté ou confié en vue d'adoption) fait l'objet d'une proratisation : il est ainsi égal au produit du taux de base (45,95 %) et du rapport entre, d'une part, le nombre de jours restant à courir à compter de la date de la naissance ou de l'arrivée de l'enfant jusqu'à la fin du mois considéré et, d'autre part, le nombre total de jours de ce mois.

Le complément de libre choix d'activité

Ce complément présente l'avantage de pouvoir être attribué dès le 1er enfant à charge.

À NOTER

Des dispositions spécifiques s'appliquent en cas d'option pour le complément optionnel de libre choix d'activité (COLCA) mis en place depuis le 1/7/2006.

AVANTAGE

Sous certaines conditions, les personnes bénéficiaires du complément de libre choix d'activité, à taux plein ou à taux partiel, peuvent être affiliées gratuitement à l'assurance vieillesse du régime général.

› Qui peut en bénéficier ?

Le complément de libre choix d'activité (CLCA) est destiné à permettre aux parents de cesser totalement ou partiellement leur activité pour s'occuper d'un (ou plusieurs) enfant, jusqu'à ses 3 ans (ou au-delà de ses 3 ans, sous certaines conditions ; voir ci-dessous).

Ce complément peut ainsi vous être versé :

– à taux plein si vous choisissez de ne plus exercer d'activité professionnelle pour vous occuper d'un enfant ;

– à taux partiel si vous choisissez de continuer d'exercer une activité ou de poursuivre une formation professionnelle rémunérée, à temps partiel.

À NOTER

Les modalités selon lesquelles le complément de libre choix d'activité à taux partiel est attribué aux VRP, aux employés de maison, aux travailleurs non-salariés et aux élus locaux font l'objet de dispositions spécifiques. Les personnes apparte-

nant à l'une ou l'autre de ces catégories peuvent s'adresser à leur caisse d'allocations familiales pour connaître les modalités qui leur sont applicables.

AVANTAGE

Les personnes qui exercent simultanément une activité salariée et non salariée ont également droit au complément de libre choix d'activité à temps partiel sous certaines conditions.

› L'activité professionnelle antérieure

Pour avoir droit au complément de libre choix d'activité, il faut justifier d'une activité professionnelle antérieure suffisante pour ouvrir des droits à pension de retraite dans un régime de base (régime général des salariés, régime de la fonction publique, régime des non-salariés...) *(Voir pages Barème)*.

Cette activité professionnelle doit correspondre, au minimum, à 8 trimestres de cotisations vieillesse (en continu ou non) appréciés selon les modalités prévues à l'article R. 351-9 du Code de la Sécurité sociale (le revenu nécessaire pour valider un trimestre de pensions de vieillesse doit être d'au moins 200 heures sur la base du SMIC en vigueur au 1er janvier de l'année d'activité) ou ayant donné lieu à affiliation au régime de l'assurance vieillesse des personnes non salariées.

L'activité professionnelle doit avoir été exercée au cours d'une période de référence qui dépend du « rang » de l'enfant pour lequel le complément est demandé, soit :

– pour un 1er enfant : dans les 2 années qui précèdent la naissance, l'adoption ou l'accueil de l'enfant ouvrant droit au CLCA ;

– pour 2 enfants : dans les 4 années qui précèdent, soit la naissance, l'adoption ou l'accueil de l'enfant ouvrant droit au CLCA, soit la cessation ou la réduction d'activité si elle est postérieure à la naissance, l'adoption ou l'accueil de cet enfant ;

– pour 3 enfants ou plus : dans les 5 années qui précèdent, soit la naissance, l'adoption ou l'accueil de l'enfant ouvrant droit au CLCA, soit la cessation ou la réduction d'activité si elle est postérieure à la naissance, l'adoption ou l'accueil de cet enfant.

À NOTER

Pour apprécier la condition relative à l'activité professionnelle antérieure, certaines situations (perception d'indemnités journalières en cas de maladie ou de maternité, périodes de chômage...) peuvent être prises en compte par la caisse d'allocations familiales. Ces situations assimilées varient selon le rang de l'enfant (1er enfant à charge, 2e enfant à charge...) pour lequel le complément est demandé : sur ce point, il faut donc se renseigner auprès de sa CAF pour connaître la réglementation applicable.

› Quel est son montant ?

Le montant du complément de libre choix d'activité est fixé en pourcentage de la base mensuelle de calcul des allocations familiales ; il est revalorisé, en principe, le 1er janvier de chaque année *(Voir pages Barème)*.

Le montant versé dépend du choix opéré par le parent bénéficiaire :

– le complément est versé à taux plein lorsque le parent bénéficiaire cesse totalement son activité ;

– le complément est versé à taux partiel lorsque le bénéficiaire conserve une activité professionnelle réduite ; dans ce cas, le montant dépend du volume d'activité conservée.

Lorsqu'il est attribué à taux partiel, le complément de libre choix d'activité est versé au même taux pendant une durée minimale de 6 mois ; au cours de cette durée, il ne peut y avoir révision du taux qu'en cas de cessation de l'activité ou de la formation, mais non en cas de simple changement de la durée de l'activité exercée.

À NOTER

Le montant du complément de libre choix d'activité est majoré lorsque la personne y ouvrant droit ne bénéficie pas de l'allocation de base versée dans le cadre de la prestation d'accueil du jeune enfant (voir plus haut), par exemple en raison d'un niveau de ressources excédant les plafonds applicables.

› Quelle est la durée de versement ?

Le complément de libre choix d'activité, à taux plein ou à taux partiel, est versé jusqu'au 3e anniversaire de l'enfant pour lequel il est demandé. Cette règle connaît cependant les aménagements suivants :

– en cas de naissance de triplés (ou plus), il peut être versé jusqu'aux 6 ans des enfants ;

– en cas d'adoption, il est versé pendant une durée d'un an (versement de 12 mensualités de complément) ; l'âge limite de versement du complément est dans ce cas de 20 ans ;

– en cas d'arrivées simultanées d'au moins 3 enfants adoptés, le droit au complément est ouvert pour une durée de 3 ans, à condition que chacun des enfants soit âgé de moins de 20 ans ;

– lorsque le bénéficiaire du complément de libre choix d'activité a un seul enfant à charge, la durée de versement du complément est limitée à 6 mois au maximum. En outre, dans ce cas, le droit au complément est ouvert le mois de la naissance ou de l'adoption de l'enfant ou le mois de l'arrêt du versement des indemnités versées dans le cadre du congé de maternité, de paternité ou d'adoption ou des allocations versées en cas de maternité aux travailleurs non-salariés (commerçants, artisans…).

À NOTER

Depuis le 1/7/2006, le complément de libre choix d'activité au titre d'un premier enfant peut être fractionné dans la limite de la durée maximale du congé, c'est-à-dire 6 mois.

À NOTER

En cas de décès d'un enfant, le complément de libre choix d'activité, versé au titre de cet enfant, est maintenu pendant 3 mois à compter du mois suivant le décès (Code de la Sécurité sociale, Art. L. 531-10).

› Quels sont les cumuls possibles ?

Le cumul avec d'autres prestations ou indemnités

Les possibilités de cumul sont très réglementées et diffèrent selon qu'il s'agit du complément à taux plein ou à taux partiel ; dans l'un et l'autre cas cependant, le cumul avec le complément familial est impossible.

- Si vous bénéficiez du complément de libre choix d'activité à taux plein, vous ne pourrez pas le cumuler avec :

1° l'indemnisation des congés de maternité, de paternité ou d'adoption ;

2° l'indemnité d'interruption d'activité ou l'allocation de remplacement pour maternité ou paternité, prévue au profit des travailleurs non-salariés, agricoles et non-agricoles ;

3° l'indemnisation des congés de maladie ou d'accident du travail ;

4° les indemnités servies aux travailleurs sans emploi. Toutefois, le versement de ces indemnités sera, à la date d'interruption du versement du complément de libre choix d'activité, poursuivi jusqu'à l'expiration du droit ;

5° un avantage de vieillesse, d'invalidité ou la pension servie aux militaires en application de l'article L. 6 du Code des pensions civiles et militaires de retraite

- Pour le complément de libre choix d'activité à taux partiel, le cumul est interdit, à l'ouverture du droit, avec les indemnisations et l'allocation de remplacement mentionnées ci-dessus. En cours de droit, le complément sera cumulable avec les indemnisations et allocations mentionnées aux 1° à 4° ci-dessus perçues au titre de l'activité à temps partiel que le bénéficiaire exerce ou a exercée.

AVANTAGE

Si vous demandez le complément de libre choix d'activité alors que vous n'avez qu'un enfant à charge, ce complément sera cumulable, pour le mois d'ouverture du droit, avec les indemnités et allocations visées aux 1° à 3° ci-dessus.

Le cumul de plusieurs compléments de libre choix d'activité

Si vous vivez en couple, chacun de vous peut, s'il remplit les conditions, bénéficier d'un complément de libre choix d'activité à taux plein, mais vous ne pourrez pas en bénéficier en même temps. En revanche, lorsque les deux membres du couple exercent une activité professionnelle ou poursuivent une formation professionnelle rémunérée à temps partiel, un complément à taux partiel peut être attribué à chacun d'entre eux dans les conditions définies par la réglementation, sans que, toutefois, le montant cumulé de ces deux compléments à taux partiel puisse être supérieur à celui du complément à taux plein.

AVANTAGE

Lorsque le montant cumulé des deux compléments à taux partiel est inférieur à celui du complément à taux plein, le montant de ce dernier complément est versé.

Le cumul d'un revenu d'activité et d'un complément de libre choix à taux plein

Pour favoriser le retour à l'emploi des bénéficiaires du complément de libre choix d'activité, la loi permet, pour les familles de 2 enfants et plus, un cumul pendant 2 mois du complément à taux plein avec un revenu d'activité lorsque l'enfant est âgé d'au moins 18 mois et de moins de 30 mois. Lorsque le complément est perçu pour des triplés ou plus ou pour une adoption simultanée d'au moins 3 enfants, les enfants doivent être âgés d'au moins 18 mois et de moins de 60 mois.

Le complément optionnel de libre choix d'activité

Le complément optionnel de libre choix d'activité (COLCA) est une variante du complément de libre choix d'activité. Par rapport à ce dernier, il présente l'avantage d'être d'un montant plus élevé *(Voir pages Barème)*, mais n'est versé que pour une durée maximale de 12 mois.

L'option pour ce dispositif particulier vous sera ouverte si vous remplissez les conditions suivantes :

– vous assumez la charge d'au moins 3 enfants, le dernier étant né, adopté ou recueilli en vue d'adoption à compter du 1/7/2006 ;

– vous cessez totalement votre activité professionnelle pendant la durée de versement du COLCA ;

– vous pouvez justifier d'une activité professionnelle antérieure minimale de 2 ans, exercée pendant une période de référence égale aux 5 ans qui précèdent soit la naissance, l'adoption ou l'accueil de l'enfant au titre duquel le COLCA est demandé.

Le droit au COLCA est ouvert le mois de la naissance, de l'adoption ou de l'arrivée au foyer de l'enfant adopté ou confié en vue d'adoption. Les règles de cumul applicables au titre du complément de libre choix d'activité s'appliquent également au COLCA (voir plus haut) ; par ailleurs, pendant le mois au cours duquel le versement des indemnités ou allocations de maladie, de maternité, de paternité ou d'adoption prend fin, celles-ci sont cumulables avec le COLCA.

À NOTER

L'option pour le COLCA est définitive. Une fois demandé, il n'est donc pas possible de renoncer au COLCA (→ index, COLCA) pour demander à bénéficier du complément de libre choix d'activité pour le même enfant.

Le complément de libre choix du mode de garde

Ce complément consiste en la prise en charge de tout ou partie des cotisations sociales afférentes à l'emploi d'une assistante maternelle ou d'une garde à domicile. Il comprend également la prise en charge d'une partie du salaire net de ces personnes, dans la limite d'un plafond variable selon les revenus de la famille.

AVANTAGE

Si vous remplissez les conditions requises (voir ci-après), vous pourrez bénéficier du complément de libre choix du mode de garde si vous avez recours à une association ou à une entreprise habilitée à assurer la garde d'enfants (notamment une association de services aux personnes). Dans ce cas, le complément vous sera versé sous la forme d'une aide prenant en charge partiellement le coût de la garde, pour un montant qui sera fonction de vos revenus. Sur ce point, vous pouvez vous renseigner auprès de l'organisme qui vous verse vos prestations familiales (CAF, caisse de MSA...).

À noter que le complément de libre choix du mode de garde peut également être versé au ménage ou à la personne qui recourt, pour assurer la garde d'un enfant, à un établissement d'accueil de jeunes enfants dont la capacité d'accueil maximale ne dépasse pas 9 enfants (« micro-crèche »). Cette possibilité nouvelle offerte aux parents vise à encourager la création et le développement de modes d'accueil alternatifs et innovants, permettant de répondre aux attentes des familles.

› Qui peut en bénéficier ?

Le complément de libre choix du mode de garde est attribué au ménage ou à la personne qui emploie une assistante maternelle agréée ou une employée de maison pour assurer la garde d'un enfant de moins de 6 ans.

Ce complément est versé à la condition que le ménage ou la personne seule dispose d'un minimum de revenus tirés d'une activité professionnelle, salariée ou non-salariée ; dans un couple, un des membres au moins doit donc exercer une activité professionnelle. Le montant de ce revenu diffère selon que la charge des enfants est assumée par un couple ou par une personne seule. Cette condition ne s'applique toutefois pas :

– lorsque la personne ou les deux membres du couple poursuivent des études ;

– lorsque la personne ou au moins l'un des membres du couple bénéficie de l'allocation aux adultes handicapés ou de l'allocation de solidarité spécifique ;

– aux personnes bénéficiaires du revenu de solidarité active (→ index, *RSA*) à la condition que le bénéficiaire soit inscrit dans une démarche d'insertion professionnelle dont les modalités seront définies par décret.

À NOTER

Le complément de libre choix du mode de garde est versé, à un montant réduit, pour la garde d'un enfant âgé de 3 à 6 ans.

› Quel est le montant de l'aide ?

Le complément de libre choix du mode de garde comprend :
– une prise en charge totale ou partielle des cotisations et contributions sociales liées à la rémunération de la personne qui assure la garde de l'enfant ;
– une prise en charge partielle de la rémunération de la personne qui assure la garde de l'enfant.

Prise en charge des cotisations

● En cas de recours à une assistante maternelle agréée, le montant des cotisations et contributions sociales est pris en charge en totalité, pour chaque enfant, à la condition que la rémunération correspondante de l'assistante maternelle ne dépasse pas un taux de salaire horaire maximum fixé par décret *(Voir pages Barème)*.

● En cas de recours à une employée de maison (laquelle doit évidemment être déclarée), 50 % des cotisations et contributions sociales sont pris en charge, dans la limite d'un plafond par ménage. Le taux de prise en charge des cotisations et contributions sociales ainsi que le montant du plafond sont fixés par décret *(Voir pages Barème)*.

Prise en charge de la rémunération

Au titre du complément de libre choix du mode de garde, est pris en charge un pourcentage de la rémunération (salaire net et, le cas échéant, indemnité d'entretien) de la personne qui assure la garde du ou des enfants. Ce pourcentage est fixé par décret, cette prise en charge ne pouvant excéder un plafond fixé en fonction des ressources de la personne ou du ménage, et faisant l'objet d'un calcul par enfant en cas d'emploi d'une assistante maternelle agréée et par ménage en cas d'emploi d'une employée de maison *(Voir pages Barème)*.

Majorations du complément en cas d'horaires de travail spécifiques

Depuis le 1/9/2009, les parents qui, pour des raisons professionnelles, font garder leur(s) enfant(s) pendant au moins 25 heures spécifiques dans le mois, peuvent bénéficier, au titre du mois considéré, d'une majoration de leur droit au complément de libre choix du mode de garde ; les plafonds de prise en charge de ce complément seront, dans ce cas-là, majorés de 10 %.
Pour l'application de cette majoration :
– le seuil de 25 heures concerne le nombre d'heures de garde du ou des enfant(s) et le nombre d'heures de travail de la personne isolée ou de chacun des membres du couple ;
– les horaires spécifiques permettant de bénéficier de cette majoration sont ceux effectués les jours de la semaine du lundi au samedi, de 22 heures à 6 heures, ainsi que le dimanche et les jours fériés prévus par l'article L. 3133-1 du Code du travail.
Cette majoration est due :
– si le bénéficiaire, personne isolée, exerce une activité professionnelle pendant les horaires spécifiques mentionnés ci-dessus ;
– s'il s'agit d'un couple, à condition que les deux membres du couple exercent une activité professionnelle pendant ces mêmes horaires spécifiques.
Lorsque l'allocataire remplit tous les mois les conditions décrites ci-dessus, le droit à cette majoration reste acquis tant que dure le droit au complément de libre choix du mode de garde auquel elle s'ajoute.
Pour plus de précisions sur cette majoration, se renseigner auprès de l'organisme débiteur qui verse le complément de libre choix du mode de garde, c'est-à-dire la CAF ou la caisse de MSA.

ATTENTION ⚠

L'activité professionnelle pendant les horaires spécifiques doit être effective. Les situations assimilées telles que la perception d'indemnités journalières de maladie, maternité, d'accident de travail, de chômage ou encore les congés payés ne peuvent être prises en compte pour l'octroi de cette majoration.

› Quand et comment intervient le versement ?

Le droit au complément est ouvert à compter du 1er jour du mois civil au cours duquel la demande est déposée. Il cesse au premier jour du mois civil suivant celui au cours duquel l'une des conditions cesse d'être remplie.
Le complément ne fait pas l'objet d'un versement direct, mais d'un versement en tiers payant. Autrement dit, la CAF verse pour votre compte, le montant de complément qui vous a été attribué, à charge pour

vous de régler le solde dû. Un mécanisme de déclaration a été mis en place afin de simplifier les formalités à la charge des bénéficiaires du complément (voir le site *www.pajemploi.urssaf.fr*).

› Quels sont les cumuls possibles ?

Le complément de libre choix du mode de garde n'est pas cumulable avec le complément de libre choix d'activité à taux plein, sauf si ce dernier est versé au titre d'une adoption ou du placement d'un enfant en vue d'une adoption.

En outre, en cas de bénéfice d'un complément de libre choix d'activité pour une activité à temps partiel au moins égale à 50 %, le complément de libre choix du mode de garde est versé au taux réduit (taux divisé par deux).

À NOTER

Pour bénéficier du complément de libre choix du mode de garde ou d'activité, il faut le demander auprès de sa CAF ou de sa caisse de MSA.

À NOTER

Au titre d'un même enfant, ou de plusieurs enfants, il est possible de cumuler le complément de libre choix du mode de garde, lorsque la garde est assurée par une assistante maternelle et par une employée de maison. Les conditions de ce cumul sont fixées par décret.

À NOTER

Un changement de situation pouvant modifier le montant des prestations, il est important de le signaler rapidement à la caisse dont on dépend.

DES AVANTAGES FISCAUX EN COMPLÉMENT DES AIDES FINANCIÈRES

En plus du complément de libre choix du mode de garde, vous pouvez bénéficier de réductions d'impôt au titre des dépenses que vous supportez pour faire garder vos enfants. Ces réductions d'impôts sont de deux types :

✓ la réduction ou le crédit d'impôt pour emplois familiaux, qui concerne ceux qui font garder leur enfant à domicile par un salarié (par exemple, une employée de maison) ;

✓ le crédit d'impôt pour frais de garde des jeunes enfants, qui concerne les parents qui confient leur enfant, à l'extérieur de leur domicile, soit à une assistante maternelle agréée, soit à une structure d'accueil collective (crèche, halte-garderie...).

LE CARNET PAJEMPLOI

En tant qu'employeur bénéficiant du complément de libre choix du mode de garde, vous recevrez un carnet Pajemploi qui fonctionne sur le même principe que le chèque emploi service universel. Dans ce carnet figurent des volets sociaux qui doivent être utilisés pour déclarer, chaque mois, la rémunération de votre salarié. C'est à partir de cette déclaration (qui peut également être faite par Internet sur le site *www.pajemploi.urssaf.fr*) que le centre Pajemploi calculera pour vous le montant des cotisations, vous indiquera celles qui restent éventuellement à votre charge et adressera directement à votre salarié l'attestation d'emploi qui vaut bulletin de salaire.

QUELS CHANGEMENTS DEVEZ-VOUS SIGNALER À VOTRE CAISSE ?

Nature du changement	Prévenez votre caisse	Pourquoi ?
VOTRE SITUATION FAMILIALE	• Si vous vous mariez, remariez ou concluez un PACS. • Si vous vous séparez, divorcez ou mettez fin à un PACS ou si vous cessez de vivre en ménage. • Si vous vivez maritalement ou si vous reprenez la vie commune. • Si votre conjoint ou la personne qui vit avec vous décède...	Pour que votre caisse recalcule vos ressources (dont dépend le versement ou le montant de certaines prestations). Si vous restez seul(e) pour élever un enfant, vous pouvez peut-être bénéficier d'autres prestations telles que l'allocation de soutien familial. .../...

QUELS CHANGEMENTS DEVEZ-VOUS SIGNALER À VOTRE CAISSE ? (SUITE)		
Nature du changement	**Prévenez votre caisse**	**Pourquoi ?**
CELLE DE VOS ENFANTS	• Si vous attendez un enfant. • Si vous avez mis au monde un enfant. • Si vous recueillez un enfant. • S'il interrompt ses études. • S'il conclut ou rompt un contrat d'apprentissage. • S'il revient au foyer. • S'il est handicapé et qu'il doit séjourner dans un établissement spécialisé. • S'il exerce une petite activité professionnelle. • S'il débute dans une activité salariée. • S'il se marie, quitte le foyer ou décède…	Pour que votre caisse sache combien d'enfants sont à votre charge : de ce nombre dépendent les prestations auxquelles vous pouvez prétendre.
VOTRE ACTIVITÉ PROFESSIONNELLE	• Si vous ou votre conjoint, partenaire d'un PACS ou concubin commencez ou cessez d'exercer une activité professionnelle. • Si vous changez d'activité ou si vous reprenez une activité. • Si vous partez au service national. • Si vous êtes en chômage partiel ou total, indemnisé ou non. • Si vous cessez de travailler pour bénéficier d'une pension d'invalidité ou de vieillesse. • Si vous êtes hospitalisé (pour les handicapés). • Si vous êtes détenu. • Si vous allez travailler à l'étranger…	Le montant de vos prestations peut dépendre de votre situation professionnelle et de celle de votre conjoint, partenaire d'un PACS ou concubin. Par exemple : – On peut ne plus tenir compte de vos ressources si vous cessez votre activité pour vous consacrer à l'éducation de vos enfants, ou si vous êtes en chômage non indemnisé ou en fin de droits, ou encore si vous effectuez un volontariat militaire. – Elles subissent des abattements en cas de chômage indemnisé, d'admission à une pension de vieillesse ou d'invalidité… Enfin, un changement d'activité peut entraîner une affiliation à un autre régime : fonction publique, EDF, Gaz de France, régime agricole, etc.
CHANGEMENT DE DOMICILE	De votre nouvelle adresse.	Votre allocation de logement ou votre APL peut changer. Vous pouvez dépendre d'une nouvelle caisse. Et n'oubliez pas de renouveler votre demande d'APL ou d'allocation de logement pour votre nouvel appartement. Pour avertir votre caisse de tous ces changements, utilisez l'imprimé qu'elle vous a fourni et, si vous n'en avez pas, envoyez-lui une simple lettre. Précisez bien la nature du changement et la date à laquelle il est intervenu.

Cas pratiques

Les prestations familiales

Enfant à charge

Mon fils a été placé, par décision de justice, dans une famille d'accueil. Est-ce que la caisse d'allocations familiales va supprimer les prestations familiales qu'elle me versait jusqu'à présent ?

Effectivement, si votre fils est placé dans une famille d'accueil, vous risquez de perdre ces allocations. La caisse d'allocations familiales peut décider de les verser directement à la famille d'accueil. Sachez, toutefois, que vous pouvez contester cette décision. En effet, pour avoir droit aux prestations familiales, il faut avoir « la charge effective et permanente » d'un ou plusieurs enfants (*Code de la Sécurité sociale, Art. L. 513-1*). Si vous continuez d'assumer ce rôle auprès de votre fils (en payant pour son entretien, son éducation, etc.), c'est à vous de toucher les prestations familiales. Dans le cas contraire, c'est la famille d'accueil qui devient, à votre place, le bénéficiaire de ces prestations.

Parallèlement à ses études, mon fils de 19 ans travaille à temps partiel dans un restaurant pendant le week-end. Ai-je encore droit au versement des prestations familiales ?

Votre fils est toujours considéré comme un enfant à charge, au sens des prestations familiales, s'il poursuit ses études dans un établissement d'enseignement (supérieur, secondaire, technique ou professionnel) qu'il fréquente avec assiduité (*Code de la Sécurité sociale, Art. R. 513-3*). Même si votre fils travaille à temps partiel le week-end, vous continuerez à bénéficier des prestations familiales, du moins tant que son activité professionnelle ne compromet pas la poursuite de ses études (*Cour de cassation, Chambre sociale, 23/6/1982*).

Mise sous tutelle des prestations familiales - polygamie

En cas de polygamie, comment et à qui sont versées les prestations familiales ?

Le Code de l'entrée et du séjour des étrangers et du droit d'asile dispose que « lorsqu'un étranger polygame réside en France avec un premier conjoint, le bénéfice du regroupement familial ne peut être accordé à un autre conjoint ». Il n'est désormais plus possible de procéder à des regroupements familiaux dans le cadre de familles polygames, et celles-ci doivent régulariser leur situation. La loi du 24/7/2006 relative à l'immigration et l'intégration ajoute un cas de mise sous tutelle des prestations familiales lorsque la personne ayant la charge des enfants a été reconnue comme vivant en état de polygamie *(Réponse ministérielle, 27/2/2007, Q 103060)*.

Attestation de paiement

Je suis en instance de divorce et mon avocat me réclame, entre autres papiers, une attestation de paiement des prestations familiales que je perçois en tant qu'allocataire. Comment obtenir ce document ?

Vous pouvez, bien sûr, vous adresser à la caisse d'allocations familiales dont vous dépendez, mais si vous ne désirez pas vous déplacer, vous pouvez également :

• téléphoner au 0 820 25 75 10, 7 jours/7, 24 heures/24 ;

• ou sur Internet, vous connecter au site des caisses d'allocations familiales (*www.caf.fr*).

Dans tous les cas, munissez-vous de votre numéro d'allocataire et de votre code d'accès personnel à quatre chiffres (code confidentiel qui vous a été attribué par la CAF).

Saisie

À cause de graves difficultés financières, je ne parviens plus à payer la cantine de mes enfants. Bénéficiant depuis peu d'allocations familiales, je me demande si elles peuvent être saisies.

Oui. Les prestations familiales sont en principe insaisissables, sauf pour les dettes alimentaires liées à l'entretien des enfants (*Code de la Sécurité sociale, Art. L. 553-4*). Si vous n'arrivez plus à payez la cantine de vos enfants (*Cour de cassation, Chambre sociale, 25/5/1987*), ou encore leurs frais d'hospitalisation (*Cour de cassation, Chambre sociale, 12/3/1998*), vos allocations familiales peuvent donc être saisies, même si vous en bénéficiez depuis peu de temps.

L'accueil du jeune enfant

Tous les parents de jeunes enfants se trouvent confrontés aux mêmes difficultés et aux mêmes problèmes : comment faire garder ses enfants ? Sera-t-il possible de concilier vie professionnelle et vie familiale ? Comment faire face aux dépenses nouvelles ?, etc. Chacune de ces questions trouve aujourd'hui une multitude de réponses : les modes de garde se sont diversifiés, tout comme les aides financières qui les accompagnent.

Comment faire garder son enfant ?

Les modes de garde se distinguent selon un critère fondamental : l'enfant sera-t-il gardé au domicile de ses parents ou dans un autre lieu. Ce choix appartient d'abord aux parents, en fonction de leur souhait personnel et de leur disponibilité, mais il peut être aussi tributaire d'autres éléments, notamment l'âge de l'enfant. Et rien n'interdit bien sûr de faire alterner garde au domicile et en dehors du domicile.

L'enfant est gardé en dehors de votre domicile

Si vous avez choisi de faire garder votre enfant en dehors de votre domicile, vous pouvez avoir recours à une assistante maternelle, ou à une structure d'accueil collective.

› L'assistante maternelle

Le recours à une assistante maternelle présente de nombreux avantages :
– la profession est réglementée (agrément, conditions d'emploi…) par des dispositions issues notamment du Code du travail, du Code de l'action sociale et des familles et de la Convention collective nationale des assistants maternels du particulier employeur ; cette convention collective nationale ayant été étendue, elle s'applique à tous les employeurs et les salariés depuis le 1/1/2005. Son texte intégral peut être consulté sur le site Internet *www.legifrance.gouv.fr* (rubrique « Conventions collectives ») ;

– ce mode de garde offre une relative souplesse : c'est à vous qu'il revient, en accord avec l'assistante maternelle, de fixer les modalités de garde de votre enfant, notamment du point de vue de la durée et des horaires ;

– des aides financières sont là pour diminuer le coût engendré par ce mode de garde : complément de libre choix du mode de garde, crédit d'impôt.

LES MAISONS D'ASSISTANTES MATERNELLES

Afin de mieux encadrer la pratique du regroupement d'assistantes maternelles et de favoriser son développement, la loi n° 2010-625 du 9/6/2010 crée les maisons d'assistantes maternelles. D'application immédiate, cette loi prévoit notamment que les parents peuvent autoriser l'assistante maternelle qu'ils emploient à déléguer l'accueil de leur enfant à une ou plusieurs de ses collègues travaillant dans la même maison ; l'autorisation et les noms des assistantes maternelles concernées devront figurer sur le contrat de travail. Cette « délégation d'accueil » permet aux parents de profiter d'horaires d'accueil plus adaptés à leurs besoins.
La procédure d'agrément est également adaptée : les assistantes maternelles qui ne disposent pas encore d'agrément peuvent demander à être agréées spécifiquement pour exercer dans ce cadre (en particulier celles dont le logement est trop petit ou non conforme aux critères requis) et les assistantes maternelles déjà agréées ont la faculté de demander une modification de leur agrément. Par ailleurs, les maisons d'assistantes maternelles peuvent regrouper au maximum 4 assistantes maternelles et les enfants qu'elles accueillent. En revanche, la conclusion d'une convention avec le conseil général et la CAF n'est plus obligatoire.
Enfin, le recours à une assistante maternelle dans ce cadre ouvre droit au complément de libre choix du mode de garde (→ index, *Complément de libre choix du mode de garde*).

L'agrément de l'assistante maternelle

L'assistante maternelle est la personne qui, moyennant rémunération, accueille habituellement et de façon non permanente, des mineurs à son domicile. Elle doit, pour pouvoir exercer cette profession, disposer d'un agrément délivré par le président du conseil général du département où elle réside. Cet agrément est accordé pour 5 ans si les conditions d'accueil (notamment l'état et les dimensions du logement), appréciées par le président du conseil général assisté pour cela par les services de PMI, garantissent la sécurité, la santé et l'épanouissement des enfants accueillis et en tenant compte des capacités éducatives du demandeur. Pour obtenir l'agrément d'assistant maternel, le candidat doit ainsi :

– présenter les garanties nécessaires pour accueillir des mineurs « dans des conditions propres à assurer leur développement physique, intellectuel et affectif » ;

– passer un examen médical qui a pour objet de vérifier que son état de santé lui permet d'accueillir habituellement des mineurs ;

– disposer d'un logement dont l'état, les dimensions, les conditions d'accès et l'environnement permettent d'assurer le bien-être et la sécurité des mineurs compte tenu du nombre et, s'agissant d'un candidat à l'agrément d'assistant maternel, de l'âge de ceux pour lesquels l'agrément est demandé.

Tout refus d'agrément doit être motivé.

L'agrément de l'assistante maternelle précise le nombre et l'âge des enfants qu'elle est autorisée à accueillir simultanément ainsi que les horaires de l'accueil. Le nombre des enfants accueillis simultanément ne peut être supérieur à 4 y compris le ou les enfants de moins de 3 ans de l'assistante maternelle présents à son domicile, dans la limite de 6 mineurs de tous âges au total. Toutefois, le président du conseil général peut, si les conditions d'accueil le permettent et à titre dérogatoire, autoriser l'accueil de plus de 4 enfants simultanément, dans la limite de 6 enfants au total pour répondre à des besoins spécifiques.

Lorsque le nombre d'enfants fixé par l'agrément est inférieur à 4, le président du conseil général peut modifier celui-ci pour augmenter le nombre d'enfants que l'assistante maternelle est autorisée à accueillir simultanément, dans la limite de 4 enfants et dans les conditions mentionnées ci-dessus.

À NOTER

La décision du président du conseil général doit être notifiée au demandeur dans un délai de 3 mois à compter de la demande d'agrément. À défaut, ce dernier est réputé acquis.

La formation

Toute assistante maternelle agréée doit suivre une formation dont les modalités de mise en œuvre par le département, la durée, le contenu et les conditions de validation sont fixés par les articles D. 421-27-1 et suivants du Code de l'action sociale et des familles.

Une initiation aux gestes de secourisme est obligatoire pour exercer la profession d'assistante maternelle.

Une partie de cette formation doit obligatoirement être suivie avant d'accueillir des enfants.

Pendant les temps de formation obligatoire intervenant après l'embauche des assistantes maternelles, l'accueil des enfants qui leur sont confiés est organisé et financé par le département selon des modalités respectant l'intérêt des enfants et les obligations professionnelles de leurs parents.

À NOTER

Pendant les périodes de formation des assistantes maternelles intervenant après l'embauche, la rémunération de l'assistante maternelle reste due par l'employeur (Code de l'action sociale et des familles, Art. L. 423-5).

Le contrat de travail

Un contrat de travail doit être établi entre l'assistante maternelle et les parents qui l'emploient. Ce contrat doit obligatoirement être écrit (*Convention collective nationale, Art. 2 et 4*; *Code de l'action sociale et des familles, Art. L. 423-3*). Il doit comporter les mentions énumérées par l'article 4 de la Convention collective nationale des assistants maternels du particulier employeur et l'article D. 423-5 du Code de l'action sociale et des familles (voir plus loin) et mentionner notamment la décision d'agrément délivrée par le président du conseil général.

À ce contrat peuvent être joints un certain nombre de documents, variables selon les situations : autorisation concernant les modes de déplacement de l'enfant, modalités de conduite à l'école, liste des personnes à contacter en cas d'urgence en l'absence des parents… (*Convention collective nationale des assistants maternels du particulier employeur, Annexe 5 bis*).

Une période d'essai peut être prévue au contrat ; durant cette période, chaque partie peut rompre libre-

ment le contrat, sans formalité ni délai. La durée maximale de cette période d'essai est fixée à :
– 3 mois si l'accueil de l'enfant, prévu au contrat, s'effectue sur 1, 2 ou 3 jours par semaine ;
– 2 mois si l'accueil de l'enfant, prévu au contrat, s'effectue sur 4 jours ou plus par semaine.

À NOTER

Un modèle type de contrat de travail à durée indéterminée figure en annexe 5 de la Convention collective nationale des assistants maternels du particulier employeur.

Les congés payés

L'assistante maternelle et son ou ses employeurs fixent d'un commun accord, au plus tard le 1er mars de chaque année, les dates de congés de l'assistante maternelle de manière à lui permettre de bénéficier de congés effectifs sans aucun accueil d'enfant. À défaut d'accord à cette date, l'assistante maternelle qui a plusieurs employeurs fixe elle-même 4 semaines de ses congés pendant la période du 1er mai au 31 octobre de l'année, et une semaine en hiver à condition d'en prévenir ses employeurs au plus tard le 1er mars de l'année considérée. Dans le cas où l'assistante maternelle n'a qu'un seul employeur, les dates de congés sont fixées par ce dernier (*Code de l'action sociale et des familles, Art. L. 423-23*).

La rémunération

L'assistante maternelle a droit à un salaire et à certaines indemnités. Vous devez les lui régler au moins une fois par mois et établir un bulletin de paie. Cette rémunération est fixée librement entre vous mais ne doit pas être inférieure à un minimum légal.
S'agissant des modalités de calcul du salaire mensuel brut, une distinction doit être opérée selon que l'accueil de l'enfant est régulier ou occasionnel.

Pour un accueil régulier

Pour assurer au salarié un salaire régulier, quel que soit le nombre d'heures d'accueil par semaine et le nombre de semaines d'accueil dans l'année, le salaire de base est mensualisé. Il est calculé sur 12 mois à compter de la date d'embauche :
– si l'accueil s'effectue sur une année complète (52 semaines y compris les congés payés du salarié), le salaire mensuel brut de base est obtenu à partir de la formule suivante :
[salaire horaire brut de base (tel que figurant dans le contrat de travail) x nombre d'heures d'accueil par semaine] x (52 semaines/12) ;
– si l'accueil s'effectue sur une année incomplète (semaines programmées hors congés annuels du salarié), le salaire mensuel brut de base est obtenu à partir de la formule suivante :
[salaire horaire brut de base (tel que figurant dans le contrat de travail) x nombre d'heures d'accueil par semaine] x (nombre de semaines programmées/12).

Pour un accueil occasionnel

Le salaire brut mensuel est égal au salaire horaire brut de base multiplié par le nombre d'heures d'accueil dans le mois.
Le salaire horaire brut de base ne peut être inférieur à un minimum *(Voir pages Barème)*.

Heures complémentaires

Elles sont rémunérées au salaire horaire brut de base prévu par le contrat de travail.

À NOTER

Des majorations spécifiques peuvent s'appliquer :
– à partir de la 46e heure hebdomadaire d'accueil, il est appliqué un taux de majoration laissé à la négociation des parties ;
– l'accueil d'un enfant présentant des difficultés particulières, temporaires ou permanentes, donne droit à majoration du salaire à prévoir au contrat en fonction de l'importance des difficultés suscitées par l'accueil de l'enfant.

Indemnisation des absences

Les périodes pendant lesquelles l'enfant est confié à l'assistante maternelle doivent être prévues dans le contrat signé par les parties : dès lors, les temps d'absence non prévus au contrat doivent être normalement rémunérés, sauf si l'enfant ne peut être accueilli du seul fait de l'assistante maternelle.
En cas d'absences de l'enfant dues à une maladie ou à un accident, les dispositions spécifiques suivantes sont prévues, sous réserve que les parents fassent parvenir à l'assistante maternelle, dans les 48 h, un certificat médical daté du 1er jour d'absence :
– l'assistante maternelle n'est pas rémunérée pendant les courtes absences pour maladie de l'enfant, pas nécessairement consécutives, à condition que le total de ces absences ne dépasse pas 10 jours d'accueil dans l'année, à compter de la date d'effet du contrat ;
– dans le cas d'une maladie qui dure 14 jours consécutifs, ou en cas d'hospitalisation, le salarié n'est pas rémunéré. Mais après 14 jours calendaires consécutifs d'absence, les parents devront soit rompre le contrat, en respectant les formes et délais prescrits, soit maintenir le salaire.

AVANTAGE

Un modèle de bulletin de salaire est annexé à la Convention collective nationale des assistants maternels du particulier employeur. Les employeurs peuvent également établir leur bulletin de salaire en ligne, sur le site de l'URSSAF : www.urssaf.fr.

Les indemnités d'entretien et frais de repas

En plus de son salaire, l'assistante maternelle peut percevoir les indemnités suivantes, qui doivent être prévues au contrat ainsi que leur montant. Ces indemnités n'ont pas le caractère de salaire et ne sont donc pas soumises à cotisations. Elles sont toutefois mentionnées sur le bulletin de salaire.

Remboursement des frais occasionnés par l'accueil de l'enfant

Cette indemnité a pour but de rembourser au salarié les investissements, jeux et matériels d'éveil, ainsi que l'entretien du matériel utilisé, la part de consommation d'eau, d'électricité, de chauffage, etc. Son montant est fixé d'un commun accord entre l'employeur et l'assistante maternelle mais il ne peut être inférieur à un certain montant par journée d'accueil *(Voir pages Barème)*.

L'indemnité afférente à ces frais est due pour chaque journée d'accueil.

Frais de repas (petits déjeuners, repas, goûters)

Si le salarié fournit les repas, employeur et salarié se mettent d'accord sur la nature des repas. Dans ce cas, l'indemnité est fixée en fonction des repas fournis ; son montant figure dans le contrat de travail.

Le choix de fournir ou de ne pas fournir les repas est précisé au contrat.

À NOTER

Si l'employeur fournit les repas, l'indemnité n'est pas due.

Frais de déplacement

Si le salarié est amené à utiliser son véhicule pour transporter l'enfant, l'employeur l'indemnise selon le nombre de kilomètres effectués. L'indemnisation kilométrique doit être prévue au contrat ; elle ne peut être inférieure au barème de l'administration et supérieure au barème fiscal.

Si l'assistante maternelle garde plusieurs enfants de familles différentes, l'indemnisation doit être répartie, le cas échéant, entre les employeurs demandeurs des déplacements.

La rupture du contrat

Sous réserve de respecter un délai et une procédure particulière, chaque partie peut rompre le contrat de travail, sous réserve de respecter un certain nombre de formalités.

Rupture à l'initiative de l'employeur

Le particulier employeur qui décide de ne plus confier d'enfant à une assistante maternelle qu'il employait depuis 3 mois doit notifier à l'intéressé sa décision de rompre le contrat par lettre recommandée avec demande d'avis de réception. La date de présentation de la lettre recommandée fixe le point de départ du préavis éventuellement dû (voir plus loin). La rupture du contrat de travail qui intervient à la suite du retrait de l'enfant gardé ne constitue pas un licenciement : l'employeur n'a donc pas l'obligation de respecter la procédure de licenciement prévue par le Code du travail (entretien préalable, motivation de la lettre de licenciement, etc.).

Rupture à l'initiative du salarié

L'assistante maternelle peut décider de ne plus accueillir l'enfant qui lui était confié. Cette décision, assimilée à une démission, a pour effet de rompre le contrat de travail et doit être signifiée aux parents concernés par lettre recommandée avec demande d'avis de réception. La date de présentation de cette lettre fixe le point de départ du préavis.

Préavis

En cas de rupture du contrat de travail à l'initiative de l'employeur (pour motif autre que la faute grave ou la faute lourde), un préavis est à effectuer. Sa durée est au minimum de :

– 15 jours calendaires pour un salarié ayant au moins 3 mois d'ancienneté avec l'employeur (l'ancienneté minimale est ramenée à 2 mois lorsque la garde s'effectue sur 4 jours et plus) ;

– 1 mois calendaire pour un salarié ayant un an ou plus d'ancienneté avec l'employeur.

La période de préavis ne se cumule pas avec une période de congés payés.

Si le préavis n'est pas effectué, l'employeur doit verser au salarié une indemnité égale au montant de la rémunération qu'aurait perçue le salarié s'il avait travaillé *(Convention collective nationale des assistants maternels du particulier employeur, Art. 18 c)*.

La décision de l'assistante maternelle de ne plus garder un enfant qui lui était confié depuis au moins

3 mois est subordonnée à un préavis d'1 mois, à moins que l'employeur n'accepte d'abréger cette durée. L'inobservation de ce préavis constitue une rupture abusive qui ouvre droit, au profit de l'employeur, au versement de dommages et intérêts dont le montant sera apprécié par le juge (*Code de l'action sociale et des familles, Art. L. 423-26*).

Indemnité compensatrice de congés payés

Lors de la rupture du contrat de travail, qu'elle soit à l'initiative du salarié ou de l'employeur, le salarié a droit, sauf en cas de faute lourde (→ index, *Faute lourde*), à une indemnité compensatrice correspondant à la rémunération des congés dus.

Indemnité de rupture

En cas de rupture du contrat par retrait de l'enfant, à l'initiative de l'employeur, celui-ci verse, sauf en cas de faute grave (→ index, *Faute grave*), une indemnité de rupture au salarié ayant au moins 1 an d'ancienneté avec lui.

Cette indemnité, qui n'a pas le caractère de salaire, est égale à 1/120e du total des salaires nets perçus pendant la durée du contrat. Elle est exonérée de cotisations et d'impôt sur le revenu dans les limites fixées par la loi.

Rupture pour suspension ou retrait de l'agrément

Si l'agrément est retiré à l'assistante maternelle ou s'il est suspendu, l'employeur n'est pas considéré comme étant responsable de la rupture du contrat. L'employeur, informé de ce retrait ou de cette suspension, doit signifier à l'assistante maternelle le retrait forcé de l'enfant entraînant la rupture du contrat de travail à la date de notification de la suspension ou du retrait de l'agrément par le conseil général. Cette signification doit être faite par lettre recommandée avec demande d'avis de réception.

Dans ce cas, le contrat se trouve rompu sans préavis, du seul fait de la suspension ou du retrait de l'agrément.

À NOTER

En cas de rupture du contrat de travail, quel qu'en soit le motif, et même au cours de la période d'essai, l'employeur doit délivrer au salarié :
– le bulletin de salaire ;
– un certificat mentionnant la date de début et la date de fin du contrat ainsi que la nature de l'emploi ;
– un solde de tout compte ;
– l'attestation Pôle emploi pour lui permettre de faire valoir ses droits éventuels à l'assurance chômage.

Les formalités à respecter

En ayant recours à une assistante maternelle, vous allez devenir employeur. Vous devez donc, à ce titre :
– déclarer, dans les 8 jours qui suivent, cette embauche à l'URSSAF ;
– acquitter chaque trimestre les cotisations sociales dues pour l'emploi de cette assistante maternelle : cotisations de sécurité sociale, de retraite complémentaire et d'assurance chômage. Ces cotisations sont calculées sur la base de la rémunération réelle versée à l'assistante maternelle, non compris l'indemnité d'entretien.

AVANTAGE

Si vous employez une assistante maternelle agréée, vous pouvez peut-être bénéficier d'une aide de la CAF appelée complément de libre choix du mode de garde versé dans le cadre de la PAJE (→ index, PAJE, complément de libre choix du mode de garde). L'intérêt de cette aide est notamment de vous éviter d'avoir à acquitter les cotisations sociales : celles-ci seront payées directement à l'URSSAF par la CAF, pour votre compte.

L'emploi d'une assistante maternelle permet également de bénéficier d'un crédit d'impôt.

À NOTER

Pour connaître la liste des assistantes maternelles agréées, vous pouvez vous adresser à votre mairie, au centre de PMI de votre département ou à votre caisse d'allocations familiales.

À NOTER

Le site de la CAF www.mon-enfant.fr permet d'aider les parents à trouver un mode de garde pour leur enfant. Il répertorie les différents modes de garde, permet de calculer le prix d'accueil pour un enfant de moins de 4 ans et de rechercher une structure adaptée en fonction de différents critères (type d'hébergement, temps de garde souhaité…).

› Les crèches

Plutôt que faire appel à une assistante maternelle, les parents peuvent préférer confier leur enfant à une crèche dans laquelle il sera en contact avec d'autres enfants de son âge. Il existe principalement deux types de crèches : les crèches collectives (crèches traditionnelles, minicrèches, crèches parentales) et les crèches familiales. Toutes ont pour objet d'assurer, durant la journée, la garde des enfants de moins de 3 ans.

Aucune disposition réglementaire n'interdit, par ailleurs, que des enfants de plus de 3 ans soient accueillis dans le cadre d'un service d'accueil régulier, et ce, le cas échéant, jusqu'à leurs 6 ans.

À NOTER

Si votre enfant de moins de 3 ans a besoin d'une prise en charge thérapeutique, il existe des structures spécialisées pour l'accueillir de jour et de nuit : les pouponnières. Il existe également des pouponnières « sociales » destinées à l'accueil d'enfants dont les parents connaissent des difficultés sérieuses.

Les dispositions communes à toutes les crèches

Le fonctionnement

Ce sont des établissements dont l'ouverture et le fonctionnement sont réglementés et qui sont contrôlés par les services de santé du département (PMI).

Ces établissements qui accueillent régulièrement des enfants de moins de 3 ans ne doivent pas avoir une capacité supérieure à 60 places.

Un règlement intérieur, dont les parents doivent avoir connaissance, précise les modalités d'organisation et de fonctionnement de l'établissement. Un registre doit être tenu, sur lequel sont consignés les renseignements concernant l'enfant et sa famille.

La direction d'une crèche est assurée par une personne titulaire, soit du doctorat de médecine, soit du diplôme de puéricultrice et d'une expérience professionnelle d'au moins 5 ans (ou du diplôme d'éducateur avec la même ancienneté d'expérience dans les établissements d'une capacité inférieure à 40 places).

La surveillance médicale

L'admission de l'enfant est subordonnée à l'avis favorable du médecin de la crèche. Il faut également justifier avoir satisfait aux vaccinations obligatoires, notamment par la production du carnet de santé de l'enfant.

Un médecin est nécessairement attaché à la crèche et suit l'enfant en effectuant des examens réguliers.

Si, à son arrivée, l'enfant est malade, il peut soit être rendu à la personne qui l'accompagne, soit être gardé et isolé. Si, pendant la journée, il est malade ou s'il subit un accident, la directrice doit aussitôt prévenir le médecin de la crèche ou le médecin traitant et appliquer les mesures qu'il préconise.

À NOTER

Sur son site Internet www.travail-solidarite.gouv.fr, le ministère en charge de la famille propose un « guide pratique pour l'accueil de la petite enfance » qui peut être consulté et téléchargé librement.

Les différents types de crèches

La crèche traditionnelle

Elle peut être gérée par une municipalité, un département, une caisse d'allocations familiales, une association.

L'effectif du personnel chargé de la surveillance, des soins et de l'éducation des enfants est de un agent pour cinq enfants qui ne marchent pas et de un agent pour huit enfants qui marchent.

Les places étant limitées, il faut en principe justifier de l'exercice d'une activité professionnelle ou d'une formation pour que son enfant soit admis en crèche. Mais, en fonction des situations locales, des conditions plus souples peuvent être prévues par le règlement intérieur de la crèche, notamment pour permettre l'accueil d'enfants dont les parents sont au chômage et qui doivent pouvoir se consacrer à leur recherche d'emploi. Les horaires d'ouverture de la crèche, en principe de 6 h 30 ou 7 h à 18 h 30 ou 19 h, sont également fixés par le règlement intérieur.

Le coût de ce mode de garde est variable selon les régions, les départements ou les municipalités : la participation des parents est fonction de leurs revenus et de leurs charges de famille.

La microcrèche

Son fonctionnement est sensiblement identique à celui d'une crèche traditionnelle, la seule différence tient à la taille des locaux, le plus souvent installés dans un appartement, et au nombre plus faible d'enfants accueillis. La microcrèche peut ainsi accueillir au maximum 9 enfants de moins de 6 ans.

La crèche parentale

Comme son nom l'indique, cette crèche est créée et gérée par les parents eux-mêmes. Elle fonctionne selon le règlement intérieur mis en place par les parents qui précise les horaires d'ouverture et le coût. La caisse d'allocations familiales, ou parfois les municipalités, participent aux frais de garde et le tarif applicable prend le plus souvent en compte les revenus des parents.

La crèche familiale

Il s'agit, en réalité, d'une garde assurée par une assistante maternelle, mais les parents ne sont pas les employeurs directs de cette assistante. La crèche est gérée par une collectivité territoriale (municipalité, centre de PMI...) ou par un gestionnaire privé (association, caisse d'allocations familiales...). Les parents versent une participation calculée en fonction de leurs revenus et de leurs charges de famille.

À NOTER

Pour connaître la liste des établissements (crèches, haltes-garderies...) susceptibles d'assurer la garde de votre enfant, vous pouvez vous renseigner auprès de votre mairie, d'un centre de PMI ou d'une caisse d'allocations familiales.

À NOTER

Les places en crèche étant malheureusement insuffisantes, il est recommandé de s'y prendre le plus tôt possible, et même avant la naissance ! Par précaution, n'hésitez pas à inscrire vos enfants dans plusieurs établissements à la fois.

AVANTAGE

Certaines mairies accordent des allocations complémentaires pour aider financièrement les parents à faire garder leurs enfants (à Paris, par exemple, l'allocation Paris petit enfant). Il convient donc de vous renseigner auprès des services de votre mairie.

Les haltes-garderies

C'est une structure qui accueille des enfants de moins de 6 ans, de manière occasionnelle, quelques heures ou quelques demi-journées par semaine, plus rarement pour la journée entière.

Leur création est soumise à autorisation ; elles sont contrôlées par les services départementaux des PMI tout comme les crèches.

Ce mode de garde est destiné aux mères qui ne travaillent pas ; certains établissements réservent parfois une priorité aux enfants scolarisés pour les jours où ils ne fréquentent pas l'école (le mercredi, par exemple), et dont les parents travaillent.

La participation demandée aux parents est variable et dépend de leurs revenus.

Les garderies et les jardins d'enfants

Ces établissements ont pour objet de garder, pendant la journée, des enfants âgés de 2 à 6 ans. Leur création est soumise à autorisation ; ils sont placés sous le contrôle du service départemental de PMI.

Outre la garde des enfants, ils assurent le développement de leur capacités physiques et mentales par des exercices et des jeux.

En pratique, ces établissements sont de moins en moins répandus, compte tenu du développement des écoles maternelles et de l'âge à partir duquel les enfants peuvent y être accueillis.

Les garderies périscolaires

Les établissements scolaires du premier degré (écoles maternelles et primaires) organisent le plus souvent pour les enfants qui les fréquentent des garderies en dehors des heures de classe. Ainsi le matin, avant la classe, le soir, le mercredi ou encore pendant les petites vacances scolaires, les parents ont ainsi la possibilité de faire garder leurs enfants.

Ce service est organisé par les municipalités et son coût est fonction des ressources des parents.

La garde de votre enfant à votre domicile

Si vous choisissez de faire garder votre enfant à domicile, soit pour la journée entière, soit en complément d'une garde extérieure, deux possibilités s'offrent principalement à vous : recourir à une employée de maison, ou à un jeune au pair. L'une comme l'autre de ces formules a ses avantages et ses inconvénients, et entraîne un coût financier qu'il faut bien évaluer. Mais là encore, des aides sont possibles.

› Votre enfant est gardé par une employée de maison

Pour garder votre enfant (ou vos enfants), vous pouvez avoir recours à une employée de maison (ou, bien que ce soit plus rare, à un employé de maison). Il s'agit d'une salariée qui va effectuer chez vous des tâches à caractère ménager ou familial (ou les deux), et qui peut donc notamment prendre en charge la garde de vos enfants. Cette personne peut être employée à temps plein, à temps partiel, ou même à l'heure. Dans tous les cas, elle est liée à vous par un contrat de travail, qui doit respecter les dispositions du Code du travail mais aussi celles de la Convention collective nationale des salariés du particulier employeur. Le Code du travail s'applique aux employés de maison, à l'exception de ses dispositions qui ne concernent que les entreprises, comme, par exemple, les règles relatives au licenciement économique ou l'assistance par un conseiller au cours de l'entretien préalable au licenciement. Sur de nombreux points toutefois, la Convention collective nationale des salariés du particulier employeur apporte des aménagements aux règles issues de ce code.

AVANTAGE

Si vous cherchez quelqu'un pour garder votre (vos) enfant(s), il existe maintenant une plate-forme téléphonique d'accès aux renseignements sur les services à la personne : le 32 11 (0,12 € TTC/min).

CONNAÎTRE SES DROITS ET SES OBLIGATIONS

Que vous fassiez garder votre enfant à votre domicile par une employée de maison, ou par une assistante maternelle au domicile de cette dernière, vous et votre salarié(e), êtes soumis à un ensemble de droits et d'obligations. Celles-ci résultent des dispositions du Code du travail, mais surtout des conventions collectives nationales dont les dispositions s'imposent à vous. Sur le site *www.legifrance.gouv.fr*, vous pourrez prendre connaissance gratuitement du texte intégral de la convention collective qui vous est applicable en fonction du mode de garde choisi : « Convention collective des salariés du particulier employeur » (brochure n° 3180) si vous avez recours à une employée de maison, « Convention collective des assistants maternels du particulier employeur » (brochure n° 3317) si vous avez recours à un(e) assistant(e) maternel(le).

Les formalités à accomplir

Un contrat de travail doit être établi par écrit ; à défaut, le contrat est présumé être à durée indéterminée, et vous devrez, pour y mettre fin, engager une procédure de licenciement à l'encontre de votre salariée (→ index, *Licenciement*). Si vous embauchez une employée de maison pour la première fois, vous devez, dans les 8 jours, adresser à l'URSSAF de votre domicile une demande d'immatriculation en tant qu'employeur. Si vous avez déjà employé du personnel de maison, vous devez simplement, dans les 8 jours de l'embauche, demander à l'URSSAF de vous envoyer une déclaration nominative trimestrielle. Enfin, si votre employée n'est pas déjà immatriculée à la Sécurité sociale (s'il s'agit de son premier emploi), vous devez, dans le même délai, faire une demande d'immatriculation en son nom auprès de la caisse primaire d'assurance maladie de son domicile.

La période d'essai

Le contrat de travail peut prévoir une période d'essai d'1 mois maximum ; un renouvellement est possible une fois, sous réserve que le salarié en ait été averti par écrit avant l'expiration de la première période.

La rémunération

Elle est fixée d'un commun accord entre vous et votre salarié. Toutefois, son salaire ne peut être inférieur ni au SMIC *(Voir pages Barème)*, ni à un minimum prévu par la Convention collective nationale des salariés du particulier employeur. Ce salaire minimal est fonction de sa qualification, de son emploi et de son ancienneté *(Voir pages Barème)*.

Vous êtes tenu au paiement des cotisations de sécurité sociale, de retraite complémentaire et de chômage soit sur la base du salaire réel, soit sur une base forfaitaire égale au montant du SMIC horaire multiplié par le nombre d'heures de travail.

AVANTAGE

Vous l'aurez constaté, les formalités liées à l'embauche d'une employée de maison sont assez lourdes. Vous pourrez heureusement y échapper en toute légalité, en ayant recours au dispositif du chèque emploi service universel (→ index, CESU). Celui-ci sert non seulement de moyen de paiement, mais aussi de contrat de travail et dispense d'avoir à effectuer diverses déclarations et formalités.

AVANTAGE

En tant qu'employeur d'une personne à domicile, vous pouvez, sous certaines conditions, bénéficier à la fois du complément de libre choix du mode de garde et d'un crédit d'impôt.

MON ENFANT A ÉTÉ VICTIME D'UN ACCIDENT

L'accident a eu lieu par la faute de la personne qui le garde. Que puis-je faire ?

Demandez à cette personne de faire une déclaration auprès de son assureur. Si votre enfant est dans une crèche, le représentant de cette institution doit avoir souscrit un contrat d'assurance responsabilité civile. En revanche si votre enfant est gardé par une assistante maternelle, cette personne doit déclarer au plus tard dans les 5 jours ouvrés l'accident à son assureur. Vous pourrez, toutefois, vous adresser à votre assureur dans le cadre de votre garantie protection juridique.

Mon enfant a été mordu par un chien. Que puis-je faire ?

S'il s'agit du chien de la famille, vous devez faire une déclaration auprès de votre assureur. En revanche, si le dommage a eu lieu du fait du chien du voisin, c'est l'assureur de ce dernier qui interviendra.

La durée du travail

Durée du travail et heures supplémentaires

Pour un salarié à temps plein, la durée du travail effectif est fixée à 40 heures par semaine. Dans le cadre de l'horaire défini dans le contrat, l'employée de maison peut effectuer des « heures de travail effectif » et des « heures de présence responsable » dont le nombre respectif est précisé au contrat. Les heures de présence responsable sont celles où le salarié peut utiliser son temps pour lui-même tout en restant vigilant pour intervenir, s'il y a lieu ; 1 heure de présence responsable équivaut à 2/3 d'1 heure de travail effectif. Le déclenchement des heures supplémentaires intervient à compter de la 41e heure de travail effectif. Les heures supplémentaires sont rémunérées, ou récupérées dans les 12 mois, suivant accord entre les parties. Elles ne peuvent excéder une moyenne de 8 heures par semaine calculée sur une période quelconque de 12 semaines consécutives sans dépasser 10 heures au cours de la même semaine. Elles donnent lieu en rémunération ou en récupération à une majoration de 25 % (pour les 8 premières heures) et à une majoration de 50 % (pour les heures supplémentaires au-delà de 8 heures).

Repos hebdomadaire

Le jour habituel de repos hebdomadaire doit figurer au contrat. Ce repos doit avoir une durée minimale de 24 heures consécutives et être donné de préférence le dimanche. À ces 24 heures s'ajoute une demi-journée dans le cadre de l'aménagement de l'horaire de travail. Le travail, le jour de repos hebdomadaire, ne peut être qu'exceptionnel. Si un travail est exécuté à la demande de l'employeur le jour de repos hebdomadaire, il sera rémunéré au tarif normal majoré de 25 % ou récupéré par un repos équivalent, majoré dans les mêmes proportions.

La rupture du contrat de travail

Préavis en cas de démission

L'employée de maison titulaire d'un contrat à durée indéterminée peut démissionner à tout moment, sous réserve d'observer un préavis dont la durée est fixée à :

– 1 semaine si elle a moins de 6 mois d'ancienneté de services continus chez le même employeur ;

– 2 semaines si l'ancienneté est comprise entre 6 mois à moins de 2 ans ;

– et 1 mois pour le salarié ayant 2 ans ou plus d'ancienneté.

Préavis en cas de licenciement

La durée du préavis à effectuer en cas de licenciement pour un motif autre que la faute grave ou lourde est fixée à :

– 1 semaine pour le salarié ayant moins de 6 mois d'ancienneté de services continus chez le même employeur ;

– 1 mois pour une ancienneté comprise entre 6 mois à moins de 2 ans ;

– et 2 mois pour le salarié ayant 2 ans ou plus d'ancienneté.

Pour la recherche d'un nouvel emploi, les salariés à temps complet auront droit, sans diminution de salaire, à 2 heures par jour pendant 6 jours ouvrables s'ils ont moins de 2 ans d'ancienneté chez le même employeur ou pendant 10 jours ouvrables s'ils ont plus de 2 ans d'ancienneté. Ces 2 heures doivent être prises alternativement un jour au choix de l'employeur, un jour au choix du salarié, à défaut d'accord entre les parties ; elles pourront également être cumulées, en tout ou partie, avant l'expiration du préavis. En outre, si l'employée de maison trouve un nouveau travail pendant le temps de préavis, elle n'est pas tenue d'effectuer la totalité du préavis, sous réserve de justifier de ce nouvel emploi et de cesser le travail après avoir effectué 2 semaines de préavis dans la limite du préavis restant à courir. La part de préavis non exécutée ne sera alors pas rémunérée par l'employeur.

Indemnité de licenciement

Cette indemnité doit être versée, en dehors du cas de faute grave ou lourde, aux salariés licenciés avant l'âge de 65 ans et ayant au moins 2 ans d'ancienneté ininterrompue au service du même employeur. Au terme de la Convention collective nationale des salariés du particulier employeur, elle est égale à 1/10e de mois par année d'ancienneté de services continus chez le même employeur, pour les 10 premières années d'ancienneté et 1/6e (1/6 = 1/10 + 1/15) de mois par année d'ancienneté de services continus chez le même employeur, au-delà de 10 ans. On signalera toutefois que cette indemnité conventionnelle de licenciement est désormais moins favorable au salarié que l'indemnité légale de licenciement (→ index, *Indemnités de licenciement, légale*). Bien que les juges ne se soient pas encore prononcés sur cette question, et afin d'éviter tout contentieux inutile, les particuliers employeurs peuvent donc avoir intérêt à verser, à leur salarié licencié, l'indemnité légale plutôt que l'indemnité conventionnelle ; telle est, du moins, la position exprimée par le ministère du Travail sur son site Internet *www.travail.gouv.fr*.

À NOTER

Le décès de l'employeur met fin au contrat de travail, qui ne se poursuit pas automatiquement avec les héritiers. Le salarié a droit à un préavis dont le point de départ est fixé par la date du décès de l'employeur. L'employée de maison a droit à son dernier salaire, aux indemnités de préavis et de licenciement dues compte tenu de son ancienneté lorsque l'employeur décède, et à une indemnité de congés payés.

› Vous faites appel à un jeune étranger au pair

Pour faire garder vos enfants, vous pouvez faire appel à une jeune femme (ou un jeune homme) ayant le statut de « stagiaire aide familial », et qui partagera, pendant quelques mois, la vie de votre famille. Dans le langage courant, et bien que les jeunes hommes soient aussi concernés, on parle de « jeune fille au pair ».

Quels sont les jeunes qui peuvent être accueillis ?

Pour pouvoir bénéficier du statut de stagiaire aide familial, les jeunes en question doivent remplir les conditions suivantes :

– être de nationalité étrangère ;

– avoir 18 ans au moins et 30 ans au plus (des dérogations peuvent exceptionnellement être admises) ;

– être inscrit à des cours de langue française dans une école ou une université.

Quelles sont les formalités à accomplir ?

Pour pouvoir accueillir un jeune au pair, vous devez respecter un certain nombre de formalités obligatoires :

- conclure un accord de placement avec l'intéressé. Cet accord fait l'objet d'un imprimé type que vous pouvez vous procurer auprès de la direction départementale du travail et de l'emploi (DDTE) ;
- déposer un dossier auprès de la DDTE comportant, en plus de l'accord de placement signé par vous et la personne que vous allez accueillir :

– une photocopie des diplômes de l'intéressée ou un certificat de fin d'études secondaires traduit en français,

– un certificat d'inscription à un cours de français spécialisé pour étrangers,

– un certificat médical datant de moins de 3 mois et attestant que l'intéressé n'est atteint d'aucune maladie contagieuse. En outre, le jeune devra se soumettre, à son arrivée, à une visite médicale obligatoire, sauf s'il est originaire d'un pays de l'Union Européenne.

Arrivé en France, l'intéressé doit se rendre à la préfecture : si toutes les conditions requises sont réunies, un titre de séjour lui est remis, valable pour une durée fixée en principe à 6 ou 9 mois, et renouvelable dans la limite de 18 mois.

Si le jeune que vous accueillez n'est pas déjà immatriculé auprès de la Sécurité sociale, vous devez le déclarer dans les 8 jours auprès de la caisse primaire d'assurance maladie de votre lieu de résidence. De votre côté, vous devez également vous faire vous-même immatriculer à l'URSSAF en tant qu'employeur de « stagiaire aide familial étranger ». Toutes ces formalités sont obligatoires pour permettre au jeune stagiaire de bénéficier d'une protection maladie-maternité et accidents du travail. À ce titre, vous êtes redevable des cotisations de sécurité sociale et de retraite complémentaire *(Voir pages Barème)*.

ATTENTION ⚠

Faire appel à un jeune « au pair » pour garder ses enfants entraîne un coût non négligeable : à l'argent de poche qu'il faut lui verser s'ajoutent les cotisations sociales qui sont dues à l'URSSAF (Voir pages Barème). Autre inconvénient, le fait d'employer un jeune au pair n'ouvre pas droit au bénéfice du complément de libre choix du mode de garde puisque le jeune n'est pas considéré comme votre salarié. De la même manière, vous ne pouvez pas bénéficier du crédit d'impôt pour l'emploi d'un salarié à domicile.

Quelles activités peut-on lui demander ?

L'accueil d'un jeune au pair fonctionne sur le principe de l'échange : la famille fournit les repas et le logement (une chambre, indépendante ou non), ainsi qu'un peu d'argent de poche, et, en contrepartie, le jeune participe aux tâches familiales courantes : accompagner les enfants à l'école, préparer les repas, aider les enfants dans leurs devoirs scolaires…

L'étudiant au pair doit consacrer à ces tâches ménagères au maximum 30 heures par semaine, soit 5 heures par jour. Les horaires de travail doivent lui permettre de suivre ses cours et il a droit à un jour de repos par semaine dont au moins un dimanche par mois.

L'argent de poche que doit lui verser la famille est fixé d'un commun accord, mais il doit être compris entre 75 et 90 fois le montant du minimum garanti *(Voir pages Barème)*. En outre, il est d'usage que lui soit payé un titre de transport.

GARDE D'ENFANTS ET ASSURANCES	
Auteur du dommage	**Assurance mise en jeu**
ASSISTANTE MATERNELLE	Elle doit souscrire une assurance responsabilité civile. Vous êtes, à cet égard, tenu de vérifier si l'assistante maternelle a satisfait à ses obligations.
BABY-SITTER	Elle doit conclure une assurance responsabilité civile qui prendra en charge l'indemnisation en cas d'accident. Si elle bénéficie de l'assurance de ses parents, ceux-ci doivent demander une extension de garantie « garde à titre onéreux d'un enfant ».
GARDE D'ENFANT TRAVAILLANT POUR UN ORGANISME (crèche, associations...)	C'est cet organisme qui doit en principe être assuré.
VOTRE ENFANT EST À L'ORIGINE D'UN ACCIDENT	• La garde d'enfant doit déclarer l'accident à son assureur. • Vous devez faire une déclaration à votre compagnie d'assurances (multirisque habitation).
GARDE D'ENFANT BÉNÉVOLE	• S'il s'agit d'un parent proche l'assurance ne fonctionnera pas. • S'il s'agit d'un ami ou d'un voisin, l'assureur indemnisera.
EMPLOYÉ DE MAISON	Vis-à-vis des tiers, l'employeur est civilement responsable des dommages causés par son employé dans l'exercice de ses fonctions. Il lui est donc recommandé de contracter une assurance couvrant cette responsabilité.

Cas pratiques

L'accueil du jeune enfant

Assistante maternelle - horaires de travail

L'assistante maternelle qui garde mon fils me reproche d'arriver en retard pour venir le chercher le soir après mon travail. Elle me menace de ne plus le garder. En a-t-elle le droit ?

Oui. Lors de l'embauche, vous avez obligatoirement conclu avec elle, par écrit, un contrat de travail mentionnant entre autres les périodes d'accueil de l'enfant et les horaires de travail. Si vous ne respectez pas les horaires fixés, l'assistante maternelle est en droit de vous réclamer des heures supplémentaires (avec un taux horaire majoré au-delà de la 46e heure travaillée par semaine). Si elle n'accepte plus vos retards, elle peut même décider de ne plus garder votre enfant à condition, toutefois, de respecter un délai de préavis d'1 mois, ce qui vous obligera à trouver rapidement un autre mode de garde. Pour éviter ces désagréments, vous pouvez demander à une autre personne (une étudiante par exemple) de venir chercher l'enfant chez l'assistante maternelle et de le garder ensuite à votre domicile jusqu'à votre retour. Sachez que si cette personne est rémunérée comme employée à domicile, vous recevrez en plus une aide financière. Cette solution est avantageuse, car cette aide est cumulable avec celle que vous percevez déjà pour l'emploi d'une assistante maternelle agréée : le complément de libre choix du mode de garde. Pensez-y, car il est souvent difficile, de nos jours, de trouver une assistante maternelle et encore plus une place en crèche.

Assistante maternelle - rupture du contrat de travail

L'assistante maternelle qui garde ma fille de 18 mois vient de m'annoncer sa grossesse (elle est enceinte de 3 mois). En tant que particulier employeur, est-ce que je peux mettre fin à son contrat de travail, afin de trouver une autre personne pour garder ma fille ?

En principe, non. Il n'est en effet pas possible de mettre fin à son contrat de travail pour la simple raison qu'elle est enceinte. Les dispositions protectrices de la maternité, dont bénéficient les salariées sont applicables aux assistantes maternelles. Si les particuliers employant des assistantes maternelles peuvent exercer librement le droit de retrait d'un enfant, le motif de ce retrait ne peut pas être illicite et il ne peut être porté atteinte aux règles qui protègent les femmes enceintes (*Cour de cassation, Chambre sociale, 30/3/2005*). Si vous résiliez son contrat de travail à cause de sa grossesse, même pendant la période d'essai (*Code du travail, Art. L. 1225-1*), vous devrez lui verser des dommages et intérêts pour rupture abusive de contrat.

Concrètement, dans votre cas, vous allez devoir trouver une autre personne pour garder votre fille, mais de manière temporaire, car le contrat de travail de votre assistante maternelle est seulement suspendu et non résilié pendant son congé de maternité. À l'issue de ce congé (qui peut éventuellement être prolongé par des congés payés ou par un congé parental), vous devrez donc la reprendre comme assistante maternelle, à moins qu'elle n'accepte, en accord avec vous, de rompre son contrat.

Assistante maternelle - crédit d'impôt

J'ai entendu dire que j'aurai droit à un crédit d'impôt si j'emploie une assistante maternelle pour garder mon fils de 2 ans. À combien s'élève cette aide fiscale ?

Effectivement, les parents qui font appel à une assistante maternelle pour garder, à l'extérieur de leur domicile, leurs enfants âgés de moins de 6 ans (au 1er janvier de l'année d'imposition) peuvent bénéficier, sous certaines conditions, d'un crédit d'impôt. Pour l'obtenir, vous devez justifier des salaires versés à l'assistante maternelle (avec ses bulletins de salaire).

Cette aide s'élève à 50 % des dépenses engagées dans l'année (avec déduction de l'aide de la CAF), dans la limite de 2 300 € par an et par enfant (c'est-à-dire à 1 150 € au maximum). En cas de garde alternée, chacun des parents peut bénéficier de cette aide fiscale mais le plafond des dépenses est alors divisé par deux, soit un crédit d'impôt maximal de 575 € pour chaque parent. Si vous avez engagé l'assistante maternelle en cours d'année ou si votre situation familiale a changé (vous vous êtes marié, vous avez divorcé ou vous vous êtes séparé), il n'y a pas de calcul à faire au prorata : vous toucherez la même aide fiscale.

Ce dispositif est plus avantageux que l'ancienne réduction d'impôt sur deux points :

- les contribuables ne disposant pas de revenus professionnels peuvent en bénéficier ;
- si le montant du crédit d'impôt auquel vous avez droit est plus élevé que le montant de l'impôt que vous devez payer, le fisc vous restituera l'excédent.

Crèche - déménagement

Actuellement, mes deux enfants de 2 ans et 6 mois sont gardés dans une crèche collective dans ma commune de résidence. Or je vais prochainement déménager dans une ville (située à moins de 5 kilomètres), qui ne dispose pas d'une telle structure d'accueil. Puis-je continuer à faire garder mes enfants dans cette crèche collective ?

A priori, non, car les crèches sont réservées aux enfants dont les parents sont domiciliés dans la commune. Il parait donc logique que vos enfants ne puissent continuer à bénéficier de cette structure, après votre déménagement. Certaines crèches prévoient cependant, en cas de déménagement dans une autre commune, un maintien provisoire et pour une durée limitée, afin de permettre aux parents d'avoir le temps de trouver un nouveau mode de garde. Nous vous conseillons donc de vous renseigner à ce sujet et d'entamer le plus tôt possible les démarches dans votre nouvelle commune, afin de connaître les différents modes de garde possibles.

Attention toutefois de ne pas déménager sans avertir la crèche, car cela peut être un motif d'exclusion définitive.

La scolarité

Rares sont les parents qui abordent sans appréhension la scolarité de leurs enfants. Il est vrai que les questions qui se posent alors sont nouvelles et nombreuses, et que l'enfant va être confronté à un milieu qu'il ne connaît pas. Cette inquiétude tient aussi peut-être à l'enjeu qui se profile, et qui n'est autre que le devenir professionnel de l'enfant. De l'assurance scolaire aux nombreuses bourses auxquelles votre enfant peut avoir droit, il est important de faire le point pour bien démarrer l'année scolaire.

Les accidents à l'école

Pour l'essentiel, que votre enfant soit victime ou auteur d'un dommage pendant le temps scolaire, les règles applicables sont celles du droit commun de la responsabilité. Mais étant donné les enjeux, et les rapports étroits entre ces deux notions, il paraît indispensable d'évoquer auparavant la question de la souscription ou non d'une assurance scolaire.

L'assurance scolaire

Est-elle obligatoire ?

Une loi du 10/8/1943 avait prévu de rendre obligatoire l'assurance des élèves et des étudiants fréquentant un établissement d'enseignement public. Mais, à défaut de décret d'application, cette disposition n'est jamais entrée en vigueur.

Aussi, l'inscription d'un enfant ou d'un élève dans un établissement scolaire ne peut être subordonnée à la souscription d'une assurance.

Toutefois, les chefs d'établissements sont en droit d'exiger que votre enfant soit assuré pour les dommages qu'il pourrait causer ou subir à l'occasion des sorties, voyages collectifs, classes de nature et découverte, etc.

Est-elle utile ?

Que vous soyez tenu ou non de souscrire une assurance, il est en toutes hypothèses conseillé que votre enfant soit couvert.

Mais avant de conclure un contrat d'assurance spécifique qui peut vous être proposé par l'école ou les associations de parents d'élèves, n'oubliez pas de vérifier si les risques encourus ne sont pas déjà garantis par votre contrat multirisques-habitation (→ index, *Assurance habitation*).

Quels sont les principes en matière de responsabilité ?

Votre enfant est victime d'un accident

Si cet accident est imputable à un tiers (un autre enfant, l'enseignant, l'établissement...), vous pouvez engager la responsabilité de ce tiers soit en prouvant contre lui une faute, soit en démontrant que l'accident a été causé par une chose que ce tiers avait sous sa garde. Vous serez alors indemnisé par lui ou par son assureur.

Dans l'hypothèse où l'enfant s'est causé à lui-même le dommage, ou si vous ne parvenez pas à démontrer la responsabilité d'un tiers, c'est là que la souscription d'une assurance est utile car elle vous permettra d'être indemnisé en complément, le cas échéant, des remboursements des organismes de sécurité sociale.

Votre enfant est l'auteur d'un accident

Quel que soit son âge, la responsabilité de votre enfant peut être engagée pour les dommages qu'il a causés à autrui.

Votre responsabilité en tant que parent peut également être engagée.

La souscription d'une assurance responsabilité est, là encore, très utile car elle vous permet d'être couvert ainsi que votre enfant contre de tels risques.

La responsabilité de l'enseignant ou de l'établissement

L'enseignant est responsable des enfants qui lui ont été confiés. Mais pour pouvoir engager sa responsabilité, il vous faudra établir sa faute (imprudence, négligence...) ce qui n'est pas toujours facile.

Si la cause de l'accident subi par votre enfant est imputable au défaut des locaux ou des équipements scolaires, vous pourrez engager la responsabilité de la commune ou du département qui a la charge de l'établissement.

Attention : la responsabilité de l'établissement scolaire ne peut pas être engagée pour un accident survenu sur le trajet scolaire.

AVANTAGE

Certains contrats prévoient l'assurance de votre enfant, non seulement dans le cadre scolaire, mais aussi hors de ce cadre ; il sera donc assuré toute l'année et en toutes circonstances (école, domicile, vacances...). En outre, ils peuvent prévoir le versement d'un capital en cas d'invalidité permanente totale ou partielle ou en cas de décès.

Les allocations et les bourses

Différentes aides peuvent vous être attribuées pour compenser les frais de scolarité de votre enfant. Leur montant et leurs conditions d'attribution varient selon que votre enfant fréquente un collège, un lycée ou un établissement de l'enseignement supérieur. Ces aides sont complétées par un système de réductions d'impôt, lui aussi variable selon le type d'établissement fréquenté par l'enfant.

Les bourses d'études de collège

Qui peut en bénéficier ?

Tout enfant, quel que soit son âge, inscrit dans un collège public, un collège privé sous contrat, un collège privé habilité par le recteur d'académie ou dans une classe de niveau collège du Centre national d'enseignement à distance (CNED) peut bénéficier d'une bourse de collège (classes de 6e à la 3e).

Les parents, de leur côté, ne doivent pas disposer de ressources supérieures à un plafond, variable selon le nombre d'enfants à charge *(Voir pages Barème)*.

Quel en est le montant ?

Le montant de la bourse est fixé en pourcentage de la base mensuelle de calcul des allocations familiales. Trois montants distincts sont prévus, selon le niveau des ressources des parents et leurs charges de famille *(Voir pages Barème)*.

Quelles sont les démarches ?

La demande de bourse doit être adressée au chef d'établissement où est inscrit l'élève avant la fin du mois de septembre. Un formulaire comprenant une demande de renseignements concernant l'élève et sa famille doit être complété et accompagné de l'avis d'impôt sur le revenu du foyer fiscal dont dépend l'enfant.

La bourse est due pour chacun des enfants à charge concerné et payée en trois parts égales pour chaque trimestre scolaire. Elle est versée :

– par l'établissement fréquenté pour les élèves des collèges publics ;

– par l'inspecteur d'académie pour les élèves des collèges privés.

Dans les deux cas, la bourse est versée après déduction éventuelle des frais de pension ou demi-pension.

À NOTER

Les ressources prises en compte sont celles correspondant au revenu fiscal de référence figurant sur l'avis d'impôt sur le revenu de l'avant-dernière année précédant la rentrée scolaire au titre de laquelle la demande de bourse est formulée.

ATTENTION ⚠

En cas d'absences injustifiées et répétées de l'élève en cours d'année, le montant de la bourse peut être diminué.

Les bourses d'études de lycée

Qui peut en bénéficier ?

L'élève doit fréquenter une classe de lycée, quelle que soit la voie choisie. En bénéficient donc tous les élèves, soit inscrits en seconde, 1re ou terminale menant à un baccalauréat général, technologique ou professionnel, soit préparant un BEP ou un CAP.

Le redoublement de l'élève n'est plus une cause de suppression du droit à une bourse.

Les conditions de ressources

L'attribution de la bourse dépend de la situation matérielle de la famille de l'élève.

En fonction de celle-ci, un certain nombre de points de charge seront attribués.

Pour que votre enfant bénéficie d'une bourse, vos revenus ne doivent donc pas dépasser un plafond de ressources, variable selon le nombre de points de charge que vous totalisez.

La détermination des points de charge

Le nombre de points de charge dépend du nombre de personnes composant la famille et de plusieurs autres critères :

DÉTERMINATION DES POINTS DE CHARGE	
Situation	**Nombre de points en charge**
Famille avec 1 enfant à charge	9
Famille avec 2 enfants à charge	10
Famille avec 3 enfants à charge	12
Famille avec 4 enfants à charge	14
Par enfant à charge, en plus du 4e	3
Candidat boursier déjà scolarisé en second cycle(1) ou y accédant à la rentrée suivante	2
Candidat boursier, pupille de la Nation ou justifiant d'une protection particulière	1
Père ou mère élevant seul(e) un ou plusieurs enfants	3
Père et mère tous deux salariés	1
Conjoint en longue maladie ou en congé de longue durée	1
Enfant au foyer atteint d'une infirmité permanente et n'ouvrant pas droit à l'allocation d'éducation de l'enfant handicapé	2
Ascendant à charge au foyer atteint d'une infirmité ou d'une maladie grave	1

(1) Seconde, 1re, terminale conduisant à un baccalauréat de l'enseignement général, technologique ou professionnel ; à un brevet de technicien ; 3e année de CAP en 3 ans ; 1re et 2e années de BEP et de CAP en 2 ans.

Le plafond de ressources

Il varie en fonction du nombre de points de charge que vous totalisez *(Voir pages Barème)*.

Les ressources à prendre en compte correspondent à l'ensemble des revenus déclarés 2 années avant celle de la rentrée scolaire. Toutefois, les revenus de l'année précédant celle de la rentrée, voire même ceux de l'année en cours, peuvent être retenus si vous justifiez d'une modification sensible et durable de votre situation depuis l'année n-2.

Quel est leur montant ?

Le montant de la bourse est variable selon le nombre de parts de bourse qui est le vôtre. Ce nombre de parts varie de 3 à 10 en fonction des ressources et des charges familiales (voir tableau).

Le montant de la bourse est ensuite obtenu en multipliant la valeur d'une part de bourse par le nombre de parts qui est le vôtre *(Voir pages Barème)*.

En outre, les boursiers relevant de certaines classes ou filières peuvent bénéficier de primes particulières *(Voir pages Barème)*.

Une bourse au mérite peut être attribuée, en complément de la bourse de lycée, aux plus méritants des élèves boursiers des collèges entrant en seconde. Peuvent en bénéficier les élèves remplissant les conditions d'attribution des bourses d'études de lycée qui justifient par ailleurs avoir obtenu de très bons résultats au brevet des collèges. En outre, ces élèves doivent s'engager par écrit à poursuivre leur scolarité jusqu'au baccalauréat et à obtenir de bons résultats durant leur scolarité *(Voir pages Barème)*.

AVANTAGE

Des parts supplémentaires de bourse sont attribuées dans certaines situations particulières : élèves boursiers de l'enseignement technologique et professionnel ; enfants d'exploitants agricoles ; élèves domiciliés dans les îles du littoral et contraints de suivre leurs études sur le continent.

Quelles sont les démarches ?

Pour une première demande de bourse, vous devez remettre au secrétariat de l'établissement dans lequel est inscrit votre enfant un dossier avant le 1er juillet qui précède la rentrée scolaire.

À l'appui de votre demande, vous devrez justifier du montant de vos ressources par la production de l'avis d'imposition qui vous est adressé par les services fiscaux (ou l'avis de non-imposition, si vous n'êtes pas assujetti à l'impôt sur le revenu).

Si une bourse vous a été accordée, vous n'aurez pas à renouveler votre demande (sauf en cas de modification de votre situation de famille) pour la poursuite de la scolarité de votre enfant dans le second degré, mais votre situation de famille sera à nouveau examinée à l'entrée en classe de seconde.

Les bourses sont payées trimestriellement.

À NOTER

Les élèves de nationalité étrangère ont droit à cette bourse, mais à la condition que leur famille réside régulièrement en France.

Les bourses d'enseignement supérieur

Elles peuvent être allouées par le ministère de l'Education nationale soit selon des critères sociaux (c'est le cas le plus fréquent), soit selon des critères de mérite.

› Les bourses sur critères sociaux

Qui peut en bénéficier ?

Pour pouvoir bénéficier d'une bourse d'enseignement supérieur, l'étudiant doit remplir les conditions suivantes :

– être de nationalité française, ressortissant d'un État membre de l'Union européenne, d'un autre État partie à l'Espace économique européen ou encore de nationalité suisse (les autres étudiants étrangers peuvent en bénéficier sous certaines conditions en se renseignant auprès des CROUS) ;

– être âgé, pour la première demande de bourse, de moins de 28 ans au 1er octobre de la rentrée universitaire. Cette limite est repoussée de la durée du service national pour les étudiants qui l'ont accompli et d'1 an par enfant élevé. En outre, cette limite n'est pas opposable aux étudiants atteints d'un handicap reconnu par la commission des droits et de l'autonomie des handicapés ;

– être titulaire du baccalauréat ou d'un titre ou diplôme admis en dispense ou en équivalence pour l'inscription en 1re année d'études supérieures. Cette condition n'est pas exigée pour l'attribution d'une bourse lors du passage en 2e année d'études supérieures ;

– être inscrit dans l'un des cycles d'enseignement supérieur public ou privé mais habilité à recevoir des bourses de l'Éducation nationale ;

– ne pas bénéficier de ressources supérieures à un certain plafond (voir ci-dessous).

Quelle est la condition de ressources ?

Sauf cas particuliers, les ressources à prendre en compte pour l'attribution d'une bourse sont celles de la famille de l'étudiant. Elles correspondent au revenu brut global déclaré 2 ans avant le début de l'année universitaire. En cas de diminution importante des revenus, il peut être tenu compte des revenus de l'année écoulée, voire même de ceux de l'année en cours.

Les plafonds à ne pas dépasser varient selon le nombre de points de charge déterminé en fonction de la situation matérielle de l'étudiant et de sa famille : plus il y a de points de charge, plus les plafonds de ressources sont élevés.

La détermination des points de charge

Le nombre de points dépend des charges de l'étudiant et de sa famille :

– candidat boursier dont le domicile familial est éloigné de l'établissement d'inscription à la rentrée universitaire :

- de 30 à 249 km : 1 point,
- de 250 km et plus : 2 points ;

– pour chaque autre enfant à charge, à l'exclusion du candidat boursier : 2 points ;

– pour chaque enfant à charge, étudiant dans l'enseignement supérieur, à l'exclusion du candidat boursier : 4 points.

Le plafond de ressources

Il varie en fonction du nombre de points de charge dont l'intéressé peut se prévaloir *(Voir pages Barème)*.

Quel est leur montant ?

Le montant des bourses dépend des revenus et des charges du demandeur et de sa famille. En fonction de ces critères, les bourses sont classées selon 7 échelons (de 0 à 6), dont l'échelon 0 qui ne donne pas droit à une bourse proprement dite mais seulement à une exonération des droits d'inscription universitaire et de la cotisation à la sécurité sociale étudiante *(Voir pages Barème)*.

Un complément de bourse est accordé à certains étudiants boursiers :

– aux étudiantes qui, après avoir dû retarder ou interrompre leurs études, les reprennent l'année qui suit leur maternité ;

– aux étudiants ayant séjourné dans un établissement de cure ou de postcure ;

– aux étudiants dont la famille réside en Guyane et qui poursuivent leurs études en Guadeloupe ou en Martinique, ainsi que ceux dont la famille réside en Guadeloupe ou Martinique et poursuivent leurs études en Guyane ;

– aux étudiants des académies de Créteil, Paris et Versailles, boursiers des échelons 1 à 6, au titre de leurs frais de transport *(Voir pages Barème)*.

LE FONDS NATIONAL D'AIDE D'URGENCE

Le fonds national d'aide d'urgence, créé depuis la rentrée 2008/2009, est destiné à apporter une aide financière aux étudiants rencontrant des difficultés particulières. L'âge limite pour en bénéficier est fixé à 35 ans.

Cette aide peut être :

- ponctuelle si l'étudiant rencontre momentanément de graves difficultés. Plusieurs aides peuvent exceptionnellement être attribuées dans l'année ;
- ou annuelle si les difficultés se pérennisent alors que l'étudiant ne peut obtenir une bourse sur critères sociaux. L'aide est versée sur 9 mois pendant toute l'année universitaire.

Le paiement de l'aide d'urgence est assuré par le CROUS.

L'aide ponctuelle est cumulable avec une bourse sur critères sociaux, une aide d'urgence annuelle, une aide à la mobilité, une aide au mérite ou un prêt d'honneur.

L'aide annuelle ne peut pas être cumulée avec une bourse sur critères sociaux. En revanche, elle est cumulable avec une aide à la mobilité et au mérite (*Circulaire n° 2008-1017 du 12/6/2008*).

À NOTER

L'étudiant non bénéficiaire d'une bourse d'enseignement supérieur sur critères sociaux ou bénéficiaire d'une bourse échelon « 0 » peut obtenir un prêt d'honneur. Ce prêt, sans intérêt, est remboursable au plus tard à partir de la 10e année qui suit l'obtention du diplôme.

La demande de prêt doit être adressée au recteur.

Quelles sont leurs modalités d'attribution ?

Ces modalités d'attribution varient selon le cycle d'études ou le cursus « licence et master » en cours.

Cursus en cycles

Dans le 1er cycle, la bourse est attribuée pour une durée égale à celle du cycle d'études ou, le cas échéant, à celle nécessaire à l'obtention du diplôme sanctionnant la fin du cycle (DEUG, DEUST, BTS...). Toutefois, l'étudiant doit, pour chaque année, justifier qu'il satisfait aux conditions de ressources.

En cas d'échec ou de réorientation n'ayant pas permis à l'étudiant d'achever ce cycle d'études en 2 ans, il pourra obtenir le maintien de sa bourse pendant une année supplémentaire à la condition de toujours satisfaire aux conditions de ressources et de justifier de son assiduité aux TD et de sa présence aux examens. Si l'étudiant n'a obtenu aucune note supérieure à la moyenne lors de sa 1re année d'études, ce maintien ne pourra être accordé que sur avis individuel du chef d'établissement émis sur proposition du jury. Des cas particuliers sont prévus pour les étudiants handicapés, les étudiants se trouvant en situation d'échecs consécutifs à certaines circonstances ou difficultés personnelles ou familiales (maternité, raisons graves de santé, décès d'un proche...), les sportifs de haut niveau.

Dans le 2e cycle, la bourse est attribuée pour une année universitaire. Pour obtenir son renouvellement, l'étudiant doit accéder à un niveau supérieur à celui précédemment atteint. Dans le cas contraire, son maintien peut toutefois être accordé dans certains cas : préparation de certains concours, réorientation vers différentes filières, redoublement dû à des difficultés personnelles ou familiales.

Cursus « licence et master »

Les bourses d'enseignement supérieur sur critères sociaux peuvent être accordées dans le cadre des nouveaux cursus mis en place progressivement depuis la rentrée 2002 conduisant d'une part à la licence et d'autre part au master. Les principes généraux de la réglementation en vigueur sont maintenus notamment pour ce qui concerne les conditions d'attribution et le maintien d'une bourse d'enseignement supérieur sur critères sociaux aux étudiants en situation d'échec ou de réorientation, aux étudiants souffrant d'un handicap ainsi qu'aux sportifs de haut niveau. Dans cet esprit, l'ouverture de 7 droits à bourses d'enseignement supérieur sur critères sociaux est prévue sur l'ensemble des deux cursus, un droit couvrant deux semestres consécutifs. Le maximum autorisé est fixé à 5 droits pour l'obtention de la licence. Ainsi, si un étudiant épuise ces 5 droits pour obtenir la licence, il lui reste 2 droits dans le cadre de la préparation du master ; s'il utilise 4 droits pour accéder à la licence, il peut bénéficier de 3 droits pour obtenir le master. S'il utilise 3 droits au cours du cursus licence, il ne peut, néanmoins, prétendre à plus de 3 droits pour obtenir le master. Afin de conserver la notion de progression dans les études telle que retenue dans les principes d'attribution des bourses d'enseignement supérieur sur critères sociaux, le 3e droit à bourse est accordé si l'étudiant a validé 60 crédits européens et le 5e droit dans le cas de la validation de 120 crédits européens. Le 6e droit à bourse sera accordé si l'étudiant a validé sa licence ou un diplôme de niveau comparable.

Quelles sont les démarches ?

La demande de bourse doit être effectuée entre le 15 janvier et le 30 avril précédant la rentrée universitaire par Internet, au moyen du « dossier social étudiant » accessible sur le site du Centre national des œuvres universitaires et scolaires (*www.cnous.fr*).

Le CROUS envoie ensuite un dossier papier à l'étudiant que celui-ci doit signer et retourner avec les pièces justificatives suivantes :

– la photocopie de l'avis fiscal de l'année de référence (année n-2) ;

– les copies des justificatifs de sa scolarité.

D'autres pièces peuvent être demandées par le CROUS pour justifier des situations particulières.

L'étudiant reçoit, au plus tard au mois de juillet, une information sur la suite réservée à sa demande de bourse (rejet ou attribution conditionnelle) et ce n'est qu'à la rentrée, à l'issue de l'inscription universitaire, qu'une décision définitive est prise.

ATTENTION ⚠

Si l'étudiant boursier ne se présente pas aux examens ou concours correspondant à ses études, un ordre de reversement d'une partie ou de la totalité de la bourse lui est adressé. Il doit être préalablement informé de cette mesure.

AVANTAGE

Le cumul d'une bourse avec l'exercice occasionnel d'une activité rémunérée est autorisé, sous certaines conditions.

AVANTAGE

Le bénéfice d'une bourse permet d'être exonéré du paiement de la cotisation au régime de sécurité sociale des étudiants et du paiement des droits de scolarité dans les établissements publics.

À NOTER

Pour le renouvellement de sa demande de bourse, l'étudiant peut être âgé de plus de 28 ans, mais à la condition de ne pas avoir interrompu ses études. Ne sont pas considérées comme une interruption la période d'accomplissement du service national ou celle qui correspond à une maternité.

› L'aide au mérite

Cette aide se substitue aux bourses sur critères universitaires et aux bourses de mérite depuis la rentrée 2008.

Peuvent bénéficier de cette aide :

– les étudiants titulaires d'une mention « très bien » au baccalauréat inscrits dans un établissement habilité à recevoir des boursiers ;

– les étudiants, inscrits en master, figurant sur la liste des meilleurs diplômés de licence de l'année précédente ;

– les étudiants éligibles à une bourse d'enseignement supérieur sur critères sociaux (voir plus haut) ;

– les étudiants, non éligibles à une bourse sur critères sociaux, dont le foyer fiscal n'est pas imposable.
Pour toucher cette aide, l'étudiant doit au préalable avoir déposé une demande de « dossier social étudiant » par l'intermédiaire du site Internet du CROUS de son académie.

La décision d'attribution de l'aide au mérite est prise par le recteur d'académie et notifiée au candidat. Son montant est fixé par arrêté ministériel *(Voir pages Barème)*.

UNE RÉDUCTION D'IMPÔT AU TITRE DES ENFANTS POURSUIVANT DES ÉTUDES

Les contribuables qui ont à charge des enfants poursuivant des études secondaires ou supérieures peuvent bénéficier d'une réduction d'impôt, lorsque certaines conditions sont réunies. Comme il s'agit d'une réduction de l'impôt, il faut bien sûr être imposable pour pouvoir en profiter ! Le montant de cette réduction varie selon le niveau d'études suivies.

› Les allocations pour la diversité dans la fonction publique

Ces allocations remplacent les anciennes « bourses de service public ». Elles sont attribuées par les préfets et destinées à aider financièrement les candidats les plus méritants à préparer les concours de la fonction publique. Sont concernés :
– les étudiants préparant un ou plusieurs concours de la fonction publique, notamment ceux qui sont inscrits dans les instituts de préparation à l'administration générale (IPAG) et les centres de préparation à l'administration (CPAG) ou ceux qui s'engagent à suivre une préparation mise en place à cet effet par des écoles du service public ou des employeurs publics ;
– les personnes sans emploi et titulaires d'un diplôme leur permettant de présenter un concours de la fonction publique de catégorie A ou B et préparant un ou plusieurs concours de la fonction publique.
Les allocations sont attribuées en fonction des ressources dont disposent les candidats ou leur famille et des résultats de leurs études antérieures. Ces résultats sont appréciés en tenant compte de la situation particulière et des mérites respectifs des personnes concernées, c'est-à-dire en prenant en considération les difficultés d'origine matérielle, familiale ou sociale spécifiques qu'elles peuvent rencontrer. Ne peuvent toutefois être retenus que les candidats dont les ressources et charges familiales ne dépassent pas les plafonds fixés pour l'attribution d'une bourse d'enseignement supérieur échelon zéro affectés du coefficient 1,5. Le montant de ces allocations est fixé, chaque année, par arrêté ministériel *(Voir pages Barème)*.

Ces allocations pour la diversité sont accordées pour une durée d'1 an. Elles peuvent être renouvelées, à titre exceptionnel, par le préfet, compte tenu des résultats obtenus par le bénéficiaire au cours de l'année universitaire écoulée. Elles sont versées par trimestre, sous réserve de la fréquentation assidue, par le bénéficiaire, des préparations pour lesquelles l'allocation a été accordée.
Les bénéficiaires d'une allocation prennent l'engagement :
– de se présenter, à l'issue de l'année de préparation, aux épreuves d'admissibilité de l'un des concours pour lesquels l'aide de l'État leur a été accordée ;
– en cas de succès, de rester effectivement pendant 5 ans au service de l'une des trois fonctions publiques (État, territoriale, hospitalière).
S'ils ne remplissent pas leur engagement, les bénéficiaires devront rembourser au Trésor public les sommes perçues au titre de cette allocation.

› Les bourses de mobilité

La bourse de mobilité est exclusivement réservée aux étudiants boursiers sur critères sociaux ou bénéficiaires d'une allocation d'étude. Elle est destinée aux étudiants qui, dans le cadre de la préparation d'un diplôme universitaire national du 1er ou du 2e cycle, désirent effectuer un séjour d'études auprès d'une université étrangère. L'attribution de cette bourse n'est pas de droit, mais est contingentée. Le projet d'études doit être présenté au service des relations internationales de l'établissement où est inscrit l'étudiant. En cas d'acceptation du projet, le montant mensuel de la bourse, d'une durée de 3 à 9 mois, viendra s'ajouter au montant de la bourse d'enseignement supérieur sur critères sociaux.

AVANTAGE

Avec le dispositif « Sésame », les étudiants qui ne peuvent bénéficier d'une bourse sur critères sociaux mais dont les parents sont non imposables peuvent prétendre à une bourse de mérite ou de mobilité.

› L'allocation pour les étudiants étrangers

L'allocation forfaitaire appelée « parcours de réussite professionnelle » (PARP) est destinée aux jeunes étrangers qui ont obtenu des résultats scolaires remarquables et qui s'engagent dans des études supérieures (IUT, STS, licences professionnelles ou classe préparatoire aux grandes écoles).

Le jeune doit être domicilié en France depuis au moins 2 ans et attester être rattaché à un foyer fiscal en France depuis au moins 2 ans.

Il doit être en possession d'un certificat de réfugié, d'une carte de séjour temporaire ou encore d'une carte de résident .

Enfin, il doit :

– être éligible aux bourses sur critères sociaux (voir plus haut) ou au dispositif « Sésame » ;

– et avoir eu la mention très bien ou bien au baccalauréat technologique ou au baccalauréat professionnel.

L'allocation est forfaitaire et est versée chaque année pour une formation de 3 ans maximum *(Voir pages Barème)*.

EXONÉRATION D'IMPÔT DES SALAIRES PERÇUS PAR LES ÉTUDIANTS

Une exonération d'impôt sur le revenu s'applique au titre des salaires perçus par des jeunes âgés de 25 ans au plus au 1er janvier de l'année d'imposition, en rémunération d'activités exercées pendant leurs études, secondaires ou supérieures, ou exercées durant leurs congés scolaires ou universitaires, dans la limite de 3 fois le montant mensuel du SMIC *(Voir pages Barème)*. Cette exonération s'applique au jeune, imposable en son nom propre ou rattaché au foyer fiscal de ses parents.

Accueillir et élever son enfant

Employés de maison

GRILLE DE CLASSIFICATION				
Niveaux	**Critères**	**Emplois polyvalents, tâches ménagères et familiales**	**Postes d'emplois à caractère familial (PECF)(*)**	**Emplois spécifiques**
Débutant	Moins de 6 mois dans la profession	Employé de maison		
Niveau 1	Exécutant sous responsabilité de l'employeur	Employé de maison		Repasseuse familiale
Niveau 2	Compétences acquises dans la profession et capacité d'initiative. Sens des responsabilités, employeur présent ou non. Diplôme reconnu par la branche professionnelle	Employé de maison qualifié	Assistant(e) de vie I, dame de compagnie, garde d'enfant(s)	Homme et femme toutes mains, soutien scolaire
Niveau 3	Responsabilité entière, autonomie, qualification		Assistant(e) de vie II, garde-malade de jour à l'exclusion de soins	Cuisinier qualifié, femme de chambre, valet de chambre, lingère, repasseuse qualifiée, secrétaire particulier
Niveau 4	Responsabilité entière, autonomie totale, qualification	Employé de maison très qualifié avec responsabilité de l'ensemble des travaux ménagers et familiaux	Garde-malade de nuit à l'exclusion de soins	
Niveau 5	Hautement spécialisé		Nurse, gouvernante d'enfant(s)	Maître d'hôtel, chauffeur, chef cuisinier

(*) Il s'agit d'emplois qui comportent essentiellement des « heures de présence responsable ».

SALAIRE MINIMUM HORAIRE BRUT (en €) DEPUIS LE 1/12/2009 (1)								
Salaire horaire sans ancienneté	**Salaire horaire majoré pour ancienneté**							
	après 3 ans	**après 4 ans**	**après 5 ans**	**après 6 ans**	**après 7 ans**	**après 8 ans**	**après 9 ans**	**après 10 ans**
8,91	9,18	9,27	9,36	9,44	9,53	9,62	9,71	9,80
9,03	9,30	9,39	9,48	9,57	9,66	9,75	9,84	9,93
9,20	9,48	9,57	9,66	9,75	9,84	9,94	10,03	10,12
9,26	9,54	9,63	9,72	9,82	9,91	10,00	10,09	10,19
9,68	9,97	10,07	10,16	10,26	10,36	10,45	10,55	10,65

(1) Précisions :
– pour connaître le salaire mensuel brut minimum, il y a lieu de multiplier les chiffres ci-dessus par 174 ;
– aucun salaire horaire brut horaire ou mensuel ne peut être inférieur au SMIC et, en cas d{apos}augmentation de ce dernier, celle-ci s'applique immédiatement ;
– certaines conventions collectives régionales ou départementales peuvent contenir des dispositions plus favorables en matière d'ancienneté.

Garde des jeunes enfants

Complément de libre choix du mode de garde versé dans le cadre de la PAJE

➔ *Montant minimum du revenu tiré d'une activité professionnelle :*

– si le bénéficiaire salarié vit seul : 389,20 € ;
– si le bénéficiaire salarié vit en couple : 778,40 €.

➔ *Montant de la prise en charge de la rémunération :*

Ce montant dépend des revenus et de l'âge des enfants.

➔ *Montant de la prise en charge des cotisations :*

– Prise en charge totale pour l'emploi d'une assistante maternelle agréée ;
– Pour une garde à domicile : prise en charge de 50 % des cotisations sociales, dans la limite de 419 € par mois, jusqu'au 3e anniversaire de l'enfant et 210 € par mois pour un enfant de 3 à 6 ans ;

➔ *Rémunération maximale de l'assistante maternelle par enfant et par jour de garde :*

44,30 € brut.

PLAFONDS DE RESSOURCES APPLICABLES POUR LA PÉRIODE DU 1/1/2010 AU 31/12/2010 (en €)			
Nombre d'enfants à charge	**Inférieurs à**	**Ne dépassant pas**	**Supérieurs à**
1 enfant	20 059	44 576	44 576
2 enfants	23 095	51 322	51 322
Par enfant en plus	3 643	8 096	8 096
Âge de l'enfant	**Montant mensuel de la prise en charge**		
Moins de 3 ans	441,63	278,48	167,07
De 3 à 6 ans	220,82	139,27	83,54

Garde par un stagiaire étranger aide familial (jeune au pair) :

➔ ***Montant minimum de l'argent de poche depuis le 1/1/2010 :***

entre 248,25 € et 297,90 €.

Garde par une assistante maternelle

➔ ***Salaire minimum de l'assistante maternelle (depuis le 1/1/2010)***

Le salaire horaire brut de base ne peut être inférieur à 1/8e du salaire statutaire brut journalier, soit 2,49 € par heure.

➔ ***Indemnité pour frais de garde d'enfants :***

2,81 € au minimum par journée d'accueil.

Prestations familiales

Allocation de base versée dans le cadre de la PAJE

➔ ***Montant mensuel au 1/1/2010 :***

177,95 € par famille.

➔ ***Plafond de ressources :***

Le même que pour la prime à la naissance ou à l'adoption versée dans le cadre de la PAJE.

Allocations familiales

➔ ***Montants selon le nombre d'enfants à charge (au 1/1/2010) :***

– 2 enfants : 123,92 € ;
– 3 enfants : 282,70 € ;
– par enfant en plus : 158,78 €.

➔ ***Allocation forfaitaire (pour les enfants de plus de 20 ans) :***

78,36 € par mois.

➔ ***Majoration :***

– enfant de 11 à 16 ans : 34,86 € ;
– enfant de plus de 16 ans : 61,96 € ;
– enfant de plus de 14 ans (nés après le 30/4/1997) : 61,96 €.

Allocation journalière de présence parentale (montant mensuel au 1/1/2010)

➔ ***Personne seule :***

48,92 €.

➔ ***Couple :***

– 41,17 €

➔ ***Complément pour frais :***

– 102,23 € par mois lorsque les dépenses sont d'un montant au moins égal à 105,30 € ;
– pour ce complément, même plafond de ressources que pour le complément familial.

Allocation de rentrée scolaire

➔ ***Plafond de ressources pour la rentrée 2010 :***

– avec 1 enfant : 22 946 € ;
– pour 2 enfants : 28 241 € ;
– pour 3 enfants : 33 536 € ;
– par enfant en plus : 5 295 €.

➔ ***Montant de l'allocation :***

– pour les 6-10 ans : 280,76 € ;
– pour les 11-14 ans : 296,22 € ;
– pour les 15-18 ans : 306,51 €.

Une allocation différentielle est versée aux familles dont le revenu net imposable dépasse 22 946 € pour un enfant, augmenté de 5 295 € par enfant supplémentaire, mais est inférieur au plafond pris en compte augmenté du montant de l'allocation, multiplié par le nombre d'enfants y ouvrant droit.

Allocation de soutien familial

➔ ***Montant mensuel (au 1/1/2010) :***

– Orphelin de père et de mère ou assimilé : 116,18 € ;
– Orphelin de père ou de mère et assimilé : 87,14 €.

Base mensuelle de calcul des allocations familiales

➔ ***Montant (au 1/1/2010) :***

389,20 €.

Complément de libre choix d'activité et COLCA versés dans le cadre de la PAJE (montants mensuels au 1/1/2010)

➔ ***Complément de libre choix d'activité :***

– À taux plein : 374,17 € (552,11 € en cas de non-perception de l'allocation de base versée dans le cadre de la PAJE) ;

– À taux partiel :
• si l'activité est au plus égale à 50 % de la durée du travail fixée dans l'entreprise : 241,88 € (419,83 € en cas de non-perception de l'allocation de base versée dans le cadre de la PAJE),
• si l'activité est comprise entre 50 et 80 % de la durée du travail fixée dans l'entreprise : 139,53 € (317,48 € en cas de non-perception de l'allocation de base versée dans le cadre de la PAJE).

➔ ***COLCA :***

– 611,59 € (si vous bénéficiez de l'allocation de base de la PAJE) ;
– 789,54 € (sans allocation de base).

Complément familial

➔ ***Plafond de ressources :***

REVENU NET CATÉGORIEL EN € (DE 2008 POUR LA PÉRIODE DE PAIEMENT 1/1/2010 AU 31/12/2010)		
Enfants à charge	**Couple avec 1 revenu**	**Parent isolé ou couple avec 2 revenus**
3 enfants	35 457 €	43 375 €
4 enfants	41 366 €	49 284 €
Par enfant en +	+ 5 909 €	+ 5 909 €

Lorsque les ressources de la famille excèdent ces plafonds d'une somme inférieure à 1 888,56 €, un complément différentiel est dû dont le montant varie en fonction de l'importance du dépassement.

➔ ***Montant mensuel de l'allocation (au 1/1/2010) :***

161,29 €.

Prime à la naissance ou à l'adoption versée dans le cadre de la PAJE

➔ ***Montant au 1/1/2010 :***

889,72 € par enfant né et 1 779,43 € par enfant adopté ;

➔ ***Plafond des ressources :***

REVENU NET CATÉGORIEL EN € (DE 2007 POUR LA PÉRIODE DE PAIEMENT 1/1/2010 AU 31/12/2010)		
Enfants à charge	**Ménage avec 1 revenu**	**Ménage avec 2 revenus ou personne isolé(1)**
1 enfant	33 731 €	44 576 €
2 enfants	40 477 €	51 322 €
3 enfants	48 573 €	59 418 €
Par enfant en plus	+ 8 096 €	+ 8 096 €
(1) Il y a deux revenus lorsque chacun des membres du couple (marié ou non) a disposé durant l'année civile de référence (soit 2008) d'un revenu au moins égal à 4 534,32 € (soit 12 fois la base mensuelle de calcul des allocations familiales en vigueur au 1er janvier de ladite année).		

SMIC depuis le 1/1/2010

– SMIC horaire : 8,86 € ;
– SMIC mensuel (151,666 heures) : 1 343,77 €.

Scolarité

Bourses scolaires et universitaires

➔ ***Bourses d'études de collège pour l'année 2009-2010 :***

PLAFOND DE RESSOURCES ET MONTANT					
Plafond de ressources annuelles (revenus de 2007)					**Montant de la bourse (par enfant)**
3 niveaux de ressources sont prévus	**1 enfant**	**2 enfants**	**3 enfants**	**par enfant en +**	
niveau A	13 133 €	16 164 €	19 195 €	+ 3 031 €	79,71 €
niveau B	7 099 €	8 737 €	10 375 €	+ 1 638 €	220,80 €
niveau C	2 505 €	3 083 €	3 661 €	+ 578 €	344,85 €

➔ *Bourses d'études de lycée pour l'année 2010-2011 :*

PLAFOND DE RESSOURCES (REVENUS DE 2008)	
Nombre total de points de charge	**Montant des revenus annuels à ne pas dépasser**
9	11 462 €
10	12 736 €
11	14 009 €
12	15 283 €
13	16 556 €
14	17 830 €
15	19 104 €
par point en +	+ 1 273 €

Montant de la part de bourse : 43,08 €.

Montant des différentes primes et bourses :

– Prime d'entrée en 2e : 217,06 € ;
– Prime d'entrée en 1re : 217,06 € ;
– Prime d'entrée en terminale : 217,06 € ;
– Prime à la qualification (élèves préparant un CAP ou un BEP) : 435,84 € ;
– Prime d'équipement (élèves de 1re année des sections industrielles, des lycées professionnels et des écoles techniques de 2e cycle court) : 341,71 € ;
– Prime à l'internat : 243,72 € ;
– Bourse de mérite : 800 € ;
– Bourse de mobilité : 400 € par mois.

➔ *Bourses d'enseignement supérieur pour l'année 2009-2010 :*

PLAFOND DE RESSOURCES EN € (REVENUS DE 2007)							
	ÉCHELONS						
Points de charge	**0**	**1**	**2**	**3**	**4**	**5**	**6**
0	32 440	22 060	17 830	15 750	13 710	11 710	7 390
1	36 040	24 510	19 810	17 500	15 230	13 010	8 210
2	39 650	26 960	21 790	19 250	16 760	14 310	9 030
3	43 250	29 410	23 770	21 000	18 280	15 610	9 850
4	46 860	31 860	25 750	22 750	19 800	16 910	10 670
5	50 460	34 320	27 740	24 500	21 330	18 220	11 500
6	53 070	36 770	29 720	26 250	22 850	19 520	12 320
7	57 670	39 220	31 170	28 000	24 370	20 820	13 140
8	61 280	41 670	33 680	29 750	25 900	22 120	13 960
9	64 880	44 120	35 660	31 500	27 420	23 420	14 780
10	68 480	46 570	37 640	33 250	28 940	24 720	15 600
11	71 090	49 020	39 620	35 000	30 470	26 020	16 420
12	75 690	51 470	41 600	36 750	31 990	27 320	17 240
13	79 300	53 920	43 580	38 500	33 510	28 620	18 060
14	82 900	56 380	45 570	40 250	35 040	29 930	18 890
15	86 510	58 830	47 550	42 000	36 560	31 230	19 710
16	90 110	61 280	49 530	43 750	38 080	32 530	20 530
17	93 720	63 730	51 510	45 500	39 610	33 830	21 350

Bourses sur critères sociaux :

MONTANT DES BOURSES (2009-2010)	
Échelon	**Montant annuel**
0 (1)	0 €
1	1 445 €
2	2 177 €
3	2 790 €
4	3 401 €
5	3 905 €
6 (2)	4 140 €

(1) Donne droit à une exonération des droits d'inscription universitaire.
(2) Un 6e échelon a été mis en place depuis le 1/1/2008.

Compléments de bourse :
– pour les étudiantes après une maternité, pour les étudiants qui reprennent des études après un séjour en cure ou postcure ou qui, originaires de Corse, poursuivent leurs études dans une autre académie : 272,57 € ;
– au titre de leurs frais de transport pour les étudiants des académies de Créteil, Paris et Versailles : 153 €.

Aide au mérite : 1 800 € sur 9 mois.
Cette aide remplace les bourses sur critères universitaires et les bourses de mérite depuis la rentrée 2008.

Allocations pour la diversité dans la fonction publique : 2000 €.

Allocation pour les étudiants étrangers : 4 800 € par personne et par an.

Dates des vacances scolaires

➔ *2010-2011 :*

	ZONE A	ZONE B	ZONE C
Rentrée scolaire des élèves	Jeudi 2 septembre 2010		
Toussaint	Samedi 23 octobre 2010 – Jeudi 4 novembre 2010		
Noël	Samedi 18 décembre 2010 – Lundi 3 janvier 2011		
Hiver	Samedi 26 février 2011 Lundi 14 mars 2011	Samedi 19 février 2011 Lundi 7 mars 2011	Samedi 12 février 2011 Lundi 28 février 2011
Printemps	Samedi 23 avril 2011 Lundi 9 mai 2011	Samedi 16 avril 2011 Lundi 2 mai 2011	Samedi 9 avril 2011 Mardi 26 avril 2011
Début des vacances d'été	Samedi 2 juillet 2011		

➔ *2011-2012 :*

	ZONE A	ZONE B	ZONE C
Rentrée scolaire des élèves	Lundi 5 septembre 2011		
Toussaint	Samedi 22 octobre 2011 – Jeudi 3 novembre 2011		
Noël	Samedi 17 décembre 2011 – Mardi 3 janvier 2012		
Hiver	Samedi 11 février 2012 Lundi 27 février 2012	Samedi 25 février 2012 Lundi 12 mars 2012	Samedi 18 février 2012 Lundi 5 mars 2012
Printemps	Samedi 7 avril 2012 Lundi 23 avril 2012	Samedi 21 avril 2012 Lundi 7 mai 2012	Samedi 14 avril 2012 Lundi 30 avril 2012
Début des vacances d'été	Jeudi 5 juillet 2012		

Le départ en vacances a lieu après la classe et la reprise a lieu le matin des jours indiqués.

➔ *Définition des différentes zones :*

– Zone A : Caen, Clermont-Ferrand, Grenoble, Lyon, Montpellier, Nancy-Metz, Nantes, Rennes et Toulouse ;

– Zone B : Aix-Marseille, Amiens, Besançon, Dijon, Lille, Limoges, Nice, Orléans-Tours, Poitiers, Reims, Rouen et Strasbourg ;

– Zone C : Bordeaux, Créteil, Paris et Versailles.

La personne et le droit

L’état civil

Les actes d’état civil
Le livret de famille
La carte nationale d’identité

Le nom et le prénom

Le nom de famille
Le prénom

L'état civil

L'état civil peut se définir comme l'ensemble des qualités d'une personne qui sont prises en compte par la loi pour y attacher des effets. Les principales composantes de l'état civil d'une personne tiennent à son nom, sa filiation, sa capacité, son état matrimonial, sa nationalité… Afin que chacun puisse faire la preuve de son état civil, les services de l'État (mairies) sont habilités à délivrer différentes pièces d'état civil (copies ou extraits d'acte). En outre, la présentation d'autres documents, tels que le livret de famille ou la carte nationale d'identité, peut servir de preuve, si besoin est, auprès des administrations et des services publics.

Les actes d'état civil

Parmi les différentes pièces d'état civil, il faut distinguer les copies d'acte (naissance, mariage et décès) des extraits d'acte (naissance et mariage). Quant aux fiches d'état civil, elles ont été supprimées depuis plusieurs années.

La publicité de l'état civil

Tous les événements qui intéressent l'état d'une personne font l'objet d'une publicité par inscription sur les registres de l'état civil. Tel est le cas de la naissance, du mariage ou du décès d'un individu. D'autres événements doivent être transcrits en marge de ces actes : le jugement de divorce ou de séparation de corps, la signature d'un PACS ou sa dissolution, la reconnaissance d'un enfant ou son adoption, le changement de nom ou de prénom, de nationalité, le décès…

En outre, peut figurer en marge d'un acte de naissance la mention RC qui indique qu'une inscription a été prise au répertoire civil ; cela signifie, par exemple, que cette personne, bien que majeure, a été placée sous un régime de protection et que sa capacité juridique est limitée.

À NOTER

Sauf disposition contraire, la durée de validité des copies et extraits d'actes d'état civil n'est pas limitée.

L'acte de naissance et l'acte de mariage

Pour ces actes, on distingue la copie qui reproduit intégralement le contenu de l'acte tel qu'il figure sur les registres de l'état civil, de l'extrait qui ne fait figurer que certains renseignements seulement.

› Les copies d'acte de naissance et d'acte de mariage

Qui peut les demander ?

– L'intéressé lui-même s'il est majeur ou émancipé ;
– son représentant légal s'il est mineur, majeur protégé ou en état d'incapacité ;
– ses ascendants et descendants ainsi que son conjoint ;
– le procureur de la République ;
– le greffier en chef du tribunal d'instance pour l'établissement des certificats de nationalité française ;
– les administrations publiques, dans les cas où les lois et règlements les y autorisent ;
– toute autre personne à la condition d'être munie d'une autorisation du procureur de la République.

Où s'adresser ?

Pour obtenir une copie d'acte de naissance, vous devez en faire la demande auprès de la mairie du lieu de naissance de l'intéressé. Les personnes nées dans un TOM doivent s'adresser à la Direction des archives de France. Pour les personnes nées à l'étranger, il convient de s'adresser au service central d'état civil du ministère des Affaires étrangères.

AVANTAGE

Grâce au portail des démarches en ligne www.administration24h24.gouv.fr, vous pouvez faire une demande d'acte de naissance par Internet auprès de votre commune de naissance.

Pour une copie d'acte de mariage, vous devez en faire la demande auprès de la mairie où le mariage a été célébré. Si le mariage a été célébré à l'étranger, vous devez vous adresser également au service central d'état civil du ministère des Affaires étrangères à Nantes.

À NOTER

Pour obtenir un acte de naissance (si celle-ci a eu lieu à l'étranger), les personnes de nationalité étrangère doivent s'adresser aux autorités de leur pays. Toutefois, les naissances, mariages et décès des étrangers en France doivent être déclarés au service d'état civil français.

AVANTAGE

Le service central d'état civil du ministère des Affaires étrangères permet aux intéressés de déposer leurs demandes de copies ou d'extraits d'actes d'état civil par Internet sur le site www.diplomatie.gouv.fr.

AVANTAGE

La délivrance de toutes ces pièces est gratuite.

Comment les obtenir ?

Vous pouvez obtenir la copie d'un acte en vous déplaçant ou en écrivant à la mairie concernée (dans ce cas, vous devez joindre une enveloppe timbrée à vos nom et adresse, sauf si vous vous adressez au ministère des Affaires étrangères à Nantes), et en justifiant de votre identité. Vous devez donner toutes les indications sur le nom de la personne pour laquelle la copie de l'acte de naissance est demandée, sa date de naissance ainsi que les nom et prénoms usuels de ses parents. Pour la copie d'un acte de mariage, il faudra indiquer les noms des époux et la date du mariage.

LA LÉGALISATION D'UN DOCUMENT

La légalisation atteste l'authenticité des signatures apposées sur un acte et la qualité des signataires. Elle peut être demandée par les autorités françaises concernant un document étranger ou par des autorités étrangères concernant un document français. Si elle peut être requise pour un acte d'état civil, elle peut également l'être pour un acte notarié, un acte judiciaire, un document administratif ou encore un acte sous seing privé, c'est-à-dire un document rédigé par un particulier.

- Pour connaître les formalités à accomplir, s'adresser au ministère des Affaires étrangères, Bureau des légalisations.
- La légalisation est en général faite sur place le jour même ou dans les 24 heures. On peut également effectuer cette formalité par correspondance en joignant une enveloppe timbrée à la demande ainsi que le règlement par chèque (voir tarifs ci-dessous).
- La légalisation d'un acte d'état civil coûte 1 €, celle d'un autre document 2 €. Pour les documents étrangers, les prix sont variables (la France appliquant des tarifs de réciprocité).

Les extraits d'acte de naissance et d'acte de mariage

Quel est le contenu de l'extrait d'acte de naissance ?

Il est variable selon la nature de l'extrait :

- s'il s'agit d'un extrait simple, il indique, sans autre renseignement, l'année, le jour, l'heure et le lieu de naissance, le sexe, les prénoms et le nom de famille, suivi le cas échéant de la mention de la déclaration conjointe de ses parents quant au choix effectué. En outre, sont reproduites les mentions de mariage, de conclusion ou de dissolution d'un PACS, de divorce, de séparation de corps et de décès. À la demande des intéressés, peuvent être ajoutées les mentions relatives à la nationalité française ;
- s'il s'agit d'un extrait avec indication de la filiation, il indique, en plus des énonciations ci-dessus, les noms, prénoms, âges, professions et domiciles des père et mère de l'enfant, ainsi que les mentions relatives à la nationalité française (déclaration enregistrée, perte, réintégration, naturalisation, première délivrance de certificat de nationalité) ;
- en tout état de cause, lorsqu'un enfant a fait l'objet d'une adoption plénière, d'une adoption comportant une rupture avec la famille d'origine, les extraits d'acte le concernant doivent, sans aucune référence au jugement, indiquer comme père et mère les adoptants. Il en est de même en cas d'adoption simple lorsque les seuls parents connus sont les adoptants ou l'adoptant et son conjoint.

Quel est le contenu de l'extrait d'acte de mariage ?

Tout comme l'extrait d'acte de naissance, il varie selon qu'il est simple ou qu'il fait état de la filiation des époux :

- l'extrait simple de l'acte de mariage indique, sans autres renseignements, l'année et le jour du mariage ainsi que les noms et prénoms, dates et lieux de naissance des époux.

Il reproduit, en outre, les énonciations relatives au régime matrimonial ainsi que les mentions de divorce et de séparation de corps ;

- pour un extrait d'acte de mariage avec indication de la filiation, il précise, en plus des énonciations visées ci-dessus, les noms et prénoms des père et mère de l'un ou l'autre des époux ou des deux.

Qui peut les demander ?

Pour un extrait simple d'acte de naissance ou d'acte de mariage, toute personne peut en faire la demande.

Les extraits de ces mêmes actes avec mention de la filiation peuvent être demandés par les personnes autorisées à demander une copie d'acte (voir plus haut) ainsi que par les héritiers de l'intéressé en cas de décès de ce dernier.

Où s'adresser et comment les obtenir ?

Les lieux et les conditions d'obtention des extraits d'acte sont les mêmes que pour une copie d'acte de naissance ou d'acte de mariage (voir plus haut).

L'acte de décès

Contrairement à l'acte de naissance ou à l'acte de mariage, il n'est pas délivré d'extraits d'acte de décès, mais des copies intégrales de cet acte.

Quel est son contenu ?

L'acte de décès précise, autant qu'il est possible de le savoir, le jour, l'heure et le lieu du décès, les prénoms, nom, date et lieu de naissance, profession et domicile du défunt ; les prénoms, noms, professions et domiciles de ses père et mère ; les prénoms et nom de l'autre époux si le défunt était marié, veuf ou divorcé ; et enfin, les prénoms, nom, âge, profession et domicile du déclarant et, s'il y a lieu, son degré de parenté avec la personne décédée.

À NOTER

En cas de décès d'un enfant né vivant et viable, quelle que soit sa durée de vie (y compris quelques heures), l'établissement d'un acte de naissance et d'un acte de décès est requis.

Si un enfant naît sans vie et non viable, l'officier de l'état civil établit un « acte d'enfant sans vie ». Cet acte peut être établi quels que soient la durée de la grossesse et le poids du foetus (Cour de cassation, 1re chambre civile, 6/2/2008).

L'acte est inscrit sur les registres de décès et se contente d'indiquer le jour, l'heure et le lieu de l'accouchement ainsi que les noms, prénoms, dates et lieux de naissance, professions et domicile des parents (Code civil, Art. 79-1).

L'enfant sans vie peut recevoir un prénom, figurer dans le livret de famille et être inhumé mais n'a ni nom, ni personnalité juridique.

Qui peut le demander ?

La copie d'un acte de décès peut être délivrée à toute personne qui en fait la demande.

Où s'adresser et comment l'obtenir ?

Pour obtenir une copie de l'acte de décès d'une personne, vous devez vous adresser à la mairie du lieu du décès ou à celle du dernier domicile du défunt.

Comme pour la délivrance des autres pièces d'état civil, vous devez donner les renseignements utiles concernant la personne dont l'acte de décès est demandé, en particulier l'identité du défunt ainsi que la date de son décès. Si le décès est intervenu à l'étranger, la demande doit être faite au service central de l'état civil situé au ministère des Affaires étrangères, à Nantes.

À NOTER

L'indication du décès est portée en marge de l'acte de naissance du défunt.

AVANTAGE

La délivrance de toutes ces pièces est gratuite.

AVANTAGE

Le gouvernement a créé un site dédié aux particuliers et destiné à faciliter toutes les relations avec l'administration : www.mon.service-public.fr.

Chaque usager peut créer son propre compte sécurisé et personnaliser ses relations avec l'administration, quel que soit le service concerné, de manière confidentielle.

L'objectif est de regrouper à terme toutes les démarches en ligne proposées par les organismes publics, afin de mettre à la disposition des usagers une offre de services en ligne complète.

LA SUPPRESSION DES FICHES D'ÉTAT CIVIL

Les fiches individuelles, familiales et de nationalité française d'état civil qui vous étaient réclamées pour de nombreuses démarches administratives afin de justifier de votre identité, de votre situation familiale ou de votre nationalité sont supprimées (*Décret n° 2000-1277 du 26/12/2000* et *Circulaire du 26/12/2000*).
Désormais, il vous suffit de produire l'original ou la photocopie lisible des documents figurant dans le tableau ci-dessous :

DOCUMENTS À PRODUIRE	DOCUMENTS QUE LES USAGERS SONT DISPENSÉS DE PRODUIRE
Livret de famille régulièrement tenu à jour.	Extrait de l'acte de mariage des parents. Extrait de l'acte de naissance des parents ou des enfants. Copie de l'acte de décès des parents ou des enfants morts avant leur majorité.
Livret de famille régulièrement tenu à jour et revêtu de l'une des mentions prévues à l'article 28 du Code civil pour le ou les titulaires du livret de famille et, le cas échéant, pour leurs enfants mineurs.	Certificat de nationalité française.
Carte nationale d'identité en cours de validité.	Certificat de nationalité française. Extrait de l'acte de naissance du titulaire.
Passeport en cours de validité.	Extrait de l'acte de naissance du titulaire ou de ses enfants mineurs qui y sont mentionnés.
Carte d'ancien combattant, ou carte d'invalide de guerre, ou carte d'invalide civil.	Extrait de l'acte de naissance du titulaire.
Copie ou extrait de l'acte de naissance revêtu de l'une des mentions prévues à l'article 28 du Code civil.	Certificat de nationalité française. Une des pièces justificatives de la nationalité mentionnées aux articles 34 et 52 du décret n° 93-1362 du 30/12/1993.

Les pièces d'état civil sont recevables quelle que soit la date de leur délivrance (sauf dispositions législatives ou réglementaires contraires).
Attention : la production de justificatifs reste inchangée pour la délivrance des titres et actes suivants : carte nationale d'identité, passeport, titre de séjour pour étranger, livret de famille, copie ou extrait d'acte de l'état civil, carte d'ancien combattant, carte d'invalide de guerre, certificat de nationalité française, copie des décisions judiciaires, document de circulation pour étranger mineur, titre d'identité républicain et l'ensemble des documents de voyage français.

Le livret de famille

Chacune des mentions du livret de famille tenu à jour a la valeur probante qui s'attache aux extraits des actes de l'état civil et sert ainsi à prouver le lien de filiation entre parents et enfants.

À qui est-il délivré ?

Un livret de famille vous est remis gratuitement, sans avoir à en faire la demande, au moment de la célébration de votre mariage. Il est délivré par la mairie du lieu de célébration du mariage.

Si vous n'êtes pas marié, vous pouvez obtenir un livret de famille lors de la déclaration de naissance de votre premier enfant lorsque la filiation est établie à l'égard d'au moins l'un des parents.

Lors de la naissance d'un enfant sans vie, l'officier d'état civil qui établit l'acte peut également remettre, à leur demande, un livret de famille aux parents.

De même, si vous avez adopté un enfant, quelle que soit la forme d'adoption, vous pouvez également obtenir un livret de famille lors de la transcription sur les registres de l'état civil du jugement d'adoption.

Lorsque les parents de l'enfant ne sont pas mariés, la demande de livret de famille s'effectue soit à la mairie du lieu de naissance de l'enfant, soit à celle du lieu de résidence du parent qui en fait la demande.

Que contient-il ?

- Le livret de famille comporte selon le cas :

– un extrait de l'acte de mariage des époux avec mention de l'existence ou non d'un contrat de mariage. Si un tel contrat a été établi, figurent seulement la date de l'acte et le nom du notaire qui l'a reçu, mais pas la nature du régime choisi par les époux (→ index, *Régime matrimonial*) ;

– un extrait de l'acte de naissance du ou des parents à l'égard desquels la filiation est établie ainsi qu'un extrait de l'acte de naissance de l'enfant.

- Par la suite, sont portées, selon les cas, les mentions suivantes :

– l'extrait de l'acte de mariage des parents ;

– l'extrait de l'acte de naissance du parent à l'égard duquel la filiation est établie postérieurement à la date de délivrance du livret ;

– les extraits des actes de naissance des enfants communs ou, lorsque la filiation n'est établie qu'à l'égard d'un parent, des enfants dont la filiation n'est établie qu'à l'égard de ce parent ;

– les extraits des actes de décès des enfants mineurs ;

– les extraits des actes de décès des époux ou des parents.

Le livret de famille est également complété par la mention des actes ou jugements ayant une incidence sur un des actes figurant sur le livret, tel que changement de nom, jugement rectificatif, divorce, séparation de corps, etc.

Concernant un enfant né sans vie, sont inscrits dans le livret de famille un extrait d'acte de naissance du ou des parents, la date et le lieu de l'accouchement et le prénom de l'enfant sans vie.

À NOTER

Il est inséré au livret de famille des renseignements relatifs à l'état civil et au droit de la famille (règles concernant la filiation, le nom des enfants, l'adoption, l'autorité parentale, les droits successoraux des enfants…) ainsi que des informations spécifiques aux époux (nom des époux, logement, droits et devoirs respectifs, régime matrimonial, droits du conjoint survivant…) (Arrêté du 1/6/2006).

Quelle est sa valeur ?

Régulièrement tenu à jour, le livret de famille équivaut auprès des administrations et des services de l'État à un extrait de l'acte de mariage des parents, un extrait de l'acte de naissance des parents ou des enfants, ou bien encore, à un extrait de l'acte de décès des parents ou des enfants morts avant leur majorité.

Quand peut-on obtenir un second livret ?

Un second livret peut être délivré :

– en cas de perte, vol ou destruction du premier ;

– en cas de changement dans la filiation ou dans les noms et prénoms des personnes dont l'acte figure sur le livret, sous réserve de la restitution du premier livret ;

– lorsque l'un des titulaires en est dépourvu, notamment en cas de divorce ou de séparation des titulaires justifié par la production d'une décision judiciaire ou d'une convention homologuée.

Le demandeur doit s'adresser à l'officier de l'état civil du lieu de sa résidence.

À NOTER

La conservation du livret de famille est assurée par les père et/ou mère auxquels incombe le soin de le faire tenir à jour.

La carte nationale d'identité

La carte nationale d'identité a pour but de certifier l'identité de son titulaire. Elle est délivrée aux seules personnes de nationalité française, sans condition d'âge, et est valable 10 ans.

Où s'adresser pour l'obtenir ?

Vous devez vous présenter personnellement à la mairie de votre domicile ou de votre résidence. À Paris : au commissariat de police de votre arrondissement. Quant aux mineurs, ils doivent être accompagnés de leur représentant légal (père, mère ou tuteur).

Quelles sont les pièces à fournir ?

Le décret n° 2010-506 du 18/5/2010 a simplifié la procédure de délivrance et de renouvellement de la carte d'identité.

Pour une première demande, vous devez d'abord retirer auprès de la mairie un formulaire de demande Cerfa de carte d'identité et le retourner dûment complété et signé en y joignant les pièces suivantes :

– deux photographies d'identité récentes de format 3,5 × 4,5 cm, de face et tête nue ;

– un justificatif de votre domicile ou de votre résidence (acte de propriété, contrat de location, quittance de loyer, avis d'imposition, facture EDF ou de téléphone…) ;

– votre passeport électronique ou biométrique ou, à défaut, votre passeport non sécurisé valide ou périmé depuis moins de 2 ans (il n'est plus nécessaire de fournir un acte d'état civil ni de justifier de sa nationalité française).

À défaut de pouvoir présenter un passeport, il faut fournir :

– un justificatif d'état civil (un extrait d'acte de naissance avec filiation de moins de 3 mois ou une copie intégrale d'acte de naissance ou, à défaut, la copie intégrale de l'acte de mariage) ;

– un justificatif de nationalité française.

Pour un renouvellement, la procédure a également été allégée. La nationalité française n'a plus à être vérifiée une nouvelle fois si l'identité et la nationalité du demandeur ne sont pas contestées. Aucun acte d'état civil ni justificatif de nationalité ne peut donc être exigé. Il faut présenter la demande de renouvellement remplie et signée, l'ancienne carte d'identité et produire les mêmes pièces que celles exigées pour une première demande.

Le demandeur doit venir en personne et présenter les originaux des pièces demandées.

En cas de perte ou de vol de la carte d'identité, il faut également joindre la déclaration de perte ou de vol faite au commissariat.

À NOTER

Mieux vaut vous renseigner sur les pièces à fournir auprès de votre mairie avant de vous rendre sur place.

Quelles sont les indications portées sur la carte ?

Outre la photographie de l'intéressé, la carte d'identité mentionne :

– son nom de famille ou son nom d'usage (→ index, *Nom*). La femme mariée peut demander que la carte soit établie à son seul nom sans indication du nom de son mari. Si, au contraire, elle souhaite que figure le nom de son mari en plus de son nom de jeune fille, elle devra produire son livret de famille. De même, la femme veuve pourra, sur production de l'acte de décès de son mari ou du livret de famille, faire suivre son nom de celui de son mari décédé. Enfin, la femme divorcée pourra porter le nom de son ex-mari si elle y a été autorisée et devra alors justifier de cette autorisation ;

– ses prénoms ;

– ses date et lieu de naissance ;

– sa nationalité ;

– son domicile, sa résidence ou, le cas échéant, sa commune de rattachement ;
– son sexe ;
– sa taille ;
– sa signature ;
– la date d'établissement du document et la limite de validité de la carte.

AVANTAGE

La délivrance de la carte d'identité est gratuite. La loi de finances pour 2009 a posé le principe de la gratuité du renouvellement si son titulaire fournit l'ancienne carte. À défaut, il doit acquitter un droit de timbre de 25 €.

AVANTAGE

La carte nationale d'identité en cours de validité peut tenir lieu de certificat de nationalité ou d'extrait d'acte de naissance de son titulaire.

ATTENTION ⚠

Les délais d'obtention sont variables. À la veille des vacances d'été, ils sont toujours plus longs que le reste de l'année.

COMMENT OBTENIR VOS PAPIERS D'ÉTAT CIVIL ?

Papiers	Qui peut l'obtenir ?	Où peut-on l'obtenir ?	Que faut-il faire ?
CARTE NATIONALE D'IDENTITÉ	toute personne de nationalité française.	– à la mairie (Paris : commissariat de police), – si urgence : à la préfecture ou à la sous-préfecture (Paris : préfecture de police).	Cas général : – apporter 2 photographies ressemblantes, – présenter un justificatif de domicile (acte de propriété, quittance de loyer, facture EDF ou de téléphone...), – présenter son passeport électronique ou biométrique ou, à défaut, son passeport non sécurisé valide ou périmé depuis moins de 2 ans. Il n'est plus nécessaire de fournir un timbre fiscal.
LIVRET DE FAMILLE	– le couple qui se marie, – la mère ou/et le père d'un enfant né hors mariage, – la mère et/ou le père d'un enfant adopté, – les réfugiés ou apatrides.	– à la mairie, – pour les réfugiés ou apatrides : à l'OFPRA.	
EXTRAIT D'ACTE DE NAISSANCE	– toute personne sans avoir à justifier de sa demande, – si l'extrait mentionne la filiation, les mêmes personnes qu'en matière de copie d'acte de naissance ou de mariage (voir plus haut) ainsi que les héritiers de l'intéressé.	– à la mairie du lieu de naissance, – à l'étranger : au service central de l'État civil du ministère des Affaires étrangères.	– indiquer nom et prénoms, date et lieu de naissance de la personne concernée, – si l'extrait d'acte de naissance est demandé en vue d'un mariage, le préciser également, – si démarche faite par un tiers : justifier de l'identité, – si démarche faite par correspondance : signer la demande et joindre une enveloppe timbrée à ses nom et adresse (sauf pour une demande faite à Nantes) et la photocopie d'une pièce d'identité. .../...

COMMENT OBTENIR VOS PAPIERS D'ÉTAT CIVIL ? (SUITE)			
Papiers	**Qui peut l'obtenir ?**	**Où peut-on l'obtenir ?**	**Que faut-il faire ?**
COPIE D'ACTE DE NAISSANCE OU DE MARIAGE	– toute personne majeure pour elle-même, ses ascendants ou ses descendants, son conjoint, son représentant légal, – le procureur de la République, – le greffier en chef du tribunal d'instance pour l'établissement des certificats de nationalité française, – les administrations publiques, dans les cas où les lois et règlements les y autorisent, – toute autre personne, sur autorisation du procureur de la République.	– à la mairie où a été dressé l'acte, – pour les étrangers : au service central d'État civil du ministère des Affaires étrangères.	– indiquer nom et prénom de la personne concernée et noms et prénoms usuels de ses parents, – la date de naissance ou de mariage selon le cas, – si demande faite par un tiers, justifier en plus de son identité (passeport, carte nationale d'identité, permis de conduire) et justifier selon le cas du lien de parenté (livret de famille, par exemple) ou présenter l'autorisation du procureur, – si demande faite par correspondance : signer la demande, joindre une enveloppe timbrée avec ses nom et adresse (sauf pour une demande faite à Nantes) et photocopie d'une pièce d'identité.
COPIE D'ACTE DE DÉCÈS	toute personne même sans lien de parenté avec le défunt.	– à la mairie du lieu du décès ou du dernier domicile du défunt, – à l'étranger : au service central de l'État civil du ministère des Affaires étrangères.	– indiquer nom et prénoms du défunt et la date du décès, – si la demande est faite par correspondance : joindre une enveloppe timbrée à son nom et son adresse (sauf pour demande faite à Nantes) et photocopie d'une pièce d'identité.
EXTRAIT D'ACTE DE MARIAGE	– toute personne sans obligation de justifier de sa demande, – si l'extrait mentionne la filiation, les mêmes personnes qu'en matière de copie d'acte de naissance ou de mariage (voir plus haut) ainsi que les héritiers de l'intéressé.	– à la mairie du lieu du mariage, – à l'étranger : au service central de l'État civil du ministère des Affaires étrangères.	– indiquer nom, prénoms, date et lieu de mariage de la personne intéressée, – si la demande est faite par un tiers : justifier de son identité, – si la demande est faite par correspondance : signer la demande et envoyer une enveloppe timbrée à ses nom et adresse (sauf pour une demande faite à Nantes) et photocopier une pièce d'identité.
ACTE DE NOTORIÉTÉ	les personnes ne pouvant obtenir une copie ou un extrait d'acte de naissance.	– auprès du juge d'instance du lieu de naissance ou du domicile, – auprès du notaire en matière successorale.	– produire toutes pièces justificatives (carte d'identité, passeport, actes religieux, papiers de famille), – être assisté de trois témoins majeurs, parent ou non, qui puissent donner des précisions concernant l'acte manquant ainsi que les raisons pour lesquelles l'acte original ne peut être présenté, – pour les Français d'Algérie, la présence de témoins n'est pas obligatoire.

Le nom et le prénom

Le nom patronymique, modifié en « nom de famille » par la loi du 4/3/2002 (modifiée par la loi du 18/6/2003) applicable depuis le 1/1/2005, ainsi que le ou les prénoms permettent d'individualiser la personne dans la vie sociale et juridique. Si l'attribution du nom est encadrée par la loi, de manière plus souple depuis le 1/1/2005, le prénom est choisi librement par les parents. Quelle est l'incidence de la filiation d'un enfant sur l'attribution de son nom, celle du mariage ou du divorce sur celui de la femme, quelles sont les possibilités de changer de nom ? Autant de questions qui méritent des réponses claires et précises.

Le nom de famille

Depuis le XIe siècle, les Français prennent le nom de famille de leur père. La loi du 4/3/2002, modifiée par la loi du 18/6/2003, prévoit que les parents peuvent désormais choisir de donner à leur enfant le nom du père, de la mère ou des deux. Par ailleurs, sont autorisés le port d'un nom d'usage dans certaines circonstances et le changement de nom sous certaines conditions.

Comment est attribué le nom ?

Avant d'envisager quelles sont les nouvelles règles, il convient de rappeler la législation à laquelle sont soumis les enfants nés avant le 1/1/2005.

› Le nom des enfants nés avant le 1/1/2005

Si les parents sont mariés

L'enfant prend le nom du père, c'est-à-dire le nom du mari de sa mère.

Toutefois, si un couple marié a déjà un enfant qui s'est vu attribuer le nom de son père (loi ancienne) et si un autre enfant naît après le 1/1/2005, les parents peuvent donner un double nom au plus jeune et attribuer à l'aîné ce même double nom, même si, en principe, il n'était pas concerné par les nouvelles règles d'attribution du nom. C'est l'application du principe qui veut que tous les enfants communs d'un couple portent le même nom.

Si les parents ne sont pas mariés

L'attribution du nom de l'enfant dépend de la manière dont sa filiation a été établie :

– si elle a été établie, en premier lieu, à l'égard du père ou simultanément à l'égard des deux parents, l'enfant prend le nom de son père ;

– si elle a été établie en premier lieu à l'égard de la mère, l'enfant prend le nom de sa mère. Toutefois, dans cette dernière hypothèse, le père qui reconnait l'enfant en second peut, pendant la minorité de l'enfant et en accord avec la mère, déposer une déclaration conjointe devant l'officier de l'état civil pour que l'enfant prenne son nom. Ils peuvent aussi choisir d'accoler leurs deux noms, dans l'ordre choisi par eux, dans la limite d'un nom de famille pour chacun d'eux. Si l'enfant a plus de 13 ans, son consentement personnel est nécessaire.

› Le nom des enfants nés après le 1/1/2005

Les lois du 4/3/2002et du 18/6/2003 sont venues modifier les règles relatives au nom de famille des enfants nés à partir du 1/1/2005. La situation est différente selon que les parents sont d'accord ou non sur le choix du nom que portera leur enfant.

Pour tous les parents

Si les parents sont d'accord et qu'ils sont mariés, ils peuvent choisir le nom de famille donné à leur enfant en faisant une déclaration conjointe devant l'officier d'état civil. Ils peuvent donner à l'enfant :

– soit le nom du père ;

– soit le nom de la mère ;

– soit leurs deux noms accolés dans l'ordre choisi par eux dans la limite d'un nom de famille pour chacun d'eux (*Code civil, Art. 311-21*).

Cette même solution s'applique aux parents non mariés quand la filiation de l'enfant est établie à leur égard au plus tard le jour de la déclaration de sa naissance ou simultanément par la suite.

Dans les deux cas, le nom de l'enfant est mentionné dans son acte de naissance (*Code civil, Art. 57*).

À NOTER

Dans un souci de simplification, si les parents ou l'un d'entre eux portent un double nom de famille, la loi leur permet, par déclaration conjointe, de ne transmettre à leur enfant qu'un seul des noms qu'ils portent, le choix leur étant laissé sur le nom transmis.

Si les parents ne sont pas d'accord, ou s'ils ne se manifestent pas, l'enfant prend :

– le nom du père quand les parents sont mariés ou quand les parents ne sont pas mariés mais que la filiation a été établie simultanément à l'égard de l'un et de l'autre ;

– le nom de celui de ses parents à l'égard duquel sa filiation est établie en premier lieu quand les parents ne sont pas mariés (*Code civil, Art. 311-21*). Cela permet notamment à la mère non mariée de transmettre son nom.

Les parents non mariés

Lorsqu'il n'y a pas eu de déclaration conjointe au plus tard lors de la naissance ou ultérieurement mais simultanément, les parents peuvent modifier le nom de l'enfant dans deux cas.

S'ils se marient ensemble, ils peuvent produire une déclaration conjointe lors de la célébration du mariage (ou constatée par le juge) et changer le nom des enfants en appliquant les règles décrites plus haut. Mais il ne sera pas possible de modifier le nom d'un enfant majeur sans son accord.

Attention : les parents ne peuvent pas modifier le nom de l'enfant dès lors qu'ils ont déjà choisi le nom de celui-ci lors de la déclaration de naissance ou plus tard mais ensemble.

Pendant la minorité de l'enfant, ils pourront faire une déclaration conjointe pour :

– soit lui substituer le nom de famille du parent à l'égard duquel la filiation a été établie en second lieu ;

– soit accoler leurs deux noms, dans l'ordre choisi par eux, et dans la limite d'un nom de famille pour chacun d'eux.

Si l'enfant a plus de 13 ans, son consentement personnel est nécessaire (*Code civil, Art. 311-23*).

ATTENTION ⚠

La faculté du choix du nom de l'enfant ne peut être exercée qu'une fois. Les parents ne pourront pas changer ce nom au gré de leurs envies.

À NOTER

Afin de différencier les noms composés existant avant la loi et les noms réunissant les deux noms des parents, le ministère avait préconisé l'usage d'un double tiret séparant les noms attribués aux enfants. Le Conseil d'État a censuré ce système du double tiret (Conseil d'État, 4/12/2009). Dans l'attente d'un nouveau dispositif et si les parents refusent le double tiret, l'officier d'état civil doit enregistrer la déclaration de choix de noms sans ce séparateur, en laissant un simple espace (Réponse ministérielle n° 11121, JO Sénat, 18/2/2010).

À NOTER

La suppression de la notion de patronyme (père) au profit de celle de nom de famille dans le Code civil s'accompagne également d'une modification des mentions figurant dans l'acte de naissance. Celui-ci énoncera désormais le jour, l'heure et le lieu de naissance, le sexe de l'enfant, les prénoms qui lui seront donnés, le nom de famille, suivi le cas échéant de la mention de la déclaration conjointe de ses parents quant au choix effectué ainsi que les prénoms, noms, âges, professions et domiciles des père et mère.

Les parents adoptifs

Le nom de l'enfant adopté dépend de la nature de l'adoption :

– en cas d'adoption plénière, l'adopté prend le nom de l'adoptant. Si l'adoption est réalisée par deux époux, le nom de l'enfant est déterminé selon les mêmes règles que pour tous les parents (voir plus haut).

Si l'adoptant est une femme mariée ou un homme marié, le tribunal peut décider, dans le jugement d'adoption, et à la demande de l'adoptant, que le nom de son conjoint soit donné à l'enfant (sous réserve de l'accord du conjoint). Il peut aussi, à la demande de l'adoptant, donner à l'enfant les noms accolés des époux dans l'ordre choisi par eux et dans la limite d'un nom de famille pour chacun d'eux (*Code civil, Art. 357*) ;

– en cas d'adoption simple, l'enfant adopté conserve son nom en y ajoutant celui de l'adoptant. Si l'un des deux porte un double nom de famille, l'adopté aura pour nom le sien, auquel sera ajouté celui de l'adoptant, dans la limite d'un nom pour chacun d'eux. Le choix appartient à l'adoptant, qui doit obtenir le consentement de l'adopté s'il a plus de 13 ans.

En cas de désaccord ou à défaut de choix, le nom de l'adopté sera le premier nom de l'adoptant ajouté à son premier nom.

En cas d'adoption par deux époux, le nom ajouté à celui de l'adopté est soit celui du mari, soit celui de la femme, dans la limite d'un nom pour chacun d'eux et, à défaut d'accord entre eux, le premier nom du mari. Si l'adopté porte un double nom de famille, le choix du nom conservé appartient aux adoptants qui doivent obtenir l'accord de l'enfant s'il a plus de 13 ans. En cas de désaccord, le nom des adoptants retenu est ajouté au premier nom de l'adopté (*Code civil, Art. 363*).

AVANTAGE

La faculté pour les parents de choisir le nom de leur enfant s'applique aussi à l'enfant qui devient Français par décret pris en Conseil d'État ou à l'enfant né à l'étranger dont l'un des parents (ou les deux) est Français.

Les noms d'usage

Si vos parents vous attribuent leur(s) nom(s), vous pouvez, selon certains usages, utiliser un nom différent. Ce droit d'usage est toujours facultatif et ne peut, en aucun cas, opérer un changement de nom. Pour faire valoir ce droit d'usage, vous devrez justifier du droit que vous faites valoir (extrait d'acte de naissance, de mariage, livret de famille…).

Usage ouvert à tous

Toute personne peut ajouter à son nom, à titre d'usage, le nom de celui de ses parents qui ne lui a pas transmis le sien. Si, par exemple, vous portez le nom de votre père, vous pouvez, à titre d'usage, y ajouter celui de votre mère. À l'égard des enfants mineurs, cette faculté est mise en œuvre par les titulaires de l'exercice de l'autorité parentale. En cas de divorce ou de séparation des parents, cette faculté d'ajouter un nom d'usage au nom de son enfant est accordée au parent titulaire de l'autorité parentale. Si l'autorité parentale est exercée conjointement par les deux parents, l'attribution d'un nom d'usage doit être décidée par les deux parents. En cas de désaccord ou d'opposition de l'un d'eux, il est nécessaire d'obtenir l'autorisation du juge (*Cour de cassation, 1re chambre civile, 3/3/2009*) (→ index, *Autorité parentale*).

Usage résultant du mariage

- La femme mariée ou veuve a la possibilité, à titre d'usage seulement, d'adjoindre ou de substituer à son nom de famille, celui de son mari ou le nom dont il fait usage. La femme divorcée ne peut le faire qu'avec l'autorisation de son ex-mari ou, à défaut, du juge lors du prononcé du divorce. L'autorisation judiciaire peut aussi être donnée plusieurs années après le divorce si l'ex-femme justifie d'un intérêt légitime et même si elle est remariée. Il y a intérêt légitime si l'ex-femme est connue professionnellement sous le nom de son ex-mari (*Cour d'appel de Reims, 27/2/2009*).

En principe, pour l'administration et les services publics, la femme mariée doit être appelée par son nom de jeune fille et non par le nom de son mari. Les actes ou correspondances adressés à Madame X (prénom et nom du mari) et non à Madame Y (nom de jeune fille) doivent être annulés.

Mais ce principe vient d'être atténué par la Cour de cassation qui a validé une saisie faite par le fisc à l'encontre de Monsieur et Madame X (prénom et nom du mari) sur un compte bancaire leur appartenant. Les juges en effet ont validé la procédure en constatant que la banque chez qui le compte était domicilié n'avait eu aucun mal à identifier la débitrice, titulaire du compte (*Cour de cassation, 1re chambre civile, 6/3/2007*).

- L'homme marié ou veuf a la possibilité, également à titre d'usage, d'adjoindre à son nom de famille celui de sa femme ou le nom dont elle fait usage.

Mise en œuvre et non-cumul des différents usages

Pour comprendre comment s'opère le choix d'un nom d'usage, il suffit de prendre un exemple.

Mme Dupond, fille de M. Dupond et de Mme Dubois, est l'épouse de M. Martin, fils de M. Martin et de Mme Durand.

Mme Dupond a pour nom de famille le nom de son père. À titre d'usage ouvert à tous, elle pourra utiliser le nom de Dupond-Dubois.

Son mari a pour nom Martin et pourra, à titre d'usage ouvert à tous, utiliser le nom de Martin-Durand.

Mme Dupond pourra, à titre d'usage résultant du mariage, substituer à son nom celui de son mari, c'est-à-dire Mme Martin ou Mme Martin-Durand si son mari fait usage de ce nom. Elle peut aussi ajouter à son nom celui de son mari, c'est-à-dire Mme Dupond-Martin ou Mme Dupond-Martin-Durand si son mari fait usage de ce nom.

Dans cet exemple, l'interdiction de cumuler les différents usages ne permet pas à la femme de faire à la fois usage du nom de sa mère et du nom de son mari pour se faire appeler Mme Dupond-Dubois-Martin ou Mme Dupond-Dubois-Martin-Durand.

ATTENTION ⚠

Le nom d'usage, quelle que soit sa durée d'utilisation, ne peut, en aucun cas, être transmis ni figurer à l'état civil ou sur le livret de famille. Il peut, en revanche, figurer sur la carte nationale d'identité ou d'autres documents.

Le changement de nom

Il existe une procédure de droit commun pour changer de nom ainsi que deux procédures particulières.

En outre, la loi du 4/3/2002 modifiée par la loi du 18/6/2003 (applicable depuis le 1/1/2005) prévoit une nouvelle procédure de changement de nom afin de permettre à l'enfant qui n'aurait reçu que le nom de l'un de ses parents d'y adjoindre le nom de son autre parent. De plus, des dispositions temporaires permettent aux personnes nées avant l'entrée en vigueur de la loi de bénéficier de ses dispositions.

La procédure de droit commun

Vous pouvez, si vous justifiez d'un intérêt légitime (nom ridicule, grossier…), demander à changer de nom. Une telle demande peut également être faite si elle a pour objet d'éviter l'extinction du nom porté par un ascendant (père, mère, grand-père, grand-mère…) ou un collatéral du demandeur jusqu'au 4e degré (frère, sœur, neveu, nièce, oncle, tante, cousin germain) (*Code civil, Art. 61 et s.*).

L'intérêt légitime à changer de nom peut également être invoqué en cas de modification de la structure familiale. Par exemple, dans une famille recomposée, une mère pourra demander que son enfant, s'il y va de son intérêt, porte le nom de son beau-père avec lequel il vit et qui s'occupe effectivement de lui.

- Préalablement à la demande, vous devez faire procéder à la publication, dans le *Journal officiel* et dans un journal d'annonces légales de l'arrondissement de votre domicile, d'une insertion comportant votre identité et, le cas échéant, celle de vos enfants mineurs ainsi que le nom sollicité.

- La demande, pour chaque personne majeure, est adressée au garde des Sceaux. Vous devez exposer vos motifs, le ou les noms sollicités, leur ordre de préférence et accompagner la demande des documents suivants :

– la copie de votre acte de naissance et, le cas échéant, de ceux de vos enfants mineurs concernés par la demande (→ index, *Acte de naissance*) ;

– le consentement écrit de vos enfants mineurs âgés de plus de 13 ans ;

– un certificat de nationalité française de chaque personne concernée ou une photocopie d'un document prouvant la nationalité française (carte nationale d'identité, passeport...) ;

– le bulletin n° 3 de votre casier judiciaire et de toute personne majeure concernée ;

– un exemplaire des journaux où votre demande a été publiée.

- En cas d'autorisation, le décret portant changement de nom prend effet, s'il n'y a pas eu opposition de tiers, à l'expiration du délai de 2 mois qui suit sa publication au *Journal officiel*. Le changement de nom s'étend de plein droit aux enfants mineurs du bénéficiaire. Là encore, s'ils sont âgés de plus de 13 ans, leur consentement est nécessaire.

- La décision de changement de nom est ensuite portée en marge des actes de l'état civil de l'intéressé et, le cas échéant, de ceux de son conjoint et de ses enfants.

Les procédures particulières

Il en existe deux :

La francisation des noms et prénoms des personnes qui acquièrent ou recouvrent la nationalité française

Dans ce cas, la demande de changement de nom peut être présentée lors de la demande de naturalisation ou lors de la déclaration d'acquisition de la nationalité française ou encore, dans l'année qui suit cette acquisition.

La francisation du nom consiste soit dans la traduction en langue française du nom étranger, soit dans la modification nécessaire pour faire perdre à ce nom son apparence, sa consonance ou son caractère étranger (*Loi du 25/10/1972, modifiée par la loi du 8/1/1993*).

Le relèvement du nom des citoyens morts pour la France

Lorsque le dernier représentant mâle d'une famille est mort à l'ennemi sans postérité, ses héritiers, dans l'ordre de préférence successorale jusqu'au 6e degré, peuvent relever son nom en l'ajoutant au leur.

Une requête doit être adressée en ce sens devant le tribunal de grande instance du lieu d'ouverture de la succession (*Loi du 2/7/1923, modifiée par la loi du 8/2/1957*).

EST-ON PROPRIÉTAIRE DE SON NOM ?

Si ni le Code civil, ni aucun autre texte ne reconnaît le droit de propriété d'une personne sur son nom, la jurisprudence considère quant à elle que le nom de famille est la propriété de la famille qui le porte et le protège en tant que tel. Ainsi, chacun peut défendre son nom devant les tribunaux lorsque celui-ci est usurpé, ridiculisé ou avili par un tiers ou par une société commerciale.

Les tribunaux ont souvent eu à se prononcer en matière de nom de famille utilisé comme marque. Il a par exemple été jugé que le dépôt d'un nom de famille à titre de marque n'interdisait pas à un homonyme de faire usage de son nom, malgré la concurrence faite à cette marque, en raison de la propriété que chacun a sur son nom (*Tribunal de grande instance, Paris, 4/7/1984*).

Le prénom

Le ou les prénoms de l'enfant sont choisis librement par ses parents sauf s'ils sont contraires à l'intérêt de l'enfant. Tout comme le nom, le prénom est en principe immuable mais, dans certaines conditions, il est possible d'en changer.

Le choix du prénom

Le ou les prénoms de l'enfant sont choisis librement par ses père et mère (*Code civil, Art. 57, alinéa 2*).

Si les parents de l'enfant ne sont pas connus, ce choix appartient à l'officier de l'état civil qui attribuera à l'enfant trois prénoms dont le dernier tiendra lieu de nom de famille.

Les limites dans le choix du prénom

Si, en principe, vous pouvez choisir librement les prénoms de vos enfants, la loi prévoit cependant deux limites à ce choix (*Code civil, Art. 57, alinéa 3*) :
– l'intérêt de l'enfant : tel est le cas si le choix du ou des prénoms, seul(s) ou associé(s) au nom de famille est manifestement contraire à l'intérêt de l'enfant (consonance ridicule, péjorative, grossière, fantaisiste, jeux de mots…) ;

Extraits du Code civil

« **Art. 57.** L'acte de naissance énoncera le jour, l'heure et le lieu de la naissance, le sexe de l'enfant, les prénoms qui lui seront donnés, le nom de famille, suivi le cas échéant de la mention de la déclaration conjointe de ses parents quant au choix effectué, ainsi que les prénoms, noms, âges, professions et domiciles des père et mère, et, s'il y a lieu, ceux du déclarant. Si les père et mère de l'enfant, ou l'un d'eux, ne sont pas désignés à l'officier de l'état civil, il ne sera fait sur les registres aucune mention à ce sujet.
Les prénoms de l'enfant sont choisis par ses père et mère. La femme qui a demandé le secret de son identité lors de l'accouchement peut faire connaître les prénoms qu'elle souhaite voir attribuer à l'enfant. À défaut ou lorsque les parents de celui-ci ne sont pas connus, l'officier de l'état civil choisit trois prénoms dont le dernier tient lieu de nom de famille à l'enfant. L'officier de l'état civil porte immédiatement sur l'acte de naissance les prénoms choisis. Tout prénom inscrit dans l'acte de naissance peut être choisi comme prénom usuel.
Lorsque ces prénoms ou l'un d'eux, seul ou associé aux autres prénoms ou au nom, lui paraissent contraires à l'intérêt de l'enfant ou au droit des tiers à voir protéger leur nom de famille, l'officier de l'état civil en avise sans délai le procureur de la République. Celui-ci peut saisir le juge aux affaires familiales.
Si le juge estime que le prénom n'est pas conforme à l'intérêt de l'enfant ou méconnaît le droit des tiers à voir protéger leur nom de famille, il en ordonne la suppression sur les registres de l'état civil. Il attribue, le cas échéant, à l'enfant un autre prénom qu'il détermine lui-même à défaut par les parents d'un nouveau choix qui soit conforme aux intérêts susvisés. Mention de la décision est portée en marge des actes de l'état civil de l'enfant. »

« **Art. 60.** Toute personne qui justifie d'un intérêt légitime peut demander à changer de prénom. La demande est portée devant le juge aux affaires familiales à la requête de l'intéressé ou, s'il s'agit d'un mineur ou d'un majeur en tutelle, à la requête de son représentant légal. L'adjonction ou la suppression de prénoms peut pareillement être décidée.
Si l'enfant est âgé de plus de treize ans, son consentement personnel est requis. »

– le droit des tiers : il s'agit de protéger le nom de famille des tiers et d'éviter une usurpation de leur nom choisi comme prénom.

Si, au moment de la déclaration de naissance, l'officier d'état civil considère que le choix du ou des prénoms est contraire à l'intérêt de l'enfant, il doit tout de même les porter sur l'acte de naissance, mais il peut aussi en aviser le procureur de la République. Si ce dernier juge le(s) prénom(s) contraire(s) à l'intérêt de l'enfant, il devra saisir le juge aux affaires familiales. Si à son tour le juge considère le(s) prénom(s) non conforme(s) à l'intérêt de l'enfant, et si les parents maintiennent leur choix, il en ordonne la suppression sur les registres de l'état civil et attribue à l'enfant un ou des nouveaux prénoms choisis par les parents ou, à défaut, par lui-même (*Code civil, Art. 57, alinéas 3 et 4*).

Cette décision est susceptible de recours.

Le changement de prénom

Si vous justifiez d'un intérêt légitime, vous pouvez demander à changer de prénom. Le changement peut consister en l'adjonction ou la suppression de prénoms.

L'intérêt légitime peut être un désir d'assimilation dans la société (transformation d'un prénom étranger en prénom français) ou au contraire une volonté de retrouver un prénom familial étranger. L'intérêt légitime est aussi reconnu en cas de prénom ridicule ou connoté péjorativement, ou encore, si la personne qui veut changer de prénom veut officialiser un prénom qu'elle a toujours porté et sous lequel son entourage la connaît.

Vous devez, dans tous ces cas, porter la demande devant le juge aux affaires familiales et si l'enfant est âgé de plus de 13 ans, son consentement est nécessaire (*Code civil, Art. 60*).

À NOTER

En cas d'adoption plénière, le tribunal peut, à la demande des adoptants, modifier les prénoms de l'enfant (Code civil, Art. 357).

AVANTAGE

L'ordre dans lequel les prénoms ont été déclarés à l'état civil est indifférent ; vous pouvez tout à fait choisir comme prénom usuel n'importe lequel d'entre eux.

Votre santé

L'assurance maladie

Le régime des salariés
La couverture maladie universelle

L’assurance maladie

Depuis plus de 60 ans, la Sécurité sociale, véritable assurance sociale, a pour ambition de garantir les personnes contre la maladie, en leur permettant de faire face aux dépenses de santé et, le cas échéant, de percevoir un revenu de remplacement en cas d’arrêt de travail. Notre système de protection sociale prévoit des prestations en nature ou en espèces dont peuvent bénéficier les salariés, les artisans, les commerçants, les membres des professions libérales ou les exploitants agricoles, sans exclure les chômeurs, les retraités ou les ayants droit. Mais il n’est pas toujours facile de s’y retrouver dans le dédale des régimes spécifiques mis en place pour les différentes catégories professionnelles.

Quant à la couverture maladie universelle, elle couvre les personnes qui ne peuvent prétendre, à un autre titre, aux prestations de l’assurance maladie-maternité.

Le régime des salariés

Le régime dit « régime général » peut être considéré comme la clef de voûte du système de protection sociale, parce qu'il regroupe tous les travailleurs salariés ou assimilés. Connaître son fonctionnement, c'est mieux connaître les prestations auxquelles on peut prétendre.

Quand est-on rattaché au régime des salariés ?

› La qualité de salarié

On est salarié lorsque l'on travaille pour le compte et sous la direction d'une personne, moyennant rémunération ; on peut avoir un ou plusieurs employeurs, une rémunération fixe ou variable, mais ce qui caractérise la qualité d'un salarié, c'est le lien de subordination juridique qui unit l'employeur et l'employé. Ce lien est souvent matérialisé par le contrat de travail mais, même en l'absence de contrat écrit, s'il y a un pouvoir d'instruction, de surveillance et de direction de l'un sur l'autre, il y a donc subordination.

Dès lors, on relève du régime des salariés : qu'il s'agisse du régime général ou d'un régime spécial, on est obligatoirement affilié aux assurances sociales.

› Le cas particulier des personnes exerçant une activité économique réduite

Dans un souci de simplification, et dans les conditions fixées par le décret n° 2008-1168 du 12/11/2008, sont affiliées au régime général de la Sécurité sociale (et non au régime des travailleurs indépendants), les personnes exerçant une activité économique réduite à fin d'insertion et bénéficiant d'un accompagnement en matière administrative et financière assuré par une association ayant fait l'objet d'un agrément ministériel.

Sont concernées les activités suivantes : importation, fabrication et vente de produits alimentaires ou artisanaux ; vente d'objets de récupération ; petites activités de voisinage (petits travaux manuels domestiques, services rendus à l'occasion d'événements familiaux, aide à la lecture ou à l'écriture).

Ces activités doivent procurer un revenu inférieur à 12 fois la base mensuelle de calcul des allocations familiales (→ index, *Prestations familiales, calcul*) ; en cas de dépassement, l'affiliation au régime général cesse l'année suivante et la personne devra s'affilier, le cas échéant, au régime des travailleurs indépendants.

L'association peut être rétribuée pour ses services par les personnes qu'elle accompagne ; cette rémunération ne peut excéder 2 % des revenus perçus par ces personnes au titre de l'activité économique réduite.

Cette disposition est mise en œuvre, à titre expérimental, jusqu'au 31/12/2010, avant généralisation éventuelle.

› Les ayants droit

Certains membres de la famille de l'assuré social (ou vivant avec lui), appelés « ayants droit », peuvent bénéficier du remboursement de leurs propres frais de soins (prestations en nature), en raison de leur rattachement à l'assuré. Ils ne peuvent en revanche, à ce titre, bénéficier de prestations en espèces, c'est-à-dire d'indemnités journalières. De plus, ils ne sont ayants droit qu'à partir du moment où ils ne sont pas déjà assurés à titre personnel (*Code de la Sécurité sociale, Art. L. 313-3 et s.*).

Le conjoint

Il s'agit de l'époux ou de l'épouse légitime non divorcé, car le divorce fait perdre la qualité d'ayant droit. En revanche, s'il n'y a que séparation de corps ou de fait, le conjoint demeure ayant droit. Cela étant, l'ayant droit ne doit pas avoir de couverture sociale à titre personnel : il ne doit pas relever d'un régime obligatoire de sécurité sociale, quel qu'il soit.

Le conjoint qui perd sa qualité d'ayant droit (veuf, divorcé) bénéficie toutefois d'un maintien des droits pendant un certain temps (→ index, *Assurance maladie, maintien des droits*).

AVANTAGE

Le conjoint qui ne remplit pas les conditions d'ouverture du droit aux prestations dans son propre régime peut bénéficier des prestations de son conjoint en qualité d'ayant droit.

Le concubin ou la personne liée par un pacte civil de solidarité

La personne qui vit maritalement avec l'assuré social peut avoir la qualité d'ayant droit si elle est à sa charge de manière totale, effective et permanente. Il en va de même de la personne qui est liée à lui par un pacte civil de solidarité. Dans le cas du concubinage, elle signe conjointement avec l'assuré, chaque année, une déclaration sur l'honneur qui atteste de la vie maritale.

Les enfants à charge

Les enfants à charge peuvent être nés de parents mariés ou non, reconnus ou non, et avoir la qualité d'ayant droit, mais pour qu'ils soient rattachés à l'assuré social, on opère des distinctions en fonction de leur âge.
Sont ainsi ayants droit de leurs parents, les enfants :
– jusqu'à 16 ans, sans condition particulière ;
– jusqu'à 20 ans s'ils poursuivent leurs études ou sont dans l'impossibilité de travailler par suite d'une infirmité ou d'une maladie chronique.
Les enfants de parents tous deux assurés sociaux d'un régime obligatoire d'assurance maladie-maternité (par exemple le régime général) peuvent être rattachés simultanément à chacun de leurs parents.

À NOTER

Les étudiants de plus de 20 ans sont rattachés au régime de la Sécurité sociale des étudiants, moyennant le paiement d'une cotisation forfaitaire (Voir pages Barème).

À NOTER

Les enfants qui exercent une activité professionnelle (par exemple dans le cadre d'un contrat d'apprentissage) deviennent eux-mêmes assurés sociaux et ont droit, à ce titre, à des prestations en nature et en espèces.

À NOTER

L'enfant salarié bénéficie des prestations de la Sécurité sociale aux conditions habituelles pour les salariés.

Les autres membres de la famille

Les ascendants, descendants, collatéraux ou alliés ont la qualité d'ayants droit lorsqu'ils vivent sous le même toit que l'assuré et lorsqu'ils se consacrent aux soins du ménage et à l'éducation d'au moins deux enfants de moins de 14 ans.

La personne à charge vivant avec l'assuré

La personne qui vit avec l'assuré depuis au moins 1 an et qui est à sa charge effective et permanente a la qualité d'ayant droit, même s'il n'y a aucun lien de parenté entre eux.

LE STATUT D'AYANT DROIT AUTONOME

Ce statut permet à l'ayant droit d'un assuré social d'être identifié de façon autonome et de bénéficier à titre personnel du remboursement des frais médicaux de l'assurance maladie-maternité.

✓ Bénéficient automatiquement de ce statut, sauf refus exprès de leur part :
- le conjoint de l'assuré social ;
- le concubin qui est à la charge totale, effective et permanente de l'assuré avec lequel il vit ou la personne liée à lui par un pacte civil de solidarité ;
- l'ascendant, le descendant, le collatéral jusqu'au 3e degré ou l'allié au même degré de l'assuré, qui vit sous son toit et qui se consacre exclusivement aux travaux du ménage et à l'éducation des enfants ;
- la personne qui, ne remplissant aucune des conditions ci-dessus, vit avec l'assuré de façon non maritale depuis au moins 1 an et est à sa charge effective, totale et permanente.

✓ À leur demande, les enfants ayants droit d'un assuré social peuvent également bénéficier de ce statut dès l'âge de 16 ans (contre 18 ans auparavant). Cette nouvelle disposition permet en particulier de régler le problème des jeunes de 16 à 18 ans en situation de rupture familiale qui étaient jusqu'alors obligés de passer par le compte de l'assuré dont ils étaient ayants droit.

› Le maintien des droits

Les personnes qui cessent de remplir les conditions requises pour avoir la qualité d'assuré ou d'ayant droit bénéficient d'un maintien de leurs droits aux prestations en nature et en espèces pendant 12 mois. Cette disposition vise à ne pas priver les assurés sociaux ou les ayants droit de toute protection sociale, du jour au lendemain. Pendant cette période de maintien des droits, l'intéressé peut retrouver des droits à une protection sociale soit en retrouvant un travail qui le rattache à un régime obligatoire d'assurance sociale (salarié ou non-salarié), soit en devenant ayant droit d'un assuré social, soit encore en devenant bénéficiaire de certaines prestations sociales (allocation aux adultes handicapés par exemple). Au terme de ce délai, et si l'une ou l'autre de ces hypothèses ne s'est pas produite, la couverture maladie universelle (CMU) prendra le relais (→ index, *Couverture maladie universelle*).

À NOTER

Les dispositions relatives au maintien des droits aux prestations en nature et en espèces ne sont applicables qu'aux personnes résidant en France au sens du Code de la Sécurité sociale, c'est-à-dire qui ont leur foyer ou le lieu de leur séjour principal en France métropolitaine ou dans un DOM ; cette condition s'apprécie comme pour le droit aux prestations familiales (→ index, Prestations familiales, résidence). Les personnes qui bénéficient du maintien des droits et qui cessent de résider en France (France métropolitaine ou DOM) doivent, sous peine de sanctions, en informer leur caisse d'assurance maladie dans un délai d'1 mois à compter de la date à laquelle elles cessent de résider en France, et restituer leur carte Vitale ; la même disposition s'applique aux bénéficiaires de la CMU qui cessent de résider en France.

Ce maintien des droits est aménagé en faveur de certaines catégories de personnes. Ainsi, en cas de décès de l'assuré, ou en cas de divorce, le conjoint ayant droit conserve ses droits jusqu'à ce que le plus jeune de ses enfants atteigne l'âge de 3 ans. Ces droits sont maintenus sans limitation de temps aux personnes qui ont, ou qui ont eu, au moins 3 enfants à charge.

Quant au chômeur, il convient de distinguer deux situations :

– s'il est en cours d'indemnisation, il a les mêmes droits que lorsqu'il était salarié (en cas d'activité préalable insuffisante, il peut prétendre malgré tout aux prestations en nature), et s'il n'est plus indemnisé, il continue de bénéficier d'un maintien des droits pendant 1 an pour les prestations en espèces et en nature. Au-delà de ce délai d'1 an, il continuera à bénéficier des seules prestations en nature, tant qu'il sera inscrit sur la liste des demandeurs d'emploi ;

– s'il n'a pas droit à une indemnisation, il conserve pendant 1 an son droit aux prestations en nature. Au-delà, il pourra bénéficier de la couverture maladie universelle, sous réserve de résider en France de manière stable et régulière et d'acquitter, le cas échéant, la cotisation prévue (→ index, *Couverture maladie universelle*).

AVANTAGE

Les demandeurs d'emploi indemnisés au titre de l'assurance chômage ou du régime de solidarité (allocation de solidarité spécifique, allocation temporaire d'attente...) qui reprennent une activité insuffisante pour justifier des conditions d'ouverture du droit aux prestations en espèces (indemnités journalières d'assurance maladie, par exemple) de sécurité sociale bénéficient, pendant 3 mois à compter de cette reprise d'activité, des droits aux prestations d'assurance maladie, maternité, invalidité et décès acquis auprès du régime obligatoire dont ils relevaient antérieurement (Décret n° 2006-1416 du 20/11/2006). Jusqu'à l'intervention de ce décret, les demandeurs d'emploi qui reprenaient une activité perdaient immédiatement leurs droits aux indemnités journalières, et ce durant toute la période qui leur était nécessaire pour reconstituer ceux-ci au titre de leur nouvelle activité, ce qui pouvait constituer un frein à la reprise d'activité.

À NOTER

Les personnes qui démissionnent de leur emploi et qui ne sont pas prises en charge au titre de l'indemnisation chômage (régime d'assurance chômage ou régime de solidarité) conservent la protection sociale dont elles bénéficiaient lorsqu'elles étaient salariées, c'est-à-dire les prestations en nature et en espèces pendant 12 mois. Au-delà, la couverture maladie universelle (CMU) prend le relais sous certaines conditions (→ index, Couverture maladie universelle).

› Le régime général

Ce régime regroupe la plupart des salariés et garantit l'ensemble des risques liés à la maladie, la maternité, la vieillesse, au décès, aux accidents du travail et aux maladies professionnelles. Par ailleurs, d'autres personnes sont assimilées à des salariés, en vertu de la loi, telles que les assistantes maternelles, les travailleurs à domicile, les journalistes professionnels pigistes, les VRP, les gérants de SARL, les artistes, etc.

› Les régimes spéciaux

Certaines catégories professionnelles relèvent de régimes spéciaux, distincts du régime général, et souvent plus avantageux. Ils existaient, pour la plupart, bien avant la mise en place de la Sécurité sociale en 1945, et leurs ressortissants ont été autorisés à y demeurer affiliés. Ces régimes spéciaux concernent essentiellement le personnel de la fonction publique, de la RATP, de la SNCF, d'EDF, Gaz de France, etc. ; ils peuvent être partiellement ou totalement spéciaux dans la mesure où certains d'entre eux prévoient une couverture pour tel ou tel risque et renvoient au régime général pour les autres. À chaque régime correspond une caisse particulière.

› L'immatriculation, l'assujettissement, l'affiliation

Le rattachement au régime général ou à un régime spécial s'effectue, en quelque sorte, en trois étapes :

– l'immatriculation, qui permet l'inscription sur la liste des assurés sociaux et l'attribution définitive d'un numéro d'immatriculation : c'est le fameux numéro de sécurité sociale. Cette opération est effectuée à l'occasion de la première accession à un régime de la Sécurité sociale, telle que l'adhésion au régime étudiant pour l'étudiant n'ayant jamais travaillé, par exemple ;

– l'assujettissement, qui consiste à rattacher l'assuré au régime dont il dépend du fait de son activité et dès lors qu'il remplit les conditions requises ;

– enfin, l'affiliation, qui permet le rattachement à une caisse de la Sécurité sociale. Les salariés relèvent de la Caisse nationale d'assurance maladie (CNAM), organisme chargé de la gestion du régime au niveau national ; au niveau local, l'assurance maladie est gérée par les caisses primaires d'assurance maladie (CPAM).

AVANTAGE

Les salariés n'ont, en général, aucune démarche à accomplir pour adhérer à la Sécurité sociale. C'est l'employeur qui doit déclarer son employé auprès de l'URSSAF ou de la MSA (pour les salariés agricoles) au moment de l'embauche.

Lorsque l'employeur n'a pas rempli cette obligation, le salarié peut, s'il n'est pas déjà immatriculé, faire procéder lui-même à son immatriculation auprès de la CPAM de son domicile (Code de la Sécurité sociale, Art. R. 312-10).

Certaines personnes sont par ailleurs tenues de demander leur immatriculation. Sont concernées les personnes qui travaillent :

– pour plusieurs employeurs ;

– de manière occasionnelle ou intermittente.

AVANTAGE

Les personnes affiliées au régime des salariés qui disposent de faibles ressources peuvent prétendre à la couverture complémentaire santé gratuite dans le cadre de la couverture maladie universelle. Si leurs ressources dépassent d'au plus 20 % les plafonds applicables au titre de la CMU complémentaire, ils peuvent, sous certaines conditions, bénéficier d'une aide à l'acquisition d'une complémentaire santé ou « chèque santé » (→ index, Couverture maladie universelle).

À NOTER

Les treize chiffres du numéro d'immatriculation à la Sécurité sociale ne sont pas dépourvus de signification ; à chacun d'entre eux correspond un renseignement précis, dans l'ordre :

– le premier chiffre indique le sexe : 1 pour l'homme, 2 pour la femme ;

– les deux suivants indiquent l'année de naissance ;

– les deux suivants indiquent le mois de naissance ;

– les deux suivants indiquent le département de naissance ;

– les trois suivants précisent le numéro de la commune de naissance ;

– les trois suivants sont attribués par l'INSEE ;

– enfin, les deux derniers correspondent à une clé, qui n'a qu'une utilité purement administrative.

Chaque assuré social se voit attribuer un numéro d'immatriculation qu'il conservera tout au long de sa vie. C'est, en quelque sorte, une codification de l'état civil. Il est attribué lors de l'immatriculation lorsque l'on entre dans le régime général.

Comment sont calculées les cotisations ?

Les cotisations de sécurité sociale pour l'assurance maladie (et aussi pour la maternité, l'invalidité et le décès) sont à la fois salariales et patronales et sont calculées sur une base déterminée, appelée « l'assiette ». Cette assiette comprend l'ensemble des sommes que le salarié perçoit au titre de sa rémunération.

› Les sommes soumises aux cotisations

La rémunération d'un salarié s'entend largement, puisque toutes les sommes qui lui sont versées en contrepartie de son travail (c'est-à-dire le salaire proprement dit ainsi que les avantages en espèces ou en nature) sont soumises à cotisation, c'est-à-dire :

– toutes les primes, gratifications (assiduité, rendement...) versées en complément ou en remplacement du salaire ;

– les indemnités de congés payés ;

– les indemnités de départ volontaire à la retraite et certaines indemnités versées à l'occasion de la rupture du contrat de travail (indemnité de préavis, indemnité compensatrice de congés payés, par exemple) ;

– tous les avantages en nature (logement de fonction, nourriture, véhicule professionnel...) (*Code de la Sécurité sociale, Art. L. 242-1*).

AVANTAGE

Les heures complémentaires (celles effectuées par des salariés à temps partiel) et les heures supplémentaires, effectuées depuis le 1/10/2007, sont exonérées d'impôt sur le revenu et ouvrent droit, dans certaines limites, à une réduction de cotisations sociales salariales et, pour les seules heures supplémentaires, à une déduction forfaitaire de cotisations sociales patronales (→ index, Heures supplémentaires, régime social et fiscal).

Les avantages en nature sont évalués en fonction de leur valeur réelle ou sont calculés de manière forfaitaire (→ index, *Avantages en nature*).

À NOTER

Les cotisations sont prélevées sur le salaire brut à l'occasion de chaque paie.

› Les sommes exonérées de cotisations

Certaines sommes échappent, malgré tout, aux cotisations de sécurité sociale telles que les frais professionnels ainsi que les indemnités de rupture du contrat de travail.

Les frais professionnels

Dans le cadre des fonctions qu'il occupe, un salarié peut avoir à régler personnellement certaines dépenses qui lui sont ensuite remboursées par son employeur. Le remboursement se fait sur la base d'un forfait ou sur la base de dépenses réelles ; dans le cas du forfait, l'exonération de cotisations sociales n'est possible que jusqu'à certains seuils fixés chaque année (→ index, *Frais professionnels*).

Les indemnités de rupture

Sont exonérées de cotisations sociales les indemnités destinées à compenser le préjudice lié à la rupture du contrat de travail. Pour les ruptures de contrat notifiées depuis le 1/1/2006 (avant cette date, d'autres règles s'appliquaient), sont exonérées de cotisations sociales, outre les indemnités versées en cas de licenciement abusif ou irrégulier :

– les indemnités de licenciement ou de départ volontaire versées dans le cadre d'un plan de sauvegarde de l'emploi ;

– la fraction des indemnités de licenciement versées en dehors du cadre d'un plan de sauvegarde de l'emploi, qui n'excède pas :

- soit 2 fois le montant de la rémunération annuelle brute perçue par le salarié au cours de l'année civile précédant la rupture de son contrat de travail, ou 50 % du montant de l'indemnité si ce seuil est supérieur, dans la limite de 6 fois le plafond de calcul des cotisations de sécurité sociale en vigueur à la date du versement des indemnités,
- soit le montant de l'indemnité de licenciement prévue par la convention collective de branche, par l'accord professionnel ou interprofessionnel ou, à défaut, par la loi, si ce montant est supérieur à 6 fois le plafond de calcul des cotisations de sécurité sociale en vigueur à la date du versement des indemnités ;

– la fraction des indemnités de mise à la retraite qui n'excède pas :

- soit 2 fois le montant de la rémunération annuelle brute perçue par le salarié au cours de l'année civile précédant la rupture de son contrat de travail, ou 50 % du montant de l'indemnité si ce seuil est supérieur, dans la limite de 5 fois le plafond de calcul des cotisations de sécurité sociale en vigueur à la date du versement des indemnités,
- soit le montant de l'indemnité de licenciement prévue par la convention collective de branche, par l'accord professionnel ou interprofessionnel ou, à défaut, par la loi, si ce montant est supérieur à 5 fois le plafond de calcul des cotisations de sécurité sociale en vigueur à la date du versement des indemnités ;

– l'indemnité spécifique versée dans le cadre de la rupture conventionnelle du contrat de travail à durée indéterminée (CDI) prévue par le Code du travail (→ index, *Rupture du contrat de travail conventionnelle*), lorsque le salarié n'est pas en droit de bénéficier d'une pension de retraite d'un régime légalement obligatoire (retraite du régime général, du régime des non-salariés, etc.). L'exonération s'applique alors dans les mêmes limites que pour l'indemnité de licenciement (voir plus haut). Dans le cas contraire, c'est-à-dire si le salarié dont le CDI est rompu conventionnellement peut prétendre à une pension de retraite, l'indemnité spécifique de rupture conventionnelle est soumise, dès le premier euro, aux cotisations et contributions sociales (après application de l'abattement de 3 % pour la CSG/CRDS).

À NOTER

Depuis le 1/1/2009, en application de la loi n° 2008-1330 du 17/12/2008, les indemnités de rupture ou de licenciement d'un montant supérieur à 30 fois le plafond annuel de calcul de la Sécurité sociale (Voir pages Barème), que l'on appelle communément « parachutes dorés », sont intégralement assimilées à des rémunérations pour le calcul des cotisations de sécurité sociale, de la CSG et de la CRDS. Pour l'application de cette disposition, il convient, le cas échéant, d'additionner toutes les indemnités liées à la rupture du contrat de travail et à la cessation forcée des fonctions de dirigeant, versées au sein d'une même entreprise ou de sociétés d'un même groupe (hypothèse de cumul d'un contrat de travail et d'un mandat social).

› La base de calcul

Les salaires étant variables, il a bien fallu fixer une base pour calculer les cotisations avec un minimum et un maximum. La référence choisie comme base minimale est le SMIC et celle choisie comme limite maximale est le plafond de la Sécurité sociale. Ainsi, on prélèvera des cotisations sur une rémunération au moins égale au SMIC horaire, même si le salaire horaire est inférieur *(Voir pages Barème)*.

En ce qui concerne le seuil limite, il convient de préciser que les cotisations, selon leur objet, peuvent être perçues sur la totalité du salaire (même s'il représente plusieurs fois ce seuil) ou dans la limite du plafond de la Sécurité sociale.

Enfin, certaines professions peuvent échapper à cette base de calcul : les cotisations ne sont pas calculées d'après le salaire réellement versé, mais d'après une assiette forfaitaire. Ce mode de calcul est autorisé (et non imposé), notamment pour la rémunération des employés de maison.

› Les taux de cotisations

Les charges sociales patronales et salariales sont nombreuses et les taux appliqués varient. Pour l'assurance maladie, les taux sont les suivants :
- 13,10 % à la charge de l'employeur, incluant la cotisation de solidarité autonomie (0,30 %) ;
- 0,75 % à la charge du salarié (une cotisation supplémentaire de 1,60 % est prélevée dans les départements du Bas-Rhin, du Haut-Rhin et de la Moselle en contrepartie de prestations plus avantageuses).

Pour les chômeurs et les retraités, il n'y a pas de cotisation d'assurance maladie. Seule existe une cotisation d'assurance maladie de 1 % prélevée sur les retraites complémentaires et de 1,7 % sur les préretraites.

À NOTER

En contrepartie des cotisations versées pour l'assurance maladie, le salarié peut bénéficier de certaines prestations et en faire bénéficier ses ayants droit. Qu'il s'agisse des chômeurs ou des retraités, la suppression de la cotisation d'assurance maladie n'a aucune conséquence sur le droit au remboursement des soins pour l'assuré lui-même (chômeur ou retraité), ou pour ses ayants droit. Ce droit est en effet lié à la perception d'une allocation d'assurance chômage ou d'une pension de retraite et non au versement d'une cotisation.

AVANTAGE

Les employeurs peuvent être exonérés des cotisations sociales sur les salaires dans certains cas.

En quoi consistent les prestations en nature ?

Les prestations en nature versées par la Sécurité sociale s'entendent du remboursement des dépenses liées à la santé : lorsque l'on est malade ou victime d'un accident non professionnel, les frais de soins sont remboursés en totalité ou en partie si l'on répond à certaines conditions.
Si l'accident ou la maladie a un caractère professionnel, les règles sont différentes.

› Les conditions d'ouverture

On apprécie, à la date des soins, ou bien le montant des cotisations versées par le salarié ou bien le nombre d'heures de travail effectuées au cours d'une période donnée (*Code de la Sécurité sociale, Art. R. 313-2*).

Ainsi, les prestations en nature sont de droit pendant 1 an, si le salarié justifie :

– au cours de 1 mois civil ou 30 jours consécutifs, de 60 heures de travail salarié ou de cotisations au moins égales à celles dues sur 60 fois le SMIC horaire *(Voir pages Barème)* ;

– ou, au cours de 3 mois civils, de cotisations au moins égales à celles dues sur 120 fois le SMIC horaire ;

– ou, au cours de 3 mois civils ou de 3 mois de date à date, de 120 heures de travail salarié ;

– ou, au cours de l'année civile, de cotisations au moins égales à celles dues sur 2 030 fois le SMIC horaire ;

– ou, au cours de l'année civile, de 1 200 heures de travail salarié.

Chaque assuré social dispose d'une carte qui atteste de ses droits et qui mentionne le numéro d'immatriculation à la Sécurité sociale, les nom et prénom, ainsi que sa durée de validité.

Pour calculer la durée minimale d'activité, on se réfère aux heures travaillées. Certaines périodes d'inactivité sont cependant comptabilisées.

Sont considérées comme équivalant à 6 heures de travail salarié ou à 6 fois le SMIC horaire :

– chaque journée indemnisée au titre de la maladie, de la maternité ou d'une invalidité ;

– chaque journée d'interruption du travail due à la maladie au cours de laquelle l'assuré n'a pas perçu d'indemnité journalière soit parce que ces journées étaient comprises dans le délai de carence de 3 jours, soit parce qu'il avait épuisé ses droits aux indemnités journalières ;

– chaque journée d'incapacité temporaire donnant lieu, au titre des accidents du travail, soit au versement d'indemnités journalières, soit au versement d'une rente liée à une incapacité permanente d'au moins 66,66 % ;

– chaque journée de stage effectuée dans un établissement de rééducation professionnelle par le titulaire d'une rente d'accident du travail ;

– chaque journée de détention préventive.

En outre :

– chaque journée de congé formation pour laquelle le salarié n'a reçu aucune rémunération de son employeur est considérée comme équivalant à 8 heures de travail ou à 8 fois le SMIC horaire, dans la limite de 5 journées par semaine de stage ;

– chaque journée de perception de l'allocation journalière de présence parentale (AJPP) est considérée comme équivalant à 4 heures de travail salarié ou à 4 fois la valeur du SMIC au 1er janvier qui précède immédiatement la période de référence (→ index, *Allocation journalière de présence parentale*).

À NOTER

Pour déterminer si les conditions d'immatriculation, d'activité préalable ou de montant des cotisations permettant de bénéficier des prestations en nature de l'assurance maladie-maternité sont ou non remplies, il est tenu compte, dans des conditions fixées par le décret n° 2009-523 du 7/5/2009, de l'ensemble des périodes d'affiliation, d'immatriculation, de cotisations versées ou de travail effectué, dès lors qu'elles relèvent d'un régime de base obligatoire de sécurité sociale défini par le Code de la Sécurité sociale (par exemple, régime des travailleurs indépendants) ou le Code rural (par exemple, régime des exploitants agricoles). La même règle s'applique pour les prestations en espèces de l'assurance maladie-maternité (→ index, *Prestations en espèces).*

› Le montant du remboursement

Le taux de remboursement

Tous les frais médicaux ne sont pas remboursés et, lorsqu'ils le sont, c'est à hauteur d'un certain taux : le remboursement se fait sur la base d'un tarif maximal, le « tarif de responsabilité », à partir duquel est calculée la participation laissée à la charge de l'assuré. Cette participation, appelée « ticket modérateur », varie de 65 % à 20 %, et peut être remboursée par une mutuelle, une assurance, etc. Les actes pris en charge figurent, pour l'essentiel, dans un document intitulé « classification commune des actes médicaux » (CCAM) ; les différentes bases de remboursement sont fixées par les pouvoirs publics ou par des conventions conclues entre les professionnels de santé et les organismes d'assurance maladie.

À NOTER

Depuis le 1/1/2006, dans le cadre de la réforme de l'assurance maladie mise en place par la loi du 13/8/2004, une majoration du montant du ticket modérateur est appliquée aux assurés sociaux de 16 ans et plus qui ne respectent pas le « parcours de soins coordonnés » défini par leur médecin traitant (→ index, *Médecin traitant).*

Dans certains cas, le remboursement se fait à 100 % sur la base et dans la limite des tarifs de la Sécurité sociale ; l'assuré est donc exonéré du ticket modérateur en raison de la nature du traitement ou en raison de sa situation sociale (*Code de la Sécurité sociale, Art. L. 322-3*).

Sont ainsi remboursés à 100 % :

– les soins infirmiers dispensés à domicile dans le cadre d'une chimiothérapie ;

– l'acquisition de grands appareillages ;

– l'utilisation de médicaments particulièrement onéreux et irremplaçables ;

– le diagnostic et le traitement de la stérilité ;

– les soins donnés à un nouveau-né hospitalisé pendant une durée de 30 jours après la naissance, ainsi que tous les soins donnés en établissement de santé au cours des 30 premiers jours de vie ;

– l'hospitalisation de plus de 30 jours ;

– les actes de radiodiagnostic, d'imagerie par résonance magnétique, de scanographie, de scintigraphie ou de tomographie à émission de positons mentionnés dans la liste des actes et prestations pris en charge ou admis au remboursement par l'assurance maladie qui sont affectés soit d'un coefficient égal ou supérieur à 50, soit d'un tarif égal ou supérieur à un certain montant *(Voir pages Barème)* ; cette prise en charge à 100 % ne dispense pas du versement du ticket modérateur (→ index, *Ticket modérateur*) au titre des autres actes pratiqués à l'occasion de la consultation ou des frais intervenus au cours de l'hospitalisation.

Pour l'application de cette disposition, les coefficients ou tarifs de chacun des actes mentionnés ne peuvent être cumulés ;

– les frais de transport d'urgence entre le lieu de prise en charge de la personne et l'établissement de santé, en cas d'hospitalisation donnant lieu au paiement du forfait sur les actes lourds (→ index, *Participation forfaitaire du patient sur les actes lourds*), et les frais de transport entre les deux établissements ou entre l'établissement et le domicile en cas d'hospitalisation à domicile ;

– les frais afférents à la fourniture du sang humain, du plasma ou de leurs dérivés et de la fourniture du lait humain ;

– les analyses relatives au dépistage du SIDA ou de l'hépatite C ;

– les maladies nécessitant un traitement prolongé et coûteux (c'est-à-dire des soins continus pendant au moins 6 mois) ;

– les actes et prestations, au titre des « affections de longue durée » (ALD) (voir plus loin). L'exonération du ticket modérateur restera acquise à l'assuré qui ne relève plus d'une ALD mais dont l'état de rémission nécessite un suivi médical justifiant des actes et examens médicaux ou biologiques ; un décret (à paraître) fixera les conditions de mise en œuvre de cette disposition prévue par la loi de financement de la Sécurité sociale pour 2010 ;

– les frais d'examen de dépistage visant à réduire les risques de maladie aux conséquences mortelles évitables. Sont ainsi remboursés les actes de dépistage individuels ou effectués dans le cadre de programmes de santé publique mis en œuvre par les pouvoirs publics (par exemple, dépistage de certains cancers) ;

– les soins dispensés dans un centre ambulatoire de soins en alcoologie ;

– les soins consécutifs aux sévices sexuels (viols, violences sexuelles) subis par les mineurs et réprimés par le Code pénal.

À NOTER

Les donneurs d'organes n'ont pas à supporter le forfait journalier lorsqu'ils sont admis dans les établissements sanitaires et sont exonérés du ticket modérateur pour les frais liés à leur participation au prélèvement ou à la collecte.

En cas d'affection de longue durée (ALD) ou de soins continus supérieurs à 6 mois, la caisse d'assurance maladie doit faire procéder périodiquement à un examen spécial du bénéficiaire, conjointement par le médecin traitant (voir plus loin) et le médecin conseil de la Sécurité sociale en vue de déterminer le traitement que l'intéressé doit suivre si les soins sont dispensés sans interruption ; la continuation du service des prestations est subordonnée à plusieurs obligations à la charge du bénéficiaire, notamment celle de se soumettre aux traitements et mesures de toute nature prescrits d'un commun accord par le médecin traitant et le médecin conseil de la Sécurité sociale (ou par un expert en cas de désaccord) et de se soumettre aux visites médicales et contrôles spéciaux organisés par la caisse.

Le médecin traitant, qu'il exerce en ville ou en établissement de santé, et le médecin conseil établissent conjointement un protocole de soins qui mentionne les obligations prévues ci-dessus. Ce protocole périodiquement révisable, notamment en fonction de l'état de santé du patient et des avancées thérapeutiques, définit en outre, compte tenu des recommandations établies par la Haute Autorité de santé, les actes et prestations nécessités par le traitement de l'affection et pour lesquels la participation de l'assuré peut être limitée ou supprimée. La durée du protocole est fixée compte tenu des recommandations de la Haute Autorité de santé. Ce protocole est signé par le patient ou son représentant légal (notamment s'il s'agit d'un mineur). Sauf en cas d'urgence, le patient ou son représentant légal est tenu de communiquer son protocole au médecin consulté pour bénéficier de la limitation ou de la suppression de sa participation (*Code de la Sécurité sociale, Art. L. 324-1*). Pour sa part, le médecin traitant doit attester qu'il a pris connaissance de ce protocole et que ses prescriptions figurant sur l'ordonnance lui sont conformes : il ne peut ainsi faire figurer sur l'ordonnance bi-zone propre aux affections de longue durée, parmi les actes et prestations pour lesquels le ticket modérateur est supprimé ou limité, que ceux prévus dans le protocole de soins (*Code de la Sécurité sociale, Art. D. 324-1*).

L'assuré est également dispensé du ticket modérateur s'il est titulaire d'une pension d'invalidité, d'une pension de vieillesse qui remplace une pension d'invalidité, d'une rente accident du travail pour un taux d'incapacité d'au moins 66,66 % ou encore s'il bénéficie de la couverture complémentaire santé dans le cadre de la couverture maladie universelle (→ index, *Couverture maladie universelle*).

LISTE DES AFFECTIONS DE LONGUE DURÉE (ALD)

✓ accident vasculaire cérébral invalidant ;
✓ insuffisances médullaires et autres cytopénies chroniques ;
✓ artériopathies chroniquesavec manifestations ischémiques ;
✓ bilharziose compliquée ;
✓ insuffisance cardiaque grave, troubles du rythme graves, cardiopathies valvulaires graves, cardiopathies congénitales graves ;
✓ maladies chroniques actives du foie et cirrhose ;
✓ déficit immunitaire primitif grave nécessitant un traitement prolongé, infection par le virus de l'immuno-déficience humaine ;
✓ diabète de type 1 et diabète de type 2 ;
✓ formes graves des affections neurologiques et musculaires (dont myopathie), épilepsie grave ;
✓ hémoglobinopathies, hémolyses, chroniques constitutionnelles et acquises sévères ;
✓ hémophilies et affections constitutionnelles de l'hémostase graves ;
✓ hypertension artérielle sévère ;
✓ maladie coronaire ;
✓ insuffisance respiratoire chronique grave ;
✓ maladie d'Alzheimer et autres démences(1) ;
✓ maladie de Parkinson ;
✓ maladies métaboliques héréditaires nécessitant un traitement prolongé spécialisé ;
✓ mucoviscidose ;
✓ néphropathie chronique grave et syndrome néphrotique primitif ;
✓ paraplégie ;
✓ périarthrite noueuse, lupus érythémateux aigu disséminé, sclérodermie généralisée évolutive ;
✓ polyarthrite rhumatoïde évolutive grave ;
✓ affections psychiatriques de longue durée(1) ;
✓ recto-colite hémorragique et maladie de Crohn évolutives ;
✓ sclérose en plaques ;
✓ scoliose structurale évolutive grave (dont l'angle est égal ou supérieur à 25 degrés) jusqu'à maturation rachidienne ;
✓ spondylarthrite ankylosante grave ;
✓ suites de transplantation d'organe ;
✓ tuberculose active, lèpre ;
✓ tumeur maligne, affection maligne du tissu lymphatique ou hématopoïétique.

(1) Les critères médicaux utilisés pour la définition des affections de longue durée « maladie d'Alzheimer et autres démences » et « affections psychiatriques de longue durée » sont annexés à l'article D. 322-1 du Code de la Sécurité sociale.

L'existence d'une affection de longue durée « hors liste » est reconnue lorsque les deux conditions suivantes sont réunies :

– le malade est atteint soit d'une forme grave d'une maladie ou d'une forme évolutive ou invalidante d'une maladie grave, ne figurant pas sur la liste des ALD, soit de plusieurs affections entraînant un état pathologique invalidant ;

– cette ou ces affections nécessitent un traitement d'une durée prévisible supérieure à 6 mois et particulièrement coûteux en raison du coût ou de la fréquence des actes, prestations et traitements (*Code de la Sécurité sociale, Art. R. 322-6*).

La procédure de reconnaissance des ALD « hors liste » est alignée sur celles des ALD officielles (voir plus haut).

AVANTAGE

Ouvre également droit à exonération du ticket modérateur la consultation de prévention dont peuvent bénéficier les personnes de plus de 70 ans dans le cadre d'un plan de prévention de santé publique. Cette consultation est assurée par un généraliste formé à cet effet et repose sur un protocole standardisé ; elle vise à détecter les facteurs susceptibles de conduire à la dépendance (troubles de l'équilibre, de la mémoire, ostéoporose, dénutrition). Cette consultation de prévention fait l'objet d'une expérimentation dans plusieurs départements avant d'être, le cas échéant, généralisée à l'ensemble du territoire.

Par ailleurs, dans des conditions qui restent à préciser par décret, les assurés ou ayants droit âgés de 16 à 25 ans pourront bénéficier chaque année d'une consultation de prévention, réalisée par un médecin généraliste et pour laquelle ils seront dispensés de l'avance des frais (Code de la Sécurité sociale, Art. L. 162-1-18).

AVANTAGE

Sur prescription médicale, l'ostéodensitométrie (examen qui permet de mesurer la densité osseuse) est maintenant prise en charge à hauteur de 70 % par l'assurance maladie.

À NOTER

Les taux de remboursement des frais médicaux sont différents lorsqu'ils sont pratiqués dans le cadre d'une hospitalisation.

La participation forfaitaire à la charge de l'assuré

Dans un but de « responsabilisation » des assurés sociaux, une participation forfaitaire, qui s'ajoute au ticket modérateur (→ index, *Ticket modérateur*), est laissée à leur charge pour chaque acte ou pour chaque consultation pris en charge par l'assurance maladie et réalisé par un médecin, en ville, dans un établissement ou un centre de santé, à l'exclusion des actes ou consultations réalisés au cours d'une hospitalisation. L'assuré doit également acquitter cette participation pour tout acte de biologie médicale.

Son montant est fixé par l'Union nationale des caisses d'assurance maladie, étant précisé qu'au titre d'une même année civile, un nombre maximum de participations forfaitaires supportées par chaque bénéficiaire est fixé *(Voir pages Barème)*.

Pour les actes ou consultations effectués au cours d'une même journée, les règles suivantes sont applicables :

– si vous consultez le même médecin plusieurs fois au cours de la même journée, ou si le médecin que vous consultez réalise plusieurs actes au cours de la même consultation, la participation forfaitaire sera due pour chaque acte ou consultation, dans la limite de 4 € par jour pour un même professionnel de santé ;

– si vous consultez plusieurs médecins différents au cours de la même journée, un seul acte ou consultation étant effectué à chaque fois, la participation forfaitaire sera due pour chaque consultation ou acte, sachant que, dans tous les cas, la participation est due dans la limite d'un plafond par année civile et par personne *(Voir pages Barème)*.

Concrètement, cette participation forfaitaire (couramment appelée « participation forfaitaire d'1 € »), est automatiquement déduite des remboursements pour les consultations de généraliste ou spécialiste et les examens de radiologie ou biologie. Pour les actes réglés en « tiers payant », la participation forfaitaire correspondant à cet acte sera déduite du montant d'un remboursement ultérieur. Bien que la loi ne l'interdise pas formellement, la plupart des mutuelles ne la prendront pas en charge, car elles perdraient alors un certain nombre d'avantages (notamment fiscaux) dont elles bénéficient actuellement.

AVANTAGE

La participation forfaitaire ne s'applique ni aux jeunes de moins de 18 ans au 1er janvier de l'année en cours, ni aux femmes enceintes pendant une période qui débute 4 mois avant la date présumée de l'accouchement et se termine 12 jours après l'accouchement, ni aux bénéficiaires de la CMU complémentaire ou de l'aide médicale de l'État.

Cette participation forfaitaire ne s'applique en outre ni aux consultations, actes ou soins réalisés par les chirurgiens-dentistes, les sages-femmes, les auxiliaires médicaux (infir-

mières, masseurs-kinésithérapeutes, orthophonistes, orthoptistes) ni en cas d'hospitalisation complète.

Les franchises médicales

La loi de financement de la Sécurité sociale pour 2008 a mis en place, depuis le 1/1/2008, un dispositif de franchises médicales destiné au financement de trois chantiers de santé publique : la recherche contre la maladie d'Alzheimer, les soins palliatifs et le plan cancer.

Ainsi, en plus de la participation versée au titre du ticket modérateur, les assurés sociaux doivent désormais supporter une franchise annuelle pour les frais relatifs :

– aux médicaments, à l'exception de ceux délivrés au cours d'une hospitalisation ;

– aux actes effectués par un auxiliaire médical, soit en ville, soit dans un établissement ou un centre de santé, à l'exclusion des actes pratiqués au cours d'une hospitalisation ;

– aux transports effectués en véhicule sanitaire terrestre ou en taxi à l'exception des transports d'urgence.

Le montant de cette franchise est fixé à :

– 0,50 € pour les médicaments. Ce montant s'applique par unité de conditionnement de médicament (boîte ou autre, par exemple, flacon) ; seuls les médicaments remboursés par la Sécurité sociale donnent lieu à l'application de la franchise ;

– 0,50 € par acte effectué par un auxiliaire médical (infirmiers, masseurs-kinésithérapeutes, orthophonistes, orthoptistes et pédicures-podologues) ;

– 2 € par transport, ce montant s'appliquant à chaque trajet.

Afin de limiter le coût de cette franchise pour les patients, un double plafonnement, journalier et annuel, a toutefois été mis en place. Ainsi :

– si plusieurs actes sont effectués par un même auxiliaire médical, au cours d'une même journée, sur le même patient, le montant total de la franchise est limité à un maximum journalier fixé à 2 €. Ainsi, par exemple, si vous devez avoir recours à une infirmière 3 fois par jour, à chaque fois pour deux actes (piqûres ou autre), vous ne serez redevable que de 2 € au titre des franchises médicales, bien que 6 actes aient été réalisés dans la même journée (donc, en théorie, des franchises de 3 €, soit 6 x 0,50 € par acte). Pour la franchise sur les frais de transport, ce maximum journalier est fixé à 4 € ;

– le montant maximal supporté au titre de la franchise par le bénéficiaire des soins au cours d'une année civile est fixé à 50 €.

Ces franchises ne sont pas prises en charge par les mutuelles ni par les contrats de groupe dont peuvent bénéficier certains salariés ; celles et ceux qui n'excluraient pas cette prise en charge perdraient alors un certain nombre d'avantages fiscaux et sociaux. Par ailleurs, les contrats conclus avec le bénéfice de l'aide à l'acquisition d'une complémentaire santé ne peuvent pas prendre en charge ces franchises.

À NOTER

Pour les assurés bénéficiant du tiers-payant (c'est-à-dire de la dispense de l'avance de frais), les sommes dues au titre de la franchise sont récupérées sur les remboursements relatifs à une prestation à venir (par exemple, le remboursement d'une consultation médicale).

AVANTAGE

Comme pour la participation forfaitaire « 1 € », sont exonérés des franchises médicales les assurés mineurs, les bénéficiaires de la CMU complémentaire, les femmes enceintes pendant une période qui commence 4 mois avant la date présumée de l'accouchement et se termine 12 jours après celui-ci. En revanche, les bénéficiaires de l'aide médicale de l'État ne sont pas être exonérés de cette franchise.

La participation forfaitaire sur les actes lourds

Jusqu'à l'intervention du décret n° 2006-707 du 19/6/2006, l'assuré qui recevait, en ville ou dans le cadre d'une hospitalisation, des soins médicaux correspondant à des actes affectés d'un coefficient supérieur à 50 ou d'un coût de plus de 91 €, était dispensé de ticket modérateur.

Désormais, l'assuré conserve à sa charge, pour de tels actes, une participation forfaitaire de 18 €, susceptible d'être prise en charge par sa mutuelle ou son assurance complémentaire santé.

Actes concernés

Cette participation forfaitaire de 18 € s'applique sur :

– les actes inscrits sur la liste des actes et prescriptions pris en charge par la Sécurité sociale qui sont affectés soit d'un coefficient égal ou supérieur à 50, soit d'un tarif égal ou supérieur à 91 € ; toutefois, lorsqu'au cours d'une même consultation sont réalisés par un même praticien et pour un même patient plusieurs actes lourds, la participation de l'assuré pour l'ensemble de ces actes est limitée à 18 € ;

– l'ensemble des frais intervenant au cours d'une hospitalisation dans un établissement de santé, lorsqu'il est effectué un acte thérapeutique ou diagnostique dont la réalisation en établissement de santé est nécessaire à la sécurité des soins, affecté d'un coefficient égal ou supérieur à 50 ou d'un tarif égal ou supérieur à 91 € ; cette participation est également due sur les frais intervenant au cours d'une hospitalisation consécutive à une hospitalisation répondant aux conditions décrites ci-dessus et en lien direct avec elle.

Pour l'application des dispositions qui précédent, les coefficients ou les tarifs des actes peuvent se cumuler lorsque ces actes sont réalisés dans le même temps, par le même praticien et pour le même patient. Lorsque le cumul concerne un acte affecté d'un coefficient (par exemple, un acte coté 50) et un acte affecté d'un tarif (par exemple, 100 €), la participation de l'assuré est égale à 18 € lorsque le montant en euros résultant de ce cumul est égal ou supérieur à 91 €.

À NOTER

Les frais de prothèses dentaires, d'analyses de biologie et d'actes d'anatomo-cyto-pathologie ne sont pas concernés par la participation forfaitaire sur les actes lourds sauf si ces actes sont dispensés dans le cadre d'une hospitalisation visée ci-dessus.

Exonération ou suppression du forfait sur les actes lourds

Les situations ouvrant droit à exonération du ticket modérateur ouvrent également droit à exonération de la participation forfaitaire de 18 € (→ index, *Ticket modérateur*). Sont en outre exonérés de cette participation les catégories d'assurés également exonérées de ticket modérateur :

– patients atteints d'une affectation de longue durée ;

– femmes enceintes ;

– nouveau-nés hospitalisés ;

– titulaires d'une rente pour accident du travail ou maladie professionnelle ou d'une pension d'invalidité ;

– bénéficiaires de la CMU complémentaire.

Le médecin traitant et le parcours de soins coordonnés

Choix du médecin traitant

Afin de favoriser la coordination des soins, tout assuré ou ayant droit âgé de 16 ans ou plus doit indiquer à sa caisse primaire d'assurance maladie (CPAM) le nom du médecin traitant qu'il a choisi, avec l'accord de celui-ci. Jusqu'à 16 ans, les enfants n'ont pas à choisir de médecin traitant car ils bénéficient déjà d'une coordination des soins grâce à leur carnet de santé renseigné par le pédiatre ou le médecin de famille.

Le choix du médecin traitant suppose, pour les ayants droit mineurs, l'accord de l'un au moins des deux parents ou du titulaire de l'autorité parentale. Le médecin traitant peut être un généraliste ou un spécialiste ; il peut également s'agir d'un médecin hospitalier ou d'un médecin salarié d'un centre de santé (*Code de la Sécurité sociale, Art. L. 162-5-3*).

À NOTER

Les médecins exerçant dans le cadre de la même spécialité dans un cabinet médical situé dans les mêmes locaux ou dans un centre de santé peuvent être désignés conjointement en qualité de médecins traitants.

Les personnes tenues de choisir un médecin traitant doivent retourner à leur caisse d'assurance maladie le formulaire de déclaration de choix d'un médecin traitant, rempli et signé par elles-mêmes et par le médecin qu'elles auront choisi. Ce formulaire est disponible auprès des caisses d'assurance maladie ou directement téléchargeable sur le site *www.ameli.fr*.

Le choix d'un médecin traitant n'est jamais définitif : les assurés qui souhaitent changer de médecin traitant peuvent le faire à tout moment, sous réserve de remplir et de signer, avec le médecin choisi comme nouveau médecin traitant, une nouvelle déclaration de choix du médecin traitant et de l'adresser à leur caisse d'assurance maladie. Ils doivent également avertir leur ancien médecin traitant de leur décision.

Dans une même famille, chaque membre tenu de désigner un médecin traitant est libre de son choix.

À NOTER

Bien que ce cas soit très rare en pratique, rien ne vous interdit, par exemple si vous êtes atteint d'une maladie chronique, de choisir comme médecin traitant le spécialiste qui vous suit pour cette pathologie. Mais dans une telle hypothèse, si vous désirez consulter un généraliste et être remboursé normalement, vous devrez passer d'abord par votre médecin traitant afin qu'il vous adresse à ce généraliste.

QUELQUES DÉFINITIONS

✓ **Médecin traitant :** c'est le médecin que l'assuré a déclaré comme tel auprès de sa caisse d'assurance maladie. Il assure le premier niveau de recours aux soins et, si nécessaire, organise la coordination des soins entre les différents médecins qui interviennent auprès de son patient.

✓ **Médecin correspondant :** c'est le médecin vers qui le médecin traitant oriente son patient, soit pour un avis ponctuel (exemple : dans le cas de douleurs thoraciques, le médecin traitant peut demander l'avis ponctuel d'un cardiologue), soit pour des soins répétés (on parle de soins « itératifs ») ou dans le cas d'une affection de longue durée (ALD) : dans ce cas, un plan de soins est établi avec le médecin traitant, et le patient n'a pas à repasser par ce dernier pour être normalement remboursé.

✓ **Parcours de soins coordonnés :** l'assuré est dans le parcours de soins coordonnés lorsqu'il consulte en premier lieu le médecin traitant qu'il a déclaré auprès de sa caisse d'assurance maladie ou lorsqu'il consulte un médecin vers lequel il a été envoyé par son médecin traitant.

Dispositions applicables en l'absence de choix d'un médecin traitant

Afin d'inciter les assurés sociaux à choisir un médecin traitant, à le consulter en premier et, le cas échéant, à se conformer au « parcours de soins coordonnés » qu'il établira si nécessaire, un certain nombre de dispositions « incitatives », c'est-à-dire pénalisantes, sont prévues par la loi. Ainsi :

– sauf exceptions (voir ci-dessous), le ticket modérateur, c'est-à-dire la part laissée à la charge de l'assuré, est majoré de 40 % pour les assurés et les ayants droit n'ayant pas choisi de médecin traitant ou consultant un autre médecin sans prescription de leur médecin traitant. Le ticket modérateur est donc, dans ce cas, fixé à 70 % au lieu de 30 %, la majoration ne pouvant toutefois dépasser 10 € par acte pour ceux supérieurs à 25 €. Ainsi, par exemple, si vous consultez un médecin généraliste conventionné « secteur 1 » qui n'est pas votre médecin traitant ou vers lequel vous n'avez pas été envoyé par votre médecin traitant, et dont le tarif est de 22 €, vous serez remboursé par la Sécurité sociale, sur la base de 30 % (et non 70 %) de 22 €, soit 6,60 € (au lieu de 15,40 € si vous aviez eu recours à votre médecin traitant), desquels il faudra déduire la participation forfaitaire d'1 €. Au total, sur les 22 € de la consultation, il restera à votre charge 16,40 €, sachant que ni la participation forfaitaire d'1 € ni la majoration de 40 % du ticket modérateur ne seront en principe prises en charge par les complémentaires santé. Autre exemple : vous consultez un spécialiste conventionné « secteur 1 », hors parcours de soins : cette consultation vous est facturée 33 € (ce qui est le maximum autorisé dans ce cas). Vous serez remboursé par la Sécurité sociale sur la base de 25 €, à hauteur de 30 %, soit un remboursement de 7,50 €, diminué de la contribution forfaitaire d'1 €, soit 6,50 € : votre complémentaire santé vous remboursera, pour sa part, 30 % de 25 €, soit 7,50 €. Il restera donc à votre charge 19 €. Dans le cas d'une hospitalisation, la part restant à votre charge sera également majorée de 40 % pour l'ensemble des frais d'honoraires et d'hospitalisation ;

– les assurés de 16 ans et plus qui consultent directement un médecin spécialiste, sans être adressé à lui par leur médecin traitant, peuvent se voir appliquer par ce spécialiste un dépassement d'honoraires non pris en charge par l'assurance maladie ; ce dépassement est toutefois plafonné à 17,5 % du tarif applicable aux spécialistes dans le parcours de soins coordonnés, soit 5 €. Dans un tel cas, par exemple, la consultation pourra vous coûter jusqu'à 33 € (28 € de tarif de base + 5 € de dépassement), sachant que vous ne serez en outre remboursé qu'à hauteur de 30 % (et non de 70 %) ; en clair, si cette consultation vous coûte 33 €, vous serez remboursé 6,50 € (soit 30 % de 25 €, moins 1 € au titre de la contribution forfaitaire) : il restera donc à votre charge 26,50 €. Notez en outre que si vous consultez un spécialiste conventionné « secteur 2 » sans passer par votre médecin traitant, ce spécialiste pourra appliquer le dépassement qu'il souhaite (celui-ci devant toutefois être fixé « avec tact et mesure »), et vous ne serez remboursé par la Sécurité sociale que sur la base de 30 % de 23 € (moins 1 € au titre de la contribution forfaitaire).

La majoration du ticket modérateur ne s'applique toutefois pas :

– lorsque la consultation se fait en cas d'urgence auprès d'un autre médecin que le médecin traitant, ou lorsque la consultation se fait en dehors du lieu où réside de façon stable et durable l'assuré social ou l'ayant droit âgé de 16 ans ou plus ;

– lorsqu'à la suite d'une prescription du médecin traitant, des soins itératifs (c'est-à-dire fréquents, répétés) sont pratiqués par le médecin consulté, sous réserve que ces soins aient fait l'objet d'un plan de soins. Ce plan de soins, convenu entre les deux médecins en accord avec le patient, fixe la nature et la périodicité de ces soins ;

– en cas d'intervention successive de plusieurs médecins pour une même pathologie, sous réserve que cette séquence de soins soit réalisée en concertation avec le médecin traitant ;

– pour les actes et consultations prévus dans le cadre du protocole de soins élaboré par le médecin traitant ;

– pour les actes et consultations assurés, en cas d'indisponibilité du médecin traitant, par le médecin qui assure son remplacement ou, lorsque le médecin traitant exerce en centre de santé ou en groupe, par un autre médecin exerçant dans le même centre ou dans un cabinet situé dans les mêmes locaux ;

– pour les actes et consultations d'un médecin intervenant au titre de la permanence des soins mentionnée à l'article L. 6314-1 du Code de la santé publique ;

– pour les actes et consultations assurés par un médecin exerçant dans une consultation hospitalière de tabacologie, d'alcoologie ou de lutte contre les toxicomanies ;

– lorsqu'un militaire consulte sur prescription d'un médecin du service de santé des armées ;

– lorsque vous êtes éloigné de votre lieu de résidence habituelle ;

– lorsque vous recourez à un médecin qui n'est pas votre médecin traitant, parce que vous êtes confronté à une situation non prévue plus de 8 heures auparavant pour une affection ou la suspicion d'une affection mettant en jeu votre vie ou votre intégrité physique et nécessitant l'intervention rapide du médecin ;

– pour les actes de dépistage organisés dans le cadre de la campagne nationale contre le cancer du sein ;

– pour l'interruption volontaire de grossesse (IVG) teuse ;

– pour une consultation dans une structure de médecine humanitaire ou un centre de planification ou d'éducation familiale.

AVANTAGE

La majoration du ticket modérateur n'est pas appliquée lorsque vous consultez, sans prescription de votre médecin traitant, l'un ou l'autre des médecins relevant des spécialités suivantes : gynécologie médicale, gynécologie obstétrique, ophtalmologie. Il en est de même pour les chirurgiens dentistes, les sages-femmes et les auxiliaires médicaux.

Dispositions spécifiques aux médecins nouvellement installés

Pendant une durée de 5 ans, les règles du parcours de soins coordonnés ne s'appliqueront pas lorsqu'un assuré consultera un médecin généraliste installé pour la première fois en exercice libéral ou un médecin généraliste qui s'installe dans une zone sous-médicalisée ou qui exerce dans un centre de santé nouvellement agréé situé dans l'une de ces zones. Cette mesure doit permettre aux jeunes médecins nouvellement installés de se constituer une « clientèle » sans que les règles du parcours de soins ne constituent un handicap. De la même manière, le dispositif doit favoriser l'installation de médecins ou de centres de santé agréés dans les zones sous-médicalisées dont la détermination relève de la compétence des missions régionales de santé.

Ainsi, lorsqu'un assuré consultera un médecin répondant à ces conditions, la majoration de la participation (pénalités en cas de non-respect du parcours de soins) ne lui sera pas appliquée. Ce même médecin pourra également, sans être désigné comme médecin traitant, adresser le patient à un spécialiste, libéral ou hospitalier, sans que cette consultation de coordination ne puisse faire l'objet d'un dépassement de tarif.

› Les formalités

Les feuilles de soins

Pour obtenir le remboursement des dépenses, il faut accomplir certaines formalités. Ainsi, lorsque l'on consulte un médecin, celui-ci remet une feuille de soins ou feuille de maladie à l'assuré, qui précise, notamment, la date, la nature des actes effectués, le montant des honoraires perçus, les indications relatives à la situation sociale et à l'état civil, et sur laquelle on colle les vignettes des médicaments prescrits. Cette feuille de soins doit être transmise à la caisse primaire d'assurance maladie, accompagnée du double de l'ordonnance rédigée par le médecin. La prescription pour obtenir le remboursement des soins et traitements est fixée à 2 ans, à compter du premier jour du trimestre civil qui suit leur délivrance (*Code de la Sécurité sociale, Art. L. 332-1*).

AVANTAGE

La feuille de soins papier est petit à petit remplacée par une feuille de soins électronique destinée à accélérer la procédure de remboursement grâce à la carte Vitale (→ index, Carte Vitale).

AVANTAGE

Pour savoir où vous en êtes de vos remboursements, vous pouvez vous connecter au site www.ameli.fr ou téléphoner au 0 820 904 175 (0,12 €/min). Il vous suffit d'indiquer votre numéro d'assuré social et votre code confidentiel (que l'assurance maladie vous a communiqué) pour consulter vos informations personnelles. Depuis le 1/1/2009, vous pouvez choisir de ne plus recevoir de décompte papier mais de les télécharger et les archiver dans votre espace sécurisé.

AVANTAGE

Si vous voyagez dans un pays de l'Union européenne, demandez la carte européenne d'assurance maladie qui remplace l'attestation E 111 auprès de votre caisse d'assurance maladie avant de partir : elle vous permet d'éviter l'avance des frais ou de vous faire rembourser pendant votre séjour dans les mêmes conditions que si les soins avaient été reçus en France.

L'entente préalable

Pour la prise en charge de certains soins, l'accord de la Sécurité sociale est parfois nécessaire : le médecin délivre alors un imprimé spécial de demande d'entente préalable qu'il faut envoyer au service du contrôle médical de la caisse primaire d'assurance maladie. Cette dernière est tenue de répondre dans un délai en principe fixé à 15 jours : au-delà de ce délai, le silence gardé par la Sécurité sociale vaut décision d'acceptation de la demande (*Décret n° 2001-532 du 20/6/2001*). Ce délai court à compter de la date de réception de la demande et suppose que le dossier soit complet.

Sont seules soumises à la formalité de l'entente préalable, les prestations (*Code de la Sécurité sociale, Art. L. 315-2*) :

– dont la nécessité doit être appréciée au regard d'indications déterminées ou de conditions particulières d'ordre médical ;

– dont la justification, du fait de leur caractère innovant ou des risques encourus par le bénéficiaire, doit être préalablement vérifiée eu égard notamment à l'état du bénéficiaire et aux alternatives thérapeutiques possibles ;

– dont le caractère particulièrement coûteux doit faire l'objet d'un suivi particulier afin d'en évaluer l'impact sur les dépenses d'assurance maladie.

L'entente préalable concerne, par exemple :

– les actes d'orthopédie dento-faciale, c'est-à-dire la pose d'appareils destinés à redresser les dents (les prothèses dentaires ne sont pas concernées) ;

– les transports sur de longues distances (plus de 150 km), les transports en série, les transports en avion ou en bateau de ligne régulière.

Par ailleurs, la prise en charge d'actes réalisés en série (par exemple, des séances de kinésithérapie), est désormais soumise au respect de référentiels approuvés par la Haute Autorité de santé qui déterminera le nombre d'actes nécessaires pour mener à bien la guérison et la rééducation du patient. Au-delà du nombre ainsi fixé (par exemple, plus de 30 pour les masseurs-kinésithérapeutes), un accord préalable du service du contrôle médical de la caisse d'assurance maladie est nécessaire pour que ces actes soient pris en charge. Cette disposition est issue de la loi n° 2008-1330 du 17/12/2008 ; elle concerne tous les professionnels de santé, même si, par définition, les professions paramédicales (masseurs-kinésithérapeutes, orthophonistes ou orthoptistes) qui effectuent les actes de rééducation réalisés en série sont les premières concernées. L'objectif est de mettre fin aux disparités constatées pour un diagnostic identique, pour des raisons non liées à la situation du patient. Ainsi, par exemple, le nombre de séances de kinésithérapie prescrites pour une rééducation à la suite de la pose d'une prothèse de hanche peut porter, suivant les régions, sur 10 à 30 séances.

À NOTER

On appelle « tiers payant » le fait de faire intervenir la Sécurité sociale pour payer, à la place de l'assuré, tout ou partie des frais occasionnés par les soins. De cette façon, l'assuré ne règle que le ticket modérateur sans avoir à faire l'avance des frais avant d'être remboursé. Il suffit de s'adresser à la caisse primaire d'assurance maladie (CPAM) à laquelle on est affilié pour connaître les différents cas de tiers payant appliqués dans le département.

À NOTER

S'agissant de la prise en charge des frais de transport, soumise à entente préalable, l'absence de réponse de la caisse d'assurance maladie dans un délai de 10 jours à compter de l'expédition de la demande, vaut acceptation de cette demande (Code de la Sécurité sociale, Art. R. 322-10-3).

AVANTAGE

En dehors des soins d'orthopédie dento-faciale et quelques actes exceptionnels qualifiés de rares, les principaux soins dentaires ne sont plus soumis à entente préalable depuis le 23/3/2003 (Arrêté du 11/3/2003).

À NOTER

Si la Sécurité sociale vous refuse une indemnisation, une allocation ou une aide à laquelle vous pensez avoir droit, vous pouvez écrire au secrétariat de la commission de recours amiable pour contester sa décision ***(voir Modèle n° 13)****.*

L'information de la caisse en cas d'accident

Lorsqu'un assuré social est victime d'un accident ou d'une blessure causé par une autre personne (ce que l'on appelle un « tiers »), l'assurance maladie doit pouvoir récupérer auprès de ce tiers ou de son assureur les dépenses qu'elle engage de ce fait : indemnités journalières, remboursement de soins, frais d'hospitalisation... Pour cela, la loi fait désormais obligation aux différentes parties concernées (victime, tiers responsable, assureur...) d'informer la caisse d'assurance maladie des causes de l'accident (*Code de la Sécurité sociale, Art. L. 376-1, L. 454-1, D. 376-1* et *D. 454-1*).

- La victime, dont les lésions (accident, blessure...) sont imputables à un tiers, doit en informer sa caisse primaire dans les 15 jours qui suivent la survenue des lésions. La déclaration s'effectue par tous moyens (oralement, par écrit, par e-mail...). Elle doit également le signaler au professionnel de santé afin que celui-ci puisse compléter la feuille de soins transmise à la caisse d'assurance maladie.

À NOTER

S'il s'agit d'un accident du travail, la victime est dispensée de déclarer l'accident à la caisse si elle a informé ou fait informer son employeur dans les 24 heures qui suivent les faits.

- Le tiers responsable doit, quelle que soit la nature de l'accident (accident du travail), en informer la CPAM de la victime dans les 15 jours qui suivent la survenue des lésions. L'information s'effectue par tous moyens. Toutefois, le tiers responsable est dispensé de cette obligation s'il en a déjà informé son assureur.

- L'assureur du tiers responsable doit informer la caisse de la victime dans les 3 mois suivant la date à laquelle il a connaissance de la survenue de l'accident ou des lésions, ou dans les 3 mois qui suivent l'accident de la circulation.

- L'établissement de santé, public ou privé qui prend en charge une personne dont les lésions sont imputables à un tiers, doit en informer la caisse d'assurance maladie de la victime dans les 3 mois qui suivent la fin des soins.

› Les honoraires médicaux

Chaque patient est libre de choisir son praticien et peut consulter la personne de son choix où il veut et quand il veut ; de plus, le médecin doit respecter le désir du patient qui décide de s'adresser à quelqu'un d'autre en cours de traitement, par exemple (*Code de déontologie des médecins, Art. 6, 58, 60* et *93*).

Ces principes restent valables, même si des dispositions ont été prévues afin d'inciter les assurés sociaux et leurs ayants droit à désigner un médecin traitant et à le consulter en priorité en cas de problème de santé (→ index, *Médecin traitant*).

Cela étant, il n'y a remboursement de la consultation que s'il s'agit d'un docteur en médecine, d'une sage-femme, d'un chirurgien-dentiste ou d'un auxiliaire médical (infirmier, masseur...).

Il existe deux sortes de praticiens au regard du remboursement proprement dit :

- Les médecins peuvent être conventionnés et exercer en secteur 1 ou en secteur 2 (secteur dit à « honoraires libres ») : les premiers se sont engagés auprès de l'assurance maladie à appliquer, à leurs patients, les tarifs conventionnels et ne peuvent pratiquer de dépassements d'honoraires que dans certains cas très particuliers (par exemple, si le patient demande à son médecin d'effectuer une visite à domicile alors qu'il aurait pu se rendre à son cabinet). Les seconds peuvent appliquer des honoraires libres plus élevés que les tarifs conventionnels ; toutefois, s'ils ont adhéré à l'option dite de « coordination », ils doivent appliquer les tarifs conventionnels du secteur 1 pour les patients qui leur sont adressés par un médecin traitant.

- Les médecins non conventionnés sont ceux qui n'adhèrent pas à la convention signée avec la Sécurité sociale. Le remboursement est alors insignifiant car il est effectué sur la base d'un tarif d'autorité très faible.

Le secteur dont le praticien relève est précisé sur la feuille de soins et est identifié comme suit par la mention « conventionné secteur 1 ou secteur 2 », « conventionné honoraires libres » ou « non conventionné ».

Depuis la mise en œuvre de la réforme de l'assurance maladie issue de la loi du 13/8/2004, les tarifs applicables par les médecins dépendent des réponses apportées aux principales questions suivantes : le médecin que vous consultez est-il ou non conventionné ? S'agit-il de votre médecin traitant ou d'un médecin que vous consultez sur indication de votre médecin traitant, c'est-à-dire dans le cadre du parcours de soins coordonnés ? Les principaux tarifs applicables en fonction de ces différentes situations se trouvent dans les pages Barème *(Voir pages Barème)* ; l'intégralité de ces tarifs, notamment ceux applicables aux médecins conventionnés « secteur 2 » (honoraires libres), peut être consultée sur le site *www.ameli.fr*.

À NOTER

Des sanctions sont prévues à l'encontre des professionnels de santé qui :

– exposent les assurés à des dépassements d'honoraires excédant le tact et la mesure ;

– exposent les assurés à des dépassements non conformes à la convention dont ils relèvent ;

– ont omis l'information écrite préalable concernant le tarif des actes effectués ainsi que la nature et le montant du dépassement facturé dès lors que les honoraires dépassent 70 €.

Ces sanctions, prononcées par le directeur de l'organisme d'assurance maladie dont relève le professionnel, consistent en une pénalité financière et, en cas de récidive, en un retrait temporaire du droit à dépassement (Code de la Sécurité sociale, Art. L. 162-1-14-1).

Les médecins libéraux qui reçoivent des patients affichent, de manière visible et lisible, dans leur salle d'attente ou, à défaut, dans leur lieu d'exercice, les tarifs des honoraires ou fourchettes des tarifs des honoraires qu'ils pratiquent, ainsi que le tarif de remboursement par l'assurance maladie en vigueur correspondant aux prestations suivantes dès lors qu'elles sont effectivement proposées : consultation, visite à domicile et majoration de nuit, majoration de dimanche, majorations pratiquées dans le cadre de la permanence des soins et au moins cinq des prestations les plus couramment pratiquées (*Code de la santé publique, Art. R. 1111-21*).

À NOTER

Sont également concernés par ces dispositions un certain nombre d'autres professionnels de santé, notamment les chirurgiens dentistes, les infirmières, les masseurs-kinésithérapeutes, les pédicures podologues, etc. (Code de la santé publique, Art. R. 1111-21 à R. 1111-25).

À NOTER

Le défaut d'affichage des informations relatives aux honoraires peut être sanctionné d'une amende administrative maximale de 3 000 €.

Les médecins mentionnés ci-dessus doivent également afficher, dans les mêmes conditions matérielles et selon leur situation conventionnelle (*Code de la santé publique, Art. R. 1111-22*) :

a) Pour les médecins conventionnés qui pratiquent les tarifs fixés par la convention, les mentions suivantes :

« Votre médecin applique les tarifs de remboursement de l'assurance maladie. Ces tarifs ne peuvent pas être dépassés, sauf dans deux cas :

– exigence exceptionnelle de votre part, s'agissant de l'horaire ou du lieu de la consultation ;

– non-respect par vous-même du parcours de soins.

Si votre médecin vous propose de réaliser certains actes qui ne sont pas remboursés par l'assurance maladie, il doit obligatoirement vous en informer.

Dans tous les cas cités ci-dessus où votre médecin fixe librement ses honoraires ou ses dépassements d'honoraires, leur montant doit être déterminé avec tact et mesure. »

b) Pour les médecins conventionnés autorisés à pratiquer des honoraires supérieurs à ceux fixés par la convention, la mention suivante :

« Votre médecin détermine librement ses honoraires. Ils peuvent donc être supérieurs au tarif du remboursement par l'assurance maladie.

Si votre médecin vous propose de réaliser certains actes qui ne sont pas remboursés par l'assurance maladie, il doit obligatoirement vous en informer.

Dans tous les cas, il doit fixer ses honoraires avec tact et mesure.

Si vous bénéficiez de la couverture maladie universelle complémentaire, votre médecin doit appliquer le tarif de remboursement de l'assurance maladie. »

c) Pour les médecins non conventionnés avec l'assurance maladie, les phrases suivantes :

« Votre médecin n'est pas conventionné ; il détermine librement le montant de ses honoraires. Le remboursement de l'assurance maladie se fait sur la base des tarifs d'autorité, dont le montant est très inférieur aux tarifs de remboursement pour les médecins conventionnés.

Si votre médecin vous propose de réaliser certains actes qui ne sont pas remboursés par l'assurance maladie, il doit obligatoirement vous en informer.

Dans tous les cas, il doit fixer ses honoraires avec tact et mesure. »

En outre, une information écrite préalable précisant le tarif des actes effectués ainsi que la nature et le montant du dépassement facturé doit obligatoirement être remise par le professionnel de santé à son patient dès lors que les honoraires totaux des actes et prestations facturés lors de la consultation sont supérieurs ou égaux à 70 €, sauf si le professionnel prescrit un acte à réaliser lors d'une consultation ultérieure, auquel cas il est tenu de remettre à son patient l'information préalable, y compris si ses honoraires sont inférieurs au seuil fixé ci-dessus. L'inobservation de cette obligation peut faire l'objet d'une sanction financière égale au dépassement facturé.

AVANTAGE

Il est maintenant possible de saisir dans chaque caisse d'assurance maladie un conciliateur chargé de trouver une solution aux réclamations des assurés (difficultés à trouver un médecin traitant ou à obtenir un rendez-vous chez un spécialiste, par exemple). Il suffit d'envoyer un courrier simple à la caisse qui doit en principe répondre dans les « 2 à 3 semaines ». La conciliation, qui est gratuite, ne suspend pas les délais fixés pour saisir les tribunaux.

AVANTAGE

En se connectant sur le site Internet de l'Assurance maladie www.ameli.fr/assures/adresses-tarifs/professionnels-de-sante.php, il est désormais possible de trouver l'adresse du professionnel de santé de son choix, d'avoir des indications sur les tarifs qu'il pratique et de savoir s'il accepte la carte Vitale.

› Les soins

Les prestations consistent en la prescription de médicaments, d'analyses, la fourniture de soins dentaires, le port de lunettes ou des frais de transport.

Lorsqu'il prescrit des médicaments ou des actes non remboursés ou non pris en charge par la Sécurité sociale, le médecin doit le signaler sur l'ordonnance qu'il remet à son patient (*Code de la Sécurité Sociale, Art. L. 162-4*).

LE DOSSIER MÉDICAL PERSONNEL

Les dispositions relatives au carnet de santé des assurés sociaux de plus de 16 ans ont été supprimées par la loi relative à l'assurance maladie du 13/8/2004. Cette loi crée, pour remplacer ce document, le dossier médical personnel, outil destiné à favoriser la coordination, la qualité et la continuité des soins, dans le respect du secret médical.

Ce dossier médical personnel (DMP) sera en quelque sorte la mémoire des consultations, examens et traitements réalisés pour son titulaire. Il sera tenu et géré par le médecin traitant choisi par le patient (→ index, *Médecin traitant*) : chaque professionnel de santé consulté devra y reporter, à l'occasion de chaque acte ou consultation, les éléments diagnostiques et thérapeutiques nécessaires à la coordination des soins de la personne prise en charge. En outre, à l'occasion du séjour d'un patient, les professionnels de santé habilités des établissements de santé reporteront sur le dossier médical personnel les principaux éléments résumés relatifs à ce séjour. Dans tous les cas, l'accès au DMP de ces professionnels de santé restera subordonné à l'autorisation du patient. En dehors de ces situations, l'accès au dossier médical personnel ne pourra être exigé, même avec l'accord de la personne concernée. Ainsi notamment, l'accès à ce dossier sera interdit lors de la conclusion d'un contrat relatif à une protection complémentaire « santé » et à l'occasion de la conclusion de tout autre contrat exigeant l'évaluation de l'état de santé d'une des parties. L'accès à ce dossier ne pourra également être exigé ni préalablement à la conclusion d'un contrat, ni à aucun moment ou à aucune occasion de son application, ni dans le cadre de la médecine du travail (*Code de la santé publique, Art. L. 1111-14 à L. 1111-23*).

Le DMP pourra être « alimenté » par le « dossier pharmaceutique » ouvert, avec son consentement, pour chaque assuré, dont l'objet est de favoriser la coordination, la qualité, la continuité des soins et la sécurité de la délivrance des médicaments. Ce dossier pharmaceutique est expérimenté dans plusieurs départements depuis 2007, avant généralisation à l'ensemble de la population.

Le DMP, comme le dossier pharmaceutique, sont actuellement en cours d'expérimentation, avant leur généralisation éventuelle dans les prochaines années.

LA CARTE VITALE

C'est la carte d'assuré social plastifiée qui remplace l'ancienne carte papier. De couleur verte, elle a la taille d'une carte bancaire et possède une puce électronique contenant toutes les informations nécessaires pour que l'assurance maladie prenne en charge les soins de l'assuré et leur remboursement : numéro de sécurité sociale, caisse d'affiliation, validité des droits, liste des bénéficiaires (l'assuré et ses ayants droit) avec leur date de naissance...
Le remboursement des soins grâce à la carte Vitale va petit à petit se généraliser sur tout le territoire. Pour le moment, tous les professionnels de santé (médecin généraliste ou spécialiste, chirurgien-dentiste, pharmacien...) ne sont pas encore équipés informatiquement. Quand ils le sont, la carte doit leur être présentée afin qu'ils l'insèrent dans un lecteur et qu'ils inscrivent sur leur ordinateur les informations qui auparavant étaient portées sur la feuille de soins papier. Ces informations sont alors transmises par informatique à la caisse d'assurance maladie et les remboursements se font automatiquement, le patient n'ayant plus de feuille maladie à remplir et à signer, de vignette à coller ni d'envoi à effectuer.
Le titulaire de la carte Vitale doit la mettre à jour après tout changement de situation et au moins une fois par an.
Depuis la fin de l'année 2007 et jusqu'en 2010, une nouvelle carte Vitale sera progressivement distribuée à l'ensemble des assurés sociaux, sans aucune démarche particulière de leur part (c'est leur caisse d'assurance maladie qui les contactera).
Cette carte, comportant notamment la photo de son titulaire, permettra l'accès du praticien au dossier médical personnel du patient. Utilisée conjointement avec la carte du professionnel de santé (carte CPS) ou avec un code personnalisé, elle permettra au médecin traitant, en présence du patient et avec son accord, d'avoir accès au dossier de ce dernier. La carte comportera également la mention du médecin traitant, les informations concernant la couverture complémentaire santé de l'assuré et de ses ayants droit, les coordonnées d'une personne à prévenir en cas de nécessité (si le titulaire de la carte est d'accord) et un volet d'urgence destiné à recevoir les informations nécessaires aux interventions urgentes.

LE REFUS DE SOINS

En principe, aucune personne ne peut faire l'objet de discriminations dans l'accès à la prévention ou aux soins. Ainsi, un professionnel de santé ne peut refuser de soigner une personne pour l'un des motifs visés au premier alinéa de l'article 225-1 du Code pénal (origine, sexe, situation de famille, patronyme, etc.) ou au motif qu'elle est bénéficiaire du droit à la CMU complémentaire, à l'aide à l'acquisition d'une complémentaire santé ou à l'aide médicale de l'État (AME).
La personne qui s'estime victime d'un refus de soins illégitime peut saisir le directeur de l'organisme local d'assurance maladie (dont on peut obtenir les coordonnées auprès de la CPAM) ou le président du conseil territorialement compétent de l'ordre professionnel concerné (par exemple, l'ordre des médecins). Cette saisine vaut dépôt de plainte. La personne saisie en accuse réception à l'auteur, en informe le professionnel de santé mis en cause et peut le convoquer dans un délai d'1 mois à compter de la date d'enregistrement de la plainte (*Code de la santé publique, Art. L. 1110-3*).
Par ailleurs, le professionnel de santé qui pratique une telle discrimination dans l'accès à la prévention ou aux soins peut faire l'objet de sanctions pénales et d'une pénalité prononcée par le directeur de l'organisme local d'assurance maladie (*Code de la Sécurité sociale, Art. L. 162-1-14-1*).

Les médicaments

Pour être remboursables, ils doivent être inscrits sur une liste établie par décret et avoir été prescrits par un médecin. On distingue les médicaments spécialisés de ceux qui ne le sont pas.

Les médicaments spécialisés sont fabriqués par des laboratoires pharmaceutiques et leur taux de remboursement est fonction de leur catégorie :

– s'ils sont coûteux et irremplaçables, leur taux de remboursement est de 100 % ;
– s'ils ont une vignette blanche, ils sont remboursés à 65 % ;
– si la vignette est bleue, il s'agit de médicaments dits de « confort » remboursés à 35 % ;
– enfin, les médicaments à vignette orange dont le « service médical rendu » est faible ne sont remboursés qu'à 15 %.

UNE MEILLEURE INFORMATION DES CONSOMMATEURS SUR LE PRIX DES MÉDICAMENTS NON REMBOURSABLES DANS LES PHARMACIES

Le prix de vente TTC des médicaments non remboursables et qui ne sont pas exposés à la vue du public fait l'objet d'une information par voie d'étiquetage figurant sur le conditionnement.

Lorsqu'ils sont exposés à la vue du public, le prix de vente TTC de ces médicaments donne lieu à un affichage visible et lisible par le client.

Une information relative aux médicaments non remboursables rappelant le régime de prix de ces médicaments et contenant la formule suivante : « Le prix des médicaments non remboursables est libre. Vous êtes informés des prix pratiqués dans l'officine pour ces médicaments par affichage ou étiquetage et, pour les médicaments non remboursables soumis à prescription médicale obligatoire, par un catalogue librement accessible dans l'officine » est apposée sur un support visible et lisible par le consommateur se trouvant dans la pharmacie.

Les prix des médicaments non remboursables soumis à prescription médicale obligatoire habituellement détenus dans la pharmacie sont répertoriés dans un catalogue librement accessible au public. Ce catalogue, constitué sur support papier ou sur un support électronique et mis à jour au moins une fois par mois, présente une liste des noms et des prix de ces médicaments classée par ordre alphabétique.

Lorsque le consommateur le demande, la délivrance d'un médicament non remboursable donne lieu à la remise d'un justificatif de paiement comportant la date de l'achat, le nom et l'adresse de la pharmacie, le nom et la quantité de la spécialité délivrée et le prix TTC payé par le consommateur (*Arrêté du 26/3/2003*).

À NOTER

Le taux de remboursement, par l'assurance maladie, des médicaments homéopathiques est fixé à 35 %.

ATTENTION ⚠

Pour les médicaments à vignette bleue, même si l'assuré est pris en charge à 100 %, leur remboursement reste au taux de 35 %, sauf s'ils sont prescrits dans le cadre d'une maladie de longue durée et coûteuse.

Les pharmaciens ont le droit de substituer un médicament spécialisé prescrit par le médecin par un autre médi-cament appartenant au même groupe générique (« médicaments génériques ») sous certaines conditions :

– le médecin ne doit pas s'y être opposé. Si c'est le cas, il doit apposer la mention « non substituable » sur l'ordonnance, avant le nom du médicament visé ;

– le pharmacien doit indiquer sur l'ordonnance le nom du médicament générique et, le cas échéant, la forme pharmaceutique du médicament et le nombre d'unités de prise correspondant à la posologie du traitement prescrit ;

– le prix du médicament générique ne doit pas être supérieur de plus de 7,62 centimes d'euro au prix du médicament initialement prescrit.

Les médecins peuvent aussi prescrire directement un médicament générique, à condition de rédiger leur ordonnance en utilisant la dénomination chimique de la molécule (appelée « dénomination commune internationale »), à la place du nom commercial du médicament.

Depuis le 8/9/2003, plusieurs centaines de médicaments sont remboursés, non pas sur la base de leur prix de vente, mais sur la base d'un « tarif forfaitaire de responsabilité » (TFR) calculé à partir du prix des médicaments génériques qui leur correspondent. Si le patient choisit d'acheter le médicament de marque plutôt que le générique correspondant, la différence de prix restera à sa charge, ou, le cas échéant, à la charge de sa mutuelle. La liste des médicaments concernés peut être consultée sur le site Internet *www.ameli.fr* de la Caisse nationale d'assurance maladie des travailleurs salariés.

À NOTER

Afin de favoriser l'utilisation des médicaments génériques, il est prévu de réserver le bénéfice du tiers-payant aux assurés et aux bénéficiaires de la CMU complémentaire qui acceptent la délivrance d'un médicament générique, sauf lorsque la substitution leur pose des problèmes de santé particuliers. Ne sont toutefois visés par cette disposition ni les groupes génériques soumis au tarif forfaitaire de responsabilité, ni les génériques dont le prix est au moins égal à celui du médicament « original » défini à l'article L. 162-16 du Code de la Sécurité sociale ou lorsqu'il existe des génériques commercialisés dans le groupe dont le prix est supérieur ou égal à celui du princeps. Ce dispositif est actuellement expérimenté dans un certain nombre de départements.

Les médicaments non spécialisés sont ceux préparés par le pharmacien ou encore les produits de droguerie pharmaceutique tels que l'alcool à 90°, l'éther, etc. Ils ne sont pas remboursés, sauf s'ils sont composés de certaines substances énumérées par arrêté.

Quant aux autres produits, non assimilés à des médicaments, tels que les compresses, les sondes, les seringues, etc., leur tarif de remboursement est fixé par arrêté.

AVANTAGE

Depuis le 1/7/2008, les pharmaciens peuvent, s'ils le souhaitent, mettre certains médicaments en libre accès (il s'agit, par exemple, d'antalgiques, d'antitussifs, de produits de sevrage anti-tabagique). Attention toutefois : un médicament en libre accès peut avoir un équivalent beaucoup moins cher…

À NOTER

Les pharmaciens sont obligés de collecter gratuitement les médicaments non utilisés apportés par les particuliers (Code de la santé publique, Art. R. 4211-23).

À NOTER

Le site www.medicfrance.sante.gouv permet d'accéder aux données officielles concernant les médicaments.

L'ordonnance remise par le professionnel de santé peut comporter la prescription d'un médicament pour une durée de traitement supérieure à 1 mois. Elle doit alors indiquer, pour permettre le remboursement de ce médicament, soit le nombre de renouvellements de l'exécution de la prescription par périodes maximales d'1 mois ou de 3 mois pour les médicaments présentés sous un conditionnement correspondant à une durée de traitement supérieure à 1 mois, soit la durée totale de traitement, dans la limite de 12 mois.

Le pharmacien ne peut en principe délivrer en une seule fois une quantité de médicaments correspondant à une durée de traitement supérieure à 4 semaines ou à 30 jours selon le conditionnement. Toutefois :

– les médicaments présentés sous un conditionnement correspondant à une durée de traitement supérieure à 1 mois peuvent être délivrés pour cette durée dans la limite de 3 mois ;

– quel que soit leur conditionnement, les médicaments contraceptifs peuvent être délivrés pour une durée de 12 semaines.

Les pharmaciens sont également autorisés à délivrer, pour une durée supplémentaire non renouvelable de 6 mois, les contraceptifs oraux qui figurent sur une liste fixée par arrêté lorsque la durée de validité d'une ordonnance datant de moins d'1 an est expirée (*Code de la santé publique, Art. L. 5125-23-1*). Ces contraceptifs sont pris en charge par l'assurance maladie dès lors qu'ils sont inscrits sur la liste des spécialités remboursables (*Code de la Sécurité sociale, Art. L. 162-16*).

AVANTAGE

Avec votre consentement, votre pharmacien peut créer un dossier pharmaceutique, géré par voie électronique, destiné à favoriser la coordination, la qualité, la continuité des soins et la sécurité des médicaments qui vous seront dispensés (Code de la Sécurité sociale, Art. L. 161-36-4-1 et R. 161-58-1 et s.).

À NOTER

Le pharmacien doit vous délivrer le conditionnement le plus économique compatible avec les mentions figurant sur l'ordonnance qui vous a été remise par le professionnel de santé (Code de la Sécurité sociale, Art. R. 162-20-6). En outre, lorsqu'un traitement est prescrit pour une durée d'au moins 3 mois, y compris au moyen du renouvellement multiple d'un traitement mensuel, et qu'un grand conditionnement est disponible pour le médicament concerné ou pour sa forme générique, le pharmacien doit vous délivrer ce conditionnement (Code de la santé publique, Art. L. 5125-23).

Lors de la délivrance de produits de santé remboursables destinés à un patient porteur de la carte Vitale ou à un de ses ayants droit, le pharmacien est tenu de reporter sur l'original de l'ordonnance le montant total des produits délivrés ainsi que la part prise en charge par le régime d'assurance maladie obligatoire du patient (*Code de la Sécurité sociale, Art. D. 161-13-1*).

L'ordonnance est délivrée en double exemplaire : il faut alors conserver l'original et envoyer la copie à la caisse primaire d'assurance maladie dont on dépend ou la fournir au pharmacien s'il accepte la carte Vitale (→ index, *Carte Vitale*).

Pour les patients atteints d'une affection chronique, la loi autorise désormais le pharmacien, à titre exceptionnel et sous réserve d'informer le médecin prescripteur, lorsque la durée de validité d'une ordonnance renouvelable est expirée et afin d'éviter toute interruption de traitement préjudiciable à la santé du patient, à fournir à ce dernier, dans le cadre de la posologie initialement prévue et dans la limite d'une seule boîte par ligne d'ordonnance, les médicaments nécessaires à la poursuite de son traitement.

Cette disposition ne peut toutefois s'appliquer que dans les conditions suivantes (*Code de la santé publique, Art. R. 5123-2-1*) :
– l'ordonnance doit comporter la prescription du médicament permettant une durée totale de traitement d'au moins 3 mois (les médicaments prescrits pour une durée plus courte sont donc exclus) ;
– ce médicament ne doit pas relever d'une des catégories mentionnées dans un arrêté ministériel du 5/2/2008 (certains médicaments stupéfiants et substances psychotropes).
Attention : cette procédure exceptionnelle ne peut s'appliquer qu'une seule fois pour une même ordonnance.
De son côté, le pharmacien est tenu à plusieurs obligations :
– délivrer le conditionnement commercialisé comportant le plus petit nombre d'unités de prise et porter sur l'ordonnance la mention « délivrance par la procédure exceptionnelle d'une boîte supplémentaire » en indiquant la ou les spécialités ayant fait l'objet de cette délivrance ;
– apposer sur l'ordonnance le timbre de l'officine et la date de délivrance ;
– informer le médecin prescripteur dès que possible et par tous moyens dont il dispose.

Les analyses

Seules les analyses prescrites par un médecin et effectuées par un laboratoire agréé sont remboursées à hauteur de 60 % du tarif conventionnel. Les actes préventifs ne sont pas remboursés (sauf les examens liés à une contraception), car il faut qu'ils soient pratiqués à l'occasion d'une maladie.

Les soins dentaires

Seuls les actes figurant dans la nomenclature des actes professionnels sont pris en charge par la Sécurité sociale à hauteur de 70 % du tarif de responsabilité *(Voir pages Barème)*.
Les personnes bénéficiant de la couverture complémentaire santé dans le cadre de la couverture maladie universelle sont, dans certaines limites, dispensées des frais concernant les soins dentaires prothétiques ou d'orthopédie dentaire.
Dans un but de prévention, l'assurance maladie et les chirurgiens-dentistes ont créé un dispositif appelé « M'T dents » (« aime tes dents ») (*www.mtdents.info*) qui consiste à permettre aux enfants et aux jeunes de bénéficier de consultations gratuites chez un chirurgien-dentiste conventionné dans les 6 mois qui suivent leur 6e, 9e, 12e, 15e et 18e anniversaire. Un mois avant son anniversaire, un courrier est adressé aux parents de l'enfant ou du jeune concerné, l'invitant à se rendre chez le chirurgien-dentiste conventionné de son choix, pour un examen bucco-dentaire (EBD). À ce courrier est joint un formulaire de prise en charge par l'assurance maladie qui permet le règlement direct du praticien par celle-ci (les parents n'ont donc rien à avancer pour cet examen). L'examen doit être effectué dans les 6 mois qui suivent l'anniversaire de l'enfant.
Si, à la suite de cet examen, le chirurgien-dentiste prescrit des soins (traitement des caries et des racines, détartrage…), ces derniers doivent être réalisés dans les 9 mois qui suivent la date de l'EBD. Sous cette condition :
– si l'enfant a 6 ou 12 ans, les parents bénéficient d'une avance des frais ;
– si l'enfant a 9, 15 ou 18 ans, les parents (ou le jeune s'il est déjà lui-même assuré social) doivent faire l'avance des frais, mais sont remboursés par l'assurance maladie ;
– dans tous les cas, les soins consécutifs à cet examen de prévention sont pris en charge à 100 % dans la limite des tarifs de la Sécurité sociale.
Les autres traitements qui peuvent être prescrits à la suite de cet EBD (appareils d'orthodontie, prothèses) sont pris en charge, par l'assurance maladie, au taux habituel.

Les lunettes

Les articles d'optique sont remboursés s'ils sont prescrits par un ophtalmologiste et fournis par un opticien agréé.
Sous certaines conditions, les verres correcteurs peuvent être pris en charge par la Sécurité sociale, sans passage obligé par l'ophtalmologiste. Ainsi :
– en cas de perte ou de vol de vos lunettes, si vous devez les faire refaire avec des verres identiques à ceux figurant dans la prescription médicale d'origine, vous bénéficierez d'une prise en charge de vos verres et de vos lunettes dans les conditions habituelles, sous réserve toutefois que la prescription médicale date de moins de 3 ans ;
– dans le cadre d'un renouvellement, l'opticien peut adapter la prescription médicale des verres correcteurs à condition que le prescripteur (médecin ou ophtal-

mologiste) n'ait pas exclu la possibilité d'adaptation par une mention expresse portée sur l'ordonnance.

Il faut, pour cela, disposer d'une prescription établie à compter du 15/4/2007 datant de moins de 3 ans le jour où l'opticien intervient. Toutefois, pour les patients atteints de presbytie, cette possibilité ne s'applique que si le médecin a prescrit la première correction de ce trouble de la vision ; à défaut, c'est-à-dire si l'opticien décèle une presbytie jusqu'alors méconnue, il faudra obtenir une nouvelle prescription du médecin ou de l'ophtalmologiste établissant la presbytie pour faire modifier les verres correcteurs.

L'opticien doit informer le médecin prescripteur lorsque la correction est différente de celle inscrite dans l'ordonnance initiale.

Les verres (y compris les lentilles de contact) et les montures sont remboursés dans la limite de 65 % du tarif de responsabilité.

Les verres à triple foyer ne sont pas remboursés.

Les enfants de moins d'1an bénéficient de règles plus favorables puisque leurs montures sont remboursées sur une somme supérieure. Pour les enfants de 6 à 18 ans, ce remboursement ne peut être appliqué qu'à une paire de lunettes par an. Pour les enfants de moins de 6 ans, plusieurs paires peuvent être prises en charge au cours d'une même année.

AVANTAGE

Un assuré d'un régime de sécurité sociale français peut obtenir le remboursement, sur la base des tarifs en vigueur en France, des frais d'optique (lunettes, soins, produits) dans un autre État membre de l'Union européenne.

AVANTAGE

Tout assuré social ou ayant droit d'un assuré social peut bénéficier, tous les 5 ans, d'un bilan de santé gratuit, s'il en fait la demande auprès de sa caisse primaire d'assurance maladie (CPAM) ; celle-ci doit, d'ailleurs, le proposer en priorité aux demandeurs d'emploi ou aux retraités.

Les frais de transport

Les frais de transport de l'assuré ou de l'ayant droit se trouvant dans l'obligation de se déplacer pour recevoir les soins ou subir les examens appropriés à son état sont pris en charge dans les cas suivants :

– transports liés à une hospitalisation ;

– transports liés aux traitements ou examens prescrits aux personnes atteintes d'une affection de longue durée ;

– transport par ambulance lorsque l'état du malade justifie un transport allongé ou une surveillance constante ;

– transport en un lieu distant de plus de 150 km ;

– transports en série, lorsque le nombre de transports prescrits au titre d'un même traitement est au moins égal à 4 au cours d'une période de 2 mois et que chaque transport est effectué vers un lieu distant de plus de 50 km ;

– transports pour répondre à une convocation du contrôle médical de la caisse d'assurance maladie, de la commission régionale d'invalidité, d'un expert médical, pour une consultation médicale d'appareillage ou pour se rendre chez un fournisseur d'appareillage.

Pour que vos frais de transport soient pris en charge, vous devez disposer d'une prescription attestant que votre état (ou l'état de la personne malade) justifie l'usage du moyen de transport prescrit. Dans certains cas (transports à longue distance, soit plus de 150 km aller ; transports en série tels que définis ci-dessus ; transports en bateau ou en avion sur ligne régulière), un accord préalable de la caisse d'assurance maladie est nécessaire, sachant que l'absence de réponse de la caisse dans un délai de 15 jours (à compter de l'expédition de la demande d'entente préalable par le contrôle médical) vaut accord. Enfin, vous devez fournir la facture établie par le transporteur sanitaire en cas de transport sanitaire (ambulance ou véhicule sanitaire léger), ou le formulaire « État de frais » (formulaire n° S 3140 remis par votre caisse d'assurance maladie ou téléchargeable sur le site *www.ameli.fr*) rempli par vous-même et accompagné des justificatifs (tickets, titres de transport) en cas de transport non sanitaire (transports en commun, en taxi ou en voiture particulière).

Les frais de transport effectué par une entreprise de taxis ne peuvent donner lieu à remboursement que si cette entreprise a préalablement conclu une convention avec un organisme local d'assurance maladie. Cette convention détermine, pour les prestations de transport par taxi, les tarifs de responsabilité (ceux qui serviront de base au remboursement) qui ne peuvent excéder les tarifs des courses de taxis résultant de la réglementation des prix applicable à ce secteur et fixe les conditions dans lesquelles l'assuré peut être dispensé de l'avance des frais.

Les frais de transport sont remboursés à 65 %, sur la base de tarifs variables selon le mode de transport (renseignements auprès de votre caisse d'assurance maladie). Si vous bénéficiez d'une exonération du ticket modérateur, vos frais de transport seront pris en charge à 100 % dans la limite de ces mêmes tarifs.

AVANTAGE

Les frais de transport en commun engagés par une personne accompagnant un assuré ou un ayant droit, lorsque l'état de ce dernier nécessite l'assistance d'un tiers, ou qu'il est âgé de moins de 16 ans, peuvent également être pris en charge par l'assurance maladie ; pour connaître les conditions et les limites de cette prise en charge, vous pouvez vous adresser à votre caisse d'assurance maladie.

AVANTAGE

Les frais de transport entre le domicile et l'établissement des personnes adultes handicapées fréquentant en accueil de jour les maisons d'accueil spécialisées et les foyers d'accueil médicalisés, sont inclus dans les dépenses d'exploitation de ces établissements et sont financés par l'assurance maladie.

› Les cures thermales

Pour obtenir la prise en charge d'une cure thermale, la station choisie doit figurer sur une liste limitative et être agréée et conventionnée par les CPAM ; de même, les orientations thérapeutiques reconnues à l'établissement thermal doivent correspondre aux affections à traiter. L'assuré doit retirer un imprimé de prise en charge auprès de sa caisse avant le départ en cure, imprimé qu'il remet (après l'avoir rempli) ainsi que l'ordonnance du médecin prescripteur pour être dispensé du paiement d'une partie des frais.

Les ressources sont prises en compte pour le remboursement de certaines prestations : le total des ressources annuelles ne doit pas être supérieur à une certaine somme pour que l'assuré soit remboursé à 65 % des frais de voyage et d'hébergement *(Voir pages Barème)*.

À l'inverse, pour les honoraires de surveillance médicale et les frais de traitement, le remboursement s'effectue sans condition de ressources, sur la base d'un forfait général pour les premiers et d'un forfait propre à chaque station pour les seconds. Pour la surveillance médicale, l'assuré est remboursé à hauteur de 70 % du forfait et pour le traitement à hauteur de 65 % du forfait.

Pendant la durée de la cure, l'assuré peut prétendre à des indemnités journalières, si ses ressources ne dépassent pas le plafond de la Sécurité sociale *(Voir pages Barème)*.

ATTENTION ⚠

Contrairement aux cures thermales, il n'y a pas de prise en charge possible par l'assurance maladie des cures dans les établissements de thalassothérapie et de remise en forme.

À NOTER

Le service du contrôle médical des caisses d'assurance maladie peut convoquer l'assuré dont le niveau de dépenses est particulièrement important (en dehors des cas d'affections de longue durée) pour établir conjointement par un médecin choisi par l'intéressé et par le service médical un plan de soins appropriés (Code de la Sécurité sociale, Art. L. 315-2-1).

AVANTAGE

Les prestations en nature de l'assurance maladie, c'est-à-dire le remboursement des frais de santé, sont incessibles et insaisissables, sauf fausse déclaration de l'assuré ou manœuvre frauduleuse (Code de la Sécurité sociale, Art. L. 322-7). Ainsi, même en cas de blocage de son compte courant (bancaire ou postal), les sommes correspondant à ces remboursements ne peuvent être saisies par un tiers et doivent rester à la disposition du titulaire du compte.

En quoi consistent les prestations en espèces ?

Lorsque l'état de santé nécessite un arrêt de travail, l'assuré peut bénéficier d'indemnités journalières destinées à compenser la perte de salaire : ce sont les prestations en espèces. Celles-ci ne sont octroyées qu'à l'assuré, c'est-à-dire que ses ayants droit ne peuvent pas y prétendre.

Ces indemnités journalières sont également versées aux femmes enceintes ou ayant accouché dont le contrat de travail est suspendu car elles sont exposées, par leur travail, à certains risques (benzène, plomb, virus de la rubéole...) incompatibles avec leur état, et dont la liste est fixée par le décret n° 2002-1282 du 23/10/2002.

Le régime traité ici concerne les maladies et les accidents non professionnels. Les victimes d'accidents du travail ou de maladies professionnelles bénéficient d'indemnités plus avantageuses.

Les conditions d'ouverture

Pour bénéficier des indemnités journalières, l'assuré doit justifier de conditions liées, soit au montant de ses cotisations, soit au nombre d'heures de travail accomplies avant l'arrêt de travail. Ces conditions diffèrent selon la durée de l'arrêt de travail. Deux cas de figure peuvent se présenter :

L'arrêt de travail est inférieur à 6 mois :

– le montant des cotisations assises sur ses rémunérations doit alors être au moins égal au montant de celles dues pour un salaire de 1 015 fois le SMIC horaire, au cours des 6 mois civils précédents ;

– ou l'assuré doit avoir effectué au moins 200 heures de travail (salarié ou assimilé) au cours des 3 derniers mois civils ou des 90 jours précédents.

L'arrêt de travail est supérieur à 6 mois :

L'assuré doit avoir été immatriculé depuis au moins 12 mois et justifier :

– de cotisations sur les salaires au moins égales à celles dues pour une rémunération de 2 030 fois le SMIC horaire au cours des 12 derniers mois civils (dont 1 015 fois le SMIC horaire au cours des 6 premiers mois) ;

– ou de 800 heures de travail (salarié ou assimilé) au cours des 12 mois civils ou des 365 jours précédents (dont 200 heures au minimum au cours des 3 premiers mois).

Les conditions sont donc renforcées en présence d'un arrêt de plus de 6 mois.

TAUX DE REMBOURSEMENT DE LA SÉCURITÉ SOCIALE

Honoraires(1)
- médecins, chirurgiens-dentistes, sages-femmes : 70 % ;
- auxiliaires médicaux (infirmiers, masseurs...) : 60 %.

Médicaments
- vignette orange : 15 % ;
- vignette bleue : 35 % ;
- vignette blanche : 65 % ;
- irremplaçables et coûteux : 100 %.

Analyses et examens de laboratoire
- taux 60 %.

Appareillages
- petits (orthopédie, lunettes) : 65 % ;
- grands appareillages : 100 %.

Cures thermales
- surveillance médicale : 70 % ;
- frais de traitement : 65 %.

Frais de transport
- taux : 65 %.

(1) Le taux de remboursement peut être moindre pour les assurés qui consultent un médecin hors « parcours de soins coordonnés » (→ index, *Parcours de soins coordonnés*).

Certaines périodes d'inactivité sont assimilées à des périodes de travail (→ index, *Prestations en nature, conditions d'ouverture*).

Les formalités

Le médecin remplit un arrêt de travail : l'assuré doit alors envoyer les volets n° 1 et n° 2 de l'avis d'arrêt de travail à sa caisse d'assurance maladie dans les 48 heures qui suivent. Il doit également p-trévenir son employeur en lui adressant le volet n° 3 de l'avis dans un délai de 48 heures.

En cas de prolongation de l'arrêt de travail, l'assuré respecte la même procédure et les mêmes délais.

ATTENTION ⚠

Si l'assuré ne respecte pas le délai de 48 heures, la caisse primaire lui indique que tout nouveau retard dans les 2 ans donnera lieu à sanction. En cas de nouvel envoi tardif dans ce délai, les indemnités journalières de l'assuré seront réduites de 50 % pour la période comprise entre la date de prescription de l'arrêt et la date d'envoi, sauf s'il justifie d'une hospitalisation ou d'une impossibilité d'envoyer son arrêt de travail en temps utile (Code de la Sécurité sociale, Art. D. 323-2).

Afin d'éviter les abus, en cas de prolongation d'arrêt de travail, l'indemnisation n'est maintenue que si la prolongation est prescrite par le médecin auteur de la prescription initiale ou par le médecin traitant (→ index, *Médecin traitant*). Si cette prolongation n'est pas prescrite par un de ces deux médecins, l'indemnisation sera maintenue si la prolongation est prescrite :

– par un médecin spécialiste consulté à la demande du médecin traitant ;

– par le médecin remplaçant le médecin prescripteur de l'arrêt initial ou le médecin remplaçant le médecin traitant ;

– ou encore à l'occasion d'une hospitalisation.

En dehors de ces cas, l'assuré doit justifier de l'impossiblité pour le médecin prescripteur de l'arrêt initial ou le médein traitant de prescrire cette prolongation. Il en apporte la preuve par tous moyens à la demande de la caisse d'assurance maladie. À défaut, le versement des indemnités journalières est interrompu (*Code de la Sécurité sociale, Art. L. 162-4-4 et R. 162-1-9-1*).

En outre, en cas de répétition des prescriptions d'arrêts de travail, le service du contrôle médical peut convoquer l'intéressé pour procéder à une évaluation thérapeutique des soins qui lui sont dispensés (*Code de la Sécurité sociale, Art. L. 315-2-1*).

Dans tous les cas, l'assuré ou le professionnel de santé sous la responsabilité de l'assuré doit indiquer sur l'avis d'arrêt de travail le motif pour lequel le médecin prescripteur de la prolongation n'est pas le médecin prescripteur de l'arrêt initial ou le médecin traitant.

Si l'arrêt de travail est inférieur à 1 mois, l'employeur établit, lors de la reprise du travail, une attestation de reprise que l'assuré doit communiquer à sa caisse (dans la pratique, c'est l'employeur qui s'en charge) ; celle-ci fait apparaître la durée de l'arrêt et le salaire perçu avant l'arrêt.

Si l'interruption de travail est supérieure à 1 mois, l'employeur envoie une attestation de salaire à la caisse d'assurance maladie de l'assuré afin qu'elle puisse calculer le montant des indemnités.

À NOTER

Les médecins doivent mentionner les éléments d'ordre médical justifiant une prescription d'arrêt de travail ou de mode de transport en vue d'un remboursement (Code de la Sécurité sociale, Art. L. 162-4-1).

Les obligations

Les indemnités journalières ne sont versées que si l'incapacité physique est constatée par un praticien compétent (médecin traitant ou hospitalier, chirurgien-dentiste, etc.) (*Code de la Sécurité sociale, Art. L. 321-2*).

Le paiement des indemnités journalières est ensuite subordonné à l'obligation pour le bénéficiaire :

– d'observer les prescriptions du praticien ;

– de se soumettre aux contrôles organisés par le service du contrôle médical de la caisse d'assurance maladie. À cette occasion, et plus généralement à l'occasion de tout contrôle, le service du contrôle médical doit s'assurer de l'identité du patient en demandant à la personne concernée de présenter sa carte nationale d'identité ou tout autre document officiel comportant sa photographie ;

– de respecter les heures de sorties autorisées par le praticien. Ce dernier doit ainsi indiquer, sur l'arrêt de travail, soit que les sorties ne sont pas autorisées, soit qu'elles le sont. Dans ce dernier cas, l'assuré doit rester présent à son domicile de 9 h à 11 h et de 14 h à 16 h, sauf en cas de soins ou d'examens médicaux ; toutefois, sous réserve de porter sur l'arrêt de travail les éléments d'ordre médical le justifiant, le praticien peut autoriser les sorties libres ;

– de s'abstenir de toute activité non autorisée (*Code de la Sécurité sociale, Art. L. 323-6 et L. 315-1*).

En cas d'inobservation volontaire de ces obligations décrites ci-dessus, la caisse peut retenir, à titre de pénalité, tout ou partie des indemnités journalières dues.

À NOTER

Sous réserve des dispositions spécifiques aux assurés atteints d'une affection de longue durée, tout assuré est tenu de se soumettre aux contrôles organisés par le service du contrôle médical. La caisse suspend le versement des indemnités journalières lorsque l'assuré qui en bénéficie ne respecte pas cette obligation.

Si le service du contrôle médical estime qu'une prestation prise en charge par l'assurance maladie n'est pas médicalement justifiée, la caisse, après en avoir informé l'assuré, en suspend le service. Si cette décision concerne le paiement des indemnités journalières d'assurance maladie, la caisse en informe l'employeur.

LA SUSPENSION DES INDEMNITÉS JOURNALIÈRES

Lorsqu'un contrôle effectué par un médecin à la demande de l'employeur, en application de l'article L. 1226-1 du Code du travail, conclut à l'absence de justification d'un arrêt de travail ou fait état de l'impossibilité de procéder à l'examen de l'assuré, ce médecin transmet son rapport au service du contrôle médical de la CPAM dans un délai maximal de 48 heures. Le rapport précise si le médecin a ou non procédé à un examen médical de l'assuré concerné. Au vu de ce rapport, ce service :
- demande à la caisse de suspendre les indemnités journalières. À compter de la réception de l'information de suspension des indemnités journalières, l'assuré peut, dans un délai fixé par décret (à paraître), demander à son organisme de prise en charge de saisir le service du contrôle médical pour examen de sa situation. Le service du contrôle médical se prononce dans un délai également fixé par décret ;
- ou procède à un nouvel examen de la situation de l'assuré. Ce nouvel examen est de droit si le rapport a fait état de l'impossibilité de procéder à l'examen de l'assuré (*Code de la Sécurité sociale, Art. L. 315-1-II*). Par ailleurs, lorsque le praticien-conseil de la CPAM procède à l'examen du patient et qu'à l'issue de celui-ci il estime qu'une prescription d'arrêt de travail n'est pas ou n'est plus médicalement justifiée, il en informe directement l'intéressé. Sauf si le praticien-conseil en décide autrement, la suspension prononcée par la caisse prend effet à compter de la date à laquelle le patient a été informé.

Enfin, lorsqu'une prescription d'arrêt de travail interviendra à la suite d'une décision de suspension des indemnités journalières, la reprise du service de ces dernières sera subordonnée à l'avis favorable du service du contrôle médical de la CPAM (décret à paraître) (*Code de la Sécurité sociale, Art. L. 323-7*).

La durée du versement

Les prestations en espèces ne sont versées qu'à partir du 4e jour d'arrêt de travail : les 3 premiers jours ne sont pas indemnisés et constituent à ce titre le délai de carence.

À NOTER

Pour le calcul du délai de carence, il n'est pas tenu compte de la journée au cours de laquelle l'assuré a cessé son travail dès lors qu'elle a été payée par l'employeur ; mais les indemnités sont dues pour chaque jour, ouvrable ou non.

La durée du versement n'est pas la même selon qu'il s'agit ou non d'une maladie de longue durée.

Pour les maladies longues et coûteuses (→ index, *Affections de longue durée*) et celles nécessitant un arrêt de travail ou des soins continus pendant au moins 6 mois, les indemnités peuvent être versées pour une durée maximale de 3 ans (ce délai est calculé de date à date à compter du premier arrêt de travail dû à la maladie). Mais si l'assuré reprend le travail pendant 1 an au moins, un nouveau délai de 3 ans est ouvert.

Dans les autres cas, l'assuré ne peut pas percevoir plus de 360 indemnités journalières, pour une période de 3 ans, au titre d'une ou de plusieurs maladies.

Enfin, le versement cesse lorsqu'il y a reprise du travail ; toutefois, si la reprise est partielle (et autorisée à ce titre par le médecin-conseil de la caisse d'assurance maladie), les indemnités peuvent être maintenues en partie ou totalement. Il faut pour cela établir qu'une telle reprise et le travail effectué sont susceptibles de favoriser l'amélioration de l'état de santé ; ou bien, l'assuré doit faire l'objet d'une rééducation ou d'une réadaptation professionnelle pour retrouver un emploi qui soit compatible avec sa santé. Quoi qu'il en soit, le maintien des prestations ne pourra pas dépasser 1 an au-delà des 3 ans ; de même que le total des indemnités versées et du salaire perçu ne devra pas excéder le salaire normal des salariés de la même catégorie professionnelle.

En cas d'affection de longue durée et en cas d'interruption de travail ou de soins continus supérieurs à 6 mois, la caisse doit faire procéder périodiquement à un examen spécial du bénéficiaire, conjointement par le médecin traitant et le médecin conseil de la Sécurité sociale en vue de déterminer le traitement que l'intéressé doit suivre si les soins sont dispensés sans interruption ; la continuation du service des prestations est subordonnée à l'obligation pour le bénéficiaire (*Code de la Sécurité sociale, Art. L. 324-1*) :

– de se soumettre aux traitements et mesures de toute nature prescrits d'un commun accord par le médecin traitant et le médecin conseil de la Sécurité sociale, et, en cas de désaccord entre ces deux médecins, par un expert ;

– de se soumettre aux visites médicales et contrôles spéciaux organisés par la caisse ;

– de s'abstenir de toute activité non autorisée ;

– d'accomplir les exercices ou travaux prescrits en vue de favoriser sa rééducation ou son reclassement professionnel.

En cas d'inobservation des obligations ci-dessus indiquées, la caisse peut suspendre, réduire ou supprimer le service des prestations.

LE VERSEMENT COMPLÉMENTAIRE

La convention collective applicable à l'entreprise de l'assuré, s'il y en a une, ou le contrat de travail, peut prévoir le versement par l'employeur d'un complément aux indemnités journalières de la Sécurité sociale. À défaut de dispositions conventionnelles ou contractuelles, les salariés mensualisés justifiant d'au moins 1 an d'ancienneté peuvent prétendre, à compter du 8e jour d'arrêt de travail, à l'indemnisation complémentaire prévue par l'article L. 1226-1 du Code du travail.

Le montant des indemnités journalières

Les indemnités journalières versées par la Sécurité sociale sont égales à la moitié du salaire journalier de référence. Pour obtenir ce salaire de référence, il faut additionner les salaires bruts des 3 derniers mois (dans la limite du plafond de la Sécurité sociale), puis diviser le total par 90 (nombre de jours de la période des 3 derniers mois). Le montant de l'indemnité journalière est donc égal à la moitié de ce dernier résultat.

En tout état de cause, le montant maximal de l'indemnité journalière est égal à 1/60e du plafond mensuel de la Sécurité sociale *(Voir pages Barème)*.

Les indemnités journalières sont portées aux 2/3 du salaire pour les assurés ayant trois enfants à charge, à partir du 31e jour d'arrêt. Les indemnités journalières sont également majorées à partir du 7e mois d'arrêt de travail.

Par ailleurs, les indemnités journalières peuvent être revalorisées, en cas d'arrêt de travail supérieur à 3 mois, si une augmentation de salaire intervient dans le cadre de la convention collective applicable à l'entreprise dont relève le salarié ou d'un arrêté ministériel.

À NOTER

Sauf disposition législative ou réglementaire contraire, le silence gardé par l'administration pendant plus de 2 mois vaut décision de rejet. Le décret n° 2001-532 du 20/6/2001 est intervenu pour fixer par domaine les règles applicables en matière de décision implicite. Ainsi, en matière d'indemnités journalières, vaut décision implicite de rejet le silence gardé pendant plus 6 mois par la caisse sur la demande de maintien de l'indemnité journalière pour un assuré qui reprend son travail et doit faire l'objet d'une rééducation ou d'une réadaptation professionnelle pour retrouver un emploi compatible avec son état de santé.

QUELLES SONT LES PRESTATIONS QUI PEUVENT ÊTRE PRISES EN CHARGE À TITRE FACULTATIF PAR LES CAISSES PRIMAIRES D'ASSURANCE MALADIE ?

Prestations	Champ d'application
Prise en charge totale ou partielle du ticket modérateur	Chaque fois que l'insuffisance des ressources de l'assuré le justifie, eu égard à ses charges de famille et aux dépenses occasionnées par sa maladie.
Participation aux frais de transport	1) Prise en charge des prestations de transport engagées par les assurés sociaux ou leurs ayants droit s'ils sont dans l'un des cas suivants : – ils doivent subir un traitement sans hospitalisation, si le traitement ou l'examen se justifie médicalement ; – ils doivent subir un examen médical non visé par le décret n° 88-678 du 6/5/1988, si le traitement ou l'examen se justifie médicalement. 2) Les frais de la personne accompagnant le malade peuvent être pris en charge si celui-ci, en raison de son jeune âge ou de son état de santé, ne peut se déplacer seul. .../...

QUELLES SONT LES PRESTATIONS QUI PEUVENT ÊTRE PRISES EN CHARGE À TITRE FACULTATIF PAR LES CAISSES PRIMAIRES D'ASSURANCE MALADIE ? (SUITE)	
Prestations	**Champ d'application**
Remboursement de frais et indemnités aux donneurs de substances organiques	Si les frais ne sont pas pris en charge au titre de l'assurance maladie, les assurés sociaux et les ayants droit donneurs de substance organique humaine (sang, organes...) peuvent : – être remboursés des frais engagés à l'occasion des prélèvements ; – percevoir une indemnité pour maladie en cas d'arrêt de travail.
Frais d'hospitalisation et frais de déplacement aux mères qui allaitent	1) Les frais d'hospitalisation de la mère qui allaite son enfant hospitalisé ou de l'enfant allaité accompagnant sa mère hospitalisée dans un établissement habilité à recevoir les enfants et les mères. 2) Les frais de déplacement de la mère qui porte le lait maternel à l'enfant hospitalisé peuvent être pris en charge.
Perte de salaire due à la maladie d'un enfant	Les assurés sociaux contraints de suspendre leur travail en raison de la maladie de leur enfant mineur vivant habituellement à leur domicile, peuvent se voir attribuer pendant une durée n'excédant pas 1 mois, une indemnité égale au maximum aux indemnités journalières qu'ils percevraient en cas de maladie.
Indemnités journalières de maternité	L'assurée sociale exerçant dans le cadre de son métier des travaux incompatibles avec son état de grossesse peut percevoir des indemnités journalières de maternité. Elle ne percevra ces indemnités que lorsqu'elle sera dans l'impossibilité d'exercer son activité professionnelle et au plus tôt à partir du 21e jour précédant la date présumée de l'accouchement.
Frais d'aide familiale	Les femmes ayant au foyer au moins un enfant de moins de 14 ans peuvent bénéficier d'une participation aux frais de l'aide familiale apportée en cas de maladie, par des organismes agréés.
Frais funéraires	S'il n'y a pas de bénéficiaire de l'allocation décès, les personnes qui ont acquitté les frais funéraires peuvent bénéficier d'une indemnité, si le défunt ne leur a pas laissé une succession au moins égale au montant des frais funéraires de la plus basse catégorie.
Indemnité complémentaire de réadaptation et de rééducation professionnelle	Les assurés titulaires d'une pension d'invalidité ou bénéficiaires de l'assurance maladie admis à suivre un stage dans les centres de rééducation professionnelle agréés ou qui sont titulaires d'un contrat de rééducation chez l'employeur peuvent se voir attribuer une indemnité qui ne pourra être supérieure au salaire mensuel de la catégorie du métier choisi par l'intéressé.
Indemnité pour cure thermale dans le cas d'une maladie nerveuse	Les assurés sociaux et les ayants droit peuvent bénéficier d'une indemnité exceptionnelle, s'ils doivent effectuer, pour une durée dépassant 21 jours, une cure thermale dans une station pour maladies nerveuses, si le service médical l'estime nécessaire.
Prise en charge du ticket modérateur pour les frais médicaux dispensés aux enfants de moins d'1 an	Dans les départements où le taux moyen de mortalité infantile a été supérieur de 10 % au taux moyen national pendant l'année précédente, le ticket modérateur peut être pris en charge pour les frais médicaux, paramédicaux, pharmaceutiques, d'hospitalisation et autres dispensés aux enfants de moins d'1 an. .../...

QUELLES SONT LES PRESTATIONS QUI PEUVENT ÊTRE PRISES EN CHARGE À TITRE FACULTATIF PAR LES CAISSES PRIMAIRES D'ASSURANCE MALADIE ? (SUITE)	
Prestations	**Champ d'application**
Allocation décès	Si l'assuré est décédé à la suite d'un accident mortel, une allocation peut être attribuée à ses ayants droit. Toutefois, le total des allocations attribuées ne doivent pas dépasser le $1/5^{e}$ du montant maximum du capital décès.
Prise en charge des dépenses de santé en cas de maladie chronique	Les personnes atteintes d'une maladie chronique et maintenues à domicile dans le cadre des alternatives à l'hospitalisation peuvent bénéficier de la prise en charge des dépenses non remboursables au titre des prestations prévues par la loi.

La couverture maladie universelle

Applicable depuis le 1/1/2000, la couverture maladie universelle (CMU) couvre les personnes qui étaient encore exclues de l'assurance maladie-maternité. Elle garantit « une prise en charge des soins par un régime d'assurance maladie » et reconnaît aux personnes financièrement les plus démunies le droit à une protection complémentaire et à la dispense d'avance de frais.

La couverture maladie universelle de base

Les conditions à remplir

Pour être affilié ou rattaché en qualité d'ayant droit au régime général au titre de la CMU, il faut justifier d'une résidence en France métropolitaine ou dans un département d'outre-mer de manière ininterrompue depuis plus de 3 mois (*Code de la Sécurité sociale, Art. R. 380-1*). La condition de résidence s'apprécie comme pour les prestations familiales (→ index, *Prestations familiales, résidence*) sachant que le respect de cette condition doit être contrôlé au moins une fois par an par la caisse d'assurance maladie. La personne qui demande à bénéficier de la CMU peut attester de sa résidence ininterrompue en France depuis plus de 3 mois par tout moyen (trois quittances mensuelles successives de loyer, deux factures successives d'électricité, de gaz ou de téléphone, signature d'un bail avec un propriétaire datant de plus de 3 mois, certificat d'immatriculation d'un véhicule de plus de 3 mois). Ce délai de 3 mois n'est toutefois pas applicable à certains demandeurs (bénéficiaires de certaines prestations familiales, d'une allocation aux personnes âgées, de l'allocation logement ou de l'APL, réfugiés ou admis au titre de l'asile, etc.).

Une fois l'affiliation effectuée, le versement des prestations en nature maladie et maternité n'est possible que si l'assuré réside en France pendant plus de 6 mois par année civile.

AVANTAGE

Les étrangers (non communautaires) résidant régulièrement en France depuis plus de 3 mois peuvent bénéficier de la CMU. Pour que la condition de régularité soit remplie, il faut qu'ils produisent une carte de séjour ou à défaut, qu'ils présentent tout document attestant qu'ils ont déposé un dossier de demande de titre de séjour (récépissé en cours de validité, convocation...). Les enfants mineurs de parents étrangers n'ayant pas de résidence stable et régulière ont droit à la CMU.

AVANTAGE

Les ayants droit de l'assuré sont également affiliés au régime général (→ index, Ayants droit, salariés).

Une cotisation est-elle due ?

Tout dépend de vos ressources :
– au-dessus d'un certain plafond, vous devez acquitter une cotisation fixée en pourcentage du montant de vos revenus *(Voir pages Barème)* ;
– au-dessous de ce plafond, l'affiliation est gratuite.

ATTENTION ⚠

En cas de fraude ou de fausse déclaration sur le montant de vos revenus, vous risquez la suspension du remboursement des soins (Code de la Sécurité sociale, Art. D. 161-2-1).

À NOTER

Les étudiants conservent leur régime spécifique dans le cadre duquel ils doivent acquitter une cotisation (Code de la Sécurité sociale, Art. L. 381-4).

Comment en faire la demande ?

Vous devez vous rendre auprès de la caisse primaire d'assurance maladie de votre résidence et justifier :

– d'une résidence stable et régulière en France ;

– de votre identité en fournissant votre carte d'identité si vous êtes français ou votre titre de séjour si vous êtes étranger.

Pour constituer votre dossier, vous pouvez vous faire aider par les services sociaux, une association, un établissement de santé ou encore un organisme à but non lucratif agréé. Ceux-ci sont habilités à transmettre les dossiers de demande d'affiliation à la caisse primaire d'assurance maladie avec votre accord.

AVANTAGE

Un nouveau formulaire simplifié de demande de couverture maladie universelle, écrit dans un langage courant, est maintenant disponible.

À NOTER

Les personnes sans domicile fixe qui ne peuvent justifier de leur résidence en France doivent se faire domicilier soit auprès d'un centre communal (ou intercommunal) d'action sociale, soit auprès d'un organisme agréé à cet effet par l'administration.

Quels sont les effets de la demande ?

Dès le dépôt de votre demande, vous serez affilié immédiatement et vous pourrez bénéficier des prestations en nature de l'assurance maladie-maternité (remboursement des consultations, soins médicaux, médicaments...).

Si vous êtes redevable d'une cotisation (voir plus haut), le versement des prestations ne sera pas subordonné à son paiement préalable. Seul le non-paiement de la cotisation résultant de la mauvaise foi pourra vous priver de votre droit aux prestations (mais cette sanction ne touchera pas vos ayants droit).

La caisse peut rechercher si vous ne relevez pas d'un autre régime. Si c'est le cas, les prestations en nature du régime général continueront de vous être versées jusqu'à ce que l'organisme compétent se substitue à celui qui vous les verse. Ainsi, vous ne subirez pas d'interruption de votre droit (*Code de la Sécurité sociale, Art. L. 161-15-2*). En revanche, vous perdrez le bénéfice de vos prestations si vous cessez de remplir la condition de résidence stable et régulière en France.

La couverture complémentaire santé

Le principe d'un droit à une couverture complémentaire santé gratuite est reconnu aux personnes les plus démunies. Contrairement à la couverture maladie obligatoire, la protection complémentaire peut bénéficier à des assurés affiliés à des régimes obligatoires d'assurance maladie-maternité (salariés, artisans...).

Les conditions à remplir

Ont droit à une protection complémentaire santé gratuite les personnes (*Code de la Sécurité sociale, Art. L. 861-1*) :

– qui résident en France métropolitaine ou dans un département d'outre-mer de manière ininterrompue depuis plus de 3 mois, comme pour la CMU « de base » (voir plus haut) ;

– et dont les ressources (ressources du foyer, y compris les aides personnelles au logement, nettes de prélèvements sociaux obligatoires, de la CSG et de la CRDS, sans que soient prises en compte certaines sommes comme les produits de vente d'immeuble ou les remboursements de frais par l'employeur, et après déduction des charges liées au versement des pensions et obligations alimentaires) sont inférieures à un certain plafond *(Voir pages Barème)*.

Les ressources prises en compte pour évaluer les droits du demandeur à la CMU complémentaire sont celles qu'il déclare au moment de sa première demande ou d'un renouvellement. Toutefois, afin d'éviter d'éventuels abus, une évaluation forfaitaire des éléments du train de vie doit être effectuée lorsque l'organisme de sécurité sociale (en principe, la caisse primaire d'assurance maladie ou la caisse de MSA) constate une disproportion marquée entre, d'une part, le train de vie du demandeur ou du bénéficiaire (par exemple, son patrimoine immobilier) et, d'autre part, les ressources qu'il déclare. Ce constat peut être fait à l'occasion de l'instruction de la demande de CMU complémentaire ou lors d'un contrôle effectué par la caisse (*Code de la Sécurité sociale, Art. L. 861-2-1*). Lorsqu'une telle disproportion est constatée, le droit à la CMU complémentaire est apprécié en tenant compte de ces éléments du train de vie, appréciés forfaitairement.

À NOTER

Les éléments de train de vie à prendre en compte sont ceux dont la personne a disposé au cours de la période correspondant à la déclaration de ses ressources, en quelque lieu que ce soit, en France ou à l'étranger, et à quelque titre que ce soit. Avant que ces dispositions ne soient appliquées, une procédure contradictoire doit être organisée afin de permettre au demandeur ou au bénéficiaire de la CMU complémentaire de s'expliquer et de faire valoir ses arguments.
Les mêmes dispositions s'appliquent pour l'aide au paiement d'une complémentaire santé (voir encadré).

AVANTAGE

Depuis le 1/6/2009, date d'entrée en vigueur de la loi du 1/12/2008 généralisant le revenu de solidarité active, le RSA s'est substitué au RMI et à l'allocation de parent isolé (API) (→ index, *RSA). Le RSA a pour objet de porter au niveau d'un revenu garanti les ressources de toute personne résidant en France de manière stable et effective. Ce revenu garanti est calculé en faisant la somme d'une fraction des revenus professionnels des membres du foyer et d'un montant forfaitaire dont le niveau varie en fonction de la composition du foyer et du nombre d'enfants à charge. Les bénéficiaires de ce nouveau RSA sont réputés satisfaire à la condition de ressources permettant d'accéder à la CMU complémentaire, dès lors que leurs ressources n'excèdent pas le montant forfaitaire mentionné ci-dessus (Code de la Sécurité sociale, Art. L. 861-2).*

À NOTER

Dans certains cas, les mineurs de plus de 16 ans en situation de rupture familiale peuvent obtenir la couverture complémentaire à titre personnel.

L'AIDE AU PAIEMENT D'UNE ASSURANCE « COMPLÉMENTAIRE SANTÉ »

La loi du 13/8/2004 relative à l'assurance maladie a mis en place, depuis le 1/1/2005, une aide, désormais baptisée « chèque santé », soumise à condition de ressources, destinée à faciliter l'accès à une « complémentaire santé » aux personnes qui en sont dépourvues. Ouvrent droit à cette aide les contrats d'assurance complémentaire de santé individuels (sont donc exclus les contrats collectifs qui peuvent, par exemple, être souscrits par des salariés dans le cadre de leur entreprise) conclus par les personnes qui résident en France de manière stable et régulière dont les ressources sont comprises entre le plafond applicable au titre de la CMU complémentaire et ce même plafond majoré de 20 % *(Voir pages Barème).*
Le bénéfice de ce dispositif est en outre subordonné à la condition que les contrats souscrits ne couvrent pas la participation forfaitaire de 1 € (→ index, *Prestations en nature, participation forfaitaire du patient*).
Les contrats visés ci-dessus peuvent être souscrits auprès d'une mutuelle, d'une entreprise régie par le Code des assurances ou d'une institution de prévoyance.
Le montant de l'aide varie selon le nombre et l'âge des personnes composant le foyer couvertes par le ou les contrats *(Voir pages Barème).* Ce montant est déduit de la cotisation ou prime normalement due au titre du contrat souscrit et ne peut excéder leur montant.
L'examen des ressources est effectué par la caisse d'assurance maladie dont relève le demandeur. C'est auprès de cette caisse qu'il faut faire la demande d'aide au moyen d'un formulaire qui peut également être téléchargé sur le site *www.ameli.fr.*
Attention : le silence de la caisse primaire dans les 2 mois qui suivent le dépôt de la demande équivaut à un rejet.
Lorsque les conditions d'attribution de l'aide sont réunies, la caisse remet à chaque bénéficiaire une attestation de droit ; sur présentation de cette attestation à une mutuelle, une institution de prévoyance ou une entreprise régie par le Code des assurances, l'intéressé bénéficie de la déduction décrite ci-dessus.
Le droit à la déduction est ouvert pour 1 an à compter de la date d'effet du contrat souscrit. Le renouvellement du droit doit être demandé au moins 2 mois et au plus 4 mois avant l'échéance.
Depuis le 1/1/2006, le système de dispense d'avance de frais (tiers payant) est ouvert aux assurés et à leurs ayants droit à compter de la remise de l'attestation de droit par la caisse d'assurance maladie. Le tiers payant ne s'applique que pour les soins réalisés dans le cadre du parcours de soins coordonnés par le médecin traitant, le médecin correspondant et les médecins en accès spécifique (→ index, *Médecin traitant*) , pour une durée de 18 mois.

Comment en faire la demande ?

La demande doit être déposée auprès de la caisse dont on dépend (que ce soit sur critère professionnel ou sur critère de résidence en France), c'est-à-dire soit :

– auprès de la caisse primaire d'assurance maladie pour le régime général ;

– auprès de la caisse de mutualité agricole pour le régime agricole ;

– ou encore auprès de la caisse nationale d'assurance maladie et maternité des travailleurs non-salariés des professions non-agricoles.

Les caisses d'assurance maladie peuvent assister le demandeur dans ses démarches.

Dans sa demande, l'assuré doit indiquer quel organisme gestionnaire il choisit pour sa couverture complémentaire. Ce peut être :

– soit la caisse d'assurance maladie auquel il est affilié ;

– soit un organisme de protection sociale complémentaire : mutuelle, institution de prévoyance ou société d'assurance ayant déclaré vouloir participer au dispositif.

S'il est déjà affilié à un organisme complémentaire avant d'entrer dans le dispositif de la CMU, l'assuré peut obtenir :

– soit la résiliation du contrat souscrit auprès de cet organisme (si ce dernier ne participe pas à la CMU) ;

– soit que cet organisme gère sa couverture complémentaire aux conditions prévues dans le cadre de la CMU, ce qui implique une modification du contrat initial.

Les cotisations ou primes afférentes au contrat initial sont alors remboursées à l'assuré au prorata de la durée du contrat restant à courir.

ATTENTION ⚠

Attention : la possibilité de modification ou de résiliation du contrat initial de protection complémentaire n'est pas ouverte aux personnes bénéficiant d'un accord collectif obligatoire d'entreprise.

Quels sont les effets de la demande ?

Après instruction du dossier, la décision est notifiée au demandeur.

En cas de décision positive, les droits à une protection complémentaire sont ouverts au premier jour du mois qui suit la date de la décision, pour une période d'un an (quelle que soit l'évolution des revenus du demandeur pendant cette période), renouvelable par tranche d'un an tant que les conditions sont remplies. À chaque demande de renouvellement, la caisse primaire d'assurance maladie contrôle les conditions de ressources et de résidence.

La couverture complémentaire est attribuée le premier jour du mois de dépôt de la demande « lorsque la situation de l'intéressé l'exige », dès lors qu'il est présumé remplir les conditions de résidence et de ressources.

En cas de réponse négative, il est possible d'exercer un recours contentieux contre la décision de l'administration : le demandeur peut saisir la commission départementale d'aide sociale (CDAS). Ce recours n'exclut pas la possibilité pour l'intéressé de former un recours gracieux devant le directeur de la caisse locale d'assurance maladie.

En l'absence de notification de la décision au demandeur, la demande est considérée comme acceptée.

À NOTER

La décision est notifiée au demandeur dans un délai de 2 mois à compter de la réception par la caisse compétente du dossier complet. Mais quand la situation l'exige, le bénéfice de la protection complémentaire peut être attribué le premier jour du mois de dépôt de la demande.

AVANTAGE

Les personnes dont les droits à la couverture complémentaire santé viennent à expiration bénéficient pendant 1 an de la dispense d'avance de frais.

AVANTAGE

L'organisme de protection complémentaire doit proposer à l'assuré la prolongation de sa couverture l'année suivant l'expiration de son droit à un tarif préférentiel n'excédant pas un certain montant (Voir pages Barème), majoré de 50 % par personne supplémentaire. Si le contrat couvre au moins deux personnes de plus de 18 ans à la date de sa prolongation, la majoration est portée à 90 % pour l'une de ces personnes au-delà de la première.

Quelles sont les prestations garanties ?

La protection complémentaire prend en charge la part des dépenses de santé non remboursées par la Sécurité sociale. Cette prise en charge concerne (*Code de la Sécurité sociale, Art. L. 861-3*) :

– le ticket modérateur ;

– le forfait journalier hospitalier sans limitation de durée ;

– certains frais concernant des soins dentaires ou les dispositifs médicaux à usage individuel que sont les prothèses auditives, la lunetterie et les appareillages *(Voir pages Barème)*.

Les bénéficiaires de la CMU complémentaire sont également exonérés des franchises médicales (→ index, *Prestations en nature, franchises médicales*) et de la participation forfaitaire d'1 € (→ index, *Prestations en nature, participation forfaitaire du patient*).

Par ailleurs, les bénéficiaires de la couverture complémentaire santé sont dispensés de l'avance des frais pour toutes les dépenses prises en charge par les régimes obligatoires maladie et maternité et pour les prestations énumérées ci-dessus (système du tiers payant). Pour bénéficier de la dispense d'avance de frais, l'intéressé doit présenter sa carte Vitale (→ index, *Carte Vitale*) accompagnée d'une attestation sur support papier que sa caisse d'assurance maladie lui aura remise.

AVANTAGE

Les médecins ne peuvent pratiquer un dépassement de tarif pour les actes dispensés aux patients bénéficiaires de la CMU, sauf « en cas d'exigence particulière du patient » (visite à domicile ou de nuit).

À NOTER

Les bénéficiaires de la CMU complémentaire sont soumis, comme tout autre assuré social ou ayant droit, aux règles relatives au médecin traitant et au parcours de soins coordonnés (→ index, Médecin traitant). S'ils n'ont pas désigné de médecin traitant ou s'ils consultent un autre médecin sans prescription de leur médecin traitant, ils ne pourront bénéficier ni de la prise en charge du ticket modérateur, ni de la dispense d'avance des frais (tiers payant). Un décret (à paraître) doit fixer les conditions de mise en œuvre de ces dispositions issues de la loi de financement de la Sécurité sociale pour 2008.

L'AIDE MÉDICALE DE L'ÉTAT

L'aide médicale de l'État (AME) s'adresse aux personnes qui ne remplissent pas la condition de résidence stable et régulière qui leur permettrait de bénéficier de la CMU de base. Il s'agit :
- des étrangers en situation irrégulière, présents en France de manière ininterrompue depuis au moins 3 mois, dont les ressources ne dépassent pas le plafond prévu pour bénéficier de la couverture complémentaire santé *(Voir pages Barème)* ainsi que les personnes à leur charge ;
- sur décision individuelle du ministre chargé de l'Action sociale, des personnes présentes sur le territoire français et dont l'état de santé le justifie (par exemple, malades ou blessés accueillis en France dans le cadre d'une opération humanitaire).

Dans ce dernier cas, il n'y a pas de condition de ressources à remplir mais l'aide médicale peut n'être que partielle.
La demande d'aide médicale peut être déposée auprès d'un organisme d'assurance maladie, d'un centre communal d'action sociale, des services sociaux du département ou encore d'une association ou organisme à but non lucratif agréé.
L'aide médicale de l'État, accordée pour 1 an, comprend la prise en charge du ticket modérateur et du forfait journalier hospitalier ainsi que la dispense d'avance de frais pour la part ne relevant pas de la participation du bénéficiaire.
La prise en charge des médicaments est subordonnée, lors de la délivrance de médicaments appartenant à un groupe générique, à l'acceptation par le bénéficiaire d'un médicament générique. Sinon, celui-ci ne bénéficie d'aucun remboursement.

Votre santé

Assurance maladie

Forfait hospitalier au 1/1/2010 :

– cas général : 18 € ;
– séjour en établissement psychiatrique : 13,50 €.

Indemnités journalières au 1/1/2010 :

➔ *Cas général :*

– maximum pendant les 6 premiers mois d'arrêt : 48,08 € ;
– minimum : 8,72 €.

➔ *Assurés ayant 3 enfants, à partir du 31ᵉ jour d'arrêt :*

– maximum jusqu'au 6ᵉ mois d'arrêt : 64,11 € ;
– minimum : 11,62 €.

Prestations en nature (principaux tarifs de consultations des médecins) :

Ces tarifs concernent les patients de 16 ans ou plus tenus de choisir un médecin traitant (*source : Caisse nationale d'assurance maladie*) :

➔ *Dans le parcours de soins coordonnés (vous avez déclaré votre médecin traitant) :*

VOUS CONSULTEZ VOTRE MÉDECIN TRAITANT[1]			
Médecin consulté	**Tarif**	**Base du remboursement**	**Taux de remboursement**
Généraliste (secteur 1)	22 €	22 €	70 %
Spécialiste (secteur 1)	25 €	25 €	70 %
Psychiatre, neuropsychiatre (secteur 1)	37 €	37 €	70 %
(1) Ou son remplaçant ou un autre médecin en cas d'urgence ou d'éloignement de votre résidence habituelle.			

VOUS CONSULTEZ UN MÉDECIN CORRESPONDANT SUR AVIS DE VOTRE MÉDECIN TRAITANT			
Médecin consulté	**Tarif**	**Base du remboursement**	**Taux de remboursement**
Pour un suivi régulier Généraliste (secteur 1 ou 2 avec option de coordination)	25 €	25 €	70 %
Spécialiste (secteur 1 ou 2 avec option de coordination)	28 €	28 €	70 %
Pour un avis ponctuel Spécialiste (secteur 1 ou 2 avec option de coordination)	44 €	44 €	70 %
Psychiatre, neuropsychiatre (secteur 1 ou 2 avec option de coordination)	55 €	55 €	70 %

➔ *Hors du parcours de soins coordonnés :*

Vous n'avez pas de médecin traitant déclaré ou vous consultez directement un médecin spécialiste sans être orienté par votre médecin traitant			
Médecin consulté	**Tarif**	**Base du remboursement**	**Taux de remboursement**
Généraliste (secteur 1)	22 €	22 €	30 %
Spécialiste (secteur 1)	33 € maximum	25 €	30 %

➔ *Cas particulier des médecins spécialistes en accès direct autorisé (gynécologues, ophtalmologues, psychiatres et neuropsychiatres) :*

Vous avez déclaré votre médecin traitant			
Médecin consulté	**Tarif**	**Base du remboursement**	**Taux de remboursement**
Gynécologue, ophtalmologue (secteur 1 ou 2 avec option de coordination) Consultation pour suivi régulier (1)	28 €	28 €	70 %
Gynécologue, ophtalmologue (secteur 1) Consultation hors suivi régulier (1)	33 € maximum	25 €	70 %
Gynécologue, ophtalmologue (secteur 2) Consultation pour suivi régulier (1) ou autre	honoraires libres	23 €	70 %
Psychiatre, neuropsychiatre (secteur 1 ou 2 avec option de coordination) (2)	41 €	41 €	70 %
Psychiatre, neuropsychiatre (secteur 2) (2)	honoraires libres	34,30 €	70 %

(1) Suivi régulier :
– pour la gynécologie, les soins concernés sont : les examens cliniques gynécologiques périodiques, y compris les actes de dépistage, la prescription et le suivi d'une contraception, le suivi des grossesses et l'IVG médicamenteuse ;
– pour l'ophtalmologie, les soins concernés sont : la prescription et le renouvellement de lunettes, les actes de dépistage et de suivi du glaucome.
(2) L'accès direct est autorisé aux patients de moins de 26 ans uniquement.

Vous n'avez pas déclaré votre médecin traitant			
Médecin consulté	**Tarif**	**Base du remboursement**	**Taux de remboursement**
Gynécologue, ophtalmologue (secteur 1)	33 € maximum	25 €	30 %
Psychiatre, neuropsychiatre (secteur 1)	49 € maximum	37 €	30 %

Participation forfaitaire à la charge de l'assuré :

– 1 € depuis le 1/1/2005 (dans la limite annuelle de 50 participations, soit 50 € par année civile et par bénéficiaire de soins) ;
– 18 € pour les actes lourds depuis le 21/6/2006.

Couverture maladie universelle

Couverture maladie de base du 1/10/2010 au 30/9/2011 :

– Une cotisation est due lorsque le revenu fiscal du foyer est supérieur à 9 029 € ;
– Le montant de la cotisation est fixé à 8 % de la fraction des revenus annuels supérieure à 9 029 €.

Couverture complémentaire santé depuis le 1/7/2009 :

– Pour bénéficier d'une couverture complémentaire gratuite, les ressources annuelles du foyer doivent être inférieures aux montants suivants :
• 1 personne : 7 521 €,
• 2 personnes : 11 282 €,
• 3 personnes : 13 538 €,
• 4 personnes : 15 794 €,
• par personne supplémentaire : + 3 008,44 € ;
– tarif préférentiel en cas de prolongation de la CMU après expiration des droits : 340 € maximum par bénéficiaire ;
– lunettes (une paire par an sauf pour les enfants de moins de 6 ans et en cas d'aphakie) :
• pour les enfants de moins de 18 ans : de 54,57 € pour un verre simple à 163,73 € pour un verre progressif (ces prix correspondent aux tarifs de remboursement de la Sécurité sociale),
• pour les personnes de plus de 18 ans : de 54,57 € pour un verre simple à 137,21 € pour un verre progressif (ces prix correspondent aux tarifs de remboursement de la Sécurité sociale) + de 47,16 € à 85,27 € au-delà des tarifs de remboursement de la Sécurité sociale ;
– prothèses auditives (montant maximum pris en charge au-delà du remboursement de la Sécurité sociale) : 243,92 € par bénéficiaire et par période de 2 ans.

Aide à l'acquisition d'une complémentaire santé au 1/1/2010 :

Le montant annuel varie en fonction de l'âge du bénéficiaire au 1er janvier :
– 100 € par personne de moins de 16 ans ;
– 200 € par personne âgée de 25 à 16 ans ;
– 350 € par personne âgée de 50 à 59 ans ;
– 500 € par personne de 60 ans et plus.

Cures thermales

Montant du forfait hébergement :

150,01 €.

Plafond de ressources pour bénéficier des prestations en 2010 :

➔ *frais de séjour et de voyage (ressources annuelles de 2008) :*

14 664,38 € (majoré de 50 % pour le conjoint et chaque personne à charge) ;

➔ *indemnités journalières (ressources mensuelles de 2009) :*

2 885 € (majoré de 50 % pour le conjoint et chaque personne à charge).

Plafonds de la Sécurité sociale en 2010

– annuel : 34 620 € ;
– trimestriel : 8 655 € ;
– mensuel : 2 885 € ;
– hebdomadaire : 666 € ;
– journalier : 159 € ;
– horaire : 22 €.

Sécurité sociale des étudiants

Cotisation annuelle pour l'ouverture des droits :

200 € pour l'année universitaire 2010-2011.

SMIC depuis le 1/1/2010

– SMIC horaire : 8,86 € ;
– SMIC mensuel (151,666 heures) : 1 343,77 €.

Propriété, copropriété et voisinage

La propriété individuelle

Si le droit de propriété est défini comme un droit absolu, exclusif et perpétuel, la liberté du propriétaire n'est pas pour autant infinie. Ses droits, tout d'abord, s'exercent sur un espace délimité : c'est le bornage qui permet de déterminer les limites d'une propriété. Par ailleurs, le propriétaire peut subir des contraintes de la part du voisinage ou des services publics : ce sont les servitudes. Enfin, la propriété d'un même bien peut être partagée : c'est le cas de l'indivision et de la mitoyenneté. Le droit de propriété lui-même peut être réparti entre plusieurs personnes : l'usufruitier et le nu-propriétaire.

Le droit de propriété

Vous êtes propriétaire d'une maison, mais savez-vous exactement sur quoi portent vos droits ? En achetant votre toit, vous avez en principe acquis des droits sur la terre jusqu'en son centre, et sur l'espace au-dessus jusqu'au zénith. La formule est séduisante, mais votre droit n'est pas absolu.

Quelle est l'étendue de vos droits ?

Le survol

Vous n'empêcherez jamais un avion de survoler votre propriété et nul ne vous demandera, pour cela, votre autorisation (*Code de l'aviation civile, Art. L. 131-1 et L. 131-2*).

De même, vous pouvez vous trouver obligé de laisser s'établir des antennes ou pylônes sur votre terrain ou d'élaguer et d'ébrancher vos arbres pour permettre la diffusion de l'énergie, de la radio, de l'image (→ index, *Servitudes*). Si l'intérêt général peut être invoqué pour restreindre votre droit de propriété, ce dernier reste étendu et protégé en ce qui concerne vos voisins privés. Par exemple, l'entrepreneur de votre voisin devra solliciter votre autorisation pour survoler votre terrain avec la flèche de sa grue ou pour réaliser, chez vous, en sous-sol, des tirants d'ancrage.

Les mines et les fouilles

Il n'est pas question de pratiquer des fouilles « sauvages », même sur son propre terrain, dès lors que celles-ci peuvent intéresser l'histoire, la préhistoire, l'art ou l'archéologie (*Code du patrimoine, Art. L. 531-1*). Une autorisation préalable doit être demandée au préfet de région, lequel dispose d'un délai de 2 mois pour se prononcer sur cette demande.
Le Code minier apporte également de nombreuses et importantes dérogations aux droits du propriétaire sur les gisements, mines et carrières.

Ce qui se trouve sur la propriété

Vous êtes le propriétaire de tout ce que produit votre bien (loyers, récoltes, fruits...), mais également de tout ce qui se trouve dessus ou s'y incorpore : un trésor enfoui par exemple.

SI VOUS TROUVEZ UN TRÉSOR !

Vous serez considéré comme l'« inventeur » du trésor.
Si vous n'êtes pas propriétaire du bien où se trouvait le trésor, vous partagerez la propriété de ce dernier avec le propriétaire du terrain. En vous appropriant totalement la découverte, vous commettriez un vol.
Toutefois, si des fouilles ont été entreprises intentionnellement, dans le but de découvrir un trésor, trois hypothèses peuvent être envisagées :

- si les fouilles sont effectuées à la demande du propriétaire, la personne qui découvre le trésor, employée par le propriétaire, est rémunérée pour cela et n'a aucun droit de propriété sur le trésor ;
- si les fouilles sont effectuées sans l'autorisation du propriétaire, là encore, la personne qui découvre le trésor n'a aucun droit : elle agit, en effet, frauduleusement sur le terrain d'autrui ;
- si enfin les fouilles sont effectuées en vertu d'un titre (locataire, usufruitier), la règle du partage par moitié s'applique.

Comment déterminer les limites de sa propriété ?

Le bornage est l'opération qui consiste à déterminer la ligne de séparation entre deux propriétés privées qui se touchent, et à la marquer par des signes appelés bornes.

Le bornage amiable

Si tous les propriétaires intéressés sont d'accord pour le faire, le bornage est réalisé à l'amiable. Il n'est alors soumis à aucune forme particulière et le recours à un géomètre-expert n'est pas obligatoire. Il n'en demeure pas moins qu'en pratique son intervention est souvent demandée car elle apporte incontestablement des garanties.

Le bornage donne lieu à l'établissement d'un procès-verbal comportant un plan qui sera signé par les deux parties. Une convention détermine les modalités de prise en charge, par chacun des propriétaires, des frais occasionnés. En pratique, celui qui demande le bornage paie souvent les frais.

L'action en bornage

Si votre voisin refuse le bornage, vous pouvez le lui imposer (*Code civil, Art. 646*). Pour cela, vous devez engager une action en bornage devant le tribunal d'instance dans le ressort duquel sont situées les propriétés (*Code de l'organisation judiciaire, Art. R. 321-9 et R. 321-26*.

Le tribunal nommera un géomètre-expert qui se rendra sur place et se fera communiquer les plans du cadastre, les actes de vente et tous documents permettant de fixer la limite de séparation entre les propriétés. Le tribunal prendra sa décision au vu du rapport de l'expert. Les bornes sont ensuite mises en place sous le contrôle de ce dernier. La limite de séparation est ainsi définitivement et irrévocablement fixée.

La même procédure est applicable si les deux parties, bien qu'ayant accepté la nécessité du bornage, ne parviennent pas à s'accorder sur la position exacte de la limite de séparation.

À NOTER

Afin de protéger les bornages, quiconque déplace ou supprime des bornes destinées à établir les limites d'une propriété est passible d'une amende et d'un emprisonnement ou de l'une des deux peines (Code pénal, Art. 322-1).

ATTENTION ⚠

Les honoraires demandés par les géomètres-experts sont libres. Mais ils sont tenus de vous délivrer un devis.

LE DROIT DE CLORE SON TERRAIN

Tout propriétaire a le droit de clore sa propriété (*Code civil, Art. 647*). Mais, il ne doit pas utiliser ce droit abusivement : il en serait ainsi de la pose d'une clôture, sans utilité, dans l'unique but d'atteindre le droit de passage du voisin, par exemple.

Il est, par ailleurs, possible de supprimer ou de restreindre conventionnellement le droit du propriétaire de se clore. Ainsi, la plupart des cahiers des charges des lotissements prescrivent un type particulier de clôture et une hauteur limite, quant ils n'interdisent pas purement et simplement toute clôture.

Que faire si votre voisin, qui ne connaît pas précisément les limites de sa propriété, édifie par erreur un mur de séparation sur votre propriété ?

- S'il est de bonne foi (il ne savait pas qu'il construisait sur le terrain d'autrui en raison, par exemple, d'une erreur dans la localisation de la construction), vous pouvez acquérir le mur moyennant indemnité (sauf application des règles de la mitoyenneté) (→ index, *Mitoyenneté*).
- Si, en revanche, le constructeur est de mauvaise foi (il a construit à dessein sur votre terrain), vous pouvez soit exiger la démolition du mur aux frais du constructeur, soit invoquer l'accession moyennant indemnité. Bien entendu, les propriétaires restent libres de trouver un autre accord amiable (*Code civil, Art. 555*).

Démembrements du droit de propriété

Propriétaire d'un bien, vous possédez à l'égard de celui-ci trois prérogatives :

– l'*usus*, qui est le droit d'usage ;

– le *fructus*, qui est le droit de percevoir les fruits (les loyers, par exemple) ;

– l'*abusus*, qui est le droit de disposer du bien (le donner ou le vendre).

Lorsque ces droits ne sont pas réunis entre les mains de la même personne, mais répartis entre plusieurs bénéficiaires, on parle de démembrement de propriété. C'est une situation que l'on rencontre fréquemment après une succession.

Le démembrement du droit de propriété débouche sur trois situations : le droit d'usage, l'usufruit et la nue-propriété.

Le droit d'usage et d'habitation

En matière immobilière, le droit d'usage recouvre en pratique le droit d'habitation ; c'est la raison pour laquelle on parle de droit d'usage et d'habitation. Celui-ci ne peut être consenti que par contrat et n'existe que par la seule volonté du propriétaire. Le bénéficiaire n'a, en principe, aucun loyer à verser et il est protégé de toute reprise de la part du propriétaire.

C'est une situation que l'on rencontre assez souvent dans le cas de personnes âgées ayant cédé ou donné leur habitation sous réserve de conserver le droit d'y habiter jusqu'à la fin de leurs jours. Le bénéficiaire du droit d'habitation ne peut, en aucune façon, vendre son droit à quelqu'un d'autre, ni même louer le bien et percevoir des loyers. Il ne peut qu'utiliser l'immeuble dans la limite de ses besoins et de ceux de sa famille. Ce droit s'éteint par la mort de son titulaire ; nul n'en hérite.

C'est au bénéficiaire du droit d'usage et d'habitation d'assumer, sauf convention contraire, les réparations d'entretien de l'immeuble. En revanche, le propriétaire a la charge financière des grosses réparations telles qu'elles sont définies à l'article 606 du Code civil, sauf si celles-ci sont occasionnées par un défaut d'entretien.

À NOTER

Le propriétaire peut contraindre le bénéficiaire du droit d'usage et d'habitation à effectuer les réparations d'entretien nécessaires. Si la conservation du bien est compromise, il peut même obtenir la déchéance du droit d'habitation.

L'usufruit

L'usufruitier n'est pas propriétaire du bien mais il peut en user comme s'il l'était (*Code civil, Art. 578 et s.*). Il a le droit d'habiter le bien, de le mettre en location et d'en percevoir des loyers, de vendre l'usufruit mais pas le bien lui-même.

C'est également à lui de décider de la mise en valeur ou non du bien : l'usufruitier peut choisir de l'exploiter ou non, d'en tirer le meilleur parti ou d'en faire un usage minimal. Ses droits sont donc étendus. En contrepartie, il doit maintenir la destination du bien - il ne peut transformer un local d'habitation en commerce par exemple - mais surtout assumer les réparations d'entretien de l'immeuble ; seules les grosses réparations restent à la charge du nu-propriétaire (*Code civil, Art. 605 et 606*).

L'usufruit est un droit temporaire qui ne peut excéder la vie du bénéficiaire lorsqu'il s'agit d'une personne physique, ou 30 ans lorsque le bénéficiaire est une personne morale.

À NOTER

L'usufruit résulte le plus souvent de l'application de la loi ; ainsi, par exemple, le conjoint survivant ne va hériter que de l'usufruit d'une partie des biens du défunt si ce dernier n'a pris aucune disposition particulière à son égard (→ index, Droits de succession, conjoint survivant). Mais l'usufruit peut également résulter d'un contrat dans certaines opérations d'investissement immobilier.

La nue-propriété

Le nu-propriétaire dispose de la propriété du bien sans pouvoir en user ni en percevoir les fruits.

Si la propriété d'une maison est, par exemple, répartie entre un nu-propriétaire et un usufruitier, ce dernier ayant loué la maison à un locataire, le nu-propriétaire pourra vendre son droit de nue-propriété. L'acheteur ne pourra pas habiter la maison ni percevoir les loyers ; il ne pourra qu'attendre l'extinction de l'usufruit pour devenir propriétaire, à part entière, de la maison.

Le nu-propriétaire dispose d'un droit de surveillance générale de l'immeuble et peut accomplir tous les actes nécessaires à la conservation de celui-ci. Son obligation essentielle consiste à assumer la charge des grosses réparations définies par l'article 606 du Code civil ; cette obligation ne peut être étendue à la reconstruction en cas de destruction totale du bien (*Code civil, Art. 607*).

À NOTER

Il appartient à l'usufruitier d'informer le nu-propriétaire assez tôt de l'état de dégradation du bien.

LES GROSSES RÉPARATIONS

L'article 606 du Code civil définit les grosses réparations comme étant celles des gros murs et des voûtes, le rétablissement des poutres et des couvertures entières, des murs de soutènement et de clôture. Ce sont, en fait, celles qui se rapportent à la structure même de la construction, notamment aux murs extérieurs et porteurs, à la charpente et aux structures métalliques, en bois ou en béton...

Ainsi seront considérées comme de grosses réparations :

- la réfection de la toiture, mais non le remplacement ponctuel de quelques tuiles ;
- la réfection des murs et clôtures à l'exclusion, là encore, de réparations ponctuelles et du ravalement.

Mais le titulaire du droit d'usage et d'habitation ou l'usufruitier ne dispose d'aucun recours contre le propriétaire pour le contraindre à effectuer les travaux de grosses réparations sauf lorsque ceux-ci sont décidés par une assemblée de copropriétaires ou sont des travaux de mise aux normes (notamment installation des équipements de confort minimal : W-C, salle de bain, chauffage central).

L'indivision

Il y a indivision lorsque plusieurs personnes ont, sur un même bien, des droits de même nature : ils sont tous propriétaires ou usufruitiers ou encore nus-propriétaires d'un bien mais sans que l'on puisse en affecter telle ou telle partie à l'un d'eux. Cette situation se rencontre fréquemment au décès d'un parent ; les enfants qui héritent de la maison familiale se trouvent en indivision. C'est le cas d'indivision légale le plus répandu ; mais la loi règle bien d'autres situations de cette manière, notamment dans le cas d'ouverture d'une succession ou de dissolution d'un régime matrimonial (*Code civil, Art. 815 à 815-18*).

L'indivision peut également être conventionnelle : la formule est alors choisie volontairement par plusieurs personnes pour l'acquisition de biens en commun (*Code civil, Art. 1873-1 à 1873-18*).

› L'indivision légale

La durée de l'indivision

Il est toujours possible de sortir de l'indivision : chaque coindivisaire peut, à tout moment, exiger le partage du bien. Ainsi, lorsque les biens demeurent indéfiniment indivis, ce ne peut être que par la volonté des indivisaires.

Toutefois, le maintien dans l'indivision peut être demandé en justice dans trois cas :

- pour les locaux d'habitation ou professionnels, les exploitations agricoles et les instruments de travail, pendant une durée maximale de 5 ans, renouvelable sous certaines conditions (*Code civil, Art. 823*) ;
- si la vente immédiate risque de porter atteinte à la valeur des biens ;
- lorsque certains des indivisaires souhaitent rester dans l'indivision, alors que d'autres souhaitent le partage ; dans ce cas, le tribunal peut ne provoquer qu'un partage partiel : ceux qui souhaitent rester dans l'indivision y restent et ceux qui souhaitent le partage se voient attribuer, après expertise, leur part soit en nature, si cela est possible, soit en argent.

Les droits des indivisaires

Chaque indivisaire est titulaire exclusif d'une part des biens en indivision. Cette part ne s'applique pas à des biens identifiés, mais à l'ensemble des biens. Elle peut être vendue, donnée ou transmise ; elle est parfois même susceptible d'hypothèque. Toutefois, en cas de cession, les autres indivisaires peuvent prioritairement acheter la part mise en vente (*Code civil, Art. 815-14*).

La règle de l'unanimité

En tant qu'indivisaire, vous ne pouvez, sans l'accord de tous les autres, occuper pour votre seul usage le bien indivis, le transformer, y faire des travaux, le donner en location, le vendre ou constituer dessus une hypothèque.

Cette règle, bien que protectrice des droits des indivisaires, se révèle souvent très lourde à gérer, compte tenu de la difficulté d'obtenir l'accord unanime de tous pour chaque opération. Aussi, souffre-t-elle quelques exceptions :

- tout indivisaire peut prendre les mesures nécessaires à la conservation des biens indivis même si elles ne présentent pas un caractère d'urgence. Il peut employer à cet effet les fonds de l'indivision détenus par lui et il est réputé en avoir la libre disposition à l'égard des tiers. Si l'indivision ne dispose pas des fonds suffisants, il peut obliger ses coïndivisaires à faire avec lui les dépenses nécessaires ;

- le ou les indivisaires titulaires d'au moins 2/3 des droits indivis peuvent, à cette majorité, prendre les décisions suivantes :
  - effectuer des actes d'administration (c'est-à-dire des actes de gestion courante) relatifs aux biens indivis,
  - donner à l'un ou plusieurs des indivisaires ou à un tiers un mandat général d'administration,
  - vendre les meubles indivis pour payer les dettes et charges de l'indivision,
  - conclure et renouveler les baux autres que ceux portant sur un immeuble à usage agricole, commercial, industriel ou artisanal.

Les indivisaires qui agissent dans le cadre de cette majorité des 2/3 doivent en informer les autres indivisaires ; à défaut, les décisions prises sont inopposables à ces derniers. Par ailleurs, le consentement de tous les indivisaires reste requis pour effectuer tous les actes qui ne relèvent pas de l'exploitation normale des biens indivis et pour effectuer tout acte de disposition autre que la vente de biens indivis pour payer des dettes ;

- un indivisaire peut prendre en main la gestion des biens indivis. Dès lors qu'il le fait au su des autres et sans opposition de leur part, il est censé avoir reçu un mandat tacite, couvrant les actes d'administration mais non les actes de disposition ni la conclusion ou le renouvellement des baux (*Code civil, Art. 815-3*).

À NOTER

Les indivisaires peuvent avoir recours au juge si l'un d'entre eux est hors d'état de manifester sa volonté, si le refus de consentement d'un indivisaire met en péril l'intérêt commun, ou si des mesures urgentes sont nécessaires.

L'usage des biens indivis

Sauf convention contraire, les revenus des biens accroissent l'indivision (*Code civil, Art. 815-10*) ; c'est ainsi que les loyers, par exemple, fruit de la location du bien indivis, intègrent le pot commun. Lorsque l'un ou plusieurs des indivisaires occupent le bien indivis, cet avantage est lui-même considéré comme un des revenus du bien. Il peut donner lieu à indemnité au profit des autres indivisaires ou constituer une partie des revenus du bien qui feront l'objet de partage (*Code civil, Art. 815-9*).

Si l'un des indivisaires a fait, sans l'accord des autres, des dépenses pour l'amélioration d'un bien indivis, il pourra obtenir en justice que ces dépenses lui soient remboursées, mais seulement lors du partage (*Code civil, Art. 815-13*).

La situation des créanciers

Les créanciers de l'indivision peuvent saisir les biens, objets de l'indivision.

La banque, par exemple, qui a consenti un prêt aux indivisaires pour financer les réparations d'un immeuble indivis, peut faire saisir et vendre cet immeuble. En revanche, les créanciers personnels des indivisaires ne peuvent saisir la part de leur débiteur mais ils peuvent demander en justice le partage de l'indivision de façon à pouvoir saisir ensuite la part revenue au débiteur.

La vente d'un bien immobilier en indivision

La vente d'un bien indivis suppose, en principe, l'accord unanime des indivisaires. Cette règle se révélant parfois très difficile à mettre en œuvre, la loi prévoit un certain nombre d'exceptions ou d'aménagements. Ainsi :

- si l'un des indivisaires se trouve hors d'état de manifester sa volonté, un autre peut se faire habiliter par le juge à le représenter, d'une manière générale ou pour certains actes particuliers, les conditions et l'étendue de cette représentation étant fixées par le juge ;
- un indivisaire peut être autorisé par le juge à passer seul un acte pour lequel le consentement d'un coïndivisaire serait nécessaire, si le refus de celui-ci met en péril l'intérêt commun. L'acte passé dans les conditions fixées par l'autorisation de justice est opposable à l'indivisaire dont le consentement a fait défaut. Toutefois, le juge ne peut, à la demande d'un nu-propriétaire, ordonner la vente de la pleine propriété (nue-propriété + usufruit) contre la volonté de l'usufruitier.

Indépendamment de ces situations, la vente d'un bien en indivision peut être autorisée par le tribunal de grande instance (TGI), à la demande de l'un ou des indivisaires titulaires d'au moins 2/3 des droits indivis et sous réserve qu'il ne soit pas porté une atteinte excessive aux droits des minoritaires (*Code civil, Art. 815-5-1*). Une telle demande ne pourra toutefois être formulée en cas de démembrement de la propriété du bien ou si l'un des indivisaires se trouve dans l'une des situations prévues par l'article 836 du Code civil, c'est-à-dire s'il est présumé absent ou hors d'état de manifester sa volonté par suite d'éloignement ou placé sous un régime de protection juridique.

Dans le cas particulier visé par le nouvel article 815-5-1, la procédure suivante est applicable :

– le ou les indivisaires titulaires d'au moins 2/3 des droits indivis expriment devant un notaire, à cette majorité, leur intention de procéder à la vente du bien en indivision ;

– dans le délai d'1 mois suivant son recueil, le notaire fait signifier cette intention aux autres indivisaires, par acte d'huissier de justice.

À partir de là, deux situations sont possibles :

– soit tous les indivisaires minoritaires décident de se « rallier » à la vente du bien indivis, et l'on se retrouve alors dans le cas d'une décision unanime ;

– soit un ou plusieurs des indivisaires s'opposent à la vente du bien indivis ou ne se manifestent pas dans un délai de 3 mois à compter de la signification, situation que le notaire doit alors constater dans un procès-verbal. Dans ce cas, le TGI doit être saisi par les indivisaires qui souhaitent procéder à la vente du bien. Le juge ainsi saisi peut autoriser cette vente s'il considère qu'elle ne porte pas une atteinte excessive aux droits des autres indivisaires ; il dispose donc du pouvoir d'apprécier si la vente doit, ou non, être autorisée.

À NOTER

Il serait, par exemple, envisageable que le TGI refuse d'autoriser la vente d'une maison de famille si le préjudice moral causé aux indivisaires qui s'y opposent, alors qu'ils contribuent régulièrement à son entretien, était trop important.

Lorsqu'elle est autorisée par le juge, la vente s'effectue par « licitation », c'est-à-dire par adjudication devant le TGI ou un notaire. Les sommes qui en sont retirées ne peuvent faire l'objet d'un remploi sauf pour payer les dettes et charges de l'indivision : elles ne peuvent donc pas être réutilisées pour racheter un bien en indivision.

La vente est opposable à l'indivisaire dont le consentement a fait défaut, sauf si l'intention de vendre le bien du ou des indivisaires titulaires d'au moins 2/3 des droits indivis ne lui avait pas été signifiée par le notaire.

› L'indivision conventionnelle

Les indivisaires qui ne souhaitent pas provoquer le partage (par exemple, les héritiers d'une maison de campagne qui souhaitent la conserver et l'utiliser plutôt que la vendre) peuvent se placer sous le régime de l'indivision conventionnelle. Elle a pour but essentiel d'organiser une indivision destinée à durer.

L'application de ce statut requiert l'accord de tous les coindivisaires et nécessite l'élaboration d'une convention écrite qui contient notamment :

– la désignation précise des biens indivis ;

– la quote-part appartenant à chaque indivisaire ;

– le mode d'administration de l'indivision et, notamment, les modalités de nomination et de révocation d'un gérant, l'étendue de ses pouvoirs ainsi que sa rémunération éventuelle.

La mitoyenneté

Une clôture est mitoyenne lorsqu'elle appartient aux propriétaires de deux terrains qu'elle sépare ou de bâtiments contigus. Il en est ainsi lorsqu'elle est construite, d'un commun accord, à cheval sur deux propriétés. En revanche, lorsque la clôture a été édifiée par un seul propriétaire, à ses frais et sur son terrain, elle est dite privative et appartient en totalité au constructeur. En fait, la mitoyenneté est une sorte d'indivision dans la mesure où le droit de propriété est reconnu à chaque propriétaire sur la totalité de la clôture. Peu importe, d'ailleurs, la forme de cette dernière : murs, grillages, haies, barrières, fossés peuvent être mitoyens…

Mitoyen ou privatif, l'enjeu est simple : le propriétaire d'une clôture ou d'un mur se doit d'entretenir son bien, mais il peut, en contrepartie, faire courir dessus des plantes et y adosser des constructions.

Si le mur est mitoyen, vous pouvez utiliser la face du mur qui se trouve sur votre propriété comme bon vous semble à condition toutefois de ne pas empiéter sur la propriété de votre voisin. S'il appartient entièrement à votre voisin, vous perdrez ces droits.

› Mur mitoyen ou privatif ?

Relisez votre titre de propriété ou l'acte de donation, peut-être y trouverez-vous la trace du mur. Si vous habitez un lotissement, le cahier des charges peut vous donner cette information. Une convention passée entre voisins sur la réalisation de travaux peut également fournir une piste. L'acte peut émaner d'une seule des parties, mais cela limite sa force probante. Par exemple, les factures acquittées par un des voisins pour l'édification du mur ou de la clôture seront une présomption en faveur de la non-mitoyenneté.

ATTENTION ⚠

La mitoyenneté est source de nombreux différends et certains d'entre eux ne trouvent un dénouement que devant le juge. Les difficultés apparaissent, le plus souvent, lorsque plusieurs propriétaires se sont succédés et que nul ne peut dire si le mur est privatif ou mitoyen.

Si vos recherches sont vaines, il faut vous tourner vers l'usage : que s'est-il passé pendant 30 ans ?

L'usage

Si pendant 30 ans vous vous êtes comporté comme le propriétaire exclusif du mur, on considère qu'il est à vous. Il en sera ainsi si vous avez, seul, assuré avec constance son entretien. Ce principe vaut même si à l'origine la séparation était mitoyenne ou si elle appartenait à votre voisin qui possède un titre officiel pour le prouver : c'est la règle de la prescription acquisitive. Le même raisonnement s'applique lorsque qu'une clôture, privative à l'origine, a été entretenue par les deux voisins : elle devient mitoyenne au bout de 30 ans. Enfin, lorsqu'un abri de jardin a été appuyé pendant 30 ans contre un mur, le propriétaire de ce dernier ne pourra en exiger la démolition : le mur est devenu mitoyen, au moins pour la partie sur laquelle repose la construction.

Mais dans tous les cas, encore faut-il que cet usage soit connu du voisin, ou du moins ostensible.

Si après cette recherche, vous demeurez dans l'incertitude, reste à appliquer les règles du Code civil.

La présomption du Code civil

Le Code civil édicte une présomption générale selon laquelle, en ville comme à la campagne, le mur servant de séparation entre deux bâtiments, deux jardins, deux cours, entre enclos dans les champs, ou encore entre une cour et un jardin est présumé mitoyen (*Code civil, Art. 653*). Il existe des règles spécifiques pour les clôtures autres que les murs.

En revanche, n'est pas présumé mitoyen le mur qui sépare :

– un terrain clos d'autres terrains non clos ;
– un bâtiment d'un jardin ;
– un bâtiment d'une cour.

Par ailleurs, selon l'aspect du mur, le Code civil liste un certain nombre de marques ou de signes qui caractérisent la mitoyenneté ou la non-mitoyenneté.

Ainsi, lorsque le sommet du mur est conçu de telle sorte qu'il ramène la totalité des eaux pluviales sur l'une des propriétés, la séparation est réputée appartenir à celui qui reçoit les eaux (*Code civil, Art. 654*). Il en sera de même lorsque la technique de construction employée fait apparaître que le mur a été bâti depuis un seul des deux terrains (*Code civil, Art. 654*).

À l'inverse, un mur qui présente à son sommet un plan incliné à deux pentes égales est présumé mitoyen.

LES CLÔTURES AUTRES QUE LES MURS

Il existe des règles spécifiques de présomption de mitoyenneté pour les clôtures autres que les murs. Ainsi, toute clôture qui sépare des propriétés est réputée mitoyenne sauf si une seule des propriétés est close (*Code civil, Art. 666*).
Cependant, il n'y a pas mitoyenneté mais clôture privative, notamment dans les cas suivants :

- lorsque la levée ou le rejet de la terre se trouve d'un côté seulement du fossé, ce dernier est censé appartenir exclusivement à celui du côté duquel le rejet se trouve (*Code civil, Art. 666*) ;
- tout talus séparatif est présumé mitoyen ; mais dans le cas où les terrains sont à des niveaux différents, le talus est présumé appartenir au fonds supérieur dont il soutient les terres.

Par ailleurs, lorsque la clôture est constituée d'un fossé ou d'une haie, son propriétaire a le droit de refuser la cession de la mitoyenneté. Lorsqu'il y a mitoyenneté d'une haie ou d'un fossé, le copropriétaire peut couper ou arracher la haie et combler le fossé jusqu'à la limite de sa propriété. La loi lui fait alors obligation de construire un mur sur cette limite (*Code civil, Art. 668*).
En ce qui concerne les arbres, arbustes et haies mitoyens, chacun des copropriétaires a le droit de percevoir la moitié des fruits et produits (*Code civil, Art. 669 et 670*).
De même, chacun d'eux peut exiger que les arbres mitoyens situés dans une haie soient arrachés. Cette possibilité ne concerne que les arbres mitoyens isolés et non, par exemple, une rangée d'arbustes.

Les autres moyens de preuve

D'autres marques physiques de mitoyenneté ou de non-mitoyenneté peuvent être données par la situation même des lieux et les usages locaux. Ainsi, le mur ou la clôture qui sert essentiellement à l'un des propriétaires est présumé lui appartenir privativement. Ou encore, le mur de soutènement qui sert à retenir la terre d'une propriété située en surplomb est présumé appartenir au terrain soutenu.

Ces marques de non-mitoyenneté ne seront toutefois prises en compte que s'il est établi qu'elles sont contemporaines à la construction de la clôture ou, du moins, qu'elles existent, au vu et au su du voisinage, depuis plus de 30 ans.

Si, malgré l'ensemble de ces règles, il demeure un conflit entre les moyens de preuves, il faudra saisir le tribunal de grande instance qui tranchera.

À NOTER

Les moyens qui peuvent être utilisés pour établir la preuve de la mitoyenneté n'ont pas tous la même valeur : la prescription l'emporte sur le titre, et le titre l'emporte sur la preuve par présomption.

› Vos droits sur un mur mitoyen

Les droits des propriétaires sont différents selon que la mitoyenneté porte sur un mur ou sur une autre forme de clôture. En revanche, il n'y a pas de distinction à établir en matière d'obligations.

Votre droit d'usage

Vous pouvez, à condition de ne pas nuire à la solidité du mur ou aux droits de votre voisin :

- appuyer contre le mur mitoyen des constructions (*Code civil, Art. 657*) ou des plantations en espalier à condition que celles-ci ne dépassent pas le sommet du mur (*Code civil, Art. 671*) ;
- placer dans l'épaisseur du mur des poutres ou solives, sous réserve de ne pas traverser le mur ; le bout de la poutre doit se trouver au minimum à 54 mm (5,4 cm) de la façade du mur située du côté de votre voisin ; ce dernier peut réduire la poutre jusqu'à la moitié du mur s'il désire placer une poutre au même endroit ou adosser une cheminée (*Code civil, Art. 657*) ;
- pratiquer dans le corps du mur des enfoncements à divers usages (*Code civil, Art. 662*).

Lorsque l'usage envisagé peut causer un dommage ou présenter des inconvénients pour le voisin et, notamment, lorsqu'il comporte un risque pour le mur lui-même, il est nécessaire d'obtenir au préalable l'accord du voisin concerné.

Si votre voisin s'oppose aux travaux, la question doit être réglée par un expert choisi d'un commun accord. Mais il est généralement plus prudent et plus efficace, dès lors qu'il y a risque de litige, de faire nommer un expert judiciaire par référé auprès du tribunal de grande instance. L'expert, à la manière d'un conciliateur, propose des solutions techniques pour réaliser le projet en toute sécurité. Si après le rapport de l'expert, le litige persiste, il conviendra alors d'obtenir du tribunal de grande instance l'autorisation d'effectuer les travaux malgré le désaccord du voisin.

Le droit d'exhaussement

Chaque propriétaire a le droit de faire surélever le mur mitoyen (*Code civil, Art. 658*). Nul n'est tenu de faire connaître les motifs d'exhaussement mais nul ne peut agir dans le seul but de nuire à son voisin.

Ce droit peut être exercé sans avoir requis l'accord de son voisin. Néanmoins, il est souhaitable pour maintenir de bonnes relations de voisinage de lui faire part de son projet. En cas de refus de sa part, le recours à un expert est souhaitable afin de vérifier que le nouvel ouvrage ne lui porte pas préjudice.

En dehors des règles d'urbanisme ou de l'existence d'éventuelles servitudes (servitudes de vue notamment), il n'existe aucune règle particulière sur les dimensions et l'emplacement de l'exhaussement. Le mur pourra être surélevé sur toute sa longueur ou sur une partie seulement ; les travaux pourront être effectués sur tout ou partie de la largeur du mur.

Si l'exhaussement est d'une largeur inférieure au mur mitoyen, il pourra aussi bien être situé du côté du propriétaire qui surélève, que de l'autre côté ou au centre du mur. Dans tous les cas, la partie surélevée appartient privativement à celui qui en a pris l'initiative.

- Si le mur est suffisamment solide pour supporter l'exhaussement, le propriétaire qui l'a fait exécuter est tenu :

– de payer seul la dépense de l'exhaussement et les réparations d'entretien au-dessus de la hauteur de la clôture commune ainsi que les frais d'entretien de la partie commune du mur rendus nécessaires par l'exhaussement ;

– de rembourser au propriétaire voisin toutes les dépenses qu'il aura dû faire pour rendre possible l'exhaussement (*Code civil, Art. 658*).

En revanche, si le mur mitoyen n'est pas en état de supporter l'exhaussement, celui qui veut l'exhausser doit le faire reconstruire en entier à ses frais, et l'excédent d'épaisseur résultant de ce renforcement doit alors être pris de son côté (*Code civil, Art. 659*).

La partie exhaussée du mur devient la propriété exclusive de celui qui l'a fait construire alors que le mur primitif reste mitoyen. Le voisin peut, toutefois, en acquérir la mitoyenneté dans les conditions applicables à l'acquisition d'un mur privatif.

› Vos obligations de propriétaire mitoyen

Les propriétaires d'une clôture mitoyenne ont l'obligation principale de contribuer pour moitié aux dépenses nécessaires d'entretien, de conservation et, éventuellement, de reconstruction de la clôture mitoyenne. Si la clôture n'est pas entièrement mitoyenne, la répartition des dépenses pourra être différente, chacun devant participer proportionnellement à ses droits sur le mur.

Pour déterminer le contenu des travaux d'entretien, les conditions de réalisation et la répartition du coût, les propriétaires mitoyens doivent se mettre d'accord. Si les travaux sont confiés à un professionnel, ils le choisiront ensemble.

À défaut d'accord sur les travaux à engager, l'autorisation du tribunal de grande instance est nécessaire. Si le désaccord porte sur des choix techniques (matériaux à utiliser, par exemple), le tribunal peut nommer un expert.

AVANTAGE

Si les charges vous semblent trop lourdes, vous pouvez abandonner la mitoyenneté (→ index, Mitoyenneté, abandon).

ATTENTION ⚠

Si vous êtes responsable de la dégradation du mur, il vous appartiendra d'assumer entièrement la charge de la réparation.

› Devenir propriétaire d'un mur mitoyen

L'acquisition ou la création d'un mur mitoyen répond à des règles particulières qui ne s'appliquent pas aux autres clôtures.

La construction d'un mur mitoyen

Si deux propriétaires voisins sont d'accord pour construire un mur mitoyen à frais communs, il n'y aura aucune difficulté, encore qu'il soit plus prudent de matérialiser l'accord par un écrit afin d'éviter toutes difficultés de preuves ultérieures.

Si vous seul souhaitez construire un mur mitoyen, sachez que vous pouvez contraindre votre voisin à participer à la dépense, à condition toutefois que les propriétés en cause soient situées en ville et non à la campagne. Le tribunal de grande instance est compétent pour autoriser la construction du mur et obliger le voisin à participer aux frais.

Le mur sera édifié à cheval sur la limite séparative (*Code civil, Art. 663*).

L'acquisition par prescription

La prescription peut être invoquée pour acquérir la mitoyenneté d'un mur privatif. Le propriétaire qui souhaite invoquer la prescription doit s'être conduit d'une manière non équivoque, comme le copropriétaire du mur, pendant en principe 30 ans.

Par exemple, si depuis 30 ans, vous partagez avec le propriétaire voisin les frais d'entretien du mur qui vous sépare, vous pouvez en acquérir la mitoyenneté par prescription.

À l'inverse, la prescription peut permettre de prouver le caractère privatif d'un mur présumé mitoyen (*Code civil, Art. 666*).

La cession forcée

Votre voisin a édifié un mur en limite de propriété. Si vous désirez en acquérir la mitoyenneté pour adosser une construction par exemple, ou pouvoir y faire courir des plantes pour le masquer, vous pouvez contraindre votre voisin à céder une partie du mur (*Code civil, Art. 661*).

Ce droit d'acquérir la mitoyenneté est discrétionnaire et n'a pas besoin d'être justifié.

Mais attention : si le mur a été construit légèrement en retrait de la limite séparative, la mitoyenneté ne peut être acquise.

Le prix d'acquisition est égal à la moitié de la dépense du mur auquel s'ajoute la moitié de la valeur du sol sur lequel le mur est bâti (*Code civil, Art. 661*). Ce prix s'apprécie à la date de la cession et compte tenu de l'état du mur.

Si votre voisin refuse de vendre, il vous faudra saisir le tribunal de grande instance. Le juge fixera le prix à payer : pour cela, il a le plus souvent recours à une expertise. Les frais d'expertise sont mis à la charge de l'une ou de l'autre des parties, ou divisés par moitié, selon ce que décide le tribunal. Ils sont cependant presque toujours avancés par le demandeur.

À NOTER

Votre voisin ne peut vous contraindre à acquérir la mitoyenneté d'un mur en limite de propriété à une exception près. En effet, les tribunaux estiment que le voisin qui appuie des constructions sur un mur non mitoyen peut être condamné soit à démolir des ouvrages, soit à acquérir la mitoyenneté.

À NOTER

L'acquisition de la mitoyenneté peut ne concerner qu'une partie du mur.

› L'extinction de la mitoyenneté

Outre les cas de droit commun d'extinction de la mitoyenneté, par convention ou prescription, le Code civil laisse la faculté aux copropriétaires d'abandonner leur droit.

La faculté d'abandon de mitoyenneté est discrétionnaire. Elle peut ne s'exercer que sur une partie de mur. Elle est toutefois impossible dans les cas suivants :

- par le copropriétaire dont les constructions sont soutenues par le mur mitoyen ;
- pour les fossés mitoyens servant habituellement à l'écoulement des eaux (*Code civil, Art. 667*) ;
- dans le cas où des dépenses particulières d'entretien ou de réparation sont imputables au copropriétaire qui cherche à s'en dispenser par l'exercice de ce droit.

L'abandon résulte le plus souvent d'un acte devant notaire.

ATTENTION ⚠

Si votre voisin prend l'initiative d'élever un mur de séparation sur son terrain, il assurera la charge de l'édifice et son entretien. Mais attention : vous ne pourrez pas y adosser une construction même légère, ni même y faire grimper une plante. Bien sûr, un accord est toujours possible avec le propriétaire.

Les servitudes

Sur votre propriété elle-même, pouvoirs publics et simples particuliers peuvent avoir des droits et vous imposer un certain nombre de contraintes : ce sont les servitudes publiques et privées.

Quelles sont les contraintes que peuvent s'imposer des voisins ?

Le Code civil pose un ensemble de principes pour tenter de prévenir et régler, si besoin est, les conflits permanents que suscite le voisinage. Ces dispositions figurent aux articles 637 à 710 du Code civil sous le terme « servitudes ».

La servitude concerne deux propriétés. C'est une charge ou contrainte imposée à un bien au profit d'un autre bien ; en clair, vous ne pouvez pas faire tout ce que vous désirez sur votre terrain.

On appelle « fonds dominant » celui qui profite de la servitude, et « fonds servant » celui qui subit la servitude. Les servitudes peuvent dériver de la situation des lieux (servitude d'écoulement des eaux, par exemple), être imposées par la loi pour l'utilité publique ou l'intérêt des particuliers (droit de passage en cas d'enclave, distance à respecter pour les plantations, par exemple) ou enfin naître d'une convention entre propriétaires.

Une servitude est en principe perpétuelle : elle durera aussi longtemps que le bien lui-même et disparaîtra avec lui. Elle est, par ailleurs, toujours attachée au bien et jamais à son propriétaire : elle se transmet donc avec le bien.

› Quelles distances respecter pour les plantations ?

Il est, en principe, interdit de planter des arbres et des arbustes trop près de la limite de séparation de deux propriétés.

La distance minimale qui doit être respectée est fixée soit par arrêtés préfectoraux ou communaux, soit par des usages constants et reconnus. Ces limites ne sont donc pas les mêmes partout. Vous pourrez obtenir tous les renseignements utiles auprès de votre mairie ou de la préfecture. S'il n'existe aucune règle en la matière dans votre commune, ce sont les règles du Code civil qui s'appliquent (*Code civil, Art. 671*). Ainsi, les plantations qui ne dépassent pas 2 mètres de hauteur doivent être mise en terre à au moins 0,5 mètre de la limite de propriété. Pour les arbres qui dépassent ou dépasseront 2 mètres de haut, c'est une distance de 2 mètres qu'il faut respecter. La hauteur s'apprécie du sol jusqu'à la crête de la plantation.

Ces règles s'appliquent à toutes les plantations, à l'exception toutefois des espèces qui peuvent être plantées en espalier de chaque côté du mur de séparation, à condition de ne pas en dépasser la crête.

Si votre arbre est vieux de plus de 30 ans et qu'il n'est pas planté à la bonne distance, personne ne pourra plus obtenir son arrachage. Le point de départ du délai de 30 ans est soit la date de plantation, soit celle où l'arbre a dépassé les 2 mètres réglementaires.

Les branches qui passent chez votre voisin doivent être coupées même si votre arbre a plus de 30 ans ou si son implantation obéit à la règle des 2 mètres. Votre voisin n'a pas le droit, cependant, de procéder lui-même à cette coupe sauf, bien sûr, si vous lui en donnez l'autorisation. Il doit s'adresser à la justice pour vous contraindre à la coupe si vous ne le faites pas de votre propre gré.

Par contre, les racines, ronces et autres brindilles que pourra rencontrer votre voisin dans ou sur son terrain, pourront, en toute légalité, être sectionnées par ses soins.

AVANTAGE

Le droit de déroger aux distances légales a pu être acquis en vertu d'un titre, notamment l'autorisation écrite du propriétaire voisin, par prescription trentenaire ou encore par « destination du père de famille » : cette formulation vise le cas où un propriétaire unique a divisé sa propriété en deux parties mais réalise des aménagements matérialisant son intention d'asservir une partie à l'autre (→ index, Destination du père de famille).

Cependant, si les plantations meurent, sont coupées ou arrachées, les nouvelles plantations devront respecter les distances légales.

ATTENTION ⚠

Vous avez acheté une propriété et les plantations présentes sur le terrain ne satisfont pas cette obligation. Sachez que votre voisin peut vous contraindre à les arracher ou à élaguer les branches à la bonne hauteur alors que vous n'êtes pas responsable de cet état de fait.

› Quelles distances respecter pour les constructions ?

Contrairement à ce qui est prévu en matière de plantations, les constructions peuvent être réalisées à la limite même des propriétés.

Toutefois, l'article 674 du Code civil donne une énumération non limitative d'ouvrages et constructions qui doivent être situés à une certaine distance afin de ne pas nuire au voisin. Sont ainsi visés les puits, fosses d'aisance, cheminées, étables…

En matière de distances à respecter pour les constructions, les règles d'urbanisme sont nettement plus contraignantes que celles du Code civil. Il convient de se renseigner à la mairie et généralement de déposer soit une demande de permis de construire, soit une déclaration préalable à la réalisation des travaux.

› Comment sont réglementés les jours et les vues ?

Pas question d'ouvrir des fenêtres supplémentaires ni d'agrémenter sa maison d'un balcon ou d'une terrasse librement : le Code civil protège l'intimité des propriétés voisines et limite les vues plongeantes (*Code civil, Art. 675 à 680*). Ces règles sont en parties reprises aux articles L. 112-9 à L. 112-11 du Code de la construction et de l'habitation.

Le Code civil n'autorise la vue droite que s'il y a au moins 1,90 mètre de distance entre la fenêtre et la limite séparative de la propriété voisine (*Code civil, Art. 678*).

Dans le cas d'une vue oblique, cette distance est ramenée à 0,60 mètre (*Code civil, Art. 679*).

Il est, par ailleurs, interdit d'aménager des fenêtres ou même simplement de créer des jours de souffrance à verre dormant dans un mur mitoyen, sans le consentement du voisin (*Code civil, Art. 675* ; *Code de la construction et de l'habitation, Art. L. 112-9*).

En revanche, si le mur de séparation est privatif, vous pouvez pratiquer des jours de souffrance à condition qu'ils soient réalisés à au moins 2,60 mètres au-dessus du sol pour un rez-de-chaussée et 1,90 mètre au-dessus du plancher pour les étages supérieurs (*Code civil, Art. 676 et 677* ; *Code de la construction et de l'habitation, Art. L. 112-10 et L. 112-11*).

Lorsqu'une ouverture a été irrégulièrement créée, le propriétaire voisin peut en exiger la modification ou la suppression.

L'acquisition d'une servitude de vue peut résulter soit d'un titre, soit de la destination du père de famille, soit encore de la prescription trentenaire (→ index, *Destination du père de famille*). Ainsi, celui qui aura toléré pendant plus de 30 ans que son voisin dispose d'une vue directe sur sa propriété ne pourra plus, passer ce délai, exiger de celui-ci la suppression de la vue dont il bénéficie.

Les jours ne constituent, en revanche, pas des servitudes ; ils ne s'acquièrent donc pas par prescription trentenaire.

LES JOURS ET LES VUES : DÉFINITIONS

◆ **Les jours** sont des ouvertures à verre dormant, c'est-à-dire ne s'ouvrant pas ; elles laissent passer la lumière, mais non l'air, et ne permettent pas de se pencher pour regarder chez le voisin. On les appelle aussi jours de souffrance.

◆ **Les vues** laissent passer aussi bien l'air que la lumière. Elles peuvent être fermées par une fenêtre ou par une porte, ou être dépourvues de fermeture. C'est en tout cas un aménagement qui permet de voir chez son voisin, puisqu'il laisse passer le regard.

Les vues sont dites droites si elles permettent de regarder commodément chez le voisin et obliques si elles ne permettent de voir chez le voisin qu'en se penchant ou en regardant de côté.

› Comment est organisé le droit de passage en cas d'enclave ?

Une propriété qui ne dispose pas d'issue, ou seulement d'une issue insuffisante, sur la voie publique, pour être exploitée, habitée ou construite est dite « enclavée ». Le propriétaire d'un fonds enclavé a le droit de réclamer le passage sur le terrain voisin qui le sépare de la voie publique, à charge d'en indemniser les propriétaires (*Code civil, Art. 682 à 685*). Une telle situation se rencontre lorsque la propriété est entourée de parcelles appartenant à des tiers ou lorsqu'elle est bordée par une voie publique mais que celle-ci n'est pas accessible à cause d'une forte dénivellation, par exemple.

Mais attention : le propriétaire du bien enclavé ne pourra pas demander de droit de passage si l'accès est simplement incommode. Il en sera de même s'il suffit d'engager des travaux pour « désenclaver » le bien ; encore faut-il, dans ce dernier cas, que le coût des travaux ne soient pas hors de proportion par rapport à la valeur du bien.

La notion d'enclave

La notion d'enclave varie avec le temps et la destination du fonds : un terrain qui aurait pu être considéré comme désenclavé il y a 50 ans parce qu'accessible aux piétons sera considéré aujourd'hui comme enclavé parce qu'inaccessible aux véhicules. De même, un propriétaire qui décide d'exploiter un terrain jusqu'alors laissé en friche pourra demander un droit de passage, ou l'élargissement du passage existant, pour les engins d'exploitation.

L'existence et l'étendue du droit de passage

L'existence et l'étendue du droit de passage seront appréciées, le cas échéant, par le juge, en fonction des nécessités d'usage ou d'exploitation du bien.

À NOTER

Un propriétaire peut réclamer à son voisin le droit de passer sur son terrain pour effectuer des travaux : c'est ce qu'on appelle le tour d'échelle.

Le droit de passage s'entend également du passage souterrain de toutes canalisations et réseaux nécessaires et concerne le passage aussi bien de piétons, de véhicules, de bétail que de machines.

Ce n'est pas au propriétaire du terrain enclavé de choisir « son chemin » : le passage doit, en principe, être pris du côté où le trajet est le plus court, sauf si une autre solution est moins dommageable aux riverains. Si cependant, l'enclave résulte de la division d'une propriété, le passage s'effectuera par le terrain qui en a fait l'objet.

Exemple : A possède un terrain dont il détache une parcelle qu'il vend à B. Si la parcelle appartenant à B est enclavée, la servitude s'exercera sur la parcelle restant propriété de A, même s'il eût été plus court de passer par une autre parcelle.

Par ailleurs, si A possède un terrain qu'il divise en deux parcelles et qu'il vend la première à B et la seconde, enclavée, à C, la servitude s'exercera sur la parcelle vendue à B.

AVANTAGE

Le droit de passage en cas d'enclave peut être demandé à tout moment, même après 30 ans d'enclavement.

ATTENTION ⚠

Si la servitude n'est pas liée à une enclave mais qu'elle résulte d'une convention avec un voisin (il est toujours possible de créer une telle servitude conventionnellement), le non-usage, pendant 30 ans, du droit de passage conduira à l'extinction de la servitude.

L'indemnisation et l'entretien

Le propriétaire qui réclame un droit de passage doit une indemnité au propriétaire du terrain traversé. L'indemnité compense les dommages matériels causés à la propriété (arbres arrachés, mur démoli…) mais surtout la baisse de la valeur du bien qui subit une servitude. C'est surtout sur ce dernier point que les différends naissent. Si, en théorie, l'indemnité peut être fixée à l'amiable, le recours au juge s'avère souvent nécessaire.

En dehors du cas où les voisins sont d'accord sur la répartition des frais de création puis d'entretien du passage, les frais sont supportés par le propriétaire du fond enclavé (*Code civil, Art. 698*).

Le bénéficiaire du droit de passage peut également faire tous les ouvrages nécessaires pour en user et pour le conserver (*Code civil, Art. 697*).

La fin de l'enclave

Lorsque le fonds cesse d'être enclavé, le propriétaire voisin peut invoquer l'extinction de la servitude. Si aucun accord amiable n'est trouvé, le tribunal de grande instance doit être saisi pour demander la suppression de la servitude.

› Comment est réglementé l'écoulement des eaux ?

Les eaux de pluie

Le propriétaire du sol est propriétaire des eaux qui tombent sur son sol et il peut en faire l'usage qu'il souhaite. En revanche, il ne peut édifier un toit de telle sorte que les eaux pluviales se déversent chez son voisin. Toutefois, la servitude dite « de déversement » ou « de surplomb » autorise un propriétaire à verser ses eaux pluviales chez son voisin. Cette servitude peut être acquise par prescription du fait que les eaux se déversent ainsi depuis plus de 30 ans.

L'écoulement naturel des eaux

Les fonds inférieurs ont l'obligation de recevoir les eaux qui proviennent naturellement des fonds plus élevés (*Code civil, Art. 640*). Ainsi, le propriétaire du fonds inférieur doit supporter l'écoulement des eaux de pluie, de sources, de la fonte des neiges, des inondations…, provenant des terrains supérieurs sans pouvoir élever aucun ouvrage (mur, digue…) qui réduirait ou empêcherait cet écoulement.

Pour sa part, le propriétaire du fonds supérieur ne doit rien faire qui aggraverait la situation du fonds inférieur.

Bien entendu, la servitude d'écoulement des eaux ne concerne pas les eaux altérées (eaux usées, eaux industrielles) provenant du fonds supérieur.

Les différentes servitudes administratives

Au nom de l'intérêt général, les pouvoirs publics peuvent vous imposer certaines servitudes.

Il n'y a pas ici comme en matière de servitude privée, un fonds servant qui subit la servitude et un fonds dominant qui en profite, mais seulement des fonds servants.

La servitude publique résulte obligatoirement d'une loi et s'impose à tous : des accords entre particuliers seront sans effet sur elle et le non-usage de la servitude publique pendant 30 ans ne la fera pas disparaître pour autant.

Les servitudes d'urbanisme

Le droit de construire est réglementé d'une manière stricte : les communes édictent des règles dans le plan local d'urbanisme (PLU qui, depuis la loi du 13/12/2000 remplace progressivement le POS ou plan d'occupation des sols) concernant notamment l'implantation d'un bâtiment sur une parcelle, le nombre de m^2 de plancher constructible sur un m^2 de terrain (le fameux coefficient d'occupation des sols plus connu sous le terme de COS).

Vous pouvez également vous heurter à la réglementation concernant les sites protégés ou historiques.

Des servitudes peuvent enfin résulter de dispositions prises dans un souci de protection des populations. Ainsi, par exemple, les plans de prévention des risques technologiques, créés par la loi n° 2003-699 du 30/7/2003 peuvent délimiter des zones dans lesquelles la réalisation d'aménagements ou d'ouvrages ainsi que les constructions nouvelles et l'extension des constructions existantes sont interdites ou subordonnées au respect de prescriptions relatives à la construction, à l'utilisation ou à l'exploitation (*Code de l'environnement, Art. L. 515-16*).

Les servitudes d'alignement

Lorsque l'administration procède à la délimitation des voies publiques, elle fixe la limite entre le domaine public et les propriétés privées par la procédure de l'alignement.

À NOTER

Lorsque vous déposez votre demande de permis de construire, votre projet doit respecter l'ensemble des règles d'urbanisme.

Lorsque cette procédure conduit à élargir la voie publique, certaines propriétés privées peuvent se trouver dans l'emprise du nouvel alignement : elles sont alors frappées d'alignement. Deux conséquences en découlent : il est interdit aux propriétaires d'installer de nouveaux ouvrages en saillie sur l'alignement et de faire des travaux confortatifs sur les constructions existantes en saillie sur l'alignement. En d'autres termes, sauf dérogation fréquente dans les grandes villes en raison du très grand délai de mise en œuvre des procédures d'alignement, les propriétaires sont tenus de laisser se dégrader les ouvrages placés dans l'emprise de l'alignement.

QU'EST-CE QUE LA DESTINATION DU PÈRE DE FAMILLE ?

Lorsque deux fonds, actuellement divisés, ont auparavant appartenu au même propriétaire et, qu'après division, il subsiste des signes extérieurs permanents de servitudes entre les deux fonds, il y a « destination du père de famille » (*Code civil, Art. 693*).
Compte tenu du fait que le terrain appartenait auparavant à un seul propriétaire, la servitude peut ne résulter que de l'existence d'ouvrages ou d'aménagements matérialisant l'intention du propriétaire initial de créer la servitude.
La preuve de la servitude résulte ainsi simplement :
- du fait que les fonds servant et dominant, actuellement divisés, ont auparavant appartenu au même propriétaire ;
- de la configuration des lieux.

Une telle preuve forme un véritable titre tacite qui peut être opposé aux acquéreurs successifs de l'un ou de l'autre fonds.
Par exemple, si un propriétaire a divisé sa propriété en deux et que le toit de la maison située sur un des fonds déverse les eaux pluviales sur l'autre fonds, une servitude de déversement existera par destination du père de famille.
On rencontre également des droits de passage et de nombreuses autres servitudes créés selon ce mode de constitution.
La vieille appellation de « destination du père de famille » provient de l'usage ancien selon lequel le père de famille divisait ses biens entre ses enfants. Dans le cas de division de terrains, la création de parcelles contiguës a souvent pour effet (ou nécessite) la création de servitudes au profit de l'une ou de l'autre des parcelles.

Les autres servitudes administratives

Parmi les autres servitudes, on peut citer :

- les servitudes de visibilité imposant aux propriétaires voisins de croisements, de virages ou de points dangereux de supprimer ou de ne pas bâtir certains ouvrages ;
- les très anciennes servitudes de marchepied et de chemin de halage sur les rives des voies navigables. À l'origine, le marchepied était destiné à faciliter le sauvetage des trains de bois et des radeaux, le chemin de halage était utilisé pour tirer les bateaux à la remonte avec des chevaux. Ces servitudes demeurent aujourd'hui soit pour les nécessités de l'exploitation d'un cours d'eau, soit pour l'aménagement d'une promenade ;
- les servitudes de passage le long du littoral. Les propriétés riveraines du domaine public maritime sont grevées, sur une largeur de 3 m, d'une servitude destinée à assurer le passage des piétons (*Code de l'urbanisme, Art. L. 160-6*) ;
- la loi du 15/7/1941 sur les chemins de fer a établi le long des voies ferrées une zone dite « de sécurité » grevée de servitudes ;
- en application du Code de l'aviation civile, diverses servitudes aéronautiques sont imposées aux propriétés voisines des aéroports (dégagements, balisages, respect de hauteur de constructions…) ;
- les servitudes pour la pose de canalisations publiques d'eau ou d'assainissement ;
- les servitudes destinées à permettre l'établissement des lignes téléphoniques et télégraphiques, ou dans l'intérêt des transmissions radioélectriques ;
- les servitudes pour la distribution de l'énergie, relatives à l'énergie électrique, aux canalisations de gaz, aux pipe-lines, aux canalisations de transport et de distribution de chaleur ;
- les servitudes d'occupation temporaire en vue de l'exécution de travaux publics, notamment les mines, les fouilles et sondages, les recherches historiques et artistiques, les travaux d'arpentage ;
- les servitudes résultant de l'existence de sources.

L'indemnisation du propriétaire du fonds grevé

Lorsque la servitude est d'origine administrative, elle donne lieu à indemnité si le texte qui l'institue le prévoit expressément. Mais elle n'est, en principe, versée que si le préjudice est direct, matériel et certain. Son montant est fixé, le plus souvent, comme en matière d'expropriation.

Sachez par ailleurs que le préjudice visuel n'est pris en compte que depuis peu. Enfin, l'indemnité n'est, en général, pas proposée spontanément. C'est aux propriétaires d'engager une action.

ATTENTION ⚠

Il est à noter que les servitudes d'urbanisme, fréquentes en pratique, n'ouvrent, sauf exception, pas droit à indemnité (Code de l'urbanisme, Art. L. 160).

QU'EST-CE QUE DES TRAVAUX CONFORTATIFS ?

Selon la jurisprudence, sont confortatifs :
- les travaux de crépissage ou de ravalement entrepris sur un mur en mauvais état et de nature à prolonger la durée de vie du mur ;
- les travaux de consolidation d'un mur où existent de nombreuses lézardes.

En revanche, ne présente pas de caractère confortatif la transformation d'une porte en fenêtre ou l'élargissement de deux ouvertures en rez-de-chaussée.

SERVITUDES ET MITOYENNETÉ			
	Texte applicable	**Vos droits**	**Comment régler le litige ?**
Mur mitoyen	**Article 653 et suivants du Code civil.** • Article 661 du Code civil : « Tout propriétaire joignant un mur a la faculté de le rendre mitoyen en tout ou en partie, en remboursant au maître du mur la moitié de la dépense qu'il a coûté, ou la moitié de la dépense qu'a coûté la portion du mur qu'il veut rendre mitoyenne et la moitié de la valeur du sol sur lequel le mur est bâti. La dépense que le mur a coûté est estimée à la date de l'acquisition de sa mitoyenneté, compte tenu de l'état dans lequel il se trouve. » • Article 663 du Code civil : « Chacun peut contraindre son voisin, dans les villes et faubourgs, à contribuer aux constructions et réparations de la clôture faisant séparation de leurs maisons, cours et jardins dans lesdites villes et faubourgs : la hauteur de la clôture sera fixée suivant les règlements particuliers ou les usages constants et reconnus ; et, à défaut d'usages et de règlements, tout mur de séparation entre voisins, qui sera construit ou rétabli à l'avenir, doit avoir au moins trente-deux décimètres (dix pieds) de hauteur, compris le chaperon, dans les villes de cinquante mille âmes et au-dessus, et vingt-six décimètres (huit pieds) dans les autres. »	De nombreux problèmes se posent au sujet de la question des clôtures et murs mitoyens. • La possibilité de contraindre son voisin à construire un mur. Les conditions sont les suivantes : – la clôture doit être un mur. Il ne peut s'agir de fossé ou de haie, par exemple ; – les terrains doivent être contigus ; – la clôture doit être construite en respectant les règlements et usages locaux. À défaut, dans les villes d'au moins 50 000 habitants, le mur de séparation doit être d'une hauteur d'au moins 3 m 20 y compris le chaperon et 2 m 60 dans les autres communes. • La faculté d'acquérir la mitoyenneté d'un mur situé sur la ligne séparative. • La fixation de l'indemnité à l'occasion de la cession forcée de la mitoyenneté.	• Conversation amiable. • Lettre recommandée avec demande d'avis de réception. • Saisir le tribunal de grande instance où se situe la propriété. L'assistance d'un avocat est obligatoire. .../...

SERVITUDES ET MITOYENNETÉ (SUITE)			
	Texte applicable	**Vos droits**	**Comment régler le litige ?**
Droit de passage	**Article 682 du Code civil :** « Le propriétaire dont les fonds sont enclavés et qui n'a sur la voie publique aucune issue ou qu'une issue insuffisante, soit pour l'exploitation agricole, industrielle ou commerciale de sa propriété, soit pour la réalisation d'opérations de construction ou de lotissement, est fondé à réclamer sur les fonds de ses voisins un passage suffisant pour assurer la desserte complète de ses fonds, à charge d'une indemnité proportionnée au dommage qu'il peut occasionner. »	Si vous disposez d'un accès insuffisant, ou encore si vous n'avez pas d'accès sur la voie publique, vous pouvez demander à votre voisin un droit de passage. Vous devrez alors indemniser le propriétaire du fonds servant. Si le voisin en est d'accord, vous devez faire établir chez le notaire un acte qui sera publié à la Conservation des hypothèques.	À défaut d'accord amiable, vous devrez saisir le tribunal de grande instance. L'assistance d'un avocat est obligatoire devant cette juridiction.
Tour d'échelle	Cette servitude ne résulte pas d'un texte législatif ou réglementaire. Il s'agit d'une construction jurisprudentielle (*Cour de cassation, 3e chambre civile, 15/4/1982*).	Vous pouvez demander à votre voisin un droit de passage temporaire pour faire des travaux. Ce droit est reconnu, s'il répond à certaines conditions : – les travaux envisagés sont indispensables (par exemple, réfection d'une toiture) ; – la gêne occasionnée n'est pas disproportionnée par rapport à l'intérêt que vous pourrez en retirer ; – il n'y a pas de possibilité d'effectuer les travaux autrement ; – vous devez indemniser le voisin s'il s'agit de travaux de longue durée ou s'ils occasionnent des désagréments. Il est conseillé d'établir un état des lieux avant d'effectuer les travaux ou de prendre des photographies.	À défaut d'accord amiable, vous devez saisir le tribunal de grande instance. L'assistance d'un avocat est obligatoire. …/…

SERVITUDES ET MITOYENNETÉ (SUITE)			
	Texte applicable	**Vos droits**	**Comment régler le litige ?**
Bornage	**Article 646 du Code civil :** « Tout propriétaire peut obliger son voisin au bornage de leurs propriétés contiguës. Le bornage se fait à frais communs. »	Seul le propriétaire a la possibilité de demander le bornage. Il doit s'adresser à un géomètre-expert dont il pourra trouver la liste auprès de l'Ordre des géomètres-experts. Pour délimiter les limites des propriétés, il prendra en compte les titres de propriété, les documents cadastraux, les marques permettant d'indiquer la possession... Après avoir effectué l'arpentage, il rédigera son rapport. Il n'y aura bornage amiable qu'à la condition que les propriétaires concernés signent le procès-verbal dressé par le géomètre. En cas d'accord amiable, il est conseillé de déposer votre acte chez le notaire qui authentifiera le contenu du document et vos signatures. Il procèdera ensuite à la publication de l'acte à la Conservation des hypothèques. Le bornage deviendra alors opposable aux tiers.	Si vous ne parvenez pas à un accord, vous devez vous adresser au juge de proximité pour les demandes n'excédant pas 4 000 € et au tribunal d'instance du lieu où est située la propriété à borner au-delà de cette somme. Vous ferez alors une demande de bornage judiciaire. L'assistance d'un avocat n'est pas obligatoire. La convocation de votre voisin devra se faire par la voie d'un huissier.
Servitude administrative en faveur d'EDF	Loi du 15/6/1906 sur les distributions d'énergie.	EDF a la possibilité d'imposer l'implantation de pylônes ou lignes à haute tension sur votre propriété. Pour ce faire, EDF doit obtenir un arrêté préfectoral après enquête publique. Cet acte doit vous être notifié et affiché en mairie au moins 10 jours avant le début des travaux. EDF doit vous proposer une indemnisation.	Si le litige est relatif à l'indemnisation, c'est le juge de l'expropriation qui est compétent. Il faudra donc saisir le tribunal de grande instance. Dans les autres hypothèses (contestation, absence d'arrêté préfectoral...), c'est le tribunal administratif qui est compétent. En revanche, en cas de voie de fait, c'est le tribunal de grande instance qu'il faudra saisir. .../...

SERVITUDES ET MITOYENNETÉ (SUITE)			
	Texte applicable	**Vos droits**	**Comment régler le litige ?**
Distance des arbres	**Article 671 du Code civil :** « Il n'est permis d'avoir des arbres, arbrisseaux et arbustes près de la limite de la propriété voisine qu'à la distance prescrite par les règlements particuliers actuellement existants, ou par des usages constants et reconnus, et, à défaut de règlements et usages, qu'à la distance de deux mètres de la ligne séparative des deux héritages pour les plantations dont la hauteur dépasse deux mètres, et à la distance d'un demi-mètre pour les autres plantations. Les arbres, arbustes et arbrisseaux de toute espèce peuvent être plantés en espaliers, de chaque côté du mur séparatif, sans que l'on soit tenu d'observer aucune distance, mais ils ne pourront dépasser la crête du mur. Si le mur n'est pas mitoyen, le propriétaire seul a le droit d'y appuyer ses espaliers. »	• Pour connaître les règlements particuliers s'adresser à la mairie. À défaut d'usages dans la commune, les arbres doivent être plantés au moins à 2 m de la limite séparative pour ceux dont la hauteur dépasse 2 m. Les autres arbres doivent être plantés à une distance d'un demi-mètre de la limite séparative. • Les arbres plantés en espaliers ne sont pas soumis à ces règles de distance. Ils ne pourront toutefois dépasser le sommet du mur. • Si le mur n'est pas mitoyen, le voisin qui n'est pas propriétaire ne pourra appuyer ses arbres en espalier.	• Conversation amiable. • À défaut d'accord amiable, envoyer une lettre recommandée avec demande d'avis de réception rappelant la réglementation. • Saisir le juge de proximité pour les demandes n'excédant pas 4 000 € et le tribunal d'instance du lieu de situation de la propriété au-delà de cette somme. L'assistance d'un avocat n'est pas obligatoire pour ce genre de litige.
Branches et racines	**Article 673 du Code civil :** « Celui sur la propriété duquel avancent les branches des arbres, arbustes et arbrisseaux du voisin peut contraindre celui-ci à les couper. Les fruits tombés naturellement de ces branches lui appartiennent. Si ce sont des racines, ronces ou brindilles qui avancent sur son héritage, il a le droit de les couper lui-même à la limite de la ligne séparative. Le droit de couper les racines, ronces et brindilles ou de faire couper les branches des arbres, arbustes et arbrisseaux est imprescriptible. »	Le propriétaire d'un fonds a la possibilité de couper lui-même les racines qui avancent sur son terrain. Il ne peut toutefois pas couper les branches des arbres qui avancent sur son fonds. Il peut, toutefois, s'il le souhaite, demander au voisin d'arracher les racines, si il ne veut pas y procéder lui-même.	• Conversation amiable. • Si vous ne pouvez obtenir gain de cause, envoyer une lettre recommandée avec demande d'avis de réception. • Saisir le juge de proximité pour les demandes n'excédant pas 4 000 € et le tribunal d'instance du lieu de situation de la propriété au-delà de cette somme. Demander éventuellement à ce même tribunal une tentative préalable de conciliation, si vous estimez qu'un règlement amiable est encore possible. .../...

SERVITUDES ET MITOYENNETÉ (SUITE)			
	Texte applicable	**Vos droits**	**Comment régler le litige ?**
Jours et vues	**Articles 675 et suivants du Code civil.** • Article 678 du Code civil : « On ne peut avoir des vues droites ou fenêtres d'aspect, ni balcons ou autres semblables saillies sur l'héritage clos ou non clos de son voisin s'il n'y a dix-neuf décimètres de distance entre le mur où on les pratique et ledit héritage, à moins que le fonds ou la partie du fonds sur lequel s'exerce la vue ne soit déjà grevé au profit du fonds qui en bénéficie, d'une servitude de passage faisant obstacle à l'édification de constructions. » • Article 679 du Code civil : « On ne peut, sous la même réserve, avoir des vues par côté ou obliques sur le même héritage, s'il n'y a six décimètres de distance. »	Si vous pouvez voir sans vous pencher chez le voisin, il s'agit d'une vue droite, la distance à respecter doit être au moins de 1,90 m de la limite voisine. Dans le cas contraire, la vue est oblique, les ouvertures doivent alors se trouver à 0,60 m au moins de la limite voisine.	À défaut d'accord amiable, vous devez saisir le tribunal de grande instance. L'assistance d'un avocat est obligatoire.

Cas pratiques

La propriété individuelle

Bornage - accord du voisin

Je voudrais borner mon terrain. Dois-je avoir l'accord de mon voisin ?

Oui, c'est impératif. Le bornage ne peut pas être accompli par vous seul. À défaut, vous vous exposez à une action judiciaire de la part de votre voisin. Le bornage doit donc nécessairement se faire en présence des deux voisins, ou de leurs représentants, et avec leur accord.

Bornage - accession à la propriété

J'ai entendu parler dans la presse d'un projet de loi tendant à obliger le vendeur à borner son terrain avant de le vendre. Est-ce exact ?

Non, une réponse ministérielle du 5/5/2009 précise qu'il n'est pas envisagé de généraliser une obligation de bornage préalable des immeubles vendus.
La question du parlementaire portait sur les difficultés existantes après la signature d'un acte de vente, difficultés dues au défaut de bornage de la propriété vendue. Il demandait au gouvernement de lui faire connaître les mesures envisagées pour garantir aux acquéreurs l'exactitude des limites séparatives de leur nouvelle propriété par rapport aux propriétés voisines.
Selon la réponse du ministre, les différentes possibilités offertes aux acquéreurs apparaissent en l'état suffisantes pour leur permettre de connaître l'exactitude des limites séparatives de la propriété acquise.
Ainsi, tout propriétaire peut actuellement obliger son voisin au bornage de leur propriété contiguë.
Lorsque le bornage est réalisé à l'amiable, un procès-verbal d'abornement consigne la limite séparative des fonds.
Les procès-verbaux et les décisions judiciaires constatant un bornage étant obligatoirement publiés à la conservation des hypothèques, le futur acquéreur et son notaire sont en mesure de savoir si un bornage a déjà été réalisé et publié.
En dehors de ces cas, n'oubliez pas que votre notaire doit vous conseiller, faire toutes les vérifications qu'il jugera nécessaires. Si un défaut d'investigation vous cause préjudice, il engage en effet sa responsabilité professionnelle. Enfin, si au moment de la vente, le bornage n'a pas encore été réalisé, vous pouvez le demander au vendeur (*Réponse ministérielle, JOAN, n° 9257, 5/5/2009*).

Servitudes - racines

Mon voisin laisse des racines importantes avancer sur mon terrain et causer des dégâts à ma terrasse. Que puis-je faire ?

La première chose à faire est de contacter votre voisin pour lui demander d'entretenir son terrain. Par ailleurs, vous avez, de par la loi, le droit de couper les racines se trouvant sur votre terrain (*Code civil, Art. 673*). La seule réserve, posée par les tribunaux, est de ne pas exercer ce droit en en abusant (en causant par exemple la chute des arbres en question). Si vous pouvez prouver l'existence d'un dommage précis dû à ces racines (comme la détérioration de votre terrasse), vous pouvez mettre en cause la responsabilité civile du propriétaire du terrain devant le tribunal.

Servitudes - tour d'échelle

Puis-je passer sur le terrain de mon voisin pour effectuer des travaux indispensables sur ma maison qui est construite à la limite de nos propriétés ?

Oui, à condition de demander à votre voisin une autorisation temporaire de pénétrer sur son terrain (autorisation appelée le tour d'échelle ou échelage). Il faut savoir qu'il n'existe aucun texte dans le Code civil autorisant ce droit de passage. Il faut donc l'accord de votre voisin. Dans le cadre de cet accord, vous devez définir par écrit les modalités du tour d'échelle telles que la durée, les dates, les heures du passage et les précautions à prendre pour ne pas endommager le terrain.

À défaut d'accord, vous pouvez saisir le juge d'instance pour obtenir l'autorisation qui vous est nécessaire. Cette autorisation n'est accordée que dans les conditions suivantes :

- vous ne pouvez effectuer les travaux qu'à partir du terrain voisin ;
- les travaux doivent avoir un caractère indispensable ;
- ils ne doivent pas provoquer de gêne excessive ;
- la durée et le lieu de passage doivent être limités ;
- une indemnité « juste et raisonnable » doit être versée au profit du voisin en cas de trouble de jouissance ou de dommages accidentels qui peuvent survenir (haie abîmée, parterres piétinés…).

Si ces conditions sont réunies, les tribunaux considèrent que celui qui s'oppose au passage, ou encore qui exige des précautions inutiles, peut commettre un abus de droit et être condamné au profit de son voisin à des dommages et intérêts (*Cour d'appel, Paris, 20/11/1997*).

Les troubles de voisinage

Les conflits entre voisins sont nombreux et s'ils naissent très souvent en raison du bruit, la liste des griefs est longue : les odeurs, les fumées, les propriétés laissées à l'abandon, le stationnement gênant dans les voies privées, etc. Peu nombreux sont les textes de loi réglant ces conflits privés, à l'exception des différends portant sur le bruit. Mais attention : les propriétaires ne sont pas les seuls concernés. Des locataires, des commerçants, des entreprises... peuvent causer des troubles de voisinage et être amenés à les faire cesser, et parfois à verser des dommages et intérêts ou à payer une amende plus ou moins forte.

Où commence le trouble de voisinage ?

La vie en société implique un certain nombre de contraintes parmi lesquelles la proximité de voisins plus ou moins bruyants, polluants, respectueux de leur entourage. Pour que cette proximité forcée soit supportable par tous, le législateur a prévu des règles de plus en plus protectrices de la tranquillité du voisinage, notamment en matière de bruit.

Qu'est-ce qu'un trouble de voisinage ?

Un trouble de voisinage est une gêne ou un préjudice plus ou moins grave causé volontairement ou involontairement à son ou ses voisins.

- **Si le trouble est causé involontairement,** il faut qu'il soit anormal pour pouvoir être réprimé. Aucun texte ne définissant la limite entre trouble normal et trouble anormal, ce sont les tribunaux qui en décident en fonction des circonstances. Les juges analysent le caractère excessif ou non de la nuisance en tenant compte du moment où elle survient (de jour, de nuit, en été, en hiver…), de sa localisation (en ville, à la campagne, en zone résidentielle ou industrielle…) et de la personnalité du plaignant.

- **Si le trouble est causé volontairement,** il y a faute de la part de celui qui en est à l'origine et la victime peut engager sa responsabilité devant les tribunaux sur le fondement de l'article 1382 du Code civil.

Quelle est la réglementation concernant le bruit ?

Parmi les troubles de voisinage, le bruit est celui dont les citoyens se plaignent le plus souvent. Aussi, de nombreux textes sont-ils venus réglementer cette nuisance quotidienne et de plus en plus mal supportée.

› Le tapage nocturne

Le Code pénal réprime le tapage nocturne en prévoyant une contravention de 3e classe à l'encontre de ceux qui se livrent à des bruits ou tapages injurieux ou nocturnes troublant la tranquillité d'autrui (*Code pénal, Art. R. 623-2*).
Ces personnes peuvent également se voir confisquer, à titre de peine complémentaire, la chose qui a servi à commettre l' infraction.
Mais les juges ont un pouvoir d'appréciation au cas par cas. Ils retiennent en général les critères de répétition du bruit et d'intention de nuire pour infliger la contravention de 3e classe prévue par le Code pénal. Ainsi, par exemple, un anniversaire bruyant, mais par définition exceptionnel et dénué de toute intention de nuire, ne sera pas passible d'une telle contravention.

› Le tapage diurne

Tout bruit susceptible de porter atteinte à la tranquillité du voisinage, ou à la santé du fait de sa durée, de sa répétition ou de son intensité est abusif. Attention : peu importe l'heure à laquelle survient le bruit gênant ; le tapage diurne existe et il est punissable.

Le tapage diurne constaté sans mesures acoustiques

Les mesures acoustiques et la faute ne sont plus nécessaires, dans un certain nombre de cas, pour incriminer l'auteur du bruit en cause qui peut être puni d'une contravention de 3e classe (*Code de la santé publique, Art. R. 1337-6 à 1337-10-1*).
Plus précisément, l'article R. 1337-7 du Code de la santé publique prévoit que sera puni d'une peine de

contravention de 3e classe le fait d'être à l'origine d'un bruit particulier, autre que ceux relevant de l'article R. 1337-6 du Code de la santé publique (bruits liés à une activité professionnelle ou à une activité culturelle, sportive ou de loisir ; voir plus loin « Le tapage diurne constaté avec mesures acoustiques »), de nature à porter atteinte à la tranquillité du voisinage ou à la santé de l'homme dans les conditions prévues à l'article R. 1334-31 du même code. Cet article fixe un principe général selon lequel « aucun bruit particulier ne doit, par sa durée, sa répétition ou son intensité, porter atteinte à la tranquillité du voisinage ou à la santé de l'homme, dans un lieu public ou privé, qu'une personne en soit elle-même à l'origine ou que ce soit par l'intermédiaire d'une personne, d'une chose dont elle a la garde ou d'un animal placé sous sa responsabilité ». La peine complémentaire de confiscation de la chose ayant servi à commettre l'infraction est également prévue. Le tapage diurne est donc puni de la même manière que le tapage nocturne.

À NOTER

Dans le cadre des compétences que lui reconnaît la loi, le juge de proximité peut sanctionner pénalement la contravention de bruit de voisinage visée à l'article R. 1337-7 du Code de la santé publique, ainsi que celle de tapage nocturne.

Le tapage diurne constaté avec mesures acoustiques

Les bruits de voisinage provoqués par des activités professionnelles, culturelles, sportives ou de loisirs organisées de façon habituelle ou soumise à autorisation (par exemple : petits commerces, concerts, cinémas, théâtres, compétitions sportives...) ne sont punissables d'une peine de contravention de 5e classe que si leur émergence dépasse certains niveaux fixés par l'article R. 1334-33 du Code de la santé publique. L'émergence est la différence entre le niveau de bruit ambiant, comportant le bruit particulier en cause, et celui du bruit résiduel constitué par l'ensemble des bruits habituels, extérieurs et intérieurs, dans un lieu donné, correspondant à l'occupation normale des locaux et au fonctionnement normal des équipements. Il n'y a toutefois pas d'infraction lorsque le niveau de bruit ambiant mesuré, comportant le bruit particulier qui occasionne la gêne, est inférieur à 30 dBA (*Code de la santé publique, Art. R. 1334-32*).

Des mesures acoustiques sont donc indispensables pour pouvoir faire cesser le bruit et punir le contrevenant, comme en matière de bruits provenant de chantiers.

À NOTER

Qu'il s'agisse de tapage nocturne ou non, lorsque la nuisance sonore n'est pas causée par simple désinvolture mais par une intention caractérisée de nuire, il pourra être fait application des dispositions de l'article 222-16 du Code pénal réprimant le délit « d'agression sonore en vue de troubler la tranquillité d'autrui ». Dans ce cas, qui reste évidemment à l'appréciation des juges, les peines encourues sont l'emprisonnement (1 an au maximum) et 15 000 € d'amende. On signalera en outre que, pour que cette infraction soit punissable, il n'est pas nécessaire que les agressions sonores soient répétées ou régulières : une seule fois suffit, dès lors qu'il y a volonté de nuire en provoquant du bruit.

Comment faire cesser un trouble de voisinage ?

Quelle que soit la nature du trouble (bruit, fumées, dépôt d'ordures, etc.), il est conseillé de toujours tenter de régler le différend à l'amiable. Si les tentatives de conciliation avec votre voisin échouent et que le trouble persiste, plusieurs solutions s'offrent à vous.

Le règlement du litige à l'amiable

La première démarche à entreprendre à l'égard du fauteur de trouble est d'essayer de régler le problème à l'amiable, d'abord de vive voix, puis, si nécessaire, par écrit en le mettant en demeure de cesser le trouble. Tous les écrits, et notamment le double de vos courriers, devront être conservés : ces éléments seront à porter au dossier si, plus tard, vous devez saisir la justice.

Si le problème survient dans une copropriété, informez le syndic pour que celui-ci intervienne. Si vous êtes locataire, faites part à votre bailleur des difficultés que vous rencontrez. Ce dernier doit vous assurer un usage paisible des locaux qu'il vous loue. Il doit également, après que vous l'ayez mis en demeure de le faire, utiliser les droits dont il dispose pour faire cesser le trouble de voisinage causé à des tiers par les personnes qui occupent ces locaux.

Dans bien des cas, votre seule intervention suffira à faire cesser le trouble. Mais vous pouvez aussi avoir recours à la conciliation par l'intermédiaire d'un particulier ou d'une association dont vous trouverez les coordonnées auprès de votre mairie.

AVANTAGE

Quel que soit le trouble de voisinage dont vous êtes victime, vous pouvez écrire à l'Association de défense des victimes de troubles de voisinage (ADVTV) : lieu dit La Croix Rouge, 38470 L'ALBENC (fax-répondeur : 04 76 36 55 39). Dans votre courrier, décrivez précisément le trouble dont vous êtes victime et les démarches que vous avez déjà effectuées et joignez une enveloppe timbrée pour qu'on puisse vous répondre.

L'intervention des forces de police ou du maire

Vous pouvez avertir les forces de police et leur demander d'intervenir pour constater l' infraction.

Mais il faut savoir que la loi pénale ne sanctionne qu'un petit nombre d'agissements au titre des troubles de voisinage. Ainsi, commettent notamment une infraction :

– ceux qui troublent la tranquillité d'autrui par des bruits ou tapages injurieux ou nocturnes (*Code pénal, Art. R. 623-2*) ;

– ceux qui troublent la tranquillité d'autrui par des agressions sonores (*Code pénal, Art. 222-16*) ;

– ceux qui déposent, abandonnent ou jettent des ordures, déchets, matériaux ou tout autre objet ailleurs que dans un emplacement prévu à cet effet (*Code pénal, Art. R. 632-1)* ;

– ceux qui laissent en liberté un animal dont ils ont la garde susceptible de présenter un danger pour autrui (*Code pénal, Art. R. 622-2*) ;

– ceux qui entrent par la menace, manœuvres… dans le domicile d'autrui (*Code pénal, Art. 226-4*) ;

– ceux qui détruisent, dégradent ou détériorent volontairement un bien appartenant à autrui (*Code pénal, Art. 322-1 et s. et R. 635-1*).

Par ailleurs, l'intervention des forces de police est souvent difficile à obtenir. Si la police se déplace, un procès-verbal pourra être établi mais ce n'est pas systématique. Si procès-verbal il y a, il sera transmis au procureur de la République.

AVANTAGE

En dehors même du procès-verbal, la simple intervention des forces de police est souvent efficace pour que cesse le trouble.

Vous pouvez également alerter le maire de votre commune ; celui-ci, en vertu de ses pouvoirs de police, doit en effet réprimer les atteintes à la tranquillité publique. L'article L. 2212-2 du Code général des collectivités territoriales dispose précisément que la police municipale est notamment compétente pour réprimer les atteintes à la tranquillité publique telles que les rixes et disputes accompagnées d'ameutement dans les rues, le tumulte excité dans les lieux d'assemblée publique, les attroupements, les bruits, les troubles de voisinage, les rassemblements nocturnes qui troublent le repos des habitants et tous actes de nature à compromettre la tranquillité publique. Sauf disposition plus répressive, la violation de tels arrêtés est passible de la peine d'amende prévue pour les contraventions de 1re classe.

Le Code général des collectivités territoriales prévoit par ailleurs que les maires peuvent soumettre les activités s'exerçant sur la voie publique à des conditions d'horaires, d'accès à certains lieux et de niveaux sonores admissibles (*Code général des collectivités territoriales, Art. L. 2213-4*). Il peut donc être utile de se renseigner sur les arrêtés communaux pris en la matière.

Dans certaines mairies, en vertu notamment des dispositions de l'article L. 1312-1 du Code de la santé publique, un agent assermenté de la commune, désigné par le maire, peut venir constater l'infraction et établir un procès-verbal d'infraction en matière de bruits.

À NOTER

Si le bruit indésirable provient de l'activité d'un commerçant, il vous faut alors faire mesurer l'intensité de la gêne avec un sonomètre. Adressez-vous au service d'hygiène de la mairie, et si un tel service n'a pas été mis en place, à votre préfecture. S'il s'agit d'un bar ou d'un restaurant, c'est au maire que vous devez exposer votre problème.

AVANTAGE

Des associations « anti-bruit » se sont multipliées sur tout le territoire national : elles peuvent vous conseiller, appuyer vos demandes, vous informer de vos droits.

LES FUMÉES ET MAUVAISES ODEURS

Pour qu'une mesure soit prise à l'encontre de l'émetteur de fumées ou de mauvaises odeurs, le trouble doit être excessif. Or, les activités des particuliers ne semblent pas, aux yeux des juges, produire de nuisances anormales en matière de fumées et de mauvaises odeurs. En revanche, les actions en justice peuvent aboutir lorsque sont en cause des établissements industriels, des exploitations commerciales ou artisanales. Mais la décision des tribunaux n'est pas toujours en faveur des particuliers ; par exemple, des odeurs de poissons émanant de plusieurs commerces vendant de la morue n'ont pas été considérées comme un trouble anormal de voisinage.

Le recours aux tribunaux

En dernier recours, et si les autres démarches ne vous ont pas donné satisfaction, vous pouvez saisir la justice.

Les juridictions civiles

Pour obtenir la cessation du trouble et/ou le versement de dommages et intérêts, vous devez saisir les tribunaux civils sur le fondement de l'article 1382 du Code civil ou en invoquant la notion d'inconvénient anormal de voisinage. Plus précisément, vous devez saisir :
– le juge de proximité pour les demandes n'excédant pas 4 000 € ;
– le tribunal d'instance si votre demande est comprise entre 4 000 et 10 000 € ;
– le tribunal de grande instance si elle excède 10 000 €.

Devant les tribunaux civils, si vous gagnez votre procès, le responsable sera condamné à prendre toutes les mesures nécessaires pour ne plus vous importuner, si besoin est sous astreinte : c'est ainsi, par exemple, qu'un musicien devra faire insonoriser la pièce dans laquelle il s'exerce, un propriétaire réparer son mur en ruine, un restaurateur installer une cheminée pour que les odeurs alimentaires n'importunent plus ses voisins, etc. Le responsable du trouble peut également être condamné à verser des dommages et intérêts pour compenser le préjudice que vous avez subi.

Les juridictions administratives

Si votre préjudice est dû à des travaux publics ou résulte de la violation d'un arrêté communal ou préfectoral, vous devez saisir le tribunal administratif

pour que celui-ci fasse cesser le trouble et, le cas échéant, vous octroie des dommages et intérêts.
Si l'auteur du trouble de voisinage est une administration (ou dépend d'une administration), seul le tribunal administratif est compétent.

Les juridictions pénales

Vous pouvez également engager une action au pénal : sachez que le juge pénal n'est pas là pour faire cesser le trouble mais pour punir le contrevenant en infligeant notamment des amendes.
Mais pour pouvoir recourir à cette procédure, il faut pouvoir invoquer un fait réprimé par le Code pénal : par exemple, l'auteur de bruits excessifs commet une infraction passible d'une contravention de 3e classe (→ index, *Troubles de voisinage, bruits*).

Les autres cas prévus sont peu nombreux. Le recours devant le juge pénal est possible, en particulier, pour faire condamner celui qui dépose ou abandonne ses ordures sur un terrain non prévu à cet effet. Le Code pénal punit en effet cette infraction d'une contravention de 2e classe (*Code pénal, Art. R. 632-1*) et d'une contravention de 4e classe quiconque dépose sur la voie publique un objet quelconque entravant la libre circulation (*Code pénal, Art. R. 644-2*).

UN TERRAIN LAISSÉ À L'ABANDON

Si le terrain à côté de votre habitation n'est pas entretenu et risque de devenir un lieu de dépôt d'ordures ou d'être envahi par des animaux indésirables, vous pouvez agir de différentes façons.
Si le propriétaire est connu, vous pouvez mettre en cause sa responsabilité devant les tribunaux civils si vous avez subi un dommage (*Code civil, Art. 1382*). Vous pouvez également avoir recours au maire de la commune qui, en vertu de ses pouvoirs de police, est en droit d'intervenir.
Si une maison est construite sur le terrain abandonné, adressez-vous à la direction départementale de l'action sanitaire et sociale. En effet, le règlement sanitaire départemental type prévoit que « les jardins et les aménagements ainsi que les plantations doivent être soigneusement entretenus de façon à y maintenir l'hygiène et la salubrité des habitations » (*Art. 23-3*).

TROUBLES DE VOISINAGE

	Texte applicable	Vos droits	Comment régler le litige ?
Animaux	• Loi du 9/7/1970. • Règlement de copropriété : certains règlements de copropriété prévoient des dispositions particulières pour les animaux. • Article 1385 du Code civil : « Le propriétaire d'un animal, ou celui qui s'en sert, pendant qu'il est à son usage, est responsable du dommage que l'animal a causé soit que l'animal fût sous sa garde, soit qu'il fût égaré ou échappé. »	De nombreux dommages peuvent résulter du fait des animaux. En cas de dégâts commis, le propriétaire de l'animal engage sa responsabilité sauf si le dommage résulte d'une faute qu'aurait commis la victime, d'un cas de force majeure ayant rendu l'animal imprévisible (par exemple, explosion) ou encore si l'animal a été confié à une tierce personne (excepté s'il s'agit d'un ami ou d'un employé du propriétaire de l'animal).	• Réunir des preuves : témoignages, certificat médical, photographies et éventuellement constat d'huissier… • Avoir une conversation amiable avec le propriétaire de l'animal. Demander à celui-ci qu'il déclare le dommage auprès de sa compagnie d'assurances. • Envoyer une lettre recommandée avec demande d'avis de réception, rappelant les faits et les dommages occasionnés. • Demander l'intervention du maire. • Saisir : – le juge de proximité pour les demandes n'excédant pas 4 000 € ; – le tribunal d'instance si votre demande est comprise entre 4 000 et 10 000 € ; – le tribunal de grande instance si elle excède 10 000 €. …/…

TROUBLES DE VOISINAGE (SUITE)			
	Texte applicable	**Vos droits**	**Comment régler le litige ?**
Bruits	• Code de la santé publique (Art. R. 1337-6 à R. 1337-10-1). • Code pénal (Art. 222-6 et R. 623-2). • Arrêtés départementaux et municipaux. • Règlement de copropriété.	Lorsque vous devez faire face à des nuisances sonores, vous pouvez vous adresser aux interlocuteurs suivants : – le responsable des nuisances, tout d'abord ; – si l'auteur du bruit est un locataire, vous pouvez demander à son propriétaire d'intervenir. En effet, ce dernier peut être tenu responsable si son locataire viole le règlement de copropriété ; – si vous êtes vous-même locataire, adressez-vous à votre propriétaire. Celui-ci est tenu en vertu des dispositions de l'article 1719-3° du Code civil d'assurer à son locataire la jouissance paisible des lieux ; – le maire qui dispose d'un pouvoir de police.	• Conversation amiable avec votre voisin. • Envoyer une lettre recommandée avec demande d'avis de réception. • Faire constater le bruit par la police ou la gendarmerie. À défaut, faire un constat d'huissier. • Vous pouvez vous adresser à la DDASS si le bruit provient d'une activité commerciale. Si la nuisance provient de la rue, le bureau municipal d'hygiène est compétent ou le bureau des nuisances auprès de la préfecture de police. Vous pouvez leur demander de vous envoyer un agent qui constatera, à l'aide d'un sonomètre, les nuisances. • Faire une pétition si d'autres voisins sont incommodés. • S'adresser à la mairie avec un dossier complet. Si les démarches du maire demeurent infructueuses, il vous reste la voie judiciaire. • Voie judiciaire : porter plainte auprès de la gendarmerie, de la police ou du procureur de la République. Vous pouvez également saisir le juge de proximité pour les demandes n'excédant pas 4 000 € et le tribunal d'instance au-delà de cette somme afin de demander la condamnation du voisin du fait d'un trouble anormal de voisinage.

Cas pratiques

Les troubles du voisinage

Stationnement gênant dans une cour

Je ne peux pas accéder à mon garage car les autres copropriétaires se garent dans la cour en dépit du bon sens. Cette situation est insupportable. Que me conseillez-vous de faire ?

Vous pouvez, dans un premier temps, contacter vos voisins pour tenter de régler cette question à l'amiable. S'ils ne veulent pas entendre raison, vous pouvez demander au syndic d'intervenir. C'est à lui d'assurer la bonne administration des parties communes dont la cour fait partie.

Barbecue

Mes voisins m'incommodent avec leur barbecue installé sur leur balcon. Cette utilisation n'est pas occasionnelle : elle s'étend sur plusieurs mois de l'année (j'habite dans le Midi). Que puis-je faire ? Toutes mes tentatives de règlement à l'amiable sont restées vaines.

Tout d'abord, vous devez chercher si vous pouvez invoquer une réglementation à votre profit. Il faut savoir que le maire a la possibilité de réglementer l'utilisation du barbecue au sein de sa commune. Nous vous conseillons donc de contacter votre mairie afin de savoir s'il existe un arrêté municipal à ce sujet.

Par ailleurs, dans un immeuble en copropriété, le règlement de copropriété peut interdire ou encadrer son utilisation. Si c'est le cas, le syndic pourra intervenir auprès de vos voisins puisque l'une de ses missions est de faire respecter le règlement de copropriété.

Enfin, si vous pouvez prouver une utilisation excessive et un trouble anormal de voisinage, vous pouvez saisir la justice afin de faire cesser le trouble et demander des dommages et intérêts.

Diminution de l'ensoleillement, lumière ou vue

Mon voisin fait édifier une construction qui a pour effet de me priver de la vue et de l'ensoleillement dont je jouissais auparavant... et de diminuer la valeur de ma villa. Quels sont mes droits ?

Ces troubles peuvent être considérés comme dépassant les inconvénients normaux de voisinage. Tel était le cas dans une affaire où une villa subissait une perte d'ensoleillement notable à la suite de la construction d'un immeuble de six étages. En outre, le nombre de vues directes sur la terrasse de la villa avait augmenté, et le passage commun aux deux propriétés était bien plus souvent utilisé. Cela entraînait une diminution de valeur de la villa d'au moins 25 % (*Cour de cassation, 2e chambre civile, 14/2/2004*).

Vous pouvez donc saisir le juge en vous appuyant sur cette jurisprudence. Mais sachez que l'appréciation des tribunaux se fait au cas par cas.

Risque d'incendie et préjudice esthétique

Près de ma maison, mon voisin entrepose, malgré mes demandes réitérées, un tas de paille et du matériel usagé. Cela entraîne un risque d'incendie pour mon terrain et constitue une gêne esthétique. Que puis-je faire ?

Dans une affaire proche de la vôtre, la justice a estimé ces troubles comme étant anormaux et a ordonné l'enlèvement sous astreinte (*Cour de cassation, 2e chambre civile, 24/2/2005*).
Vous pouvez donc saisir le juge de proximité afin d'obtenir la cessation du trouble de voisinage.

Arbres - dégâts

Même plantés en respectant les distances légales, des peupliers peuvent-ils entraîner la condamnation de leur propriétaire pour troubles anormaux de voisinage ?

Oui, si ces arbres provoquent sur le terrain voisin des dégradations telles que :
- un assèchement du sol argileux (*Cour de cassation, 2e chambre civile, 29/6/2000*) ;
- un obstacle au bon écoulement des eaux (du fait de la chute des feuilles mortes) (*Cour de cassation, 2e chambre civile, 4/1/1990*).
- des boursouflures du revêtement du sol dans la propriété voisine (causées par l'envahissement du fonds par les racines (même arrêt).

L'abattage des arbres peut être ordonné par le juge s'il est le seul moyen de faire cesser les désordres.

Les relations que j'entretiens avec mon voisin sont loin d'être cordiales. En particulier, certains de ses arbres sont plantés trop près de la limite séparative de nos propriétés. Ceci étant, j'hésite à engager une procédure judiciaire craignant d'envenimer encore plus notre relation. Que puis-je faire ? Existe-t-il une procédure intermédiaire ?

Si vous avez déjà contacté votre voisin afin de lui exposer vos griefs et que cet entretien n'a rien donné, une procédure préalable à la saisine des tribunaux peut en effet être envisagée : il s'agit de la conciliation en justice. Cela consiste à prendre rendez-vous avec le conciliateur de justice de votre mairie. Cette procédure amiable donne de bons résultats en matière de troubles de voisinage.
Il vous suffit de téléphoner à votre mairie pour demander l'intervention de ce professionnel : il vous contactera, ainsi que votre voisin, pour que vous puissiez vous expliquer.
Au cours de la conciliation, on va certainement vous demander de prouver les faits que vous reprochez à votre voisin. Avez-vous des photographies prouvant vos dires ? Un expert a-t-il pris des mesures chez votre voisin ? Pensez à préparer ces éléments afin de défendre au mieux votre point de vue.

La copropriété

En achetant un appartement dans un immeuble, vous devenez propriétaire de l'appartement lui-même et, le cas échéant, de la cave, de la place de parking qui y sont attachées mais également d'une fraction des parties communes de l'immeuble : hall d'entrée, escalier, ascenseur... et des éléments indispensables à la conservation de l'immeuble et à sa solidité (murs porteurs, fondations, toiture...). Vous êtes donc également copropriétaire. La copropriété réunissant plusieurs personnes, il a fallu organiser leurs relations et la gestion collective du bâtiment. La loi du 10/7/1965 et le décret du 23/3/1967 donnent le cadre légal du fonctionnement et le règlement de copropriété constitue le code de conduite des copropriétaires en définissant les droits et obligations de chacun.

L'immeuble en copropriété

Un lot de copropriété est formé de deux éléments : une ou plusieurs parties privatives et une quote-part de parties communes exprimée en tantièmes de copropriété. La loi de 1965 donne une définition des parties privatives et des parties communes mais on ne s'y réfère que lorsque le règlement de copropriété ne définit rien en la matière ou lorsqu'il laisse persister un flou ou une ambiguïté.

Quelles sont les parties privatives ?

La loi définit les parties privatives comme étant les parties du bâtiment ou du terrain réservées à l'usage exclusif d'un propriétaire déterminé (*Loi du 10/7/1965, Art. 2*).

Il s'agit notamment :

- de l'intérieur des appartements et des boutiques ;
- des cloisons qui ne font pas partie du gros œuvre (un mur porteur n'est donc pas une partie privative), des portes et des menuiseries intérieures ;
- des équipements intérieurs de chaque lot : sanitaires, chauffage individuel, placards, etc. ;
- des volets, persiennes et stores (mais attention : de plus en plus de règlements de copropriété classent ces éléments comme parties communes) ;
- des caves, greniers et chambres de bonne attachés à chaque lot ;
- des accessoires de chaque lot tels que sonnettes, boîtes aux lettres, etc. ;
- des portes palières des appartements.

Les fenêtres, balustrades et barres d'appui entrent normalement dans la catégorie des parties privatives, mais très souvent les règlements de copropriété les classent en parties communes.

Quelles sont les parties communes ?

À chaque lot privatif est attaché un droit sur les parties communes. Celles-ci sont définies par l'article 3 de la loi du 10/7/1965.

Il s'agit notamment :

- du sol, des cours, des jardins et des voies d'accès ;
- du gros œuvre des bâtiments, des éléments d'équipement commun, des canalisations qui traversent les locaux privatifs ;
- des coffres, des gaines et têtes de cheminées ;
- des locaux de service commun (local à poubelles ou à vélos, chaufferie, etc.) ;
- des passages et des corridors ;
- des éléments d'équipement commun tels que l'ascenseur, le chauffage collectif, les vide-ordures, etc.

Qu'est-ce que le règlement de copropriété ?

Le règlement de copropriété est obligatoire dans toute copropriété (*Loi du 10/7/1965, Art. 8*). Son rôle est d'organiser les rapports entre copropriétaires, d'énumérer les parties privatives et communes, et de déterminer la quote-part de charges que devra supporter chaque lot. Il précise, enfin, la destination de chaque lot (grenier, cave, local commercial, local d'habitation...).

› Quand est-il établi ?

Le règlement de copropriété est établi soit au moment de la construction de l'immeuble, soit au moment de sa division en lots (un propriétaire unique décide de vendre son bien à plusieurs propriétaires). Mais il se peut aussi qu'une copropriété se trouve dépourvue de règlement. Dans ce cas, il peut être établi à la majorité de tous les copropriétaires représentant au moins 2/3 des voix. La modification du règlement de copropriété ne peut se faire que dans les mêmes conditions.

À NOTER

Afin de faciliter l'harmonisation des règlements de copropriété parfois anciens avec les différentes lois intervenues dans le domaine de la copropriété, l'assemblée générale peut décider, à la majorité simple prévue à l'article 24 de la loi, de procéder aux adaptations du règlement de copropriété rendues nécessaires par les modifications législatives intervenues depuis son établissement. Cette disposition, à l'origine prévue pour une durée limitée, a été pérennisée par la loi n° 2009-323 du 25/3/2009.

› Que contient-il ?

Le règlement de copropriété définit les parties communes et, selon le cas, intègre ou non l'état descriptif de division (→ index, *État descriptif de division*).
Des clauses fixent la destination et les modalités d'usage des parties communes et privatives ainsi que les quotes-parts de charges.

La destination des lots

Le règlement de copropriété définit la destination de chaque lot : certains ne sont réservés qu'à l'habitation, d'autres peuvent accueillir une activité de bureau, d'autres encore seront réservés à l'usage de greniers ou de caves.
Le règlement peut instaurer des limites à l'exercice de certains commerces lorsque la destination de l'immeuble le justifie. Dans les immeubles de standing, l'installation d'un restaurant est généralement interdite, de même que sont interdites dans la plupart des immeubles les activités commerciales ou artisanales nécessitant la présence de machines.

AVANTAGE

Il est possible d'exercer une activité libérale (médecin, architecte ou avocat, par exemple) dans un lot de copropriété si le règlement ne l'interdit pas.

AVANTAGE

Tout copropriétaire peut domicilier, provisoirement pour 5 ans, une entreprise nouvellement créée dans un logement. Le copropriétaire qui désire user de cette possibilité doit en informer le syndic par lettre recommandée avec demande d'avis de réception. Il ne s'agit donc que d'une information et non d'une demande d'autorisation.

L'usage de l'immeuble

Le règlement de copropriété organise la vie de l'immeuble en réglant les conditions dans lesquelles les copropriétaires peuvent user des parties communes mais également privatives. Il s'apparente à un règlement intérieur d'immeuble lorsqu'il interdit, par exemple, d'étendre du linge aux fenêtres, d'entreposer des cyclomoteurs dans les parties communes ou de garer des voitures dans une cour.

ATTENTION ⚠

Le règlement de copropriété peut limiter singulièrement vos possibilités de réaménagement de votre appartement.

DROIT DE PRIORITÉ DES COPROPRIÉTAIRES EN CAS DE VENTE DE PLACES DE PARKING

Le règlement de copropriété des immeubles dont le permis de construire a été délivré conformément à un plan local d'urbanisme (PLU) ou d'autres documents d'urbanisme imposant la réalisation d'aires de stationnement peut désormais prévoir une clause attribuant un droit de priorité (une sorte de « droit de préemption ») aux copropriétaires à l'occasion de la vente de lots exclusivement à usage de stationnement au sein de la copropriété. Dans ce cas, le vendeur doit, préalablement à la conclusion de toute vente d'un ou plusieurs lots à usage de stationnement, faire connaître au syndic par lettre recommandée avec demande d'avis de réception son intention de vendre, en indiquant le prix et les conditions de la vente.
Cette information est alors transmise sans délai à chaque copropriétaire par le syndic par lettre recommandée avec demande d'avis de réception, aux frais du vendeur. Elle vaut offre de vente pendant une durée de 2 mois à compter de sa notification (*Loi du 10/7/1965, Art. 8-1*).

Les quotes-parts de charges

Chaque copropriétaire devant participer aux charges, le règlement de copropriété fixe la quote-part qu'il doit payer, en distinguant deux catégories de charges.

- Tout d'abord, les charges imposées par la conservation, l'entretien et l'administration des parties communes, que l'on nomme couramment les « charges générales » : travaux d'entretien et de réparation, frais de syndic… Leur quote-part correspond généralement à la quote-part des parties communes attachée au lot concerné.
- L'autre catégorie de charges est constituée par celles liées aux éléments d'équipement commun et aux services collectif (chauffage, ascenseur, etc.). Elles sont

réparties en fonction de l'utilité qu'elles présentent pour chaque lot. Il s'agit des charges dites « spéciales » (→ index, *Charges de propriété, charges spéciales*).
Tous les nouveaux règlements de copropriété publiés depuis le 31/12/2002 doivent préciser la façon dont les quotes-parts des parties communes et les quotes-parts de charges sont calculées (*Loi du 10/7/1965, Art. 10*).

Qu'est-ce que l'état descriptif de division ?

L'état descriptif de division est un document qui liste les lots privatifs. Il est généralement inclus au règlement de copropriété (*Loi du 10/7/1965, Art. 8*), mais peut constituer un document à part. Vous devez en recevoir un exemplaire lorsque vous achetez un appartement en copropriété.
À chaque lot correspond un numéro d'identification, la description de sa situation (bâtiment B, 2e étage, porte gauche, par exemple) et sa consistance (appartement de deux pièces principales, avec cuisine, salle de bains comprenant des toilettes, une penderie, une entrée et un balcon, par exemple).
Enfin, l'état descriptif de division détermine la quote-part de parties communes afférente à chaque lot, exprimée en millièmes ou en tantièmes. Cette quote-part est déterminée, lors de la création de la copropriété, en fonction de la surface de chacun des lots et de sa situation.

EXEMPLE D'UN ÉTAT DESCRIPTIF DE DIVISION

- **Lot n° 1 :** un local à usage commercial situé au rez-de-chaussée du bâtiment et comprenant une boutique avec vitrine, une arrière-boutique et une réserve. Est attachée à ce lot une quote-part de parties communes à hauteur de 2 554/10 000e.
- **Lot n° 2 :** un appartement d'habitation situé au 1er étage et comprenant une entrée, un séjour donnant sur un balcon, deux chambres, une cuisine, une salle de bains et des toilettes indépendantes. Est attachée à ce lot une quote-part de parties communes à hauteur de 2 678/10 000e.
- **Lot n° 3 :** un appartement de cinq pièces situé au deuxième étage du bâtiment et comprenant une entrée, un séjour, un bureau, deux chambres et une cuisine, une salle de bains, des toilettes indépendantes et une petite pièce annexe. À ce lot, est attachée une quote-part de parties communes à hauteur de 3 521/10 000e.
- **Lot n° 4 :** un appartement de trois pièces situé au troisième et dernier étage du bâtiment et comprenant, outre la pièce principale, deux chambres, une salle d'eau avec toilettes, une entrée, une penderie. À ce lot, est attachée une quote-part de parties communes à hauteur de 1 247/10 000e.
Total : 10 000/10 000e.

LES COPROPRIÉTÉS HORIZONTALES

Si vous habitez dans un lotissement, vous dépendez sans doute d'une association syndicale libre ou autorisée.
Une association syndicale libre réunit les propriétaires de lots dans un lotissement dès lors qu'ils sont au moins 5 et que le lotissement comporte des équipements communs. La constitution d'une association syndicale libre, dans cette hypothèse, est obligatoire. Le texte applicable à ces associations est l'ordonnance n° 2004-632 du 1/7/2004 (et non la loi régissant le statut de la copropriété du 10/7/1965). Tous les copropriétaires des lots sont nécessairement associés. Les statuts de l'association sont en principe établis par le notaire ou le lotisseur. Ils fixent les règles applicables aux lotis : règles de vote, de quorum, d'assemblées, de convocation, de répartition des charges... Les lotis sont libres de modifier ces statuts. La loi intervient donc peu dans la vie d'une association qui n'est régie pratiquement que par ses statuts.
Les associations syndicales peuvent être créées pour l'acquisition ou la gestion des terrains et des équipements communs ou pour l'amélioration du lotissement (*Code de l'urbanisme, Art. R. 315-6 et s.*).

Les règles de fonctionnement de la copropriété

L'ensemble des copropriétaires forme ce que l'on appelle le syndicat des copropriétaires qui prend les décisions intéressant la copropriété lorsqu'il se réunit en assemblée générale. Celle-ci élit un conseil syndical qui a pour mission d'assister le syndic et de contrôler sa gestion. Le syndicat de copropriétaires délègue une partie de ses pouvoirs au syndic qui exécute ses décisions et assure la gestion courante de l'immeuble.

Le conseil syndical

Le conseil syndical n'est pas une institution superflue lorsqu'il est véritablement investi de sa mission.

Il peut accéder à tous les documents comptables tout au long de l'année, rappeler à l'ordre le syndic qui laisse, parfois, traîner les choses en ce qui concerne les impayés ou la réalisation de certains travaux.

Il sert également de courroie de transmission entre les copropriétaires et le syndic (*Loi du 10/7/1965, Art. 21*).

La désignation du conseil syndical

L'assemblée générale désigne le conseil syndical à la majorité des voix de tous les copropriétaires (*Loi du 10/7/1965, Art. 25*).

Les membres sont nommés pour une durée maximale de 3 ans, éventuellement renouvelable. Leurs fonctions cessent donc de plein droit à l'expiration de leur mandat.

L'assemblée générale peut aussi désigner des membres suppléants.

AVANTAGE

Si vous êtes élu au conseil syndical, vous serez plus au courant des affaires de la copropriété et vous participerez directement à sa gestion.

ATTENTION ⚠

Faire partie du conseil syndical demande du travail, du temps et donc de la disponibilité. Si vous n'êtes pas sûr de pouvoir y consacrer le temps nécessaire, vous pouvez refuser d'en faire partie. En outre le conseil syndical a, depuis le 1/9/2004, l'obligation de rendre compte de sa mission devant l'assemblée générale de copropriétaires (Décret du 17/3/1967, Art. 22).

Qui fait partie du conseil syndical ?

Tous les copropriétaires peuvent faire partie du conseil syndical. Cependant, l'assemblée générale ne peut y élire le syndic (même s'il est copropriétaire), son conjoint, son partenaire dans le cadre d'un PACS, ses ascendants, descendants ou préposés. En revanche, sont éligibles les représentants légaux des copropriétaires, les locataires accédant, les conjoints des copropriétaires, leur partenaire dans le cadre d'un PACS ou leurs usufruitiers.

À NOTER

Lorsqu'une communication écrite doit être faite au conseil syndical, elle est valable lorsqu'elle est faite à son président, lorsqu'il en a été désigné un, ou, à défaut, à chacun de ses membres. Lorsque la communication est demandée par le conseil syndical, elle est faite à chacun de ses membres (Décret du 17/3/1967, Art. 26).

Comment ne plus faire partie du conseil syndical ?

Chaque membre du conseil syndical a la liberté de démissionner lorsque bon lui semble. Par ailleurs, l'assemblée générale peut, à tout moment, révoquer un ou plusieurs membres du conseil syndical.

Les membres du conseil syndical n'en font plus partie, automatiquement, à l'expiration de leur mandat, ou à l'expiration d'un délai de 3 ans à compter de leur nomination si le mandat est à durée indéterminée.

Enfin, le conseil syndical n'est plus régulièrement constitué lorsque plus d'1/4 des sièges devient vacant. Il faut alors procéder à la réélection de tous ses membres.

LES SYNDICATS SECONDAIRES

Dans les copropriétés regroupant plusieurs bâtiments, les copropriétaires de chaque bâtiment ont des intérêts propres et éventuellement des problèmes spécifiques. La loi autorise donc les copropriétaires d'un immeuble situé dans un ensemble immobilier à constituer un syndicat secondaire, uniquement pour le bâtiment concerné.
Lorsqu'il existe un ou plusieurs syndicats secondaires dans une copropriété, ceux-ci sont représentés au conseil syndical du syndicat principal, proportionnellement à l'importance des lots constituant le syndicat secondaire par rapport à l'ensemble des lots qui composent le syndicat principal.

La présidence du conseil syndical

Le conseil syndical désigne un président selon les règles précisées au règlement de copropriété ou fixées par l'assemblée générale à la majorité simple de l'article 24. Le président a la charge de veiller à son fonctionnement et à la bonne tenue de ses réunions. Il peut, en outre, dans des circonstances particulières, être amené à convoquer l'assemblée générale.

Que fait le conseil syndical ?

Le conseil syndical a pour mission d'assister le syndic et de contrôler la gestion de la copropriété (→ index, *Syndic de copropriété*). Cette mission de contrôle consiste en particulier à vérifier :
– la comptabilité du syndicat ;
– la répartition des dépenses ;
– les conditions dans lesquelles sont exécutés les contrats et les autres marchés ;
– l'élaboration du budget provisionnel.
Le conseil syndical a donc pour mission implicite de signaler à l'assemblée générale les irrégularités, les négligences ou les défaillances du syndic.

Le conseil syndical a également pour mission d'établir, en concertation avec le syndic, l'ordre du jour de l'assemblée générale (*Décret du 17/3/1967, Art. 26*).

En matière de travaux, l'assemblée générale peut décider d'un montant au-delà duquel le syndic a obligation de consulter le conseil syndical.

Si le syndic a le pouvoir de décider de travaux urgents sans consulter préalablement l'assemblée générale des copropriétaires, il devra, en revanche, consulter le conseil syndical lorsqu'il envisage de percevoir des copropriétaires une provision pour travaux urgents.

À NOTER

Le conseil syndical peut, pour l'exécution de sa mission, prendre conseil auprès de toute personne de son choix. Il peut aussi, sur une question particulière, demander un avis technique à tout professionnel de la spécialité. Les dépenses nécessitées par l'exécution de la mission du conseil syndical constituent des dépenses courantes d'administration. Elles sont supportées par le syndicat et réglées par le syndic (Décret du 17/3/1967, Art. 27).

UNIONS ET SCISSIONS DE SYNDICATS

Un syndicat de copropriétaires peut être membre d'une union de syndicats dont l'objet est d'assurer la création, la gestion et l'entretien d'éléments d'équipement communs ainsi que la gestion de services d'intérêt commun.
À l'inverse, lorsque la division du sol est possible, la possibilité est offerte à un ou plusieurs copropriétaires de demander le retrait de son ou de ses lots du syndicat initial pour constituer une copropriété, voire une propriété séparée (*Loi du 10/7/1965, Art. 29*).
Lorsqu'un syndicat de copropriétaires est membre d'une union de syndicats, son représentant au conseil de l'union est désigné parmi les copropriétaires, les associés lorsque plusieurs lots sont attribués à des personnes qui ont constitué une société propriétaire de ces lots, les accédants ou les acquéreurs à terme, leurs conjoints, leurs partenaires pacsés ou leurs représentants légaux.

Les assemblées générales

Le syndicat des copropriétaires se réunit en assemblée générale pour prendre ses décisions. À l'exception des travaux urgents et des actes relevant de la gestion courante de la copropriété, c'est l'assemblée générale qui décide de tout. Selon l'importance de la décision portée au vote, la majorité requise varie.

› La convocation aux assemblées générales

Le syndic doit convoquer l'assemblée générale au moins une fois par an (*Décret du 17/3/1967, Art. 7*) et à chaque fois que le conseil syndical, ou qu'un ou plusieurs copropriétaires représentant au moins 1/4 des voix, le lui demande (*Décret du 17/3/1967, Art. 8*). Si le syndic refuse de convoquer l'assemblée générale, le président du conseil syndical peut le faire à sa place.

Sauf urgence, la convocation doit être adressée à ses destinataires 21 jours francs au moins avant la tenue effective de l'assemblée, par lettre recommandée avec demande d'avis de réception ou remise en mains propres contre émargementou récépissé (*Décret du 17/3/1967, Art. 9*). Elle peut également être adressée par télécopie avec récépissé. Dans le cas de convocation par lettre recommandée avec demande d'avis de réception ou par télécopie avec récépissé, le délai de 21 jours a pour point de départ le lendemain du jour de la première présentation de la lettre recommandée au domicile du destinataire ou le lendemain du jour de la réception de la télécopie par le destinataire (*Décret du 17/3/1967, Art. 64*). Le syndic a cependant tout intérêt à remettre les convocations de la main à la main contre récépissé ou émargement ou bien à envoyer les convocations suffisamment tôt à l'avance pour ne pas risquer l'annulation de l'assemblée générale pour non-respect du délai de 21 jours.

À NOTER

Le délai de convocation a été porté de 15 à 21 jours par le décret n° 2007-285 du 1/3/2007 dont les dispositions s'appliquent depuis le 1/4/2007.

Sur certaines questions, l'assemblée générale doit se prononcer à la majorité des voix de tous les copropriétaires, ce que l'on appelle la « majorité absolue » (*Loi du 10/7/1965, Art. 25*). Lorsqu'elle n'arrive pas à réunir la majorité requise, une autre assemblée générale peut alors délibérer sur les mêmes questions à la majorité des voix de tous les copropriétaires présents ou représentés (*Loi du 10/7/1965, Art. 24 et 25*). Cette nouvelle assemblée générale peut n'être convoquée que 8 jours avant sa tenue effective dès lors que son ordre du jour ne porte que sur des questions déjà inscrites à l'ordre du jour de la précédente assemblée. La convocation en vue de cette nouvelle assemblée doit alors être expédiée dans le délai maximal de 3 mois à compter du jour où s'est tenue l'assemblée générale au cours de laquelle la décision n'a pas été adoptée (*Décret du 17/3/1967, Art. 19*).

À NOTER

On appelle « jour franc » un jour entier compté de 0 h 00 à minuit. Entre le 11 janvier à 11 h 00 et le 13 janvier à 16 h 00, il n'y a donc qu'un seul jour franc.

À NOTER

En cas de catastrophe technologique ayant endommagé les parties communes, le syndic doit convoquer sous 15 jours l'assemblée générale des copropriétaires. Cette réunion se tient dans les 2 mois suivant la catastrophe ; les décisions visant à autoriser le syndic à engager des travaux de remise en état rendus nécessaires par l'urgence sont prises à la majorité des copropriétaires présents ou représentés (Loi du 10/7/1965, Art. 38-1).

À NOTER

Même fondées sur une absence de convocation ou sur une convocation irrégulière, les actions en justice qui ont pour objet de contester les décisions des assemblées générales doivent être intentées dans un délai de 2 mois à compter de la notification du procès-verbal (Cour de cassation, 3e chambre civile, 12/10/2005).

› Qui est convoqué à l'assemblée générale ?

Tout copropriétaire doit être régulièrement convoqué. Ainsi, une convocation doit être adressée :

– aux copropriétaires possédant un lot en pleine propriété ;

– pour un lot en indivision (bien acquis en commun par plusieurs personnes ou dont la propriété est partagée par plusieurs cohéritiers) : au mandataire commun. Les coïndivisaires doivent, en effet, être représentés par un mandataire choisi entre eux d'un commun accord ; à défaut, il sera désigné par le président du tribunal de grande instance à la demande de l'un d'entre eux ou du syndic (→ index, *Indivision*) ;

– pour les lots démembrés en nue-propriété et usufruit : le règlement de copropriété désigne généralement la personne à convoquer ; à défaut, il s'agira du mandataire commun ;

– pour les lots possédés par un incapable majeur ou par un mineur non émancipé : le tuteur ou représentant légal ;

– pour les lots appartenant à une personne morale (une société, par exemple) : le représentant légal ;

– pour les locataires accédants : le vendeur et le locataire accédant. Le locataire accédant sera appelé à voter pour toutes les décisions concernant l'administration courante, mais le vendeur votera pour les décisions de grosses réparations ;
– pour les lots appartenant à une société civile immobilière (SCI) attribuant aux associés leur lot en jouissance : les associés.

À NOTER

En cas de transfert de propriété d'un lot, une notification doit être adressée au syndic (Décret du 17/3/1967, Art. 6). Tant que cette notification n'a pas été faite au syndic, ce dernier n'a pas à convoquer les acquéreurs à l'assemblée générale, même s'il connaissait, par ailleurs, la mutation intervenue (Cour de cassation, 3e chambre civile, 26/9/2007).

ATTENTION SI VOUS DÉMÉNAGEZ

Si vous êtes copropriétaire ou titulaire d'un droit d'usufruit ou de nue-propriété sur un lot de copropriété, vous devez communiquer à votre syndic votre domicile et, si vous le souhaitez, votre numéro de télécopie, et cela afin que le syndic puisse vous adresser les différentes notifications, convocations ou mises en demeure qui vous concernent (*Décret du 17/3/1967, Art. 65*). Si vous déménagez, n'oubliez pas d'informer le syndic de votre nouvelle adresse (et, le cas échéant, de votre nouveau numéro de télécopie), pour qu'il puisse normalement vous convoquer aux assemblées générales. À défaut, vous ne pourriez pas ensuite contester les décisions d'une assemblée générale, au motif que vous n'y auriez pas été régulièrement convoqué, le syndic ayant adressé la convocation à votre ancienne adresse, la seule qu'il connaissait (*Cour d'appel, Paris, 15/3/2001*).

› Que contient la convocation ?

La convocation doit bien évidemment préciser où et quand aura lieu l'assemblée générale et indiquer l'ordre du jour. L'assemblée générale ne peut valablement délibérer que sur les questions portées à l'ordre du jour. La rédaction de celui-ci doit être précise, car toute question trop vaguement libellée (du type « examen de la question du ravalement » ou « questions diverses ») n'autorise pas l'assemblée générale à prendre une décision valable.

Sur ce point, il faut préciser que, selon la Cour de cassation, une décision qui a été votée conformément à l'ordre du jour ne peut être complétée par une autre qui n'y était pas inscrite. Ainsi, une assemblée générale ne peut valablement amender ou améliorer les résolutions qui lui sont soumises, par exemple en adoptant une 2e résolution non portée à l'ordre du jour, mais qui constituerait la suite logique d'une première résolution y figurant (*Cour de cassation, 3e chambre civile, 7/11/2007*).

À tout moment, un ou plusieurs copropriétaires ou le conseil syndical peuvent notifier au syndic la ou les questions dont ils demandent à ce qu'elles soient inscrites à l'ordre du jour d'une assemblée générale. Le syndic porte ces questions à l'ordre du jour de la convocation de la prochaine assemblée générale. Toutefois, si la ou les questions notifiées ne peuvent être inscrites à cette assemblée, compte tenu de la date de réception de la demande par le syndic, elles le sont à l'assemblée suivante (*Décret du 17/3/1967, Art. 10*). Une telle demande doit être adressée au syndic par lettre recommandée avec demande d'avis de réception (*Décret du 17/3/1967, Art. 64*).

Le ou les copropriétaires ou le conseil syndical qui demandent l'inscription d'une question à l'ordre du jour doivent notifier au syndic, avec leur demande, le projet de résolution lorsque cette notification est requise en application des 7° et 8° du I de l'article 11 du décret du 17/3/1967 (voir plus loin). Lorsque le projet de résolution porte sur certains sujets (autorisation donnée à certains copropriétaires d'effectuer, à leurs frais, des travaux d'accessibilité aux personnes handicapées ou à mobilité réduite qui affectent les parties communes ou l'aspect extérieur de l'immeuble ou autorisation donnée à certains copropriétaires d'effectuer à leurs frais des travaux affectant les parties communes ou l'aspect extérieur de l'immeuble), il est accompagné d'un document précisant l'implantation et la consistance des travaux.

À l'occasion de chaque appel de fonds qu'il adresse aux copropriétaires, le syndic rappelle les dispositions qui précèdent (*Décret du 17/3/1967, Art. 10*).

Toutefois, si la ou les questions notifiées ne peuvent être inscrites à cette assemblée compte tenu de la date de réception de la demande par le syndic, elles le sont à l'assemblée suivante. Sous réserve de l'appréciation souveraine des tribunaux, cette hypothèse vise le cas où les convocations sont déjà adressées aux copropriétaires, mais pourrait viser également le cas où les convocations sont déjà photocopiées ou, *a fortiori*, mises sous plis pour envoi. Il pourrait également s'agir du cas d'une demande de question nouvelle, mais adressée au syndic de façon incomplète, c'est-à-dire sans les projets de résolution, les devis ou autres pièces justificatives qui doivent nécessairement être fournis à tous les copropriétaires, pour que l'assemblée générale puisse valablement décider (*Réponse ministérielle n° 24515, JO Sénat du 14/12/2006*).

À NOTER

Lorsqu'un réseau de communications électroniques interne à l'immeuble distribue des services de télévision, l'ordre du jour de l'assemblée générale comporte de droit, si l'installation ne permet pas encore l'accès aux services nationaux en clair de télévision par voie hertzienne terrestre en mode numérique et si le distributeur de services dispose d'une offre en mode numérique, l'examen de toute proposition commerciale émanant d'un distributeur de services de télévision disposant d'une offre en mode numérique (câblo-opérateur par exemple), qui permet la distribution de la télévision numérique terrestre. La décision d'accepter cette proposition commerciale est alors acquise à la majorité simple de l'article 24.

- La convocation doit contenir, également, toutes les pièces nécessaires aux copropriétaires pour apprécier la portée des décisions qu'ils seront appelés à prendre et dont l'énoncé figure à l'ordre du jour.

Doivent ainsi être notifiés en même temps que l'ordre du jour (*Décret du 17/3/1967, Art. 11*) :

I. - Pour la validité de la décision (si ces documents font défaut, l'assemblée ne peut donc valablement délibérer et tout copropriétaire peut alors saisir le tribunal de grande instance pour obtenir la nullité des décisions prises irrégulièrement) :

1° L'état financier du syndicat des copropriétaires et son compte de gestion général, lorsque l'assemblée est appelée à approuver les comptes. Ces documents sont présentés avec le comparatif des comptes de l'exercice précédent approuvé ;

2° Le projet du budget présenté avec le comparatif du dernier budget prévisionnel voté, lorsque l'assemblée est appelée à voter le budget prévisionnel ;

La présentation des documents énumérés au 1° et au 2° ci-dessus est conforme aux modèles établis par le décret relatif aux comptes du syndicat des copropriétaires et ses annexes ;

3° Les conditions essentielles du contrat ou, en cas d'appel à la concurrence, des contrats proposés, lorsque l'assemblée est appelée à approuver un contrat, un devis ou un marché, notamment pour la réalisation de travaux ;

4° Le ou les projets de contrat du syndic, lorsque l'assemblée est appelée à désigner le représentant légal du syndicat ;

5° Le projet de convention, ou la convention passée entre le syndic et le syndicat outre les projets mentionnés au 4° ci-dessus ;

6° Le projet de règlement de copropriété, de l'état descriptif de division, de l'état de répartition des charges ou le projet de modification desdits actes, lorsque l'assemblée est appelée, suivant le cas, à établir ou à modifier ces actes ;

7° Le projet de résolution lorsque l'assemblée est appelée à statuer sur l'une des questions suivantes : périodicité et/ou la quotité des provisions ; exigibilité des sommes afférentes aux dépenses pour travaux non comprises dans le budget prévisionnel dont la liste est fixée par décret ; ouverture d'un compte bancaire ou postal séparé au nom du syndicat ; travaux d'accessibilité aux personnes handicapées ; autorisation donnée à certains copropriétaires d'effectuer à leurs frais ces travaux ; une des décisions nécessitant l'adoption à la majorité des voix de tous les copropriétaires ; périodes de fermeture de l'immeuble, en cas de décision d'installer un dispositif de fermeture de l'immeuble ; travaux d'amélioration ; répartition des dépenses de fonctionnement, d'entretien et de remplacement des parties communes ou des éléments transformés ou créés ; surélévation ou construction de bâtiments destinés à créer de nouveaux locaux à usage privatif ; opposition à l'exercice du droit accessoire d'un copropriétaire ; amélioration ou addition de nouveaux locaux, après destruction totale ou partielle de l'immeuble ;

8° Le projet de résolution tendant à autoriser, s'il y a lieu, le syndic à introduire une demande en justice ;

9° Les conclusions du rapport de l'administrateur provisoire lorsqu'il en a été désigné un par le président du tribunal de grande instance en application des dispositions de l'article 29-1 de la loi du 10/7/1965 et lorsque l'assemblée est appelée à statuer sur une question dont la mention à l'ordre du jour résulte de ces conclusions ;

10° Les conclusions du rapport du mandataire ad hoc lorsqu'il en a été désigné un par le président du tribunal de grande instance en vertu de l'article 29-1 B de la loi du 10/7/1965 et que l'assemblée générale est appelée à statuer sur les projets de résolution nécessaires à la mise en œuvre de ce rapport (cette disposition est entrée en vigueur le 1/6/2010) ;
11° Les projets de résolution mentionnant, d'une part, la saisie immobilière d'un lot, d'autre part, le montant de la mise à prix, ainsi que le montant des sommes estimées définitivement perdues, lorsque l'assemblée générale est appelée à autoriser le syndic à poursuivre la saisie immobilière d'un lot (cette disposition est entrée en vigueur le 1/6/2010) ;
12° Le projet de convention et l'avis du conseil syndical sur la gestion des services spécifiques ou la teneur de la délégation confiée au conseil syndical par l'assemblée générale relative à la gestion courante de services spécifiques (copropriété de « résidence-services ») (cette disposition entre en vigueur le 1/11/2010) ;
13° La situation financière du ou des services (restauration, surveillance, aide, etc.) dont la suppression est envisagée dans les « résidence-services » (cette disposition entre en vigueur le 1/11/2010) ;
II. - Pour la simple information des copropriétaires :
1° Les annexes au budget prévisionnel ;
2° L'état détaillé des sommes perçues par le syndic au titre de sa rémunération ;
3° L'avis rendu par le conseil syndical lorsque sa consultation est obligatoire, en application du 2° alinéa de l'article 21 de la loi du 10/7/1965 (→ index, *Conseil syndical*) ;
4° Le compte rendu de l'exécution de la mission du conseil syndical prévu à l'article 22 du décret du 17/3/1967 et, dans les copropriétés de « résidence-services », le bilan établi par le conseil syndical relatif à l'exécution de la convention en vue de la fourniture, par un tiers, de services spécifiques (restauration, surveillance, etc. ; cette disposition entre en vigueur le 1/11/2010) ;
5° En vue de l'approbation des comptes par l'assemblée générale, le projet d'état individuel de répartition des comptes de chaque copropriétaire (cette disposition est entrée en vigueur le 1/6/2010).

Le contenu de ces documents ne fait pas l'objet d'un vote par l'assemblée des copropriétaires.

En cas de contestation, c'est au syndicat de copropriétaires, représenté par le syndic, d'apporter la preuve que les documents nécessaires aux copropriétaires pour préparer l'assemblée générale ont bien été joints à la convocation. En d'autres termes, ce n'est pas aux copropriétaires d'apporter la preuve qu'ils n'ont pas reçu ces documents (*Cour de cassation, 3e chambre civile, 6/3/2002*).

À NOTER

Les situations d'impayés sont détectables dans l'état des dettes et des créances ou la situation de trésorerie (poste des créances de la copropriété). Les impayés ne doivent pas s'installer car si la dette devient trop importante, le copropriétaire en difficulté ne pourra pas toujours honorer ses engagements.

› La tenue de l'assemblée générale

La convocation et l'ordre du jour ayant été notifiés dans les délais aux copropriétaires, l'assemblée générale peut avoir lieu au jour et à l'heure dits.

La feuille de présence

Rares sont les cas où tous les copropriétaires sont présents. Aussi est-il nécessaire d'établir une feuille de présence où l'on note le nom de chaque participant ainsi que le nombre de voix qu'il représente. Si une ou plusieurs personnes représentent des copropriétaires absents, le secrétaire de l'assemblée générale doit l'indiquer sur la feuille de présence.

La feuille de présence peut comporter plusieurs feuillets, doit être émargée par chaque copropriétaire ou associé présent, ou par son mandataire et être certifiée exacte par le président de l'assemblée. Elle constitue une annexe du procès-verbal de l'assemblée générale, avec lequel elle est conservée ; elle peut être tenue sous forme électronique dans les conditions définies par les articles 1316-1 et suivants du Code civil.

À NOTER

Des décisions ayant un impact financier important pour chaque copropriétaire peuvent être votées par une minorité de copropriétaires. La présence aux assemblées ou la représentation en cas d'absence est donc essentielle.

Le président de séance

Au début de la réunion, l'assemblée générale doit nommer un président à la majorité des voix de tous les copropriétaires présents ou représentés (*Loi du 10/7/1965, Art. 24*). Le syndic ne peut assumer les fonctions de président de séance, mais il assume les fonctions de secrétaire de séance, sauf si l'assemblée générale en décide autrement.

Les fonctions de président de séance et de secrétaire sont légalement distinctes : aussi, l'assemblée générale, même régulièrement convoquée, ne peut avoir lieu dans les conditions prescrites par la loi, ni prendre aucune décision, lorsque, à défaut de désignation d'un secrétaire de séance, le président de séance exerce simultanément ces deux fonctions (*Cour de cassation, 3e chambre civile, 6/11/2002*).

L'assemblée générale peut également désigner un ou plusieurs « scrutateurs » (également appelé « bureau »), qui devront alors signer le procès-verbal de l'assemblée (*Décret du 17/3/1967, Art. 15*).

À NOTER

La désignation de scrutateurs peut être prévue, à titre obligatoire, par le règlement de copropriété. Le non-respect de cette clause peut entraîner, à la demande d'un ou plusieurs copropriétaires, l'annulation de l'assemblée générale et de toutes les décisions prises (Cour de cassation, 3e chambre civile, 11/10/2005).

Les décomptes de voix

Les copropriétaires ne votent jamais par tête : chacun d'eux dispose d'un nombre de voix égal à sa quote-part de parties communes. Cependant, pour des décisions n'intéressant qu'un certain nombre de copropriétaires (cas d'un ascenseur, par exemple), chaque copropriétaire votera à proportion des dépenses qu'il supportera concernant cet élément d'équipement ou ces parties communes. Si l'on reprend l'exemple de l'ascenseur, les copropriétaires du rez-de-chaussée ne voteront pas, tandis que les autres copropriétaires voteront à proportion des dépenses qu'ils supportent. Ainsi, le copropriétaire du 6e étage aura plus de voix que celui du 1er étage.

AVANTAGE

Si vous ne pouvez pas assister à une assemblée générale, vous pouvez déléguer votre droit de vote en donnant mandat (ou pouvoir) à un tiers, que celui-ci soit copropriétaire ou non ***(voir Modèle n° 12)****. Chaque mandataire ne peut recevoir à quelque titre que ce soit plus de trois mandats, sauf si le total des voix dont il dispose (les siennes et celles qui lui sont conférées par mandat) n'excède pas 5 % des voix de la copropriété.*

Le syndic ne peut pas recevoir de mandat.

Par ailleurs, lorsqu'un copropriétaire dispose d'un nombre de voix supérieur à la moitié des voix de la copropriété, ses droits de vote sont artificiellement réduits à la somme des voix détenues par les autres copropriétaires. Supposons que sur une copropriété de 10 000/10 000e, un copropriétaire possède 7 000/10 000e ; les autres copropriétaires ne disposant que de 3 000/10 000e, on considérera que ce copropriétaire majoritaire ne dispose que de 3 000/10 000e.

› Les décisions de l'assemblée

La loi a prévu différentes règles de majorité selon l'importance des décisions à prendre.

La majorité simple

Toutes les décisions d'administration courantes sont prises à la majorité simple des voix de tous les copropriétaires présents ou représentés à l'assemblée générale. Cette majorité étant définie à l'article 24 de la loi du 10/7/1965, on l'appelle « majorité de l'article 24 ».

Depuis le 15/12/2000, n'entrent plus dans le calcul de la majorité simple que les voix « exprimées » par les copropriétaires, ce qui exclut les abstentions. En d'autres termes, la majorité est décomptée en fonction non plus du nombre des copropriétaires présents ou représentés qu'ils expriment un vote ou qu'ils s'abstiennent, mais en fonction du seul nombre des voix exprimées.

Les décisions relevant de cette majorité sont les suivantes :

- tous les travaux relatifs à l'entretien et à la conservation de l'immeuble, même quand il s'agit de grosses réparations (mais non les améliorations) ;
- les mesures concernant la jouissance des parties communes (à condition que ces mesures soient d'application collective) ;
- les travaux d'accessibilité aux personnes handicapées ou à mobilité réduite (sous réserve qu'ils n'affectent pas la structure de l'immeuble ou ses éléments d'équipement essentiels) ;
- l'approbation des comptes de l'exercice écoulé ;
- la passation de contrats d'entretien ou de fournitures, etc.

En outre :

- lorsqu'un réseau de communications électroniques interne à l'immeuble distribue des services de télévision, l'ordre du jour de l'assemblée générale comporte de droit, si l'installation ne permet pas encore l'accès aux services nationaux en clair de télévision par voie hertzienne terrestre en mode numérique et si le distributeur de services dispose d'une offre en mode numérique, l'examen de toute proposition commerciale relative à ces services ;

- lorsque l'immeuble n'est pas équipé de lignes de communications électroniques à très haut débit en fibre optique, toute proposition émanant d'un opérateur de communications électroniques d'installer, à ses frais, de telles lignes en vue de permettre la desserte de l'ensemble des occupants par un réseau de communications électroniques à très haut débit est inscrite de droit à l'ordre du jour de la prochaine assemblée générale. L'assemblée générale est tenue de statuer sur toute proposition allant dans ce sens ;
- lorsque l'immeuble reçoit des services de télévision par voie hertzienne terrestre par une antenne collective, l'ordre du jour de l'assemblée générale comporte, avant la fin de la mise en œuvre dans la commune du schéma national d'arrêt de la diffusion analogique et de basculement vers le numérique, un projet de résolution sur les travaux et les modifications nécessaires à la réception, par l'antenne collective de l'immeuble, des services de télévision par voie hertzienne terrestre en mode numérique. L'assemblée générale peut également, dans les mêmes conditions, donner mandat au conseil syndical ou, à défaut, au syndic pour conduire, dans la limite d'un montant de dépenses, les modifications nécessaires à la continuité de la réception par l'antenne collective des services de télévision lors de l'arrêt de la télévision analogique ou lors des changements des fréquences d'émission des services de télévision par voie hertzienne terrestre en mode numérique.

Dans ces trois situations, la décision d'accepter l'une et l'autre des propositions ou de réaliser les travaux proposés est prise à la majorité simple de l'article 24 (*Loi du 10/7/1965, Art. 24-1 à 24-3*). Il s'agit là d'une dérogation aux dispositions soumettant à la majorité absolue de l'article 25 (voir plus loin) les décisions concernant l'installation ou la modification d'une antenne collective ou d'un réseau de communications électroniques interne à l'immeuble dès lors qu'elle porte sur des parties communes.

EXEMPLE DE MAJORITÉ SIMPLE

Dans une copropriété représentant 10 000/10 000e, seulement 12 copropriétaires sont présents à l'assemblée générale et à eux tous, ils ne représentent que 4 650/10 000e ; la majorité simple de l'article 24 sera atteinte lorsque des copropriétaires représentant 2 326/10 000e voteront pour la même décision.
Si parmi ces 12 copropriétaires, 2 copropriétaires représentant 650/10 000e s'abstiennent, la majorité simple sera atteinte lorsque les copropriétaires représentant 2 001/10 000e voteront pour la même décision.

La majorité absolue

Pour les décisions énumérées à l'article 25, la loi du 10/7/1965 exige la majorité absolue, c'est-à-dire la majorité des voix de tous les copropriétaires, qu'ils soient ou non présents ou représentés à l'assemblée générale.

Les décisions qui requièrent cette majorité sont pour l'essentiel les suivantes (voir plus loin le tableau récapitulatif détaillé) :

- la désignation ou la révocation du syndic et des membres du conseil syndical ;
- les modalités de réalisation et d'exécution des travaux rendus obligatoires par voie réglementaire ou législative (cas des ravalements ou de la mise en conformité des portes d'ascenseurs, par exemple) ;
- les travaux d'économie d'énergie portant sur l'isolation thermique du bâtiment, le renouvellement de l'air, le chauffage et la production d'eau chaude sauf s'ils relèvent de la majorité de l'article 24 (lorsqu'il s'agit de réparation ou de remplacement de tels équipements). Pour relever de la majorité absolue, les travaux doivent être amortissables sur une période inférieure à 10 ans ;
- l'installation ou la modification d'une antenne collective ou d'un réseau de communications électroniques interne à l'immeuble dès lors qu'elle porte sur des parties communes (pour des dérogations à cette règle de majorité, voir toutefois plus haut) ;
- l'autorisation donnée à certains copropriétaires de réaliser, à leurs frais, des travaux affectant les parties communes ou l'aspect extérieur de l'immeuble (remplacement de fenêtres, fermeture d'un balcon ou d'une loggia, installation d'un ascenseur aux seuls frais des copropriétaires qui en useront, par exemple) ;
- la pose, dans les parties communes, de canalisations ou de gaines permettant la mise en conformité des logements aux normes d'habitabilité (pour l'installation de salles de bains et de toilettes, par exemple) ;

- la mise en place dans les garages ou parkings de bornes d'alimentation en énergie électrique destinées à recharger les accumulateurs des véhicules électriques ;
- la modification de la répartition des charges entraînées par les éléments d'équipement commun ou par les services collectifs (ascenseur ou chauffage collectif, par exemple) ;
- la réalisation d'actes de disposition sur les parties communes lorsque la cession de ces droits (servitude de cour commune, cession de mitoyenneté, etc.) résulte d'obligations légales ou réglementaires ;
- toutes délégations de pouvoir (données à une personne) de prendre une décision normalement prise à la majorité de l'article 24 ;
- l'autorisation permanente donnée à la police ou à la gendarmerie de pénétrer dans les parties communes ;
- la détermination du montant des marchés et des contrats à partir duquel une mise en concurrence est rendue obligatoire ;
- l'installation de compteurs d'eau froide divisionnaires ;
- la suppression des vide-ordures pour des impératifs d'hygiène ;
- les travaux à effectuer sur les parties communes en vue de prévenir les atteintes aux personnes et aux biens (telle que l'installation d'un interphone, d'un digicode…). Cette hypothèse peut également concerner l'installation d'un dispositif de vidéosurveillance. Celle-ci devra alors être précédée d'une simple déclaration préalable à la CNIL (*www.cnil.fr*) si le dispositif est installé dans un lieu exclusivement privé, ne comportant que des habitations, ou faire l'objet d'une autorisation préfectorale si le dispositif est installé dans un lieu ouvert au public (par exemple, copropriété comportant des locaux commerciaux ou d'activités) ; dans ce cas, comme l'impose la loi, le syndicat des copropriétaires devra veiller à informer les personnes extérieures à la copropriété de l'existence d'un système de vidéosurveillance (*Réponse ministérielle, JOAN du 8/12/2009*).

Lorsque l'assemblée générale ne peut réunir la majorité absolue ainsi requise, deux situations sont envisageables, selon le nombre de voix recueillies lors du vote :

– si le projet de résolution a obtenu au moins le tiers des voix de tous les copropriétaires, il est procédé, au cours de la même assemblée, à un second vote à la majorité de l'article 24 de la même loi, à moins que l'assemblée ne décide que la question sera inscrite à l'ordre du jour d'une assemblée ultérieure ;

– si le projet n'a pas recueilli au moins le tiers des voix de tous les copropriétaires, lorsqu'une nouvelle assemblée générale doit être réunie pour statuer à la majorité de l'article 24 :

- le délai de convocation peut être réduit à huit jours et les notifications n'ont pas à être renouvelées si l'ordre du jour de cette nouvelle assemblée ne porte que sur des questions inscrites à l'ordre du jour de la précédente assemblée,
- les convocations en vue de la nouvelle assemblée doivent être expédiées dans le délai maximal de trois mois à compter du jour où s'est tenue l'assemblée générale au cours de laquelle la décision n'a pas été adoptée (*Loi du 10/7/1965, Art. 24 ; Décret du 17/3/1967, Art. 19*).

EXEMPLE DE MAJORITÉ ABSOLUE

Dans une copropriété représentant 10 000/10 000e, la majorité absolue de l'article 25 sera réunie lorsque des copropriétaires représentant 5 001/10 000e voteront pour la même décision et ce, quel que soit le nombre de copropriétaires présents ou représentés à l'assemblée générale.

La double majorité

Les décisions les plus importantes sont prises à la majorité de l'article 26 de la loi du 10/7/1965. Il s'agit de la majorité de tous les copropriétaires (51 sur 100, par exemple) représentant au moins les 2/3 des voix (667 millièmes, par exemple).

Cette double majorité est requise pour les décisions suivantes :

- actes d'acquisition et de disposition de parties communes lorsqu'elles ne sont pas indispensables à la conservation de l'immeuble ;
- modification ou, éventuellement, établissement du règlement de copropriété lorsqu'il ne porte que sur la jouissance, l'usage et l'administration des parties communes ;
- travaux comportant transformation, amélioration ou addition de construction ;

- modalités d'ouverture des portes d'accès de l'immeuble. En cas de fermeture totale de l'immeuble, celle-ci doit être compatible avec l'exercice d'une activité autorisée par le règlement de copropriété. La décision d'ouverture est valable jusqu'à la tenue de l'assemblée générale suivante ;
- décision de ne pas instituer de conseil syndical ;
- décision d'adhérer à une union de syndicats ;
- décision de vendre le droit de surélever un bâtiment existant aux fins de créer de nouveaux locaux à usage privatif. Toutefois, lorsque le bâtiment est situé dans un périmètre sur lequel est institué un droit de préemption urbain (DPU), la décision d'aliéner le droit de surélever ce bâtiment est prise à la majorité des voix de tous les copropriétaires (majorité de l'article 25). Cette décision exige l'accord unanime des copropriétaires de l'étage supérieur du bâtiment à surélever et, si l'immeuble comprend plusieurs bâtiments, la confirmation par une assemblée spéciale des copropriétaires des lots composant le bâtiment à surélever, statuant à la majorité des voix des copropriétaires concernés ;
- suppression du poste de concierge ou de gardien et mise en vente du logement qui lui est affecté lorsqu'il appartient au syndicat, sous réserve qu'elles ne portent pas atteinte à la destination de l'immeuble ou aux modalités de jouissance des parties privatives de l'immeuble.

En outre, on doit réunir cette double majorité pour décider de la transformation ou de l'amélioration d'un élément d'équipement existant ou encore de l'installation d'un élément d'équipement nouveau. Cette disposition vise essentiellement les chauffages collectifs, les ascenseurs, la création de locaux affectés à l'usage commun (type local à vélos ou autres).

Certaines copropriétés sont sollicitées afin de faire installer sur le toit de leur bâtiment des installations d'antenne-relais de téléphonie mobile. La décision d'accepter ou non de telles installations relève de l'assemblée générale des copropriétaires statuant à la majorité de l'article 26 de la loi du 10/7/1965 (*Réponse ministérielle n°68412, JOAN, 14/1/2002*).

QUELLE MAJORITÉ POUR QUELLE DÉCISION ?	
Majorité	**Décisions**
SIMPLE : Article 24 • Le total des voix obtenues doit être supérieur au total des voix contre. • Les voix prises en compte sont celles des copropriétaires présents et représentés.	• Décisions pour lesquelles des textes ne prévoient pas une autre majorité. • Actes de gestion courante et les actes d'administration : – fixation du lieu de réunion du syndicat ; – interdiction d'accès des véhicules tiers dans les parties communes ; – travaux de peu d'importance, en général ; – installation du téléphone dans la loge du concierge ; – installation de l'éclairage dans une cave ; – pose des vasques de fleurs. • Travaux d'entretien. • Travaux de réfection, de restauration ou de remplacement des parties communes ou d'élément d'équipement commun rendus nécessaires par l'usure ou la vétusté (un ascenceur ou un chauffage par exemple). • Installation d'une main courante dans un escalier. • Ravalement quand il se révèle indispensable en raison de l'état défectueux de la façade. • Travaux d'accessibilité aux personnes handicapées ou à mobilité réduite, sous réserve qu'ils n'affectent pas la structure de l'immeuble ou ses éléments d'équipement essentiels. • Autorisation donnée à certains copropriétaires d'effectuer, à leurs frais, des travaux d'accessibilité aux personnes handicapées ou à mobilité réduite qui affectent les parties communes ou l'aspect extérieur de l'immeuble et conformes à la destination de celui-ci, sous réserve que ces travaux n'affectent pas la structure de l'immeuble ou ses éléments d'équipement essentiels. .../...

QUELLE MAJORITÉ POUR QUELLE DÉCISION ? (SUITE)	
Majorité	**Décisions**
ABSOLUE : Article 25 Il s'agit des voix de tous les copropriétaires qu'ils soient présents ou représentés. Si l'ensemble des copropriétaires totalisent 1 000 millièmes, la décision sera adoptée à 501 voix.	• Délégations de pouvoir de l'assemblée au syndic, au conseil syndical ou à son président ou une autre personne (un expert, par exemple). L'objet de la délégation ne peut concerner que des décisions prises à la majorité de l'article 24. • Autorisation donnée à un copropriétaire d'effectuer à ses frais des travaux affectant les parties communes ou l'aspect extérieur de l'immeuble. Il s'agit de travaux pouvant être effectués dans les parties privatives mais qui auront des conséquences sur les parties communes : – travaux pour l'évacuation des eaux usées avec branchement sur les canalisations communes ; – branchements d'eau, de gaz ou d'électricité sur des conduits, réseaux ou canalisations communes de l'immeuble ; – passage de canalisations ou conduits à travers ou sur les parties communes afin de pouvoir effectuer des travaux ; – agrandissement ou percement de fenêtres ou d'ouvertures dans les murs ; – aménagement des combles ou de greniers qui affectent la toiture ; – pose d'un Velux ou de jours dans la toiture ; – nouvel accès aux parties communes ou réalisation d'une communication entre deux appartements impliquant le percement d'un mur commun ; – pose de plaques, enseignes ou panneaux publicitaires sur les parties communes ; – prolongation d'un ascenseur jusqu'à l'étage supérieur ; – fermeture d'une loggia ou d'un balcon. • Désignation ou révocation du syndic. • Désignation ou révocation des membres du conseil syndical. • Actes de disposition sur les parties communes à caractère obligatoire : – cession de mitoyenneté ; – servitude de passage. • Réalisation de travaux rendus obligatoires par la puissance publique ou la réglementation en vigueur mais ne relevant pas de l'entretien ou de la conservation de l'immeuble : – ravalement ; – raccordement à l'égout. • Modification de la répartition des charges rendue nécessaire par un changement de l'usage d'une ou plusieurs parties privatives : – locaux à usage d'habitation qui changent d'affectation (usage commercial ou professionnel) ; – des pièces non habitables sont transformées en vue d'être habitées ; – le commerçant qui change la nature de son activité n'est pas concerné par cet article. • Travaux concernant les installations de chauffage. • Travaux d'économie d'énergie relatifs à l'isolation thermique du bâtiment, à la production d'eau chaude, au renouvellement de l'air et du système de chauffage, à la condition que ces travaux soient amortissables sur une période inférieure à 10 ans. N'entrent pas dans ce cadre la substitution d'une énergie à une autre et le changement de système de chauffage. .../...

QUELLE MAJORITÉ POUR QUELLE DÉCISION ? (SUITE)	
Majorité	**Décisions**
ABSOLUE (suite) : Article 25	• Travaux à effectuer sur les parties communes en vue de prévenir les atteintes aux personnes et aux biens. • Pose de canalisations et de gaines dans les parties communes. • Travaux permettant d'assurer la mise en conformité des logements avec les normes de salubrité, de sécurité et d'équipement : mise aux normes des ascenseurs. • Installation ou modification des antennes collectives : – adaptation des antennes existantes en vue de permettre une meilleure réception des émissions ; – installation de câble. • Autorisation permanente donnée aux forces de l'ordre de pénétrer dans les parties communes. • Adaptation du réseau électrique pour le chargement des véhicules électriques. • Constitution de provisions spéciales pour travaux d'entretien ou de conservation des parties communes. • Suppression des vide-ordures pour des impératifs d'hygiène. • Détermination du montant des marchés et des contrats à partir duquel une mise en concurrence est rendue obligatoire. • Décision d'adhérer à une union de syndicats. • Installation de compteurs d'eau froide divisionnaires.
DOUBLE MAJORITÉ : Article 26 Majorité de tous les copropriétaires représentant au moins 2/3 des voix.	• Actes d'acquisition ou de disposition : – acquisition d'un immeuble ; – vente, échange, hypothèque... ; – concéder à un copropriétaire la jouissance exclusive sur les parties communes (une terrasse, par exemple) ; – affectation d'un emplacement de stationnement dans une cour commune. • Modification ou établissement du règlement de copropriété : – aménagement d'un parking dans une cour commune ; – réglementation du stationnement ; – réglementation des périodes de chauffe de l'immeuble ; – réglementation de l'accès à l'immeuble ; – location de l'ancienne loge du concierge ; – insertion dans le règlement d'une clause pénale. • Travaux comportant transformation, addition ou amélioration : – construction de nouveaux locaux à usage commun ; – installation d'une moquette dans l'escalier ; – installation de boîtes aux lettres ; – installation d'un ascenseur ; – installation d'une antenne-relais de téléphonie mobile. • Modalités d'ouverture des portes d'accès aux immeubles. • Suppression du poste de concierge ou de gardien et mise en vente du logement qui lui est affecté lorsqu'il appartient au syndicat. .../...

QUELLE MAJORITÉ POUR QUELLE DÉCISION ? (SUITE)	
Majorité	**Décisions**
UNANIMITÉ Tous les copropriétaires de l'immeuble.	• Suppression de boîtes aux lettres ou sonnettes d'appel. • Suppression de concierge. • Décision portant atteinte à la destination des parties privatives ou aux modalités de leur jouissance : – travaux d'amélioration non conformes à la destination de l'immeuble ; – création de nouveaux locaux à usage privatif par voie de surélévation ou de construction ; – installation d'un système permanent de fermeture.

L'unanimité

Les décisions les plus graves qui peuvent mettre en cause la conservation de l'immeuble réclament l'unanimité.

Il s'agit des décisions suivantes :

- vente des parties communes nécessaires à la conservation et au respect de la destination de l'immeuble ;
- surélévation de l'immeuble en vue de créer de nouveaux locaux à usage privatif ;
- décisions relatives aux droits ou obligations des copropriétaires ;
- suppression d'un équipement collectif (chauffage collectif, par exemple).

› Les procès-verbaux d'assemblée générale

Afin de constater les décisions prises par l'assemblée générale, un procès-verbal doit être établi, en principe par le secrétaire de séance, c'est-à-dire le syndic sauf décision contraire de l'assemblée générale. Le procès-verbal des décisions est signé, à la fin de la séance, par le président, par le secrétaire et, le cas échéant, par le ou les scrutateurs. Lorsque le registre est tenu sous forme électronique, ces signatures sont établies conformément à l'article 1316-4 (2e alinéa) du Code civil.

À NOTER

L'omission de signatures sur le procès-verbal n'entraîne pas en soi la nullité des décisions prises par l'assemblée générale (Cour de cassation, 3e chambre civile, 6/12/2005).

Le procès-verbal comporte, sous l'intitulé de chaque question inscrite à l'ordre du jour, le résultat du vote. Il précise les noms des copropriétaires ou associés qui se sont opposés à la décision et leur nombre de voix, ainsi que les noms des copropriétaires ou associés qui se sont abstenus et leur nombre de voix.

Le procès-verbal mentionne les réserves éventuellement formulées par les copropriétaires ou associés opposants sur la régularité des décisions.

Les procès-verbaux des séances sont inscrits, à la suite les uns des autres, sur un registre spécialement ouvert à cet effet. Ce registre peut être tenu sous forme électronique dans les conditions définies par les articles 1316-1 et suivants du Code civil (*Décret du 17/3/1967, Art. 17*).

Dans un délai maximum de 2 mois après la tenue de l'assemblée générale, le procès-verbal doit être notifié par lettre recommandée avec demande d'avis de réception ou par télécopie avec récépissé aux propriétaires opposants ou défaillants. Cette notification fait courir le délai de recours en annulation des décisions prises par l'assemblée générale. Le point de départ des délais de recours est fixé au lendemain du jour de la première présentation de la lettre recommandée au domicile du destinataire ou le lendemain du jour de la réception de la télécopie par le destinataire (*Décret du 17/3/1967, Art. 64*).

Les décisions prises en assemblée générale relatives à l'entretien de l'immeuble et aux travaux font l'objet d'un procès-verbal abrégé affiché dans les parties communes de l'immeuble à destination des locataires (*Loi du 23/12/1986, art. 44*).

Le syndic

Toute copropriété doit obligatoirement être gérée par un syndic, professionnel ou non. Ni salarié, ni prestataire, le syndic est un mandataire : il a pour mission d'administrer la copropriété au quotidien, de la représenter et enfin d'exécuter les décisions de l'assemblée générale.

La durée du mandat est fixée par l'assemblée générale et ne peut, en tout état de cause, dépasser 3 ans renouvelable sur décision de l'assemblée générale (*Décret du 17/3/1967, Art. 28*).

POUR UNE GESTION PLUS TRANSPARENTE

Dans un souci de bonne information des copropriétaires, et afin d'éviter tout abus, toute convention entre le syndicat et le syndic, ses préposés, son conjoint, son partenaire pacsé, ses parents ou alliés jusqu'au 3e degré inclus doit être spécialement autorisée par une décision de l'assemblée générale. Il en est de même des conventions entre le syndicat et une entreprise dont les personnes mentionnées ci-dessus sont propriétaires ou détiennent une participation dans son capital, ou dans lesquelles elles exercent des fonctions de direction ou de contrôle, ou dont elles sont salariées ou préposées.
De même, le syndic, lorsqu'il est une personne morale, ne peut, sans y avoir été spécialement autorisé par une décision de l'assemblée générale, contracter pour le compte du syndicat avec une entreprise qui détient, directement ou indirectement, une participation dans son capital.
Le syndic précise la nature des liens qui rendent nécessaire l'autorisation de la convention.
Les décisions d'autorisation prévues ci-dessus sont prises à la majorité de l'article 24 de la loi du 10/7/1965.

› Qui peut être syndic ?

La copropriété a le choix de recourir à un syndic professionnel ou non professionnel. Ce dernier est souvent appelé syndic bénévole, à tort, puisqu'il peut percevoir une rémunération. Obligatoirement choisis parmi les copropriétaires, les syndics non professionnels se rencontrent principalement dans les petites copropriétés. Comme les syndics professionnels, ils peuvent voir leur responsabilité engagée, s'ils commettent une faute ou une négligence, même si les tribunaux peuvent se montrer plus « conciliants » en présence d'un syndic non professionnel. Proposer ses services pour assumer de telles fonctions est donc une décision qui ne doit être prise qu'après mûre réflexion.
L'assemblée générale désigne, en général, le syndic à la majorité des voix de tous les copropriétaires (majorité de l'article 25 de la loi du 10/7/1965). C'est à la même majorité que le contrat du syndic doit être approuvé. Toutefois, lorsqu'il y a création d'une copropriété, il peut être nommé par le règlement de copropriété. Ce syndic provisoire a pour mission de réunir la première assemblée générale qui désignera alors le syndic définitif.

À NOTER

Le contrat du syndic doit fixer sa durée (dans la limite d'une durée maximale de 3 ans, sauf cas particuliers visés par l'article 28 du décret du 17/3/1967), ses dates calendaires de prise d'effet et d'échéance ainsi que les éléments de détermination de la rémunération du syndic. Il détermine les conditions d'exécution de la mission de ce dernier en conformité avec les dispositions de la loi du 10/7/1965 (Décret du 17/3/1967, Art. 29).

À NOTER

Lorsque l'immeuble appartient à un organisme HLM qui permet aux locataires d'acquérir leur appartement, la loi prévoit que l'organisme HLM assurera les fonctions de syndic tant qu'il possédera au moins un lot dans l'immeuble.

AVANTAGE

Un syndic professionnel connaît parfaitement les règles de la copropriété et dispose d'une structure adaptée (bureau, secrétaire...) pour administrer l'immeuble.

ATTENTION ⚠

Le syndic professionnel coûte plus cher qu'un syndic bénévole, et il n'est pas sur place.

À NOTER

La désignation du syndic, l'approbation de son contrat et l'ouverture d'un compte bancaire séparé au nom du syndicat doivent faire l'objet de votes distincts. La Cour de cassation a jugé qu'un vote unique sur tous ces points n'était pas valable (Cour de cassation, 3e chambre civile, 11/3/1998).

› Quel est le rôle du syndic ?

Le syndic représente le syndicat des copropriétaires dont il exécute les décisions prises en assemblée générale. De plus, il exerce des pouvoirs propres pour assurer la gestion quotidienne de l'immeuble et pour parer à l'urgence.

L'administration courante

Le syndic a pour mission d'administrer l'immeuble, de pourvoir à sa conservation et à son entretien (*Loi du 10/7/1965, Art. 18*). Cette mission générale le conduit à acheter les produits d'entretien, à veiller à l'approvisionnement en combustible, à faire mettre en route le chauffage au début des périodes de chauffe, à faire procéder aux menues réparations et à faire respecter les dispositions du règlement de copropriété. Il conclut aussi, au nom du syndicat, divers contrats : entretien et maintenance, assurances, approvisionnement, etc.

À NOTER

Lorsqu'un réseau de communications électroniques interne à l'immeuble distribue des services de télévision et si l'installation permet l'accès aux services nationaux en clair de télévision par voie hertzienne terrestre en mode numérique, le syndic doit informer de manière claire et visible les copropriétaires de cette possibilité et leur fournir les coordonnées du distributeur de services auquel ils doivent s'adresser pour bénéficier du « service antenne » numérique.
Depuis le 7/3/2007, cette information doit être fournie dans le relevé de charges envoyé régulièrement par le syndic aux copropriétaires.

La gestion du personnel

L'assemblée générale fixe ses besoins en personnel et le contenu des postes.
Le syndic, lui, a charge d'engager, de congédier le personnel et d'en assurer la gestion. À ce titre, il conclut les contrats de travail, procède, le cas échéant, aux licenciements, effectue toutes les déclarations sociales et verse, au nom du syndicat, les cotisations aux divers organismes.

AVANTAGE

Le personnel de la copropriété peut être rémunéré au moyen du titre emploi-service entreprise (TESE), ce qui allège les formalités pour l'employeur (→ index, *Titre emploi-service entreprise)*

Les travaux urgents

Le syndic n'a pas le pouvoir de faire réaliser, à sa seule initiative, des travaux sauf dans le cas exceptionnel des travaux urgents. Dans ce cas, il doit avertir immédiatement les copropriétaires des travaux qu'il fait entreprendre, lorsque ceux-ci excèdent l'entretien courant, et convoquer l'assemblée générale. Il peut alors demander, sans délibération préalable de l'assemblée générale, mais après avis du conseil syndical, le versement d'une provision qui ne peut dépasser le tiers du montant prévisionnel des travaux (*Décret du 17/3/1967, Art. 37*). Il ne peut demander de nouvelles provisions pour le paiement des travaux qu'en vertu d'une décision de l'assemblée générale qu'il doit convoquer immédiatement ; les sommes correspondant à ces dépenses seront exigibles selon les modalités votées par l'assemblée générale.
S'agissant de la notion de « travaux urgents », la Commission relative à la copropriété rappelle que cette notion doit être interprétée restrictivement ; ceux-ci « ne comprennent que ceux qui sont immédiatement indispensables pour faire cesser une atteinte à l'immeuble ou à sa destination ou pour prévenir une telle atteinte si celle-ci est imminente et d'une façon générale de pourvoir à la sauvegarde de l'immeuble » (*Recommandation n° 8 du 7/1/2008*).

À NOTER

Le syndic ne peut autoriser un copropriétaire à réaliser des travaux sur les parties communes. Si vous envisagez le percement d'un mur porteur, par exemple, ne vous contentez pas de poser la question au syndic ; votre projet doit être soumis au vote en assemblée générale.

L'INSTALLATION DE DÉTECTEURS DE FUMÉE

La loi n° 2010-238 du 9/3/2010 rend obligatoire l'installation de détecteurs de fumée dans tous les lieux d'habitation. Tout occupant d'un logement, qu'il soit locataire ou propriétaire, devra ainsi installer dans celui-ci au moins un détecteur de fumée normalisé et veiller à l'entretien et au bon fonctionnement de ce dispositif. L'occupant du logement devra notifier cette installation à l'assureur avec lequel il a conclu un contrat garantissant les dommages d'incendie.
Un décret (à paraître) précisera les conditions dans lesquelles cette obligation s'appliquera au propriétaire non occupant (locations saisonnières, locations meublées, logements de fonction, etc.) et fixera également les mesures de sécurité à mettre en œuvre par les propriétaires dans les parties communes des immeubles pour prévenir le risque d'incendie. Cette nouvelle obligation entrera en vigueur dans des conditions fixées par décret ; il est toutefois prévu que ces détecteurs devront avoir été installés au plus tard le 10/3/2015.

Le carnet d'entretien de l'immeuble

Le syndic doit établir et tenir à jour le carnet d'entretien de l'immeuble. Ce carnet d'entretien doit être consultable sur demande, par tout candidat à l'acquisition d'un lot de copropriété, par tout bénéficiaire d'une promesse unilatérale de vente ou d'achat ou par tout titulaire d'un contrat relatif à la vente d'un lot ou d'une fraction de lot (*Loi du 10/7/1965, Art. 18 et 45-1*).

Le carnet d'entretien doit mentionner :

– l'adresse de l'immeuble pour lequel il est établi ;

– l'identité du syndic en exercice ;

– les références des contrats d'assurances de l'immeuble souscrits par le syndicat des copropriétaires, ainsi que la date d'échéance de ces contrats.

Il doit également indiquer, s'il y a lieu :

– l'année de réalisation des travaux importants, tels que le ravalement des façades, la réfection des toitures, le remplacement de l'ascenseur, de la chaudière ou des canalisations, ainsi que l'identité des entreprises ayant réalisé ces travaux ;

– la référence des contrats d'assurance dommages ouvrage souscrits pour le compte du syndicat des copropriétaires, dont la garantie est en cours ;

– s'ils existent, les références des contrats d'entretien et de maintenance des équipements communs, ainsi que la date d'échéance de ces contrats ;

– s'il existe, l'échéancier du programme pluriannuel de travaux décidé par l'assemblée générale des copropriétaires.

Le carnet d'entretien peut en outre, sur décision de l'assemblée générale des copropriétaires, contenir des informations complémentaires portant sur l'immeuble, telles que celles relatives à sa construction ou celles relatives aux études techniques réalisées (*Décret n° 2001-477 du 30/5/2001*).

À NOTER

Le syndic doit remettre au copropriétaire qui en fait la demande, aux frais de ce dernier, copie du carnet d'entretien de l'immeuble et, le cas échéant, du diagnostic technique dont doit faire l'objet tout immeuble construit depuis plus de 15 ans mis en copropriété (Décret du 17/3/1967, Art. 33 ; Code de la construction et de l'habitation, Art. L. 111-6-2).

SÉCURITÉ DES ASCENSEURS

Dans le cadre de sa mission générale d'entretien et de conservation de l'immeuble, le syndic est tenu de mettre en œuvre les obligations relatives à la sécurité des ascenseurs qui incombent aux propriétaires d'immeubles, en application des articles L. 125-1 et L. 125-2-4 et R. 125-1 à R. 125-2-8 du Code de la construction et de l'habitation et des arrêtés pris pour leur application.

Pour l'essentiel, cette nouvelle réglementation :

- rend obligatoire une liste de travaux de mise en sécurité visant à parer aux risques les plus fréquents. Ces travaux pourront être réalisés de manière échelonnée, des dates butoirs étant fixées, selon les travaux, au 31/12/2010, 3/7/2013 et 3/7/2021 ;
- renforce l'obligation de souscrire un contrat d'entretien. Un seul contrat d'entretien dit « unique » remplace l'ancien contrat dit « normal » ou « complet ». Ce nouveau contrat a dû être conclu au plus tard le 30/9/2005, sa durée ne pouvant désormais être inférieure à 1 an. Il doit prévoir notamment qu'au moins toutes les 6 semaines un contrôle soit effectué, permettant de s'assurer du bon fonctionnement de l'installation, d'effectuer les réglages nécessaires et de procéder à la vérification de l'efficacité des serrures des portes palières, et, lorsqu' ils existent, des dispositifs empêchant ou limitant les actes portant atteinte au verrouillage des portes palières. De même, doivent être effectués, semestriellement, un examen du bon état des câbles et annuellement une vérification des parachutes, un nettoyage de la cuvette de l'installation, du toit de cabine et du local des machines, ainsi que la lubrification et le nettoyage des pièces ;
- instaure un contrôle technique quinquennal des installations. Ce contrôle sert à vérifier que les appareils sont équipés des dispositifs de sécurité requis, que ceux-ci sont en bon état, ou que des mesures équivalentes sont mises en œuvre et efficientes ;
- instaure un droit à l'information des occupants de l'immeuble. Ainsi, toute personne disposant d'un titre d'occupation (y compris un locataire) dans un immeuble comportant un ascenseur, a désormais le droit de consulter, dans les locaux du siège social ou du domicile du propriétaire ou dans ceux de son représentant, le rapport du contrôle technique. Sur sa demande et à ses frais, elle reçoit du propriétaire la copie de ces documents. En pratique, dans les copropriétés dotées d'un syndic, c'est à ce dernier qu'il appartiendra de conserver le rapport du contrôle technique et de le communiquer à ceux des occupants qui en feront la demande.

Le non-respect des dispositions qui précèdent peut donner lieu à des sanctions pénales. Le cas échéant, le juge des référés peut être saisi afin d'ordonner, éventuellement sous astreinte, la mise en conformité des ascenseurs.

LA RECHERCHE DE L'AMIANTE

Les articles R. 1334-14 et suivants du Code de la santé publique font obligation aux copropriétaires de rechercher la présence d'amiante dans l'immeuble. En pratique, la mise en œuvre de cette obligation incombe au syndic dans le cadre de sa mission générale d'entretien et de conservation de l'immeuble. Pour les immeubles d'habitation, les vérifications ont dû être entreprises en tenant compte des dates limites suivantes :
- immeubles construits avant le 1/1/1950 (calorifugeages + flocages) : 31/12/1999 ;
- immeubles construits entre le 1/1/1950 et le 1/1/1980 (calorifugeages + flocages) : 31/12/1998 ;
- immeubles construits entre le 1/1/1980 et le 28/07/1996 (calorifugeages) : 31/12/1999 ;
- immeubles construits avant le 1/7/1997 (faux plafonds) : 31/12/1999.

Les travaux rendus nécessaires après détection d'amiante dans les parties communes doivent être votés à la majorité de l'article 25 de la loi n° 65-557 du 10/7/1965.

Au plus tard le 31/12/2005, les propriétaires des immeubles construits avant le 1/7/1997 ont dû constituer et tenir à jour un dossier technique « amiante ». Ce dossier doit notamment comporter la localisation précise des matériaux contenant de l'amiante et l'enregistrement des travaux de retrait ou de confinement de ces matériaux. Il doit par ailleurs être tenu à la disposition des occupants de l'immeuble et être communiqué à toute personne devant effectuer des travaux dans les lieux.

Un site Internet a été mis en place par les pouvoirs publics pour informer les propriétaires comme les syndics : *www2.logement.gouv.fr/infos/amiante*.

La gestion administrative de la copropriété

Pour appeler et percevoir les charges et pour convoquer les assemblées générales, le syndic doit connaître précisément tous les copropriétaires. À cette fin, il établit et tient à jour leur liste avec l'indication des lots qui leur appartiennent ; il mentionne leur état civil ainsi que leur domicile. Depuis le 1/6/2010, il doit également mentionner, s'il s'agit d'une personne morale, sa forme, sa dénomination, son siège social et l'organe qui la représente. Toujours depuis le 1/6/2010, lorsqu'un copropriétaire fait l'objet d'une mesure de protection des majeurs (tutelle, curatelle, etc.), le tuteur, le curateur ou le mandataire notifie son mandat au syndic qui porte cette mention sur la liste mentionnée ci-dessus. Il en est de même de l'administrateur légal d'un mineur copropriétaire ou du mandataire commun en cas d'indivision par exemple (*Décret du 17/3/1967, Art. 32*).

Il prépare les convocations aux assemblées générales, y porte l'ordre du jour, y adjoint les pièces annexes nécessaires, et les notifie à tous les copropriétaires.

C'est lui qui assure le secrétariat des assemblées, tient la feuille de présence, indique la répartition des votes et rédige le procès-verbal.

Le syndic notifie obligatoirement ce procès-verbal à tous les copropriétaires qui ont voté contre une décision et à ceux qui n'étaient ni présents, ni représentés à l'assemblée générale (→ index, *Assemblée de copropriétaires*).

Enfin, il conserve les archives de la copropriété : règlement de copropriété, état descriptif de division, procès-verbaux d'assemblée générale, carnet d'entretien de l'immeuble, etc. La conservation et la gestion des archives sont comprises dans la mission ordinaire du syndic.

La représentation du syndicat

Le syndic représente le syndicat des copropriétaires à chaque fois qu'il est nécessaire de conclure un contrat, de faire des démarches ou d'accomplir des formalités. En outre, le syndic a pour mission de représenter le syndicat en justice (*Décret du 17/3/1967, Art. 55*).

› Quelles sont les obligations comptables et financières du syndic ?

Le syndic gère les fonds du syndicat pour lequel il règle les dépenses de gestion de l'immeuble. Chaque copropriétaire lui verse, sur appel de fonds, sa quote-part de charges.

Il tient une comptabilité séparée pour chacun des syndicats de copropriétaires dont il assure la gestion.

La comptabilité du syndicat

Le syndic doit faire apparaître dans les comptes la position comptable de chaque copropriétaire (*Loi du*

10/7/1965, Art. 18). Il tient aussi à jour la situation de trésorerie du syndicat dans laquelle il fait apparaître les montants du fonds de roulement, des provisions versées par les copropriétaires, des autres sommes perçues, des dépenses engagées, des charges impayées et des dettes du syndicat.

Enfin, le syndic tient l'état des dépenses et recettes où apparaissent toutes les sommes effectivement encaissées et réglées.

Depuis le 1/1/2006, les comptes du syndicat comprenant le budget prévisionnel, les charges et produits de l'exercice, la situation de trésorerie ainsi que les annexes au budget prévisionnel doivent être établis conformément à des règles comptables spécifiques fixées par le décret n° 2005-240 du 14/3/2005 et l'arrêté du 14/3/2005 pris pour son application. Les comptes doivent être présentés avec comparatif des comptes de l'exercice précédent approuvé (*Loi du 10/7/1965, Art. 14-3*). Un dispositif « allégé » s'applique aux copropriétés comportant moins de 10 lots à usage de logements, de bureaux ou de commerces, lorsque le budget prévisionnel moyen sur une période de trois exercices consécutifs est inférieur à 15 000 €.

L'ouverture d'un compte bancaire

Le syndic doit ouvrir un compte bancaire ou postal séparé au nom du syndicat, sauf décision contraire prise par l'assemblée générale des copropriétaires. Une telle décision de ne pas ouvrir de compte séparé est prise à la majorité absolue de l'article 25. Elle est prise pour une durée déterminée, renouvelable. Elle cesse toutefois d'être applicable en cas de désignation d'un nouveau syndic.

La sanction du non-respect de cette obligation est la nullité de plein droit du mandat de syndic à l'expiration d'un délai de 3 mois suivant sa désignation.

Toutefois, les actes passés avec les tiers demeurent valables (*Loi du 10/7/1965, Art. 18*).

AVANTAGE

Un compte séparé au nom de la copropriété permet de connaître immédiatement la situation de trésorerie, de faciliter le contrôle de la gestion faite par le syndic et de placer la trésorerie.

ATTENTION ⚠

Un compte global oblige à contrôler avec rigueur la gestion du syndic et à « plonger » dans la comptabilité pour différencier les opérations faites pour la copropriété de celles qui sont effectuées pour le compte d'autres copropriétés.

Lorsque l'assemblée décide de ne pas ouvrir ce compte, les sommes perçues par le syndic, pour le syndicat, sont déposées sur un compte global ouvert au nom du syndic.

En cas de changement de syndic, l'ancien syndic dispose d'un délai d'1 mois, à compter de la cessation de ses fonctions, pour transférer à son successeur la situation de trésorerie et la totalité des fonds immédiatement disponibles. Dans les 2 mois, l'ancien syndic est tenu d'apurer les comptes et de verser le solde au nouveau syndic.

À NOTER

Un sous-compte de compte bancaire principal n'est pas considéré comme un compte séparé. Pour utiliser un tel sous-compte, le syndic doit donc être dispensé par les copropriétaires d'ouvrir un compte bancaire séparé au nom du syndicat (Cour de cassation, 3e chambre civile, 3/5/2001).

L'établissement du budget prévisionnel

C'est au syndic qu'il incombe d'élaborer le budget prévisionnel de la copropriété. Ce budget doit être joint à la convocation de l'assemblée générale appelée à l'approuver.

Le budget prévisionnel doit permettre de faire face à l'ensemble des frais courants de maintenance, de fonctionnement, d'administration courante et d'équipements communs de la copropriété. En sont exclues les dépenses pour travaux dont la liste est donnée par l'article 44 du décret n° 67-223 du 17/3/1967. L'assemblée générale des copropriétaires appelée à voter ce budget prévisionnel est réunie dans un délai de 6 mois à compter du dernier jour de l'exercice comptable précédent (*Loi du 10/7/1965, Art. 14-1 et 14-2*).

À NOTER

Afin de mettre fin à certains abus dans les honoraires facturés par les syndics à l'occasion de la réalisation de travaux courants, la loi prévoit que, désormais, seuls les travaux mentionnés à l'article 14-2 de la loi du 10/7/1965 (c'est-à-dire les travaux hors budget prévisionnel, voir plus haut) et votés par l'assemblée générale des copropriétaires en application des articles 24, 25, 26, 26-3 et 30 de cette même loi, fixant les règles de majorité, peuvent faire l'objet d'honoraires spécifiques au profit du syndic. Ces honoraires sont alors votés lors de la même assemblée générale que les travaux concernés, aux mêmes règles de majorité (Loi du 10/7/1965, Art. 18-1 A). En d'autres termes, les simples travaux d'entretien courant ne peuvent donner lieu à la perception d'honoraires particuliers par les syndics et sont inclus forfaitairement dans ses honoraires de gestion courante.

Les sommes exigibles des copropriétaires

Le syndic peut exiger des copropriétaires le versement (*Décret du 17/3/1967, Art. 35*) :

- de l'avance constituant la réserve prévue au règlement de copropriété (anciennement appelée « avance de trésorerie permanente » ou « fonds de roulement »), laquelle ne peut excéder 1/6 du montant du budget prévisionnel ; cette demande ne peut toutefois avoir lieu que si le principe d'une telle avance figure au règlement de copropriété ou a été approuvé par une décision de l'assemblée générale prise à la majorité de l'article 26 (majorité des copropriétaires représentant au moins les 2/3 des voix). Les sommes ainsi versées au titre de l'avance doivent, le cas échéant, être restituées au copropriétaire au moment de la revente de son lot ;

- des provisions trimestrielles du budget prévisionnel (elles peuvent avoir une autre périodicité si l'assemblée en décide ainsi). Le syndic doit adresser à chaque copropriétaire par lettre simple, avant chaque premier jour de trimestre (ou de la période fixée par l'assemblée générale), un avis indiquant le montant de la provision exigible ;

- des provisions pour les dépenses non comprises dans le budget prévisionnel : dépenses pour travaux de conservation ou d'entretien de l'immeuble, dépenses pour travaux d'amélioration, dépenses occasionnées par les études techniques... Il appartient à l'assemblée générale de fixer le montant de la dépense et la date d'exigibilité des provisions correspondantes, le syndic devant, avant la date d'exigibilité déterminée par l'assemblée, adresser par lettre simple à chaque copropriétaire un avis indiquant le montant de la somme exigible et l'objet de la dépense ;

- des avances correspondant à l'échéancier prévu dans le plan pluriannuel de travaux éventuellement adopté par l'assemblée générale ;

- des avances constituées par les provisions spéciales prévues pour faire face à des travaux d'entretien ou de conservation susceptibles d'être nécessaires dans les 3 ans à venir.

Les copropriétaires versent au syndicat des provisions égales au quart du budget prévisionnel voté, sauf décision de l'assemblée générale prévoyant des modalités différentes, notamment en ce qui concerne les dépenses pour travaux. La provision est exigible le premier jour de chaque trimestre ou le premier jour de la période fixée par l'assemblée générale (*Loi du 10/7/1965, Art. 14-1 et 14-2*).

À NOTER

Afin de faire face à des travaux d'entretien ou de conservation des parties communes et des éléments d'équipement commun (ascenseurs, chaudière...), l'assemblée générale peut décider de constituer des provisions spéciales. Le syndic doit même, lors de sa désignation, puis au moins tous les 3 ans, prendre l'initiative de soumettre cette question à l'assemblée (Loi du 10/7/1965, Art. 18). Si un copropriétaire vend son lot de copropriété (en pratique, son appartement) alors que cette provision n'a pas encore été utilisée, il peut réclamer au syndic le remboursement des sommes qu'il avait versées à ce titre (Cour de cassation, 3e chambre civile, 17/6/1997).

À NOTER

En cas de vente d'un lot de copropriété, le syndic doit, avant l'établissement de l'acte de vente, adresser au notaire chargé de recevoir l'acte, à la demande de ce dernier ou à celle du copropriétaire qui transfère tout ou partie de ses droits sur le lot de copropriété, un état daté comportant trois parties :
– dans la 1re partie, le syndic indique, d'une manière même approximative et sous réserve de l'apurement des comptes, les sommes pouvant rester dues, pour le lot considéré, au syndicat par le copropriétaire cédant ;
– dans la 2e partie, le syndic indique, d'une manière même approximative et sous réserve de l'apurement des comptes, les sommes dont le syndicat pourrait être débiteur, pour le lot considéré, à l'égard du copropriétaire cédant ;
– dans la 3e partie, le syndic indique les sommes qui devraient incomber au nouveau copropriétaire, pour le lot considéré (Décret du 17/3/1967, Art. 5).

Le recouvrement des charges

Habilité à appeler des provisions pour charges, le syndic se doit de tout mettre en œuvre pour recouvrer les charges. Le règlement de copropriété peut d'ailleurs prévoir un certain nombre de mesures afin de convaincre les copropriétaires défaillants : par exemple, fixer un calendrier de recouvrement impératif avec paiement d'intérêts de retard en cas de non-respect des délais.

Les frais nécessaires exposés par le syndicat, notamment les frais de mise en demeure, de relance et de prise d'hypothèque à compter de la mise en demeure, pour le recouvrement d'une créance justifiée à l'encontre d'un copropriétaire ainsi que les droits et émoluments des actes des huissiers de jutice et le droit de recouvrement ou d'encaissement à la charge du débiteur, sont imputables au seul coprpriétaire concerné. À l'inverse, le copropriétaire qui, à l'issue d'une instance judiciaire l'opposant au syndicat, voit sa prétention déclarée fondée par le juge, est dispensé, même s'il n'en fait pas la demande, de toute participation à la dépense commune des frais de procédure, dont la charge est répartie entre les autres copropriétaires. Le juge peut toutefois en décider autrement en considération de l'équité ou de la situation économique des parties au litige (*Loi du 10/7/1965, Art. 10-1*).

Sont également imputables au seul copropriétaires concerné, les honoraires du syndic afférents aux prestations qu'il doit effectuer pour l'établissement de l'état daté à l'occasion de la mutation à titre onéreux d'un lot ou d'une fraction de lot. L'état daté est un document, destiné à l'information de l'acquéreur, qui récapitule les informations sur les charges, les procédures en cours, l'état de l'immeuble...

Par ailleurs, la loi prévoit une procédure accélérée pour le paiement des provisions du budget prévisionnel. Ainsi :

– à défaut du versement à sa date d'exigibilité d'une provision sur budget prévisionnel, les autres provisions non encore échues deviennent immédiatement exigibles après mise en demeure par lettre recommandée avec demande d'avis de réception restée infructueuse pendant plus de 30 jours à compter du lendemain du jour de la première présentation de la lettre recommandée au domicile de son destinataire ;

– après avoir constaté le vote du budget prévisionnel par l'assemblée générale des copropriétaires ainsi que la déchéance du terme (c'est-à-dire la mise en demeure et le délai de 30 jours écoulé depuis celle-ci), le président du tribunal de grande instance statuant comme en matière de référé peut, à la demande du syndic, condamner le copropriétaire défaillant au versement des provisions devenues exigibles. Cette décision est assortie de l'exécution provisoire de plein droit : elle peut donc permettre au syndic d'engager toutes les procédures de droit commun : saisie sur compte bancaire, saisie sur salaires... Le copropriétaire défaillant peut toutefois, en application des dispositions générales de l'article 1244-1 du Code civil, demander au tribunal l'octroi de délais de paiement, ce qui, en pratique, lui est rarement accordé (*Loi du 10/7/1965, Art. 19-2*).

› Comment le syndic est-il rémunéré ?

L'assemblée générale des copropriétaires détermine, à la majorité des voix de tous les copropriétaires (*Loi du 10/7/1965, Art. 25*), le montant de la rémunération allouée au syndic. La fixation des honoraires du syndic est entièrement libre depuis le 1/1/1987. L'assemblée générale appelée à statuer sur cette question doit exiger un contrat mentionnant précisément l'étendue de la mission normale du syndic. Pour les tâches exceptionnelles n'entrant pas dans le cadre de la rémunération normale, l'assemblée doit faire préciser dans le contrat, afin d'éviter tout litige, combien seront facturés les services supplémentaires.

À NOTER

Si vous faites jouer la concurrence et avez à comparer différents honoraires de syndic, analysez de près ce que recouvre la gestion courante. Certaines tâches peuvent être portées à la rubrique gestion particulière et faire apparaître, à première vue, la note moins élevée. Toutefois, pour les nouveaux contrats conclus à compter du 1/7/2010, la « gestion courante » donnant lieu au forfait annuel mentionné au contrat doit obligatoirement comporter un certain nombre de prestations, dont la liste minimale est fixée par un arrêté du 19/3/2010. Pour ces prestations (en matière de tenues d'AG, de comptabilité, de conservation des archives du syndicat, etc.), le syndic ne peut donc pas facturer d'autres honoraires que ce forfait annuel. Les prestations particulières qui ne sont pas comprises dans la « gestion courante », doivent figurer explicitement en tant que telles dans le contrat de syndic et leur contenu doit être précisément défini.

À NOTER

En moyenne, les honoraires du syndic oscillent entre 90 € et 200 € environ par lot et par an. Plus la copropriété est grande, moins le prix par lot est important.

› Comment le syndic peut-il être révoqué ?

Le syndic peut être révoqué à tout moment (*Code civil, Art. 2004*). L'assemblée générale doit prendre la décision de révoquer le syndic en statuant à la majorité de l'article 25 de la loi du 10/7/1965 (majorité des voix de tous les copropriétaires). La copropriété a intérêt à ne pas renouveler le mandat du syndic à son échéance, plutôt que de révoquer celui-ci en cours de mandat. Le syndic pourrait en effet réclamer des dommages et intérêts au syndicat des copropriétaires pour rupture abusive du mandat. Mais la révocation en cours de mandat peut être justifiée par une faute ou des défaillances répétées du syndic.

À NOTER

Le mandat du syndic est toujours donné pour un temps déterminé : au moment du renouvellement, vous pouvez voter contre. Mais si une telle décision est prise, il vaut mieux avoir prévu l'avenir et la nomination d'un nouveau syndic.

La loi organise une procédure obligatoire en cas de changement de syndic, quelle qu'en soit la raison. Les dispositions suivantes sont alors applicables :

– l'ancien syndic doit remettre au nouveau syndic, dans le délai d'1 mois à compter de la cessation de ses fonctions, la situation de trésorerie, la totalité des fonds immédiatement disponibles et l'ensemble des documents et archives du syndicat. Dans l'hypothèse où l'ancien syndic a fait le choix de confier tout ou partie des archives du syndicat des copropriétaires à un prestataire spécialisé, il est tenu, dans ce même délai, d'informer le prestataire de ce changement en communiquant les coordonnées du nouveau syndic. Cette obligation ne se substitue pas à l'obligation faite à l'ancien syndic de transférer les documents et archives du syndicat au nouveau syndic ;

– dans le délai de 2 mois suivant l'expiration du délai d'1 mois mentionné ci-dessus, l'ancien syndic est tenu de verser au nouveau syndic le solde des fonds disponibles après apurement des comptes, et de lui fournir l'état des comptes des copropriétaires ainsi que celui des comptes du syndicat ;

– à défaut, après mise en demeure restée infructueuse, le syndic nouvellement désigné ou le président du conseil syndical peut demander au juge, statuant comme en matière de référé, d'ordonner sous astreinte la remise de ces documents et de ces fonds, ainsi que le versement des intérêts dus à compter du jour de la mise en demeure (*Loi du 10/7/1965, Art. 18-2*). Cette action peut être introduite après mise en demeure effectuée par lettre recommandée avec demande d'avis de réception, par télécopie avec récépissé ou encore par acte d'huissier de justice, adressée à l'ancien syndic et restée infructueuse pendant un délai de 8 jours. Elle est portée devant le président du tribunal de grande instance du lieu de situation de l'immeuble (*Décret du 17/3/1967, Art. 34*).

Responsabilité du syndic pour négligence

Le syndic doit, conformément à ses obligations issues de la loi du 10/7/1965, faire diligence afin de recouvrer le montant des charges. À défaut, sa responsabilité est engagée, surtout lorsque le non-paiement des charges par l'un des copropriétaires entraîne de graves difficultés de trésorerie pour le syndicat. La responsabilité du syndic est aussi engagée lorsqu'il ne fait pas exécuter un jugement condamnant un copropriétaire au paiement des charges (*Cour d'appel, Versailles, 4/6/1986*).

LISTE MINIMALE DES PRESTATIONS DE GESTION COURANTE (Arrêté du 2/12/1986 modifié par l'arrêté du 19/3/2010)

PRESTATIONS INVARIABLES

I. - ASSEMBLÉE GÉNÉRALE ANNUELLE

◆ Élaboration et envoi de la convocation, des documents à joindre à la convocation et des projets de résolutions (*).

◆ Réunion du conseil syndical précédant l'assemblée générale. - Objet de la réunion.
- Établissement de l'ordre du jour.
- Présence du syndic ou de son représentant [il convient de préciser expressément la durée contractuelle prévue comme incluse dans le forfait ainsi que les jours et les plages horaires convenus].

◆ Mise à disposition de tous les copropriétaires des différentes pièces comptables et justificatives dans les conditions prévues à l'article 18-1 de la loi du 10 juillet 1965.

◆ Tenue de l'assemblée générale.
- Établissement de la feuille de présence, émargement, vérification des voix et des pouvoirs.
- Tenue du registre des procès-verbaux.
- Procès-verbal : rédaction du procès-verbal lorsque le syndic est élu secrétaire.
- Envoi et notification du procès-verbal (*).
- Affichage dans les parties communes de la copropriété d'un procès-verbal abrégé mentionnant les résolutions relatives à l'entretien de la copropriété et aux travaux.
- Présence du syndic ou de son représentant [il convient de préciser expressément la durée contractuelle prévue comme incluse dans le forfait ainsi que les jours et les plages horaires convenus]. .../...

LISTE MINIMALE DES PRESTATIONS DE GESTION COURANTE (SUITE)

II. - COMPTABILITÉ GÉNÉRALE DE LA COPROPRIÉTÉ

◆ Établissement du compte de gestion générale et des annexes du syndicat des copropriétaires.
- Présentation des comptes en conformité avec la réglementation en vigueur.
- Établissement du budget prévisionnel, en collaboration avec le conseil syndical.

◆ Compte copropriétaires.
- Établissement et mise à jour de la liste des copropriétaires.
- Tenue des comptes des copropriétaires.
- Appel des provisions sur budget prévisionnel (*).
- Imputations des consommations individuelles de fluide ou d'énergie lorsque les compteurs sont déjà installés lors de la désignation du syndic.

◆ Compte fournisseurs. - Factures.
- Vérification et paiement des factures.

◆ Remise au syndic successeur de l'état financier, de la totalité des fonds, de l'état des comptes des copropriétaires et des comptes du syndicat.

◆ Compte bancaire séparé ou, le cas échéant, compte du cabinet en cas de dispense (possibilité de prix différencié selon le choix de la copropriété).

III. - ADMINISTRATION ET GESTION DE LA COPROPRIÉTÉ EN CONFORMITÉ AVEC LE RÈGLEMENT DE COPROPRIÉTÉ

◆ Archives du syndicat.
- Détention :
Détention, conservation des archives utiles dans le cadre de la gestion courante de l'immeuble [il convient de préciser expressément leur nature, leur volume et leur ancienneté], notamment les plans, le règlement de copropriété, l'état de répartition des charges, l'état de division, les procès-verbaux des assemblées générales, les contrats de travail des préposés du syndicat, les contrats d'assurance de l'immeuble et documents nécessaires pour leur mise en œuvre, les documents et décisions de justice relatifs à l'immeuble dont les délais de contestation ne sont pas révolus, les contrats d'entretien et de maintenance des équipements communs, ainsi que toute pièce administrative datant de moins de deux ans.
- Transmission des archives au syndic successeur.
- Élaboration et transmission au conseil syndical du bordereau récapitulatif des archives transmises au syndic successeur.

◆ Conseil syndical. - Obligations administratives.
- Mise à disposition et communication au conseil syndical de toutes pièces ou documents se rapportant à la gestion du syndicat (*).
- Recueil des avis écrits du conseil syndical lorsque sa consultation est obligatoire.

◆ Entretien et maintenance.
- Visite de la copropriété dans les conditions définies au contrat (nombre et modalités à préciser).
- Négociation, passation, suivi des marchés des prestataires et gestion des contrats à l'échéance dans le cadre du budget prévisionnel.
- Gestion de tous les diagnostics/dossiers obligatoires.
- Carnet d'entretien : établissement et mise à jour pour les informations mentionnées aux articles 3 et 4 du décret n° 2001-477 du 30 mai 2001.
- En vue de la consultation en assemblée générale, appel d'offres, étude des devis et mise en concurrence résultant de la demande d'une pluralité de devis ou de l'établissement d'un devis descriptif soumis à l'évaluation de plusieurs entreprises lorsque celle-ci est obligatoire dans le cadre des travaux de maintenance définis à l'article 45 du décret n° 67-223 du 17 mars 1967.
- Gestion des travaux d'entretien et de maintenance. .../...

LISTE MINIMALE DES PRESTATIONS DE GESTION COURANTE (SUITE)

IV. - ASSURANCES

- Souscription des polices d'assurance au nom du syndicat et avec l'accord préalable du syndicat.
- Déclaration des sinistres concernant :
  - les parties communes ;
  - les parties privatives lorsque le dommage a sa source dans les parties communes.
- Règlement des indemnités aux bénéficiaires.

V. - GESTION DU PERSONNEL

- Recherche et entretien préalable (les coûts de la publication des annonces ne sont pas compris) (**).
- Établissement du contrat de travail et, le cas échéant, de ses avenants (**).
- Paiement du salaire et de toute indemnité, prime... due au salarié (**).
- Tenue du livre des salaires et édition des bulletins de paie (**).
- Déclarations et paiement aux organismes fiscaux et sociaux (**).
- Attestations et déclarations obligatoires (**).
- Gestion des remplacements pendant les congés, arrêts maladie et maternité (**).
- Mise en place du DUERSST (Document unique d'évaluation des risques pour la santé et la sécurité des travailleurs) et mise à jour (**).
- Gestion de la formation du personnel du syndicat (**).
- Divers.
Calcul des intérêts légaux au profit du syndicat.

(*) Prestations hors frais de tirages, d'affranchissements et d'acheminements.
(**) Prestations effectuées de façon habituelle si présence de personnel du syndicat des copropriétaires.

Les charges de copropriété

Chaque copropriétaire doit participer aux charges nécessaires à l'entretien de l'immeuble, ainsi qu'à celles entraînées par les éléments d'équipement commun et les services collectifs. Il existe donc deux catégories de charges : les charges générales et les charges spéciales.

Les charges générales

L'article 10 de la loi du 10/7/1965 précise que les copropriétaires sont tenus de participer aux charges générales proportionnellement à la valeur de leurs parties privatives. Cette valeur est établie par le règlement de copropriété et, plus précisément, par l'état descriptif de division (→ index, *État descriptif de division*).
Ainsi, lorsque l'état descriptif de division affecte à un lot 2 547/10 000e, le copropriétaire de ce lot devra acquitter 2 547/10 000e des dépenses engagées par la copropriété au titre des charges générales.
Parmi les charges générales, on compte :
- les consommations d'eau et d'électricité (et non celles de combustible pour le chauffage collectif qui entre dans la catégorie des charges spéciales) ;
- les dépenses de réparation et d'entretien ;
- les dépenses d'administration : honoraires du syndic, frais de tenue des assemblées générales, etc. ;
- les primes d'assurance et les taxes relatives à l'immeuble.

Aucun copropriétaire ne peut se soustraire au paiement de ces charges, pour quelque raison que ce soit : inoccupation d'un lot, localisation en sous-sol (cave) ou en extérieur (parking).

Les charges spéciales

On entend par charges spéciales celles qui résultent des éléments d'équipement commun (un ascenseur, par exemple) ou des services collectifs (le chauffage collectif, par exemple).
L'article 10 de la loi du 10/7/1965 prévoit que ces charges doivent être réparties en fonction de l'utilité qu'elles procurent à chaque lot. Ainsi, le copropriétaire du 3e étage doit participer aux charges d'ascenseur, même s'il monte à pied, car l'ascenseur présente une utilité pour un appartement en étage. Mais utilité et utilisation ne doivent pas être confondues.
De même, un copropriétaire qui n'occupe pas son lot ne pourra pour autant se soustraire au paiement des dépenses de chauffage collectif. Cet équipement procure effectivement une utilité pour le lot.
Chaque catégorie de charges spéciales peut donc faire l'objet d'une répartition spécifique. Ainsi, les dépenses de chauffage collectif n'obéiront pas à la même répartition que les frais d'ascenseur.

L'ascenseur

Compte tenu du critère de l'utilité, les copropriétaires du rez-de-chaussée ne paient pas, en principe, de charges d'ascenseur sauf en cas d'accès à un parking en sous-sol, par exemple. Sont également dispensés de ces charges les propriétaires de garages situés en sous-sol lorsque ceux-ci ne sont pas desservis par un ascenseur.
L'utilité de l'ascenseur variant selon l'étage, on applique un « coefficient d'étage » pour calculer les charges d'ascenseur : plus on habite haut dans l'immeuble, plus les charges sont élevées. Pour les lots situés à un même étage, ce coefficient peut tenir compte de la surface de chaque lot, même si une répartition égalitaire entre les lots d'un même étage, quelle que soit leur surface, n'est pas irrégulière (*Cour de cassation, 3e chambre civile, 4/4/2002*).

Le chauffage collectif

Lorsque la consommation individuelle n'est pas enregistrée par des compteurs, la répartition des frais de chauffage collectif tient compte de la disposition, de la localisation, de l'exposition et de la capacité de chaque lot.

À NOTER

Tous les immeubles soumis au statut de la copropriété doivent maintenant être équipés de compteurs d'eau chaude. La répartition se fait ainsi en fonction de la consommation réelle.

Le paiement des charges

La procédure d'alerte préventive

Le paiement des charges de copropriété constitue la principale obligation d'ordre financier des copropriétaires. C'est à cette occasion que se révèlent les difficultés que peut rencontrer tel ou tel copropriétaire pour faire face à ses échéances, difficultés qui peuvent, si elles se répètent ou si elles concernent plusieurs copropriétaires, mettre en péril le fonctionnement normal de la copropriété. Ce type de situations se rencontrant de plus en plus fréquemment, la loi du 10/7/1965 prévoit un certain nombre de dispositions permettant d'y faire face, notamment la nomination d'un administrateur provisoire. Jusqu'à présent toutefois, ces procédures n'étaient mises en place qu'une fois les difficultés avérées, et non pas en amont de ces difficultés. Désormais, la loi n° 2009-323 du 25/3/2009, met en place une procédure d'alerte, qui s'organise autour des principales dispositions suivantes :

– lorsqu'à la clôture des comptes, les impayés atteignent 25 % des sommes exigibles en vertu des articles 14-1 et 14-2 de la loi du 10/7/1965 (sommes exigibles au titre du budget prévisionnel et des dépenses hors budget), le syndic en informe le conseil syndical et saisit sur requête le président du tribunal de grande instance (TGI) du lieu de situation de l'immeuble d'une demande de désignation d'un mandataire *ad hoc*. Pour l'appréciation du seuil de 25 % mentionné cidessus, ne sont pas considérées comme impayées les sommes devenues exigibles dans le mois précédant la date de clôture de l'exercice ; pour l'information du conseil syndical, le syndic adresse sans délai à chacun de ses membres l'état des impayés avant répartition à la date de la clôture de l'exercice comptable (*Décret du 17/3/1967, Art. 61-2 et 61-4*) ;

– en l'absence d'action du syndic dans un délai d'1 mois à compter de la clôture des comptes, le président du TGI peut être saisi en référé d'une même demande par des copropriétaires représentant ensemble au moins 15 % des voix du syndicat ; cette saisine du président du TGI se fait par la voie d'une assignation dirigée contre le syndicat des copropriétaires ;

– le président du TGI peut être saisi en référé de la même demande par un créancier lorsque les factures d'abonnement et de fourniture d'eau ou d'énergie ou les factures de travaux, votés par l'assemblée générale et exécutés, restent impayées depuis 6 mois et si le créancier a adressé au syndic un commandement de payer resté infructueux ; cette saisine du président du TGI se fait par la voie d'une assignation dirigée contre le syndicat des copropriétaires ;

– le mandataire désigné par le président du TGI lui adresse, dans un délai de 3 mois renouvelable une fois, un rapport présentant l'analyse de la situation financière du syndicat des copropriétaires et de l'état de l'immeuble, les préconisations faites pour rétablir l'équilibre financier du syndicat et, le cas échéant, assurer la sécurité de l'immeuble, ainsi que le résultat des actions de médiation ou de négociation qu'il aura éventuellement menées avec les parties en cause ;

– ce rapport est adressé, notamment, au syndic et au conseil syndical ;

– le syndic inscrit à l'ordre du jour de la prochaine assemblée générale les projets de résolution nécessaires à la mise en œuvre de ce rapport (*Loi du 10/7/1965, Art. 29-1 A et s.*).

En outre, pour la mise en œuvre de cette procédure d'alerte préventive (*Décret du 17/3/1967, Art. 61-2 à 61-11*) :

– la requête ou l'assignation qui tend à la désignation d'un mandataire *ad hoc* est accompagnée des pièces de nature à justifier la demande. Avant de statuer, le président du TGI peut entendre tout membre du conseil syndical ;

– l'ordonnance rendue par le président du TGI est portée sans délai, par le mandataire *ad hoc* qu'elle désigne, à la connaissance des copropriétaires par remise contre émargement ou par lettre recommandée avec demande d'avis de réception ;

– le président du TGI peut autoriser le mandataire, à la demande de celui-ci et à ses frais, à se faire assister de tout technicien pour l'accomplissement de sa mission, sur une question particulière ;

– le syndic informe les copropriétaires qu'ils peuvent prendre connaissance du rapport du mandataire à son bureau, ou en tout autre lieu fixé par l'assemblée générale, pendant les heures ouvrables, dans le mois qui suit. Une copie de tout ou partie du rapport est adressée par le syndic aux copropriétaires qui en font la demande, aux frais de ces derniers.

À NOTER

Lorsqu'il désigne un mandataire ad hoc, le président du TGI précise, dans son ordonnance, l'imputation des frais entre le syndicat des copropriétaires et le syndic, ou le partage des frais entre eux ; s'il a été saisi par un créancier de la copropriété, les frais sont supportés par ce créancier (Loi du 10/7/1965, Art. 29-1 B).

Les autres moyens de recouvrer les charges

Tous les copropriétaires étant tenus de participer aux charges, le syndicat des copropriétaires, par l'intermédiaire du syndic, se doit donc de recouvrer les sommes dues au titre des charges. Pour ce faire, la loi a donné un certain nombre de moyens au syndicat des copropriétaires : possibilité d'insérer des clauses de pénalités dans le règlement de copropriété, garanties légales…

À NOTER

Les partenaires liés par un pacte civil de solidarité (PACS) sont solidaires, et donc coresponsables à l'égard des tiers, des dettes contractées par l'un d'eux pour les besoins de la vie courante et pour les dépenses relatives au logement commun (Code civil, Art. 515-4). Cette solidarité porte notamment sur le paiement des charges de copropriété. Les époux sont également solidaires du paiement des charges relatives au lot de copropriété qui leur sert de logement, quel que soit leur régime matrimonial (Code civil, Art. 220).

Les dispositions du règlement de copropriété

De plus en plus, des clauses permettant au syndicat d'appliquer des pénalités aux copropriétaires retardataires figurent dans les règlements de copropriété. Parfaitement valables, ces clauses peuvent prévoir, par exemple, l'application de clauses pénales (le copropriétaire retardataire doit payer une pénalité exprimée en pourcentage des sommes dues). Mais la sanction prévue par de telles clauses ne peut être prononcée que par le juge, dans le cadre d'une action en justice (*Réponse ministérielle n° 64778, JOAN, 22/10/2001*).

Les garanties du syndicat

Le syndic dispose d'un arsenal d'actions plus ou moins contraignantes pour obtenir le paiement des charges : injonction ou sommation de payer, saisie des meubles, inscription d'une hypothèque légale sur le lot du copropriétaire défaillant, vente forcée du lot…

De plus, lorsqu'un copropriétaire vend son lot, le syndic peut s'opposer au versement du prix si le vendeur doit encore des sommes au titre des charges. Le prix de vente est alors bloqué chez le notaire. Le copropriétaire qui désire vendre son lot doit donc fournir à son notaire un avis du syndic datant de moins d'1 mois attestant qu'il n'est redevable d'aucune somme envers la copropriété. À défaut de cet avis, le notaire doit aviser le syndic de la vente, par lettre recommandée avec demande d'avis de réception, dans un délai de 15 jours à compter du transfert de propriété. Dans les 15 jours de cet avis, le syndic peut s'opposer par huissier à la remise du prix de vente au vendeur pour obtenir le paiement des sommes restant dues par ce dernier à la copropriété. Le copropriétaire doit donc d'abord s'acquitter de sa dette au syndicat, avant de pouvoir percevoir le prix de vente de son lot.

À NOTER

À l'occasion de la mutation à titre onéreux d'un lot de copropriété (habitation, garage, cave...) :

– le paiement de la provision exigible du budget prévisionnel incombe au vendeur ;

– le paiement des provisions des dépenses non comprises dans le budget prévisionnel incombe à celui, vendeur ou acquéreur, qui est copropriétaire au moment de l'exigibilité ;

– le trop ou moins perçu sur provisions, révélé par l'approbation des comptes, est porté au crédit ou au débit du compte de celui qui est copropriétaire lors de l'approbation des comptes.

L'acheteur et le vendeur peuvent convenir d'une autre répartition que celle prévue ci-dessus, mais celle-ci n'aura d'effet qu'entre eux, et n'est pas opposable à la copropriété (Décret du 17/3/1967, Art. 6-2 et 6-3).

La révision des charges

La révision des charges ne peut normalement être votée qu'à l'unanimité (*Loi du 10/7/1965, Art. 11*). Effectivement, comme chaque copropriétaire a souscrit au règlement de copropriété lors de l'acquisition de son lot ou lors du partage de l'immeuble, la répartition originelle des charges a été adoptée à l'unanimité. On ne peut donc la réviser qu'en respectant les mêmes règles. Toutefois, dans certains cas, il est possible de déroger à ce principe.

Modification consécutive à des travaux

Certains travaux, tels que la surélévation de l'immeuble, l'addition de locaux privatifs ou l'installation d'éléments d'équipements aux frais de certains copropriétaires entraînent, de fait, une modification des charges. L'article 11 de la loi du 10/7/1965 a donc prévu que l'assemblée générale, lorsqu'elle décide de travaux entraînant une modification des charges, peut voter cette modification à la même majorité que celle qui est nécessaire pour voter lesdits travaux. Il en va de même lorsque la copropriété acquiert, crée ou vend des parties communes.

Réunion ou division de lots

Lorsque, suite à une vente, un partage ou une donation, un copropriétaire procède à la division de son lot, les charges incombant au lot primitif doivent être réparties entre les lots résultant de la division. Une telle modification doit être approuvée à la majorité des copropriétaires présents ou représentés (majorité de l'article 24 de la loi du 10/7/1965). La règle est la même lorsqu'un copropriétaire réunit plusieurs lots.

Changement d'usage des parties privatives

Certains copropriétaires peuvent procéder à la transformation de leur local à usage d'habitation en local commercial ou professionnel (sous réserve de se conformer à la législation en vigueur et sous réserve de ne pas changer la destination de l'immeuble). Une telle modification entraîne un changement d'usage des éléments d'équipement communs (un médecin dont les patients prennent l'ascenseur utilise plus cet ascenseur que chaque autre copropriétaire). Dans ce cas, l'assemblée générale peut, à la majorité de tous les copropriétaires présents, représentés ou absents (majorité de l'article 25 de la loi du 10/7/1965), procéder à la révision des charges concernées.

Défaut de paiement des charges de copropriété

Un copropriétaire qui s'abstient de payer à leur échéance ses charges de copropriété oblige les autres copropriétaires à engager une longue procédure pour obtenir le règlement de son arriéré de charges.
Il les contraint également à en faire l'avance et donc à verser des quotes-parts de charges plus lourdes, afin d'assurer la bonne administration de l'immeuble. La demande de dommages et intérêts est ainsi justifiée par un double préjudice.
La Cour de cassation confirme que ce préjudice étant commun à tous les copropriétaires, le syndicat des copropriétaires est fondé à intenter une action afin d'obtenir l'allocation de dommages et intérêts (*Cour de cassation, 3e chambre civile, 27/11/1990*).

Révision judiciaire

L'article 10 de la loi du 10/7/1965 pose le principe d'une répartition équitable des charges entre les divers copropriétaires. Lorsque la répartition des charges lèse ou avantage un ou plusieurs copropriétaires de plus d'un quart de ce qu'il devrait payer, tout copropriétaire lésé peut intenter une action en révision des charges devant le tribunal de grande instance de son domicile (*Loi du 10/7/1965, Art. 12*). Le copropriétaire lésé doit introduire son action dans les 5 ans qui suivent la publication du règlement de copropriété. Par ailleurs, si le premier copropriétaire lésé n'a pas demandé la révision des charges, l'acquéreur suivant pourra entamer l'action dans les 2 ans suivant la vente.

Indépendamment de la règle visée ci-dessus, et sans qu'aucun délai d'action ne lui soit opposable, tout copropriétaire peut, lorsque les charges de copropriété n'ont pas été réparties conformément aux dispositions de la loi du 10/7/1965 (ex. : charges d'ascenseur réparties selon les tantièmes ou par parts égales entre tous les lots), engager une action en nullité à l'encontre des dispositions ainsi contraires à la loi. Cette action, fondée sur l'article 43 de la loi du 10/7/1965, est imprescriptible. Lorsque le juge fait droit à la demande, il procède à une nouvelle répartition des charges, celle-ci ne prenant effet qu'à compter de la décision qui l'ordonne (*Loi du 10/7/1965, Art. 10 et 43* ; *Cour de cassation, 3e chambre civile, 3/7/1996*).

Les travaux en copropriété

L'assemblée générale a pouvoir de voter les travaux. Selon qu'il s'agit de travaux d'entretien, de réparation ou d'amélioration, les règles de majorité diffèrent. De plus, il existe quelques cas particuliers.

Les travaux sur les parties privatives

Tout copropriétaire étant libre de disposer de son lot, il ne lui est pas nécessaire, en principe, de solliciter une autorisation pour réaliser des travaux sur les parties privatives. Cependant, en pratique, ce principe a des limites.

Travaux ne nécessitant aucune autorisation

Seuls les travaux qui n'affectent pas les parties communes peuvent être réalisés sans autorisation. Il s'agit des travaux ne touchant que les cloisons intérieures (non porteuses), les éléments d'embellissement (revêtements de sols ou de murs, par exemple), les portes, les sanitaires et tout ce qui ne fait pas partie du gros œuvre.

Travaux nécessitant une autorisation

À l'inverse, tous les travaux touchant les parties communes nécessitent l'autorisation de l'assemblée générale. Le gros œuvre (murs porteurs, toiture), les gaines de cheminées et les canalisations communes (descente générale d'eau, chauffage central collectif), appartiennent aux parties communes, même s'ils se situent à l'intérieur de parties privatives. Les travaux touchant à ces éléments doivent être autorisés par l'assemblée générale à la majorité de tous les copropriétaires (majorité de l'article 25 de la loi du 10/7/1965) : ce sera le cas, par exemple, pour percer une porte de communication dans le mur séparatif de deux lots de copropriété contigus (y compris s'ils appartiennent au même copropriétaire), dès lors que ce mur constitue une partie commune de l'immeuble (*Réponse ministérielle n°1826, JOAN, 25/11/2002*). Il en va de même pour les travaux affectant l'aspect extérieur de l'immeuble (balcons, terrasses, loggias, fenêtres).

À NOTER

Un copropriétaire qui souhaite réaliser des travaux modifiant l'aspect extérieur de la façade doit déposer une déclaration de travaux en mairie. Cette déclaration doit obligatoirement être accompagnée de l'autorisation donnée par l'assemblée générale à la majorité de l'article 25, faute de quoi le maire pourra, en toute légalité, s'opposer à cette déclaration (Conseil d'État, 29/6/2005).

Les travaux sur les parties communes

Les intérêts des copropriétaires divergent. Ainsi, un copropriétaire du 6e étage aura intérêt à ce que la copropriété installe un ascenseur alors que pour celui du 1er étage l'utilité d'un tel équipement, au demeurant cher, n'est pas évident.

Il s'ensuit que, souvent, les copropriétaires intéressés n'arrivent pas à réunir la majorité suffisante pour décider de tels travaux lors de l'assemblée générale.

Travaux réalisés par les copropriétaires

Pour éviter ces blocages, parfois insurmontables, la loi a prévu la possibilité d'autoriser les copropriétaires intéressés à réaliser ces travaux à leurs frais, à la majorité de tous les copropriétaires (majorité de l'article 25 de la loi du 10/7/1965). Si l'assemblée générale refuse cette autorisation, tout copropriétaire peut demander au tribunal de grande instance qu'il se prononce. Le tribunal peut alors, éventuellement, accorder l'autorisation que l'assemblée générale a refusée. L'action auprès du tribunal, visant à obtenir cette autorisation, n'est pas soumise au délai de prescription de 2 mois applicable aux contestations des décisions d'assemblée générale, mais à un délai de prescription de 10 ans (*Cour de cassation, 3e chambre civile, 16/12/2009*).

Il arrive que les équipements ou travaux financés par seulement quelques copropriétaires intéressent finalement tout le monde. Mais seuls les copropriétaires qui ont payé les travaux peuvent utiliser l'équipement ; les autres devront acquitter leur quote-part pour en avoir l'usage. C'est ainsi que, dans certaines copropriétés, on ne peut accéder à l'ascenseur qu'au moyen d'une clé. Les copropriétaires qui ont financé l'ascenseur disposent de la clé et peuvent l'utiliser alors que les autres continuent à monter à pied !

Travaux réalisés par le syndicat

Certains travaux d'intérêt collectif votés en assemblée générale peuvent affecter les parties privatives. C'est le cas lorsque le syndicat des copropriétaires a décidé de changer les fenêtres ou d'installer un chauffage collectif. Afin de permettre la réalisation de ces travaux, la loi prévoit qu'aucun copropriétaire ne peut faire obstacle à l'exécution de ces travaux, même à l'intérieur des parties privatives (*Loi du 10/7/1965, Art. 9*).

Cependant, les copropriétaires qui subissent un préjudice du fait de la réalisation de ces travaux peuvent prétendre à une indemnité.

Le contentieux de la copropriété

La loi du 10/7/1965 offre des possibilités de recours aux copropriétaires lorsqu'ils s'opposent aux décisions de l'assemblée générale ou lorsqu'ils subissent un dommage en tant que propriétaire. Par ailleurs, la collectivité des copropriétaires peut agir lorsque les intérêts du syndicat sont lésés. Il arrive donc qu'un copropriétaire exerce un recours individuellement ou que le syndicat intente une action collective.

Les actions individuelles

Lorsqu'un copropriétaire exerce une action individuellement, il peut l'intenter contre le syndicat des copropriétaires (c'est le cas lorsqu'il conteste une décision d'assemblée générale), contre un copropriétaire ou contre un tiers.

À NOTER

Le copropriétaire qui, à l'issue d'une instance judiciaire l'opposant au syndicat des copropriétaires, voit sa prétention déclarée fondée par le juge, est dispensé, même en l'absence de demande de sa part, de toute participation à la dépense commune des frais de procédure, dont la charge est répartie entre les autres copropriétaires (Loi du 10/7/1965, Art. 10-1).

Contestation d'une décision d'assemblée générale

Seuls les copropriétaires opposants ou absents peuvent contester les décisions prises en assemblée générale. Ils disposent d'un délai de 2 mois à compter de la notification des décisions pour engager une action devant le tribunal de grande instance du lieu où se situe l'immeuble, tribunal devant lequel la présence d'un avocat est obligatoire. Au-delà du délai de 2 mois, les décisions deviennent définitives ; elles ne peuvent, en principe, plus être attaquées même si juridiquement, elles sont douteuses.

L'action peut être engagée pour obtenir la nullité de l'assemblée elle-même ; il faudra alors invoquer un défaut tenant à la forme et notamment :

- le défaut de convocation d'un ou de plusieurs copropriétaires ;
- le non-respect des délais de convocation ;
- l'absence des pièces obligatoires devant accompagner la convocation ;
- l'ordre du jour incomplet ou trop vague ;
- la délibération de l'assemblée avant la nomination du président ;
- la nomination du syndic en tant que président de l'assemblée ;
- la remise de mandats au syndic ;
- la convocation et la tenue de l'assemblée générale par un syndic professionnel non titulaire de la carte professionnelle exigée pour l'exercice de cette profession.

À NOTER

Il arrive fréquemment que les assemblées générales délibèrent sur des questions qui ne figurent pas à l'ordre du jour. Si une décision est adoptée dans ces conditions, le copropriétaire qui la conteste doit impérativement respecter le délai de 2 mois, à compter de la notification du procès-verbal, pour demander l'annulation de cette décision. Faute d'agir dans ce délai, la demande d'annulation sera jugée irrecevable et la décision ne pourra être annulée (Cour de cassation, 3e chambre civile, 14/1/1998).

À NOTER

Dans un délai maximum de 2 mois après la tenue de l'assemblée générale, le procès verbal doit être notifié par lettre recommandée avec demande d'avis de réception ou par remise en main propre contre émargement aux propriétaires opposants ou défaillants. Cette notification fait courir le délai de recours en annulation des décisions prises par l'assemblée générale. Le délai de 2 mois se décompte à compter du lendemain du jour de la première présentation de la lettre recommandée au domicile du destinataire (Décret du 17/3/1967, Art. 63).

L'action peut viser l'annulation d'une décision ; il faudra alors invoquer notamment :
– la violation des règles de majorité ;
– le vote sur une question non inscrite à l'ordre du jour ;
– la non-communication des documents comptables.

UN RECOURS SPÉCIFIQUE CONTRE LA DÉCISION DE TRAVAUX D'AMÉLIORATION

En ce qui concerne les travaux d'amélioration, les copropriétaires opposants peuvent contester la décision devant le tribunal. Cette action n'est ouverte qu'aux opposants (ils ont voté contre la décision) et non aux absents, représentés ou non, ni aux abstentionnistes.
Les copropriétaires qui entendent contester une telle décision doivent entamer leur action dans les 2 mois suivant la notification de cette décision.
L'article 42 de la loi du 10/7/1965 prévoit qu'en cas de recours abusif contre une décision de l'assemblée générale concernant des travaux d'amélioration, le copropriétaire pourra se voir infliger une amende de 150 à 3 000 €.

Les troubles de jouissance

Toute action concernant la jouissance d'un lot privatif appartient exclusivement au propriétaire du lot. Inutile donc de s'en remettre au syndic dans ces cas-là, car le tribunal jugera son action irrecevable. Ces actions visent généralement à revendiquer la propriété sur sa partie privative, à obtenir des réparations lorsque le lot n'est pas conforme au contrat de vente, etc.

Les infractions au règlement de copropriété et l'atteinte à la propriété

C'est en principe au syndicat des copropriétaires qu'il appartient de faire respecter le règlement de copropriété. Les tribunaux reconnaissent toutefois au copropriétaire la possibilité d'agir seul pour faire respecter le règlement de copropriété, sans être tenu, comme cela était nécessaire par le passé, de « démontrer l'existence d'un préjudice personnel et spécial distinct de celui dont souffre la collectivité des membres du syndicat » (*Cour de cassation, 3e chambre civile, 29/1/2003*). Dans le même sens, dans une affaire concernant le percement d'une fenêtre sur le mur de l'immeuble constituant une partie commune, la Cour de cassation a jugé que « chaque copropriétaire a le droit d'exiger le respect du règlement de copropriété ou la cessation d'une atteinte aux parties communes, sans être astreint à démontrer qu'il subit un préjudice personnel et distinct de celui dont souffre la collectivité des membres du syndicat » (*Cour de cassation, 3e chambre civile, 18/12/2007*).

Les actions collectives

Lorsque le syndicat des copropriétaires décide d'intenter un recours, il s'agit d'une action collective. Ces actions peuvent être exercées contre des tiers (des voisins, par exemple) ou contre un copropriétaire. Il peut s'agir du recouvrement des charges, de contentieux sur des contrats de fourniture, de litiges concernant des travaux réalisés sur les parties communes, d'infractions au règlement de copropriété et de toutes actions visant à sauvegarder l'immeuble.
Pour les actions en recouvrement de charges, il convient de s'adresser au juge de proximité si le litige n'excède pas 4 000 €, au tribunal d'instance si le litige n'excède pas 10 000 €, et au tribunal de grande instance au-dessus de cette somme. Toutes les autres actions collectives doivent être introduites devant le tribunal de grande instance et nécessite donc de recourir à un avocat.

Les actions en responsabilité

Le syndic peut engager sa responsabilité, c'est-à-dire qu'il peut être condamné à payer des dommages et intérêts s'il a commis une faute. Il peut lui être reproché, par exemple, d'avoir omis de faire respecter le règlement de copropriété, de ne pas mettre en œuvre tous les moyens pour recouvrir les charges ou de ne pas exécuter les décisions votées par l'assemblée générale. Le syndicat des copropriétaires peut alors saisir le tribunal de grande instance du lieu de situation de l'immeuble pour demander réparation.

De même, le syndicat des copropriétaires peut engager sa responsabilité pour les fautes commises par ses préposés (par exemple, les gardiens et les concierges) ou encore s'il ne prend pas les mesures conservatoires nécessaires pour préserver les parties communes (par exemple, il ne prend aucune mesure pour réparer le chauffage ou pour traiter des infiltrations d'eau).

Cas pratiques La copropriété

Syndic - placement des fonds

Que deviennent les intérêts des fonds placés par le syndic ? Vais-je en recevoir une quote-part en tant que copropriétaire ?

Non, c'est la copropriété qui perçoit ces sommes et non les copropriétaires directement. Ces sommes sont affectées aux dépenses de fonctionnement de la copropriété. Mais vous en bénéficiez indirectement puisque les appels de fonds en sont diminués d'autant… Le décret du 27/5/2004 précise que c'est l'assemblée qui décide de l'affectation des intérêts produits par ce placement.

Syndic - erreur concernant les charges

Le syndic s'est trompé en ma défaveur dans le décompte de mes charges. Mais les comptes ont été approuvés en assemblée. Puis-je encore réclamer le remboursement du trop-perçu ?

Oui, car l'approbation des comptes ne porte pas sur les répartitions individuelles de charges entre les différents copropriétaires. Il a ainsi été jugé que l'acceptation des comptes par un copropriétaire bailleur de la somme que lui réclame le syndic au titre des charges d'eau chaude sur la base des comptes approuvés par décision de l'assemblée générale ne lie pas son locataire qui peut se prévaloir d'erreur sur le calcul des charges (*Cour d'appel, Paris, 17/1/1995*).
Confirmant la jurisprudence, le décret du 27/5/2004 précise que l'approbation des comptes du syndicat par l'assemblée générale ne constitue pas une approbation du compte individuel de chacun des copropriétaires.

Charges impayées - difficultés financières ponctuelles d'un copropriétaire

Je viens de recevoir une mise en demeure de payer mes charges de copropriété. Je ne conteste pas ma dette mais j'ai ponctuellement des difficultés financières. Que dois-je faire ? Peut-on me demander des dommages et intérêts ?

Il faut réagir immédiatement en prenant rendez-vous ou en téléphonant au cabinet du syndic. Vous demanderez des délais de paiement suivant un échéancier écrit que vous signerez, vous et le syndic. La condamnation à des dommages et intérêts sous-entend un jugement de condamnation et la preuve de votre mauvaise foi. Pour éviter cette situation, vous devrez justifier de vos difficultés financières.

Charges impayées - prescription

Sur combien d'années peut-on me réclamer un arriéré de charges de copropriété impayées ?

La prescription en matière de charges impayées est de 10 ans. Cela signifie que le syndic peut poursuivre un copropriétaire pour un arriéré de charges ne dépassant pas 10 ans. Cela signifie également que le copropriétaire a 10 ans pour exercer une action en raison de charges indûment payées (*Loi n° 65-557 du 10/7/1965, Art. 42, alinéa 1*).

Charges impayées - opposition du syndic

L'opposition du syndic pour charges impayées peut-elle viser des charges impayées concernant d'autres lots que celui qui est vendu ?

Oui, le syndic peut faire opposition sur le prix de vente d'un lot pour obtenir le paiement, non seulement des dettes ou charges afférentes à ce lot, mais également aux autres lots possédés par le copropriétaire débiteur (*Cour de cassation, 3e chambre civile, 14/4/1982*). Dans cette affaire, un copropriétaire avait vendu deux lots lui appartenant à 6 années d'intervalles. Le syndic avait fait opposition sur la vente du second lot pour des charges laissées impayées sur le premier lot. Le copropriétaire avait alors assigné le syndic en nullité et main-levée de l'opposition mais avait échoué devant les tribunaux.

Travaux sur les parties communes

Un copropriétaire qui veut effectuer des travaux sur les parties communes doit-il obligatoirement obtenir préalablement l'autorisation de l'assemblée, même si les travaux consistent à mettre le lot en conformité avec le règlement de copropriété ou l'état descriptif de division ?

Oui, c'est en tout cas ce qu'a décidé la Cour de cassation : un copropriétaire ne peut pas se passer de l'autorisation de l'assemblée générale quand il s'agit de faire des travaux sur des parties communes (*Cour de cassation, 3e chambre civile, 2/3/2005*).

Suppression du poste de concierge

Ma copropriété a décidé de supprimer le poste de notre gardien d'immeuble. Je pense que la décision doit être prise à l'unanimité. Est-ce exact ?

La suppression du poste de gardien (comme la vente de la loge) se décide à la double majorité de l'article 26 de la loi du 10/7/1965 et non à l'unanimité, et ce sous réserve que cela ne porte pas atteinte à la destination de l'immeuble ou aux modalités de jouissance des parties privatives de l'immeuble. Dans cette dernière hypothèse, l'unanimité sera requise.
C'est la loi n° 2009-323 du 25/3/2009 de mobilisation pour le logement et la lutte contre l'exclusion qui fixe cette règle reprenant la jurisprudence récente (notamment *Cour de cassation, 3e chambre civile, 5/12/2007 et 24/9/2008*).

Louer un logement

Les locations du secteur libre

Les locations de résidence secondaire, les locations de vacances, ou encore les locations de logement meublé ne constituant pas la résidence principale du locataire, ne relèvent d'aucun texte spécifique. Elles sont simplement soumises aux dispositions du Code civil et aux dispositions contractuelles que le propriétaire et son locataire auront définies entre eux. C'est cette caractéristique qui permet de qualifier ces locations de locations « libres », par opposition aux locations « réglementées » qui relèvent de textes particuliers : locations soumises à la loi du 6/7/1989 ou à la loi du 1/9/1948, locations HLM...

Les locations meublées sont, pour leur part, soumises à un certain nombre de règles impératives, dès lors qu'elles constituent la résidence principale du locataire.

Dispositions communes à toutes les locations libres

À la base de toutes les locations libres figurent les règles édictées par le Code civil (*Art. 1713 à 1762*). Mais ces règles ne présentent aucun caractère obligatoire : elles peuvent être écartées en partie, ou totalement, au profit des dispositions contractuelles que les parties auront définies librement.

Existe-t-il une liste des locations libres ?

Il n'existe pas de liste préétablie ni de définition légale des locations libres. Il faut simplement considérer que relèvent de cette catégorie toutes les locations qui ne sont pas soumises à un statut particulier. À titre d'illustration, sont donc considérées comme locations libres :
- les locations saisonnières ;
- les locations de logements meublés ;
- les locations de résidence secondaire ;
- les locations isolées de garage, de parking, de jardin, etc.

Le contrat de location

Faut-il rédiger un contrat ?

Les locations libres peuvent résulter d'un simple accord verbal, l'écrit n'étant pas obligatoire (*Code civil, Art. 1714*) - sur le cas particulier des locations meublées constituant la résidence principale du locataire (→ index, *Locations meublées*). En pratique, il est toutefois conseillé de rédiger un contrat écrit, afin de bien préciser les droits et les obligations respectifs de chacune des parties, du propriétaire comme du locataire.

Qui doit signer le contrat ?

Le contrat doit, bien sûr, être signé par le locataire et le bailleur, chacun devant préciser son identité et son adresse. Si le principe paraît évident, il mérite cependant les précisions suivantes :

- si le logement est en indivision (c'est le cas, par exemple, lorsque plusieurs personnes héritent d'un bien), chaque indivisaire devra signer le contrat de location. Si l'un d'eux est chargé d'administrer le bien, le locataire doit alors demander un exemplaire du mandat que les autres indivisaires ont conféré à celui qui signe le contrat ;
- si le logement appartient à un nu-propriétaire et à un usufruitier, c'est l'usufruitier qui a pouvoir de louer le logement. C'est donc lui qui devra signer le contrat de location ;
- si le logement est loué par plusieurs personnes (des concubins, par exemple), il est de leur intérêt de signer chacune le bail : elles seront alors cotitulaires du bail, et pourront continuer d'occuper le logement, même en cas de séparation, par exemple.

Quelle est la durée du bail ?

La durée du bail est fixée librement par les parties : seul est interdit le bail perpétuel, c'est-à-dire le bail conclu pour une durée supérieure à 99 ans (*Code civil, Art. 179*).

Le bail à durée indéterminée est autorisé, à condition toutefois qu'il laisse la possibilité à chacune des parties d'y mettre fin en donnant congé. On considère que le bail est à durée indéterminée, lorsqu'il est verbal, lorsqu'il résulte du prolongement d'un bail à durée déterminée ou lorsqu'il ne stipule pas de durée.

Si le locataire, titulaire d'un bail à durée déterminée, demeure dans les lieux avec l'accord du propriétaire, il se produit un nouveau bail, qui sera à durée indéterminée. Ce bail, établi par tacite reconduction, se poursuit aux mêmes conditions que l'ancien (*Code civil, Art. 1738 et 1759*).

CLAUSES ESSENTIELLES À FAIRE FIGURER DANS UN CONTRAT DE LOCATION LIBRE

Afin de s'entourer d'un minimum de précautions, il est nécessaire que le contrat règle au moins les questions suivantes :
- la durée du bail : la date à laquelle il commence à courir et son échéance ;
- le montant du loyer, les modalités de son versement, les conditions dans lesquelles il sera révisé ;
- la liste et le montant des charges ;
- le montant du dépôt de garantie ;
- la désignation (description) des locaux loués ;
- la destination (usage autorisé) des locaux ;
- les obligations du locataire et du propriétaire en matière d'usage, d'entretien et de réparation du local ;
- les modalités prévues pour donner congé ou pour résilier le bail.

Comment prend fin le bail ?

Tout dépend du type de bail :

- le bail à durée déterminée prend fin de plein droit à son échéance sans qu'il soit nécessaire de donner congé (*Code civil, Art. 1737*). Ce bail peut toutefois être rompu avant son terme, notamment en cas d'accord entre les parties, ou en cas de résiliation judiciaire ;
- le bail à durée indéterminée ne prend fin que lorsqu'un congé est donné, selon les stipulations prévues au contrat ou, à défaut, selon l'usage des lieux (*Code civil, Art. 1736*). Sous ces réserves, le congé n'est soumis à aucune forme particulière. Par précaution, et afin de se ménager des preuves, il est conseillé de l'adresser par lettre recommandée avec demande d'avis de réception ou par voie d'huissier de justice.

AVANTAGE

Le décès du locataire ne met pas fin au bail, pas plus d'ailleurs que le décès du bailleur. Dans une telle situation, et sauf clause contraire, le bail est transmis aux héritiers ou légataires à titre universel.

À NOTER

Des dispositions spécifiques (durée du bail, révision du loyer, rupture…) s'appliquent aux locations meublées lorsque celles-ci constituent la résidence principale du locataire (→ index, Locations meublées).

Le bail peut-il être résilié ?

Le bail peut toujours faire l'objet d'une demande judiciaire en résolution si l'une des parties ne remplit plus ses obligations (*Code civil, Art. 1184*). Le juge peut toutefois accorder des délais de grâce (*Code civil, Art. 1184 et 1244*), sauf si le contrat comporte une clause de résiliation de plein droit pour non-exécution des obligations. Dans ce cas, après avoir constaté les faits, le juge ne peut que prononcer la résiliation du bail. Ces clauses de résiliation de plein droit visent le plus souvent le non-paiement du loyer par le locataire.

Peut-on céder le bail ou sous-louer le logement ?

Sauf clause contraire du contrat de location, le locataire peut céder son bail ou sous-louer les locaux ou une partie d'entre eux seulement. Il reste toutefois solidairement responsable, vis-à-vis du bailleur, de l'exécution des clauses du contrat de location. Il peut ainsi être condamné à verser le loyer que le sous-locataire ou le cessionnaire (celui qui a bénéficié de la cession du bail) aura refusé de payer. Attention : pour être opposable aux tiers, et notamment au bailleur, la cession du bail doit lui être notifiée par voie d'huissier ou faire l'objet d'un acte notarié (*Code civil, Art. 1690*). La sous-location ou la cession expirent à la fin du bail principal ; le locataire ne peut, en aucun cas, céder plus de droits qu'il n'en détient lui-même.

Le bail se transmet-il entre époux ?

Lorsque le logement sert effectivement à l'habitation des deux époux, le droit au bail du logement est réputé appartenir à l'un et à l'autre des époux, quel que soit leur régime matrimonial, et même si le bail a été conclu avant le mariage (*Code civil, Art. 1751*). Ainsi, en cas de décès de l'un des époux, l'autre peut se prévaloir du bail et continuer d'occuper le logement comme auparavant. En cas de séparation des conjoints, le droit au bail, c'est-à-dire le droit d'occuper le logement, peut être attribué par le juge à l'un ou l'autre en fonction des intérêts en cause, et sous réserve des droits à indemnité au profit de l'autre époux. En cas de décès de l'un des époux, le conjoint survivant cotitulaire du bail dispose d'un droit exclusif sur celui-ci sauf s'il y renonce expressément (*Code civil, Art. 1751*).

Bail et pacte civil de solidarité

Les partenaires liés par un pacte civil de solidarité (PACS) sont solidaires, et donc coresponsables des dettes contractées par l'un d'eux pour les besoins de la vie courante et pour les dépenses relatives au logement commun (*Code civil, Art. 515-4*).

Cette solidarité porte sur les loyers et les charges relatives au logement constituant la résidence commune : elle existe même si un seul des partenaires est titulaire du bail, dès lors que le bail a pour objet la résidence commune.

Quelles sont les obligations du bailleur ?

Mettre le local à disposition du locataire

« Le bailleur est tenu de délivrer la chose en bon état de réparations de toute espèce. » (*Code civil, Art. 1720*).

Cette disposition du Code civil a deux conséquences :

- le propriétaire est tenu de mettre le locataire en possession des locaux loués. Il ne peut évidemment s'affranchir de cette obligation, sans quoi le contrat serait sans objet ;
- les locaux doivent être, en principe, remis en bon état. Les parties peuvent toutefois décider d'ignorer cette disposition, à condition de le préciser dans le contrat. Le locataire aura alors intérêt à faire préciser, au moyen de l'état des lieux, l'état exact du local qu'il prend en location.

Lorsque le local constitue l'habitation principale du locataire, le bailleur est tenu, selon l'article 1719 du Code civil, modifié par la loi n° 2000-1208 du 13/12/2000, de délivrer un logement décent, sans risques pour la santé ou la sécurité physique et répondant à des normes minimales de confort le rendant conforme à l'usage d'habitation. Ces normes de sécurité et de confort sont fixées par le décret n° 2002-120 du 30/1/2002 (→ index, *Logement décent*).

Si le logement ne répond pas à ces normes, le locataire pourra demander au propriétaire la mise en conformité ; à défaut d'accord, il pourra demander l'arbitrage du juge, qui pourra, le cas échéant, fixer les travaux à faire exécuter. Si cela n'est pas fait, le juge pourra alors même réduire le montant du loyer. Le tout évidemment, sans que cela remette en cause le contrat de location en cours.

Cette disposition porte essentiellement sur les locaux meublés, les logements attribués ou loués en raison de l'exercice d'une fonction ou de l'occupation d'un emploi et les locations consenties aux travailleurs saisonniers.

À NOTER

L'état des lieux n'est pas obligatoire, mais en son absence le locataire est présumé avoir reçu le local en bon état de réparations locatives (Code civil, Art. 1731). Or, même si ce n'est pas le cas, il devra rendre le logement dans ce même état, lors de son départ. Lorsqu'il prend possession du local, il est donc toujours de son intérêt de faire établir un état des lieux aussi précis que possible : son obligation sera alors limitée au fait de rendre les locaux dans l'état où il les a reçus, en tenant compte éventuellement de ce qui a pu être détruit ou abîmé par un cas de force majeure, ou de ce qui a été usé, du fait de la vétusté (→ index, Réparations locatives) (Code civil, Art. 1730).

Assumer les réparations autres que locatives

Le bailleur doit exécuter, pendant toute la durée du bail, toutes les réparations qui peuvent devenir nécessaires, autres que celles qui incombent au locataire (réparations locatives) (*Code civil, Art. 1720 et 1754*).

Le Code civil donne des indications très parcellaires sur l'étendue des réparations restant à la charge du bailleur. Il donne simplement une liste indicative des réparations locatives qui ne concerne que de petits travaux et dont on peut déduire une définition assez large des réparations autres que locatives. Les tribunaux considèrent ainsi que les grosses réparations concernant notamment le gros œuvre (toitures, planchers, balcons, terrasses, façades...) sont à la charge du bailleur.

À NOTER

Le propriétaire est tenu de réparer, mais il n'est pas tenu de reconstruire. En cas de destruction de l'immeuble, ou lorsque les dépenses à engager sont hors de proportion avec le montant du loyer ou la valeur de l'immeuble, le locataire ne peut exiger la remise en état, et le bail est résilié de plein droit (Code civil, Art. 1722).

Permettre l'usage du local loué

Le bailleur est également tenu de permettre au locataire d'user paisiblement du local loué pendant la durée du bail et de le garantir contre tous les vices ou défauts qui en empêchent l'usage (*Code civil, Art. 1719 et 1721*).

Ainsi, lorsqu'un trouble survient, le locataire peut demander au bailleur de le faire cesser.

Ce principe est d'une application simple si le trouble est le fait du bailleur.

Si le trouble est le fait de tiers, le bailleur n'est tenu d'intervenir que si ces tiers ont un droit sur la chose louée (colocataires, copropriétaires...). S'il s'agit de personnes n'ayant pas de lien de droit avec le propriétaire, celui-ci n'est pas tenu de la garantie (*Code civil, Art. 1725*). Le locataire fera donc son affaire personnelle, par exemple, des troubles qu'il subit du fait d'un voisin trop bruyant, ou du fait d'un cambriolage.

Si le trouble que subit le locataire est le fait de vices ou défauts de la chose louée, la garantie est due, sauf dans les cas suivants :

– le vice est apparent et le locataire n'a pu l'ignorer en entrant dans les lieux ;

– le vice ou le défaut résulte d'une faute du locataire ;

– le bail contient une ou plusieurs clauses supprimant l'obligation de garantie du bailleur.

En pratique, les tribunaux ont ainsi condamné le propriétaire à indemniser le locataire dans des cas tels que l'effondrement d'une toiture (*Cour de cassation, Chambre sociale, 24/1/1959*), le défaut de construction d'un plancher en bois non conforme à la réglementation (*Cour de cassation, Chambre civile, 13/10/1981*), les troubles causés par des émanations nocives provenant d'un vice de construction des cheminées (*Cour de cassation, Chambre des requêtes, 26/7/1909*).

Quelles sont les obligations du locataire ?

User paisiblement du logement

Le locataire est tenu d'user de la chose louée en bon père de famille, c'est-à-dire qu'il doit habiter les lieux sans porter atteinte à l'intégrité du bien et sans nuire au voisinage. À défaut, le bail pourra faire l'objet d'une résiliation judiciaire, même si cette possibilité n'est pas prévue par le bail et même si celui-ci n'est que verbal (*Code civil, Art. 1729*).

Il doit également respecter la destination donnée au local, telle qu'elle a été définie par le bail ou, à défaut, telle qu'elle est présumée d'après les circonstances. Impossible donc pour le locataire de transformer les lieux loués ou de les affecter à un autre usage (commercial au lieu d'habitation, par exemple) que celui pour lequel le local a été loué.

Payer le loyer

Le locataire doit payer le prix du bail aux termes convenus (*Code civil, Art. 1728*).

Cette obligation est de portée générale : le locataire ne peut ainsi suspendre son paiement au motif, par exemple, que le propriétaire n'exécute pas ses obligations. La seule chose à faire dans une telle situation est de saisir le tribunal, le juge étant seul habilité à contraindre le propriétaire à exécuter des travaux ou à autoriser le locataire à procéder lui-même aux réparations en le dispensant du paiement du loyer à concurrence du montant des travaux.

Si le locataire connaît des difficultés financières l'empêchant de payer son loyer, il peut demander en justice des délais de paiement par application de l'article 1244 du Code civil.

Le loyer est normalement « quérable » (*Code civil, Art. 1247*) : le propriétaire est donc tenu au moins d'en réclamer le paiement et d'aller le chercher. Mais le contrat de location peut prévoir, ce qui est généralement le cas, que le loyer devient « portable », c'est-à-dire payable au domicile du bailleur.

Le bailleur est tenu de remettre gratuitement une quittance constatant le paiement total du loyer si le locataire en fait la demande (*Loi n° 77-1457 du 29/12/1977, Art. 11*).

AVANTAGE

La liste et le montant des charges sont définis librement entre les parties.

Accepter les réparations nécessaires

Le locataire doit subir, au cours du bail, toutes les réparations que décide le propriétaire dès lors qu'elles ne peuvent être différées jusqu'à la fin du bail (*Code civil, Art. 1742*).

Cependant, sauf clause contraire du bail, une diminution du montant du loyer est due si les travaux durent plus de 40 jours. Et si les travaux rendent les locaux inhabitables, le locataire peut même exiger la résiliation du bail (*Code civil, Art. 1742*).

LOCATIONS LIBRES ET AUGMENTATION DU LOYER

Dans le secteur libre, le loyer est fixé librement entre les parties. Pendant la durée de la location, il ne sera réévalué que si le bail comporte une clause d'indexation. C'est donc le propriétaire qui a intérêt à insérer une telle clause dans le contrat, tout comme il a intérêt de prévoir qu'elle jouera automatiquement pour éviter les conséquences d'un oubli. L'indice servant de base à l'indexation du loyer doit être en rapport avec l'activité des parties ou l'objet du contrat, ce qui explique que les baux sont souvent indexés sur l'évolution de l'indice du coût de la construction ou sur le nouvel « indice de référence des loyers » mis en place depuis le 1/1/2006. En outre, si le logement constitue la résidence principale du locataire, l'augmentation qui résulte de la clause de révision ne peut excéder la variation de l'indice de référence des loyers, et ce même si le contrat fait référence à un autre indice (par exemple, l'indice du coût de la construction) (→ index, *Indice de référence des loyers*).

Les locations meublées

Les locations meublées échappent à la loi du 6/7/1989 qui ne concerne que la location vide d'une résidence principale. Elles relèvent donc du Code civil, du contrat de location dans lequel les parties prendront soin de bien définir l'étendue de leurs obligations respectives et, si le logement constitue la résidence principale du locataire, des dispositions de l'article L. 632-1 du Code de la contruction et de l'habitation.

Qu'est-ce qu'une location meublée ?

Les personnes qui recourent aux locations meublées (jeunes désirant s'installer, salarié délocalisé...) recherchent d'abord un logement dans lequel elles peuvent s'installer sans avoir à acheter d'équipement.

La loi ne fixe pas la liste précise des meubles et équipements devant garnir le local. La jurisprudence a donc arrêté un certain nombre de principes en jugeant que le local doit être équipé de meubles suffisants pour que le locataire puisse y vivre, sans avoir à en rajouter. Le propriétaire doit ainsi fournir un lit, une armoire, une table et des chaises ainsi qu'un équipement électroménager minimal.

Les locaux meublés loués à titre de résidence principale doivent répondre aux conditions de décence fixées par le décret n° 2002-120 du 30/1/2002 (→ index, *Logement décent*).

À NOTER

Les propriétaires qui louent un logement meublé le font souvent pour échapper aux contraintes du droit commun de la location, tel qu'il résulte de la loi du 6/7/1989. Il est donc de leur intérêt de meubler le mieux possible le logement, afin d'éviter, en cas de litige, que les tribunaux considèrent qu'il s'agissait en fait d'une location vide relevant à ce titre de la loi précitée.

AVANTAGE

Tout logement peut être loué « meublé », notamment :

– une chambre dépendante ou non de l'habitation du bailleur ;

– une maison ou un appartement construits avant ou après 1948 ;

– un local d'habitation ou un local mixte, c'est-à-dire à la fois d'habitation et professionnel.

Quel est le contenu du contrat ?

Le contrat doit préciser l'identité de chacune des parties, la consistance du logement loué, les conditions financières de la location (loyer, charges et dépôt de garantie), la durée de la location et les modalités selon lesquelles chacun peut y mettre fin.

Le contrat de location doit impérativement préciser qu'il s'agit d'une location meublée. Si tel n'est pas le cas, le juge, en cas de litige pourrait requalifier la location meublée en location vide. Pour qu'il y ait location meublée, il faut donc que les parties expriment clairement, dans le contrat, leur volonté de se placer sous le régime de la location meublée.

Pour tout ce qui n'est pas précisé au contrat, il convient de s'en remettre aux règles du Code civil qui régissent les locations libres.

À NOTER

Aucune disposition du Code civil n'oblige le locataire d'un logement soumis aux règles du Code civil (tel qu'un meublé) à souscrire une assurance locative. Une telle obligation ne peut résulter que du contrat de location, lequel devra alors comporter une clause explicite en ce sens. À défaut d'une telle clause, le juge ne peut pas invoquer un prétendu usage pour reprocher au locataire un manquement à son obligation d'assurance et prononcer la résiliation du bail (Cour de cassation, 3e chambre civile, 20/1/2010).

Quelle est la durée de la location ?

• Si le logement ne constitue pas la résidence principale du locataire, c'est au propriétaire et au locataire de fixer la durée de la location. Les parties ont donc tout loisir de s'accorder sur une durée initiale de 3 mois, 6 mois, 1 an ou plus. Au-delà de cette durée, le contrat se renouvelle par tacite reconduction, jusqu'au moment où l'une ou l'autre des parties décidera de donner congé.

Si le logement constitue la résidence principale du locataire, un contrat écrit d'une durée minimale d'1 an doit être établi (9 mois s'il s'agit d'un étudiant). À l'expiration de ce contrat, le bail est tacitement reconduit pour 1 an (sauf s'il s'agit d'un étudiant). Néanmoins, le bailleur qui souhaite, à l'expiration du contrat, en modifier les conditions doit informer le locataire avec un préavis de 3 mois. Si le locataire accepte les nouvelles conditions, le contrat est renouvelé pour 1 an (*Code de la construction et de l'habitation, Art. L. 632-1*).

À NOTER

Le contrat de location doit préciser l'adresse du local (étage, n° de porte...), mais il doit aussi décrire le logement : nombre de pièces principales, pièces annexes, etc. Un document annexé au contrat doit faire l'inventaire des meubles qui garnissent le logement. Des dispositions spécifiques au logement meublé constituant la résidence principale du locataire (durée et reconduction du bail, règles du congé donné par le propriétaire ou le locataire...) s'appliquent à tout nouveau contrat de location meublée conclu depuis le 20/1/2005. Pour les contrats conclus avant cette date, elles ne s'appliquent que si le bailleur loue habituellement plus de 4 logements ; dans le cas contraire, il convient de s'en remettre aux dispositions figurant dans le bail ou, à défaut, aux dispositions du Code civil. Toutefois, l'obligation de mettre à disposition du locataire un logement décent s'impose à tout bailleur, quels que soient la date de conclusion du bail et/ou le nombre de logements loués, dès lors que le logement constitue la résidence principale du locataire (→ index, Logement décent).

Quand et comment donner congé ?

Le congé doit être notifié par lettre recommandée avec demande d'avis de réception. À défaut de clause contraire, c'est au terme de chaque période que le bailleur ou le preneur peut donner congé. Cependant, il doit prévenir l'autre partie en respectant le délai de préavis noté dans le contrat.

Habituellement, ce délai est de 3 mois, mais comme les locations meublées sont uniquement organisées par la volonté des parties, il peut aussi être d'une durée inférieure (1 mois, voire moins pour les locations de très courte durée).

À NOTER

Les dispositions des articles L. 632-1 et L. 632-2 du Code de la construction et de l'habitation, instituant une protection minimale pour les locataires d'un logement meublé constituant leur résidence principale, sont d'ordre public. Cela signifie qu'il n'est pas possible d'y déroger dans un sens défavorable au locataire.

Si le logement constitue la résidence principale du locataite, le bailleur doit, s'il ne souhaite pas renouveler le contrat, en informer le locataire en respectant un préavis de 3 mois et motiver son refus de renouvellement du bail soit par sa décision de reprendre ou de vendre le logement, soit par un motif légitime et sérieux, notamment l'inexécution par le locataire d'une de ses obligations.

Le locataire peut, quant à lui, résilier le contrat à tout moment sous réserve du respect d'un préavis d'1 mois (*Code de la construction et de l'habitation, Art. L. 632-1*).

À NOTER

Si le contrat est à durée déterminée et porte sur un logement ne constituant pas la résidence principale du locataire, en l'absence de clause particulière, le locataire ne peut donner congé qu'à l'échéance de la première période, puis de chacune des périodes renouvelées.

Pour conserver une certaine liberté, le locataire a donc tout intérêt à faire figurer, dans le contrat, une clause lui permettant de donner congé à tout moment moyennant le respect d'un délai de préavis convenu entre les deux parties.

Quelles sont les conditions financières de la location ?

Le contrat de location meublée doit être le plus précis possible en ce qui concerne le montant du loyer, le paiement des charges et le montant du dépôt de garantie. Car, comme toujours en la matière, le bail, seul, fait loi entre les parties.

Comment est fixé le loyer ?

Le loyer des locations meublées n'étant pas réglementé, c'est au propriétaire qu'il appartient de fixer librement le montant de son loyer. Seule la loi du marché s'impose à lui. À vouloir fixer un loyer trop élevé, il s'expose à une rotation importante de locataires, avec toutes les contraintes que cela impose : recherche de nouveaux candidats, visites, rédaction du bail, établissement de l'état des lieux...

C'est donc par le contrat que les parties prendront soin de déterminer le montant du loyer, mais aussi les dates auxquelles il devra être réglé.

Le loyer peut-il être révisé ?

Le contrat de location peut prévoir la possibilité de réviser, chaque année, le montant du loyer, sur la base de l'évolution d'un indice choisi par les parties. À défaut d'une telle clause, le propriétaire ne peut réclamer à son locataire une augmentation de loyer, celui-ci restant fixé à sa valeur initiale.

Le plus souvent, les loyers sont encore indexés sur l'évolution de l'indice trimestriel du coût de la construction (ICC) publié par l'INSEE *(Voir pages Barème)*. Il est toutefois possible, et même recommandé, de choisir le nouvel indice de référence des loyers (IRL), également publié par l'INSEE, puisque désormais, quel que soit l'indice mentionné dans le contrat, l'augmentation qui résulte de la révision du loyer ne peut excéder la variation de cet indice (*Code de la construction et de l'habitation, Art. L. 632-1*).

Sauf précision différente, l'indice de référence est le dernier indice connu au moment de la signature du contrat, sachant que les indices publiés par l'INSEE (ICC ou IRL) paraissent avec plusieurs mois de différé ; ainsi, par exemple, au 1er janvier, on ne connaît que l'IRL du 2e trimestre de l'année précédente.

Tous les ans, la révision de loyer se calcule sur la base de la variation de l'indice du même trimestre (par exemple, indice du 3e trimestre de l'année en cours comparé à l'indice du 3e trimestre de l'année précédente).

Pour calculer le montant du loyer revalorisé, il suffit ensuite d'appliquer la formule suivante :

$$\frac{\text{ancien loyer} \times \text{nouvel indice}}{\text{ancien indice}} = \text{nouveau loyer}$$

EXEMPLE DE CALCUL DE VARIATION DU LOYER

Le loyer initial d'une location ayant débuté le 17/4/2008 est fixé à 500 €. À cette date, le dernier indice de référence des loyers (IRL) connu était celui du 1er trimestre 2008, dont la valeur s'établissait à 115,12.
Au 17/4/2009, il faut tenir compte du nouvel IRL, tel que sa formule de calcul a été fixée par la loi n° 2008-111 du 8/2/2008, et dont les valeurs se substituent aux valeurs précédemment applicables *(Voir pages Barème)*. En l'espèce, le loyer revalorisé au 17/4/2009 est obtenu en appliquant la formule suivante :
500 € × nouvel IRL 1er trimestre 2009 ÷ Nouvel IRL 1er trimestre 2008 = 511,20 €.

À NOTER

S'il est possible, en matière de location meublée, de calculer comme indiqué plus haut l'augmentation de loyer, des règles particulières s'appliquent aux locations vides relevant de la loi du 6/7/1989.

Comment sont fixées les charges ?

- En matière de location meublée, rien n'interdit d'imputer au locataire des charges forfaitaires, c'est-à-dire de définir une somme fixe qui ne varie plus quel que soit le montant réel des charges.

Les contrats prévoient généralement, dans ce cas, que le forfait de charges est indexé chaque année, comme le loyer principal.

- Il est aussi possible de demander au locataire le remboursement des charges locatives suivant le montant réellement payé.

Pour déterminer les charges récupérables, locataire et propriétaire peuvent se référer au décret applicable en matière de locations vides. Dans ce cas, c'est la procédure classique qui s'applique : une provision est demandée au locataire, puis une régularisation intervient en fin d'année lorsque les comptes sont définitivement arrêtés.

À NOTER

Lorsqu'une provision est demandée, son montant est réajusté chaque année en fonction des dépenses réelles de l'année précédente et de l'état prévisionnel des dépenses pour l'année suivante.

AVANTAGE

La pratique des charges forfaitaires est adaptée aux logements où les charges sont peu élevées et peu sujettes à variation (les chambres de service, par exemple), et à tous les logements loués pour de courtes durées.

ATTENTION ⚠

Les charges forfaitaires risquent de défavoriser l'une ou l'autre des parties, en cas de variation des charges. Par ailleurs, elles n'incitent pas le locataire à économiser les fournitures ou les équipements.

Quel est le montant du dépôt de garantie ?

Le dépôt de garantie est généralement fixé à 2 mois de loyer hors charges, mais dans le cas de location de courte durée, pour 3 mois, par exemple, il est fréquent que le propriétaire ne demande qu'1 mois. Sur ce point, il faut rappeler que les locations meublées ne sont pas soumises aux règles impératives de la loi du 6/7/1989 concernant le montant maximal du dépôt de garantie ; le montant de ce dépôt est donc déterminé librement entre le bailleur et le locataire.

Que vous soyez propriétaire ou locataire, faites préciser dans le contrat quand sera restitué le dépôt de garantie. On peut se calquer sur les règles applicables en matière de location vide et prévoir que le propriétaire s'engage à restituer le dépôt de garantie au maximum dans les 2 mois qui suivent le départ du locataire. Il s'agit cependant d'une durée assez longue qui peut être réduite.

Quelles sont les annexes au contrat ?

Pour être complet, le contrat de location meublée doit comporter un certain nombre d'annexes essentielles.

Ainsi, il faut établir lors de la remise des clés :

– un état des lieux indiquant, le plus précisément possible, l'état du logement ;

– un inventaire précisant l'ensemble des meubles mis à la disposition du locataire.

Ces documents doivent être établis en autant d'exemplaires qu'il y a de parties prenantes au contrat.

Lors du départ du locataire, un état des lieux et un inventaire seront à nouveau établis, pour permettre, par comparaison avec les documents d'origine, de constater les éventuelles dégradations imputables au locataire. Si de telles dégradations existent, le propriétaire devra fournir des factures ou des devis justifiant le montant qu'il déduit du dépôt de garantie. Si celui-ci ne suffit pas à couvrir les frais, le locataire devra acquitter le solde.

À NOTER

Pour garantir le paiement des loyers, le propriétaire peut exiger qu'une tierce personne se porte caution du locataire.

Attention : pour être valable, un engagement de caution doit être correctement libellé. Il est donc préférable de recourir à un modèle type de caution plutôt que de se lancer dans la rédaction d'un tel engagement ***(voir Modèle n° 31)***.

Les locations saisonnières

Bien qu'elles relèvent principalement du Code civil, les locations saisonnières font également l'objet de textes particuliers. Ces textes visent notamment à protéger le locataire qui, bien souvent, accepte une offre sans avoir pu visiter les lieux au préalable.

Qu'est-ce qu'une location saisonnière ?

Bien qu'elle soit souvent assimilée à une location meublée, la location saisonnière s'en distingue cependant :
– il s'agit d'une location de courte durée, alors que la location meublée traditionnelle ne comporte aucune limitation de durée ;
– la location saisonnière peut porter sur un logement vide, sans meubles, même si, en pratique, les locaux sont meublés de façon systématique pour la commodité des locataires.

À NOTER

La location saisonnière ne doit jamais excéder une saison, c'est-à-dire une période déterminée de l'année, assez courte, pendant laquelle une localité considérée reçoit un afflux de résidents. La location saisonnière est celle « dont la durée n'excède pas celle d'une saison d'été ou d'hiver, c'est-à-dire 3 mois » (Réponse ministérielle n° 39019, JO du 26/12/1983). La Cour de cassation a une position plus souple, puisqu'elle a considéré, par exemple, que dans une région touristique telle que la Côte d'Azur, des propriétaires pouvaient consentir des locations à caractère saisonnier sur 6 mois, aussi bien pendant la saison estivale que pendant la saison hivernale (Cour de cassation, 3e chambre civile, 22/7/1987).

Quels sont les différents types de locations ?

Tout local d'habitation peut être affectée à la location saisonnière. Les propriétaires qui le désirent peuvent toutefois, moyennant quelques contraintes, s'associer à un label de qualité.

Les meublés de tourisme

Les meublés de tourisme sont définis comme des « villas, appartements ou studios meublés, à l'usage exclusif du locataire, offerts en location à une clientèle de passage qui n'y élit pas domicile » (*Arrêté du 8/1/1993, Art. 1er*).

Toute personne qui offre à la location un meublé de tourisme doit en avoir préalablement fait la déclaration auprès du maire de la commune où est situé le meublé (*Code de tourisme, Art. L. 324-1-1*). De même, toute personne qui offre à la location une ou plusieurs chambres d'hôtes doit en avoir préalablement fait la déclaration auprès du maire de la commune du lieu de l'habitation concernée.

Ils sont répartis en cinq catégories (de 1 à 5 étoiles) en fonction de leur confort et de leur situation. Les meublés les plus étoilés disposent en plus d'équipements destinés aux loisirs (piscine, tennis, etc.).

AVANTAGE

Tous les locaux « labellisés » meublés de tourisme doivent répondre à des conditions minimales de confort et d'habitabilité fixées par le décret du 6/3/1987. En outre, ils sont toujours situés hors des zones de nuisances, routes à grande circulation, voies ferrées, aéroports, etc.

À NOTER

En cas de litige portant sur le non-respect des normes de confort, le locataire peut s'adresser au préfet par lettre recommandée avec demande d'avis de réception dans un délai de 8 jours à partir du début de la location. Ce dernier peut faire effectuer une visite des locaux par des personnes habilitées. Le préfet peut, après avis d'une commission spécialisée, prononcer le déclassement dans une catégorie inférieure ou radier le meublé de la liste des meublés classés.

Les gîtes de France

Les agriculteurs ou propriétaires ruraux peuvent mettre à la disposition des vacanciers des locaux meublés. Le label « Gîtes de France » garantit que ces locaux répondent à des normes minimales de confort. Le classement se fait à l'intérieur de quatre catégories symbolisées par des épis. Ce classement, ainsi que tous les litiges et sanctions, relèvent de la compétence des relais départementaux des gîtes de France.

Les locaux non classés

Malgré les efforts accomplis ces dernières années, de nombreuses locations saisonnières demeurent encore hors des labels existants et n'ont fait l'objet d'aucun classement. Cela s'explique par le fait que les propriétaires ne souhaitent pas se plier aux exigences des différents labels, et ce d'autant plus qu'aucune incitation fiscale n'est prévue pour encourager ces classements.

À NOTER

Les chambres d'hôtes sont des chambres aménagées et équipées en vue d'accueillir des touristes et de leur offrir le coucher et le petit déjeuner. S'ils le désirent, les propriétaires peuvent adhérer à la charte élaborée par la Fédération nationale des gîtes de France – chambres d'hôtes. Certains aménagements de confort et certaines conditions d'accueil doivent alors être respectés.

Comment se passe la réservation ?

La réservation d'une location saisonnière est une étape délicate dans la mesure où le locataire, souvent, n'a pas vu le logement. Diverses réglementations visent à protéger le locataire, notamment en prévoyant la remise préalable d'un descriptif.

Quel est le contenu du descriptif obligatoire ?

Lors de la réservation d'une location saisonnière, le propriétaire doit fournir un descriptif précis du logement, avant tout versement effectué par le locataire.

Ce descriptif doit préciser :

– la consistance du local (maison, appartement, pièces faisant partie d'un autre logement, type de construction, jardin...) ;

– le nombre de pièces principales et annexes ;

– la surface, l'étage ;

– la présence d'équipement (ascenseur, piscine, jardin...) ;

– la situation dans la localité en précisant à quelle distance se situe le logement par rapport au centre-ville, aux commerces, aux équipements publics, à la mer et aux principaux centres d'intérêts ;

– l'équipement intérieur du local (électroménager, ameublement, literie...) ;

– l'état d'entretien du logement et des équipements ;

– l'inventaire des appareils et des ustensiles mis à la disposition du locataire (batterie de cuisine, couchage, petit électroménager...) ;

– le prix et les conditions financières de la location ;

– la période de location ainsi que les jours et heures d'arrivée et de départ.

Ce descriptif est rendu obligatoire par l'arrêté n° 25-305 du 16/5/1967. Cet arrêté propose d'ailleurs un modèle préétabli qui permet de répondre ainsi à toutes les questions qu'un locataire pourrait se poser.

En présence d'un logement qui ne correspond pas aux informations du descriptif, le locataire peut saisir la commission départementale d'action touristique, située en préfecture, qui proposera un règlement amiable. À défaut, il peut porter plainte et écrire à la direction départementale de la concurrence et de la consommation.

À NOTER

Tout propriétaire qui délivre, à l'occasion de la remise de ce descriptif, des renseignements manifestement inexacts encourt une amende. Toute personne qui divulgue des renseignements inexacts ou de caractère trompeur par un moyen de publicité (petite annonce) notamment, commet un délit de publicité mensongère qui l'expose à une peine d'amende et/ou d'emprisonnement.

Quelles sommes faut-il verser à la réservation ?

Lors de la réservation d'une location saisonnière, le locataire verse une somme dont le montant n'est pas réglementé pour les locations entre particuliers. En règle générale, il faut prévoir 20 ou 25 % du loyer total. Lorsque la location est faite par l'intermédiaire d'un professionnel, pour une durée maximum de 90 jours, le montant de la réservation ne peut dépasser 25 % (*Décret n° 72-678 du 20/7/1972, Art. 68*).

Les sommes ainsi versées peuvent être qualifiées d'arrhes ou d'acompte :

– s'il s'agit d'un acompte, la somme est considérée comme le paiement d'une partie du prix et ni le locataire ni le propriétaire ne peuvent se désister, sauf à insérer dans le contrat une clause prévoyant des modalités spéciales de désistement ;

– s'il s'agit d'arrhes, le propriétaire, s'il se désiste, devra rembourser le double de cette somme au locataire. À l'inverse, si c'est le locataire qui se désiste, il perdra simplement ses arrhes.

LA RÉSERVATION À DISTANCE

Les articles L. 121-16 et suivants du Code de la consommation réglementent les contrats conclus à distance et s'appliquent notamment aux contrats de locations saisonnières qui sont fréquemment ainsi conclus.
Dans ce cas, le consommateur doit recevoir, par écrit ou sur un autre support durable, l'offre de contrat mentionnant les informations suivantes :
- le nom du prestataire de services, son numéro de téléphone, son adresse ou s'il s'agit d'une personne morale, son siège social et, si elle diffère, l'adresse de l'établissement responsable de l'offre ;
- les modalités de paiement, d'exécution ;
- l'existence d'un droit de rétraction ;
- la durée de la validité de l'offre et du prix de celle-ci.

En cas de démarchage par téléphone ou par toute autre technique assimilable, le professionnel doit indiquer explicitement au début de la conversation son identité et le caractère commercial de l'appel (*Code de la consommation, Art. L. 121-18*).
Le consommateur dispose d'un délai de 7 jours francs pour exercer son droit de rétractation sans avoir à justifier de motifs ni à payer de pénalités, à l'exception, le cas échéant, des frais de retour. Ce délai court à compter de l'acceptation de l'offre pour les prestations de services. Lorsque le délai de 7 jours expire un samedi, un dimanche ou un jour férié ou chômé, il est prorogé jusqu'au premier jour ouvrable suivant (*Code de la consommation, Art. L. 121-20*).

AVANTAGE

Les arrhes permettent aux deux parties de se dédire, moyennant la perte du montant des arrhes. C'est une souplesse que n'a pas l'acompte.

ATTENTION ⚠

Si l'une des parties se dédit au dernier moment, en acceptant de perdre le montant des arrhes, l'autre partie peut subir un préjudice important.

À NOTER

Il est possible de prévoir que les arrhes se transformeront en acompte si le désistement intervient moins d'1 mois avant le début de la location. Dans cette dernière hypothèse, le propriétaire peut donc demander le paiement intégral du loyer et le locataire peut exiger du propriétaire qu'il procède malgré tout à la location, sauf à convenir de dommages et intérêts.

À NOTER

Le solde ne peut être exigé qu'1 mois, au plus tôt, avant l'entrée dans les lieux.

Quelles sont les conditions de la location ?

Si le descriptif est obligatoire, il n'en est pas de même pour le contrat et l'on pourrait donc se contenter d'un simple échange de courrier pour concrétiser la location. Dans tous les cas, il est préférable d'établir un contrat écrit. Si la liberté de rédaction n'est limitée par aucune loi, on s'attachera néanmoins à éviter toutes clauses qui seraient de nature à restreindre trop fortement les droits de l'une ou l'autre des parties.

Comment est fixé le loyer ?

Aucun texte ne prévoit la fixation du loyer. Celui-ci est défini librement entre les parties. Avant de s'engager, il est toutefois recommandé de prendre contact avec le syndicat d'initiative le plus proche pour connaître la fourchette des prix pratiqués, compte tenu des prestations proposées.
Au loyer proprement dit s'ajoutent les charges liées à l'entretien de l'appartement ou de la maison. On peut inclure les charges dans le loyer, prévoir un supplément de charges forfaitaires ou, ce qui est plus rare en matière de locations saisonnières, pratiquer par provision de charges que l'on apure ensuite, dès que l'on a connaissance des justificatifs.

AVANTAGE

Les charges forfaitaires sont adaptées à la location saisonnière et chacun sait ainsi à quoi s'attendre. Il faut simplement veiller à ce qu'elles soient évaluées de manière raisonnable, afin que ni le propriétaire ni le locataire ne se trouvent lésés.

Doit-on prévoir un dépôt de garantie ?

Un dépôt de garantie peut être exigé lors de l'entrée dans les lieux avec le solde du loyer afin de garantir le propriétaire contre d'éventuels dégâts qui pourraient

être constatés à la fin de la période de location. Le dépôt de garantie s'élève généralement à 20 ou 30 % du loyer, mais la loi ne prévoit pas de limite précise.
Il est prudent de prévoir, dans le contrat, les modalités et la date de remboursement du dépôt de garantie. En pratique, le locataire a intérêt à prévoir une restitution immédiate, lors de la remise des clés, si le propriétaire ne constate aucun dégât.

À NOTER

Aucune loi n'interdit au propriétaire de demander à son locataire le versement de la totalité du loyer avant l'entrée dans les lieux. Toutefois, il est d'usage d'exiger seulement des arrhes au moment de la réservation et de demander le paiement du solde à la remise des clés. En outre, lorsque la location est effectuée par l'intermédiaire d'un agent immobilier, aucune somme ne peut être versée plus de 6 mois avant le début de la location, ni excéder en aucun cas, lorsque les versements sont faits avant l'entrée dans les lieux, le quart du montant du loyer. Le versement du solde du loyer peut être exigé contre la remise des clés.

Quelle est la durée de la location ?

Les locations saisonnières, conclues la plupart du temps pendant les périodes de vacances, n'excèdent pas en principe la durée d'une saison. Elles peuvent donc être convenues à la semaine, à la quinzaine ou au mois. Il faut évidemment libérer les lieux dans les délais convenus, certains contrats prévoyant des indemnités pour chaque heure de retard.

Faut-il assurer le logement ?

Contrairement aux locations vides de résidence principale, le locataire n'a pas d'obligation légale de s'assurer. Mais comme il est présumé responsable, pendant toute la durée de la location, des dégradations et pertes qui surviennent à la suite d'un incendie (*Code civil, Art. 1732*), mieux vaut régler la question de l'assurance dès l'établissement du contrat.
La situation est différente selon que le propriétaire se charge ou non d'assurer le logement :

- le propriétaire se charge d'assurer le logement pour le compte de tous les locataires successifs. En accord avec son assureur, il souscrit une assurance « pour le compte de qui il appartiendra » avec abandon de recours. Autrement dit, le propriétaire renonce à agir ensuite contre son locataire, ce dernier étant ainsi couvert pour tous les dommages causés au logement ou aux personnes, qu'il s'agisse des voisins ou des tiers ;
- le propriétaire ne désire pas se charger des problèmes d'assurance. Le contrat doit alors préciser que le locataire est tenu de s'assurer. Deux cas peuvent alors se présenter :

– l'assurance multirisque habitation de la résidence principale du locataire comprend une garantie « villégiature ». Le locataire n'a donc aucune démarche particulière à effectuer. Mais, si la propriété louée est de grande valeur par rapport à celle qu'il occupe habituellement, il a tout intérêt à le préciser à son assureur afin de modifier les conditions de son contrat,
– l'assurance du logement principal du locataire ne comprend pas de clause « villégiature ». Le locataire doit alors souscrire une assurance spéciale pour la période de location (→ index, *Assurance habitation*).

À NOTER

La question de l'assurance ne doit jamais être négligée. Si le propriétaire s'en charge, ce qui est le plus simple, il faut l'inscrire dans le contrat. Si c'est au locataire de s'assurer, le propriétaire a intérêt à lui réclamer un justificatif lors de l'entrée dans les lieux.

Le contrat doit-il décrire précisément le logement ?

Sans reprendre en détail tous les éléments du descriptif, le contrat de location doit mentionner les caractéristiques du logement loué : maison ou appartement, nombre de pièces, équipements privatifs et communs mis à disposition du locataire, etc. Si le logement loué est situé sur un terrain commun à d'autres maisons, il faut le mentionner et préciser, le cas échéant, que le locataire devra partager avec d'autres les installations de loisirs (piscine, tennis...), ceci afin de ne pas créer de confusion entre les équipements strictement privatifs et les autres.
Le plus simple est d'annexer au contrat le descriptif remis par le propriétaire au moment de la réservation.

Peut-on prévoir des restrictions particulières ?

Comme dans toute location, le propriétaire est tenu de délivrer le logement en bon état. Le locataire doit l'occuper en « bon père de famille », payer le loyer et respecter les conditions du contrat. Celui-ci peut comporter quelques restrictions. Ainsi :

- le propriétaire peut préciser le nombre maximal de personnes autorisées à résider dans les lieux, et ce afin de limiter tout abus de la part des futurs locataires tentés d'héberger de nombreux amis ;
- s'il est légalement impossible d'interdire au locataire d'introduire des animaux familiers dans le logement

loué (*Loi du 9/7/1970, Art. 10*), celui-ci reste pleinement responsable des troubles causés par ses chiens ou chats.

Comment se déroule la location ?

› L'entrée dans les lieux

L'entrée dans les lieux du locataire est une étape importante qui voit converger plusieurs opérations : la remise des clés et l'établissement de l'état des lieux, ainsi que le paiement du solde du loyer. C'est lors de cette étape que propriétaire et locataire prendront toutes les précautions utiles afin d'éviter les surprises ultérieures.

Établir un état des lieux

Il est indispensable d'établir un état des lieux et un inventaire lors de la remise des clés. Ils doivent être aussi complets et détaillés que possible et signés par les deux parties. Ils recensent l'ensemble des équipements et leur état. L'établissement de ces documents permet de s'assurer de la conformité du logement, de son environnement et de ses équipements avec le descriptif. Dans le cas contraire, des réserves sont consignées. À l'opposé, s'il n'a pas été procédé à l'état des lieux le locataire est présumé avoir reçu les locaux en bon état (*Code Civil, Art. 1731*).

Le défaut de conformité au descriptif

Il se peut que le logement ne corresponde pas à la description faite par le propriétaire : la plage est à 2 km et non à 300 mètres, le jardin n'est en fait qu'une petite cour pavée…

Deux situations peuvent alors se présenter :

– le locataire décide de rester moyennant une diminution du prix du loyer, négociée à l'amiable avec le propriétaire. Un accord écrit est alors nécessaire pour constater le litige et l'arrangement convenu entre les parties ;

– le locataire considère que le défaut de conformité est suffisant pour justifier l'annulation du contrat et obtenir le remboursement de la somme versée pour la réservation. Le locataire ne perçoit alors pas de dommages et intérêts mais il peut considérer que cette solution amiable évite un recours judiciaire.

La situation est plus complexe si le locataire estime subir un préjudice ou s'il ne trouve pas d'accord avec le propriétaire.

Pour mettre toutes les chances de son côté, le locataire doit alors respecter ces différentes étapes :

Se ménager des preuves

Le premier réflexe du locataire doit être de se ménager des preuves. L'idéal est de faire établir un constat d'huissier, et sans délai, c'est-à-dire le jour même de l'arrivée. Un constat établi 3 jours après le début de la location peut être contesté, principalement si le problème concerne l'intérieur du logement et les éléments d'équipement.

Il est vrai qu'il n'est pas toujours facile de faire intervenir sans délai un huissier. À défaut, il convient alors de prendre des photos ou des films et de trouver des témoignages, ceux des voisins, par exemple, afin de réunir le maximum de preuves.

S'il s'agit, en revanche, d'un problème de distance (par exemple, la plage ou les équipements plus éloignés qu'indiqués), la preuve peut en être apportée facilement avec un plan ou des dépliants sur la région.

Tenter une conciliation amiable

Muni des éléments de preuve qu'il aura réuni, le locataire peut tenter une conciliation amiable en s'adressant à l'un des organismes suivants :

– s'il s'agit d'une location classée « Meublés de tourisme », à la commission départementale d'action touristique, qui siège à la préfecture. Cette commission doit être saisie dans les 8 jours qui suivent le début de la location par lettre recommandée avec demande d'avis de réception. Le préfet peut alors faire contrôler les locaux loués par des personnes habilitées. La commission s'efforce en outre d'aboutir à un arrangement amiable entre les parties ;

– s'il s'agit d'un gîte rural, au relais départemental des gîtes de France qui tentera d'obtenir un accord amiable ;

– s'il s'agit d'un meublé non classé, à la direction départementale de la concurrence, de la consommation et de la répression des fraudes. Celle-ci exercera un contrôle et, s'il y a lieu, dressera un procès-verbal qu'elle transmettra au procureur de la République.

Engager une procédure devant le tribunal

Si aucune solution amiable n'est possible, la dernière étape consiste à former un recours devant le tribunal, avec deux actions possibles :

– une action pénale, en portant plainte soit auprès du commissariat ou de la gendarmerie, soit en écrivant au procureur de la République une lettre simple avec tous les justificatifs ;

– une action civile, devant le tribunal d'instance, qui aboutira, le cas échéant, à l'annulation du contrat, la restitution des sommes versées et même le versement de dommages et intérêts ou bien seulement à une diminution du loyer.

À NOTER

On peut cumuler les deux actions, civile et pénale, en portant plainte et en se constituant partie civile. La demande doit être adressée dans ce cas au doyen des juges d'instruction du tribunal de grande instance, sachant qu'il faut consigner des frais pour cela (environ 150 €). Il est aussi possible de porter plainte dans un premier temps, puis de se constituer partie civile à tout moment de la procédure.

› La sortie des lieux

Lors de la sortie des lieux, locataire et propriétaire vont solder leur compte, notamment en ce qui concerne les charges et le dépôt de garantie. Ils feront également le point sur l'état du logement et les dégradations éventuelles.

L'état des lieux de sortie

Si l'état des lieux de sortie ne mentionne aucune dégradation imputable au locataire, le propriétaire doit lui restituer la totalité du dépôt de garantie.
En revanche, si le locataire a détérioré le logement, le propriétaire est en droit de prélever le montant des réparations sur le dépôt de garantie, à condition de fournir les justificatifs correspondants (factures). Si le dépôt de garantie ne suffit pas à compenser cette dépense, le propriétaire doit mettre en demeure le locataire de payer le solde par lettre recommandée avec demande d'avis de réception. Si cette démarche n'aboutit pas, le propriétaire devra assigner son locataire devant le tribunal d'instance.

La restitution du dépôt de garantie

Le propriétaire peut être tenu, par le contrat, de restituer le dépôt de garantie le jour même du départ. Si le contrat ne prévoit rien, il est d'usage que le dépôt de garantie soit restitué dans les 10 jours qui suivent la fin de la location.
Dans l'un ou l'autre cas, si ce remboursement tarde, le locataire doit, en premier lieu, envoyer une mise en demeure par lettre recommandée avec demande d'avis de réception, puis, à défaut de réponse, saisir le tribunal d'instance du lieu de situation du logement loué pour obtenir ce remboursement. Il peut, pour cela, utiliser la procédure d'injonction de payer.

SÉCURITÉ DES PISCINES

Afin de prévenir le risque de noyade, notamment chez les jeunes enfants, la loi n° 2003-9 du 3/1/2003 et son décret d'application du 31/12/2003 modifié par le décret du 7/6/2004 font obligation aux propriétaires de piscines non closes privatives à usage individuel ou collectif d'installer ou de faire installer un dispositif de sécurité normalisé dès lors que le bassin est enterré ou semi-enterré. Cette obligation s'applique aux piscines installées depuis le 1/1/2004. Les propriétaires de piscines installées avant le 1/1/2004 doivent avoir équipé leur piscine, au plus tard le 1/1/2006, d'un dispositif de sécurité normalisé, sous réserve qu'existe à cette date un tel dispositif adaptable à leur équipement. Toutefois, en cas de location saisonnière, ce dispositif de sécurité devait être installé avant le 1/5/2004. L'ensemble de la réglementation applicable ainsi que la description des dispositifs de protection homologués peuvent être consultés sur le site Internet *www.logement.gouv.fr* (rubrique « Sécurité des piscines privées »).
Le non-respect de ces obligations est puni d'une amende de 45 000 €.

Le droit commun de la location

Parler de « droit commun de la location », c'est faire référence à la loi qui régit le plus grand nombre de logements vides loués à titre de résidence principale. À l'heure actuelle, après les lois Quillot et Méhaignerie, c'est la loi du 6/7/1989 qui constitue ce droit commun de la location. C'est donc elle qui organise les relations entre locataire et propriétaire, qui définit leurs obligations respectives, qui fixe les règles applicables en matière de loyer, de charges, de dépôt de garantie, etc.

Quel est le champ d'application de la loi ?

La loi n° 89-462 du 6/7/1989 impose aux deux parties, locataires comme propriétaires, le respect d'un certain nombre de règles impératives. Il est dès lors indispensable de distinguer les logements soumis à ces dispositions, et pour lesquels la liberté des parties sera encadrée, de ceux qui ne le sont pas.

Quels sont les logements soumis à la loi du 6/7/1989 ?

Le domaine d'application de la loi n° 89-462 du 6/7/1989 est très vaste. Toutes les locations vides de résidence principale relèvent de ses dispositions, à l'exception des locations soumises à un texte spécial (locations relevant de la loi du 1/9/1948, locations HLM...) et des locations expressément exclues (meublés, locations saisonnières...). Peu importe donc la situation géographique du logement : métropole ou départements d'outre-mer (à l'exception des territoires d'outre-mer), le fait qu'il soit ancien ou récent, etc.

L'élément principal qui détermine l'application de la loi du 6/7/1989 est la notion de résidence principale. La loi du 6/7/1989 ne donnant pas de définition de cette notion, on peut s'en remettre à la définition applicable pour le bénéfice des aides au logement (l'APL, par exemple) : constitue la résidence principale du locataire celle qu'il occupe au moins 8 mois par an, à moins que sa profession, sa fonction ou tout autre motif légitime ne justifie une occupation d'une durée moindre.

Plus généralement, on définit la résidence principale comme celle où une personne décide de fixer le centre de ses activités avec une certaine permanence. C'est précisément parce qu'elles ne répondent pas à ce critère que les résidences secondaires ou saisonnières ne relèvent pas des dispositions de la loi du 6/7/1989.

Quelles sont les locations exclues de la loi du 6/7/1989 ?

La loi du 6/7/1989 (*Art. 2*) exclut expressément certaines locations de son domaine d'application. Sont visés :
– les logements de fonction, c'est-à-dire le logement loué au salarié par son employeur. Les conditions de la location (loyer, charges, durée du bail...) relèvent de l'accord des parties et du Code civil. Afin d'éviter tout litige, il convient de préciser, dans le contrat de location, que celui-ci ne constitue qu'un accessoire du contrat de travail liant les parties ;
– les locations meublées (→ index, *Locations meublées*) et les locations saisonnières (→ index, *Locations saisonnières*) ;

À NOTER

Les dispositions relatives au dossier de diagnostic technique (→Dossier de diagnostic technique) s'appliquent aux locations à caractère saisonnier, aux locaux meublés, aux logements de fonction et aux locations consenties aux travailleurs saisonniers.
Les dispositions relatives à la décence du logement (→ index, Logement décent) s'appliquent, dès lors qu'ils constituent la résidence principale du locataire, aux logements foyers, aux locaux meublés, aux logements de fonction et aux locations consenties aux travailleurs saisonniers.

– les locaux à usage exclusivement professionnels ;
– les locaux commerciaux qui sont régis par un texte spécial (*Décret du 30/9/1953*) ;
– les locations constituant un mode d'accession à la propriété, c'est-à-dire principalement la location-accession, organisée par la loi du 12/7/1984 ;

– les locations d'emplacement pour le stationnement des véhicules (garages, parkings...). Attention : de telles locations sont soumises à la loi du 6/7/1989 si elles dépendent d'un local lui-même soumis à cette loi ;
– les baux ruraux (baux à ferme en particulier) ;
– les logements-foyers.

AVANTAGE

Si vous êtes locataire, vous devez savoir que la loi du 6/7/1989 est d'ordre public, ce qui constitue une protection pour vous. En effet, cela signifie qu'il n'est pas possible de prévoir, par contrat, des clauses qui seraient contraires aux dispositions que cette loi édicte. Conséquence de ce principe : toute clause du contrat contraire à la loi est réputée non écrite, c'est-à-dire considérée comme nulle et non avenue. Ce serait le cas, par exemple, si le propriétaire insérait une clause l'autorisant à donner congé à tout moment, alors qu'il ne peut le faire qu'à l'échéance du bail, ou encore une clause l'autorisant, chaque année, à vous réclamer un dépôt de garantie, alors que celui-ci est versé une fois pour toutes en début de location.

LUTTE CONTRE LES DISCRIMINATIONS

La loi n° 2002-73 du 17/1/2002 de modernisation sociale insère dans la loi du 6/7/1989 trois dispositions destinées à lutter contre les discriminations concernant :

✓ Les refus de location

Le principe selon lequel « aucune personne ne peut se voir refuser la location d'un logement en raison de son origine, son patronyme, son apparence physique, son sexe, sa situation de famille, son état de santé, son handicap, ses mœurs, son orientation sexuelle, ses opinions politiques, ses activités syndicales ou son appartenance ou sa non-appartenance vraie ou supposée à une ethnie, une nation, une race ou une religion déterminée » est désormais formellement affirmé. En cas de litige, la personne s'étant vu refuser la location d'un logement peut s'adresser au juge. Elle doit lui présenter des éléments de fait (par exemple des témoignages) laissant supposer l'existence d'une discrimination directe ou indirecte. Au vu de ces éléments, il incombe à la partie défenderesse (le bailleur ou son représentant) de prouver que sa décision est justifiée. Le juge forme sa conviction après avoir ordonné, en cas de besoin, toutes les mesures d'instruction qu'il estime utiles (*Loi du 6/7/1989, Art. 1er, alinéas 3 et 4*). C'est ainsi, par exemple, que la Cour d'appel de Toulouse a jugé que la responsable d'une agence immobilière s'était rendue coupable de discrimination raciale en refusant, lors d'un entretien téléphonique, de préparer un contrat de bail au nom d'une personne en raison de son patronyme (*Cour d'appel, Toulouse, 5/10/2004*).

✓ Les pièces à produire en vue de la location

En préalable à l'établissement du contrat de location, le bailleur ne peut demander au candidat à la location de produire les documents suivants : photographie d'identité, hormis celle de la pièce justificative d'identité ; carte d'assuré social ; copie de relevé de compte bancaire ou postal ; attestation de bonne tenue de compte bancaire ou postal ; attestation d'absence de crédit en cours ; autorisation de prélèvement automatique ; jugement de divorce, à l'exception du paragraphe commençant par l'énoncé : « Par ces motifs » ; attestation du précédent bailleur indiquant que le locataire est à jour de ses loyers et charges, dès lors que le locataire peut présenter d'autres justificatifs ; attestation de l'employeur dès lors qu'il peut être fourni le contrat de travail et les derniers bulletins de salaire ; contrat de mariage ; certificat de concubinage ; chèque de réservation de logement ; dossier médical personnel ; extrait de casier judiciaire ; remise sur un compte bloqué de biens, d'effets, de valeurs ou d'une somme d'argent correspondant à plus d'1 mois de loyer en principal en l'absence du dépôt de garantie ou de la souscription de la garantie autonome prévue à l'article 2321 du Code civil ; production de plus de deux bilans pour les travailleurs indépendants (*Loi du 6/7/1989, Art. 22-2*).

✓ La nationalité de la caution

Lorsqu'un cautionnement pour les sommes dont le locataire serait débiteur dans le cadre de son bail est exigé par le bailleur, celui-ci ne peut refuser la caution présentée au motif qu'elle ne possède pas la nationalité française ou qu'elle ne réside pas sur le territoire métropolitain (*Loi du 6/7/1989, Art. 22-1, alinéa 3*).

Quelles sont les locations en partie soumises à la loi du 6/7/1989 ?

La loi du 6/7/1989 s'applique pour partie à des logements soumis par ailleurs à des réglementations spécifiques. Il en va ainsi notamment pour :
– les locations HLM ;
– les locations soumises à la loi du 1/9/1948 ;
– les logements conventionnés, c'est-à-dire ceux ayant fait l'objet d'une convention entre le bailleur et l'État en application de l'article L. 351-2 du Code de la construction et de l'habitation. Les dispositions de la loi du 6/7/1989 s'appliquent sauf en ce qui concerne les règles de préavis et de forme des congés, la durée du contrat et les facultés de résiliation par le locataire, la révision du loyer, le dépôt de garantie.

À NOTER

Pour savoir si votre logement est conventionné, vous pouvez soit interroger votre propriétaire ou l'organisme qui gère votre logement, soit vous reporter à votre bail.

Le contrat de location

Les parties doivent signer un contrat de location établi par écrit (*Loi du 6/7/1989, Art. 3*). S'agissant d'un document essentiel, plusieurs questions se posent : quel est son contenu, qui doit le signer, en combien d'exemplaires faut-il l'établir, faut-il prévoir des annexes... ?

Quel est le contenu du contrat de location ?

Ce contenu est fixé par la loi. Plus exactement, celle-ci donne une liste des mentions qui doivent obligatoirement figurer dans le contrat de location. Celui-ci doit ainsi préciser :

– le nom ou la dénomination du bailleur et son domicile ou son siège social, ainsi que, le cas échéant, ceux de son mandataire ;

– la date de prise d'effet du contrat, qui correspond à la date à laquelle le logement sera mis à disposition du locataire. Bien souvent, elle diffère de la date de signature du contrat ;

– sa durée (→ index, *Locations, loi du 06.07.89, durée du bail*) ;

– la consistance (→ index, *Locations, loi du 06.07.89, description du logement*) et la destination du logement (→ index, *Locations, loi du 06.07.89, usage du logement*) ;

– la désignation des locaux et des équipements d'usage privatif dont le locataire a la disposition exclusive et, le cas échéant, l'énumération des parties, équipements et accessoires de l'immeuble qui font l'objet d'un usage commun ;

– le montant du loyer, ses modalités de paiement (→ index, *Locations, loi du 06.07.89, loyer*) ainsi que ses règles de révision éventuelle (→ index, *Locations, loi du 06.07.89, révision du loyer*) ;

– le montant du dépôt de garantie, si celui-ci est prévu (→ index, *Locations, loi du 06.07.89, dépôt de garantie*) ;

– la situation de l'immeuble au regard du plan d'exposition au bruit ; pour cela, le bailleur doit indiquer, dans le contrat de location, par une clause claire et lisible, la zone de bruit dans laquelle le bien est situé (*Code de l'urbanisme, Art. L. 147-5*). Les plans d'exposition au bruit sont obligatoires aux abords d'un aérodrome. Ils peuvent délimiter certaines zones à l'intérieur desquelles les constructions sont autorisées mais doivent faire l'objet des dispositifs d'isolation acoustique spécifique, à la charge du propriétaire bailleur. Pour savoir si son logement est situé dans un plan d'exposition au bruit, il convient de s'adresser à sa mairie ou à la préfecture.

Le contrat de location doit également préciser la surface habitable du logement loué. Cette obligation, issue de la loi n° 2009-323 du 25/3/2009 de mobilisation pour le logement et la lutte contre l'exclusion, s'applique aux contrats de location conclus à compter de l'entrée en vigueur de cette loi, soit le 28/3/2009. Aucune sanction n'est toutefois prévue par la loi en l'absence de cette mention ou en cas d'indication d'une surface erronée ; c'est donc aux juges qu'il appartiendra, en cas de litige, de tirer les conséquences d'un tel oubli ou d'une telle erreur.

Le contrat peut évidemment, et ce sera souvent le cas, comporter d'autres mentions ou d'autres clauses. Celles-ci seront définies librement par le bailleur et le locataire sachant toutefois que, même si elles figurent dans le contrat, certaines clauses sont réputées non écrites, c'est-à-dire sans effet.

Sont visées les clauses :

– qui obligent le locataire, en vue de la vente ou de la location du local loué, à laisser visiter celui-ci les jours fériés ou plus de 2 heures les jours ouvrables (→ index, *Locations, loi du 06.07.89, reprise*) ;

– par lesquelles le locataire est obligé de souscrire une assurance auprès d'une compagnie choisie par le bailleur (→ index, *Assurance habitation, locataires*) ;

– qui imposent, comme mode de paiement du loyer (→ index, *Locations, loi du 06.07.89, paiement du loyer*), l'ordre de prélèvement automatique sur le compte courant du locataire ou la signature par avance de traites ou de billets à ordre ;

– par laquelle le locataire autorise le bailleur à prélever ou à faire prélever les loyers directement sur son salaire dans la limite cessible ;

– qui prévoient la responsabilité collective des locataires en cas de dégradation d'un élément commun de la chose louée ;

– par lesquelles le locataire s'engage par avance à des remboursements sur la base d'une estimation faite unilatéralement par le bailleur au titre des réparations locatives ;

– qui prévoient la résiliation de plein droit du contrat en cas d'inexécution des obligations du locataire pour un motif autre que le non-paiement du loyer, des charges, du dépôt de garantie, la non-souscription d'une assurance des risques locatifs ou le non-respect de l'obligation d'user paisiblement des locaux loués, résultant de troubles de voisinage constatés par une décision de justice passée en force de chose jugée (→ index, *Locations, loi du 06.07.89, clause résolutoire*) ;

– qui autorisent le bailleur à diminuer ou à supprimer sans contrepartie équivalente des prestations stipulées au contrat ;

– qui autorisent le bailleur à percevoir des amendes en cas d'infraction aux clauses d'un contrat de location ou d'un règlement intérieur à l'immeuble ;

– qui interdisent au locataire l'exercice d'une activité politique ou syndicale, associative ou confessionnelle ;

– qui imposent au locataire la facturation de l'état des lieux dès lors que celui-ci n'est pas établi par un huissier de justice dans le cas prévu par l'article 3 de la loi du 6/7/1989 (→ index, *Locations, loi du 06.07.89, état des lieux*) ;

– qui prévoient le renouvellement du bail par tacite reconduction pour une durée inférieure à celle fixée par la loi (3 ans ou 6 ans selon que le bailleur est une personne physique ou une personne morale) ;

– qui interdisent au locataire de rechercher la responsabilité du bailleur ou qui exonèrent le bailleur de toute responsabilité ;

– qui interdisent au locataire d'héberger des personnes ne vivant pas habituellement avec lui ;

– qui imposent au locataire le versement, lors de l'entrée dans les lieux, de sommes d'argent en plus de celles correspondant à la rémunération des intermédiaires (agent immobilier) et au dépôt de garantie ;

– qui font supporter au locataire des frais de relance ou d'expédition de la quittance ainsi que les frais de procédure en plus des sommes versées au titre des dépens et de l'article 700 du Code de procédure civile ;

– qui prévoient que le locataire est automatiquement responsable des dégradations constatées dans le logement ;

– qui interdisent au locataire de demander une indemnité au bailleur lorsque ce dernier réalise des travaux d'une durée supérieure à 40 jours ;

– qui permettent au bailleur d'obtenir la résiliation de plein droit du bail au moyen d'une simple ordonnance de référé qui n'est pas susceptible d'appel.

En combien d'exemplaires établir le contrat ?

La loi du 6/7/1989 ne prévoit pas expressément qu'il faille établir le contrat en deux exemplaires au moins. Il faut s'en remettre sur ce point à l'article 1325 du Code civil, et prévoir un exemplaire du contrat pour chaque partie ayant un intérêt distinct : au minimum le bailleur et le locataire. Le cas échéant, il faudra également prévoir un exemplaire original du contrat pour la personne qui se porte caution (→ index, *Locations, loi du 06.07.89, caution*).

Qui doit signer le contrat ?

Le contrat doit être signé par le bailleur (c'est-à-dire le propriétaire ou l'usufruitier) et par le locataire.

Il doit comporter le nom et le domicile réel du propriétaire et, le cas échéant, ceux de son mandataire(*Loi du 6/7/1989, Art. 3*). Le propriétaire peut être une personne physique (un particulier), mais aussi une personne morale (compagnie d'assurances, banque, association...) :

– si le bailleur est une personne morale, il faut s'assurer que le signataire est dûment habilité à le signer. Il doit donc présenter un mandat du représentant légal de la personne morale en question l'autorisant à louer le bien ;

– si le bailleur est une personne physique, il faut qu'elle soit légalement « capable », non placée sous tutelle ou protégée par la loi. Ceci est également vrai pour le locataire.

Le cas des époux

Du côté du bailleur

L'un des époux, le mari ou la femme, peut seul signer un bail d'habitation portant sur un bien appartenant à la communauté (*Code civil, Art. 1425*). Si le logement appartient à un seul des époux, lui seul peut le donner en location.

Du côté du locataire

Un seul exemplaire revêtu de la signature d'un des époux suffit. En effet, en application de l'article 1751 du Code civil, le droit au bail du local servant à l'habitation des deux époux est réputé appartenir à l'un et à l'autre des conjoints même si le bail a été conclu avant le mariage. Mari et femme seront donc cotitulaires du bail.

À NOTER

Si, en pratique, les bailleurs peuvent vérifier assez facilement l'identité des candidats locataires (carte d'identité, fiche de salaire...), le postulant à la location peut plus difficilement s'assurer de l'identité de son propriétaire. D'où l'intérêt pour lui de toujours observer les règles de bon sens suivantes : ne jamais verser d'argent liquide, régler en chèque en indiquant l'ordre de la personne à laquelle on le remet et exiger un reçu.

FRAIS D'AGENCE, ÉTABLISSEMENT DU BAIL ET DE L'ÉTAT DES LIEUX : À PARTAGER ENTRE PROPRIÉTAIRE ET LOCATAIRE !

Bien souvent, les locataires sont victimes d'abus qui consistent à leur faire supporter intégralement tous les frais liés à la location. Pourtant, dans ce domaine, l'article 5 de la loi du 6/7/1989 est on ne peut plus formel :
La rémunération des personnes qui se livrent ou prêtent leur concours à l'établissement d'un acte de location d'un immeuble appartenant à autrui est partagée par moitié entre le bailleur et le locataire.
Les frais suivants doivent donc obligatoirement faire l'objet d'un partage par moitié égale :

- ✓ frais d'agence, c'est-à-dire les frais facturés par l'agent immobilier ou tout autre intermédiaire pour avoir mis en relation les deux parties. Ces frais sont librement fixés par l'agent immobilier, mais le tarif applicable doit obligatoirement être affiché bien en vue dans l'agence (ils représentent souvent 10 % du loyer annuel) ;
- ✓ frais de rédaction du bail, si celle-ci est assurée par un notaire ou par l'agent immobilier ;
- ✓ frais d'établissement de l'état des lieux, si l'on a recours à un huissier.

La situation des concubins

Si le contrat est signé par un seul des concubins, lui seul sera titulaire du bail et donc responsable du paiement des loyers. Pour qu'il en soit autrement, il n'est pas nécessaire de prévoir un contrat pour chaque concubin : il suffit que chacun d'eux appose sa signature sur le contrat de location.
En pratique, en cas de location à des concubins, les propriétaires ajoutent la mention « preneurs solidaires » au contrat de location. Cela aura pour conséquence que tous les locataires seront responsables en cas de non-paiement des loyers.

À NOTER

Les concubins ont tout intérêt à signer tous les deux le bail même si, de ce fait, chacun devient responsable du paiement du loyer. En effet, si l'un seulement signe le contrat, l'autre se retrouvera en situation difficile si le propriétaire décide de donner congé à son compagnon ou si ce dernier décide de mettre fin au bail. Une protection particulière est toutefois prévue en cas de décès (→ index, *Locations, loi du 06.07.89, décès du locataire) ou d'abandon de domicile (→* index, *Locations, loi du 06.07.89, abandon de domicile) du titulaire du bail.*

Les partenaires liés par un PACS

Pour des partenaires liés par un pacte civil de solidarité (PACS), la situation est identique à celle des concubins (voir plus haut). Toutefois, les partenaires sont solidaires, et donc coresponsables des dettes contractées par l'un d'eux pour les dépenses relatives au logement commun, même si un seul des partenaires est titulaire du bail, ou si la mention « preneurs solidaires » ne figure pas au bail (*Code civil, Art. 515-4*).
Les partenaires liés par un PACS ont cependant intérêt, comme les conjoints de locataires, à se faire connaître du bailleur : en effet, à défaut, les significations ou notifications faites par le bailleur au locataire leur seront désormais opposables de plein droit si l'existence de ce partenaire ou de ce conjoint n'a pas été préalablement portée à la connaissance du bailleur (*Loi du 6/7/1989, Art. 9-1*).

Les bailleurs en indivision

Les personnes qui possèdent un bien en indivision (on les appelle « indivisaires »), par exemple, des frères et sœurs à la suite d'un héritage, peuvent le donner en location. La loi du 6/7/1989 les assimile à un bailleur personne physique. Il suffit d'établir un seul exemplaire pour tous les indivisaires, mais le bail doit être signé par chacun d'eux, à moins qu'un des indivisaires n'ait le mandat des autres pour signer à leur place.

La situation de l'usufruitier

La personne qui possède l'usufruit d'un logement peut le donner en location, sans l'accord du nu-propriétaire. Il faut simplement savoir que la location ne peut alors dépasser une certaine durée fixée par l'article 595 du Code civil, ceci justement pour ne pas nuire au nu-propriétaire.

ATTENTION ⚠

À la différence de l'usufruitier, le titulaire d'un simple droit d'usage et d'habitation ne peut donner en location le logement objet de ce droit, sans l'accord du nu-propriétaire.

Quelles sont les différentes annexes au contrat ?

Le contrat de location proprement dit doit être complété par différentes annexes : état des lieux, mais aussi, selon les situations, extraits du règlement de copropriété, engagement de caution... En outre, si le loyer est fixé par référence aux loyers du voisinage, les références qui ont servi à le fixer doivent être jointes au contrat (→ index, *Locations, loi du 06.07.89, références de loyer*).

L'état des lieux

Afin d'éviter toute source de conflit, les parties, que ce soit le locataire ou le propriétaire, ont intérêt à établir un état des lieux au moment de l'entrée du locataire dans le logement, puis lorsqu'il le quitte **(voir Modèle n° 37)**. Cet état des lieux doit être établi contradictoirement et joint au contrat de location (*Loi du 6/7/1989, Art. 3*). Si l'une des parties s'oppose à son établissement, l'autre peut faire appel à un huissier pour le dresser, les frais engagés étant alors partagés par moitié entre locataire et propriétaire. En cas de recours à un huissier, les parties doivent être averties au moins 7 jours à l'avance par lettre recommandée avec demande d'avis de réception (*Loi du 6/7/1989, Art. 3*).

Pendant le premier mois de la période de chauffe, le locataire peut demander que l'état des lieux soit complété par l'état des éléments de chauffage.

À NOTER

L'établissement de l'état des lieux est une étape essentielle de la location. Bien souvent, les locataires négligent cette formalité, sans mesurer la portée de cette négligence. Or il faut savoir qu'en l'absence d'état des lieux, sauf si cette absence est due à l'opposition du propriétaire (ce qu'il faudra prouver), le locataire est présumé avoir reçu le logement en bon état de réparations locatives. Et au moment de son départ, c'est dans le même « bon état » qu'il devra rendre le logement. En résumé, si vous êtes locataire et si votre propriétaire refuse de faire un état des lieux, faites immédiatement appel à un huissier pour l'établir, et soyez le plus précis possible dans vos observations.

Les extraits de règlement de copropriété

Pour les logements en copropriété (appartement ou, le cas échéant, maison dans une copropriété dite « horizontale », c'est-à-dire maison faisant partie d'un ensemble disposant d'équipements communs), le bailleur doit annexer au contrat la photocopie des pages du règlement de copropriété en vigueur, sur lesquelles se trouvent indiquées :

– la destination de l'immeuble (locaux d'habitation, professionnels, commerciaux...) ;

– la jouissance et l'usage des parties privatives et communes (il pourra s'agir, par exemple, des dispositions prévoyant l'interdiction d'étendre du linge aux fenêtres) ;

– la répartition des charges suivant le nombre de millièmes que représente le logement dans chaque catégorie de charges.

Immeuble situé dans une zone à risques naturels ou technologiques

Dans les communes soumises à des risques naturels ou technologiques particuliers, un état de ces risques doit être annexé au contrat de location, par le bailleur ou son représentant. À défaut, le locataire peut demander la résolution du contrat ou demander au juge une diminution du prix. Dans chaque département, la liste des communes concernées est fixée par le préfet (*Code de l'environnement, Art. L. 125-5 et R. 125-23 à R. 125-27*).

Le bailleur est également tenu d'informer par écrit le locataire de tout sinistre survenu dans l'immeuble si ce sinistre a fait l'objet d'une indemnisation au sens des articles L. 125-2 ou L. 128-2 du Code des assurances.

Le dossier de diagnostic technique

Un dossier de diagnostic technique, fourni par le bailleur, doit être annexé au contrat de location lors de sa signature ou de son renouvellement et doit comporter (*Loi du 6/7/1989, Art. 3-1*) :
– depuis le 1/7/2007, le diagnostic de performance énergétique prévu à l'article L. 134-1 du Code de la construction et de l'habitation ;
– depuis le 12/8/2008, le constat de risque d'exposition au plomb prévu à l'article L. 1334-5 et L. 1334-7 du Code de la santé publique (→ index, *Constat de risques d'exposition au plomb*).
En outre, dans les zones à risques mentionnées à l'article L. 125-5 I du Code de l'environnement et depuis le 1/6/2006, ce dossier de diagnostic technique doit être complété à chaque changement de locataire par l'état des risques naturels et technologiques visé ci-dessus.
Le locataire ne pourra se prévaloir à l'encontre du bailleur des informations contenues dans le diagnostic de performance énergétique qui n'a qu'une valeur informative.
Enfin, depuis le 1/7/2007, le propriétaire bailleur doit tenir le diagnostic de performance énergétique à la disposition de tout candidat locataire.

L'information sur les services de télévision

Une information sur les modalités de réception des services de télévision dans l'immeuble est fournie par le bailleur et annexée au contrat de location lors de sa signature ou de son renouvellement. Elle comprend :
– une information sur la possibilité ou non de recevoir les services de télévision par voie hertzienne ;
– lorsqu'un réseau de communications électroniques interne à l'immeuble distribue des services de télévision, une information qui précise si l'installation permet ou non l'accès aux services nationaux en clair de télévision par voie hertzienne terrestre en mode numérique ou s'il faut s'adresser au distributeur de services pour bénéficier du « service antenne » numérique. Si tel est le cas, les coordonnées du distributeur de services auquel le locataire doit s'adresser pour bénéficier du « service antenne » numérique doivent être indiquées.

Le locataire ne peut se prévaloir à l'encontre du bailleur de ces informations qui n'ont qu'une valeur informative (*Loi n° 89-462 du 6/7/1989, Art. 3-2*).

Que peut exiger le propriétaire ?

Bien qu'il n'y ait aucune obligation légale en la matière, les propriétaires exigent très souvent des garanties financières de la part de leur locataire. Outre le fait de devoir produire ses trois derniers bulletins de salaire ou son dernier avis d'imposition, le locataire se verra en général dans l'obligation de verser un dépôt de garantie et devra éventuellement fournir la caution d'une tierce personne. Certains propriétaires vont jusqu'à demander une caution bancaire ou la souscription d'une assurance pour non-paiement du loyer, mais ces pratiques restent beaucoup plus rares.

> Le dépôt de garantie

Comme son nom l'indique, le dépôt de garantie sert à garantir l'exécution des obligations du locataire envers le bailleur. Au moment du départ du locataire, il pourra, par exemple, servir à financer les travaux qui resteraient à sa charge.
Pour être exigible, le dépôt de garantie doit être prévu au contrat.
Aucun dépôt de garantie ne peut être demandé lorsque le loyer est payable d'avance et pour une période supérieure à 2 mois (*Loi du 6/7/1989, Art. 22*). Mais si le locataire, comme il en a le droit, demande le paiement mensuel de son loyer, le bailleur pourra alors lui réclamer le versement d'un dépôt de garantie.

Quel est son montant ?

Le montant maximum du dépôt de garantie dépend de la date de conclusion du contrat de location :
– si le contrat a été conclu avant le 9/2/2008, le montant maximum était fixé à 2 mois de loyer hors charges ;
– si le contrat a été conclu à compter du 9/2/2008 (date de publication au *Journal officiel* de la loi n° 2008-111 du 8/2/2008 pour le pouvoir d'achat), le montant maximum est fixé à 1 mois de loyer hors charges.
Le dépôt de garantie est payé une fois pour toutes par le locataire et ne peut faire l'objet d'aucune réévalua-

tion en cours de location ni même à l'occasion d'un renouvellement du bail avec le même locataire.

À NOTER

Dans le langage courant, le dépôt de garantie est très souvent appelé « caution », et à tort, car ces deux notions n'ont rien à voir entre elles (→ index, Locations, loi du 06.07.89, caution).

Comment se passe le paiement ?

En règle générale, le locataire verse le dépôt de garantie à la signature du contrat de location. Le dépôt de garantie peut également être versé par un tiers, pour le compte du locataire. La plupart des baux donnent d'ailleurs quittance du versement du dépôt de garantie. Si le locataire et le propriétaire conviennent d'un versement différé, il faut le préciser dans le contrat ainsi que la date à laquelle ce versement est prévu et, le cas échéant, la sanction en cas de non-paiement.

AVANTAGE

Pour les baux conclus à compter du 9/2/2008, tous les locataires peuvent bénéficier de l'avance Loca-Pass, c'est-à-dire du financement, par le 1 % logement, du dépôt de garantie prévu par le bail, dans la limite d'un montant maximum de 2 300 € (→ index, Loca-Pass). Cette avance prend la forme d'un prêt sans intérêt, remboursable au maximum en 36 mensualités d'un montant minimum de 15 €, avec un différé de remboursement de 3 mois. La demande est à adresser à l'organisme du 1 % logement le plus proche de votre domicile dont les coordonnées sont disponibles sur le site de l'Union d'économie sociale pour le logement (UESL) (www.uesl.fr/espace_particulier/index.htm).

AVANTAGE

Lorsque l'on passe par une agence immobilière pour louer son logement, il est parfois possible de remplacer le versement du dépôt de garantie par une prime d'assurance (environ 20 % du dépôt de garantie) qui garantit le propriétaire à concurrence de 2 mois de loyer pendant la durée du bail initial. Elle est un peu moins élevée lors du renouvellement du bail (environ 15 % du dépôt de garantie). Ce système simplifie beaucoup la gestion de trésorerie du locataire. Se renseigner auprès des grands réseaux d'agences immobilières.

Comment se passe la restitution du dépôt de garantie ?

Le dépôt de garantie doit être restitué dans un délai de 2 mois à compter de la remise des clés par le locataire (*Loi du 6/7/1989, Art. 22*). Le bailleur est évidemment fondé à déduire les sommes que le locataire pourrait encore lui devoir, à condition que ces retenues soient justifiées **(voir Modèle n° 38)**. Si le dépôt de garantie n'est pas restitué dans les 2 mois, les sommes restant dues portent intérêt au taux légal. Le locataire peut alors utiliser la procédure d'injonction de payer pour en obtenir la restitution.

En cas de mutation à titre gratuit (succession par exemple) ou onéreux (vente par exemple) du logement loué, la restitution du dépôt de garantie incombe désormais exclusivement au nouveau bailleur et non pas au bailleur d'origine. Cette disposition, issue de la loi n° 2009-323 du 25/3/2009, vise à faciliter la récupération, par le locataire, de son dépôt de garantie, en désignant le responsable de cette restitution. Si l'ancien et le nouveau bailleur ont conclu, lors de la mutation, un accord particulier sur ce point (par exemple, le fait que la charge du dépôt de garantie restera à l'ancien bailleur), cet accord n'a d'effet qu'entre eux et pas à l'égard du locataire.

LA GARANTIE AUTONOME

L'ordonnance n° 2006-346 du 23/3/2006 relative aux sûretés crée une nouvelle sûreté personnelle (au même titre que le cautionnement, par exemple), la « garantie autonome ». Celle-ci est définie par le nouvel article 2321 du Code civil comme étant « l'engagement par lequel le garant s'oblige, en considération d'une obligation souscrite par un tiers, à verser une somme soit à première demande, soit suivant des modalités convenues ». La garantie autonome se distingue donc de la caution par le fait que le garant doit payer « une somme » et non exécuter la dette du débiteur dont il s'est porté garant. Dans un souci de protection des locataires ou des candidats à la location, l'ordonnance du 23/3/2006 prévoit que la garantie autonome ne pourra être souscrite en matière de baux d'habitation « qu'en lieu et place du dépôt de garantie » et dans la limite de 2 mois de loyer (*Loi n° 89-462 du 6/7/1989, Art. 22 alinéa 1er et Art. 22-1-1*). La garantie autonome ne peut donc être exigée en plus du dépôt de garantie, ce qui aurait eu pour effet d'imposer au locataire la constitution de garanties trop importantes au regard de ses revenus. Elle ne pourra pas non plus être substituée à la caution (voir plus haut).

À NOTER

Si le logement loué fait partie d'une copropriété, il peut arriver que le bailleur-copropriétaire ne dispose pas, lors du départ de son locataire ni dans les 2 mois qui suivent, de tous les éléments lui permettant de solder les comptes (notamment les charges récupérables). Dans ce cas, afin d'éviter toute complication, le plus simple est de prévoir une restitution partielle, la restitution du solde intervenant au moment de l'arrêt définitif des comptes.

› La caution

Rares sont les propriétaires qui acceptent aujourd'hui de louer sans qu'une personne ne se porte caution de leur locataire.

Le législateur est intervenu pour tenter de remédier aux difficultés que rencontrent les candidats à la location pour présenter des cautions susceptibles d'être acceptées par le bailleur ou son représentant. Ainsi désormais, comme le prévoit l'article 22-1 de la loi du 6/7/1989, modifié par la loi du 24/11/2009 :

– le bailleur ne peut plus exiger de caution s'il a souscrit une assurance garantissant les obligations locatives du locataire (assurance loyers impayés ou garantie des risques locatifs - GRL), sauf si le logement est loué à un étudiant ou un apprenti (cette disposition autorisant le cumul entre une caution et une assurance contre les impayés de loyer s'applique aux contrats conclus depuis le 26/11/2009) ;

– si le bailleur est une personne morale autre qu'une société civile constituée exclusivement entre parents et alliés jusqu'au 4e degré inclus, une caution ne peut être demandée que si elle est apportée par un des organismes dont la liste est fixée par le décret du 28/12/2009 (fonds de solidarité pour le logement (FSL), organismes collecteurs PEEC ou 1 % logement, organismes ou associations qui apportent, à titre gratuit, leur caution à un candidat à la location afin de favoriser son accès au logement…), ou si le logement est loué à un étudiant ne bénéficiant pas d'une bourse de l'enseignement supérieur.

Lorsqu'elle est prévue, la caution s'engage à payer à la place du locataire les sommes (loyers, charges...) que celui-ci doit à son propriétaire et qu'il n'est pas en mesure de régler.

Comme on le verra, les personnes qui se portent caution doivent bien mesurer la portée de leur engagement ; la loi est d'ailleurs là pour la leur rappeler.

Si une caution est demandée, l'acte de caution peut faire partie des clauses du bail ou faire l'objet d'un document séparé qui sera annexé au bail **(voir Modèle n° 31)**.

À NOTER

La personne qui se porte caution doit recevoir un exemplaire du contrat de location. À défaut, l'acte de caution est nul (Loi du 6/7/1989, Art. 22-1).

À NOTER

Le bailleur ne peut refuser la caution présentée au seul motif que la personne qui se porte caution ne posséderait pas la nationalité française ou ne résiderait pas sur le territoire métropolitain (Loi du 6/7/1989, Art. 22-1, alinéa 3).

Les mentions obligatoires

Afin que l'engagement de caution soit donné en toute connaissance de cause, la personne qui se porte caution doit obligatoirement faire précéder sa signature des éléments manuscrits suivants (*Loi du 6/7/1989, Art. 22-1*) :

– mention du montant du loyer et des conditions de sa révision ;

– mention qu'elle a eu pleinement connaissance de la nature et de l'étendue de l'obligation qu'elle contracte ;

– reproduction du 1er alinéa de l'article 22-1 de la loi du 6/7/1989.

Si ces formalités ne sont pas observées, l'engagement de caution est nul et non avenu.

À NOTER

Lorsque le cautionnement est contracté par une personne physique, celle-ci est informée par le bailleur de l'évolution du montant de la créance garantie et de ses accessoires au moins annuellement à la date convenue entre les parties ou, à défaut, à la date anniversaire du contrat, sous peine de déchéance de tous les accessoires de la dette (mais non de la dette principale), frais et pénalités (Code civil, Art. 2293). De même, en cas de non paiement du loyer et de mise en jeu de la clause résolutoire, le commandement de payer doit être signifié à la caution dans un délai de 15 jours à compter de la signification du commandement au locataire ; à défaut, la caution ne peut être tenue au paiement des pénalités ou intérêts de retard (Loi du 6/7/1989, Art. 24).

Caution simple ou solidaire ?

La caution peut être simple ou solidaire :

- si elle est simple **(voir Modèle n° 31)**, la personne qui s'est portée caution peut demander ce qu'on appelle le bénéfice de « discussion ». Dans ce cas, le propriétaire devra commencer par poursuivre directement le locataire, et non pas la caution. Ce n'est qu'ensuite qu'il pourra se retourner vers la caution qui ne devra payer que si le débiteur est insolvable ou si les poursuites ont échoué. Mais attention : l'acte de caution peut prévoir une clause de renonciation au « bénéfice de discussion » et dans ce cas, le propriétaire pourra s'adresser directement à la caution sans avoir à effectuer de poursuites préalables contre le locataire ;

- si la caution est solidaire **(voir Modèle n° 32)**, ce qui est le cas le plus fréquent, la personne qui s'est portée caution est engagée au même titre que le locataire. Le propriétaire peut s'adresser à l'un ou l'autre pour se faire payer les sommes qui lui sont dues. Si elle est tenue de payer, la personne qui s'est portée caution bénéficie ensuite d'une action directe contre le locataire débiteur.

À NOTER

L'engagement de caution peut être donné pour une durée limitée ou pour une durée illimitée. Dans ce dernier cas, la personne qui s'est engagée conserve la possibilité de revenir sur son engagement à tout moment. Mais attention : cette renonciation à être caution ne prendra pas effet immédiatement, mais seulement au terme du contrat initial ou renouvelé (Loi du 6/7/1989, Art. 22-1).

LA GARANTIE DES RISQUES LOCATIFS (GRL)

Ce dispositif, financé pour partie par les fonds collectés au titre de la participation des employeurs à l'effort de construction (PEEC ou 1 % Logement), vise à favoriser le développement de contrats d'assurances souscrits volontairement par les bailleurs, les garantissant contre le risque d'impayés de loyers et présentant la double caractéristique suivante :
- ils n'excluent pas les locataires pour non-respect des critères de solvabilité usuellement imposés par les contrats d'assurances contre les impayés de loyer (par exemple, avoir des revenus qui représentent au minimum 3 fois le montant du loyer) ;
- le taux d'effort du locataire, c'est-à-dire la part de ses revenus qu'il consacre à son loyer et aux charges, n'est pas manifestement disproportionné au regard du montant du loyer (dans la limite d'un maximum de 50 %).

Concrètement, la GRL, mise en place progressivement, répond aux principes de base suivants :
- le bailleur souscrit auprès d'une compagnie d'assurances, directement ou par l'intermédiaire du professionnel qui gère ses biens (administrateur de biens par exemple), un contrat d'assurance contre les impayés de loyer, conforme au cahier des charges annexé au décret du 23/12/2009 ; le bailleur peut être une personne physique ou morale et le logement couvert doit appartenir au parc privé ;
- le taux de la prime d'assurance est librement fixé par l'assureur, indépendamment de la solvabilité du locataire, dès lors que celui-ci est éligible au dispositif (Décret n° 2009-1621 du 23/12/2009, Art. 2 du cahier des charges annexé) ;
- le logement doit être loué nu ou meublé, à titre de résidence principale (sont exclus les logements relevant de la garantie Loca-Pass et les sous-locations) ; le loyer mensuel (charges et taxes locatives comprises) doit être inférieur ou égal à une certaine somme à la date de souscription du contrat *(Voir pages Barème)*.

Pour le bailleur, le contrat « GRL » couvre, pendant toute la durée d'occupation du logement, le risque d'impayés portant sur le loyer, les charges et taxes locatives dus par le locataire. Il existe un plafond global de garantie *(Voir pages Barème)*. Ce plafond couvre les loyers impayés et les frais de procédure liés à leur mise en recouvrement. Le cas échéant, la GRL couvre également, après le départ du locataire, le coût de la remise en état du logement liée aux dégradations imputables au locataire, dans une certaine limite *(Voir pages Barème)* et après application d'une franchise équivalente au montant du dépôt de garantie et d'un taux de vétusté (Décret n° 2009-1621 du 23/12/2009, Art. 2 du cahier des charges annexé) ;
- les locataires éligibles à la GRL, entrant dans un nouveau logement ou déjà en place, sont ceux dont le taux d'effort n'excède pas 50 %. Le taux d'effort est calculé selon la formule suivante : loyer mensuel (charges et taxes locatives incluses) / ressources mensuelles. Les ressources prises en compte pour son calcul comprennent l'ensemble des revenus des personnes composant le ménage locataire ou des colocataires, soit la somme des revenus d'activités ou pensions, des allocations familiales et sociales, y compris aides au logement éventuelles versées directement au bailleur, et des autres revenus à caractère régulier. Le bailleur a pour obligation de vérifier que le taux d'effort du locataire est inférieur ou égal à 50 % ; à cette fin, il demande au locataire de produire les pièces justificatives permettant de contrôler son taux d'effort et de déterminer son profil. Les conditions particulières applicables aux locataires déjà en place sont précisées par l'article 3 du cahier des charges annexé au décret du 23/12/2009.

Toutes les informations sur ce dispositif sont disponibles sur le site Internet qui lui est dédié : *www.grl.fr*.

Extrait de la loi du 6/7/1989

« **Art. 22-1.** Le cautionnement ne peut pas être demandé par un bailleur qui a souscrit une assurance garantissant les obligations locatives du locataire, sauf en cas de logement loué à un étudiant ou un apprenti.

Si le bailleur est une personne morale autre qu'une société civile constituée exclusivement entre parents et alliés jusqu'au quatrième degré inclus, le cautionnement ne peut être demandé que :

- s'il est apporté par un des organismes dont la liste est fixée par décret en Conseil d'État ;
- ou si le logement est loué à un étudiant ne bénéficiant pas d'une bourse de l'enseignement supérieur.

Lorsqu'un cautionnement pour les sommes dont le locataire serait débiteur dans le cadre d'un contrat de location conclu en application du présent titre est exigé par le bailleur, celui-ci ne peut refuser la caution présentée au motif qu'elle ne possède pas la nationalité française ou qu'elle ne réside pas sur le territoire métropolitain.

Lorsque le cautionnement d'obligations résultant d'un contrat de location conclu en application du présent titre ne comporte aucune indication de durée ou lorsque la durée du cautionnement est stipulée indéterminée, la caution peut le résilier unilatéralement. La résiliation prend effet au terme du contrat de location, qu'il s'agisse du contrat initial ou d'un contrat reconduit ou renouvelé, au cours duquel le bailleur reçoit notification de la résiliation.

La personne qui se porte caution fait précéder sa signature de la reproduction manuscrite du montant du loyer et des conditions de sa révision tels qu'ils figurent au contrat de location, de la mention manuscrite exprimant de façon explicite et non équivoque la connaissance qu'elle a de la nature et de l'étendue de l'obligation qu'elle contracte et de la reproduction manuscrite de l'alinéa précédent. Le bailleur remet à la caution un exemplaire du contrat de location. Ces formalités sont prescrites à peine de nullité du cautionnement. »

L'identification du logement

Parmi les mentions obligatoires du contrat figurent toutes les clauses qui permettent l'identification du logement loué : adresse, bien sûr, mais aussi consistance et destination du logement, énumération des parties privatives ou communes, etc.

La description du logement

Le contrat doit décrire, le plus précisément possible, le bien donné en location et préciser les équipements à usage privatif mis à la disposition exclusive du locataire (*Loi du 6/7/1989, Art. 3*). En d'autres termes, le bail doit préciser, outre la nature du logement (maison, appartement...), le nombre de pièces, les accessoires compris dans la location (garage, jardin...), les aménagements restants (bibliothèque ou radiateurs encastrés, vide-ordures intérieur, chauffage et production d'eau chaude...), etc.

Bref, il est nécessaire de décrire et d'indiquer ici tout ce qui existe dans le local et ses annexes.

Les contrats de location conclus à compter du 28/3/2009 (date d'entrée en vigueur de la loi n° 2009-323 du 25/3/2009) doivent également préciser la surface habitable du logement loué. Cette mention pouvait également figurer dans les contrats conclus avant cette date, sans que cela ne soit toutefois une obligation.

Si le logement est situé dans une copropriété, le bail doit également mentionner les parties de l'immeuble et les équipements et accessoires mis à la disposition de l'ensemble des occupants : ascenseur, local à bicyclettes et/ou voitures d'enfant, aires de jeux, parkings collectifs, piscine, espaces verts, etc.

À NOTER

Contrairement à une idée couramment répandue, la description du logement ne fait pas double emploi avec l'état des lieux. En effet, dans le contrat, on se contente d'énumérer les pièces et les éléments d'équipement, alors que dans l'état des lieux, on précise exclusivement leur état.

L'usage qui peut être fait du logement

La loi parle de « destination » du logement. Étant donné le champ d'application de la loi du 6/7/1989, le logement peut être destiné :

– soit à l'habitation ;

– soit à un usage mixte d'habitation et professionnel.

La mention de cette affectation du local est très importante : elle garantit le bailleur contre une utilisation abusive du local. Elle garantit aussi le locataire en lui offrant la possibilité d'intenter une action en dommages et intérêts contre le bailleur qui aurait prévu un usage mixte alors que le règlement de copropriété interdit l'usage professionnel des locaux.

ATTENTION AUX TROUBLES DE VOISINAGE

Le locataire doit veiller à ne pas occasionner de gêne excessive aux autres occupants ou à son voisinage, afin de se conformer à l'obligation d'occupation paisible qui pèse sur tout locataire. Le bail peut d'ailleurs désormais comporter une clause résolutoire pour non-respect de l'obligation d'user paisiblement des locaux loués, résultant de troubles de voisinage constatés par une décision de justice devenue définitive (*Loi du 6/7/1989, Art. 4 g*).

Pour leur part, les propriétaires doivent, après mise en demeure dûment justifiée, et sauf motif légitime, utiliser les droits dont ils disposent afin de faire cesser les troubles de voisinage causés à des tiers (des voisins par exemple) par les personnes (locataires, occupants à titre gratuit...) qui occupent les locaux d'habitation qu'ils mettent à leur disposition (*Loi du 6/7/1989, Art. 6-1*).

La durée de la location

Afin d'offrir une certaine stabilité et une certaine sécurité au locataire, la loi du 6/7/1989 impose que le bail soit conclu pour une durée minimale, différente selon que le propriétaire est une personne physique ou une personne morale (société, association...). La durée du bail renouvelé fait également l'objet de dispositions légales.

Le bailleur est une personne physique

En principe, un bail d'au moins 3 ans

Lorsque le propriétaire est une personne physique, le bail doit avoir une durée minimale de 3 ans (*Loi du 6/7/1989, Art. 10*).

Pour l'application de cette disposition, sont assimilés aux bailleurs personnes physiques (*Loi du 6/7/1989, Art. 13*) :

– les membres de société civile familiale constituée exclusivement entre parents et alliés jusqu'au 4e degré inclus ;

– les membres d'une indivision pour la location du logement faisant l'objet de l'indivision.

La durée de 3 ans est une durée minimale. Rien n'interdit donc de conclure un contrat de 4 ou 5 années, voire plus encore.

ATTENTION ⚠

Si vous êtes propriétaire, vous ne pourrez donner congé à votre locataire pendant toute la durée du bail, qu'il s'agisse du bail initial ou du bail renouvelé. Sauf hypothèse de résiliation du bail pour inexécution par le locataire de ses obligations (→ index, Locations, loi du 06.07.89, résiliation du bail), vous devrez donc attendre la fin du contrat pour pouvoir délivrer un congé (→ index, Locations, loi du 06.07.89, congé du propriétaire).

Un bail à durée réduite est envisageable

L'article 11 de la loi permet au bailleur, personne physique ou assimilée (membre d'une SCI familiale ou membre d'une indivision), de déroger, sous certaines conditions, à l'obligation de conclure un bail d'une durée minimale de 3 ans. Pour cela, il faut qu'un événement précis justifie que le bailleur ait à reprendre le local pour des raisons familiales ou professionnelles. Le bail doit toutefois avoir une durée minimale d'1 an.

Pour pouvoir user de cette possibilité, les conditions suivantes doivent être réunies :

– le contrat doit préciser, dès sa signature, l'événement qui justifiera la reprise ainsi que la date à laquelle il est censé se produire ;

– le bailleur doit confirmer à son locataire la réalisation de l'événement au moins 2 mois avant le terme du contrat, par lettre recommandée avec demande d'avis de réception. Cette notification vaut congé, le locataire étant alors tenu de quitter les lieux au terme du contrat.

Cette possibilité donnée au bailleur de conclure un bail à durée réduite est source de nombreux conflits qui peuvent se résumer en deux questions :

Qu'entend-on par « événement d'ordre familial ou professionnel » ?

S'il convient d'interpréter assez largement le caractère professionnel ou familial des raisons invoquées pour conclure un bail à durée réduite, il faut bien qu'il s'agisse d'un événement spécifique. La simple intention exprimée dans le contrat de reprendre le logement ne saurait donc suffire puisqu'elle ne constituerait pas un événement dont on puisse constater la réalisation matérielle.

Peuvent ainsi justifier la conclusion d'un bail inférieur à 3 ans, les situations suivantes :

– l'attente d'une mutation dont on connaît la date ;

– le rapatriement prévu du bailleur installé à l'étranger ;

– l'attente d'une mise à la retraite qui nécessiterait la reprise du logement ;

– l'intention de reprendre le logement pour permettre à un enfant de poursuivre ses études à partir d'une date donnée.

EXEMPLE DE BAIL À DURÉE RÉDUITE

M. Ledoux désire louer son logement parisien car il a été détaché à la direction régionale de son entreprise à Montpellier. Ce détachement doit durer 18 mois, son départ étant programmé pour le 1/1/2010. M. Ledoux pourra conclure avec son locataire un contrat de location de 18 mois, qui débutera le 1/1/2010 et s'achèvera donc le 30/6/2011, en mentionnant qu'il doit être renommé à Paris le 1/7/2011.
Deux mois avant cette date, deux possibilités pourront se présenter :
- M. Ledoux est effectivement muté à Paris. Il devra, avant le 30/4/2011, confirmer la réalisation de l'événement à son locataire. Celui-ci sera tenu de libérer les lieux le 30/6/2011 au plus tard ;
- le détachement de M. Ledoux est prolongé jusqu'au 31/12/2011. M. Ledoux devra signifier à son locataire, avant le 30/4/2011, que le terme du contrat est différé jusqu'en décembre. Deux mois avant le 31 décembre, soit le 31 octobre au plus tard, il adressera à son locataire confirmation de l'événement. Cette notification vaudra congé.
À défaut de respecter cette procédure, le bail sera réputé avoir été conclu pour 3 ans, et M. Ledoux ne pourra récupérer son logement avant le 1/1/2013.

Que se passe-t-il si la procédure n'est pas respectée ?

Cette question recouvre deux hypothèses : l'événement ne s'est pas produit ; le bailleur a omis d'en informer son locataire dans le délai de 2 mois. Dans l'un ou l'autre cas, la solution est simple : le bail est réputé avoir été conclu pour une durée de 3 ans, qui commence à courir à compter de sa date de conclusion.

AVANTAGE

Si la réalisation de l'événement qui justifie le bail à durée réduite est simplement retardé, le bailleur peut toujours, 2 mois avant l'échéance du contrat, proposer à son locataire le report du terme du contrat. Attention : afin de limiter les abus, cette possibilité ne peut être utilisée qu'une seule fois.

Un renouvellement anticipé est parfois possible

À titre dérogatoire, après l'accord exprès des parties, le contrat de location peut être renouvelé avant l'expiration du bail en cours quand le propriétaire a signé avec l'Agence nationale de l'habitat (ANAH) une convention avec travaux mentionnée aux articles L. 321-4 et L. 321-8 du Code de la construction et de l'habitation, et sous réserve que les ressources du locataire en place soient conformes aux plafonds prévus par cette convention. Ces conventions visent à permettre aux bailleurs d'améliorer la qualité du logement qu'ils donnent en location, en bénéficiant d'une subvention de l'ANAH et en s'engageant à louer leur logement à des locataires dont les ressources sont inférieures à certains plafonds, pour un loyer inférieur aux prix du marché. On peut trouver sur le site de l'ANAH (*www.anah.fr*) tous les renseignements nécessaires sur ces conventions.

Dans une telle situation, l'offre de renouvellement anticipé est présentée dans le délai de 3 mois après l'accord des parties et dans les formes prévues à l'article 15 de la loi du 6/7/1989 pour le congé (→ index, *Locations, loi du 06.07.89, congé du propriétaire*). Le montant du loyer fixé par le contrat de location renouvelé doit être alors fixé selon les règles applicables au conventionnement des logements avec l'ANAH.

Le bailleur est une personne morale

Le contrat doit alors avoir une durée minimale de 6 ans. Pendant la durée du bail, seul le locataire peut donner congé, le bailleur ne pouvant reprendre le logement pour quelque motif que ce soit en dehors de l'application des clauses résolutoires (→ index, *Locations, loi du 06.07.89, clauses résolutoires*), ou de la résiliation judiciaire du bail (→ index, *Locations, loi du 06.07.89, résiliation du bail*).

Durée du bail renouvelé

Lorsque le bail arrive à terme, il est en principe reconduit tacitement, sauf si le locataire donne congé ou si le bailleur désire lui-même donner congé (→ index, *Locations, loi du 06.07.89, congé du propriétaire*) ou renouveler le bail en procédant à une augmentation de loyer (→ index, *Locations, loi du 06.07.89, loyer*) ; mais ces deux possibilités sont strictement encadrées par la loi.
Si le bail est reconduit tacitement, sa durée est de 3 ans si le bailleur est un personne physique et de 6 ans si le bailleur est une personne morale.

Les conditions financières de la location

La loi du 6/7/1989 fixe très précisément le cadre des relations financières entre propriétaire et locataire : règles de fixation et d'évolution des loyers bien sûr, mais aussi montant et sort du dépôt de garantie, liste et recouvrement des charges locatives... Autant de règles destinées à éviter les abus et à prévenir d'éventuels conflits.

Le loyer

La loi du 6/7/1989 prévoit des règles de fixation du loyer différentes selon qu'il s'agit du bail initial ou du renouvellement du bail avec le même locataire.

› Comment est fixé le loyer du bail initial ?

La situation visée est celle où un propriétaire met en location un logement qui n'était pas loué, ou un logement précédemment loué mais que le locataire a quitté. Qu'il s'agisse d'un logement neuf ou d'un logement ancien, le principe est celui de la libre fixation du loyer par le propriétaire. Seule s'impose à ce dernier la loi de l'offre et de la demande : à vouloir fixer un loyer trop élevé, il risque de ne pas trouver de locataire ou d'avoir à faire face à une instabilité de ses locataires avec tous les frais éventuels que cela peut provoquer (remise en état, frais d'agence...). Mais hormis cette donnée qu'il lui appartient de prendre en compte, il est libre de fixer le loyer au niveau qu'il souhaite.

› Comment est fixé le loyer du bail renouvelé ?

Lors du renouvellement du bail avec le locataire en place, le loyer est en principe maintenu au même niveau, sans autre augmentation que celle résultant éventuellement de son indexation sur l'indice INSEE de référence des loyers, utilisé depuis le 1/1/2006, pour le calcul de l'indexation des loyers, en lieu et place de l'indice du coût de la construction, toujours calculé par l'INSEE par ailleurs (→ index, *Indice de référence des loyers*) *(Voir pages Barème)*. Toutefois, lorsqu'il estime que ce loyer est manifestement sous-évalué, le propriétaire peut proposer à son locataire un nouveau loyer majoré.

Face à une telle proposition, le locataire bénéficie de trois garanties :

– une procédure spécifique doit être respectée ;

– le montant de cette majoration doit être justifié ;

– si elle a lieu, l'augmentation doit être étalée dans le temps.

À NOTER

Une réglementation particulière s'applique lorsque le logement est situé à Paris et dans certaines communes de l'agglomération parisienne.

AVANTAGE

Si vous êtes locataire et que votre propriétaire vous propose une augmentation de loyer lors du renouvellement de votre bail, il ne peut plus ensuite se raviser et vous délivrer un congé pour la même échéance du contrat (Loi du 6/7/1989, Art. 17 c).

Quelle est la procédure à suivre ?

Le bailleur qui désire augmenter le montant du loyer à l'occasion du renouvellement du bail doit faire parvenir à son locataire une proposition de nouveau loyer au moins 6 mois avant la fin du bail.

Cette proposition, qui doit être faite par lettre recommandée avec demande d'avis de réception ou par acte d'huissier, doit obligatoirement contenir les éléments suivants :

– le loyer proposé ;

– trois références de loyer constatées dans le voisinage pour des logements comparables, ou six références si

le logement est situé à Paris, Lyon, Marseille ou dans leur agglomération ;
– la reproduction intégrale de l'article 17 c de la loi du 6/7/1989.

À NOTER

En cas de non-respect de la procédure, c'est-à-dire si le délai de 6 mois n'est pas respecté, ou si la proposition n'est pas faite dans les formes ou ne contient pas tous les éléments prévus, la proposition de nouveau loyer est considérée comme nulle : le bail sera alors reconduit avec le même loyer.

Que peut faire le locataire ?

Lorsqu'il est saisi d'une proposition d'augmentation du loyer, le locataire peut adopter trois attitudes :
– accepter l'augmentation de loyer qui lui est proposée ;
– refuser cette proposition, et le faire savoir au propriétaire **(voir Modèle n° 33)** ;
– ne rien faire et ne pas donner de réponse, ce qui est assimilé à un refus.

S'il opte pour la première solution, le locataire a intérêt d'en informer son propriétaire par écrit.

En cas de désaccord ou d'absence de réponse dans les 4 mois avant la fin du bail, le bailleur ou le locataire doit saisir la commission de conciliation, qui s'efforcera de trouver un accord entre eux. Cette commission doit rendre un avis dans les 2 mois de sa saisine.

En cas d'échec de la conciliation, le propriétaire ou le locataire doit saisir le juge d'instance afin qu'il fixe le montant du nouveau loyer. Celui-ci sera fixé par référence aux loyers du voisinage.

À NOTER

En pratique, si le locataire refuse l'augmentation proposée ou s'il ne donne pas de réponse dans les 4 mois avant la fin du bail, c'est le propriétaire qui a intérêt d'enclencher toutes les étapes de la procédure : saisine de la commission de conciliation, puis, à défaut d'accord, saisine du juge d'instance. Car en effet, si le juge n'est pas saisi avant le terme du bail, celui-ci sera automatiquement reconduit aux conditions de loyer antérieur, sans majoration possible autre que celle qui résulterait d'une clause d'indexation (→ index, Loyer, indexation).

La commission de conciliation doit être saisie par lettre recommandée avec demande d'avis de réception, adressée à son secrétariat (celui-ci est assuré par les services de la direction départementale de l'Équipement du lieu de situation du logement, et à Paris par la préfecture). La Cour de cassation a néanmoins jugé que la saisine par simple lettre constituait seulement une irrégularité de forme qui ne justifiait pas la nullité pour vice de forme, à partir du moment où l'adversaire ne pouvait prouver de préjudice (*Cour de cassation, 1re chambre civile, 14/11/2002*).

Précision importante : cette commission n'est pas uniquement compétente en matière d'augmentation de loyer ; elle peut également être saisie, par le locataire ou le bailleur, à l'occasion des litiges relatifs à l'état des lieux, au dépôt de garantie, aux charges locatives, aux réparations et à la décence du logement.

Comment s'applique l'augmentation de loyer ?

Afin de limiter les conséquences de la hausse de loyer pour le locataire, celle-ci est obligatoirement étalée dans le temps, qu'elle résulte d'un accord entre les deux parties ou d'une décision du juge. Cet étalement s'effectue dans les conditions suivantes :
– l'augmentation se répartit par sixième annuel si le bail est renouvelé pour 6 ans, c'est-à-dire principalement si le bailleur est une personne morale ;
– l'augmentation inférieure ou égale à 10 % s'applique par tiers si le contrat est renouvelé pour 3 ans ;
– l'augmentation supérieure à 10 % s'applique par sixième annuel au contrat renouvelé, puis lors du renouvellement ultérieur lorsque le premier bail renouvelé a une durée inférieure à 6 ans. Ainsi, si le bailleur est une personne physique, que la hausse est supérieure à 10 %, et que le contrat a été conclu pour moins de 6 ans, la hausse s'appliquera par sixième annuel d'abord au premier contrat renouvelé puis, le cas échéant, au nouveau renouvellement.

À ces augmentations peut s'ajouter l'augmentation résultant de l'indexation du loyer, à condition que le contrat contienne une telle clause (→ index, *Loyer, indexation*).

À NOTER

La hausse doit s'appliquer par tiers ou sixième annuel selon la durée du contrat renouvelé.

La situation en région parisienne

La possibilité d'augmenter le loyer lors de son renouvellement avec le locataire en place fait l'objet d'une réglementation particulière lorsque le logement est situé à Paris ou dans certaines communes de l'Île-de-France. Cette réglementation vise à maîtriser les hausses de loyer dans les communes (notamment Paris) où elles ont été très fortes dans un passé récent. Pour cela, elle pose un principe et une exception.

PROPOSITION DE NOUVEAU LOYER

M. Bertrand donne un appartement en location à M. Germain le 1/1/2008 pour 3 ans. Le bail arrivera donc à terme le 31/12/2010.
M. Bertrand souhaite renouveler le bail, mais avec une augmentation car le loyer est, selon lui, sous-évalué. Il devra donc proposer un nouveau loyer avant le 1/7/2010. En cas de refus explicite de M. Germain, dans les 2 mois suivant cette proposition, c'est-à-dire avant le 1/9/2010, ou en cas de silence durant ce délai, M. Bertrand devra saisir la commission de conciliation dès qu'il aura connaissance de ce refus ou dès l'expiration du délai de 2 mois (c'est-à-dire dès le 1/9/2010). Là encore, en cas d'absence de conciliation, ou en cas de silence de la commission au terme d'un délai de 2 mois, M. Bertrand devra saisir le juge d'instance afin de lui demander de fixer le nouveau loyer. En tout état de cause, si le juge n'est pas saisi avant le 31/12/2010, le bail sera reconduit aux mêmes conditions de loyer.

Le principe
Lors du renouvellement du bail, le loyer ne peut être augmenté qu'en fonction de la variation de l'indice INSEEde référence des loyers, utilisé depuis le 1/1/2006, pour le calcul de l'indexation des loyers, en lieu et place de l'indice du coût de la construction, toujours calculé par l'INSEE par ailleurs (→ index, *Indice de référence des loyers*) *(Voir pages Barème)*.

L'exception
Une majoration plus élevée peut être appliquée lorsque le propriétaire justifie que le loyer est manifestement sous-évalué, en fournissant six références de loyer du voisinage :

– l'augmentation applicable est alors égale à la moitié de la différence entre la moyenne des références et le loyer précédent ;

– elle peut être portée à 15 % du coût des travaux si le propriétaire a effectué des travaux d'amélioration sur les parties privatives et communes pour un montant au moins égal à la dernière année de loyer.

APPLICATIONS PRATIQUES D'ÉTALEMENT DES HAUSSES DE LOYER

1/ M. Lombard, propriétaire, obtient que le loyer de son locataire passe de 450 à 480 € par mois (soit une hausse de moins de 10 %).
L'augmentation est étalée sur 3 ans et s'applique de la manière suivante :
- la 1re année, le loyer du bail renouvelé est de 450 + (30/3) = 460 € ;
- la 2e année, il sera de 460 + (30/3) = 470 € ;
- la 3e année, il sera de 470 + (30/3) = 480 €.

2/ Si M. Lombard obtient une augmentation de plus de 10 % (le loyer passant, par exemple, de 450 à 510 € mensuel), et que le bail renouvelé a une durée de 3 ans, cette augmentation sera pourtant étalée sur 6 ans de la manière suivante :
- la 1re année, le loyer du bail renouvelé sera de 450 + (60/6) = 460 € ;
- la 2e année, il sera de 460 € + (60/6) = 470 € ;
- la 3e année, il sera de 470 € + (60/6) = 480 €.

À la fin de cette première période de 3 ans, si le bail est à nouveau renouvelé, les augmentations annuelles de 10 € continueront de s'appliquer au nouveau bail. Le loyer de la 1re année du bail renouvelé sera ainsi de 490 €, celui de la 2e année de 500 € et celui de la 3e année de 510 €.

À ces augmentations de loyer s'ajouteront les revalorisations annuelles résultant de l'indexation sur l'évolution de l'indice de référence des loyers qui remplace l'indice du coût de la construction (→ index, *Indice de référence des loyers*), dès lors que ces revalorisations ont été prévues au contrat.

› Qu'appelle-t-on références de loyer ?

Lorsque le propriétaire souhaite procéder à une augmentation du loyer, à l'occasion du renouvellement du bail avec le même locataire, il doit, pour la justifier, fournir à son locataire des références de loyers pratiqués dans le voisinage.
Le propriétaire ne peut choisir ces références comme bon lui semble. Il doit, en effet, observer les dispositions de la loi du 6/7/1989 qui l'obligent :
– à fournir au moins six références pour les logements situés à Paris, Lyon, Marseille ou leur agglomération, et trois au moins pour les logements situés dans le reste de la France ;
– à choisir des logements comparables à celui donné en location, situés soit dans un même groupe d'immeubles, soit dans un autre groupe d'immeubles similaires ;
– à fournir, pour chaque logement cité en référence :

- le nom de la rue avec indication de la dizaine de numéro où se situe l'immeuble,
- la qualité et l'époque de construction de l'immeuble,
- l'étage et la présence ou non d'un ascenseur,
- la surface et le nombre de pièces habitables du logement,
- l'état d'équipement et l'état d'entretien,
- le montant du loyer mensuel hors charges,
- l'indication selon laquelle le locataire est dans les lieux depuis moins ou plus de 3 ans.

Les 2/3 des références (soit 4 sur 6 ou 2 sur 3 selon que le logement est situé ou non à Paris, Lyon, Marseille ou leur agglomération) doivent concerner des logements dont les locataires sont entrés dans les lieux depuis plus de 3 ans.

OÙ TROUVER LES RÉFÉRENCES DE LOYER ?

En dehors des voisins, agents immobiliers, notaires... plusieurs pistes existent pour trouver des références de loyer.

✓ Les observatoires des loyers

Il s'agit d'associations agréées habilitées à recueillir et à diffuser les références de loyer dans l'ensemble de leur département.
Il existe actuellement trois observatoires des loyers :
- Observatoire des loyers de l'agglomération parisienne (OLAP) ;
- Observatoire des loyers d'Ille-et-Vilaine ;
- Observatoire des loyers de l'agglomération bisontine.

✓ Les ADIL et les DDT

Au niveau de chaque département, on peut s'adresser à la direction départementale des territoires (ex-DDE) ou à l'association départementale pour l'information sur le logement (ADIL) : *www.anil.org*.

› Le loyer et les travaux

Dans quelle mesure les travaux peuvent-ils avoir une conséquence sur le loyer ? Cette question, qui se pose souvent en pratique, trouve sa réponse dans les dispositions de la loi du 6/7/1989 qui distinguent :
– les travaux réalisés par le locataire en échange d'une réduction de loyer ;
– les travaux réalisés par le propriétaire, et qui justifient, selon lui, une augmentation de loyer.

Travaux réalisés par le locataire

Lors de la conclusion du contrat, les parties peuvent, dans une clause particulière, prévoir que le locataire exécutera ou fera exécuter à ses frais certains travaux dont le coût s'imputera sur le loyer (*Loi du 6/7/1989, Art. 6 a*).

Pour éviter toute difficulté, les conditions suivantes doivent être respectées :

- le logement doit être conforme aux normes minimales de décence définies par le décret du 30/1/2002 (→ index, *Logement décent*) ;
- la clause du contrat doit obligatoirement mentionner :

– les modalités d'imputation des travaux sur le loyer, et la durée de cette imputation,

– les conditions de dédommagement du locataire s'il quitte le logement avant le terme du bail. Le locataire doit donc conserver les justificatifs des dépenses effectuées.

Travaux réalisés par le bailleur

Lorsque le propriétaire envisage de réaliser des travaux d'amélioration du logement, il peut proposer à son locataire d'insérer, dans le contrat, une clause fixant la majoration de loyer consécutive à ces travaux (*Loi du 6/7/1989, Art. 17 e*).

Exemple de majoration de loyer à la suite de travaux :

Un bailleur loue le 1/2/2010 un logement pour un loyer mensuel de 750 €. En septembre 2010, il fera installer un interphone et un ascenseur. Si les deux parties sont d'accord, le contrat de location peut contenir la clause suivante : « Le loyer mensuel est fixé d'avance à 750 € du 1/2/2010 au 1/12/2010. Le bailleur s'engageant à faire installer un ascenseur et un interphone d'ici le 1/12/2010, le loyer sera porté à 800 € à compter de cette date, après constatation, par les deux parties, de la réalisation effective des travaux. »

EXEMPLE D'IMPUTATION DE TRAVAUX SUR LE LOYER

M. François loue un logement dans lequel les papiers peints sont à refaire et la moquette à changer. La location commence le 1/10/2010. Le loyer s'élève normalement à 600 € par mois. M. François confie ces travaux à son locataire M. Georges. Pour concrétiser leur accord, M. François et M. Georges doivent insérer, dans le contrat, la clause suivante :
« Les travaux dont la description suit : (description précise des travaux) seront pris en charge par M. Georges, locataire. Ils devront être réalisés avant le 31/12/2010.
Les travaux sont évalués par les parties à la somme de 1 500 €. Il est donc convenu que le locataire, M. Georges, pourra imputer un tiers de ce montant sur chacun des trois premiers loyers mensuels. Il versera donc, à titre de loyer, la somme de 100 € au titre des loyers d'octobre, novembre et décembre 2010, puis 600 € ensuite.
Un état des lieux sera établi contradictoirement le 31/12/2010 afin de constater la bonne réalisation de ces travaux. »

À NOTER

Il n'est pas possible de se soustraire au paiement du loyer sous prétexte que le propriétaire refuse de changer l'installation de plomberie devenue vétuste. En revanche, on peut dans ce cas saisir le tribunal d'instance et demander l'autorisation judiciaire de consigner les loyers.

› Le paiement du loyer

Le contrat doit, bien sûr, spécifier le montant du loyer (on ne parle ici que du loyer principal, c'est-à-dire « hors charges ») et les modalités de son paiement :
– périodicité (mensuel, trimestriel...) ;
– termes (terme à échoir, c'est-à-dire paiement d'avance ou terme échu) ;
– modes de paiement (chèques, espèces...).

L'usage veut que le loyer soit payable mensuellement et d'avance, en principe par chèque. Il est certes possible de prévoir un paiement bimestriel ou trimestriel, mais le locataire pourra, à tout moment, exiger le paiement mensuel, sans que le bailleur puisse s'y opposer (*Loi du 6/7/1989, Art. 7*).

Ceci précisé, de multiples questions se posent en matière de loyer : le loyer peut-il être révisé en cours de bail ? Pendant combien de temps le bailleur peut-il réclamer les loyers non perçus ? Le bailleur doit-il fournir une quittance lors de chaque paiement ? Etc. Les problèmes liés au non-paiement du loyer sont abordés à l'occasion de la résiliation du bail (→ index, *Locations, loi du 06.07.89, résiliation du bail*).

AVANTAGE

Si vous êtes locataire, votre propriétaire ne peut vous imposer de payer votre loyer par prélèvement automatique sur votre compte courant. Si votre contrat contient une telle clause, elle doit être considérée comme nulle. Mais évidemment, rien ne vous interdit, d'un commun accord, d'opter pour ce mode de paiement, sachant que vous conservez toujours la faculté d'en changer, dès que vous le souhaiterez (→ index, *Locations, loi du 06.07.89, clauses du contrat).*

Afin d'éviter tout abus, sont également considérées comme nulles, les clauses :

– imposant comme mode de paiement la signature par avance de traites ou de billets à ordre ;

– autorisant le bailleur à prélever ou à faire prélever directement le loyer sur le salaire du locataire (Loi du 6/7/1989, Art. 4).

Le loyer peut-il être révisé en cours de bail ?

Cette révision n'est possible que si une clause du bail la prévoit. Dans le cas contraire, le loyer ne bougera pas pendant toute la durée du bail, mais à l'occasion de son renouvellement, le bailleur pourra demander à ce qu'une telle clause y soit insérée.

Lorsque le contrat prévoit une clause de révision du loyer (on parle aussi d'indexation), celle-ci intervient chaque année à la date convenue par les parties ou, à défaut, à la date anniversaire du contrat.

À défaut de clause contractuelle fixant la date de l'indice de référence, il faudra tenir compte du dernier indice publié à la date de signature du contrat de location (*Loi du 6/7/1989, Art. 17d*).

La révision du loyer s'applique à partir de la formule suivante :

$$\text{Loyer de base} \times \frac{\text{nouvel indice}}{\text{ancien indice}} = \text{loyer révisé.}$$

L'augmentation du loyer applicable au titre d'une clause de révision prévue par le contrat de location ne peut excéder la variation de l'indice de référence des loyers (IRL). Cette règle s'applique depuis le 1/1/2006, l'IRL s'étant, à cette date, substitué à l'indice du coût de la construction, y compris pour les contrats en cours. Les modalités de fixation de l'IRL ont toutefois été profondément modifiées par la loi n° 2008-111 du 8/2/2008, afin de limiter les augmentations annuelles de loyer : celui-ci correspond désormais à la moyenne, sur les 12 derniers mois, de l'évolution des prix à la consommation hors tabac et hors loyers.

L'IRL est publié trimestriellement par l'INSEE ; le nouvel IRL a été publié pour la première fois le 14/2/2008 pour les valeurs du 1er trimestre 2006 au 4e trimestre 2007 inclus *(Voir pages Barème)*. Il fait ensuite l'objet de publication régulière, selon l'échéancier suivant :

- l'indice de référence des loyers du 1er trimestre est publié vers le 15 avril ;
- l'indice de référence des loyers du 2e trimestre est publié vers le 15 juillet ;
- l'indice de référence des loyers du 3e trimestre est publié vers le 15 octobre ;
- l'indice de référence des loyers du 4e trimestre est publié vers le 15 janvier suivant.

Les indices sont disponibles, dès leur publication, sur le site de l'INSEE (*www.insee.fr*).

Les nouvelles modalités de détermination de l'IRL, fixées par la loi du 8/2/2008, s'appliquent aux contrats de location conclus à compter de l'entrée en vigueur de cette loi, soit le 10/2/2008, comme aux contrats déjà en cours à cette date : pour ces derniers, la valeur moyenne sur 4 trimestres de l'IRL résultant de l'article 35 de la loi n° 2005-841 du 26/7/2005 antérieurement applicable est remplacée par la valeur de ce nouvel IRL à la date de référence de ces contrats (voir exemple ci-dessous).

À NOTER

S'agissant d'un changement d'indice de référence imposé par la loi, son application est immédiatement applicable aux baux en cours, sans qu'il soit nécessaire au bailleur et à son locataire de modifier la clause de révision du loyer éventuellement inscrite dans le bail.

Exemple : un contrat de location a été signé le 1/7/2003. Le contrat contient une clause de révision annuelle du loyer, chaque 1er juillet, en fonction de la variation de la moyenne sur 4 trimestres de l'indice du coût de la construction. L'indice de référence est celui du 4e trimestre 2002, dernier indice connu à la date de signature du contrat. Le loyer initial hors charges est fixé à 500 €.

Le loyer a été revalorisé au 1/7/2004, de la manière suivante :

500 € x 1 200,50 (moyenne de l'ICC du 4e trimestre 2003)/1 166 (moyenne de référence) = 514,79 €.

Au 1/7/2005, la revalorisation a été effectuée de la manière suivante :

514,79 € x 1 258,25 (moyenne de l'ICC du 4e trimestre 2004)/1 200,50 (moyenne de l'ICC du 4e trimestre 2003) = 539,55 €.

Au 1/7/2006, le loyer a été révisé ainsi :

539,55 € x 103,78 (IRL du 4e trimestre 2005)/101,45 (IRL du 4e trimestre 2004) = 551,94 €.

Au 1/7/2007, le loyer a été révisé de la manière suivante :

551,94 € x 107,13 (IRL du 4e trimestre 2006)/ 103,78 (IRL du 4e trimestre 2005) = 569,76 €.

Au 1/7/2008, le loyer a été révisé de la manière suivante :

569,76 € x 114,30 (nouvel IRL du 4e trimestre 2007) / 112,77 (nouvel IRL du 4e trimestre 2006) = 577,49 €.

Et ainsi de suite, en fonction des nouvelles valeurs de l'indice de référence des loyers *(Voir pages Barème)*.

Pendant combien de temps peut-on réclamer des loyers non perçus ?

La prescription des loyers, c'est-à-dire le délai pendant lequel un propriétaire peut réclamer le paiement à son locataire, est fixée à 5 ans à compter du jour où il a connu ou aurait dû connaître les faits lui permettant d'exercer cette action en paiement (*Code civil, Art. 2224*). Le délai est le même pour les actions intentées par le locataire en restitution des loyers et charges payés à tort.

Le propriétaire doit-il délivrer une quittance ou un reçu ?

La réponse est différente selon la nature du document.

La quittance

Elle correspond à un paiement intégral du loyer. Lorsque le locataire en fait la demande, le bailleur est tenu de lui transmettre une quittance gratuitement (*Loi du 6/7/1989, Art. 21*).

La quittance doit être détaillée et doit distinguer le loyer et les charges.

Le reçu

Il peut arriver qu'un locataire n'acquitte qu'une partie de son loyer, notamment s'il a obtenu des délais de paiement de son propriétaire ou du tribunal. Dans ce cas, le bailleur doit obligatoirement établir et lui remettre un reçu sur lequel figure le montant de la somme versée.

À NOTER

En matière de loyers, la prescription étant de 5 ans, le locataire a intérêt, d'une part, à demander systématiquement à son propriétaire une quittance à chaque versement du loyer et, d'autre part, à conserver ces documents pendant au moins 5 ans. En cas de litige, ils constitueront la preuve que les loyers ont bien été payés.

L'ASSURANCE CONTRE LES LOYERS IMPAYÉS

De nombreuses compagnies d'assurances proposent maintenant une assurance contre les loyers impayés que les propriétaires peuvent souscrire en début ou en cours de bail, sous certaines conditions. Cette garantie couvre en principe le propriétaire dès le premier impayé, sans aucune franchise. En revanche, il existe parfois un plafond de garantie et une durée maximale d'indemnisation.

Les primes relatives aux contrats d'assurance afférentes aux immeubles loués sont déductibles des revenus fonciers, pour leur montant réel, quel que soit le risque couvert : impayés de loyers, recours et défense, protection juridique, remise en état du logement en cas de détérioration par le locataire…

Renseignez-vous auprès des professionnels et comparez les coûts et modalités de prise en charge qui vous sont proposés.

C'est dans le cadre de la réglementation sur les assurances de loyers impayés que s'insère la garantie des risques locatifs (GRL), dont l'objectif est précisément de permettre le développement de contrats d'assurances moins draconiens sur le niveau de solvabilité des locataires. En contrepartie du fait qu'elles acceptent de couvrir des locataires jusque-là exclus par les critères habituels de solvabilité, les compagnies d'assurance qui s'engagent dans ce dispositif bénéficient d'une compensation financière en cas de sinistre (→ index, *Garanties, risques locatifs*).

Il est à noter que, pour les contrats conclus depuis le 28/3/2009, le bailleur ne peut exiger une caution s'il a déjà souscrit une assurance garantissant les obligations locatives du locataire, qu'il s'agisse d'une assurance contre les impayés de loyer ou de la garantie des risques locatifs. Toutefois, un tel cumul (caution + assurance ou GRL) reste possible pour les contrats de location conclus depuis le 26/11/2009 avec un étudiant ou un apprenti (→ index, *Locations, loi du 06.07.89, caution*).

Les charges

En plus du paiement du loyer proprement dit, le locataire est tenu de payer les charges aux dates convenues par le contrat.

Mais seules les charges dites récupérables (ou charges locatives) sont à acquitter par le locataire, le paiement donnant en principe d'abord lieu à une provision, puis à une régularisation.

Quelles sont les charges récupérables ?

Il est aujourd'hui impossible à un propriétaire de fixer lui-même les charges dont il exige le remboursement auprès de son locataire. C'est, en effet, le

décret n° 87-713 du 26/8/1987 qui fixe la liste limitative des charges récupérables, le propriétaire ne pouvant ajouter aucune charge à cette liste.
C'est ainsi, par exemple, que si la taxe d'enlèvement des ordures ménagères et la taxe de balayage sont récupérables (voir tableau ci-après), le bailleur n'est pas en droit de récupérer sur son locataire les frais d'assiette et de recouvrement afférents à ces taxes (*Cour de cassation, 3e chambre civile, 30/10/2002*). De même, il a été jugé que les dépenses de téléalarme et de télésurveillance, ne faisant pas partie de la liste du décret du 26/8/1987, n'étaient pas des charges récupérables bien qu'elles représentent la contrepartie de services rendus aux locataires (*Cour de cassation, 3e chambre civile, 1/6/2005*).
Les charges récupérables sont celles exigibles en contrepartie :
– des services rendus liés à l'usage des différents éléments de la chose louée ;
– des dépenses d'entretien courant et des menues réparations sur les éléments d'usage commun de la chose louée ;
– des impositions qui correspondent à des services dont le locataire profite directement (*Loi du 6/7/1989, Art. 23*).

À NOTER

Selon la loi n° 2006-872 du 13/7/2006, sont notamment récupérables au titre des dépenses d'entretien courant et des menues réparations sur les éléments d'usage commun de la chose louée, les dépenses engagées par le bailleur dans le cadre d'un contrat d'entretien relatif aux ascenseurs et répondant aux conditions de l'article L. 125-2-2 du Code de la construction et de l'habitation qui concernent les opérations et les vérifications périodiques minimales et, parmi les opérations occasionnelles, la réparation et le remplacement de petites pièces présentant des signes d'usure excessive ainsi que les interventions pour dégager les personnes bloquées en cabine et le dépannage et la remise en fonctionnement normal des appareils.

Afin de limiter les litiges relatifs aux charges récupérables, la loi prévoit que, pour le calcul de ces mêmes charges, le coût des services assurés dans le cadre d'un contrat d'entreprise correspond à la dépense, toutes taxes comprises, acquittée par le bailleur.

CHARGES LOCATIVES

Nature des charges	Propriétaire	Locataire
• **Ascenseurs**		
– installation	×	
– consommation d'électricité		×
– contrat d'entretien		×
• **Eau froide et eau chaude**		
– facture d'eau		×
– frais de location et de relevé du compteur individuel		×
• **Chauffage**		
– combustible consommé (P1)		×
– exploitation et maintenance de la chaufferie (P2)		×
– grosses réparations (changement de pièces, remplacement du corps de chauffe, équilibrage et désembouage) (P3)	×	
– investissement ou amortissement du matériel (P4)	×	
• **Entretien des parties communes et élimination des rejets** (1)		
– gardiens ou concierges	25 %	75 %
– employés d'immeuble		100 %
– ravalement et peinture	×	
• **Électricité**		
– abonnement et consommation		×

.../...

CHARGES LOCATIVES (SUITE)		
Nature des charges	**Propriétaire**	**Locataire**
• **Entretien et hygiène**		
Désinfection des parties communes :		
– produits employés		×
– main-d'œuvre	×	
– dératisation	×	
• **Espaces verts**		
– entretien : ramassage des feuilles, tonte des pelouses…		×
– gros travaux, réfection de massifs et création	×	
• **Impôts**		
– contribution sur les revenus locatifs	×	
– taxe de balayage		×
– taxe d'enlèvement des ordures ménagères		×
• **Digicode, interphone**	×	×
– installation ou remplacement		
– entretien		
• **Vide-ordures**		
– débouchage	×	
– désinfection		×

(1) Depuis le 1/1/2009, lorsque le gardien ou le concierge n'assure que l'une ou l'autre de ces tâches, le propriétaire ne peut récupérer que 40 % du montant des charges (au lieu de 75 %).

Quelles sont les modalités de paiement des charges ?

Comme il n'est plus possible de pratiquer des « charges forfaitaires » ou un loyer dit « charges comprises », le bailleur doit fixer une provision mensuelle de charges qui sera payable en même temps que le loyer, c'est-à-dire, en règle générale, mensuellement et d'avance.

Cette provision doit être justifiée par la communication au locataire de certains documents : résultats antérieurs arrêtés lors de la précédente régularisation, budget prévisionnel si l'immeuble est en copropriété ou s'il appartient à une personne morale (*Loi du 6/7/1989, Art. 23*).

La régularisation des charges doit intervenir au moins une fois par an. Là encore, comme les charges doivent être justifiées, le propriétaire doit fournir à son locataire, au moins 1 mois avant la régularisation :

– un décompte par catégorie de charges (eau, ascenseur, chauffage...), fourni en principe par le syndic ;

– et, dans les immeubles collectifs, le mode de répartition entre les locataires.

Toutes les pièces justificatives doivent être tenues à la disposition des locataires pendant 1 mois à compter de l'envoi de ce décompte.

En pratique, dans les immeubles en copropriété, tous les comptes étant tenus par le syndic, c'est à lui que les locataires doivent s'adresser pour vérifier les factures, les contrats de fournitures, les justificatifs de salaires, etc.

La provision peut-elle être réajustée ?

La provision pour charges constitue un acompte à valoir sur les dépenses réelles : elle ne peut donc pas être indexée comme le loyer.

Lors de la régularisation annuelle, si un solde positif ou négatif trop important apparaît, le propriétaire doit en tirer les conséquences et réajuster, à la hausse ou à la baisse, la provision demandée à son locataire. Ce réajustement doit alors être justifié par la communication des résultats antérieurs ou du budget prévisionnel.

La contribution du locataire aux travaux d'économie d'énergie

Lorsque des travaux d'économie d'énergie sont réalisés par le bailleur dans les parties privatives d'un logement ou dans les parties communes de l'immeuble, une contribution pour le partage des économies de charges peut être demandée au locataire du logement loué, à partir de la date d'achèvement des travaux, sous réserve que ces derniers lui bénéficient directement et qu'ils lui soient justifiés. Elle ne peut toutefois être exigible qu'à la condition qu'un ensemble de travaux ait été réalisé ou que le logement atteigne un niveau minimal de performance énergétique.

Les modalités de cette contribution, créée par la loi n° 2009-323 du 25/3/2009 ont été fixées par le décret n° 2009-1439 du 23/11/2009 et deux arrêtés du 23/11/2009.

À NOTER

Le locataire à qui une telle contribution est demandée a tout intérêt à prendre contact avec son ADIL (coordonnées sur le site www.anil.org) afin de s'assurer que les conditions réglementaires sont bien respectées par son bailleur. Des précisions sont également disponibles sur le site de l'Agence de l'environnement et de la maîtrise de l'énergie : ecocitoyens.ademe.fr.

Dans quelles conditions la contribution est-elle due ?

La contribution du locataire au partage des économies de charges résultant des travaux d'efficacité énergétique réalisés par le bailleur est exigible à la condition que ce dernier ait engagé une démarche de concertation avec le locataire portant sur le programme de travaux qu'il envisage d'entreprendre, les modalités de leur réalisation, les bénéfices attendus en termes de consommation énergétique du logement et la contribution du locataire, notamment sa durée, au partage des économies de charges résultant de ces travaux.

À l'issue des travaux, une ligne supplémentaire en plus des lignes relatives au loyer et aux charges intitulée : « Contribution au partage de l'économie de charges » et la mention des dates de la mise en place et du terme de cette ligne supplémentaire ainsi que de la date d'achèvement des travaux sont inscrites sur chaque avis d'échéance et portées sur chaque quittance remise au locataire.

Le versement de la contribution est exigible à partir du mois civil qui suit la date de fin des travaux.

À NOTER

Préalablement à la conclusion d'un nouveau bail avec un autre locataire pendant la durée de versement de la contribution du locataire au titre des économies d'énergie, le bailleur doit apporter au nouveau locataire les éléments qui justifient les travaux réalisés et le maintien de cette contribution et l'informe de son terme.

Quels sont les travaux d'économie d'énergie concernés ?

Une contribution du locataire peut être demandée pour financer les travaux d'économie d'énergie suivants :

- soit des travaux correspondant à une combinaison d'au moins deux actions d'amélioration de la performance énergétique du logement ou du bâtiment concerné, parmi les actions suivantes :

– travaux d'isolation thermique des toitures,

– travaux d'isolation thermique des murs donnant sur l'extérieur,

– travaux d'isolation thermique des parois vitrées donnant sur l'extérieur,

– travaux de régulation ou de remplacement de systèmes de chauffage ou de production d'eau chaude sanitaire,

– travaux d'installation d'équipements de chauffage utilisant une source d'énergie renouvelable,

– travaux d'installation d'équipements de production d'eau chaude sanitaire utilisant une source d'énergie renouvelable.

Ces travaux et le niveau minimal de performance énergétique atteint doivent être conformes aux exigences définies par les articles R. 131-25 à R. 131-28 du Code de la construction et de l'habitation et par l'arrêté du 23/11/2009 ;

- soit des travaux conformes aux exigences définies aux articles R. 131-25 à R. 131-28 du Code de la construction et de l'habitation et permettant d'amener la consommation d'énergie du bâtiment pour le chauffage, la ventilation, la production d'eau chaude sanitaire, le refroidissement et l'éclairage des locaux en dessous d'un seuil défini par l'arrêté du 23/11/2009.

Comment est calculée la contribution du locataire ?

L'économie de charges sur laquelle est basée la contribution demandée au locataire en contrepartie des travaux d'amélioration énergétique réalisés par le bailleur est calculée par une méthode de calcul conventionnel de la consommation d'énergie résultant d'une étude thermique préalable et prenant en compte les caractéristiques techniques et énergétiques du bâtiment, sa localisation géographique, etc.

La contribution peut néanmoins être fixée de manière forfaitaire si l'une au moins des conditions suivantes est remplie :

– les caractéristiques constructives du bâtiment sont incompatibles avec la méthode de calcul ;

– le bailleur ne possède pas plus de trois logements mis en location dans l'immeuble considéré.

La méthode de calcul et le forfait, qui tient compte des caractéristiques des logements considérés, sont définis par l'arrêté du 23/11/2009. Il est notamment prévu que, lorsque le bailleur ne détient pas plus de trois logements locatifs dans l'immeuble considéré, le montant de la contribution mensuelle peut être fixé de manière forfaitaire, fixe et non révisable, en fonction du nombre de pièces *(Voir pages Barème)*.

Les montants de ces forfaits pourront être actualisés par arrêté tous les 3 ans en fonction de l'évolution de l'indice de révision des loyers (IRL). Ces nouveaux forfaits ne s'appliqueront qu'aux travaux d'efficacité énergétique réalisés après la date de publication de l'arrêté modificatif.

Entretien, travaux et aménagement

En cours de location, le logement doit être entretenu et des travaux peuvent même se révéler nécessaires. Il importe donc de savoir qui, du propriétaire ou du locataire, aura la charge de cet entretien et de ces travaux. La loi du 6/7/1989 et les décrets du 26/8/1987 et du 30/1/2002 fournissent sur ce point des indications indispensables qui doivent permettre de prévenir la plupart des litiges.

L'état du local en début de location

L'obligation de délivrer un logement décent

Le bailleur a l'obligation de délivrer au locataire un logement décent (*Loi du 6/7/1989, Art. 6*), c'est-à-dire répondant à des normes minimales de sécurité et de confort. Ces normes, qui ont trait à la sécurité et à la santé des occupants, aux éléments d'équipement et de confort du logement ainsi qu'à l'habitabilité de celui-ci, sont fixées par le décret n° 2002-120 du 30/1/2002 (→ index, *Logement décent*).

Si le logement loué ne satisfait pas aux normes de décence, et sans que cela ne remette en cause le contrat de location en cours :

– le locataire peut demander au propriétaire de procéder aux travaux de mise en conformité des locaux. À défaut d'accord entre les parties ou à défaut de réponse du propriétaire dans un délai de 2 mois, la commission départementale de conciliation peut être saisie et rendre un avis dans les conditions fixées à l'article 20 de la loi du 6/7/1989. La saisine de la commission ou la remise de son avis ne constitue pas un préalable nécessaire à la saisine du juge par l'une ou l'autre des parties ;

– le juge saisi par le locataire ou le propriétaire détermine, le cas échéant, la nature des travaux à réaliser et le délai de leur exécution. Il peut réduire le montant du loyer ou suspendre, avec ou sans consignation, son paiement et la durée du bail jusqu'à l'exécution de ces travaux. Le juge transmet au représentant de l'État dans le département l'ordonnance ou le jugement constatant que le logement loué ne satisfait pas aux normes du logement décent ;

– si un ou plusieurs locataires ont avec un même bailleur un litige portant sur la notion de décence du logement, ils ont la faculté de donner mandat à une association d'agir en justice, en leur nom, ou de les assister (*Loi du 6/7/1989, Art. 24-1*).

En outre, si le logement ne répond pas aux caractéristiques du logement décent, le bailleur ne peut demander le versement en tiers-payant (c'est-à-dire directement à lui) de l'allocation de logement dont bénéficie, le cas échéant, son locataire.

À NOTER

Les caractéristiques du logement décent telles que fixées par le décret du 30/1/2002 (voir plus loin) ne s'appliquent pas aux logements-foyers et aux logements destinés aux travailleurs agricoles qui sont soumis à des règlements spécifiques.

AVANTAGE

Il est possible de consulter un guide pratique apportant des réponses concrètes sur les caractéristiques essentielles d'un logement décent sur le site du ministère du Logement : www.logement.gouv.fr.

L'obligation de délivrer un logement en bon état

Le bailleur a l'obligation de délivrer au locataire un logement en bon état d'usage et de réparation ainsi que les équipements mentionnés au contrat en bon état de fonctionnement (*Loi du 6/7/1989, Art. 6*). Si cette disposition n'implique pas que le logement soit remis à neuf à chaque nouvelle location, elle suppose toutefois que tout ce qui le constitue et l'équipe soit en bon état. Rappelons que c'est à travers l'état des lieux que les deux parties prennent acte de l'état réel du logement donné en location (→ index, *Locations, loi du 06.07.89, état des lieux*).

AVANTAGE

Le locataire peut prendre en charge certains travaux, et, en contrepartie, bénéficier d'une réduction temporaire de son loyer (→ index, Locations, loi du 06.07.89, travaux, loyer).

Quelles sont les réparations qui incombent au locataire ?

Le locataire doit prendre à sa charge l'entretien courant du logement, les équipements mentionnés au contrat (il peut s'agir, par exemple, d'une piscine, d'un tennis...), les menues réparations et les réparations dites locatives (*Loi du 6/7/1989, Art. 7 d*).

Deux précisions permettent de mesurer la portée de cette règle :

- la liste des réparations dites locatives est fixée par le décret n° 87-712 du 26/8/1987. Mais il faut savoir que cette liste n'est pas limitative et que vous n'y trouverez donc pas toujours le détail que vous y cherchez. Sa lecture doit toutefois vous aider à savoir si telle ou telle réparation incombe au propriétaire ou au locataire ;
- le locataire n'est pas tenu aux réparations locatives lorsque celles-ci sont la conséquence de la vétusté, de malfaçons, de vices de construction, de cas fortuit ou de force majeure.

À NOTER

Si au cours de la location, le locataire a connaisssance de la présence de termites dans les parties privatives qu'il occupe, il doit en faire la déclaration à la mairie. Concernant les parties communes de l'immeuble, c'est au syndicat des copropriétaires, par l'intermédiaire du syndic, qu'incombe la déclaration.

La vétusté

La vétusté est le résultat d'un usage prolongé et normal du bien loué. Il faut la distinguer de l'usage anormal du bien loué, qui peut entraîner sa dégradation ou celle de certains de ses éléments. Cette distinction est très importante, mais elle n'est pas toujours facile à faire.

En voici une illustration :

- avant de le donner en location, un propriétaire fait repeindre son logement et changer les moquettes. Il loue le local, dès les travaux terminés, à un locataire qui restera dans les lieux 10 ans. Au départ de ce locataire, les peintures sont ternies et la moquette usée, notamment aux endroits très passants. Il s'agit là d'une usure normale après 10 ans de location, donc de vétusté, et le propriétaire ne peut exiger de son locataire qu'il remette à neuf les peintures et les moquettes à son départ ;
- prenons la même situation à une différence près : le locataire ne reste que 2 ans. Il part en laissant un logement dont les murs de cuisine sont très sales, du fait de la suppression d'une ventilation, et dont la moquette est hors d'usage, pour avoir été exagérément lessivée. Les détériorations proviennent d'un usage anormal, et le propriétaire peut donc exiger une remise en état des peintures et de la moquette ou retenir le prix de ces réfections sur le dépôt de garantie qu'avait versé le locataire lors de son entrée dans les lieux.

À NOTER

Le locataire a toujours intérêt à obtenir un accord écrit de son bailleur avant de procéder ou de faire procéder à une réparation. En cas d'urgence, il faut demander au réparateur de préciser très clairement, sur sa facture, le degré de l'urgence, le motif de son intervention, les pièces qu'il a changées...

Les vices de construction ou malfaçons

Si le local est mal construit, qu'il présente des vices de conception ou de construction, ce n'est pas au locataire d'en supporter les conséquences financières, mais au propriétaire. Celui-ci pourra d'ailleurs, dans la majorité des cas, se retourner contre le constructeur ou l'installateur.

Le locataire doit signaler immédiatement, et par écrit (lettre recommandée avec demande d'avis de réception), un problème de ce type au propriétaire, justement pour lui permettre d'engager les recours nécessaires.

Si le locataire a déjà engagé des dépenses, le propriétaire doit les lui rembourser, sur présentation des justificatifs. S'il est impossible de remédier au défaut de construction ou à la malfaçon, le propriétaire peut proposer à son locataire une résiliation du contrat ou une diminution du loyer en rapport avec le préjudice subi.

Décret n° 2002-120 du 30/1/2002 relatif aux caractéristiques du logement décent

« **Art 1er.** Un logement décent est un logement qui répond aux caractéristiques définies par le présent décret. »

« **Art. 2.** Le logement doit satisfaire aux conditions suivantes, au regard de la sécurité physique et de la santé des locataires :

1. Il assure le clos et le couvert. Le gros œuvre du logement et de ses accès est en bon état d'entretien et de solidité et protège les locaux contre les eaux de ruissellement et les remontées d'eau. Les menuiseries extérieures et la couverture avec ses raccords et accessoires assurent la protection contre les infiltrations d'eau dans l'habitation. Pour les logements situés dans les départements d'outre-mer, il peut être tenu compte, pour l'appréciation des conditions relatives à la protection contre les infiltrations d'eau, des conditions climatiques spécifiques à ces départements ;
2. Les dispositifs de retenue des personnes, dans le logement et ses accès, tels que garde-corps des fenêtres, escaliers, loggias et balcons, sont dans un état conforme à leur usage ;
3. La nature et l'état de conservation et d'entretien des matériaux de construction, des canalisations et des revêtements du logement ne présentent pas de risques manifestes pour la santé et la sécurité physique des locataires ;
4. Les réseaux et branchements d'électricité et de gaz et les équipements de chauffage et de production d'eau chaude sont conformes aux normes de sécurité définies par les lois et règlements et sont en bon état d'usage et de fonctionnement ;
5. Les dispositifs d'ouverture et de ventilation des logements permettent un renouvellement de l'air adapté aux besoins d'une occupation normale du logement et au fonctionnement des équipements ;
6. Les pièces principales, au sens du troisième alinéa de l'article R. 111-1 du code de la construction et de l'habitation, bénéficient d'un éclairement naturel suffisant et d'un ouvrant donnant à l'air libre ou sur un volume vitré donnant à l'air libre. »

« **Art. 3.** Le logement comporte les éléments d'équipement et de confort suivants :

1. Une installation permettant un chauffage normal, munie des dispositifs d'alimentation en énergie et d'évacuation des produits de combustion et adaptée aux caractéristiques du logement. Pour les logements situés dans les départements d'outre-mer, il peut ne pas être fait application de ces dispositions lorsque les conditions climatiques le justifient ;
2. Une installation d'alimentation en eau potable assurant à l'intérieur du logement la distribution avec une pression et un débit suffisants pour l'utilisation normale de ses locataires ;
3. Des installations d'évacuation des eaux ménagères et des eaux-vannes empêchant le refoulement des odeurs et des effluents et munies de siphon ;
4. Une cuisine ou un coin cuisine aménagé de manière à recevoir un appareil de cuisson et comprenant un évier raccordé à une installation d'alimentation en eau chaude et froide et à une installation d'évacuation des eaux usées ;
5. Une installation sanitaire intérieure au logement comprenant un w.-c., séparé de la cuisine et de la pièce où sont pris les repas, et un équipement pour la toilette corporelle, comportant une baignoire ou une douche, aménagé de manière à garantir l'intimité personnelle, alimenté en eau chaude et froide et muni d'une évacuation des eaux usées. L'installation sanitaire d'un logement d'une seule pièce peut être limitée à un w.-c. extérieur au logement à condition que ce w.-c. soit situé dans le même bâtiment et facilement accessible ;
6. Un réseau électrique permettant l'éclairage suffisant de toutes les pièces et des accès ainsi que le fonctionnement des appareils ménagers courants indispensables à la vie quotidienne.

Dans les logements situés dans les départements d'outre-mer, les dispositions relatives à l'alimentation en eau chaude prévues aux 4 et 5 ci-dessus ne sont pas applicables.»

« **Art. 4.** Le logement dispose au moins d'une pièce principale ayant soit une surface habitable au moins égale à 9 m et une hauteur sous plafond au moins égale à 2,20 mètres, soit un volume habitable au moins égal à 20 m^3.
La surface habitable et le volume habitable sont déterminés conformément aux dispositions des deuxième et troisième alinéas de l'article R. 111-2 du code de la construction et de l'habitation. »

« **Art. 5.** Le logement qui fait l'objet d'un arrêté d'insalubrité ou de péril ne peut être considéré comme un logement décent. [...] »

À NOTER

Pour savoir si la réparation résulte d'un défaut de construction ou d'une installation défectueuse, on peut, par exemple, demander à ses voisins si leur logement connaît ou non le même problème. Il est de toute façon recommandé au locataire qui doit faire face à une réparation urgente, causée, selon lui, par un vice de construction ou une malfaçon, d'exiger du dépanneur qu'il détaille sa facture et qu'il y indique clairement les raisons de son intervention.

La force majeure

Toutes les dégradations survenant à la suite d'un cas de force majeure (par exemple, des intempéries très violentes) sont à la charge du propriétaire. Bien entendu, il ne faut pas que le locataire ait causé ou aggravé le dégât par négligence, sans quoi il pourrait alors être tenu aux réparations. Il en sera ainsi, par exemple, si un fort orage dégrade le logement parce que le locataire avait laissé les fenêtres ouvertes.

Que se passe-t-il en cas de désaccord ?

Dès l'apparition d'un désordre qui nécessite une intervention, le locataire, s'il estime que la charge de cette réparation revient au bailleur, doit le lui faire savoir par lettre recommandée avec demande d'avis de réception. Cette lettre doit indiquer clairement les défauts constatés et leur localisation. Il est judicieux de fixer au bailleur un délai de réponse au-delà duquel il sera assigné devant les tribunaux pour l'obliger à réparer ou pour obtenir l'autorisation de faire les travaux à sa place. Le locataire ne doit, en effet, jamais entreprendre de travaux aux lieu et place du bailleur avant :

– soit d'avoir obtenu de sa part un accord écrit précisant les modalités d'exécution et de remboursement de ces travaux ;

– soit d'avoir obtenu l'autorisation du tribunal, si une solution amiable n'a pas été trouvée. En ce cas, le tribunal, s'il estime la demande fondée, fixe les modalités de remboursement des travaux (le plus souvent, par retenue sur les loyers à venir).

Si les travaux présentent un caractère d'urgence, le locataire doit les faire effectuer avant même d'avoir pu prévenir le bailleur. À défaut de trouver un accord amiable avec ce dernier, il devra saisir le tribunal pour se les faire rembourser. Il est donc impératif pour lui de conserver les factures détaillées de ces réparations.

Quels sont les travaux qui incombent au bailleur ?

Les réparations autres que locatives

Le bailleur est obligé d'entretenir les locaux en état de servir à l'usage prévu par le contrat et d'y faire toutes les réparations autres que locatives nécessaires au maintien en état et à l'entretien normal des locaux loués (*Loi du 6/7/1989, Art. 6 c*).

Il faut ainsi considérer que restent à la charge du bailleur toutes les « grosses réparations » touchant au gros œuvre, ainsi que les réparations importantes portant sur les éléments d'équipement. Il s'agit aussi, d'une façon générale, de tout ce qui assure la conservation du bâtiment (toiture, étanchéité...) et qui fait que le local demeure en état de servir à l'usage indiqué dans le contrat de location **(voir Modèle n° 34)**.

ATTENTION ⚠

Les travaux de désamiantage sont toujours à la charge du propriétaire, même si c'est le locataire qui a installé un faux plafond contenant de l'amiante. En effet, les travaux de retrait de l'amiante ne peuvent pas être considérés comme des « travaux d'entretien courant » ou de « menues réparations » (Réponse ministérielle, JOAN, 3/3/2003).

Les travaux imposés par la loi

Les travaux rendus obligatoires par une décision administrative sont à la charge du bailleur. Il peut s'agir, par exemple, des travaux suivants :
- porte de sécurité pour les ascenseurs ;
- compteur de calories ;
- dispositifs de sécurité pour les portes de garages ;
- ravalement, etc.

En revanche, les dépenses d'entretien liées à ces équipements restent à la charge du locataire.

À NOTER

Le locataire a l'obligation de laisser exécuter, dans son logement, les travaux d'amélioration des parties communes ou privatives de son immeuble ainsi que les travaux nécessaires au maintien en état et à l'entretien normal des lieux (Loi du 6/7/1989, Art. 7 e). Il doit également accepter les travaux urgents et qui ne peuvent être différés.

AVANTAGE

Si les travaux durent plus de 40 jours, le locataire peut prétendre à une diminution de loyer proportionnelle au temps et à la partie du logement dont il aura été privé. Il peut même demander la résiliation du bail si les travaux rendent inhabitable le logement (Code civil, Art. 1724, alinéa 2).

Le locataire peut-il faire des travaux ?

Tout dépend de la nature des travaux :

– s'il s'agit de simples aménagements, le locataire peut les réaliser librement, et le bailleur ne peut s'y opposer ;

– s'il s'agit de transformations, le locataire doit obtenir l'accord écrit de son bailleur.

Reste évidemment à déterminer ce qui relève du simple aménagement et ce qui relève de la transformation des locaux, sachant qu'il n'existe aucune définition légale de ces deux notions. En règle générale, on s'accorde pour considérer que constituent des transformations tout ce qui touche à la distribution des pièces, au cloisonnement : percement ou suppression de fenêtres, suppression ou création de cloisons, création d'une salle de bains dans une chambre, etc.

Au contraire, relèveront d'un simple aménagement des travaux de peinture ou de tapisserie, l'installation d'un double vitrage, la pose de radiateurs électriques, etc.

Cette distinction, parfois difficile à établir, peut avoir des conséquences importantes pour le locataire. En effet, s'il entreprend des transformations dans son logement, sans l'accord écrit de son bailleur, celui-ci pourra :

– soit exiger, à son départ, la remise des locaux loués dans leur état initial ;

– soit conserver les transformations, sans rien devoir au locataire ;

– soit demander la remise en état immédiate, si les transformations opérées mettent en péril le bon fonctionnement des éléments d'équipement ou la sécurité du local (par exemple, si le locataire a percé l'un des murs porteurs de son logement).

En cas de litige, c'est au tribunal qu'il appartiendra de dire si les travaux constituent un simple aménagement ou au contraire une transformation du logement.

À NOTER

Là encore, comme toujours lorsqu'il s'agit de travaux ou de réparations, le locataire a tout intérêt à obtenir l'accord préalable et écrit de son bailleur sur les travaux qu'il envisage de réaliser.

LA LUTTE CONTRE LE SATURNISME

Si un cas de saturnisme (intoxication au plomb) est constaté chez une personne mineure, le préfet fait procéder à un diagnostic de l'immeuble concerné. Si le risque d'intoxication des occupants est confirmé, il notifie au propriétaire les conclusions du diagnostic et l'injonction de travaux par lettre recommandée avec demande d'avis de réception (*Code de la santé publique, Art. L. 1334-2*). Le propriétaire doit alors faire exécuter, à ses frais, les travaux d'assainissement du logement.

Les propriétaires bailleurs, ainsi que les propriétaires occupants, peuvent, sous certaines conditions, bénéficier d'une aide de l'Agence nationale pour l'amélioration de l'habitat (ANAH) afin de financer des travaux de suppression des peintures au plomb présentes dans le logement qu'ils louent ou qu'ils occupent. La subvention peut couvrir 70 % du montant des travaux, dans la limite d'un plafond de 8 000 €. La demande doit être adressée à la délégation locale de l'ANAH du département dans lequel est situé l'immeuble (adresses sur le site Internet *www.anah.fr*).

À noter : certaines victimes du saturnisme peuvent être indemnisées par la Commission d'indemnisation des victimes d'infraction (CIVI) qui siège auprès de chaque tribunal de grande instance (TGI).

Attention : la réglementation relative à la prévention et à la lutte contre le saturnisme a été modifiée par la loi relative à la santé publique du 9/8/2004 et par l'ordonnance du 8/6/2005. Ces textes mettent notamment en place, pour les immeubles affectés en tout ou partie à l'habitation, construits avant le 1/1/1949, un « constat de risques d'exposition au plomb » (CREP) qui, à compter du 12/8/2008, devra être compris dans le « dossier de diagnostic technique » annexé au contrat de location au moment de sa conclusion ou de son renouvellement (→ index, *Dossier de diagnostic technique*).

Plus généralement, si le CREP met en évidence la présence de revêtements contenant du plomb à des concentrations supérieures à des seuils définis par l'arrêté du 25/4/2006, le propriétaire bailleur devra faire procéder, de sa propre initiative et à ses frais, aux travaux appropriés pour supprimer le risque d'exposition au plomb : la non réalisation de ces travaux avant la mise en location du logement constituera alors un manquement grave aux obligations particulières de sécurité et de prudence susceptible d'engager sa responsabilité pénale (*Code de la santé publique, Art. L. 1334-9*).

La fin du bail

Un contrat de location peut prendre fin de différentes manières : par le congé donné par l'une ou l'autre des parties, par la résiliation demandée par le propriétaire lorsque le locataire n'exécute plus ses obligations ou, dans certaines conditions, par le décès du locataire ou l'abandon de domicile. Les règles applicables diffèrent d'une situation à l'autre, même si leur objet est avant tout d'offrir certaines garanties au locataire.

Le congé

Chacune des parties, locataire comme propriétaire, peut donner congé. Mais une différence essentielle existe toutefois : le locataire peut donner congé lorsqu'il le souhaite et sans motif, sous réserve d'observer un préavis, alors que le propriétaire ne peut le faire qu'en fin de bail, qui plus est pour un motif précis.

› Le congé du locataire

Le locataire peut donner congé à tout moment en cours de bail, sans avoir à motiver sa décision. Il doit simplement observer une condition de forme et un délai de préavis.

La condition de forme

Le congé doit être donné par lettre recommandée avec demande d'avis de réception ou par acte d'huissier **(voir Modèle n° 35)**.

Le délai de préavis

Le délai à respecter est de 3 mois. Il commence à courir le jour de la réception par le bailleur de la lettre recommandée ou de la signification de l'acte d'huissier. Ce délai peut être réduit à 1 mois, dans les cas suivants, à condition pour le locataire d'en apporter la justification :

– en cas d'obtention d'un premier emploi ;

– en cas de mutation professionnelle, de perte d'emploi (y compris en cas de rupture conventionnelle d'un CDI) ou de nouvel emploi consécutif à une perte d'emploi. Le plus simple pour le locataire qui désire bénéficier de cette disposition est de joindre directement le justificatif à son congé ;

– si l'état de santé du locataire, âgé de plus de 60 ans, justifie un changement de domicile ;

– si le locataire bénéficie du revenu minimum d'insertion (RMI). Bien que depuis le 1/6/2009, le RMI ait été remplacé par le revenu de solidarité active (RSA), la loi du 6/7/1989 continue de faire référence au RMI et non au RSA ; dans l'attente d'une modification de cette loi, rien ne permet d'affirmer que les bénéficiaires du RSA ont automatiquement droit au congé réduit à 1 mois.

À NOTER

La notion de perte d'emploi justifiant un délai de préavis réduit à 1 mois doit être interprétée strictement. Il doit s'agir d'une perte d'emploi non imputable au locataire, ce qui exclut un simple changement d'activité, un abandon de poste ou une démission. Mais la Cour de cassation a élargi cette notion en jugeant que la fin d'un CDD équivalait à une perte d'emploi ouvrant droit au préavis d'1 mois (Cour de cassation, 3e chambre civile, 8/12/1999).

À NOTER

Le locataire qui donne congé reste redevable du paiement du loyer et des charges pendant toute la durée du préavis, même s'il n'occupe plus le logement. Cette obligation cesse si un nouveau locataire s'installe dans les lieux, qu'il ait été trouvé par le bailleur ou présenté par l'ancien locataire et accepté par le bailleur.

› Le congé donné par le bailleur

En cours de bail, le bailleur ne peut mettre fin au contrat, sauf s'il trouve un accord amiable avec son locataire ou s'il obtient la résolution judiciaire du contrat. En dehors de ces hypothèses, il devra attendre la fin du bail pour pouvoir donner congé à son locataire. Mais encore devra-t-il pouvoir justifier ce congé par l'un des motifs prévus par la loi : vente, reprise pour habiter, motif légitime et sérieux, et respecter la protection spéciale dont bénéficient certains locataires âgés **(voir Modèle n° 36)**.

À NOTER

Chaque membre d'une société civile familiale constituée exclusivement entre parents et alliés jusqu'au 4e degré inclus peut bénéficier des dispositions sur le congé pour le logement que cette société donne en location. Il en est de même pour chaque membre d'une indivision, au titre du logement en indivision donné en location.

AVANTAGE

Le locataire qui reçoit un congé de son propriétaire peut quitter les lieux à tout moment pendant le préavis. Il n'est alors tenu de payer le loyer et les charges que pour le temps où il a occupé réellement le logement, et non pour toute la durée du préavis (Loi du 6/7/1989, Art. 15-I).

Le congé pour vente

Le bailleur peut souhaiter ne pas renouveler le bail afin de vendre le logement donné en location. Mais afin d'éviter les abus, il faut savoir que le locataire dispose d'une double garantie : il est prioritaire pour acheter le logement et dispose d'un droit de préemption si le logement est vendu à un prix inférieur à celui qui lui a été proposé.

- Le congé doit être donné au locataire par lettre recommandée avec demande d'avis de réception (ou acte d'huissier) 6 mois à l'avance et son motif, c'est-à-dire la mise en vente du logement, doit lui être précisée. Il doit indiquer le prix et les conditions de cette vente et reproduire l'article 15-II de la loi du 6/7/1989. En revanche, il n'a pas à indiquer la superficie de l'appartement ni à être accompagné du règlement de copropriété (*Cour de cassation, 3e chambre civile, 19/10/2005*). Ce congé vaut offre de vente au profit du locataire, qui peut donc, s'il le désire, se porter acquéreur du logement aux conditions proposées.
- À compter de la réception du congé pour vendre valant offre d'achat, le locataire dispose d'un délai de 2 mois pour accepter cette offre. En cas d'acceptation, il dispose à nouveau d'un délai de 2 mois pour réaliser la vente (c'est-à-dire signer chez le notaire), ce délai étant porté à 4 mois si le locataire précise dans sa réponse qu'il a l'intention de recourir à un prêt pour acheter le logement. Si la vente n'est pas faite dans le délai prévu, le locataire doit quitter les lieux au terme du bail.

Si le locataire n'a pas accepté l'offre de vente dans les 2 premiers mois du préavis, il doit libérer le logement au plus tard à la fin du contrat.

- Si le propriétaire décide de vendre à un prix moins élevé que celui proposé au locataire, le notaire a l'obligation de proposer ces nouvelles conditions au locataire à moins que le propriétaire ne l'ait déjà fait. La notification est envoyée à la nouvelle adresse, si elle a été communiquée par le locataire ou, à défaut, à l'ancienne. Elle doit reproduire les alinéas 1 à 5 du § II de l'article 15 de la loi du 6/7/1989.

L'offre est valable pendant 1 mois à compter de la réception et devient caduque au-delà si elle n'a pas été acceptée. Si le locataire décide de se porter acquéreur à ces nouvelles conditions, il dispose de 2 mois pour réaliser la vente, délai porté à 4 mois s'il indique dans sa réponse devoir recourir à un prêt pour financer l'achat.

À NOTER

Si l'acheteur du logement est un parent du propriétaire (jusqu'au 4e degré inclus), le locataire n'est pas prioritaire pour acheter. Mais l'acquéreur doit alors occuper le logement pendant au moins 2 ans à compter de l'expiration du délai de préavis.

À NOTER

Si le locataire est marié, le congé, quel qu'en soit le motif, doit être notifié à chacun des époux dans les formes prescrites (lettre recommandée ou acte d'huissier). La Cour de cassation a jugé valable le congé donné par lettre recommandée unique adressée à « Monsieur et Madame », l'avis de réception ayant été signé par les deux époux (Cour de cassation, 3e chambre civile, 2/2/2000). À défaut, le congé n'aurait aucun effet à l'encontre de l'époux à qui il n'a pas été notifié, et qui resterait donc titulaire du bail. Seule exception à ce principe : l'hypothèse où le locataire n'a pas informé le bailleur du fait qu'il était marié ; dans ce cas, le congé qui lui est délivré est aussi valable vis-à-vis de son conjoint (Loi du 6/7/1989, Art. 9-1). La preuve que l'information relative à l'existence du mariage a bien été faite incombe au locataire (Cour de cassation, 3e chambre civile, 19/10/2005).

À NOTER

Des dispositions protectrices s'appliquent (information préalable, droit à reconduction temporaire du bail sous certaines conditions...) aux locataires d'un immeuble qui fait l'objet d'une « vente à la découpe » (vente en bloc de l'immeuble possédé par un unique propriétaire, suivi de sa mise en copropriété et de la revente des appartements), et auxquels un congé pour vente est signifié. Si vous êtes dans cette situation, il faut impérativement vous rapprocher d'une association de défense des locataires ou d'une association telle que l'ANIL qui pourra vous renseigner sur vos droits et vous aider à défendre au mieux vos intérêts, quitte à vous renvoyer vers un avocat spécialiste de droit immobilier.

Le congé pour reprise

Le bailleur peut aussi refuser le renouvellement du bail s'il souhaite occuper le logement ou le faire occuper par l'un de ses parents proches.

Il doit alors signifier au locataire, 6 mois au moins avant la fin du bail, son congé par lettre recommandée avec demande d'avis de réception ou par acte d'huissier. Ce congé doit obligatoirement préciser son motif et indiquer le nom et l'adresse du bénéficiaire de la reprise (*Loi du 6/7/1989, Art. 15-I*).

Le logement repris doit constituer la résidence principale du bénéficiaire de la reprise (*Cour de cassation, 3e chambre civile, 31/1/2001*). En cas de fraude (par exemple, le logement est remis immédiatement en location après le départ du locataire), le bailleur peut être condamné à verser au locataire injustement évincé des indemnités destinées à réparer le préjudice matériel (frais de déménagement et d'emménagement) et moral subi (*Cour de cassation, 3e chambre civile, 7/5/2002*).

Seules les personnes suivantes peuvent bénéficier de la reprise :

– le bailleur ;

– son conjoint ;

– son concubin notoire (depuis au moins 1 an à la date du congé) ;

– le partenaire auquel il est lié par un PACS ;

– ses ascendants et ses descendants ou ceux de son conjoint, concubin, ou partenaire.

AVANTAGE

Si vous êtes locataire et que votre propriétaire a décidé de vendre votre logement, il ne peut exiger que vous laissiez visiter le local les jours fériés, ou plus de 2 heures par jour ouvrable. Si une telle clause est prévue au contrat, elle doit être considérée comme non écrite, et donc inapplicable (Loi du 6/7/1989, Art. 4). Cette règle joue également si vous quittez votre logement et qu'il doit être remis en location.

Le congé pour motif légitime et sérieux

Le propriétaire peut donner congé à son locataire pour un motif légitime et sérieux, notamment l'inexécution par le locataire de l'une des obligations qui lui incombent. Le congé doit être donné par lettre recommandée avec demande d'avis de réception ou par acte d'huissier, avec un délai de préavis de 6 mois. Il doit indiquer le motif du congé, qui n'est pas nécessairement lié à une faute du locataire.

À titre d'illustration, les faits suivants peuvent constituer un motif légitime et sérieux de congé :

– violation de l'interdiction de sous-louer ;

– comportement agressif, contraire aux obligations de bon voisinage ;

– opposition à la réalisation de travaux nécessaires à l'amélioration de l'immeuble (par exemple, pose de radiateurs de chauffage central) ;

– défaut de paiement régulier du loyer, qui peut également conduire, en cours de bail, à une demande de résiliation du bail ;

– transformation du logement sans accord du bailleur ;

– souhait du bailleur de faire des travaux importants dans le logement, etc.

En cas de contestation, seul le tribunal d'instance pourra apprécier si le motif du congé présentait bien un caractère légitime et sérieux.

Les locataires protégés

Certains locataires bénéficient d'une protection spéciale : sauf exceptions, le propriétaire, même s'il a un motif pour le faire, ne peut leur donner congé sans leur proposer un logement de remplacement. Ce logement doit correspondre à leurs besoins et à leurs possibilités et doit être situé aux environs immédiats du précédent.

Cette protection spéciale bénéficie aux locataires âgés de plus de 70 ans dont les ressources annuelles sont inférieures à une fois et demie le montant annuel du SMIC *(Voir pages Barème)* ; elle est écartée lorsque le propriétaire est lui-même âgé de plus de 60 ans ou lorsque ses ressources annuelles sont inférieures à une fois et demie le montant annuel du SMIC. La Cour de cassation a jugé que l'appréciation des ressources de chaque colocataire (en l'occurrence des époux) devait se faire séparément. Ainsi, si les revenus d'un colocataire excèdent une fois et demie le montant annuel du SMIC et que ceux de l'autre sont en dessous de ce seuil, le maintien dans les lieux s'applique (*Cour de cassation, 6e chambre civile, 19/7/2000*).

Pour la mise en œuvre de cette disposition, l'âge du locataire et celui du propriétaire sont appréciés à la date d'échéance du bail (et non à la date de délivrance du congé), mais le montant des ressources est apprécié à la date de notification du congé.

À NOTER

Quel qu'en soit le motif, lorsque le congé est donné par le mandataire du propriétaire (administrateur de biens, par exemple), il doit impérativement mentionner le nom du propriétaire. À défaut, il sera considéré comme n'ayant aucun effet. Faute alors d'être renouvelé dans les règles, en respectant le préavis de 6 mois, le bail sera reconduit (Cour de cassation, Assemblée plénière, 13/2/1998).

À NOTER

La Cour de cassation a rappelé que la date de réception d'une lettre recommandée avec AR notifiant un congé est celle de la remise effective de la lettre à son destinataire (Cour de cassation, 3e chambre civile, 7/1/1998). C'est cette date qu'il faut retenir pour vérifier que le délai de préavis a bien été respecté. Lorsque l'on donne congé, il est donc préférable de le faire suffisamment à l'avance pour pouvoir réagir si nécessaire ou de le faire délivrer par huissier.

Article 15-II de la loi du 6/7/1989
à reproduire dans un congé pour vente donné par le propriétaire

« **Art. 15-II**. Lorsqu'il est fondé sur la décision de vendre le logement, le congé doit à peine de nullité, indiquer le prix et les conditions de la vente projetée. Le congé vaut offre de vente au profit du locataire : l'offre est valable pendant les deux premiers mois du délai du préavis.

Les dispositions de l'article 46 de la loi n° 65-557 du 10 juillet 1965 fixant le statut de la copropriété des immeubles bâtis ne sont pas applicables au congé fondé sur la décision de vendre le logement.

À l'expiration du délai de préavis, le locataire qui n'a pas accepté l'offre de vente est déchu de plein droit de tout titre d'occupation sur le local.

Le locataire qui accepte l'offre dispose, à compter de la date d'envoi de sa réponse au bailleur, d'un délai de deux mois pour la réalisation de l'acte de vente. Si, dans sa réponse, il notifie son intention de recourir à un prêt, l'acceptation par le locataire de l'offre de vente est subordonnée à l'obtention du prêt et le délai de réalisation de la vente est porté à quatre mois. Le contrat de location est prorogé jusqu'à l'expiration du délai de réalisation de la vente. Si, à l'expiration de ce délai, la vente n'a pas été réalisée, l'acceptation de l'offre de vente est nulle de plein droit et le locataire est déchu de plein droit de tout titre d'occupation.

Dans le cas où le propriétaire décide de vendre à des conditions ou à un prix plus avantageux pour l'acquéreur, le notaire doit, lorsque le bailleur n'y a pas préalablement procédé, notifier au locataire ces conditions et prix à peine de nullité de la vente. Cette notification est effectuée à l'adresse indiquée à cet effet par le locataire au bailleur ; si le locataire n'a pas fait connaître cette adresse au bailleur, la notification est effectuée à l'adresse des locaux dont la location avait été consentie. Elle vaut offre de vente au profit du locataire. Cette offre est valable pendant une durée d'un mois à compter de sa réception. L'offre qui n'a pas été acceptée dans le délai d'un mois est caduque.

Le locataire qui accepte l'offre ainsi notifiée dispose, à compter de la date d'envoi de sa réponse au bailleur ou au notaire, d'un délai de 2 mois pour la réalisation de l'acte de vente. Si, dans sa réponse, il notifie son intention de recourir à un prêt, l'acceptation par le locataire de l'offre est subordonnée à l'obtention du prêt et le délai de réalisation de la vente est porté à 4 mois. Si, à l'expiration de ce délai, la vente n'a pas été réalisée, l'acceptation de l'offre de vente est nulle de plein droit.

Les termes des cinq alinéas précédents sont reproduits à peine de nullité dans chaque notification. »

La résiliation du bail

Si le bailleur ne peut, en principe, donner congé à son locataire en cours de bail, il a toutefois la possibilité, à tout moment, de demander la résiliation du contrat, dès lors que le locataire ne respecte plus ses obligations, notamment celles de payer le loyer, les charges, de s'assurer ou d'occuper paisiblement des locaux loués.

Le contrat de location peut d'ailleurs contenir une ou plusieurs clauses résolutoires de plein droit, mais uniquement pour l'un des motifs suivants :

– défaut de paiement du loyer ou des charges aux dates convenues ;

– défaut de versement du dépôt de garantie prévu au contrat ;

– défaut d'assurance du logement ;

– non-respect de l'obligation d'user paisiblement des locaux loués, résultant de troubles de voisinage constatés par une décision de justice passée en force de chose jugée.

Articles devant figurer dans le commandement de payer adressé au locataire

Loi du 6/7/1989

« **Art. 24.** Toute clause prévoyant la résiliation de plein droit du contrat de location pour défaut de paiement du loyer ou des charges aux termes convenus ou pour non-versement du dépôt de garantie ne produit effet que deux mois après un commandement de payer resté infructueux.À peine d'irrecevabilité de la demande, l'assignation aux fins de constat de la résiliation est notifiée à la diligence de l'huissier de justice au représentant de l'État dans le département, par lettre recommandée avec demande d'avis de réception, au moins deux mois avant l'audience, afin qu'il saisisse, en tant que de besoin, les organismes dont relèvent les aides au logement, le fonds de solidarité pour le logement ou les services sociaux compétents. Le ou les services ou organismes saisis réalisent une enquête financière et sociale au cours de laquelle le locataire et le bailleur sont mis en mesure de présenter leurs observations ; le cas échéant, les observations écrites des intéressés sont jointes à l'enquête. Le juge peut, même d'office, accorder des délais de paiement, dans les conditions prévues aux articles 1244-1 (premier alinéa) et 1244-2 du Code civil, au locataire en situation de régler sa dette locative. Pendant le cours des délais ainsi accordés, les effets de la clause de résiliation de plein droit sont suspendus ; ces délais et les modalités de paiement accordés ne peuvent affecter l'exécution du contrat de location et notamment suspendre le paiement du loyer et des charges.Si le locataire se libère dans le délai et selon les modalités fixés par le juge, la clause de résiliation de plein droit est réputée ne pas avoir joué ; dans le cas contraire, elle reprend son plein effet. Le commandement de payer reproduit, à peine de nullité, les dispositions des alinéas précédents ainsi que du premier alinéa de l'article 6 de la loi n° 90-449 du 31 mai 1990 visant à la mise en œuvre du droit au logement, en mentionnant la faculté pour le locataire de saisir le fonds de solidarité pour le logement dont l'adresse est précisée.Lorsque les obligations résultant d'un contrat de location conclu en application du présent titre sont garanties par un cautionnement, le commandement de payer est signifié à la caution dans un délai de quinze jours à compter de la signification du commandement au locataire. À défaut, la caution ne peut être tenue au paiement des pénalités ou intérêts de retard.Les dispositions du deuxième alinéa sont applicables aux assignations tendant au prononcé de la résiliation du bail lorsqu'elle est motivée par l'existence d'une dette locative du preneur. Elles sont également applicables aux demandes reconventionnelles aux fins de constat ou de prononcé de la résiliation motivées par l'existence d'une dette locative, la notification au représentant de l'Etat incombant au bailleur. »

Loi du 31/5/1990

« **Art. 6.** Il est créé dans chaque département un fonds de solidarité pour le logement.Le fonds de solidarité accorde, dans les conditions définies par son règlement intérieur, des aides financières sous forme de cautionnements, prêts ou avances remboursables, garanties ou subventions à des personnes remplissant les conditions de l'article 1er et qui entrent dans un logement locatif ou qui, étant locataires, sous-locataires ou résidents de logements-foyers, se trouvent dans l'impossibilité d'assumer leurs obligations relatives au paiement du loyer, des charges et des frais d'assurance locative, ou qui, occupant régulièrement leur logement, se trouvent dans l'impossibilité d'assumer leurs obligations relatives au paiement des fournitures d'eau, d'énergie et de services téléphoniques.Les dettes au titre des impayés de loyer et de facture d'énergie, d'eau et de téléphone peuvent être prises en charge par le fonds de solidarité pour le logement si leur apurement conditionne l'accès à un nouveau logement. [...] »

Article 7 g de la loi du 6/7/1989 devant figurer dans un commandement de s'assurer

« **Art. 7.** Le locataire est obligé : g) De s'assurer contre les risques dont il doit répondre en sa qualité de locataire et d'en justifier lors de la remise des clés puis, chaque année, à la demande du bailleur. La justification de cette assurance résulte de la remise au bailleur d'une attestation de l'assureur ou de son représentant.Toute clause prévoyant la résiliation de plein droit du contrat de location pour défaut d'assurance du locataire ne produit effet qu'un mois après un commandement de payer demeuré infructueux. Ce commandement reproduit, à peine de nullité, les dispositions du présent paragraphe. »

› La résiliation pour défaut de paiement

Quelle est la procédure ?

Tout dépend du contenu du contrat :

– si le contrat ne contient pas de clause résolutoire, le bailleur doit demander en justice sa résiliation judiciaire. Le tribunal garde alors la possibilité d'apprécier la gravité des faits reprochés au locataire et de déterminer si ces faits justifient ou non la résiliation du bail. Il peut, dans tous les cas, accorder des délais au locataire ;

– si le contrat contient une clause résolutoire, le bailleur doit demander à un huissier de délivrer un commandement de payer. Ce document doit obligatoirement reproduire, de façon très lisible, l'article 24 de la loi du 6/7/1989, mais aussi l'article 6, alinéa 1er, de la loi du 31/5/1990.

Si ce commandement reste infructueux passé le délai de 2 mois, le bailleur pourra demander au juge d'instance de prononcer la résolution du bail, préalable à l'expulsion du locataire. Mais il faut savoir que la clause résolutoire ne limite plus le pouvoir d'appréciation du juge autant qu'avant : en effet, jusqu'à la loi n° 98-657 du 29/7/1998, à partir du moment où il constatait la faute du locataire, la validité du commandement de payer et l'absence de régularisation du locataire, il ne pouvait que prononcer la résolution du bail. Aujourd'hui, il peut accorder au locataire des délais de paiement soit à sa demande, soit de sa propre initiative si le locataire lui paraît être en situation de régler sa dette locative, et cela non seulement dans les 2 mois qui suivent le commandement de payer mais aussi lors de l'audience, dans le cadre de l'examen de l'affaire.

À NOTER

La Cour de cassation a jugé que le bailleur devait préalablement avoir régularisé le compte des charges locatives avant de pouvoir demander au juge la résiliation du bail pour non-paiement des loyers par son locataire (Cour de cassation, 3e chambre civile, 9/2/2005).

Que peut faire le locataire ?

Pendant le délai de 2 mois suivant le commandement de payer, le locataire doit absolument réagir :

– soit en payant sa dette, et la procédure s'arrête là ;

– soit en saisissant le juge des référés (tribunal d'instance) afin d'obtenir des délais de paiement, qui ne pourront excéder 24 mois (*Code civil, Art. 1244-1*).

Pour accorder ces délais, le juge tient compte de la situation économique des deux parties.

La procédure de référé est une procédure simple, rapide et peu coûteuse : elle nécessite simplement l'intervention d'un huissier pour délivrer l'assignation. La présence d'un avocat n'est pas obligatoire.

Si le locataire respecte les modalités fixées par le juge, la clause résolutoire sera réputée n'avoir jamais joué. Dans le cas contraire, le bailleur pourra faire constater l'inexécution et demander l'expulsion.

À NOTER

Des situations conflictuelles peuvent amener le propriétaire à ne plus encaisser les chèques de son locataire, afin de pouvoir invoquer un non-paiement des loyers justifiant la résiliation du bail. Si un locataire constate une telle situation, il est de son intérêt de payer son loyer par mandat postal (le talon du mandat et l'avis de réception constituant la preuve du paiement) ou de le remettre en mains propres à son propriétaire contre la délivrance d'une quittance dûment datée.

À NOTER

Le juge du tribunal d'instance, saisi par le propriétaire d'une demande de résiliation du bail, peut, d'office, accorder des délais de paiement au locataire en situation de régler sa dette locative (Loi du 6/7/1989, Art. 24).

AVANTAGE

En règle générale, le tribunal accepte d'accorder des délais de paiement à un locataire qui lui paraît être de bonne foi. Pour mettre toutes les chances de son côté, le locataire a intérêt à proposer spontanément au tribunal un échéancier raisonnable pour combler sa dette et, si possible, à verser un premier chèque de règlement à l'appui de cette proposition d'échéancier.

› La résiliation pour défaut d'assurance

Le locataire est obligé de s'assurer contre les risques locatifs ; il doit en justifier lors de la remise des clés, et ce, chaque année, si son bailleur lui en fait la demande (*Loi du 6/7/1989, Art. 7 g*). Pour satisfaire à cette obligation, le locataire doit donc recevoir, de son assureur, une attestation à remettre à son propriétaire.

Tout manquement du locataire à cette obligation d'assurance peut conduire à la résiliation judiciaire du bail, la procédure étant la même qu'en cas de défaut de paiement du loyer, sous les réserves suivantes :

– à compter de la réception du commandement d'huissier lui enjoignant de justifier de son assurance,

le locataire dispose d'1 mois seulement pour apporter cette justification ;
– le locataire n'a pas la possibilité, comme en matière de non-paiement du loyer, des charges ou du dépôt de garantie, de demander au juge des délais. S'il ne répond pas dans le délai d'1 mois, la clause de résolution de plein droit s'appliquera automatiquement.

À NOTER

Toute autre clause résolutoire de plein droit que celles prévues par la loi figurant dans le contrat (par exemple, une clause prévoyant la résolution du bail pour troubles de voisinage) doit être considérée comme nulle et non avenue et ne peut s'appliquer.

Le commandement délivré par l'huissier, en cas de défaut d'assurance, doit, sous peine de nullité, reproduire l'article 7 g de la loi du 6/7/1989.

Décès du locataire ou abandon de domicile

Le décès du locataire

Lors du décès du locataire, le contrat de location est transféré :
– au conjoint survivant qui ne peut se prévaloir des dispositions de l'article 1751 du Code civil ;
– aux descendants qui vivaient avec lui depuis au moins 1 an à la date du décès ;
– au partenaire lié au locataire par un pacte civil de solidarité (PACS) ;
– aux ascendants, au concubin notoire ou aux personnes à charge qui vivaient avec lui depuis au moins 1 an à la date du décès (*Loi du 6/7/1989, Art. 14*).

L'abandon du domicile

En cas d'abandon du domicile par le locataire, le contrat de location continue :

– au profit du conjoint, sans préjudice de l'article 1751 du Code civil ;

– au profit des descendants qui vivaient avec lui depuis au moins 1 an à la date de l'abandon du domicile ;

– au profit du partenaire lié au locataire par un pacte civil de solidarité (PACS) ;

– au profit des ascendants, du concubin notoire ou des personnes à charge qui vivaient avec lui depuis au moins 1 an à la date de l'abandon du domicile (*Loi du 6/7/1989, Art. 14*).

Pour qu'il y ait abandon de domicile, il fallait, jusqu'à une date récente, que le départ du locataire soit brusque et imprévisible, ce qui n'était pas le cas si le locataire avait simplement décidé de changer de domicile ou si son départ avait été concerté avec les personnes qui vivaient avec lui. Dans un arrêt du 26/11/2008, la Cour de cassation a assoupli les critères de l'abandon de domicile, celui-ci se définissant comme le départ définitif du locataire, imposé à l'une des personnes pouvant se prévaloir du transfert du bail à son profit. Ainsi, dans cette affaire, la Cour de cassation a considéré que « le placement définitif d'un locataire en maison de retraite imposé à une des personnes mentionnées à l'article 14 de la loi du 6 juillet 1989 constitue un abandon du domicile au sens de cet article ».

Si plusieurs bénéficiaires potentiels du transfert du droit au bail se manifestent, le juge se prononce en fonction des intérêts en présence.

À défaut de personnes remplissant les conditions pour bénéficier de la continuation du contrat en cas d'abandon de domicile ou de décès du locataire, le contrat de location est résilié de plein droit à la suite de cet abandon ou de ce décès (*Loi du 6/7/1989, Art. 14*).

Procédure et contentieux

Au cours de la location, des conflits peuvent survenir entre le bailleur et son locataire. Ces conflits portent principalement sur le paiement du loyer, l'obligation d'assurance ou la charge des travaux ou des réparations. S'ils ne sont pas réglés à l'amiable entre les parties, c'est au tribunal qu'il appartiendra de trancher. La sanction pouvant aller jusqu'à l'annulation du bail, et donc conduire à l'expulsion du locataire, il est impératif de connaître et de respecter certaines règles de fond et de procédure.

Quel est le tribunal compétent ?

Pour tous les problèmes de location, le tribunal compétent est le tribunal d'instance dans le ressort duquel se trouve le bien loué. La seule exception concerne la procédure d'injonction de faire, le tribunal compétent étant alors le tribunal d'instance du domicile du débiteur.

Le tribunal statue :

– en dernier ressort lorsque la créance ne dépasse pas 4 000 € (seul un recours en cassation est alors possible) ;

– et en premier ressort lorsque la demande excède cette somme ou lorsque la créance est indéterminée, c'est-à-dire non chiffrable : l'appel est alors possible, suivi éventuellement par un pourvoi en cassation.

Lorsqu'il est utilisé, le référé est porté devant le président du tribunal d'instance compétent.

À NOTER

Le juge de proximité, siégeant auprès du tribunal d'instance, est compétent en dernier ressort, jusqu'à la valeur de 4 000 €, pour les litiges portant sur le dépôt de garantie (versement, restitution...).

Comment se déroule la procédure ?

La tentative de conciliation

La procédure peut être précédée d'une tentative de conciliation. Pour cela, il suffit qu'une des deux parties dépose au tribunal d'instance une demande de conciliation. Cette demande n'entraîne pas de frais particuliers.

Lors de l'audience, le juge tente de concilier les parties : s'il y parvient, il dresse un procès-verbal qui aura valeur de jugement exécutoire.

À NOTER

La conciliation préalable n'a aucun caractère obligatoire. L'une des deux parties peut donc tout à fait refuser de se rendre à la convocation qui lui est faite.

L'assignation au fond

Si la conciliation n'a pas abouti, ou si l'une des parties n'en a pas voulu, il faut alors assigner son adversaire en justice. L'assignation peut être faite par huissier, par simple lettre remise au greffe contre récépissé, ou encore elle peut être adressée en recommandé avec demande d'avis de réception. Le recours à l'huissier est toutefois obligatoire pour une assignation en référé.

L'injonction de faire

Cette procédure est réservée aux litiges portant sur un montant inférieur ou égal à 10 000 €.

La demande doit être établie sur un formulaire disponible auprès du greffe du tribunal et accompagnée de toutes les pièces justificatives. Si le juge considère que la demande est fondée, il délivre une ordonnance enjoignant à la partie attaquée d'exécuter son obligation dans un délai précis.

Cette procédure peut, par exemple, être utilisée par un locataire pour contraindre son bailleur à lui délivrer une quittance de loyer ou faire exécuter des travaux que la loi met à sa charge.

L'injonction de payer

Cette procédure peut être utilisée en cas de non-paiement d'une somme d'argent déterminée et ayant une cause contractuelle : un locataire peut, par exemple, l'utiliser pour récupérer le dépôt de garantie que le propriétaire refuse de restituer. La demande doit être établie sur un formulaire disponible auprès du tribunal d'instance et accompagnée de tous les justificatifs nécessaires. Si le tribunal considère la demande justifiée, il rend une « ordonnance portant injonction de payer » qui doit être communiquée au débiteur (la partie qui a perdu) par huissier. Sans contestation dans le délai d'1 mois, et sans paiement, la demande devient exécutoire et le créancier peut utiliser tous les moyens de droit, notamment la saisie, pour se faire payer les sommes qui lui sont dues.

L'expulsion

L'expulsion constitue, pour le locataire qui a manqué à ses obligations, la sanction la plus grave et la plus lourde de conséquences. Aussi est-elle soumise à une procédure particulière et à une mise en œuvre qui, bien souvent, laisse au locataire quelques délais pour libérer les lieux.

À NOTER

Lorsque des locaux loués à usage d'habitation sont impropres à cet usage, le bailleur ne peut se prévaloir de la nullité du bail ou de sa résiliation pour demander l'expulsion de l'occupant (Code civil, Art. 1719).

› Quelle est la procédure ?

Le propriétaire ne peut demander l'expulsion de son locataire que dans des cas bien précis. En fin de bail, par exemple, si le locataire ne quitte pas les lieux alors qu'un congé en bonne et due forme lui a été donné et que les délais sont expirés, la procédure d'expulsion peut être mise en œuvre. Il en est de même en cours de bail lorsque le locataire cesse de payer son loyer alors qu'une clause résolutoire prévoit la résiliation de plein droit du contrat de location dans ce cas, ou lorsque le locataire n'a pas répondu au commandement de s'assurer dans le délai d'1 mois.

La nécessité d'un jugement

Pour qu'elle puisse avoir lieu, l'expulsion doit résulter d'une décision de justice rendue par le tribunal d'instance, le bail ayant été résilié. L'expulsion est toutefois possible sans jugement si elle vise des squatters (→ index, *Squatters*).

Une fois en possession de cette décision de justice, le propriétaire doit faire appel à un huissier afin qu'il fasse parvenir au locataire une assignation « aux fins de constat de résiliation de bail » (pour lui demander de comparaître devant le juge) et qu'il lui délivre un commandement d'avoir à libérer les locaux.

L'assignation est également notifiée au préfet au moins 2 mois avant l'audience afin qu'il saisisse les organismes et services sociaux susceptibles de venir en aide financièrement au locataire. Ces derniers réalisent une enquête financière et sociale au cours de laquelle le locataire et le bailleur sont mis en mesure de présenter leurs observations ; le cas échéant, les observations écrites des intéressés sont jointes à l'enquête.

Au moment de l'audience, le juge pourra tenir compte des solutions proposées par le préfet et accorder des délais de paiement au locataire en situation de régler sa dette.

Les délais

Le délai de principe

L'expulsion ne peut être effectuée qu'après un délai de 2 mois suivant la date à laquelle le locataire reçoit le commandement d'avoir à libérer les locaux. En outre, le juge peut allonger le délai pour une durée n'excédant pas 3 mois, si l'expulsion peut avoir des conséquences d'une exceptionnelle dureté. Le report peut être motivé, notamment, par les circonstances atmosphériques (hiver…).

Le délai peut, à l'inverse, être réduit, voire supprimé, lorsque les personnes dont l'expulsion est ordonnée sont entrées dans les locaux par voie de fait (cas des squatters).

AVANTAGE

Le délai de 2 mois qui sépare le commandement de libérer les locaux de la mesure d'expulsion est suspendu si l'huissier n'a pas informé le préfet de cette mesure, afin que celui-ci envisage les possibilités de relogement de la personne menacée d'expulsion (Loi du 9/7/1991, Art. 62).

Les délais de grâce

Le juge peut accorder, en outre, des délais, chaque fois que le relogement des intéressés ne pourra avoir lieu dans des conditions normales (*Code de la construction et de l'habitation*, *Art. L. 613-1*). D'ailleurs, le locataire peut, lorsqu'il reçoit le commandement d'avoir à quitter les lieux, s'adresser directement au juge d'instance pour lui demander un nouveau délai par lettre recommandée avec demande d'avis de réception ou par déclaration contre récépissé au secrétariat-greffe du tribunal d'instance. La demande doit préciser son objet, indiquer les nom, prénoms, profession et adresse du demandeur, contenir un exposé des motifs et mentionner le nom et l'adresse (ou la dénomination et le siège social) du défendeur. Saisi d'une telle demande, le juge pourra accorder un délai compris entre 1 mois au minimum et 1 an au maximum. Pour le déterminer, il tiendra compte de la bonne ou de la mauvaise volonté manifestée par l'occupant dans l'exécution de ses obligations, des situations respectives du propriétaire et de l'occupant (âge, état de santé...), de la situation de famille et des ressources de chacun d'eux, des circonstances atmosphériques (*Code de la construction et de l'habitation, Art. L. 613-2*).

Le juge tient également compte du fait que le locataire recherche activement à se reloger.

Important : le juge peut accorder d'office, et non plus seulement à la demande du locataire, des délais de paiement à ce dernier s'il considère qu'il peut acquitter sa dette.

La période d'hiver

En toute hypothèse, l'expulsion ne peut être mise en œuvre pendant la période située entre le 1er novembre et le 15 mars de chaque année (*Code de la construction et de l'habitation, Art. L. 613-3*).

Cette disposition ne s'applique toutefois pas lorsque les personnes dont l'expulsion a été ordonnée sont entrées dans les locaux par voie de fait (squatters) ou lorsque ceux-ci sont situés dans un immeuble ayant fait l'objet d'un arrêté de péril (il peut alors y avoir danger pour les occupants).

À NOTER

À partir du moment où la décision d'expulsion a été prise, le locataire devient simple occupant du logement puisque le bail a été annulé. Il ne doit donc plus payer un loyer, mais une indemnité d'occupation dont le montant est fixé par le juge.

› Comment se déroule l'expulsion ?

L'expulsion nécessite impérativement l'intervention d'un huissier chargé à la fois de faire quitter les lieux à l'occupant (ou de constater qu'il a bien libéré les locaux) et de dresser l'inventaire des meubles de celui-ci.

L'exécution de l'expulsion

Une fois tous les délais expirés, et si l'occupant n'a pas quitté les lieux volontairement, l'expulsion proprement dite peut intervenir.

Si la personne expulsée refuse l'accès au logement, l'huissier rédige un procès-verbal de tentative d'expulsion et sollicite le concours de la force publique auprès du préfet. Ce dernier peut refuser ce concours si le risque de trouble à l'ordre public est trop important. Son silence pendant 2 mois équivaut à un refus. Dans ce cas, le propriétaire doit s'adresser au tribunal administratif, notamment pour obtenir de l'État le paiement de dommages et intérêts.

Il peut également, face à un refus du préfet, avoir recours à la procédure de « référé-liberté » (*Code de la justice administrative, Art. L. 521-2*) utilisable dans une situation d'urgence, lorsque l'administration porte une atteinte grave et manifestement illégale à l'exercice d'une liberté fondamentale (en l'occurence, le droit de propriété). Saisi d'une telle demande, le juge administratif doit se prononcer dans les 48 heures de la requête. Si cette dernière est rejetée, un recours peut être formé devant le Conseil d'État, qui statue également en 48 heures. Sur le fond, le Conseil d'État a été amené à préciser que, face à l'occupation de locaux par des squatters, seul le risque de trouble grave à l'ordre public susceptible d'être engendré par l'exécution de la décision de l'autorité judiciaire aurait pu dispenser le préfet d'accorder le concours de la force publique (*Conseil d'État, 29/3/2002*).

Si l'expulsion a lieu (avec ou sans le concours de la force publique), l'huissier dresse un procès-verbal des opérations d'expulsion.

Le sort des meubles

Dans le procès-verbal, l'huissier mentionne notamment les meubles appartenant au locataire. Ce dernier doit indiquer un lieu (garde-meubles, local...) où entreposer ces meubles, à ses frais. À défaut, les meubles sont laissés sur place ou entreposés dans le lieu désigné par l'huissier, celui-ci fixant au locataire expulsé un délai pour les retirer. Si ce délai n'est pas respecté, les meubles pourront être vendus aux enchères, les sommes recueillies revenant par priorité au propriétaire et, pour le solde, au locataire.

À NOTER

Une expulsion ne peut avoir lieu entre 21 heures et 6 heures, ni les jours fériés ou chômés, sauf si le juge l'autorise (Code de procédure civile, Art. 508).

ATTENTION ⚠

Le propriétaire qui voudrait procéder lui-même à l'expulsion commettrait une violation de domicile ou des voies de fait. Il n'a absolument pas le droit d'expulser l'occupant sans recourir aux services d'un huissier.

LE CAS PARTICULIER DES SQUATTERS

Les personnes qui se sont introduites dans le domicile d'autrui à l'aide de manœuvres, menaces, voies de fait ou de contrainte, et qui s'y maintiennent (ceux que l'on appelle des « squatters »), ne bénéficient pas de la même protection en matière d'expulsion qu'un locataire régulier. Pour ces personnes, il est prévu que le propriétaire ou le locataire du logement occupé peut demander au préfet de les mettre en demeure de quitter les lieux, après avoir déposé plainte, fait la preuve que le logement constitue son domicile et fait constater l'occupation illicite par un officier de police judiciaire. Cette mise en demeure est assortie d'un délai d'exécution qui ne peut être inférieur à 24 heures. Elle est notifiée aux occupants et publiée sous forme d'affichage en mairie et sur les lieux. Le cas échéant, elle est notifiée au propriétaire ou au locataire.

Lorsque la mise en demeure de quitter les lieux n'a pas été suivie d'effet dans le délai fixé, le préfet doit procéder à l'évacuation forcée du logement, sauf opposition du propriétaire ou du locataire dans le délai fixé pour l'exécution de la mise en demeure. Cette disposition, issue de la loi n° 2007-290 du 5/3/2007 instituant le droit au logement opposable, constitue donc une exception au principe selon lequel l'expulsion ne peut être poursuivie que si elle est fondée sur une décision de justice définitive. Elle est à rapprocher de la jurisprudence (notamment : *Tribunal de grande instance, Paris, 6/2/1991*) qui refuse aux squatters la possibilité de bénéficier de délais de grâce en cas d'expulsion.

On rappellera par ailleurs que, selon le Conseil d'État (par exemple, *Conseil d'État, 27/1/2010*), le bénéfice de la trêve hivernale ne peut être accordé aux occupants du logement qui sont entrés dans les lieux sans avoir jamais eu l'accord du propriétaire et qui n'ont jamais été titulaires d'un titre quelconque.

Cas pratiques

Le droit commun de la location

Dépôt de garantie

Mon locataire, qui m'a versé un dépôt de garantie représentant 2 mois de loyer lors de la signature du bail en juillet 2007, me réclame la restitution de la moitié sous prétexte que le dépôt de garantie ne doit plus dépasser aujourd'hui l'équivalent d'1 mois de loyer. En a-t-il le droit ?

Non. À l'époque de la conclusion de votre bail, en juillet 2007, le montant maximum du dépôt de garantie était fixé à 2 mois de loyer hors charge. S'il est vrai que la loi n° 2008-111 du 8/2/2008 a ramené ce maximum à 1 mois de loyer pour les contrats conclus à partir du 9/2/2008, votre locataire ne peut pas l'invoquer pour vous demander le remboursement d'1 mois (*Réponse ministérielle n° 27297, JO AN 9/6/2009*).

Travaux réalisés par le locataire sans accord du propriétaire

Mon locataire a fait exécuter des travaux soit disant pour mon compte mais il ne m'en a jamais parlé auparavant et ne m'a jamais mis en demeure de les exécuter. Dois-je rembourser ces travaux ?

Non, vous n'avez pas à rembourser ces travaux. Si le locataire les fait exécuter de son propre chef, sans vous le demander préalablement et sans même vous en avertir, il ne pourra pas se les faire rembourser même si les travaux auraient dû être effectués par vous en tant que bailleur. Votre locataire aurait dû obtenir une autorisation judiciaire pour faire les travaux et pour pouvoir se les faire rembourser. En effet, quelles que soient l'importance des travaux et leur nécessité, la règle de l'article 1144 du Code civil doit s'appliquer : le créancier (ici, votre locataire), « en cas d'inexécution, peut être autorisé à faire exécuter lui-même l'obligation aux dépens du débiteur » (*Cour de cassation, 3e chambre civile, 12/3/2002*).

Congé du bailleur pour habiter - reprise en faveur d'un neveu

Je suis propriétaire d'un logement qui est loué. Je voudrais y loger mon neveu. Puis-je donner congé à mon locataire ?

Le congé-reprise donné par le bailleur est autorisé si la reprise est demandée au bénéfice du bailleur lui-même, de son conjoint, de son partenaire pacsé, de son concubin ou au profit des ascendants et descendants (*Loi du 6/7/1989, Art. 15*). Le neveu ne fait pas partie de cette énumération et ne peut donc pas en bénéficier si le bailleur est une personne physique.

Pour que la reprise soit possible en faveur d'un neveu, il faudrait constituer une SCI avec lui. Dans ce cas, vous pourriez appliquer l'article 13 de la loi du 6/7/1989 qui prévoit que la reprise pour habiter peut être faite au profit d'un des membres de la société si cette société est constituée exclusivement entre parents et alliés jusqu'au 4e degré inclus. Le neveu est au 4e degré par rapport à son oncle (*Cour d'appel de Bordeaux, 3e chambre civile, 15/6/2009*).

Congé du bailleur pour habiter - inoccupation du local repris

Il y a 1 an, j'ai reçu de mon bailleur un congé pour habiter. J'ai donc dû quitter les lieux. Mais aujourd'hui, je me rends compte que l'appartement est resté inoccupé et que le bailleur n'y a jamais habité.
Que puis-je faire ?

Il faut savoir pourquoi le bailleur n'a jamais habité dans le logement repris. La solution est en effet différente selon qu'il y a eu fraude de sa part ou non. En cas de fraude ou de mauvaise foi, vous pouvez demander une indemnisation. Mais si l'inoccupation est liée à des circonstances indépendantes de la volonté du bailleur, le congé doit être validé.
C'est ce qui a été jugé dans un cas similaire au vôtre. Le bailleur, après avoir envoyé le congé au locataire, était tombé malade et il n'avait jamais pu habiter dans le logement. Ces raisons ont été considérées légitimes et le locataire qui demandait une indemnisation a été débouté de sa demande (*Cour de cassation, 3e chambre civile, 13/7/2005*).

Demande d'expulsion pour défaut de paiement

J'ai demandé l'expulsion de mon locataire qui ne payait pas ses loyers, sur la base d'une clause résolutoire. Le juge des référés, saisi par le locataire, lui a accordé des délais pour le paiement de l'arriéré dû. Mon locataire a respecté le calendrier ainsi fixé, mais n'a pas payé les loyers dus depuis le jugement. Puis-je le faire expulser directement ?

Non, cela n'est pas possible. En effet, dans une affaire similaire, les locataires avaient, comme le vôtre, payé l'arriéré des loyers mais non les loyers en cours. Ayant alors été expulsés, la Cour d'appel, suivie par la Cour de cassation, a ordonné leur réintégration, puisque l'ordonnance de référé avait pour effet de suspendre la clause résolutoire (*Cour de cassation, 3e chambre civile, 16/6/1993*). Il faut donc retourner devant le juge.

Louer un logement

Contribution du locataire au titre des économie d'énergie

Montant forfaitaire de la contribution mensuelle :

– 10 € pour les logements comprenant une pièce principale ;
– 15 € pour les logements comprenant 2 ou 3 pièces principales ;
– 20 € pour les logements comprenant 4 pièces principales et plus.

Garantie des risques locatifs (GRL)

Montant du loyer mensuel :
inférieur ou égal à 2 000 €.

Plafond global de garantie :
70 000 €.

Montant maximal de la remise en état du logement :
– 7 700 € TTC en cas de location nue ;
– 3 500 € TTC en cas de location meublée.

Indice de référence des loyers

INDICE DE RÉFÉRENCE DES LOYERS RÉSULTANT DE LA LOI N° 2005-841 DU 26/7/2005		
Période	**Indice de référence des loyers**	**Variation annuelle en %**
4e trimestre 2007	109,81	+ 2,50
3e trimestre 2007	109,01	+ 2,49
2e trimestre 2007	108,36	+ 2,76
1er trimestre 2007	107,66	+ 2,92
4e trimestre 2006	107,13	+ 3,23
3er trimestre 2006	106,36	+ 3,19
2er trimestre 2006	105,45	+ 2,78
1er trimestre 2006	104,61	+ 2,46
4 trimestre 2005	103,78	+ 2,30
3e trimestre 2005	103,07	+ 2,30
2e trimestre 2005	102,60	+ 2,60
1er trimestre 2005	102,10	+ 2,79
4e trimestre 2004	101,45	+ 2,69
3e trimestre 2004	100,75	+ 2,59
2e trimestre 2004	100,00	+ 2,36
1er trimestre 2004	99,33	+ 2,30
4e trimestre 2003	98,79	+ 2,32
3e trimestre 2003	98,21	+ 2,30 …/…

INDICE DE RÉFÉRENCE DES LOYERS RÉSULTANT DE LA LOI N° 2005-841 DU 26/7/2005 (SUITE)		
Période	**Indice de référence des loyers**	**Variation annuelle en %**
2e trimestre 2003	97,69	+ 2,27
1er trimestre 2003	97,10	+ 2,19
4e trimestre 2002	96,55	+ 2,22
3e trimestre 2002	96,00	+ 2,11
2e trimestre 2002	95,52	+ 2,32
1er trimestre 2002	95,02	+ 2,55
4e trimestre 2001	94,45	+ 2,60
3e trimestre 2001	94,02	+ 2,87
2e trimestre 2001	93,35	+ 2,59
1er trimestre 2001	92,66	+ 2,21
4e trimestre 2000	92,06	–
3e trimestre 2000	91,40	–
2e trimestre 2000	90,99	–
1er trimestre 2000	90,66	–

INDICE DE RÉFÉRENCE DES LOYERS RÉSULTANT DE LA LOI N° 2008-111 DU 8/2/2008		
Période	**Indice de référence des loyers**	**Variation annuelle en %**
1er trimestre 2010	117,81	+ 0,09
4e trimestre 2009	117,47	- 0,06
3e trimestre 2009	117,41	+ 0,32
2e trimestre 2009	117,59	+ 1,31
1er trimestre 2009	117,70	+ 2,24
4e trimestre 2008	117,54	+ 2,83
3e trimestre 2008	117,03	+ 2,95
2e trimestre 2008	116,07	+ 2,38
1er trimestre 2008	115,12	+ 1,81
4e trimestre 2007	114,30	+ 1,36
3e trimestre 2007	113,68	+ 1,11
2e trimestre 2007	113,37	+ 1,24
1er trimestre 2007	113,07	+ 1,44
4e trimestre 2006	112,77	_
3e trimestre 2006	112,43	_

.../...

INDICE DE RÉFÉRENCE DES LOYERS RÉSULTANT DE LA LOI N° 2008-111 DU 8/2/2008 (SUITE)		
Période	**Indice de référence des loyers**	**Variation annuelle en %**
2e trimestre 2006	111,98	–
1er trimestre 2006	111,47	–

Indice INSEE du coût de la construction

INDICE TRIMESTRIEL DU COÛT DE LA CONSTRUCTION PUBLIÉ PAR L'INSEE					
	2005	**2006**	**2007**	**2008**	**2009**
1er trimestre	1 270	1 362	1 385	1 497	1 503
2e trimestre	1 276	1 366	1 435	1 562	1 498
3e trimestre	1 278	1 381	1 443	1 594	1 502
4e trimestre	1 332	1 406	1 474	1 523	1 507

INDICE DU COÛT DE LA CONSTRUCTION : MOYENNE DES 4 DERNIERS INDICES				
	Trimestre 1	**Trimestre 2**	**Trimestre 3**	**Trimestre 4**
2005	1 269,50	1 271,75	1 273,25	1 289,00
2006	1 312,00	1 334,50	1 360,25	1 378,75
2007	1 384,50	1 401,75	1 417,25	1 434,25
2008	1 462,25	1 494,00	1 531,75	1 544,00
2009	1 545,50	1 529,50	1 506,50	1 502,50

SMIC depuis le 1/1/2010

– SMIC horaire : 8,86 € ;

– SMIC mensuel (151,666 heures) : 1 343,77 €.

L'accession à la propriété

Acheter et vendre un logement

Trouver un acquéreur ou un vendeur

Les promesses de vente

Comment s'opère la vente ?

Les effets de la vente

Acheter et vendre un logement

L'acquisition ou la vente d'un logement est une opération importante, en raison du bien sur lequel elle porte et du prix qui sera payé. C'est pourquoi elle est entourée de nombreuses garanties et soumise à un certain nombre de formalités obligatoires. En outre, elle nécessite, pour se réaliser, l'intervention d'un professionnel qualifié : le notaire. Toutes ces formalités et interventions sont destinées à protéger l'acquéreur comme le vendeur et à garantir la sécurité juridique de la transaction. Leur seul inconvénient est d'entraîner des frais non négligeables et ce, d'autant que s'y ajoutent divers impôts et taxes prélevés par l'État.

Trouver un acquéreur ou un vendeur

Plusieurs solutions s'offrent à ceux qui désirent acquérir un logement, comme à ceux qui cherchent à vendre un logement qu'ils possèdent déjà : trouver l'acquéreur ou le vendeur par eux-mêmes (par exemple, en passant une petite annonce), ou s'en remettre à un intermédiaire. Celui-ci peut être un agent immobilier, mais aussi un notaire, sachant que dans l'un ou l'autre cas, une rémunération spécifique sera à prévoir.

L'intervention d'un agent immobilier

À l'occasion de la transaction immobilière, lorsque l'acheteur et le vendeur ont été mis en relation par l'intermédiaire d'un agent immobilier, celui-ci a droit à une commission.

La profession d'agent immobilier est strictement réglementée par la loi du 2/1/1970 et ses textes d'application. L'agent immobilier ne peut, en particulier, servir d'intermédiaire dans une vente, que s'il a reçu un mandat écrit émanant de la personne pour laquelle il agit : celle-ci sera, le plus souvent, le vendeur qui recherche un acquéreur, mais rien n'empêche un particulier de donner mandat à un agent immobilier de rechercher un logement pour son compte.

Ce mandat doit comporter, sous peine de nullité, au moins trois mentions essentielles :

– le montant de la commission due à l'agent immobilier ;

– la partie à qui incombe le paiement de cette commission ;

– la durée pour laquelle le mandat est consenti.

À NOTER

Désormais, les personnes visées à l'article 1er de la loi du 2/1/1970 (agents immobiliers, administrateurs de biens, syndics, etc.), qui ont des liens de nature capitalistique ou juridique avec des banques ou des sociétés financières, sont tenues d'en informer leurs clients par tout moyen permettant de justifier de la réception de cette information par ces derniers (Loi n° 2009-323 du 25/3/2009).

Quel est le montant de la commission ?

Le montant de la commission est librement débattu entre l'agent immobilier et son client. La commission est généralement définie en pourcentage, le plus souvent dégressif, du prix de vente de l'immeuble.

À titre tout à fait indicatif, on peut considérer que les commissions d'agence se situent aux environs de 5 % du prix de vente de l'immeuble. En tout état de cause, le barème applicable doit être affiché dans l'agence et être clairement identifiable.

Qui doit payer la commission ?

La partie qui doit payer la commission à l'agent immobilier doit être expressément précisée dans le cadre du mandat. En principe, c'est à la partie qui a donné mandat, c'est-à-dire en règle générale le vendeur, qu'incombe le paiement de la commission. Mais rien n'interdit qu'il soit mis à la charge de l'acquéreur, ou partagé entre les deux, sous réserve simplement que cette disposition figure également dans le compromis ou la promesse de vente qui sera signé par l'acheteur et le vendeur.

AVANTAGE

Tous les frais liés à la vente (frais de notaire, droits de mutation) sont calculés à partir du prix de vente. Mais ce prix n'inclut pas la commission de l'agent immobilier lorsqu'elle est à la charge de l'acquéreur, ce qui constitue une économie pour ce dernier.

Quand est-elle exigible ?

Pour que l'agent immobilier puisse exiger le versement de sa commission, il faut, bien entendu, qu'il soit en possession d'un mandat écrit et que ce mandat soit valable. Il faut également que l'affaire se soit réalisée grâce à son intervention, sans quoi la commission serait sans objet.

L'agent immobilier qui a fait visiter l'immeuble mis en vente à un acquéreur potentiel a droit au paiement de la commission convenue dans le mandat si cet acquéreur traite ensuite directement avec le vendeur (*Cour de cassation, 1re chambre civile, 14/11/2000*).

Si les conditions décrites ci-dessus sont réunies, la commission est due à l'agent immobilier lorsque la transaction est effectivement conclue, c'est-à-dire lorsque l'accord définitif du vendeur et de l'acquéreur est constaté dans un acte unique qui ne laisse place à aucune incertitude sur la conclusion de la vente.

Ceci n'est notamment pas le cas, lorsque :

– seul le vendeur a signé une promesse de vente qui n'est pas acceptée par l'acheteur ;

– la promesse de vente signée des deux parties contient une faculté de dédit ou une condition suspensive qui n'est pas réalisée.

Ainsi, par exemple, lorsque la vente d'un terrain à bâtir est soumise à la condition de l'obtention, par l'acquéreur, d'un permis de construire, la vente ne sera effectivement conclue, et la commission de l'agent immobilier ne sera exigible, qu'après délivrance du permis de construire.

À NOTER

Si la vente est annulée (par exemple, pour dol), l'agent immobilier ne peut, en l'absence de réalisation effective et définitive de l'opération, prétendre à aucune rémunération (Cour de cassation, 1re chambre civile, 20/3/2007).

À NOTER

De même, l'agent immobilier ne peut obtenir le paiement de sa commission si la vente ne se réalise pas en raison du défaut de demande de prêt des acquéreurs ; la vente n'ayant pas eu lieu, l'agent ne peut prétendre au paiement de sa commission (Cour de cassation, 1re chambre civile, 24/9/2009). On signalera toutefois que, sur le fondement du préjudice qu'il subit du fait de l'inaction des acquéreurs, l'agent immobilier pourrait cependant, en pareilles circonstances, obtenir le versement de dommages et intérêts.

L'intervention d'un notaire

Même si on l'oublie parfois, l'une des activités traditionnelles du notaire consiste à servir d'intermédiaire à l'occasion de l'achat ou de la vente d'un logement. Cette intervention, distincte de l'intervention obligatoire du notaire pour formaliser la vente, donne lieu à des frais spécifiques.

AVANTAGE

Dans le but de protéger les particuliers qui ont recours à un intermédiaire, la loi fait interdiction à ces derniers, sous peine d'amende ou d'emprisonnement, de percevoir une quelconque rémunération, à quelque titre que ce soit, avant la conclusion définitive de la vente (Loi du 2/1/1970, Art. 6).

À NOTER

Il est interdit d'assortir un engagement d'achat d'une obligation de versement d'une somme d'argent au titre d'une offre ou d'une simple promesse d'achat. L'engagement d'achat d'un bien immobilier est donc nul dès lors qu'est exigée ou perçue une somme d'argent (Code civil, Art. 1589-1).

Quels sont les frais ?

Lorsqu'il intervient à titre d'intermédiaire dans une transaction immobilière, le notaire a droit à un émolument de négociation, c'est-à-dire une rémunération dont le montant est fixé d'après un barème national (*Voir pages Barème*).

Pour pouvoir prétendre à cet émolument, le notaire doit :

– avoir un mandat écrit de son client (vendeur ou acquéreur), qui précise le mode de calcul de l'émolument de négociation ;

– avoir découvert le cocontractant et mis en relation les deux parties ;

– recevoir l'acte ou participer à sa rédaction.

À NOTER

Si vous avez recours à un notaire pour acheter ou pour vendre et que les émoluments qu'il vous réclame vous paraissent excessifs, vous pouvez toujours lui demander de les réduire. À défaut d'accord, vous pouvez vous adresser au président du tribunal de grande instance.

Qui doit les payer ?

Les émoluments de négociation du notaire sont, en principe, à la charge de la partie qui supporte les frais liés à l'acte de vente, c'est-à-dire l'acheteur. Mais, si les deux parties en sont d'accord, tous les arrangements sont possibles : partage des frais ou prise en charge des frais par le vendeur.

Les promesses de vente

Même lorsqu'ils sont tombés d'accord sur toutes les modalités de l'opération, le vendeur et l'acheteur ne peuvent envisager de signer immédiatement l'acte de vente chez le notaire. La préparation de cet acte et la finalisation de l'opération supposent, en effet, de nombreuses formalités dont la réalisation demandera, en règle générale, 2 à 3 mois. Ceci explique que le contrat de vente notarié est toujours précédé d'un avant-contrat, appelé promesse de vente, et qui peut prendre différentes formes.

Quels sont les différents types de promesses ?

Le terme de « promesse de vente » recouvre, en fait, deux catégories d'actes distinctes :
– la promesse unilatérale de vente, dans laquelle seul le vendeur s'engage, l'acheteur se réservant la possibilité d'acquérir ou de ne pas acquérir ;
– la promesse synallagmatique de vente, également appelée « compromis de vente », dans laquelle l'engagement est réciproque : engagement de vendre pour le vendeur et engagement d'acheter pour l'acheteur.

Il est rare, en pratique, que ce soit l'acheteur et le vendeur qui déterminent le type de promesse qu'ils seront amenés à signer : c'est en général à l'intermédiaire (par exemple, l'agent immobilier) ou au notaire que reviendra ce choix si le vendeur ou l'acheteur ne fait état d'aucune préférence.

À NOTER

Quel qu'en soit le type, toute promesse de vente comporte des implications, tant pour l'acheteur que pour le vendeur. Aussi vaut-il mieux ne jamais signer un tel document sans l'avoir analysé au préalable dans ses moindres détails et sans, au besoin, s'en être fait expliquer les termes par un professionnel.

À NOTER

Si vous décidez d'acheter un logement dans le cadre d'un achat sur plans (juridiquement, cela s'appelle une vente d'immeuble à construire), ce n'est pas une promesse de vente classique que vous serez amené à signer, mais un contrat appelé contrat de réservation ou contrat préliminaire, dont le contenu est plus strictement réglementé.

Quelles sont les règles communes aux différentes promesses ?

› Le contenu de la promesse

Qu'elle soit unilatérale ou synallagmatique, toute promesse de vente doit obligatoirement contenir :
– l'état civil des parties ;
– les indications essentielles relatives au bien vendu, ainsi que l'origine de la propriété ;
– la superficie des parties privatives en cas de vente d'un lot en copropriété ;
– le prix de vente ;
– l'indication selon laquelle le prix sera payé, directement ou indirectement, même en partie, avec ou sans l'aide d'un ou de plusieurs prêts (*Code de la consommation, Art. L. 312-15*) ;
– un délai de réalisation. Il s'agit du délai au terme duquel l'acte de vente doit être signé chez le notaire. La loi ne fixe ni minimum ni maximum ; en règle générale, ce délai est de 3 ou 4 mois, c'est-à-dire le temps requis pour réunir toutes les pièces nécessaires à l'opération. Notez que ce délai peut être prorogé soit par accord entre les parties, soit automatiquement si la promesse de vente le prévoit, notamment dans le cas où toutes les pièces nécessaires n'auraient pas pu être encore réunies.

Outre les clauses indiquées ci-dessus, dont l'absence met en cause la validité de la promesse, de nombreuses autres clauses peuvent être utilement ajoutées par les parties, selon les circonstances de la vente.

À NOTER

Si le vendeur ou l'acquéreur décède avant la signature de l'acte de vente définitif, ses héritiers seront tenus de poursuivre l'opération, c'est-à-dire soit de vendre, soit d'acheter. Pour éviter cette situation, on peut faire mentionner, dans la promesse de vente, que celle-ci sera annulée en cas de décès de l'une ou l'autre des parties.

À NOTER

Si vous êtes à la recherche d'un logement, il peut arriver que l'agent immobilier vous propose de faire une offre d'achat au vendeur. Sachez que dans la plupart des cas, cette offre constitue une véritable promesse d'achat qui vous engage à acheter sans possibilité de renonciation. Aussi est-il prudent de ne jamais signer ce type de contrat sans l'avis d'un professionnel, ou du moins sans avoir pris le temps d'en lire toutes les clauses et de s'en faire expliquer toutes les conséquences.

› La faculté de rétractation

La faculté de rétractation joue pour tous les actes (sous seing privé ou authentiques, c'est-à-dire devant notaire) portant sur la construction ou l'acquisition d'un immeuble à usage d'habitation, la souscription de parts donnant vocation à l'attribution en jouissance ou en propriété d'immeubles d'habitation ou la vente d'immeubles à construire ou de location-accession à la propriété immobilière, par un acquéreur non professionnel (*Code de la construction et de l'habitation, Art. L. 271-1*). Ce dernier dispose, à compter du lendemain de la première présentation de la lettre lui notifiant cet acte, d'un délai de 7 jours pour se rétracter.

Ce droit de rétractation s'exerce de la manière suivante :

– l'acte doit vous être notifié par lettre recommandée avec demande d'avis de réception ou par tout autre moyen présentant des garanties équivalentes pour la détermination de la date de réception ou de remise (par exemple, la notification par huissier ou la remise contre récépissé faite par un notaire) ;

– à compter du lendemain de cette notification, vous disposez d'un délai de 7 jours pour vous rétracter ;

– cette rétractation doit être exercée dans les mêmes formes que la notification de l'acte elle-même, c'est-à-dire soit par lettre recommandée avec demande d'avis de réception, soit par tout autre moyen présentant des garanties équivalentes (voir ci-dessus).

S'agissant des conditions d'exercice de ce délai de rétractation, la Cour de cassation a été amenée à préciser les deux éléments suivants (*Cour de cassation, Chambre civile, 5/12/2007*) :

– la date de la rétractation, par voie postale, est celle de l'expédition de la lettre recommandée ;

– les dispositions de l'article 642 du Code de procédure civile relatives à la computation des délais s'appliquent au délai de réflexion prévu par l'article L. 271-1 du Code de la construction et de l'habitation, édicté dans l'intérêt de l'acquéreur. En conséquence, un délai expirant un samedi, un dimanche ou un jour férié ou chômé doit être prolongé jusqu'au premier jour ouvrable suivant.

Lorsque le contrat constatant ou réalisant la construction ou l'acquisition du logement est précédé d'un avant-contrat (contrat préliminaire s'il s'agit d'une vente sur plans, ou promesse synallagmatique ou unilatérale s'il s'agit d'un logement existant), les dispositions décrites plus haut ne s'appliquent qu'à cet avant-contrat.

À NOTER

L'acte conclu par l'intermédiaire d'un professionnel ayant reçu mandat pour prêter son concours à la vente (agent immobilier, notaire…), peut être remis directement, par ce professionnel, au bénéficiaire du droit de rétractation. Dans ce cas, le délai de rétractation court à compter du lendemain de la remise de l'acte. L'acte sous seing privé ou une copie de l'avant-contrat réalisé sous forme authentique remis directement à l'acquéreur non professionnel doit alors reproduire les dispositions de l'article L. 271-2 du Code de la construction et de l'habitation. Le bénéficiaire du droit de rétractation y inscrit de sa main les mentions suivantes : « remis par (nom du professionnel)… à (lieu)… le (date)… » et : « Je déclare avoir connaissance qu'un délai de rétractation de sept jours m'est accordé par l'article L. 271-1 du Code de la construction et de l'habitation, et qu'il court à compter du lendemain de la date de remise inscrite de ma main sur le présent acte, soit à compter du… » (Code de la construction et de l'habitation, Art. D. 271-6).

› Le délai de réflexion

Ce délai de réflexion joue lorsque les conditions suivantes sont réunies :

– le contrat constatant ou réalisant la construction ou l'acquisition est un acte authentique, c'est-à-dire établi par un notaire ;

– ce contrat n'est pas précédé d'un avant-contrat (contrat préliminaire ou promesse synallagmatique ou unilatérale). Cette situation étant très peu courante en pratique, le délai de réflexion s'applique rarement, au profit de la faculté de rétractation (voir plus haut) ;

– l'opération est réalisée au profit d'un acquéreur non professionnel.

Dans une telle situation, l'acquéreur non professionnel dispose d'un délai de réflexion de 7 jours à compter de la notification ou de la remise du projet d'acte selon les mêmes modalités que celles prévues pour le délai de rétractation mentionné plus haut. Le projet d'acte authentique remis directement à l'acquéreur non professionnel doit donc reproduire les dispositions de l'article L. 271-2 du Code de la construction et de l'habitation. Le bénéficiaire du droit de réflexion y inscrit de sa main les mentions suivantes : « remis par (nom du professionnel)... à (lieu)... le (date)... » et : « Je déclare avoir connaissance qu'un délai de réflexion de sept jours m'est accordé par l'article L. 271-1 du code de la construction et de l'habitation, et qu'il court à compter du lendemain de la date de remise inscrite de ma main sur le présent projet, soit à compter du... » (*Code de la construction et de l'habitation, Art. D. 271-7*).

En aucun cas l'acte authentique ne peut être signé pendant ce délai de 7 jours.

AVANTAGE

Tout candidat à l'acquisition d'un lot de copropriété (logement, parking...), tout bénéficiaire d'une promesse unilatérale de vente ou d'achat ou d'un contrat réalisant la vente d'un lot ou d'une fraction de lot, peut à sa demande prendre connaissance :
– du carnet d'entretien de l'immeuble établi et tenu à jour par le syndic (→ index, Carnet d'entretien de l'immeuble) ;
– du diagnostic technique du bâtiment établi lors de la mise en copropriété d'un immeuble construit depuis plus de 15 ans.

› L'interdiction de verser une somme d'argent pendant les délais de rétractation et de réflexion

Il est interdit de verser quelque somme que ce soit, pendant le délai de rétractation, sauf :
– s'il s'agit d'un contrat de construction ou d'acquisition d'un immeuble neuf ;
– si l'acte est conclu par l'intermédiaire d'un professionnel : dans ce cas, un versement de l'acquéreur est possible, mais uniquement entre les mains d'un professionnel disposant d'une garantie financière. Si l'acquéreur se rétracte, la somme doit lui être restituée dans un délai de 21 jours suivant le lendemain de la date de rétractation.
En dehors de ces cas, et notamment dans les transactions entre particuliers, il est possible de convenir d'un versement après l'expiration du délai de 7 jours : l'avant-contrat est alors conclu sous condition suspensive de la remise de la somme contractuellement prévue (indemnité d'immobilisation, dédit...) à la date convenue.

Extrait du Code de la construction et de l'habitation

« **Art. L. 271-1**. Pour tout acte ayant pour objet la construction ou l'acquisition d'un immeuble à usage d'habitation, la souscription de parts donnant vocation à l'attribution en jouissance ou en propriété d'immeubles d'habitation ou la vente d'immeubles à construire ou de location-accession à la propriété immobilière, l'acquéreur non professionnel peut se rétracter dans un délai de sept jours à compter du lendemain de la première présentation de la lettre lui notifiant l'acte.
Cet acte est notifié à l'acquéreur par lettre recommandée avec demande d'avis de réception ou par tout autre moyen présentant des garanties équivalentes pour la détermination de la date de réception ou de remise. La faculté de rétractation est exercée dans ces mêmes formes.
Lorsque l'acte est conclu par l'intermédiaire d'un professionnel ayant reçu mandat pour prêter son concours à la vente, cet acte peut être remis directement au bénéficiaire du droit de rétractation. Dans ce cas, le délai de rétractation court à compter du lendemain de la remise de l'acte, qui doit être attestée selon des modalités fixées par décret.
Lorsque le contrat constatant ou réalisant la convention est précédé d'un contrat préliminaire ou d'une promesse synallagmatique ou unilatérale, les dispositions figurant aux trois alinéas précédents ne s'appliquent qu'à ce contrat ou à cette promesse.
Lorsque le contrat constatant ou réalisant la convention est dressé en la forme authentique et n'est pas précédé d'un contrat préliminaire ou d'une promesse synallagmatique ou unilatérale, l'acquéreur non professionnel dispose d'un délai de réflexion de sept jours à compter de la notification ou de la remise du projet d'acte selon les mêmes modalités que celles prévues pour le délai de rétractation mentionné aux premier et troisième alinéas. En aucun cas l'acte authentique ne peut être signé pendant ce délai de sept jours. »

Pendant le délai de réflexion, tout versement est interdit.
Le non-respect de l'interdiction de versement pendant les délais de rétractation et de réflexion est sanctionné par une amende de 30 000 € (*Code de la construction et de l'habitation, Art. L. 271-2*).

› La condition suspensive d'obtention des prêts

Cette condition est faite pour protéger l'acquéreur qui souhaite financer une opération immobilière portant sur un immeuble d'habitation ou à usage mixte professionnel et d'habitation au moyen d'un ou de plusieurs prêts. Dans ce cas, l'acte constatant cette opération, c'est-à-dire le plus souvent la promesse de vente, doit être conclu sous la condition suspensive de l'obtention du ou des prêts destinés à en assurer le financement (*Code de la consommation, Art. L. 312-16*). Cette obligation s'applique sauf si l'acquéreur renonce expressément à son bénéfice par une clause spéciale et manuscrite dans l'acte.

QU'APPELLE-T-ON « CONDITIONS SUSPENSIVES » ?

Il est très rare qu'une promesse de vente, qu'elle soit unilatérale ou synallagmatique, ne contienne pas une ou plusieurs conditions suspensives. On les appelle ainsi car elles ont pour effet de suspendre la vente à la réalisation d'un événement futur et incertain.
Si l'événement se réalise, la vente pourra se faire ; s'il ne se réalise pas, la promesse est annulée, ce qui implique notamment que le bénéficiaire récupère les sommes qu'il avait déjà versées. Ces conditions suspensives peuvent être de plusieurs ordres, la principale étant évidemment celle relative à l'obtention des crédits. Mais les promesses de vente peuvent contenir bien d'autres conditions suspensives, et notamment les suivantes :

✓ Les conditions suspensives liées à l'urbanisme

Il peut s'agir de conditions relatives à l'absence de servitudes, au non-exercice d'un droit de préemption, ou encore à l'obtention d'un permis de construire. En présence de telles conditions, la vente ne pourra se réaliser que :
- s'il n'existe aucune servitude sur l'immeuble de nature à le rendre impropre à sa destination ;
- si aucun droit de préemption n'est mis en œuvre ;
- si l'acquéreur obtient les permis de construire nécessaires.

✓ Autres conditions suspensives

La règle en la matière est la liberté contractuelle. Si les parties sont d'accord, toutes sortes de conditions suspensives peuvent figurer dans la promesse de vente : revente préalable par le bénéficiaire de la promesse de son précédent logement, acquisition sous réserve de la coclementnfirmation d'une mutation professionnelle, etc.

✓ La non réalisation de la condition suspensive

Lorsque la condition suspensive ne se réalise pas, l'acquéreur au profit duquel la condition avait été stipulée peut choisir de passer outre et décider de poursuivre l'opération aux conditions initiales. Il ne peut, en revanche, engager une procédure en réalisation forcée de la vente accompagnée d'une réduction du prix. Il en a été ainsi jugé, par exemple, à propos d'une vente conclue sous la condition suspensive d'absence de servitude grevant l'immeuble, alors qu'il existait une telle servitude : dans cette situation, l'acquéreur peut invoquer la nullité de la promesse ou poursuivre la vente en toute connaissance de cause ; il ne peut en revanche demander la réalisation forcée de la vente moyennant une réduction du prix (*Cour de cassation, 3e chambre civile, 31/3/2005*).
La promesse de vente peut également comporter des précisions sur les conditions du prêt qui sera demandé : montant, durée, taux maximal. Dans un tel cas, il appartient à l'acquéreur de démontrer qu'il a bien sollicité un prêt conforme aux caractéristiques définies dans la promesse de vente. La Cour de cassation admet toutefois que le fait, pour l'acquéreur, de ne pas demander de prêt conforme aux caractéristiques définies dans la promesse (en l'espèce, un prêt sur 15 ans au taux maximal de 6 % hors assurance) ne constitue pas automatiquement une faute, dès lors qu'il est démontré que, compte tenu de son endettement existant, l'acquéreur n'aurait pu obtenir un tel prêt auprès d'un établissement bancaire. Comme l'a précisé la Cour de cassation : « Mais attendu qu'ayant constaté que le Crédit agricole avait expliqué, études de simulation à l'appui, que le prêt sur 12 ans avait été refusé eu égard à une insuffisance de capacité financière compte tenu des emprunts déjà en cours, la cour d'appel, qui a souverainement relevé [...] que si la durée d'emprunt n'était pas conforme aux prévisions de la convention, les calculs produits par la banque démontraient qu'un prêt, fût-il sur 15 ans, excédait de même les possibilités financières de M. Y..., a pu déduire que c'était sans faute de sa part que la condition suspensive avait défailli. » (*Cour de cassation, 3e chambre civile, 12/9/2007*).

Existence de la condition suspensive

La condition suspensive d'obtention d'un ou de plusieurs prêts existe dans l'une ou l'autre des situations suivantes :

– si l'acquéreur précise dans la promesse de vente (ou plus rarement l'acte de vente) qu'il aura recours à un emprunt pour financer son opération immobilière (acquisition, construction...) ;

– si rien n'est précisé dans l'acte à ce sujet et que l'acquéreur demande quand même un prêt ;

– si l'acte ne contient pas la mention manuscrite visée ci-après ou s'il comporte une mention qui ne serait pas de la main de l'acquéreur, et qu'un prêt est demandé (*Code de la consommation, Art. L. 312-17*).

La condition suspensive s'applique donc dès lors que l'acquéreur recourt à un emprunt et ce, quels que soient les termes de l'acte, à l'exception du cas où l'acte :

– précise que le prix sera payé sans l'aide d'un ou de plusieurs prêts ;

– comporte la mention manuscrite écrite de sa main selon laquelle il renonce au bénéfice de la loi même si, en définitive, il recourt à un prêt.

Durée de validité et effets de la condition

La durée de validité de la condition suspensive ne peut être inférieure à 1 mois à compter de la date de signature de l'acte ou, s'il s'agit d'un acte sous seing privé soumis sous peine de nullité à la formalité de l'enregistrement, à compter de la date de cet enregistrement (*Code de la consommation, Art. L. 312-16*) (→ index, *Promesse unilatérale de vente*).

Dans la pratique, les contrats (notamment les promesses de vente) prévoient une durée de validité de la condition suspensive de l'ordre de 2 à 3 mois compte tenu du délai d'instruction des dossiers par les organismes de crédit. Si l'acquéreur n'obtient pas les financements sollicités, dans les délais prévus, il ne sera pas engagé par l'acte qu'il a signé, et il pourra récupérer toutes les sommes qu'il a déjà versées (→ index, *Indemnité d'immobilisation*).

L'application de ces dispositions donne parfois lieu à des difficultés en raison notamment de l'imprécision de la formule « obtention du prêt » : quand doit-on considérer que le prêt est obtenu et que l'acquéreur est par conséquent engagé ?

La jurisprudence a dû trancher la question, en raison du mutisme de la loi sur ce point.

Quand y a-t-il obtention du prêt ?

En pratique, l'acquéreur d'un bien immobilier qui recourt à un crédit peut se trouver confronté à trois types de situation.

L'acquéreur ne peut obtenir le financement recherché.

Lorsque l'acquéreur n'a pu, pour des raisons indépendantes de sa volonté, obtenir le financement recherché, il est clair que la condition suspensive doit jouer.

Cette situation peut résulter notamment :

– de lettres de refus d'organismes de crédit ;

– du simple fait qu'à l'expiration du délai aucun prêt n'a été proposé à l'acquéreur.

Cependant, il est de l'intérêt de l'acquéreur de pouvoir justifier qu'il a fait son possible pour obtenir le financement dans le délai qui lui était imparti et ce, pour deux raisons au moins :

– tout d'abord parce qu'il est préférable et de bon sens de conserver les preuves de sa bonne foi, dans un domaine qui suscite un contentieux assez important ;

– ensuite, parce qu'en application de l'article 1178 du Code civil, la condition est réputée accomplie lorsque c'est le débiteur, obligé sous cette condition, qui en a empêché l'accomplissement. Ainsi le vendeur pourra-t-il tenter de faire la preuve que les agissements de l'acquéreur sont la cause de la non-réalisation de la condition. Certains tribunaux ont admis, à cet égard, que l'acquéreur qui a laissé passer un délai très long (de l'ordre de plusieurs mois) pour déposer ses demandes de prêt a fait volontairement obstacle à l'accomplissement de la condition suspensive et que, dès lors, celle-ci doit être considérée comme réalisée.

L'acquéreur ne veut pas du financement proposé.

Si le financement qui est proposé à l'acquéreur ne correspond pas à ses capacités financières, il est évident qu'il est en droit de refuser la proposition du ou des organismes de crédit : la condition suspensive n'est pas réalisée et les sommes versées doivent revenir à l'acquéreur.

En revanche, le refus pur et simple des offres de crédit, alors qu'elles sont en rapport avec les ressources de l'emprunteur, et qu'aucune condition particulière ne figure à l'acte principal (exigence d'un financement privilégié, par exemple un prêt conventionné ou un prêt d'épargne logement), ne fait pas obstacle à la réalisation de la condition suspensive.

Le financement ne correspond pas à ce qui est attendu.
L'acquéreur peut indiquer, dans l'acte, les conditions d'endettement qu'il souhaite respecter et notamment un taux d'intérêt ou une mensualité maximale. Si les offres de crédit ne correspondent pas à ces exigences, la condition suspensive pourra alors jouer.

La promesse unilatérale de vente

Par la promesse unilatérale de vente (PUV), le vendeur (le « promettant ») s'engage à vendre son bien à l'acquéreur pressenti, selon le prix fixé. L'acquéreur, qui est le bénéficiaire de la promesse, accepte cette promesse en tant qu'engagement du vendeur de lui vendre le bien, mais il ne s'engage pas à acheter. Il se réserve simplement la faculté de manifester son intention d'acheter ultérieurement, en « levant l'option ». C'est seulement au moment de cette levée d'option que la vente se réalisera par la rencontre des deux volontés, celle de vendre et celle d'acheter.

AVANTAGE

Signer une promesse de vente n'est pas un acte anodin. Même si elle est valable lorsqu'elle est signée directement entre les parties, le mieux est de faire appel à un notaire pour l'établir.

Et ce, pour au moins deux raisons :

– le notaire vous apportera toutes les informations et tous les conseils utiles ;

– le coût de son intervention sera réduit puisque la plupart des frais qu'il vous demandera, à cette occasion, viendront s'imputer sur les frais de notaire dus au moment de la vente proprement dite.

Cette intervention est même obligatoire, sous peine de nullité, lorsque la promesse de vente est consentie par une personne physique et que sa validité est supérieure à 18 mois.

Bien qu'il ne s'engage pas à acheter, le bénéficiaire de la promesse est, dans la quasi-totalité des cas, amené à verser une « indemnité d'immobilisation » qui, d'une certaine façon, limite sa faculté de renoncer à l'achat.

La position des tribunaux sur la condition suspensive

Appelée à se prononcer sur les problèmes posés par l'application des conditions suspensives d'obtention des prêts, la Cour de cassation a fixé un certain nombre de principes qui peuvent se résumer ainsi : la loi est faite pour protéger l'acquéreur, mais elle n'est pas faite pour lui permettre de revenir sur son engagement, pour de simples convenances personnelles.

✓ Obtention du prêt
La condition suspensive d'obtention d'un prêt, au sens de l'article 17 de la loi du 13/7/1979 (*Code de la consommation, Art. L. 312-13*), est réputée réalisée dès la présentation par un organisme de crédit d'une offre régulière correspondant aux caractéristiques du financement de l'opération stipulées par l'emprunteur dans l'acte visé à l'article 16 de la même loi (*Cour de cassation, 1re chambre civile, 9/12/1992*).
Par ailleurs, il a été jugé que la condition suspensive est satisfaite dès lors que l'acquéreur emprunteur a obtenu, sous quelque qualification ou technique que ce soit, la somme nécessaire à la réalisation de l'opération considérée telle que prévue par l'accord des parties (*Cour de cassation, 1re chambre civile, 7/4/1992*).

✓ Stipulation d'obligations contractuelles
L'application de l'article L. 312-16 du Code de la consommation, texte d'ordre public, ne peut être affectée par la stipulation d'obligations contractuelles imposées à l'acquéreur et de nature à accroître les exigences résultant de ce texte. Dans cette affaire, le contrat prévoyait diverses exigences qui n'avaient pas été respectées par les acquéreurs (déposer les dossiers de crédit dans les 10 jours de l'acte, en justifier auprès du rédacteur dans les 48 heures, informer le rédacteur de l'acte et le vendeur de toute offre ou de tout refus motivé en leur adressant photocopie du document délivré par l'organisme de crédit). Les emprunteurs ayant toutefois apporté la preuve qu'ils avaient effectué des démarches en vue d'obtenir les prêts et que ceux-ci leur avaient été refusés, le bénéfice des dispositions relatives à la protection de l'emprunteur immobilier doit leur être accordé (*Cour de cassation, 1re chambre civile, 28/1/1992*).
De même, doit être invalidée, car ajoutant aux obligations prévues par la loi, la clause qui impose à l'acquéreur de justifier par lettre recommandée avec demande d'avis de réception auprès du vendeur et du rédacteur de l'acte qu'il a bien reçu une offre de prêt dans un délai de 48 heures (*Cour de cassation, 3e chambre civile, 7/11/2007*).

À NOTER

Toute promesse de vente consentie par une personne physique depuis le 1/7/2009, dont la validité est supérieure à 18 mois, doit obligatoirement être constatée par un acte authentique (c'est-à-dire un acte passé devant notaire) ; à défaut, elle est nulle et de nul effet. Il en va de même pour la prorogation d'une telle promesse de vente, portant sa durée totale à plus de 18 mois (Code de la construction et de l'habitation, Art. L. 290-1).

› L'indemnité d'immobilisation

Cette indemnité est quasiment toujours prévue : elle constitue la contrepartie de l'avantage que consent le vendeur au bénéficiaire de la promesse en acceptant de lui réserver son logement pendant un certain temps. Il s'agit aussi, pour le vendeur, d'une garantie : si l'acheteur potentiel ne donne pas suite, pour un motif de simple convenance personnelle, il pourra garder cette indemnité à titre de dédommagement.

Le montant de l'indemnité d'immobilisation est librement déterminé entre les parties ; il est d'usage qu'il représente 10 % du prix de vente. Toutefois, la promesse de vente consentie par une personne physique doit, sous peine de nullité, prévoir une indemnité d'immobilisation d'un montant minimal de 5 % du prix de vente, faisant l'objet d'un versement ou d'une caution déposés entre les mains du notaire (*Code de la construction et de l'habitation, Art. L. 290-2*). Cette disposition, destinée à protéger les personnes physiques qui consentent des promesses de vente de longue durée, est applicable aux promesses consenties depuis le 1/7/2009, dont la validité est supérieure à 18 mois, ainsi qu'à toute prorogation d'une promesse de vente portant sa durée totale à plus de 18 mois.

Sous réserve du cas particulier des promesses de longue durée, le montant de l'indemnité d'immobilisation peut, au choix des parties, être versé à l'intermédiaire qui rédige la promesse, c'est-à-dire le notaire ou l'agent immobilier.

En l'absence d'intermédiaire, l'acheteur doit absolument éviter de verser cette indemnité directement au vendeur : le plus simple et le plus sûr pour lui est de la remettre au notaire qui sera appelé à rédiger l'acte de vente.

Il n'y a d'ailleurs généralement que des avantages à faire appel à un notaire pour rédiger la promesse de vente.

Le sort de cette indemnité d'immobilisation est le suivant, sachant qu'il est préférable, afin d'éviter tout litige, de le mentionner noir sur blanc dans la promesse de vente :

– si le bénéficiaire de la promesse lève l'option, c'est-à-dire s'il décide d'acheter, l'indemnité versée viendra en déduction du prix d'achat. Attention : la levée de l'option doit se faire dans le délai et selon les modalités fixées dans la promesse, c'est-à-dire en général par lettre recommandée avec demande d'avis de réception ;

– si la vente ne se réalise pas pour des raisons de simple convenance personnelle (l'acquéreur a changé d'avis, il a trouvé mieux...), ou si simplement l'acquéreur n'a pas levé l'option sans pouvoir justifier d'un motif légitime (la non-réalisation d'une condition suspensive par exemple), le vendeur qui a consenti la promesse est en droit de garder l'indemnité qui lui a été versée. Celle-ci représente alors son dédommagement ;

– si la vente ne se réalise pas en raison de la défaillance de l'une ou l'autre des conditions suspensives prévues (l'acquéreur n'obtient pas les financements prévus, le permis de construire lui est refusé...), l'indemnité d'immobilisation doit lui être immédiatement restituée. Il est évident que cette restitution sera plus facile si la somme a été versée à un notaire, plutôt que directement entre les mains du vendeur qui pourrait tarder à la restituer. Il est préférable de formuler la demande de restitution de l'indemnité d'immobilisation par lettre recommandée avec demande d'avis de réception : cette restitution doit alors avoir lieu dans les 15 jours qui suivent la demande, sans quoi les sommes dues portent intérêt au taux de l'intérêt légal majoré de moitié (*Code de la consommation, Art. L. 312-16*).

› Faut-il enregistrer la promesse unilatérale de vente ?

Tout dépend de la forme de la promesse :

– la promesse unilatérale établie sous seing privé, c'est-à-dire établie sans l'intervention d'un notaire, doit obligatoirement être enregistrée dans les 10 jours qui suivent son acceptation par le bénéficiaire, c'est-à-dire la date de sa signature lorsqu'elle est signée des deux parties, et la date à laquelle le bénéficiaire indique qu'il l'accepte dans les autres cas. À défaut d'enregistrement, la promesse est nulle (*Code civil, Art. 1589-2*) ;

– la promesse notariée, c'est-à-dire passée devant notaire n'a pas à être enregistrée.

Lorsque l'enregistrement est obligatoire, la promesse doit être établie en trois exemplaires au moins, un exemplaire revenant à chacune des parties (vendeur et acheteur), le troisième étant destiné à l'enregistrement.

La promesse de vente peut mettre la charge de l'enregistrement à l'une des parties plutôt qu'à l'autre. À défaut d'indication dans l'acte, l'enregistrement sera requis par la partie la plus diligente ou éventuellement par l'intermédiaire intéressé à la réalisation de la vente (par exemple, l'agent immobilier). La démarche s'effectue auprès du service des impôts du domicile de l'une des parties, moyennant le versement d'un droit dit « droit fixe ».

› La promesse peut-elle être transmise à un tiers ?

La cession de la promesse

Le bénéficiaire d'une promesse de vente qui bénéficie de l'engagement du vendeur de lui vendre l'immeuble peut, s'il n'y a pas de clause contraire dans la promesse, céder à une autre personne le droit qu'il détient ainsi d'acquérir l'immeuble.

Cette « cession de promesse de vente » doit être effectuée avant la levée de l'option, c'est-à-dire avant que le bénéficiaire initial de la promesse ait manifesté sa volonté d'acheter. Le vendeur ne peut s'opposer à cette cession, et sera tenu de vendre l'immeuble à la personne qui aura acquis la promesse de vente.

À NOTER

L'acte de cession, comme la promesse unilatérale de vente, doit faire l'objet, à peine de nullité, soit d'un acte notarié, soit d'un acte sous seing privé enregistré dans un délai de 10 jours (Code civil, Art. 1589-2).

La substitution

Les clauses de substitution permettent au bénéficiaire de la promesse d'être remplacé par toute personne qu'il lui plairait. À la différence de la cession, la substitution n'implique pas de nouvel enregistrement (*Cour de cassation, 3e chambre civile, 1/3/1987*).

› Quels sont les effets de la promesse unilatérale de vente ?

Ces effets sont très différents selon que l'on se place avant la levée de l'option, c'est-à-dire avant que le bénéficiaire de la promesse ait manifesté sa volonté d'acheter, ou après cette levée de l'option.

Les effets avant la levée de l'option

Vous êtes vendeur

Si vous avez un logement à vendre, et que vous avez signé une promesse unilatérale de vente avec un acquéreur potentiel, la situation est la suivante, tant que l'option n'est pas levée :

– le logement continue de vous appartenir pleinement ; vous pouvez l'utiliser à votre convenance mais, en contrepartie, vous continuez d'assumer les risques (par exemple, si l'immeuble est détruit à la suite d'un incendie) ;

– vous ne pouvez vendre le logement à un tiers sans engager votre responsabilité et devoir éventuellement verser des dommages et intérêts au bénéficiaire de la promesse. Ces dommages-intérêts peuvent soit être fixés par le juge, soit résulter d'une clause de la promesse. Cette règle ne s'applique évidemment pas si le bénéficiaire avait renoncé à acheter.

Si, au terme du délai d'option, le bénéficiaire de la promesse n'a pas levé l'option, la promesse est caduque et le promettant retrouve son entière liberté quant à la disposition du bien. Il n'est pas nécessaire, en ce cas, d'effectuer une démarche particulière, par exemple, de mettre en demeure le bénéficiaire de lever l'option.

Vous êtes acquéreur

En théorie, le bénéficiaire de la promesse unilatérale de vente ne s'engage à rien, si ce n'est à faire savoir, dans le délai fixé par la promesse, s'il décide ou non de se porter acquéreur. Il n'est, en principe, aucunement tenu de lever l'option et donc d'acheter. La promesse unilatérale devient caduque si son bénéficiaire ne lève pas l'option dans le délai fixé, le vendeur redevenant alors libre de vendre à un tiers.

En pratique, cette liberté est fortement limitée par l'existence de l'indemnité d'immobilisation versée par le bénéficiaire, indemnité qui représente une somme conséquente (en général 10 % du prix), et qu'il perdra s'il ne donne pas suite pour de simples raisons de convenances personnelles (→ index, *Indemnité d'immobilisation*).

À NOTER

Si le bien est vendu à un tiers, malgré l'existence de la promesse de vente, le bénéficiaire de la promesse peut faire annuler la vente, s'il arrive à démontrer que le tiers acquéreur était de mauvaise foi, c'est-à-dire qu'il avait connaissance de l'existence de la promesse et qu'il a malgré tout acheté le logement.

Après la levée de l'option

Après la levée de l'option, les deux parties, d'accord sur l'objet de la vente et le prix, sont engagées réciproquement : la vente est formée, même si elle ne produira tous ses effets qu'une fois l'acte authentique établi chez le notaire. Le transfert de propriété peut s'opérer, à moins que les parties n'aient décidé de reporter ce transfert au jour de la signature de l'acte authentique, ce qui est fréquent en pratique.

La levée de l'option n'est soumise à aucun formalisme particulier mais, la plupart du temps, les promesses de vente imposent de recourir à la lettre recommandée avec demande d'avis de réception, obligation qu'il convient évidemment de respecter.

Si, après la levée de l'option, l'une des parties refuse d'exécuter ses obligations et notamment de régulariser l'acte devant notaire, l'autre partie aura le choix entre :

– la résolution du contrat accompagnée, le cas échéant, du versement de dommages et intérêts ;

– l'exécution forcée qui permet d'obtenir la réalisation de la vente malgré la défaillance de l'autre partie et, éventuellement, des dommages et intérêts.

Il peut arriver aussi que la promesse comporte une faculté de dédit, ce qui aura les conséquences suivantes :

– l'acquéreur peut se désister en perdant les sommes versées ;

– le vendeur peut faire de même en versant le double des sommes stipulées à titre de dédit dans la promesse.

À NOTER

L'exécution forcée nécessite de recourir au tribunal de grande instance.

Au cours de la procédure, le juge va examiner les prétentions des parties :

– s'il considère que la partie qui se rétracte a des motifs valables, il prononce la nullité de la vente ;

– au cas contraire, il met en demeure la partie défaillante de passer l'acte définitif dans un délai donné.

À défaut, le jugement, une fois publié à la conservation des hypothèques, vaudra acte de vente.

Pendant toute la durée de la procédure, le vendeur ne peut traiter avec un autre acquéreur.

La promesse synallagmatique de vente

Dans la promesse synallagmatique, également appelée « compromis de vente », chacune des parties s'engage, l'une à acheter, l'autre à vendre. Il s'agit donc d'une véritable vente dans laquelle le transfert de propriété et le paiement du prix sont simplement reportés à la date de signature de l'acte authentique chez le notaire (*Code civil, Art. 1589*).

Si vous êtes acquéreur, et que vous êtes amené à signer un tel document, vous devez donc absolument mesurer la portée de votre engagement : il n'y a pas, comme avec une promesse unilatérale, de levée d'option à effectuer, donc pas de délai de réflexion pour donner une réponse définitive. En d'autres termes, votre consentement définitif à l'acquisition est donné dès la signature de la promesse synallagmatique. Précisons toutefois que, là encore, des conditions suspensives peuvent être prévues au contrat.

À NOTER

La distinction entre promesse synallagmatique et promesse unilatérale est parfois délicate à opérer. Aussi est-il recommandé de porter une attention particulière aux termes employés dans l'acte. S'il ressort de ce dernier que les parties s'engagent l'une à vendre et l'autre à acheter, l'acte sera une promesse synallagmatique ; si au contraire l'acte comporte seulement l'engagement du vendeur de vendre, il s'agira d'une simple promesse unilatérale.

Comment est conclue la promesse synallagmatique ?

Sous réserve de la précision donnée plus loin, la promesse synallagmatique de vente peut être conclue devant notaire, ou directement entre particuliers par acte sous seing privé : dans ce cas, elle doit être établie en deux exemplaires au moins. L'exigence d'une pluralité d'originaux est cependant réputée satisfaite pour les promesses de vente synallagmatiques établies sous forme électronique lorsque le procédé permet à chaque partie de disposer d'un exemplaire ou d'y avoir accès (*Code civil, Art. 1325*).

Contrairement à la promesse unilatérale de vente, il n'est pas nécessaire que la promesse synallagmatique soit enregistrée pour être valable, même lorsqu'elle est conclue sous seing privé.

À NOTER

Toute promesse de vente consentie par une personne physique depuis le 1/7/2009, dont la validité est supérieure à 18 mois, doit obligatoirement être constatée par un acte authentique (c'est-à-dire un acte passé devant notaire) ; à défaut, elle est nulle et de nul effet. Il en va de même pour la prorogation d'une telle promesse de vente, portant sa durée totale à plus de 18 mois (Code de la construction et de l'habitation, Art. L. 290-1).

Quels sont les effets de la promesse synallagmatique ?

Ces effets découlent du texte même du Code civil, selon lequel « la promesse de vente vaut vente lorsqu'il y a accord réciproque des parties sur la chose et le prix » (*Code civil, Art. 1589, alinéa 1er*). Ainsi, sauf clauses particulières, la promesse a les mêmes effets que la vente, avec les conséquences qui en découlent : transfert des risques sur l'acquéreur, exigibilité des droits de mutation, publicité foncière, point de départ des garanties, etc. Les parties sont en principe obligées de mener l'opération jusqu'à son terme sous peine d'y être contraintes si l'une ou l'autre tentait de se dérober à cette obligation.

En pratique, les promesses synallagmatiques de vente, comme les promesses unilatérales, sont conclues sous conditions suspensives (obtention des prêts, octroi d'un permis de construire...) de sorte qu'elles ne produisent tous leurs effets que si toutes ces conditions se réalisent (→ index, *Condition suspensive, promesse de vente*).

Les sommes versées à l'occasion d'une promesse synallagmatique de vente peuvent recevoir différentes qualifications auxquelles il faut prêter une attention toute particulière :

– si ces sommes sont qualifiées d'arrhes, elles offrent à chacun des contractants la possibilité de ne pas donner suite, l'acquéreur en abandonnant les arrhes qu'il a versées, le vendeur en lui restituant le double des sommes reçues. Il s'agit donc d'une véritable faculté de dédit réciproque ;

– si ces sommes sont qualifiées d'acompte, aucune des parties ne peut en principe revenir sur son engagement, l'une d'acheter, l'autre de vendre.

Le montant de la somme versée est librement déterminé par les parties. Toutefois, si la promesse est consentie par une personne physique pour une durée de plus de 18 mois, ce montant ne peut être inférieur à 5 % du prix de vente et la somme doit faire l'objet d'un versement ou d'une caution déposés entre les mains du notaire (*Code de la construction et de l'habitation, Art. L. 290-2*). Cette disposition est applicable, sous peine de nullité, aux promesses consenties depuis le 1/7/2009, dont la validité est supérieure à 18 mois, ainsi qu'à toute prorogation d'une promesse de vente portant sa durée totale à plus de 18 mois.

DOSSIER DE DIAGNOSTIC TECHNIQUE

Afin de permettre à l'acquéreur d'être informé de la situation, au regard des différents états, constats et diagnostics prévus par la loi (gaz, termites...) du logement qu'il envisage d'acquérir, l'article L. 271-4 du Code de la construction et de l'habitation prévoit la transmission par le vendeur d'un dossier de diagnostic technique regroupant l'ensemble des documents relatifs à la sécurité ou à la salubrité du logement. Ainsi, en cas de vente de tout ou partie d'un immeuble bâti, ce dossier de diagnostic technique, fourni par le vendeur, est annexé à la promesse de vente ou, à défaut de promesse, à l'acte authentique de vente. En cas de vente publique, le dossier de diagnostic technique est annexé au cahier des charges.

Ce dossier comprend, dans les conditions définies par les dispositions qui les régissent, les documents suivants :

1° Le constat de risque d'exposition au plomb prévu aux articles L. 1334-5 et L. 1334-6 du Code de la santé publique ;

2° L'état mentionnant la présence ou l'absence de matériaux ou produits contenant de l'amiante prévu à l'article L. 1334-13 du Code de la santé publique ;

3° L'état relatif à la présence de termites dans le bâtiment prévu à l'article L.133-6 du Code de la construction et de l'habitation ;

4° L'état de l'installation intérieure de gaz prévu à l'article L. 134-6 du Code de la construction et de l'habitation ;

5° Dans les zones mentionnées au I de l'article L. 125-5 du Code de l'environnement, l'état des risques naturels et technologiques ;

6° Le diagnostic de performance énergétique prévu à l'article L. 134-1 du Code de la construction et de l'habitation ;

7° L'état de l'installation intérieure d'électricité prévu à l'article L. 134-7 du Code de la construction et de l'habitation ;

.../...

DOSSIER DE DIAGNOSTIC TECHNIQUE (SUITE)

8° Le document établi à l'issue du contrôle des installations d'assainissement non collectif mentionné à l'article L. 1331-11-1 du Code de la santé publique. En vertu de ce texte, applicable à compter du 1/1/2013, le vendeur aura l'obligation, lors de la vente de tout ou partie d'un immeuble à usage d'habitation non raccordé au réseau public de collecte des eaux usées, de faire réaliser un contrôle des installations d'assainissement non collectif et de joindre, au dossier de diagnostic technique, le document établi à l'issue de ce contrôle.

Les documents mentionnés aux 1°, 4° et 7° ci-dessus ne sont requis que pour les immeubles ou parties d'immeuble à usage d'habitation.

Le document mentionné au 6° n'est pas requis en cas de vente d'un immeuble à construire visée à l'article L. 261-1 du Code de la construction et de l'habitation.

Lorsque les locaux faisant l'objet de la vente font partie d'une copropriété, le document mentionné au 1° portera exclusivement sur la partie privative de l'immeuble affectée au logement et les documents mentionnés aux 3°, 4° et 7° sur la partie privative du lot.

En l'absence, lors de la signature de l'acte authentique de vente, d'un des documents mentionnés aux 1°, 2°, 3°, 4°, 7° et 8° ci-dessus en cours de validité, le vendeur ne pourra pas s'exonérer de la garantie des vices cachés correspondante.

En l'absence, lors de la signature de l'acte authentique de vente, du document mentionné au 5°, l'acquéreur pourra demander l'annulation du contrat ou demander au juge une diminution du prix.

Attention : l'acquéreur ne peut se prévaloir à l'encontre du propriétaire des informations contenues dans le diagnostic de performance énergétique qui n'a qu'une valeur informative.

Par rapport à la date de la promesse de vente ou à la date de l'acte authentique de vente de tout ou partie d'un immeuble bâti, les documents prévus aux 1°, 3°, 4°, 6° et 7° ci-dessus doivent avoir été établis depuis :

- moins d'1 an pour le constat de risque d'exposition au plomb ; toutefois, si le constat établit l'absence de revêtements contenant du plomb ou la présence de revêtements contenant du plomb à des concentrations inférieures aux seuils fixés par les textes, il n'y a pas lieu de faire établir un nouveau constat à chaque mutation, le constat initial étant joint au dossier de diagnostic technique ;
- moins de 6 mois pour l'état du bâtiment relatif à la présence de termites ;
- moins de 3 ans pour l'état de l'installation intérieure de gaz, cet état étant requis depuis le 1/11/2007 ;
- moins de 3 ans pour l'état de l'installation intérieure d'électricité, ce document étant requis depuis le 1/1/2009 lorsque l'installation a été réalisée depuis plus de 15 ans ;
- moins de 10 ans pour le diagnostic de performance énergétique.

La durée de validité de l'état mentionnant la présence ou l'absence de matériaux ou produits contenant de l'amiante est illimitée.

Bon à savoir : les obligations pesant sur le vendeur en matière de diagnostics techniques du logement qu'il souhaite vendre n'ont cessé de se renforcer et de se complexifier au cours de ces dernières années. Tous les renseignements sur cette question peuvent être obtenus auprès du notaire qui sera appelé à s'occuper de la vente, ou auprès des services d'information de la direction départementale de l'équipement (DDE). On peut également se reporter aux précisions figurant dans cet ouvrage (→ index, *Vente immobilière, sécurité et salubrité du logement*).

Comment s'opère la vente ?

Si la vente résulte d'un accord des deux parties, acheteur et vendeur, elle suppose, pour pouvoir produire tous ses effets, l'intervention d'un professionnel : le notaire. Sa mission consiste avant tout à prendre en charge les formalités liées à l'opération, mais il est aussi tenu, vis-à-vis de ses clients, à un devoir général de conseil et d'information. C'est à lui qu'il appartient également de collecter, pour le compte de l'État et des collectivités locales, les divers droits et taxes dus à l'occasion de toute mutation d'immeuble.

En quoi consiste l'intervention du notaire ?

Bien que valable sous seing privé, la vente ne produit tous ses effets que si l'acte est :
– soit dressé par notaire ;
– soit déposé au rang des minutes d'un notaire avec reconnaissance d'écritures et de signatures.

En effet, l'acte de vente de l'immeuble, comme tout acte sujet à publicité dans un bureau des hypothèques, doit être dressé en la forme authentique, c'est-à-dire devant notaire (*Décret n° 55-22 du 4/1/1955*).

Le choix du notaire

Les parties sont libres d'avoir recours au notaire de leur choix. Même si, souvent, les formalités se déroulent dans l'étude du notaire du vendeur (celui-ci peut même l'exiger), rien n'empêche l'acheteur d'avoir son propre notaire et de se faire assister par lui lors de la signature de l'acte de vente.

L'obligation de conseil et d'information du notaire

Le notaire est tenu d'informer ses clients sur la nature de l'acte qu'il établit à leur demande et sur les conséquences éventuelles de la signature de cet acte. Il ne faut pas hésiter, à cet égard, à lui poser toutes les questions nécessaires.

Le notaire est responsable des erreurs qu'il pourrait commettre et ne peut se décharger de cette responsabilité. En cas de litige, la charge de la preuve de l'exécution par le notaire de son devoir de conseil lui incombe (*Cour de cassation, 1re chambre civile, 2/10/2007*).

Ce devoir de conseil du notaire s'applique même si ses clients sont des professionnels, par exemple un architecte (*Cour de cassation, 3e chambre civile, 23/9/2009*).

À NOTER

Les chambres départementales des notaires exercent un contrôle disciplinaire sur l'activité des notaires. Il est possible d'envisager ensuite un recours auprès du Conseil supérieur du notariat et, dans les cas les plus graves, de déposer plainte auprès du procureur de la République.

Quelles sont les formalités après la vente ?

Après avoir été définitivement signé, l'acte de vente doit être obligatoirement publié au bureau des hypothèques de la situation de l'immeuble. Cette formalité incombe au notaire.

Le bureau des hypothèques tient à jour :

- un registre des publications composé des copies ou extraits d'actes de vente ;
- un fichier immobilier qui suit :

– pour chaque propriétaire et par commune, la liste des immeubles dont il est propriétaire,

– par immeuble, la liste des mutations dont il fait l'objet,

– par parcelle, la liste des mutations dont elle fait l'objet.

L'ensemble de ces documents peut être consulté au bureau des hypothèques qui est généralement situé au service des impôts. Il est ainsi possible d'obtenir notamment la copie de n'importe quel acte de vente.

Quels sont les frais liés à l'acquisition ?

Toute acquisition d'immeuble donne lieu à des frais qui viennent s'ajouter au prix d'achat proprement dit. Ces frais sont de plusieurs ordres :
– les frais de notaire proprement dits, qui représentent la rémunération du notaire, et les frais liés aux formalités que celui-ci est tenu d'accomplir ;
– les droits et taxes, prélevés par le notaire et reversés au Trésor public, qui forment ce que l'on appelle les « droits de mutation ».

› Les frais de notaire

Sous cette appellation sont regroupées deux catégories distinctes de dépenses :
– les honoraires du notaire, également appelés émoluments, et qui sont distincts des émoluments de négociation qu'il a pu éventuellement percevoir ;
– les frais divers et émoluments de formalités.

Le notaire est en droit de réclamer, dès le début de son intervention, une « provision », c'est-à-dire le paiement d'une somme suffisante pour couvrir les frais, droit et émoluments liés à l'opération. Les sommes versées en trop seront restituées lors de l'établissement du décompte définitif qui doit faire l'objet d'une note détaillée.

Comment est fixée la rémunération du notaire ?

Cette rémunération (la loi parle d'émoluments) est fixée d'après un barème national, défini par le décret n° 78-262 du 8/3/1978. Ainsi, quel que soit l'endroit où se trouve le logement acheté, et quel que soit le notaire, sa rémunération sera la même *(Voir pages Barème)*.

Que représentent les émoluments de formalités ?

Pour préparer la vente, le notaire doit accomplir un certain nombre de formalités obligatoires : demandes d'acte de l'état civil, d'extraits de cadastre, renseignements d'urbanisme, etc. Pour effectuer ces démarches et constituer ainsi son dossier, le notaire a droit à des émoluments de formalités qui s'ajoutent à sa rémunération proprement dite. Ces émoluments sont calculés à partir d'une unité de valeur, chaque formalité représentant un certain nombre de ces unités de valeur. Ces émoluments représentent de 450 à 650 € en moyenne.

AVANTAGE

La rémunération du notaire ne sera pas plus élevée si le vendeur et l'acquéreur décident chacun d'avoir recours à leur propre notaire puisque, dans ce cas, les émoluments seront partagés entre les deux notaires.

À NOTER

Aux émoluments de formalités s'ajoutent les frais divers, c'est-à-dire toutes les sommes que le notaire doit régler à des tiers pour le compte de son client : frais d'état hypothécaire, frais d'enregistrement, salaire du conservateur des hypothèques, etc. Ces frais représentent plusieurs centaines d'euros.

AVANTAGE

Il est possible d'obtenir sur Internet une estimation des frais de notaire que l'on aura à verser lors d'une acquisition immobilière grâce à un simulateur valable pour toute la France : www.paris.notaires.fr.

Qui doit payer les frais de notaire ?

La règle est la suivante : les frais de notaire (rémunération, émoluments de formalités et frais divers) sont en principe à la charge de l'acquéreur. Mais, là encore, comme pour les honoraires de négociation par exemple, rien n'empêche les deux parties de prévoir d'autres modalités de prise en charge des frais.

› Les droits de mutation

Il s'agit des taxes et des droits divers perçus par l'État et les collectivités locales à l'occasion de chaque vente d'immeuble. Leur montant, prélevé par le notaire, varie selon que le logement acquis est un logement ancien ou un logement récent.

Ces droits de mutation sont à la charge de l'acquéreur, sauf si les parties en conviennent autrement, ce qui est rare en pratique.

L'acquisition d'un logement ancien

Sont visés les logements, maisons individuelles ou appartements, achevés depuis plus de 5 ans ou les logements qui ont déjà fait l'objet, dans les 5 ans qui suivent leur achèvement, d'une vente à une personne autre qu'un marchand de biens.

Si vous vous portez acquéreur d'un tel logement, vous aurez à acquitter les droits de mutation suivants :
– une taxe perçue au profit de l'État dont le taux est fixé à 0,20 % ;

– une taxe départementale dont le taux est fixé à 3,60 % ;
– les frais d'assiette représentant 2,5 % de la taxe départementale (soit 0,09 %) ;
– une taxe communale fixée à 1,20 %.
Ces droits de mutation représentent donc au total 5,09 % du prix de vente de l'immeuble.

ATTENTION ⚠

Même s'ils sont en baisse depuis quelques années, les frais d'acquisition d'un logement (émoluments du notaire, droits de mutation, frais divers) représentent encore environ 7 à 9 % du prix de vente. Si vous êtes candidat à l'achat, n'oubliez donc surtout pas de prévoir ces frais dans votre plan de financement.

CALCULER LES FRAIS DE NOTAIRE POUR L'ACQUISITION D'UN LOGEMENT

✓ L'immeuble a été achevé depuis plus de 5 ans

Taxes :

- Taxe au profit de l'État : 0,20 % du prix d'achat
- Taxe communale : 1,20 % du prix d'achat
- Taxe départementale : 3,60 % du prix d'achat
- Taxe au profit de l'État ou frais d'assiette : 2,5 % du montant de la taxe départementale

Salaire du conservateur des hypothèques :
0,15 % du prix d'achat.

Émoluments du notaire :
4 % HT de 0 jusqu'à 6 500 €
1,65 % HT de 6 500 € jusqu'à 17 000 €
1,10 % HT de 17 000 € jusqu'à 30 000 €
0,825 % HT au-delà de 30 000 €
Sur le montant des émoluments, ajouter la TVA à 19,6 %.

Émoluments fixes pour formalités accomplies :
Ces émoluments sont calculés par rapport au nombre d'unité de valeur (Uv) affecté à l'acte. Une unité de valeur est égale à 3,65 €. Dans le cas d'un extrait cadastral qui vaut 3 Uv, le montant s'élèvera à 10,95 €. À ce chiffre on ajoutera la TVA à 19,6 %.

Exemple :
Prenons l'exemple d'un immeuble de 300 000 € à Paris.
Les taxes s'élèvent à :
Taxe au profit de l'État : 300 000 € x 0,20 % = 600 €
Taxe communale : 300 000 € × 1,20 % = 3 600 €
Taxe départementale : 300 000 € × 3,60 % = 10 800 €
Taxe au profit de l'État (frais d'assiette) : 2,5 % de 10 800 € = 270 €
Montant total : 15 270 €
Salaire du conservateur des hypothèques : 457,35 €

Émoluments du notaire :
De 0 à 6 500 € = 260 €
De 6 500 à 17 000 € = 173,25 €
De 17 000 à 30 000 € = 143 €
De 30 000 à 300 000 € = 2 227,50 €
Montant des émoluments du notaire : 2 803,75 € + 19,6 % (TVA) = 3 353,28 €
Montant total (taxes + salaire du conservateur + émoluments) = 19 080,63 €
À ces droits, il faudra ajouter les émoluments fixes.

✓ L'immeuble a été achevé depuis moins de 5 ans

Les frais sont moins importants. En effet, dans cette hypothèse la taxe de publicité foncière d'un montant de 0,715 % se substitue aux autres taxes. De plus, si l'appartement appartient à un ensemble comprenant plus de 10 lots, un abattement sera pratiqué sur les frais de notaire.

L'acquisition d'un logement neuf ou récent

Il s'agit des logements achevés depuis moins de 5 ans, et qui n'ont pas été, durant cette période, vendus à une personne autre qu'un marchand de biens.
Si vous vous portez acquéreur d'un tel logement, vous aurez à acquitter des droits réduits qui représentent, tout compris, 3 à 5 % maximum du prix de vente. C'est pour cela que, le plus souvent, ces logements sont proposés avec l'indication « Frais de notaire réduits ».

À NOTER

La vente d'un logement neuf ou récent est soumise à la TVA au taux de 19,6 %. Cette TVA est normalement incluse dans le prix de vente proposé qui doit être un prix TTC. Cette taxe est ainsi payée par l'acquéreur, mais c'est sur le vendeur que repose l'obligation de reverser les sommes perçues au Trésor.

Les exonérations de droits de mutation

Il existe actuellement des exonérations partielles de droits de mutation.

Ainsi :

– la première revente d'un immeuble acquis neuf ou en état futur d'achèvement par acte authentique signé entre le 1/6/1993 et le 31/12/1994 bénéficie d'un abattement de 91 000 € sur l'assiette des droits de mutation. Concrètement, cela signifie que les droits de mutation seront calculés sur le prix de vente diminué de 91 000 €, ce qui est, pour l'acquéreur, un avantage non négligeable ;

– les conseils généraux, qui perçoivent la taxe départementale, peuvent instituer, pour le calcul de cette taxe, un abattement sur le prix de vente variant entre 7 600 et 46 000 €. Là encore, cela se traduira, pour l'acquéreur, par une réduction des droits de mutation à sa charge. Pour les actes passés depuis le 1/6/2009, aucun département n'a institué cet abattement général. En revanche, plusieurs départements appliquent un abattement limité aux acquisitions de biens situés dans les zones de revitalisation rurale. Votre notaire peut vous dire si un tel abattement est pratiqué dans votre département.

Les effets de la vente

Le premier effet de la vente est évidemment de transférer la propriété du logement du vendeur à l'acheteur. Mais ce transfert de propriété ne sera pleinement réalisé que si le vendeur et l'acheteur respectent leurs obligations respectives.

Quelles sont les obligations du vendeur ?

Le vendeur est tenu à deux obligations principales : celle de délivrer et celle de garantir l'immeuble qu'il vend (*Code civil, Art. 1603*). L'obligation de délivrer les immeubles est remplie par le vendeur lorsqu'il a remis les clés s'il s'agit d'un bâtiment ou lorsqu'il a remis les titres de propriété (*Code civil, Art. 1605*).
Le vendeur est également tenu à un devoir d'information de l'acquéreur sur des questions tenant à la sécurité ou à la salubrité du logement.

En quoi consiste l'obligation de délivrance ?

L'acquéreur est normalement propriétaire de l'immeuble vendu au moment même où le contrat de vente est conclu. Cependant, la délivrance de l'immeuble ne s'exécute pas toujours simultanément à la vente. Le vendeur est donc tenu, après la signature du contrat, de mettre à la disposition de l'acquéreur le bien vendu afin que celui-ci puisse en disposer à son tour. Ainsi, si le vendeur occupe le logement, il doit le libérer ; si le logement est occupé par un tiers qui ne dispose pas d'un bail régulier, le vendeur doit le faire évacuer.
Si l'un des éléments de l'immeuble prévus au contrat vient à manquer au moment de la livraison, l'acquéreur peut déposer une demande en dommages et intérêts en se fondant sur le défaut de livraison de la chose. La même demande est possible lorsque l'un des éléments d'équipement n'est pas conforme à ce qui était prévu dans l'acte de vente.
Une indemnité a ainsi été accordée à l'acheteur d'un logement, car les ascenseurs n'avaient pas les performances indiquées dans l'acte : pour les tribunaux, il y avait là un préjudice qui méritait réparation, étant précisé que l'appartement était situé au 19e étage de l'immeuble (*Cour d'appel, Paris, 30/6/1987*).

À NOTER

Le logement doit être mis à disposition de l'acquéreur dans le délai convenu avec le vendeur. À défaut, l'acquéreur a le droit de demander soit la résolution de la vente, soit sa mise en possession, si le retard n'est dû qu'au vendeur (Code civil, Art. 1610).
Dans tous les cas, l'acquéreur pourra également réclamer des dommages-intérêts au vendeur s'il a subi un préjudice du fait du défaut de délivrance au terme convenu (Code civil, Art. 1611).

En quoi consiste la garantie d'éviction ?

La garantie d'éviction est l'obligation imposée par la loi au vendeur d'assurer à son acquéreur la possession paisible du bien qu'il lui a vendu.
Cette garantie d'éviction impose deux types d'obligation au vendeur :
– d'une part, celle de s'abstenir personnellement de tout acte susceptible de troubler l'acquéreur dans son droit de propriété ;
– d'autre part, celle de protéger l'acquéreur contre les tiers qui viendraient à empiéter sur son droit de propriété, notamment en invoquant un droit sur l'immeuble vendu (*Code civil, Art. 1626*).
Il s'agit là d'hypothèses dans lesquelles certains risques ou charges n'auraient pas été révélés à l'acquéreur lors de la vente : servitudes, hypothèques, etc.
Si le vendeur n'a pas respecté ses obligations, et que l'acquéreur est évincé de sa propriété, celui-ci peut demander la résolution de la vente avec restitution du prix et des frais qu'il avait acquittés, ainsi que des dommages-intérêts. Il peut aussi se contenter de demander des dommages-intérêts en réparation du préjudice que le vendeur lui a causé (*Code civil, Art. 1630*). La résiliation de la vente est également admise lorsque l'acquéreur n'est évincé que d'une partie de sa propriété, si cette éviction est de telle nature qu'il n'aurait pas acheté sans la partie dont il a été évincé (*Code civil, Art. 1636*).

Qu'appelle-t-on « garantie des vices cachés » ?

Le vendeur est tenu de garantir l'immeuble contre les vices cachés qui le rendent impropre à sa destination (à l'habitation dans le cas d'un logement), ou qui diminuent, de façon importante, l'usage auquel il est destiné (*Code civil, Art. 1641*).

Pour être qualifié de « vice caché », le défaut doit présenter trois caractères :

– être d'une gravité suffisante ;

– être non apparent ;

– être antérieur à la vente et inconnu de l'acheteur.

Vice grave ou rédhibitoire

C'est un défaut qui affecte l'immeuble à tel point que l'acquéreur ne l'aurait pas acheté, ou qu'il en aurait donné un prix moindre, s'il l'avait connu.

Vice caché

Le vendeur n'est pas tenu de garantir les vices apparents mais seulement les vices cachés.

Par vice caché, il faut entendre le défaut qui ne pouvait être décelé lors de la vente malgré un examen attentif et sérieux.

Le vice apparent n'est pas seulement celui qui est ostensible et que révèle un examen superficiel, mais également celui qu'une personne de diligence moyenne aurait découvert en procédant à des vérifications élémentaires.

Vice antérieur à la vente et inconnu de l'acheteur

Le défaut peut être découvert après la vente mais il doit avoir existé avant celle-ci. La preuve de l'antériorité est importante car la garantie disparaît s'il peut être démontré que le défaut est lié, par exemple, à un manque de précaution ou d'entretien imputable à l'acheteur.

De même, la garantie disparaît si le vendeur peut apporter la preuve que le défaut était connu de l'acheteur au moment de la vente. Toutefois, la Cour de cassation a admis la reconnaissance d'un vice caché, alors même que l'acquéreur avait été informé du problème (*Cour de cassation, 3e chambre civile, 17/12/2008*). Comme l'a précisé la Cour : « ayant relevé que si, dans l'acte de vente, le vendeur avait déclaré que dans les mois ayant suivi son acquisition, il avait été constaté la présence d'insectes ennemis des bois dans une partie de la charpente et si des travaux de remise en état destinés à leur éradication avaient été réalisés en 1989, les travaux n'étaient garantis que pour une durée de 10 ans, que la charpente se trouvait au moment de la vente en mauvais état à la suite d'une infestation quasi généralisée due aux insectes à larves xylophages, qui avait dégradé de nombreux éléments dont beaucoup étaient à la limite de la rupture et qui s'étendait à des lames du parquet du plancher des combles et à des solives, la cour d'appel, qui a retenu qu'il ne pouvait être imposé aux acquéreurs de soulever la laine de verre qui recouvrait les bois de la charpente pour voir les pièces dégradées, a caractérisé l'existence d'un vice caché affectant les éléments essentiels de la structure de l'immeuble au moment de la vente ». Les acquéreurs ont ainsi obtenu une réduction du prix et l'attribution de dommages et intérêts.

Lorsque l'existence du vice caché est démontrée, l'acquéreur a le choix entre deux solutions :

– rendre la chose et se faire restituer le prix, en demandant la résolution de la vente par une action dite « rédhibitoire ». Cette solution n'est évidemment envisageable que si l'acquéreur est toujours en possession du bien ;

– garder la chose et se faire rendre une partie du prix, estimée par des experts, par une action dite « estimatoire » (*Code civil, Art. 1644*).

Quelle que soit l'action entreprise, l'acquéreur peut également obtenir des dommages et intérêts si le vendeur est reconnu de mauvaise foi, c'est-à-dire s'il avait connaissance des vices cachés.

AVANTAGE

Les juges reconnaissent plus facilement le caractère occulte d'un vice lorsque l'acheteur n'est pas doté de connaissances spéciales. De son côté, le vendeur professionnel est présumé de mauvaise foi, c'est-à-dire avoir sciemment caché le vice à l'acquéreur.

AVANTAGE

Les clauses exonératoires de la responsabilité du vendeur en matière de vices cachés, souvent présentes dans les actes de vente, n'ont pas d'effet lorsque la vente intervient entre un vendeur professionnel d'immeubles et un acheteur non professionnel.

En outre, et même lorsque le vendeur n'est pas un professionnel, il ne peut se prévaloir de ce type de clauses, s'il est démontré qu'il avait connaissance du vice avant la vente.

QUE FAIRE SI LA SUPERFICIE DU BIEN ACHETÉ NE CORRESPOND PAS À CELLE PRÉVUE ?

Juridiquement, c'est ce que l'on appelle le « défaut de contenance ». Et évidemment, au prix du mètre carré actuel, il n'est jamais agréable pour l'acquéreur qui prend possession de son logement de découvrir que celui-ci ne correspond pas aux mesures qui figurent dans l'acte de vente ou qui ont été annoncées. Afin d'éviter les abus qui ont pu se produire dans le passé, la loi du 18/12/1996 impose que la superficie soit mentionnée dans la promesse ou l'acte de vente. Mais cette loi ne s'applique qu'en cas de vente d'un logement faisant partie d'une copropriété. Aussi convient-il de bien distinguer les deux situations suivantes :

✓ La vente porte sur un logement en copropriété

En application de la loi du 18/12/1996 (dite loi Carrez), toute promesse et contrat de vente portant sur un lot ou une fraction de lot de copropriété doivent préciser la superficie de la partie privative de ce lot.

À défaut d'une telle mention, l'acquéreur peut exercer une action en nullité de l'acte. Cette action devra cependant être intentée au plus tard dans le délai d'1 mois suivant la signature de l'acte authentique constatant la réalisation de la vente.

Dans le cas où la superficie réelle se révèle inférieure de plus de 5 % à celle indiquée dans l'acte, l'acquéreur pourra, dans le délai d'1 an à compter de la vente, intenter une action en diminution du prix. En revanche, si la superficie réelle se révèle supérieure, l'acquéreur ne devra aucun supplément de prix.

À signaler : selon la Cour de cassation, doit être exclue du mesurage au titre de la loi Carrez, la partie commune sur laquelle le vendeur disposait d'un droit de jouissance exclusif (par exemple, une terrasse), un tel droit ne constituant pas un droit de propriété (*Cour de cassation, 3e chambre civile, 8/10/2008*). En outre, les dispositions de la loi Carrez ne s'appliquent pas si le logement ne mesure pas plus de 8 m^2 : ce sont les dispositions décrites ci-dessous qui s'appliquent. Ces dispositions ne s'appliquent également pas en cas d'adjudication sur saisie immobilière, puisque le jugement d'adjudication qui opère le transfert de propriété ne constitue pas un contrat réalisant ou constatant une vente, condition d'application de la loi Carrez (*Cour de cassation, 2e chambre civile, 3/10/2002*).

✓ La vente porte sur un logement ne faisant pas partie d'une copropriété

Dans ce cas, les règles suivantes devraient en théorie s'appliquer (*Code civil, Art. 1616 et s.*) :

- La vente est faite avec l'indication d'une superficie et d'un prix au m^2.

Si la superficie est insuffisante, le vendeur subit une réduction proportionnelle du prix. Mais si la superficie est supérieure de 1/20e par rapport à celle prévue (ce qui est rare), l'acquéreur a le choix entre verser un complément de prix ou se désister, c'est-à-dire renoncer à l'acquisition.

- La vente est faite avec l'indication d'une superficie, mais sans indication d'un prix au m^2.

Si la superficie est inférieure de plus de 1/20e à celle prévue, l'acquéreur peut seulement demander une réduction du prix. Si la superficie est supérieure de 1/20e à celle prévue, l'acquéreur a le choix entre verser un complément de prix ou se désister.

Ces règles trouvent toutefois assez peu d'applications pratiques, car la plupart des promesses et des actes de vente portant sur des logements contiennent une clause obligeant l'acquéreur à renoncer à tout recours contre le vendeur pour erreur dans la contenance. Seul point positif, ce type de clause n'a pas d'effet si le vendeur est un professionnel.

Quelles sont les obligations relatives à la sécurité et à la salubrité du logement ?

Les obligations générales du vendeur à l'occasion de la vente (obligations de délivrance et de livraison) se doublent, depuis le début des années 1990, d'obligations plus spécifiques tenant à l'information de l'acquéreur sur la salubrité du logement et sur les risques particuliers que ce dernier pourrait encourir.

Information sur les termites

Les articles L. 133-4 à L. 133-6 et R. 133-1 à R. 133-7 du Code de la construction et de l'habitation prévoit des mesures qui s'appliquent dans les zones contaminées par les termites ou susceptibles de l'être, délimitées soit par le préfet (arrêté préfectoral), soit par le conseil municipal (arrêté municipal).

Lorsque de tels arrêtés existent, ils font l'objet de mesures de publicité dans deux journaux régionaux ou locaux diffusés dans le département et peuvent être consultés dans les mairies des communes concernées anisi qu'à la préfecture. Le préfet en adresse notamment une copie pour information à la chambre départementale des notaires concernée.

Dans les zones ainsi délimitées, le vendeur non-professionnel d'un immeuble est tenu d'annexer un état parasitaire du bâtiment à l'acte authentique constatant la réalisation de la vente. À défaut, il ne pourra s'exonérer de la garantie du vice caché constitué par la présence de termites (→ index, *Vices cachés*).

L'état parasitaire doit avoir été établi depuis moins de 6 mois à la date de l'acte authentique par une personne exerçant l'activité d'expertise ou de diagnostic de la présence de termites. Il identifie l'immeuble concerné, indique les parties visitées et celles n'ayant pu être visitées, les éléments infestés ou ayant été infestés par la présence de termites et ceux qui ne le sont pas, ainsi que la date de son établissement.

Le Centre technique du bois et de l'ameublement (CTBA : 10, avenue de Saint-Mandé, 75012 Paris) dispose d'un observatoire des territoires où la présence des termites est avérée. Ces données sont disponibles sur le site Internet *www.termite.com.fr*.

Information sur le plomb

Les articles L. 1334-1 à L. 1334-12 et R. 1334-1 à R. 1334-13 du Code de la santé publique précisent les obligations des propriétaires à l'occasion de la vente d'un logement. Ainsi, pour toute vente intervenant sur le territoire national (et non plus seulement dans un département classé à risque), un constat de risque d'exposition au plomb (CREP) présentant un repérage des revêtements contenant du plomb et, le cas échéant, un relevé sommaire des facteurs de dégradation du bâti, doit être annexé à toute promesse de vente ou, à défaut de promesse, à l'acte authentique de vente de tout ou partie d'immeuble à usage d'habitation construit avant le 1/1/1949. Ce constat doit avoir été établi depuis moins d'1 an à la date de la promesse de vente et du contrat décrits ci-dessus. Il doit par ailleurs être établi par un contrôleur technique agréé ou par un technicien de la construction qualifié, l'un et l'autre devant être couverts par une assurance de responsabilité professionnelle.

À défaut de production du CREP dans les conditions rappelées plus haut, aucune clause d'exonération de la garantie des vices cachés ne peut être stipulée à raison des vices constitués par le risque d'exposition au plomb. Si le bien immobilier concerné par la vente est affecté, pour partie, à d'autres usages que l'usage d'habitation, le CREP ne doit porter que sur les parties qui sont affectées à l'habitation. S'agissant des locaux annexes, le CREP ne doit porter que sur ceux qui sont destinés à un usage courant (une buanderie par exemple).

Information sur l'amiante

Les articles L. 1334-13 et R. 1334-14 et suivants du Code de la santé publique font obligation à tous les propriétaires d'immeubles bâtis dont le permis de construire a été délivré avant le 1/7/1997 de rechercher, dans ces immeubles, la présence de calorifugeages, de flocages ou de faux plafonds contenant de l'amiante en demandant, soit à un contrôleur technique, soit à un technicien de la construction assuré pour ce type de mission, d'effectuer cette recherche.

S'il existe des flocages, des calorifugeages et des faux plafonds et qu'un doute persiste sur la présence d'amiante, le propriétaire doit faire faire, par un contrôleur technique ou un technicien de la construction, des prélèvements qui seront analysés par un organisme compétent.

En cas de présence d'amiante, des contrôles doivent être effectués, suivis de travaux lorsque le niveau d'empoussièrement est supérieur à un certain seuil. Le décret n° 2001-840 du 13/9/2001 a renforcé les mesures à prendre en fonction du diagnostic obtenu afin de réduire l'exposition des occupants.

Un constat mentionnant la présence ou le cas échéant, l'absence de matériaux ou produits contenant de l'amiante doit être annexé à toute promesse unilatérale de vente ou d'achat et à tout contrat réalisant ou constatant la vente de certains immeubles bâtis. Sa durée de validité est illimitée. Cette obligation s'impose aux propriétaires de maisons individuelles depuis le 1/9/2002. En revanche, ces derniers ne sont pas tenus de faire rechercher l'amiante s'ils ne vendent pas leur bien, contrairement à ce qui prévaut en matière de copropriété.

À NOTER

Pour éviter toute difficulté, il est préférable de faire mentionner dans l'avant-contrat (promesse ou compromis de vente) les conséquences de la présence d'amiante, de termites ou de plomb et notamment la partie qui aura la charge des travaux et la façon dont en sera réparti le coût. Il est également possible d'ajouter une condition suspensive stipulant qu'en présence d'un de ces éléments, la vente n'aura pas lieu. Toutes ces questions doivent être abordées avec le notaire au moment de la rédaction de l'avant-contrat, étant rappelé que, même si cela n'est pas obligatoire, il est toujours préférable de passer par un notaire pour signer ce type d'acte.

En l'absence du constat relatif à l'amiante, le vendeur ne peut s'exonérer de la garantie des vices cachés constitués par la présence d'amiante (Code de la santé publique, Art. L. 1334-7).

À NOTER

Si le vendeur fournit de bonne foi un diagnostic erroné à l'acquéreur, ce dernier doit se retourner contre l'entreprise qui a effectué le diagnostic, et non pas contre le vendeur. C'est ce qui a été jugé par la Cour de cassation à propos d'un diagnostic faisant état, à tort, de l'absence d'amiante dans une maison qui en réalité en contenait une importante quantité (Cour de cassation, 3e chambre civile, 23/9/2009).

Information sur l'installation intérieure de gaz

En cas de vente de tout ou partie d'un immeuble à usage d'habitation comportant une installation intérieure de gaz réalisée depuis plus de 15 ans, un état de cette installation en vue d'évaluer les riques pouvant compromettre la sécurité des personnes doit être produit par le vendeur depuis le 1/11/2007 (*Code de la construction, Art. L. 134-6*). Cet état, qui doit être établi depuis moins de 3 ans, doit être réalisé dans les parties privatives des locaux à usage d'habitation et leurs dépendances. Il doit décrire :

– l'état des appareils fixes de chauffage et de production d'eau chaude sanitaire ou mettant en œuvre un moteur thermique, alimentés par le gaz ;

– l'état des tuyauteries fixes d'alimentation en gaz et leurs accessoires ;

– l'aménagement des locaux où fonctionnent les appareils à gaz, permettant l'aération de ces locaux et l'évacuation des produits de combustion.

Information sur l'installation intérieure d'électricité

En cas de vente de tout ou partie d'un immeuble à usage d'habitation, un état de l'installation intérieure d'électricité, lorsque cette installation a été réalisée depuis plus de 15 ans, est produit en vue d'évaluer les risques pouvant porter atteinte à la sécurité des personnes, dans les conditions et selon les modalités prévues aux articles L. 271-4 à L. 271-6 du Code de la construction et de l'habitation (*Code de la construction et de l'habitation, Art. L. 134-7*).

Cette obligation, qui concerne les parties privatives des locaux à usage d'habitation et leurs dépendances, s'impose depuis le 1/1/2009, dans les conditions fixées par le décret n° 2008-384 du 22/4/2008. Cet état de l'installation intérieure d'électricité doit être réalisé par un technicien qualifié.

En l'absence de ce document lors de la signature de l'acte authentique, le vendeur ne peut s'exonérer de la garantie des vices cachés correspondante (→ index, *Garantie des vices cachés*).

À NOTER

Au terme du décret du 22/4/2008, deux documents peuvent tenir lieu d'état de l'installation intérieure d'électricité :

– une attestation de conformité aux règles techniques et de sécurité effectuée par un organisme agréé par le ministre chargé de l'énergie ;

– un diagnostic, réalisé avant le 1/1/2009, dans le cadre d'opérations organisées par des distributeurs d'électricité.

Pour être assimilés à l'état de l'installation intérieure d'électricité, l'un ou l'autre de ces documents doit avoir été établi depuis moins de 3 ans à la date à laquelle cet état doit être produit.

Diagnostic de performance énergétique

Depuis le 1/11/2006, le propriétaire doit tenir le diagnostic de performance énergétique (DPE) à la disposition de tout candidat acquéreur qui en fait la demande, lorsque la vente porte sur un logement existant. Pour les constructions neuves, sont concernées celles dont le permis de construire est postérieur au 30/6/2007. En cas de vente d'immeuble à construire (vente sur plans), le DPE doit être remis à l'acheteur au plus tard à la réception du logement.

Ce diagnostic, réalisé par des professionnels, permet d'identifier les consommations prévisionnelles d'énergie des logements mis en vente. Il doit être établi depuis moins de 10 ans et joint à toute promesse de vente, ou à défaut à l'acte authentique de vente. Si la promesse a été passée avant le 1/11/2006, le DPE doit être joint à l'acte authentique.

Ce diagnostic n'a qu'une valeur informative ce qui signifie que l'acquéreur ne peut pas se retourner contre le vendeur si les informations qu'il contient sont fausses. Par ailleurs, le législateur n'a prévu aucune sanction dans ce cas.

À NOTER

Le coût de l'établissement des différents constats et diagnostics techniques n'est pas réglementé. Il peut donc varier d'un prestataire à l'autre. Il ne faut donc pas hésiter à se renseigner (notamment auprès d'un notaire), à demander des devis et à faire jouer la concurrence entre les différents prestataires contactés.

Information relative à la sécurité de l'immeuble

Les acquéreurs de biens immobiliers situés dans des zones couvertes par un plan de prévention des risques technologiques ou par un plan de prévention des risques naturels prévisibles ou dans des zones de sismicité définies par décret doivent être informés par le vendeur de l'existence des risques visés par ce plan ou ce décret. Un état des risques, datant de moins de

6 mois, fondé sur les informations mises à disposition par le préfet est annexé à toute promesse unilatérale de vente ou d'achat et à tout contrat réalisant ou constatant la vente ; cet état des risques doit être établi par le vendeur (en pratique par son notaire) conformément à un modèle défini par arrêté ministériel. Le préfet doit, par arrêté préfectoral, fixer la liste des communes dans lesquelles ces dispositions sont applicables ainsi que, pour chaque commune concernée, la liste des risques et des documents à prendre en compte (*Code de l'environnement, Art. L. 125-5-I*).

Afin que les vendeurs d'immeubles puissent être au courant de leur obligation d'information, le préfet doit adresser une copie de l'arrêté visé ci-dessus aux maires des communes intéressées (à charge pour eux de l'afficher en mairie) et à la chambre départementale des notaires. Concrètement, c'est au notaire du vendeur de faire en sorte que l'obligation d'information qui, le cas échéant, pèse sur son client, soit correctement remplie.

Par ailleurs, lorsqu'un immeuble bâti a subi un sinistre ayant donné lieu au versement d'une indemnité en application de l'article L. 125-2 ou de l'article L. 128-2 du Code des assurances (catastrophes naturelles ou technologiques), le vendeur doit informer par écrit l'acquéreur de tout sinistre survenu pendant la période où il a été propriétaire de l'immeuble ou dont il a été lui-même informé en application des présentes dispositions. En cas de vente de l'immeuble, cette information est mentionnée dans l'acte authentique constatant la réalisation de la vente.

En cas de non-respect par le vendeur des obligations d'information visées ci-dessus, l'acquéreur peut poursuivre la résolution du contrat ou demander au juge une diminution du prix (*Code de l'environnement, Art. L. 125-5-V*).

À NOTER

Les états et diagnostics relatifs à la sécurité et à la salubrité du logement sont regroupés, depuis le 1/11/2007, dans un « dossier de diagnostic technique » annexé à la promesse de vente ou, à défaut de promesse de vente, à l'acte authentique de vente (→ index, Dossier de diagnostic technique).

Durée de validité

Par rapport à la date de la promesse de vente ou à la date de l'acte authentique de vente de tout ou partie d'un immeuble bâti, les documents suivants doivent avoir été établis depuis :

- moins d'1 an pour le constat de risque d'exposition au plomb (voir toutefois ci-dessous) ;
- moins de 6 mois pour l'état du bâtiment relatif à la présence de termites ;
- moins de 3 ans pour l'état de l'installation intérieure de gaz ;
- moins de 3 ans pour l'état de l'installation intérieure d'électricité ;
- moins de 10 ans pour le diagnostic de performance énergétique (*Décret n° 2006-1653 du 21/12/2006*).

Si l'un de ces documents produits lors de la signature de la promesse de vente n'est plus en cours de validité à la date de la signature de l'acte authentique de vente, il est remplacé par un nouveau document pour être annexé à l'acte authentique de vente.

Si le constat relatif au plomb établit l'absence de revêtements contenant du plomb ou la présence de revêtements contenant du plomb à des concentrations inférieures aux seuils définis par arrêté des ministres chargés de la santé et de la construction, il n'y a pas lieu de faire établir un nouveau constat à chaque mutation, le constat initial étant joint au dossier de diagnostic technique (→ index, *Dossier de diagnostic technique*).

Quelles sont les obligations de l'acquéreur ?

L'obligation principale de l'acheteur est de payer le prix au jour et selon les modalités prévues par l'acte de vente (*Code civil, Art. 1650*). Dans la majorité des situations, le prix est payé comptant lors de la signature de l'acte de vente chez le notaire. Et il s'agit là, évidemment, de la solution la plus protectrice des intérêts de l'acheteur.

Si l'acheteur ne remplit pas cette obligation essentielle, le vendeur peut obtenir le paiement du prix par décision de justice ou il peut demander la résolution judiciaire de la vente.

À NOTER

Les parties peuvent également convenir d'un paiement du prix à terme : l'acquéreur s'engage alors, dans un délai fixé par l'acte de vente, à payer le prix, ce paiement à terme pouvant s'appliquer à la totalité ou à une partie du prix seulement. Le défaut de paiement dans les délais convenus peut donner lieu soit à l'annulation de la vente, et le bien revient dans le patrimoine du vendeur, soit à la revente du logement sur saisie, le vendeur récupérant alors les sommes qui lui sont dues.

Exemples de vices cachés

Les tribunaux ont admis que constituent un vice caché :
- l'instabilité et l'humidité excessive d'un terrain qui nécessitent des travaux confortatifs inhabituels pour que soit édifiée une construction (*Cour de cassation, 3e chambre civile, 17/1/1990*) ;
- l'implantation de chalets dans l'axe d'un couloir d'avalanche (*Cour de cassation, 3e chambre civile, 24/2/1988*) ;
- la présence de termites dans l'immeuble (*Cour de cassation, Chambre civile, 16/11/1988*) ;
- des fissures rebouchées, mais réapparues après la vente de la maison, et résultant de l'insuffisance des fondations et de l'instabilité du sol (*Cour de cassation, 3e chambre civile, 19/11/1980*) ;
- l'absence de vide sanitaire rendant l'immeuble impropre à l'habitation, en raison de l'humidité (*Cour de cassation, Chambre civile, 7/2/1973*) ;
- le fait, pour un logement, d'être soumis à la loi du 1/9/1948, alors qu'il avait été présenté à l'acquéreur comme échappant à l'application de cette loi (*Cour d'appel, Paris, 30/6/1986*) ;
- le fait, pour un terrain, vendu comme terrain à bâtir, de se révéler inconstructible en raison de l'annulation du plan d'occupation des sols (POS) sur lequel cette constructibilité était fondée (*Cour de cassation, Chambre civile, 9/5/2001*) ;
- des fondations défectueuses (*Cour de cassation, Chambre civile, 31/1/1966*) ;
- le bruit assourdissant provenant des chaudières de l'immeuble (*Cour de cassation, Chambre civile, 6/10/2004*).

DISPOSITIONS SPÉCIFIQUES EN CAS DE VENTE D'UN LOT DE COPROPRIÉTÉ

Afin de limiter les risques de litiges entre acquéreur et vendeur, le décret n° 2004-479 du 27/5/2004 modifiant en cela le décret du 17/3/1967 relatif à la copropriété, cherche à clarifier les rapports entre vendeurs et acquéreurs à l'occasion de la cession d'un lot de copropriété (logement, cave, parking...). Les principales mesures sont les suivantes :

✓ Communication du carnet d'entretien de l'immeuble : lorsque le candidat à l'acquisition d'un lot le demande, le propriétaire cédant est tenu de porter à sa connaissance le carnet d'entretien de l'immeuble ainsi que le diagnostic technique. Cette disposition est applicable depuis l'entrée en vigueur du décret du 27/5/2004.

✓ Information du notaire : avant l'établissement de l'acte de vente, le syndic doit adresser au notaire chargé de recevoir l'acte, à la demande de ce dernier ou à celle du copropriétaire qui transfère tout ou partie de ses droits sur le lot de copropriété, un état daté comportant trois parties :
- dans la 1re partie, le syndic indique, d'une manière même approximative et sous réserve de l'apurement des comptes, les sommes pouvant rester dues, pour le lot considéré, au syndicat par le copropriétaire cédant ;
- dans la 2e partie, le syndic indique, d'une manière même approximative et sous réserve de l'apurement des comptes, les sommes dont le syndicat pourrait être débiteur, pour le lot considéré, à l'égard du copropriétaire cédant ;
- dans la 3e partie, le syndic indique les sommes qui devraient incomber au nouveau copropriétaire, pour le lot considéré.
Cette disposition est applicable depuis le 1/9/2004.

✓ Répartition des dépenses entre les parties : à l'occasion de la mutation à titre onéreux d'un lot :
- le paiement de la provision exigible du budget prévisionnel incombe au vendeur ;
- le paiement des provisions des dépenses non comprises dans le budget prévisionnel incombe à celui, vendeur ou acquéreur, qui est copropriétaire au moment de l'exigibilité de ces provisions ;
- le trop ou moins perçu sur provisions, révélé par l'approbation des comptes, est porté au crédit ou au débit du compte de celui qui est copropriétaire lors de l'approbation des comptes.
L'acheteur et le vendeur peuvent convenir d'une autre répartition des dépenses que celle visée ci-dessus, mais cette répartition n'aura d'effet qu'entre eux ; elle ne sera donc pas opposable à la copropriété, qui pourra, par l'intermédiaire du syndic, demander l'application des règles fixées par le décret.
Cette disposition est applicable depuis le 1/9/2004.

Cas pratiques

Acheter et vendre un logement

Agent immobilier - mandats non-exclusifs donnés à plusieurs agences

Je me suis adressée à une agence pour la vente de mon terrain. Puis j'ai confié le même mandat à une autre agence. Les mandats étaient non exclusifs, valables 3 mois renouvelables. La première agence a fait visiter le terrain à un particulier, lequel a fini par se porter acquéreur mais par l'intermédiaire de la seconde agence. La première me réclame sa commission. Quelle agence dois-je régler ?

Quand deux agences ont reçu chacune un mandat non exclusif de vente, la commission est due à celle qui a définitivement conclu l'affaire même si l'acquéreur a été précédemment présenté par l'autre agence. C'est ce qui ressort de la jurisprudence de la Cour de cassation. Pour cette juridiction, en effet, peu importe l'agence qui a fait visiter la première le bien à vendre. Le critère à retenir pour le paiement de la commission est de savoir quelle est l'agence qui a finalement conclu l'affaire. C'est ce qui a été jugé récemment dans une affaire où la commission est revenue intégralement à la seconde agence (*Cour de cassation, 1re chambre civile, 9/7/2002*).

Délai de réflexion ou de rétractation - achat d'un garage

Je voudrais savoir si l'achat d'un garage ouvre droit au délai de réflexion ou de rétractation de 7 jours de l'article L. 271-1 du Code de la construction et de l'habitation ?

Le ministre du Logement a apporté une réponse à votre question en considérant que l'acquéreur d'un garage, local annexe à un immeuble d'habitation, ne bénéficiait pas de la protection de l'article L. 271-1 du Code de la construction et de l'habitation. La vente d'une dépendance isolée n'entre pas dans le champ d'application de cet article (*Réponse ministérielle, JOAN du 3/11/2003*).

Notaire - obligation d'information

J'envisage d'acheter un appartement dans une copropriété où les parties communes me paraissent en très mauvais état. La loi impose-t-elle au notaire de m'informer des décisions d'assemblée générale au cours desquelles des appels de fonds concernant des travaux auraient pu être votés ?

C'est par le syndic de la copropriété que le notaire pourra obtenir les renseignements que vous désirez.

Depuis le décret n° 2004-479 du 27/5/2004 modifiant le décret du 17/3/1967, le syndic a en effet l'obligation de fournir au notaire un état financier daté récapitulant :

- les sommes pouvant rester dues par le vendeur pour son lot à la copropriété (provisions exigibles à sa charge),
- les sommes éventuellement dues par la copropriété au vendeur,

• et surtout, les sommes qui devraient vous incomber en tant que nouveau copropriétaire.

Ces indications doivent vous permettre de connaître les provisions qui vous seront réclamées pour les charges courantes mais aussi les provisions non encore exigibles dans les dépenses non comprises dans le budget prévisionnel (comme les travaux de rénovation des parties communes notamment). Pour information, le syndic doit également indiquer la somme correspondant, pour les deux exercices précédents, à la quote-part du lot dans le budget prévisionnel et dans le total des dépenses hors budget prévisionnel.

Superficie du logement

J'envisage de vendre plusieurs lots de copropriété (chambres de bonne) réunis en un seul appartement. Or chaque chambre de bonne mesure moins de 8 m². Dois-je néanmoins indiquer la superficie des lots vendus (loi Carrez) ?

La Cour de cassation a précisé la loi. Il est vrai que lorsque la vente porte sur un lot d'une superficie inférieure à 8 m² le vendeur n'est pas tenu de faire établir un état de la surface du lot concerné. Mais quand la vente porte sur un appartement composé de plusieurs petits lots réunis, il faut considérer la superficie totale obtenue. Dès lors que cette superficie est supérieure à 8 m², le vendeur doit se conformer aux obligations de la loi Carrez et indiquer dans la promesse de vente la superficie vendue (*Cour de cassation, 3e chambre civile, 13/4/2005*).

Diagnostic amiante

Lorsque j'ai acheté ma maison, le constat qui était joint à l'acte certifiait l'absence d'amiante. Or, après avoir emménagé, je me suis aperçu qu'un faux plafond contenait de l'amiante. Le vendeur est-il responsable ? À qui puis-je demander une indemnité et le paiement des frais de désamiantage ?

Généralement, il existe une clause dans les actes de vente qui exonère le vendeur particulier de la garantie des vices cachés à condition, bien sûr, d'être de bonne foi et de ne pas connaître l'existence du vice. Si votre vendeur n'était pas au courant de la présence d'amiante dans ce faux plafond, vous ne pouvez pas engager sa responsabilité ni lui demander une indemnité. Il n'est pas tenu d'assurer l'absence d'amiante ni la sécurité des locaux qu'il vend. Sa seule obligation est de faire établir par un professionnel (muni d'une attestation de compétence) les constats obligatoires (*Cour de cassation, 3e chambre civile, 23/9/2009*).

En revanche, la responsabilité du professionnel peut être mise en cause. Vous pourrez demander le paiement du coût de désamiantage ainsi qu'une indemnité en réparation de votre trouble de jouissance et du préjudice moral que vous avez subi.

L'accession à la propriété

Rémunération du notaire

Lors d'une négociation, comme intermédiaire :

BARÈME NATIONAL	
Tranche de prix	**Pourcentage**
0 à 45 735 €	5 %
Au-delà de 45 735 €	2,5 %

Exemple : si le prix de vente du logement est de 100 000 €, les émoluments du notaire seront de :
– 5 % jusqu'à 45 735 €, soit 2 286,70 € ;
– plus 2,5 % sur 54 265 € (100 000 – 45 735, soit 1 356,63 €.
Soit un total de 3 643,38 € auquel il conviendra d'ajouter la TVA au taux de 19,6 %.

Lors d'une vente :

BARÈME NATIONAL	
Tranche de prix	**Pourcentage**
Jusqu'à 6 500 €	4 %
Au-delà de 6 500 € jusqu'à 17 000 €	1,65 %
Au-delà de 17 000 € jusqu'à 30 000 €	1,10 %
Au-delà de 30 000 €	0,825 %

Au résultat ainsi obtenu, il convient d'ajouter une TVA au taux de 19,6 %.
Exemple : pour un achat portant sur un logement d'une valeur de 120 000 €, les émoluments du notaire seront de :
– 4 % jusqu'à 6 500 €, soit 260 € ;
– 1,65 % de 6 500 à 17 000 €, soit 173,25 € ;
– 1,10 % de 17 000 à 30 000 €, soit 143 € ;
– 0,825 % de 30 000 à 120 000 €, soit 742,50 €.
Soit un total de 1 318,75 € HT, soit 1 577,22 € TTC.

Financement et aides au logement

Les préalables au financement

La protection de l'emprunteur
Les garanties et assurances
Les modalités de remboursement des prêts

Le financement de l'acquisition

Les prêts d'épargne logement
Le prêt à 0 %
Le prêt conventionné
Le prêt d'accession sociale
Les prêts complémentaires

Les aides au logement

L'aide personnalisée au logement
Les allocations de logement

Le financement de l'amélioration de l'habitat

Les subventions de l'ANAH

Les préalables au financement

L'achat ou la construction d'un logement nécessite, sauf rares exceptions, de recourir au crédit. Celui-ci portera souvent sur plusieurs dizaines, voire centaines de milliers d'euros et engagera l'accédant pour des durées pouvant aller jusqu'à 15 ou 20 ans, voire plus. Ces raisons et bien d'autres expliquent le dispositif juridique qui entoure la conclusion d'un contrat de prêt immobilier, qu'il s'agisse de protéger l'emprunteur, en lui laissant le temps de la réflexion et en lui permettant de bénéficier d'assurances en cas de « coup dur », ou de protéger le prêteur en lui assurant certaines garanties pour le cas où l'emprunteur deviendrait insolvable.

La protection de l'emprunteur

La recherche d'un bon financement est un élément déterminant dans un projet d'acquisition ou de construction. Mais le prêt le plus avantageux ne compensera jamais le regret d'avoir acquis une maison ou un appartement mal situé, bruyant, entouré de nuisances ; d'où la nécessité de permettre à l'emprunteur immobilier de s'engager en toute connaissance de cause, après avoir pris le temps de réfléchir à la portée de son engagement.

Qui est concerné ?

Tous les particuliers qui achètent ou font construire un logement, réalisent des travaux, acquièrent des terrains en vue de la construction et qui, pour cela, demandent un prêt, sont concernés par les dispositions relatives à la protection des emprunteurs immobiliers.

Quant aux prêts, peu importent leur qualification (aidés, libres...), leur technique de remboursement, leur forme (authentique ou non) ; peu importe également qu'il s'agisse de prêts hypothécaires ou non, privés, réglementés ou aidés.

À NOTER

Les dispositions sur la protection de l'emprunteur immobilier ne s'appliquent pas aux prêts destinés à financer des dépenses de construction, de réparation, d'amélioration ou d'entretien d'un montant inférieur à 21 500 € (Code de la consommation, Art. L. 312-2). La loi portant réforme du crédit à la consommation prévoit de porter ce montant à 75 000 €. Dans ce cas, ce sont les dispositions relatives au crédit à la consommation qui s'appliquent (→ index, Crédit à la consommation).

Comment s'organise l'information de l'emprunteur ?

Afin d'attirer la clientèle, les établissements financiers ont recours à des documents publicitaires ou à des documents d'information : brochures, dépliants, rédactionnels de presse, etc. Le contenu de ces documents fait l'objet d'une réglementation, au même titre que l'offre proprement dite qui sera adressée à l'emprunteur.

› Quel est le contenu obligatoire des documents publicitaires ?

La loi est formelle : la publicité pour un prêt immobilier, quelle que soit la forme qu'elle revêt, doit comporter des indications précises (*Code de la consommation, Art. L. 312-4 et s.*).

D'abord, bien évidemment, le nom du prêteur doit apparaître clairement. Cette obligation n'est pas anodine car, de plus en plus souvent, il est courant de lire dans des annonces publicitaires : « Devenez propriétaire au taux de 5 % avec la Société de promotion... », le nom de la banque apparaissant plus loin et d'une façon peu lisible.

De même, doivent figurer la nature (prêt à taux fixe ou révisable, prêt hypothécaire ou non, prêt conventionné...) et l'objet du prêt (acquisition, construction...).

La durée du prêt doit être mentionnée, mais surtout le coût total (en général la somme des intérêts à payer), ce qui permet une véritable comparaison, ainsi que, à l'exclusion de tout autre taux, le taux effectif global annuel (TEG) si la publicité comporte un élément chiffré (le taux en général).

À NOTER

Le TEG doit être plus élevé que le taux annoncé (ou taux nominal du prêt), car il doit inclure les frais de dossier et les assurances. Il faut donc se méfier d'une offre publicitaire où le TEG est égal au taux nominal du prêt : cela signifie que la banque ne prélève pas de frais de dossier, ce qui est possible, ni de cotisations d'assurance décès-invalidité, ce qui est beaucoup plus gênant, aussi bien pour la banque que pour le client pour le cas où le risque de décès-invalidité se réalise.

ATTENTION ⚠

Ne vous laissez pas abuser par les publicités qui assimilent le remboursement d'un prêt à des paiements de loyer, ni par celles qui intègrent des versements d'aide personnalisée au logement ou d'allocation logement dans la réalisation de votre projet. On continue à voir de telles insertions alors que la loi l'interdit explicitement.

› Quelles sont les règles relatives à l'offre de prêt ?

L'offre de prêt est le document qui vous permet de prendre connaissance des conditions du prêt que vous propose la banque. Il s'agit donc d'un bon élément de comparaison par rapport à d'éventuelles autres offres.

C'est pourquoi la loi oblige le prêteur à y mentionner des éléments prépondérants et laisse à l'emprunteur un délai de réflexion qui ne peut être inférieur à 10 jours (*Code de la consommation, Art. L. 312-10*).

Quelle forme doit revêtir l'offre de prêt ?

L'organisme prêteur doit vous adresser gratuitement une offre de prêt par voie postale, ceci afin d'éviter ce qui se faisait parfois : remise et acceptation de l'offre le même jour, sous prétexte de gagner du temps. Mais dans le cas d'un prêt immobilier, il ne faut jamais oublier que « prendre son temps, c'est peut-être gagner de l'argent ».

Quel est le contenu de l'offre ?

L'offre de prêt doit contenir des indications obligatoires : en effet, si la publicité peut comporter quelques « oublis », l'offre de prêt des établissements prêteurs, rédigée par des juristes expérimentés, doit être très respectueuse des mentions légales.

Aussi, voici ce que vous devez obligatoirement y trouver :

– l'identité des parties et éventuellement des cautions (c'est-à-dire que par rapport à une simple publicité, le document est personnalisé) ;

– la nature, l'objet du prêt et ses modalités. Vous saurez précisément s'il s'agit d'un prêt à taux fixe ou révisable, vous connaîtrez les modalités de versement des fonds, les indemnités en cas de remboursement anticipé, les possibilités d'éventuel transfert de prêt ;

– l'évaluation des frais : frais de dossier, assurances, sûretés, frais d'études dus au prêteur en cas de non-réalisation de l'opération ;

– bien évidemment, le montant du prêt susceptible de vous être proposé ainsi que le coût total et le taux effectif global ;

– pour les offres de prêts dont le taux d'intérêt est fixe, un échéancier des amortissements détaillant pour chaque échéance la répartition du remboursement entre le capital et les intérêts ;

– pour les offres de prêts dont le taux d'intérêt est variable, une notice présentant les conditions et modalités de variation du taux d'intérêt et un document d'information contenant une simulation de l'impact d'une variation de ce taux sur les mensualités, la durée du prêt et le coût total du crédit. Cette simulation ne constitue pas un engagement du prêteur à l'égard de l'emprunteur quant à l'évolution effective des taux d'intérêt pendant le prêt et à son impact sur les mensualités, la durée du prêt et le coût total du crédit. Le document d'information mentionne le caractère indicatif de la simulation et l'absence de responsabilité du prêteur quant à l'évolution effective des taux d'intérêt pendant le prêt et à son impact sur les mensualités, la durée du prêt et le coût total du crédit. Cette disposition, visant à assurer une meilleure information de l'emprunteur, est applicable aux offres de prêt émises depuis le 1/10/2008 ;

– sauf si le prêteur exerce, dans les conditions visées ci-dessous, son droit d'exiger l'adhésion à un contrat d'assurance collective qu'il a souscrit, mention que vous pouvez souscrire, en votre qualité d'emprunteur, auprès de l'assureur de votre choix une assurance équivalente à celle qui vous est proposée par le prêteur. Cette disposition est applicable aux offres de prêt émises depuis le 1/10/2008 ; toutefois, la loi portant réforme du crédit à la consommation prévoit que l'offre de prêt devra simplement mentionner que l'emprunteur peut souscrire auprès de l'assureur de son choix une assurance dans les conditions fixées à l'article L. 312-9 du Code de la consommation. Concrètement, l'emprunteur pourra choisir librement son « assurance emprunteur » à condition qu'elle présente des garanties équivalentes à celles proposées par l'assurance de la banque (voir ci-dessous). Les dispositions actuellement en vigueur qui autorisent les banques, à l'occasion d'une demande de crédit immobilier, à imposer au consommateur d'adhérer au contrat d'assurance emprunteur qu'elles commercialisent, n'auront donc plus cours (entrée en vigueur en septembre 2010) ;

– la durée de validité de cette offre de prêt, qui ne peut être inférieure à 30 jours (*Code de la consommation, Art. L. 312-8*).

Jusqu'à l'entrée en vigueur de la loi portant réforme du crédit, lorsque le prêteur vous offre, ou exige de vous, l'adhésion à un contrat d'assurance collective (invalidité-décès, perte d'emploi...) qu'il a souscrit en vue de garantir en cas de survenance d'un des risques que ce contrat définit, soit le remboursement total ou partiel du montant du prêt restant dû, soit le paiement de tout ou partie des échéances du prêt, les dispositions suivantes sont obligatoirement appliquées :

– au contrat de prêt est annexée une notice énumérant les risques garantis et précisant toutes les modalités de la mise en jeu de l'assurance ;

– toute modification apportée ultérieurement à la définition des risques garantis ou aux modalités de la mise en jeu de l'assurance vous sera inopposable si vous n'avez pas donné votre acceptation ;

– lorsque l'assureur a subordonné sa garantie à l'agrément de la personne de l'assuré et que cet agrément n'est pas donné, le contrat de prêt est résolu de plein droit à la demande de l'emprunteur sans frais ni pénalité d'aucune sorte. Cette demande doit être présentée dans le délai d'un mois à compter de la notification du refus de l'agrément (*Code de la consommation, Art. L. 312-9*).

À partir de septembre 2010, l'établissement prêteur pourra simplement proposer à l'emprunteur (et non plus exiger de lui) l'adhésion à un contrat d'assurance de groupe. Dans ce cas, outre les dispositions déjà en vigueur (voir plus haut), les règles suivantes s'appliqueront :

– le prêteur ne pourra pas refuser en garantie un autre contrat d'assurance dès lors que ce contrat présentera un niveau de garantie équivalent au contrat d'assurance de groupe qu'il propose. Toute décision de refus devra être motivée ;

– le prêteur ne pourra pas modifier les conditions de taux du prêt prévues dans l'offre de prêt, que celui-ci soit fixe ou variable, en contrepartie de son acceptation en garantie d'un contrat d'assurance autre que le contrat d'assurance de groupe qu'il propose ;

– l'assureur sera tenu d'informer le prêteur du non-paiement par l'emprunteur de sa prime d'assurance ou de toute modification substantielle du contrat d'assurance.

À NOTER

La personne qui se porte garante pour une autre s'appelle la caution ; et l'acte qu'elle effectue s'appelle le cautionnement. Le fait de se porter caution n'est pas une simple formalité que vous effectuez à titre familial, amical ou affectueux : l'acte vous engage totalement en cas de défaillance de l'emprunteur principal. Aussi est-il préférable de bien mesurer la portée de son engagement avant d'accepter cette responsabilité. Pour être valable, l'engagement de caution doit, de toute façon, respecter certaines formes ***(voir Modèle n° 31)****.*

AVANTAGE

Les banques ont signé des accords avec les compagnies d'assurances pour proposer des contrats d'assurance décès-invalidité ou perte d'emploi à des conditions préférentielles. Prenez le temps de lire ces notices et, au besoin, faites-vous expliquer certains points ou demandez une brochure publicitaire résumant les points essentiels de ces contrats.

À quels délais l'offre est-elle soumise ?

Le prêteur doit en effet maintenir les conditions proposées pendant une durée minimale de 30 jours à compter de votre réception de l'offre.

Cette offre est soumise à votre acceptation et, éventuellement, à celle de la ou des cautions, mais vous (et vos cautions éventuelles) ne pouvez accepter l'offre que 10 jours après l'avoir reçue. Votre acceptation doit être donnée par écrit et expédiée par courrier, le cachet de la poste faisant foi (*Code de la consommation, Art. L. 312-10*).

À NOTER

Lorsque les conditions d'un prêt dont le taux d'intérêt est fixe (notamment son montant ou son taux) sont modifiées, une nouvelle offre préalable incluant ces modifications doit vous être remise. Cette formalité n'est pas exigée pour les prêts à taux variable, dès lors que vous a été remise, avec l'offre préalable, une notice présentant les conditions et modalités de variation des taux (Code de la consommation, Art. L. 312-8).

› Quelles sont les dispositions spécifiques à l'hypothèque rechargeable ?

L'ordonnance n° 2006-346 du 23/3/2006 relative aux sûretés introduit dans le droit français l'hypothèque rechargeable. Celle-ci est destinée à permettre à un débiteur d'utiliser la même hypothèque pour garantir plusieurs crédits successifs (auprès du même créancier ou d'un autre), dans la limite du montant maximal prévu lors de l'hypothèque initiale. Elle ne peut pas jouer lorsque le crédit immobilier est garanti par un privilège de prêteur de deniers (→ index, *Privilège, crédit immobilier*).

Lorsqu'un tel crédit doit être mis en place, un document intitulé « situation hypothécaire », dont un exemplaire est remis à l'emprunteur dans les mêmes conditions que le contrat de crédit lui-même, doit être annexé à l'offre préalable de crédit. Ce document comporte :

– la mention de la durée de l'inscription hypothécaire ;

– l'identification du bien immobilier, objet de la garantie, et sa valeur estimée à la date de la convention constitutive d'hypothèque ;

– le montant maximal garanti prévu par la convention constitutive d'hypothèque ;

– le montant de l'emprunt initial souscrit ;

– le cas échéant, le montant du ou des emprunts ultérieurement souscrits ;

– une évaluation par le prêteur du coût du rechargement de l'hypothèque garantissant le ou les nouveaux crédits ;

– une évaluation par le prêteur du coût total de l'hypothèque ;

– la mention que, sans préjudice des dispositions des articles L. 312-22 et L. 312-23 du Code de la consommation relatives à la défaillance de l'emprunteur, cette défaillance peut entraîner la vente du bien hypothéqué selon les dispositions des articles 2464 et suivants du Code civil.

Les dispositions relatives à l'hypothèque rechargeable peuvent s'appliquer à la dernière hypothèque inscrite antérieurement au 24/3/2006 (date de publication de l'ordonnance du 23/3/2006), dès lors qu'un avenant rédigé devant notaire, et publié, prévoit que l'hypothèque peut être affectée à la garantie d'autres créances. Cet avenant est toutefois inopposable aux créanciers qui ont inscrit une hypothèque avant le 24/3/2006, et à ceux qui ont procédé à une inscription entre cette date et celle de l'inscription de l'avenant.

À NOTER

Le fait pour l'établissement prêteur d'accorder un prêt garanti par une hypothèque rechargeable sans saisir l'emprunteur d'une offre préalable de crédit accompagnée d'un document répondant aux conditions fixées ci-dessus est puni d'une amende de 3 750 €. En outre, le prêteur sera déchu du droit aux intérêts et l'emprunteur ne sera tenu qu'au seul remboursement du capital suivant l'échéancier prévu. Les sommes perçues au titre des intérêts sont restituées par le prêteur ou imputées sur le capital restant dû ; elles sont productives d'intérêt au taux légal du jour de leur versement (Code de la consommation, Art. L. 313-14-2).

Qu'est-ce que l'interdépendance des contrats ?

L'une des protections importantes du consommateur repose sur la notion d'interdépendance des contrats. Concrètement, cela signifie que dans une opération immobilière, tout est lié.

Ainsi :

– l'opération immobilière est conclue sous la condition suspensive de l'obtention du ou des prêts demandés (*Code de la consommation, Art. L. 312-16*). La condition suspensive veut dire que si vous n'obtenez pas le prêt immobilier, vous êtes désengagé, sans frais, de l'acte d'acquisition. Cette condition est légale et, sauf exception, elle est toujours sous-entendue dans l'acte de vente ou la promesse de vente (→ index, *Condition suspensive d'obtention d'un prêt immobilier*) ;

– le prêt est obtenu à la condition que le contrat pour lequel il est demandé (achat, construction...) se réalise dans un délai de 4 mois à compter de son acceptation (*Code de la consommation, Art. L. 312-12*). Même si vous l'avez accepté, le prêt ne devient donc définitif que si le contrat pour lequel il est demandé est conclu dans les 4 mois de cette acceptation. Si tel n'est pas le cas, le contrat de prêt est annulé et vous devrez rembourser la totalité des sommes que le prêteur vous aurait déjà effectivement versées ;

– si vous sollicitez plusieurs financements pour la même opération (prêt d'épargne logement, prêt conventionné, prêt 1 % logement...), et que vous avez pris soin d'en informer vos prêteurs, chacun des prêts ne sera conclu que si les autres sont accordés (*Code de la consommation, Art. L. 312-13*). C'est la règle de dépendance des contrats de prêts entre eux, avec une restriction toutefois : chaque prêt doit représenter au moins 10 % du total des crédits.

ATTENTION ⚠

La loi est faite pour vous protéger, mais ne l'utilisez pas pour vous dégager d'une opération immobilière qui ne vous plaît plus. Si vous refusez systématiquement toutes les offres qui vous sont faites en vue de résilier l'achat du logement qui ne vous convient plus, le vendeur pourra tenter de prouver votre mauvaise foi, notamment pour conserver l'indemnité d'immobilisation que vous lui avez déjà versée (→ index, *Indemnité d'immobilisation**).*

À NOTER

L'envoi d'une offre préalable conforme aux exigences de la loi ne dispense pas l'établissement de crédit de son devoir de conseil à l'égard de l'emprunteur, ce qui serait manifestement le cas si les charges de remboursement étaient excessives par rapport aux ressources du ménage.

Qu'est-ce que le prêt viager hypothécaire ?

Le prêt viager hypothécaire a été créé par l'ordonnance n° 2006-346 du 23/3/2006 relative aux sûretés. Il s'agit d'un contrat de prêt par lequel un établissement de crédit ou un établissement financier consent à une personne physique un prêt sous forme d'un capital ou de versements périodiques, garanti par une hypothèque constituée sur un bien immobilier de l'emprunteur à usage exclusif d'habitation et dont le remboursement - principal et intérêts - ne peut être exigé qu'au décès de l'emprunteur ou lors de l'aliénation (vente, par exemple) ou du démembrement de la propriété de l'immeuble hypothéqué s'ils surviennent avant le décès.

À NOTER

Le prêt viager hypothécaire se met en place progressivement. Le Crédit foncier de France est le premier établissement de crédit à avoir proposé ce type de prêt, sous le nom de « Foncier Réversimmo ».

Ce contrat est soumis à des règles spécifiques de publicité et de contenu, dont les modalités sont fixées par les articles L. 314-2 à L. 314-19 du Code de la consommation.

Afin d'éviter d'éventuels abus, il est prévu que le prêt viager hypothécaire ne peut faire l'objet d'aucun démarchage, c'est-à-dire d'aucune prise de contact non sollicitée, par quelque moyen que ce soit, avec une personne physique ou une personne morale déterminée, en vue d'obtenir de sa part la conclusion d'un tel prêt.

AVANTAGE

Le prêt viager hypothécaire peut notamment permettre à des personnes propriétaires d'un bien immobilier de disposer d'un capital leur permettant, par exemple, de financer des travaux d'entretien ou d'amélioration de leur résidence, ou toute autre dépense.

À NOTER

Le prêt viager hypothécaire ne peut être destiné à financer les besoins d'une activité professionnelle, sous peine de nullité.

Quelles sont les dispositions en matière de publicité ?

Toute publicité faite, reçue ou perçue en France qui, quel que soit son support, porte sur une opération de prêt viager hypothécaire doit être « loyale et informative ». À ce titre, elle doit mentionner :
– l'identité du prêteur, la nature de l'opération proposée, son coût total et le taux effectif global, à l'exclusion de tout autre taux, calculé par tranches de 5 ans, ainsi que les perceptions forfaitaires ;
– les modalités du terme de l'opération proposée.
Elle doit reproduire les deux premiers alinéas de l'article L. 314-7 du Code de la consommation (voir encadré).
Sont interdites dans toute publicité :
– la mention qu'un prêt peut être octroyé sans élément d'information permettant d'apprécier la situation financière et patrimoniale de l'emprunteur ;
– l'indication de la ressource supplémentaire qu'offre le prêt si elle n'est suivie d'une information sur les modalités du terme de l'opération telles que prévues par les articles L. 314-13 et L. 314-14 du Code de la consommation. Il faut donc que la publicité, dès lors qu'elle vante les avantages du prêt viager hypothécaire, en précise également les conséquences et notamment le fait que c'est à la succession qu'il appartiendra en principe de rembourser ce prêt, soit à l'aide de liquidités propres (auquel cas le bien immobilier sur lequel était « gagé » le prêt restera dans la succession), soit avec le produit de vente de l'immeuble.

Quelles sont les conditions de l'offre préalable ?

Une offre préalable portant sur l'opération de prêt viager hypothécaire doit être remise à l'emprunteur. Cette offre, qui doit être distincte de tout support ou document publicitaire, doit comporter les mentions suivantes :
– l'identité des parties (établissement prêteur et emprunteur ou co-emprunteurs) et la date d'acceptation de l'offre ;
– la désignation exacte du bien hypothéqué ;
– la valeur du bien hypothéqué estimée par un expert choisi par les parties et les frais afférents à l'expertise mis à la charge de l'emprunteur ;

– la nature du prêt ;
– les modalités du prêt et, notamment, les dates et les conditions de mise à disposition des fonds ;
– en cas de versements échelonnés du capital, l'échéancier des versements périodiques distinguant la part du capital de celle des intérêts accumulés sur ces sommes durant la durée prévisionnelle du prêt et permettant à l'emprunteur de connaître le moment où il aura épuisé l'actif net de son logement ;
– lorsque le capital est versé en une seule fois, un état des intérêts accumulés sur ces sommes durant la durée prévisionnelle du prêt, permettant à l'emprunteur de connaître le moment où il aura épuisé l'actif net de son logement ;
– à partir d'exemples représentatifs établis en fonction d'hypothèses relatives, notamment, à la durée du prêt, le coût global du crédit, le taux effectif global ainsi que, s'il y a lieu, les modalités de l'indexation ;
– la durée de validité de l'offre.

L'offre doit reproduire les dispositions des articles L. 314-6 à L. 314-9 et L. 314-13 du Code de la consommation.

À NOTER

La remise de l'offre oblige le prêteur à maintenir les conditions qu'elle comporte pendant une durée minimale de 30 jours à compter de son émission.

À NOTER

L'acceptation de l'offre ne peut intervenir que 10 jours après sa réception par l'emprunteur, sous peine de nullité du contrat. Elle fait alors l'objet d'un acte notarié.

Jusqu'à l'acceptation de l'offre par l'emprunteur, aucun versement sous quelque forme que ce soit ne peut être fait, au titre de l'opération en cause, par le prêteur à l'emprunteur ou pour le compte de celui-ci, ni par l'emprunteur au prêteur.

Jusqu'à cette acceptation, l'emprunteur ne peut, au même titre, faire aucun dépôt, souscrire ou avaliser aucun effet de commerce ou signer aucun chèque. Si une autorisation de prélèvement sur compte bancaire ou postal est signée par l'emprunteur, sa validité et sa prise d'effet sont subordonnées à celle du contrat de crédit.

Afin d'éviter que le bien immobilier qui sert de « support » au prêt viager hypothécaire ne perde de sa valeur, l'emprunteur doit lui apporter tous les soins d'un « bon père de famille ». Il est également prévu la possibilité d'un remboursement anticipé lorsque le débiteur a, par son fait, diminué la valeur du bien, changé son affectation ou lorsqu'il refuse au créancier l'accès de l'immeuble hypothéqué pour s'assurer de son bon état d'entretien et de conservation.

Extrait du Code de la consommation

« **Art. L. 314-7.** À peine de nullité du contrat, l'acceptation de l'offre ne peut intervenir que dix jours après sa réception par l'emprunteur. Elle fait alors l'objet d'un acte notarié.
Jusqu'à l'acceptation de l'offre par l'emprunteur, aucun versement sous quelque forme que ce soit ne peut être fait, au titre de l'opération en cause, par le prêteur à l'emprunteur ou pour le compte de celui-ci, ni par l'emprunteur au prêteur.
Jusqu'à cette acceptation, l'emprunteur ne peut, au même titre, faire aucun dépôt, souscrire ou avaliser aucun effet de commerce ou signer aucun chèque. Si une autorisation de prélèvement sur compte bancaire ou postal est signée par l'emprunteur, sa validité et sa prise d'effet sont subordonnées à celle du contrat de crédit. »

Un remboursement anticipé est-il possible ?

La personne qui a souscrit un prêt viager hypothécaire peut toujours, à son initiative, mettre un terme au contrat de prêt qui lui a été consenti en remboursant la totalité des sommes déjà versées en principal et intérêts.

Si l'emprunteur avait opté pour un versement du capital en une seule fois, il peut, à son initiative, rembourser une partie des sommes versées ; toutefois, le prêteur peut refuser un remboursement partiel inférieur à 10 % du capital versé (*Code de la consommation, Art. R. 314-1*).

Dans les cas de remboursement anticipé, le prêteur est en droit d'exiger une indemnité qui ne peut excéder un montant qui, dépendant de la durée du contrat déjà réalisée, est fixé selon les règles de l'article R. 314-2 du Code de la consommation.

Cette indemnité ne peut ainsi être supérieure à un montant correspondant aux modalités suivantes :
– lorsque le montant en capital du prêt est versé en une seule fois :

• 4 mois d'intérêts sur le capital à rembourser, au taux d'intérêt du prêt figurant dans le contrat de prêt, si la demande de remboursement par anticipation intervient entre la 1re année du rêt et la fin de la 4e année,

• 2 mois d'intérêts sur le capital à rembourser, au taux d'intérêt du prêt figurant dans le contrat de prêt, si la demande de remboursement par anticipation intervient entre la 5e année du prêt et jusqu'à la fin de la 9e année,

• 1 mois d'intérêts sur le capital à rembourser, au taux d'intérêt du prêt figurant dans le contrat de prêt, si la demande de remboursement intervient à partir de la 10e année ;

– lorsque le montant en capital du prêt est versé périodiquement :

• 5/12e des versements dus au titre de la 1re année, si la demande de remboursement par anticipation intervient entre la date du 1er versement du prêt et la fin de la 4e année,

• 3/12e de la totalité des versements effectués la 1re année, si la demande de remboursement par anticipation intervient entre la 5e année du prêt et jusqu'à la fin de la 9e année,

• 2/12e de la totalité des versements effectués la 1re année, si la demande de remboursement intervient à partir de la 10e année.

L'année de référence prévue ci-dessus correspond à une période de 12 mois à compter du versement ou du 1er versement en capital du contrat de prêt.

Si l'emprunteur a opté pour le versement périodique du capital, il peut demander une suspension ou une modification de l'échéancier des versements. Ces aménagements se font au taux conventionnel défini au contrat principal et donnent lieu à l'établissement d'un nouvel état des versements périodiques et des intérêts accumulés sur ces sommes pour la durée prévisionnelle du prêt restant à courir. La part du capital et celle des intérêts doivent apparaître de manière distincte.

Que se passe-t-il au terme du prêt ?

Lors du décès de l'emprunteur, les héritiers peuvent payer la dette plafonnée à la valeur de l'immeuble estimée au jour de l'ouverture de la succession. Il peut être procédé à cette estimation par un expert choisi d'un commun accord par le créancier et l'emprunteur ou désigné sur requête.

À défaut, le créancier hypothécaire (c'est-à-dire en principe l'établissement prêteur qui a accordé le prêt) peut :

– soit poursuivre la saisie et la vente de l'immeuble dans les conditions du droit commun, auquel cas la dette est plafonnée au prix de la vente ;

– soit se voir attribuer la propriété de l'immeuble par décision judiciaire ou en vertu d'un pacte commissoire alors même que celui-ci constituait la résidence principale de l'emprunteur.

Lorsque l'opération prend fin en raison de la vente de l'immeuble par l'emprunteur, le projet de cession doit être notifié au prêteur pour qu'en cas de désaccord sur la valeur du bien, le créancier hypothécaire puisse demander une estimation par expert.

Si la valeur de l'immeuble s'avère finalement inférieure à cette estimation, la créance du prêteur est alors plafonnée :

– soit au prix d'adjudication de l'immeuble si le créancier hypothécaire fait procéder à la saisie et à la vente du bien en vertu de son droit de suite ;

– soit à la valeur d'expertise de l'immeuble si le créancier hypothécaire demande l'attribution judiciaire du bien.

Quelles sont les sanctions applicables ?

Compte tenu des modalités particulières du prêt viager hypothécaire et des conséquences de sa conclusion, notamment sur la succession de l'emprunteur, des sanctions spécifiques sont prévues. Ainsi :

– le fait pour le prêteur d'accorder un prêt viager hypothécaire sans remettre à l'emprunteur une offre préalable conforme ou sans respecter les délais de réflexion peut entraîner la déchéance du droit aux intérêts en totalité ou dans la proportion fixée par le juge ; dans ces situations, le prêteur encourt également une amende de 3 750 €, peine également applicable à l'annonceur pour le compte duquel est diffusée une publicité non conforme aux dispositions décrites plus haut ;

– le fait pour le prêteur de ne pas restituer les sommes dues, à l'échéance du terme lorsque la dette est inférieure à la valeur de l'immeuble ou de réclamer à l'emprunteur des sommes supérieures à celles dont il est autorisé à demander le versement en cas de remboursement anticipé est puni d'une amende de 30 000 € ;

– le non-respect des dispositions interdisant le démarchage est puni de 5 ans d'emprisonnement et de 375 000 € d'amende.

Les garanties et assurances

Personne n'imagine prêter une importante somme d'argent sur une longue période à un inconnu sans s'entourer de précautions. C'est exactement ce qui se passe lorsqu'une banque accorde un crédit immobilier à un client : il lui faut des garanties pour se prémunir contre l'insolvabilité éventuelle de son client et même, dans certains cas, contre la concurrence d'autres prêteurs. De son côté l'emprunteur a tout intérêt à souscrire certaines assurances (invalidité, perte d'emploi...) pour le cas où il lui faudrait faire face à certaines situations difficiles et imprévues.

Les garanties de la banque

La banque sera amenée à vous demander soit une garantie réelle immobilière qui repose sur un immeuble – hypothèque ou privilège –, soit une garantie personnelle – caution d'une personne physique ou d'une personne morale, voire même les deux. Ce qui importe pour vous est de savoir ce que cela va vous coûter et quelles conséquences peuvent produire ces garanties.

Les hypothèques et privilèges

Il s'agit ici de garanties qui reposent sur un immeuble, au sens juridique du terme, c'est-à-dire un terrain, une maison, un logement, etc. La banque inscrira une hypothèque en cas de construction ou de travaux et un privilège en cas d'achat d'ancien.

L'hypothèque conventionnelle et le privilège de prêteur de denier (leur véritable dénomination) ont pour caractéristique commune d'être inscrits spécifiquement sur un immeuble : en cas de défaillance de l'emprunteur, c'est cet immeuble qui sera saisi en priorité par le créancier, c'est-à-dire l'établissement prêteur.

L'hypothèque est une garantie pour le prêteur de se faire payer en priorité, en cas de vente du logement garanti. Mais, contrairement à une idée reçue et au langage courant, ce n'est pas elle qui fait « vendre le logement » : seul un titre exécutoire permet de procéder à la vente judiciaire d'un logement.

Ce titre peut être délivré par un juge, qui reconnaît au créancier le droit de recouvrer les sommes prêtées en cas de défaillance du débiteur ; il peut aussi être inclus dans le contrat de prêt afin d'éviter au prêteur, en cas d'impayé, d'aller demander en justice le droit à la vente forcée du logement.

La vente judiciaire du logement sera constatée soit à la chambre des notaires, soit au tribunal de grande instance de la juridiction du lieu du logement, puis le prix de vente sera réparti entre les créanciers selon leurs garanties.

L'hypothèque et le privilège, inscrits dans un fichier immobilier par un notaire, ont une durée équivalente à celle du prêt, plus 1 an (*Ordonnance n° 2006-346 du 23/3/2006*).

Lorsque vous achetez un logement, l'une des obligations de votre notaire est de vérifier que l'hypothèque ou le privilège inscrit sur le logement contre votre vendeur est bien « éteint ». En effet, l'une des caractéristiques de ces garanties est de suivre l'immeuble, quel qu'en soit le propriétaire.

Évidemment, si la banque transfère le prêt du vendeur à votre profit, l'hypothèque ou le privilège sera également transféré.

À NOTER

L'hypothèque ou le privilège ont un coût dont il faut tenir compte lorsque l'on établit son plan de financement. Ce coût est dégressif en fonction du montant du capital emprunté. Ainsi, par exemple, pour un prêt de 60 000 €, les frais d'hypothèque s'élèvent à environ 1 500 € et ceux liés au privilège à environ 1 000 €. Pour un prêt de 120 000 €, les frais seront d'environ 2 400 € dans le premier cas et d'environ 1 400 € dans le second cas. Pour obtenir une évaluation précise de ces frais au moment où vous devrez emprunter, vous pouvez vous adresser à votre banque, à votre notaire si vous en avez un, ou plus simplement à l'ADIL de votre département. Le coût de la garantie hypothécaire peut également être évalué sur le site de l'association nationale d'information sur le logement : www.anil.org.

ATTENTION ⚠

En cas de remboursement anticipé du prêt, l'inscription de l'hypothèque ou du privilège continue de courir sur la durée initiale du prêt, plus 1 an. Il n'est pas toujours obligatoire d'effacer cette inscription, c'est-à-dire de la radier par un acte de mainlevée d'hypothèque.

Le cautionnement

Il s'agit d'un contrat par lequel une personne, appelée la caution, s'engage envers le créancier en cas de défaillance de l'emprunteur principal.

Le fait de se porter caution est un acte grave et important, quelquefois consenti à la légère, mais qui peut être lourd de conséquences. La loi a ainsi prévu des mentions manuscrites expresses des cautions afin de leur faire prendre conscience de leur engagement (*Code de la consommation, Art. L. 313-7*) **(voir Modèle n° 31)**.

En pratique, pour les crédits immobiliers, les banques n'acceptent les cautions « personnes physiques » qu'en complément d'une autre garantie, comme celle de l'hypothèque par exemple.

En effet, un cautionnement ne vaut que ce que vaut la caution « personne physique » qui s'engage : son patrimoine et ses ressources peuvent diminuer ou, dans le pire des cas - pour le créancier - elle peut disparaître purement et simplement.

C'est pourquoi les banques préfèrent le cautionnement d'une personne morale, d'une société spécialisée, ou encore celui d'une mutuelle. Dans ce cas, la société ou la mutuelle se porte garante de votre emprunt auprès du prêteur : concrètement, cela signifie que si vous n'arrivez plus à honorer vos échéances, la société ou la mutuelle le fera à votre place. Il ne s'agit évidemment pas d'une recette miracle, puisque la société ou la mutuelle se retournera ensuite contre vous pour tenter de récupérer ce qu'elle a réglé à votre créancier.

À NOTER

Un époux qui se porte caution ne peut engager que ses biens propres et ses revenus ; pour que les biens communs le soient, le cautionnement doit être contracté avec le consentement exprès de l'autre conjoint. Si le logement familial appartient en propre à l'un des conjoints, il faudra tout de même obtenir le consentement de l'autre conjoint.

À NOTER

Le cautionnement peut être hypothécaire : au lieu de s'engager sur la totalité de ses biens, la personne qui se porte caution offre en garantie un immeuble déterminé dont elle est propriétaire.

Les assurances de l'emprunteur

Si les garanties sont prises au profit de l'établissement prêteur, les assurances sont destinées avant tout à protéger l'emprunteur. Elles sont de deux ordres : l'assurance décès-invalidité, incapacité de travail et l'assurance perte d'emploi.

L'assurance décès-invalidité et incapacité de travail

En règle générale, l'adhésion à l'assurance décès-invalidité (ADI) est obligatoire avec des dérogations possibles ; elle est, en principe, exclue pour les personnes ayant dépassé un certain âge (65 ou 70 ans).

La demande d'adhésion se fait en même temps que la demande de prêt.

SI VOUS AVEZ LE CHOIX...

De plus en plus de banques acceptent les cautions données par des sociétés financières, du type « Crédit Logement ». Ces sociétés interviennent pour garantir, sous forme de caution solidaire, tout type de prêt destiné au financement du logement des particuliers. Si la banque vous laisse le choix entre caution et hypothèque, faites-vous expliquer chacun de ces mécanismes, et n'hésitez pas faire vos calculs : combien vous coûtera une inscription d'hypothèque plus son éventuelle mainlevée ? Combien vous coûtera un cautionnement ?

En principe, pour un prêt de montant peu élevé et d'une durée courte, il est préférable d'obtenir un cautionnement plutôt qu'une hypothèque ; à l'inverse, pour les prêts d'un gros montant et d'une longue durée, l'hypothèque est peut-être plus intéressante.

Mais ne vous arrêtez surtout pas aux mots : l'hypothèque a une consonance un peu infamante, le cautionnement, un côté rassurant : pour autant, en cas d'impayés de votre part, il faut savoir que les conséquences ultimes seront malheureusement les mêmes.

Le taux de cotisation dépendra de votre âge, de votre état de santé (à l'appréciation des compagnies qui assurent les prêts) et de la nature du prêt. Il ne faut évidemment pas hésiter à comparer le coût des assurances proposé d'une banque à l'autre. Sachez que ce coût peut être exprimé en euros par mois ou en pourcentage sur le capital emprunté : 3 € par mois pour 10 000 € empruntés correspondent ainsi à 0,36 % l'an du capital emprunté (3 € multipliés par 12 mois et divisés par 10 000 €).

La cotisation est payable à chaque échéance du prêt.

Pour être totalement informé sur la portée de cette assurance, vous avez tout intérêt à demander des précisions au moins sur les deux points suivants :

– la date à laquelle est fixé le début de l'indemnisation en cas d'incapacité de travail, suite à une maladie ou à un accident, vous mettant dans l'incapacité d'exercer une activité professionnelle ? Autrement dit, à partir de quand vos échéances de prêt vont-elles être prises en charge et pour quel montant ? Si vous êtes marié et que le prêt est assuré à 50 % sur votre tête et 50 % sur celle de votre conjoint, ne soyez pas étonné de constater que seule la moitié de votre remboursement est prise en charge, si seulement l'un de vous est atteint d'une incapacité ou d'une invalidité ;

– quels sont les risques exclus ? (l'exemple type est celui de la maladie dont on a constaté l'origine avant le point de départ de l'assurance).

À NOTER

Méfiez-vous d'une reprise de travail prématurée suivie d'une rechute qui ferait cesser la prise en charge de la garantie et qui ferait courir un nouveau délai d'indemnisation.

L'assurance perte d'emploi

Cette assurance est facultative. Comme pour l'assurance décès-invalidité, la demande d'adhésion se fait au moment de l'octroi du prêt.

La montée en puissance du chômage ces dernières années a rendu les conditions d'adhésion et d'indemnisation plus complexes.

Ainsi, pour bénéficier de l'assurance perte d'emploi, on vous demandera :

– de ne pas avoir dépassé un âge limite ;

– d'être salarié et titulaire d'un contrat à durée indéterminée avec une ancienneté variable selon les compagnies ;

– de ne pas être en préavis de licenciement au moment de l'adhésion.

Là encore, outre les conseils déjà énoncés pour l'assurance décès-invalidité, vous devez porter toute votre attention sur les points suivants :

– l'assurance joue-t-elle en cas de chômage partiel, de démission volontaire ou encore en cas d'adhésion à un dispositif du type « convention de reclassement personnalisé » ou « contrat de transition professionnelle » ? En d'autres termes, quels sont les risques couverts et ceux exclus ;

– un délai doit-il s'écouler entre la souscription de l'assurance et la survenance du risque, c'est-à-dire le chômage ? Si oui, quel est-il ? Rares sont les contrats qui prévoient une indemnisation lorsque le licenciement intervient dans un délai trop proche du point de départ de l'assurance (délai de carence) ;

– en cas de licenciement, à partir de quand l'assurance prend-elle le relais ? Autrement dit, quel est le délai (délai de franchise) pendant lequel vous devrez faire face tout seul à vos remboursements, alors que vous serez au chômage ;

– quel est le montant et la durée de l'indemnisation, sachant que tous les contrats prévoient une durée maximale d'indemnisation.

ATTENTION ⚠

Le délai de franchise entre le licenciement et l'indemnisation peut être de 4 mois, ce qui veut dire qu'il faut être au chômage depuis au moins 4 mois pour bénéficier de l'assurance perte d'emploi. L'effet pervers est évident : si jamais vous retrouvez du travail durant cette période, il n'y aura pas d'indemnisation. En ce cas, on pourrait dire : « Tant mieux ! » Mais la plupart des embauches se font avec une période d'essai préalable, et si le salarié est à nouveau remercié durant cette période, l'indemnisation pourra être contestée par l'assureur, sauf à la faire appliquer par décision de justice.

La convention AERAS

Face aux difficultés rencontrées par les personnes gravement malades ou handicapées pour souscrire un emprunt (immobilier ou non), les pouvoirs publics, les établissements de crédit, des organisations nationales représentant les malades et les usagers du système de santé et les compagnies d'assurance ont conclu une convention dite « convention AERAS » (« s'Assurer et Emprunter avec un Risque Aggravé de Santé ») destinée à faciliter l'accès à l'emprunt à ces personnes. Les principes posés par cette convention ont été repris par la loi n° 2007-131 du 31/1/2007 dont les dispositions figurent notamment dans le Code de la santé publique.

À NOTER

Un serveur vocal (0 821 221 021 - 0,12 €/mn) et un site Internet (www.aeras-infos.fr) ont été mis en place afin de renseigner les personnes intéressées sur ce dispositif. Par ailleurs, dans le cadre de la convention AERAS, les établissements de crédit et les assureurs se sont engagés notamment :
– à diffuser des dépliants d'information au sein de leurs réseaux et à informer directement les candidats à l'emprunt ; un dépliant est ainsi téléchargeable sur le site www.aeras-infos.fr ;
– à mentionner la convention et diffuser une information adéquate sur ses dispositions sur leurs sites Internet ;
– à indiquer dans les documents de simulations de prêt, l'existence de la convention et les numéros verts ou coordonnées du référent AERAS du réseau bancaire.

À NOTER

La Fédération nationale de l'immobilier (FNAIM) et le Conseil supérieur du notariat (CSN) se sont engagés à appeler l'attention des futurs acquéreurs sur la nécessité de préparer en amont la recherche d'une assurance décès-invalidité-incapacité souvent nécessaire à l'obtention d'un crédit immobilier.

› Quelles sont les personnes concernées par le dispositif ?

La convention AERAS s'adresse aux personnes qui présentent un risque aggravé de santé (celles dont l'état de santé ne permet pas d'obtenir une couverture d'assurance aux conditions standard) et qui souhaitent recourir au crédit, qu'il s'agisse de crédit immobilier, de crédit à la consommation (→ index, *Crédit à la consommation*) ou d'un crédit professionnel (prêts pour l'acquisition de locaux et de matériels).

› Quelles sont les conditions relatives au crédit immobilier ?

S'agissant du crédit immobilier, sont visés les prêts destinés à financer l'acquisition d'un logement, la rénovation, les aménagements intérieurs ou la construction d'une maison. Les modalités suivantes doivent être réunies :
– les candidats à l'emprunt doivent remplir un questionnaire médical de santé ;
– le prêt doit être d'un montant maximum de 300 000 € ;
– la durée du prêt n'est pas limitée, mais l'emprunteur ne doit pas avoir plus de 70 ans au terme du prêt.

› Comment fonctionne le dispositif ?

L'examen de la demande d'assurance

Pour les prêts immobiliers, la convention AERAS met en place un dispositif d'examen approfondi de la demande d'assurance, qui comporte trois niveaux. L'objectif est d'éviter que soit rejetée une demande de prêt pour le seul motif qu'elle ne peut pas être acceptée dans le cadre du contrat collectif d'assurance de l'établissement de crédit.

Ainsi, pour les personnes qui ont des problèmes de santé, la demande d'assurance fait l'objet :
– dans un premier temps, d'un examen dans le cadre du contrat de groupe conclu entre l'établissement de crédit et son assureur ;
– puis (2e niveau), si le dossier ne peut être accepté dans le cadre du niveau « standard », d'un examen personnalisé mis en œuvre par l'assureur, susceptible de le conduire à proposer un contrat d'assurance adapté au profil spécifique du candidat à l'emprunt. Le plus souvent, l'assurance proposée après ce nouvel examen comportera une surprime par rapport au contrat de groupe de base ;
– enfin (3e niveau), d'un examen par une structure spécifique (le « pool des risques très aggravés ») composée d'assureurs (différents des précédents) et de réassureurs, après instruction du dossier par « bureau commun des assurances collectives » (BCAC). Le candidat à l'emprunt dispose ainsi de la garantie que son dossier fera l'objet d'un examen approfondi.

La mutualisation des surprimes d'assurance

Ce dispositif, prévu par la convention AERAS, permet de limiter le montant des primes d'assurance dues par les emprunteurs présentant un risque de santé aggravé. Sous réserve que les conditions suivantes soient réunies, cette prime ne peut représenter plus de 1,5 point du taux effectif global (TEG) de l'emprunt :
– le prêt doit concerner l'acquisition d'une résidence principale (les prêts professionnels sont également concernés) ;
– l'emprunteur doit disposer d'un revenu inférieur ou égal :
 • au plafond annuel de la Sécurité sociale (PASS) *(Voir pages Barème)* lorsque le nombre de parts de son foyer fiscal est de 1 ou 2,

• à 1,25 PASS lorsque le nombre de parts de son foyer fiscal est de 2,5,
• et à 1,5 PASS lorsque le nombre de parts de son foyer fiscal est de 3 et plus.

La recherche de garanties alternatives à l'assurance

Dans le cadre de la convention AERAS, en cas de refus d'assurance, les établissements de crédit s'engagent à accepter en garantie des prêts, quel que soit leur montant, les alternatives à l'assurance de groupe qui peuvent apporter des garanties dont la valeur et la mise en jeu offrent la même sécurité pour le prêteur et l'emprunteur. Il peut s'agir, selon les cas, notamment de biens immobiliers, d'un portefeuille de valeurs mobilières, de contrats d'assurance vie ou de prévoyance individuelle ou de cautions.

Extrait du Code de la santé publique

« **Art. L. 1141-2.** - Une convention nationale relative à l'accès au crédit des personnes présentant, du fait de leur état de santé ou de leur handicap, un risque aggravé est conclue entre l'Etat, les organisations professionnelles représentant les établissements de crédit, les entreprises d'assurance, les mutuelles et les institutions de prévoyance ainsi que des organisations nationales représentant les malades et les usagers du système de santé agréées en vertu de l'article L. 1114-1 ou représentant les personnes handicapées. Cette convention a pour objet :
- de faciliter l'assurance des prêts demandés par les personnes présentant un risque aggravé en raison de leur état de santé ou d'un handicap ;
- d'assurer la prise en compte complète par les établissements de crédit des garanties alternatives à l'assurance ;
- de définir des modalités particulières d'information des demandeurs, d'instruction de leur dossier et de médiation.

Toute personne présentant, du fait de son état de santé ou de son handicap, un risque aggravé bénéficie de plein droit de cette convention. »

Les modalités de remboursement des prêts

Les prêts immobiliers actuels sont caractérisés par une très grande souplesse, l'objectif des banques étant d'offrir à leur clientèle le produit le plus adapté à ses besoins. C'est ainsi que l'on est passé, en quelques années, d'une norme, le prêt à taux fixe et à mensualités constantes, à une multitude de solutions : prêts à taux variables ou révisables avec des mensualités constantes, progressives ou modulables. Autant de notions indispensables qu'il vaut mieux connaître lorsque l'on construit son plan de financement.

Les prêts à taux fixe ou révisable

La banque peut vous proposer un prêt à taux fixe, c'est-à-dire le même pendant toute la durée du crédit, d'où une grande sécurité, ou un prêt à taux révisable, indexé sur un indice défini dans le contrat. Depuis quelques années, les établissements de crédit proposent des taux révisables « bordés », « sécurisés », afin d'éviter que des hausses trop fortes des taux ne se traduisent par des situations de surendettement des emprunteurs. Tout cela conduit à une grande complexité des formules proposées, bien souvent difficile à comprendre pour un client qui n'est pas rompu aux techniques financières. Aussi devez-vous prendre le temps de vous faire expliquer tous les tenants et les aboutissants des propositions que l'on peut vous faire, en portant plus particulièrement votre attention sur les points suivants :

– quand intervient la première révision et sur quel indice ? Si le taux est attractif mais qu'il est révisé au bout de 3 mois, méfiez-vous ;

– quels effets produiront les hausses ou les baisses de taux ? En général, si la durée du prêt reste fixe, c'est la mensualité qui subira les hausses et les baisses ; mais dans quelles proportions ? Intégralement ou seulement pour partie ? Certains établissements s'engagent à répercuter les baisses intégralement tout en posant un butoir à la hausse. Si la mensualité reste constante, c'est la durée qui s'allonge (dans quelle limite ?) ou qui diminue ;

– pourrez-vous passer d'un taux révisable à un taux fixe ? Si oui, à quel prix ;

– quelles seront les modalités de remboursement anticipé ? En négociant, vous pourrez obtenir, de votre banque, une dispense de pénalités si vous remboursez par anticipation un prêt à taux révisable, surtout si ce prêt est révisable sans butoir.

Dans un souci d'information de l'emprunteur, le prêteur est tenu, depuis le 1/10/2008, y compris pour les contrats de crédit en cours à cette date, de porter à sa connaissance, une fois par an, le montant du capital restant à rembourser pour les prêts dont le taux d'intérêt est variable (*Code de la consommation, Art. L. 312-14-2*).

Mensualités constantes, progressives ou modulables ?

Un taux fixe n'empêche pas d'opter pour des mensualités progressives ; la seule différence avec les taux révisables réside dans le fait que la progressivité est, en principe, connue dès l'origine.

Beaucoup d'établissements proposent en taux fixe, plus rarement en taux révisables, des mensualités modulables : c'est alors à vous de décider, à l'intérieur de certaines limites, de baisser ou d'augmenter vos mensualités, selon vos opportunités ou vos contraintes financières du moment. En fonction de vos choix, la durée du prêt sera elle-même augmentée ou réduite.

COMMENT ÉVALUER VOTRE CAPACITÉ D'EMPRUNT ?

Le banquier, en plus des garanties qu'il vous demandera, va être amené à vérifier « votre assise financière ». Pour cela, il va utiliser trois critères principaux : votre apport personnel, vos ressources et votre revenu disponible. Leur montant déterminera vos possibilités d'emprunt.

Votre apport personnel

Le montant de votre apport personnel, c'est-à-dire des économies que vous « sacrifiez » dans votre opération immobilière, est un élément essentiel pour décider votre banquier à vous accorder un financement. Sans apport personnel véritable, c'est-à-dire non constitué par un prêt d'épargne logement ou un autre prêt assimilé à de l'apport, le crédit peut vous être refusé.

Vos ressources

L'établissement de crédit ne prendra en compte que vos ressources stables et effectives : les remboursements de frais professionnels, les prestations familiales, les pensions alimentaires reçues ne seront donc pas inclus dans l'estimation de votre revenu global. En revanche, si vous disposez de revenus locatifs ou provenant de placements mobiliers, ceux-ci seront pris en compte dans vos ressources mais pas forcément pour leur totalité. Comme preuve du montant de vos ressources, vous devrez produire vos trois derniers bulletins de salaire et vos derniers avertissements fiscaux. Une fois le montant de vos ressources clairement défini et vérifié, le banquier fixera le montant maximal de votre charge d'emprunt correspondant à 30 % environ de vos revenus. Si vous avez déjà fixé le montant de la mensualité que vous souhaitez rembourser, il devra, dans ce cas, s'assurer que celui-ci n'engendre pas un taux d'endettement supérieur à 30 %.
Attention : pour le calcul du taux d'endettement ou le rapport charges/ressources, toutes les charges seront considérées, c'est-à-dire non seulement les remboursements du prêt, mais aussi un loyer éventuel ou vos autres crédits en cours de remboursement (crédits à la consommation, par exemple). Si vous pouvez bénéficier de l'aide personnalisée au logement, le banquier pourra en tenir compte pour le calcul du taux d'endettement (→ index, *APL*).

Votre revenu disponible

Le montant de votre « disponible » constitue le dernier élément (mais non le moindre !) qui décidera le banquier à vous accorder sa bienveillance. Votre « disponible » représente ce qu'il vous restera comme ressources pour assurer les frais de la vie courante, une fois toutes vos charges fixes déduites. Il se calcule donc en retranchant de vos revenus vos charges de prêts (d'une durée supérieure à 6 mois) et votre impôt sur le revenu. Chaque établissement de crédit possède sa grille de disponible minimal établi en fonction de chaque situation familiale (principalement en fonction du nombre d'enfants à charge). Si votre disponible se révèle inférieur à ce seuil, on peut vous demander de revoir le montant de votre crédit à la baisse, voire même vous refuser le financement. Sachez donc qu'un revenu disponible suffisant est une condition d'octroi de prêt aussi importante qu'un rapport charges/ressources inférieur à 30 %. Ces deux critères, aujourd'hui utilisés conjointement, sont tout aussi déterminants pour l'étude, par le prêteur, de votre capacité à vous endetter et non à vous surendetter.
En conclusion, gardez bien en tête les trois critères qui constituent pour la grande majorité des établissements financiers les conditions nécessaires à l'accord de crédit et ne négligez pas l'importance de chacun. Un apport personnel, un revenu ou un disponible insuffisant peut être rédhibitoire pour l'accord de crédit ; à moins, dans certains cas, d'apporter à votre banquier d'autres garanties comme une caution (à condition qu'elle puisse assumer seule, en cas de problème, les charges du prêt) ou une sûreté complémentaire (nouvelle hypothèque, nantissement, par exemple).

AVANTAGE

Une mensualité progressive permet d'obtenir un taux d'effort initial plus faible. Dans ce cas, il faut être quasi certain que ses revenus augmenteront et veiller à ce que la progressivité des charges ne soit pas excessive : une progressivité maximale de 2 % l'an paraît être raisonnable.

AVANTAGE

Lors d'un départ prévisible à la retraite dans un délai de 5 ou 6 ans, vous pouvez très bien opter pour un prêt à taux fixe et à mensualités modulables : pendant votre période d'activité, vous augmenterez le montant de vos mensualités, puis vous les diminuerez lorsque vous serez à la retraite.

Comment calculer le montant de ses remboursements ?

Quel que soit le type de prêt auquel vous aurez recours, c'est finalement à deux questions essentielles qu'il vous faudra trouver des réponses : « Quel montant faudra-t-il rembourser tous les mois ? Une différence de 0,1 ou 0,2 point sur un taux a-t-elle de l'importance ? »

Pour vous aider à répondre à ces questions, vous pouvez consulter le tableau des mensualités pour 10 000 € empruntés. Grâce à lui, vous pourrez, pour une durée de prêt donnée :

– calculer le montant de vos mensualités. Par exemple, si vous devez emprunter 73 000 € sur 15 ans au taux de 4,50 %, vos mensualités seront de : 76,49 × 7,3 (73 000 : 10 000) = 558,37 € ;

– calculer le montant de votre prêt en partant d'un montant de mensualité que vous ne voulez pas dépasser. Il vous suffit alors de diviser cette mensualité par la valeur de la charge donnée dans le tableau. Si, par exemple, votre mensualité « idéale » est de 670 € pour une durée de 12 ans, et que le taux d'intérêt est de 5 %, vous pourrez emprunter :

$$\frac{670 \times 10\,000}{92{,}48} = 72\,448\ €.$$

À NOTER

Le 3615 INC, serveur Minitel de l'Institut national de la consommation, permet tous les calculs relatifs à des emprunts immobiliers : montant des échéances, durée du prêt, taux annuel, possibilités d'emprunt... en fonction des éléments chiffrés que vous fournirez. Toutes les données relatives à l'épargne-logement sont également disponibles sur ce serveur. Le même type d'informations est disponible sur des sites Internet, et notamment sur le site du ministère du Logement : www.logement.gouv.fr.

MENSUALITÉS POUR 10 000 € EMPRUNTÉS

Durée du prêt / Taux d'intérêt	5 ans	6 ans	8 ans	10 ans	12 ans	15 ans	20 ans	25 ans
4 %	184,16	156,45	121,89	101,24	87,55	73,96	60,59	52,78
4,5 %	186,43	158,74	124,23	103,63	90,00	76,49	63,26	55,58
5 %	188,71	161,04	126,59	106,06	92,48	79,07	65,99	58,45
5,5 %	191,01	163,37	128,99	108,52	95,01	81,70	68,78	61,40
6 %	193,32	165,72	131,41	111,02	97,58	84,38	71,64	64,43
6,5 %	195,66	168,09	133,86	113,54	100,19	87,11	74,55	67,52
7 %	198,01	170,49	136,33	116,10	102,83	89,88	77,52	70,67
7,5 %	200,37	172,90	138,83	118,70	105,52	92,70	80,55	73,89
8 %	202,76	175,33	141,36	121,32	108,24	95,56	83,64	77,18
8,5 %	205,16	177,78	143,92	123,98	111,00	98,47	86,78	80,52
9 %	207,58	180,25	146,50	126,67	113,80	101,42	89,97	83,91
9,5 %	210,01	182,74	149,10	129,39	116,63	104,42	93,21	87,36

Que se passe-t-il en cas de remboursement anticipé ?

Si vous décidez de rembourser le capital de votre prêt avant terme, la banque peut vous demander une indemnité de remboursement anticipé.

Cette indemnité obéit à deux règles principales :

– elle doit être prévue dans votre contrat, ce qui veut dire que vous pouvez toujours négocier avec votre banque pour qu'elle n'y figure pas ou que son montant soit minime ;

– elle est limitée à un semestre d'intérêts sur le capital remboursé, plafonné à 3 % du capital restant dû avant remboursement (*Code de la consommation, Art. L. 312-21*). C'est la solution la plus avantageuse pour le client qui sera retenue. Avec les taux d'intérêt actuels, l'indemnité est calculée sur la base de 3 % du capital remboursé.

Ainsi, par exemple, si vous remboursez par anticipation les 20 000 € restant dû d'un prêt au taux de 7 %, l'indemnité s'élèverait avec le premier mode de calcul, à 700 € :

$$[(20\,000 \times 7\ \%) \times (\frac{180\ \text{j}}{360\ \text{j}})]\ ;$$

avec le second mode de calcul, elle sera de 600 € seulement (20 000 € × 3 %), et c'est donc bien cette somme qui pourra être réclamée.

AVANTAGE

Pour les contrats de prêt conclus depuis le 1/7/1999, aucune indemnité n'est due lorsque le remboursement anticipé est motivé par la vente du bien immobilier faisant suite à un changement du lieu d'activité professionnelle de l'emprunteur ou de son conjoint, par le décès ou par la cessation forcée de l'activité professionnelle de ces derniers (Code de la consommation, Art. L. 312-21).

Sachez que ces remboursements anticipés sont toujours possibles, qu'ils peuvent être totaux ou partiels, et que votre contrat de prêt peut seulement les interdire s'ils sont inférieurs ou égaux à 10 % du montant initial du prêt, sauf s'il s'agit de son solde. Sachez enfin que pour certains prêts, des dispositions spécifiques s'appliquent : aucune indemnité n'est demandée pour le remboursement anticipé d'un prêt à taux zéro ; la limite maximale est ramenée à 1 % du capital restant dû avant remboursement pour les prêts aidés pour l'accession à la propriété (prêts PAP qui ne sont plus distribués aujourd'hui mais qui sont encore, pour bon nombre d'entre eux, en cours de remboursement).

Que faire en cas de baisse des taux ?

Si vous avez opté pour un prêt à taux fixe, vous êtes prémuni contre toute hausse de taux mais, en contrepartie, vous ne pourrez pas, en principe, profiter des baisses de taux.

Pour autant, vous n'êtes pas totalement démuni si le prêt que vous avez souscrit présente un taux d'intérêt manifestement supérieur aux conditions actuelles. Vous avez le choix entre deux solutions :

Renégocier le prêt

Avant tout, essayez de renégocier les conditions initiales de votre prêt avec votre banquier ou votre établissement de crédit. Concrètement, cela veut dire que vous allez essayer d'obtenir une baisse du taux d'intérêt, qui pourra se traduire soit par une baisse de vos mensualités, la durée du prêt ne bougeant pas, soit par une réduction de la durée, à mensualités égales, soit encore par un « mixte » des deux.

Si vous êtes un bon emprunteur (vous payez régulièrement vos échéances), il n'est pas dit que le banquier ne fasse pas un geste commercial en votre faveur, en acceptant de revoir le taux d'intérêt à la baisse.

Cette révision du contrat, cette renégociation, a le mérite de l'économie puisqu'elle entraîne peu de frais, voire même aucun frais (c'est une affaire de négociation entre vous et votre banquier).

À NOTER

En cas de renégociation de prêt, les modifications au contrat de prêt initial sont apportées sous la forme d'un avenant qui comprend un échéancier des amortissements détaillant pour chaque échéance le capital restant dû en cas de remboursement anticipé, le taux effectif global (TEG) ainsi que le coût du crédit calculés sur la base des seuls échéances et frais à venir jusqu'à la date de la révision du taux ainsi que les conditions et modalités de variation du taux. L'emprunteur dispose d'un délai de réflexion de 10 jours à compter de la réception de ces informations (Code de la consommation, Art. L. 312-14-1).

Rembourser par anticipation

Si votre banquier refuse de renégocier votre prêt (aucune loi ne l'y oblige à part les cas de surendettement), vous avez la possibilité de rembourser par anticipation. Cela suppose donc que vous trouviez, auprès d'un autre établissement financier, un prêt à des conditions plus favorables, et que vous vous serviez de ce prêt pour rembourser votre emprunt actuel.
Si vous vous orientez vers cette solution, sachez que, pour que l'opération soit intéressante, le taux offert doit être significativement inférieur à votre taux actuel, et qu'il faut comparer des frais payables aujourd'hui avec une économie réalisable dans le temps.

Si, par exemple, le remboursement anticipé vous fait gagner 30 € par mois pendant 10 ans, l'économie totale dans le temps sera de :

3 600 € (30 × 12 × 10).

Mais si, pour cela, vous devez payer une indemnité de remboursement anticipé de 2 000 €, une mainlevée d'hypothèque de 500 € et de nouveaux frais de dossier et d'hypothèque de 1 100 € (total : 3 600 €), l'opération sera neutre, et même déficitaire, puisque vous serez amené à débourser immédiatement ces 3 600 € alors que l'économie réalisée grâce au nouveau taux aurait été échelonnée sur 10 ans.

QU'EST-CE QU'UN PRÊT RELAIS ?

Bien souvent, l'acquisition d'un logement coïncide avec la vente d'un précédent logement. Mais il est rare que l'on trouve en même temps son nouveau logement et un acquéreur pour le logement que l'on quitte. Pour vous permettre de faire face à cette situation, les banques ont mis au point un type de crédit appelé « crédit relais », dont la durée est, en principe, limitée à 2 ans.
Pour ce prêt comme pour les autres prêts bancaires classiques, la règle est la libre concurrence entre les établissements bancaires même si, pour des raisons de coût et d'avantages commerciaux, il est souvent intéressant d'obtenir ce crédit de la banque qui vous accordera, le cas échéant, un prêt principal pour votre nouvelle acquisition.
Pour éviter toute difficulté et se retrouver avec des échéances auxquelles il serait difficile de faire face, le crédit relais doit être un crédit court : mieux vaut donc estimer le bien que l'on met en vente au prix du marché et le vendre dans un délai raisonnable. De même, pour obtenir les meilleures conditions de la banque, il sera bien vu qu'une promesse (→ index, *Promesse de vente*) ou un compromis de vente (→ index, *Compromis de vente*) ait déjà été signé sur votre bien à vendre.
Dans le contexte actuel de crise économique, les établissements de crédit représentés par la Fédération bancaire française, ont pris une série d'engagements afin d'aider leurs clients à gérer au mieux des situations parfois complexes. Outre un effort d'information des clients sur les spécificités de ce type de crédit, ces engagements, déclinés par chaque établissement, s'articulent autour des principes suivants :
- suivi préventif des clients souscrivant ou ayant souscrit un crédit relais : contact systématique 6 mois avant l'échéance et invitation à rencontrer son banquier 3 mois avant l'échéance si aucun compromis de vente n'est signé ;
- recherche de solutions personnalisées pour accompagner les clients éprouvant des difficultés à dénouer leur crédit relais (révision des conditions de vente du bien, examen de solutions adaptées (allongement de sa durée, par exemple).

Si elles ne l'ont pas encore fait, les personnes qui ont souscrit un prêt relais peuvent donc se retourner vers leur établissement prêteur pour faire un point sur leur situation et les aménagements envisageables.

Le financement de l'acquisition

Pour financer une acquisition, vous aurez le choix entre un prêt bancaire traditionnel et un prêt réglementé. Les prêts réglementés sont de différents types : prêts d'épargne logement, prêt à taux 0, prêts conventionnés, PAS, etc. Ils offrent en principe un taux d'intérêt préférentiel et doivent donc être privilégiés lorsque l'on bâtit un plan de financement. Mais ils sont, pour la plupart d'entre eux, soumis à des conditions ou à des contraintes particulières, et parfois réservés à l'acquisition d'un logement neuf. Autant d'éléments à connaître pour emprunter dans les meilleures conditions et au meilleur coût.

Les prêts d'épargne logement

L'épargne logement, qu'il s'agisse de plans ou de comptes, est le système d'accession à la propriété le plus populaire et le plus développé aujourd'hui. Au-delà de la dynamique créée par l'association de deux mots magiques « épargne » et « logement », c'est du côté des incidences financières et des larges possibilités d'utilisation qu'il faut rechercher les raisons de ce succès.

Quelles sont les caractéristiques communes aux prêts d'épargne logement ?

L'épargne logement est un système qui fonctionne en deux phases successives : dans un premier temps, vous épargnez sur un plan ou un compte puis, grâce à l'épargne accumulée, vous pouvez obtenir un prêt plus ou moins important (→ index, *Plan d'épargne logement*). Les conditions de ce prêt sont différentes selon l'instrument d'épargne que vous aurez choisi (plan ou compte), même si certaines dispositions sont communes.

› Quels sont les bénéficiaires ?

Tout titulaire d'un plan d'épargne logement (PEL) ou d'un compte d'épargne logement (CEL) peut demander un prêt d'épargne logement, sous réserve que les conditions de fonctionnement et de durée de l'épargne préalable aient été respectées et que l'objet du prêt soit conforme à la loi.

De plus, s'il n'est pas exigé de versements réguliers durant la phase d'épargne du compte épargne logement, un minimum d'intérêts acquis est toutefois demandé pour obtenir un prêt CEL.

› Peut-on céder ses droits à prêt ?

L'une des particularités de l'épargne logement est que vous pouvez utiliser vos droits à prêt pour votre propre opération immobilière ou les céder à un membre de votre famille (*Code de la construction et de l'habitation, Art. R. 315-13 et R. 315-35*). Si vous êtes vous-même titulaire d'un compte ou d'un plan, vous pourrez ainsi bénéficier des droits à prêt qui vous seront cédés par :

– votre conjoint ;

– vos ascendants, descendants, frères, sœurs, oncles, tantes, neveux et nièces ou ceux de votre conjoint ;

– les conjoints des frères, sœurs, ascendants et descendants de votre conjoint ou de vous-même.

Les possibilités de cession de droit à prêt sont également fonction des deux paramètres suivants :

– le cédant et le bénéficiaire de la cession sont-ils titulaires d'un plan ou d'un compte ?

– quelle est l'ancienneté de leur plan ou de leur compte ?

Le tableau ci-après résume les différents cas de figure.

ATTENTION ⚠

Les cessions de droits à prêt sont impossibles entre cousins, entre concubins et entre partenaires pacsés.

À NOTER

Dans le langage courant, on parle de cession de plan ou de compte. En réalité, seuls sont cédés les droits à prêt. Celui qui les cède reste titulaire de son plan ou de son compte ; il conserve le capital et les intérêts de son épargne.

Ainsi, par exemple :

– si vous détenez un CEL depuis au moins 12 mois, vous pourrez céder vos droits à prêt à une personne (conjoint, ascendants, descendants...) elle-même titulaire d'un CEL depuis au moins 18 mois ou d'un PEL depuis au moins 3 ans ; en revanche, vous ne pourrez pas lui céder vos droits à prêt si elle n'a ni plan ni compte, ou si son CEL est ouvert depuis moins de 18 mois ;

– si vous détenez un PEL depuis au moins 3 ans, vous pourrez bénéficier de la cession de droit à prêt d'une personne (votre conjoint, vos ascendants ou descendants...) elle-même titulaire d'un CEL ouvert depuis au moins 12 mois, ou d'un PEL ouvert depuis au moins 3 ans.

PRODUIT SOUSCRIT PAR LA PERSONNE QUI CÈDE SES DROITS À PRÊT			
Produit détenu par le bénéficiaire de la cession	**Produit souscrit par le cédant**		
	CEL 12 mois mini	**CEL 18 mois mini**	**PEL 3 ans mini**
Néant	non	non	non
CEL 12 mois mini	non	oui	non
CEL 18 mois mini	oui	oui	non
PEL 3 ans mini	oui	oui	oui

› Quelle est la procédure ?

En règle générale, c'est l'établissement qui a géré votre épargne qui vous accordera le prêt. Mais rien n'interdit à un autre établissement, habilité à effectuer des opérations d'épargne logement, de vous accorder le prêt sur justificatif de l'attestation de droits à prêt. Le véritable problème se pose, en cas de cessions de droits ou de pluralité d'établissements de crédit, si les établissements n'arrivent pas à se mettre d'accord pour savoir qui va accorder le prêt. Pour éviter cette difficulté, la réglementation prévoit une réponse simple : l'établissement qui aura géré le compte ou le plan ayant produit le plus d'intérêts devra accorder la totalité des prêts.

› La banque peut-elle refuser de vous accorder le prêt ?

À partir du moment où toutes les conditions sont remplies, l'établissement qui gère votre plan ou votre compte ne peut, en principe, vous refuser le prêt auquel vous avez droit. Évidemment, cette quasi-obligation ne doit pas aller à l'encontre des règles élémentaires de prudence en matière d'endettement. C'est à vous, avec votre banquier, de déterminer les conditions de votre prêt d'épargne logement, sachant qu'il est possible, pour un même montant de droit à prêt, de choisir entre plusieurs durées de remboursement et plusieurs montants de prêt.

› À quoi peut servir un prêt d'épargne logement ?

Un prêt d'épargne logement, qu'il soit issu d'un plan ou d'un compte, peut servir à financer l'acquisition ou la construction d'un logement, certains travaux ou des opérations diverses souvent méconnues.

Les opérations susceptibles d'être financées à l'aide de l'épargne logement, telles qu'elles sont détaillées ci-après, peuvent se situer en France, dans les DOM, en Nouvelle-Calédonie, en Polynésie française et, depuis l'ordonnance n° 2004-937 du 2/9/2004 à Mayotte.

ATTENTION ⚠

Un prêt d'épargne logement ne peut jamais être consenti pour rembourser un autre prêt.

Pour l'acquisition ou la construction

Dans le neuf

Qu'il s'agisse d'une résidence principale ou secondaire, vous pouvez utiliser votre prêt d'épargne logement pour faire construire un logement, quel que soit le type de contrat que vous signerez pour cette construction (*Code de la construction et de l'habitation, Art. L. 315-2*).

Si cela se révèle nécessaire, vous pouvez, au cours d'une même opération, financer en plus de la construction, l'acquisition du terrain.

De la même manière, le prêt d'épargne logement peut vous servir à acquérir un logement neuf (maison individuelle ou appartement) déjà achevé, ou en voie d'achèvement, par exemple dans le cadre d'une vente en l'état futur d'achèvement.

Dans l'ancien

Votre prêt d'épargne logement ne pourra vous servir qu'à l'acquisition d'une résidence principale. Est considérée comme telle la résidence que vous vous engagez à occuper au moins 8 mois dans l'année, ou qui sera occupée 8 mois dans l'année par vos ascendants, descendants ou ceux de votre conjoint. Dans l'état actuel de la réglementation, il n'est donc pas possible de financer une résidence secondaire ancienne avec un prêt d'épargne logement.

AVANTAGE

Un prêt d'épargne logement peut servir à financer un investissement locatif, à condition que le logement constitue la résidence principale du locataire, et qu'il soit loué dans le cadre de la réglementation en vigueur (→ index, Locations, loi 06.07.1989).

Pour le financement de travaux

Si vous êtes déjà titulaire d'une résidence principale ou secondaire, vous pourrez financer des travaux à l'aide d'un prêt d'épargne logement, sous réserve que ces travaux aient pour objet :
– la création de surfaces habitables nouvelles par surélévation, extension, aménagement ou encore division de locaux existants ;
– la modernisation, la conservation, l'assainissement, l'équipement et l'amélioration du confort des logements ainsi que les conditions de vie et de sécurité des occupants, à l'exclusion des travaux de menu entretien ;
– la réalisation d'économie d'énergie (*Code de la construction et de l'habitation, Art. L. 315-2*).

À NOTER

Si vous êtes copropriétaire, vous pouvez régler votre quote-part de dépenses engagées pour des travaux sur les parties communes avec un prêt d'épargne logement.

AVANTAGE

Si vos droits à prêt résultent d'un CEL, vous pouvez demander successivement deux ou plusieurs prêts pour financer des travaux, pour peu que ces travaux soient de nature différente (ravalement et chaudière, par exemple) et que vous ne dépassiez pas l'encours des crédits autorisé en matière de CEL pour un même emprunteur (→ index, Prêt d'épargne logement, montant).

Pour des opérations diverses

Bien que ces possibilités soient souvent méconnues, sachez qu'avec un prêt d'épargne logement, vous pouvez acquérir :
– un logement en indivision (→ index, *Indivision*) ;
– un garage ou une place de stationnement à la condition que vous soyez propriétaire de la résidence principale dont ils dépendent et qu'ils se trouvent à proximité de votre résidence principale ;
– un logement situé dans une résidence de tourisme, et dont la gestion est confiée à une personne physique ou morale ;
– la nue-propriété d'un logement ;
– l'usufruit d'un logement dont vous êtes déjà nu-propriétaire ;
– des parts d'une société d'attribution d'immeuble à temps partagé (multipropriété) ;
– un logement en viager, le prêt d'épargne logement étant alors égal tout au plus au bouquet ;
– des parts de SCPI (société civile de placement immobilier) dont le patrimoine est constitué à 90 % au moins par des logements d'habitation ;
– un local destiné à un usage commercial ou professionnel, dès lors qu'il comporte également l'habitation principale du bénéficiaire.

Un prêt d'épargne logement peut également servir à financer la soulte versée aux autres héritiers pour les dédommager, à condition que l'habitation soit destinée à la résidence principale du bénéficiaire du prêt ou donnée en location.

Pour tous ces motifs divers, soumis à une réglementation spéciale, il est conseillé de se renseigner auprès de son banquier ou des centres d'information logement, les ADIL.

ATTENTION ⚠

Bien que les possibilités d'utilisation d'un prêt d'épargne logement soient larges, ce type de prêt ne peut toutefois financer des opérations comme celles portant sur des :
– camping-cars, caravanes (sauf pour les forains) ;
– chalets mobiles, « mobile homes » ;
– bateaux, péniches (sauf pour les mariniers) ;
– abris antiatomiques, ou abris de jardin ;
– piscines, courts de tennis.

› Peut-on cumuler plusieurs prêts d'épargne logement ?

Les possibilités de cumul de plusieurs prêts d'épargne logement sont strictement réglementées.

Ainsi :
– le financement d'une résidence principale au moyen de prêts d'épargne logement exclut, pour un même bénéficiaire, le financement en épargne logement, dans le même temps, d'une résidence secondaire ;
– le fait de financer une résidence secondaire à l'aide d'un prêt d'épargne logement interdit à l'emprunteur de bénéficier d'un prêt d'épargne logement pour une résidence principale (même destinée à la location) tant que le premier prêt n'aura pas été intégralement remboursé (*Code de la construction et de l'habitation, Art. R. 315-8 et Circulaire du 11/7/1986*).

Par exemple, si vous êtes en train de rembourser un prêt d'épargne logement qui a servi à financer des travaux sur votre résidence secondaire, vous ne pourrez pas obtenir un autre prêt d'épargne logement pour acheter une résidence principale tant que le premier prêt n'aura pas été intégralement remboursé.

› Quelles sont les autres règles communes aux PEL et aux CEL ?

Comment sont déterminés les montants de prêt ?

Qu'il s'agisse de prêt issu d'un CEL ou d'un PEL, son montant sera fonction des intérêts acquis : plus la période d'épargne préalable aura généré d'intérêts, plus le montant du prêt sera élevé, dans la limite toutefois d'un montant maximal *(Voir pages Barème)*.

Quelles sont les durées possibles de remboursement ?

C'est à vous de choisir la durée pendant laquelle vous aurez à rembourser votre prêt d'épargne logement. Cette durée peut aller de 2 ans à 15 ans, sachant que pour un même montant de droit à prêt, plus la durée de remboursement est courte, plus le montant que l'on peut emprunter est élevé, mais plus les mensualités de remboursement seront alors élevées.

AVANTAGE

Il ne peut pas être demandé de frais de dossier pour les prêts d'épargne logement.

À NOTER

Comme pour tout prêt immobilier, les établissements de crédit peuvent exiger une assurance décès-invalidité, une hypothèque ou un cautionnement.

Quelles sont les conditions du prêt issu d'un CEL ?

Quel est le taux d'intérêt du prêt ?

Le taux d'intérêt d'un prêt issu d'un CEL dépend du taux d'intérêt qui a rémunéré l'épargne accumulée sur le compte. Ainsi, si votre épargne a été rémunérée à des taux différents, le prêt issu de votre compte vous sera accordé en plusieurs fractions assorties de taux différents :

– 4,25 % pour les droits à prêts acquis du 16/5/1986 au 15/2/1994 ;
– 3,75 % pour les droits à prêt acquis du 16/2/1994 au 15/6/1998 ;
– 3,5 % pour les droits à prêt acquis du 16/6/1998 au 31/7/1999 ;
– 3 % pour les droits à prêt acquis du 1/8/1999 au 30/6/2000 ;
– 3,5 % pou r les droits à prêt acquis du 1/7/2000 au 31/7/2003 ;
– 3 % pour les droits à prêts liés aux intérêts acquis du 1/8/2003 au 31/7/2005 ;
– 2,75 % pour les droits à prêts liés aux intérêts acquis du 1/8/2005 au 31/1/2006 ;
– 3 % pour les droits à prêts liés aux intérêts acquis du 1/2/2006 au 31/7/2006 ;
– 3,25 % pour les droits à prêts liés aux intérêts acquis du 1/8/2006 au 31/7/2007 ;
– 3,50 % pour les droits à prêt liés aux intérêts acquis du 1/8/2007 au 31/1/2008 ;
– 3,75 % pour les droits à prêts liés aux intérêts acquis du 1/2/2008 au 31/7/2008 ;
– 4,25 % pour les droits à prêts liés aux intérêts acquis entre le 1/8/2008 et le 31/1/2009 ;
– 3,25 % pour les droits à prêts liés aux intérêts acquis entre le 1/2/2009 et le 30/4/2009 ;
– 2,75 % pour les droits à prêts liés aux intérêts acquis entre le 1/5/2009 et le 31/7/2009 ;
– 2,25 % pour les droits à prêts liés aux intérêts acquis entre le 1/8/2009 et le 31/7/2010 ;
– 2,75 % pour les droits à prêts liés aux intérêts acquis à partir du 1/8/2010 (s'y ajoute, éventuellement, le coût des assurances décès-invalidité et perte d'emploi dont la souscription peut être exigée par l'établissement prêteur).

Quel est le montant maximum du prêt ?

Quel que soit le montant des intérêts acquis sur votre CEL, le prêt que vous pourrez obtenir ne pourra jamais dépasser un plafond réglementaire fixé à 23 000 €, même si vous bénéficiez de la cession de droits à prêt issus d'un autre compte (*Code de la construction et de l'habitation, Art. R. 315-11*).

Peut-on fractionner ses droits à prêt ?

L'un des grands avantages du CEL réside dans le fait que si vous n'utilisez pas la totalité des intérêts acquis pour une opération donnée, vous pourrez utiliser le solde ultérieurement pour l'attribution d'un autre prêt, sous réserve que les deux prêts aient un objet différent et que l'encours total des capitaux des deux prêts ne dépasse pas le plafond réglementaire (23 000 €) au moment de l'accord du second prêt. Cette spécificité n'existe pas pour les prêts issus d'un PEL.

À NOTER

Depuis le 1/7/2004, le taux d'intérêt des CEL est fixé en référence au taux du Livret A. Il est ainsi égal, hors prime d'État, aux deux tiers de ce taux, avec arrondi au ¼ de point le plus proche ou à défaut au ¼ de point supérieur. Il appartient à la Banque de France d'effectuer le calcul les 1er janvier et au 1er juillet de chaque année. Si ce calcul aboutit à une modification des taux en vigueur, le nouveau taux fait l'objet d'une publication au Journal officiel et devient applicable à compter du 16 du mois de sa publication ou, si la date de publication est comprise entre le 16 et la fin du mois, du 1er jour du mois suivant sa publication (Arrêté du 28/7/2003).

Quelles sont les conditions du prêt issu d'un PEL ?

Quel est le taux d'intérêt du prêt ?

Le taux d'intérêt d'un prêt issu d'un PEL est fixé au moment de la souscription de votre plan : il ne varie plus par la suite, quelles que soient la durée de votre épargne et l'évolution ultérieure des taux d'intérêt des prêts issus de PEL.

Ainsi :

– pour les plans souscrits depuis le 1/8/2003, le taux d'intérêt du prêt sera de 4,20 % (dont 2,50 % de taux d'intérêt proprement dit plus 1,70 % au titre des frais de gestion et financiers) ;

– pour les plans souscrits du 1/7/2000 au 31/7/2003, le taux d'intérêt du prêt sera de 4,97 % ;

– pour les plans souscrits du 26/7/1999 au 30/6/2000, le taux d'intérêt du prêt sera de 4,31 % ;

– pour les plans souscrits du 9/6/1998 au 25/7/1999, le taux d'intérêt du prêt sera de 4,60 % ;

– pour les plans souscrits du 23/1/1997 au 8/6/1998, le taux d'intérêt du prêt sera de 4,80 % ;

– pour les plans souscrits du 7/2/1994 au 22/1/1997, le taux d'intérêt du prêt sera de 5,54 % ;

– pour les plans souscrits du 16/5/1986 au 6/2/1994, le taux d'intérêt du prêt sera de 6,32 %.

Pour les plans ouverts avant cette date *(Voir pages Barème)*.

À ces taux s'ajoute le coût des éventuelles assurances décès-invalidité et perte d'emploi.

Quel est le montant maximal du prêt ?

Le montant du prêt dépend du montant des intérêts acquis sur votre plan (*Code de la construction et de l'habitation, Art. R. 315-37*). Ce montant ne peut toutefois excéder un plafond fixé à 92 000 € et ce, même si vous cumulez un plan et un compte ou si vous bénéficiez de cession de droits à prêt.

Pour déterminer le montant du prêt qui peut vous être accordé, la banque va appliquer au montant des intérêts acquis un coefficient variable selon la durée du prêt.

N'oubliez pas qu'en épargne logement, pour un montant d'intérêts acquis, c'est à vous de choisir la durée de votre prêt et de vos mensualités, en fonction de vos besoins et de votre capacité de remboursement.

À NOTER

Pour le calcul d'un prêt d'épargne logement issu d'un PEL, il ne faut tenir compte que des intérêts à la charge de la banque, en excluant la prime à la charge de l'État. En principe, les relevés bancaires sont clairs sur ce point et font la différence entre les droits à prêt et la prime d'État.

Peut-on fractionner ses droits à prêt ?

À la différence de la règle applicable au titre des CEL, il n'est, en principe, pas possible de fractionner ses droits à prêt lorsque l'on emprunte au titre d'un plan d'épargne logement. Vous ne pourrez donc demander qu'un seul prêt au titre d'un même PEL et ce, même si vous n'utilisez pas la totalité de vos droits à prêt.

Quel est le délai pour emprunter ?

Si vous êtes titulaire d'un PEL, et que ce PEL vous ouvre droit à un prêt, vous disposez d'un délai d'1 an à compter de la clôture de ce plan pour demander un prêt (*Code de la construction et de l'habitation, Art. R. 315-39*).

Il faut rappeler que le retrait des fonds déposés sur un PEL entraîne sa clôture, ce qui n'est pas le cas pour un CEL si vous prenez soin d'y maintenir un minimum de dépôt.

QUELQUES ASPECTS MÉCONNUS DES PRÊTS D'ÉPARGNE LOGEMENT

✓ Vous pouvez à tout moment transformer un plan en compte. Cette possibilité vous permet d'obtenir immédiatement un prêt si votre PEL est ouvert depuis au moins 18 mois. Il faut simplement savoir que les intérêts de votre plan seront alors recalculés, depuis l'origine, au taux du CEL en vigueur à l'époque où vous avez souscrit votre PEL.

✓ Les banques acceptent fréquemment que l'apport personnel soit constitué par le prêt principal d'épargne logement, ce qui aura une incidence sur le taux de l'éventuel prêt complémentaire que vous pourrez solliciter.

✓ Le prêt d'épargne logement seul n'ouvre pas droit à l'aide personnalisée au logement (APL) (→ index, *APL*). Toutefois, les mensualités de prêt d'épargne logement sont prises en compte dans le calcul de cette aide si ce prêt vient en complément d'un prêt principal éligible à l'APL (prêt d'accession sociale ou prêt conventionné). Dans le cas contraire, les mensualités de prêt d'épargne logement pourront être prises en compte pour le calcul d'une éventuelle allocation de logement (→ index, *Allocation de logement*).

✓ Hors de toute cession, vous pouvez, pour une même opération, obtenir un prêt issu d'un PEL et un prêt issu d'un CEL, à condition que ces deux prêts soient accordés en même temps par le même établissement et que leur montant total n'excède pas 92 000 € (avec un maximum de 23 000 € pour la fraction afférente au CEL).

✓ Le plafond de 92 000 € s'applique pour une même opération financée au moyen de prêts d'épargne logement. Il s'applique également pour un même emprunteur.

En clair :

- si vous êtes marié et que vous désirez acquérir votre résidence principale, le montant total des prêts d'épargne logement que vous pourrez obtenir sera limité à 92 000 €, même si chacun de vous est titulaire d'un PEL et qu'il a théoriquement droit, au titre de son PEL, à un prêt de 61 200 € ;
- en revanche, toujours si vous êtes marié et qu'il s'agit de financer deux opérations différentes (par exemple, acheter votre résidence principale et une résidence destinée à la location), chacun de vous pourra obtenir un prêt maximal de 92 000 €, sous réserve évidemment qu'il dispose des droits à prêt nécessaires.

Le prêt à 0 %

Le prêt à 0 % ou prêt à taux zéro est l'un des prêts à privilégier dans une opération d'accession à la propriété en raison de ses avantages : taux d'intérêt nul, durée et montant des remboursements adaptés aux revenus de l'emprunteur...

Quelles sont les opérations concernées ?

Vous pouvez obtenir un prêt à 0 %, dans la limite d'un prêt par opération, si vous souhaitez financer l'une des opérations suivantes (*Code de la construction, Art. R. 318-2*) :

– la construction d'un logement, accompagnée, le cas échéant, de l'acquisition de droits de construire ou de terrains destinés à la construction de ce logement, ou l'acquisition d'un logement en vue de sa première occupation ; l'aménagement à usage de logement de locaux non destinés à l'habitation est assimilé à la construction d'un logement ;

– l'acquisition d'un logement ayant déjà été occupé et, le cas échéant, les travaux d'amélioration nécessaires ;

– l'acquisition d'un logement faisant l'objet d'un contrat de location-accession ;

– l'acquisition d'un bien vendu en l'état futur de rénovation.

Ces opérations peuvent comprendre la construction ou l'acquisition simultanée de dépendances : garages, emplacements de stationnement, jardins, locaux collectifs à usage commun et certaines annexes (loggias, balcons, terrasses accessibles privatives, caves, combles...).

À NOTER

Lorsque l'acquisition porte sur des immeubles achevés depuis plus de 20 ans, un état des lieux relatif à la conformité du logement aux normes de surface et d'habitabilité est établi par un professionnel indépendant de la transaction et titulaire d'une assurance professionnelle. Cet état des lieux est conservé au dossier de prêt. Si des travaux de mise aux normes sont nécessaires, l'octroi du prêt à 0 % est subordonné à leur réalisation et ils doivent être réalisés dans un délai de 3 ans à compter de la date d'émission de l'offre de prêt (Code de la construction et de l'habitation, Art. R. 318-3).

Ces dispositions ont cessé d'être applicables au titre des offres de prêt émises depuis le 1/7/2010.

ATTENTION ⚠

Tant que le prêt à 0 % n'est pas intégralement remboursé, un logement financé à l'aide de ce prêt ne peut être :
– ni transformé en locaux commerciaux ou professionnels ;
– ni affecté à la location saisonnière ou en meublé ;
– ni utilisé comme résidence secondaire ;
– ni utilisé à titre d'accessoire du contrat de travail.
En cas de destruction du logement avant remboursement intégral du prêt, le maintien du prêt est subordonné à la reconstruction du logement dans un délai de 4 ans à compter de la date du sinistre.

En cas de vente ou de donation du logement financé avec le prêt à 0 %, l'emprunteur doit rembourser intégralement le capital restant dû au titre de ce prêt, au plus tard au moment de l'accomplissement des formalités de publicité foncière de la mutation. La mutation doit être déclarée à l'établissement de crédit dès la signature de l'acte authentique qui la constate. Toutefois, l'emprunteur peut conserver le bénéfice du prêt, sous la forme d'un transfert du capital restant dû, s'il acquiert un autre logement ouvrant droit à un financement par prêt à 0 %, en vue de l'occuper à titre de résidence principale.

Quelles sont les conditions tenant au logement ?

› Respect de normes minimales

Le logement doit, au jour de l'affectation à l'usage d'habitation principale du bénéficiaire du prêt, satisfaire aux normes minimales de surface et d'habitabilité définies en annexe du décret n° 2005-69 du 31/1/2005 ; ces normes peuvent être communiquées à

l'emprunteur par l'établissement de crédit auprès duquel il déposera sa demande de prêt. Cette disposition a cessé d'être applicable au titre des offres de prêt émises depuis le 1/7/2010.
Lorsqu'une mise aux normes est nécessaire, ce qui peut être le cas si l'achat concerne un logement ancien, le montant du prêt à 0 % peut, dans les limites réglementaires, financer l'ensemble des travaux rendus nécessaires par cette mise aux normes.

› Occupation à titre de résidence principale

Le prêt à 0 % est réservé à l'acquisition ou à la construction d'une résidence principale, c'est-à-dire au logement qui sera occupé au moins 8 mois par an par l'emprunteur et les personnes prises en compte pour l'appréciation de la condition de ressources, sauf en cas d'obligation de déplacement liée à l'activité professionnelle, raison de santé ou cas de force majeure.

L'occupation d'un logement ayant bénéficié d'un prêt à 0 % doit être effective dans le délai maximum d'1 an suivant soit la déclaration d'achèvement des travaux, soit l'acquisition du logement si celle-ci est postérieure. Ce délai peut être porté à 6 ans lorsque le logement est destiné à être occupé par l'emprunteur à compter de la date de son départ à la retraite, à condition que le logement soit loué pendant ce délai sous certaines conditions prévues (voir encadré).

LOCATION DU LOGEMENT FINANCÉ AVEC UN PRÊT À 0 %

Tant que le prêt n'est pas totalement remboursé, le logement financé à l'aide d'un prêt à 0 % ne peut être loué, dans des conditions strictement encadrées par la loi, que pour l'un des motifs suivants :
- mobilité professionnelle entraînant un trajet de plus de 70 km entre le nouveau lieu de travail et le logement financé ;
- décès ;
- divorce ;
- dissolution d'un PACS ;
- invalidité ou incapacité reconnue par une décision de la Commission des droits et de l'autonomie des personnes handicapées (ex. COTOREP) ;
- chômage d'une durée supérieure à 1 an attestée par l'inscription sur la liste des demandeurs d'emploi (liste tenue par Pôle emploi).

Toute mise en location doit être déclarée par l'emprunteur à l'établissement de crédit ainsi que, s'il bénéficie de cette aide, à l'organisme qui lui verse l'APL (en principe, la CAF).

Quelles sont les conditions pour bénéficier du prêt à 0 % ?

Pour pouvoir prétendre à un prêt à 0 %, vous devez disposer de ressources inférieures à certains plafonds et, sauf exceptions, ne pas être propriétaire de votre résidence principale.

À NOTER

Les prêts à 0 % sont accordés par les établissements ayant passé une convention avec l'État (ce qui est le cas de la plupart des grands réseaux bancaires). L'établissement de crédit apprécie sous sa propre responsabilité la solvabilité et les garanties de remboursement présentées par l'emprunteur qui demande à bénéficier d'un prêt à taux zéro (Code de la construction et de l'habitation, Art. R. 318-13). Autrement dit, le bénéfice d'un tel prêt n'est jamais un droit pour l'emprunteur, même s'il remplit toutes les conditions pour en bénéficier.

› Quelle est la condition de ressources ?

L'attribution du prêt à 0 % est déterminée en fonction du montant total des ressources de l'ensemble des personnes destinées à occuper le logement financé, du nombre de ces personnes et de la localisation du logement *(Voir pages Barème)*.

AVANTAGE

Le prêt à taux zéro peut être cumulé avec le bénéfice du nouveau crédit d'impôt au titre des intérêts d'emprunt destiné à financer l'acquisition ou la construction d'une résidence principale.

Quelles sont les ressources à prendre en compte ?

Lors de l'offre de prêt à taux zéro, le montant total des ressources à prendre en compte s'entend du revenu fiscal de référence (qui figure sur l'avis d'imposition) de l'emprunteur, auquel est ajouté, le cas échéant, celui des personnes destinées à occuper le logement à titre de résidence principale et qui ne sont pas rattachées au foyer fiscal de l'emprunteur.

Sont pris en compte les revenus au titre de :

– l'avant-dernière année précédant celle de l'offre de prêt à 0 % lorsque cette dernière intervient entre le 1er janvier et le 31 mai (soit, par exemple, les revenus au titre de 2008 pour les offres émises jusqu'au 31/5/2010) ;

– l'année précédant celle de l'offre de prêt à 0 % lorsque cette dernière intervient entre le 1er juin et le 31 décembre (soit, par exemple, les revenus au titre de 2009 pour les offres émises du 1/6/2010 au 31/12/2010).

En cas de modification de la composition du foyer fiscal du bénéficiaire du prêt à 0 % au cours de l'année retenue pour la détermination du montant total des ressources, les revenus du bénéficiaire sont corrigés en tenant compte de la variation des revenus résultant de cette modification, le cas échéant de manière forfaitaire. Ces dispositions sont susceptibles de s'appliquer, par exemple, dans les situations suivantes : abandon du domicile conjugal par l'un ou l'autre des époux, chacun disposant de revenus distincts ; décès de l'un des conjoints ; dissolution du PACS ; mariage ; conclusion d'un PACS.

ATTENTION ⚠

Les personnes rattachées au foyer fiscal de leurs parents l'année de référence, notamment les étudiants, ne peuvent bénéficier du prêt à taux zéro dans la mesure où ils sont dans l'impossibilité de produire un avis d'imposition qui leur soit propre.

Quels sont les justificatifs à produire ?

Pour la justification de vos ressources lors de la demande de prêt à taux zéro, vous devez fournir votre avis d'impôt sur les revenus de l'avant-dernière année précédant celle de l'offre d'avance lorsque cette dernière est émise entre le 1er janvier et le 31 mai ainsi que, le cas échéant, les avis d'imposition des personnes destinées à occuper le logement et non rattachées à votre foyer fiscal. Lorsque l'offre est émise à compter du 1er juin vous devez fournir les avis d'impôt sur les revenus de l'année précédant celle de l'offre d'avance.

À NOTER

Des dispositions particulières sont prévues lorsque les derniers avis d'imposition ne sont pas disponibles auprès de l'administration fiscale. Dans ce cas, les précisions nécessaires sur la procédure à suivre (déclaration sur l'honneur) sont fournies à l'emprunteur par l'établissement de crédit auprès duquel il déposera sa demande de prêt à 0 %.

› Qu'est-ce que la condition de non-propriété ?

Pour bénéficier d'un prêt à 0 %, vous ne devez pas avoir été propriétaire de votre résidence principale au cours des 2 dernières années précédant l'offre de prêt. Au moment de la demande de prêt, vous devrez fournir les pièces justificatives attestant de votre lieu de résidence principale et apporter la preuve que vous n'en avez pas été propriétaire au cours des 2 dernières années précédant l'offre d'avance.

Cette condition de non-propriété n'est toutefois pas exigée dans les cas suivants :

– si vous (ou l'un des occupants du logement à titre principal) êtes titulaire de la carte d'invalidité correspondant au classement dans la 2e ou la 3e des catégories prévues à l'article L. 341-4 du Code de la Sécurité sociale ;

– si vous (ou l'un des occupants de la résidence à titre principal) bénéficiez de l'allocation aux adultes handicapés ou de l'allocation d'éducation de l'enfant handicapé.

Cette condition de non-propriété n'est pas non plus exigée si vous-même (ou l'un des occupants de la résidence à titre principal) êtes victime d'une catastrophe ayant conduit à rendre inhabitable de manière définitive votre résidence principale et entraînant l'application :

– soit de la loi n° 82-600 du 13/7/1982 relative à l'indemnisation des victimes de catastrophes naturelles ;

– soit de l'article L. 122-7 du Code des assurances pour des dommages causés par les effets du vent dû aux tempêtes, ouragans ou cyclones ;

– soit de l'article L. 128-1 (alinéa 1er) du Code des assurances pour des dommages dus à des catastrophes technologiques.

À NOTER

Dans les situations visées ci-dessus, la demande de prêt à 0 % doit être présentée dans le délai de 2 ans suivant la date de publication de la décision de constatation de l'état de catastrophe ou la survenance du sinistre et être accompagnée d'une attestation selon laquelle les dommages affectant le logement nécessitent la réalisation sur un autre site d'une nouvelle construction ou l'acquisition d'un nouveau logement.

Quel est le montant du prêt ?

Cas général

Le montant du prêt à taux zéro est égal à la moins élevée des sommes résultant des deux calculs suivants :

– 20 % du coût de l'opération, tel que défini ci-après, retenu dans la limite d'un montant maximum *(Voir pages Barème)* déterminé en fonction du nombre de personnes destinées à occuper le logement, de la localisation du logement et du caractère neuf ou ancien du logement. Ce taux est porté à 30 % dans les zones urbaines sensibles (ZUS) et dans les zones franches urbaines (ZFU) ;

– 50 % du montant du ou des autres prêts, d'une durée supérieure à 2 ans, concourant au financement de l'opération.

Toutefois, pour l'acquisition d'un logement neuf, et au titre des offres de prêt à 0 % émises du 15/1/2009 au 30/6/2010, les taux de 20 %, 30 % et 50 % mentionnés ci-dessus sont respectivement portés à 30 %, 40 % et 100 %. Cette disposition, prise dans le cadre du Plan de relance de l'économie, permet un doublement effectif du montant du prêt à 0 %, pour les offres émises entre ces deux dates ; elle s'accompagne, pour ces mêmes opérations, d'un allongement des périodes de remboursement.

Pour les offres de prêt émises entre le 1/7/2010 et le 31/12/2010, le montant du prêt à 0 % dans le neuf est augmenté de 50 % par rapport au dispositif qui existait avant le 15/1/2009 *(Décret n° 2009-1691 du 30/12/2009) (Voir pages Barème)*.

Majoration du prêt en cas d'acquisition ou de construction d'un logement neuf

La loi n° 2006-872 du 13/7/2006 a instauré, à titre temporaire, une majoration du montant du prêt à 0 % lorsque ce prêt finance la construction ou l'acquisition d'un logement neuf donnant lieu à une aide à l'accession sociale à la propriété attribuée par une ou plusieurs collectivités territoriales (communes, départements, régions...) ou par un groupement de collectivités territoriales du lieu d'implantation du logement.

La majoration s'ajoute au montant de base du prêt à 0 % *(Voir pages Barème)*. Elle ne peut toutefois avoir pour effet de porter le montant total du prêt à 0 % au-delà du coût total de l'opération. Il pourra donc arriver que le montant de la majoration normalement applicable soit réduit afin que son montant, ajouté à celui du prêt à 0 % n'excède pas le montant du coût total de l'opération.

Cette majoration de prêt à 0 % est soumise aux conditions spécifiques suivantes (les autres conditions devant être remplies) :

– le demandeur du prêt doit disposer de ressources inférieures ou égales aux plafonds permettant de bénéficier d'un logement HLM, cette condition étant appréciée comme pour le prêt à 0 % proprement dit (voir plus haut) ;

– l'offre de prêt à 0 % doit être émise entre le 1/1/2007 et le 31/12/2012 ;

– l'opération doit porter sur un logement neuf, qu'il s'agisse de son acquisition, de sa construction ou de la transformation d'un local en logement ;

– l'aide de la collectivité territoriale doit prendre la forme soit d'une subvention, soit d'une bonification permettant l'octroi d'un prêt ne portant pas intérêt ou portant intérêt à un taux réduit par rapport aux conditions du marché, soit d'une mise à disposition par bail emphytéotique (bail d'une durée comprise entre 18 et 99 ans) ou bail à construction du terrain d'implantation du logement moyennant un loyer ou une redevance qui n'excède pas 15 € par an.

Lorsque l'aide de la collectivité territoriale prend la forme d'une subvention ou d'une bonification, le montant de la subvention ou le coût de la bonification supporté par la collectivité territoriale doit être supérieur ou égal à certains seuils *(Voir pages Barème)*.

À NOTER

Si vous souhaitez bénéficier de cette majoration de prêt à 0 %, il faudra fournir à l'appui de votre demande de prêt une attestation fournie par la collectivité territoriale concernée indiquant la nature et le montant de l'aide qu'elle vous apporte. Cette attestation doit être conforme à un modèle type figurant en annexe à l'arrêté du 31/1/2005, modifié par l'arrêté du 23/12/2006.

Majoration pour les logements neufs bénéficiant du label « BBC 2005 »

Le montant du prêt à 0 % est majoré à hauteur d'un montant maximum de 20 000 € pour les opérations portant sur la construction ou l'acquisition de logements neufs ou en l'état futur d'achèvement présentant une performance énergétique globale élevée. Pour ouvrir droit à cette majoration, le logement doit être situé en métropole et remplir les caractéristiques permettant l'obtention du label « Bâtiment basse consommation énergétique BBC 2005 ». L'objectif poursuivi est d'inciter les ménages à se porter acquéreur de logements très en avance sur la réglementation thermique en leur accordant un avantage supplémentaire destiné à compenser une fraction des surcoûts liés au respect de ces normes.

Le montant de la majoration est fixé en fonction du nombre de personnes destinées à occuper le logement *(Voir pages Barème)*.

Cette majoration s'applique aux offres de prêt émises depuis le 1/11/2009.

AVANTAGE

La majoration « BBC 2005 » peut être cumulée avec les autres majorations mentionnées ci-dessus. Le montant de ces majorations ne peut toutefois avoir pour effet de porter le montant total du prêt à 0 % et du ou des autres prêts, d'une durée supérieure à 2 ans, concourant au financement de l'opération, au-delà du coût total de l'opération.

Dispositions communes

Le coût total de l'opération, toutes taxes comprises, comprend :

– la charge foncière ou la charge immobilière, y compris les frais d'état des lieux, les honoraires de géomètre et les taxes afférentes, à l'exclusion des frais d'acte notarié et des droits d'enregistrement pour les terrains à bâtir ou les immeubles anciens ;

– les honoraires de négociation restant, le cas échéant, à la charge de l'acquéreur ;

– le coût des travaux, y compris les honoraires liés à leur réalisation ;

– les frais relatifs à l'assurance de responsabilité mentionnée à l'article L. 241-1 du Code des assurances ou à l'assurance de dommages mentionnée à l'article L. 242-1 du même code ;

– les taxes afférentes à la construction mentionnées aux articles 1585 A, 1599 octies, 1599 B et 1599-0B du Code général des impôts et de l'article L. 142-2 du Code de l'urbanisme.

Lorsque l'acquisition est accompagnée de travaux, ceux-ci doivent être réalisés dans un délai de 3 ans à compter de la date d'émission de l'offre de prêt. L'emprunteur doit transmettre, dès réception, les factures correspondantes à l'établissement de crédit ayant accordé le prêt. Les factures sont conservées dans le dossier de prêt.

L'AIDE DES COLLECTIVITÉS LOCALES

Les collectivités locales (municipalités, départements, régions) peuvent, pour favoriser l'accession sociale à la propriété, passer des conventions avec des établissements bancaires afin d'accorder des prêts sans intérêt (ou à faible taux) aux ménages à ressources modestes. C'est le cas, par exemple, de la Ville de Paris, qui a créé le « Prêt Paris Logement 0 % » (PPL), destiné à aider les parisiens à devenir propriétaires de leur résidence principale, neuve ou ancienne.

Remboursable sur une durée de 15 ans, le PPL s'adresse aux personnes non propriétaires de leur résidence principale, qui habitent Paris depuis au moins 3 ans, et qui soit sont âgées de moins de 35 ans, soit sont tenus de quitter un logement social, soit ont reçu de leur propriétaire-bailleur un congé pour vente et souhaitent se porter acquéreurs de leur logement. Ces exigences d'âge et de résidence ne concernent toutefois pas les personnes handicapées, les agents de la Ville de Paris, les policiers de la Préfecture de Paris, les sapeurs-pompiers de Paris et le personnel soignant des Hôpitaux de Paris. Dans tous les cas, le logement doit être situé à Paris « intra muros » et les demandeurs doivent remplir une condition de ressources.

Pour plus de renseignements sur ce prêt (montant, conditions de ressources…), on peut se reporter aux informations disponibles sur le site Internet de l'association départementale d'information sur le logement : *www.adil75.org*. Pour les prêts susceptibles d'être accordés par les autres collectivités locales, il convient de s'adresser à sa mairie ou aux services de son département ou de sa région.

EXEMPLE DE CALCUL

Vous êtes marié et vous avez deux enfants à charge. Vous achetez un logement neuf en province (offre émise le 10/10/2009), dans une agglomération de plus de 50 000 habitants (zone « B ») sans pouvoir bénéficier de la majoration de prêt à 0 %. Le coût total de l'opération est de 200 000 € que vous financez à hauteur de 60 000 € par un prêt d'épargne logement. Dans votre situation, le coût maximum de l'opération (ménage de 4 personnes) pris en compte est de 159 000 € *(Voir pages Barème)*.
Le prêt à 0 % sera donc égal :
- soit à 20 % du coût de l'opération pris en compte (20 % de 159 000 € = 31 800 €) ;
- soit à 50 % du montant des autres prêts (50 % de 60 000 € = 30 000 €), la somme la moins élevée étant retenue : en l'espèce, le prêt à 0 % sera de 30 000 €.

Comment s'effectue le remboursement ?

Les conditions de remboursement du prêt à taux zéro sont déterminées à la date d'émission de l'offre de prêt en fonction des ressources de l'emprunteur et tiennent compte des modalités de remboursement des prêts immobiliers consentis, le cas échéant, pour la même opération.

Le remboursement du prêt s'effectue, selon les ressources de l'emprunteur, soit en une seule période lorsque l'amortissement ne donne lieu à aucun différé, soit en deux périodes lorsqu'il y a un différé sur une fraction ou sur la totalité de son montant. Dans ce dernier cas, les sommes ayant fait l'objet d'un différé sont remboursées au cours de la seconde période. Pour chaque période, le remboursement s'effectue par mensualités constantes.

La fraction du prêt à 0 % faisant l'objet du différé et la durée de la seconde période de remboursement sont fixées en fonction des ressources de l'emprunteur et des personnes destinées à occuper le logement.

Trois barèmes de remboursement sont fixés : l'un pour les logements anciens, l'autre pour les logements neufs sans majoration au titre de l'aide des collectivités locales ou de leur implantation en zones défavorisées, le dernier au titre des logements neufs bénéficiant de cette majoration.

Lorsque l'emprunteur bénéficie d'un prêt à taux zéro assorti d'un différé de remboursement, la durée de ce différé ne peut excéder la plus longue des durées des prêts contractés, le cas échéant, pour la même opération.

La durée de la période de remboursement ou, s'il y a lieu, de différé, peut être réduite à la demande de l'emprunteur, sans pouvoir être inférieure à 6 ans.

À NOTER

Le non-respect des conditions liées à l'octroi d'un prêt à 0 %, notamment l'occupation à titre de résidence principale tant que le prêt n'est pas remboursé, peut conduire l'établissement prêteur à exiger le remboursement anticipé de la totalité du capital restant dû.

Quels prêts complémentaires au prêt à 0 % ?

Le prêt à 0 % ne peut être accordé seul ni constituer le financement principal puisqu'il est limité à 50 % du montant du ou des autres prêts. Pour votre opération de construction ou d'acquisition, vous devrez donc cumuler votre prêt à 0 % avec un autre qui peut être notamment, selon votre situation :
- un prêt d'accession sociale (PAS) ;
- un prêt conventionné (PC) ;
- un prêt d'épargne logement (PEL) ;
- un prêt 1 % logement ;
- un prêt bancaire ou un prêt libre.

ATTENTION ⚠

Le prêt à 0 % ne peut pas se cumuler avec les subventions de l'Agence nationale de l'habitat (→ index, *Subventions de l'ANAH) (Code de la construction et de l'habitation, Art. R. 317-7).*

Il y a néanmoins une exception : afin de financer les travaux d'accessibilité et d'adaptation du logement à leurs besoins, les personnes handicapées peuvent, lorsque le handicap est survenu postérieurement à l'entrée dans les lieux, bénéficier de ce cumul.

À NOTER

Le plus souvent, les établissements de crédit assimilent le prêt à 0 % à de l'apport personnel.

Le prêt conventionné

Le prêt conventionné est un prêt réglementé destiné à financer votre résidence principale. Pour l'obtenir, votre opération doit respecter quelques contraintes. Son taux est proche de celui d'un prêt bancaire traditionnel, mais son intérêt est de pouvoir éventuellement ouvrir droit à l'aide personnalisée au logement.

Quelles sont les opérations concernées ?

Le prêt conventionné peut vous intéresser si vous envisagez l'une des opérations suivantes :
– la construction d'une maison individuelle ;
– l'acquisition d'un logement neuf (appartement ou pavillon) ;
– l'acquisition d'un logement ancien (avec ou sans travaux) ;
– des travaux d'amélioration, d'agrandissement, d'extension ou de mise en état d'habitabilité (*Code de la construction et de l'habitation, Art. R. 331-63*).

Sont également finançables avec un prêt conventionné :
– les opérations de location-accession et les soultes ;
– le remboursement anticipé total d'un autre prêt conventionné à annuités progressives ;
– l'achat d'un logement en indivision.

La valeur des terrains acquis depuis moins de 3 ans à la date d'émission de l'offre de prêt et destinés à la construction peut désormais être refinancée à l'aide d'un prêt conventionné. Cette valeur peut également être prise en compte dans le coût de l'opération permettant de déterminer le montant du prêt.

À NOTER

Un prêt conventionné peut servir à financer un investissement locatif, à condition notamment que le logement constitue la résidence principale du locataire (Code de la construction et de l'habitation, Art. R. 331-67).

AVANTAGE

Pour le financement d'une opération de location-accession, il est également possible de bénéficier d'un prêt à taux zéro et d'un prêt spécifique, le « prêt social location-accession » (PSLA). Ce dernier est réservé aux personnes dont les ressources n'excèdent pas les plafonds fixés pour l'octroi d'un prêt à 0 % (→ index, Prêt à 0 %) ; il ouvre droit à divers avantages, dont, notamment, une TVA à taux réduit sur le prix de vente, une exonération sur une longue durée de taxe foncière sur les propriétés bâties, un plafonnement du prix de vente et de la partie « loyer » de la redevance payée par l'accédant (dans la location-accession, l'accédant est d'abord locataire et, à ce titre, verse une redevance dont une partie sert à constituer un futur apport personnel et l'autre constitue le loyer dû pour l'occupation du logement). Le PSLA est distribué par les établissements financiers suivants, auprès desquels on peut se renseigner : Crédit Mutuel, Crédit Agricole, Crédit Foncier de France et Crédit Coopératif.

Quelles sont les conditions relatives au logement ?

Quel doit être l'usage du logement ?

Le logement acquis doit constituer votre résidence principale, c'est-à-dire qu'il doit être occupé au moins 8 mois par an soit par vous-même, soit par votre conjoint, soit par vos ascendants ou descendants ou ceux de votre conjoint (*Code de la construction et de l'habitation, Art. R. 331-66*). Si vous avez acheté pour louer, le logement doit constituer la résidence principale de votre locataire.

Vous disposez d'un délai d'1 an pour occuper le logement, à compter de la déclaration d'achèvement des travaux ou de l'acquisition du logement.

Toutefois, ce délai peut être porté à 6 ans si vous projetez d'occuper le logement (ou de le louer) une fois que vous serez à la retraite, de retour d'un département ou territoire d'outre-mer ou de l'étranger.

LES AVANTAGES DU PRÊT CONVENTIONNÉ PAR RAPPORT AUX PRÊTS BANCAIRES CLASSIQUES

L'avantage principal du prêt conventionné ne réside plus aujourd'hui dans son taux d'intérêt : beaucoup de banques peuvent vous proposer un prêt traditionnel dont le taux sera équivalent, voire même parfois inférieur à celui d'un prêt conventionné.

Ce dernier présente pourtant encore des avantages non négligeables :

✓ il est, avec le prêt d'accession sociale (PAS), qui en constitue une variante, le seul prêt à ouvrir droit à l'aide personnalisée au logement (→ index, *APL*) ;

✓ si vous êtes fonctionnaire, il peut être complété par un prêt fonctionnaire (→ index, *Prêts complémentaires*) ;

✓ les frais d'actes notariés liés à l'obtention d'un prêt conventionné sont inférieurs à ceux des prêts du secteur libre ;

✓ la taxe locale d'équipement, lors d'une opération de construction, sera plus faible ;

✓ des réductions sur les frais de dossier sont très souvent accordées aux bénéficiaires des prêts conventionnés.

AVANTAGE

La condition relative à l'occupation du logement à titre de résidence principale (occupation au moins 8 mois par an) n'est plus exigée en cas de force majeure, d'obligation professionnelle ou de raison de santé.

En outre, si vous ne pouvez plus affecter votre logement à votre résidence principale, quels qu'en soient les motifs, il vous est possible de continuer à bénéficier du prêt conventionné si vous donnez le logement en location pour une durée maximale de 6 ans.

Enfin, pendant toute la durée de remboursement du prêt, le logement ne peut être :
– ni transformé en local commercial ou professionnel ;
– ni affecté à la location saisonnière ou en meublé plus de 4 mois par an ;
– ni utilisé comme résidence secondaire ;
– ni occupé à titre d'accessoire à un contrat de travail.

Quelles sont les conditions relatives à la surface habitable ?

Les opérations doivent respecter les normes minimales de surface habitable fixées ci-après par l'arrêté du 4/10/2001.

À NOTER

Si vous obtenez un prêt conventionné pour réaliser des travaux d'amélioration et/ou d'économie d'énergie, ces travaux doivent représenter un montant minimal (Voir pages Barème).

SURFACE MINIMALE POUR OBTENIR UN PRÊT CONVENTIONNÉ

Composition du ménage	Surface habitable minimale	
	Opérations d'agrandissement ou d'acquisition, avec ou sans amélioration, de logements existants (1)	Construction de logements Acquisition de logements neufs Aménagement à usage de logement de locaux non destinés à l'habitation
Personne seule	9 m^2	Pas de normes
Deux personnes	16 m^2	
Par personne supplémentaire	9 m^2	

(1) Si les travaux d'agrandissement de logements anciens par extension ou surélévation doivent conduire à une création de surface habitable d'au moins 14 m^2, la superficie du logement devra être conforme aux minima exposés ci-dessus après la réalisation des travaux.

Quelles sont les conditions spécifiques à certaines opérations ?

Acquisition d'un appartement ancien

Pour l'achat d'un appartement ancien, vous n'êtes pas obligé de faire des travaux sauf si votre logement ne respecte pas les normes minimales d'habitabilité.

Dans ce cas, les travaux viseront obligatoirement :

– soit à mettre le logement en conformité avec des normes minimales d'habitabilité (relatives à la sécurité, à la salubrité, à l'équipement) ;

– soit à adapter le logement aux besoins des personnes handicapées physiques ;

– soit à réduire les dépenses d'énergie.

Ces travaux doivent être effectués dans un délai maximal de 2 ans à compter de la signature du contrat de prêt.

Si le logement que vous achetez a plus de 20 ans, vous devez faire vérifier les conditions d'habitabilité et de surface par un professionnel, lors d'un état des lieux dont le compte rendu sera annexé à votre contrat de prêt. La liste des professionnels agréés ainsi que l'indication du coût de leur visite (comptez environ 150 €) sont disponibles auprès de l'établissement de crédit que vous aurez contacté pour votre prêt. Si vous le souhaitez, les frais de cet état des lieux seront intégrés au coût de l'opération et donc financés par le prêt conventionné (*Décret n° 91-1111 du 25/10/1991*).

AVANTAGE

L'état des lieux est une contrainte, mais c'est aussi un avantage : il vous permet de connaître précisément l'état de votre logement pour un coût relativement faible, avec une assurance de fiabilité : cette vérification sera faite par un professionnel.

Travaux d'amélioration ou d'économie d'énergie

Si vous effectuez des travaux d'amélioration, le logement devra être achevé depuis au moins 10 ans.

Si vous effectuez des travaux d'économie d'énergie, le logement devra exister au 1/7/1981 ou avoir fait l'objet, avant cette date, d'une demande de permis de construire.

À NOTER

À compter de la signature du contrat de prêt, vous avez 2 ans pour effectuer les travaux d'amélioration ou d'économie d'énergie.

ATTENTION ⚠

Lorsqu'il est accordé pour de simples travaux d'amélioration ou d'économie d'énergie, le prêt conventionné n'ouvre pas droit à l'APL.

Quelles sont les caractéristiques du prêt conventionné ?

Quel est le montant maximal du prêt ?

Le prêt conventionné peut financer l'intégralité du prix de vente TTC du logement ou du prix de revient de l'opération (*Code de la construction et de l'habitation, Art. R. 331-71*). Bien entendu, il s'agit là d'un maximum, car votre banque, en fonction de vos revenus, peut décider de limiter ce montant, par exemple à 80 % ou moins du prix de vente ou de revient.

Quel est le taux d'intérêt du prêt ?

Le taux d'intérêt du prêt conventionné est calculé en fonction de deux éléments :

– un taux de base fixé par les pouvoirs publics ;

– une marge maximale qui peut s'ajouter à ce taux de base (*Code de la construction et de l'habitation, Art. R. 331-74*).

Cette règle entraîne les conséquences suivantes :

– le taux d'intérêt ne peut être supérieur à certaines limites régulièrement révisées ;

– entre le taux de base et le taux maximal, la concurrence joue pleinement entre les différents établissements de crédit.

Par conséquent, si vous optez pour un prêt conventionné, n'hésitez pas à consulter plusieurs banques pour recueillir la meilleure offre.

Vous pouvez d'ailleurs, sur ce point, interroger l'association départementale d'information sur le logement (ADIL) la plus proche de chez vous (vous en obtiendrez les coordonnées par le 01 42 02 65 95 ou sur le site Internet *www.anil.org*).

AVANTAGE

Le prêt conventionné peut revêtir de nombreuses formes : à taux fixe ou révisable, avec des charges constantes ou progressives, etc. Autant de possibilités qui vous permettront de choisir le prêt le plus adapté à votre situation.

Quelle est la durée de remboursement du prêt ?

La durée des prêts conventionnés est fixée à 5 ans au minimum et 30 ans au maximum, quelle que soit l'opération finançable.

Cette durée d'amortissement peut même être prolongée jusqu'à 35 ans ou réduite sans durée minimale (*Code de la construction et de l'habitation, Art. R. 331-76*).

Lorsque ces prêts sont consentis avant la date d'achèvement des travaux, la période d'amortissement peut être précédée d'une période d'anticipation mentionnée au contrat de prêt.

Quels sont les prêts complémentaires au prêt conventionné ?

Le prêt conventionné peut être complété par de nombreux prêts assimilés à de l'apport personnel (*Code de la construction et de l'habitation, Art. R. 331-72*) :

– le prêt à 0 % ;

– les prêts d'épargne logement ;

– les prêts 1 % logement ;

– les prêts à caractère social (dont le taux d'intérêt n'excède pas 5 %) ;

– les prêts consentis aux agents de certains établissements publics (et dont le taux d'intérêt est inférieur à un montant fixé réglementairement) ;

– les prêts complémentaires aux fonctionnaires ;

– les prêts à court terme consentis dans l'attente de la vente du précédent logement ;

– les prêts à taux fixe dont le taux est inférieur ou égal à celui d'un prêt obtenu au titre d'un compte épargne-logement à partir d'intérêts acquis au taux de rémunération des dépôts en vigueur à la date de l'émission de l'offre de ces prêts.

Mise à part la dernière catégorie de prêt, toutes les autres seront prises en compte pour le calcul d'une éventuelle APL.

Le prêt d'accession sociale

Le prêt d'accession sociale (PAS) est une variante du prêt conventionné. Son taux d'intérêt est plus faible que celui d'un prêt conventionné classique mais, en contrepartie, il est soumis à une condition de ressources.

Quelles sont les opérations concernées ?

Le prêt d'accession sociale (PAS) finance les mêmes opérations que le prêt conventionné, à une exception près : il n'est pas possible d'obtenir un prêt PAS pour réaliser un investissement locatif. Pour le reste, les opérations sont soumises aux mêmes conditions qu'avec un prêt conventionné classique (→ index, *Prêt conventionné*).

Le logement acquis doit constituer votre résidence principale, la définition de cette notion étant la même que pour celle d'un prêt conventionné : comme avec ce dernier, il est possible d'acheter un logement en vue de sa retraite ou de son retour de l'étranger ou des départements et territoires d'outre-mer, ou encore de louer son logement lorsque l'on ne peut plus l'occuper pour des raisons professionnelles ou familiales.

Quelle est la condition de ressources ?

À la différence du prêt conventionné classique, le prêt PAS est soumis à une condition de ressources. Pour pouvoir en bénéficier, il faut en effet que vos ressources et, le cas échéant, celles des personnes devant occuper le logement, ne dépassent pas certains plafonds fixés en tenant compte du nombre de personnes destinées à occuper le logement et de la localisation de celui-ci (*Arrêté du 21/10/2008 modifiant l'arrêté du 4/10/2001*). Les règles applicables sont les mêmes que pour le prêt à 0 % (→ index, *Prêt à 0 %, condition de ressources*).

AVANTAGE

Comme le prêt conventionné ordinaire, le prêt PAS ouvre droit au bénéfice éventuel de l'aide personnalisée au logement (→ index, APL).

À NOTER

La condition de ressources étant parfois difficile à appréhender, n'hésitez pas, si une modification est intervenue dans votre situation familiale ou vos revenus, à vous faire confirmer par votre banque ou votre ADIL le plafond de ressources qui vous est applicable.

ATTENTION ⚠

Lorsque la banque n'est pas en mesure d'apprécier vos revenus, elle ne peut pas vous accorder un prêt PAS.

À NOTER

Si vos revenus vous permettent de prétendre à un prêt PAS, la banque est obligée de vous le proposer par préférence à un prêt conventionné ordinaire. Ceci est un avantage pour vous puisque le taux d'intérêt du prêt PAS est plus faible que celui d'un prêt conventionné ordinaire.

Quelles sont les conditions du prêt d'accession sociale ?

Quel est le montant du prêt ?

Comme pour le prêt conventionné, le montant du prêt PAS peut financer 100 % du coût de l'opération, avec, là encore, la possibilité pour la banque de limiter son engagement en fonction de vos disponibilités financières.

Le prêt PAS ne peut également être inférieur à un montant minimal fixé selon le type d'opération *(Voir pages Barème)*.

À NOTER

Le prêt PAS peut être complété par les mêmes prêts qu'un prêt conventionné ordinaire (→ index, Prêt conventionné).

AVANTAGE

Si vous avez bénéficié d'un prêt PAS pour acquérir votre résidence principale et dont l'offre de prêt a été émise au plus tard le 31/12/2003, vous avez la possibilité, en cas de perte d'emploi, de reporter en fin de remboursement du prêt 50 % au maximum des mensualités de votre prêt PAS et, le cas échéant, de votre prêt à 0 %. Cette possibilité vous est offerte pour une durée maximale de 12 mois.

Quels sont la durée et le taux d'intérêt du prêt ?

Les durées de remboursement sont les mêmes que celles d'un prêt conventionné (→ index, *Prêt conventionné*).

Le taux d'intérêt se détermine de la même façon que pour un prêt conventionné ordinaire :
– fixation d'un taux de base par les pouvoirs publics ;
– possibilité pour les banques d'ajouter une marge à ce taux de base, dans la limite d'un taux maximal.

L'avantage du prêt PAS est que le taux de base fixé par les pouvoirs publics est inférieur de 0,6 % à celui applicable au prêt conventionné ordinaire, ce qui se retrouve dans le taux proposé par les banques. Là encore, n'hésitez pas à faire le tour des établissements de crédit afin de faire jouer pleinement la concurrence.

LES AUTRES AVANTAGES DU PRÊT PAS

En plus de son taux d'intérêt préférentiel, le prêt PAS offre les avantages suivants :
- ✓ il ouvre droit à l'APL (pour le calcul de cette aide, seront également prises en compte les mensualités versées au titre des prêts complémentaires) ;
- ✓ les frais de dossier que peut vous réclamer votre banque sont limités ;
- ✓ les frais d'acte notarié sont réduits, de même que la taxe locale d'équipement si vous obtenez un prêt PAS pour une opération de construction.

Les prêts complémentaires

Comme leur nom l'indique, les prêts complémentaires sont destinés à compléter un prêt principal. Même si leur montant est en principe limité, leur taux d'intérêt est bien souvent imbattable, et ils seront considérés par votre banquier comme de l'apport personnel. Autant de raisons pour ne pas les ignorer et faire le tour des organismes susceptibles de vous les accorder.

Le prêt 1 % logement

Si vous êtes employé dans une entreprise occupant au moins 20 salariés, celle-ci doit en principe cotiser au titre de la participation des employeurs à l'effort de construction (PEEC). C'est dans ce cadre que vous pourrez peut-être obtenir soit de votre employeur, soit d'un organisme collecteur, un prêt communément appelé prêt « 1 % logement ».
Les dispositions applicables à la PEEC figurent dans le code de la construction et de l'habitation ; elles ont été modifiées en dernier lieu par la loi n° 2009-323 du 25/3/2009 et le décret n° 2009-746 du 22/6/2009 pris pour son application. Des précisions réglementaires sont attendues.

À NOTER

Les logements financés à l'aide de la PEEC ne peuvent ni être transformés en locaux industriels, commerciaux, artisanaux ou professionnels, ni dépendre, pour leur accès, uniquement de locaux de cette nature. Ces logements ne peuvent pas être occupés à titre d'accessoire d'un contrat de travail (logement de fonction), sauf lorsqu'ils sont loués meublés à des salariés ou des stagiaires tenus, pour des raisons professionnelles liées à l'exercice d'une activité à caractère saisonnier ou d'une activité temporaire d'une durée comprise entre 3 mois et 1 an, ou pour des raisons de formation, de se loger hors de leur résidence principale (Code de la construction et de l'habitation, Art. R. 313-14).

Quelles sont les opérations concernées ?

Vous pouvez demander un prêt au titre du « 1 % logement » pour l'une des opérations d'accession ou de réhabilitation suivantes (*Code de la construction et de l'habitation, Art. R. 313-19-1*) :
– financement de l'acquisition, suivie ou non de travaux d'amélioration, ou de la construction d'un logement affecté à la résidence principale ou du conjoint, des ascendants ou descendants de l'emprunteur ; les acquisitions de locaux ou d'immeubles non affectés à l'habitation suivie de leur transformation ou aménagement en logements sont assimilées à la construction de logements ;
– réalisation de travaux d'amélioration ; les travaux d'agrandissement ou de réhabilitation de logements sont assimilés à des travaux d'amélioration ;
– interventions en faveur d'accédants ou de locataires en difficulté ;
– prêt au titre de la mobilité professionnelle ;
– acquisition de terrains.

À NOTER

Les fonctionnaires ne peuvent pas bénéficier du prêt 1 % logement ; ils ont droit à un prêt spécifique (→ index, Prêts complémentaires, fonctionnaire).

Le logement financé avec un prêt 1 % logement doit constituer votre résidence principale, ou celle de votre conjoint, de vos ascendants ou de vos descendants (*Code de la construction et de l'habitation, Art. R. 313-14*). Les délais d'occupation, comme les possibilités de location, sont les mêmes qu'avec un prêt conventionné (→ index, *Prêt conventionné*).

À NOTER

Les sommes collectées au titre du 1 % logement peuvent également être consacrées, dans des conditions fixées par décret, au financement d'aides directes à des personnes physiques pour le changement de logement, le maintien dans leur logement ou l'accès au logement locatif, et de garanties de loyers et de charges au profit des propriétaires bailleurs.

ATTENTION ⚠

Obtenir un prêt au titre du 1 % logement n'est jamais automatique : toutes les ressources disponibles peuvent déjà être utilisées ; votre employeur peut établir des critères de priorité (ancienneté dans l'entreprise, charges de famille...) ou encore, il peut préférer utiliser cette participation pour réserver des logements locatifs.

Certaines de ces opérations appellent les précisions suivantes :

Achat d'un terrain :

Si vous souhaitez financer l'achat du terrain avec le prêt employeur, vous êtes dans l'obligation de faire construire dans les 4 ans qui suivent l'obtention du prêt.

Acquisition, suivie ou non de travaux d'amélioration, ou construction :

Ces prêts sont soumis à des conditions de performance énergétique du logement qui sont au moins celles exigées par la réglementation (*Code de la construction et de l'habitation, Art. L. 111-9 pour les bâtiments neufs et L. 111-10 pour les bâtiments existants*). Ces prêts peuvent notamment être accordés dans le cadre de contrats de location-accession. Ils ne peuvent se cumuler avec les prêts à taux réduit à remboursement différé (dits « Pass Foncier »).

LE PASS-FONCIER

L'État et l'Union d'économie sociale pour le logement (UESL, institution qui fédère les organismes du 1% logement) ont mis en place, depuis le 1/1/2007, un dispositif d'aide à l'accession à la propriété, le Pass-Foncier. Celui-ci consiste à offrir aux primo-accédants (ceux qui n'ont pas été propriétaires de leur résidence principale au cours des deux dernières années) la possibilité de financer d'abord la construction de leur maison puis le terrain, lorsque le prêt principal souscrit pour cette construction aura été remboursé. L'accès à ce prêt est soumis à plusieurs conditions, notamment de ressources et de bénéfice d'une aide à l'accession sociale à la propriété d'une ou plusieurs collectivités locales.
Les opérations bénéficiant d'un Pass-Foncier bénéficient, sous conditions, d'une TVA à 5,5 %.
Le Pass-Foncier peut également prendre la forme d'un prêt à remboursement différé octroyé par un collecteur du 1 % logement.
Sur ces questions, comme sur les formalités à remplir, on peut consulter sur Internet le site *www.actionlogement.fr*.

Travaux d'amélioration :

Ces prêts sont accordés en priorité à certaines personnes physiques ou dont le logement est placé dans l'une des situations particulières suivantes :
– personnes en situation de handicap au sens de l'article L. 114 du Code de l'action sociale et des familles ;
– propriétaires occupants pour des travaux ouvrant droit à une subvention de l'Agence nationale de l'habitat (→ index, *Subventions de l'ANAH*) ;
– logements situés au sein de copropriétés faisant l'objet d'un plan de sauvegarde prévu à l'article L. 615-1 du Code de la construction et de l'habitation ou d'une convention d'opération programmée d'amélioration de l'habitat (OPAH) et comportant des actions destinées aux copropriétés dégradées ;
– logements ou immeubles placés dans une situation d'insalubrité avérée, selon des modalités définies par le règlement général de l'ANAH, et pour l'amélioration desquels les propriétaires occupants obtiennent une subvention de cette Agence ;
– logements dont l'habitabilité est compromise à la suite d'une catastrophe mentionnée à l'article R. 318-1 du Code de la construction et de l'habitation (notamment une catastrophe naturelle) ;
– logements faisant l'objet de travaux d'amélioration de la performance énergétique.

Accédants en difficulté :

Les sommes collectées au titre du 1 % logement peuvent être utilisées pour venir en aide à des personnes physiques copropriétaires ou accédant à la propriété de leur résidence principale rencontrant des difficultés financières graves ou une évolution très défavorable de leur situation (*Code de la construction et de l'habitation, Art. R. 313-19-3*). Ces interventions peuvent, notamment, prendre les formes suivantes :

– refinancement de prêts immobiliers ;

– prêts à taux nul accordés à des personnes physiques pour alléger temporairement leurs charges de logement ;

– financement par l'UESL (organisme qui fédère les collecteurs du 1 % logement) d'un dispositif de report en fin de prêt d'une fraction des mensualités des prêts accordés à des personnes physiques, lorsque ces prêts bénéficient de la garantie de l'État en application de l'article L. 312-1 du Code de la construction et de l'habitation.

À NOTER

La demande de prêt est à faire auprès de l'employeur. Le prêt sera consenti directement par l'employeur ou par l'intermédiaire de l'organisme collecteur auprès duquel cotise votre entreprise. Le prêt fait l'objet d'un contrat avec l'organisme collecteur, qui précise notamment, les conditions de son versement.

Prêt au titre de la mobilité professionnelle :

Au titre du 1 % logement, des prêts à taux réduit à court terme peuvent être accordés aux salariés en situation de mobilité professionnelle ou d'accès à l'emploi pour l'acquisition ou la construction de leur logement, lorsque ces derniers ont pris l'engagement de vendre leur logement précédent dont l'occupation est incompatible avec l'exercice de leur activité professionnelle dans un nouveau lieu de travail. Il s'agit, en quelque sorte, de prêts « relais ».

Quelles sont les caractéristiques des prêts 1 % logement ?

Les caractéristiques des prêts (durée, taux d'intérêt, montant, etc.) attribués au titre du 1 % logement diffèrent selon l'usage qui est fait de ces prêts.

AVANTAGE

Étant donné son faible taux d'intérêt, le prêt 1 % logement est considéré par les banques comme faisant partie de l'apport personnel.

Prêts au titre de l'acquisition ou de la construction d'un logement et des opérations assimilées :

Les prêts destinés à financer ce type d'opérations répondent aux caractéristiques suivantes :

– leur montant ne peut excéder 30 % du coût total de l'opération, au sens retenu pour les prêts à 0 % (→ index, *Prêt à 0 %*), dans la limite d'un montant fixé en fonction du lieu d'implantation du logement *(Voir pages Barème)* ;

– leur durée maximale ne peut excéder 25 ans ;

– leur taux d'intérêt est au maximum de 3 % par an.

À NOTER

Dans le cas d'une opération de construction de logements ou d'acquisition de logements neufs, le prêt est versé au plus tard à l'expiration de celui des deux délais suivants dont le terme est le plus éloigné :

– 1 an après la délivrance de la déclaration d'achèvement des travaux de l'opération considérée ;

– 3 mois après la première occupation du logement.

À NOTER

S'il s'agit d'une opération d'acquisition de logements existants, le versement intervient 3 mois après l'acquisition ; ce délai est porté à 24 mois lorsque l'aide accordée finance également des travaux d'amélioration.

Prêts pour la réalisation de travaux d'amélioration et opérations assimilées :

Dans ce cas, le prêt ne peut excéder 100 % du prix de revient prévisionnel de l'opération, dans la limite d'un montant maximal par logement *(Voir pages Barème)*.

La durée du prêt ne peut excéder 15 ans et son taux d'intérêt ne peut être supérieur à 1,5 % par an.

Dans le cas d'une opération d'amélioration de logements, l'aide est versée 3 mois après l'achèvement des travaux.

À NOTER

Si vous et votre conjoint travaillez dans deux entreprises différentes qui cotisent chacune au titre du 1 % logement, chacun de vous pourra obtenir un prêt employeur mais dans la limite du montant du plafond applicable à l'opération que vous envisagez de réaliser.

AVANTAGE

Votre prêt 1 % n'est pas lié à votre contrat de travail : vous n'avez donc pas à le rembourser immédiatement si vous êtes amené à quitter votre entreprise.

À NOTER

Les fonds collectés au titre du 1 % logement peuvent également être utilisés pour financer des dispositifs visant à faciliter l'accès au logement locatif des salariés ou d'autres catégories de bénéficiaires.

Le prêt complémentaire fonctionnaire

Ce prêt est destiné aux fonctionnaires qui financent leur résidence principale à l'aide d'un prêt PAS ou d'un prêt conventionné. Il vient en complément de ces prêts, pour une même opération : seules sont donc visées les opérations finançables à l'aide d'un prêt PAS ou d'un prêt conventionné, à l'exception toutefois des opérations à destination locative.

Quelles sont les conditions à remplir ?

Pour obtenir un prêt complémentaire fonctionnaire, vous devez être :

– fonctionnaire civil, magistrat de l'ordre judiciaire, personnel militaire de l'État recevant une solde mensuelle ;
– auxiliaire, temporaire ou contractuel de l'État ou d'un établissement de l'État, à condition d'être employé de façon permanente et d'être rémunéré dans les mêmes conditions que les fonctionnaires titulaires ;
– ou agent d'une collectivité locale, d'un établissement public qui en dépend, d'un district urbain ou d'une communauté urbaine, à condition d'être titulaire, affilié ou non à la Caisse nationale de retraite des agents des collectivités locales (CNRACL) ou non titulaire mais affilié à la CNRACL.

Quel est le montant du prêt ?

Le montant du prêt fonctionnaire dépend du lieu d'implantation du logement et du type d'opération (achat, construction, travaux...) que vous réalisez ainsi que de la taille du logement. Pour les jeunes ménages (couple ayant moins de 5 ans de mariage et dont la somme des âges révolus est au plus égale à 55 ans), les montants applicables sont multipliés par 1,42 *(Voir pages Barème)*.

AVANTAGE

Les sommes versées au titre du prêt fonctionnaire sont prises en compte pour le calcul de l'APL. En outre, aucun frais de dossier ni aucune garantie hypothécaire ne vous sera demandé pour ce prêt. Quant au coût des éventuelles assurances décès-invalidité et perte d'emploi (pour votre conjoint, par exemple), il est réduit par rapport au coût normal de ces assurances.

Quelles sont les autres conditions du prêt ?

Le taux du prêt fonctionnaire est fixé à 7 %. Toutefois, si vous êtes un fonctionnaire de l'État ou d'un établissement public de l'État, le taux d'intérêt sera réduit à 4 % pendant les 3 premières années du prêt : durant cette période, appelée « différé d'amortissement », vous ne réglerez que les intérêts sur le prêt et les éventuelles cotisations d'assurance (invalidité-décès, notamment).

La durée du prêt est de 10 ou 15 ans, au choix de l'emprunteur ; le remboursement se fait tous les semestres.

Quelle est la procédure ?

Le prêt fonctionnaire est distribué par un seul établissement financier : le Crédit foncier de France. La demande doit en être faite au plus tôt en même temps que la demande de prêt PAS ou de prêt conventionné et, au plus tard, dans les 8 mois qui suivent la déclaration d'achèvement des travaux ou l'acquisition.

À NOTER

Si, en cours de prêt, vous changez de statut et n'êtes plus fonctionnaire, sachez que le remboursement du prêt peut vous être demandé, sauf en cas de mise à la retraite.

ATTENTION ⚠

Un seul prêt fonctionnaire peut être accordé pour une même opération et ce, même si les deux conjoints sont fonctionnaires.

D'AUTRES PISTES POUR BOUCLER VOTRE FINANCEMENT

Même si les prêts qu'ils peuvent vous accorder seront rarement d'un montant très élevé, leur taux d'intérêt sera souvent imbattable. Aussi n'oubliez pas, pour boucler votre plan de financement, de faire le tour de tous les interlocuteurs possibles, et notamment de :

- ✓ votre caisse d'allocations familiales ;
- ✓ votre caisse de retraite ;
- ✓ votre préfecture (certains départements accordent des prêts) ;
- ✓ le conseil régional (certaines régions octroient des prêts régionaux).

UN CRÉDIT D'IMPÔT SUR LES INTÉRÊTS D'EMPRUNT

Afin d'encourager l'accession à la propriété, l'article 5 de la loi n° 2007-1223 du 21/8/2007 en faveur du travail, de l'emploi et du pouvoir d'achat a mis en place un dispositif de crédit d'impôt au profit des contribuables qui ont recours au crédit pour financer l'acquisition ou la construction de leur résidence principale. Ce dispositif s'applique au titre des emprunts contractés à compter du 6/5/2007.

Les aides au logement

Les aides au logement, qu'il s'agisse de l'aide personnalisée au logement ou de l'allocation de logement, sont destinées à alléger les charges de remboursement des personnes qui accèdent à la propriété ou les charges de loyer des locataires. Chacune de ces aides est soumise à des conditions particulières, notamment de ressources. Elles ne peuvent être accordées qu'au titre d'une résidence principale et ne sont pas cumulables entre elles.

L'aide personnalisée au logement

Vous pouvez prétendre à l'aide personnalisée au logement (APL) si vous financez votre résidence principale à l'aide de certains prêts réglementés ou si vous êtes locataire d'un logement conventionné ou assimilé. Le montant de cette aide est fonction de nombreux paramètres ; il est révisé tous les 1er juillet pour tenir compte notamment d'éventuelles modifications de votre situation.

Quelles sont les conditions d'obtention de l'APL ?

Vous êtes propriétaire

Pour pouvoir prétendre à l'APL, vous devez :

– rembourser un prêt conventionné ou un prêt PAS obtenu pour une opération de construction, d'acquisition ou d'agrandissement (cas d'un logement dont vous êtes déjà propriétaire) ;

– occuper le logement en question à titre de résidence principale. Cela suppose que le logement soit occupé, sauf obligation professionnelle, raison de santé ou cas de force majeure, au moins 8 mois par an par le bénéficiaire de l'APL, son conjoint ou les ascendants ou descendants du bénéficiaire ou de son conjoint (*Code de la construction et de l'habitation, Art. L. 351-2 et R. 351-1*). Pour l'application de cette règle, est assimilé au conjoint, le concubin ainsi que le partenaire lié au bénéficiaire de l'APL par un pacte civil de solidarité (PACS) (*Code de la construction et de l'habitation, Art. R. 351-29*).

Si vous réalisez des travaux, et que vous empruntez pour cela, vous ne pourrez éventuellement bénéficier de l'APL que s'il s'agit d'opérations d'agrandissement (par extension ou surélévation) ou d'aménagement à usage de logement de locaux non destinés initialement à l'habitation.

En revanche, des travaux d'amélioration seuls (sans acquisition préalable) ne permettent pas de bénéficier de l'APL.

À NOTER

Impossible de prétendre à l'APL si l'on n'assume pas directement les remboursements d'un prêt conventionné ou d'un prêt PAS : ainsi, une jeune fille s'est vue refuser le bénéfice de cette aide sous prétexte qu'elle laissait ses parents régler les charges de remboursement du prêt dont elle était titulaire (Conseil d'État, 25/2/1987). De même, la prise en charge des mensualités de prêt par une compagnie d'assurances empêche le bénéficiaire de l'APL de continuer de percevoir cette aide tant que dure cette situation (Conseil d'État, 22/6/1988).

Vous êtes locataire

Pour bénéficier de l'APL, vous devez louer un logement ayant fait l'objet d'une convention entre le propriétaire et l'État. C'est le cas, notamment, des logements HLM.

Peuvent également bénéficier de l'APL locative, sous certaines conditions, les personnes âgées ou handicapées accueillies à titre onéreux chez des particuliers, ainsi que les jeunes logés en foyers de jeunes travailleurs.

Comme en matière d'accession, l'APL locative ne peut être accordée qu'au titre d'une résidence principale.

ATTENTION ⚠

L'APL ne peut être attribuée aux personnes qui sont locataires d'un logement appartenant à l'un de leurs ascendants ou descendants, ou ceux de leur conjoint, concubin ou partenaire pacsé.

À NOTER

L'APL est attribuée aux personnes de nationalité française comme aux personnes de nationalité étrangère en situation régulière.

Comment est déterminé le montant de l'APL ?

Quatre critères permettent de déterminer le montant de l'APL :

– la composition de votre famille ;

– vos ressources ;

– le montant de votre loyer ou de vos remboursements de prêts immobiliers finançant votre résidence principale. Dans ce dernier cas, il ne s'agit pas uniquement du prêt (prêt conventionné ou prêt PAS) qui ouvre droit à l'APL, mais aussi des mensualités des prêts complémentaires (prêt à 0 %, prêt 1 % logement, prêts d'épargne logement, prêt complémentaire aux fonctionnaires...) ;

– la situation géographique du logement et, pour l'accession, la nature de l'opération (ancien ou neuf) (*Code de la construction et de l'habitation, Art. L. 351-3*).

ATTENTION ⚠

L'APL est soumise à la CRDS (→ index, CRDS). Cette contribution est prélevée directement par l'organisme qui verse cette aide (la caisse d'allocations familiales ou la caisse de mutualité sociale agricole), si bien que vous n'avez aucune démarche particulière à effectuer.

Les trois premiers critères peuvent évoluer dans le temps et entraîner :

– une suppression du droit à l'APL ou, au contraire, la possibilité de bénéficier de cette aide ;

– une diminution ou une augmentation de son montant.

L'aide personnalisée est calculée au 1er janvier de chaque année. Elle est versée soit pendant une période de 12 mois débutant le 1er janvier, soit à compter de l'ouverture du droit jusqu'au 31 décembre suivant (*Code de la construction et de l'habitation, Art. R. 351-4*).

Toute modification dans la situation familiale ou professionnelle (divorce, décès, chômage, retraite...) ou, en cas d'accession, dans les conditions de remboursement du prêt (remboursement anticipé du prêt, prise en charge des mensualités par les assurances, décès-invalidité ou perte d'emploi...) doit être signalée à l'organisme qui verse l'aide, le montant versé pouvant alors varier à la hausse ou à la baisse.

AVANTAGE

Afin de maintenir l'efficacité sociale des aides au logement (APL et allocations de logement), et leur « pouvoir d'achat », il est prévu que les différents paramètres de calcul de ces aides (plafonds de loyers ou plafond des charges de remboursement, montant forfaitaire des charges...) seront désormais révisés chaque année au 1er janvier, en fonction de l'évolution de l'indice de référence des loyers (→ index, Indice de référence des loyers).

Quelles sont les démarches à effectuer ?

Pour bénéficier de l'APL, vous devez en faire la demande (*Code de la construction et de l'habitation, Art. R. 351-9*). Celle-ci doit être déposée à la caisse d'allocations familiales dont vous dépendez ou à la caisse de mutualité sociale agricole (MSA) si vous relevez du régime agricole.

La demande doit être accompagnée d'un certain nombre de justificatifs, et notamment :

– un état des personnes vivant habituellement au foyer, y compris les enfants à charge qui viennent y habiter périodiquement ou qui sont absents momentanément pour des raisons tenant à leur état de santé ou à leur éducation. Les changements dans l'état des personnes vivant au foyer doivent être déclarés dans le délai d'1 mois ;

– une déclaration sur l'honneur indiquant le total des ressources perçues au cours de l'année civile de référence (par exemple, année 2008 pour la période de paiement 1/1/2010 - 31/12/2010) par toutes les personnes vivant habituellement au foyer ;

– en cas d'occupation par le propriétaire, le ou les certificats, conformes à un modèle type, datés et notifiés au demandeur par les organismes prêteurs ; ces certificats précisent les modalités et la périodicité des paiements des charges d'intérêts et d'amortissement des prêts ;

– en cas de location, une attestation du bailleur concernant le montant du loyer pour le mois de juillet ou celui qui correspond au mois pris en considération pour le calcul de l'APL.

L'APL étant versée pour la période comprise entre le 1er janvier (ou, si le droit est ouvert en cours d'année civile, le mois suivant celui au cours duquel le droit est ouvert) et le 31 décembre, la demande doit être renouvelée chaque année, avec les justificatifs demandés par la caisse (*Arrêté du 26/6/2008 modifiant l'arrêté du 22/8/1986*).

La non-transmission de ces documents dans les délais que la caisse vous précisera peut entraîner la suspension de l'APL.

Est puni d'une amende de 5 000 € le fait de bénéficier ou de tenter de bénéficier de l'APL à la suite de manœuvres frauduleuses ou de fausses déclarations. Les sommes perçues de ce fait devront en outre être remboursées.

Quand et comment intervient le versement ?

L'APL est due à compter du 1er jour du mois civil suivant celui au cours duquel les conditions d'ouverture du droit sont réunies. Si les conditions d'ouverture du droit sont réunies avant la date de la demande, vous pourrez obtenir un versement rétroactif de l'aide, mais seulement dans la limite des 3 mois précédant celui au cours duquel la demande est déposée.

À NOTER

L'organisme qui verse l'APL (en principe, la CAF) dispose d'un délai de 2 ans pour récupérer les sommes versées à tort (ce que l'on appelle des prestations « indues »), sauf en cas de fraude ou de fausse déclaration (délai de 30 ans). Si ces aides ont bien été déduites, par le bailleur ou l'établissement financier, des sommes réclamées, selon le cas, au locataire ou à l'emprunteur, le recouvrement des paiements indus s'effectue directement auprès de ces derniers. La CAF peut alors récupérer l'indu sur les échéances d'APL à venir ou, à défaut, sur les échéances à venir d'autres prestations sociales, notamment l'allocation de logement sociale, l'allocation de logement familiale, les prestations familiales ou le revenu de solidarité active (Code de la construction et de l'habitation, Art. L. 351-11).

En matière d'APL, le principe est le versement en tiers payant : l'APL ne vous sera pas versée directement, mais elle sera versée à l'établissement prêteur, en cas d'accession, ou au bailleur, en cas de location, qui la déduira de vos mensualités de remboursement ou du loyer que vous devez (*Code de la construction et de l'habitation, Art. R. 351-27*).

À NOTER

Si vous pensez remplir les conditions d'obtention, vous pouvez prendre contact avec votre caisse d'allocations familiales (CAF) ou votre caisse de mutualité sociale agricole (MSA) si vous relevez des régimes agricoles. En fonction de votre situation, elle pourra apprécier vos droits à cette prestation. Vous pouvez également vous adresser à une association départementale d'information sur le logement (ADIL) ou évaluer directement vos droits à cette aide en vous connectant sur le 3615 CAF ou sur le site Internet des caisses d'allocations familiales : www.caf.fr.

À NOTER

Si vous ne pouvez plus régler vos charges de prêt ou de loyer, l'APL peut continuer à vous être versée, principalement si un plan d'apurement de votre dette est mis en place. Si vous avez des difficultés pour faire face à vos charges de remboursement, n'attendez donc surtout pas pour le signaler à votre caisse.

Les allocations de logement

Les allocations de logement sont au nombre de deux : l'allocation de logement familiale et l'allocation de logement sociale. Ces allocations sont, pour l'essentiel, soumises aux mêmes conditions d'attribution, la distinction principale ayant trait aux bénéficiaires visés.

Quels sont les bénéficiaires ?

C'est sur ce point que les deux types d'allocation de logement se distinguent.

Pour l'allocation de logement familiale

Vous pourrez prétendre à cette allocation si vous remplissez l'une ou l'autre des conditions suivantes :

– vous percevez déjà une des prestations familiales suivantes : les allocations familiales, le complément familial, l'allocation de soutien familial, l'allocation d'éducation de l'enfant handicapé ;

– vous avez un enfant à charge ;

– vous êtes une personne seule, sans enfant à charge, et vous attendez un enfant ; dans ce cas, l'allocation de logement familiale est due à compter du premier jour du mois civil suivant le 4e mois de la grossesse et jusqu'au mois civil de la naissance de l'enfant (après cette naissance, le droit à l'allocation de logement sera ouvert soit au titre de l'allocation de logement familiale, soit au titre de l'APL, soit au titre de l'allocation de logement sociale, sous réserve que les conditions soient remplies) ;

– vous êtes un jeune ménage marié depuis moins de 5 ans, à la condition que le mariage ait été célébré avant que l'un ou l'autre des époux ait atteint l'âge de 40 ans ;

– vous avez à charge à votre domicile un ascendant de plus de 65 ans ou de 60 ans inapte au travail ou un membre de votre famille présentant un taux d'infirmité d'au moins 80 % (sur ce point, la législation étant particulièrement complexe, le plus simple est de vous renseigner auprès de votre caisse d'allocations familiales ou votre caisse de mutualité sociale agricole si vous relevez du régime agricole).

Pour l'allocation de logement sociale

Le principe est simple : peut prétendre à cette allocation toute personne qui ne remplit ni les conditions pour bénéficier de l'APL, ni celles pour bénéficier de l'allocation de logement familiale. Il faut simplement que soient remplies les conditions relatives au logement et aux ressources.

À NOTER

Les caisses d'allocations familiales peuvent demander, pour le service de l'allocation de logement (et, plus généralement, des prestations familiales), toutes pièces justificatives utiles pour apprécier les conditions du droit à la prestation. Elles peuvent se dispenser de cette demande lorsqu'elles sont en mesure d'effectuer des contrôles par d'autres moyens mis à leur disposition. Sauf cas de force majeure, la non présentation par le demandeur des pièces justificatives entraîne la suspension du délai d'instruction de la demande pendant une durée maximale fixée à 2 mois à compter de la date à laquelle la caisse a informé le demandeur qu'il avait à produire des pièces supplémentaires (Code de la Sécurité sociale, Art. L. 161-1-4 et D. 161-1-3). Si le demandeur n'a pas produit les pièces demandées à l'issue de cette période de 2 mois, sa demande sera considérée comme rejetée. Rien n'interdit toutefois de déposer une nouvelle demande, en produisant évidemment les pièces exigées.

Quelles sont les conditions d'obtention ?

Quelles sont les conditions tenant au logement ?

Comme l'APL, les allocations de logement ne concernent que les résidences principales, que vous soyez locataire ou accédant à la propriété (*Code de la Sécurité sociale, Art. D. 542-1* et *R. 831-1*).

La définition de cette notion est d'ailleurs la même que pour l'APL. Il faut en outre que le logement réponde aux caractéristiques fixées par l'article 6 de la loi du 6/7/1989, c'est-à-dire aux conditions de confort minimales fixées par le décret n° 2002-120 du 30/1/2002 relatif aux caractéristiques du logement décent (→ index, *Logement décent*).

Précision importante : si le logement ne répond pas aux caractéristiques du logement décent, le versement de l'allocation est en principe suspendu. L'allocation de logement pourra toutefois continuer à vous être versée, à titre dérogatoire, dans les conditions suivantes :

– si vous êtes locataire, pour une durée de 6 mois, le temps de vous permettre de demander à votre propriétaire la mise en conformité du logement aux normes de " décence " ou d'engager une action en justice pour obtenir cette mise aux normes (→ index, *Logement décent*) ;

– si vous êtes logé en hôtel meublé ou en pension de famille, pour une durée d'1 an, avec prolongement possible de 6 mois supplémentaires ;

– si vous êtes accédant à la propriété, ou que vous bénéficiez d'une allocation de logement au titre d'une opération d'agrandissement ou d'amélioration, le temps nécessaire à ce qu'une solution d'amélioration de votre logement soit trouvée (*Code de la Sécurité sociale, Art. L. 542-2, L. 831-3 et R. 831-13*).

Le logement doit également avoir une superficie minimale :

– pour l'allocation de logement familiale : 16 m^2 pour un ménage sans enfant ou deux personnes, augmentés de 9 m^2 par personne en plus, dans la limite de 70 m^2 pour 8 personnes ou plus (*Code de la Sécurité sociale, Art. D. 542-14-2*) ;

– pour l'allocation de logement sociale : 9 m^2 pour une personne, 16 m^2 pour deux personnes, augmentés de 9 m^2 par personne en plus (*Code de la Sécurité sociale, Art. R. 831-13-1*).

À NOTER

Si les conditions de superficie ne sont pas remplies, une dérogation peut être accordée par l'organisme payeur (en principe la CAF) pour un certain délai.

ATTENTION ⚠

Les aides au logement ne peuvent pas être attribuées aux personnes qui sont locataires d'un logement appartenant à l'un de leurs ascendants ou descendants, ou ceux de leur conjoint ou concubin ou de toute personne liée à elles par un pacte civil de solidarité (→ index, PACS).

AVANTAGE

L'allocation de logement peut également être accordée si le logement est situé dans un département d'outre-mer, ce qui n'est pas le cas pour l'APL.

Quelles sont les opérations visées ?

Vous êtes accédant à la propriété :

Une allocation de logement peut vous être accordée lorsque vous remboursez un prêt, autre qu'un prêt conventionné ou un prêt PAS, qui finance une opération :

– de construction ;

– d'acquisition d'un logement ;

– d'acquisition et/ou d'amélioration d'un logement en vue de le rendre, partiellement ou totalement, conforme aux normes minimales d'habitabilité ;

– de transformation en logement d'un local initialement affecté à un autre usage (local commercial, par exemple) ;

– d'agrandissement d'un logement (*Code de la Sécurité sociale, Art. D. 542-24*).

Vous êtes locataire :

À la différence de l'APL, il n'y a aucune condition tenant au conventionnement du logement pour pouvoir prétendre à une allocation de logement. Il suffit que ce dernier soit conforme aux normes de « décence » et de surface déjà précisées. Il faut également savoir que le bénéfice de ces allocations vous sera refusé si le logement que vous occupez a été mis à votre disposition par l'un de vos ascendants ou descendants ou l'un des ascendants ou descendants de votre conjoint, concubin ou partenaire lié par un PACS.

À NOTER

Sont passibles de sanctions pénales et de pénalités administratives, les fausses déclarations ou les déclarations incomplètes ayant pour objet d'obtenir des prestations sociales telles que l'allocation de logement qui, sans cela, ne seraient pas dues ou seraient dues pour un montant inférieur à celui versé.

Quel est le montant de l'allocation de logement ?

Comme pour l'APL, le montant de l'allocation de logement dépend de nombreux facteurs : charges de remboursement ou de loyer, composition de la famille, lieu d'implantation du logement, etc. Pour évaluer vos droits à cette aide et son montant éventuel, vous pouvez consulter votre caisse d'allocations familiales ou votre caisse de mutualité sociale agricole, ou encore votre association départementale pour l'information sur le logement (ADIL). Vous pouvez également vous connecter sur le service Minitel des caisses d'allocations familiales (3615 CAF) ou sur leur site Internet (*www.caf.fr*) : en quelques questions, vous pourrez alors avoir une idée précise de vos droits en matière d'allocation de logement.

À qui est-elle versée ?

Vous êtes accédant à la propriété

S'il en fait la demande, l'allocation de logement sera versée directement à l'établissement prêteur. Celui-ci devra alors déduire l'allocation du montant des charges de remboursement et porter cette déduction à votre connaissance. Si le prêteur ne pratique pas cette déduction, l'allocation logement vous sera versée directement (*Code de la Sécurité sociale, Art. L. 553-4 et L. 835-2*). Lorsque l'organisme payeur a versé une allocation indue et que le prêteur justifie avoir procédé à la déduction décrite ci-dessus, la caisse qui verse l'allocation (en principe la CAF) récupère le trop-perçu auprès de l'allocataire.

Vous êtes locataire

L'allocation de logement (familiale ou sociale) est versée, s'il le demande, directement au bailleur et non au locataire (c'est ce que l'on appelle le « tiers-payant »). Celui-ci la déduit alors du montant du loyer et des dépenses accessoires de logement et porte cette déduction à la connaissance du locataire bénéficiaire de l'allocation de logement. Lorsque le bailleur ne pratique pas cette déduction, l'allocation est versée au locataire (*Code de la Sécurité sociale, Art. L. 553-4 et L. 835-2*).

Un tel versement en tiers-payant ne peut toutefois avoir lieu que si le logement répond aux exigences du logement décent (→ index, *Logement décent*). Pour les logements compris dans un patrimoine d'au moins 10 logements dont le propriétaire ou le gestionnaire est un organisme d'habitations à loyer modéré ou une société d'économie mixte de construction et de gestion de logements sociaux, le bailleur peut continuer à percevoir l'allocation s'il s'engage par convention avec l'Etat à rendre le logement décent dans un délai fixé par cette convention.

Lorsque l'organisme payeur a versé une allocation indue et que le bailleur justifie avoir procédé à la déduction décrite ci-dessus, le trop-perçu est récupéré auprès de l'allocataire.

À NOTER

Contrairement à la règle qui prévalait antérieurement à la loi n° 2008-111 du 8/2/2008, le paiement en tiers-payant de l'allocation de logement entre les mains du prêteur ou du bailleur est de droit, dès lors qu'ils en font la demande. Dans le dispositif antérieur, ce paiement ne pouvait intervenir que dans certaines situations particulières : accord entre les parties, non paiement des charges de remboursement…

L'allocation de logement est versée par la caisse d'allocations familiales ou la caisse de mutualité sociale agricole si vous dépendez du régime agricole.

À NOTER

L'allocation de logement est versée à partir du 1er jour du mois civil qui suit la demande.

À NOTER

Lorsque l'allocation de logement est versée directement au bailleur (système dit du « tiers payant ») et que son montant est supérieur au montant du loyer dû par le locataire, le bailleur doit reverser le surplus à ce dernier. Si le logement n'est pas « décent », l'allocation de logement ne peut en aucun cas être versée en tiers payant, sauf au profit des bailleurs sociaux (notamment les organismes HLM), dès lors qu'ils s'engagent par convention à rendre le logement « décent » dans un délai fixé par cette convention.

AVANTAGE

Comme pour l'APL, si vous avez des difficultés pour régler vos charges de prêts ou votre loyer, votre allocation de logement ne sera pas forcément suspendue. Là encore, ne tardez pas à prendre contact avec l'organisme qui vous verse l'allocation pour envisager avec lui la meilleure solution.

Quelles sont les démarches à effectuer ?

Les démarches à effectuer sont les mêmes que pour obtenir l'APL (→ index, *Aide personnalisée au logement, démarches*), mais il faut également joindre à la demande un justificatif de la superficie du logement.

Le financement de l'amélioration de l'habitat

Si vous souhaitez effectuer des travaux de rénovation ou d'amélioration, vous pouvez éventuellement bénéficier d'une aide qui prendra en charge une partie de vos dépenses. Quel que soit votre statut, propriétaire bailleur ou propriétaire occupant, l'aide principale à laquelle vous pourrez prétendre consiste en une subvention attribuée par l'Agence nationale de l'habitat (ANAH). Pour en bénéficier, certaines conditions sont à remplir, et certains engagements sont à prendre.

Les subventions de l'ANAH

L'Agence nationale de l'habitat (ANAH) a notamment pour mission d'attribuer des subventions aux propriétaires bailleurs et aux propriétaires occupants qui souhaitent réaliser des travaux dans les logements qu'ils donnent en location ou qu'ils occupent, à titre de résidence principale. Cette subvention ne concerne que les immeubles anciens ; elle est en outre soumise, dans certains cas, à condition de ressources et ne peut concerner que certains types de travaux.

Quels sont les logements concernés ?

Ancienneté des immeubles

Les subventions de l'ANAH peuvent être accordées pour réaliser des travaux dans des logements ou dans des immeubles. Dans l'un et l'autre cas, ceux-ci doivent remplir une condition d'ancienneté, c'est-à-dire être achevés :

– depuis 15 ans au moins à la date de la notification de la décision d'octroi de subvention dans le cas général ;

– depuis 10 ans au moins à la date de la notification de la décision d'octroi de subvention lorsque les travaux portent sur les parties communes d'un immeuble faisant l'objet d'un plan de sauvegarde prévu à l'article L. 615-1 du Code de la construction et de l'habitation (il s'agit des copropriétés dites « dégradées »).

À NOTER

Les règles applicables aux subventions de l'ANAH figurent dans le Règlement général de l'ANAH, approuvé par un arrêté du 2/10/2009.

Ces délais peuvent ne pas être exigés lorsque les travaux envisagés tendent :

– soit à réaliser l'adaptation des logements aux besoins spécifiques des personnes handicapées ou des personnes âgées ;

– soit à améliorer les logements occupés par les personnes appelées à travailler la nuit ;

– soit à économiser l'énergie.

En outre, des dérogations à la condition de délai de 15 ans peuvent être accordées, à titre exceptionnel, en fonction de l'urgence et de l'intérêt des travaux à réaliser dans les situations suivantes :

– l'immeuble fait l'objet d'un arrêté de péril (*Code de la construction et de l'habitation, Art. L. 511-1 et s.*) ou d'un arrêté d'insalubrité (*Code de la santé publique, Art. L. 1331-26 et s.*) ou nécessite des travaux de mise en sécurité d'équipements communs à usage collectif (par exemple, un ascenseur) ;

– les travaux sont réalisés à la suite d'une catastrophe naturelle ou d'une catastrophe majeure, ou sont consécutifs à des dommages causés par les effets du vent dû aux tempêtes, ouragans et cyclones ;

– les travaux sont réalisés sur des immeubles ou logements situés dans le périmètre d'une OPAH (opération programmée d'amélioration de l'habitat), ou d'un plan de sauvegarde ;

– les travaux portent sur des immeubles ou logements faisant partie d'une copropriété en difficulté pour la gestion de laquelle un administrateur provisoire a été désigné conformément aux dispositions de l'article 29-1 de la loi n° 65-557 du 10/7/1965 ;

– les travaux sont relatifs à la prévention des risques naturels ou technologiques ou visent à lutter contre les nuisances sonores aux abords des aérodromes ou autre site particulièrement exposé.

Occupation à titre de résidence principale

Les subventions de l'ANAH ne sont accordées qu'au titre d'une résidence principale, c'est-à-dire un logement occupé au moins 8 mois par an, sauf obligation professionnelle, raison de santé ou cas de force majeure (*Code de la construction et de l'habitation, Art. R. 321-20*). Cette condition doit être remplie soit par le propriétaire occupant, soit par le locataire si la subvention a été attribuée à un propriétaire bailleur. Cette occupation à titre de résidence principale doit durer en principe 9 ans à compter de la déclaration d'achèvement des travaux. Elle peut toutefois être réduite si vous vous trouvez dans l'une des situations suivantes :

- Vous êtes propriétaire bailleur. La durée de location peut être ramenée à 6 ans si vous devez reprendre le logement pour l'occuper à titre de résidence principale, ou le faire occuper, également comme résidence principale, par votre conjoint, votre concubin ou la personne à qui vous êtes lié par un PACS, ou par vos ascendants ou descendants ou ceux de votre conjoint, concubin ou partenaire pacsé. En outre, l'occupation du logement n'est pas exigée si, après une vacance du logement subventionné supérieure à 1 an, vous apportez la preuve que vous avez mis en œuvre tous les moyens nécessaires à la recherche d'un locataire.

Lorsque les travaux réalisés avec l'aide de l'ANAH relèvent de l'accessibilité ou de l'adaptation de l'immeuble ou du logement aux personnes handicapées et ont eu pour objet de répondre aux besoins spécifiques de la personne logée, la durée de 9 années de mise en location ou de mise à disposition n'est plus exigée en cas de départ du fait du locataire.

AVANTAGE

Sous certaines conditions, l'ANAH peut intervenir pour aider à la transformation en logements, d'immeubles auparavant affectés à une autre utilisation (commerciale, agricole, de bureaux...) pour aider à la remise sur le marché locatif de logements vacants ou pour financer des travaux d'économie d'énergie. Sur ce point particulier, on peut se renseigner auprès de la direction départementale de l'ANAH.

- Vous êtes propriétaire occupant. Le logement subventionné doit être occupé dans le délai maximum d'1 an qui suit la déclaration d'achèvement des travaux ; ce délai peut être porté à 3 ans si vous destinez le logement à votre résidence principale, lors de votre départ à la retraite.

En outre, cette occupation à titre de résidence principale peut ne pas être exigée si le bénéficiaire de la subvention invoque des motifs d'ordre médical, familial ou professionnel impliquant nécessairement un changement de résidence principale.

À NOTER

Sous certaines conditions, lorsque la subvention a été accordée à un propriétaire occupant, celui-ci peut obtenir de l'ANAH l'autorisation de louer ce logement à un locataire, qui en fera sa résidence principale, tout en conservant le bénéfice de la subvention. Des renseignements complémentaires peuvent être obtenus auprès de la direction départementale de l'ANAH.

À NOTER

Tout changement d'occupation ou d'utilisation des logements ou toute mutation de propriété (vente, donation...) des logements intervenant pendant la période de 9 ans doit être déclaré par le bénéficiaire de la subvention au délégué local de l'ANAH dans un délai de 2 mois suivant l'événement. En outre, à l'occasion d'une mutation de propriété, les vendeurs, les donataires ou leurs ayants droit (en cas de succession) sont tenus d'informer le notaire de l'octroi de la subvention (Code de la construction et de l'habitation, Art. R. 321-20).

Quels sont les bénéficiaires ?

À qui s'adressent les subventions ?

Les subventions de l'ANAH s'adressent :

– aux propriétaires occupants ;

– aux propriétaires bailleurs ;

– aux personnes qui assurent la charge effective des travaux dans des logements occupés à titre de résidence principale, par leurs ascendants ou descendants ou ceux de leur conjoint, de leur concubin ou du cosignataire d'un PACS lorsque ces derniers ont la qualité de propriétaires ou de titulaires d'un droit réel conférant l'usage des locaux (usufruitiers, nu-propriétaires...) ;

– aux locataires qui effectuent des travaux de mise aux normes du logement qu'ils occupent. L'ANAH peut également accorder des subventions aux locataires qui effectuent, avec l'accord de leur bailleur, des travaux d'accessibilité ou d'adaptation au handicap de leur logement. Cette aide peut être accordée à tous les locataires, sans condition de ressources. Un accord exprès du bailleur est nécessaire : une simple lettre signée du bailleur suffit, dès lors qu'elle comporte au moins son nom et son adresse, un descriptif sommaire des travaux concernés (prouvant que le bailleur a été informé de la consistance du projet) ainsi que les coordonnées du locataire et du logement concerné.

Les subventions peuvent également être attribuées, dans des conditions particulières, aux communes ou groupements de communes qui se substituent à des propriétaires défaillants pour effectuer des travaux dans des logements insalubres ou dangereux, ou à des associations agréées en charge du logement des personnes défavorisées.

Les subventions peuvent aussi concerner, sous certaines conditions, des logements mis à disposition gratuitement, par leur propriétaire, au bénéfice d'une personne ayant la qualité d'hébergée. Sont exclusivement concernés par cette disposition les logements destinés à des personnes en situation de handicap, ou gérés par des associations agréées au titre de la loi du 31/5/1990 pour le logement des personnes défavorisées.

LES SUBVENTIONS ACCORDÉES AUX SYNDICATS DE COPROPRIÉTAIRES

L'ANAH peut attribuer des subventions aux syndicats de copropriétaires pour des travaux nécessaires au fonctionnement normal de la copropriété et ordonnés par l'administrateur provisoire désigné par le tribunal de grande instance (copropriété en difficulté), pour ceux réalisés sur les parties communes et équipements communs (par exemple, un ascenseur) d'une copropriété en présence d'un arrêté d'insalubrité, de péril, d'une notification de travaux de lutte contre le saturnisme ou d'une notification de remise en état des équipements communs, et pour ceux permettant l'accessibilité de l'immeuble. Sans qu'il soit besoin d'un tel arrêté, une subvention peut également être attribuée afin de réaliser des travaux destinés à mettre fin au caractère indigne (c'est-à-dire présentant des risques pour la santé ou la sécurité de leurs occupants) des logements ou des bâtiments dans lesquels ils sont situés, ou pour le financement des travaux d'accessibilité portant sur les parties communes ou équipements communs de l'immeuble. Si vous êtes dans ce cas, il faut demander à votre syndic qu'il entreprenne les démarches auprès de l'ANAH pour tenter d'obtenir ces subventions.

Quelles sont les conditions de ressources ?

Certains demandeurs ne peuvent prétendre à une subvention de l'ANAH que dans la mesure où leurs ressources sont inférieures à certains plafonds. Sont concernés :

– les propriétaires occupants ;

– les personnes qui prennent en charge des travaux dans un logement occupé par certains membres de leur famille (voir ci-dessus) ; dans ce cas, la condition de ressources doit être remplie par les personnes qui occupent le logement et par le demandeur de l'aide (celui qui prendra en charge les travaux).

La réglementation prévoit un plafond de base, applicable dans le cas général, et des plafonds majorés applicables à certaines situations particulières : logement ou immeuble insalubre ou en péril, immeuble ou logement faisant l'objet d'un plan de sauvegarde ou situés dans une OPAH, travaux destinés à l'adaptation du logement aux besoins des personnes âgées ou défavorisées.

À NOTER

Des plafonds majorés s'appliquent également lorsque le logement est situé dans une région ayant subi une catastrophe, naturelle ou industrielle : Bretagne, Somme, ville de Toulouse, communes touchées par la tempête Xynthia, dans les zones dans lesquelles l'ANAH met en œuvre un régime d'aides consécutif à une catastrophe dont l'ampleur ou l'intensité atteste d'un caractère exceptionnel ou qui donne lieu à un dispositif d'intervention arrêté par décision interministérielle... Sur les conditions particulières applicables, les personnes concernées peuvent se renseigner auprès de la délégation départementale de l'ANAH ou sur le site www.anah.org.

Les plafonds sont revalorisés chaque année au 1er janvier *(Voir pages Barème)*.

Pour apprécier la situation de chaque ménage demandeur, au regard du plafond de ressources applicable, le montant des ressources à prendre en considération au cours d'une année donnée est égal à la somme des revenus fiscaux de référence de chaque personne composant le ménage au titre de l'avant-dernière année précédant celle de la demande de subvention ; ainsi, par exemple, pour une demande déposée en 2010, le plafond applicable sera comparé aux ressources de l'année 2008.

À titre de justificatifs de ressources, il faut produire, à l'appui de la demande de subvention, l'avis d'impôt sur le revenu de chaque personne constituant le ménage demandeur, précisant sa situation au regard de l'impôt sur le revenu dû au titre de l'année de référence (année 2008 pour une demande déposée en 2010, année 2009 pour une demande en 2011, etc.). Si vous êtes non imposable à l'impôt sur le revenu, vous devrez produire un avis de non-imposition pour l'année considérée.

À NOTER

Si cela est plus avantageux pour vous (notamment en cas de baisse de vos ressources), vous pouvez demander la prise en compte des revenus de la dernière année précédant celle du dépôt de la demande (revenu de l'année 2009 pour une demande en 2010 par exemple.)

Quels sont les travaux concernés ?

Le conseil d'administration de l'ANAH définit les travaux pouvant faire l'objet d'une subvention. Il s'agit des travaux de réparation, d'assainissement, d'amélioration et d'adaptation d'immeubles ou de logements, ainsi que des travaux de transformation en logements de locaux non affectés à usage d'habitation.

Quatre catégories de travaux sont visés, sachant que des adaptations sont possibles localement, dans le cadre de conventions spécifiques :

– les travaux destinés à améliorer la sécurité, la salubrité, l'équipement des logements ;

– les travaux destinés à améliorer la sécurité, la salubrité, l'équipement des immeubles ;

– les travaux d'accessibilité ou d'adaptation de l'immeuble, ou des logements aux personnes en situation de handicap ou à mobilité réduite ;

– les travaux favorisant la maîtrise des ressources et des charges.

La liste des travaux subventionnables peut être consultée sur le site de l'ANAH (*www.anah.org*) ou auprès des délégations départementales de l'ANAH.

À NOTER

Par exception au principe selon lequel seuls certains travaux sont subventionnables, peuvent faire l'objet d'une subvention de l'ANAH la totalité des mesures prescrites sur un immeuble à la suite d'un arrêté pris en application des articles L. 1331-26 et suivants (immeuble insalubre) et articles L. 1334-1 et suivants (présence de plomb ou d'amiante) du Code de la santé publique ou des articles L. 123-3 (risques d'incendie), L. 129-1 et suivants (fonctionnement défectueux d'un élément d'équipement commun) et articles L. 511-1 et suivants (immeubles menaçant de s'effondrer) du Code de la construction et de l'habitation.

Les simples travaux d'entretien ou de réparation ne peuvent, en principe, bénéficier d'une subvention de l'ANAH.

Il en va de même, sauf exceptions, des travaux de réhabilitation lourde qui pourraient s'apparenter à une opération de reconstruction.

Pour les demandes de subventions déposées depuis le 1/1/2009, sauf dans les DOM, les logements concernés, soit par un projet de travaux pour lesquels le montant de l'ensemble des travaux subventionnables dépasse 25 000 € par logement, soit par une demande d'éco-prime (voir plus loin), doivent faire l'objet d'une évaluation énergétique avant et après travaux. Cette évaluation peut notamment être établie par un diagnostiqueur agréé pour effectuer des diagnostics de performance énergétique. Après travaux, l'évaluation énergétique doit permettre de connaître la consommation conventionnelle du logement ; celle-ci correspond à une consommation calculée par un spécialiste dans des conditions normales d'utilisation du logement (occupation permanente, à température normale, fenêtres fermées...). L'évaluation énergétique doit être jointe à la demande de paiement du solde de la subvention. Si le logement reste classé en étiquette « G » après travaux (ces logements sont ceux dont l'isolation thermique est quasi-inexistante, d'où leur qualification de « passoire thermique »), il ne peut pas faire l'objet d'une subvention.

Les travaux accessoires de finition ne peuvent être pris en compte dans la dépense subventionnable que dans la mesure où ils sont indissociables de l'exécution des travaux d'amélioration figurant sur la liste des travaux subventionnables et nécessaires pour que le logement soit habitable. Il peut s'agir, par exemple, de la pose d'enduits pour recouvrir des matériaux isolants ou une nouvelle cloison, mais en aucun cas de peinture, de revêtements muraux ou de moquette.

À NOTER

Pour être subventionnables, les travaux doivent représenter un montant minimal (Voir pages Barème). Ce montant n'est toutefois pas exigé lorsque les travaux sont réalisés par des propriétaires occupants disposant de ressources au plus égales à 50 % des plafonds normalement applicables (on parle alors de propriétaires « très sociaux »), ou concernent des personnes âgées ou handicapées, ou encore des copropriétés en difficulté.

Qui doit effectuer les travaux ?

Les travaux subventionnés par l'ANAH doivent être exécutés par des entreprises professionnelles du bâtiment inscrites au Registre du commerce et des sociétés ou au Répertoire des métiers ou légalement installées dans un pays membre de l'Union européenne, ou par des entreprises d'insertion ou des établissements ou services d'aide par le travail (ESAT) dûment habilités par une autorité administrative. Ces entreprises doivent être soumises aux règles de garantie légale.

L'intervention des entreprises doit comprendre la fourniture et la mise en œuvre des matériaux et équipements.
Sous certaines conditions, les travaux peuvent être réalisés par les propriétaires-occupants, dans le cadre d'une opération dite d'« auto réhabilitation » ; dans ce cas, un encadrement technique est obligatoirement effectué par un opérateur s'engageant à respecter une charte élaborée par l'ANAH qui porte en particulier sur les obligations relatives à la transparence du montage financier, à la sécurisation de l'opération ainsi qu'aux garanties appropriées (*Code de la construction et de l'habitation, Art. R. 321-18*). Sur ce point, il convient de se renseigner auprès de la délégation départementale de l'ANAH.

ATTENTION ⚠

L'achat direct des matériaux par le propriétaire exclut les travaux réalisés avec ces matériaux (et non pas l'ensemble de l'opération) du bénéfice d'une subvention, même si ces matériaux sont mis en œuvre par une entreprise.

Quel est le montant de la subvention ?

Quel est le taux des subventions ?

Le taux de base des subventions est fixé à 20 % du montant HT des travaux pour les propriétaires occupants, 15 % pour les propriétaires bailleurs, et 35 % pour les propriétaires occupants « très sociaux », c'est-à-dire ceux disposant de ressources au plus égales à 50 % des plafonds normalement applicables. Les travaux sont pris en compte dans la limite d'un plafond, variable selon leur nature, le lieu d'implantation du logement ou de l'immeuble et la qualité du demandeur (propriétaire bailleur, propriétaire occupant...).
Le taux de subvention est fixé à 70 % pour les interventions spécifiques à caractère très social (suppression des peintures au plomb, travaux d'adaptation pour les personnes âgées ou handicapées...).

AVANTAGE

En complément d'une subvention, l'ANAH peut accorder deux primes spécifiques :
– une prime pour la remise sur le marché locatif d'un logement vacant, dont le montant varie selon la localisation du logement et les engagements de location éventuels pris par le propriétaire bailleur ;
– une « éco-prime » dont le montant varie selon la nature des bénéficiaires (propriétaires occupants dits « très sociaux » ou propriétaires bailleurs). Pour en bénéficier, une évaluation thermique, avant et après travaux, doit être effectuée et attestée par un technicien qualifié ou par un diagnostic de performance énergétique.
Pour tous renseignements sur ces primes, on peut se retourner vers la délégation départementale de l'ANAH ou consulter le site www.anah.fr.

Qu'est-ce que « l'écrêtement » des aides ?

L'ANAH « écrête » le montant de ses subventions afin que le montant total des aides publiques directes (aides de l'État, des collectivités locales...) attribuées au titre d'une même opération, ne dépasse pas le plafond de 80 % du coût global de l'opération. Ainsi, par exemple, si ce coût global représente 10 000 €, et que le demandeur a déjà obtenu 7 000 € d'aides publiques diverses, l'ANAH ne pourra lui attribuer qu'une aide maximale de 1 000 € (le total n'excédera pas 80 % du coût global), même s'il pouvait, au terme de la réglementation, prétendre à une subvention d'un montant supérieur. Dans certaines situations, le plafond peut être porté de 80 à 100 %, notamment lorsque les travaux concernent des personnes âgées ou handicapées, portent sur un immeuble faisant l'objet d'un plan de sauvegarde, d'un arrêté d'insalubrité ou de péril pris, ou lorsque le demandeur dispose de ressources modestes.

ATTENTION ⚠

La subvention de l'ANAH n'est pas cumulable avec le prêt à 0 % (→ index, Prêt à 0 %). Ce cumul est toutefois possible au profit des personnes devenues handicapées postérieurement à leur entrée dans les lieux, et qui souhaitent financer des travaux d'adaptation ou d'accessibilité de leur logement à leurs besoins.

AVANTAGE

Pour financer vos travaux, vous pouvez compléter votre subvention par :
– un prêt bancaire (y compris un prêt relais dans l'attente du versement de la subvention) ;
– un prêt d'épargne logement ;
– un prêt conventionné ;
– un prêt d'une collectivité locale (accordé en général si votre logement se situe dans une OPAH).

Quelle est la procédure ?

Où faut-il déposer la demande ?

Le dossier de demande de subvention doit être déposé à la délégation départementale de l'ANAH (pour tous renseignements, s'adresser au siège de l'ANAH).

Dans certaines conditions, les départements ou les EPCI (établissements publics de coopération intercommunale) ayant conclu une convention avec l'ANAH peuvent se voir attribuer la gestion des crédits de l'ANAH (on parle alors de « délégataire ») ; dans ce cas, la demande doit être adressée au délégataire et c'est le président du conseil général ou de l'EPCI, après avis de la commission locale d'amélioration de l'habitat, qui attribue les subventions pour le compte de l'ANAH. Lorsque de telles modalités sont applicables, les coordonnées des délégataires compétents peuvent être obtenues auprès de la délégation départementale de l'ANAH.

Le dossier de demande doit comporter un certain nombre de pièces :

– copie du titre de propriété ;

– dossier technique comprenant les devis détaillés descriptifs et estimatifs des travaux présentés par une ou plusieurs entreprises inscrites au registre du commerce ou au répertoire des métiers ;

– devis d'honoraires ;

– plans et croquis, etc.

À ce dossier, il faut joindre un certain nombre d'engagements : engagement du propriétaire bailleur de louer pendant au moins 9 ans, engagement d'informer l'ANAH de toute modification dans les conditions d'occupation du logement…

Lorsque le dossier est déposé, le délégué local de l'ANAH en accuse réception dans le délai maximum d'1 mois. Si le dossier est incomplet, l'accusé de réception mentionne la liste des pièces ou des renseignements manquants et qui devront être transmis.

Seuls les travaux commencés après le dépôt de la demande de subvention peuvent bénéficier d'une aide de l'ANAH. Toutefois, le délégué de l'ANAH dans le département ou le président de la collectivité délégataire (voir ci-dessus) peut, à titre exceptionnel, accorder une subvention lorsque le dossier n'a pu être déposé qu'après le commencement des travaux, notamment en cas de travaux urgents en raison d'un risque manifeste pour la santé ou la sécurité des personnes ou en cas d'application de l'article L. 125-1 du Code des assurances relatif aux dommages causés par des catastrophes naturelles ou de l'article L. 122-7 du même code relatif aux dommages causés par les effets du vent dû aux tempêtes, ouragans et cyclones.

À NOTER

En aucun cas, l'accusé de réception de la demande de subvention, ni l'autorisation de commencer les travaux ne valent promesse de subvention. Le bénéfice de la subvention n'est acquis que lorsqu'une décision en ce sens a été prise par le délégué de l'ANAH dans le département ou par le président de la collectivité délégataire.

Tous les renseignements sur la procédure à suivre, et notamment la constitution du dossier, peuvent être obtenus auprès de la délégation départementale de l'ANAH ou auprès des organismes, de type PACT-ARIM, dont l'un des objets est d'apporter aide et conseils dans des opérations d'amélioration de l'habitat.

Quand intervient le paiement ?

Le paiement ne peut intervenir qu'après l'achèvement des travaux. Ces derniers doivent démarrer dans le délai d'1 an à compter de la notification de la décision d'octroi de subvention ; ils doivent être achevés dans les 3 ans qui suivent la notification de cette décision, délai qui peut être porté à 5 ans pour les travaux effectués sur les parties communes des immeubles faisant l'objet d'un plan de sauvegarde. Lorsque les travaux ne peuvent être effectués dans ces délais, le bénéficiaire de la subvention peut en demander le report, par lettre motivée adressée au délégué de l'ANAH : la prorogation peut être accordée par la commission de l'amélioration de l'habitat, dans la limite de 2 ans, notamment lorsque des circonstances extérieures à la volonté du bénéficiaire ont fait obstacle à la réalisation des travaux, telles que :

– un motif d'ordre familial ;

– un litige avec une entreprise ou sa mise en règlement ou liquidation judiciaire ;

– un refus de financement par un organisme bancaire.

Il est possible d'obtenir des acomptes, dans les conditions suivantes :

– pour les subventions comprises entre 1 500 et 15 000 € inclus, un acompte unique au plus égal à 50 % du montant prévisionnel de la subvention peut être versé, si les travaux sont exécutés au moins pour moitié ;

– pour les subventions comprises entre 15 001 et 30 000 € inclus, deux acomptes au maximum peuvent être versés. Ils ne peuvent excéder 70 % du montant prévisionnel de la subvention. Le 1er acompte de 30 % peut être versé dès que 30 % au moins des travaux ont été réalisés. Le 2nd acompte est versé au prorata du pourcentage de réalisation des travaux sans toutefois que le total des deux acomptes puisse excéder les 70 % du montant prévisionnel de la subvention ;

– pour les subventions supérieures à 30 000 €, trois acomptes au maximum peuvent être versés. Ils ne peuvent excéder 70 % du montant prévisionnel de la subvention. Le 1er acompte de 20 % peut être versé dès que 20 % au moins des travaux ont été réalisés ; le 2e de 30 % maximum peut être versé dès que 50 % au moins ont été réalisés. Le 3e acompte est versé au prorata du pourcentage de réalisation des travaux sans toutefois que le total des trois acomptes puisse excéder les 70 % du montant prévisionnel de la subvention.

La réalisation des travaux doit être justifiée par la présentation de factures.

AVANTAGE

Une avance peut être accordée par le délégué de l'agence dans le département ou par le président de la collectivité délégataire au profit :

– des propriétaires occupants et assimilés, dans la limite de 70 % du montant prévisionnel de la subvention ;

– des syndicats de copropriétaires, dans la limite de 40 % du montant prévisionnel de la subvention.

La demande d'avance doit être adressée avant le début des travaux au délégué de l'agence dans le département ou au délégataire.

Cette disposition s'applique aux subventions accordées depuis le 1/1/2009 et n'ayant pas encore fait l'objet d'un versement d'acompte.

ATTENTION ⚠

Pour les subventions inférieures à 1 500 € inclus, aucun acompte n'est possible.

ATTENTION ⚠

Le paiement d'un acompte n'est jamais de droit.

D'AUTRES AIDES, D'AUTRES PISTES

Si vous souhaitez réaliser des travaux d'amélioration, voici quelques pistes pour financer ces travaux :

✓ les caisses d'allocations familiales, si elles vous versent des prestations familiales et que vous êtes propriétaire occupant ou locataire, peuvent vous octroyer un prêt au taux de 1 % destiné à améliorer votre logement. Son montant représente 80 % de la dépense, avec un plafond de 1 067,14 €. Ce prêt est remboursable en 36 mensualités constantes ;

✓ les caisses de retraite, par exemple la Caisse nationale d'assurance vieillesse (CNAV) pour les salariés, peuvent accorder des aides aux retraités qui dépendent d'elles, pour la réalisation de travaux d'amélioration ou d'adaptation du logement ;

✓ l'EDF et l'Agence de l'environnement et de la maîtrise de l'énergie accordent des aides pour les travaux d'économie d'énergie.

Pour faire le tour des aides auxquelles vous pouvez prétendre, vous pouvez soit contacter séparément chacun de ces organismes, y compris l'ANAH et la direction départementale de l'équipement pour la prime à l'amélioration de l'habitat ou, plus simplement, contacter une association adhérente à la Fédération nationale des associations pour la protection, l'amélioration, la conservation et la transformation de l'habitat (PACT). Ses conseillers vous apporteront une aide précieuse pour la mise en œuvre de vos travaux, pour l'estimation des coûts, la recherche d'entreprises qualifiées, les aides possibles et les meilleurs financements. Votre projet sera étudié, de sa conception jusqu'à son financement, en toute objectivité, par des professionnels des opérations de l'amélioration de l'habitat. Les adresses de ces associations sont disponibles auprès de la Fédération nationale des centres PACT-ARIM ou sur le site Internet *www.pact-arim.org*. Vous pouvez également vous adresser aux conseillers des associations départementales pour l'information sur le logement (ADIL).

Bon à savoir : la loi de finances pour 2009 crée un prêt à 0 % destiné à financer des travaux d'amélioration de la performance thermique des logements achevés avant le 1/1/1990 à usage de résidence principale. Cette mesure vise à favoriser le développement d'opérations de travaux lourds qui permettront de faire sensiblement diminuer la consommation énergétique due au chauffage des logements anciens les moins performants en levant l'obstacle à leur réalisation que peut constituer le coût de tels travaux. Son montant maximum, qui est fonction de l'ensemble des travaux réalisés (travaux d'isolation thermique performants des toitures, travaux d'isolation thermique performants des murs donnant sur l'extérieur, travaux d'isolation thermique performants des parois vitrées donnant sur l'extérieur, etc.), est plafonné à 300 €/m^2 dans la limite globale de 30 000 € par logement.

Peuvent en bénéficier, notamment, les personnes physiques, quel que soit le niveau de leurs ressources :

- pour les travaux réalisés dans leur habitation principale lorsqu'elles en sont propriétaires ou dans des logements qu'elles donnent en location ou qu'elles s'engagent à donner en location ;
- ou membres d'un syndicat de copropriétaires, à raison du prorata qui leur revient des travaux entrepris sur les parties et équipements communs ou sur les parties privatives à usage commun de la copropriété dans laquelle elles possèdent leur habitation principale ou des logements qu'elles donnent ou s'engagent à donner en location.

Ce dispositif est entré en vigueur le 1/4/2009 ; il sera applicable aux prêts émis jusqu'au 31/12/2013.

Financement et aides au logement

1 % logement

Caractéristiques du prêt pour l'acquisition d'un logement neuf, ancien avec ou sans travaux

→ ***Montant maximal :***

30 % du coût total de l'opération dans une fourchette comprise entre 9 600 € et 17 600 € en zone A et B1, entre 8 000 € et 14 400 € en zone B2, entre 6 400 € et 11 200 € en zone C.

MONTANT MAXIMAL DU PRÊT AU TITRE DE L'ACQUISITION OU DE LA CONSTRUCTION D'UN LOGEMENT	
Zone d'implantation du logement(1)	**Montant maximum du prêt**
Zone A	50 000 €
Zone B1	45 000 €
Zone B2	40 000 €
Zone C	30 000 €

(1) Les zones sont celles définies par l'arrêté du 29/4/2009.

→ ***Taux d'intérêt du prêt :***

1,5 %.

→ ***Durée maximale :***

25 ans.

→ ***Majoration :***

Majoration possible de 16 000 € maximum pour la réalisation de travaux d'accessibilité de l'immeuble et du logement et d'adaptation du logement aux personnes handicapées physiques, aux personnes âgées ou à mobilité réduite.

Caractéristiques du prêt pour des travaux d'amélioration

→ ***Montant maximal :***

100 % du prix de revient prévisionnel de l'opération, dans la limite de 20 000 € par logement.

→ ***Taux d'intérêt maximal du prêt :***

1,5 %.

→ ***Durée maximale :***

15 ans.

Convention AERAS

Plafond annuel de la Sécurité sociale :

34 620 € en 2010.

Épargne logement

Compte épargne logement (CEL)

Montant maximal du prêt : 23 000 €.

Plan d'épargne logement (PEL)

Date d'ouverture du plan	Du 1/7/85 au 15/5/86	Du 16/5/86 au 6/2/94	Du 7/2/94 au 22/1/97	Du 23/1/97 au 8/6/98	Du 9/6/98 au 25/7/99	Du 26/7/99 au 30/6/2000	Du 1/7/2000 au 31/7/2003	À partir du 1/8/2003
Durée minimum	5 ans	5 ans(3)	4 ans	4 ans	4 ans	4 ans	4 ans	4 ans
Dépôt initial	1 500 F	1 500 F	1 500 F	1 500 F	1 500 F	1 500 F	225 €	225 €
Dépôt maximum	300 000 F(1)	300 000 F(1)	400 000 F	400 000 F	400 000 F	400 000 F	61 200 €	61 200 €
Dépôt annuel minimum	3 600 F	3 600 F	3 600 F	3 600 F	3 600 F	3 600 F	540 €	540 €
Rémunération	7,5 %	6 %	5,25 %	4,25 %	4 %	3,60 %	4,50 %(4)	3,50 %(5)
Prime maximum	10 000 F	10 000 F	10 000 F	10 000 F	10 000 F	10 000 F	1 525 €	1 525 €

Date d'ouverture du plan	Du 1/7/85 au 15/5/86	Du 16/5/86 au 6/2/94	Du 7/2/94 au 22/1/97	Du 23/1/97 au 8/6/98	Du 9/6/98 au 25/7/99	Du 26/7/99 au 30/6/2000	Du 1/7/2000 au 31/7/2003	À partir du 1/8/2003
Prêt maximum	400 000 F(2)	400 000 F(2)	600 000 F	600 000 F	600 000 F	600 000 F	92 000 €	92 000 €
Taux du prêt	6,45 %	6,32 %	5,54 %	4,80 %	4,60 %	4,31 %	4,97 %	4,20 %

(1) 400 000 F en cas de prorogation au-delà du 1/4/1992.
(2) 600 000 F pour les demandes déposées depuis le 1/4/1992.
(3) Ramené à 4 ans pour les PEL souscrits depuis le 1/4/1992.
(4) Soit 3,27 % hors prime d'État.
(5) Soit 2,50 % hors prime d'État.

➔ ***Pour les plans ouverts depuis le 7/2/1992***

Montant maximal du prêt :
92 000 €.

Plafonds de la Sécurité sociale en 2010

- annuel : 34 620 € ;
- trimestriel : 8 655 € ;
- mensuel : 2 885 € ;
- hebdomadaire : 666 € ;
- journalier : 159 € ;
- horaire : 22 €.

Prêt conventionné

Montant minimal des travaux pour obtenir un prêt conventionné

4 000 € TTC.

Prêts aux fonctionnaires

MONTANT MAXIMAL, EN €, DU PRÊT (CONSTRUCTION, ACQUISITION, AMÉLIORATION)			
Type du logement	**Zone I**	**Zone II**	**Zone III**
I bis	1 585,47	1 402,53	1 219,59
II	1 981,84	1 753,16	1 524,49
III	2 286,74	2 012,33	1 768,41
IV	2 698,35	2 393,45	2 088,55
V	3 155,69	2 789,82	2 423,94
VI	3 506,33	3 109,96	2 698,35
VII	3 887,45	3 414,86	2 972,76

MONTANT MAXIMAL DU PRÊT, EN €, PAR M² DE SURFACE				
	Nature des travaux	**Zone I**	**Zone II**	**Zone III**
Montant maximum du prêt au m²	Agrandissement	31,25	29,73	28,20
	Mise aux normes	19,82	19,06	18,29

Prêt à 0 %

PLAFONDS DE RESSOURCES (offres de prêt émises à compter du 1/4/2007)		
Taille du ménage (1)	Zone A (2)	Zones B (3) ou C (4)
1 personne	31 250 €	23 688 €
2 personnes	43 750 €	31 588 €
3 personnes	50 000 €	36 538 €
4 personnes	56 875 €	40 488 €
5 personnes et plus	64 875 €	44 425 €

(1) Nombre de personnes destinées à occuper le logement.
(2) Zone A : agglomération parisienne, Genevois français et une partie de la Côte d'Azur.
(3) Zone B : agglomération de plus de 50 000 habitants, communes en bordure de l'agglomération parisienne et certaines communes littorales et frontalières.
(4) Zone C : toutes les communes qui ne sont ni classées en zone A, ni en zone B.

PLAFONDS DE RESSOURCES POUR UN PRET À 0 % MAJORÉ (offres de prêts émises à compter du 28/4/2008)			
Taille ménage	A *	B *	C *
1	23 553 €	23 553 €	20 477 €
2	35 200 €	35 200 €	27 345 €
3	46 144 €	42 314 €	32 885 €
4	55 093 €	50 683 €	39 698 €
5	65 548 €	60 000 €	46 701 €
6	73 759 €	67 517 €	52 630 €
par personne supplémentaire	8 218 €	7 523 €	5 871 €

** A = Paris et communes limitrophes ; B = reste de l'Ile-de-France ; C = autres régions.*

PRÊT À TAUX ZÉRO : LOGEMENT ANCIEN						
Nombre de personnes destinées à occuper le logement	Maximum du coût de l'opération pris en compte (en €)			Montant maximal du prêt à 0 % (en €)		
	Zone A	Zone B	Zone C	Zone A	Zone B	Zone C
1	72 000 €	44 000 €	41 250 €	14 400 €	8 800 €	8 250 €
2	101 250 €	66 000 €	61 875 €	20 250 €	13 200 €	12 375 €
3	112 500 €	76 000 €	71 250 €	22 500 €	15 200 €	14 250 €

PRÊT À TAUX ZÉRO : LOGEMENT ANCIEN (SUITE)						
4	123 750 €	86 000 €	80 625 €	24 750 €	17 200 €	16 125 €
5	135 000 €	96 000 €	90 000 €	27 000 €	19 200 €	18 000 €
6 et plus	146 250 €	106 000 €	99 375 €	29 250 €	21 200 €	19 875 €

PRÊT À TAUX ZÉRO : LOGEMENT NEUF (1)

Nombre de personnes destinées à occuper le logement	Maximum du coût de l'opération pris en compte (en €)			Montant maximal du prêt à 0 % (en €)			Montant maximal du prêt en ZFU et en ZUS (en €)(2)		
	Zone A	Zone B	Zone C	Zone A	Zone B	Zone C	Zone A	Zone B	Zone C
1	107 000	88 000	69 000	32 100	26 400	20 700	42 800	35 200	27 600
2	150 000	126 500	103 000	45 000	37 950	30 900	60 000	50 600	41 200
3	167 000	143 000	119 000	50 100	42 900	35 700	66 800	57 200	47 600
4	183 500	159 000	134 500	55 050	47 700	40 350	73 400	63 600	53 800
5	200 500	175 500	150 000	60 150	52 650	45 000	80 200	70 200	60 000
6 et plus	217 000	191 500	165 500	65 100	57 450	49 650	86 800	76 600	66 200

(1) Offres de prêt émises entre le 1/1/2010 et le 30/6/2010.
(2) ZFU = zones franches urbaines ; ZUS = zones urbaines sensibles. La liste des ZFU et des ZUS peut être consultée sur le site http ://i.ville.gouv.fr.

PRÊT À TAUX ZÉRO : LOGEMENT NEUF (1)

Nombre de personnes destinées à occuper le logement	Maximum du coût de l'opération pris en compte (en €)		Montant maximal du prêt à 0 % (en €)		Montant maximal du prêt en ZFU et en ZUS (en €)	
	Zone A	Zone B ou C	Zone A	Zone B ou C	Zone A	Zone B ou C
1	80 000	55 000	24 000	16 500	32 000	22 000
2	112 500	82 500	33 750	24 750	45 000	33 000
3	125 000	95 000	37 500	28 500	50 000	38 000
4	137 500	107 500	41 250	32 250	55 000	43 000
5	150 000	120 000	45 000	36 000	60 000	48 000
6 et plus	162 500	132 500	48 750	39 750	65000	53 000

(1) Offres de prêt émises à compter du 1/7/2010.

MONTANT DE LA MAJORATION DU PRÊT À 0 %		
Nombre de personnes destinées à occuper le logement	**Zone A***	**Zones B* et C***
3 et moins	12 500 €	10 000 €
4 et plus	15 000 €	12 500 €

** Pour la définition des zones, voir sous le tableau des plafonds de ressources du Prêt à 0 %.*

MONTANT DE LA MAJORATION « BBC »	
Nombre de personnes destinées à occuper le logement	**Montant de la majoration**
3 et moins	15 000 €
4 et plus	20 000 €

SEUIL D'AIDE ACCORDÉE PAR UNE COLLECTIVITÉ TERRITORIALE		
Nombre de personnes destinées à occuper le logement	**Zone A***	**Zones B* et C***
3 et moins	4 000 €	3 000 €
4 et plus	5 000 €	4 000 €

** Pour la définition des zones, voir sous le tableau des plafonds de ressources du Prêt à 0 %.*

Prêt d'accession sociale (PAS)

Montant minimal du prêt

– pour une opération d'amélioration : 1 500 € ;
– pour une opération de construction, d'acquisition ou d'acquisition-amélioration : 4 500 €.

PLAFONDS DE RESSOURCES PAS AU 1/1/2010 (en €)		
Nombre de personnes destinées à occuper le logement	**Zone A (1)**	**Zones B (2) et C (3)**
1	21 872	19 016
2	32 688	25 394
3	42 852	30 538
4	51 162	36 866
5	60 872	43 369
6	68 497	48 876
Par personne supplémentaire	+ 7 631	+ 5 452

(1) La zone A comprend l'agglomération parisienne, la Côte d'Azur et le Genevois Français.
(2) La zone B comprend les agglomérations de plus de 50 000 habitants et les agglomérations chères situées aux franges de l'agglomération parisienne et en zones littorales ou frontalières.
(3) La zone C correspond au reste du territoire.

Subventions de l'ANAH - Propriétaires occupants

Montant minimal des travaux subventionnables

1 500 € sauf en ce qui concerne les travaux réalisés sur les parties communes de copropriétés dégradées faisant l'objet d'un plan de sauvegarde ou les travaux concernant des interventions à caractère social (propriétaires occupants ou locataires disposant de faibles ressources, travaux d'adaptation du logement aux personnes âgées ou handicapées...).

Plafonds de ressources depuis le 1/1/2010 :

PLAFONDS DE RESSOURCES À NE PAS DÉPASSER - ÎLE-DE-FRANCE			
Nombre de personnes composant le ménage	**Plafonds « de base »**	**Plafonds majorés**	**Plafonds propriétaires très sociaux (1)**
1	16 157	21 544	10 771
2	23 716	31 619	15 810
3	28 482	37 975	18 988
4	33 257	44 342	22 171
5	38 048	50 729	25 364
Par personne supplémentaire	4 779	6 375	3 188

(1) Plafonds applicables dans certaines situations particulières : travaux en copropriété en plan de sauvegarde ou OPAH (opération programmée d'amélioration de l'habitat), travaux de sortie d'insalubrité et de péril, travaux liés au saturnisme, travaux d'accessibilité et d'adaptation du logement aux personnes handicapées.

PLAFONDS DE RESSOURCES À NE PAS DÉPASSER - PROVINCE			
Nombre de personnes composant le ménage	**Plafonds « de base »**	**Plafonds majorés**	**Plafonds propriétaires très sociaux**
1	11 187	17 211	8 606
2	16 362	25 172	12 586
3	19 679	30 271	15 136
4	22 989	35 366	17 684
5	26 314	40 482	20 241
Par personne supplémentaire	3 315	5 098	2 548

Le contrat de travail

Les règles générales

La conclusion du contrat de travail
La période d'essai

Les différents contrats de travail

Le contrat à durée déterminée (CDD)
Le contrat de travail temporaire

La rupture du contrat de travail

La démission
La rupture conventionnelle du contrat
Le licenciement pour motif personnel
Le licenciement pour motif économique
Les obligations consécutives à la rupture du contrat de travail
La transaction

Les règles générales

L'engagement du salarié se matérialise par un contrat de travail qui n'est pas toujours écrit bien qu'il soit vivement conseillé d'adopter cette forme afin d'éviter tout risque de litige ultérieur. Ce contrat obéit à la fois aux règles du droit civil quant à ses conditions de validité et à des règles spécifiques au droit du travail. L'embauche n'est généralement définitive qu'après une période d'essai durant laquelle chacune des parties, employeur et salarié, peuvent reprendre leur liberté sans avoir à justifier leur décision mais en respectant toutefois un délai de prévenance. Il est donc important de bien connaître ses droits durant cette période au cours de laquelle le statut du salarié est fragilisé.

La conclusion du contrat de travail

Le contrat de travail va lier employeur et employé pendant de nombreux mois, voire des années. Il convient donc de fixer précisément, dès le départ, les droits et obligations de chacun avant de s'engager.

À quelles conditions le contrat de travail est-il valide ?

Pour qu'un contrat de travail soit considéré comme valide, trois conditions doivent être réunies : les parties doivent être consentantes, elles doivent être capables de contracter et le contrat doit avoir un objet et une cause licites.

Le consentement des parties

Le consentement doit être personnel, réciproque et porter sur les éléments essentiels du contrat (*Code civil, Art. 1109 et s.*).

Il ne doit pas avoir été donné par erreur, par duperie ou sous la violence.

L'erreur n'est toutefois une cause de nullité qu'à condition de porter sur la substance même du contrat et non lorsqu'elle porte sur la personne cocontractante. Un salarié pourrait donc invoquer l'erreur si, croyant être engagé à la construction d'une maison, ce qui correspond à la profession de maçon, il a été engagé en réalité à sa démolition, ce qui correspond à la profession de manœuvre. Mais il ne pourrait pas, en revanche, invoquer l'erreur si, croyant être embauché dans l'entreprise Durand, il est en fait employé par l'entreprise Dupond, à moins que l'identité de la personne (employeur comme employé) ait été une condition déterminante dans la conclusion du contrat.

De même, la duperie (emploi de manœuvres visant à tromper l'une des parties pour obtenir son consentement) ou la violence (physique ou morale) entraînent la nullité du contrat seulement si ces facteurs ont été déterminants dans la conclusion du contrat.

La capacité des parties

La capacité de contracter est réduite pour les mineurs non émancipés et les majeurs en tutelle.

Les mineurs ne peuvent conclure un contrat de travail en tant qu'employeur ou employé que s'ils sont âgés de 16 ans et s'ils ont l'autorisation de leur représentant légal. Il est toutefois possible de conclure un contrat d'apprentissage avec des jeunes âgés de 15 ans .

Les majeurs en tutelle doivent être représentés par leur tuteur (*Code civil, Art. 1123 et s.*).

L'objet et la cause du contrat

Le contrat de travail ne peut avoir pour cause ou objet une activité :

- prohibée par la loi (telle que la fabrication ou la distribution de drogues ou d'objets de contrebande, par exemple) ;
- contraire aux bonnes mœurs ou à l'ordre public : contrat organisant un réseau de prostitution par exemple (*Code civil, Art. 1126 et s.*).

Le contrat ne peut pas non plus contenir des clauses dérogeant aux dispositions législatives et réglementaires du droit du travail. Sont ainsi prohibées les clauses discriminatoires telles que celles dites de célibat (comme ce fut la pratique dans certaines compagnies aériennes à l'égard des hôtesses de l'air) ou qui restreignent la liberté syndicale. Il en est de même des clauses par lesquelles un salarié s'engagerait « à vie ».

La loi n° 2006-396 du 31/3/2006 sur l'égalité des chances pose également le principe de la nullité de plein droit des contrats de travail conclus par voie d'enchère électronique inversée. Cette pratique consiste à mettre des candidats à un emploi en concurrence sur Internet en les tenant informés des offres de salaire proposées par d'autres candidats afin de leur permettre de proposer une offre inférieure dans un délai imparti (*Code du travail, Art. L. 1221-4*).

Quelles sont les conséquences d'un contrat de travail non valide ?

Lorsqu'une des conditions nécessaires à la validité d'un contrat (consentement, capacité des parties ou objet licite) fait défaut, le contrat est considéré comme nul par les tribunaux.

Il cesse donc de produire ses effets pour l'avenir, mais les effets produits dans le passé subsistent.

L'employeur doit donc payer au salarié le salaire convenu et les indemnités représentant la contrepartie de son travail (congés payés, préavis, indemnités de licenciement) plus, éventuellement, des dommages et intérêts.

À NOTER

Il est à noter qu'un travail requérant une compétence particulière, sanctionnée par un diplôme, ne peut faire l'objet d'un contrat de travail avec une personne ne possédant pas ce titre ou ce diplôme (médecin, infirmier, par exemple).

Le salarié a également droit à son certificat de travail et à ses bulletins de paie.

Il n'obtiendra toutefois le versement de la totalité des différentes indemnités légales ou conventionnelles que s'il n'a pas eu conscience de l'irrégularité du contrat ; dans le cas contraire, il partage avec l'employeur la responsabilité de la nullité de ce contrat.

À NOTER

Lorsque, seule, une clause du contrat de travail est irrégulière, cette clause peut être annulée mais le reste du contrat demeure valable, sauf si cette clause était déterminante pour l'engagement des parties ou en cas de conclusion du contrat par voie d'enchère électronique inversée. Dans ces deux derniers cas en effet, le contrat est totalement annulé.

Exemple : un contrat de travail d'hôtesse de l'air prévoit une clause de célibat. La clause sera déclarée nulle par le tribunal mais le contrat de travail demeurera et toutes les autres dispositions resteront en vigueur.

Pour quelle durée le contrat est-il conclu ?

Le contrat de travail est, en principe, conclu pour une durée indéterminée, c'est-à-dire pour une période dont le terme n'est pas fixé à l'avance. Le contrat à durée indéterminée est donc la forme normale du contrat de travail (*Code du travail, Art. L. 1221-2*).

Des contrats à durée déterminée (→ index, *Contrat de travail à durée déterminée*) ou temporaires (→ index, *Contrat de travail temporaire*) peuvent cependant être conclus dans certains cas particuliers.

La loi n° 2008-596 du 25/6/2008 portant modernisation du marché du travail a abrogé le contrat nouvelles embauches (CNE). Par conséquent, il n'est plus possible de conclure de nouveaux contrats de ce type. Les contrats en cours sont automatiquement requalifiés en CDI de droit commun (avec période d'essai éventuelle).

Le contrat à durée indéterminée peut contenir des clauses ayant une influence sur la durée de l'engagement : il en est ainsi des clauses de garantie d'emploi par lesquelles l'employeur s'engage à ne pas rompre le contrat avant un certain temps ou les clauses de dédit-formation obligeant le salarié à rester au service de son employeur pendant un certain temps en contrepartie de la formation professionnelle qui lui est assurée. Ces clauses sont licites, mais les tribunaux, en cas de litige, en réduisent généralement la portée.

À NOTER

Le fait que le contrat soit conclu pour une durée indéterminée n'empêche pas qu'il puisse être résilié à tout moment. Il est en effet interdit de conclure un contrat de travail à vie. La résiliation peut intervenir de la part du salarié par démission ou au moment de son départ à la retraite. L'employeur, quant à lui, peut y mettre fin par le licenciement (Code du travail, Art. L. 1231-1).

Sous quelle forme le contrat de travail doit-il être conclu ?

Contrat écrit ou verbal ?

Selon le Code du travail, le contrat de travail à durée indéterminée à temps complet peut être établi selon les formes que les parties contractantes décident d'adopter (*Code du travail, Art. L. 1221-1*).

L'engagement du salarié peut donc être purement verbal ou encore conclu par un échange de lettres.

Le contrat à durée indéterminée liant le salarié à une entreprise de travail à temps partagé doit obligatoirement être conclu par écrit (→ index, *Travail à temps partagé*).

Cette liberté peut poser des problèmes quant à déterminer la preuve du contrat ainsi que le point de départ de l'engagement du salarié.

Dans tous les cas, le contrat est formé et l'engagement réalisé dès qu'il y a accord de l'employeur et de l'employé sur le contenu du contrat.

Ainsi, une lettre confirmant l'embauche d'un salarié, et précisant notamment sa qualification et la durée de la période d'essai, a été considérée par les tribunaux comme un véritable contrat de travail, l'employeur ne pouvant revenir ultérieurement sur cet engagement.

Les dispositions concernant les formalités d'embauche facilitent la preuve des liens contractuels entre employeur et employé en cas de contestation.

Mais, même si l'employeur ne se soumet pas à ses obligations, il n'en demeure pas moins que le contrat de travail est formé et qu'il engage ceux qui l'ont accepté. Le salarié peut prouver l'existence du contrat par tous moyens : bulletins de paie, mais aussi, à défaut, témoignages ou présomptions.

La directive européenne n° 91-533 du 14/10/1991 exige depuis le 1/7/1993 que les employeurs remettent aux salariés un document écrit comportant les renseignements suivants :

– l'identité des parties ;

– le lieu du travail ;

– la catégorie d'emploi avec le titre et le grade du salarié ;

– la date du début du contrat et sa durée ;

– la durée du travail ;

– la durée des congés payés ;

– la durée du préavis en cas de rupture ;

– les éléments de la rémunération ;

– la mention de la convention collective applicable.

Cependant, bien que la date butoir du 1/7/1993 soit dépassée, il est à noter qu'aucune loi n'est encore intervenue pour mettre en conformité la législation française avec cette directive européenne.

Certaines conventions collectives exigent que le contrat de travail soit conclu par écrit.

Contenu du contrat écrit

Lorsqu'il est écrit, le contrat doit être rédigé en deux exemplaires, datés et signés par les parties, avec la mention « lu et approuvé ».

Il doit être rédigé en français. Lorsque l'emploi ne peut être désigné que par un terme étranger, ce terme doit être explicité.

Si le salarié est étranger, il peut demander une traduction du contrat dans sa langue maternelle (*Code du travail, Art. L. 1221-3*).

À NOTER

Le Code civil reconnaît la validité des signatures électroniques au même titre que les signatures manuscrites (Code civil, Art. 1316-4). Il est cependant nécessaire qu'elles soient établies selon un dispositif certifié conforme et que leur vérification repose sur l'utilisation d'un certificat électronique qualifié délivré par l'administration.

À quelles obligations le contrat de travail engage-t-il ?

Les parties liées par un contrat de travail (c'est-à-dire l'employeur et l'employé) sont tenues à des obligations réciproques.

Obligations de l'employeur

L'employeur est tenu de respecter les obligations résultant du droit du travail : fourniture du travail, paiement du salaire, respect des diverses réglementations sur la durée du travail, les congés, le paiement des heures supplémentaires, l'hygiène et la sécurité, etc.

Il peut voir sa responsabilité civile engagée en cas de non-respect de ces obligations ou s'il cause un dommage au salarié du fait de sa négligence.

Lorsque des sanctions pénales sont prévues, la responsabilité pénale du chef d'entreprise peut également être engagée. S'il s'agit d'une personne morale (société), les sanctions appliquées sont plus lourdes.

L'employeur doit respecter et faire respecter au sein de son entreprise les libertés individuelles et collectives de ses employés. Il lui est interdit, notamment, d'établir des fichiers de renseignements, des écoutes téléphoniques ou d'installer des caméras pour surveiller son personnel. Il doit prévenir et réprimer les actes de harcèlement sexuel ou moral.

En ce qui concerne les droits collectifs, il doit respecter les règles de représentation du personnel au sein de l'entreprise.

Obligations du salarié

Le salarié est tenu d'exécuter consciencieusement son travail. Les erreurs et négligences peuvent constituer une cause réelle et sérieuse de licenciement.

Il doit respecter la discipline de l'entreprise et les directives de l'employeur (règlement intérieur, notamment).

Il doit s'abstenir de toute activité concurrente à celle de son employeur tant pour son propre compte que pour celui d'une autre entreprise.

Il est également tenu à un devoir de discrétion et ne doit pas divulguer à autrui les informations dont il a pris connaissance dans l'exercice de ses fonctions.

La violation d'un secret de fabrication peut ainsi être très lourdement réprimée (2 ans d'emprisonnement et 30 000 € d'amende).

ATTENTION ⚠

Le non-respect de ses obligations par le salarié peut entraîner son licenciement. Si la faute commise est lourde, elle peut engager sa responsabilité civile ou pénale.

DISPOSITIONS PARTICULIÈRES

Le Code du travail énonce précisément les renseignements devant figurer dans certains types de contrats (obligatoirement écrits), à savoir :

- ✓ les contrats à durée déterminée ;
- ✓ les contrats de travail temporaire ;
- ✓ les contrats de mise à disposition d'un salarié d'une entreprise de travail à temps partagé ;
- ✓ les contrats de travail à temps partiel ;
- ✓ les contrats de travail intermittent ;
- ✓ les contrats avec un travailleur à domicile ;
- ✓ les contrats d'apprentissage ;
- ✓ les contrats de professionnalisation ;
- ✓ les contrats adultes-relais ;
- ✓ les contrats initiative-emploi ;
- ✓ les contrats d'accompagnement dans l'emploi ;
- ✓ les contrats conclus avec un groupement d'employeurs.

Quels sont les droits des travailleurs à domicile ?

Bien que disposant d'une entière liberté dans l'organisation de leur travail, les travailleurs à domicile n'en sont pas moins considérés comme des salariés à part entière. Ils bénéficient de l'ensemble de la législation applicable aux autres salariés, ainsi que de certaines dispositions spécifiques à leur statut (*Code du travail, Art. L. 7411-1 et s.*).

Définition

Sont considérées comme travailleurs à domicile, les personnes qui répondent aux conditions suivantes :

– exécuter, moyennant une rémunération forfaitaire, pour le compte d'un ou plusieurs établissements industriels, artisanaux ou non, commerciaux ou agricoles, de quelque nature qu'ils soient, un travail qui leur est confié soit directement, soit par un intermédiaire ;

– travailler soit seul, soit avec leur conjoint, leurs enfants à charge ou un auxiliaire.

Il n'y a pas lieu de rechercher :

– s'il existe un lien de subordination juridique entre le travailleur à domicile et le donneur d'ouvrage ;

– s'ils travaillent sous la surveillance du donneur d'ouvrage ;

– si le local où ils travaillent et le matériel qu'ils emploient leur appartiennent ;

– s'ils se procurent eux-mêmes les fournitures accessoires ;

– le nombre d'heures effectuées (*Code du travail, Art. L. 7412-1*).

À NOTER

Ce statut concerne aussi bien les travailleurs manuels (couture, pièces détachées pour l'industrie) que les travailleurs intellectuels (correcteurs à domicile, traducteurs, conseillers littéraires...).

Rémunération

Le salaire minimum dû aux travailleurs à domicile est égal au salaire horaire multiplié par le temps d'exécution des travaux.

Ce salaire horaire est fixé par la convention collective applicable. À défaut de convention, le préfet peut fixer un salaire horaire en fonction de celui habituellement payé dans la région aux ouvriers de la même profession.

Le temps d'exécution des travaux est, là encore, fixé par la convention collective ou, à défaut, établi par le préfet, voire par le ministre chargé du travail dans certaines branches comme la ganterie de peau ou la chemiserie pour homme, par exemple.

Tous ces textes peuvent être consultés à la préfecture ou à la direction régionale des entreprises, de la concurrence, de la consommation, du travail et de l'emploi (DIRECCTE).

Il est à noter qu'en aucun cas, le salaire horaire ne peut être inférieur au SMIC (*Code du travail, Art. L. 7422-1 à L. 7422-8*).

À ce salaire peuvent s'ajouter :

– les frais d'atelier correspondant notamment au loyer, au chauffage et à l'éclairage du local de travail et aux différents frais engagés par le salarié. Ces frais sont déterminés par les conventions collectives ou, à défaut, par le préfet, comme le salaire lui-même (*Code du travail, Art. L. 7422-11*) ;

– des heures supplémentaires lorsque le travailleur est tenu, pour respecter le délai de livraison, de prolonger son activité au-delà de 8 heures par jour. À défaut de dispositions conventionnelles plus favorables, ces heures donnent droit à une majoration du tarif d'exécution égale à :

- 25 % minimum pour les 2 premières heures supplémentaires,
- 50 % minimum pour les heures suivantes (*Code du travail, Art. L. 7422-9*).

AVANTAGE

Les travailleurs à domicile bénéficient d'une indemnité de congés payés versée en même temps que leur salaire et égale à 10 % du montant brut de chaque paie.
Ils ont également droit aux majorations de salaires prévues par les conventions collectives lorsqu'ils sont contraints de travailler un dimanche ou un jour férié et à une indemnité égale à 1/6e du salaire hebdomadaire moyen de la période antérieure pour le travail le 1er mai.

À NOTER

Un travailleur à domicile peut obtenir des dommages et intérêts lorsque son employeur diminue durablement et sans justification la quantité de travail fourni (Cour de cassation, Chambre sociale, 10/10/2001).
S'il n'a plus du tout de travail à lui fournir pour une raison indépendante de sa volonté, il doit procéder à son licenciement. À défaut, il peut être condamné à lui verser une indemnité pour perte de salaire ou même les réparations financières prévues en cas de licenciement abusif (→ index, Licenciement abusif) (Cour de cassation, Chambre sociale, 18/1/2001).
En cas de litige de cet ordre, le tribunal compétent est le conseil de prud'hommes du domicile du travailleur (Code du travail, Art. R. 7423-1).

Rupture du contrat de travail

La rupture du contrat des travailleurs à domicile est soumise aux règles de droit commun en ce qui concerne la démission, le départ en retraite ou le licenciement. Dans ce dernier cas, l'indemnité compensatrice de préavis éventuellement due est calculée sur la moyenne des 6 derniers mois (*Code du travail, Art. R. 7413-4*).

Protection sociale

Les travailleurs à domicile sont assujettis au régime général de la Sécurité sociale pour l'assurance maladie et la retraite de base. Ils doivent également être affiliés à un régime de retraite complémentaire ARRCO par leurs employeurs.
Enfin, ils ont droit aux allocations de l'assurance chômage dans des conditions adaptées aux particularités de leur activité (*Convention chômage du 19/2/2009, Annexe 5*).

La période d'essai

S'il est vrai qu'une période d'essai peut théoriquement être exigée pour tous les salariés, encore faut-il que cette possibilité soit réellement prévue et sa durée fixée avec précision pour chacun dans le contrat de travail.

Qu'est-ce que la période d'essai ?

Définition

L'engagement définitif d'un salarié est presque toujours précédé par une période d'essai pendant laquelle l'employeur et l'employé se réservent la possibilité de mettre fin à tout moment à leurs engagements sans indemnité.

Cette période permet à l'employeur d'évaluer les compétences du salarié dans son travail, notamment au regard de son expérience, et au salarié d'apprécier si les fonctions occupées lui conviennent (*Code du travail, Art. L. 1221-20*).

À NOTER

Il ne faut pas confondre période d'essai et essai technique ou professionnel. L'essai professionnel est une sorte d'examen permettant à l'employeur de vérifier si le salarié a bien la compétence nécessaire pour exercer les fonctions qu'on lui propose. Son résultat conditionne l'engagement du salarié.

Point de départ

Le point de départ de la période d'essai se situe au commencement de l'exécution du contrat de travail, quelles qu'en soient la date de signature ou la prise effective des fonctions par le salarié.

La période d'essai intervient donc au moment de l'engagement du salarié dans l'entreprise.

À NOTER

En cas de changement de fonctions, l'employeur peut imposer une période de probation au salarié pour vérifier s'il est bien apte à accomplir les nouvelles tâches qui lui sont confiées. Cette période probatoire n'obéit toutefois pas aux mêmes règles que la période d'essai. En effet, si le salarié ne donne pas satisfaction, l'employeur ne peut rompre le contrat. Il doit replacer le salarié dans ses fonctions antérieures. À défaut, le salarié peut le poursuivre pour licenciement abusif (Cour de cassation, Chambre sociale, 30/3/2005).

Fixation

La période d'essai ne se présume pas. Elle doit expressément être stipulée dans la lettre d'engagement ou le contrat de travail (*Code du travail, Art. L. 1221-23*).

L'employeur ne peut donc imposer à un salarié une période d'essai lorsque cette possibilité n'était pas prévue dans son contrat de travail sous prétexte qu'un accord collectif le prévoit ou encore que cette pratique a toujours été appliquée dans la profession considérée ou dans l'entreprise, par exemple.

AVANTAGE

Un employeur ne peut pas imposer de période d'essai à un jeune engagé sous CDI suite à un contrat d'apprentissage effectué dans la même entreprise (Code du travail, Art. L. 6222-16).

De même, en cas d'embauche dans l'entreprise à l'issue d'un stage intégré à un cursus pédagogique réalisé lors de la dernière année d'étude, la durée du stage est déduite de la période d'essai sans que cela ait pour effet de réduire celle-ci de plus de la moitié, sauf accord collectif prévoyant des dispositions plus favorables (Code du travail, Art. L. 1221-24).

Quelle est la durée de la période d'essai ?

La loi n° 2008-596 du 25/6/2008 portant modernisation du marché du travail fixe désormais une durée maximale pour la période d'essai des salariés engagés en CDI. Elle est de :

- 2 mois pour les ouvriers et les employés ;
- 3 mois pour les agents de maîtrise et les techniciens ;
- 4 mois pour les cadres (*Code du travail, Art. L. 1221-19*).

Il s'agit là d'un maximum : les accords collectifs, le contrat de travail ou la lettre d'embauche peuvent fixer des durées plus courtes.

Exceptions :
– les accords de branche conclus avant le 26/6/2008 fixant des durées plus longues restent applicables ;
– des dispositions spécifiques régissent la durée de la période d'essai pour les VRP, les apprentis, les assistantes maternelles, les contrats à durée déterminée et les contrats de travail temporaire.

À NOTER

La durée de la période d'essai prend en compte tous les jours du calendrier et non les seuls jours ouvrables ou travaillés. Une période d'essai d'1 mois commençant un 10 janvier se terminera le 9 février à minuit.

Incidence de la maladie sur la période d'essai

Si le salarié s'absente pendant la période d'essai, l'employeur peut prolonger celle-ci pour une durée équivalente à celle de l'absence du salarié.

Les absences du salarié ont, en effet, pour conséquence de suspendre l'exécution du contrat de travail. Les tribunaux acceptent donc la prolongation de la période d'essai en cas de maladie (*Cour de cassation, Chambre sociale, 29/5/1986*), d'accident du travail (*Cour de cassation, Chambre sociale, 4/2/1988*) ainsi qu'en cas de fermeture annuelle de l'entreprise (*Cour de cassation, Chambre sociale, 27/11/1985*).

Reconduction de la période d'essai

Lorsque l'une des parties considère que la durée de la période d'essai n'a pas été suffisante, elle peut proposer de la renouveler une fois à condition que cette possibilité ait été expressément prévue dans la lettre d'engagement ou le contrat de travail. Par ailleurs, le renouvellement est possible uniquement lorsqu'un accord de branche étendu le prévoit et dans les conditions et durées fixées par celui-ci.

La durée de la période d'essai, renouvellement compris, ne peut toutefois excéder :
– 4 mois pour les ouvriers et les employés ;
– 6 mois pour les agents de maîtrise et les techniciens ;
– 8 mois pour les cadres (*Code du travail, Art. L. 1221-21*).

Les accords de branches conclus avant le 26/6/2008 peuvent toutefois prévoir des durées plus longues.

Le renouvellement de la période d'essai nécessite « l'accord exprès et non équivoque » des parties. L'employeur doit donc obtenir du salarié qu'il mentionne en toutes lettres qu'il donne son accord exprès et sans équivoque au renouvellement de la période d'essai. À défaut, la rupture du contrat pendant ce renouvellement est considérée comme un licenciement (*Cour de cassation, Chambre sociale, 11/10/2000*). La seule signature du salarié apposée sur un document établi par l'employeur n'est donc pas suffisante (*Cour de cassation, Chambre sociale, 25/11/2009*).

Comment rompre le contrat durant la période d'essai ?

L'employeur ou le salarié peut décider de mettre fin au contrat de travail pendant la période d'essai sans avoir à se justifier. Les règles relatives à la rupture du contrat de travail ne s'appliquent pas (*Code du travail, Art. L. 1231-1*).

La rupture peut intervenir à tout moment. Toutefois, lorsque l'employeur décide de mettre fin à la période d'essai, le salarié doit être prévenu dans un délai qui ne peut être inférieur à :
– 24 heures en deçà de 8 jours de présence ;
– 48 heures entre 8 jours et 1 mois de présence ;
– 2 semaines après 1 mois de présence ;
– 1 mois après 3 mois de présence.

Lorsque c'est le salarié qui décide de mettre fin à la période d'essai, il doit respecter un délai de prévenance de 24 heures pour une durée de présence de moins de 8 jours et 48 heures pour une durée de présence supérieure (*Code du travail, Art. L. 1221-25 et L. 1221-26*).

Il n'y a aucune autre formalité particulière à respecter, sauf s'il s'agit d'un salarié protégé . Cette rupture ne donne droit à aucune indemnité (sauf si la convention collective prévoit le contraire).

L'employeur doit cependant verser au salarié une indemnité compensatrice pour les congés payés éventuellement dus.

Si l'employeur reproche au salarié d'avoir commis une faute, il doit, dans ce cas, respecter la procédure disciplinaire (convocation à un entretien préalable) avant de mettre fin au contrat (*Cour de cassation, Chambre sociale, 10/3/2004*).

Cas particulier : il est interdit de rompre la période d'essai d'un salarié en arrêt de travail pour accident du travail ou maladie professionnelle (*Cour de cassation, Chambre sociale, 12/5/2004*).

AVANTAGE

La rupture du contrat de travail au cours de la période d'essai peut, dans certains cas, être considérée comme abusive et ouvrir droit à des dommages et intérêts. Il en est ainsi lorsque l'on peut prouver que cette rupture a été décidée dans l'intention de nuire, si la légèreté blâmable de l'employeur est établie (Cour de cassation, Chambre sociale, 20/2/2007), ou pour un motif tout à fait étranger à l'essai. Par ailleurs, toute rupture d'une période d'essai fondée sur un motif discriminatoire est considérée comme nulle. Dans ce cas, le salarié peut donc demander sa réintégration ou, à défaut, obtenir des indemnités pour licenciement abusif (Cour de cassation, Chambre sociale, 16/2/2005).

Cas pratiques
Les règles générales

Clause de dédit - formation

Mon employeur veut insérer dans mon contrat de travail une clause de dédit-formation. En quoi consiste cette clause ? Est-elle valable ?

Oui, cette clause est valable sous certaines conditions. La clause de dédit-formation a pour objet de permettre à l'employeur de s'assurer du bénéfice des formations financées par lui, en dissuadant les salariés concernés de quitter l'entreprise avant que les dépenses de formation soient amorties. Elle prévoit le remboursement par le salarié des frais de formation dont il a bénéficié en cas de départ de l'entreprise avant un certain délai.
De telles clauses peuvent être insérées dans un contrat de travail en cas de formation qualifiante d'une durée et d'un coût particuliers (entraînant des frais supérieurs aux dépenses imposées par la loi ou la convention collective). Elles sont en revanche interdites dans certains contrats dont le but est d'apporter une formation à la personne intéressée (contrat de professionnalisation) (*Code du travail, Art. L. 6325-15*).
Selon la jurisprudence, la clause de dédit-formation doit comporter, notamment, une mention relative au coût réel de la formation pour l'employeur et aux modalités de son remboursement par le salarié (*Cour de cassation, Chambre sociale, 28/9/2005*).

Période d'essai - rupture abusive

Mon employeur peut-il rompre mon contrat de travail pendant la période d'essai parce que je refuse une diminution de la rémunération prévue ?

Le but de la période d'essai est de permettre à l'employeur d'évaluer les compétences du salarié dans son travail, notamment au regard de son expérience, et au salarié d'apprécier si les fonctions occupées lui conviennent (*Code du travail, Art. L. 1221-20*).
Vous pouvez invoquer à votre bénéfice les termes d'un arrêt ayant jugé que commettait un abus dans l'exercice de son droit de résiliation, l'employeur qui rompt le contrat de travail, au cours de la période d'essai, au seul motif que le salarié refusait la diminution de sa rémunération contractuelle.
En effet, la résiliation est dans cette hypothèse sans rapport avec l'appréciation des qualités professionnelles du salarié.
Dans cette affaire, le salarié a pu obtenir des dommages et intérêts (*Cour de cassation, Chambre sociale, 10/12/2008*).

La période d'essai de mon nouveau contrat de travail a été interrompue quelques jours seulement après mon entrée en fonction. Ai-je des droits ?

La jurisprudence fourni un certain nombre d'exemples de condamnations d'employeurs ayant agi, en rompant la période d'essai, avec une « légèreté blâmable ». Tel est le cas dans une affaire où, comme dans votre cas, l'employeur avait mis fin à la période d'essai une semaine après le début des relations contractuelles alors que le salarié, âgé de 45 ans, venait de démissionner de son emploi précédent, qu'il effectuait un stage d'adaptation aux techniques de la société et qu'il n'avait pas encore été mis en mesure d'exercer les fonctions qui lui avaient été attribuées. Dans cette affaire, l'employeur a été condamné à indemniser le salarié pour le préjudice subi (*Cour de cassation, Chambre sociale, 5/5/2004*).

Période d'essai - rupture

La rupture d'un contrat de travail prend-elle effet le jour de l'envoi de la lettre par l'employeur ou au jour de sa réception par le salarié ? J'ai reçu la lettre le lendemain de l'expiration de la période d'essai et j'estime donc que seul un licenciement en bonne et due forme aurait pu mettre fin à mon contrat. Qu'en pensez-vous ?

Malheureusement, la jurisprudence ne vous est pas favorable. La Cour de cassation a en effet décidé que la rupture d'un contrat de travail se situe à la date où l'employeur a manifesté sa volonté d'y mettre fin, c'est-à-dire le jour de l'envoi de la lettre recommandée avec demande d'avis de réception notifiant la rupture.

Ainsi, si la lettre a été envoyée pendant l'essai, ce sont les règles applicables à la rupture de la période d'essai qui sont applicables (*Cour de cassation, Chambre sociale, 11/5/2005*).

Période d'essai - preuve de rupture abusive

Mon contrat de travail a été interrompu à la fin de la période d'essai. Je suis persuadé que cela était prévu dès mon embauche, l'employeur faisant ainsi l'économie d'une procédure de licenciement. Or, j'ai apporté mon savoir-faire à l'entreprise pendant les 3 mois où j'y ai travaillé. Que puis-je faire ?

Le principe est la liberté des parties de rompre la période d'essai. L'employeur doit seulement respecter, depuis la loi n° 2008-596 du 25/6/2008, un délai de prévenance. Certes, selon la jurisprudence, la rupture de la période d'essai ne doit pas présenter un caractère anormal ou abusif (par exemple, lorsqu'elle n'est pas motivée par des raisons professionnelles mais par une intention de nuire…). Mais encore faut-il prouver les faits que vous invoquez, à savoir une manœuvre de votre employeur voulant profiter de vos connaissances. Cette preuve peut être difficile à apporter. Sans elle, vous risquez de n'obtenir aucune indemnité.

Période d'essai - discrimination

Mon employeur a interrompu ma période d'essai sans motivation mais je sais que cette rupture est due au fait que je suis tombé malade pendant cette période. Puis-je invoquer la discrimination pour raison de santé pour faire condamner mon employeur ?

Les dispositions de l'article L. 1132-1 et suivants du Code du travail, traitant des discriminations, sont applicables à la période d'essai. Si vous pouvez établir que l'employeur a manifestement souhaité vous écarter en raison de vos problèmes de santé, vous pouvez invoquer cet article et obtenir la nullité de la rupture de la période d'essai et votre indemnisation (*Cour de cassation, Chambre sociale, 16/2/2005*).

Les différents contrats de travail

Le contrat à durée indéterminée est la forme normale du contrat de travail. Cependant, des contrats d'un autre type tendent à se multiplier de plus en plus : contrats à durée déterminée proprement dits où le salarié est directement engagé par l'entreprise pour une durée fixée à l'avance, ou bien contrats de travail temporaire où le salarié est placé dans une entreprise par l'intermédiaire d'une agence d'intérim. Afin de protéger les salariés, compte tenu de la précarité de leur situation, le recours à ce type de contrats est strictement réglementé et le Code du travail définit de façon très précise les droits des salariés ainsi engagés.

Le contrat à durée déterminée (CDD)

Le contrat de travail à durée déterminée doit scrupuleusement respecter les règles énoncées ci-après. Tout contrat conclu en violation de ces dispositions est, en effet, réputé conclu pour une durée indéterminée.

Qu'est-ce qu'un contrat à durée déterminée (CDD) ?

Le contrat à durée déterminée est une forme dérogatoire du contrat de travail.

Il se distingue du contrat à durée indéterminée par le fait qu'il est provisoire dès sa conclusion : soit il comporte un terme fixé à l'avance (3 mois, par exemple) soit sa durée dépend d'un événement destiné à prendre fin (remplacement d'un salarié en arrêt de maladie ou tournage d'un film, par exemple).

Il se distingue également du contrat de travail temporaire par le fait qu'il est conclu directement avec l'entreprise sans passer par une société intermédiaire. De plus, les règles qui régissent ces deux types de contrat, quoique fort semblables, ne sont pas tout à fait identiques.

AVANTAGE

La loi vise à limiter les possibilités de recours à ce type de contrat et à renforcer la protection des salariés. Ainsi, le contrat de travail à durée déterminée, quel que soit son objet, ne doit pas avoir pour objet de pourvoir durablement un emploi lié à l'activité normale et permanente de l'entreprise (Code du travail, Art. L. 1242-1).

Les CDD doivent-ils comporter un terme précis ?

Certains contrats à durée déterminée doivent être conclus avec un terme précis et d'autres non. Tout dépend du motif de recours invoqué par l'employeur.

Contrats comportant un terme précis

Le contrat comporte un terme lorsque sa fin est prévue de façon certaine et qu'elle est fixée avec précision, dès sa conclusion.

Le recours à de tels types de contrat est possible dans des circonstances très précises (*Code du travail, Art. L. 1242-2*) :

- Remplacement d'un salarié en cas de départ définitif précédant la suppression du poste de travail, à condition que le comité d'entreprise ou, à défaut, les délégués du personnel aient été consultés sur cette décision.
- Accroissement temporaire de l'activité de l'entreprise. Il peut s'agir d'une augmentation temporaire de l'activité habituelle de l'entreprise (surcroît de commande à l'occasion d'une campagne promotionnelle, par exemple) ou de l'exécution d'une tâche occasionnelle ne relevant pas de l'activité normale (informatisation d'un service, par exemple).
- Contrat de travail prévoyant un complément de formation professionnelle aux catégories de salariés suivantes :
  – les candidats effectuant un stage en vue d'accéder à un établissement d'enseignement ;
  – les élèves et anciens élèves d'un établissement d'enseignement effectuant un stage d'application ;
  – les étrangers venant en France en vue d'acquérir un complément de formation professionnelle ;
  – les bénéficiaires d'une aide financière individuelle à la formation.
- Embauches effectuées dans le cadre de la politique de l'emploi. Il s'agit des contrats destinés à favoriser la réinsertion de certaines catégories de personnes sans emploi :
  – contrats de professionnalisation ;

– contrats d'accompagnement dans l'emploi ;
– contrats initiative-emploi ;
– contrats adultes-relais ;
– contrats conclus avec les entreprises d'insertion ;
– contrats conclus avec des salariés âgés de plus de 57 ans, inscrits comme demandeurs d'emploi depuis plus de 3 mois ou bénéficiant d'une convention de reclassement personnalisé (CDD dit « senior »).

Contrats ne comportant pas de terme précis

Un contrat à durée déterminée ne comportant pas de terme précis peut être conclu dans les cas suivants (*Code du travail, Art. L. 1242-7*) :

- Remplacement d'un salarié absent de l'entreprise pour congés, maladie ou accident du travail, par exemple, en cas de passage provisoire à temps partiel ou de suspension de son contrat de travail. Il est également possible de pourvoir au remplacement d'un salarié présent dans l'entreprise mais détaché de son poste de travail habituel pour être affecté temporairement sur un autre poste de travail (*Cour de cassation, Chambre sociale, 25/2/2009*).

À NOTER

Infirmant la jurisprudence de plusieurs cours d'appel, la Cour de cassation a jugé qu'un employeur ne pouvait engager un seul salarié en CDD pour remplacer plusieurs salariés absents. Dans ce cas, il doit faire appel à autant de salariés en CDD que de salariés à remplacer (Cour de cassation, Chambre sociale, 28/6/2006).

- Remplacement d'un chef d'entreprise artisanale, industrielle ou commerciale, d'une personne exerçant une profession libérale, de son conjoint participant à l'activité de l'entreprise ou d'un associé non salarié d'une SCP, d'une SCM ou d'une SEL.
- Remplacement d'un chef d'exploitation ou d'entreprise agricole, d'un aide familial, d'un associé ou de leur conjoint collaborateur.

Le contrat peut prendre effet avant l'absence de la personne remplacée (*Code du travail, Art. L. 1242-9*). La personne peut ainsi être engagée quelques jours avant la prise d'un congé parental d'éducation afin que le salarié qui s'absente mette son remplaçant au courant des tâches à accomplir.

- Remplacement d'un salarié dans l'attente de l'arrivée de son remplaçant engagé sous contrat à durée indéterminée. Ce cas se présente lorsque le candidat recruté pour occuper un poste à pourvoir n'est pas disponible immédiatement (préavis à effectuer chez l'ancien employeur, par exemple).
- Emplois à caractère saisonnier. Il s'agit de travaux se répétant chaque année, à dates à peu près fixes en fonction du rythme des saisons ou de modes de vie collectifs : vendangeurs, moniteurs de ski, personnel hôtelier dans une station touristique, par exemple, ou encore caissière de la tour Eiffel employée de mars à octobre lorsque ce monument connaît un afflux touristique accru (*Cour de cassation, Chambre sociale, 12/10/1999*).
- Emplois dans certains secteurs d'activité définis par décret ou convention collective, pour lesquels il est d'usage de recourir à des contrats de travail à durée déterminée. Il s'agit notamment des secteurs suivants :

– action culturelle ;
– activités exercées dans le cadre des associations intermédiaires ou des associations de services aux personnes ;
– audiovisuel ;
– bâtiment et travaux publics pour les chantiers à l'étranger ;
– centres de loisirs et de vacances ;
– coopération, assistance technique, ingénierie et recherche à l'étranger ;
– déménagement ;
– édition phonographique ;
– enquêtes et sondages ;
– enseignement ;
– entreposage et stockage de la viande ;
– exploitations forestières ;
– hôtellerie et restauration ;
– information ;
– production cinématographique ;
– recherche scientifique réalisée dans le cadre d'une convention internationale, d'un arrangement administratif international pris en application d'une telle convention ou par des chercheurs résidant temporairement en France ;
– réparation navale ;
– spectacles ;
– sport professionnel ;
– activités foraines.

AVANTAGE

Même dans les secteurs pour lesquels on recourt en principe à des CDD, l'engagement peut être considéré comme un engagement à durée indéterminée si les contrats à du-

rée déterminée se renouvellent de manière successive sans autre interruption que les congés annuels, par exemple.

Est-il toujours possible d'avoir recours à un CDD ?

L'employeur ne peut engager un travailleur sous contrat à durée déterminée dans les cas suivants (*Code du travail, Art. L. 1242-5 et L. 1242-6*) :

- Lorsqu'il a procédé à un licenciement économique dans les 6 derniers mois. Cette interdiction s'applique :

– aux cas d'accroissement temporaire d'activité, y compris pour l'exécution d'une tâche occasionnelle, mais non pour d'autres motifs comme le remplacement d'un salarié absent, par exemple ;

– uniquement aux postes concernés par le licenciement.

L'employeur peut néanmoins avoir recours à un contrat à durée déterminée si sa durée n'excède pas 3 mois non renouvelables, ou s'il s'agit d'une commande exceptionnelle à l'exportation nécessitant la mise en œuvre de moyens inhabituels.

- Pour remplacer un travailleur absent par suite d'un conflit collectif (grève, notamment).
- Pour occuper un poste précédemment pourvu par un salarié sous contrat à durée déterminée ou sous contrat de travail temporaire.
- Pour effectuer des travaux particulièrement dangereux qui font l'objet d'une surveillance spéciale par les médecins du travail. La liste de ces travaux est identique à celle fixée pour les travailleurs temporaires (→ index, *Contrat de travail temporaire, interdiction de recourir à des salariés temporaires*).

Quelle doit être la durée des CDD ?

La durée de ce type de contrat dépend de la raison pour laquelle il a été conclu :

– si le contrat comporte un terme dès le départ, sa durée est fixée dès la conclusion ;

– si le contrat a été conclu pour une raison liée à une activité ou un événement, la disparition de la raison pour laquelle il a été conclu représente le terme du contrat.

Exemple : un salarié est recruté pour remplacer un salarié malade ; la fin de l'arrêt maladie du salarié représente le terme du contrat.

› Contrats comportant un terme précis

Durée minimale

La loi n'a pas fixé de durée minimale obligatoire : en théorie, il est possible de conclure de tels contrats pour 1 mois, voire 1 jour.

Durée maximale

Pour les contrats conclus pour l'exécution d'une tâche précise, la durée maximale est de 18 mois, renouvellement compris.

Cette durée est portée à 24 mois :

– en cas de contrat exécuté à l'étranger ;

– en cas de départ définitif d'un salarié précédant la disparition du poste de travail ;

– en cas de commande exceptionnelle à l'exportation ;

– pour les contrats assurant une formation professionnelle.

Enfin, cette durée est portée à 36 mois pour les CDD « seniors » (*Code du travail, Art. D. 1242-7*).

Elle est réduite à 9 mois :

– en cas d'attente de l'entrée en service d'un salarié recruté à durée indéterminée ;

– en cas de travaux urgents pour raison de sécurité (*Code du travail, Art. L. 1242-8*).

› Contrats ne comportant pas de terme précis

Durée minimale

Le contrat est conclu pour une durée minimale fixée à l'avance. Cette durée dépend de la nature des tâches envisagées.

Exemple : 3 mois, durée de la saison touristique, pour un moniteur de ski.

Durée maximale

Aucune durée maximale n'est prévue.

Le terme du contrat est, selon les cas :

– le retour du salarié absent ;

– la fin de la saison pour les travaux à caractère saisonnier ;

– la réalisation de l'objet du contrat (film, spectacle, déménagement...).

À NOTER

La durée des contrats conclus dans le cas de la politique de l'emploi (contrat initiative-emploi, par exemple) est fixée par les textes qui les régissent.

AVANTAGE

Si le terme du contrat survient avant la fin de la période minimale prévue, le salarié sera rémunéré jusqu'à la fin de cette période.

› Période d'essai

Une période d'essai peut, éventuellement, être prévue (*Code du travail, Art. L. 1242-10*).
Elle ne peut dépasser :
– 1 jour par semaine dans la limite de 2 semaines pour les contrats d'une durée maximale de 6 mois ;
– 1 mois pour les contrats de plus de 6 mois.
Les usages ou les accords collectifs peuvent prévoir des durées moindres.
Si le contrat est prévu pour une période supérieure à 7 semaines, l'employeur doit respecter un délai de prévenance de 24 heures en-deçà de 8 jours de présence et de 48 heures au-delà s'il décide de rompre le contrat durant la période d'essai.

› Renouvellement du contrat

Le contrat à durée déterminée peut être renouvelé une fois pour une nouvelle durée déterminée mais la durée totale, renouvellement compris, ne peut dépasser les durées indiquées plus haut.
Les conditions de renouvellement doivent être précisées dans le contrat ou faire l'objet d'un avenant.

› Avance ou report du terme

Lorsqu'il s'agit de remplacer un salarié, le contrat du remplaçant peut prendre effet avant le départ du salarié afin que celui-ci puisse mettre son remplaçant au courant du travail à accomplir.
La fin du contrat peut être reportée au surlendemain du retour du salarié pour les mêmes raisons.

Comment le CDD doit-il être établi ?

Le contrat à durée déterminée doit obligatoirement être rédigé par écrit. Il doit indiquer clairement l'objet précis pour lequel il a été conclu et faire impérativement figurer les mentions suivantes (*Code du travail, Art. L. 1242-12*) :
– la désignation du poste de travail ou de l'emploi concerné ;
– la durée de la période d'essai éventuellement prévue ;
– la date du terme ou, si le contrat ne comporte pas de terme obligatoire, la durée de la période minimale et éventuellement une clause de report du terme ;
– dans le cas d'un remplacement, il convient d'indiquer le nom du salarié remplacé et sa qualification professionnelle ;
– l'intitulé de la convention collective applicable ;
– le montant de la rémunération, des primes et accessoires ;
– le nom et l'adresse de la caisse de retraite complémentaire ainsi que ceux de l'organisme de prévoyance.
Le contrat doit être remis au salarié dans les 2 jours suivant son embauche (*Code du travail, Art. L. 1242-13*).

De quelle protection le salarié sous CDD bénéficie-t-il ?

La loi prévoit que les dispositions légales et conventionnelles ainsi que celles qui résultent des usages applicables aux salariés liés par contrat à durée indéterminée s'appliquent également aux salariés liés par contrat à durée déterminée (*Code du travail, Art. L. 1242-14*).

Égalité des droits

Il résulte de ces dispositions que le salarié engagé pour une durée déterminée doit bénéficier de la même rémunération et des mêmes avantages sociaux que les autres salariés de l'entreprise.
Il doit recevoir une rémunération égale à celle que toucherait un travailleur engagé à durée indéterminée, après sa période d'essai, ayant la même qualification professionnelle et occupant les mêmes fonctions (*Code du travail, Art. L. 1242-15*).
Il jouit de tous les droits syndicaux reconnus aux autres salariés. Si son contrat est supérieur à 3 mois, il pourra participer aux élections professionnelles, s'il est supérieur à 1 an, il pourra être élu comme délégué du personnel ou membre du comité d'entreprise.

AVANTAGE

Il est à noter que la jurisprudence n'exige pas que l'année d'ancienneté soit acquise au bout d'un seul contrat. Les contrats successifs peuvent même avoir été séparés par des périodes d'inactivité.

Exceptions

Il existe toutefois des exceptions au principe d'égalité entre les travailleurs sous contrat à durée indéterminée et ceux sous contrat à durée déterminée. Ces exceptions concernent essentiellement :

– les dispositions relatives à la rupture du contrat ;

– la durée maximale de la période d'essai ;

– les droits à l'ancienneté dans l'entreprise si le contrat à durée déterminée est de courte durée ;

– la prise en compte du salarié dans l'effectif de l'entreprise. Le travailleur à durée déterminée n'est pris en compte qu'au prorata de son temps de présence au cours des 12 derniers mois. Le remplaçant d'un salarié absent n'est pas compté ;

– le droit à la formation professionnelle.

ATTENTION ⚠

Le contrat à durée déterminée peut être suspendu, en cas de maladie par exemple, mais il n'est pas prolongé de la durée de cette suspension.

Quels sont les droits du salarié en fin de CDD ?

Le contrat de travail à durée déterminée cesse de plein droit à l'échéance du terme, c'est-à-dire à la date prévue dans le contrat ou à la fin de la réalisation de l'objet pour lequel il a été conclu. L'employeur n'est pas obligé de prévenir le salarié de ses intentions de poursuivre ou non le contrat.

Le jour où le contrat prend fin, il peut donc remettre au salarié son reçu pour solde de tout compte **(voir Modèle n° 45)**, son attestation d'assurance chômage et son certificat de travail, sans préavis ni formalités.

Indemnité de fin de contrat

L'employeur doit verser une indemnité de fin de contrat dans les cas suivants (*Code du travail, Art. L. 1243-8*) :

– contrats comportant un terme précis fixé à l'avance ;

– remplacement d'un salarié absent.

Elle doit être versée lorsque le contrat arrive à son terme, ou avant, en cas de rupture anticipée intervenant du fait de l'employeur (sauf si elle est motivée par une faute grave du salarié) ou encore par accord des parties.

Cette indemnité est égale à 10 % de la rémunération brute totale due au salarié pendant la durée du contrat (majorations, primes et indemnités diverses comprises). Il s'agit d'un minimum : une convention ou un accord collectif peut prévoir un taux plus élevé.Ces mêmes accords, ainsi qu'un accord d'entreprise, peuvent également rabaisser ce taux à 6 % lorsque les salariés sous CDD bénéficient d'une contrepartie en matière de formation professionnelle. Dans ce dernier cas, la jurisprudence considère cependant que l'employeur doit avoir effectivement proposé une formation professionnelle au salarié concerné pour que l'indemnité puisse être ramenée à 6 %. À défaut, une indemnité de 10 % est due (*Cour de cassation, Chambre sociale, 11/7/2007*).

Indemnité compensatrice de congés payés

Le salarié a droit aux congés payés dans les mêmes conditions que les autres salariés de l'entreprise. S'il ne peut prendre ce congé, il a droit, quelle que soit la durée de son contrat, à une indemnité compensatrice qui ne peut être inférieure à 1/10e de sa rémunération brute totale.

Cette indemnité est versée à la fin du contrat.

Comme en cas de licenciement, cette indemnité n'est pas due en cas de faute lourde du salarié.

À NOTER

Ce sont les tribunaux qui apprécieront, à la demande du salarié qui s'est vu refuser ses indemnités de fin de contrat pour faute, la gravité effective de son comportement. Est généralement reconnue comme faute grave une violation des obligations du contrat qui rend impossible le maintien du salarié dans l'entreprise. La faute lourde est celle commise par l'employé dans l'intention de nuire à son employeur.

Peut-on rompre un CDD avant son terme ?

Sauf accord des parties, le contrat de travail à durée déterminée ne peut être rompu avant l'échéance du terme qu'en cas de faute grave ou de force majeure.

Par dérogation à ces dispositions, le salarié peut désormais rompre le contrat avant son terme s'il justifie d'une embauche sous contrat à durée indéterminée dans une autre entreprise ou dans un autre établissement de la même entreprise. Il devra cependant, sauf accord des parties, respecter un préavis calculé à raison d'un jour par semaine, compte tenu de la durée totale du contrat lorsque celui-ci comporte un terme précis ou de la durée déjà effectuée lorsque le contrat ne comporte pas de terme précis. Ce préavis est, dans tous les cas, limité à 2 semaines (*Code du travail, Art. L. 1243-2*).

L'intéressé doit fournir à son employeur les justificatifs de son embauche (lettre d'engagement, contrat de travail...).

Le contrat est alors rompu sans indemnité, sauf en cas de force majeure due à un sinistre (→ index, *Rupture du contrat de travail pour force majeure*). Dans ce cas, en effet, le salarié a droit à une indemnité compensatrice égale au montant de la rémunération qu'il aurait perçue jusqu'au terme de ce contrat (*Code du travail, Art. L. 1243-4*).

La rupture du contrat avant son terme pour toute autre raison que celles indiquées ci-dessus ouvre droit à des dommages et intérêts.

- Si la rupture est imputable à l'employeur, le salarié a droit à des dommages et intérêts d'un montant au moins égal aux rémunérations qu'il aurait dû percevoir jusqu'au terme du contrat. À ce montant, s'ajoute l'indemnité de fin de contrat telle qu'il aurait dû la percevoir.

La Cour de cassation considère cependant qu'en cas de rupture du contrat justifiée par l'inaptitude du salarié, celui-ci ne peut prétendre qu'à une compensation financière calculée en fonction du préjudice subi et non aux sommes restant dues jusqu'à l'expiration de son contrat (*Cour de cassation, Chambre sociale, 18/11/2003*).

Ces dommages et intérêts ne peuvent se cumuler avec les allocations chômage. Un salarié ayant obtenu des dommages et intérêts pour rupture abusive de son CDD ne commencera donc à percevoir ses allocations chômage qu'au terme normal de son contrat. Si ces dommages et intérêts lui sont accordés après le début de son indemnisation, il devra rembourser les allocations afférentes à cette période.

Cette indemnité est imposable pour la part correspondant à la rémunération qu'aurait perçue le salarié jusqu'au terme normal de son contrat. Le surplus est imposable selon les règles applicables aux indemnités de licenciement.

À NOTER

Cette règle s'applique même si le contrat est rompu avant que le salarié n'ait commencé à travailler, à partir du moment où le contrat a été formellement conclu (Cour de cassation, Chambre sociale, 12/3/2002).

- Lorsque la rupture anticipée du contrat intervient du fait du salarié, l'employeur peut demander réparation des préjudices que cette rupture a occasionnés.

Si le salarié a commis une faute grave, c'est lui qui sera responsable des conséquences de la rupture du contrat même si c'est l'employeur qui la lui notifie.

Les juges apprécient la gravité du préjudice subi. Ils prennent généralement en compte :

- la gravité de la faute de celui qui a rompu le contrat ;
- la faculté plus ou moins grande à trouver un remplaçant ;
- le préjudice moral.

La preuve du préjudice est à la charge de la victime.

QUAND L'INDEMNITÉ DE FIN DE CDD N'EST-ELLE PAS DUE ?

Cette prime n'est pas due :

- ✓ pour les emplois saisonniers, y compris les contrats-vendanges, et ceux qui sont prévus dans certains secteurs d'activité particuliers ;
- ✓ pour les contrats proposés dans le cadre de la politique de l'emploi ;
- ✓ pour les contrats qui proposent un complément de formation, sauf dispositions conventionnelles plus favorables ;
- ✓ dans le cas de contrats conclus avec des jeunes pendant leurs vacances scolaires ;
- ✓ en cas de refus du salarié de continuer les relations de travail avec l'employeur sous contrat à durée indéterminée pour le même emploi ou un emploi similaire et avec une rémunération au moins équivalente ;
- ✓ en cas de rupture anticipée du contrat à l'initiative du salarié, de faute grave de sa part ou en cas de force majeure.

QUE SE PASSE-T-IL QUAND LA LÉGISLATION SUR LES CDD N'EST PAS RESPECTÉE ?

Un contrat qui ne respecte pas les règles applicables au contrat à durée déterminée (motifs énumérés, durée, absence de contrat écrit ou de certaines mentions obligatoires, contrat non signé par le salarié) est requalifié en contrat à durée indéterminée.
À noter : l'absence d'indication de la convention collective, qui fait pourtant partie des mentions obligatoires, n'entraîne pas la requalification du contrat en contrat à durée indéterminée (*Cour de cassation, Chambre sociale, 26/10/1999*).
En cas de litige, le salarié doit s'adresser au bureau du jugement du conseil de prud'hommes qui se prononcera dans le délai d'1 mois. Si le salarié est dans son droit, l'employeur devra alors lui verser des dommages et intérêts (1 mois de salaire minimum), respecter la procédure de licenciement s'il veut mettre fin au contrat et verser au salarié une indemnité de licenciement (*Code du travail, Art. L. 1245-2*).

Un CDD peut-il être transformé en CDI ?

Il est toujours possible de conclure un contrat à durée indéterminée à l'issue d'un contrat à durée déterminée avec le même salarié.
Dans de tels cas, le salarié conserve l'ancienneté qu'il a acquise.
La durée du contrat précédent doit également être comptabilisée pour la période d'essai éventuellement prévue dans le nouveau contrat.
Exemple : un salarié, après avoir été engagé pour une durée déterminée de 2 mois, voit, au terme de ces 2 mois, son contrat renouvelé pour une durée indéterminée. Si ce nouveau contrat prévoit une période d'essai de 3 mois, il n'aura, en réalité, plus qu'1 mois à effectuer.
De même, si les relations de travail se poursuivent après le terme du contrat à durée déterminée sans qu'aucun accord de renouvellement n'ait été prévu (sauf en ce qui concerne les contrats conclus pour remplacer un chef d'entreprise), le contrat devient alors automatiquement un contrat à durée indéterminée (*Code du travail, Art. L. 1243-11*).

Lorsque le contrat devient un contrat à durée indéterminée du seul fait de sa poursuite après l'échéance de son terme, le salarié ne peut prétendre à l'indemnité de requalification égale à 1 mois de salaire (→ index, *Contrat de travail à durée déterminée, requalification*), sauf si sa démarche s'appuie sur une irrégularité du CDD initial ou de ceux qui lui ont fait suite (*Cour de cassation, Chambre sociale, 22/3/2006*).

La loi impose à l'employeur de porter à la connaissance des salariés en contrat à durée déterminée la liste des postes sous contrat à durée indéterminée à pourvoir dans l'entreprise lorsqu'un dispositif similaire d'information existe pour les salariés permanents (*Code du travail, Art. L. 1242-17*).

RÉCAPITULATIF DES CDD (1)

Motifs	Hypothèses	Durée
Remplacement d'un salarié ou d'un chef d'entreprise	Le titulaire du poste est absent, quel que soit le motif de son absence (maladie, maternité, congé parental d'éducation...)	• Terme précis : – 18 mois au maximum – 24 mois au maximum si le contrat est exécuté à l'étranger • Terme imprécis : le contrat prend fin au retour du salarié
	Le contrat est conclu dans l'attente de la prise de fonction d'un salarié recruté en contrat à durée indéterminée	Terme précis ou imprécis : la durée ne peut toutefois pas être supérieure à 9 mois, ou à 24 mois si le contrat est exécuté à l'étranger
	Le poste d'un salarié parti définitivement de l'entreprise doit être supprimé	Terme précis : ne peut excéder 24 mois

.../...

RÉCAPITULATIF DES CDD [1] (SUITE)		
Motifs	**Hypothèses**	**Durée**
Accroissement temporaire de l'activité de l'entreprise	• L'activité de l'entreprise a augmenté de manière temporaire (par exemple, suite à une campagne promotionnelle) • Une tâche occasionnelle est à effectuer qui ne relève pas de l'activité habituelle de l'entreprise	• Terme précis : – 18 mois maximum – 24 mois si le contrat est exécuté à l'étranger • Durées particulières : – si l'entreprise a une commande exceptionnelle à l'exportation : minimum 6 mois, maximum 24 mois – si des travaux urgents doivent être réalisés pour des raisons de sécurité : maximum 9 mois en France et 24 mois si le contrat est exécuté à l'étranger
Travaux saisonniers	Travaux qui se répètent à dates à peu près fixes en fonction du rythme des saisons ou des modes de vie collectifs (vendange, tourisme...)	• Terme précis : date à date • Terme imprécis : pour la durée de la saison, qui ne doit pas en principe être supérieure à 8 mois
Contrats d'usage	Un CDD peut être conclu pour des emplois relevant de certains secteurs d'activité définis par décret, convention collective ou accord collectif étendu et pour lesquels il est d'usage constant de ne pas recourir au CDI ; en raison de la nature de l'activité exercée et du caractère temporaire de ces emplois	• Terme précis : – 18 mois – 24 mois si le contrat est exécuté à l'étranger • Terme imprécis : réalisation de la tâche pour laquelle le salarié a été embauché
Contrats liés à la formation	Candidats effectuant un stage en vue d'accéder à un établissement supérieur	Contrat conclu pour une durée maximale de 24 mois
	Élèves ou anciens élèves d'établissement d'enseignement effectuant un stage d'application dans une entreprise avec la qualité de salarié (par exemple, élèves effectuant un stage professionnel pour l'obtention du diplôme supérieur du notariat)	24 mois au maximum sauf réglementation contraire pour l'obtention de diplômes spécifiques
	Étrangers qui viennent obtenir un supplément de formation en France	24 mois au maximum ou durée de l'autorisation provisoire pour les étrangers qui y sont soumis
	Bénéficiaires d'une aide financière à la formation par la recherche accordée soit directement, soit par l'intermédiaire de l'entreprise	Durée maximale : durée de la période financée
CDD Senior	Salarié âgé de plus de 57 ans, en recherche d'emploi depuis plus de 3 mois	Contrat conclu pour une durée maximale de 36 mois (durée initiale 18 mois + renouvellement)

(1) Tous ces contrats sont valables et ne pourront être requalifiés en CDI. Dans le cas contraire, vous pourrez vous adresser au conseil de prud'hommes et demander la requalification du contrat à durée déterminée en contrat à durée indéterminée. Le tribunal a un délai d'1 mois pour statuer. Si le contrat est requalifié, l'employeur vous versera 1 mois de salaire. L'employeur est, en outre, passible d'une amende de 3 750 €. Celle-ci est portée à 7 500 € en cas de récidive. Il peut être également condamné à une peine de prison de 6 mois au plus.
En cas de requalification, l'employeur doit vous réintégrer dans l'entreprise. S'il décide de vous licencier, il doit respecter la procédure de licenciement et justifier d'un motif. À défaut, le licenciement sera considéré comme abusif. Vous aurez droit, dans cette hypothèse, à une indemnité de préavis (dans le cas où vous êtes dispensé d'effectuer votre préavis), une indemnité compensatrice de congés payés, une indemnité de licenciement s'il y a lieu et des dommages et intérêts.

Existe-t-il un délai entre plusieurs CDD successifs ?

Règle générale

À l'expiration du contrat conclu pour une durée déterminée, l'employeur ne peut recourir, pour pourvoir au poste du salarié dont le contrat a pris fin, ni à un nouveau contrat à durée déterminée ni à un contrat de travail temporaire avant l'expiration d'une période égale :

– au tiers de la durée de ce contrat lorsque celle-ci est au moins égale à 14 jours ;

– à la moitié de la durée du contrat pour ceux inférieurs à 14 jours.

Ce délai, dit « délai de carence », se calcule d'après les jours d'ouverture de l'entreprise (*Code du travail, Art. L. 1244-3*). La circulaire n° 2002-08 du 2/5/2002 du ministère de l'Emploi précise qu'il faut entendre par jour d'ouverture les jours d'activité et non les jours d'ouverture aux clients ou aux fournisseurs.

Exemple : si un contrat a été conclu pour une durée de 12 jours, l'employeur ne pourra pas réengager le salarié ou engager un nouveau salarié sous contrat à durée déterminée ou temporaire sur ce poste de travail avant un délai de 6 jours. Si l'entreprise ferme 2 jours par semaine (le samedi et le dimanche, par exemple), ce délai correspondra à 8 jours calendaires.

AVANTAGE

Si l'employeur ne respecte pas ce délai de carence, le salarié peut demander la requalification de son contrat à durée indéterminée (→ index, Contrat de travail à durée déterminée, requalification).

Exceptions

Cette restriction ne s'applique pas :

– en cas de nouvelle absence d'un salarié remplacé ;

– pour les emplois saisonniers et ceux liés à certains secteurs d'activité, ainsi que pour les travaux urgents nécessités par des raisons de sécurité ;

– pour les contrats conclus pour remplacer un chef d'entreprise ;

– en cas de rupture anticipée du fait du salarié ou lorsque celui-ci refuse le renouvellement de son contrat.

Qu'est-ce que le « CDD à objet défini » ?

La loi n° 2008-596 du 25/6/2008 portant modernisation du marché du travail a créé, à titre expérimental pendant une période de 5 ans, un CDD de type particulier, conclu pour la réalisation d'un objet défini.

Objet et durée du contrat

- Ce contrat a pour objet le recrutement d'ingénieurs et de cadres à qui l'entreprise confie la réalisation d'une tâche précise, nécessairement temporaire (audit, création d'un produit, mise en place d'un nouveau service, par exemple).
- La durée du contrat est comprise entre 18 mois au minimum et 36 mois au maximum, non renouvelable.

Conditions de recours

Le recours au CDD à objet défini est subordonné à la conclusion d'un accord de branche étendu ou, à défaut, d'un accord d'entreprise. Cet accord doit mentionner :
– les nécessités économiques auxquelles ces contrats sont susceptibles d'apporter une réponse adaptée ;
– les conditions dans lesquelles les salariés bénéficient de garanties relatives à l'aide au reclassement, à la validation des acquis de l'expérience, à la priorité de réembauchage et à l'accès à la formation professionnelle continue et peuvent, au cours du délai de prévenance, mobiliser les moyens disponibles pour organiser la suite de leur parcours professionnel ;
– les conditions dans lesquelles les salariés sous CDD à objet défini ont une priorité d'accès aux emplois en CDI dans l'entreprise.

Forme et contenu du contrat

Le CDD à objet défini doit obligatoirement être établi par écrit et comporter, outre les clauses obligatoires prévues pour tous les CDD :
– la désignation du contrat comme « contrat à durée déterminée à objet défini » ;
– l'intitulé et les références de l'accord collectif qui permet le recours à ce type de contrat ;
– une clause descriptive du projet, mentionnant sa durée prévisible ;
– la définition des tâches pour lesquelles le contrat est conclu ;
– l'événement ou le résultat objectif déterminant la fin de la relation de travail ;

– le délai de prévenance de l'arrivée du terme du contrat et, le cas échéant, de la proposition de poursuivre la relation de travail sous CDI ;
– une clause mentionnant la possibilité de rupture à la date anniversaire de la conclusion du contrat par l'une ou l'autre partie pour un motif réel et sérieux et le droit, lorsque la rupture est due à l'employeur, à une indemnité de rupture.

Rupture du contrat

Ce contrat prend fin lorsque l'objet pour lequel il a été conclu a été réalisé. L'employeur doit prévenir le salarié de cette échéance au moins 2 mois à l'avance.
Il peut également être rompu au bout de 18 mois puis à la date anniversaire de sa conclusion par l'une ou l'autre partie, pour un motif réel et sérieux.
Lorsque la rupture intervient du fait de l'employeur, le titulaire du contrat a droit à une indemnité d'un montant égal à 10 % de sa rémunération brute totale :
– si l'employeur ne lui a pas proposé de CDI à l'issue de ce CDD ;
– si le salarié a refusé la proposition de CDI de l'employeur ;
– mais également si le salarié accepte un CDI, proposé par l'employeur, mais à des conditions moins avantageuses que le CDD (*Accord national interprofessionnel du 11/1/2008*).

Cette indemnité est assujettie aux cotisations et contributions sociales.

À NOTER

Pour toutes les autres dispositions non prévues par la loi portant modernisation du marché du travail, ce CDD particulier est régi par les règles relatives aux CDD de droit commun (égalité de traitement avec les autres salariés de l'entreprise, par exemple) (Code du travail, Art. L. 1241-1 et s.).

Extraits du Code du travail

« **Art. L. 1242-1.** Un contrat de travail à durée déterminée, quel que soit son motif, ne peut avoir ni pour objet ni pour effet de pourvoir durablement un emploi lié à l'activité normale et permanente de l'entreprise. »

« **Art. L. 1242-2.** Sous réserve des dispositions de l'article L. 1242-3, un contrat de travail à durée déterminée ne peut être conclu que pour l'exécution d'une tâche précise et temporaire, et seulement dans les cas suivants :

1° Remplacement d'un salarié en cas :

a) D'absence ;

b) De passage provisoire à temps partiel, conclu par avenant à son contrat de travail ou par échange écrit entre ce salarié et son employeur ;

c) De suspension de son contrat de travail ;

d) De départ définitif précédant la suppression de son poste de travail après consultation du comité d'entreprise ou, à défaut, des délégués du personnel, s'il en existe ;

e) D'attente de l'entrée en service effective du salarié recruté par contrat à durée indéterminée appelé à le remplacer ;

2° Accroissement temporaire de l'activité de l'entreprise ;

3° Emplois à caractère saisonnier ou pour lesquels, dans certains secteurs d'activité définis par décret ou par convention ou accord collectif de travail étendu, il est d'usage constant de ne pas recourir au contrat de travail à durée indéterminée en raison de la nature de l'activité exercée et du caractère par nature temporaire de ces emplois ;

4° Remplacement d'un chef d'entreprise artisanale, industrielle ou commerciale, d'une personne exerçant une profession libérale, de son conjoint participant effectivement à l'activité de l'entreprise à titre professionnel et habituel ou d'un associé non salarié d'une société civile professionnelle, d'une société civile de moyens ou d'une société d'exercice libéral ;

5° Remplacement du chef d'une exploitation agricole ou d'une entreprise mentionnée aux 1° à 4° de l'article L. 722-1 du code rural, d'un aide familial, d'un associé d'exploitation, ou de leur conjoint mentionné à l'article L. 722-10 du même code dès lors qu'il participe effectivement à l'activité de l'exploitation agricole ou de l'entreprise. »

« **Art. L. 1242-3.** Outre les cas prévus à l'article L. 1242-2, un contrat de travail à durée déterminée peut être conclu :

1° Au titre de dispositions légales destinées à favoriser le recrutement de certaines catégories de personnes sans emploi ;

2° Lorsque l'employeur s'engage, pour une durée et dans des conditions déterminées par décret, à assurer un complément de formation professionnelle au salarié. »

.../...

Extraits du Code du travail (suite)

« **Art. L. 1242-7.** Le contrat de travail à durée déterminée comporte un terme fixé avec précision dès sa conclusion. Toutefois, le contrat peut ne pas comporter de terme précis lorsqu'il est conclu dans l'un des cas suivants :

1° Remplacement d'un salarié absent ;

2° Remplacement d'un salarié dont le contrat de travail est suspendu ;

3° Dans l'attente de l'entrée en service effective d'un salarié recruté par contrat à durée indéterminée ;

4° Emplois à caractère saisonnier ou pour lesquels, dans certains secteurs d'activité définis par décret ou par voie de convention ou d'accord collectif étendu, il est d'usage constant de ne pas recourir au contrat de travail à durée indéterminée en raison de la nature de l'activité exercée et du caractère par nature temporaire de ces emplois ;

5° Remplacement de l'une des personnes mentionnées aux 4° et 5° de l'article L. 1242-2. Le contrat de travail à durée déterminée est alors conclu pour une durée minimale. Il a pour terme la fin de l'absence de la personne remplacée ou la réalisation de l'objet pour lequel il a été conclu. »

« **Art. L. 1242-8.** La durée totale du contrat de travail à durée déterminée ne peut excéder dix-huit mois compte tenu, le cas échéant, du renouvellement intervenant dans les conditions prévues à l'article L. 1243-13.

Cette durée est réduite à neuf mois lorsque le contrat est conclu dans l'attente de l'entrée en service effective d'un salarié recruté par contrat à durée indéterminée ou lorsque son objet consiste en la réalisation des travaux urgents nécessités par des mesures de sécurité.

Elle est portée à vingt-quatre mois :

1° Lorsque le contrat est exécuté à l'étranger ;

2° Lorsque le contrat est conclu dans le cadre du départ définitif d'un salarié précédant la suppression de son poste de travail ;

3° Lorsque survient dans l'entreprise, qu'il s'agisse de celle de l'entrepreneur principal ou de celle d'un sous-traitant, une commande exceptionnelle à l'exportation dont l'importance nécessite la mise en œuvre de moyens quantitativement ou qualitativement exorbitants de ceux que l'entreprise utilise ordinairement. Dans ce cas, la durée initiale du contrat ne peut être inférieure à six mois et l'employeur doit procéder, préalablement aux recrutements envisagés, à la consultation du comité d'entreprise ou, à défaut, des délégués du personnel, s'il en existe.

Ces dispositions ne sont pas applicables au contrat de travail à durée déterminée conclu en application de l'article L. 1242-3. »

« **Art. L. 1242-9.** Lorsque le contrat de travail à durée déterminée est conclu pour remplacer un salarié temporairement absent ou dont le contrat de travail est suspendu ou pour un remplacement effectué au titre des 4° et 5° de l'article L. 1242-2, il peut prendre effet avant l'absence de la personne à remplacer. »

Le contrat de travail temporaire

Les règles s'appliquant au contrat de travail temporaire sont très proches de celles qui régissent les contrats à durée déterminée. Le fait que l'employé temporaire soit engagé par l'intermédiaire d'une entreprise extérieure (agence d'intérim) rend cependant la situation plus complexe.

Qu'est-ce qu'une entreprise de travail temporaire ?

On appelle entreprise de travail temporaire toute entreprise dont l'activité exclusive est de mettre à la disposition provisoire d'utilisateurs, des salariés qu'elle recrute et rémunère à cet effet (*Code du travail, Art. L. 1251-2*).

Juridiquement, le travail temporaire se caractérise par une relation à trois entre l'entreprise de travail temporaire, le client utilisateur et le salarié, employé de l'entreprise de travail temporaire.

Cette relation de travail d'un type particulier nécessite la conclusion de deux contrats :

– le premier, appelé « contrat de mise à disposition » est conclu entre l'entreprise de travail temporaire et le client utilisateur (l'entreprise) ;

– le second est un « contrat de mission » conclu entre l'entreprise de travail temporaire et le salarié.

À NOTER

Les entreprises d'intérim sont autorisées à proposer aux entreprises des salariés qui seront engagés sous CDI ou CDD de droit commun (Code du travail, Art. L. 1251-4). Elles peuvent également proposer des missions de travail à temps partagé (→ index, Travail à temps partagé).

Dans quel cas peut-on faire appel à des travailleurs temporaires ?

Les entreprises ne peuvent faire appel à des travailleurs temporaires que pour l'exécution d'une tâche précise et limitée dans le temps appelée « mission ». Ce type de contrat, quel que soit son motif, ne peut avoir pour objet ni pour effet de pourvoir durablement à un emploi lié à l'activité normale et permanente de l'entreprise (*Code du travail, Art. L. 1251-5*).

Les cas de recours sont semblables à ceux énoncés pour les contrats à durée déterminée (→ index, *Contrat de travail à durée déterminée*).

De même, il est interdit de faire appel à des travailleurs temporaires (*Code du travail, Art. L. 1251-10*) :

– pour remplacer un salarié dont le contrat est suspendu à la suite d'un conflit collectif du travail ;

– pour remplacer un médecin du travail ;

– pour occuper un poste précédemment occupé par un salarié titulaire d'un contrat de travail temporaire ou d'un contrat de travail à durée déterminée ;

– pour effectuer certains travaux particulièrement dangereux (voir la liste de ces travaux ci-après) ;

– lorsqu'il a été procédé à un licenciement économique dans les 6 derniers mois.

Il est également interdit d'engager sous contrat de travail temporaire un travailleur étranger, s'il s'agit de son premier emploi sur le territoire français.

Les travaux interdits aux travailleurs temporaires

Règle générale

L'article D. 4154-1 du Code du travail fixe la liste des travaux pour lesquels il est interdit d'avoir recours à des travailleurs temporaires, compte tenu de leur caractère dangereux, comme suit :

Travaux comportant l'exposition aux agents suivants :

– fluor gazeux et acide fluorhydrique ;

– chlore gazeux à l'exception de ses composés ;

– brome liquide ou gazeux à l'exception de ses composés ;

– iode solide ou vapeur à l'exception de ses composés ;

– phosphore, pentafluorure de phosphore, hydrogène phosphoré ;
– hydrogène arsénié ;
– sulfure de carbone ;
– oxychlorure de carbone ;
– bioxyde de manganèse ;
– bichlorure de mercure, oxycyanure de mercure et dérivés alkylés du mercure ;
– béryllium et ses sels ;
– tétrachlorure de carbone ;
– amines aromatiques suivants : benzidine, ses homologues, ses sels et ses dérivés chlorés, dianisidine, amino-4 diphényle ;
– béta-naphtylamine, 2-chloroéthyl, chlornaphazine, orthotoluidine ;
– chlorure de méthyle ;
– tétrachloroéthane ;
– arsenite de sodium ;
– composés minéraux solubles du cadmium ;
– paraquat.

Travaux suivants :
– les travaux exposant à l'inhalation des poussières de métaux durs ;
– la métallurgie et la fusion du cadmium et les travaux exposant aux composés minéraux solubles du cadmium ;
– la polymérisation du chlorure de vinyle ;
– les activités de fabrication ou de transformation de matériaux contenant de l'amiante, les opérations d'entretien ou de maintenance sur les déflocages ou calorifugeages contenant de l'amiante, les activités de confinement, de retrait de l'amiante ou de démolition exposant aux poussières d'amiante ;
– la fabrication de l'auramine et du magenta ;
– les travaux susceptibles d'entraîner une exposition aux rayonnements ionisants dès lors qu'ils sont effectués dans des zones où le débit de dose horaire est susceptible d'être supérieur à 2 millisieverts (installations nucléaires) ;
– les travaux exposant à l'inhalation de poussières de lin ;
– les travaux de désinsectisation des bois (pulvérisation du produit, trempage du bois, empilage ou sciage des bois imprégnés, traitement des charpentes en place) et des grains lors de leur stockage.

Cette liste est identique à celle fixée pour les travaux interdits aux salariés sous contrat à durée déterminée.

Exceptions

Des dérogations sont toutefois possibles :
– lorsque les travaux énumérés ci-dessus sont effectués à l'intérieur d'appareils rigoureusement clos en marche normale ;
– lorsque l'employeur demande une dérogation au directeur régional des entreprises, de la concurrence, de la consommation, du travail et de l'emploi. Cette demande doit être accompagnée de l'avis du comité d'hygiène et de sécurité (ou, à défaut, des délégués du personnel) et de l'avis du médecin du travail. Des mesures particulières de prévention doivent avoir été prises. Une formation à la sécurité appropriée doit notamment être assurée aux salariés.

Quelles mentions le contrat de mise à disposition doit-il contenir ?

L'entreprise de travail temporaire et l'entreprise utilisatrice doivent conclure entre elles un contrat appelé contrat de mise à disposition (*Code du travail, Art. L. 1251-42 et s.*).

Ce contrat doit obligatoirement être rédigé par écrit. Un contrat spécifique est rédigé pour chaque salarié mis à la disposition de l'entreprise utilisatrice, au plus tard dans les 2 jours ouvrables suivant le début de la mission.

Il doit obligatoirement comporter les mentions suivantes :
– le motif pour lequel il est recouru au travail temporaire. Cette mention doit être accompagnée de justifications précises, notamment en cas de remplacement d'un salarié absent (nom et qualification du salarié remplacé) ;
– le terme de la mission. Ce terme doit être précis et l'éventualité d'un report de terme ou d'un aménagement de la mission, si elle est envisagée, doit également faire l'objet d'une clause écrite dans le contrat ;
– les caractéristiques particulières du poste à pourvoir. Il convient d'indiquer dans cette rubrique la qualification professionnelle exigée, le lieu de la mission, l'horaire de travail ;
– le montant de rémunération que percevrait dans l'entreprise, après période d'essai, un salarié de qualification professionnelle équivalente, occupant le même poste de travail, y compris les primes et autres accessoires de salaire ;

– la nature des équipements de protection individuelle que le salarié doit utiliser et la mention de celui qui fournit cet équipement (généralement, l'entreprise utilisatrice).

Toute clause tendant à interdire l'embauchage définitif par l'entreprise utilisatrice du salarié temporaire à l'issue de sa mission est réputée non écrite (et donc nulle).

UNE FORMATION SUR LES RISQUES PROFESSIONNELS

L'accord du 18/3/1998 organise la formation des intérimaires à la prévention des risques professionnels. Cet accord est complété par des annexes spécifiques à certains types d'emploi comportant des risques particuliers (risques chimiques, par exemple).
Rappelons que les intérimaires doivent également bénéficier, au même titre que les autres salariés de l'entreprise utilisatrice, d'une formation de base à la sécurité sur le poste de travail.

Quelles mentions le contrat de mission doit-il contenir ?

Bien que travaillant au sein de l'entreprise utilisatrice, le salarié temporaire a pour seul employeur l'entreprise de travail temporaire. C'est donc avec cette dernière qu'il conclura un contrat de travail, appelé « contrat de mission ».
Le contrat de mission doit être rédigé par écrit et adressé au salarié au plus tard dans les 2 jours ouvrables suivant le début de sa mission.
Ce contrat doit impérativement être signé par l'intérimaire. À défaut, celui-ci peut être considéré comme lié à l'entreprise de travail temporaire par un contrat à durée indéterminée (*Cour de cassation, Chambre sociale, 7/3/2000*), sauf si le défaut de signature résulte d'une intention frauduleuse de la part de l'intérimaire (*Cour de cassation, Chambre sociale, 24/3/2010*).

Mentions obligatoires

Le contrat doit obligatoirement comporter les mentions suivantes (*Code du travail, Art. L. 1251-16*) :
– la reproduction des clauses contenues dans le contrat de mise à disposition ;
– la qualification du salarié intérimaire. La jurisprudence considère que le contrat doit également préciser la classification professionnelle (cadre/non cadre, notamment) de l'intérimaire et du salarié remplacé lorsque le salarié engagé remplace un salarié absent (*Cour de cassation, Chambre sociale, 21/3/2007*) ;
– les modalités de la rémunération due au salarié y compris celle de l'indemnité de précarité d'emploi ;
– la durée de la période d'essai éventuelle ;
– le fait que l'embauche du salarié par l'entreprise utilisatrice à l'issue de sa mission n'est pas interdite ;
– le nom et l'adresse de la caisse de retraite complémentaire et de l'organisme de prévoyance dont relève l'entreprise de travail temporaire.

À NOTER

Si la mission doit être effectuée hors du territoire métropolitain, le contrat doit contenir une clause de rapatriement à la charge de l'entreprise de travail temporaire. Cette clause devient caduque en cas de rupture du contrat à l'initiative du salarié.

Période d'essai

Le contrat de mission peut prévoir une période d'essai dont la durée est limitée à (*Code du travail, Art. L. 1251-14*) :
– 2 jours pour un contrat inférieur ou égal à 1 mois ;
– 3 jours pour un contrat compris entre 1 et 2 mois ;
– 5 jours pour un contrat de plus de 2 mois.

À NOTER

Certaines conventions collectives peuvent prévoir une période d'essai plus longue ou plus courte que la durée fixée par le Code du travail.

Quelle est la durée des contrats de travail temporaire ?

La mission doit, en principe, comporter un terme fixé avec précision tant dans le contrat de mise à disposition que dans le contrat de mission.
Dans certains cas (remplacement d'un salarié, travail saisonnier...), le contrat peut ne pas comporter de terme précis.

Les règles concernant la durée et le renouvellement du contrat de travail temporaire sont identiques à celles prévues pour les contrats à durée déterminée (*Code du travail, Art. L. 1251-11*).

Avance ou report du terme

Il est possible d'avancer ou de reporter le terme de la mission à raison d'un jour ouvrable pour 5 jours de travail à condition :

– de ne pas réduire la durée de la mission prévue de plus de 10 jours de travail ;

– de ne pas dépasser la durée maximale autorisée.

Pour les missions inférieures à 10 jours, le terme ne peut être avancé ou reporté que de 2 jours (*Code du travail, Art. L. 1251-30*).

Dans le cadre d'un remplacement, la mission peut prendre effet avant le départ du salarié et le terme peut être reporté jusqu'au surlendemain de la rentrée du salarié remplacé (*Code du travail, Art. L. 1251-13*).

Rupture du contrat avant le terme prévu

Sauf en cas de force majeure ou de faute grave du salarié, le contrat de travail ne peut être rompu avant l'échéance prévue, indiquée dans le contrat de mise à disposition et le contrat de mission.

L'entreprise de travail temporaire qui rompt le contrat de travail du salarié avant le terme prévu doit lui proposer un nouveau contrat prenant effet dans un délai maximal de 3 jours ouvrables.

Si la durée du contrat restant à courir est supérieure à 4 semaines, l'employeur peut proposer à l'intérimaire jusqu'à trois contrats successifs.

Le nouveau contrat proposé ne peut comporter des modifications substantielles en ce qui concerne la qualification, la rémunération, l'horaire de travail ou le temps de transport du salarié.

À défaut, ou si le nouveau contrat est d'une durée inférieure à celle restant à courir du contrat précédent, l'entreprise de travail temporaire doit assurer au salarié une rémunération équivalente à celle qu'il aurait perçue jusqu'au terme du contrat, y compris l'indemnité de précarité d'emploi.

Tout contrat de travail temporaire conclu en méconnaissance des règles énumérées ci-dessus (cas de recours, durée, contrat écrit...) est considéré comme nul. Le salarié est alors considéré comme salarié de l'entreprise utilisatrice sous contrat à durée indéterminée prenant effet au premier jour de sa mission (*Code du travail, Art. L. 1251-26 et s.*).

ATTENTION ⚠

Si la rupture du contrat intervient à l'initiative du salarié, il pourra être condamné à verser des dommages et intérêts correspondant au préjudice subi par l'employeur (Code du travail, Art. L. 1251-28).

Ces dispositions ne sont pas applicables lorsque le contrat est rompu par un intérimaire qui justifie d'une embauche sous contrat à durée indéterminée. Dans ce cas, il doit cependant respecter une période de préavis calculée à raison d'un jour par semaine compte tenu de la durée totale du contrat lorsque celui-ci comporte un terme précis, ou de la durée déjà effectuée lorsque le contrat ne comporte pas de terme précis. Dans tous les cas, la durée de ce préavis ne peut être inférieure à 1 jour ni supérieure à 2 semaines.

AVANTAGE

En cas de litige, le salarié doit s'adresser au bureau du jugement du conseil de prud'hommes qui se prononcera dans le délai d'1 mois. Si le salarié est dans son droit, les juges doivent lui accorder une indemnité qui ne peut être inférieure à 1 mois de salaire. Si l'employeur veut mettre fin au contrat, il doit respecter la procédure de licenciement (Code du travail, Art. L. 1251-41).

À quelle rémunération les travailleurs temporaires ont-ils droit ?

L'entreprise de travail temporaire est l'employeur du salarié. C'est donc elle qui doit lui verser son salaire ainsi que les indemnités légales qui s'y ajoutent.

Rémunération en cours de mission

La rémunération des travailleurs temporaires ne peut être inférieure à celle que percevrait dans l'entreprise, après période d'essai, un salarié de qualification équivalente, occupant le même poste de travail. Le montant de cette rémunération doit figurer sur le contrat de mise à disposition et le contrat de mission.

Le salarié temporaire est rémunéré pour tous les jours fériés qui interviennent au cours de sa mission et ce, indépendamment de son ancienneté, dès lors que les salariés de l'entreprise utilisatrice en perçoivent le paiement.

Indemnité de précarité d'emploi

- À la fin de sa mission, le salarié intérimaire a droit à une indemnité spéciale, destinée à compenser la précarité de sa situation (*Code du travail, Art. L. 1251-32*). Cette indemnité est égale à 10 % de la rémunération totale brute et versé à la fin de la mission.

- Cette indemnité n'est pas due :

– en cas de travaux saisonniers ou dans les secteurs particuliers dès lors qu'un accord conclu dans la branche du travail temporaire, la convention collective ou un accord d'entreprise le prévoient ;

– en cas de contrat conclu dans le cadre de la politique de l'emploi ou proposant un complément de formation (sauf disposition conventionnelle plus favorable) ;

– en cas de rupture du contrat à l'initiative du salarié, pour faute grave ou en cas de force majeure ;

– en cas de poursuite des relations de travail sous contrat à durée indéterminée.

Un accord du 9/6/1998 confirme que cette indemnité est bien due aux jeunes qui effectuent des missions de travail temporaire pendant leurs vacances scolaires.

AVANTAGE

La rupture anticipée de la mission par l'entreprise utilisatrice n'exonère pas l'entreprise de travail temporaire du paiement de l'indemnité de précarité d'emploi.

Indemnité compensatrice de congés payés

Le salarié d'une entreprise de travail temporaire a droit, pour chaque mission effectuée et quelle qu'en soit la durée, à une indemnité compensatrice de congés payés dont le montant minimal est égal à 10 % de la rémunération brute perçue pendant sa mission, indemnité de précarité d'emploi comprise (*Code du travail, Art. L. 1251-19*).

Indemnité de repos pour heures supplémentaires

Le travailleur intérimaire qui a effectué des heures supplémentaires ouvrant droit à repos compensateur de remplacement et/ou à contrepartie obligatoire en repos bénéficie d'une indemnité compensatrice s'il n'a pu prendre effectivement ce repos avant la fin de sa mission.

Indemnité d'intempérie

Dans le secteur du bâtiment et des travaux publics, les salariés temporaires ont droit à une indemnité en cas d'arrêt de travail occasionné par les intempéries, dès lors que les salariés de l'utilisateur, occupés sur le même chantier, en bénéficient. Cette indemnité, due par l'entreprise de travail temporaire pour chaque heure perdue, n'est soumise à aucune condition d'ancienneté (*Code du travail, Art. L. 1251-20*).

Quels sont les droits des salariés temporaires ?

Les travailleurs intérimaires étant salariés de l'entreprise de travail temporaire mais effectuant leur mission au sein d'une entreprise utilisatrice, il convient de distinguer leurs droits respectifs dans chacune de ces deux entreprises.

AVANTAGE

En cas de défaillance de l'entreprise de travail temporaire, l'entreprise utilisatrice est tenue de verser au salarié toutes les indemnités qui lui sont dues (Code du travail, Art. L. 1251-52).

Dans l'entreprise utilisatrice

Pendant la durée de la mission, l'utilisateur est responsable des conditions de travail du salarié temporaire pour tout ce qui a trait à la durée du travail, au travail de nuit, au repos hebdomadaire, aux jours fériés, à l'hygiène et à la sécurité, au travail des femmes et des jeunes salariés (*Code du travail, Art. L. 1251-21*).

Dans tous ces domaines, les règles sont les mêmes pour les travailleurs temporaires et les autres salariés de l'entreprise utilisatrice.

Lorsque l'entreprise utilisatrice a mis en place un dispositif d'aménagement collectif du temps de travail, celui-ci s'applique aux salariés temporaires.

Les obligations afférentes à la médecine du travail sont, en principe, à la charge de l'entreprise de travail temporaire. Elles sont à la charge de l'entreprise utilisatrice lorsque l'activité exercée par le travailleur temporaire nécessite une surveillance médicale spécifique (*Code du travail, Art. L. 1251-22*).

Les travailleurs temporaires ont droit aux installations collectives (douches, cantine...).

Les travailleurs temporaires sont pris en compte dans l'effectif de l'entreprise au prorata de leur temps de présence au cours des 12 mois précédents. Ceux qui remplacent un salarié absent ou dont le contrat est suspendu en sont toutefois exclus.

À NOTER

Les travailleurs temporaires ne peuvent être inscrits sur les listes électorales pour l'élection des représentants du personnel de l'entreprise utilisatrice.

Ils ont néanmoins la possibilité de faire appel aux délégués du personnel pour présenter leurs réclamations collectives ou individuelles concernant les conditions d'exécution de leur contrat de travail, leur rémunération, le paiement des jours fériés ou l'accès aux services collectifs de l'entreprise.

Dans l'entreprise de travail temporaire

Les travailleurs temporaires ont les mêmes droits que les autres salariés de cette entreprise. Ils peuvent élire et être éligibles aux fonctions de représentant du personnel ou de délégué syndical à condition d'avoir une ancienneté dans l'entreprise intérimaire égale à :

– 6 mois au cours des 18 mois précédents pour être élu délégué syndical ou représentant du personnel (délégué du personnel, membre du comité d'entreprise) ;

– 3 mois au cours des 12 mois précédents pour élire des représentants du personnel.

Pour calculer cette ancienneté, on totalise toutes les périodes pendant lesquelles le travailleur a effectué des missions.

Les travailleurs temporaires peuvent également bénéficier de mesures de formation professionnelle (congé individuel de formation, droit individuel à la formation, bilan de compétences, validation des acquis professionnels...) à condition de justifier d'une certaine ancienneté.

Exemple : pour pouvoir prendre un congé individuel de formation, un intérimaire doit comptabiliser 1 600 heures de travail temporaire dont 600 heures dans l'entreprise au cours des 18 mois précédents.

Le temps passé en formation est assimilé à une mission.

L'intérimaire en formation est lié par un contrat de mission formation qui se substitue au contrat de mission.

AVANTAGE

La loi impose à l'employeur de l'entreprise utilisatrice de porter à la connaissance des intérimaires la liste des postes sous contrat à durée indéterminée à pourvoir dans l'entreprise lorsqu'un dispositif similaire d'information existe pour les salariés permanents (Code du travail, Art. L. 1251-25).

Le salarié temporaire bénéficie-t-il d'une protection sociale ?

Les travailleurs temporaires sont obligatoirement rattachés au régime général de la Sécurité sociale quelle que soit l'activité de l'entreprise utilisatrice (sauf pour les salariés agricoles).

Les cotisations patronales sont à la charge de l'entreprise de travail temporaire.

Les cotisations salariales s'appliquent sur l'ensemble de la rémunération brute, y compris sur la prime de précarité d'emploi.

Les salariés titulaires de contrat de travail temporaire sont donc protégés en cas de maladie, maternité, invalidité, accidents du travail..., dans les conditions de droit commun.

Ils bénéficient également du régime d'assurance chômage mais dans des conditions particulières (*Annexe 4 de la convention chômage du 19/2/2009*).

En revanche, les salariés temporaires ne bénéficient pas de la protection qui interdit aux employeurs de mettre fin au contrat de travail d'un salarié victime d'un accident du travail ou d'une maladie professionnelle.

Les travailleurs temporaires doivent être affiliés par l'entreprise de travail temporaire :

– à une institution de retraite complémentaire ;

– à un régime de prévoyance complétant l'indemnisation de la Sécurité sociale en cas de maladie, maternité, accidents, invalidité et décès.

La gestion de toutes ces garanties est confiée à l'IREPS (Institut de retraite et de prévoyance des salariés).

Quel est le délai à respecter entre deux contrats temporaires successifs ?

À la fin de la mission, l'employeur qui veut, de nouveau, faire appel à un travailleur temporaire pour occuper le même poste de travail doit respecter un délai égal :

– au tiers de la durée du contrat de mission, renouvellement compris, si celui-ci était de 14 jours au moins ;

– à la moitié de la durée du contrat pour les contrats inférieurs à 14 jours.

La durée de ce délai de carence est calculée sur les jours d'ouverture de l'entreprise comme pour les contrats à durée déterminée.

● Cette règle n'est pas applicable :

– en cas de nouvelle absence du salarié remplacé ;

– pour l'exécution de travaux urgents nécessités par des mesures de sécurité ;

– pour les emplois saisonniers et ceux effectués dans certains secteurs d'activité ;

– pour les contrats conclus pour remplacer un chef d'entreprise ;

– en cas de rupture anticipée du fait du salarié ou de refus de renouvellement de son contrat (*Code du travail, Art. L. 1251-36 et s.*).

ATTENTION ⚠

Contrairement aux règles prévues pour les contrats à durée déterminée, le non-respect de ce délai de carence par l'employeur ne permet pas au travailleur temporaire d'obtenir la requalification de son contrat de misssion en contrat à durée indéterminée dans l'entreprise utilisatrice (Cour de cassation, Chambre sociale, 23/2/2005). L'employeur risque simplement de se voir infliger des sanctions pénales (3 750 € d'amende et/ou 6 mois d'emprisonnement au maximum).

LE COMPTE ÉPARGNE-TEMPS

Les intérimaires comptabilisant 910 jours d'ancienneté au cours des 12 derniers mois au sein de leur entreprise de travail temporaire peuvent bénéficier d'un compte épargne-temps.
Celui-ci peut être alimenté, entre autres, par les jours de repos non pris au titre de l'aménagement du temps de travail, les indemnités de fin de mission, les droits acquis au titre du repos compensateur de remplacement et/ou de la contrepartie obligatoire en repos pour heures supplémentaires.
L'entreprise de travail temporaire peut compléter le crédit de l'intérimaire.
Les sommes épargnées peuvent être utilisées dès que le compte atteint 10 jours ou 70 heures (2 jours pour une formation) pour financer une action de formation, un congé de création d'entreprise ou du temps libre destiné à réaliser un projet personnel en dehors des périodes de mission.

Cas pratiques

Les différents contrats de travail

Contrat à durée déterminée - accroissement temporaire d'activité

J'ai été embauché sous CDD pour accroissement temporaire d'activité en tant que chauffeur routier. Mon employeur devait faire face à des commandes exceptionnelles. C'est ce que précise mon contrat de travail. Dans les faits, j'ai été affecté au travail d'un salarié permanent de l'entreprise (travail courant) qui lui-même devait s'occuper de ces commandes. Ai-je des chances d'obtenir une requalification de mon contrat en contrat à durée indéterminée ?

Non. D'après la jurisprudence de la Cour de cassation, l'employeur est dans son droit. Dans l'hypothèse que vous décrivez, un contrat à durée déterminée peut bien être signé. Ce qui compte, c'est le fait qu'il y a eu réellement accroissement temporaire d'activité (une commande exceptionnelle et urgente) justifiant le contrat à durée déterminée. Ensuite, il appartient à l'employeur de choisir d'affecter un salarié permanent à cette tâche supplémentaire et d'engager un salarié sous CDD pour remplacer ce salarié (*Cour de cassation, Chambre sociale, 18/2/2003*).

Contrat à durée déterminée - mentions obligatoires du contrat

Un CDD conclu en vue du remplacement d'un salarié absent doit-il obligatoirement comporter le nom et la qualification de la personne à remplacer ? Quelles sont les conséquences d'une omission de cette mention ? Mon salarié veut m'attaquer en justice sur ce point alors qu'il connaissait parfaitement le nom de la personne absente.

Selon un arrêt de la Cour de cassation, cette mention est impérative. À défaut, le salarié peut s'en prévaloir et demander la requalification du contrat en contrat à durée indéterminée (*Cour de cassation, Chambre sociale, 6/5/1997*). Pourtant, dans cette décision, l'employeur apportait la preuve que l'information était bien parvenue au remplaçant. Mais pour la Cour de cassation, qui adopte ici une position très formaliste, cela n'est pas suffisant.

Elle a également précisé qu'en l'absence de la mention de la qualification du salarié remplacé, le contrat conclu pour remplacer un salarié absent est réputé conclu pour une durée indéterminée (*Cour de cassation, Chambre sociale, 16/9/2009*).

Contrat à durée déterminée - indemnité de fin de contrat

J'ai saisi la justice d'une demande de requalification de mon contrat à durée déterminée en contrat à durée indéterminée. Dois-je rembourser l'indemnité de fin de contrat que j'ai reçue à la fin du CDD ?

La question doit en effet se poser puisque cette indemnité est destinée à compenser une précarité de la situation des salariés embauchés sous contrat à durée déterminée *(Code du travail, Art. L. 1243-8)*. De plus, vous refusez cette qualification de CDD... Pourtant, une jurisprudence favorable au salarié estime qu'il n'a pas à restituer à son employeur le montant de l'indemnité, même s'il a obtenu du juge la requalification de son contrat en CDI *(Cour de cassation, Chambre sociale, 9/5/2001 et 24/6/2003)*.

Requalification du CDD en CDI

L'indemnité de requalification de CDD en CDI doit-elle être versée en autant de fois qu'il y a eu de CDD ?

Si le tribunal donne raison au salarié, il doit lui accorder, à la charge de l'employeur, une indemnité qui ne peut être inférieure à 1 mois de salaire. Cette indemnité de requalification doit être versée, selon la Cour de cassation, au titre de l'ensemble des contrats irrégulièrement conclus. Le salarié ne peut donc pas cumuler les indemnités pour chaque CDD irrégulièrement conclu (*Cour de cassation, Chambre sociale, 25/5/2005*).

Contrat à durée déterminée - motif

J'ai été embauché sous CDD par contrat d'1 an pour deux motifs : le remplacement d'une salariée absente pendant les 6 premiers mois puis un surcroît d'activité. Ce contrat est-il valable ?

Non. La Cour de cassation a estimé qu'un contrat à durée déterminée ne pouvait contenir qu'un seul motif de recours sous peine de se voir requalifier en contrat à durée indéterminée (*Cour de cassation, Chambre sociale, 23/1/2008*).

Contrat à durée déterminée - caractère temporaire des emplois

Engagés en qualité d'extra par un hôtel suivant différents contrats à durée déterminée, respectivement en qualité de chef de rang et de femme de chambre, ma femme et moi désirons porter cette affaire en justice pour faire requalifier ces contrats en CDI. Le fait que le travail soit qualifié « d'extra » et qu'il s'agisse du secteur de l'hôtellerie rend-elle notre demande sans fondement ?

Un contrat de travail peut être conclu pour une durée déterminée en cas d'emploi de caractère saisonnier ou d'un emploi pour lequel il est d'usage de ne pas recourir à un CDI. Tel est le cas de l'hôtellerie (*Code du travail, Art. L. 1242-2 et D. 1242-1*).
Cependant, dans une affaire proche de la vôtre, il a été jugé que la seule qualification de « contrat d'extra » n'établit pas qu'il peut être conclu, dans le secteur de l'hôtellerie-restauration, des contrats à durée déterminée d'usage successifs pour ce type de contrats, pour tout poste et en toute circonstance. Il appartient en effet au juge de rechercher si, pour l'emploi considéré, il est effectivement d'usage constant de ne pas recourir au contrat à durée indéterminée. Il doit vérifier si le recours à des contrats successifs est justifié par des raisons objectives, à savoir l'existence d'éléments concrets établissant le caractère par nature temporaire de l'emploi. N'hésitez donc pas à fournir au conseil des prud'hommes les éléments allant dans le sens d'une requalification (*Cour de cassation, Chambre sociale, 24/9/2008*).

Contrat de travail temporaire - contrat de mission

J'ai été engagé par une société de travail temporaire pour être mis à disposition d'une entreprise dans le cadre de plusieurs contrats successifs. Je conteste mon contrat avec l'entreprise de travail temporaire (défaut de certaines mentions obligatoires, non remise du contrat de mise à disposition...). Ai-je des chances en justice ?

Le contrat passé entre l'entreprise de travail temporaire et le salarié (contrat de mission) doit retranscrire les mentions figurant dans le contrat de mise à disposition conclu entre l'entreprise de travail temporaire et l'entreprise utilisant les services du salarié. Ce contrat doit être adressé au salarié dans les 2 jours de la mise à disposition. La Cour de cassation a estimé que le contrat qui n'a pas mentionné la qualification des salariés remplacés ni n'a été adressé à ces salariés dans le délai de 2 jours doit être requalifié en CDI (*Cour de cassation, Chambre sociale, 19/6/2002*).

La rupture du contrat de travail

Le départ du salarié de l'entreprise peut être volontaire – il s'agit alors d'une démission – ou bien provoqué par l'employeur : on parle alors de licenciement. Si la démission n'est soumise à aucune obligation particulière, le licenciement, en revanche, est régi par des règles très précises : il faut que son motif soit valable, qu'il tienne à la personnalité du salarié (faute, incompétence...) ou à des difficultés économiques rencontrées par l'entreprise ; par ailleurs, la procédure à respecter est très stricte et différente selon le motif et le nombre de salariés licenciés. Avant de quitter l'entreprise, que ce soit à la suite d'un licenciement ou d'une démission, le salarié a intérêt à bien vérifier s'il a reçu toutes les sommes qui lui sont dues ainsi que les papiers réglementaires.

La démission

La démission est un acte volontaire par lequel le salarié décide de rompre le contrat de travail. Elle doit résulter d'une volonté sérieuse et non équivoque. L'employeur ne peut plus considérer comme démissionnaire un salarié qui ne lui a pas manifesté sa volonté de démissionner.

Comment la démission doit-elle être présentée ?

Contrairement au licenciement qui doit respecter des règles très précises (cause réelle et sérieuse, procédure...), la démission n'est soumise, de par la loi, à aucune obligation particulière.

Le salarié qui désire mettre fin à son contrat de travail n'est pas tenu d'indiquer les motifs de sa démission.

Il n'est pas obligé de présenter sa démission par écrit. Celle-ci peut donc valablement être notifiée verbalement, même par téléphone, dès lors qu'elle résulte d'une manifestation sérieuse et non équivoque. Les tribunaux considèrent généralement comme non valable une démission donnée de manière irréfléchie, sous le coup de la colère ou de l'émotion, et sur laquelle le salarié est revenu aussitôt qu'il a retrouvé son calme. C'est, notamment, ce qui a été jugé dans le cas d'un employeur prenant pour une démission les propos d'une ouvrière déclarant : « Je préfère rester chez moi que de travailler dans ces conditions » (*Cour de cassation, Chambre sociale, 10/3/1965*).

Pour éviter toute controverse, il est toutefois conseillé de présenter sa démission par lettre recommandée **(voir Modèle n° 43)**. Cette lettre permettra, en effet, de dater précisément le point de départ du préavis.

Il est préférable d'adresser cette lettre directement à l'employeur. Les tribunaux considèrent toutefois qu'une démission adressée par un salarié à son supérieur hiérarchique est parfaitement valable (*Cour de cassation, Chambre sociale, 15/3/2006*).

LA DÉMISSION NE SE PRÉSUME PAS

L'employeur ne peut pas se baser sur le comportement d'un de ses salariés pour le considérer comme démissionnaire. Ce principe a été clairement mis en place par les décisions de jurisprudence les plus récentes afin de mettre fin aux abus constatés en la matière.

L'employeur ne peut donc plus considérer comme démissionnaire un salarié qui :

- s'absente sans l'accord de sa hiérarchie (*Cour de cassation, Chambre sociale, 20/10/2002*) ;
- sans motif valable, ne reprend pas son travail à l'expiration de ses congés payés (*Cour de cassation, Chambre sociale, 5/2/2003*) ;
- refuse une modification de son contrat de travail (*Cour de cassation, Chambre sociale, 4/3/2003*).

Il en serait de même d'un salarié refusant d'exécuter une tâche ou quittant brusquement son poste de travail, par exemple. Ces comportements sont, bien entendu, répréhensibles. Mais, dans tous les cas, l'employeur qui désire se séparer du salarié concerné doit mettre en oeuvre une procédure de licenciement, éventuellement pour faute grave. Ainsi, même si le salarié se voit privé de ses indemnités de licenciement (en cas de licenciement pour faute grave), il pourra toujours bénéficier des allocations de chômage.

Si l'employeur ne respecte pas cette procédure, les tribunaux considéreront la rupture du contrat comme un licenciement sans cause réelle et sérieuse (→ index, *Licenciement abusif*). Tel a été le cas pour un employeur ayant fait savoir, par courrier, à un de ses salariés, qu'il prenait acte de sa démission en raison de son refus du changement de fonction qui lui avait été proposé (*Cour de cassation, Chambre sociale, 25/6/2003*).

D'ailleurs, certaines conventions collectives exigent que la démission soit présentée par lettre recommandée.

ATTENTION ⚠

La démission peut également donner lieu au versement de dommages et intérêts à l'employeur en cas de clause de dédit-formation. Le cas s'est produit pour un employeur qui, ayant engagé des frais afin d'assurer la formation professionnelle d'un salarié, avait pu légitimement lui interdire de démissionner avant une certaine date (Cour de cassation, Chambre sociale, 17/7/1991).

La démission peut-elle être abusive ?

Le salarié peut être condamné à verser des dommages et intérêts à son employeur si sa démission a été abusive, c'est-à-dire décidée intempestivement, avec intention malveillante à l'encontre de l'employeur (*Cour de cassation, Chambre sociale, 7/11/1973*).

C'est à l'employeur de prouver que la démission a un caractère abusif (*Code du travail, Art. L. 1237-2*).

Ont été jugés comme démission abusive :

– le départ d'un mannequin, le jour d'un défilé de mode ;

– le départ d'un expert-comptable en période de bilan.

En revanche, le simple fait de démissionner pour exercer une activité concurrente, sans intention malveillante, ne constitue pas en soi une démission abusive (*Cour de cassation, Chambre sociale, 18/1/1995*).

À NOTER

Le salarié qui a l'intention de démissionner doit bien réfléchir aux conséquences de son acte. En effet, il convient de préciser que la démission :

– ne donne droit à aucune indemnité de rupture de la part de l'employeur, sauf si le salarié n'a pas pris la totalité de ses congés payés (→ index, *Indemnité compensatrice de congés payés) ;*

– fait obstacle à l'attribution des allocations de chômage, sauf quelques cas de démissions dont le motif est légitime (→ index, *Démission légitime) ;*

– peut même justifier le versement de dommages et intérêts à l'employeur.

La rupture conventionnelle du contrat

Si le contrat de travail est généralement rompu de façon unilatérale, l'employeur et le salarié ont également la possibilité de négocier une rupture d'un commun accord.

Qu'est-ce que la rupture conventionnelle du contrat ?

Ce mode de rupture, institué par la loi n° 2008-596 du 25/6/2008 portant modernisation du marché du travail, nécessite l'accord des deux parties : elle ne saurait être imposée unilatéralement par l'employeur ou par le salarié (*Code du travail, Art. L. 1237-11*). Elle résulte d'une convention, d'où son nom de « rupture conventionnelle ».

À NOTER

La rupture conventionnelle s'applique aux salariés protégés (sous respect de l'autorisation préalable de l'inspecteur du travail). Elle n'est en revanche pas applicable aux ruptures intervenant dans le cadre d'un accord de gestion prévisionnelle des emplois et des compétences (GPEC) ou d'un plan de sauvegarde de l'emploi (Code du travail, Art. L. 1237-15 et L. 1237-16).

Quelle est la procédure ?

Le principe et les modalités de la rupture doivent être discutés entre l'employeur et le salarié au cours d'un ou de plusieurs entretiens.

Le salarié peut se faire assister au cours de ces entretiens :

– soit par une personne de son choix appartenant au personnel de l'entreprise, qu'il s'agisse d'un salarié titulaire d'un mandat syndical, d'un représentant du personnel ou de tout autre salarié ;

– soit, en l'absence de représentants du personnel dans l'entreprise, d'un conseiller du salarié choisi sur une liste préfectorale.

L'employeur a également la possibilité de se faire assister par une personne de son choix appartenant au personnel de l'entreprise ou, dans les entreprises de moins de 50 salariés, par une personne appartenant à son syndicat ou par un autre employeur de la branche, lorsque le salarié en fait lui-même usage (*Code du travail, Art. L. 1237-12*).

Chaque partie doit informer l'autre de son intention de se faire assister.

L'employeur doit informer le salarié de la possibilité qui lui est ouverte de prendre les contacts nécessaires (notamment auprès du service public de l'emploi) pour être en mesure d'envisager la suite de son parcours professionnel avant toute décision (*ANI du 18/1/2008*).

L'employeur et le salarié doivent ensuite élaborer une convention définissant notamment le montant de l'indemnité spécifique de rupture et fixant la date de rupture du contrat.

L'employeur doit mentionner dans la convention les droits acquis par le salarié au titre du DIF, celui-ci pouvant s'en servir entre la signature de la convention et la fin de son contrat de travail ou les transférer chez son nouvel employeur (*Cour d'appel, Rouen, 27/4/2010*).

À NOTER

La convention doit être élaborée sur un formulaire spécial disponible auprès de la direction régionale des entreprises, de la concurrence, de la consommation, du travail et de l'emploi (DIRECCTE).

À compter de la date de la signature de la convention par les deux parties, chacune d'entre elles dispose d'un délai de réflexion de 15 jours calendaires pour se rétracter. Ce délai, qui comptabilise tous les jours de la semaine, débute le lendemain de la date de signature de la convention et se termine le 15e jour à minuit. Ce droit est exercé sous la forme d'une lettre adressée par tout moyen attestant de sa date de réception par l'autre partie : lettre recommandée avec avis de réception ou remise en main propre contre décharge, notamment (*Code du travail, Art. L. 1237-13*).

L'homologation de la convention

À l'issue du délai de rétractation, la partie la plus diligente doit adresser le formulaire dûment rempli au directeur régional des entreprises, de la concurrence, de la consommation, du travail et de l'emploi pour homologation de la convention par lettre recommandée avec avis de réception ou le remettre en main propre à la DIRECCTE.

À NOTER

Pour les salariés protégés, la rupture conventionnelle n'est pas soumise à homologation du directeur régional des entreprises, de la concurrence, de la consommation, du travail et de l'emploi. Elle donne uniquement lieu à autorisation de l'inspecteur du travail. Elle fait l'objet d'un formulaire spécifique, à adresser à l'inspecteur du travail.

Le directeur régional des entreprises, de la concurrence, de la consommation, du travail et de l'emploi adresse à chaque partie un accusé de réception. Il dispose d'un délai de 15 jours ouvrables à compter de la réception de la demande pour examiner le dossier. Il doit s'assurer notamment que la convention répond bien aux conditions posées par la loi et que le consentement du salarié est bien réel. Il est tenu de vérifier également que l'employeur n'utilise pas la rupture conventionnelle pour contourner les obligations du licenciement économique collectif. Il en est ainsi notamment lorsque le même employeur a fait :

– 10 demandes sur une même période de 30 jours ;
– au moins une demande sur une période de 3 mois faisant suite à 10 demandes sur la période des 3 mois antérieurs ;
– une demande au cours des 3 premiers mois de l'année faisant suite à plus de 18 demandes au cours de l'année civile précédente ;
– des demandes qui se combinent avec des licenciements pour motif économique aboutissant aux dépassements des mêmes seuils.

À défaut de réponse dans ce délai de 15 jours, l'homologation est réputée acquise (*Code du travail, Art. L. 1237-14*).

Les conséquences de la convention

La rupture du contrat de travail intervient à la date fixée dans la convention et, au plus tôt, le lendemain du jour de l'homologation ou de l'autorisation de l'inspecteur du travail pour les salariés protégés.

Le salarié bénéficie alors d'une indemnité spécifique de rupture conventionnelle dont le montant est également fixé dans la convention.

Ce montant ne peut être inférieur à celui de l'indemnité légale de licenciement ou, dans les entreprises relevant des branches d'activité représentées par le MEDEF, la CGPME ou l'UPA, à l'indemnité conventionnelle de licenciement, si son montant est plus élevé (*Code du travail, Art. L. 1237-13*).

Si le salarié n'est pas en droit de bénéficier d'une retraite, cette indemnité suit le même régime social et fiscal que l'indemnité de licenciement et ce, quelle que soit l'ancienneté du salarié (→ index, *Indemnités de licenciement*).

Dans le cas contraire, cette somme est soumise à cotisations sociales dans son intégralité et suit le même régime fiscal que l'indemnité de départ volontaire en retraite.

Le salarié peut également bénéficier de l'assurance chômage.

Et en cas de litige...

Tout litige concernant la convention, son homologation ou le refus d'homologation relève de la compétence du conseil des prud'hommes.

Le recours doit être présenté avant un délai de 12 mois à compter de la date d'homologation de la convention (*Code du travail, Art. L. 1237-14*).

Le conseil de prud'hommes est compétent pour homologuer une rupture refusée par le directeur régional des entreprises, de la concurrence, de la consommation, du travail et de l'emploi (*Conseil de prud'hommes, Valence, 14/10/2009*), l'homologation pouvant être prononcée par le juge des référés en cas d'urgence (*Conseil de prud'hommes, Nanterre, 5/1/2010*).

À NOTER

La jurisprudence reconnaissait déjà la validité des ruptures négociées bien que le Code du travail ne prévoyait aucune disposition en la matière. La nouvelle forme de rupture conventionnelle n'empêche pas de conclure une rupture négociée « ancienne formule » (sans homologation de la convention, par exemple). Il faut noter cependant que la rupture conventionnelle permet au salarié de bénéficier d'une sécurité juridique plus importante (contrôle administratif préalable, droit automatique au chômage, par exemple).

Le licenciement pour motif personnel

Le licenciement d'un salarié ne peut être valable qu'à deux conditions : il doit être justifié (par une faute ou par un comportement rendant impossible la continuation des relations de travail), et les règles de procédure doivent être scrupuleusement respectées.

Qu'est-ce qui peut justifier le licenciement d'un salarié ?

Tout licenciement pour motif personnel doit être motivé et justifié par une « cause réelle et sérieuse » (*Code du travail, Art. L. 1232-1*).

La loi n'ayant pas donné de définition précise de la cause réelle et sérieuse, il appartient aux tribunaux d'apprécier, au cas par cas, les reproches invoqués par l'employeur pour fonder sa décision de licencier un salarié.

C'est en se basant sur la jurisprudence établie par ces tribunaux que l'on peut tenter de cerner cette notion de cause réelle et sérieuse.

› Cause réelle

Le caractère réel suppose que le motif du licenciement repose sur une existence réelle, concrète et objective. Ce qui exclut les suspicions, les préjugés, les convenances personnelles, l'humeur de l'employeur.

Ainsi, lorsqu'un employeur invoque comme motif de licenciement « la perte de confiance », « la mésentente » ou « l'incompatibilité d'humeur », il doit établir les faits précis sur lesquels il se fonde pour justifier un tel motif.

Les juges recherchent également si, derrière le motif allégué, ne se cache pas, en fait, une motivation différente qui tiendrait, par exemple, aux opinions politiques ou philosophiques du salarié, à son appartenance syndicale, ou encore à sa participation à une grève.

› Cause sérieuse

Le motif du licenciement ne doit pas seulement être réel, il doit également avoir un caractère sérieux. La cause sérieuse est celle qui rend impossible, sans dommages pour l'entreprise, la poursuite de la relation de travail.

Ce motif peut provenir :

– d'une faute du salarié, à condition qu'elle soit sérieuse. Une faute légère ne peut donc justifier un licenciement ;

– d'un comportement non fautif, mais qui constitue un fait suffisamment sérieux pour rendre impossible la poursuite de la relation de travail.

› Cas pratiques

Voici quelques exemples significatifs de décisions prises par la Cour de cassation :

Fautes sérieuses

Les fautes dans l'exécution du travail

Ont été jugées assez sérieuses pour justifier un licenciement les fautes suivantes :

– le fait, pour un technicien d'entretien des ascenseurs, de s'être absenté de son poste de travail en laissant le local de la machinerie grand ouvert (*Cour de cassation, Chambre sociale, 20/7/1987*) ;

– le fait, pour un boucher d'une grande surface, d'avoir exposé à la vente des produits périmés (*Cour de cassation, Chambre sociale, 7/10/1992*) ;

– le fait, pour une caissière, de détourner une pièce de 10 F (1,52 €) de la caisse de l'employeur (*Cour de cassation, Chambre sociale, 26/11/1991*).

En revanche, ne sauraient justifier le licenciement des intéressés des fautes sérieuses qui n'ont pas été commises à l'occasion de la relation de travail. Ainsi :

– le fait, pour un employé de banque, d'avoir émis chez un commerçant un chèque sans provision (*Cour de cassation, Chambre sociale, 30/6/1992*) ;

– le fait, pour un cadre agent bancaire, de s'être battu avec un collègue en dehors de l'agence ;
– la brève incarcération d'un salarié pour port d'arme prohibée (*Cour de cassation, Chambre sociale, 25/6/1980*).
Dans certains cas, cependant, une faute sérieuse, commise même en dehors du lieu de travail, peut justifier la perte de confiance de la part de l'employeur qui est alors fondé de licencier son employé. Tel est le cas par exemple d'un gardien de société de surveillance ayant commis un vol dans un autre établissement (*Cour de cassation, Chambre sociale, 20/11/1992*).
Le licenciement peut aussi valablement être justifié par les motifs suivants :

Le manque de loyauté

Exemples :
– le fait, pour un VRP, de révéler au cours d'un dîner qui réunissait des membres de la société que l'épouse du P-DG entretenait des relations adultères avec le directeur des ventes (*Cour de cassation, Chambre sociale, 9/7/1991*) ;
– le fait, pour un comptable, d'avoir divulgué auprès d'une banque un document confidentiel contenant des renseignements sur les difficultés financières de l'entreprise (*Cour de cassation, Chambre sociale, 8/10/1992*).

Des comportements contraires à la discipline

Exemples :
– le refus de se soumettre à une sanction disciplinaire justifiée (*Cour de cassation, Chambre sociale, 4/10/1990*) ;
– l'insolence et l'attitude injurieuse (*Cour de cassation, Chambre sociale, 22/2/1979*) ;
– l'état d'ébriété pendant les heures de travail (*Cour de cassation, Chambre sociale, 18/6/1980*) ;
– l'emploi de la violence de la part d'un cadre pour obliger un salarié à exécuter les ordres de l'employeur (*Cour de cassation, Chambre sociale, 5/12/1979*) ;
– le fait d'emporter à son domicile un certain nombre de documents, contrairement aux instructions de l'employeur (*Cour de cassation, Chambre sociale, 14/11/1991*).

Fautes légères

Ont été considérées comme des fautes légères ne pouvant justifier à elles seules un licenciement :
– le départ anticipé, en raison d'une grève des transports, d'un salarié auquel aucune autre faute n'était reprochée, et alors qu'il n'avait jamais fait, en 5 ans, l'objet d'une seule observation (*Cour de cassation, Chambre sociale, 10/2/1993*) ;
– l'erreur de caisse d'une employée ayant enregistré la somme de 0,70 F (0,11 €) au lieu de 70 F (10,67 €) alors qu'il s'agissait d'une erreur unique et de faible importance ;
– 4 absences en 11 mois d'un chauffeur (*Cour de cassation, Chambre sociale, 1/12/1976*) ;
– la cession gratuite à des clients de deux sandwiches d'infime valeur marchande par un employé d'un établissement de restauration rapide (*Cour de cassation, Chambre sociale, 21/3/2002*).
Mais attention : la répétition ou la multiplication de fautes légères peut justifier un licenciement. Tel est le cas d'un salarié comptabilisant 43 retards (*Cour de cassation, Chambre sociale, 10/5/1979*).

Comportements non fautifs

Insuffisance de résultats

L'employeur est responsable de la bonne marche de son entreprise. Il peut donc licencier un salarié en raison de l'insuffisance de ses qualités professionnelles ou des résultats obtenus si ceux-ci mettent en péril la rentabilité de l'entreprise. Là encore, le motif doit être fondé sur des faits objectifs et concrets.
Le tribunal a estimé, par exemple, qu'était justifié le licenciement d'un salarié qui dirigeait la succursale d'une entreprise, les juges ayant constaté une baisse considérable du chiffre d'affaires de cette succursale dont l'origine ne pouvait s'expliquer que par l'inaptitude de l'intéressé à remplir ses fonctions (*Cour de cassation, Chambre sociale, 27/7/1989*).
Mais l'insuffisance de résultats ne peut justifier le licenciement si elle résulte :
– d'une charge de travail trop lourde, incompatible avec les horaires de travail du salarié (*Cour de cassation, Chambre sociale, 16/11/1999) ;*
– d'un accroissement des obligations et des responsabilités du salarié ;
– d'un manque de formation de la part de l'employeur (*Cour de cassation, Chambre sociale, 26/10/1989*) ;
– d'une politique commerciale de l'entreprise entraînant une baisse du chiffre d'affaires (*Cour de cassation, Chambre sociale, 2/10/1991*) ;
– ou encore si les résultats à atteindre n'ont pas été communiqués au salarié, se révèlent impossibles à réaliser au regard du caractère déraisonnable des objectifs assignés au salarié (*Cour de cassation, Chambre sociale, 21/1/1987*) ou encore lorsque l'insuffisance de résultats est due à la situation du marché (*Cour de cassation, Chambre sociale, 30/3/1999*).

Perte de confiance

La Cour de cassation considère que la perte de confiance ne constitue pas en soi un motif de licenciement, même quand elle repose sur des éléments objectifs (*Cour de cassation, Chambre sociale, 29/11/1990*). Il s'agissait, en l'espèce, d'une salariée qui avait été licenciée parce que son mari avait assigné l'employeur en liquidation judiciaire. L'employeur disposait bien d'un élément objectif mais rien dans l'attitude personnelle de la salariée ne pouvait suggérer qu'il ne pouvait plus, de ce fait, lui accorder sa confiance.

Il résulte de cette règle qu'en de tels cas, l'employeur doit énoncer les faits précis et matériellement vérifiables à même de justifier sa perte de confiance : « le seul grief de la perte de confiance mentionné dans la lettre de licenciement ne constitue pas, en l'absence d'indication d'éléments objectifs, l'énoncé d'un motif matériellement vérifiable » (*Cour de cassation, Chambre sociale, 14/1/1998*).

Lorsque le salarié a commis des actes indélicats, déloyaux, des détournements, l'employeur est en droit de le licencier, éventuellement pour faute grave, mais c'est sur ces actes précis que le licenciement doit être fondé et non sur la perte de confiance qui en a découlé.

Incompatibilité d'humeur

La mésentente persistante ou les désaccords entre le salarié et son employeur ou entre collègues peuvent créer des tensions nuisant au climat et à la bonne marche de l'entreprise.

La jurisprudence considère donc que l'incompatibilité d'humeur ou les conflits de personnes constituent une cause réelle et sérieuse de licenciement.

Mais, là encore, l'employeur ne peut se contenter d'invoquer ce seul motif : il doit préciser les faits objectifs, imputables au salarié, motivant son licenciement (*Cour de cassation, Chambre sociale, 2/3/2003*).

Lorsqu'il est prouvé que la mésentente n'est pas due au comportement du salarié mais à celui du chef d'entreprise, le licenciement n'est pas justifié (*Cour de cassation, Chambre sociale, 21/2/1991*). La même solution a été adoptée vis-à-vis d'un cadre d'exploitation particulièrement mal accepté de ses collègues au point d'avoir fait l'objet d'une pétition de la part du personnel et de plaintes répétées de la part des représentants du personnel de l'entreprise. Aucun fait précis et objectif dans l'attitude ou le comportement de l'intéressé pouvant justifier cette antipathie n'ayant été apporté, la Cour de cassation a estimé que son licenciement était dénué de cause réelle et sérieuse (*Cour de cassation, Chambre sociale, 27/11/2001*).

Maladie

Le Code du travail interdit à l'employeur de licencier un salarié en raison de son état de santé ou de son handicap (*Code du travail, Art. L. 1132-1*).

Le licenciement peut cependant être justifié mais uniquement lorsque la durée de la maladie ou la fréquence et la répétition des absences perturbe le fonctionnement de l'entreprise au point de contraindre l'employeur à remplacer définitivement le salarié (*Cour de cassation, Chambre sociale, 13/3/2001*). Le remplacement définitif suppose également que le remplaçant soit recruté pour une durée de travail qui ne peut être inférieure à celle qu'effectuait le salarié licencié (*Cour de cassation, Chambre sociale, 6/2/2008*).

Une absence même prolongée ou répétée ne constitue donc pas un motif de licenciement à partir du moment où elle n'a pas contraint l'employeur à remplacer le salarié.

Quelles sont les fautes considérées comme graves ou lourdes ?

Faute grave

Comme la faute sérieuse, et à plus forte raison, la faute grave est une cause de licenciement.

La jurisprudence définit la faute grave comme « celle qui rend impossible le maintien du salarié dans l'entreprise » (*Cour de cassation, Chambre sociale, 27/9/2007*).

A ainsi été qualifié de faute grave le fait, pour un salarié, de faire un usage continuel et journalier du téléphone de l'entreprise. Il a en effet été jugé que le maintien du salarié dans l'entreprise était impossible, puisque l'employeur ne pouvait lui interdire l'accès au téléphone et donc que les faits retenus auraient continué (*Cour de cassation, Chambre sociale, 11/7/1995*).

En cas de faute grave, le salarié est donc renvoyé sur-le-champ et exempté de son préavis.

L'employeur n'est pas obligé de verser au salarié licencié pour faute grave son indemnité compensatrice de préavis ni son indemnité de licenciement.

Cette définition suppose que l'employeur mette en œuvre la procédure de licenciement dans un délai le plus restreint possible, à partir du moment où il a connaissance des faits et que ceux-ci sont avérés. La faute grave ne peut être admise lorsque le licenciement est prononcé 2 mois après (*Cour de cassation, Chambre sociale, 1/10/2003*) ou lorsque l'employeur a laissé le salarié exécuter son préavis (*Cour de cassation, Chambre sociale, 12/7/2005*).

L'employeur doit cependant convoquer l'intéressé à un entretien préalable (→ index, *Licenciement pour motif personnel, entretien préalable*). Il peut, en attendant, prononcer sa mise à pied.

Faute lourde

La faute lourde est encore plus durement sanctionnée que la faute grave puisqu'elle entraîne la rupture du contrat de travail non seulement sans préavis ni indemnités mais également sans indemnité compensatrice de congés payés.

Selon les tribunaux, la faute lourde suppose une intention de nuire de la part du salarié à l'égard de son employeur.

Il a été jugé que constitue une faute lourde :

– le fait pour un salarié de profiter de l'exercice de ses fonctions pour détourner la clientèle de son employeur au profit d'une société concurrente créée par son fils (*Cour de cassation, Chambre sociale, 30/11/1994*) ;

– le fait pour un salarié d'avoir cherché à tromper son employeur en déclarant comme accident du travail, un accident qui lui était arrivé dans sa vie privée. En effet cet acte faisait ressortir une intention de nuire à l'entreprise, le taux des cotisations accident du travail augmentant en fonction du nombre et de la gravité des accidents du travail ayant lieu dans l'entreprise (*Cour de cassation, Chambre sociale, 12/3/1992*).

En revanche, la notion de faute lourde n'a pas été retenue contre une salariée qui avait pourtant volontairement falsifié des fiches de contrôle et de production, ce comportement coupable n'ayant pas été commis dans l'intention de nuire mais par peur de sanctions de la part de son employeur (*Cour de cassation, Chambre sociale, 16/5/1990*).

À NOTER

L'employeur ne peut pas définir à l'avance les comportements constituant des fautes graves, même dans le règlement intérieur. Ce sont les juges qui, en cas de contestation, tiennent compte des éléments qui leur sont fournis pour qualifier cette faute. Ils retiennent de manière générale comme faute grave : les négligences répétées, les incorrections graves, les coups et blessures (notamment les rixes sur les lieux de travail), l'indélicatesse, le détournement, le vol mais aussi les absences non justifiées, les retards répétés et les actes d'insubordination.

Comment la preuve de la cause du licenciement se fait-elle ?

Aucun licenciement ne peut être prononcé sans cause réelle et sérieuse. En cas de litige quant au motif invoqué, c'est aux tribunaux de trancher.

La charge de la preuve

La loi précise que le juge forme sa conviction au vu des éléments fournis par les parties et, au besoin, après toutes mesures d'instruction qu'il estime utile.

Une disposition très importante, introduite par la loi du 2/8/1989, énonce que « si un doute subsiste, il profite au salarié » (*Code du travail, Art. L. 1235-1*).

Ainsi la Cour de cassation a décidé qu'une cour d'appel qui affirmait qu'il ne lui appartenait pas de rechercher le motif prétendument véritable du licenciement avait violé la loi. Sa décision devait donc être cassée et l'affaire rejugée (*Cour de cassation, Chambre sociale, 23/10/1991*).

Les juges ne peuvent pas débouter le salarié de sa demande de dommages et intérêts sous prétexte qu'il n'a pas fait la preuve du caractère abusif de son licenciement, la charge de la preuve leur incombant.

À NOTER

Mais cela ne signifie pas que les parties, employeur comme employé, doivent rester passives pendant que le juge recherche la preuve de la cause du licenciement. Elles ont tout au contraire intérêt à rechercher également et à rassembler tous les moyens de preuve en leur faveur.

Les moyens de la preuve

La preuve de la cause réelle et sérieuse du licenciement se fait par tous moyens : présomptions, témoignages, enquête, expertise, etc.

Le salarié qui entend apporter la preuve des faits, sur lesquels il fonde sa demande, a souvent des difficultés pour trouver des témoins, car ses collègues, bien souvent, hésitent à témoigner contre l'employeur.

Au contraire, ce dernier trouve plus facilement des témoins en sa faveur. Mais ces témoignages sont suspects. Ils peuvent difficilement être appréciés comme impartiaux et objectifs. Les témoins soumis à la subordination de l'employeur n'ont-ils pas, en effet, sinon reçu des ordres, du moins subi une pression directe ou indirecte de celui-ci ?

Les juges se méfient donc de ces témoignages. Et la Cour de cassation d'une manière générale s'en remet à leur appréciation souveraine. Les juges peuvent même accorder plus de crédit à de simples indices qu'à des témoignages reçus dans les formes légales.

À NOTER

L'employeur ou le salarié peuvent demander une mesure d'instruction (enquête, expertise, témoignage...). Le juge n'est pas obligé d'y souscrire.

En revanche, le refus de participer à une mesure d'instruction entraînera souvent la perte du procès.

Procédure en cas de licenciement pour motif personnel

› L'entretien préalable

L'employeur qui envisage de licencier un salarié doit, avant toute décision, convoquer ce dernier à un entretien préalable (*Code du travail, Art. L. 1232-2*).

Cet entretien individuel est obligatoire, quel que soit le motif du licenciement, le nombre de salariés concernés, leur ancienneté ou la taille de l'entreprise.

La convocation

La convocation doit être faite par lettre recommandée ou remise en mains propres, contre décharge. Elle doit indiquer : la date de l'entretien, l'heure et le lieu ainsi que l'objet de cet entretien. Elle doit également informer le salarié qu'il peut se faire accompagner par une personne de son choix et indiquer le lieu où il pourra se procurer la liste des conseillers.

Si le salarié est dans l'impossibilité de se rendre à l'entretien, il peut demander un report de celui-ci.

À NOTER

Le motif du licenciement n'a pas lieu d'être mentionné dans cette lettre.

En cas de licenciement pour faute, la convocation ne peut être adressée plus de 2 mois après que l'employeur ait eu connaissance de cette faute.

Le déroulement de l'entretien

L'entretien doit avoir lieu au moins 5 jours ouvrables après que le salarié ait reçu la lettre de convocation.

Au cours de l'entretien, l'employeur est tenu d'indiquer verbalement le motif du licenciement.

Il recueille les explications du salarié. Celui-ci est libre de fournir les arguments qu'il juge nécessaire. Les paroles prononcées durant l'entretien ne sauraient être retenues contre lui (*Cour de cassation, Chambre sociale, 19/6/1991*).

Le salarié peut se faire assister par une personne de son choix appartenant à l'entreprise (salarié, délégué du personnel, membre du comité d'entreprise, délégué syndical). S'il n'existe pas de représentant du personnel dans l'entreprise, le salarié peut faire appel à un conseiller inscrit sur une liste disponible à l'inspection du travail ou à la mairie du lieu de travail (*Code du travail, Art. L. 1232-4*).

Le conseiller a pour rôle de défendre le salarié et d'avancer tous les éléments et arguments nécessaires pour faire revenir l'employeur sur sa décision. En outre, en cas de litige ultérieur, il peut témoigner en justice.

› La notification

Lorsque l'employeur a pris la décision de licencier le salarié, il doit le lui notifier par lettre recommandée avec avis de réception.

La lettre ne peut être expédiée moins de 2 jours ouvrables après la date de l'entretien préalable.

Aucun délai maximum n'est prévu par la loi. Cependant, lorsque le licenciement est prononcé pour un motif disciplinaire, la lettre de licenciement ne peut être expédiée plus d'1 mois après la date de l'entretien préalable. Ce délai court à compter de la date à laquelle l'entretien a réellement eu lieu, en cas de report (*Cour de cassation, Chambre sociale, 7/6/2006*).

Exemple : un employeur convoque un salarié à un entretien préalable de licenciement pour faute le 4 octobre. Le salarié étant en arrêt maladie ce jour, l'entretien est reporté le 28 octobre. La lettre de licenciement devra, dans ce cas, être expédiée avant le 29 novembre.

La date de présentation de cette lettre fixe le point de départ du préavis.

La date de présentation est celle qui figure sur le cachet de la poste. Le salarié ne saurait donc prolonger son préavis en attendant plusieurs jours avant d'aller retirer sa lettre ou même en s'abstenant d'aller la retirer au bureau de poste.

La lettre doit signifier le licenciement et en indiquer obligatoirement le motif (*Code du travail, Art. L. 1232-6*).

Cette obligation permet aux juges, en cas de litige, d'apprécier le caractère réel et sérieux des motifs allégués. À défaut de cette indication, le licenciement est sans cause réelle et sérieuse, même si le motif existe réellement, dans les faits.

Exemple : dans la lettre de licenciement adressée au salarié, l'employeur avait indiqué comme motif « des fautes extrêmement graves » qu'il avait commises. L'intéressé saisit le conseil de prud'hommes pour demander des indemnités de rupture. L'employeur versa alors au débat des pièces établissant la réalité de ces fautes graves qui convainquirent les juges. Mais la Cour de cassation cassa leur décision. En effet, l'employeur n'avait énoncé dans la lettre de licenciement aucun motif précis, ce qui équivalait, selon elle à une absence de motif (*Cour de cassation, Chambre sociale, 29/11/1990*).

Sauf en cas de licenciement pour faute lourde, l'employeur doit également indiquer dans la lettre de licenciement les droits aux heures de formation dont dispose le salarié dans le cadre du DIF, faute de quoi il peut être condamné à lui verser des dommages et intérêts (*Cour de cassation, Chambre sociale, 17/2/2010*).

AVANTAGE

Les représentants du personnel ainsi que les femmes enceintes bénéficient d'une protection particulière face au licenciement.

Sanctions encourues pour non-respect des règles du licenciement

Sanctions pour licenciement abusif

Est considéré comme abusif, le licenciement intervenant sans cause réelle et sérieuse.

En cas de licenciement abusif d'un salarié ayant 2 ans d'ancienneté dans une entreprise employant plus de 10 salariés, le tribunal peut proposer la réintégration du salarié dans l'entreprise avec maintien des avantages acquis. En cas de refus par l'employeur ou l'employé de cette réintégration, le tribunal octroie à ce dernier une indemnité qui ne peut être inférieure à 6 mois de salaire. Cette indemnité s'ajoute aux autres indemnités normalement dues (indemnité de licenciement, de congés payés, de préavis).

Les autres salariés licenciés abusivement ne peuvent prétendre à leur réintégration mais ils ont droit à une indemnité évaluée en fonction du préjudice subi. La somme accordée correspond à la totalité du préjudice subi au cours de la période qui s'est écoulée entre le licenciement et la réintégration du salarié, dans la limite du montant des salaires dont il a été privé (*Cour de cassation, Chambre sociale, 3/7/2003*).

Sanctions pour non-respect des règles de procédure

En cas d'inobservation de la procédure de licenciement (entretien préalable, lettre de notification...) d'un salarié ayant 2 ans d'ancienneté dans une entreprise de plus de 10 salariés, le tribunal doit imposer à l'employeur d'accomplir intégralement la procédure et le condamne à verser au salarié une indemnité qui ne peut être supérieure à 1 mois de salaire (*Code du travail, Art. L. 1235-2*).

Dans les autres cas, l'inobservation de la procédure entraîne un préjudice qui peut être réparé par l'octroi de dommages et intérêts.

En cas de non-respect des dispositions relatives à l'assistance du salarié par un conseiller extérieur lors de l'entretien préalable dans les entreprises dépourvues de représentants du personnel, les sanctions prévues ci-dessus s'appliquent quel que soit l'effectif de l'entreprise et l'ancienneté du salarié.

L'employeur qui s'oppose à l'exercice de sa mission par ce conseiller est par ailleurs passible de sanctions pénales.

À NOTER

Le non-respect de la procédure n'entraîne pas la nullité du licenciement.

ATTENTION ⚠

Aucune sanction pénale (amende ou emprisonnement) n'est prévue en cas de licenciement abusif ou irrégulier. Cependant l'employeur peut se voir contraint par le juge de rembourser au Pôle emploi tout ou partie des allocations de chômage que le salarié a perçues du jour du licenciement au jour du jugement, dans la limite de 6 mois d'allocations (Code du travail, Art. L. 1235-4).

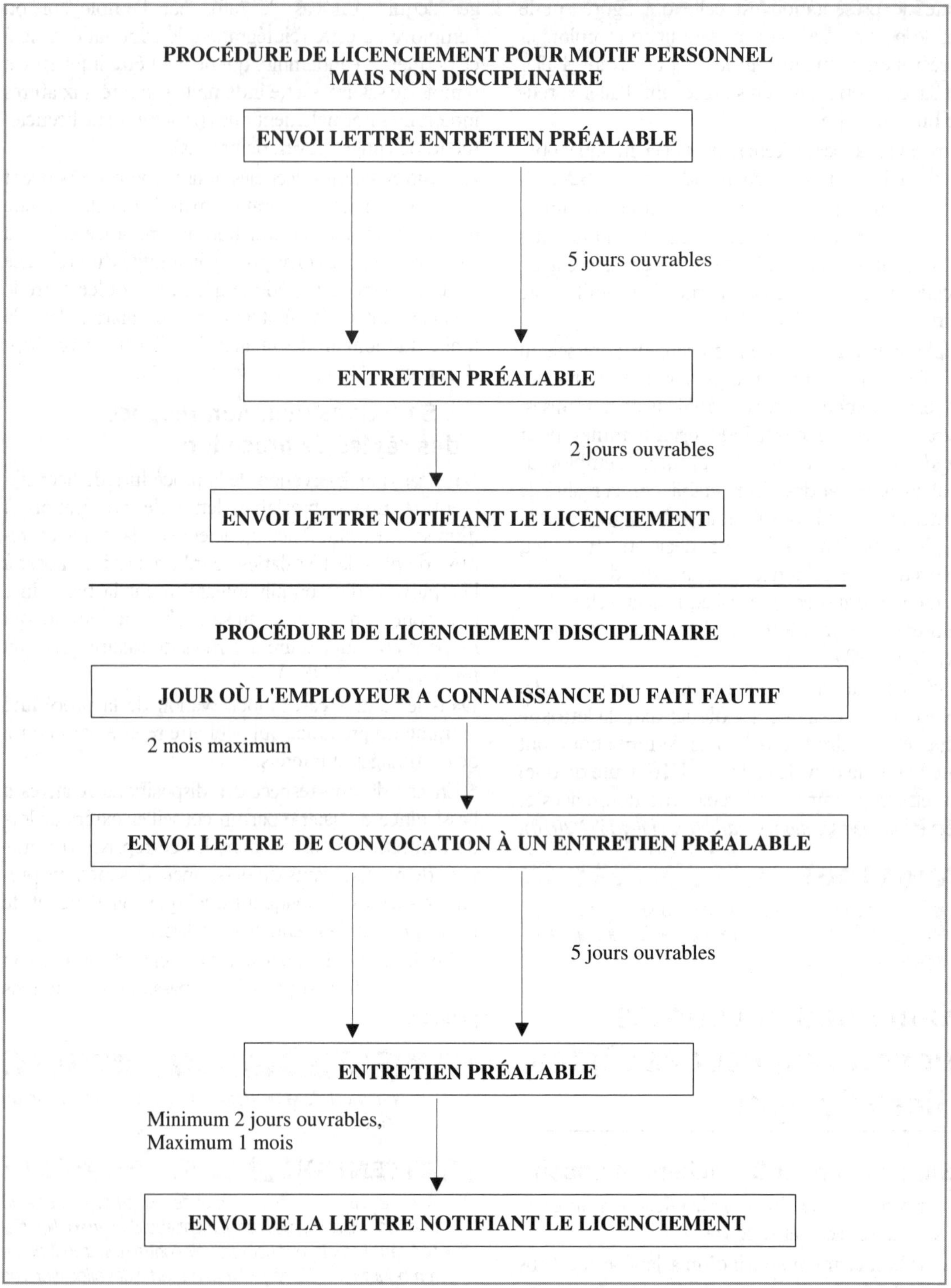
PROCÉDURE DE LICENCIEMENT POUR MOTIF PERSONNEL MAIS NON DISCIPLINAIRE
ENVOI LETTRE ENTRETIEN PRÉALABLE
5 jours ouvrables
ENTRETIEN PRÉALABLE
2 jours ouvrables
ENVOI LETTRE NOTIFIANT LE LICENCIEMENT
PROCÉDURE DE LICENCIEMENT DISCIPLINAIRE
JOUR OÙ L'EMPLOYEUR A CONNAISSANCE DU FAIT FAUTIF
2 mois maximum
ENVOI LETTRE DE CONVOCATION À UN ENTRETIEN PRÉALABLE
5 jours ouvrables
ENTRETIEN PRÉALABLE
Minimum 2 jours ouvrables,
Maximum 1 mois
ENVOI DE LA LETTRE NOTIFIANT LE LICENCIEMENT

PROTECTION DES FEMMES ENCEINTES

L'article L. 1225-4 du Code du travail dispose que l'employeur n'a pas le droit de licencier les femmes en état de grossesse médicalement constaté ainsi que celles en congé de maternité ou d'adoption et ce, pendant toute la durée de ce congé (→ index, *Congé de maternité*) ainsi que pendant les 4 semaines suivantes. Si une femme enceinte est victime d'une telle procédure alors que l'employeur était dans l'ignorance de son état, elle dispose de 15 jours à compter de la signification de la lettre de licenciement pour envoyer à son employeur, par lettre recommandée avec avis de réception, un certificat médical justifiant de son état de grossesse. Le licenciement sera alors considéré comme nul.

L'intéressée peut alors demander au conseil de prud'hommes sa réintégration dans son emploi ou, à défaut, dans un emploi équivalent (*Cour de cassation, Chambre sociale, 30/4/2003*). Si elle ne désire pas être réintégrée, elle peut prétendre :

- aux indemnités de licenciement dues à toutes les personnes licenciées (→ index, *Indemnités de licenciement*) ;
- à une indemnité qui ne peut être inférieure à 6 mois de salaire à titre de dommages et intérêts ;
- et au versement d'une indemnité spécifique correspondant aux salaires qu'elle aurait perçus durant la période pendant laquelle l'employeur ne pouvait la licencier.

Si l'employeur savait que la salariée était enceinte, les règles énoncées ci-dessus s'appliquent sans que celle-ci ait besoin de fournir un certificat médical sous 15 jours. Bien entendu, la personne concernée devra prouver, si nécessaire, que son employeur avait bien connaissance de son état.

L'employeur peut également licencier les salariées protégées s'il justifie d'une faute grave de l'intéressée étrangère à la grossesse ou de l'impossibilité de maintenir le contrat (suppression de l'emploi, suite à une réorganisation du service ou fermeture de l'établissement, par exemple).

Mais, même dans ces cas, le licenciement ne peut prendre effet pendant la suspension du contrat pour maternité ou adoption.

Cette règle n'empêche pas l'employeur de procéder aux formalités préalables au licenciement (entretien préalable, proposition de convention de reclassement personnalisé, par exemple) pourvu que le licenciement ne prenne effet qu'à la fin de la période de protection.

Attention : cette protection ne s'applique pas pendant la période d'essai. Un employeur peut donc rompre le contrat de travail d'une salariée enceinte pendant sa période d'essai (*Cour de cassation, Chambre sociale, 21/12/2006*).

RUPTURE DU CONTRAT POUR FORCE MAJEURE

Lorsque survient un événement imprévisible et insurmontable rendant la poursuite du contrat de travail impossible, celui-ci peut être rompu sans que l'employeur soit tenu de verser d'indemnité aux salariés concernés, hormis l'indemnité compensatrice de congés payés (*Code du travail, Art. L. 1234-12*).

Pour que la rupture intervienne, il faut, bien entendu, que l'événement ne permette pas d'envisager la reprise de l'activité. Les cas de force majeure sont donc assez rares dans les faits : décès du salarié, retrait d'une autorisation administrative délivrée à l'employeur ou, plus souvent, sinistre (tempête, inondation, séisme, explosion ou incendie détruisant les locaux de travail).

Ce dernier cas doit cependant être différencié des autres. En effet, la rupture du contrat en cas de sinistre s'analyse comme un licenciement. L'employeur n'a certes pas à respecter les règles de procédure, mais il doit verser aux salariés concernés toutes les indemnités prévues en cas de licenciement : indemnité de licenciement, indemnité compensatrice de préavis et de congés payés (*Code du travail, Art. L. 1234-13*).

En cas de rupture d'un contrat à durée déterminée pour force majeure due à un sinistre, le salarié doit bénéficier d'une indemnité compensatrice égale aux rémunérations qu'il aurait perçues jusqu'au terme de son contrat.

Le licenciement pour motif économique

Les règles de procédure des licenciements économiques, plus contraignantes que celles prévues pour les licenciements pour motif personnel, sont différentes selon qu'il s'agit d'un licenciement individuel ou d'un licenciement collectif. Mais dans tous les cas, des mesures de reclassement doivent être proposées.

Qu'entend-on par motif économique ?

Tout licenciement pour motif économique doit être justifié par une cause réelle et sérieuse (*Code du travail, Art. L. 1233-2*).

La loi du 2/8/1989 a introduit une définition précise du licenciement économique dans le Code du travail (*Code du travail, Art. L. 1233-3*).

Pour qu'un licenciement soit considéré comme ayant une cause économique, il faut que les motifs :

– ne soient pas inhérents à la personne du salarié ;

– résultent d'une suppression, d'une transformation d'emploi ou du refus, par le salarié, d'une modification d'un élément essentiel du contrat de travail, à l'exclusion de la rupture conventionnelle, consécutives notamment à des difficultés économiques ou à des mutations technologiques.

● Le licenciement doit donc être provoqué par des circonstances extérieures (économiques ou techniques). La réorganisation de l'entreprise décidée par l'employeur dans le but de sauvegarder sa compétitivité peut justifier un licenciement économique, à condition que le contexte économique soit défavorable (*Cour de cassation, Chambre sociale, 1/12/1999*).

● L'article L. 1233-4 du Code du travail dispose également qu'un licenciement économique ne peut intervenir qu'à partir du moment où tous les efforts de formation et d'adaptation du salarié ont été réalisés et que son reclassement dans un emploi de même catégorie ou dans un emploi équivalent assorti d'une rémunération équivalente (ou de catégorie inférieure, sur accord exprès de l'intéressé) dans l'entreprise ou le groupe s'est révélé impossible.

Les offres de reclassement doivent être précises et proposées par écrit. Elles doivent également être sérieuses.

Les entreprises ayant des implantations hors de France doivent demander au salarié s'il accepte de recevoir des offres de reclassement à l'étranger et à quelles conditions (restrictions éventuelles quant aux caractéristiques des emplois offerts en matière de rémunération et de localisation).

Le salarié doit signifier son accord, assorti de restrictions le cas échéant, dans un délai de 6 jours ouvrables à compter de la réception de la proposition de l'employeur. L'absence de réponse équivaut à un refus de toute offre de reclassement à l'étranger.

Les offres de reclassement à l'étranger, écrites et précises, ne sont adressées qu'aux salariés ayant accepté d'en recevoir et compte tenu des restrictions qu'ils ont pu exprimer. Chaque salarié reste libre de refuser ces offres. Le salarié auquel aucune offre n'est adressée est informé de l'absence d'offres correspondant à celles qu'il a accepté de recevoir.

Cette obligation de reclassement préalable pèse sur tous les employeurs quels que soient l'effectif de l'entreprise, le nombre de salariés concernés et l'existence ou non d'un plan de sauvegarde de l'emploi (*Circulaire du 23/1/2002*).

À défaut, le licenciement sera considéré comme abusif.

● Le licenciement économique suppose en principe que le poste soit supprimé et donc l'employé non remplacé.

Ainsi le motif économique n'a pas été retenu pour le licenciement d'un coiffeur même si l'examen des comptes de l'employeur révélait une légère baisse d'activité. En effet, au moment du licenciement prononcé, l'employeur avait embauché deux nouveaux salariés avec la même qualification de coiffeur (*Cour de cassation, Chambre sociale, 26/6/1991*).
Mais si le salarié s'avère incapable de s'adapter à une nouvelle technique ou au nouveau poste proposé par l'employeur, le licenciement économique est alors justifié (*Cour de cassation, Chambre sociale, 15/10/1992*) bien qu'il soit nécessaire de remplacer ce salarié.
Il en est de même en cas de refus d'une modification d'un élément essentiel du contrat de travail pour motif économique (réduction d'horaire, mutation géographique, baisse de salaire). Dans ces cas, l'employeur peut licencier le salarié pour motif économique bien qu'il n'y ait pas suppression de poste.

LES LICENCIEMENTS DANS LE SECTEUR DU BÂTIMENT

Le licenciement des salariés dans le secteur du bâtiment et des travaux publics prononcé en raison de la fin du chantier sur lequel ils étaient affectés ne constitue pas un licenciement pour motif économique dès lors qu'il s'agit d'une mesure ayant un caractère normal selon la pratique habituelle de la profession. Un tel licenciement est soumis à la procédure des licenciements pour motif personnel (*Code du travail, Art. L. 1236-8*).
En revanche, lorsqu'en raison d'un ralentissement dans la branche d'activité, aucun nouveau chantier ne s'ouvre et provoque le licenciement des salariés de l'entreprise, il y a là une cause conjoncturelle motivant le recours à la procédure de licenciement économique.

À NOTER

*La fermeture définitive d'une entreprise peut-elle, en elle-même, constituer un motif de licenciement économique ? Il a fallu attendre l'année 2001 pour que les juges répondent positivement à cette question, quand bien même la cessation d'activité ne serait pas justifiée par des difficultés économiques, celle-ci étant, en l'espèce, consécutive au non-renouvellement du bail commercial d'un restaurant par le propriétaire des locaux. Seules restrictions émises par les juges : la cessation d'activité ne doit pas être due à une faute ou à la légèreté de l'employeur (*Cour de cassation, Chambre sociale, 16/1/2001*). Par ailleurs, la fermeture même prolongée pour une durée dépassant la période d'indemnisation au chômage partiel (*→ index, Chômage partiel*), mais qui n'est pas définitive, ne constitue pas un motif de licenciement économique (*Cour de cassation, Chambre sociale, 15/10/2002*).*

Procédure en cas de licenciement individuel pour motif économique

L'employeur est tenu :

- d'établir l'ordre des licenciements, c'est-à-dire de fixer les critères choisis pour déterminer les personnes à licencier (*Code du travail, Art. L. 1233-5 et s.*).

Pour ce faire, il doit tenir compte des critères fixés par la convention collective applicable à l'entreprise ou, à défaut, par lui-même, après consultation des représentants du personnel. Ces critères prennent notamment en compte :
– les charges de famille (en particulier celles des parents isolés),
– l'ancienneté dans l'entreprise,
– les qualités professionnelles ,
– la situation des salariés présentant des caractéristiques rendant leur réinsertion professionnelle particulièrement difficile (handicapés, salariés âgés notamment) ;

AVANTAGE

Le salarié qui en fait la demande peut obtenir la communication des critères retenus. Cette demande doit être effectuée par lettre recommandée avec demande d'avis de réception ou par lettre remise en main propre contre décharge avant l'expiration d'un délai de 10 jours à compter de la date à laquelle il quitte son emploi (il s'agit d'un délai maximum, la demande peut donc être faite bien avant).

- de convoquer le salarié à un entretien préalable. Les règles sont identiques à celles prévues en cas de licenciement pour motif personnel. Il doit également proposer au salarié les mesures de reclassement obligatoires ;
- de notifier le licenciement au salarié par lettre recommandée. Cette notification doit intervenir au

minimum 7 jours après la date fixée pour l'entretien. Ce délai est porté à 15 jours si le salarié est un cadre. La lettre doit énoncer la nature exacte du motif invoqué. Elle ne peut se contenter d'indiquer que le licenciement est prononcé « pour motif économique » mais doit préciser les mesures envisagées pour résoudre les problèmes économiques invoqués (réorganisation du travail, restructuration, suppression du poste...).
La lettre doit aussi mentionner :
– l'existence d'une priorité de réembauchage et ses conditions de mise en œuvre,
– le délai dont dispose le salarié pour accepter ou refuser les mesures de reclassement obligatoires ;
- de notifier le licenciement au directeur régional des entreprises, de la concurrence, de la consommation, du travail et de l'emploi dans les 8 jours suivant l'envoi des lettres de licenciement.

Procédure en cas de licenciement économique de 2 à 9 salariés sur une période de 30 jours

La procédure est différente selon que l'entreprise compte plus ou moins de 50 salariés.

Dans les entreprises de moins de 50 salariés

L'employeur doit :
- Réunir et consulter les délégués du personnel, s'il y en a. À cette fin, il doit leur communiquer avec la convocation à la réunion tous les renseignements utiles, notamment :
– les raisons économiques, financières ou techniques l'ayant conduit à envisager ces licenciements ;
– le nombre des salariés et les catégories professionnelles concernées ;
– les critères proposés pour l'ordre des licenciements ;
– le calendrier prévisionnel des licenciements (*Code du travail, Art. L. 1233-10*).
- Après application de l'ordre des licenciements, convoquer chaque salarié individuellement à un entretien préalable suivant les règles communes (→ index, *Licenciement pour motif personnel, entretien préalable*).
- Notifier le licenciement aux salariés concernés dans les mêmes délais et sous les mêmes formes que pour un licenciement individuel.
- Informer le directeur régional des entreprises, de la concurrence, de la consommation, du travail et de l'emploi dans les mêmes formes que pour un licenciement individuel.

Dans les entreprises de 50 salariés et plus

- L'employeur doit informer et consulter le comité d'entreprise préalablement au projet de restructuration et de compression d'effectif. Il émet un avis qui doit être transmis à l'administration (*Code du travail, Art. L. 2323-15*).
- Ensuite, la procédure est identique à celle prévue dans les entreprises de moins de 50 salariés (entretien préalable, notification du licenciement, information de l'administration).

Procédure en cas de licenciement économique de 10 salariés et plus sur une période de 30 jours

Dans les entreprises de moins de 50 salariés

- L'employeur doit réunir et consulter les délégués du personnel après leur avoir adressé tous les renseignements utiles. Pour examiner le projet de licenciement, ils tiennent deux réunions séparées par un délai de 14 jours maximum.
- L'entretien préalable n'est pas obligatoire dans les entreprises pourvues de représentants du personnel. Il reste obligatoire dans le cas contraire.
- L'employeur doit communiquer au directeur régional des entreprises, de la concurrence, de la consommation, du travail et de l'emploi les informations fournies aux délégués du personnel et ensuite, lui notifier le projet de licenciement.
- Les lettres de licenciement ne peuvent être expédiées aux salariés moins de 30 jours après la notification du projet de licenciement à l'administration.

Dans les entreprises de 50 salariés et plus

Les entreprises de 50 salariés et plus qui envisagent de licencier au moins 10 salariés doivent respecter des règles de procédure plus importantes en ce qui concerne la consultation des représentants du personnel et les mesures de reclassement des salariés concernés.

À NOTER

Les règles décrites ne constituent que la procédure minimale prévue par la loi. En effet, des accords d'entreprise ou de groupe conclus avec les syndicats ayant recueilli la majorité des suffrages au 1er tour des élections du comité d'entreprise, peuvent fixer des modalités dérogatoires aux règles de droit commun en ce qui concerne les conditions dans lesquelles le CE est informé et réuni et a la possibilité de formuler des propositions alternatives aux projets de licenciement. Ces accords peuvent également organiser la mise en oeuvre d'actions de mutation au sein de l'entreprise ou du groupe et prévoir des conditions particulières de négociation du plan de sauvegarde de l'emploi.

Le comité d'entreprise doit tout d'abord être consulté sur le projet de restructuration et de compression de l'effectif comme pour les licenciements de moins de 10 salariés (voir plus haut).

L'employeur doit ensuite établir un plan de sauvegarde de l'emploi (ex « plan social ») comprenant des mesures concrètes et précises de nature à éviter les licenciements projetés ou à en limiter le nombre. Ces mesures, différentes des mesures de reclassement obligatoires, peuvent prévoir, par exemple :

– des actions en vue du reclassement interne des salariés dans des emplois relevant de la même catégorie ou équivalant à ceux qu'ils occupent ou, sous réserve de l'accord exprès du salarié, dans des emplois de catégorie inférieure ;

– des créations d'activités nouvelles par l'entreprise ;

– des actions favorisant le reclassement externe à l'entreprise, notamment par le soutien à la réactivation du bassin d'emploi ;

– des actions de soutien à la création d'activités nouvelles ou à la reprise d'activités existantes par les salariés ;

– des actions de formation, de validation des acquis de l'expérience ou de reconversion de nature à faciliter le reclassement interne ou externe des salariés dans des emplois équivalents ;

– des mesures de réduction ou d'aménagement du temps de travail ainsi que des mesures de réduction du volume des heures supplémentaires effectuées de manière régulière lorsque ce volume montre que l'organisation du travail de l'entreprise est établie sur la base d'une durée collective manifestement supérieure à 35 heures hebdomadaires ou 1 607 heures par an et que sa réduction pourrait préserver tout ou partie des emplois dont la suppression est envisagée (*Code du travail, Art. L. 1233-62*).

Il doit ensuite réunir et consulter le comité d'entreprise pour examiner le projet de licenciement et le plan de sauvegarde de l'emploi. Cette réunion peut se faire en même temps que la réunion d'information sur le projet de restructuration et de compression d'effectif.

Afin de bien étudier le dossier, les représentants du personnel tiennent deux réunions dans un délai qui ne peut être supérieur à :

– 14 jours lorsque le nombre de licenciements est inférieur à 100 ;

– 21 jours lorsque les licenciements concernent de 100 à 249 personnes ;

– 28 jours pour un projet concernant plus de 249 salariés.

À NOTER

Lorsque les représentants du personnel se font assister d'un expert-comptable pour étudier le projet, une réunion supplémentaire se tient entre le 20e et le 22e jour suivant la 1re réunion.

À l'issue de la procédure de consultation des représentants du personnel, l'employeur doit proposer aux salariés les mesures de reclassement obligatoires et transmettre à l'administration :

– le plan de sauvegarde de l'emploi, définitivement arrêté ;

– le projet de licenciement qui permet au directeur régional des entreprises, de la concurrence, de la consommation, du travail et de l'emploi de vérifier et de contrôler le respect de la procédure. Il dispose pour ce faire d'un délai de :

- 21 jours lorsque le nombre de licenciements est inférieur à 100,
- 28 jours s'il est compris entre 100 et 249,
- 35 jours en cas de licenciement de plus de 249 salariés.

S'il relève une irrégularité, le directeur régional des entreprises, de la concurrence, de la consommation, du travail et de l'emploi le signale à l'employeur qui est tenu de répondre à ces observations avant d'expédier la lettre de licenciement aux salariés concernés.

Après avoir effectué toutes ces formalités, l'employeur peut notifier à chaque salarié concerné leur licenciement par lettre recommandée motivée dans les délais suivants :

– 30 jours minimum après la notification du projet à l'administration lorsque le nombre de licenciements est inférieur à 100 ;
– 45 jours lorsqu'il est compris entre 101 et 249 ;
– 60 jours pour les licenciements concernant 250 salariés et plus.

À NOTER

Pour éviter que les entreprises d'au moins 50 salariés fractionnent les licenciements dans le temps afin d'échapper à ces règles de procédure, il est prévu que :

– lorsqu'une telle entreprise a procédé pendant 3 mois consécutifs au licenciement de plus de 10 personnes au total (sans atteindre 10 licenciements sur une période de 30 jours), tout nouveau licenciement économique doit respecter les règles établies pour les licenciements d'au moins 10 salariés sur 30 jours ;

– lorsque l'entreprise a procédé à des licenciements économiques de plus de 18 personnes au cours d'une année civile sans avoir présenté de plan de sauvegarde de l'emploi, elle doit en établir un pour tout nouveau licenciement envisagé au cours des 3 mois civils de l'année suivante.

LES LICENCIEMENTS MASSIFS

Les entreprises occupant plus de 1 000 salariés qui procèdent à des licenciements affectant, par leur ampleur, l'équilibre du ou des bassins d'emploi dans lesquels elles sont implantées sont tenues d'apporter une contribution à la création d'activités et au développement des emplois dans la région. Cette contribution fait l'objet d'une convention signée par l'entreprise et le préfet précisant la nature des actions à réaliser et leurs conditions de mise en œuvre (actions propres à l'entreprise ou réalisées pour son compte par des organismes extérieurs). Les mesures prévues sont financées par l'entreprise à hauteur d'un montant minimum égal à 2 SMIC mensuels par emploi supprimé *(Voir pages Barème)*.
Une telle contribution n'est pas obligatoire pour les entreprises occupant 50 à 1 000 salariés. Des mesures similaires peuvent cependant être étudiées, sur demande du préfet, lorsque le volume des licenciements est susceptible d'affecter l'équilibre économique du bassin d'emploi dans lequel elle se situe (*Code du travail, Art. L. 1233-84 et s.*).

Procédure en cas de licenciements économiques consécutifs au redressement ou à la liquidation judiciaires de l'entreprise

Les difficultés économiques d'une entreprise peuvent provoquer sa mise en redressement judiciaire (un administrateur est nommé par les tribunaux pour essayer de trouver des solutions pour redresser la situation) voire sa liquidation (lorsqu'aucune mesure de sauvegarde ne peut être envisagée).

Ces situations donnent généralement lieu à des licenciements économiques.

Une procédure préalable spéciale est alors prévue selon le moment auquel intervient le projet de licenciement (*Code du travail, Art. L. 1233-60*).

- Au cours de la période d'observation précédant le plan de redressement, l'administrateur judiciaire peut prononcer de tels licenciements s'ils présentent un caractère urgent, inévitable et indispensable.

Il doit informer les représentants du personnel de l'entreprise, le directeur régional des entreprises, de la concurrence, de la consommation, du travail et de l'emploi et demander l'autorisation du juge-commissaire.

L'ordonnance du juge-commissaire indique le nombre de salariés pouvant être licenciés ainsi que les activités et catégories concernées.

- Le plan de redressement prévoit généralement un certain nombre de licenciements nécessaires à la survie de l'entreprise. L'administrateur doit produire le procès-verbal de la consultation des représentants du personnel et la copie de la lettre informant l'administration sur le projet de licenciement au juge qui doit arrêter le plan.

Là encore, seuls les licenciements prévus dans le jugement arrêtant le plan de redressement sont autorisés.

- En cas de liquidation judiciaire, le licenciement du personnel est inévitable et le liquidateur est autorisé à y procéder sans autorisation judiciaire préalable.

Outre cette procédure préalable, le licenciement doit respecter la procédure applicable au licenciement considéré en fonction du nombre de licenciements envisagés et de la taille de l'entreprise.

Les salariés doivent être convoqués à un entretien préalable, et pouvoir bénéficier des conventions de reclassement personnalisé.

Les entreprises en redressement judiciaire sont également tenues d'établir un plan de sauvegarde de l'emploi, si nécessaire. La phase de négociation préalable sur la réduction du temps de travail n'est, bien évidemment, pas applicable dans ce cas.

À NOTER

La procédure de sauvegarde, qui a un rôle essentiellement préventif, n'a pas pour vocation de prévoir des réductions de la masse salariale. Aussi, les licenciements économiques intervenant au cours d'une telle procédure doivent obéir aux règles de droit commun.

Mesures de reclassement prévues pour les licenciés économiques

Priorité de réembauchage

Tout salarié licencié pour un motif économique, quelle que soit l'ampleur du licenciement ou la taille de l'entreprise, bénéficie d'une priorité de réembauchage dans l'entreprise pendant 1 an à compter de la rupture de son contrat de travail.

Il dispose d'un délai de 12 mois, à partir de cette date, pour avertir son employeur de son désir de bénéficier de cette priorité (*Code du travail, Art. L. 1233-45*).

L'employeur devra alors l'informer pendant 1 an de tous les postes disponibles dans sa qualification.

Si le salarié acquiert une nouvelle qualification, il devra informer l'employeur de ses nouvelles compétences afin qu'il en tienne compte dans ses propositions.

Les représentants du personnel sont informés des postes disponibles. L'employeur doit également afficher la liste de ces postes dans l'entreprise.

AVANTAGE

En cas de non-respect de cette priorité, l'employeur peut être condamné à verser :

– une indemnité égale à 2 mois de salaire minimum pour les salariés ayant 2 ans d'ancienneté dans une entreprise de plus de 10 salariés ;

– une indemnité accordée en fonction du préjudice subi dans les autres cas.

En cas de litige, c'est à l'employeur de prouver qu'il a bien satisfait à ses obligations, soit en établissant qu'il a proposé les postes disponibles, soit en justifiant de l'absence de tels postes, en produisant par exemple, le livre d'entrées et de sorties du personnel durant l'année considérée (*Cour de cassation, Chambre sociale, 23/6/2009*).

Mesures de reclassement obligatoires

L'employeur doit prévoir des mesures destinées à assurer le reclassement individuel des salariés après leur licenciement économique. Celles-ci diffèrent selon l'effectif de son entreprise.

Dans les entreprises de moins de 1 000 salariés

L'employeur est tenu de proposer par écrit à chaque salarié d'adhérer au dispositif de la convention de reclassement personnalisé (CRP) lors de l'entretien préalable de licenciement ou après la dernière réunion des représentants du personnel (dans le cas d'un licenciement collectif). Le salarié a alors 21 jours pour accepter ou refuser cette proposition. Ce délai est prolongé jusqu'au lendemain de la notification à l'employeur de l'autorisation de l'inspecteur du travail en cas de licenciement d'un salarié protégé.

Si le salarié accepte, son contrat de travail est alors rompu à la date d'expiration du délai de réflexion. Il ne peut donc prétendre à un préavis, mais il a droit à son indemnité de licenciement, celle-ci étant déterminée par rapport à l'ancienneté acquise à la date de la rupture du contrat, c'est-à-dire à l'issue du délai de réflexion de 21 jours (*Cour de cassation, Chambre sociale, 2/12/2009*). Il devient stagiaire de la formation professionnelle et perçoit une allocation de reclassement égale à 80 % de son salaire antérieur. Durant ces 12 mois, le salarié bénéficie d'un plan d'action de reclassement personnalisé comprenant des mesures telles qu'un bilan de compétences, un suivi individuel, des mesures d'appui social et psychologique, des mesures d'orientation, d'accompagnement, de validation des acquis de l'expérience et/ou de formation. Ces mesures sont menées sous l'égide de Pôle emploi et des maisons de l'emploi.

Si le bénéficiaire de la CRP reprend pendant la convention un emploi dont la rémunération est inférieure d'au moins 15 % de son emploi précédent, il peut percevoir une allocation différentielle plafonnée à 50 % de ses droits résiduels à l'allocation de reclassement.

Enfin, si le salarié n'a pas retrouvé d'emploi à l'issue de la période de reclassement, il bénéficiera de l'allocation chômage pour la durée normale d'indemnisation diminuée de la durée de la CRP.

Pour pouvoir bénéficier de ce dispositif, il faut :
- être physiquement apte à l'exercice d'un emploi ;
- justifier d'au moins 2 ans d'ancienneté.

Les salariés justifiant d'une ancienneté comprise entre 6 mois et 2 ans et qui remplissent les autres conditions exigées ont accès aux mesures d'accompagnement mais touchent uniquement leur allocation chômage au taux normal pendant leur déroulement.

Les employeurs qui procèdent au licenciement économique d'un salarié sans lui proposer le bénéfice d'une convention de reclassement personnalisé doivent verser à Pôle emploi une contribution égale à 2 mois de salaire brut (*Code du travail, Art. L. 1233-65 et s.*).

À NOTER

Un dispositif dit « contrat de transition professionnelle » a été institué à titre expérimental en remplacement de la convention de reclassement personnalisé entre le 15/4/2006 et le 1/12/2010 dans certains bassins d'emploi.

Ce contrat reprend les caractéristiques de la CRP mais offre à ses bénéficiaires un accompagnement plus personnalisé.

Dans les entreprises de 1 000 salariés et plus

Dans les entreprises de cette taille ou faisant partie d'un groupe de cette importance, l'employeur doit organiser un congé de reclassement (*Code du travail, Art. L. 1233-71*).

Comme pour les conventions de reclassement personnalisé, le salarié est informé de l'existence de ce congé lors de son entretien préalable de licenciement ou après la dernière réunion des représentants du personnel. La proposition doit également figurer dans sa lettre de licenciement. Il a 8 jours pour faire connaître sa réponse.

Si le salarié accepte, il bénéficie, après un entretien d'évaluation, d'un congé durant lequel il suivra des actions de formation et d'accompagnement des démarches de recherche d'emploi mises en œuvre par l'entreprise ou par un prestataire de son choix. Ce congé peut débuter par un bilan de compétences.

La durée du congé est comprise entre 4 et 9 mois. Il débute au moment où le salarié aurait dû commencer à effectuer son préavis.

Pendant la durée du congé correspondant à son préavis, le salarié continue à toucher son salaire. Si le congé se poursuit au-delà de la période de préavis, il perçoit de la part de son employeur, une rémunération qui ne peut être inférieure à :
- 65 % du salaire brut moyen des 12 derniers mois précédents ;
- ou 85 % du SMIC dans le cas où le premier montant serait trop faible.

L'employeur finance également l'ensemble des actions suivies pendant le congé.

À la fin du congé, le contrat de travail est rompu et le salarié peut alors toucher ses indemnités de licenciement.

Le salarié s'engage à suivre les actions qui lui sont proposées, faute de quoi l'employeur peut mettre fin au congé.

À NOTER

Les entreprises ayant conclu un accord collectif sur la gestion prévisionnelle des emplois et des compétences peuvent également proposer un dispositif dit « congé de mobilité » à leurs salariés qui sont alors libres de choisir entre ce congé et le congé de reclassement de droit commun. Le congé de mobilité, dont la durée est fixée par l'accord collectif, a pour objet de favoriser le retour à un emploi stable par des mesures d'accompagnement, des actions de formation et des périodes de travail (Code du travail, Art. L. 1233-77 et s.).

Conventions du FNE

L'employeur peut également proposer des formules mises en place par le Fonds national pour l'emploi (FNE).

Précisons cependant que :
- ces mesures sont facultatives (contrairement au congé de reclassement et à la convention de reclassement personnalisé qui sont obligatoires) ;
- elles s'adressent, en priorité, aux entreprises de moins de 1 000 salariés.

Les conventions de cellules de reclassement

Ces conventions ont pour objet la mise en place, pendant 1 an au maximum, d'une structure d'aide au reclassement pour les salariés licenciés pour motif économique ou menacés de l'être (*Code du travail, Art. R. 5123-3*).

Le suivi des bénéficiaires peut être prolongé de 6 mois au maximum en cas de difficultés de reclassement.

Ces cellules de reclassement, composées de membres du personnel et de personnes extérieures, sont chargées d'aider les salariés à retrouver un emploi en liaison avec l'État et Pôle emploi.

L'État participe aux frais de fonctionnement de ces cellules à hauteur de 50 % maximum (75 % en cas de cellules interentreprises).

Les conventions de congé de conversion

Ce type de convention permet aux salariés visés par un projet de licenciement économique de bénéficier d'un congé d'une durée comprise entre 4 et 10 mois destiné à favoriser leur réinsertion professionnelle au sein même de l'entreprise.

Pendant son congé, le salarié perçoit une rémunération qui ne peut être inférieure à 65 % de la moyenne du salaire brut des 12 mois précédents (ou 85 % du SMIC dans le cas où le premier montant serait trop faible) (*Code du travail, Art. R. 5123-2*).

L'État participe financièrement aux actions de conversion mises en place par l'entreprise.

À NOTER

Le FNE propose d'autres formules plus particulièrement destinées aux employeurs rencontrant des difficultés économiques (convention de formation et d'adaptation, notamment).

QUELLES SONT LES SANCTIONS POUR INFRACTION AUX RÈGLES SUR LES LICENCIEMENTS ÉCONOMIQUES ?

✓ Licenciement abusif

En cas de contestation, le juge vérifie si le motif économique invoqué par l'employeur est bien réel (et que la mauvaise situation financière n'a pas été créée volontairement, par exemple) et si les mesures de reclassement ont bien été respectées.

Si ce n'est pas le cas, les mêmes sanctions qu'en cas de licenciement abusif pour motif personnel sont appliquées (→ index, *Licenciement abusif*).

✓ Licenciement irrégulier

Si l'employeur n'a pas respecté les procédures, il est passible des sanctions prévues pour licenciement irrégulier pour motif personnel.

En outre, en cas de licenciement collectif d'au moins 10 salariés, l'employeur qui a omis :
- de consulter les représentants du personnel ;
- de notifier le projet à la direction régionale des entreprises, de la concurrence, de la consommation, du travail et de l'emploi ;
- de respecter les délais prévus pour l'envoi des lettres de licenciements ;

est passible d'une amende de 3 750 € par salarié irrégulièrement licencié (*Code du travail, Art. L. 1238-3*).

Si la procédure pour licenciement collectif n'a pas été respectée, le juge peut accorder au salarié une indemnité calculée en fonction du préjudice qu'il a subi (*Code du travail, Art. L. 1235-12*). Cette indemnité se cumule avec celle allouée pour licenciement abusif.

Les syndicats représentatifs peuvent agir en justice à la place des salariés (même d'un seul) compris dans un licenciement d'ordre économique. Ils n'ont pas besoin d'avoir reçu de mandat des intéressés. En revanche, ils doivent les avoir avertis par lettre recommandée. Les salariés peuvent s'opposer à cette action syndicale en la refusant dans un délai de 15 jours suivant la réception de cette lettre. Ils peuvent également intervenir au cours de l'action judiciaire intentée par le syndicat (*Code du travail, Art. L. 1235-8*).

Attention : le salarié dispose d'un délai d'1 an à compter de la date de notification de son licenciement pour contester son irrégularité. Ce délai n'est toutefois pas opposable s'il n'était pas indiqué dans la lettre de licenciement.

Les obligations consécutives à la rupture du contrat de travail

Le départ du salarié ne devient généralement effectif qu'après une période de préavis. La rupture du contrat donne droit au paiement de certaines indemnités (indemnités de licenciement, de congés payés...) et à la remise de plusieurs certificats obligatoires.

Quelle est la durée du préavis en cas de démission ?

Le salarié démissionnaire est, en général, tenu d'observer un préavis, c'est-à-dire un délai durant lequel il fait toujours partie de l'entreprise et doit remplir ses obligations vis-à-vis de son employeur.

L'existence et la durée du préavis en cas de démission ne sont pas fixées par la loi, sauf pour certaines professions (les VRP, par exemple).

Elles résultent de la convention ou d'un accord collectif, à défaut des usages pratiqués dans la localité et la profession (*Code du travail, Art. L. 1237-1*).

Le contrat de travail individuel peut aussi fixer la durée du préavis que le salarié doit respecter en cas de démission. Dans ce cas, la durée ne peut être plus importante que celle fixée par la convention collective applicable à l'entreprise.

La durée du préavis fixée par les conventions collectives et les usages est généralement de :

– 1 semaine pour les ouvriers embauchés à l'heure, à la journée ou à la semaine ;

– 1 mois pour les employés, agents de maîtrise et techniciens ;

– 3 à 6 mois pour les ingénieurs, les cadres et assimilés.

AVANTAGE

Certains salariés peuvent démissionner sans avoir à respecter de préavis. Il s'agit :

– des femmes en état de grossesse médicalement attesté (Code du travail, Art. L. 1225-34) ;

– des salariés ne désirant pas reprendre leur travail à l'expiration d'un congé de maternité ou d'adoption, à condition de respecter certaines formalités (→ index, Congé de maternité) ;

– des salariés désirant rompre leur contrat de travail à l'expiration d'un congé pour création d'entreprise ;

– des journalistes démissionnaires en vertu de la « clause de conscience » (Code du travail, Art. L. 7112-5-3°).

Quelle est la durée du préavis en cas de licenciement ?

La loi a prévu un préavis d'une durée minimale variant en fonction de l'ancienneté du salarié dans l'entreprise (*Code du travail, Art. L. 1234-1*).

Cette durée minimale est égale à :

– 1 mois lorsque le salarié a entre 6 mois et 2 ans d'ancienneté ;

– 2 mois lorsqu'il compte au moins 2 ans d'ancienneté.

Selon la jurisprudence, l'ancienneté doit être appréciée à la date de présentation de la lettre de licenciement et non à l'expiration du préavis.

Cette durée minimale s'applique à défaut de dispositions d'une convention ou d'un accord collectifs, d'une clause du contrat de travail ou d'un usage plus favorables (durée du préavis plus longue ou condition d'ancienneté moindre, par exemple).

La durée du préavis est doublée pour les travailleurs handicapés bénéficiant de l'obligation d'emploi dans la limite de 3 mois (*Code du travail, Art. L. 5213-9*).

Exemple : si la durée du préavis pour un salarié « ordinaire » est fixée à 1 mois, un salarié handicapé aura droit à un préavis doublé, soit 2 mois. Si la durée normale prévue est de 2 mois, il n'aura droit qu'à 1 mois de préavis supplémentaire, soit 3 mois.

AVANTAGE

Certains usages locaux prévoient de ne pas inclure dans la durée du préavis le mois au cours duquel le licenciement est notifié. Dans ce cas, le point de départ est le premier jour du mois suivant.

Lorsque le salarié compte moins de 6 mois d'ancienneté, l'existence et la durée du préavis ne peuvent résulter, comme en cas de démission, que des conventions collectives ou des usages de la profession.

Comment le préavis doit-il être exécuté ?

Comportements réciproques pendant le préavis

Durant le préavis, le salarié doit exécuter son travail comme auparavant. Le refus d'exécuter normalement son travail pendant le préavis constitue une faute grave que l'employeur peut sanctionner par un renvoi immédiat sans indemnité de préavis.

Toute faute grave ou lourde commise au cours du préavis de licenciement entraîne les mêmes conséquences. Notons cependant que la Cour de cassation considère selon une jurisprudence constante que la faute grave ou lourde commise pendant le préavis ne prive pas le salarié de son indemnité de licenciement. Le droit à cette indemnité a pris naissance à la notification du licenciement et ne peut donc être remis en cause par des faits ultérieurs (*Cour de cassation, Chambre sociale, 7/12/1989*).

En revanche, une faute grave ou lourde commise par un salarié démissionnaire au cours de son préavis justifie son renvoi immédiat sans qu'il puisse prétendre à une indemnité de licenciement (*Cour de cassation, Chambre sociale, 1/2/1983*).

L'employeur pour sa part doit fournir du travail au salarié et ne peut en modifier les conditions d'exécution. Il ne peut baisser la rémunération et, si une augmentation uniforme est accordée à l'ensemble du personnel, les salariés en cours de préavis doivent en bénéficier (*Cour de cassation, Chambre sociale, 12/3/1987*).

Absences pendant le préavis

La jurisprudence estime que la durée du préavis a un caractère préfix. Cela signifie qu'elle ne peut être prolongée en raison d'une absence du salarié, notamment pour maladie ou accident, proportionnellement à cette absence.

Par exception, la durée du préavis peut être prolongée en cas :

– d'arrêt consécutif à un accident du travail (*Cour de cassation, Chambre sociale, 18/7/1996*) ;

– de prise des congés payés. Cependant, le salarié et l'employeur peuvent convenir, d'un commun accord, que la durée des congés s'imputera sur la durée du préavis (*Cour de cassation, Assemblée plénière, 5/3/1993*).

Inobservation du préavis

Si le salarié refuse d'effectuer son préavis, il peut être condamné à verser à l'employeur une indemnité d'un montant correspondant au salaire qu'il aurait reçu pendant cette période.

Dans certains cas extrêmes (légèreté blâmable ou intention de nuire, par exemple), il peut être condamné à verser à son employeur une indemnité supplémentaire pour rupture abusive.

De même, l'employeur qui s'oppose, sans raison valable, à l'exécution du préavis par le salarié, doit lui verser une indemnité compensatrice.

Peut-on être dispensé de l'exécution du préavis ?

Il est fréquent que l'employeur dispense le salarié d'effectuer son préavis. Mais il est important de distinguer laquelle des deux parties a demandé cette dispense, les conséquences juridiques et financières étant différentes selon les cas.

Dispense à la demande du salarié

Le salarié peut toujours, pour convenances personnelles, demander à son employeur d'être dispensé du préavis, ce dernier n'étant toutefois pas tenu d'accepter.

- Soit l'employeur accepte cette demande : le contrat de travail est alors rompu immédiatement et aucune indemnité compensatrice n'est due par l'une ou l'autre des parties.

L'accord des parties peut se faire verbalement mais il est préférable de rédiger un écrit. En effet, la dispense d'exécution du préavis et la renonciation de l'employeur doit résulter d'une manifestation de volonté non équivoque.

LES 2 HEURES POUR RECHERCHE D'EMPLOI

Pendant la durée du préavis, le salarié licencié ou démissionnaire a généralement le droit de s'absenter 2 heures par jour pour rechercher un nouvel emploi. Cette faculté peut être prévue soit par la convention collective, soit par les usages. En général, le salarié a la possibilité de grouper ces heures en fin de préavis. Ces heures sont en général payées. Cependant, lorsque le salarié a trouvé un nouvel emploi, il ne peut plus y prétendre.

À défaut, l'employeur ou le salarié peut réclamer une indemnité compensatrice pour inobservation du préavis. À défaut d'écrit, la preuve de cet accord peut résulter d'autres éléments. Ainsi, il a été jugé que la signature du reçu pour solde de tout compte à une date antérieure à celle de l'expiration du préavis prouvait que l'employeur avait bien accordé au salarié démissionnaire une dispense de préavis et qu'il ne pouvait donc réclamer ultérieurement au salarié une indemnité compensatrice pour inobservation du préavis (*Cour de cassation, Chambre sociale, 28/1/1998*).

- Soit l'employeur refuse la dispense sollicitée par le salarié : celui-ci est alors tenu d'effectuer son préavis. À défaut, il doit verser à son employeur l'indemnité compensatrice pour inobservation du préavis.

AVANTAGE

Certaines conventions collectives dispensent le salarié d'observer tout ou partie du préavis lorsqu'il a trouvé un nouvel emploi. Dans ce cas, l'employeur ne peut prétendre à une indemnité pour inobservation du préavis.

Dispense à l'initiative de l'employeur

L'employeur peut également, pour des raisons d'organisation de son entreprise, dispenser le salarié d'effectuer son préavis. Cette possibilité est prévue expressément par le Code du travail, à condition que cette mesure ne relève pas d'une intention injurieuse ou vexatoire (faisant douter, par exemple, de la probité de l'intéressé) (*Code du travail, Art. L. 1234-5*).

La dispense de préavis doit être mentionnée dans la lettre de licenciement. En cas de démission, le salarié a intérêt à demander un écrit qui prouvera que c'est bien son employeur qui est à l'origine de cette mesure.

L'article L. 1234-4 du Code du travail précise que cette dispense n'a pas pour conséquence d'avancer la date à laquelle le contrat de travail prend fin. En conséquence :

- le salarié a droit à une indemnité correspondant au salaire qu'il aurait reçu s'il avait accompli son préavis. On doit éventuellement tenir compte :
  - des augmentations de salaires accordées à l'ensemble du personnel,
  - des primes et gratifications ne correspondant pas à un remboursement de frais professionnels ;
- l'indemnité de licenciement et l'indemnité compensatrice de congés payés devront être calculées en tenant compte de la durée du préavis non effectué.

AVANTAGE

Il a été jugé que l'indemnité compensatrice de préavis ne peut être réduite parce que le salarié a retrouvé un nouvel emploi pendant la période correspondante. Le salarié qui est embauché par un nouvel employeur au cours de la période couverte par son indemnité peut donc cumuler son salaire et l'indemnité compensatrice même s'il est entré au service d'une entreprise concurrente (Cour de cassation, Chambre sociale, 27/11/1991).

De même, à partir du moment où l'employeur avait dispensé le salarié du préavis, il ne peut réduire ou supprimer le montant de l'indemnité compensatrice au motif que le salarié malade n'aurait pu, en pratique, effectuer ce préavis (Cour de cassation, Chambre sociale, 15/12/1995).

À NOTER

Rappelons que :

– les salariés licenciés pour faute grave ou lourde sont automatiquement dispensés de préavis ;

– certains salariés démissionnaires peuvent quitter leur emploi sans préavis (→ index, Démission, préavis).

Dans ces cas, aucune indemnité compensatrice ne peut être exigée par l'une ou l'autre des parties (employeur ou salarié).

Qu'est-ce que l'indemnité de licenciement ?

La loi prévoit l'octroi d'une indemnité de licenciement aux salariés licenciés qui comptent une ancienneté minimale dans l'entreprise (*Code du travail, Art. L. 1234-9*).

Indemnité légale de licenciement

Pour avoir droit à l'indemnité légale de licenciement, le salarié doit avoir au moins 1 an d'ancienneté.

N'ont pas droit à cette indemnité :

– les salariés démissionnaires ;

– les salariés licenciés pour faute grave ou lourde.

Le montant de cette indemnité est égal à 1/5e de mois de salaire par année d'ancienneté.

À partir de 10 ans d'ancienneté, cette indemnité est augmentée de 2/15e de mois par année d'ancienneté (*Code du travail, Art. R. 1234-2*).

Le salaire servant de base de calcul à cette indemnité est le salaire moyen brut des 12 derniers mois précédant le licenciement ou des 3 derniers mois, si ce calcul s'avère plus avantageux. Lorsqu'il y a eu chômage partiel pendant cette période, il faut prendre le salaire antérieur à cette période.

Le salaire de référence doit prendre en compte les majorations pour heures supplémentaires et les primes versées pendant la période de référence considérée.

Pour calculer l'ancienneté ouvrant doit à l'indemnité légale de licenciement, il faut tenir compte des années complètes et des fractions d'années incomplètes.

Par exemple : soit un salarié totalisant 3 ans et 6 mois d'ancienneté avec une rémunération moyenne égale à 1 300 € par mois. Le montant de son indemnité de licenciement sera égal à :

$$\frac{1\ 300 \times 3}{5} + \frac{1\ 300 \times 6}{5 \times 12} = 910\ €.$$

L'ancienneté doit être appréciée au jour de l'expiration du contrat, donc à la fin du préavis.

À NOTER

La loi n° 2008-596 du 25/6/2008 portant modernisation du marché du travail a uniformisé le montant de l'indemnité légale de licenciement qui est désormais identique qu'il s'agisse d'un licenciement pour motif personnel ou pour motif économique.

Indemnités conventionnelles de licenciement

Les indemnités de licenciement prévues par les conventions collectives sont généralement plus avantageuses pour le salarié que l'indemnité légale, laquelle constitue un minimum à défaut de dispositions plus avantageuses.

L'indemnité conventionnelle ne s'ajoute pas à l'indemnité légale mais s'y substitue.

Prenons par exemple, le cas d'une convention collective prévoyant l'octroi d'une indemnité de licenciement égale à 1/3 de mois de salaire aux salariés ayant 5 ans d'ancienneté et plus.

Si le salarié licencié a 3 ans d'ancienneté, il touchera l'indemnité légale de licenciement.

S'il comptabilise 6 ans d'ancienneté, c'est à l'indemnité conventionnelle qu'il pourra prétendre, celle-ci étant plus avantageuse.

À NOTER

Pour que l'indemnité conventionnelle s'applique, il faut parfois que le licenciement ait eu lieu pour l'une des causes prévues par le texte l'instituant. À défaut, c'est l'indemnité légale qui s'applique. C'est notamment ce qui a été jugé dans le cas d'un salarié qui avait été licencié parce qu'il n'avait su s'adapter aux particularités des fonctions qui lui avaient été confiées. Ce motif n'était en effet pas prévu dans la liste de ceux ouvrant droit à l'indemnité prévue par la convention collective (Cour de cassation, Chambre sociale, 3/2/1993).

Indemnités contractuelles de licenciement

Des indemnités de licenciement d'un montant supérieur aux indemnités légales ou conventionnelles peuvent aussi être prévues, par accord des parties, lors de la rédaction du contrat de travail individuel.

Ce cas se présente essentiellement pour les ingénieurs et cadres supérieurs ayant un profil très recherché sur le marché du travail et qui désirent protéger leur avenir, d'où le nom de « parachutes dorés » couramment employé pour qualifier ce type d'indemnité.

Cette pratique est légale, même si elle tend à être de plus en plus encadrée pour les dirigeants de sociétés (autorisation du conseil d'administration, approbation en assemblée générale, subordination au respect de conditions liées aux performances de l'entreprise…). Il faut savoir cependant que le montant de ces indemnités n'est pas garanti, les tribunaux pouvant en réduire le montant s'ils jugent celui-ci manifestement excessif par rapport aux possibilités de l'entreprise.

La jurisprudence assimile en effet ces indemnités à des « clauses pénales » (dommages et intérêts d'un montant fixé par avance) qui peuvent être révisées judiciairement en vertu de l'article 1152 du Code civil (*Cour de cassation, Chambre sociale, 17/3/1998*).

Régime fiscal et social

Les indemnités légales et conventionnelles de licenciement sont exonérées de cotisations sociales et non imposables.

Les indemnités d'un montant plus important demeurent exonérées, à hauteur :

– soit de la moitié du montant total de l'indemnité versée ;

– soit, s'il est plus élevé, du double du salaire brut perçu par le salarié l'année précédente.

Dans ces deux derniers cas toutefois, le montant exonéré ne peut dépasser une certaine somme .

Les parachutes dorés d'un montant supérieur à 30 fois le plafond annuel de la Sécurité sociale versés à compter du 19/12/2009 sont soumis en totalité aux cotisations de Sécurité sociale ainsi qu'à la CSG et à la CRDS.

AVANTAGE

Les indemnités de licenciement versées dans le cadre d'un plan de sauvegarde de l'emploi (→ index, Plan de sauvegarde de l'emploi) sont exonérées dans leur totalité, quel qu'en soit le montant .

Qu'est-ce que l'indemnité compensatrice de congés payés ?

Une indemnité compensatrice de congés payés est accordée aux salariés qui quittent l'entreprise à la suite d'un licenciement ou d'une démission sans avoir pris tous les congés payés auxquels ils ont droit (*Code du travail, Art. L. 3141-26*).

Elle est calculée en fonction des mois de travail accomplis jusqu'à la date de rupture du contrat de travail. L'indemnité correspond donc aux congés acquis et non pris, sur la base de 2 jours 1/2 par mois de travail, durant la période de référence des congés payés (1er juin de l'année précédente - 31 mai de l'année en cours).

Le montant de l'indemnité compensatrice est calculé suivant le même mode que l'indemnité de congés payés (→ index, *Indemnité de congés payés*).

Exemple : un salarié quitte son entreprise un 1er décembre. À cette date, il aurait droit, normalement, à 15 jours de congés. Son indemnité compensatrice sera donc égale :

– soit au 10e du salaire global gagné du 1er juin au 1er décembre ;

– soit au salaire de 15 jours ouvrables.

C'est la méthode la plus avantageuse qui est retenue.

L'indemnité compensatrice de congés payés n'est pas due aux salariés licenciés pour faute lourde.

La loi précise que le préavis non effectué à la suite d'une dispense de l'employeur compte néanmoins dans le calcul de l'indemnité compensatrice de congés payés. Mais en cas de licenciement pour faute grave privant le salarié de tout doit à préavis, la durée du préavis ne doit pas être incluse dans le calcul de l'indemnité compensatrice de congés payés.

Quels documents doit remettre l'employeur au salarié ?

Le certificat de travail

L'employeur est tenu de délivrer ce certificat quel que soit le temps passé dans l'entreprise et quelle que soit la raison du départ de l'employé (licenciement, rupture conventionnelle du contrat ou démission) (*Code du travail, Art. L. 1234-19*).

Il en est ainsi même lorsque le salarié n'a travaillé que quelques jours pendant la période d'essai ou lorsqu'il quitte l'entreprise sans observer de préavis.

L'employeur est passible d'une amende de la 4e classe (ou de la 5e classe en cas de récidive) s'il n'exécute pas cette obligation.

Cependant il est à noter que c'est au salarié de faire la démarche pour obtenir ce certificat et non à l'employeur d'en prendre l'initiative. Ainsi, en cas de contestation devant les tribunaux c'est au salarié de faire la preuve qu'on ne lui a pas remis ce certificat et non à l'employeur.

Le certificat de travail doit comporter certaines mentions obligatoires :

– la date d'entrée et de sortie du salarié dans l'entreprise ;

– la nature de l'emploi ou des emplois successifs occupés et les périodes correspondantes ;

– les droits acquis par le salarié au titre du DIF (solde du nombre d'heures non utilisées et sommes correspondant à ce solde) ainsi que l'organisme collecteur paritaire agréé dont relève l'entreprise (*Code du travail, Art. D. 1234-6*).

Certaines mentions facultatives peuvent être ajoutées (la formule « libre de tout engagement », par exemple).

À NOTER

Mais attention : s'il est possible d'ajouter des mentions élogieuses, aucune mention discriminatoire ou susceptible de porter préjudice au salarié ne peut figurer sur ce certificat.

L'attestation d'assurance chômage

Les employeurs doivent délivrer au moment de la rupture du contrat de travail une attestation qui permet aux salariés d'apporter la preuve qu'ils remplissent bien les conditions d'affiliation et de travail exigées pour percevoir les allocations chômage (*Code du travail, Art. R. 1234-9*).

L'employeur est également tenu de transmettre un exemplaire de cette attestation à Pôle emploi.

En ce qui concerne le personnel intérimaire, le relevé mensuel des contrats d'intérim que l'entreprise de travail temporaire est tenue d'envoyer à Pôle emploi tient lieu d'attestation d'assurance chômage pour les intéressés (*Code du travail, Art. R. 1234-12*).

À NOTER

En cas de non-remise de l'attestation d'assurance chômage, le salarié peut prétendre à des dommages et intérêts s'il justifie d'un préjudice. L'employeur est par ailleurs passible d'une amende de 5e classe si, après mise en demeure de l'inspecteur du travail ou de Pôle emploi, il n'a toujours pas délivré cette attestation dans un délai de 15 jours.

Le reçu pour solde de tout compte

La loi de modernisation sociale du 17/1/2002 avait supprimé l'aspect contraignant du reçu pour solde de tout compte en disposant que celui-ci n'avait plus que la valeur d'un simple reçu des sommes qui y figuraient et que le salarié pouvait formuler toutes réclamations ultérieures, sous réserve du délai de prescription des salaires et autres sommes liées à l'exécution du contrat de travail (prescription de 5 ans).

La loi n° 2008-596 du 25/6/2008 portant modernisation du marché du travail est revenue sur ces dispositions. Les nouvelles règles concernant ce document sont entrées en vigueur le 27/6/2008.

Définition

Le reçu pour solde de tout compte, établi par l'employeur et dont le salarié lui donne reçu, fait l'inventaire des sommes versées au salarié lors de la rupture de son contrat de travail **(voir Modèle n° 45)**.

Prescription

Le reçu pour solde de tout compte peut être dénoncé dans les 6 mois qui suivent sa signature. Cette dénonciation doit être écrite et motivée. Au-delà de ce délai, il devient libératoire pour l'employeur pour les sommes qui y sont mentionnées (*Code du travail, Art. L. 1234-20*).

Au-delà de 6 mois, le salarié ne peut donc plus contester le montant des sommes qui lui ont été octroyées (salaire, heures supplémentaires, indemnité compensatrice de préavis, de licenciement ou de non-concurrence...).

On peut cependant penser que le salarié pourra réclamer ultérieurement des sommes qui lui seraient dues mais qui ont été omises dans le reçu pour solde de tout compte. De même, la signature du reçu ne vaudra certainement pas renonciation de la part du salarié à contester la régularité ou la légitimité de son licenciement.

À NOTER

Selon le ministre du Travail, ce document qui était facultatif auparavant, est devenu obligatoire pour toute rupture de contrat intervenue depuis le 27/6/2008.

AVANTAGE

En cas de rupture du contrat de travail ouvrant droit à l'assurance chômage, l'ancien salarié peut conserver temporairement, sous certaines conditions, le bénéfice des garanties des couvertures complémentaires santé et prévoyance de son ancienne entreprise (ANI du 11/1/2008, Art. 14).

Qu'en est-il des clauses de non-concurrence ?

› Définition

On appelle « clauses de non-concurrence » les dispositions écrites figurant dans le contrat de travail ou dans la convention collective applicable au salarié lui interdisant, après son départ de l'entreprise, d'exercer une activité concurrente qui porterait atteinte aux intérêts de son ancien employeur.

Les clauses de non-concurrence ont donc pour objet d'empêcher le salarié de se mettre au service d'une entreprise concurrente ou de s'établir à son propre compte dans le même domaine d'activité.

Aucun texte ne définit actuellement les conditions de validité et d'application de telles clauses. Seule la jurisprudence a établi certaines règles permettant de ménager à la fois les intérêts du salarié et ceux de son ancien employeur.

› Conditions de validité

Intérêt légitime de l'entreprise

La clause de non-concurrence doit tout d'abord être indispensable à la protection des intérêts légitimes de l'entreprise. Ces clauses concernent donc en tout premier lieu les salariés qui, par leurs fonctions, sont amenés à connaître des secrets de fabrication ou des savoir-faire techniques, commerciaux ou financiers particuliers ou encore les salariés susceptibles de détourner une partie de la clientèle de leur employeur.

Les juges ont ainsi considéré comme valables les clauses appliquées à un électronicien itinérant qui avait acquis un savoir-faire spécifique après 14 ans d'activité (*Cour de cassation, Chambre sociale, 14/2/1995*) ou à un garçon de café embauché dans une brasserie située dans la même ville (*Cour de cassation, Chambre sociale, 1/3/1995*) mais pas celles d'un laveur de vitres (*Cour de cassation, Chambre sociale, 14/3/1992*), d'un magasinier (*Cour de cassation, Chambre sociale, 19/11/1996*) ni d'une coiffeuse qui avait ouvert un salon à 100 mètres de celui de son ancien employeur, le salon de coiffure de cet employeur ayant fermé (*Cour de cassation, Chambre sociale, 20/1/1993*).

Limitation dans le temps

Une clause de non-concurrence ne peut être illimitée dans sa durée. Les conventions collectives les restreignent généralement à 2 ou 3 ans.

La durée peut toutefois être plus longue lorsque le secteur géographique est très réduit ou lorsque les compétences professionnelles du salarié lui permettent de retrouver sans difficulté un emploi dans une autre branche d'activité.

Ont ainsi été reconnues comme valables des clauses de non-concurrence applicables pendant 10 ans, sur une seule ville (*Cour de cassation, Chambre sociale, 21/10/1960*) ou pour des fonctions n'existant dans aucune autre entreprise (*Cour de cassation, Chambre sociale, 3/1/1964*).

Limitation dans l'espace

La clause de non-concurrence doit être restreinte aux lieux où le salarié est réellement susceptible de faire concurrence à son ex-employeur, étant donné la nature des activités de l'entreprise et son rayon d'action.

Cette limitation peut aller d'1 kilomètre par exemple pour une coiffeuse (*Cour de cassation, Chambre sociale, 9/10/1985*) à toute une région pour un technicien ou un ingénieur.

Elle peut même s'appliquer sur l'ensemble du territoire à condition que les limitations concernant la durée et la nature de l'activité laissent au salarié la possibilité de retrouver un emploi conforme à ses compétences (*Cour de cassation, Chambre sociale, 28/4/1976*).

Limitation dans l'activité professionnelle

La clause de non-concurrence doit également être limitée à un secteur d'activité bien défini : elle doit laisser au salarié la possibilité d'exercer normalement l'activité professionnelle qui est la sienne (*Cour de cassation, Chambre sociale, 18/10/1952*).

Indemnisation

Pour être valable, la clause de non-concurrence doit également être assortie d'une contrepartie financière destinée à atténuer les restrictions que la clause de non-concurrence apporte à la liberté d'embauche de l'ancien salarié (*Cour de cassation, Chambre sociale, 10/7/2002*).

Son montant, qui peut être fixé soit par le contrat de travail, soit par la convention collective, est variable : 1/3, la moitié et jusqu'à 2/3 du salaire mensuel moyen des 3 ou 12 derniers mois.

Elle est versée mensuellement, à la fin de chaque mois, pendant toute la durée de l'interdiction.

Il arrive également que cette indemnité soit versée par anticipation, au cours du contrat de travail.

Avant les arrêts du 10/07/2002, la jurisprudence considérait que la contrepartie financière n'était par une condition indispensable : si aucune indemnisation n'était prévue, les salariés n'en étaient pas moins tenus de respecter les clauses de non-concurrence qui leur étaient appliquées. Ceci n'est plus vrai. En conséquence, toutes les clauses de non-concurrence ne comportant pas de contrepartie financière doivent être négociées entre salarié et employeur afin de répondre aux nouvelles exigences des tribunaux.

À NOTER

En cas de litige, les juges examinent les 5 conditions de validité avant de se prononcer. Une limitation très vaste dans l'espace peut être retenue si la limitation dans le temps ou dans l'activité professionnelle est réduite et inversement. De même, s'ils estiment que la limitation dans l'espace, dans le

temps ou dans l'activité professionnelle est trop vaste, ils peuvent réduire la clause dans ces domaines sans l'annuler totalement.
Ainsi les juges ont considéré comme excessive une clause de non-concurrence de 3 ans appliquée à un salarié en contrat à durée déterminée. Ils n'en ont pas moins condamné le salarié qui s'était engagé dans une entreprise concurrente aussitôt après la fin de son contrat de travail (Cour de cassation, Chambre sociale, 27/9/1989).

› Sanction

Le salarié qui ne respecte pas une clause de non-concurrence :
– perd le droit à l'indemnité de non-concurrence prévue ;
– peut être condamné à verser des dommages et intérêts à son ex-employeur en réparation du préjudice qu'il lui a fait subir ;
– peut également être contraint à cesser son activité concurrente.

ATTENTION ⚠

Si le salarié n'a pas averti son nouvel employeur qu'il était lié par une clause de non-concurrence, il peut être licencié pour faute grave, sans préavis ni indemnité (Cour de cassation, Chambre sociale, 23/3/1977).

Pour ce faire, l'employeur peut poursuivre le salarié devant le conseil de prud'hommes, le salarié pouvant alors tenter d'obtenir l'annulation de la clause.

Ce dernier peut aussi demander directement l'annulation d'une clause de non-concurrence auprès des prud'hommes au moment de la rupture de son contrat de travail, s'il la juge excessive.

À NOTER

L'ex-employeur peut également poursuivre le nouvel employeur en justice pour concurrence déloyale si ce dernier a engagé le salarié alors qu'il le savait lié par une clause de non-concurrence.

La transaction

Lorsqu'un différend surgit entre employeur et employé à la suite de la rupture du contrat de travail, ceux-ci peuvent signer une transaction destinée à mettre fin au litige à l'amiable. Cette pratique, reconnue par les tribunaux, doit respecter certaines règles.

Qu'est-ce qu'une transaction ?

Selon l'article 2044 du Code civil, la transaction est un contrat par lequel les parties terminent une contestation née ou préviennent une contestation à naître.

En droit du travail, une transaction peut être passée entre salarié et employeur afin de régler ou de prévenir toute contestation consécutive à la rupture du contrat de travail.

Une transaction peut également intervenir pour régler un différend concernant l'exécution même du contrat de travail alors que celui-ci n'est pas rompu : litige concernant le paiement de pourboires, par exemple (*Cour de cassation, Chambre sociale, 10/3/1998*).

Cette solution permet d'éviter les aléas et les longueurs d'une action auprès des tribunaux.

À NOTER

Il est à noter que la transaction peut très bien intervenir au cours d'un procès prud'homal, en particulier au moment de la conciliation, mettant ainsi fin au procès.

Quelles sont les conditions pour qu'une transaction soit valable ?

La transaction n'est pas régie par le Code du travail. Elle obéit aux règles édictées par les articles 2044 à 2058 du Code civil.

Pour être valable la transaction doit :

- être rédigée par écrit (*Code civil, Art. 2044*) et signée par les deux parties : l'employeur et le salarié ou leurs représentants (dirigeant de la société, médiateur, avocat).

Un « commencement de preuve par écrit » (un chèque endossé sans réserve par le salarié, par exemple) peut suffire s'il est étayé par des présomptions ou des témoignages (*Cour d'appel, Paris, 12/1/1993*).

En pratique, il est recommandé d'établir un contrat en bonne et due forme, précisant tous les termes de l'accord, afin d'éviter les contestations ultérieures ;

- avoir été obtenue avec le consentement du salarié (*Code civil, Art. 1109*). Si le salarié a signé l'accord sur la base d'informations mensongères fournies sciemment par son employeur ou sous sa contrainte, la transaction n'est pas valable.

La transaction doit aussi obligatoirement avoir pour but de régler un litige effectif ou potentiel. En absence de désaccord ou si la rupture du contrat de travail ne prête à aucune contestation, la transaction n'est pas valable.

Lorsqu'elle a pour but de régler un litige consécutif à la rupture du contrat de travail, la transaction ne peut être conclue qu'après que la rupture du contrat de travail soit devenue définitive. Si elle règle un litige consécutif à un licenciement, elle ne peut donc intervenir avant que le salarié ait reçu sa lettre de licenciement (*Cour de cassation, Chambre sociale, 29/5/1996*) ni le jour-même (*Cour de cassation, Chambre sociale, 18/5/1999*).

Une transaction conclue avant la notification du licenciement peut donc être annulée par les tribunaux. Il est à noter toutefois que cette règle ayant été instituée dans l'intérêt du salarié, lui seul a le pouvoir d'exiger cette annulation.

L'annulation ne peut donc être demandée par l'employeur (*Cour de cassation, Chambre sociale, 28/5/2002*).

La transaction doit comporter des concessions réciproques de la part des deux parties. Le salarié renonce généralement à poursuivre son employeur en contrepartie de quoi celui-ci lui verse une compensation financière.

Peu importe que les concessions ne soient pas d'égale importance de part et d'autre pourvu qu'elles soient réelles.

Ainsi, un salarié licencié pour faute grave peut s'engager, dans une transaction, à renoncer à contester ce motif auprès des prud'hommes, contre la renonciation par l'employeur à se prévaloir des conséquences de la faute grave, c'est-à-dire la privation de l'indemnité de licenciement (*Cour de cassation, Chambre sociale, 5/2/1992*).

Par contre, si le licenciement n'a pas été prononcé pour faute grave (mais pour incompétence professionnelle, par exemple) la renonciation de l'employeur à se prévaloir d'une faute grave ne constitue pas une concession (*Cour de cassation, Chambre sociale, 27/3/1996*).

Quels sont les effets d'une transaction ?

Tout dépend si la transaction est valable ou non.

Transaction valable

Si la transaction est valable, elle engage les parties. Ceci signifie que le salarié ne peut plus intenter une action en justice au sujet du litige réglé par la transaction (*Code civil, Art. 2052*).

En revanche, si l'une des parties n'exécute pas ses obligations, l'autre partie peut demander aux tribunaux soit l'exécution forcée de ces obligations, soit la résolution de la transaction.

Si, par exemple, le salarié ne reçoit pas l'indemnité transactionnelle prévue, il peut demander à ce que les tribunaux obligent son employeur à lui verser les sommes qu'il lui doit ou bien qu'ils annulent la transaction. En cas d'annulation, le salarié n'est plus lié à ses engagements et peut donc poursuivre l'employeur pour le litige censé être réglé par la transaction.

Transaction non valable

Si la transaction n'est pas valable (vice de consentement, absence de concession réciproque...), là encore, les tribunaux peuvent l'annuler et le salarié recouvre ses droits à poursuivre son employeur en justice.

Cas pratiques

La rupture du contrat de travail

Licenciement pour motif personnel - insuffisance de résultats

J'ai été engagée comme attachée technico-commerciale. On m'a licenciée pour n'avoir pas atteint pendant deux trimestres consécutifs les objectifs qui m'étaient assignés. La clause d'objectif était ainsi libellée : « La non-réalisation d'un ou plusieurs objectifs, à concurrence de 20 % de l'objectif annuel sur chaque trimestre et pendant 2 trimestres consécutifs pourrait être considérée comme un motif de rupture du contrat de travail ». N'est-ce pas abusif ?

Selon une jurisprudence, que vous pouvez invoquer à votre bénéfice, aucune clause du contrat de travail ne peut valablement décider qu'une circonstance quelconque constituera une cause de licenciement. Par ailleurs, et indépendamment du fait que l'objectif est fixé ou non dans le contrat, le juge doit se livrer à une double recherche :

• le caractère réaliste des objectifs fixés (notamment au regard de la conjoncture économique…) ;

• l'existence d'une faute du salarié (par exemple, manquement dans l'activité de prospection du salarié, préparation insuffisante des ventes…) (*Cour de cassation, Chambre sociale, 14/11/2000 et 19/10/2007*).

Ainsi, l'existence d'une clause d'objectif dans un contrat de travail ne prive pas l'employeur de son droit d'apprécier l'existence d'une cause de licenciement. Au contraire, il appartient au juge d'apprécier d'une part, si les objectifs, fixés ou non contractuellement sont réalistes et d'autre part, si le salarié est en faute de ne pas les avoir atteints.

Je reproche à l'un de mes vendeurs une insuffisance de résultats (faible importance de ses ventes par rapport à ses collègues). Cet argument peut-il justifier un licenciement pour motif personnel ?

La prudence s'impose en matière de licenciement pour insuffisance de résultats (voir question précédente). Nous vous conseillons, si vous persistez dans votre intention, de bien préparer votre dossier, le cas échéant en établissant une comparaison avec les autres vendeurs que vous employez. Un arrêt de la Cour de cassation a précisé que l'insuffisance professionnelle était caractérisée quand des ventes réalisées par un salarié étaient très nettement en dessous de la moyenne atteinte par les vendeurs du même site et qu'aucun élément extérieur n'était susceptible d'altérer l'homogénéité des résultats (*Cour de cassation, Chambre sociale, 27/3/2008*).

Licenciement pour motif personnel - entretien préalable

L'employeur peut-il entendre au cours du même entretien de licenciement plusieurs salariés à qui sont reprochés les mêmes faits ?

Non, l'entretien préalable au licenciement d'un salarié revêt un caractère strictement individuel qui exclut que le salarié soit entendu avec d'autres, même si les faits sont identiques. Cette procédure est irrégulière (*Cour de cassation, Chambre sociale, 23/4/2003*).

Licenciement pour motif personnel - maladie

Dans quel délai doit intervenir le remplacement d'un salarié licencié pour maladie ? La salariée que j'ai licenciée il y a quelques mois, compte tenu de ses arrêts de travail répétés qui désorganisaient le service, veut contester le caractère réel et sérieux du licenciement au motif que je ne l'ai pas remplacée immédiatement après son licenciement.

La Cour de cassation exige un délai « raisonnable ». Ce délai s'apprécie au regard des spécificités de l'entreprise et de l'emploi concerné ainsi que des démarches faites par l'employeur en vue d'un recrutement (*Cour de cassation, Chambre sociale, 2/2/2005*).

Licenciement pour motif personnel - faute grave

J'ai licencié un de mes salariés pour faute grave tout en lui versant l'indemnité de préavis (par pure bienveillance compte-tenu de la situation familiale de l'intéressé). Ce fait peut-il être retenu contre moi ?

A priori non, si l'on suit la dernière jurisprudence de la Cour de cassation sur ce point. Certes, l'article L. 1234-1 du Code du travail prévoit que la faute grave prive le salarié de son préavis. Les tribunaux en déduisent que l'employeur qui laisse le salarié accomplir son préavis ne peut plus invoquer la gravité de la faute. En revanche, l'existence d'une faute grave reste compatible avec le versement de l'indemnité de préavis : « Le versement d'une indemnité compensatrice de préavis n'implique pas que l'employeur ait renoncé à se prévaloir de la faute grave » (*Cour de cassation, Chambre sociale, 9/4/1992 et 2/2/2005*). Une jurisprudence plus récente supprime d'ailleurs de la définition de la faute grave toute référence au préavis (*Cour de cassation, Chambre sociale, 27/9/2007*).

Licenciement pour motif économique - nouvelle embauche

La suppression d'un poste, même si elle s'accompagne de la reprise des tâches accomplies par le salarié licencié par un autre salarié demeuré dans l'entreprise est-elle une suppression d'emploi justifiant un licenciement économique ?

La Cour de cassation, dans un cas similaire, a estimé que la réalité des suppressions de poste, mentionnées par la lettre de licenciement, n'était pas établie. Autrement dit, le licenciement économique n'en était pas un et le salarié concerné a pu saisir le juge qui a considéré que le licenciement n'était pas fondé sur une cause économique réelle et sérieuse (*Cour de cassation, Chambre sociale, 9/10/2007*).

Licenciement pour cause de cessation d'activité

Je viens d'être licencié pour cause de cessation d'activité de l'entreprise qui m'employait. Or, je viens d'apprendre que celle-ci, après sa dissolution, continue à fonctionner sous une autre forme juridique. Quels sont mes droits ?

Vous pouvez obtenir votre réintégration dans cette entreprise ou la réparation de votre préjudice qui découle de la rupture du contrat de travail par votre employeur. Il a en effet été jugé, dans ce type de cas, que le licenciement d'un salarié en fraude de ses droits au prétexte d'une cessation d'activité est privé d'effet (*Cour de cassation, Chambre sociale, 15/2/2006*).

Temps de travail et salaire

La rémunération

La détermination du salaire
Les éléments du salaire
Les retenues sur salaire
Le paiement du salaire
L'épargne salariale

La durée du travail

La durée légale du travail
Les aménagements du temps de travail
Le travail à temps partiel
Les heures supplémentaires
Le repos hebdomadaire et les jours fériés

Les congés

Les congés payés annuels
Les congés liés à la naissance
Les congés pour motif personnel

La rémunération

En contrepartie du travail effectué, le salarié perçoit une rémunération qui est fixée librement au moment de son embauche, à condition que soient respectées certaines dispositions légales et conventionnelles. Cette rémunération se compose du salaire de base proprement dit auquel peuvent s'ajouter divers éléments complémentaires (primes, avantages en nature...). Ce salaire brut est amputé des cotisations sociales obligatoires. Cette rémunération constitue bien souvent la seule ressource du salarié. Aussi bénéficie-t-elle de mesures importantes : son paiement est réglementé et elle est protégée contre les créanciers de l'employeur et du salarié.

La détermination du salaire

Le salaire de départ ainsi que ses augmentations ultérieures sont librement négociés entre l'employeur et le salarié sous réserve qu'ils respectent les taux minimaux légaux (SMIC) et conventionnels.

Comment le montant du salaire est-il déterminé ?

Le principe de liberté de fixation du salaire

Le principe de la liberté contractuelle, énoncée dans le Code civil, veut que le montant du salaire ainsi que les différents avantages accordés en contrepartie du travail soient fixés librement entre le salarié et l'employeur.

C'est, en général, au cours de l'entretien d'embauche que les deux parties se mettent d'accord sur la rémunération.

À NOTER

Cet accord est validé par le contrat de travail. Aussi est-il recommandé d'établir celui-ci par écrit, même lorsque cela n'est pas obligatoire, notamment lorsque la rémunération comporte un certain nombre d'avantages annexes au salaire de base (primes spécifiques, avantages en nature, prise en compte des frais professionnels, etc.).

Lorsque le salarié a accepté le montant et les modalités du salaire qui lui sont proposés par l'employeur, celui-ci ne peut lui verser un salaire inférieur.

Les limitations à la liberté de fixation du salaire

Le principe de la liberté de fixation du salaire individuel est toutefois limité par la loi afin de garantir au salarié une rémunération juste et décente. C'est ainsi que :

– aucun salarié ne peut être rémunéré à un taux inférieur au SMIC (→ index, *SMIC*) ;

– certaines conventions et accords collectifs prévoient une rémunération minimale qui s'impose aux employeurs relevant de cette convention (voir encadré plus loin) ;

– l'employeur doit respecter le principe d'égalité de rémunération entre les hommes et les femmes ;

– les différences de salaire entre les employés d'une même entreprise ne peuvent également pas être fondées sur les critères discriminatoires énumérés par la loi .

La Cour de cassation a également tempéré le pouvoir d'individualisation des rémunérations de l'employeur en affirmant que ce pouvoir ne devait pas déroger à la règle générale concernant l'égalité de traitement entre les salariés, énoncée notamment par l'article L. 2261-22 (10°) du Code du travail.

C'est ainsi qu'une salariée qui accomplissait avec un coefficient salarial égal et une qualification supérieure le même travail qu'une autre collègue mais percevait une rémunération moindre a eu droit à un rappel de salaire, l'employeur n'ayant pu justifier la différence de rémunération entre les deux employées (*Cour de cassation, Chambre sociale, 29/10/1996*).

Il est également interdit de fixer le salaire par voie d'enchère électronique inversée (→ index, *Enchère électronique inversée*).

ATTENTION ⚠

Les salariés d'une même entreprise ne peuvent pas se prévaloir d'une discrimination lorsque la différence de rémunération résulte d'un accord d'établissement.

Les salariés d'un établissement qui n'entrent pas dans le champ d'application de cet accord peuvent donc être défavorisés par rapport à leurs collègues sans que cette différence constitue une discrimination illicite (Cour de cassation, Chambre sociale, 27/10/1999).

LES SALAIRES MINIMAUX FIXÉS PAR LES CONVENTIONS COLLECTIVES

La plupart des conventions collectives établissent des classifications d'emplois, fixent des salaires minimaux pour ces différentes catégories et précisent également les conditions de révision de ces salaires.
Par exemple : les cadres sont généralement classés d'après des « positions repères » selon l'importance de l'emploi qu'ils occupent et les responsabilités qui leur sont confiées :

- la position I concerne les ingénieurs et les cadres débutants (ayant moins de 2 ou 3 ans de pratique) ;
- la position II, les ingénieurs et les cadres confirmés occupant des responsabilités limitées dans le cadre de directives reçues du supérieur hiérarchique ;
- la position III, les ingénieurs et les cadres confirmés exerçant des fonctions dans lesquelles ils mettent en œuvre une expérience étendue, et où ils exercent un contrôle sur d'autres cadres, disposent d'une autonomie et d'un pouvoir de décision étendus ;
- la position supérieure est réservée aux ingénieurs et aux cadres supérieurs de direction.

À l'intérieur de chaque « position repère », les cadres se voient attribuer un coefficient en fonction de leur âge ou de leur ancienneté. C'est à partir de ces coefficients que sont fixés les salaires minimaux en dessous desquels la rémunération des cadres concernés ne peut descendre.
Pour la convention collective des cadres et ingénieurs de la métallurgie, par exemple, on obtient le tableau suivant (*Accord national du 5/2/2009*) :

CONVENTION COLLECTIVE DE LA MÉTALLURGIE

Position	Coefficient hiérarchique	Appointements annuels de 2009*
Position I (année de début)		
21 ans	60	19 822 €
22 ans	68	19 822 €
23 ans et plus	76	22 154 €
Par année au-delà de 23 ans	+ 8	+ 2 332 €
Position II		
3 premières années	100	29 151 €
Après 3 ans	108	31 489 €
Après 6 ans	114	33 232 €
Après 9 ans	120	34 981 €
Après 12 ans	125	36 438 €
Après 15 ans	130	37 896 €
Après 18 ans	135	39 354 €
Position III		
Position III A	135	39 354 €
Position III B	180	52 471 €
Position III C	240	69 963 €

**Ce barème s'applique aux cadres rémunérés selon un forfait en heures avec une durée annuelle de travail comprise entre 1 608 et 1 767 heures.*

Qu'est-ce que le SMIC ?

Le SMIC (Salaire Minimum Interprofessionnel de Croissance) est le salaire horaire en dessous duquel aucun salarié ne peut être payé, quel que soit le mode de rémunération pratiqué (*Code du travail, Art. L. 3231-1 et s.*).

› Les personnes concernées

- Le SMIC s'applique :
– sur tout le territoire national et dans les DOM ;

– à toutes les entreprises du secteur privé ou public, quelle que soit leur activité (professions industrielles, artisanales, commerciales, agricoles ou libérales) ;
– à tous les travailleurs quelle que soit leur catégorie professionnelle.

Il existe toutefois des exceptions :
– les jeunes travailleurs âgés de moins de 18 ans, n'ayant pas 6 mois de pratique professionnelle dans la branche d'activité, peuvent être rémunérés à un taux horaire égal à 80 % du SMIC s'ils sont âgés de 16 ou 17 ans et 90 % du SMIC s'ils sont âgés de plus de 17 ans ;
– les apprentis ont droit à un salaire minimum calculé en fonction du SMIC et de leur âge. Il en est de même des jeunes embauchés sous contrat de professionnalisation.

› Les éléments du salaire à prendre en compte

Pour vérifier si un salarié est bien rémunéré au taux du SMIC, il faut prendre en compte tous les éléments de son salaire, c'est-à-dire :
– son salaire horaire de base (exception faite des majorations pour heures supplémentaires, pour travail de nuit, le dimanche ou les jours fériés) ;
– les pourboires (→ index, *Pourboires*) ;
– certaines primes et gratifications (→ index, *Primes*) ;
– les avantages en nature (→ index, *Avantages en nature*).

À NOTER

Les remboursements de frais professionnels ne rentrent pas en compte dans le calcul du salaire (→ index, Frais professionnels), pas plus que les sommes attribuées au titre d'un régime d'intéressement (→ index, Intéressement) ou de participation (→ index, Participation).

› L'évolution du SMIC

C'est le gouvernement qui fixe le taux du SMIC, par décret. Son augmentation est déclenchée par deux mécanismes différents.

Le niveau général des prix

Le SMIC est indexé sur l'indice mensuel des prix à la consommation (Série ménages urbains, France entière, hors tabac). Chaque fois que cet indice atteint un niveau correspondant à une hausse de 2 % par rapport à son niveau antérieur, le SMIC est augmenté automatiquement par arrêté, dans la même proportion.

L'évolution de la croissance économique

Chaque année, la Commission nationale de la négociation collective examine les comptes économiques de la nation et un rapport sur les conditions économiques générales. Après délibération, elle donne un avis au gouvernement concernant l'augmentation souhaitable du SMIC.

Cette revalorisation annuelle a lieu le 1er janvier (elle avait lieu le 1er juillet jusqu'en 2009).

Le gouvernement prend alors la décision d'augmenter le SMIC en fonction de l'avis qui lui a été donné.

Le gouvernement a toute latitude pour juger de l'augmentation qui doit être accordée. La loi précise cependant que l'accroissement annuel du SMIC ne peut être inférieur à la moitié de l'augmentation du pouvoir d'achat des salaires horaires moyens, enregistrée par le ministère du Travail.

Les revalorisations facultatives

En dehors de ces deux modes de revalorisation qui sont automatiques, le gouvernement peut toujours décider, en cours d'année, d'augmenter le SMIC, après avis de la Commission nationale de la négociation collective.

Il peut également décider d'augmenter le SMIC à un niveau supérieur à celui qui résulterait de la seule évolution de l'indice des prix.

Il convient cependant de noter que ces « coups de pouce » ne sont, en réalité, qu'une sorte d'avance sur l'augmentation annuelle qui sera alors diminuée d'autant.

› Montant actuel

Pour connaître le montant actuel du SMIC *(Voir pages Barème)*.

En quoi consiste l'égalité de rémunération entre hommes et femmes ?

Le principe

L'employeur doit assurer pour un même travail, ou un travail de valeur égale, une rémunération identique pour les hommes et les femmes (*Code du travail, Art. L. 3221-2*).

Sont considérés comme ayant une valeur égale les travaux qui exigent un ensemble comparable de connaissances professionnelles consacrées par un diplôme ou une pratique professionnelle ou bien encore un ensemble comparable de capacités découlant de l'expérience acquise, de responsabilités ou de charges physiques et nerveuses.

La rémunération s'entend du salaire de base, mais également de tous les autres avantages en espèces ou en nature qui viennent en complément. Un employeur ne peut pas, par exemple, décider d'accorder une prime uniquement aux hommes de l'entreprise. Il ne peut pas non plus fixer des critères en matière d'intéressement (→ index, *Intéressement des salariés, répartition*) ou de distribution d'actions plus difficiles à atteindre par les femmes que par les hommes.

Les critères en matière de classification, de promotion ou de formation professionnelle doivent également être identiques (*Code du travail, Art. L. 3221-6*).

Par exemple : un employeur avait classé une salariée affectée à la gestion des stocks et à la préparation des commandes dans la catégorie 2 coefficient 145 de la convention collective alors que cet emploi était de même nature que celui d'aide-magasinier occupé par certains salariés masculins appartenant à la catégorie 3, coefficient 155, et qui bénéficiaient donc, à ce titre, d'une rémunération supérieure. La Cour de cassation a condamné cet employeur à une amende pour discrimination (*Cour de cassation, Chambre sociale, 31/5/1988*).

AVANTAGE

La loi n° 2006-340 du 23/3/2006 relative à l'égalité professionnelle entre les hommes et les femmes oblige les partenaires sociaux à supprimer les écarts de rémunération entre les hommes et les femmes avant le 31/12/2010. Cette suppression doit avoir lieu lors des négociations des conventions et des accords collectifs au niveau des branches professionnelles et des entreprises. Ces négociations ont dû être achevées au plus tard le 15/2/2010, leurs résultats devant permettre d'aboutir éventuellement à un projet de loi en 2010.

Le contrôle

L'inspecteur du travail est chargé de contrôler l'application de la loi sur l'égalité des sexes (*Code du travail, Art. L. 8113-5*). Il peut exiger de l'employeur qu'il lui communique les éléments de salaire et il peut procéder à une enquête contradictoire au cours de laquelle employeur et salariés sont entendus. Ces derniers peuvent, au cours de cette entrevue, se faire accompagner d'une personne de leur choix.

Les litiges

Diverses mesures permettent de faire respecter ce principe d'égalité.

Les syndicats et certaines associations peuvent agir en lieu et place d'un salarié (à condition qu'il ne s'y oppose pas) afin de demander aux tribunaux de respecter la loi. Le salarié peut se joindre à l'action des syndicats ou attenter une action de lui-même. L'employeur n'a alors pas le droit de le licencier en raison de cette action. S'il le fait, il peut être condamné à le réintégrer au sein de l'entreprise ou à lui verser une indemnité au moins égale à 6 mois de salaire.

Devant les tribunaux, c'est à l'employeur qu'il revient de fournir les éléments susceptibles de justifier une inégalité de salaire (*Code du travail, Art. L. 3221-8*). Il ne peut se contenter de justifications vagues ou imprécises.

Enfin, un plan d'égalité professionnelle peut être négocié au sein des entreprises où des inégalités de fait ont été constatées.

Dans les entreprises occupant du personnel féminin, l'employeur doit afficher dans les locaux de travail à un endroit facilement accessible et dans les lieux où s'effectue l'embauche du personnel les textes concernant le principe d'égalité de traitement entre les hommes et les femmes (*Code du travail, Art. R. 3221-2*).

AVANTAGE

Le principe de l'égalité de rémunération entre hommes et femmes tend, le plus souvent, à protéger les femmes de mesures discriminatoires. Il peut, cependant, être aussi revendiqué par les hommes. Il a ainsi été jugé qu'une prime de crèche, prévue par un accord collectif en faveur des mères de famille, devait être également versée aux pères qui remplissaient les conditions pour en bénéficier (Cour de cassation, Chambre sociale, 27/2/1991).

Comment les salaires évoluent-ils ?

Les augmentations de salaire sont, la plupart du temps, négociées individuellement entre employeur et salarié. Aucun texte n'oblige l'employeur à accorder une augmentation de salaire demandée par un salarié, sauf si cette augmentation était prévue dans le contrat de travail.

Il a ainsi été jugé qu'un employeur ne pouvait revenir sur l'engagement d'accorder une augmentation de salaire promise à une date déterminée (*Cour de cassation, Chambre sociale, 5/3/1987*).

Hormis ce cas, seules les augmentations liées à la réglementation sur le SMIC et celles prévues par les conventions ou les accords collectifs s'imposent à l'employeur.

Le SMIC

Les salaires correspondant au taux du SMIC doivent automatiquement être réévalués lorsque le SMIC augmente.

Les augmentations du SMIC n'entraînent pas, en revanche, la réévaluation des salaires supérieurs. La loi interdit même la réévaluation automatique des salaires en fonction du SMIC ou de tout autre indice. Cette interdiction est connue sous le nom de « clause d'échelle mobile ».

Les conventions et accords collectifs

Les conventions ou les accords collectifs de branche fixent des classifications professionnelles auxquelles correspondent une rémunération minimale. Les organisations syndicales et patronales liées à de tels accords doivent se réunir au moins une fois par an pour négocier sur les salaires et au moins tous les 5 ans pour réexaminer la nécessité de réviser les classifications.

Lorsque cette négociation aboutit, les salaires correspondants doivent automatiquement être réévalués. Là encore, cette augmentation automatique ne concerne que les salariés rémunérés au taux minimal prévu par le texte de la convention ou de l'accord. Les salariés qui sont déjà rémunérés à un taux supérieur à ces minimaux ne sont pas forcément augmentés.

Dans les entreprises où existe une section syndicale, l'employeur doit, chaque année, engager une négociation sur les salaires effectifs à l'intérieur de l'entreprise. Si cette négociation aboutit, l'accord qui en résulte doit être respecté.

Attention : l'employeur qui ne remplit pas ses obligations en matière de négociation salariale au cours d'une année civile peut subir une réduction de 10 % des allègements de cotisations patronales dont il bénéficie.

S'il ne remplit pas ses obligations pendant 3 années consécutives, ces allègements sont supprimés.

Cette règle s'applique à la réduction des cotisations sur les bas salaires ainsi que sur les exonérations liées à l'emploi dans certaines zones du territoire (ZRR, ZRU, ZFU, bassins d'emploi à redynamiser, DOM).

Les recommandations patronales

Il arrive enfin que les syndicats patronaux recommandent à leurs adhérents, par voie de circulaire, d'appliquer une augmentation déterminée sur les salaires de leurs employés. Ces recommandations n'ont, en principe, aucun caractère obligatoire. Cependant, la jurisprudence considère qu'elles doivent être suivies par les employeurs :

– qui s'y sont engagés auprès de leurs salariés (*Cour de cassation, Chambre sociale, 28/4/1988*) ;

– qui se sont déjà conformés à ces recommandations à plusieurs reprises, créant ainsi un usage (*Cour de cassation, Chambre sociale, 8/10/1987*).

LES CLAUSES D'ÉCHELLE MOBILE

Les articles L. 3231-3 du Code du travail et L. 112-2 du Code monétaire et financier interdisent l'indexation des salaires sur :
- l'indice des prix ;
- le SMIC ;
- le niveau général des prix ou des salaires ;
- les prix de biens, produits ou services n'ayant pas de relation directe avec l'activité de l'entreprise.

Cette interdiction vise la révision automatique. Une augmentation ponctuelle, accordée à la suite de la hausse de l'un des indices cités, est donc toujours possible.

Il est, par ailleurs, licite de prévoir une réévaluation automatique des salaires sur les prix de biens ou de services fabriqués par l'entreprise (l'indice du coût de la construction pour les salariés d'une entreprise de travaux publics ou encore la hausse du prix de l'essence dans une raffinerie de pétrole, par exemple).

Les éléments du salaire

Divers compléments peuvent s'ajouter au salaire de base. Leur régime juridique et social est différent selon qu'ils sont considérés ou non comme des éléments faisant partie du salaire.

Les pourboires font-ils partie du salaire ?

Définition

Les pourboires sont les sommes d'argent versées par les clients de l'employeur aux salariés en contact direct avec la clientèle dans certaines professions (hôtellerie, restauration, spectacles, salons de coiffure, tourisme…).

À NOTER

Ce sont généralement les conventions collectives qui déterminent les catégories de personnel « en contact direct avec la clientèle ». Les pourboires éventuellement reçus par d'autres salariés dans le cadre de leur profession constituent des libéralités exclues du salaire et auxquelles aucune des règles décrites ici ne s'applique. Il en résulte également que le personnel d'une profession concernée, mais qui n'est pas en contact direct avec la clientèle, ne peut réclamer une part des pourboires centralisés par l'employeur.

Tel est le cas des membres du personnel investis de tâches administratives, en général, (Cour de cassation, Chambre sociale, 25/5/1976), des cuisiniers (Cour de cassation, Chambre sociale, 29/4/1970) ou des écaillers d'un restaurant (Cour de cassation, Chambre sociale, 3/3/1976) et de tous ceux qui ne participent pas directement à l'exécution du service.

Le pourboire est alors un élément du salaire qui s'ajoute au salaire fixe. Il peut même constituer la seule rémunération du travailleur (c'est le cas des ouvreuses de cinéma, par exemple).

Le paiement

Les pourboires peuvent être versés de deux façons :

– soit c'est l'employeur qui les centralise et qui les reverse en totalité, chaque mois, au personnel concerné (*Code du travail, Art. L. 3244-1*). À cet effet, il doit tenir un registre spécial de répartition ;

– soit les pourboires sont remis directement par le client, ou par l'intermédiaire d'un préposé du personnel, au salarié.

Le régime juridique et social

Les pourboires sont soumis à la CSG (→ index, *CSG*) et à la CRDS (→ index, *CRDS*). Ils sont également soumis aux cotisations sociales :

– soit sur la base de leur montant réel lorsqu'ils sont centralisés par l'employeur ;

– soit sur une base forfaitaire lorsqu'ils sont remis directement aux salariés par les clients ou par un préposé du personnel selon une répartition ignorée par l'employeur. Les cotisations sociales sont alors calculées sur une rémunération égale au SMIC.

Il existe une assiette forfaitaire spécifique pour le personnel des hôtels, cafés et restaurants.

Les pourboires sont pris en compte pour déterminer si un travailleur est bien rémunéré au taux du SMIC ou du salaire minimum prévu par les conventions collectives. Lorsque le montant des pourboires n'assure pas cette rémunération minimale, l'employeur est tenu de la compléter à due concurrence. Cette règle ne pose pas problème lorsque les pourboires sont centralisés par l'employeur qui en connaît donc le montant. En revanche, lorsque les pourboires sont remis directement par le client au salarié, c'est à ce dernier d'apporter la preuve qu'il n'a pas obtenu le SMIC (*Cour de cassation, Chambre sociale, 29/11/1962*).

Les pourboires sont pris en compte dans le calcul des indemnités de congés payés (→ index, *Indemnités de congés payés*) et les indemnités de licenciement (→ index, *Indemnités de licenciement*), selon les mêmes règles.

Qu'en est-il des primes et gratifications ?

Les différentes catégories de primes

Il existe un nombre pratiquement illimité de primes. Du 13ᵉ mois à la prime de vacances, des primes d'assiduité aux primes de salissure, il serait vain de tenter d'en faire une énumération exhaustive !

Il est, en revanche, possible de distinguer :

– les primes compensant des conditions particulières de travail (prime de froid, d'insalubrité, pour travail de nuit, prime de risques...) ;

– les primes récompensant le mérite professionnel d'un salarié (prime d'ancienneté, d'assiduité, de rendement, prime de bilan...).

Certaines formes de primes couvrent, par ailleurs, le remboursement de frais professionnels : prime de salissure, de transport, d'outillage, de repas, par exemple.

Il convient également de différencier :

– les primes dites « contractuelles » qui peuvent être prévues par les conventions ou par les accords collectifs, le contrat individuel de travail ou les usages. Une prime résultant d'un usage sera considérée comme contractuelle si cet usage est constant, fixe et général. Il faut donc qu'elle ait été accordée un certain nombre de fois, calculée chaque fois selon les mêmes modalités et versée à l'ensemble du personnel ou à une catégorie du personnel ;

– les primes dites « bénévoles » qui ne répondent pas aux critères ci-dessus. Elles résultent de la seule volonté de l'employeur et sont alors assimilées à des libéralités.

Les primes viennent en complément du salaire de base. Elles sont donc régies par les mêmes règles que celui-ci, sauf dispositions particulières.

Le régime juridique et social

Les primes et les gratifications sont soumises à la CSG (→ index, *CSG*) et à la CRDS (→ index, *CRDS*). Elles sont également soumises à cotisations sociales sauf lorsqu'elles représentent un remboursement de frais professionnels réellement exposés par le salarié (→ index, *Frais professionnels*) ou la réparation d'un préjudice permettant de les assimiler à des dommages intérêts (prime pour réduction du temps de travail, prime de départ volontaire dans une entreprise confrontée à des difficultés économiques, par exemple).

Elles sont prises en compte dans le calcul de la majoration pour heures supplémentaires lorsqu'elles sont inhérentes à la nature du travail (prime de cadence, de danger), ce qui n'est pas le cas des primes représentant le remboursement de frais professionnels ou indépendantes du travail accompli (→ index, *Heures supplémentaires*).

Le montant des primes doit être inclus dans le calcul de l'indemnité de congés payés (→ index, *Indemnités de congés payés*) lorsqu'elles sont accordées en contrepartie du travail, qu'elles ne couvrent pas un risque exceptionnel et qu'elles n'indemnisent pas déjà la période de congé considérée.

Doit donc être exclue de ce calcul :

– une gratification bénévole (*Cour de cassation, Chambre sociale, 17/3/1988*) ;

– une prime de vacances (*Cour de cassation, Chambre sociale, 12/11/1987*) ;

– ou encore une prime allouée globalement sur l'année en fonction du salaire total, période de travail et période de congés confondus (*Cour de cassation, Chambre sociale, 19/12/1979*).

Les primes contractuelles sont prises en compte pour vérifier si la rémunération du salarié correspond bien au minimum prévu par sa convention collective.

Pour apprécier si le salarié est bien rémunéré au taux du SMIC, on ne prend pas en compte :

– les primes et les gratifications constituant des libéralités ;

– les primes à caractère aléatoire et imprévisibles ;

– les primes sans rapport avec le travail fourni par le salarié (prime de production globale, prime d'ancienneté...).

Les gratifications contractuelles versées annuellement sont prises en compte mais uniquement le mois où elles sont effectivement versées. Un employeur ne peut pas, par exemple, inclure dans le salaire mensuel d'un salarié un acompte fictif d'une prime de 13e mois versée effectivement en fin d'année pour soutenir que ce salarié est bien rémunéré au taux du SMIC.

Les primes entrent en compte dans le calcul de l'indemnité compensatrice de préavis (→ index, *Indemnité compensatrice de préavis*) et de l'indemnité de licenciement (→ index, *Indemnités de licenciement*).

La suppression d'une prime

Un employeur peut toujours décider de supprimer une prime bénévole destinée à ses employés. Cette décision est sans recours sauf pour un salarié qui peut prouver qu'il a été victime d'une discrimination. Tel est le cas d'une salariée n'ayant pas reçu sa prime alors qu'elle avait annoncée qu'elle était enceinte, par exemple, tandis que ses collègues continuaient à la percevoir (*Cour de cassation, Chambre sociale, 22/6/1983*).

En revanche, un employeur ne peut décider unilatéralement de supprimer une prime contractuelle :
– si cette prime découle d'une convention ou d'un accord collectif, il doit, pour ce faire, dénoncer préalablement l'accord dans les règles (→ index, *Convention collective du travail*) ;
– si elle résulte d'un usage, il doit informer individuellement chaque salarié ainsi que les représentants du personnel suffisamment à l'avance pour qu'une négociation puisse être engagée à ce sujet ;
– si la prime résulte d'une clause comprise dans le contrat de travail, sa suppression peut être considérée comme une modification d'un élément essentiel du contrat.

Bien entendu, si la prime est liée à certaines conditions, clairement définies dans le contrat, l'employeur est en droit de la supprimer lorsque les conditions prévues ne sont pas réunies. Il en est ainsi par exemple d'une prime d'objectifs lorsque l'intéressé n'a pas réalisé les objectifs impartis. Un salarié a cependant obtenu le paiement d'une telle prime auprès des tribunaux. En effet, alors que son contrat de travail prévoyait que les objectifs devaient être fixés annuellement d'un commun accord, aucune négociation n'avait été engagée en début d'année dans ce sens. Dans un tel cas, le montant de la prime est fixé par le juge (*Cour de cassation, Chambre sociale, 4/7/2007*).

AVANTAGE

L'employeur n'est pas autorisé à diminuer ou à supprimer une prime au titre de sanction disciplinaire à l'encontre d'un salarié, sauf si l'attribution de cette prime est soumise à une condition de présence (la suppression d'une prime d'assiduité à des travailleurs en grève, par exemple).

Qu'est-ce qu'un avantage en nature ?

› Définition

Constituent des avantages en nature tous les services, prestations ou produits offerts gratuitement ou à moindre coût par l'employeur au salarié.

Bien qu'ils ne soient pas payés en espèces (monnaie, chèque ou virement), ces éléments font partie du salaire.

Ils doivent donc être pris en compte pour déterminer le montant du salaire que touche réellement un salarié et pour vérifier, en particulier, si sa rémunération correspond bien au taux du SMIC ou au salaire minimum prévu par sa convention collective (→ index, *Salaire, détermination*).

Les avantages en nature sont aussi pris en compte dans la détermination de l'indemnité de congés payés (→ index, *Indemnités de congés payés*) et des indemnités allouées en cas de licenciement (→ index, *Indemnités de licenciement*).

Au même titre que le salaire principal, ils sont soumis aux cotisations sociales, à la CSG (→ index, *CSG*) et à la CRDS (→ index, *CRDS*).

Les avantages en nature consistent, la plupart du temps, en la fourniture de nourriture, d'un logement ou d'une voiture de fonction. Doivent également être considérés comme des avantages en nature :
– un voyage d'agrément offert par l'employeur (*Cour de cassation, Chambre sociale, 21/6/1989*) ;
– la fourniture de biens ou de services produits par l'entreprise soit gratuitement, soit avec une remise dépassant 30 % ;
– la fourniture de vêtements non exclusivement professionnels.

À NOTER

Rien ne s'oppose à ce qu'un salarié soit rémunéré exclusivement en avantages en nature (employé au pair, par exemple) pourvu que ces avantages lui assure une rémunération horaire égale au SMIC.

Dans ce cas, ces avantages en nature sont exonérés de la part salariale des cotisations sociales (mais pas de la part patronale). De tels salariés sont en droit d'exiger un bulletin de paie.

› L'évaluation

Les avantages en nature doivent, si possible, être évalués d'après leur valeur réelle ou, à défaut, d'après la valeur fixée par la convention collective applicable ou stipulée dans le contrat de travail individuel. L'administration accepte cependant que certains avantages en nature soient évalués de manière forfaitaire.

Évaluation forfaitaire Nourriture

- Pour le calcul des cotisations de sécurité sociale, la CSG et la CRDS, les frais de repas peuvent être évalués forfaitairement (*Voir pages Barème*).
- Pour le calcul de l'indemnité de congés payés, la valeur minimale est fixée chaque année, par arrêté préfectoral.

- Pour la détermination du SMIC mensuel, la valeur d'un repas est évaluée à 1 fois le minimum garanti (MG) par jour. Cette somme doit être multipliée par 26 ou 22 selon que l'entreprise accorde 1 ou 2 jours de repos hebdomadaire.

Pour connaître le montant actuel du minimum garanti *(Voir pages Barème)*.

À NOTER

La prise en charge des frais de repas doit être régulière. Le remboursement occasionnel de quelques repas (5 par mois selon la législation de la Sécurité sociale) ne constitue pas un avantage en nature, mais un remboursement de frais professionnels (→ index, Frais professionnels).

Évaluation forfaitaire Logement

- Pour le calcul des cotisations sociales, de la CSG et de la CRDS, la fourniture d'un logement peut être évaluée selon un barème fixé par l'administration *(Voir pages Barème)*.

Les accessoires du logement (eau, gaz, électricité) doivent être pris en compte pour leur valeur réelle.

- Pour le calcul de l'indemnité de congés payés, la valeur minimale est fixée chaque année par arrêté préfectoral.
- Pour la détermination du SMIC, la valeur du logement est également fixée forfaitairement *(Voir pages Barème)*.

À NOTER

L'avantage en nature constitué par la mise à disposition permanente d'outils issus des nouvelles technologies (ordinateurs, téléphones portables...) peut être évalué sur un forfait annuel fixé à 10 % du coût d'achat de ces matériels. Il est à noter, par ailleurs, que le don de matériel informatique est désormais exonéré de cotisations sociales et d'impôt sur le revenu dans une certaine limite.

Évaluation forfaitaire des voitures de fonction

L'évaluation de l'avantage en nature constitué par une voiture de fonction peut être établie sur la base d'un forfait annuel égal à 9 % du coût d'achat du véhicule s'il a 5 ans au plus (6 % pour un véhicule de plus de 5 ans). Les véhicules loués sont évalués à 30 % du coût annuel de la location.

ATTENTION ⚠

La mise à disposition d'une voiture de fonction que le salarié peut utiliser de façon permanente dans ses déplacements privés et familiaux constitue un avantage en nature même au titre de ses déplacements domicile/lieu de travail.

› La suppression d'un avantage en nature

L'employeur ne peut décider de supprimer un avantage en nature prévu par une convention ou par un accord collectif.

Lorsque la suppression d'un avantage en nature prévu par le contrat de travail entraîne une modification d'un élément essentiel du contrat (suppression d'un logement de fonction sans contrepartie, par exemple), le salarié est libre de la refuser. Ce refus peut entraîner la rupture du contrat dont l'initiative incombe alors à l'employeur.

LOGEMENTS DE FONCTION

Lorsqu'un salarié dispose d'un logement de fonction, la question se pose de savoir s'il doit quitter les lieux en cas de rupture du contrat de travail (démission, licenciement, mise à la retraite).

Il convient, en fait, de distinguer les « locations accessoires » au contrat de travail des locations indépendantes de l'emploi :

- si le logement est accessoire au contrat de travail, le salarié n'a pas droit au maintien dans les lieux. Il doit libérer le logement lorsqu'il quitte l'entreprise ;
- si la location est indépendante de l'emploi, il n'est pas tenu de libérer le logement avant l'expiration du bail.

Lorsque le logement est inhérent à l'emploi (comme c'est le cas pour un gardien logé dans un bâtiment situé à l'intérieur de l'entreprise, par exemple), qu'il est mis gratuitement à la disposition du salarié, qu'il a été fourni par l'employeur pour le rapprocher de son lieu de travail ou qu'il est clairement stipulé dans le contrat de travail que ce logement devra être restitué au moment de la rupture du contrat, il ne fait pas de doute que le logement doit alors être considéré comme accessoire au contrat.

Dans le cas contraire (un logement fourni plusieurs mois après l'embauche moyennant le paiement d'un loyer, par exemple), il incombe à l'employeur, en cas de contestation, de faire la preuve que ce logement est bien accessoire au contrat. À défaut, il sera considéré comme indépendant de l'emploi.

Les remboursements de frais professionnels font-ils partie du salaire ?

› Définition

Les sommes versées par l'employeur au titre du remboursement de frais professionnels engagés par les salariés n'ont pas la nature de salaire : elles n'entrent donc pas en compte pour la détermination du salaire et du SMIC en particulier ; elles ne sont pas soumises à cotisations sociales et ne sont pas imposables.

Cette règle ne pose pas de problème lorsqu'il s'agit du remboursement ponctuel de frais réellement exposés sur justificatif (factures fournies par le salarié, par exemple).

Mais les frais professionnels peuvent également être couverts par des primes régulières : prime de transport, de déplacement, de salissure, d'outillage, de panier… Il s'agit alors d'un remboursement forfaitaire (même montant pour tous les salariés, versé sans justificatif).

De telles primes peuvent être prévues par les conventions collectives, le contrat de travail ou par un usage en vigueur dans la profession.

La question se pose alors de savoir si ces allocations doivent être considérées comme des compléments de salaire (→ index, *Primes*) ou comme un remboursement de frais professionnels.

En règle générale, pour qu'elle soit considérée comme un remboursement de frais professionnels, il faut pouvoir justifier que l'indemnité a bien été utilisée pour couvrir les frais en question.

En raison de la complexité de la question, des dispositions particulières régissent certaines catégories de frais.

› Les frais de nourriture et de logement

L'arrêté du 20/12/2002 détermine un seuil en deçà duquel certaines allocations forfaitaires sont exonérées de cotisations sociales sans qu'il soit besoin de justifier leur utilisation. Cet arrêté fixe les limites *(Voir pages Barème)* concernant :

- Les indemnités ou les primes de panier accordées aux salariés contraints de prendre un repas supplémentaire sur leur lieu de travail, soit parce que leur pause s'effectue en dehors de la plage horaire des repas, soit parce que l'effort physique fourni nécessite une collation supplémentaire.
- Les indemnités de repas versées aux salariés occupés en dehors des locaux de l'entreprise (sur un chantier, par exemple).
- Les allocations pour dépenses de nourriture et de logement versées aux salariés en déplacement qui ne peuvent regagner leur résidence en fin de journée.

Au-delà de ces limites, la fraction de ces allocations peut être exonérée de cotisations sociales à condition que l'employeur justifie le montant des dépenses réellement engagées.

› Les frais de transport

Trajet domicile/lieu de travail

- La prise en charge des frais de trajet du salarié peut être considérée comme un remboursement de frais professionnels à condition que ces frais soient justifiés.

Ils doivent notamment correspondre à un déplacement réel, ce qui n'est pas le cas d'une indemnité versée même lorsque le salarié est en arrêt de travail ou en congé, par exemple.

Le domicile ne doit cependant pas être anormalement éloigné pour des raisons de convenances personnelles, le salarié ayant, par ailleurs, la possibilité de s'installer plus près de son lieu de travail. Une distance de plus de 50 km en région parisienne est généralement considérée comme résultant de convenances personnelles (*Cour de cassation, Chambre sociale, 20/10/1976*).

Enfin, si le salarié utilise son véhicule personnel, ce choix doit être motivé par l'absence de transports en commun ou par l'incommodité de ces derniers.

Il est conseillé d'effectuer le remboursement de ces frais à un taux correspondant au barème des évaluations kilométriques fixé chaque année par l'administration fiscale.

- Les employeurs doivent prendre en charge 50 % minimum du prix de l'abonnement (tarif 2nde classe) souscrit par le salarié pour effectuer ses déplacements domicile/lieu de travail accomplis au moyen de transports publics de personnes (transports en commun) ou de services publics de location de vélos (« Vélib » à Paris, par exemple) (*Code du travail, Art. R. 3261-1 et s.*).

Ce remboursement s'effectue sur présentation des titres achetés dans le délai d'1 mois suivant la validité du titre en question. Si le salarié a opté pour un abonnement annuel, il doit produire un double de son contrat ou une photocopie de son titre annuel pour être remboursé.

Cette prise en charge est exonérée des cotisations sociales, de CSG et de CRDS. Par ailleurs, la part de la contribution qui ne dépasse pas 50 % du montant de l'abonnement n'est pas imposable, sauf pour les salariés ayant opté pour la déduction fiscale des frais réels.

AVANTAGE

Cette prise en charge, qui était réservée aux franciliens, a été étendue à la France entière depuis le 1/1/2009 par la loi de financement de la Sécurité sociale pour 2009.

LES CHÈQUES-DÉJEUNER

Les employeurs peuvent contribuer aux frais de repas de leurs salariés en leur attribuant des chèques-déjeuner (*Code du travail, Art. L. 3262-1 et s.*).

Le chèque-déjeuner permet aux salariés de prendre leurs repas à moindre coût dans les restaurants, chez des traiteurs ou de se les procurer chez un détaillant en fruits et légumes acceptant ces titres. L'employeur peut, en effet, prendre la moitié et jusqu'à 60 % du montant de ces chèques à sa charge.

Ce système est facultatif, sauf lorsqu'il se substitue à l'obligation d'avoir un réfectoire dans les entreprises où au moins 25 salariés le réclament.

Les chèques ne peuvent être utilisés que par les salariés de l'entreprise à raison d'un titre par repas. Ils ne peuvent généralement être utilisés que dans les départements du lieu de travail, excepté les dimanches ou jours fériés.

Dans les faits, les commerçants peuvent se montrer moins exigeants sur les modalités d'utilisation de ces chèques. Depuis le 1/3/2010, il n'est plus possible cependant, de payer par chèques-déjeuner des préparations alimentaires non immédiatement consommables ou des produits non-alimentaires dans les grandes surfaces.

Lorsqu'un tel système existe, tous les salariés de l'entreprise y ont droit, y compris les salariés à temps partiel, temporaires ou sous contrat à durée déterminée ; ils peuvent toutefois être refusés aux salariés dont les horaires ne comportent pas la plage horaire réservée au repas. L'employeur ne peut pas exclure certaines catégories de son personnel, les cadres (*Cour de cassation, Chambre sociale, 20/2/2008*) ou les salariés itinérants (*Cour de cassation, Chambre sociale, 16/11/2007*) par exemple. En revanche, les tribunaux ont considéré qu'il peut attribuer les chèques-déjeuner aux seuls salariés franciliens, l'attribution de cet avantage ayant pour but d'indemniser le surcoût que ceux-ci supportent du fait de l'éloignement entre leur domicile et leur lieu de travail ainsi que le coût plus élevé des repas par rapport à leurs collègues provinciaux (*Tribunal de grande instance, Paris, 28/10/2008*).

Il n'y a pas de limite au prix des chèques-déjeuner. L'employeur est toutefois exonéré de cotisations sociales sur la part ne dépassant pas un montant revalorisé chaque année *(Voir pages Barème)* et qui doit correspondre à une participation comprise entre 50 % et 60 % de la valeur du chèque.

Les chèques sont considérés comme un remboursement de frais ; ils ne sont pas soumis à cotisations sociales pour les salariés et ne sont pas imposables dans les mêmes limites que ci-dessus.

- Les employeurs peuvent également prendre en charge tout ou partie des frais de carburant (ou des frais d'alimentation des véhicules électriques) liés à l'utilisation de leur véhicule personnel par les salariés ayant leur résidence ou leur lieu de travail dans une zone non couverte par les transports collectifs ou dont les horaires de travail ne leur permettent pas de les utiliser.

Cette prise en charge, facultative, est exonérée de charges sociales dans la limite de 200 € par salarié et par an. Elle n'est pas imposable, sauf pour les salariés ayant choisi la déduction de leurs frais réels.

À NOTER

Le montant de la prise en charge des frais de trajets domicile-lieu de travail doit figurer sur le bulletin de paie.

Autres trajets

Les remboursements des frais de trajet des salariés en déplacement sont considérés comme un remboursement de frais professionnels lorsqu'ils correspondent aux frais réellement engagés.

Là encore, il est conseillé de se référer au barème fiscal pour l'évaluation des frais engagés.

La prise en charge des frais de voyage des salariés détachés à l'étranger (voyage aller-retour du salarié et de sa famille en début et en fin de détachement, voyage annuel dans le pays d'origine…) sont également considérés comme un remboursement de frais professionnels.

À NOTER

Même exonérées de cotisations sociales, certaines de ces indemnités peuvent être requalifiées :

– en prime lorsqu'elles ne correspondent pas à des dépenses effectives : tel a été le cas d'une indemnité de déplacement versée à l'ensemble du personnel d'une entreprise, y compris à ceux habitant près de leur lieu de travail (Cour de cassation, Chambre sociale, 7/11/1985) ;

– en avantage en nature, par exemple en cas de prise en charge habituelle et intégrale des frais de repas d'un salarié lors de ses déplacements professionnels (Cour de cassation, Chambre sociale, 22/6/1983).

Les retenues sur salaire

Le salaire brut est diminué des cotisations sociales destinées au financement de la protection sociale ainsi que de la CSG et de la CRDS. Les autres retenues sur salaire sont strictement réglementées.

Quelles retenues l'employeur peut-il effectuer sur les salaires ?

Les retenues pour charges sociales

Le salaire brut auquel a droit le salarié en rémunération de son travail est amputé des cotisations sociales obligatoires (→ index, *Cotisations sociales*), de la CSG (→ index, *CSG*) et de la CRDS (→ index, *CRDS*).

Les retenues pour absences

Le salaire étant la contrepartie du travail accompli par le salarié, l'obligation de le payer disparaît lorsque ce travail n'a pas été effectué. En pratique, cette règle connaît de nombreuses exceptions. C'est ainsi qu'en cas de maladie ou d'accident, le maintien de tout ou partie du salaire est généralement prévu soit par la convention collective, soit, à défaut, par l'accord de mensualisation.

Mais certains congés non rémunérés, la grève, des absences pour motif personnel ou même les retards non justifiés peuvent entraîner une diminution du salaire proportionnelle au temps d'absence.

La Cour de cassation a décidé que la retenue pour heure d'absence doit être égale au rapport du salaire mensuel sur le nombre d'heures de travail dans l'entreprise pendant le mois considéré (*Cour de cassation, Chambre sociale, 29/11/1989*).

Par exemple : un salarié gagnant 2 000 € par mois est absent pendant une semaine soit 35 heures durant un mois qui comporte 161 heures réelles de travail. Il perdra donc :

$$\frac{2\,000 \text{ x } 35}{161} = 434,78 \text{ €}.$$

À NOTER

Pour les salariés entrés ou sortis en cours de mois, le salaire de ce mois incomplet est égal à la rémunération horaire multipliée par le nombre d'heures réellement travaillées (Cour de cassation, Chambre sociale, 24/6/1992).

Les retenues pour dettes

Si le salarié a contracté des dettes envers son employeur, celui-ci peut, dans certaines conditions, se rembourser sur son salaire.

Le remboursement des dettes contractées envers d'autres créanciers, peut, par décision de justice, être prélevé sur une partie du salaire.

LES RETENUES POUR MAUVAISE EXÉCUTION DU TRAVAIL

L'obligation de payer le salaire disparaissant si le travail n'est pas effectué, les employeurs pourraient être tentés d'en déduire que cette obligation peut être proportionnellement atténuée en cas de mauvaise exécution du travail. Il n'en est rien, le Code du travail ayant expressément prohibé toute forme d'amende ou de sanctions pécuniaires (*Code du travail, Art. L. 1331-2*). Si le salarié fait volontairement mal son travail (sabotage) ou s'il en ralentit l'exécution (grève du zèle, grève perlée), l'employeur peut, bien entendu, prendre des mesures à son encontre mais il ne peut, en aucun cas, décider d'opérer une retenue sur son salaire.

Quel est le montant des cotisations sociales ?

L'assiette des cotisations

Les cotisations sociales obligatoires sont calculées sur la rémunération brute constituée du salaire de base et des différentes primes et indemnités ayant le caractère de salaire. Sont donc concernés :

– les majorations du salaire (pour travail de nuit, les dimanche, etc.). Les heures supplémentaires sont également soumises à cotisations sociales mais bénéficient d'un allègement spécifique (→ index, *Heures supplémentaires, régime social et fiscal*) ;

– les indemnités de congés payés ;

– les primes et les gratifications (prime d'ancienneté, d'assiduité, de rendement, de 13e mois, de départ, de bilan, etc.) ;

– l'ensemble des avantages en espèces versés par l'employeur, à l'exception des sommes représentant le remboursement de frais professionnels ;

– les gratifications versées à l'occasion de la remise d'un diplôme ou d'une médaille. Toutefois, pour la médaille du travail, la gratification ne dépassant pas 1 mois de salaire est exonérée des cotisations ;

– les avantages en nature fournis gratuitement par l'employeur. Ces avantages sont estimés d'après leur valeur réelle ou par défaut, d'après une valeur forfaitaire (→ index, *Avantages en nature*).

La plupart de ces cotisations comportent une part patronale à la charge de l'employeur et une part salariale à la charge de l'employé. Cette dernière est prélevée directement sur le salaire brut et déduite de la paie touchée par le salarié. Le salaire brut moins les cotisations constitue le salaire net qui doit être déclaré pour l'imposition sur le revenu.

Les salaires sont également assujettis à deux prélèvements fiscaux, la CSG (→ index, *CSG*) et la CRDS (→ index, *CRDS*).

La part salariale et la part patronale des cotisations sociales doivent figurer sur le bulletin de paie **(voir Modèle n° 46)**.

À NOTER

Les cotisations sociales sont obligatoires. Nul ne peut, par contrat ou accord, s'en dispenser sous peine d'être poursuivi pour travail dissimulé.

Les taux

Le tableau ci-dessous présente le taux des différentes cotisations obligatoires au 1/1/2010.

- Certaines cotisations se calculent sur la totalité du salaire, comme la cotisation assurance maladie.
- D'autres sont plafonnées, c'est-à-dire qu'elles ne s'appliquent que sur un certain montant du salaire calculé en fonction du plafond mensuel de la Sécurité sociale *(Voir pages Barème)*, la partie supérieure étant exonérée ; tel est le cas de la cotisation d'assurance chômage.
- D'autres enfin se décomposent en deux taux différents : l'un appliqué jusqu'à un certain montant de salaire, l'autre sur la partie du salaire dépassant ce plafond. Il en est ainsi de la cotisation de retraite complémentaire.

TAUX DES COTISATIONS OBLIGATOIRES

Cotisations	Part salariale	Part patronale	Base
CSG	7,5 %	–	97 % du salaire
CRDS	0,5 %	–	97 % du salaire
Assurance maladie, maternité, invalidité, décès	0,75 %	12,80 %	salaire total
Assurance vieillesse	6,65 % + 0,10 %	8,30 % + 1,60 %	1 plafond + salaire total
Aide au logement	–	0,10 %	
CNSA(1)	–	0,30 %	salaire total
Allocations familiales	–	5,40 %	salaire total

.../...

TAUX DES COTISATIONS OBLIGATOIRES (SUITE)			
Cotisations	**Part salariale**	**Part patronale**	**Base**
Accidents du travail	–	% variable	
Retraite complémentaire + AGFF[(2)] – non-cadre	3,80 % + 8,90 %	5,70 % + 13,30 %	1 plafond + partie comprise entre 1 et 3 plafonds
– cadre	3,80 % + 8,60 %	5,70 % + 13,90 %	1 plafond + partie comprise entre 1 et 4 plafonds
Assurance chômage	2,40 %	4 %	4 plafonds
Fonds de garantie des salaires (AGS)	–	0,40 %	4 plafonds
APEC (cadres uniquement)	0,024 %	0,036 %	partie comprise entre 1 et 4 plafonds

(1) Cette cotisation sert à financer la dépendance des personnes âgées et handicapées.
(2) La cotisation AGFF est destinée à financer le coût du maintien de la retraite complémentaire à taux plein à partir de 60 ans.

Il ne s'agit, dans ce tableau, que des cotisations obligatoires devant figurer sur le bulletin de paie, mais il existe d'autres cotisations à la charge de l'employeur (participation à la construction, taxe d'apprentissage, participation à la formation professionnelle…) ; d'autres cotisations peuvent également être prélevées sur les salaires, dans certaines entreprises. Le cas le plus fréquent est celui des mutuelles qui assurent une protection sociale supplémentaire.

Le paiement du salaire

L'employeur est tenu de respecter la périodicité de versement des salaires et de délivrer un bulletin de paie conforme à tous ses employés.

Quelle doit être la périodicité de versement des salaires ?

Le paiement au mois

Les salariés bénéficiant du principe de la mensualisation doivent être payés au moins une fois par mois (*Code du travail, Art. L. 3242-1*). Un acompte correspondant, pour une quinzaine, à la moitié de la rémunération mensuelle est versé au salarié qui en fait la demande.

Le paiement à la quinzaine

Les salariés qui ne bénéficient pas de la mensualisation (travailleurs à domicile, intermittents ou saisonniers) sont payés au moins deux fois par mois, l'intervalle entre deux salaires ne devant pas excéder 16 jours (*Code du travail, Art. L. 3242-3*).

S'il s'agit d'un travail aux pièces qui dure plus de 15 jours, l'ouvrier doit recevoir un acompte chaque quinzaine, le solde devant être réglé dans la quinzaine suivant la livraison de l'ouvrage (*Code du travail, Art. L. 3242-4*).

Le paiement tous les 3 mois

Les VRP statutaires doivent percevoir le paiement de leur commission au moins tous les 3 mois, les parties pouvant convenir d'une périodicité plus courte (*Code du travail, Art. L. 7313-7*).

À NOTER

Les travailleurs intérimaires bénéficient généralement d'accords de mensualisation propres à leur profession. De plus, les entreprises de travail temporaire adhérant au Syndicat des professionnels de l'intérim, services et métiers de l'emploi (PRISME) accordent un acompte par quinzaine.

Les sanctions prévues

- Tout retard dans le paiement du salaire, même s'il est exceptionnel, est passible d'une amende de 3e classe *(Voir pages Barème)*.
- L'employeur peut également être condamné à payer des intérêts moratoires et des dommages et intérêts.
- Le retard dans le paiement du salaire et, à plus forte raison, le non-paiement du salaire autorise le salarié à rompre son contrat de travail sans préavis. L'employeur devra lui verser des indemnités de rupture, y compris l'indemnité compensatrice de préavis. Ce cas est considéré comme une démission légitime qui ouvre droit à l'indemnisation chômage (→ index, *Chômage, démission*).
- Enfin, la jurisprudence considère que le non-paiement des salaires peut justifier un mouvement de grève du personnel. Dans ce cas, le paiement des jours de grève peut être ordonné par les juges à titre d'indemnisation du préjudice subi par les salariés (*Cour de cassation, Chambre sociale, 27/11/1990*).

AVANTAGE

Les salariés payés au mois peuvent, sur leur demande, recevoir un acompte égal à la moitié de leur salaire mensuel en milieu de mois. Attention : l'acompte ne peut concerner qu'un travail déjà effectué. On ne peut exiger un acompte sur la paie des 15 jours à venir, par exemple. Il s'agirait alors d'un prêt. L'employeur peut consentir un tel prêt (mais il n'y est pas obligé), qui s'accompagne généralement d'une reconnaissance de dette signée par le bénéficiaire. Le remboursement de telles avances est réglementé.

Quelles sont les modalités de paiement du salaire ?

› À qui effectuer le paiement ?

Le salaire doit être versé au salarié lui-même. Certaines situations particulières permettent néanmoins de déroger à ce principe.

À NOTER

En matière de réclamation (erreur de paiement, non-paiement), les salariés ont intérêt à agir le plus rapidement possible en raison de la prescription fixée à 5 ans.

- Si le salarié est absent (pour maladie, par exemple), le salaire peut être versé à un mandataire muni d'une procuration en bonne et due forme datée et signée par le salarié **(voir Modèle n° 12)**. Cette procuration est nécessaire même si le mandataire est le conjoint ou un parent du salarié.

Attention : si l'employeur remet le salaire à un tiers non muni d'une telle procuration, le salarié peut réclamer d'être à nouveau payé.

- Si le salarié est mineur, l'employeur peut lui remettre son salaire en main propre à moins que son représentant légal ne s'y oppose. Aussi est-il plus prudent pour l'employeur de solliciter une autorisation écrite du représentant légal afin d'éviter toute contestation ultérieure.

- En cas de décès du salarié, l'encaissement peut être effectué par le notaire chargé du règlement de la succession.

- Si le salaire fait l'objet d'une saisie, la partie saisissable est versée directement aux créanciers.

› Quels sont les moyens de paiement utilisés ?

Le mode de paiement

Le salaire peut être payé en espèces (monnaie métallique, billets), par chèque barré, ou encore, par virement à un compte bancaire ou postal (*Code du travail, Art. L. 3241-1*).

Selon le décret n° 85-1073 du 7/10/1985 :

– en dessous de 1 500 € net par mois, le salaire peut être payé en espèces, en chèque ou par virement ;

– au-dessus de 1 500 € net, le salaire doit obligatoirement être payé par chèque ou par virement.

Certaines catégories de salariés peuvent être rémunérées à l'aide de chèques spéciaux préétablis : le chèque-emploi pour les très petites entreprises ou le chèque emploi service universel (→ index, *CESU*).

La monnaie

Les salaires doivent être payés en euros. Lorsque le montant du salaire est fixé en devises étrangères, la conversion en euros se fait au cours du change en vigueur au jour du paiement (*Cour de cassation, Chambre sociale, 3/4/1990*).

À NOTER

L'article R. 3241-1 du Code du travail dispose qu'il est interdit de procéder au versement du salaire un jour de repos légal ou conventionnel. Cette règle ne s'applique qu'au paiement en espèces.

LA DATE DE PAIEMENT DE LA RÉMUNÉRATION

Si la périodicité du versement du salaire (tous les mois ou tous les 15 jours) est fixée par les articles L. 3242-1 à L. 3242-4 du Code du travail, aucun texte, en revanche, ne réglemente la date de ce paiement.

Un employeur peut donc décider de verser les salaires de ses employés n'importe quel jour du mois : le 5, le 23, le 6 du mois suivant, etc., pourvu que cette date revienne régulièrement (tous les 5, 23 ou 6 du mois suivant, dans les exemples cités, s'il s'agit d'employés mensualisés).

Certains éléments de la rémunération échappent à cette règle de périodicité. On peut citer, par exemple :

- les primes de 13e mois versées en fin d'année ;
- les primes d'ancienneté qui peuvent être versées trimestriellement ;
- les « bonis de chantier » qui peuvent être versées en fin de chantier.

La délivrance d'un bulletin de paie est-elle obligatoire ?

L'employeur doit délivrer un bulletin de paie à chaque versement de rémunération, sans que le salarié ait à en faire la demande (*Code du travail, Art. L. 3243-4*) **(voir Modèle n° 46)**.

Il est également possible d'envoyer le bulletin de paie sous forme électronique. Il est toutefois nécessaire que :

– le salarié donne son accord ;

– la remise s'effectue dans des conditions préservant l'intégrité des données. Le fichier utilisé ne doit donc pas être modifiable.

La notion de rémunération doit être entendue de façon très large. Ainsi, selon la Cour de cassation, même un salarié employé au pair et ne percevant en guise de rémunération que des avantages en nature (nourriture et logement, en l'occurrence) peut exiger la remise d'un bulletin de paie (*Cour de cassation, Chambre sociale, 14/2/1996*).

Les employeurs doivent conserver le double des bulletins de paie de leurs salariés (version papier ou fichier informatique) pendant 5 ans (*Code du travail, Art. L. 3243-4*).

Le contenu

Ce bulletin doit comprendre les mentions suivantes (*Code du travail, Art. R. 3243-1*) :

- le nom et l'adresse de l'employeur ainsi que, le cas échéant, la désignation de l'établissement dont dépend le salarié ;
- la référence de l'organisme auquel l'employeur verse les cotisations de sécurité sociale, le numéro sous lequel ces cotisations sont versées et, pour les employeurs inscrits au Répertoire national des entreprises tenu par l'INSEE, le code NAF ;
- l'intitulé de la convention collective de branche applicable au salarié ou, en cas d'absence de convention, la référence au Code du travail pour les dispositions relatives à la durée des congés payés et aux délais de préavis en cas de rupture du contrat de travail ;
- le nom et l'emploi du salarié, sa position dans la classification conventionnelle (niveau et coefficient hiérarchique) ;
- la période et le nombre d'heures de travail effectuées en distinguant les heures normales et celles qui comportent une majoration pour heure supplémentaire ou pour toute autre cause (pour travail de nuit, par exemple) et en mentionnant le ou les taux applicables aux heures correspondantes et, éventuellement :

– la nature et le volume du forfait pour les salariés rémunérés selon un système forfaitaire (→ index, *Forfait*) ;

– l'indication de la nature de la base de calcul du salaire lorsque cette base n'est pas la durée du travail (VRP, par exemple) ;

- le montant de la rémunération brute ;
- les différentes cotisations salariales et patronales et leur montant.

Par mesure de simplification, les employeurs sont autorisés à regrouper sur une seule ligne les cotisations ayant la même assiette (cotisations plafonnées et déplafonnées) et destinées à un même organisme collecteur. Dans ce cas, le taux, le montant ainsi que la composition de chacune des cotisations doivent être communiqués au salarié au moins une fois par an soit sur le bulletin de paie de fin d'année, soit sur un document annexé.

De plus, les employeurs qui le désirent peuvent ne plus faire figurer les charges patronales sur chaque bulletin de paie. Il leur suffit de fournir en fin d'année au salarié un récapitulatif indiquant la nature, le montant et le taux des cotisations patronales assises sur la rémunération brute ;

- le salaire net ;
- la date de paiement ;
- les dates de congés payés et le montant de l'indemnité de congés payés lorsqu'une période de congé annuel est comprise dans la période de paie considérée ;
- le montant de la prise en charge des frais de transports publics ou des frais de transports personnels ;
- une mention invitant le salarié à conserver son bulletin de paie sans limitation de durée **(voir Modèle n° 46)**.

À NOTER

La loi précise qu'il ne peut être exigé aucune formalité de signature ou d'émargement autre que celle établissant que la somme reçue correspond bien au montant de la rémunération nette indiquée sur le bulletin de paie (Code du travail, Art. L. 3243-2).

Il est à noter que le salarié qui reçoit son bulletin de paie sans protestation ne renonce pas pour autant aux réclamations ultérieures qu'il pourrait formuler en matière de rappels de salaires qui lui sont dus (Code du travail, Art. L. 3243-3).

Les mentions interdites

Le bulletin de paie ne doit comporter aucune mention concernant l'activité syndicale ou de représentant du personnel du salarié.

C'est ainsi que les heures de délégation doivent figurer sur une feuille annexe.

Les tribunaux sont très stricts en la matière. Ainsi, la Cour de cassation a jugé illicite le fait qu'un employeur fasse apparaître sur un bulletin de paie les heures de délégation des représentants du personnel sous une rubrique « heures assimilées » ou « heures travaillées II » car cette distinction, si elle ne comportait pas la mention explicite « heures de délégation », permettait néanmoins de les distinguer des heures normales figurant sous la rubrique « heures travaillées » (*Cour de cassation, Chambre sociale, 3/2/1993*).

Il est également interdit de faire mention de l'exercice du droit de grève. La Cour de cassation a jugé, en effet, que l'obligation d'indiquer la nature et le montant des déductions effectuées sur la rémunération n'autorise pas pour autant l'employeur à faire mention des heures de grève sur les bulletins de paie de ses employés (*Cour de cassation, Chambre sociale, 19/5/1993*).

À NOTER

Certains dispositifs permettent aux employeurs de s'exonérer de la rédaction du bulletin de paie (→ index, CESU).

À NOTER

Les conventions collectives peuvent prévoir des mentions supplémentaires par rapport à celles imposées par le Code du travail.

Qu'est-ce que le chèque emploi service universel (CESU) ?

Ce système, mis en place par la loi n° 2005-841 du 26/7/2005 relative au développement des services à la personne, remplace le chèque emploi service depuis le 1/1/2006 (*Code du travail, Art. L. 1271-1 et s.*).

Les personnes concernées

Le CESU peut être utilisé par les particuliers :
– soit pour rémunérer et déclarer les salariés entrant dans le champ des services à la personne qu'ils emploient. Sont concernés les employés effectuant à domicile des tâches ménagères ou familiales : entretien de la maison, préparation des repas, garde-malade, assistant des personnes âgées ou handicapées, garde des enfants, soutien scolaire, travaux de jardinage, de bricolage, assistance informatique, soins et promenades des animaux domestiques pour les personnes dépendantes... Le CESU peut également être utilisé pour les assistants maternels.
Dans ce cas, le CESU ne peut être utilisé qu'avec l'accord du salarié concerné et après information de ce dernier sur le fonctionnement de ce système ;
– soit pour rémunérer les services prestataires (entreprises, associations, centres communaux d'action sociale...) correspondant à ces mêmes activités ou les personnes organisant un accueil des enfants scolarisés en école maternelle ou élémentaire limité aux heures qui précèdent ou suivent la classe (garderies périscolaires).

AVANTAGE

Il existe maintenant une plate-forme téléphonique d'accès aux renseignements sur les services à la personne : le 32 11.

Les avantages

Le CESU dispense le particulier employeur :
– des formalités liées à l'embauche du salarié ;
– de la rédaction du contrat de travail si l'emploi n'excède pas 8 heures par semaine ou 4 semaines consécutives dans l'année. Dans le cas contraire, il faut remplir le contrat-type contenu dans le dossier d'adhésion ;
– de l'établissement des bulletins de paie (et donc du calcul des cotisations sociales). C'est le Centre national de traitement du CESU (géré par l'URSSAF de Saint-Étienne) qui se charge d'adresser une attestation d'emploi valant bulletin de paie au salarié dès réception du volet social.

Le mode d'emploi

L'employeur doit déposer un dossier d'adhésion dans un établissement où il détient un compte bancaire ou encore directement sur le site *www.cesu.urssaf.fr*. Dans le premier cas, il reçoit ensuite un chéquier contenant des chèques et des enveloppes pré-imprimées pour envoyer les volets sociaux. Dans le second cas, l'employeur peut rémunérer son salarié avec tout moyen de paiement à sa convenance (virement, espèces, chèque...).
Un chèque (ou tout autre moyen de paiement) est remis au salarié au cours du mois durant lequel il a travaillé. Ce chèque sera débité sur le compte bancaire de l'employeur. Le chèque correspond à la rémunération du salarié à laquelle il convient d'ajouter une indemnité de congés payés égale à 10 % minimum de cette rémunération.
Dans les 15 jours qui suivent, l'employeur adresse le volet social au Centre national de traitement du CESU ou établit ce volet social sur le site *www.cesu.urssaf.fr*.
Ce centre calcule alors les cotisations sociales dues :
– soit sur le salaire réel avec un abattement de 15 % sur le montant de la part patronale ;
– soit sur une base forfaitaire égale au SMIC.
Le choix entre ces deux options se fait d'un accord commun entre l'employeur et le salarié. À défaut d'accord ou de choix mentionné, le calcul est effectué

sur le salaire réel. Les cotisations sont acquittées par prélèvement automatique sur le compte de l'employeur.

Pour tout renseignement complémentaire, on peut consulter les sites Internet *www.servicesalapersonne.gouv.fr* et *www.cesu.urssaf.fr*.

Signalons également que les personnes de plus de 70 ans (60 ans pour les personnes ayant besoin de l'assistance d'une tierce personne pour accomplir les actes ordinaires de la vie) sont exonérées du paiement des cotisations patronales pour l'emploi de leurs aides à domicile dans la limite d'un plafond égal à 65 fois le SMIC horaire par mois *(Voir pages Barème)*. Cette limite ne s'applique pas aux personnes âgées dépendantes.

À NOTER

Le CESU peut également se présenter sous la forme d'un titre spécial de paiement avec un montant pré-établi et cofinancé par un tiers payeur. De tels CESU peuvent être délivrés par les entreprises, les collectivités territoriales, les mutuelles ou les organismes de protection sociale (l'allocation personnalisée d'autonomie et la prestation de compensation du handicap peuvent ainsi être versées sous la forme de CESU) (Code du travail, Art. L. 1271-12).

L'aide au cofinancement du CESU de la part du comité d'entreprise ou de l'entreprise est exonérée de cotisations sociales et non imposable dans une certaine limite (Voir pages Barème) (Code du travail, Art. L. 7233-7).

AVANTAGE

Les chefs d'entreprise peuvent s'allouer une aide financière sous forme de CESU :

– sans aucune condition s'ils n'emploient aucun salarié ;

– s'ils remplissent les mêmes critères d'attribution que les membres de leur personnel lorsqu'ils emploient des salariés.

Cette aide est exonérée de cotisations sociales et non-imposable dans la même limite que pour les salariés (Instruction DGFIP n° 60 du 6/6/2008).

L'épargne salariale

Plusieurs dispositifs permettent d'associer les salariés aux bénéfices réalisés par leur entreprise. Le principal est la participation aux résultats, obligatoire dans les entreprises d'au moins 50 salariés. Les autres régimes sont facultatifs.

Comment la participation est-elle organisée dans l'entreprise ?

Les entreprises concernées

La participation des salariés aux résultats de l'entreprise est obligatoire dans toutes les entreprises ou les unités économiques et sociales, quels que soient leur secteur d'activité et leur forme juridique, à partir du moment où elles occupent au moins 50 salariés (*Code du travail, Art. L. 3321-1*).

Le calcul de l'effectif s'effectue de la même manière que pour la constitution d'un comité d'entreprise.

Ce calcul se fait en fin d'exercice, et une entreprise est assujettie si, au cours de cet exercice, elle a occupé 50 salariés au moins pendant 6 mois consécutifs ou non.

Les entreprises nouvelles dont l'effectif atteint 50 salariés sont soumises à la participation à partir du 3e exercice clos après leur création (*Code du travail, Art. L. 3322-5*).

Les entreprises ayant conclu un accord d'intéressement qui atteignent un effectif de 50 salariés sont soumises à la participation à l'expiration de cet accord. Elles peuvent, dans ce cas, conclure un accord de participation dérogatoire prévoyant une base de calcul et de répartition identique à celle de l'accord d'intéressement expiré (*Code du travail, Art. L. 3322-3*).

Lorsque l'entreprise cesse d'employer 50 salariés, l'accord de participation peut être suspendu, la reprise se faisant automatiquement en cas d'accroissement d'effectif ultérieur.

AVANTAGE

Dans les entreprises occupant moins de 50 salariés, la participation est facultative. Ces entreprises peuvent, si elles le désirent, conclure un accord de participation. En cas d'échec de la négociation, l'employeur peut décider de mettre en place un régime volontaire unilatéralement (Code du travail, Art. L. 3323-6).

À NOTER

Les entreprises qui appartiennent à un même groupe peuvent prévoir un accord au niveau du groupe afin de compenser les performances économiques inégales entre les entreprises du groupe.

La conclusion des accords

Les accords de participation peuvent être conclus :

– dans le cadre d'une convention ou d'un accord collectifs. La négociation d'un accord de participation est désormais obligatoire au niveau des branches. Les entreprises de la branche sont toutefois libres d'adopter cet accord tel quel ou de l'adapter ;

– entre le chef d'entreprise et des représentants du personnel mandatés par les organisations syndicales représentatives ;

– au sein du comité d'entreprise : la délégation du personnel au comité d'entreprise statue alors à la majorité. Dans les entreprises à établissements distincts, c'est le comité central qui doit être saisi ;

– par un projet proposé au personnel par le chef d'entreprise et ratifié par les salariés à la majorité des 2/3. Cette ratification doit être demandée par le comité d'entreprise et une ou plusieurs organisations syndicales représentatives lorsqu'elles existent (*Code du travail, Art. L. 3322-6*).

Dans les groupes d'entreprises, les accords sont conclus :

– soit entre le mandataire des sociétés concernées et les salariés de l'une des entreprises du groupe mandatés par les organisations syndicales représentatives ;

– soit entre le mandataire des sociétés concernées et chacun des comités d'entreprise ;

– soit par ratification à la majorité des 2/3 du personnel d'un projet proposé par le mandataire des sociétés concernées (*Code du travail, Art. L. 3322-7*).

Ces accords doivent être déposés en deux exemplaires, dont un sur support papier et une version sur support électronique à la direction régionale des entreprises, de la concurrence, de la consommation, du travail et de l'emploi (DIRECCTE). Leur dénonciation fait l'objet de la même formalité.

Les négociations sur la participation et l'intéressement ainsi que sur la mise en place d'un plan d'épargne salariale peuvent être conduites simultanément dans les entreprises. Dans un tel cas, les accords qui en découlent font l'objet d'un dépôt unique auprès de l'administration.

La durée des accords

Les accords peuvent être conclus sans limitation de durée et peuvent être renouvelés par tacite reconduction. Ils peuvent également comporter un terme.

Toutefois, aucun accord ne peut être modifié ou dénoncé avant la clôture d'au moins un exercice dont les résultats n'étaient ni connus ni prévisibles à la date de conclusion de l'accord.

En cas de modification de la situation juridique de l'entreprise par fusion, cession ou scission rendant impossible la poursuite de l'accord, ce dernier cesse de s'appliquer et le nouvel employeur doit alors négocier un nouvel accord dans un délai de 6 mois (*Code du travail, Art. L. 3323-8*).

AVANTAGE

Les accords de participation ainsi conclus doivent être conformes aux dispositions légales. Ils peuvent cependant déroger aux modalités de calcul de la réserve de participation en accordant des avantages au moins équivalents (voir plus loin).

Absence d'accord

Lorsqu'une entreprise n'a pas conclu d'accord dans un délai d'1 an à compter de l'exercice au titre duquel sont nés les droits des salariés, l'inspecteur du travail constate cette carence et oblige l'entreprise à appliquer le régime légal de participation.

L'entreprise doit alors constituer une réserve spéciale de participation de droit commun. Les sommes attribuées aux salariés sont bloqués pour 8 ans sur un compte courant et portent un intérêt fixé à 1,33 fois le taux moyen de rendement des obligations des sociétés privées, sauf si le salarié opte pour le versement immédiat de ses droits (*Code du travail, Art. L. 3323-5*).

L'information des salariés

Les salariés sont informés de l'existence et du contenu de l'accord par tout moyen prévu dans l'accord ou, à défaut, par affichage.

Comment la réserve spéciale de participation est-elle calculée ?

La participation consiste essentiellement dans la constitution d'une réserve financière en fonction des résultats économiques de l'entreprise. Cette réserve est ensuite répartie entre les salariés.
La loi prévoit un régime de droit commun que les accords de participation peuvent améliorer.

› Le régime de droit commun

Le montant de la réserve de droit commun est calculé de la manière suivante (*Code du travail, Art. L. 3324-1*) :

$$\frac{1}{2}\,(B - \frac{5C}{100}) \times (\frac{S}{VA})$$

Le bénéfice (B)

Le bénéfice net s'entend du bénéfice imposable ou qui aurait été imposable s'il n'avait pas bénéficié de certaines exonérations fiscales (bénéfice des entreprises nouvelles créées dans certaines zones d'aménagement du territoire, des jeunes entreprises innovantes, de celles implantées dans les pôles de compétitivité, par exemple).
Ce bénéfice doit être minoré :
– du montant de l'impôt correspondant au bénéfice ainsi réalisé pour les entreprises soumises à l'impôt sur les sociétés. Pour les entreprises relevant de l'impôt sur le revenu, l'impôt à retenir est obtenu en appliquant au bénéfice imposable de l'exercice le taux moyen d'imposition à l'impôt sur le revenu de l'exploitant. Ce bénéfice est diminué, si nécessaire, de la rémunération de l'exploitant ;
– le cas échéant, des déficits des 5 années antérieures qui n'ont pas déjà été pris en compte pour le calcul de la participation afférente aux exercices précédents.

Dans les sociétés de personnes, le bénéfice net est obtenu en faisant le total des différentes fractions de bénéfice net revenant à chacune des catégories d'associés, suivant les dispositions de l'article D. 3324-9 du Code du travail.

Les capitaux propres (C)

Les capitaux propres (capital social, réserve, report à nouveau, provisions imposées et provisions constituées en franchise d'impôts et, éventuellement, les avances en comptes courants) sont déduits du bénéfice à hauteur de 5 %.

Les salaires (S)

Ce sont les salaires bruts, y compris les avantages en nature avant déduction des cotisations sociales et de la déduction forfaitaire de 10 % pour frais professionnels pratiquée pour le calcul de l'impôt sur le revenu.

La valeur ajoutée (VA)

Elle s'obtient en faisant le total des postes suivants du compte de résultat :

- charges de personnel ;
- impôts, taxes (sauf les taxes sur le chiffre d'affaires) ;
- charges financières ;
- dotations de l'exercice aux amortissements ;
- dotations de l'exercice aux provisions (sauf celles figurant dans les charges exceptionnelles) ;
- résultat courant avant impôt.

> Le régime spécial fixé par un accord de participation

L'accord de participation peut déroger au régime de droit commun qui constitue un plancher. Il peut modifier la formule légale, changer les coefficients ou les définitions des paramètres ou définir une autre formule qui peut retenir de nouveaux paramètres (calcul fondé sur la valeur des titres de l'entreprise ou réserve égale à 1/3 du bénéfice net fiscal, par exemple).

Dans tous les cas, les avantages pour les salariés doivent être au moins équivalents à ceux qu'ils auraient retiré de l'application du régime légal.

AVANTAGE

Le conseil d'administration ou le directoire peut également proposer lors de l'assemblée générale annuelle le versement d'un supplément de réserve spéciale de participation au titre de l'exercice clos, dans la limite des plafonds prévus ci-après.

À défaut de conseil d'administration ou de directoire, ce supplément peut être institué par l'employeur (Code du travail, Art. L. 3324-9).

> Le plafond

La loi a prévu un plafond pour la réserve de participation qui est :

- soit de la moitié du bénéfice net comptable ;
- soit du bénéfice net comptable diminué de 5 % des capitaux propres ;
- soit de la moitié du bénéfice net fiscal.

Le choix du plafond à retenir se fait par accord entre les parties. Il doit être précisé dans le texte de l'accord. En cas de dépassement du plafond, la partie excédentaire serait considérée comme un supplément de rémunération et, par conséquent, elle ne bénéficierait pas des exonérations fiscales et sociales liées à la participation.

Comment les fonds de participation sont-ils utilisés ?

Chaque année, au moment de la répartition de la réserve de participation, le salarié peut :

- soit demander le versement immédiat de tout ou partie de ses droits ;
- soit les bloquer pendant un certain temps durant lequel ils seront placés dans des produits financiers, générateurs d'intérêts.

Le salarié est informé chaque année, suivant les modalités fixées par l'accord, des sommes qui lui sont attribuées et du montant dont il peut demander le versement.

La demande de versement immédiat doit être présentée à l'employeur dans les 15 jours à compter de la date où il a été informé (*Code du travail, Art. R. 3324-21-1*). À défaut, les droits restent bloqués. Dans les entreprises calculant la participation selon une formule dérogatoire, l'accord peut prévoir d'exclure tout ou partie de la participation supérieure à celle de droit commun de ce dispositif de disponibilité immédiate.

Lorsque le salarié opte pour le versement immédiat, celui-ci doit être effectué avant le 1er jour du 5e mois suivant la clôture de l'exercice au titre duquel la participation est attribuée. À défaut, un intérêt de retard égal à 1,33 fois le taux moyen de rendement des obligations des sociétés privées doit être versé par l'entreprise (*Code du travail, Art. D. 3324-21-2*).

Attention : les sommes versées immédiatement sont imposables (→ index, *Participation des salariés, exonération fiscale*).

› La durée d'indisponibilité des sommes bloquées

Le principe

Les fonds sont indisponibles durant une période de 5 ans (*Code du travail, Art. L. 3324-10*).

Les accords conclus avant le 21/2/2001 pouvaient ramener ce délai à 3 ans. Cette réduction n'est plus possible pour les accords conclus à compter de cette date.

En l'absence d'accord, les fonds sont bloqués sur un compte courant pendant 8 ans.

Le point de départ de cette indisponibilité est le 1er jour du 5e mois qui suit la clôture de l'exercice au titre duquel les droits sont nés.

Les exceptions

Les droits des salariés sont immédiatement disponibles dans les cas suivants :

– mariage du salarié ou conclusion d'un PACS ;

– naissance ou arrivée au foyer d'un enfant en vue de son adoption dès lors que le foyer compte déjà au moins deux enfants à sa charge ;

– divorce, séparation ou dissolution d'un PACS lorsqu'ils sont assortis d'un jugement prévoyant la résidence habituelle unique ou partagée d'au moins un enfant au domicile de l'intéressé ;

– invalidité de 2e ou 3e catégorie du salarié, de ses enfants, de son conjoint ou de la personne qui lui est liée par un PACS. Cette invalidité doit être établie par la Sécurité sociale ou être reconnue soit par décision de la commission technique d'orientation et de reclassement, soit par la commission départementale de l'éducation spéciale à condition que le taux d'incapacité atteigne au moins 80 % et que l'intéressé n'exerce aucune activité professionnelle ;

– décès du salarié, de son conjoint ou de la personne avec qui il est lié par un PACS ;

– cessation du contrat de travail ;

– affectation des sommes épargnées à la création ou à la reprise, par le salarié, ses enfants, son conjoint ou la personne avec qui il est lié par un PACS, d'une entreprise industrielle, commerciale, artisanale ou agricole (soit à titre individuel, soit sous la forme d'une société, à condition d'en exercer effectivement le contrôle), à l'installation en vue de l'exercice d'une autre profession non salariée ou à l'acquisition de parts sociales d'une société coopérative et participative (ex-SCOOP) ;

– affectation des sommes épargnées à l'acquisition ou l'agrandissement de la résidence principale créant une surface habitable nouvelle, sous réserve de l'existence d'un permis de construire ou d'une déclaration préalable de travaux, ou à la remise en état de la résidence principale endommagée à la suite d'une catastrophe naturelle reconnue par arrêté ministériel ;

– situation de surendettement du salarié (la demande de déblocage doit être adressée à l'organisme gestionnaire des fonds ou à l'employeur, soit par le président de la Commission de surendettement des particuliers, soit par le juge lorsque le déblocage des droits paraît nécessaire à l'apurement du passif de l'intéressé).

Pour les dirigeants d'entreprise uniquement, lorsque ceux-ci bénéficient de la participation :

– cessation d'activité (s'il s'agit d'une entreprise individuelle) ;

– cessation du mandat social ;

– perte du statut de conjoint collaborateur ou de conjoint associé.

Le déblocage n'intervient que si l'intéressé en fait la demande. Cette demande doit être présentée dans un délai de 6 mois à compter de la survenance du fait générateur, sauf dans les cas de cessation du contrat de travail, décès du conjoint ou du partenaire du PACS, invalidité et surendettement où elle peut intervenir à tout moment.

Le salarié peut demander un déblocage total ou partiel, mais un même cas de déblocage ne peut donner lieu à des déblocages successifs.

Seuls les droits afférents à des exercices clos à la date de la demande peuvent faire l'objet d'un déblocage, sauf en cas de décès ou de départ du salarié de l'entreprise, auquel cas ses droits sont entièrement débloqués.

En cas de sauvegarde, de redressement judiciaire de l'entreprise :

– si la participation est placée dans l'entreprise, les salariés encore présents dans celle-ci au moment du jugement qui rend exigible ses dettes peuvent obtenir le règlement immédiat de leurs parts (qui sont couvertes par l'assurance des créances et donc, au besoin, avancées par Pôle emploi) ;

– dans les autres cas, il faut attendre le jugement de liquidation ou de cession totale pour débloquer la participation des salariés encore présents dans l'entreprise.

› La gestion des sommes bloquées

Pour les accords conclus avant le 1/1/2007, les crédits inscrits à la réserve spéciale de participation peuvent être employés à :

– l'attribution d'actions ou de coupures d'actions de l'entreprise ;

– l'affectation à un fonds consacré par l'entreprise à l'investissement. Les salariés acquièrent alors un droit de créance égal au montant des sommes versées sur ce fonds. Cette créance porte intérêt à un taux qui ne peut être inférieur au taux moyen de rendement des obligations des sociétés privées. Ce taux est publié au début de chaque semestre par le ministère de l'Économie ;

– l'acquisition de titres de SICAV ou de parts de fonds communs de placement (FCP) gérés par des organismes extérieurs à l'entreprise ;

– l'affectation à des comptes ouverts au nom des salariés sur un plan d'épargne d'entreprise (→ index, *Plan d'épargne entreprise*), un plan d'épargne interentreprises (→ index, *Plan d'épargne interentreprise*) ou un plan d'épargne pour la retraite collectif (→ index, *Plan d'épargne pour la retraite collectif*) ;

– la souscription d'actions émises par des sociétés créées par des salariés dans le cadre de la loi sur le rachat d'une entreprise par ses salariés (RES).

Le choix de l'utilisation des sommes de la participation doit être précisé dans l'accord ainsi que, le cas échéant, la possibilité de modifier l'utilisation. Un accord peut même prévoir la possibilité de choisir individuellement le mode de gestion des droits entre différentes possibilités.

Pour les accords conclus à compter du 1/1/2007, les avoirs des salariés doivent être affectés en totalité sur un plan d'épargne d'entreprise, un plan d'épargne interentreprises ou un plan d'épargne pour la retraite collectif. L'accord peut cependant prévoir l'affectation d'une partie des avoirs sur un compte de l'entreprise, consacré à des investissements.

L'entreprise peut également payer directement aux salariés les sommes ne dépassant pas un certain montant *(Voir pages Barème)*.

Au terme de leur période d'indisponibilité, les sommes nées de la participation peuvent alimenter un compte épargne-temps.

À NOTER

Les revenus de la participation sont versés annuellement aux salariés, sauf si l'accord de participation prévoit le réinvestissement de ces revenus (Code du travail, Art. D. 3324-31).

Comment la participation est-elle répartie entre les salariés ?

› Les bénéficiaires

Chaque salarié de l'entreprise acquiert un droit personnel sur la réserve de participation.

L'accord de participation peut prévoir un minimum d'ancienneté dans l'entreprise pour en bénéficier. Ce minimum ne peut toutefois pas dépasser 3 mois. Cette ancienneté est calculée dans le cadre de l'entreprise ou de l'ensemble du groupe (pour les accords de groupe). Tous les contrats de travail exécutés au cours de la période de calcul et au cours de 12 mois la précédant sont pris en compte.

Cette ancienneté comprend les périodes de suspension du contrat de travail (pour maladie, congés, etc.).

Dans les entreprises de travail temporaire, un salarié est censé compter 3 mois d'ancienneté s'il a été placé dans différentes entreprises pendant une durée de 60 jours au cours du dernier exercice (*Code du travail, Art. L. 3342-1*).

Tous les salariés ont droit à la participation, quel que soit leur statut. De même, un salarié licencié, même pour faute, ne peut être privé de ses droits (*Cour de cassation, Chambre sociale, 9/3/1989*). Une sanction disciplinaire ne saurait donc comprendre une privation de ces droits.

Les salariés des groupements d'employeurs qui ne disposent pas de leur propre dispositif de participation bénéficient du régime de participation des entreprises auprès desquelles ils sont mis à disposition au prorata de leur temps de présence si l'accord de l'entreprise le prévoit.

Les chefs d'entreprise, PDG, gérants, membres du directoire et leurs conjoints collaborateurs ou associés bénéficient de la participation :

– dans les entreprises de moins de 50 salariés qui choisissent d'appliquer volontairement un régime de participation ;

– dans les entreprises de 1 à 250 salariés ayant conclu un accord dérogatoire prévoyant une formule de la réserve de participation différente de la formule légale. Seule la part de la réserve dépassant le montant légal peut toutefois leur être accordée.

› Le mode de répartition

La réserve de participation est, en principe, répartie entre les bénéficiaires proportionnellement aux salaires bruts ou encore à la rémunération annuelle brute ou au revenu professionnel imposé à l'impôt sur le revenu au titre de l'année précédente pour les dirigeants.

Ces salaires ou les revenus retenus sont toutefois plafonnés à 4 fois le plafond annuel de la Sécurité sociale *(Voir pages Barème)*. Ce plafond ne peut faire l'objet d'aucun aménagement, à la hausse ou à la baisse.

Les accords de participation peuvent également fixer un salaire plancher comme base de calcul : ceci permet aux salariés touchant des bas salaires de bénéficier d'une part plus importante.

Aucun bénéficiaire ne peut recevoir une somme supérieure aux 3/4 du plafond annuel de la Sécurité sociale.

Les accords de participation peuvent également prévoir une répartition :

– proportionnelle à la durée de présence dans l'entreprise au cours de l'exercice ;

– identique pour tout le personnel ;

– ou encore retenant conjointement plusieurs de ces critères (*Code du travail, Art. L. 3324-6*).

AVANTAGE

Les sommes qui ne peuvent être distribuées à certains salariés (parce qu'elles dépassent les 3/4 du plafond annuel de la Sécurité sociale, par exemple) doivent être réparties immédiatement entre les autres salariés. En cas de reliquat, celui-ci est replacé dans la réserve de participation pour être réparti les années suivantes.

› L'information des salariés

Au moment de leur embauche, les salariés doivent recevoir un livret d'épargne salariale. Ce livret contient une présentation des dispositifs d'épargne salariale existant dans l'entreprise (participation, intéressement, plan d'épargne entreprise, plan d'épargne pour la retraite collectif...). Ce livret peut être complété par :

– une attestation indiquant la nature et le montant des droits liés à la réserve de participation, la date à laquelle sont répartis les éventuels droits d'intéressement et de participation au titre de l'exercice en cours ;

– et, lorsque le salarié quitte l'entreprise, un récapitulatif de l'ensemble des sommes et valeurs mobilières épargnées ou transférées au sein de l'entreprise dans le cadre de ces divers dispositifs d'épargne salariale.

Lors de la répartition de la participation, chaque salarié reçoit une fiche distincte du bulletin de paie indiquant le montant de la réserve, le montant de ses droits propres, l'organisme gestionnaire, la date de fin d'indisponibilité ainsi que les cas de déblocage anticipé et le montant de la CSG (→ index, *CSG*) et de la CRDS (→ index, *CRDS*) précomptés.

Cette fiche comporte également, en annexe, une note rappelant les règles de calcul et de répartition prévues par l'accord.

Avec l'accord du salarié, la fiche peut être remise par voie électronique dans des conditions de nature à garantir l'intégralité des données (*Code du travail, Art. D. 3323-16*).

Dans les 6 mois qui suivent la clôture de chaque exercice, tous les salariés sont informés individuellement des sommes et valeurs qu'ils détiennent au titre de la participation (*Code du travail, Art. D. 3323-17*).

À NOTER

Lorsque l'accord de participation a été mis en place après que des salariés susceptibles d'en bénéficier ont quitté l'entreprise, ou lorsque le calcul et la répartition de la réserve spéciale de participation interviennent après un tel départ, la fiche et la note prévues dans ce cas doivent également être adressées à ces bénéficiaires pour les informer de leurs droits.

À NOTER

Dans les entreprises où n'existe pas d'accord de participation ni d'intéressement (→ index, Intéressement), la mise en œuvre d'un tel système doit être examiné chaque année entre l'employeur et les sections syndicales représentatives (Code du travail, Art. L. 2242-12).

Quelles sont les exonérations liées à la participation ?

Les sommes constituant la réserve de participation sont exonérées de charges sociales et fiscales, tant pour l'entreprise que pour les salariés.
Cette double exonération vaut également pour les revenus produits par ces sommes.

› Pour l'entreprise

Sur le plan fiscal

Les sommes portées à la réserve de participation au cours d'un exercice sont déductibles de l'impôt sur les sociétés ou sur le revenu, selon le cas, au titre de l'exercice au cours duquel elles sont réparties entre les salariés.
Elles sont également exonérées de la taxe sur les salaires (*Code du travail, Art. L. 3325-1*).

Sur le plan social

La réserve de participation est exonérée de cotisations sociales patronales.
Ces sommes sont toutefois assujetties à un forfait social de 4 % depuis le 1/1/2010.

La provision pour investissement

- Toutes les entreprises qui appliquent un mode de calcul de la participation dérogatoire au droit commun peuvent constituer, en franchise d'impôt, une provision pour investissement.
Le taux de cette provision est de 50 % de la fraction de la réserve de participation attribuée en plus de la participation résultant de l'application du régime de droit commun.
- Les entreprises de moins de 50 salariés qui appliquent un mode de calcul de droit commun peuvent, quant à elles, constituer une provision égale à 25 % des sommes affectées à la réserve de participation.
Cette provision est portée à 50 % pendant les 3 premières années pour les accords conclus entre le 1/1/2007 et le 31/12/2009.

ATTENTION ⚠

La provision doit être utilisée, dans un délai de 2 ans, à l'acquisition ou à la création d'immobilisations, faute de quoi ces sommes seraient réintroduites dans le bénéfice imposable.

› Pour les salariés

Sur le plan fiscal

Les sommes de la réserve de participation revenant aux salariés sont exonérées de l'impôt sur le revenu lorsqu'elles sont bloquées pour 5 ans ou pour 8 ans (en cas d'absence d'accord de participation dans l'entreprise).
Lorsque l'indisponibilité n'est que de 3 ans (accords conclus avant le 21/2/2001), l'exonération est réduite de 50 %.
Toutefois, l'intéressé peut choisir d'affecter l'argent qui lui revient sur un plan d'épargne d'entreprise : l'indisponibilité est alors de 5 ans et l'exonération totale (→ index, *Plan d'épargne entreprise*).
Les revenus produits par les placements ne sont pas imposables à condition qu'ils soient réemployés de la même façon que ces sommes.
Les sommes dont le salarié a demandé le versement immédiat ainsi que celles débloquées avant les délais prévus (3, 5 ou 8 ans, selon les cas) sont imposables comme des salaires, sauf cas de déblocage anticipé énumérés par le Code du travail (→ index, *Participation des salariés, réserve, déblocage anticipé*).

Sur le plan social

Les sommes distribuées ne constituent pas un élément du salaire. Elles sont exonérées de charges salariales.
Elles sont toutefois assujetties à la CSG (→ index, *CSG*) et à la CRDS (→ index, *CRDS*).
Cette exonération n'est pas accordée aux sommes versées dans le cadre du régime de participation prévu en cas d'absence d'accord (*Cour de cassation, Chambre civile, 3/7/2008*).
Elles n'entrent pas dans le calcul du SMIC, des congés payés, des heures supplémentaires, des primes et gratifications.

Comment l'intéressement est-il organisé dans l'entreprise ?

L'intéressement est un système collectif, présentant un caractère aléatoire et résultant d'une formule de calcul liée aux résultats ou aux performances de l'entreprise au cours de l'exercice ou d'une période inférieure au moins égale à 3 mois (*Code du travail, Art. L. 3314-2*).

Les entreprises concernées

Ce régime, contrairement à la participation, est facultatif pour toutes les entreprises, quel que soit leur effectif.

Les entreprises ayant mis en place un système de participation peuvent y ajouter un système d'intéressement, les deux pouvant se cumuler.

L'intéressement peut être organisé au niveau d'un groupe d'entreprises, d'un groupement d'employeurs, d'un groupement d'intérêt économique et même au niveau d'entreprises distinctes participant à un projet commun (« intéressement de projet »).

La conclusion des accords

L'accord est conclu selon les mêmes modalités que les accords de participation (→ index, *Participation des salariés*).

Les accords d'intéressement de projet concernant des salariés appartenant à des entreprises indépendantes les unes des autres sont conclus selon les règles retenues pour la mise en place des PEI (→ index, *Plan d'épargne interentreprises*).

L'intéressement peut également être prévu au niveau d'une branche professionnelle. Dans ce cas, les entreprises de la branche qui le souhaitent peuvent décliner ce régime au niveau de l'entreprise en concluant un accord de droit commun.

La durée de l'accord

Elle est de 3 ans. L'accord doit être conclu avant le 1er jour de la deuxième moitié de la période de calcul suivant la date de sa prise d'effet.

Exemples : si l'intéressement démarre un 1er janvier et se calcule sur les résultats annuels de l'entreprise, l'accord devra être conclu avant le 1er juillet de la même année. S'il se calcule sur les résultats trimestriels, il devra être conclu avant le 15 février.

Les règles concernant les formalités, la dénonciation ou la modification des accords sont identiques à celles concernant les accords de participation (→ index, *Participation des salariés, accords*).

Les accords peuvent toutefois être renouvelés par tacite reconduction :

– si l'accord d'origine prévoit cette possibilité ;
– si aucune des parties ne demande de renégociation dans les 3 mois précédant la date d'échéance de l'accord.

Le contenu de l'accord

L'accord doit comporter, en préambule :

– ses motifs ;
– les raisons du choix des modalités de calcul de l'intéressement ;
– les critères de répartition des primes (*Code du travail, Art. L. 3313-1*).

L'accord lui-même doit préciser :

– la période pour laquelle il est conclu ;
– les établissements concernés ;
– les critères et les modes de calcul de l'intéressement ;
– les modalités de répartition de l'intéressement ;
– la date de versement des primes ;
– les modalités d'information du comité d'entreprise ou des délégués du personnel sur l'application de l'accord ;
– le système d'information des salariés mis en place ;
– les procédures de règlement des différends et de révision de l'accord (*Code du travail, Art. L. 3313-2*).

L'information des salariés

Les salariés doivent être informés de l'existence de l'accord et de son contenu par tout moyen prévu par l'accord et, à défaut, par une note d'information.

Quels sont les modes de calcul de l'intéressement ?

La formule de calcul doit figurer dans l'accord.

Une circulaire du 14/9/2005 précise que cette formule doit être claire et qu'elle doit faire appel à des éléments objectivement mesurables (résultats, ratios…) dont la définition figurera nécessairement dans l'accord.

Les éléments pris en compte doivent assurer le caractère variable et incertain de l'intéressement, le montant des primes ne pouvant être déterminé *a priori*.

L'article L. 3314-2 du Code du travail prévoyant que la formule d'intéressement doit être liée « aux résultats ou aux performances de l'entreprise », la circulaire du 14/9/2005 précise également ces deux notions :

– l'intéressement aux résultats doit se référer à des indicateurs financiers ou comptables mesurant la rentabilité économique ou financière de l'entreprise (bénéfice fiscal, comptable ou d'exploitation) ;
– les performances de l'entreprise peuvent se mesurer notamment par l'atteinte d'objectifs (objectifs de qualité, de satisfaction de la clientèle ou de sécurité, par exemple) ou par l'amélioration de la productivité, ces paramètres devant toujours être objectifs, quantifiables et vérifiables.

L'intéressement peut également être calculé sur les résultats de l'entreprise et de l'une ou de plusieurs de ses filiales. Il peut enfin être calculé sur le résultat ou les performances de l'ensemble des entreprises appartenant à un groupement d'employeurs ou à un groupement d'intérêt économique.

Comment l'intéressement est-il réparti entre les salariés ?

Tous les salariés de l'entreprise doivent bénéficier de l'intéressement. Dans les entreprises de 1 à 250 salariés, le chef d'entreprise, le PDG, le gérant ou les membres du directoire ainsi que les conjoints du chef d'entreprise ayant le statut de conjoint collaborateur ou associé peuvent également bénéficier de l'intéressement. Une ancienneté qui ne peut dépasser 3 mois peut toutefois être exigée. Cette ancienneté se calcule de la même manière que pour la participation (→ index, *Participation des salariés*).

Les salariés des groupements d'employeurs qui ne disposent pas de leur propre dispositif d'intéressement bénéficient du régime d'intéressement des entreprises auprès desquelles ils sont mis à disposition au prorata de leur temps de présence si l'accord de l'entreprise le prévoit.

Le mode de répartition

Il doit être fixé dans l'accord.

Les primes peuvent être identiques pour tout le personnel ou proportionnelles au salaire (pour les chefs d'entreprise, proportionnelles à leur rémunération annuelle ou à leur revenu imposable, pris dans la limite du salaire versé au salarié le mieux rémunéré dans l'entreprise), ou encore, liées à la durée de présence dans l'entreprise au cours de l'exercice. L'accord peut combiner plusieurs de ces critères (*Code du travail, Art. L. 3314-5*).

Ces critères peuvent également varier selon les établissements et les unités de travail.

Il n'est pas possible, en revanche, de prendre en compte l'ancienneté, la qualification du salarié ou sa catégorie professionnelle (cadre/non-cadre, par exemple) pour le calcul de la prime.

L'article L. 1132-1 du Code du travail sur les discriminations précise également que la méthode de calcul utilisée ne doit pas être discriminatoire (critères de performance plus difficiles à atteindre pour les femmes ou les personnes handicapées, par exemple).

Le montant de la prime versée à chaque bénéficiaire est plafonné à la moitié du plafond annuel de la Sécurité sociale *(Voir pages Barème)*.

AVANTAGE

Le conseil d'administration ou le directoire peut également proposer lors de l'assemblée générale annuelle le versement d'un supplément d'intéressement au titre de l'exercice clos, ce supplément pouvant être affecté à la réalisation d'un plan d'épargne d'entreprise.

À défaut de conseil d'administration ou de directoire, ce supplément d'intéressement peut être institué par l'employeur (Code du travail, Art. L. 3314-10).

Le versement de la prime

La périodicité de versement de la prime est fixée dans l'accord. Généralement, il s'agit d'une prime annuelle, parfois semestrielle s'il s'agit d'un accord lié à l'accroissement de la productivité.

Il est à noter que toute somme versée au-delà du 7e mois suivant la clôture de l'exercice produit un intérêt de retard au taux légal. Si la formule de calcul retient une période inférieure à l'année, ces intérêts courent à compter du 1er jour du 3e mois suivant la fin de cette période.

Une fiche, distincte du bulletin de paie, doit être remise à chaque bénéficiaire lors du versement.

Elle indique le montant global de l'intéressement, le montant moyen perçu par ses bénéficiaires, la part revenant au salarié ainsi que celui de la CSG et de la CRDS appliquée. Elle comporte également une note rappelant les règles de calcul et de répartition prévues par l'accord (*Code du travail, Art. D. 3313-9*).

Avec l'accord du salarié, la fiche peut être remise par voie électronique dans des conditions de nature à garantir l'intégralité des données (*Code du travail, Art. D. 3313-9*).

À NOTER

Le montant global des primes d'intéressement ne doit pas dépasser 20 % de la masse salariale brute de l'entreprise. La rémunération annuelle ou le revenu imposable du chef d'entreprise doit également être pris en compte dans ce plafond s'il bénéficie de l'accord d'intéressement.

Quelles sont les exonérations liées à l'intéressement ?

Si l'accord respecte la législation, les sommes versées au titre de l'intéressement bénéficient d'exonérations sociales et fiscales.

Attention : pour pouvoir bénéficier de ces exonérations, il faut que ces primes ne constituent pas une substitution à un élément de rémunération soumis à cotisation sociale. Par exemple, si un employeur décide de supprimer une prime de rendement qu'il avait l'habitude de verser à ses salariés pour la remplacer par une prime d'intéressement, cette prime sera soumise à cotisations sociales et imposable.

Toutefois, si la suppression de l'élément de rémunération a eu lieu depuis plus de 12 mois à la date de conclusion de l'accord, les exonérations peuvent être accordées.

Pour l'entreprise

L'intéressement est exonéré de cotisations sociales patronales.

Les sommes versées au titre de l'intéressement sont toutefois assujetties à un forfait social de 4 % depuis le 1/1/2010.

L'intéressement est déductible du bénéfice imposable de l'entreprise. Cette déductibilité ne s'applique pas aux primes versées aux exploitants individuels, aux associés de sociétés de personnes n'ayant pas opté pour l'assujettissement à l'impôt sur les sociétés ou aux conjoints collaborateurs ou associés du chef d'entreprise sauf si ces derniers les ont versées sur un plan d'épargne salariale. Dans ce cas, la déduction est limitée à la moitié du plafond annuel de la Sécurité sociale *(Voir pages Barème)*.

Il n'est pas passible de la taxe sur les salaires.

De plus, les entreprises mettant en place un accord d'intéressement entre le 5/12/2008 et le 31/12/2014 ou celles concluant durant cette même période un avenant à un accord existant modifiant la formule de calcul des primes, bénéficient d'un crédit d'impôt égal à 20 % :

– de la différence entre les primes d'intéressement dues au titre de l'exercice et la moyenne des primes dues au titre de l'accord précédent ;

– ou des primes dues au titre de l'exercice lorsqu'aucun accord d'intéressement n'était en vigueur au titre des 4 exercices précédents.

Pour les salariés

- Les primes ne sont pas considérées comme des salaires. Elles ne sont donc pas prises en compte pour le calcul du SMIC, des congés payés, des primes et des gratifications ni dans celui des différentes indemnités liées au départ du salarié de l'entreprise.
- Elles sont exonérées des cotisations salariales mais assujetties à la CSG (→ index, *CSG*) et à la CRDS (→ index, *CRDS*).
- Elles sont, en revanche, imposables sauf si elles sont réinvesties sur un plan d'épargne d'entreprise (→ index, *Plan d'épargne entreprise*), un plan d'épargne interentreprises (→ index, *Plan d'épargne interentreprises*) ou un plan d'épargne pour la retraite collectif (→ index, *Plan d'épargne pour la retraite collectif*) dans les 15 jours à compter de leur versement (*Code du travail, Art. L. 3315-2*). Cette exonération est limitée aux sommes ne dépassant pas la moitié du plafond annuel de la Sécurité sociale *(Voir pages Barème)*.

À NOTER

Pour bénéficier du régime d'exonération fiscale et sociale lié à l'intéressement, les entreprises doivent être en conformité avec la législation du travail en ce qui concerne la représentation du personnel (délégués du personnel, comité d'entreprise).

Qu'est-ce qu'un plan d'épargne entreprise ?

Il s'agit d'un système d'épargne collectif permettant aux salariés de constituer un portefeuille de valeurs mobilières.

Le plan d'épargne entreprise (PEE) est régi par les articles L. 3332-1 à L. 3332-28 du Code du travail.

Les personnes concernées

Toutes les entreprises, quels que soient leur taille, leur statut, leur activité, peuvent faire bénéficier leurs salariés d'un plan d'épargne. Les entreprises d'un même groupe peuvent constituer un plan commun.

Lorsqu'un tel système existe dans l'entreprise, tous les salariés doivent pouvoir y adhérer, s'ils le désirent.

Une ancienneté de 3 mois maximum peut toutefois être exigée (*Code du travail, Art. L. 3342-1*).

Cette ancienneté est calculée de la même manière que pour la participation (→ index, *Participation des salariés*).

Il est à noter que dans les entreprises employant de 1 à 250 salariés, le chef d'entreprise, le PDG, le gérant ou les membres du directoire ainsi que le conjoint du chef d'entreprise ayant le statut de conjoint collaborateur ou associé peuvent bénéficier du plan même s'ils n'ont pas le statut de salarié (*Code du travail, Art. L. 3332-2*).

Les salariés des groupements d'employeurs qui ne disposent pas de leur propre dispositif de PEE bénéficient du plan d'épargne des entreprises auprès desquelles ils sont mis à disposition au prorata de leur temps de présence si l'accord de l'entreprise le prévoit.

La mise en place

Dans les entreprises dotées de représentants du personnel, le PEE peut être mis en place par accord avec le personnel conclu dans les mêmes conditions que pour la participation (→ index, *Participation des salariés*).

Il peut également être mis en place sur décision unilatérale de l'employeur dans les entreprises ne comportant ni délégué syndical ni comité d'entreprise (ou lorsque les négociations avec ces instances ont échoué). Dans ce cas, le projet doit être soumis au préalable au comité d'entreprise (s'il existe) ou, à défaut, aux délégués du personnel au moins 15 jours avant son dépôt auprès de l'administration. Si l'accord concerne un groupe, les représentants du personnel de chaque entreprise du groupe doivent être consultés.

La mise en place d'un plan d'épargne peut être prévue dans l'accord de participation ou d'intéressement, cette éventualité devant être considérée lors de la négociation d'un accord de participation ou d'intéressement (*Code du travail, Art. L. 3332-3*).

Le règlement du plan doit être déposé auprès de la direction régionale des entreprises, de la concurrence, de la consommation, du travail et de l'emploi (DIRECCTE) (*Code du travail, Art. L. 3332-9*). Il peut faire l'objet d'un dépôt commun avec un accord d'intéressement et de participation lorsque ceux-ci ont été conclus concomitamment dans l'entreprise.

AVANTAGE

Les retraités et préretraités de l'entreprise peuvent adhérer et continuer d'effectuer des versements sur ce plan (Code du travail, Art. L. 3332-2).

L'alimentation du plan d'épargne

Le plan peut être alimenté par plusieurs types de versements :

– les versements volontaires des salariés (ou des dirigeants dans les entreprises de 1 à 250 salariés), qui ne peuvent être supérieurs au 1/4 de leur rémunération annuelle ou au 1/4 du plafond annuel de la Sécurité sociale *(Voir pages Barème)* pour les conjoints collaborateurs, les associés du chef d'entreprise ou les salariés qui n'ont perçu aucune rémunération au cours de l'année précédente. Un minimum peut être prévu, ne pouvant dépasser 160 €. Le règlement du plan peut également prévoir un montant minimum par support de placement ;

– les revenus des placements effectués sur le plan ;

– les sommes versées aux salariés au titre de la participation ou au titre de l'intéressement ;

– les droits inscrits sur un compte épargne-temps ;

– les actions gratuites attribuées aux salariés en application des articles L. 225-197-1 à L. 225-197-3 du Code de commerce (dispositif dit « Balladur ») ;

– les versements effectués par l'entreprise pour le compte des salariés : ces abondements sont limités à 8 % du montant annuel du plafond de la Sécurité sociale *(Voir pages Barème)* par an et par salarié sans pouvoir dépasser 3 fois le montant des versements du salarié. L'entreprise peut majorer ces sommes à concurrence du montant consacré par le salarié à l'acquisition d'actions ou de certificats d'investissement de l'entreprise ou d'une entreprise du même groupe. Cette majoration est limitée à 80 % du plafond de l'abondement de droit commun. L'abondement peut être effectué soit en numéraire, soit en actions de l'entreprise, soit encore en titres donnant accès au capital de l'entreprise.

À NOTER

La circulaire du 14/9/2005 rappelle que l'abondement de l'entreprise doit avoir un caractère collectif. Cet abondement ne peut être conçu comme un complément de rémunération et ne saurait être fonction de l'appréciation portée sur les salariés dans l'exercice de leurs fonctions (assiduité, rendement…).

La gestion du plan

Les fonds peuvent être affectés à l'achat :

– d'actions de l'entreprise ;

– de titres de SICAV, y compris les SICAV ayant pour objet la gestion d'un portefeuille de valeurs mobilières

émises par l'entreprise ou toute autre société qui lui est liée ;
– de parts de fonds communs de placement d'entreprises (FCPE) comprenant soit exclusivement des valeurs mobilières émises par l'entreprise ou une entreprise du même groupe, soit des valeurs mobilières européennes diversifiées. La création d'un tel fonds est obligatoire lorsque l'actif du plan comporte des actions autres que celles de l'entreprise (→ index, *OPCVM monétaires*) ;
– d'actions émises par les entreprises créées par les salariés dans le cadre de la reprise d'entreprise (RES) (*Code du travail, Art. L. 3332-15*) ;
– d'actions émises par les sociétés constituées exclusivement pour le rachat de tout ou partie du capital d'une société ;
– de parts de fonds investis dans les entreprises solidaires (*Code du travail, Art. L. 3332-17-1*).

Il est obligatoire de diversifier les valeurs du portefeuille et de sécuriser l'épargne des participants. Ainsi, le règlement du plan doit permettre aux salariés d'acquérir :
– soit des titres émis par des SICAV ;
– soit des parts de FCPE dont l'actif est composé de valeurs mobilières cotées et de titres liquides.

De même, les FCPE composés de titres de l'entreprise non cotés doivent comporter au moins 1/3 de titres liquides sauf si un mécanisme garantissant la liquidité de ces valeurs est instauré ou encore si l'entreprise s'est engagée à racheter ces titres dans la limite de 10 % de son capital social.

Aucun fonds commun de placement retenu ne peut détenir plus de 30 % de titres émis par un fonds commun de placement à risques ou de fonds commun de placement dans l'innovation (*Code du travail, Art. L. 3332-17*).

L'entreprise peut également procéder à une augmentation de capital réservée aux salariés adhérents au plan (*Code du travail, Art. L. 3332-18*).

Les sommes déposées sur le plan sont indisponibles pendant une durée de 5 ans minimum à compter de la date d'acquisition des titres. Elles peuvent toutefois faire l'objet d'un déblocage anticipé dans certains cas, identiques à ceux prévus pour le déblocage des fonds de participation (→ index, *Participation des salariés, déblocage anticipé*).

Un déblocage anticipé est également prévu en faveur des salariés désirant lever les options d'actions (→ index, *Stock-options*) à condition qu'ils versent les actions acquises dans le plan d'épargne où elles resteront bloquées pendant 5 ans. La loi autorise cependant l'apport de ces titres pendant ce délai de 5 ans à une société ou un FCP dont l'actif est exclusivement composé de titres de capital ou donnant avoir au capital émis par l'entreprise ou par une entreprise qui lui est liée.

Cas particulier : un PEE établi par accord avec le personnel peut prévoir l'affectation des sommes versées à un fonds dédié au rachat des titres de l'entreprise dans le cadre d'une opération de rachat réservée aux salariés (*Code du travail, Art. L. 3332-16*). Les sommes déposées sur un tel plan sont indisponibles jusqu'au terme de l'opération de rachat (une durée minimale de 5 ans étant prévue par les textes). Un déblocage anticipé peut cependant intervenir en cas de mise à la retraite, de décès ou d'invalidité du salarié.

À l'issue de cette période d'indisponibilité, les sommes peuvent être affectées à un compte épargne-temps.

Le salarié qui ne demande pas le déblocage au moment de la rupture de son contrat de travail peut demander le transfert des sommes dans le plan d'épargne d'entreprise de son nouvel employeur.

À NOTER

Chaque salarié doit être informé annuellement de la gestion du plan et de son avoir personnel. Il doit aussi recevoir un état nominatif lors de chaque acquisition de parts ou d'actions effectuée pour son compte. Un état récapitulatif doit lui être remis lorsqu'il quitte l'entreprise (→ index, Livret d'épargne salariale).

Le règlement peut également prévoir les conditions dans lesquelles le comité d'entreprise ou une commission spécialisée créée par lui ou, à défaut, les délégués du personnel sont informés sur les conditions d'application de ce règlement.

Les exonérations sociales et fiscales

Pour l'entreprise

Les abondements versés par l'employeur sont exonérés de charges sociales et de taxe sur les salaires. Ils viennent en déduction du revenu imposable.

Ces exonérations peuvent être remises en cause si les sommes versées au titre de l'abondement se sont substituées à un élément de rémunération soumis à cotisation sociale, sauf si la suppression de cet élément de rémunération a eu lieu depuis plus de 12 mois à la date de la mise en place du plan.

Les abondements sont toutefois assujettis à un forfait social de 4 % depuis le 1/1/2010.

Pour les salariés

L'abondement versé par l'employeur est également exonéré de charges sociales et d'impôt pour le salarié.

Il est toutefois soumis à la CSG (→ index, *CSG*) et à la CRDS (→ index, *CRDS*).

Les sommes versées au titre de la participation et de l'intéressement placées sur le plan font également l'objet d'exonérations spécifiques.

Les versements volontaires des salariés sont, quant à eux, imposables.

Les revenus des placements peuvent être exonérés d'impôt quand ils sont réinvestis totalement et immédiatement dans le plan et bloqués durant une période correspondant à l'indisponibilité des titres auxquels ils sont rattachés.

En général, les entreprises prennent en charge les frais de gestion du plan.

Qu'est-ce qu'un plan d'épargne interentreprises ?

Ce dispositif mis en place par la loi n° 2001-152 du 19/2/2001 a pour but de faciliter l'accès des salariés des petites entreprises aux plans d'épargne, les employeurs des PME pouvant se grouper pour créer et gérer un plan d'épargne en commun (*Code du travail, Art. L. 3333-1 et s.*).

La mise en place

Les plans d'épargne interentreprises (PEI) peuvent être institués par :

– un accord collectif ;

– un accord conclu avec le comité de chaque entreprise ou à la suite d'un vote à la majorité des 2/3 du personnel de chaque entreprise lorsque le plan est institué par plusieurs employeurs pris individuellement.

Les avenants au PEI doivent être conclus selon les mêmes modalités que le plan lui-même. Ils peuvent cependant être ratifiés par la majorité des entreprises concernées par le plan sur certains points particuliers.

Le contenu de l'accord

L'accord doit déterminer, notamment :

– les entreprises signataires ou le champ d'application professionnel et géographique (département, bassin d'emploi, par exemple) ;

– la nature des sommes qui peuvent être versées ;

– les différentes possibilités d'affectation des sommes recueillies, le nombre, l'orientation et le profil de risque des fonds utilisés ;

– les conditions dans lesquelles les frais de tenue de compte sont pris en charge par l'employeur ;

– la liste des différents taux et plafonds d'abondement parmi lesquels les entreprises souhaitant effectuer des versements complémentaires peuvent opter.

L'accord doit être déposé à la direction régionale des entreprises, de la concurrence, de la consommation, du travail et de l'emploi (DIRECCTE) du lieu où il a été établi.

Les personnes concernées

Les bénéficiaires sont identiques à ceux concernés par un plan d'épargne d'entreprise (→ index, *Plan d'épargne entreprise*).

Il faut noter cependant que dans le cas de PEI mis en place par accord collectif, tous les salariés des entreprises entrant dans le champ d'application de l'accord (professionnel et/ou géographique) peuvent effectuer des versements volontaires au PEI même si leur entreprise n'a pas adhéré individuellement à l'accord. Mais, dans ce cas, l'entreprise n'accordera pas d'abondement.

L'alimentation du plan

Là encore, les règles sont identiques à celles appliquées aux plans d'épargne d'entreprise (→ index, *Plan d'épargne entreprise*).

La gestion du plan

Les sommes recueillies sont placées dans des titres identiques à ceux retenus pour les plans d'épargne d'entreprise (→ index, *Plan d'épargne entreprise*). Cependant :

– le règlement du PEI peut également prévoir que les sommes issues de la participation soient affectées à un fonds d'investissement créé dans l'entreprise ;

– il ne peut, en revanche, prévoir l'acquisition de parts de fonds communs de placement d'entreprises (FCPE) dont l'actif comporte plus de 1/3 de titres de l'entreprise ;

– s'il prévoit l'acquisition de FCPE autres que ceux cités ci-dessus, ceux-ci ne peuvent comporter plus de 10 % de titres non cotés ;

– les augmentations de capital réservées aux salariés adhérents à un PEE ne peuvent être réalisées dans le cadre d'un PEI.

Qu'est-ce qu'un plan d'épargne pour la retraite collectif (PERCO) ?

La formule du plan d'épargne pour la retraite collectif (PERCO) offre la possibilité aux salariés qui le désirent de se constituer un complément de retraite (*Code du travail, Art. L. 3334-2*).

Attention : l'adhésion au PERCO de l'entreprise se fait en principe sur une base volontaire mais elle peut également être automatique, par défaut. Si tel est le cas, l'employeur doit informer le salarié, suivant les modalités prévues par le règlement du plan, qu'il a 15 jours à compter de cette information pour notifier son refus d'adhésion.

La mise en place

Les PERCO peuvent être institués uniquement dans les entreprises disposant déjà d'un plan d'épargne d'entreprise ou d'un plan d'épargne interentreprises.

D'ailleurs, les entreprises ayant mis en place de tels plans depuis plus de 3 ans sont désormais tenues d'ouvrir une négociation en vue de la mise en place d'un PERCO.

Ils sont instaurés par accord collectif au niveau de l'entreprise ou d'un groupe d'entreprises.

Ils peuvent également être mis en place à l'initiative de l'employeur. Dans les entreprises dotées d'un délégué syndical ou d'un comité d'entreprise, l'employeur doit ouvrir préalablement une négociation. Ce n'est qu'en cas d'échec de cette négociation que le plan peut être mis en place sur décision unilatérale de l'employeur.

À NOTER

Le PERCO peut désormais être créé sous la forme d'une IRPROCO (institution de retraite professionnelle collective) chargée de gérer un ou plusieurs PERCO. Lorsque le plan est proposé sur le territoire d'un autre État de l'Union européenne (ou de l'Espace économique européen), l'intervention d'une IRPROCO est obligatoire.

Les personnes concernées

Les règles sont identiques à celles applicables en matière de plan d'épargne d'entreprise (→ index, *Plan d'épargne entreprise*).

L'alimentation du plan

Ces plans peuvent être alimentés par :

– les sommes issues de l'intéressement ou de la participation ;

– des versements volontaires des salariés. Ceux-ci sont limités à 1/4 de la rémunération annuelle de l'intéressé ou 1/4 du plafond annuel de la Sécurité sociale *(Voir pages Barème)* pour les conjoints collaborateurs, les associés du chef d'entreprise ou les salariés n'ayant perçu aucune rémunération au cours de l'année (salariés en congé parental, par exemple). Le règlement du plan peut également prévoir un montant minimum par support de placement ;

– un versement initial de l'entreprise, même en l'absence de contribution du salarié au plan. Ce versement est limité à 1 % du plafond annuel de la Sécurité sociale *(Voir pages Barème)* ;

– des sommes complémentaires versées par l'entreprise.

Ces abondements annuels (versement initial + sommes complémentaires) sont limités à 16 % du plafond annuel de la Sécurité sociale *(Voir pages Barème)* par salarié. Ils ne doivent pas, par ailleurs, excéder 3 fois la contribution du salarié. Le montant de l'abondement peut être modulé entre les différentes catégories de salariés dès lors que cette modulation n'est pas proportionnelle à la rémunération des intéressés.

Les sommes issues de la participation versées sur un PERCO peuvent donner lieu à abondement de l'entreprise ;

– le transfert de fonds provenant d'un plan d'épargne d'entreprise (PEE) ou d'un plan d'épargne interentreprises (PEI) ;

– les droits inscrits sur un compte épargne-temps.

AVANTAGE

Les anciens salariés peuvent continuer à effectuer des versements sur le PERCO lorsqu'un tel plan n'existe pas dans leur nouvelle entreprise. Leurs versements ne peuvent cependant pas bénéficier de l'abondement de l'entreprise.

La gestion du plan

Les sommes recueillies sont affectées à l'acquisition de valeurs mobilières (actions, parts de SICAV, de fonds communs de placement...). Les sommes versées doivent être investies de manière diversifiée afin d'assurer la sécurité financière de l'épargne. À noter également qu'il n'est pas possible d'acquérir des titres de l'entreprise par ce biais.

Le règlement d'un PERCO peut également prévoir qu'une partie des sommes recueillies soit investie dans des parts d'entreprises solidaires (*Code du travail, Art. L. 3332-17-1*).

Les sommes inscrites au compte des participants sont bloquées jusqu'au moment de leur départ à la retraite.

Ils peuvent alors récupérer leurs avoirs sous forme de rente viagère. L'accord peut également prévoir un versement unique.

Il est toutefois possible de récupérer les sommes déposées sur un PERCO avant le départ en retraite dans les cas suivants :

– décès du bénéficiaire, de son conjoint ou de son partenaire de PACS ;

– expiration des droits à l'assurance chômage du titulaire du plan ;

– invalidité à 80 % au moins du bénéficiaire, de ses enfants, de son conjoint ou de son partenaire de PACS ;

– surendettement. Dans ce cas, la demande de déblocage anticipé doit être effectuée par le président de la commission de surendettement des particuliers ou par le juge ;

– acquisition d'une résidence principale ou remise en état de cette résidence endommagée suite à une catastrophe naturelle reconnue par arrêté ministériel.

Le déblocage intervient sous la forme d'un versement unique de tout ou partie des sommes épargnées (*Code du travail, Art. R. 3334-4 et R. 3334-5*).

Les exonérations sociales et fiscales

Pour l'entreprise

Les sommes consacrées au financement du PERCO sont déductibles des bénéfices imposables.

L'entreprise peut constituer en franchise d'impôt une provision pour investissement égale à 25 % des abondements. Ce taux est porté à 35 % pour les abondements investis dans les parts d'entreprises solidaires.

ATTENTION ⚠

Au niveau social :

– les abondements sont assujettis à un forfait social de 4 % depuis le 1/1/2010 à la charge de l'employeur ;

– la part de l'abondement supérieure à 2 300 € par salarié est assujettie à une taxe supplémentaire de 8,2 %.

Pour les salariés

Les règles sont identiques à celles instituées en faveur des plans d'épargne d'entreprise (→ index, *Plan d'épargne entreprise*).

En quoi consiste le système des « stock-options » ?

Cette formule d'actionnariat facultatif, inspirée des « stock-options plans » très utilisés aux États-Unis, a été instituée par la loi n° 70-1322 du 31/12/1970. Cette loi est insérée dans le Code de commerce, aux articles L. 225-177 à L. 225-186. Ce système permet aux salariés d'acheter des actions de leur société à un cours inférieur à celui de la Bourse tout en bénéficiant d'un régime fiscal privilégié.

Les personnes concernées

Ce système ne concerne que les salariés des sociétés anonymes ou en commandite par actions. La société peut être ou non cotée en Bourse.

L'entreprise est libre de le proposer à l'ensemble de ses salariés ou à une catégorie du personnel uniquement (cadres dirigeants, en général).

Le fonctionnement du plan

Les salariés qui adhèrent à ce système se voient attribuer des options d'achat d'actions ou de souscriptions d'actions nouvelles de leur entreprise (augmentation du capital social). Ces options leur donnent le droit d'acheter une action, pendant un délai déterminé, et à un prix fixé à l'avance (appelé « prix d'exercice »).

Exemple : un salarié détient une option d'achat d'action à un prix d'exercice fixé à 15 €. Le jour où l'action atteint le prix de 20 €, il a intérêt à acheter cette action (on dit alors qu'il « lève son option »). Il l'acquierra en effet au prix de 15 €, ce qui lui permettra de réaliser un gain de 5 €.

Cette option ne constitue pas une obligation d'achat. Ainsi, si le prix de l'action baisse, le salarié peut renoncer à l'acheter (il abandonne alors son option).

Le règlement du plan de stock-options détermine :

– le prix d'exercice des options qui peut être inférieur au prix réel de l'action au moment de l'attribution des options ;

– le délai et les conditions de levée des options ;

– le délai de conservation des actions acquises. Ce délai ne peut excéder 3 ans ;

– éventuellement, le nombre maximal d'options attribué à chaque bénéficiaire du plan.

Certains règlements soumettent la levée d'option à une condition de présence dans l'entreprise. Ainsi, le salarié qui démissionne ou prend sa retraite perd définitivement les options qu'il n'a pas levées avant son départ. Cette pratique peut également être prévue en cas de licenciement (*Cour de cassation, Chambre sociale, 9/5/2001*). Toutefois, s'il s'avère que le licenciement prononcé est dénué de cause réelle et sérieuse, le salarié peut demander au conseil de prud'hommes des dommages et intérêts en réparation du préjudice financier qu'il a subi (*Cour de cassation, Chambre sociale, 29/9/2004*).

Il n'est pas possible, en revanche, de priver un salarié de ses stocks-options parce qu'il a été licencié pour faute grave. Une telle mesure constitue une sanction pécuniaire interdite par l'article L. 1331-2 du Code du travail (*Cour de cassation, Chambre sociale, 21/10/2009*).

Les avantages fiscaux

Les plus-values d'acquisition (différence entre la valeur de l'action au moment de la levée de l'option et le prix d'achat) sont imposables comme plus-values mobilières à un taux spécifique de 44,60 % (tous prélèvements sociaux compris). Ce taux est porté à 54,60 % pour la fraction annuelle excédant 152 500 €. Toutefois, si le bénéficiaire conserve ses titres pendant 2 ans après la période d'indisponibilité de 4 ans, les plus-values d'acquisition sont taxées à un taux de 32,60 % jusqu'à 152 500 € et de 44,60 % pour la fraction dépassant cette somme.

Les plus-values de cession (différence entre le prix de cession de l'action et sa revente à la date de la levée de l'option) ont le même régime d'imposition que les plus-values mobilières de droit commun au taux de 30,10 % (tous prélèvements sociaux compris) .

Attention : pour bénéficier de ce régime, il faut que les actions acquises soient conservées pendant 4 ans à compter de l'offre d'option. La plus-value des actions revendues avant le délai de 4 ans est considérée comme un salaire et ajoutée au revenu imposable, sauf déblocage anticipé motivé par le licenciement, la mise à la retraite, l'invalidité ou le décès du bénéficiaire.

L'information des salariés

Les salariés concernés sont informés des offres d'option qui leur sont faites. Ceux qui souscrivent ces options reçoivent alors le règlement du plan arrêté par le conseil d'administration de la société.

Lorsque les salariés lèvent leur option, ils deviennent actionnaires de l'entreprise et peuvent participer aux assemblées générales et y voter.

À NOTER

Chaque salarié ayant levé une option au cours de l'année civile reçoit, avant le 15 février de l'année suivante, un état individuel à joindre à sa déclaration de revenus.

Cas pratiques
La rémunération

Clause de variation du salaire

Mon contrat de travail contient une clause de variation de salaire. J'aimerais savoir ce que dit la jurisprudence sur ces clauses. Sont-elles valables ?

Une décision de la Cour de cassation a résumé les conditions de validité des clauses de variation de salaire : ces clauses sont valables si :
- elles sont fondées sur des éléments objectifs indépendants de la volonté de l'employeur ;
- elles ne font pas porter le risque d'entreprise sur le salarié ;
- elles n'ont pas pour effet de réduire la rémunération en dessous des minima légaux et conventionnels (*Cour de cassation, Chambre sociale, 2/7/2002*).

Vous ne précisez pas si cette part variable de la rémunération est fixée suivant des critères précis d'objectif de résultats. Sachez que si l'objectif de résultats n'a pas été déterminé, cela ne vous empêche pas d'en demander la fixation aux juges par référence aux années antérieures (*Cour de cassation, Chambre sociale, 13/7/2004*). Cet arrêt est intéressant à connaître pour les salariés car il leur permet de bénéficier d'une rémunération variable même en l'absence de fixation des objectifs de résultats.

« À travail égal, salaire égal »

Est-il normal que la salariée, engagée pour me remplacer dans le cadre d'un congé maladie, gagne plus que moi ?

La règle est que l'employeur est tenu d'assurer l'égalité des rémunérations entre tous les salariés de l'un ou l'autre sexe placés dans une situation identique, cette identité de situation s'appréciant en fonction de la qualification et de l'ancienneté ainsi que du travail réalisé par le salarié. Et ce, à moins qu'il ne justifie la disparité de situations constatée par des éléments objectifs étrangers à toute discrimination et pertinents. Par exemple, il a été jugé que le fait de réserver des tickets restaurants à du personnel non cadre ne se justifiait pas *(Cour de cassation, Chambre sociale, 20/2/2008)*.

Ceci étant posé, une jurisprudence précise que ne méconnaît pas le principe « à travail égal, salaire égal », l'employeur qui justifie par des raisons « objectives et matériellement vérifiables », tirée notamment du marché de l'emploi, la différence de rémunération entre des salariés effectuant un même travail ou un travail de valeur égale. Ainsi, par exemple, dans une affaire jugée par la Cour de cassation, l'employeur recherchait une personne qualifiée pour occuper le poste de directrice de crèche et devait la recruter de toute urgence sous peine de voir ordonnée la fermeture de la crèche par les pouvoirs publics. Ces circonstances justifiaient l'augmentation de salaire accordée (*Cour de cassation, Chambre sociale, 21/6/2005*).

Commissions

Je suis commercial et sur le point de signer un contrat de travail contenant une clause de rémunération prévoyant une partie fixe du salaire et des commissions. Cette clause stipule que l'employeur se réserve le droit de modifier à tout moment notamment le taux et les modalités de commissionnement. Est-ce légal ?

En principe non, cette clause n'est pas valable. En effet, la clause par laquelle un employeur se réserve le droit de modifier, en tout ou partie, un contrat de travail est nulle. Une modification concernant la rémunération doit, comme toute modification du contrat de travail, être soumise à l'accord du salarié (*Cour de cassation, Chambre sociale, 30/5/2000 et 27/2/2001*). Nous vous conseillons donc de reprendre contact avec votre futur employeur afin de négocier un retrait de cette clause.

Modification de la rémunération

Mon employeur peut-il modifier ma rémunération contractuelle sans mon accord, sous prétexte que le résultat global m'est plus favorable ?

La modification de la rémunération contractuelle du salarié ou de son mode de calcul suppose l'accord du salarié (voir question précédente). Peu importe à cet égard que le nouveau mode de rémunération soit plus avantageux pour ce dernier (*Cour de cassation, Chambre sociale, 12/3/2002 et 5/5/2010*).

Bulletin de paie - preuve du paiement sur salaire

Le mois dernier, mon employeur m'a remis un bulletin de paie sans me verser le salaire correspondant. J'aimerais savoir si la remise d'un bulletin de paie fait présumer le paiement du salaire.

Non, la remise d'un bulletin de paie ne fait pas présumer le règlement du salaire. La charge de la preuve du paiement du salaire repose sur l'employeur (ce n'est pas au salarié d'apporter la preuve qu'il n'a pas été payé). Si votre employeur ne prouve pas, notamment par la production de pièces comptables, le paiement du salaire, vous avez intérêt, si vous n'obtenez pas satisfaction, à saisir le conseil des prud'hommes (*Cour de cassation, Chambre sociale, 2/2/1999 et 28/1/2004*).

La durée du travail

La durée légale du travail est fixée à 35 heures par semaine. Cette durée peut cependant être allongée par la pratique des heures supplémentaires qui ouvre droit à une majoration de salaire et, dans certains cas, à une contrepartie en repos. Cette durée peut aussi être réduite soit individuellement (il s'agit alors de travail à temps partiel), soit collectivement par accord, en particulier dans les entreprises confrontées à des difficultés économiques. La durée du travail peut également être aménagée dans la journée, dans la semaine, le mois et même l'année. Dans tous les cas, l'employeur est tenu d'accorder un repos hebdomadaire, en général le dimanche, à ses salariés et de respecter la réglementation concernant les jours fériés.

La durée légale du travail

Depuis le 1/1/2002, la durée légale du travail est fixée à 35 heures dans toutes les entreprises. Cette durée hebdomadaire ne tient compte que du temps de travail effectif.

Quelle est la durée légale du travail ?

La durée du travail est fixée à 35 heures par semaine (*Code du travail, Art. L. 3121-10*).

Cette durée concerne tous les établissements de quelque nature qu'ils soient. Tous les salariés bénéficient de cette législation, quels que soient leur âge, leur sexe, leur nationalité, leur catégorie professionnelle et la nature de leur contrat de travail.

La durée légale hebdomadaire du travail se calcule dans le cadre de la semaine civile. Elle peut cependant être calculée sur une période différente pour les salariés soumis à un forfait (→ index, *Forfait*) ou dans les entreprises ayant mis en place un dispositif de répartition de la durée du travail sur une période supérieure à la semaine (→ index, *Travail, modulation de la durée du travail*).

Il faut préciser que la durée légale ne constitue qu'un seuil au-delà duquel s'applique la réglementation des heures supplémentaires : les entreprises peuvent donc prévoir un horaire collectif supérieur à condition que les heures dépassant la durée légale respectent les dispositions prévues en matière d'heures supplémentaires (→ index, *Heures supplémentaires*). Elles peuvent également appliquer un horaire collectif inférieur à 35 heures.

› La notion de travail effectif

Cette durée s'entend du travail effectif, c'est-à-dire du temps durant lequel le salarié est à la disposition de son employeur et doit se conformer à ses directives, sans pouvoir vaquer librement à ses occupations personnelles (*Code du travail, Art. L. 3121-1*). Cette durée ne comprend pas, sauf exception, le temps nécessaire à la restauration et les pauses (→ index, *Temps de pause*) ainsi que les astreintes (voir plus loin).

LE TEMPS DE TRAJET

Le temps de trajet entre le domicile et le lieu de travail habituel ne rentre pas en compte dans la durée du travail effectif. Il en est de même du temps de trajet entre le domicile et un lieu inhabituel d'exécution du contrat de travail (salarié devant se rendre chez un client, à une réunion à l'extérieur de l'entreprise ou effectuant un voyage d'affaires, par exemple). Toutefois, lorsqu'il dépasse le temps normal de trajet entre le domicile et le lieu de travail habituel, ce temps de trajet supplémentaire doit faire l'objet d'une contrepartie, soit financière, soit sous forme de repos (*Code du travail, Art. L. 3121-4*).

Le temps de trajet entre deux lieux de travail (le siège de l'entreprise et un chantier, par exemple) est généralement considéré comme un temps de travail effectif et rémunéré en tant que tel lorsque le salarié est à la disposition de son employeur durant ce trajet. Il en est ainsi lorsque le salarié conduit un véhicule de l'entreprise pour transporter du personnel ou du matériel (*Cour de cassation, Chambre sociale, 16/1/1996*) ou lorsqu'il est tenu de se rendre au siège de l'entreprise avant l'heure d'embauche pour procéder au chargement de matériaux (*Cour de cassation, Chambre sociale, 12/7/1999*).

Il est à noter, qu'en ce domaine, les accords collectifs ou les usages peuvent toujours prévoir des dispositions plus favorables aux salariés.

À NOTER

Le temps nécessaire à l'habillage et au déshabillage n'est pas non plus considéré comme du travail effectif (sauf clause contraire prévue par une convention collective, le contrat de travail ou un usage). Toutefois, dans les métiers où le port d'une tenue de travail est imposé et doit se faire sur le lieu de travail, le temps passé à l'habillage et au déshabillage doit faire l'objet d'une contrepartie soit financière, soit sous forme de repos. Ces deux conditions sont cumulatives. Ainsi l'employeur n'est pas obligé d'accorder de contrepartie lorsque les salariés n'ont pas l'obligation de revêtir et d'enlever leur tenue sur leur lieu de travail (Cour de cassation, Chambre sociale, 26/3/2008).

Les heures d'astreintes

On appelle astreinte les périodes pendant lesquelles le salarié, sans être à la disposition permanente et immédiate de l'employeur, a l'obligation de demeurer à son domicile ou à proximité afin de répondre à d'éventuels appels de son employeur pour effectuer une intervention immédiate (*Code du travail, Art. L. 3121-5*).

Les astreintes peuvent être instituées uniquement par convention ou accord collectif étendu ou par accord d'entreprise ou d'établissement. À défaut, elles peuvent être mises en place par l'employeur, après consultation des représentants du personnel et information de l'inspecteur du travail (*Code du travail, Art. L. 3121-7*).

Les heures d'astreinte ne sont pas considérées comme des heures de travail effectif et ne sont donc pas rémunérées comme telles. Elles doivent cependant donner lieu à une compensation financière ou sous forme de repos.

Bien entendu, si le salarié est appelé par son employeur durant une période d'astreinte pour effectuer une intervention, ce temps d'intervention doit être considéré comme un temps de travail effectif et rémunéré au taux normal (*Cour de cassation, Chambre sociale, 3/6/1998*). Il en est de même du temps de déplacement entre le domicile et le lieu où le salarié est appelé à intervenir (*Cour de cassation, Chambre sociale, 31/10/2007*).

Un document indiquant le nombre d'heures d'astreinte effectuées et la compensation correspondante doit être remis aux intéressés à la fin du mois. Ce document doit être conservé par l'employeur pendant 1 an et tenu à la disposition des inspecteurs du travail (*Code du travail, Art. R. 3121-1*).

Les périodes d'astreinte doivent être prises en compte dans le calcul du repos quotidien minimum de 11 heures consécutives et du repos hebdomadaire de 35 heures consécutives auxquels a droit le salarié (*Code du travail, Art. L. 3121-6*).

ATTENTION ⚠

La durée légale du travail ne s'applique pas à certaines catégories de travailleurs. Il en est ainsi pour :
– les agents de la SNCF, de la RATP et des entreprises de transports publics urbains ;
– les établissements publics hospitaliers ;
– les concierges et employés de maison ;
– les assistantes maternelles ;
– les VRP ;
– les dirigeants ou les mandataires sociaux ;
– les gérants non-salariés des succursales de maison d'alimentation au détail ;
– les travailleurs indépendants de toutes les professions.
Certains salariés ne bénéficient pas intégralement de la réglementation concernant la durée légale du travail (→ index, Forfait).

AVANTAGE

La jurisprudence estime que les salariés à temps partiel ne peuvent être soumis à un horaire d'équivalence (Cour de cassation, Chambre criminelle, 19/1/1978).

Les heures d'équivalence

Dans certaines professions et pour des emplois déterminés où l'activité des salariés connaît des périodes creuses dans la journée (service de garde dans les pharmacies d'officine, par exemple), il peut être exigé une durée de présence hebdomadaire qui, bien que supérieure à la durée légale du travail, correspond à celle-ci.

Ce sont des décrets particuliers (ou les conventions collectives de branche) qui fixent l'équivalence entre les heures de présence et les heures de travail (*Code du travail, Art. L. 3121-9*). Ainsi :

- dans les magasins d'alimentation de vente au détail, 38 h 30 sont équivalentes à 35 heures ;
- dans les hôpitaux, cliniques et hospices (sauf les hôpitaux à but non lucratif) : 37 h 37 = 35 h.

Lorsqu'une équivalence d'horaire est ainsi prévue, le salarié n'est payé que sur ses heures de travail effectif. Par exemple, un infirmier sera payé sur la base de 35 heures même s'il est présent 37 h 30 au cours d'une semaine. Seules les heures effectuées au-delà de 37 h 30 devront être rémunérées en heures supplémentaires.

Les conventions collectives ainsi que les usages peuvent prévoir une rémunération spécifique pour ces périodes d'équivalence. Il en est ainsi, par exemple, pour les permanences nocturnes effectuées en chambre de veille par le personnel des institutions sociales et médico-sociales à but non lucratif. Cependant, les heures de présence doivent être comptabilisées intégralement en tant qu'heures de travail lorsqu'il s'agit de vérifier si le salarié ne dépasse pas la durée maximale du travail autorisée (*Cour de justice des Communautés européennes, 1/12/2005*). Le décret n° 2007-106 du 29/1/2007 qui fixe désormais le régime des heures d'équivalence dans ce secteur tient compte de cet arrêt.

À NOTER

Les heures d'équivalence ne peuvent concerner que les emplois comportant réellement des périodes d'inaction. Le Conseil d'État a ainsi annulé le décret n° 2004-1536 du 30/12/2004 fixant un régime d'équivalence dans le secteur des hôtels, cafés et restauration (HCR), au motif qu'il soumettait l'ensemble des salariés de ce secteur au même régime d'équivalence, y compris ceux ne connaissant pas de périodes creuses.

L'accord du 5/2/2007 (Avenant n° 2 à la convention collective des HCR), signé suite à cette décision, ne prévoit plus d'heures d'équivalence. Les heures supplémentaires des salariés des HCR doivent donc désormais être décomptées dès la 36e heure hebdomadaire de travail effectif.

Quelle doit être la durée quotidienne du travail ?

La durée quotidienne du travail ne peut excéder :

– 8 heures pour les jeunes de moins de 18 ans (*Code du travail, Art. L. 3162-1*) ;

– 8 heures également pour les travailleurs de nuit (→ index, *Travail de nuit*) ;

– 10 heures pour les autres salariés (*Code du travail, Art. L. 3121-34*).

› Les dérogations

Dérogations permanentes

Ces dérogations sont prévues par les décrets d'application de la loi du 21/6/1936. Elles s'appliquent dans certaines branches ou professions bien déterminées.

Elles concernent certains travaux préparatoires ou complémentaires qui ne peuvent être effectués qu'en dehors des limites fixées par l'horaire collectif (conduite des fours, fourneaux, étuves, chaufferies) et pour des travaux dont il est difficile de calculer la durée exacte (les chauffeurs de véhicules, par exemple).

Dérogations temporaires

- Des dérogations temporaires peuvent être accordées de plein droit pour des travaux urgents dont l'exécution est nécessaire pour prévenir des accidents ou pour les réparer ainsi que dans le cas de travaux effectués à la demande du gouvernement dans l'intérêt de la sûreté et de la défense nationale.

- Des dérogations peuvent être accordées par l'inspecteur du travail pour des surcroîts extraordinaires de travail, notamment pour des travaux devant être exécutés dans un délai déterminé, les travaux saisonniers ou des travaux impliquant un accroissement d'activité certains jours, certaines semaines ou certains mois de l'année.

L'employeur doit consulter les représentants du personnel et présenter sa demande à l'inspecteur du travail qui fait connaître sa décision dans un délai de 15 jours maximum.

En cas d'urgence, l'employeur peut imposer immédiatement ce dépassement d'horaire à condition de procéder ensuite à la régularisation de la demande auprès de l'inspecteur du travail (*Code du travail, Art. D. 3121-17*).

- Enfin un dépassement de la durée maximale quotidienne peut être prévu par accord collectif étendu ou accord d'entreprise ou d'établissement à condition que ce dépassement ne porte pas la durée du travail à plus de 12 heures (*Code du travail, Art. D. 3121-19*).

Comment sont réglementés le repos quotidien et le temps de pause ?

La loi n° 98-461 du 13/6/1998 a introduit dans le Code du travail des dispositions concernant la durée minimale du repos quotidien et des pauses. Ces dispositions ont principalement pour objet de rendre le droit français conforme à la directive européenne 93-104 du 23/11/1993.

Le repos quotidien

Tout salarié doit bénéficier d'un repos quotidien d'une durée minimale de 11 heures consécutives (*Code du travail, Art. L. 3131-1*).

Il peut toutefois être dérogé à cette règle par convention ou accord collectif étendu ou encore par accord d'entreprise pour les activités suivantes :

– celles caractérisées par l'éloignement entre le domicile et le lieu de travail ou par l'éloignement entre différents lieux de travail du salarié ;

– les gardes, les surveillances, les permanences assurant la protection des biens et des personnes ;

– celles assurant la continuité du service ou de la production (cas des établissements pratiquant le travail par équipes successives lorsqu'il n'est pas possible d'assurer cette période de repos de 11 heures entre la fin d'une équipe et le début de la suivante, par exemple) ;

– la manutention ou l'exploitation dans le domaine du transport ;

– celles qui s'exercent par périodes de travail fractionnées dans la journée (*Code du travail, Art. D. 3131-1*).

Les conventions ou accords collectifs étendus ainsi que les accords collectifs d'entreprise peuvent également prévoir une réduction de la durée du repos quotidien en deçà de 11 heures en cas de surcroît exceptionnel d'activité (*Code du travail, Art. D. 3131-2*).

Dans ces deux cas, le repos ne peut cependant être réduit à une durée inférieure à 9 heures (*Code du travail, Art. D. 3131-3*).

En l'absence d'accord collectif, des dérogations peuvent être obtenues dans les mêmes conditions que pour les dérogations à la durée quotidienne (voir plus haut).

En cas de travaux urgents dont l'exécution immédiate est nécessaire pour assurer le sauvetage, la sécurité, prévenir des accidents imminents ou réparer des accidents, l'employeur peut également déroger à cette règle. Il doit, dans ce cas, informer l'inspecteur du travail (*Code du travail, Art. D. 3131-5*).

Le repos peut également être réduit pour les salariés travaillant en équipes successives et en cas de changement d'équipe, à titre exceptionnel pour des raisons impérieuses de fonctionnement (*Code du travail, Art. D. 3131-1*).

Dans tous les cas, l'employeur doit compenser ces contraintes par des périodes équivalentes de repos ou une autre contrepartie équivalente (*Code du travail, Art. D. 3131-6*).

Les jeunes ont droit à un repos d'une durée minimale de :

– 14 heures consécutives s'ils sont âgées de 16 à 18 ans ;

– 12 heures consécutives s'ils sont âgés de 16 à 18 ans.

Le temps de pause

Lorsque le temps de travail quotidien atteint 6 heures, une pause minimale de 20 minutes doit être accordée au salarié (*Code du travail, Art. L. 3121-33*).

Des dispositions plus favorables peuvent être prévues :

– pour tous les salariés par leur convention collective ;

– pour les jeunes de moins de 18 ans qui bénéficient d'une pause de 30 minutes au moins au-delà de 4 h 30 de travail (*Code du travail, Art. L. 3162-3*) ;

– pour les personnes travaillant sur écrans de visualisation.

Les pauses, y compris la pause déjeuner, ne sont pas considérées comme du temps de travail effectif et n'ont donc pas à être rémunérées comme tel. Cette règle ne s'oppose pas à ce qu'une rémunération spéciale soit cependant prévue par voie conventionnelle ou contractuelle.

En revanche, les pauses et le temps nécessaire à la restauration doivent être considérés comme du travail effectif et rémunérés comme tel lorsque le salarié reste à la disposition de l'employeur et doit se conformer à ses directives sans pouvoir vaquer librement à des obligations personnelles (*Code du travail, Art. L. 3121-2*).

La Cour de cassation a ainsi considéré comme temps de travail effectif les heures de repas d'un cuisinier tenu de manger sur place et qui ne disposait d'aucune liberté durant ces périodes (*Cour de cassation, Chambre sociale, 4/1/2000*).

La Cour de cassation a décidé par ailleurs que l'employeur peut demander au salarié de travailler pendant une pause à condition qu'il s'agisse d'une intervention exceptionnelle et justifiée par un cas de nécessité absolue, sécurité du matériel, par exemple (*Cour de cassation, Chambre sociale, 1/4/2003*).

À NOTER

Ces dispositions ne règlent pas le problème du temps de pause déjeuner. Celui-ci ne fait pas l'objet d'une réglementation générale : sa longueur résulte généralement des conventions collectives, d'accords d'entreprise ou bien d'usages. L'employeur peut, par ailleurs, instituer le principe dit de « la journée continue » en accomplissant les formalités prévues pour toute modification de l'horaire de travail (voir plus loin). Cette pratique, qui réduit la coupure pour déjeuner à trois quarts d'heure, voire une demi-heure, permet aux salariés de quitter plus tôt leur service.

L'amplitude journalière

L'amplitude de la journée de travail doit également être prise en compte dans la réglementation du repos quotidien. On entend par amplitude la durée totale qui s'écoule entre le début de la première séance et la fin de la dernière séance de travail. Celle-ci ne peut dépasser 13 heures et doit être calculée sur une même journée de 0 à 24 heures.

Cette notion concerne essentiellement les personnes bénéficiant de pauses ou de coupures importantes au cours de leur journée de travail.

Ainsi, un agent de propreté à qui l'on proposait de commencer son travail à 5 heures pour l'achever à 8 h 30 puis de le reprendre de 19 h 30 à 22 heures avait été licencié pour avoir refusé ces horaires. Bien que ces horaires respectent la durée journalière du travail (le salarié travaillait 6 heures) et le repos quotidien (soit 11 heures de repos de 8 h 30 à 19 h 30), la Cour de cassation a considéré que le refus du salarié était légitime car l'amplitude de son travail sur une même journée, calculée de 0 à 24 h, était égale à 17 heures (*Cour de cassation, Chambre sociale, 18/12/2001*).

L'amplitude fait l'objet de limitations spécifiques dans certaines professions. Ainsi, dans le commerce de détail non alimentaire, l'amplitude de la journée ne peut dépasser 10 heures pour une journée entière et 5 heures par demi-journée. Ces limites sont portées respectivement à 12 heures et 6 heures dans le commerce de détail alimentaire.

Comment les horaires de travail sont-ils fixés ?

C'est à l'employeur qu'il appartient de fixer l'horaire de travail qui doit être collectif, c'est-à-dire commun à un groupe de salariés (et pas nécessairement à tout le personnel).

Le comité d'entreprise doit obligatoirement être consulté sur la durée et l'aménagement du temps de travail, en particulier en ce qui concerne les horaires de nuit, le temps partiel, les heures supplémentaires ainsi qu'avant toute modification de l'horaire collectif.

L'horaire de travail doit être communiqué au personnel par apposition sur les lieux de travail de la fiche d'horaire datée et signée.

L'horaire de travail doit être communiqué par écrit à l'inspecteur du travail compétent, préalablement à son entrée en vigueur afin de permettre des contrôles éventuels (*Code du travail, Art. D. 3171-4*).

Les horaires individualisés

- La loi du 27/12/1973 autorise la pratique des horaires variables comprenant un horaire minimal commun (désigné sous le terme de « plage fixe ») s'imposant à l'ensemble des salariés et des « plages mobiles » dans lesquelles les salariés sont libres d'aménager leurs propres horaires.

La mise en place de l'horaire variable est possible lorsque la demande en est faite par le personnel, à condition qu'il n'y ait pas opposition de la part du comité d'entreprise ou des délégués du personnel et que l'inspecteur du travail en soit informé.

Dans les petites entreprises dépourvues de représentation du personnel, la pratique des horaires individualisés doit être autorisée par l'inspecteur du travail, après accord de chaque salarié concerné (*Code du travail, Art. L. 3122-24*).

Les horaires individualisés peuvent entraîner des reports d'heures d'une semaine à l'autre, en crédit ou en débit.

À défaut de dispositions différentes prévues dans la convention collective ou un accord d'entreprise, ces reports ne peuvent excéder 3 heures par semaine et le cumul des reports ne peut avoir pour effet de porter le total des heures reportées à plus de 10 en tout (*Code du travail, Art. R. 3122-2*).

Ces heures reportées ne sont pas considérées comme des heures supplémentaires si elles résultent du libre choix du salarié.

- La loi n° 2005-102 du 11/2/2005 prévoit que les salariés handicapés peuvent demander des aménagements d'horaires individualisés. Les aides familiaux et les proches d'une personne handicapée peuvent bénéficier de ces mêmes avantages afin de faciliter l'accompagnement de ces personnes (*Code du travail, Art. L. 3122-26*). Si l'employeur refuse cette demande, il peut être poursuivi pour discrimination.

À NOTER

Toute modification de l'horaire établi doit faire l'objet des formalités prévus à l'article D. 3171-3 du Code du travail.

À NOTER

Les salariés ne peuvent légitimement refuser la modification si elle est de faible importance. Mais si elle constitue une modification d'un élément essentiel du contrat de travail, ils peuvent la refuser. En cas de rupture du contrat, l'employeur doit alors respecter la procédure de licenciement.

Dans quelles conditions peut-on travailler la nuit ?

La loi n° 2001-397 du 9/5/2001 a fixé des règles précises sur le travail de nuit. Cette loi met ainsi le droit français en conformité avec les directives européennes en la matière.

À NOTER

Des dispositions spécifiques s'appliquent aux professions des médias et du spectacle (Code du travail, Art. L. 3122-30).

La définition du travail de nuit

Est considéré comme travail de nuit, tout travail accompli entre 21 heures et 6 heures. Cette période légale peut être remplacée par la période comprise entre 22 heures et 7 heures par convention ou accord collectif(*Code du travail, Art. L. 3122-29*).

On entend par travailleur de nuit tout salarié qui accomplit :

– soit au moins 2 fois par semaine, au moins 3 heures de son temps de travail durant la période nocturne définie ci-dessus ;

– soit un nombre minimal de 270 heures de travail de nuit pendant une période de 12 mois consécutifs, ce nombre minimal et cette période de référence pouvant être fixés différemment par convention ou accord collectif ou encore par décret dans certaines professions (*Code du travail, Art. L. 3122-31*).

Les dispositions concernant le travail de nuit ne s'appliquent pas aux personnels roulant et navigant du secteur des transports.

Les conditions de mise en place

Selon la loi, le travail de nuit doit être exceptionnel et justifié par les nécessités de fonctionnement de l'entreprise (travail en cycles continus, services d'utilité sociale).

Il n'est possible qu'à condition d'être prévu par une convention ou un accord collectif de branche étendu ou par un accord d'entreprise ou d'établissement. À défaut, il peut être autorisé par l'inspecteur du travail lorsque l'employeur justifie de contraintes rendant le travail de nuit nécessaire (*Code du travail, Art. L. 3122-32 et L. 3122-36*).

Les droits des travailleurs de nuit

La durée quotidienne du travail d'un travailleur de nuit ne peut, en principe, excéder 8 heures et la durée hebdomadaire 40 heures sur une période de 12 semaines consécutives. Des dérogations sont toutefois possibles en cas de recours aux équipes de suppléance, de circonstances exceptionnelles (sur autorisation de l'inspecteur du travail) ou par une convention ou un accord de branche étendu ainsi que par accord d'entreprise ou encore par décret dans certains secteurs d'activité (*Code du travail, Art. L. 3122-34 et L. 3122-35*).

Les travailleurs de nuit bénéficient obligatoirement d'une contrepartie sous forme de repos compensateur. Une contrepartie financière peut également être prévue par la convention ou l'accord collectif instituant le travail de nuit dans l'entreprise (*Code du travail, Art. L. 3122-39 et L. 3122-40*).

Ils bénéficient également d'un droit de priorité s'ils désirent occuper ou reprendre un poste de jour dans leur entreprise. L'employeur est tenu de leur fournir la liste des emplois disponibles correspondant à leur capacités (*Code du travail, Art. L. 3122-43*).

Ils doivent être suivis régulièrement (au moment de leur affectation sur le poste de nuit puis au minimum tous les 6 mois) par le médecin du travail (*Code du travail, Art. L. 3122-42*). Si ce dernier juge que l'état de santé du salarié l'exige, le travailleur de nuit doit être transféré sur un poste de jour. Le salarié ne peut être licencié du fait de cette inaptitude sauf en cas d'impossibilité de reclassement dûment justifiée ou en cas de refus du salarié d'occuper le poste de jour proposé (*Code du travail, Art. L. 3122-45*).

Enfin, il est précisé qu'en cas d'obligations familiales impérieuses (garde d'un enfant ou prise en charge d'une personne dépendante, notamment) :

– un travailleur de nuit peut demander son affectation à un poste de jour (*Code du travail, Art. L. 3122-44*) ;

– un travailleur de jour peut refuser un travail de nuit. Ce refus ne peut alors constituer une faute passible de sanctions disciplinaires ni un motif de licenciement (*Code du travail, Art. L. 3122-37*).

À NOTER

Le travail de nuit des femmes est autorisé. Les femmes enceintes ou ayant accouché peuvent cependant demander leur transfert sur un poste de jour (→ index, Protection des femmes enceintes).

En revanche, le travail de nuit reste interdit pour les jeunes, sauf exceptions.

Est-il possible de récupérer les heures perdues ?

La pratique de la récupération consiste à faire travailler le personnel pour compenser les heures de travail non accomplies en raison de certains événements ayant affecté l'entreprise.

Seules peuvent être récupérées les heures collectivement perdues par suite :
- d'une cause accidentelle ;
- d'un cas de force majeure ;
- d'intempérie ;
- d'un jour de pont ;
- d'un jour précédent les congés annuels ;
- d'un inventaire (*Code du travail, Art. L. 3122-27*).

Ne sont visées que les heures perdues au-dessous de la durée légale du travail. Les heures supplémentaires perdues ne sont pas récupérables.

AVANTAGE

Les salariés pratiquant un sport régulièrement et de manière contrôlée peuvent également bénéficier d'aménagements d'horaires compte tenu des possibilités de l'entreprise (Code du travail, Art. L. 3122-28).

Le comité d'entreprise délibère chaque année sur les conditions d'application de ces aménagements d'horaires et, dans le cadre de la gestion de ses activités sociales et culturelles, des modalités d'aide au développement des activités sportives dans l'entreprise (Code du travail, Art. L. 2323-29).

Les modalités de récupération

C'est l'employeur qui décide de la récupération qui ne peut être exigée que par les salariés.

La récupération peut être effectuée dans les 12 mois qui précèdent ou qui suivent la perte des heures de travail. Par conséquent, la récupération peut être anticipée lorsque la perte des heures est prévue à l'avance (en cas de pont, par exemple).

S'agissant d'une modification de l'horaire de travail collectif, l'employeur doit consulter le comité d'entreprise et prévenir l'inspecteur du travail des modalités de la récupération (*Code du travail, Art. R. 3122-4*). Le nouvel horaire doit être affiché sur les lieux de travail.

Les modalités de récupération peuvent également faire l'objet de clauses particulières dans les conventions collectives et les accords collectifs étendus.

À NOTER

En cas de baisse d'activité saisonnière et renouvelée tous les ans, l'employeur n'a pas le droit de faire récupérer les heures ainsi perdues. S'il décide de faire travailler le personnel au-delà de la durée légale du travail à une autre période, il doit les rémunérer en heures supplémentaires.

Les heures perdues par suite de grève ou de lock out ne peuvent être récupérées sauf s'il s'agit d'une grève extérieure à l'entreprise (grève de l'EDF, par exemple, que l'on peut assimiler à un cas de force majeure).

Les jours fériés chômés ne peuvent pas, non plus, être récupérés.

Le paiement des heures de récupération

Les heures récupérées sont rémunérées au tarif normal, sans majoration, sauf convention contraire.

Caractère collectif et obligatoire des récupérations

Lorsque les conditions sont réunies et les formalités observées par l'employeur, la récupération s'impose collectivement à tous les salariés de l'entreprise.

Elle s'impose même aux salariés qui n'ont pas personnellement perdu d'heures de travail parce qu'ils étaient absents pour maladie, par exemple, ou parce qu'ils n'étaient pas encore embauchés (*Cour de cassation, Chambre sociale, 5/7/1982*).

Les aménagements du temps de travail

La durée du travail peut être aménagée sur la journée ou la semaine afin de permettre aux entreprises d'optimiser la durée d'utilisation de leurs installations (travail par roulement, en continu...). Par ailleurs, la loi n° 2008-789 du 20/8/2008 portant réforme du temps de travail a institué un régime unique d'aménagement de la durée du travail sur tout ou partie de l'année.

Comment répartir le temps de travail sur la semaine ?

› Les règles générales

La loi ne fixe aucune règle générale concernant la répartition de la durée du travail sur les jours de la semaine. Ces règles peuvent être fixées :

– par des décrets particuliers à certaines professions (banques ou transports routiers, par exemple) ;

– par voie de convention ou d'accord collectif étendu ou d'accord d'entreprise ou d'établissement.

Dans les entreprises où ne s'appliquent ni décrets ni conventions particulières, les décrets d'application de la loi du 21/6/1936 continuent à s'appliquer. Ceux-ci prévoient :

– une répartition sur 5 jours, à raison de 7 heures par jour ;

– une répartition sur 6 jours, à raison de 5 h 50 par jour ;

– une répartition inégale sur 5 jours et demi, avec un maximum de 7 heures par jour.

› Les cas particuliers

Afin de répondre aux nécessités de la production, plusieurs systèmes permettent de répartir le temps de travail par équipes ayant des horaires différents. Il est ainsi possible d'organiser le temps de travail :

Par relais

Le personnel est réparti :

– soit en équipes alternantes : une équipe travaillant, par exemple, de 6 h à 10 h et de 14 h à 18 h, une autre de 10 h à 14 h et de 18 h à 22 h ;

– soit en équipes chevauchantes : une équipe travaillant, par exemple, de 8 h à 16 h, une autre de 10 h à 18 h.

Par roulement

Ce système permet de répartir différemment les journées de travail entre le personnel. On peut ainsi faire fonctionner une entreprise 6 jours sur 7, une équipe travaillant du lundi au vendredi et l'autre du mardi au samedi, par exemple.

En équipes successives

Dans ce système, dit également « travail posté », les salariés se succèdent sur un même poste de travail, soit 24 h sur 24, 7 jours sur 7 (travail posté en continu), soit avec un arrêt hebdomadaire (travail posté en semi-continu) ou encore avec un arrêt la nuit et en fin de semaine (travail posté en discontinu).

Le travail posté en continu fait l'objet d'une réglementation particulière :

– la durée du travail des salariés concernés ne doit pas être supérieure en moyenne, sur l'année, à 35 heures par semaine (*Code du travail, Art. L. 3132-15*) ;

– il n'est pas possible d'affecter un même salarié à deux équipes successives, sauf raison exceptionnelle et à condition de prévenir l'inspecteur du travail sous 48 heures (*Code du travail, Art. R. 3122-1*).

En équipes de suppléance

Dans les entreprises industrielles, il est possible de recourir à une équipe de suppléance remplaçant l'autre équipe pendant ses périodes de repos (repos hebdomadaire, jours fériés, congés annuels collectifs).

La durée journalière du travail des salariés de l'équipe de suppléance peut atteindre 12 heures lorsque la durée de recours à cette équipe n'excède pas 48 heures et 10 heures dans les autres cas.

La rémunération des salariés en équipe de suppléance est majorée de 50 % s'ils sont employés en fin de semaine ou un jour férié.

Ils ont le statut de salariés à temps partiel.

Les accords de branche doivent prévoir des dispositions en ce qui concerne leur formation professionnelle (*Code du travail, Art. L. 3132-16 et s.*).

Ces modes particuliers d'organisation du travail peuvent être autorisés par décret ou par convention ou accord de branche étendu dans certaines professions ou par convention ou accord d'entreprise ou d'établissement. Le travail par équipe de suppléance peut également être autorisé par l'inspecteur du travail.

Est-il possible de répartir le temps de travail sur plus d'une semaine ?

La loi n° 2008-789 du 20/8/2008 a institué un nouveau mode unique de répartition de la durée du travail sur une période supérieure à la semaine et au plus égale à l'année.

Ce système se substitue aux différents dispositifs d'aménagement du temps de travail existant précédemment (travail par cycles, réduction du temps de travail sous forme de jours de repos sur 4 semaines ou sur l'année, modulation du temps de travail, temps partiel modulé).

Toutefois, les accords conclus sur la base de ces anciens dispositifs avant le 21/8/2008 restent en vigueur dans les mêmes conditions qu'auparavant.

› Les conditions de mise en place

Ce système doit être mis en place par un accord collectif d'entreprise ou d'établissement. À défaut, il peut être organisé par une convention ou un accord de branche.

Cet accord doit obligatoirement prévoir :

– les conditions et délais de prévenance des changements de durée ou d'horaires de travail ;

– les limites pour le décompte des heures supplémentaires ;

– les conditions de prise en compte, pour la rémunération du salarié, des absences ainsi que des arrivées et départs en cours de période.

Lorsqu'il s'applique aux salariés à temps partiel, il doit également prévoir les modalités de communication et de modification de la répartition de la durée et des horaires de travail (*Code du travail, Art. L. 3122-2*).

À NOTER

Il est également possible d'organiser la répartition de la durée du travail sur une période de 4 semaines au plus sans passer par un accord collectif (voir encadré plus loin).

De même, le temps de travail peut être organisé sur plusieurs semaines sur simple décision de l'employeur dans les entreprises travaillant en continu (Code du travail, Art. L. 3122-3).

› Le fonctionnement

Ce nouveau système d'aménagement du temps de travail se veut très souple afin de permettre aux entreprises de l'adapter à leurs besoins et à leurs contraintes spécifiques. Il est ainsi possible de prévoir une organisation du temps de travail par cycles ou par modulation sur plusieurs semaines, plusieurs mois ou sur l'année.

Les horaires

Sauf stipulation contraire de la convention ou de l'accord, le salarié doit être prévenu 7 jours à l'avance en cas de changement de la durée de travail ou des horaires prévu (*Code du travail, Art. L. 3122-2*).

L'article D. 3171-5 du Code du travail dispose que, sauf précision conventionnelle contraire, le programme indicatif (nombre de semaines sur lesquelles s'applique la modulation, horaire de travail et répartition de la durée du travail au sein de cette période) et les changements de durée ou d'horaires de travail doivent être affichés sur les lieux de travail.

La rémunération

L'accord peut définir une rémunération mensuelle uniforme indépendante de la durée réelle du travail effectué au cours du mois considéré (principe du « lissage » de la rémunération).

Lorsque des heures supplémentaires sont accomplies au-delà des limites prévues par l'accord, elles doivent être payées avec le salaire du mois durant lequel elles ont été accomplies (*Code du travail, Art. L. 3122-5*).

› Le calcul des heures supplémentaires

Sont considérées comme heures supplémentaires :

– en cas d'aménagement sur l'année, les heures effectuées au-delà de 1 607 heures annuelles ou de la limite annuelle inférieure fixée par l'accord, déduction faite, le cas échéant, des heures supplémentaires effectuées au-delà de la limite haute hebdomadaire éventuellement fixée par l'accord et déjà comptabilisées ;

– en cas d'aménagement sur une période inférieure à l'année, les heures effectuées au-delà de la moyenne de 35 heures calculée sur la période de référence fixée par l'accord, déduction faite des heures supplémentaires effectuées au-delà de la limite haute hebdomadaire fixée, le cas échéant, par l'accord et déjà comptabilisées (*Code du travail, Art. L. 3122-4*).

Les heures effectuées au-delà de 35 heures, dans les limites définies par l'accord, ne sont pas considérées comme des heures supplémentaires (c'est d'ailleurs là tout l'intérêt de ce système).

Exemple : si un accord prévoit une modulation sur 8 semaines, les salariés devant effectuer 40 heures par semaine les 4 premières semaines et 30 heures les 4 semaines suivantes, les 20 heures supplémentaires effectuées les 4 premières semaines ne seront pas considérées comme des heures supplémentaires. En revanche, si un salarié travaille effectivement 31 heures pendant les 4 dernières semaines, les 4 heures supplémentaires qu'il a ainsi effectuées doivent lui être rémunérées en tant que telles.

ORGANISATION DE LA DURÉE DU TRAVAIL SUR 4 SEMAINES AU PLUS

L'article L. 3122-2 du Code du travail permet aux entreprises de mettre en place une répartition de la durée du travail sur une période de 4 semaines au plus, directement, c'est-à-dire sans qu'il soit nécessaire de passer par un accord collectif. Ce dispositif permet de faire alterner, à l'intérieur de la période prise en compte, des semaines courtes en deçà de la durée légale pouvant, le cas échéant, comporter des journées ou des demi-journées de repos et des semaines longues dépassant la durée légale du travail.

L'employeur établit le programme indicatif de la variation de la durée du travail, en indiquant pour chaque semaine comprise dans la période de référence choisie, l'horaire et la répartition du travail. Ce programme est soumis, avant sa mise en œuvre, pour avis au comité d'entreprise ou, à défaut, aux délégués du personnel.

Les modifications du programme font également l'objet d'une consultation des représentants du personnel. Les salariés doivent également être prévenus des changements à venir dans un délai de 7 jours ouvrés au moins avant la date à laquelle ce changement intervient (*Code du travail, Art. D. 3122-7-1*).

La rémunération mensuelle des salariés est indépendante de l'horaire réellement accompli et est calculée sur la base de 35 heures hebdomadaires (*Code du travail, Art. D. 3122-7-2*).

Sont considérées comme heures supplémentaires devant être rémunérées comme telles les heures effectuées :

- au-delà de 39 heures par semaine ;
- au-delà de la durée moyenne de 35 heures hebdomadaires, calculée sur la période de référence de 4 semaines au plus, déduction faite, le cas échéant, des heures supplémentaires effectuées au-delà de 39 heures par semaine déjà comptabilisées (*Code du travail, Art. D. 3122-7-3*).

Le travail à temps partiel

Le travail à temps partiel permet aux salariés d'harmoniser leur vie professionnelle avec d'autres activités. La seconde loi sur les 35 heures du 19/1/2000 a donné une nouvelle définition du travail à temps partiel.

À quelles conditions peut-on travailler à temps partiel ?

Définition

Constituent des horaires à temps partiel, les horaires inférieurs à la durée légale du travail calculée sur la semaine, le mois ou l'année ou à la durée conventionnelle lorsque cette durée est inférieure à la durée légale (*Code du travail, Art. L. 3123-1*).

Sont donc considérés comme salariés à temps partiel tous les salariés dont l'horaire de travail est inférieur à un temps plein.

Ainsi, un salarié effectuant un horaire hebdomadaire de 34 h 30 dans une entreprise appliquant la durée légale du travail de 35 heures a le statut de salarié à temps partiel.

Si le Code du travail prévoit une limite maximale, aucun minimum légal n'a, en revanche, été fixé. Cependant, de nombreuses conventions ou accords collectifs prévoient un horaire minimum.

À l'intérieur de ce cadre, le travail à temps partiel peut être aménagé afin de répondre aux besoins de l'employeur ou du salarié : les horaires peuvent ainsi varier sur tout ou partie de l'année (→ index, *Travail, modulation de la durée du travail*). Les salariés peuvent également demander à bénéficier d'un temps partiel pour vie familiale (voir encadré).

LE TEMPS PARTIEL POUR VIE FAMILIALE

Les salariés peuvent demander à bénéficier d'une réduction de leur durée du travail sous forme d'une ou plusieurs périodes non travaillées d'au moins une semaine en raison des besoins de leur vie familiale.

L'employeur peut refuser s'il estime que cet aménagement est incompatible avec les besoins ou le système de production de l'entreprise.

Le temps partiel pour vie familiale est organisé de façon individuelle par avenant au contrat de travail. Il ne nécessite pas d'accord collectif préalable.

L'avenant doit préciser :

- la durée du travail qui doit être inférieure à la durée légale ou conventionnelle ;
- la ou les périodes non travaillées ;
- le cas échéant, le lissage de la rémunération de l'intéressé (rémunération uniforme sur le mois quelles que soient les heures réellement travaillées).

Pendant les périodes travaillées, le salarié est occupé selon l'horaire collectif appliqué dans l'entreprise et donc la réglementation des heures supplémentaires s'applique en cas de dépassement d'horaire *(Code du travail, Art. L. 3123-5 et s.).*

La mise en place dans l'entreprise

Le travail à temps partiel peut être mis en place selon trois modalités :

– sur la base d'une convention ou d'un accord de branche étendu ou d'une convention ou d'un accord d'entreprise ou d'établissement ;

– en l'absence d'accord collectif, après avis du comité d'entreprise ou à défaut, des délégués du personnel.

Cet avis doit être transmis à l'inspecteur du travail dans un délai de 15 jours ;

– en l'absence d'accord collectif et de représentant du personnel, à l'initiative de l'employeur ou à la demande du salarié. L'inspecteur du travail doit être informé de cette décision *(Code du travail, Art. L. 3123-2)*.

Le temps partiel à l'initiative du salarié

En présence d'un accord collectif, il est nécessaire de se reporter à ce texte pour connaître les conditions d'accès au travail à temps partiel. C'est en effet l'accord qui fixe les conditions, les salariés concernés, la procédure à suivre pour faire part de sa demande et le délai de réponse de l'employeur.

En absence d'accord collectif, les salariés peuvent formuler leur demande directement à l'employeur, par lettre recommandée avec demande d'avis de réception, 6 mois à l'avance en précisant la durée du travail souhaitée ainsi que la date envisagée.

L'employeur doit répondre dans un délai de 3 mois. Il peut refuser dans deux cas :

– s'il n'existe pas d'emploi disponible ressortissant de la catégorie professionnelle du demandeur ou d'emploi équivalent dans l'entreprise ;

– s'il estime que ce changement aura des conséquences préjudiciables à la bonne marche de l'entreprise *(Code du travail, Art. L. 3123-6)*.

AVANTAGE

Après la naissance ou l'adoption d'un enfant, tout salarié peut demander un travail à temps partiel dans le cadre du congé parental d'éducation (→ index, Congé parental d'éducation).

Ces demandes individuelles ne peuvent être refusées par l'employeur.

Le temps partiel à l'initiative de l'employeur

L'employeur ne peut imposer aux salariés à temps complet de travailler à temps partiel. Le salarié est en droit de refuser cette réduction d'horaire, le Code du travail précisant explicitement que ce refus ne constitue ni une faute ni un motif de licenciement *(Code du travail, Art. L. 3123-4)*.

Cette règle s'applique même dans le cas où le contrat de travail contient une clause prévoyant la possibilité de transformer un travail à temps complet en temps partiel (*Cour de cassation, Chambre sociale, 29/6/1999*).

La jurisprudence considère cependant que le refus de la transformation d'un travail à temps complet en travail à temps partiel imposé par des considérations économiques peut constituer une cause réelle et sérieuse de licenciement (*Cour de cassation, Chambre sociale, 30/6/1992*).

Le contrôle de la politique de travail à temps partiel dans l'entreprise

Le chef d'entreprise doit fournir chaque année un bilan du travail à temps partiel dans son entreprise. Ce bilan est discuté au comité d'entreprise ou, à défaut, par les délégués du personnel.

Il doit porter notamment sur le nombre, le sexe et la qualification professionnelle des personnes employées à temps partiel ainsi que sur les horaires pratiqués, et le nombre d'heures complémentaires effectuées par les salariés concernés.

Lors de la réunion annuelle au cours de laquelle est discuté ce bilan, le chef d'entreprise doit expliquer les raisons qui l'ont conduit à refuser à tel ou tel salarié la transformation d'un travail à temps complet en travail à temps partiel ou inversement.

Le bilan annuel doit être communiqué, pour information, aux délégués syndicaux.

De plus, chaque trimestre dans les entreprises de 300 salariés et plus, et chaque semestre dans les autres, le comité d'entreprise doit être informé de l'évolution, mois par mois, du nombre de salariés travaillant à temps partiel dans l'entreprise (*Code du travail, Art. R. 2323-8 et R. 2323-10*).

Comment le contrat de travail à temps partiel doit-il être rédigé ?

Le travail à temps partiel doit obligatoirement faire l'objet d'un contrat écrit.

En l'absence d'écrit, le contrat est présumé conclu pour un temps plein (*Cour de cassation, Chambre sociale, 14/5/1987*). En cas de contestation, c'est à l'employeur d'apporter la preuve de la durée exacte du travail convenue et de sa répartition sur la semaine ou le mois, et d'établir que le salarié n'était pas dans l'impossibilité de prévoir à quel rythme il devait travailler et qu'il n'avait pas à se tenir constamment à sa disposition (*Cour de cassation, Chambre sociale, 9/4/2008*).

Le contrat de travail à temps partiel doit mentionner (*Code du travail, Art. L. 3123-14*) :

– la qualification professionnelle du salarié ;

– les éléments de la rémunération ;

– la durée hebdomadaire ou mensuelle du travail selon le cas ;

– la répartition de cette durée du travail entre les jours de la semaine ou les semaines du mois, sauf en cas de dispositif conventionnel de répartition de la durée du travail sur une période supérieure à la semaine et au plus à l'année.

La Cour de cassation a rappelé l'importance de cette mention. En effet, à défaut d'une telle mention, on peut considérer que le salarié est censé rester en permanence à la disposition de son employeur et son contrat de travail est présumé être un contrat à temps plein (*Cour de cassation, Chambre sociale, 29/1/1997*). Dans les associations et les entreprises d'aide à domicile, cette mention n'est pas obligatoire, les horaires pouvant être communiqués par écrit chaque mois aux salariés ;

– les cas dans lesquels une modification éventuelle de cette répartition peut intervenir ainsi que la nature de cette modification. Ces mentions doivent être précises, l'employeur ne pouvant se contenter d'indications vagues comme, par exemple, que « l'horaire pourra être modifié si les circonstances le demandent » (*Cour de cassation, Chambre sociale, 7/7/1998*) ;

– les modalités selon lesquelles les horaires de travail pour chaque journée travaillée sont communiqués par écrit au salarié ;

– les limites dans lesquelles peuvent être effectuées les heures complémentaires.

AVANTAGE

Afin de limiter les abus en la matière, les horaires des salariés à temps partiel ne peuvent pas comporter plus d'une interruption de travail au cours de la même journée, cette interruption ne pouvant, par ailleurs, être supérieure à 2 heures, sauf disposition d'une convention collective ou d'un accord d'entreprise (Code du travail, Art. L. 3123-16).

Extraits du Code du travail

« **Art. L. 3123-1.** Est considéré comme salarié à temps partiel le salarié dont la durée du travail est inférieure :

1° À la durée légale du travail ou, lorsque cette durée est inférieure à la durée légale, à la durée du travail fixée conventionnellement pour la branche ou l'entreprise ou à la durée du travail applicable dans l'établissement ;

2° À la durée mensuelle résultant de l'application, sur cette période, de la durée légale du travail ou, si elle est inférieure, de la durée du travail fixée conventionnellement pour la branche ou l'entreprise ou de la durée du travail applicable dans l'établissement ;

3° À la durée de travail annuelle résultant de l'application sur cette période de la durée légale du travail, soit 1 607 heures, ou, si elle est inférieure, de la durée du travail fixée conventionnellement pour la branche ou l'entreprise ou de la durée du travail applicable dans l'établissement. »

« **Art. L. 3123-2.** Des horaires de travail à temps partiel peuvent être mis en oeuvre sur le fondement d'une convention collective ou d'un accord de branche étendu ou d'une convention ou d'un accord d'entreprise ou d'établissement.

En l'absence d'accord, ils peuvent être pratiqués après avis du comité d'entreprise ou, à défaut, des délégués du personnel.

En l'absence de représentation du personnel, les horaires de travail à temps partiel peuvent être pratiqués à l'initiative de l'employeur ou à la demande des salariés après information de l'inspecteur du travail. »

« **Art. L. 3123-9.** La période d'essai d'un salarié à temps partiel ne peut avoir une durée calendaire supérieure à celle du salarié à temps complet. »

« **Art. L. 3123-10.** Compte tenu de la durée de son travail et de son ancienneté dans l'entreprise, la rémunération du salarié à temps partiel est proportionnelle à celle du salarié qui, à qualification égale, occupe à temps complet un emploi équivalent dans l'établissement ou l'entreprise. »

« **Art. L. 3123-11.** Le salarié à temps partiel bénéficie des droits reconnus au salarié à temps complet par la loi, les conventions et les accords collectifs d'entreprise ou d'établissement sous réserve, en ce qui concerne les droits conventionnels, de modalités spécifiques prévues par une convention ou un accord collectif de travail. »

« **Art. L. 3123-12.** Pour la détermination des droits liés à l'ancienneté, la durée de celle-ci est décomptée pour le salarié à temps partiel comme s'il avait été occupé à temps complet, les périodes non travaillées étant prises en compte en totalité. »

« **Art. L. 3123-13.** L'indemnité de licenciement et l'indemnité de départ à la retraite du salarié ayant été occupé à temps complet et à temps partiel dans la même entreprise sont calculées proportionnellement aux périodes d'emploi accomplies selon l'une et l'autre de ces deux modalités depuis leur entrée dans l'entreprise. »

Quels sont les droits des salariés à temps partiel dans l'entreprise ?

Les salariés à temps partiel ont les mêmes droits que les salariés à temps plein (*Code du travail, Art. L. 3123-9 et s.*). Cette égalité de principe appelle quelques précisions.

La rémunération

La rémunération des salariés à temps partiel doit être proportionnelle à celle du salarié à temps plein occupant un emploi avec une qualification équivalente.

Il a été jugé qu'un employeur ne peut refuser à une salariée comptable sa prime de 13e mois sous prétexte qu'elle était employée à temps partiel alors qu'elle avait bénéficié proportionnellement des avantages de rémunération consentis aux salariés à temps complet (*Cour de cassation, Chambre sociale, 2/12/1993*).

Selon ce principe, il a été décidé que les salariés à temps partiel rémunérés au SMIC bénéficient, à due proportion, du complément de salaire accordé aux salariés à temps complet dans les entreprises ayant réduit la durée du travail.

Il peut être prévu, dans le contrat de travail des salariés à temps partiel qu'ils percevront, une rémunération mensuelle constante calculée sur une base horaire annuelle indépendante de leur temps de travail effectif durant le mois considéré. Ce système permet d'éviter une importante baisse (ou même une absence totale) de rémunération lors des périodes non travaillées.

La modification des horaires

En cas de modification des horaires, le salarié doit être prévenu au moins 7 jours ouvrés à l'avance. Ce délai peut être réduit à 3 jours par convention ou accord de branche étendu ou accord d'entreprise. Des contreparties (financières ou sous forme de repos) doivent alors être prévues. En cas d'urgence, ce délai peut être encore réduit dans les associations et entreprises d'aide à domicile (*Code du travail, Art. L. 3123-21*).

Par ailleurs, le salarié est en droit de refuser ces modifications même si celles-ci lui ont été notifiées dans les délais requis lorsque le contrat n'a pas prévu les cas et la nature de telles modifications. Le refus du salarié ne constitue pas une faute ou un motif de licenciement.

S'il s'agit de modifications définies dans son contrat, le salarié est en droit de les refuser uniquement lorsque ce changement d'horaire est incompatible avec :

– des obligations familiales impérieuses (assistance d'un parent gravement malade ou nécessité d'assurer la garde d'un enfant pour un parent isolé, par exemple) ;

– le suivi d'un enseignement scolaire ou supérieur ;

– une période d'activité fixée chez un autre employeur ou avec une activité professionnelle non salariée (*Code du travail, Art. L. 3123-24*).

Lorsque l'horaire moyen réellement effectué a dépassé de 2 heures au moins par semaine l'horaire prévu au contrat et ce pendant 12 semaines consécutives ou pendant 12 semaines au cours d'une période de 15 semaines ou sur la période prévue en cas de dispositif conventionnel de répartition de la durée du travail sur une période supérieure à la semaine et au plus à l'année, l'horaire est considéré comme définitivement modifié. Le contrat doit alors établir un nouvel horaire correspondant à la somme de l'horaire initial et de la différence entre cet horaire et l'horaire moyen réellement effectué (*Code du travail, Art. L. 3123-15*).

Exemple : un salarié engagé pour un horaire de 16 heures par semaine a en réalité travaillé 19 heures pendant 1 mois, 20 heures le mois suivant puis 21 heures le troisième mois. Au bout de ces 3 mois, son contrat devra établir un nouvel horaire égal à :

$$16 + [\frac{(19 + 20 + 21)}{3} - 16] = 20 \text{ heures.}$$

Le salarié peut toutefois s'opposer à cette modification s'il ne souhaite pas que ses horaires soient définitivement augmentés, un délai de préavis de 7 jours devant précéder cette modification.

Les heures complémentaires

Ces heures permettent à l'employeur d'avoir à sa disposition des salariés en cas de regain d'activité. Le nombre d'heures complémentaires pouvant être demandé au salarié doit être indiqué dans son contrat de travail. Le nombre d'heures accomplies au cours d'une même semaine, d'un même mois ou sur la période prévue en cas de dispositif conventionnel de répartition de la durée du travail sur une période supérieure à la semaine et au plus à l'année, ne peut dépasser un dixième de la durée du travail prévue à l'origine.

Exemple : un salarié engagé pour un horaire mensuel de 130 heures ne pourra pas effectuer plus de 13 heures complémentaires par mois.

Une convention ou un accord de branche étendu peut porter cette limite jusqu'au tiers.

Bien entendu, les heures complémentaires ne peuvent pas avoir pour effet de porter la durée du travail à un niveau égal ou supérieur à la durée légale ou conventionnelle du travail.

Le salarié peut refuser d'effectuer des heures complémentaires lorsque la demande lui est faite moins de 3 jours à l'avance. Il peut également refuser les heures effectuées au-delà des limites prévues au contrat.

Les heures complémentaires effectuées dans la limite de 1/10e de l'horaire prévu au contrat de travail sont payées au taux normal. Seules les heures effectuées au-delà de cette limite donnent droit à une majoration de salaire de 25 %. Par ailleurs, les heures complémentaires effectuées depuis le 1/10/2007 suivent le même régime social et fiscal que les heures supplémentaires (→ index, *Heures supplémentaires, régime social et fiscal*).

À NOTER

Les salariés à temps partiel n'ont pas droit de faire d'heures supplémentaires puisque leurs horaires doivent rester inférieurs à la durée légale ou conventionnelle du travail.

La période d'essai

La période d'essai ne doit pas avoir une durée calendaire supérieure à celle des salariés à temps complet (→ index, *Période d'essai*).

Par exemple : si la durée de la période d'essai prévue pour le poste de travail concerné est de 2 mois, un salarié engagé à temps partiel un 15 février terminera cette période le 14 avril même si, en pratique, il a effectué moins d'heures à l'essai qu'un salarié à temps plein (*Code du travail, Art. L. 3123-9*).

L'ancienneté

L'ancienneté doit être décomptée comme si le salarié était occupé à temps plein, les périodes non travaillées étant prises en compte en totalité (*Code du travail, Art. L. 3123-12*).

Les jours fériés et les congés payés

Le salarié à temps partiel bénéficie du repos des jours fériés dans l'entreprise. Si le jour férié correspond à un jour où il devrait normalement travailler, il a droit à une rémunération calculée à partir de l'horaire qu'il aurait dû accomplir. Mais si ce jour férié tombe un jour où il ne devrait pas travailler, il ne peut prétendre à aucune indemnité.

Les congés payés se calculent, en principe, de la même façon pour les salariés à temps plein et pour les salariés à temps partiel (→ index, *Travail à temps partiel, congés payés*).

Les tickets-restaurant

Un accord collectif peut stipuler que les titres restaurant ne seront pas distribués aux salariés dont l'horaire ne comporte pas la tranche 12 h/13 h 30.

AVANTAGE

L'horaire de travail n'a aucune conséquence sur le nombre de jours de congés payés auquel tout salarié a droit (→ index, Congés payés, durée).

La prise en compte dans l'effectif

Les salariés à temps partiel sont pris en compte dans l'effectif de l'entreprise en fonction de leur temps de présence (→ index, *Calcul de l'effectif de l'entreprise*).

Les salariés à temps partiel peuvent voter et sont éligibles aux élections des représentants du personnel. Ils peuvent être désignés comme délégués syndicaux.

La priorité d'accès au temps partiel et au temps plein

Les salariés à temps partiel qui souhaitent occuper ou reprendre un emploi à temps complet et les salariés à temps complet qui souhaitent occuper ou reprendre un emploi à temps partiel dans le même établissement ou la même entreprise ont priorité pour l'attribution d'un emploi ressortissant de leur catégorie professionnelle ou d'un emploi équivalent.

L'employeur doit porter à la connaissance de ces salariés la liste des emplois disponibles susceptibles de les intéresser (*Code du travail, Art. L. 3123-8*).

La Cour de cassation a également considéré qu'un salarié employé à mi-temps pouvait se prévaloir de la priorité prévue par l'article L. 3123-8 pour être affecté à un poste à 3/4 de temps durant l'absence du titulaire de ce contrat (*Cour de cassation, Chambre sociale, 24/9/2008*). La priorité ne joue donc pas uniquement pour l'accès à un poste à temps complet mais également pour l'accès à un poste à temps partiel plus long, même s'il ne s'agit que d'une mutation provisoire.

AVANTAGE

Les salariés à temps partiel peuvent cotiser au régime général de l'assurance vieillesse sur une base correspondant à un

temps plein. Ce système permet de se constituer des droits à retraite plus conséquents. Pour ce faire, il faut cependant que le salarié et l'employeur soient d'accord. L'accord est concrétisé par un écrit, signé par les deux parties (Décrets n° 2005-1351 et 1352 du 31/10/2005).
L'employeur peut, par ailleurs, prendre en charge le supplément dû par le salarié (différence entre le montant de la cotisation due sur un temps plein et le montant dont il aurait été redevable sur son temps partiel).

Qu'est-ce que le travail intermittent ?

La notion de travail intermittent avait été supprimée par la loi quinquennale pour l'emploi du 20/12/1993 et remplacée par celle de travail à temps partiel annualisé. La seconde loi sur les 35 heures du 19/1/2000 supprimant le travail à temps partiel annualisé, a donc, en toute logique, rétablit le contrat de travail intermittent !

Les emplois concernés

Les contrats de travail intermittents sont réservés à des emplois permanents comportant, par nature, des alternances de périodes travaillées et de périodes non travaillées excédant le mois (dans le secteur du tourisme, par exemple).
Seules les entreprises ayant conclu une convention, un accord collectif de branche étendu ou un accord collectif d'entreprise ou d'établissement prévoyant cette possibilité peuvent conclure un contrat de travail intermittent (*Code du travail, Art. L. 3123-31*).
Exception : les entreprises adaptées sont autorisées à recruter des personnes handicapées en contrat intermittent même en absence de convention ou d'accord collectif prévoyant cette possibilité (*Code du travail, Art. L. 3123-32*).
L'accord doit définir les emplois concernés. La jurisprudence considère que les contrats intermittents signés en application d'un accord prévoyant la possibilité de conclure de tels contrats mais sans définir les emplois précis concernés devaient être requalifiés en contrats à durée indéterminée à temps complet (*Cour de cassation, Chambre sociale, 27/6/2007*).
Il n'est donc pas possible de conclure un contrat de travail intermittent dans les entreprises n'ayant pas signé un tel accord ni, dans les entreprises ayant signé un accord, pour d'autres emplois que ceux définis dans l'accord.

La nature du contrat

Le contrat de travail intermittent est un contrat à durée indéterminée, obligatoirement écrit.
Il doit mentionner :
- la qualification du salarié ;
- les éléments de sa rémunération ;
- la durée minimale annuelle du travail du salarié ;
- les périodes de travail ;
- la répartition des heures de travail à l'intérieur de ces périodes (*Code du travail, Art. L. 3123-33*).

Ces deux dernières mentions peuvent ne pas figurer pour certains secteurs où la nature des activités ne permet pas de fixer avec précision les périodes de travail. Dans ce cas, l'accord collectif doit déterminer les conditions dans lesquelles le salarié peut refuser les dates et les horaires de travail qui lui sont proposés (*Code du travail, Art. L. 3123-35*).
Un secteur d'activité est pour l'instant concerné par cette dérogation : celui du spectacle vivant et enregistré (*Code du travail, Art. D. 3123-4*).

La rémunération

Le salarié est uniquement rémunéré sur les périodes travaillées. L'accord peut cependant prévoir un lissage de la rémunération. Dans ce cas le salarié percevra chaque mois une rémunération égale à 1/12e de son salaire annuel quel que soit le temps de travail réellement accompli au cours du mois considéré (*Code du travail, Art. L. 3123-37*).

Les droits des salariés intermittents

Les salariés intermittents bénéficient des mêmes droits que les salariés à temps complet dans l'entreprise, sous réserve de modalités spécifiques prévues par l'accord en ce qui concerne certains droits conventionnels (*Code du travail, Art. L. 3123-36*).
Ils peuvent effectuer un nombre d'heures de travail supérieur à celui prévu dans le contrat à condition que ce dépassement n'excède pas le tiers de cette durée.
Exemple : si la durée annuelle du travail prévue au contrat est de 600 heures, le salarié ne pourra pas effectuer plus de 200 heures complémentaires.
Les périodes non travaillées sont prises en compte pour déterminer les droits liés à l'ancienneté.

Les heures supplémentaires

Les heures supplémentaires ouvrent droit à une majoration de salaire et, pour certaines, à une contrepartie obligatoire en repos. Des systèmes de forfaits permettent de prévoir une rémunération globale, incluant la rémunération des heures supplémentaires, pour les salariés y ayant régulièrement recours (cadres, notamment).

Qui peut bénéficier de la législation sur les heures supplémentaires ?

Les personnes concernées

L'article L. 3121-22 du Code du travail considère comme heure supplémentaire toute heure effectuée au-delà de la durée légale hebdomadaire du travail ou de la durée considérée comme équivalente.

Tous les travailleurs de l'entreprise sont concernés par la réglementation applicable aux heures supplémentaires quels que soient leur statut et la nature de leur contrat de travail (à durée indéterminée, déterminée ou temporaire).

Les heures supplémentaires peuvent toutefois être décomptées selon des modalités différentes :

- dans les entreprises organisant la répartition de la durée du travail sur une période supérieure à la semaine et au plus égale à l'année (→ index, *Travail, modulation de la durée du travail*) ;
- pour les salariés soumis à une convention de forfait sur le mois ou l'année (→ index, *Forfait*) ;
- ainsi que pour les salariés bénéficiant d'horaires individualisés.

Il est à noter également que les salariés à temps partiel, les jeunes de moins de 18 ans ainsi que les stagiaires de la formation professionnelle ne peuvent effectuer d'heures supplémentaires.

À NOTER

Dans les professions où s'appliquent des systèmes d'équivalence doivent être considérées comme heures supplémentaires celles effectuées au-delà de la durée de présence correspondant à la durée légale du travail.

La notion de travail hebdomadaire

Les heures supplémentaires se décomptent par semaine civile (*Code du travail, Art. L. 3121-20*). Sauf stipulation contraire d'un accord d'entreprise ou d'établissement, la semaine civile débute le lundi 0 heures et se termine le dimanche à 24 heures (*Code du travail, Art. L. 3122-1*). Donc :

- en cas de semaine de travail irrégulière, on ne saurait priver le salarié de ses droits à majoration pour heures supplémentaires en compensant des semaines longues par des semaines courtes (*Cour de cassation, Chambre sociale, 29/5/1986*) ;
- une absence pour maladie pendant une partie du mois ne doit pas dispenser du paiement des heures supplémentaires effectuées pendant les semaines où le salarié a été présent.

Les obligations du salarié

Le salarié ne peut refuser d'effectuer les heures supplémentaires demandées par son employeur dans la mesure où elles sont accomplies dans les limites et les conditions prévues par la convention ou l'accord collectif ou, à défaut, par la loi (contingent réglementaire) et régulièrement rémunérées. Un refus de sa part pourrait constituer une cause réelle et sérieuse de licenciement, et même, dans certains cas, une faute grave privative d'indemnités : salariée quittant brusquement son poste de travail un vendredi sans accomplir sa dernière heure de travail rémunérée en tant qu'heure supplémentaire en dépit de la mise en garde de son employeur parce qu'elle contestait le principe de la durée du travail qu'il avait mis en place, par exemple. Les tribunaux ont en effet considéré que ce comportement s'analysait en un acte d'indiscipline portant atteinte à l'autorité de l'employeur constituant une faute grave (*Cour de cassation, Chambre sociale, 19/7/1994*).

AVANTAGE

Certaines conventions ou accords collectifs peuvent prévoir que les heures supplémentaires ne peuvent être accomplies que sur la base du volontariat au-delà de certaines limites (au-delà du contingent annuel, par exemple). Dans ce cas, le salarié peut refuser d'effectuer de telles heures qui lui seraient imposées par son employeur.

Extraits du Code du travail

« **Art. L. 3121-22.** Les heures supplémentaires accomplies au-delà de la durée légale hebdomadaire fixée par l'article L. 3121-10, ou de la durée considérée comme équivalente, donnent lieu à une majoration de salaire de 25 % pour chacune des huit premières heures supplémentaires. Les heures suivantes donnent lieu à une majoration de 50 %.

Une convention ou un accord de branche étendu ou une convention ou un accord d'entreprise ou d'établissement peut prévoir un taux de majoration différent. Ce taux ne peut être inférieur à 10 %. »

« **Art. L. 3121-23.** Dans les entreprises dont la durée collective hebdomadaire de travail est supérieure à la durée légale hebdomadaire, la rémunération mensuelle due au salarié peut être calculée en multipliant la rémunération horaire par les 52/12 de cette durée hebdomadaire de travail, en tenant compte des majorations de salaire correspondant aux heures supplémentaires accomplies. »

« **Art. L. 3121-24.** Une convention ou un accord collectif d'entreprise ou d'établissement ou, à défaut, une convention ou un accord de branche peut prévoir le remplacement de tout ou partie du paiement des heures supplémentaires, ainsi que des majorations prévues à l'article L. 3121-22, par un repos compensateur équivalent.

Dans les entreprises dépourvues de délégué syndical non assujetties à l'obligation annuelle de négocier prévue à l'article L. 2242-1, ce remplacement peut être mis en place par l'employeur à condition que le comité d'entreprise ou les délégués du personnel, s'ils existent, ne s'y opposent pas.

La convention ou l'accord d'entreprise ou le texte soumis à l'avis du comité d'entreprise ou des délégués du personnel peut adapter les conditions et les modalités d'attribution et de prise du repos compensateur de remplacement à l'entreprise. »

« **Art. L. 3121-25.** Les heures supplémentaires donnant lieu à un repos compensateur équivalent ne s'imputent pas sur le contingent annuel d'heures supplémentaires. »

Dans quelles limites peut-on effectuer des heures supplémentaires ?

Les heures supplémentaires effectuées au cours de l'année ainsi qu'au cours de la semaine sont limitées.

› Le maximum annuel autorisé

L'employeur peut librement demander à ses salariés d'effectuer des heures supplémentaires dans la limite d'un contingent annuel. Ce contingent est fixé par la convention ou l'accord collectif d'entreprise ou d'établissement ou, à défaut, par la convention ou l'accord de branche appliqué dans l'entreprise (*Code du travail, Art. L. 3121-11*).

À défaut de contingent conventionnel, c'est le contingent réglementaire, fixé à 220 heures par an et par salarié, qui s'applique (*Code du travail, Art. D. 3121-14-1*).

Le contingent se décompte à partir de la 36e heure de travail hebdomadaire.

Les heures supplémentaires remplacées intégralement par un repos (→ index, *Heures supplémentaires, rémunération*) ne s'imputent pas sur ce contingent annuel. Il en est de même pour les heures supplémentaires effectuées pour faire face à des travaux urgents dont l'exécution est nécessaire pour prévenir des accidents imminents ou réparer des accidents survenus au matériel, aux installations ou aux bâtiments de l'établissement (*Code du travail, Art. L. 3121-16*), pour les heures effectuées au titre de la journée de solidarité ainsi que pour les heures supplémentaires effectuées par les salariés liés par une convention de forfait annuelle en heures ou en jours ainsi que pour les cadres dirigeants (→ index, *Forfait*).

Au-delà de ce contingent, les heures supplémentaires ne peuvent être accomplies qu'après l'avis du comité d'entreprise ou, à défaut, des délégués du personnel, s'il en existe (*Code du travail, Art. L. 3121-11-1*). Les conditions d'accomplissement des heures supplémentaires au-delà du contingent sont fixées par convention ou accord d'entreprise ou d'établissement ou, à défaut, par accord de branche. À défaut de texte conventionnel, l'employeur doit consulter les représentants du personnel sur ce sujet au moins une fois par an.

À NOTER

La loi n° 2008-789 du 20/8/2008 portant réforme du temps de travail a considérablement libéralisé le recours aux heures supplémentaires. En pratique, la fixation du contingent ne sert plus qu'à calculer le déclenchement de la contrepartie en repos, obligatoire pour les heures effectuées au-delà du contingent.

› Le maximum hebdomadaire autorisé

Le principe

Les heures supplémentaires ne peuvent entraîner une durée moyenne hebdomadaire de travail dépassant 44 heures sur une période de 12 semaines consécutives (46 heures dans certaines branches professionnelles, 40 heures pour les travailleurs de nuit) ni 48 heures au cours d'une même semaine (*Code du travail, Art. L. 3121-35 et s.*).

Cette règle concerne aussi bien les heures effectuées dans la limite du contingent annuel que celles effectuées au-delà de ce contingent.

Par exemple : supposons que, dans une entreprise, les salariés aient effectué au cours des 12 dernières semaines :

- 1 semaine de 48 heures ;
- 1 semaine de 46 heures ;
- 1 semaine de 45 heures ;
- 2 semaines de 44 heures (soit 88 heures) ;
- 7 semaines de 43 heures (soit 301 heures).

La moyenne du temps de travail sera donc de : 48 + 46 + 45 + 88 + 301 = 528 : 12 = 44 heures.

Sur la période considérée, l'entreprise a donc respecté la loi puisque la moyenne des heures de travail a été de 44 heures et que l'horaire d'une semaine quelconque pris isolément n'a jamais dépassé les 48 heures autorisées.

Les dérogations

- Des dérogations peuvent être prévues dans certains secteurs, certaines régions ou certaines entreprises. Ces dérogations peuvent consister en un dépassement de la durée de 44 heures ou une répartition sur une période de plus de 12 semaines.

Cette dérogation doit être demandée par le chef d'entreprise, après avis des représentants du personnel, à l'inspecteur du travail (*Code du travail, Art. R. 3121-23*).

- De plus, en cas de circonstances exceptionnelles entraînant temporairement un surcroît extraordinaire de travail, certaines entreprises peuvent être autorisées à dépasser le plafond de 48 heures par semaine, sans toutefois pouvoir dépasser 60 heures. Le comité d'entreprise ou les délégués du personnel doivent donner leur avis à ces dérogations qui peuvent être autorisées par le directeur régional des entreprises, de la concurrence, de la consommation, du travail et de l'emploi.

Ces dérogations ne sont admises que pour une durée expressément fixée dans chaque cas. Elles sont révocables à tout moment, notamment en cas de licenciement collectif dans le secteur, la région ou l'entreprise.

Comment les heures supplémentaires sont-elles rémunérées ?

Les heures supplémentaires font l'objet d'une majoration de salaire à un taux fixé par convention ou accord de branche étendu ou convention ou accord d'entreprise ou d'établissement. Ce taux ne peut être inférieur à 10 %. À défaut de disposition conventionnelle :

- les 8 premières heures supplémentaires (entre la 36e et la 43e heure hebdomadaire) donnent droit à une majoration de salaire de 25 % ;
- à compter de la 44e heure, la majoration de salaire passe à 50 % (*Code du travail, Art. L. 3121-22*).

AVANTAGE

Le paiement de tout ou partie des heures supplémentaires ainsi que de leurs majorations peut aussi être remplacé par un repos compensateur équivalent, soit 1 h 06 de repos pour les heures majorées de 10 %, 1 h 15 pour celles majorées de 25 % ou 1 h 30 pour celles majorées de 50 %.

Ce système peut être institué :

- par convention ou accord collectif d'entreprise ou d'établissement ou, à défaut, par convention ou accord de branche ;

- dans les entreprises dépourvues de délégué syndical, sur décision de l'employeur à condition que le comité d'entreprise ou les délégués du personnel, s'ils existent, ne s'y opposent pas (Code du travail, Art. L. 3121-24).

Les heures entièrement remplacées par un repos compensateur équivalent ne s'imputent pas sur le contingent annuel (Code du travail, Art. L. 3121-25).

› Le calcul et le paiement

Pour les heures faisant l'objet d'une majoration de salaire

Ces majorations sont calculées sur la base des salaires réels ainsi que sur les primes ayant le caractère de salaire.

Doivent être exclus les remboursements de frais professionnels (primes de panier, de déplacement…) et les primes indépendantes du travail accompli.

Les tribunaux ont souvent eu à se prononcer sur la nature des primes ayant le caractère de salaire (c'est-à-dire inhérentes à la nature du travail) et sur celles que l'on devait considérer comme indépendantes du salaire proprement dit.

La Cour de cassation considère qu'il ne faut pas prendre en compte les primes d'ancienneté ni les primes de productivité, de rendement ou d'objectif sauf si elles sont directement liées au travail d'un salarié ou d'un groupe homogène de production.

Ainsi, un salarié réclamait que son employeur prenne en compte, dans le calcul de ses heures supplémentaires, une prime de productivité qui, selon lui, récompensait son rendement personnel. Le conseil de prud'hommes, puis la cour d'appel lui avaient donné raison. Mais la Cour de cassation a annulé leur décision car l'employeur avait fait valoir que le résultat obtenu provenait de l'action collective de l'ensemble des employés dont certains ne participaient pas directement à la production (*Cour de cassation, Chambre sociale, 14/1/1970*).

À l'inverse, dans une entreprise de textile, une prime était calculée au niveau de chaque atelier en divisant le nombre de mètres de tissu par le nombre d'heures effectuées. En relevant qu'elle se rattachait directement au travail des ouvriers d'un atelier, les juges ont décidé que cette prime ne dépendait pas de la productivité générale de l'entreprise, mais uniquement de l'activité collective d'un groupe d'ouvriers. Elle constituait donc un élément de salaire et devait, par conséquent, être incluse dans le salaire servant de base au calcul des heures supplémentaires (*Cour de cassation, Chambre sociale, 29/4/1970*).

En revanche, on doit prendre en compte les primes allouées pour travail les dimanches et les jours fériés, les primes de dépaysement et d'assiduité.

Ces majorations doivent figurer sur le bulletin de salaire et être payées en même temps que le salaire du mois considéré.

Exception : les salariés cadres ou non-cadres effectuant des heures supplémentaires de manière régulière peuvent être rémunérés selon un forfait incluant un nombre prédéterminé d'heures supplémentaires sur la semaine, le mois, voire sur l'année (→ index, *Forfait*). Dans ce cas, les heures supplémentaires considérées n'ont pas à figurer sur le bulletin de paie qui doit cependant indiquer la nature et le volume du forfait auquel se rapporte le salaire versé.

Dans les entreprises où la durée collective du travail reste supérieure à 35 heures, les heures supplémentaires peuvent être mensualisées. Les salariés ont ainsi droit à une rémunération uniforme d'un mois sur l'autre, indépendante du nombre d'heures réellement effectuées au cours du mois considéré (*Code du travail, Art. L. 3121-23*).

Pour les heures faisant l'objet d'un repos

Ce repos doit être pris dans les conditions définies par l'accord collectif. À défaut, il doit respecter les règles prévues pour la contrepartie obligatoire en repos (→ index, *Heures supplémentaires, contrepartie en repos*).

Quel est le régime social et fiscal des heures supplémentaires ?

La loi n° 2007-1223 du 21/8/2007 en faveur du travail, de l'emploi et du pouvoir d'achat a institué un allègement de cotisations sociales et une exonération fiscale pour les heures supplémentaires effectuées depuis le 1/10/2007.

› Les heures concernées

Sont concernées par ces mesures les heures supplémentaires, c'est-à-dire toutes les heures effectuées que ce soit dans la limite ou au-delà du contingent annuel, mais également :

– les heures effectuées au-delà de 1 607 heures par an dans le cadre de conventions de forfait en heures sur l'année ;

– les majorations de salaire versées dans le cadre de conventions de forfait annuel en jours sur l'année, en contrepartie de la renonciation à des jours de repos au-delà du plafond annuel de 218 jours ;

– les heures supplémentaires effectuées dans le cadre du travail à temps partiel pour raisons familiales ;

– les heures supplémentaires effectuées dans le cade de l'aménagement du temps de travail sur une période supérieure à la semaine, à l'exception des heures effectuées entre 1 607 heures et la durée annuelle fixée par l'accord lorsqu'elle est inférieure ;

– les heures complémentaires effectuées dans la limite de 10 % de la durée hebdomadaire ou mensuelle du travail par les salariés à temps partiel.

› Les conditions pour en bénéficier

Le bénéfice de ces avantages est subordonné au respect des dispositions légales et conventionnelles relatives à la durée du travail.

Ils ne sont pas dus pour :

– les heures supplémentaires se substituant à d'autres éléments de rémunération (prime, par exemple) dans un délai de moins de 12 mois ;

– les heures complémentaires accomplies de manière régulière (horaire moyen calculé sur une période de 12 semaines dépassant de 2 heures au moins par semaine l'horaire prévu au contrat) ;

– les heures devenues supplémentaires du seul fait de l'abaissement de la limite haute hebdomadaire prévue en cas d'aménagement de la durée du travail sur une période supérieure à la semaine par accord signé après le 20/6/2007.

À NOTER

Pour les entreprises pratiquant un dispositif de modulation du temps de travail, de travail par cycle ou de RTT conclu par accord avant le 22/8/2008, les allègements des heures supplémentaires accomplies dans ce cadre restent applicables. Il en va de même en cas de dispositif de temps choisi.

› Les allègements de charges sociales

Pour les salariés

Les heures concernées ouvrent droit à une réduction de cotisations sociales salariales (y compris la CSG et la CRDS).

Le taux de cette réduction est égal au rapport entre la somme des cotisations salariales du mois considéré et la rémunération totale du même mois. Ce taux ne peut par ailleurs être supérieur à 21,50 %.

Exemple : pour un salarié touchant un salaire brut de 2 200 €/mois (hors heures supplémentaires) et effectuant 8 heures supplémentaires au cours du mois :

– rémunération des heures supplémentaires = 14,51 € x 125 % x 8 = 145,10 € ;

– rémunération brute = 2 200 € + 145,10 € = 2 345,10 € ;

– total des cotisations salariales dues sur la rémunération brute = 503,26 € ;

– rapport cotisations/salaire brut = 503,26/2 345,10 = 0,2146 (soit 21,46 %) ;

– réduction de cotisations sociales accordée = 145,10 € x 21,46 % = 31,14 €.

Pour les employeurs

Les employeurs bénéficient d'une déduction forfaitaire des cotisations patronales (sauf pour les heures complémentaires effectuées par les salariés à temps partiel). Le montant de cette déduction s'élève à :

– 1,50 € par heure dans les entreprises de 1 à 20 salariés ;

– 0,50 € dans celles de plus de 20 salariés.

Les entreprises qui, en raison de l'accroissement de leur effectif, dépassent pour la 1re fois les 20 salariés au titre de l'année 2008, 2009 ou 2010, continuent à bénéficier du taux de 1,50 € pendant 3 ans.

› L'exonération fiscale

Ces heures sont exonérées d'impôt sur le revenu dans leur totalité.

Les heures supplémentaires peuvent-elles être évaluées forfaitairement ?

Les salariés (cadres, tout particulièrement) qui effectuent régulièrement des heures supplémentaires peuvent être rémunérés forfaitairement, leur salaire mensuel incluant un volume d'heures supplémentaires convenu à l'avance.

Depuis l'entrée en vigueur de la loi n° 2008-789 du 20/8/2008, le Code du travail distingue trois types de conventions de forfait : la convention de forfait en heures sur la semaine ou sur le mois, la convention de forfait en heures sur l'année et la convention de forfait en jours sur l'année.

La convention de forfait en heures sur la semaine ou sur le mois

Ces conventions de forfait intègrent une durée du travail comprenant un certain nombre d'heures supplémentaires et prévoient une rémunération incluant celle de ces heures supplémentaires et de leur majoration, sur la semaine ou sur le mois, selon le cas (*Code du travail, Art. L. 3121-38*).

Exemple : « Monsieur Dupont percevra une rémunération de X euros correspondant à un horaire de 41 heures par semaines » ou encore « de 177 heures par mois ».

La mise en place des conventions de forfait en heures sur la semaine ou sur le mois ne nécessite pas la conclusion préalable d'une convention ou d'un accord collectif. Un tel forfait peut donc être conclu sur décision de l'employeur avec tout salarié dont l'horaire de travail comporte l'accomplissement régulier d'heures supplémentaires.

Certaines règles doivent cependant être respectées :

– le nombre d'heures supplémentaires inclues dans le forfait doit être déterminé ;

– la rémunération versée doit être au moins égale à la rémunération minimale applicable dans l'entreprise, augmentée des majorations pour heures supplémentaires (*Code du travail, Art. L. 3121-41*) ;

– dans le cas où le salarié effectue des heures supplémentaires au-delà de la durée prévue par le forfait, celles-ci doivent être rémunérées en plus du salaire forfaitaire (*Cour de cassation, Chambre sociale, 17/1/1996*). À l'inverse si le salarié a en réalité effectué moins d'heures que le nombre d'heures prévues dans son forfait, le salaire prévu dans le forfait doit être versé dans son intégralité (*Cour de cassation, Chambre sociale, 13/11/1970*).

La convention de forfait en heures sur l'année

Ce type de forfait fixe le nombre d'heures de travail que le salarié doit effectuer dans l'année et la rémunération qu'il percevra en contrepartie.

Exemple : « Monsieur Dupont percevra une rémunération de X euros par mois, correspondant à 1 800 heures de travail dans l'année ».

La mise en place de conventions de forfait annuel en heures sur l'année doit être prévue par un accord d'entreprise ou d'établissement ou, à défaut, par convention ou accord de branche.

C'est ce texte qui détermine les catégories de salariés susceptibles d'être soumis à ce type de forfait ainsi que la durée annuelle du travail à partir de laquelle le forfait est établi. Il fixe également les caractéristiques principales de ces conventions.

Peuvent être soumis à ce type de forfait :

– les cadres dont la nature des fonctions ne les conduit pas à suivre l'horaire collectif applicable au sein de l'atelier, du service ou de l'équipe auquel ils sont intégrés ;

– les salariés qui disposent d'une réelle autonomie dans l'organisation de leur emploi du temps (*Code du travail, Art. L. 3121-42*).

Les conventions individuelles doivent être établies dans la limite de la durée annuelle du travail fixée par l'accord. Aucune limite n'est fixée par la loi mais la durée retenue doit, en tout état de cause, respecter les durées maximales quotidiennes (10 heures par jour) et hebdomadaires (44 heures sur une période de 12 semaines consécutives et 48 heures sur une semaine isolée) ainsi que les repos hebdomadaire et quotidien (35 heures par semaine et 11 heures par jour).

La rémunération du salarié doit être au moins égale à la rémunération minimale applicable dans l'entreprise pour le nombre d'heures correspondant à son forfait, augmentée des majorations pour heures supplémentaires (*Code du travail, Art. L. 3121-41*).

La convention de forfait en jours sur l'année

Ce type de forfait fixe le nombre de jours de travail que le salarié doit effectuer dans l'année et la rémunération qu'il percevra en contrepartie.

Exemple : « Monsieur Dupont percevra une rémunération de X euros par mois, correspondant à 210 jours de travail dans l'année ».

Les conventions de forfait en jours sur l'année nécessitent également la conclusion préalable d'un accord d'entreprise ou d'établissement ou, à défaut, d'une convention ou d'un accord de branche. C'est ce texte qui détermine les catégories de salariés susceptibles d'être soumis à ce type de forfait ainsi que la durée annuelle du travail à partir de laquelle le forfait est établi et fixe les caractéristiques principales de ces conventions.

Peuvent être soumis à ce type de forfait :

– les cadres qui disposent d'une autonomie dans l'organisation de leur emploi du temps et dont la nature des fonctions ne les conduit pas à suivre l'horaire collectif applicable au sein de l'atelier, du service ou de l'équipe auquel ils sont intégrés ;

– les salariés dont la durée du temps de travail ne peut être prédéterminée et qui disposent d'une réelle autonomie dans l'organisation de leur emploi du temps pour l'exercice des responsabilités qui leur sont confiées (*Code du travail, Art. L. 3121-43*).

Les conventions individuelles doivent être établies dans la limite de la durée annuelle du travail fixée par l'accord. Le nombre de jours travaillés dans l'année ne peut excéder 218 jours (*Code du travail, Art. L. 3121-44*).

Toutefois, les salariés soumis à ce type de forfait peuvent renoncer, en accord avec leur employeur, à des jours de repos en contrepartie d'une majoration de leur salaire, même si la convention ou l'accord collectif ne prévoit pas cette possibilité. Dans un tel cas, le salarié peut donc travailler plus de 218 jours dans l'année. La loi n° 2008-789 du 20/8/2008 précise que, sauf accord ou convention collective prévoyant des dispositions différentes, le nombre de jours travaillés ne peut, dans ce cas, excéder 235 jours dans l'année (*Code du travail, Art. L. 3121-45*).

ATTENTION ⚠

Les salariés au forfait annuel en jours ne sont pas soumis aux dispositions relatives :

– à la durée légale hebdomadaire du travail ;

– aux durées maximales quotidienne et hebdomadaire (Code du travail, Art. L. 3121-48).

Ils ont toutefois droit au repos quotidien de 11 heures consécutives et au repos hebdomadaire de 35 heures consécutives ainsi qu'aux jours fériés et aux congés payés.

Si le salarié estime que la rémunération qu'il perçoit est manifestement sans rapport avec les sujétions qui lui sont imposées, il peut saisir le conseil de prud'hommes afin d'obtenir une indemnité calculée en fonction du préjudice subi (*Code du travail, Art. L. 3121-47*).

Les salariés au forfait annuel en jours bénéficient chaque année d'un entretien annuel avec leur employeur. Cet entretien porte sur la charge de travail, l'organisation du travail dans l'entreprise, l'articulation entre l'activité professionnelle et la vie personnelle et familiale de l'intéressé ainsi que sur sa rémunération (*Code du travail, Art. L. 3121-46*).

Dispositions communes

Les conventions individuelles de forfait ne peuvent résulter que de l'accord des parties. Un employeur ne peut donc imposer un tel mode de rémunération à un salarié sans son accord.Elles doivent être établies par écrit (*Code du travail, Art. L. 3121-40*). En pratique, le forfait est prévu dans le contrat de travail initial ou par avenant à ce contrat lorsqu'il est conclu ultérieurement.

Le comité d'entreprise est consulté chaque année sur le recours aux conventions de forfait ainsi que sur la modalité de suivi de la charge de travail des salariés concernés (*Code du travail, Art. L. 2323-29*).

ATTENTION ⚠

Les cadres dirigeants échappent totalement à la réglementation sur le temps de travail. Ils ne bénéficient pas des règles concernant le repos hebdomadaire, les jours fériés ou les heures supplémentaires. Cette catégorie concerne un très petit nombre de salariés de l'entreprise qui ont un rôle de « quasi employeur » et qui perçoivent une rémunération située dans les niveaux les plus élevés de l'entreprise (Code du travail, Art. L. 3111-2). La jurisprudence a précisé que la qualité de dirigeant doit être établie selon les conditions réelles d'emploi de l'intéressé, peu importe les stipulations générales éventuellement prévues par un accord collectif à ce sujet (Cour de cassation, Chambre sociale, 13/1/2009).

Les heures supplémentaires donnent-elles droit a une contrepartie en repos ?

La loi n° 2008-789 du 20/8/2008 sur la réforme du temps de travail a supprimé toute référence aux repos compensateurs auxquels donnaient droit les heures supplémentaires.

Seul l'octroi d'une « contrepartie en repos » reste obligatoirement due pour toute heure supplémentaire accomplie au-delà du contingent annuel.

La loi ne prévoit plus de repos compensateur pour les heures effectuées à l'intérieur du contingent annuel. Les conventions ou accords collectifs peuvent cependant prévoir une contrepartie en repos au titre de ces heures, mais cela n'est pas obligatoire (*Code du travail, Art. L. 3121-11*).

La durée du repos

La contrepartie obligatoire en repos est fixée à :

– 50 % dans les entreprises de 20 salariés au plus ;

– 100 % dans les entreprises de plus de 20 salariés.

Par exemple : dans une entreprise de 24 salariés appliquant un contingent annuel de 220 heures, un salarié effectue 45 heures au cours de 26 semaines dans l'année, soit 10 heures supplémentaires par semaine. Le contingent annuel de 220 heures sera dépassé à partir de la 23e semaine ($10 \times 22 = 220$).

De la 23e à la 26e semaine, il aura droit à $10 \times 4 \times 100\ \% = 40$ heures de repos pour les 10 heures supplémentaires hebdomadaires.

Les modalités de prise du repos

Les caractéristiques et les conditions de prise de la contrepartie obligatoire en repos sont fixées par convention ou accord d'entreprise ou d'établissement ou par accord de branche.

À défaut d'accord collectif, les règles fixées aux articles D. 3121-7 à D. 3121-14 du Code du travail doivent être respectées. À savoir :

La contrepartie obligatoire en repos peut être prise par journée ou demi-journée à la convenance du salarié (*Code du travail, Art. D. 3121-9*). Il faut attendre d'avoir accumulé 7 heures de repos pour pouvoir s'absenter de l'entreprise.

À NOTER

L'article D. 3121-8 du Code du travail précise que chaque journée ou demi-journée au cours de laquelle le repos est pris correspond au nombre d'heures qui auraient été réellement travaillées par le salarié ce jour-là.

Exemple : un salarié à temps partiel travaillant 4 heures le vendredi, prend son repos ce jour-là. Il aura pris 4 heures de repos et non 8 heures, même si l'horaire collectif est fixé à 8 heures le vendredi.

Le repos doit être pris dans un délai maximum de 2 mois après l'ouverture du droit, c'est-à-dire 2 mois après la 7e heure acquise (*Code du travail, Art. D. 3121-8*).

Le salarié doit être informé régulièrement de ses droits acquis grâce à un document annexé à son bulletin de paie (*Code du travail, Art. D. 3171-11 et s.*). Ce document de suivi doit indiquer :

– le cumul des heures supplémentaires effectuées depuis le début de l'année ;

– le nombre d'heures de repos acquises au cours du mois en distinguant, si nécessaire, la contrepartie obligatoire en repos et les repos remplaçant le paiement des heures supplémentaires ;

– le nombre de jours de repos effectivement pris au cours du mois y compris les jours pris en cas d'application d'un dispositif de répartition de la durée du travail sur une période supérieure à la semaine.

Par ailleurs, dès que le nombre d'heures de repos atteint 7 heures, il doit comporter une mention notifiant l'ouverture du droit à repos.

Ces règles s'appliquent également au repos de remplacement de tout ou partie du paiement des heures supplémentaires, à défaut de précision conventionnelle contraire.

Si le salarié ne prend pas son repos dans ce délai, il ne perd plus pour autant son droit. Lorsque ce cas se présente, l'employeur doit demander au salarié de prendre effectivement les repos auxquels il a droit dans un délai maximal d'1 an (*Code du travail, Art. D. 3121-10*).

Le salarié doit formuler sa demande au moins une semaine à l'avance en précisant la date et la durée du repos.

L'employeur est tenu de lui répondre dans les 7 jours qui suivent la réception de la demande.

Cette demande peut être refusée si l'employeur juge, après consultation des représentants du personnel, que cette absence nuirait au bon fonctionnement de l'entreprise. Le refus doit être justifié et une autre date doit être proposée au salarié (*Code du travail, Art. D. 3121-11*).

Si ces impératifs font obstacle à ce que plusieurs salariés prennent leur repos compensateur le même jour, il doit être tenu compte de l'ordre des demandes, de la situation de famille et de l'ancienneté de chaque salarié dans l'entreprise (*Code du travail, Art. D. 3121-12*).

AVANTAGE

La contrepartie obligatoire en repos doit être effectivement prise, ce qui signifie qu'il ne peut être remplacé par une indemnité compensatrice.

Toutefois, si le salarié quitte l'entreprise suite à une démission, un licenciement ou à la fin d'un contrat à durée déterminée avant d'avoir pu bénéficier de son repos, il a droit à une indemnité correspondant aux droits qu'il a acquis.

En cas de décès, l'indemnité est versée aux ayants droit de l'intéressé (Code du travail, Art. D. 3121-14).

Le repos hebdomadaire et les jours fériés

Les salariés ont droit à un jour de repos par semaine, en principe, le dimanche. Aucune loi n'oblige à accorder un repos les jours fériés, sauf le 1er mai. Cette obligation est cependant souvent prévue par les conventions collectives ou les usages.

Comment le repos hebdomadaire doit-il être observé ?

› Les principes

Tous les salariés ont droit à un jour de repos par semaine puisqu'au terme de la loi :

– il est interdit d'occuper plus de 6 jours par semaine un même salarié (*Code du travail, Art. L. 3132-1*) ;

– le repos hebdomadaire doit avoir une durée minimale de 24 heures consécutives auxquelles il convient d'ajouter les onze heures de repos quotidien obligatoires (*Code du travail, Art. L. 3132-2*).

Au total, le repos hebdomadaire ne peut donc être inférieur à 35 heures consécutives (24 h + 11 h).

Les jeunes de moins de 18 ans ont droit à 2 jours de repos consécutifs dont un le dimanche. Un accord de branche étendu ou un accord d'entreprise peut définir des modalités différentes sous réserve de respecter une période de repos de 36 heures au minimum. Le travail le dimanche est possible dans les entreprises ayant obtenu une dérogation dans ce sens (voir plus loin). Des règles particulières s'appliquent aux apprentis (*Code du travail, Art. L. 3164-1*).

La loi dispose, par ailleurs, que le repos hebdomadaire doit être donné le dimanche (*Code du travail, Art. L. 3132-3*).

Ces dispositions sont applicables même si le salarié ne travaille que quelques heures par jour ou s'il exerce plusieurs professions.

Il est à noter que ces principes ne concernent que l'emploi des salariés. L'employeur est parfaitement en droit d'ouvrir son entreprise le dimanche et d'y travailler, y compris avec des membres de sa famille (*Cour de cassation, Chambre criminelle, 2/2/1907*), des associés, voire avec des bénévoles, des voisins ou amis à condition que ces personnes ne soient pas ses salariés.

Outre les employeurs, les travailleurs indépendants, les dirigeants mandataires, les associés, la famille de l'employeur ou du chef d'établissement qui ne sont pas salariés sont également exclus de la réglementation concernant le repos hebdomadaire, le personnel des administrations de l'État, des collectivités publiques et des établissements publics hospitaliers.

Par ailleurs, des régimes spéciaux ont été institués pour certaines professions, compte tenu des particularités de leur travail (salariés agricoles, personnes des entreprises de transport routier, éducateurs et aides familiaux, par exemple).

Il est également possible, dans certains cas bien précis et uniquement dans ces cas, de déroger à ces obligations envers les salariés de droit commun.

› Les dérogations à la règle du repos hebdomadaire

Il est possible, dans certains cas précis prévus par le Code du travail, de déroger à l'obligation du repos hebdomadaire.

Travaux urgents

En cas de travaux urgents dont l'exécution immédiate est nécessaire pour organiser des mesures de sauvetage, pour prévenir des accidents imminents ou réparer des accidents survenus au matériel, aux installations ou aux bâtiments de l'établissement, le repos hebdomadaire peut être suspendu pour le personnel nécessaire à l'exécution de ces travaux.

Les salariés concernés doivent bénéficier d'un repos compensateur d'une durée égale au repos supprimé (*Code du travail, Art. L. 3132-4*).

Industries traitant des matières périssables ou ayant à répondre à un surcroît extraordinaire de travail

Dans les industries traitant des matières périssables ou ayant à répondre à certains moments à un surcroît extraordinaire de travail dont la liste est fixée à l'article R. 3132-1 du Code du travail (voir encadré plus loin), le repos hebdomadaire des salariés peut être suspendu deux fois au plus par mois, sans que le nombre de ces suspensions dans l'année soit supérieur à six.Les heures de travail ainsi accomplies le jour du repos hebdomadaire sont considérées comme des heures supplémentaires (*Code du travail, Art. L. 3132-5*).

Travaux dans les ports, débarcadères et stations

Dans les ports, débarcadères et stations, les salariés employés à certaines opérations de chargement et de déchargement (travaux du bâtiment, conserveries…) peuvent travailler le jour de repos hebdomadaire (*Code du travail, Art. L. 3132-6*).

Activités saisonnières

Dans certaines industries ne fonctionnant que pendant une partie de l'année et dans certains établissements appartenant aux branches d'activité à caractère saisonnier et n'ouvrant en tout ou partie que pendant une période de l'année (hôtels, stations balnéaires…), le repos hebdomadaire peut être en partie différé, sous réserve que chaque travailleur bénéficie au moins de deux jours de repos par mois, autant que possible le dimanche (*Code du travail, Art. L. 3132-7*).

Travaux de nettoyage des locaux industriels et de maintenance

Dans les établissements industriels ou commerciaux où le repos hebdomadaire est attribué le même jour à tous les salariés, ce repos peut être réduit à une demi-journée pour les salariés affectés aux travaux de nettoyage des locaux industriels et de maintenance qui doivent être réalisés nécessairement le jour de repos collectif et qui sont indispensables pour éviter un retard dans la reprise normale du travail.

Dans ce cas, un repos compensateur est attribué à raison d'une journée entière pour deux réductions d'une demi-journée (*Code du travail, Art. L. 3132-8*).

Travaux intéressant la défense nationale

Dans les établissements de l'Etat ainsi que dans ceux où sont exécutés des travaux pour le compte de l'Etat et dans l'intérêt de la défense nationale, le repos hebdomadaire peut être temporairement suspendu par les ministres intéressés (*Code du travail, Art. L. 3132-9*).

Etablissements industriels fonctionnant en continu

Dans les établissements industriels fonctionnant en continu, les repos hebdomadaires des salariés affectés aux travaux en continu peuvent être en partie différés dans les conditions suivantes :

– chaque salarié bénéficie, dans une période de travail donnée, d'un nombre de repos de 24 heures consécutives au moins égal au nombre de semaines comprises dans cette période ;

– chaque salarié bénéficie le plus possible de repos le dimanche (*Code du travail, Art. L. 3132-10*).

Gardiens et concierges des établissements industriels et commerciaux

Les gardiens et concierges des établissements industriels et commerciaux auxquels le repos hebdomadaire ne peut être donné bénéficient d'un repos compensateur (*Code du travail, Art. L. 3132-11*).

À NOTER

Cette dérogation n'est pas applicable aux jeunes travailleurs de moins de 18 ans.

› Les dérogations à la règle du repos dominical

Dérogations permanentes de droit

Certains établissements, dont le fonctionnement ou l'ouverture est rendu nécessaire par les contraintes de la production, de l'activité ou les besoins du public (liste fixée par l'article R. 3132-5 du Code du travail), peuvent de droit déroger à la règle du repos dominical en attribuant le repos hebdomadaire par roulement d'une journée entière un jour quelconque de la semaine (*Code du travail, Art. L. 3132-12*).

Dans les commerces de vente de denrées alimentaires au détail, le repos hebdomadaire peut être donné le dimanche à partir de treize heures.

Les salariés âgés de moins de 21 ans logés chez leurs employeurs bénéficient d'un repos compensateur, par roulement et par semaine, d'un autre après-midi.

Les autres salariés bénéficient d'un repos compensateur, par roulement et par quinzaine, d'une journée entière (*Code du travail, Art. L. 3132-13*).

Dans les communes d'intérêt touristique ou thermales ainsi que dans les zones touristiques d'affluence exceptionnelle ou d'animation culturelle permanente, le repos hebdomadaire peut être donné par roulement pour tout ou partie du personnel dans les établissements de vente au détail (*Code du travail, Art. L. 3132-25*).

Dérogations conventionnelles

Dans les industries ou les entreprises industrielles travaillant en continu, le repos hebdomadaire peut être attribué par roulement un autre jour que le dimanche.

Cette possibilité doit être prévue par convention ou accord collectif. À défaut, elle peut être accordée par l'inspecteur du travail après consultation des délégués syndicaux et avis du comité d'entreprise ou des délégués du personnel.

Il en est de même dans les entreprises travaillant en équipes de suppléance. Cette dérogation s'applique également au personnel nécessaire à l'encadrement de cette équipe (*Code du travail, Art. L. 3132-14 et s.*).

Dérogations temporaires accordées par le préfet

Lorsqu'il est établi que le repos simultané, le dimanche, de tous les salariés d'un établissement serait préjudiciable au public ou compromettrait le fonctionnement normal de cet établissement, le repos peut être autorisé par le préfet, soit toute l'année, soit à certaines époques de l'année seulement suivant l'une des modalités suivantes :

– un autre jour que le dimanche à tous les salariés de l'établissement ;

– du dimanche midi au lundi midi ;

– le dimanche après-midi avec un repos compensateur d'une journée par roulement et par quinzaine ;

– par roulement à tout ou partie des salariés.

L'autorisation accordée à un établissement par le préfet peut être étendue à plusieurs ou à la totalité des établissements de la même localité exerçant la même activité, s'adressant à la même clientèle, une fraction d'établissement ne pouvant, en aucun cas, être assimilée à un établissement (*Code du travail, Art. L. 3132-20 et L. 3132-23*).

Dans les périmètres d'usage de consommation exceptionnel (PUCE) délimités par le préfet de région dans les agglomérations de plus d'un million d'habitants (Paris, Lyon, Aix-Marseille et Lille), les établissements de vente au détail qui mettent à disposition des biens de service peuvent donner le repos hebdomadaire par roulement.

Pour les établissements (autres que les commerces alimentaires qui bénéficient des dérogations permanentes de droit), cette faculté est subordonnée à une autorisation administrative accordée pour 5 ans. Cette autorisation est donnée au vu d'un accord collectif ou, à défaut, d'une décision unilatérale de l'employeur approuvée par référendum dans l'entreprise. Il est précisé que pour ces établissements, le travail le dimanche se fait sur la base du volontariat, les salariés volontaires devant donner leur accord par écrit et pouvant refuser de travailler trois dimanches par an. Enfin, lorsque l'autorisation est accordée au vu d'une décision unilatérale de l'employeur, celui-ci doit informer chaque année les salariés volontaires de leur faculté de ne plus travailler le dimanche (la décision du salarié prenant effet 3 mois après sa notification écrite à l'employeur) (*Code du travail, Art. L. 3132-25-1 et s.*).

Dérogations accordées par le maire

Dans les commerces de détail où le repos hebdomadaire a lieu normalement le dimanche, ce repos peut être supprimé cinq fois par an au maximum pendant les dimanches désignés, pour chaque commerce de détail, par décision du maire. À Paris, cette décision est prise par le préfet.

Chaque salarié privé du repos du dimanche bénéficie d'un repos compensateur et d'une majoration de salaire pour ce jour de travail exceptionnel, égale à la valeur d'1/30e de son traitement mensuel ou à la valeur d'une journée de travail si l'intéressé est payé à la journée.L'arrêté du maire détermine les conditions dans lesquelles ce repos est accordé, soit collectivement, soit par roulement dans la quinzaine qui précède ou suit la suppression du repos.

Si le repos dominical est supprimé un dimanche précédant une fête légale, le repos compensateur est donné le jour de cette fête (*Code du travail, Art. L. 3132-26 et s.*).

Extrait du Code du travail

« **Art. R. 3132-1.** Les établissements des industries énumérés dans le tableau suivant, qui attribuent le repos hebdomadaire à tous les salariés le même jour, bénéficient de la suspension du repos hebdomadaire prévue à l'article L. 3132-5 :
- Ameublement, tapisserie, passementerie pour meubles ;
- Appareils orthopédiques ;
- Balnéaires (établissements) ;
- Bijouterie et joaillerie ;
- Biscuits employant le beurre frais (fabriques de) ;
- Blanchisseries de linge ;
- Boîtes de conserves (fabrication et imprimerie sur métaux pour) ;
- Bonneterie fine ;
- Boulangeries ;
- Brochages des imprimés ;
- Broderie et passementerie pour confections ;
- Cartons (fabriques de) pour jouets, bonbons, cartes de visites, rubans ;
- Charcuterie ;
- Colle et gélatine (fabrication de) ;
- Coloriage au patron ou à la main ;
- Confections de toute nature ;
- Conserves de fruits et confiserie, conserves de légumes et de poissons ;
- Couronnes funéraires (fabriques de) ;
- Délainage des peaux de mouton (industrie du) ;
- Dorure pour ameublement ;
- Dorure pour encadrements ;
- Filature, retordage de fils crêpés, bouclés et à bouton, de fils moulinés et multicolores ;
- Fleurs (extraction des parfums des) ;
- Fleurs et plumes ;
- Gainerie ;
- Hôtels, restaurants, traiteurs et rôtisseurs ;
- Impression de la laine peignée, blanchissage, teinture et impression des fils de laine, de coton et de soie destinés au tissage des étoffes de nouveauté ;
- Imprimeries typographiques, lithographiques, en taille-douce ;
- Jouets, bimbeloterie, petite tabletterie et articles de Paris (fabriques de) ;
- Laiteries, beurreries et fromageries industrielles ;
- Orfèvrerie (polissage, dorure, gravure, ciselage, guillochage et planage en) ;
- Papier (transformation du), fabrication des enveloppes, du cartonnage, des cahiers d'école, des registres, des papiers de fantaisie ;
- Papiers de tenture ;
- Parfumeries ;
- Pâtisseries ;
- Porcelaine (ateliers de décor sur) ;
- Reliure ;
- Réparations urgentes de navires et de machines motrices ;
- Soie (dévidage de la) pour étoffes de nouveauté ;
- Teinture, apprêt, blanchiment, impression, gaufrage et moirage des étoffes ;
- Tissage des étoffes de nouveauté destinées à l'habillement ;
- Tulles, dentelles et laizes de soie ;
- Voiles de navires armés pour la grande pêche (confection et réparation des). »

À NOTER

Les inspecteurs du travail peuvent également, indépendamment des poursuites pénales, saisir le Tribunal de grande instance, en référé, afin de faire cesser l'emploi illicite des salariés, en infraction aux règles du repos dominical (Code du travail, Art. L. 3132-31).

Le président du tribunal peut alors ordonner la fermeture du magasin, éventuellement sous astreinte.

Comment le travail du dimanche est-il rémunéré ?

La loi a prévu des cas de majoration particulière de salaire pour le travail du dimanche.

- Dans les établissements de commerce de détail, lorsque le repos du dimanche est supprimé par arrêté municipal, chaque salarié ainsi privé de repos doit bénéficier, outre d'un repos compensateur pris dans la quinzaine qui suit ou qui précède la suppression, d'une majoration de ce salaire pour ce jour de travail exceptionnel égale au moins au double de la rémunération due pour une durée équivalente (*Code du travail, Art. L. 3132-27*).

Il en est de même dans les PUCE, lorsque le travail du dimanche est fixé par décision unilatérale de l'employeur (*Code du travail, Art. L. 3132-25-3*).

- Lorsque l'entreprise fonctionne par équipes de suppléance, la rémunération des salariés du groupe ayant pour fonction de suppléer un autre groupe pendant le dimanche doit être majorée d'au moins 50 % par rapport à celle qui serait due pour une durée équivalente effectuée suivant l'horaire normal de l'entreprise (*Code du travail, Art. L. 3132-19*).

À NOTER

En dehors des cas prévus par le Code du travail, la loi n'a prévu aucune majoration particulière pour le travail du dimanche.

Ces heures de travail ne sont donc légalement majorées que si elles sont considérées comme des heures supplémentaires au-delà de la durée du travail appliquée dans l'entreprise.

Mais les conventions ou accords collectifs prévoient quelquefois une majoration qui varie entre 15 et 100 % suivant les régions et les branches d'activité.

Quels sont les jours fériés officiels ?

L'article L. 3133-1 du Code du travail donne la liste des jours fériés légaux qui sont :
- le 1er janvier (jour de l'an) ;
- le lundi de Pâques ;
- le 1er mai (fête du Travail) ;
- le 8 mai (Victoire de 1945) ;
- le jeudi de l'Ascension ;
- le lundi de Pentecôte (voir plus loin l'encadré sur la journée de solidarité) ;
- le 14 juillet (fête nationale) ;
- le 15 août (Assomption) ;
- le 1er novembre (Toussaint) ;
- le 11 novembre (Victoire de 1918) ;
- le 25 décembre (Noël).

Il convient d'ajouter à cette liste quelques jours fériés locaux, régionaux ou professionnels (le jour de la Sainte-Barbe pour les mineurs, de la Saint-Éloi pour les métallurgistes du nord de la France, de la Saint-Étienne et du vendredi saint en Alsace-Moselle...).

Le 1er mai bénéficie d'une réglementation particulière par rapport aux autres jours fériés, le Code du travail précisant qu'il doit obligatoirement être chômé et payé.

Quelles sont les règles concernant le 1er mai ?

Le 1er mai doit être obligatoirement chômé (*Code du travail, Art. L. 3133-4*) et payé.

Le paiement du 1er mai

Les salariés ne peuvent subir aucune réduction de salaire du fait du chômage le 1er mai (*Code du travail, Art. L. 3133-5*).

Cette règle s'applique quel que soit le mode de rémunération (paiement au mois, à la semaine, à la journée, à l'heure, au rendement).

Si le 1er mai coïncide avec un jour de repos habituel (dimanche ou samedi), le salarié ne peut prétendre à une indemnisation complémentaire, le 1er mai n'ayant pas, dans ce cas, entraîné de réduction de son salaire.

Il en est de même s'il n'avait pas travaillé ce jour-là, pour cause de maladie, d'accident ou de chômage partiel, par exemple *(Cour de cassation, Chambre sociale,*

26/10/1964). En revanche, un salarié dont l'absence justifié aurait pris fin la veille (30 avril) ou le lendemain (2 mai) peut prétendre au maintien de son salaire le 1er mai puisqu'il aurait effectivement travaillé ce jour s'il n'avait pas été férié.

La journée du 1er mai, bien que chômée, est assimilée à une journée de travail effectif pour le décompte de heures supplémentaires ou de la durée des congés payés, par exemple.

Le travail le 1er mai

Des exceptions au chômage le 1er mai sont prévues dans les entreprises qui, en raison de la nature de leur activité, ne peuvent interrompre leur fonctionnement (*Code du travail, Art. L. 3133-6*).

Il n'existe pas de liste précise des entreprises concernées. Seule la nature de l'activité justifie le travail le 1er mai. Il en est ainsi des usines à feu continu, des entreprises de transports, des hôpitaux ou des hôtels, par exemple.

Les salariés devant travailler le 1er mai ont droit, en plus de leur salaire habituel, à une indemnité égale au montant de ce salaire (le salaire de base plus les primes inhérentes à la nature du travail effectué ce jour-là). Le salaire est donc doublé en cas de travail le 1er mai.

Sanctions

Les employeurs qui n'observent pas les règles concernant le 1er mai sont passibles d'une amende pour contravention de la 4e classe *(Voir pages Barème)* appliquée autant de fois qu'il y a de salariés concernés (*Code du travail, Art. R. 3135-3*).

Quelles sont les règles concernant les autres jours fériés ?

Le chômage des jours fériés

L'article L. 3133-3 du Code du travail prévoit le paiement des jours fériés chômés (y compris les heures supplémentaires) aux salariés remplissant les conditions suivantes :

– avoir au moins 3 mois d'ancienneté dans l'entreprise ;

– totaliser au moins 200 heures de travail au cours des 2 mois précédents ;

– être présents la veille et le lendemain du jour férié considéré.

Cette disposition ne s'applique pas aux travailleurs à domicile, saisonniers, intermittents ou temporaires.

Pour les autres salariés, le paiement de tout ou partie des jours fériés peut être prévu dans leur convention collective. À défaut, ils ne sont pas payés.

Les heures perdues par suite de chômage des jours fériés ne peuvent donner lieu à récupération (*Code du travail, Art. L. 3133-2*).

Le travail un jour férié

Les jours fériés légaux sont obligatoirement chômés pour les jeunes travailleurs âgés de moins de 18 ans. Dans certains secteurs d'activité (hôtellerie, restauration, cafés, boulangerie…) cependant, un accord collectif peut déroger à cette interdiction à condition que ces jeunes travailleurs bénéficient d'un repos hebdomadaire de 2 jours consécutifs (*Code du travail, Art. L. 3164-6 et R. 3164-2*).

Aucune obligation légale n'existe pour les adultes. L'employeur a donc le droit de faire travailler ses employés de plus de 18 ans un jour férié.

Le salarié ne peut refuser de travailler, sauf si sa convention collective prévoit le chômage obligatoire ou s'il peut établir un usage constant en ce sens.

Pour ce faire, il convient de démontrer que, depuis plusieurs années, on ne travaille pas ce jour-là dans l'entreprise.

Les salariés travaillant un jour férié ne peuvent exiger, comme pour le 1er mai, une rémunération double, sauf si leur convention collective le prévoit.

Dans certains cas, ils peuvent bénéficier d'un repos compensateur en vertu de leur convention collective ou d'un usage (→ index, *Repos compensateur*).

Quelle est la réglementation concernant les ponts ?

Les ponts sont des jours normalement ouvrables, qui se situent entre un jour férié et un jour de repos, généralement au début ou en fin de semaine.

Aucun texte, loi ou règlement, ne régit cette pratique. Les conventions collectives en traitent rarement.

C'est l'employeur, et lui seul, qui décide, en vertu de son pouvoir d'organisation du travail dans son entreprise, d'accorder ou non un pont. Les salariés ne sauraient le lui imposer.

S'il décide d'accorder un pont, l'employeur doit consulter le comité d'entreprise, avertir l'inspecteur du travail et afficher l'horaire aménagé, le pont modifiant l'horaire collectif dans l'entreprise (→ index, *Travail, horaires*).

ATTENTION ⚠

Contrairement aux heures de travail perdues par suite de chômage un jour férié, les heures perdues les jours de ponts sont récupérables (→ index, *Heures de récupération).*

Le paiement des journées de pont n'est pas obligatoire, sauf si ce paiement résulte d'une convention collective (ce qui, rappelons-le, est rare), d'un usage dans la profession ou dans l'entreprise. Il suffit, pour cela, de démontrer que depuis plusieurs années, les ponts ont toujours été rémunérés à tous les membres de l'entreprise.

AVANTAGE

Les journées de ponts ne peuvent être imputées sur la durée des congés payés auxquels le salarié a droit (Cour de cassation, Chambre sociale, 17/4/1986).

UNE JOURNÉE DE SOLIDARITÉ

Une journée de solidarité annuelle en faveur des personnes âgées et handicapées a été instituée dans toutes les entreprises par la loi n° 2004-626 du 30/6/2004 (*Code du travail, Art. L. 3133-7*). Dans les entreprises privées, ce jour doit être fixé par accord d'entreprise ou d'établissement ou, à défaut, par accord de branche. Il peut s'agir d'un jour férié précédemment chômé (sauf le 1er mai) mais également d'une journée de repos accordée dans le cadre d'un dispositif conventionnel de répartition de la durée du travail sur une période supérieure à la semaine (→ index, *Travail, modulation de la durée du travail*) ou de toute autre modalité permettant le travail de 7 heures précédemment travaillées (la journée de solidarité peut donc être fractionnée sur plusieurs dates). À défaut d'accord collectif, il appartient à l'employeur de fixer les modalités d'accomplissement de la journée de solidarité, après consultation du comité d'entreprise ou des délégués du personnel (*Code du travail, Art. L. 3133-8*).

Dans la limite de 7 heures pour un salarié à temps complet (ce nombre d'heures étant réduit proportionnellement à la durée du travail effectuée par un salarié à temps partiel), cette journée de travail supplémentaire :
- ne donne pas lieu à un complément de rémunération ;
- ne donne pas droit à une contrepartie obligatoire en repos ;
- ne s'impute pas sur le contingent d'heures supplémentaires ni sur le volume d'heures complémentaires pour les salariés à temps partiel (*Code du travail, Art. L. 3133-10 et L. 3133-11*).

En contrepartie de ce travail gratuit, l'employeur doit verser une contribution de 0,3 %, assise sur le salaire de ses employés auprès de la Caisse nationale de solidarité pour l'autonomie.

Des dispositions spécifiques ont été prévues pour régler certains cas particuliers. Ainsi :

◆ le salarié qui change d'employeur après avoir déjà accompli sa journée de solidarité au titre de l'année en cours peut :
- soit effectuer une nouvelle journée de solidarité chez son nouvel employeur, ce jour lui étant alors payé,
- soit refuser d'effectuer cette nouvelle journée de travail supplémentaire, ce refus ne pouvant constituer ni une faute ni un motif de licenciement (*Code du travail, Art. L. 3133-12*) ;

◆ les jeunes travailleurs de moins de 18 ans ne pouvant travailler un jour férié reconnu par la loi n'ont donc pas à effectuer la journée de solidarité lorsque celle-ci coïncide avec un jour férié. Si la date retenue ne correspond pas à un jour férié, ils sont alors tenus à cette obligation au même titre que les autres salariés de l'entreprise ;

◆ les salariés non mensualisés (travailleurs à domicile, temporaires, saisonniers et intermittents) doivent être rémunérés pour le travail effectué lors d'une journée de solidarité (*Circulaire DRT n° 40 du 16/12/2004*) ;

◆ en cas d'absence injustifiée d'un salarié lors de la journée de solidarité, l'employeur peut pratiquer une retenue de 1/30e sur son salaire mensuel (*Cour de cassation, Chambre sociale, 16/1/2008*) ;

◆ cette journée ne peut être effectuée un dimanche. Par ailleurs, dans les départements de la Moselle, du Haut-Rhin et du Bas-Rhin, la journée de solidarité ne peut être fixée ni le premier et le second jour de Noël, ni le Vendredi Saint (*Code du travail, Art. L. 3133-8*).

Cas pratiques

La durée du travail

Temps de pause - conditions

J'ai un litige avec mon employeur sur le décompte des temps de pause. Il estime que dans la mesure où un salarié doit rester à la disposition de l'entreprise pendant ses pauses, celles-ci peuvent intervenir avant que la durée de 6 heures soit entièrement écoulée ? Qu'en pensez-vous ?

L'article L. 3121-33 du Code du travail précise qu'aucun temps de travail quotidien ne peut atteindre 6 heures sans que le salarié bénéficie d'un temps de pause d'une durée minimale de 20 minutes. Selon la jurisprudence, cela signifie qu'un salarié n'a droit à une pause d'au moins 20 minutes qu'après 6 heures de travail effectif. Ne remplit donc pas ces conditions un salarié qui a accompli un travail effectif de 6 heures pause comprise (*Cour de cassation, Chambre sociale, 13/3/2001*).
Vous pouvez donc dire à votre employeur que la durée de 6 heures doit se calculer hors temps de pause. N'hésitez pas également à vous reporter à votre convention collective qui peut prévoir des temps de pause plus avantageux.

Travail à temps partiel - justificatifs des horaires

J'ai été embauché sous contrat à durée déterminée et à temps partiel. Je n'ai pas été rémunéré pour toutes mes heures de travail effectuées. Qui doit faire la preuve des heures devant le conseil des prud'hommes ?

Conformément à l'article L. 3171-4 du Code du travail, en cas de litige relatif à l'existence ou au nombre d'heures de travail effectuées, l'employeur doit fournir au juge les éléments justifiant les horaires effectivement réalisés par le salarié. Au vu de ces éléments et de ceux fournis par le salarié à l'appui de sa demande, le juge forme sa conviction après avoir ordonné, en cas de besoin, toutes les mesures d'instruction qu'il estime utiles. La preuve n'incombe donc, d'après ce texte, à aucune des parties spécialement (*Cour de cassation, Chambre sociale, 13/10/1998*). Cependant, le salarié doit étayer sa demande sous peine de la voir rejetée *(Cour de cassation, Chambre sociale, 25/2/2004)*.

Heures supplémentaires - refus du salarié

Mon employeur peut-il m'imposer des heures supplémentaires ? Puis-je refuser de les faire ?

Oui, votre employeur peut vous imposer des heures supplémentaires dès lors qu'il a respecté les limites qui lui sont imposées par les textes (contingent réglementaire ou conventionnel d'heures supplémentaires) et a accompli les formalités nécessaires. Il faut cependant que ces heures soient imposées par la nature ou la quantité du travail demandé et plus généralement qu'elles soient demandées dans l'intérêt de l'entreprise. Dans cette hypothèse, il n'y a pas, en principe, modification du contrat de travail nécessitant l'accord du salarié (*Cour de cassation, Chambre sociale, 9/3/1999*). Le refus du salarié de les effectuer l'expose alors à des sanctions, voire à un licenciement.

Heures supplémentaires - preuve

Qui doit faire la preuve des heures supplémentaires, le salarié ou l'employeur ?

Il résulte de l'article L. 3171-4 du Code du travail que :
- la preuve des heures de travail effectuées n'incombe spécialement à aucune des parties (salarié ou employeur) ;
- et que l'employeur doit fournir au juge les éléments de nature à justifier les horaires effectivement réalisés par le salarié.

Mais, selon la Cour de cassation, il appartient au salarié de fournir préalablement au juge des éléments de nature à étayer sa demande (*Cour de cassation, Chambre sociale, 25/2/2004*).

Heures supplémentaires - bulletin de paie

Suffit-il que je prouve l'omission des heures supplémentaire sur mon bulletin de paie pour que mon employeur soit condamné pour travail dissimulé ?

La dissimulation d'emploi salarié, prévue par le dernier alinéa de l'article L. 8221-5 du Code du travail, n'est retenue que s'il est établi que l'employeur a, de manière intentionnelle, mentionné sur le bulletin de paie un nombre d'heures de travail inférieur à celui réellement effectué. Selon la Cour de cassation, le caractère intentionnel ne peut pas se déduire de la seule absence de mention des heures supplémentaires sur les bulletins de paie (*Cour de cassation, Chambre sociale, 19/1/2005 et 29/6/2005*).

Journée de solidarité - absence du salarié

J'ai eu la surprise de constater que deux de mes salariés, sans me prévenir, ne sont pas venus travailler lors de la journée de solidarité, fixée un lundi de Pentecôte. Je considère leur absence injustifiée. Puis-je demander à la comptabilité d'opérer une retenue sur leur salaire ?

La journée de solidarité, destinée au financement d'actions en faveur de l'autonomie des personnes âgées ou handicapées, s'impose effectivement aux salariés. L'absence injustifiée vous autorise à pratiquer une retenue sur salaire pour une somme correspondant à 7 heures de travail, comme l'a jugé la Cour de cassation (*Cour de cassation, Chambre sociale, 28/10/2008*).

Les congés

Les salariés ont droit à 5 semaines de congés payés annuels qu'ils peuvent prendre entre le 1er mai et le 31 octobre de chaque année. À côté de ce congé ouvert à tous, la loi accorde de nombreuses autorisations d'absence, rémunérées ou non, dans certaines circonstances particulières. On peut classer ces congés en deux catégories principales :

– ceux liés à des événements familiaux : mariage, naissance ou adoption d'un enfant, décès d'un parent ;

– ceux liés à l'exercice d'une activité professionnelle ou extra-professionnelle : congé pour création d'entreprise, congé de recherche, congé accordé aux sapeurs-pompiers...

Le congé sabbatique, quant à lui, n'a pas de finalité spécifique et peut être employé pour n'importe quelle activité.

Les congés payés annuels

La durée des congés payés annuels est fixée à 5 semaines. Certaines circonstances ont une influence sur cette durée qui peut ainsi être allongée (congé supplémentaire pour fractionnement) ou diminuée (absences au cours de l'année).

Comment les congés payés annuels sont-ils calculés ?

Tout travailleur salarié a droit à 2 jours 1/2 ouvrables de congés payés par mois de travail accompli au cours de la période dite de référence, dans la limite de 30 jours ouvrables (soit 5 semaines).

En principe, la période de référence se situe entre le 1er juin de l'année précédente et le 31 mai de l'année en cours. Une période différente peut être fixée par les conventions ou accords collectifs prévoyant la répartition de la durée du travail sur une période supérieure à la semaine (*Code du travail, Art. L. 3141-11*).

Cette règle, simple en apparence, appelle cependant un certain nombre d'explications. Ces explications concernent les règles édictées par le Code du travail qui s'appliquent à tous les salariés. Cependant, les conventions collectives peuvent prévoir un régime plus favorable.

L'ouverture du droit à congé

Le salarié doit justifier d'un minimum de 10 jours de travail effectif chez le même employeur au cours de la période de référence pour pouvoir prétendre aux congés payés (*Code du travail, Art. L. 3141-1*).

La durée minimale de travail nécessaire pour acquérir un droit à congés payés a été réduite de 1 mois à 10 jours par la loi n° 2008-789 du 20/8/2008 afin de mettre le droit français en conformité avec la jurisprudence communautaire. Cette modification permet aux salariés dont le contrat de travail a été rompu au cours de leur période d'essai moins d'1 mois après leur embauche ou à ceux dont le contrat se termine au cours du mois de juin d'avoir droit à des jours de congés payés. Reste à savoir à combien de jours auront droit les salariés justifiant de 10 jours à 1 mois d'ancienneté…

On ne retient que le travail effectif (→ index, *Travail effectif*). Toutes les périodes d'absence, quelle qu'en soit la cause, sont donc défalquées pour le calcul de l'ouverture du droit à congé.

AVANTAGE

Les salariés peuvent prendre leurs congés dès ouverture du droit. Ainsi, les salariés engagés en cours d'année peuvent, avec l'accord de leur employeur, bénéficier de leurs congés payés dès qu'ils comptabilisent 10 jours de travail. Ils n'ont plus à attendre la fin de la période de référence (Code du travail, Art. L. 3141-12).

La durée du congé

La durée du congé payé normal est de 2 jours 1/2 ouvrables par mois de travail sans qu'elle puisse excéder au total 30 jours ouvrables (soit 5 semaines).

Le mois de travail s'entend non du mois civil, mais du mois effectué de date à date.

Par exemple : un salarié engagé un 10 mars, licencié un 10 mai, aura travaillé 3 mois. Il aura donc droit à :
2 jours 1/2 × 3 = 7 jours 1/2,
arrondis à 8 jours.

Lorsque le nombre de jours n'est pas un nombre entier, la durée du congé est portée au nombre entier immédiatement supérieur.

Pour les salariés n'ayant pas travaillé pendant la totalité de la période de référence (pour cause de maladie, par exemple), on établit une équivalence entre le mois de travail et les périodes de 4 semaines ou de 24 jours de travail (si l'horaire hebdomadaire de travail est réparti sur 6 jours), 22 jours (si l'horaire hebdomadaire de travail est réparti sur 5 jours 1/2), 20 jours (s'il est réparti sur 5 jours ou moins).

Un salarié a donc droit à la totalité de ses congés s'il a travaillé au moins 48 semaines (288, 264 ou 240 jours selon l'horaire hebdomadaire pratiqué) pendant la période de référence.

La durée du congé est déterminée d'après les périodes de travail effectif accomplies par le salarié. Les périodes d'absence (pour maladie, grève...) ne sont donc pas retenues.

Certaines périodes d'absence sont cependant assimilées à des périodes de travail effectif. Il en est ainsi :

– des jours fériés chômés ;

– de la période de congés payés de l'année précédente ;

– de la contrepartie obligatoire en repos pour heures supplémentaires ;

– des périodes de congé maternité et de congé d'adoption et des absences pour se rendre aux examens médicaux de maternité obligatoires ;

– des périodes d'absence par suite d'accident du travail ou de maladie professionnelle (limitées à une durée d'1 an ininterrompue) ;

– les périodes de chômage partiel ;

– des périodes de maintien ou de rappel sous les drapeaux et de la journée d'absence pour participer à la journée défense et citoyenneté ;

– des périodes de réserve militaire ;

– du congé de formation économique sociale et syndicale ;

– du congé de formation des cadres et des animateurs de la jeunesse ;

– des congés de formation professionnelle et de bilan de compétence ;

– des congés pour événement familiaux ;

– des congés de formation des conseillers prud'hommes ;

– des autorisations d'absence pour les candidats à une fonction parlementaire ou les élus locaux ;

– des périodes d'absence des salariés exerçant une fonction dans les organismes de Sécurité sociale, mutuelles, associations, chambres d'agriculture… ;

– du temps de mission des conseillers du salarié lors de l'entretien préalable de licenciement et ceux exerçant une fonction d'assistance ou de représentation devant le conseil de prud'hommes.

Le décompte des jours de congés

Les jours de congés se décomptent en jours ouvrables (2 jours 1/2 par mois, 30 au total).

Par jours ouvrables, on entend chaque jour de la semaine du lundi au samedi à l'exception :

– du dimanche (ou du jour de repos hebdomadaire qui le remplace dans la semaine) ;

– des jours fériés chômés.

Cette définition oblige à comptabiliser les samedis (ou les lundis) compris dans une période de congé même s'ils sont, en pratique, chômés dans l'entreprise.

Cependant, la jurisprudence admet que le premier samedi (ou lundi selon le cas) n'a pas à être comptabilisé en jour de congé. Le premier jour ouvrable de congé est donc le premier jour où le salarié aurait dû travailler.

Par exemple : pour un salarié qui part en congé un vendredi soir alors que le samedi est chômé dans son entreprise, son premier jour de vacances sera le lundi suivant.

Le dernier samedi sera, en revanche, comptabilisé au titre de jour de congé payé.

Un jour férié chômé inclu dans la période de congés payés prolonge d'une journée la durée du congé même dans les cas où ce jour coïncide avec la journée habituelle de repos dans l'entreprise.

Mais attention : cette règle s'applique uniquement aux jours fériés, et non aux ponts qui peuvent précéder ou suivre ce jour férié. Le salarié qui se trouve en congé au moment d'un pont ne peut donc prétendre à une journée de congé supplémentaire.

Les jours de congés supplémentaires

Les mères de famille âgées de moins de 21 ans au 30 avril précédent ont droit à 2 jours supplémentaires par enfant à charge de moins de 15 ans (1 jour si le congé principal n'excède pas 6 jours) (*Code du travail, Art. L. 3141-9*).

Les jeunes travailleurs et apprentis âgés de moins de 21 ans au 30 avril de l'année précédente ont droit à 30 jours ouvrables de congé, même s'ils n'ont pas travaillé le temps nécessaire au cours de la période de référence (mais dans ce cas, le congé supplémentaire accordé à ce titre n'est pas payé) (*Code du travail, Art. L. 3164-9*).

Des jours supplémentaires peuvent également être accordés en cas de fractionnement (→ index, *Congés payés, fractionnement*).

À NOTER

Certaines entreprises, dans un souci de simplification, calculent les congés en jours ouvrés (c'est-à-dire en jours normalement travaillés). Elles appliquent alors l'équivalence : 6 jours ouvrables = 5 jours ouvrés, et le total de 30 jours ouvrables devient 25 jours ouvrés.

AVANTAGE

Les conventions collectives, le contrat de travail individuel ou les usages de la profession peuvent prévoir des jours de congés supplémentaires, notamment en fonction du statut (cadre) et de l'ancienneté du salarié dans l'entreprise.

LES SALARIÉS À TEMPS PARTIEL

L'horaire de travail est sans incidence :
- sur l'ouverture du droit aux congés : il suffit, pour bénéficier d'un congé, d'avoir travaillé au minimum 10 jours suivant l'horaire convenu.
Par exemple : un salarié ayant travaillé 1 heure par jour pendant 1 mois dans l'entreprise aura droit à 2 jours 1/2 de congés payés ;

- sur la durée des congés : toute journée de travail est considérée comme une journée de travail effectif même si elle est réduite à une heure de travail.

Corrélativement, on doit déduire une journée de congé pour chaque jour de congés payés pris même si l'horaire de travail est seulement partiel ce jour-là.

Par exemple : un salarié travaillant à mi-temps du lundi au vendredi acquiert 2 jours 1/2 de congé par mois de travail (et non 1,25) ; prend donc 6 jours ouvrables de congés (et non 3) s'il s'absente 1 semaine.

Le décompte des jours de congés en jours ouvrables se fait de la même façon que pour les autres salariés.

Le point de départ des congés est le premier jour où le salarié aurait dû travailler, ensuite tous les jours ouvrables jusqu'à la reprise doivent être décomptés dans le nombre de jours de congés pris (*Cour de cassation, Chambre sociale, 22/2/2000*).

Exemple : un salarié travaillant les lundi, mardi et mercredi aura droit à 30 jours ouvrables de congés annuels. Il se verra décompter :
- 2 jours de congés s'il s'absente du jeudi au mardi suivant compris (le congé ne démarre qu'au lundi, 1er jour normalement travaillé) ;
- 6 jours ouvrables de congés s'il s'absente du mercredi jusqu'au mardi suivant compris.

Lorsque le calcul se fait en jours ouvrés, le mode de décompte est identique.

Exemple : le même salarié aura droit à 25 jours ouvrés de congés et se verra décompter 5 jours ouvrés de congés s'il s'absente du mercredi au mardi suivant compris.

Cependant, certaines entreprises adoptent un mode de calcul particulier consistant à ne décompter que les jours où le salarié aurait réellement travaillé.

On réduit alors au prorata, le nombre de jours de congés annuels dus selon la formule suivante :
$30 \times$ nombres de jours travaillés $\div 6$.

Le calcul des jours de congés pris se fait alors uniquement en fonction des jours travaillés par le salarié.

Exemple : le salarié travaillant les lundi, mardi et mercredi aura droit dans l'année à :
$30 \times 3 \div 6 = 15$ jours ouvrés de congés.

S'il s'absente du mercredi au mercredi matin suivant, il ne lui sera décompté que 2 jours de congés (le lundi et le mardi).

PÉRIODES D'ABSENCE PRISES EN COMPTE DANS LE CALCUL DES CONGÉS PAYÉS	
Périodes d'absence prises en compte pour le calcul des droits à congés payés	**Périodes d'absence non prises en compte pour le calcul des droits à congés payés**
• Congés payés de l'année précédente • Jours fériés chômés • Jours de repos accordés dans le cadre d'un dispositif conventionnel de répartition de la durée du travail sur une période supérieure à la semaine • Contrepartie obligatoire en repos pour heures supplémentaires • Absences pour se rendre aux examens médicaux obligatoires en cas de grossesse • Congé maternité • Accident du travail ou maladie professionnelle limités à 1 an • Chômage partiel • Congé bilan de compétences • Congés pour événements familiaux • Congés examen • Congé pour la formation des cadres et animateurs pour la jeunesse • Congé formation économique des membres du CE • Congé formation économique, sociale et syndicale • Congé formation des membres du CHSCT • Congé formation spécial « jeunes travailleurs » • Congé individuel de formation • Congé mutualiste • Congé de solidarité internationale • Journée défense et citoyenneté	• Repos pris en compensation pour travail le dimanche • Congé parental d'éducation • Congé de présence parentale • Congé maladie • Accident de trajet • Congé pour création d'entreprise • Congé d'enseignement • Congé de recherche • Congé sabbatique • Congé de soutien familial • Congé de solidarité familiale

Quelles sont les règles en matière de prise des congés payés ?

Les obligations de l'employeur et de l'employé

L'employeur est obligé d'accorder au salarié les congés qui lui sont dus. S'il empêche le salarié de prendre ses congés, il peut être condamné à lui verser une indemnité fixée par les juges en fonction du préjudice réellement subi.

De son côté, le salarié est tenu de prendre effectivement ses congés payés. Il ne peut pas, par exemple, cumuler son salaire avec son indemnité de congés payés. Par conséquent, il ne peut réclamer à son employeur l'indemnité de congés payés s'il a travaillé pendant la période prévue pour ses congés.

Il lui est également interdit de travailler, même chez un autre employeur, pendant les congés payés. L'employeur qui utilise un salarié en congé peut être condamné à verser des dommages et intérêts au fonds départemental de chômage (*Code du travail, Art. D. 3141-2*).

Le travail rémunéré chez un autre employeur pendant la durée des congés payés constitue, par ailleurs, un motif réel et sérieux de licenciement.

Cette règle ne s'applique pas aux « contrats-vendanges ». En effet, les salariés ainsi que les fonctionnaires peuvent conclure ce type de contrat d'une durée maximale d'1 mois (renouvelable dans la limite de 2 mois sur l'année) pour effectuer des vendanges pendant leurs congés payés (*Code rural, Art. L. 718-4 et s.*). Les rémunérations versées pendant les contrats-vendanges sont exonérées de cotisations sociales salariales.

À NOTER

Les congés doivent être pris dans l'année. Ni l'employeur ni le salarié ne peuvent exiger le report de tout ou partie des congés sur l'année suivante.

Le report d'une année sur l'autre est cependant possible :

– par accord des parties : l'employeur et le salarié acceptent cet arrangement ;

– pour les salariés bénéficiant d'un décompte de la durée du travail à l'année (répartition de la durée du travail sur une période égale à l'année, forfait en jours sur l'année) à condition qu'un accord collectif prévoit cette possibilité et en fixe les modalités ;

– pour les salariés en congé de maternité (→ index, Congé de maternité) ou d'adoption (→ index, Congé d'adoption) ;

– pour les salariés en arrêt de travail dû à une maladie, un accident de travail ou une maladie professionnelle (→ index, Congés payés, maladie).

Dans les entreprises ayant mis en place un tel système, le salarié peut également renoncer à une partie de ses congés et les capitaliser sur un compte épargne-temps (→ index, Compte épargne-temps).

La période de congé

La période de prise des congés payés est fixée par les conventions collectives ou, à défaut, par l'employeur qui doit se référer aux usages et consulter les représentants du personnel.

Dans tous les cas, cette période doit obligatoirement comprendre la période comprise entre le 1er mai et le 31 octobre de chaque année (*Code du travail, Art. L. 3141-13*).

Cette période doit être portée à la connaissance des salariés de l'entreprise au moins 2 mois avant son ouverture (*Code du travail, Art. D. 3141-5*).

L'ordre et la date de départ

C'est l'employeur qui fixe les dates de départ des salariés en congés, après avis des délégués du personnel.

Pour ce faire, il doit tenir compte de la situation de famille des intéressés, notamment des possibilités de congé du conjoint ou du partenaire pour les salariés liés par un PACS, dans le secteur privé ou public, de l'ancienneté dans l'entreprise ainsi que de l'activité éventuelle du salarié chez un ou plusieurs autres employeurs (*Code du travail, Art. L. 3141-14*).

Les époux (ou les partenaires liés par un PACS) travaillant dans la même entreprise ont droit à un congé simultané (*Code du travail, Art. L. 3141-15*).

L'ordre des départs doit être communiqué par l'employeur aux salariés au moins 1 mois avant leur départ et faire l'objet d'un affichage sur les lieux de travail.

Une modification de l'ordre et des dates de départ ne peut intervenir dans le délai d'1 mois avant la date prévue (*Code du travail, Art. L. 3141-16*), sauf circonstance exceptionnelle comme, par exemple, la nécessité impérieuse de remplacer de façon imprévue un autre salarié décédé (*Cour de cassation, Chambre sociale, 15/5/2008*).

L'ordre et les dates de départ en congés doivent donc être respectés tant par l'employeur que par l'employé.

Le fait pour un salarié de ne pas respecter l'ordre fixé peut constituer un motif réel et sérieux de licenciement, voire même une faute grave (privative des indemnités de licenciement et de préavis).

Bien entendu, pour qu'une telle sanction soit prise, il faut que l'employeur se soit lui-même acquitté correctement de ses obligations. Ainsi, les juges ont considéré comme abusif le licenciement d'un gérant de magasin parti en congé sans autorisation formelle de son employeur alors que ce dernier avait omis d'établir le planning de l'ordre et des dates de départ et alors que ce gérant l'avait mis au courant suffisamment à l'avance de son départ en congé (*Cour de cassation, Chambre sociale, 16/10/1984*).

Le fractionnement

Les congés payés peuvent être pris en une seule fois ou fractionnés en plusieurs fois selon les règles suivantes (*Code du travail, Art. L. 3141-18 et L. 3141-19*) :

- si le congé ne dépasse pas 12 jours ouvrables, il doit être pris en une seule fois ;
- si le congé est compris entre 13 et 24 jours ouvrables, il peut être fractionné, sur accord de l'employeur et du salarié ;
- si le congé est supérieur à 24 jours ouvrables, il doit obligatoirement être fractionné. En effet, la durée du congé pouvant être pris en une seul fois ne peut excéder 24 jours ouvrables, sauf pour les salariés justifiant de contraintes particulières (les étrangers qui se rendent dans leur pays d'origine pour les vacances, par exemple). Cette disposition a pour but d'empêcher l'accolement de la 5e semaine de congés payés aux 4 autres semaines.

En cas de fractionnement, une partie du congé doit être au moins égale à 12 jours ouvrables continus, et prise pendant la période du 1er mai au 31 octobre.

AVANTAGE

Certaines circonstances exceptionnelles dûment justifiées peuvent autoriser une modification dans les dates prévues. Il en est ainsi, par exemple :

– pour l'employeur, d'une modification due à une commande importante exceptionnelle et inattendue ou à l'obligation de présenter un plan d'apurement de l'entreprise ;

– pour le salarié, le départ prématuré ou le retour tardif dû à la modification d'un horaire d'avion, à la maladie d'un enfant, à un accident de voiture sur le trajet de retour…

Lorsqu'une fraction de congé est accordée en dehors de cette période, le salarié a droit à :

– 2 jours ouvrables supplémentaires lorsque le nombre de jours de congés pris « hors période » est au moins égal à 6 ;

– 1 jour ouvrable supplémentaire lorsque le nombre de jours pris est compris entre 3 et 5.

Il est à noter que ces jours supplémentaires sont dus du seul fait du fractionnement, peu importe que celui-ci ait été proposé par l'employeur ou demandé par le salarié (*Cour de cassation, Chambre sociale, 19/6/2002*).

AVANTAGE

Les conventions collectives peuvent prévoir des règles différentes (possibilité de prise de la totalité des congés en dehors de la période 1er mai/31 octobre, renonciation au supplément de congé pour fractionnement…).

À NOTER

Attention : la 5e semaine de congé, obligatoirement fractionnée, n'ouvre pas droit à des jours supplémentaires de congés.

JOURS SUPPLÉMENTAIRES OCTROYÉS PAR L'EMPLOYEUR POUR FRACTIONNEMENT DES CONGÉS PAYÉS

Nombre de jours ouvrables pris par le salarié durant la période du 1er mai au 31 octobre	Nombre de jours pris en dehors du 1er mai au 31 octobre (la 5e semaine exclue)	Nombre de jours supplémentaires
24	0	0
23	1	0
22	2	0
21	3	1
20	4	1
19	5	1
18	6	2
17	7	2
16	8	2
15	9	2
14	10	2
13	11	2
12	12	2

Hypothèse du salarié ayant acquis 5 semaines de congés payés.

LA FERMETURE DE L'ÉTABLISSEMENT

L'employeur peut décider, après avoir consulté les représentants du personnel, de fermer l'entreprise pendant la durée des congés annuels.
Cette décision est tout à fait légale. Cependant, si la fermeture se prolonge au-delà de 5 semaines, les salariés ont droit à une indemnité spéciale pour chacun des jours ouvrables dépassant cette durée, et ceci, même si la prolongation de la fermeture est due à des circonstances extérieures.
Le montant de cette indemnité ne peut être inférieur à celui de l'indemnité journalière de congés payés.
Les salariés qui n'ont pas assez d'ancienneté pour avoir droit à des congés équivalents à la période de fermeture peuvent être indemnisés au titre du chômage partiel (→ index, *Chômage partiel*).

Quelle est l'incidence de la maladie sur les congés payés ?

La maladie entraîne des conséquences différentes selon que :
– le salarié est absent pour maladie au cours de l'année, c'est-à-dire durant la période de référence (du 1er juin de l'année précédente au 31 mai de l'année en cours) ;
– le salarié tombe malade au cours de ses congés payés.

› Maladie au cours de l'année

● Les périodes d'absence pour maladie ne sont pas assimilées à des périodes de travail effectif pour l'ouverture du droit aux congés.
Par exemple : un salarié embauché le 30 avril qui tombe malade le 6 mai jusqu'à la fin du mois n'aura pas effectué les 10 jours de travail nécessaires pour avoir droit à des congés payés.
● Les périodes de maladie ne sont pas non plus comptabilisées pour le calcul de la durée du congé. Ainsi, théoriquement, un salarié absent pour maladie pendant 1 mois aura 2 jours 1/2 de congés en moins.
Cependant, il faut noter que :
– les absences pour accident du travail et maladie professionnelle n'entraînent pas de réduction de la durée des congés à condition que la suspension ne dure pas plus d'1 an et qu'elle soit ininterrompue (ainsi, les rechutes ne permettent pas de bénéficier de ces conditions avantageuses) ;
– la règle des équivalences (1 mois de travail = 4 semaines de présence) peut permettre de neutraliser des courtes absences pour maladie. Ainsi, un salarié absent pour maladie pendant 1 mois ayant finalement travaillé 12 fois 4 semaines au cours de l'année aura droit à ses congés complets ;
– l'employeur ne saurait déduire intégralement du congé annuel les jours d'absence (*Code du travail, Art. D. 3141-4*). Ainsi, un salarié absent pour maladie 5 jours dans l'année, par exemple, ne peut, de ce fait, se voir amputer ses congés payés de 5 jours ;
– les conventions collectives peuvent prévoir que, dans une certaine limite de durée, l'absence pour maladie ne peut entraîner de réduction des congés payés.

› Maladie pendant la période des congés payés

Plusieurs situations peuvent se présenter selon le moment où survient la maladie.

● Le salarié tombe malade au moment où il doit prendre ses congés

Le salarié qui ne peut pas prendre ses congés payés annuels du fait d'un arrêt de travail dû à une maladie (*Cour de cassation, Chambre sociale, 24/2/2009*), un accident du travail ou une maladie professionnelle (*Cour de cassation, Chambre sociale, 27/9/2007*) a le droit de prendre ses congés après la date de reprise du travail même si la période de prise de congés retenue par accord collectif ou par l'employeur est expirée au moment de son retour dans l'entreprise.
Si le contrat de travail prend fin avant que l'intéressé puisse obtenir ses congés, l'employeur doit lui verser une indemnité compensatrice.
Avec ces arrêts, la jurisprudence française s'est alignée sur la réglementation européenne en la matière (*Directive 2003/88/CE du 4/11/2003*).

Le salarié tombe malade pendant ses congés

La jurisprudence considère que l'employeur s'est acquitté de ses obligations en accordant le congé dû et que les divers incidents qui ne sont pas de son fait intervenant pendant ce congé ne peuvent modifier l'étendue de ses obligations (*Cour de cassation, Chambre sociale, 18/3/1975*). Le salarié ne peut donc exiger la prolongation de son congé ou obtenir un nouveau congé, même non rémunéré.

Pendant sa maladie, le salarié pourra cumuler :

– son indemnité de congés payés calculée normalement ;

– les indemnités journalières de Sécurité sociale.

En revanche, la jurisprudence refuse tout cumul entre l'indemnité de congés payés et les indemnités de maladie conventionnelles (ou résultant de l'article L. 1226-1 du Code du travail) qui peuvent être mises à la charge de l'employeur sous forme de maintien total ou partiel du salaire.

La Cour de justice de l'Union européenne a toutefois un avis différent sur la question et considère que le salarié qui tombe malade pendant ses congés annuels a droit au report de ceux-ci après son rétablissement (*Cour de justice de l'Union européenne, 10/9/2009*).

Le droit français devrait donc être contraint à évoluer dans ce sens.

Comment les congés payés sont-ils indemnisés ?

La loi prévoit deux méthodes pour le calcul de l'indemnité de congés payés :

– la méthode du 10ᵉ des rémunérations perçues par le salarié au cours de la période de référence ;

– ou la méthode du salaire fictif, c'est-à-dire le salaire qu'aurait perçu le salarié s'il n'était pas parti en congé.

Le Code du travail précise que c'est la méthode la plus avantageuse pour le salarié qui doit lui être appliquée (*Code du travail, Art. L. 3141-22*).

> **LES CAISSES DE CONGÉS PAYÉS**
>
> Dans certaines professions à travail discontinu, des caisses de congés payés se substituent à l'employeur pour le versement des indemnités de congés payés. Tel est le cas :
>
> ✓ des professions du bâtiment et des travaux publics ;
> ✓ des entreprises de manutention des ports et des dockers ;
> ✓ des entreprises du spectacle ;
> ✓ des travailleurs intermittents des entreprises de transport.
>
> En cas de problème, c'est à leur caisse de congés payés, et non à leur employeur, que les salariés concernés doivent s'adresser.

La méthode du 10ᵉ

Selon cette méthode, le salarié bénéficie d'une indemnité égale au 10ᵉ de la rémunération totale perçue entre le 1ᵉʳ juin de l'année précédente et le 31 mai de l'année en cours.

Lorsque la durée du congé pris est différente de la durée totale du congé dû (fractionnement), le calcul se fait proportionnellement à la durée totale du congé effectivement dû.

Par exemple : un salarié bénéficiant de 30 jours ouvrables de congés (5 semaines) pour l'année, partant 24 jours ouvrables (4 semaines), sera indemnisé sur la base de :

$$\frac{\text{rémunération annuelle}}{10} \times \frac{24}{30}$$

La méthode du salaire fictif

L'article L. 3141-22 du Code du travail précise que l'indemnité ne peut être inférieure au montant de la rémunération qui aurait été perçue par le salarié s'il avait continué à travailler pendant la période de congé.

Selon cette méthode, l'indemnité est donc calculée par rapport au montant du salaire touché par le salarié le mois précédent.

On comprend que cette méthode est avantageuse pour un salarié ayant bénéficié d'une augmentation de salaire récente ou, plus encore, pour un salarié qui a commencé à travailler à temps plein avant son départ en congé alors qu'il travaillait à temps partiel précédemment.

AVANTAGE

Lorsqu'une augmentation générale des salaires intervient alors que le salarié est en congé, celle-ci doit être répercutée sur le montant de l'indemnité.

La rémunération prise en compte

Quelle que soit la méthode appliquée (règle du 10e ou du maintien du salaire), la rémunération servant de base de calcul à l'indemnité de congés payés comprend :

- le salaire brut avant les retenues pour charges sociales ;
- les majorations pour heures supplémentaires, pour travail le dimanche ou de nuit ;
- le salaire fictif des absences assimilées à du travail effectif pour le calcul de la durée du congé ;
- la rémunération des jours fériés ;
- l'indemnisation de la contrepartie obligatoire en repos pour heures supplémentaires ;
- l'indemnité de congés payés de l'année précédente ;
- les avantages en nature ;
- les pourboires ;
- les primes et les indemnités versées en contrepartie du travail à condition qu'elles n'indemnisent pas déjà la période des congés.

Sont exclus de cette base de calcul :

- les remboursements de frais ;
- les indemnités versées à l'occasion d'une absence non assimilée à du travail effectif pour le calcul de la durée des congés payés ;
- les primes allouées globalement pour l'année (période de travail et de congés payés confondus).

À NOTER

Une prime de repas dont le montant varie en fonction du nombre de jours travaillés doit être prise en compte dans la mesure où elle ne correspond pas à des frais réellement exposés (Cour de cassation, Chambre sociale, 9/4/2008).

Le paiement des congés payés

Le paiement de l'indemnité de congés payés est soumis aux règles qui sont fixées pour le paiement des salaires (*Code du travail, Art. D. 3141-7*). Elle est donc versée, en principe, à terme échu, c'est-à-dire à la fin du mois. Le paiement de l'indemnité de congés payés avant le départ en vacances n'est pas obligatoire, mais cette pratique est assez fréquente soit qu'elle résulte de la convention collective, d'un accord ou encore d'un usage en vigueur dans l'entreprise.

La date des congés payés et le montant de l'indemnité correspondante doivent figurer sur le bulletin de paie lorsqu'une période de congé annuel est comprise dans la période de paiement considérée (*Code du travail, Art. R. 3243-1*).

Ayant le caractère de salaire, cette indemnité est soumise aux cotisations sociales et comprise dans les revenus imposables.

L'indemnité compensatrice de congés payés

Les salariés qui quittent l'entreprise, à la suite d'une démission ou d'un licenciement, sans avoir pu bénéficier de la totalité de leurs congés payés, ont droit à une indemnité compensatrice (→ index, *Indemnité compensatrice de congés payés*).

Les congés liés à la naissance

Les salariés ont droit à un congé lors de la naissance ou de l'adoption d'un enfant. Ils peuvent par ailleurs prolonger leur absence pendant 3 ans afin d'assurer l'éducation de cet enfant.

En quoi le congé de maternité ou d'adoption consiste-t-il ?

La loi permet aux salariés de s'absenter en cas de maternité ou d'adoption d'un enfant (*Code du travail, Art. L. 1225-17*).

Le salarié doit prévenir son employeur par lettre recommandée avec demande d'avis de réception du motif de son absence et de la date à laquelle il compte reprendre son travail **(voir Modèle n° 47)**.

> Le congé de maternité

Durée

- La femme salariée en état de grossesse a droit à un congé pendant la période qui commence 6 semaines avant la date prévue de l'accouchement et se termine 10 semaines après la date de celui-ci (soit 16 semaines en tout).
- Lorsqu'avant l'accouchement la salariée assume déjà la charge de deux enfants pour lesquels elle perçoit les allocations familiales ou lorsqu'elle a déjà mis au monde deux enfants nés viables, le congé de maternité commence 8 semaines avant la date présumée de l'accouchement et se termine 18 semaines après la date de celui-ci (26 semaines en tout).

La période du congé prénatal peut être augmentée de 2 semaines, la période du congé postnatal étant alors réduit d'autant.

- En cas de naissance de jumeaux, le congé commence 12 semaines avant l'accouchement et se termine 22 semaines après la date de celui-ci (34 semaines en tout).
- En cas de naissance de triplés (ou plus), le congé est de 24 semaines avant la naissance et de 22 semaines après (46 semaines en tout).

La mère peut choisir d'anticiper le point de départ du congé prénatal dans une limite de 4 semaines ; le congé postnatal est alors réduit d'autant.

- Quand l'accouchement a lieu avant la date prévue, le congé peut être prolongé jusqu'au terme des 16, 26, 34 ou 46 semaines auxquelles la salariée a droit.
- En cas de complication pathologique, c'est-à-dire de maladie ou des conséquences d'une intervention chirurgicale résultant de la grossesse ou de l'accouchement, le congé de maternité est augmenté de la durée de cet état pathologique dans la limite de 2 semaines avant la date présumée de l'accouchement et de 4 semaines après celui-ci.
- En cas de naissance d'un enfant prématuré (accouchement intervenant plus de 6 semaines avant la date prévue et exigeant l'hospitalisation de l'enfant), la période de congé est prolongée du nombre de jours courant de la date effective de la naissance au début des périodes mentionnées ci-dessus.

Lorsque l'enfant est hospitalisé jusqu'à l'expiration de la 6e semaine suivant sa naissance, la salariée peut reporter à la fin de la date d'hospitalisation tout ou partie du congé auquel elle peut encore prétendre.

AVANTAGE

Désormais, la salariée peut réduire la durée de son congé prénatal afin d'augmenter la durée de son congé postnatal d'autant, sous réserve d'un avis favorable du médecin qui suit sa grossesse.

Exemple : une femme qui attend son 3e enfant peut prendre un congé prénatal de 4 semaines (au lieu de 8 semaines) afin de bénéficier d'un congé postnatal de 22 semaines (au lieu de 18 semaines).

Le congé prénatal ne peut toutefois être réduit à moins de 3 semaines.

Rémunération

Pendant le congé de maternité, la salariée a droit à des indemnités journalières de la Sécurité sociale égales à 100 % de son salaire net journalier de base pris dans la limite du plafond journalier de la Sécurité sociale.

Cette indemnité ne peut être supérieure à un maximum ni inférieure à un minimum *(Voir pages Barème)*.

Cette indemnité peut également être attribuée pendant une période de 2 semaines supplémentaires en cas d'état pathologique résultant de la grossesse avant l'accouchement.

AVANTAGE

Les salariées bénéficient d'autorisations d'absence pour se rendre aux visites médicales obligatoires relatives à la grossesse puis à l'accouchement sur leur temps de travail.

Ces absences sont assimilées à une période de présence dans l'entreprise pour les droits aux congés payés ou à l'ancienneté. Elles sont rémunérées comme temps de travail (Code du travail, Art. L. 1225-16).

Mais pour les prolongations dues à l'état pathologique après l'accouchement (y compris les 4 semaines prises en compte dans la durée du congé), la salariée n'a droit qu'aux indemnités journalières de maladie égales à 50 % du salaire journalier.

Le père peut bénéficier de l'indemnité journalière de maternité pour une durée de 10 semaines (18 semaines s'il s'agit d'un 3e enfant, 22 semaines en cas de naissances multiples) lorsque la mère est décédée du fait de l'accouchement et à condition qu'il cesse tout travail salarié durant la période d'indemnisation (*Code du travail, Art. L. 1225-28*).

À NOTER

La salariée est rémunérée par la Sécurité sociale durant son congé de maternité. Aucune loi ne prévoit une quelconque obligation pour l'employeur visant à maintenir une partie ou la totalité du salaire durant ce congé. Certaines conventions collectives prévoient cependant une indemnisation supplémentaire de la part de l'employeur.

› Le congé d'adoption

L'article L. 1225-37 du Code du travail prévoit également l'octroi d'un congé au salarié à qui un service départemental d'aide sociale à l'enfance, ou un organisme autorisé pour l'adoption, confie un enfant en vue de son adoption. Ce congé est également accordé aux personnes qui adoptent un enfant étranger, à condition qu'elles aient obtenu l'agrément du service d'aide sociale à l'enfance.

Durée

Ce congé est égal à 10 semaines et peut débuter une semaine avant l'arrivée de l'enfant au foyer. Il est porté à 18 semaines si l'adoption a pour effet de porter à trois ou plus le nombre d'enfants dont le ménage assume la charge. En cas d'adoption simultanée de deux enfants ou plus, la durée du congé est de 22 semaines.

Ce congé est allongé de 11 jours (18 jours en cas d'adoption multiple) lorsqu'il est partagé par le père et la mère de l'enfant.

Rémunération

Pendant son congé, la mère ou le père adoptif a droit à 100 % de son salaire net journalier.

Une indemnisation concomitante des parents est possible dès lors que le total de jours indemnisés ne dépasse pas la durée légale du congé.

› Les conséquences du congé sur le contrat de travail

Pendant le congé

- Le contrat de travail n'est pas rompu, mais simplement suspendu. Le salarié fait toujours partie de l'entreprise ; il est compté dans les effectifs du personnel et demeure électeur aux élections professionnelles.
- Les congés de maternité et d'adoption sont assimilés à une période de travail pour la durée des congés payés.
- L'employeur n'a pas le droit de licencier une femme en congé de maternité ainsi que durant les 4 semaines qui suivent la fin de cette période (→ index, *Protection des femmes enceintes*).

À la fin du congé

- Le salarié retrouve son emploi ou un emploi similaire avec une rémunération équivalente.

Il doit également bénéficier des augmentations générales ainsi que de la moyenne des augmentations individuelles perçues durant la durée du congé par les salariés de l'entreprise relevant de la même catégorie professionnelle, ou, à défaut, de la moyenne des augmentations individuelles perçues par tous les salariés de l'entreprise au cours de cette période.

AVANTAGE

Si une convention collective accorde une rémunération supplémentaire de la part de l'employeur aux salariées en congé de maternité, celle-ci doit être également versée en cas d'adoption, même si le texte de la convention ne le spécifie pas (Code du travail, Art. L. 1225-45).

À NOTER

Les deux parents peuvent partager un congé d'adoption à condition que le congé de chacun d'eux, qui ne peut être fractionné, dure au minimum 11 jours.

Lors de la reprise du travail, ou au plus tard dans les 8 jours, la salariée en congé de maternité doit subir une visite médicale qui a pour but de vérifier ses capacités à reprendre son emploi et, éventuellement, de décider une adaptation des conditions de travail ou de réadaptation de la salariée elle-même.

Même si la salariée n'a pas passé de visite médicale de reprise, la période de protection de la femme en congé de maternité prend fin 4 semaines après son retour dans l'entreprise (*Cour de cassation, Chambre sociale, 29/9/2004*).

La salariée a également droit à un entretien avec son employeur en vue de son orientation professionnelle lors de sa réintégration (*Code du travail, Art. L. 1225-27*).

Cet entretien vise à orienter, si nécessaire, la salariée vers des actions qualifiantes ou des actions de formation développant ses compétences.

- En ce qui concerne le droit aux congés payés, il est à noter que les salariés qui reprennent leur travail après leur congé de maternité ou d'adoption peuvent bénéficier des jours de congés payés qu'ils n'ont pas pu prendre du fait de leur absence, et ce même si la période de congés payés est expirée à leur retour. En cas de refus, l'employeur doit leur verser une indemnité compensatrice correspondante (*Code du travail, Art. L. 3141-2*).

- Le salarié peut également demander à bénéficier d'un congé parental d'éducation (voir plus loin).

- Il peut résilier son contrat de travail, par lettre recommandée, 15 jours à l'avance à l'issue d'un congé de maternité ou d'adoption, et jusqu'au 2e mois de l'enfant (ou de son arrivée au foyer en cas d'adoption).

Dans l'année qui suit cette rupture du contrat de travail (qui ne donne lieu ni à préavis ni à indemnité), le salarié peut solliciter son réemploi dans l'entreprise, toujours par lettre recommandée.

Il bénéficie alors, pendant 1 an, d'une priorité d'emploi dans les postes de travail auxquels il peut prétendre de par sa qualification.

Les salariés ainsi réembauchés ont droit à une action de formation professionnelle, notamment en cas de changement de techniques ou de méthodes de travail (*Code du travail, Art. L. 1225-68*).

AVANTAGE

Le conjoint qui n'a pas bénéficié du congé de maternité ou d'adoption a droit à 3 jours de congé en cas de naissance ou d'adoption d'un enfant (→ index, Congés pour événements familiaux).

Qu'est-ce que le congé de paternité ?

La loi de financement de la Sécurité sociale pour 2002 a institué un congé pour les pères de famille (*Code du travail, Art. L. 1225-35*).

Les bénéficiaires

Ce congé est réservé à la personne ayant une filiation juridique avec l'enfant (père biologique ou l'ayant reconnu). Il ne peut être accordé au compagnon de la mère même s'il l'élève dans les mêmes conditions qu'un père. Ce congé a également été refusé à la compagne homosexuelle liée par un PACS à la mère d'un enfant (*Cour de cassation, 2e chambre civile, 11/3/2010*).

Tous les salariés répondant à ces conditions ont droit à ce congé, quelles que soient la taille de l'entreprise et leur ancienneté.

Les conditions

Le congé de paternité doit être pris dans un délai de 4 mois après la naissance de l'enfant.

Ce délai peut être reporté :

– en cas d'hospitalisation de l'enfant : il peut alors débuter dans les 4 mois suivant la fin de cette hospitalisation ;

– en cas de décès de la mère : il peut débuter dans les 4 mois suivant la fin du congé dont bénéficie le père dans ce cas (*Code du travail, Art. D. 1225-8*).

Pour en bénéficier, il convient d'avertir son employeur au moins 1 mois à l'avance en lui précisant les dates exactes de prise du congé.

Tous les salariés peuvent bénéficier de ce congé quelle que soit la taille de l'entreprise et leur ancienneté. L'employeur ne peut ni refuser ce congé ni repousser les dates choisies par l'intéressé.

Ce congé est également ouvert aux chômeurs indemnisés ainsi qu'aux stagiaires de la formation professionnelle.

La durée

La durée du congé de paternité est fixée à 11 jours, cette durée étant portée à 18 jours en cas de naissance multiple (jumeaux, triplés...).
Il doit être pris en une seule fois.
Il peut être accolé au congé de naissance, ce qui permet de bénéficier d'un congé total de 14 ou 21 jours, selon le cas (→ index, *Congés pour événements familiaux*).

L'indemnisation pendant le congé

Le salarié n'est pas rémunéré par l'employeur pendant le congé de paternité mais il peut bénéficier d'indemnités journalières versées par la Sécurité sociale.

À NOTER

Le père qui souhaite bénéficier de l'indemnisation de son congé de paternité doit adresser à l'organisme de Sécurité sociale dont il relève soit la copie intégrale de l'acte de naissance de l'enfant, soit la copie du livret de famille mis à jour, soit, le cas échéant, la copie de l'acte de reconnaissance de l'enfant.

Le montant des indemnités est calculé comme les indemnités journalières de maternité.
Les conditions pour en bénéficier (durée d'affiliation) sont également identiques (→ index, *Assurance maternité*).

ATTENTION ⚠

Ces indemnités ne sont pas cumulables avec les indemnités journalières servies en cas de maladie ou d'accident du travail ni avec l'indemnisation par l'assurance chômage ou le régime de solidarité. Le cumul avec l'allocation parentale d'éducation et avec l'allocation de présence parentale est également interdit.

En quoi le congé parental d'éducation consiste-t-il ?

Le père ou la mère peuvent, après la naissance ou l'adoption d'un enfant de moins de 16 ans, prendre un congé afin d'assurer son éducation sans pour autant perdre définitivement son emploi (*Code du travail, Art. L. 1225-47*).

› Les conditions

Le droit au congé est ouvert au père ou à la mère biologique ainsi qu'aux adoptants. Les deux parents peuvent donc bénéficier ensemble du congé.
Les intéressés doivent avoir 1 an d'ancienneté dans l'entreprise à la date de la naissance ou de l'adoption de l'enfant.
Ce droit est ouvert à tous les salariés, quelle que soit la taille de l'entreprise. L'employeur ne peut pas le refuser (à moins bien entendu que la demande n'ait pas été faite dans les règles).

› La durée

La durée du congé parental d'éducation est de :
– 1 an prolongeable deux fois (soit 3 ans au maximum) en cas de naissance ou pour l'adoption d'un enfant de moins de 3 ans ;
– 1 an au maximum en cas d'adoption d'un enfant âgé de 3 à 16 ans.
Il peut être pris à n'importe quel moment après l'expiration du congé de maternité ou d'adoption, mais il doit impérativement prendre fin au plus tard au 3ᵉ anniversaire de l'enfant ou, en cas d'adoption, à l'issue d'un délai de 3 ans à compter de l'arrivée de l'enfant au foyer. Le salarié a donc intérêt à demander son congé parental immédiatement après la fin du congé de maternité ou d'adoption d'un enfant de moins de 3 ans s'il veut bénéficier des prolongations.
Lors de la naissance d'un 3ᵉ enfant, les parents peuvent également choisir un congé total d'une durée d'1 an (non renouvelable), mieux rémunéré grâce au complément optionnel de libre choix d'activité de la PAJE (→ index, *PAJE*).

› Les formalités

Le salarié doit avertir son employeur par lettre recommandée avec demande d'avis de réception ou par lettre remise en main propre contre décharge du point de départ et de la durée du congé. Cette formalité doit être accomplie :
– au moins 1 mois avant le terme du congé maternité ou d'adoption s'il désire que le congé parental débute à l'issue du congé de maternité ou d'adoption ;
– 2 mois avant le début du congé parental dans les autres cas (*Code du travail, Art. L. 1225-50*).
La jurisprudence considère que ces formalités ne sont que « des moyens de preuve de l'information de l'employeur et non une condition du droit du salarié au bénéfice de ce congé » (*Cour de cassation, Chambre sociale, 12/3/2002*). Ainsi, le fait qu'un salarié n'ait pas respecté ces règles ne l'empêche pas de bénéficier de ce congé et du statut protecteur qui y est lié.
À la fin de cette période, le salarié peut :
– reprendre son travail. Il a alors droit à un entretien spécifique avec son employeur en vue de son orientation professionnelle ;

– prolonger son congé (cette prolongation n'étant pas nécessairement de la même durée que le congé initial) ;
– transformer son congé total en congé à temps partiel ou vice versa.

Dans les deux derniers cas, la demande doit être faite par lettre recommandée avec demande d'avis de réception au moins 1 mois avant la fin du congé initialement prévu (*Code du travail, Art. L. 1225-51*).

› La situation du salarié pendant le congé

Contrat de travail

Le congé peut être total. Le contrat de travail est alors suspendu et le salarié n'est pas rémunéré pendant cette période, sauf dispositions plus favorables de sa convention collective.

Les salariés peuvent cependant obtenir le complément de libre choix d'activité ou le complément optionnel de libre choix d'activité de la prestation d'accueil du jeune enfant (PAJE) versé par les caisses d'allocations familiales (→ index, *PAJE, complément de libre choix d'activité*).

Dans les entreprises où un tel système a été mis en place, ils peuvent également utiliser leur compte épargne-temps.

Ce congé peut aussi consister en une réduction du temps de travail. L'activité maintenue ne peut être inférieure à 16 heures par semaine.

Pendant la durée de son congé ou à l'occasion des prolongations, le salarié ne peut modifier la durée du travail initialement choisie, sauf accord de l'employeur.

AVANTAGE

Le congé parental d'éducation peut exceptionnellement être prolongé d'une année supplémentaire en cas de maladie, d'accident ou de handicap grave de l'enfant. Cette gravité est déterminée de la même manière que pour le congé de présence parentale.

Formation professionnelle

Pendant son congé, le salarié ne peut exercer d'autres activités professionnelles en dehors de celle d'assistante maternelle (*Code du travail, Art. L. 1225-53*).

Il peut néanmoins, à son initiative, suivre une formation professionnelle non rémunérée (*Code du travail, Art. L. 1225-56*).

Couverture sociale

Les salariés en congé parental d'éducation conservent leur droit aux prestations en nature de l'assurance maladie-maternité pendant toute la durée du congé.

La durée du congé parental total est prise en compte pour moitié en ce qui concerne les avantages liés à l'ancienneté. S'il est pris à temps partiel, l'ancienneté est calculée comme si le salarié avait continué à travailler à temps plein.

La durée du congé est également prise en compte comme trimestres d'assurance pour les droits à la retraite de base de la Sécurité sociale.

› La situation du salarié à l'issue du congé

Contrat de travail

À l'issue de son congé parental, le salarié retrouve son emploi ou un emploi similaire assorti d'une rémunération équivalente. En cas de refus de réintégration ou de modification d'un élément essentiel du contrat de travail, l'employeur prend l'initiative de la rupture et doit l'ensemble des indemnités liées à un licenciement plus, éventuellement, des dommages et intérêts.

Formation professionnelle

Le salarié peut bénéficier d'un stage de réadaptation professionnelle en cas de changements techniques ou de modifications des méthodes de travail (*Code du travail, Art. L. 1225-58 et L. 1225-59*).

Il peut, en outre, bénéficier d'un bilan de compétence.

Couverture sociale

Le salarié retrouve les droits aux prestations en nature et en espèces de l'assurance maladie, maternité, invalidité et décès qui lui étaient ouverts avant le début du congé.

Quelles sont les mesures prévues en faveur des salariés ayant un enfant malade ?

Les salariés peuvent bénéficier d'un congé de courte durée lorsque leur enfant est malade. En cas de maladie grave ou de handicap, les autorisations d'absence sont plus conséquentes.

AVANTAGE

Il est également possible de prolonger d'1 an le congé parental d'éducation en cas de maladie, d'accident ou de handicap grave de l'enfant (→ index, Congé parental d'éducation).

Le congé pour enfant malade

Tout salarié a droit à un congé non rémunéré de 3 jours par an en cas de maladie ou d'accident, constaté par certificat médical, d'un enfant à charge âgé de moins de 16 ans.

Cette durée peut être portée à 5 jours si l'enfant a moins d'1 an ou si le salarié a au moins trois enfants de moins de 16 ans à charge (*Code du travail, Art. L. 1225-61*).

Le congé de présence parentale

Les salariés ayant à charge un enfant de moins de 20 ans victime d'une maladie, d'un accident ou d'un handicap d'une particulière gravité nécessitant des soins contraignants et la présence soutenue d'une personne à ses côtés peuvent prendre des jours de congés pour s'occuper de l'enfant (*Code du travail, Art. L. 1225-62 et s.*).

Pour pouvoir bénéficier de ce droit, il faut :

– qu'il s'agisse d'une maladie, d'un handicap ou d'un accident, qu'ils soient constatés par un certificat médical détaillé attestant que la particulière gravité de l'état de santé de l'enfant nécessite des soins contraignants et la présence soutenue d'une personne auprès de lui pendant une durée déterminée ;

– s'il s'agit d'un handicap, qu'il ouvre droit à l'allocation d'éducation de l'enfant handicapé.

La période pendant laquelle le salarié peut bénéficier de jours d'absence est fonction de la durée prévisible du traitement indiquée sur le certificat médical attestant de l'état de santé de l'enfant. La période initiale peut éventuellement être prolongée.

Le nombre maximum de jours de congés dont peut bénéficier le salarié est fixé à 310 jours ouvrés (soit 14 mois) à prendre sur une période de 3 ans.

Lorsqu'il souhaite bénéficier d'un congé de présence parentale, le salarié doit informer son employeur, au moins 15 jours à l'avance, par lettre recommandée avec demande d'avis de réception ou par lettre remise en main propre contre décharge. Le certificat médical doit être joint à la demande et renouvelé tous les 6 mois.

Ensuite, chaque fois qu'il souhaite prendre un ou plusieurs jours de congés, le salarié doit informer son employeur au moins 48 heures à l'avance.

Ces jours de congés ne sont pas rémunérés par l'employeur, mais les caisses d'allocations familiales accordent une prestation spécifique aux parents qui en bénéficient (→ index, *Allocation journalière de présence parentale*).

Les congés pour motif personnel

La loi a prévu des jours de congés pour certains événements familiaux. Il est toutefois possible de demander une autorisation d'absence pour d'autres circonstances (congé pour convenance personnelle) ou même pour une plus longue durée (congé sabbatique pouvant aller jusqu'à 11 mois).

Quels sont les congés prévus en cas d'événements familiaux ?

Les différents congés

Tout salarié a droit à un congé de :

– 3 jours pour chaque naissance survenue dans son foyer ou pour l'arrivée d'un enfant placé en vue de son adoption. Ce congé peut être pris par le père ou la mère de l'enfant qui n'a pas bénéficié du congé de maternité (→ index, *Congé de maternité*) prévu par l'article L. 1225-17 du Code du travail. Une naissance multiple ne prolonge pas ce congé au-delà des 3 jours prévus. Ce congé est cumulable avec le congé de paternité et le congé d'adoption ;

– 4 jours pour son mariage (ou son remariage) ;

– 2 jours pour le décès de leur conjoint (ou de leur partenaire pour les salariés liés par un PACS) ou d'un enfant ;

– 1 jour pour le décès de son père, de sa mère, de son beau-père, de sa belle-mère (c'est-à-dire le père ou la mère du conjoint et non le second mari ou la seconde femme du père ou de la mère du salarié), d'un frère ou d'une sœur ;

– 1 jour pour le mariage d'un enfant (*Code du travail, Art. L. 3142-1*).

Certaines conventions collectives peuvent autoriser des absences pour d'autres événements ou accorder une absence plus longue que celle prévue par la loi.

CONGÉS POUR ÉVÉNEMENTS FAMILIAUX	
Événement	**Nombre de jours d'absence autorisée (1)**
Mariage du salarié	4 jours
Naissance survenue au foyer ou arrivée d'un enfant placé en vue de son adoption (2)	3 jours
Décès du conjoint (ou du partenaire pour les salariés liés par un PACS) ou d'un enfant	2 jours
Mariage d'un enfant	1 jour
Décès du père, de la mère, de son beau-père, de sa belle-mère, d'un frère ou d'une sœur	1 jour

(1) Vérifiez dans la convention collective applicable dans votre entreprise, si vous ne bénéficiez pas de jours d'absence supplémentaires.
(2) Cumulable avec le congé de paternité mais pas avec le congé de maternité ou d'adoption.

Effets sur le contrat de travail

Ces congés n'entraînent pas de réduction de salaire. Ils sont assimilés à des jours de travail pour la détermination de la durée du congé payé annuel.

Date de prise de congé

Aucun texte n'indique clairement à quel moment les congés pour événements familiaux doivent être pris. Toutefois, une lettre ministérielle du 16/8/1988 précise que le congé de naissance ou d'adoption doit se situer au moment où se produit l'événement, et qu'il n'est dû que si le salarié était alors présent dans l'entreprise.

La Cour de cassation admet que ces jours d'absence ne soient pas pris le jour même de l'événement mais dans une période raisonnable par rapport à celui-ci (*Cour de cassation, Chambre sociale, 16/12/1998*). Elle confirme cependant qu'un salarié absent de l'entreprise au moment où se produit l'événement ne peut prétendre à ce congé. Ainsi, un salarié en congés payés ne peut demander de prolonger ceux-ci de 3 jours en raison de la naissance d'un enfant ayant eu lieu 10 jours avant la fin de ses congés (*Cour de cassation, Chambre sociale, 11/10/1994*).

La même solution avait déjà été adoptée dans le cas du mariage d'un salarié durant ses congés payés (*Cour de cassation, Chambre sociale, 20/6/1984*).

À NOTER

Dans une délibération du 11/2/2008, la HALDE demande au ministre du Travail d'étendre le bénéfice de l'ensemble des congés pour évènements familiaux prévus à l'article L. 3142-1 du Code du travail aux salariés pacsés (actuellement, seul le congé pour décès du conjoint est étendu au partenaire d'un PACS). Pour la HALDE, cette différence constitue une discrimination fondée sur la situation de famille. Cette demande a été réitérée dans une délibération du 28/9/2009.

Qu'est-ce que le congé de solidarité familiale ?

Le congé de solidarité familiale permet aux salariés d'assister une personne proche souffrant d'une pathologie mettant en jeu le pronostic vital (*Code du travail, Art. L. 3142-16 et s.*).

Les bénéficiaires

Tout salarié ayant soit un ascendant, un descendant, un frère, une sœur, soit une personne partageant son domicile souffrant d'une pathologie mettant en jeu le pronostic vital ou en état de phase avancée ou terminale d'une affection grave et incurable peut bénéficier d'un tel congé.

Ce congé peut également être accordé à un salarié désigné par le malade comme « personne de confiance » (c'est-à-dire un parent ou un proche, consulté au cas où le malade serait hors d'état d'exprimer sa volonté).

Les fonctionnaires territoriaux, hospitaliers et de l'État peuvent en bénéficier dans les mêmes conditions que les salariés des entreprises privées.

Les conditions

L'intéressé doit en faire la demande à son employeur par lettre recommandée avec demande d'avis de réception ou par lettre remise en main propre contre décharge, 15 jours au moins avant le début du congé. Cette demande est accompagnée d'un certificat médical attestant que la personne assistée souffre effectivement d'une pathologie mettant en jeu le pronostic vital. Ce certificat doit impérativement être établi par le médecin traitant de la personne que le salarié souhaite assister. En cas d'urgence dûment confirmée par le certificat médical, le congé peut débuter immédiatement dès réception de la demande par l'employeur (*Code du travail, Art. D. 3142-6*).

La durée et les effets

Ce congé peut être pris à temps plein ou à temps partiel, avec accord de l'employeur.

Il peut être pris en une seule fois ou fractionné, avec l'accord de l'employeur. Dans ce cas, chaque période de congé doit être au moins égale à une certaine durée (à fixer par décret) et le salarié doit avertir son employeur au moins 48 heures avant la date à laquelle il entend prendre chacune de ces périodes.

Sa durée maximale est de 3 mois, renouvelable une fois. Lorsque le salarié décide de le renouveler, il doit avertir son employeur par lettre recommandée avec demande d'avis de réception, au moins 15 jours avant le terme initialement prévu. Le congé prend fin dans tous les cas dans les 3 jours qui suivent le décès de la personne assistée. Le salarié doit informer son employeur de la date prévisible de son retour (ou de la fin du travail à temps partiel) au moins 3 jours avant la reprise du travail.

Ce congé n'est pas rémunéré par l'employeur mais sa durée est prise en compte dans l'ancienneté du salarié (*Code du travail, Art. L. 3142-20*).

Toutefois, les bénéficiaires du congé qui accompagnent à domicile une personne en fin de vie peuvent percevoir une allocation journalière pendant 21 jours au maximum. Cette allocation, servie par la caisse primaire d'assurance maladie, est d'un montant identique à celui de l'allocation journalière de présence parentale (→ index, *Allocation journalière de présence parentale*).

AVANTAGE

L'allocation journalière peut être versée à plusieurs bénéficiaires qui s'occupent du même malade.

Les salariés n'ont pas droit d'exercer une activité professionnelle pendant la durée de leur congé (*Code du travail, Art. L. 3142-18*).

À leur retour dans l'entreprise, ils doivent retrouver leur emploi ou un emploi similaire assorti d'une rémunération au moins équivalente (*Code du travail, Art. L. 3142-19*).

Qu'est-ce que le congé de soutien familial ?

Ce congé, institué par la loi de financement de la Sécurité sociale pour 2007, permet aux salariés de s'absenter pour assister leurs proches victimes d'un handicap ou d'une perte d'autonomie (*Code du travail, Art. L. 3142-22 et s.*).

Les bénéficiaires

Tout salarié ayant un parent proche présentant un handicap ou une perte d'autonomie d'une particulière gravité peut bénéficier de ce congé à condition d'avoir au moins 2 ans d'ancienneté dans son entreprise.

La gravité du handicap s'entend d'un taux d'incapacité permanente égal à au moins 80 %.

Celle de la perte d'autonomie est justifiée par l'attribution de l'allocation personnalisée d'autonomie au titre d'un classement dans les groupes I ou II de la grille nationale.

Les parents proches s'entendent du conjoint, du concubin, du partenaire lié par un PACS, des ascendants (père, mère, grand-père ou grand-mère), des descendants (enfant ou petit-enfant) ou des collatéraux jusqu'au 4e degré (frère, sœur, oncle ou tante, neveu ou nièce, grand-oncle ou tante, petit-neveu ou nièce, cousin) du salarié ainsi que des ascendants, descendants ou collatéraux jusqu'au 4e degré de son conjoint, concubin ou partenaire pacsé. Ces parents proches doivent également résider en France de façon stable et régulière et ne pas être hébergés en établissement ou chez un tiers autre que le salarié (*Code du travail, Art. L. 3142-22*).

Les conditions

L'intéressé doit en faire la demande à son employeur par lettre recommandée avec demande d'avis de réception ou par lettre remise en main propre contre décharge, 2 mois au moins avant le début du congé (*Code du travail, Art. D. 3142-9*).

Cette demande doit être accompagnée :

– d'une déclaration sur l'honneur du lien familial du demandeur avec la personne aidée ;

– d'une déclaration sur l'honneur du demandeur attestant qu'il n'a pas bénéficié d'un tel congé précédemment ou, s'il en a bénéficié, précisant la durée du congé précédent ;

– des justificatifs du handicap ou de la perte d'autonomie de la personne aidée (*Code du travail, Art. D. 3142-12*).

En cas de prolongation du congé, le salarié doit prévenir son employeur au moins un mois avant le terme prévu par lettre recommandée avec demande d'avis de réception.

À NOTER

En cas d'urgence ou de cessation brutale de l'hébergement en établissement de la personne aidée, les délais pour prévenir son employeur peuvent être ramenés à 15 jours.

La durée et les effets

Il s'agit d'un congé de 3 mois, renouvelable dans la limite d'une année. Le salarié peut recourir plusieurs fois à ce congé pour autant que la durée totale du congé ou des congés successifs n'excède pas 1 an sur l'ensemble de sa carrière professionnelle. Il peut être pris à temps plein ou à temps partiel.

Ce congé n'est pas rémunéré (sauf disposition conventionnelle plus favorable) mais il est pris en compte pour le calcul de l'ancienneté.

Le salarié n'a pas le droit d'exercer une activité professionnelle pendant la durée du congé. Il peut cependant être employé et rémunéré en qualité d'aidant familial par la personne assistée qui peut, à ce titre, percevoir la prestation de compensation du handicap ou l'allocation personnalisée d'autonomie (*Code du travail, Art. L. 3142-26*).

À l'issue du congé, le salarié retrouve son emploi ou un emploi similaire assorti d'une rémunération équivalente (*Code du travail, Art. L. 3142-27*). Une réintégration anticipée est également possible en cas de décès ou d'admission dans un établissement de la personne aidée, de recours à un service d'aide à domicile pour assister la personne aidée, de congé de soutien familial pris par un autre membre de la famille ou encore en cas de diminution importante des ressources du salarié (*Code du travail, Art. L. 3142-25*). La demande de réintégration doit parvenir à l'employeur 1 mois avant (15 jours en cas de décès de la personne aidée).

Le salarié en congé de soutien familial reste couvert par l'assurance maladie et peut continuer à acquérir des droits à la retraite par le biais de l'assurance vieillesse du parent au foyer lorsque ses revenus ne dépassent pas le plafond du complément familial (→ index, *Complément familial*).

À NOTER

Le salarié qui bénéficie de ce congé a droit à un entretien relatif à son orientation professionnelle avec son employeur avant son départ et au moment de son retour dans l'entreprise (Code du travail, Art. L. 3142-29).

Qu'est-ce qu'un congé sabbatique ?

Le congé sabbatique n'a pas de finalité précise, contrairement au congé pour création d'entreprise, par exemple. Le salarié peut donc l'utiliser pour exercer toute activité de son choix (voyages, loisirs, autre activité professionnelle, vie associative, familiale...). Il n'a aucun justificatif à fournir à son employeur, sauf cependant s'il désire exercer durant son congé une activité professionnelle de même nature que celle qu'il occupe dans l'entreprise. Dans ce cas, restant tenu à ses obligations de loyauté et de non-concurrence, il doit lui demander son accord.

Les bénéficiaires

Le congé sabbatique s'adresse à tous les salariés du secteur privé (mais aussi des offices publics et ministériels, des professions libérales, des syndicats professionnels et des associations) qui justifient de 36 mois d'ancienneté et d'au moins 6 années d'activité professionnelle (*Code du travail, Art. L. 3142-91 et s.*).

Le salarié ne doit pas, par ailleurs, avoir déjà bénéficié au cours des 6 années précédentes d'un autre congé sabbatique, d'un congé pour création d'entreprise ou d'un congé de formation d'une durée d'au moins 6 mois.

Les conditions

Le salarié doit informer son employeur par lettre recommandée avec demande d'avis de réception ou par lettre remise en main propre contre décharge, au moins 3 mois à l'avance, de la date de départ et de la durée de son congé.

L'employeur fait connaître sa décision à l'intéressé dans les 30 jours qui suivent la réception de sa demande. Passé ce délai, sans réponse de l'employeur, le salarié peut considérer sa demande comme acceptée.

L'employeur peut différer le point de départ du congé de manière discrétionnaire, dans la limite de 6 mois à compter de la présentation de la demande dans les entreprises de plus de 200 salariés, 9 mois dans celles de moins de 200 salariés, afin que le nombre d'absences simultanées dans l'entreprise au titre du congé sabbatique ne dépasse pas les limites suivantes :

- dans les entreprises de moins de 200 salariés : 1,5 % du nombre total des jours travaillés dans les 12 mois précédant le départ en congé ;
- dans les entreprises de 200 salariés et plus : 1,5 % de l'effectif total.

Ces pourcentages sont portés à 2 % lorsque des salariés sont également absents au titre des congés pour création d'entreprise.

Exemples : dans une entreprise de 250 salariés, une demande de congé sabbatique pourra être différée :

- si 5 salariés sont déjà absents, 3 en congé pour création d'entreprise et 2 en congé sabbatique ;
- ou si 3 salariés sont déjà en congé sabbatique.

L'employeur peut également refuser ce congé, dans les entreprises de moins de 200 salariés uniquement, et s'il estime, après avis des représentants du personnel, que ce congé aura des conséquences préjudiciables à la bonne marche de l'entreprise.

Ce refus doit être motivé et notifié au salarié par lettre remise en main propre contre décharge ou par lettre recommandée avec demande d'avis de réception. Le salarié peut contester ce refus devant le bureau de jugement du conseil de prud'hommes dans les 15 jours qui suivent la réception de la lettre.

ATTENTION ⚠

Attention : la durée du congé sabbatique n'est pas prise en compte pour le calcul de la durée des congés payés, pas plus qu'au titre de l'ancienneté.

AVANTAGE

Le congé sabbatique peut être rémunéré dans le cadre d'un compte épargne-temps.

La durée et les effets

La durée du congé sabbatique est comprise entre 6 et 11 mois.

Pendant cette période, le contrat de travail est suspendu : le salarié n'est pas rémunéré mais il continue de faire partie de l'effectif de l'entreprise.

Le salarié en congé sabbatique bénéficie du maintien des prestations en nature de l'assurance maladie et maternité pendant 12 mois.

À l'issue de son congé, il retrouve son emploi ou un emploi similaire assorti d'une rémunération au moins équivalente.

Certaines conventions collectives prévoient le maintien de la totalité ou d'une partie du salaire pour les salariés en congé sabbatique.

Quelles sont les règles concernant les absences liées au service national ?

Le Code du travail prévoit plusieurs mesures protectrices en faveur des salariés astreints aux obligations du service national.

La journée défense et citoyenneté

Les jeunes salariés ou apprentis (filles et garçons) âgés de 16 à 25 ans ont droit à une journée d'absence pour participer à la journée défense et citoyenneté. Cette absence ne doit pas entraîner de diminution de leur rémunération.

Elle est assimilée à une période de travail effectif pour le calcul de la durée des congés payés (*Code du travail, Art. L. 3142-73*).

La réserve militaire

Les salariés qui ont souscrit un engagement à servir dans la réserve opérationnelle ont droit à 5 jours d'absence par an au titre de cette activité. Pour bénéficier de ce congé, il suffit de présenter une demande par écrit à son employeur au moins 1 mois à l'avance en lui indiquant la date et la durée de l'absence (*Code du travail, Art. L. 3142-65*).

Au-delà de 5 jours, l'accord de l'employeur est nécessaire et la demande doit être présentée au moins 1 mois à l'avance. L'employeur peut donc refuser d'accorder plus de 5 jours de congé par an mais son refus doit être motivé et notifié à l'intéressé ainsi qu'à l'autorité militaire dans les 15 jours suivant la réception de la demande (*Code du travail, Art. L. 3142-66*).

À NOTER

Le délai de préavis d'1 mois peut être réduit à 15 jours pour les réservistes ayant souscrit, avec l'accord de leur employeur, une clause de réactivité lors de leur contrat d'engagement (Code du travail, Art. L. 3142-66).

Ces jours d'absence sont considérés comme des périodes de travail effectif en matière d'ancienneté, de congés payés et de droit aux prestations sociales (*Code du travail, Art. L. 3142-67*).

Protection contre le licenciement

L'employeur ne peut licencier un salarié ou un apprenti en raison des absences liées aux obligations du service national, à son engagement ou à ses obligations de réserve.

Cette protection concerne donc :

- les personnes appelées au service national en exécution d'un engagement pour la durée d'une guerre ou rappelées au service national à un titre quelconque.

L'employeur ne peut licencier ces salariés pendant leurs absences que pour faute grave (→ index, *Faute grave du salarié*) ou s'il est dans l'impossibilité de maintenir leur contrat de travail pour un autre motif que cette absence ;

- les réservistes, c'est-à-dire :

– les volontaires qui ont souscrit un engagement à servir dans la réserve opérationnelle,

– les anciens militaires de carrière ou sous contrat,

– les jeunes qui ont accompli un service volontaire (ceux-ci sont en effet astreints à une obligation de réserve militaire pendant 5 ans à compter de la fin de leur service actif).

Là encore, l'employeur peut licencier le salarié pour un autre motif mais, même dans ce cas, le licenciement ne peut être notifié ni prendre effet pendant les absences dues à l'accomplissement d'une période de réserve (*Code du travail, Art. L. 3142-69*).

ATTENTION ⚠

Les jeunes qui se portent volontaires pour un service actif de 1 à 5 ans après la journée défense et citoyenneté sont considérés comme démissionnaires au moment de leur départ au service.

Les salariés peuvent-ils prendre un congé pour convenance personnelle ?

Le salarié a quelquefois besoin d'un congé pour convenance personnelle. Il peut s'agir d'une absence d'une journée pour effectuer une démarche administrative ou régler des affaires familiales par exemple ou encore d'un congé de plus longue durée pour se consacrer à une activité de son choix.

La loi n'a pas prévu ce type de congé qui ne peut donc être accordé que sur consentement de l'employeur.

À défaut, il serait considéré comme une absence non justifiée qui peut constituer une cause réelle et sérieuse de licenciement.

Ainsi, la Cour de cassation a considéré que l'absence d'un salarié musulman le jour d'une fête religieuse, malgré le refus de son employeur, constituait une faute justifiant son licenciement, cette absence ayant, de surcroît, empêché la livraison d'une commande importante (*Cour de cassation, Chambre sociale, 16/12/1981*).

Le congé pour convenance personnelle n'est, en principe, pas rémunéré. Toutefois, il existe, dans certaines entreprises, un usage constant selon lequel des congés pour convenance personnelle de courte durée ne donnent pas lieu à réduction de salaire.

Si le congé dure plus de 6 mois, le salarié a la possibilité d'utiliser son compte épargne-temps.

Les congés pour convenance personnelle ne sont pas assimilés à des périodes de travail pour le calcul des congés payés.

Les conventions collectives peuvent également prévoir une réglementation particulière plus favorable aux salariés.

À l'issue de son congé, le salarié doit retrouver son emploi ou un emploi similaire. S'il ne souhaite pas réintégrer l'entreprise, il doit présenter sa démission en respectant le préavis prévu (→ index, *Démission*).

AVANTAGE

Les salariés étrangers qui acquièrent la nationalité française bénéficient d'une demi-journée de congé, non rémunérée, pour assister à leur cérémonie d'accueil dans la citoyenneté française (Code du travail, Art. L. 3142-116).

À NOTER

Il peut arriver que le salarié ait obtenu un accord verbal de son employeur ou de son supérieur hiérarchique et qu'il se voit ultérieurement contester cette autorisation. Il est donc recommandé de se faire confirmer ce genre d'autorisation par écrit afin d'éviter toute contestation.

Cas pratiques

Les congés

Congés payés - date de départ

Mon employeur a-t-il le droit de modifier les dates de départ en vacances ? Peut-il prévenir les salariés le 17 juin de la possibilité de partir en congé en septembre puis leur supprimer le droit de partir le 27 août ?

D'après les dates que vous nous indiquez, on peut considérer que la période des congés a été modifiée tardivement. Il faut en effet savoir que les dates d'ordre de départ en vacances fixées par l'entreprise ne peuvent plus être modifiées dans le délai d'un mois avant la date prévue pour le départ en vacances. La seule possibilité pour l'employeur de ne pas avoir à respecter ce délai est d'invoquer une « circonstance exceptionnelle » (commande urgente et importante par exemple) (*Code du travail, Art. L. 3141-16 ; Cour de cassation, Chambre sociale, 13/7/1989 et 3/6/1998*).

Congés payés - retour tardif

Je dois rentrer de mes congés un lundi. Qu'est-ce que je risque si je rentre après cette date ? Mon employeur peut-il me considérer comme démissionnaire ?

Si vous rentrez après la date prévue de fin de congés, vous vous mettez en tort. La règle est en effet que le salarié doit reprendre son travail à la date prévue. En revanche, vous ne pouvez pas être considéré comme démissionnaire (*Cour de cassation, Chambre sociale, 24/1/1996*). Selon les tribunaux, l'absence de reprise du travail après des congés payés ou la reprise tardive du travail par le salarié ne caractérise pas une volonté « claire et non équivoque » de démissionner, condition exigée par les tribunaux pour qualifier une démission.

Mais dans l'hypothèse où vous prolongez vos vacances sans autorisation, vous vous exposez à des sanctions de la part de votre employeur qui peuvent aller d'un simple blâme ou avertissement jusqu'à la rupture du contrat, le cas échéant pour faute grave (par exemple s'il est prouvé que votre absence a perturbé l'organisation de l'entreprise).

Si le report de votre retour repose sur un motif valable (maladie, grève des transports, accident...), il faut immédiatement prévenir l'employeur et justifier de ce motif (remise d'un certificat médical par exemple) afin que ce fait ne soit pas retenu contre vous.

Congé parental d'éducation - démission

Puis-je démissionner pendant mon congé parental d'éducation ?

Oui, vous pouvez prendre la décision de mettre fin à votre contrat de travail et d'interrompre de ce fait votre congé parental chez l'employeur. Mais si vous ne reprenez pas votre emploi à l'issue de votre congé parental, vous devez respecter un préavis de démission.

Congé parental d'éducation - chômage du conjoint

Je suis actuellement en congé parental. Malheureusement, je suis confrontée au chômage de mon mari qui vient d'être licencié et je dois reprendre mon travail. Ce cas est-il prévu par la loi ?

Oui, le Code du travail prévoit la possibilité de reprise anticipée d'activité dans l'entreprise en cas de diminution importante des ressources du ménage (comme dans votre cas, le chômage du conjoint). Vous pouvez soit reprendre votre activité initiale, soit exercer une activité à temps partiel (*Code du travail, Art. L. 1225-52*). Votre demande de reprise d'activité doit être motivée et notifiée à l'employeur 1 mois avant la date à laquelle vous souhaitez reprendre le travail par lettre recommandée avec demande d'avis de réception.

Congé de maternité - discrimination

Je demande des dommages et intérêts pour discrimination à mon employeur compte tenu des conditions dans lesquelles s'est déroulé mon retour de congé de maternité. La jurisprudence m'est-elle favorable ?

Il est difficile de répondre à ce type de question en l'absence d'éléments suffisants. En revanche, nous pouvons vous indiquer un arrêt intéressant sanctionnant une discrimination homme/femme à la suite d'un retour de maternité. Dans cette affaire, l'employeur ne fournissait aucun élément à la salariée pour expliquer les raisons pour lesquelles sa nomination à un poste de responsable de division n'était pas intervenue à son retour de congé de maternité. Elle avait pourtant exercé seule l'ensemble des fonctions correspondant à ce poste pendant 17 mois. Par ailleurs, le salarié nommé à ce poste venait d'un autre secteur et à son départ à la retraite, un autre collègue masculin lui avait été à nouveau préféré.

Elle a pu avoir gain de cause dans le cadre de sa demande devant le conseil de prud'hommes et obtenir des dommages et intérêts pour discrimination. Selon la Cour de cassation, en effet, la mise en œuvre du principe de l'égalité de traitement entre hommes et femmes implique qu'une salariée, pour laquelle une promotion a été envisagée, ne peut se voir refuser celle-ci en raison de la survenance d'un congé de maternité (*Cour de cassation, Chambre sociale, 16/12/2008*).

Congé sabbatique

Je compte demander à mon employeur un congé sabbatique. Mais j'hésite encore. Si j'envoie ma demande et si l'employeur accepte, pourrais-je encore changer d'avis pendant le délai de 3 mois ?

Le problème est que votre employeur peut parfaitement s'opposer à votre changement de décision. Même si vous n'êtes pas encore parti, il peut avoir pris de nouvelles dispositions et déjà avoir pourvu à votre remplacement… Réfléchissez donc bien à toutes les conséquences de votre décision avant d'agir.

Temps de travail et salaire

Assurance maternité au 1/1/2010

Indemnité journalière nette :

- montant net minimal : 8,64 € ;
- montant net maximal : 77,24 €.

Chèque-déjeuner

Limite d'exonération de la contribution des employeurs en 2010 :

5,21 €.

Cofinancement du CESU

Montant maximum :

1 830 € par an et par salarié.

Évaluation forfaitaire des avantages en nature au 1/1/2010

Nourriture :

- 1 repas : 4,35 € ;
- 2 repas : 8,70 €.

Logement (par mois) :

Rémunération mensuelle du salarié	Nombre de pièces du logement	
	Studio	Autre logement (par pièce)
moins de 1 442,50 €	62,60 €	33,40 €
entre 1 442,50 € et 1 731 €	73,10 €	47,00 €
entre 1 731 € et 2 019,50 €	83,50 €	62,60 €
entre 2 019,50 € et 2 596,50 €	93,90 €	78,20 €
entre 2 596,50 € et 3 173,50 €	114,90 €	99,10 €
entre 3 173,50 € et 3 750,50 €	135,70 €	120,00 €
entre 3 750,50 € et 4 327,50 €	156,60 €	146,00 €
4 327,50 € et plus	177,40 €	167,00 €

Limite des frais professionnels au 1/1/2010

Nourriture :

- repas supplémentaire pris sur le lieu de travail : 5,70 € ;
- repas pris hors du lieu de travail : 8,20 € ;
- salarié en déplacement professionnel : 16,80 €.

Logement :

- Paris et petite couronne : 60,30 €/jour ;
- autres départements : 44,70 €/jour.

Minimum garanti depuis le 1/1/2010

Montant :

3,31 €.

Participation

Montant payable directement au salarié :

80 €.

Plafonds de la Sécurité sociale en 2010

- annuel : 34 620 € ;
- trimestriel : 8 655 € ;
- mensuel : 2 885 € ;
- hebdomadaire : 666 € ;
- journalier : 159 € ;
- horaire : 22 €.

Revenu de solidarité active (RSA) au 1/1/2010

Montant forfaitaire mensuel (cas général) :

- personne seule : 460,09 € ;
- 2 personnes (couple ou personne seule avec 1 enfant) : 690,14 € ;
- 3 personnes (couple avec 1 enfant ou personne seule avec 2 enfants) : 828,16 € ;
- 4 personnes (couple avec 2 enfants) : 966,19 € ;
- par enfant supplémentaire, à partir du 3e : + 184,04 €.

Montant forfaitaire mensuel (personne isolée avec enfant(s) de moins de 3 ans) :

- femme enceinte : 590,76 € ;
- 1 enfant à charge : 787,67 € ;
- 2 enfants à charge : 984,59 € ;
- 3 enfants à charge : 1 181,51 € ;
- par enfant supplémentaire : + 196,92 €.

Limite revenu pour recherche d'emploi :

500 €/mois.

Saisie-arrêt depuis le 1/1/2010

La saisie se fait sur une partie du salaire annuel :

- 1/20 jusqu'à 3 460 € ;
- 1/10 de plus de 3 460 € à 6 790 € ;
- 1/5 de plus de 6 790 € à 10 160 € ;
- 1/4 de plus de 10 160 € à 13 490 € ;
- 1/3 de plus de 13 490 € à 16 830 € ;
- 2/3 de plus de 16 830 € à 20 220 € ;
- totalité du salaire saisissable au-delà de 20 220 €.

À noter : chaque limite de tranche est majorée de 1 310 € par personne à charge.

Sanctions pénales

- 1re classe : 38 € ;
- 2e classe : 150 € ;
- 3e classe : 450 € ;
- 4e classe : 750 € ;
- 5e classe : 1 500 € ;
- 5e classe en cas de récidive : 3 000 €.

SMIC depuis le 1/1/2010

Montant :

- SMIC horaire : 8,86 € ;
- SMIC mensuel (151,666 heures) : 1 343,77 €.

Évaluation forfaitaire d'un logement de fonction :

0,69 € par mois.

Perte de l'emploi

Le chômage

Les premières démarches
L'assurance chômage
Les allocations de solidarité
Le chômage partiel

L'insertion professionnelle

Le contrat d'accompagnement dans l'emploi
Le contrat initiative-emploi
Le contrat adultes-relais
Le RSA

Le chômage

Perdre son emploi, c'est perdre son salaire. L'assurance chômage prend alors le relais et assure, sur une période plus ou moins longue en fonction de la carrière passée, un revenu de remplacement. À l'issue de cette première indemnisation, les allocations de solidarité peuvent, pendant encore un certain temps, assurer un petit revenu. Par ailleurs, lorsqu'une entreprise connaît des difficultés passagères et qu'elle ne peut plus fournir le même volume de travail à l'ensemble des salariés, ces derniers sont confrontés au chômage partiel : un système d'allocations vient alors combler en partie le manque à gagner.

Les premières démarches

Lorsque vous perdez votre emploi, un ensemble de démarches sont à entreprendre rapidement. Afin que votre demande d'allocation soit instruite dans les meilleures conditions possibles et pour ne pas prendre le risque de perdre des droits, quelques précautions sont à prendre.

À la fin du contrat de travail

Tout salarié travaillant dans le secteur privé cotise à l'assurance chômage. Il s'adressera dans ce cas à Pôle emploi pour obtenir ses allocations. Mais qu'en est-il des salariés non fonctionnaires du secteur public ? Ils ont également droit aux allocations de chômage s'ils perdent leur emploi, mais l'organisme payeur peut être l'employeur public lui-même, s'il pratique l'auto-assurance, ou Pôle emploi si l'employeur a adhéré directement au régime d'assurance chômage ou encore s'il a signé une convention de gestion.

ATTENTION ⚠

Les jeunes à la recherche de leur premier emploi, les fonctionnaires (y compris les militaires) et les travailleurs indépendants (artisans, commerçants, professions libérales) ne peuvent prétendre à aucune indemnisation au titre du régime d'assurance chômage. Ces derniers peuvent cependant cotiser volontairement à des organismes d'assurance qui leur sont propres : la Garantie sociale des chefs d'entreprises (GSC) ou l'Association pour la protection des patrons indépendants (APPI).

Dans tous les cas, sachez que pour déterminer vos droits, Pôle emploi exigera « l'attestation d'assurance chômage » (l'employeur a désormais l'obligation de lui transmettre l'attestation). Ce document est essentiel : des mentions portées et des cases cochées dépendent le versement des allocations. Aussi la vigilance est-elle de rigueur ! Vous devez être particulièrement attentif à la qualification de la rupture : s'agit-il d'une démission, d'un licenciement, d'une fin de contrat à durée déterminée, d'une rupture en période d'essai, d'une rupture conventionnelle du contrat de travail... ? Toutes n'ont pas les mêmes conséquences sur vos droits à l'assurance chômage.

De même, la nature de l'indemnité versée à la fin de la relation de travail joue sur l'indemnisation : une indemnité transactionnelle, par exemple, entraîne automatiquement l'application d'un délai appelé « différé d'indemnisation spécifique » qui repoussera le premier jour de versement des allocations de chômage.

Un mauvais libellé peut donc avoir des conséquences fâcheuses sur vos allocations et vous obliger à engager une action en justice pour que la rupture du contrat soit requalifiée.

Pour les intérimaires, le relevé mensuel des contrats de travail que l'entreprise de travail temporaire doit remettre à Pôle emploi tient lieu d'attestation d'assurance chômage.

Un nouvel interlocuteur

Les procédures d'inscription comme demandeur d'emploi et celles de demande d'allocation sont maintenant simplifiées ; depuis le 1/1/2009 en effet, Pôle emploi, résultant de la fusion entre l'ANPE et les ASSEDIC, devient le guichet unique qui traitera à la fois votre inscription sur la liste des demandeurs d'emploi, votre suivi et votre dossier de demande d'allocation.

L'assurance chômage

Les demandeurs d'emploi qui s'inscrivent à Pôle emploi reçoivent un revenu de remplacement dénommé « allocation d'aide au retour à l'emploi ». Le montant et la durée de cette allocation dépendent des caractéristiques du contrat de travail précédent (ancienneté, salaire) ainsi que de l'âge de l'intéressé.

Quelles sont les conditions à remplir ?

› Ne pas partir de l'entreprise de sa propre initiative

Pôle emploi n'indemnise en principe, que les salariés qui ont perdu involontairement leur emploi ; cette condition doit être remplie par la fin du dernier contrat de travail. Toutefois, lorsque la durée de celui-ci est inférieure à 91 jours, le caractère involontaire de la perte d'emploi est recherché lors de la rupture de la relation de travail précédente.

Le licenciement, quel qu'en soit le motif, donne droit à indemnisation. La faute grave (→ index, *Faute grave*), pas plus que la faute lourde (→ index, *Faute lourde*), ne font obstacle au versement des allocations. De même, le chômage consécutif à une fin de contrat à durée déterminée est incontestablement involontaire. Les salariés ayant conclu une rupture conventionnelle du contrat de travail avec leur employeur ont également droit aux allocations chômage. En revanche, lorsque vous démissionnez, vous prenez l'initiative de rompre le contrat : vous ne pouvez alors prétendre, en principe, à aucune prestation. Toutefois, le chômage qui suit certaines démissions est indemnisable (voir plus loin).

À NOTER

Certains métiers, en raison notamment de la spécificité de l'activité ou des modalités particulières de rémunération, relèvent de conventions adaptées. Chacun d'eux fait l'objet d'une annexe au règlement général de l'assurance chômage. Il s'agit des salariés à rémunérations variables (tels que les VRP, les journalistes, les assistantes maternelles, les journalistes), des marins de commerce et marins pêcheurs, des dockers, des intermittents et des intérimaires, des travailleurs à domicile, des personnes handicapées travaillant au sein des entreprises adaptées, des intermittents du spectacle, des personnes travaillant hors de France.

Si vous démissionnez

Plusieurs motifs de démission sont reconnus légitimes par l'assurance chômage et donnent droit aux allocations (*Accord d'application n° 14 de la convention chômage du 19/2/2009*).

Il en est ainsi, dans les situations suivantes :

- vous démissionnez pour suivre votre conjoint ou concubin qui change de domicile pour exercer une nouvelle activité professionnelle : son entreprise le mute, il change d'employeur ou d'activité (création d'une entreprise, par exemple), il retrouve un emploi après une période de chômage (en revanche, le départ à la retraite de votre conjoint ne peut justifier votre démission) ;
- vous démissionnez pour aller rejoindre ou pour suivre votre futur conjoint (ou la personne avec qui vous envisagez de vous pacser) : moins de 2 mois doivent séparer la fin de l'emploi et la date du mariage (ou de la signature du PACS) quel que soit l'ordre de ces deux événements ;
- vous démissionnez pour suivre vos parents ou votre tuteur alors que vous avez moins de 18 ans ; peu importe le motif du déménagement ;
- vous démissionnez parce que vous avez été obligé(e) de déménager suite à des violences conjugales, celles-ci devant être justifiées par un dépôt de plainte ;
- vous démissionnez parce que vous avez été victime d'un acte délictueux au sein de votre entreprise (violence physique ou morale, harcèlement sexuel ou moral) : il faudra le prouver en produisant un récépissé du dépôt de plainte ;
- vous êtes journaliste et vous démissionnez suite à la cession ou à la cessation de la publication, ou encore parce que vous avez fait jouer la clause de conscience

en raison d'un changement notable dans le caractère ou l'orientation du journal. En outre, ce changement doit créer une situation de nature à porter atteinte à votre honneur, à votre réputation ou à vos intérêts moraux. Dans tous les cas, il doit y avoir eu versement de l'indemnité de licenciement spécifique aux journalistes par l'employeur ;

- vous étiez titulaire d'un contrat dit « de couple » ou indivisible et celui-ci a été résilié automatiquement du fait du licenciement, de la mise à la retraite de votre conjoint ou de la cessation de l'activité que vous exerciez (ce type de contrat est parfois signé par des couples de gardiens d'immeubles ou des cogérants de succursale) ;
- vous démissionnez car votre employeur cesse de vous verser des salaires : vous devez former un référé devant le conseil de prud'hommes et justifier que ce tribunal vous a alloué une provision de sommes correspondant à des arriérés.

Sont également réglés les cas de ruptures de contrats successifs ; ainsi, sera considérée comme légitime et donnera droit à indemnisation :

- la démission d'un contrat initiative-emploi ou d'un CI-RMA à durée déterminée, d'un contrat d'accompagnement dans l'emploi ou d'un contrat d'avenir, soit pour exercer un nouvel emploi sous CDD d'au moins 6 mois ou sous CDI, soit pour suivre une formation qualifiante ;
- la démission d'un salarié n'ayant pas épuisé ses droits à l'allocation d'aide au retour à l'emploi au titre d'une activité précédente ;
- la démission d'un précédent emploi pour en accepter un autre à durée indéterminée, si votre dernier employeur rompt votre contrat au cours ou à la fin de la période d'essai et si cette dernière n'excède pas 91 jours. Vous devez, par ailleurs, justifier de 3 années d'affiliation continue au régime d'assurance chômage ;
- la démission pendant la période d'essai (de 91 jours maximum) d'un emploi repris immédiatement après votre licenciement ou après la fin de votre contrat de travail à durée déterminée à la suite duquel ou de laquelle vous ne vous êtes pas inscrit comme demandeur d'emploi ;
- la démission pour conclure un ou plusieurs contrats de volontariat de solidarité internationale ou associatif, pour une ou plusieurs missions de volontariat de solidarité internationale ou de volontariat associatif prévues pour une durée minimale d'1 an continu (même si la ou les missions ont été interrompues avant leur terme).

UN DROIT DE RATTRAPAGE

Si vous n'êtes pas dans l'un des cas de démission légitime et remplissez par ailleurs toutes les autres conditions d'ouverture des droits, sachez que vous avez un droit de rattrapage. Vous pouvez demander à Pôle emploi qu'il réexamine vos droits 4 mois (ou plus exactement 121 jours) après la fin de votre contrat de travail. Si Pôle emploi considère que vous avez recherché activement un emploi (au vu des pièces attestant une recherche d'emploi ou la reprise d'emplois de courte durée), l'allocation de chômage vous sera attribuée.
Pour ne pas perdre de temps, vous pouvez même saisir Pôle emploi 15 jours avant l'échéance des 4 mois.

Le départ négocié

Les salariés ayant conclu une rupture conventionnelle de leur contrat de travail (→ index, *Contrat de travail, rupture conventionnelle*) avec leur employeur sont pris en charge par l'assurance chômage.

En revanche, si vous vous êtes séparés à l'amiable avec votre employeur sans avoir conclu une telle convention, Pôle emploi examinera la cause exacte de la rupture.

- Lorsque les départs négociés sont fondés sur un motif économique, l'employeur doit respecter la procédure de licenciement pour motif économique (→ index, *Licenciement pour motif économique*). Pôle emploi, quant à lui, indemnise la perte d'emploi.
- En revanche, lorsqu'employeur et salarié se séparent pour des raisons personnelles (mésentente, par exemple), le chômage sera considéré, en principe, comme volontaire. Toutefois, si vous n'êtes pas d'accord avec la qualification de la rupture, vous pouvez engager une action en justice. Si vous démontrez que l'employeur a pris une part prépondérante dans la fin du contrat et si vous obtenez gain de cause, Pôle emploi prendra en compte la décision de justice et indemnisera la perte d'emploi.

AVANTAGE

Les salariés démissionnaires ou licenciés qui créent ou reprennent une entreprise peuvent être indemnisés si leur entreprise cesse son activité dans les 3 années suivantes. Dans ce cas, vous devez cependant prouver que vous avez bien accompli toutes les formalités nécessaires (immatriculation au répertoire des métiers, inscription au registre du commerce...) et que l'activité a cessé pour une raison indépendante de votre volonté.

› S'inscrire comme demandeur d'emploi

À compter de la fin de votre contrat de travail, vous avez 12 mois pour vous inscrire. Passé ce délai dit « de forclusion », vous perdez vos droits à indemnisation. Certaines situation prolongent cependant la limite des 12 mois (voir plus loin).

› Avoir travaillé suffisamment de temps

L'indemnisation de la perte d'emploi repose sur un système d'assurance. Ainsi, n'ont droit aux allocations que ceux qui ont cotisé à l'assurance chômage, et encore suffisamment longtemps : c'est ce que l'on appelle la « durée d'affiliation ».

La durée minimale d'affiliation exigée est fixée à 122 jours (soit 4 mois) ou 610 heures de travail :

– au cours des 28 mois précédents pour les personnes âgées de moins de 50 ans ;

– au cours des 36 derniers mois pour les personnes âgées de 50 ans et plus.

Cas particulier : les personnes involontairement privées d'emploi entre le 1/4/2009 et le 31/3/2010 et qui ne répondent pas aux conditions d'affiliation exigées peuvent toucher une prime forfaitaire (→ index, *Assurance chômage, prime forfaitaire*).

ATTENTION ⚠

Le nombre d'heures pris en compte dans la recherche de la période d'affiliation est limité à 260 heures par mois.

Pour déterminer la durée d'affiliation, plusieurs périodes entrent en ligne de compte.

Tout d'abord, celles pendant lesquelles vous avez appartenu à une entreprise : sont même comptabilisés les arrêts de travail pour maladie et maternité. Schématiquement, retenez toute la durée qui s'est écoulée entre l'embauche et la date de fin du contrat (fin de préavis exécuté ou non).

Ensuite, il convient d'ajouter les jours de formation. Toutefois, pour être assimilés à des jours d'appartenance au régime, ceux-ci doivent avoir fait l'objet d'une prise en charge par l'État.

À NOTER

La durée d'un stage étant retenue en heures, Pôle emploi considère que 5 heures de formation sont équivalentes à un jour d'affiliation. Attention : ces jours de formation ne peuvent constituer plus des 2/3 de la période d'affiliation recherchée.

› Être à la recherche d'un emploi

Vous devez rechercher effectivement un emploi :

Les chômeurs sont en effet tenus d'accomplir de manière permanente, sur proposition de Pôle emploi ou de leur propre initiative, toutes démarches en leur pouvoir en vue de leur reclassement ou de leur réinsertion professionnelle. La réalité des actes positifs accomplis est appréciée compte tenu de la situation de l'intéressé et de la situation locale de l'emploi.

Gardez naturellement toutes les pièces justifiant vos recherches (petites annonces, copie de la lettre de candidature, réponses des entreprises...) et notez le nom des personnes que vous avez rencontrées ou simplement contactées par téléphone.

Les chômeurs sont contrôlés régulièrement, dans le cadre du projet personnalisé d'accès à l'emploi notamment. Si vous ne répondez pas aux convocations ou si l'administration considère que vous ne faites pas d'effort pour retrouver un emploi ou encore si vous refusez à deux reprises une offre raisonnable d'emploi proposée par Pôle emploi, elle peut réduire le montant de votre allocation chômage à titre de sanction. Vous pouvez également, dans les cas les plus graves, être radié de la liste des demandeurs d'emploi voire exclus, temporairement ou définitivement.

Vous êtes dispensé de rechercher un emploi si :

– vous avez au moins 58 ans et vous percevez l'allocation de solidarité spécifique (→ index, *Allocation de solidarité spécifique*) ;

– vous avez au moins 59 ans et vous percevez l'allocation d'aide au retour à l'emploi ;

– vous avez au moins 58 ans et vous ne bénéficiez ni d'une allocation de l'assurance chômage ni de l'allocation de solidarité spécifique.

12 MOIS OU PLUS POUR VOUS INSCRIRE

✓ Le délai de 12 mois à compter de la rupture du contrat de travail dont vous disposez pour vous inscrire comme demandeur d'emploi est allongé de la durée pendant laquelle :
- vous avez perçu des indemnités de maladie, maternité ou paternité, pour accident du travail ou maladie professionnelle, une pension d'invalidité de 2e ou 3e catégorie du régime de base de la Sécurité sociale ou encore une pension d'invalidité d'un régime spécial ou autonome de la Sécurité sociale ou acquise à l'étranger ;
- vous avez suivi un stage de formation professionnelle continue ;
- vous avez bénéficié d'un congé parental d'éducation, d'un congé de présence parentale ou d'un congé d'enseignement ou de recherche (attention : pour que l'allongement du délai pour vous inscrire comme demandeur d'emploi soit possible, la rupture du contrat de travail doit intervenir durant ce congé) ;
- vous avez perçu l'allocation parentale d'éducation, le complément de libre choix d'activité de la prestation d'accueil du jeune enfant ou l'allocation journalière de présence parentale après la fin de votre contrat de travail ;
- vous étiez en congé pour création d'entreprise ou en congé sabbatique (→ index, *Congé sabbatique*) ;
- vous avez effectué une mission au titre d'un mandat électif, politique ou syndical sans que le contrat de travail puisse se poursuivre ;
- vous avez effectué une mission de volontariat de solidarité internationale ou de volontariat associatif ;
- vous avez effectué des périodes militaires au titre du service national (appel sous les drapeaux, volontariat) ;
- vous avez fait l'objet d'une mesure d'incarcération qui s'est prolongée plus de 3 ans après la rupture de votre contrat de travail survenue pendant cette période de privation de liberté ;
- de même, la mère qui démissionne après son congé de maternité ou d'adoption (ou le père, 2 mois après la naissance ou l'arrivée de l'enfant au foyer), qui ne peut être réembauchée dans son entreprise malgré une priorité de réembauchage valable pendant 1 an, bénéficie d'un allongement du délai d'inscription comme demandeur d'emploi.

✓ Le délai de 12 mois est allongé de 2 ans si vous avez :
- obtenu contractuellement un congé pour élever votre enfant ;
- créé ou repris une entreprise.

✓ Il existe également deux autres cas d'allongement du délai, mais cette fois-ci limité à 3 ans :
- vous avez assisté une personne handicapée qui percevait ou qui aurait pu percevoir l'allocation pour adulte handicapé et dont l'état, nécessitant la présence d'une tierce personne, justifiait l'attribution de l'allocation compensatrice ou de la prestation de compensation ;
- vous avez démissionné pour suivre votre conjoint qui s'expatriait à l'étranger afin d'exercer une activité professionnelle.

Ces conditions d'âge s'appliquent entre le 1/1/2010 et le 31/12/2010. Elles seront portées à 60 ans pour tous en 2011. La dispense sera définitivement supprimée à partir du 1/1/2012 sauf pour les personnes qui en bénéficieront avant cette date.
Pour bénéficier de cette dispense, vous devez en faire la demande. Attention : en cas de reprise d'emploi, vous devez impérativement informer Pôle emploi.

› Être physiquement apte à l'emploi

Un demandeur d'emploi est censé accepter immédiatement l'emploi qu'on lui propose. Aussi doit-il être physiquement apte à effectuer un travail. C'est pourquoi, si vous êtes en arrêt maladie au moment de votre licenciement, vous ne pourrez prétendre à l'indemnisation du chômage ; ce n'est qu'à l'issue du congé que l'allocation de chômage pourra prendre le relais des indemnités journalières de sécurité sociale (→ index, *Prestations en espèces*). Pôle emploi tiendra absolument le même raisonnement si vous êtes indemnisé par la Sécurité sociale au titre de la maternité, d'un accident de travail ou d'une maladie professionnelle.

Si vous percevez une pension d'invalidité de 2e ou 3e catégorie, vous avez droit aux allocations de chômage dès lors que vous êtes physiquement apte à exercer un emploi. Il en sera ainsi, par exemple, si vous cumulez un salaire et la pension d'invalidité. Cette aptitude professionnelle peut également être constatée par le médecin du travail.

Mais attention : lorsque le cumul est possible, le montant de l'allocation de chômage est réduit du montant de la pension.

LES CHÔMEURS SAISONNIERS PEUVENT-ILS TOUCHER L'ALLOCATION CHÔMAGE ?

Une indemnisation spécifique est prévue pour les travailleurs dits « saisonniers » (*Convention chômage du 19/2/2009, Art. 14 et 16 et Accord d'application n° 4*).

Quels sont les chômeurs concernés ?

Ces règles s'appliquent :
- aux salariés qui ont exercé une activité réputée saisonnière au cours de 2 des 3 années précédant la fin de leur contrat de travail dans les secteurs suivants :
  - ◆ activités saisonnières liées au tourisme,
  - ◆ centre de loisirs et vacances,
  - ◆ activités saisonnières agricoles (récolte, labours, taille…),
  - ◆ exploitations forestières,
  - ◆ sport professionnel,
  - ◆ casinos et cercles de jeux ;
- aux salariés qui ont connu des périodes d'inactivité annuelle pendant les mêmes périodes au cours des 3 années précédentes.

Comment se calcule l'indemnisation ?

Le montant du salaire journalier de référence des chômeurs saisonniers est affecté d'un coefficient réducteur, calculé de la manière suivante : nombre de jours d'affiliation dans les 12 derniers mois/365.
Ce coefficient s'applique également au montant de la partie fixe de l'allocation.

Quelles sont les exceptions ?

Ne sont pas considérés comme chômeurs saisonniers et peuvent donc bénéficier de l'indemnisation sans coefficient réducteur, les salariés :
- qui sont indemnisés pour la première fois par l'assurance chômage ;
- qui ont connu des périodes d'inactivité à la même époque au cours des 3 années précédentes, mais en raison de circonstances forfuites, non liées au rythme particulier de leur activité ;
- qui ont exercé des activités dans des secteurs saisonniers ne représentant pas plus de la moitié de la condition d'affiliation retenue pour l'ouverture des droits à l'allocation chômage ;
- âgés de 50 ans et plus qui justifient de 3 années d'activité dans les 5 dernières années ;
- qui peuvent prétendre au reliquat d'un droit à l'allocation chômage, dès lors que pour l'admission de ce droit précédent, la règle relative au chômage saisonnier n'avait pas été appliquée.

› Ne pas avoir atteint l'âge de la retraite

Pour percevoir les allocations de chômage, vous ne devez pas avoir atteint l'âge fatidique à partir duquel vous avez droit à la retraite à taux plein (→ index, *Retraite des salariés*).

Comment l'allocation se calcule-t-elle ?

Le montant de l'allocation d'aide au retour à l'emploi est le reflet de vos derniers salaires soumis à cotisations.

› Le salaire de référence

Sont retenus pour le calcul de l'allocation de chômage les salaires bruts et les primes, sur la base desquels ont été calculées les cotisations que vous avez perçues au titre des 12 mois civils précédant le dernier jour de travail payé ou le dernier jour de travail payé normalement en cas d'activité ou de salaire réduit à la fin du contrat de travail (en cas de chômage partiel, par exemple). Les rémunérations sont prises en compte dans la limite de 4 fois le plafond de la Sécurité sociale (*Voir pages Barème*).

ATTENTION ⚠

La rémunération des heures de travail effectuées au-delà de 260 heures par mois n'est pas prise en compte dans le calcul du salaire de référence.

Le dernier jour de travail payé ne correspond pas nécessairement à la date de la rupture du contrat de travail. Il y aura donc un décalage si, par exemple, vous n'effectuez pas votre préavis.

Des salaires irréguliers

Pôle emploi établit le salaire de référence à partir de vos rémunérations habituelles. En conséquence, les rémunérations mensuelles anormalement faibles par rapport aux salaires habituels ne seront pas retenues. Vous pouvez vous trouver dans cette situation si vous avez momentanément interrompu votre activité en raison d'une maladie ou d'une maternité ou si vous avez opté pour un congé parental d'éducation à temps partiel, par exemple. Mais la réciproque est également vraie : une rémunération trop élevée par rapport à « l'ordinaire » ne sera pas davantage prise en compte.

Primes et autres avantages

La rémunération de base n'est pas le seul élément à entrer en ligne de compte pour le calcul de l'allocation ; les primes et les indemnités, dès lors qu'elles sont soumises à cotisations, ainsi que les avantages en nature sont à ajouter.

Les primes annuelles telles que les indemnités de 13e mois, les primes de bilan et les gratifications sont retenues au *prorata* du temps de travail.

ATTENTION ⚠

Les sommes liées à la rupture du contrat de travail telles que les indemnités de licenciement, de rupture conventionnelle, les indemnités de concurrence, l'indemnité de fin de contrat (par exemple, l'indemnité de précarité versée à la fin d'un contrat à durée déterminée), les indemnités compensatrices de congés payés, ou de préavis lorsque ce dernier n'est pas effectué, ne sont jamais prises en compte dans le calcul du salaire de référence.

› Le montant de l'allocation

L'allocation journalière est égale à 40,40 % du salaire journalier de référence plus une partie fixe *(Voir pages Barème)*. Si la somme obtenue n'atteint pas 57,40 % du salaire journalier de référence, c'est ce dernier pourcentage qui sera retenu pour calculer votre allocation. Sachez qu'en tout état de cause, le montant de votre allocation ne peut être inférieur à un plancher *(Voir pages Barème)*, ni supérieur à 75 % du salaire journalier de référence.

La partie fixe de la formule de calcul de l'allocation ainsi que le montant plancher sont établis pour un travail à temps plein. Si vous exerciez votre dernier emploi à temps partiel, ces deux éléments seront réduits en proportion de votre temps de travail.

Pour connaître le montant mensuel des allocations qui vous seront versées, il vous suffit de multiplier le montant journalier de l'allocation par le nombre de jours dans le mois. Avec un tel système, le montant de l'allocation versé en février sera moins important que celui versé en décembre.

› Les cotisations sociales dues

Sur le montant brut de l'allocation sont prélevées des cotisations sociales.

- La CSG est prélevée sur 97 % de l'allocation. Néanmoins, il existe des cas de réduction et même d'exonération de la CSG (→ index, *CSG*).
- À la CSG s'ajoute la contribution au remboursement de la dette sociale (CRDS), également calculée sur 97 % du montant de l'allocation, mais dont il est possible d'être exonéré (→ index, *CRDS*).
- L'allocation est enfin soumise à la cotisation de retraite complémentaire égale à 3 % du salaire journalier de référence. Elle ne sera déduite de votre allocation que si son prélèvement n'a pas pour conséquence de porter votre allocation en dessous du montant de l'allocation plancher *(Voir pages Barème)*.

Comment l'allocation est-elle versée ?

L'allocation est servie pendant une durée qui varie en fonction de la durée du travail antérieur dans la limite d'un maximum qui varie en fonction de l'âge. Vous ne serez cependant pas indemnisé dès la fin de votre contrat de travail. De plus, certaines situations mettent fin à cette indemnisation.

› La durée d'indemnisation

Le cas général

Depuis le 1/4/2009, la durée d'indemnisation est égale à la durée d'affiliation (→ index, *Assurance chômage, durée d'affiliation*) selon la nouvelle règle « 1 jour travaillé = 1 jour indemnisé », dans la limite d'un plafond fixé à :

– 24 mois pour les salariés de moins de 50 ans ;
– 36 mois pour ceux âgés de 50 ans et plus.

DURÉE D'INDEMNISATION		
Durée d'affiliation antérieure(1)	**Âge(1)**	**Durée de versement de l'allocation**
4 mois au cours des 28 mois précédents	Moins de 50 ans	4 mois (122 jours) au minimum et 24 mois (730 jours) au maximum
4 mois au cours des 36 mois précédents	50 ans et plus	4 mois (122 jours) au minimum et 36 mois (1095 jours) au maximum
(1) La durée d'activité antérieure ainsi que l'âge s'apprécient à la date de rupture du contrat de travail, c'est-à-dire au terme du préavis, que celui-ci ait été ou non effectué.		

Exemples :

– vous êtes licencié après avoir travaillé 5 mois : vous aurez droit à l'ARE pendant 5 mois au maximum ;

– vous êtes licencié après avoir travaillé pendant 1 an : vous aurez droit à l'ARE pendant 12 mois au maximum ;

– si vous avez 52 ans et que vous êtes licencié après avoir travaillé pendant 5 ans : vous aurez droit à l'ARE pendant 36 mois au maximum.

Les chômeurs âgés

Les chômeurs atteignant l'âge de 61 ans en cours d'indemnisation peuvent continuer à bénéficier de leur allocation chômage jusqu'à ce qu'ils puissent faire liquider leur retraite à taux plein et, au plus tard, jusqu'à 65 ans.

Si vous êtes dans ce cas, vous aurez donc la certitude de percevoir votre allocation chômage jusqu'à votre retraite, même si vous avez dépassé le nombre maximal de mois de chômage indemnisables.

Pour obtenir l'application de cette mesure favorable, il vous faut encore remplir trois conditions :

– avoir exercé une activité salariée pendant au moins 12 ans dont 1 année continue ou 2 années discontinues dans les 5 dernières années ;

– comptabiliser 25 années de cotisation à l'assurance vieillesse ;

– recevoir des allocations chômage depuis au moins 1 an.

AVANTAGE

Une prime forfaitaire de 500 € est accordée aux personnes répondant aux conditions suivantes :

– avoir perdu involontairement leur emploi entre le 1/4/2009 et le 31/3/2010 ;

– être apte au travail ;

– résider sur le territoire français ;

– justifier d'une activité salariée comprise entre 2 mois (305 heures) et moins de 4 mois (moins de 610 heures) au cours des 28 mois précédant la date de la perte de l'emploi (c'est-à-dire une durée insuffisante pour avoir droit à l'ARE).

Cette prime, versée une seule fois en totalité, est à demander à Pôle emploi dans les 6 mois suivant la perte de l'emploi considéré (Décret du 27/3/2009).

Par ailleurs, les chômeurs ayant épuisé leur durée d'indemnisation entre le 1/1/2010 et le 31/12/2010 peuvent bénéficier, dans certains cas, d'une aide exceptionnelle pendant 6 mois (→ index, Chômage, formation).

› Le début de l'indemnisation

Les allocations sont payées chaque début de mois pour le mois de chômage qui vient de s'écouler. Mais Pôle emploi ne commencera pas à vous indemniser dès le lendemain de la fin de votre contrat de travail, loin s'en faut ! À partir du dernier jour du préavis, qu'il soit ou non effectué, l'organisme applique divers délais qui repoussent le premier jour de chômage indemnisé.

Les indemnités compensatrices de congés payés

Au moment de la rupture de votre contrat, il vous reste souvent des jours de vacances que vous n'avez pas pris. Votre employeur vous verse alors pour ceux-ci une indemnité compensatrice de congés payés (→ index, *Indemnité compensatrice de congés payés*). À partir de ces informations, Pôle emploi calculera un différé d'indemnisation. Celui-ci est égal au montant de l'indemnité compensatrice de congés payés divisé par votre salaire journalier de référence (→ index, *Salaire de référence*).

Ainsi, si vous avez touché une allocation compensatrice de 1 400 € et que votre salaire de référence est égal à 70 €, Pôle emploi appliquera un différé d'indemnisation de 1 400/70 = 20 jours.

Les indemnités de rupture

Si votre employeur vous verse des indemnités de rupture supérieures à celles prévues par le Code du travail, par exemple l'indemnité fixée par la convention collective ou une prime de départ, il vous sera appliqué un différé d'indemnisation dit « spécifique ». Il est calculé à partir de la somme qui dépasse le montant minimal auquel vous aviez droit, selon la formule suivante : le surplus d'indemnités est divisé par le salaire journalier de référence (→ index, *Salaire de référence*). Ce différé d'indemnisation ne peut toutefois jamais excéder 75 jours.

Par exemple : vous percevez 3 000 € de plus que l'indemnité de licenciement prévue par le Code du travail et votre salaire de référence est de 48 €. Le différé d'indemnisation spécifique sera calculé de la façon suivante :

$$\frac{3\,000\ €}{48\ €} = 62 \text{ jours.}$$

AVANTAGE

Les indemnités de fin de contrat (indemnité de précarité versée à la fin d'un CDD, par exemple), les indemnités de fin de mission et celles particulières à certaines professions (VRP, marins, aéronautique civil) ne sont pas prises en compte dans le calcul du différé d'indemnisation.

Le délai d'attente

À ces différés d'indemnisation s'ajoute un délai d'attente de 7 jours. Celui-ci s'applique à compter du lendemain de la rupture du contrat de travail, c'est-à-dire à la fin du préavis que celui-ci ait été ou non effectué.

En revanche, ce délai d'attente ne s'applique pas en cas de réadmission dans un délai d'1 an.

ATTENTION ⚠

Les trois délais se cumulent. Ainsi, si vous avez perçu une indemnité compensatrice de congés payés et une prime de départ, Pôle emploi vous appliquera :
– le différé d'indemnisation correspondant à votre indemnité compensatrice de congés payés ;
– puis le différé d'indemnisation spécifique ;
– et enfin le délai d'attente de 7 jours.

› La fin de l'indemnisation

L'allocation de chômage cessera de vous être versée :

- si vous retrouvez un emploi ou si vous exercez de nouveau une activité, sauf en cas de cumul avec une activité réduite (voir plus loin) ;
- si vous cessez d'être inscrit comme demandeur d'emploi ;
- si vous percevez des indemnités de la part de la Sécurité sociale au titre des prestations en espèces (assurances maladie, maternité, accident du travail ou maladie professionnelle) ;
- si vous demandez à bénéficier du complément de libre choix d'activité de la prestation d'accueil du jeune enfant (→ index, *Prestation d'accueil du jeune enfant*) ou de l'allocation journalière de présence parentale (→ index, *Allocation journalière de présence parentale*) ;
- si vous obtenez l'aide à la création ou à la reprise d'entreprise ;
- si vous êtes parvenu au terme de votre indemnisation au titre de l'assurance chômage ;
- si vous avez atteint l'âge auquel vous pouvez prétendre à une retraite à taux plein ;
- si vous cessez de résider sur le territoire français (métropole, DOM ou Saint-Pierre-et-Miquelon).

Attention : si vous ne vous présentez pas à un entretien ou si vous ne renvoyez pas des pièces justificatives liées à la vérification de vos droits, vos allocations peuvent être supprimées à titre temporaire ou définitivement. Dans ce cas, vous pouvez faire un recours devant le préfet.

Quels sont les effets d'une reprise d'activité ?

En principe, toute reprise d'activité interrompt le versement de l'allocation de chômage. Mais une règle aussi rigide n'inciterait guère à reprendre un emploi moins rémunérateur que l'allocation ou de très faible durée. Ainsi, si une reprise d'activité à temps complet fait obstacle au versement des allocations, il en va tout autrement des activités à temps partiel. En revanche, une reprise d'activité chez son ancien employeur, quelle que soit sa durée, est incompatible avec une indemnisation au titre du chômage, sauf cas exceptionnel soumis à l'appréciation de l'instance paritaire régionale.

› Reprise d'une activité à temps complet

Si vous avez signé un contrat à durée déterminée ou à durée indéterminée mais que vous vous retrouvez, peu de temps après, de nouveau sans emploi, vos droits au chômage vont varier en fonction de la durée de votre dernière activité.

Vous avez travaillé moins de 4 mois

L'indemnisation du chômage reprend là où vous l'avez laissée avant de prendre votre dernier travail : c'est ce que l'on appelle le « reliquat des droits ».
Ce principe vaut même si c'est vous qui avez pris l'initiative de rompre le contrat.
Vous ne pouvez toutefois pas retrouver vos droits indéfiniment. Un ancien droit peut être repris si le temps écoulé, depuis la date d'admission aux allocations, n'est pas supérieur à la durée de votre droit à indemnisation majorée de 3 ans : c'est le délai de déchéance

Votre contrat a duré plus de 4 mois

Une activité professionnelle d'au moins 4 mois vous donne des droits : une durée d'indemnisation, même si elle est plutôt courte (→ index, *Assurance chômage, durée d'indemnisation*), ainsi qu'une allocation calculée à partir de vos derniers salaires.
Si c'est vous qui avez mis fin au contrat de travail, vous n'aurez plus de droit au chômage sauf si votre démission est considérée comme légitime (→ index, *Démission légitime*).
Dans tous les autres cas, Pôle emploi va comparer vos nouveaux droits avec les anciens. Il va ainsi comparer :
– le montant global de votre reliquat des droits avec celui de vos nouveaux droits ;
– le montant brut de votre ancienne allocation journalière avec celui de votre nouvelle allocation.
Le montant global et le montant de l'allocation journalière les plus élevés seront retenus. Votre durée d'indemnisation, quant à elle, sera limitée au montant global divisé par le montant brut de l'allocation journalière retenue.

AVANTAGE

Les chômeurs âgés de 58 ans ou plus bénéficient automatiquement du reliquat des droits sauf s'ils demandent expressément à être indemnisés à partir de leurs nouveaux droits.

› Reprise d'une activité à temps partiel

Travailler et recevoir une partie des allocations de chômage est possible sous réserve de remplir trois conditions :
– être inscrit sur la liste des demandeurs d'emploi et continuer à rechercher effectivement du travail ;
– ne pas travailler plus de 110 heures par mois car au-delà de cette barre fatidique vous ne recevez pas d'allocations de chômage (*Convention chômage du 9/2/2009, Art. 28*) ;
– ne pas gagner dans le mois plus de 70 % de votre salaire brut mensuel de référence avant le chômage (→ index, *Salaire de référence*).
Si vous dépassez un de ces deux seuils (110 heures ou 70 % de votre salaire), aucune allocation ne vous est versée pour le mois considéré.

Quel est le montant de l'allocation ?

Pôle emploi va convertir le salaire perçu en nombre de jours non indemnisables. Mais ces derniers ne sont pas perdus pour autant puisqu'ils reculent d'autant la fin de l'indemnisation : une reprise d'activité à temps partiel ne change en rien la durée de vos droits.
Le nombre de jours non indemnisables est déterminé, en principe, selon la formule suivante :

$$\frac{\text{Salaire brut mensuel de l'activité reprise}}{\text{Salaire journalier de référence}}$$

Toutefois, si vous êtes âgé de 50 ans et plus, le nombre de jours non indemnisables est obtenu en appliquant la formule suivante :

$$\frac{\text{Salaire brut mensuel de l'activité reprise}}{\text{Salaire journalier de référence}} \times 0{,}8 \text{ (coefficient de minoration).}$$

Par exemple : un demandeur d'emploi perçoit une allocation de chômage calculée sur la base d'un salaire journalier de référence de 50 €. Il reprend une activité à temps partiel pour laquelle il perçoit un salaire brut mensuel de 1 065 €. Le nombre de jours non indemnisables dans le mois est égal à :

$$\frac{1\,065\ €}{50\ €} = 21 \text{ jours.}$$

Si le salarié a 51 ans, le nombre de jours non indemnisables sera de 16, soit (21 × 0,8).

Pendant combien de temps est-elle versée ?

Vous pouvez cumuler des allocations de chômage avec un salaire pour une activité réduite au maximum pendant 15 mois. Il ne s'agit pas d'un délai de date à date.

Seuls sont comptés dans ce délai, les mois pendant lesquels des allocations de chômage vous sont versées. Toutefois, cette limite ne vous sera pas applicable si vous êtes âgé de 50 ans ou plus ou si le cumul se fait avec un contrat d'accompagnement dans l'emploi.

À NOTER

Si vous cumulez plusieurs emplois à temps partiel et que vous en perdez un, vous pouvez percevoir l'allocation de chômage et conserver le salaire de l'activité réduite à condition que la rémunération procurée par cette activité ne dépasse pas 70 % de votre salaire brut antérieur. L'allocation de chômage est intégralement cumulable avec le salaire de l'activité que vous avez conservée. Si vous perdez cette activité, la rémunération correspondant à celle-ci est alors incluse dans votre salaire journalier de référence, ce qui entraîne une revalorisation du montant de votre allocation. Le cumul est possible pendant 15 mois (voir ci-dessus le mode de calcul de ce délai).

> Exercice d'une activité indépendante

Une activité indépendante ne vous fera pas acquérir de nouveaux droits à l'assurance chômage. En revanche, les revenus qu'elle procure pourront se cumuler avec une allocation de chômage si l'instance paritaire régionale répond favorablement à votre demande de cumul. En effet, avant de reprendre un emploi non salarié, il convient de saisir préalablement l'instance paritaire régionale afin qu'elle détermine si le cumul est possible. Le nombre de jours non indemnisables sera déterminé en divisant le revenu tiré de l'activité non salariée par le salaire journalier de référence.

Si le cumul n'est pas possible et que vous décidez de cesser votre activité indépendante, vous pourrez percevoir votre reliquat de droit à condition que le délai de déchéance ne soit pas dépassé (→ index, *Reprise d'activité à temps complet*).

Que se passe-t-il si vous suivez une formation ?

Actualiser ses connaissances ou même opérer une reconversion professionnelle est un moyen pour donner un coup de pouce à votre reclassement. La période de chômage peut donc se transformer en un temps pour la formation. Vous serez rémunéré pendant votre formation. Mais le montant de cette rémunération sera différent selon la formation que vous suivez.

Formation proposée dans le cadre du PPAE

Pôle emploi établit un projet personnalisé d'accès à l'emploi (PPAE) avec les demandeurs d'emploi indemnisés (→ index, *Projet personnalisé d'accès à l'emploi*).

Ce projet peut prévoir des stages de formation qualifiante, diplômante ou d'adaptation ainsi que de réorientation nécessaires au retour à l'emploi de l'intéressé.

Pendant le temps de cette formation, le chômeur continue à percevoir son allocation de chômage qui, en la circonstance, est désignée « allocation d'aide au retour à l'emploi formation » (AREF) *(Voir pages Barème)*. Il peut également percevoir une aide correspondant à la prise en charge des frais de formation, des frais de dossier et d'inscription ainsi que de ses frais de transport et d'hébergement.

Dans le cadre de la préparation opérationnelle à l'emploi (POE), les demandeurs d'emploi peuvent également bénéficier de la formation nécessaire à l'acquisition des compétences requises pour occuper un emploi précis correspondant à une offre déposée par une entreprise auprès de Pôle emploi. L'emploi proposé doit être :

– situé dans la zone géographique privilégiée définie par le PPAE de l'intéressé ;

– être conclu sous la forme d'un contrat à durée indéterminée, d'un contrat à durée déterminée de 12 mois au minimum ou d'un contrat de professionnalisation.

La formation a lieu avant l'embauche du salarié (*Code du travail, Art. L. 6326-1 et s.*).

Par ailleurs, les chômeurs ayant épuisé leurs droits à l'ARE entre le 1/1/2010 et le 31/12/2010 se voient proposer un parcours d'insertion professionnel renforcé, à condition :

– d'être immédiatement disponibles et n'exercer aucune activité professionnelle ;

– et de ne pas pouvoir prétendre à une allocation du régime de solidarité ou au RSA.

Ce parcours permet de bénéficier d'une formation rémunérée ou d'un contrat aidé. Durant les périodes non rémunérées, le demandeur d'emploi peut toucher une aide financière d'un montant égal à celui de l'allocation de solidarité spécifique pendant 6 mois au maximum à compter de son adhésion au parcours d'insertion professionnel renforcé.

Attention : cette aide financière est réservée aux personnes disposant de ressources mensuelles ne dépassant pas 2 119,60 € pour une personne seule et 3 330,80 € pour un couple.

À NOTER

La convention chômage précise qu'au sein du PPAE, la priorité doit être donnée à une formation réalisée dans le cadre d'un contrat de travail. C'est ainsi que les chômeurs peuvent se voir proposer un contrat d'accompagnement dans l'emploi ou un contrat initiative-emploi (→ index, Contrat initiative-emploi).

Les chômeurs de 26 ans et plus ayant besoin d'acquérir une qualification favorisant leur retour à l'emploi ainsi que les chômeurs saisonniers bénéficient par ailleurs d'un accès privilégié aux contrats de professionnalisation (→ index, Contrat de professionnalisation).

Formation à l'initiative du demandeur d'emploi

Le chômeur peut également trouver une formation par lui-même.

Il peut bénéficier de la prise en charge du coût de cette formation ainsi que d'une rémunération forfaitaire *(Voir pages Barème)* à condition que le stage :

– entre dans le cadre des actions de préparation à la vie professionnelle ou de conversion définies par l'article L. 6313-1 du Code du travail ;

– soit agréé par l'État ou la région.

La liste des stages agréés par l'État est publiée chaque année au *Journal officiel* et celle des stages agréés par la région au Bulletin officiel de la région. Pour savoir si un stage est agréé, le plus simple est de se renseigner directement auprès de l'organisme de formation qui l'organise.

VOUS EXERCEZ UNE ACTIVITÉ BÉNÉVOLE

Lorsque vous êtes demandeur d'emploi, vous avez le droit d'exercer une activité bénévole (*Code du travail, Art. L. 5425-8*). L'objectif est de mettre un terme aux pratiques de certaines agences locales pour l'emploi qui radiaient de manière abusive de la liste des demandeurs d'emploi des chômeurs qui exerçaient une activité bénévole. Toutefois, cette activité bénévole ne peut s'effectuer chez un précédent employeur, ni se substituer à un emploi salarié. De plus, elle doit rester compatible avec l'obligation de recherche d'emploi. L'exercice d'une activité bénévole n'est pas un motif légitime vous permettant de refuser un emploi, une formation ou de répondre aux convocations de Pôle emploi.

En cas de doute sur le caractère bénévole de votre activité, votre dossier sera soumis à l'instance paritaire régionale.

Par ailleurs, ne remettent jamais en cause le versement des allocations chômage :

- l'exécution d'un mandat syndical de représentation dans un organisme paritaire (la Sécurité sociale, par exemple) ;
- l'exécution d'un mandat électif auprès des conseils des prud'hommes, des organismes sociaux, des collectivités locales, etc.

Comment être informé de vos droits ?

Demande d'information

Une meilleure information des allocataires est prévue par le règlement intérieur de Pôle emploi (*Directive UNEDIC n° 24-98 du 22/5/1998*). Chaque demandeur d'emploi peut se procurer ce texte auprès de Pôle emploi et l'invoquer en cas de difficultés.

Toute demande d'information à Pôle emploi doit faire l'objet d'une réponse. Lorsque la demande est présentée par écrit, Pôle emploi doit y répondre dans les 7 jours ou envoyer au demandeur un accusé de réception indiquant le délai de réponse.

Par ailleurs, toute personne à laquelle on oppose un texte doit pouvoir en prendre connaissance gratuitement auprès de Pôle emploi.

Si vous estimez n'avoir pas reçu de réponse satisfaisante à votre demande, vous pouvez également saisir le Médiateur de Pôle emploi.

Devoir d'information de Pôle emploi

Pôle emploi doit informer les allocataires qui arrivent à échéance de leurs droits. Il doit en particulier :

– leur envoyer, au moins 60 jours avant la fin de leur indemnisation, une demande d'allocation de solidarité spécifique (ASS) et les informer de l'existence du RSA au cas où leur demande d'ASS n'aboutirait pas ;

– les informer de la date à laquelle ils pourront toucher une retraite à taux plein, ce qui correspond à la date limite de prise en charge par Pôle emploi.

Représentation des chômeurs

Afin d'améliorer l'information des demandeurs d'emploi et leur capacité à exercer leurs droits, la loi du 29/7/1998 a prévu la mise en place de comités de liaison locaux par l'État, Pôle emploi et l'Association pour la formation professionnelle des adultes (AFPA) (*Code du travail, Art. L. 5411-9*). Siègent dans ces comités des demandeurs d'emploi représentant les organisations syndicales représentatives au plan national, les organisations de défense des intérêts de chômeurs et celles visant leur insertion.

AVANTAGE

Les chômeurs peuvent adhérer à un syndicat ou continuer à en faire partie. Ils peuvent participer aux stages de formation syndicale et continuer de percevoir leur indemnisation pendant la durée de ces stages.

Que faire si Pôle emploi a commis une erreur ?

En cas de doute sur le montant de l'allocation, la durée d'indemnisation, etc., le premier réflexe est d'aller demander des explications à Pôle emploi dont vous dépendez. S'il y a eu erreur, elle sera réparée.

Si vous êtes convaincu de votre bon droit et que l'agent de Pôle emploi ne veut toutefois rien entendre, vous pouvez exposer votre situation, par courrier, au directeur de l'antenne régionale de Pôle emploi.

- Si la direction de Pôle emploi accepte de réviser sa décision, elle vous notifie dans les 30 jours la nouvelle décision. Si elle maintient sa position, elle doit vous apporter une réponse motivée dans les 30 jours à compter de la réception de votre lettre de contestation. Si Pôle emploi ne peut vous apporter de réponse motivée dans ce délai, une réponse d'attente doit tout de même vous parvenir précisant le délai dans lequel la réponse motivée vous sera envoyée.

Si vous maintenez votre contestation après la réponse de Pôle emploi, la direction des affaires juridiques est alors saisie et a 30 jours pour transmettre sa réponse au Pôle emploi dont vous dépendez.

- Si le problème posé relève de l'instance paritaire régionale (indemnisation en cas de départ volontaire, maintien du versement de votre allocation...), votre question lui sera transmise. Si vous n'êtes pas d'accord avec la position prise, vous pouvez demander un réexamen de votre dossier. Si l'instance paritaire régionale confirme sa décision, vos moyens de riposte sont excessivement limités : en effet, les juges civils se déclarent en général incompétents pour statuer sur une décision de l'instance paritaire régionale.

Lorsqu'en revanche l'instance paritaire régionale n'est pas saisie et que votre contestation porte purement et simplement sur les modalités d'application du règlement, vous pouvez, si vous n'obtenez pas gain de cause auprès de Pôle emploi, saisir le tribunal. Si votre demande porte sur 10 000 € tout au plus, c'est le tribunal d'instance qui devra être saisi ; au-delà de cette somme, c'est le tribunal de grande d'instance qui est compétent.

Les allocations de solidarité

Lorsque vous avez épuisé vos droits à l'assurance chômage, l'allocation de solidarité peut prendre le relais durant encore un certain temps. Mais son montant est faible et les conditions d'attribution drastiques. L'allocation temporaire d'attente est, quant à elle, réservée aux personnes qui se trouvent dans des situations particulières et qui n'ont pas suffisamment travaillé pour pouvoir prétendre à l'allocation d'aide au retour à l'emploi.

L'allocation de solidarité spécifique

Qui peut en bénéficier ?

L'allocation de solidarité spécifique est attribuée (*Code du travail, Art. L. 5423-1 et s.*) :

- aux chômeurs de longue durée ayant été jusqu'au bout de leur droit à l'allocation de l'assurance chômage ;
- à certains professionnels tels que les artistes-auteurs et les artistes du spectacle non salariés qui ont retiré de l'exercice de leur profession des revenus pendant au moins 3 ans. De même, certains marins pêcheurs rémunérés à la part et les dockers occasionnels peuvent en bénéficier ;
- aux chômeurs âgés de 50 ans et plus qui optent pour l'allocation de solidarité si cette allocation est plus avantageuse que l'allocation de chômage.

À NOTER

Bien que financé par l'État, le régime de solidarité est géré par Pôle emploi. C'est donc à cet organisme que doit être adressée votre demande.

Les conditions à remplir

Pour pouvoir prétendre à l'allocation de solidarité vous devez, par ailleurs, remplir les conditions suivantes :

- avoir travaillé pendant 5 ans au cours des 10 années qui précèdent la fin de votre contrat de travail ayant ouvert droit à indemnisation au titre de l'assurance chômage. Pour apprécier cette condition, sont prises en compte les périodes d'activité salariée en France et à l'étranger ainsi que les périodes de travail à temps partiel. Les périodes indemnisées par la Sécurité sociale, les périodes de formation professionnelle et le service national sont assimilés à de l'activité. Attention : les périodes de chômage indemnisé ne sont pas assimilées à de l'activité ;
- être à la recherche d'un emploi (sachez, toutefois, qu'une dispense peut vous être accordée si vous avez plus de 58 ans) ;
- être physiquement apte au travail ;
- ne pas avoir atteint l'âge de la retraite ;
- disposer d'un revenu qui ne dépasse pas un certain montant : vos revenus mensuels ne doivent pas dépasser 70 fois le montant journalier de l'allocation de solidarité spécifique pour une personne seule et 110 fois la même somme pour un couple. Toutes vos ressources ainsi que celles de votre conjoint, concubin ou partenaire avec qui vous êtes lié par un PACS seront prises en compte pour apprécier cette condition, à l'exception des prestations familiales *(Voir pages Barème)*.

Cas particulier : les chômeurs ayant épuisé leur droit à l'AER entre le 1/1/2010 et le 31/12/2010 et qui ne répondent pas aux conditions pour bénéficier de l'ASS peuvent, dans certains cas, toucher une aide exceptionnelle d'un montant équivalent pendant 6 mois (→ index, *Chômage, formation*).

Le montant de l'allocation de solidarité spécifique

- Si les ressources mensuelles du demandeur sont inférieures à 40 fois le montant de l'ASS pour une personne seule ou 80 fois ce montant pour un couple, il recevra une ASS à taux plein *(Voir pages Barème)*.
- Si les ressources du demandeur dépassent ces plafonds, une allocation différentielle peut être versée.

La durée de versement

L'allocation de solidarité spécifique est attribuée par période de 6 mois (ou d'une année pour les allocataires âgés de 55 ans et plus) renouvelable sans limitation de durée. Au bout de chacune d'elles, Pôle emploi vérifiera si vous remplissez toujours les conditions nécessaires pour en bénéficier. Des justificatifs seront systématiquement demandés : feuilles d'impôt, bulletins de salaire…

Elle cessera de vous être versée si vos ressources dépassent le plafond, si vous atteignez l'âge de la retraite ou si vous n'êtes plus considéré comme étant à la recherche d'un emploi par la direction régionale des entreprises, de la concurrence, de la consommation, du travail et de l'emploi (DIRECCTE).

À NOTER

Les chômeurs qui touchaient l'ASS à taux majoré (Voir pages Barème) avant le 1/1/2004 continuent à en bénéficier.

Peut-on cumuler l'ASS avec une activité rémunérée ?

Vous pouvez conserver tout ou partie de votre allocation si vous reprenez un emploi. Les règles de cumul diffèrent selon la durée mensuelle de l'activité professionnelle exercée (*Code du travail, Art. R. 5425-1 et s.*).

Activité de moins de 78 heures

Le cumul est possible pendant 12 mois maximum et entraîne une réduction du nombre de vos allocations journalières égale :

– pendant les 6 premiers mois de reprise d'activité, à 40 % de la partie de votre rémunération brute qui excède 1/2 SMIC divisée par le montant de votre allocation journalière ;

– pendant les 6 mois suivants, à 40 % de votre rémunération brute divisée par le montant de votre allocation journalière.

Activité de 78 heures et plus

Si vous reprenez une activité professionnelle d'au moins 78 heures par mois, vous bénéficierez :

– du cumul intégral de votre ASS avec les revenus de votre activité pendant les 3 premiers mois ;

– du 4e au 12e mois, le montant de votre allocation sera diminué du montant des revenus de votre activité, mais vous aurez droit à :

- une prime de 150 € par mois pendant ces 9 mois,
- une prime forfaitaire de 1 000 € versée le 4e mois. Celle-ci peut également être versée dès la fin du 1er mois d'activité en cas d'embauche en CDI ou en CDD de plus de 6 mois ;

– à l'issue du 12e mois d'activité, le versement de l'ASS sera suspendu.

Le cumul peut être prolongé au-delà de 12 mois lorsque les heures de travail n'ont pas excédé 750 et ce jusqu'à ce que ce plafond soit atteint.

L'allocation temporaire d'attente

L'allocation temporaire d'attente (ATA) est accordée de manière limitée à certaines personnes se trouvant dans une situation particulière.

Qui peut en bénéficier ?

Peuvent prétendre à cette allocation (*Code du travail, Art. L. 5423-8 et R. 5423-20*) :

- certaines catégories de ressortissants étrangers, demandeurs d'asile :

– ceux qui demandent à bénéficier du statut de réfugié,

– ceux qui bénéficient de la protection temporaire (accordée en cas d'afflux massif de personnes déplacées),

– ceux qui bénéficient de la protection subsidiaire (personnes exposées à des menaces graves dans leur pays d'origine),

– ceux qui ont obtenu une autorisation provisoire de séjour au titre de l'article L. 316-1 du Code de l'entrée et du séjour des étrangers et du droit d'asile (étrangers ayant déposé plainte pour certaines infractions ou témoigné dans une procédure pénale) ;

- les apatrides ;
- les anciens détenus libérés après au moins 2 mois de détention ;
- les salariés expatriés, non couverts par l'assurance chômage, qui lors de leur retour en France, peuvent justifier d'une durée de travail d'au moins 182 jours dans les 12 mois précédant la fin de leur contrat de travail.

ATTENTION ⚠

Les étrangers dont le séjour dans un centre d'hébergement est pris en charge par l'aide sociale ou qui refusent une telle prise en charge ne peuvent bénéficier de l'ATA. Il en est de même des demandeurs d'asile qui, à la suite d'une décision de rejet devenue définitive, présentent une demande de réexamen à l'OFPRA, à l'exception des cas humanitaires (Code du travail, Art. L. 5423-9).

Les conditions à remplir

À l'exception des demandeurs d'asile, les personnes sollicitant l'ATA doivent s'inscrire au chômage au préalable.

Pour percevoir cette allocation, il faut également justifier de ressources mensuelles inférieures au montant forfaitaire du RSA *(Voir pages Barème)*.

Sont prises en compte les ressources du demandeur et, le cas échéant, celles de son conjoint, de son concubin ou de son partenaire pacsé.

Il est toutefois précisé que :

– les prestations familiales ne sont pas prises en compte ;

– les pensions alimentaires ou les prestations compensatoires sont déduites des ressources de celui qui la verse ;

– il n'est tenu compte ni des allocations de l'assurance chômage ou du régime de solidarité ni des rémunérations de stage ou des revenus d'activité lorsque leur perception est interrompue de manière certaine à la date de la demande et que le bénéficiaire de ces ressources ne peut prétendre à un revenu de substitution ;

– si le bénéficiaire peut prétendre à un revenu de substitution, un abattement de 30 % est appliqué sur la moyenne des ressources auxquelles ce revenu se substitue (*Code du travail, Art. R. 5423-26 et R. 5423-27*).

Le montant de l'allocation

Le montant de l'allocation temporaire d'attente est forfaitaire : il est le même pour tous *(Voir pages Barème)*. Ce montant est revalorisé une fois par an, en fonction de l'évolution des prix.

La durée de versement

L'allocation est versée pendant une durée maximale de 12 mois (*Code du travail, Art. R. 5423-19 et R. 5423-21*). Pour les réfugiés, cette durée peut être prolongée jusqu'à ce qu'ils reçoivent la notification de la décision définitive concernant leur demande.

Elle n'est accordée qu'une seule fois au titre d'une même situation (*Code du travail, Art. R. 5423-22*).

AVANTAGE

Vous pouvez cumuler partiellement les revenus d'une activité professionnelle avec l'allocation temporaire d'attente pendant 12 mois, de manière dégressive à partir du 7e mois.

Le chômage partiel

Des difficultés économiques, des intempéries, un sinistre... peuvent contraindre votre employeur à interrompre, pour un temps, totalement ou partiellement l'activité de son entreprise. Des allocations de chômage partiel peuvent alors être versées aux salariés qui subissent une perte de salaire.

L'allocation d'aide publique spécifique

Qui peut en bénéficier ?

Lorsque vous subissez une perte de salaire parce que votre employeur diminue votre temps de travail en dessous de la durée légale du travail ou parce qu'il ferme temporairement l'entreprise, vous pouvez bénéficier de l'aide publique (*Code du travail, Art. L. 5122-1*).

L'allocation est également attribuée aux salariés exerçant la même activité qui subissent individuellement, par roulement et de façon identique, une réduction collective du travail en deçà de la durée légale. Cette possibilité est subordonnée, dans les entreprises de plus de 250 salariés, à la conclusion d'une convention d'activité partielle de longue durée.

Encore faut-il que la réduction ou la suspension de l'activité ait pour origine :

– la conjoncture économique ;

– des difficultés d'approvisionnement en matières premières ou en énergie ;

– un sinistre ;

– des intempéries à caractère exceptionnel ;

– une transformation, une restructuration ou une modernisation de l'entreprise ;

– ou toute autre circonstance à caractère exceptionnel (il doit s'agir d'un événement imprévisible et qui n'a pu être empêché).

Toutefois, l'allocation d'aide publique ne vous sera pas due si vous êtes en chômage saisonnier ou encore si le chômage partiel a pour origine un conflit collectif de travail, sauf autorisation du préfet, en cas de « black-out » de plus de 3 jours.

À NOTER

Les allocations de chômage partiel sont au nombre de trois :

– l'allocation pour privation partielle d'emploi versée par l'État ;

– les indemnités conventionnelles, à la charge de l'employeur, qui complètent les allocations d'aide publique ;

– la garantie d'une rémunération mensuelle minimale.

À NOTER

Au-delà de 6 semaines d'arrêt total du travail (ou après épuisement du contingent d'heures indemnisables au titre du chômage partiel), les salariés concernés peuvent toucher l'allocation d'aide au retour à l'emploi (→ index, Allocation d'aide au retour à l'emploi) pendant 182 jours au maximum.

L'indemnisation est également possible dès le 1er jour d'arrêt du travail lorsque celui-ci est dû à des perturbations atmosphériques (gel, inondations...).

AVANTAGE

Vous venez d'arriver dans une entreprise et celle-ci ferme ses portes pendant 1 mois, le temps des congés payés : comme vous n'avez pas suffisamment travaillé pour bénéficier de ces congés mais que vous subissez la fermeture totale de l'entreprise, vous avez droit aux allocations de chômage partiel.

Quel est son montant ?

L'allocation est versée pour chaque heure perdue au-dessous de la durée légale du travail : l'allocation d'aide publique est une indemnité horaire (*Voir pages Barème*). Elle est versée directement par l'employeur qui se fait rembourser ensuite par l'État. Sur son montant seront prélevées la CSG, et la CRDS.

Le montant de l'allocation spécifique est majoré pour les entreprises de la filière automobile ainsi que pour celles qui ont été victimes de la tempête intervenue dans le Sud-Ouest de la France entre le 24 et le 27/1/2009.

Quelle est la durée du versement ?

L'État indemnise chaque salarié en chômage partiel dans la limite d'un contingent annuel d'heures fixé à 1 000 heures.

Cette limite peut exceptionnellement être dépassée sur décision conjointe du ministre chargé de l'Emploi et du Budget (ou le préfet pour les dépassements inférieurs à 171 heures).

L'allocation conventionnelle de chômage partiel

Qui peut en bénéficier ?

L'allocation conventionnelle, qui vient compléter l'allocation de l'État, ne peut être mise en œuvre que pour les heures de chômage partiel couvertes par l'aide publique (*Accord national interprofessionnel du 21/2/1968*).

Les causes de réduction ou de suspension d'activité retenues pour l'attribution de l'allocation conventionnelle sont les mêmes que pour l'aide publique à une exception près : le chômage partiel imputable aux intempéries n'est pas indemnisable par l'allocation conventionnelle.

Quel est son montant ?

L'indemnité horaire est proportionnelle au salaire : elle est égale à 60 % de la rémunération brute servant au calcul de l'indemnité de congés payés diminuée, le cas échéant, du montant de l'aide publique. La somme de ces deux indemnités ne peut être inférieure à un certain montant *(Voir pages Barème)*.

L'allocation conventionnelle est soumise à la CSG et à la CRDS.

La rémunération mensuelle minimale garantie

Si vous travaillez à temps plein, vous avez la garantie de recevoir le revenu mensuel minimum (*Code du travail, L. 3232-1 à L. 3232-7*).

Ce revenu garanti est égal au salaire net qui aurait été perçu pour un travail effectif de même durée payé au taux du SMIC. Si la somme des allocations de chômage partiel et du salaire est inférieure à la rémunération mensuelle minimale, un complément sera versé au salarié par l'État.

À NOTER

L'allocation conventionnelle n'est versée qu'aux salariés d'entreprises appartenant à une branche relevant du MEDEF et couverte par l'accord national interprofessionnel du 21/2/1968.

CHÔMAGE PARTIEL DE LONGUE DURÉE

Face aux difficultés économiques rencontrées actuellement par les entreprises, un nouveau dispositif dit « d'activité partielle de longue durée » est proposé aux entreprises depuis le 1/5/2009.

Pour en bénéficier, l'employeur doit être couvert par une convention conclue entre l'État et les organismes professionnels ou interprofessionnels au niveau national, ou directement avec l'entreprise au niveau national, régional ou départemental.

Cette convention permet d'indemniser les salariés à hauteur de 75 % de leur rémunération horaire brute pendant une période de 3 mois minimum, renouvelable dans la limite de 12 mois, et dans la limite du contingent d'heures indemnisables.

Le remboursement accordé à l'employeur est quant à lui majoré de :

- 1,90 € par heure indemnisée prise en charge par l'État sur les 50 premières heures ;
- 3,90 € par heure indemnisée prise en charge par l'UNEDIC au-delà de la 50e heure.

Ce remboursement vient en complément de celui de l'allocation d'aide publique spécifique. La différence entre 75 % du salaire et le remboursement de l'État (allocation spécifique + allocation complémentaire) est à la charge de l'employeur.

En contrepartie, l'employeur doit s'engager à maintenir l'emploi dans son entreprise pendant une durée équivalente au double de la durée de la convention (*Code du travail, Art. D. 5122-43 et s.*).

Cas pratiques

Le chômage

Attestations d'assurance chômage

J'ai été embauché sous contrat à durée déterminée. À l'issue du contrat, mon employeur ne m'a pas remis d'attestation. Que faire ? Quel article invoquer ?

Le Code du travail fait obligation à l'employeur de délivrer, au terme du contrat, les justificatifs et attestations permettant au salarié de s'inscrire au chômage (*Code du travail, Art. L. 1234-19, R.. 1234-9 et D. 1234-6*). Vous pouvez obtenir, le cas échéant en référé (procédure d'urgence), la condamnation de votre employeur à vous délivrer ce document et ce, sous astreinte (dommages et intérêts par jour de retard).
Il a été jugé que le défaut de délivrance de cette attestation entraîne nécessairement un préjudice dont le salarié peut demander réparation devant le conseil des prud'hommes (*Cour de cassation, Chambre sociale, 6/5/2002*).

Démission ou licenciement

J'estime que mon employeur m'a poussé à la démission. En fait, je regrette de ne pas avoir su résister à cette pression. Puis-je demander à Pôle emploi de me verser quand même des indemnités de chômage si je prouve qu'il s'agit d'un licenciement déguisé ?

Non, Pôle emploi n'est pas compétent pour apprécier le bien-fondé d'une contestation concernant les circonstances de la rupture du contrat de travail. Il vous faut saisir le conseil des prud'hommes dont vous dépendez afin que le juge requalifie la rupture. Nous vous conseillons de prendre contact au plus vite avec un avocat.

Prescription

Y a-t-il une prescription en matière de versement des allocations chômage ?

Toute demande en paiement des allocations chômage doit être déposée auprès de Pôle emploi dans les 2 ans suivant la date d'inscription comme demandeur d'emploi. La contestation d'une décision prise par Pôle emploi doit également intervenir dans les 2 ans de sa notification. En revanche, l'action en paiement d'un trop perçu exercée par Pôle emploi contre la personne concernée se prescrit par 3 ans (*Code du travail, Art. L. 5422-4 et L. 5422-5 ; Directive UNEDIC, Art. 49*).

Clause de garantie d'emploi

J'ai été engagé comme directeur de vente. Je bénéficie dans mon contrat de travail (CDI) d'une clause de garantie d'emploi de 2 ans. Mon employeur ne l'a pas respectée et m'a licencié. J'ai obtenu sa condamnation à me verser une indemnité égale aux salaires que j'aurais perçus jusqu'au terme de cette période. Puis-je à la fois toucher, sur la période restant à courir de la garantie d'emploi, le chômage et cette indemnité ?

Suivant la jurisprudence de la Cour de cassation, vous ne pouvez pas cumuler ces deux sommes. Les dommages et intérêts alloués à un salarié en cas de violation, par l'employeur, d'une clause de garantie d'emploi ne peuvent pas se cumuler avec les indemnités de chômage. Cette dernière peut donc refuser de vous verser les allocations chômage (*Cour de cassation, Assemblée plénière, 13/12/2002*). L'idée sous-jacente de la Cour est que les sommes versées dans le cadre de ce type de clause ont la nature d'un substitut de salaire et ne sont donc pas cumulables avec les allocations de chômage.

Activité bénévole - temps plein

Je suis actuellement au chômage. Pendant cette période très pénible pour moi, je m'occupe à temps plein d'une association. Pôle emploi peut-il me supprimer mes allocations chômage pour cette raison ?

Pour toucher le chômage, il faut que l'activité bénévole ne vous empêche pas de satisfaire à l'obligation de rechercher du travail, ni que cette activité se substitue à un emploi salarié (*Code du travail, Art. L. 5425-8*). Il a été jugé, par exemple, que tel n'était pas le cas dans une affaire où un particulier présidait une association de modélisme à titre permanent et à temps plein (*Cour de cassation, Chambre criminelle, 27/2/1996*).

Activité bénévole - gérant bénévole de SCI

Directeur commercial d'une entreprise de courtage, j'ai été licencié. Pôle emploi refuse de me verser mes indemnités de chômage au motif que je suis gérant de plusieurs sociétés civiles immobilières (SCI). Est-ce une raison valable ?

Dans une affaire similaire, la Cour de cassation a estimé que le fait d'être gérant bénévole de SCI n'implique pas, en soi, l'exercice d'une activité professionnelle interdisant la recherche effective et permanente d'un emploi (*Cour de cassation, Chambre sociale, 10/11/1998*). Tout dépend des faits et notamment du temps resté libre pour effectuer ses recherches d'emploi.

L'insertion professionnelle

Les formules se succèdent et se ressemblent… Elles ont, dans tous les cas, le même objectif : insérer dans le monde professionnel les jeunes qui ont des difficultés à entrer dans la vie active et tous ceux qui sont sortis du marché de l'emploi et qui ne parviennent pas à se réinsérer. Les moyens mis en œuvre reposent, en général, sur l'alliance de la formation et de l'expérience dans le milieu de travail. Pour donner de l'ampleur à ces dispositifs, les employeurs qui y ont recours bénéficient d'un allègement significatif du coût de l'emploi concerné.

Le contrat d'accompagnement dans l'emploi

Le contrat d'accompagnement dans l'emploi est destiné à faciliter la réinsertion professionnelle des chômeurs en difficulté. Depuis le 1/1/2010, il constitue la version du contrat unique d'insertion (CUI) dans le secteur non-marchand. Le CUI se décline sous la forme du contrat initiative-emploi dans les entreprises privées.

Qui peut conclure un contrat d'accompagnement dans l'emploi ?

Le contrat d'accompagnement dans l'emploi a été mis en place pour lutter contre l'exclusion professionnelle. À ce titre, il s'adresse en priorité aux publics les plus en difficulté. L'employeur appartient, quant à lui, essentiellement au secteur public ou au monde associatif (*Code du travail, Art. L. 5134-20 et s.*).

Du côté des employeurs

- Peuvent embaucher sous contrat d'accompagnement dans l'emploi les collectivités territoriales (communes, départements et régions), les établissements publics, les organismes de droit privé à but non lucratif comme les caisses de sécurité sociale, les syndicats, les comités d'entreprises, les associations, etc.
- En revanche, les services de l'État (tels que les ministères), les personnes physiques et les entreprises privées ne peuvent recruter sous cette forme de contrat.

Du côté des salariés

Le contrat d'accompagnement dans l'emploi s'adresse aux personnes sans emploi rencontrant des difficultés sociales et professionnelles particulières d'accès à l'emploi. Le profil précis du public concerné est arrêté par la direction régionale des entreprises, de la concurrence, de la consommation, du travail et de l'emploi (DIRECCTE) et Pôle emploi en fonction de la situation du marché du travail au niveau local.

La signature de la convention

L'employeur doit signer une convention avec le titulaire du contrat et Pôle emploi ou l'un des autres organismes concourant au service public de l'emploi (ou le président du conseil général lorsqu'il concerne un bénéficiaire du RSA) à chaque fois qu'il engage un salarié sous contrat d'accompagnement dans l'emploi.

Quel contrat signer ?

Le contrat d'accompagnement dans l'emploi est un contrat de travail à part entière qui doit faire l'objet d'un écrit. Le salarié bénéficie donc de l'ensemble des dispositions applicables aux autres salariés. Sa spécificité porte essentiellement sur la durée du travail.
En effet, le contrat d'accompagnement dans l'emploi est soit un contrat à durée indéterminée, soit un contrat à durée déterminée de 6 mois minimum (3 mois pour les personnes incarcérées bénéficiant d'un aménagement de peine) et de 24 mois maximum. Cette durée peut être prolongée dans la limite de 5 ans :
– pour les salariés âgés de 50 ans et plus bénéficiant du RSA, de l'allocation de solidarité spécifique, de l'allocation temporaire d'attente ou de l'allocation aux adultes handicapés ainsi que pour les travailleurs handicapés ;
– pour permettre d'achever une action de formation en cours de réalisation. La durée de la prolongation ne peut, dans ce cas, excéder la fin de l'action concernée.
La durée hebdomadaire de travail est comprise entre 20 et 35 heures par semaine. Cette durée peut être

réduite « en vue de répondre aux difficultés particulières de la personne embauchée ». La durée du travail peut par ailleurs varier sur tout ou partie de l'année lorsque le contrat est conclu avec une collectivité locale ou un autre organisme de droit public.

Les contrats d'accompagnement dans l'emploi concernent des emplois visant à satisfaire des besoins collectifs non satisfaits.

À NOTER

La durée maximale du contrat peut également être allongée d'une année pour les contrats conclus avec des salariés âgés de 50 ans et plus ou des travailleurs handicapés embauchés dans des ateliers ou des chantiers d'insertion rencontrant des difficultés particulières d'insertion.

Quelles sont les conditions de travail ?

Votre contrat débute par une période d'essai pendant laquelle vous et votre employeur pouvez rompre le contrat sans préavis, ni indemnités à verser. Cette période ne peut excéder 1 mois. Le contrat peut prévoir une durée plus courte ou supprimer la période d'essai.

Le poste de travail proposé doit avoir un contenu permettant au salarié d'acquérir une expérience professionnelle réelle qu'il pourra faire valoir par la suite sur le marché du travail : la convention signée par l'employeur fixe des actions de formation professionnelle et de validation des acquis de l'expérience nécessaires à la réalisation de votre projet professionnel ; un tuteur, désigné dans l'entreprise, doit vous assister durant toute la période de votre contrat. Le contrat peut également prévoir des périodes d'immersion auprès d'un autre employeur afin de se familiariser avec d'autres milieux professionnels.

À NOTER

Les actions de formation prévues au contrat peuvent être menées pendant le temps de travail mais également en dehors de celui-ci.

La rémunération

Vous percevrez au moins le SMIC horaire pour chaque heure de travail effectué *(Voir pages Barème)*. Sur la rémunération brute sera prélevée la part salariale de cotisations sociales et d'assurance chômage (→ index, *Cotisations sociales*) dans les mêmes conditions que les salariés de droit commun. Sont dues également la CSG (→ index, *CSG*) et la CRDS (→ index, *CRDS*).

Les congés payés

Vous avez droit à des congés payés comme tout salarié (→ index, *Congés payés*). Pour chaque mois de travail, vous faites l'acquisition de 2 jours et demi ouvrables de congés payés (une semaine de vacances équivaut à 6 jours de congés puisque l'on prend en compte tous les jours du lundi au samedi compris). Si, à la fin de votre contrat, vous n'avez pu utiliser ce capital de jours de congé, une indemnité compensatrice vous est due.

La fin du contrat de travail

L'employeur doit remettre une attestation d'expérience professionnelle au salarié au plus tard 1 mois avant la fin de son contrat.

À l'échéance du contrat d'accompagnement dans l'emploi, aucune indemnité de fin de contrat n'est due par l'employeur alors que celle-ci est obligatoirement versée pour une fin de contrat à durée déterminée (→ index, *Contrat à durée déterminée*).

La rupture du contrat, au cours de son déroulement, est possible si employeur et salarié se décident d'un commun accord ou si le salarié quitte son emploi pour occuper un autre emploi (contrat à durée indéterminée ou contrat à durée déterminée d'au moins 6 mois) ou pour suivre une formation reconnue dans les classifications d'une convention collective nationale de branche, figurant sur une liste établie par la commission paritaire nationale de l'emploi d'une branche professionnelle ou encore enregistrée dans le répertoire national des certifications professionnelles.

L'employeur peut également mettre fin à la relation de travail pour faute grave (→ index, *Faute grave*) ou faute lourde (→ index, *Faute lourde*) ou en cas de force majeure. Dans tous ces cas, la rupture du contrat se fera sans versement d'indemnités. Si les modalités de la fin de la relation de travail ne correspondent pas à l'une de ces situations, celui qui a interrompu le contrat sera redevable d'une indemnité égale au salaire qui aurait été payé si le contrat d'accompagnement dans l'emploi s'était poursuivi jusqu'à son terme.

À NOTER

Vous pouvez également demander à ce que votre contrat soit suspendu afin d'effectuer une évaluation en milieu de travail prescrite par Pôle emploi (ou une action concourant à votre insertion professionnelle) ou d'accomplir une période d'essai chez un autre employeur afin d'occuper un emploi en CDI ou en CDD d'au moins 6 mois. Si vous êtes embauché à l'issue de cette évaluation en milieu de travail ou de cette période d'essai, votre contrat d'accompagnement dans l'emploi sera alors rompu sans que vous ayez de préavis à effectuer.

AVANTAGE

À la fin de son contrat d'accompagnement dans l'emploi, le salarié peut percevoir des allocations de chômage s'il remplit les conditions exigées par la réglementation de l'assurance chômage (→ index, Allocation d'aide au retour à l'emploi). Il peut également bénéficier d'un contrat de professionnalisation (→ index, Contrat de professionnalisation).

Les aides à l'employeur

La prise en charge de la rémunération

L'employeur bénéficie de la prise en charge d'une partie de la rémunération versée au titulaire du contrat. Cette prise en charge est modulée en fonction de certains critères (secteur d'activité, conditions économiques locales, actions mises en place en faveur du salarié...).
Son montant ne peut excéder 95 % du SMIC horaire brut par heure travaillée (105 % pour les CAE conclus par les ateliers et chantiers d'insertion en 2010).

L'allègement des charges sociales

Les employeurs sont exonérés totalement de la part patronale des cotisations de sécurité sociale (assurances sociales et prestations familiales) sur la partie de la rémunération n'excédant pas le SMIC. En revanche, les cotisations salariales ainsi que la part patronale de l'assurance chômage et la cotisation d'accidents du travail sont dues.
La rémunération est par ailleurs exonérée de taxe sur les salaires, de la taxe d'apprentissage et de la participation des employeurs à l'effort de construction dans sa totalité.

À NOTER

Les salariés embauchés sous contrat d'accompagnement dans l'emploi ne sont pas comptabilisés dans les effectifs de l'entreprise : c'est un avantage pour les employeurs car certaines taxes ou cotisations ne sont dues qu'à partir d'un certain effectif.

LE CAE-PASSERELLE

Le CAE-passerelle est une version du contrat d'accompagnement dans l'emploi s'adressant uniquement aux jeunes âgés de 16 à 25 ans rencontrant des difficultés d'accès au marché du travail. Il concerne aussi bien les jeunes sans qualification que les jeunes diplômés souhaitant acquérir une expérience professionnelle.
Le recrutement a lieu au sein du secteur non-marchand (collectivités territoriales en priorité).
Il s'agit d'un contrat à durée déterminée d'une durée de 12 mois pouvant éventuellement être renouvelée pour permettre d'achever une action de formation en cours.
Le CAE-passerelle doit permettre au jeune d'acquérir des compétences transférables dans les entreprises du secteur marchand (comptabilité, informatique, logistique...).
À cet égard, le CAE-passerelle doit prévoir des périodes d'immersion du jeune chez un employeur du secteur privé afin d'acquérir ces compétences. Il est à noter également que le jeune peut être recruté sous contrat initiative-emploi dans une entreprise du secteur privé sans attendre la fin de son CAE-passerelle (→ index, *Contrat initiative-emploi*).
La rémunération du jeune en CAE-passerelle est prise en charge par l'État à hauteur de 90 % du SMIC brut horaire par heure travaillée.

Le contrat initiative-emploi

Le contrat initiative-emploi (CIE) constitue la forme du contrat unique d'insertion dans les entreprises du secteur privé depuis le 1/1/2010. Il est destiné à faciliter la réinsertion professionnelle des chômeurs en difficulté.

Qui peut signer un contrat initiative-emploi ?

Du côté des employeurs

Seuls les employeurs cotisant au régime d'assurance chômage et les entreprises de pêche maritime peuvent embaucher sous contrat initiative-emploi. Il s'agit, pour l'essentiel, des employeurs du secteur privé : les établissements industriels et commerciaux, les professions indépendantes mais également les établissements publics à caractère industriel et commercial des collectivités territoriales et des chambres de commerce et d'industrie ainsi que des chambres consulaires (chambre des métiers et de l'artisanat, chambres d'agriculture) et les groupements d'employeurs (*Code du travail, Art. L. 5134-66*).

En revanche, ne peuvent conclure un contrat initiative-emploi : les particuliers employeurs, l'État et les collectivités territoriales.

Le droit de conclure un contrat initiative-emploi n'est pas ouvert aux employeurs qui ont procédé à un licenciement pour motif économique dans les 6 mois précédant la date du contrat initiative-emploi.

De même, l'embauche sous contrat initiative-emploi ne peut résulter d'un licenciement d'un salarié sous contrat à durée indéterminée (sauf si celui-ci a été prononcé pour faute grave ou lourde) : il s'agit là d'une sécurité pour éviter que certains employeurs ne licencient afin de pouvoir bénéficier des mesures d'allègements des charges sociales.

L'employeur doit également être à jour du versement de ses cotisations sociales (*Code du travail, Art. L. 5134-68*).

Du côté des salariés

Les contrats initiative-emploi sont ouverts aux personnes sans emploi rencontrant des difficultés sociales et professionnelles d'accès à l'emploi (*Code du travail, Art. L. 5134-65*). Comme pour les contrats d'accompagnement dans l'emploi, le profil précis du public bénéficiaire est arrêté par le service public de l'emploi (direction régionale des entreprises, de la concurrence, de la consommation, du travail et de l'emploi (DIRECCTE), Pôle emploi) en fonction de la situation du marché du travail au niveau local.

L'État et l'employeur s'engagent

L'employeur doit signer une convention avec le titulaire du contrat et :
– Pôle emploi ou l'un des autres organismes concourant au service public de l'emploi ;
– le président du conseil général si le contrat concerne un bénéficiaire du RSA (*Code du travail, Art. L. 5134-19-1*).

Quel contrat signer ?

- Le contrat initiative-emploi peut revêtir la forme d'un contrat à durée indéterminée ou déterminée. Dans ce dernier cas, sa durée minimale est de 6 mois (3 mois pour les personnes incarcérées bénéficiant d'un aménagement de peine) et sa durée maximale de 24 mois. Cette durée peut être portée à 5 ans pour les salariés de 50 ans et plus bénéficiant du RSA, de l'allocation de solidarité spécifique, de l'allocation temporaire d'attente ou de l'allocation aux adultes handicapés ainsi que pour les travailleurs handicapés (*Code du travail, Art. L. 5134-69-1 et s.*). Elle peut par ailleurs être prolongée dans la même limite afin de permettre au salarié d'achever une formation en cours de réalisation (*Code du travail, Art. R. 5134-57*).

- Il peut s'agir d'un emploi à temps plein ou à temps partiel (20 heures par semaine au minimum) (*Code du travail, Art. L. 5134-70-2*).

À NOTER

Les salariés embauchés sous contrat initiative-emploi ne sont pas pris en compte dans l'effectif de l'entreprise (→ index, Calcul de l'effectif de l'entreprise).

Quelles sont les conditions de travail ?

Avec un contrat initiative-emploi, vous bénéficiez des mêmes avantages que les autres salariés de l'entreprise : la convention collective vous est applicable ainsi que les accords d'entreprise, notamment en matière salariale. Ainsi, votre rémunération ne peut être inférieure au salaire minimal correspondant à votre emploi, prévu dans la convention collective. En l'absence de telles dispositions, vous avez l'assurance de percevoir au moins le SMIC *(Voir pages Barème)*. Des clauses du contrat de travail peuvent naturellement prévoir un salaire plus élevé que ces taux minimaux.

À NOTER

Lorsqu'il s'agit d'un contrat à durée déterminée (ce qui est le cas, la plupart du temps), les règles prévues pour la fin des contrats d'accompagnement dans l'emploi (→ index, Contrat d'accompagnement dans l'emploi) s'appliquent également aux contrats initiative-emploi.

La formation professionnelle

Le CIE comporte des actions d'accompagnement professionnel.
Il peut également prévoir des actions de formation professionnelle nécessaires à la réalisation du projet professionnel de la personne concernée.
Un référent, désigné par l'organisme signataire de la convention, assure le suivi du parcours d'insertion du bénéficiaire du contrat.
L'employeur, pour sa part, doit désigner un tuteur, choisi parmi les salariés qualifiés de l'entreprise.
L'employeur doit remettre une attestation d'expérience professionnelle au salarié au plus tard 1 mois avant la fin de son contrat (*Code du travail, Art. L. 5134-70-2*).

L'aide à l'employeur

L'État (et le département pour les bénéficiaires du RSA) prend en charge une partie de la rémunération versée au salarié.
La part prise en charge est déterminée par le préfet de région en fonction de différents éléments :
– la catégorie et le secteur d'activité de l'employeur ;
– les actions prévues en faveur d'accompagnement professionnel et les actions visant à favoriser l'insertion durable du salarié ;
– les conditions économiques locales ;
– les difficultés d'accès à l'emploi antérieurement rencontrées par le titulaire du contrat (*Code du travail, Art. L. 5134-72*).
Cette part ne peut en tout état de cause excéder 47 % du SMIC horaire par heure travaillée *(Code du travail, Art. L. 5134-72-1)*.

Le contrat adultes-relais

Ce dispositif, intégré dans le Code du travail par la loi de finances pour 2002, est destiné à assurer la réinsertion des adultes résidant dans des zones urbaines difficiles grâce à un contrat de travail particulier (Code du travail, Art. L. 5134-100).

Qui peut conclure un contrat adultes-relais ?

Du côté des employeurs

Les contrats adultes-relais se déroulent uniquement :
- dans les collectivités territoriales et les établissements publics de coopération intercommunale ainsi que leurs établissements publics ;
- dans les établissements publics locaux d'enseignement ;
- dans les établissements publics de santé ;
- au sein des offices publics d'HLM ;
- dans les offices publics d'aménagement et de construction ;
- dans des organismes de droit privé à but non lucratif (associations, fondations, sociétés mutualistes...) ;
- chez les personnes de droit privé chargées de la gestion d'un service public (RATP, SNCF...).

Les services de l'État, les entreprises du secteur public concurrentiel ainsi que les particuliers employeurs sont donc exclus de ce dispositif.

Les employeurs concernés concluent une convention avec l'État. Pour ce faire, ils doivent déposer avant toute embauche un dossier à la préfecture mentionnant notamment la ou les zones urbaines concernées, le budget prévisionnel de l'action, les caractéristiques du poste et de l'activité engagée au regard des besoins à satisfaire.

Du côté des salariés

Les contrats adultes-relais s'adressent aux personnes sans emploi âgées de plus de 30 ans résidant en zone urbaine sensible ou dans un autre territoire prioritaire des contrats de ville.

Il peut aussi être proposé aux personnes employées sous contrat d'accompagnement dans l'emploi (→ index, *Contrat d'accompagnement dans l'emploi*), le contrat adultes-relais mettant alors fin au contrat précédent.

Quels sont les emplois proposés ?

Les activités exercées visent à améliorer les relations entre les habitants de ces zones sensibles et les services publics ainsi que les rapports sociaux dans les espaces publics et collectifs.

Les missions des adultes-relais consistent notamment à :
- accueillir, écouter et exercer toute activité qui concourt au lien social ;
- informer et accompagner les habitants dans leurs démarches et faciliter le dialogue entre services publics et usagers ;
- prévenir et aider à la résolution des petits conflits de la vie quotidienne ;
- faciliter le dialogue entre générations ;
- contribuer à renforcer la vie associative locale.

Les adultes-relais ne peuvent, en revanche, accomplir aucun acte relevant du maintien de l'ordre public ni être employés à des fonctions dont le seul objet est d'assurer les services au domicile des personnes physiques.

Quel contrat signer ?

Le contrat de travail est obligatoirement écrit.

Les collectivités territoriales et les autres personnes de droit public (à l'exception des établissements publics à caractère industriel et commercial) peuvent proposer uniquement des contrats à durée déterminée de 3 ans renouvelables une fois et comportant une période d'essai de 1 mois renouvelable une fois.

Les autres employeurs peuvent conclure soit des contrats à durée déterminée de ce type, soit des contrats à durée indéterminée de droit commun.

Quelles sont les conditions de travail ?

La durée du travail

Il s'agit en général de contrats de travail à temps complet. Ils peuvent cependant être conclus à temps partiel (sans être inférieurs à un mi-temps) lorsque la nature de l'emploi ou le volume de l'activité ne permettent pas l'emploi d'un salarié à temps complet.

La rémunération

La rémunération doit être au moins égale au SMIC *(Voir pages Barème)*.

La fin du contrat de travail

Si le contrat de travail est à durée indéterminée, les règles de droit commun s'appliquent en cas de démission ou de licenciement.

Si le contrat est à durée déterminée, il peut être rompu :

– à tout moment, soit par accord des parties, soit en cas de faute grave ou de force majeure ;

– à l'expiration de chacune des périodes annuelles de son exécution, soit par le salarié (en respectant un préavis de 2 semaines), soit par l'employeur si ce dernier justifie d'une cause réelle et sérieuse pour ce faire.

La rupture du contrat par l'employeur est considérée comme un licenciement.

Elle doit être précédée d'un entretien préalable, être notifiée par lettre recommandée avec avis de réception expédiée au moins 1 jour franc après l'entretien préalable.

L'intéressé a droit à une indemnité de licenciement égale à 10 % des salaires perçus (limité aux salaires des 18 derniers mois).

Un délai de préavis doit être observé dans les règles de droit commun.

Le non-respect de cette procédure ouvre droit à des dommages et intérêts.

AVANTAGE

Pour chaque emploi créé, l'État verse une aide forfaitaire annuelle représentant 80 % du SMIC (Voir pages Barème). Ce montant correspond à un emploi à temps plein. Il est réduit proportionnellement pour les emplois à temps partiel.

Le RSA

Le revenu de solidarité active (RSA), déjà expérimenté dans une trentaine de départements depuis 2007, a été généralisé à l'ensemble du territoire depuis le 1/6/2009.
Le but du RSA est de garantir à toute personne, qu'elle soit ou non en capacité de travailler, de disposer d'un revenu minimum et de voir ses ressources augmenter quand les revenus qu'elle tire de son travail, salarié ou non, s'accroissent.
Le mécanisme du RSA est très proche de celui du RMI auquel il se substitue. Son champ est toutefois plus large puisqu'il permet aux travailleurs tirant des ressources limitées de leur activité de compléter leur rémunération. Il est également plus axé sur la reprise d'activité que le RMI.

Qui peut en bénéficier ?

Les conditions relatives au demandeur

Pour pouvoir prétendre au RSA, il est nécessaire de remplir les conditions suivantes :
– résider en France de manière stable et effective ;
– être âgé de plus de 25 ans (ou moins pour les personnes assumant la charge d'un ou de plusieurs enfants nés ou à naître. Le RSA est également ouvert depuis septembre 2010 aux jeunes âgés de 18 à 25 ans ayant exercé une activité professionnelle pendant au moins 3 214 heures au cours des 3 ans précédents) ;
– être français ou titulaire depuis au moins 5 ans d'un titre de séjour autorisant à travailler. Cette durée n'est toutefois pas exigée pour les titulaires de la carte de résident ou d'un titre de séjour conférant des droits équivalents ainsi que pour les réfugiés ou les bénéficiaires de la protection subsidiaire et les apatrides. Pour les ressortissants d'un État membre de l'Union européenne (UE), de l'Espace économique européen (EEE) ou de la Suisse, une durée de séjour de 3 mois est exigée sauf pour les personnes travaillant, ayant travaillé mais étant en incapacité temporaire de travailler pour raison médicale ou ayant perdu leur emploi en France ;
– ne pas être étudiant ou stagiaire, le président du conseil général pouvant toutefois déroger à cette condition ;
– ne pas être en congé parental, sabbatique, sans solde ou en disponibilité ;
– et, bien entendu, disposer de ressources inférieures au niveau du revenu garanti (voir plus loin).

ATTENTION ⚠

Les ressortissants des États membres de l'UE ou de l'EEE entrés en France pour y chercher un emploi et qui s'y maintiennent à ce titre n'ont pas droit au RSA.

Les conditions relatives aux membres de sa famille

Pour être pris en compte dans la détermination du montant du RSA, le conjoint, le concubin ou le partenaire pacsé doit également remplir les conditions de résidence et de durée du séjour exigées du demandeur et ne pas être en congé parental, sabbatique, sans solde ou en disponibilité (voir plus haut).
Quant aux personnes à charge prises en compte, il s'agit :
– des enfants ouvrant droit aux prestations familiales ;
– des autres personnes de moins de 25 ans à la charge effective et permanente du bénéficiaire à condition qu'elles soient arrivées au foyer après leurs 17 ans et qu'elles aient un lien de parenté avec l'allocataire, son concubin ou son partenaire pacsé.
Ces personnes ne sont plus considérées à charge si elles perçoivent des revenus au moins égaux à la majoration du revenu garanti à laquelle elles ouvrent droit.
Les enfants étrangers d'un allocataire étranger non ressortissant d'un État membre de l'UE ou de l'EEE doivent être à sa charge effective et permanente selon les conditions exigées pour percevoir les prestations familiales (→ index, *Prestations familiales, enfant à charge*).

Comment le revenu garanti est calculé ?

Le montant

Le RSA complète les ressources du foyer afin de lui permettre d'atteindre le niveau d'un revenu garanti. Ce revenu garanti se compose :

– d'un montant forfaitaire accordé aux personnes sans ressources (« RSA socle »). Ce montant varie en fonction de la composition du foyer et du nombre d'enfants à charge. Il est majoré pour les personnes isolées assumant la charge d'un ou de plusieurs enfants et les femmes enceintes *(Voir pages Barème)*. Cette majoration est versée pendant 12 mois au maximum, cette durée pouvant être prolongée jusqu'aux 3 ans du plus jeune des enfants ;

– d'une allocation différentielle accordée aux personnes reprenant un emploi ou ne tirant pas de leur emploi des ressources suffisantes (« RSA chapeau »). Cette allocation est calculée en additionnant 62 % des revenus professionnels avec le montant forfaitaire du RSA. Il convient ensuite de soustraire les ressources du foyer pour obtenir son montant.

Formule de calcul du RSA : (montant forfaitaire du RSA + 62 % des revenus professionnels du foyer) - ressources du foyer.

Les revenus professionnels pris en compte s'entendent :

– des revenus tirés d'une activité salariée ou non salariée ;
– des revenus tirés d'une formation professionnelle ;
– des revenus provenant d'un stage ;
– des indemnités de chômage partiel ;
– des indemnités journalières de maternité, de paternité et d'adoption ;
– des indemnités de maladie, d'accident du travail et de maladie professionnelle perçues pendant les 3 premiers mois.

Ces ressources ne sont cependant pas prises en compte pendant les 3 premiers mois suivant le début ou la reprise d'un emploi, d'une formation ou d'un stage.

Une aide personnalisée de retour à l'emploi, prenant en charge tout ou partie des coûts exposés par un allocataire qui débute ou reprend une activité professionnelle, une formation professionnelle ou qui créent une entreprise (frais de transport, d'équipement, de garde d'enfant), peut également être accordée. Pour en bénéficier, il convient :

– soit de justifier de ressources inférieures au montant forfaitaire du RSA ;
– soit de tirer de son activité des revenus inférieurs à un certain montant *(Voir pages Barème)*.

L'aide est versée sur production des justificatifs des dépenses exposées et dans la limite d'un plafond.

À NOTER

Le RSA est financé par une contribution complémentaire de 1,1 % prélevée sur les revenus du patrimoine et les produits de placements assujettis à la CSG (revenus fonciers, revenus des capitaux mobiliers, plus-values, assurance-vie, rentes viagères constituées à titre onéreux…).
Cette contribution est prise en compte dans le calcul du bouclier fiscal.

Le calcul des ressources

En principe, il est tenu compte de l'ensemble des ressources du foyer pour le calcul de l'allocation. Cependant, un certain nombre de revenus sont exclus et d'autres ne sont pris en compte que partiellement.

Les revenus pris en compte

Il est tenu compte des revenus tirés d'une activité salariée ou non salariée.

Les allocations chômage, les pensions, les rentes, les avantages en nature (voir plus loin) ainsi que les revenus procurés par des biens immobiliers (loyers) et mobiliers (placements) sont également pris en compte.

Les ressources prises en compte sont égales à la moyenne mensuelle des ressources perçues au cours de 3 mois précédant la demande.

Les revenus écartés

Pour déterminer le montant des revenus du foyer, on ne prend pas en compte certaines allocations. Il en est notamment ainsi de :

– la prime de naissance ou d'adoption et de l'allocation due pour le 1er mois de naissance ainsi que du complément de libre choix du mode de garde de la prestation d'accueil du jeune enfant ;
– la majoration pour âge des allocations familiales ;
– l'allocation de rentrée scolaire ;
– l'allocation de garde de l'enfant handicapé et ses compléments ;
– l'allocation journalière de présence parentale ;

– la prime de déménagement ;

– la prestation de compensation du handicap ou l'allocation compensatrice de handicap destinée à rémunérer une tierce personne ne faisant pas partie du foyer du bénéficiaire du RSA ;

– l'allocation de remplacement pour maternité versée aux exploitants agricoles et aux travailleuses indépendantes ;

– les bourses d'études ;

– le capital décès versé par un régime de Sécurité sociale ;

– l'indemnité en capital attribuée à la victime d'un accident du travail ;

– la prime de retour à l'emploi et l'aide personnalisée de retour à l'emploi...

Les revenus évalués forfaitairement

Les avantages en nature sont évalués forfaitairement. Ainsi, si vous disposez d'un logement à titre gratuit ou si vous êtes propriétaire, l'avantage procuré sera estimé à :

– 12 % du montant forfaitaire du RSA pour une personne seule lorsque le foyer se compose d'une seule personne ;

– 16 % du montant forfaitaire du RSA calculé pour 2 personnes lorsque le foyer se compose de 2 personnes ;

– 16,5 % du montant forfaitaire du RSA calculé pour 3 personnes lorsque le foyer se compose de 3 personnes ou plus.

Les aides personnelles au logement (allocation logement ou aide personnalisée au logement) sont évaluées selon la même règle.

À NOTER

En cas de disproportion marquée entre le train de vie du foyer et les revenus déclarés, une évaluation forfaitaire des éléments du train de vie peut être effectuée et prise en compte pour la détermination du droit au RSA. Ces éléments du train de vie sont également évalués forfaitairement.

À NOTER

Il n'est possible de prétendre au RSA qu'après avoir fait valoir ses droits à prestations sociales légales réglementaires et conventionnelles (prestations familiales, chômage, pensions alimentaires...) auxquelles on peut prétendre.

Comment l'obtenir ?

Les formalités

Pour retirer un dossier de demande, vous pouvez vous adresser :
– au centre communal ou intercommunal d'action sociale de votre commune ;
– aux services du département ;
– à votre caisse d'allocations familiales ou de Mutualité sociale agricole ;
– à Pôle emploi pour certains chômeurs ;
– aux associations agréées.
Vous pouvez également télécharger le dossier sur le site Internet *www.cnaf.fr*.
Pour tout renseignement complémentaire, vous pouvez téléphoner au 3939.

Le versement

Le RSA est versé par les caisses d'allocations familiales ou, pour les agriculteurs, par les caisses de Mutualité sociale agricole.
Il est versé tous les mois, à terme échu.

Réduction et suspension

Le RSA est réduit ou suspendu en cas d'hospitalisation, d'admission dans un établissement d'hébergement ou d'incarcération de l'un des membres du foyer.
Le versement du RSA peut également être suspendu en cas de refus de l'allocataire de signer un contrat d'insertion ou le projet personnalisé d'accès à l'emploi ou s'il n'en respecte pas les dispositions sans motif légitime, de radiation de la liste des demandeurs d'emploi ou de refus de se soumettre à des contrôles.

Quels sont les droits et devoirs des bénéficiaires du RSA ?

La réinsertion professionnelle

Les bénéficiaires du RSA en âge de travailler ont droit à un accompagnement social et professionnel adapté à leurs besoins et sont, à ce titre, suivis par un référent unique.
Si leurs ressources sont inférieures au niveau du montant forfaitaire et s'ils sont sans emploi ou encore s'ils tirent de leur activité des revenus inférieurs à une

limite *(Voir pages Barème)*, ils sont tenus de rechercher un emploi ou d'entreprendre les actions nécessaires à leur insertion sociale et professionnelle.

Les personnes disponibles pour trouver un emploi, sont orientées :

– soit vers Pôle emploi avec qui elles élaborent un projet personnalisé d'accès à l'emploi (→ index, *Projet personnalisé d'accès à l'emploi*) ;

– soit vers un opérateur privé. Elles concluent alors avec le département, dans un délai d'1 mois, un contrat énumérant leurs engagements réciproques.

Celles qui connaissent des difficultés tenant notamment à leurs conditions de logement ou à leur état de santé faisant obstacle à la recherche d'emploi sont orientées vers les services du département ou un organisme compétent en matière d'insertion sociale.

AVANTAGE

L'obligation de recherche d'emploi tient compte de sujétions particulières, en matière de garde d'enfant notamment.

La couverture sociale

Les allocataires du RSA sont couverts par la CMU de base dès lors qu'ils ne peuvent prétendre aux prestations de l'assurance maladie à un autre titre (→ index, *Couverture maladie universelle*). S'agissant de la CMU complémentaire, les bénéficiaires du « RSA socle » (montant forfaitaire) sont présumés remplir les conditions d'ouverture du droit à cette protection complémentaire. En revanche, ceux qui perçoivent des revenus et qui touchent le « RSA chapeau » (allocation différentielle) ne sont pas admis de plein droit à la CMU complémentaire même si le montant du RSA est neutralisé pour le calcul des revenus ouvrant droit à la CMUC.

Ils sont couverts en cas d'accident du travail ou de maladie professionnelle survenant durant des actions favorisant leur réinsertion.

La fiscalité

L'exonération de taxe d'habitation et de redevance audiovisuelle attachée au statut d'allocataire du RMI est supprimée. Les bénéficiaires du RSA peuvent donc uniquement être exonérés de ces taxes dans les conditions de droit commun.

Pour la redevance audiovisuelle, cette règle ne s'appliquera qu'à compter de 2012. Dans l'intervalle, les bénéficiaires du RMI avant le 1/6/2009 seront maintenus dans leurs droits (→ index, *Redevance audiovisuelle*).

Le montant de la prime pour l'emploi accordée au foyer fiscal est minoré des sommes perçues au cours de l'année civile, à l'exception du montant forfaitaire.

La garde des jeunes enfants

Les établissements d'accueil des jeunes enfants doivent prévoir des places pour les enfants non scolarisés de moins de 6 ans à la charge des allocataires du RSA engagés dans un parcours d'insertion sociale et professionnelle.

À NOTER

Depuis le 1/1/2010, les contrats destinés aux bénéficiaires du RSA (CI-RMA et contrats d'avenir) sont supprimés.

Perte de l'emploi

Allocation d'aide au retour à l'emploi depuis le 1/7/2010

Montant journalier :

40,4 % du salaire de référence + 11,17 € ;
– minimum : 27,25 € ;
– maximum : 75 % du salaire de référence.

Montant minimum journalier en cas de formation (AREF) :

19,53 €.

Allocation de chômage partiel depuis le 1/1/2009

Allocation d'aide publique (montant horaire) :

– entreprises de 250 salariés au plus : 3,84 € ;
– entreprises de plus de 250 salariés : 3,33 €.

Allocation conventionnelle :

6,84 €/heure.

Allocation temporaire d'attente depuis le 1/1/2010

Montant journalier :

10,67 €.

Allocation de solidarité spécifique depuis le 1/1/2010

Plafonds de ressources mensuelles :

– personne seule : 1 059,80 € ;
– couple : 1 665,40 €.

Montant journalier :

– cas général : 15,14 € ;
– chômeurs âgés : 21,74 €.

Plafonds de la Sécurité sociale en 2010

– annuel : 34 620 € ;
– trimestriel : 8 655 € ;
– mensuel : 2 885 € ;
– hebdomadaire : 666 € ;
– journalier : 159 € ;
– horaire : 22 €.

Rémunération forfaitaire des stages agréés

Stagiaires justifiant de 6 mois d'activité au cours des 12 derniers mois ou de 12 mois au cours des 24 derniers mois :

652,02 €/mois.

Stagiaires ne justifiant pas de l'activité professionnelle exigée :

– mères de famille de 3 enfants, veuves, divorcées, séparées depuis moins de 3 ans, femmes enceintes : 652,02 €/mois ;
– veufs, divorcés, séparés, abandonnés ou célibataires avec enfants à charge : 652,02 €/mois ;
– handicapés : 652,02 €/mois ;
– autres stagiaires :
• de moins de 18 ans : 130,34 €/mois,
• de 18 à 20 ans : 310,39 €/mois,
• de 21 à 25 ans : 339,35 €/mois,
• de 26 ans et plus : 401,09 €/mois.

RSA depuis le 1/1/2010

MONTANT FORFAITAIRE (CAS GÉNÉRAL)		
Personne(s) à charge	**Personne seule**	**Couple**
Sans personne à charge	460,09 €	690,14 €
1 personne à charge	690,14 €	828,16 €
2 personnes à charge	828,16 €	966,19 €

.../...

MONTANT FORFAITAIRE (CAS GÉNÉRAL) (SUITE)		
Personne(s) à charge	**Personne seule**	**Couple**
3 personnes à charge	1 012,20 €	1 150,23 €
Majoration par personne supplémentaire	184,04 €	184,04 €

MONTANT FORFAITAIRE MENSUEL (PERSONNE ISOLÉE AVEC ENFANT(S) DE MOINS DE 3 ANS)	
Femme enceinte	590,76 €
1 enfant à charge	787,67 €
2 enfants à charge	984,59 €
3 enfants à charge	1 181,51 €
Majoration par enfant supplémentaire	196,92 €

SMIC depuis le 1/1/2010

– SMIC horaire : 8,86 € ;

– SMIC mensuel (151,666 heures) : 1 343,77 €.

Bien vivre sa retraite

La vie quotidienne
Obtenir de l'aide à domicile

Où vivre sa retraite ?
Les différentes formules d'accueil

La vie quotidienne

De nombreuses mesures sont prises en faveur des seniors dans tous les domaines de la vie quotidienne, en plus des droits et avantages auxquels ils peuvent prétendre en tant que citoyen. C'est le cas par exemple de certaines aides à domicile qui leur sont réservées. Bien connaître ces avantages spécifiques au troisième âge, c'est profiter au mieux, financièrement et au quotidien, de sa retraite.

Obtenir de l'aide à domicile

Si vous désirez rester chez vous mais que vous avez besoin d'assistance, plusieurs aides à domicile peuvent vous intéresser telles que l'aide ménagère, la prestation de garde à domicile, l'allocation personnalisée d'autonomie, les services de soins infirmiers à domicile ou encore la téléassistance.

Le maintien à domicile

Le maintien à domicile repose en large partie sur les services d'aide matériel (heures de ménage, aide pour accomplir les gestes de la vie courante...) qui constituent également un lien social. Lorsque le vieillissement ou l'apparition de pathologies nécessite un soutient d'ordre plus médical, il faut faire appel à d'autres structures tels que les services de soins infirmiers à domicile. Désormais, la prise en charge d'une personne est envisagée de façon globale en tenant compte de tous ses besoins. Dans cet esprit, l'organisation et le fonctionnement des services d'aide à domicile (infirmiers ou non) ont été totalement rénovés (*Décret n° 2004-613 du 25/6/2004*). Afin de garantir une prise en charge continue, des services polyvalents d'aide et de soins à domicile ont été créés. Ils ont pour mission d'élaborer un projet individualisé d'aide, d'accompagnement et de soins, sur la base d'une évaluation globale des besoins de la personne. Est en charge de ce projet une équipe pluridisciplinaire composée des personnels relevant des services de soins infirmiers à domicile et des services d'aide et d'accompagnement à domicile et coordonnée par un personnel salarié du service.

En outre, pour répondre au mieux aux besoins des retraités du régime général et pour tirer les conséquences de la création de l'allocation personnalisée d'autonomie (APA), les caisses du régime général ont élargi la gamme de leurs aides et les modalités de leur attribution en se fondant sur un bilan personnalisé d'évaluation des besoins de la personne âgée.

En outre, la loi n° 2005-841 du 26/7/2005 a enrichi et structuré l'offre des services à la personne. Les pouvoirs publics espèrent, en développant ce secteur, créer 500 000 emplois et développer des services de qualité pour permettre notamment aux seniors de vivre chez eux dans de bonnes conditions. Les associations et entreprises qui offrent ces services doivent être agréées par l'État. Cet agrément est un véritable sésame. Les structures qui l'ont obtenu peuvent être payées par chèque emploi service universel (→ index, *CESU*) et la dépense engagée ouvre droit à un avantage fiscal pour l'aide à domicile.

Une offre de services élargie

Les associations, les régies de quartier et entreprises agréées peuvent proposer les services suivants :

– l'entretien de la maison et les travaux ménagers : la personne âgée peut notamment recourir aux services d'une aide ménagère (voir plus loin) ;

– les petits travaux de jardinage : entretien courant des jardins de particuliers à leur domicile, effectué au moyen du matériel mis à la disposition du salarié par l'employeur ou l'organisme agréé qui l'emploie. Les travaux comprennent la taille des haies et des arbres, le débroussaillage mais pas les travaux forestiers ;

– les prestations de petit bricolage dites « homme toutes mains » : tâches occasionnelles de très courte durée qui ne demandent pas de qualification particulière (changer une ampoule, un joint, fixer un cadre…) ;

– la préparation de repas à domicile, y compris le temps passé à faire les courses ;

– la livraison de repas ou de courses à domicile, la collecte et livraison à domicile de linge repassé, à la condition que ces prestations soient comprises dans une offre de services incluant un ensemble d'activités effectuées à domicile ;

– l'assistance aux personnes âgées ou autres personnes qui ont besoin d'une aide personnelle à leur domicile, à l'exception d'actes de soins relevant d'actes médicaux ;

– l'assistance aux personnes handicapées, y compris les activités d'interprète en langue des signes, de technicien de l'écrit et de codeur en langage parlé complété ;

– la prestation de garde-malade, à l'exclusion des soins ;

– des aides à la mobilité et transports de personnes ayant des difficultés de déplacement lorsque cette activité est incluse dans une offre de services d'assistance à domicile ;

– des prestations de conduite du véhicule personnel des personnes dépendantes, du domicile au travail, sur le lieu de vacances, pour les démarches administratives, d'accompagnement des personnes âgées ou handicapées en dehors de leur domicile (promenades, transports, actes de la vie courante), à condition que ces prestations soient comprises dans une offre de services incluant un ensemble d'activités effectuées à domicile ;

– la prestation d'assistance informatique et Internet à domicile ;

– les soins et promenades d'animaux de compagnie pour les personnes dépendantes, à l'exception des soins vétérinaires et du toilettage ;

– les soins d'esthétique à domicile pour les personnes dépendantes ;

– la maintenance, l'entretien et la vigilance temporaires, à domicile, de la résidence principale et secondaire ;

– l'assistance administrative à domicile.

Pour rapprocher l'offre et la demande de services à la personne, plusieurs enseignes nationales ont été créées. Adossées à des grands groupes et à des associations, ces enseignes permettent d'aiguiller les demandes des seniors vers les prestataires de services agréés ou faciliter la rencontre des particuliers, employeurs directs, et des salariés.

À NOTER

Pour vous renseigner sur les services à la personne existants, les aides fiscales auxquelles les personnes âgées peuvent prétendre, le fonctionnement du CESU (chèque emploi-service universel), téléphonez au 32 11. Cette plate-forme téléphonique a été mise en place par l'Agence nationale des services à la personne (ANPS).

AVANTAGE

Pour attester de la qualité de leurs services à domicile, les organismes concernés peuvent obtenir, s'ils répondent à des critères stricts, une certification : la norme Afnor NF X 50-056. C'est un atout majeur pour la structure qui valorise ainsi son image tant à l'égard des clients que des financeurs (les caisses de retraite par exemple).

L'aide sociale du département

Vous pouvez obtenir une aide ménagère dans le cadre de l'aide sociale départementale si vous avez 65 ans au moins (60 ans en cas d'inaptitude au travail). Les interventions de l'aide ménagère varient en fonction de vos besoins : elle peut faire les courses, entretenir le logement, préparer les repas, effectuer des démarches administratives…

Les conditions à remplir

Il faut avoir au moins 65 ans (60 ans en cas d'inaptitude au travail), être dans un état qui nécessite une aide matérielle pour rester à domicile et disposer de ressources qui ne dépassent pas un certain plafond *(Voir pages Barème)*.

Les démarches

- Pour embaucher une aide ménagère, vous devez faire une demande auprès du centre communal d'action sociale (CCAS) de votre mairie ou auprès d'associations privées habilitées qui constitueront le dossier.
- Si en raison de vos ressources, vous n'avez pas le droit à l'aide sociale, vous pouvez vous adresser à la caisse de retraite dont vous dépendez. Si vous relevez de plusieurs régimes de retraite de base différents, seul celui qui valide la plus longue période d'activité est en principe compétent.

Des frais variables

Si vous relevez de l'aide sociale, votre participation financière sera égale à une somme qui diffère selon les départements.

ATTENTION ⚠

L'aide sociale peut récupérer sur la succession du bénéficiaire les sommes qu'elle a versées au défunt. Les conditions de récupération sont différentes selon la nature des allocations. Ainsi les prestations accordées pour le maintien à domicile telles que le portage des repas ou l'aide ménagère sont récupérables, si leur montant est supérieur à 760 €, sur la part de succession qui dépasse 46 000 €.

Le plan d'actions personnalisé de la CNAV

L'action sociale des caisses de retraite de base des salariés qui consistait principalement hier en une prise en charge partielle d'heures d'aide ménagère prend désormais en compte de façon globale les besoins du retraité à travers un plan d'actions personnalisé. En outre, où que vous soyez sur le territoire français, les aides du régime général sont désormais calculées selon un barème unique établi par la Caisse nationale d'assurance vieillesse (CNAV).

Les bénéficiaires

Ce dispositif s'adresse aux personnes retraitées du régime général à titre principal âgées de plus de 55 ans. Pour pouvoir y prétendre, la plus large partie des retraites ou des pensions de réversion doit être issue de l'activité salariée. Il faut ensuite être faiblement dépendant et plus précisément relever du niveau de dépendance GIR 5 ou 6 et rencontrer des difficultés dans la vie quotidienne en raison de l'avancée en âge, du niveau de ressources, de l'état de santé et de l'isolement social ou géographique. Dernière condition : ne pas bénéficier d'une prestation équivalente d'un autre système mis en œuvre par les pouvoirs publics.

Les prestations

À la suite de l'évaluation globale de la situation du demandeur, un plan d'actions personnalisé est élaboré. Celui-ci peut prévoir le financement de différents services comme, par exemple, des heures d'aide ménagère à domicile ou d'aide aux courses, des aides pour des gros travaux d'entretien, le portage de repas, l'accompagnement pour des déplacements, l'aide à la toilette, la pédicurie, l'installation et l'abonnement pour la télé-assistance, la participation à des ateliers mémoire, équilibre ou nutrition… Il faut y ajouter l'aide au retour à domicile après une hospitalisation. Pendant une période courte (3 mois au maximum), les soutiens sont intensifiés afin que le bénéficiaire retrouve plus rapidement son autonomie.

Pour l'ensemble de ces services, le bénéficiaire apporte sa participation financière dont le montant varie en fonction de son niveau de revenu. Pour apprécier cette condition, tous les revenus du retraité et ceux de son conjoint, concubin ou partenaire pacsé sont pris en compte. Sont toutefois exclus : les allocations logement, la majoration pour tierce personne ou l'APA du conjoint, la retraite du combattant, les pensions attachées aux distinctions honorifiques, les intérêts du livret A et d'épargne populaire (ou livrets assimilés).

Le montant de l'aide ne peut pas dépasser un plafond annuel *(Voir pages Barème)*.

L'action sociale peut également financer des travaux dans le logement *(Voir pages Barème)*.

La procédure

La demande doit être adressée à la caisse régionale dont relève le domicile. Le dossier à remplir comporte des questions sur la situation de famille, les revenus… Il s'ensuit une évaluation des besoins du demandeur qui se fait à son domicile. Tout est pris en compte pour apprécier le plus justement possible la situation : cadre de vie, état de santé, conditions de logement… Il en résulte un plan d'actions personnalisé comportant un ou plusieurs services (voir plus haut).

AVANTAGE

Si vous ne relevez pas du régime des salariés, renseignez-vous auprès de votre caisse de retraite. La plupart d'entre elles développe des actions sociales en faveur de leurs retraités.

LES AIDES DES CAISSES DE RETRAITE COMPLÉMENTAIRE

Les caisses de retraite complémentaire, notamment des salariés (ARRCO et AGIRC), mènent également des actions sociales. Par exemple, dans de nombreux départements, elles accordent une aide à l'accompagnement (« Sortir plus ») aux personnes d'au moins 80 ans qui ne peuvent plus sortir seules de leur domicile. Sans condition de ressources, ces personnes peuvent recevoir jusqu'à trois chéquiers par an d'une valeur de 150 € chacun pour rémunérer les services d'un accompagnateur. Il leur est demandé une participation financière de 15 € pour le premier chéquier, 20 € pour le second, 30 € pour le troisième. Chaque caisse développe des actions sociales individuelles ou collectives (conférences, formations…). Mais de façon générale, elles interviennent en complément des autres institutions (conseil général et caisse de retraite de base), quel que soit le niveau de dépendance.

AVANTAGE

Si vous avez moins de 60 ans et que vous avez besoin de l'aide d'une tierce personne, vous pouvez prétendre, sous certaines conditions, à la prestation de compensation du handicap.

L'allocation personnalisée d'autonomie (APA)

Cette allocation est destinée aux personnes qui, indépendamment des soins qu'elles peuvent recevoir, ont besoin d'une aide pour accomplir les actes essentiels de la vie ou dont l'état nécessite une surveillance régulière (*Code de l'action sociale et des familles, Art. L. 232-1 et s.*). Devant les difficultés de financement de cette nouvelle allocation, l'APA versée aux personnes dépendantes vivant à leur domicile a d'ores et déjà fait l'objet d'une réforme restrictive.

Les conditions à remplir

L'APA est attribuée, sans condition de ressources, aux personnes qui remplissent les conditions suivantes :
– être âgé d'au moins 60 ans ;
– résider à son domicile ou en établissement ;
– se trouver dans l'incapacité d'assumer les conséquences du manque ou de la perte d'autonomie liées à son état physique ou mental. Les conditions de perte d'autonomie sont définies et évaluées par une équipe médico-sociale ;
– résider en France de manière stable et régulière.

À NOTER

Les personnes sans résidence stable doivent, pour bénéficier de cette allocation, élire domicile auprès d'un organisme agréé par le département (association d'aide aux personnes en difficulté, par exemple).

En quoi consiste-t-elle ?

Si vous résidez chez vous

L'allocation permet de payer les dépenses de toute nature prévues dans le plan d'aide personnalisé (aide à domicile, adaptation du logement, dépenses de transport...) élaboré par une équipe médico-sociale. En cas de grave dépendance, ce plan peut prévoir l'intervention d'une tierce personne à domicile. L'intéressé peut employer directement l'aide à domicile ou s'adresser à un service prestataire d'aide à domicile. Ce service reçoit alors directement les fonds du département si le bénéficiaire de l'allocation est d'accord. Si l'intéressé a une liberté de choix totale entre ces différentes solutions pour obtenir de l'aide au quotidien, une priorité est donnée aux services d'aide à domicile. C'est ainsi que l'APA sera affectée à la rémunération d'un tel service, sauf refus exprès du bénéficiaire, si ce dernier nécessite une surveillance régulière du fait d'une détérioration intellectuelle ou est dépourvu d'entourage familial ou social ou enfin s'il est classé dans les groupes de dépendance GIR 1 ou 2.

À NOTER

Le bénéficiaire de l'APA peut employer un membre de sa famille, à l'exception de son conjoint, de son concubin ou de la personne avec laquelle il a conclu un pacte civil de solidarité.

AVANTAGE

Si une personne vous aide à domicile, vous pouvez bénéficier d'un avantage fiscal au titre des sommes que vous lui versez.

À NOTER

Grâce au congé de soutien familial, un salarié peut cesser temporairement son activité professionnelle pour s'occuper d'un membre de sa famille lourdement handicapé ou très dépendant (→ index, Congé de soutien familial).

Si vous êtes hébergé en établissement

L'allocation est égale au montant des dépenses correspondant à votre prise en charge par l'établissement en fonction de votre degré de perte d'autonomie, diminué d'une participation de votre part.

Les démarches

Un dossier de demande est à retirer auprès des services du département ou des organismes sociaux (centres communaux d'action sociale notamment).

Vous devez adresser le dossier complet, accompagné des pièces justificatives, au président du conseil général de votre département.

La décision d'attribution est prise par le président du conseil général sur proposition d'une commission départementale. Elle vous est notifiée dans un délai de 2 mois à compter de la date de dépôt de la demande et précise le montant mensuel de l'allocation et celui de votre participation financière. À défaut de notification dans ce délai, l'APA est réputée accordée pour un montant forfaitaire jusqu'à la notification d'une décision expresse.

L'APA à domicile est attribuée à compter de la notification d'attribution de la décision alors que l'APA en établissement l'est dès la date de dépôt du dossier de demande complet.

AVANTAGE

En cas d'urgence d'ordre médical ou social, l'allocation peut vous être attribuée à titre provisoire pendant une période de 2 mois pour un montant forfaitaire.

Le montant de l'allocation

Il varie en fonction de votre degré de perte d'autonomie et de vos ressources *(Voir pages Barème)*.

Dans tous les cas, vous devrez payer un ticket modérateur, variable selon vos ressources.

Le montant de l'APA peut être révisé à tout moment en cas de modification de votre situation personnelle.

AVANTAGE

L'APA est non seulement exonérée d'impôt sur le revenu mais aussi de CSG et de CRDS.

AVANTAGE

Les sommes accordées au titre de cette allocation ne sont pas récupérables sur la succession du bénéficiaire, sur le légataire ou le donataire. En revanche, il a été jugé que si l'APA a été indûment versée du vivant du bénéficiaire, les sommes en cause pouvaient être récupérées sur la succession, chaque héritier étant débiteur du département à hauteur de sa part successorale (Conseil d'État, 10/3/2010).

Le versement de l'allocation

L'APA vous est en principe versée tous les mois.

Elle peut être versée directement aux services prestataires d'aide à domicile. Pour les personnes vivant en maison de retraite, si le département le décide, l'APA est versée directement à l'établissement.

Le contrôle de l'effectivité de l'aide

À la demande du président du conseil général, le bénéficiaire de l'APA est tenu de produire tous les justificatifs de dépenses correspondant au montant de l'allocation qu'il a perçu et de sa participation financière. Si l'intéressé ne répond pas à cette demande dans un délai d'1mois, le versement de l'APA peut être suspendu.

Les services de soins infirmiers à domicile

Ces services ont plusieurs objets :
- dispenser à domicile des soins infirmiers ou d'hygiène ;
- éviter une hospitalisation lorsque celle-ci n'est pas indispensable ;
- faciliter un retour rapide au domicile à la suite d'une hospitalisation ;
- éviter, préparer ou retarder l'entrée en établissement.

Il s'agit avant tout de soins infirmiers techniques : injections, surveillance cardio-vasculaire, suivi d'un traitement pharmaceutique... S'y ajoutent également des soins d'hygiène et une aide spécifique pour accomplir les actes essentiels de la vie quotidienne (toilette, aide à la rééducation et à la motricité). Toutefois, ces soins ne doivent pas être confondus avec l'aide que peut apporter une aide ménagère (→ index, *Aide sociale du département*).

LA DÉMARCHE DE SOINS INFIRMIERS

Afin d'améliorer la prise en charge des personnes fragilisées et de faciliter leur maintien à domicile, l'assurance maladie avec les représentants de la profession infirmière ont élaboré un dispositif qui se met progressivement en place depuis 2003 : la démarche de soins infirmiers. Il appartient au médecin d'en faire la prescription et à l'infirmière de la mettre en œuvre. Celle-ci doit alors faire le bilan des besoins du patient et de son environnement. Trois types d'actes peuvent être proposés : des séances de soins infirmiers, des séances hebdomadaires de surveillance clinique et de prévention ou encore des séances consacrées à la mise en œuvre d'un programme d'aide personnalisée (en cas d'absence de besoin de soins infirmiers). Dans ce dernier cas, l'infirmière a pour mission d'aider la personne dépendante à accomplir les actes de la vie quotidienne et d'accompagner cette personne ou son entourage dans la recherche d'une aide à domicile pour les actes ne relevant pas de sa compétence (habillage, par exemple).
La démarche de soins infirmiers doit avoir été préalablement validée par le médecin prescripteur.

Les conditions à remplir

Peuvent avoir recours à ces services les personnes d'au moins 60 ans malades ou dépendantes mais également celles de moins de 60 ans présentant un handicap ou atteintes de pathologies chroniques invalidantes ou d'une affection nécessitant un traitement prolongé et une thérapeutique particulièrement coûteuse.

Une prescription médicale constatant la nécessité des soins est nécessaire.

Les démarches

Vous pouvez vous adresser aux infirmiers libéraux ou aux services de soins infirmiers à domicile (SSIAD). Les frais de soins sont pris en charge aux conditions habituelles (60 % ou 100 % notamment pour les personnes atteintes d'une maladie de longue durée).

Une demande de prise en charge doit être faite auprès de l'organisme d'assurance maladie dont vous dépendez.

La téléassistance

Une aide précieuse à domicile

La téléassistance permet d'obtenir de l'aide lorsque l'on est chez soi, sans avoir à décrocher le téléphone. Cette sécurité peut se révéler utile, par exemple en cas de malaise ou de chute.

Le fonctionnement est assez simple : le prestataire de services que vous choisissez installe chez vous un transmetteur d'alarme, relié à un PC de sécurité. Il s'agit d'un appareil branché sur le secteur et sur votre ligne téléphonique. Vous gardez toujours sur vous une petite télécommande.

En cas de problème, il vous suffit de presser l'unique bouton de la télécommande. Alerté, le PC de sécurité prend contact avec vous. Vous pouvez dialoguer avec le préposé grâce à l'interphone dont est muni votre transmetteur d'alarme. Pour cela, il suffit d'être dans le champ d'action du transmetteur.

On trouve sur le marché des transmetteurs et des télécommandes plus ou moins puissantes (allant de 15 à 50 mètres). Le transmetteur fonctionne avec une pile pour ne pas être sujet aux coupures de courant.

ATTENTION ⚠

Les premiers systèmes de télésurveillance ne permettaient pas le dialogue entre la personne et le PC de sécurité. Celui-ci rappelait l'abonné dès qu'il recevait le signal d'alerte. Et si l'abonné ne décrochait pas le téléphone, le PC envoyait les services d'urgence (Samu, police...). Or, on peut appuyer sur la télécommande par mégarde et ne pas entendre le téléphoner sonner... Ce qui peut provoquer un déplacement pour rien !

Certains de ces systèmes existent encore, mais ils sont en voie de disparition.

Des coûts variables

La téléassistance est assurée par des sociétés privées, des associations ou des services médicaux d'urgence. Les coûts sont très variables selon le prestataire choisi. Mais tous distinguent d'une part le prix du transmetteur (qui peut d'ailleurs être loué) et d'autre part le coût de l'abonnement mensuel.

Un certain nombre de communes et de départements apportent une aide financière aux personnes qui souhaitent une téléassistance. Renseignez-vous auprès du centre communal d'action sociale (CCAS) de votre mairie.

Où vivre sa retraite ?

La plupart des retraités choisissent de continuer à vivre chez eux, là où ils ont passé la plus grande partie de leur existence. Toutefois, certains préfèrent déménager, par exemple pour se rapprocher de leurs enfants ou pour revenir « au pays ». D'autres choisissent une vie plus collective, dans un cadre plus sécurisant. Enfin certains, sentant approcher une perte de leur autonomie, n'ont plus le choix et doivent rejoindre une structure médicalisée.

Les différentes formules d'accueil

Il existe une grande diversité de formules proposées aux personnes à la retraite, qui ne souhaitent ou ne peuvent plus rester chez elle. Ces formules vont de l'hébergement résidentiel où chacun achète son appartement, à la maison de retraite dans laquelle la vie est collective, en passant par des petites structures, comme l'accueil familial.

Les formules d'accueil sans assistance médicale

Les foyers-logements

Ce sont des résidences dans lesquelles le retraité loue un studio ou un deux-pièces. Chaque logement est indépendant et muni d'une petite cuisine. Le locataire est libre de prendre ses repas chez lui, de même qu'il est libre de son emploi du temps et de recevoir des visites comme il l'entend. Des animations existent cependant, pour tous, sans obligation d'y assister ni d'y participer. Des services, variables selon les foyers-logements, facilitent la vie des locataires : restauration, blanchissage, ménage, etc. Ils sont facultatifs et payants. Chaque pensionnaire conserve donc la liberté du choix de son médecin.

Les foyers-logements comprennent au maximum 80 appartements. Les plus récents sont plus petits, car on privilégie aujourd'hui les structures plus intimes.

Les foyers-logements sont gérés par des centres sociaux (CCAS), des collectivités territoriales, des caisses de retraite ou encore des associations à but non lucratif. Ils sont en principe ouverts aux personnes âgées de plus de 65 ans (ou, dans certains cas, aux plus de 60 ans), qui sont valides. Cependant, de plus en plus, les foyers-logements intègrent une section de cure médicale destinée aux pensionnaires qui perdent leur autonomie.

Les loyers varient de 300 à 760 € par mois environ.

Les places sont réservées aux personnes vivant dans la commune depuis un certain temps (par exemple, depuis plus de 3 ans, pour Paris).

À NOTER

Les foyers-logements gérés par des caisses de retraite accueillent prioritairement leurs adhérents.

AVANTAGE

Les foyers-logements permettent à leurs résidents de conserver leur liberté, tout en bénéficiant de services communs.

Les pensionnaires des foyers-logements peuvent percevoir l'allocation de logement sociale (ALS) ou l'aide personnalisée au logement (APL), selon le statut adopté par la structure d'accueil.

Ils bénéficient également des aides à domicile qu'ils obtiendraient chez eux, aide ménagère ou service de soins à domicile, s'ils remplissent les conditions (→ index, Aides au logement).

AVANTAGE

Les foyers-logements n'ont pas exclusivement en leur sein des personnes valides et indépendantes. Ils peuvent accueillir ou garder des personnes devenues dépendantes.

Les résidences-services

Ces résidences sont conçues sur le même principe que les foyers-logements, mais en plus luxueux. Il s'agit d'ensembles immobiliers dans lesquels les retraités achètent leur appartement. Certaines résidences proposent des formules de location. Les appartements sont plus grands et de meilleure qualité que dans les foyers-logements et, surtout, les services sont plus développés : restaurant, bar, bibliothèque, salle de sport, etc.

Ces résidences construites par des groupes immobiliers importants sont, le plus souvent, implantées en centre ville. Le prix du mètre carré est généralement supérieur au prix du mètre carré dans un immeuble de standing équivalent. S'y ajoutent des charges assez lourdes, puisqu'elles correspondent à un ensemble de services important.

Ces résidences-services s'adressent à une clientèle aisée ; elles allient confort et sécurité. Toutefois, elles ne règlent pas la question de l'assistance médicale.

Les formules d'accueil avec assistance médicale

Les Edilys

Grâce à un accord passé entre les HLM, des caisses de retraite et des organismes sociaux, 18 résidences Edilys, implantées dans des villes de plus de 30 000 habitants, ont vu le jour en France. De taille moyenne, chaque structure comprend 50 à 80 appartements.

Ces résidences, qui se situent à mi-chemin entre les foyers-logements et les résidences-services, présentent plusieurs particularités. Tout d'abord, une garantie de maintien dans les lieux pour le retraité jusqu'à la fin de ses jours, même en cas de dépendance. En second lieu, un personnel important (environ un salarié pour quatre pensionnaires). Concernant l'aspect financier, le résident paie chaque mois un loyer dont le prix est fonction de la taille de l'appartement, plus des charges de fonctionnement et le coût des services. Le tarif de base est de 1 000 € par mois pour un petit appartement. Les locataires peuvent obtenir l'aide personnalisée au logement (→ index, *APL*) et bénéficier d'une aide ménagère (→ index, *Aide sociale du département*) s'ils remplissent les conditions voulues. L'aide sociale peut également participer aux frais dans certaines résidences.

Les villages de retraite

Ces villages sont généralement implantés à l'extérieur des villes. Ils se composent d'un certain nombre de pavillons, à louer. Les services y sont assez développés, de même que l'assistance médicale. Ils permettent de profiter de la campagne, sans souffrir de l'isolement. Ils s'adressent à des personnes valides.

Les maisons de retraite

La maison de retraite est un terme générique qui regroupe des réalités diverses, d'abord au niveau du statut :

– certaines sont publiques ; elles dépendent alors d'une collectivité territoriale ou d'un centre communal d'action sociale (CCAS) ;

– d'autres sont privées, mais à but non lucratif (par exemple, celles des caisses de retraite) ;

– d'autres enfin sont privées et à but lucratif.

Dans la plupart de ces établissements, les pensionnaires peuvent percevoir l'aide personnalisée au logement, s'ils remplissent les conditions voulues (→ index, *APL*).

Contrairement aux formules précédemment décrites, les maisons de retraite imposent un mode de vie collectif. Pas de logement séparé, pas de possibilité de prendre ses repas seul ; en un mot, elles offrent une liberté beaucoup plus restreinte. Toutefois, chaque pensionnaire doit disposer d'un espace bien à lui, dans lequel il peut, sinon installer ses meubles, du moins y ranger ses affaires personnelles. Ces établissements s'adressent à des personnes âgées et valides ou semi-valides.

À NOTER

Il existe une formule efficace en cas d'urgence, mais dont le prix est élevé : l'hôtellerie grand-âge. Il s'agit de chaînes d'hôtels qui présentent un bon confort et une surveillance médicale importante. Elles ont, en principe, de la place sans délais. Mais attention : aucune aide financière n'est accordée aux pensionnaires.

Les maisons d'accueil rurales pour personnes âgées (MARPA)

Les MARPA sont une création de la mutualité sociale agricole. L'objectif est de permettre aux ruraux de continuer à vivre à la campagne. Il s'agit de petites structures qui regroupent une vingtaine de logements. Bien que ceux-ci soient indépendants, la vie collective y est assez développée. L'esprit y est familial et convivial. Les MARPA sont animées par une maîtresse de maison. Les besoins médicaux et paramédicaux sont assurés par des médecins et des infirmières extérieurs à la structure.

Les maisons d'accueil pour personnes âgées dépendantes (MAPAD)

Les maisons d'accueil pour personnes âgées dépendantes accueillent plus particulièrement (mais non exclusivement) des personnes souffrant de troubles psychiques ou du comportement. Sous cette réserve, elles sont assez proches des maisons de retraite.

Le séjour en MAPAD est compatible avec l'aide personnalisée au logement, l'allocation de logement social. Il peut être pris en charge par l'aide sociale (→ index, *Aides au logement*).

LES DROITS DES PERSONNES VIVANT EN MAISON DE RETRAITE

La loi du 2/1/2002 reconnaît de nouveaux droits aux personnes accueillies en maison de retraite. Les décrets et arrêtés nécessaires à son application voient peu à peu le jour. Ces nouveaux droits se traduisent par la remise de documents d'information aux résidents, par l'établissement et l'affichage d'un règlement de fonctionnement et par la création d'un conseil à la vie sociale.

✓ La charte des droits et libertés de la personne accueillie
Ce document précise les droits fondamentaux reconnus à la personne accueillie. Son contenu a fait l'objet d'un arrêté du 8/9/2003. La charte précise un certain nombre de libertés fondamentales : les pensionnaires sont libres de se déplacer, d'exprimer leurs souhaits et d'accueillir leur famille.

✓ Le contrat de sejour obligatoire
Un contrat de séjour doit obligatoirement être signé pour tout séjour d'une duré prévisionnelle d'au moins 2 mois (pour une plus courte durée, doit être établi un document individuel de prsie en charge). Établi au moment de l'admission et réactulisable chaque année, il doit comporter : les objectifs de la prise en charge, les conditions de séjour et de la participation financière du bénéficaire (y compris en cas d'absence ou d'hospitalisation) (*Décret du 26/11/2004*).

✓ Des documents obligatoires
Les établissements et maisons de retraite doivent offrir les garanties suivantes : le respect de la dignité, de la vie privée, une prise en charge individualisée, la confidentialité des informations. Les engagements de l'établissement mais également ceux de la personne accueillie se trouvent formalisés dans un contrat. Cette dernière reçoit, en outre, au moment de son entrée dans l'établissement un livret d'accueil. À titre indicatif, la circulaire n° 138 DGAS du 24/3/2004 détaille les informations qui pourraient figurer sur le livret d'accueil : noms des responsables, les modalités de facturation des prestations, les formalités administratives d'admission, les possibilités d'accueil des proches...
Le règlement de fonctionnement doit également être remis aux résidents. Il définit les droits de la personne accueillie et les obligations et devoirs nécessaires au respect des règles de la vie collective. Il doit comporter entre autres : l'organisation et l'affectation à usage collectif ou privé des locaux et bâtiments ainsi que les conditions générales de leur accès et de leur utilisation ; les dispositions relatives aux transferts et déplacements, aux modalités d'organisation des transports, aux conditions d'organisation de la délivrance des prestations offertes par l'établissement à l'extérieur ; les mesures à prendre en cas d'urgence ou de situations exceptionnelles ; les mesures relatives à la sûreté des personnes et des biens ; les règles essentielles de vie collective. Le règlement de fonctionnement doit, en outre, rappeler que les faits de violence sur autrui sont susceptibles d'entraîner des procédures administratives et judiciaires (*Décret n° 2003-1095 du 14/11/2003*).

✓ Le conseil à la vie sociale
Afin que les résidents ne subissent pas le fonctionnement de la maison de retraite mais y prennent part, un conseil à la vie sociale doit être mis en place dans chaque établissement. Composé de représentants des résidents, du personnel et de l'établissement, il donne son avis et peut faire des propositions sur toute question intéressant le fonctionnement de l'établissement ou du service, notamment sur : l'organisation intérieure et la vie quotidienne, les activités, l'animation socioculturelle et les services thérapeutiques, les projets de travaux et d'équipements, la nature et le prix des services rendus, l'affectation des locaux collectifs, l'entretien des locaux, les relogements prévus en cas de travaux ou de fermeture, l'animation de la vie institutionnelle et les mesures prises pour favoriser les relations entre ses participants ainsi que les modifications substantielles touchant aux conditions de prises en charge.
Il se réunit au moins 3 fois par an (*Décret n° 2004-287 du 25/3/2004*).

Les maisons d'accueil pour personnes invalides (MAPI)

Les MAPI sont une création du groupe de la Lyonnaise des eaux. Il en existe une dizaine en France. Elles disposent d'un personnel médical et s'adressent aux personnes âgées dépendantes qui peuvent recevoir l'aide personnalisée au logement (→ index, *APL*) et, selon les établissements, bénéficier de l'aide sociale.

Les unités de soins de longue durée

Les hôpitaux publics ou privés ont développé un certain nombre de lits en section de cure médicale pour les personnes présentant une pathologie lourde ou chronique.

Les unités de soins de longue durée (USLD) ont été redéfinies par l'arrêté du 12/5/2006. Ainsi sont considérées comme telles « les unités accueillant et prenant en charge des personnes présentant une pathologie organique chronique ou une polypathologie, soit active au long cours, soit susceptible d'épisodes répétés de décompensation, et pouvant entraîner ou aggraver une perte d'autonomie ». Ces situations requièrent « un suivi médical rapproché, des actes médicaux itératifs, une permanence médicale, une présence infirmière continue et l'accès à un plateau technique minimum ». Les USLD vont être redimensionnées en fonction de la population accueillie et la capacité et les crédits de ces unités répartis entre le secteur sanitaire et le secteur médico-social.

Concrètement, la mise en œuvre de la réforme s'échelonnera sur 3 ans : de 2008 à 2010. Ces réorganisations n'entraîneront aucune modification dans les prises en charge individuelle des patients et notamment pas de transfert d'une structure à l'autre.
Les USLD sont soumises à la tarification en trois postes : hébergement, dépendance et soins (voir encadré plus haut).

À NOTER

Les établissements médico-sociaux accueillant plus de 25 personnes âgées doivent maintenant être dotés d'une pièce climatisée.

LA TARIFICATION DES MAISONS DE RETRAITE

Dans les établissements d'hébergement des personnes âgées, la tarification est composée de trois éléments (*Décret n° 2001-388 du 4/5/2001*) :
- le tarif « hébergement » qui couvre les frais d'administration, d'accueil hôtelier, de restauration, d'entretien et d'animation de la vie sociale de l'établissement qui ne sont pas liés à l'état de dépendance. Ces frais sont à la charge de la personne âgée et, éventuellement, de l'aide sociale départementale ;
- le tarif « dépendance » couvre principalement les couches, alèses et produits absorbants, 30 % du coût des agents de service, 30 % de celui des aides-soignants, 100 % du coût des psychologues.Ces frais sont également à la charge de la personne âgée mais peuvent être couverts par l'allocation personnalisée d'autonomie (→ index, *Allocation personnalisée d'autonomie*). Si malgré l'APA, le résident n'a pas les ressources nécessaires pour acquitter sa part du tarif dépendance, l'aide sociale peut intervenir ;
- le tarif « soins » couvre les prestations médicales et paramédicales nécessaires à la prise en charge des affections somatiques et psychiques. Contrairement aux autres, ce tarif est pris en charge en tout ou partie par l'assurance maladie.

L'accueil familial

L'accueil familial est une formule qui permet de quitter son domicile, sans pour autant entrer dans une institution.
Les familles agréées peuvent accueillir, à titre onéreux, toute personne âgée ou handicapée n'appartenant pas à leur famille jusqu'au 4e degré inclus (*Code de l'action sociale et des familles, Art. L. 441-1 et s.*). Sont ainsi exclus notamment les parents et grands-parents en ligne directe de la famille accueillante.
Dans le but de développer et de sécuriser l'accueil familial, la loi n° 2007-290 du 5/3/2007 autorise l'emploi d'accueillants familiaux par les personnes morales de droit public ou de droit privé (à l'exception des accueillants ayant passé un contrat avec un établissement psychiatrique) alors que jusqu'à présent, ils étaient « employés » - après avoir été agréés par le président du conseil général - par les personnes âgées ou handicapées hébergées à leur domicile (*Code de l'action sociale et des familles, Art. L. 444-1 et s.*). Coexistent donc désormais deux formules.

Les avantages de l'accueil familial

Pour la personne accueillie :
– elle bénéficie d'une véritable vie familiale. Il faut savoir que le nombre de personnes hébergées est limité à trois ;
– elle peut prétendre à l'allocation de logement social ou à l'aide personnalisée au logement pour la partie du logement occupée (→ index, *APL*) ;
– elle peut bénéficier, tout comme les personnes morales employeurs, d'une exonération des cotisations patronales de sécurité sociale sous certaines conditions.

AVANTAGE

L'insuffisance des établissements de long séjour, destinés aux personnes ne pouvant plus vivre seules, et le coût élevé des maisons de retraite font de l'accueil familial une formule très intéressante, qui se développe de plus en plus.

ATTENTION ⚠

Les personnes âgées handicapées dont l'état de santé nécessite un suivi médical et des soins permanents ne peuvent bénéficier de l'accueil familial.

Pour l'accueillant familial :
Il est affilié au régime général de la Sécurité sociale et bénéficie du même régime fiscal que les salariés.

L'accueillant familial est salarié de la personne âgée

La rémunération :
L'accueillant familial perçoit une rémunération journalière des services rendus qui ne peut être inférieure à 2,5 fois le SMIC horaire *(Voir pages Barème)* ainsi qu'une indemnité de congés payés calculée comme pour les salariés.

Les indemnités particulières :
L'accueillant familial perçoit également :
– une indemnité représentative des frais d'entretien courant de la personne accueillie comprise entre 2 et 5 fois le minimum garanti par jour *(Voir pages Barème)* ;
– une indemnité représentative de mise à disposition de la pièce réservée à la personne accueillie ;
– le cas échéant, une indemnité de sujétions particulières lorsque la personne accueillie présente un niveau de dépendance ou un handicap qui nécessite des contraintes supplémentaires pour l'accueillant. Cette indemnité est comprise entre 1 et 4 fois le minimum garanti par jour *(Voir pages Barème)*.

TROUVER UN ÉTABLISSEMENT

Pour se renseigner sur les structures locales existantes, qu'il s'agisse d'une maison de retraite, d'un établissement d'accueil temporaire ou d'un service d'aide à domicile, il est possible de s'adresser :
✓ à son centre communal d'action sociale (CCAS) ;
✓ au centre local d'information et de coordination (CLIC) : il s'agit du guichet d'accueil et d'information pour les personnes âgées et leur entourage. Pour connaître les coordonnées du CLIC le plus proche de son domicile : *http ://clic-info.personnes-agees.gouv.fr* ou auprès des services du conseil général du département.

Le contrat d'accueil :
Un contrat d'accueil doit impérativement être signé entre l'accueillant familial et la personne accueillie. Il précise les droits et les obligations de chacun, s'il s'agit d'un accueil à temps complet ou à temps partiel ainsi que les conditions matérielles et financières de l'accueil. Il est signé avec une période d'essai d'1 mois, renouvelable une fois. Il doit toujours être conforme à un modèle qui est fixé par décret.

L'ACCUEIL TEMPORAIRE

Une personne âgée peut avoir besoin d'être accueillie pour une période déterminée, allant de quelques jours à quelques mois dans une maison spécialisée. L'accueil temporaire revêt plusieurs formes. Toujours pour une durée déterminée, il peut être à temps complet ou à temps partiel avec ou sans hébergement (accueil de jour par exemple). La prise en charge ne peut dépasser 90 jours par an.
Sa mission est double. Il doit développer ou maintenir les acquis et l'autonomie de la personne accueillie et faciliter ou préserver son intégration sociale. Il complète les prises en charge habituelle. Il peut répondre tout autant à un besoin de l'entourage de la personne handicapée ou âgée en lui offrant une période de répit ou un relais pour un temps donné.
Peuvent mettre en œuvre un accueil temporaire, notamment les établissements d'hébergement pour personnes âgées dépendantes ou non, les établissements d'accueil des personnes handicapées adultes (foyers d'accueil occupationnels, maisons d'accueil spécialisées...), les maisons de retraite, les foyers-logements.
Pour connaître les structures existantes dans la région de la personne âgée, il est possible de consulter sur Internet le site *www.accueil-temporaire.com.* Ce site indique en ligne les places disponibles.

L'assurance :

La personne accueillante aussi bien que la personne accueillie doivent souscrire un contrat d'assurance. Ce contrat a pour objet de garantir les conséquences financières de la responsabilité civile en cas de dommages subis par la personne accueillie d'une part, et par la personne accueillante d'autre part. Les deux parties doivent justifier de l'assurance auprès du conseil général.

Les formalités à accomplir pour accueillir une personne âgée ou handicapée :

Il faut tout d'abord déposer par lettre recommandée avec demande d'avis de réception une demande d'agrément, établie sur un formulaire, auprès du président du conseil général de son département.

La demande d'agrément doit préciser en particulier :

– le nombre maximum de personnes âgées ou handicapées que le demandeur souhaite accueillir ;

– si l'accueil projeté est à temps partiel ou complet.

Pour que l'agrément soit accordé, il faut :

– que la protection de la santé, la sécurité et le bien-être physique et moral des personnes accueillies soient garantis ;

– que la personne ou le couple accueillant familial s'engage à assurer un accueil continu à la personne âgée ou handicapée et prévoit une solution de remplacement satisfaisante pour les périodes où l'accueil pourrait être interrompu ;

– que la personne ou le couple accueillant familial se soit engagé à suivre une formation initiale et continue ;

– que le logement réponde aux normes caractéristiques d'un logement décent (→ index, *Logement décent*) et soit compatible avec les contraintes liées à l'âge et aux handicaps des personnes accueillies ;

– qu'une chambre d'au moins 9 m^2 pour une personne (et 16 m^2 pour deux personnes) soit mise à la disposition de la personne accueillie et qu'elle comporte un moyen de chauffage et un lavabo à proximité immédiate ;

– que la personne ou le couple accueillant familial accepte d'être contrôlé et qu'un suivi médico-social de la personne âgée ou handicapée soit régulièrement assuré.

Le président du conseil général dispose d'un délai de 10 jours pour accuser réception de la demande ou, si la demande est incomplète, pour indiquer les pièces manquantes. À défaut de réponse dans les 4 mois, le silence doit être analysé comme un refus d'agrément.

La décision d'agrément mentionne le nombre, dans la limite de 3, de personnes pouvant être accueillies et vaut pour 5 ans.

À NOTER

Le suivi médical de la personne âgée ou handicapée est déterminé dans le contrat d'accueil. Il est assuré par un médecin extérieur.

À NOTER

Dans le but d'éviter les captations d'héritage, le couple ou la personne accueillant familial et, s'il y a lieu, son conjoint, la personne avec laquelle elle a conclu un PACS ou son concubin, ses ascendants ou descendants en ligne directe ne peuvent profiter d'une donation ou d'un testament fait en leur faveur par la personne accueillie.

L'accueillant familial est salarié d'une personne morale

Les accueillants familiaux peuvent désormais être employés par des personnes morales de droit public ou de droit privé, après accord du président du conseil général du département. Salariés des collectivités territoriales ou de leurs établissements publics administratifs, ils ont le statut d'agent non titulaire de ces collectivités. Employés par des établissements sociaux ou médico-sociaux publics, ils sont agents non titulaires de ces établissements.

Les contrats :

Il est conclu, pour chaque personne accueillie :

– un contrat de travail écrit entre l'accueillant familial et son employeur personne morale. Tout contrat de travail fait l'objet d'une période d'essai de 3 mois, éventuellement renouvelable après accord écrit du salarié ;

– un contrat d'accueil entre chaque personne accueillie et l'accueillant familial et, si ce dernier le souhaite, l'employeur. Il doit comporter les stipulations d'un contrat type établi par voie réglementaire après avis des représentants des présidents de conseil général.

La rémunération :

Les accueillants familiaux perçoivent une rémunération garantie dont le montant minimal est déterminé en référence au SMIC. Le montant de la rémunération est fonction du nombre de personnes accueillies et de la durée du travail. Cette rémunération est complétée par des indemnités (voir plus haut).

L'organisation du travail :

Le nombre de journées travaillées ne peut excéder, pour chaque salarié, un plafond annuel de 258 jours. Les modalités de détermination de la durée et de suivi de l'organisation du travail sont fixées par accord collectif de travail ou, à défaut, par décret.

Lorsque, du fait de la personne accueillie, l'accueil est provisoirement suspendu, notamment en cas d'hospitalisation ou de séjour dans la famille, l'accueillant familial a droit à une indemnité.

Les accueillants familiaux ne peuvent se séparer de l'ensemble des personnes accueillies pendant les repos hebdomadaires, jours fériés, congés payés et congés de formation sans l'autorisation préalable de leur employeur.

Pendant ces périodes de congé, l'employeur est tenu de prévoir les modalités d'accueil des personnes âgées en leur garantissant un accueil temporaire de qualité par un autre accueillant familial ou dans un établissement social ou médico-social.

En cas de retrait d'agrément :

Le président du conseil général informe la personne morale qui emploie l'accueillant familial du retrait ou de la modification du contenu de l'agrément.

L'employeur est tenu de procéder à son licenciement dans le respect des dispositions législatives et réglementaires en vigueur.

Bien vivre sa retraite

Action sociale

Aide ménagère prise en charge par l'aide sociale du département :

➔ ***Plafonds de ressources annuelles à ne pas dépasser en 2010 :***

– 8 309,16 € pour une personne seule,
– 13 765,68 € pour un couple.

Ces plafonds peuvent être différents selon les départements.

Action sociale des caisses de retraite du régime général :

Ce barème est applicable pour tous les services proposés dans le cadre du plan d'actions personnalisé (y compris pour l'aide ménagère) sauf pour les travaux dans le logement.

BARÈME DE PARTICIPATION DU RETRAITÉ POUR 2010

Ressources mensuelles		Participation du retraité(1)
Personne seule	Ménage	
Jusqu'à 833 €	Jusqu'à 1 449 €	10 %
De 834 à 893 €	De 1 450 à 1 547 €	14 %
De 894 à 1 008 €	De 1 548 à 1 694 €	21 %
De 1 009 à 1 183 €	De 1 695 à 1 902 €	27 %
De 1 184 à 1 237 €	De 1 903 à 1 973 €	36 %
De 1 238 à 1 380 €	De 1 974 à 2 108 €	51 %
De 1 381 à 1 579 €	De 2 109 à 2 368 €	65 %
Au-delà de 1 579 €	Au-delà de 2 368 €	73 %

(1) Ce taux est appliqué sur le montant de la participation horaire des caisses qui est de 18,46 €. Pour une intervention un dimanche ou un jour férié, la participation est de 21,13 € (Circulaire CNAV n° 2009-79 du 22/12/2009). Exemple, un couple de retraités dispose d'un revenu mensuel de 1 500 €. Pour chaque heure d'aide ménagère effectuée entre le lundi et le samedi, le couple gardera à sa charge 2,58 € (18,46 € x 14 %).

➔ ***Plafonds de participation :***

– Pour l'aide au retour à domicile après une hospitalisation (aide comprise dans le plan d'actions personnalisé) : le montant maximum de l'aide est de 1 800 € par an.
– Le financement des services compris dans le plan d'actions personnalisé (aide au retour à domicile après hospitalisation comprise) ne peut dépasser 3 000 € par an, participation du retraité comprise.
– Les caisses peuvent accorder en plus une aide au financement des travaux dans le logement : le montant maximum de cette participation ne peut dépasser 2 022 € par bénéficiaire pour l'année 2010.

Allocation personnalisée d'autonomie

Montant mensuel maximal de l'allocation à domicile :

1 235,65 € au 1/4/2010.

Montant mensuel des ressources à ne pas dépasser pour prétendre au montant maximal de l'allocation :

695,70 € pour une personne seule au 1/4/2010.

Minimum garanti

Montant :

3,31 € depuis le 1/1/2010.

Plafonds de la Sécurité sociale en 2010

– annuel : 34 620 € ;
– trimestriel : 8 655 € ;
– mensuel : 2 885 € ;
– hebdomadaire : 666 € ;
– journalier : 159 € ;
– horaire : 22 €.

Régime de retraite

La retraite des salariés

Les dispositifs de cessation anticipée d'activité

La retraite de base de la Sécurité sociale

La retraite complémentaire des salariés

La retraite des salariés

Les salariés du secteur privé de l'industrie, du commerce, de l'artisanat et des services sont affiliés et cotisent auprès du régime général de la Sécurité sociale au titre de l'assurance retraite. Cette affiliation leur garantit le versement d'une retraite de base, à laquelle vient s'ajouter une retraite complémentaire versée par l'ARRCO et, en plus, par l'AGIRC s'ils sont cadres ou assimilés. Les salariés du secteur agricole relèvent du régime de la Mutualité sociale agricole dont la législation est identique à celle du régime général pour la retraite de base. Ils bénéficient en outre des mêmes avantages de retraite complémentaire que ceux attribués aux autres salariés du secteur privé. Si l'âge de la retraite est en principe fixé à 60 ans, des dispositifs de retrait anticipé d'activité (préretraite) permettent à certains assurés de partir plus tôt.

Les dispositifs de cessation anticipée d'activité

Dans le but de promouvoir le maintien en activité des salariés de plus de 55 ans, seuls deux systèmes de préretraite légale sont actuellement maintenus et aménagés : la préretraite totale en cas de licenciement et la préretraite de branche (CATS) après fermeture de la préretraite progressive. Il faut y ajouter certains dispositifs en faveur des conducteurs routiers et des travailleurs de l'amiante. Il ne faut pas confondre ces dispositifs de préretraite avec les nouvelles possibilités de retraite anticipée mises en place par la loi Fillon en faveur des travailleurs handicapés ou des personnes ayant commencé à travailler très jeunes.

Comment obtenir la préretraite totale (FNE) ?

Les conditions

Pour bénéficier de la préretraite totale, vous devez :
- être licencié pour motif économique et être déclaré non susceptible de reclassement ;
- adhérer personnellement à la convention conclue entre l'État et votre employeur ;
- être âgé d'au moins 57 ans et de moins de 65 ans ;
- avoir appartenu pendant au moins 10 années à un ou plusieurs régimes de la Sécurité sociale au titre d'emplois salariés. Sont prises en compte dans cette durée (dans la limite de 5 ans), les années de cotisation que vous avez validées au titre de la majoration pour femme ayant élevé un ou plusieurs enfants ou comme bénéficiaire du complément familial, de l'allocation pour jeune enfant et de l'allocation parentale d'éducation ou personne assumant la charge d'un handicapé ;
- justifier d'au moins 1 an d'exercice continu dans l'entreprise ayant conclu la convention ;
- ne pas bénéficier d'une pension de retraite versée pour inaptitude au travail ;
- ne pas pouvoir justifier de la durée d'activité requise pour bénéficier d'une pension de retraite à taux plein (→ index, *Retraite des salariés, régime général*) ;
- ne pas être chômeur saisonnier et n'avoir aucune autre activité professionnelle ;
- résider en France avant le licenciement ;
- et cesser toute activité.

Le financement

L'allocation de préretraite totale est financée à la fois par l'entreprise, l'UNEDIC, l'État et le salarié lui-même.

Vous devez ainsi verser une participation égale à la différence entre l'indemnité conventionnelle de licenciement et une indemnité calculée comme indemnité de départ en retraite (qui ne saurait être inférieure à l'indemnité légale de licenciement).

Sauf cas particuliers, votre participation ne saurait être supérieure à 40 fois (exceptionnellement 45 fois) votre salaire journalier de référence.

Le montant

Le montant de l'allocation de préretraite totale est égal à :
- 65 % du salaire journalier de référence, dans la limite du plafond de la Sécurité sociale *(Voir pages Barème)* ;
- 50 % de ce salaire pour la part comprise entre 1 fois et 2 fois ce plafond.

Le salaire journalier de référence est calculé d'après le salaire moyen correspondant à vos 12 derniers mois civils d'activité à temps complet.

L'allocation ne peut être inférieure à un minimum *(Voir pages Barème)*, ni supérieure à 85 % du salaire journalier de référence.

Le paiement

L'allocation est payée chaque mois par l'organisme d'assurance chômage du lieu de votre entreprise ou par l'organisme agréé par l'UNEDIC.

Vous ne percevrez votre allocation de préretraite totale qu'après l'expiration d'un délai de carence correspondant aux indemnités compensatrices de congés payés versées par votre employeur.

Ce délai de carence débute le lendemain de la fin de votre contrat de travail (préavis effectué ou non).

L'interruption du versement

Votre allocation de préretraite totale cesse d'être versée :

– si, âgé d'au moins 60 ans, vous justifiez du nombre de trimestres requis pour bénéficier d'une pension de retraite à taux plein ;

– si vous liquidez un avantage personnel de vieillesse.

Si vous liquidez une pension de réversion, votre allocation est maintenue :

- si vous atteignez votre 65e anniversaire,
- si vous reprenez une activité professionnelle.

Si vous ne pouvez percevoir qu'une pension de retraite au taux plein calculée sur une durée inférieure à celle exigée dans le seul régime général, vous continuez à percevoir une allocation différentielle jusqu'à la date à laquelle vous pourrez faire liquider au taux plein l'ensemble des pensions auxquelles vous avez droit.

Les règles de cumul

Vous pouvez percevoir l'allocation de préretraite totale et :

– exercer des activités bénévoles dans un organisme non lucratif ;

– exercer des mandats syndicaux et électifs ne donnant pas lieu au versement de rémunération ;

– percevoir des droits d'auteur pour vos œuvres littéraires et artistiques ;

– reprendre une activité réduite chez un autre employeur dès lors que la durée de cette activité ne dépasse pas 16 heures par mois et que la rémunération perçue à ce titre n'excède pas 16/169e du salaire brut de référence servant de base au calcul de votre allocation de préretraite totale, auquel cas votre rémunération nette s'imputera sur le montant de votre allocation de préretraite.

Vous n'avez pas le droit de reprendre une activité chez votre ancien employeur, sauf pour participer à des actions de reclassement des salariés de votre entreprise.

Vous devez signaler à la direction départementale du travail la reprise de toute activité professionnelle.

Que devient la préretraite progressive ?

La loi portant réforme des retraites a prévu la disparition du dispositif des préretraites progressives à compter du 1/1/2005. Toutefois, les conventions signées avant cette date continuent à produire leurs effets jusqu'à leur terme.

› Le principe

La convention de préretraite progressive conclue entre l'État et l'entreprise permettait aux salariés âgés d'au moins 55 ans qui le souhaitaient de transformer leur emploi à temps plein en emploi à temps partiel et de percevoir une allocation complémentaire jusqu'à l'âge de la retraite. En contrepartie, l'employeur s'engageait soit à recruter un ou plusieurs demandeurs d'emploi, soit à diminuer le nombre de licenciements économiques.

À NOTER

La préretraite progressive ne doit pas être confondue avec la retraite progressive qui permet à un salarié de percevoir une partie de sa pension de retraite, tout en continuant de travailler à temps partiel.

› Le montant

La rémunération du travail à temps partiel

Vous percevez une rémunération correspondant à la durée du travail à temps partiel qui est au plus égale à 50 % de la durée antérieure du travail à temps plein.

Votre durée du travail peut varier au cours de la période d'application de la convention sans pouvoir être inférieure à 20 %, ni supérieure à 80 % de la durée de travail annuelle antérieure. Mais la durée moyenne sur l'ensemble de la période doit être égale à 50 % de la durée de travail antérieure.

La rémunération mensuelle est calculée sur une base constante (un mi-temps) pendant toute la période, indépendamment de la durée effective du travail.

L'allocation complémentaire

En plus de la rémunération correspondant au travail à temps partiel, vous percevez une allocation de préretraite progressive égale à :

– 30 % du salaire journalier de référence dans la limite du plafond mensuel de la Sécurité sociale *(Voir pages Barème)* ;
– et 25 % de ce salaire de référence pour la partie comprise entre 1 et 2 fois ce plafond.
Le salaire journalier de référence est calculé d'après le salaire moyen correspondant aux 12 derniers mois civils d'activité à temps complet.
Le montant journalier de cette allocation ne peut être inférieur à un minimum *(Voir pages Barème)*.

› Les règles de cumul

La suspension du versement

Le versement de votre allocation de préretraite progressive peut être suspendu si votre durée de travail augmente au-delà de celle prévue par la convention ou si vous reprenez une activité professionnelle (salariée ou non-salariée) complétant le temps de travail autorisé.
Toutefois, par exception, le versement de votre allocation n'est pas suspendu si :
– vous exercez des tâches d'intérêt général pour le compte d'organismes privés à but non lucratif ou de collectivités publiques ayant conclu une convention avec l'État ;
– ou exercez des missions de tutorat lors de votre temps de travail afin de renforcer les actions de soutien aux nouveaux embauchés dans votre entreprise.

L'interruption du versement

Votre allocation de préretraite progressive cesse d'être payée :
– si votre contrat de travail est résilié à votre initiative (démission) ou à celle de votre employeur (licenciement) ;
– si vous liquidez un avantage de vieillesse personnel (sauf si vous liquidez votre pension de réversion, auquel cas vous avez toujours droit à l'allocation de préretraite) ;
– si vous justifiez, à partir de 60 ans, du nombre de trimestres requis pour obtenir une pension de retraite à taux plein ;
– au plus tard à la fin du mois civil au cours duquel vous atteignez votre 65e anniversaire.
Si vous ne pouvez percevoir qu'une pension de retraite au taux plein calculée sur une durée inférieure à celle nécessaire pour avoir une retraite entière dans le seul régime général, vous continuez à percevoir une allocation différentielle jusqu'à la date à laquelle vous atteindrez le nombre de trimestres requis en fonction de votre année de naissance (→ index, *Retraite des salariés*).

En quoi consiste la préretraite de branche ?

Initiée par les partenaires sociaux dans la construction automobile sous la dénomination de cessation d'activité de salariés âgés (CASA), un dispositif de cessation anticipée d'activité de certains travailleurs salariés (CATS) est mis en place en faveur de salariés ayant occupé des emplois pénibles. Il est désormais appliqué dans l'ensemble des secteurs professionnels.

Les conditions

La prise en charge partielle par l'État est subordonnée à la conclusion d'un accord professionnel national (de branche), à celle d'un accord d'entreprise sur ce point et d'une convention d'aide avec l'État.
Votre entreprise doit avoir mis en place des dispositions relatives à la gestion provisionnelle de l'emploi et au développement des compétences des salariés.
En revanche, depuis le 30/1/2005, il n'est plus obligatoire pour l'entreprise d'avoir fixé une durée de travail inférieure ou égale à 35 heures hebdomadaires sur l'année.
Pour en bénéficier, à 55 ans au moins, vous devez avoir accompli 15 ans de travail à la chaîne (ou en équipes successives) ou avoir travaillé habituellement 200 nuits ou plus par an pendant 15 ans ou encore être reconnu travailleur handicapé et justifier d'au moins 40 trimestres valables pour la retraite.
Cependant, votre allocation de cessation d'activité ne sera prise en charge par l'État que si vous remplissez les autres conditions suivantes :
– être âgé d'au moins 57 ans et de moins de 65 ans et avoir adhéré au dispositif au plus tôt à 55 ans ;
– ne pas pouvoir bénéficier d'une retraite à taux plein et n'exercer aucune autre activité professionnelle ;
– ne bénéficier ni d'un avantage vieillesse acquis à titre personnel et liquidé après l'entrée dans le dispositif, ni d'une indemnisation versée au titre de l'assurance chômage, d'une préretraite totale ou contre embauches.
L'État n'accorde sa prise en charge partielle que pour les emplois à forte pénibilité, et uniquement ceux-ci.

LA PRÉRETRAITE AMIANTE

Peuvent bénéficier d'une préretraite totale financée par une contribution à la charge des entreprises :
- dès 50 ans, les salariés et anciens salariés atteints d'une maladie professionnelle due à l'amiante ;
- à partir de 50 ans, à un âge variant selon la durée de leur exposition à l'amiante, les salariés et anciens salariés ayant travaillé dans l'un des établissements précisés par arrêtés ministériels, ainsi que les dockers.

La liste de ces établissements est régulièrement mise à jour sur le site de l'Association nationale de défense des victimes de l'amiante (*www.andeva.free.fr*).

Pour avoir droit à cette préretraite, les demandeurs doivent :
- avoir appartenu pendant 10 ans au moins à un ou plusieurs régimes de sécurité sociale ;
- justifier d'au moins 1 an d'ancienneté dans l'entreprise ;
- ne pas être en mesure de bénéficier d'une pension de vieillesse pour inaptitude au travail et ne pas demander la liquidation de la retraite personnelle.

Les salariés en poste doivent démissionner pour bénéficier de la préretraite, mais ils perçoivent cependant une indemnité d'un montant égal à celui de l'indemnité légale de départ en retraite. Elle n'est toutefois pas soumise à l'impôt sur le revenu et est exonérée de cotisations de sécurité sociale, de CSG (→ index, *CSG*) et de CRDS (→ index, *CRDS*).

Le montant de la préretraite est le même que celui accordé pour la préretraite totale *(Voir pages Barème)* mais cette somme ne peut pas être supérieure à 85 % du salaire de référence.

Bon à savoir : il est possible de faire une demande de préretraite amiante par Internet, sur le site *www.cnamts.fr*, grâce aux formulaires en ligne.

À NOTER

Une indemnité de rupture peut être prévue dans l'accord.

Le montant

Le montant minimal de votre allocation, ainsi que les modalités de son versement sont déterminés par accord de branche.

L'allocation cesse d'être versée si vous reprenez une activité ou si vous pouvez obtenir une retraite à taux plein à partir de 60 ans.

À votre 57e anniversaire, l'État participera au financement de votre allocation sur la base du montant défini par l'accord dans les limites suivantes :

– 65 % du salaire de référence pour la part ne dépassant pas le plafond de la Sécurité sociale *(Voir pages Barème)* ;

– 50 % du salaire de référence pour la part comprise entre 1 et 2 fois ce même plafond.

Cette participation est modulée en fonction de l'âge de votre adhésion au dispositif : 20 % à 55 ans, 35 % à 56 ans et 50 % à 57 ans et plus.

Depuis le 30/1/2005, l'État ne participe plus au financement des cotisations aux régimes de retraite complémentaire.

Quelles sont les retenues effectuées ?

Sont retenues sur vos allocations de préretraite totale, progressive et de branche (CATS) la CSG (→ index, *CSG*) et la CRDS (→ index, *CRDS*) sans exonération ni possibilité de taux réduits. Une cotisation maladie de 1,7 % n'est par ailleurs prélevée que sur les allocations de préretraite totale et progressive. Ces prélèvements ne peuvent toutefois avoir pour effet de réduire le montant net journalier de votre allocation en deçà du SMIC brut *(Voir pages Barème)*.

À NOTER

La loi Fillon a dissuadé les employeurs de recourir à un dispositif de préretraite-maison par la création d'une contribution spécifique portée à 50 % du montant versé (rente ou capital), à leur charge exclusive, lorsque le contrat de travail est rompu.

La retraite de base de la Sécurité sociale

Le régime général de la Sécurité sociale s'applique aux salariés qui exercent leur activité dans le secteur privé de l'industrie, du commerce, de l'artisanat et des professions libérales, ainsi qu'aux salariés agricoles par l'intermédiaire de la Mutualité sociale agricole (MSA). Il accueille également les agents non titulaires de l'État ainsi que les fonctionnaires sans droit à pension.

Quels sont les salariés concernés ?

Doivent obligatoirement être affiliées au régime général toutes les personnes quelle que soit leur nationalité, de l'un ou de l'autre sexe, salariées ou travaillant à quelque titre que ce soit, pour un ou plusieurs employeurs et quels que soient le montant et la nature de leur rémunération, la forme, la nature ou la validité de leur contrat (*Code de la Sécurité sociale, Art. L. 311-2*).

Ont également été rattachés au régime général :
– certaines catégories professionnelles : gardiennes d'enfants, journalistes professionnels, VRP... ;
– certains dirigeants de sociétés et d'associations : administrateurs des groupements mutualistes, gérants rémunérés non majoritaires de SARL, PDG et directeurs généraux de SA...

Quelles cotisations doit-on verser ?

L'assurance obligatoire

C'est en principe l'employeur qui est responsable du versement des cotisations patronales et salariales.

Les contributions du salarié sont directement prélevées par l'employeur sur le salaire et reversées par ses soins aux organismes de recouvrement des cotisations de sécurité sociale (les URSSAF). Elles sont calculées sur la base de toutes les sommes qui vous ont été versées en contrepartie ou à l'occasion de votre travail, notamment les salaires, les indemnités de congés payés, les primes et les avantages en nature aux taux suivants :
– dans la limite du plafond de la Sécurité sociale : 6,65 % pour l'employeur et 8,30 % pour le salarié depuis le 1/1/2006 ;
– sur la totalité du salaire : 1,60 % pour l'employeur et 0,10 % pour le salarié (→ index, *Salaire, éléments*).

À NOTER

Les salariés à temps partiel ont la possibilité de cotiser sur la base d'un temps plein pendant une certaine durée.

Les exonérations

De nombreux allègements de charges sociales sont mis en place pour réduire le coût du travail, favoriser l'emploi de certaines catégories de travailleurs ou inciter les entreprises à s'implanter dans certaines zones défavorisées ou sensibles. Parmi ceux-ci, on peut citer la réduction de cotisations salariales et la déduction forfaitaire de cotisations patronales sur les heures supplémentaires introduites par la loi n° 2007-1223 du 21/8/2007 (→ index, *Heures supplémentaires, régime social et fiscal*).

Les rachats

Les salariés peuvent également verser rétroactivement des cotisations pour les périodes au cours desquelles ils ont été exclus de l'assurance vieillesse pour des raisons diverses, notamment lorsqu'ils ont travaillé à l'étranger, poursuivi des études supérieures ou validé moins de 4 trimestres par année d'activité.

L'assurance volontaire

À côté de l'assurance obligatoire, un régime d'assurance volontaire permet à certaines catégories de personnes de s'assurer, selon leur situation, pour les risques invalidité, vieillesse et veuvage, ou vieillesse et veuvage seulement.

Risques invalidité, vieillesse et veuvage

Peuvent s'assurer les personnes qui :

– ayant appartenu à un régime obligatoire pendant 6 mois, cessent d'en relever parce qu'elles ne remplissent pas les conditions requises ;

– sans recevoir de rémunération, remplissent effectivement le rôle de « tierce personne » auprès de leur conjoint ou d'un membre de leur famille infirme ou invalide.

Risques vieillesse et veuvage

Peuvent s'affilier :

– les deux catégories de personnes citées ci-dessus ;

– les anciens assurés travaillant hors du territoire français, s'ils ne sont pas « détachés » par une entreprise française pour une durée limitée et s'ils ne sont pas affiliés pour ce risque à un régime du pays de résidence ;

– les parents chargés de famille ou non, résidant en France ou à l'étranger, qui ne relèvent pas d'un régime obligatoire de retraite et qui se consacrent à l'éducation d'au moins un enfant à la charge de leur foyer et âgé de moins de 20 ans à la date de la demande d'adhésion.

Les assurés volontaires sont répartis en 4 catégories correspondant à des tranches limitées à 25 %, 50 %, 75 % ou 100 % du plafond annuel de la Sécurité sociale *(Voir pages Barème)*.

Quelles sont les conditions pour toucher la retraite ?

Pour pouvoir prétendre à une retraite du régime général des salariés, il faut remplir une double condition d'âge et de cessation d'activité ; aucune durée minimale d'assurance n'est exigée : il suffit, en principe, d'un trimestre validé dans ce régime.

L'âge

Le droit à la retraite est ouvert à partir de 60 ans, sans qu'aucun texte légal ou réglementaire n'oblige un salarié à partir à cet âge. Mais, cela n'est pas suffisant : prendre sa retraite à cet âge implique en effet que l'activité professionnelle soit assez longue pour obtenir une pension à un taux satisfaisant.

Pour ceux qui sont entrés tardivement dans la vie active ou qui n'ont pas suffisamment cotisé, il est préférable d'attendre 65 ans, âge auquel on peut obtenir une retraite sans abattement, quelle que soit la durée de sa carrière.

La loi Fillon autorise à bénéficier d'une véritable retraite avant l'âge de 60 ans certains travailleurs handicapés ou ayant accompli une longue carrière. En outre, la loi de financement de la Sécurité sociale pour 2009 a reporté de 65 à 70 ans la possibilité de mise à la retraite d'office à l'initiative de l'employeur sauf exceptions.

La cessation d'activité

En principe, vous ne devez cesser que votre activité salariée, c'est-à-dire rompre tout lien professionnel avec votre dernier employeur pour pouvoir bénéficier de votre pension de retraite du régime général de la Sécurité sociale **(voir Modèle n° 50)**.

Vous pouvez ainsi poursuivre un travail indépendant et l'exercice de certaines activités à caractère artistique, religieux ou social, sous certaines réserves.

La reprise d'activité

Cependant, la loi autorise la reprise d'une activité salariée en tenant compte de l'âge et de la durée de la carrière.

Carrière complète

Vous pouvez cumuler sans restriction votre retraite et le revenu de votre nouvelle activité, à condition :

– d'avoir liquidé la totalité des pensions personnelles de base et complémentaires dont vous remplissez les conditions d'attribution ;

– de bénéficier d'une retraite à « taux plein » (voir ci-après).

Carrière incomplète

Lorsque ces conditions ne sont pas réunies, le cumul n'est possible que si vos nouveaux revenus ajoutés aux montants bruts de l'ensemble de vos pensions de retraite ne dépassent pas :

– la moyenne mensuelle des 3 derniers mois d'activité ;

– ou, si cette solution vous est plus favorable, 1,6 fois le SMIC mensuel *(Voir pages Barème)*.

De plus, vous ne pouvez reprendre une activité chez votre ancien employeur que si elle intervient au plus tôt 6 mois après la date d'effet de votre pension et toujours sous respect de conditions de ressources.

Dans tous les cas, les cotisations restent normalement retenues sur les salaires sans contrepartie de droits nouveaux à la retraite, les pensions étant liquidées à titre définitif.

À NOTER

Un autre dispositif permet également à un salarié en poste de demander la liquidation provisoire et partielle de sa retraite tout en poursuivant une activité à temps partiel : la retraite dite progressive à partir de 60 ans en justifiant de 150 trimestres d'assurance au moins.

Les trimestres validés

Pour avoir droit à une pension de vieillesse, il suffit que vous justifiez d'un trimestre de cotisation au régime général. Mais, bien entendu, plus vous aurez de trimestres validés, plus le montant de votre pension sera important.

Depuis le 1/1/1972, le salaire de référence à retenir pour la validation d'un trimestre d'assurance est fixé à 200 fois la valeur horaire du SMIC au 1er janvier de l'année *(Voir pages Barème)*.

Toutefois, pour l'année où se situe la date de départ de la retraite, seul le nombre de trimestres civils entiers compris entre le 1er janvier et cette date pourra être validé.

Comment se fait le calcul de la pension de retraite ?

› La formule de calcul

Le calcul de la pension de vieillesse (P) prend en compte trois éléments :

– le salaire annuel moyen de base (SAM) ;

– le taux applicable au salaire annuel moyen (T) ;

– et la durée d'assurance au régime général (d), exprimée en trimestres par rapport à une durée de référence (D).

La formule est la suivante :

$$P = SAM \times T \times \frac{d}{D}$$

› Le salaire annuel moyen (SAM)

La règle

La pension est calculée d'après les salaires sur lesquels les cotisations ont été régulièrement versées et ont permis la validation d'un trimestre au moins au cours d'une année civile. On ne prend cependant pas en compte l'ensemble de votre carrière mais seulement vos meilleures années (les années civiles où vous avez perçu les rémunérations les plus fortes), à l'exclusion de celle au cours de laquelle se situe le point de départ de votre pension. Sont également neutralisées les années civiles comportant plus de la moitié de « périodes assimilées » par rapport aux trimestres validés par cotisations (voir ci-après). Les années qui comprennent une période au cours de laquelle un rachat de cotisations a eu lieu ne sont pas prises en compte pour la détermination du salaire annuel de référence.

Depuis le 1/1/2008, le nombre d'années pris en compte est fixé à 25 si vous êtes né après 1947, quelle que soit la date d'effet de votre retraite. En revanche, si vous êtes né avant 1948, votre pension reste calculée sur la base d'un SAM déterminé en fonction de votre année de naissance :

DÉTERMINATION DU SALAIRE ANNUEL MOYEN

Année de naissance	Nombre d'années prises en compte
1934	11
1935	12
1936	13
1937	14
1938	15
1939	16
1940	17
1941	18
1942	19
1943	20
1944	21
1945	22
1946	23
1947	24

En principe, chaque salaire annuel retenu ne peut pas dépasser le plafond annuel de la Sécurité sociale en vigueur au cours de l'année considérée. Dans le cas contraire, les salaires perçus à compter du 1/1/2005 et pris en compte dans la période de référence sont écrêtés à hauteur de ce plafond depuis le 1/1/2007.

Dans le cas de plusieurs pensions

Pour calculer la pension d'un assuré qui a acquis des droits dans deux ou plusieurs régimes (régime général, régimes des salariés agricoles, des artisans, commerçants et industriels), le nombre des meilleures années prises en compte est proratisé.

La fraction d'année égale à 0,50 est comptée pour une année.

Exemple : un assuré né en 1950 totalise 41 années d'assurance :

- 31 années en tant que salarié ;
- 10 années après 1972 comme artisan.

- Nombre d'années prises en compte en 2010 : 25 années dans le régime général et 22 années dans le régime des artisans.
- Nombre d'années retenues pour le calcul :

- par le régime général : 25 x 31/41 = 19 années ;
- par le régime des artisans : 22 x 10/41 = 5 années.

Revalorisation

Pour tenir compte de l'érosion monétaire, vos salaires soumis à cotisations sont affectés d'un coefficient de revalorisation à la date de la liquidation de votre retraite *(Voir pages Barème)*.

› Le taux de la pension de retraite (T)

Le montant de la pension est égal à un certain pourcentage du SAM défini précédemment. Ce pourcentage ne peut être supérieur à 50 % : c'est ce qu'on appelle « le taux plein ». Les assurés ne répondant pas aux conditions nécessaires pour bénéficier du taux plein, touchent une retraite à un taux moindre : « le taux réduit ».

Le taux plein

Pour bénéficier du taux maximum de 50 %, vous devez remplir au moins une de ces conditions :

- avoir 65 ans ou plus, quelle que soit votre durée d'assurance ;
- ou être âgé d'au moins 60 ans dans deux situations :

- soit en appartenant à une catégorie particulière : inapte au travail, ouvrière mère de trois enfants, ancien combattant ou prisonnier de guerre sous certaines conditions de durée de mobilisation et/ou de captivité, etc. (*Code de la Sécurité sociale, Art. L. 351-8 et D. 351-2*),
- soit en totalisant une durée totale d'assurance « tous régimes confondus » fixée à 161 trimestres en 2009 et augmentée ensuite d'un trimestre par an pour atteindre 164 trimestres en 2012.

Toutefois, vous continuez à bénéficier des dispositions qui vous étaient applicables à votre 60e anniversaire, quelle que soit la date à laquelle vous liquiderez votre retraite :

DUREE TOTALE D'ASSURANCE		
Années		**Nombre de trimestres**
de naissance	**des 60 ans**	
1943 à 1948	2003 à 2008	160
1949	2009	161
1950	2010	162
1951	2011	163
1952	2012	164

Pour le calcul de ces trimestres, il faut prendre en compte les périodes :

- cotisées et « assimilées » (voir ci-après) aussi bien dans le régime général que dans les autres régimes de retraite obligatoires français et étrangers ;
- dites « équivalentes » qui ne sont prises en compte que pour l'ouverture du droit au taux plein :
  - d'activité agricole non salariée exercée entre votre 18e et votre 21e anniversaire avant le 1/1/1976,
  - d'activité professionnelle antérieure au 1/4/1983 pouvant (ou ayant pu) donner lieu à rachat ou durant lesquelles les membres de la famille d'un artisan, commerçant ou industriel âgés d'au moins 18 ans ont travaillé sans bénéficier d'un régime obligatoire d'assurance vieillesse.

À NOTER

À la suite de négociations avec les partenaires sociaux sur la base d'un rapport du Conseil d'orientation des retraites, le gouvernement déposera un projet de loi à la rentrée 2010 afin de poursuivre la réforme des retraites (→ index, Réforme des retraites).

Le taux réduit

Quand, âgé de moins de 65 ans, vous ne totalisez pas la durée d'assurance requise, le taux réduit s'applique. Ce taux réduit est calculé en minorant le taux plein par un coefficient.

Ce coefficient est déterminé :

– soit en fonction du nombre de trimestres qui vous manquent lors de la liquidation pour atteindre votre 65e anniversaire ;
– soit en fonction du nombre de trimestres d'assurance manquant pour bénéficier du taux plein.
C'est le calcul le plus favorable qui est retenu, l'ancienne minoration (ou décote) de 1,25 % (2,50 % x 50/100) par trimestre manquant étant diminuée de moitié entre le 1/1/2004 et le 1/1/2013, à raison de 0,0625 % par an suivant le tableau ci-après.

Pendant cette période, le taux qui vous sera appliqué dépend de votre année de naissance, quelle que soit l'année de votre départ en retraite.

TAUX DE LA DÉCOTE		
Années		**Coefficient de minoration**
de naissance	**des 60 ans**	
Avant 1944	Avant 2004	1,25 %
1944	2004	1,1875 %
1945	2005	1,1250 %
1946	2006	1,0625 %
1947	2007	1 %
1948	2008	0,9375 %
1949	2009	0,8750 %
1950	2010	0,8125 %
1951	2011	0,75 %
1952	2012	0,6875 %
1953 et suivantes	2013 et suivantes	0,6250 %

Exemple : un assuré demande sa retraite à 60 ans en 2010 ; il lui manque donc 20 trimestres pour atteindre 65 ans. Si seulement 10 trimestres lui font défaut pour totaliser les 162 trimestres exigés, un taux minoré de 50 % - (0,8125 % x 10) = 41,875 % est retenu au lieu de 50 % - (0,8125 % x 20) = 33,75 %.

› La durée d'assurance au régime général

Après détermination du salaire annuel moyen (SAM) et du taux de liquidation (T), le montant de la pension est calculé en fonction de la durée d'assurance accomplie dans le seul régime général (d) rapportée à une durée de référence (D) correspondant au nombre maximal de trimestres à prendre en compte (règle de proratisation).

Les périodes d'assurance (d)

La durée d'assurance retenue comprend non seulement les périodes cotisées mais aussi d'autres périodes :

- les « périodes assimilées », c'est-à-dire :

– les périodes pour lesquelles vous avez bénéficié d'indemnités journalières pour maladie, maternité, invalidité et accidents du travail ;
– les périodes de rééducation professionnelle à la suite d'un accident du travail ;
– les périodes de perception de l'allocation de préretraite totale ;
– les périodes de cessation anticipée d'activité de certains travailleurs salariés (CATS) ;
– la partie de la rémunération versée, au titre du congé de reclassement, s'il dure plus longtemps que le préavis de licenciement ;

– les périodes d'apprentissage sous conditions ;
– les périodes de chômage involontaire :
• antérieures au 1/1/1980, indemnisées ou non,
• postérieures au 31/12/1979 si elles ont été indemnisées ou, sous certaines conditions et limites, en cas de non indemnisation ;
– les périodes de service national, de présence sous les drapeaux en temps de guerre ;
- les périodes prises en charge par les caisses d'allocations familiales au titre de l'« assurance vieillesse des parents au foyer » ;
- les périodes qui ont été rachetées avec prise en compte des trimestres (et non pas pour le taux uniquement).

Sont donc exclues de la durée d'assurance au régime général les périodes validées dans d'autres régimes et celles reconnues équivalentes.

La durée de référence (D)

La durée nécessaire pour avoir une retraite « entière » dans ce régime a été progressivement portée à 161 trimestres en 2009 et augmente ensuite d'1 trimestre par an jusqu'en 2012, comme celle requise pour bénéficier du taux plein.

Toutefois, vous continuez à bénéficier des dispositions qui vous étaient applicables à votre 60ᵉ anniversaire, même si vous décidez de différer votre départ en retraite :

DURÉE D'ASSURANCE DANS LE RÉGIME		
Années		Nombre de trimestres
de naissance	des 60 ans	
Avant 1944	Avant 2004	150
1944	2004	152
1945	2005	154
1946	2006	156
1947	2007	158
1948	2008	160
1949	2009	161
1950	2010	162
1951	2011	163
1952	2012	164

En conséquence, si la durée d'assurance retenue est inférieure à la durée de référence, votre pension de retraite est réduite au prorata.

Exemple : si un assuré obtient le taux plein pour une activité totale de plus de 162 trimestres en ne totalisant que 120 trimestres dans le régime général, le montant de sa pension dans ce dernier régime sera proratisé dans le rapport de 120/162 s'il prend sa retraite à son 60ᵉ anniversaire en 2010. Il percevra en plus une retraite versée par le ou les autres régimes proportionnellement au nombre de trimestres d'assurance dans ce ou ces régimes.

Les majorations de la durée d'assurance

Certaines catégories d'assurés peuvent obtenir des trimestres supplémentaires qui ne sont pas affectés à des années déterminées mais qui s'ajoutent sans considération chronologique à leur durée d'assurance.

Les avantages familiaux

Seules les femmes salariées du secteur privé bénéficiaient d'une majoration de 8 trimestres par enfant élevé par elles au moins 8 ans avant son 16ᵉ anniversaire.

Pour les pensions de retraite prenant effet à compter du 1/4/2010, cette majoration est désormais scindée en deux :
– 4 trimestres aux mères assurées sociales au titre de la maternité (grossesse et accouchement) ;
– 4 trimestres aux couples au titre de l'éducation de l'enfant pendant les 4 années suivant sa naissance ou son adoption :
• enfant né avant le 1/1/2010 : majoration accordée à la mère, sauf si le père démontre avant la fin de l'année 2010 qu'il l'a élevé seul,
• enfant né après le 1/1/2010 : majoration répartie d'un commun accord entre les deux parents dans un délai de 6 mois à compter du 4ᵉ anniversaire de l'enfant (ou de son adoption) ou accordée à la mère dans le silence du couple.

Les pères ou les mères qui ont bénéficié d'un congé parental d'éducation ont droit à une majoration de durée d'assurance égale à la durée effective du congé, qui prime dans tous les cas sur celle attribuée pour enfant élevé.

En outre, chacun des parents qui a eu à sa charge effective et permanente un enfant lourdement handicapé (incapacité permanente d'au moins 80 %

ouvrant droit à l'allocation d'éducation de l'enfant handicapé) bénéficie d'une majoration de sa durée d'assurance d'un trimestre par période d'éducation de 30 mois, dans la limite de 8 trimestres, qui se cumule avec celle accordée aux mères de famille ou pour congé parental.

Le report de la pension

Les assurés ayant atteint l'âge de 65 ans peuvent bénéficier d'une retraite au taux plein, mais n'ont pas toujours la durée d'assurance suffisante pour obtenir une pension entière dans le régime général.

S'ils diffèrent la liquidation de leur pension, ils ont droit à une majoration de 2,5 % de cette durée d'assurance par trimestre postérieur à leur 65e anniversaire.

La majoration reste due tant que les intéressés ne totalisent pas dans le régime général et dans un ou plusieurs régimes de base le nombre de trimestres exigé pour obtenir une pension non proratisée.

L'attribution de cette majoration est indépendante du fait d'avoir exercé ou non une activité professionnelle entre le 65e anniversaire et le point de départ de la pension.

Quels autres éléments peuvent influer sur le montant de la pension ?

Le montant de la pension est déterminé à partir des éléments qui viennent d'être détaillés, mais il peut être affecté par certains correctifs :

– d'une part, certaines situations peuvent entraîner une majoration ;

– d'autre part, le montant de cette pension ne peut ni tomber en dessous d'un certain seuil ni dépasser un maximum.

› Les majorations de pension

Plusieurs majorations sont possibles.

La majoration pour ajournement

Si vous continuez de cotiser après 60 ans en totalisant déjà le nombre de trimestres requis pour obtenir le taux plein, vous bénéficierez d'une majoration de votre pension (surcote).

Fixée en 2007 et 2008 à 3 % par an la 1re année, 4 % les années suivantes et 5 % après 65 ans, elle est portée à 5 % pour toutes les années travaillées depuis le 1/1/2009.

Exemple : un assuré de 62 ans ayant validé 162 trimestres de cotisations en 2010 a un salaire annuel moyen de 18 000 €.

Sa pension liquidée à cet âge est égale à 9 000 € ; mais s'il choisit de poursuivre son activité pendant 2 années, sa pension atteindra 9 000 € x 1,10 = 9 900 € au moins (avant actualisation).

À NOTER

Depuis le 1/4/2009, la surcote n'est plus incluse dans le calcul de base de la pension avant la comparaison avec le montant du minimum contributif (voir plus loin).

La majoration pour enfants

Une majoration de 10 % est prévue si vous avez eu au moins trois enfants. Il peut s'agir aussi bien de vos propres enfants que d'enfants que vous avez élevés pendant au moins 9 ans avant leur 16e anniversaire (*Code de la Sécurité sociale, Art. L. 351-12 et R. 351-30*).

La majoration pour conjoint à charge

Une majoration pour conjoint à charge est attribuée dès lors que votre conjoint :

– a atteint 65 ans (60 ans en cas d'inaptitude) ;

– ne bénéficie pas d'une pension personnelle de retraite ou d'invalidité (ou lorsque cette pension est inférieure au montant de la majoration) ;

– ne dispose pas de ressources personnelles (majoration comprise) dépassant le plafond fixé pour l'attribution de l'allocation de solidarité aux personnes âgées (ASPA) pour une personne seule *(Voir pages Barème)*.

La majoration est intégrale si l'assuré a droit à une retraite entière (voir ci-dessus) ; à défaut elle est proratisée en fonction du nombre de trimestres acquis par l'assuré (*Code de la Sécurité sociale, Art. L. 351-13 et R. 351-31 à 33*). Son montant peut toutefois être complété, si nécessaire, par l'ASPA (ancien minimum vieillesse) qui présente un caractère différentiel *(Voir pages Barème)*.

La majoration pour tierce personne

Cette majoration concerne les assurés bénéficiant d'une pension de vieillesse substituée à une pension d'invalidité ou liquidée au titre de l'inaptitude au travail et se trouvant obligés de recourir à l'assistance d'une tierce personne pour effectuer les actes ordinaires de la vie (*Code de la Sécurité sociale, Art. L. 355-1,*

R. 341-6 et R. 355-1). La majoration s'élève à 40 % de la pension principale et ne peut être inférieure à un minimum *(Voir pages Barème)*.

› Le minimum et le maximum des pensions

Le minimum

Si vous avez droit à une retraite à taux plein, et seulement dans ce cas, le montant de votre pension ne peut être inférieur à un « minimum contributif » réévalué chaque année. Ce montant garanti est servi intégralement si vous totalisez le nombre de trimestres requis pour avoir droit à une pension entière dans le régime général *(Voir pages Barème)* ; dans le cas contraire, il est proratisé.

Une majoration est attribuée si la durée d'assurance ayant donné lieu à cotisations est au moins égale à 30 ans (120 trimestres).

Des dispositions particulières sont prévues si vous avez été affilié à d'autres régimes de base français ou étrangers.

Le cas échéant, les autres majorations de pensions citées plus haut s'ajoutent à ce minimum revalorisé chaque année comme les autres pensions.

Le maximum

Le montant de votre pension de vieillesse ne peut excéder, majorations non comprises, 50 % du plafond de la Sécurité sociale *(Voir pages Barème)*.

Toutefois, ce maximum ne vous est pas opposable si vous bénéficiez d'une surcote pour ajournement.

À NOTER

Votre pension de vieillesse, en pratique, atteindra très rarement 50 % du plafond du fait que les coefficients de revalorisation utilisés pour calculer votre salaire annuel moyen sont inférieurs au taux d'augmentation du plafond de la Sécurité sociale.

Comment est servie la pension de retraite ?

› Le paiement

La date d'effet d'une pension est librement fixée par l'assuré au premier jour d'un mois, sans pouvoir être antérieure au dépôt de la demande. La retraite est versée tous les mois à terme échu, c'est-à-dire à la fin de la période pour laquelle elle est due. Le paiement s'effectue le 9e jour calendaire du mois suivant celui au titre duquel la pension est due (ou le premier jour ouvré qui suit le 9e jour si celui-ci est férié) par virement bancaire ou postal, sur un livret de caisse d'épargne ou par la remise en main propre d'un mandat postal.

› Les retenues

La cotisation d'assurance maladie

Depuis le 1/1/1998, la cotisation d'assurance maladie prélevée sur les retraites de base est supprimée. Cette suppression a eu pour contrepartie une hausse du taux de la CSG prélevée sur les pensions.

À NOTER

Le fait qu'aucune cotisation d'assurance maladie ne soit prélevée sur votre retraite n'a aucune incidence sur le droit au remboursement des frais de santé. Ces droits sont en effet liés directement à la perception d'une pension de retraite et non au paiement d'une cotisation.

La contribution sociale généralisée (CSG)

La CSG est directement prélevée sur votre pension de retraite, y compris sur les bonifications et majorations pour enfants (*Code de la Sécurité sociale, Art. L. 136-2*). Toutefois vous êtes exonéré de cette contribution si vous êtes titulaire d'une allocation non contributive de vieillesse attribuée sous conditions de ressources.

Vous pouvez également être exonéré de la CSG sur votre pension de retraite ou assujetti à une CSG à taux réduit si vous remplissez certaines conditions (→ index, *CSG*).

La contribution au remboursement de la dette sociale (CRDS)

Votre pension de vieillesse est également soumise à la CRDS mais vous pouvez en être exonéré sous conditions de ressources (→ index, *CRDS*).

À NOTER

Afin de garantir le financement futur des régimes de retraite de base, un Fonds de réserve spécial est alimenté par différentes ressources, comme par exemple les excédents de la CNAV et du Fonds de solidarité vieillesse (FSV).

› Les revalorisations

Tous les ans, au 1er janvier, les pensions étaient revalorisées en fonction de l'évolution prévisionnelle des prix (hors tabac) et éventuellement ajustées l'année suivante en cas de différence.

Pour mieux affiner ces paramètres, le taux de revalorisation est désormais fixé au 1er avril de chaque année, comme dans les régimes complémentaires AGIRC-ARRCO *(Voir pages Barème)*.

› Le versement unique

Lorsque le montant des droits est inférieur à un certain minimum revalorisable, la pension n'est pas servie et est remplacée par un versement unique égal à 15 fois le montant annuel de la pension qui aurait été servie *(Voir pages Barème)*.

Qui peut bénéficier d'une pension de réversion ?

Le conjoint survivant ou divorcé d'un assuré décédé (ou disparu depuis plus d'1 an) peut prétendre à une fraction de la pension de retraite dont ce dernier bénéficiait au moment de son décès ou dont il aurait pu bénéficier à l'âge de la retraite.

› Les conditions d'attribution

Depuis le 1/1/2004, les conditions relatives à la durée du mariage, ou non-remariage, et les règles de cumul entre droits propres et droits dérivés sont supprimées ; celle relative à l'âge, qui avait été abaissée à 51 ans, est rétablie à 55 ans depuis le 1/1/2009.

Etant donné que le droit à pension de réversion est désormais ouvert en cas de nouvelle union, la condition liée au niveau de ressources prend en compte non seulement celles d'une personne isolée, mais également celles du ménage en cas de nouvelle vie commune (remariage, PACS ou concubinage). Et, dans le cas où le défunt laisse plusieurs ex-conjoints survivants, même remariés, la pension de réversion est partagée entre eux au prorata de la durée respective de chaque mariage ; mais elle n'est toujours pas attribuée aux concubins et partenaires pacsés.

Lors du décès de l'un des bénéficiaires, sa part vient augmenter celles des autres.

Âge

Pour percevoir une pension de réversion, vous devez avoir à nouveau 55 ans au minimum depuis le 1/1/2009, comme dans les régimes complémentaires AGIRC-ARRCO ; mais cet âge peut être abaissé à 51 ans si votre conjoint ou ex-conjoint :
- est décédé avant le 1/1/2009 ;
- ou a disparu avant le 1/1/2008.

Dans le cas où vous ne remplissez pas ces conditions, vous pouvez demander à bénéficier d'une allocation veuvage jusqu'au 31/12/2010 :
- avant 51 ans si l'assuré est décédé avant le 1/1/2009 ;
- avant 55 ans si l'assuré est décédé à partir du 1/1/2009 (→ index, *Assurance veuvage*).

Ressources

Si au 1/7/2004, vous receviez une pension de réversion et aviez déjà fait liquider votre propre retraite, vous n'êtes pas touché(e) par la réforme. Vous percevrez la pension de réversion, votre vie durant, sans qu'un remariage ou une hausse de vos revenus n'interrompe son versement. En revanche, si votre pension de réversion était versée, mais pas encore votre propre retraite, de nouvelles règles de détermination de vos ressources sont appliquées.

Les plafonds de ressources

Les ressources d'une personne seule ne doivent pas dépasser un plafond annuel égal à 2 080 fois le SMIC horaire en vigueur au 1er janvier de l'année considérée, celles d'un ménage à 1,6 fois ce montant *(Voir pages Barème)*.

Lors de la demande, sont d'abord prises en compte les ressources afférentes aux 3 mois civils précédant la date d'effet de la pension de réversion. Ce n'est que lorsqu'elles dépassent le quart de ce plafond qu'il leur est substitué celles afférentes aux 12 mois civils précédant cette date, qui sont alors comparées au montant annuel déterminé ci-dessus.

Les ressources prises en compte

Sont d'abord retenues les ressources personnelles du conjoint survivant, y compris d'origine étrangère, dans les conditions prévues pour l'octroi de l'allocation supplémentaire du Fonds de solidarité vieillesse, et notamment depuis le 1/7/2006 :
- les revenus professionnels bruts, avec un abattement de 30 % pour les personnes âgées de 55 ans et plus ;
- les revenus de remplacement : allocations de chômage, préretraite, indemnités journalières d'assurance maladie ;

– les pensions d'invalidité, à l'exception de celles de veuf ou de veuve ;
– les allocations d'aide sociale, aux adultes handicapés (AAH) et de solidarité aux personnes âgées (ASPA) ;
– les pensions de retraite personnelles, de base et complémentaires ;
– les pensions de réversion servies par les régimes :
• de base et complémentaires des fonctionnaires et des avocats,
• de base des salariés et des non-salariés du privé et de l'agriculture ;
– les rentes viagères issues d'un contrat d'assurance vie ou d'une vente en viager ;
– les biens propres, mobiliers et immobiliers (à l'exception de l'habitation principale), qui sont sensés produire un revenu annuel fictif égal à 3 % de leur valeur vénale.

Toutefois, en cas de remariage ou de vie maritale au moment de la demande, il convient de prendre également en compte les ressources personnelles du nouveau conjoint, du partenaire pacsé ou du concubin.

Les ressources écartées

Sont expressément exclus pour l'appréciation de la condition de ressources :
– le revenu de solidarité active (RSA) ;
– les revenus d'activité et de remplacement de l'assuré décédé ;
– les allocations d'assurance veuvage et les prestations à caractère social ;
– la retraite du combattant et les pensions attachées aux distinctions honorifiques ;
– les pensions de réversion versées par les régimes obligatoires de retraite complémentaire des salariés et des non-salariés (à l'exception des fonctionnaires et avocats) et par les régimes de retraite supplémentaire d'entreprise ;
– les majorations pour enfants rattachés aux avantages personnels ou de réversion ;
– les revenus des biens mobiliers et immobiliers provenant de la communauté de biens avec le conjoint décédé ou acquis du chef de ce dernier (ou en raison de ce décès), et notamment la pension de veuve de guerre et les avantages résultant d'une assurance décès.

À NOTER

Sont également écartées les pensions de réversion versées au conjoint survivant au titre d'un autre conjoint décédé et au nouveau conjoint, concubin ou partenaire pacsé.

› Le montant

Le taux

La pension de réversion est actuellement déterminée sur la base de 54 % de la pension principale dont votre conjoint assuré (ou disparu) bénéficiait ou aurait bénéficié.

Dans ce dernier cas, ses droits à pension sont pris en compte et calculés à taux plein comme s'il avait eu 60 ans au cours de l'année de son décès.

Le minimum

Si la durée d'assurance du conjoint est supérieure à 15 ans (soit 60 trimestres), votre pension de réversion ne peut être inférieure à un montant minimum fixé par décret *(Voir pages Barème)*.

Si la durée d'assurance est inférieure à 15 ans, votre pension sera réduite à autant de soixantièmes que votre conjoint décédé avait de trimestres d'assurance (*Code de la Sécurité sociale, Art. L. 353-1 et Art. D. 353-1*).

Exemple : si votre conjoint avait cotisé 50 trimestres, le montant de votre pension de réversion sera déterminé en multipliant le montant minimum fixé réglementairement par 50/60.

En outre, des règles de proratisation de ce minimum sont prévues si l'assuré décédé avait été affilié à différents régimes.

Les majorations

Majorations familiales

– Si vous avez eu au moins trois enfants, vous bénéficiez d'une majoration de 10 %, dans les mêmes conditions que pour la pension de vieillesse ;

– si vous avez des enfants à charge et si vous êtes âgé(e) de moins de 65 ans et non titulaire d'un avantage personnel de retraite, votre pension de réversion sera majorée forfaitairement *(Voir pages Barème)*.

Majoration à 65 ans

Depuis le 1/1/2010, vous pouvez obtenir une majoration de 11,1 % de votre pension si vous avez au moins 65 ans à condition :

– d'avoir fait valoir la totalité de vos droits à retraite ;

– de disposer de ressources inférieures à un certain plafond *(Voir pages Barème)*.

À NOTER

La pension de réversion n'est pas accordée automatiquement. Il faut en faire la demande, à la dernière caisse d'activité du salarié décédé, au moyen d'un formulaire unique mis en place par les différents régimes de retraite de base.

› Les règles de cumul

Vous pouvez cumuler la pension de réversion avec d'autres avantages personnels de vieillesse ou d'invalidité, dès lors que vous ne dépassez pas les plafonds de ressources.

La pension de réversion présente désormais les caractéristiques d'une « allocation différentielle », c'est-à-dire que lorsque le total des ressources prises en compte dépasse les plafonds fixés, son montant est réduit en conséquence.

En cas de réversion multiple, un « régime interlocuteur unique » (RIU) est désigné pour centraliser les montants de réversion, calculer le dépassement éventuel de ressources et informer les régimes concernés en vue de la répartition de ce dépassement.

› Le paiement

La pension de réversion est payée chaque mois à terme échu, en même temps éventuellement que votre pension personnelle.

Le point de départ de la pension de réversion dépend du moment où est effectuée la demande :

– si la demande est formulée dans les 12 mois suivant le décès de votre conjoint, le point de départ est fixé au premier jour du mois suivant le décès ;

– si elle est formulée au-delà des 12 mois, le point de départ commence le premier jour du mois qui suit la demande.

Comme une pension personnelle, une pension de réversion est assujettie à la CSG (→ index, *CSG*) et à la CRDS (→ index, *CRDS*) et revalorisée au 1er janvier de chaque année.

› La révision

La pension est révisable une fois par an en cas de variation du montant des ressources mais elle ne peut plus être révisée :

– dans les 3 mois après la date à laquelle le conjoint survivant bénéficie de l'ensemble des avantages personnels de retraite de base et complémentaire auxquels il peut prétendre ;

– ou lorsqu'il atteint l'âge de 60 ans sans pouvoir prétendre à de tels avantages.

En quoi consiste l'assurance veuvage ?

L'assurance veuvage garantit, sous certaines conditions, le bénéfice temporaire d'une allocation à un conjoint survivant qui n'a pas encore atteint l'âge requis pour bénéficier d'une pension de réversion (voir plus haut).

› Les conditions d'attribution

L'assuré défunt doit avoir été affilié à l'assurance vieillesse pendant au moins 3 mois, consécutifs ou non, au cours des 12 mois précédant son décès ; quant au conjoint survivant, il doit résider en France et remplir les conditions décrites ci-après.

Âge et situation de famille

Pour bénéficier de l'assurance veuvage, vous ne devez pas avoir l'âge requis pour bénéficier d'une pension de réversion (→ index, *Pension de réversion des salariés, âge*) et ne pas être remarié(e) ni vivre maritalement, que vous soyez lié(e) ou non par un pacte civil de solidarité.

Aucune condition de durée de mariage n'est exigée.

Ressources

Le total de l'allocation et de vos ressources personnelles ne doit pas dépasser un plafond fixé par trimestre à 3,75 fois le montant maximal de l'allocation *(Voir pages Barème)*.

Les ressources retenues sont les mêmes que celles prises en compte pour l'attribution de la pension de réversion (voir plus haut) auxquelles on ajoute, le cas échéant, l'allocation aux adultes handicapés et le capital décès autre que celui versé par la Sécurité sociale. Si vos ressources dépassent ce plafond, votre allocation veuvage sera diminuée à due concurrence.

Le cumul de l'allocation veuvage avec les revenus tirés d'une activité professionnelle (salariée ou non) ou d'une formation est autorisé pendant 12 mois : intégral pendant les 3 premiers mois et sans limitation de montant, il est limité à 50 % pendant les 9 mois suivants.

› Le montant

L'allocation veuvage est versée plus ou moins longtemps à un conjoint survivant en fonction de son âge à la date de décès de l'assuré :
– pendant 2 ans s'il n'a pas atteint 50 ans à cette date ;
– jusqu'à 55 ans, âge d'ouverture du droit à pension de réversion, s'il a au moins 50 ans.
L'allocation est d'un montant unique pendant toute la durée du versement et est revalorisée une fois par an dans les mêmes conditions que les pensions de vieillesse *(Voir pages Barème)*.

› Le paiement

Bien que les ressources s'apprécient trimestriellement, cette allocation est versée mensuellement à terme échu, à compter du 1er jour du mois au cours duquel s'est produit le décès de l'assuré.

Cependant, cette allocation peut se trouver réduite ou suspendue lorsque le bénéficiaire cesse de remplir l'une des conditions exigées.

Compte tenu de son caractère essentiellement alimentaire, l'allocation veuvage est incessible et insaisissable et n'est pas soumise à la CSG et à la CRDS.

À NOTER

Vous devez déposer une demande d'allocation dans les 2 ans qui suivent le premier jour du mois au cours duquel s'est produit le décès.

Elle doit être adressée à la caisse chargée de liquider les droits à prestations de vieillesse dont relevait le dernier lieu de travail de l'assuré décédé (CRAM ou MSA).

LA RÉFORME DES RETRAITES À VENIR

Éric Woerth, le ministre du Travail, a publié le « Document d'orientation sur la réforme des retraites » en mai 2010. Ce document est le fruit de la première phase de concertation menée depuis la mi-avril entre le Gouvernement, les partis politiques, les partenaires sociaux et les organisations syndicales de la Fonction publique.
En attendant le projet de loi qui sera déposé à la rentrée prochaine, voici la synthèse des principes de la réforme publiée par le ministère du Travail.

✓ Engagement n° 1 : sauvegarder le système de retraite par répartition.
Notre système de retraite est fondé sur la répartition, qui est le socle de la solidarité entre les générations. Même s'il est nécessaire d'encourager les dispositifs d'épargne retraite, basculer dans un système par capitalisation ne permettrait pas de résoudre les déséquilibres du système actuel.

✓ Engagement n° 2 : assurer le retour à l'équilibre de nos régimes de retraite à moyen terme.
Seul le retour à l'équilibre des régimes de retraite, et non pas simplement la réduction de leur déficit, est susceptible de faire revenir la confiance dans l'avenir de nos retraites. C'est l'objectif que se fixe le Gouvernement qui déterminera, dans ce but, les règles des régimes à horizon 2020 ou 2030. Une réforme systémique du mode de calcul des droits présenterait des avantages en termes de transparence du système. Si elle n'était pas couplée à un allongement de la durée d'activité, elle n'apporterait cependant aucune réponse à elle seule au déséquilibre financier, sauf à accepter une baisse des pensions, ce que le Gouvernement refuse.

✓ Engagement n° 3 : ne pas réduire les déficits en baissant les pensions des retraités d'aujourd'hui.
Contrairement à ce qui s'est produit dans d'autres pays, le Gouvernement refuse de réduire le niveau de vie des retraités d'aujourd'hui pour résoudre les difficultés des régimes de retraite. Leur pouvoir d'achat restera garanti par l'indexation de leurs pensions sur les prix. Ces dernières ne seront en aucun cas réduites.

✓ Engagement n° 4 : ne pas réduire les déficits en baissant les pensions des retraités de demain.
Le Conseil d'orientation des retraites a indiqué que le niveau moyen des pensions continuera de croître au-delà de l'inflation dans les 20 ans qui viennent sous l'effet de l'amélioration des carrières. Le Gouvernement entend préserver cette amélioration du niveau des pensions.

✓ Engagement n° 5 : améliorer la compréhension et l'information des Français sur leurs futures retraites.
Le Gouvernement proposera de nouvelles mesures pour permettre aux Français de connaître plus tôt dans leur carrière leurs droits à retraite et d'utiliser les dispositifs permettant d'améliorer leurs futures pensions. Des mesures de simplification seront également prises à l'égard des « poly-pensionnés », c'est-à-dire des Français qui relèvent de plusieurs régimes de retraite.

.../...

LA RÉFORME DES RETRAITES À VENIR (SUITE)

✓ Engagement n° 6 : écarter toute solution qui baisserait le niveau de vie des Français ou augmenterait le chômage.
Tout doit être fait pour protéger le niveau de vie des Français et développer l'emploi. Résoudre le problème des retraites par une hausse massive des prélèvements serait incompatible avec cet objectif. Le Gouvernement écarte donc toute hausse générale des impôts ou des cotisations sociales.

✓ Engagement n° 7 : répondre à un déséquilibre démographique par des solutions démographiques.
Les difficultés de nos régimes de retraite sont le résultat d'un choc démographique - le vieillissement de la population - dont la crise n'a fait qu'accélérer les effets. Apporter une réponse principalement démographique à ce choc, en augmentant la durée d'activité, est la seule solution à la fois juste et efficace. Sans préjuger du levier utilisé (augmentation de la durée de cotisation, recul de l'âge légal de départ), c'est la voie que retient le Gouvernement. Il écarte dès aujourd'hui l'idée d'introduire une « super-décote » à partir de 60 ans (système dit de « l'âge pivot »), considérant que cela aboutirait à baisser les pensions de retraite.

✓ Engagement n° 8 : changer les règles de manière très progressive.
Aucune règle ne changera du jour au lendemain. Le changement sera au contraire progressif. L'augmentation de la durée d'activité s'étalera sur plusieurs années. Les Français auront, dès la présentation du projet de loi, une visibilité sur cette évolution des règles. Cette progressivité est une protection forte, puisqu'elle permet d'éviter que les personnes qui vont partir prochainement à la retraite ne voient leur projet de vie bouleversé.

✓ Engagement n° 9 : tenir compte de ceux qui ont eu une vie professionnelle plus difficile.
Répartir équitablement l'effort entre les assurés est un objectif central du Gouvernement dans le cadre de la réforme. À ce titre, il proposera aux partenaires sociaux de prolonger le dispositif « carrières longues », qui permet à ceux qui sont entrés tôt sur le marché du travail de partir à la retraite avant les autres, et étudiera avec eux les ajustements nécessaires, compte tenu de l'allongement de la durée d'activité. Il tiendra également compte de la pénibilité propre à certains parcours professionnels, en s'appuyant sur la définition des partenaires sociaux.

✓ Engagement n° 10 : mettre fin à la spécificité française en matière d'emploi des seniors.
L'augmentation de la durée d'activité aura par elle-même un impact positif sur l'emploi des seniors. Le Gouvernement veillera à ce que cet effet positif donne sa pleine mesure, en encourageant la mise en place de changements profonds en matière de politique des ressources humaines, de conditions de travail et de déroulement de carrière. Une action coordonnée sur ces trois points est en effet indispensable pour encourager la prolongation d'activité des seniors dans les entreprises et dans la Fonction publique, comme l'ont prouvé les exemples allemand et finlandais.

✓ Engagement n° 11 : adapter les mécanismes de solidarité des régimes de retraite à la réalité des besoins sociaux.
Notre système est profondément solidaire car il offre une protection très large en matière de retraite contre les aléas de la vie professionnelle (chômage, temps partiel subi, maladie etc.). Le Gouvernement s'assurera que ces mécanismes correspondent à la réalité des besoins sur le marché du travail, en particulier en matière de chômage non indemnisé.

✓ Engagement n° 12 : augmenter les ressources destinées aux mécanismes de solidarité par un effort financier supplémentaire de certains revenus.
Afin d'assurer une répartition équitable de l'effort, le Gouvernement mettra notamment en place une contribution supplémentaire sur les hauts revenus et les revenus du capital. S'agissant des particuliers, cette contribution ne donnera pas droit à restitution au titre du bouclier fiscal. Ces prélèvements supplémentaires seront affectés au financement des mécanismes de solidarité, à travers le Fonds de solidarité vieillesse (FSV).

✓ Engagement n° 13 : poursuivre la convergence entre les régimes de retraite du public et du privé.
L'équité de la réforme suppose que l'augmentation de la durée d'activité concerne l'ensemble des Français, du public comme du privé. Les règles spécifiques à la Fonction publique font par ailleurs l'objet d'une concertation avec les organisations syndicales de la Fonction publique, afin d'étudier celles qui ne seraient plus adaptées. En ce qui concerne les régimes spéciaux, ces évolutions s'appliqueront dans le respect du calendrier de mise en œuvre de la réforme de 2007.

✓ Engagement n° 14 : organiser des rencontres périodiques avec les partenaires sociaux, pour s'assurer dans la durée que les conditions de succès de la réforme sont respectées.

La retraite complémentaire des salariés

Deux dispositifs de retraite complémentaire obligatoire s'ajoutent aux prestations d'assurance vieillesse servies par le régime général de la Sécurité sociale, la Mutualité sociale agricole et la Caisse nationale des mineurs : le premier concerne tous les salariés du secteur privé et agricole et relève de l'Association pour le régime de retraite complémentaire des salariés (ARRCO) ; le second ne concerne en plus que les cadres et assimilés et est géré par l'Association générale des institutions de retraite des cadres (AGIRC). Toutefois, ces deux régimes distincts ont créé un groupement d'intérêts économique (GIE) afin de simplifier leur gestion et améliorer la qualité de leur service.

La retraite complémentaire ARRCO

L'ARRCO était une association regroupant 45 régimes complémentaires dont la gestion était assurée par une centaine de caisses professionnelles et interprofessionnelles.

Dans un souci de simplification, les partenaires sociaux (syndicats de salariés et organisations d'employeurs) ont décidé depuis le 1/1/1999, de mettre en place un régime unique de l'ARRCO, fondé sur les principes suivants :

- la même réglementation s'applique à tous les salariés relevant de l'ARRCO. Toutes les particularités existantes, notamment en matière de majorations, disparaissent dans le respect toutefois des droits acquis : lors du calcul de la retraite, les périodes de carrière effectuées après le 1/1/1999 sont validées selon la réglementation du régime unique alors que celles effectuées avant le 31/12/1998 continuent à se voir appliquer la réglementation en vigueur avant le passage au régime unique ;
- une seule valeur de point se substitue aux valeurs en vigueur avant le 1/1/1999.

Les salariés qui font liquider leur retraite depuis le 1/1/1999 ont un seul interlocuteur, en principe leur dernière caisse de retraite, qui leur verse l'intégralité de leur retraite complémentaire.

À NOTER

Seuls trois régimes de retraite restent indépendants de l'ARRCO et de l'AGIRC, désormais réunies au sein d'un GIE :
– la Caisse de retraite du personnel navigant professionnel de l'aéronautique civile (CRPNPAC), réglementée par le Code de l'aviation civile ;
– l'Institution de retraite complémentaire de l'enseignement et de la création (IRCEC) en faveur des artistes et auteurs non libéraux ;
– l'Institution de retraite complémentaire des agents non titulaires de l'État et des collectivités locales.

› Quelles sont les personnes affiliées ?

Tous les salariés relevant du régime général de la Sécurité sociale pour leur retraite de base doivent obligatoirement être affiliés au régime complémentaire de l'ARRCO lorsqu'ils travaillent en France (métropole, DOM, Saint-Pierre et Miquelon et Nouvelle-Calédonie) ou dans la Principauté de Monaco : cette affiliation n'est soumise à aucune condition d'âge et de nationalité.
Si vous êtes cadre salarié, vous relevez simultanément de ce régime et du régime de retraite complémentaire qui vous est propre (→ index, *AGIRC*).

À NOTER

Dans certains secteurs d'activité, des caisses ont été désignées pour recueillir l'adhésion des entreprises concernées, pour l'ensemble de leur personnel. Quand ce n'est pas le cas, les salariés sont affiliés par leur employeur à une caisse compétente en fonction de critères géographiques.

› Comment sont calculées les cotisations ?

L'assiette

Les cotisations sont calculées sur les éléments de votre rémunération brute entrant dans l'assiette des cotisations du régime général de la Sécurité sociale : salaires et gains, indemnités de congés payés, autres indemnités, primes et gratifications, pourboires…

Toutefois, elles peuvent être assises sur un salaire fictif pour les salariés dispensés d'exercer tout ou partie de leur activité :

– aide au passage à temps partiel ;
– congés parentaux, de présence parentale, de solidarité familiale, de soutien familial ou de reclassement ;
– conventions FNE de préretraite ;
– mesures de réduction du temps de travail.

Les limites

Les salaires soumis à cotisations sont découpés en tranches en fonction du plafond de la Sécurité sociale :

– tranche 1 ou A (T1 ou TA), en-dessous du plafond ;
– tranche 2, entre 1 et 3 fois ce plafond.

Depuis le 1/1/2009, une assiette spécifique aux sommes versées à l'occasion de la rupture du contrat de travail (indemnités transactionnelles de mise à la retraite, de départ en retraite, etc.) s'applique à hauteur de 2 fois le plafond annuel de la Sécurité sociale *(Voir pages Barème)*, en complément de l'assiette applicable aux rémunérations normales.

Les taux

Les cotisations sont calculées sur la T1 au taux minimum contractuel de 6 % pour l'ensemble des salariés. Compte tenu d'un pourcentage d'appel de 125 % non générateur de points, la cotisation effective est de 7,50 % répartie à 60 % pour l'employeur (4,50 %) et 40 % pour le salarié (3 %).

Sur la T2, le taux effectif est de 20 % (taux contractuel de 16 %) avec la même répartition employeur/salarié *(Voir pages Barème)*.

ATTENTION ⚠

Pour financer la retraite avant 65 ans, une autre cotisation obligatoire est recouvrée pour le compte de l'Association pour la gestion du fonds de financement (AGFF) :

– 2 % sur T1 (1,20 % employeur et 0,80 % salarié) ;
– 2,20 % sur T2 (1,30 % employeur et 0,90 % salarié).

› Quelles sont les conditions pour percevoir la retraite ?

Pour bénéficier de votre retraite complémentaire, vous devez avoir cessé votre activité salariée ou ne plus être indemnisé au titre de périodes de chômage ou de maladie, sauf si vous avez opté pour la retraire progressive .

L'âge

Quelle que soit la durée totale de votre activité professionnelle, vous pouvez obtenir votre pension de retraite à taux plein à 65 ans.

Mais vous pouvez l'anticiper avant cet âge :

Entre 55 et 60 ans

– sans minoration si vous avez commencé à travailler jeune ou accompli une période de travail significatif malgré un handicap, après avoir obtenu de votre régime de base la liquidation de vos droits à ce titre ;
– avec minoration dans le cas contraire, après application d'un taux réduit en fonction de votre âge : 43 % à 55 ans + 1,75 % par trimestre en plus ; soit 50 % à 56 ans, 57 % à 57 ans, 64 % à 58 ans et 71 % à 59 ans.

Entre 60 et 65 ans

– sans minoration à condition de :
  • justifier de la durée d'assurance permettant d'obtenir une pension à taux plein dans votre régime de base (→ index, *Pension de retraite des salariés, durée d'assurance*),
  • bénéficier d'une pension de base au taux plein, quelle que soit votre durée d'assurance, pour inaptitude au travail ou au titre d'ancien combattant ou prisonnier de guerre, mère de famille ouvrière ayant élevé trois enfants, etc. ;

– avec minoration, selon les modalités exposées ci-après :
  • s'il vous manque 20 trimestres au plus par rapport à la durée requise pour avoir droit à la pension de retraite à taux plein du régime de la Sécurité sociale, le coefficient d'anticipation est calculé en tenant compte soit de l'âge que vous avez atteint au moment de la liquidation, soit du nombre de trimestres manquants.
  La solution la plus avantageuse pour vous sera retenue suivant le tableau suivant :

COEFFICIENTS D'ANTICIPATION		
Age	**Trimestres manquants**	**Coefficient**
60 ans	20	0,78
60 ans et 3 mois	19	0,7925
60 ans et 6 mois	18	0,805
60 ans et 9 mois	17	0,8175
61 ans	16	0,83
61 ans et 3 mois	15	0,8425
61 ans et 6 mois	14	0,855
61 ans et 9 mois	13	0,8675
62 ans	12	0,88
62 ans et 3 mois	11	0,89
62 ans et 6 mois	10	0,90
62 ans et 9 mois	9	0,91
63 ans	8	0,92
63 ans et 3 mois	7	0,93
63 ans et 6 mois	6	0,94
63 ans et 9 mois	5	0,95
64 ans	4	0,96
64 ans et 3 mois	3	0,97
64 ans et 6 mois	2	0,98
64 ans et 9 mois	1	0,99

Exemple : si vous partez en retraite en 2010 à 60 ans et 9 mois (coefficient de 0,8175) et totalisez 147 trimestres d'assurance tous régimes confondus, soit avec 15 trimestres en moins (162 - 147), c'est le coefficient de 0,8425 qui est pris en compte,

• en revanche, s'il vous manque plus de 20 trimestres pour bénéficier d'une pension de retraite à taux plein du régime général, le coefficient d'anticipation est alors choisi en prenant uniquement en compte votre âge au moment de la liquidation.

La cessation d'activité

Depuis le 1/7/2009, la liquidation de votre retraite complémentaire est subordonnée à la cessation de vos activités salariées qui ne relèvent seulement que du régime général, du régime des salariés agricoles et de certains régimes spéciaux, autres que ceux de la fonction publique.

Toutefois, depuis le 1/10/2009, l'AGIRC et l'ARRCO appliquent également les mêmes règles que le régime général en permettant la poursuite d'activités particulières.

La reprise d'activité

Vous pouvez cumuler intégralement un revenu d'activité non salariée (artisan, commerçant, profession libérale ou ex-exploitant agricole) avec vos pensions de salarié.

Par ailleurs, depuis le 1/1/2009, les nouvelles règles de cumul emploi-retraite du régime général de la Sécurité sociale ont été transposées aux régimes AGIRC/ARRCO.

Carrière complète

Le cumul d'un salaire avec la perception de vos pensions est autorisé sans restriction à condition :

– d'avoir obtenu toutes vos retraites personnelles de base et complémentaires ;

– d'être âgé d'au moins 65 ans ou d'avoir entre 60 et 65 ans et justifier d'une carrière complète permettant d'obtenir la retraite de base au taux plein.

Carrière incomplète

Lorsque ces conditions ne sont pas remplies, le service des pensions AGIRC et ARRCO n'est maintenu que si le total de vos revenus (pensions et salaires) reste inférieur :

– soit à 160 % du SMIC *(Voir pages Barème)* ;

– soit à votre dernier salaire normal d'activité revalorisé ;

– soit au salaire moyen de vos 10 dernières années d'activité.

ATTENTION ⚠

Depuis le 1/7/2009, les salaires de reprise d'activité sont soumis à cotisations de retraite complémentaire (part patronale et désormais part salariale), sans attribution de points supplémentaires.

› Comment se calcule le montant de la retraite ?

Le montant de votre pension de retraite complémentaire est déterminé à partir du nombre de points que vous avez acquis multiplié par la valeur annuelle du point de retraite.

Le nombre de points

Les points acquis en contrepartie de cotisations

En contrepartie des cotisations que vous avez versées, vous avez droit à un certain nombre de points.

Le nombre de points de retraite (N) auquel vous avez droit est déterminé par la formule :

$$N = S \times \frac{T}{SR}$$

– S étant le salaire que vous avez perçu au cours de l'année ;

– T est le taux de cotisation contractuel de l'année ;

– SR le salaire de référence de l'année *(Voir pages Barème)*. Ce salaire de référence est le prix d'achat du point, fixé en prenant en compte l'évolution du salaire moyen constaté au cours de chaque exercice.

Vous pouvez valider selon des modalités particulières et parfois sans contrepartie de cotisations certaines périodes telles que les périodes antérieures à l'adhésion de l'entreprise, les périodes d'emploi en situation irrégulière (qui n'ont pas donné lieu au versement de cotisations) et les périodes d'activité effectuées en Afrique du Nord avant les indépendances.

Les points rachetés

Si vous avez effectué des versements de cotisations auprès du régime général au titre des périodes d'études supérieures, vous pouvez également racheter des points auprès de l'ARRCO. Ce rachat se fait en une seule fois à raison de 70 points par année d'études ainsi visée, dans la limite de 3 ans.

Les points acquis gratuitement

Vous pouvez également acquérir des droits gratuitement, sans verser de cotisations pendant :

– les périodes d'incapacité de travail d'une durée supérieure à 60 jours consécutifs pour maladie, maternité, invalidité, accident du travail ;

– les périodes de chômage et de préretraite ;

– les périodes de guerre et de rappel sous les drapeaux ;

– les périodes de service militaire en temps de paix pour la seule fraction excédant 12 mois de présence sous les drapeaux ;

– les périodes d'activités salariées non cotisées sur justificatifs (sous certaines réserves).

La validation des périodes militaires et d'incapacité de travail est effectuée sur la base de la moyenne journalière des points que vous avez acquis au cours de l'année précédant celle de l'interruption de travail.

La valeur du point

Depuis la mise en place du régime unique ARRCO, toutes les anciennes institutions relevant de l'ARRCO appliquent la même valeur de point *(Voir pages Barème)*. Cette valeur est revalorisée chaque année au 1er avril en fonction de l'évolution annuelle moyenne des prix hors tabac.

Les majorations

Dans le régime ARRCO, il existe deux types de majorations familiales applicables successivement :

– une majoration de 5 % pour chaque enfant à charge au moment de la liquidation de la retraite, calculée sur l'ensemble des droits et supprimée dès que l'enfant ne remplit plus cette condition ;

– une majoration unique de 5 % des droits acquis depuis le 1/1/1999, dès qu'un retraité ayant élevé au moins 3 enfants pendant 9 ans avant leur 16e anniversaire n'en a plus aucun à sa charge.

Rappelons qu'au sens de la réglementation ARRCO, est considéré comme à charge l'enfant :

– de moins de 18 ans ;

– de moins de 25 ans s'il est étudiant, ou apprenti, ou sous les drapeaux au titre du volontariat militaire, ou demandeur d'emploi inscrit à Pôle emploi et non indemnisé par l'assurance chômage ;

– quel que soit son âge s'il est reconnu invalide, à condition que son état d'invalidité ait été constaté avant son 21e anniversaire.

Les droits correspondant aux périodes antérieures au 1/1/1999 font l'objet des majorations spécifiques prévues par les règlements de certains régimes, sous réserve de remplir les conditions d'attribution au 31/12/1998.

› Quels sont les droits des conjoints survivants ?

Lorsqu'un assuré décède, qu'il soit retraité ou encore en activité, son conjoint, ou son ex-conjoint divorcé non remarié, peut prétendre à une pension de réversion, sans condition de ressources.

Les conjoints survivants non remariés

Pour tout décès intervenant depuis le 1/7/1996, les conjoints non remariés peuvent toucher dès l'âge de 55 ans une pension correspondant à 60 % du nombre de points acquis par le défunt (y compris les majorations familiales), sans tenir compte d'un coefficient éventuel d'anticipation ou d'ajournement.

La condition d'âge ne s'applique pas si le conjoint est invalide ou a au moins deux enfants à charge.

La pension est supprimée en cas de remariage.

Les conjoints divorcés non remariés

Quelle que soit la cause de leur divorce, les ex-conjoints non remariés ont droit à une allocation de réversion à la suite d'un décès postérieur au 30/6/1980, sous réserve de remplir les autres conditions exigées pour les veuves et les veufs.

Présence d'un conjoint survivant

– Le veuf ou la veuve marié(e) avant le 13/1/1998 à un(e) salarié(e) ou allocataire divorcé(e) avant le 1/7/1980 a droit à l'intégralité de la pension de réversion. Le ou les ex-conjoints perçoivent une allocation au prorata de la durée de leur mariage rapportée à la totalité des mariages.

– Dans toute autre situation, le conjoint survivant perçoit, comme les ex-conjoints, une réversion calculée au prorata de la durée respective de chaque mariage par rapport à la durée totale des mariages.

Absence d'un conjoint survivant

Le calcul des droits à pension de réversion fait toujours appel à la durée du mariage de chaque ex-conjoint divorcé et, selon les cas, soit à la durée globale des mariages, soit à la durée d'assurance du participant décédé limitée à la durée d'assurance de référence dans le régime général (→ index, *Pension de retraite des salariés, durée d'assurance*).

S'il n'y a qu'un seul ex-conjoint divorcé (et pas de conjoint survivant), la réversion est calculée au prorata de la durée du mariage par rapport à la durée d'assurance du défunt limitée à la durée d'assurance de référence. Si la durée du mariage est supérieure à la durée d'assurance, l'ex-conjoint perçoit l'intégralité de la pension.

S'il y a plusieurs ex-conjoints divorcés (et pas de conjoint survivant), chacun d'eux a droit à une pension de réversion calculée comme ci-dessus, en tenant compte du rapport entre la durée de chaque mariage et la durée d'assurance. Toutefois, si la durée globale des mariages est supérieure à la durée d'assurance de référence, la réversion est partagée entre les ex-conjoints au prorata de la durée respective de chaque mariage rapportée à la totalité des mariages.

À NOTER

La situation de chacun des ayants droit potentiels est appréciée de manière définitive à la date d'effet de la liquidation de la première pension de réversion. La suppression d'une allocation en raison du remariage ou du décès de l'un des ayants droit est sans effet sur le montant des autres allocations servies.

› Quels sont les droits des orphelins ?

L'orphelin de père et de mère peut prétendre à une allocation égale à 50 % des points du ou des parents décédés :

– s'il a moins de 21 ans au décès du dernier parent ;

– ou s'il a moins de 25 ans et est à charge de son dernier parent au moment du décès de celui-ci ;

– ou s'il est invalide, quel que soit son âge, à condition que l'état d'invalidité soit intervenu avant le 21e anniversaire de l'intéressé.

ATTENTION ⚠

L'allocation de réversion servie à l'orphelin de père et de mère est supprimée en cas d'adoption plénière.

› Comment la pension est-elle payée ?

Le paiement

Votre pension de retraite est payée à terme à échoir, c'est-à-dire d'avance, trimestriellement à compter du premier jour du mois civil suivant la date de réception de votre demande ou à compter du premier jour suivant votre cessation d'activité, si vous effectuez votre demande dans le trimestre civil suivant celui au cours duquel se situe votre cessation d'activité.

Les retenues

Sont précomptées sur votre pension de retraite complémentaire la cotisation d'assurance maladie (1 %), la CSG (→ index, *CSG*) et la CRDS (→ index, *CRDS*).

La revalorisation

Votre pension de retraite complémentaire est revalorisée en même temps que le point de retraite (en principe au 1er avril).

Le capital unique

Lorsqu'une personne a droit à une faible pension de retraite complémentaire, celle-ci lui est versée sous la forme :

– d'un capital unique lorsque le montant à servir est inférieur ou égal à une somme équivalant à 100 points ;

– d'une allocation annuelle ou d'un capital unique lorsque ce montant est compris entre 100 points et 199 points.

Depuis le 1/1/2004, le capital unique est égal à l'allocation annuelle qui aurait été servie, multiplié par un coefficient qui est fonction de l'âge révolu du bénéficiaire à la date d'effet de la liquidation de ses droits. Son versement au bénéficiaire de droits directs supprime tout droit à réversion.

COEFFICIENTS DU CAPITAL UNIQUE

Âge	Droits directs	Réversion
50 ans	-	21,40
55 ans	21,00	19,60
60 ans	19,10	17,60
65 ans	17,00	15,40
70 ans	14,50	13,10
80 ans	9,20	8,10

Le régime complémentaire des cadres (AGIRC)

Le régime de l'Association générale des institutions de retraite des cadres de l'industrie et du commerce (AGIRC) est un régime obligatoire auprès duquel tous les cadres salariés doivent être affiliés, en plus de celui de l'ARRCO, au sein d'un même groupe d'institutions.

À NOTER

L'AGIRC et l'ARRCO ont mis en commun un site Internet sur lequel on peut trouver de nombreuses informations pratiques : www.agirc-arrco.fr.

› Quelles sont les personnes concernées ?

Professions concernées

Bénéficient de ce régime créé par la Convention collective nationale (CCN) du 14/3/1947 :

À titre obligatoire

– Au titre de l'article 4 :

- les ingénieurs et cadres définis par les différentes branches professionnelles ;

- les personnes exerçant des fonctions de direction et les médecins salariés ;
- les VRP exerçant des fonctions d'encadrement ou atteignant un certain niveau de rémunération.

– Au titre de l'article 4 bis : les cadres assimilés (employés, techniciens et agents de maîtrise) dont le coefficient hiérarchique brut est au moins égal à 300 ou correspond à une position équivalente.

À titre facultatif

Certains autres collaborateurs peuvent également bénéficier de ce régime par voie d'extension s'ils occupent une position hiérarchique au moins égale à 200 ou d'un niveau équivalent (*CCN, Annexe I, Art. 36*).

Entreprises concernées

Toutes les entreprises assujetties au régime général de la Sécurité sociale (→ index, *Retraite des salariés, régime général*) relèvent du régime de l'AGIRC sauf :

– les entreprises dont le personnel bénéficie d'un régime complémentaire de retraite institué par les lois ou règlements ;

– les entreprises dont le personnel bénéficie d'un régime complémentaire de retraite institué par une convention collective qui ne peut entrer en application qu'après agrément ministériel.

Étant cadre salarié, vous relevez :

– du régime général de la Sécurité sociale pour votre retraite de base ;

– et pour votre retraite complémentaire à la fois du régime des salariés géré par l'ARRCO (→ index, *ARRCO*) et du régime de l'AGIRC, spécifique à votre position de cadre.

› Comment les cotisations sont-elles calculées ?

L'assiette

Vos cotisations au régime de retraite des cadres sont calculées sur votre rémunération brute dépassant le plafond de la Sécurité sociale *(Voir pages Barème)*.

Outre votre salaire proprement dit, certaines sommes sont intégrées dans l'assiette des cotisations notamment les accessoires de salaires tels que les primes, les avantages en nature, l'indemnité compensatrice de préavis, l'indemnité compensatrice de congés payés et l'indemnité de départ volontaire à la retraite.

En revanche, vos cotisations ne peuvent porter sur les primes et indemnités correspondant à des remboursements de frais (déplacement, frais de représentation...), sur les indemnités de licenciement ou de mise à la retraite ni sur les prestations familiales versées par le régime général de la Sécurité sociale ou par l'entreprise ni sur les gratifications exceptionnelles accordées lors d'un mariage, d'une naissance ou d'un décès.

Les limites

Vos cotisations au régime de l'AGIRC ne portent pas sur la totalité de votre rémunération mais seulement sur un salaire différentiel qui correspond à la partie de votre rémunération comprise entre 1 fois le plafond de la Sécurité sociale et 8 fois ce plafond *(Voir pages Barème)*.

Le régime de l'AGIRC comprend deux tranches :

– la tranche B : partie de la rémunération comprise entre le plafond de la Sécurité sociale et une limite qui ne peut être inférieure à 4 fois ce plafond ;

– la tranche C : partie de la rémunération comprise entre le plafond de la tranche B et 8 fois le plafond de la Sécurité sociale.

Ces limites sont proratisées si vous travaillez à temps partiel ou pour plusieurs employeurs.

Nous vous rappelons que vous devez cotiser en plus, sur la 1re tranche de votre rémunération (tranche 1 ou A), auprès d'une institution relevant non pas de l'AGIRC, mais de l'ARRCO.

Les taux

Le taux contractuel

Le taux contractuel de cotisation est le taux qui, appliqué à l'assiette des cotisations, détermine le montant de vos cotisations créatrices de droits à la retraite complémentaire.

Sur les tranches B et C, l'accord du 13/11/2003 a fixé le taux contractuel minimum à 16,24 % depuis le 1/1/2006.

Le taux d'appel

Pour assurer l'équilibre financier du régime, les cotisations sont toutefois appelées à un taux supérieur au taux contractuel obligatoire.

Le pourcentage d'appel étant actuellement fixé à 125 %, le taux effectif de cotisation est porté de 16,24 % à 20,30 %.

Cette majoration conjoncturelle de 4,06 % n'est pas productrice de droits à la retraite.

La répartition

Les cotisations sont réparties :

– à raison de 62,07 % pour l'entreprise et de 37,93 % pour le salarié sur la tranche B, soit au taux de

12,60 % à la charge de votre employeur et de 7,70 % à votre charge ;
– librement sur la tranche C, par accord d'entreprise.

ATTENTION ⚠

Les entreprises comme les salariés cotisant à l'AGIRC sont redevables d'une contribution exceptionnelle temporaire (CET) qui ne donne droit à aucun point de retraite. Le taux de la CET est fixé à 0,35 % de la totalité des salaires dont 0,22 % à la charge de l'employeur et 0,13 % à la charge du salarié.

La garantie minimale de points (GMP)

L'évolution du plafond de la Sécurité sociale a abouti au fait qu'un certain nombre de cadres ne pouvaient plus acquérir de droits ou n'obtenaient qu'un faible nombre de points. Aussi, l'AGIRC a-t-elle prévu une garantie minimale de points permettant d'attribuer un minimum de 120 points par an à tous les participants.

Le montant de la cotisation due, ainsi que le salaire annuel en deçà duquel joue la GMP (salaire charnière), sont fixés par l'AGIRC en considération de la valeur du salaire de référence *(Voir pages Barème)*.

Les autres cotisations

La cotisation AGFF

Pour financer la retraite avant 65 ans, une cotisation obligatoire est précomptée pour le compte de l'Association pour la gestion du fonds de financement (AGFF) :
– 2 % sur la tranche A (1,20 % employeur et 0,80 % salarié) recouvrée par l'ARRCO ;
– 2,20 % sur la tranche B (1,30 % employeur et 0,90 % salarié) recouvrée par l'AGIRC.

La cotisation APEC

Pour le compte de l'Agence pour l'emploi des cadres (APEC), une autre cotisation obligatoire est prélevée par l'AGIRC sur la rémunération des cadres et assimilés seulement.

› Quelles sont les conditions pour toucher la retraite ?

Seules deux conditions sont requises pour l'ouverture de vos droits à pension de retraite complémentaire : une condition d'âge et une condition de cessation d'activité. Peu importe la durée de votre appartenance au régime des cadres.

L'âge

Si vous êtes cadre, vous pouvez obtenir votre pension AGIRC dans les mêmes conditions d'âge que celles analysées dans le régime précédent (→ index, *ARRCO*). Toutefois, le dispositif particulier de « retraite à 60 ans » ne s'applique qu'aux points acquis sur la tranche B des salaires : ceux acquis sur la tranche C ne peuvent être liquidés sans abattement qu'à l'âge de 65 ans.

La cessation d'activité

Sauf en cas de retraite progressive, vous devez cesser l'activité ayant justifié votre affiliation à l'AGIRC. Il est toutefois possible de cumuler la retraite avec une nouvelle activité salariée dans les mêmes conditions que dans le régime précédent (→ index, *Pension de retraite ARRCO, reprise d'activité*).

Rien ne s'oppose à ce que vous cumuliez votre pension de retraite complémentaire des cadres avec l'exercice d'une activité non-salariée.

› Comment se calcule le montant de la pension ?

Le montant de la pension dépend du nombre de points acquis qui est multiplié par la valeur annuelle du point en vigueur au moment de la liquidation de la retraite *(Voir pages Barème)*.

Les points acquis

Vos droits à retraite complémentaire des cadres sont enregistrés sur un compte individuel sous la forme de points de retraite que vous avez acquis en contrepartie de cotisations ou gratuitement.

Points acquis par cotisations

Le nombre (N) de vos points de retraite acquis par cotisations est calculé chaque année (n) en divisant l'ensemble des cotisations contractuelles (C) versées pour votre compte, par le salaire de référence (SR) applicable à l'exercice concerné. Le nombre de points est calculé en appliquant la formule suivante :

$$N(n) = \frac{C(n)}{SR\,(n)}$$

Chaque année, une commission fixe le montant du salaire de référence nécessaire à l'acquisition d'un point de retraite complémentaire en prenant en compte l'évolution du salaire moyen constaté au cours de l'exercice précédent *(Voir pages Barème)*.

Vous pouvez acquérir des points de retraite complémentaire en contrepartie de cotisations si vous êtes dispensé d'exercer tout ou partie de votre activité, comme dans le régime précédent.

Si vous rachetez des périodes d'études supérieures au régime général, vous pouvez également effectuer le rachat en une seule fois de 70 points par année validée.

Points acquis gratuitement

Vous pouvez bénéficier de points de retraite complémentaire gratuits en cas de :

- maladie, maternité ou invalidité d'une durée supérieure à 60 jours consécutifs ;
- accident du travail et maladie professionnelle, blessure de guerre, maladie résultant de la guerre ;
- rappel sous les drapeaux ;
- chômage total ;
- allocations du régime de solidarité (contrats de solidarité, Fonds national de l'emploi, préretraite progressive) ;
- convention de conversion ;
- formation de fin de stage ;
- périodes d'activité accomplies entre le 1/1/1936 et le 31/3/1947 qui sont validées sans paiement de cotisations en fonction des salaires effectivement perçus, auquel cas vous bénéficierez d'une majoration proportionnelle au taux de cotisation de l'employeur à cette date.

La validation des périodes militaires et d'incapacité de travail est effectuée sur la base de la moyenne journalière des droits que vous avez acquis au cours de l'année précédant celle de l'interruption de travail.

Les majorations

Vous avez droit à une majoration familiale si vous avez eu au moins 3 enfants légitimes, adoptés, reconnus (ou recueillis sous certaines conditions).

Cette majoration, fixée à l'origine à 10 % pour 3 enfants, plus 5 % par enfant supplémentaire dans la limite de 30 %, est toutefois affectée d'un coefficient réducteur de 80 % depuis le 1/1/1997. Pour les nouveaux allocataires, elle est ainsi ramenée à :

- 8 % pour 3 enfants ;
- 12 % pour 4 enfants ;
- 16 % pour 5 enfants ;
- 20 % pour 6 enfants ;
- 24 % pour 7 enfants et plus.

Les mêmes majorations jouent pour les personnes autres que les parents qui ont élevé des enfants pendant au moins 9 ans avant leur 16e anniversaire ou les ont eu à leur charge, dans les mêmes conditions que dans le régime précédent (→ index, *ARRCO*).

Les majorations pour enfants sont exonérées de l'impôt sur le revenu et de la cotisation d'assurance maladie.

› Quels sont les droits du conjoint survivant ?

Les conjoints survivants ont droit à une pension de réversion , quel que soit le niveau de leurs ressources.

Les conjoints survivants non remariés

Si le décès est intervenu après le 1/1/1994, vous pouvez prétendre à la pension de réversion de votre conjoint décédé à partir de 60 ans, dès lors que vous n'êtes pas remarié.

Le montant de votre pension est déterminé sur la base de 60 % du nombre de points du défunt, majoration pour enfant incluse, sans tenir compte d'un éventuel coefficient d'anticipation.

Vous pouvez bénéficier de la pension de réversion à partir de 55 ans, auquel cas le montant de votre pension est déterminé sur la base de :

- 52 % si la pension de réversion est liquidée à l'âge de 55 ans ;
- 53,6 % si la pension de réversion est liquidée à l'âge de 56 ans ;
- 55,2 % si la pension de réversion est liquidée à l'âge de 57 ans ;
- 56,8 % si la pension de réversion est liquidée à l'âge de 58 ans ;
- 58,4 % si la pension de réversion est liquidée à l'âge de 59 ans.

Toutefois, aucune condition d'âge n'est requise et aucun coefficient n'est appliqué si :

- vous bénéficiez de la pension de réversion du régime général (→ index, *Pension de réversion des salariés*) ;
- vous êtes invalide ;
- vous avez au moins deux enfants à charge de moins de 21 ans ou invalides.

Les conjoints divorcés non remariés

Quelle que soit la cause de votre divorce, vous avez droit à une allocation de réversion si le décès de votre ex-conjoint est postérieur au 30/6/1980 et si vous remplissez les autres conditions exigées pour les veuves et les veufs, notamment de non-remariage.

Elle est calculée au prorata de la durée de votre mariage, mais selon des modalités qui diffèrent selon la présence ou non d'un conjoint survivant, comme dans le régime complémentaire précédent (→ index, *Pension de réversion ARRCO*).

› Les orphelins ont-ils droit à une pension ?

L'AGIRC prévoit le versement d'une pension aux orphelins d'un assuré décédé.

Les conditions

Les orphelins de moins de 21 ans dont les père et mère sont décédés peuvent bénéficier d'une pension temporaire de réversion.

Toutefois, l'orphelin de plus de 21 ans peut prétendre à une pension dès lors qu'il était invalide avant son 21e anniversaire. Si l'invalidité cesse ou si l'orphelin perçoit une pension ou une rente pour son infirmité, le service de la pension est supprimé.

ATTENTION ⚠

La pension de réversion servie à l'orphelin de père et de mère est supprimée en cas d'adoption plénière.

Le montant

Le montant de la pension est calculé sur la base de 30 % des points acquis par le cadre décédé.

› Comment la pension est-elle servie ?

La date d'effet

Sous réserve que les conditions relatives à l'âge et à la cessation d'activité soient remplies, la pension est liquidée au plus tôt au 1er jour du mois civil qui suit le dépôt de la demande.
Si la retraite ne prend pas effet au début du trimestre civil, un versement initial d'1 ou de 2 mois est dû selon le cas.

Le paiement

La pension de retraite est versée trimestriellement :
– à terme échu, si votre pension de retraite a été liquidée avant le 1/1/1992 ;
– à terme à échoir, c'est-à-dire d'avance, si votre pension de retraite a été liquidée après le 1/1/1992.

Les retenues

Sont précomptées sur le montant de votre pension la cotisation d'assurance maladie (1 %), la CSG (→ index, *CSG*) et la CRDS (→ index, *CRDS*).

La revalorisation

Le point de retraite qui sert au calcul de la pension est revalorisé chaque année par l'AGIRC (en principe au 1er avril) en fonction de l'évolution annuelle moyenne des prix hors tabac.

Le capital unique

Lorsque la pension est calculée sur moins de 500 points, l'intéressé reçoit un capital égal à l'allocation annuelle qui aurait été servie multipliée par un coefficient qui est fonction de son âge à la date d'effet de la liquidation de ses droits, comme dans le régime précédent (→ index, *ARRCO*).
Le versement d'un capital aux bénéficiaires de droits supprime tout droit de réversion.

Régime de retraite

Plafonds de la Sécurité sociale en 2010

– annuel : 34 620 € ;
– trimestriel : 8 655 € ;
– mensuel : 2 885 € ;
– hebdomadaire : 666 €;
– journalier : 159 €;
– horaire : 22 €.

Retraite des salariés

Retraite de base de la Sécurité sociale :

ACTUALISATION DES SALAIRES AU 1/4/2010				
Années	Salaires plafonnés		Coefficients de revalorisation	Plafonds revalorisés
1948	2 240 F	341,49 €	94,456	32 255,77 €
1949	2 580 F	393,32 €	79,839	31 402,27 €
1950	2 640 F	402,47 €	70,039	28 188,59 €
1951	3 450 F	525,95 €	49,702	26 140,76 €
1952	4 440 F	676,87 €	41,417	28 033,92 €
1953	4 560 F	695,17 €	40,489	28 146,73 €
1954	4 560 F	695,17 €	38,172	26 536,02 €
1955	4 740 F	722,61 €	35,182	25 422,86 €
1956	5 280 F	804,93 €	31,410	25 282,85 €
1957	5 280 F	804,93 €	29,217	23 517,63 €
1958	6 000 F	914,69 €	25,737	23 541,37 €
1959	6 600 F	1 006,16 €	23,292	23 435,47 €
1960	6 840 F	1 042,75 €	21,628	22 552,59 €
1961	8 100 F	1,234,84 €	18,805	23 221,16 €
1962	9 600 F	1 463,51 €	16,211	23 724,96 €
1963	10 440 F	1 591,57 €	14,469	23 028,42 €
1964	11 400 F	1 737,92 €	13,035	22 653,78 €
1965	12 240 F	1 865,98 €	12,192	22 750,02 €
1966	12 960 F	1 975,74 €	11,521	22 762,50 €
1967	13 680 F	2 085,50 €	10,909	22 750,71 €
1968	14 400 F	2 195,27 €	10,055	22 073,43 €
1969	16 320 F	2 487,97 €	8,716	21 685,14 €
1970	18 000 F	2 744,08 €	7,919	21 730,36 €
1971	19 800 F	3 018,49 €	7,103	21 440,33 €
1972	21 960 F	3 347,78 €	6,401	21 429,13 €
1973	24 480 F	3 731,95 €	5,915	22 074,48 €
1974	27 840 F	4 244,18 €	5,216	22 137,64 €
1975	33 000 F	5 030,82 €	4,390	22 085,29 €
1976	37 920 F	5 780,87 €	3,732	21 574,20 €
1977	43 320 F	6 604,09 €	3,219	21 258,56 €
1978	48 000 F	7 317,55 €	2,895	21 184,30 €
1979	53 640 F	8 177,37 €	2,642	21 604,61 €

.../...

ACTUALISATION DES SALAIRES AU 1/4/2010 (SUITE)				
Années	**Salaires plafonnés**		**Coefficients de revalorisation**	**Plafonds revalorisés**
1980	60 120 F	9 165,23 €	2,323	21 290,82 €
1981	68 760 F	10 482,39 €	2,051	21 499,38 €
1982	82 020 F	12 503,87 €	1,832	22 907,08 €
1983	91 680 F	13 976,53 €	1,728	24 151,44 €
1984	99 600 F	15 183,92 €	1,638	24 871,26 €
1985	106 740 F	16 272,41 €	1,571	25 563,95 €
1986	112 200 F	17 104,78 €	1,536	26 272,94 €
1987	116 820 F	17 809,09 €	1,479	26 339,64 €
1988	120 360 F	18 348,76 €	1,445	26 513,95 €
1989	125 280 F	19 098,81 €	1,394	26 623,74 €
1990	131 040 F	19 976,92 €	1,356	27 088,70 €
1991	137 760 F	21 001,38 €	1,334	28 015,84 €
1992	144 120 F	21 970,95 €	1,293	28 408,43 €
1993	149 820 F	22 839,91 €	1,293	29 532,00 €
1994	153 120 F	23 342,99 €	1,269	29 622,25 €
1995	155 940 F	23 772,90 €	1,255	29 834,98 €
1996	161 220 F	24 577,83 €	1,224	30 083,26 €
1997	164 640 F	25 099,21 €	1,211	30 395,14 €
1998	169 080 F	25 776,08 €	1,197	30 853,96 €
1999	173 640 F	26 471,25 €	1,184	31 341,96 €
2000	176 400 F	26 892,01 €	1,179	31 705,67 €
2001	179 400 F	27 349,35 €	1,155	31 588,49 €
2002	–	28 224,00 €	1,129	31 864,89 €
2003	–	29 184,00 €	1,111	32 423,42 €
2004	–	29 712,00 €	1,094	32 504,92 €
2005	–	30 192,00 €	1,074	32 426,20 €
2006	–	31 068,00 €	1,056	32 807,80 €
2007	–	32 184,00 €	1,038	33 406,99 €
2008	–	33 276,00 €	1,027	33 174,45 €
2009	–	34 308,00€	1,019	34 959,85 €

→ ***Assurance veuvage au 1/4/2010 :***

– plafond de ressources : 2 138,28 € par trimestre ;
– montant : 570,21 € par mois.

→ ***Majoration pour conjoint à charge au 1/4/2010 :***

609,80 € par an.

→ ***Majoration pour tierce personne au 1/4/2010 :***

12 460,37 € par an.

→ ***Pension à taux plein au 1/4/2010 :***

– montant minimum : 7 147,75 € par an (+ 662,78 € pour périodes cotisées) ;
– montant maximum : 17 310 € par an ;
– versement unique : 147,83 €.

→ ***Pension de réversion au 1/4/2010 :***

– plafonds annuel de ressources :
• 18 428,80 € pour une personne seule,
• 29 486,08 € pour un ménage.
– montant minimum : 3 222,64 € par an ;
– montant maximum : 9 347,40 € par an ;
– majoration pour enfant à charge : 1 093,44 € par an ;
– majoration à 65 ans : ressources inférieures à 2 421,60 € par trimestre.

→ ***Taux de revalorisation des pensions :***

0,90 % au 1/4/2010.

Retraites complémentaires des salariés :

→ ***ARRCO :***

• Taux de cotisation 2010 :

SALARIÉS	NON CADRES		CADRES	
Rémunération	< plafond Sécurité sociale	≥ plafond Sécurité sociale	< plafond Sécurité sociale	≥ plafond Sécurité sociale
Taux contractuel	6 %	16 %	6 %	Cotisations versées à une institution AGIRC
Taux appelé	7,50 %	20 %	7,50 %	

• Salaire de référence 2010 : 14,4047 €.
• Valeur du point retraite au 1/4/2010 : 1,1884 €.

→ ***AGIRC :***

• Taux appelé sur tranches B et C :
– employeur : 12,60 % ;
– cadre : 7,70 %.
• Garantie minimale de points (GMP) au 1/1/2010 :
– salaire charnière : 38 332,92 € ;
– salaire différentiel : 38 332,92 € - 34 620 € = 3 712,92 € ;
– cotisation appelée : 3 712,92 € x 16,24 % = 602,98 € x 125 % = 753,72 €.
• Salaire de référence 2010 : 5,0249 €.
• Valeur du point au 1/4/2010 : 0,4216 €.

SMIC brut depuis le 1/1/2010

– SMIC horaire : 8,86 € ;
– SMIC mensuel (151,666 heures) : 1 343,77 €.

Donations et successions

Transmettre son patrimoine

Que prévoit la loi ?
Comment préparer la transmission de son patrimoine ?

Recevoir un patrimoine

Les formalités après le décès
Accepter ou refuser une succession
L'indivision et le partage
La déclaration de succession
Les droits de succession

Transmettre son patrimoine

Quelle que soit votre situation familiale, il importe de savoir ce qu'il adviendra de vos biens après votre décès. Dans ce domaine, vous disposez d'un choix fondamental : ne rien faire, et la transmission de vos biens sera réglée par la loi, ou, de votre vivant, prévoir les modalités futures de la transmission de votre patrimoine, voire réaliser à l'avance une partie de cette transmission. Il est évident que la seconde solution présente de nombreux avantages, qu'il s'agisse de prévenir d'éventuels conflits familiaux, d'améliorer les droits de votre conjoint, d'avantager un enfant par rapport à un autre, ou bien encore de profiter d'une fiscalité plus favorable.

Que prévoit la loi ?

La situation envisagée correspond à l'hypothèse où, de votre vivant, vous n'avez réalisé aucune donation ni pris aucune disposition testamentaire. En fonction du lien de parenté ou d'alliance qui existe entre vous et les personnes que vous laisserez à votre décès, la loi fixera les droits de chacun d'eux, sachant que le principe est la primauté des enfants sur les autres héritiers et que le conjoint survivant se voit reconnaître, dans toutes les hypothèses, des droits plus importants depuis la loi du 3/12/2001.

Un classement par ordre et degré

En fonction de leur lien de parenté, les héritiers sont classés par ordre de préférence, puis, à l'intérieur de chaque ordre, par degré : à l'intérieur d'un même ordre, l'héritier le plus proche en degré recueille, en principe, la succession ; s'ils sont plusieurs du même degré, le partage se fait par têtes (*Code civil, Art. 731 à 772*).

› Quels sont les ordres d'héritiers ?

En dehors du conjoint survivant qui tient une place à part (voir plus loin), il existe une hiérarchie entre les héritiers qui sont répartis en quatre ordres. Le principe est que chaque ordre prime le suivant et est exclu par l'ordre précédent. Ainsi, les héritiers faisant partie du 1er ordre (enfants) excluent ceux qui appartiennent au 2e (père et mère ainsi que frères et sœurs) qui, eux-mêmes, excluent ceux du 3e ordre (grands-parents) et ainsi de suite.

À NOTER

La dévolution légale d'une succession s'effectue selon deux principes : celui des ordres et celui des degrés. Ce dernier principe connaît des tempéraments à travers les mécanismes de la représentation (→ index, Représentation successorale) ou de la fente (→ index, Fente successorale).

Le 1er ordre d'héritiers

Le 1er ordre comprend les enfants du défunt et leurs descendants (petits-enfants, arrière-petits-enfants...). Quelle que soit leur filiation (→ index, *Filiation*), et même s'ils sont issus d'unions différentes, les enfants du défunt ont des droits identiques entre eux. Ce principe d'égalité est devenu absolu depuis la loi n° 2001-1135 du 3/12/2001 qui a notamment supprimé toutes les discriminations dont étaient encore victimes les enfants adultérins.

Toutefois, pour que les enfants puissent disposer de la qualité d'héritier, encore faut-il que leur filiation ait été légalement établie. De plus, s'agissant des enfants adoptifs, leur situation est différente selon qu'ils ont fait l'objet d'une adoption simple ou plénière :

– l'enfant adopté plénièrement, et qui n'a donc plus aucun lien avec sa famille d'origine, a les mêmes droits que tout autre enfant et bénéficie du même régime fiscal en matière de droits de succession ;

– l'enfant adopté simplement conserve ses droits dans la succession des membres de sa famille d'origine et acquiert des droits dans celle des membres de sa famille adoptive, dans l'un et l'autre cas comme tout autre enfant. Toutefois, sa situation est moins avantageuse sur deux plans : d'une part et fiscalement, il ne bénéficie pas toujours, dans la succession de ses parents adoptifs, des mêmes avantages que les autres enfants (→ index, *Droits de succession, ligne directe*) ; d'autre part, il n'a pas la qualité d'héritier réservataire dans la succession des parents de l'adoptant, c'est-à-dire de ses grands-parents adoptifs (→ index, *Succession, héritiers réservataires*).

À NOTER

L'enfant conçu au moment du décès de son parent et non encore né à cette date est considéré comme héritier si, par la suite, il naît viable (Code civil, Art. 725).

Le 2e ordre d'héritiers

Le 2e ordre d'héritiers est mixte et en font partie, d'une part, les père et mère du défunt et, d'autre part, ses frères et sœurs et les descendants de ces derniers (neveux, nièces, petits-neveux...).

En présence du père **et** de la mère du défunt, une moitié leur revient (soit 1/4 chacun), l'autre moitié étant partagée entre les frères et sœurs (ou leurs descendants).

En présence du père **ou** de la mère, 1/4 lui revient, le surplus, soit 3/4, étant partagé entre les frères et sœurs (ou leurs descendants).

En l'absence du père et de la mère (et du conjoint survivant), la totalité revient alors aux frères et sœurs (ou leurs descendants) qui excluent, s'il en existe, les ascendants autres que les père et/ou mère.

Le 3e ordre d'héritiers

Il s'agit des ascendants du défunt autres que ses père et mère (grands-parents, arrière-grands-parents...).

En l'absence d'héritiers des 1er et 2e ordres et de conjoint survivant, ils se partagent la succession selon le principe de la fente (→ index, *Fente successorale*).

Le 4e ordre d'héritiers

Cet ordre est celui des collatéraux du défunt autres que ses frères et sœurs et leurs descendants : oncles, tantes, cousins…

Ils ne viennent à la succession qu'en l'absence d'héritiers d'un ordre préférable (et de conjoint survivant, comme indiqué plus loin) et se partagent la succession selon le principe de la fente (→ index, *Fente successorale*).

Les parents collatéraux, qu'ils appartiennent aux 2e ou 4e ordres, ne succèdent pas au-delà du 6e degré, y compris depuis la loi du 3/12/2001, si le défunt était atteint d'une incapacité l'empêchant de faire son testament. Dans ce cas, à défaut d'héritier au 6e degré, c'est l'État qui recueille la succession.

À NOTER

La classification des héritiers en ordres ne tient pas compte des droits qui peuvent être ceux du conjoint survivant. En effet, ce dernier peut, selon les cas, soit avoir des droits concurrents avec certains héritiers, soit les primer et donc les exclure (voir plus loin).

› Les degrés

Quels sont les principes ?

Cette classification en degrés est subsidiaire dans la mesure où elle n'intervient qu'à l'intérieur d'un même ordre d'héritiers. Le principe est le suivant : dans un même ordre d'héritiers, l'héritier le plus proche en degré du défunt exclut les plus éloignés ; s'ils sont de même degré, ils se partageront entre eux la succession par parts égales.

Le calcul des degrés se fait de la manière suivante :

En ligne directe (descendants et ascendants)

Chaque génération représente un degré.

Ainsi, dans l'ordre des descendants, le fils du défunt est au 1er degré, son petit-fils au 2e degré, etc. Dans l'ordre des ascendants, le père et la mère du défunt sont au 1er degré, ses grands-parents au 2e degré, etc.

En ligne collatérale

Il faut remonter jusqu'à l'ascendant commun puis redescendre à l'héritier qui figure dans cette ligne. Ainsi, le frère ou la sœur du défunt sont au 2e degré, ses neveux ou nièces au 3e degré (l'ascendant commun étant le père ou/et la mère du défunt), son oncle ou sa tante au 3e degré également, son(sa) cousin(e) germain(e) au 4e degré (l'ascendant commun étant cette fois le ou les grands-parents du défunt), etc.

Quels sont les tempéraments ?

Le principe selon lequel l'héritier le plus proche en degré exclut les plus éloignés subit deux exceptions à travers le mécanisme de la représentation et celui de la fente.

La représentation

Ce mécanisme s'applique dans l'hypothèse où un enfant décède avant l'un de ses parents, alors qu'il a lui-même des enfants. Ces derniers, grâce à la représentation, se partageront la part de leur parent décédé. Il s'agit d'une technique qui permet d'éviter les conséquences d'une application trop stricte de la règle des degrés.

La représentation est admise en ligne directe descendante dans l'ordre des enfants et descendants du défunt et, en ligne collatérale, uniquement au bénéfice des descendants de frères et sœurs du défunt ; elle suppose nécessairement le décès de la personne que l'on représente avant celui du défunt (on ne peut représenter une personne qui a renoncé à la succession qui lui était dévolue).

La fente

Elle ne concerne que les ascendants du défunt et les collatéraux autres que ses frères et sœurs et leurs descendants et a pour but de répartir équitablement la succession entre les deux branches familiales. Dans ce cas, on divise par moitié la succession entre les héri-

tiers de la branche maternelle et ceux de la branche paternelle, et ce n'est qu'à l'intérieur de chaque branche que l'on applique le principe de la proximité de degré.
Exemple :
M. Dupont décède en laissant pour seuls héritiers sa mère (branche maternelle) et ses grands-parents paternels (branche paternelle). En l'absence de frères et sœurs (ou leurs descendants), la mère et les grands-parents ont tous trois vocation à recueillir la succession car ils font partie de l'ordre des ascendants. Mais la mère est héritière au 1er degré alors que les grands-parents le sont au 2e degré.
La fente va permettre à l'héritier le plus proche en degré, à l'intérieur de chaque branche, de recueillir sa part dans la succession soit, dans notre exemple, 1/2 pour la mère (seule héritière dans la branche maternelle) et 1/4 pour chacun des grands-parents (étant au même degré, ils se partagent, de manière égale, la moitié dévolue à la branche paternelle).
Si, dans notre exemple, il s'était agi des grands-parents maternels, c'est la mère qui aurait recueilli la totalité de la succession en l'absence, cette fois, d'ascendants dans la branche paternelle.
Ceci concerne aussi les collatéraux autres que les frères et sœurs du défunt (oncles, tantes, cousin[e]s...) et permettra, par exemple, à une tante (3[e] degré) située dans la branche maternelle de venir en concours avec une cousine (4[e] degré ou plus) située dans la branche paternelle.
La loi du 3/12/2001 a supprimé la fente en cas de concours entre des frères et sœurs germains (même père et même mère), consanguins (même père) ou utérins (même mère). Désormais, les droits des frères et sœurs du défunt sont identiques et il n'y a plus de distinction à faire en présence de demi-frères ou sœurs.

MISE EN ŒUVRE DE LA REPRÉSENTATION

M. Germain est décédé après avoir eu deux enfants, Isabelle et Laurent. Si Laurent est décédé avant son père après avoir eu lui-même trois enfants, Antoine, Georges et Sophie, la représentation va pouvoir produire ses effets. Au décès de M. Germain, la situation se présente de la façon suivante : si on appliquait strictement la règle légale, toute la succession devrait revenir à Isabelle, héritière la plus proche en degré du défunt. Pour éviter ce qui pourrait apparaître comme une injustice, le mécanisme de la représentation va permettre aux trois enfants de Laurent d'être appelés à la succession de leur grand-père, aux lieu et place de leur père décédé, en recueillant les droits que celui-ci aurait dû recueillir. Le partage de la succession se fera ainsi par souches, de la façon suivante : 1/2 part pour Isabelle et 1/2 pour l'autre souche, c'est-à-dire pour Laurent, représenté par ses trois enfants. À l'intérieur d'une souche, le partage se fait par tête ; les enfants de Laurent se partageront donc cette moitié par tiers puisqu'ils sont trois, soit 1/6e chacun.
Si, dans ce même exemple, Isabelle était prédécédée et qu'elle ait eu deux enfants, Caroline et Jean, ceux-ci seraient venus par représentation (tout comme les enfants de Laurent dont les droits restent identiques) et se seraient partagés par tête la part de leur mère, soit 1/4 chacun.
Depuis le 1/1/2007, il est possible de représenter un enfant qui a renoncé à la succession de son père (ou de sa mère). Toujours dans le même exemple, Caroline et Jean représenteraient leur mère Isabelle si celle-ci renonçait à la succession de son père.

DEGRÉS DE PARENTÉ

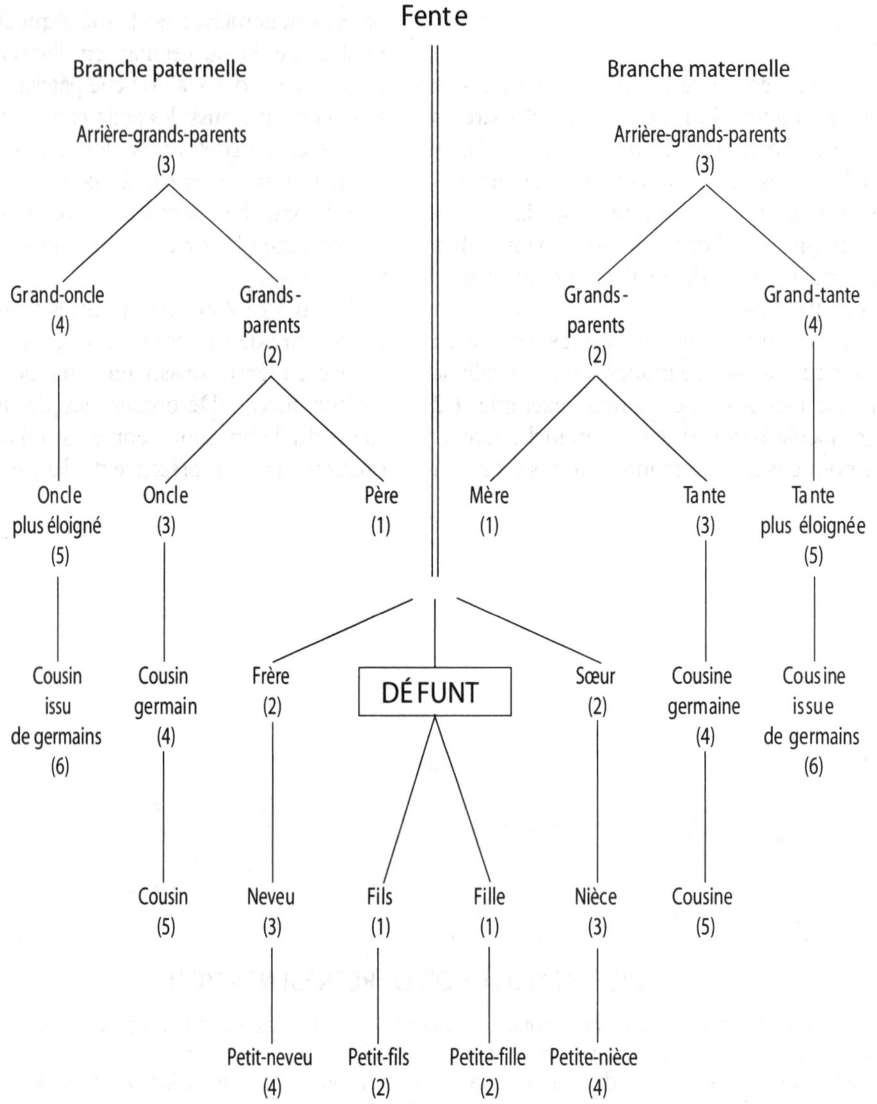

Pour connaître le degré de parenté entre le défunt et un membre de sa famille, il suffit de calculer le nombre de traits les séparant (le chiffre indiqué correspond au nombre de degrés de chaque héritier par rapport au défunt).

Quels sont les droits du conjoint survivant ?

La loi n° 2001-1135 du 3/12/2001 a nettement amélioré les droits successoraux du conjoint survivant. Désormais, non seulement les droits qu'il peut recueillir dans la succession de son conjoint sont des droits en pleine propriété et plus seulement en usufruit comme c'était auparavant le plus souvent le cas, mais encore sa place dans la famille est devenue plus grande car il prime certains des héritiers avec lesquels il avait antérieurement des droits concurrents.

En outre, à côté de ses droits successoraux proprement dits, la loi lui accorde des droits particuliers en matière de logement et, s'il est dans le besoin, un droit à pension alimentaire.

› Rappel de quelques principes préalables

L'incidence du régime matrimonial

Le régime matrimonial sous lequel étaient mariés les époux est d'une importance essentielle pour le conjoint survivant (→ index, *Régime matrimonial*). En effet, s'ils étaient mariés sous le régime de la séparation de biens, la succession de l'époux décédé sera composée de tous les biens qui appartenaient à ce dernier. En revanche, sous un régime de communauté, il faudra préalablement liquider la communauté sur laquelle le conjoint survivant peut prétendre à un droit de moitié. La succession de l'époux décédé sera, dans ce cas, composée de ses biens propres et de l'autre moitié de la communauté.

Qu'est-ce que l'usufruit et la nue-propriété ?

Parfois, le conjoint survivant pourra opter pour des droits en usufruit plutôt qu'en pleine propriété. Le droit de propriété peut, en effet, faire l'objet d'un démembrement qui amène à distinguer l'usufruit et la nue-propriété :

– l'usufruit correspond au droit d'utiliser un bien, d'en percevoir les fruits (loyers, revenus, dividendes, intérêts...), mais il ne permet pas de disposer du bien, par exemple en le vendant ou en le donnant. Ce droit est dit « viager » en ce sens qu'il est temporaire et qu'il cesse automatiquement au décès de l'usufruitier. Celui-ci, en contrepartie des droits qu'il possède sur le bien, est tenu d'une obligation de conservation de ce bien ;

– la nue-propriété correspond au droit de propriété dépouillé des droits conférés à l'usufruitier. Le nu-propriétaire deviendra propriétaire à part entière au décès de l'usufruitier mais, durant la vie de ce dernier, il ne peut vendre le bien qu'avec son accord.

À NOTER

Des règles particulières permettent d'estimer la valeur de l'usufruit comparée à celle du bien sur lequel il porte (→ index, *Droits de succession, conjoint survivant).*

À NOTER

A la qualité de successible, le conjoint survivant non divorcé.

› Les droits successoraux du conjoint

Depuis la loi du 3/12/2001 (applicable depuis le 1/7/2002), en l'absence de descendants du défunt ou de ses père et mère et à défaut de dispositions testamentaires contraires, son conjoint survivant recueille la totalité en pleine propriété de la succession du défunt. Ainsi, le conjoint survivant prime désormais sur certains héritiers du défunt que sont ses collatéraux, y compris ses frères et sœurs, et ses ascendants autres que ses père et mère (grands-parents) (*Code civil, Art. 756 à 762*).

En présence d'enfants du défunt ou de ses père et mère, le conjoint survivant vient en concurrence avec eux et la répartition des droits de chacun s'effectue de la manière suivante :

En présence d'enfants

Lorsque le défunt laisse pour lui succéder des enfants ou des descendants, les droits successoraux de son conjoint survivant varient selon que les enfants (ou leurs descendants) sont communs ou non aux deux époux :

– si tous les enfants sont issus des deux époux, le conjoint survivant recueille, à son choix, soit l'usufruit de la totalité des biens existants, soit la pleine propriété d'1/4 des biens ;

– si un ou plusieurs enfants ne sont pas issus des deux époux, le conjoint survivant recueille la pleine propriété d'1/4 des biens.

Lorsque le conjoint survivant a le choix entre l'usufruit de la totalité ou la pleine propriété d'1/4 des biens, ses droits sont incessibles tant qu'il n'a pas exercé son option. S'il n'a pas pris parti dans les 3 mois suivant la demande d'un héritier l'invitant à faire son choix, il est réputé avoir opté pour l'usufruit. Il en est de même si le conjoint survivant décède sans avoir pris parti.

La demande de l'héritier doit être faite par lettre recommandée avec avis de réception (*Code de procédure civile, Art. 1341*).

Si le conjoint opte pour l'usufruit, celui-ci porte alors sur la totalité des biens existants, c'est-à-dire sur tous les biens dont le défunt était propriétaire au jour de son décès, déduction faite de ceux dont il aurait, le cas échéant, disposé par testament, sans aucune autre restriction. Sous certaines conditions, l'usufruit peut être converti en une rente viagère.

Si le conjoint opte pour la pleine propriété d'1/4 des biens, la détermination de ses droits s'effectue en deux temps et est, le cas échéant, plus complexe : la détermination de la masse de calcul et celle de la masse d'exercice de ces droits. La masse de calcul est égale aux biens existants du défunt à la date de son décès, auxquels sont ajoutés les biens légués ou donnés à des héritiers sans dispense de rapport, c'est-à-dire donnés en avance sur leur part successorale (→ index, *Donation, avancement de part successorale*). C'est d'abord sur cette masse qu'est affectée la quotité des droits du conjoint (d'1/4 en présence d'enfants) qui permet de connaître ses droits théoriques. Ensuite, le conjoint ne pourra réellement exercer ses droits que sur les biens dont le défunt n'aura pas disposé par donation, non plus que sur la réserve des héritiers réservataires (→ index, *Réserve, quotité disponible*).

Exemple : une personne décède et laisse pour lui succéder deux enfants et son conjoint survivant. De son vivant, elle avait donné par avancement de part successorale à l'un de ses enfants un bien valant au jour du décès 120 000 €. Ses biens sont estimés au décès à 150 000 € et elle a légué par testament à un tiers une somme de 30 000 €. Le conjoint survivant opte pour 1/4 en pleine propriété.

La masse de calcul des droits du conjoint est égale aux biens existants, soit 150 000 €, desquels on doit déduire le legs de 30 000 € et auxquels on doit ajouter la donation rapportable de 120 000 €, soit une masse de 240 000 € dont le 1/4, égal aux droits théoriques du conjoint, est de 60 000 €.

Mais le conjoint ne pourra exercer ses droits ni sur le bien donné, ni sur la réserve des enfants. La masse de calcul de la réserve (voir exemple plus loin) est de 270 000 € et, en présence de deux enfants, la réserve est de 2/3, soit au total 180 000 €, ou pour chaque enfant une réserve de 90 000 €. La donation de 120 000 € faite à l'enfant réservataire s'impute sur sa réserve pour 90 000 € et l'excède de 30 000 € qui s'imputent subsidiairement sur la quotité disponible. Au final, sur la masse de calcul des droits du conjoint survivant de 240 000 €, il ne pourra ni les exercer sur la réserve de 180 000 €, ni sur la partie de la donation excédant la réserve de 30 000 €. Cela donne une masse d'exercice égale à : 240 000 € – 180 000 € – 30 000 € = 30 000 € ; tel sera le montant représentant les droits réels du conjoint.

En présence des père et/ou mère

Si le défunt laisse pour lui succéder ses père et mère, son conjoint survivant recueille la moitié des biens en pleine propriété. L'autre moitié est dévolue aux père et mère, soit 1/4 chacun.

Si le défunt ne laisse que son père ou sa mère, le conjoint recueille 3/4 des biens en pleine propriété et le père ou la mère 1/4.

La détermination des droits en pleine propriété du conjoint s'effectue de la même manière qu'en présence d'enfants (voir ci-dessus) (*Code civil, Art. 758-5*).

Si le défunt n'a pas d'enfants ni de descendants, son père et/ou sa mère peuvent exercer un droit de retour sur les biens qu'ils avaient donnés à leur enfant défunt. Ce droit de retour a été créé par la loi n° 2006-728 du 23/6/2006, compensant la suppression parallèle de leur réserve. Cette règle a pour but d'éviter que certains biens de famille soient totalement attribués à un tiers, légataire universel, qui pourrait recueillir toute la succession en l'absence d'enfant ou de conjoint.

Chaque parent peut reprendre les biens donnés à concurrence d'1/4 de la succession. La valeur de la portion des biens soumise au droit de retour s'impute en priorité sur leurs droits successoraux (qui dépendent de la présence ou non de frères et sœurs). Lorsque le droit de retour ne peut s'exercer en nature (si les biens ont été vendus ou ont disparu), il s'exécute en valeur (versement d'une indemnité correspondant à la valeur des biens donnés), dans la limite de l'actif successoral (*Code civil, Art. 738-2*).

Fiscalement, les biens faisant l'objet du droit de retour ne sont pas soumis aux droits de mutation (*Code général des impôts, Art. 763 bis*).

En l'absence d'enfant et des père et mère

En principe, dans ce cas, le conjoint recueille toute la succession car il exclut désormais tous les héritiers autres que les enfants ou les père et mère.

Les frères et sœurs du défunt et leurs descendants sont donc exclus de la succession par le conjoint.

Ils peuvent néanmoins exercer un droit de retour sur une partie des biens (la moitié) que le défunt avait reçu de ses parents ou grands-parents par donation ou succession. Ce droit de retour s'exerce en nature et non pas en valeur ce qui signifie que les biens doivent faire partie de la succession et ne pas avoir été donnés ou vendus par le défunt. Les frères et sœurs qui revendiquent ce droit de retour doivent eux-mêmes être descendants des mêmes parents ou grands-parents que le défunt (*Code civil, Art. 757-3*).

Le droit de retour des frères et sœurs est un droit légal que le défunt ne peut pas écarter par testament. Ce droit de retour s'appliquera même si un testament prévoit un legs universel en faveur du conjoint (*Réponse ministérielle n° 85443, JOAN 11/7/2006*).

À NOTER

Les droits du conjoint survivant tels qu'ils sont exposés plus haut sont ceux prévus par la loi. Le défunt peut toujours, dans certaines limites, prendre des dispositions pour augmenter ces droits ou, au contraire, les réduire (voir ci-après).

› Les droits à logement du conjoint

La loi du 3/12/2001 accorde au conjoint survivant des droits portant sur le logement des époux. L'un est temporaire, l'autre viager (*Code civil, Art. 763 à 766*).

Droit temporaire

Deux situations sont envisageables, selon que le logement était la propriété des époux ou était loué.

Si, à l'époque du décès, le conjoint survivant occupe effectivement à titre d'habitation principale un logement appartenant aux époux ou dépendant totalement de la succession de l'époux décédé, il a de plein droit et pendant 1 an la jouissance gratuite de ce logement ainsi que du mobilier, compris dans la succession, qui le garnit.

AVANTAGE

Dans les mêmes conditions, le partenaire pacsé survivant bénéficie également du droit temporaire de jouissance d'1 an sur le logement (Code civil, Art. 515-6).

Si son habitation était louée ou faisait partie d'une indivision, les loyers ou les indemnités d'occupation lui en seront remboursés par la succession pendant l'année, au fur et à mesure de leur acquittement. Les héritiers peuvent déduire de l'actif successoral les sommes remboursées au conjoint (*Code général des impôts, Art. 775 quater*).

Cette mesure est d'ordre public et le défunt ne peut donc l'écarter. En outre, ce droit n'est pas regardé comme un droit successoral, il est donc cumulable avec les droits successoraux et n'est pas taxable.

Droit viager

Le conjoint survivant qui occupait effectivement, à l'époque du décès, à titre d'habitation principale, un logement appartenant aux époux ou dépendant totalement de la succession de l'époux décédé, a sur ce logement et jusqu'à son décès (droit viager), un droit d'habitation et un droit d'usage sur le mobilier, compris dans la succession, le garnissant.

Le conjoint survivant dispose d'1 an, à compter du décès, pour manifester sa volonté de bénéficier de ces droits. S'il les exerce, il ne peut en principe ni les louer, ni les céder, sauf si sa situation fait que le logement n'est plus adapté à ses besoins. La valeur de ces droits d'habitation et d'usage vient en déduction des droits successoraux recueillis par le conjoint survivant. Si cette valeur est inférieure à celle de ses droits, il peut prendre le complément sur les biens existants. Si elle est supérieure, il n'est pas tenu de rembourser la succession pour l'excédent. D'un point de vue fiscal, la valeur de ces droits d'habitation et d'usage est égale à 60 % de la valeur de l'usufruit.

Le droit viager d'usage et d'habitation ne s'éteint pas si le conjoint se remarie et vit avec sa nouvelle famille dans le logement. Mais le droit au logement est un droit propre qui ne peut pas se transmettre au nouveau conjoint ni être cédé.

Ces droits ne sont pas d'ordre public et le défunt peut en priver le survivant mais à la condition d'en exprimer la volonté par testament authentique (→ index, *Testament authentique*).

Il peut aussi, dans l'acte authentique, assortir le droit au logement de conditions telles que :

– obligation de dresser un inventaire préalablement à l'occupation ;

– interdiction de le louer ;

– suppression en cas de remariage, de concubinage notoire ou de PACS, ou en cas d'inoccupation du logement ;
– interdiction de demander la conversion du droit en capital ou en rente viagère.

Si le logement était loué, le conjoint survivant qui, à l'époque du décès, occupait effectivement les lieux à titre d'habitation principale, bénéficie du droit d'usage sur le mobilier, compris dans la succession, le garnissant.

› Le droit à pension du conjoint

Le conjoint survivant qui est dans le besoin peut réclamer à la succession de l'époux décédé une pension alimentaire (*Code civil, Art. 767*).

Pour réclamer cette pension, le conjoint dispose du délai d'1 an à partir du décès ou du moment où les héritiers cessent d'acquitter les prestations qu'ils fournissaient auparavant au conjoint.

La pension alimentaire est prélevée sur la succession et est supportée par tous les héritiers et, en cas d'insuffisance, par tous les légataires particuliers.

À NOTER

En cas de décès de l'un des époux séparés de corps, l'autre époux est assimilé au conjoint survivant et conserve ses droits successoraux, sauf en cas de renonciation incluse dans leur convention (en cas de séparation de corps prononcée par consentement mutuel) (Code civil, Art. 301).

Si le décès intervient pendant une procédure de divorce mais avant le prononcé du jugement, le conjoint conserve ses droits dans la succession (Code civil, Art. 732).

QUELLE PART DE VOS BIENS REVIENDRA À VOTRE CONJOINT ?	
Le défunt laisse	**Le conjoint recueillera (1)**
1 ou plusieurs enfants communs aux époux	1/4 en pleine propriété ou la totalité en usufruit
1 ou plusieurs enfants non communs aux époux	1/4 en pleine propriété
Ses père et mère	1/2 en pleine propriété
Son père ou sa mère	3/4 en pleine propriété
En l'absence d'enfants et des père et mère (2)	tous les biens en pleine propriété

(1) Il s'agit du minimum prévu par la loi en l'absence de dispositions particulières du défunt et non compris les droits au logement ou à pension dont le conjoint peut également bénéficier. Toutefois, le défunt peut, par des dispositions testamentaires, soit réduire ces droits parfois à néant, soit au contraire les augmenter.
(2) Dans un cas particulier, les frères et sœurs (ou leurs descendants) du défunt peuvent avoir des droits concurrents avec le conjoint sur les biens donnés par les parents communs au défunt et aux frères et sœurs.

Comment préparer la transmission de son patrimoine ?

De votre vivant, vous pouvez réaliser la transmission d'une partie de votre patrimoine par voie de donation. Vous pouvez également, par testament, éventuellement combiné avec des techniques telles que l'assurance vie, organiser la transmission de vos biens après votre décès, et modifier ainsi les règles légales de dévolution successorale. La liberté qui vous est ainsi offerte comporte toutefois un certain nombre de limites en présence d'héritiers dits « réservataires » auxquels la loi réserve une part minimale dans la succession.

La réserve et la quotité disponible

Certains héritiers sont dits réservataires : cela signifie qu'il n'est pas possible de les priver totalement d'une partie du patrimoine du défunt, qui s'appelle la réserve. L'autre partie de son patrimoine, celle dont on peut disposer librement soit par testament, soit par donation, s'appelle la quotité disponible(*Code civil, Art. 913 et s.*). La partie du patrimoine « réservée » et celle qui constitue la quotité disponible diffèrent selon les héritiers en présence.

› Qui sont les héritiers réservataires ?

Dans la famille du défunt, seuls ses enfants et descendants ont la qualité d'héritiers réservataires. La réserve des ascendants est en effet supprimée depuis le 1/1/2007. Le défunt peut donc désormais priver de tous droits ses autres parents (père et mère, frères et sœurs, oncles ou tantes, etc.).

Le conjoint survivant est également héritier réservataire mais ne peut faire valoir ses droits de réservataire qu'en absence d'enfants ou de descendants du défunt.

Quelle est la réserve des descendants ?

La réserve des descendants varie selon le nombre d'enfants laissés par le défunt ; de sa valeur dépend évidemment la valeur de la quotité disponible, comme le montre le tableau ci-dessous.

Les enfants pris en compte pour le calcul de la réserve sont ceux qui sont vivants au jour du décès ou, s'ils sont décédés, qui ont eu eux-mêmes des enfants qui prennent leur place dans la succession.

La part globale de réserve ainsi déterminée est ensuite partagée par parts égales entre tous les enfants, quelle que soit leur filiation, sans plus de discrimination, depuis la loi du 3/12/2001, à l'encontre des enfants adultérins.

RÉSERVE DES DESCENDANTS ET QUOTITÉ DISPONIBLE

Le défunt laisse	Réserve	Quotité disponible
1 enfant	1/2	1/2
2 enfants	2/3	1/3
3 enfants ou plus	3/4	1/4

Une particularité concerne l'enfant qui a fait l'objet d'une adoption simple qui possède la qualité d'héritier réservataire tant dans sa famille d'origine qu'à l'égard de ses parents adoptifs mais qui n'acquiert pas cette qualité vis-à-vis de ses grands-parents adoptifs.

Quelle est la réserve du conjoint ?

Ce droit à réserve au profit du conjoint résulte de la loi du 3/12/2001 (applicable depuis le 1/7/2002).

Pour accéder à cette qualité, le conjoint doit être non divorcé. Il conserve donc ses droits s'il est séparé de corps ou si le divorce n'est pas encore définitif (dans l'hypothèse où le décès intervient en cours de procédure).

En outre, il ne pourra bénéficier de cette réserve qu'en l'absence de descendants. Dans ce cas, la réserve du conjoint est de 1/4 et la quotité disponible de 3/4.

› À quoi correspond la quotité disponible spéciale entre époux ?

Bien que, depuis la loi du 3/12/2001, les droits successoraux d'origine légale du conjoint aient été nettement améliorés, il est possible d'augmenter ses droits, en particulier lorsqu'il se retrouve en présence d'héritiers réservataires. Ainsi, le défunt peut disposer, en sa faveur, d'une quotité disponible plus large que celle résultant des règles indiquées ci-dessus : on est alors en présence d'une quotité spéciale entre époux, différente de la quotité disponible ordinaire.

Cette quotité spéciale entre époux, c'est-à-dire la part maximale dont peut bénéficier le conjoint survivant, varie selon que le conjoint survivant est en concours avec des descendants, comme le montre le tableau ci-après (*Code civil, Art. 1094 et s.*).

QUELLE EST LA PART MAXIMALE DU CONJOINT SURVIVANT ?

Héritiers en concours avec le conjoint	Droits maximum du conjoint (1)
1 enfant (ou des petits-enfants en cas de prédécès de l'enfant)	– 1/2 des biens en pleine propriété ou – 1/4 des biens en pleine propriété + 3/4 en usufruit ou – tous les biens en usufruit
2 enfants (ou des petits-enfants en cas de prédécès du ou des enfants)	– 1/3 des biens en pleine propriété ou – 1/4 des biens en pleine propriété + 3/4 en usufruit ou – tous les biens en usufruit
3 enfants ou plus (ou des petits-enfants en cas de prédécès du ou des enfants)	– 1/4 des biens en pleine propriété ou – 1/4 des biens en pleine propriété + 3/4 en usufruit ou – tous les biens en usufruit
Pas d'enfant	toute la succession en pleine propriété, sous réserve du droit de retour des frères et soeurs (→ index, *Droit de retour, frères et sœurs*) et des parents (→ index, *Droit de retour, parents*)

(1) Il s'agit du maximum dont on peut disposer au profit de son conjoint survivant, à condition de le réaliser par donation ou de le prévoir par testament. En l'absence de telles dispositions, voir précédemment le tableau indiquant la part légale du conjoint survivant.

QUELLE EST LA PART MINIMALE DU CONJOINT SURVIVANT (1) ?			
Héritiers en concours avec le conjoint	**Droits successoraux**	**Droit au logement (2)**	**Droit à pension**
1 enfant ou plus (ou descendants)	néant	droit temporaire 1 an	oui, s'il est dans le besoin
Père et/ou mère	1/4 en pleine propriété	droit temporaire 1 an	oui, s'il est dans le besoin
Grands-parents et/ou collatéraux (frère, sœur, neveu, oncle, cousin...)	1/4 en pleine propriété	droit temporaire 1 an	oui, s'il est dans le besoin

(1) Il s'agit du minimum auquel a droit le conjoint, soit que le défunt l'ait expressément privé de ses droits, soit qu'il ait pris des dispositions au profit d'autres héritiers ou de tiers conduisant aux mêmes effets. En l'absence de telles dispositions, voir précédemment le tableau indiquant la part légale du conjoint ou celle qu'il peut augmenter.
(2) Pour priver le conjoint survivant d'un droit viager au logement, le défunt ne peut le faire que par une disposition expresse contenue dans un testament authentique.

La donation ou le testament en faveur du conjoint peut lui imposer l'une de ces quotités mais le plus souvent, le choix lui est laissé ce qui lui permet d'opter en fonction de ses intérêts (selon son âge, les conséquences fiscales...).
Le conjoint survivant peut également, depuis le 1/1/2007, réduire sa part de succession et renoncer à une partie de ses droits au profit de ses enfants ou de ses beaux-enfants (les enfants de son conjoint), sans que cela ne constitue une donation de sa part. Il peut, par exemple, décider de ne garder que l'usufruit de son logement et laisser aux héritiers les autres biens de la succession. Le défunt peut toutefois, par testament, empêcher son conjoint de réduire sa part (*Code civil, Art. 1094-1*).

AVANTAGE

La qualité de réservataire attribuée à certains héritiers interdit au défunt de pouvoir les priver de tous droits dans sa succession et leur permet de recueillir une part minimale. En l'absence de réservataire, la liberté de disposer est sans limite.

› Comment s'effectue le calcul de la réserve ?

Si le défunt n'a, de son vivant, consenti aucune donation, ce calcul est très simple. On applique à l'actif net de succession la quote-part de réserve déterminée selon la qualité et le nombre des héritiers réservataires laissés par le défunt.

En revanche, si le défunt a, de son vivant, consenti des donations, il va falloir reconstituer fictivement ce qu'aurait été son patrimoine si elles n'avaient pas eu lieu. Cette reconstitution a pour but d'assurer la protection des réservataires. En effet, si l'on constate que les donations ont excédé les limites de la quotité disponible, elles pourront être remises en cause par les héritiers réservataires et seront réduites, en commençant par les plus récentes, à hauteur de cette quotité.

La réunion fictive s'effectue de la manière suivante : aux biens existants évalués au décès du défunt, on déduit le cas échéant ses dettes, puis on ajoute tous les biens dont il a disposé par donation d'après leur état à l'époque de la donation et selon leur valeur au décès. On applique ensuite à ce résultat la quote-part de réserve qui est fonction de la qualité et du nombre des héritiers réservataires laissés par le défunt (voir exemple plus loin).

À NOTER

Cette opération permet d'établir la base de calcul de la réserve. Il ne faut pas la confondre avec celle du partage : contrairement à celui-ci, elle ne vise pas à attribuer à chaque héritier la part qui lui revient, mais permet seulement de vérifier que le défunt n'a pas effectué de donations au-delà des limites permises par la loi.

› Peut-on renoncer à l'avance à sa part de réserve ?

Depuis le 1/1/2007, les héritiers réservataires peuvent renoncer, avant l'ouverture de la succession, à demander leur part de réserve. Il s'agit du pacte successoral (ou pacte de famille).

Ces héritiers renoncent à exercer l'action en réduction même si les donations effectuées par le défunt dépassent la quotité disponible et portent atteinte à leur réserve. Cette renonciation, qui peut être formulée en même temps que la donation, permet ainsi au donateur de disposer plus librement de ses biens sans avoir à s'inquiéter du montant de la réserve, surtout si tous les héritiers réservataires acceptent de renoncer à demander la réduction. Elle permet par exemple d'organiser la transmission d'une entreprise si tous les héritiers se mettent d'accord sur le nom du repreneur, ou encore d'avantager un enfant handicapé au profit duquel la renonciation de ses frères et sœurs est donnée. Les enfants peuvent aussi renoncer à leur réserve au profit de leurs propres enfants (les petits-enfants du donateur).

La renonciation ne peut pas être générale. Elle doit être donnée au profit d'une ou plusieurs personnes déterminées. L'héritier peut renoncer à la totalité de sa réserve ou à une partie seulement. Compte tenu de la gravité de cette décision (un héritier peut être entièrement déshérité), les formalités sont très encadrées : la renonciation doit être constatée par acte notarié, le renonçant doit être informé des conséquences de sa décision et son accord doit être constaté par deux notaires. Le renonçant peut aussi rétracter sa renonciation s'il se trouve dans un état de besoin au décès du donateur (*Code civil, Art. 929*).

La renonciation n'est pas considérée comme une donation de la part du renonçant et n'est donc pas imposable (*Code général des impôts, Art. 756 bis*).

Le testament

C'est un acte juridique qui permet à son auteur, le testateur, d'organiser la transmission de ses biens après son décès. Il peut revêtir plusieurs formes.

EXEMPLE DE CALCUL DE LA RÉSERVE ET DE LA QUOTITÉ DISPONIBLE

M. Leblois décède en 2004, en laissant pour lui succéder deux enfants, Marc et Françoise. Il n'a pas fait de testament. La valeur des biens existants à son décès est de 67 000 € et ses dettes de 3 000 €. Avant son décès, M. Leblois avait fait deux donations :

- l'une, en 1995, à l'un de ses amis, portant sur un bien qui à l'époque de la donation valait 12 000 €, et qui vaut 18 000 € au jour du décès ;
- l'autre, en 1997, à Françoise d'une somme de 8 000 €.

Marc et Françoise ayant la qualité d'héritiers réservataires et leur père ayant consenti des donations, il faut vérifier que celles-ci n'excèdent pas la quotité disponible dont il pouvait librement disposer.

La base qui va servir au calcul de la réserve est la suivante : des biens existants évalués au jour du décès (67 000 €), on déduit d'abord les dettes (3 000 €), puis on ajoute la valeur du bien donné à son ami (18 000 €) ainsi que le montant de la somme donnée à Françoise (8 000 €), ce qui correspond à un total de 90 000 €.

En présence de deux enfants, la réserve est de 2/3 et la quotité disponible de 1/3. On applique ces quotes-parts au total de 90 000 € obtenu ci-dessus, soit une réserve globale de 60 000 €, dont moitié pour chaque enfant de 30 000 €, et une quotité disponible de 30 000 €.

Le sort des donations consenties par M. Leblois avant son décès est alors le suivant :

- la première donation de 18 000 €, faite à un simple ami, qui n'est pas héritier, sera nécessairement imputée sur la quotité disponible de 30 000 €. Comme elle ne l'excède pas, elle ne sera pas remise en cause. Il reste encore 12 000 € sur la quotité disponible ;
- la seconde donation de 8 000 €, faite à Françoise, doit également être prise en compte, selon des modalités qui dépendent de sa nature (en l'absence de précision de la part du donateur, la loi présume que la donation est en avancement de part successorale) :

.../...

EXEMPLE DE CALCUL DE LA RÉSERVE ET DE LA QUOTITÉ DISPONIBLE (SUITE)

◆ s'il s'agit d'une donation en avancement de part successorale (il ne s'agit que d'une avance sur la succession future et la donation est rapportable), elle sera imputée sur la réserve personnelle de celle qui en a bénéficié, c'est-à-dire Françoise. La donation de 8 000 € étant inférieure à sa réserve de 30 000 €, elle n'aura pas à s'imputer subsidiairement sur la quotité disponible. Françoise recevra donc, au moment du partage, sa part de succession diminuée de la donation qu'elle a déjà reçue. M. Leblois aurait encore pu disposer par testament de la quotité disponible restante de 12 000 € pour avantager l'un de ses enfants ou un tiers ;

◆ s'il s'agit d'une donation hors part successorale (le défunt a expressément voulu avantager Françoise par rapport à Marc), elle sera imputée sur la quotité disponible restante de 12 000 €. Comme elle ne l'excède pas, elle ne sera pas remise en cause, et la quotité disponible est de 4 000 €. M. Leblois aurait encore pu disposer par testament de cette quotité disponible restante de 4 000 € pour avantager l'un de ses enfants ou un tiers. Au moment du partage, Françoise et Marc se partageront à égalité les biens restants, sans tenir compte de la donation déjà reçue par Françoise.

› Quelles sont les différentes formes de testament ?

Si vous êtes amené à rédiger un testament, sachez que vous avez le choix entre différentes formes, qui présentent chacune des avantages et des inconvénients.

À NOTER

Préparer la transmission de ses biens, par donation ou par testament, est une opération délicate en raison des multiples options qui vous sont offertes, et de leurs conséquences, notamment sur le plan fiscal. Aussi est-il recommandé de s'entourer des conseils d'un notaire pour préparer cette transmission et la réaliser au mieux des intérêts de ceux que l'on veut protéger.

Le testament olographe

C'est la forme la plus utilisée, car la plus simple. Elle a en plus l'avantage d'être gratuite et de préserver le secret des dispositions prises par le testateur jusqu'à son décès.

Pour être valable, le testament olographe doit satisfaire à plusieurs conditions : il doit être écrit en entier de la main du testateur (c'est ce que signifie le terme « olographe »), être daté précisément (jour, mois et année) et signé (*Code civil, Art. 970*). Il peut être rédigé sur papier libre, chaque feuille devant être numérotée s'il en comporte plusieurs **(voir Modèle n° 5)**.

Les inconvénients de ce type de testament ne sont pas négligeables :

– si l'on ne prend pas conseil auprès d'un notaire, il peut contenir des clauses ambiguës ou illicites, qui pourront donc être annulées ou qui déboucheront sur des conflits au moment de la succession ;

– il peut être perdu, détruit, ou volé, ou tout simplement ne pas être connu des héritiers.

Pour éviter ces inconvénients, le plus simple est de rédiger ce testament en ayant recours aux conseils d'un notaire, et de le déposer chez lui.

À NOTER

Afin que l'existence de son testament soit connue au moment du décès, il est possible de demander au notaire de le faire figurer au Fichier central des dispositions de dernières volontés, situé à Aix-en-Provence. L'intérêt est que tout notaire qui s'occupe d'une succession a l'obligation de consulter ce fichier, pour savoir si le défunt y avait ou non fait mentionner son testament, et peut donc, en cas de réponse positive, se le procurer auprès du notaire qui en assure le dépôt.

AVANTAGE

Tout particulier muni d'un acte de décès peut également consulter ce fichier par l'intermédiaire du site www.notaires.fr (dans la rubrique « Ma famille », cliquer sur « L'héritage » puis « Interroger le fichier des testaments »). La procédure à suivre (qui est payante) y est précisément décrite.

Le testament authentique

Cette forme est moins utilisée car elle nécessite l'intervention de deux notaires ou d'un notaire et de deux témoins. Le testateur dicte son contenu au notaire qui en fait ensuite la lecture devant les témoins (*Code civil, Art. 971 et s.*). Le testament est ensuite signé par le testateur, lorsqu'il a la capacité de le faire, les témoins et le notaire. Il est conservé par le notaire qui le mentionne au fichier des dispositions des dernières volontés.

Le testament authentique doit obligatoirement être utilisé si le testateur ne sait pas écrire, ou s'il n'est plus en état physique de le faire (personnes âgées ou handicapées, par exemple). Cette forme est également exigée lorsque l'on veut priver son conjoint survivant de son droit viager sur le logement (→ index, *Conjoint survivant, droit sur le logement*) ou lorsque l'on veut, par testament, reconnaître un enfant né hors mariage dont on avait souhaité garder l'existence secrète (→ index, *Filiation*).

Son principal inconvénient est de ne pas être secret ; son principal avantage étant d'être en quelque sorte « garanti » par la compétence du notaire qui le reçoit. Les risques de contestation au moment de l'ouverture de la succession sont ainsi quasiment nuls.

Le testament mystique

Cette forme de testament est encore plus rarement employée. Elle suppose, comme la précédente, l'intervention d'un notaire et de deux témoins. Mais cette fois, le testament est écrit par le testateur ou par un tiers, ou même tapé à la machine, et remis clos, cacheté et scellé au notaire devant les témoins. Son contenu reste donc secret. Au moment de la réception, le notaire délivre un acte de suscription, qui est en quelque sorte un accusé de réception constatant le dépôt d'un testament (*Code civil, Art. 976 et s.*).

Le testament mystique semble très peu utilisé de nos jours. Son formalisme est assez lourd, et il n'est réellement intéressant que pour des personnes qui ne veulent ni ne peuvent utiliser l'une ou l'autre des autres formes de testament : personnes qui ne peuvent ou ne savent pas écrire, et qui ne peuvent donc utiliser le testament olographe ; personnes qui ne veulent pas que des témoins aient connaissance de leurs dernières volontés.

› Quel peut être le contenu d'un testament ?

Le testament vous permet de transmettre tout ou partie de vos biens par voie de legs au profit de la ou des personnes de votre choix. Toutefois, s'il existe des héritiers réservataires, les legs, quelle que soit leur nature, ne pourront excéder la quotité disponible et, le cas échéant, il sera préalablement tenu compte des donations que vous aurez consenties.

Il existe plusieurs catégories de légataires :

– **le légataire universel**, qui a vocation à recueillir la totalité des biens que vous laisserez à votre décès (sauf présence d'héritiers réservataires). Si vous instituez plusieurs légataires universels, ils se partageront, à parts égales, la totalité des biens dont vous pouviez disposer ;

– **le légataire à titre universel**, à qui vous léguez une quote-part de vos biens (1/4, 1/3, 1/2...) ou la totalité ou une quote-part d'une catégorie de biens (les biens immobiliers ou les biens mobiliers) ;

– **le légataire particulier**, à qui vous léguez un ou plusieurs biens déterminés.

Il existe aussi plusieurs façons de transmettre ses biens par testament :

– **le testament-partage** qui, depuis la loi n° 2006-728 du 23/6/2006 applicable depuis le 1/1/2007, permet de répartir ses biens en faveur non seulement de ses enfants mais aussi, en l'absence d'enfants, des autres héritiers qui pourront être les frères et sœurs, les neveux et nièces ou encore les cousins (*Code civil, Art. 1075 et s.*). Toute personne peut aussi faire un testament-partage en faveur de ses descendants à des degrés différents (ses enfants et ses petits-enfants ou même ses arrière-petits-enfants) ;

– **le legs avec charge** qui prévoit la transmission d'un bien sous condition. Par exemple, le testateur lègue sa maison à un tiers, à condition que ce bénéficiaire prenne en charge les frais d'hébergement en maison de retraite du conjoint survivant. Si la condition n'est pas respectée, le legs peut être annulé ;

– **le legs graduel** (applicable également depuis le 1/1/2007) qui consiste à léguer un bien déterminé à un légataire (premier bénéficiaire) avec l'obligation pour ce dernier de conserver le bien légué et de le transmettre, à son décès, à un tiers désigné dans l'acte (le second bénéficiaire). Par exemple, un parent peut léguer une maison à son fils avec l'obligation de la transmettre à ses propres enfants. Le fils n'a donc pas la possibilité de la vendre et doit la conserver pour la transmettre à la génération suivante. Si le premier bénéficiaire est un héritier réservataire, et si l'obligation de conserver le bien concerne non seulement la quotité disponible de la succession mais aussi sa part de réserve, il a un délai d'1 an à compter du jour où il a pris connaissance du testament pour demander que sa part de réserve soit, en tout ou en partie, libérée de cette charge. S'il ne le fait pas, il doit respecter la condition (*Code civil, Art. 1048 et s.*) ;

– **le legs résiduel** qui, à la différence du legs graduel, permet au légataire (premier bénéficiaire) de disposer comme il l'entend des biens légués (le testament peut toutefois lui interdire de les donner). Il peut les vendre et n'a que l'obligation de transmettre au second bénéficiaire ceux subsistant dans son patrimoine. Ce legs peut être consenti, par exemple, à un enfant incapable majeur qui ne peut transmettre ses biens. Cette forme de legs est également adaptée, par exemple, à la transmission d'un portefeuille d'actions. Le premier bénéficiaire le gère comme il l'entend, perçoit les revenus, peut vendre les titres et en acheter de nouveaux, tout en conservant la valeur globale du portefeuille (*Code civil, Art. 1057 et s.*).

Fiscalement, les mêmes règles s'appliquent aux legs graduels et résiduels. Le premier légataire paie les droits de mutation calculés sur la valeur des biens reçus. À son décès, les biens transmis au second légataire sont taxés d'après le degré de parenté existant entre le testateur et ce dernier.

Les droits de mutation payés par le premier légataire s'imputent sur les droits dus par le second légataire (*Code général des impôts, Art. 784 C*).

AVANTAGE

Le testament, quelle que soit sa forme, est un acte juridique qui peut être modifié ou révoqué à tout moment. Il ne prend effet qu'au décès du testateur.

À NOTER

Outre la transmission de vos biens, vous pouvez, par testament :
– désigner la personne que vous désirez voir s'occuper de vos enfants mineurs à votre décès si leur autre parent est décédé ;
– reconnaître un enfant, mais seulement dans le cadre d'un testament authentique (→ index, Filiation) ;
– régler le déroulement de vos funérailles ;
– nommer un mandataire successoral (à titre posthume) si vous craignez des difficultés lors du règlement de votre succession (testament authentique) ;
– nommer un exécuteur testamentaire pour s'assurer du respect de vos dernières volontés.

Qu'est-ce qu'une donation ?

C'est un contrat par lequel, de son vivant, une personne se dépouille immédiatement et irrévocablement d'un bien en faveur d'une autre personne :
– celui qui donne est appelé le donateur ;
– celui qui bénéficie de la donation est appelé le donataire.

Comme pour tout contrat, la donation suppose, pour être valable, la capacité du donateur et du donataire et leurs consentements réciproques.

› Quelle forme doit-elle prendre ?

En principe, pour sa validité, la donation doit être passée par acte devant notaire.

Toutefois, le don manuel est également valable, c'est-à-dire la simple remise matérielle, sans aucune formalité, par le donateur du bien donné entre les mains du donataire. Le don manuel ne peut donc concerner qu'une catégorie limitée de biens, ceux pouvant faire l'objet d'une remise matérielle (argent en espèces ou en chèque, bijoux, meubles et meubles meublants...) ce qui exclut les immeubles.

À NOTER

Mes parents m'ont offert un bijou de grande valeur. Dois-je payer des droits de donation ? La remise de ce bijou s'analyse comme étant un don manuel. Ces dons sont, en effet, passibles du paiement des droits de donation (sauf s'il s'agit de « présents d'usage »). Toutefois, ces droits ne sont exigibles qu'au moment où la donation est révélée, c'est-à-dire généralement au moment du décès. La valeur qui sera retenue est celle de la valeur du bien au moment de la donation. Il en va de même en matière de dons de sommes d'argent : c'est le montant de la somme donnée qui sera pris en compte, et non la valeur du bien qu'elle aura éventuellement permis d'acquérir.

AVANTAGE

Les présents d'usage diffèrent notamment des dons manuels et donations sur deux points :
– les présents d'usage ne sont pas rapportables à la succession ;
– les présents d'usage sont également exonérés de droits de mutation.

Pour être qualifiés de présents d'usage, ces dons doivent avoir été faits à l'occasion d'un événement familial (fiançailles, mariage, naissance...) et être d'un montant modique par rapport à la fortune du donateur. Par exemple, dans un litige avec le fisc, les juges ont admis qu'une personne qui possédait un patrimoine de 1 250 000 € pouvait donner comme présents d'usage à chacun de ses deux enfants un chèque pour Noël de 15 250 € (Cour d'appel, Paris, 11/4/2002).

› Quelles peuvent être ses modalités ?

Deux types de donations peuvent être distingués : la donation en avancement de part successorale et la donation faite hors part successorale.

La donation en avancement de part successorale

C'est, en quelque sorte, une avance sur la succession future du donateur. Elle ne peut donc concerner qu'un donataire qui aura la qualité d'héritier au décès du donateur. En principe, sauf indication contraire du donateur, toute donation est présumée faite en avancement de part successorale. Cela signifie que le donateur a fait profiter l'un de ses héritiers virtuels d'une donation, sans pour autant avoir voulu l'avantager définitivement par rapport aux autres héritiers. Ainsi, au décès du donateur, il en sera tenu compte pour le partage des biens déjà reçus par le donataire : leur valeur sera retranchée de la part qui lui revient dans l'héritage (on dit de ces donations qu'elles sont rapportables).

La donation hors part successorale

Cette fois, si le donateur l'a expressément prévu (ou si le donataire n'est pas héritier), la donation ne sera pas rapportable : lors de la succession, le donataire pourra, s'il est héritier, prétendre à des droits identiques à ceux des autres héritiers n'ayant pourtant pas bénéficié de donation.

La donation hors part successorale est donc un moyen d'avantager tel héritier par rapport à tel autre, notamment un enfant par rapport aux autres. La seule limite à observer est celle découlant de la présence éventuelle d'héritiers réservataires, puisqu'alors la valeur de la donation ne doit pas excéder le montant de la quotité disponible.

La réserve d'usufruit

Que la donation soit en avancement de part successorale ou hors part successorale, le donateur peut se réserver l'usufruit du bien donné. Cette clause présente un double avantage :

– elle permet au donateur de conserver, sa vie durant, la jouissance du bien donné ;

– elle permet de réduire le montant des droits de mutation qui sont dus, car ces droits seront calculés seulement sur la valeur de la nue-propriété (→ index, *Droits de succession, montant*).

La donation graduelle

Comme le legs graduel (voir plus haut), la donation graduelle consiste à léguer ou donner un bien déterminé à un donataire (le premier bénéficiaire) avec l'obligation de conserver le bien et de le transmettre, à son décès, à un tiers désigné dans l'acte (le second bénéficiaire). À la différence du legs graduel qui ne s'exécute qu'au décès du testateur, la donation graduelle prend effet à la signature de l'acte.

Le premier donataire ne peut pas s'opposer à cette obligation qui équivaut pour lui à une interdiction de vendre. Toutefois, s'il s'agit d'un héritier réservataire (un enfant notamment), il ne peut pas être tenu de respecter cette interdiction sur sa part de réserve. L'obligation de conserver le bien ne peut concerner que la quotité disponible. Il peut toutefois accepter, au moment de la donation, que la charge grève tout ou partie de sa réserve à condition que l'acte désigne comme second bénéficiaire l'ensemble de ses enfants.

Avant la loi du 23/6/2006, cette forme de transmission (clause de substitution) n'était autorisée que pour les enfants (en faveur des petits-enfants) ou pour les frères et sœurs (en faveur des neveux et nièces). Cette limitation a été supprimée : le second bénéficiaire peut être toute personne, physique ou morale. Cette forme de donation peut être utilisée, par exemple, si le donateur veut conserver un bien dans la famille, ou encore pour empêcher un héritier direct de dilapider le patrimoine reçu et protéger ainsi la génération suivante.

Le second bénéficiaire est censé avoir reçu les biens du donateur initial. Les droits de mutation qu'il paiera au moment du décès du premier bénéficiaire seront calculés en fonction de ses liens de parenté avec le donateur (*Code civil, Art. 1048 et s.*).

Par ailleurs, les droits de mutation payés par le premier donataire s'imputent sur les droits dus par le second (*Code général des impôts, Art. 784 C*).

La donation résiduelle

La donation résiduelle, comme le legs résiduel, est attribuée à deux bénéficiaires. La donation est consentie au premier, le second ne recevant que ce dont le premier n'a pas disposé. En principe, le premier bénéficiaire peut vendre les biens (sauf interdiction de les vendre prévue dans la donation), les transformer. La seule limitation à sa liberté est une interdiction de les transmettre gratuitement (par testament ou donation).

Les biens donnés doivent être identifiables puisqu'ils se retrouvent, le cas échéant, en nature au décès du premier bénéficiaire. Une exception, toutefois, concerne les valeurs mobilières. Celles-ci n'ont pas à être identifiées. Le second bénéficiaire pourra recevoir les valeurs d'origine ou les valeurs qui leur ont été substituées.

Comme c'est le cas pour les donations graduelles, le second bénéficiaire est censé avoir reçu la donation du donateur initial et non pas du premier bénéficiaire pour le calcul des droits de mutation (*Code civil, Art. 1057 et s.*).

Les droits de mutation payés par le premier donataire s'imputent sur les droits dus par le second (*Code général des impôts, Art. 784 C*).

› Quelle est la fiscalité des donations ?

Sur le plan fiscal, la donation donne lieu au versement de droits de mutation à titre gratuit. Leur montant est identique à celui des droits de succession et varie donc selon le degré de parenté entre le donateur et le donataire (→ index, *Droits de succession, montant*), sous réserve de quelques particularités.

Quels sont les abattements applicables ?

Ils sont les mêmes que ceux prévus en matière de succession pour les personnes suivantes :

- les enfants ;
- les parents ;
- le frère ou la sœur ;
- les neveux et nièces (*Voir pages Barème*).

En revanche, certains abattements ne sont accordés qu'aux donations sans être applicables aux transmissions par succession. Il s'agit des donations effectuées en faveur :

- du conjoint et du partenaire pacsé ;
- des petits-enfants ;
- des arrière-petits-enfants (*Voir pages Barème*).

Les enfants, les petits-enfants, les arrière-petits-enfants ou, à défaut de descendance, les neveux et nièces bénéficient d'un abattement supplémentaire pour les dons de sommes d'argent reçus, en un ou plusieurs versements, de leur ascendant ou de leur oncle et tante (*Voir pages Barème*). Cet abattement est accordé sous les conditions suivantes :

- le donateur doit être âgé :
  - de moins de 65 ans lorsqu'il fait un don à un enfant ou à un neveu ou une nièce,
  - de moins de 80 ans dans les autres cas ;
- le donataire doit être âgé de plus de 18 ans ou être émancipé ;
- le don doit être déclaré ou enregistré par le donataire au service des impôts de son domicile dans le mois qui suit la date du don.

Par ailleurs, pour favoriser le développement des petites et moyennes entreprises, un abattement spécifique est accordé pour les sommes données à un enfant, un petit-enfant, un arrière-petit-enfant, ou à défaut, à un neveu ou une nièce, à condition que les sommes soient affectées avant la fin de la 2e année suivant la date du transfert soit à la souscription au capital initial de l'entreprise, soit à l'acquisition de biens affectés à l'exploitation d'une entreprise individuelle et que le donataire exerce son activité professionnelle principale dans la société ou l'entreprise pendant 5 ans à compter de l'affectation des sommes données (*Voir pages Barème*). L'entreprise doit avoir une activité industrielle, commerciale, artisanale, agricole ou libérale. Pour un même donateur, le donataire ne peut bénéficier de ce dispositif qu'une seule fois (*Code général des impôts, Art. 790 A bis*).

À NOTER

Il n'existe pas d'abattement minimum pour les donations, comme c'est le cas pour les transmissions par succession.

À NOTER

Le montant des abattements est actualisé au 1er janvier de chaque année dans la même proportion que la limite supérieure de la première tranche du barème de l'impôt sur le revenu et arrondi à l'euro le plus proche (Voir pages Barème).

Que se passe-t-il en cas de donations successives ?

En matière de fiscalité des donations, il faut en principe tenir compte des abattements et des tranches de barèmes déjà utilisés par le donataire, si celui-ci a déjà bénéficié de donations antérieures du même donateur.

Toutefois, depuis le 1/1/2006, ce principe ne s'applique pas aux donations réalisées depuis plus de 6 ans (délai auparavant fixé à 10 ans), qu'il s'agisse de donations notariées ou de dons manuels. Ces derniers doivent cependant avoir été déclarés ou enregistrés dans le délai d'1 mois qui suit la date à laquelle le donataire a révélé ce don à l'administration fiscale.

En pratique, vous pouvez, par exemple, donner à chacun de vos enfants une somme ou un bien d'une valeur maximale (*Voir pages Barème*), sans qu'aucun droit de donation ne soit à payer, puisque cette valeur correspond au montant de l'abattement prévu en ligne directe. Six ans plus tard, vous pourrez procéder à une nouvelle donation à vos enfants, qui bénéficieront à nouveau de l'abattement accordé à chacun, et ainsi de suite tous les 6 ans. Cette mesure est extrêmement avantageuse d'un point de vue fiscal, car elle permet de transmettre par étapes, hors impôt successoral, une grande partie de son patrimoine. De plus, combinée avec une réserve d'usufruit (→ index, *Donation, réserve d'usufruit*), elle aura pour effet, plus le donateur sera jeune, d'abaisser la valeur fiscale de la nue-propriété donnée et de pouvoir renouveler l'opération plusieurs fois (→ index, *Droits de succession, montant*).

À NOTER

En cas de donations successives à une même personne dans un délai de 6 ans, l'administration fiscale refuse la possibilité de renoncer, lors de la première donation, au bénéfice de l'abattement applicable aux droits de donation, pour le reporter sur une donation ultérieure (ce qui pourrait s'avérer avantageux pour celui qui acquitte les droits).

CALCUL DES DROITS DE SUCCESSION EN CAS DE DONATIONS ANTÉRIEURES

Le 1/10/2007, Mme Martin a consenti à son fils Paul une donation en avancement de part successorale d'un montant de 164 000 €. Paul avait, à cette époque, trois enfants et est devenu père d'un quatrième enfant l'année suivante. Mme Martin décède 3 ans plus tard laissant un patrimoine de 25 000 €.

PRINCIPE : rappel des donations de moins de 6 ans.

DROITS PAYÉS AU MOMENT DE LA DONATION EN AVANCEMENT DE PART SUCCESSORALE		
Donation		164 000 €
Abattement		– 150 000 €
		14 000 €
Taxation :		
5 % sur 7 600 €		380 €
10 % sur 3 800 €		+ 380 €
15 % sur 2 600 €		+ 390 €
	Total	1 150 €
Réduction pour le 3e enfant		– 610 €
Droits à payer		540 €

DROITS DE SUCCESSION	
Patrimoine reçu	25 000 €

Rappel de la donation car inférieure à 6 ans ; l'abattement de 150 000 € ayant déjà été utilisé, la somme imposable correspond à l'actif de succession :

Somme imposable	25 000 €

Les tranches des 5 et 10 % ayant été totalement utilisées au moment du paiement des droits de donation et celle de 15 % partiellement, le calcul des droits s'effectue de la manière suivante :

15 % sur 1 000 €	150 €
20 % sur 25 000 €	+ 5 000 €
	5 150 €
Réduction de droits	1 220 €
déjà utilisé	– 610 €
	610 €

Les droits à payer seront donc de 5 150 € – 610 € = 4 540 €.

À NOTER

Le montant des abattements ainsi que les tranches d'imposition sont actualisés au 1er janvier de chaque année dans la même proportion que la limite supérieure de la première tranche du barème de l'impôt sur le revenu et arrondi à l'euro le plus proche *(Voir pages Barème).*

Quelles sont les réductions possibles ?

Les donations bénéficient non seulement des réductions de droits pour famille nombreuse prévues en matière de succession mais aussi de réductions spécifiques liées à l'âge du donateur et dépendant de l'objet de la donation (nue-propriété, usufruit ou pleine propriété).

Donation de la pleine propriété ou de l'usufruit :

– réduction de 50 % si le donateur est âgé de moins de 70 ans ;

– réduction de 30 % si le donateur est âgé de moins de 80 ans.

Donation de la seule nue-propriété (y compris les donations avec réserve du droit d'usage et d'habitation) :

– réduction de 35 % lorsque le donateur est âgé de moins de 70 ans ;

– réduction de 10 % lorsqu'il est âgé de moins de 80 ans.

Ces réductions s'appliquent en dernier lieu sur les droits de mutation dus par le donataire après application des éventuels autres réductions ou abattements.

Cet avantage fiscal concerne les donations notariées, les donations par acte sous seing privé ou les dons manuels déclarés.

AVANTAGE

Lorsqu'ils sont utilisés à bon escient, les abattements et les avantages fiscaux applicables en matière de donations peuvent permettre de réaliser, progressivement et sans frais, la transmission de son patrimoine au profit de ses héritiers futurs.

AVANTAGE

Les donations peuvent être accompagnées de différentes clauses, en particulier d'une clause de réserve d'usufruit qui peut être stipulée à son profit et à celui de son conjoint, et qui permet de conserver la jouissance du bien donné ou bien encore d'une clause de droit de retour qui permet au donateur, en cas de prédécès du donataire (avec ou sans postérité selon les cas), de récupérer le bien donné hors succession comme si la donation n'avait pas existé.

ATTENTION ⚠

La donation est irrévocable ; elle donne lieu au paiement de droits qui doivent être acquittés immédiatement par le donataire s'il s'agit d'une donation notariée, ou au moment de sa déclaration à l'administration fiscale et, au plus tard, au décès du donateur, s'il s'agit d'un don manuel. Ces droits peuvent toutefois être pris en charge par le donateur sans que cela soit considéré comme une donation supplémentaire.

En quoi consiste une donation-partage ?

La donation-partage permet de distribuer et de répartir tout ou partie de ses biens entre ses différents héritiers.

Autrefois réservée aux parents pour leurs enfants, elle peut aujourd'hui être faite en faveur de tous les autres héritiers ou encore en faveur des petits-enfants.

Elle doit obligatoirement être passée devant notaire.

Quels sont les avantages d'une donation-partage ?

Elle permet à des parents de régler leur succession de leur vivant et d'attribuer à chacun de leurs enfants un ou plusieurs biens. L'intervention et l'accord de tous les enfants étant nécessaires, cela évite les désaccords éventuels entre les enfants quant au partage des biens.

L'intérêt de ce type de donations est de permettre une répartition des biens entre les héritiers, en tenant compte des besoins et des souhaits de chacun.

Au décès du ou des donateurs, les biens donnés ne seront pas rapportables, c'est-à-dire qu'il ne sera pas tenu compte, le cas échéant, des variations de valeur entre les différents biens donnés à chacun des enfants. La succession ne portera que sur les biens qui n'auront pas été inclus dans la donation-partage, sans qu'il soit tenu compte de ceux qui en ont fait l'objet.

Donation-partage en faveur des enfants

La donation-partage peut être réalisée par un seul des parents ou par deux époux conjointement. Depuis le 1/1/2007, la donation-partage conjointe peut être faite au sein des familles recomposées et bénéficier non seulement aux enfants communs du couple mais aussi aux enfants qu'ils ont eu d'une précédente union. La seule réserve est que le conjoint ne peut pas donner ses biens propres à ses beaux-enfants, ces derniers ne pouvant recevoir dans leur lot que les biens propres de leur parent ou la moitié des biens communs.

S'il s'agit d'un bien commun, le conjoint doit donner son accord pour que ce bien fasse partie du lot attribué à son beau-fils ou sa belle-fille.

Fiscalement, le bien donné est imposé selon les tarifs en ligne directe sur l'intégralité de sa valeur (*Code général des impôts, Art. 778 bis*).

La donation-partage peut aussi être inégalitaire entre les enfants, si toutefois ceux-ci acceptent que l'un d'entre eux soit favorisé. Ils peuvent en effet renoncer à exercer l'action en réduction contre la part excessive de l'un d'entre eux (→ index, *Pacte successoral*). Cette renonciation doit être constatée dans la donation-partage (ou un acte notarié postérieur). Elle permet ainsi au donateur de choisir librement les bénéficiaires de la donation-partage (par exemple, de donner la maison familiale à un enfant handicapé, les frères et sœurs se contentant de lots plus modestes).

Donation-partage en faveur d'autres héritiers

Depuis le 1/1/2007, le domaine de la donation-partage s'est élargi puisqu'elle peut avoir lieu en faveur, non seulement des enfants, mais aussi des héritiers présomptifs. Les héritiers présomptifs sont les personnes qui hériteraient du donateur s'il venait à décéder au moment de la donation. Par exemple, lorsqu'une personne se marie sans avoir d'enfants, ses héritiers présomptifs sont ses parents et son conjoint. À la naissance de son premier enfant, ses héritiers présomptifs sont son conjoint et son enfant.

C'est ainsi que le donateur peut donner et partager ses biens :

– entre ses enfants et son conjoint ;

– entre ses parents et son conjoint (s'il n'a pas d'enfants) ;

– entre ses frères et sœurs (s'il n'a ni enfants, ni conjoint, ni parents) ;

– ou entre ses neveux et nièces (si ses frères et sœurs sont décédés).

Donation-partage transgénérationnelle

Depuis le 1/1/2007, la donation-partage peut également concerner plusieurs générations de descendants et peut donc prévoir une répartition des biens :

– entre les enfants et les petits-enfants, voire les arrière-petits-enfants ;

– entre un enfant unique et ses propres enfants (les petits-enfants du donateur) ;

– entre les petits-enfants exclusivement (en excluant les enfants) ;

– entre certains des petits-enfants uniquement.

Les enfants restent héritiers réservataires et, en principe, les lots devront être constitués en respectant leurs parts de réserve, les non-réservataires devant se partager la quotité disponible. Si la part de réserve est entamée, les enfants peuvent demander la réduction des libéralités excessives.

Mais la loi n° 2006-728 du 23/6/2006 a autorisé les enfants à renoncer à exercer cette action en réduction et permet ainsi au donateur de distribuer et partager ses biens entre ses petits-enfants. Les enfants devront déclarer dans l'acte qu'ils renoncent à tout ou partie de leur part de réserve en faveur de leurs propres enfants ou descendants. Cette renonciation est appelée pacte successoral ou pacte de famille (→ index, *Pacte successoral*).

Fiscalement, en cas de donation-partage faite à des descendants de degrés différents, les droits sont liquidés en fonction du lien de parenté entre le donateur (le grand-père ou la grand-mère) et les petits-enfants bénéficiaires de la donation (*Code général des impôts, Art. 784 B*).

Donation-partage d'une entreprise

De nouvelles possibilités de transmettre son entreprise par donation-partage ont été organisées par la loi du 23/6/2006.

Depuis le 1/1/2007, toute entreprise, qu'elle soit exploitée en individuel ou en société et quelle que soit son activité (industrielle, commerciale, artisanale, agricole ou libérale), peut être ainsi transmise par donation-partage. Lorsqu'il s'agit d'une société, le donateur doit exercer une fonction de dirigeant au sein de cette société.

La donation-partage d'une entreprise, comme les autres donations-partages, peut bénéficier aux enfants, aux petits-enfants ou encore aux autres héritiers si le donateur n'a pas d'enfant.

Elle peut aussi être réalisée entre ces héritiers et une ou plusieurs autres personnes. Ces autres personnes peuvent être les salariés de l'entreprise, un associé, un cadre dirigeant ou encore une personne de la famille non héritière comme un neveu ou un cousin qui présenterait les qualités nécessaires pour diriger l'entreprise après le départ du donateur.

Ici aussi, les héritiers réservataires peuvent être appelés à renoncer à exercer l'action en réduction en faveur du repreneur (→ index, *Pacte successoral*).

À NOTER

Si la donation-partage inclut non seulement l'entreprise mais aussi d'autres biens personnels du donateur, les personnes étrangères ne peuvent recevoir dans leur lot que des biens corporels ou incorporels ou les droits sociaux de cette entreprise.

Quelle est la fiscalité d'une donation-partage ?

La donation-partage donne lieu aux mêmes abattements que la donation simple. Désormais, la donation-partage ne bénéficie plus d'avantages fiscaux spécifiques et son régime est aligné sur celui des donations avec les mêmes possibilités de réduction des droits selon l'âge du donateur (voir plus haut).

CALCUL DES DROITS EN CAS DE DONATION-PARTAGE

En 2007, M. et Mme Charles ont respectivement 66 ans et 63 ans. Ils sont mariés sous le régime de la communauté de biens et ont deux enfants : Marc et Fabienne. Marc a lui-même un enfant et Fabienne trois enfants.
(Rappel : l'abattement accordé aux enfants était de 150 000 € jusqu'au 31/12/2007 (1).

Le patrimoine de M. et Mme Charles est le suivant :

◆ Biens de la communauté	454 000 €
◆ Biens propres du père	+ 126 000 €
◆ Biens propres de la mère	+ 15 000 €
	595 000 €

Les droits seront calculés sur la moitié du patrimoine reçu de chaque parent soit :

◆ Biens donnés par le père :

- Moitié de la communauté	227 000 €
- Les biens propres	+ 126 000 €
	353 000 €

Chaque enfant recevra du père : 353 000 € : 2 = 176 500 €

◆ Biens donnés par la mère :

- Moitié de la communauté	227 000 €
- Les biens propres	+ 15 000 €
	242 000 €

Chaque enfant recevra de la mère : 242 000 € : 2 = 121 000 €

Les droits à payer par Marc et Fabienne sur les biens reçus du père :

Biens reçus du père :	176 500 €
Abattement	– 150 000 €
	26 500 €

Ils paieront des droits sur 26 500 € se répartissant de la manière suivante :

5 % sur 7 600 €	380 €
10 % sur 3 800 €	+ 380 €
15 % sur 3 600 €	+ 540 €
20 % sur 11 500 €	+ 2 300 €
	3 600 €

Réduction de 610 € pour Fabienne (elle a trois enfants) = 2 990 €

◆ Réduction de 50 % : (Monsieur Charles a moins de 70 ans au moment de la donation)
- Réduction de 50 % pour Marc = 1 800 €
- Réduction de 50 % pour Fabienne = 1 495 €

Les droits à payer par Marc et Fabienne sur les biens reçus de la mère :

Biens reçus de la mère :	121 000 €
Abattement	– 150 000 €
	0 €

.../...

CALCUL DES DROITS EN CAS DE DONATION-PARTAGE (SUITE)

Marc et Fabienne paieront donc :

Au total, Marc paiera 1 800 € et Fabienne 1 495 €.

À noter : sur la part reçue du père, en cas d'ouverture de succession sans donation-partage préalable, Marc aurait dû payer 3 600 € et Fabienne 2 990 €. L'économie avec donation-partage est donc de 1 800 € pour Marc et de 1 495 € pour Fabienne.

(1) Le montant des abattements ainsi que les tranches d'imposition sont actualisés au 1er janvier de chaque année dans la même proportion que la limite supérieure de la première tranche du barème de l'impôt sur le revenu et arrondi à l'euro le plus proche (Voir pages Barème).

Quels sont les avantages de l'assurance vie ?

L'assurance vie occupe une place à part dans la préparation d'une succession (→ index, *Assurance vie*). En effet, quel que soit le type de contrat souscrit, les sommes versées au bénéficiaire, qu'il s'agisse d'un capital ou d'une rente, ne sont pas considérées comme faisant partie de la succession (→ index, *Assurance décès*).

Ce principe entraîne les deux conséquences suivantes :

– d'une part, il n'y a pas lieu de tenir compte de ces sommes pour le calcul de la réserve et de la quotité disponible ;

– d'autre part, ces sommes sont exonérées de droits de succession, soit totalement, soit dans certaines limites (→ index, *Droits de succession, exonération*).

Ces raisons expliquent qu'il soit si souvent fait appel à l'assurance vie pour transmettre un capital, hors succession, soit à un enfant que l'on souhaite favoriser par rapport aux autres, soit à son conjoint, soit encore à son partenaire pacsé, à son concubin ou à une personne qui ne fait pas partie de sa famille et qui, hors l'assurance vie, aurait de lourds droits de succession à payer. Encore faut-il évidemment prendre soin de désigner précisément le bénéficiaire du contrat, ce qui peut être fait soit lors de la souscription, soit par un avenant ultérieur, soit encore par testament.

À NOTER

L'assurance vie, si elle offre beaucoup d'avantages pour transmettre des biens, hors droits de succession, ne doit pas être utilisée pour spolier des héritiers, notamment s'il s'agit d'héritiers réservataires. Il est recommandé de consulter un notaire lorsque l'on envisage de recourir à cette technique, pour placer des sommes importantes ou des sommes qui représentent une part non négligeable de son patrimoine.

Comment avantager son conjoint survivant ?

Bien que, depuis la loi du 3/12/2001, les droits successoraux du conjoint survivant aient été améliorés, ceux-ci restent tout de même limités. Dès lors, il est impératif de s'organiser à l'avance si l'on veut assurer à son conjoint une meilleure situation que celle qui résulterait du simple jeu des règles légales. Plusieurs techniques sont envisageables, qui viennent s'ajouter au recours toujours possible à l'assurance vie.

Le choix d'un régime matrimonial

L'importance des droits successoraux du conjoint survivant est d'abord fonction du régime matrimonial choisi par les époux. En effet, de ce choix dépend la composition même de la succession (→ index, *Régime matrimonial*).

Dans un régime de séparation de biens

Si les époux sont mariés sous le régime de la séparation de biens, la succession de l'époux décédé se compose des biens qu'il possédait avant son mariage et de ceux qu'il aura acquis depuis.

Dans un régime de communauté des biens

Dans ce cas, il convient préalablement de liquider la communauté. En principe, la moitié de celle-ci revient au survivant au titre d'époux commun en biens ; la succession de l'époux décédé sera constituée seulement de ses biens propres et de la moitié des biens communs.

Mais, selon le régime choisi, la communauté peut être élargie à l'ensemble des biens (communauté universelle) et son partage peut avoir été prévu de manière inégale, voire avec l'attribution intégrale au survivant. L'intérêt est que cette mesure n'est pas considérée

comme une donation assujettie à des droits de succession mais comme un avantage matrimonial, non soumis à fiscalité (→ index, *Régime matrimonial*).
Au décès du premier des époux, son conjoint est donc seul propriétaire de l'ensemble des biens de la communauté, sans droits de succession à payer.
Si un tel régime est très favorable au conjoint survivant, il est, en revanche, moins avantageux pour les enfants qui devront attendre le décès de leur dernier parent pour recevoir leur part d'héritage, avec le risque que celui-ci ne la dilapide, et qui ne bénéficieront qu'une seule fois de leur abattement puisqu'il n'y aura qu'une seule succession.

À NOTER

Le changement de régime matrimonial a été simplifié depuis le 1/1/2007 puisque l'homologation par le tribunal n'est plus systématiquement obligatoire (→ index, Régime matrimonial). Par ailleurs, depuis le 1/1/2010, le juge de l'homologation est le juge aux affaires familiales (Code de l'organisation judiciaire, Art. L. 213-3).

En cas de divorce, les avantages matrimoniaux insérés dans un contrat de mariage qui prennent effet au cours du mariage sont irrévocables. En revanche, les avantages matrimoniaux qui ne prennent effet qu'à la dissolution du régime (par exemple, la clause d'attribution de la communauté au survivant) sont révoqués automatiquement (sauf volonté expresse de les maintenir).
Les époux peuvent aussi, pour se prémunir contre les conséquences d'un éventuel divorce, insérer une clause permettant à chacun d'entre eux de reprendre les biens qu'il a apportés à la communauté. Cette clause de reprise n'est pas considérée comme un avantage matrimonial pouvant être révoqué lors de la séparation du couple (*Code civil, Art. 265*).

La donation par contrat de mariage

Lors de l'établissement du contrat de mariage devant notaire, il est possible d'insérer une clause de donation au profit de son conjoint (→ index, *Contrat de mariage*).
Cette donation peut porter soit sur des biens existants au jour du mariage, soit sur des biens à venir.
La particularité de cette donation est d'être irrévocable, sauf si, d'un commun accord, les deux conjoints décident de la révoquer ou de la modifier à l'occasion d'une procédure de changement de régime matrimonial.
En cas de divorce, la donation de biens existants reste irrévocable mais la donation de biens à venir est révoquée de plein droit sauf volonté expresse de la maintenir (→ index, *Divorce*).

La donation pendant le mariage

La donation peut porter sur un ou plusieurs biens présents mais, le plus souvent, les époux se font donation au dernier vivant de la quotité disponible spéciale entre époux la plus large permise par la loi (la totalité de la succession en l'absence d'héritiers réservataires).
Tout comme un legs, cette donation ne prend effet qu'au décès du donateur et demeure révocable à tout moment (→ index, *Conjoint survivant, quotité disponible spéciale entre époux*).
En cas de divorce, la donation au dernier vivant est révoquée automatiquement sauf si le donateur déclare expressément vouloir la maintenir.
En revanche les donations immédiates (donation de biens présents) sont, depuis le 1/1/2005, irrévocables (même en cas de divorce). Les seules causes de révocation des donations entre époux, comme toute autre donation, sont l'ingratitude et le non-respect des conditions éventuellement insérées dans l'acte (causes de révocation de droit commun).
Enfin, la donation faite à son époux n'est jamais révocable pour cause de survenance d'enfant.

Le legs testamentaire

Par testament, il est possible de léguer à son conjoint survivant soit un bien particulier, soit la totalité de ses biens dans la limite de la quotité disponible spéciale entre époux s'il existe des héritiers réservataires (→ index, *Conjoint survivant, quotité disponible spéciale entre époux*).
Le testament, donc le legs, est révocable à tout moment.

À NOTER

Préparer sa succession est une opération délicate à mener et il convient, avant de le faire, de s'entourer des conseils d'un notaire afin de mesurer les conséquences, en particulier fiscales, des dispositions que vous envisagez de prendre.

Quels sont les droits de donation entre époux ou partenaires pacsés ?

Le conjoint marié ou le partenaire pacsé bénéficie d'un abattement pour les donations qu'il reçoit de son époux(se) ou de son partenaire *(Voir pages Barème)*.
Après abattement, les droits qu'il doit acquitter sont calculés par tranches *(Voir pages Barème)*.

À NOTER

Le montant des abattements ainsi que les tranches d'imposition sont actualisés au 1er janvier de chaque année dans la même proportion que la limite supérieure de la première tranche du barème de l'impôt sur le revenu et arrondi à l'euro le plus proche (Voir pages Barème).

LIBÉRALITÉS ENTRE CONCUBINS OU PARTENAIRES PACSÉS

Les concubins ont la possibilité, par donation ou par testament, de se transmettre des biens sous réserve, en présence d'héritiers réservataires, de ne pas porter atteinte à leur réserve (→ index, *Réserve*). En l'absence de telles mesures, y compris en cas de conclusion d'un PACS, le survivant ne pourrait prétendre à aucun droit sur la succession de son compagnon décédé. Toutefois, la conclusion d'un PACS (→ index, *PACS*) présente l'avantage de réduire le coût fiscal de l'opération projetée (donation ou legs).

En effet, depuis le 22/8/2007, une personne pacsée, pour les biens reçus par décès de son partenaire, est totalement exonérée de droits de succession.

Si elle reçoit un bien par donation, elle bénéficie d'un abattement sur la valeur de ce bien *(Voir pages Barème)*, à condition, toutefois, que les partenaires ne rompent pas leur pacte avant la fin de l'année qui suit celle de sa conclusion. Par ailleurs, au-delà de cette somme, les droits dus sont désormais alignés sur ceux applicables aux conjoints mariés (voir plus haut).

Exemple : une personne pacsée fait donation à son partenaire d'un bien d'une valeur de 100 000 € le 1/9/2007. De ce montant, il faut d'abord déduire l'abattement de 76 000 € (abattement applicable jusqu'au 31/12/2007) puis calculer les droits sur 24 000 € (100 000 - 76 000).

Les droits sont calculés par tranches (tranches applicables jusqu'au 31/12/2007) :

- n'excédant pas 7 600 x 5 % = 380 € ;
- comprise entre 7 600 et 15 000 = 7 400 x 10 % = 740 € ;
- comprise entre 15 000 et 24 000 = 9 000 x 15 % = 1 350 €.

Les droits dus s'élèvent à 2 470 €.

Pour une même donation faite en faveur d'un concubin non pacsé, les droits dus, fixés à 60 % sans abattement, s'élèvent à : 100 000 x 60 % = 60 000 €.

Attention : les chiffres de l'exemple sont les chiffres valables en 2007. Chaque année, les abattements et les tranches imposables sont revalorisés *(Voir pages Barème)*.

Cas pratiques

Transmettre son patrimoine

Droit au logement du conjoint survivant

Mon mari vient de décéder. Nous étions locataires de notre appartement et je sais que la succession doit prendre en charge les loyers pendant 1 an. Puis-je me faire aussi rembourser les charges ?

La loi ne prévoit que le remboursement des « loyers au fur et à mesure de leur acquittement ». Il faut donc considérer que le remboursement ne peut pas concerner les charges locatives. Une nuance peut toutefois être apportée à cette règle : si le montant du loyer n'est pas clairement distingué du montant des charges, vous pouvez demander le remboursement de l'intégralité des sommes versées au bailleur. Ces précisions ont été apportées par une réponse ministérielle qui laisse par ailleurs le soin aux tribunaux de trancher au cas par cas (*Réponse ministérielle, 11/1/2005, Q 42589*).
Cette même réponse a également indiqué que, dans l'hypothèse où le logement abrite également une activité professionnelle, les héritiers ne sont pas tenus de rembourser la partie du loyer correspondant à l'activité professionnelle.

Testament olographe - modification

Je voudrais modifier le testament que j'ai écrit il y a quelques années. Comment faire ?

Vous pouvez soit compléter le premier testament, soit l'annuler et réécrire entièrement un nouveau testament.
S'il existe deux testaments, lors de l'ouverture d'une succession, ils peuvent tous deux être parfaitement valables si leurs dispositions ne sont pas contradictoires (par exemple si un même bien est légué à deux personnes différentes). Si vous voulez simplement ajouter un legs, vous pouvez donc tout à fait rédiger un nouvel acte (toujours écrit, daté et signé) en indiquant que cette disposition complète le testament antérieur.
Mais si vous voulez annuler certaines dispositions et en ajouter de nouvelles, il est préférable de révoquer le testament précédent et de le réécrire entièrement. Il faut indiquer que vous entendez révoquer toutes vos dispositions antérieures.

Testament olographe - copie

La copie d'un testament olographe est-elle valable ?

Pour qu'elle soit valable, il est nécessaire de recopier entièrement le premier original. En effet, les copies peuvent facilement être contestées et annulées. Une copie n'est utile que par rapport à l'original : si l'original est perdu, la copie ne pourra pas le remplacer. De même, le calque par carbone ne sera pas considéré comme un testament valable.

Ce n'est que si la perte de l'original est survenu par suite d'un cas fortuit ou d'un cas de force majeure, que l'on peut se servir d'une simple copie pour prouver l'existence du testament. Mais la force majeure ou le cas fortuit sont rarement admis. Dans un cas porté devant les juges, le testateur avait remis son testament à son avocat qui l'avait égaré. La bénéficiaire du testament en possédait une copie et estimait que cette perte constituait un cas fortuit. Sa demande a été rejetée. Le cas fortuit ou la force majeure suppose l'irrésistibilité et l'imprévisibilité des faits survenus, non reconnues dans le cas d'espèce (*Cour de cassation, 1re chambre civile, 12/11/2009*).

Testament olographe - bénéficiaire

Je voudrais faire un testament en faveur de mon médecin qui me soigne depuis de nombreuses années. Est-ce autorisé ?

Certaines personnes ne sont pas autorisées à recevoir un legs par testament en raison de l'influence qu'elles ont pu avoir sur le défunt (par exemple, le médecin qui soigne une personne en fin de vie). Mais si vous rédigez votre testament maintenant et si vous indiquez les liens privilégiés qui vous unissent à cette personne, toute idée de captation d'héritage sera écartée et votre testament sera tout à fait valable.

Enfants à naître

Ma fille vient de se marier. Puis-je établir un testament en faveur des enfants qui vont peut-être naître de cette union ?

Quand on rédige son testament, on peut effectivement prévoir que le ou les bénéficiaires des dispositions prises sera ou seront un ou des enfants à naître. La seule condition exigée par l'article 906 du Code civil est que seuls pourront bénéficier des dispositions du testament les enfants qui seront conçus à l'époque du décès du testateur c'est-à-dire au moment ou le testament sera exécuté. Par la suite, l'enfant doit être né viable pour qu'il puisse recevoir effectivement dans son patrimoine les biens de la personne qui a rédigé le testament.

Contrôle fiscal

Je veux faire une donation-partage à mes trois enfants. Pendant combien de temps le fisc peut-il contrôler les valeurs des biens donnés ?

En principe, le délai de reprise est de 3 ou 6 ans selon que l'administration relève une erreur de valeur déclarée (3 ans) ou une omission de déclaration (6 ans).

Mais, depuis le 1/1/2009, il est possible de demander à l'administration fiscale de contrôler la donation au moment où elle est réalisée et au plus tard dans le délai de 3 mois qui suit l'enregistrement de l'acte. Il s'agit du contrôle sur demande.

L'intérêt de cette demande est d'être sûr d'éviter un contrôle fiscal plusieurs années plus tard. Par cette procédure, les contribuables limitent à 1 an le délai de reprise de l'administration.

La demande, pour être recevable, doit être signée par les bénéficiaires d'au moins un tiers de l'actif net déclaré et transmis lors de la mutation.

Le contrôle doit être réalisé dans l'année qui suit la demande. À l'issue de ce délai d'1 an et à défaut de contrôle engagé par l'administration, les éléments et les montants déclarés ne pourront plus être remis en cause ni rectifiés dans l'avenir.

Recevoir un patrimoine

Que vous soyez héritier, du fait de la loi, ou légataire, du fait d'un testament, les mêmes questions se poseront à vous après le décès de la personne qui vous a transmis une partie de son patrimoine : serez-vous obligé d'accepter cet héritage ? Quelles seront les formalités à accomplir ? Quels seront les droits à payer ? Comment prendrez-vous possession des biens ?, etc. À toutes ces questions, la loi apporte évidemment des réponses, qu'il faut connaître pour éviter toute difficulté, ou ne pas passer à côté d'un droit ou d'un avantage.

Les formalités après le décès

Après un décès et malgré la douleur ressentie, de nombreuses formalités doivent être accomplies. Certaines sont obligatoires, d'autres dépendent de la situation du défunt. Il faut tout d'abord régler les obsèques, puis informer les organismes dont dépendait la personne décédée et enfin prendre contact avec un notaire pour régler la transmission des biens et effectuer la déclaration de succession.

Les formalités et les démarches administratives

La survenance d'un décès oblige la famille à régler la situation du défunt vis-à-vis de divers organismes ou administrations.

À NOTER

Les formalités liées à la déclaration de décès et aux obsèques sont traitées dans une autre partie .

› Les impôts

Lorsque le défunt était marié ou pacsé et s'il faisait une déclaration commune, deux déclarations des revenus doivent être souscrites :
– une première (déclaration commune) pour déclarer les revenus perçus entre le 1er janvier et la date du décès ; cette déclaration doit être effectuée dans les 6 mois qui suivent le décès ;
– la seconde (déclaration individuelle) établie au nom du conjoint ou du partenaire pour les revenus perçus entre la date du décès et le 31 décembre. Cette déclaration est à envoyer à la date normale du dépôt des déclarations (l'année suivant la perception des revenus).
Les déclarations doivent être envoyées au centre des impôts du domicile du défunt.

› La caisse d'assurance maladie et la caisse d'allocations familiales

La caisse d'assurance maladie et la caisse d'allocations familiales dont dépendait l'assuré doivent être averties rapidement du décès. En effet, des aides et allocations peuvent être versées à son conjoint ou à ses proches.

Le capital décès

Le capital décès est une indemnité destinée à payer les frais liés au décès et notamment les frais d'obsèques. Il est versé en priorité aux personnes qui étaient à la charge totale de l'assuré et en premier lieu au conjoint ou au partenaire pacsé. À défaut et par ordre de priorité, le capital décès est accordé aux enfants, ou aux ascendants ou enfin à toute autre personne à charge (concubin, proche, personne habitant avec le défunt). Ces personnes prioritaires doivent déposer leur demande dans le mois qui suit le décès.
À défaut de personnes prioritaires à la charge de l'assuré, le capital décès peut être versé :
– au conjoint non séparé de droit ou de fait, ou au partenaire pacsé ;
– à défaut, aux enfants ;
– à défaut, aux ascendants.
S'il y a plusieurs descendants ou ascendants, le capital est partagé à parts égales.
La demande doit être déposée dans un délai de 2 ans .

L'allocation de soutien familial

Le conjoint survivant peut bénéficier de l'allocation de soutien familial s'il ou elle élève seul(e) un enfant âgé de moins de 20 ans (→ index, *Allocation de soutien familial*).

AVANTAGE

Le conjoint survivant, non assuré personnellement et ayant droit du défunt, bénéficie du maintien des droits aux prestations en nature de l'assurance maladie pendant 1 an après le décès (ou jusqu'à ce que le plus jeune de ses enfants atteigne l'âge de 3 ans). Au-delà de ce délai, la prise en charge des frais de soins peut être renouvelée, accordée définitivement, ou la couverture maladie universelle peut prendre le relais (→ index, Couverture maladie universelle). Si le conjoint a élevé trois enfants ou plus, la prise en charge est définitive.

› Les mutuelles et les caisses de retraite

Il faut se renseigner auprès des mutuelles complémentaires pour recevoir, le cas échéant, le capital ou les allocations dus après le décès de l'assuré.

Les caisses de retraite doivent aussi être rapidement informées du décès pour que le conjoint puisse recevoir la pension de réversion (→ index, *Pension de réversion*) .

› Les banques

Si le défunt possédait un compte joint (→ index, *Comptes bancaires, compte joint*), ce compte peut continuer à fonctionner pour le second titulaire (le plus souvent, il s'agit du conjoint ou du partenaire pacsé).

Les comptes ouverts au nom du seul défunt sont clôturés à la date du décès et les sommes sont bloquées en principe jusqu'au partage de la succession. La clôture du compte a pour effet de faire cesser les prélèvements automatiques et les procurations éventuelles que le défunt avait données.

Les coffres en banque sont soumis aux mêmes règles. Le coffre loué au seul nom du défunt est bloqué à compter de la date du décès. Un coffre loué conjointement à plusieurs locataires peut continuer à être utilisé après le décès de l'un d'eux.

Les héritiers peuvent toutefois débloquer les sommes figurant sur le compte du défunt à condition de présenter un certificat d'hérédité si ces sommes sont inférieures à une certaine somme *(Voir pages Barème)* et un certificat de propriété dans le cas contraire (voir plus loin).

› L'employeur

Si le défunt était salarié ou fonctionnaire, il faut informer l'employeur du décès afin d'obtenir éventuellement :

– le versement des salaires et indemnités dus (solde de tout compte) ;

– l'indication des sommes à déclarer aux impôts ;

– le déblocage anticipé de l'épargne salariale ;

– le versement d'un capital décès, d'un capital frais d'obsèques ou d'une rente.

À NOTER

Si le défunt était demandeur d'emploi, son conjoint peut, sous certaines conditions, percevoir une allocation décès versée par le Pôle emploi.

› Le logement

Le défunt était locataire

Si le défunt était locataire, il faut informer le bailleur du décès.
Le conjoint survivant qui vivait avec le défunt est cotitulaire du bail, ce qui signifie qu'il est réputé être locataire comme le défunt même s'il n'a pas signé le bail d'origine.
Si le conjoint ne vivait pas dans le logement ou si le défunt était pacsé, le bail peut être transféré au conjoint ou au partenaire.
Les descendants, les ascendants ou le concubin du défunt peuvent aussi bénéficier du transfert du bail s'ils vivaient avec le défunt depuis au moins 1 an.
Si le bail n'est pas transféré, il est résilié à compter de la date du décès.

ATTENTION ⚠

Les héritiers ont intérêt à libérer l'appartement occupé par le défunt le plus rapidement possible car le propriétaire serait en droit de demander une indemnité d'occupation (équivalente à un loyer) pour la période pendant laquelle il n'a pu disposer du logement.

Le défunt était propriétaire

Si le défunt était propriétaire d'un logement loué, il faut avertir le locataire du décès et lui préciser les coordonnées de la personne qui encaissera désormais les loyers.

› Les abonnements

Le décès du titulaire du contrat doit être porté à la connaissance des entreprises qui gèrent les communications (téléphone fixe, mobile, accès Internet, La Poste), les fournisseurs d'énergie et le service des eaux. Les contrats peuvent alors être interrompus ou modifiés.

› Le véhicule

Si le défunt possédait un véhicule, il faut modifier le nom du titulaire sur la carte grise.
La nouvelle carte grise peut être établie au nom d'un seul héritier ou de tous les héritiers.

Si un seul héritier reprend le véhicule, il doit présenter une lettre de désistement de ses cohéritiers (établie sur papier libre) ou une attestation du notaire chargé de la liquidation de la succession, attestant leur accord pour lui attribuer le véhicule.
Si le véhicule doit être vendu, il faut également changer le nom du titulaire de la carte grise sauf si la vente intervient moins de 3 mois après le décès ou si véhicule n'a pas circulé sur la voie publique depuis le décès.
L'assurance du véhicule doit aussi être prévenue du décès et du changement de son propriétaire.

Le notaire

En principe le concours d'un notaire n'est pas obligatoire pour régler une succession dans laquelle il n'y a pas d'immeuble et si le défunt n'a fait ni testament ni donation.
Mais dans les faits, son intervention se révèle presque toujours obligatoire car lui seul peut établir l'acte de notoriété indispensable pour gérer les biens de la succession.

› Le certificat d'hérédité, le certificat de propriété, l'acte de notoriété, l'attestation de propriété

Ces documents sont nécessaires pour prouver son identité auprès des tiers ou des administrations et prendre possession des biens de la succession, avant le partage.

- **Le certificat d'hérédité** est établi gratuitement par la mairie. Il permet de débloquer les sommes qui figurent sur les comptes du défunt et qui ne dépassent pas un certain montant *(Voir pages Barème)*.

Attention : certaines mairies ne délivrent pas ce certificat. Dans ce cas, il faut demander un certificat de propriété.

- **Le certificat de propriété** est établi par le notaire. Il permet notamment d'obtenir le déblocage des comptes bancaires ou postaux du défunt si les sommes dépassent un certain montant *(Voir pages Barème)*.
- **L'acte de notoriété** est presque toujours nécessaire puisqu'il sert à prouver sa qualité d'héritier ou de légataire d'une succession auprès des administrations, des caisses de retraite, des banques, des organismes sociaux... Depuis le 21/12/2007, les actes de notoriété sont établis exclusivement par les notaires. Les greffes des tribunaux d'instance ne sont plus habilités à les délivrer. L'intervention du notaire devient donc obligatoire pour le règlement d'une succession sauf si la succession ne comporte aucun bien.

L'acte de notoriété est établi au vu de l'acte de décès (→ index, *Acte de décès*). Il fait état des droits héréditaires de chaque héritier ou des légataires et est signé par eux. Vis-à-vis des tiers qui détiennent des biens au nom du défunt, les personnes désignées dans l'acte de notoriété sont censées avoir la libre disposition de ces biens et peuvent donc en prendre possession

- **L'attestation de propriété** est également établie par le notaire. Elle est obligatoire quand la succession comporte des biens immobiliers. Elle est transmise au bureau des hypothèques pour constater la mutation de propriété.

› Le rôle du notaire

Le rôle du notaire consiste à établir la liste des héritiers et/ou des légataires désignés par testament (→ index, *Testament*), à reconstituer le patrimoine du défunt et à déterminer les parts respectives de chacun. Il peut aussi organiser l'indivision entre les héritiers en établissant une convention d'indivision (→ index, *Indivision*).

Déterminer les héritiers ou légataires

Pour permettre au notaire de déterminer les héritiers, il faut lui fournir le livret de famille du défunt et, le cas échéant, son contrat de mariage ou le jugement de son divorce.
Les héritiers doivent aussi justifier de leur identité.
Le notaire doit savoir également si le défunt a rédigé un testament. Le testament peut être retrouvé chez le défunt (testament olographe), être rédigé par le notaire (testament authentique) ou encore être déposé chez un autre notaire. Pour en prendre connaissance, le notaire chargé de la succession pourra interroger le fichier central des testaments (→ index, *Testament*).

Évaluer le patrimoine

Le notaire doit reconstituer le patrimoine du défunt : évaluer la valeur de ses biens, déterminer le montant de ses dettes, récapituler ses créances.
Pour cela, les héritiers doivent lui fournir les titres de propriété immobilière, les contrats de location, les

références de ses comptes bancaires ou postaux, des portefeuilles de titres, les coordonnées de ses assurances...

Le notaire doit aussi connaître les références de l'employeur ou de la caisse de retraite dont dépendait le défunt, savoir s'il bénéficiait de pension ou d'allocations, etc.

Avec l'autorisation des héritiers, il contacte ces organismes, peut percevoir les sommes dues au défunt et payer éventuellement ses dettes telles que les factures, les charges de copropriété ou de location...

Dans les 6 mois qui suivent le décès, le notaire doit déposer la déclaration de succession (→ index, *Déclaration de succession*) et payer, le cas échéant, les droits de succession à la recette des impôts du domicile du défunt (→ index, *Droits de succession*).

› Le coût des actes

Le notaire est rémunéré par des honoraires et des émoluments. Il peut aussi demander le remboursement des frais qu'il a avancés, appelés « débours ».

Les honoraires sont libres. Ils sont dus pour les actes qui ne sont pas tarifés et qui ne sont pas obligatoirement effectués par un notaire (par exemple pour une consultation juridique, pour une expertise immobilière...).

Les émoluments sont fixés par le décret n° 78-262 du 8/3/1978. Ils sont proportionnels à la valeur figurant dans l'acte ou fixes.

Les émoluments proportionnels

Ils sont calculés en fonction du capital indiqué dans l'acte. Chaque acte est lui-même classé dans une série de base déterminant le tarif applicable et affecté d'un coefficient. Les chiffres obtenus sont hors taxe. Il convient d'ajouter la TVA au taux de 19,6 %.

Séries de base :

Première série (S1) :
- de 0 jusqu'à 6 500 € : 4 % ;
- au-delà de 6 500 € jusqu'à 17 000 € : 1,65 % ;
- au-delà de 17 000 € jusqu'à 30 000 € : 1,10 % ;
- au-delà de 30 000 € : 0,825 %.

Deuxième série (S2) :
- de 0 jusqu'à 6 500 € : 2 % ;
- au-delà de 6 500 € jusqu'à 17 000 € : 1,10 % ;
- au-delà de 17 000 € jusqu'à 30 000 € : 0,75 % ;
- au-delà de 30 000 € : 0,55 %.

ACTES ÉTABLIS PAR LE NOTAIRE	ÉMOLUMENTS PROPORTIONNELS
Attestation de propriété	S 2, coefficient 1
Compte d'acceptation de succession à concurrence de l'actif net	S 1, coefficient 2/3
Convention d'indivision	S 2, coefficient 0,80
Déclaration de succession	S 2, coefficient 0,80
Délivrance de legs	S 2, coefficient 1
Donation acceptée	S 1, coefficient 1,25
Donation-partage	S 1, coefficient 1,25
Partage volontaire ou judiciaire	S 1, coefficient 2/3

Exemple :

Le coût d'une attestation de propriété (S2) pour un immeuble de 200 000 € se calcule ainsi :
- de 0 jusqu'à 6 500 € : 2 % soit 130 € ;
- au-delà de 6 500 € jusqu'à 17 000 € : 1,10 % soit 115,50 € ;
- au-delà de 17 000 € jusqu'à 30 000 € : 0,75 % soit 97,50 € ;
- au-delà de 30 000 € : 0,55 % soit 935 €.

Total : 130 + 115,50 + 97,50 + 935 = 1 278 € HT (1 528,49 € TTC).

Il faut ajouter à cette somme le droit d'enregistrement (125 €), le salaire de publication du conservateur des hypothèques (0,10 % de la valeur de l'immeuble) et le salaire d'inscription (0,05 %).

Les émoluments fixes et les émoluments de formalité

Ils sont calculés forfaitairement en nombre d'unités de valeur (UV).

L'unité de valeur est actuellement fixée à 3,65 € HT, soit 4,365 € TTC.

ACTES ÉTABLIS PAR LE NOTAIRE	ÉMOLUMENTS FIXES : UNITÉS DE VALEUR
Acte de notoriété	15 UV
Certificat de propriété – si la valeur des biens est inférieure à 1 524 € – supérieure à 1 524 €	 – 4 UV – 0,50 % de la valeur du bien
Consentement à exécution de testament	20 UV
Donation entre époux	30 UV + émoluments proportionnels
Inventaire	20 UV
Mandat posthume	30 UV
Origine de propriété	1 UV
Testament authentique	30 UV
Testament olographe : – garde du testament – ouverture du testament	 – 7 UV – 7 UV

À ces sommes doivent être ajoutés éventuellement le coût de diverses formalités effectuées par le notaire pour établir l'acte ou encore des droits d'enregistrement.
Exemple : un acte de notoriété est facturé environ 130 € dont 65,475 € d'émolument (15 x 4,365 €), et 25 € de droit d'enregistrement. Le solde est justifié par diverses formalités nécessaires telles que l'interrogation au fichier des testaments, les demandes d'actes d'état civil des héritiers, les copies d'actes…

Accepter ou refuser une succession

Personne n'est tenu d'accepter une succession. En posant ce principe, le Code civil vous offre, en tant qu'héritier, un choix déterminant : accepter la succession ou la refuser. Vous devez savoir en effet qu'en acceptant une succession, vous recueillerez la partie des biens du défunt qui vous revient, mais que vous serez également obligé de répondre du passif qu'il aura éventuellement laissé.
La loi du 23/6/2006 a simplifié et assoupli les règles applicables aux options de l'héritier.

L'acceptation pure et simple

Cette acceptation ne revêt aucune forme particulière (*Code civil, Art. 782 et s.*).
Elle peut être expresse si vous prenez le titre ou la qualité d'héritier dans un acte authentique ou sous seing privé ; elle peut être tacite si vous accomplissez un acte portant sur les biens dépendant de la succession qui suppose votre intention d'accepter.
Par exemple, il y a acceptation tacite si vous vendez ou donnez un bien de la succession ou encore si vous renoncez à vos droits en faveur de vos propres enfants.
Cela étant, la loi n° 2006-728 du 23/6/2006 autorise les héritiers à effectuer, au lendemain du décès, certains actes de gestion de la succession sans que ces actes soient interprétés comme une acceptation tacite de la succession (le paiement des dettes urgentes, la vente de biens périssables, le renouvellement d'un bail pour éviter le paiement d'une indemnité...).
Expresse ou tacite, l'acceptation est irrévocable : vous ne pourrez pas, par la suite, revenir sur votre décision et renoncer à la succession.

En acceptant la succession, vous allez recueillir l'actif qui vous revient, mais vous serez également obligé de payer, dans la proportion de la part d'héritage que vous avez recueillie, le passif de la succession, y compris lorsqu'il est supérieur à l'actif. Il convient donc d'être prudent avant d'accepter purement et simplement une succession et de se renseigner sur l'importance des dettes du défunt, car si celles-ci excèdent l'actif, vous devrez les payer sur vos biens personnels.

Une exception toutefois est prévue pour une dette importante inconnue de l'héritier au moment de son acceptation. Il peut en être déchargé si elle se révèle trop lourde pour son patrimoine personnel.

À NOTER

Depuis le 1/1/2007, le délai maximum pour opter est de 10 ans. Sans réponse à l'expiration de ce délai, la loi considère que l'héritier a renoncé à la succession. Mais les cohéritiers ou les créanciers du défunt peuvent contraindre l'héritier hésitant à opter à l'expiration d'un délai de 4 mois à compter de l'ouverture de la succession. Ce dernier a alors 2 mois pour se décider. S'il ne le fait pas, il est censé avoir accepté purement et simplement la succession.

QUESTIONS/RÉPONSES

✓ *Mon père vient de décéder et je suis le seul héritier. Je crois que mon père avait des dettes, sans savoir toutefois si elles sont supérieures à l'actif. Puis-je accepter la succession ?*
Si vous acceptez purement et simplement la succession, vous prenez, en effet, le risque de devoir rembourser les dettes de votre père. Il vaut mieux, dans votre cas, accepter à concurrence de l'actif net, c'est-à-dire que vous acceptez si l'actif est supérieur au passif. Pour cela, il faut effectuer une déclaration au greffe du tribunal de grande instance dans l'arrondissement duquel s'est ouverte la succession. .../...

QUESTIONS/RÉPONSES (SUITE)

✓ *Mon frère est mort dernièrement. Il m'avait dit avoir déposé son testament chez un notaire, sans m'avoir indiqué lequel. Y a-t-il un moyen de le savoir ?*
Oui, adressez-vous au Conseil supérieur du notariat qui a créé un « Fichier central des dernières volontés ». Ce fichier centralise tout testament olographe déposé chez un notaire.

L'acceptation à concurrence de l'actif net

Cette option présente l'avantage pour l'héritier qui la choisit de n'être tenu des dettes du défunt qu'à concurrence de la part recueillie dans la succession de ce dernier (*Code civil, Art. 787 et s.*). Si les dettes sont plus importantes que l'actif, vous ne serez donc pas obligé de les payer sur vos biens personnels.

L'acceptation à concurrence de l'actif net est soumise aux formalités suivantes :

– l'héritier doit en faire la déclaration au greffe du tribunal de grande instance du lieu d'ouverture de la succession (domicile du défunt) ;

– la déclaration est enregistrée et doit être publiée dans le Bulletin officiel des annonces civiles et commerciales (BODAC) ainsi que dans un journal d'annonces légales diffusé dans le ressort du tribunal compétent ;

– un inventaire établi par un notaire, un huissier ou un commissaire priseur et décrivant la consistance de la succession doit être établi dans les 2 mois à compter du décès (ce délai peut être allongé en cas de difficultés d'établissement de l'inventaire).

Une fois ce choix effectué, vous pourrez encore accepter purement et simplement la succession, mais vous ne pourrez plus y renoncer.

Pendant un délai de 15 mois à compter de la publicité, les créanciers chirographaires (c'est-à-dire les créanciers qui ne possèdent aucune garantie particulière pour le recouvrement de leur dû) doivent déclarer leurs créances à l'adresse indiquée dans la déclaration (domicile élu). Si des poursuites sont en cours, elles sont suspendues pendant cette même période.

Lorsque l'inventaire est effectué et publié, vous devez gérer la succession. Pour payer les dettes de la succession, vous pouvez vendre les biens de la succession. Vous pouvez aussi décider d'en conserver certains mais dans ce cas vous devez consigner les sommes correspondant à leurs valeurs. Si la succession se révèle trop complexe, vous avez la possibilité de demander au tribunal de grande instance de nommer un mandataire successoral qui prendra en charge l'administration et la gestion des biens de la succession.

À l'issue du délai de 15 mois, un compte définitif de gestion doit être déposé au greffe du tribunal (après le désintéressement de tous les créanciers déclarés ou l'épuisement de l'actif) et publié selon les mêmes modalités que la déclaration (*Code de procédure civile, Art. 1334 et s.*).

À NOTER

Lorsque la succession a été acceptée par un ou plusieurs héritiers purement et simplement et par un ou plusieurs autres à concurrence de l'actif net, les règles applicables à cette dernière option s'imposent à tous les héritiers jusqu'au jour du partage.

La renonciation

Ce choix vous fait perdre tous vos droits sur la succession (y compris si vous étiez réservataire), mais il vous libère également du paiement des dettes éventuelles du défunt, ce qui en constitue l'intérêt essentiel (*Code civil, Art. 804 et s.*).

La déclaration doit être adressée ou déposée au greffe du tribunal de grande instance du lieu d'ouverture de la succession

La renonciation aura pour effet :

– d'attribuer votre part à vos descendants par la représentation (→ index, *Représentation successorale*) ;

– à défaut, d'accroître la part de vos cohéritiers qui ont accepté la succession ;

– ou encore, à défaut de cohéritiers, d'attribuer la succession aux autres héritiers plus éloignés.

Tant qu'aucun autre héritier n'aura pas accepté la succession, vous pourrez revenir sur votre renonciation et l'accepter purement et simplement. L'héritier qui renonce à une succession conserve le bénéfice des donations qu'avait pu lui consentir le défunt ou les legs qui lui sont attribués. Si l'héritier qui renonce est représenté par ses enfants, les donations qu'il a pu recevoir du défunt s'imputent sur la part de réserve qu'il aurait dû recevoir s'il n'avait pas renoncé. En revanche, si l'héritier n'est pas représenté, les donations s'imputent sur la quotité disponible sauf si le défunt avait exigé le rapport en cas de renonciation. Dans ce cas, l'héritier doit indemniser ses cohéritiers si la valeur des biens donnés ou légués excède la part qu'il aurait dû recevoir s'il avait accepté la succession.

L'indivision et le partage

Dès qu'il existe plus d'un héritier, la transmission de l'héritage ne peut être immédiate : un régime d'indivision s'établit dès l'ouverture de la succession. Cette situation, en principe transitoire, peut perdurer soit en raison de désaccords entre les héritiers sur le partage, soit parce qu'ils souhaitent rester dans l'indivision pour des raisons d'ordre familial. C'est pourquoi la loi a dû fixer des règles bien précises à l'indivision.

Qu'est-ce que l'indivision ?

Tant que le partage n'a pas été fait, les biens du défunt appartiennent globalement aux héritiers. On dit qu'ils sont « indivis » et c'est précisément la période d'indivision que toute liquidation de la succession connaît jusqu'au moment du partage des parts revenant à chaque héritier. Mais il faut préciser que ne peuvent être indivis que des biens sur lesquels s'exercent des droits de même nature, de sorte qu'il n'y a pas indivision entre un conjoint qui aurait hérité de la totalité de la succession en usufruit et ses trois enfants pour la part qui leur revient en nue-propriété. En revanche, les trois enfants sont en indivision entre eux sur la nue-propriété.

› Comment fonctionne l'indivision ?

L'indivision obéit à un certain nombre de règles impératives qui ont principalement pour but de permettre l'utilisation des biens et d'en assurer la protection (*Code civil, Art. 815 et s.*).

La loi n° 2006-728 du 23/6/2006, applicable depuis le 1/1/2007, a modifié ces règles pour simplifier la gestion des biens indivis. Avant la loi, toute décision concernant un bien indivis devait, en principe, être prise à l'unanimité des indivisaires, unanimité qu'il était souvent difficile d'obtenir.

Sont désormais distingués les actes ou les décisions qui peuvent être pris par un seul indivisaire, ceux ne demandant que la majorité des 2/3 et enfin, ceux requérant l'unanimité.

Les nouvelles règles sont applicables à toutes les indivisions existantes et aux successions non encore partagées, sauf si une instance en partage est d'ores et déjà engagée.

Les actes conservatoires

Les actes conservatoires peuvent être décidés par un seul indivisaire. Les actes conservatoires sont les dépenses nécessaires à la conservation du bien en indivision. Par exemple, un indivisaire peut employer les fonds de l'indivision pour réparer la toiture ou les murs d'une maison. Il n'est pas nécessaire que ces travaux soient urgents dès lors qu'ils sont utiles à la conservation du bien. S'il utilise ses fonds propres, il a le droit de demander leur participation aux autres indivisaires.

Les actes de gestion

La loi du 23/6/2006 a supprimé la nécessité d'obtenir l'unanimité des indivisaires pour certains actes. Désormais, une majorité des 2/3 des parts d'indivision (pouvant être détenue par un seul indivisaire) suffit pour :

- effectuer un acte d'administration ;
- donner un mandat général d'administration à un indivisaire ou un tiers ;
- vendre des meubles indivis pour payer les dettes et charges de l'indivision ;
- conclure et renouveler des baux d'habitation ou professionnels.

Les indivisaires qui ont effectué des actes de gestion ou de disposition à cette majorité doivent en avertir les autres indivisaires. À défaut, les actes ne leur seraient pas opposables.

Les actes de disposition

L'unanimité n'est plus systématiquement obligatoire pour les actes de disposition, c'est-à-dire les actes les plus graves comme la vente ou l'aliénation d'un bien (non justifiée par le paiement des dettes).

Les indivisaires qui détiennent au moins 2/3 des droits indivis et qui désirent vendre le bien peuvent, dans un premier temps, s'adresser à un notaire qui informera de cette intention les autres indivisaires. Ces derniers peuvent accepter ou s'opposer à ce projet de vente.

En cas d'opposition ou d'absence de réponse à la signification du notaire, les indivisaires peuvent alors saisir le tribunal de grande instance. Le tribunal pourra autoriser la vente si celle-ci ne porte pas une atteinte excessive aux droits des autres indivisaires. La vente du bien, si elle est décidée, se fait aux enchères à la barre du tribunal (*Code civil, Art. 815-5-1*).

La gestion de la succession confiée à un mandataire successoral

La loi du 23/6/2006 a organisé la fonction de mandataire successoral, qui peut être nommé par le défunt (à titre posthume), par les héritiers ou encore par le juge.

Toute personne qui craint des difficultés lors du règlement futur de sa succession (présence d'héritiers mineurs ou handicapés, héritiers éloignés, succession très complexe) peut nommer un mandataire chargé d'administrer ou de gérer la succession dans l'intérêt d'un ou de plusieurs héritiers. Le mandat est limité à 5 ans mais peut être prolongé en raison de la minorité ou l'incapacité d'un héritier, ou encore pour les besoins de la gestion d'un bien professionnel.

Les héritiers peuvent aussi, d'un commun accord, désigner l'un d'entre eux ou un tiers (personne physique ou morale) pour gérer et administrer les biens de la succession. Ses pouvoirs, la durée de ses fonctions, sa rémunération dépendent des termes de la convention d'indivision (→ index, *Convention d'indivision*).

Enfin, le mandataire successoral peut aussi être désigné par le tribunal de grande instance en cas de désaccord entre les héritiers, d'inertie ou de carence de certains d'entre eux, en cas d'opposition d'intérêts ou encore en cas de succession trop complexe. Le mandataire doit rendre compte de sa mission au juge et aux héritiers.

À NOTER

Les héritiers en indivision sont appelés les « indivisaires ».

À NOTER

Il peut être dérogé à la règle de l'unanimité dans les situations suivantes :

– lorsque le refus d'un indivisaire met en péril l'intérêt commun, le ou les autres indivisaires peuvent passer outre à condition d'y être autorisés par le juge ;

– si l'un des indivisaires est hors d'état de manifester sa volonté, un autre indivisaire peut se faire habiliter par le juge pour le représenter ;

– à la demande de l'un des indivisaires, le président du tribunal de grande instance peut prescrire ou autoriser toutes les mesures urgentes que requiert l'intérêt commun.

› Les droits et obligations des indivisaires

Utilisation d'un bien indivis

L'utilisation d'un bien indivis par l'un des indivisaires est possible à la triple condition suivante :

– les autres indivisaires doivent être d'accord et, à défaut, il faudra s'adresser au tribunal de grande instance ;

– l'indivisaire qui utilise le bien doit en respecter la destination, c'est-à-dire ce pour quoi le bien est fait. L'un des indivisaires peut, par exemple, occuper un appartement qui est tombé dans l'indivision, mais il ne peut l'utiliser comme local commercial ;

– l'utilisation d'un bien indivis par l'un des indivisaires l'oblige à indemniser les autres indivisaires, si toutefois ceux-ci le demandent. L'importance de cette indemnisation est fixée à l'amiable entre les coindivisaires et, à défaut d'entente, c'est le tribunal de grande instance qui est compétent pour fixer le montant de l'indemnité.

La demande doit être formée, sous peine de prescription, dans les 5 ans suivant la date à laquelle cette indemnité aurait pu être perçue.

Avance sur droits

Il est possible pour un coindivisaire de réclamer une avance sur ses droits et il en sera tenu compte lors du partage. À défaut d'accord des autres indivisaires, l'avance doit être autorisée par le président du tribunal de grande instance.

Revenus procurés par les biens indivis

Les revenus procurés par un bien indivis (appartement en location, par exemple) peuvent être versés chaque année, pour la quote-part qui lui revient, à l'indivisaire qui en fait la demande. Il sera tenu compte de ces versements lors du partage.

La demande se prescrit également par 5 ans à compter de la date à laquelle les revenus ont été perçus ou auraient pu l'être.

Cession de part indivise

Un indivisaire peut céder sa part indivise, à titre onéreux (vente) ou à titre gratuit (legs ou donation). En cas de vente, les autres indivisaires peuvent prioritairement se porter acquéreurs de cette part indivise, en usant de leur « droit de préemption ». La procédure est alors la suivante :

– l'indivisaire « vendeur » doit faire connaître aux autres indivisaires, par acte d' huissier, son intention de vendre, ainsi que les conditions de vente, notamment le prix ;

– les autres indivisaires disposent d'1 mois à compter de cette notification pour faire savoir, toujours par acte d'huissier, s'ils utilisent ou non leur droit de préemption ;

– l'indivisaire (ou les indivisaires) qui se porte acquéreur dispose d'un délai de 2 mois à compter de la date de sa réponse pour signer l'acte de vente.

Plusieurs indivisaires peuvent faire jouer leur droit de préemption : ils achèteront alors ensemble la part indivise mise en vente, en proportion de leurs droits respectifs dans l'indivision, sauf s'ils trouvent d'autres arrangements entre eux.

Sortie de l'indivision d'un seul indivisaire

À tout moment, un héritier peut demander le partage de l'indivision pour obtenir sa part. Mais si tous les autres héritiers souhaitent rester dans l'indivision, ils peuvent demander au tribunal de grande instance d'accorder à l'indivisaire sa part d'indivision soit en nature, soit en argent.

› Qu'est-ce qu'une convention d'indivision ?

Les héritiers qui souhaitent demeurer en indivision peuvent choisir de passer entre eux un contrat appelé « convention d'indivision ». Cette convention va leur permettre de fixer les règles de fonctionnement de l'indivision, et permettre ainsi une gestion plus souple que celle qui résulterait du simple jeu des règles légales. La convention d'indivision doit être établie devant notaire dès lors qu'il y a un immeuble (maison, appartement, terrain) parmi les biens indivis. Cette convention doit comporter la désignation des biens indivis et l'indication des quotes-parts appartenant à chacun. La convention peut être prévue pour une durée déterminée, qui ne saurait être supérieure à 5 ans, ou pour une durée indéterminée. Dans le cas d'une convention à durée indéterminée, l'un des signataires peut à tout moment demander le partage. Dans le cas d'une convention d'indivision pour une durée déterminée, l'indivision ne peut généralement pas être rompue sauf si un coindivisaire peut justifier de motifs sérieux à sa demande en partage, ou si était dans cette indivision un mineur, accédant à la majorité. Ce dernier dispose d'un délai d'1 an après l'anniversaire de ses 18 ans pour faire sa demande de partage.

Pour gérer l'indivision, les héritiers peuvent nommer un gérant, choisi ou non parmi eux. Il aura pour mission de gérer les biens en indivision, de représenter l'indivision dans les actes de la vie civile et, éventuellement, en justice. Il ne pourra cependant pas disposer des biens dont il a la charge. Sauf convention contraire, les décisions excédant son pouvoir devront continuer d'être prises à l'unanimité. Comme dans le régime légal, le gérant a droit à une rémunération pour son travail. Il sera tenu pour responsable des fautes résultant de sa gestion.

Le partage

Le partage met fin à l'indivision. Il a pour but de répartir, entre les indivisaires, les biens de la succession ou les sommes provenant de leur vente (*Code civil, Art. 816 et s.*).

› Comment s'effectue le partage ?

Le partage peut s'opérer de façon amiable ou judiciaire. Les biens peuvent aussi faire l'objet d'une attribution préférentielle en faveur de certains héritiers.

Le partage amiable

Avant la loi n° 2006-728 du 23/6/2006, le partage amiable n'était possible qu'avec le consentement unanime de tous les indivisaires. Depuis le 1/1/2007, un partage amiable peut avoir lieu même en cas d'absence d'un indivisaire (personne disparue), en cas d'incapacité ou de défaillance de l'un d'eux (*Code civil, Art. 835 et s.*).

Si un héritier est absent ou hors d'état de manifester sa volonté, le juge des tutelles peut autoriser néanmoins le partage amiable en présence du représentant de l'intéressé. De la même façon, le partage amiable est autorisé même si un héritier est mineur ou incapable majeur.

Lorsqu'un héritier, par négligence ou hostilité, refuse de prendre part aux opérations de partage, de se rendre aux réunions, de répondre aux convocations, de discuter avec ses co-indivisaires, les autres indivisaires peuvent lui adresser une mise en demeure, par acte d'huissier, de se faire représenter au partage amiable. Il a alors 3 mois pour désigner son représentant. S'il ne le fait pas, le juge désignera une personne qualifiée chargée de le représenter jusqu'à la réalisation complète du partage. Cette personne ne peut consentir au partage qu'avec l'autorisation du juge.

En cas de partage amiable, des lots sont constitués en recherchant leur égalité en valeur et non plus en nature : les lots ne sont pas systématiquement composés de biens de même nature (un immeuble par lots par exemple).

En cas d'inégalité de la valeur des lots, une soulte (somme d'argent) doit être versée aux indivisaires défavorisés.

L'intervention du notaire n'est obligatoire que si des biens immobiliers sont compris dans le partage. En cas de désaccord entre les indivisaires sur le principe du partage ou sur les lots prévus pour eux, c'est au tribunal de grande instance qu'il appartient alors de prononcer le partage.

AVANTAGE

L'indivision peut ne porter que sur un seul bien. Ainsi, les héritiers peuvent décider de se partager une partie de la succession (les meubles, par exemple) et laisser dans l'indivision une maison de famille ou l'entreprise familiale.

Le partage judiciaire

Le partage est fait en justice lorsque l'un des indivisaires refuse de consentir au partage amiable ou s'il s'élève des contestations sur la manière d'y procéder ou de le terminer, ou encore lorsque le partage amiable n'a pas été autorisé ou approuvé (*Code civil, Art. 840 et s.*). L'action en partage est portée devant le tribunal de grande instance du lieu d'ouverture de la succession.

Le tribunal peut ordonner le partage des biens entre les indivisaires ou la vente par adjudication. Si les opérations de partage sont trop complexes, le tribunal désigne un notaire (qui peut être choisi par les indivisaires) et un juge pour surveiller ces opérations. Le notaire doit établir un état liquidatif récapitulant les comptes entre copartageants, la masse partageable, les droits des parties et la composition des lots à répartir par tirage au sort. Si ce partage en nature – qui ne doit d'ailleurs pas porter atteinte au patrimoine, c'est-à-dire entraîner une dépréciation des biens – est impossible, les biens sont vendus aux enchères et un partage en valeur se substitue finalement au partage en nature (*Code de procédure civile, Art. 1359 et s.*).

Comme dans les partages amiables, le notaire désigné pour établir l'état liquidatif peut envoyer une mise en demeure à un indivisaire qui refuse de prendre part aux opérations. L'indivisaire a 3 mois pour désigner un mandataire.

S'il ne le fait pas, le notaire peut demander au juge de lui attribuer un représentant d'office jusqu'à la fin des opérations.

Là aussi, le partage doit se faire en valeur (le principe du partage en nature est abandonné).

L'attribution préférentielle

L'attribution préférentielle a pour but d'éviter de vendre ou de diviser un bien et de permettre de l'attribuer en totalité à un indivisaire, à charge pour lui d'indemniser les autres indivisaires par le paiement d'une soulte si les autres biens de l'indivision sont insuffisants pour constituer leurs lots dans le partage (*Code civil, Art. 831 et s.*).

L'attribution préférentielle peut aussi être demandée conjointement par plusieurs indivisaires ou par des indivisaires et le conjoint ou le partenaire pacsé du défunt.

Certaines personnes sont prioritaires pour se voir attribuer certains biens de la succession. À défaut de personnes prioritaires, l'attribution préférentielle peut être accordée à tout autre copartageant.

Le local d'habitation

L'attribution préférentielle d'un logement est attribuée de droit au conjoint survivant qui y avait sa résidence au moment du décès.

Depuis la loi du 23/6/2006, applicable le 1/1/2007, cette attribution de droit est également accordée au partenaire pacsé du défunt qui y habitait au moment du décès mais à condition qu'un testament du défunt le prévoit.

À NOTER

Le logement peut aussi être attribué à un héritier copropriétaire qui y avait sa résidence principale au moment du décès.

Le local professionnel

L'attribution peut également être demandée pour un local professionnel (attribution de la propriété des locaux ou du droit au bail) au profit du conjoint, d'un héritier copropriétaire, ou, depuis le 1/1/2007, du partenaire pacsé du défunt. Le bénéficiaire doit y exercer effectivement sa profession au moment du décès.

AVANTAGE

Lorsque l'attribution préférentielle est accordée, elle porte également sur le mobilier à usage professionnel garnissant le local.

L'entreprise

Toute entreprise (commerciale, industrielle, agricole ou libérale) et quelle que soit sa forme d'exploitation (entreprise individuelle ou société) peut faire l'objet d'une attribution préférentielle (éléments corporels ou incorporels, droits sociaux).

Le conjoint, le partenaire pacsé ou l'héritier copropriétaire (en pleine propriété ou en nue-propriété) peut demander cette attribution préférentielle à condition d'avoir participé ou de participer de façon effective à son exploitation. S'il s'agit d'un héritier, la condition de participation peut être remplie par son conjoint ou ses enfants. Il doit être apte à gérer l'exploitation.

Des règles spécifiques sont prévues par ailleurs pour les entreprises agricoles en vue de protéger leurs exploitations (attribution de droit des petites exploitations, possibilité de constituer un groupement foncier agricole, souscription de baux à long terme en faveur du conjoint ou d'un héritier...).

› Le partage peut-il être différé ?

Report de 2 ans maximum

À la demande de l'un des indivisaires, le tribunal peut surseoir au partage pour 2 années au plus si la réalisation immédiate risque de porter atteinte à la valeur des biens indivis, ou si l'un des indivisaires ne peut reprendre l'entreprise dépendant de la succession qu'à l'expiration de ce délai. L'entreprise peut être agricole, commerciale, industrielle, artisanale ou libérale, quelle que soit sa forme d'exploitation (entreprise individuelle ou société). Ce sursis peut s'appliquer à l'ensemble des biens en indivision ou à certains d'entre eux seulement.

Indivision forcée

- L'indivision peut être maintenue sur décision du tribunal lorsqu'elle porte sur l'un ou l'autre des biens suivants :

– entreprise dont la mise en valeur était assurée par le défunt ou son conjoint ;

– local d'habitation utilisé, à l'époque du décès, par le défunt ou son conjoint ;

– local professionnel utilisé, à l'époque du décès, par le défunt ou son conjoint.

- Ce maintien en indivision peut être demandé :

– si le défunt laisse un ou plusieurs descendants mineurs soit par le conjoint survivant, soit par tout héritier, soit par le représentant légal des mineurs ;

– à défaut de descendants mineurs, par le conjoint survivant, à condition qu'il ait été avant le décès ou qu'il soit devenu, du fait de ce décès, copropriétaire de l'entreprise ou des locaux d'habitation ou à usage professionnel, et, s'il s'agit d'un local d'habitation, qu'il ait résidé dans les lieux à l'époque du décès.

Ce maintien forcé en indivision, qui empêche donc le partage des biens sur lequel il porte, ne peut être prescrit pour une durée supérieure à 5 ans renouvelable. Il prend fin au plus tard à la majorité du plus jeune des descendants ou au décès du conjoint survivant (*Code civil, Art. 815-1*).

› Le partage peut-il être annulé ?

Un partage peut être annulé lorsqu'il a été obtenu par violence ou dol ou encore en cas d'erreur. L'erreur peut porter sur l'existence ou la quotité des droits de chacun dans l'indivision ou encore sur la véritable propriété des biens compris dans la masse partageable. Dans la mesure du possible, les héritiers peuvent demander au juge, non pas d'annuler le partage, mais d'ordonner un partage complémentaire ou rectificatif.

Un partage peut aussi être annulé si un cohéritier a été oublié. Cet héritier peut aussi demander à recevoir sa part en nature ou en valeur et renoncer à demander l'annulation du partage dans sa totalité.

En revanche, si un bien a été oublié, le partage n'est pas annulé. Il est simplement procédé à un partage complémentaire portant sur ce bien.

Par ailleurs, si un héritier a été désavantagé et qu'il apporte la preuve qu'il a subi une lésion de plus d'1/4, c'est-à-dire si la valeur de son lot est inférieure de plus d'1/4 à celle des autres lots, il peut exercer l'action en complément de part. Sa part est complétée soit en nature, soit en numéraire.

Pour évaluer une éventuelle lésion, les biens sont évalués d'après leur valeur à l'époque du partage. Il faut comparer la valeur du lot attribué à celui qui s'estime lésé et la valeur de la part qui aurait dû lui revenir.

L'héritier lésé n'a que 2 ans à compter du partage pour agir en complément de part (*Code civil, Art. 887 et s.*).

La déclaration de succession

Sauf cas exceptionnels, les héritiers ont l'obligation de déposer auprès de l'administration fiscale une déclaration de succession. Cette déclaration doit être établie dans les 6 mois qui suivent le décès. Elle sert principalement à calculer les droits de succession qui devront, le cas échéant, être réglés par les héritiers.

Est-elle obligatoire ?

Une déclaration de succession doit être obligatoirement souscrite par les héritiers (ou légataires) du défunt et déposée dans les 6 mois du décès au service des impôts du domicile du défunt. En outre, si la succession comprend des immeubles situés hors du ressort de ce service, il faudra adresser au service des impôts du lieu dont ils dépendent une fiche détaillée pour chacun d'eux.

Cette formalité est obligatoire, y compris lorsque le montant de l'actif successoral est tel que, compte tenu des abattements, vous n'aurez pas à payer de droits de succession. Les seuls cas de dispense de déclaration de succession sont les suivants :

– lorsqu'il n'y a pas d'actif successoral, c'est-à-dire pas de bien dans la succession ;

– lorsque l'actif brut ne dépasse pas 50 000 € (montant applicable depuis le 1/1/2006), que la succession est en ligne directe (parents, enfants, petits-enfants), entre époux ou entre partenaires pacsés, et à condition que les dons manuels ou les donations antérieurs au décès aient tous été enregistrés ou déclarés ;

– lorsque l'actif brut ne dépasse pas 3 000 €, si la succession est en ligne collatérale (succession entre frère et sœur, oncle et neveu ou entre cousins) ou entre non parents (depuis le 1/1/2004).

Si la déclaration n'est pas déposée dans les délais, vous encourez le paiement d'intérêts de retard, ainsi que des pénalités de retard calculés sur le montant des droits de succession qui étaient dus.

À NOTER

Les déclarations de succession doivent être souscrites en double exemplaire lorsqu'elles comportent des actifs d'une valeur totale supérieure à 15 000 €.

AVANTAGE

Pour les successions ouvertes depuis le 1/1/2003, les frais funéraires peuvent être déduits de l'actif de la succession pour un montant de 1 500 €, sans que les héritiers aient à fournir les justifications des dépenses correspondantes (Loi n° 2002-1575 du 30/12/2002, Art. 14).

Quel est son contenu ?

La déclaration de succession doit obligatoirement être établie sur des formulaires réglementaires fournis par l'administration fiscale. Elle doit contenir la désignation et l'évaluation de tous les biens dépendant de la succession du défunt. Elle doit rappeler, le cas échéant, les donations consenties par lui et dont ont déjà bénéficié les héritiers. Elle doit également faire état, dans le détail, des dettes du défunt. Les meubles meublants qui garnissent le local d'habitation du défunt peuvent soit faire l'objet d'une estimation résultant d'un inventaire notarié, soit être évalués forfaitairement à 5 % des autres biens composant l'actif de succession.

À NOTER

L'intervention du notaire est obligatoire si la succession comprend des immeubles, s'il y a un testament ou si le défunt a effectué de son vivant des donations. En pratique, même si elle n'est pas obligatoire, son intervention est vivement conseillée, car c'est lui qui s'occupera des différentes démarches à effectuer (déclaration de succession, estimation des biens, paiement des droits…).

Peut-elle être contrôlée ?

L'administration fiscale peut contrôler et contester le contenu de la déclaration et les estimations qui y figurent. Le délai dont elle dispose est de 3 ans (plus l'année civile en cours), en cas de désaccord sur les estimations, et de 10 ans (6 ans depuis le 1/6/2008) en cas d'omission d'un bien ou de déclaration mensongère. Ce délai commence à s'écouler à compter du dépôt de la déclaration.

Pour éviter les contrôles intervenant tardivement (notamment après les opérations de partage), la loi n° 2008-1443 du 30/12/2008 a créé le « contrôle sur demande ». Cette procédure concerne les donations consenties ou les successions ouvertes entre le 1/1/2009 et le 31/12/2011.

Il s'agit de demander à l'administration de contrôler la donation ou la déclaration de succession au moment où elle est réalisée et au plus tard dans les 3 mois qui suivent l'enregistrement de l'acte.

Le contrôle doit être réalisé dans l'année qui suit la demande. À l'issue de ce délai d'1 an et à défaut de contrôle engagé par l'administration, les éléments et les montants déclarés ne pourront plus être remis en cause ni rectifiés dans l'avenir (*Livre des procédures fiscales, Art. L. 21 B*).

Les droits de succession

Le montant des droits de succession que doivent acquitter les héritiers ou les légataires dépend du lien de parenté qui les unissait au défunt et du montant de la part successorale nette (après déduction du passif) qui leur revient. En outre, certains avantages sont réservés aux héritiers les plus proches du défunt ou attribués aux héritiers en fonction de leur état de santé ou de leur situation de famille.

Quel est le montant des droits ?

› Quels sont les droits en ligne directe ?

Chaque ascendant et chaque enfant du défunt a droit à un abattement sur la part d'héritage qu'il reçoit *(Voir pages Barème)*.

Les petits-enfants qui viennent à la succession de leurs grands-parents par représentation (→ index, *Représentation successorale*) de leur parent prédécédé ne bénéficient pas, chacun, de cet abattement mais se le partagent.

En revanche, s'ils viennent de leur propre chef, ils bénéficient chacun d'un abattement *(Voir pages Barème)*.

En cas d'adoption simple, et à défaut de lien de parenté avec le défunt, les dispositions suivantes s'appliquent :

- l'enfant adoptif est considéré sur le plan fiscal comme un étranger, ce qui implique qu'il ne bénéficie que de l'abattement général sur la part nette d'héritage qu'il reçoit *(Voir pages Barème)*, et que les droits sont dus au taux de 60 %, c'est-à-dire le taux applicable entre non-parents ;
- par exception, l'enfant qui a fait l'objet d'une adoption simple peut toutefois bénéficier du tarif plus favorable des héritiers en ligne directe, notamment dans les cas suivants :

– s'il est l'enfant du conjoint du défunt qui l'avait adopté ;
– s'il était pupille de l'État ;
– ou si l'adoptant décédé lui a apporté secours et soins non interrompus soit pendant 5 ans durant sa minorité, soit pendant 10 ans dans les autres cas (*Code général des impôts, Art. 786*).

En cas d'adoption plénière, l'enfant adopté a les mêmes droits que tout autre enfant.

Après abattement, le surplus est taxé par tranches *(Voir pages Barème)*.

À NOTER

Pour les enfants, les abattements et les droits à payer sont les mêmes qu'il s'agisse d'une donation ou d'une succession (transmission par décès).

Mais les petits-enfants bénéficient d'un abattement applicable uniquement aux donations qu'ils reçoivent de chacun de leurs grands-parents (Voir pages Barème).

Exemple de calcul des droits de succession

M. Legrand décède le 30/8/2007 sans avoir pris de dispositions testamentaires ni, de son vivant, consenti de donation. Il laisse, pour lui succéder, son épouse âgée de 69 ans au jour du décès ainsi que deux enfants issus de ce mariage. L'actif net de succession est évalué au jour du décès à la somme de 900 000 €.

En présence d'enfants communs et du conjoint survivant, la répartition des droits de chacun est la suivante :

– le conjoint a droit, à son choix, à 1/4 en pleine propriété des biens ou la totalité en usufruit. Il opte pour la totalité en usufruit.

Lorsque le conjoint hérite en usufruit, les droits sont calculés sur la base d'un barème établi par l'administration fiscale, qui fait ressortir, en fonction de l'âge de l'usufruitier, la valeur respective de l'usufruit et de la nue-propriété ;

– les deux enfants se partagent le surplus par moitié, soit la totalité en nue-propriété.

Droits de succession à payer par le conjoint

Le conjoint, étant exonéré de droits de succession depuis le 22/8/2007, n'a donc pas de droits à payer.

Il faut néanmoins calculer la valeur de sa part lorsqu'il reçoit des biens en usufruit pour évaluer la valeur de la nue-propriété transmise aux enfants.
Compte tenu de son âge, la part d'usufruit du conjoint survivant est évaluée à 40 %, soit : 360 000 €.

BARÈME DES DROITS DE SUCCESSION EN USUFRUIT		
Âge de l'usufruitier	**Valeur de l'usufruit (1)**	**Valeur de la nue-propriété**
moins de 21 ans révolus	90 %	10 %
moins de 31 ans révolus	80 %	20 %
moins de 41 ans révolus	70 %	30 %
moins de 51 ans révolus	60 %	40 %
moins de 61 ans révolus	50 %	50 %
moins de 71 ans révolus	40 %	60 %
moins de 81 ans révolus	30 %	70 %
moins de 91 ans révolus	20 %	80 %
plus de 91 ans révolus	10 %	90 %

(1) La valeur fiscale du droit viager au logement dont peut bénéficier le conjoint survivant est égale à 60 % de cette valeur de l'usufruit (→ index, Conjoint survivant, droit sur le logement).

À NOTER

Le montant des abattements ainsi que les tranches d'imposition sont actualisés au 1er janvier de chaque année dans la même proportion que la limite supérieure de la première tranche du barème de l'impôt sur le revenu et arrondi à l'euro le plus proche (Voir pages Barème).

Droits de succession à payer par les enfants

La part de chacun d'eux est de la moitié en nue-propriété, soit 450 000 € en nue-propriété. Cette part en nue-propriété vaut, compte tenu de l'âge de l'usufruitier (dans le cas présent, leur mère) 60 %, c'est-à-dire 270 000 €. Compte tenu de l'abattement de 150 000 € auquel chaque enfant a droit (le décès de M. Legrand ayant eu lieu le 30/8/2007), la part taxable de chacun est de 270 000 € – 150 000 € = 120 000 €. En fonction des différentes tranches du barème, elle est taxée de la manière suivante :

- à 5 % sur 7 600 €, soit 380 € ;
- à 10 % sur 3 800 € (11 400 € – 7 600 €), soit 380 € ;
- à 15 % sur 3 600 € (15 000 € – 11 400 €), soit 540 € ;
- 20 % sur 105 000 € (120 000 € – 15 000 €), soit 21 000 €.

Total : 22 300 €.

AVANTAGE

La résidence du défunt bénéficie d'un abattement de 20 % sur la valeur vénale de l'immeuble (maison, appartement), au jour du décès, si l'immeuble continue à être occupé à titre principal par le conjoint survivant, par le partenaire lié au défunt par un PACS ou par un ou plusieurs enfants mineurs ou majeurs protégés du défunt, de son conjoint ou de son partenaire. Ce bénéfice est étendu aux enfants majeurs du défunt, de son conjoint ou de son partenaire incapables de travailler dans des conditions normales de rentabilité en raison d'une infirmité physique ou mentale, congénitale ou acquise.

› Quels sont les droits en ligne collatérale ou en l'absence de lien de parenté ?

Les frères et sœurs

Les frères et sœurs bénéficient d'un abattement *(Voir pages Barème)*.

Ils sont totalement exonérés de droits si les conditions suivantes sont réunies :

– les biens sont transmis par décès (ce qui exclut les donations) ;

– le frère ou la sœur qui hérite doit être célibataire, veuf(ve), divorcé(e) ou séparé(e) de corps ;

– il (elle) doit être âgé(e) de plus de 50 ans ou être atteint(e) d'une infirmité l'empêchant de travailler ;

– il (elle) doit avoir habité avec le défunt pendant les 5 années qui ont précédé le décès.

Les neveux et nièces

Les neveux et nièces du défunt bénéficient d'un abattement *(Voir pages Barème)*.

Les autres collatéraux

Chaque héritier ou légataire a droit à un abattement général *(Voir pages Barème)*. Selon son degré de parenté, le surplus est taxé de la manière suivante :

MONTANT DES DROITS EN LIGNE COLLATÉRALE*

Fraction de la part nette taxable	Taux applicable
Entre frères et sœurs :	
– jusqu'à un certain montant *(Voir pages Barème)*	35 %
– au-delà d'un certain montant *(Voir pages Barème)*	45 %
Entre collatéraux jusqu'au 4e degré inclus	55 %
Entre collatéraux au-delà du 4e degré	60 %
Entre non-parents	60 %

** Ou en l'absence de lien de parenté ou de PACS.*

Le partenaire pacsé

Tout comme le conjoint, le partenaire pacsé étant exonéré de droits de succession depuis le 22/8/2007, il n'a donc pas de droits à payer.

› Quels sont les avantages et les réductions spécifiques ?

L'abattement pour les personnes handicapées

Quel que soit son degré de parenté avec le défunt, et même en l'absence d'un tel lien, la personne handicapée qui hérite bénéficie d'un abattement spécifique, sur la part de succession qui lui revient *(Voir pages Barème)*, à condition d'être atteinte, à la date du décès, d'une infirmité physique ou mentale l'empêchant de se livrer à une activité professionnelle normale. Si l'héritier a moins de 18 ans, le handicap dont il est atteint doit l'empêcher d'acquérir une instruction ou une formation professionnelle d'un niveau normal. Cet abattement est cumulable avec ceux prévus en ligne directe *(Voir pages Barème)* et entre frères et sœurs *(Voir pages Barème)*. Il ne se cumule pas avec l'abattement général *(Voir pages Barème)*.

À NOTER

Les handicapés bénéficiaires d'une donation ont également droit à l'abattement supplémentaire qui se cumule avec les autres abattements.

La réduction de droits pour famille nombreuse

Après application des abattements correspondant à sa situation, et une fois les droits de succession calculés, l'héritier ou le légataire peut bénéficier d'une réduction de ses droits s'il a, au jour du décès, au moins trois enfants vivants.

Le montant de cette réduction est alors de :

– 610 € par enfant à partir du 3e pour les transmissions en ligne directe (ascendants ou descendants) et pour les donations entre conjoints mariés ou entre partenaires pacsés ;

– 305 € par enfant à partir du 3e pour les transmissions en ligne collatérale ou entre étrangers.

Pour en bénéficier, il faut produire un certificat de vie pour chacun des enfants vivants ou des représentants d'un enfant décédé ou encore une expédition de l'acte de décès de tout enfant décédé depuis l'ouverture de la succession (*Code général des impôts, Art. 780*).

AVANTAGE

La loi n° 2003-709 du 1/8/2003 relative au mécénat, aux associations et aux fondations a créé un nouvel abattement sur la part successorale de tout héritier ou légataire qui, dans les 6 mois du décès, ferait don de biens provenant de la succession en faveur d'une fondation reconnue d'utilité publique ou don de sommes en faveur d'une association reconnue d'utilité publique, de l'État, d'une commune, d'un département, d'un établissement public hospitalier,

d'un organisme de sécurité sociale. L'abattement est égal à la valeur des biens ou des sommes donnés (Code général des impôts, Art. 788-III).
Cet abattement est cumulable avec l'abattement prévu pour les enfants, les ascendants, les frères et sœurs, ainsi qu'avec l'abattement réservé aux personnes handicapées. Mais il n'est pas cumulable avec la réduction d'impôt pour les dons.

Quelles sont les exonérations possibles ?

Les biens dont la liste suit sont exonérés de droits de succession :
– la réversion de rentes viagères entre époux ou en ligne directe, c'est-à-dire au profit d'ascendants et de descendants ;
– les immeubles recueillis en vertu d'une clause de tontine (clause insérée dans un contrat d'acquisition d'un bien en commun en vertu de laquelle la part du premier des acquéreurs décédé reviendra au survivant qui sera alors considéré comme seul et unique propriétaire) à condition que la valeur de l'immeuble soit égale ou inférieure à 76 000 € (*Code général des impôts, Art. 754-A*).
– les assurances vie contractées par le défunt au profit de bénéficiaires déterminés. Toutefois, au-delà de 30 500 €, il sera tenu compte des primes versées par l'assuré âgé de 70 ans ou plus (*Code général des impôts, Art. 757-B*). Par ailleurs, pour les contrats souscrits après le 13/10/1998 (ou si le contrat est antérieur, pour les primes versées à compter de cette date), les sommes reçues par chaque bénéficiaire au-delà de 152 500 € sont assujetties à un prélèvement de 20 % (*Code général des impôts, Art. 990 I*) ;
– sous certaines conditions et à concurrence d'une fraction de leur valeur, les bois et forêts, les parts de groupements forestiers, les biens ruraux loués par bail à long terme et les parts de groupement foncier agricole (*Code général des impôts, Art. 793-2-2° et 793-2-3°*) ;
– la créance de salaire différé (rémunération due à l'enfant d'un agriculteur qui a travaillé dans le domaine familial sans être rémunéré) ;
– les œuvres d'art dont il est fait don à l'État ou à un musée ;
– sous certaines conditions, les monuments historiques ouverts au public ;
– sous certaines conditions et à concurrence de 75 % de leur valeur, les transmissions par décès ou par donation en pleine propriété des entreprises individuelles ou des parts ou actions d'une société ayant une activité industrielle, commerciale, artisanale, agricole ou libérale (*Code général des impôts, Art. 787 B et s.*) ;
– enfin, en matière de biens immobiliers, selon leur date d'acquisition et à certaines conditions, des exonérations partielles sont prévues soit pour les immeubles acquis en l'état futur d'achèvement, soit, pour la première mutation, à titre gratuit de constructions nouvelles ou d'immeubles locatifs.

Certaines autres exonérations sont prévues en considération de la qualité du défunt ou du successeur :
– les personnes dispensées du dépôt de déclaration (c'est-à-dire les héritiers en ligne directe, le conjoint survivant et le partenaire lié au défunt par un PACS quand l'actif successoral est inférieur à 50 000 € et les autres personnes quand cet actif est inférieur à 3 000 €) sont également dispensées de droits de mutation (*Code général des impôts, Art. 796-0*) ;
– les successions des victimes de guerre, lorsque les héritiers sont les ascendants, descendants, conjoints, frères et sœurs du défunt et leurs descendants ;
– les successions des victimes d'acte de terrorisme commis depuis le 1/1/1982 ;
– les successions des sapeurs-pompiers professionnels ou volontaires décédés en opération de secours, cités à l'ordre de la Nation ;
– les successions des policiers, gendarmes et agents des douanes décédés dans l'accomplissement de leur mission, cités à l'ordre de la Nation ;
– les successions des militaires décédés pendant ou à la suite d'opérations extérieures (OPEX) ;
– les indemnités ou rentes versées ou dues au défunt en réparation de dommages corporels liés à un accident ou à une maladie. Ces sommes sont déductibles de l'actif successoral (*Code général des impôts, Art. 775 bis*) ;
– les dons et legs faits à l'État et aux établissements publics scientifiques, d'enseignement, d'assistance ou de bienfaisance, aux régions, départements, communes, aux établissements publics hospitaliers, aux organismes de la sécurité sociale, aux organismes d'HLM et à divers organismes ou associations d'enseignement, de bienfaisance ou reconnus d'utilité publique (*Code général des impôts, Art. 794 et s.*) ;
– les dons et legs d'immeubles situés dans les cœurs des parcs nationaux, faits au profit de l'établissement public du parc national concerné.

Quand faut-il payer les droits de succession ?

Les droits de successions doivent être payés par les héritiers ou les légataires dans les 6 mois qui suivent le décès, au moment du dépôt de la déclaration de succession.

En principe, les droits doivent être payés comptant. Cependant, sous certaines conditions (constitution d'une hypothèque ou apport d'une caution personnelle par exemple) et moyennant le paiement d'intérêts (taux de l'intérêt légal), il est possible d'obtenir du fisc un paiement fractionné. De plus, pour les biens recueillis dans la succession, mais en nue-propriété seulement, l'héritier ou le légataire peut demander que le paiement des droits correspondant soit différé au jour de la réunion de l'usufruit à la nue-propriété, c'est-à-dire, en pratique, au jour du décès de l'usufruitier.

AVANTAGE

Les droits de mutation à titre gratuit peuvent également être acquittés par la remise d'œuvres d'art, de livres, d'objets de collection, de documents, de haute valeur artistique ou historique.

Cette possibilité a l'intérêt de préserver le patrimoine national et d'éviter que les héritiers soient obligés de vendre ces objets à des tiers ou des étrangers pour payer les droits de succession !

Les droits peuvent aussi être payés par la remise d'un immeuble situé dans une zone d'intervention du Conservatoire de l'espace littoral et des rivages lacustres ou encore de bois, forêts ou espaces naturels pouvant être incorporés au domaine forestier de l'État. Sont également autorisés, à titre de paiement, la remise d'immeubles devant être vendus à une collectivité locale pour le développement de logements HLM ou encore la remise de blocs de titres de sociétés cotées ou d'obligations négociables devant être donnés à un établissement supérieur afin de financer un projet de recherche ou d'enseignement (Code général des impôts, Art. 1716 bis).

Cas pratiques

Recevoir un patrimoine

Notaire

Dans quelle mesure un notaire doit-il informer ses clients face à une succession ?

Le notaire chargé de la succession doit informer ses clients des possibilités de renoncer à une succession et des dangers de l'acceptation pure et simple en cas de dettes importantes dans la succession. Mais pour que le notaire remplisse son devoir d'information, il faut bien sûr que les héritiers l'aient informé suffisamment du passif et de l'actif de la succession. C'est ce qui a été décidé dans l'affaire suivante : une veuve, qui avait accepté la succession de son mari en son nom et au nom de ses enfants, s'était vue réclamer une dette de plus de 60 000 € correspondant à un engagement de caution souscrit par son défunt mari. Elle reprochait au notaire de ne pas l'avoir mise en garde des dangers d'une acceptation pure et simple et voulait mettre en cause sa responsabilité professionnelle. Les juges ont mis hors de cause le notaire. Il avait fait tout ce qui était en son pouvoir pour déterminer exactement la valeur de cette succession. En revanche, sa cliente avait omis de lui révéler l'existence de la dette litigieuse, ce qui avait empêché le notaire de lui donner des conseils appropriés (*Cour de cassation, 1re chambre civile, 4/2/2003*).

Indivision - rémunération

On m'a dit que l'indivisaire qui a exploité et développé par son travail le bien en indivision doit être rémunéré. Dans mon cas, nous avons, ma famille et moi, hérité d'une pharmacie que j'ai exploité seul pendant plusieurs années. Pourrai-je bénéficier seul, lors du partage, de la plus-value que j'ai apportée ?

Non, car la règle posée par la loi est la suivante : si le bien indivis a pris de la valeur en raison de l'exploitation personnelle d'un indivisaire, ce dernier n'est pas indemnisé en fonction de la plus-value apportée au bien (*Code civil, Art. 815-12*). Cette plus-value profite en effet à l'indivision. Vous ne pouvez prétendre qu'à une rémunération de votre travail puisque le travail n'est pas assimilé à une dépense financière susceptible d'être remboursée. Vous êtes considéré juridiquement comme le gérant de l'indivision et devez être rémunéré à ce titre. Vous pourrez donc demander une rémunération de votre travail qui pourrait être calculée, par exemple, sur le salaire d'un pharmacien diplômé (*Cour de cassation, 1re chambre civile, 29/5/1996)*.

Indivision - désaccord entre indivisaires

À la suite du décès de notre mère, mes frères et sœurs et moi-même (nous sommes cinq) nous sommes retrouvés en indivision. Un seul s'oppose à la vente d'une maison dont le prix pourrait servir à payer des droits de succession (très importants) et à arrêter le cours des pénalités de retard. Que pouvons-nous faire ?

Tout d'abord, sachez que les indivisaires titulaires d'au moins 2/3 des droits indivis peuvent, à cette majorité, vendre les meubles indivis pour payer les dettes de l'indivision *(Code civil, Art. 815-3)*.
Par ailleurs, la loi permet à un ou plusieurs indivisaires de s'adresser au tribunal de grande instance afin d'être autorisé à passer seul un acte pour lequel le consentement de l'opposant serait nécessaire, si le refus de celui-ci met en péril l'intérêt commun (*Code civil, Art. 815-5*). Pour obtenir cette autorisation, vous devez, avec les autres indivisaires, assigner l'opposant à la vente devant le tribunal de grande instance. La notion « d'intérêt commun en péril » est bien sûr fonction de chaque cas et seul le tribunal saisi est apte à la déterminer. Dans un cas semblable au vôtre, les juges ont considéré que l'intérêt commun était en péril puisque chaque héritier pouvait se voir réclamer le paiement intégral des droits de succession et que le fisc pouvait inscrire une hypothèque sur les immeubles indivis. La vente a donc été ordonnée malgré l'opposition d'un des indivisaires (*Cour de cassation, 1re chambre civile, 14/2/1984)*.

Partage - souvenirs de famille

Mon père avait reçu plusieurs décorations pendant la guerre et avait conservé de nombreuses correspondances de cette époque. Maintenant que ma mère est morte, j'ai peur que mes frères dispersent ces souvenirs. Je voudrais les conserver. En ai-je le droit ?

Les souvenirs de famille comme les décorations, les documents, les manuscrits ou les portraits de famille ne sont pas partagés comme les autres biens d'une succession en raison de leur valeur essentiellement morale (plus que patrimoniale). On dit qu'ils sont « hors du commerce ». Au décès de celui qui les détient, ces biens restent en indivision mais peuvent être confiés, en dépôt, à celui des héritiers qui paraît le plus qualifié pour les conserver. À défaut d'accord avec vos frères, le juge (tribunal de grande instance) pourra vous les confier ou décider de les remettre à un organisme chargé de la mise en valeur et de la préservation des archives régionales ou nationales.

Déclaration de succession - évaluation du domicile défunt

Après le décès de mon père nous avons hérité de sa maison dans laquelle ma mère habite encore. Comment évaluer ce bien sachant qu'un crédit n'est pas encore totalement remboursé ?

Il faut tout d'abord fixer la valeur vénale de cette maison. Un notaire ou une agence immobilière pourra vous renseigner sur le prix du marché.
Vous pourrez ensuite déduire 20 % de cette valeur puisque cette maison constituait la résidence principale de votre père avant son décès et qu'elle est également la résidence de votre mère depuis cette date. Cet abattement s'applique si vos parents étaient mariés (ou pacsés).
Enfin, il est également possible de déduire le crédit non encore remboursé.

Déclaration de succession - dettes déductibles

Après le décès de ma mère, nous avons dû licencier le gardien qu'elle employait pour sa maison de campagne. Pouvons-nous déduire de l'actif successoral l'indemnité de licenciement que nous lui avons versée ?

Les indemnités de préavis et de licenciement peuvent effectivement être ajoutées au passif successoral venant en déduction de l'actif imposable. Cette déduction est admise depuis juillet 2000. Mais vous ne pouvez pas, en revanche, déduire le dernier salaire de cet employé ni l'indemnité de congés payés puisque ces sommes correspondent à son activité exercée avant le décès de votre mère (*BO 7 G-8-00 du 17/7/2000*).

Donations et successions

Abattements en 2010

NATURE DE L'ABATTEMENT	MONTANTS
Enfants et parents	156 974 € (donation et succession)
Conjoints et partenaires pacsés	79 533 € (donation)
Frères et sœurs	15 697 € (donation et succession)
Neveux et nièces	7 849 € (donation et succession)
Petits-enfants	31 395 € (donation)
Arrière-petits-enfants	5 232 € (donation)
Dons familiaux de sommes d'argent	31 395 €
Dons pour favoriser le développement des PME	30 000 € (donation)
Personnes handicapées	156 974 € (donation et succession)
Abattement général succession	1 570 €

Déblocage du compte bancaire

Déblocage de sommes sur le compte du défunt sur présentation :

– d'un certificat d'hérédité si ces sommes sont inférieures à 5 335 € ;
– d'un certificat de propriété si ces sommes dépassent 5 335 €.

Tarifs des droits de mutation en 2010 (fraction de part nette taxable)

ENTRE CONJOINTS ET PARTENAIRES PACSÉS	
Jusqu'à 7 953 €	5 %
De 7 953 à 15 697 €	10 %
De 15 697 à 31 395 €	15 %
De 31 395 à 544 173 €	20 %
De 544 173 à 889 514 €	30 %
De 889 514 à 1 779 029 €	35 %
Au-delà de 1 779 029 €	40 %

EN LIGNE DIRECTE (PARENTS, ENFANTS, PETITS-ENFANTS...)	
Jusqu'à 7 953 €	5 %
De 7 953 à 11 930 €	10 %
De 11 930 à 15 697 €	15 %
De 15 697 à 544 173 €	20 %
De 544 173 à 889 514 €	30 %
De 889 514 à 1 779 029 €	35 %
Au-delà de 1 779 029 €	40 %

ENTRE FRÈRE ET SŒUR	
N'excédant pas 24 069 €	35 %
Supérieure à 24 069 €	45 %

La défense du consommateur

Vos achats

S'informer préalablement à l'achat
Les formes de vente particulières
L'exécution du contrat
La publicité
La qualité et la sécurité des produits et des services
Se défendre

Votre alimentation

L'étiquetage des produits alimentaires
La qualité et l'origine des produits alimentaires
La sécurité alimentaire

Vos achats

Le droit de la consommation connaît depuis quelques années un développement tout à fait favorable aux consommateurs. Depuis 1993, le Code de la consommation réunit l'ensemble des règles relatives à l'information des consommateurs, la formation des contrats, la conformité et la sécurité des produits et des services… dans le but d'assurer aux consommateurs la loyauté et la sincérité de l'offre faite par les professionnels vendeurs de produits et de services, la légalité des transactions commerciales et la protection des intérêts des acheteurs.

S'informer préalablement à l'achat

Avant d'acquérir un bien ou une prestation de services, le consommateur doit avoir été informé sur les prix, la qualité et les conditions particulières de la vente qui lui est proposée. Cette information transparente, sincère et loyale sur les produits et les services est prévue par le droit de la consommation (*Code de la consommation, Art. L. 113-3*) et ce, aussi bien avant la signature du contrat que dans le contenu même de celui-ci.

L'information sur les prix

L'abrogation des ordonnances du 30/6/1945 relatives au prix des produits et des services, qui permettaient à l'administration d'intervenir à tout moment et dans tous les secteurs pour fixer les prix, et leur remplacement par l'ordonnance n° 86-1243 du 1/12/1986 relative à la liberté des prix et de la concurrence aujourd'hui en vigueur et intégrée dans le Code de commerce, ont entraîné une modification fondamentale concernant la réglementation des prix. Par ailleurs, le Code de la consommation prévoit des dispositions obligeant tout professionnel à informer les consommateurs sur les prix et les conditions de vente des produits et des services qu'il commercialise.

Le principe de la liberté des prix s'applique à tous les biens, produits et services offerts à la vente par tous les opérateurs économiques, qu'il s'agisse du prix des produits industriels ou du tarif des services rendus aux consommateurs, qu'ils soient publics (parcs publics de stationnement, par exemple) ou privés.

L'administration a la possibilité de réglementer par décret, en Conseil d'État, les prix de certains secteurs d'activité pour des motifs tirés de l'intérêt général (tarifs des courses de taxis, tarifs SNCF et RATP, loyers des baux à usage d'habitation du secteur libre en région parisienne, prix du gaz et de l'électricité...).

Il revient à tout consommateur averti de faire jouer la concurrence et de confronter les devis ou les prix des professionnels entre eux pour optimiser son acte d'achat.

La publicité des prix des biens et des services constitue l'un des principes fondamentaux de la concurrence commerciale et de la protection des intérêts du consommateur.
En vertu de l'article L. 113-3 du Code de la consommation, toute information sur les prix des produits ou des services offerts à la vente par un professionnel doit faire apparaître, quel que soit le support utilisé (marquage, étiquetage ou autres), la somme totale qui devra être effectivement payée par le consommateur. Cette somme doit être exprimée en euros depuis le 1/1/2002. Le prix de vente doit faire apparaître les éventuels coûts supplémentaires à la charge du consommateur (le montant des frais de livraison ou d'envoi par exemple). Cette disposition vise à mettre le consommateur à l'abri de toute surprise quant au montant de la dépense totale qu'il aura à supporter pour l'acquisition du produit ou la fourniture du service proposé.

En cas de publicité réalisée sur les lieux de vente ou sur des sites Internet marchands, toute annonce de réduction de prix doit faire apparaître par étiquetage, marquage ou affichage, outre le prix réduit annoncé, un prix de référence. Ce dernier ne peut excéder le prix le plus bas effectivement pratiqué par l'annonceur pour un article ou une prestation similaire, dans le même établissement de vente au détail ou site Internet, au cours des 30 derniers jours précédant le début de la publicité.
L'annonceur peut également utiliser comme prix de référence le prix conseillé par le fabriquant ou l'importateur du produit ou le prix maximum résultant d'une disposition de la réglementation économique.

À NOTER

Lorsque l'annonce de réduction de prix est d'un taux uniforme et se rapporte à des produits ou services parfaitement identifiés (20 % sur tout le magasin ou 10 % sur tous les réfrigérateurs, par exemple), la réduction peut être faite directement à la caisse. Dans ce cas, l'indication du prix réduit n'est pas obligatoire par marquage ou étiquetage, l'avantage annoncé devant s'entendre par rapport au prix de référence.

Lorsqu'elle est faite en dehors des lieux de vente ou sur des sites Internet non marchands, l'annonce de réduction de prix doit préciser :

– l'importance de la réduction soit en valeur absolue, soit en pourcentage par rapport au prix de référence défini plus haut ;

– les produits ou services ou les catégories de produits ou services concernés ;

– les modalités suivant lesquelles sont consentis les avantages annoncés, notamment la période pendant laquelle le produit ou le service est offert à prix réduit ou la date de début de l'opération accompagnée de l'importance des quantités offertes en début de promotion ou la mention « jusqu'à épuisement des stocks » (*Arrêté du 31/12/2008*).

Les règles d'étiquetage

Les produits exposés à la vue du public

Le prix des produits vendus au détail et exposés à la vue du public (vitrine, étalage ou rayonnages) doit faire l'objet d'un marquage par écriteau ou d'un étiquetage lisible et accessible. L'information doit figurer de telle manière que le consommateur n'ait pas à entrer dans le magasin pour la lire ou se renseigner (*Arrêté interministériel du 3/12/1987, Art. 4 et 5*). Cette obligation s'applique sur tous les lieux de vente qu'il s'agisse d'un magasin, d'une foire ou d'un salon. Les produits d'occasion n'échappent pas à ce principe. En revanche, les articles soldés sont assujettis à des règles particulières (→ index, *Soldes*).

À NOTER

Les règles de l'étiquetage du prix s'appliquent à tous les produits préemballés (alimentaires ou non). Mais pour ces derniers, le vendeur doit parallèlement indiquer un prix à l'unité de mesure (au kilogramme, au litre) (Arrêté du 16/11/1999).

Les produits non exposés à la vue du public

Les produits non exposés au public mais disponibles à la vente au détail (produits stockés en réserve par exemple) doivent également faire l'objet d'un étiquetage.

Les produits bénéficiant d'un régime spécifique

Certains produits bénéficient d'un régime spécifique d'information s'agissant de la publicité de leurs prix :

– les véhicules automobiles : un document comportant notamment l'indication du prix de vente doit être remis au consommateur avant la signature du contrat (*Arrêté du 28/6/2000*) ;

– l'essence : l'affichage du prix des carburants à la pompe doit être effectué à l'aide d'un panneau extérieur lisible depuis la voie publique (*Arrêté du 8/7/1988*). Les stations-service situées hors autoroutes peuvent désormais afficher leurs prix sur les autoroutes par des panneaux commerciaux, installés entre 5 et 10 km avant chaque sortie, indiquant le nom commercial de la station, la distance de la station après la sortie et le prix des deux carburants les plus utilisés (*Arrêté du 12/12/2006*) ;

– les meubles neufs : ils doivent être étiquetés et le prix doit apparaître de manière visible et indélébile, sans omettre l'énumération de la liste des objets livrés ou emportés pour le même prix (*Décret n°86-583 du 14/3/1986*) ;

– certains produits alimentaires : il s'agit notamment de la viande, de la charcuterie, du pain et des fruits et légumes.

Le prix des services

Les offres de services des professionnels n'échappent pas à l'obligation d'affichage des prix. Il s'effectue par le biais d'un document unique remis au consommateur ou par un affichage lisible placardé sur les lieux où le service est proposé. Les prix sont toujours affichés toutes taxes comprises ou service compris pour chacune des prestations proposées.

Certains professionnels doivent afficher leurs prix au public de telle façon qu'ils puissent être lus de l'extérieur :

– les salons de coiffure : ils doivent afficher les prix TTC d'au moins dix prestations parmi les plus courantes (*Arrêté n° 87-05/C du 27/3/1987*) ;

– les blanchisseries et teinturiers (*Arrêté du 27/3/1987*) ;

– les cordonniers (*Arrêté du 4/5/1983*) ;

– les déménageurs : ils sont tenus de remettre gratuitement et obligatoirement un devis avant la signature du contrat (*Arrêté du 3/11/1986*) ;

– les débits de boissons et les restaurants (*Arrêté du 27/3/1987*) ;

– les hôtels et les établissements d'hébergement (*Arrêté du 18/10/1988*) ;
– les locations saisonnières en meublé (*Arrêté du 16/5/1967*) ;
– les campings-caravanings : ils doivent afficher les prix TTC à l'entrée pour chacune des prestations proposées ainsi que le règlement intérieur (*Arrêté du 27/3/1987*) ;
– les établissements de crédit (*Code monétaire et financier, Art. R. 321-1*) ;
– les professionnels de l'immobilier (*Arrêté du 29/6/1990*) ;
– les professionnels de l'automobile : les garagistes (*Arrêté du 27/3/1987*), les agences de location de véhicules (*Arrêté du 18/4/1991*), les auto-écoles (*Arrêté du 19/6/1987*)...

AVANTAGE

En matière de prestations de services, le versement d'un pourboire n'est jamais dû et le prix des majorations éventuelles doit être spécifiquement indiqué (Arrêté du 3/12/1987, Art. 1 et 13).

À NOTER

Depuis le 1/1/2002, toute information sur les prix de produits ou de services doit faire apparaître, quel que soit le support utilisé, la somme totale TTC qui devra être effectivement payée par le consommateur, exprimée en euros (Arrêté du 21/12/2001).

La facture

Toute prestation de services d'un montant supérieur à 15 € doit donner lieu à la délivrance d'une facture ou d'une note, à moins qu'un devis descriptif et détaillé ait été rédigé préalablement et que le client l'ait accepté (*Arrêté du 3/10/1983*). En deçà de cette somme, la délivrance d'une facture est facultative, sauf demande expresse du client.

La facture doit obligatoirement mentionner :
– la date où elle est établie ;
– le nom et l'adresse du prestataire ;
– le nom du consommateur ;
– la date et le lieu d'exécution de la prestation ;
– le décompte détaillé, en quantité et en prix, de chaque prestation et produit fourni et vendu ;
– la somme totale à payer hors taxes et toutes taxes comprises.

À NOTER

Certaines prestations de services peuvent faire l'objet de dispositions particulières en matière de facturation. C'est ainsi que les factures des services de distribution de l'eau (communes ou concessionnaires privés), comportent plusieurs rubriques permettant d'éclairer les usagers sur ce qu'ils paient et sur la destination des fonds collectés : prix de la distribution de l'eau, de la collecte et du traitement des eaux usées, redevance des organismes publics...

De même, les factures de téléphone doivent comprendre notamment : l'identifi ation du fournisseur et du client, le prix HT et TTC, distinguant les abonnements, les forfaits et options, les consommations et les services ponctuels ou occasionnels ainsi que l'information selon laquelle le consommateur peut, à sa demande, obtenir une facture détaillée dont le contenu est également réglementé (Arrêté du 1/2/2002).

Le devis

Certains professionnels sont tenus de remettre obligatoirement à leurs clients un devis préalable à toute signature de contrat et à toute réalisation de prestation. Il s'agit de protéger les consommateurs dans des secteurs sensibles ou de leur permettre de disposer d'une proposition de prix permettant la comparaison entre plusieurs professionnels.

Cinq secteurs sont ainsi encadrés :

- Les dépanneurs et les réparateurs dans le secteur du bâtiment (plomberie, travaux de l'habitat...) et de l'électroménager : ils sont tenus, lorsque le montant estimé de l'intervention est supérieur à 150 €, d'effectuer un devis écrit, préalablement à tous travaux, indiquant le prix des prestations proposées ou demandées par le consommateur (*Arrêté du 2/3/1990*).
- Les opticiens : avant tout achat de verres, lunettes, montures ou lentilles, le client doit avoir reçu un devis détaillé (*Arrêté du 23/7/1996*).
- Les chirurgiens esthétiques : ils sont tenus de remettre avant toute intervention chirurgicale à visée esthétique un devis détaillé (*Code de la santé publique, Art. L. 6322-2*).
- Les sociétés funéraires : elles doivent remettre un devis détaillé et gratuit aux familles avant toute inhumation ou crémation sans demande préalable de la part de ces dernières (*Code général des collectivités territoriales, Art. R. 2223-24 et s.*).
- Les dentistes et les médecins : ils doivent, lorsqu'ils font appel à un fournisseur ou à un prestataire de services pour la réalisation d'un acte pris en charge par l'assurance maladie, fournir à leur patient, sous peine de sanctions, un devis avant que l'acte soit effectué et une facture après sa réalisation (*Loi n° 98-1194 du 23/12/1998*).

L'information sur le produit et le contrat

› L'information sur le produit

● L'article L. 111-1 du Code de la consommation met à la charge des professionnels vendeurs de biens (automobiles, meubles...) ou prestataires de services (teinturiers, entreprises de déménagement...) l'obligation de fournir au consommateur, avant la signature du contrat, toute information susceptible de le renseigner sur les caractéristiques essentielles du bien ou du service. En outre, le fabriquant ou l'importateur de biens doivent informer le vendeur professionnel de la période pendant laquelle les pièces indispensables à l'utilisation des biens seront disponibles sur le marché et cette information doit être obligatoirement délivrée au consommateur, par le vendeur, avant la conclusion du contrat (*Code de la consommation, Art. L. 111-2*). De cette manière, l'acheteur peut se déterminer dans son choix, en toute connaissance de cause, aux meilleures conditions économiques, juridiques et techniques dans un contexte marqué par le jeu du marché. C'est ce qu'on appelle communément l'obligation de renseignement ou le devoir de conseil du professionnel. En cas de litige, c'est au vendeur de prouver qu'il a exécuté ces obligations.

● L'obligation de renseignement peut être faite à l'aide de n'importe quel support : étiquette, affiche, bon de commande, notice ou tout simplement de façon orale. Elle est particulièrement protectrice car le professionnel ne doit pas se contenter d'énoncer les caractéristiques propres au bien ou au service offert à la vente (conditions d'utilisation, instructions d'emploi, qualités ou finalités du bien ou du service offert...), il doit également mettre en lumière l'opportunité même de conclure le contrat envisagé en fonction des besoins et des moyens du consommateur. S'il ne le fait pas, il peut se voir condamné au paiement de dommages et intérêts à hauteur du préjudice subi par l'acheteur, qui peut également demander l'annulation du contrat de vente dès lors que le silence a été volontairement gardé par le vendeur.

Les tribunaux ont ainsi été amenés à condamner un garagiste pour manquement à son devoir de conseil : il n'avait pas avisé le client du caractère inopportun des réparations demandées (*Cour de cassation, Chambre commerciale, 25/2/1981*). Il en a été de même pour un moniteur de ski qui n'avait pas apprécié le niveau de ses élèves au regard de la piste empruntée, un accident en ayant résulté (*Cour de cassation, 1re chambre civile, 9/2/1992*). Même chose pour un vendeur de matériel informatique : il avait conseillé à son client un matériel inadapté à ses besoins (*Cour d'appel, Versailles, 3/6/1987*).

À NOTER

Les tribunaux imposent aux professionnels de fournir à l'acheteur un mode d'emploi rédigé clairement, en langue française, lorsque le produit vendu est d'une utilisation délicate ou dangereuse.

● Pour certains produits ou services, le devoir d'information des professionnels va au-delà des obligations générales. Nombreux sont les textes prévoyant une information spécifique à certains produits ou services en raison de considérations d'hygiène et de santé publique (produits alimentaires notamment), en raison de l'importance de l'achat projeté par le consommateur (crédit immobilier, par exemple), ou encore en raison de la situation particulièrement vulnérable dans laquelle se trouve le consommateur vis-à-vis d'un professionnel (recours à une agence matrimoniale, par exemple).On peut citer, à titre d'exemple, l'obligation pour les vendeurs de véhicules automobiles neufs, d'informer le consommateur, par un affichage visible, sur la consommation de carburant de la voiture et les émissions de dioxyde de carbone résultant de son utilisation (*Décret n° 2002-1508 du 23/12/2002*).

À NOTER

Tous les vendeurs de produits manufacturés doivent informer les consommateurs de la période de disponibilité prévisible des pièces détachées nécessaires à la réparation éventuelle du bien acheté (Code de la consommation, Art. L. 111-2). Faute de quoi, ils engagent leur responsabilité contractuelle conformément au droit commun (Code civil, Art. 1142). Le consommateur peut demander en justice des dommages et intérêts en compensation du préjudice subi du fait de l'inexistence de pièces nécessaires à la réparation du bien acheté alors même qu'il n'avait été informé d'aucune indisponibilité.

› L'information sur le contrat

● Les documents précontractuels

Dans des secteurs particuliers (assurances, concessions automobiles, agences de voyages...), les professionnels sont tenus de remettre à leurs clients, avant la signature du contrat, des documents énumérant les caractéristiques essentielles de la convention proposée. L'inobservation de ces obligations entraîne, le plus souvent, la nullité du contrat, voire des sanctions pénales.

Les principaux produits, services ou secteurs concernés sont :

– Les assurances (compagnies et mutuelles) : elles doivent obligatoirement fournir à toute personne intéressée une fiche d'information sur le prix et les garanties proposées avant la conclusion du contrat, ainsi qu'un exemplaire du projet de contrat ou une notice d'information sur celui-ci (*Code des assurances, Art. L. 112-2, L. 132-5* et *L. 132-5-1*).

– Les établissements de crédit : ils doivent informer leurs clients des conditions d'utilisation de leur compte bancaire, du prix des différents services auxquels ils ont accès et des engagements réciproques offerts (*Code monétaire et financier, Art. L. 312-1-1*).

– Les vendeurs d'automobiles : ils doivent remettre à tout acheteur potentiel, avant la signature de la commande, un document présentant les caractéristiques techniques du véhicule désiré, son prix et la date à laquelle celui-ci peut être livré (*Arrêté du 28/6/2000*).

– Les mandataires automobiles : un arrêté renvoie à un modèle de contrat élaboré par le Conseil national de la consommation (*Arrêté du 28/10/1996*).

– Les agences de voyages : elles doivent informer les clients intéressés par écrit, préalablement à la signature du contrat, du contenu des prestations proposées : moyens de transport éventuellement utilisés, mode d'hébergement... (*Code du tourisme, Art. L. 211-9*).

– Les établissements hébergeant des personnes âgées : ils doivent inclure dans leurs contrats certaines mentions (*Loi n° 90-600 du 6/7/1990*).

– Les entreprises des pompes funèbres : leur documentation générale, les devis obligatoirement remis aux familles ainsi que les bons de commande doivent être conformes aux articles R. 2223-24 et suivants du Code général des collectivités territoriales relatif au règlement national des pompes funèbres.

Les clauses obligatoires

Dans la majorité des cas, le contrat qui est présenté au consommateur est prérédigé et le signataire n'a guère la possibilité d'en modifier les clauses. Qui songerait en effet à négocier avec France Télécom, par exemple, le prix de l'abonnement et des conditions dans lesquelles ce dernier est assuré ? Pourtant, les contrats d'adhésion sont parfois libellés sans prendre en compte les intérêts des consommateurs, voire en étant contraires aux lois et aux règlements applicables à leur contenu.

Si les contrats courants tirent leur force de l'accord présupposé entre la volonté du professionnel et le désir du consommateur, encore faut-il que ce dernier soit suffisamment éclairé quant à la nature et la portée des conditions auxquelles il déclare adhérer.

Les pouvoirs publics, conscients du fait que les contrats de consommation sont rédigés en faveur des professionnels et de la nécessité d'un consentement éclairé du consommateur qui s'engage, ont adopté des dispositions visant à rétablir un équilibre entre les contractants.

Pour un certain nombre de contrats, il existe des textes fixant des obligations d'information à l'égard du consommateur. Ils visent à faire respecter l'équilibre des intérêts en présence :

– Chirurgie esthétique : pour toute prestation de chirurgie esthétique, la personne concernée, et, s'il y a lieu, son représentant légal, doivent être informés par le praticien responsable des conditions de l'intervention, des risques et des éventuelles complications (*Code de la santé publique, Art. L. 6322-2*).

– Crédit : l'offre préalable doit comporter certaines mentions obligatoires établies selon l'un des modèles existants (→ index, *Crédit à la consommation*).

– Construction de maison individuelle : le contrat doit comporter certaines énonciations protégeant le consommateur, qu'il s'agisse de construction de maisons individuelles, avec ou sans fourniture de plan, ou de contrat de vente d'immeuble à construire.

– Courtage matrimonial : le contrat doit mentionner les coordonnées du professionnel, la prestation désirée et, dans un document annexe au contrat, les qualités de la personne désirée.

– Démarchage à domicile : le contrat doit comporter, sous peine de nullité, certaines mentions obligatoires, notamment, la faculté de renonciation offerte au consommateur ainsi que le bordereau de rétractation (→ index, *Démarchage*).

– Enseignement à distance : le contrat doit préciser les conditions de l'enseignement proposé et il doit fournir en annexe, sous peine de nullité, un plan d'étude.

– Établissement assurant l'hébergement des personnes âgées : le contrat doit prévoir les conditions et les modalités de résiliation du contrat et il doit comporter, en annexe, un document décrivant l'ensemble des prestations proposées par l'établissement avec l'indication du prix de chacune d'elles. Un contrat type existe mais il n'est pas obligatoire.

– Vente à distance : le contrat doit indiquer les coordonnées de l'entreprise (→ index, *Vente à distance*).

– « Marchands de listes » : leur fichier ne peut présenter aucun bien immobilier pour lequel le professionnel ne dispose pas d'une convention écrite, signée par le propriétaire, et comportant les mentions rendues obligatoires par l'article 26 du décret nº 95-818 du 29/06/1995.

– Garantie commerciale et service après-vente offerts par les vendeurs d'appareils électroménagers et électroniques : le contrat doit être conforme à un modèle type précisant les conditions du service et de la garantie (*Code de la consommation, Art. R. 211-1 et s.*).

– Étiquetage des meubles : il doit présenter un certain nombre de mentions obligatoires (*Décret nº 86-583 du 14/3/1986*).

● Si un contrat est valable dès lors que les deux parties font part de leur volonté expresse en ce sens, encore faut-il que l'objet du contrat soit suffisamment clair et que les conditions afférentes soient compréhensibles par le plus grand nombre.

C'est la raison pour laquelle certains textes exigent des contrats proposés par les professionnels un certain formalisme. C'est le cas notamment des contrats d'adhésion dont on ne peut pas modifier les conditions (contrat de carte bancaire ou abonnement téléphonique par exemple) ou de certains supports d'information à destination des consommateurs (étiquetage des denrées alimentaires par exemple) :

– Étiquetage des denrées alimentaires : l'utilisation de caractères apparents et lisibles est exigée (→ index, *Étiquetage des produits alimentaires*).

– Assurance : l'article L. 112-4 du Code des assurances dispose que les clauses des polices édictant des nullités, des déchéances ou des exclusions ne sont valables que si elles sont mentionnées en caractères très apparents.

– Crédit à la consommation : l'offre préalable doit être présentée de manière claire et lisible et rédigée en caractères dont la hauteur ne peut être inférieure à celle du corps 8.

– Crédit immobilier : les mentions obligatoires de l'offre préalable doivent être présentées de manière parfaitement lisibles et compréhensibles par le consommateur.

– Contrats de services de communications électroniques (fournisseurs de services Internet) : le contrat doit comporter de nombreuses clauses obligatoires portant sur la fourniture des services et leur maintien ainsi que sur les conditions dans lesquelles ces clauses sont susceptibles d'être modifiées (*Code de la consommation, Art. L. 121-83 et s.*).

– Contrats de fourniture d'électricité ou de gaz naturel : l'offre de fourniture doit préciser, dans des termes clairs et compréhensibles, de nombreuses informations obligatoires ainsi que les conditions dans lesquelles les dispositions contractuelles peuvent faire l'objet d'une modification (*Code de la consommation, Art. L. 121-86 et s.*).

● De manière générale, la lisibilité de l'étiquetage et du marquage des biens et des services proposés à la vente est une exigence permanente (*Arrêté du 3/12/1987*).

À NOTER

En l'absence de dispositions spécifiques, les tribunaux jugent non écrites les clauses contractuelles et les mentions obligatoires dont la présentation matérielle, notamment leur caractère illisible ou incompréhensible, ne permet pas au consommateur d'avoir une connaissance effective des dispositions qui l'engagent, ni d'appréhender la nature des informations qui lui sont destinées.

› Comment est sanctionné le défaut d'information ?

Le consommateur ayant subi un préjudice du fait de l'absence d'information d'un professionnel peut obtenir réparation de trois manières.

● Lorsqu'il y a défaut d'information, le consommateur peut porter plainte auprès du service de la répression des fraudes. Pour connaître les coordonnées du service de votre région, vous pouvez contacter la Direction générale de la concurrence, de la consommation et de la répression des fraudes.

Deux motifs peuvent être invoqués :

– la tromperie sur les qualités substantielles de la chose vendue en référence à l'article L. 213-1 du Code de la consommation. Ce qu'ont admis, par exemple, les tribunaux lors d'une vente de véhicule d'occasion où il avait été faussement attesté que la bat-

terie était neuve (*Tribunal de grande instance, Rouen, 16/9/1993*) ;
– l'abus de faiblesse dans les conditions précisées par l'article L. 122-8 du Code de la consommation (→ index, *Abus de faiblesse*) ou l'abus frauduleux de l'état d'ignorance de l'acheteur (*Code pénal, Art. 223-15-2*), deux pratiques proches de l'escroquerie au préjudice de victimes particulièrement vulnérables que l'on pousse à commettre un acte qui leur est préjudiciable.

En dehors de toute infraction pénale, le consommateur peut assigner le vendeur devant les tribunaux civils pour demander l'annulation de la vente et/ou le versement de dommages et intérêts en cas de préjudice que la nullité de la transaction ne suffit pas à réparer.

Cette action judiciaire peut être fondée sur deux articles du Code civil :
– l'article 1111 du Code civil : le vendeur a exercé des pressions sur l'acheteur pour le contraindre à signer le contrat (engagement signé sous la menace d'interrompre le séjour de personnes participant à un voyage : *Tribunal de grande instance, Bourges, 11/4/1989*) ;
– l'article 1116 du Code civil : des ruses ont été utilisées par le vendeur pour induire en erreur l'acheteur et l'amener ainsi à contracter (installateur affirmant faussement que le contrat d'entretien proposé est obligatoire de par la loi : *Cour de cassation, Chambre commerciale, 18/12/1986*). Le silence a été volontairement gardé par le vendeur sur des caractéristiques du produit ou du service que l'acheteur avait intérêt à connaître (garagiste dissimulant qu'une voiture a été accidentée : *Cour de cassation, Chambre commerciale, 4/2/1996*).

En dehors de tout vice du consentement, il est toujours possible d'assigner le professionnel pour manquement à son obligation générale d'information ou pour réparation de préjudice qu'il a causé :
– le manquement à l'obligation générale d'information s'établit sur la base de l'article L. 111-1 Code de la consommation. Un notaire a ainsi été condamné pour manquement à son devoir de conseil alors même que son client était accompagné de son propre conseil (*Cour de cassation, 1re chambre civile, 10/7/1995*) ;
– la réparation de préjudice s'effectue sur la base de l'article 1147 du Code civil qui oblige tout professionnel à réparer le préjudice qu'il cause à un acheteur si ce dernier subit un dommage du fait de l'inexécution du professionnel de son obligation de renseignement (par exemple, effets secondaires d'un médicament vendu par une pharmacie : *Cour de cassation, 1re chambre civile, 8/4/1986*).

À NOTER

Faute de contrat écrit et d'informations préalables sur le voyage, exigés par l'article L. 211-9 du Code du tourisme, une agence de voyage ne peut demander à un client le paiement d'un séjour effectué (Cour d'appel, Paris, 29/6/2001).

LES CLAUSES ABUSIVES

Une clause d'un contrat conclu entre un commerçant et un consommateur est abusive dès lors qu'elle a pour objet ou pour effet de créer, au détriment du consommateur, un déséquilibre significatif entre les droits et obligations des parties au contrat (*Code de la consommation, Art. L. 132-1*).
Depuis l'intervention du décret n° 2009-302 du 18/3/2009 pris en application de l'article L. 132-1 du Code de la consommation, sont présumées abusives de manière irréfragable (c'est-à-dire qu'elles sont privées de toute efficacité, inopposables au consommateur et que le commerçant ne peut, en aucun cas, les invoquer) les clauses ayant pour objet ou pour effet de :
- constater l'adhésion du consommateur à des clauses qui ne figurent pas dans l'écrit qu'il accepte ou qui sont reprises dans un autre document auquel il n'est pas fait expressément référence lors de la conclusion du contrat et dont il n'a pas eu connaissance avant sa conclusion ;
- restreindre l'obligation pour le professionnel de respecter les engagements pris par ses préposés ou ses mandataires ;
- réserver au professionnel le droit de modifier unilatéralement les clauses du contrat relatives à sa durée, aux caractéristiques ou au prix du bien à livrer ou du service à rendre ;
- accorder au seul professionnel le droit de déterminer si la chose livrée ou les services fournis sont conformes ou non aux stipulations du contrat ou lui conférer le droit exclusif d'interpréter une quelconque clause du contrat ;
- contraindre le consommateur à exécuter ses obligations alors que, réciproquement, le professionnel n'exécuterait pas ses obligations de délivrance ou de garantie d'un bien ou son obligation de fourniture d'un service ; .../...

LES CLAUSES ABUSIVES (SUITE)

- supprimer ou réduire le droit à réparation du préjudice subi par le consommateur en cas de manquement par le professionnel à l'une quelconque de ses obligations ;
- interdire au consommateur le droit de demander la résolution ou la résiliation du contrat en cas d'inexécution par le professionnel de ses obligations de délivrance ou de garantie d'un bien ou de son obligation de fourniture d'un service ;
- reconnaître au professionnel le droit de résilier discrétionnairement le contrat, sans reconnaître le même droit au consommateur ;
- permettre au professionnel de retenir les sommes versées au titre de prestations non réalisées par lui, lorsque celui-ci résilie lui-même discrétionnairement le contrat ;
- soumettre, dans les contrats à durée indéterminée, la résiliation à un délai de préavis plus long pour le consommateur que pour le professionnel ;
- subordonner, dans les contrats à durée indéterminée, la résiliation par le consommateur au versement d'une indemnité au profit du professionnel ;
- imposer au non-professionnel ou au consommateur la charge de la preuve, qui, en vertu du droit applicable, devrait incomber normalement à l'autre partie au contrat (*Code de la consommation, Art. R. 132-1*).

Par ailleurs, sont présumées abusives (le commerçant peut, en cas de litige, rapporter la preuve contraire) les clauses ayant pour objet ou pour effet de :

- prévoir un engagement ferme du consommateur, alors que l'exécution des prestations du professionnel est assujettie à une condition dont la réalisation dépend de sa seule volonté ;
- autoriser le professionnel à conserver des sommes versées par le consommateur lorsque celui-ci renonce à conclure ou à exécuter le contrat, sans prévoir réciproquement le droit pour le consommateur de percevoir une indemnité d'un montant équivalent, ou égale au double en cas de versement d'arrhes au sens de l'article L. 114-1, si c'est le professionnel qui renonce ;
- imposer au consommateur qui n'exécute pas ses obligations une indemnité d'un montant manifestement disproportionné ;
- reconnaître au professionnel la faculté de résilier le contrat sans préavis d'une durée raisonnable ;
- permettre au professionnel de procéder à la cession de son contrat sans l'accord du consommateur et lorsque cette cession est susceptible d'engendrer une diminution des droits du consommateur ;
- réserver au professionnel le droit de modifier unilatéralement les clauses du contrat relatives aux droits et obligations des parties, autres que celles relatives à sa durée, aux caractéristiques ou prix du bien à livrer ou du service à rendre ;
- stipuler une date indicative d'exécution du contrat, hors les cas où la loi l'autorise ;
- soumettre la résolution ou la résiliation du contrat à des conditions ou modalités plus rigoureuses pour le consommateur que pour le professionnel ;
- limiter indûment les moyens de preuve à la disposition du consommateur ;
- supprimer ou entraver l'exercice d'actions en justice ou des voies de recours par le consommateur, notamment en obligeant le consommateur à saisir exclusivement une juridiction d'arbitrage non couverte par des dispositions légales ou à passer exclusivement par un mode alternatif de règlement des litiges (*Code de la consommation, Art. R. 132-2*).

Ces dispositions sont applicables quels que soient la forme ou le support du contrat : bons de commande, factures, bons de garantie, bordereaux ou bons de livraison, billets ou tickets, contenant des stipulations négociées librement ou non ou des références à des conditions générales préétablies.

Les clauses abusives figurant dans les contrats conclus entre commerçants et consommateurs, sauf certaines exceptions en matière de services financiers, sont réputées non écrites. Dès lors, un consommateur, en présence d'une clause abusive, peut en contester l'opposabilité auprès du vendeur ou du prestataire de services par lettre recommandée avec demande d'avis de réception. À défaut d'accord amiable, il peut saisir le juge de proximité pour tous les litiges jusqu'à 4 000 € et le tribunal d'instance pour tous les litiges jusqu'à 10 000 € (entre 4 000 et 10 000 €).

Les formes de vente particulières

Les achats ne s'effectuent pas uniquement en magasin. Désormais, nous pouvons acquérir à peu près tout sans même quitter notre domicile. Mais qu'il s'agisse d'achat par correspondance, de commande en ligne ou de démarchage, toutes ces pratiques commerciales sont encadrées juridiquement.

Les achats à distance

La vente à distance permet au consommateur de commander un produit ou de demander la réalisation d'un service hors les lieux habituels de réception de la clientèle. Cette appellation recouvre principalement les ventes par correspondance (VPC), par Minitel, par téléphone, par fax, par Internet ou par télé-achat.
La vente à distance permet au consommateur d'éviter le déplacement sur les lieux d'achat. Le choix des produits s'effectue sans avoir à subir de pression d'un vendeur. Ce peut être une solution pratique en particulier pour les personnes âgées ou handicapées. Mais les avantages de cette méthode de vente sont parfois assortis d'inconvénients : retard de livraison, articles non conformes à la commande ou à la représentation qui en est faite, marchandises endommagées... Pour qui veut recourir à cette forme de vente, la connaissance de quelques règles permet de préserver au mieux ses intérêts.
L'offre de produits ou de services à distance est « multimodale ». En effet, la vente par correspondance se trouve concurrencée, depuis peu, par de nouvelles méthodes à la faveur des évolutions technologiques ou de leur diffusion au grand public (télé-achat, achat par téléphone ou par Internet...).

> Les règles communes à toutes les ventes à distance

Depuis l'ordonnance n° 2001-741 du 23/8/2001 transposant en droit français des directives européennes en matière de droit de la consommation, la législation concernant les ventes à distance s'applique à tout contrat conclu entre un professionnel et un consommateur, sans la présence physique simultanée de ces derniers. Le critère de qualification ne repose donc plus sur la technique de vente à distance utilisée (catalogue, Minitel, Internet...).
Sont cependant exclus cinq types de contrats :
- ceux portant sur des services financiers (qui font l'objet d'une réglementation spécifique prévue par le Code de la consommation) ;
- ceux conclus par le moyen de distributeurs automatiques ou pour des prestations fournies dans des locaux commerciaux automatisés ;
- ceux conclus avec les opérateurs de télécommunications pour l'utilisation des cabines téléphoniques publiques ;
- ceux conclus pour la construction et la vente des biens immobiliers ou portant sur d'autres droits relatifs à des biens immobiliers, à l'exception de la location ;
- ainsi que ceux conclus lors d'une vente aux enchères publiques (*Code de la consommation, Art. L. 121-17*).

La protection du consommateur lors de la commande

Toute transaction commerciale suppose un contrat. En matière de VPC, ce document se limite à un bon de commande, découpé dans un catalogue, rempli et signé par le consommateur et adressé à l'entreprise. Mais la commande peut également être effectuée par Minitel, par téléphone ou via Internet (→ index, *Commerce électronique*). À ce stade de la transaction, le consommateur bénéficie d'une protection particulière quant à l'information dont il est destinataire. En effet, un certain nombre d'informations doivent être communiquées avant la commande au consommateur concernant :
- les caractéristiques essentielles du bien ou du service ;

– le prix, les conditions de vente, de sécurité et de conformité des produits ;
– le cas d'indisponibilité du produit commandé (possibilité d'échange : voir plus loin).

L'information sur les caractéristiques essentielles du contrat

Les articles L. 111-1 et L. 111-2 du Code de la consommation mettent à la charge de tous les professionnels une obligation d'information du consommateur, avant la conclusion du contrat, sur les caractéristiques essentielles du bien ou du service (éléments quantitatifs et qualitatifs), sur la période pendant laquelle les pièces détachées seront disponibles s'il s'agit d'une marchandise manufacturée, et sur les prix et les conditions particulières de la vente.

Quelle que soit la technique de commercialisation utilisée, l'offre de contrat doit comporter (*Code de la consommation, Art. L. 121-18*) :
– le nom du vendeur du produit ou du prestataire de services, des coordonnées téléphoniques permettant d'entrer effectivement en contact avec lui, son adresse ou, s'il s'agit d'une personne morale (société anonyme, SARL, par exemple), son siège social ;
– le cas échéant, les frais de livraison ;
– les modalités de paiement, de livraison ou d'exécution ;
– l'existence d'un droit de rétractation et ses limites éventuelles ou, dans le cas où ce droit ne s'appliquerait pas, l'absence d'un droit de rétractation ;
– la durée de la validité de l'offre et du prix de celle-ci ;
– le coût de l'utilisation de la technique de communication à distance utilisée lorsqu'il n'est pas calculé par référence au tarif de base ;
– le cas échéant, la durée minimale du contrat proposé, lorsqu'il porte sur la fourniture continue ou périodique d'un bien ou d'un service.

Ces informations, dont le caractère commercial doit apparaître sans équivoque, sont communiquées au consommateur de manière claire et compréhensible, par tout moyen, adapté à la technique de communication à distance utilisée.

En cas de démarchage, par téléphone ou par tout autre technique assimilable, le professionnel doit indiquer explicitement au début de la conversation son identité et le caractère commercial de l'appel (*Code de la consommation, Art. L. 121-18*).

Ces informations communiquées avant la conclusion du contrat pouvant avoir un caractère éphémère selon les technologies utilisées (téléphone, Internet...), le consommateur doit recevoir, par écrit ou sur un autre support durable à sa disposition (par cd-rom, par téléchargement, par exemple), en temps utile et au plus tard au moment de la livraison :
– une confirmation des informations préalables concernant notamment les quatre premiers points précités et de celles qui figurent en outre aux articles L. 111-1 et L. 113-3 du Code de la consommation ainsi que celles prévues pour l'application de l'article L. 214-1 du Code de la consommation, à moins que le professionnel n'ait satisfait à cette obligation avant la conclusion du contrat (ce qu'il lui appartiendra de prouver) ;
– une information sur les conditions et les modalités d'exercice du droit de rétractation ;
– l'adresse de l'établissement du fournisseur où le consommateur peut présenter ses réclamations ;
– les informations relatives au service après-vente et aux garanties commerciales ;
– les conditions de résiliation du contrat lorsque celui-ci est d'une durée indéterminée ou supérieure à 1 an (*Code de la consommation, Art. L. 121-19*).

À NOTER

Les moyens de communication permettant au consommateur de suivre l'exécution de sa commande, d'exercer son droit de rétractation ou de faire jouer la garantie ne supportent que des coûts de communication, à l'exclusion de tout coût complémentaire spécifique.

Si ce double formalisme ne conditionne pas la validité du contrat, son non-respect est sanctionné par la prolongation du délai de rétractation, initialement de 7 jours, à 3 mois ainsi que par une sanction pénale. La violation des articles L. 121-18 et L. 121-19 du Code de la consommation est punie d'une amende de 1 500 € (*Code de la consommation, Art. R. 121-1 et R. 121-1-1*).

Quant à la garantie et au service après-vente, il est à noter que les appareils vendus par correspondance sont garantis au même titre que ceux vendus dans les lieux habituels de commercialisation. Le consommateur bénéficie donc de la garantie de conformité (→ index, *Garantie de conformité*) et de la garantie légale des vices cachés (→ index, *Garantie des vices cachés*). En plus des garanties légales, le vendeur peut proposer une garantie supplémentaire : la garantie commerciale, matérialisée par le bon de garantie dont la présentation est réglementée (→ index, *Garantie contractuelle*).

LE DÉTOURNEMENT OU L'UTILISATION NON AUTORISÉE DE VOTRE CARTE BANCAIRE

Si des achats ont été effectués par correspondance par une personne ayant utilisé votre carte bancaire sans votre autorisation, sachez que vous pouvez être remboursé.
Voici ce que prévoit le Code monétaire et financier :
- La responsabilité du titulaire d'une carte bancaire n'est pas engagée si le paiement contesté a été effectué sans que le code confidentiel ait été utilisé ou si la carte ou les données qui lui sont liées ont été détournées ou contrefaites à son insu.

De même, sa responsabilité n'est pas engagée en cas de contrefaçon de sa carte et si, au moment de l'opération contestée, il était en possession physique de sa carte.
- En cas d'opération de paiement non autorisée signalée par l'utilisateur, la banque rembourse immédiatement au titulaire de la carte le montant de l'opération non autorisée et, le cas échéant, rétablit le compte débité dans l'état où il se serait trouvé si l'opération de paiement non autorisée n'avait pas eu lieu (*Code monétaire et financier, Art. L. 133-18*).
- Le délai légal pendant lequel le titulaire d'une carte de paiement ou de retrait a la possibilité de déposer une réclamation est fixé à 13 mois suivant la date de débit (*Code monétaire et financier, Art. L. 133-24*).

Pour éviter d'être victime de ce type d'abus, ne laissez jamais traîner vos facturettes notamment lorsque vous retirez de l'argent liquide au distributeur automatique car votre numéro de carte bancaire (pas le code secret) y figure et il pourrait être utilisé pour effectuer des achats par correspondance.

L'information sur les prix

La publicité des prix est réglementée et le prix de tout produit ou de toute prestation de services proposé au consommateur selon une technique de consommation à distance doit être indiqué toutes taxes comprises (TTC), de façon précise au consommateur, avant la conclusion du contrat. De même, toute publicité comportant une réduction de prix doit obéir aux conditions fixées par l'arrêté du 31/12/2008 relatif aux annonces de réduction de prix à l'égard du consommateur (→ index, *Information du consommateur, prix*). Il revient au professionnel, en cas de litige ultérieur sur le montant du prix initialement annoncé, de prouver que le client a bien été informé du prix et des frais éventuels de livraison, et ce par tout moyen (courrier, enregistrement...).

Les tribunaux apprécient l'obligation d'information en « fonction de la compétence de l'acheteur sur le plan technique » (*Cour de cassation, Chambre commerciale, 6/5/1992*).

À NOTER

Il est à noter que le prix demandé pour un produit ne peut être que celui figurant dans le catalogue ou demandé sur Minitel ou lors de l'achat par téléphone ou par Internet ; il ne saurait varier durant la période de validité du catalogue ou entre la commande et la livraison au cas où le paiement dudit article est réalisé contre-remboursement. À défaut, l'infraction de publicité trompeuse peut être retenue par le tribunal correctionnel à la suite d'une plainte formulée par un consommateur (→ index, Publicité trompeuse).

La protection du consommateur lors de la livraison

Les entreprises de vente à distance mentionnent le plus souvent un délai pour la livraison des biens commandés dans leurs offres, mais généralement de manière indicative. Cette clause est abusive et ne saurait lier le consommateur. Si le vendeur manque à son engagement dans les délais convenus, fussent-ils indicatifs, le consommateur peut, à son choix, demander l'annulation de la vente ou sa mise en possession par une action en justice en ce sens (*Code civil, Art. 1610*).

Pour les achats de marchandises d'un montant supérieur à 500 €, la loi offre la possibilité à l'acheteur, si la date limite de livraison est dépassée de plus de 7 jours, de dénoncer le contrat sans avoir à saisir la justice. Il suffit d'adresser au vendeur une lettre recommandée avec demande d'avis de réception dans un délai de 2 mois à compter du 7e jour de retard (*Code de la consommation, Art. L. 114-1*).

Le fournisseur doit indiquer, avant la conclusion du contrat, la date limite à laquelle il s'engage à exécuter la commande. À défaut, le fournisseur est réputé devoir exécuter la commande dès la conclusion du contrat (*Code de la consommation, Art. L. 121-20-3*).

En cas de non-respect de la date limite, le consommateur peut obtenir la résolution de la vente en respectant les dispositions de l'article L. 114-1 du Code de la consommation en cas de vente supérieure à 500 € (voir ci-dessus).

- Aucun frais de livraison ne doit être réclamé au consommateur en sus du prix de la commande à moins que le consommateur n'en ait été averti. Les frais de livraison sont réputés couverts par le prix de la commande et le professionnel ne saurait les réclamer par la suite.

En cas d'envois échelonnés (si la commande n'est pas disponible en totalité immédiatement), les sociétés membres du Syndicat des entreprises de vente par correspondance et à distance se sont engagées, sauf dispositions contraires stipulées dans les conditions générales de vente inhérentes au contrat proposé, à ne réclamer qu'une seule fois les éventuels frais d'envoi ou de contre-remboursement.

À NOTER

Il ne faut jamais signer un bon de livraison sans avoir, au préalable, vérifié la marchandise livrée.

À NOTER

Si une société de vente à distance vous réclame le paiement d'articles commandés mais non reçus, il revient à la société concernée d'apporter la preuve de la livraison par le transporteur choisi (La Poste ou un transporteur privé) (Code civil, Art. 1315).

L'indisponibilité du produit

En cas de défaut d'exécution du contrat par un fournisseur résultant de l'indisponibilité du bien ou du service commandé, le consommateur doit être informé de cette indisponibilité et doit, le cas échéant, pouvoir être remboursé sans délai et au plus tard dans les 30 jours du paiement des sommes qu'il a versées. Audelà de ce terme, les sommes sont productives d'intérêts au taux légal.

Toutefois, si la possibilité en a été prévue préalablement à la conclusion du contrat, le fournisseur peut fournir un bien ou un service d'une qualité et d'un prix équivalents. Le consommateur est informé de cette possibilité de manière claire et compréhensible. Les frais de retour sont, dans ce cas, à la charge du fournisseur et le consommateur doit en être informé (*Code de la consommation, Art. L. 121-20-3*).

En cas d'inexécution ou de mauvaise exécution du contrat, le consommateur peut demander réparation du dommage qu'il a subi en application du droit commun des contrats concernant la vente (*Code civil, Art. 1604*).

L'échange ou le remboursement

L'article L. 121-20 du Code de la consommation offre à tout consommateur recourant à une opération de vente à distance la possibilité de retourner le produit commandé dans les 7 jours francs à compter de la livraison (ou de l'acceptation de l'offre pour les prestations de services) sans avoir à justifier de motifs ni à payer de pénalités, à l'exception, le cas échéant, des frais de retour.

Le délai de 7 jours peut être exceptionnellement prolongé dans le cas où le consommateur ne peut se déplacer et où, simultanément, il a besoin de faire appel à une prestation immédiate et nécessaire à ses conditions d'existence. Dans cette hypothèse, il continue d'exercer son droit de rétractation sans avoir à justifier de motifs, ni à payer de pénalités.

Lorsque les informations prévues à l'article L. 121-19 du Code de la consommation n'ont pas été fournies, le délai d'exercice du droit de rétractation est porté à 3 mois. Toutefois, lorsque la fourniture de ces informations intervient dans les 3 mois à compter de la réception des biens ou de l'acceptation de l'offre, elle fait courir le délai de 7 jours (*Code de la consommation, Art. L. 121-20*).

Le délai précité commence à courir le lendemain du jour de la livraison à 0 heure pour s'achever le 7e jour à minuit (par exemple, si la livraison a eu lieu le mercredi 7 mars, le délai court à partir du jeudi 8 mars à minuit pour expirer le mercredi 14 à minuit). Toutefois, si ce délai expire un samedi, un dimanche ou un jour férié ou chômé, il est prorogé jusqu'au premier jour ouvrable suivant.

Si le produit fait l'objet de plusieurs livraisons successives, le délai court à compter de la première livraison.

Pour les services, ce délai court à compter du lendemain de la conclusion du contrat, c'est-à-dire le lendemain du jour de l'acceptation de l'offre par le consommateur.

Les frais de retour sont à la charge du consommateur, mais aucun frais supplémentaire ne saurait lui être demandé. À titre de précaution, il est conseillé, dans la mesure du possible, de retourner le produit en recommandé.

À noter que ces frais de retour seront à la charge du professionnel lorsqu'il s'agit du retour d'un article de substitution (*Code de la consommation, Art. L. 121-20-3*).

L'exercice du droit de rétractation entraîne le remboursement des sommes versées et, le cas échéant, l'annulation des crédits souscrits (→ index, *Crédit à la consommation*).

Lorsque le droit de rétractation est exercé, le professionnel est tenu de rembourser dans les meilleurs délais le consommateur et au plus tard dans les 30 jours suivant la date à laquelle ce droit a été exercé. Au-delà, la somme due est, de plein droit, productive d'intérêts au taux légal en vigueur. Le remboursement s'effectue par tout moyen de paiement. Sur proposition du professionnel, le consommateur peut toutefois opter pour une autre modalité de remboursement (*Code de la consommation, Art. L. 121-20-1*).

La loi prévoit le seul remboursement des sommes versées. Cependant, en pratique, rien n'interdit aux professionnels de la vente à distance de prévoir la possibilité d'échange, à condition que le consommateur puisse exiger le remboursement.

En l'absence de précision légale, la date à prendre en compte pour le calcul du délai de 30 jours paraît être la date d'expédition de la demande de remboursement. Au-delà, la somme due est, de plein droit, productive d'intérêts au taux légal en vigueur, sans qu'une mise en demeure préalable soit nécessaire.

Le refus d'une société de vente à distance de rembourser le produit retourné par l'acheteur est une infraction punie d'une peine d'amende de 1 500 € au maximum (le double, en cas de récidive) (*Code de la consommation, Art. R. 121-1-2*). Les services de la répression des fraudes sont compétents pour constater ces infractions, vous pouvez leur adresser vos plaintes.

À NOTER

En cas de retour du produit, il faut le renvoyer dans l'emballage d'origine, en parfait état et avec la facture.

Attention : le droit de retour n'est pas accordé dans les cas suivants :

– fourniture de services dont l'exécution a commencé avant la fin du délai de 7 jours francs avec l'accord du consommateur ;

– fourniture de biens ou de services dont le prix est fonction de fluctuations des taux du marché financier ;

– fourniture de biens confectionnés selon les spécifications du consommateur ou nettement personnalisés ou qui, du fait de leur nature, ne peuvent être réexpédiés ou sont susceptibles de se détériorer ou de se périmer rapidement (aliments, par exemple) ;

– fourniture d'enregistrements audio ou vidéo ou de logiciels informatiques lorsqu'ils ont été descellés par le consommateur ;

– fourniture de journaux, de périodiques ou de magazines ;

– service de paris ou de loteries autorisés ;

– fourniture de biens de consommation courante réalisée au lieu d'habitation ou de travail du consommateur par des distributeurs faisant des tournées fréquentes et régulières ;

– prestation de services d'hébergement, de transport, de restauration, de loisirs qui doivent être fournis à une date ou selon une périodicité déterminée (*Code de la consommation, Art. L. 121-20-2 et L. 121-20-4*).

À NOTER

L'envoi d'une marchandise à un consommateur sans commande préalable constitue une vente forcée prohibée par le Code de la consommation et réprimée par le Code pénal (→ index, Vente forcée).

› La vente à distance de services financiers

Depuis le 1/12/2005, avec l'entrée en vigueur de l'ordonnance n° 2005-648 du 6/6/2005, qui transpose en droit français la directive européenne n° 2002/65/CE du 23/9/2002, la vente à distance de services financiers (produits financiers, bancaires et d'assurance) fait l'objet d'une réglementation spécifique dans le Code de la consommation, destinée à protéger le consommateur (*Code de la consommation, Art. L. 121-20-8 et s.*).

Le consommateur vivant en France bénéficie des mêmes droits lorsqu'il conclue, à distance, un contrat portant sur un service financier, que l'établissement financier soit installé en France ou dans un autre État membre.

L'information pré-contractuelle du consommateur

Le consommateur doit recevoir, par écrit ou sur tout autre support durable et auquel il a accès en temps utile et avant tout engagement, les conditions contractuelles ainsi que les informations concernant :

– l'identité du fournisseur (son nom, activité principale, adresse professionnelle) ou celle de son représentant ou intermédiaire, le cas échéant ;

– les documents d'information particuliers relatifs aux produits, instruments financiers et services proposés requis par les dispositions législatives et réglementaires en vigueur ou bien, en l'absence de tels documents, une note d'information sur chacun des produits, instruments financiers et services proposés en indiquant, s'il y a lieu, les risques particuliers inhérents aux produits proposés (fluctuations des marchés financiers, le fait que les performances passées ne laissent pas présager des performances futures…) ;

– les conditions de l'offre contractuelle, notamment le prix total effectivement dû par le consommateur (incluant l'ensemble des commissions, charges, dépenses y afférentes, ainsi que les taxes acquittées), ou, lorsqu'un prix exact ne peut être indiqué, la base de calcul du prix permettant au consommateur de le vérifier, les modalités selon lesquelles sera conclu le contrat et en particulier le lieu et la date de signature de celui-ci ;

– l'existence (ou l'absence dans certains cas définis à l'article L. 121-10-12 du Code de la consommation) du droit de rétractation de 14 jours (30 jours pour l'assurance-vie) sans avoir à supporter de pénalités ni à justifier d'un motif, ainsi que ses modalités d'exercice ;

– la loi applicable aux relations pré-contractuelles ainsi qu'au contrat et l'existence d'une clause concernant le choix d'une juridiction (*Code de la consommation, Art. L. 121-20-10 et R. 121-2-1*).

Ces informations, dont le caractère commercial doit apparaître sans équivoque, sont fournies de manière claire et compréhensible par tout moyen adapté à la technique de commercialisation à distance. En cas de communication par téléphonie vocale, l'identité du fournisseur et le caractère commercial de l'appel dont le fournisseur a pris l'initiative sont indiqués sans équivoque au début de toute conversation avec le consommateur.

Le fournisseur peut remplir ces obligations en envoyant au consommateur un document unique.

À NOTER

S'il ne remplit pas son obligation d'information pré-contractuelle, le fournisseur risque une amende de 1 500 €.

L'information du consommateur au cours de la relation contractuelle

À tout moment au cours de la relation contractuelle et à condition d'en faire la demande, le consommateur a le droit de recevoir les conditions contractuelles sur un support papier, y compris lorsque la relation avec le fournisseur a été établie par voie électronique (*Code de la consommation, Art. L. 121-20-11*).

L'exécution du contrat

Sauf accord exprès du consommateur, le contrat ne peut commencer à être exécuté qu'à l'expiration du délai de rétractation (exception faite des contrats de crédit à la consommation, qui bénéficient de dispositions particulières).

Le fournisseur informe également le consommateur du droit, pour chacun, de résilier le contrat, sans oublier d'indiquer les éventuelles pénalités dans ce cas prévues au contrat.

› Le commerce en ligne

Le développement d'Internet permet aux consommateurs qui s'y connectent d'acquérir des produits à distance y compris auprès d'entreprises étrangères et de les régler en ligne avec une carte de paiement. Cette forme de commerce présente de réels avantages en terme de choix et en terme de coût, dès lors qu'il est possible à l'aide d'outils de recherche de comparer les prix des produits vendus et de les trouver là où ils sont offerts à moindre prix. Elle permet également pour ceux qui le désirent de trouver des produits qui ne sont pas commercialisés en France.

La législation

La transaction électronique est assimilée à un contrat classique de vente à distance, l'offre et l'acceptation se produisant sur le réseau. Le législateur a encadré le commerce électronique dans la loi n° 2004-575 du 21/6/2004 sur la confiance dans l'économie numérique qui a été complétée par l'ordonnance n° 2005-674 du 16/6/2005 relative à l'accomplissement de certaines formalités contractuelles par voie électronique.

Comment se définit le commerce électronique ?

La loi du 21/6/2004 sur la confiance dans l'économie numérique définit le commerce électronique comme l'activité économique par laquelle une personne propose ou assure à distance et par voie électronique la fourniture de biens ou de services. L'activité de commerce électronique ne recouvre pas seulement les achats sur Internet, mais aussi l'ensemble des services accessibles par voie électronique (fourniture d'informations en ligne, communications commerciales, accès et récupération de données...), même lorsqu'ils ne sont pas rémunérés par ceux qui les reçoivent (*Loi n° 2004-575 du 21/6/2004, Art. 14*).

La voie électronique peut aussi être utilisée pour mettre à la disposition du consommateur des conditions contractuelles ou des informations sur des biens ou services (*Code civil, Art. 1369-1*). Mais attention : la transmission par la voie électronique n'est possible que si le destinataire en a accepté l'usage (*Code civil, Art. 1369-2*).

Quelles sont les obligations du vendeur ?

Les articles 1369-4 à 1369-6 du Code civil obligent le vendeur qui propose ses produits ou services, par voie électronique, à respecter un certain nombre d'obligations, à savoir :

– mettre à la disposition du consommateur les conditions contractuelles afin qu'il puisse les consulter ;

– fournir une offre qui énonce notamment les différentes étapes à suivre pour conclure le contrat et les moyens techniques permettant à l'utilisateur d'identifier les erreurs commises dans la saisie des données et de les corriger ;

– permettre au destinataire de l'offre d'avoir eu la possibilité de vérifier le détail de sa commande et son prix total ;

– accuser réception, par voie électronique, de la commande qui lui a été adressée.

À NOTER

Le vendeur est lié par son offre de produits ou de services tant qu'elle reste accessible par voie électronique, de son fait (Code civil, Art. 1369-4).

À NOTER

Toute publicité comportant une réduction de prix doit obéir aux conditions fixées par l'arrêté du 31/12/2008 relatif aux annonces de réduction de prix à l'égard du consommateur (→ index, Information du consommateur, prix).

Si un professionnel a donné son adresse électronique, il ne peut refuser de recevoir des informations par ce moyen (*Code civil, Art. 1369-3*).

Comment est protégé l'acheteur ?

Pour que le contrat soit valable, le consommateur doit avoir :

– passé commande et eu la possibilité de vérifier le détail de sa commande et son prix total ;

– confirmé sa commande ;

– reçu, de la part du vendeur, l'accusé de réception de sa commande, qui lui est transmis, par voie électronique, dans un délai raisonnable (*Code civil, Art. 1369-5*).

Lorsque le contrat porte sur une somme égale ou supérieure à 120 €, le professionnel est tenu de le conserver par écrit pendant un délai de 10 ans à compter de la conclusion du contrat et d'en garantir à tout moment l'accès au consommateur sur simple demande de sa part (*Code de la consommation, Art. L. 134-2*).

Quelle est la responsabilité du vendeur ?

Le vendeur qui commercialise des produits ou services par voie électronique engage de plein droit sa responsabilité à l'égard du consommateur, en cas de manquement aux obligations résultant du contrat : peu importe que ces obligations soient à sa charge ou imputables à d'autres prestataires de services (il peut alors ensuite se retourner contre eux).

Toutefois, il peut s'exonérer totalement ou en partie de sa responsabilité s'il prouve que l'inexécution ou la mauvaise exécution du contrat est imputable soit au consommateur, soit au fait imprévisible et insurmontable d'un tiers au contrat, soit à un cas de force majeure (*Code de la consommation, Art. L. 121-20-3).*

La signature électronique

Avant la loi du 21/6/2004, le législateur avait porté son attention sur la validité de la signature électronique. La loi n° 2000-230 du 13/3/2000 a révolutionné le droit de la preuve dans les relations professionnels-consommateurs. L'article 1341 du Code civil impose en effet la production d'un écrit quand une commande émane d'un particulier et porte sur un montant supérieur à 800 €. La loi du 13/3/2000 a pour objectif d'adapter ce droit de la preuve aux nouvelles technologies. Son dispositif admet en effet la possibilité de produire, à titre de preuve, un écrit sous forme électronique à condition :

– que la personne dont émane l'écrit électronique puisse être identifiée ;

– que les modes d'établissement et de conservation de cet écrit garantissent leur intégrité (*Code civil, Art. 1316 à 1317*).

L'ordonnance n° 2005-674 du 16/6/2005 a précisé les exigences de forme que doivent remplir les écrits transmis sous forme électronique, pour avoir la même sécurité juridique qu'un support papier :

– si l'écrit sur papier est soumis à des exigences particulières en termes de lisibilité ou de présentation, l'écrit sous forme électronique doit répondre à des exigences équivalentes ;

– si le contrat comporte un formulaire détachable : un procédé électronique doit permettre d'accéder au formulaire et de le renvoyer par la même voie ;

– si l'écrit doit être fourni en plusieurs exemplaires, cette exigence est satisfaite sous forme électronique lorsque l'écrit peut être imprimé par le destinataire (*Code civil, Art. 1369-10 et 1369-11*) ;

– l'exigence d'une pluralité d'originaux est satisfaite pour les contrats sous forme électronique lorsque l'acte est établi et conservé conformément aux articles 1316-1 et 1316-4 du Code civil et que le procédé permet à chacun de disposer d'un exemplaire ou d'y avoir accès (*Code civil, Art. 1325*).

Par ailleurs, le décret n° 2001-272 du 30/3/2001 est intervenu pour préciser la notion de fiabilité en matière de signature électronique. Le système retenu est celui de la certification publique des dispositifs permettant l'émission de la signature électronique par un tiers. Il prévoit en effet la désignation d'organismes, agréés par le gouvernement, dont le rôle est de délivrer un certificat de conformité concernant le logiciel utilisé. Pour obtenir la certification, ce logiciel devra répondre à certaines exigences minimales (impossibilité de falsifier la signature ou de modifier le contenu de l'acte notamment). En France, plusieurs sociétés sont déjà spécialisées dans le domaine de la certification. Elles doivent répondre aux conditions posées par ce texte et par le décret n° 2002-535 du 18/4/2002 qui apporte des précisions s'agissant de la mise en œuvre de la signature électronique.

À NOTER

Une lettre simple ou en recommandée relative à la conclusion ou à l'exécution d'un contrat peut être envoyée, par voie électronique, si un procédé électronique garantit la date d'expédition (Code civil, Art. 1369-7 à 1369-9). Mais s'il s'agit d'un envoi en recommandé, le courrier doit, de plus, être acheminé par un tiers selon un procédé permettant d'identifier le tiers, de désigner l'expéditeur, de garantir l'identité du destinataire et d'établir que la lettre lui a bien été remise ou non (Code civil, Art. 1369-8).

À NOTER

Le site Internet www.lettrerecommandee.com propose des solutions de preuves électroniques et de conservation de la preuve des contrats.

Les sites étrangers

On peut être tenté (mais c'est dommage s'agissant d'Internet...) de ne s'adresser qu'à des sites français, compte tenu de la disparité des régimes nationaux dont peut relever le consommateur, qui n'appliquent pas tous un régime de protection comme le nôtre. Une directive européenne du 8/6/2000 (complétant la directive du 20/5/1997 sur la vente à distance) prévoit que la loi applicable au contrat est celle du pays où est établi le prestataire, ce qui n'est pas toujours favorable au consommateur. Mais ce dernier peut invoquer l'article 5 du traité de Rome qui dispose qu'il peut bénéficier des dispositions de sa loi nationale si elles sont plus favorables. La loi française indique que quand les parties ont choisi la loi d'un État non membre de la Communauté européenne pour régir le contrat, le juge est tenu d'en écarter l'application au profit des dispositions plus protectrices de la loi de la résidence habituelle du consommateur (*Code de la consommation, Art. L. 121-20-6*).

Nos conseils

– Ne commandez produits ou prestations de services que sur des sites connus jouissant d'une notoriété établie ;

– n'achetez que sur des sites sécurisés, c'est-à-dire offrant un dispositif de cryptage des informations nominatives et du numéro de carte bancaire circulant sur le réseau ;

– limitez-vous à des sites français ou en tout cas à des sites qui ne présentent aucun caractère exotique ou licencieux (casino virtuel, sites pornographiques...) ;

– n'oubliez pas que tout ce qui est à vendre n'est pas forcément à acheter : le droit français interdit certains médicaments alors même que ce produit est autorisé aux États-Unis et vendu sur Internet. Sachez, en cas d'achat d'un produit à l'étranger, que les marchandises transitent obligatoirement par le service des Douanes et que ce dernier a la possibilité d'ouvrir un colis suspect et de réclamer à son destinataire la TVA.

AVANTAGE

Plusieurs sites Internet permettent de se renseigner :

– www.finances.gouv.fr ;

– www.industrie.gouv.fr ;

– *www.commerce-exterieur.gouv.fr ;*
– *www.pme-commerce-artisanat.gouv.fr.*

À NOTER

Il est maintenant possible de résoudre à l'amiable un litige survenu à la suite d'une transaction sur Internet grâce au médiateur du Net sur le site www.mediateurdunet.fr.

› Le télé-achat

Les grandes chaînes de télévision hertzienne et celles accessibles par câble ou satellite diffusent depuis quelques années des émissions de télé-achat. Les produits sont présentés par un animateur lors d'une émission et le téléspectateur peut les acquérir par Internet, Minitel, par téléphone ou par écrit.

Le télé-achat est une forme de vente à distance régie par le Code de la consommation. L'information sur les prix, les conditions de vente, la protection du consommateur contre les retards de livraison, la faculté de retourner les articles commandés pour échange ou remboursement s'appliquent.

Cette forme particulière de vente à distance obéit également à certaines règles édictées notamment par le Conseil supérieur de l'audiovisuel, de manière à préserver les droits de l'acheteur.

- La diffusion des objets proposés ne doit pas être de nature à induire en erreur le consommateur. L'offre de vente doit être claire, rigoureuse et la plus complète possible quant à ses principales composantes (prix, garanties, conditions de vente...). Toutefois, la marque et le nom du distributeur, du fabricant ou du prestataire ne doivent pas être indiqués à l'antenne.
- La diffusion de telles émissions est réglementée :

– les émissions de télé-achat diffusées par voie hertzienne terrestre ou satellite, sont d'une durée minimale de 15 minutes et elles ne peuvent pas dépasser 3 heures par semaine (dans la limite d'une heure maximum par jour). Elles ne peuvent être diffusées qu'entre 0 et 11 h et entre 14 et 16 h, sauf les mercredis et samedis après-midi et le dimanche toute la journée ;

– les émissions de télé-achat diffusées par câble sont limitées à une heure par jour mais sans restriction d'horaires ou de jour. Pour les chaînes qui consacrent au moins 50 % de leur temps de diffusion à des émissions de télé-achat, la présentation des biens ou services offerts peut comporter l'indication de la marque et du nom du fabricant ou prestataire.

À NOTER

En cas de litige, adressez-vous à la société de production de l'émission de télé-achat si le problème concerne la commande ou la livraison du produit acheté. S'il s'agit d'un problème relatif au produit lui-même (panne, sécurité...), il convient en revanche de s'adresser directement au fabricant ou au fournisseur.

Le démarchage

Moyen de distribution privilégié des professionnels après le commerce traditionnel et la vente par correspondance, le démarchage, à domicile ou non, est une technique consistant à solliciter le consommateur à sa résidence, sur son lieu de travail ou, plus généralement, dans tout lieu qui n'est pas par nature destiné au commerce, en vue de lui proposer l'acquisition d'un bien ou d'un service à titre payant.

Le démarchage évite au consommateur d'avoir à se déplacer. Il permet de lui révéler l'existence ou l'intérêt d'un produit ou d'un service qu'il n'aurait pas acquis faute d'information à son sujet. Mais cette technique est malheureusement plus connue pour ses inconvénients que pour ses avantages. Pris à l'improviste, le consommateur peut être amené à acquérir un bien ou un service sans réel besoin de consommation ni connaissance du marché, du fait du discours particulièrement convaincant du démarcheur. La jurisprudence témoigne des nombreux abus engendrés par cette technique de vente, notamment en matière de démarchage à domicile et de démarchage téléphonique. C'est la raison pour laquelle le Code de la consommation a prévu des mesures pour informer et protéger le client démarché.

› Où et par qui peut-on être démarché ?

Le démarchage est une technique de vente encadrée par des textes dont l'objet est de protéger le consommateur. Le champ d'application de la réglementation concernant cette protection se définit en fonction de plusieurs critères : statut du démarcheur, lieu du démarchage et technique utilisée.

Le statut du démarcheur

Quelle que soit la nature du lien juridique unissant un démarcheur à l'entreprise de vente directe qui l'emploie (travailleur sous contrat ou travailleur indépendant), l'entreprise est toujours responsable des démarcheurs qui vendent les produits ou les services pour son compte (*Code de la consommation, Art. L. 121-29*). En cas de litige sur le produit vendu ou le service fourni, le consommateur démarché peut donc engager la responsabilité soit du démarcheur, soit de l'entreprise de vente directe au nom de laquelle il travaille et dont la solvabilité est, en principe, plus importante.

À NOTER

Pour faciliter les recours en cas de litige suite à un démarchage, les noms et adresses du fournisseur et du démarcheur doivent obligatoirement figurer sur les contrats de vente.

À NOTER

Les démarcheurs agissant au nom d'entreprises adhérentes au Syndicat de la vente directe sont titulaires d'une carte professionnelle. Vous avez intérêt à la demander chaque fois que vous êtes démarché.

Le lieu et la technique du démarchage

Il y a démarchage dès lors que la sollicitation du consommateur est le fait d'un démarcheur dans tout lieu non destiné au commerce :

– que la visite ait lieu au domicile du consommateur, sur son lieu de travail ou dans tout autre lieu qu'un magasin : dans une maternité, par exemple, pour la prise de photographies ou encore au domicile d'un tiers (*Cour de cassation, 1re chambre civile, 9/7/2003*) ;

– que cette visite se fasse spontanément ou à la demande expresse du consommateur, suite à la lecture d'un article de presse l'invitant à être démarché ou d'un prospectus comportant un coupon-réponse à renvoyer pour obtenir la visite d'un démarcheur, au cours d'un voyage ou d'une excursion auquel le consommateur est invité (par téléphone ou par écrit), au cours d'une réunion à laquelle ce dernier est convié (méthode de vente des entreprises telles Tupperware ou Herbalife) ;

– que cette visite se fasse suite à un appel téléphonique ou par tout moyen assimilable (télécopie, Minitel, automates d'appel, services en ligne) invitant le consommateur à recevoir la visite d'un démarcheur.

À NOTER

La pratique des professionnels consistant à attirer le client, généralement par téléphone, dans un magasin en lui indiquant qu'il a gagné un cadeau à retirer pour essayer de lui faire acheter des biens et des fournitures de services est assimilée à un cas de démarchage à domicile (Cour de cassation, Chambre criminelle, 26/10/1999).

De même, le fait de solliciter des clients en leur envoyant par courrier des invitations, même non nominatives (sans enveloppe), à se rendre sur les lieux d'une vente au déballage constitue un autre exemple de démarchage à domicile (Cour de cassation, Chambre criminelle, 4/10/2005).

› L'objet du démarchage

Les dispositions sur le démarchage s'appliquent quel que soit l'objet de celui-ci : vente, achat, location de biens meubles (aspirateurs, cuisines, encyclopédies...) ou immeubles (vente de maisons individuelles, par exemple) ou de prestations de service (ramonage de cheminée, par exemple).

Certaines activités de démarchage sont interdites :

– le démarchage des établissements de crédit auprès des mineurs. Est en revanche reconnu licite par la Cour de cassation, le démarchage par un établissement de crédit d'une personne majeure agissant en qualité de représentant légal d'un mineur (*Cour de cassation, 1re chambre civile, 7/11/2006*) ;

– le démarchage pour le compte d'organismes d'enseignement privé à distance ;

– le démarchage en vue de la vente de matériel pédagogique (livres, cassettes...). En revanche, le démarchage à domicile pour la vente de méthodes d'auto-apprentissage des langues, antérieurement interdit, est désormais autorisé ;

– le démarchage en vue de la vente de produits pharmaceutiques, vétérinaires ou contraceptifs...

Les contrats signés suite à un démarchage portant sur les opérations précitées sont nuls de plein droit. À défaut d'arrangement amiable avec l'entreprise au nom de laquelle travaille le démarcheur, il y a lieu de porter plainte auprès du procureur de la République du tribunal de grande instance de votre domicile (s'adresser à la mairie ou à la préfecture pour les adresses).

LE DÉMARCHAGE BANCAIRE OU FINANCIER

Les règles relatives au démarchage en matière bancaire ou financière sont énoncées aux articles L. 341-1 à L. 341-17 du Code monétaire et financier.

Quand parler de démarchage ?

Le démarchage se définit comme l'activité visant à établir un contact non sollicité, par quelque moyen que ce soit, avec une personne physique ou morale déterminée, en vue d'obtenir de sa part un accord sur différentes opérations bancaires ou financières énoncées par la loi, à savoir :
- la réalisation, par une personne habilitée, d'une opération sur instruments financiers, d'une opération de banque ou d'une opération connexe ou sur biens divers (rente viagère, droits mobiliers ou immobiliers, notamment) ;
- ou la fourniture, par une personne habilitée, d'un service d'investissement ou d'un service connexe ou d'une prestation de conseil en investissement.

Le fait de se rendre physiquement au domicile des personnes, sur leur lieu de travail ou dans des lieux non destinés à la commercialisation de produits financiers, dans le même but, même à la demande des intéressés, constitue un acte de démarchage bancaire ou financier.

Ne peuvent pas faire l'objet de démarchage, les produits financiers dont le niveau de risque est incertain ou trop élevé, non autorisés à la commercialisation en France, non cotés sur un marché réglementé (sauf titres de certains OPCVM ou titres émis par une société de capital-risque ou encore les produits d'épargne salariale).

Comment se rétracter ?

La personne démarchée dispose, à compter de la conclusion du contrat, d'un délai de 14 jours pour se rétracter, sans avoir à se justifier, ni à payer de pénalités. Ce délai court à compter, soit du jour où le contrat est conclu, soit du jour où la personne démarchée reçoit les conditions contractuelles et les informations, si cette dernière date est postérieure à la date de conclusion du contrat.

Le contrat doit comporter un formulaire destiné à faciliter l'exercice de la faculté de rétractation. Les mentions devant figurer sur ce formulaire ainsi que les conditions d'exercice du droit de rétractation sont fixées par l' article D. 341-8 du Code monétaire et financier.

Lorsque la personne démarchée exerce son droit de rétractation, elle ne peut être tenue qu'au paiement du prix correspondant à l'utilisation du produit ou du service fourni entre la date de la conclusion du contrat et celle de l'exercice du droit de rétractation, à l'exclusion de toute pénalité (*Code monétaire et financier, Art. L. 341-16*).

Le délai de rétractation est en principe de 14 jours sauf s'il existe des dispositions spécifiques à certains produits ou services qui prévoient un délai de réflexion ou de rétractation d'une durée différente.

Il existe par ailleurs des cas spécifiques, limitativement énumérés par la loi, dans lesquels le délai de rétractation ne joue pas. C'est le cas par exemple pour les contrats exécutés intégralement par les deux parties à la demande expresse de la personne démarchée avant que cette dernière n'exerce son droit de rétractation (*Code monétaire et financier, Art. L. 341-16*).

Qui peut démarcher ?

Sont définis en outre de manière plus stricte le statut des personnes physiques ou morales habilitées à faire du démarchage et les exigences d'enregistrement des démarcheurs.Sont autorisés à faire du démarchage : les établissements et organismes de crédit, les entreprises d'investissement ou d'assurance, le Trésor public, la Banque de France, la Banque Postale, l'Institut d'émission des départements d'Outre-mer, la Caisse des dépôts et consignations.

Ces organismes peuvent désigner leurs salariés en qualité de démarcheur ou donner mandat à d'autres personnes agissant pour leur compte. Le démarcheur qui propose un tel produit en se déplaçant physiquement chez un client potentiel doit être titulaire d'une carte de démarchage - comportant un numéro d'enregistrement - qui lui est délivrée par la société pour le compte de laquelle il agit. Dans tous les cas, les personnes habilités à démarcher doivent être enregistrées dans un fichier tenu conjointement par l'Autorité des marchés financiers, le Comité des établissements de crédit et des entreprises d'investissement et le Comité des entreprises d'assurance (selon leur nature ou la nature de leur mandant). Il est possible de consulter ce fichier sur Internet : *www.demarcheurs-financiers.fr*.

Des sanctions pénales sont prévues en cas d'infractions à ces règles.

PROSPECTION DIRECTE PAR AUTOMATE D'APPEL, FAX, COURRIER ÉLECTRONIQUE

La prospection directe consiste dans l'envoi de tout message destiné à promouvoir, directement ou indirectement, des biens, des services ou l'image d'une personne vendant des biens ou fournissant des services.
Il est désormais interdit de faire de la prospection directe au moyen d'un automate d'appel, d'un télécopieur ou d'un courrier électronique en utilisant, sous quelque forme que ce soit, les coordonnées d'une personne physique si celle-ci n'a pas donné son accord pour recevoir des prospections directes par ce moyen.
Toutefois, la prospection directe par courrier électronique est autorisée si les trois conditions suivantes sont réunies :
- le destinataire a déjà donné ses coordonnées (dans le respect des dispositions de la loi du 6/1/1978 relative à l'informatique, aux fichiers et aux libertés) à l'occasion d'une vente ou d'une prestation de services ;
- il est contacté pour des produits ou services analogues qui lui sont fournis par la même personne physique ou morale ;
- on lui donne la possibilité de s'opposer de manière simple à l'utilisation de ses coordonnées (*Code de la consommation, Art. L. 121-20-5*).

Dans tous les cas, il est interdit de dissimuler l'identité de la personne pour le compte de laquelle la communication est émise et de mentionner un objet sans rapport avec la prestation ou le service proposé.
Bon à savoir : dans tous les cas de prospection directe, le destinataire du message peut s'opposer à recevoir ces communications sur simple demande (*Code de la consommation, Art. L. 121-20-5*). À cet égard, la CNIL a infligé à une société une sanction de 30 000 € après l'avoir mise en demeure « de prendre en compte, de manière efficace, systématique et immédiate, le droit d'opposition à recevoir de la prospection commerciale », mise en demeure qui était restée sans effet.
À noter : si la prospection par courrier électronique s'effectue dans le cadre professionnel, elle n'est pas soumise au consentement préalable des personnes prospectées lorsque le message leur est envoyé au titre de la fonction qu'elles exercent dans l'organisme privé ou public qui leur a attribué cette adresse (*CNIL, décision du 17/2/2005*).

DÉMARCHAGE À DOMICILE : LES ORGANISMES PROFESSIONNELS

Il existe des organismes professionnels qui fédèrent les intérêts des professionnels du démarchage à domicile et où l'on peut obtenir, outre des informations sur cette technique de vente, un recours en cas de litige :
- le Syndicat de la vente directe : ce syndicat a élaboré un code de déontologie visant à moraliser les pratiques de démarchage. Il a institué une commission paritaire de médiation pouvant intervenir gratuitement en vue de la résolution amiable des litiges entre un consommateur démarché et une entreprise adhérente ;
- le Syndicat du marketing téléphonique : ce syndicat, dépendant de l'UFMD, regroupe les professionnels du démarchage téléphonique qui opèrent à partir de fichiers de clientèle dont ils font l'acquisition. Ce syndicat a également élaboré un code de déontologie visant à moraliser la pratique du démarchage téléphonique.

› Le dispositif de protection du consommateur démarché

Il se résume en quatre points : la remise d'un contrat écrit, le bénéfice d'un délai de réflexion, l'interdiction d'exiger un paiement et la protection contre l'abus de faiblesse.

La remise d'un contrat écrit

Le démarcheur a l'obligation de remettre au consommateur un contrat écrit qui doit comporter les mentions obligatoires prévues à l'article L. 121-23 du Code de la consommation. Le défaut de remise du contrat conclu à la suite d'un démarchage ou l'absence d'une des mentions obligatoires dans le contrat entraîne la nullité du contrat conclu ; celui-ci n'a donc pas à être honoré.
En outre, tous les exemplaires du contrat doivent être datés et signés de la main même du consommateur et un exemplaire doit lui être remis (*Code de la consommation, Art. L. 121-23 et L. 121-24*). Un formulaire détachable, destiné à faciliter la possibilité pour le signataire, de renoncer à sa commande ou à son engagement doit être joint au contrat (*Code de la consommation, Art. L. 121-24 et Art. R. 121-3*).
L'inobservation par le professionnel des dispositions qui précèdent est pénalement répréhensible. Dans ce cas, il est loisible au consommateur de porter plainte auprès du procureur de la République et même de demander des dommages et intérêts.

À NOTER

Lisez attentivement le contrat qui vous est remis et, avant toute signature, vérifiez bien qu'il comporte le nom et l'adresse du démarcheur et du fournisseur.

Le délai de réflexion

Le consommateur démarché bénéficie d'un délai de 7 jours, dit délai de réflexion, à compter de la signature du contrat pour revenir sur sa décision (*Code de la consommation, Art. L. 121-25*). Il est important de ne pas signer de contrat antidaté sous peine de perdre le bénéfice de ce délai.

Dans le décompte du délai, le jour de la signature ne compte pas et si le 7e jour tombe un samedi, un dimanche, un jour férié ou chômé, le délai est reporté au premier jour ouvrable suivant (par exemple, si la signature du contrat a lieu le 1er juin, le délai de réflexion court à partir du 2 juin à 0 heure et expire au 8 juin à 24 heures ; si le 8 juin est un samedi, le délai est prorogé jusqu'au lundi 10 à 24 heures ; si le lundi 10 est férié, jusqu'au mardi 11 à 24 heures).

Il est à noter qu'en cas d'achat réalisé suite à un démarchage par téléphone, ou par tout moyen technique assimilable (Minitel, télécopieur...), le consommateur démarché bénéficie d'un droit de retour de l'article commandé dans les 7 jours à compter de sa livraison.

Toute clause du contrat par laquelle le consommateur renoncerait par avance au bénéfice du délai de réflexion est nulle.

À NOTER

Si aucun formulaire n'est joint au contrat et si vous désirez vous rétracter dans les 7 jours qui suivent la signature du contrat, vous devez adresser une lettre recommandée avec demande d'avis de réception à la société pour laquelle travaille le démarcheur en manifestant votre volonté d'annuler la commande désignée au contrat. Joignez une copie du contrat et communiquez votre nom et votre adresse à toutes fins utiles.

AVANTAGE

Une exception au principe du respect du délai de réflexion de 7 jours existe concernant les abonnements à des publications quotidiennes ou à des magazines qui font suite à un démarchage. Dans ce cas, le consommateur dispose d'un droit de résiliation permanent sans frais ni indemnité, assorti du remboursement dans un délai de 15 jours des sommes versées au prorata de la durée d'abonnement restant à courir (Code de la consommation, Art. L. 121-26).

Cette exception a été étendue aux abonnements à des prestations de services d'aides à la personne, proposées à la suite d'un démarchage à domicile (Code de la consommation, Art. L. 121-26, alinéa 4).

L'interdiction d'exiger un paiement

Le démarcheur ne peut exiger aucun paiement avant l'expiration du délai de 7 jours sous quelque forme que ce soit : liquidités, chèque postdaté ou non, autorisation de prélèvement bancaire (*Code de la consommation, Art. L. 121-26* ; *Cour de cassation, Chambre criminelle, 23/9/2003*). Le démarcheur est libre de laisser la marchandise à disposition du consommateur pendant la durée du délai de rétractation, mais si ce dernier revient sur son engagement dans ce délai, il appartient au vendeur de revenir chercher son matériel.

La règle est la même s'agissant des prestations de services proposées par démarchage (par exemple, un ramonage de cheminée). Le consommateur peut signer le contrat qui lui est proposé, mais le démarcheur ne saurait exécuter les prestations qui y sont prévues avant l'expiration du délai de 7 jours, ni demander dans l'attente au consommateur le règlement de ladite prestation (*Code de la consommation, Art. L. 121-26*).

En cas d'inobservation par le démarcheur des dispositions précitées, vous pouvez récupérer les sommes indûment versées en demandant leur remboursement par lettre recommandée avec demande d'avis de réception. Toutefois, le contrat signé reste valable. En revanche, ces agissements étant répréhensibles (*Code de la consommation, Art. L. 121-28*), vous pouvez porter plainte auprès du procureur de la République afin d'obtenir d'un tribunal la condamnation de l'entreprise incriminée aux peines prévues et des dommages et intérêts à hauteur du préjudice subi **(voir Modèle n° 7)**.

La protection contre l'abus de faiblesse

Le consommateur démarché bénéficie de la protection relative à l'abus de faiblesse offerte par le Code de la consommation (*Code de la consommation, Art. L. 122-8*). Les infractions aux dispositions relatives au démarchage sont punies d'une peine d'emprisonnement d'un an et d'une amende de 3 750 € ou de l'une de ces deux peines seulement.

ATTENTION ⚠

Les achats effectués sur les foires et les salons ne bénéficient pas du dispositif de protection relatif au démarchage (Cour de cassation, 1re chambre civile, 10/7/1995).

Extraits du Code de la consommation

« Art. L. 121-23. Les opérations visées à l'article L. 121-21 doivent faire l'objet d'un contrat dont un exemplaire doit être remis au client au moment de la conclusion de ce contrat et comporter, à peine de nullité, les mentions suivantes :

1° Noms du fournisseur et du démarcheur ;

2° Adresse du fournisseur ;

3° Adresse du lieu de conclusion du contrat ;

4° Désignation précise de la nature et des caractéristiques des biens offerts ou des services proposés ;

5° Conditions d'exécution du contrat, notamment les modalités et le délai de livraison des biens, ou d'exécution de la prestation de services ;

6° Prix global à payer et modalités de paiement ; en cas de vente à tempérament ou de vente à crédit, les formes exigées par la réglementation sur la vente à crédit, ainsi que le taux nominal de l'intérêt et le taux effectif global de l'intérêt déterminé dans les conditions prévues à l'article L. 313-1 ;

7° Faculté de renonciation prévue à l'article L. 121-25, ainsi que les conditions d'exercice de cette faculté et, de façon apparente, le texte intégral des articles L. 121-23, L. 121-24, L. 121-25 et L. 121-26. »

« Art. L. 121-25. Dans les sept jours, jours fériés compris, à compter de la commande ou de l'engagement d'achat, le client a la faculté d'y renoncer par lettre recommandée avec accusé de réception. Si ce délai expire normalement un samedi, un dimanche ou un jour férié ou chômé, il est prorogé jusqu'au premier jour ouvrable suivant.

Toute clause du contrat par laquelle le client abandonne son droit de renoncer à sa commande ou à son engagement d'achat est nulle et non avenue.

Le présent article ne s'applique pas aux contrats conclus dans les conditions prévues à l'article L. 121-27. »

La vente directe

On appelle vente directe, toute vente non réalisée en magasin ou par démarchage. La vente est alors réalisée directement du producteur au consommateur, dans son entrepôt, dans un magasin ou un dépôt spécialisé (magasin dit d'usine) et ce, sans l'intervention d'un distributeur intermédiaire. Cette méthode de vente trouve auprès du public un attrait certain du fait de l'espoir qu'elle fait naître de pouvoir acheter à prix réduit ; mais elle n'est pas exempte d'inconvénients. C'est pourquoi certaines règles viennent encadrer cette pratique.

Les magasins d'usine

La législation sur les ventes directes, réformée par la loi n° 96-603 du 5/7/1996, aujourd'hui codifiée aux articles L. 310-1 et suivants du Code de commerce, prévoit :

- que la dénomination de magasin ou de dépôt d'usine ne peut être utilisée que par les producteurs vendant directement au public la partie de leur production de la saison antérieure de commercialisation qui n'a pas été écoulée dans le circuit normal de distribution ou qui fait l'objet de retour pour invendu (*Code de commerce, Art. L. 310-4*) ;
- que le prix des produits offerts à la vente soit obligatoirement minoré, ce qui n'était pas une exigence expresse de la législation antérieure au 5/7/1996 même si, au sens de la jurisprudence, la notion de « magasin d'usine » était indissociablement liée à celle de réduction de prix.

Les produits agricoles et viticoles

La réglementation sur la vente directe (*Code de commerce, Art. L. 310-1 et s.*) ne concerne pas tous les secteurs d'activités économiques ni tous les types de vente : seules les entreprises industrielles sont visées par l'article L. 121-34 du Code de la consommation. Les entreprises agricoles ou artisanales (généralement les produits de la ferme ou les vins vendus par les exploitations viticoles) ne sont pas visées par ces mesures. Elles peuvent donc écouler, toute l'année, leurs produits par vente directe aux consommateurs (à condition toutefois, si le vendeur s'installe sur le domaine public, d'avoir une autorisation de voirie à défaut de laquelle la vente est interdite et répréhensible). Il reste, bien entendu, que les entreprises agricoles et artisanales pratiquant la vente directe sont soumises aux règles relatives à l'étiquetage, à la publicité des prix, aux fraudes, etc.

Soyez vigilant quant à la qualité des produits agricoles qui vous sont directement proposés au bord de la route, sur les marchés ou à la ferme... Les productions de la ferme bénéficient d'une réputation de produits naturels et sains. Pour qu'il en soit ainsi, il faut que toutes les conditions d'hygiène indispensables aient été respectées. Toutes les exploitations agricoles ne sont pas équipées des installations nécessaires, et l'exploitant n'a pas toujours le niveau de qualification requis. Attention donc aux conserves et à la charcuterie fraîche afin d'éviter tout risque d'intoxication alimentaire (→ index, *Intoxication alimentaire*). En l'absence d'étiquetage précis, il est bien difficile de savoir si le vin titre bien le degré annoncé verbalement, si les fruits et légumes ne contiennent des résidus de pesticides, si les animaux abattus étaient sains... Autant de questions qui restent sans réponse car ces transactions souvent éphémères échappent au contrôle des services sanitaires et de la répression des fraudes, et se déroulent en majeure partie avec des clients de passage (→ index, *Contrôle des produits alimentaires*).

La vente au déballage

Les ventes au déballage sont des ventes effectuées dans les locaux ou sur des emplacements non destinés à la vente au public : vente d'outils de bricolage dans un camion-magasin, vente de tapis sur la voie publique, vente de CD ou d'affiches dans une salle de spectacle...

Elles doivent faire l'objet d'une déclaration préalable auprès du maire de la commune dont dépend le lieu de vente (à défaut, ce sont des ventes à la sauvette à l'instar de celles de beaucoup de vendeurs de fruits dans le métro parisien) et ne peuvent pas durer plus de 2 mois par an dans un même local ou sur un même emplacement (*Code de commerce, Art. L. 310-2*).

Une circulaire du 13/4/2006 rappelle et détaille les règles applicables aux ventes au déballage (régime d'autorisation, tenue d'un registre, conditions liées à la participation des particuliers, sanctions encourues...).

Échappent à cette réglementation les ventes effectuées par les commerçants ambulants et forains (tournée du boulanger en camionnette, par exemple) ou les ventes aux enchères publiques, généralement réalisées dans des locaux non commerciaux.

Toute publicité relative à une vente au déballage doit mentionner la date et l'auteur de l'autorisation, la période pour laquelle cette dernière est délivrée ainsi que l'identité et la qualité du commerçant qui en est le bénéficiaire.

À NOTER

Les ventes réalisées sur le parc de stationnement des grandes surfaces sont soumises à autorisation de ventes au déballage. La loi n'apporte aucune indication sur la nature des marchandises vendues. Il peut donc s'agir aussi bien de marchandises habituellement en vente dans la grande surface que de marchandises étrangères à l'activité de cette dernière (Réponse ministérielle n° 29312, Journal officiel du Sénat, 8/2/2001).

Les brocantes et vide-greniers

Il convient de distinguer les brocantes réalisées par des professionnels et les « vide-greniers » organisés une ou plusieurs fois l'an par des associations ou des communes à l'attention du grand public.

Les brocantes sont réglementées par les articles 321-7 et 321-8 du Code pénal, qui astreignent les organisateurs de manifestations publiques tendant à la vente ou à l'échange d'objets mobiliers d'occasion à la tenue d'un registre permettant l'identification des vendeurs professionnels ou particuliers, sous peine d'une amende pouvant aller jusqu'à 30 000 € et d'un emprisonnement allant jusqu'à 6 mois maximum.

Sont ainsi visées les « foires à la brocante », kermesses, braderies et autres « bourses d'échanges » (marchés aux puces...), auxquelles peuvent participer aussi bien les professionnels que les particuliers (*Réponse ministérielle n° 27658 du 31/7/1995*).

Les particuliers peuvent participer à ces manifestations, qu'elles soient réalisées dans des lieux publics ou privés, pour y vendre des objets personnels usagés et à titre exceptionnel. Toutefois, ils ne peuvent renouveler régulièrement leur participation sans remplir les obligations relatives à l'exercice d'une activité commerciale.

Leur participation est limitée à deux ventes au déballage par an au maximum (*Code de commerce, Art. L. 310-2*).

À NOTER

L'obligation pour les particuliers de ne participer qu'à des brocantes ou vide-greniers organisés uniquement dans leur commune de résidence, dans l'intercommunalité ou dans l'arrondissement où se tient le siège de la manifestation a été supprimée par la loi n° 2008-776 du 4/8/2008 de modernisation de l'économie.

Pour les vide-greniers où les ventes sont effectuées par les particuliers inscrits, les règles d'assujettissement à la TVA ne sont pas applicables, à condition que la vente soit ponctuelle et isolée. En revanche, s'agissant de vente au déballage, toutes les règles issues de l'article L. 310-2 du Code de commerce sont applicables.

Les ventes promotionnelles

On appelle « promotion » la pratique consistant pour un commerçant à baisser le prix des produits et des services qu'il vend en opérant des remises ou des ristournes aux consommateurs intéressés. On parle aussi d'annonces de rabais. Ces ventes sont strictement encadrées de manière à limiter les abus. Les soldes obéissent, elles aussi, à une réglementation stricte.

Les promotions

Les réductions de prix consenties par les commerçants lors de ventes promotionnelles sont autorisées à condition d'être clairement annoncées. Le consommateur doit être en mesure de connaître précisément les avantages offerts. À cet effet, le professionnel est tenu d'indiquer, sur les lieux de vente, les produits sur lesquels porte la réduction de prix.

Les articles doivent comporter une étiquette sur laquelle doivent être mentionnés, d'une part, le nouveau prix, c'est-à-dire le prix réduit, et d'autre part, l'ancien prix qui doit être barré. Ce dernier prix est appelé prix de référence. Il correspond au prix le plus bas pratiqué pendant les 30 jours précédant la publicité. En cas de litige, il revient au professionnel d'apporter la preuve de ce prix et de sa constance.

À NOTER

La règle du double marquage n'est pas exigée si un taux de remise unique est pratiqué dans le magasin sur tel ou tel produit (remise de X % à la caisse).

À NOTER

Les dispositions concernant les promotions ne sont pas applicables aux opérations commerciales effectuées à l'intérieur des magasins pour une période très courte (10 % de remise sur les paquets de café X pendant 30 minutes). En revanche, toute annonce de réduction de prix doit indiquer la période pendant laquelle les avantages annoncés sont offerts.

Hors les lieux de vente (annonces publicitaires par voie d'affichage, de presse, de radio, de télévision...), le professionnel est tenu d'indiquer les produits concernés par la réduction de prix, l'importance de la réduction proposée (en euros ou en pourcentage), ainsi que la durée de la promotion. De plus, les produits faisant l'objet d'une telle publicité doivent être disponibles pendant toute la période annoncée par la publicité sous peine de sanctions pénales.

L'inobservation de ces dispositions est punie d'une peine d'amende pouvant aller jusqu'à 1 500 € par infraction constatée, étant précisé qu'il peut être prononcé autant d'amendes que d'infractions relevées.

Les infractions à la réglementation sur les rabais peuvent être réprimées également sur le fondement de l'article L. 121-1 du Code de la consommation relatif à la publicité trompeuse (→ index, *Publicité trompeuse*). Il en est ainsi quand le prix annoncé comme réduit ne l'est pas par rapport à celui antérieurement pratiqué ou quand les prix réduits ne correspondent pas à l'annonce publicitai re (*Cour de cassation, Chambre criminelle, 20/3/1979* : annonce d'une réduction de 15 % sur tous les articles emportés alors qu'en fait la promotion ne portait que sur les articles livrés).

Les annonces de rabais non chiffrées employant des termes du type « tout à prix sacrifiés », « tout moins cher », « le mois des lots »... ne sont pas visées par l'obligation du double marquage des prix mais tombent sous le coup de l'article L. 121-1 du Code de la consommation réprimant la publicité trompeuse dès lors que les prix pratiqués ne sont pas ceux auxquels on pouvait s'attendre compte tenu de l'annonce publicitaire (*Tribunal correctionnel, Auxerre, 3/6/1976* : un supermarché annonçait « impossible de trouver moins cher » alors que de nombreux articles semblables étaient vendus à des prix inférieurs dans d'autres grandes surfaces).

Quant aux produits alimentaires périssables mentionnant une réduction de prix, ils doivent indiquer la nature et l'origine du ou des produits offerts et la période pendant laquelle est maintenue l'offre (*Code de commerce, Art. L. 441-2*). Cette disposition vise à protéger les productions alimentaires françaises, en particulier celles des fruits et légumes, contre les importations de pays tiers souvent moins chères mais pas forcément de même qualité.

À NOTER

Lors des opérations de promotion, la mention « offre valable jusqu'à épuisement des stocks » n'est pas autorisée. Aussi, si avant la date limite de la promotion, le professionnel est dans l'impossibilité de fournir aux consommateurs les produits sur lesquels porte l'annonce de prix réduit, il lui revient d'offrir un bien équivalant au même prix.

ATTENTION ⚠

Aucun rabais supérieur à 5 % ne peut être pratiqué par les commerçants sur le prix des livres.

Les soldes

La réglementation très stricte concernant les soldes remonte au début du XXe siècle. Elle a été réformée, en dernier lieu, par la loi n° 2008-776 du 4/8/2008 de modernisation de l'économie qui a modifié les dispositions de l'article L. 310-3 du Code de commerce.

Ce dispositif maintient les éléments permettant de caractériser les soldes, à savoir :
– l'écoulement des marchandises détenues en stock en un temps réduit en dehors de toute perspective de réapprovisionnement en produits identiques ;
– la publicité qui est faite lors de cette opération, qui ne doit pas être de nature à induire en erreur les consommateurs sur les résultats attendus de l'opération de vente ;
– les prix fixés pour la mise en vente des articles soldés, qui doivent être des prix réduits. Toutes les dispositions relatives aux annonces de rabais, notamment les règles fixées par l'arrêté du 31/12/2008 relatif aux annonces de réduction de prix à l'égard du consommateur (→ index, *Information du consommateur, prix*), s'appliquent également aux soldes. Présenter comme soldés des articles dont le prix n'a pas été réduit constitue un délit de publicité trompeuse (→ index, *Publicité trompeuse*). Tout consommateur qui en est victime peut porter plainte auprès des services de la répression des fraudes.

Les soldes peuvent porter sur toutes les marchandises proposées à la vente et donc sur des marchandises neuves ou d'occasion, démodées ou non. Toutefois, le professionnel ne peut présenter à la vente que des marchandises détenues depuis au moins 1 mois en stock à la date de début de la période de soldes considérée.

Les soldes ne sont autorisés, pendant l'année civile, que durant les périodes suivantes :
– deux périodes d'une durée de 5 semaines chacune, dont les dates et heures de début ont été fixées par le décret n° 2008-1343 du 18/12/2008 relatif aux soldes, modifié par le décret n° 2010-435 du 30/4/2010 (*Code de commerce, Art. D. 310-15-2 et D. 310-15-3*) pour l'ensemble du territoire français, à l'exception des départements pour lesquels ont été arrêtées des dates différentes pour tenir compte d'une forte saisonnalité des ventes, ou d'opérations menées dans les régions frontalières (voir ci-après le tableau des dates de début des périodes de soldes) ;
– une période d'une durée maximale de 2 semaines ou deux périodes d'une durée maximale d'une semaine, dont les dates sont librement choisies par le commerçant sous réserve de s'achever au plus tard 1 mois avant le début des périodes de 5 semaines fixées par décret et d'une déclaration préalable auprès du préfet du département du lieu des soldes ou du préfet du département du siège de l'entreprise pour les ventes à distance.

À NOTER

Les commerçants qui vendent sur Internet sont également tenus de respecter les dates des soldes.

À NOTER

L'interdiction d'utiliser le mot « soldes » ou ses dérivés pour désigner des opérations qui n'en relèveraient pas vise les pratiques de certains professionnels, appelés injustement des « soldeurs », dont l'activité consiste à acheter à des fabricants, en vue de les revendre aux consommateurs, des marchandises neuves, dépareillées, défraîchies, démodées ou de deuxième choix.

ATTENTION ⚠

Le vendeur a la possibilité de refuser de reprendre ou d'échanger les vêtements soldés, mais il reste soumis à la garantie légale des vices cachés.

EN QUOI LES PROMOTIONS DIFFÈRENT-ELLES DES SOLDES ?

Un commerçant peut pratiquer toute l'année des promotions. Sa seule contrainte, hormis l'obligation de double affichage des prix, consiste à pouvoir approvisionner son magasin de façon à répondre aux demandes des consommateurs pendant la durée de la publicité qui accompagne l'événement. Les soldes, eux, ne permettent que d'écouler les invendus pendant une durée fixée par décret ou par le commerçant sans possibilité de réapprovisionnement. Les produits soldés peuvent donc ne pas être disponibles pendant toute la durée des soldes.
Seul point commun : dans les deux cas, les prix doivent être réduits.

DATES DE DEBUT DES PERIODES DE SOLDES	
Ensemble du territoire, à l'exception des départements pour lesquels sont fixées des dates différentes*	- Soldes d'hiver : 2e mercredi du mois de janvier, date avancée au 1er mercredi du mois de janvier lorsque le 2e mercredi intervient après le 12 du mois. - Soldes d'été : dernier mercredi du mois de juin.
Alpes-de-Haute-Provence (04), Hautes-Alpes (05), Alpes-Maritimes (06), Bouches-du-Rhône (13), Var (83), Vaucluse (84)	Soldes d'été : 1er mercredi du mois de juillet.
Corse-du-Sud (2A), Haute-Corse (2B)	Soldes d'été : 2e mercredi du mois de juillet.
Landes (40), Pyrénées-Atlantiques (64)	Soldes d'hiver : 1er mercredi du mois de janvier.
Meurthe-et-Moselle (54), Meuse (55), Moselle (57), Vosges (88)	Soldes d'hiver : 1er jour ouvré du mois de janvier.
* *Il existe également des dates particulières en Guadeloupe, Martinique, Guyane, à La Réunion et à Saint-Pierre-et-Miquelon.*	

Extrait du Code de commerce

« Art. L. 310-3. I - Sont considérées comme soldes les ventes qui, d'une part, sont accompagnées ou précédées de publicité et sont annoncées comme tendant, par une réduction de prix, à l'écoulement accéléré de marchandises en stock et qui, d'autre part, ont lieu durant les périodes définies, pour l'année civile, comme suit :

1° Deux périodes d'une durée de cinq semaines chacune, dont les dates et heures de début sont fixées par décret ; ce décret peut prévoir, pour ces deux périodes, des dates différentes dans les départements qu'il fixe pour tenir compte d'une forte saisonnalité des ventes, ou d'opérations commerciales menées dans des régions frontalières ;

2° Une période d'une durée maximale de deux semaines ou deux périodes d'une durée maximale d'une semaine, dont les dates sont librement choisies par le commerçant ; ces périodes complémentaires s'achèvent toutefois au plus tard un mois avant le début des périodes visées au 1° ; elles sont soumises à déclaration préalable auprès de l'autorité administrative compétente [le préfet] du département du lieu des soldes ou du département du siège de l'entreprise pour les entreprises de vente à distance. [...] »

Les liquidations

Portée à la connaissance du consommateur par des affichages et des encarts dans la presse du type : « cessation totale ou partielle d'activité », « avant travaux », « tout doit disparaître »..., la liquidation est une vente accompagnée ou précédée de publicité et annoncée comme tendant, par une réduction de prix, à l'écoulement accéléré de la totalité ou d'une partie des marchandises d'un établissement commercial à la suite d'une décision de cessation, de suspension saisonnière ou de changement d'activité, ou encore de modification substantielle des conditions d'exploitation (*Code de commerce, Art. L. 310-1*).

Les marchandises concernées peuvent ne pas constituer la totalité du stock des marchandises neuves ou d'occasion d'un établissement commercial mais ne doivent provenir que de l'établissement commercial en question, celles détenues dans les entrepôts extérieurs en étant exclues. Elles peuvent être revendues à perte.

À NOTER

En cas de suspension saisonnière d'activité, il existe un dispositif spécifique pour les commerçants implantés dans les stations de sports d'hiver. Dans ce cas, la durée maximale de la vente en liquidation ne peut excéder 15 jours.

La liquidation doit être précédée d'une déclaration adressée au préfet, 2 mois avant la date prévue pour la vente (5 jours lorsqu'elle fait suite à un fait imprévisible entraînant l'interruption du fonctionnement du commerce : incendie, inondation...), accompagnée de pièces justificatives, notamment un inventaire détaillé des marchandises dont l'écoulement accéléré est envisagé et leur prix de vente.

La publicité ne peut porter que sur des produits inscrits à l'inventaire. Elle doit mentionner la nature des marchandises sur lesquelles porte l'opération si celle-ci ne concerne pas la totalité des produits de l'établissement.

La durée maximale de la vente en liquidation ne peut excéder 2 mois.

La vente avec prime

La vente avec prime est une technique de promotion commerciale où, pour tout achat d'un article, d'un produit ou d'une prestation, il est offert gratuitement un autre objet, produit ou prestation (par exemple, un VTT pour tout achat d'une voiture, une vidange gratuite pour tout changement d'amortisseur ou un livre pour un plein d'essence).

En France, les ventes avec prime sont interdites par l'article L. 121-35 du Code de la consommation. Elles sont considérées comme anticoncurrentielles et peuvent aboutir à une surenchère préjudiciable au choix du consommateur dans la mesure où celui-ci ne décide plus en fonction de la qualité des produits ou des services eux-mêmes, mais pour obtenir la prime. Les ventes avec prime sont punies par des peines d'amende d'un montant maximum de 1 500 € (*Code de la consommation, Art. R. 121-13*) ; les services de la répression des fraudes sont compétents pour constater ces infractions.

Les établissements bancaires et financiers n'ont pas le droit de vendre des produits (carte bancaire...) ou prestations de services (mise en place de virements permanents...) à un client (dans le cadre de la gestion de son compte de dépôt) lorsque cette vente donne droit à titre gratuit à une prime (qu'elle soit financière ou en produits) dont la valeur est supérieure à un certain montant. L'arrêté du 11/8/2003 fixe le seuil de la valeur des primes autorisées.

Si le prix de la prestation ou du produit est inférieur ou égal à 100 €, la prime ne peut excéder 15 % du prix net TTC.

Si ce prix est supérieur à 100 €, la prime ne peut excéder 15 € plus 1 % du prix net TTC.

Si le produit ou la prestation de services vendu ne donne pas lieu au paiement d'un prix mais expose son bénéficiaire à des frais ultérieurs, la prime ne peut excéder 80 €. Dans tous les cas, la prime ne peut excéder 80 €.

Cependant, certaines pratiques sont autorisées. Ne sont pas considérées comme des ventes avec prime :

– l'attribution de menus objets, de services ou d'échantillons dont la valeur marchande est inférieure à 7 % du prix de l'objet principal acheté si celui-ci est inférieur ou égal à 80 €. C'est ainsi qu'offrir une cuillère doseur dorée à l'or fin pour l'achat de paquets de café a été interdit puisque la valeur de la prime excédait 7 % du prix des paquets de café.

Au-delà de 80 €, la valeur maximale de la prime pouvant être offerte est de 5 € plus 1 % du prix net du produit vendu sans pouvoir dépasser 60 € (*Code de la consommation, Art. R. 121-8*).

Constitue par exemple une prime interdite, la remise d'une montre d'une valeur de 129,58 € à titre de prime par une société de vente par correspondance aux 100 premiers acheteurs d'une batterie de cuisine (*Cour de cassation, Chambre criminelle, 5/4/1995*). De même, la Cour de cassation a jugé que le fait de vendre des bouteilles de sirop destinées aux enfants surmontées d'une figurine constituait un acte de concurrence déloyale dès lors que la valeur de la prime dépassait les limites fixées par le Code de la consommation (*Cour de cassation, Chambre commerciale, 11/3/2003*).

En revanche, ne constitue pas une vente avec prime la possibilité d'obtenir, grâce à l'achat de 30 litres de carburant, une bande dessinée moyennant le paiement d'une somme modique (0,50 €) (*Cour de cassation, Chambre commerciale, 29/1/2002*).

Quel qu'en soit le montant, ces petits cadeaux doivent être marqués « d'une manière apparente et indélébile, du nom, de la dénomination, de la marque, du sigle ou du logo de la personne intéressée à l'opération de publicité » ;

– les remises en espèces ou les réductions de prix à valoir sur un autre achat ou une autre fourniture de services que l'on appelle primes payantes ;

– les offres de produits identiques à ceux achetés (pratique courante du « deux pour le prix d'un » ou de la jupe offerte pour l'achat d'un blouson, par exemple ; mais l'offre d'un voyage gratuit pour l'achat d'une maison individuelle est interdite) ;

– l'offre d'un produit ou d'un accessoire, mais un seul, indispensable à l'utilisation normale du produit vendu ou du service fourni (lames pour le rasoir, piles pour les jouets, essence pour une voiture) ;

– la remise de chèques-cadeaux ou la réduction à valoir sur l'achat d'un autre produit ou service de nature différente ;

– l'offre d'une carte de fidélité donnant droit à des réductions ou à la gratuité d'un produit ou d'un service après un certain nombre d'achats.

AVANTAGE

Les cadeaux faits par les professionnels au consommateur, c'est-à-dire les produits ou les services offerts sans obligation d'achat, ne sont pas interdits, ni dans leur nombre, ni dans leur nature (exception faite du tabac et des médicaments).

À NOTER

L'interdiction de principe, sauf exceptions, des ventes avec primes pourrait être remis en cause à la suite d'un arrêt de la cour d'appel de Paris du 14/5/2009 qui, statuant sur l'application de l'article L. 122-1 du Code de la consommation qui interdit les ventes jumelées selon des dispositions semblables à celles figurant dans l'article L. 121-35 du même code relatif aux ventes avec primes, a jugé que cet article était incompatible avec la directive européenne 2005/29 du 11/5/2005 relative aux pratiques commerciales déloyales des entreprises vis-à-vis des consommateurs.

En conséquence, si cet arrêt devait être confirmé, seules les offres de vente avec primes déloyales, c'est-à-dire agressives (→ index, *Vente, pratiques commerciales agressives) ou trompeuses (→* index, *Publicité trompeuse) seraient interdites, ce qui s'apprécierait au cas par cas.*

L'exécution du contrat

Qu'il s'agisse de la location d'un logement, de la commande d'un article à distance ou de la souscription d'un abonnement téléphonique, les rapports entre les consommateurs et les professionnels s'établissent, à cette occasion, dans le cadre d'un contrat, lequel est assorti de conditions générales décrivant les obligations de chacune des parties.

Les délais

Le délai de réflexion

Acheter une machine à laver ou souscrire un abonnement au câble, pour ne prendre que ces exemples, suppose la signature d'un contrat fixant les engagements réciproques des parties. Il arrive qu'après coup, ladite machine ne plaise pas ou que les émissions du câble déçoivent. Contrairement à une croyance fortement ancrée, il est impossible au consommateur de revenir sur sa décision (et de récupérer les sommes versées) une fois le contrat signé. Seul un juge peut décider d'une pareille annulation. Il peut le faire sous certaines conditions : le bien concerné est défectueux (→ index, *Garantie des vices cachés*), n'a pas été livré (→ index, *Livraison*) ou le service n'a pas été rendu ou l'a mal été.

Le principe est que les transactions commerciales réglées au comptant et effectuées sur le lieu de commercialisation du bien ou du service (magasin ou établissement commercial) sont fermes et définitives dès la signature du contrat.

Pour certaines transactions, des lois accordent ponctuellement au consommateur un délai de réflexion, appelé aussi délai de renonciation, de rétractation ou, à l'inverse, délai d'acceptation.

– Vente de biens ou de fournitures de services réalisée à domicile (→ index, *Démarchage à domicile*) ou dans tout lieu non destiné à la commercialisation par un démarcheur : un délai de 7 jours est offert au consommateur, à compter de la commande ou de l'engagement d'achat pour y renoncer (*Code de la consommation, Art. L. 121-25*).

– Vente de biens ou de fournitures de services réalisée à distance (vente par correspondance, par Internet, par télé-achat...) : un délai de 7 jours est offert au consommateur (à compter de la réception pour les biens et à compter de l'acceptation de l'offre pour les prestations de services) pour faire retour de ce produit au vendeur pour échange ou remboursement (*Code de la consommation, Art. L. 121-20*). Le même délai est offert au consommateur si la vente fait suite à un démarchage par téléphone (→ index, *Vente à distance*).

– Vente de biens ou de fournitures de services financée par un crédit à la consommation (→ index, *Crédit à la consommation*) : un délai de 7 jours est offert au consommateur, à compter de la signature de l'offre préalable de crédit, pour revenir sur son engagement. La rétractation a pour effet d'annuler le contrat de crédit (*Code de la consommation, Art. L. 311-25*).

– Souscription d'un crédit à la consommation (→ index, *Crédit à la consommation*) non affecté à l'achat d'un bien (prêt personnel ou crédit renouvelable) : un délai de 7 jours est offert au consommateur, à compter de la signature de l'offre préalable de crédit, pour revenir sur son engagement (*Code de la consommation, Art. L. 311-15*) **(voir Modèle n° 10)**.

– Achat d'un bien immobilier financé par un crédit immobilier (→ index, *Crédit immobilier*) : un délai de 10 jours est offert au consommateur, à compter de la réception de l'offre de crédit par voie postale, pour accepter ou refuser le prêt sollicité (*Code de la consommation, Art. L. 312-10*).

– Achat d'un bien immobilier neuf (acquisition ou construction) (→ index, *Droit de rétractation*) : un délai de 7 jours est offert à l'acquéreur, à compter du lendemain de la première présentation de la lettre recommandée lui notifiant l'acquisition, pour revenir sur son engagement (*Code de la construction et de l'habitation, Art. L. 271-1*).

– Signature d'un contrat de jouissance d'immeuble en temps partagé : un double délai est offert au consommateur. Un délai de réflexion de 7 jours, à compter de la remise de l'offre de contrat ou de sa réception par courrier, délai pendant lequel le consommateur peut ou non accepter ce qui lui est proposé, puis un délai de rétractation de 10 jours à partir de la date d'envoi au professionnel de l'offre signée (*Code de la consommation, Art. L. 121-60 à L. 121-76*).

– Signature d'un contrat de courtage matrimonial dans une agence matrimoniale : un délai de 7 jours est offert au consommateur pour revenir sur son engagement (*Loi n°89-421 du 23/6/1989*).

– Cours par correspondance dispensés par un établissement privé d'enseignement à distance : un délai de réflexion de 7 jours est offert au consommateur, à compter de la réception du projet de contrat et du plan d'études, pour accepter ou refuser le contrat proposé (*Code de l'éducation, Art. L. 444-8*).

– Souscription d'un contrat d'assurance vie, de bons de capitalisation : un délai de rétraction de 30 jours est offert au souscripteur, à compter du premier versement qu'il effectue, pour revenir sur son engagement (*Code des assurances, Art. L. 132-5-1*).

– Prestation de chirurgie esthétique : un délai minimal de 15 jours doit être respecté par le praticien entre la remise du devis et l'intervention. Pendant cette période, il ne peut être exigé ou obtenu de la personne concernée une contrepartie quelconque ni aucun engagement à l'exception des honoraires afférents aux consultations préalables à l'intervention (*Code de la santé publique, Art. L. 6322-2 et L. 6324-2*).

LES DÉLAIS DE RÉTRACTATION

Nature de l'opération	Délai de rétractation
Assurance vie	30 jours à partir du 1er versement
Courtage matrimonial	7 jours à compter de la signature du contrat
Crédit à la consommation	7 jours à partir de la signature de l'offre préalable
Crédit immobilier	10 jours à compter de la remise de l'offre pour accepter ou renoncer
Démarchage à domicile	7 jours à partir de la signature du contrat
Démarchage financier	14 jours à compter, soit du jour où le contrat est conclu, soit du jour où la personne démarchée reçoit les conditions contractuelles et les informations, si cette dernière date est postérieure à la date de conclusion du contrat
Enseignement privé à distance	7 jours à partir de la réception du plan d'étude et du projet de contrat
Multipropriété	7 jours à compter de la remise de l'offre de contrat ou de sa réception par courrier, puis 10 jours à partir de la date d'envoi au professionnel de cette offre signée
Plan d'épargne en valeurs mobilières	15 jours à partir de la souscription du contrat
Vente à distance	7 jours à compter de la réception pour les biens et à compter de l'acceptation de l'offre pour les prestations de services

Le délai de livraison

Lors d'un achat (meubles ou automobile, le plus souvent) ou lors d'une commande de prestation de services (travaux à domicile, par exemple), il existe souvent un délai entre le moment de la conclusion du contrat (signature du bon de commande ou du devis) et celui de son exécution (livraison du bien, réalisation de la prestation). Il arrive que le professionnel ne le respecte pas ou ne le mentionne pas dans le bon de commande.

Le contrat comporte un délai de livraison précis dépassé par le professionnel

Vous êtes protégé par l'article L. 114-1 du Code de la consommation.

– Dès que le bien ou le service commandé atteint la somme de 500 €, le professionnel doit obligatoirement mentionner dans le contrat, la date limite de la livraison ou de l'exécution du service commandé.

– En cas de non-livraison du bien ou d'inexécution du service dans le délai fixé, le consommateur dispose de la faculté d'annuler le contrat signé, sans qu'il soit besoin de saisir le juge, dès lors que le délai prévu par contrat est dépassé de plus de 7 jours. Ce droit ne peut s'exercer que dans un délai précis : moins de 60 jours ouvrés (12 semaines) à partir de la date de livraison ou d'exécution prévue au contrat. Passé ce délai, le consommateur perd son droit mais il peut encore saisir le juge pour faire annuler son contrat.

Pour dénoncer un contrat pour absence de livraison, il suffit d'envoyer une lettre recommandée avec demande d'avis de réception. Le contrat est réputé résolu à la date de réception de la lettre par le professionnel (date figurant sur l'avis de réception), à condition toutefois que la livraison du bien ou l'exécution du service ne soit pas intervenue entre-temps.

– Une fois le contrat annulé, le professionnel est tenu de restituer à l'acheteur les sommes versées. En cas de préjudice du fait de l'inexécution du contrat (annulation de vacances car la voiture commandée n'a pas été livrée à temps par exemple), vous pouvez demander en justice le versement de dommages et intérêts.

Le contrat ne comporte pas de délai de livraison ou ce délai n'est mentionné qu'à titre indicatif

Il appartient au consommateur de déterminer une durée de délai « raisonnable » en tenant compte des us et coutumes de la profession. Une fois ce terme atteint, pour faire valoir votre droit de dénoncer le contrat, il convient de mettre le professionnel en demeure de livrer dans un délai précis par lettre recommandée.

En toute hypothèse, en cas de retard dans la livraison du bien ou en cas d'inexécution du service commandé dans les délais prévus par le contrat, le consommateur peut toujours demander au juge (après avoir adressé au vendeur une lettre recommandée avec demande d'avis de réception le mettant en demeure de le livrer dans un délai précis), la mise en possession du bien ou l'exécution du service, ainsi que l'attribution de dommages et intérêts si ce retard lui a causé un préjudice qu'il est à même de prouver.

À NOTER

Les mentions « fin de mois » ou « début de mois » sur un bon de commande de meubles ont été jugées comme satisfaisant aux prescriptions légales sur la date de livraison (Cour d'appel, Paris, 3/7/2001).

À NOTER

Des délais spécifiques existent en matière de vente à distance (→ index, Vente à distance).

À NOTER

Si vous financez votre achat grâce à un crédit affecté (→ index, Crédit affecté), le délai de livraison est repoussé de 7 jours, délai correspondant à celui accordé à l'emprunteur-acheteur pour se rétracter. Si vous en faites la demande expresse, vous pouvez réduire le délai de réflexion à 3 jours en le mentionnant à la main sur le contrat de vente. C'est la livraison de la marchandise qui déclenche le déblocage des fonds par le prêteur et le début du remboursement de l'emprunt contracté. Il convient donc de vérifier attentivement la bonne conformité du bien livré.

Le paiement

Il est d'usage de régler l'achat d'un bien ou l'exécution d'une prestation de services au moyen d'un chèque, d'une carte bancaire, d'un virement, d'un prélèvement... ou tout simplement en espèces. Malgré la diversité des modes de paiement, le professionnel peut (pour les montants inférieurs à 3 000 €) exiger d'être réglé en espèces, c'est-à-dire en pièces de monnaie et en billets de banque. En effet, le paiement par chèque ou par carte de paiement n'est pas un droit acquis au consommateur.

Les espèces

Un professionnel ne peut pas vous refuser un paiement en billets de banque n'excédant pas 3 000 €. En revanche, au-delà, vous devez obligatoirement régler par chèque, carte de paiement ou virement.

Le chèque

Un commerçant peut refuser un chèque ou ne l'accepter qu'au-dessus d'un certain montant. Le chèque n'est pas une monnaie à cours légal. Le client doit toutefois en être informé par un affichage ou un marquage visible et lisible (*Code de la consommation, Art. L. 113-3*). En revanche, si le professionnel est membre d'un centre de gestion agréé (il en est ainsi fréquemment des professions libérales : médecins ou avocats), il ne peut pas vous refuser votre chèque.

ATTENTION ⚠

Même si vous êtes mécontent d'un produit ou d'un service, vous n'avez pas le droit de faire opposition au chèque émis en règlement. Vous risquez d'être poursuivi et condamné à de lourdes peines.

Un commerçant est en droit de demander une pièce d'identité pour les paiements par chèque, afin de vérifier qu'il ne s'agit pas d'un chèque volé. Dans ce cas, vous devez présenter un document administratif revêtu du sceau de la République avec une photographie : carte d'identité, permis de conduire, passeport... (*Code monétaire et financier, Art. L. 131-15*).

La carte bancaire

Un professionnel peut refuser un paiement par carte bancaire dans trois cas précis :
– il n'est pas affilié au réseau Carte Bancaire et l'autocollant CB n'est pas apposé en vitrine ou à la caisse ;
– vos achats n'atteignent pas le seuil minimal fixé par le commerçant (en général 15 €), ce qui doit être porté à la connaissance des acheteurs par un affichage lisible et visible ;
– vous avez dépassé le plafond autorisé de votre carte.

À NOTER

Le professionnel doit afficher les conditions dans lesquelles il accepte ou refuse le paiement par chèque ou par carte bancaire de manière visible : dans les locaux où il reçoit la clientèle, aux caisses des magasins ou dans les documents remis ou adressés au public par exemple.

Les arrhes et les acomptes

Les sommes versées à titre de réservation par tout consommateur au moment d'un achat sont considérées comme des arrhes. Ce qui implique que le consommateur, comme le professionnel, peut se dédire, c'est-à-dire revenir sur son engagement et mettre fin au contrat, le consommateur en perdant le montant de ses arrhes et le professionnel en restituant le double.

La faculté de dédit liée aux arrhes n'est pas offerte au consommateur lorsque les sommes versées à la commande ont été qualifiées d'acompte dans le bon de commande. L'acompte, premier versement à valoir sur le prix total d'un achat, constitue une preuve d'engagement ferme de la part des deux parties. Si l'une d'entre elles se rétracte, elle engage sa responsabilité et peut se voir condamner par les tribunaux au paiement total de la commande ainsi qu'au versement de dommages et intérêts en cas de préjudice subi par l'une des parties par la rétractation impromptue et illicite de l'autre.

En vertu de l'article L. 131-1 du Code de la consommation, les sommes versées au moment de la commande sont productives d'intérêt au bout de 3 mois si le bien commandé n'a toujours pas été livré, si le service demandé n'a pas été exécuté, ou si les sommes versées n'ont pas été remboursées. Ce principe vaut quelle que soit la nature juridique de la somme versée (arrhes ou acompte). Le taux d'intérêt applicable est le taux légal pour l'année en cours (0,65 % en 2010) Le versement de ces intérêts moratoires n'exclut pas la possibilité d'un versement d'intérêts compensatoires par le professionnel si le retard de la livraison ou l'inexécution de la prestation commandée ont causé un préjudice au consommateur.

À NOTER

Attention : toute clause contractuelle privant le consommateur des dispositions précitées est nulle. Le consommateur ne peut donc y renoncer et le professionnel ne saurait les lui refuser.

La garantie

Tout vendeur de biens ou prestataire de services est tenu envers l'acheteur de deux garanties impératives : la garantie légale de conformité et la garantie légale des vices cachés. À ces obligations légales, le vendeur ou le prestataire peut ajouter sa propre garantie dite garantie conventionnelle (appelée aussi garantie du vendeur, garantie du constructeur ou garantie commerciale).

> La garantie de conformité

Les professionnels doivent maintenant répondre envers les particuliers de la conformité des produits qu'ils vendent au contrat (*Code de la consommation, Art. L. 211-4 à L. 211-14*).

Quelles sont les conditions d'application de la garantie ?

Le vendeur doit livrer un bien conforme au contrat et répond des défauts de conformité existant lors de la remise du bien. Il est également responsable des défauts de conformité résultant de l'emballage, des instructions de montage ou de l'installation lorsque celle-ci a été mise à sa charge par le contrat ou a été réalisée sous sa responsabilité.

Pour être conforme au contrat, le bien doit :

- être propre à l'usage habituellement attendu d'un bien semblable et, le cas échéant :

– correspondre à la description donnée par le vendeur et posséder les qualités que celui-ci a présentées à l'acheteur sous forme d'échantillon ou de modèle,

– présenter les qualités qu'un acheteur peut légitimement attendre eu égard aux déclarations faites par le vendeur ou par le producteur, notamment dans la publicité ou l'étiquetage ;

- ou correspondre aux caractéristiques que le client a exposé au vendeur et que ce dernier a accepté.

Les défauts de conformité qui apparaissent dans un délai de 6 mois à partir de l'acquisition du bien sont présumés antérieurs à l'achat, sauf preuve contraire apportée par le vendeur.

À NOTER

Si l'acheteur est en droit d'exiger la conformité du bien au contrat, il ne peut cependant contester la conformité en invoquant un défaut qu'il connaissait ou qu'il ne pouvait ignorer lors de l'achat.

Quels sont les recours de l'acheteur ?

En cas de défaut de conformité, le client peut choisir entre la réparation et le remplacement du bien. Pour ce faire, il dispose d'un délai de 2 ans à compter du jour de la remise du bien.

Si la réparation et le remplacement sont matériellement impossibles (par exemple parce que la fabrication a été arrêtée), l'acheteur peut :

– soit rendre le bien et se faire rembourser le prix ;

– soit garder le bien et demander le remboursement d'une partie du prix.

La même faculté lui est ouverte :

– si après avoir demandé une réparation ou un échange du bien, le vendeur n'a rien fait dans le délai d'1 mois ;

– ou si le coût de la réparation ou de l'échange est disproportionné par rapport au défaut constaté.

En cas d'annulation de la vente, en plus du remboursement du bien, le client peut demander le versement de dommages et intérêts s'il a subi un préjudice.

Si l'acheteur n'a pas fait jouer la garantie de conformité dans le délai de 2 ans, il peut encore, si les conditions sont réunies, invoquer la garantie des vices cachés (voir plus loin).

ATTENTION ⚠

L'annulation de la vente ne peut être prononcée si le défaut de conformité est mineur.

AVANTAGE

L'application de la garantie légale de conformité a lieu sans aucun frais pour l'acheteur.

› La garantie des vices cachés

Tout vendeur est tenu envers l'acheteur de livrer une marchandise apte à l'usage auquel elle est destinée. Il doit assurer, à ce titre, la responsabilité des défauts ou des vices cachés qui peuvent l'affecter (*Code civil, Art. 1641 à 1649*).

La garantie légale est acquise à tout acheteur :

– que le vendeur soit un professionnel ou un particulier ;

– que le bien acheté soit neuf ou d'occasion (sauf en matière de vente aux enchères : *Code civil, Art. 1649*) ;

– même s'il existe une garantie commerciale offerte par le vendeur (→ index, *Garantie commerciale*) ;

– même si les conditions générales afférentes au contrat de vente l'excluent ou la réduisent (ce qui est interdit en vertu de l'article R. 132-1 du Code de la consommation) ;

– même à défaut du paiement par l'acheteur de la totalité du prix à payer ;

– indépendamment ou non de la remise d'un bon de garantie ;

– aussi bien contre le vendeur que contre l'un quelconque des vendeurs successifs, le cas échéant, et ce jusqu'au fabricant (par exemple, en cas de ventes successives d'une voiture d'occasion, le vendeur initial peut être tenu de la garantie des vices cachés vis-à-vis du dernier acquéreur, si les vices existaient lors de la première vente : *Cour de cassation, 1re chambre civile, 5/1/1972*).

Quelles sont les conditions d'application de la garantie ?

La garantie légale est due à quatre conditions cumulatives : le défaut affectant la marchandise doit être grave ou rédhibitoire, il doit être caché, il doit être antérieur à la vente et enfin l'acheteur doit intenter son action dans un délai de 2 ans.

Le défaut affectant la marchandise doit être grave ou rédhibitoire, à tel point que l'acheteur ne l'aurait pas achetée ou en aurait offert un prix moindre s'il l'avait connu. Voici deux exemples admis par les tribunaux :

– consommation excessive d'un véhicule automobile (*Cour d'appel, Paris, 3/5/1967*) ;

– champignon atteignant les boiseries d'un pavillon (*Cour de cassation, 3e chambre civile, 17/2/1988*).

Le défaut affectant la marchandise doit être caché. Il ne pouvait être décelé lors de la vente malgré un examen attentif de la chose vendue. Inversement, le vendeur n'est pas tenu des vices apparents, c'est-à-dire ceux qu'une personne de vigilance moyenne aurait découvert en procédant à des vérifications élémentaires. Par exemple, constitue un vice apparent la présence de nombreuses pièces rouillées sur un véhicule neuf (*Cour de cassation, Chambre commerciale, 24/1/1984*). En revanche, ne constitue pas un vice apparent le vice de construction se manifestant notamment par l'affaissement du carrelage du sol en certains endroits, dès lors que le vendeur n'a pas informé l'acquéreur de cet état de fait et qu'il en avait dissimulé les manifestations les plus importantes par des meubles et des revêtements de sol (*Cour d'appel, Versailles, 4e chambre, 3/3/1995*).

À NOTER

La Cour de cassation a jugé que la présence d'un virus sur une disquette vendue avec un magazine d'informatique constituait un vice caché obligeant l'éditeur (qui était aussi le vendeur du journal) à indemniser l'acheteur.

Le défaut affectant la marchandise doit être antérieur à la vente. La preuve de l'antériorité est déterminante car la garantie n'est pas due si le vice affectant la marchandise achetée provient d'un manque de précaution ou d'entretien de la part de l'acheteur ou d'une mauvaise utilisation de la marchandise. Cette preuve peut se faire par tous moyens, notamment par expertises (*Cour de cassation, Chambre civile, 23/1/1987* : constitue un vice caché antérieur à la vente la présence de termites ayant provoqué des dégâts tels que leur antériorité à la vente de l'immeuble est établie).

L'action en garantie contre le vendeur (ou le fabricant ou le constructeur) doit être intentée dans un délai de 2 ans à compter de la découverte du vice (*Code civil, Art. 1648*).

AVANTAGE

Toute clause de contrat exonérant le vendeur de son obligation de garantie à l'égard des vices cachés est nulle.

AVANTAGE

L'obligation de garantie incombe à la fois au vendeur et au fabricant.

Que peut faire l'acheteur d'un bien en présence d'un vice caché ?

En présence d'un vice caché, l'acheteur peut soit se faire rembourser, soit garder le bien acheté et se faire indemniser.

Rendre le bien acheté au vendeur et se faire rembourser l'intégralité des sommes versées (action rédhibitoire) est une solution parfois difficile à obtenir à l'amiable. Vous pouvez l'envisager essentiellement dans le cas où le bien vendu est inutilisable, notamment après plusieurs réparations infructueuses. Dans la pratique, il est courant que le vendeur propose d'échanger l'article défectueux contre un article neuf, de même marque ou, à défaut, ayant les mêmes caractéristiques et le même prix. Vous n'êtes pas tenu d'accepter (*Cour d'appel, Grenoble, 12/11/1987* : à propos d'un photocopieur n'ayant pas donné satisfaction).

Garder le bien acheté et se faire indemniser par le vendeur d'une partie du prix en proportion de la perte de valeur qu'occasionne le vice caché (action estimatoire) se pratique peu, car la solution soulève de délicats problèmes d'évaluation. Cependant, il n'est pas rare de voir le vendeur prendre en charge la réparation totale de l'objet vendu à ses frais de manière à régler le litige à l'amiable.

Dans tous les cas, le vendeur a des obligations. Il doit :

– verser des dommages et intérêts à l'acheteur s'il connaissait les vices de la chose vendue (*Code civil, Art. 1645*), c'est-à-dire s'il était de mauvaise foi ;

– rembourser les frais occasionnés par la vente (remboursement des pièces et de la main-d'œuvre, des dégâts provoqués par le défaut, frais de transport éventuels...) s'il ignorait les vices de la chose vendue (*Code civil, Art. 1646*), c'est-à-dire s'il était de bonne foi (dans ce cas, le vendeur ne peut être condamné à garantir l'acheteur des conséquences du dommage causé par le vice : *Cour de cassation, 1re chambre civile, 24/11/1954*).

À défaut d'accord amiable, vous pouvez mettre en œuvre une action en garantie des vices cachés telle qu'elle résulte des articles 1641 à 1649 du Code civil. Dans ce cas, le tribunal compétent est soit celui du lieu où la vente s'est déroulée, soit celui de votre domicile. Pour un litige inférieur à 4 000 €, vous devez saisir le juge de proximité alors que s'il est inférieur à 10 000 €, c'est le tribunal d'instance qui est compétent ; au-delà de cette somme, adressez-vous au tribunal de grande instance.

› La garantie commerciale

En quoi consiste-t-elle ?

La garantie commerciale est une garantie conventionnelle proposée par le vendeur, le constructeur ou le fabricant, étant précisé que :
- elle est facultative ;
- elle est le plus souvent gratuite mais ce n'est pas une obligation ;
- elle est limitée dans le temps. Parfois, elle peut être prolongée par une garantie supplémentaire payante ;
- elle ne fait pas obstacle à la garantie légale de conformité et à la garantie légale des vices cachés (voir plus haut) qui s'appliquent même si le consommateur bénéficie d'une garantie conventionnelle. Le contrat de garantie conventionnelle doit d'ailleurs rappeler l'existence et les modalités de mise en œuvre des garanties légales ;
- gratuite ou non, elle fait l'objet d'une remise de contrat de garantie ;
- tout recours lié à cette garantie doit être fait auprès du professionnel au nom duquel le contrat est proposé (vendeur, fabricant, constructeur...).

La garantie commerciale ne doit pas être confondue avec le service après-vente qui a pour objet d'assurer l'entretien et la réparation du bien vendu indépendamment de toute garantie conventionnelle ou au-delà de la durée de celle-ci.

Le service après-vente est généralement payant. Il est très souvent pratiqué pour les véhicules automobiles et les appareils électroménagers ou audiovisuels. Lorsqu'il est réalisé sur la base d'un contrat préalable, un exemplaire du contrat doit être remis à l'acheteur. Lorsqu'il est réalisé ponctuellement, le vendeur doit, par écrit, informer l'acheteur de l'origine de la panne, de la nature de l'intervention et des pièces et fournitures remplacées.

Que peut faire l'acheteur dont le produit ou le service est défaillant ou mal exécuté ?

L'acheteur bénéficiant d'une garantie commerciale peut faire réparer l'objet acheté dans les conditions prévues par son contrat sans avoir à prouver le vice qui l'affecte. Cette garantie s'applique même aux défauts peu importants que le fabricant ou le vendeur ne seraient pas tenus de réparer dans le cadre de la garantie des vices cachés.

Tout refus du professionnel d'assurer la garantie contractuelle conformément au contrat peut motiver une action judiciaire de la part du consommateur. Ce dernier peut utiliser l'injonction de faire ou assigner le professionnel en justice afin d'obtenir l'exécution forcée de la garantie contractuelle.

À NOTER

Si vous portez un appareil sous garantie à réparer, demandez un reçu de dépôt daté. Ce document peut être utile en cas de litige ultérieur sur la durée de la réparation ou en cas de perte de l'article par le réparateur.

À NOTER

En cas de remise en état d'un appareil couvert par une garantie commerciale, toute période d'immobilisation du bien d'au moins 7 jours par le professionnel vient s'ajouter à la durée de la garantie restant à courir (Code de la consommation, Art. L. 211-16).

› Quelles sont les précautions à prendre concernant la garantie ?

Il est recommandé de réclamer le contrat de garantie avant la signature de tout contrat ou de tout bon de commande afin de connaître l'étendue de celle-ci et les conditions de sa mise en œuvre.

Le Code de la consommation (annexe à l'article R. 211-2) fixe un modèle de contrat de garantie obligatoire. Le vendeur doit remettre à l'acheteur un contrat conforme le renseignant sur la nature et la portée de la garantie s'agissant par exemple de la gratuité ou non de la mise en service de l'appareil acheté, de la réparation des pièces usées, des délais d'intervention du professionnel, du caractère gratuit ou payant de la main-d'œuvre...

Vérifiez bien que le contrat de garantie précise le contenu de la garantie, les éléments nécessaires à sa mise en œuvre, sa durée, son étendue territoriale ainsi que le nom et l'adresse de la société qui s'engage à prendre

en charge le service après-vente du bien dans le cadre de la garantie commerciale.
Attention : en cas d'achat à l'étranger, la garantie peut ne pas comprendre d'extension au pays de résidence de l'acheteur. Dans ce cas, faites-vous préciser l'adresse du représentant français de la marque ou de la société qui assure la garantie à l'étranger.

LA GARANTIE DES PRODUITS ACHETÉS DANS LA COMMUNAUTÉ EUROPÉENNE

La libre circulation des marchandises dans l'espace communautaire a eu pour objectif et pour effet de faciliter les achats transfrontaliers. Toutefois, les pratiques commerciales relatives à la garantie des produits et aux services après-vente variaient selon les pays membres de la Communauté et aucune disposition communautaire ne régissait ni n'harmonisait ces pratiques afin d'assurer aux consommateurs européens un minimum de protection lors de leurs achats transfrontières. Aussi, les autorités communautaires ont adopté une directive en ce sens (*Directive 1999/44/CE du Parlement européen et du Conseil du 25/5/1999*). La France, après avoir été rappelée à l'ordre par la Commission européenne, a enfin transposé cette directive en droit français avec l'ordonnance n° 2005-136 du 17/2/2005.
Ce texte est important pour les consommateurs français dans la mesure où tous les biens de consommation achetés sur le territoire de la Communauté européenne doivent bénéficier d'une garantie minimale de 2 ans. En outre, si le produit acheté présente un défaut durant cette période, l'acheteur peut demander sa réparation ou son remplacement. Si cela s'avère impossible, disproportionné ou ne peut se faire dans un laps de temps raisonnable ou sans inconvénient significatif pour le consommateur, celui-ci peut demander une réduction du prix ou la résiliation du contrat. Toutefois, ce droit de résiliation n'est pas accordé en cas de défauts mineurs. Si le défaut apparaît dans les 6 mois qui suivent l'achat, le client n'a pas à prouver que le produit était défectueux au moment de l'achat. C'est au vendeur de prouver qu'il ne présentait pas de défaut.

La publicité

La publicité est partout : dans les médias, dans les magasins, dans la rue... Sa raison d'être est moins d'informer le consommateur que de l'inciter à acheter, ce qui ne saurait être reproché à un commerçant dès lors qu'il respecte le cadre juridique permettant cette publicité. Ce cadre est aujourd'hui fixé par les articles L. 121-1 et suivants du Code de la consommation.

La publicité trompeuse

Jusqu'à l'intervention de la loi n° 2008-3 du 3/1/2008 pour le développement de la concurrence au service du consommateur, modifiée ultérieurement par la loi n° 2008-776 du 4/8/2008 de modernisation de l'économie qui a réalisé la transposition dans le Code de la consommation de la directive 2005/29/CE du Parlement européen et du Conseil du 11/5/2005 relative aux pratiques commerciales déloyales des entreprises vis-à-vis des consommateurs, le droit français ne définissait pas la publicité tout en interdisant toute publicité trompeuse ou mensongère à destination du consommateur. Ce n'est plus le cas désormais avec l'introduction dans le Code de la consommation des articles L. 121-1 à L. 121-7 qui définissent et sanctionnent les pratiques commerciales trompeuses.

Qu'est-ce qu'une publicité trompeuse ?

Une publicité trompeuse ou une pratique commerciale trompeuse est interdite parce qu'elle relève des pratiques commerciales déloyales, comme les pratiques commerciales agressives (→ index, *Vente, pratiques commerciales agressives*), définies comme étant contraires aux exigences de la diligence professionnelle et altérant, ou étant susceptibles d'altérer de manière substantielle, le comportement économique du consommateur normalement informé et raisonnablement attentif et avisé, à l'égard d'un bien ou d'un service (*Code de la consommation, Art. L. 120-1*).

Une publicité est trompeuse si elle est commise dans l'une des circonstances suivantes (*Code de la consommation, Art. L. 121-1-I*) :

– lorsqu'elle crée une confusion avec un autre bien ou service, une marque, un nom commercial, ou un autre signe distinctif d'un concurrent ;

– lorsqu'elle repose sur des allégations, indications ou présentations fausses ou de nature à induire en erreur et portant sur l'un ou plusieurs des éléments suivants :

- l'existence, la disponibilité ou la nature du bien ou du service,
- les caractéristiques essentielles du bien ou du service, à savoir : ses qualités substantielles, sa composition, ses accessoires, son origine, sa quantité, son mode et sa date de fabrication, les conditions de son utilisation et son aptitude à l'usage, ses propriétés et les résultats attendus de son utilisation, ainsi que les résultats et les principales caractéristiques des tests et contrôles effectués sur le bien ou le service,
- le prix ou le mode de calcul du prix, le caractère promotionnel du prix et les conditions de vente, de paiement et de livraison du bien ou du service,
- le service après-vente, la nécessité d'un service, d'une pièce détachée, d'un remplacement ou d'une réparation,
- la portée des engagements de l'annonceur, la nature, le procédé ou le motif de la vente ou de la prestation de services,
- l'identité, les qualités, les aptitudes et les droits du professionnel,
- le traitement des réclamations et les droits du consommateur ;

– lorsque la personne pour le compte de laquelle elle est mise en oeuvre n'est pas clairement identifiable.

À NOTER

Le pesticide « Round up » a ainsi été condamné pour publicité mensongère pour avoir éludé le danger potentiel du produit par l'emploi de mots rassurants et induit le consommateur en erreur en diminuant le souci de précaution et de prévention dans des messages télévisés et sur les cartons d'emballage (Cour d'appel, Lyon, 29/10/2008).

● Une publicité est également trompeuse si, compte tenu des limites propres au moyen de communication utilisé et des circonstances qui l'entourent, elle omet, dissimule ou fournit de façon inintelligible, ambiguë ou à contretemps une information substantielle ou lorsqu'elle n'indique pas sa véritable intention commerciale dès lors que celle-ci ne ressort pas déjà du contexte (*Code de la consommation, Art. L. 121-1-II*) :
Dans toute communication commerciale constituant une invitation à l'achat et destinée au consommateur mentionnant le prix et les caractéristiques du bien ou du service proposé, sont considérées comme substantielles les informations suivantes :
– les caractéristiques principales du bien ou du service ;
– l'adresse et l'identité du professionnel ;
– le prix TTC et les frais de livraison à la charge du consommateur, ou leur mode de calcul, s'ils ne peuvent être établis à l'avance ;
– les modalités de paiement, de livraison, d'exécution et de traitement des réclamations des consommateurs, dès lors qu'elles sont différentes de celles habituellement pratiquées dans le domaine d'activité professionnelle concerné ;
– l'existence d'un droit de rétractation, si ce dernier est prévu par la loi.

● Une publicité est réputée trompeuse si elle a pour objet, en particulier (*Code de la consommation, Art. L. 121-1-1*) :
– d'afficher un certificat, un label de qualité ou un équivalent sans avoir obtenu l'autorisation nécessaire ;
– d'affirmer qu'un professionnel, y compris à travers ses pratiques commerciales, ou qu'un produit ou service a été agréé, approuvé ou autorisé par un organisme public ou privé alors que ce n'est pas le cas, ou de ne pas respecter les conditions de l'agrément, de l'approbation ou de l'autorisation reçue ;
– de déclarer faussement qu'un produit ou un service ne sera disponible que pendant une période très limitée ou qu'il ne sera disponible que sous des conditions particulières pendant une période très limitée afin d'obtenir une décision immédiate et priver les consommateurs d'une possibilité ou d'un délai suffisant pour opérer un choix en connaissance de cause ;
– de déclarer ou de donner l'impression que la vente d'un produit ou la fourniture d'un service est licite alors qu'elle ne l'est pas ;
– de formuler des affirmations matériellement inexactes en ce qui concerne la nature et l'ampleur des risques auxquels s'expose le consommateur sur le plan de sa sécurité personnelle ou de celle de sa famille s'il n'achète pas le produit ou le service ;
– d'affirmer d'un produit ou d'un service qu'il augmente les chances de gagner aux jeux de hasard ;
– d'affirmer faussement qu'un produit ou une prestation de services est de nature à guérir des maladies, des dysfonctionnements ou des malformations ;
– de communiquer des informations matériellement inexactes sur les conditions de marché ou sur les possibilités de trouver un produit ou un service, dans le but d'inciter le consommateur à acquérir celui-ci à des conditions moins favorables que les conditions normales de marché ;
– d'affirmer, dans le cadre d'une pratique commerciale, qu'un concours est organisé ou qu'un prix peut être gagné sans attribuer les prix décrits ou un équivalent raisonnable ;
– de décrire un produit ou un service comme étant « gratuit », « à titre gracieux », « sans frais » ou autres termes similaires si le consommateur doit payer quoi que ce soit d'autre que les coûts inévitables liés à la réponse à la pratique commerciale et au fait de prendre possession ou livraison de l'article ;
– d'inclure dans un support publicitaire une facture ou un document similaire demandant paiement qui donne au consommateur l'impression qu'il a déjà commandé le produit ou le service commercialisé alors que tel n'est pas le cas…

● C'est la jurisprudence qui déterminera les contours et les limites d'une énumération aussi exhaustive au regard, notamment, de la notion de consommateur normalement informé et raisonnablement attentif et avisé.

● Comment est sanctionnée la publicité trompeuse ?

La publicité trompeuse est une infraction punie des peines prévues en cas de tromperie : emprisonnement de 2 ans maximum et/ou amende pouvant aller jusqu'à 37 500 €.

● Que faire si l'on est victime d'une publicité trompeuse ?

Deux types d'actions sont proposées au consommateur victime d'une publicité trompeuse :

● Faire en sorte que la publicité soit arrêtée ou modifiée. Pour cela, vous interviendrez soit auprès de l'annonceur, soit auprès de la direction départementale de la concurrence, de la consommation et de la répression des fraudes, soit encore auprès d'une association de consommateurs qui peut agir auprès de toutes instances en mesure de faire cesser la publicité délictueuse.

- Demander réparation du préjudice subi. Si le préjudice est important et chiffrable, portez plainte auprès du procureur de la République du tribunal de grande instance de votre domicile **(voir Modèle n° 7)**.

Dans ce cas, il faut joindre les preuves du caractère répréhensible de la publicité mise en causc. Lorsque l'auteur de la publicité est poursuivi, vous en êtes averti par un avis à partie civile. Vous pouvez alors demander des dommages et intérêts lors de l'audience du procès.

Si le préjudice n'est pas important ou difficile à chiffrer ou à prouver, présentez une réclamation directement auprès de l'annonceur ou du responsable du support (journal, directeur du magasin, directeur de radio...) ainsi qu'à l'Autorité de régulation professionnelle de la publicité (nouveau nom du Bureau de vérification de la publicité).

LA PUBLICITÉ COMPARATIVE

Autorisée en 1992, la publicité comparative n'est cependant pas très utilisée en raison des conditions très strictes posées par la loi (*Code de la consommation, Art. L. 121-8 et s.*).

Qu'est-ce que la publicité comparative ?

Constitue une publicité comparative, toute publicité qui met en comparaison des biens ou services en identifiant, implicitement ou explicitement, un concurrent ou des biens ou services offerts par un concurrent. Sont donc exclus par la loi les essais comparatifs réalisés par les organismes de consommateurs.

À quelles conditions est-elle licite ?

La loi pose trois conditions :

- la publicité ne doit pas être trompeuse ou de nature à induire en erreur ;
- elle doit porter sur des biens ou services répondant aux mêmes besoins ou ayant le même objectif ;
- elle doit comparer objectivement une ou plusieurs caractéristiques essentielles, pertinentes, vérifiables et représentatives de ces biens ou services, dont le prix peut faire partie.

Il est donc interdit de se référer à des sondages d'opinion à l'appui d'une publicité comparative.

La publicité comparative est interdite sur les emballages, factures, titres de transport, moyens de paiement ou billets de spectacles (*Code de la consommation, Art. L. 121-11*).

Quelles sont les limites à la publicité comparative ?

Les interdictions qui suivent visent surtout à protéger les concurrents et leurs marques. Elle ne doit pas en effet avoir pour but de dénigrer la concurrence.

La publicité comparative ne peut :

- tirer indûment profit de la notoriété attachée à une marque de fabrique, de commerce ou de service, à un nom commercial, à d'autres signes distinctifs d'un concurrent ou à l'appellation d'origine ainsi qu'à l'indication géographique protégée d'un produit concurrent ;
- entraîner le discrédit ou le dénigrement des marques, noms commerciaux, autres signes distinctifs, biens, services, activité ou situation d'un concurrent ;
- engendrer de confusion entre l'annonceur et un concurrent ou entre les marques, noms commerciaux, autres signes distinctifs, biens, services, activité ou situation d'un concurrent ;
- présenter des biens ou des services comme une imitation ou une reproduction d'un bien ou d'un service bénéficiant d'une marque ou d'un nom commercial protégé (*Code de la consommation, Art. L. 121-9*).

Quelles sont les obligations de l'annonceur ?

L'annonceur n'a plus l'obligation, depuis la modification du Code de la consommation par l'ordonnance n° 2001-741 du 23/8/2001, de communiquer sa publicité comparative au concurrent visé. Par ailleurs, l'annonceur, pour le compte de qui la publicité comparative est diffusée, doit être en mesure de prouver, dans un bref délai, l'exactitude matérielle des énonciations, indications et présentations contenues dans la publicité (*Code de la consommation, Art. L. 121-12*).

Quelles sont les sanctions en cas de publicité comparative illicite ?

Le Code de la consommation n'a pas prévu de sanction spécifique, ni la possibilité d'effectuer un droit de réponse pour une personne en cause. Le concurrent victime d'une publicité comparative illicite peut, le cas échéant, déposer plainte pour publicité trompeuse (→ index, *Publicité trompeuse*) ou usage illicite de la marque d'autrui ou demander des dommages et intérêts en réparation du préjudice causé par cette publicité déloyale.

À NOTER

En cas de condamnation d'un professionnel pour publicité trompeuse ou mensongère, le tribunal peut ordonner la publication du jugement. De plus, il peut, aux frais du condamné, ordonner la diffusion d'une ou plusieurs annonces rectificatives.

À NOTER

Afin de protéger le consommateur contre les publicités commerciales non sollicitées adressées par courrier électronique (ce qu'on appelle les « spams »), le législateur impose désormais que ces publicités (et notamment les offres promotionnelles, telles que les rabais, les primes ou les cadeaux, ainsi que les concours ou les jeux promotionnels) soient identifiées de manière claire et non équivoque dès leur réception, ou en cas d'impossibilité technique, dans le corps du message (Code de la consommation, Art. L. 121-15-1).

À NOTER

Si vous souhaitez mettre un terme à des démarchages publicitaires nominatifs que vous jugez intempestifs (boîtes aux lettres pleines de publicité, e-mail envahit par les spams...), vous pouvez consulter le guide pratique intitulé « La pub, si je veux ! » publié par la Commission nationale de l'informatique et des libertés (CNIL) qui vous indiquera comment les faire cesser sur le site www.cnil.fr.

L'IDENTIFICATION DES DIFFUSEURS DE PUBLICITÉS

Afin de lutter contre les entreprises douteuses, il est fait obligation à toute personne qui diffuse ou fait diffuser dans toute publication, sur toute offre télématique ou par voie d'affiche ou de prospectus, une offre de service ou de vente ou une annonce destinée à faire connaître son activité professionnelle au public de mentionner : un numéro d'identification Siret ou, si l'entreprise est en cours de création, son nom ou sa dénomination sociale et son adresse professionnelle (*Code du travail, Art. L. 8221-7*).

Les loteries publicitaires

Les loteries commerciales, entendues comme les opérations qui consistent à annoncer ou à laisser croire aux destinataires qu'ils sont attributaires d'un lot généralement de grande valeur, sont utilisées, notamment par les professionnels de la vente par correspondance, pour promouvoir leur entreprise et leurs produits. Outre que ces pratiques sont déloyales dès lors qu'elles orientent les choix des consommateurs vers des produits qu'ils n'auraient peut-être pas acquis en l'absence de loterie, elles sont préjudiciables aux consommateurs qui peuvent se sentir trompés ou déçus de n'avoir rien gagné.

Les loteries exigeant une contrepartie financière de la part du participant (achat de biens ou de services ou versement d'argent) sont interdites par une législation ancienne (*Loi du 21/5/1836*) à laquelle font exception les loteries destinées à des opérations de bienfaisance, la Loterie nationale et les jeux qui en sont dérivés (comme le Loto) ainsi que les appareils de jeux forains offrant des lots en nature à valeur limitée.

À quelles conditions sont-elles autorisées ?

Dès lors qu'elles n'exigent des participants aucune contrepartie d'ordre financier, les loteries publicitaires sont licites, à condition de respecter certaines règles. Les loteries publicitaires doivent respecter deux conditions.

Une condition de forme

La loterie doit être réalisée par voie d'écrit et le bon de participation doit être distinct du bon de commande. Les documents présentant la loterie ne doivent pas être de nature à susciter la confusion avec des documents administratifs ou bancaires libellés au nom du destinataire (*Code de la consommation, Art. R. 121-11*). Les lots mis en jeu doivent être clairement identifiés (nature, quantité et prix). Le règlement de la loterie, qui est déposé chez un officier ministériel, doit être adressé gratuitement à toute personne qui en fait la demande.

Une condition de gratuité

Les participants à la loterie ne doivent être contraints à aucune contrepartie financière ni dépense sous quelque forme que ce soit (obligation d'achat, frais d'expédition du lot...).

Extrait du Code de la consommation

« Art. R. 121-11. Lorsque les documents qui présentent une opération publicitaire par voie d'écrit tendant à faire naître l'espérance d'un gain attribué par tirage au sort aux participants comportent les éléments suivants ou certains d'entre eux :
1° Bon de commande ;
2° Extraits du règlement ;
3° Présentation des lots ;
4° Bulletin ou bon de participation.
Ces éléments doivent figurer chacun dans une partie distincte comportant en titre de manière particulièrement lisible celle des mentions sus-énumérées qui correspond à l'objet du document, à l'exclusion de toute autre mention. »

Le contentieux lié aux loteries publicitaires

Les loteries commerciales constituent une technique d'incitation à l'achat. Elles sont plus souvent source de désillusion que d'enrichissement. Les artifices utilisés pour pousser le consommateur à passer commande sont nombreux.

Les abus liés aux loteries publicitaires se développent de plus en plus. De très nombreuses sociétés de vente par correspondance ont été assignées par des consommateurs qui pensaient réellement avoir gagné le lot dont l'attribution était attestée par lettre. Certaines sociétés ont été lourdement sanctionnées par les tribunaux et le dirigeant de l'une d'entre elles a même fait l'objet d'un mandat d'arrêt. Pourtant, ces pratiques ne cessent de proliférer.

Si vous êtes victime d'une loterie publicitaire non conforme, vous pouvez porter plainte auprès de la direction départementale de la concurrence, de la consommation et de la répression des fraudes de manière à obtenir la condamnation de l'entreprise concernée par le tribunal pénal compétent, ainsi que l'attribution de dommages et intérêts à hauteur du préjudice subi, à savoir la désillusion suscitée par une espérance de gain qui ne s'est pas concrétisée.

Cette action pénale peut être introduite sur le fondement :

– soit de l'article L. 121-1 du Code de la consommation relatif aux publicités trompeuses. Il en est ainsi chaque fois que la loterie comporte des présentations fausses ou de nature à induire en erreur le consommateur sur les résultats attendus, à savoir le lot d'importance promis et non celui de moindre valeur. Cette position a été consacrée par l'arrêt de la Chambre criminelle de la Cour de cassation en date du 8/3/1990 et a été confirmée par de nombreux tribunaux (par exemple, *Tribunal correctionnel, Lille, 27/3/1992* : publicité mentionnant que le gagnant se verrait remettre une somme de 22 867,35 € (150 000 F) alors que le prix n'a pas été attribué à ce jeu) ;

– soit sur le fondement de la loi du 21/5/1836 relative aux loteries prohibées. Il en est ainsi chaque fois que les quatre éléments suivants sont réunis : offre au public, espérance d'un gain, intervention du hasard et surtout participation financière demandée aux consommateurs. Sur ce dernier point, il est établi que les frais réclamés pour l'envoi du lot ne rendent pas la loterie illicite (*Cour de cassation, Chambre criminelle, 21/11/1989*).

Indépendamment de la possibilité qui vous est offerte d'agir devant les juridictions pénales, vous pouvez engager la responsabilité civile de l'entreprise émettrice de la loterie sur le fondement de l'article 1382 du Code civil qui prévoit que « Tout fait quelconque de l'homme, qui cause à autrui un dommage, oblige celui par la faute duquel il est arrivé, à le réparer. » Une loterie publicitaire peut être à l'origine d'une faute préjudiciable au consommateur.

Il y a faute dès lors que le message est trompeur. Il a induit en erreur le consommateur sur les résultats attendus de la loterie soit en raison de la présentation affirmative d'un événement hypothétique, soit en raison des équivoques relevées dans la publicité (*Cour de cassation, Chambre civile, 7/6/1990* : consommatrice ayant reçu deux courriers d'une société dont la présentation l'a particulièrement incitée à croire à la réalité de son gain). Certains tribunaux considèrent en outre que la loterie avec prétirage est elle-même trompeuse (*Tribunal correctionnel, Tours, 10/1/1994* : le délit de publicité trompeuse est constitué lorsque le destinataire d'une offre par correspondance se voit annoncer qu'il a déjà gagné, alors qu'il lui est seulement offert en réalité de participer à la phase finale du jeu).

Reste que la notion de faute ne fait pas l'objet d'appréciation convergente par les tribunaux et que certains d'entre eux refusent de mettre en jeu la responsabilité d'une société à raison du caractère trompeur de la loterie (*Tribunal de grande instance, Bayonne, 4/5/1993* : n'est pas constitutif d'une faute l'envoi d'une loterie dont le message, cautionné par huissier, a laissé croire au consommateur qu'il avait gagné une automobile d'une valeur de 7 622,45 € (50 000 F). Le tribunal a jugé en l'espèce que les documents adressés au consommateur ne portaient pas le nom de celui-ci et que, si la carte de visite jointe au document félicitait le gagnant, il était ajouté « bonne chance à tous ». Un consommateur normalement attentif ne pouvait donc être induit en erreur par une telle publicité).

Le préjudice subi par le consommateur est d'abord moral : déception face à un gain de faible valeur alors que l'on croyait véritablement avoir gagné le lot d'importance dont la loterie faisait la publicité (*Tribunal d'instance, Paris, 1/3/1994* : le préjudice de la victime est constitué par la fausse croyance dans laquelle elle a été entretenue et les nombreux tracas auxquels elle a été exposée et qu'elle aurait pu éviter si elle avait été informée plus loyalement).

Le préjudice peut être également financier si le consommateur abusé a disposé, par anticipation, des sommes dont il attendait le gain (*Tribunal de grande instance, Lyon, 19/9/1991* : condamnation des Trois Suisses au paiement d'une somme de 7 622,45 € (50 000 F) correspondant à l'attribution du lot promis dans la publicité ; les juges relèvent qu'ayant pu croire percevoir ce gain, la personne avait pu, de ce fait, apporter moins de vigilance dans la surveillance de son budget).

À NOTER

Il résulte de deux arrêts de la Cour de cassation que le destinataire d'une loterie aura plus de chance d'obtenir réparation en réclamant l'exécution intégrale de l'engagement de l'organisateur de la loterie sur le document publicitaire plutôt qu'une somme correspondant à des dommages et intérêts (Cour de cassation, Chambre mixte, 6/9/2002 et 1re chambre civile, 18/03/2003). La Cour de cassation considère en effet que le fait, pour l'organisateur d'une loterie, d'annoncer un gain à une personne déterminée sans mettre en évidence l'existence d'un aléa, s'oblige, par ce fait purement volontaire, à le délivrer. C'est ce qu'a encore jugé la Cour d'appel de Paris dans un arrêt du 25/3/2009, le courrier envoyé par une loterie faisant « clairement comprendre au destinataire qu'il avait gagné la somme de 8 500 € ».

La qualité et la sécurité des produits et des services

Grand marché de l'Union européenne, mondialisation... La diversité des produits mis sur le marché est telle que les consommateurs n'ont que l'embarras du choix. Pour leur permettre d'optimiser l'acte d'achat et de trouver le meilleur produit ou service au prix le plus compétitif, les pouvoirs publics ont développé un cadre juridique dont le but est de favoriser la reconnaissance des signes de qualité des produits et des services. Parallèlement, ils ont édicté des règles assurant la sécurité des consommateurs.

Reconnaître la qualité

Normes, labels, certifications d'origine ou de conformité, appellations contrôlées mais aussi allégations trompeuses... Les biens de consommation courante sont assortis d'une foule d'indications provenant, les unes des pouvoirs publics, les autres des professionnels par obligation d'information ou pour mieux vendre leurs produits. Apprenez à déchiffrer le bon grain de l'ivraie.

La marque NF

Accordée par l'AFNOR après une procédure de délivrance très formelle aux entreprises qui en font la demande, la marque NF (normalisation française) constitue l'un des principaux instruments de promotion collective de la qualité française.

La marque NF atteste que les produits et les services labellisés sont conformes à des caractéristiques et à des niveaux de performance définis par des spécifications techniques contrôlées par l'AFNOR. Ils pourraient se résumer en « 4 S » : sécurité, santé, service et satisfaction.

De nombreux produits bénéficient de la marque AFNOR (NF-Ameublement, NF-Appareils ménagers, NF-Préservatifs masculins...). Il existe aussi :

– une marque NF-services : elle est applicable, par exemple, aux entreprises de déménagement, aux activités de nautisme, aux activités de dépannage-remorquage des véhicules légers ou aux activités de pompes funèbres ;

– une marque NF-Jouets applicable notamment sur les jouets porteurs et les cycles ;

– une marque NF-Agro-alimentaire, une marque NF-Environnement qui certifie l'impact négatif restreint des produits labellisés sur l'environnement (on la retrouve sur certains sacs-poubelle ou sur les peintures et les vernis, par exemple).

À NOTER

Le marquage CE apparaissant sur les produits offerts à la vente n'est pas, contrairement à la norme NF, un signe de qualité. Il correspond à une obligation administrative. Il atteste de la conformité présumée des produits marqués aux exigences de sécurité minimales définies par les directives communautaires. Le logo CE est apposé par les fabricants et producteurs eux-mêmes. Il permet aux produits de circuler au sein de l'Union européenne mais il ne garantit pas un « plus » réel en terme de qualité par rapport aux produits concurrents. La Cour de cassation a jugé qu'il incombait au vendeur de s'assurer de la conformité aux normes CE avant sa mise en vente (Cour de cassation, Chambre criminelle, 17/9/2002).

Le label Qualitel

Le label Qualitel, créé en 1985, est un label de qualité technique officiellement agréé par l'État et délivré par l'association Qualitel. Il s'applique aux logements neufs présentant un niveau de qualité technique supérieur à la moyenne des constructions neuves. Il est délivré après un examen rigoureux des documents techniques (plans, devis, descriptif). Le programme immobilier qui affiche cette référence garantit que le constructeur s'engage à réaliser un projet respectant des critères techniques particuliers en ce qui concerne l'acoustique, la plomberie, l'électricité, etc. La remise du certificat de qualification en fin de construction est la preuve formelle que le logement acheté satisfait bien aux exigences requises pour l'attribution du label Qualitel.

À NOTER

Le label Rouge, les labels régionaux et label AB (agriculture biologique) sont réservés aux produits alimentaires (→ index, Labels).

Les appellations d'origine

Constitue une appellation d'origine la dénomination d'un pays, d'une région ou d'une localité servant à désigner un produit qui en est originaire et dont la qualité ou les caractères sont dus au milieu géographique, comprenant des facteurs naturels et des facteurs humains. Il existe deux sortes d'appellations d'origine : les appellations d'origine « simples » (AO) et les appellations d'origine contrôlées (AOC).

- Les AO existent depuis 1919 mais elles ne sont plus utilisables depuis 1990 que pour des produits non alimentaires et non agricoles, tels que la dentelle du Puy. Les AO sont devenues très rares de nos jours.
- Ne s'appliquant à l'origine qu'aux vins, les AOC ont remplacé les AO depuis 1990 et s'appliquent maintenant à tous les produits agricoles ou alimentaires, bruts ou transformés (→ index, *Appelations d'origine contrôlées*).

La certification des produits industriels et des services

Les signes de qualité ne concernaient jusqu'à une époque récente que les produits alimentaires et non les produits industriels, encore moins les services.

Il existe désormais pour ceux-ci un signe officiel qui, apposé sur les produits industriels et les services concernés, atteste qu'ils présentent des caractéristiques les valorisant par rapport à ceux qui ne sont pas certifiés. Ces caractéristiques peuvent viser une ou plusieurs spécifications du produit ou un ou plusieurs éléments du service : par exemple, répondre au téléphone au bout de 3 sonneries, délivrer systématiquement des devis gratuits, facturer « x » euros pour telle prestation, proposer telle ou telle garantie ou solution amiable en cas de litige... Ces engagements sont rappelés dans un cahier des charges, portés à la connaissance de la clientèle par un affichage approprié, et contrôlés par une tierce partie indépendante du professionnel.

La certification des produits et des services est une démarche volontaire de la part des fabricants ou des prestataires. Elle constitue un signe de qualité à privilégier si l'on veut acquérir un bien ou un service s'inscrivant dans une démarche reconnue.

À NOTER

Pour connaître les professionnels certifiés, il est possible de se renseigner auprès des organismes certificateurs ou du ministère de l'Industrie.

La sécurité des produits

Tout produit ou service offert à la vente doit être conforme non seulement à l'usage auquel il est destiné mais également aux prescriptions en vigueur « relatives à la sécurité et à la santé des personnes, à la loyauté des transactions commerciales et à la protection des consommateurs ».

Empêcher de mettre sur le marché des produits ou des services dangereux pour la santé ou la sécurité des personnes ou, s'ils sont déjà sur le marché, en permettre le retrait, tel est l'objectif des dispositions de la loi n° 83-660 du 21/7/1983 sur la sécurité des consommateurs (aujourd'hui codifiée au Titre II du Code de la consommation). Les professionnels ont donc une obligation générale de sécurité concernant les produits et services qu'ils fabriquent, réalisent ou commercialisent.

La prévention des accidents domestiques n'est qu'un des aspects du dispositif juridique relatif à la sécurité et à la santé des personnes, lequel n'est pas spécifique au droit de la consommation puisqu'il relève également du droit commun.

› La prévention des accidents

L'article L. 221-1 du Code de la consommation institue, à la charge des professionnels, une obligation générale de sécurité des produits et des services. L'ordonnance n° 2004-670 du 9/7/2004 a renforcé cette obligation de sécurité. Désormais, lorsqu'un professionnel met sur le marché un produit, il doit fournir au consommateur les informations utiles qui lui permettent d'évaluer les risques inhérents au produit pendant sa durée d'utilisation normale ou raisonnablement prévisible et de s'en prémunir, lorsque ces risques ne sont pas immédiatement perceptibles par le consommateur sans un avertissement adéquat.

Afin de respecter cette obligation, la personne, responsable de la mise sur le marché, est tenue d'adopter certaines mesures qui lui permettent :

– de se tenir informé des risques que les produits qu'elle commercialise peuvent présenter ;

– d'engager les actions nécessaires pour maîtriser ces risques, y compris le retrait du marché, la mise en garde adéquate et efficace des consommateurs ainsi que le rappel auprès des consommateurs des produits mis sur le marché.

Ces mesures peuvent notamment consister en la réalisation d'essais par sondage ou en l'indication sur le produit ou son emballage d'un mode d'emploi, de l'identité et de l'adresse du responsable de la mise sur le marché, de la référence du produit ou du lot de produits auquel il appartient (*Code de la consommation, Art. L. 221-1-2*).

Par ailleurs, lorsqu'un professionnel sait que le produit qu'il a mis sur le marché ne répond pas aux exigences de l'article L. 221-1 du Code de la consommation, il doit en informer immédiatement les autorités administratives compétentes en indiquant les actions qu'il engage afin de prévenir les risques pour les consommateurs.

Selon les produits concernés, le professionnel s'adressera :

– soit à la direction générale de la concurrence, de la consommation et de la répression des fraudes ;

– soit à la direction générale de l'alimentation ;

– soit à la direction de la sécurité et de la circulation routières.

Le professionnel ne peut se décharger de cette obligation en affirmant qu'il n'a pas eu connaissance des risques qu'il ne pouvait raisonnablement ignorer (*Code de la consommation, Art. L. 221-1-3*).

À NOTER

Les dispositions de l'article L. 221-1-1 du Code de la consommation ne sont pas applicables aux antiquités et aux produits d'occasion nécessitant une réparation ou une remise en état préalablement à leur utilisation lorsque le fournisseur informe la personne à laquelle il fournit le produit de la nécessité de cette réparation ou de cette remise en état.

L'obligation générale de sécurité est avant tout une mesure de police administrative permettant aux pouvoirs publics d'intervenir pour éliminer ou réduire le nombre des accidents domestiques soit en interdisant la mise sur le marché de produits et de services dangereux, soit en ordonnant le retrait de ceux-ci lorsqu'ils sont déjà commercialisés.

› Comment engager la responsabilité des professionnels ?

Si vous êtes victime d'un défaut de sécurité d'un produit ou d'un service, vous pouvez intenter une action en justice en invoquant la responsabilité pénale, la responsabilité contractuelle, la responsabilité délictuelle, la responsabilité du fait des produits défectueux ou encore la tromperie.

La responsabilité pénale

Vous pouvez agir sur le fondement de la responsabilité pénale du professionnel si vous avez été blessé. Une plainte avec constitution de partie civile pour atteintes involontaires à l'intégrité de la personne (ou homicide involontaire en cas de décès) peut être déposée.

La responsabilité pénale peut également être engagée sur la base de textes spécifiques prévoyant leurs propres sanctions en cas de non-respect des réglementations (*Code pénal, Art. 223-1*).

La responsabilité contractuelle

Il y a responsabilité contractuelle (*Code civil, Art. 1142 et 1147*) du professionnel dès lors que vous êtes en mesure de prouver que, dans le cadre du contrat, sa faute est directement à l'origine du préjudice subi.

Exemples :

– Un organisateur de spectacles a l'obligation d'assurer la sécurité des spectateurs (*Cour de cassation, 1re chambre civile, 12/6/1990* : il appartient aux ascendants de la personne décédée lors d'un match de football de prouver la faute des organisateurs du match de nature à engager leur responsabilité, laquelle en l'espèce est commise dès lors qu'existe un lien de causalité entre cet accident et le fait, pour les dirigeants du club, de n'avoir pas pris les mesures de contrôle visuel des spectateurs ou d'avoir réparti différemment les supporters des deux clubs).

– Un organisateur de voyages ou de séjours a l'obligation de répondre de tout manquement dans l'organisation de la prestation achetée par le consommateur, notamment en matière de sécurité (*Cour de cassation, 1re chambre civile, 23/2/1983* : l'organisateur d'un voyage à l'étranger qui fait appel à un transporteur local, s'il reste tenu à une obligation de moyens, a l'obligation de veiller à ce que ledit transport soit exécuté dans des conditions de sécurité suffisantes, sauf à faillir à son obligation de sécurité et à engager sa responsabilité dès lors que la faute du professionnel a entraîné un préjudice pour le consommateur).

La responsabilité délictuelle

Il y a responsabilité délictuelle (*Code civil, Art. 1382 et s.*) dès lors que vous êtes en mesure de prouver, en dehors de tout contrat de vente, que la faute du professionnel est directement à l'origine du préjudice subi.

Dans cette hypothèse, vous pouvez agir devant les tribunaux et engager la responsabilité du professionnel pour manquement à son obligation de sécurité :

– soit parce qu'il n'a pas pris toutes les précautions qui s'imposaient lors de la commercialisation de son produit ou lors de la réalisation de sa prestation de services (*Cour de cassation, 1re chambre civile, 21/12/1970* : chute d'un automobiliste dans une station-service dont le sol n'était pas nettoyé) ;

– soit en raison des choses placées sous sa garde ou mises en œuvre pour exécuter l'objet du contrat (*Cour de cassation, 2e chambre civile, 16/1/1991* : le fabricant d'un poste de télévision est responsable du dommage provoqué par l'incendie d'un pavillon dès lors que le sinistre n'est que la conséquence de la combustion spontanée du téléviseur).

La responsabilité du fait des produits défectueux

Il y a responsabilité du fait des produits défectueux dès lors qu'un défaut de fabrication ou de conception causé par un produit que vous avez acheté, ou simplement utilisé, entraîne un dommage dont est responsable le fabricant ou le vendeur, sans qu'il soit besoin pour vous de rechercher et de prouver la faute de ce professionnel (*Code civil, Art. 1386-1 à 1386-18*).

Un produit défectueux est celui qui n'offre pas la sécurité à laquelle on peut légitimement s'attendre quand on l'utilise normalement (tout usage abusif ou déraisonnable du produit est donc exclu).

À NOTER

Deux époux qui avaient acquis en magasin un insert de cheminée dont la vitre vitrocéramique avait explosé, projetant des éclats de verre qui avaient blessé l'épouse et endommagé le mobilier, ont obtenu réparation sur le fondement de la responsabilité du fait des produits défectueux (Tribunal de grande instance, Aix-en-Provence, 2/10/2001).

Pour pouvoir mettre en cause la responsabilité du fabricant, vous devez prouver le dommage que vous avez subi, le défaut du produit et le lien de causalité entre ce défaut et le dommage.

Il y a deux délais à respecter pour pouvoir mettre en cause la responsabilité du fabricant :

– l'action en justice doit se situer dans les 10 ans qui suivent la mise en circulation du produit ;

– elle doit être entamée dans les 3 ans qui suivent soit la découverte du dommage, soit la découverte du défaut du produit, soit la révélation de l'identité du producteur.

Vous pouvez assigner indifféremment le fabricant lui-même, l'importateur (si le fabricant est une entreprise étrangère), le vendeur, le loueur ou le fournisseur.

Vous pouvez demander une indemnisation pour les atteintes corporelles subies (blessures, brûlures, intoxication...) et pour les préjudices qui en découlent, mais aussi pour le dommage supérieur à 500 € qui résulte d'une atteinte à l'un de vos biens, autre que le produit défectueux lui-même (par exemple, des biens endommagés lors d'un incendie provoqué par un appareil électrique défectueux).

À NOTER

Le fabricant peut voir sa responsabilité réduite ou supprimée s'il prouve que la victime, ou une personne dont la victime était responsable (un enfant notamment), a commis une faute (brûlures dues à l'explosion d'un aérosol jeté dans un feu, par exemple).

ATTENTION ⚠

Les dommages immatériels (perte financière consécutive à la privation d'un droit, à la perte d'un bénéfice...) ne peuvent être indemnisés dans le cadre de la responsabilité du fait des produits défectueux.

Mis en cause par un consommateur, le fabricant peut dans des circonstances précises dégager sa responsabilité en prouvant qu'il n'était pas fautif.

Plusieurs cas sont prévus :

– le défaut est apparu avec la mise en circulation du produit, et il n'existait pas à l'origine ;

– le défaut ne pouvait être décelé en raison de l'état d'avancement de la recherche scientifique à l'époque de sa mise en circulation. Dans ce cas, le professionnel doit être en mesure de prouver que la fabrication du produit tenait compte des dernières découvertes scientifiques et que ses connaissances dans son domaine d'activité étaient suffisantes ;

– le défaut est dû à la conformité du produit avec des règles légales ou réglementaires impératives. Le processus de fabrication a été imposé par les services administratifs. La responsabilité de l'État est alors engagée à la place de celle du fabricant ;

– le défaut est dû à la conception globale du produit dans lequel sa partie a été intégrée.

AVANTAGE

La possibilité pour un professionnel de s'exonérer de sa responsabilité en raison de l'état des connaissances scientifiques et techniques est exclue pour les produits du corps humain (produits conçus à partir du sang, des cellules, de la moelle osseuse, etc.).

Dans l'hypothèse où le fabricant vous oppose une cause d'exonération de sa responsabilité, vous pouvez agir en utilisant les actions de droit commun à votre disposition : prouver la faute du fabricant et engager sa responsabilité délictuelle (voir plus haut), prouver un vice caché (→ index, *Vices cachés*).

La tromperie

Le défaut de sécurité est souvent compris comme un défaut de conformité du produit ou du service aux prescriptions en vigueur qui le concernent. On peut donc considérer qu'il y a tromperie chaque fois qu'un professionnel met en vente un produit ou un service dangereux pour la santé ou la sécurité du consommateur. D'ailleurs, le Code de la consommation dispose que les peines prévues en cas de tromperie sont doublées « si le délit a pour conséquence de rendre l'utilisation de la marchandise dangereuse pour la santé de l'homme » (*Code de la consommation, Art. L. 213-2*) ou si « la substance falsifiée ou corrompue [...] est nuisible à la santé de l'homme » (*Code de la consommation, Art. L. 213-3-4°et L. 213-4-4°*).

ATTENTION ⚠

Chaque année en France, on dénombre plus de 17 000 décès par accident domestique, soit plus du double de ceux provoqués par la route et la circulation.

› Où s'adresser pour dénoncer des produits dangereux ?

La Commission de la sécurité des consommateurs a été créée en 1983 pour améliorer la prévention des risques liés à l'utilisation des produits et services (risques de la vie courante excluant les accidents de la route et ceux du travail).

Cette commission peut être saisie par un consommateur par simple lettre adressée au président de la commission accompagnée d'une description du risque et de l'accident qui motive le courrier, de l'identification du produit ou du service qui en est la cause, de ses conséquences et du lieu où il est commercialisé ou fabriqué.

À NOTER

Pour plus d'informations sur la Commission de la sécurité des consommateurs, consultez le site Internet : www.securite conso.org.

Se défendre

Les possibilités de résoudre les litiges de la consommation sont de différentes natures : le consommateur peut agir seul ou faire appel à une association de consommateurs ; il peut agir en justice ou privilégier des voies de conciliation, du moins dans un premier temps.

Résoudre un litige à l'amiable

Avant de saisir la justice pour un litige, mieux vaut tenter de le résoudre à l'amiable avec le professionnel intéressé soit directement, soit par l'intermédiaire de l'une des structures ou des voies accessibles au consommateur. La médiation doit être privilégiée chaque fois qu'elle va dans le sens des intérêts du consommateur, c'est-à-dire pour les litiges portant sur des sommes modiques ou pour un motif pour lequel la saisine des tribunaux apparaît inopportune.

Agir seul

De nombreuses grandes sociétés, des banques, des distributeurs et des fabricants ont mis en place des services consommateurs. Ce sont vos interlocuteurs privilégiés chaque fois que vous êtes en litige. Ils disposent souvent d'une marge de manœuvre leur permettant, lorsqu'ils sont de bonne foi et soucieux de leur image de marque, de répondre favorablement aux réclamations, en faisant un geste commercial soit dans le but d'éviter toute publicité défavorable liée à un procès, soit dans une volonté affichée de se mettre au service du client.

Agir à l'aide d'une association de consommateurs

Le client mécontent qui ne possède pas tous les arguments juridiques ou techniques permettant de fonder sa réclamation vis-à-vis du professionnel peut s'adresser à une association de consommateurs. Leur vocation est d'intervenir au profit du consommateur en vue de résoudre les litiges, à l'amiable si c'est possible, sinon en agissant en justice.

Il existe en France une vingtaine d'organisations nationales de consommateurs agréées par les pouvoirs publics compte tenu de leur représentativité, de leur indépendance et de leur action. Leur adresse est disponible auprès des directions départementales de la concurrence, de la consommation et de la répression des fraudes.

Ces associations tiennent pour la plupart des permanences juridiques, soit sur place, soit par téléphone. Chacune d'entre elles possèdent de nombreuses antennes locales dans toute la France.

Outre qu'elles renseignent les consommateurs sur leurs droits, elles peuvent également prendre en charge leur dossier et intervenir à l'encontre des professionnels et de l'administration, le plus souvent pour un coût modique (une adhésion à l'association, qui varie de quelques euros à quelques dizaines d'euros).

Agir avec un conciliateur

La tentative de conciliation amiable devant le juge de proximité ou le juge d'instance est une procédure peu connue. Elle permet d'obtenir une conciliation judiciaire, gratuite et rapide, pour tout litige d'un montant inférieur à 4 000 € devant le juge de proximité et jentre 4 000 € et 10 000 € devant le juge d'instance, survenu à l'occasion d'un acte de consommation avec un professionnel. Le consommateur désirant avoir recours à cette procédure doit se présenter ou écrire au tribunal d'instance du ressort de son domicile. Mais le juge peut de lui-même, avec l'accord des deux parties, proposer ce type de solution et désigner un conciliateur de justice. La liste de ces bénévoles est affichée dans tous les Palais, mairies et Maisons de justice.

Agir en faisant appel à un médiateur

Le consommateur peut également, pour tenter de résoudre un différend à l'amiable avec un professionnel, faire appel à un médiateur.

En premier lieu, citons le Médiateur de la République. Il est compétent pour régler les différends entre les usagers et l'administration ou les établissements publics. Rappelons également l'existence des médiateurs spécialisés, mis en place à l'initiative de certains secteurs d'activité économique : La Poste, EDF, Gaz de France, la SNCF, la RATP, les assurances, les sociétés financières...

Sans oublier ces médiateurs qui n'en portent pas le nom mais qui en pratiquent la fonction, ceux des « boîtes postales 5000 ». Ils agissent gratuitement dans le cadre d'un dispositif mis en place par l'administration dans la plupart des départements. Ils ont pour vocation de permettre le règlement des petits litiges de consommation. Toutes les lettres adressées à la boîte postale (écrire « BP 5000 » sur l'enveloppe suivi du numéro du département) parviennent à la direction départementale de la concurrence, de la consommation et de la répression des fraudes (DDCCRF). Elles sont ensuite réparties entre les associations locales de consommateurs et les organisations professionnelles en vue de leur traitement.

Restent les médiateurs nommés en cours de procès par le juge, avec l'accord des parties prenantes, pour tenter de parvenir à un arrangement amiable qui sera ensuite homologué par le juge et qui aura la même portée qu'un jugement.

À NOTER

Dans chaque département et/ou région, peut être instituée une commission de règlement des litiges de consommation, dont la mission est de favoriser le règlement amiable des litiges de consommation, dans un délai de 2 mois à compter de la réception de la réclamation à la commission (Arrêté du 25/3/2005). On peut ainsi saisir :

– la CRLC de Perpignan, 10, boulevard Aristide Briand, 66987 Perpignan Cedex ;

– la CRLC de Rennes, BP 531, 35006 Rennes Cedex.

Saisir la justice

Deux situations peuvent se rencontrer selon que le consommateur est créancier ou débiteur d'une obligation à l'égard du professionnel.

Les procédures judiciaires simplifiées

Pour les petits litiges, les consommateurs disposent de plusieurs procédures simplifiées :

– **La déclaration au greffe** : cette procédure permet de faire juger un litige dont le montant ne dépasse pas 4 000 € et qui est de la compétence du tribunal d'instance ou du juge de proximité.

– **L'injonction de faire** : cette procédure permet d'obtenir une décision de justice imposant au professionnel défaillant d'exécuter ses obligations contractuelles (refus d'appliquer une garantie commerciale, absence de livraison d'un véhicule dans le délai indiqué sur le bon de commande, par exemple). Le juge de proximité est compétent pour une demande dont le montant est inférieur ou égal à 4 000 € ; la demande doit être présentée au juge d'instance si le litige porte sur une obligation dont la valeur est inférieure ou égale à 4 000 € et qui n'est pas de la compétence du juge de proximité, ou si sa valeur est comprise entre 4 000 et 10 000 €.

– **L'injonction de payer** : elle permet d'obtenir du débiteur défaillant le paiement des sommes dues (refus de remboursement par un vendeur de l'acompte versé alors que le consommateur a annulé le contrat de crédit dans les 7 jours de sa signature, par exemple). Le juge de proximité est compétent pour une demande dont le montant est inférieur ou égal à 4 000 € ; au-dessus de cette somme et jusqu'à 10 000 €, c'est le juge d'instance qui doit être saisi.

À NOTER

Il est maintenant possible pour les personnes physiques de saisir le juge de proximité pour les besoins de leur vie privée. En matière civile, ce juge est compétent pour les petits litiges (dont ceux liés à la consommation) qui n'excèdent pas 4 000 €.

Un professionnel vous réclame de l'argent

Les litiges de consommation ne font pas toujours suite à des réclamations de consommateurs. Il arrive que ce soit le professionnel qui agisse contre le consommateur lorsqu'il estime que celui-ci lui doit une certaine somme d'argent.

Le professionnel désirant recouvrir une créance qui lui est due (non-paiement d'une échéance de prêt, non-règlement d'un produit livré...) peut demander au service recouvrement-contentieux de sa société ou à une agence de recouvrement extérieure de se saisir du dossier et de réclamer le règlement qui n'a pas été honoré.

Pour être légale, la démarche du professionnel doit respecter les règles suivantes (*Décret n° 96-1112 du 18/12/1996*) :

– son agence de recouvrement amiable doit avoir souscrit un contrat d'assurance garantissant sa responsabilité ;

– l'agence doit adresser au débiteur une lettre contenant les mentions suivantes :

• le nom des personnes ou sociétés chargées du recouvrement amiable, leur adresse ou siège social,
• le nom ou la dénomination sociale du créancier, son adresse ou son siège social,
• le fondement et le montant de la somme due (principal et intérêts),
• l'indication d'avoir à régler cette somme et les modalités de paiement proposées,
• la reproduction de l'article suivant : « Les frais de l'exécution forcée sont à la charge du débiteur, sauf s'il est manifeste qu'ils n'étaient pas nécessaires au moment où ils ont été exposés. Les contestations sont tranchées par le juge de l'exécution. Sauf s'ils concernent un acte dont l'accomplissement est prescrit par la loi, les frais de recouvrement entrepris sans titre exécutoire restent à la charge du créancier. Toute stipulation contraire est réputée non écrite ».

Est punie d'une amende de 1 500 € maximum toute personne qui omet l'une des mentions d'information rappelées ci-dessus.

Pour chaque paiement effectué, une quittance doit être remise au débiteur.

À la réception de la lettre de recouvrement, le consommateur dispose de certains moyens de contestation :

– si vous estimez ne pas devoir les sommes qui vous sont réclamées, sachez qu'il revient au professionnel de justifier la créance en apportant la preuve des actes et des faits qui servent de base à sa demande (*Code civil, Art. 1315*) ;

– si vous n'avez pas réglé les sommes réclamées parce que vous contestez la nature ou la qualité du produit ou de la prestation réalisée par le professionnel, saisissez vous-même la justice afin de résoudre le litige sur le fond ;

– si les sommes dues n'ont pas été réglées parce que vous n'en avez pas ou plus les moyens, demandez des délais de grâce au juge d'instance (*Code civil, Art. 1244-1*). Le délai est fixé par le juge en considération du cas qui lui est soumis. Il ne peut excéder 2 ans.

COMMENT SE GARANTIR EN CAS D'ACHAT DANS UNE ENTREPRISE EN FAILLITE

Avant de contracter avec un professionnel, vous pouvez obtenir des renseignements d'ordre comptable et financier auprès du greffe du tribunal de commerce où est inscrite la société.

Pour plus de précautions, vous pouvez limiter les risques en appliquant les principes suivants :
- En cas d'achat par correspondance ou lorsque la livraison du bien acheté se fait postérieurement à la commande, demandez à régler le bien à la livraison contre remboursement.
- Si le professionnel réclame le versement d'arrhes (→ index, *Arrhes*) ou d'acompte (→ index, *Acompte*) le jour de la signature de la commande, proposez un montant égal à 10 % comme le veut l'usage. Dans certains secteurs, ces sommes sont strictement limitées par la loi. Ainsi, dans le domaine immobilier, le dépôt de garantie doit être égal à 5 % du prix de la vente d'un immeuble en état futur d'achèvement.

En cas de dépôt de bilan de la société avec laquelle vous avez contracté une prestation de services échelonnée dans le temps (abonnement à une revue ou inscription dans un club de remise en forme), il est nécessaire de « déclarer votre créance » auprès du liquidateur-mandataire ou du représentant des créanciers qui a été nommé par le tribunal de commerce auprès duquel le dépôt de bilan a été inscrit. Vous avez 4 mois pour le faire à compter de cette inscription, délai après lequel la déclaration n'est plus recevable.

Pour connaître l'identité et les coordonnées du liquidateur ou du représentant, adressez-vous au greffe du tribunal.

Certains professionnels comme les agents de voyages, les banquiers ou les assureurs sont tenus de souscrire une garantie financière de manière à indemniser les consommateurs en cas de dépôt de bilan.

La démarche est identique pour les sociétés de distribution, pour les fabricants ou les commerçants auprès desquels vous auriez passé commande d'un bien en versant des arrhes ou un acompte.

Quel que soit le cas de figure, vos chances de récupérer les sommes versées sont faibles. Une consolation toutefois, si vous avez acheté votre bien en utilisant un crédit affecté (→ index, *Crédit affecté*), vous pouvez demander en justice l'annulation du contrat de vente et du contrat de crédit, dès lors que la livraison du bien commandé n'est pas intervenue (*Code de la consommation, Art. L. 311-21*).

COMMENT RÉGLER VOS LITIGES EN MATIÈRE DE CONSOMMATION ?			
	Que faire ?	**Intérêt**	**Où s'adresser ?**
Règlement amiable	Saisir la Direction départementale de la concurrence, de la consommation et de la répression des fraudes.	Cette administration orientera votre dossier vers la personne compétente.	BP 5000 suivi des deux numéros de votre département.
	Saisir le conciliateur.	Il cherche à régler à l'amiable les différends afin d'éviter un procès.	À la mairie ou au tribunal d'instance.
	Saisir une association de consommateurs.	Elle intervient pour défendre le consommateur.	À une association de consommateurs.
Recours en justice	Porter plainte en cas d'infraction.	Si le litige est relatif à une question de consommation ou à un cas de fraude.	Direction départementale de la concurrence, de la consommation et de la répression des fraudes (DDCCRF).
		Si le litige porte sur l'hygiène alimentaire des produits d'origine animale.	Direction départementale des affaires sanitaires et sociales (DDASS).
		Si le litige porte sur les instruments de mesure utilisés à l'occasion des transactions commerciales (compteurs de taxis, appareils de pesage...).	Direction de l'industrie et de la recherche.
	Faire une saisine simplifiée.	Il s'agit d'une procédure simplifiée qui permet de régler les litiges jusqu'à 10 000 €.	Greffe du tribunal d'instance du domicile ou du siège social du professionnel ou du lieu d'exécution de la prestation, ou encore du lieu où vous demeuriez au moment de la conclusion du contrat ou de la survenance du fait dommageable. Vous n'êtes pas obligé de vous adresser à un huissier. Toutefois, pour les litiges inférieurs ou égaux à 4 000 €, il convient de saisir le juge de proximité en s'adressant au greffe du tribunal d'instance. .../...

COMMENT RÉGLER VOS LITIGES EN MATIÈRE DE CONSOMMATION ? (SUITE)			
	Que faire ?	**Intérêt**	**Où s'adresser ?**
Recours en justice (suite)	Procéder à une injonction de faire.	Cette procédure est mise en place, chaque fois que le consommateur souhaite que le professionnel fasse quelque chose (par exemple, l'exécution de travaux commencés mais pas terminés), à condition que la valeur de la prestation n'excède pas 10 000 €.	Tribunal d'instance du lieu où demeure le professionnel ou du lieu d'exécution de la prestation, ou encore du lieu où vous demeuriez au moment de la conclusion du contrat ou de la survenance du fait dommageable. Toutefois, pour les litiges inférieurs ou égaux à 4 000 €, il convient de saisir le juge de proximité en s'adressant au greffe du tribunal d'instance.
	Faire un procès (saisir le tribunal sur le fond de l'affaire).	Si le litige est inférieur ou égal à 4 000 €, le juge de proximité est compétent. Si le litige est inférieur ou égal à 10 000 €, le tribunal d'instance est compétent. Au-dessus de cette somme, le tribunal de grande instance est compétent ; un avocat est alors nécessaire.	Juge de proximité ou tribunal du lieu où demeure le professionnel ou du lieu d'exécution de la prestation, ou encore du lieu où vous demeuriez au moment de la conclusion du contrat ou de la survenance du fait dommageable. Vous devez faire délivrer une assignation par huissier.

Votre alimentation

Au Moyen Âge, pour ne pas mourir d'ingestion de viande putréfiée ou de céréales moisies, on salait, fumait ou boucanait les aliments pour mieux les conserver. Les techniques actuelles de conservation (haute température ou froid) ont éloigné de nous bien des maladies. Les progrès médicaux nous permettent désormais de connaître l'origine d'affections telles que la salmonellose, la listériose ou la maladie de Creutzfeldt-Jakob. Aussi, pour éviter au maximum la propagation de ce type de pathologie, une énorme machine de surveillance de la chaîne alimentaire est-elle mise en place, de la fourche à la fourchette. Elle repose sur le principe de précaution avec pour bases l'origine et la traçabilité des aliments. Au final, c'est sur l'étiquette que le consommateur attentif peut faire son choix. C'est une excellente source d'information pour qui sait la déchiffrer.

L'étiquetage des produits alimentaires

L'étiquette d'un produit, c'est un peu sa carte d'identité : nom, origine, âge, signes distinctifs... et même date limite d'utilisation. Un véritable guide d'achat en soi qui répond obligatoirement aux questions de base. Pour les emballages de petite dimension (moins de 10 cm²), il est admis que l'étiquetage ne précise que les indications relatives à la dénomination de vente, à la quantité nette et à la date limite de consommation.

Quel est ce produit ?

C'est ce que l'on appelle la « dénomination de vente » (*Code de la consommation, Art. R. 112-14*). Yaourt, beurre ou margarine, champignons au naturel ou poulet... la dénomination de la denrée doit être suffisamment précise pour permettre de connaître la nature réelle du produit et le traitement spécifique qu'il a éventuellement subi (congelé, concentré, pasteurisé, en poudre ou lyophilisé...), chaque fois que l'omission de cette indication est de nature à créer une confusion dans l'esprit de l'acheteur. Ce nom doit être indépendant de la marque de commerce ou de fabrique.

Toute fraude sur la qualité d'un produit est punie d'un emprisonnement de 2 ans au plus et/ou d'une amende d'un montant maximal de 37 500 € (*Code de la consommation, Art. L. 213-1*), comme le rappelle le procès des deux bouchers de Bordeaux, jugés sur différents faits dont vente de bœuf allemand comme viande française, fausse labellisation d'agneau de Pauillac, foies de veau étrangers étiquetés « origine France », etc. Si la fraude a pour conséquence de rendre l'utilisation de la marchandise dangereuse pour la santé de l'homme, les peines indiquées ci-dessus peuvent être doublées.

Le visuel

Le visuel illustrant le produit ne doit pas prêter à confusion. Il doit évoquer la nature du produit : des épis suggèrent la présence de blé, un homard fait référence à un produit en contenant. Pas question donc de poules dans un cadre champêtre pour des œufs provenant d'un élevage industriel (*Tribunal correctionnel, Poitiers, 25/4/1990*).

Les ingrédients

La liste des ingrédients est l'une des mentions les plus importantes, puisqu'elle renseigne de manière précise sur la composition du produit (*Code de la consommation, Art. R. 112-2 et R. 112-3*).
Selon le Code de la consommation, « on entend par ingrédient toute substance, y compris les additifs, utilisée dans la fabrication ou la préparation d'une denrée alimentaire et qui est encore présente dans le produit fini, éventuellement sous une forme modifiée ».
Ces éléments sont énumérés par ordre décroissant de poids hors emballage (ex : asperges, eau, sel, acidifiant, acide citrique). Les ingrédients intervenant pour moins de 2 % dans le produit fini peuvent être énumérés dans un ordre différent à la suite des autres ingrédients (*Code de la consommation, Art. R. 112-15*).
Depuis le 14/2/2000, la quantité d'un ingrédient utilisé doit être précisée s'il figure dans la dénomination de vente (ex : pâté aux truffes) ou s'il y est associé par le consommateur, s'il est mis en relief dans l'étiquetage, s'il est essentiel pour caractériser la denrée ou la distinguer d'autres produits (*Décret n°98-879 du 29/9/1998*).
Depuis le 1/7/2003, une réglementation communautaire en matière d'étiquetage des produits contenant de la viande (à l'exclusion des viandes non transformées) est entrée en vigueur. Elle concerne les saucisses, les pâtés, les viandes cuites, les plats cuisinés et les conserves de viande. L'étiquette doit indiquer s'il s'agit de muscle, de matière grasse ou d'abats (le

terme « viande » s'appliquait auparavant à tous ces ingrédients) ainsi que l'espèce animale dont la viande est issue (porc, bœuf, mouton...) (*Directive n°2000/13/CE du 20/3/2000*).
La directive n° 2003/89/CE du 10/11/2003 a été transposée en droit français par le décret n° 2005-944 du 2/8/2005. Celui-ci pose essentiellement deux nouvelles règles en matière d'étiquetage :
– la règle des 25 %, selon laquelle les composants représentant moins de 25 % du produit n'ont pas à figurer sur l'emballage, est supprimée ;
– les ingrédients allergènes et leurs dérivés (céréales contenant du gluten, crustacés, poissons, œufs, arachides, soja, lait…) doivent maintenant être indiqués dans l'étiquetage des denrées alimentaires préemballées.

La quantité

L'indication de la quantité nette est obligatoire pour les denrées dont la quantité nette est supérieure à 5 g ou 5 ml (sauf pour les épices et les plantes aromatiques, le safran se vendant au gramme !).

Le poids et le volume sont précisés hors emballage. Exemple : contenance 212 ml. Le poids net égoutté doit aussi être indiqué : poids net égoutté : 125 g.

À NOTER

Toutes les mentions figurant sur l'étiquetage doivent être rédigées en français et sans autres abréviations que celles prévues par les conventions. L'utilisation d'une autre langue n'est autorisée que si une traduction française de même correspondance figure à ses côtés.

LES ALIMENTS DISPENSÉS DE L'INDICATION DES INGRÉDIENTS

L'article R. 112-15-1 du Code de la consommation dresse la liste des denrées dispensées de l'indication des ingrédients :
« 1° Fruits et légumes frais, y compris les pommes de terre, qui n'ont pas fait l'objet d'un épluchage, coupage ou autre traitement similaire ;
2° Eaux gazéifiées dont la dénomination fait apparaître cette caractéristique ;
3° Vinaigres de fermentation provenant exclusivement d'un seul produit de base et n'ayant subi l'adjonction d'aucun autre ingrédient ;
4° Fromage, beurre, laits et crèmes fermentés, dans la mesure où ces denrées n'ont subi l'adjonction que de produits lactés, d'enzymes et de cultures de micro-organismes, nécessaires à la fabrication, ou que du sel nécessaire à la fabrication des fromages autres que frais ou fondus ;
5° Produits ne comportant qu'un seul ingrédient, à condition que la dénomination de vente soit identique au nom de l'ingrédient ou qu'elle permette de déterminer la nature de l'ingrédient sans risque de confusion. »

Quels additifs contient-il ?

On appelle additifs tous les ingrédients que les fabricants ajoutent volontairement dans les denrées alimentaires ou les boissons dans un but technologique (la conservation) ou organoleptique (le goût). Les conservateurs permettent une meilleure conservation ou une meilleure hygiène du produit et les exhausteurs de goût améliorent notre perception sensorielle : vue, goût, odeur ou texture.
Certains additifs nous permettent de conserver la nourriture de manière saine. Mais, tous les additifs ne jouent pas un rôle essentiel dans la préservation de la qualité des aliments. Nous pourrions nous passer de colorant et opter pour du sirop de grenadine blanc, tout comme nous pourrions mettre au ban les polyphosphates (E 450) dont la seule utilité est de retenir l'eau du jambon cuit.

Les différents additifs

Parmi les additifs on retrouve :
– les colorants : série E (comme Europe) 100. Ils rendent les aliments plus attrayants ;
– les conservateurs : série E 200. Ils contrôlent ou empêchent le développement de certains micro-organismes ;
– les agents antioxygènes : série E 300. Ils permettent de limiter les effets de l'oxydation et empêchent les corps gras de rancir. Ils sont moins utilisés depuis que l'on conditionne sous vide ou sous atmosphère contrôlée ;
– les émulsifiants, stabilisants, épaississants et gélifiants : série E 400. Ils servent à améliorer la texture.
Il faut également citer les édulcorants qui apportent une saveur sucrée, les acidifiants, les correcteurs d'acidité, les antiagglomérants, les antimoussants, les affer-

missants, les humectants, les amidons modifiés et les poudres à lever.

Les additifs autorisés

Il n'existe pas de liste d'additifs nocifs. Le principe adopté par la France et l'Union européenne est celui de la liste positive. Tout ce qui ne figure pas sur la liste des additifs autorisés ayant fait l'objet de tests médicaux est interdit d'utilisation par l'industrie alimentaire. La liste est disponible au *Journal officiel*, 26, rue Desaix, 75015 Paris (*Arrêté du 2/10/1997* paru au *Journal officiel* du 8/10/1997, annexes parues au *Journal officiel* du 8/11/1997, documents administratifs n° 33).

La Commission européenne a fixé la liste des additifs alimentaires actuellement autorisés (357). La présence d'additifs doit être précisée en clair, avec la catégorie à laquelle appartiennent les additifs, et leur nom qui peut être indiqué en utilisant le nom d'usage (acide malique par exemple) ou de manière codée (E 296).

ATTENTION ⚠

Certains produits de consommation courante comme le pain (dont la farine est souvent enrichie en lécithine ou en farine de fève) et le vin (qui contient de l'anhydride sulfureux) ne comportent pas cette obligation.

À NOTER

Le qualificatif « nouveau » ne peut s'employer que pendant un an. Il dénote une modification substantielle d'un produit existant et pas une simple modification de présentation qui ne pourrait apparaître que sous une formulation plus explicite comme, par exemple, « nouveau : sachets en portions individuelles ».

Peut-il comporter des allégations nutritionnelles et de santé ?

Le règlement européen n° 1924/2006, applicable au 1/7/2007 concerne les allégations nutritionnelles et de santé formulées dans les communications commerciales qui peuvent apparaître dans l'étiquetage, la présentation des denrées alimentaires ou la publicité faite à leur égard.

Il vise tout message ou toute représentation non obligatoires, quelle qu'en soit la forme, qui affirme, suggère ou implique qu'une denrée alimentaire possède des qualités particulières :

– les allégations nutritionnelles qui affirment, suggèrent ou impliquent qu'une denrée alimentaire possède des propriétés nutritionnelles bénéfiques particulières en lien avec son énergie, ses nutriments ou ses autres substances ;

– les allégations de santé qui affirment, suggèrent ou impliquent l'existence d'une relation entre, d'une part, une catégorie de denrées alimentaires, une denrée alimentaire ou l'un de ses composants et d'autre part, la santé ;

– les allégations relatives à la réduction d'un risque de maladie qui affirment, suggèrent ou impliquent que la consommation d'une catégorie de denrées alimentaires, d'une denrée alimentaire ou de l'un de ses composants réduit sensiblement un facteur de risque de développement d'une maladie humaine.

Les allégations interdites

Les allégations nutritionnelles et de santé ne doivent pas :

– être inexactes, ambiguës ou trompeuses ;

– susciter des doutes quant à la sécurité et/ou l'adéquation nutritionnelle d'autres denrées alimentaires ;

– encourager ou tolérer la consommation excessive d'une denrée alimentaire ;

– affirmer, suggérer ou impliquer qu'une alimentation équilibrée et variée ne peut, en général, fournir des nutriments en quantité appropriée ;

– mentionner des modifications des fonctions corporelles qui soient susceptibles d'inspirer des craintes au consommateur ou d'exploiter de telles craintes ;

– se référer à la prévention ou au traitement d'une maladie.

À NOTER

Les boissons titrant plus de 1,2 % d'alcool ne peuvent pas comporter d'allégations, à l'exception des allégations nutritionnelles relatives à la réduction en alcool ou en énergie.

Les allégations nutritionnelles autorisées

Le règlement n° 1924/2006 du 20/12/2006 prévoit que la Commission européenne devra définir des profils nutritionnels spécifiques à chaque denrée alimentaire ou à chaque catégorie de denrées constitués de ratios en quantité de certains nutriments et substances présents dans l'aliment (sel, sucres, matières grasses, acides gras saturés et acides gras trans). À compter du 19/1/2011, les denrées alimentaires ne satisfaisant pas aux profils nutritionnels ne pourront plus porter d'allégations.

Toutefois, il est prévu deux exceptions à l'interdiction d'utiliser des allégations en cas de non-respect d'un profil nutritionnel :

– des allégations nutritionnelles pourront être utilisées dans le cas où un seul nutriment serait « hors profil », à condition d'indiquer la mention « forte teneur en » (suivie du nom du nutriment en question) à proximité de l'allégation ;

– il sera possible d'alléguer sur la réduction en matières grasses, acides gras saturés, acides gras trans, sucres et sel, même si le nutriment concerné est « hors profil », à condition de justifier scientifiquement de cette allégation, et sous certaines conditions qui seront définies en même temps que les profils.

Par ailleurs, le règlement crée en annexe une liste positive d'allégations nutritionnelles, avec leurs conditions d'utilisation, qui peuvent être utilisées sans autorisation, à condition de respecter les conditions d'utilisation qui y sont associées (par exemple : « faible valeur énergétique », « sans sucres ajoutés », « riches en fibres »...).

À NOTER

Les allégations nutritionnelles comparatives (par exemple « teneur en matières grasses réduite » ou « light ») sont admises, sous réserve que la comparaison porte sur des denrées alimentaires de la même catégorie et qu'elles figurent sur la liste des allégations nutritionnelles autorisées annexée au règlement.

Les allégations de santé autorisées

Les allégations de santé définies comme toute allégation qui affirme, suggère ou implique l'existence d'une relation entre, d'une part, une catégorie de denrées alimentaires, une denrée alimentaire ou l'un de ses composants et d'autre part, la santé, doivent, lorsqu'elles sont autorisées, faire l'objet d'un étiquetage nutritionnel qui comporte l'indication de la valeur énergétique et de 7 éléments au minimum : protéines, glucides, sucres, lipides, acides gras saturés, fibres et sodium. Elles doivent, en outre, en application du règlement n° 1924/2006 du 20/12/2006, faire apparaître de nouvelles mentions obligatoires : rappeler l'importance d'une alimentation variée et équilibrée ; indiquer la quantité de la denrée et le mode de consommation ; si nécessaire, une mention à l'attention des personnes qui devaient en éviter la consommation ; un avertissement en cas de consommation excessive.

Le règlement autorise l'utilisation de deux types d'allégations :

– les allégations relatives à la réduction d'un risque de maladie ou se rapportant au développement et à la santé infantiles qui doivent faire l'objet d'une procédure d'autorisation obligatoire basée sur un dossier scientifique ;

– les allégations relatives à la réduction de la sensation de faim, accentuation de la sensation de satiété basées sur des données scientifiques généralement acceptées qui sont énumérées dans une liste positive d'allégations.

Il interdit le recours aux allégations de santé suivantes :

– allégations suggérant que la santé puisse être affectée si l'aliment n'est pas consommé ;

– allégations se référant à la quantité ou au taux de perte de poids ;

– allégations se référant à des recommandations émises par les médecins.

À NOTER

Les produits portant une marque de fabrique ou un nom commercial existant avant le 1/1/2005 et qui ne sont pas conformes au nouveau règlement peuvent continuer à être commercialisés jusqu'au 19/1/2022.

D'où vient-il ?

L'emballage doit permettre de retrouver le nom ou la raison sociale du responsable de la commercialisation du produit : fabricant, conditionneur ou vendeur, et même le lot de fabrication.

Le code emballeur, qui se présente sous la forme « EMB » suivi d'un nom et d'une adresse, ou d'un code officiel géographique permet d'identifier la société responsable de l'emballage.

Pour les aliments d'origine animale, l'estampillage représente une marque de salubrité européenne. Il atteste que les services vétérinaires ont contrôlé la conformité des installations aux normes de salubrité et d'hygiène. Il se présente sous la forme d'un ovale. Au sommet une lettre correspondant au pays de provenance (F pour France), au milieu une série de trois chiffres correspondant au numéro du département de provenance, au code de la commune puis à celui de l'établissement, en dessous CEE pour Communauté européenne.

Concernant la viande bovine, l'Union européenne s'est dotée d'un système d'étiquetage « spécifique et obligatoire ». Doivent figurer sur l'étiquette plusieurs informations essentielles :

– le numéro du lot (dit « numéro de traçabilité ») ;
– le pays d'abattage et le numéro d'agrément de l'abattoir ;
– le pays de découpe et le numéro de l'atelier de découpe ;
– l'État membre de naissance de l'animal ;
– l'État membre où il a été engraissé ;
– l'État membre où a eu lieu l'abattage (*Règlement CE n°1760/2000 du 17/7/2000 ; Décret n°2001-927 du 9/10/2001*).

Concernant les produits de la mer, depuis le 1/1/2002, le nom commercial, la zone de capture et le mode de production (pêché ou élevé) doivent être mentionnés sur leurs emballages et ce, en application d'un règlement européen n° 104/2000 du 17/12/1999. Bien que ces informations ne soient pas relatives à la fraîcheur des produits, elles doivent permettre de mieux éclairer le choix du consommateur. Le décret n° 2002-1315 du 25/10/2002 permet aux agents de la Direction générale de la concurrence, de la consommation et de la répression des fraudes de sanctionner les étiquettes non conformes.

Dans le secteur des fruits et légumes, le décret n° 2010-109 du 29/1/2010 rend obligatoire dans toute annonce de prix, au stade de la vente de détail, la mention relative à l'origine des produits. Cette mention doit être inscrite de façon claire et lisible, en caractères d'une taille égale à celle de l'indication du prix.

À NOTER

Sous réserve de certaines dérogations, l'indication du lieu d'origine ou de provenance d'un produit alimentaire n'est obligatoire que si son omission est de nature à créer une confusion dans l'esprit du consommateur sur l'origine ou la provenance réelle du produit (Code de la consommation, Art. R. 112-9, 8°).

À NOTER

Chaque fois qu'il existe un doute sur les conditions particulières d'utilisation d'un produit alimentaire, l'étiquetage doit comporter un mode d'emploi ; c'est le cas des produits surgelés pour lesquelles les conditions dans lesquelles ils doivent être réchauffés sont précisées (Code de la consommation, Art. R. 112-9, 9°).

À NOTER

Des mentions supplémentaires peuvent être ajoutées pour alerter le consommateur. C'est le cas par exemple, pour les produits alimentaires à base de soja enrichis en calcium : l'étiquetage doit indiquer qu'il est déconseillé de consommer ces produits en association avec une forte consommation de lait ou de produits laitiers (Arrêté du 8/10/2004). De même, toutes les boissons alcoolisées doivent maintenant comporter un message sanitaire préconisant l'absence de consommation d'alcool pour les femmes enceintes (Arrêté du 2/10/2006).

LE CODE-BARRES

Développé aux États-Unis dans les années 1970, le code-barres n'a pas été inventé pour identifier le prix du paquet de beurre ou de la boîte de petits pois mais pour faciliter la gestion des stocks industriels. Cette succession de barres noires et d'espaces blancs constitue un message international codé représentant une suite de chiffres inscrits en dessous (13 en général). Le premier chiffre correspond au pays où l'article a été codifié (3 pour la France), les 6 chiffres suivants au fabricant, les 5 autres à l'article, le dernier est une clé de contrôle.

Combien de temps est-il valable ?

Les dates figurant sur les étiquettes sont apposées sous la responsabilité du conditionneur. Selon le type de produit, vous retrouverez une DLC, date limite de consommation, ou une DDM, date de durabilité minimale.

Certains produits qui se conservent sans danger sont dispensés de date de péremption : boissons titrant à plus de 10 % en volume d'alcool, sel, sucre... (*Code de la consommation, Art. R. 112-23*).

Lorsque la date de durabilité estimée de la denrée n'excède pas 3 mois, la DLC est indiquée avec le jour et le mois ; entre 3 et 18 mois, la date figure en mois et année ; au-delà de 18 mois, seule l'année est indiquée.

La date limite de consommation (DLC)

La date limite de consommation, annoncée par « À consommer avant... » ou « À consommer jusqu'au... » s'applique aux denrées très périssables (viandes, œufs...). Au-delà de la date indiquée, le produit est interdit à la vente et susceptible, après une courte période, de présenter un danger immédiat pour la santé.

Les dates limites de consommation sont le plus souvent établies par le fabricant, leader de son produit sur le marché. Réduire soi-même d'une semaine la DLC de certains aliments fragiles (charcuterie, œufs, viandes, volailles ou fromage) est un bon principe de précaution.

Ainsi, pour les rillettes, la DLC est à 45 jours mais il serait préférable de la ramener à 21 jours.

ATTENTION ⚠

Vendre des denrées après leur date limite de consommation constitue un délit de tromperie sur les qualités substantielles.

La date de durabilité minimale (DDM)

La date de durabilité minimale, qui remplace l'ancienne date limite d'utilisation optimale (DLUO), figure sur les produits peu périssables (conserves, chocolat, biscuits...), sous l'appellation : « À consommer de préférence avant... ». Cette indication permet de savoir jusqu'à quand le produit conserve ses propriétés spécifiques dans des conditions appropriées. Une fois cette date passée, le produit peut encore être commercialisé (aucune sanction n'est prévue). Il est toujours consommable mais il risque de ne plus avoir la même saveur.

ATTENTION ⚠

Qu'ils soient soumis à une DLC ou à une DDM, une fois que vos produits sont entamés, il convient de les consommer sous 24 heures car ils sont alors très sensibles aux bactéries en tout genre.

Quel est son prix ?

Les commerçants doivent afficher les prix directement sur les produits destinés à la vente ou du moins à proximité directe, sans qu'il y ait doute sur le produit visé (*Code de la consommation, Art. L. 113-1 à L. 113-3*).

Les produits pré-emballés doivent être munis d'une étiquette indiquant le prix de vente au kilogramme, la quantité nette et le prix correspondant. Cette obligation s'applique aussi aux liquides qui doivent être vendus avec indication du prix au litre ou au décilitre.

Si le prix de l'étiquette diffère de celui du code-barres, il est d'usage, comme dans toute forme de double affichage non concordant, de payer le prix le plus bas.

Toutefois, le prix indiqué doit demeurer en rapport avec la valeur raisonnable d'un produit équivalent.

Les produits biologiques

Depuis le 1/1/2009 est entrée en vigueur une nouvelle réglementation européenne en matière d'agriculture biologique issue des règlements communautaires CE n° 834/2007 du 28/6/2007 du Conseil et n° 889/2008 du 5/9/2008 de la Commission.

Bio à plus de 95 %

Transformés ou non, il s'agit des produits dont la teneur en ingrédients d'origine agricole biologique est supérieure à 95 %. Ce sont les seuls à pouvoir se référer au mode de production biologique en tant que mode de production agricole et à utiliser les termes en usage dans ce domaine, notamment sous la forme suivante : « Agriculture biologique-système de contrôle CE » suivi du nom de l'organisme certificateur, du nom et/ou de la raison sociale du producteur, du préparateur ou du vendeur.

Autres produits contenant des ingrédients biologiques

Dès lors que leur teneur en ingrédients d'origine biologique est inférieure à 95 %, ils ne peuvent pas se référer au label « Agriculture biologique » dans la dénomination de vente. Mais ils peuvent faire figurer dans le même champ visuel que la dénomination de vente, et dans une partie séparée, la mention « x % des ingrédients d'origine agricole ont été obtenus selon les règles de la production biologique » et il conviendra alors de distinguer les ingrédients biologiques des ingrédients de culture conventionnelle dans la liste des ingrédients.

À NOTER

La catégorie « bio 70 - 95 » est supprimée depuis le 1/1/2009.

Bio en conversion

On ne devient pas bio du jour au lendemain. Les produits se recommandant de l'étiquette « conversion vers l'agriculture biologique » ne peuvent être que des produits contrôlés dont les matières premières proviennent d'exploitations en conversion vers l'agriculture biologique depuis au moins 1 an avant la récolte. L'étiquette « bio en conversion » est conservée pendant toute la période transitoire du producteur, c'est-à-dire 2 ans avant l'ensemencement pour les cultures annuelles et 3 ans pour les récoltes de cultures pérennes.

Les organismes génétiquement modifiés (OGM)

Depuis le 2/9/1998, l'étiquetage des denrées alimentaires contenant des produits à base d'OGM est obligatoire en Europe.

Tous les produits résultant d'une transformation génétique doivent porter sur leur emballage la mention « contient des OGM » ou « produit à partir de soja/ maïs génétiquement modifié », directement après le nom de l'ingrédient ou renvoyé par un astérisque à une note en bas de liste des ingrédients.

Cette obligation s'applique :

– à tous les produits, même s'ils ne comportent pas de liste d'ingrédients (comme la bière par exemple) ;

– aux produits composés d'ingrédients obtenus à partir d'OGM (plat cuisiné, saucisses...) ;

– aux additifs et aux arômes fabriqués à partir d'OGM.

L'étiquetage n'est obligatoire qu'à partir du moment où 0,9 % de chaque ingrédient pris de manière isolée est génétiquement modifié. Se trouvent donc dispensés d'étiquetage un certain nombre de produits dans lesquels l'ADN modifié ou la protéine ont disparu du fait de la transformation (ex : huile).

Le règlement communautaire n° 834/2007 qui renforce les obligations d'étiquetage de tous les produits constitués d'OGM ou dérivés, qu'ils soient destinés à l'alimentation humaine ou animale, est entré en vigueur le 1/1/2009.

Les produits concernés sont ceux qui contiennent des OGM mais aussi ceux qui ont été élaborés à partir d'OGM même si le produit fini n'en présente plus de traces.

Ce dispositif qui conduit à l'étiquetage de tous les produits élaborés à partir de matières premières génétiquement modifiées, repose sur la mise en place d'une traçabilité totale des OGM et des dérivés tout au long des filières de production.

Les produits animaux (lait, viande, œuf) ne sont pas concernés par ces dispositions dans la mesure où aucun animal génétiquement modifié n'est commercialisé en Europe.

Ces obligations sont applicables aux produits vendus en vrac et aux produits préemballés. Ainsi, par exemple, l'étiquette d'un plat préparé, vendu en conserve, cuisiné avec une huile obtenue d'un colza génétiquement modifié, devra comporter une mention du type « produit à partir d'huile de colza génétiquement modifié » dans la liste des ingrédients.

Les services de restauration sous leurs différentes formes sont également concernés. Les cartes des restaurants, les menus des cantines, ou les panneaux d'affichage de la restauration rapide devront indiquer aux consommateurs les ingrédients OGM ou dérivés présents dans les plats proposés même si l'ingrédient concerné est mineur dans la composition.

Les filières de l'alimentation humaine et animale feront l'objet de contrôles afin de s'assurer que les opérateurs ont bien pris en compte le nouveau dispositif communautaire qui se mettra en place progressivement au fur et à mesure du renouvellement des stocks. Notamment, les professionnels qui ne souhaitent pas utiliser des OGM devront s'assurer, soit par eux-mêmes (autocontrôles par exemple) soit auprès de leurs fournisseurs, que les produits qu'ils mettent en œuvre n'en contiennent pas. Une présence accidentelle n'est pas admise au delà du seuil de 0,9 %.

À NOTER

Il est interdit de faire figurer la mention « sans OGM » sur les produits pour lesquels les OGM ne sont pas encore autorisés (pommes de terre, tomates...). Pour les autres, la mention « sans OGM » ne peut être apposée que s'il est possible d'apporter la preuve qu'à tous les stades de la filière, aucun OGM n'a pu s'infiltrer dans la chaîne de fabrication.

AVANTAGE

Les produits issus de l'agriculture biologique sont exempts d'OGM.

MAÏS DOUX ET POUSSES DE SOJA TOUJOURS SANS OGM

Les variétés de maïs et de soja génétiquement modifiées, actuellement autorisées, ne servent ni à la production de maïs doux, ni à celle des pousses de soja (qui sont en fait des pousses de haricot mungo). Pour éviter toute confusion, ces deux produits peuvent être commercialisés avec la mention « sans OGM ».

La qualité et l'origine des produits alimentaires

La France a développé depuis de nombreuses années un dispositif de reconnaissance des produits de qualité. Ces signes officiels sont au nombre de cinq : l'appellation d'origine contrôlée, le label Rouge, les labels régionaux, la certification de conformité et l'agriculture biologique. Leur mise en place atteste d'une logique de filière qui a pour objectif d'assurer l'impartialité des contrôles à tous les niveaux de la chaîne alimentaire.

Les appellations d'origine

Une appellation d'origine garantit l'authenticité d'un produit. Toutes les dénominations, enregistrées à titre national ou européen, sont protégées contre les imitations. Même si l'origine véritable du produit est indiquée, les fabricants ou les distributeurs n'ont pas le droit de commercialiser une denrée accompagnée d'une expression telle que « genre », « type », « méthode », « façon » ou « imitation » (*Règlement CEE n° 2081/92 du 14/7/1992*). Une dénomination protégée ne peut plus devenir générique.

Une fausse indication d'origine ou de provenance (vente de lapins du Gâtinais en provenance des départements de la Sarthe et de l'Orne ; vente de volailles portant la mention « région de Licques », alors qu'elles provenaient de France, mais aussi d'autres pays de l'Union européenne) constitue une infraction aux articles L. 217-6 et L. 217-7 du Code de la consommation. Elle est punie d'un emprisonnement de 2 ans au plus et/ou d'une amende d'un montant maximal de 37 500 €.

L'AOC

L'AOC, appellation d'origine contrôlée, est le patriarche des signes distinctifs puisqu'il remonte à 1919. Dès 1935, l'AOC a été officialisée dans le domaine des vins et des eaux-de-vie. Dans les années 1960, les produits laitiers en ont bénéficié. Et depuis 1990, tous les produits agricoles et alimentaires bruts ou transformés y ont eu accès. Chaque AOC est définie par décret sur proposition de l'INAO, Institut national de l'origine et de la qualité. Ce décret homologue un cahier des charges où figurent notamment la délimitation de l'aire géographique de production de cette appellation ainsi que ses conditions de production.

L'AOC atteste moins la qualité supérieure d'un produit que son caractère typique, son lien avec le terroir. Un produit labellisé AOC ne peut pas, en théorie, être fabriqué ailleurs que dans sa région de production traditionnelle (pas de noix de Grenoble provenant d'un autre département que la Drôme, l'Isère ou la Savoie) et ce, pour des raisons géographiques aussi bien qu'à cause des méthodes de travail liées depuis des générations à sa fabrication (*Code de la consommation, Art. L. 115-1, Code rural et de la pêche maritime, Art. L. 641-5 et s.*). Pour ces raisons, l'AOC est très répandue pour les vins où elle couvre 51 % du vignoble français (soit 41 % de la production totale) et pour les fromages (15 % de la production).

Pour citer un exemple célèbre parmi les fromages, le camembert peut être pourvu d'une AOC. Dans ce cas, il pèse au minimum 250 g, comporte 45 % de matière grasse et respecte un cahier des charges qui prévoit les aires de production du lait, d'affinage et de conditionnement. Elles sont limitées à 5 départements normands : le Calvados, l'Eure, la Manche, l'Orne et la Seine-Maritime. La fabrication en AOC est toujours au lait cru et le moulage est effectué à la louche.

ATTENTION ⚠

« Fabriqué en Normandie » ou « Camembert de Normandie » ? Ne confondez pas. La mention « fabriqué en Normandie » est autorisée sur les camemberts ne bénéficiant pas d'AOC. Elle ne recouvre aucune règle de fabrication traditionnelle.

Hormis les vins et les fromages, vous pouvez retrouver l'AOC sur le beurre (Charente-Poitou, des Charentes ou des Deux-Sèvres), la volaille de Bresse ou le chasselas de Moissac. On peut retrouver la liste complète des AOC sur le site du ministère de l'Agriculture : *www.agriculture.gouv.fr*.

EN SAVOIR PLUS SUR LES APPELLATIONS D'ORIGINE, LES LABELS ET LES MENTIONS VALORISANTES

L'INAO, Institut national de l'origine et de la qualité, est un établissement public chargé de la mise en œuvre des dispositions législatives et réglementaires relatives au label rouge, aux AOC, aux indications géographiques protégées (IGP), aux spécialités traditionnelles garanties (STG), à la mention « agriculture biologique » ainsi qu'aux mentions « montagne », « fermier » ou « produits de la ferme » et « produits pays » dans les départements d'outre-mer (*Code rural et de la pêche maritime, Art. L. 642-5 et s.*).
L'INAO assure le suivi et le contrôle des conditions de production, accompagne et conseille les professionnels et contribue à la défense des appellations d'origine, des labels et des mentions valorisantes tant en France qu'à l'étranger en luttant notamment contre les contrefaçons.
INAO : 51, rue d'Anjou, 75008 Paris, Tél. : 01 53 89 80 00 et sur Internet : *www.inao.gouv.fr*.

L'AOP

L'AOP, appellation d'origine protégée, est une AOC européenne (*Règlement CE n° 510/2006 du 20/3/2006*). Elle désigne un produit élaboré ou transformé dans une aire géographique déterminée avec un savoir-faire reconnu et constaté. Elle ne concerne pas les produits vinicoles. C'est en 1992, et sous l'impulsion de la France, que l'Union européenne a décidé d'étendre aux pays européens le principe de l'AOC. Plus de 300 produits en bénéficient aujourd'hui comme le fromage de Rocamadour, les noix de Grenoble ou plus récemment la feta grecque.
Si le produit ne satisfait pas aux conditions posées par le règlement du 20/3/2006 et se voit refuser le bénéfice de l'appellation d'origine protégée, il perd celui de l'appellation d'origine contrôlée qui lui a été reconnue (*Code rural et de la pêche maritime, Art. L. 641-10*).

L'IGP

L'IGP, indication géographique protégée, est une AOP plus large. Le lien au terroir est moins fort puisqu'il peut s'agir « d'une région, d'un lieu déterminé ou, dans des cas exceptionnels, d'un pays » (*Règlement CE n° 510/2006 du 20/3/2006* ; *Code rural et de la pêche maritime, Art. L. 641-11*). Aujourd'hui, 200 produits la revendiquent dont une soixantaine de produits français (jambon de Bayonne notamment) qui doivent pour l'obtenir posséder déjà soit un label Rouge, soit un label régional, soit une certification de conformité... Ces labels n'existant pas dans les autres pays de l'Union européenne, les IGP nationales attestent d'une plus grande exigence que les autres IGP communautaires.
Depuis le 1/8/2009, les « vins de pays » (dont la dénomination est supprimée) sont enregistrés en tant qu'indication géographique protégée et relèvent de la compétence de l'INAO (*Règlement CE n° 479/2008 du 29/4/2008*). Le bénéfice de ce classement s'accompagne de nombreuses mesures destinées à améliorer l'information et la protection du consommateur, notamment en matière de contrôle de l'appellation et d'étiquetage.

La STG

La STG, spécialité traditionnelle garantie, encore appelée attestation de spécificité, est avec l'AOP et l'IGP le 3e sigle européen de qualité (*Règlement CE n° 116/2007 du 18/10/2007* ; *Code rural et de la pêche maritime, Art. L. 641-12*). Elle protège non pas l'origine mais la tradition, c'est-à-dire les recettes et les méthodes traditionnelles liées au patrimoine ou à l'histoire. Mozzarella italienne ou bière belge Fero... il n'existe qu'une vingtaine de produits estampillés STG à l'heure actuelle.

Les autres indications de provenance

Il convient de distinguer appellation d'origine et indication de provenance. La première désigne un produit « dont la qualité ou les critères sont dus au milieu géographique comprenant des facteurs naturels et des facteurs humains », tandis que la seconde n'implique aucune particularité liée au terroir ou au mode de production. Il ne s'agit que d'un simple renseignement sur le lieu où le produit a été créé. Bien que fabriqué en Charente-Maritime, le beurre de Surgères est un beurre tout à fait classique qui n'atteste pas d'un lien particulier avec le terroir ou d'un savoir-faire traditionnel comme le beurre des Charentes muni d'une AOC.

Les indications de provenance ne doivent pas induire le consommateur en erreur. Pas question d'apposer une pancarte « melons de Cavaillon très sucrés » sur des cucurbitacées en provenance du Tarn-et-Garonne (*Tribunal correctionnel, Paris, 13/3/1992*).

ATTENTION ⚠

Certaines dénominations sont aujourd'hui tombées dans le domaine public. Elles n'évoquent plus un lieu mais une méthode de fabrication ou de préparation : moutarde de Dijon, nougat de Montélimar, eau de Javel, eau de Cologne, saucisson de Lyon, saucisson d'Arles ou jambon d'York…

La dénomination Montagne

Peuvent être assortis de la dénomination « montagne » les produits agricoles non alimentaires et non transformés et les denrées alimentaires autres que les vins qui sont produits et élaborés dans les zones de montagne auxquels une autorisation a été accordée.

Sont dispensés de cette autorisation :

– les produits bénéficiant d'une appellation d'origine, d'une indication géographique protégée ou d'une spécialité traditionnelle garantie lorsque la mention « montagne » figure dans la dénomination enregistrée ;

– les marchandises, légalement produites ou commercialisées dans l'un des États membres de l'Union européenne ou dans l'un des pays signataires de l'accord sur l'Espace économique européen, qui emploient dans leur étiquetage ou leur présentation la dénomination « montagne ».

La dénomination « montagne » ne peut figurer sur l'étiquetage des produits bénéficiant d'une AOC. Elle peut toutefois être autorisée par l'autorité administrative lorsque l'intégralité de l'aire de production de l'appellation est située en zone de montagne (*Code rural et de la pêche maritime, Art. L. 641-14 et s.*).

Les labels agricoles

La star incontestée des labels agricoles est le label Rouge ; à ses côtés, les labels régionaux, produits certifiés conformes et produits biologiques attestent également de certains critères de qualité, régulièrement contrôlés. Mais la qualité des produits labellisés doit être constante car l'attribution d'un label n'est jamais définitive. Elle peut être remise en cause si les conditions requises pour son obtention ne sont plus remplies.

Le label Rouge

Le label Rouge, propriété du ministère de l'Agriculture, a été créé en 1960 à l'initiative des professionnels du secteur avicole soucieux de développer un concept d'élevage différent plus proche de la tradition. Ainsi, le label Rouge des poulets fermiers de Loué permet-il de dire qu'ils sont nourris avec au moins 80 % de céréales, qu'ils ont vécu 91 jours minimum et qu'ils ont disposé d'une aire de parcours fixée à 2,5 m^2 minimum par volaille.

Le label Rouge ne couronne pas que le poulet ; vous le retrouverez sur la viande, la charcuterie, les produits laitiers, les fruits et les légumes, les produits d'épicerie, les œufs, les plats préparés, les miels, les boissons... et même les poissons (bar d'élevage, saumon Écossais) et les fruits de mer (huîtres de Marennes-Oléron).

Le label Rouge atteste que ces denrées alimentaires possèdent des caractéristiques spécifiques établissant un niveau de qualité supérieure, résultant notamment de leurs conditions particulières de production ou de fabrication et conformes à un cahier des charges, qui les distinguent des denrées et produits similaires habituellement commercialisés.

La demande de label Rouge doit être présentée par un groupement de producteurs ou de transformateurs.

L'homologation d'un label Rouge est prononcée par arrêté, sur proposition de l'Institut national de l'origine et de la qualité (*Code rural et de la pêche maritime, Art. L. 641-1 et s.*).

Les labels régionaux

Un label régional est en quelque sorte un label Rouge décliné dans une région bien déterminée. Les entreprises d'une région se réunissent pour déterminer un cahier des charges strict concernant leur production. Elles mettent parfois en avant un signe distinctif, une spécificité « terroir ». Le label régional est réservé à certains produits des 6 régions suivantes : Ardennes, Franche-Comté, Lorraine, Nord-Pas-de-Calais, Midi-Pyrénées et Savoie.

Une quarantaine de produits sont ainsi labellisés, du petit salé lillois à la tomme de Savoie sans oublier la cancoillotte franc-comtoise ou le boudin blanc de Rethel, mais la loi d'orientation agricole de 1994 a arrêté l'attribution de ces labels. Il est prévu que toute référence géographique concernant un produit soit obligatoirement conforme aux signes officiels européen, en l'occurrence l'IGP (→ index, *Indication géographique protégée*). Pour l'instant, les producteurs refusent d'abandonner leur label renommé. Cependant, dans un arrêt du 6/3/2003, la Cour de justice de l'Union européenne a estimé que les labels régionaux français ne pouvaient pas être justifiés au titre du Traité CE qui interdit les restrictions à l'importation. Affaire à suivre…

EN SAVOIR PLUS SUR LES LABELS

✓ Le SYNALAF, Syndicat national des labels avicoles de France, est un organisme interprofessionnel, créé en 1967. Il représente les groupes régionaux de volailles fermières portant le label Rouge. N'hésitez pas à les contacter pour avoir le détail de leur charte de qualité.
SYNALAF : 31 bis, av. du Maréchal de Lattre-de-Tassigny, 94440 Villecresnes, Tél. : 01 45 69 69 00, sur Internet : *www.synalaf.com*.
✓ Le COFRAC, Comité français d'accréditation, comme son intitulé le laisse supposer, accrédite les organismes certificateurs (certificat de conformité, production biologique, label Rouge et labels agricoles). La loi n° 99-574 du 9/7/1999 dispose que seuls peuvent être agréés par les autorités compétentes les organismes certificateurs accrédités par un organisme signataire d'un accord de reconnaissance européen. En France, seul le COFRAC dispose de cet accord.
COFRAC : 37, rue de Lyon, 75012 Paris, Tél. : 01 44 68 82 20, sur Internet : *www.cofrac.fr*.
✓ Retrouvez les produits labellisés sur le site du ministère de l'Agriculture : *www.agriculture.gouv.fr*.

Jurisprudence

Un produit assorti d'un label agricole est garanti par l'État (par le biais d'un organisme certificateur). Toute personne qui usurpe à des fins frauduleuses un signe de qualité reconnu s'expose aux condamnations prévues par l'article L. 213-1 du Code de la consommation. En octobre 1999, un boucher qui exposait à la vente des pièces de bœuf présentées avec le logo et la marque « Bœuf de tradition boucherie », alors que la viande n'était pas distribuée dans le cadre du cahier des charges de cette marque, a été condamné à une amende de 75 €. Les peines peuvent aller bien au-delà puisque le Code de la consommation prévoit un dispositif allant jusqu'à un emprisonnement de 2 ans au plus et/ou amende de 37 500 € au plus.

La certification de conformité

La certification de conformité, mise en place en 1990, est le plus jeune des signes officiels de qualité. Elle est régie par les articles L. 641-20 et suivants du Code rural et de la pêche maritime et atteste qu'un produit possède des qualités ou suit des règles de fabrication particulières et strictement contrôlées.
Peuvent faire l'objet d'une certification de conformité les denrées alimentaires et les produits agricoles non alimentaires et non transformés qui respectent des règles portant, selon le cas, sur la production, la transformation ou le conditionnement, fixées par produit ou par famille de produits par arrêté (*Code rural et de la pêche maritime, Art. L. 641-20*).
La certification, comme les labels, est administrée et contrôlée par un organisme certificateur accrédité. Les caractéristiques certifiées peuvent être la composition du produit, des caractéristiques organoleptiques (aspect, parfum, goût) ou certaines règles de fabrication.
Il n'existe pas de logo officiel pour les produits certifiés, les marques collectives ont le leur. Il s'agit notamment du sigle « Atout qualité certifié » (AQC) déposé par le CEPRAL, association des organismes certificateurs pour la promotion des systèmes de certification de produits agro-alimentaires, et du sigle « Critères qualité certifiés » (CQC) déposé par l'INTERBEV, association nationale interprofessionnelle du bétail et des viandes, pour les viandes. À ce jour, environ 150 types de produits bénéficient d'une certification de conformité, ce qui ne veut pas dire qu'ils soient de qualité supérieure mais différente.

L'agriculture biologique

En France, l'agriculture biologique émerge dans les années 1950 sous l'influence de médecins et de consommateurs inquiets des effets de l'alimentation sur la santé humaine et désireux de « produire sans détruire ». Depuis les années 1980, la demande en produits biologiques ne cesse d'augmenter (en 2005, 47 % des Français consommaient au moins une fois par mois un produit bio, contre 37 % en 2003). Victime de son succès, le secteur biologique se trouve aujourd'hui confronté à une multiplication de fraudes. Sachez reconnaître le vrai « bio » du faux.

Le label AB

Le règlement n° 2092/91/CEE du 24/6/1991, concernant le mode de production biologique de produits agricoles et sa mention sur les produits agricoles et les denrées alimentaires, avait permis de faire le ménage dans le foisonnement des appellations biologiques. Il a été abrogé depuis le 1/1/2009 et remplacé par le règlement CE n° 834/2007 du 28/6/2007 qui contient notamment des garanties accrues contre les contaminations d'OGM, garantit également un étiquetage fiable et renforce les contrôles, y compris sur les importations. Ne peuvent être commercialisés sous le label AB, Agriculture biologique, bio, ou comme étant « issu de l'agriculture biologique », que les produits ayant subi des contrôles très stricts et obtenu la certification d'un des organismes certificateurs (Ecocert, Qualité-France, Afaq-Ascert-International, Ulase, Agrocert, Certipaq et Aclave) agréés par le COFRAC, Comité français d'accréditation.

Le label bio n'est pas délivré une fois pour toutes. Chaque exploitation bio est visitée au moins une fois par an, et parfois par surprise. Les contrôleurs peuvent analyser les produits ou la terre. Ils vérifient la conformité des techniques agricoles, les flux de matières premières, les achats et les ventes. Au niveau des sites de production, des contrôles inopinés sont également effectués. Les agriculteurs non respectueux du cahier des charges bio se voient suspendus de la certification AB.

Le label bio se retrouve sur les produits agricoles comme le maïs ou le soja, sur les denrées alimentaires comme le lait, les œufs, les crèmes glacées…

À NOTER

Les anciens organismes gestionnaires de marques ABF et Nature et Progrès ne sont plus reconnus par le ministère de l'Agriculture comme organismes de contrôle, mais leurs marques demeurent utilisables comme marques collectives à caractère commercial et ils ont une politique plus stricte que la politique officielle en matière de bio.

LA MARQUE NF AGROALIMENTAIRE

Propriété de l'AFNOR, la marque NF agroalimentaire atteste la conformité d'une denrée alimentaire aux normes existantes le concernant et, ce qui constitue son plus, a un règlement fixé pour chaque catégorie de produit (*Code rural et de la pêche maritime, Art. L. 641-13*). Ce règlement définit les procédures d'évaluation et de contrôle ainsi que les exigences relatives à la maîtrise par le fabricant de la qualité des produits normalisés. Apposée sur un jambon cuit supérieur par exemple, la marque atteste d'un référentiel de certification (NF 146-01 en l'occurrence) définissant un contrôle gustatif et une composition à partir de cuisse de porc entière, teneur élevée en protéines, sans addition de polyphosphates.
Si ces règles ne sont pas respectées par un titulaire de la marque, l'AFNOR peut suspendre le droit d'usage de la marque, voire le supprimer et engager des poursuites pour usage abusif.
AFNOR (Association française de normalisation) : 11, avenue Francis de Pressensé, 93571 La Plaine Saint Denis Cedex, Tél. 01 41 62 80 00 et *www.afnor.fr* sur Internet.

Pas d'obligation de résultat

Un produit bio résulte d'un mode de production qui n'a utilisé ni pesticides ni engrais chimiques de synthèse. Pour rendre le sol fertile, l'agriculteur a appliqué des méthodes de travail fondées sur le recyclage des matières organiques naturelles et la rotation des cultures. Ses terres n'ont reçu aucun apport chimique depuis au moins 3 ans. Les pesticides ont été mis au ban et les engrais chimiques remplacés par du guano, du fumier, de la poudre de sabot ou de la farine de plume... Pour lutter contre les parasites, l'exploitant a eu recours à des haies, à des nids et à des prédateurs naturels tels que les coccinelles ou les araignées. L'homme s'est montré respectueux de l'environnement et, d'une manière générale, de la préservation de la bonne santé de la terre.

Tout produit qui applique scrupuleusement le cahier des charges lié à l'agriculture biologique se voit attribuer la mention AB (voir plus haut). Il s'agit d'un label qui atteste d'une obligation de moyens pas de résultat. Un muesli bio est composé de céréales et de fruits secs produits dans le respect d'un cahier des charges bien défini, mais rien ne garantit qu'il soit exempt de pesticides. Une faille dans le système que dénonce le SETRAB, Syndicat européen des transformateurs de produits de l'agriculture biologique.

Nul ne peut avancer que manger « bio » soit meilleur pour la santé ; en revanche, l'agriculture biologique est meilleure pour la nature et on constate par exemple que les fruits et les légumes sont d'une qualité différente car issus de variétés plus rustiques, que le bio respecte davantage la récolte à maturité et l'abattage des animaux à un âge avancé.

À NOTER

Entre agriculture bio et agriculture conventionnelle, l'agriculture raisonnée se forge un chemin bien à elle. Elle limite les apports en pesticides sans avoir la rigueur des bios. Résultat : une meilleure protection de l'environnement et des prix guère plus élevés que ceux de la filière traditionnelle.

L'élevage biologique

Le mode d'élevage en agriculture biologique est rappelé dans le règlement CE n° 1804/1999 du 19/7/1999. Quatre grands principes y figurent :

- C'est l'élevage qui fournit les matières organiques et les éléments nutritifs nécessaires aux terres cultivées, contribuant ainsi à l'amélioration du sol et au développement d'une agriculture durable.
- L'élevage biologique assure un lien étroit entre l'élevage et les terres agricoles par pratique de rotations pluriannuelles et par l'alimentation des animaux qui provient de produits obtenus sur l'exploitation même. L'agriculture biologique a toujours interdit l'utilisation des farines et graisses animales (hors espèces aquatiques) dans l'alimentation des animaux, et ce avant leur interdiction au niveau national (→ index, *Maladie de la vache folle*).
- L'élevage pastoral sur les zones abandonnées est particulièrement adapté.
- Une grande biodiversité est encouragée et le choix des races doit prendre en compte leur capacité d'adaptation aux conditions du milieu.

Dans ce domaine, par rapport à l'Union européenne, la France a pris des dispositions spécifiques sous forme d'un cahier des charges unique (*Arrêté du 28/8/2000*) qui s'impose à tous les éleveurs bio français et qui se substitue aux cahiers antérieurs.

Ce cahier est plus contraignant que le règlement européen. Il prévoit une obligation de conversion de l'ensemble des productions animales de l'exploitation, un taux minimum d'alimentation en provenance de l'exploitation elle-même, une limitation plus stricte du nombre des traitements avec des médicaments vétérinaires allopathiques de synthèse et une limitation plus stricte de la taille des bâtiments d'élevage.

Les produits transformés

Lait, beurre ou sauce tomate... pour qu'un produit transformé puisse porter la mention AB, il doit répondre à quatre conditions :

– au moins 95 % des ingrédients d'origine agricole dans le produit final sont bio ;

– les 5 % au maximum d'ingrédients non bio sont soit inscrits à l'annexe IX du règlement CE n° 889/2008 du 5/9/2008, soit ont reçu une autorisation délivrée par l'autorité de l'État membre ;

– les additifs utilisés doivent avoir fait l'objet d'une autorisation d'utilisation dans la production biologique conformément aux dispositions de l'article 21 du même règlement ;

– lors de sa préparation, le produit et ses ingrédients n'ont pas subi de traitement au moyen de rayons ionisants.

EN SAVOIR PLUS SUR LE BIO

✓ FNAB, Fédération nationale de l'agriculture biologique : organisme professionnel à vocation syndicale créé en 1978, la FNAB fédère les groupements régionaux d'agrobiologistes et vise un développement cohérent et durable du mode de production biologique français.
FNAB : 40, rue de Malte, 75011 Paris, Tél. : 01 43 38 38 69 et sur Internet : *www.fnab.org*.
Ministère de l'Agriculture et de la Pêche, Bureau des signes de qualité et de l'agriculture biologique : 3, rue Barbet-de-Jouy, 75007 Paris, Tél. : 01 49 55 81 01, et sur Internet : *www.agriculture.gouv.fr*.

✓ SYNABIO, Syndicat national des transformateurs de produits naturels et de culture biologique : créé en 1976, par les professionnels de la filière Agriculture biologique, c'est le seul syndicat national qui représente les transformateurs et les opérateurs de première mise sur le marché de l'agriculture biologique sur le territoire français.
SYNABIO : 28, rue de la Chapelle, 75018, Tél. : 01 48 04 01 49, et sur Internet : *www.synabio.com*.

Les « plus » non contrôlés

L'emballage étant un support publicitaire rêvé, fabricants et distributeurs l'utilisent pour y apposer leurs propres satisfecit.

Élu « Produit de l'année »

C'est un logo à forte notoriété qui recouvre un prix professionnel, inventé il y a plus de 10 ans : « Le grand prix marketing innovation ». Il récompense des innovations techniques concernant l'emballage ou l'utilisation du produit. Un panel de consommateurs représentatif est invité à se prononcer sur dossier. Sans tester les produits, ils donnent leur avis sur le caractère novateur des denrées présentées.

Élu « Saveur de l'année »

Des tests gustatifs se référant aux normes AFNOR sont soumis à des consommateurs. L'appellation donne l'assurance d'un « bon goût » mais elle n'apporte aucune indication de qualité sur le produit et, bien sûr, elle n'est pas contrôlée par l'AFNOR.

Produit de Bretagne

Pour promouvoir leur production, 170 entreprises bretonnes se sont rassemblées. Actuellement, plus de 2 000 produits environ témoignent de leur volonté de mettre en avant leur savoir-faire. Ils ne sont pas nécessairement originaires de Bretagne puisqu'il suffit qu'ils y aient été transformés. C'est ainsi que sous l'estampille « Produit de Bretagne » vous pouvez retrouver des noix de Saint-Jacques provenant de Russie ou d'Argentine !

La reconnaissance des distributeurs

« Filière qualité » chez Carrefour, « Terre de Saveur » chez Monoprix ou « Agriculture raisonnée » chez Auchan... Les signes de qualité des distributeurs fleurissent au fil des inquiétudes alimentaires. Ils répondent tous à un cahier des charges dont certains sont parfois l'équivalent d'un certificat de conformité. Astuce marketing ou réel signe de qualité ? La marge est souvent étroite.

Les mentions de type « terroir », « à l'ancienne », « fait maison »...

Le lien avec la terre et la tradition représente pour le consommateur un atout. Que recouvrent les expressions de type « terroir », « à l'ancienne » ou « fait maison » ? Sont-elles contrôlées ? Les allégations utilisées par les équipes de marketing ne sont pas toutes codifiées. En revanche, il est du ressort de la Direction générale de la concurrence, de la consommation et de la répression des fraudes de vérifier en permanence qu'il n'y ait pas tromperie du consommateur ou publicité mensongère. À tout moment, ils peuvent demander au professionnel qui utilise ces mentions, ses justificatifs. Si la mention est abusive, la DGCCRF dresse un procès-verbal et le Parquet entame des poursuites judiciaires.

- « À l'ancienne » ne peut, selon la doctrine administrative, s'appliquer que pour un processus de fabrication correspondant à des usages traditionnels répertoriés ou lorsqu'il est fait appel à des techniques de fabrication ou à des recettes artisanales d'autrefois. C'est ainsi qu'un fabricant de « chips à l'ancienne » a été condamné du fait que ses chips étaient préparées comme des chips courantes sauf en ce qui concerne la coupe plus fine et la durée de cuisson plus longue qui permettent d'obtenir des chips plus croustillantes, plus huileuses.

- « Artisanal » s'emploie pour un produit dont le fabricant possède la qualité d'artisan conformément à la réglementation française relative au répertoire des métiers (*Décret n° 83-487 du 10/6/1983*).

- « Fermier » renvoie au fermier et à ses animaux, élevés par lui, dans l'imaginaire collectif. Ce terme doit être utilisé dans des conditions qui ne soient pas trompeuses pour le consommateur. Il ne peut s'appliquer qu'à des produits élevés ou récoltés sur une exploitation agricole à une échelle et de façon non industrielle. Si les produits ont subi une transformation, elle doit avoir été effectuée sur les lieux de production et sous le contrôle permanent et effectif de l'agriculteur. Des spécifications particulières existent pour chaque produit (notamment produits laitiers et fromages, œufs, volailles et lapins...).

La définition jurisprudentielle a évolué ces dernières années pour tenir compte de la réalité économique. Il peut donc être admis qu'un produit conserve son caractère fermier malgré l'élargissement des méthodes de production, à la double condition que l'entreprise conserve un contrôle direct sur les agriculteurs auprès desquels elle s'approvisionne et que la proximité du lieu en favorise le contrôle.

- « Frais » a fait l'objet d'un avis du Conseil national de la consommation, le 8/2/1990. Hormis pour certains produits où il existe une définition réglementaire

(fromages, crèmes...), « frais » remplit une triple condition :
– le produit possède au moment de la vente les caractéristiques essentielles qu'il présentait lors de sa production ou de sa fabrication ;
– il n'a pas été conservé (exception faite pour la réfrigération et parfois la pasteurisation) grâce à des traitements physiques (stérilisation, congélation, irradiation...) ou à l'aide d'additifs chimiques ;
– il est soumis à l'indication d'une date limite de consommation (→ index, *Date limite de consommation*).

« Naturel » indique un produit que l'on trouve dans la nature ou aussi proche que possible de son milieu d'origine, non traité et ne comportant que des constituants normaux sans additifs (→ index, *Additifs*), ni résidus ou corps étrangers. Cet adjectif est défini par la réglementation pour certains produits : conserves de poissons, huiles, eaux minérales notamment.

« Nouveau » suggère que le produit a moins d'1 an. Appliqué à un produit existant, le qualificatif indique une modification substantielle ; il ne peut pas s'agir d'un simple changement d'étiquetage ou de présentation.

« Traditionnel » s'entend pour les produits ne renfermant pas d'additifs et fabriqués selon des recettes respectueuses de la tradition sur le plan des dénominations et de la composition notamment.

« Maison » ou « fait maison » désigne un produit fabriqué sur le lieu même d'approvisionnement du consommateur et élaboré en suivant une recette traditionnelle, de façon non industrielle et avec ses ingrédients de base caractéristiques. La jurisprudence offre de nombreux exemples de condamnations prononcées à l'encontre de commerçants auxquels il est reproché d'avoir abusé de cette mention, essentiellement dans les domaines des charcuteries et des sucreries, par exemple, un restaurateur offrant des tartes « maison », alors qu'il s'approvisionnait à la pâtisserie voisine ou, dans un autre cas, alors qu'il les fabriquait en utilisant de la pâte à tarte acquise dans le commerce.

EN SAVOIR PLUS SUR LES SIGNES DE QUALITÉ

Au ministère de l'Agriculture, le Bureau des signes de qualité et de l'agriculture biologique est en charge de la gestion des labels, des cahiers de conformité et de la réglementation en matière d'agriculture biologique. Vous pouvez le contacter pour avoir connaissance de l'intégralité de la charte de qualité relative à un produit particulier ou pour recevoir la brochure « Produits bio : mode d'emploi ».
Bureau des signes de qualité et de l'agriculture biologique : 3, rue Barbet-de-Jouy, 75007 Paris, Tél. : 01 49 55 81 01, et sur Internet : *www.agriculture.gouv.fr*.

La sécurité alimentaire

Pesticides dans les fruits et légumes, mercure, plomb ou cadmium dans la graisse des animaux, antibiotiques ou prion dans la viande, dioxine dans le lait... La plupart des polluants alimentaires qui font les titres des journaux d'aujourd'hui existent depuis longtemps. Au début du siècle dernier, en France, ils étaient responsables de 20 000 à 50 000 morts par contamination microbienne. En l'an 2000, le chiffre est tombé à moins d'une centaine mais l'information, largement diffusée, entretient l'inquiétude car il semble impossible d'atteindre le risque zéro.

La prévention et le contrôle

Le réseau public de surveillance des aliments a permis de soustraire du marché 85 000 tonnes de produits jugés impropres à la consommation, par le biais de 6 millions de saisies.

Le Comité national de la sécurité sanitaire

Le CNSS a pour mission, telle qu'elle est définie à l'article L. 1413-1 du Code de la santé publique, « d'analyser les événements susceptibles d'affecter la santé de la population et de confronter les informations disponibles ». Il est présidé par le ministre de la Santé qui travaille en collaboration avec les directeurs des deux agences françaises de sécurité sanitaire (produits de santé et alimentation) et le président de l'Institut national de veille sanitaire.

L'Institut national de veille sanitaire

L'INVS est régi par l'article L. 1413-2 du Code de la santé publique. Son rôle est de surveiller en permanence l'état de santé de la population grâce à ses correspondants locaux.

Lorsqu'un foyer de contamination alimentaire est découvert, l'alerte est lancée par voie de presse pour prévenir toute épidémie, en vertu de l'article L. 5312-4 du Code de la santé publique qui prévoit : « les autorités sanitaires informent, si nécessaire, l'opinion publique par tout moyen et notamment par la diffusion de messages sanitaires ou d'avis de rappel de produit sur tout support approprié ».

C'est à l'INVS qu'il revient de constater l'épidémie et d'alerter les agences de sécurité sanitaire car c'est lui qui centralise toutes les informations en provenance des médecins des DDASS et des directeurs des services vétérinaires, eux-mêmes alertés par les médecins qui ont l'obligation de signaler l'existence de tout foyer d'infection.

À NOTER

Chaque année, l'INVS établit un rapport qui comporte la synthèse des données de veille sanitaire et l'ensemble des propositions et des recommandations faites aux pouvoirs publics lors de ses missions.

L'Agence française de sécurité sanitaire des aliments

Les circuits de transformation et de distribution sont si complexes que la France s'est dotée, en juillet 1998, d'une agence capable de coordonner l'ensemble des contrôles et des services de surveillance (*Code de la santé publique, Art. L. 1323-1 et s.*). L'AFSSA, Agence française de sécurité sanitaire des aliments, a vu le jour en avril 1999. Elle dispose des informations en provenance du terrain qui lui permettent d'avoir une vision globale des risques. Sur chaque problème majeur, elle pratique des expertises et émet des avis en direction du gouvernement.

Les avis, les recommandations et le rapport annuel établis par l'AFSSA sont rendus publics et des représentants des consommateurs sont membres de son conseil d'administration.

Les services vétérinaires

Ils interviennent dans les établissements d'abattage où l'inspection est permanente et concerne au minimum chaque lot d'animaux abattus.

Des opérations ciblées sont organisées par les agents de la Direction générale de l'alimentation (ministère de l'Agriculture) dans les secteurs où des dysfonctionnements sont soupçonnés. Lorsqu'un danger est identifié, les vétérinaires procèdent au rappel des lots suspects, voire à la fermeture de l'établissement incriminé.

La répression des fraudes

La DGCCRF (Direction générale de la concurrence, de la consommation et de la répression des fraudes) est un service du ministère de l'Économie, des Finances et de l'Industrie. Une de ses missions est le contrôle sanitaire des aliments. Elle veille à la qualité des produits et des services. Environ 4 000 fonctionnaires font office de shérifs de l'antifraude et sanctionnent la tromperie, la falsification ou la publicité mensongère (→ index, *Publicité trompeuse*).

L'Autorité européenne de sécurité des aliments

Le règlement CE n° 178/2002 du Parlement européen et du Conseil du 28/1/2002 a établi les principes généraux et les prescriptions générales de la législation alimentaire et créé l'Autorité européenne de sécurité des aliments (AESA). Cet organisme fonctionne en grande partie sur le modèle de l'Agence française de sécurité sanitaire des aliments (voir plus haut).
Son rôle est d'évaluer les risques, de formuler des avis scientifiques et d'assurer le contrôle et la surveillance des évolutions relatives à la sécurité alimentaire. Elle est indépendante et n'a qu'un rôle de conseil : ses avis ne peuvent s'imposer ni à la Commission, ni aux États membres.
L'AESA gèrera un système d'alerte rapide en cas de crise alimentaire et sera chargée d'informer les médias et le grand public.

L'AUTOCONTRÔLE DES ENTREPRISES

Bien avant que Louis Pasteur ne démontre l'existence des microbes, au IXe siècle, Charlemagne enjoignait aux artisans boulangers de tenir leur lieu de travail « toujours avec ordre et propreté ». Aujourd'hui, c'est l'arrêté du 9/5/1995 qui réglemente l'hygiène des aliments remis directement au consommateur. De multiples précautions sont prévues et les entreprises du secteur alimentaire ont pour obligation de procéder à leur propre autocontrôle. Elles s'appuient pour le faire sur des principes regroupés sous l'acronyme anglais HACCP (Hazard Analysis of Control and Critical Points, soit « analyse des risques et points de contrôles pour leur maîtrise »). L'article L. 212-1 du Code de la consommation impose aux opérateurs de filières de pouvoir justifier qu'ils pratiquent bien ces contrôles.
Les règles d'hygiène prévoient notamment que :
- les locaux doivent toujours être en bon état d'entretien, mais aussi aérés et ventilés pour éviter la persistance de mauvaises odeurs ;
- la présence d'animaux familiers est interdite ;
- les personnes qui manipulent les aliments doivent suivre des instructions précises quant à l'hygiène, voire bénéficier d'une formation dans ce domaine ;
- les aliments ne doivent jamais être entreposés à même le sol ;
- les produits tranchés sur place doivent être présentés en quantités réduites, au fur et à mesure des besoins du service...

La bonne tenue de ces autocontrôles est vérifiée par les services vétérinaires du ministère de l'Agriculture et par la Direction générale de la concurrence, de la consommation et de la répression des fraudes (voir plus haut).

Les marchés et la restauration collective

Afin de protéger le consommateur du plus grand nombre de risques alimentaires, l'Union européenne a imposé une directive (*n° 93/43/CEE du 14/6/1993*) portant sur « l'hygiène des denrées alimentaires ».

Les marchés

Les produits achetés sur les marchés, dans les foires et les salons, ou qui sont livrés à domicile... sont soumis aux mêmes règles que ceux qui nous sont proposés en grande surface ou dans les petits commerces, voire dans les fast-food, les cafétérias ou les restaurants traditionnels (*Arrêté du 9/5/1995*).

La réglementation impose une obligation de résultat (l'hygiène, le maintien de la chaîne du froid), pas une obligation de moyens. Tous les vendeurs doivent respecter des exigences d'hygiène applicables aux locaux, aux équipements, au personnel, aux denrées et même aux déchets issus du traitement de ces denrées.

Le texte français est plus contraignant que la directive dont il est issu puisqu'il impose une obligation du maintien du froid jusqu'à la remise finale des aliments aux consommateurs. L'article 10 précise que « les matières premières, les ingrédients, les produits intermédiaires et les produits finis jusqu'à leur présentation au consommateur doivent être conservés à des températures limitant leur altération et plus particulièrement le développement de micro-organismes pathogènes ou la formation de toxines à des niveaux susceptibles d'entraîner un risque pour la santé ».

La restauration collective

Considérant que dans les cantines, les hôpitaux ou les maisons de retraite la clientèle est captive et que les repas pris le sont de manière régulière, le législateur français a été plus loin dans l'application de la directive européenne n° 93/43/CEE. L'arrêté du 29/9/1997 fixant les conditions d'hygiène applicables dans les établissements de restauration collective à caractère social ne se contente pas d'une obligation de résultat, il impose également de nombreuses obligations de moyens. C'est ainsi que les préparations culinaires élaborées à l'avance (PCEA) maintenues en liaison chaude le sont au minimum à + 63 °C, que leur durée de vie ne peut excéder 3 jours. Les PCEA ne peuvent être préparées que la veille de leur consommation au plus tôt. Les opérations de refroidissement doivent être rapides : la température à cœur ne doit pas demeurer entre + 63 °C et + 10 °C plus de 2 heures ; après refroidissement, la conservation s'effectue entre 0 °C et + 3 °C.

De multiples autres obligations incombent aux restaurateurs. Elles concernent notamment le personnel qui doit posséder une tenue de travail propre et adaptée (chaussures, coiffe, parfois masque bucco-nasal) et être formé à l'hygiène alimentaire, et les locaux qui doivent être propres en permanence et conçus de manière à éviter les sources de contamination.

Les intoxications alimentaires

Listéria et salmonelle sont les deux bactéries qui sont responsables de la majeure partie des intoxications alimentaires actuelles. Elles sont sans grand danger chez les adultes en bonne santé qui ne manifestent à leur contact que des symptômes gastro-intestinaux (nausées, diarrhées, vomissements). En revanche, chez les personnes fragiles, comme les nourrissons, les femmes enceintes ou les personnes âgées ou immunodéprimées, elles ont des conséquences sévères et parfois mortelles.

La listériose

Découverte en 1926, la *listeria monocytogenes* est partout : sur les sols, les plantes, dans l'appareil digestif des animaux domestiques, des bovins, des porcs ou des volailles. La bactérie est à son aise dans tous les organismes et elle résiste à une large gamme de températures (de – 2 °C à + 45 °C). L'homme, comme bien des animaux, peut être porteur sain et transmettre la bactérie pendant une période d'incubation qui va de quelques jours à 8 semaines. La maladie (listériose) ne se développe que chez les sujets dont le système immunitaire est fragilisé (femmes enceintes, personnes âgées ou diabétiques par exemple), après qu'ils ont ingéré une quantité importante de bactéries car la listeria a une faible virulence. Ces connaissances sont relativement récentes car le mode de contamination alimentaire n'a été démontré qu'en 1981.
Les aliments à risque sont : les produits à base de lait cru (lait mais également fromages à pâte molle), les poissons fumés, les charcuteries et les viandes crues (lardons, bacon) ou cuites (pâté, rillettes), les coquillages crus. Si la listeria existe à l'état naturel dans les aliments, on remarque qu'elle y est le plus souvent apportée par le biais de la manutention et de la préparation (surfaces, stockage et instruments de préparation). Pour se prémunir, le mieux est d'avancer de soi-même les dates limites de consommation des aliments à risque (→ index, *Date limite de consommation*).
Depuis quelques années, on enregistre une décroissance du nombre de cas de listériose en France. Alors que l'on comptabilisait entre 400 et 500 cas annuels au début des années 1990 (la listériose fait partie des maladies humaines à déclaration obligatoire), ces dernières années, le chiffre est tombé à un peu plus de 200 par an.

À NOTER

Listéria et salmonelles sont détruites par la pasteurisation ou une cuisson prolongée. Seule une réglementation prévoyant la stérilisation de tous les aliments permettrait de l'éradiquer.

À NOTER

Salmonelles dans les œufs, dioxine dans le poulet, listeria dans les fromages, nitrates dans les légumes, prion dans la viande... l'addition renforce nos peurs. Pourtant, notre alimentation est de plus en plus sûre et les toxi-infections alimentaires que l'Institut de veille sanitaire estime à environ 150 000 à 200 000 par an, sont très rarement mortelles.

La salmonellose

C'est la première cause d'infection alimentaire en France. Un tiers des cas enregistrés serait lié à la consommation d'œufs ou de produits dérivés. L'OMS, Organisation mondiale de la santé, a répertorié 2 213 genres de salmonelles, parmi lesquels la *salmonella typhi* responsable de la fièvre typhoïde.

En général, les salmonelles provoquent des gastroentérites caractérisées par des diarrhées, des douleurs abdominales, des vomissements et de la fièvre. Depuis les années 1990, le nombre moyen annuel de personnes atteintes d'une infection alimentaire due à une salmonellose se situe entre 30 000 et 40 000 cas confirmés par an.

Pour lutter contre ces salmonelloses, la meilleure méthode est le respect des règles d'hygiène et quelques précautions : bien cuire les aliments, ne pas rompre la chaîne du froid. En attendant, d'autres méthodes à large échelle sont explorées dont la pasteurisation des œufs. Le gouvernement américain compte sur cette technique pour réduire de 50 % le nombre de cas de salmonellose dans les années à venir.

La dioxine

C'est en 1976, avec l'explosion de l'usine chimique italienne de Seveso que l'on entendit pour la première fois parler de dioxine. En 1999, les mêmes polluants refont la Une des journaux avec l'affaire des « poulets belges à la dioxine ». La contamination est due cette fois à une fraude de l'entreprise ayant fabriqué les farines animales en y rajoutant des graisses et des huiles minérales polluées.

Plutôt que de dire la dioxine, il convient de parler de dioxines au pluriel. Le terme s'applique indifféremment aux polychloro-dibenzo-dioxines ou aux polychloro-dibenzo-furnanes, des molécules produites par des processus de combustion impliquant du chlore (incinération de déchets, feux de forêt, industrie métallurgique ou sidérurgique, ou blanchiment de la pâte à papier par exemple).

Peu biodégradables, les dioxines s'accumulent dans les sols et les tissus organiques, le bétail ingère les végétaux contaminés et les molécules pénètrent ainsi dans la chaîne alimentaire. Celles que nous absorbons sont à plus de 95 % d'origine alimentaire et les produits laitiers représentent 40 % de notre contamination.

Chez l'animal, l'expérimentation a démontré que les dioxines sont cancérigènes, parfois même à faibles doses. Chez l'homme, les données scientifiques actuelles sont difficilement interprétables. La dose journalière admissible serait située, du point de vue de la santé publique, en dessous du seuil de 1 picogramme par kg (la dioxine est soluble dans la graisse et reste jusqu'à 30 ans dans l'organisme). Pour abaisser notre exposition, des mesures de réduction des émissions de dioxines ont été recommandées, en 1998, par le Conseil supérieur d'hygiène publique de France. Depuis les directives européennes n° 2002/69/CE et 2002/70/CE du 26/7/2002, toute denrée alimentaire, tout aliment pour animaux ou toute matière première pour aliments des animaux dépassant les limites fixées par l'Union européenne est exclu de la chaîne alimentaire.

La maladie de la vache folle

En 1920, des éleveurs anglais décident de nourrir leurs bestiaux, herbivores au départ, avec des carcasses d'animaux (dont celles de moutons atteints d'une maladie appelée la tremblante du mouton) broyées en farines. Cette nouvelle nourriture bon marché (et exportée en Europe) apporte au bétail un supplément de protéines.

Dans les années 1980, on transforme le procédé de fabrication de ces farines pour en réduire le coût de production : on abaisse la température de cuisson et on supprime un solvant. L'agent de la tremblante n'est plus détruit, les bovins commencent à être contaminés. La variante bovine serait apparue par mutation du prion de la tremblante une fois dans le corps de la vache.

Une seconde hypothèse est aujourd'hui envisagée par les chercheurs. L'ESB (encéphalopathie spongiforme bovine) serait une maladie qui aurait existé à l'état sporadique avant l'épidémie britannique. L'utilisation de cadavres de bovins atteints dans les farines recyclées aurait eu l'effet amplificateur que l'on connaît.

Le premier cas de vache folle (atteinte d'ESB) a été recensé au Royaume-Uni, en 1985. Pays le plus touché, on y dénombre plus de 180 000 cas depuis le début de la maladie (soit 2 % du cheptel bovin du pays), contre environ 200 en France, fin 2000. Peu de pays européens sont indemnes.

En 1996, on apprend que la maladie de la vache folle est transmissible à l'homme. Et 4 ans plus tard, on dénombre 83 victimes du nouveau variant de Creutzfeldt-Jakob au Royaume-Uni et 3 cas en France. On parle d'un temps d'incubation très long : 5, 10, voire 20 ans selon les spécialistes. Le bœuf est boudé par les consommateurs et les farines animales interdites en France.

POURQUOI LA MALADIE TOUCHE-T-ELLE SURTOUT LES FEMELLES ?

L'ESB ne s'attaque pas qu'aux femelles bien que l'ensemble des cas décelés en France ne concerne que la gent féminine. Cela s'explique par une forte représentation des vaches laitières et allaitantes dans la catégorie des plus de 5 ans, durée d'incubation de la maladie. Les mâles sont abattus avant 4 ans, voire même 2 ans.

Petit rappel des genres :

- On appelle veau, un très jeune bovin (mâle ou femelle) jusqu'au moment où il ne boit plus de lait, c'est-à-dire vers 6 mois.
- On appelle génisse, un veau de plus de 6 mois de sexe féminin qui broute et rumine jusqu'à la naissance de son premier veau (elle devient alors une vache).
- On appelle jeune bovin, un veau de plus de 6 mois et de moins de 24 mois.
- On appelle bœuf, un bovin mâle et castré de plus de 24 mois. Il sera abattu avant d'avoir 40 mois.
- On appelle taureau, un bovin mâle non castré de plus de 40 mois, utilisé pour la reproduction.

La maladie de Creutzfeldt-Jakob

Il s'agit d'une maladie humaine extrêmement rare qui se caractérise par l'apparition de petits trous dans l'ensemble du cerveau. Dans la majorité des cas, elle survient chez des personnes de plus de 50 ans. Chez la vache, la maladie (ESB, encéphalopathie spongiforme bovine) présente des trous plus grands et les symptômes apparaissent environ 5 ans après l'infection de l'animal.

Une nouvelle forme de la maladie de Creutzfeldt-Jakob a été enregistrée chez l'homme, peu après l'apparition de la maladie de la vache folle, présentant les mêmes symptômes que ceux de l'ESB. Les scientifiques en ont conclu que c'était en mangeant de la viande infectée que les humains étaient contaminés. Cette nouvelle variante (nv de Creutzfeldt-Jakob) affecte également les personnes plus jeunes. Dans tous les cas de figure, la maladie est provoquée par la mutation d'une protéine vitale, le prion, toujours présent dans le cerveau. Cette mutation entraîne des désordres nerveux et, à brève échéance, la mort.

À NOTER

L'essentiel de la contamination des personnes aujourd'hui atteintes par la nouvelle variante de Creutzfeldt-Jakob aurait eu lieu entre 1980 et 1996.

La réglementation

En France, un embargo total a été décidé sur tous les bovins d'origine britannique. Pour les animaux situé sur le sol français, des mesures strictes sont prévues. Tout bovin présentant le moindre signe d'ESB est abattu. Aujourd'hui, la détection d'un cas d'ESB dans un troupeau n'entraîne plus l'abattage de la totalité de celui-ci : les animaux nés depuis le 1/1/2002 sont épargnés, en dehors des descendants des femelles atteintes d'ESB (*Arrêté du 20/2/2002*). Sur les animaux supposés sains, les matériaux à risque spécifiques (MRS), comme le crâne, la moelle épinière, la rate et les intestins sont retirés à l'abattoir.

Petite chronologie des mesures prises en France et en Europe :

- Août 1989 : interdiction d'importer des farines de viande et d'os (FVO) d'origine britannique.
- 1990 : mise en place en France d'un réseau d'épidémio-surveillance chargé de repérer tout animal susceptible de présenter l'ESB.
- Juillet 1990 : interdiction de toutes farines animales, quelle que soit leur provenance, pour alimenter les bovins. Elles restent autorisées pour les porcs, la volaille, le poisson, les chats et les chiens.

Décembre 1994 : interdiction européenne d'administrer des farines animales provenant de mammifères étendue à l'ensemble des ruminants (bovins, ovins et caprins). Seuls les porcs, les volailles et les lapins peuvent encore en consommer.

Mars 1996 : embargo européen sur les viandes britanniques.

Juillet 1996 : interdiction du recyclage en farines de cadavres d'animaux et des parties bovines réputées vecteur de prions (cervelle, moelle épinière...), même pour l'alimentation des porcs et de volailles, afin d'éviter les contaminations croisées. Les matériaux à risque sont transformés en farine qui seront brûlées.

1998 : renforcement des normes européennes en matière de déchet animal. Les farines carnées doivent être chauffées au minimum à 133 °C, sous une pression de 3 bars, pendant 20 minutes afin de réduire l'infectiosité au minimum.

Octobre 1999 : la France refuse la levée de l'embargo sur la viande britannique décidée par l'Union européenne.

Octobre 2000 (*Décision n° 2000/418/CE du 29/6/2000*) : obligation de retirer des chaînes de l'alimentation humaine et animale, dans toute l'Union européenne, les matériels à risques spécifiés (MRS) tels que la moelle épinière, la cervelle, les yeux, les amygdales et certaines parties des intestins, provenant de bovins, d'ovins et de caprins. Avant l'interdiction, ces matériels responsables de la maladie dans une proportion supérieure à 95 % étaient déjà retirés des chaînes alimentaires dans plusieurs États membres dont la France.

Décembre 2000 : interdiction européenne (moratoire) de toutes les farines à base de protéines animales (à l'exception des farines de poisson qui peuvent être données aux volailles et aux porcs) dans l'alimentation des animaux de ferme, depuis le 1/1/2001 et pour une durée de 6 mois renouvelables.

Janvier 2001 : introduction au niveau européen de tests post-mortem pour vérifier si les animaux suspects sont bien atteints d'ESB et généralisation des tests de dépistage à tous les bovins de plus de 30 mois destinés à la consommation humaine. Les carcasses de bovins de plus de 30 mois abattus sans réalisation de test ESB sont détruites comme MRS.

Février 2002 : fin de l'abattage systématique de la totalité du troupeau en cas de détection d'un cas d'ESB en France. Les animaux nés depuis le 1/1/2002 sont épargnés, hormis les descendants des femelles atteintes de la maladie.

Mars 2002 : ré-autorisation de la mise sur le marché du thymus des veaux nés après le 1/1/2002 et nourris exclusivement au lait et à la poudre de lait.

Octobre 2002 : levée de l'embargo sur les viandes bovines originaires du Royaume-Uni.

Décembre 2002 : obligation pour les restaurateurs de mentionner l'origine des viandes bovines dans les établissements proposant des repas à consommer sur place ou à emporter. Sous peine d'une amende de 450 €, ils doivent mentionner de façon lisible et visible, par affichage, indication sur les cartes et menus le pays d'origine lorsque la naissance, l'élevage et l'abattage du bovin ont eu lieu dans le même pays ; lorsque la naissance, l'élevage et l'abattage ont eu lieu dans des pays différents, le restaurateur doit indiquer « Né et élevé : (nom du pays) et abattu : (nom du pays) ».

Décembre 2003 : interdiction de remettre au consommateur certaines pièces de découpe de viandes bovines et caprines contenant de la moelle épinière.

Les matériels à risque spécifiés

Les MRS sont des tissus dont l'infectiosité a été démontrée auxquels on a rajouté, par souci de précaution, des tissus pour lesquels l'infectiosité en cas de maladie n'est que suspectée. Ils ont été retirés de la chaîne alimentaire depuis 1996. Il s'agit des morceaux suivants :

- rate pour tous les bovins, ovins et caprins, quel que soit leur âge ;
- intestins (y compris les graisses mésentériques) pour tous les bovins quel que soit leur âge ;
- thymus (ris de veau) des bovins, sauf celui des veaux nés après le 1/1/2002 et pourvus d'un certificat attestant qu'ils ont été nourris sans farines animales ;
- crâne (y compris cervelle et yeux), moelle épinière, de tous les bovins, ovins et caprins de plus de 12 mois ;
- amygdales pour tous les bovins quel que soit leur âge et pour les ovins et caprins de plus de 12 mois.

La liste des MRS évolue en fonction des découvertes scientifiques pour tenir compte du principe de précaution.

ATTENTION ⚠

La côte de bœuf, telle qu'elle était traditionnellement découpée, est considérée comme un morceau à risque car les 5 côtes utilisées dans le bœuf sont attachées à 5 vertèbres de sa colonne vertébrale, colonne contenant la moelle épi-

nière et touchant aux ganglions rachidiens dorsaux, abats spécifiés à risque. Pas d'interdiction prononcée pour le moment, malgré l'avis de l'AFSSA qui préconisait l'interdiction du T bone steak. Le gouvernement étudie les solutions techniques qui permettraient de répondre à cette préoccupation.

À NOTER

Ne confondez pas os à moelle et moelle épinière. La moelle épinière est un tissu nerveux situé dans la colonne vertébrale. La moelle osseuse se trouve à l'intérieur des os longs, ce n'est pas un tissu nerveux et elle n'a pas présenté de signes d'infectiosité.

EST-IL DANGEREUX DE MANGER DU BŒUF ?

Les risques d'être contaminé par l'ESB, encéphalopathie spongiforme bovine, plus couramment appelée maladie de la vache folle, sont minimes. Le muscle (steak, rosbif, filet...) n'est pas contaminant (aucune étude n'a pu démontrer la présence de prion dans le muscle), pas plus que les rognons, le cœur ou le lait.
La plus grande source de contamination (95 %) réside dans les matériels à risque spécifié, MRS, c'est pourquoi l'ensemble de ces morceaux ont été interdits à la vente (depuis 1996) et retirés de la fabrication des farines animales. Par mesure de précaution, d'autres abats de bovins, d'ovins et de caprins ne présentant pas de risque avéré ont également été retirés de la vente.

Le contrôle des élevages

Pour garantir la sécurité alimentaire, les services vétérinaires effectuent des contrôles à chaque point clé de la filière viande.

- Sur les lieux de l'élevage, les vétérinaires assurent la prévention et le suivi sanitaire classique des maladies animales dont certaines font l'objet d'une lutte officielle visant à l'éradication de maladies transmissibles à l'homme (ESB mais également tuberculose et brucellose). Ils vérifient la pharmacie de l'éleveur pour que des médicaments interdits ne soient pas administrés aux bêtes. Ils délivrent les documents sanitaires des animaux obligatoires lors des transports.
- Sur les lieux d'abattage, ils contrôlent les établissements (aménagement, fonctionnement, hygiène générale des locaux et du personnel). Les abattoirs agréés disposent d'une estampille qu'ils apposent sur toutes les carcasses issues de l'établissement. Ils vérifient l'animal pour en connaître l'identité, la provenance et l'état de santé. Les morceaux à risque, même ceux provenant des animaux sains, sont retirés de la chaîne alimentaire. Ils sont isolés puis incinérés. Les carcasses sont ensuite envoyées à la découpe, puis à la boucherie, ou alors dans une entreprise de transformation.
- Établissements de transformation et lieux de vente font l'objet d'un agrément portant sur les règles d'hygiène, d'aménagement et de fonctionnement.
- Les lieux de vente et les établissements de restauration collective ou commerciale sont soumis à des contrôles inopinés.

ATTENTION ⚠

L'Agence française de sécurité sanitaire des aliments a émis un avis sur la possibilité de transmission de l'ESB aux ovins et aux caprins, la tremblante du mouton ayant les mêmes signes cliniques que l'ESB. Suivant les recommandations de l'AFSSA, il a été décidé de suspendre la remise de certaines pièces de viandes ovines et caprines contenant de la moelle épinière aux consommateurs (Arrêté du 29/1/2010).

EN SAVOIR PLUS SUR LA VACHE FOLLE

✓ Ministère de l'Agriculture : *www.agriculture.gouv.fr/esbinfo/esbinfo.htm* puis cliquez sur le site ESB-info et le numéro vert mis en place : 0 800 600 110.
✓ Centre d'information des viandes (CIV) : 64, rue Taitbout, 75009 Paris, Tél. : 01 42 80 04 72 et sur Internet : *www.civ-viande.org*.
Créé en 1987 à l'initiative des professionnels de la filière viande, le CIV est une association loi de 1901 qui a pour mission de diffuser des informations sur les viandes et produits tripiers de bœuf, de veau et d'agneau.
✓ Pour connaître la position de l'Union européenne : *www.europa.eu.int*.

La mention VBF

La mention VBF signifie « viande bovine française ». Elle permet de garantir que le bœuf est bien un animal d'origine française et non britannique (pays le plus touché par la maladie de la vache folle), et l'éleveur est identifiable. C'est un plus, mais cela ne vous garantit pas une viande non contaminée puisque l'on découvre encore des cas d'animaux victimes d'ESB que l'on appelle « naïfs » (nés après l'interdiction des farines animales remontant à 1990).

AVANTAGE

Depuis mars 2001, le porc a également sa garantie d'origine sous forme de VPF, pour « viande porcine française ».

La fièvre aphteuse

Elle semblait entraînée dans le sillage de la vache folle ; pourtant, la fièvre aphteuse n'a rien à voir avec l'ESB, encéphalopathie spongiforme bovine. Il s'agit d'une maladie animale des plus contagieuses dont le virus a été découvert en 1898. Elle peut toucher tous les herbivores bi-ongulés, c'est-à-dire dont le sabot a deux parties (ovins, caprins, porcins, bovins ou sangliers par exemple). L'évolution entraîne peu de mortalité chez les animaux adultes. En revanche, au niveau économique, l'apparition de la fièvre aphteuse est catastrophique : diminution de la production de lait, pertes de poids, reproduction difficile... sans parler des incidences sur les ventes à l'exportation.

Pour éviter la propagation, quand le nombre de foyers reste maîtrisable, tous les animaux contaminés sont abattus car même un animal guéri peut héberger le virus plusieurs mois et se muer ainsi en porteur sain. Les locaux, les camions de transport, les objets et les personnes qui ont été en contact avec les animaux malades sont désinfectés.

Dans les pays trop atteints, la vaccination est systématisée. Mais il s'agit d'une mesure grave qui ferme le pays à l'exportation ; en effet, les pays qui perdent leur statut « Indemne sans vaccination » sont boudés par les importateurs. Seule l'éradication totale de la fièvre par abattage des animaux et maintien des zones de surveillance permet de retrouver le statut tant convoité, 3 mois seulement après la disparition du dernier foyer.

Actuellement, la vaccination contre la fièvre aphteuse est interdite dans l'Union européenne depuis 1991. En dehors des pertes commerciales à l'exportation, elle pose deux problèmes :

– le premier d'ordre sanitaire : si tous les animaux sont vaccinés, il est impossible de surveiller l'apparition d'un foyer infectieux, les animaux vaccinés pouvant être porteurs sains et transporter l'épidémie ;
– le second d'ordre financier : la vaccination doit être renouvelée tous les ans et cela coûte cher (0,18 € le vaccin pour... 22 millions de bovins en Europe).

À NOTER

La contamination humaine est rare. Elle intervient par contact direct avec les animaux contaminés. Le risque par ingestion de viande contaminée est considéré comme nul.

Les OGM

Un OGM (organisme génétiquement modifié) est un organisme vivant (plante, animal ou micro-organisme) dont le patrimoine génétique a été modifié par l'ajout d'un gène d'une autre espèce.

Cette adjonction procure au végétal un caractère nouveau et intéressant : résistance aux insectes prédateurs, aux parasites et aux maladies, maturité retardée et mûrissement amélioré. Cette résistance génétique permet de réduire au minimum l'utilisation des herbicides.

Selon les scientifiques, le produit transformé, issu de croisements qui ne se seraient pas produits naturellement, n'est pas dangereux pour l'homme ; en revanche, le risque persiste au niveau de l'environnement. On a déjà observé une transmission du gène d'un végétal à l'autre, le colza transgénique faisant don de son gène à une mauvaise herbe de la même famille. C'est cet impact non prévisible qui inquiète les détracteurs des OGM, qui s'interrogent aussi sur les risques d'allergie chez les animaux et les humains.

Les OGM dans l'agriculture

Pour avoir une meilleure productivité, les agriculteurs utilisent pesticides, insecticides et engrais. En modifiant le génome des semences, il est possible d'améliorer les conditions de culture. Ainsi, par exemple, en raccourcissant la durée de maturité des plants, on fait des économies de travail et d'eau ; en les rendant plus robustes, on évite l'utilisation des engrais et des insecticides ; en les armant contre les conditions climatiques extrêmes (sécheresse ou grand froid), on pourrait apporter une réponse aux problèmes alimentaires des pays en voie de développement...

Les risques

Actuellement, les scientifiques ne possèdent pas le recul suffisant pour se prononcer positivement ou négativement sur les produits transgéniques. En vertu du principe de précaution, l'Europe demeure prudente et surveille de près la commercialisation des produits transgéniques tant que la preuve de leur innocuité n'a pas été apportée.

Les dangers soulevés sont :

– croisements non maîtrisés de variétés dus à une transmission par pollinisation ;

– apparition d'insectes résistants aux plantes transgéniques ;

– impact nocif sur des insectes utiles comme l'abeille ;

– réduction de la biodiversité ;

– altération de la rhizophoracée, cette partie du sol située dans l'environnement immédiat des racines et riche en micro-organismes et substances biologiques.

Pour le consommateur, d'autres risques sont à craindre :

– risque toxicologique : un nouveau gène introduit dans un corps vivant peut entraîner la production de toxines ;

– risque d'allergie amplifié par la manipulation génétique.

À NOTER

Le 29/1/2002, l'Agence française de sécurité sanitaire des aliments a rendu un avis dans lequel elle recommande que soit mieux évaluée la toxicité des OGM.

Elle considère en effet qu'un certain nombre de données sont actuellement manquantes ou insuffisamment documentées dans la procédure d'évaluation des risques et recommande de mener des « protocoles expérimentaux complets ».

Un rapport de l'OMS de 2005 va dans le même sens en recommandant d'évaluer sur le long terme les effets possibles des nouveaux aliments génétiquement modifiés (AGM) sur la santé avant de les cultiver et de les commercialiser.

Les OGM autorisés

Les directives n° 90/219/CEE et n° 90/220/CEE du 23/4/1990, transposées en droit français par la loi n° 92-654 du 13/7/1992, prévoient que toute mise sur le marché d'un produit OGM ou en contenant doit faire l'objet d'une autorisation préalable de l'autorité nationale compétente. En février 2001, une directive a été votée en remplacement de la directive existante (*n° 90/220/CEE*), élaborée en 1990 alors que les OGM en étaient à leurs balbutiements. Ce document ouvre la possibilité de culture des OGM accompagnée de précautions renforcées comme l'examen par les autorités compétentes (en France, il s'agit de la Commission du génie bio-moléculaire). La procédure demeure proche de l'ancienne mais les critères d'examen sont cette fois plus précis, les dossiers soumis à une consultation du public et les autorisations sont limitées à 10 ans et peuvent être levées en cas de nouvelles connaissances scientifiques.

La loi n° 2008-595 du 25/6/2008 relative aux organismes génétiquement modifiés :

– garantit la liberté de consommer et de produire avec ou sans OGM, en précisant que cette liberté ne doit pas nuire à l'intégrité de l'environnement et à la spécificité des cultures traditionnelles et de qualité, mais sans définir le « sans OGM » en renvoyant sur ce point à une définition européenne à venir et au Haut conseil des biotechnologies ;

– crée un Haut conseil des biotechnologies composé d'un comité scientifique et d'un comité de la société civile ayant pour mission d'éclairer le Gouvernement sur toutes les questions intéressant les OGM et de formuler des avis en matière d'évaluation des risques et des bénéfices pour l'environnement et la santé publique en cas d'utilisation confinée ou de dissémination volontaire des OGM ;

– impose le caractère public de toute parcelle de culture d'OGM et l'établissement d'un registre national de ces parcelles dont la publicité, notamment sur Internet, devra être assurée par les préfectures ;

– crée le délit de destruction de parcelles puni de 2 à 3 ans d'emprisonnement et de 75 000 à 150 000 € d'amende ;

– prévoit l'indemnisation des agriculteurs conventionnels ou biologiques dont les cultures seront contaminées par des OGM par l'agriculteur responsable de la contamination.

En Europe, une dizaine de constructions génétiques apportant une modification des plantes ont été autorisées à ce jour, parmi lesquelles :

– tabac ITB-1000-OX de la Seita depuis 1994. La commercialisation n'a pas encore été développée ;

– colza hybride du semence Plant Genetic System pour la multiplication des semences uniquement (février 1996) ;

– soja de l'américain Monsanto autorisé à l'importation uniquement (mai 1996) ;

– chicorée mâle stérile du hollandais Bejo Zaden autorisée à l'importation pour la multiplication des semences uniquement (août 1996) ;
– plusieurs variétés de maïs de Novartis, de Monsanto et d'Aventis (*Arrêté du 5/2/1998* confirmé par le Conseil d'État le 22/11/2000, après consultation de la Cour de justice européenne).
Sont autorisés à l'importation en vue de leur transformation industrielle, le soja de Monsanto et le maïs BT-11 de Novartis dont la culture n'est pas autorisée en Europe.

À NOTER

Un arrêté du 7/2/2008 interdit la mise en culture, en vue de la mise sur le marché, des semences de maïs Monsanto 810 (seule culture OGM à caractère commercial jusqu'alors autorisée en France) jusqu'à ce qu'il ait été statué sur la demande de renouvellement de l'autorisation de mise sur le marché de cet organisme.

AVANTAGE

Les autorisations délivrées ne sont jamais définitives et chaque pays est libre de limiter ou d'interdire provisoirement l'utilisation ou la vente sur le territoire de tout produit qui présenterait un risque pour la santé ou l'environnement.

À NOTER

Trois règlements communautaires relatifs à la traçabilité, à l'étiquetage et à l'autorisation d'OGM ont été publiés au Journal officiel de l'Union européenne du 18/10/2003 (n° 1829,1830, 1831).

EN SAVOIR PLUS SUR LES OGM

✓ Les pouvoirs publics proposent un site d'information sur les OGM : *www.ogm.gouv.fr.*
✓ Greenpeace propose également un guide des produits avec ou sans OGM sur son site : *www.greenpeace.fr.*

Le bœuf et le poulet aux hormones

Les hormones de croissance chimiques ont dès leur découverte, dans les années 1950, suscité l'intérêt des producteurs de viande. Administrées au bétail, elles accélèrent la croissance musculaire, donnant une viande contenant moins de graisse et de cholestérol. L'animal ainsi traité atteint sa maturité commerciale 15 à 20 jours plus tôt que ses congénères non traités. Grâce à ce procédé, le coût de production de la viande est considérablement abaissé.
Aujourd'hui, 5 hormones stéroïdes de croissance sont autorisées aux États-Unis (où les 2/3 du cheptel sont traités) : l'œstradiol, la testostérone, la progestérone, la trenbolone et le zeranol. Seules les deux dernières sont artificielles. L'utilisation contrôlée de ces hormones a été déclarée sans danger par plusieurs comités d'experts américains qui concluent à l'innocuité pour les hormones naturelles et à l'existence d'une « large marge de sécurité » pour les hormones synthétiques.
La France résiste et refuse d'administrer des hormones aux animaux destinés à l'alimentation humaine en évoquant le principe de précaution. Elle se base essentiellement sur l'effet cancérigène connu de certaines hormones dont l'œstradiol et sur l'avis d'experts affirmant que les hormones concentrées dans la viande sont étroitement liées à l'augmentation des cancers aux États-Unis depuis 1950.
Depuis 1965, les substances chimiques ou biologiques pouvant présenter un danger pour la santé publique sont interdites dans l'alimentation animale (*Décret n° 65-692 du 13/8/1965*). Sont visées par ce décret notamment les substances à action œstrogène.
Pas d'hormones dans le veau en France, mais pour combien de temps ? La France et l'Union européenne font, par ailleurs, partie de l'OMC, cette organisation mondiale du commerce chargée d'éliminer les barrières douanières entre les États et de résoudre les différends commerciaux entre les États adhérents. Or, l'application de la directive européenne n° 96/22/CE du 29/4/1996 (transposée dans notre Code rural et de la pêche maritime par l'article L. 234-2) interdit l'utilisation d'hormones et l'importation d'aliments provenant d'animaux en ayant consommé. Un manque à gagner fixé à plus de 111 millions d'euros par an pour les États-Unis qui boudent en représailles roquefort, truffes et tomates en provenance de l'Union européenne.
À ce jour, nous ne consommons donc pas d'aliments provenant d'animaux nourris aux hormones. Les plans de contrôle dans ce domaine sont très stricts et

l'interdiction est respectée. En 1999, les prélèvements effectués sur le sol français par les agents du ministère de l'Agriculture n'ont révélé la présence d'aucun accélérateur de croissance parmi la volaille testée et seulement 0,6 % de bovins positifs.

La grippe du poulet

Depuis le début de l'épizootie de grippe du poulet – ou grippe aviaire – en décembre 2003, des élevages de volailles ont été touchés dans de nombreux pays asiatiques puis européens dont la France la première fois en février 2006.

Quelles sont les mesures prises par la France ?

Dès 2004, le ministère de l'Agriculture a pris un ensemble de mesures destinées à prévenir l'introduction de la grippe aviaire en France, conformément aux décisions communautaires prises par l'Union européenne. L'importation de viande de volaille, de préparation à base de viande de volailles, d'œufs, et de matières premières de volaille destinées à la fabrication de viande pour animaux en provenance de Thaïlande est interdite. De même, il est désormais interdit d'importer des volailles ainsi que des oiseaux de compagnie en provenance des zones affectées (communiqué de l'Union européenne du 28/1/2004 : *www.europa.eu.int*). Les contrôles des services vétérinaires et des douanes ont été renforcés. Il n'y a pas de risque lié aux importations de plumes et duvets (literie, vêtements), qui subissent un traitement inactivateur.

Des mesures de protection des oiseaux vis-à-vis de la grippe aviaire ont été prises par l'arrêté du 24/10/2005 qui décide notamment que :

– tout propriétaire ou détenteur d'oiseaux doit prendre les mesures nécessaires afin de prévenir tout contact direct ou indirect avec les oiseaux vivant à l'état sauvage ;

– dans certains départements « à risque » dont la liste est fixée, les oiseaux doivent être maintenus à l'intérieur de bâtiments fermés ;

– dans les autres départements, l'approvisionnement des oiseaux en aliments et en eau doit se faire à l'intérieur d'un bâtiment ou au moyen de distributeurs protégés de telle façon que les oiseaux sauvages ne puissent accéder à ces dispositifs ni les souiller ;

– tout rassemblement d'oiseaux, en particulier à l'occasion de foires, marchés, expositions, concours, est interdit. Toutefois, dans les départements qui ne sont pas « à risque », le préfet peut accorder une dérogation à cette interdiction.

Suite à un avis de l'Agence française de sécurité sanitaire des aliments (AFSSA) du 14/2/2006, le gouvernement a renforcé le dispositif de lutte contre la grippe aviaire en prenant les mesures suivantes :

– tout détenteur d'oiseaux est tenu d'en faire la déclaration auprès du maire du lieu de détention des oiseaux ;

– la vaccination des oiseaux détenus dans les établissements zoologiques présentant au public des spécimens vivants de la faune locale ou étrangère est obligatoire ;

– en Vendée, Loire-Atlantique et dans les Landes, la vaccination des oies et des canards domestiques qui ne sont pas maintenus à l'intérieur de bâtiments fermés est obligatoire (*Arrêtés du 24/2/2006*).

L'AFSSA a publié un communiqué le 12/5/2006 dans lequel elle juge le risque d'introduction de la grippe aviaire en France « comme nul à négligeable pour la période qui, à compter de début mai, s'étend jusqu'au début des migrations automnales ». En conséquence, un arrêté du même jour a levé les mesures de confinement et l'interdiction de rassemblements d'oiseaux sur l'ensemble du territoire, hormis la région de la Dombes (Ain).

Ces mesures pourront, à tout moment, être réévaluées en fonction de l'évolution de la situation et du déplacement des oiseaux migrateurs.

Il existe désormais un guide pratique de la vie quotidienne en cas de pandémie grippale, consultable sur le site officiel *www.grippeaviaire.gouv.fr/monquotidienenpandemie*.

Nature du virus

L'épidémie de grippe aviaire (ou grippe du poulet) est liée à un virus de type Influenzae A/H5N1.

Le virus ne se transmet qu'exceptionnellement de l'animal à l'homme. La transmission est aérienne, essentiellement lors de contacts étroits, prolongés et répétés avec des déjections ou des sécrétions respiratoires d'animaux infectés vivants ou morts, par voie directe ou indirecte (c'est-à-dire par contact avec des surfaces ou des parties du corps souillées par les déjections).

Les animaux susceptibles de transmettre la maladie sont essentiellement des volatiles : poulets le plus souvent, canards et autres volatiles ainsi que les porcs.

Jusqu'à présent, selon l'OMS, d'après les données disponibles à ce jour, il n'y a aucune preuve de transmission de la grippe aviaire de personne à personne.

À ce jour, il n'existe pas de vaccin efficace. Le vaccin contre la grippe humaine ne fournit pas de protection contre le virus de la grippe aviaire. Des laboratoires internationaux travaillent à la mise au point d'un vaccin spécifique. Il faut prévoir un délai de plusieurs mois.

Les symptômes de la grippe aviaire chez l'homme sont d'abord comparables à ceux d'une grippe banale, mais des troubles respiratoires graves apparaissent rapidement et peuvent conduire au décès. La période d'incubation est de quelques jours.

À ce jour, il n'existe pas de traitement curatif. Toute personne qui présenterait, dans les jours suivant son retour des zones affectées par l'épizootie, un syndrome grippal doit consulter son médecin traitant.

Recommandations aux personnes se rendant dans les pays à risques

L'OMS ne recommande pas de limiter ses déplacements et séjours dans les pays affectés par la grippe du poulet.

La Direction générale de la santé conseille aux personnes se rendant dans les pays cités d'éviter tout contact avec les volatiles, c'est-à-dire de ne pas se rendre dans des élevages et sur les marchés aux volailles et aux oiseaux.

Les recommandations générales d'hygiène pour les voyageurs dans les pays en développement qui visent à se protéger des infections microbiennes sont plus que jamais préconisées :

– éviter de consommer des produits alimentaires crus ou peu cuits, en particulier les viandes et les œufs ;

– se laver régulièrement les mains.

La Direction générale de la santé a diffusé une information aux professionnels et aux établissements de santé précisant la conduite à tenir (*www.sante.gouv.fr*).

Vous trouverez des informations complémentaires sur les sites Internet suivants :

– site interministériel de préparation à un risque de pandémie grippale : *www.grippeaviaire.gouv.fr* ;

– Organisation mondiale de la santé : *www.who.int.fr* ;

– Ministère de la Jeunesse, de la Santé et des Sports : *www.sante.gouv.fr* ;

– Ministère de l'Agriculture et de la Pêche : *www.agri culture.gouv.fr*.

À NOTER

Avec l'arrivée en France de la nouvelle grippe A/H1N1 le gouvernement a mis en place un plan national de prévention et de lutte « Pandémie grippale » consultable sur le site www.pandemie-grippale.gouv.fr.

Automobile

L'automobile et les deux-roues

L'automobile et les deux-roues

Les ménages consacrent actuellement 15 % de leurs dépenses à l'automobile. Après le logement, il s'agit du deuxième poste de dépenses. Aussi, qu'il s'agisse de l'apprentissage de la conduite, de l'achat d'un véhicule neuf ou d'occasion ou de l'entretien de celui-ci, il convient d'être vigilant de manière à ce que le coût économique induit par l'acquisition et l'utilisation d'un véhicule reste raisonnable. Par ailleurs, la conduite d'un véhicule implique une bonne connaissance des règles du Code de la route. Il faut être en mesure de présenter à tout contrôle les papiers adéquats et bien observer les règles de circulation, toute infraction pouvant être sanctionnée.

Le permis de conduire

Environ 1 million de permis de conduire sont délivrés chaque année en France et plus de 90 % des apprentis conducteurs ont recours à une auto-école.

Comment choisir une auto-école ?

Quelques conseils

Les auto-écoles génèrent beaucoup de plaintes de la part des apprentis conducteurs. Choisir son auto-école devient une nécessité. Les quelques conseils qui suivent peuvent y aider :

- se méfier des forfaits trop bon marché. Il est possible d'évaluer le coût d'un permis sur la base d'une trentaine d'heures de cours de conduite *(Voir pages Barème)*. Une offre publicitaire pour un permis à moitié prix est séduisante mais peut se révéler illusoire ;
- éviter les auto-écoles qui exigent le paiement intégral d'avance des leçons de code ou de conduite. On ne peut pas refuser d'avancer les frais d'inscription et d'examen. Mais il n'y a aucune raison de payer plus au départ : les leçons doivent être réglées au fur et à mesure ;
- demander à l'auto-école le taux de réussite moyen à la première demande d'examen des élèves qu'elle a formés. Si celle-ci refuse, s'adresser à la préfecture. Si la préfecture refuse, lui opposer la loi du 17/7/1978 sur l'accès aux documents administratifs. Le taux moyen national de réussite dès le premier examen se situe autour de 55 % ;
- fuir les établissements qui ne donnent pas le détail de leurs prestations et de leurs tarifs ;
- préférer les auto-écoles qui ont pris des engagements de qualité reconnus par un organisme certificateur. Elles arborent le logo QUALICERT.

À NOTER

L'exploitation d'une auto-école est subordonnée à la délivrance d'une autorisation administrative. Cet agrément doit figurer sur tous les documents transmis au public.

AVANTAGE

Comment choisir une auto-école ? Tout savoir sur la réforme du permis B, sur la conduite accompagnée, sur les différentes catégories de permis de conduire, les aides au financement… Le ministère chargé de la sécurité routière a ouvert un nouveau site (www.permisdeconduire.gouv.fr) qui donne des réponses pratiques et complètes à toutes les questions que vous vous posez.

La publicité des prix

Les auto-écoles sont tenues d'afficher de façon visible à l'extérieur de l'établissement :

– la dénomination précise, la durée et le prix TTC par unité des leçons théoriques et pratiques, des tests de contrôle, des présentations aux examens ;

– la dénomination, la durée et le prix TTC global des prestations composant le forfait le plus couramment pratiqué par l'établissement.

Le prix et la description de l'ensemble des prestations proposées doivent être affichés également à l'intérieur de l'établissement et faire l'objet d'une documentation écrite, remise à toute personne qui en fait la demande (*Arrêté n° 87-07 C du 19/6/1987*).

Un contrat écrit obligatoire

Avant de commencer la formation, l'auto-école doit présenter à l'élève un contrat précisant notamment le nombre prévisionnel d'heures de formation, le programme et le déroulement de cette formation, les démarches administratives nécessaires faites éventuellement par l'établissement à la place du candidat, le tarif des prestations de formation et les modalités de paiement (*Code de la route, Art. R. 213-3*).

À NOTER

La Commission des clauses abusives a relevé un certain nombre de clauses litigieuses dans les contrats de formation à la conduite automobile proposés par les auto-écoles.

Sont ainsi considérées comme abusives, les clauses qui prévoient que toute leçon non décommandée par l'élève dans le délai contractuel est considérée comme prise ou perdue, sans possibilité, pour celui qui justifie d'un motif légitime, d'obtenir un report (en cas de forfait) ou un remboursement, ou encore celles qui excluent, en cas d'abandon de la formation, toute possibilité de remboursement des sommes versées au prorata des leçons prises…

Si l'on change d'auto-école

Il est possible de changer d'auto-école en cours de formation. La nouvelle auto-école doit tenir compte des heures de formation effectuées dans le premier établissement.

Le livret d'apprentissage et le dossier y afférant sont la propriété du candidat. Ces documents doivent être rendus à l'élève si celui-ci décide de quitter l'auto-école où il s'est inscrit.

ATTENTION ⚠

En cas de changement d'auto-école, il peut être demandé à nouveau le paiement des frais d'inscription aux épreuves du permis.

AUTO-ÉCOLES ÉPINGLÉES

En 2008, une enquête sur les auto-écoles a été menée par la Direction générale de la concurrence, de la consommation et de la répression des fraudes (DGCCRF). Sur les 1 155 auto-écoles visitées, seules 55 % d'entre elles « se conforment pleinement au Code de la consommation ».
Le rapport précise que la « très grande majorité des anomalies » constatées concerne « l'information du consommateur », notamment en matière de prix. Si la plupart des auto-écoles affichent bien leurs tarifs, elles le font souvent « de façon approximative, incomplète, confuse, voire obsolète ». Quelques rares établissements n'ont même encore aucun affichage des tarifs.
Certaines auto-écoles « ne respectent pas l'obligation de passer un contrat écrit avec leurs clients ». Or, cette absence de contrat les prive de tout recours devant les tribunaux civils. Enfin, certains litiges portent sur la restitution du dossier en cas de changement d'auto-école qui pose toujours problème (notamment, frais de transfert élevés).
L'enquête 2008 de la DGCCRF a donné lieu à 16 contentieux, 17 intentions de procès-verbaux, 5 mesures administratives, 191 rappels de réglementation, 221 notifications d'information réglementaire et 7 signalements aux préfets.

LE PERMIS À 1 € PAR JOUR

Les jeunes de 16 à 25 ans peuvent demander à leur banque une avance remboursable pour passer leur permis (*Décret n° 2005-1225 du 29/9/2005*). C'est la banque qui règle directement les coûts de la formation auprès de l'auto-école. À l'issue de la période d'apprentissage de la conduite, le jeune rembourse à la banque 1 € par jour, pour une durée correspondant au montant exact du coût de la formation, l'État prenant en charge les intérêts.
Ce dispositif suppose que le candidat choisisse une auto-école ainsi qu'un établissement prêteur partenaire de l'opération (liste disponible sur le site Internet *www.permisauneuroparjour.fr* ou « allô service public » au 39 39) et que ce dernier accepte son dossier.
Le décret n° 2006-1157 du 16/9/2006 a étendu le dispositif du « permis à 1 € par jour » au permis moto de la catégorie A (plus de 125 cm^3).
Ce « prêt » ne peut toutefois être attribué qu'une fois à un même bénéficiaire et uniquement s'il s'agit d'une première formation à la conduite (donc pour une seule catégorie de permis, auto ou moto).

Quelles sont les différentes formules d'enseignement proposées ?

Trois méthodes de préparation au permis de conduire sont proposées par les auto-écoles.

› L'enseignement classique

On prend une ou plusieurs leçons par semaine, la date de chacune étant fixée lors de la précédente. Le paiement s'effectue à la fin de chaque leçon. Les cours de code sont collectifs.

› Le contrat de formation au forfait

Il est proposé de plus en plus souvent par les auto-écoles. Il s'agit d'un contrat au terme duquel on s'engage à suivre un cycle complet d'enseignement théorique et pratique correspondant au programme de l'examen au permis de conduire. Cet enseignement est dispensé moyennant le versement d'une somme forfaitaire ; aucun supplément ne doit être payé à l'issue de la formation.

En cas d'échec à l'examen, le contrat peut prévoir qu'un complément de formation sera dispensé. L'éventuelle facturation de celui-ci doit être précisée lors de la signature du contrat.

AVANTAGE

Dans le but de favoriser l'accès au permis de conduire des jeunes âgés de 18 à 25 ans qui ne disposent pas de ressources personnelles ou familiales suffisantes, certaines communes ont mis en place une « bourse au permis de conduire ». En échange d'un certain nombre d'heures de travaux d'intérêt collectif, la municipalité finance le permis de conduire du jeune, à hauteur de 50 à 80 %.

› L'apprentissage anticipé de la conduite (AAC)

Il est possible de suivre un apprentissage anticipé de la conduite dès l'âge de 16 ans (*Code de la route, Art. R. 211-3*).

Il est nécessaire de s'adresser à une auto-école ayant obtenu un agrément préfectoral spécifique (signalé par une affichette « AAC » sur la vitrine) et de signer un contrat de formation, et ce, dès que l'auto-école a effectué une évaluation préalable des connaissances de l'apprenti conducteur. La durée de cette formation ne peut être inférieure à 20 heures.

La formation complète se déroule en trois étapes.

Formation initiale

Elle se déroule au sein de l'auto-école.

À l'issue de cette formation, il est possible de se présenter à l'épreuve théorique de l'examen du permis de conduire (« le code »). En cas de réussite, une attestation de fin de formation initiale est délivrée.

Conduite accompagnée

À partir de 16 ans et jusqu'à 18 ans, en vue d'une acquisition d'expérience, l'apprenti conducteur doit suivre une formation de conduite accompagnée d'une durée minimale d'1 an. Pendant cette phase (qui ne comporte plus de durée maximale), l'élève doit parcourir une distance minimale de 3 000 km sur le réseau routier et autoroutier du territoire national, à différents moments du jour et de la nuit, et dans diverses conditions météorologiques. Il doit être accompagné d'un conducteur titulaire du permis B depuis au moins 5 ans sans interruption. La fonction d'accompagnateur ne peut être exercée qu'après accord de la compagnie d'assurances du propriétaire du véhicule. L'accompagnateur peut être un parent.

Avant le début de l'apprentissage, le candidat et son accompagnateur doivent participer à un rendez-vous pédagogique, d'une durée minimum de 2 heures, avec le formateur de l'auto-école. Ce rendez-vous se déroule sous la forme d'une séquence de conduite sur un véhicule de l'établissement, au cours de laquelle l'accompagnateur, assis à l'arrière du véhicule, bénéficie des conseils de l'enseignant de conduite. Un guide comportant les informations utiles pour un déroulement efficace de la conduite accompagnée est remis à l'accompagnateur.

Le véhicule doit être équipé de deux rétroviseurs latéraux. Un signe distinctif « conduite accompagnée » doit être apposé à l'arrière gauche du véhicule.

Le jeune doit respecter des conditions spéciales de circulation (vitesse limitée à 110 km/h sur les autoroutes, 100 km/h sur les routes à terre-plein central, 80 km/h sur les autres routes, circulation interdite en territoire étranger).

Deux rendez-vous pédagogiques d'une durée de 3 heures chacun sont obligatoires pendant la formation :

– le premier a lieu entre 4 et 6 mois après la formation initiale ;

– le second rendez-vous doit avoir lieu lorsqu'au moins 3 000 km de conduite accompagnée ont été parcourus.

Un troisième rendez-vous peut être organisé sur les conseils du responsable de l'établissement ou de l'enseignant, à la demande de l'élève ou de l'accompagnateur.

Les résultats des évaluations effectuées sont transcrits sur un livret d'apprentissage qui est remis par l'auto-école.

Présentation au permis de conduire

Dès 18 ans, le jeune peut se présenter à l'épreuve pratique du permis.

PASSER LE PERMIS DE CONDUIRE EN CANDIDAT LIBRE

Il est possible de passer le permis de conduire en candidat libre, c'est-à-dire sans faire appel à une auto-école (*Code de la route, Art. R. 211-3*).

Dans ce cas, pendant l'apprentissage de la conduite, le conducteur doit :

- être accompagné constamment d'une personne titulaire du permis correspondant au véhicule utilisé pendant l'apprentissage depuis au moins 3 ans ;
- être détenteur du livret d'apprentissage ;
- utiliser un véhicule spécialement équipé (à l'exception des motocyclettes) : double commande de frein et d'embrayage, deux rétroviseurs intérieurs et deux rétroviseurs latéraux réglés pour le conducteur et l'accompagnateur.

De son côté, l'accompagnateur doit souscrire une assurance spéciale dans la mesure où il est responsable en cas d'accident.

Pour toute information, on peut s'adresser à la préfecture dont on dépend.

AVANTAGE

Dès le permis de conduire obtenu, l'auto-école délivre une attestation de fin de conduite accompagnée. Cette attestation doit être remise à l'assureur afin d'obtenir un rabais de 50 % de la surprime jeune conducteur la première année, et la suppression complète de cette surprime la deuxième année, à défaut d'accident.

À NOTER

Il existe un plan national de formation qui est valable pour toutes les auto-écoles et pour toutes les formules d'enseignement. En vertu de ce plan, l'auto-école doit :

– procéder à une évaluation du niveau de l'élève en début de formation ;

– remettre à l'élève un livret d'apprentissage qui fixe le programme d'enseignement et détermine les étapes de la formation ;

– détenir une fiche de suivi de formation de l'élève.

› Conduite supervisée pour les plus de 18 ans

Les candidats d'au moins 18 ans inscrits dans une auto-école peuvent désormais compléter leur formation initiale par une nouvelle forme de conduite accompagnée : la conduite supervisée.

Le candidat doit parcourir une distance minimale de 1 000 km, en un minimum de 3 mois (contre 3 000 km en 1 an pour les jeunes de 16 ans en conduite accompagnée). L'accompagnateur doit remplir les conditions prévues pour la conduite accompagnée (voir plus haut).

Comme pour la conduite accompagnée à partir de 16 ans, le candidat de 18 ans et plus doit, au préalable, avoir réussi l'épreuve du code et pris au moins 20 heures de cours de conduite. C'est l'enseignant qui autorise le candidat à opter pour cette formule en fonction de son degré de maîtrise du véhicule, de ses compétences et de son comportement au volant.

Deux rendez-vous pédagogiques sont prévus :

– le premier (de 2 heures), avant de débuter la conduite avec l'accompagnateur ;

– le second (de 3 heures) au cours des 3 premiers mois de formation.

Contrairement à l'AAC, la conduite supervisée ne permet pas de réduire la durée de la période probatoire du permis de conduire. Les titulaires d'un permis ayant été formé selon cette formule disposent d'un capital de 6 points et devront attendre 3 ans (sans commettre d'infraction) pour obtenir un permis avec 12 points (au lieu de 2 ans pour l'AAC).

À NOTER

La « conduite encadrée » s'adresse aux jeunes préparant, dans les établissements de l'Éducation nationale, les diplômes professionnels menant aux métiers de la route (BEP ou CAP de conducteur routier). Cette nouvelle formule, accessible à partir de 16 ans, s'effectue pendant la formation scolaire et dure en moyenne 2 ans.

Quelles sont les différentes catégories de permis de conduire ?

Il existe plusieurs types de permis selon le type de véhicule que l'on désire conduire (*Code de la route, Art. R. 221-4 et s.*).

Le permis B

Le permis B autorise à conduire les véhicules :

– dont le PTAC (poids total autorisé en charge) est inférieur ou égal à 3,5 t, pouvant être affectés au transport des personnes ou des marchandises ;
– pouvant comporter 9 places assises au plus (siège de conducteur compris).

Il est possible de se présenter à l'examen du permis de conduire B dès l'âge de 18 ans (16 ans pour l'épreuve théorique en cas d'apprentissage anticipé de la conduite, 17 ans et demi dans les autres cas).

Le permis de conduire B est composé de deux épreuves : une épreuve théorique, le code ; après réussite du code, il est possible de se présenter aux épreuves pratiques (la conduite) qui comprennent un parcours en circulation.

Si vous êtes déjà titulaire d'un autre permis de conduire, comprenant épreuve théorique et pratique, établi depuis au moins 5 ans, vous ne passez que l'épreuve de conduite.

Auparavant, le titulaire d'un permis B (auto) depuis plus de 2 ans pouvait conduire une motocyclette de 125 cm^3 maximum sans autre formalité. En plus de cette condition, l'arrêté du 27/11/2008 impose désormais aux titulaires du permis B délivré depuis le 1/1/2007, souhaitant conduire une moto de 125 cm^3 au plus (c'est-à-dire relevant du permis A1, voir plus loin), de suivre une formation pratique préalable de 3 heures, dispensée par un centre de formation à la conduite. À l'issue de la formation, une « attestation de suivi de formation pratique à la conduite des motocyclettes légères » est délivrée par l'école de conduite. Il doit en être fait mention sur le permis de conduire.

Les possesseurs d'un permis B obtenu avant le 1/1/2007 ne sont pas concernés par cette obligation.

Au moins deux fois par an, il est proposé aux candidats sourds ou malentendants se présentant aux épreuves théorique et pratique de l'examen du permis de conduire B des sessions spécialisées au cours desquelles ils peuvent bénéficier du dispositif de communication adapté à leurs besoins (*Code de la route, Art. D. 221-3-1*).

Le permis B1

Le permis B1 permet de conduire les tricycles à moteur dont la puissance n'excède pas 15 kilowatts et dont le poids à vide n'excède pas 550 kg ainsi que les quadricycles lourds à moteurs.

Il est possible de se présenter à l'examen dès l'âge de 16 ans.

Les épreuves sont les mêmes que pour le permis B.

Le permis A (toutes motos)

Il faut être titulaire du permis A pour conduire une motocyclette de plus de 125 cm^3. Le permis A peut être obtenu dès l'âge de 18 ans. Mais pour conduire des motocyclettes d'une puissance supérieure à 34 CV, il faut être titulaire du permis A depuis 2 ans ou bien encore être âgé de 21 ans, à condition de subir une épreuve pratique spéciale lors du passage de ce permis.

Vous passez d'abord l'épreuve théorique générale (il est possible de se présenter à cette épreuve dès l'âge de 17 ans et demi). Si vous êtes titulaire d'un autre permis depuis moins de 5 ans comprenant épreuves théoriques et pratiques, vous en êtes dispensé.

Après réussite, vous passez l'examen pratique d'une durée totale de 45 mn, comprenant une épreuve hors circulation avec interrogation orale, et une épreuve en circulation d'une durée minimum de 25 mn.

Le permis A1

Le permis A1 autorise à conduire, dès 16 ans, les motocyclettes de 125 cm^3 maximum limitées en puissance à 15 CV.

Les épreuves du permis sont les mêmes que pour le permis A.

Le permis C

Le permis de conduire C permet de conduire les véhicules affectés au transport de marchandises ou de matériel, dont le PTAC (poids total en charge) est supérieur à 3,5 t. Il permet de conduire les mêmes véhicules attelés d'une remorque dont le PTAC ne dépasse pas 750 kg.

Seules les personnes âgées de 18 ans minimum et en possession du permis de conduire B peuvent se présenter aux épreuves du permis C.

Le permis C a une période de validité limitée à 5 ans au plus et est prorogeable à la condition de satisfaire à un examen médical.

À NOTER

En application de l'article R. 221-4 du Code de la route, le conducteur d'un camping-car de plus de 3,5 tonnes de PTAC doit avoir le permis C.

Le permis D

Le permis D permet de conduire, à partir de 21 ans, des véhicules automobiles affectés au transport de personnes comportant plus de 8 places assises outre le siège du conducteur ou transportant plus de 8 personnes, non compris le conducteur.

Seules les personnes titulaires du permis B peuvent se présenter au permis D.

La durée de validité du permis D est désormais d'1 an maximum à partir de l'âge de 60 ans. La prolongation de la durée de validité de ce permis peut être obtenue au vu d'un certificat médical favorable délivré par le médecin de ville agréé ou par une commission médicale.

À savoir : la validité des permis D délivrés ou renouvelés avant le 15/1/2006 est prorogée jusqu'à la date d'échéance inscrite sur le titre de conduite.

Le permis E

Le permis E se divise en trois catégories E(B), E(C), E(D).

Il permet de conduire des véhicules relevant de la catégorie B, C ou D mais attelés d'une remorque dont le poids total autorisé en charge (PTAC) excède 750 kg.

Il faut être titulaire du permis correspondant, c'est-à-dire du permis B pour se présenter aux épreuves du permis E(B), C pour le permis E(C) et D pour le permis E (D).

L'épreuve pratique comporte un parcours hors circulation et en circulation ainsi qu'une interrogation écrite et orale.

VISITE MEDICALE POUR LE PERMIS DE CONDUIRE

Les catégories A et B du permis de conduire sont délivrées sans visite médicale préalable, sauf dans les cas où cette visite est rendue obligatoire pour des raisons médicales.

Les catégories A et B délivrées pour la conduite des véhicules spécialement aménagés et les catégories C, D et E ne peuvent être obtenues ou renouvelées qu'à la suite d'une visite médicale favorable.

Les conducteurs de taxis, de voitures de remise, d'ambulances, de véhicules affectés au ramassage scolaire ou de véhicules affectés au transport public de personnes, titulaires d'un permis B, doivent subir une visite médicale dans les mêmes conditions que les titulaires du permis C, D et E.

À savoir : la périodicité des visites médicales est de :
- tous les 5 ans pour les conducteurs de moins de 60 ans ;
- tous les 2 ans à partir de l'âge de 60 ans (tous les ans pour les titulaires du permis D, voir plus haut) ;
- tous les ans à partir de 76 ans.

Quelles sont les étapes pour obtenir un permis de conduire ?

› Avant l'examen

L'élève doit suivre une formation de conduite d'une durée minimale de 20 heures, dont au moins 12 heures sur la voie publique, avant la présentation au permis de conduire (le nombre d'heures de préparation à l'épreuve théorique, le code, ne doit pas être inclus dans ce volume d'heures).

Pour passer l'examen, il faut faire une demande comprenant :

– le formulaire spécial remis par la préfecture ou l'auto-école ;

– une pièce d'identité ;

– une déclaration sur l'honneur attestant de son domicile ;

– 2 photos d'identité représentant la personne « tête nue et de face » produites à l'aide d'un système photographique agréé (norme NFZ 12-010) ;

– 2 enveloppes timbrées libellées à ses noms et adresse pour la convocation aux examens ;

– pour les jeunes âgés de 16 à 25 ans, une photocopie de l'attestation de recensement et du certificat individuel d'appel de préparation à la défense ;

– éventuellement, un formulaire de certificat médical lorsqu'un examen médical est exigé.

Il faut s'adresser à la préfecture du département où l'on a décidé de passer le permis (pour Paris, à la préfecture de police). Si l'on passe par une auto-école, c'est elle qui se charge de ces formalités.

Par dérogation, il est possible de passer son permis dans un département autre que celui du domicile, en justifiant d'un intérêt légitime.

AVANTAGE

Il n'y a plus de timbre fiscal à acquitter pour pouvoir passer son permis de conduire.

› L'examen

Les délais à respecter

Le candidat est prévenu personnellement du jour et du lieu des épreuves.

Certains délais doivent être respectés :

– on ne peut se présenter à l'épreuve théorique du code que 4 semaines minimum après l'enregistrement de la demande par la préfecture. En cas d'échec, il faut attendre 2 semaines pour se représenter ;

– en cas de succès au code, il faut attendre 2 semaines avant de pouvoir passer l'épreuve de conduite ;

– en cas d'échec lors de la première tentative à l'épreuve de conduite, il n'est pas possible de se représenter à cette épreuve avant un délai de 2 semaines. En cas d'échec lors des tentatives suivantes, un délai de 2 semaines entre chaque tentative est obligatoire.

Il est à noter que l'épreuve de la conduite doit être passée dans un délai de 3 ans maximum après l'obtention de l'épreuve théorique du permis. Cinq tentatives sont autorisées dans ce délai. À défaut de réussite ou à l'issue de cette période, le code n'est plus valable et doit être repassé.

Il faut faire une nouvelle demande à la préfecture.

À NOTER

La loi n° 2003-495 du 12/6/2003 renforçant la lutte contre la violence routière crée une peine complémentaire d'interdiction de se présenter à l'examen du permis de conduire pendant 3 ans au plus en cas de violences ou d'outrages contre un inspecteur du permis de conduire et de la sécurité routière commis dans l'exercice ou à l'occasion de l'exercice de ses fonctions (Code de la route, Art. L. 211-1).

L'épreuve pratique du permis de conduire B

Un arrêté du 19/2/2010 définit les modalités de l'épreuve pratique de l'examen du permis de conduire de la catégorie B (et de la sous-catégorie B1).

Cette épreuve a pour objet d'évaluer chez les candidats :

– le respect des dispositions du Code de la route ;

– la connaissance du véhicule et la capacité à déceler les défauts techniques les plus importants ;

– la maîtrise du véhicule pour ne pas créer de situations dangereuses ;

– la capacité à conduire dans le respect de l'environnement ;

– la capacité à assurer sa propre sécurité et celle des autres usagers, en particulier des plus vulnérables ;

– la capacité à percevoir et à anticiper les dangers engendrés par la circulation et à agir de façon appropriée.

Le temps consacré au candidat, qui est de 35 minutes, comprend :

– la vérification de la recevabilité des documents d'examen ;

– l'accueil du candidat, la vérification de son identité et, s'il a suivi une formation selon la formule de l'apprentissage anticipé de la conduite (→ index, *Conduite, apprentissage anticipé*), de son livret d'apprentissage ;

– son installation au poste de conduite ;

– la présentation de l'épreuve par l'expert et la réalisation d'un test de la vue ;

– une phase de conduite effective d'une durée minimale de 25 minutes ;

– la réalisation de deux manœuvres différentes, dont une au moins en marche arrière ;

– la vérification d'un élément technique à l'intérieur et à l'extérieur du véhicule, complétée par une question en lien avec la sécurité routière ;

– l'établissement du certificat d'examen du permis de conduire ;

– le cas échéant, l'annonce du résultat et son commentaire.

À NOTER

Les candidats dont les véhicules sont spécialement aménagés pour tenir compte de leur handicap physique, ainsi que les candidats sourds ou malentendants, peuvent bénéficier d'un temps supplémentaire permettant de réaliser l'évaluation des candidats en tenant compte de leurs difficultés éventuelles de mobilité ou de communication.

Durant l'épreuve, le candidat doit :

– réaliser un parcours empruntant des voies à caractère urbain, routier et/ou autoroutier ;

– suivre un itinéraire ou se rendre vers une destination préalablement établie par l'inspecteur, en se guidant de manière autonome, pendant une durée globale d'environ 5 minutes ;

– réaliser deux manœuvres différentes, dont une au moins en marche arrière et une à son initiative ;

– procéder à la vérification d'un élément technique à l'intérieur et à l'extérieur du véhicule et répondre à une question en lien avec la sécurité routière ;

– appliquer les règles du Code de la route, notamment les limitations de vitesse s'appliquant aux élèves conducteurs ;

– adapter sa conduite dans un souci d'économie de carburant et de limitation de rejet de gaz à effet de serre ;
– faire preuve de courtoisie envers les autres usagers, et notamment les plus vulnérables.

L'évaluation de l'inspecteur consiste en un bilan de compétences (et non plus en un décompte d'erreurs). Pour obtenir son permis, le candidat doit totaliser au moins 20 points sur 30 et ne pas avoir commis d'erreur éliminatoire.

› Après l'examen

Le certificat provisoire de capacité

Un certificat provisoire de capacité, valable 2 mois, est délivré par l'examinateur. Dans de nombreux départements, il est adressé au domicile du candidat.

Le permis définitif

Pour obtenir le permis définitif, il faut s'adresser à la préfecture où la demande de permis a été déposée ou dans n'importe quelle sous-préfecture du département de son domicile et :
– présenter le certificat provisoire de capacité ;
– fournir une pièce justificative d'identité ;
– acquitter la taxe dont le montant varie selon la région.

Un nouveau permis de conduire (modèle communautaire) est délivré depuis le 1/3/1999. Les anciens permis, délivrés antérieurement, restent valables. Il est toutefois obligatoirement procédé à l'échange d'un ancien permis contre un permis modèle communautaire en cas :
– d'établissement de duplicata ;
– de changement d'état matrimonial ;
– de changement d'adresse ;
– de validation du permis suite à un examen médical ;
– d'extension de catégorie.

L'échange est effectué gratuitement dans les 4 derniers cas (*Arrêté du 8/2/1999, Art. 14*).

Un permis obtenu dans un État de l'Union européenne est valable en France à condition que son titulaire l'ait fait enregistrer à la préfecture. On peut également demander à l'échanger contre un permis français équivalent.

Cet échange devient obligatoire pour les personnes ayant commis une infraction entraînant un retrait de points, la suspension ou l'annulation du permis de conduire.

Les titulaires d'un permis de conduire, en cours de validité, obtenu dans un pays n'appartenant pas à l'Union européenne peuvent obtenir, sans examen, un permis de conduire français, si le permis a été délivré par un État pratiquant la réciprocité. Pour ce faire, il faut échanger obligatoirement son permis dans l'année qui suit l'acquisition de sa résidence en France et avoir obtenu son permis avant la délivrance du premier titre de séjour (pour les étrangers), ou pendant un séjour à l'étranger d'au moins 6 mois (pour les Français).

Les militaires qui ont passé leur permis de conduire à l'armée et parcouru au moins 300 km sans accident peuvent l'échanger contre un permis civil dans le délai de 2 ans suivant la fin de leur service national.

À NOTER

L'article R. 221-1 du Code de la route dispose désormais que « nul ne peut conduire un véhicule ou un ensemble de véhicules, pour la conduite duquel le permis de conduire est exigé par le code, s'il n'est titulaire de la catégorie correspondante du permis de conduire en état de validité et s'il ne respecte les restrictions d'usage mentionnées sur ce titre ». Cela signifie, par exemple, que le titulaire du permis poids lourds ne peut pas conduire un véhicule automobile de tourisme si le permis attaché à cette catégorie (permis B) lui a été retiré.
Conduire un véhicule sans respecter les conditions de validité ou les restrictions d'usage du permis de conduire que l'on possède est puni d'une amende de 750 € et du retrait de 3 points du permis de conduire.

Le permis probatoire

Depuis le 1/3/2004, tous les nouveaux titulaires du permis de conduire (moto, automobile...) obtiennent un permis probatoire pour une durée de 3 ans (2 ans s'ils ont fait la conduite accompagnée).

Le permis est doté d'un capital de seulement 6 points (contre 12 pour un permis normal) pendant une période probatoire de 3 ans (réduite à 2 ans pour les personnes ayant suivi la filière d'apprentissage anticipé de la conduite). Cette mesure s'applique également aux conducteurs dont le permis a été annulé ou invalidé par la perte totale des points. Si, à l'issue de cette période probatoire, le conducteur n'a eu aucun retrait de points, son capital est porté automatiquement à 12 points.

En revanche, si pendant cette période le conducteur a perdu des points, il conserve le nombre de points à cette date et obtient ses 12 points s'il ne commet pas d'infraction pendant les 3 années qui suivent le dernier retrait de points, ou s'il décide de suivre volontairement un stage de sensibilisation à la sécurité routière (stage payant) pour récupérer 4 points.

Les conducteurs qui ont obtenu leur permis depuis le 31/12/2007 ont leur capital de points qui augmente de 2 points par an pour atteindre les 12 points au bout de 3 ans. Pour ceux ayant opté pour l'apprentissage anticipé de la conduite (AAC), la progressivité est de 3 points par an.

Le vol ou la perte du permis

En cas de vol ou de perte du permis de conduire, il est possible de faire établir un duplicata valable 2 mois qui remplace le permis pendant cette période. Il faut tout d'abord faire une déclaration de perte ou de vol au commissariat de police ou à la gendarmerie du lieu supposé du vol ou de la perte, puis à la préfecture du domicile (même si le permis a été établi dans une autre préfecture), muni du récépissé de la déclaration de perte ou de vol et d'un justificatif d'identité.

Le permis international

Dans certains pays étrangers, le permis national n'est pas suffisant. Il est nécessaire de se munir d'un permis international. Pour obtenir un permis international, il faut se présenter à la préfecture ou à la sous-préfecture de son domicile. Le permis international est délivré, à titre payant, immédiatement. Sa validité est de 3 ans.

Vers un permis de conduire européen

Le traditionnel papier rose est amené à disparaître dans les prochaines années pour laisser place à un document plastifié « infalsifiable », format « carte de crédit », qui devrait être renouvelable tous les 10 ans.

Il remplacera les différents modèles actuellement en circulation dans les États membres de l'Union européenne, au plus tard fin 2012.

Quelles sont les épreuves à passer pour conduire un cyclomoteur ?

› Le brevet de sécurité routière

Il permet de conduire, à partir de 14 ans, un cyclomoteur à l'issue de formations théorique et pratique obligatoires.

À NOTER

Depuis le 1/1/2004, ce brevet est obligatoire, en l'absence de permis de conduire, pour la conduite d'une « voiturette » (quadricycle léger à moteur) dès l'âge de 16 ans et ensuite quel que soit l'âge.

Une formation théorique

Cette formation, dispensée au collège (en classe de cinquième), porte sur les règles de sécurité routière. En cas de succès, vous obtenez l'attestation scolaire de sécurité routière (voir plus loin) de premier niveau.Cette attestation est obligatoire pour pouvoir vous inscrire à la formation pratique du brevet de sécurité routière.

À NOTER

Pour les personnes qui ne fréquentent pas d'établissement scolaire, cette formation théorique est validée par l'obtention de l'attestation de sécurité routière (voir plus loin).

Une formation pratique

Cette dernière comporte deux options distinctes : option cyclomoteur et option quadricycle léger à moteur. Quelle que soit l'option choisie, la formation est similaire. Elle comprend 5 heures de conduite sur les voies ouvertes à la circulation publique, sous le contrôle d'un accompagnateur qualifié.

En cas de succès, le formateur vous délivre pour l'option choisie votre brevet de sécurité routière.

ATTENTION ⚠

Si vous ne présentez pas votre BSR à l'occasion d'un contrôle routier, vous risquez une amende de 35 €.

› L'attestation scolaire de sécurité routière (ASSR)

- L'ASSR de premier niveau est passée en classe de cinquième. Elle est obligatoire, pour pouvoir s'inscrire à la formation pratique du brevet de sécurité routière (BSR), indispensable pour conduire un cyclomoteur à partir de 14 ans.
- L'ASSR de deuxième niveau est passée en classe de troisième.
- Depuis le 1/1/2004, l'ASSR de deuxième niveau est obligatoire pour l'inscription au permis de conduire des catégories « A » (permis moto) ou « B » (permis voiture).

À NOTER

Ces mesures ne sont valables que pour les jeunes qui ont eu 16 ans depuis le 1/1/2004 (donc nés après le 1/1/1988).

› L'attestation de sécurité routière (ASR)

Depuis le 1/1/2004, tous ceux qui n'ont pas pu avoir l'ASSR dans le cadre scolaire, peuvent obtenir l'attestation de sécurité routière (ASR). Elle donne l'équivalence aux ASSR de premier et deuxième niveau. Sont concernées par l'ASR les personnes répondant aux trois critères suivants :

– plus de 16 ans et nées après le 1/1/1988 ;

– pas ou plus scolarisées : migrants, gens du voyage, jeunes en difficulté d'insertion sociale ou professionnelle… ;

– non titulaires de l'ASSR de 1er niveau et qui souhaitent s'inscrire à la formation pratique du BSR, ou non titulaires de l'ASSR de 2e niveau et qui souhaitent se présenter au permis de conduire.

L'ASR est obligatoire (à défaut des ASSR) pour s'inscrire :

– à la formation pratique du brevet de sécurité routière (BSR) ;

– au permis de conduire des catégories « A » (permis moto) ou « B » (permis voiture).

À NOTER

Depuis le 2/6/2009, les engins motorisés légers non autorisés à circuler sur la voie publique (mini-motos, trottinettes à moteur…) doivent être déclarés, dans les 15 jours qui suivent leur acquisition, auprès du ministère de l'Intérieur (par voie postale ou électronique) et porter une plaque d'identification (Décret n° 2008-1455 du 30/12/2008). Dans le cas d'une déclaration par voie électronique, le propriétaire remplit et envoie en ligne le formulaire, avec les pièces jointes requises, à l'adresse suivante : www.mon.service-public.fr.
Ceux qui possédaient déjà ce type de véhicules à la date d'entrée en vigueur du décret ont eu jusqu'au 3/12/2009 pour s'enregistrer. Chaque engin doit recevoir un numéro spécifique d'identification à 6 chiffres, gravé sur une partie inamovible et inscrit sur une plaque fixée en évidence sur le véhicule.
À défaut de déclaration, les propriétaires devront s'acquitter d'une amende de 4e classe (Voir pages Barème).

DEUX-ROUES EN RÈGLE				
	Cyclomoteur	**Motocyclette**		
Définition	Moteur de moins de 50 cm^3, vitesse limitée à 45 km/h. Changement de vitesse automatique	2 roues Moteur de 125 cm^3 et 15 CV maximum	2 roues Moteur de plus de 125 cm^3 et 34 CV maximum	2 roues Moteur de plus de 125 cm^3, compris entre 34 et 100 CV
Âge requis et permis de conduire	14 ans avec un brevet de sécurité routière et les attestations de sécurité routière	16 ans avec un permis A1 ; 20 ans avec un permis B avec 2 ans d'ancienneté + une formation pratique de 3 heures (si permis obtenu après le 1/1/2007)	Permis A obtenu entre 18 et 21 ans	Permis A depuis au moins 2 ans passé entre 18 et 21 ans Permis A obtenu à partir de 21 ans
Papiers du véhicule	Certificat d'immatriculation			
Assurances	Responsabilité civile obligatoire			
Allumage des feux de croisement	De jour, les motocyclettes et les cyclomoteurs doivent circuler avec le ou leurs feux de croisement allumés. …/…			

<table>
<tr><th colspan="3">DEUX-ROUES EN RÈGLE (SUITE)</th></tr>
<tr><th></th><th>Cyclomoteur</th><th>Motocyclette</th></tr>
<tr><td>Plaque d'identification</td><td>Plaque d'immatriculation pour ceux mis pour la première fois en circulation depuis le 1/7/2004 (ceux mis en circulation avant cette date devront être immatriculés au plus tard le 31/12/2010)</td><td>Plaque d'immatriculation</td></tr>
<tr><td>Portdu casque*</td><td>Obligatoire pour le conducteur</td><td>Obligatoire pour le conducteur et le passager</td></tr>
<tr><td rowspan="3">Transport de passagers</td><td colspan="2">Pas plus d'un seul passager (sauf side-car)
Siège obligatoire pour le passager : corbeille ou courroie d'attache pour enfant de moins de 5 ans</td></tr>
<tr><td>Interdiction de transporter un passager de plus de 14 ans</td><td></td></tr>
<tr><td colspan="2">Obligation légale de faire inclure dans le contrat d'assurance la garantie spéciale du conducteur vis-à-vis de son passager</td></tr>
<tr><td>Prêt du véhicule</td><td colspan="2">L'assurance ne joue que si le bénéficiaire du prêt a reçu directement du propriétaire de l'engin, ou du souscripteur de l'assurance, l'autorisation de s'en servir</td></tr>
<tr><td>Remorque</td><td colspan="2">Garantie spéciale obligatoire pour la responsabilité civile
Mention de la remorque sur l'attestation d'assurance</td></tr>
<tr><td colspan="3">* Le Code de la route qui imposait déjà aux conducteurs et aux passagers d'un cyclomoteur ou d'une motocyclette le port d'un casque homologué, prévoit désormais expressément que celui-ci soit attaché (Code de la route, Art. R. 431-1, alinéa 1er). Tout contrevenant s'expose à une amende de 4e classe (Voir pages Barème), un retrait de 3 points et l'éventuelle immobilisation du véhicule.</td></tr>
</table>

PERMIS DE CONDUIRE : LE POINT SUR LA RÉFORME 1 AN APRÈS

Lancé en 2009, le grand chantier de la réforme du permis de conduire, déployé sur 3 ans, a pour principaux objectifs une formation moins longue et moins chère ainsi qu'un permis plus sûr.
Tour d'horizon des actions engagées tout au long de 2009 pour mener à bien ces objectifs.

✓ Un permis de conduire moins long

◆ En 1 an, les délais de passage à l'examen ont été réduits à 2 mois, ou moins, dans près de 80 % des départements, grâce principalement à trois mesures :
- recrutement exceptionnel d'inspecteurs en 2009 et 2010 ;
- organisation de plus de 65 000 places d'examen supplémentaires ;
- possibilité pour une auto-école de présenter ses candidats à l'épreuve pratique du permis B dans un centre d'examen situé dans un département limitrophe de celui de l'agrément de sa domiciliation professionnelle.

◆ Un démarrage plus rapide de la formation à la conduite :
- suppression du délai d'1 mois pour se présenter à l'épreuve théorique générale (ou « code ») après enregistrement de son dossier de demande en préfecture ;
- possibilité pour tout candidat dispensé de cette épreuve théorique de se présenter à l'épreuve pratique sans délai ;
- possibilité pour tout candidat de débuter ses leçons de conduite sans attendre l'enregistrement de son dossier d'inscription en préfecture.

✓ Un permis de conduire plus accessible

◆ Renforcement du dispositif du « permis à 1 € par jour » (→ index, *Permis de conduire à 1 euro*) : en signant une convention avec la Caisse des dépôts et consignations, l'État va pouvoir se porter caution pour le prêt des candidats qui ne peuvent être cautionnés par leur famille ou un tiers et qui se voyaient alors refuser l'accès à ce coup de pouce financier.

◆ Incitation des communes à proposer davantage de « bourses au permis de conduire ». Ce dispositif repose sur un partenariat entre la collectivité concernée, le jeune et l'école de conduite : la collectivité prend en charge une partie du coût de la formation du jeune en contrepartie d'une activité d'intérêt général (de 40 à 50 heures). La collectivité s'engage à verser la « bourse au permis de conduire » directement à l'école de conduite qui est choisie, si possible, sur la liste des écoles de conduite conventionnées au titre du dispositif du « permis à 1 € par jour ».

✓ Un permis de conduire plus sûr

◆ Refonte de la banque de questions de l'épreuve théorique générale (ou « code ») : si le candidat doit toujours répondre à 40 questions tirées au sort de façon aléatoire, celles-ci sont issues d'une banque de données qui comporte désormais 638 questions (contre 520 précédemment).

◆ Nouvelle grille d'évaluation des candidats au permis B mise en place, pour passer d'un décompte d'erreurs à un bilan de compétences. Ainsi, en plus des compétences traditionnelles, on attend désormais du candidat qu'il intègre des aspects comportementaux comme l'attention et le respect porté aux autres usagers, et plus particulièrement les usagers vulnérables. L'examinateur évalue également ses compétences liées à l'autonomie et à la conscience du risque jugées à travers l'analyse des situations et l'adaptation du candidat à celles-ci. En outre, la nouvelle grille d'évaluation prend en compte une conduite économique et respectueuse de l'environnement.

Les papiers du véhicule

Circuler implique la possession de documents administratifs à défaut desquels l'automobiliste s'expose à des sanctions, parfois importantes, en cas de contrôle des forces de police ou de gendarmerie.

Comment obtenir le certificat d'immatriculation ?

Qu'est-ce que le certificat d'immatriculation ?

Le certificat d'immatriculation est le nouveau nom de la carte grise.

Les véhicules neufs achetés depuis le 15/4/2009 sont désormais immatriculés dans le système d'immatriculation des véhicules (SIV) qui attribue un numéro à vie au véhicule concerné.

Ce nouveau dispositif SIV concerne également, depuis le 15/10/2009, les véhicules d'occasion lorsqu'une modification intervient sur le certificat d'immatriculation (par exemple, cession du véhicule, changement d'adresse, changement d'état matrimonial…).

Avec ce nouveau système :

– le véhicule conserve la même immatriculation depuis la date de sa première mise en circulation jusqu'à sa destruction ou son exportation, et cela quelle que soit l'identité ou l'adresse de ses propriétaires successifs ;

– la plaque comporte un numéro, attribué à vie, composé de 7 caractères (2 lettres - un tiret - 3 chiffres - un tiret - 2 lettres), à gauche la lettre « F » avec le symbole européen (les étoiles), à droite un numéro de département surmonté du logo de la région correspondante. Ces deux éléments sont librement choisis par le propriétaire du véhicule. En cas d'acquisition du véhicule par un nouveau propriétaire, ce dernier est libre de modifier ou non les identifiants « département-région » ;

– plus besoin non plus de changer le certificat d'immatriculation (ex-carte grise) en cas de changement de domicile. Vous devez toutefois signaler ce dernier, sous peine d'être sanctionné d'une amende de la 4e classe *(Voir pages Barème)*, à la préfecture ou la sous-préfecture de votre choix, par courrier ou en vous connectant sur le site *www.changement-adresse.gouv.fr*. L'information est traitée par le SIV. Vous recevez, par courrier sécurisé, une étiquette autocollante mentionnant votre nouvelle adresse, à apposer sur votre certificat d'immatriculation à l'emplacement prévu à cet effet. Cette opération est gratuite. Au bout de trois étiquettes et pour un 4e changement d'adresse, vous devrez remettre le certificat d'immatriculation en préfecture. Un nouveau document est produit et vous est adressé. En attendant, vous pourrez circuler, pendant 1 mois, sous couvert du coupon que vous aurez détaché de votre certificat avant de le rendre à l'administration.

Comment se présente le certificat d'immatriculation ?

De format et de couleur différente, elle comporte, comme l'ancienne carte grise, les noms et prénoms du propriétaire, son adresse, le type de la voiture, le nom du titulaire du véhicule…

Cette carte comprend un coupon détachable permettant de dater les visites techniques obligatoires et facilitant les démarches administratives des usagers.

AVANTAGE

Plus besoin de vous déplacer en préfecture et de perdre beaucoup de temps : vous pouvez commander en ligne votre nouveau certificat d'immatriculation (ex-carte grise), via le site Internet www.carte-grise.org. Vous pouvez demander en même temps vos nouvelles plaques d'immatriculation, en indiquant le département ainsi que le logo régional de votre choix.

Lors de l'achat d'un véhicule, les démarches à accomplir diffèrent quelque peu selon qu'il s'agit d'une demande de certificat d'immatriculation pour un véhicule neuf ou pour un véhicule d'occasion (Code de la route, Art. R. 322-1 et s.).

En cas d'achat d'un véhicule neuf

Si vous achetez votre véhicule neuf auprès d'un professionnel (garagiste, concessionnaire...) habilité par le ministère de l'Intérieur, il se charge, en général, d'accomplir pour vous toutes les formalités en vue de l'obtention du certificat d'immatriculation. Via Internet, il envoie la demande d'immatriculation à l'Agence nationale des titres sécurisés (ANTS), organisme chargé de centraliser toutes les demandes.

Vous recevrez le certificat d'immatriculation définitif chez vous, sous pli sécurisé (lettre suivie avec remise contre signature), environ une semaine après la demande d'immatriculation.

En attendant sa réception, et dès lors que vous vous êtes acquitté du montant des taxes *(Voir pages Barème)*, le professionnel vous remet un certificat provisoire d'immatriculation (CPI). Ce document va vous permettre de circuler immédiatement sur tout le territoire national pendant 1 mois.

Vous pouvez également vous charger vous-même d'effectuer les démarches au guichet de n'importe quelle préfecture ou sous-préfecture de France (à Paris, la démarche est à effectuer à la préfecture de police ou à l'antenne de la préfecture de police de l'arrondissement), soit en vous rendant sur place, soit par correspondance.

Les pièces à fournir sont :

– le document Cerfa « 3 en 1 » n° 13749*01 (« Demande de certificat d'immatriculation d'un véhicule neuf ») remis par le constructeur (ou son représentant en France).

Si ce document ne vous a pas été remis, vous devez fournir les trois documents suivants : un certificat de conformité (pour un véhicule construit à l'étranger, fourni par le concessionnaire), un certificat de cession ou une facture (établi par le vendeur) et une demande de certificat d'immatriculation établie au moyen du formulaire Cerfa n° 13750*01 ;

– une pièce d'identité ;

– un justificatif de domicile ;

– le règlement du montant du certificat d'immatriculation.

En cas d'achat d'un véhicule d'occasion

Si l'achat concerne un véhicule déjà immatriculé dans le SIV, son numéro d'immatriculation ne changera pas. Il est toutefois possible à l'acheteur de modifier le département et la région, en changeant simplement les plaques (ces éléments ne figurant pas sur le certificat d'immatriculation).

Si le véhicule acheté comporte encore les anciennes plaques, il lui sera attribué un nouveau numéro.

Il faut procéder à l'établissement du certificat d'immatriculation du véhicule acheté dans le mois qui suit la date de son achat. Pour cela, il faut présenter :

– un justificatif d'identité ;

– un justificatif de domicile ;

– le formulaire (Cerfa n° 13750*01) de demande de certificat d'immatriculation dûment rempli, daté et signé ;

– un des trois exemplaires du formulaire (Cerfa n° 13754*01) de la déclaration de cession ;

– l'ancien certificat d'immatriculation, remis par le vendeur, barré et revêtu de la mention « vendu le... » ou « cédé le... », suivie de la date de la vente et de la signature du vendeur.

Pour les certificats d'immatriculation édités à compter de juin 2004, ne joindre que la partie principale de la carte. Le coupon détachable, complété et signé par le vendeur, doit être conservé par l'acheteur car il va lui permettre de circuler pendant 1 mois ;

– le règlement de la taxe due ;

– le cas échéant, un rapport du contrôle technique (établi depuis moins de 6 mois à la date de l'immatriculation) si le véhicule est en circulation depuis plus de 4 ans.

À NOTER

Vous pouvez faire votre demande de certificat d'immatriculation à la préfecture de votre choix (à Paris, à la préfecture de police ou à l'antenne de la préfecture de police de votre arrondissement) ou décider de confier cette démarche à un professionnel habilité par le ministère de l'Intérieur.

AVANTAGE

*Vous trouverez sur le site www.ants.interieur.gouv.fr, la liste des justificatifs à fournir pour obtenir un certificat d'immatriculation ainsi que certains formulaires à télécharger (formulaire Cerfa n° 13750*01 de « demande de certificat d'immatriculation d'un véhicule » par exemple). Ce même site propose également le suivi en ligne de la production de votre certificat d'immatriculation.*

ATTENTION ⚠

Il est obligatoire de faire établir le certificat d'immatriculation (ex-carte grise) dans un délai de 15 jours suivant l'achat d'un véhicule. À défaut, vous encourrez une amende de la 4e classe en cas de contrôle routier *(Voir pages Barème).*

Le coût de la délivrance d'un certificat d'immatriculation

Pour obtenir votre certificat d'immatriculation, vous devez régler :

– une taxe régionale dont le montant prend en compte la puissance fiscale du véhicule et varie d'une région à l'autre ;

– une taxe de gestion *(Voir pages Barème)*. Cette taxe permet de financer la gestion et le coût de production du nouveau certificat d'immatriculation ;

– une redevance pour acheminer le certificat d'immatriculation à domicile, d'un montant forfaitaire *(Voir pages Barème)*.

Vous pouvez, en outre, devoir régler une écotaxe ou malus écologique dont le montant dépend du taux de CO2 émis par le véhicule (→ index, *Malus écologique*).

AVANTAGE

Il existe des cas d'exonération de la taxe régionale, de la taxe de gestion et de la redevance. Renseignez-vous auprès de la préfecture.

En cas de vente d'un véhicule d'occasion

Lors de la vente du véhicule d'occasion, le vendeur doit remettre à l'acquéreur :

– l'exemplaire n° 1 du formulaire de déclaration de cession d'un véhicule (Cerfa n° 13754*01) rempli ;

– l'ancien certificat d'immatriculation sur lequel il a apposé la mention « vendu le... » ou « cédé le... », suivie de la date de la vente et de sa propre signature. Il doit également, soit découper la partie supérieure droite du document lorsqu'il comporte l'indication du coin à découper (ancien modèle), soit, s'il s'agit du nouveau modèle délivré depuis juin 2004, remplir le coupon détachable. Celui-ci va permettre à l'acheteur de circuler pendant 1 mois, jusqu'à réception du nouveau certificat d'immatriculation ;

– un certificat de situation administrative (qui comprend une attestation de non-gage et une attestation de non-opposition). Le vendeur doit le demander à la préfecture et le remettre à l'acheteur (il est également possible de l'obtenir sur Internet : *www.interieur.gouv.fr*) ;

– si le véhicule a plus de 4 ans, la preuve du contrôle technique qui doit dater de moins de 6 mois (ou de moins de 2 mois si une contre-visite a été prescrite).

Le vendeur du véhicule doit, par ailleurs, remettre à la préfecture du département de son choix l'exemplaire n° 2 de la déclaration de cession (Cerfa n° 13754*01) de la déclaration de cession dans un délai de 15 jours (sur place ou par correspondance).

Le vendeur conser ve l'exemplaire n° 3 de la déclaration de cession.

En cas de perte ou de vol du certificat d'immatriculation

Il faut d'abord faire une déclaration de perte ou de vol au commissariat ou à la gendarmerie.

Ensuite, se présenter à la préfecture, muni du récépissé de la déclaration de perte ou de vol, d'une pièce d'identité et d'un justificatif de domicile pour demander un duplicata. Si le véhicule a plus de 4 ans, vous devez joindre la preuve du contrôle technique en cours de validité.

En cas de destruction du véhicule

Il est nécessaire de remettre le certificat d'immatriculation du véhicule à la préfecture dans un délai de 15 jours. Adressez également à la préfecture une déclaration sur formulaire spécial de destruction de véhicule. Veillez à la conformité des numéros figurant sur le certificat d'immatriculation et sur le châssis du véhicule.

Le vendeur qui possède le certificat d'immatriculation européen remet la « partie haute » du certificat d'immatriculation au professionnel chargé de la destruction sur laquelle il appose de manière lisible la mention « vendu le ... pour destruction », suivie de sa signature. Puis, il adresse à la préfecture d'immatriculation du véhicule le coupon détachable qu'il aura préalablement complété (avec les coordonnées de l'acquéreur) et signé.

En cas d'accident

Si le véhicule n'est plus en état de circuler, un agent de la circulation peut retirer le certificat d'immatriculation du véhicule (procédure VGA : véhicule gravement accidenté). Celui-ci est alors transmis à la préfecture du lieu de l'accident. Une expertise du véhicule est nécessaire pour pouvoir le récupérer.

En cas de déménagement

Il est nécessaire d'effectuer le changement de domicile sur le certificat d'immatriculation dans un délai d'1 mois. La démarche est gratuite. Vous devez également signaler tout changement de domicile à votre assureur.

Il faut distinguer deux situations :

Vous avez un ancien numéro d'immatriculation

Un changement d'adresse sur un certificat d'immatriculation d'un véhicule d'occasion entraîne l'attribution d'un nouveau numéro d'immatriculation dans le nouveau système d'immatriculation des véhicules (SIV). Un nouveau certificat d'immatriculation sera alors édité. Pour cela, vous devez joindre à votre demande (formulaire Cerfa n° 13750*01), l'ancienne carte grise ainsi que des justificatifs d'identité et de domicile.

Vous pouvez faire votre demande de certificat d'immatriculation :

– sur place, en vous rendant à la préfecture (ou la sous-préfecture) de votre choix ;

– par correspondance.

Vous avez déjà un nouveau numéro d'immatriculation

Vous conservez votre certificat d'immatriculation mais vous devez tout de même signaler votre changement de domicile à la préfecture de votre choix à l'aide du formulaire Cerfa n° 13750*01. Il vous suffit de présenter votre certificat d'immatriculation ainsi qu'un justificatif de votre nouvelle adresse. Une étiquette autocollante mentionnant cette dernière vous sera délivrée. Vous devez l'apposer sur le certificat d'immatriculation à l'emplacement prévu à cet effet.

Vous pouvez ainsi changer jusqu'à trois fois de domicile sans qu'il soit besoin de produire un nouveau certificat d'immatriculation. Ce n'est qu'au 4e changement d'adresse qu'un nouveau certificat d'immatriculation devra être établi.

Comment obtenir la vignette automobile ?

La vignette est supprimée pour les personnes physiques, associations, fondations reconnues d'utilité publique, fondations d'entreprise, congrégations et syndicats professionnels pour :

– les voitures particulières et camionnettes lorsque leur poids total autorisé en charge ne dépasse pas 3,5 tonnes ;

– les véhicules spécialement aménagés pour le transport des personnes handicapées et les camping-cars quel que soit leur poids total.

Les autres personnes morales (sociétés, collectivités territoriales...) sont exonérées pour trois de leurs véhicules s'ils correspondent aux critères ci-dessus. Au-delà de trois véhicules, elles doivent s'acquitter de la vignette.

Pour les véhicules encore soumis à la vignette, les exonérations ci-après restent encore valables.

Exonérations

Certaines catégories de véhicules sont exonérées du paiement de la vignette. Il s'agit :

– des véhicules ayant au moins 25 ans d'âge ;

– des véhicules des VRP titulaires de la carte professionnelle ;

– des taxis et véhicules spéciaux ;

– des véhicules neufs acquis après le 15 août (pour la vignette de l'année en cours uniquement) ;

– des véhicules non polluants, c'est-à-dire qui fonctionnent, exclusivement ou non, au moyen de l'énergie électrique, du gaz naturel-véhicules ou du gaz de pétrole liquéfié. Cette exonération, totale ou partielle, est décidée par le conseil général du département. Elle est donc facultative.

Période d'achat pour les véhicules non exonérés

L'achat des vignettes se fait tous les ans pendant la campagne de vente (novembre et décembre), dans le département d'immatriculation du véhicule. Passé le délai d'achat, une majoration de 5 % plus une pénalité de 0,75 % par mois de retard est due. À défaut de présentation du reçu de la vignette lors d'un contrôle routier, vous devrez payer, outre le prix de la vignette, une amende du double et des intérêts de retard de 0,75 % par mois de retard.

- En cas d'achat d'un véhicule neuf acquis avant le 15 août, l'acheteur dispose d'un délai d'1 mois à partir de la date de première mise en circulation pour acquérir la vignette de l'année en cours dans le département d'immatriculation.
- En cas d'achat d'un véhicule d'occasion, trois cas de figures se présentent :

– l'ancien propriétaire a acheté la vignette, l'acheteur n'a pas à en acquérir une nouvelle, même si elle a été achetée dans un autre département ;

– l'ancien propriétaire n'a pas acheté la vignette : il revient à l'acheteur d'en acquérir une même si l'ancien propriétaire aurait dû l'acheter ;

– si l'ancien propriétaire est un professionnel de l'automobile (garagiste, concessionnaire...) et que celui-ci n'a pas acheté la vignette, l'acheteur a un délai d'1 mois pour l'acheter.

Où s'adresser ?

La vignette est vendue dans les bureaux de tabac et au service des impôts du ressort de votre domicile. Il n'est pas possible de l'acquérir par correspondance.

VOUS HÉRITEZ D'UNE VOITURE : LES DÉMARCHES À EFFECTUER

En cas de succession, il est nécessaire de faire établir une nouvelle carte grise dans les 6 mois du décès sous peine d'amende.
Si vous êtes plusieurs héritiers, elle est établie :
- soit au nom de tous les héritiers ;
- soit au nom d'un seul héritier. Dans ce cas, il faut présenter une attestation sur papier libre, signée par les autres héritiers, autorisant à immatriculer le véhicule à son nom.
La démarche est gratuite si la carte grise est établie au nom du conjoint survivant. Autrement, le coût est le même que pour une voiture neuve si le véhicule a moins de 10 ans. Il est réduit de moitié, si le véhicule a plus de 10 ans.
Vous devez faire la demande à la préfecture ou dans une sous-préfecture du département de votre domicile, à la mairie dans certaines grandes villes. Les documents à fournir sont les mêmes qu'en cas d'achat d'un véhicule d'occasion.
Si vous décidez de revendre le véhicule, vous devez également faire établir une nouvelle carte grise à votre nom, sauf si la revente a lieu moins de 3 mois après le décès, ou si le véhicule n'a pas circulé sur la voie publique depuis le décès. Dans ce cas, il faut remettre à l'acquéreur une attestation sur l'honneur que le véhicule n'a pas circulé depuis le décès, signée par le ou les héritiers qui avaient la garde du véhicule (*Arrêté du 5/11/1984*).

En dehors de la campagne de vente, il est possible de s'adresser à une recette des impôts ou à un bureau de douane du département d'immatriculation.

Les tarifs

Les tarifs de la vignette varient :
– selon le département d'immatriculation ;
– selon la puissance fiscale du véhicule (10 catégories, de 1 à 23 CV et plus) ;
– selon l'ancienneté du véhicule : si ce dernier a plus de 5 ans d'âge, le prix de la vignette est divisé par deux ; si le véhicule a plus de 20 ans d'ancienneté, il existe un tarif spécial.

Les automobilistes qui restent redevables de la vignette n'ont plus de timbre à fixer sur le pare-brise des véhicules. Le reçu qui leur est fourni lors de l'achat de la vignette doit être présenté à un agent assermenté en cas de contrôle.

Quels sont les justificatifs d'assurance ?

Tout conducteur d'un véhicule automobile est tenu de souscrire une assurance pour garantir sa responsabilité civile (→ index, *Assurance automobile*).

La preuve de l'assurance souscrite se fait au moyen de trois documents.

L'attestation d'assurance

L'attestation d'assurance (de couleur jaune) constitue une présomption d'assurance et peut être présentée aux autorités de police ou de gendarmerie lors d'un contrôle routier.

La carte verte

En France, elle a la même valeur que l'attestation de couleur jaune. À l'étranger, elle atteste de l'assurance souscrite.

Elle est valable en Europe (sauf ex-URSS et Albanie), au Maroc, en Tunisie, Israël, Turquie et Iran. Toutefois si le nom d'un pays est rayé sur la carte, vous n'êtes pas assuré pour ce pays. Il est préférable dans ce cas, soit de souscrire en France une assurance temporaire, soit à la frontière du pays de souscrire une « assurance frontière », qui donne les garanties minimales obligatoires. La carte verte n'est pas obligatoire aux frontières des pays de l'Union européenne (sauf pour la Grèce), des pays scandinaves, de Suisse, ou du Liechtenstein, mais il est préférable de l'avoir. Elle est obligatoire ailleurs.

Pour l'obtenir, il faut s'adresser à son assureur (elle est gratuite). Certaines compagnies délivrent systémati-

quement la carte verte à l'occasion de l'échéance annuelle de la prime (parfois à la place de l'attestation de couleur jaune) ; d'autres ne la délivrent que sur demande expresse de l'assuré.
En cas de perte ou de vol, il est nécessaire de faire une déclaration au commissariat de police ou à la gendarmerie, puis d'informer rapidement son assureur.

Le certificat d'assurance

L'apposition du certificat d'assurance sur le pare-brise du véhicule est obligatoire :
– pour les véhicules à 2 ou 3 roues immatriculés ou non ;
– pour les véhicules automobiles à 4 roues et de moins de 3,5 t.
Le certificat d'assurance est fourni automatiquement par l'assureur avec la carte verte ou avec l'attestation d'assurance, à l'occasion d'une échéance habituelle ou par un envoi spécial.

À NOTER

En cas de vente de votre véhicule ou de résiliation de votre contrat, il faut rendre à l'assureur la carte verte ou l'attestation d'assurance encore valide.

Quels sont les papiers à fournir en cas de contrôle routier ?

En cas de contrôle routier par les forces de police ou de la gendarmerie, le conducteur d'un véhicule est tenu de présenter les papiers de son véhicule, sous peine d'amende (*Code de la route, Art. R. 233-1*).

Le permis de conduire

Tout conducteur doit être en possession d'un permis de conduire correspondant au véhicule conduit et à son nom.
- Si vous ne pouvez présenter votre permis lors d'un contrôle routier, vous encourez une contravention de 1re classe *(Voir pages Barème)*. De plus, vous devez présenter votre permis dans les 5 jours à une gendarmerie ou à un commissariat. À défaut, vous êtes passible d'une amende supplémentaire de 4e classe.
- La conduite sans permis de conduire est désormais un délit puni d'une peine d'emprisonnement d'1 an maximum et/ou d'une amende de 15 000 € maximum (*Loi n° 2004-204 du 9/3/2004*).
- Si vous circulez alors que vous avez fait l'objet d'une suspension, rétention ou annulation du permis de conduire, vous risquez la même amende.

Le certificat d'immatriculation (ex-carte grise)

Tout conducteur doit être en possession d'un certificat d'immatriculation correspondant à son véhicule, c'est-à-dire reproduisant le numéro minéralogique inscrit sur les plaques du véhicule et spécifiant le type du véhicule.

La vignette

À défaut de présentation du reçu de la vignette (lorsque celle-ci est obligatoire) lors d'un contrôle routier, vous devez payer, outre le prix de la vignette, une amende du double et des intérêts de 0,75 % par mois de retard (→ index, *Vignette automobile*).

L'attestation d'assurance

Le fait de conduire sans être assuré est désormais un délit puni d'une amende de 3 750 €, éventuellement assorti d'une suspension ou d'une annulation de permis, ou de la confiscation de la voiture… (*Code des assurances, Art. L. 211-26*).

À NOTER

Ce délit de conduite sans assurance est un des rares délits qui n'entraînent pas de peine de prison.

Le défaut d'affichage du certificat d'assurance (en bas à droite du pare brise) et de présentation immédiate de l'asurance sont punis d'une contravention de 2e classe. Enfin le défaut de présentation, dans les 5 jours du contrôle, de l'assurance donne lieu à une contravention de 4e classe *(Voir pages Barème)*.

Le certificat de contrôle technique

L'automobiliste qui n'a pas apposé sur son pare-brise la vignette et qui ne peut présenter son certificat de passage remis par le centre de contrôle lorsque son véhicule est soumis à l'obligation du contrôle technique (→ index, *Contrôle technique*) encourt une amende de 4e classe.

La pastille verte

Depuis le 1/8/1998, seuls les véhicules porteurs de la pastille verte peuvent circuler sans restriction, les jours de très forte pollution (niveau 3 ou risque de niveau 3). Cette pastille est attribuée aux véhicules fonctionnant à l'électricité, au gaz (GPL ou GNV), aux voitures à essence catalysées depuis 1993 et aux diesels catalysés depuis le 1/1/1997. La pastille verte, que les intéressés reçoivent gratuitement par la poste sans avoir à en faire la demande, doit être collée sur le pare-brise.

Pour ceux qui n'ont pas la pastille verte, en cas de pic de pollution de niveau 3, ils sont autorisés à circuler les jours pairs si le premier groupe de chiffres de la plaque d'immatriculation de leur véhicule se termine par un chiffre pair et inversement pour les jours impairs.

L'achat d'un véhicule

Qu'il s'agisse d'un véhicule neuf ou d'un véhicule d'occasion, il convient d'être très vigilant à tous les stades de l'achat afin d'éviter les risques de mauvaises surprises.

À qui s'adresser pour acheter un véhicule neuf ?

› Avant d'acheter

Pour acheter une voiture neuve dans les meilleures conditions, il existe quelques règles à connaître.

- Privilégier dans la mesure du possible le mois de décembre : les vendeurs cherchent à atteindre leur quotas de vente et à écouler des modèles du millésime en cours avant l'arrivée du nouveau.

Si vous n'êtes pas regardant sur les modifications techniques ou esthétiques qu'offrent les changements de millésime, vous pouvez profiter de modèles de fin de série que les concessionnaires ont en stock avec un rabais conséquent. Dans les deux cas, il est possible d'obtenir des rabais pouvant aller jusqu'à 15 % (comptez de 5 à 7 % en moyenne).

En France, l'année modèle commence le 1er janvier de l'année en cours comme dans la plupart des pays européens.

Si vous avez le moindre doute sur le millésime de votre véhicule, sachez que le constructeur peut vous indiquer à quel millésime correspond le numéro de série de votre véhicule. Vous pouvez aussi écrire au ministère des Transports, Service des millésimes ou au « Catalogue des catalogues » qui recense tous les modèles, type par type, avec les numéros de série des millésimes.

- Ne pas privilégier uniquement le prix du véhicule comme critère d'achat. La qualité, la fiabilité et le coût de fonctionnement sont aussi des critères importants à prendre en compte. Pour se renseigner sur les spécifications d'un modèle donné, on peut acheter l'une des nombreuses revues consacrées à l'automobile (l'*Auto-Journal* par exemple) ou les revues consuméristes (*60 millions de consommateurs* ou *Que Choisir ?*) qui publient régulièrement des bancs d'essai et le prix de revient au kilomètre de nombreux véhicules.

› L'achat d'un véhicule en France

Vous pouvez avoir recours à deux sortes de vendeurs spécialisés dans la vente de véhicules.

Les concessionnaires

Avant le 1/10/2002, les concessionnaires disposaient d'un contrat d'exclusivité avec un constructeur et ne pouvaient vendre que les véhicules de celui-ci, dans un secteur géographique déterminé.

Mais la Commission européenne a décidé de mettre en place de nouvelles règles de concurrence dans le secteur automobile.

En conséquence, depuis le 1/10/2002, les concessionnaires agréées par une marque peuvent vendre où bon leur semble (et non plus sur un territoire exclusif) et proposer plusieurs marques de véhicules (*Règlement CE n°1400/2002 du 31/7/2002*).

Les agents

Les agents représentent un ou plusieurs concessionnaires et peuvent être multimarque, c'est-à-dire, vendre des voitures de différents constructeurs.

Les concessionnaires et les agents sont des professionnels indépendants du constructeur. Ils achètent des véhicules au(x) constructeur(s) et les revendent en se rémunérant sur le prix qu'ils peuvent fixer librement, sans toutefois dépasser le tarif fixé par le constructeur. Dans la mesure où ils sont commissionnés par un ou plusieurs concessionnaires sur leurs ventes, les agents disposent généralement de marges plus restreintes.

› L'achat d'un véhicule à l'étranger

Certains modèles d'automobiles sont vendus moins cher à l'étranger et l'achat hors de France peut donc faire réaliser des économies substantielles, à condition de prendre quelques précautions.

Passer par un mandataire

Les mandataires ne sont pas des vendeurs de véhicules. Ce sont des prestataires de services qui se substituent à vous pour acheter le véhicule de votre choix, là où il est vendu le moins cher en Europe. Il se charge à ce titre des éventuelles formalités administratives.

Quel que soit le surcoût que représente la commission demandée par le mandataire, il est possible d'obtenir des remises substantielles en achetant un véhicule à l'étranger, à condition toutefois de recourir à un mandataire sérieux et compétent.

Pour ce faire, il faut respecter quelques règles simples.

- Tout d'abord, en vertu de l'arrêté du 28/10/1996, le mandataire est tenu de faire connaître au consommateur, avant que celui-ci n'accepte son offre, les indications suivantes :

– le montant TTC de sa rémunération, soit en pourcentage du coût total d'acquisition et de mise à disposition du véhicule, soit en valeur absolue ;

– la liste des frais annexes payés à des tiers, en précisant s'ils sont inclus dans le coût d'acquisition et de mise à disposition du véhicule ;

– les conditions de paiement et la nature des garanties financières offertes ;

– les conditions de révocation du mandat.

Ensuite, il convient de signer avec le mandataire un contrat de recherche et de livraison dont la durée ne doit pas excéder 2 semaines. Ce mandat doit préciser, outre les indications résultant de l'arrêté cité plus haut, le véhicule recherché (notamment la puissance fiscale exacte qui, en France, n'est pas la même que dans les autres pays européens), l'année modèle, la somme totale que l'on souhaite consacrer à son acquisition, les prestations exactes incluses dans cette somme et les délais de livraison du véhicule.

- Enfin, une fois le véhicule trouvé, il est conseillé de signer avec le mandataire un mandat de confirmation d'achat reprenant les informations mentionnées dans le premier mandat. Ce n'est qu'à ce moment, et non pas avant, que le mandataire peut demander à l'acheteur le versement d'un acompte qui ne doit pas être supérieur à 10 % du prix total du véhicule recherché, le solde étant payable le jour de la livraison effective. Il est préférable que l'acompte soit versé sur un compte séquestre si le mandataire ne peut faire état d'une garantie financière (caution bancaire par exemple).

ATTENTION ⚠

Attention : il est rappelé que l'acheteur est redevable de la TVA sur le véhicule acheté. Depuis la loi de finances pour 1999, l'acheteur est tenu d'acquitter personnellement la TVA au Trésor public. Ce paiement ne peut plus être effectué par l'intermédiaire d'un mandataire.

- À la livraison du véhicule, le mandataire doit remettre au client la facture d'achat à l'étranger et délivrer une reddition des comptes détaillant l'ensemble des frais engagés pour le compte du client. Le prix payé ne peut être supérieur au prix maximum défini par le mandat.

- L'acheteur doit être informé qu'il bénéficie de la garantie commerciale du constructeur auprès de l'ensemble des distributeurs de son réseau et doit recevoir à cet effet les documents qui permettent d'y recourir. Ce point est important car certains concessionnaires refusent d'appliquer la garantie constructeur au motif que le véhicule n'a pas été acheté dans le réseau français.

Les directions départementales de la concurrence, de la consommation et de la répression des fraudes et les associations de consommateurs disposent d'un contrat type ainsi que d'une notice d'achat à destination des acheteurs, qui ont été approuvés par le Conseil national de la consommation. On peut le cas échéant se mettre en rapport avec ces organismes.

Si le véhicule acquis n'est pas identifiable à un type réceptionné en France ou à un type communautaire, une réception à titre isolé devra être effectuée par la DRIRE (direction régionale de l'industrie, de la recherche et de l'environnement), afin de vérifier sa conformité aux dispositions du Code de la route.

Acheter directement à l'étranger

Il est possible d'acheter un véhicule neuf à l'étranger sans passer nécessairement par l'intermédiaire d'un mandataire. Mais dans ce cas, il est conseillé de prendre quelques précautions.

Tout d'abord se renseigner sur le prix exact de la voiture convoitée (voir encadré sur le comparatif de la Commission européenne).

Ensuite, il faut demander au concessionnaire retenu l'envoi d'un devis correspondant au modèle de son choix. Si cela vous convient, vous pouvez passer commande, étant observé qu'en achetant hors de France, vous ne serez pas protégé par les lois françaises, notamment en matière de crédit.

Enfin, lors de la livraison, il est nécessaire d'être attentif aux documents qui sont remis sur place : carte grise étrangère, certificat de conformité, facture acquittée hors taxes et carnet de garantie et d'entretien. Concernant le certificat de conformité, il est à noter que la directive n° 2007/46/CE, transposée en France par le décret n° 2009-497 du 30/4/2009, impose que ce document soit délivré par le constructeur pour l'immatriculation de tout véhicule neuf, dans n'importe quel État membre. Il atteste que le véhicule est conforme aux dispositions techniques en vigueur au sein de l'Union européenne. Il ne faut pas oublier d'équiper la voiture de plaques de transit et de demander à son assurance les conditions de garanties du véhicule. De retour en France, il faut régler la TVA au service des impôts dans les 15 jours qui suivent la date d'achat du véhicule et faire procéder à son immatriculation à la préfecture. L'automobiliste qui importe son véhicule d'Europe n'est pas obligé de le soumettre au service des Mines si la voiture est « conforme à un type national français ou communautaire » (preuve rapportée par le certificat de conformité délivré par le constructeur). Il est par exemple possible pour un citoyen français d'acheter une nouvelle voiture en Espagne et de l'immatriculer en France sur simple présentation du certificat de conformité européen. La voiture « non conforme à un type national ou communautaire » reste en revanche soumise au contrôle des Mines.

LE COMPARATIF DE LA COMMISSION EUROPÉENNE

Il est possible de consulter des tableaux comparatifs régulièrement fournis par la Commission européenne. Cette dernière publie en effet une liste comparative des prix de nombreux véhicules neufs vendus en Europe.
Pour y accéder, il suffit de se connecter à Internet sur le site *http ://ec.europa.eu/competition/sectors/motor_vehicles/prices/report.html.*
Les prix indiqués ne sont pas des prix de vente mais des prix conseillés. Il s'agit, en outre, de prix hors taxe (HT) auxquels vous devez rajouter la TVA française (19,6 %).

Comment l'achat d'un véhicule neuf est-il réglementé ?

La vente d'un véhicule neuf est strictement encadrée par trois textes importants : l'arrêté n° 78-75/P du 30/6/1978 qui donne des précisions utiles sur la publicité des prix des véhicules, le décret n° 2000-576 du 28/6/2000 sur les mentions obligatoires du contrat de vente et enfin le décret n° 2002-1508 du 23/12/2002 relatif à l'information sur la consommation de carburant et les émissions de dioxyde de carbone.

La publicité des prix des véhicules automobiles

Il est fait obligation aux vendeurs professionnels de faire apparaître dans toute publicité sur les lieux de vente et sur le véhicule exposé l'indication du prix de vente, la dénomination du modèle, le type, le modèle et la version du véhicule.
Le vendeur doit remettre à l'acheteur avant la signature de la commande un document présentant les informations précitées et, en outre, la date à laquelle le véhicule désiré peut être livré (le bon de commande peut tenir lieu de ce document).

Les mentions obligatoires du bon de commande

Le bon de commande constitue le contrat de vente dont la signature engage l'acheteur et le vendeur dans la mesure de ce qui y est exprimé. La réglementation impose au vendeur de préciser dans le bon de commande :
– la date limite de la garantie du prix proposé. Celle-ci ne peut être inférieure à 3 mois ;
– la dénomination du modèle (marque, type, modèle et version du véhicule) avec l'indication du millésime de l'année modèle (→ index, *Véhicule, millésime*) ;
– la date limite de livraison : celle-ci doit être précise (ne pas se contenter d'une mention vague telle que « courant mars ») ;
– la somme totale à payer ;
– en cas d'achat à l'aide d'un crédit (proposé par le vendeur ou sollicité auprès d'un établissement de crédit), le bon de commande doit le mentionner (→ index, *Crédit à la consommation*). Si le crédit affecté à l'achat de votre véhicule vous est refusé, vous pourrez ainsi annuler la commande du véhicule.

En général, le vendeur vous demande, au moment de la signature du contrat, une somme égale à 10 % du prix du véhicule. Attention, cette somme peut être qualifiée soit d'acompte (→ index, *Acompte*) soit d'arrhes (→ index, *Arrhes*), les deux termes n'ayant pas les mêmes conséquences.

À NOTER

La mention « clés en main » signifie que le prix comprend, outre le prix du véhicule et des équipements standard, les frais de transport et de mise en route, y compris la fourniture et la pose des plaques d'immatriculation ; il n'inclut pas le coût de la carte grise et de la vignette lorsqu'elle est obligatoire (Réponse ministérielle du 10/9/1984).

À NOTER

Bien que cela ne ressorte pas de la réglementation, il est conseillé de faire préciser dans le bon de commande toutes les options que l'on désire, leur prix et la couleur précise souhaitée ainsi que le prix de la remise éventuelle si le vendeur reprend votre ancien véhicule.

L'information sur la consommation de carburant et les émissions de dioxyde de carbone

Depuis le 10/5/2006, il est obligatoire d'apposer sur chaque voiture particulière neuve proposée à la vente ou en crédit-bail une "étiquette-énergie" indiquant, de manière visible, la consommation de carburant de la voiture et le niveau d'émission de dioxyde de carbone résultant de son utilisation suivant un classement en 7 catégories, correspondant à 7 niveaux d'émissions : de A (pour un niveau inférieur à égal à 100 g/km) à G (pour plus de 250 g/km).

Une liste des données relatives à la consommation de carburant et aux émissions de dioxyde de carbone des voitures particulières neuves proposées à la vente ou en crédit-bail dans un point de vente, dressée par marque et par type de véhicule, doit également être affichée de manière visible dans le point de vente.

L'ensemble des imprimés utilisés pour la commercialisation, la publicité et la promotion des véhicules, y compris les manuels techniques, doit contenir les données relatives à la consommation de carburant et aux émissions de dioxyde de carbone, concernant le type de voiture particulière neuve auquel ces imprimés se rapportent.

En cas de non-respect de ces obligations, le professionnel encourt une peine d'amende de 450 €.

AVANTAGE

Le site Internet www.prix-carburants.gouv.fr référence les prix des carburants pratiqués dans près de 8 000 stations sur les 13 500 existant en France.

Bonus-malus écologique

Pour contribuer à la lutte contre le réchauffement climatique, le prix d'achat d'une voiture neuve est désormais modulé en fonction de son taux d'émission de CO2 (*Décret n° 2007-1873 du 26/12/2007 modifié par le décret n° 2009-66 du 19/1/2010*).

Un « bonus » écologique est versé pour toute voiture neuve commandée depuis le 1/1/2010 émettant moins de 130 g de CO2/km.

Ce bonus est de :

– **Pour les années 2010 et 2011 :**

Pour l'achat d'une voiture neuve émettant :

- jusqu'à 60 g CO2/km : 5 000 € ;
- entre 61 et 95 g CO2/km : 1 000 € ;
- entre 96 et 115 g CO2/km : 500 € ;
- entre 116 et 125 g CO2/km : 100 € ;
- au-delà de 125 g CO2/km : pas de bonus.

– **Pour l'année 2012 :**

Pour l'achat d'une voiture neuve émettant :

- jusqu'à 60 g CO2/km : 5 000 € ;
- entre 61 et 90 g CO2/km : 1 000 € ;
- entre 91 et 110 g CO2/km : 500 € ;
- entre 111 et 120 g CO2/km : 100 € ;
- au-delà de 120 g CO2/km : pas de bonus.

À NOTER

Suivant les concessionnaires, le bonus est déduit du montant du véhicule ou remboursé après achat. Dans ce dernier cas, l'acquéreur doit effectuer lui-même la démarche, dans les 3 mois, en téléchargeant le formulaire de demande de versement sur le site www.cnasea.fr.

À l'inverse, les acheteurs de véhicules neufs émettant plus de 155 g CO2/km en 2010 et plus de 150 g CO2/km en 2011 doivent acquitter un « malus » graduel de :

– **Pour l'année 2010 :**

Pour l'achat d'une voiture neuve émettant :

- entre 156 et 160 g CO2/km : 200 € ;
- entre 161 et 195 g CO2/km : 750 € ;
- entre 196 et 245 g CO2/km : 1 600 € ;
- au-delà de 245 g CO2/km : 2 600 €.

– **Pour les années 2011 et 2012 :**

Pour l'achat d'une voiture neuve émettant :

- entre 150 et 155 g CO2/km : 200 € ;

– entre 156 et 190 g CO_2/km : 750 € ;
– entre 191 et 240 g CO_2/km : 1 600 € ;
– au-delà de 240 g CO_2/km : 2 600 €.

À NOTER

Pour vous aider à choisir un véhicule faiblement émetteur de CO2, vous pouvez consulter le site www.ademe.fr, rubrique « transports ».

L'instauration de ce malus sur les plus gros véhicules pénalisant les familles nombreuses, les familles comptant au moins 3 enfants à charge bénéficient d'un abattement du seuil du malus de 20 g de CO_2/km pour chaque enfant à charge. Cette atténuation, qui ne vaut cependant que pour l'achat d'un seul véhicule d'au moins 5 places par foyer, prend la forme d'un remboursement d'impôt, égal à la différence entre le montant de la taxe acquittée au moment de l'immatriculation du véhicule et le montant de la taxe effectivement dû après application de la réduction du taux de CO_2 (formulaire de demande de remboursement disponible sur *www.impots.gouv.fr*). Les demandes de remboursement sont recevables jusqu'au 31 décembre de la 2e année qui suit celle de l'immatriculation du véhicule soumis à la taxe.

Par ailleurs, depuis le 1/7/2009, sont exonérés du malus écologique :
– les véhicules achetés par des personnes handicapées titulaires de la carte d'invalidité à au moins 80 % (ou par une personne dont au moins un enfant mineur ou à charge, et du même foyer fiscal, est titulaire de cette carte) ;
– et les véhicules immatriculés dans le genre « véhicule automoteur spécialisé » ou voiture particulière carrosserie « handicap ».

Malus annuel

Les modèles immatriculés pour la première fois en 2009 émettant plus de 250 g de CO_2/km (245 g en 2010 et 240 g en 2011 et 2012) sont soumis depuis 2010 à une taxe annuelle *(Voir pages Barème)*. Cette taxe, acquittée en même temps que la prime d'assurance, s'ajoute au malus écologique de 2 600 € à régler lors de l'achat (voir plus haut).

Les voitures des personnes handicapées exonérées du malus écologique sont également exonérées du malus annuel.

À NOTER

Les véhicules immatriculés avant le 1/1/2009 ne sont pas concernés par le malus annuel.

Prime à la casse

Une prime à la casse vous est versée si vous remplacez votre véhicule ancien (de plus de 10 ans) par un véhicule neuf « propre ».

En 2009, le montant de la prime à la casse était de 1 000 €, alloué pour l'achat d'un véhicule neuf émettant moins de 160 g CO_2/km. Ce montant est maintenu pour les véhicules commandés jusqu'au 31/12/2009 dès lors qu'ils sont livrés au plus tard le 31/3/2010. C'est donc la date de commande et non la date de facturation qui fait foi pour bénéficier de la prime.

En 2010, pour les véhicules faisant l'objet d'une commande passée entre le 1er janvier et le 30 juin, la prime à la casse est de :
– 700 € si la facturation intervient au plus tard le 30/9/2010 ;
– 500 € si elle intervient entre le 1/10/2010 et le 31/3/2011.

Si la commande est passée entre le 1er juillet et le 31 décembre, la prime est de 500 € à condition que la facturation soit établie le 31/3/2011 au plus tard.

Attention, depuis le 1/1/2010, pour bénéficier de la prime à la casse, les véhicules neufs commandés doivent désormais émettre moins de 155 g CO_2/km.

Que faire en cas de problème de livraison ?

Deux problèmes majeurs peuvent survenir aux personnes ayant commandé un véhicule : un retard dans la livraison et une livraison non conforme à ce qui était prévu dans le bon de commande.

Les retards de livraison

En cas de retard dans la livraison du véhicule commandé, deux possibilités sont offertes à l'acheteur : soit attendre la livraison, soit demander la résiliation du contrat de vente.

Dans le premier cas, il est conseillé à l'acheteur de mettre en demeure le vendeur de livrer au plus vite le véhicule commandé **(voir Modèle n° 14)**, étant observé que les sommes versées au moment de la commande portent intérêt au taux légal à partir du premier jour après l'expiration du délai de livraison prévu dans le contrat, et ce jusqu'à réception du véhicule.

Dans le deuxième cas, il suffit, à partir du 8e jour à compter de la date de livraison indiquée sur le bon de commande, d'envoyer au vendeur une lettre recommandée avec avis de réception l'informant de sa décision de résilier le contrat. La réception de cette lettre par le vendeur vaut annulation du contrat sans qu'il soit besoin de passer par un tribunal. Le vendeur doit restituer à l'acheteur les sommes versées, majorées des intérêts calculés au taux légal. À défaut d'acceptation par le vendeur, l'acheteur devra assigner le vendeur devant le tribunal compétent.

En ce qui concerne les augmentations de prix : le prix figurant sur le bon est définitif, quel que soit le délai effectif de livraison.

La livraison non conforme

En cas de livraison d'un véhicule non conforme aux mentions précisées dans le bon de commande, il est loisible à l'acheteur de refuser la livraison (*Code civil, Art. 1614*). Dans ce cas, il est conseillé de mettre en demeure le vendeur de livrer la voiture commandée. Il est également possible de garder le véhicule livré et de demander une remise.

Attention : si on vous livre un modèle de l'année précédente alors que vous aviez mentionné vouloir acquérir un nouveau modèle, vous avez la possibilité de porter plainte pour tromperie (→ index, *Tromperie*).

Comment acheter ou vendre un véhicule d'occasion ?

› Quelques conseils

Avant d'acheter

Acheter d'occasion présente toujours des risques, notamment quand l'achat est fait auprès d'un particulier et non d'un professionnel de l'automobile. Il convient donc, dans ce cas, de prendre quelques précautions de manière à éviter des désagréments.

- Vérifiez l'identité du vendeur et l'immatriculation de l'automobile pour ne pas acheter un véhicule volé. Le nom du propriétaire et les caractéristiques du véhicule sont portés sur la carte grise ; ils doivent correspondre à l'identité du vendeur et au véhicule mis en vente.
- Vérifiez également l'état du véhicule, extérieur et intérieur, carrosserie et moteur, et essayez le véhicule pour voir son comportement. À ce stade, demandez au vendeur le carnet d'entretien du véhicule, les factures de réparation et d'entretien ainsi que le rapport de contrôle technique. Ces documents peuvent renseigner utilement sur l'état du véhicule et sur son historique.

Avant de vendre

Lorsque vous désirez vendre un véhicule, trois précautions s'imposent :

– demandez à l'acheteur une somme à valoir sur le prix convenu, en échange d'un reçu qui définit l'engagement des deux parties ;

– préférez un paiement avec un chèque de banque voire, pour plus de sécurité, contrôlez l'authenticité du chèque et l'identité de son détenteur auprès de la banque émettrice ;

– enfin, pensez à obtenir un certificat de cession ainsi qu'un certificat de situation administrative du véhicule. Ces documents, à remettre à l'acheteur, sont à retirer à la préfecture du département de résidence ou au commissariat (ne pas oublier sa carte grise avant tout déplacement).

À NOTER

Depuis le 1/1/2003, la vente des véhicules d'occasion, mis en circulation avant le 1/1/1997, est autorisée à condition que les plaquettes de freins à disque ne contiennent pas d'amiante.

› À qui acheter ?

Il existe deux moyens d'acheter un véhicule d'occasion : auprès d'un particulier ou auprès d'un professionnel, garagiste ou concessionnaire.

Auprès d'un particulier

Les particuliers vendent leurs véhicules à des prix généralement moins élevés que ceux proposés par les professionnels. Toutefois, ils les vendent en l'état, sans procéder aux vérifications techniques et aux réparations du moteur ou de la carrosserie éventuellement nécessaires. De plus, les vendeurs ne peuvent garantir commercialement leur véhicule et l'acheteur ne pourra, en cas de problèmes, qu'actionner la garantie légale des vices cachés (voir plus loin).

Auprès d'un professionnel

Les professionnels de l'automobile (garagistes ou concessionnaires) vendent des véhicules d'occasion à des prix généralement plus chers que la cote mais, ils proposent normalement des véhicules révisés par leurs soins et accompagnés le plus souvent d'une garantie contractuelle pour 3, 6 mois ou 1 an (pièces et main-d'œuvre) valable chez tous les représentants de la marque. De plus, les concessionnaires peuvent proposer des solutions de crédit pour financer l'achat du véhicule.

› La réglementation

La publicité

Les véhicules exposés en vue de la vente ainsi que les annonces parues dans les journaux doivent mentionner :

– la dénomination de vente (marque, type, modèle, version ou appellation commerciale ; par exemple : Renault, Laguna Authentique 1.6) ;

– l'indication du millésime de l'année modèle, complétée par la mention du mois et de l'année de première mise en circulation.

Attention : tout vendeur de véhicules automobiles d'occasion est tenu de mettre à la disposition des consommateurs une liste des numéros de série correspondant au début de chaque année, modèle de la ou des marques de véhicules qu'il offre à la vente ;

– l'indication du kilométrage total parcouru depuis cette mise en circulation (par exemple : Renault, Laguna Authentique 1.6, janvier 2002, 120 000 km), si c'est un véhicule de « première main » ou si le vendeur peut justifier le kilométrage réel. Dans le cas contraire, doit figurer l'indication du kilométrage au compteur avec la mention « kilométrage non garanti ».

L'indication du prix et la mention « première main » (vente d'un véhicule acheté neuf par le vendeur) sont des éléments à prendre en compte comme critères d'achat, influant notamment le prix. Sur ce dernier point, on peut comparer le prix de vente du véhicule d'occasion à la cote Argus ou à toute autre, étant observé qu'il n'existe aucune cote en France qui ait un caractère officiel ou légal.

Le contrat de vente

Le vendeur doit remettre à l'acheteur un contrat de vente **(voir Modèle n° 15)** comportant outre les mentions ci-dessus, les indications suivantes :

– le nom de l'acheteur et du vendeur ;

– le prix payé par l'acheteur et le moyen de paiement ;

– la date du contrat.

Le contrat de vente doit être établi en double exemplaire dont l'un est remis à l'acheteur. Le contrat de vente doit s'accompagner des pièces administratives nécessaires à l'immatriculation et à la circulation du véhicule (→ index, *Carte grise*).

Le procès-verbal de contrôle technique

Si le véhicule a plus de 4 ans, le vendeur doit vous remettre, au moment de la vente, un procès-verbal de contrôle technique datant de moins de 6 mois. Il est conseillé d'examiner ce document avant tout achat d'un véhicule d'occasion car il renseigne sur l'état du véhicule, bien que le contrôle technique ne porte ni sur le moteur, ni sur certains éléments mécaniques. Demandez également au vendeur de vous remettre le récépissé du contrôle technique et vérifiez que la vignette correspondante, lorsqu'elle est nécessaire, figure bien sur le pare-brise du véhicule.

Le certificat de situation administrative du véhicule

Ce document, délivré depuis moins d'1 mois, qui comprend une attestation de non-gage et un certificat de non-opposition, doit être fourni par le vendeur à l'acheteur. Ces documents attestent, pour le premier, que le vendeur a bien remboursé le crédit souscrit pour l'achat de son véhicule et, pour le second, qu'il a bien payé au Trésor public toutes les contraventions qu'il a pu commettre.

Pour obtenir un certificat de situation administrative, il suffit de s'adresser à la préfecture de son domicile (à Paris, à la préfecture de police ou à l'antenne d'arrondissement) ou via Internet, sur le site du ministère de l'Intérieur (*www.interieur.gouv.fr* puis cliquez sur « Vos démarches »).

À NOTER

Tout vendeur, professionnel ou particulier, peut être poursuivi pour publicité mensongère si le véhicule offert à la vente ne présente pas les caractéristiques énoncées dans la publicité, dans l'affichette ou dans l'annonce qui en est faite. Le cas échéant, l'acheteur peut porter plainte.

ATTENTION ⚠

Il est préférable d'éviter les ventes du dimanche matin sur les parkings des centres commerciaux où sévissent encore beaucoup de vendeurs indélicats ainsi que les ventes aux enchères où les véhicules ne peuvent pas être essayés.

AVANTAGE

Il est possible de réaliser de très bonnes affaires en achetant des véhicules aux salariés des constructeurs français qui peuvent revendre leur véhicule neuf dans les 6 mois à partir de leur achat. Ces voitures dites de collaborateurs ont souvent peu roulé et bénéficient de la garantie constructeur. Mais cette filière a maintenant perdu de son intérêt compte tenu des importantes remises accordées par les constructeurs et des facilités avec lesquelles il est désormais possible d'acheter un véhicule à l'étranger.

Plusieurs sites Internet proposent des véhicules de collaborateurs : par exemple, www.collcit.com, www.clic-peugeot.com, www.voiture-collaborateur.com ou www.toprenault.com.

De quelles garanties bénéficie-t-on après l'achat du véhicule ?

› La garantie des véhicules neufs

Tout véhicule automobile neuf bénéficie de trois garanties en cas de mauvais fonctionnement : la garantie commerciale, la garantie légale de conformité et la garantie légale des vices cachés.

La garantie commerciale

La garantie commerciale ou contractuelle est celle offerte par le vendeur. Elle prend la forme d'un contrat de service après-vente qui couvre le plus souvent le remplacement des pièces et le coût de la main d'œuvre, suite à des défauts de fabrication. La garantie est généralement gratuite ; elle peut également inclure, à titre optionnel et payant, des garanties telles que le dépannage-remorquage, le prêt d'un véhicule en cas d'immobilisation de celui acheté... Bien que tous les constructeurs la proposent, la garantie contractuelle est facultative. Elle est surtout limitée dans le temps (de 1 à 5 ans) ou sur un kilométrage déterminé (par exemple, jusqu'à 100 000 km) et dans son étendue (les réparations doivent être faites chez le représentant de la marque, porter sur certaines pièces...). Le plus souvent, pour que la garantie contractuelle soit valable, l'entretien et les réparations du véhicule doivent être faites uniquement auprès des concessionnaires agréés.

La garantie légale de conformité

L'ordonnance n° 2005-136 du 17/2/2005 relative à la garantie de la conformité du bien au contrat due par le vendeur au consommateur a transposé, dans la législation française, la directive 1999/44/CE du 25/5/1999.

Désormais existe un nouveau régime de responsabilité, qui permet au consommateur de disposer d'une action en garantie uniforme, fondée sur la notion nouvelle de « conformité du bien au contrat », qui englobe le « vice caché » et la « délivrance conforme », tels qu'ils sont connus en droit français.

Le vendeur professionnel est maintenant tenu de livrer un bien conforme au contrat et de répondre de ses défauts.

À NOTER

Cette nouvelle législation ne concerne que les ventes faites par des professionnels. Les ventes conclues entre particuliers échappent au nouveau dispositif.

Pour être conforme, le bien doit :
– correspondre à la description donnée par le vendeur, l'étiquetage ou la publicité et posséder les mêmes qualités que le modèle de présentation (ou l'échantillon de démonstration) ;
– ou présenter les caractéristiques définies d'un commun accord par le vendeur et l'acheteur ou être propre à tout usage spécial recherché par l'acheteur (*Code de la consommation, Art. L. 211-5*).

En cas de défaut de conformité, l'acheteur doit choisir, en premier lieu, entre le remplacement ou la réparation du bien.

Si le remplacement ou la remise en état est impossible (fabrication arrêtée, manque de pièces détachées...), l'acheteur peut :
– soit demander l'annulation de la vente, rendre le bien et se faire restituer le prix ;
– soit garder le bien et demander une réduction du prix d'achat (*Code de la consommation, Art. L. 211-8 et s.*).

L'action du consommateur peut être exercée pendant un délai de 2 ans à compter du jour de la remise du bien (et non du jour de la découverte du défaut).

AVANTAGE

L'existence de cette nouvelle action en conformité ne prive pas le consommateur du droit d'exercer l'action en garantie des vices cachés qui doit désormais être exercée dans les 2 ans à partir de la découverte du vice (voir ci-après).

La garantie légale des vices cachés

La garantie des vices cachés profite à tout acheteur d'un véhicule neuf sans considération du modèle ou de la marque. Elle présente l'avantage d'être applicable sans limitation de durée et couvre des défauts d'origine qui peuvent se manifester soit par une panne ou une succession de petits problèmes techniques, soit par une usure prématurée d'une pièce du véhicule. Elle offre la possibilité à l'acheteur de demander au vendeur soit la résiliation du contrat de vente contre restitution des sommes versées, soit la réparation totale de la cause du mauvais fonctionnement du véhicule, aux frais du vendeur. Toutefois, au titre des inconvénients, il faut noter que la garantie légale exige de l'acheteur qu'il fasse la preuve de l'existence d'un vice caché et du préjudice qui en résulte, ce qui revient très souvent pour l'acheteur à diligenter à ses frais une expertise et à assigner en justice le vendeur qui refuserait une solution amiable (→ index, *Vices cachés*).

› La garantie des véhicules d'occasion

L'étendue de la garantie est différente selon que vous avez acheté votre véhicule à un particulier ou bien à un professionnel.

- En cas d'achat auprès d'un particulier, vous pouvez bénéficier de la garantie des vices cachés :
– si le vendeur connaissait l'existence du vice caché (ce qui, en pratique, reste très difficile à prouver !), il devra vous indemniser de l'intégralité du préjudice que vous avez subi (réparation du défaut et de ses éventuelles conséquences) ;
– si le vendeur ne connaissait pas l'existence du vice caché, il devra vous rembourser les frais de réparation.
En aucun cas, vous ne pouvez bénéficier de la garantie contractuelle (sauf si le vendeur vous transmet celle dont il bénéficiait et qui n'est pas arrivée à son terme).
- Si vous achetez à un vendeur professionnel, vous bénéficiez de la garantie des vices cachés. La majorité des vendeurs accordent également une garantie contractuelle (de quelques mois à 1 an) en cas d'achat d'un véhicule d'occasion.

Attention : la garantie des vices cachés ne concerne que les défauts non visibles. Pour le reste, vous êtes censé avoir accepté le véhicule « en l'état ».

DÉMARCHES À EFFECTUER EN CAS DE VENTE D'UN VÉHICULE D'OCCASION

Moins d'1 mois avant la vente

Le vendeur doit :

✓ retirer auprès de la préfecture :
- un imprimé de certificat de vente,
- un certificat de position administrative, qui comprend une attestation de non-gage et un certificat de non-opposition ;

✓ prévenir l'assureur par lettre recommandée avec demande d'avis de réception de la date de vente du véhicule.

L'acheteur doit :

✓ rechercher un assureur pour le véhicule.

Le jour de la vente

Le vendeur doit :

✓ écrire sur la carte grise de manière lisible « Vendu le................ (date) à................ (nom de l'acheteur) », signer celle-ci et la remettre à l'acheteur ;

✓ faire établir pour les véhicules de plus de 4 ans un certificat de passage du véhicule dans un centre de contrôle technique et remettre à l'acheteur le rapport du centre ;

✓ pour les véhicules de moins de 5(1), établir en double exemplaire un certificat mentionnant : le kilométrage parcouru, les vices apparents, affirmant, le cas échéant, qu e la voiture n'a jamais été accidentée en joignant un certificat du garagiste et en indiquant le prix de vente ;

✓ établir un contrat de vente **(voir Modèle n° 15)**.

Dans un délai de 15 jours après la vente

Le vendeur doit :

✓ prévenir la préfecture (à Paris, la préfecture de police ou la mairie d'arrondissement) en mentionnant l'identité et le domicile de l'acheteur **(voir Modèle n° 15)**.

L'acheteur doit :

✓ remplir la demande de transfert de la carte grise et y joindre l'ancienne carte grise barrée, le certificat de position administrative, le certificat de passage dans un centre de contrôle technique si le véhicule à plus de 4 ans d'âge. Il devra alors présenter une pièce d'identité et une déclaration sur l'honneur attestant de son domicile.

(1) facultatif.

Entretien et réparations d'un véhicule

Entretenir ou faire entretenir son véhicule n'est pas obligatoire. Cependant, pour les véhicules neufs, l'application de la garantie contractuelle est bien souvent subordonnée à l'entretien du véhicule dans les règles et aux échéances prévues dans le carnet d'entretien. Le Code de la route fait, par ailleurs, obligation aux automobilistes de rouler dans un véhicule en bon état et de passer un contrôle technique périodique.

À quelles règles les garagistes sont-ils soumis ?

Les garagistes sont soumis à un ensemble d'obligations mais ils ont aussi des droits.

L'obligation d'information

- Les garagistes ont l'obligation d'afficher leur prix à l'entrée de leur établissement et au lieu de réception de la clientèle, de manière lisible et visible, et notamment les taux horaires TTC et le mode de calcul utilisé ainsi que les prix TTC des différentes prestations forfaitaires proposées (peinture, tôlerie, entretien...) (*Arrêté du 27/3/1987*).
- Les garagistes ont l'obligation d'informer les consommateurs sur la nature et le coût des opérations d'entretien ou des réparations nécessaires. Cette information peut prendre la forme d'une simple estimation préalable des travaux. Elle prendra le plus souvent la forme d'un devis ou d'un ordre de réparation, qui, s'il n'est pas obligatoire, est fortement recommandé si l'on veut préserver ses intérêts. Il est à noter que les garagistes appartenant au réseau d'une marque proposent le plus souvent un ordre de réparation type.
- Les garagistes ont l'obligation de remettre une facture au client dès lors que le prix de la prestation effectuée est supérieur à 15 € TVA comprise (*Arrêté n° 83-50/A du 3/10/1987*). En deçà de ce montant, la facture est facultative, mais le garagiste doit en établir une sur demande expresse du client.

La facture doit mentionner la date, le nom et l'adresse de l'établissement ainsi que le nom et l'adresse du client, le temps réellement passé à chaque opération avec le barème horaire du coût de la main-d'œuvre. Elle doit aussi préciser le décompte de chaque prestation fournie ainsi que la quantité et le prix de chaque pièce.

En tout état de cause, vous ne devez pas régler des réparations non demandées.

L'obligation de conseil

En tant que professionnel de l'automobile, le garagiste doit conseiller le consommateur qui lui confie son véhicule pour entretien ou réparation, sur la nature des travaux à effectuer, sur leur coût et, le cas échéant, sur l'inutilité de certaines réparations en fonction notamment du prix du véhicule. Cette obligation de conseil est particulièrement forte et les tribunaux retiennent quasi systématiquement la responsabilité des garagistes lorsque ces derniers ont prodigué un conseil dont le suivi a porté préjudice au client. La justice a ainsi condamné un garagiste qui avait fait des réparations successives sur le moteur d'un véhicule dont une expertise ultérieure a révélé qu'il aurait dû être changé (*Cour d'appel, Poitiers, 25/3/1987*). Les garagistes manquent également à leur obligation de conseil quand ils effectuent des opérations sur le véhicule qui leur est amené sans recueillir l'accord préalable de son propriétaire (pas de devis ou d'ordre de réparation).

L'obligation de résultat

Le garagiste a une obligation de résultat dans l'exécution des travaux de sorte qu'il doit diagnostiquer la panne et la réparer ou réaliser les opérations d'entretien conformément aux règles de l'art. À défaut, sa responsabilité est engagée et un consommateur peut demander des dommages et intérêts au cas où non seulement une mauvaise réparation entraîne un accident mais aussi dans le cas où l'inutilité ou l'inefficacité d'une réparation est relevée par le consommateur, notamment à la suite d'une expertise **(voir Modèle n° 16)** diligentée à son initiative.

Les pièces que le garagiste a changées sur votre véhicule peuvent vous être utiles en cas de litige. Vous pouvez les réclamer avant la reprise du véhicule.

L'obligation de garde

Le garagiste a une obligation de garde du véhicule qui lui est confié en vertu de laquelle il est responsable pendant la durée des réparations de tout dommage, vol ou destruction qui pourrait survenir de son propre fait ou du fait d'un tiers (*Code civil, Art. 1927 et s.*).

Le droit de rétention du garagiste

Le garagiste a la possibilité de garder votre véhicule tant que vous n'avez pas réglé les réparations demandées (*Code civil, Art. 1612*). Aussi, en cas de litige avec un garagiste sur la nature ou le montant d'une réparation, il convient de le régler dans un premier temps, puis de contester ensuite par lettre recommandée avec demande d'avis de réception **(voir Modèle n° 16)**.

En quoi consiste le contrôle technique automobile ?

Afin d'écarter les « épaves roulantes » de nos routes et d'améliorer ainsi la sécurité routière, les pouvoirs publics imposent depuis le 1/1/1992 un contrôle technique obligatoire et périodique des véhicules qui atteignent un certain âge (*Code de la route, Art. R. 323-1 et s.*).

› La périodicité du contrôle technique

Depuis le 1/1/1995, le contrôle technique concerne les véhicules de plus de 4 ans d'âge ; l'âge étant calculé à compter de la première mise en circulation (mentionnée sur la carte grise). Le contrôle technique est valable 2 ans à compter de sa réalisation et doit être réalisé tous les 2 ans.

Il est à noter que :

– le contrôle technique doit être obligatoirement effectué dans les 6 mois qui précèdent la date anniversaire du 1er contrôle ou des contrôles successifs.

Attention : le délai court à compter de la date du dernier contrôle et non à compter de la date de l'éventuelle dernière contre-visite.

Exemple : une voiture particulière contrôlée le 12/10/2008 devra être à nouveau contrôlée entre le 12/4/2010 et le 12/10/2010 ;

– en cas de vente d'un véhicule de tourisme ou d'un véhicule utilitaire de moins de 3 500 kg de moins de 4 ans, il n'est pas obligatoire d'effectuer un contrôle technique ;

– en cas de vente par un professionnel ou non d'un véhicule de tourisme ou d'un véhicule utilitaire de moins de 3 500 kg de plus de 4 ans, il est obligatoire de remettre à l'acheteur un procès-verbal de contrôle technique datant de moins de 6 mois (*Décret n° 94-613 du 19/7/1994*).

En pratique, vous pouvez vérifier la date de la prochaine visite technique qui est indiquée sur la vignette bleue apposée sur votre pare-brise lors de la visite précédente.

À NOTER

Les véhicules de moins de 3,5 t, à l'exception des voitures particulières, doivent subir une visite technique complémentaire sur le contrôle des émissions polluantes dans l'année qui suit chaque visite technique réalisée depuis le 1/1/2000.

› Où s'adresser ?

Les contrôles techniques sont effectués dans des centres agréés par le préfet du département du lieu d'implantation. Ils peuvent être indépendants mais sont le plus souvent affiliés à l'un des 5 réseaux répartis sur l'ensemble du territoire (Autosur, Autovision, Dekra, Sécuritest, Véritas).

L'automobiliste, qui doit prendre l'initiative de présenter son véhicule au contrôle à la date prévue (aucune convocation n'est adressée), peut faire effectuer celui-ci dans le centre de son choix, quel que soit le département dans lequel est immatriculé son véhicule. La liste des centres agréés est disponible sur Minitel : 3615 ROUTE, mot-clé CTE, ou sur Internet : *www.utac-otc.com*.

Contrôle technique et réparation automobile sont deux fonctions séparées : de manière à éviter les abus, les centres ne peuvent exercer une autre activité dans la réparation ou dans le commerce automobile, à quelque titre que ce soit.

Les prix du contrôle technique sont fixés librement par les centres *(Voir pages Barème)*.

› Les points contrôlés

Depuis le 1/1/2008, le contrôle technique a subi d'importantes modifications destinées à le rendre à la fois plus simple et plus sévère. Du côté de la simplification, le nombre de points de contrôle est passé de 125 à 116 ce qui ne change strictement rien puisque les points « supprimés » ont été tout simplement inclus dans les différents autres points de contrôle.

Parallèlement, le contrôle technique devient plus sévère avec l'ajout de 8 points de contrôle désormais soumis à contre-visite (amortisseurs, pédale et liquide de frein, cache airbag, lave-glace des phares avant, état des ceintures de sécurité…).

L'opération, d'une durée moyenne de 45 minutes, est réalisée sans démontage de pièces mécaniques du véhicule.

Le contrôleur établit un procès-verbal décrivant les contrôles effectués et les défauts constatés. Ce document est remis à l'automobiliste.

En outre, le contrôleur appose sur votre carte grise son cachet avec la date limite de validité du contrôle. Ce cachet comporte la lettre « A » si les défauts constatés ne justifient pas de contre-visite, la lettre « S » dans le cas contraire et la lettre « R » si le véhicule est jugé « non-roulant ».

Si la contre-visite n'est pas prescrite, le contrôleur vous remet un récépissé que vous devez conserver avec les papiers du véhicule ; par ailleurs, une vignette autocollante de couleur bleue indiquant la date de la prochaine visite obligatoire est apposée sur le pare-brise du véhicule.

Attention : si une contre-visite est nécessaire, la vignette et le récépissé du contrôle technique ne vous seront remis qu'après, si elle est positive.

› L'obligation de réparation

Le propriétaire du véhicule doit faire réparer les défauts concernant :

– le système de freinage (y compris la pédale de frein et le niveau du liquide de frein) ;
– l'éclairage ;
– les pneumatiques ;
– le dispositif d'échappement, s'il n'est pas conforme aux normes antipollution obligatoires ;
– la suspension ;
– la direction et les roues ;
– la fixation d'un certain nombre d'équipements (rétroviseurs, sièges…) ;
– les plaques d'immatriculation ;
– les amortisseurs ;
– les caches airbag ;
– le système de lave-glace des phares avant ;
– les ceintures de sécurité ;
– certains éléments de la carrosserie.

L'automobiliste dispose d'un délai de 2 mois pour effectuer la remise en état du véhicule et le présenter à une contre-visite, dans le même centre ou dans un autre de son choix. Ne sont examinés alors que les points de contrôle ayant justifié la contre-visite. Si les défauts persistent, une deuxième contre-visite doit être faite dans un nouveau délai de 2 mois.

› Les sanctions

Toute personne qui met ou maintient en circulation un véhicule sans avoir satisfait aux obligations de visite technique est passible d'une amende de 4e classe *(Voir pages Barème)*. Le véhicule peut en outre être immobilisé et la carte grise retenue par les services de police ou de gendarmerie (→ index, *Immobilisation d'un véhicule*). Le contrevenant dispose d'un délai de 7 jours pour mettre le véhicule en conformité.

À NOTER

Le contrôle technique ne peut être assimilé à une expertise du véhicule. L'absence de démontage ne permet pas de mettre en évidence l'existence de défauts importants ni de vices cachés affectant, par exemple, le moteur. Le propriétaire ou l'acquéreur du véhicule ne peut donc, si de tels défauts apparaissent après le contrôle, mettre en jeu la responsabilité du centre agréé. En revanche, les dysfonctionnements qu'il appartenait au contrôleur de constater et qui n'ont pas été signalés sont susceptibles d'engager la responsabilité du centre.

ATTENTION ⚠

Attention : si vous laissez passer le délai de 2 mois pour réaliser la contre-visite, vous devrez procéder à un nouveau contrôle technique complet.

VÉHICULES ENDOMMAGÉS : UN CONTRÔLE TECHNIQUE BIS

Depuis le 1/6/2009, l'expert, missionné par l'assureur du propriétaire d'une voiture ou d'un deux-roues endommagé pour chiffrer le montant des dégâts, doit contrôler son état au regard de quatre critères de sécurité : déformations importantes de la carrosserie, de la direction, de la liaison au sol et des éléments de sécurité des passagers. Le rapport d'expertise doit comporter la liste des réparations à effectuer si le véhicule est réparable.

En cas de défaillances détectées, l'expert doit transmettre au ministère de l'Intérieur une déclaration de dangerosité. Cela va entraîner une interdiction de circuler et une suspension de la carte grise jusqu'à ce que les réparations soient effectuées (→ index, *Dommages matériels, assurance automobile*).

Une fois les réparations effectuées et lorsque le véhicule est en état de circuler dans des conditions normales de sécurité, l'expert adresse un rapport au ministre de l'Intérieur. La carte grise est alors restituée au propriétaire et l'interdiction de circuler est levée.

Les règles de circulation

La part des règles s'appliquant à la circulation routière sont définies par le Code de la route : excès de vitesse, stationnement, sécurité, permis à points... Rappelons que chaque année, la route tue plus de 5 000 personnes et fait plus de 40 000 blessés hospitalisés.

Quelles sont les règles concernant l'équipement du véhicule ?

Qu'il s'agisse des équipements de sécurité (ceinture de sécurité, dispositif d'éclairages...), des émissions polluantes ou du niveau sonore, les véhicules automobiles doivent disposer d'équipements obligatoires et réglementés, répondant à des normes de sécurité précises.

L'éclairage

Tout véhicule doit être équipé à l'avant de deux feux de position, de deux feux de croisement et d'au moins deux feux de route, et, à l'arrière, de deux ou trois feux de position rouges non éblouissants, d'un dispositif lumineux rendant lisible à au moins 20 mètres le numéro d'immatriculation et de deux signaux de freinage non éblouissants. Il doit être également muni de clignotants.

Si le véhicule a été mis en circulation après le 1/10/1990, il doit être en plus équipé à l'arrière d'au moins un feu de brouillard émettant une lumière rouge et d'un dispositif de détresse (warning).

Depuis le 1/1/1993, les véhicules neufs mis en circulation doivent être équipés de phares avant blancs.

Il est possible de munir son véhicule de feux d'angle, à l'avant, afin de compléter l'éclairage de la route du côté où l'on tourne et/ou de feux de circulation diurne émettant vers l'avant une lumière blanche qui permet de rendre le véhicule plus visible de jour (*Code de la route, Art. R. 313-1 à R. 313-32*).

À NOTER

La Commission européenne a décidé que, pour améliorer la sécurité routière, tous les véhicules neufs (voitures, petites camionnettes de livraison) devront être équipés d'un éclairage de jour à partir de février 2011. Il s'agit de feux spéciaux qui seront activés automatiquement lorsque le moteur est mis en marche.

Cette règle s'appliquera aux camions et aux bus à partir d'août 2012.

Les plaques d'immatriculation

Tout véhicule automobile doit être muni de deux plaques d'immatriculation en bon état, une à l'avant, l'autre à l'arrière (*Code de la route, Art. R. 317-8*), sous peine d'une amende de 4e classe à défaut de plaques ou d'une amende de 3e classe si les plaques sont illisibles ou mal entretenues *(Voir pages Barème)*.

Par ailleurs, ne pas faire immatriculer à son nom une voiture d'occasion, dans les 15 jours de l'achat ou circuler avec une immatriculation provisoire (WW) périmée expose à la mise en fourrière immédiate du véhicule (*Code de la route, Art. R. 317-8, R. 322-3 et R. 322-5*), en plus d'une amende de 4e classe *(Voir pages Barème)*.

ATTENTION ⚠

Un véhicule circulant avec des plaques comportant le numéro d'immatriculation d'un autre véhicule dans des circonstances ayant entraîné ou pouvant entraîner des poursuites pénales à l'égard du propriétaire de ce véhicule (notamment pour se soustraire aux contrôles par les radars automatiques) constitue un délit puni de 7 ans de prison et/ou de 30 000 € d'amende. Ce délit entraîne, en outre, un retrait de 6 points du permis de conduire et est, éventuellement, assorti d'une suspension du permis de conduire pouvant aller jusqu'à 3 ans.

À NOTER

Attention : sur Internet, de nombreux sites proposent des autocollants représentant l'identifiant local (numéro du département et logo de la région). Toutefois, selon une réponse ministérielle du 19/1/2010, la pose de ces autocollants est interdite. En effet, tout automobiliste qui veut changer d'identifiant local doit renouveler ses plaques auprès d'un professionnel agréé.

ATTENTION ⚠

Depuis le 1/7/2004, les cyclomoteurs (d'une cylindrée inférieure à 50 cm^3) neufs ou faisant l'objet d'une revente doivent être immatriculés. Les demandes d'immatriculation peuvent être faites par le vendeur via Internet ou un central d'appel téléphonique. Les anciens cyclomoteurs mis en circulation avant le 1/7/2004 doivent être immatriculés au plus tard le 31/12/2010.

UN NOUVEAU SYSTÈME D'IMMATRICULATION

Depuis le 15/4/2009, un nouveau système d'immatriculation des véhicules est mis en place. Son objet principal est de simplifier les démarches des propriétaires de véhicules en leur évitant des modifications à chaque changement de département.
Les véhicules reçoivent désormais un nouveau numéro d'immatriculation unique et définitif :
- pour les véhicules neufs, lors de leur première mise en circulation ;
- pour les véhicules d'occasion, depuis le 15/10/2009, lors de leur première revente, ou à l'occasion d'un changement d'adresse ou toute autre modification affectant la carte grise.

Le nouveau numéro d'immatriculation comporte une série de 7 caractères alphanumériques formée successivement de 2 lettres, 1 tiret, 3 chiffres, 1 tiret, 2 lettres ; exemple : « AB-123-CD ».
Toutes les nouvelles plaques sont de couleur jaune à l'avant comme à l'arrière du véhicule.
Elles conservent leurs dimensions actuelles et continuent d'être produites et commercialisées par les opérateurs privés.
Le logo « F » sur fond bleu surmonté des étoiles de l'Europe qui figure sur la partie gauche de la plaque reste obligatoire.
Chaque plaque d'immatriculation comporte, sur sa partie droite, un identifiant territorial composé :
- du logo officiel d'une région (le ministère de l'Intérieur a arrêté la charte graphique des 26 logos régionaux consultable sur Internet : *www.interieur.gouv.fr*, rubrique « Vos démarches », puis « Immatriculation des véhicules », puis « Plaques et numéros ») ;
- et du numéro de l'un des départements de cette région.

Le choix de cet identifiant territorial est libre et peut ne pas avoir de lien avec le domicile du propriétaire du véhicule.
Le numéro est attribué chronologiquement dans une série nationale unique gérée par un système centralisé.

Le niveau sonore

Tout véhicule doit être équipé d'un avertisseur sonore, communément appelé klaxon.

Toutefois :

– il est interdit d'utiliser des sirènes et des klaxons à sons multiples ;

– l'usage du klaxon n'est pas autorisé en agglomération sauf en cas de danger immédiat ;

– l'usage du klaxon est interdit la nuit, sauf en cas de nécessité absolue (*Code de la route, Art. R. 416-1 et s.*).

Tout véhicule doit être équipé d'un dispositif d'échappement silencieux, sous peine d'une amende de 3e classe (*Code de la route, Art. R. 318-3*).

Les pneumatiques

Tout véhicule doit être équipé de pneus présentant des sculptures apparentes d'une profondeur supérieure à 1,6 mm.

Il n'est pas obligatoire que les quatre pneus soient de même marque ou dans le même état, mais il est interdit de monter sur un même essieu des pneus présentant une différence de profondeur de sculpture de plus de 5 mm.

Les infractions constatées peuvent être sanctionnées par une amende de 4e classe (*Code de la route, Art. R. 314-1 et s.*).

Il est interdit de brûler les pneus à l'air libre ou de les déposer dans la nature (*Décret n° 2002-1563 du 24/12/2002*).

Depuis le 29/12/2003, les fabricants sont tenus de collecter gratuitement les pneus usés par l'intermédiaire des professionnels tels que les garagistes.

AVANTAGE

En choisissant bien ses pneus, il est possible de réduire de 10 % la consommation en carburant de son véhicule. Pour permettre au consommateur de se repérer, l'Union européenne a décidé de mettre en place un système d'étiquetage des pneus neufs de véhicules. Ainsi, à partir du 1/11/2012, les fabricants et revendeurs européens devront afficher en boutique, ou coller directement sur chaque modèle de pneus, une étiquette affichant une lettre entre A et G qui classera le pneu selon son efficacité en économie de carburant. L'étiquette indiquera également leur adhérence sur sol mouillé et leurs performances sonores (Règlement n° 1222/2009/CE du 25/11/2009).

Les émissions polluantes

Les véhicules ne doivent pas émettre de fumées, de gaz toxiques, corrosifs ou odorants dans des conditions susceptibles d'incommoder la population ou de compromettre la santé et la sécurité publiques, sous peine d'une amende de 3e classe (*Code de la route, Art. R. 318-1*).

Le contrôle des émissions polluantes est un des points du contrôle technique soumis à réparation obligatoire en cas de non-respect des normes antipollution (→ index, *Contrôle technique*).

La ceinture de sécurité

Le port de la ceinture de sécurité est obligatoire à l'avant et à l'arrière, en toutes circonstances (sauf pour les personnes justifiant d'une contre-indication médicale délivrée par la préfecture) sous peine d'une amende de 4e classe et du retrait de 3 points du permis. Les passagers qui ne portent pas leur ceinture sont également passibles d'une amende du même montant mais aucun point de permis ne peut leur être retiré. Le conducteur doit par ailleurs s'assurer que les passagers de moins de 18 ans qu'il transporte sont bien attachés, sous peine d'une amende de 4e classe pour chaque jeune non attaché *(Voir pages Barème)*.

Le transport des enfants de moins de 10 ans dans un véhicule est subordonné à l'utilisation d'un équipement spécifique homologué par le ministère des Transports (un sigle « E » apparaît sur les sièges bébés ou réhausseurs). Plusieurs dispositifs existent en fonction du poids de l'enfant, mais, dans tous les cas de figure, les enfants de moins de 10 ans doivent voyager à l'arrière sous peine d'une amende de 2e classe.

Dans deux cas, cependant, l'enfant peut être transporté à l'avant :

– lorsque le véhicule ne comporte pas de siège arrière ou lorsque celui-ci n'est pas utilisable ou encore déjà occupé par des enfants de moins de 10 ans ;

– lorsque l'enfant est transporté face à l'arrière dans un siège spécialement conçu pour être installé à l'avant et, bien sûr, homologué.

Depuis le 1/1/2008, chaque enfant doit occuper seul une place équipée d'une ceinture de sécurité dans tous les véhicules comprenant jusqu'à neuf places, conducteur compris. Le conducteur qui transporte des enfants en surnombre, et de ce fait pas tous attachés, est passible d'une amende forfaitaire de 4e classe pour chacun des enfants concernés.

Les enfants de 10 à 18 ans peuvent être assis à l'avant ou l'arrière mais, dans tous les cas, ils doivent être retenus par un système homologué pour enfants ou par une ceinture de sécurité sous peine d'une amende de 4e classe (*Code de la route, Art. R. 412-1 et s.*).

Le décret n° 2003-637 du 9/7/2003 a étendu l'obligation du port de la ceinture de sécurité aux autobus et autocars. Le conducteur d'autocar qui n'attache pas sa ceinture de sécurité est désormais passible d'une amende de 4e classe et d'un retrait de 3 points de son permis de conduire. Quant au passager en infraction, il est passible d'une amende de 4e classe *(Voir pages Barème)* mais n'encourt aucun retrait de point.

À NOTER

Le conducteur d'un autocar n'est pas responsable du fait qu'un passager ne soit pas attaché, y compris pour les enfants âgés de moins de 13 ans. Il n'encourt donc aucune amende. Il doit, en revanche, informer ses passagers de l'obligation de porter la ceinture de sécurité.

À NOTER

Les conducteurs de deux-roues sont obligés de porter un casque homologué. Ces équipements doivent être conformes à la norme NF 72-305 et revêtus de l'estampille NF. Le casque doit également être attaché. À défaut, le contrevenant encourt une contravention de 4e classe, un retrait de 3 points (pour le conducteur) et l'immobilisation du véhicule.

À NOTER

Depuis le 1/10/2008, l'automobiliste dont le véhicule n'est pas équipé d'un gilet rétro-réfléchissant de sécurité et d'un triangle de pré-signalisation est passible d'une contravention de 4e classe (Voir pages Barème). Le conducteur doit revêtir son gilet s'il est amené à sortir de son véhicule à la suite d'un arrêt d'urgence. Quant au triangle, il doit être placé à une distance d'environ 30 mètres du véhicule ou de l'obstacle à signaler.

Quelles sont les limitations de vitesse à respecter ?

› Les limitations de vitesse

La vitesse sur les routes françaises est limitée en fonction du type de voie empruntée.

Hors agglomération

La vitesse des véhicules ne doit pas dépasser :
– 130 km/h sur autoroute ;
– 110 km/h sur les routes à deux chaussées séparées par un terre-plein central ;
– 90 km/h sur les autres routes.

Par temps de pluie ainsi que pour les titulaires d'un permis depuis moins de 2 ans, ces vitesses sont réduites et sont alors de :
– 110 km/h sur autoroute ;
– 100 km/h sur les routes à terre-plein central ;
– 80 km/h sur les autres routes (*Code de la route, Art. R. 413-2 et R. 413-5*).

À NOTER

Sur autoroute, il est interdit de rouler sur la voie la plus à gauche à une vitesse inférieure à 80 km/h.

En ville

La vitesse est limitée à 50 km/h et peut être abaissée à 30 km/h par les autorités locales. Cette limite peut être relevée à 70 km/h sur les sections de route où les accès des riverains et les traversées des piétons sont en nombre limité et sont protégés par des dispositifs appropriés (*Code de la route, Art. R. 413-3*).

> Les contrôles

Le contrôle de la vitesse se fait obligatoirement à l'aide de radars (les relevés de vitesse effectués au moyen d'un compteur kilométrique d'un véhicule suiveur sont contestables). De manière à protéger les droits des automobilistes, les radars doivent être contrôlés tous les ans par les services administratifs compétents et faire l'objet d'essais sur les lieux où ils sont installés. La date de vérification annuelle et la mention de l'essai doivent obligatoirement apparaître sur le procès-verbal d'infraction.

Aussi, si vous faites l'objet d'un contrôle de vitesse, vérifiez sur le procès-verbal d'infraction la date à laquelle le radar a été contrôlé et la mention de l'essai du radar sur les lieux de contrôle. À défaut d'indication, le procès-verbal n'est pas valable. En outre, il est toujours possible de contester les conditions d'installation du radar et de faire consigner sur le procès-verbal ses observations à ce sujet (mauvaise condition météorologique, radar installé dans une courbe...) notamment en demandant aux forces de police le lieu exact où l'infraction a été constatée, les conditions d'installation du radar et le modèle utilisé.

Le procès-verbal d'infraction doit comporter en outre :
– la date de l'infraction ;
– le nom et la qualité du rédacteur ;
– le lieu et l'heure de l'infraction ;
– l'immatriculation, la marque, le type et la couleur du véhicule ;
– les observations sur les conditions de contrôle ;
– la vitesse lue sur l'appareil ;
– la photographie datée du véhicule lorsque l'infraction a été relevée au moyen d'un radar automatique couplé à un dispositif photographique (sur le périphérique parisien notamment). Désormais le titulaire du certificat d'immatriculation du véhicule est responsable financièrement de l'amende pour les contraventions pour excès de vitesse et pour non-respect des signalisations imposant l'arrêt des véhicules. Pour éviter de payer la contravention, il doit prouver le vol de son véhicule avant l'infraction, dénoncer le conducteur du véhicule ou établir l'existence d'un événement de force majeure ne lui permettant pas d'être au volant au moment de l'infraction.

S'il nie être l'auteur de l'infraction sans en apporter la preuve, il doit payer l'amende, mais n'est pas poursuivi pénalement (pas de suspension, ni de perte de points sur le permis).

LA RÉPRESSION CONCERNANT LES DÉTECTEURS DE RADARS

✓ La fabrication, l'importation, l'exportation, l'exposition, l'offre, la mise en vente, la vente, la location ou l'incitation à l'achat ou à l'utilisation d'un dispositif ayant pour objet de déceler la présence ou de perturber le fonctionnement des appareils servant à la constatation des infractions en matière de sécurité routière constitue, depuis la loi n° 2003-495 du 12/6/2003, un délit puni de 2 ans d'emprisonnement et 30 000 € d'amende. Ce dispositif est saisi, et lorsqu'il est placé ou adapté sur un véhicule, ce véhicule peut également être saisi (*Code de la route, Art. L. 413-2*).

✓ L'utilisation d'un détecteur de radars par un conducteur demeure une contravention punie d'une amende de 1 500 € et du retrait de 2 points du permis (*Code de la route, Art. R. 413-15*).

› Le recours aux radars automatisés

Mis en place afin de sécuriser des zones supposées « accidentogènes », un nouveau type de radar, couplé à un appareil photo numérique, permet de « flasher » les voitures en excès de vitesse de façon automatique.

Opérationnel par tous les temps, de jour comme de nuit, cet appareil permet l'envoi automatique d'un PV au titulaire de la carte grise (qui n'est pas forcément le conducteur fautif) du véhicule pris en flagrant excès de vitesse.

Une carte de l'implantation des radars, régulièrement mise à jour, figure sur le site *www.securiteroutiere.equipement.gouv.fr*.

Pour les nouveaux radars automatiques (800 prévus d'ici fin 2012), les panneaux indiquant leur présence devront être installés de 1 à 2 kilomètres en amont (au lieu de 400 mètres actuellement). Au lieu de l'annonce « Pour votre sécurité, contrôles automatiques », ils comporteront le texte « contrôles radar fréquents ». Ces aménagements ont pour but d'éviter que les automobilistes ne ré-accélèrent sitôt le radar franchi.

Par ailleurs, un nouveau type de radar dit « tronçon » devrait être installé dès 2011. Celui-ci permettra de calculer la vitesse moyenne d'un véhicule sur plusieurs kilomètres. Le premier radar détecte la vitesse du véhicule, prend la photo de la plaque d'immatriculation puis transmet ces données au second radar qui calcule la vitesse moyenne du véhicule et, si celle-ci est supérieure à la moyenne autorisée, l'indique à l'automobiliste grâce à un panneau lumineux.

À NOTER

Pour informer les automobilistes ayant reçu une contravention émise par un radar automatique, le ministère des Transports a mis à leur disposition un centre d'appel : 0 811 102 030 (de 9h00 à 20h00, du lundi au vendredi).

SANCTIONS EN CAS DE DÉPASSEMENTS DE LA VITESSE MAXIMALE AUTORISÉE

Dépassements	Amende forfaitaire minorée	Amende forfaitaire	Amende forfaitaire majorée	Amende maximale	Retraits de points	Suspension de permis de conduire (maximum encouru)
Moins de 20 km/h hors agglomération	45 €	68 €	180 €	-	1	aucune
Moins de 20 km/h en agglomération (lorsque la vitesse est limitée à 50km/h ou moins)	90 €	135 €	375 €	-	1	aucune
Entre 20 et 49 km/h (en et hors agglomération)	90 €	135 €	375 €	-	Entre 20 km/h et 30 km/h : 2 Entre 30 km/h et 40 km/h : 3 Entre 40 km/h et 50 km/h : 4	aucune 3 ans 3 ans
À partir de 50 km/h	-	-	-	1 500 €	6	3 ans *

** Sans possibilité de permis blanc. Par ailleurs, le véhicule est immobilisé et mis en fourrière.*

COMMENT CONTESTER UNE CONTRAVENTION ISSUE D'UN CONTRÔLE AUTOMATISÉ

Le conducteur qui reçoit un avis de contravention lui indiquant que son véhicule a été flashé en excès de vitesse peut contester cette contravention. Il peut demander, par courrier simple, à recevoir la photo afin de vérifier, par exemple, qu'il n'y a pas d'erreur de retranscription de l'immatriculation. Ensuite, il doit obligatoirement compléter le « formulaire de requête en exonération » qui lui a été envoyé en même temps que l'avis de contravention.
En principe, il faut joindre à la réclamation une consignation correspondant au montant de l'amende forfaitaire, sauf si :
- on démontre que son véhicule a été volé ou détruit (en fournissant un justificatif : récépissé du dépôt de plainte, copie de récépissé de prise en charge pour destruction du véhicule) ;
- on indique – preuve à l'appui – qu'une autre personne conduisait son véhicule au moment des faits. Pour cela, il faut indiquer l'identité complète de cette autre personne.

Attention : tout faux témoignage ou toute déclaration inexacte ou erronée est sanctionné par une amende de 5e classe *(Voir pages Barème)*. De même, toute dénonciation calomnieuse ou usage de faux peut entraîner une amende et une peine de prison.
Le formulaire, les justificatifs et, le cas échéant, la consignation doivent être expédiés dans les 30 jours qui suivent la date d'envoi de l'avis de contravention. L'adresse d'envoi de la carte de consignation figure sur la carte. Le formulaire rempli doit être envoyé à l'adresse indiquée sur le formulaire (gardez une photocopie recto verso de ce formulaire).
Quatre moyens de paiement de la consignation sont à votre disposition :
- **paiement par timbre amende :** à coller sur la carte de consignation contenue dans le formulaire de requête en exonération ;
- **paiement par chèque, à l'ordre du Trésor public :** à expédier à l'aide de l'enveloppe jointe à l'avis de contravention, après l'avoir affranchie ;
- **paiement par téléphone :** muni de la carte de consignation et de sa carte bancaire, il faut appeler le 0 820 111 010 (0,12 € TTC par minute). Il est possible de demander un justificatif de paiement (qui sera adressé sous 48 heures) ;
- **paiement sur Internet :** muni de la carte de consignation et de sa carte bancaire, il faut se connecter sur *www.amendes.gouv.fr.*

La somme envoyée au titre de la consignation ne donne pas lieu à un retrait de points et vous sera remboursée en cas d'abandon des poursuites, mais il faudra que vous en fassiez la demande au Trésor public. En cas de condamnation, cette somme sera déduite du montant de l'amende prononcée.

Comment la conduite en état d'ivresse est-elle sanctionnée ?

La répression de l'alcool au volant est particulièrement sévère (*Code de la route, Art. L. 234-1 et s.*).

Les contrôles

La police ou la gendarmerie peuvent, à titre préventif, soumettre tout conducteur aux épreuves de dépistage de l'imprégnation alcoolique, même en l'absence d'infraction préalable.
Le contrôle ne peut viser que les conducteurs de véhicules (auto, moto et cycles) et non les passagers sauf ceux accompagnant un élève dans le cadre de l'apprentissage de la conduite accompagnée. Les contrôles sont possibles, même moteur arrêté.

La police ou la gendarmerie doivent par ailleurs obligatoirement soumettre à un contrôle d'alcoolémie tout conducteur ayant commis une infraction sanctionnée par une suspension de permis (excès de vitesse, par exemple) ou en cas d'accident de la circulation ayant entraîné des dommages corporels.

Le contrôle d'alcoolémie peut être effectué à l'aide d'un alcootest (ballon en plastique) ou d'un éthylotest (expiration dans une machine à affichage numérique). Le refus de se prêter à ces contrôles n'est pas sanctionné mais vous serez alors obligé de vous soumettre à un dépistage par prélèvement sanguin.

Le contrôle d'alcoolémie doit être effectué par prélèvement sanguin chaque fois que le contrôle effectué par alcootest ou éthylotest s'est révélé positif ou en cas de refus du conducteur de se prêter aux épreuves précitées. Il est fait par un médecin en présence d'un officier de police. En cas de refus du conducteur, les sanctions sont celles applicables aux personnes présentant un taux d'alcoolémie supérieur à 0,8 g/l (gramme par litre).

En cas d'accident, un test salivaire peut être réalisé pour dépister l'éventuelle présence d'une ou plusieurs substances témoignant de l'usage de stupéfiants (comme le cannabis, la cocaïne, les amphétamines...). Si le test est positif, il est complété par une prise de sang réalisée en milieu médical.

À NOTER

La Cour de cassation a jugé que le conducteur d'un véhicule qui est victime d'un accident de la route alors qu'il a consommé de l'alcool et du cannabis est en partie responsable de son accident, ce qui a pour effet de limiter ou d'exclure son droit à indemnisation (Cour de cassation, 2e chambre civile, 13/10/2005).

La contestation des contrôles

Il est possible de contester les résultats des contrôles effectués et de demander un second dépistage, soit immédiatement en cas d'usage d'un alcootest ou éthylotest après vérification de l'appareil (la mention de la vérification devra apparaître sur le procès-verbal), soit avant 5 jours suivant la notification des résultats de l'analyse de sang, en cas de dépistage par prélèvement sanguin. Dans les deux situations, en cas d'écart, le taux le plus favorable au conducteur est retenu.

Les sanctions

Le seuil maximal d'alcoolémie autorisé au volant est de 0,5 g/l (gramme par litre) d'alcool dans le sang en cas de contrôle par prélèvement sanguin ou de 0,25 mg/l d'air expiré en cas de contrôle par éthylotest (*Décret du 28/8/1995*). Les sanctions sont progressives :

– entre 0,5 g/l et 0,8 g/l d'alcool dans le sang : on encourt une amende de 4e classe *(Voir pages Barème)*, un retrait de 6 points du permis et la suspension de celui-ci jusqu'à 3 ans ;

– au-delà de 0,8 g/l d'alcool dans le sang : on risque une amende pouvant aller jusqu'à 4 500 € et un emprisonnement de 2 ans maximum, un retrait de 6 points du permis, une suspension ou annulation du permis pouvant aller jusqu'à 3 ans et même la confiscation du véhicule.

Ces sanctions peuvent être remplacées par une mesure de composition pénale.

Lorsque le conducteur a provoqué un accident, la conduite en état d'ivresse manifeste ou sous l'empire d'un état alcoolique (au moins 0,5 g/l d'alcool dans le sang) constitue une « circonstance aggravante » entraînant une aggravation des peines. Par exemple, en cas d'homicide involontaire, la sanction prévue (5 ans d'emprisonnement et 75 000 € d'amende) est portée à 7 ans d'emprisonnement et 100 000 € d'amende (*Code pénal, Art. 221-6-1*).

À NOTER

Pour les conducteurs de véhicules de transport en commun, le taux maximal d'alcoolémie toléré au volant est désormais de 0,2 g/l d'alcool dans le sang (contre 0,5 g/l avant) ou 0,10 mg d'alcool par litre d'air expiré (Code de la route, Art. R. 234-1).

Un éthylotest anti-démarrage doit obligatoirement équiper les autocars mis en circulation depuis le 1/1/2010 et assurant le transport d'enfants. Tous les autocars devront progressivement en être équipés d'ici 2015.

Toute personne qui conduit un véhicule alors qu'elle a fait usage de substances ou plantes classées comme stupéfiants peut être punie jusqu'à 2 ans d'emprisonnement et 4 500 € d'amende, plus le retrait de 6 points de son permis. Si la personne se trouvait également sous l'empire d'un état alcoolique égal ou supérieur au taux autorisé, les peines sont portées à 3 ans d'emprisonnement et 9 000 € d'amende. Elle risque également des peines complémentaires telles que la suspension ou l'annulation pour une durée de 3 ans au plus de son permis de conduire, une peine de travail d'intérêt général ou un stage de sensibilisation à la sécurité routière (*Code de la route, Art. L. 235-1*).

À NOTER

La police ou la gendarmerie peuvent soumettre les conducteurs impliqués dans un accident mortel ou corporel à des épreuves de dépistage afin de vérifier s'ils ne conduisaient pas sous l'influence de stupéfiants. En cas d'accident mortel et si les analyses se révèlent positives, le conducteur peut faire l'objet d'une condamnation pénale. Quant aux personnes refusant de se soumettre à ces analyses, elles peuvent être condamnées à une amende de 4 500 € et à un emprisonnement de 2 ans au maximum (Code de la route, Art. L. 235-2 et L. 235-3).

MÉDICAMENTS ET CONDUITE

De très nombreux médicaments sont susceptibles d'altérer l'aptitude à la conduite. Somnolence, troubles visuels, altération de la vigilance... ces produits sont retrouvés chez environ 10 % des accidentés de la route.
Le gouvernement et l'Agence française de sécurité sanitaire des produits de santé (AFSSAPS) imposent maintenant aux laboratoires pharmaceutiques d'apposer sur les boîtes de médicaments de nouveaux pictogrammes informant les conducteurs du risque encouru :
- un triangle jaune avec la mention « Soyez prudent (ne pas conduire sans avoir lu la notice) ». Cela concerne les médicaments de niveau 1 (ex : ceux qui luttent contre le rhume, la toux ou encore l'hypertension artérielle) ;
- un triangle orange avec la mention « Soyez très prudent (ne pas conduire sans l'avis d'un professionnel de santé) ». Cela concerne les médicaments de niveau 2 (ex : certains antidépresseurs, anti-douleurs, tranquillisants...) ;
- un triangle rouge avec la mention « Attention, danger : ne pas conduire (pour la reprise de la conduite, demandez l'avis d'un médecin) ». Cela concerne les médicaments de niveau 3 (ex : les somnifères, de nombreux tranquillisants et neuroleptiques, les anesthésiques généraux et les collyres provoquant une dilatation de la pupille).

Quelles sont les règles concernant le stationnement ?

Si toute personne est libre d'aller et venir là où bon lui semble sous réserve du respect des règles du Code de la route, encore ne faut-il pas s'arrêter ou stationner n'importe où sur la chaussée, sous peine de contravention (*Code de la route, Art. R. 417-1 et s.*).

Le stationnement irrégulier

Le Code de la route interdit plusieurs types de stationnement en les sanctionnant de manière différente :

- **le stationnement abusif :** il n'est pas autorisé de laisser son véhicule sur la chaussée pendant une durée de plus de 7 jours, sous peine d'une amende de 2e classe *(Voir pages Barème)* ;
- **le stationnement gênant :** il n'est pas autorisé de stationner d'une part là où cela est interdit par une signalisation particulière et d'autre part, là où, même en l'absence de signalisation, le stationnement est gênant (sur les trottoirs, en double file...). Dans les deux cas, on s'expose à une amende de 2e classe ;
- **le stationnement dangereux :** il n'est pas autorisé de stationner à un endroit dangereux pouvant occasionner un accident (dans un virage, sur autoroute...) sous peine d'une amende de 4e classe ;
- **le stationnement sur une zone réservée** à la livraison, aux handicapés ou à certains corps de métier (police, pompiers...) n'est pas autorisé sous peine d'une amende de 2e classe.

À NOTER

Les automobilistes qui occupent indûment les places de stationnement réservées aux personnes handicapées risquent une contravention de 4e classe (Voir pages Barème), ainsi que l'immobilisation et la mise en fourrière du véhicule (Code de la route, Art. R. 417-11).

Le stationnement payant

Le défaut de paiement du stationnement payant est sanctionné par une amende de 1re classe.
Les moyens de contester le stationnement payant ou le procès-verbal en cas d'infraction sont rares et d'une réussite aléatoire. En revanche, le défaut d'une des mentions obligatoires sur le procès-verbal d'infraction constitue un motif valable de contestation. En effet, les procès-verbaux doivent mentionner la date, l'heure et le lieu exact de l'infraction, la réglementation qui est enfreinte, l'immatriculation, la marque et le type de véhicule, l'identité ou le numéro de matricule du rédacteur du PV et sa signature. À défaut d'une de ces mentions, le procès-verbal n'est pas valable.

ATTENTION ⚠

La procédure de l'amende forfaitaire minorée (→ index, Contravention, Code de la route) n'est pas applicable aux infractions concernant le stationnement.

Les sanctions

L'immobilisation du véhicule, sa mise en fourrière, les contraventions, le retrait de points du permis, sa suspension ou même son annulation... sont autant de sanctions prévues par le Code de la route.

En quoi consistent l'immobilisation et la mise en fourrière ?

Conséquence logique d'un stationnement irrégulier ou dangereux ou de certaines infractions au Code de la route, les services de police de gendarmerie peuvent demander la mise en fourrière d'un véhicule ou son immobilisation. Toutefois, certaines conditions et modalités doivent être respectées.

L'immobilisation

L'immobilisation est l'obligation qui est faite au conducteur de maintenir son véhicule sur le lieu de constatation de l'infraction. Cette sanction ne peut être appliquée que dans certains cas : défaut de permis de conduire, conduite en état d'ivresse, défaut de passage au contrôle technique, véhicule bruyant ou polluant... Le cas échéant, le contrevenant doit remettre sa carte grise à l'agent verbalisateur.

En cas d'absence du conducteur du véhicule ou lorsque celui-ci refuse de déplacer son véhicule, les services de police peuvent immobiliser le véhicule au moyen d'un sabot de Denver (*Code de la route, Art. R. 325-2 et s.*).

L'immobilisation est levée dès que la circonstance qui l'a motivée a cessé.

Lorsque le conducteur du véhicule n'a pas justifié de la cessation de l'infraction dans un délai de 48 heures, l'immobilisation peut être transformée en mise en fourrière.

ATTENTION ⚠

Tout conducteur faisant obstacle à l'immobilisation de son véhicule ou à son envoi en fourrière peut être puni de 3 mois d'emprisonnement et de 3 750 € d'amende. Par ailleurs, 6 points lui sont retirés de son permis (Code de la route, Art. L. 325-3-1).

La mise en fourrière

La mise en fourrière est le transfert d'un véhicule en un lieu désigné par l'autorité administrative ou judiciaire en vue d'y être retenu jusqu'à décision de celle-ci, aux frais du propriétaire du véhicule (*Code de la route, Art. R. 325-12 et s.*). Elle est appliquée afin de faire cesser certaines infractions liées principalement au caractère irrégulier ou dangereux d'un stationnement.

Plusieurs cas de figure sont possibles :

- soit le véhicule est mis en fourrière en l'absence du propriétaire : la mise en fourrière lui sera notifiée par lettre recommandée avec avis de réception dans un délai maximal de 5 jours suivant la mise en fourrière. La notification contient, sous peine d'irrégularité, de la procédure les mentions obligatoires de l'article R. 325-32 du Code de la route ;
- si le véhicule est mis en fourrière en présence du propriétaire et que le véhicule n'a pas encore été déplacé ou bien que deux roues n'ont pas encore quitté le sol, le conducteur peut interrompre l'enlèvement en acquittant immédiatement (ou en s'engageant par écrit à les régler ultérieurement), outre le montant de la contravention, les frais correspondant aux opérations préalables de mise en fourrière *(Voir pages Barème)*.

Si les roues ont déjà quitté le sol, si le conducteur ne veut pas régler les frais d'amende ou encore si l'enlèvement se fait en l'absence du propriétaire, le véhicule est emmené à la fourrière.

Dans le cas où le véhicule est mis en fourrière, deux situations sont à distinguer selon le moment où le propriétaire vient rechercher son véhicule :

– soit le contrevenant vient récupérer son véhicule immédiatement ou dans les 3 jours : il doit alors régler, outre le montant de la contravention, les frais correspondant aux opérations d'enlèvement et les frais de garde quotidiens *(Voir pages Barème)*. Si la mise en fourrière a été prescrite en raison du mauvais état du

véhicule ou du défaut de passage au contrôle technique, le véhicule ne peut être rendu à son conducteur qu'après réalisation des réparations nécessaires ou passage au centre de contrôle technique ;
– soit le contrevenant ne vient pas récupérer son véhicule dans les 3 jours, il reçoit alors une notification par lettre recommandée avec avis de réception dans le délai maximal de 5 jours suivant la mise en fourrière du véhicule. Cette notification doit comporter certaines mentions obligatoires, à défaut de nullité ainsi qu'une fiche technique décrivant l'état du véhicule.

Le propriétaire du véhicule doit venir retirer son véhicule avant 45 jours (10 jours si le véhicule est classé en épave). Au moment où l'agent verbalisateur demande l'enlèvement du véhicule, il doit remplir une fiche descriptive de l'état du véhicule. Cette dernière doit mentionner notamment : le verrouillage des portes et du coffre, deux dessins du véhicule, les symboles des dommages apparents (« O » pour les enfoncements et « X » pour les bris), l'équipement du véhicule (auto-radio, téléphone...), etc. Ce délai écoulé, le véhicule est remis au service des Domaines ou destiné à la destruction.

À NOTER

La mise en fourrière d'un véhicule en infraction pour stationnement gênant ou dangereux, mauvais état, etc. peut désormais être décidée par la police municipale. En revanche, seules la police nationale et la gendarmerie sont habilitées à mettre en fourrière un véhicule lorsqu'il a été volé, que son propriétaire n'a pu être identifié ou lorsqu'il est muni de fausses plaques d'immatriculation (Code de la route, Art. R. 325-9 et s.).

AVANTAGE

En cas de dommages causés au véhicule lors de la mise en fourrière ou de vol d'équipements, le conducteur peut présenter une réclamation à la fourrière en vue d'un règlement amiable.

ATTENTION ⚠

La présence d'un animal dans un véhicule en infraction au Code de la route n'empêche pas la mise en fourrière.

Extrait du Code de la route

« **Art. R. 325-32.** [...] Cette notification comporte les mentions obligatoires suivantes :
1° Indication de l'autorité qui a prescrit la mise en fourrière, de la fourrière désignée et de l'autorité dont relève cette fourrière ;
2° Décision de classement prise en application de l'article R. 325-30 et indication de la faculté de faire procéder à une contre-expertise conformément aux articles R. 325-35 et R. 325-36 ;
3° Autorité qualifiée pour donner mainlevée de la mise en fourrière ;
4° Injonction au propriétaire du véhicule, s'il est soumis à immatriculation, de remettre immédiatement, sous peine d'encourir l'amende prévue pour les contraventions de la quatrième classe, le certificat d'immatriculation à l'autorité qualifiée pour donner mainlevée de la mise en fourrière ;
5° Mise en demeure au propriétaire de retirer son véhicule avant l'expiration d'un délai :
a) De dix jours pour un véhicule qu'un expert aura estimé d'une valeur marchande inférieure à un montant fixé par arrêté interministériel et déclaré hors d'état de circuler dans des conditions normales de sécurité ;
b) De quarante-cinq jours dans les autres cas, ces délais commençant à courir un jour franc après la date de notification ;
6° Avertissement au propriétaire que son absence de réponse dans les délais impartis vaudra abandon de son véhicule et que ledit véhicule sera, dans les conditions prévues par décret, soit remis au service des domaines en vue de son aliénation, soit livré à la destruction ;
7° Nature et montant des frais qu'il sera tenu de rembourser ;
8° Énoncé des voies de recours. [...] »

Quel est le tarif des contraventions ?

Les infractions au Code de la route sont sanctionnées par des amendes fixées par le juge dans les limites d'une fourchette. Il existe ainsi cinq classes de contravention dont le montant varie en fonction de la gravité de l'infraction *(Voir pages Barème)*.

Toutefois, considérant le nombre des contraventions établies chaque année, les pouvoirs publics ont institué un système d'amende forfaitaire (pour les contraventions de 2e, 3e et 4e classe uniquement) dont le paiement arrête les poursuites et n'oblige pas l'automobiliste à passer devant le tribunal, sauf volonté de sa part.

Le montant de l'amende forfaitaire dépend de la classe de l'infraction mais aussi du délai dans lequel elle est payée. À ce titre, on distingue :

- **l'amende forfaitaire au taux minoré :** ce taux s'applique en cas de paiement immédiat aux forces de l'ordre ou dans les 3 jours. Il est possible de régler l'amende en espèces, par timbre-amende ou par chèque libellé à l'ordre du Trésor public. Si l'avis de contravention est envoyé ultérieurement à l'intéressé, celui-ci doit la payer dans un délai de 15 jours à compter de cet envoi. À défaut de paiement de l'amende forfaitaire minorée dans les délais, l'amende forfaitaire au taux normal est due ;

ATTENTION ⚠

Le taux de l'amende forfaitaire ne peut être minoré pour les infractions concernant le stationnement.

- **l'amende forfaitaire au taux normal :** ce taux s'applique en cas de règlement dans les 45 jours suivant la constatation de l'infraction ou l'envoi de l'avis de contravention. Il est possible à ce stade d'adresser une réclamation motivée au service indiqué sur l'avis **(voir Modèle n° 17)**. Au vu de ce courrier, le procureur de la République saisi du dossier décide de classer l'affaire ou d'engager les poursuites ;
- **l'amende forfaitaire au taux majoré :** les amendes qui ne sont pas réglées dans les 45 jours et pour lesquelles aucune réclamation n'a été présentée sont payables au taux majoré. Le contrevenant reçoit un titre exécutoire émanant du Trésor public lui demandant de régler l'amende forfaitaire au taux majoré dans les 30 jours sous peine de recouvrement forcé (saisies, contrainte par corps...). Le contrevenant a la possibilité à ce stade de présenter une réclamation dans ce délai au ministère public. Ce dernier a la possibilité au vu de la réclamation de classer l'affaire ou de continuer les poursuites devant le tribunal de police.

Si la requête introduite par le contrevenant est déclarée irrecevable, celui-ci est déféré au tribunal de police. Le contrevenant peut être jugé sans que sa comparution soit nécessaire (ordonnance pénale) ou de manière contradictoire, en sa présence. Au vu du dossier qui lui est communiqué par le parquet, le juge relaxe le contrevenant ou le condamne au paiement de l'amende pénale dont le montant est fixé librement dans les limites légales *(Voir pages Barème)*. Le contrevenant a alors deux possibilités : soit payer l'amende dans les 30 jours suivant l'envoi de la notification du jugement, ce qui met fin à l'affaire, soit faire appel de la décision.

Pour les infractions les plus importantes (à partir de la 5e classe), la procédure de l'amende forfaitaire ne s'applique pas. Les responsables passent automatiquement devant les tribunaux.

AVANTAGE

Depuis le 1/11/2008, les automobilistes flashés par un radar automatique bénéficient d'un délai de 15 jours supplémentaires (en plus des 45 jours initiaux), s'ils règlent leur amende par Internet (www.amendes.gouv.fr), par téléphone (0 820 11 10 10, serveur vocal interactif) ou par timbre fiscal dématérialisé disponible dans les bureaux de tabac agréés et les trésoreries.

Quant aux retardataires (qui n'ont pas payé leur PV dans les délais), ils ont droit à une réduction de 20 % du montant de l'amende majorée s'ils paient dans les 30 jours suivant la date d'envoi de l'avis de majoration.

Attention : ces mesures ne concernent pas les conducteurs coupables de délits routiers justifiant une comparution devant le juge.

ATTENTION ⚠

Si vous ne réglez pas vos contraventions, vous ne pourrez pas vendre votre véhicule. Une opposition à la vente, inscrite au fichier des cartes grises, sera portée sur le certificat de situation administrative devant être remis à l'acheteur.

AVANTAGE

Si vous avez commis un délit il y a plus de 3 ans ou une contravention il y a plus d'1 an, ces infractions sont prescrites et le ministère public ne peut plus vous poursuivre.

ATTENTION ⚠

Le titulaire de la carte grise du véhicule est redevable des amendes encourues pour les contraventions d'excès de vitesse, le non-respect d'un stop ou d'un feu rouge ainsi qu'en cas d'infraction aux règles de stationnement même si ce n'était pas lui qui conduisait le véhicule au moment des faits (c'est ce qu'on appelle la responsabilité pécuniaire), à moins de réussir à prouver qu'il n'en est pas l'auteur (vol du véhicule, cas de force majeure, dénonciation de l'auteur réel de l'infraction...).

En revanche, il ne sera pas considéré comme responsable pénalement (pas d'incidence sur le permis de conduire, le casier judiciaire, etc.).

LES PRINCIPALES INFRACTIONS ET LEURS SANCTIONS

✓ **Contraventions de 1re classe :**
- stationnement interdit.

✓ **Contraventions de 2e classe :**
- circulation sur la bande d'arrêt d'urgence ;
- stationnement abusif ou gênant ;
- usage du téléphone portable au volant.

✓ **Contraventions de 3e classe :**
- excès de vitesse de moins de 20 km/h hors agglomération ;
- circulation d'un véhicule non équipé de dispositifs de freinage conformes.

✓ **Contraventions de 4e classe :**
- franchissement ou chevauchement de ligne continue ;
- accélération par le conducteur sur le point d'être dépassé ;
- marche arrière ou demi-tour sur autoroute ;
- défaut de plaques d'immatriculation ;
- arrêt ou stationnement dangereux ;
- non-respect de la vitesse jusqu'à 50 km/h au-dessus de la vitesse maximale autorisée, d'une priorité, d'un stop, d'un feu rouge ou d'un sens unique ;
- pneus lisses ;
- conduite en état d'ivresse (alcoolémie > 0,5 g/l et < 0,8 g/l dans le sang) ;
- défaut de port de la ceinture de sécurité à l'avant comme à l'arrière ;
- défaut de port du casque ou port d'un casque non attaché pour les conducteurs de deux-roues ;
- défaut de gilet rétro-réfléchissant de sécurité et/ou de triangle de pré-signalisation.

✓ **Contraventions de 5e classe :**
- blessures involontaires (sans incapacité totale de travail) par manquement délibéré à une obligation de sécurité ;
- non-respect de la vitesse d'au moins 50 km/h au-delà de la vitesse maximale autorisée (délit en cas de récidive) ;
- transport, détention ou usage d'un appareil destiné à déceler ou perturber les contrôles ;
- circulation sur les voies ou les lieux ouverts à la circulation publique ou au public avec un véhicule à deux roues à moteur.

Comment fonctionne le permis à points ?

Afin de lutter contre l'insécurité routière, il a été institué un permis à points (*Code de la route, Art. L. 223-1 et s.*). Initialement doté de 6 points, le permis en compte 12 depuis le 1/12/1992. Pour les automobilistes qui ont perdu des points avant cette date, le capital restant est multiplié par deux.

› Le retrait de points

À chaque infraction constatée et sanctionnée par un tribunal, l'automobiliste perd un certain nombre de points, compris entre 1 et 6, en fonction de la gravité de l'infraction.

Dans le cas où plusieurs infractions sont constatées en même temps, dont au moins un délit, le cumul des points enlevés est de 8 au maximum. Pour plusieurs contraventions commises simultanément, on peut perdre au maximum 6 points.

Lors de l'infraction, le gendarme ou le policier verbalisateur doit remettre à l'automobiliste un formulaire sur lequel figure le nombre de points susceptibles de lui être retirés. Si tel n'est pas le cas, l'automobiliste peut contester la procédure devant les tribunaux administratifs.

Le retrait des points n'intervient qu'après paiement de l'amende forfaitaire prévue pour l'infraction visée ou lorsque la décision de justice devient définitive. Aucun retrait de points ne peut être fait à l'initiative des forces de l'ordre.

Le retrait de points constitue une sanction de nature administrative dont le fondement légal et l'application échappent à la compétence du juge pénal pour relever du juge administratif (*Cour de cassation, Chambre criminelle, 18/5/1994*).

Le retrait de points est indiqué à l'automobiliste par lettre simple adressée à son domicile.

Depuis le 15/3/2007, le conducteur dont le nombre de points descend sous la barre des 6 points en est averti par courrier recommandé avec avis de réception avec proposition de suivre un stage payant afin de récupérer des points.

Depuis le 1/7/2007, tout automobiliste peut vérifier la situation de son capital de points sur Internet, via le site *www.interieur.gouv.fr*, rubrique « Télépoints : Consultez votre solde ».

Il lui suffit de s'identifier en saisissant :

– son numéro de dossier ;

– le code personnel confidentiel sécurisé obtenu auprès de toute préfecture ou de l'une des nombreuses sous-préfectures raccordées à l'application « Système national des permis de conduire ».

Ceux qui n'ont pas accès à Internet peuvent obtenir cette information en se rendant à la préfecture ou dans une sous-préfecture, ou encore en faire la demande par courrier.

› La récupération des points

Il y a deux façons de récupérer des points : soit intégralement en n'étant pas sanctionné pour une des infractions précitées pendant 3 ans, soit partiellement en suivant des stages de sensibilisation à la sécurité routière (→ index, *Stage de sensibilisation à la sécurité routière*). Lorsque le conducteur se trouve dans la période du délai probatoire du permis de conduire (→ index, *Permis de conduire, permis probatoire*) et qu'il a commis une infraction ayant donné lieu à un retrait de points égal ou supérieur à 3 points, il doit se soumettre à ce stage. Cette session de formation spécifique va se substituer à l'amende sanctionnant l'infraction (*Code de la route, Art. L. 223-6*).

Les points retirés du fait de contraventions passibles d'une amende forfaitaire sont réattribués au titulaire du permis de conduire à l'expiration d'un délai de 10 ans à compter de la date à laquelle la condamnation est devenue définitive ou du paiement de l'amende forfaitaire correspondante à l'infraction (*Code de la route, Art. L. 223-6, alinéa 3*).

AVANTAGE

Depuis le 1/1/2007, les conducteurs ayant commis une infraction n'entraînant la perte que d'1 seul point peuvent le récupérer automatiquement au bout d'1 an (au lieu de 3) ; à condition toutefois que dans ce délai, ils n'aient pas commis une infraction donnant lieu à une nouvelle perte de points.

À NOTER

La Délégation à la sécurité et à la circulation routières a publié un document : « Permis à points, faisons le point ». Vous y trouverez les réponses aux questions courantes (comment garder vos points ? comment les récupérer ?) et aux idées reçues sur le permis à points. Il est téléchargeable gratuitement sur le site : www.securiteroutiere.gouv.fr.

› Le retrait du permis

La perte des 12 points entraîne le retrait du permis de conduire. L'automobiliste en est informé par lettre recommandée et doit rendre son permis à la préfecture dans un délai de 10 jours depuis le 1/1/2008. Il doit repasser l'épreuve théorique du permis de conduire (le code). Un délai de 6 mois à compter de la date de la remise du permis au préfet doit toutefois être observé avant de pouvoir se représenter à cette épreuve.

Les conducteurs titulaires du permis depuis moins de 3 ans doivent en plus se représenter à la conduite. En outre, l'automobiliste doit passer à ses frais un examen ou une analyse médicale, clinique, biologique et psychotechnique (*Code de la route, Art. L. 223-5*).

› Tarif

Retrait de 6 points

– Homicide involontaire ou blessures involontaires entraînant une incapacité totale de travail de plus de 3 mois ;

– blessures involontaires entraînant une incapacité totale de travail n'excédant pas 3 mois ;

– dépassement de 50 km/h et plus de la vitesse maximale autorisée ;

– conduite en état d'alcoolémie (plus de 0,8 g/l d'alcool dans le sang) ;

– conduite en état d'alcoolémie (entre 0,5 g/l et 0,8 g/l d'alcool dans le sang) ;

– récidive de conduite en état d'alcoolémie (plus de 0,8 g/l d'alcool dans le sang) ;

– conduite sous l'influence cumulée de stupéfiants et d'abus d'alcool ;

– refus de se soumettre aux vérifications d'alcoolémie ;

– conduite après usage de stupéfiants ;

– refus de se soumettre au dépistage de stupéfiants ;

– délit de fuite ;

– refus d'obtempérer, d'immobiliser ou d'envoyer en fourrière son véhicule ou de se soumettre aux vérifications ;

– entrave ou gêne à la circulation ;

– usage volontaire de fausses plaques d'immatriculation, défaut volontaire de plaques, usurpation de plaques et fausses déclarations ;

– conduite sans permis ou malgré une suspension, une rétention ou une annulation du permis de conduire ;

– récidive dans les 3 ans d'un dépassement de plus de 50 km/h de la vitesse maximale autorisée.

Retrait de 4 points

– Refus de priorité ;

– non-respect de l'arrêt imposé par le panneau « Stop » ou par le feu rouge ou clignotant ;

– dépassement compris entre 40 et 50 km/h de la vitesse maximale autorisée ;

– circulation la nuit ou temps de brouillard en un lieu dépourvu d'éclairage public, d'un véhicule sans éclairage, ni signalisation ;

– circulation en sens interdit ;

– marche arrière ou demi-tour sur autoroute.

Retrait de 3 points

– Franchissement d'une ligne continue seule ou quand elle n'est pas doublée par une ligne discontinue du côté de l'usager ;

– changement important de direction sans que le conducteur se soit assuré que la manœuvre est sans danger pour les autres usagers et sans qu'il ait averti ceux-ci de son intention ;

– dépassement de la vitesse maximale autorisée compris entre 30 et 40 km/h ;

– dépassement dangereux ;

– arrêt ou stationnement dangereux ;

– stationnement sur la chaussée la nuit ou par temps de brouillard, en un lieu dépourvu d'éclairage public, d'un véhicule sans éclairage ni signalisation ;

– circulation sur la bande d'arrêt d'urgence ;

– non-respect de la distance de sécurité avec le véhicule qui précède. Celle-ci correspond à la distance parcourue par le véhicule pendant un délai d'au moins 2 secondes (temps minimum nécessaire pour prévenir une collision) ;

– défaut de port de la ceinture de sécurité à l'avant comme à l'arrière ;

– défaut de port du casque, port d'un casque non homologué ou d'un casque non attaché pour les conducteurs de deux-roues immatriculés ;

– conduite d'un véhicule sans respecter les conditions de validité ou les restrictions d'usage du permis de conduire.

Retrait de 2 points

– Dépassement de la vitesse maximale autorisée compris entre 20 et 30 km/h ;

– accélération de l'allure par le conducteur d'un véhicule sur le point d'être dépassé ;

– circulation ou stationnement sur le terre-plein central d'autoroute ;

– usage d'un téléphone tenu en main par le conducteur d'un véhicule en circulation ;

– transport, détention ou usage d'un appareil destiné à déceler ou perturber les contrôles ;

– fait de placer dans le champ de vision du conducteur un appareil en fonctionnement doté d'un écran et ne constituant pas une aide à la conduite ou à la navigation (écrans de télévision, consoles de jeu…).

Retrait d'1 point

– Dépassement de la vitesse maximale autorisée de moins de 20 km/h ;

– maintien des feux de route gênant pour les conducteurs venant en sens inverse malgré leurs appels de phares ;

– chevauchement d'une ligne continue seule ou quand elle n'est pas doublée par une ligne discontinue du côté de l'usager.

À NOTER

Vous pouvez (si vous perdez plus de 3 points, ce sera obligatoire) suivre un stage de sensibilisation à la sécurité routière qui vous permettra de récupérer un maximum de 4 points, sans pouvoir toutefois dépasser le plafond de 6 points pendant la période probatoire.

Ce stage dure 16 heures sur 2 jours consécutifs et coûte en moyenne 230 €. Pour vous y inscrire, consultez la liste des centres agréés dans votre préfecture ou sur le site : www.securiteroutiere.gouv.fr/data/permis_probatoire/flash.html.

QUE SE PASSE-T-IL EN CAS D'INFRACTION PENDANT LA PÉRIODE PROBATOIRE ?

✓ **En cas de retrait d'1 ou 2 points de façon ponctuelle :**
Si le conducteur commet des infractions entraînant un retrait d'1 ou 2 points, il a la possibilité de suivre volontairement un stage de 2 jours de sensibilisation à la sécurité routière (stage payant). Ce stage permet de maintenir son capital de 6 points.
Attention : il n'est pas possible de suivre plus d'un stage tous les 2 ans.

✓ **En cas de retrait d'au moins 3 points :**
Si le conducteur commet une infraction qui donne lieu au retrait d'au moins 3 points, il est informé par lettre recommandée avec demande d'avis de réception du retrait de points. Dans les 4 mois suivant la réception de cette lettre, il doit obligatoirement suivre un stage de 2 jours de sensibilisation à la sécurité routière (stage payant).
En fin de stage, il reçoit une attestation, qui lui permet de se faire rembourser le montant de l'amende et de gagner jusqu'à 4 points (sans dépasser le plafond des 6 points).
Si le conducteur refuse de suivre ce stage, il est condamné à payer une amende de 135 € et risque une suspension du permis pour une durée de 3 ans au maximum.

✓ **En cas de retrait de 6 points :**
Si le conducteur a perdu (en une ou plusieurs fois) ses 6 points pendant la période probatoire, son permis est invalidé. En plus, il se voit condamné automatiquement à une interdiction de conduire pendant 6 mois. Au terme de ce délai, il peut repasser l'examen du permis de conduire (code et conduite), à condition d'avoir été reconnu apte.

CIRCULATION ROUTIÈRE : INFRACTIONS

Infraction	Nature de l'infraction	Tribunal compétent	Peine maximale
Casque de protection : omission du port	Contravention	Juge de proximité	750 €
Ceinture de sécurité : omission du port à l'avant comme à l'arrière	Contravention	Juge de proximité	750 €
Conduite en état alcoolique : • taux d'alcool pur dans le sang compris entre 0,50 g/l et 0,8g/l • taux d'alcool dans l'air expiré compris entre 0,25 mg/l et 0,4g/l	Contravention	Juge de proximité	750 €
Conduite en état alcoolique ou d'ivresse : • taux d'alcool pur dans le sang égal ou supérieur à 0,80 g/l • taux d'alcool dans l'air expiré égal ou supérieur à 0,40 mg/l	Délit	Tribunal correctionnel	2 ans d'emprisonnement 4 500 €
Conduite sous l'influence de plantes ou de substances classées comme stupéfiants	Délit	Tribunal correctionnel	2 ans d'emprisonnement 4 500 €
Conduite sous l'influence cumulée de stupéfiants et d'abus d'alcool	Délit	Tribunal correctionnel	3 ans d'emprisonnement 9 000 €
Défaut d'assurance	Délit	Tribunal correctionnel	3 750 € …/…

CIRCULATION ROUTIÈRE : INFRACTIONS (SUITE)			
Infraction	**Nature de l'infraction**	**Tribunal compétent**	**Peine maximale**
Défaut de carte grise	Contravention	Juge de proximité	750 €
Défaut de permis de conduire	Délit	Tribunal correctionnel	1 an d'emprisonnement et 15 000 €
Dépassement de la vitesse maximale autorisée :			
• jusqu'à 50 km/h au-dessus de la limite	Contravention	Juge de proximité	750 €
• de plus de 50 km/h au-dessus de la limite	Contravention	Tribunal de police	1 500 €
Détention ou usage d'un détenteur de radar	Contravention	Tribunal de police	1 500 €
Non-respect d'un feu rouge, d'un sens interdit ou d'un stop	Contravention	Juge de proximité	750 €
Pneus lisses	Contravention	Juge de proximité	750 €
Refus de se soumettre aux vérifications d'état alcoolique ou de conduite sous l'influence de stupéfiants	Délit	Tribunal correctionnel	2 ans d'emprisonnement 4 500 €
Usage du téléphone portable au volant	Contravention	Juge de proximité	150 €

Les règles sur la rétention, la suspension ou l'annulation du permis

La rétention du permis

En cas de taux d'alcoolémie égal ou supérieur à 0,5 g/l, tout agent de la force publique peut retenir immédiatement et pour 72 heures le permis de conduire du conducteur concerné. Ensuite, en fonction des résultats de l'analyse de sang, le permis peut, dans ce cas, être suspendu pendant 6 mois maximum. La rétention est également possible en cas de dépassement de plus de 40 km/h de la vitesse autorisée (*Code de la route, Art. L. 224-1 et s. et R. 224-1 et s.*).

La suspension du permis

Le permis de conduire peut être suspendu administrativement en cas d'infraction grave au Code de la route : excès de vitesse, dépassement dangereux, non-respect d'un stop, délit de fuite (*Code de la route, Art. L. 224-1 et s. et R. 224-1 et s.*).

ATTENTION ⚠

Toutes les infractions de 4e classe (Voir pages Barème) sont désormais passibles, en plus d'une amende et d'un retrait de points, d'une suspension du permis de conduire pouvant aller jusqu'à 3 ans.

● La suspension est ordonnée par le préfet du département où a été commis l'infraction, soit seul (en cas d'urgence), soit après avis d'une commission. Elle ne peut dépasser 1 an (2 mois si le préfet le décide seul).

● Le permis peut être suspendu par décision de justice en cas d'infraction très grave au Code de la route : atteinte involontaire à la vie (homicide involontaire ou par imprudence) ou atteinte involontaire à l'intégrité de la personne (blessures involontaires), délit de fuite, conduite en état d'ivresse avec plus de 0,8g/l d'alcool dans le sang. La suspension peut être prononcée pour une durée de 6 ans.

La suspension prend effet le jour où la décision est notifiée. Elle entraîne pour la même durée et dans les mêmes conditions la suspension de tout autre permis dont est titulaire l'automobiliste. Ce dernier risque

une amende et un emprisonnement de 6 mois s'il conduit sans permis.
Si votre permis a été suspendu, vous pouvez le récupérer à l'issue de la période de suspension. Adressez-vous à l'autorité mentionnée sur le récépissé qui vous a été remis lors de la suspension.

À NOTER

La loi n° 2003-495 du 12/6/2003 a mis un terme à la pratique dite des « permis blancs » (qui permet, malgré une suspension du permis, de continuer à conduire pendant les heures d'activité professionnelle) lorsque l'infraction à l'origine de la suspension est : un homicide et/ou des blessures involontaires, un délit de fuite, un délit de risque causé à autrui, une conduite de véhicule alors que le permis était déjà suspendu, retiré ou annulé, un état de conduite sous l'emprise d'alcool (au moins 0,8 g/l d'alcool dans le sang) ou de stupéfiants, un refus de se soumettre aux dépistages liés à l'alcoolémie ou à l'usage de stupéfiants ou encore lorsque le conducteur est en récidive d'excès de vitesse d'au moins 50 km/h.

L'annulation du permis

L'annulation du permis de conduire est prononcée par le tribunal correctionnel dans les cas d'infractions très graves au Code de la route : délit de fuite, atteinte involontaire à la vie (homicide ou blessure involontaires), conduite en état d'ivresse…
Elle est d'une durée maximum de 3 ans, mais peut être portée à 10 ans en cas de récidive de conduite en état d'ivresse ayant entraîné la mort, par exemple. En cas de récidive pour le délit d'homicide involontaire aggravé, la durée de l'interdiction de repasser le permis de conduire est de plein droit fixée à 10 ans. Le tribunal peut toutefois prévoir, par décision spécialement motivée, que cette interdiction sera définitive.

L'annulation prend effet le jour où la décision est notifiée. Elle entraîne l'annulation pour la même durée et dans les mêmes conditions de tout autre permis dont vous êtes titulaire. Vous risquez une amende et un emprisonnement de 6 mois si vous conduisez sans permis.

Si votre permis a été annulé, vous ne pouvez pas le récupérer.

À l'issue de la peine, vous êtes obligé de repasser les épreuves du permis de conduire si vous souhaitez conduire à nouveau (sauf si vous avez votre permis depuis plus de 3 ans à la date de l'annulation et que vous n'avez pas encouru une annulation de permis supérieure à un an). Vous devez être reconnu apte après un examen ou une analyse médicale, clinique, biologique et psychotechnique effectué à vos frais (*Code de la route, Art. L. 224-14 et s.*).

ATTENTION ⚠

Le permis peut également être annulé en cas de perte de 12 points (→ index, Permis à points).

À NOTER

Pour tout renseignement complémentaire, on peut consulter sur Internet le site officiel consacré à la sécurité routière : www.securiteroutiere.equipement.gouv.fr.

À NOTER

Les limitations de vitesse et le port du « A » pour les jeunes conducteurs ne sont obligatoires que pour ceux qui passent leur permis pour la première fois. En conséquence, ceux dont le permis a été annulé ou invalidé, une fois « repassé » leur permis, ne sont pas concernés.

UN STAGE DE SENSIBILISATION À LA SÉCURITÉ ROUTIÈRE

Constatant l'utilité et l'efficacité des stages de sensibilisation à la sécurité routière, le législateur a institué cette mesure comme peine complémentaire à certaines infractions routières.
Lorsqu'elle est encourue à titre de peine complémentaire, l'obligation d'accomplir un stage de sensibilisation à la sécurité routière est exécutée aux frais du condamné, dans un délai de 6 mois à compter de la date à laquelle la condamnation est définitive.
L'accomplissement du stage donne lieu à la remise d'une attestation à la personne condamnée que celle-ci adresse au procureur de la République (*Code pénal, Art. 131-35-1*). Cette attestation donne droit à la récupération de 4 points dans la limite du plafond affecté au permis de conduire de son titulaire. Une nouvelle reconstitution de points, après un nouveau stage de sensibilisation, n'est possible qu'au terme d'un délai de 2 ans (*Code de la route, Art. R. 223-8*).
Le non-respect de cette peine complémentaire est puni de 2 ans d'emprisonnement et de 30 000 € d'amende (*Code pénal, Art. 434-41*).

UN PLAN DE LUTTE CONTRE LES INFRACTIONS LES PLUS GRAVES EN 14 MESURES

À l'issue du Comité interministériel de la sécurité routière (CISR) du 18/2/2010, 14 mesures visant à lutter contre l'insécurité routière ont été adoptées. La plupart de ces mesures seront mises en œuvre par décret.

✓ Objectif n° 1 : Combattre l'alcool et la drogue au volant

Mesure n° 1 : 5 000 éthylomètres électroniques pour augmenter les contrôles d'alcoolémie au volant.
Mesure n° 2 : 100 000 tests salivaires de contrôle de stupéfiants seront réalisés par an.
Mesure n° 3 : Les frais de dépistage médicaux de stupéfiants, confirmant les tests salivaires, seront désormais à la charge du contrevenant, et non plus du contribuable.
Mesure n° 4 : Des éthylotests seront disponibles (gratuitement ou moyennant paiement) dans les débits de boissons pour permettre aux clients de tester leur alcoolémie avant de reprendre le volant.

✓ Objectif n° 2 : Dissuader les excès de vitesse

Mesure n° 5 : Implantation de panneaux annonçant une zone de « contrôles radars fréquents » pouvant s'étendre sur plusieurs kilomètres.
Mesure n° 6 : Installation de 100 radars « vitesse moyenne », contrôlant le temps de parcours moyen sur une distance de quelques kilomètres.

✓ Objectif n° 3 : Sanctionner plus sévèrement les grands délits routiers

Mesure n° 7 : Immobilisation immédiate du véhicule d'un conducteur ayant commis une infraction grave au Code de la route ; placement en fourrière pour une durée de 7 jours au maximum, sur simple décision du préfet.
Mesure n° 8 : Délit de fuite plus sévèrement sanctionné : 3 ans d'emprisonnement et 75 000 € d'amende (contre 2 ans d'emprisonnement et 30 000 € d'amende aujourd'hui).

✓ Objectif n° 4 : Sécuriser l'usage des deux-roues motorisés

Mesure n° 9 : Mettre fin au débridage des cyclomoteurs en créant, dans le Code de la route, une infraction spécifique punie d'une amende de 135 € pour les conducteurs de cyclomoteurs débridés et en renforçant les contrôles.
Mesure n° 10 : Instaurer un contrôle technique périodique pour les cyclomoteurs, à compter de la 2e année de mise en circulation.
Mesure n° 11 : Tout détenteur d'un permis B, qui fera assurer pour la 1re fois une motocyclette légère (de 50 à 125 cm^3) ou un tricycle à moteur, devra suivre une formation obligatoire de 7 heures.
Mesure n° 12 : De nouveaux équipements d'aménagement de la route, moins dangereux pour les deux-roues motorisés, seront mis en place.

✓ Objectif n° 5 : Sensibiliser les futurs conducteurs

Mesure n° 13 : Des actions de prévention seront organisées dans les lycées.

✓ Objectif n° 6 : Prévenir le risque routier professionnel

Mesure n° 14 : Instauration de plans de prévention du risque routier professionnel.

Automobile

Automobile et deux-roues

Auto-école

– prix moyen de l'heure de conduite : 30 € ;
– coût du permis (base 30 heures de conduite) : entre 765 et 920 €.

Contraventions

MONTANT DES AMENDES EN EUROS				
	Amende forfaitaire			Amende pénale
	normale	minorée	majorée	
1re classe	11 €	N'existe pas	33 €	38 €
2e classe	35 €	22 €	75 €	150 €
3e classe	68 €	45 €	180 €	450 €
4e classe	135 €	90 €	375 €	75 0 €
5e classe	N'existe pas	N'existe pas	N'existe pas	1 500 €

Contrôle technique, prix moyen

– d'une visite : 80 € ;
– d'une contre-visite : 20 €.

Immobilisation et mise en fourrière

– expertise : 61 € ;
– frais de garde : 4,60 € par 24 heures ;
– immobilisation : 7,60 € ;
– opération d'enlèvement : 110 € ;
– opérations préalables à l'enlèvement : 15,20 €.

Malus annuel

160 € par véhicule.

Certificat d'immatriculation (ex-carte grise)

– prix : montant variable selon les régions ;
– taxe pour frais de gestion : 4 € ;
– redevance pour frais d'envoi postal : 2,50 €.

Modèles de lettres et de contrats-types

Table des matières

Modèle n° 1

Mise en demeure de payer la pension alimentaire

Nom
Adresse
Code postal, ville

Nom et adresse
Code postal, ville

Ville, date

Lettre recommandée avec demande d'avis de réception

Cher Jean-Luc,

Nous sommes le .... (date) et je n'ai toujours pas reçu la pension alimentaire du mois de .... (date). Or, je te rappelle que son versement doit être effectué au plus tard le .... (date), conformément au jugement qui a été rendu.

Je te prie donc de me la faire parvenir dans les plus brefs délais en espérant que cela ne se renouvellera pas. Dans le cas contraire, je mettrai en œuvre toutes les procédures légales utiles pour t'y contraindre.

Signature :

Modèle n° 2

Demande de recouvrement de la pension alimentaire auprès de la CAF

Nom
Adresse
Code postal, ville

Monsieur le Directeur de la Caisse
d'allocations familiales
Adresse
Code postal, ville

Ville, date

Lettre recommandée avec demande d'avis de réception

Monsieur le Directeur de la Caisse d'allocations familiales,

J'ai l'honneur de solliciter votre aide, en vue du recouvrement de la pension alimentaire due par mon ex-époux (ou ex-concubin, ou ex-partenaire pacsé), M. .... (nom, prénom), père de mon (ou mes) enfant(s).

En outre, je vous remercie de bien vouloir me verser une partie des sommes dues sous forme d'allocation de soutien familial, dans l'attente du recouvrement de la pension, conformément aux dispositions de l'article L. 523-1 du Code de la Sécurité sociale.

Vous trouverez, ci-joint, les justifications en ma possession (une copie du jugement condamnant M. .... (nom, prénom) à me verser une pension d'un montant de .... € (indiquer le montant), l'attestation de non-recouvrement délivrée par l'huissier, l'adresse du domicile de M. .... (nom, prénom), l'adresse de son employeur, son numéro de sécurité sociale…).

Veuillez croire, Monsieur le Directeur, ... (formule de politesse de votre choix).

Signature :

Code de la Sécurité sociale - Article L. 523-1 : Ouvrent droit à l'allocation de soutien familial

1°) tout enfant orphelin de père ou de mère, ou de père et de mère ;

2°) tout enfant dont la filiation n'est pas légalement établie à l'égard de l'un ou l'autre de ses parents ou à l'égard de l'un et de l'autre ;

3°) tout enfant dont le père ou la mère, ou les père et mère, se soustraient ou se trouvent hors d'état de faire face à leurs obligations d'entretien ou au versement d'une pension alimentaire mise à leur charge par décision de justice.

Modèle n° 3

Demande de recouvrement d'une pension alimentaire par le Trésor public

Nom
Adresse
Code postal, ville

Monsieur le procureur
de la République,
Tribunal de grande instance
Adresse
Code postal, ville

Ville, date

Lettre recommandée avec demande d'avis de réception

Monsieur le procureur de la République,
En vertu des dispositions de la loi du 11 juillet 1975 et du décret du 31 décembre 1975, je sollicite le concours du Trésor public aux fins de recouvrer les pensions alimentaires non payées à ce jour, dues par M. .... (nom, prénom) et s'élevant à un montant de .... € (indiquer le montant).
J'ai, hélas, déjà tenté sans succès de recouvrer ma créance. Vous trouverez ci-joint les justificatifs : une attestation du greffier du tribunal d'instance de .... (et/ou une attestation de Maître X, huissier de justice), ainsi qu'une copie certifiée conforme du jugement de divorce.
Mon débiteur habite au .... (adresse). Son dernier employeur connu est domicilié à l'adresse suivante : .... (indiquer l'adresse).
En vous remerciant, par avance, des suites que vous donnerez à cette affaire, veuillez croire, Monsieur le procureur de la République .... (formule de politesse de votre choix).

Signature :

Loi n° 75-618 du 11/7/1975 relative au recouvrement public des pensions alimentaires - Article 1er : Toute pension alimentaire fixée par une décision judiciaire devenue exécutoire dont le recouvrement total ou partiel n'a pu être obtenu par une des voies d'exécution de droit privé peut être recouvrée pour le compte du créancier par les comptables directs du trésor.

Décret n° 75-1339 du 31/12/1975 relatif aux modalités d'application de la loi n° 75-618 du 11/7/1975 - Article 1er : Le créancier de la pension alimentaire adresse sa demande de recouvrement public au procureur de la République près le tribunal de grande instance dans le ressort duquel se trouve son domicile.
La demande du créancier présentée sur papier libre est envoyée par lettre recommandée avec demande d'avis de réception ; elle peut être également déposée directement auprès du ministère public qui y porte sans délai la date du dépôt.
La demande est réputée faite soit à la date d'expédition de la lettre recommandée, soit à la date du dépôt du parquet.

Modèle n° 4

Autorisation pour un mineur

Autorisation simple

Je, soussigné(e) .... (nom, prénom), né(e) le .... (date), demeurant à .... (adresse), agissant en qualité de .... (père ou mère), autorise .... (mon fils ou ma fille) ....(nom, prénoms), né(e) le .... (date), à .... (ville) à .... (indiquer la cause de la demande).

J'atteste avoir le plein exercice de l'autorité parentale à l'égard de cet enfant.

Lieu................ date ....

Signature :

Autorisation certifiée

(Les parents ne sont ni séparés, ni divorcés).

Je, soussigné(e) .... (nom, prénom), né(e) le .... (date), demeurant à .... (adresse), agissant en qualité de .... (père ou mère), autorise .... (mon fils ou ma fille) .... (nom, prénoms), né(e) le .... (date), à .... (ville) à .... (indiquer la cause de la demande).

J'atteste avoir le plein exercice de l'autorité parentale à l'égard de cet enfant et n'être ni divorcé, ni séparé de corps, ni en instance de divorce ou de séparation de corps.

Lieu................ date ....

Signature :

NB : Le mineur doit justifier de sa propre identité et doit se munir d'une pièce permettant de comparer la signature avec celle du signataire (carte d'identité du signataire, par exemple).

Modèle n° 5

Testament olographe

Ceci est mon testament

Je soussigné(e) .... (nom, prénom) demeurant .... (adresse) déclare par les présentes prendre, en vue de mon décès, les dispositions suivantes :

....

....

....

Je lègue à M. .... (nom, prénom), demeurant .... (adresse).

Cet acte révoque tous les testaments faits antérieurement.

Écrit, daté et signé entièrement de ma main.

À .... (ville), le .... (date en toutes lettres : douze avril deux mille six)

Signature :

Modèle n° 6

Demande de remise d'amende

Nom
Adresse
Code postal, ville

À l'attention de
Monsieur le Garde des Sceaux
Ministère de la Justice
Adresse
Code postal, ville

Ville, date

Monsieur le Ministre,

J'ai l'honneur de solliciter la remise totale, et à tout le moins partielle, de l'amende qui a été prononcée contre moi.

J'ai été condamné(e) le .... (date) à une amende de .... € (montant).

Ma situation de fortune est très modeste. En effet, je perçois un salaire mensuel de .... € (montant) et je dois supporter les charges suivantes : .... (indiquer de manière détaillée le type de charges ; exemple : les dettes dont vous êtes redevable, la charge d'enfants mineurs...).

En conséquence, je suis dans l'impossibilité de faire face au paiement de l'amende, sans compromettre irrémédiablement ma situation et celle de ma famille.

En espérant que vous étudierez ma demande, je vous prie d'agréer, Monsieur le Ministre, ... (formule de politesse de votre choix).

Signature :

Remarque : joindre les pièces justificatives.

Modèle n° 7

Plainte au procureur de la République

Près le tribunal de grande instance de .... (ville)
Je soussigné(e) .... (nom, prénom)
demeurant .... (adresse)
exerçant la profession de .... (profession)

1re hypothèse : vous connaissez l'auteur de l'infraction :

Ai l'honneur de porter plainte entre vos mains contre M. ....(nom, prénom)
demeurant .... (adresse)

2e hypothèse : vous ne connaissez pas l'auteur de l'infraction :

Ai l'honneur de porter plainte entre vos mains contre X.

Dans toutes les hypothèses :

En raison des faits suivants : .... (énoncez les faits dont vous vous plaignez).
C'est pourquoi, Monsieur le procureur de la République, j'ai l'honneur de porter plainte entre vos mains en vous priant de donner à cette affaire la suite légale qu'elle comporte et vous prie de croire en ma haute considération.

Lieu .... date ....

Signature :

Modèle n° 8

Plainte avec constitution de partie civile

À Monsieur le doyen des juges d'instruction,
M. ....(nom, prénom)
demeurant .... (adresse)
exerçant la profession de .... (profession)
ayant Me .... (nom de l'avocat) pour avocat
A l'honneur de porter plainte contre X (ou contre M. ....) pour infraction aux articles .... (indiquer les articles) du Code pénal et tous autres délits qui pourraient apparaître en cours d'instruction, joignant à la présente plainte copie des documents dont il est fait état ci-dessus, se constituant d'ores et déjà partie civile et offrant de consigner telle somme qu'il vous plaira de fixer et,
Vous prie de croire, Monsieur le doyen des juges d'instruction, en sa haute considération.

Lieu .... date ....

Signature :

Modèle n° 9

Demande d'aide juridictionnelle

Nom
Adresse
Code postal, ville

Tribunal de grande instance
(ou Conseil d'État, Cour de cassation
ou Commission des recours des réfugiés,
s'il s'agit d'une affaire portée devant
l'une de ces juridictions)
Bureau d'aide juridictionnelle
Adresse
Code postal, ville

Ville, date

Monsieur le Président,

Je, soussigné(e) .... (nom, prénoms, profession, nationalité et domicile du requérant ou, si celui-ci est une personne morale, ses dénomination, forme, objet et siège social), sollicite mon admission au bénéfice de l'aide juridictionnelle à l'effet :

1re hypothèse : vous souhaitez poursuivre une personne

d'intenter une action devant le .... (indiquer le nom de la juridiction compétente ; exemple : Conseil de prud'hommes de Verdun, Tribunal de grande instance de Créteil) contre M. .... (nom, prénom, profession et domicile de l'adversaire).

2e hypothèse : si une action judiciaire est intentée contre vous

de défendre à une action intentée contre moi devant le .... (indiquer le nom de la juridiction compétente ; exemple : Conseil de prud'hommes de Caen, Tribunal de grande instance de Vincennes).

Dans toutes les hypothèses

Le but de ce procès est le suivant : .... (indiquer la nature du litige, exposer les faits et le motif de la demande).

1re hypothèse : vous avez choisi un avocat

Me .... (nom de l'avocat) a accepté de me prêter son concours au titre de l'aide juridictionnelle.

2e hypothèse : vous n'avez pas choisi d'avocat

Je sollicite la désignation des auxiliaires de justice qui me prêteront leur concours.

Veuillez agréer, Monsieur le Président, l'assurance de ma sincère considération.

Signature :

Modèle n° 10

Délai de rétractation

Nom et adresse
Code postal, ville

Nom et adresse de
l'établissement financier
Code postal, ville

Ville, date
Référence du dossier

Lettre recommandée avec demande d'avis de réception

Monsieur (ou Madame),

J'ai signé un bon de commande le .... (date) pour un montant de .... € (montant).

J'ai le même jour accepté l'offre préalable de crédit que me proposait votre établissement pour un montant de .... € (montant), afin de financer cet achat.

Conformément à l'article L. 311-15 du Code de la consommation prévoyant une faculté de rétractation pendant un délai de 7 jours, je déclare renoncer à l'offre de crédit référencée ci-dessus.

Veuillez croire, Monsieur (ou Madame), ... (formule de politesse de votre choix).

Signature :

Code de la consommation - Article L. 311-15 : Lorsque l'offre préalable ne comporte aucune clause selon laquelle le prêteur se réserve le droit d'agréer la personne de l'emprunteur, le contrat devient parfait dès l'acceptation de l'offre préalable par l'emprunteur. Toutefois, l'emprunteur peut, dans un délai de sept jours à compter de son acceptation de l'offre, revenir sur son engagement. Pour permettre l'exercice de cette faculté de rétractation, un formulaire détachable est joint à l'offre préalable. L'exercice par l'emprunteur de sa faculté de rétractation ne peut donner lieu à enregistrement sur un fichier.

Modèle n° 11

Abus de faiblesse et d'ignorance

Nom
Adresse
Code postal, ville

Nom et adresse de la société
Code postal, ville

Ville, date

Lettre recommandée avec demande d'avis de réception

Monsieur (ou Madame),

M. .... (nom de la personne démarchée) a été abusé(e) le .... (date) par un démarcheur travaillant pour votre société. En effet, ... (décrire les agissements du démarcheur). Ces actes s'apparentent à mon sens à un abus du fait de la faiblesse et de l'ignorance de M. .... (nom).

Je vous rappelle que vous êtes passible des sanctions pénales prévues par l'article L. 122-8 du Code de la consommation. Je vous prie donc de bien vouloir annuler la commande de M. .... (nom) et lui rembourser la somme versée.

Veuillez croire, Monsieur (ou Madame), ... (formule de politesse de votre choix).

Signature :

Code de la consommation - Article L. 122-8 : Quiconque aura abusé de la faiblesse ou de l'ignorance d'une personne pour lui faire souscrire, par le moyen de visites à domicile, des engagements au comptant ou à crédit sous quelque forme que ce soit sera puni d'un emprisonnement de cinq ans et d'une amende de 9 000 € ou de l'une de ces deux peines seulement, lorsque les circonstances montrent que cette personne n'était pas en mesure d'apprécier la portée des engagements qu'elle prenait ou de déceler les ruses ou artifices déployés pour la convaincre à y souscrire, ou font apparaître qu'elle a été soumise à une contrainte.

Les personnes physiques déclarées coupables encourent également à titre de peines complémentaires l'interdiction, suivant les modalités prévues par l'article 131-27 du code pénal, soit d'exercer une fonction publique ou d'exercer l'activité professionnelle ou sociale dans l'exercice ou à l'occasion de l'exercice de laquelle l'infraction a été commise, soit d'exercer une profession commerciale ou industrielle, de diriger, d'administrer, de gérer ou de contrôler à un titre quelconque, directement ou indirectement, pour leur propre compte ou pour le compte d'autrui, une entreprise commerciale ou industrielle ou une société commerciale. Ces interdictions d'exercice peuvent être prononcées cumulativement.

Modèle n° 12

Mandat - Procuration

Je soussigné(e) M. .... (nom, prénom), demeurant à .... (adresse)

constitue par les présentes pour mandataire : M. .... (nom, prénom), demeurant à .... (adresse) dont vous trouverez la signature ci-dessous.

M. .... (nom, prénom) est mandaté pour effectuer les opérations suivantes .... (préciser l'objet du mandat).

Ce pouvoir a une durée illimitée. Il prendra fin par révocation expresse. En outre, il s'ajoute à tous les mandats qui auraient été consentis et non annulés à ce jour.

Fait à .... (ville) en .... (nombre) originaux.

Lu et approuvé
Bon pour pouvoir
Signature (1)

J'accepte le pouvoir ci-dessus
Lu et approuvé
Signature (2)

(1) Mentions de la main du mandant (c'est-à-dire celui qui donne un mandat à quelqu'un).
(2) Mentions de la main du mandataire (c'est-à-dire celui qui accepte le mandat qui lui a été donné).

Code civil - Article 1984 : Le mandat ou procuration est un acte par lequel une personne donne à une autre pouvoir de faire quelque chose pour le mandant et en son nom.

Le contrat ne se forme que par l'acceptation du mandataire.

Modèle n° 13

Recours amiable contre une décision de la Sécurité sociale

Nom
Adresse
Code postal, ville

Secrétariat de la Commission
de recours amiable
Adresse
Code postal, ville

Ville, date

N° de sécurité sociale

Monsieur (ou Madame),

J'ai fait une demande d'indemnisation (ou d'allocations, ou aides) qui m'a été refusée par la Sécurité sociale le .... (date), au motif que .... (indiquer le motif du refus).

Je réfute cette argumentation. En effet, ... (expliquer vos motifs).

Vous remerciant par avance de revoir mon dossier et de lui accorder une suite favorable, je vous prie d'agréer, Monsieur (ou Madame), ... (formule de politesse de votre choix).

Signature :

PJ : copie du courrier de refus adressé par la Sécurité sociale.

Modèle n° 14

Retard de livraison d'un véhicule neuf

Nom
Adresse
Code postal, ville

Nom et adresse de la société
Code postal, ville

Ville, date
N° du bon de commande

Lettre recommandée avec demande d'avis de réception

Monsieur (ou Madame),

J'ai signé un bon de commande le .... (date) pour l'achat de .... (indiquer le type de véhicule, ex. : Renault Safrane) que vous deviez me livrer le .... (date).

Je n'ai pas pu prendre, à ce jour, possession du véhicule. C'est pourquoi je vous mets en demeure de me livrer l'automobile dans un délai de quinze jours à réception de cette lettre.

Dans l'hypothèse où je ne recevrais pas de réponse de votre part, dans ce délai, je considérerais le contrat comme rompu, et l'acompte que j'ai versé devra m'être restitué.

En outre, ce retard me porte gravement préjudice car .... (indiquer les faits constituant votre préjudice). En conséquence, je vous demande le paiement de la somme de .... € (montant), à titre de dommages et intérêts, en vertu de l'article 1611 du Code civil.

Veuillez croire, Monsieur (ou Madame), ... (formule de politesse de votre choix).

Signature :

Code civil - Article 1611 : Dans tous les cas, le vendeur doit être condamné aux dommages et intérêts, s'il résulte d'un préjudice pour l'acquéreur, du défaut de délivrance au terme convenu.

Modèle n° 15

Contrat de vente d'un véhicule d'occasion

ENTRE
M. .... (*nom, prénom*)
ET
M. .... (*nom, prénom*)
Il a été convenu ce qui suit :

– Monsieur .... (vendeur) vend à Monsieur .... (acheteur) qui accepte un véhicule automobile de marque .... dont les caractéristiques sont les suivantes : puissance : ......, type : ....; numéro dans la série du type : .... ; date de première mise en circulation : ....; année : ....; modèle : .... ; (reprendre toutes ces indications sur la carte grise), pour le prix de .... € (en lettres et en chiffres).

– Ce prix a été payé par Monsieur .... (nom, prénom) par chèque sur la Banque ...., n° ...., en date du .... (ou « en espèces » ce dont M ...., vendeur, lui donne quittance) M. .... (vendeur) déclare que ce véhicule a été acquis par lui neuf le .... (date), qu'il n'a jamais été accidenté, que le kilométrage figurant au compteur, soit .... kilomètres est réel. (Si le vendeur n'est pas en mesure de garantir le véhicule, parce qu'il l'a acheté en deuxième ou troisième main, indiquer) :

« Le véhicule a été acquis d'occasion le .... (date). Le kilométrage figurant au compteur est de .... km, mais M. .... (nom, prénom) n'est pas en mesure de le garantir. »)

– Monsieur .... (vendeur) déclare, en outre, que ce véhicule a fait l'objet de révisions périodiques et qu'il est à sa connaissance en bon état de marche.

– Monsieur .... (acquéreur), déclare avoir examiné en détail ce véhicule, l'avoir essayé avec le vendeur, avoir constaté qu'il est en bon état extérieur (pneus, carrosserie, etc.) et intérieur. Il renonce à exercer à l'encontre de M. .... (vendeur) toute action quelle qu'en soit la nature, et même celle qui serait fondée sur un vice caché non connu du vendeur.

– Monsieur .... (acquéreur) reconnaît avoir reçu tous les papiers nécessaires au changement d'immatriculation.

Il prend possession de ce véhicule à compter de ce jour à .... (heure) et dégage, en conséquence, Monsieur .... (vendeur) de toutes responsabilités civiles ou pénales pour les accidents, contraventions ou délits qui pourraient survenir à compter de ce jour et heure.

Fait à .... (ville), le .... (date) à .... (heure) en 2 exemplaires.

Lu et approuvé (*mention manuscrite*)

Signatures du vendeur
et de l'acquéreur

Modèle n° 16

Mauvaises réparations d'un véhicule par un garagiste

Nom
Adresse
Code postal, ville

Nom et adresse du garagiste
Code postal, ville

Ville, date

Monsieur (ou Madame),

Je vous ai le .... (date) confié un véhicule pour effectuer .... (indiquer la nature des réparations demandées).

Après avoir pris possession de mon véhicule, j'ai réglé la facture s'élevant à .... € (montant). Néanmoins, j'ai pu constater que les anomalies affectant ma voiture se reproduisaient.

Je vous rappelle que vous êtes tenu à une obligation de résultat (Cour de cassation, 1re chambre civile, 22/6/1983, Bull. civ. I, n° 181) dans le cadre de l'exécution du contrat nous liant, je vous prie donc de bien vouloir reprendre le véhicule afin de le réparer gratuitement ou à défaut, je souhaite que vous me restituiez le prix.

Dans l'hypothèse où je n'obtiendrais pas satisfaction, je me verrais dans l'obligation de saisir le tribunal compétent et demander des dommages et intérêts.

Veuillez croire, Monsieur (ou Madame) .... (formule de politesse de votre choix).

Signature :

Cour de cassation, 1re chambre civile, 22/6/1983, Bull civ. I, n° 181 : Stipulant que le garagiste qui a effectué des réparations sur un véhicule tombé, peu de temps après celles-ci, en panne est tenu de prouver qu'il n'a pas commis de faute.

Modèle n° 17

Contestation d'un P.V.

Nom
Adresse
Code postal, ville

Monsieur (*ou Madame*)
le procureur de la République
(*si délai de 45 jours dépassé*)
ou service indiqué
sur l'avis de contravention
Adresse
Code postal, ville

Ville, date

Monsieur (ou Madame) le procureur de la République,

J'ai été verbalisé(e) par un agent de police le .... (date) à .... (heure) selon procès-verbal numéro .... dont je joins copie.

Je souhaite être exonéré(e) du paiement de cette contravention car .... (indiquer la raison de cette contestation ; ex : absence de panneau d'interdiction de stationner).

Je vous remercie de bien vouloir prendre ma requête en considération.

Veuillez croire, Monsieur (ou Madame) le procureur de la République .... (formule de politesse de votre choix).

Signature :

Modèle n° 18

Location saisonnière : renseignements mensongers

Nom
Adresse
Code postal, ville

Nom et adresse du bailleur
Code postal, ville

Ville, date

Monsieur (ou Madame),

Vous m'avez loué le .... (date), une maison qui correspondait, d'après l'annonce que vous avez fait paraître, aux caractéristiques suivantes : .... (indiquer les éléments figurant dans l'annonce). Or, ... (indiquer en quoi la réalité était différente).

Je vous rappelle que l'article 1116 du Code civil relatif aux allégations mensongères sanctionne ces agissements. En conséquence, je vous prie de bien vouloir me rembourser le prix de la location et me verser un dédommagement de .... € (indiquer le montant).

Dans le cas contraire, je me verrais dans l'obligation de porter plainte.

Veuillez croire, Monsieur (ou Madame) .... (formule de politesse de votre choix).

Signature :

Code civil - Article 1116 : Le dol est une cause de nullité de la convention lorsque les manœuvres pratiquées par l'une des parties sont telles, qu'il est évident que, sans ces manœuvres, l'autre partie n'aurait pas contracté.

Il ne se présume pas et doit être prouvé.

Modèle n° 19

Achat d'un immeuble en multipropriété : rétractation

Nom
Adresse
Code postal, ville

Nom et adresse
Code postal, ville

Ville, date

Lettre recommandée avec demande d'avis de réception

Madame (ou Monsieur),

Nous avons été contactés le .... (indiquer la date) par l'un de vos commerciaux en vue de nous rendre dans vos locaux.

Nous avons répondu à votre invitation, à la suite de laquelle nous avons signé pour l'achat d'un appartement dans une résidence en multipropriété.

Après réflexion, nous souhaitons renoncer à cet achat conformément à l'article L. 121-64 du Code de la consommation.

Je vous prie de croire, Madame (ou Monsieur) .... (formule de politesse de votre choix).

Signature :

Code de la consommation - Article L. 121-64 : L'acceptation de l'offre résulte de sa signature par le consommateur, précédée de la mention manuscrite de la date et du lieu, suivie de son envoi au professionnel par lettre recommandée avec demande d'avis de réception ou, à défaut, par tout autre moyen présentant des garanties équivalentes pour la détermination de la date d'envoi.

Dans les mêmes formes, le consommateur peut se rétracter dans un délai de dix jours à compter de l'envoi au professionnel de l'offre acceptée, sans indemnité ni frais, à l'exception éventuelle des frais tarifés nécessairement engagés.

Modèle n° 20

Annulation d'un voyage

Nom
Adresse
Code postal, ville

Nom et adresse de l'agence
Code postal, ville

Ville, date

Lettre recommandée avec demande d'avis de réception

Madame (ou Monsieur),

J'ai acheté un voyage en date du .... (indiquer la date). Toutefois, pour des raisons familiales, je souhaite annuler mon voyage.

Conformément aux conditions générales de vente se trouvant au dos du bon de réservation, je souhaite que vous me restituiez la somme de .... € (indiquer le montant).

Je vous prie de croire, Madame (ou Monsieur) .... (formule de politesse de votre choix).

Signature :

Modèle n° 21

Opposition sur un chéquier

Nom
Adresse
Code postal, ville

Nom et adresse
de votre agence bancaire
Code postal, ville

Ville, date
Numéro de compte

Lettre recommandée avec demande d'avis de réception

Monsieur (ou Madame),

Je vous confirme que je fais opposition sur les formules de chèques .... (numéro) à .... (numéro) qui m'ont été dérobées.

Je joins à ce courrier la déclaration de vol délivrée par les services de police.

Je vous prie de prendre bonne note de cette opposition.

Veuillez croire, Monsieur (ou Madame) .... (formule de politesse de votre choix).

Signature :

Modèle n° 22

Demande de report d'une échéance de crédit

Nom
Adresse
Code postal, ville

Nom et adresse
de l'établissement de crédit
Code postal, ville

Ville, date

N° du contrat de crédit

Monsieur (ou Madame),

Devant faire face à des difficultés financières, je ne suis malheureusement pas en mesure de payer l'échéance du .... (date), correspondant à la somme de .... € (montant).

Je souhaiterais que vous acceptiez le report de paiement de cette échéance jusqu'au .... (date). Je serai alors en mesure de remplir mes obligations.

Dans l'attente de votre réponse, je vous prie d'agréer, Monsieur (ou Madame), ... (formule de politesse de votre choix).

Signature :

Modèle n° 23

Crédit mobilier : remboursement par anticipation

Nom
Adresse
Code postal, ville

Nom et adresse de la banque
Code postal, ville

Ville, date

Lettre recommandée avec demande d'avis de réception

Monsieur (ou Madame),

J'ai contracté le .... (date) un crédit mobilier dans votre établissement. Je souhaite aujourd'hui procéder au remboursement par anticipation de la totalité du crédit que vous m'avez consenti (1), soit la somme de .... € (si vous remboursez en partie, indiquez également le montant), conformément à l'article L. 311-29 du Code de la consommation.

Pourriez-vous m'adresser un courrier afin de fixer les modalités de ce remboursement ?

Je vous prie de croire, Monsieur (ou Madame), ... (formule de politesse de votre choix).

Signature :

PJ : photocopie de votre contrat de prêt.

Code de la consommation - Article L. 311-29 : L'emprunteur peut toujours, à son initiative, rembourser par anticipation sans indemnité, en partie ou en totalité, le crédit qui lui a été consenti. Toutefois, le prêteur peut refuser un remboursement partiel anticipé inférieur à un montant fixé par décret.

Le premier alinéa ne s'applique pas aux contrats de location, sauf si ces contrats prévoient que le titre de propriété sera finalement transféré au locataire.

(1) Il est à noter que pour les contrats conclus avant le 2/1/1990, la banque est en droit de vous réclamer une pénalité égale au plus à 4 % du capital restant dû. Si le prêt est remboursé en totalité, le montant de cette pénalité ne pourra excéder le montant des intérêts non encore échus.

NB : La banque pourra refuser un remboursement partiel si la somme remboursée est inférieure à 3 fois le montant contractuel de la première échéance non échue.

Modèle n° 24

Saisine de la Commission de surendettement

Nom
Adresse
Code postal, ville

Secrétariat de la Commission
de surendettement
Banque de France
Adresse
Code postal, ville

Ville, date

Lettre recommandée avec demande d'avis de réception

Monsieur (ou Madame),

Je souhaiterais bénéficier des dispositions des articles L. 331-1 et suivants ainsi que des articles R. 331-1 et suivants du Code de la consommation relatifs à la procédure devant la Commission de surendettement des particuliers, car je ne peux faire face actuellement au paiement de mes dettes.

Ma situation est la suivante (décrire votre situation) :

– .... (situation familiale)

– .... (biens)

– .... (ressources)

– .... (dettes : montant, nom et adresse des créanciers).

Je reste à votre disposition pour toute information complémentaire.

Veuillez croire, Monsieur (ou Madame), ... (formule de politesse de votre choix).

Signature :

Modèle n° 25

Résiliation avant le terme du contrat

Nom
Adresse
Code postal, ville

Nom et adresse de l'assureur
Code postal, ville

Ville, date
Numéro de police

Lettre recommandée avec demande d'avis de réception

Monsieur (ou Madame),

Je vous informe de ....
(indiquer la nature du changement : changement de domicile, etc.).

Je vous prie de bien vouloir prendre acte de la résiliation de mon contrat d'assurance souscrit auprès de votre compagnie sous le numéro ...., conformément aux dispositions de l'article L. 113-16 du Code des assurances.

Je vous remercie de me faire parvenir dans les meilleurs délais la partie de prime correspondant à la période .... (indiquer la période).

Veuillez croire, Monsieur (ou Madame), ... (formule de politesse de votre choix).

Signature :

Code des assurances - Article L. 113-16 : En cas de survenance d'un des événements suivants :

– changement de domicile ;
– changement de situation matrimoniale ;
– changement de régime matrimonial ;
– changement de profession ;
– retraite professionnelle ou cessation définitive d'activité professionnelle, le contrat d'assurance peut être résilié par chacune des parties lorsqu'il a pour objet la garantie des risques en relation directe avec la situation antérieure et qui ne se retrouvent pas dans la situation nouvelle.

La résiliation du contrat ne peut intervenir que dans les trois mois suivant la date de l'événement.

La résiliation prend effet un mois après que l'autre partie au contrat en a reçu notification.

L'assureur doit rembourser à l'assuré la partie de prime ou de cotisation correspondant à la période pendant laquelle le risque n'a pas couru, période calculée à compter de la date d'effet de la résiliation.

Il ne peut être prévu le paiement d'une indemnité à l'assureur dans les cas de résiliation susmentionnés.

Les dispositions du présent article ne sont pas applicables aux assurances sur la vie. Elles sont applicables à compter du 9 juillet 1973 aux contrats souscrits antérieurement au 15 juillet 1972.[...]

Modèle n° 26

Demande de délais de paiement ou de remise de paiement

Nom
Adresse
Code postal, ville

Nom et adresse
du Directeur du Service des impôts (1)
Code postal, ville

Ville, date
Référence de l'impôt

Lettre recommandée avec demande d'avis de réception

Monsieur (ou Madame),

J'ai l'honneur de solliciter des délais de paiement pour l'impôt dont je suis redevable au titre de l'année .... (indiquer l'année). Mon foyer fiscal a en effet connu ces derniers mois une baisse égale (ou supérieure) à 30 % de ses revenus.

ou

J'ai l'honneur de solliciter la remise de .... (nature de l'impôt) ou la réduction la plus large possible du montant de cet impôt.

Je dois, en effet, faire face à de graves difficultés financières, car .... (indiquer les raisons : divorce, chômage...).

Je vous remercie d'examiner ma demande.

Veuillez croire, Monsieur (ou Madame), ... (formule de politesse de votre choix).

Signature :

(1) Nom et adresse du Directeur du Service des impôts pour une remise totale ou partielle de l'impôt.
Nom et adresse du comptable du Trésor pour une demande de délais de paiement.

Livre des procédures fiscales - Article L. 247 : L'administration peut accorder sur la demande du contribuable :

1° Des remises totales ou partielles d'impôts directs régulièrement établis lorsque le contribuable est dans l'impossibilité de payer par suite de gêne ou d'indigence ;

2° Des remises totales ou partielles d'amendes fiscales ou de majorations d'impôts lorsque ces pénalités et, le cas échéant, les impositions auxquelles elles s'ajoutent sont définitives ;

3° Par voie de transaction, une atténuation d'amendes fiscales ou de majorations d'impôts lorsque ces pénalités et, le cas échéant, les impositions auxquelles elles s'ajoutent ne sont pas définitives. [...]

L'administration peut également décharger de leur responsabilité les personnes tenues au paiement d'impositions dues par un tiers.

Aucune autorité publique ne peut accorder de remise totale ou partielle de droits d'enregistrement, de taxe de publicité foncière, de droits de timbre, de taxes sur le chiffre d'affaires, de contributions indirectes et de taxes assimilées à ces droits, taxes et contributions.

Modèle n° 27

Réclamation devant le directeur des impôts

Nom
Adresse
Code postal, ville

Monsieur le Directeur
des services fiscaux
Adresse
Code postal, ville

Ville, date

Lettre recommandée avec demande d'avis de réception

Monsieur le Directeur (ou Madame),

J'ai l'honneur de contester l'imposition à .... (impôts ou taxe) établie sous les références .... (article, numéro du rôle, année d'établissement du rôle) au titre des revenus (ou taxes ou chiffre d'affaires) de l'année .... (indiquer l'année).

Les motifs de ma demande sont .... (exposé des motifs invoqués et du raisonnement suivi).

En conséquence, je demande la réduction (ou la décharge) de l'imposition.

Je demande par ailleurs à surseoir, conformément à l'article L. 277 du Livre des procédures fiscales, au paiement de la somme contestée (ou de la partie de la somme, en cas de réduction), s'élevant à .... € (indiquer le montant).

Je vous prie de bien vouloir agréer, Monsieur le Directeur (ou Madame), ... (formule de politesse de votre choix).

Signature :

PJ : Extrait du rôle, ou copie de l'avis d'imposition et pièces justificatives prouvant vos allégations.

Modèle n° 28

Requête fiscale devant le tribunal administratif

Nom et adresse
Code postal, ville

Monsieur le Président
du tribunal administratif
Adresse
Code postal, ville

Ville, date
N° de téléphone
Référence de votre dossier

Lettre recommandée avec demande d'avis de réception
ou dépôt de la requête au greffe du tribunal contre récépissé

Monsieur (ou Madame) le Président du tribunal administratif,

J'ai l'honneur de demander au tribunal administratif d'annuler la décision de M. le directeur des services fiscaux reçue le .... (date).

Ma réclamation, enregistrée sous le numéro .... (référence de la direction) qui portait sur l'imposition .... (nature de l'impôt), a été rejetée pour les motifs suivants : .... (exposer les motifs).

J'ai le regret de persister dans ma demande au motif que .... (préciser les motifs).

Pour toutes ces raisons et celles que je pourrais éventuellement faire valoir en cours d'instance, je demande à votre tribunal de bien vouloir faire droit à ma requête et de prononcer en ma faveur la décharge (ou le dégrèvement correspondant de .... €) de l'imposition contestée et le remboursement des frais exposés.

Recevez, Monsieur le Président (ou Madame), ... (formule de politesse de votre choix).

Signature :

Livre des procédures fiscales - Article R. 200-2 : Par dérogation aux dispositions des articles R. 431-4 et R. 431-5 du code de justice administrative, les requêtes au tribunal peuvent être signées d'un mandataire autre que ceux qui sont mentionnés à l'article R. 431-2 du même code. En ce cas, les dispositions de l'article R. 197-4 sont applicables.

Le demandeur ne peut contester devant le tribunal administratif des impositions différentes de celles qu'il a visées dans sa réclamation à l'administration.

Les vices de forme prévus aux a, b et d de l'article R. 197-3 peuvent, lorsqu'ils ont motivé le rejet d'une réclamation par l'administration, être utilement couverts dans la demande adressée au tribunal administratif.

Il en est de même pour le défaut de signature de la réclamation lorsque l'administration a omis d'en demander la régularisation dans les conditions prévues au c du même article.

Modèle n° 29

Demande de convocation d'une assemblée générale

Nom
Adresse
Code postal, ville

Nom et adresse du syndic
Code postal, ville

Ville, date

Lettre recommandée avec demande d'avis de réception

Monsieur (ou Madame),

Nous, copropriétaires de l'immeuble situé à .... (adresse), réunissant .... (nombre de tantièmes), vous prions de convoquer, conformément aux dispositions de l'article 8 alinéa 1er du décret du 17/3/1967, une assemblée générale.

Nous souhaitons délibérer sur l'ordre du jour suivant : .... (exposer les questions).

Veuillez croire, Monsieur (ou Madame) .... (formule de politesse de votre choix).

Signature :

PJ : Documents à joindre à la convocation (devis de travaux, par exemple), liste des copropriétaires, leurs tantièmes et leurs signatures.

Décret du 17/3/1967 - Article 8, alinéa 1er : La convocation de l'assemblée est de droit lorsqu'elle est demandée au syndic, soit par le conseil syndical, s'il en existe un, soit par un ou plusieurs copropriétaires représentant au moins un quart des voix de tous les copropriétaires, à moins que le règlement de copropriété ne prévoie un nombre inférieur de voix. La demande, qui est notifiée au syndic, précise les questions dont l'inscription à l'ordre du jour de l'assemblée est demandée.

Modèle n° 30

Demande d'inscription d'une question à l'ordre du jour de la prochaine assemblée

Nom
Adresse
Code postal, ville

Nom et adresse du syndic
Code postal, ville

Ville, date

Lettre recommandée avec demande d'avis de réception

Monsieur (ou Madame),

Conformément aux dispositions de l'article 10 du décret du 17 mars 1967, je vous prie d'inscrire à l'ordre du jour de la prochaine assemblée générale, les projets de résolutions suivants : .... (rédigez les résolutions que vous souhaitez voir figurer).

Par exemple :

Résolution n° 1 : l'assemblée générale décide d'effectuer les travaux de réfection de peintures. Conformément au devis annexé à la convocation, les travaux seront réalisés par l'entreprise .... (indiquer le nom de l'entreprise) pour un montant de .... € (indiquer le montant).

Veuillez croire, Monsieur (ou Madame) .... (formule de politesse de votre choix).

Signature :

Décret du 17/3/1967 - Article 10 : À tout moment, un ou plusieurs copropriétaires, ou le conseil syndical, peuvent notifier au syndic la ou les questions dont ils demandent qu'elles soient inscrites à l'ordre du jour d'une assemblée générale. Le syndic porte ces questions à l'ordre du jour de la convocation de la prochaine assemblée générale. Toutefois, si la ou les questions notifiées ne peuvent être inscrites à cette assemblée compte tenu de la date de réception de la demande par le syndic, elles le sont à l'assemblée suivante.

Modèle n° 31

Acte de cautionnement simple

Contrat de location

Je soussigné(e) .... (nom, prénoms), demeurant à .... (adresse) déclare me porter caution de M. .... (nom, prénoms), demeurant à .... (adresse) en vertu du contrat de location signé le .... (date) avec M. .... (nom, prénoms). Un exemplaire du bail m'a été remis et j'ai pris connaissance des différentes clauses et conditions de ce bail.

En me portant caution, je m'engage à garantir, pour la durée de .... (indiquer la durée), le paiement des loyers, réparations locatives, impôts et taxes, pénalités, intérêts de retard et tous frais éventuels de procédure dus en vertu de ce bail.

(1) « Bon pour caution pour le paiement du loyer d'un montant de .... €, révisable annuellement selon la variation de l'indice INSEE de référence des loyers.

Je confirme avoir une parfaite connaissance de l'étendue de mon engagement et des termes de l'article 22-1 alinéa 4 de la loi du 6 juillet 1989 reproduit ci-dessous :

Lorsque le cautionnement d'obligations résultant d'un contrat de location conclu en application du présent titre ne comporte aucune indication de durée ou lorsque la durée du cautionnement est stipulée indéterminée, la caution peut le résilier unilatéralement. La résiliation prend effet au terme du contrat de location, qu'il s'agisse du contrat initial ou d'un contrat reconduit ou renouvelé, au cours duquel le bailleur reçoit notification de la résiliation. »

Date : ....

Signature de la caution :

(1) La personne qui se porte caution doit reproduire de façon manuscrite le texte écrit en italique.

Loi n° 89-462 du 6/7/1989 - Article 22-1, alinéa 5: La personne qui se porte caution fait précéder sa signature de la reproduction manuscrite du montant du loyer et des conditions de sa révision tels qu'ils figurent au contrat de location, de la mention manuscrite exprimant de façon explicite et non équivoque la connaissance qu'elle a de la nature et de l'étendue de l'obligation qu'elle contracte et de la reproduction manuscrite de l'alinéa précédent. Le bailleur remet à la caution un exemplaire du contrat de location. Les formalités sont prescrites à peine de nullité du cautionnement.

Modèle n° 32

Acte de cautionnement solidaire

Je soussigné(e), ...

(nom, prénoms, né(e) le, à, profession, employeur, adresse)

Après avoir pris connaissance du contrat et des conditions de location résultant du bail ci-annexé dont les caractéristiques principales sont rappelées ci-après :

Date de signature du bail : ....

Loi applicable : ....

Date d'effet du bail : ....

Durée de la location : ....

Adresse du bien loué : ....

Montant du loyer mensuel : .... €

Montant des charges mensuelles : .... €

Révision annuelle le .... (à compléter), sur la base de l'indice INSEE de référence des loyers du .... (à compléter), d'une valeur de .... € (à compléter).

Déclare me porter caution solidaire, en renonçant au bénéfice de discussion et de division, au profit du bailleur ci-après désigné qui accepte : ....

(nom, prénoms, adresse)

Je m'engage à ce titre, à satisfaire à toutes les obligations résultant du bail pour le locataire ci-après désigné : .... (nom, prénoms, adresse)

Le présent engagement est valable pour la durée du contrat de location ci-annexé et pour la durée de .... (à compléter) reconduction(s), soit jusqu'au .... (à compléter), pour le paiement notamment des loyers éventuellement révisés, des charges récupérables, des indemnités d'occupation, des dégradations et réparations locatives et des frais de procédures, indemnités, pénalités et dommages et intérêts.

« Bon pour caution pour le paiement du loyer d'un montant de .... €, révisable annuellement selon la variation de l'indice INSEE de référence des loyers, à majorer de tous intérêts, frais et accessoires.

Je reconnais avoir pris connaissance de l'article 22-1 de la loi du 6 juillet 1989 ainsi rédigé : Le cautionnement ne peut pas être demandé par un bailleur qui a souscrit une assurance garantissant les obligations locatives du locataire.

Si le bailleur est une personne morale autre qu'une société civile constituée exclusivement entre parents et alliés jusqu'au quatrième degré inclus, le cautionnement ne peut être demandé que :

- s'il est apporté par un des organismes dont la liste est fixée par décret en Conseil d'Etat ;

- ou si le logement est loué à un étudiant ne bénéficiant pas d'une bourse de l'enseignement supérieur.

Lorsqu'un cautionnement pour les sommes dont le locataire serait débiteur dans le cadre d'un contrat de location conclu en application du présent titre est exigé par le bailleur, celui-ci ne peut refuser la caution présentée au motif qu'elle ne possède pas la nationalité française ou qu'elle ne réside pas sur le territoire métropolitain. .../...

Lorsque le cautionnement d'obligations résultant d'un contrat de location conclu en application du présent titre ne comporte aucune indication de durée ou lorsque la durée du cautionnement est stipulée indéterminée, la caution peut le résilier unilatéralement. La résiliation prend effet au terme du contrat de location, qu'il s'agisse du contrat initial ou d'un contrat reconduit ou renouvelé, au cours duquel le bailleur reçoit notification de la résiliation.

La personne qui se porte caution fait précéder sa signature de la reproduction manuscrite du montant du loyer et des conditions de sa révision tels qu'ils figurent au contrat de location, de la mention manuscrite exprimant de façon explicite et non équivoque la connaissance qu'elle a de la nature et de l'étendue de l'obligation qu'elle contracte et de la reproduction manuscrite de l'alinéa précédent. Le bailleur remet à la caution un exemplaire du contrat de location. Ces formalités sont prescrites à peine de nullité du cautionnement. »

Date : ....

Signature de la caution :

(1) Écrire de manière manuscrite la totalité du texte en italique.

Modèle n° 33

Contestation de l'augmentation de loyer

Nom
Adresse
Code postal, ville

Nom et adresse du propriétaire
ou de l'agence immobilière
Code postal, ville

Ville, date

Lettre recommandée avec demande d'avis de réception

Monsieur (ou Madame),

Vous m'avez adressé le .... (date) un courrier m'indiquant que vous souhaitiez augmenter le loyer de .... € (indiquer le montant de l'augmentation).

Or, je tiens à vous signaler :

***1re hypothèse** : que le contrat de bail ne prévoit pas d'augmentation de loyer en cours de contrat. En conséquence, conformément à l'article 17 d) de la loi du 6 juillet 1989, le loyer reste donc le même, soit .... € (indiquer le montant).*

***2e hypothèse** : que l'article 17 d) de la loi du 6 juillet 1989 prévoit, si le contrat de bail le mentionne, une augmentation de loyer qui ne peut excéder annuellement la variation de l'indice INSEE de référence des loyers.*

En conséquence, conformément à la clause d'indexation contenue dans le bail et à l'indice de référence .... (mettre entre parenthèses d'indice de référence : par exemple, indice du 3e trimestre 2006), le montant du loyer révisé est de .... € (loyer actuel x nouvel indice / ancien indice = nouveau loyer).

Veuillez croire, Monsieur (ou Madame), ... (formule de politesse de votre choix).

Signature :

Loi du 6/7/1989 - Article 17 d) : Lorsque le contrat de location prévoit la révision du loyer, celle-ci intervient chaque année à la date convenue entre les parties ou, à défaut, au terme de chaque année du contrat.

L'augmentation du loyer qui en résulte ne peut excéder la variation d'un indice de référence des loyers publié par l'Institut national de la statistique et des études économiques chaque trimestre et qui correspond à la moyenne, sur les douze derniers mois, de l'évolution des prix à la consommation hors tabac et hors loyers. À défaut de clause contractuelle fixant la date de référence, cette date est celle du dernier indice publié à la date de signature du contrat de location.

Modèle n° 34

Réparations à la charge du propriétaire

Nom et adresse
Code postal, ville

Nom et adresse du propriétaire
ou de l'agence immobilière
Code postal, ville

Ville, date

Lettre recommandée avec demande d'avis de réception

Monsieur (ou Madame),

Je souhaite que vous procédiez à la réparation de .... (indiquer l'élément à réparer), car .... (indiquer les dysfonctionnements que vous avez pu constater).

En effet, conformément aux dispositions du décret du 26 août 1987, il s'agit de réparations à la charge du propriétaire.

Je vous remercie de faire le nécessaire dans les meilleurs délais.

Veuillez croire, Monsieur (ou Madame) .... (formule de politesse de votre choix).

Signature :

Décret n° 87-712 du 26/08/1987 – Art. 1er : Sont des réparations locatives les travaux d'entretien courant et de menues réparations, y compris les remplacements d'éléments assimilables auxdites réparations, consécutifs à l'usage normal des locaux et équipements à usage privatif.

Ont notamment le caractère de réparations locatives les réparations énumérées en annexe au présent décret.

Art. 1 bis : Le présent décret est applicable en Polynésie française pour la mise en œuvre des dispositions du d de l'article 7 de la loi n° 89-462 du 6 juillet 1989.

ANNEXE – Liste des réparations ayant le caractère de réparations locatives

I. - Parties extérieures dont le locataire a l'usage exclusif

a) Jardins privatifs :

Entretien courant, notamment des allées, pelouses, massifs, bassins et piscines ; taille, élagage, échenillage des arbres et arbustes. Remplacement des arbustes ; réparation et remplacement des installations mobiles d'arrosage.

b) Auvents, terrasses et marquises :

Enlèvement de la mousse et des autres végétaux.

c) Descentes d'eaux pluviales, chéneaux et gouttières :

Dégorgement des conduits.

II. - Ouvertures intérieures et extérieures
a) Sections ouvrantes telles que portes et fenêtres :
Graissage des gonds, paumelles et charnières ; menues réparations des boutons et poignées de portes, des gonds, crémones et espagnolettes ; remplacement notamment de boulons, clavettes et targettes.
b) Vitrages :
Réfection des mastics ; remplacement des vitres détériorées.
c) Dispositifs d'occultation de la lumière tels que stores et jalousies :
Graissage ; remplacement notamment de cordes, poulies ou de quelques lames.
d) Serrures et verrous de sécurité :
Graissage ; remplacement de petites pièces ainsi que des clés égarées ou détériorées.
e) Grilles :
Nettoyage et graissage ; remplacement notamment de boulons, clavettes, targettes.
III. - Parties intérieures
a) Plafonds, murs intérieurs et cloisons :
Maintien en état de propreté ; menus raccords de peintures et tapisseries : remise en place ou remplacement de quelques éléments des matériaux de revêtement tels que faïence, mosaïque, matière plastique ; rebouchage des trous rendu assimilable à une réparation par le nombre, la dimension et l'emplacement de ceux-ci.
b) Parquets, moquettes et autres revêtements de sol :
Encaustiquage et entretien courant de la vitrification ; remplacement de quelques lames de parquets et remise en état, pose de raccords de moquettes et autres revêtements de sol, notamment en cas de taches et de trous.
c) Placards et menuiseries telles que plinthes, baguettes et moulures :
Remplacement des tablettes et tasseaux de placard et répartition de leur dispositif de fermeture ; fixation de raccords et remplacement de pointes de menuiseries.
IV. - Installations de plomberie
a) Canalisations d'eau :
Dégorgement ; remplacement notamment de joints et de colliers.
b) Canalisations de gaz :
Entretien courant des robinets, siphons et ouvertures d'aération ; remplacement périodique des tuyaux souples de raccordement.
c) Fosses septiques, puisard et fosses d'aisance :
Vidange.
d) Chauffage, production d'eau chaude et robinetterie :
Remplacement des bilames, pistons, membranes, boites à eau, allumage piézo-électrique, clapets et joints des appareils à gaz ; rinçage et nettoyage des corps de chauffe et tuyauteries ; remplacement des joints, clapets et presse-étoupes des robinets ; remplacement des joints, flotteurs et joints cloches des chasse d'eau.
e) Éviers et appareils sanitaires :
Nettoyage des dépôts de calcaire, remplacement des tuyaux flexibles de douches.
V. - Équipements d'installations d'électricité
Remplacement des interrupteurs, prises de courant, coupe-circuits et fusibles, des ampoules, tubes lumineux; réparation ou remplacement des baguettes ou gaines de protection.
VI. - Autres équipements mentionnés au contrat de location
a) Entretien courant et menues réparations des appareils tels que réfrigérateurs, machines à laver le linge et la vaisselle, sèche-linge, hottes aspirantes, adoucisseurs, capteurs solaires, pompes à chaleur, appareils de conditionnement d'air, antennes individuelles de radiodiffusion et de télévision, meubles scellés, cheminées, glaces et miroirs.
b) Menues réparations nécessitées par la dépose des bourrelets ;
c) Graissage et remplacement des joints des vidoirs ;
d) Ramonage des conduits d'évacuation des fumées et des gaz et conduits de ventilation.

Modèle n° 35

Congé donné par le locataire

Nom du locataire
Adresse
Code postal, ville

Nom du propriétaire
Adresse
Code postal, ville

Ville, date

Lettre recommandée avec demande d'avis de réception

Monsieur (ou Madame),

J'ai l'honneur de vous donner congé pour le .... (date) de l'appartement que j'occupe et qui m'a été loué suivant bail sous seing privé en date du .... (ou suivant acte reçu par Me ....), conformément aux dispositions des articles 12 et 15-I alinéa 2 du 6 juillet 1989 (1).

Je me tiens à votre disposition pour établir un état des lieux si vous le souhaitez, à l'occasion de la remise des clés. Je prendrai à ce sujet contact avec vous pour convenir d'une date.

Je me permets de vous rappeler que vous devez me restituer, conformément à l'article 22 de la loi du 6 juillet 1989, dans un délai maximal de deux mois(2) après mon départ la somme de .... € (montant) que je vous ai versée en dépôt de garantie et vous remercie de bien vouloir prendre vos dispositions pour le faire.

Veuillez agréer, Monsieur (ou Madame), ... (formule de politesse de votre choix).

Signature :

---

(1) **Loi du 6/7/1989 - Article 12** : Le locataire peut résilier le contrat de location à tout moment, dans les conditions de forme et de délai prévues au deuxième alinéa du paragraphe I de l'article 15.

Loi du 6/7/1989 - Article 15-I alinéa 2 : Le délai de préavis applicable au congé est de trois mois lorsqu'il émane du locataire et de six mois lorsqu'il émane du bailleur. Toutefois, en cas d'obtention d'un premier emploi, de mutation, de perte d'emploi ou de nouvel emploi consécutif à une perte d'emploi, le locataire peut donner congé au bailleur avec un délai de préavis d'un mois. Le délai est également réduit à un mois en faveur des locataires âgés de plus de soixante ans dont l'état de santé justifie un changement de domicile, ainsi que des bénéficiaires du revenu minimum d'insertion. Le congé doit être notifié par lettre recommandée avec demande d'avis de réception ou signifié par acte d'huissier. Ce délai court à compter du jour de la réception de la lettre recommandée ou de la signification de l'acte d'huissier.

(2) **Loi du 6/7/1989 - Article 22** : Lorsqu'un dépôt de garantie est prévu par le contrat de location pour garantir l'exécution de ses obligations locatives par le locataire, il ne peut être supérieur à un mois de loyer en principal. Au moment de la signature du bail, le dépôt de garantie est versé au bailleur directement par le locataire ou par l'intermédiaire d'un tiers.

Un dépôt de garantie ne peut être prévu lorsque le loyer est payable d'avance pour une période supérieure à deux mois ; toutefois, si le locataire demande le bénéfice du paiement mensuel du loyer, par application de l'article 7, le bailleur peut exiger un dépôt de garantie.

Il est restitué dans un délai maximal de deux mois à compter de la restitution des clés par le locataire, déduction faite, le cas échéant, des sommes restant dues au bailleur et des sommes dont celui-ci pourrait être tenu, aux lieu et place du locataire, sous réserve qu'elles soient dûment justifiées.

Le montant de ce dépôt de garantie ne porte pas intérêt au bénéfice du locataire. Il ne doit faire l'objet d'aucune révision durant l'exécution du contrat de location, éventuellement renouvelé.

À défaut de restitution dans le délai prévu, le solde du dépôt de garantie restant dû au locataire, après arrêté des comptes, produit intérêt au taux légal au profit du locataire.

En cas de mutation à titre gratuit ou onéreux des locaux loués, la restitution du dépôt de garantie incombe au nouveau bailleur. Toute convention contraire n'a d'effet qu'entre les parties à la mutation.

Modèle n° 36

Congé donné par le propriétaire

Nom du propriétaire
Adresse
Code postal, ville

Nom du locataire
Adresse
Code postal, ville

Ville, date

Lettre recommandée avec demande d'avis de réception

Monsieur (ou Madame),

J'ai le regret de devoir vous signifier congé à la date du .... (à compléter), date à laquelle vous devrez avoir libéré les lieux, m'avoir rendu les clefs et satisfait à toutes les obligations des locataires sortants.

1re hypothèse : Motif sérieux et légitime

Le présent congé, donné en application de l'article 15 de la loi n° 89-462 du 6 juillet 1989, est motivé par : .... (indiquer ici le(s) motif(s)).

L'ensemble de ces faits constituent un motif sérieux et légitime au sens de la loi précitée.

2e hypothèse : Reprise du logement pour habiter

Le présent congé, donné en application de l'article 15 de la loi n° 89-462 du 6 juillet 1989, est motivé par mon intention de reprendre ce logement en vue de : (selon le cas)

– l'habiter moi-même,

– d'y loger M. .... (préciser le lien de parenté ; exemple : mon fils), demeurant actuellement .... (adresse).

3e hypothèse : Reprise pour vendre

Le présent congé, donné en application de l'article 15 de la loi n° 89-462 du 6 juillet 1989, est motivé par mon intention de vendre ce logement au prix de .... (à compléter) et aux conditions suivantes : .... (indiquer ici les conditions de la vente).

Ce congé vaut offre de vente à votre profit.

Si vous désirez acquérir le logement, vous devez me le faire savoir, dans le délai de deux mois suivant réception de la présente, faute de quoi la présente offre serait caduque. Dans l'affirmative, vous devrez également me faire connaître si vous envisagez ou non de recourir à un emprunt pour financer cette acquisition.

.../...

Vous trouverez ci-après reproduction des premiers alinéas de l'article 15-II de la loi du 6 juillet 1989 (1).

Je vous prie d'agréer, Monsieur (ou Madame), ... (formule de politesse de votre choix).

Fait à .... (*lieu*),

le .... (*date*)

Signature :

(1) Il est indispensable de reproduire, dans la lettre donnant congé au locataire pour vendre, les cinq premiers alinéas de l'article 15-II de la loi du 6 juillet 1989. À défaut, le congé donné au locataire serait nul.

Loi du 6/7/1989 - Article 15-II, alinéa 1 à 6 : Lorsqu'il est fondé sur la décision de vendre le logement, le congé doit, à peine de nullité, indiquer le prix et les conditions de la vente projetée. Le congé vaut offre de vente au profit du locataire : l'offre est valable pendant les deux premiers mois du délai de préavis. Les dispositions de l'article 46 de la loi n° 65-557 du 10 juillet 1965 fixant le statut de la copropriété des immeubles bâtis ne sont pas applicables au congé fondé sur la décision de vendre le logement.

À l'expiration du délai de préavis, le locataire qui n'a pas accepté l'offre de vente est déchu de plein droit de tout titre d'occupation sur le local.

Le locataire qui accepte l'offre dispose, à compter de la date d'envoi de sa réponse au bailleur, d'un délai de deux mois pour la réalisation de l'acte de vente. Si, dans sa réponse, il notifie son intention de recourir à un prêt, l'acceptation par le locataire de l'offre de vente est subordonnée à l'obtention du prêt et le délai de réalisation de la vente est porté à quatre mois. Si, à l'expiration de ce délai, la vente n'a pas été réalisée, l'acceptation de l'offre de vente est nulle de plein droit et le locataire est déchu de plein droit de tout titre d'occupation.

Dans le cas où le propriétaire décide de vendre à des conditions ou à un prix plus avantageux pour l'acquéreur, le notaire doit, lorsque le bailleur n'y a pas préalablement procédé, notifier au locataire ces conditions et prix à peine de nullité de la vente. Cette notification est effectuée à l'adresse indiquée à cet effet par le locataire au bailleur ; si le locataire n'a pas fait connaître cette adresse au bailleur, la notification est effectuée à l'adresse des locaux dont la location avait été consentie. Elle vaut offre de vente au profit du locataire. Cette offre est valable pendant une durée d'un mois à compter de sa réception. L'offre qui n'a pas été acceptée dans le délai d'un mois est caduque.

Le locataire qui accepte l'offre ainsi notifiée dispose, à compter de la date d'envoi de sa réponse au bailleur ou au notaire, d'un délai de deux mois pour la réalisation de l'acte de vente. Si, dans sa réponse, il notifie son intention de recourir à un prêt, l'acceptation par le locataire de l'offre de vente est subordonnée à l'obtention du prêt et le délai de réalisation de la vente est porté à quatre mois. Si, à l'expiration de ce délai, la vente n'a pas été réalisée, l'acceptation de l'offre de vente est nulle de plein droit.

Les termes des cinq alinéas précédents sont reproduits à peine de nullité dans chaque notification.

Modèle n° 37

État des lieux

Établi dans le cadre des travaux de la commission permanente pour l'étude des charges locatives (1)

Nom du propriétaire
Adresse
Code postal, Ville

Nom du locataire entrant ou sortant (2)
Adresse
Code postal, Ville

Date d'entrée dans les lieux .... (*ou date de sortie selon le cas*)
Nouvelle adresse du locataire .... (*dans le cas d'un état des lieux de sortie*)

	Portes et fenêtres stores	Électricité (+ prise d'antenne)	Équipements et rangements	Sol	Peinture (3) Plafond Vitrerie	Plomberie Sanitaires	Serrurerie
Salle de séjour Cuisine Chambre 1 Chambre 2 Chambre 3 Chambre 4 Chambre 5 Salle d'eau W-C Entrée Cave Garage							

Reconnues exactes les constatations ci-dessus sur l'état du logement, que je déclare libérer le .... (*date*)

État des lieux établi contradictoirement par

Le locataire entrant ou sortant (2)
Signature :

Le propriétaire ou son représentant
Signature :

(1) Doit être dressé par le propriétaire ou son représentant en présence du locataire entrant ou sortant.
(2) Rayer la mention inutile.
(3) Indiquer : bon, mauvais, moyen.

Loi du 6/7/1989 - Article 3, alinéa 2 : Un état des lieux, établi contradictoirement par les parties lors de la remise et de la restitution des clés ou, à défaut, par huissier de justice, à l'initiative de la partie la plus diligente et à frais partagés par moitié, est joint au contrat. Lorsque l'état des lieux doit être établi par huissier de justice, les parties en sont avisées par lui au moins 7 jours à l'avance par lettre recommandée avec demande d'avis de réception. À défaut d'état des lieux, la présomption établie par l'article 1731 du code civil ne peut être invoquée par celle des parties qui a fait obstacle à l'établissement de l'état des lieux.

Modèle n° 38

Demande de restitution d'un dépôt de garantie

Nom
Adresse
Code postal, ville

Nom et adresse du propriétaire
ou de l'agence immobilière
Code postal, ville

Ville, date

Lettre recommandée avec demande d'avis de réception

Monsieur (ou Madame),

Je vous ai rendu les clés de l'appartement que j'occupais en qualité de locataire le .... (date), il y a plus de deux mois. Or vous ne m'avez pas, à ce jour, restitué le dépôt de garantie que j'avais versé à mon entrée dans les lieux.

Je vous informe que l'article 22 alinéa 5 de la loi du 6 juillet 1989 dispose que « à défaut de restitution dans le délai prévu, le solde du dépôt de garantie restant dû au locataire, après arrêté des comptes, produit intérêt au taux légal au profit du locataire ».

Je vous demande donc la restitution de la somme de .... € (montant du dépôt de garantie initial), majoré du taux légal de .... € (montant) pour l'année .... (indiquer l'année de référence), soit un montant global de .... € (indiquer la somme).

À défaut de paiement dans un délai de sept jours, je saisirai la juridiction compétente.

Veuillez croire, Monsieur (ou Madame) .... (formule de politesse de votre choix).

Signature :

Loi du 6/7/1989 - Article 22, alinéa 5 : À défaut de restitution dans le délai prévu, le solde du dépôt de garantie restant dû au locataire, après arrêté des comptes, produit intérêt au taux légal au profit du locataire.

Modèle n° 39

Crédit immobilier : remboursement par anticipation

Nom
Adresse
Code postal, ville

Nom et adresse
de l'établissement financier
Code postal, ville

Ville, date
Référence du dossier

Lettre recommandée avec demande d'avis de réception

Monsieur (ou Madame),

J'ai l'honneur de solliciter le remboursement par anticipation d'un prêt de ………………… (montant) contracté auprès de votre établissement le ………………… (date) pour une durée de ………………… (mois), conformément aux dispositions de l'article L. 312-21 du Code de la consommation.

En conséquence, je souhaiterais que vous me communiquiez dans les meilleurs délais le montant précis de la somme qu'il me reste à rembourser et celui de l'indemnité due au titre des intérêts.

Veuillez croire, Monsieur (ou Madame) ……………………………………………… (formule de politesse de votre choix).

Signature :

Code de la consommation - Article L. 312-21 : L'emprunteur peut toujours, à son initiative, rembourser par anticipation, en partie ou en totalité, les prêts régis par les sections 1 à 3 du présent chapitre. Le contrat de prêt peut interdire les remboursements égaux ou inférieurs à 10 % du montant initial du prêt, sauf s'il s'agit de son solde.

Si le contrat de prêt comporte une clause aux termes de laquelle, en cas de remboursement par anticipation, le prêteur est en droit d'exiger une indemnité au titre des intérêts non encore échus, celle-ci ne peut, sans préjudice de l'application de l'article 1152 du Code civil, excéder un montant qui, dépendant de la durée restant à courir du contrat, est fixé suivant un barème déterminé par décret.

Pour les contrats conclus à compter de la date d'entrée en vigueur de la loi n° 99-532 du 25 juin 1999 relative à l'épargne et à la sécurité financière, aucune indemnité n'est due par l'emprunteur en cas de remboursement par anticipation lorsque le remboursement est motive par la vente du bien immobilier faisant suite à un changement du lieu d'activité professionnelle de l'emprunteur ou de son conjoint, par le décès ou par la cessation forcée de l'activité professionnelle de ces derniers.

Modèle n° 40

Demande d'emploi : réponse à une annonce

Prénom Nom
Adresse
Code postal, Ville

Nom et adresse de l'entreprise
Code postal, ville

Ville, date

Monsieur le Directeur (ou Madame),

Votre annonce parue dans le journal .... (indiquer la source de l'annonce) en date du .... (date) a retenu toute mon attention.

Étant responsable depuis 12 ans d'un service Fabrication, je pourrais vous faire bénéficier de ma solide expérience pour la mise en place d'un secteur analogue au sein de votre entreprise.

Mon C.V. ci-joint vous permettra de juger de ma compétence.

Disponible pour vous rencontrer très rapidement, je vous prie d'agréer, Monsieur le Directeur (ou Madame), ... (formule de politesse de votre choix).

Signature :

Modèle n° 41

Demande d'emploi : candidature spontanée

Prénom, Nom
Adresse
Code postal, ville

Nom et adresse de l'entreprise
Code postal, ville

Ville, date

Madame (ou Monsieur),

J'ai appris que vous souhaitiez mettre en place un service Fabrication dans votre entreprise.

Étant actuellement Chef de Fabrication aux Éditions Delalande, je souhaiterais profiter de cette opportunité pour poursuivre et développer ma carrière professionnelle dans une entreprise dynamique et performante telle que la vôtre.

Mon C.V. ci-joint vous permettra d'apprécier ma compétence.

Disponible très rapidement, j'aimerais pouvoir vous rencontrer afin de vous exposer mes motivations.

Dans l'espoir d'une réponse favorable, je vous prie d'agréer, Madame (ou Monsieur), ... (formule de politesse de votre choix).

Signature :

Modèle n° 42

Curriculum vitæ

Dominique Richart
23, avenue Gambetta
75020 Paris
Tél. : 01 43 29 36 57

CHEF DE FABRICATION

EXPÉRIENCES

Depuis 1988 ÉDITIONS DELALANDE
Leader sur le marché européen de la Presse spécialisée d'entreprises (25 millions d'euros de C.A. annuel)
Après avoir occupé les fonctions d'assistant, j'ai été très rapidement nommé à la tête du secteur Fabrication pour l'ensemble des publications de la société (plus de 2 500 000 exemplaires par an).
Mon activité, où je suis directement responsable, comprend les aspects suivants :
– choix et suivi des fournisseurs,
– suivi des approvisionnements papier,
– optimisation permanente des contraintes délais, qualité, coûts,
– suivi des stocks pour en assurer la rotation maximale.

Faisant partie de l'équipe de Direction générale, j'ai la responsabilité de 3 collaborateurs directs.
J'ai également créé une structure PAO composée d'un maquettiste et de deux clavistes assurant la rédaction de travaux internes (mise en forme de fabrication de messages des campagnes Marketing).

À ce poste j'ai réussi :
– à stabiliser le C.A. de mon secteur, et ce, malgré la crise structurelle actuelle,
– à réduire de 35 % le coût de fabrication des revues et imprimés,
– à limiter les hausses de prix à 1,2 % (objectif de la Direction fixé à 5 % maximum).

1984 SOCIÉTÉ IMAC Presse
Assistant du service Achats et Stocks

FORMATION Diplômé de l'École Supérieure d'Arts Graphiques (1983)
Bac D (1980)

LANGUES Anglais : lu, écrit, parlé
Allemand : bonnes notions

DIVERS 47 ans, marié, 2 enfants
Co-fondateur de l'Association Loi de 1901 « Liberty Press International »

Modèle n° 43

Lettre de démission

Prénom, Nom
Adresse
Code postal, ville

Nom et adresse de l'employeur
Code postal, ville

Ville, date

Lettre recommandée avec demande d'avis de réception

Monsieur (ou Madame),

J'ai l'honneur de vous notifier ma décision de démissionner du poste de .... (à compléter) que j'occupe actuellement dans votre entreprise.

1re hypothèse : Pas de demande de dispense de préavis

J'effectuerai mon préavis de .... mois (compléter). Mon contrat de travail prendra donc fin le .... (date), conformément aux dispositions de la convention collective (ou de l'accord d'entreprise ou du contrat de travail).

2e hypothèse : Demande de dispense totale de préavis

Je vous demande de ne pas effectuer mon préavis, par dérogation aux dispositions de la convention collective (ou de l'accord d'entreprise ou du contrat de travail).

3e hypothèse : Demande de dispense partielle de préavis

Je vous demande d'être dispensée d'effectuer une partie de mon préavis, par dérogation aux dispositions de la convention collective (ou de l'accord d'entreprise ou du contrat de travail) et souhaiterais quitter mon emploi le .... (date).

Je vous prie d'agréer, Monsieur (ou Madame), ... (formule de politesse de votre choix).

Signature :

Modèle n° 44

Accord de départ négocié

Entre les soussignés :

– Monsieur (ou Madame)... (nom et adresse de l'employeur), représenté par Monsieur (ou Madame)................................. (compléter), d'une part, et

– Monsieur (ou Madame).. (nom du salarié) demeurant à .... (adresse du salarié), d'autre part ;

ci-après dénommés « les parties ».

Étant rappelé que Monsieur (ou Madame) .... (nom du salarié) a été embauché le .... (date) en qualité de .... (fonctions initiales),

qu'il (ou elle) exerce actuellement les fonctions de .... (fonctions actuelles) pour un salaire mensuel brut de .... € (montant).

Pour des raisons de convenances personnelles, Monsieur (ou Madame) .... (nom du salarié) a exprimé le désir de rompre ce contrat de travail et d'être libéré de ses obligations envers Monsieur (ou Madame)........... (nom de l'employeur) à la date du ....(date).

Monsieur (ou Madame) .... (nom de l'employeur) ne s'oppose pas à ce départ anticipé de l'entreprise.

Les parties se sont, par conséquent, mises d'accord, après négociation, pour décider la rupture de leur lien contractuel.

Il a été convenu des modalités suivantes :

– Monsieur (ou Madame) .... (nom du salarié) quittera l'entreprise le .... (date) ;

– Monsieur (ou Madame)....................................... (nom de l'employeur) lui versera, le jour de son départ, la somme de .... € (montant) correspondant aux salaires restant dus (et, éventuellement à son indemnité compensatrice de congés payés ou de préavis), il lui accordera également, en raison des services rendus à l'entreprise pendant .... années (compléter), la somme de .... € (montant).

Fait le .... (*date*), à .... (*lieu*)

en deux exemplaires

Signatures de l'employeur et du salarié :

Modèle n° 45

Reçu pour solde de tout compte

Je soussigné(e) .... (nom et prénoms)
demeurant à .... (adresse)
reconnais avoir reçu de .... (raison sociale de l'établissement) la somme
- ....€ au titre d'indemnité de préavis ;
- ....€ au titre d'indemnité compensatrice de congés payés ;
- ....€ au titre d'indemnité de licenciement.
par chèque n° .... tiré sur .... (nom de la banque).
Cette somme m'est versée, pour solde de tout compte, en paiement des sommes qui m'étaient dues au titre de l'exécution et de la cessation de mon contrat de travail.
Le présent reçu est établi en deux exemplaires dont un m'est remis.
Je déclare être informé(e) que, faute pour moi de dénoncer ce reçu dans un délai de 6 mois, celui-ci deviendra libératoire pour l'employeur pour les sommes qui y sont mentionnées.

Fait à .... (*lieu*),
le .... (*date*)
Pour solde de tout compte
Signature du salarié :

Code du travail - Article L. 1234-20 : Le solde de tout compte, établi par l'employeur et dont le salarié lui donne reçu, fait l'inventaire des sommes versées au salarié lors de la rupture de son contrat de travail.

Le reçu pour solde de tout compte peut être dénoncé dans les six mois qui suivent sa signature, délai au-delà duquel il devient libératoire pour l'employeur pour les sommes qui y sont mentionnées.

Modèle n° 46

Bulletin de paie

Bulletin de paie du 1/4/2010 au 30/4/2010 (1)

Entreprise
PARIS-CARTONNAGE SA
13, rue de Lyon
75012 PARIS
SIREN n° 374-009-821
URSSAF Région parisienne
Compte n° 489357170118B

Salarié
LALANDE Chantal
27, rue Secrétan
75019 PARIS
Emploi : Secrétaire
Classification : B Coef. 3
N° SS : 27803133223 32

Convention collective : PAPIERS-CARTONS (Distribution et commerce de gros) (2)

Salaire brut		
Salaire de base pour	151,67 h à 11 €	1668,37 €
Heures supplémentaires (3)	4 h à 13,75 €	55,00 €
	TOTAL	**1 723,37 €**

Retenues					
Désignation	**Base**	**Part salariale**		**Part patronale**	
		Taux	**Montant**	**Taux**	**Montant**
Sécurité sociale :					
- cotisations	1 723,37 €	7,50 (4)	129,25	30,70 (5)	529,07
Chômage :					
- ASSEDIC	1 723,37 €	2,40	41,36	4,40 (6)	75,83
Retraite complémentaire :					
- ARRCO tranche A (7)	1 723,37 €	3	51,70	4,50	77,55
- AGFF tranche A (8)	1 723,37 €	0,80	13,79	1,20	20,68
Réduction cotis. S.S. (9)					- 166,84
Réduction cotis. h. supp. (10)	55,00 €	21,46	- 11,80		
Déduction cotis. h. supp. (11)	4,00 €			0,50	- 2,00
Prévoyance	1 723,37 €	1	17,23	2	34,46
CSG non déductible + CRDS hors h. supp. (12)	1 618,32 €	2,90	46,93		
CSG déductible hors h. supp.	1 618,32 €	5,10	82,53		
CSG+ CRDS déductibles (h. supp.)	53,35 €	8	4,27		
Autres charges patronales	1 723,37 €			5,82 (13)	100,30
Total			**375,26**		**669,05**

Remboursement frais de transport (14)	28,30 €
Net à payer	1 376,41 €
Net imposable (15)	1 340,04 €
Net imposable (cumul annuel) (16)	5 360,16 €

Payé le 30/4/2010 par chèque BNP n° 9352012.

Dans votre intérêt et pour vous aider à faire valoir vos droits, conservez ce bulletin de paie sans limitation de durée (17).

(1) Ce modèle correspond à la rémunération d'un salarié non-cadre travaillant à temps complet (35 heures par semaine) dans une entreprise de plus de 20 salariés.

(2) Votre convention collective regroupe l'ensemble des accords passés entre les syndicats et les employeurs de votre profession. Elle comporte des améliorations par rapport aux dispositions du Code du travail. Vous pouvez la consulter dans votre entreprise ou à votre direction départementale du travail (coordonnées sur *www.travail-solidarite.gouv.fr*).

(3) En principe, les heures supplémentaires comprises entre la 36e et la 43e heure hebdomadaire de travail sont majorées de 25 %, les suivantes de 50 %. Votre convention collective peut cependant prévoir des taux différents.

(4) Ce taux correspond à 0,75 % pour la cotisation maladie, maternité, invalidité, décès + 6,75 % pour la cotisation vieillesse.

(5) Ce taux correspond à 12,8 % pour la cotisation maladie, maternité, invalidité, décès + 9,9 % pour la cotisation vieillesse + 5,4 % pour la cotisation allocations familiales + 0,30 % pour la contribution solidarité autonomie + 2,3 % pour la cotisation accidents du travail. Attention : ce dernier taux varie selon les entreprises.

(6) Soit : 4 % pour l'assurance chômage + 0,40 % pour l'AGS (organisme chargé du paiement des salaires en cas de redressement ou de liquidation judiciaire de l'entreprise).

(7) Les taux retenus ici correspondent à une répartition de la cotisation égale à 60 % pour l'employeur et 40 % pour le salarié. Les entreprises créées avant le 1/1/1999 peuvent pratiquer une répartition différente.

(8) Cette cotisation, prélevée par l'ARRCO (retraite complémentaire des salariés non-cadres) est destinée à financer le coût du maintien de la retraite complémentaire à 60 ans.

(9) Les employeurs bénéficient d'une réduction des cotisations sociales sur les salaires inférieurs à 1,6 SMIC mensuel.

(10) Les salariés bénéficient d'une réduction de cotisations sociales égale à 21,50 % sur les heures supplémentaires.

(11) Les employeurs bénéficient d'une réduction de cotisations sociales de 0,50 € pour chaque heure supplémentaire dans les entreprises de plus de 20 salariés. Cette réduction est portée à 1,50 € dans les entreprises de 1 à 20 salariés.

(12) La CSG et la CRDS sont établies sur 97 % du salaire brut.

La totalité de la CRDS (0,5 %) et une partie de la CSG (2,4 %) prélevées sur le salaire de base sont imposables. Le reste de la CSG (5,10 %) est déductible du revenu imposable.

La CSG et la CRDS prélevées sur les heures supplémentaires sont déductibles du revenu imposable dans leur totalité.

(13) Ces charges correspondent aux cotisations suivantes : Fonds National d'Aide au Logement (0,5 %) + Taxe d'apprentissage (0,68 %) + Participation à l'effort de construction (0,45 %) + Participation à la formation continue (1,60 %) + Taxe sur les transports (2,60 % à Paris). Elles peuvent varier selon la taille et la région d'implantation de l'entreprise.

(14) Ce remboursement correspond à 50 % du titre d'abonnement souscrit par le salarié pour ses déplacements entre son domicile et son lieu de travail (ici coupon de carte navigo RATP zones 1 et 2). Il n'est obligatoire que pour les employeurs de la région parisienne.

(15) Le salaire net imposable correspond au salaire brut de base diminué des retenues et augmenté de la part de la CSG non déductible et de la CRDS.

Les heures supplémentaires ne sont pas imposables.

(16) Ce montant correspond à la somme des salaires imposables de l'année 2010. C'est le montant figurant sur cette ligne dans votre dernier bulletin de salaire de l'année que vous devrez reporter sur votre déclaration de revenus.

(17) Vous devez effectivement conserver toutes vos fiches de paie. Elles pourront vous aider à établir votre reconstitution de carrière au moment de votre demande de retraite. De plus, la présentation de fiches de paie peut être exigée pour certaines démarches (location, HLM, prestations familiales...).

Modèle n° 47

Déclaration de grossesse à l'employeur

Nom
Adresse
Code postal, ville

Nom et adresse de l'employeur
Code postal, ville

Ville, date

Lettre recommandée avec demande d'avis de réception

Monsieur (ou Madame),

Conformément aux dispositions de l'article L. 1225-17 du Code du travail, j'ai l'honneur de vous informer que je cesserai mon activité le .... (date), en raison de mon état de grossesse.

Mon congé de maternité prendra fin après une période de .... (compléter) semaines après mon accouchement dont la date est prévue le .... (date).

Vous trouverez ci-joint un certificat médical.

Veuillez croire, Monsieur (ou Madame), ... (formule de politesse de votre choix).

Signature :

Code du travail - Article L. 1225-17 : La salariée a le droit de bénéficier d'un congé de maternité pendant une période qui commence six semaines avant la date présumée de l'accouchement et se termine dix semaines après la date de celui-ci.

À la demande de la salariée et sous réserve d'un avis favorable du professionnel de santé qui suit la grossesse, la période de suspension du contrat de travail qui commence avant la date présumée de l'accouchement peut être réduite d'une durée maximale de trois semaines. La période postérieure à la date présumée de l'accouchement est alors augmentée d'autant.

Lorsque la salariée a reporté après la naissance de l'enfant une partie du congé de maternité et qu'elle se voit prescrire un arrêt de travail pendant la période antérieure à la date présumée de l'accouchement, ce report est annulé et la période de suspension du contrat de travail est décomptée à partir du premier jour de l'arrêt de travail. La période initialement reportée est réduite d'autant.

Modèle n° 48

Demande de congé parental d'éducation

Nom
Adresse
Code postal, ville

Nom et adresse de l'employeur
Code postal, ville

Ville, date

Lettre recommandée avec demande d'avis de réception

Monsieur le Directeur (ou Madame),

Je souhaite bénéficier d'un congé parental d'éducation, conformément aux dispositions de l'article L. 1225-47 du Code du travail afin de m'occuper de mon enfant .... (nom et prénom), né(e) le .... (date de naissance ou d'adoption, selon le cas).

Mon congé débutera le .... (date) pour prendre fin le .... (date) (1).

Veuillez agréer, Monsieur le Directeur (ou Madame), ... (formule de politesse de votre choix).

Signature :

(1) La durée de la période de congé ne peut être supérieure à 1 an. En cas de naissance ou d'adoption d'un enfant de moins de 3 ans, il peut cependant être renouvelé au maximum deux fois, et prend fin au plus tard au troisième anniversaire de l'enfant.

Code du travail - Article L. 1225-47 : Pendant la période qui suit l'expiration du congé de maternité ou d'adoption, tout salarié justifiant d'une ancienneté minimale d'une année à la date de naissance de son enfant, adopté ou confié en vue de son adoption, ou de l'arrivée au foyer d'un enfant qui n'a pas encore atteint l'âge de la fin de l'obligation scolaire a le droit :

1° Soit au bénéfice d'un congé parental d'éducation durant lequel le contrat de travail est suspendu ;

2° Soit à la réduction de sa durée de travail, sans que cette activité à temps partiel puisse être inférieure à seize heures hebdomadaires.

Code du travail - Article L. 1225-48 : Le congé parental d'éducation et la période d'activité à temps partiel ont une durée initiale d'un an au plus. Ils peuvent être prolongés deux fois pour prendre fin au plus tard au terme des périodes définies aux deuxième et troisième alinéas, quelle que soit la date de leur début.

Le congé parental d'éducation et la période d'activité à temps partiel prennent fin au plus tard au troisième anniversaire de l'enfant.

En cas d'adoption d'un enfant de moins de trois ans, le congé parental et la période d'activité à temps partiel prennent fin à l'expiration d'un délai de trois ans à compter de l'arrivée au foyer de l'enfant.

Lorsque l'enfant adopté ou confié en vue de son adoption est âgé de plus de trois ans mais n'a pas encore atteint l'âge de la fin de l'obligation scolaire, le congé parental et la période d'activité à temps partiel ne peuvent excéder une année à compter de l'arrivée au foyer.

Code du travail - Article L. 1225-50 : Le salarié informe son employeur du point de départ et de la durée de la période pendant laquelle il entend bénéficier soit d'un congé parental d'éducation, soit d'une réduction de sa durée du travail.

Lorsque cette période suit immédiatement le congé de maternité ou le congé d'adoption, le salarié informe l'employeur au moins un mois avant le terme de ce congé. Dans le cas contraire, l'information est donnée à l'employeur deux mois au moins avant le début du congé parental d'éducation ou de l'activité à temps partiel.

Code du travail - Article L. 1225-51 : Lorsque le salarié entend prolonger ou modifier son congé parental d'éducation ou sa période d'activité à temps partiel, il en avertit l'employeur au moins un mois avant le terme initialement prévu et l'informe de son intention soit de transformer le congé parental en activité à temps partiel, soit de transformer l'activité à temps partiel en congé parental.

Toutefois, pendant la période d'activité à temps partiel ou à l'occasion des prolongations de celle-ci, le salarié ne peut pas modifier la durée du travail initialement choisie sauf accord de l'employeur ou lorsqu'une convention ou un accord collectif de travail le prévoit expressément.

Modèle n° 49

Demande de congé parental d'éducation à temps partiel

Nom
Adresse
Code postal, Ville

Nom et adresse de l'employeur
Code postal, ville

Ville, date

Lettre recommandée avec demande d'avis de réception (1)

Monsieur le Directeur (ou Madame),

Je souhaite bénéficier d'une réduction de mes horaires de travail, conformément aux dispositions de l'article L. 1225-47 du Code du travail afin de m'occuper de mon enfant .... (nom et prénom), né(e) le .... (date de naissance ou d'adoption, selon le cas) (2)*.*

Je désire effectuer dorénavant .... (compléter) heures par semaine.

La réduction de mon temps de travail prendra effet le .... (date) pour prendre fin le .... (date) (3)*.*

Veuillez agréer, Monsieur le Directeur (ou Madame), ... (formule de politesse de votre choix).

Signature :

(1) Ou par lettre remise en main propre contre décharge.
(2) Texte de l'article L. 1225-47 du Code du travail : voir modèle précédent.
(3) La durée de la période de congé ne peut être supérieure à 1 an. En cas de naissance ou d'adoption d'un enfant de moins de 3 ans, il peut cependant être renouvelé au maximum deux fois, et prend fin au plus tard au troisième anniversaire de l'enfant.

Modèle n° 50

Lettre de départ à la retraite (à l'initiative du salarié)

Nom et adresse du salarié
Code postal, ville

Nom et adresse de l'entreprise
Code postal, ville

Ville, date

Lettre recommandée avec demande d'avis de réception

Monsieur le Directeur (ou Madame),

J'ai l'honneur de vous informer qu'ayant atteint l'âge de .... ans (compléter), je souhaite partir à la retraite.

Conformément aux dispositions de l'article L. 1234-1 du Code du travail, mon ancienneté dans votre entreprise étant de .... ans (compléter), mon préavis d'une durée de ...... mois[(1)], prendra fin le .... (date). Il débutera dès présentation de cette lettre.

Je vous remercie, en vertu des dispositions des articles L. 1237-9 et D. 1237-1 du Code du travail de me verser une indemnité de départ égale à .... € (montant)[(1)].

Je vous serais obligé(e) de bien vouloir me faire connaître vos intentions au sujet des droits et obligations de chacun, afin que mon départ ponctue dans les meilleurs termes ces .... (compléter) années de présence dans votre entreprise.

Veuillez agréer, Monsieur le Directeur (ou Madame), ... (formule de politesse de votre choix).

Signature :

(1) Sauf dispositions plus favorables de la convention collective applicable.

Code du travail - Article L. 1237-9 : Tout salarié quittant volontairement l'entreprise pour bénéficier d'une pension de vieillesse a droit à une indemnité de départ à la retraite.

Le taux de cette indemnité varie en fonction de l'ancienneté du salarié dans l'entreprise. Ses modalités de calcul sont fonction de la rémunération brute dont il bénéficiait antérieurement. Ce taux et ces modalités de calcul sont déterminés par voie réglementaire.

Code du travail - Article D. 1237-1 : Le taux de l'indemnité de départ en retraite prévue à l'article L. 1237-9 est au moins égal à :

1° Un demi-mois de salaire après dix ans d'ancienneté ;

2° Un mois de salaire après quinze ans d'ancienneté ;

3° Un mois et demi de salaire après vingt ans d'ancienneté ;

4° Deux mois de salaire après trente ans d'ancienneté.

Code du travail - Article L. 1237-10 : Le salarié demandant son départ à la retraite respecte un préavis dont la durée est déterminée conformément à l'article L. 1234-1.

Code du travail - Article L. 1234-1 : Lorsque le licenciement n'est pas motivé par une faute grave, le salarié a droit :

1° S'il justifie chez le même employeur d'une ancienneté de services continus inférieure à six mois, à un préavis dont la durée est déterminée par la loi, la convention ou l'accord collectif de travail ou, à défaut, par les usages pratiqués dans la localité et la profession ;

2° S'il justifie chez le même employeur d'une ancienneté de services continus comprise entre six mois et moins de deux ans, à un préavis d'un mois ;

3° S'il justifie chez le même employeur d'une ancienneté de services continus d'au moins deux ans, à un préavis de deux mois.

Toutefois, les dispositions des 2° et 3° ne sont applicables que si la loi, la convention ou l'accord collectif de travail, le contrat de travail ou les usages ne prévoient pas un préavis ou une condition d'ancienneté de services plus favorable pour le salarié.

Index alphabétique

A

B

D

E

H

I

N

O

P

Q

R

T